컴퓨터활용능력

1급 실기

1권 스프레드시트 실무

2025 시나공

길벗알앤디 지음

길벗

지은이 **길벗알앤디**

강윤석, 김용갑, 김우경, 김종일

IT 서적을 기획하고 집필하는 출판 기획 전문 집단으로, 2003년부터 길벗출판사의 IT 수험서인 〈시험에 나오는 것만 공부한다〉 시리즈를 기획부터 집필
및 편집까지 총괄하고 있다.

30여 년간 자격증 취득에 관한 교육, 연구, 집필에 몰두해 온 강윤석 실장을 중심으로 IT 자격증 시험의 분야별 전문가들이 모여 국내 IT 수험서의
수준을 한 단계 높이기 위한 다양한 연구와 집필 활동에 전념하고 있다.

컴퓨터활용능력 1급 실기 – 시나공 시리즈 ⑨
The Practical Examination for Advanced Computer Proficiency Certificate

초판 발행 · 2024년 9월 2일

발행인 · 이종원
발행처 · (주)도서출판 길벗
출판사 등록일 · 1990년 12월 24일
주소 · 서울시 마포구 월드컵로 10길 56(서교동)
주문 전화 · 02)332–0931   팩스 · 02)323–0586
홈페이지 · www.gilbut.co.kr   이메일 · gilbut@gilbut.co.kr

기획 및 책임 편집 · 강윤석(kys@gilbut.co.kr), 김미정(kongkong@gilbut.co.kr), 임은정(eunjeong@gilbut.co.kr), 정혜린(sunriin@gilbut.co.kr)
디자인 · 강은경, 윤석남   제작 · 이준호, 손일순, 이진혁   마케팅 · 조승모, 유영은
영업관리 · 김명자   독자지원 · 윤정아

편집진행 및 교정 · 길벗알앤디(강윤석 · 김용갑 · 김우경 · 김종일)   일러스트 · 윤석남
전산편집 · 예다움   CTP 출력 및 인쇄 · 예림인쇄   제본 · 예림원색

ISBN 979–11–407–1075–1 13000
(길벗 도서번호 030936)

가격 40,000원

독자의 1초까지 아껴주는 길벗출판사

(주)도서출판 길벗 | IT교육서, IT단행본, 경제경영서, 어학&실용서, 인문교양서, 자녀교육서 www.gilbut.co.kr
길벗스쿨 | 국어학습, 수학학습, 어린이교양, 주니어 어학학습, 학습단행본 www.gilbutschool.co.kr

인스타그램 · @study_with_sinagong

짜잔~ '시나공' 시리즈를 소개합니다~

자격증 취득, 가장 효율적으로 공부하고 싶으시죠?
보통 사람들의 공부 패턴과 자격증 시험을 분석하여 최적의 내용을 담았습니다.

 최대한 단시간에 취득할 수 있도록 노력했습니다.

엑셀이나 액세스 같은 업무용 프로그램의 기능을 공부할 때는 다양한 프로그램의 기능을 최대한 응용하여 원하는 작업을 빨리 끝낼 수 있도록 여러 가지 기능을 폭넓게 익히는 것이 중요합니다. 하지만 이 책은 자격증 취득을 목적으로 구성된 만큼 중요한 기능일지라도 시험 문제와 거리가 있는 기능은 배제했습니다. 또한 지금까지 출제된 모든 기출문제를 기능별로 분석하여 합격이 가능한 수준을 정한 후, 출제 비중이 낮은 내용은 과감히 빼고 중요한 기능은 어떤 변형 문제에도 대처할 수 있도록 최대한 자세하고 쉽게 설명했습니다.

 학습 방향을 제시하기 위해 노력했습니다.

이 시험을 준비하는 수험생이 대부분 비전공자이다 보니 학습 방향을 잡는 데 어려움이 따를 것입니다. 교재에 수록된 내용을 학습 방향도 파악하지 못한 채 무작정 따라하는 것은 비효율적입니다. '전문가의 조언', '시나공 Q&A 베스트', '잠깐만요' 등의 코너를 두어 "지금 이것을 왜 하는지?", "왜 안 되는지?", "더 효율적인 방법은 없는지?" 등 옆에서 선생님이 지도하는 것처럼 친절한 가이드라인을 제공합니다.

 공부하면서 답답함을 느끼지 않도록 노력했습니다.

엑셀이나 액세스 같은 컴퓨터 프로그램을 사용해 본 사람이라면 누구나 경험해 봤겠지만 모르는 기능을 배울 때 주어진 기능을 설명대로 따라하다 중간에서 막히면 대책이 없습니다. 이 책은 따라하다 보면 누구라도 쉽게 결과를 얻을 수 있도록 한 단계도 빼놓지 않고 자세하게 설명하고 있습니다. 특히 책 출간 전에 초보자 여러 명이 직접 따라해 보면서 수정에 수정을 거듭했기 때문에 안심하고 따라 해도 됩니다.

 합격 점수인 70점 이상을 얻기 위한 득점 전략을 세웠습니다.

합격 점수는 100점이 아닌 70점입니다. 지금까지 실시된 1급 실기 시험에서 합격 점수인 70점을 얻지 못할 만큼 모든 문제가 어렵게 출제된 적은 한 번도 없습니다. 어떻게 하면 최단시간 내에 70점 이상을 얻을 수 있는지 과목별, 문제별로 전략을 세웠습니다. 이 책에서 제시한 합격 전략대로 공부하세요. 반드시 합격할 것입니다.

끝으로 이 책으로 공부하는 모든 수험생들이 한 번에 합격할 수 있기를 기원합니다.

2024년 가을날에
강윤석

Special thanks to …

이 책이 나오기까지 '감 놔라, 배 놔라' 미주알 고주알 참견해(?) 주시고 설문조사에 응해 주신 300여 명의 수험생, 길벗출판사 독자, 고등학교 선생님, 학원 선생님들께 깊이 감사드립니다.

수험생을 위한 아주 특별한 서비스	6
한눈에 살펴보는 시나공의 구성	8
채점 프로그램을 사용하려면	12
실습용 데이터 파일을 사용하려면	14

00 준비운동

1. 스프레드시트 편, 이렇게 준비하세요.	16
2. 시험 접수부터 자격증을 받기까지 한눈에 살펴볼까요?	20
3. 한눈에 보는 컴퓨터활용능력 1급 실기 시험 절차	22
4. 컴퓨터활용능력 시험, 이것이 궁금하다! — Q&A	24

01 기본작업

A	Section 01 셀 서식 및 시트 보호	30
A	Section 02 조건부 서식 / 중복된 항목 제거	41
A	Section 03 자동 필터 / 고급 필터	58
B	Section 04 페이지 레이아웃 / 통합 문서 보기	69

02 계산작업

A	Section 05 논리 함수, 찾기 함수,텍스트 함수, 정보 함수	86
A	Section 06 수학/삼각 함수, 통계 함수, 재무 함수	104
A	Section 07 데이터베이스 함수, 날짜/시간 함수, 사용자 정의 함수	111
A	Section 08 배열 수식	121

03 분석작업

B	Section 09 데이터 유효성 검사	140
B	Section 10 부분합 / 정렬	146
A	Section 11 피벗 테이블	155
C	Section 12 데이터 표	181
D	Section 13 시나리오	185
A	Section 14 통합	193
B	Section 15 목표값 찾기	200

04 기타작업

A	Section 16 차트	204
A	Section 17 매크로	229
A	Section 18 프로시저 작성	243

05 실제 시험장을 옮겨 놓았다!

A	Section 19 실제 시험장을 옮겨 놓았다!	268

1부

부

기본 편

＊각 섹션은 출제 빈도에 따라

A B C D로 등급이 분류되어 있습니다.
공부할 시간이 없는 분들은 출제 빈도가 높은 순서대로 공부하세요.

출제 빈도

A 매 시험마다 꼭 나오는 부분

B 두 번 시험 보면 한 번은 꼭 나오는 부분

C 세 번 시험 보면 한 번은 꼭 나오는 부분

D 출제 범위에는 포함되지만 아직 출제되지 않은 부분

동영상 강의

교재에 수록된 모든 내용이 동영상 강의로 제공됩니다.

＊동영상 강의는 [시나공 홈페이지] → [컴퓨터활용능력] → [1급 실기] → [동영상 강좌] → [토막강의]에서 시청하면 됩니다.

2부 실전 편

01 기본 모의고사

기본 모의고사 01회	326
기본 모의고사 02회	342
기본 모의고사 03회	358
기본 모의고사 04회	374
기본 모의고사 05회	391
기본 모의고사 06회	408
기본 모의고사 07회	424
기본 모의고사 08회	439
기본 모의고사 09회	455
기본 모의고사 10회	471
합격수기 _ 이윤섭	486

02 실전 모의고사

실전 모의고사 A형	488
실전 모의고사 B형	502
실전 모의고사 C형	517
실전 모의고사 D형	529
실전 모의고사 E형	543
실전 모의고사 F형	PDF 제공
실전 모의고사 G형	PDF 제공
실전 모의고사 H형	PDF 제공
실전 모의고사 I형	PDF 제공
실전 모의고사 J형	PDF 제공

'C:\길벗컴활1급' 폴더에 "실전모의고사(엑셀).pdf" 파일로 저장되어 있습니다.

3부 최신기출문제

최신기출문제

2024년 상시01 1급	별책부록 160
2024년 상시02 1급	별책부록 171
2024년 상시03 1급	별책부록 183
2024년 상시04 1급	별책부록 194
2023년 상시01 1급	별책부록 205
2023년 상시02 1급	PDF 제공
2023년 상시03 1급	PDF 제공
2023년 상시04 1급	PDF 제공
2022년 상시01 1급	PDF 제공
2022년 상시02 1급	PDF 제공

'C:\길벗컴활1급' 폴더에 "최신기출문제(엑셀).pdf" 파일로 저장되어 있습니다.

서비스 하나

시나공 홈페이지
시험 정보 제공!

IT 자격증 시험, 혼자 공부하기 막막하다고요? 시나공 홈페이지에서 대한민국 최대, 50만 회원들과 함께 공부하세요.

지금 sinagong.co.kr에 접속하세요!

시나공 홈페이지에서는 최신기출문제와 해설, 선배들의 합격 수기와 합격 전략, 책 내용에 대한 문의 및 관련 자료 등 IT 자격증 시험을 위한 모든 정보를 제공합니다.

서비스 둘

수험생 지원센터
무엇이든 물어보세요!

공부하다 답답하거나 궁금한 내용이 있으면, 시나공 홈페이지 도서별 '책 내용 질문하기' 게시판에 질문을 올리세요. 길벗알앤디의 전문가들이 빠짐없이 답변해 드립니다.

서비스 셋

합격을 위한
학습 자료

시나공 홈페이지 회원으로 가입하면 시험 준비에 필요한 학습 자료를 내려받을 수 있습니다.
- **기출문제** : 최근에 출제된 기출문제를 제공합니다. 최신기출문제로 현장 감각을 키우세요.

서비스 넷

실기 시험 대비
온라인 특강 서비스

(주)도서출판 길벗에서는 실기 시험 준비를 위한 온라인 특강을 제공하고 있습니다. 다음과 같은 방법으로 이용하세요.

실기 특강 온라인 강좌는 이렇게 이용하세요!

1. 길벗출판사 홈페이지(gilbut.co.kr)에 접속하여 로그인하세요!
2. 상단 메뉴 중 [동영상 강좌] → [IT자격증] → [컴퓨터활용능력]을 클릭하세요!
3. '[2025] 컴활1급실기 [실제시험장을 옮겨놓았다]'를 클릭하여 시청하세요.

서비스 다섯

시나공 만의
동영상 강좌

독학이 가능한 친절한 교재가 있어도
준비할 시간이 부족하다면?

길벗출판사의 '동영상 강좌(유료)' 이용 안내

1. 길벗출판사 홈페이지(gilbut.co.kr)에 접속하여 로그인하세요.
2. 상단 메뉴 중 [동영상 강좌]를 클릭하세요.
3. 'IT자격증' 카테고리에서 원하는 강좌를 선택하고 [수강 신청하기]를 클릭하세요.
4. 우측 상단의 [마이길벗] → [나의 동영상 강좌]로 이동하여 강좌를 수강하세요.
※ 기타 동영상 이용 문의 : 독자지원(02-332-0931)

시나공 홈페이지 회원 가입 방법

1. 시나공 홈페이지(sinagong.co.kr)에 접속하여 우측 상단의 〈회원가입〉을 클릭하고 〈이메일 주소로 회원가입〉을 클릭합니다.
   ※ 회원가입은 소셜 계정으로도 가입할 수 있습니다.
2. 가입 약관 동의를 선택한 후 〈동의〉를 클릭합니다.
3. 회원 정보를 입력한 후 〈이메일 인증〉을 클릭합니다.
4. 회원 가입 시 입력한 이메일 계정으로 인증 메일이 발송됩니다. 수신한 인증 메일을 열어 이메일 계정을 인증하면 회원가입이 완료됩니다.

시나공 시리즈는 단순한 책 한 권이 아닙니다. 여러분이 시나공 시리즈 책 한 권을 구입한 순간, Q&A 서비스에서 최신기출문제 등 각종 학습 자료까지 IT 자격증 최고 전문가들이 제공하는 온라인&오프라인 합격 보장 교육 프로그램이 함께합니다.

2025년 한 번에 합격을 위한 특별 서비스 하나 더

혼자 공부하다가 어려운 부분이 나와도 고민하지 말고, 다음의 세 가지 방법을 이용하여
시나공 저자의 속 시원한 강의를 바로 동영상으로 확인하세요.

1.
스마트폰으로 QR코드를 찍어보세요!

STEP 1
스마트폰의 QR코드 리더 앱을 실행하세요.

STEP 2
시나공 토막강의 QR코드를 스캔하세요.

STEP 3
스마트폰을 통해 토막강의가 시작됩니다.

2.
시나공 홈페이지에서 토막강의 번호를 입력하세요!

STEP 1
시나공 홈페이지에 접속한 후 [컴퓨터활용능력] → [1급 실기] → [동영상 강좌] → [토막강의]를 클릭하세요.

STEP 2
'강의번호'에 토막강의 번호를 입력하면 강의목록이 표시됩니다.

STEP 3
강의명을 클릭하면 토막강의를 볼 수 있습니다.

3.
유튜브에서는 이렇게 이용하세요!

STEP 1
유튜브 검색 창에 "시나공"+토막강의 번호를 입력하세요.

시나공4130100

STEP 2
검색된 항목 중 원하는 토막강의를 클릭하여 시청하세요.

★ 토막강의가 지원되는 도서는 시나공 홈페이지를 통해 확인할 수 있습니다.
★ 스마트폰을 이용하실 경우 무선랜(Wi-Fi)에 연결되지 않은 상태에서 토막강의를 이용하시면 가입하신 요금제에 따라 과금이 됩니다.

한눈에 살펴보는 시나공의 구성

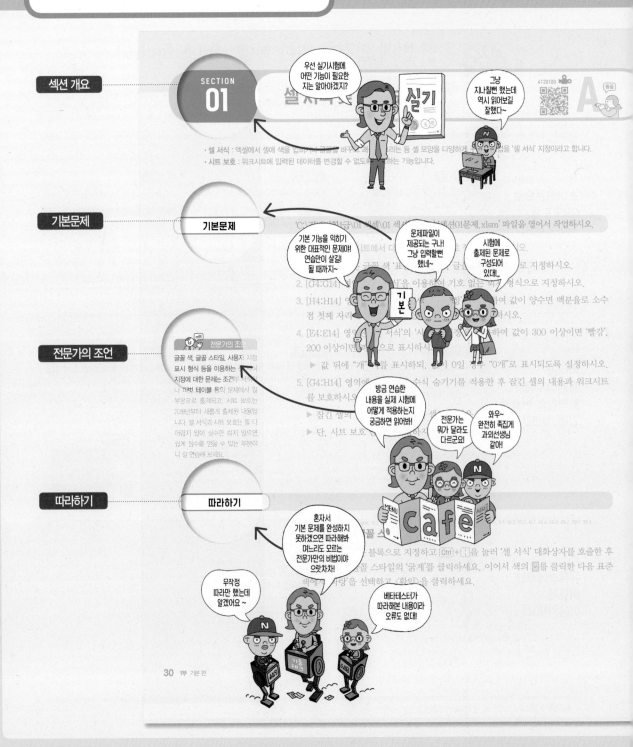

섹션 개요

기본문제

전문가의 조언

따라하기

시험에 꼭 나오는 엑셀 기능 16가지, 완전 마스터 — '기본' 편

이 책은 기초를 탄탄히 다질 수 있는 기본 편과 다양한 실전 유형을 익힐 수 있는 실전 편으로 구성되었습니다.
여러분은 이 기본 편의 예제와 따라하기를 통해 시험에서 만나게 될 16가지의 엑셀 기능을 익힐 수 있습니다.

섹션 등급

시나공 Q&A 베스트

토막강의

기출 따라잡기

출제횟수

3 사용자 지정 표시 형식 지정

기출 따라잡기

문제 1

한눈에 살펴보는 시나공의 구성

IT 자격증 전문가의 합격 요령

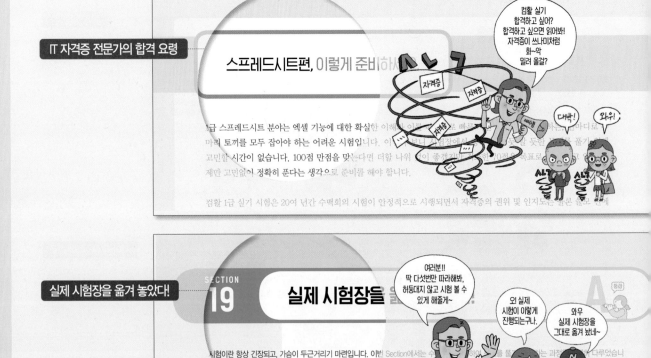

스프레드시트편, 이렇게 준비하

1급 스프레드시트 분야는 엑셀 기능에 대한 확실한 이해와 이를 마리 토끼를 모두 잡아야 하는 어려운 시험입니다. 이 고민할 시간이 없습니다. 100점 만점을 맞는다면 더할 나위 제만 고민없이 정확히 푼다는 생각으로 준비를 해야 합니다.

컴활 1급 실기 시험은 20여 년간 수백회의 시험이 안정적으로 시행되면서 자격증의 권위 및 인지도는 물론 물론 물론 물론에

실제 시험장을 옮겨 놓았다!

SECTION 19

실제 시험장을

시험이란 항상 긴장되고, 가슴이 두근거리기 마련입니다. 이번 Section에서는 다. 입실에서 퇴실까지 차근차근 따라하며 시험에 대비하세요.

1 **입실**(시험 시작 10분 전)

컴퓨터활용능력 1급 실기 시험은 각 과목별로 45분, 총 90분 동안 치뤄지는데 본문 시험장에 도착하여 대기하

기본 & 실전 모의고사

EXAMINATION 01 회

기본 모의고사

• 준 비 하 세 요 : 'C:\길벗컴활1급\이 액셀\03 기본
• 외부 데이터 위치 : C:\길벗컴활1급\이 액셀\03 기본모의고사

문제 1 **기본작업**(15점)

수험서의 핵심은 문제 풀이, 실제 시험 따라하기 & 모의고사 & 최신기출문제 — '실전' 편

기본 편에서 배운 내용이 시험에서는 어떻게 적용되는지 다양한 실전 문제를 통해 반복 학습함으로써
어느새 컴활 시험에 고수가 되어 있는 자신을 발견할 수 있을 것입니다.

컴활 함수 사전

계산작업 문제 모음

최신기출문제

채점 프로그램을 사용하려면?

① 채점하기

1. 시나공 홈페이지(sinagong.co.kr)에 접속하여 오른쪽 상단의 〈로그인〉을 클릭한 후 아이디와 패스워드를 넣고 로그인하세요.

> ※ '이메일 주소(아이디)'가 없는 경우에는 〈회원가입〉을 클릭하여 회원으로 가입한 후 구입한 도서를 등록하세요. '회원가입'에 대한 내용은 6쪽을 참고하세요.

2. 위쪽의 메인 메뉴에서 [컴퓨터활용능력] → [1급 실기] → [온라인채점] → [채점하기]를 클릭하세요.

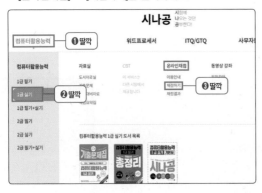

3. '채점하기'에서 채점할 도서로 '2025 시나공 컴퓨터활용능력 1급 실기 기본서'를 클릭하세요.

> ※ 간혹 '2025 시나공 컴퓨터활용능력 1급 실기 총정리'를 선택하는 경우가 있습니다. 교재명을 잘 확인한 후 꼭 '2025 시나공 컴퓨터활용능력 1급 실기 기본서'를 선택하세요.

4. '시험 유형 선택'에서 채점할 파일의 '과목', '시험 유형', '시험 회차'를 차례로 선택하세요. 아래쪽에 '채점할 파일 등록' 창이 나타납니다.

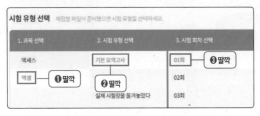

5. 채점할 파일을 '채점할 파일 등록' 창으로 드래그하거나 〈파일 업로드〉를 클릭한 후 '열기' 대화상자에서 채점할 파일을 선택하고 〈열기〉를 클릭하세요.

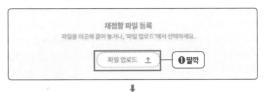

6. 파일이 업로드 된 후 〈채점하기〉를 클릭하면 채점이 수행됩니다.

7. 채점이 완료되면 '채점결과'가 표시됩니다.

2 틀린 부분 확인하기

'채점결과'에는 시험 유형, 점수, 합격 여부 그리고 감점 내역이 표시되며, 왼쪽의 문제 번호를 클릭하면 해당 문제의 감점 내역을
확인할 수 있습니다. 올바르게 작성했는데도 틀리다고 표시된 경우에는 시나공 홈페이지 위쪽의 메인 메뉴에서 [커뮤니티]를 클릭
하여 해당 문제에 대해 궁금한 점을 문의할 수 있습니다.

실습용 데이터 파일을 사용하려면?

1. 시나공 홈페이지에 접속하여 오른쪽 상단의 〈로그인〉을 클릭한 후 아이디와 패스워드를 넣고 로그인하세요.

2. 위쪽의 메뉴에서 [컴퓨터활용능력] → [1급 실기] → [도서자료실]을 클릭하세요.

3. 자료실 도서목록에서 [2025 시나공 컴퓨터활용능력 1급 실기 기본서]를 클릭한 후 [실습예제]를 클릭합니다.

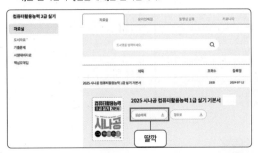

4. 내 컴퓨터 '다운로드' 폴더에 들어가 실습 예제 파일의 압축을 풀어줍니다.

5. 압축을 해제하면 실행 파일과 압축 파일이 있습니다. 이 중 '길벗컴활1급.exe' 파일을 더블클릭하여 실행하세요. '로컬디스크 C:\길벗컴활1급' 폴더에 문제 및 정답 파일이 자동으로 설치됩니다.

※ 실행 파일이 실행되지 않는 경우 압축 파일을 해제하여 사용하면 됩니다.

6. 정상적인 복사가 수행되었는지 '로컬 디스크 C:\길벗컴활1급' 폴더를 확인하세요. 이 폴더에 저장된 파일은 책에 수록된 문제를 풀 때 사용됩니다.

'C:\길벗컴활1급\01 엑셀' 폴더

여기에 있는 파일은 1과목 스프레드시트 실무를 공부할때 사용합니다.

- **01 섹션** : 각 섹션에서 사용되는 문제 및 정답 파일
- **02 시험장따라하기** : 기본 편 5장 '실제 시험장을 옮겨 놓았다!' 에서 사용되는 문제 및 정답 파일
- **03 기본모의고사** : 기본 모의고사에서 사용되는 문제 및 정답 파일
- **04 실전모의고사** : 실전 모의고사에서 사용되는 문제 및 정답 파일

'C:\길벗컴활1급\02 액세스' 폴더

여기에 있는 파일은 2과목 데이터베이스 실무를 공부할때 사용합니다.

- **01 섹션** : 각 섹션에서 사용되는 문제 및 정답 파일
- **02 시험장따라하기** : 기본 편 6장 '실제 시험장을 옮겨 놓았다!' 에서 사용되는 문제 및 정답 파일
- **03 기본모의고사** : 기본 모의고사에서 사용되는 문제 및 정답 파일
- **04 실전모의고사** : 실전 모의고사에서 사용되는 문제 및 정답 파일

'C:\길벗컴활1급\03 최신기출문제' 폴더

최신기출문제에서 사용할 엑셀과 액세스의 문제 및 정답 파일이 수록되어 있습니다.

'C:\길벗컴활1급\04 부록' 폴더

여기에 있는 파일은 별책 부록 컴활 함수 사전을 공부할 때 사용합니다.

준비운동

1 스프레드시트 편, 이렇게 준비하세요.

2 시험 접수부터 자격증을 받기까지 한눈에 살펴볼까요?

3 한눈에 보는 컴퓨터활용능력 1급 실기 시험 절차

4 컴퓨터활용능력 시험, 이것이 궁금하다!

스프레드시트 편, 이렇게 준비하세요.

1급 스프레드시트 분야는 엑셀 기능에 대한 확실한 이해와 이를 바탕으로 빠른 시간 안에 작성해야 하는, 한마디로 두 마리 토끼를 모두 잡아야 하는 어려운 시험입니다. 이렇다 보니 시험장에서 정확히 알 듯 말 듯한 문제를 풀기 위해 고민할 시간이 없습니다. 100점 만점을 맞는다면 더할 나위 없이 좋겠지만 최소한 70점을 목표로 하여 알고 있는 문제만 고민없이 정확히 푼다는 생각으로 준비를 해야 합니다.

컴활 1급 실기 시험은 20여 년간 수백회의 시험이 안정적으로 시행되면서 자격증의 권위 및 인지도는 물론 쓸모 면에서도 가장 우수한 IT자격증으로 평가 받고 있습니다. 난이도 또한 조금(?) 높은 수준에서 안정적으로 유지되고 2024년에는 출제기준이 Microsoft Office 2016 버전에서 Microsoft Office 2021 버전으로 변경되었으나 출제 형태에는 큰 변화가 없을 것으로 예상됩니다. 문제는 간혹 기존 유형에서 벗어난 문제가 출제된다는 것인데, 너무 염려하지 마세요. 합격점수는 100점이 아닌 70점입니다. 1급 실기 시험은 기본작업 15점, 계산작업 30점, 분석작업 20점, 기타작업에 35점이 배정되었으며, 이제까지 실시된 시험에서는 70점을 받지 못할 만큼 어렵거나 갑자기 새로운 문제가 출제된 적은 없었습니다. 그럼 1급 실기 시험을 어떻게 준비해야 합격 점수인 70점 이상을 만들 수 있는지 출제 방향과 기출 문제 분석에 기초하여 출제영역별로 살펴보겠습니다.

〈영역별 최소 목표 점수〉

작업유형	배점	최소 목표 점수
기본작업	15	15
계산작업	30	18
분석작업	20	20
기타작업	35	25
합계	100	78

문제 1 기본작업 – 15점을 목표로 합니다.

기본작업은 조건부 서식, 고급 필터, 시트 보호, 통합 문서 보기, 페이지 레이아웃 등의 기능 중에서 3문제가 출제됩니다. 고급 필터와 조건부 서식은 매회 고정적으로 출제되고 있으며, 시트 보호/통합 문서 보기와 페이지 레이아웃 중에서 한 문제가 선택적으로 출제됩니다.

기본작업에 특별히 어렵게 출제되는 문제는 없지만 15점을 모두 얻기 위해서는 간혹 고급 필터와 조건부 서식에 주어지는 까다로운 조건까지 만들 수 있도록 조건 지정 연습을 충분히 해야 한다는 것입니다. 고급 필터나 조건부 서식에서 조건을 지정하는 원리는 2번 계산작업에서의 그것과 동일하니 2번 계산작업을 먼저 공부한 후에 1번 문제를 공부하는 것도 하나의 요령입니다.

출제 항목	배점(목표 점수)	출제 형태	세부 출제 내역	
고급 필터	5(5)	5점 짜리 1문제	• AND 조건 지정 • 수식으로 조건 지정 • 특정 필드만 추출	• OR 조건 지정 • 함수로 조건 지정
조건부 서식	5(5)	5점 짜리 1문제	• AND 조건 지정 • 수식으로 조건 지정	• OR 조건 지정 • 함수로 조건 지정
시트 보호 / 통합 문서 보기	5(5)	5점 짜리 1문제	• 시트 보호 • 도형, 차트 등의 잠금 설정	• 통합 문서 보기
페이지 레이아웃	5(5)	5점 짜리 1문제	• 페이지 가운데 맞춤 지정 • 머리말/꼬리말 지정 • 반복할 행/열 지정	• 시작 페이지 번호 지정 • 인쇄 영역 지정 • 페이지 나누기 실행

※ 위의 4가지 출제 항목 중에서 3가지를 조합하여 5점 짜리 3문제가 15점으로 출제됩니다.

문제 2 계산작업 – 가장 중요합니다. 18점을 목표로 합니다.

계산작업은 컴퓨터활용능력 시험에서 가장 중요한 기본적인 작업으로, 학습에 가장 많은 시간을 배정해야 합니다. 계산문제를 공부하면서 습득하는 함수나 논리수식의 사용법은 컴퓨터활용능력 시험 전반에 걸쳐 두루 응용되기 때문입니다.

계산작업은 조건문과 중첩 함수로 논리식을 세워 계산하는 배열 수식과 일반 수식이 2문제씩, 그리고 사용자 정의 함수 1문제가 각 6점으로 출제되고 있습니다. 그동안 실시된 시험에서의 사용자 정의 함수는 쉽게 출제된 편이지만 더 깊이 들어간다면 기타 작업의 프로시저보다 어려울 수 있는 부분입니다. 최악의 경우 6점을 포기한다고 생각하고 기출문제 수준 정도로만 이해하세요. 그리고 배열 수식 문제와 중첩 함수 문제 중 간혹 난이도 높은 논리식을 세워야 하는 문제가 출제되는데, 이것도 최악의 경우 포기한다고 생각하세요. 대신 배열 수식과 일반 계산식 문제에서 3문제는 꼭 맞혀야 합니다. 그리고 잊지 말아야 할 것이 계산작업은 다른 작업을 모두 마친 다음에 해야 한다는 것입니다. 풀릴 듯 말 듯한 계산 문제를 잡고 고민하다 보면 어느덧 종료 시간이 돌아옵니다. 다음은 계산작업 학습 방법입니다.

1. 함수의 사용법은 기본입니다.

제공된 컴활함수사전을 이용하여 기본적인 함수 사용법을 충분히 익혀야 합니다. 시험범위로 주어진 135개 함수 중 한번이라도 시험에 출제된 함수는 80개뿐입니다. 함수 이름을 보면 바로 어떤 용도로 사용하며, 인수에는 어떤 것들이 어떤 순서로 필요한지 알 수 있을 정도로 연습하세요.

2. 논리를 수식으로 만들 수 있어야 합니다.

섹션 05~08 함수 편에는 논리에 맞게 단계적으로 수식 세우는 방법을 수록하였습니다. 수식에는 난이도의 차이가 있지만 수식을 세우는 원리는 난이도에 관계없이 모두 동일합니다. 수식 세우는 방법을 숙지하세요.

스프레드시트 편, 이렇게 준비하세요.

3. 모의고사와 기출문제에서 계산작업 문제만 골라서 풀어 봅니다.

함수 섹션을 모두 끝냈으면 기본 모의고사 10회, 실전 모의고사 10회, 최신기출문제 10회 중 2번 계산작업 문제만 골라서 컴퓨터로 직접 모두 풀어 보세요.

4. 수식이 바로 만들어질 때까지 반복합니다.

모의고사를 모두 풀었다고 계산작업에 대한 학습이 끝난 것이 아닙니다. 계산작업에 출제되는 문제들은 평소에 사용하지 않는 논리를 수식으로 변환하는 것이라 단기간에 끝내기는 쉽지 않습니다. 제공된 별책 부록에는 컴퓨터 없이도 계산작업을 연습할 수 있도록 계산작업 문제만 별도로 분리하여 수록해 놓았습니다. 반복적으로 연습하다 보면 분명히 "아~!" 하고 느낌이 올 때가 있습니다. 그때까지 충실히 연습하세요.

출제 항목	배점(목표 점수)	출제 형태
배열 수식	12(12)	6점 짜리 2문제
일반 함수식	12(6)	6점 짜리 2문제
사용자 정의 함수	6(0)	6점 짜리 1문제

※ 위의 3가지 출제 항목을 조합하여 6점짜리 5문제가 출제됩니다. 간혹 배열 수식 문제가 1개만 출제되고 일반 함수식 문제가 3개 출제되는 경우도 있습니다.

〈시험에 한 번이라도 출제된 함수들〉

논리 함수	IF, AND, OR, IFERROR
찾기 함수	CHOOSE, VLOOKUP, HLOOKUP, INDEX, LOOKUP, MATCH, OFFSET, ROW, TRANSPOSE
텍스트 함수	LEFT, MID, RIGHT, UPPER, LEN, VALUE, TEXT, PROPER, SUBSTITUTE, REPT, CONCAT, TRIM, REPLACE, FIND, FIXED
정보 함수	ISBLANK, ISERROR, ISNUMBER
수학/삼각 함수	INT, TRUNC, SUM, SUMIF, SUMIFS, ROUND, ROUNDUP, ROUNDDOWN, PRODUCT, SUMPRODUCT, MOD, QUOTIENT, ABS
통계 함수	AVERAGE, AVERAGEIF, MAX, MAXA, MIN, COUNTIF, COUNTA, LARGE, SMALL, MEDIAN, FREQUENCY, COUNT, COUNTIFS, PERCENTILE.INC, RANK.EQ, STDEV.S
재무 함수	FV, PMT, PV
데이터베이스 함수	DSUM, DAVERAGE, DCOUNT, DCOUNTA, DGET
날짜/시간 함수	YEAR, MONTH, TODAY, WEEKDAY, EDATE, WORKDAY, NETWORKDAYS, DAY, DAYS, WEEKNUM, HOUR, EOMONTH

문제 3 분석작업 – 20점을 목표로 합니다.

분석작업은 부분합, 피벗 테이블, 데이터 표, 시나리오, 목표값 찾기, 통합, 유효성 검사, 중복된 항목 제거, 텍스트 나누기, 자동 필터, 조건부 서식 등에서 2문제가 나오는데, 한 문제는 피벗 테이블을 만들어 수정하는 문제가 고정적으로 출제되고, 나머지 한 문제는 중복된 항목을 제거하고 자동 필터를 적용하는 등 2~3가지의 데이터 분석 기능이 혼합된 문제가 출제됩니다. 분석작업에서는 20점을 모두 취득해야 하므로 피벗 테이블의 세부 옵션까지도 꼼꼼하게 살펴볼 필요가 있습니다. 나머지 한 문제로 출제되는 기능은 종류가 여럿이긴 하지만 한두 번만 따라하면 누구나 쉽게 익힐 수 있는 기능이니 [문제 3]에서는 20점 모두 취득하는 것을 목표로 공부해야 합니다.

출제 항목	배점(목표 점수)	출제 형태
피벗 테이블	10(10)	10점 짜리 1문제
부분합, 데이터 표, 시나리오, 목표값 찾기, 통합, 유효성 검사, 중복된 항목 제거, 텍스트 나누기, 자동 필터, 조건부 서식 등에서 2~3가지 기능	10(10)	10점짜리 1문제

※ 위의 2가지 출제 항목을 조합하여 10점짜리 2문제가 출제됩니다.

문제 4 기타작업 – 25점을 목표로 합니다.

기타작업에서는 만들어진 차트를 수정하는 문제, 매크로를 작성하는 문제, 프로시저를 작성하는 문제가 출제되는데 차트에 10점, 매크로에 10점, 프로시저에 15점이 배정됩니다. 차트의 경우 지시 사항대로 수정만 하면 되는 간단한 문제지만 10점을 모두 얻기 위해서는 간단한 서식설정에서 계열의 추가, 변경, 추세선의 추가 등 차트와 관계된 모든 기능을 완전히 알고 있어야 합니다.

매크로의 경우 조건부 서식이나 사용자 지정 표시 형식 등이 문제로 출제되기 때문에 조건 지정하는 방법과 사용자 지정 표시 형식을 정확히 알아둘 필요가 있습니다. 수험생 가운데는 매크로를 어렵게 생각하는 경우가 있는데, 매크로는 몇 가지만 이해하면 생각보다 쉽게 점수를 얻을 수 있는 부분이니 절대 포기하지 마세요.

프로시저는 많은 시간동안 충분한 연습을 거쳐야 완전히 이해할 수 있는 프로그래밍 분야입니다. 시험에는 5점짜리 3문제가 출제되는데, 최악의 경우 10점은 포기한다 생각하고 지금까지 기출문제에 출제된 주요 코드 10개만 암기하고 다른 작업 영역에 보다 많은 시간을 할애하는 편이 훨씬 효율적입니다.

출제 항목	배점(목표 점수)	출제 형태
차트	10(10)	2점짜리 5문제
매크로	10(10)	5점짜리 2문제
프로시저	15(5)	5점짜리 3문제

※ 위의 3가지 출제 항목을 조합하여 2점짜리 5문제와 5점짜리 5문제가 출제됩니다.

시험 접수부터 자격증을 받기까지 한눈에 살펴볼까요?

※ 신청할 때 준비할 것은~

▶ 인터넷 신청 : 접수 수수료 3,100원, 등기 우편 수수료 3,000원

4 합격여부 확인 →

실기 시험

1 실기원서접수

> 설마 필기시험에 떨어진건 아니겠지~?

합격

축 합격

> 실기 시험은 인터넷 접수만 가능합니다!

실기

◎ 상시 시험 : 매주 시행
◎ 인터넷 원서 접수 사이트:
  license.korcham.net
◎ 프로그램 : 오피스 2021
◎ 접수 수수료 : 25,000원
◎ 인터넷 접수 대행 수수료 : 1,200원

> 상시 시험은 매주 있어요!

최종 합격

3 합격여부 확인 ←

2 실기시험

> 합격여부는 license.korcham.net에서 확인하면 됩니다.

> 필기는 합격 하셨군요~ 실기도 편안한 마음으로 시작하세요~고고!

실기

실기 시험은 70점 이상의 점수를 (1급은 두 과목 모두) 얻어야 합니다!

집중

한눈에 보는 **컴퓨터활용능력 1급** 실기 시험 절차

 시험 시작 10분 전

시험장 입실

10분 전까지 시험장에 들어가 있어야 합니다.

수험자 인적사항 확인

여러분의 인적사항이 자동으로 표시됩니다. 수험표에 표시된 자신의 인적사항과 비교하여 이상이 없으면 〈다음〉을 클릭하세요.

시험 유의사항 확인

시험에 대한 유의사항이 화면에 표시됩니다. 감독관의 지시에 따라 문제지를 받을 때까지 아무것도 손대지 말고 기다리세요.

 데이터베이스 시험 시작 5분 전

시험 유의사항 확인

시험에 대한 유의사항이 화면에 표시됩니다. 감독관의 지시에 따라 문제가 제시될 때까지 아무것도 손대지 말고 기다리세요.

 시험 시작 45분 후

시험 종료

감독관이 시험 종료를 알리면 작업한 내용을 마지막으로 한 번 더 저장합니다.

 시험 시작

문제 확인

지시사항 1쪽, 문제 3쪽 분량의 문제가 제시됩니다. 문제를 받으면 평소 연습하던 내용과 다른 부분이 있는지 지시사항을 자세히 읽어보세요.

데이터베이스 작업 수행

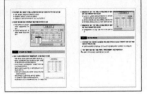

주어진 시간은 45분입니다.
1. 시험 시작을 알리면, 암호 입력 대화상자가 표시되지 않고 바로 문제 파일이 열립니다. 혹시라도 암호 입력 대화상자가 표시된다면, 당황하지 말고 문제지 1면의 〈유의사항〉에 표시된 암호를 직접 입력하면 됩니다.
2. 데이터베이스 작업을 시작하세요.

스프레드시트 시험 시작 5분 전

컴퓨터 확인

컴퓨터 화면에 나타난 대화상자에서 〈연습하기〉 버튼을 누른 후, 자신의 컴퓨터에서 엑셀과 액세스가 정상적으로 작동하는지 확인합니다. 문제가 있는 경우 손을 들고 감독관을 불러 조치를 받으세요.

 시험 시작

문제 확인

지시사항 1쪽, 문제 3쪽 분량의 문제가 제시됩니다. 평소 연습하던 내용과 다른 부분이 있는지 지시사항을 자세히 읽어보세요.

문제
배부

스프레드시트 작업 수행

주어진 시간은 45분입니다.
1. 시험 시작을 알리면, 암호 입력 대화상자가 표시되지 않고 바로 문제 파일이 열립니다. 혹시라도 암호 입력 대화상자가 표시된다면, 당황하지 말고 문제지 1면의 〈유의사항〉에 표시된 암호를 직접 입력하면 됩니다.
2. 스프레드시트 작업을 시작하세요.

시험
시작!

Start

 시험 시작 45분 후

시험 종료

감독관이 시험 종료를 알리면 작업한 내용을 마지막으로 한 번 더 저장합니다.

퇴실

※ 자세한 내용은 '실제 시험장을 옮겨 놓았다!' 부분을 참고하세요.

시험 도중 컴퓨터가 다운되면 손해본 시간은 시험 시간에서 제외되지만 저장하지 않은 자료에 대해서는 본인의 책임입니다. 반드시 시험 중간 중간 자주 저장하는 것을 잊지마세요.

액세스
종료

퇴실

저장
필수!

컴퓨터활용능력 시험, 이것이 궁금하다!

Q 시험 접수를 취소하고 환불받을 수 있나요? 받을 수 있다면 환불 방법을 알려주세요.

A 네, 가능합니다. 대한상공회의소 자격평가사업단 홈페이지의 상단 메뉴에서 [개별접수] → [환불신청]을 클릭하여 신청하면 됩니다. 하지만 환불 신청 기간 및 사유에 따라 환불 비율에 차이가 있습니다.

환불 기준일	환불 비율
접수일 ~ 시험일 4일 전	100% 반환
시험일 3일 전 ~ 시험일	반환 불가

※ 100% 반환 시에도 인터넷 접수 수수료는 제외하고 반환됩니다.

Q 필기 시험에 합격하면 2년 동안 필기 시험이 면제된다고 하던데, 필기 시험에 언제 합격했는지 기억이 나지 않을 경우 실기 시험 유효 기간이 지났는지 어떻게 확인해야 하나요?

A 대한상공회의소 자격평가사업단 홈페이지에 로그인한 후 [마이페이지] 코너에서 확인할 수 있습니다.

Q 컴퓨터활용능력 필기 응시 수수료와 실기 응시 수수료는 얼마인가요?

A 급수에 관계없이 필기는 19,000원이고, 실기는 22,500원입니다.

Q 시험 날짜를 변경할 수 있나요?

A 네, 가능합니다. 시험일 4일전까지 홈페이지에서 총 3번까지 변경할 수 있습니다.

Q 실기 시험 볼 때 가져갈 준비물로는 어떤 것들이 있나요?

A 수검표, 신분증(주민등록증, 운전면허증 등)을 지참해야 합니다.

※ 신분증을 지참하지 않으면 시험에 응시할 수 없으니 반드시 신분증을 지참하세요.

Q 신분증을 분실하였을 경우에는 어떻게 해야 하나요?

A 신분증을 분실했을 경우 주민센터에서 주민등록증 발급 신청 확인서를 발부해 오면 됩니다. 그 외에 운전면허증, 학생증 및 청소년증(중 · 고등학생 한정), 유효기간 내의 여권, 국가기술 자격증이 있어도 됩니다.

Q 자격증 분실 시 재발급 받으려면 어떻게 해야 하나요?

A 처음 자격증 신청할 때와 동일하게 인터넷으로 신청하면 됩니다.

Q 컴퓨터활용능력 1급 필기 시험에 합격하면 2급은 필기 시험 없이 실기 시험에 바로 응시할 수 있나요?

A 네, 그렇습니다. 1급 필기 시험에 합격하면 1, 2급 실기 시험에 모두 응시할 수 있습니다.

Q 필기 시험에 합격한 후 바로 상시 시험에 접수할 수 있나요?

A 네, 가능합니다. license.korcham.net에서 접수하면 됩니다.

Q 실기 시험 합격 여부를 확인하기 전에 다시 상시 시험에 접수하여 응시할 수 있나요?

A 네, 상시 시험은 같은 날 같은 급수만 아니면, 합격 발표 전까지 계속 접수 및 응시가 가능합니다. 그러나 합격한 이후에 접수한 시험은 모두 무효가 되며, 접수한 시험에 대해서는 취소 및 환불이 되지 않으니 주의하기 바랍니다.

Q 조건부 서식에서는 셀 주소의 열 문자 앞에 $를 붙이는데, 고급 필터에서 조건을 작성할 때는 $를 안붙입니다. 이유가 있나요?

A 조건부 서식은 셀 단위로 서식이 적용되기 때문에 행 전체에 서식을 적용하려면 셀 주소의 열 문자 앞에 $를 붙여 열을 고정해야 하지만, 고급 필터는 행 단위로 작업이 이뤄지므로 $를 붙이지 않아도 됩니다.

Q 계산작업 문제는 책에 있는 수식과 똑같을 때만 정답으로 인정되나요?

A 아닙니다. 수식은 작성하는 사람에 따라 다를 수 있으므로, 문제에 제시된 함수를 사용하였고, 수식의 결과가 일치하면 정답으로 인정됩니다.

Q 수식을 작성할 때 $를 붙여 절대 참조로 지정하는 것이 헷갈립니다. 어떤 경우에 절대 참조를 지정하나요?

A 절대 참조를 지정하는 이유는 참조하는 셀의 위치가 변경되어도 수식에 사용된 주소가 변하지 않게 하려는 것입니다. 즉 채우기 핸들을 드래그하여 수식을 복사할 때, 변경되면 안 되는 수식의 주소들은 절대 참조로 지정해야 합니다.
예를 들어, [D3] 셀에 [C3] 셀의 순위를 계산하고 나머지 사람들의 순위는 [D3] 셀의 채우기 핸들을 드래그하여 계산하려면 각각의 평균인 [C4], [C5], [C6], [C7] 셀은 수식이 입력된 위치에 따라 변해야 하지만 전체 평균의 범위인 [C3:C7]은 절대 변하면 안 되므로 절대 주소로 지정해야 합니다.

	A	B	C	D	E
1	성적표				
2	이름	반	평균	순위	순위
3	김예소	1	84	4	=RANK.EQ(C3,$C$3:$C$7)
4	이동준	1	92	2	=RANK.EQ(C4,$C$3:$C$7)
5	임영우	2	96	1	=RANK.EQ(C5,$C$3:$C$7)
6	서현진	2	76	5	=RANK.EQ(C6,$C$3:$C$7)
7	최진성	2	88	3	=RANK.EQ(C7,$C$3:$C$7)

[절대 참조 지정]

	A	B	C	D	E
1	성적표				
2	이름	반	평균	순위	순위
3	김예소	1	84	4	=RANK.EQ(C3,C3:C7)
4	이동준	1	92	2	=RANK.EQ(C4,C4:C8)
5	임영우	2	96	1	=RANK.EQ(C5,C5:C9)
6	서현진	2	76	2	=RANK.EQ(C6,C6:C10)
7	최진성	2	88	1	=RANK.EQ(C7,C7:C11)

[상대 참조 지정(오류)]

Q 매크로를 잘못 만들었어요. 어떻게 해야 하나요?

A 매크로를 잘못 만들었을 때는 다음과 같이 작성한 매크로를 삭제한 후 다시 작성하면 됩니다.
1. [개발 도구] → 코드 → **매크로**를 클릭한다.
2. '매크로' 대화상자에서 삭제할 매크로를 선택한 후 〈삭제〉를 클릭한다.
3. 매크로를 새로 작성한다.

Q 문제의 지시사항을 모두 수행했는데 결과 화면이 문제와 다릅니다. 어떻게 해야 하나요?

A 모든 지시사항을 올바르게 수행했다면 문제지의 그림과 엑셀의 결과 화면이 같아야 합니다. 수행하지 않은 지시사항은 없는지, 잘못된 순서로 작업하지는 않았는지 다시 한번 확인해 보세요.

Q 고급 필터의 조건을 작성할 때 MID(A2,4,1)*1)=5처럼 MID 함수의 결과에 1을 곱하는 이유가 뭐죠?

A 숫자 모양의 텍스트 데이터를 숫자 데이터로 변환하기 위해서입니다. MID, LEFT, RIGHT 함수는 결과를 텍스트로 반환하는 텍스트 함수인데, 이 텍스트를 숫자와 비교하려면 텍스트를 숫자로 변환해야 합니다. 즉 MID(A2,4,1)*1과 같이 1을 곱하면 숫자 모양의 텍스트가 숫자로 변환됩니다. 참고로 VALUE 함수를 사용할 경우에는 VALUE(MID(A2,4,1))와 같이 입력하면 됩니다.

Q 수식을 입력하면 표시 형식이 정답과 다른 경우가 있습니다. 이럴 때는 정답과 동일하게 만들어야 하나요?

A 아닙니다. 문제에 표시 형식을 지정하라는 지시사항이 없으면 표시된 결과 그대로 두면 됩니다.

Q '관계 편집' 대화상자에서 작업을 수행하는데, 다음 그림과 같이 〈상품〉 테이블을 잠글 수 없다는 메시지가 표시됩니다. 왜 그렇죠?

A 현재 관계 설정에 사용하고 있는 테이블을 열어 놓은 상태에서 작업을 수행했기 때문입니다. 메시지 창에서 〈확인〉을 클릭한 후 '관계 편집' 대화상자를 닫고 〈상품〉 테이블을 선택한 다음 닫기 단추(☒)를 클릭하세요. 그런 다음 관계 설정 작업을 다시 수행하면 됩니다.

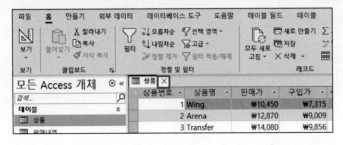

ⓠ 폼이나 보고서의 디자인 보기에서 컨트롤을 더블클릭해도 속성 시트 창이 안 나타나요. 왜 그렇죠?

ⓐ 컨트롤이 편집 상태이기 때문입니다. 다른 곳을 클릭하여 편집 상태를 해제하거나 컨트롤의 경계선에 마우스를 놓아 마우스 포인터가 로 변경될 때 더블클릭하면 됩니다.

ⓠ '컨트롤 원본'에 수식을 적을 때, 어떤 경우는 [매출수량]으로 적고 어떤 경우는 "매출수량"으로 적는데, 차이점을 모르겠어요.

ⓐ 일반적으로 필드명을 입력할 때는 대괄호([ ])로 묶고, 단순 텍스트를 입력할 때는 큰따옴표(" ")로 묶는다고 생각하면 됩니다. 예외가 있다면, DSum, DAvg 같은 도메인 함수에서 필드명을 입력할 때는 큰따옴표(" ")로 묶는다는 것입니다.

ⓠ '컨트롤 원본'에 현재 날짜를 지정할 때, Date와 Now 중 어떤 것을 사용해야 하나요?

ⓐ 문제에 제시된 함수를 사용하면 됩니다. 문제에 사용할 함수가 제시되어 있지 않을 때는 아무거나 사용해도 됩니다. 제시된 함수는 없지만 '시간을 포함하지 않는 시스템의 오늘 날짜'를 표시하라는 조건이 있을 때는 반드시 Date 함수를 사용해야 합니다.

ⓠ 보고서에서 그룹이나 정렬을 설정할 때 '그룹 추가'와 '정렬 추가'의 차이점은 무엇인가요? 똑같이 정렬 설정도 되고 그룹 머리글/바닥글 설정도 되는 것 같은데 …

ⓐ 큰 차이점은 없으므로 둘 중 어떤 것을 사용하든 그룹 및 정렬 기준을 지정할 수 있습니다. 차이가 있다면 '그룹 추가'를 클릭하면 그룹 지정이 편리하도록 바로 그룹 기준 필드를 선택할 수 있는 필드 목록이 표시되고, '정렬 추가'를 클릭하면 정렬 지정이 편리하도록 바로 정렬 기준 필드를 선택할 수 있는 필드 목록이 표시됩니다.

ⓠ 컨트롤을 못 찾겠어요. 어떻게 찾죠?

ⓐ 속성 시트 창에서 컨트롤의 이름을 확인하면 됩니다. 문제에 제시된 컨트롤이 정확하게 어떤 것인지 모를 경우에는 예상되는 컨트롤을 더블클릭하여 속성 시트 창을 연 다음 속성 시트 창의 '기타' 탭에서 '이름' 속성을 확인하세요. 찾는 컨트롤이 아니면 다른 컨트롤을 클릭해 보면 되겠죠.

1부 기본편

1장 기본작업

2장 계산작업

3장 분석작업

4장 기타작업

5장 실제 시험장을 옮겨 놓았다!

1장

기본 작업

Section 01 셀 서식 및 시트 보호

Section 02 조건부 서식 / 중복된 항목 제거

Section 03 자동 필터 / 고급 필터

Section 04 페이지 레이아웃 / 통합 문서 보기

- **셀 서식** : 엑셀에서 셀에 색을 입히거나 글꼴을 바꾸고 괘선을 그리는 등 셀 모양을 다양하게 꾸미는 작업을 '셀 서식' 지정이라고 합니다.
- **시트 보호** : 워크시트에 입력된 데이터를 변경할 수 없도록 보호하는 기능입니다.

기본문제   'C:\길벗컴활1급\01 엑셀\01 섹션' 폴더의 '섹션01문제.xlsm' 파일을 열어서 작업하시오.

전문가의 조언

글꼴 색, 글꼴 스타일, 사용자 지정 표시 형식 등을 이용하는 셀 서식 지정에 대한 문제는 조건부 서식이나 피벗 테이블 등의 문제에서 일부분으로 출제되고, 시트 보호는 2018년부터 새롭게 출제된 내용입니다. 셀 서식과 시트 보호는 둘 다 어렵지 않아 실수만 하지 않으면 쉽게 점수를 얻을 수 있는 부분이니 잘 연습해 보세요.

'무작정따라하기' 시트에서 다음의 지시사항대로 작업을 처리하시오.

1. [B1:H1] 영역은 글꼴 색 '표준 색–파랑', 글꼴 스타일 '굵게'로 지정하시오.

2. [G4:G14] 영역은 '셀 서식'을 이용하여 기호 없는 회계 형식으로 지정하시오.

3. [H4:H14] 영역은 '셀 서식'의 '사용자 지정'을 이용하여 값이 양수면 백분율로 소수점 첫째 자리까지 표시하고, 음수나 0이면 *로 표시하시오.

4. [E4:E14] 영역은 '셀 서식'의 '사용자 지정'을 이용하여 값이 300 이상이면 '빨강', 200 이상이면 '파랑'으로 표시하시오.

   ▶ 값 뒤에 "개" 자를 표시하되, 값이 0일 경우 "0개"로 표시되도록 설정하시오.

5. [G4:H14] 영역에 셀 잠금과 수식 숨기기를 적용한 후 잠긴 셀의 내용과 워크시트를 보호하시오.

   ▶ 잠긴 셀의 선택과 잠기지 않은 셀의 선택은 허용하시오.

   ▶ 단, 시트 보호 암호는 지정하지 마시오.

	A	B	C	D	E	F	G	H
1		영업소별 라도스 재고현황						
2							단가 :	24500
3		영업소코드	영업소명	입고량	판매량	재고량	판매금액	재고율
4		SE-001	서울	500	450	50	11025000	0.1
5		BU-002	부산	350	320	30	7840000	0.08571429
6		DA-003	대구	300	280	20	6860000	0.06666667
7		GW-004	광주	300	300	0	7350000	0
8		TA-005	대전	250	230	20	5635000	0.08
9		SE-001	서울	250	220	30	5390000	0.12
10		BU-002	부산	250	200	50	4900000	0.2
11		DA-003	대구	200	175	25	4287500	0.125
12		GW-004	광주	200	170	30	4165000	0.15
13		TA-005	대전	150	135	15	3307500	0.1
14		SE-001	서울	150	140	10	3430000	0.06666667

↓

	A	B	C	D	E	F	G	H
1		영업소별 라도스 재고현황						
2						단가 :		24500
3		영업소코드	영업소명	입고량	판매량	재고량	판매금액	재고율
4		SE-001	서울	500	450개	50	11,025,000	10.0%
5		BU-002	부산	350	320개	30	7,840,000	8.6%
6		DA-003	대구	300	280개	20	6,860,000	6.7%
7		GW-004	광주	300	300개	0	7,350,000	*
8		TA-005	대전	250	230개	20	5,635,000	8.0%
9		SE-001	서울	250	220개	30	5,390,000	12.0%
10		BU-002	부산	250	200개	50	4,900,000	20.0%
11		DA-003	대구	200	175개	25	4,287,500	12.5%
12		GW-004	광주	200	170개	30	4,165,000	15.0%
13		TA-005	대전	150	135개	15	3,307,500	10.0%
14		SE-001	서울	150	140개	10	3,430,000	6.7%

따라하기

1
16.2, 16.1, 15.3, 15.상시, 15.1, 14.3, 14.2, 14.1, 13.3, 13.상시, 13.1, 12.3, 12.2, 12.1, 11.3, 11.2, 11.1, 10.3, 10.2, 10.1, 09.4, 09.3, 09.2, 09.1, 08.4, …

글꼴 색/글꼴 스타일 지정

1. [B1:H1] 영역을 블록으로 지정하고 Ctrl + 1 을 눌러 '셀 서식' 대화상자를 호출한 후 '글꼴' 탭에서 글꼴 스타일의 '굵게'를 클릭하세요. 이어서 색의 ☑를 클릭한 다음 표준 색에서 '파랑'을 선택하고 〈확인〉을 클릭하세요.

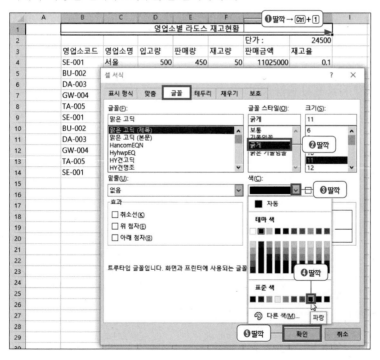

전문가의 조언

셀 서식은 [홈] → **글꼴** 그룹을 이용하여 지정해도 되지만 문제에 '셀 서식' 대화상자를 이용하여 지정하라는 지시사항이 있으면 '셀 서식' 대화상자를 이용해야 합니다.

전문가의 조언

'색'에서 ☑을 클릭하면 아래 그림과 같이 색상 지정 부분이 나타납니다. 선택하고자 하는 색이 혼동될 경우에는 색상 위로 마우스 포인터를 이동하세요. 풍선 도움말이 나타나 색상명을 알려줍니다.

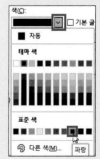

기호 없는 표시 형식 지정

2. [G4:G14] 영역을 블록으로 지정하고, Ctrl+1을 눌러 '셀 서식' 대화상자를 호출한 후 '표시 형식' 탭에서 '회계'를 선택하세요. 이어서 기호의 ☑를 클릭하여 '없음'을 선택한 후 〈확인〉을 클릭하세요.

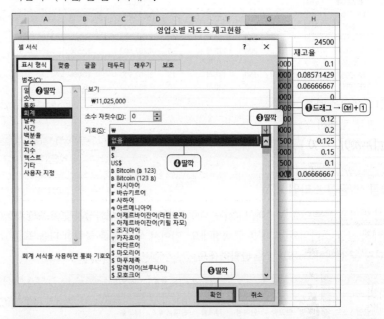

사용자 지정 표시 형식 지정

3. [H4:H14] 영역을 블록으로 지정하고, Ctrl+1을 눌러 '셀 서식' 대화상자를 호출한 후 '표시 형식' 탭에서 '사용자 지정'을 선택하세요. 이어서 형식 난에 입력되어 있는 내용을 지우고 0.0%;"*";"*"를 입력한 다음 〈확인〉을 클릭하세요.

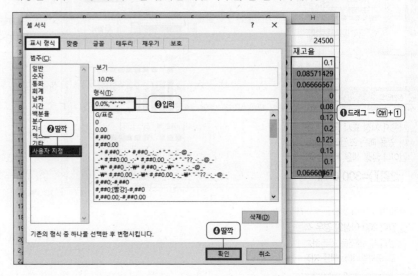

사용자 지정 서식 코드는 양수, 음수, 0, 텍스트 순으로 한 번에 네 가지의 표시 형식을 지정할 수 있으며 각 구역은 세미콜론(;)으로 구분됩니다. 이 문제에서는 양수, 음수, 0일 경우에 해당하는 표시 형식만 지정하면 되므로 맨 마지막 텍스트에 대한 표시 형식은 생략하였습니다.

0.0% ; "*" ; "*"
양수　음수　0값

4 조건 있는 사용자 지정 표시 형식 지정
24.상시, 23.상시, 22.상시, 21.상시

4. [E4:E14] 영역을 블록으로 지정하고, Ctrl+①을 눌러 '셀 서식' 대화상자를 호출한 후 '표시 형식' 탭에서 '사용자 지정'을 선택하세요. 이어서 형식 난에 **[빨강][〉=300]0"개";[파랑][〉=200]0"개";0"개"**를 입력한 다음 〈확인〉을 클릭하세요.

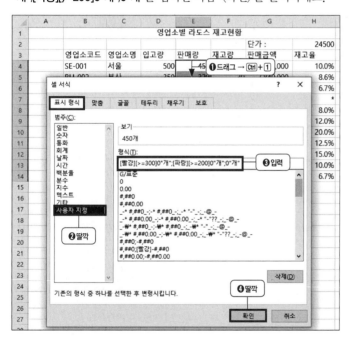

사용자 지정 표시 형식은 조건이 없을 때는 양수, 음수, 0, 텍스트 순으로 표시 형식이 지정되지만, 조건이 있을 때는 조건이 지정된 순서대로 표시 형식이 지정되고 각 구역은 세미콜론(;)으로 구분됩니다. 조건이나 글꼴 색을 지정할 때는 대괄호([ ]) 안에 입력합니다.

[빨강][〉=300]0"개" ; [파랑][〉=200]0"개" ; 0"개"
　　　❶　　　　　　　**❷**　　　　　**❸**

❶ 값이 300 이상일 경우 적용될 서식으로, 값에 0"개" 형식을 적용하여 빨강색으로 표시합니다.
❷ 값이 200 이상일 경우 적용될 서식으로, 값에 0"개" 형식을 적용하여 파랑색으로 표시합니다.
❸ 앞의 두 조건을 만족하지 않을 경우, 즉 값이 200 미만일 경우 적용될 서식으로, 값을 0"개" 형식으로 표시합니다. 색을 지정하지 않으면 기본 값인 검정색으로 표시합니다.

5 시트 보호

5. 시트 보호를 실행하기 전에 먼저 보호할 셀에 잠금과 수식 숨기기를 지정해야 합니다. [G4:H14] 영역을 블록으로 지정하고 Ctrl+①을 눌러 '셀 서식' 대화상자를 호출한 후 '보호' 탭에서 '잠금'과 '숨김'을 선택한 다음 〈확인〉을 클릭하세요.

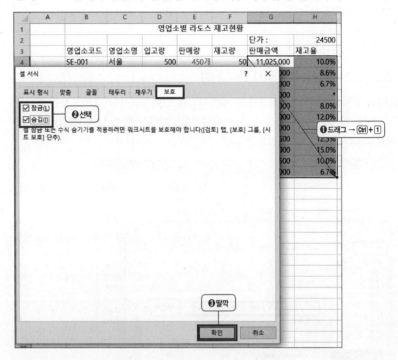

6. 이제 시트 보호를 실행해야 합니다. 임의의 셀을 클릭하여 블록을 해제한 후 [검토] → 보호 → **시트 보호**를 클릭하면 '시트 보호' 대화상자가 나타납니다.

7. 시트 보호를 해도 잠긴 셀이나 잠기지 않은 셀 모두 선택할 수 있도록 설정해야 합니다. '시트 보호' 대화상자에서 '잠긴 셀 선택'과 '잠기지 않은 셀 선택'이 선택되어 있는지 확인한 후 〈확인〉을 클릭하세요.

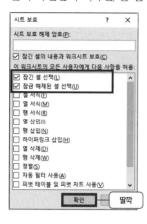

전문가의 조언

'시트 보호' 대화상자의 '이 워크시트의 모든 사용자에게 다음 사항을 허용'에서 선택한 기능은 시트가 보호된 상태에서도 수행이 가능합니다.

잠깐만요

표시 형식의 '사용자 지정'

기본적으로 제공하는 표시 형식으로 표현할 수 없을 때, 사용자가 직접 만들어 사용하는 표시 형식입니다.

- '셀 서식' 대화상자의 '표시 형식' 탭에서 범주를 '사용자 지정'으로 선택한 후 형식난에 직접 표시 형식을 입력합니다.
- 사용자 서식 코드는 양수, 음수, 0, 텍스트 순으로 한 번에 4가지에 대한 표시 형식을 지정할 수 있으며, 각 구역은 세미콜론(;)으로 구분합니다.
- 조건이 없을 때는 양수, 음수, 0, 텍스트 순으로 표시 형식이 지정되지만, 조건이 있을 때는 조건이 지정된 순서대로 표시 형식이 지정됩니다.
- 조건이나 글꼴 색을 지정할 때는 대괄호([ ]) 안에 입력합니다.

〈형식〉

```
#,### ; [빨강](#,###) ; 0.00 ; @"낭자"
 양수       음수       0    텍스트
```

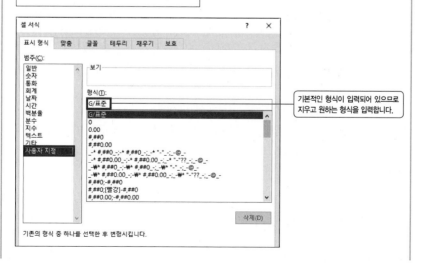

기본적인 형식이 입력되어 있으므로 지우고 원하는 형식을 입력합니다.

서식 코드	의 미
#	유효 자릿수만 나타내고 유효하지 않은 0은 나타내지 않습니다.
0	유효하지 않은 0을 나타냅니다.
?	소수점 앞이나 뒤에 있는 유효하지 않은 0 대신 공백을 추가하여 소수점을 맞춥니다.
,	천 단위 구분 기호로 ,를 사용합니다.
[ ]	조건이나 색을 지정합니다.
m	• m은 1~12, mm은 01~12로 월을 표시합니다. • mmm은 Jan에서 Dec, mmmm은 January~December로 월을 표시합니다.
d	• d는 1~31, dd는 01~31로 일을 표시합니다. • ddd는 Sun~Sat로, dddd는 Sunday~Saturday로 요일을 표시합니다.
yy	yy는 2자리로, yyyy는 4자리로 연도를 표시합니다.

'시트 보호' 대화상자

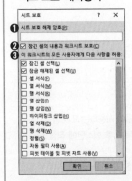

❶ 시트 보호를 해제할 때 입력할 암호를 지정합니다. 암호를 지정하지 않으면 누구나 시트 보호를 해제할 수 있습니다.

❷ 시트 보호의 적용 여부를 지정합니다. 체크 표시를 해제하면 〈확인〉 단추가 비활성화 되어 시트 보호를 실행할 수 없습니다.

❸ 시트 보호 시 제외할 항목을 지정합니다. 제외한 항목은 시트가 보호된 상태에서도 그 기능을 수행할 수 있습니다.

기출 따라잡기

4130101

Section 01

전문가의 조언

문제 1 'C:\길벗컴활1급\01 엑셀\01 섹션' 폴더의 '섹션01문제.xlsm' 파일을 열어서 작업하시오.

'기출01' 시트에서 다음의 지시사항대로 작업을 처리하시오.

1. [F4:F10] 영역은 '셀 서식'의 '숫자' 범주를 이용하여 천 단위 구분 기호와 소수점 둘째 자리까지 표시하시오.

2. 다음과 같이 시트 보호를 설정하시오.

   ▶ [B4:E10] 영역은 데이터를 수정할 수 있도록 셀 잠금을 해제한 후 나머지 잠긴 셀의 내용과 워크시트를 보호하시오.

   ▶ 잠긴 셀의 선택과 잠기지 않은 셀의 선택, 열 삽입, 행 삽입은 허용하시오.

전문가의 조언

워크시트의 모든 셀은 '잠금'이 기본값으로 지정되어 있기 때문에 시트 보호를 지정하면 보호된 시트의 모든 셀에는 데이터를 입력할 수 없습니다. 만약 특정 셀에는 데이터를 입력할 수 있게 하려면 시트 보호를 지정하기 전에 특정 셀을 범위를 지정하여 '잠금'을 해제한 다음 시트 보호를 지정하면 됩니다.

▶ 단, 시트 보호 암호는 지정하지 마시오.

	A	B	C	D	E	F
1			자동차 판매 현황			
2						
3	차량명	차량총액	인도금	할부원금	상환기간(월)	월납입금
4	싼타매	35,000,000	15,000,000	20,000,000	36	555555.5556
5	코란다	24,000,000	5,000,000	19,000,000	24	791666.6667
6	SN5	28,000,000	7,500,000	20,500,000	24	854166.6667
7	크루지	30,000,000	8,000,000	22,000,000	44	500000
8	윈스타	32,000,000	8,000,000	24,000,000	18	1333333.333
9	KS7	36,000,000	15,000,000	21,000,000	36	583333.3333
10	그랜지	40,000,000	20,000,000	20,000,000	18	1111111.111

↓

	A	B	C	D	E	F
1			자동차 판매 현황			
2						
3	차량명	차량총액	인도금	할부원금	상환기간(월)	월납입금
4	싼타매	35,000,000	15,000,000	20,000,000	36	555,555.56
5	코란다	24,000,000	5,000,000	19,000,000	24	791,666.67
6	SN5	28,000,000	7,500,000	20,500,000	24	854,166.67
7	크루지	30,000,000	8,000,000	22,000,000	44	500,000.00
8	윈스타	32,000,000	8,000,000	24,000,000	18	1,333,333.33
9	KS7	36,000,000	15,000,000	21,000,000	36	583,333.33
10	그랜지	40,000,000	20,000,000	20,000,000	18	1,111,111.11

문제 2 'C:\길벗컴활1급\01 엑셀\01 섹션' 폴더의 '섹션01문제.xlsm' 파일을 열어서 작업하시오.

'기출02' 시트에서 다음의 지시사항대로 작업을 처리하시오.

[F3:F14] 영역에 사용자 지정 표시 형식을 설정하시오.

▶ 셀 값이 0보다 크면 1000 단위 구분 기호를 표시하시오.

▶ 셀 값이 0이면 0을 표시하시오.

▶ 셀 값이 0보다 작으면 빨강색으로 "■" 뒤에 한 칸 띄우고 음수 기호 없이 1000 단위 구분 기호를 표시하시오.

▶ 셀 값이 텍스트면 "※"를 표시하시오.

	A	B	C	D	E	F
1						
2		지점코드	지점명	입고량	주문량	재고량
3		SS-120	서울	3,000	2,146	854
4		KK-320	경기	2,000	3,647	-1647
5		AS-700	안산	2,000	2,569	-569
6		SW-520	수원	4,000	4,765	0
7		SN-500	성남	4,000		9월오픈
8		KA-100	인천	4,000	2,193	1807
9		KA-100	강릉	2,000	1,299	701
10		GW-200	광주	3,000	1,560	1440
11		DA-300	대구	3,500	4,428	-928
12		TA-400	대전	3,500	1,515	0
13		BU-500	부산	2,500		9월오픈
14		KA-100	강릉	1,200	4,105	-2905

→

	A	B	C	D	E	F
1						
2		지점코드	지점명	입고량	주문량	재고량
3		SS-120	서울	3,000	2,146	854
4		KK-320	경기	2,000	3,647	■ 1,647
5		AS-700	안산	2,000	2,569	■ 569
6		SW-520	수원	4,000	4,765	0
7		SN-500	성남	4,000		※
8		KA-100	인천	4,000	2,193	1,807
9		KA-100	강릉	2,000	1,299	701
10		GW-200	광주	3,000	1,560	1,440
11		DA-300	대구	3,500	4,428	■ 928
12		TA-400	대전	3,500	1,515	0
13		BU-500	부산	2,500		※
14		KA-100	강릉	1,200	4,105	■ 2,905

'C:\길벗컴활1급\01 엑셀\01 섹션' 폴더의 '섹션01문제.xlsm' 파일을 열어서 작업하시오.

'기출03' 시트에서 다음의 지시사항대로 작업을 처리하시오.

[G3:G22] 영역에 사용자 지정 표시 형식을 설정하시오.

▶ 셀 값이 0.2 이상이면 빨강색으로 "★" 뒤에 백분율로 표시하고, 0.15 이하면 파랑색으로 "☆" 뒤에 백분율로 표시하고, 그 외는 백분율로만 표시하시오.

[표시 예 : 0.23일 경우 → ★23%, 0일 경우 → ☆0%]

	종류	기간	숙박비	교통비	식비	식비비율
3	효도관광	1박2일	190,000	22,600	51,600	0.2
4	자유여행	6박7일	876,000	119,400	356,400	0.26
5	모임여행	3박4일	663,000	27,300	130,500	0.16
6	패키지관광	4박5일	632,000	159,000	81,000	0.09
7	패키지관광	1박2일	195,000	14,200	54,900	0.21
8	자유여행	3박4일	375,000	48,000	94,500	0.18
9	효도관광	6박7일	744,000	34,800	151,200	0.16
10	패키지관광	2박3일	358,000	45,000	128,400	0.24
11	자유여행	1박2일	210,000	18,500	50,800	0.18
12	가족여행	3박4일	495,000	49,500	118,800	0.18
13	효도관광	2박3일	194,000	35,000	118,800	0.34
14	자유여행	6박7일	568,000	290,600	150,000	0.15
15	모임여행	4박5일	604,000	82,000	141,600	0.17
16	효도관광	4박5일	680,000	26,000	201,600	0.22
17	패키지관광	1박2일	194,000	24,300	32,100	0.13
18	패키지관광	3박4일	597,000	41,100	372,800	0.37
19	가족여행	2박3일	336,000	18,800	95,800	0.21
20	패키지관광	3박4일	469,000	159,700	147,600	0.19
21	자유여행	2박3일	394,000	42,200	75,600	0.15
22	가족여행	3박4일	502,000	93,200	197,200	0.25

↓

	종류	기간	숙박비	교통비	식비	식비비율
3	효도관광	1박2일	190,000	22,600	51,600	★20%
4	자유여행	6박7일	876,000	119,400	356,400	★26%
5	모임여행	3박4일	663,000	27,300	130,500	16%
6	패키지관광	4박5일	632,000	159,000	81,000	☆9%
7	패키지관광	1박2일	195,000	14,200	54,900	★21%
8	자유여행	3박4일	375,000	48,000	94,500	18%
9	효도관광	6박7일	744,000	34,800	151,200	16%
10	패키지관광	2박3일	358,000	45,000	128,400	★24%
11	자유여행	1박2일	210,000	18,500	50,800	18%
12	가족여행	3박4일	495,000	49,500	118,800	18%
13	효도관광	2박3일	194,000	35,000	118,800	★34%
14	자유여행	6박7일	568,000	290,600	150,000	☆15%
15	모임여행	4박5일	604,000	82,000	141,600	17%
16	효도관광	4박5일	680,000	26,000	201,600	★22%
17	패키지관광	1박2일	194,000	24,300	32,100	☆13%
18	패키지관광	3박4일	597,000	41,100	372,800	★37%
19	가족여행	2박3일	336,000	18,800	95,800	★21%
20	패키지관광	3박4일	469,000	159,700	147,600	19%
21	자유여행	2박3일	394,000	42,200	75,600	☆15%
22	가족여행	3박4일	502,000	93,200	197,200	★25%

문제 1

1 셀 서식 지정
24,상시, 23,상시, 22,상시, 21,상시, 16.2, 16.1, 13.3

1. [F4:F10] 영역을 블록으로 지정하고 Ctrl + 1 을 눌러 '셀 서식' 대화상자를 호출하세요. 이어서 '표시 형식' 탭에서 '숫자'를 선택하고 소수 자릿수를 2로, '1000 단위 구분 기호 사용'을 선택한 다음 〈확인〉을 클릭하세요.

2 시트 보호
23,상시, 22,상시, 21,상시, 19.1, 18,상시, 17,상시

2. [B4:E10] 영역을 블록으로 지정하고 Ctrl + 1 을 눌러 '셀 서식' 대화상자를 호출하세요. 이어서 '보호' 탭에서 '잠금'의 체크 표시를 해제한 다음 〈확인〉을 클릭하세요.

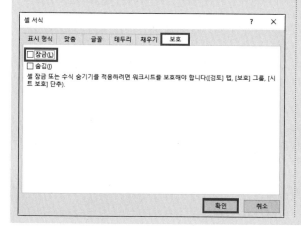

3. [검토] → 보호 → **시트 보호**를 선 택하세요.

4. '시트 보호' 대화상자에서 그림과 같이 지정한 후 〈확인〉을 클릭하세요.

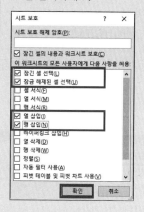

문제 2

1 사용자 지정 표시 형식 지정
24,상시, 23,상시, 22,상시, 21,상시, 12.1

[F3:F14] 영역을 블록으로 지정하고, Ctrl + 1 을 눌러 셀 서식' 대화상자를 호출하세요. 이어서 '표시 형식' 탭에서 '사용자 지정'을 선택하고 형식 난에 **#,###;[빨강]"■" #,###;0;"※"**를 입력한 후 〈확인〉을 클릭하세요.

문제 3

24.상시, 23.상시, 22.상시, 21.상시

1 **조건이 있는 사용자 지정 표시 형식 지정**

[G3:G22] 영역을 블록으로 지정하고, Ctrl+① 을 눌러 '셀 서식' 대화상자를 호출하세요. 이어서 '표시 형식' 탭에서 '사용자 지정'을 선택하고 형식 난에 **[빨강][>=0.2]"★"0%;[파랑][<=0.15]"☆"0%;0%**를 입력한 후 〈확인〉을 클릭하세요.

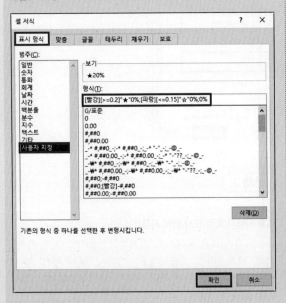

조건부 서식 / 중복된 항목 제거

- **조건부 서식** : 특정 조건에 맞는 특정 셀이나 행 전체에 서식을 적용하는 기능입니다. 예를 들어, 성적을 관리할 때 평균보다 낮은 점수를 받아 반 평균을 낮추는 학생의 데이터만 진하게 강조하여 표시하면 좀더 신경 써서 성적을 관리할 수 있겠죠?
- **중복된 항목 제거** : 특정 열을 기준으로 중복된 값이 있는 행 전체를 삭제하는 기능입니다. 예를 들어, 학번이 같은 행이 3개 있다면 한 행만 남기고 모두 삭제합니다.

기본문제   'C:\길벗컴활1급\01 엑셀\01 섹션' 폴더의 '섹션02문제.xlsm' 파일을 열어서 작업하시오.

'무작정따라하기' 시트에서 다음의 지시사항대로 작업을 처리하시오.

1. 데이터 도구를 이용하여 [A2:F18] 영역에서 '대출번호'와 '성명'을 기준으로 중복된 값이 포함된 행을 삭제하시오.

2. 다음과 같이 조건부 서식을 설정하시오.

- ▶ [E3:E16] 영역에 조건부 서식의 규칙 유형을 '셀 값을 기준으로 모든 셀의 서식 지정'을 선택한 후 서식 스타일은 '데이터 막대', 최소값은 백분위수 20, 최대값은 백분위수 80을 설정하시오.
- ▶ 막대 모양은 채우기를 '그라데이션 채우기', 색을 '표준 색-주황'으로 설정하시오.

3. 다음과 같이 조건부 서식을 설정하시오.

- ▶ [A3:F16] 영역에서 '대출금액'이 10,000,000원 이상이고, '대출일'의 연도가 2020년인 행 전체에 글꼴 스타일은 '굵은 기울임꼴', 글꼴 색은 '표준 색-파랑'으로 적용하시오.
- ▶ 단, 규칙 유형은 '수식을 사용하여 서식을 결정할 셀 결정'으로 지정하고, 한 개의 규칙만을 이용하여 작성하시오.
- ▶ YEAR, AND 함수 사용

 전문가의 조언

중요해요! 조건부 서식은 매회 빠지지 않고 출제되고 있습니다. 조건부 서식에서 서식을 지정하는 것은 정확하게 문제의 지시사항대로 지정하기만 하면 되는 쉬운 부분입니다. 하지만 조건을 지정하는 것은 다소 어려울 수 있으니 조건을 이해하여 정확한 조건을 지정할 수 있도록 조건 지정 연습을 충분히 하세요. 또한 1급 실기 시험에서는 조건으로 함수를 이용하는 문제가 자주 출제된다는 것도 염두에 두고 연습하세요.

	A	B	C	D	E	F
1	대출현황표					
2	대출번호	성명	대출일	대출종류	대출금액	기간(월)
3	J02-38	이민주	2023-01-20	주택자금대출	27,000,000	48
4	J04-26	남지철	2020-07-20	주택자금대출	15,000,000	60
5	J02-01	김준복	2022-03-22	주택자금대출	15,000,000	60
6	J03-26	민애라	2022-12-18	주택자금대출	12,000,000	60
7	Y04-15	진영태	2022-05-18	예부적금담보대출	3,000,000	36
8	Y04-48	장우석	2022-08-31	예부적금담보대출	3,000,000	36
9	Y01-07	도희철	2022-06-24	예부적금담보대출	3,000,000	36
10	Y03-88	김상진	2023-05-26	예부적금담보대출	4,000,000	48
11	Y02-67	형연주	2020-08-21	예부적금담보대출	1,000,000	48
12	Y01-07	도희철	2022-09-30	주택자금대출	3,000,000	36
13	Y03-08	설진구	2022-06-12	예부적금담보대출	2,000,000	60
14	J02-01	김준복	2023-03-22	예부적금담보대출	15,000,000	60
15	M02-06	최철식	2021-08-16	무보증신용대출	2,000,000	36
16	M01-37	최만용	2020-05-17	무보증신용대출	5,000,000	36
17	M03-37	박순영	2023-12-09	무보증신용대출	10,000,000	36
18	K03-05	민승렬	2020-10-09	국민주택기금대출	15,000,000	60

	대출현황표				
대출번호	성명	대출일	대출종류	대출금액	기간(월)
J02-38	이민주	2023-01-20	주택자금대출	27,000,000	48
J04-26	남지철	2020-07-20	주택자금대출	15,000,000	60
J02-01	김준복	2022-03-22	주택자금대출	15,000,000	60
J03-26	민애라	2022-12-18	주택자금대출	12,000,000	60
Y04-15	진영태	2022-05-18	예부적금담보대출	3,000,000	36
Y04-48	장우석	2022-08-31	예부적금담보대출	3,000,000	36
Y01-07	도희철	2022-06-24	예부적금담보대출	3,000,000	36
Y03-88	김상진	2023-05-26	예부적금담보대출	4,000,000	48
Y02-67	형연주	2020-08-21	예부적금담보대출	1,000,000	48
Y03-08	설진구	2022-06-12	예부적금담보대출	2,000,000	60
M02-06	최철식	2021-08-16	무보증신용대출	2,000,000	36
M01-37	최만용	2020-05-17	무보증신용대출	5,000,000	36
M03-37	박순영	2023-12-09	무보증신용대출	10,000,000	36
K03-05	민승렬	2020-10-09	국민주택기금대출	15,000,000	60

따라하기

1 중복된 항목 제거

22.상시, 21.상시

1. 중복된 항목을 제거할 [A2:F18] 영역을 블록으로 지정한 후 [데이터] → 데이터 도구 → **중복된 항목 제거**를 클릭하세요. 기준 열을 지정하는 '중복 값 제거' 대화상자가 나타납니다.

2. '중복 값 제거' 대화상자에서 〈모두 선택 취소〉를 클릭하여 현재 선택된 것을 모두 취소한 후 '대출번호'와 '성명' 열만을 선택하고 〈확인〉을 클릭하세요. 제거된 항목 수가 표시된 대화상자가 나타납니다.

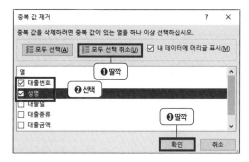

3. 'Microsoft Excel' 대화상자에서 제거된 항목 수를 확인한 후 〈확인〉을 클릭하세요.

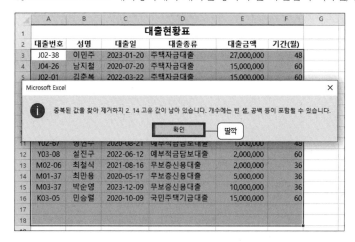

2 셀 값을 기준으로 모든 셀의 서식 지정
22.상시, 21.상시

4. 조건부 서식을 적용할 [E3:E16] 영역을 블록으로 지정한 후 [홈] → 스타일 → 조건부 서식 → **새 규칙**을 선택하세요. 조건과 조건에 따른 서식을 지정하는 '새 서식 규칙' 대화상자가 나타납니다.

전문가의 조언

조건부 서식이 적용될 범위를 지정할 때는 필드명을 지정하면 안 된다는 것을 명심하세요.

5. '새 서식 규칙' 대화상자에서 '셀 값을 기준으로 모든 셀의 서식 지정'을 선택한 후 '서식 스타일'의 ☑를 클릭하여 '데이터 막대'를 선택하세요.

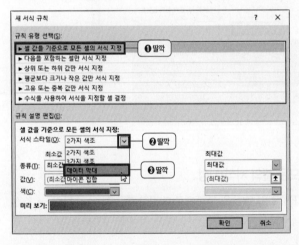

6. 이어서 최소값의 종류를 '백분위수', 값을 20, 최대값의 종류를 '백분위수', 값을 80 으로 지정하고 막대 모양의 채우기를 '그라데이션 채우기', 색을 '주황'으로 지정한 후 〈확인〉을 클릭하세요. '대출금액'에 그라데이션 형태의 데이터 막대가 표시됩니다.

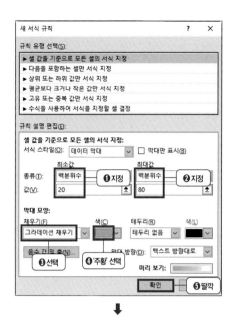

대출현황표					
대출번호	성명	대출일	대출종류	대출금액	기간(월)
J02-38	이민주	2023-01-20	주택자금대출	27,000,000	48
J04-26	남지철	2020-07-20	주택자금대출	15,000,000	60
J02-01	김준복	2022-03-22	주택자금대출	15,000,000	60
J03-26	민애라	2022-12-18	주택자금대출	12,000,000	60
Y04-15	진영태	2022-05-18	예부적금담보대출	3,000,000	36
Y04-48	장우석	2022-08-31	예부적금담보대출	3,000,000	36
Y01-07	도희철	2022-06-24	예부적금담보대출	3,000,000	36
Y03-88	김상진	2023-05-26	예부적금담보대출	4,000,000	48
Y02-67	형연주	2020-08-21	예부적금담보대출	1,000,000	48
Y03-08	설진구	2022-06-12	예부적금담보대출	2,000,000	60
M02-06	최철식	2021-08-16	무보증신용대출	2,000,000	36
M01-37	최만용	2020-05-17	무보증신용대출	5,000,000	36
M03-37	박순영	2023-12-09	무보증신용대출	10,000,000	36
K03-05	민승렬	2020-10-09	국민주택기금대출	15,000,000	60

3 24.상시, 23.상시, 22.상시, 21.상시, 20.상시, 20.1, 19.상시, 19.2, 19.1, 18.상시, 18.2, 18.1, 17.상시, 17.1, 16.3, 16.2, 16.1, 15.3, 15.상시, 15.1, 14.3, 14.2, …
수식을 사용하여 서식을 결정할 셀 결정

7. 조건부 서식을 적용할 [A3:F16] 영역을 블록으로 지정한 후 [홈] → 스타일 → 조건부 서식 → **새 규칙**을 선택하세요. 조건과 조건에 맞는 서식을 지정하는 '새 서식 규칙' 대화상자가 나타납니다.

전문가의 조언

조건부 서식이 적용될 범위를 지정할 때는 필드명을 제외한다는 것을 기억하세요. 그리고 조건 지정할 때 수식 세우는 것이 조금 어렵게 느껴질 수 있습니다. 수식이 잘 안 세워지면 "이렇게 하는군!" 정도만 생각하고 넘어가세요. 수식 세우는 공부는 05~08 섹션에서 충분히 연습할 수 있을 테니까요.

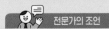
전문가의 조언

• 조건을 수식으로 설정하려면 '새 서식 규칙' 대화상자에서 '수식을 사용하여 서식을 지정할 셀 결정'을 선택해야 합니다.

• 일반 수식이나 함수를 입력하는 경우처럼 수식을 입력할 경우에는 반드시 =를 먼저 입력해야 합니다.

• 수식 입력 시 셀 주소에 '$'를 붙이는 이유는 조건에 맞는 데이터가 있는 전체 행 또는 전체 열에 서식을 적용하기 위한 것입니다. '$'를 열 문자 앞에 붙이면 조건에 맞는 데이터가 있는 전체 행에 서식이 적용되고 행 번호 앞에 '$'를 붙이면 전체 열에 서식이 적용됩니다.

• AND, YEAR 등의 함수는 05~08 섹션에 걸쳐 자세하게 공부합니다. 여기서는 해당 함수에 대한 대략적인 의미만 파악하고 넘어가세요.

8. '새 서식 규칙' 대화상자에서 '수식을 사용하여 서식을 지정할 셀 결정'을 선택한 후 수식 입력난에 =AND($E3>=10000000, YEAR($C3)=2020)을 입력하고, 〈서식〉을 클릭하세요. 서식을 지정하는 '셀 서식' 대화상자가 나타납니다.

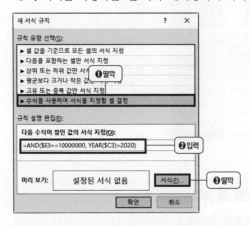

9. '셀 서식' 대화상자의 '글꼴' 탭에서 글꼴 스타일 '굵은 기울임꼴', 색 '파랑'을 선택한 후 〈확인〉을 클릭하세요. 이어서 '새 서식 규칙' 대화상자에서 적용될 서식을 확인한 후 〈확인〉을 클릭하세요.

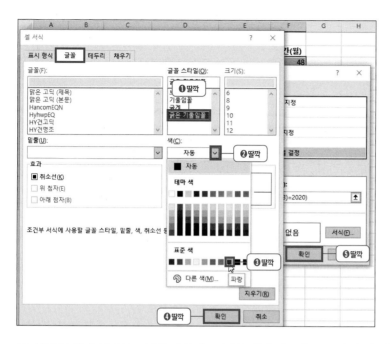

전문가의 조언

'색'에서 ▼를 클릭하면 아래 그림과 같이 색상 지정 부분이 나타납니다. 선택하고자 하는 색이 혼동될 경우에는 색상 위로 마우스 포인터를 이동하세요. 풍선 도움말이 나타나 색상명을 알려줍니다.

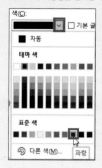

10. '대출금액'이 10,000,000원 이상이고, '대출일'의 연도가 2020년인 행 전체에 조건부 서식이 적용됩니다.

	A	B	C	D	E	F
1				대출현황표		
2	대출번호	성명	대출일	대출종류	대출금액	기간(월)
3	J02-38	이민주	2023-01-20	주택자금대출	27,000,000	48
4	J04-26	남지철	2020-07-20	주택자금대출	15,000,000	60
5	J02-01	김준복	2022-03-22	주택자금대출	15,000,000	60
6	J03-26	민애라	2022-12-18	주택자금대출	12,000,000	60
7	Y04-15	진영태	2022-05-18	예부적금담보대출	3,000,000	36
8	Y04-48	장우석	2022-08-31	예부적금담보대출	3,000,000	36
9	Y01-07	도희철	2022-06-24	예부적금담보대출	3,000,000	36
10	Y03-88	김상진	2023-05-26	예부적금담보대출	4,000,000	48
11	Y02-67	형연주	2020-08-21	예부적금담보대출	1,000,000	48
12	Y03-08	설진구	2022-06-12	예부적금담보대출	2,000,000	60
13	M02-06	최철식	2021-08-16	무보증신용대출	2,000,000	36
14	M01-37	최만용	2020-05-17	무보증신용대출	5,000,000	36
15	M03-37	박순영	2023-12-09	무보증신용대출	10,000,000	36
16	K03-05	민승열	2020-10-09	국민주택기금대출	15,000,000	60

전문가의 조언

• 조건이나 서식을 잘못 지정하여 결과값이 다르게 나왔다면 [홈] → 스타일 → 조건부 서식 → **규칙 관리**를 선택한 후 '조건부 서식 규칙 관리자' 대화상자에서 〈규칙 편집〉을 클릭하여 수정하세요. 자세한 내용은 49쪽을 참고하세요.

• 조건부 서식 적용 후 셀 너비가 좁아 '####'이 표시되는 경우가 있습니다. 이 경우 굳이 셀의 너비를 넓혀 셀의 내용을 표시할 필요는 없습니다. 조건부 서식에서는 지정된 범위에 적용된 수식과 서식만을 채점 대상으로 하기 때문입니다. 하지만 결과값을 확인하려면 열 너비를 넓혀야겠죠?

'새 서식 규칙' 대화상자

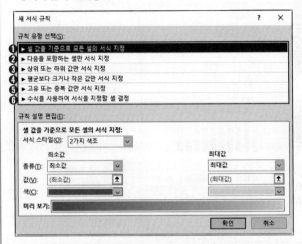

❶ 셀 값에 따라 농도가 다른 색이나 길이가 다른 데이터 막대를 모든 셀에 지정합니다.

❷ 셀 값에 따라 조건을 지정하여 서식을 지정합니다.

❸ 선택한 범위의 셀 값 중 상위 혹은 하위 몇 %, 몇 개 항목에 대해 서식을 지정합니다.

❹ 선택한 범위의 셀 값들에 대한 평균이나 표준 편차보다 높거나 낮은 값에 대해 서식을 지정합니다.

❺ 선택한 범위의 셀 값 중에서 중복된 값이나 고유 값에 대해 서식을 지정합니다.

❻ 함수나 수식을 이용하여 조건을 지정합니다.

조건부 서식을 특정 셀에 적용하는 것과 행 전체에 동일하게 적용하는 것은 '$' 차이!

따라하기 2번 단계에서 수식에 =AND($E3>=10000000, YEAR($C3)=2020)이라고 입력한 것 기억나세요?
여기서 열 이름 앞에 '$'를 붙인 이유가 행 전체에 조건부 서식을 동일하게 적용하기 위한 것이라고 했
죠? 열 이름 앞에 '$'를 붙이지 않으면 다음 그림과 같이 원하지 않는 엉뚱한(?) 곳에 결과가 나타납니
다. 상대 주소를 이해하면 다음 그림을 이해할 수 있습니다. 어렵다고요? 그렇다면 범위의 행 전체에 동
일한 서식을 적용할 때는 첫째 열 번호 앞에 '$'를 붙인다는 것과, 둘째 수식을 이용하여 조건을 입력한
다는 것만 잊지 마세요.

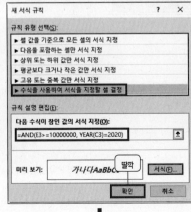

※ 그런데 앞의 두 셀(A4, A16)에만 서식이 적용된 이유는 뭘까요? 상대 주소를 사용했으므로 [E4] 셀과 [E16] 셀의 데이터가 10,000,000 이상이고 [C4] 셀과 [C16] 셀의 연도가 2020이기 때문에 적용된 것입니다. 셀 포인터가 [A3] 셀에 있을 때 [E3] 셀이 10,000,000 이상이고 [C3] 셀의 연도가 2020 셀이라고 지정했으니까….

상대 주소라는 것은 현재 위치로부터 얼마나 떨어져 있느냐를 의미합니다. 즉 셀 포인터가 [A3] 셀에 있을 때 수식에 [E3] 셀이 10,000,000 이상이고 [C3] 셀의 연도가 2020이라고 지정한 것은 현재 위치에서 4칸 오른쪽 셀이 10,000,000 이상이고 2칸 오른쪽 셀의 연도가 2020이면 그 셀에 서식을 적용하라는 의미입니다. [A4] 셀은 4칸 오른쪽에 있는 [E4] 셀이 10,000,000 이상이고 2칸 오른쪽에 있는 [C4] 셀의 연도가 2020이므로, [A16] 셀은 [E16] 셀이 10,000,000 이상이고 [C16] 셀의 연도가 2020이므로 서식이 적용된 것입니다.

이제 알겠죠? [$E3]이라고 지정하면 [E] 열은 고정되므로 3행의 모든 셀들은 [E3] 셀과 비교하게 되는 것입니다.

조건부 서식 편집하기

1. 조건부 서식이 적용된 임의의 셀을 클릭한 후 [홈] → 스타일 → 조건부 서식 → **규칙 관리**를 선택하세요.

2. '조건부 서식 규칙 관리자' 대화상자에서 수정할 규칙을 선택한 후 〈규칙 편집〉을 클릭하세요.

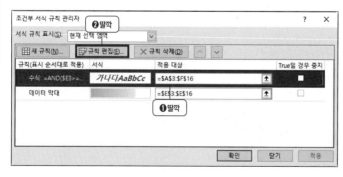

3. '서식 규칙 편집' 대화상자에서 조건부 서식의 조건 및 서식을 수정한 후 〈확인〉을 클릭하세요.

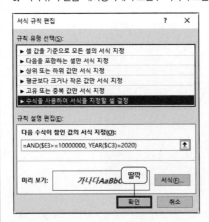

4. '조건부 서식 규칙 관리자' 대화상자에서 〈확인〉을 클릭하세요.

조건부 서식 해제하기

1. 조건부 서식이 적용된 임의의 셀을 클릭한 후 [홈] → 스타일 → 조건부 서식 → **규칙 관리**를 선택하세요.

2. '조건부 서식 규칙 관리자' 대화상자에서 삭제할 규칙을 선택한 후 〈규칙 삭제〉를 클릭하세요.

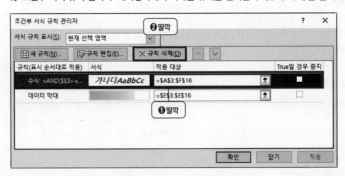

3. '조건부 서식 규칙 관리자' 대화상자에서 〈확인〉을 클릭하세요.

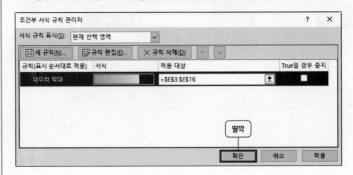

4. 조건부 서식이 적용된 범위에서 조건이 해제된 것을 볼 수 있습니다.

	A	B	C	D	E	F
1	\multicolumn{6}{c}{대출현황표}					
2	대출번호	성명	대출일	대출종류	대출금액	기간(월)
3	J02-38	이민주	2023-01-20	주택자금대출	27,000,000	48
4	J04-26	남지철	2020-07-20	주택자금대출	15,000,000	60
5	J02-01	김준복	2022-03-22	주택자금대출	15,000,000	60
6	J03-26	민애라	2022-12-18	주택자금대출	12,000,000	60
7	Y04-15	진영태	2022-05-18	예부적금담보대출	3,000,000	36
8	Y04-48	장우석	2022-08-31	예부적금담보대출	3,000,000	36
9	Y01-07	도희철	2022-06-24	예부적금담보대출	3,000,000	36
10	Y03-88	김상진	2023-05-26	예부적금담보대출	4,000,000	48
11	Y02-67	형연주	2020-08-21	예부적금담보대출	1,000,000	48
12	Y03-08	설진구	2022-06-12	예부적금담보대출	2,000,000	60
13	M02-06	최철식	2021-08-16	무보증신용대출	2,000,000	36
14	M01-37	최만용	2020-05-17	무보증신용대출	5,000,000	36
15	M03-37	박순영	2023-12-09	무보증신용대출	10,000,000	36
16	K03-05	민승렬	2020-10-09	국민주택기금대출	15,000,000	60

기출 따라잡기   Section 02

4130201

문제 1 'C:\길벗컴활1급\01 엑셀\01 섹션' 폴더의 '섹션02문제.xlsm' 파일을 열어서 작업하시오.

'기출01' 시트에서 다음의 지시사항대로 작업을 처리하시오.

1. 데이터 도구를 이용하여 [표1]에서 '제품명'과 '개발사'를 기준으로 중복된 값이 포함된 행을 삭제하시오.

2. [E3:E10] 영역에 다음과 같이 조건부 서식을 설정하시오.

▶ '셀 값을 기준으로 모든 셀의 서식 지정'을 선택하고 서식 스타일을 '아이콘 집합'으로, 아이콘 스타일을 '4색 신호등'으로 설정하시오.

▶ 숫자 값이 35,000 이상이면 ●(녹색), 숫자 값이 35,000 미만 30,000 이상이면 ●(노랑), 숫자 값이 30,000 미만 25,000 이상이면 ●(빨강), 그 외에는 ●(검정)으로 표시하시오.

	A	B	C	D	E
1	[표1]				
2	제품명	개발사	상반기 판매량	하반기 판매량	가격
3	릴리 스토리	소리아	25,470	25,700	32,700
4	파이널 판타지	아람	47,892	48,920	30,500
5	아크 더 래드	지성소프트	47,890	78,510	35,900
6	아소의 나라	소리아	25,780	24,560	23,400
7	좀비5	지성소프트	48,520	51,850	32,700
8	다나의 눈	소리아	35,870	37,890	28,400
9	제로2	지성소프트	45,015	38,780	28,400
10	아크 더 래드	지성소프트	47,890	78,510	34,900
11	잠수함	아람	68,920	78,520	39,700

	A	B	C	D	E
1	[표1]				
2	제품명	개발사	상반기 판매량	하반기 판매량	가격
3	릴리 스토리	소리아	25,470	25,700	32,700
4	파이널 판타지	아람	47,892	48,920	30,500
5	아크 더 래드	지성소프트	47,890	78,510	35,900
6	아소의 나라	소리아	25,780	24,560	23,400
7	좀비5	지성소프트	48,520	51,850	32,700
8	다나의 눈	소리아	35,870	37,890	28,400
9	제로2	지성소프트	45,015	38,780	28,400
10	잠수함	아람	68,920	78,520	39,700

문제 2 'C:\길벗컴활1급\01 엑셀\01 섹션' 폴더의 '섹션02문제.xlsm' 파일을 열어서 작업하시오.

'기출02' 시트에서 다음과 같이 조건부 서식을 설정하시오.

▶ [A3:G22] 영역에 '사번'이 "J" 또는 "P"로 시작하고 'TOEIC'이 900점 이상인 행 전체에 대해서 글꼴 스타일은 '굵은 기울임꼴', 글꼴 색은 '표준 색-빨강'으로 적용하시오.

▶ 단, 규칙 유형은 '수식을 사용하여 서식을 지정할 셀 결정'으로 지정하고, 한 개의 규칙만을 이용하여 작성하시오.

▶ AND, OR, LEFT 함수 사용

	A	B	C	D	E	F	G
1							
2	사번	이름	부서	성별	직위	TOEIC	입사일
3	J0001	홍길동	총무부	남	과장	920	2016-03-02
4	J0003	이도현	영업부	남	과장	900	2016-03-02
5	J0008	한미우	인사부	남	대리	850	2016-06-01
6	J0009	박정진	영업부	남	대리	840	2016-06-01
7	J0010	윤보라	총무부	여	대리	830	2016-06-01
8	J0011	이형태	인사부	남	대리	820	2017-03-02
9	P0001	최재석	인사부	남	과장	770	2017-03-02
10	P0002	김한용	영업부	남	과장	760	2017-03-02
11	P0009	이미라	영업부	여	사원	900	2018-09-01
12	P0010	백준걸	총무부	남	사원	580	2018-09-01
13	P0011	고수정	인사부	여	사원	560	2018-09-01
14	P0012	유웅구	영업부	여	사원	540	2018-09-01
15	P0013	안은민	총무부	여	사원	520	2018-09-01
16	P0014	이병열	인사부	남	사원	500	2018-09-01
17	P0015	이충희	영업부	남	사원	480	2018-09-01
18	I0008	도경민	영업부	남	대리	970	2021-03-02
19	I0009	황선철	총무부	남	대리	920	2021-03-02
20	I0010	방극준	인사부	남	대리	910	2021-03-02
21	I0011	김주희	영업부	여	대리	900	2023-09-01
22	I0012	인정제	총무부	남	대리	890	2023-09-01

↓

사번	이름	부서	성별	직위	TOEIC	인사일
J0001	홍길동	총무부	남	과장	920	2016-03-02
J0003	이도현	영업부	남	과장	900	2016-03-02
J0008	한미우	인사부	남	대리	850	2016-06-01
J0009	박정진	영업부	남	대리	840	2016-06-01
J0010	윤보라	총무부	여	대리	830	2016-06-01
J0011	이형태	인사부	남	대리	820	2017-03-02
P0001	최재석	인사부	남	과장	770	2017-03-02
P0002	김한응	영업부	남	과장	760	2017-03-02
P0009	이미라	영업부	여	사원	900	2018-09-01
P0010	백순결	총무부	남	사원	580	2018-09-01
P0011	고수정	인사부	여	사원	560	2018-09-01
P0012	유용구	영업부	여	사원	540	2018-09-01
P0013	안은민	총무부	여	사원	520	2018-09-01
P0014	이병열	인사부	남	사원	500	2018-09-01
P0015	이충희	영업부	남	사원	480	2018-09-01
I0008	도경민	영업부	남	대리	970	2021-03-02
I0009	황선철	총무부	남	대리	920	2021-03-02
I0010	방극준	인사부	남	대리	910	2021-03-02
I0011	김주희	영업부	여	대리	900	2023-09-01
I0012	인정제	총무부	남	대리	890	2023-09-01

문제 3 'C:\길벗컴활1급\01 엑셀\01 섹션' 폴더의 '섹션02문제.xlsm' 파일을 열어서 작업하시오.

'기출03' 시트에서 다음과 같이 조건부 서식을 설정하시오.

▶ [A3:L32] 영역에서 'DB' 성적이 3의 배수이고 '평균'이 70 이상인 행 전체에 대해서 글꼴 스타일은 '기울임꼴', 글꼴 색은 '표준 색−빨강'으로 적용하시오.

▶ 단, 규칙 유형은 '수식을 사용하여 서식을 지정할 셀 결정'으로 지정하고, 한 개의 규칙만을 이용하여 작성하시오.

▶ MOD 함수 사용

번호	이름	구분	지역	DB	전산구조	운영체제	SW공학	데이터통신	합계	평균	비고
1	강아선	전문대출	광주	71	64	91	35	97	358	71.6	보통
2	강자유	대졸	대구	70	89	65	53	38	315	63	보통
3	강차선	대재	울산	53	87	95	93	55	383	76.6	보통
4	계숙희	직업학교	서울	59	77	89	80	50	355	71	보통
5	최황선	전문대출	대전	86	96	81	94	47	404	80.8	우수
6	김래혁	전문대출	인천	100	38	100	51	91	380	76	보통
7	김미수	대졸	대전	87	54	64	92	54	351	70.2	보통
8	김부여	대재	광주	97	88	81	77	53	396	79.2	보통
9	김사우	대재	대구	59	41	100	77	54	331	66.2	보통
10	박순여	직업학교	울산	68	77	52	54	64	315	63	보통
11	박자선	경력	서울	40	96	46	97	70	349	69.8	보통
12	박차열	전문대출	부산	99	91	97	62	79	428	85.6	우수
13	신황우	경력	인천	78	74	38	60	42	292	58.4	불량
14	안가우	전문대출	대전	44	81	58	45	37	265	53	불량
15	안다여	대졸	광주	82	72	36	73	76	339	67.8	보통
16	안황수	대재	대구	48	36	92	88	79	343	68.6	보통
17	양선수	대재	울산	64	60	88	56	62	330	66	보통
18	양선야	직업학교	서울	68	57	69	79	42	315	63	보통
19	황하희	경력	대전	90	98	80	54	91	413	82.6	우수
20	양자수	전문대출	인천	50	46	57	87	81	321	64.2	보통
21	양자우	대졸	대전	69	47	42	89	41	288	57.6	불량
22	여다어	대재	광주	59	41	98	89	87	374	74.8	보통
23	여미수	직업학교	대구	55	100	96	85	86	422	84.4	우수
24	여아우	경력	울산	43	41	56	57	74	271	54.2	불량
25	우황우	전문대출	서울	92	83	72	91	74	412	82.4	우수
26	유자수	대졸	서울	57	84	61	85	40	327	65.4	보통
27	유자열	대재	부산	65	74	95	88	82	404	80.8	우수
28	유황우	대재	인천	39	90	85	67	77	358	71.6	보통
29	이가경	직업학교	대전	55	95	92	41	91	374	74.8	보통
30	이나하	경력	광주	61	69	79	70	85	364	72.8	보통

번호	이름	구분	지역	DB	전산구조	운영체제	SW공학	데이터통신	합계	평균	비고
1	강아선	전문대졸	광주	71	64	91	35	97	358	71.6	보통
2	강자유	대졸	대구	70	89	65	53	38	315	63	보통
3	강차선	대재	울산	53	87	95	93	55	383	76.6	보통
4	계숙희	직업학교	서울	59	77	89	80	50	355	71	보통
5	최황선	전문대졸	대전	86	96	81	94	47	404	80.8	우수
6	김래혁	전문대졸	인천	100	38	100	51	91	380	76	보통
7	김미수	대졸	대전	87	54	64	92	54	351	70.2	보통
8	김부여	대재	광주	97	88	81	77	53	396	79.2	보통
9	김사우	대재	대구	59	41	100	77	54	331	66.2	보통
10	박순여	직업학교	울산	68	77	52	54	64	315	63	보통
11	박자선	경력	서울	40	96	46	97	70	349	69.8	보통
12	박차열	전문대졸	부산	99	91	97	62	79	428	85.6	우수
13	신황우	경력	인천	78	74	38	60	42	292	58.4	불량
14	안가우	전문대졸	대전	44	81	58	45	37	265	53	불량
15	안다여	대졸	광주	82	72	36	73	76	339	67.8	보통
16	안황수	대재	대구	48	36	92	88	79	343	68.6	보통
17	양선수	대재	울산	64	60	88	56	62	330	66	보통
18	양선야	직업학교	서울	68	57	69	79	42	315	63	보통
19	황하희	경력	대전	90	98	80	54	91	413	82.6	우수
20	양자수	전문대졸	인천	50	46	57	87	81	321	64.2	보통
21	양자우	대졸	대전	69	47	42	89	41	288	57.6	불량
22	여다어	대재	광주	59	41	98	89	87	374	74.8	보통
23	여미수	직업학교	대구	55	100	96	85	86	422	84.4	우수
24	여아우	경력	울산	43	41	56	57	74	271	54.2	불량
25	우황우	전문대졸	서울	92	83	72	91	74	412	82.4	우수
26	유자수	대졸	서울	57	84	61	85	40	327	65.4	보통
27	유자열	대재	부산	65	74	95	88	82	404	80.8	우수
28	유황우	대재	인천	39	90	85	67	77	358	71.6	보통
29	이가경	직업학교	대전	55	95	92	41	91	374	74.8	보통
30	이나하	경력	광주	61	69	79	70	85	364	72.8	보통

문제 4 'C:\길벗컴활1급\01 엑셀\01 섹션' 폴더의 '섹션02문제.xlsm' 파일을 열어서 작업하시오.

'기출04' 시트에서 다음과 같이 조건부 서식을 설정하시오.

▶ [E3:S31] 영역에 해당 열 번호가 홀수이면서 [E3:S3] 영역의 월이 홀수인 열 전체에 대하여 채우기 색을 '표준 색-노랑'으로 적용하시오.

▶ 단, 규칙 유형은 '수식을 사용하여 서식을 지정할 셀 결정'을 사용하고, 한 개의 규칙으로만 작성하시오.

▶ AND, COLUMN, ISODD, MONTH 함수 사용

위쪽 표

학년	반	이름	3/3	3/10	3/17	3/24	3/31	4/7	4/14	4/21	4/28	5/5	5/12	5/19	5/26	6/2	6/9	출석수
1	사랑반	김영서	O	O	O	O	O	O	O	O	O	O	O	O	O	O	O	15
1	사랑반	이환	O	O			O	O	O	O	O		O	O	O	O	O	13
1	사랑반	김유준		O	O	O	O	O	O	O	O	O	O		O	O	O	12
1	화평반	김지환	O	O	O	O	O	O	O	O	O	O	O	O	O	O	O	15
1	화평반	원가은		O	O	O	O	O	O	O	O	O	O	O	O	O	O	14
1	화평반	김서찬	O	O	O	O	O	O				O	O	O	O	O	O	13
1	화평반	노재현		O	O	O		O	O	O		O	O	O			O	11
1	희락반	최예진	O	O	O	O	O	O	O	O	O	O	O	O	O	O	O	15
1	희락반	전준호	O	O	O	O	O	O	O	O	O	O	O	O	O	O	O	15
1	희락반	김우인	O	O	O		O				O		O	O	O	O	O	10
2	양선반	신지섭	O	O	O	O	O	O	O	O	O	O	O	O	O	O	O	15
2	양선반	정승우	O	O	O	O	O		O	O	O	O	O	O	O		O	13
2	오래참음반	강연지	O	O	O	O	O	O	O	O	O	O	O	O	O	O	O	15
2	오래참음반	박소연	O	O	O	O	O	O	O	O		O	O	O	O	O	O	14
2	오래참음반	윤지강	O	O	O	O	O	O	O	O	O		O	O			O	13
2	오래참음반	손채영	O	O	O	O	O	O	O		O	O	O	O	O			12
2	자비반	박지민	O	O	O	O	O	O	O	O	O	O	O	O	O	O	O	15
2	자비반	김하람	O	O	O	O	O	O	O	O	O	O	O	O	O	O	O	15
2	자비반	김하영	O		O	O	O	O	O	O	O	O	O	O	O	O	O	14
2	자비반	이지훈	O	O		O		O				O	O	O	O	O	O	12
2	자비반	이선녕		O	O		O		O				O	O	O			9
2	충성반	곽용빈	O	O	O	O	O	O	O	O	O	O	O	O	O	O	O	15
2	충성반	이승아	O	O	O	O	O	O	O	O	O	O	O	O	O	O	O	15
2	충성반	한정우	O	O	O	O	O	O	O	O	O	O	O	O	O	O	O	15
2	충성반	이창재	O	O	O	O	O		O	O	O	O	O	O	O	O	O	14
2	충성반	노석진		O	O	O		O	O	O	O		O	O	O	O	O	13
2	충성반	권한지			O	O	O	O	O	O	O	O	O	O	O	O	O	13
2	충성반	최경주	O	O	O	O		O	O	O			O	O			O	10

아래쪽 표 (3/3, 3/17, 3/31, 5/12, 5/26 열에 조건부 서식 음영 적용)

학년	반	이름	3/3	3/10	3/17	3/24	3/31	4/7	4/14	4/21	4/28	5/5	5/12	5/19	5/26	6/2	6/9	출석수
1	사랑반	김영서	O	O	O	O	O	O	O	O	O	O	O	O	O	O	O	15
1	사랑반	이환	O	O			O	O	O	O	O		O	O	O	O	O	13
1	사랑반	김유준		O	O	O	O	O	O	O	O	O	O		O	O	O	12
1	화평반	김지환	O	O	O	O	O	O	O	O	O	O	O	O	O	O	O	15
1	화평반	원가은		O	O	O	O	O	O	O	O	O	O	O	O	O	O	14
1	화평반	김서찬	O	O	O	O	O	O				O	O	O	O	O	O	13
1	화평반	노재현		O	O	O		O	O	O		O	O	O			O	11
1	희락반	최예진	O	O	O	O	O	O	O	O	O	O	O	O	O	O	O	15
1	희락반	전준호	O	O	O	O	O	O	O	O	O	O	O	O	O	O	O	15
1	희락반	김우인	O	O	O		O				O		O	O	O	O	O	10
2	양선반	신지섭	O	O	O	O	O	O	O	O	O	O	O	O	O	O	O	15
2	양선반	정승우	O	O	O	O	O		O	O	O	O	O	O	O		O	13
2	오래참음반	강연지	O	O	O	O	O	O	O	O	O	O	O	O	O	O	O	15
2	오래참음반	박소연	O	O	O	O	O	O	O	O		O	O	O	O	O	O	14
2	오래참음반	윤지강	O	O	O	O	O	O	O	O	O		O	O			O	13
2	오래참음반	손채영	O	O	O	O	O	O	O		O	O	O	O	O			12
2	자비반	박지민	O	O	O	O	O	O	O	O	O	O	O	O	O	O	O	15
2	자비반	김하람	O	O	O	O	O	O	O	O	O	O	O	O	O	O	O	15
2	자비반	김하영	O		O	O	O	O	O	O	O	O	O	O	O	O	O	14
2	자비반	이지훈	O	O		O		O				O	O	O	O	O	O	12
2	자비반	이선녕		O	O		O		O				O	O	O			9
2	충성반	곽용빈	O	O	O	O	O	O	O	O	O	O	O	O	O	O	O	15
2	충성반	이승아	O	O	O	O	O	O	O	O	O	O	O	O	O	O	O	15
2	충성반	한정우	O	O	O	O	O	O	O	O	O	O	O	O	O	O	O	15
2	충성반	이창재	O	O	O	O	O		O	O	O	O	O	O	O	O	O	14
2	충성반	노석진		O	O	O		O	O	O	O		O	O	O	O	O	13
2	충성반	권한지			O	O	O	O	O	O	O	O	O	O	O	O	O	13
2	충성반	최경주	O	O	O	O		O	O	O			O	O			O	10

문제 1

1 22.상시, 21.상시
중복된 항목 제거

1. 중복된 항목을 제거할 [A2:E11] 영역을 블록으로 지정한 후 [데이터] → 데이터 도구 → **중복된 항목 제거**를 클릭하세요.
2. '중복 값 제거' 대화상자에서 '제품명'과 '개발사' 열을 선택하고 〈확인〉을 클릭하세요.

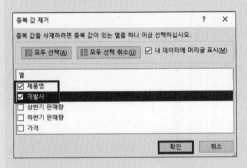

3. 'Microsoft Excel' 대화상자에서 제거된 항목 수를 확인한 후 〈확인〉을 클릭하세요.

2 23.상시, 22.상시, 21.상시
셀 값을 기준으로 모든 셀의 서식 지정

4. [E3:E10] 영역을 블록으로 지정한 후 [홈] → 스타일 → 조건부 서식 → 새 규칙을 선택하세요.
5. '새 서식 규칙' 대화상 자에서 '셀 값을 기준으로 모든 셀의 서식 지정'을 선택한 후 그림과 같이 지정하고 〈확인〉을 클릭하세요.

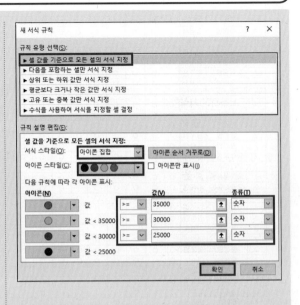

문제 2

1 24.상시, 23.상시, 22.상시, 21.상시, 20.상시, 20.1, 19.상시, 19.2, 19.1, 18.상시, 18.2, 18.1, 17.상시, …
수식을 사용하여 서식을 지정할 셀 결정

1. [A3:G22] 영역을 블록으로 지정한 후 [홈] → 스타일 → 조건부 서식 → 새 규칙을 클릭하세요.
2. '새 서식 규칙' 대화상자에서 '수식을 사용하여 서식을 지정할 셀 결정'을 선택한 후 수식 입력난에 =AND(OR(LEFT($A3,1)="J",LEFT($A3,1)="P"),$F3)=900)을 입력하고, 〈서식〉을 클릭해 글꼴 스타일 '굵은 기울임꼴', 색 '빨강'을 선택한 후 〈확인〉을 클릭하세요.

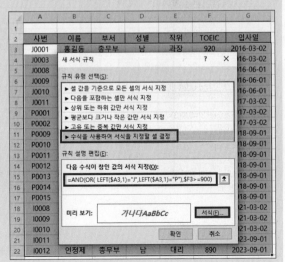

3. '새 서식 규칙' 대화상자에서도 〈확인〉을 클릭해 조건부 서식을 적용하세요.

문제 3

24.상시, 23.상시, 22.상시, 21.상시, 20.상시, 20.1, 19.상시, 19.2, 19.1, 18.상시, 18.2, 18.1, 17.상시, …

1 수식을 사용하여 서식을 지정할 셀 결정

1. [A3:L32] 영역을 블록으로 지정한 후 [홈] → 스타일 → 조건부 서식 → 새 규칙을 클릭하세요.
2. '새 서식 규칙' 대화상자에서 '수식을 사용하여 서식을 지정할 셀 결정'을 선택한 후 수식 입력난에 =(MOD($E3,3)=0)*($K3>=70)을 입력하고, 〈서식〉을 클릭해 글꼴 스타일 '기울임꼴', 색 '빨강'을 선택한 후 〈확인〉을 클릭하세요.

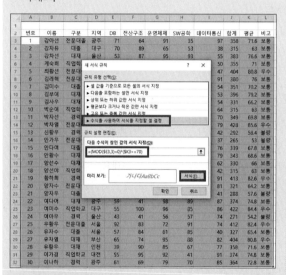

3. '새 서식 규칙' 대화상자에서도 〈확인〉을 클릭해 조건부 서식을 적용하세요.

궁금해요 시나공 Q&A 베스트

Q1 '=AND(MOD($E3,3)=0,$K3>=70)'으로 해도 되나요?

A1 안 됩니다. 문제에 함수가 제시된 경우에는 해당 함수만을 이용해서 수식을 작성해야 합니다.

Q2 교재에 있는 수식과 제가 쓴 수식이 달라도 결과가 같을 때는 어떻게 해야 되는지 궁금합니다.

A2 수식은 작성하는 사람마다 다를 수 있으므로 결과만 맞으면 모두 맞는 것으로 채점됩니다. 단, 반드시 문제에 제시된 함수만 사용해야 합니다.

문제 4

24.상시, 23.상시, 22.상시, 21.상시, 20.상시, 20.1, 19.상시, 19.2, 19.1, 18.상시, 18.2, 18.1, 17.상시, …

1 수식을 사용하여 서식을 지정할 셀 결정

1. [E3:S31] 영역을 블록으로 지정한 후 [홈] → 스타일 → 조건부 서식 → 새 규칙을 선택하세요.
2. '새 서식 규칙' 대화상자에서 '수식을 사용하여 서식을 지정할 셀 결정'을 선택한 후 수식 입력난에 =AND(ISODD(COLUMN( )),ISODD(MONTH(E$3)))을 입력하고, 〈서식〉을 클릭해 채우기 색 '노랑'을 선택한 후 〈확인〉을 클릭하세요.

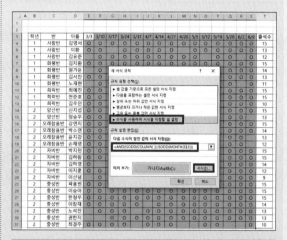

수식 입력 시 셀 주소의 행 번호 앞에 $를 붙인 이유는 조건에 맞는 데이터가 있는 전체 열에 서식을 적용하기 위함입니다.

3. '새 서식 규칙' 대화상자에서도 〈확인〉을 클릭해 조건부 서식을 적용하세요.

자동 필터 / 고급 필터

필터(Filter)는 많은 데이터 중에서 특정한 조건에 맞는 데이터만을 추출하는 기능으로, 원래의 데이터 위치에만 데이터의 추출이 가능한 자동 필터와 다른 위치에도 추출한 결과를 표시할 수 있는 고급 필터가 있습니다. 고급 필터는 자동 필터에서 지정할 수 없는 다양한 조건을 지정할 수 있는 반면, 조건을 지정하는 방법이 상대적으로 어렵습니다.

기본문제   'C:\길벗컴활1급\01 엑셀\01 섹션' 폴더의 '섹션03문제.xlsm' 파일을 열어서 작업하시오.

'무작정따라하기'와 '무작정따라하기2' 시트에서 다음과 같이 자동 필터와 고급 필터를 수행하시오.

자동 필터 – '무작정따라하기' 시트

자동 필터 기능을 이용하여 '무작정따라하기' 시트의 [A4:H14] 영역에 '근속기간'이 15년 이상이고, 퇴직금이 50,000 이하인 데이터를 표시하시오.

고급 필터 – '무작정따라하기2' 시트

▶ [A4:H14] 영역에서 '직책'이 "장"으로 끝나고, '퇴직금'이 전체 '퇴직금'의 평균 이상인 데이터의 '성명', '부서명', '직책', '근속기간', '퇴직금' 필드만 순서대로 표시하시오.

▶ 조건은 [A16:A17] 영역에 입력하시오. (AND, RIGHT, AVERAGE 함수 사용)

▶ 결과는 [A19] 셀부터 표시하시오.

전문가의 조언

중요해요! 필터에서는 제시된 조건에 만족하는 데이터를 추출하라는 고급 필터에 관한 문제가 기본작업 문제로 매회 출제되고 있습니다. 자동 필터는 분석작업 문제로 가끔 출제되고 있습니다. 제시된 조건을 논리에 맞게 조건식으로 표현하는 방법만 숙달하면 사용법은 간단합니다.

[자동 필터]

[고급 필터]

따라하기

1 자동 필터
24.상시, 22.상시, 21.상시, 19.상시, 14.1, 12.1, 11.1, 10.1, 07.2, 07.1, 06.3, 06.2, 05.2, 05.1, 04.3

1. '무작정따라하기' 시트에서 [A4:H4] 영역을 블록으로 지정하고, [데이터] → 정렬 및 필터 → **필터**를 클릭하세요. 각 필드명의 오른쪽에 자동 필터 목록 단추(▼)가 표시됩니다.

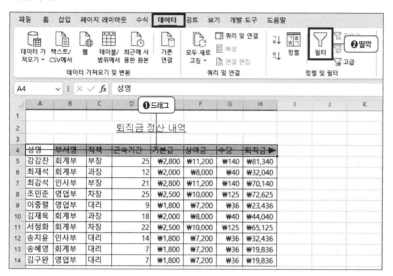

2. 근속기간이 15년 이상인 조건을 지정하기 위해 '근속기간' 필드의 자동 필터 목록 단추(▼)를 클릭한 후 [숫자 필터] → **크거나 같음**을 선택하세요. 조건을 입력할 수 있는 '사용자 지정 자동 필터' 대화상자가 나타납니다.

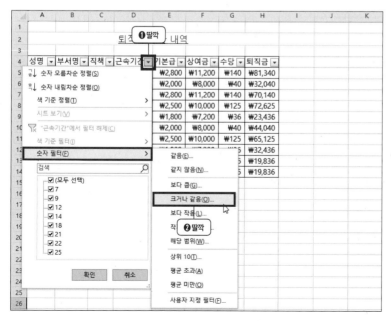

궁금해요 시나공 Q&A 베스트

Q 각 필드명의 오른쪽에 표시되어야 할 자동 필터 목록 단추(▼)가 엉뚱한 곳에 표시되거나 '목록이 없다.'는 메시지가 표시돼요. 어떻게 해야 하나요?

A 자동 필터는 메뉴를 선택하기 전에 반드시 필드명을 블록으로 지정하거나, 해당하는 데이터 범위(A4:H14) 안에 셀 포인터를 놓고 시작해야 합니다.

3. '사용자 지정 자동 필터' 대화상자의 찾을 조건의 두 번째 입력난에 **15**를 입력하세요. '>='는 '보다 크거나 같다'는 의미인데 오른쪽에 **15**를 입력했으니, '15 이상'이라는 의미겠죠? 〈확인〉을 클릭하면 '근속기간'이 15 이상인 데이터만 표시됩니다.

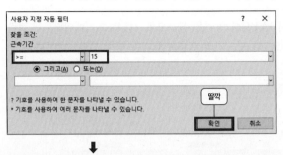

	A	B	C	D	E	F	G	H
1								
2				퇴직금 정산 내역				
3								
4	성명	부서명	직책	근속기간	기본급	상여금	수당	퇴직금
5	강감찬	회계부	부장	25	₩2,800	₩11,200	₩140	₩81,340
7	최강석	인사부	부장	21	₩2,800	₩11,200	₩140	₩70,140
8	조민준	영업부	차장	25	₩2,500	₩10,000	₩125	₩72,625
10	김재욱	회계부	과장	18	₩2,000	₩8,000	₩40	₩44,040
11	서정화	회계부	차장	22	₩2,500	₩10,000	₩125	₩65,125

4. 퇴직금이 50,000 이하인 조건을 지정하기 위해 '퇴직금' 옆의 자동 필터 목록 단추(▼)를 클릭하여 [숫자 필터] → **작거나 같음**을 선택한 후 찾을 조건의 두 번째 입력난에 **50000**을 입력하세요. '50000 이하'라는 의미겠죠? 〈확인〉을 클릭하면 최종결과가 나타납니다.

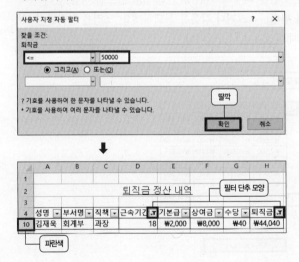

2 고급 필터

1. 고급 필터를 실행하기 전에 먼저 조건과 추출할 필드명을 입력해야 합니다. [A16] 셀에 **조건**, [A17] 셀에 =AND(RIGHT(C5,1)="장",H5)=AVERAGE($H$5:$H$14))를 입력하고 추출할 필드명은 [A19:E19] 영역에 다음 그림과 같이 입력하세요.

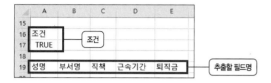

> **전문가의 조언**
> • 함수나 식의 계산값을 고급 필터의 찾을 조건으로 지정하는 경우, 조건 지정 범위의 첫 행에 입력될 조건 필드명은 원본 데이터의 필드명과 다른 이름을 입력하거나 생략해야 합니다.
> • 문제에 제시된 AND, RIGHT, AVERAGE 함수를 모두 사용하여 조건을 지정해야 합니다. 이 함수를 모두 이용하여 조건을 지정하려면 하나의 셀에 조건을 모두 입력해야 합니다.
> • 함수는 05~08 섹션에 걸쳐 자세하게 공부합니다. 여기서는 해당 함수에 대한 대략적인 의미만 파악하고 넘어가세요.

2. 조건을 입력했으면 데이터 범위(A4:H14) 안에 셀 포인터를 놓고 [데이터] → 정렬 및 필터 → **고급(🔽)**을 클릭하세요. 조건을 지정하는 '고급 필터' 대화상자가 나타납니다.

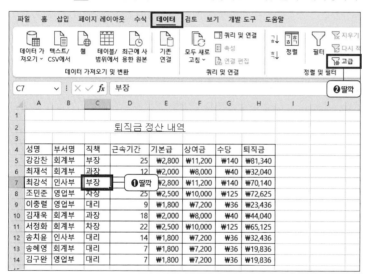

3. '고급 필터' 대화상자에서는 목록 범위, 조건 범위, 추출한 데이터의 복사 위치 등을 지정합니다. 현재 데이터가 있는 영역이 아닌 다른 장소에 추출하기 위해 '다른 장소에 복사'를 선택하고, 목록 범위를 지정하는 범위 지정 단추(🔼)를 클릭하세요.

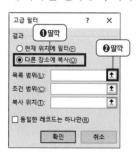

> **전문가의 조언**
> '현재 위치에 필터'를 선택할 경우에는 현재 사용하고 있는 원본 데이터가 있는 위치에 결과가 추출되기 때문에 '복사 위치', 즉 추출한 데이터의 표시 위치를 지정할 수 없습니다. 자세한 내용은 64쪽을 참조하세요.

> **전문가의 조언**
> 고급 필터를 수행하기 전에 셀 포인터 위치가 데이터 범위(A4:H14) 안에 있었다면 목록 범위가 자동으로 지정됩니다.

4. [A4:H14] 영역을 마우스로 드래그하면 셀 주소가 '목록 범위' 난에 표시됩니다. 범위 지정 단추(🔽)를 다시 한 번 클릭하면 '고급 필터' 대화상자로 돌아갑니다.

5. '조건 범위'를 입력할 차례입니다. 이번에는 범위 지정 단추(⬆)를 클릭하지 않고 지정해 보겠습니다. 마우스로 '조건 범위' 난을 클릭한 후 조건이 있는 [A16:A17] 셀을 드래그하면 됩니다.

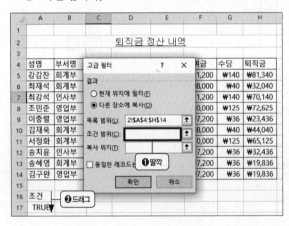

6. '복사 위치' 난을 클릭한 후 추출할 필드 목록이 입력되어 있는 [A19:E19] 영역을 블록으로 지정하여 '복사 위치'를 지정합니다. 〈확인〉을 클릭하면 결과가 [A19] 셀부터 표시됩니다.

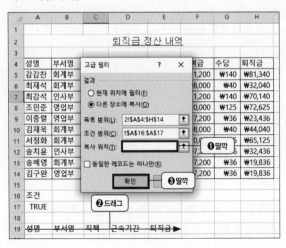

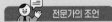

↓

	A	B	C	D	E
18					
19	성명	부서명	직책	근속기간	퇴직금
20	강감찬	회계부	부장	25	₩81,340
21	최강석	인사부	부장	21	₩70,140
22	조민준	영업부	차장	25	₩72,625
23	서정화	회계부	차장	22	₩65,125

잠깐만요

사용자 지정 자동 필터

- 자동 필터에서 하나의 필드를 대상으로 AND나 OR 조건으로 연결하여 2개까지 조건을 지정할 수 있습니다.
- 만능 문자를 사용하여 데이터를 추출할 수 있습니다.
- 아래 그림과 같은 다양한 비교 연산자를 제공합니다.

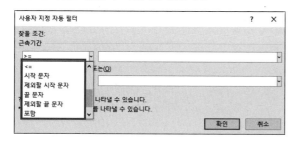

- '그리고(AND)'와 '또는(OR)' : "이고", "그리고", "~인 중에서" 등으로 두 문장이 연결되면 두 문장에 대한 조건을 모두 만족하는 데이터를 찾는 AND(그리고) 조건이고, "또는", "이거나" 등이 문장 중에 포함되어 있으면 두 문장의 조건 중 하나라도 만족하는 데이터를 찾는 OR(또는) 조건입니다.

AND 조건의 예)

근속기간이 5년 이상이고, 근속기간이 15년 이하인 데이터(5~15)

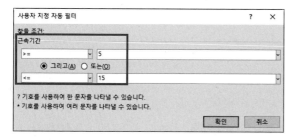

OR 조건의 예)

성명이 "김"으로 시작하거나, 성명이 "자"로 끝나는 데이터(**김**말동, 이미**자**, **김**숙**자** …)

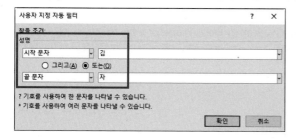

'고급 필터' 대화상자

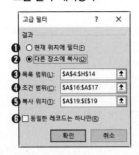

❶ **현재 위치에 필터** : 결과 데이터를 현재 원본 데이터가 위치한 곳에 표시합니다.

❷ **다른 장소에 복사** : '복사 위치'로 지정한 위치에 결과 데이터를 표시합니다.

❸ **목록 범위** : 필터 기능이 적용될 원본 데이터가 있는 위치를 지정합니다.

❹ **조건 범위** : 사용자가 지정한 조건이 입력된 위치를 지정합니다.

❺ **복사 위치** : 결과가 추출될 위치를 지정합니다.

❻ **동일한 레코드는 하나만** : 조건을 만족하는 행 중에서 같은 내용의 행이 있을 경우 한 행만 표시합니다.

고급 필터의 조건 지정 방법

고급 필터는 조건을 정확하게 지정하는 것이 가장 중요합니다. 조건에는 AND와 OR 조건이 있다는 것 아시죠? AND와 OR 조건의 구분은 조건이 입력된 행의 위치에 따라 구분됩니다.

· **AND 조건** : 조건을 같은 행에 입력합니다.

나 이	급 여
>=20	>=800000

나이가 20 이상이고, 급여가 800000 이상인 데이터

나 이	급 여	지 역
>=20	>=800000	서울

나이가 20 이상이고, 급여가 800000 이상이고, 지역이 "서울"인 데이터

· **OR 조건** : 조건을 다른 행에 입력합니다.

나 이	급 여
>=20	
	>=800000

나이가 20 이상이거나, 급여가 800000 이상인 데이터

나 이	급 여	지 역
>=20		
	>=800000	
		서울

나이가 20 이상이거나, 급여가 800000 이상이거나, 지역이 "서울"인 데이터

지 역
서울
부산

지역이 "서울"이거나, 지역이 "부산"인 데이터

· **AND와 OR 결합 조건** : 하나의 필드에 여러 조건을 지정합니다. AND 조건이 먼저 계산됩니다.

나 이	지 역
>=20	서울
>=60	부산

나이가 20 이상이고 지역이 "서울"이거나, 나이가 60 이상이고 지역이 "부산"인 데이터

기출 따라잡기

문제 1 'C:\길벗컴활1급\01 엑셀\01 섹션' 폴더의 '섹션03문제.xlsm' 파일을 열어서 작업하시오.

'기출01' 시트에서 다음과 같이 자동 필터를 수행하시오.

▶ [필터] 기능을 이용하여 '종업원수(명)'을 기준으로 내림차순 정렬한 후 '주소'가 "경기"로 시작하는 데이터 행만 표시되도록 텍스트 필터를 설정하시오.

	A	연번	회사명	업종	주소	취급품	종업원수(명)
3		1	굿모에스	도소매	서울 양천구 목동	컴퓨터	45
4		2	넷인기술	서비스	서울 중구 순화동	컴퓨터	432
5		3	다비서㈜	도소매	서울 종로구 사간동	소프트웨어	324
6		4	다우프트	도소매	서울 동작구 신대방동	소프트웨어	45
7		5	대통젤㈜	도소매	서울 구로구 구로동	유지보수	1,999
8		6	아정비드	서비스	경기 고양시 덕양구 행신동	컴퓨터	65
9		7	이랜데㈜	홈페이지	서울 용산구 신계동	소프트웨어	45
10		8	에소술㈜	도소매	서울 강남구 역삼동	소프트웨어	565
11		9	에엔털㈜	서비스	서울 강서구	소프트웨어	342
12		10	디에트㈜	서비스	서울 강남구 대치동	개발	565
13		11	엔정술㈜	제조도매	서울 영등포구 영등포동	컴퓨터	999
14		12	지전데타	서비스	경기도 성남시 분당구	컴퓨터	454
15		13	엠컨츠코	서비스	서울 강남구 대치동	컨설팅	1,212
16		14	와전	서비스	서울 서초구 양재동	컨설팅	233
17		15	인트	도소매	서울 서초구 서초동	소프트웨어	34
18		16	오앤	제조도매	서울 강남구 대치동	컴퓨터	54
19		17	태쳐	서비스	경기도 수원시 영통구 매탄동	컴퓨터	45
20		18	크피	소프트	서울 강남구 삼성동	컨텐츠	5
21		19	씨㈜	서비스	부산 금정구 구서동	컨텐츠	65
22		20	전설	서비스	서울 영등포 여의도동	유지보수	67
23		21	한기	도소매	서울 구로구 구로동	유지보수	277
24		22	호컨	도소매	서울 강남구 대치동	컨설팅	26
25		23	밀이	도소매	서울 중구 남대문로	광고	2,750
26		24	디지스㈜	서비스	서울 영등포구 여의도동	유지보수	34
27		25	렉소스템	도소매	서울 강남구 역삼동	소프트웨어	65
28		26	르네전㈜	제조도매	서울 영등포구 여의도동	유지보수	3,242
29		27	비데팅㈜	도소매	서울 서초구 양재동	소프트웨어	444
30		28	비즈너㈜	도소매	서울 강남구 삼성동	소프트웨어	675
31		29	삼전트㈜	제조업	경기도 용인시 동천동	컴퓨터	765
32		30	새소통신	도소매	서울 강남구 논현동	소프트웨어	23
33		31	성화칼㈜	도소매	서울 강남구 신사동	소프트웨어	345
34		32	소어컴㈜	도소매	서울 구로구 구로동	소프트웨어	674
35		33	소프모닝	도소매	서울 금천구 독산동	소프트웨어	212
36		34	씨예인프	서비스	서울 중구 남대문로	컴퓨터	45

↓

	A	연번	회사명	업종	주소	취급품	종업원수(명)
8		29	삼전트㈜	제조업	경기도 용인시 동천동	컴퓨터	765
13		12	지전데타	서비스	경기도 성남시 분당구	컴퓨터	454
23		6	아정비드	서비스	경기 고양시 덕양구 행신동	컴퓨터	65
30		17	태쳐	서비스	경기도 수원시 영통구 매탄동	컴퓨터	45

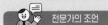
문제 2 'C:\길벗컴활1급\01 엑셀\01 섹션' 폴더의 '섹션03문제.xlsm' 파일을 열어서 작업하시오.

'기출02' 시트에서 다음과 같이 고급 필터를 수행하시오.

▶ [A3:E12] 영역에서 '제품코드'가 "PE"나 "CE"로 시작하고 '생산량'이 700 이상인
   데이터의 '제품코드', '생산부서', '생산량', '불량률' 필드만 순서대로 표시하시오.

▶ 동일한 레코드는 하나만 표시하시오.

▶ 조건은 [A14:A15] 영역에 입력하시오. (AND, OR, LEFT 함수 사용)

▶ 결과는 [A18] 셀부터 표시하시오.

	A	B	C	D	E
1		제품 생산 현황			
2					
3	제품코드	생산부서	생산량	불량률	최대생산량
4	PE-12	생산1부	680	0.01	900
5	PE-23	생산2부	2000	0.04	2500
6	PE-34	생산3부	960	0	1200
7	CE-10	생산1부	720	0	900
8	CE-20	생산2부	720	0.02	1500
9	CE-30	생산3부	2800	0.04	3500
10	PE-12	생산1부	700	0.02	900
11	PE-23	생산2부	2000	0.04	2500
12	AM-33	생산3부	1200	0.02	1500

	A	B	C	D
17				
18	제품코드	생산부서	생산량	불량률
19	PE-23	생산2부	2000	0.04
20	PE-34	생산3부	960	0
21	CE-10	생산1부	720	0
22	CE-20	생산2부	720	0.02
23	CE-30	생산3부	2800	0.04
24	PE-12	생산1부	700	0.02

문제 3 'C:\길벗컴활1급\01 엑셀\01 섹션' 폴더의 '섹션03문제.xlsm' 파일을 열어서 작업하시오.

'기출03' 시트에서 다음과 같이 고급 필터를 수행하시오.

▶ [A3:G13] 영역에서 '구매실적'이 두 번째로 크거나 두 번째로 작은 데이터를 표시
   하시오.

▶ 조건은 [A16:A17] 영역에 입력하시오. (OR, LARGE, SMALL 함수 사용)

▶ 결과는 [A20] 셀부터 표시하시오.

	A	B	C	D	E	F	G
1			고객포인트 관리				
2							
3	고객번호	이름	주소	구매실적	거래회수	구매포인트	설문포인트
4	C94023	박거상	광주광역시	950,000	20	190	80
5	B90120	한심해	대전광역시	950,000	45	190	70
6	A93055	최고봉	서울특별시	1,300,000	60	260	50
7	C92050	김민수	광주광역시	900,000	50	180	65
8	B96255	고정ране	대전광역시	775,000	43	155	85
9	B99130	신선해	대전광역시	755,000	35	151	75
10	C98030	송아지	광주광역시	805,000	25	161	25
11	A88001	강효자	서울특별시	500,000	30	100	35
12	A95010	이미지	서울특별시	1,250,000	40	250	85
13	B91038	김예술	대전광역시	1,000,000	45	200	98

	A	B	C	D	E	F	G
19							
20	고객번호	이름	주소	구매실적	거래회수	구매포인트	설문포인트
21	B99130	신선해	대전광역시	755,000	35	151	75
22	A95010	이미지	서울특별시	1,250,000	40	250	85

문제 4 'C:\길벗컴활1급\01 엑셀\01 섹션' 폴더의 '섹션03문제.xlsm' 파일을 열어서 작업하시오.

'기출04' 시트에서 다음과 같이 고급 필터를 수행하시오.

▶ [A2:H12] 영역에서 '입차시간'이 오전 10시부터 11시 50분까지인 데이터의 '차량번호', '주차장', '입차시간', '퇴차시간', '이용금액' 필드만 순서대로 표시하시오.

▶ 조건은 [A14:A15] 영역 내에 알맞게 입력하시오. (AND 함수 사용)

▶ 결과는 [A17] 셀부터 표시하시오.

	A	B	C	D	E	F	G	H
1	[표1]							
2	구분	차량번호	주차장	입차시간	퇴차시간	할인금액	이용금액	정산금액
3	예약	12나1442	지상-2	07:19	12:20	3,000	17,535	14,535
4	입퇴원	43가6770	지상-2	09:19	10:47	4,000	4,480	480
5	진료	69가8432	지상-1	09:39	13:27	3,000	13,580	10,580
6	예약	22가3590	지하	10:25	11:30	2,000	3,675	1,675
7	진료	23허2827	지하	10:31	11:59	3,000	4,480	1,480
8	입퇴원	18가7048	지하	10:35	13:05	4,000	9,450	5,450
9	예약	86가4414	지상-2	11:46	12:27	2,000	2,835	835
10	진료	15사5249	지상-1	12:31	21:55	3,000	32,340	29,340
11	입퇴원	87마6925	지상-2	12:43	14:15	4,000	6,020	2,020
12	진료	71가8948	지상-1	13:08	16:15	2,000	10,745	8,745

↓

	A	B	C	D	E
16					
17	차량번호	주차장	입차시간	퇴차시간	이용금액
18	22가3590	지하	10:25	11:30	3,675
19	23허2827	지하	10:31	11:59	4,480
20	18가7048	지하	10:35	13:05	9,450
21	86가4414	지상-2	11:46	12:27	2,835

기출문제 따라하기   Section 03

문제 1

1 자동 필터

24.상시, 22.상시, 21.상시, 19.상시, 14.1, 12.1, 11.1, 10.1, 07.2, 07.1, 06.3, 06.2, 05.2, 05.1, 04.3

1. 데이터가 입력되어 있는 임의의 셀을 클릭한 후 [데이터] → 정렬 및 필터 → **필터**를 클릭하세요.

2. '종업원수(명)'를 기준으로 내림차순 정렬하기 위해 '종업원수(명)' 필드의 자동 필터 목록 단추(▾)를 클릭한 후 [**숫자 내림차순 정렬**]을 선택하세요.

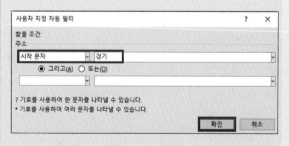

3. '주소'가 "경기"로 시작하는 데이터를 표시하기 위해 '주소' 필드의 자동 필터 목록 단추(▾)를 클릭한 후 [텍스트 필터] → **시작 문자**를 선택하세요.

4. '사용자 지정 자동 필터' 대화상자에서 그림과 같이 지정한 후 〈확인〉을 클릭하세요.

문제 2

1 조건에 함수를 사용하는 고급 필터

24.상시, 23.상시, 22.상시, 21.상시, 20.상시, 20.1, 19.상시, 19.2, 19.1, 18.상시, 18.2, 18.1, 17.상시, …

1. [A14] 셀에 **조건**, [A15] 셀에 =AND(OR(LEFT(A4,2)="PE",LEFT(A4,2)="CE"),C4=700)을 입력하고 추출할 필드명을 다음 그림과 같이 입력하세요.

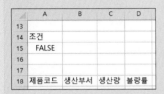

	A	B	C	D
13				
14	조건			
15	FALSE			
16				
17				
18	제품코드	생산부서	생산량	불량률

2. 데이터 범위(A3:E12) 안에 셀 포인터를 놓고, [데이터] → 정렬 및 필터 → **고급**을 클릭하세요.
3. 결과, 목록 범위, 조건 범위, 복사 위치 등을 그림과 같이 지정하고, 〈확인〉을 클릭하세요.

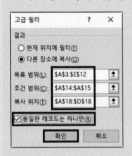

문제 3

24.상시, 23.상시, 22.상시, 21.상시, 20.상시, 20.1, 19.상시, 19.2, 19.1, 18.상시, 18.2, 18.1, 17.상시, …

1 조건에 함수를 사용하는 고급 필터

1. [A16] 셀에 **조건**, [A17] 셀에 =OR(D4=LARGE($D$4:$D$13,2), D4=SMALL($D$4:$D$13,2))를 입력하세요.
2. 데이터 범위(A3:G13) 안에 셀 포인터를 놓고, [데이터] → 정렬 및 필터 → **고급**을 클릭하세요.
3. '고급 필터' 대화상자에서 그림과 같이 지정한 후 〈확인〉을 클릭하세요.

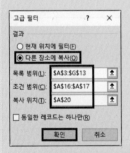

'D4=LARGE($D$4:$D$13,2)'의 의미

LARGE($D$4:$D$13,2) 함수에 의해 지정된 범위(D4:D13)에서 두 번째로 큰 값 (1,250,000)을 찾아 먼저 [D4] 셀과 비교한 후 같으면 'TRUE', 다르면 'FALSE'를 출력합니다. 즉 [D4] 셀의 구매실적이 1,250,000인 경우 'TRUE', 다르면 'FALSE'를 출력합니다. 고급 필터에 적용된 수식은 아래와 같이 범위의 모든 셀에 대해 수식을 적용한 후 결과가 'TRUE'인 것만 추출합니다. 절대 주소를 주는 이유는 범위를 고정시키기 위한 것이라는 것은 알고 있죠?
D4=LARGE($D$4:$D$13,2) → False
D5=LARGE($D$4:$D$13,2) → False
D6=LARGE($D$4:$D$13,2) → False

D7=LARGE($D$4:$D$13,2) → False
D8=LARGE($D$4:$D$13,2) → False
D9=LARGE($D$4:$D$13,2) → False
D10=LARGE($D$4:$D$13,2) → False
D11=LARGE($D$4:$D$13,2) → False
D12=LARGE($D$4:$D$13,2) → True (결과가 출력될 위치로 복사됨)
D13=LARGE($D$4:$D$13,2) → False
'D4=SMALL($D$4:$D$13,2)' 역시 같은 방법으로 적용이 됩니다.

조건에 원본 데이터의 필드명과 다른 필드명을 사용하는 이유

앞에서와 같이 수식이 적용될 때 실제 수식은 아래 그림과 같이 가상의 필드인 '조건'을 만들어서 계산한 후 추출한다고 생각할 수 있습니다. 그런데 여기서 '조건' 대신 '구매실적'이라는 필드명을 사용하면 필드명이 중복되겠죠?(실제로 '조건' 필드가 워크시트에 만들어지는 건 아닙니다.)

	A	B	C	D	E	F	G	H
1			고객포인트 관리				가상의 필드	
2								
3	고객번호	이름	주소	구매실적	거래회수	구매포인트	설문포인트	조건
4	C94023	박거상	광주광역시	950,000	20	190	80	FALSE
5	B90120	한심해	대전광역시	950,000	45	190	70	FALSE
6	A93055	최고봉	서울특별시	1,300,000	60	260	50	FALSE
7	C92050	김민수	광주광역시	900,000	50	180	65	FALSE
8	B96255	고정해	대전광역시	775,000	43	155	85	FALSE
9	B99130	신선해	대전광역시	755,000	35	151	75	TRUE
10	C98030	송아지	광주광역시	805,000	25	161	25	FALSE
11	A88001	강효자	서울특별시	500,000	30	100	35	FALSE
12	A95010	이미지	서울특별시	1,250,000	40	250	85	TRUE
13	B91038	김예술	대전광역시	1,000,000	45	200	98	FALSE

문제 4

24.상시, 23.상시, 22.상시, 21.상시, 20.상시, 20.1, 19.상시, 19.2, 19.1, 18.상시, 18.2, 18.1, 17.상시, …

1 조건에 함수를 사용하는 고급 필터

1. [A14] 셀에 **조건**, [A15] 셀에 =AND(D3>=10/24,D3<=(11/24+50/(24*60)))를 입력하고 추출할 필드를 다음 그림과 같이 입력하세요.

	A	B	C	D	E
13					
14	조건				
15	FALSE				
16					
17	차량번호	주차장	입차시간	퇴차시간	이용금액
18					

2. 데이터 범위(A2:H12) 안에 셀 포인터를 놓고, [데이터] → 정렬 및 필터 → **고급**을 클릭하세요.
3. '고급 필터' 대화상자에서 그림과 같이 지정한 후 〈확인〉을 클릭하세요.

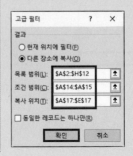

페이지 레이아웃 / 통합 문서 보기

- **페이지 레이아웃** : 워크시트의 내용을 보기 좋게 인쇄하기 위해 상·하·좌·우 여백, 페이지의 가로·세로 가운데 맞춤, 머리글/바닥글, 인쇄 영역, 반복할 행/열, 페이지 나누기 등의 기능을 설정하는 작업입니다.
- **통합 문서 보기** : 작성한 문서를 다양하게 표시하는 기능으로, 페이지 구분선, 인쇄 영역, 페이지 번호 등을 확인할 수 있는 페이지 나누기 미리 보기나 작성한 문서를 종이 형태로 표시하는 페이지 레이아웃 보기 등이 있습니다.

기본문제 'C:\길벗컴활1급\01 엑셀\01 섹션' 폴더의 '섹션04문제.xlsm' 파일을 열어서 작업하시오.

'무작정따라하기'와 '무작정따라하기2' 시트에서 다음과 같이 통합 문서 보기와 페이지 레이아웃을 설정하시오.

전문가의 조언

내용이 어렵지 않아 한 두 번만 따라하면 충분히 점수를 얻을 수 있는 기능입니다. 하나씩 차근차근 따라해 보세요.

통합 문서 보기 – '무작정따라하기' 시트

'무작정따라하기' 시트를 '페이지 나누기 미리 보기'로 표시하고, [B2:F42] 영역만 1페이지로 인쇄되도록 페이지 나누기 구분선을 조정하시오.

페이지 레이아웃 – '무작정따라하기2' 시트

▶ 인쇄될 내용이 페이지의 정 가운데에 인쇄되도록 페이지 가운데 맞춤을 설정하시오.

▶ 매 페이지 하단의 가운데 구역에는 페이지 번호가 [표시 예]와 같이 표시되도록 바닥글을 설정하시오.

  [표시 예 : 현재 페이지 번호가 1이고 전체 페이지 번호가 3인 경우 → 1/3]

▶ [B2:F42] 영역을 인쇄 영역으로 설정하고, 2행이 매 페이지마다 반복하여 인쇄되도록 인쇄 제목을 설정하시오.

▶ [B23:F42] 영역이 2페이지에 표시되도록 페이지 나누기를 실행하시오.

	A	B	C	D	E	F
1						
2		서명	저자	입력일자	신청자이름	작업사항
3		프라이다이나믹스	고형준	2월 1일	김*영	
4		지식재산 금융과 법제도	김승열	2월 1일	김*영	
5		값싼 음식의 실제 가격	마이클 캐롤런	2월 3일	조*현	입고예정
6		0년	이안 부루마	2월 3일	조*현	
7		나이트 워치 상	세르게이 루키야넨코	2월 3일	정*지	
8		행운 연습	류쉬안	2월 4일	박*정	
9		새 하늘과 새 땅	리처드 미들턴	2월 6일	정*식	입고예정
10		알라	미로슬라브 볼프	2월 6일	정*울	
11		섬을 탈출하는 방법	조형근, 김종배	2월 6일	박*철	
12		내 몸의 바운스를 깨워라	옥주현	2월 8일	김*화	
13		벤저민 그레이엄의 정량분석 Quant	스티븐 P. 그라이너	2월 9일	민*준	
14		라플라스의 마녀	히가시노게이고	2월 11일	김*연	우선신청도서
15		글쓰는 여자의 공간	타니아 슐리	2월 11일	조*혜	
16		돼지 루퍼스, 학교에 가다	킴 그리스웰	2월 12일	이*경	
17		빼꼼 아저씨네 동물원	케빈 월드론	2월 12일	주*민	

< > 무작정따라하기 무작정따라하기2 기출01 기출02 +

↓

[통합 문서 보기]

서명	저자	입력일자	신청자이름	작업사항
프라이다이나믹스	고형준	2월 1일	김*영	
지식재산 금융과 법제도	김승열	2월 1일	김*영	
값싼 음식의 실제 가격	마이클 캐롤런	2월 3일	조*현	입고예정
0년	이안 부루마	2월 3일	조*현	
나이트 워치 상	세르게이 루키야넨코	2월 3일	정*지	
행운 연습	류쉬안	2월 4일	박*정	
새 하늘과 새 땅	리처드 미들턴	2월 6일	정*식	입고예정
알라	미로슬라브 볼프	2월 6일	정*율	
섬을 탈출하는 방법	조형근, 김종배	2월 6일	박*철	
내 몸의 바운스를 깨워라	옥주현	2월 8일	김*화	
벤저민 그레이엄의 정량분석 Quant	스티븐 P. 그라이너	2월 9일	민*준	
라플라스의 마녀	히가시노게이고	2월 11일	김*연	우선신청도서
글쓰는 여자의 공간	타니아 슐리	2월 11일	조*혜	
돼지 루퍼스, 학교에 가다	킴 그리스웰	2월 12일	이*경	
빼꼼 아저씨네 동물원	케빈 월드론	2월 12일	주*민	
부동산의 보이지 않는 진실	이재범 외1	2월 13일	민*준	
영재들의 비밀습관 하브루타	장성애	2월 16일	정*정	
Why? 소프트웨어와 코딩	조영선	2월 17일	변*우	
나는 단순하게 살기로 했다	사사키 후미오	2월 17일	김*선	우선신청도서
나는 누구인가 - 인문학 최고의 공부	강신주, 고미숙 외5	2월 17일	송*자	
음의 방정식	미야베 미유키	2월 19일	이*아	
인성이 실력이다	조벽	2월 20일	고*원	
학교를 개선하는 교사	마이클 풀란	2월 23일	한*원	
혁신교육에 대한 교육학적 성찰	한국교육연구네트워크	2월 23일	한*원	
부시파일럿, 나는 길이 없는 곳으로 간다	오현호	2월 23일	최*설	
ENJOY 훗카이도(2015-2016)	정태관,박용준,민보영	2월 24일	이*아	
우리 아이 유치원 에이스 만들기	에이미	2월 24일	조*혜	
Duck and Goose, Goose Needs a Hug	Tad Hills	2월 25일	김*레	3월입고예정
Duck & Goose : Find a Pumpkin	Tad Hills	2월 25일	김*레	3월입고예정
스웨덴 엄마의 말하기 수업	페트라 크란츠 린드그렌	2월 26일	김*일	
잠자고 싶은 토끼	칼 요한 포센 엘린	2월 26일	정*희	
뭐? 나랑 너랑 닮았다고!?	고미 타로	2월 26일	정*희	
2030년에는 투명망토가 나올까	얀 파울 스취턴	2월 26일	김*유	
조금만 기다려봐	케빈 행크스	2월 26일	김*송	
프랑스 여자는 늙지 않는다	미리유 길리아노	2월 26일	김*송	
자본에 관한 불편한 진실	정철진	2월 26일	맹*현	
당나귀와 다이아몬드	D&B	2월 26일	오*진	품절도서
아바타 나영일	박상재	2월 27일	오*진	
Extra Yarn	Mac Barnett	2월 27일	이*숙	3월말입고예정
The Unfinished Angel	Creech, Sharon	2월 28일	서*원	3월말입고예정

[페이지 레이아웃]

1페이지

서명	저자	입력일자	신청자이름	작업사항
프라이다이나믹스	고형준	2월 1일	김*영	
지식재산 금융과 법제도	김승열	2월 1일	김*영	
값싼 음식의 실제 가격	마이클 캐롤런	2월 3일	조*현	입고예정
0년	이안 부루마	2월 3일	조*현	
나이트 워치 상	세르게이 루키야넨코	2월 3일	정*지	
행운 연습	류쉬안	2월 4일	박*정	
새 하늘과 새 땅	리처드 미들턴	2월 6일	정*식	입고예정
알라	미로슬라브 볼프	2월 6일	정*율	
섬을 탈출하는 방법	조형근, 김종배	2월 6일	박*철	
내 몸의 바운스를 깨워라	옥주현	2월 8일	김*화	
벤저민 그레이엄의 정량분석 Quant	스티븐 P. 그라이너	2월 9일	민*준	
라플라스의 마녀	히가시노게이고	2월 11일	김*연	우선신청도서
글쓰는 여자의 공간	타니아 슐리	2월 11일	조*혜	
돼지 루퍼스, 학교에 가다	킴 그리스웰	2월 12일	이*경	
빼꼼 아저씨네 동물원	케빈 월드론	2월 12일	주*민	
부동산의 보이지 않는 진실	이재범 외1	2월 13일	민*준	
영재들의 비밀습관 하브루타	장성애	2월 16일	정*정	
Why? 소프트웨어와 코딩	조영선	2월 17일	변*우	
나는 단순하게 살기로 했다	사사키 후미오	2월 17일	김*선	우선신청도서
나는 누구인가 - 인문학 최고의 공부	강신주, 고미숙 외5	2월 17일	송*자	

1/2

2페이지

서명	저자	입력일자	신청자이름	작업사항
욤의 방정식	미야베 미유키	2월 19일	아*아	
인성이 실력이다	조벽	2월 20일	고*원	
학교를 개선하는 교사	마이클 풀란	2월 23일	한*원	
혁신교육에 대한 교육학적 성찰	한국교육연구네트워크	2월 23일	한*원	
부시파일럿, 나는 길이 없는 곳으로 간다	오현호	2월 23일	최*설	
ENJOY 홋카이도(2015-2016)	정태관,박용준,민보영	2월 24일	이*아	
우리 아이 유치원 에이스 만들기	에이미	2월 24일	조*혜	
Duck and Goose, Goose Needs a Hug	Tad Hills	2월 25일	김*례	3월입고예정
Duck & Goose : Find a Pumpkin	Tad Hills	2월 25일	김*례	3월입고예정
스웨덴 엄마의 말하기 수업	페트라 크란츠 린드그렌	2월 26일	김*일	
잠자고 싶은 토끼	칼 요한 포센 엘린	2월 26일	정*희	
뭐? 나랑 너랑 닮았다고!?	고미 타로	2월 26일	정*희	
2030에는 투명망토가 나올까	안 파울 스취텐	2월 26일	김*윤	
조금만 기다려봐	케빈 행크스	2월 26일	김*송	
프랑스 여자는 늙지 않는다	미리유 길리아노	2월 26일	김*송	
자본에 관한 불편한 진실	정철진	2월 26일	맹*현	
당나귀와 다이아몬드	D&B	2월 26일	오*진	품절도서
아바타 나영일	박상재	2월 27일	오*진	
Extra Yarn	Mac Barnett	2월 27일	이*숙	3월말입고예정
The Unfinished Angel	Creech, Sharon	2월 28일	서*원	3월말입고예정

2/2

따라하기

1 22.상시, 21.상시
페이지 나누기 미리 보기

1. '무작정따라하기' 시트에서 [보기] → 통합 문서 보기 → **페이지 나누기 미리 보기**를 클릭하세요. 페이지 구분선, 페이지 번호 등이 표시됩니다.

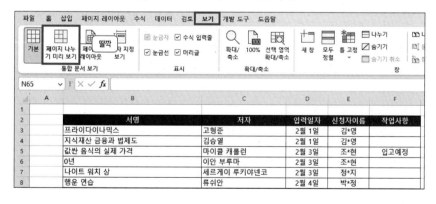

전문가의 조언

통합 문서 보기 상태를 '페이지 나누기 미리 보기' 상태로 전환하면 화면이 축소되어 표시됩니다.

화면을 확대하는 방법
· **방법1** : Ctrl을 누른 상태로 마우스 휠을 위쪽으로 돌리기
· **방법2** : 상태 표시줄의 '화면 슬라이더(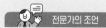)'를 조절하기
· **방법3** : 상태 표시줄의 '확대/축소(60%)' 입력난에 화면 배율을 입력하기

2. [B2:F42] 영역만 1페이지로 인쇄되도록 페이지 나누기 구분선을 조절해야 합니다. 페이지 나누기 미리 보기 상태에서는 마우스로 드래그하여 구분선의 위치를 조절할 수 있습니다. 페이지 나누기 구분선 위로 마우스 포인터를 이동해 포인터의 모양이 ↔, ↕ 등으로 변경됐을 때 드래그하세요.

	A	B	C	D	E	F
2		서명	저자	입력일자	신청자이름	작업사항
3		프라이다이나믹스	고형준	2월 1일	김*영	
4	❶ 드래그	지식재산 금융과 법제도	김승열	2월 1일	김*영	
5		값싼 음식의 실제 가격	마이클 캐롤런	2월 3일	조*현	입고예정
6		0년	이안 부루마	2월 3일	조*현	
7		나이트 워치 상	세르게이 루키야넨코	2월 3일	정*지	
8		행운 연습	류쉬안	2월 4일	박*정	
9		새 하늘과 새 땅	리처드 미들턴	2월 6일	정*식	입고예정
10		알라	미로슬라브 볼프	2월 6일	정*올	

↓

	A	B	C	D	E	F
29		우리 아이 유치원 에이스 만들기	에이미	2월 24일	조*혜	
30		Duck and Goose, Goose Needs a Hug	Tad Hills	2월 25일	김*레	3월입고예정
31		Duck & Goose : Find a Pumpkin	Tad Hills	2월 25일	김*레	3월입고예정
32		스웨덴 엄마의 말하기 수업	페트라 크란츠 린드그렌	2월 26일	김*일	
33		잠자고 싶은 토끼	칼 요한 포센 엘린	2월 26일	정*희	
34		뭐? 나랑 너랑 닮았다고!?		2월 26일	정*희	
35		2030년에는 투명망토가 나올까	❷ 드래그	2월 26일	김*윤	
36		조금만 기다려봐	케빈 행크스	2월 26일	김*송	
37		프랑스 여자는 늙지 않는다	미리암 길리아노	2월 26일	김*송	
38		자본에 관한 불편한 진실	정철진	2월 26일	명*현	
39		당나귀와 다이아몬드	D&B	2월 26일	오*진	품절도서
40		아바타 나영일	박상재	2월 27일	오*진	
41		Extra Yarn	Mac Barnett	2월 28일	이*숙	3월말입고예정
42		The Unfinished Angel	Creech, Sharon	2월 28일	서*원	3월말입고예정

↓

	A	B	C	D	E	F
1						
2		서명	저자	입력일자	신청자이름	작업사항
3		프라이다이나믹스	고형준	2월 1일	김*영	
4		지식재산 금융과 법제도	김승열	2월 1일	김*영	
5		값싼 음식의 실제 가격	마이클 캐롤런	2월 3일	조*현	입고예정
6		0년	이안 부루마	2월 3일	조*현	
7		나이트 워치 상	세르게이 루키야넨코	2월 3일	정*지	
8		행운 연습	류쉬안	2월 4일	박*정	
9		새 하늘과 새 땅	리처드 미들턴	2월 6일	정*식	입고예정
10		알라	미로슬라브 볼프	2월 6일	정*올	
11		섬을 탈출하는 방법	조형근, 김종배	2월 6일	박*철	
12		내 몸의 바운스를 깨워라	옥주현	2월 8일	김*화	
13		벤저민 그레이엄의 정량분석 Quant	스티븐 P. 그라이너	2월 9일	민*준	
14		라플라스의 마녀	히가시노게이고	2월 11일	김*연	우선신청도서
15		글쓰는 여자의 공간	타니아 슐리	2월 11일	조*혜	
16		돼지 루퍼스, 학교에 가다	킴 그리스웰	2월 12일	이*경	
17		빼꼼 아저씨네 동물원	케빈 월드론	2월 12일	주*민	
18		부동산의 보이지 않는 진실	이재범 외1	2월 13일	민*준	
19		영재들의 비밀습관 하브루타	장성애	2월 16일	정*정	
20		Why? 소프트웨어와 코딩	조영선	2월 17일	변*우	
21		나는 단순하게 살기로 했다	사사키 후미오	2월 17일	김*선	우선신청도서
22		나는 누구인가 - 인문학 최고의 공부	강신주 외5	2월 17일	송*자	
23		음의 방정식	미야베 미유키	2월 19일	이*아	
24		인성이 실력이다	조벽	2월 20일	고*원	
25		학교를 개선하는 교사	마이클 폴란	2월 23일	한*원	
26		혁신교육에 대한 교육학적 성찰	한국교육연구네트워크	2월 23일	한*원	
27		부시파일럿, 나는 길이 없는 곳으로 간다	오현호	2월 23일	최*설	
28		ENJOY 홋카이도(2015-2016)	정태관,박용준,민보영	2월 24일	이*아	
29		우리 아이 유치원 에이스 만들기	에이미	2월 24일	조*혜	
30		Duck and Goose, Goose Needs a Hug	Tad Hills	2월 25일	김*레	3월입고예정
31		Duck & Goose : Find a Pumpkin	Tad Hills	2월 25일	김*레	3월입고예정
32		스웨덴 엄마의 말하기 수업	페트라 크란츠 린드그렌	2월 26일	김*일	
33		잠자고 싶은 토끼	칼 요한 포센 엘린	2월 26일	정*희	
34		뭐? 나랑 너랑 닮았다고!?	고미 타로	2월 26일	정*희	
35		2030년에는 투명망토가 나올까	얀 파울 스취턴	2월 26일	김*윤	
36		조금만 기다려봐	케빈 행크스	2월 26일	김*송	
37		프랑스 여자는 늙지 않는다	미리암 길리아노	2월 26일	김*송	
38		자본에 관한 불편한 진실	정철진	2월 26일	명*현	
39		당나귀와 다이아몬드	D&B	2월 26일	오*진	품절도서
40		아바타 나영일	박상재	2월 27일	오*진	
41		Extra Yarn	Mac Barnett	2월 28일	이*숙	3월말입고예정
42		The Unfinished Angel	Creech, Sharon	2월 28일	서*원	3월말입고예정

전문가의 조언

- 워크시트를 인쇄하면 흰색으로 밝게 표시된 부분만 인쇄됩니다.
- 1페이지와 2페이지를 구분하는 페이지 구분선을 맨 아래 테두리선으로 이동시키면 페이지 구분선이 제거됩니다.

2 페이지 가운데 맞춤 지정

24.상시, 23.상시, 22.상시, 21.상시, 20.상시, 20.1, 19.상시, 19.2, 18.2

1. '무작정따라하기2' 시트를 선택한 후 [페이지 레이아웃] → **페이지 설정**의 ⬜를 클릭하세요. '페이지 설정' 대화상자가 나타납니다.

	A	B	C	D	E	F
1						
2		서명	저자	입력일자	신청자이름	작업사항
3		프라이다이나믹스	고형준	2월 1일	김*영	
4		지식재산 금융과 법제도	김승열	2월 1일	김*영	
5		값싼 음식의 실제 가격	마이클 캐롤런	2월 3일	조*현	입고예정
6		0년	이안 부루마	2월 3일	조*현	
7		나이트 워치 상	세르게이 루키야넨코	2월 3일	정*지	
8		행운 연습	류쉬안	2월 4일	박*정	
9		새 하늘과 새 땅	리처드 미들턴	2월 6일	정*식	입고예정
10		알라	미로슬라브 볼프	2월 6일	정*율	
11		섬을 탈출하는 방법	조형근, 김종배	2월 6일	박*철	

2. 인쇄될 내용이 정 가운데에 인쇄되도록 설정해야 합니다. '페이지 설정' 대화상자의 '여백' 탭에서 페이지 가운데 맞춤의 '가로'와 '세로'를 선택하세요.

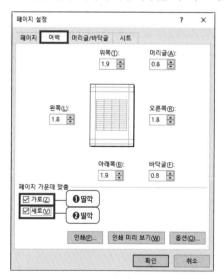

3 바닥글 지정

24.상시, 23.상시, 22.상시, 20.상시, 20.1, 19.상시, 19.2, 18.2

3. 페이지 하단의 가운데에 페이지 번호가 표시되도록 설정해야 합니다. '페이지 설정' 대화상자에서 '머리글/바닥글' 탭을 선택한 후 〈바닥글 편집〉을 클릭하면 '바닥글' 대화상자가 나타납니다.

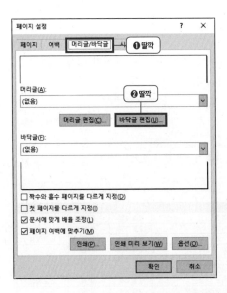

4. '바닥글' 대화상자에서 '가운데 구역'을 클릭한 후 '페이지 번호 삽입(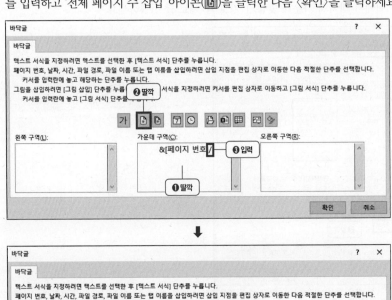)' 아이콘을 클릭하면 '가운데 구역'에 '&[페이지 번호]'가 표시됩니다. 이어서 '&[페이지 번호]' 뒤에 /를 입력하고 '전체 페이지 수 삽입' 아이콘()을 클릭한 다음 〈확인〉을 클릭하세요.

4 인쇄 영역 설정

24.상시, 23.상시, 22.상시, 21.상시, 20.상시, 20.1, 19.상시, 19.2, 18.상시, 18.2, 18.1

5. [B2:F42] 영역을 인쇄 영역으로 설정해야 합니다. '페이지 설정' 대화상자에서 '시트' 탭을 선택하고 인쇄 영역의 입력난을 클릭한 다음 [B2:F42] 영역을 드래그하여 범위로 지정하세요.

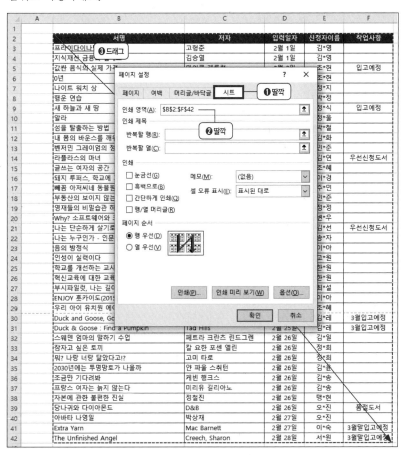

5 인쇄 제목 지정

24.상시, 23.상시, 22.상시, 21.상시, 20.상시, 20.1, 19.상시, 19.2, 18.2, 18.1

6. 2행이 매 페이지마다 반복하여 인쇄되도록 설정해야 합니다. '인쇄 제목'의 반복할 행의 입력난을 클릭하고 워크시트의 2행을 클릭한 후 〈확인〉을 클릭하세요.

6 24.상시, 23.상시, 22.상시, 21.상시, 20.1, 19.상시

페이지 나누기

7. [B23:F42] 영역이 2페이지에 표시되도록 페이지 나누기를 실행해야 합니다. 2페이
지의 맨 처음에 표시될 [B23]을 클릭한 후 [페이지 레이아웃] → 페이지 설정 → 나누
기 → **페이지 나누기 삽입**을 선택하세요. 셀 포인터의 위치를 기준으로 왼쪽과 위쪽
으로 페이지 구분선이 삽입됩니다.

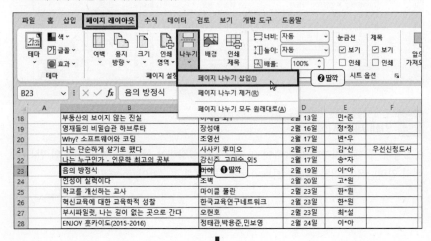

	A	B	C	D	E	F
17		빼꼼 아저씨네 동물원	케빈 월드론	2월 12일	주*민	
18		부동산의 보이지 않는 진실	이재범 외1	2월 13일	민*준	
19		영재들의 비밀습관 하브루타	장성애	2월 16일	정*정	
20		Why? 소프트웨어와 코딩	조영선	2월 17일	변*우	
21		나는 단순하게 살기로 했다	사사키 후미오	2월 17일	김*선	우선신청도서
22		나는 누구인가, 인문학 최고의 공부	강신주, 고미숙 외5	2월 17일	송*자	
23		춤의 향연식	미야베 미유기	2월 19일	이*아	
24		인성이 실력이다	조벽	2월 20일	고*원	
25		학교를 개선하는 교사	마이클 풀란	2월 23일	한*원	

8. 페이지 설정 결과를 확인하기 위해 [파일]를 클릭한 후 이어서 **[인쇄]**를 클릭합니다. '인쇄 미리 보기' 창은 Esc를 누르면 종료됩니다.

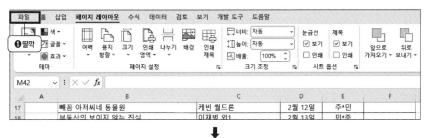

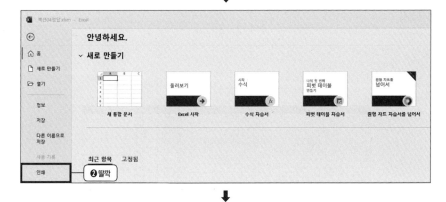

서명	저자	입력일자	신청자이름	작업사항
프라이다이나믹스	고형준	2월 1일	김*영	
지식재산 금융과 법제도	김승열	2월 1일	김*영	
값싼 음식의 실제 가격	마이클 캐롤런	2월 3일	조*현	입고예정
0년	이안 부루마	2월 3일	조*현	
나이트 워치 상	세르게이 루키야넨코	2월 3일	정*지	
행운 연습	류쉬안	2월 4일	박*정	
새 하늘과 새 땅	리처드 미들턴	2월 6일	정*식	입고예정
알라	미로슬라브 볼프	2월 6일	정*율	
성을 탈출하는 방법	조형근, 김종배	2월 6일	박*철	
내 몸의 바운스를 깨워라	옥주현	2월 8일	김*화	
벤저민 그레이엄의 정량분석 Quant	스티븐 P. 그라이너	2월 9일	민*준	
라플라스의 마녀	히가시노게이고	2월 11일	김*연	우선신청도서
글쓰는 여자의 공간	타니아 슐리	2월 11일	조*혜	
돼지 투퍼스, 학교에 가다	킴 그리스웰	2월 12일	이*경	
빼꼼 아저씨네 동물원	케빈 월드론	2월 12일	주*민	
부동산의 보이지 않는 진실	이재범 외1	2월 13일	민*준	
영재들의 비밀습관 하브루타	장성애	2월 16일	정*정	
Why? 소프트웨어와 코딩	조영선	2월 17일	변*우	
나는 단순하게 살기로 했다	사사키 후미오	2월 17일	김*선	우선신청도서
나는 누구인가 - 인문학 최고의 공부	강신주, 고미숙 외5	2월 17일	송*자	

1/2

1페이지

서명	저자	입력일자	신청자이름	작업사항
옴의 방정식	미야베 미유키	2월 19일	이*아	
인성이 실력이다	조벽	2월 20일	고*원	
학교를 개선하는 교사	마이클 풀란	2월 23일	한*원	
혁신교육에 대한 교육학적 성찰	한국교육연구네트워크	2월 23일	한*원	
부시파일럿, 나는 길이 없는 곳으로 간다	오현호	2월 23일	최*설	
ENJOY 홋카이도(2015-2016)	정태관,박용준,민보영	2월 24일	이*아	
우리 아이 유치원 에이스 만들기	에이미	2월 24일	조*혜	
Duck and Goose, Goose Needs a Hug	Tad Hills	2월 25일	김*례	3월입고예정
Duck & Goose : Find a Pumpkin	Tad Hills	2월 25일	김*례	3월입고예정
스웨덴 엄마의 말하기 수업	페트라 크란츠 린드그렌	2월 26일	김*일	
잠자고 싶은 토끼	칼 요한 포션 엘린	2월 26일	정*희	
뭐? 나랑 너랑 닮았다고!?	고미 타로	2월 26일	정*희	
2030년에는 투명망토가 나올까	얀 파울 스휘턴	2월 26일	김*설	
조금만 기다려봐	케빈 행크스	2월 26일	김*송	
프랑스 여자는 늙지 않는다	미리유 길리아노	2월 26일	김*송	
자본에 관한 불편한 진실	정철진	2월 26일	맹*현	
당나귀와 다이아몬드	D&B	2월 26일	오*진	품절도서
아바타 나영일	박상재	2월 27일	오*진	
Extra Yarn	Mac Barnett	2월 27일	이*숙	3월말입고예정
The Unfinished Angel	Creech, Sharon	2월 28일	서*원	3월말입고예정

2/2

2페이지

잠깐만요

'머리글/바닥글' 대화상자

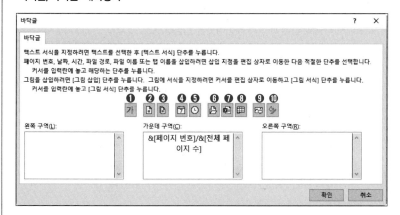

❶ 텍스트 서식   ❷ 페이지 번호 삽입   ❸ 전체 페이지 수 삽입   ❹ 날짜 삽입
❺ 시간 삽입   ❻ 파일 경로 삽입   ❼ 파일 이름 삽입   ❽ 시트 이름 삽입
❾ 그림 삽입   ❿ 그림 서식

'페이지 설정' 대화상자의 '시트' 탭

❶ **인쇄 영역** : 특정 부분만 인쇄할 경우 범위를 지정합니다.

❷ **인쇄 제목** : 모든 페이지에 제목으로 반복 인쇄할 행이나 열을 지정합니다.

❸ **눈금선** : 시트에 표시된 셀 눈금선의 인쇄 여부를 지정합니다.

❹ **흑백으로** : 컬러 서식이 지정된 데이터를 흑백으로 출력합니다.

❺ **간단하게 인쇄** : 워크시트에 입력된 차트, 도형, 그림 등 모든 그래픽 요소를 제외하고 텍스트만 빠르게 인쇄합니다.

❻ **행/열 머리글** : 행/열 머리글의 인쇄 여부를 지정합니다.

❼ **메모** : 시트에 포함된 메모의 인쇄 여부 및 인쇄 위치를 지정합니다.

❽ **셀 오류 표시** : 오류의 표시 방법을 지정합니다.

❾ **페이지 순서** : 데이터를 한 페이지에 인쇄할 수 없을 때 인쇄될 방향의 우선순위를 지정합니다.

5130401

문제 1 'C:\길벗컴활1급\01 엑셀\01 섹션' 폴더의 '섹션04문제.xlsm' 파일을 열어서 작업하시오.

'기출01' 시트에서 다음과 같이 페이지 레이아웃을 설정하시오.

▶ 기존 인쇄 영역에 [A18:G25] 영역을 인쇄 영역으로 추가하고, 페이지의 내용이 자동으로 확대/축소되어 인쇄되도록 설정하시오.

▶ 행 머리글(1, 2, 3 등)과 열 머리글(A, B, C 등)이 인쇄되도록 설정하시오.

▶ 홀수 페이지 상단의 왼쪽 구역과 짝수 페이지 상단의 오른쪽 구역에 오늘의 날짜가 표시되도록 머리글을 설정하시오.

	A	B	C	D	E	F	G
1	[표1] 1시험장						
2	이름	응시횟수	데이터베이스	데이터통신	운영체제	소프트웨어공학	평균
3	홍길동	1	54	55	69	90	67
4	이신영	2	95	98	86	100	94.75
5	강석호	1	95	85	50	70	75
6	임수경	3	38	75	54	94	65.25
7	양세진	2	24	90	48	69	57.75
8	김용민	1	80	83	95	24	70.5
9	최준경	1	75	89	98	63	81.25
10	유구희	1	86	75	70	75	76.5
11	이아현	2	98	86	89	89	90.5
12	명세진	1	63	89	90	54	74
13	김우희	1	55	88	55	95	73.25
14	김친명	3	98	95	96	100	97.25
15	이상정	2	54	50	53	90	61.75
16	최정운	1	95	95	92	66	87
17							
18	[표2] 2시험장						
19	이름	응시횟수	데이터베이스	데이터통신	운영체제	소프트웨어공학	평균
20	김용성	3	85	98	48	90	80.25
21	이숙희	1	75	75	90	70	77.5
22	강민정	1	95	83	53	24	63.75
23	김도경	2	24	85	98	69	69
24	최춘호	1	38	55	50	94	59.25
25	유현숙	3	80	98	69	100	86.75

↓

1페이지

2023-06-21

	A	B	C	D	E	F	G
1	[표1] 1시험장						
2	이름	응시횟수	데이터베이스	데이터통신	운영체제	소프트웨어공학	평균
3	홍길동	1	54	55	69	90	67
4	이신영	2	95	98	86	100	94.75
5	강석호	1	95	85	50	70	75
6	임수경	3	38	75	54	94	65.25
7	양세진	2	24	90	48	69	57.75
8	김용민	1	80	83	95	24	70.5
9	최준경	1	75	89	98	63	81.25
10	유구희	1	86	75	70	75	76.5
11	이아현	2	98	86	89	89	90.5
12	명세진	1	63	89	90	54	74
13	김우희	1	55	88	55	95	73.25
14	김친명	3	98	95	96	100	97.25
15	이상정	2	54	50	53	90	61.75
16	최정운	1	95	95	92	66	87

2페이지

2023-06-21

	A	B	C	D	E	F	G
18	[표2] 2시험장						
19	이름	응시횟수	데이터베이스	데이터통신	운영체제	소프트웨어공학	평균
20	김용성	3	85	98	48	90	80.25
21	이숙희	1	75	75	90	70	77.5
22	강민정	1	95	83	53	24	63.75
23	김도경	2	24	85	98	69	69
24	최춘호	1	38	55	50	94	59.25
25	유현숙	3	80	98	69	100	86.75

문제 2 'C:\길벗컴활1급\01 엑셀\01 섹션' 폴더의 '섹션04문제.xlsm' 파일을 열어서 작업하시오.

'기출02' 시트에서 다음과 같이 통합 문서 보기를 설정하시오.

'기출02' 시트를 '페이지 나누기 미리 보기'로 표시하고, [B3:T31] 영역만 1페이지로 인쇄되도록 페이지 나누기 구분선을 조절하시오.

학년	반	이름	3/3	3/10	3/17	3/24	3/31	4/7	4/14	4/21	4/28	5/5	5/12	5/19	5/26	6/2	6/9	출석수
2	오래참음반	강연지	O	O	O	O	O	O	O	O	O	O	O	O	O	O	O	15
2	충성반	곽용빈	O	O	O	O	O	O	O	O	O	O	O	O	O	O	O	15
2	충성반	권한지			O	O	O	O	O	O	O	O	O	O	O	O	O	13
1	화평반	김서찬	O	O			O	O	O	O	O	O	O	O	O	O	O	13
1	사랑반	김영서	O	O	O	O	O	O	O	O	O	O	O		O	O	O	15
1	희락반	김우인	O	O	O					O		O		O	O	O	O	10
1	사랑반	김유준		O	O	O	O		O	O	O	O		O		O	O	12
1	화평반	김지환	O	O	O	O	O		O	O	O	O	O	O	O	O	O	15
2	자비반	김하람	O	O	O	O	O	O	O	O	O	O	O	O	O	O	O	15
2	자비반	김하영	O	O	O	O	O		O	O	O	O	O	O	O	O	O	14
2	충성반	노석진		O	O	O			O	O	O		O	O	O	O	O	13
1	화평반	노재현		O	O	O					O	O	O		O	O	O	11
2	오래참음반	박소연	O	O	O	O		O	O	O	O	O	O	O		O	O	14
2	자비반	박지민	O	O	O	O	O	O		O	O	O	O	O	O	O	O	15
2	오래참음반	손채영	O	O	O	O		O		O		O		O	O	O	O	12
2	양선반	신지섭	O	O	O	O	O	O	O	O	O	O	O	O	O	O	O	15
1	화평반	원가은		O	O	O	O	O		O	O	O	O	O	O	O	O	14
2	오래참음반	윤지강	O	O	O	O	O		O	O		O		O	O	O	O	13
2	자비반	이선녕		O	O	O			O		O		O	O	O	O	O	9
2	충성반	이승아	O	O	O	O	O	O	O	O	O	O	O	O	O	O	O	15
2	자비반	이지훈	O	O		O			O	O		O		O	O	O	O	12
2	충성반	이창재	O	O	O		O		O	O	O	O	O	O	O	O	O	14
1	사랑반	이환	O	O	O		O	O		O	O	O		O	O	O	O	13
1	희락반	전준호	O	O	O	O	O	O	O	O	O	O	O	O	O	O	O	15
2	양선반	정승우	O	O		O	O		O	O	O	O	O	O		O	O	13
2	충성반	최경주		O	O			O		O		O	O	O	O		O	10
1	희락반	최예진	O	O	O	O	O	O	O	O	O	O	O	O	O	O	O	15
2	충성반	한정우	O	O	O	O	O	O	O	O	O	O	O	O	O	O	O	15

↓

학년	반	이름	3/3	3/10	3/17	3/24	3/31	4/7	4/14	4/21	4/28	5/5	5/12	5/19	5/26	6/2	6/9	출석수
2	오래참음반	강연지	O	O	O	O	O	O	O	O	O	O	O	O	O	O	O	15
2	충성반	곽용빈	O	O	O	O	O	O	O	O	O	O	O	O	O	O	O	15
2	충성반	권한지			O	O	O	O	O	O	O	O	O	O	O	O	O	13
1	화평반	김서찬	O	O			O	O	O	O	O	O	O	O	O	O	O	13
1	사랑반	김영서	O	O	O	O	O	O	O	O	O	O	O		O	O	O	15
1	희락반	김우인	O	O	O					O		O		O	O	O	O	10
1	사랑반	김유준		O	O	O	O		O	O	O	O		O		O	O	12
1	화평반	김지환	O	O	O	O	O		O	O	O	O	O	O	O	O	O	15
2	자비반	김하람	O	O	O	O	O	O	O	O	O	O	O	O	O	O	O	15
2	자비반	김하영	O	O	O	O	O		O	O	O	O	O	O	O	O	O	14
2	충성반	노석진		O	O	O			O	O	O		O	O	O	O	O	13
1	화평반	노재현		O	O	O					O	O	O		O	O	O	11
2	오래참음반	박소연	O	O	O	O		O	O	O	O	O	O	O		O	O	14
2	자비반	박지민	O	O	O	O	O	O		O	O	O	O	O	O	O	O	15
2	오래참음반	손채영	O	O	O	O		O		O		O		O	O	O	O	12
2	양선반	신지섭	O	O	O	O	O	O	O	O	O	O	O	O	O	O	O	15
1	화평반	원가은		O	O	O	O	O		O	O	O	O	O	O	O	O	14
2	오래참음반	윤지강	O	O	O	O	O		O	O		O		O	O	O	O	13
2	자비반	이선녕		O	O	O			O		O		O	O	O	O	O	9
2	충성반	이승아	O	O	O	O	O	O	O	O	O	O	O	O	O	O	O	15
2	자비반	이지훈	O	O		O			O	O		O		O	O	O	O	12
2	충성반	이창재	O	O	O		O		O	O	O	O	O	O	O	O	O	14
1	사랑반	이환	O	O	O		O	O		O	O	O		O	O	O	O	13
1	희락반	전준호	O	O	O	O	O	O	O	O	O	O	O	O	O	O	O	
2	양선반	정승우	O	O		O	O		O	O	O	O	O	O		O	O	13
2	충성반	최경주		O	O			O		O		O	O	O	O		O	10
1	희락반	최예진	O	O	O	O	O	O	O	O	O	O	O	O	O	O	O	15
2	충성반	한정우	O	O	O	O	O	O	O	O	O	O	O	O	O	O	O	15

1 페이지

문제 3 'C:\길벗컴활1급\01 엑셀\01 섹션' 폴더의 '섹션04문제.xlsm' 파일을 열어서 작업하시오.

'기출03' 시트에서 다음과 같이 페이지 레이아웃을 설정하시오.

▶ 행이 추가돼도 높이는 한 페이지에 인쇄되고 최대 두 페이지까지 인쇄되도록 설정하시오.

▶ 페이지의 왼쪽 구역에 페이지 번호가 [표시 예]와 같이 표시되도록 설정하시오.
  – 인쇄될 때 첫 페이지의 번호가 10이 되도록 설정하시오.
  [표시 예 : 현재 페이지 번호가 1인 경우 → 10페이지]

▶ 메모가 표시된 위치에 그대로 인쇄되도록 설정하고, 페이지 여백을 '좁게'로 설정하시오.

	A	B	C	D	E	F	G	H	I	J	K	L	M
1	[표1]						2024년도 시작						
2	처방번호	가입자일련번호	성별	연령대코드	시도	요양개시일자	성문코드	성분정보	일회투약량	일일투약량	총투여일수	단가	금액
3	453555-3	453555	여성	82	서울	2024-01-19	155638AOS	내복점안제	0.2	0.6	3	5,600	2,218
4	239850-1	239850	여성	71	서울	2024-01-09	207631CTR	외용서방형정제	0.2	0.6	5	9,100	6,006
5	239850-2	239850	여성	68	경기	2024-02-05	214144ATR	내복서방형정제	0.7	0.7	2	7,900	9,290
6	453555-7	453555	남성	62	경기	2024-09-20	244677COS	외용점안제	0.8	1.6	2	7,900	24,269
7	487036-4	487036	여성	37	경기	2024-10-25	246537BOS	주세점안제	0.2	0.4	3	9,000	2,592
8	855434-3	855434	여성	61	서울	2024-10-26	281792BSY	주세시럽제	0.7	1.4	5	8,500	45,815
9	701855-2	701855	남성	90	제주	2024-05-06	284511ASY	내복시럽제	0.2	0.2	3	8,500	1,326
10	792876-1	792876	여성	53	경기	2024-01-07	343464CCH	외용경질캡슐제	0.2	0.2	2	7,000	672
11	145694-2	145694	남성	53	서울	2024-05-18	402974ATB	내복정제	0.3	0.3	5	7,800	3,861
12	453555-1	453555	여성	48	경기	2024-01-05	445202BTB	주세정제	0.6	1.8	5	4,100	26,568
13	745444-1	745444	여성	80	서울	2024-05-11	479834BSY	주세시럽제	0.3	0.3	3	5,800	1,723
14	145694-1	145694	남성	97	제주	2024-04-08	481914AOS	내복점안제	0.2	0.6	1	7,300	1,139
15	701855-3	701855	남성	72	서울	2024-11-20	512521ASY	내복시럽제	0.3	0.9	2	5,700	3,386
16	239850-6	239850	여성	49	제주	2024-09-18	523910AOS	내복점안제	0.3	0.3	1	7,100	831
17	239850-4	239850	여성	68	경기	2024-03-27	543445BCH	주세경질캡슐제	0.9	0.9	5	3,600	17,496
18	855434-1	855434	여성	30	경기	2024-03-20	548972ASY	내복시럽제	0.7	2.1	4	8,200	57,859
19	701855-1	701855	남성	89	경기	2024-02-03	569383ATB	내복정제	0.9	1.8	5	9,100	88,452
20	145694-4	145694	남성	50	서울	2024-10-12	582870COS	외용점안제	0.2	0.4	2	8,200	1,443
21	937768-1	937768	남성	50	제주	2024-05-11	586102CTR	외용서방형정제	0.8	0.8	2	4,300	7,155
22	487036-3	487036	남성	77	서울	2024-10-04	620597BCH	주세경질캡슐제	0.3	0.6	4	6,300	4,990

↓

1페이지

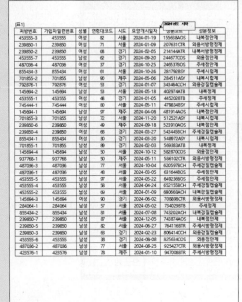

2페이지

문제 1

1 23.상시, 22.상시, 21.상시, 18.상시
자동 맞춤 지정

1. [페이지 레이아웃] → 페이지 설정의 ⌐를 클릭하세요.
2. '페이지 설정' 대화상자의 '페이지' 탭에서 '자동 맞춤'을 선택하세요.

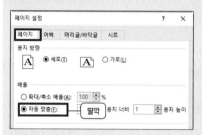

2 23.상시, 22.상시, 21.상시, 18.상시, 18.1
머리글 지정

3. '페이지 설정' 대화상자의 '머리글/바닥글' 탭에서 '짝수와 홀수 페이지를 다르게 지정'을 선택한 후 〈머리글 편집〉을 클릭하세요.

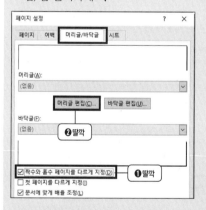

4. '머리글' 대화상자의 '홀수 페이지 머리글' 탭에서 '왼쪽 구역'을 클릭하고 '날짜 삽입(🗓)' 아이콘을 클릭하세요.

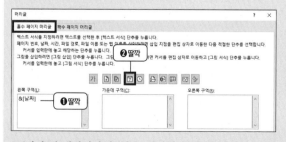

5. '머리글' 대화상자의 '짝수 페이지 머리글' 탭에서 '오른쪽 구역'을 클릭하고 '날짜 삽입(🗓)' 아이콘을 클릭한

후 〈확인〉을 클릭하세요.

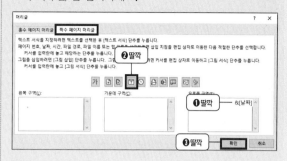

3 23.상시, 22.상시, 21.상시, 20.상시, 20.1, 19.상시, 19.2, 18.상시, 18.1
인쇄 영역 추가

6. '페이지 설정' 대화상자의 '시트' 탭에서 '인쇄 영역'에 입력된 범위 뒤에 콤마(,)를 입력한 후 추가할 영역을 마우스로 드래그하세요.

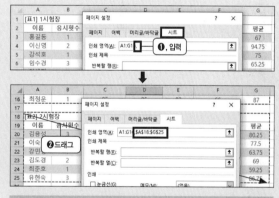

인쇄 영역으로 추가할 [A18:G25] 영역을 블록으로 지정한 후 [페이지 레이아웃] → 페이지 설정 → 인쇄 영역 → 인쇄 영역에 추가를 선택해도 됩니다.

4 23.상시, 20.상시, 19.상시, 18.상시
행/열 머리글 지정

7. '페이지 설정' 대화상자의 '시트' 탭에서 '행/열 머리글'을 선택한 후 〈인쇄 미리 보기〉를 클릭하여 결과를 확인하세요.

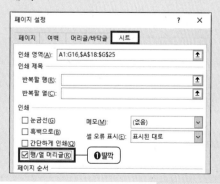

문제 2

22.상시, 21.상시

1 페이지 나누기 미리 보기

1. [보기] → 통합 문서 보기 → **페이지 나누기 미리 보기**를 클릭하세요.
2. 파랑색으로 표시된 페이지 나누기 구분선을 그림과 같이 마우스로 드래그하여 조절하세요.

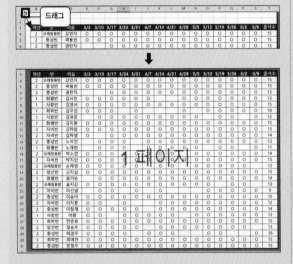

문제 3

23.상시, 22.상시, 21.상시, 18.상시

1 자동 맞춤과 시작 페이지 번호 지정

1. [페이지 레이아웃] → 페이지 설정의 ⏷를 클릭하세요.
2. '페이지 설정' 대화상자의 '페이지' 탭에서 '자동 맞춤'을 선택한 후 '용지 너비'를 2, '용지 높이'를 1, '시작 페이지 번호'를 10으로 지정하세요.

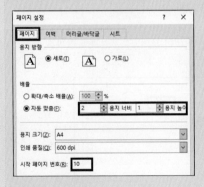

23.상시, 22.상시, 21.상시, 18.상시, 18.1

2 바닥글 지정

3. '페이지 설정' 대화상자의 '머리글/바닥글' 탭에서 〈바닥글 편집〉을 클릭하세요.
4. '바닥글' 대화상자에서 '왼쪽 구역'을 클릭하세요. 이어서 '페이지 번호 삽입(🗋)' 아이콘을 클릭하고 **페이지**를 입력한 후 〈확인〉을 클릭하세요.

24.상시

3 메모 인쇄 방법 지정

5. '페이지 설정' 대화상자의 '시트' 탭에서 메모를 '시트에 표시된 대로'로 지정한 후 〈확인〉을 클릭하세요.

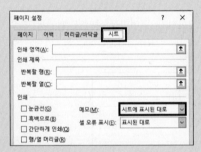

24.상시

4 여백 지정

6. [페이지 레이아웃] → 페이지 설정 → 여백 → **좁게**를 선택하세요.

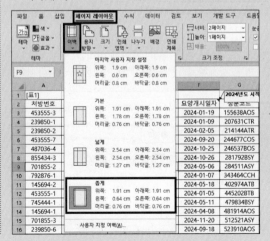

2 장

계산 작업

Section 05 논리 함수, 찾기 함수,

텍스트 함수, 정보 함수

Section 06 수학 / 삼각 함수,

통계 함수, 재무 함수

Section 07 데이터베이스 함수,

날짜 / 시간 함수,

사용자 정의 함수

Section 08 배열 수식

논리 함수, 찾기 함수, 텍스트 함수, 정보 함수

계산 문제 중 가장 어려운 문제가 출제되는 부분입니다. 시험에 한 번이라도 출제된 함수는 다음과 같습니다. 다음 함수들의 사용이 자유롭지 못하다면 함수식을 공부하기 전에 제공된 별책 부록을 이용해 함수 사용법을 충분히 숙지한 후 함수식을 공부하기 바랍니다.

- **논리 함수** : IF, AND, OR, IFERROR
- **찾기 함수** : VLOOKUP, HLOOKUP, INDEX, LOOKUP, MATCH, CHOOSE, OFFSET, ROW, TRANSPOSE
- **텍스트 함수** : LEFT, MID, RIGHT, UPPER, LEN, VALUE, TEXT, PROPER, SUBSTITUTE, REPT, CONCAT, REPLACE, TRIM, FIND, FIXED
- **정보 함수** : ISBLANK, ISERROR

기본문제 'C:\길벗컴활1급\01 엑셀\01 섹션' 폴더의 '섹션05문제.xlsm' 파일을 열어서 작업하시오.

 전문가의 조언

수험생들이 가장 어렵게 생각하는 부분 중 하나가 바로 함수입니다. 그러나 정확히 표현하자면 함수가 어렵기보다는 함수를 여러 개 중첩해서 사용하는 계산식이 어려운 거죠. 여러 개의 함수를 중첩해서 논리적인 계산식을 만드는 문제는 일단 기본적인 함수의 사용법을 익히고 많은 문제를 풀어 논리식에 익숙해지는 수밖에 없습니다. 논리식을 세우는 문제는 확실하게 이해해 두면 그 다음부터는 특별한 암기 없이 모든 문제에 적용할 수 있으니 마법사를 사용하지 않고 바로 입력할 수 있을 정도로 충분히 학습하기 바랍니다.

01. '무작정따라하기' 시트에서 다음의 지시사항대로 작업을 처리하시오.

	A	B	C	D	E	F	G	H	I	J
1	[표1]	대리점별 가전제품 판매현황					단위:백대		[표3]	
2	대리점	PDP	DVD	디지털카메라	MP3	컴퓨터	최다판매제품		초과강의명	강의기호
3	종로지점	500	1,200	1,205	35	1,340			asp(공개강의)_WEB	
4	동대문지점	1,300	800	680	60	1,040			Jsp(재수강)_WEB	
5	서대문지점	700	600	600	720	540			cgi(교양)_WEB	
6	남대문지점	560	800	930	610	625			nsapi/isapi_ASP	
7										
8	[표2]	과정별 시험 등급								
9	과정구분	시험형태	시행년도	서울	부산	광주	등급			
10	엑셀중급	필기	2018-01-12	95	94	85				
11	엑셀중급	실기	2018-02-05	88	84	88				
12	엑셀중급	실기	2022-05-01	80	60	85				
13	엑셀초급	필기	2022-01-01	90	95	80				
14	엑셀초급	실기	2023-01-15	75	72	81				
15	엑셀초급	실기	2023-01-01	90	91	83				
16	워드초급	필기	2023-02-17	90	91	92				
17										
18	<등급기준표>									
19	평균	60	70	80	90					
20	등급	D	C	B	A					

↓

	A	B	C	D	E	F	G	H	I	J
1	[표1]	대리점별 가전제품 판매현황					단위:백대		[표3]	
2	대리점	PDP	DVD	디지털카메라	MP3	컴퓨터	최다판매제품		초과강의명	강의기호
3	종로지점	500	1,200	1,205	35	1,340	컴퓨터		asp(공개강의)_WEB	ASP(공개강의)
4	동대문지점	1,300	800	680	60	1,040	PDP		Jsp(재수강)_WEB	JSP(재수강)
5	서대문지점	700	600	600	720	540	MP3		cgi(교양)_WEB	CGI(교양)
6	남대문지점	560	800	930	610	625	디지털카메라		nsapi/isapi_ASP	NSAPI/ISAPI
7										
8	[표2]	과정별 시험 등급								
9	과정구분	시험형태	시행년도	서울	부산	광주	등급			
10	엑셀중급	필기	2018-01-12	95	94	85	A등급			
11	엑셀중급	실기	2018-02-05	88	84	88	B등급			
12	엑셀중급	실기	2022-05-01	80	60	85	C등급			
13	엑셀초급	필기	2022-01-01	90	95	80	B등급			
14	엑셀초급	실기	2023-01-15	75	72	81	C등급			
15	엑셀초급	실기	2023-01-01	90	91	83	B등급			
16	워드초급	필기	2023-02-17	90	91	92	A등급			
17										
18	<등급기준표>									
19	평균	60	70	80	90					
20	등급	D	C	B	A					

1. 각 대리점별 최다판매제품의 제품명을 [표1]의 [B2:F2] 영역을 이용하여 [G3:G6] 영역에 표시하시오.

   ▶ INDEX, MATCH, MAX 함수 사용

2. [표2]에서 등급을 계산하여 [G10:G16] 영역에 표시하시오.

   ▶ 각 과정별 서울, 부산, 광주의 평균을 구하여 등급을 표시하시오.
     등급은 등급기준표 [A19:E20] 참조

   ▶ 표시 예 : A등급

   ▶ HLOOKUP, AVERAGE 함수와 & 연산자 사용

3. [표3]에서 초과강의명[I3:I6]을 이용하여 강의기호[J3:J6]를 구하시오.

   ▶ 강의기호는 초과강의명 뒤의 4글자를 뺀 나머지이며, 대문자로 표시

   ▶ UPPER, LEFT, LEN 함수 사용

02. '무작정따라하기2' 시트에서 다음의 지시사항대로 작업을 처리하시오.

	A	B	C	D	E	F	G	H	I
1	[표1]	최종PS지급율						[표3] PS지급율	
2	소속	목표	실적	직접경비	간접경비	최종PS지급율		달성율	PS지급율
3	서울1팀	100,000,000	110,000,000	1,200,000	540,000			0% 이상	0%
4	서울2팀	140,000,000	130,000,000	2,800,000	920,000			110% 이상	30%
5	인천1팀	130,000,000	130,000,000	5,020,000	1,200,000			130% 이상	50%
6	인천2팀	140,000,000	150,000,000	7,000,000	2,300,000			150% 이상	100%
7	과천1팀	100,000,000	150,000,000	2,000,000	1,000,000				
8	과천2팀	90,000,000	110,000,000	4,125,000	2,000,000				
9	과천2팀	110,000,000	120,000,000	4,897,000	1,300,000				
10									
11	[표2]	매장관리						[표4] 조견표1	
12	매장번호	매장구분	매장명	디자인번호	수량			매장번호	구분코드
13	302025		갤러리아	J009	1			101004	1
14	302025		갤러리아	J014	1			103801	2
15	302021		롯데잠실	J003	1			302008	3
16	302021		롯데잠실	S003	1			302021	3
17	302008		명동 신세계	J007	1			302025	4
18	101004		부산비자비	J006	1				
19	101004		부산비자비	J006	1			[표5] 조견표2	
20	302008		명동 신세계	J007	2			구분코드	매장구분
21	103801		탐라	J007	1			1	백화점
22	103801		탐라	V007	1			2	마트직영점
23	302008		명동 신세계	J072	1			3	쇼핑몰
24	302021		롯데잠실	J014	1			4	대리점

↓

	A	B	C	D	E	F	G	H	I
1	[표1]	최종PS지급율						[표3] PS지급율	
2	소속	목표	실적	직접경비	간접경비	최종PS지급율		달성율	PS지급율
3	서울1팀	100,000,000	110,000,000	1,200,000	540,000	30%		0% 이상	0%
4	서울2팀	140,000,000	130,000,000	2,800,000	920,000	0%		110% 이상	30%
5	인천1팀	130,000,000	130,000,000	5,020,000	1,200,000	0%		130% 이상	50%
6	인천2팀	140,000,000	150,000,000	7,000,000	2,300,000	0%		150% 이상	100%
7	과천1팀	100,000,000	150,000,000	2,000,000	1,000,000	105%			
8	과천2팀	90,000,000	110,000,000	4,125,000	2,000,000	30%			
9	과천2팀	110,000,000	120,000,000	4,897,000	1,300,000	0%			
10									
11	[표2]	매장관리						[표4] 조견표1	
12	매장번호	매장구분	매장명	디자인번호	수량			매장번호	구분코드
13	302025	대리점	갤러리아	J009	1			101004	1
14	302025	대리점	갤러리아	J014	1			103801	2
15	302021	쇼핑몰	롯데잠실	J003	1			302008	3
16	302021	쇼핑몰	롯데잠실	S003	1			302021	3
17	302008	쇼핑몰	명동 신세계	J007	1			302025	4
18	101004	백화점	부산비자비	J006	1				
19	101004	백화점	부산비자비	J006	1			[표5] 조견표2	
20	302008	쇼핑몰	명동 신세계	J007	2			구분코드	매장구분
21	103801	마트직영점	탐라	J007	1			1	백화점
22	103801	마트직영점	탐라	V007	1			2	마트직영점
23	302008	쇼핑몰	명동 신세계	J072	1			3	쇼핑몰
24	302021	쇼핑몰	롯데잠실	J014	1			4	대리점

4. [표1]에서 최종PS지급율을 계산하여 [F3:F9] 영역에 표시하시오.

   ▶ '최종PS지급율'은 'PS지급율'에 추가지급율 5%를 더하는 것으로 계산

   ▶ 'PS지급율'은 달성율에 따라 [표3] PS지급율[H3:I7] 영역을 참조하여 계산

   ▶ '달성율'은 '실적/목표'로 계산

   ▶ '추가지급율'은 달성율이 110% 이상이고, '간접경비/직접경비'가 50% 이상인 경우 지급하도록 계산

   ▶ VLOOKUP, IF, AND 함수 사용

5. [표2]에서 매장번호에 따른 구분코드별 매장구분을 [B13:B24] 영역에 표시하시오.

   ▶ [표4] 조견표1, [표5] 조견표2를 참조

   ▶ INDEX, VLOOKUP 함수 사용

따라하기

01. '무작정따라하기' 시트에서 작업하기

24.상시, 23.상시, 22.상시, 21.상시, 20.상시, 20.1, 19.상시, 19.1, 18.2, 17.1, 16.2, 15.3, 15.상시, 15.1, 14.3, 13.상시, 12.3, 12.2, 11.3, 11.2, 10.2, 09.2, …

1 각 대리점별 최다판매제품의 제품명 찾기

1. [G3] 셀에 다음의 수식을 입력하고 Enter를 누르세요.

```
=INDEX(B2:F2, 1, MATCH(MAX(B3:F3), B3:F3, 0) )
```

	A	B	C	D	E	F	G	H	I	J
1	[표1]	대리점별 가전제품 판매현황					단위:백대		[표3]	
2	대리점	PDP	DVD	디지털카메라	MP3	컴퓨터	최다판매제품		초과강의명	강의기호
3	종로지점	500	1,200	1,205	35	1,340	=INDEX(B2:F2,1,MATCH(MAX(B3:F3),B3:F3,0))			
4	동대문지점	1,300	800	680	60	1,040			Jsp(재수강)_WEB	
5	서대문지점	700	600	600	720	540			cgi(교양)_WEB	
6	남대문지점	560	800	930	610	625			nsapi/isapi_ASP	
7										
8	[표2]	과정별 시험 등급								
9	과정구분	시험형태	시행년도	서울	부산	광주	등급			
10	엑셀중급	필기	2018-01-12	95	94	85				
11	엑셀중급	실기	2018-02-05	88	84	88				
12	엑셀중급	실기	2022-05-01	80	60	85				
13	엑셀초급	필기	2022-01-01	90	95	80				
14	엑셀초급	실기	2023-01-15	75	72	81				
15	엑셀초급	실기	2023-01-01	90	91	83				
16	워드초급	필기	2023-02-17	90	91	92				
17										
18	<등급기준표>									
19	평균	60	70	80	90					
20	등급	D	C	B	A					

잠깐만요 수식에서 괄호의 짝이 혼동되면

복잡한 수식을 입력하면 좌우의 괄호가 맞지 않아 수식에 오류가 발생하는 경우가 많습니다. 이런 경우에는 같은 레벨의 괄호 또는 인수 단위로 충분한 거리를 두고 수식을 입력하면 구분하기가 훨씬 쉽습니다.
=INDEX(B2:F2 , 1 , MATCH(MAX(B3:F3) , B3:F3 , 0))
이렇게 수식 중간에 공백을 주고 입력해도 결과는 바르게 나옵니다.

2. 나머지 셀에 수식을 복사해야 되는데 제품명을 찾을 위치인 [B2:F2] 영역은 다른 셀에 복사해도 주소가 변경되지 않도록 절대 주소로 지정해야 합니다. [G3] 셀을 클릭한 후 수식 표시줄에서 'B2:F2' 부분을 블록으로 지정하고 F4 를 눌러 절대 주소로 변경한 후 Enter 를 눌러 수식을 완성하세요.

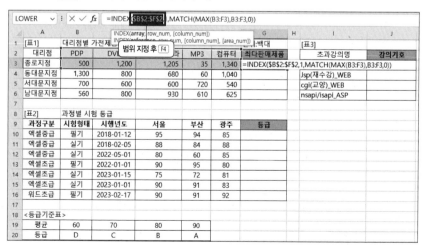

전문가의 조언

수식을 채우는 다른 방법
· 끌기로 채울 셀의 왼쪽이나 오
른쪽 열에 데이터가 모두 채워
져 있으면, 채우기 핸들을 드래
그하지 않고 더블클릭해도 왼쪽
이나 오른쪽 열의 셀 수만큼 채
워집니다. 즉 [G3] 셀의 채우기
핸들을 더블클릭하면 [G6] 셀까
지 수식이 복사됩니다.
· 셀 포인터를 [G3] 셀에 놓고
Shift를 누른 채 아래 방향키 ↓
를 세 번 눌러 범위를 설정한 후
Ctrl+D를 누릅니다. 키보드만
이용하여 작업할 때 빠르게 수
식을 채우는 방법입니다. 가로
로 수식을 채울 때는 범위를 설
정한 후 Ctrl+R을 누릅니다.

3. [G3] 셀의 채우기 핸들을 드래그하여 [G6] 셀까지 수식을 채우세요.

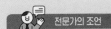

	A	B	C	D	E	F	G	H	I	J
1	[표1]	대리점별 가전제품 판매현황					단위:백대		[표3]	
2	대리점	PDP	DVD	디지털카메라	MP3	컴퓨터	최다판매제품		초과강의명	강의기호
3	종로지점	500	1,200	1,205	35	1,340	컴퓨터		asp(공개강의)_WEB	
4	동대문지점	1,300	800	680	60	1,040			)_WEB	
5	서대문지점	700	600	600	720	540			_WEB	
6	남대문지점	560	800	930	610	625			nsapi/isapi_ASP	
7										
8	[표2]	과정별 시험 등급								
9	과정구분	시험형태	시행년도	서울	부산	광주	등급			
10	엑셀중급	필기	2018-01-12	95	94	85				
11	엑셀중급	실기	2018-02-05	88	84	88				
12	엑셀중급	실기	2022-05-01	80	60	85				
13	엑셀초급	실기	2022-01-01	90	95	80				
14	엑셀초급	실기	2023-01-15	75	72	81				
15	엑셀초급	실기	2023-01-01	90	91	83				
16	워드초급	필기	2023-02-17	90	91	92				
17										
18	<등급기준표>									
19	평균	60	70	80	90					
20	등급	D	C	B	A					

수식 입력줄: G3 = INDEX($B$2:$F$2,1,MATCH(MAX(B3:F3),B3:F3,0))

드래그

잠깐만요

수식 만들기

· 복잡한 수식을 세워서 입력해야 하는 문제가 나오면 처음부터 끝까지 한 번에 완벽하게 입력하려고
애쓰지 말고, 논리 순서에 맞추어 개략적으로 수식을 세운 후 차례대로 각각에 대한 세부적인 수식을
입력해 나가는 것이 쉽습니다. 이 문제는 INDEX 함수를 이용하여 가장 많이 판매된 제품의 제품명을
구하는 문제입니다. 이런 문제는 수식 세우는 연습을 충분히 숙달 해두지 않았다면 짧은 시간에 수식
을 세우기가 어려운 문제입니다.

· 이렇게 함수를 중첩하여 사용하는 수식은 '최종적으로 무엇을 구하는가?'부터 살펴보아야 합니다.
[G3] 셀에 들어갈 수식을 예로 들어 설명하겠습니다.

1. [G3] 셀에 최종적으로 입력될 값은 [B2:F2] 영역에서 찾아온 제품명인데, 문제에 주어진 세 함수 중
범위에서 특정 위치의 셀 값을 찾아오는 함수는 INDEX뿐이므로 INDEX가 가장 바깥쪽에 놓입니다.

2. INDEX 함수는 다음과 같이 '찾을범위'에서 '행위치'와 '열위치'에 해당하는 데이터를 찾아오는 함수입
니다.

   =INDEX(찾을범위, 행위치, 열위치)

   · **찾을범위** : 제품명이 있는 [B2:F2]로 문제에서 주어졌습니다.
   · **행위치** : '찾을범위' [B2:F2]가 1행으로 되어 있으므로 '행위치'는 1입니다.
   · **열위치** : [B3:F3]에서 가장 큰 값을 찾아 해당 값이 있는 상대 위치를 MATCH 함수로 찾아야 합니다.

   위 내용을 정리하면 다음과 같은 수식을 세울 수 있습니다.

   =INDEX(B2:F2, 1, 열위치)

3. '열위치'는 [B3:F3]에서 가장 큰 값이 있는 자료의 위치를 찾는 것이므로 MATCH 함수를 사용합니다.
MATCH 함수는 다음과 같이 '찾을값'을 '찾을범위'에서 찾아 '찾을값'이 있는 상대적인 위치를 반환하
는 함수입니다.

   MATCH(찾을값, 찾을범위, 옵션)

   · **찾을값** : [B3:F3]에서 가장 큰 값을 계산해야 되므로 'MAX(B3:F3)'가 됩니다.
   · **찾을범위** : [B3:F3]
   · **옵션** : 정확히 일치하는 값을 찾아야 하므로 옵션은 0입니다.

   위의 인수들을 사용하여 열의 위치를 찾는 수식을 만들면 다음과 같습니다.

 전문가의 조언

함수식을 공부할 때 함수의 인수
나 옵션을 몰라서 찾아봐야 할 정
도라면 컴활급 실기 시험 볼 준비
가 아직 안 된 것입니다. 컴활 1급
실기 시험을 볼 수험생이라면 함
수의 사용법은 기본이란 것을 꼭
알아두세요.

MATCH 함수의 옵션
· 1 또는 생략 : '찾을값' 보다 작거
나 같은 값 중에서 가장 근접한
값을 찾습니다. 이때는 반드시
범위가 오름차순으로 정렬되어
있어야 합니다.
· 0 : '찾을값'과 정확히 일치하는
값을 찾습니다.
· -1 : '찾을값' 보다 크거나 같은
값 중에서 가장 근접한 값을 찾
습니다. 이때는 반드시 범위가
내림차순으로 정렬되어 있어야
합니다.

MATCH(MAX(B3:F3) , B3:F3 , 0)
　　　　　찾을값　　 찾을범위　옵션

4. 이제 이 수식을 2번에서 세운 INDEX 함수의 '열위치'에 넣으면 다음과 같이 완성된 수식이 됩니다.

=INDEX(B2:F2 , 1 , MATCH(MAX(B3:F3) , B3:F3 , 0))
　　　　　찾을범위　행위치　　　　　　　열위치

수식의 이해

수식을 만들 때는 최종적으로 값을 반환하는, 즉 가장 바깥쪽에 사용할 함수부터 찾아서 수식을 세웠지만 수식을 이해할 때는 우선순위에 따라 안쪽에서 바깥쪽 방향으로 수식이나 함수를 하나씩 상수로 변환하면서 이해하면 쉽습니다. 다음 수식에서 가장 안쪽에 쓰인 함수는 MAX입니다.

=INDEX(B2:F2 , 1 , MATCH(MAX(B3:F3) , B3:F3 , 0))
　　　　　　　　　　　　　　　　❶

1. ❶ MAX(B3:F3) : [B3:F3] 영역에서 가장 큰 값은 1340입니다. 1340을 ❶에 대입하면 다음과 같은 수식이 만들어 집니다.

=INDEX(B2:F2 , 1 , MATCH(1340, B3:F3, 0))
　　　　　　　　　　　　　　　❷

2. ❷ MATCH(1340, B3:F3, 0) : [B3:F3] 영역에서 1340이 있는 위치는 5입니다. 이 값을 ❷에 대입하면 다음과 같습니다.

3. =INDEX(B2:F2, 1, 5) : [B2:F2] 영역에서 1행 5열에 있는 값은 "컴퓨터"입니다.

---

2 과정별 시험 등급 표시하기

23.상시, 22.상시, 21.상시, 20.상시, 19.상시, 19.1, 18.1, 13.상시, 12.2, 10.1, 09.3, 08.3, 05.1, 04.4, 04.3, 04.1

1. [G10] 셀에 다음의 수식을 입력하고 Enter 를 누르세요.

=HLOOKUP(AVERAGE(D10:F10), $B$19:$E$20, 2) & "등급"

LOWER		:	× ✓ fx	=HLOOKUP(AVERAGE(D10:F10),$B$19:$E$20,2) & "등급"			

	A	B	C	D	E	F	G	H	I	J
1	[표1]	대리점별 가전제품 판매현황				단위:백대			[표3]	
2	대리점	PDP	DVD	디지털카메라	MP3	컴퓨터	최다판매제품		초과강의명	강의기호
3	종로지점	500	1,200	1,205	35	1,340	컴퓨터		asp(공개강의)_WEB	
4	동대문지점	1,300	800	680	60	1,040	PDP		Jsp(재수강)_WEB	
5	서대문지점	700	600	600	720	540	MP3		cgi(교양)_WEB	
6	남대문지점	560	800	930	610	625	디지털카메라		nsapi/isapi_ASP	
7										
8	[표2]	과정별 시험 등급								
9	과정구분	시험형태	시행년도	서울	부산	광주	등급			
10	엑셀중급	필기	2018-01-12	95	=HLOOKUP(AVERAGE(D10:F10),$B$19:$E$20,2) & "등급"					
11	엑셀중급	실기	2018-02-05	88	84	88				
12	엑셀중급	실기	2022-05-01	80	60	85				
13	엑셀초급	필기	2022-01-01	90	95	80				
14	엑셀초급	실기	2023-01-15	75	72	81				
15	엑셀초급	실기	2023-01-01	90	91	83				
16	워드초급	필기	2023-02-17	90	91	92				
17										
18	<등급기준표>									
19	평균	60	70	80	90					
20	등급	D	C	B	A					

전문가의 조언

수식을 입력한 후 Ctrl + Enter 를 누르면 셀 포인터가 이동하지 않고 입력이 완성되므로 바로 채우기할 수 있습니다.

궁금해요 시나공 Q&A 베스트

Q 수식을 입력한 셀의 왼쪽 위에 녹색 삼각형이 표시돼요!

A 오류 검사를 지정했기 때문에 표시된 것입니다. 녹색 삼각형이 실행 결과에 영향을 주지는 않지만 만약 녹색 삼각형이 표시되지 않게 하려면 [파일] → 옵션을 선택한 후 'Excel 옵션' 대화상자의 '수식' 탭에서 '오류 검사 규칙'의 '수식에 사용된 영역에 누락된 셀 있음 표시'에 선택되어 있는 체크 표시를 해제하면 됩니다.

2. 나머지 셀에 수식을 복사하기 위해 [G10] 셀의 채우기 핸들을 [G16] 셀까지 드래그하세요.

	A	B	C	D	E	F	G	H
	G10		f_x =HLOOKUP(AVERAGE(D10:F10),$B$19:$E$20,2) & "등급"					
8	[표2]	과정별 시험 등급						
9	과정구분	시험형태	시행년도	서울	부산	광주	등급	
10	엑셀중급	필기	2018-01-12	95	94	85	A등급	
11	엑셀중급	실기	2018-02-05	88	84	88		
12	엑셀중급	실기	2022-05-01	80	60	85		
13	엑셀초급	필기	2022-01-01	90	95	80		
14	엑셀초급	실기	2023-01-15	75	72	81		
15	엑셀초급	실기	2023-01-01	90	91	83		
16	워드초급	필기	2023-02-17	90	91	92		
17								

드래그

> **잠깐만요**
>
> ## 수식 만들기
>
> 수식을 만들 때는 '최종적으로 무엇을 구하는가?'부터 살펴봐야 한다고 했죠? [G10] 셀에 들어갈 수식을 예로 들어 설명하겠습니다.
>
> 1. [G10] 셀에 최종적으로 입력될 값은 [A19:E20] 영역에서 찾아온 등급인데, 문제에 주어진 함수 중 범위에서 특정 위치의 셀 값을 찾아오는 함수는 HLOOKUP뿐이므로 HLOOKUP이 가장 바깥쪽에 놓입니다. 그리고 문자값 "등급"을 붙여 표시하므로 수식은 다음과 같이 됩니다.
>   **=HLOOKUP( ) &"등급"**
> 2. HLOOKUP 함수는 다음과 같이 '찾을값'을 '찾을범위'의 첫 행에서 찾은 후 '찾을값'이 있는 열에서 지정된 '행위치'에 있는 데이터를 찾아오는 함수입니다.
>   **=HLOOKUP(찾을값, 찾을범위, 행위치, 옵션) & "등급"**
>   - **찾을값** : [D10:F10]에 대한 평균이므로 'AVERAGE(D10:F10)'이 됩니다.
>   - **찾을범위** : [A19:E20]으로 문제에서 주어졌으나 행 제목 부분을 뺀 [B19:E20]만을 사용합니다.
>   - **행위치** : '찾을 범위'에서 등급은 2행에 있으므로 '행위치'는 2입니다.
>   - **옵션** : 옵션은 '찾을값' 보다 크지 않은 값중에서 가장 근접한 값을 찾아야 하므로 TRUE인데, TRUE는 생략할 수 있습니다.
> 3. 위 내용을 정리하면 다음과 같은 수식을 세울 수 있습니다.
>   **=HLOOKUP(AVERAGE(D10:F10), B19:E20, 2, TRUE) & "등급"**
>   또한 'TRUE'를 생략하면 다음과 같습니다.
>   **=HLOOKUP(AVERAGE(D10:F10), B19:E20, 2) & "등급"**
>   찾을값   찾을범위 행위치
>
> ## 수식의 이해
>
> 수식을 이해할 때는 우선순위에 따라 안쪽에서부터 바깥쪽 방향으로 수식이나 함수를 하나씩 상수로 변환하면서 이해하면 쉽다고 했죠?
> **=HLOOKUP(AVERAGE(D10:F10), B19:E20, 2) & "등급"**
>   ❶
>
> 1. ❶ AVERAGE(D10:F10) : [D10:F10] 영역의 평균 91.3을 ❶에 대입하면 다음과 같은 수식이 만들어집니다.
>   **=HLOOKUP(91.3, B19:E20, 2) & "등급"**

전문가의 조언

HLOOKUP/VLOOKUP 함수에서 TRUE, FALSE 옵션의 구분

- 일정 구간에 속하는 숫자로 등급을 찾는 경우는 대부분 TRUE인데, 이 경우 찾을 값이 있는 범위의 첫 행이나 첫 열은 반드시 오름차순으로 정렬되어 있어야 합니다.
- 정확한 숫자를 찾는다든지 문자값을 찾을 때 또는 찾을 범위에 있는 자료 중 가장 왼쪽 열이나 첫 행에 있는 자료가 정렬되어 있지 않으면 옵션은 FALSE입니다.
- 이 문제는 첫 행이 오름차순 정렬되어 있으므로 옵션 없는 HLOOKUP 함수를 사용합니다. 가장 왼쪽 열이 오름차순으로 정렬되어 있다면 옵션 없는 VLOOKUP 함수를 사용해야 겠죠.

만들어진 수식의 계산 순서는 다음과 같습니다.

❶ [B19:E20] 영역의 첫 번째 행에서 91.3을 넘지 않는 가장 근사값을 찾습니다. 4열에 있는 90을 찾습니다.

❷ 90이 있는 열에서 행 번호 2에 해당하는 "A"를 찾아서 반환하므로 [G10] 셀에는 "A"에 "등급"이 합쳐진 "A등급"이 입력됩니다.

	A	B	C	D	E	F	G
8	[표2]	과정별 시험 등급					
9	과정구분	시험형태	시행년도	서울	부산	광주	등급
10	엑셀중급	필기	2018-01-12	95	94	85	A등급
11	엑셀중급	실기	2018-02-05	88	84	88	
12	엑셀중급	실기	2022-05-01	80	60	85	
13	엑셀초급	필기	2022-01-01	90	95	80	
14	엑셀초급	실기	2023-01-15	75	72	81	
15	엑셀초급	실기	2023-01-01	90	91	83	
16	워드초급	필기	2023-02-17	90	91	92	
17							
18	<등급기준표>				❶		
19	평균	60	70	80	90 ❷		
20	등급	D	C	B	A ▼		

3 초과강의명에 대한 강의기호 표시하기

19.상시, 19.1, 15.상시, 13.1, 10.3, 08.3, 07.3, 07.1, 06.4, 06.2, 06.1

1. [J3] 셀에 다음의 수식을 입력하고 Enter를 누르세요.

=UPPER(LEFT(I3, LEN(I3) − 4))

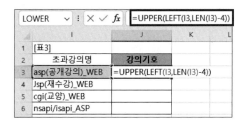

2. 나머지 셀에 수식을 복사하기 위해 [J3] 셀의 채우기 핸들을 [J6] 셀까지 드래그하세요.

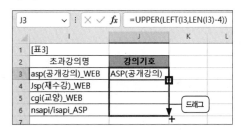

수식 만들기

1. [J3] 셀에 최종적으로 입력될 값은 [I3]에서 가져온 강의기호를 대문자로 변환하는 것이므로 다음과 같습니다.

    =UPPER(강의기호)

2. '강의기호'는 '초과강의명(I3)'의 뒤에서 4글자를 뺀 나머지 문자입니다.

    LEFT(I3, 초과강의명에서 4글자를 뺀 나머지 글자 수)
                        ❶

3. ❶에서 4글자를 뺐다는 것은 '초과강의명'의 전체 길이에서 4글자를 뺀 나머지 글자 수이므로 글자 수 계산은 다음과 같이 됩니다.

    LEN(I3)-4

4. 3번의 수식을 ❶에 대입하면 다음과 같이 됩니다.

    LEFT(I3, LEN(I3)-4)

5. 이제 4번에서 만들어진 수식을 1번의 '강의기호'에 넣으면 다음과 같은 수식이 완성됩니다.

    =UPPER(LEFT(I3 , LEN(I3)-4))

수식의 이해

수식을 이해할 때는 우선순위에 따라 안쪽에서부터 바깥쪽 방향으로 함수나 수식을 하나씩 상수로 변환합니다.

=UPPER(LEFT(I3 , LEN(I3)-4))
                    ❶

1. ❶ LEN(I3)-4 : [I3] 셀의 값인 "asp(공개강의)_WEB"의 글자 수가 13이므로 13-4는 9입니다. 9를 ❶에 대입하면 다음과 같습니다.

    =UPPER(LEFT(I3 , 9))
                      ❷

2. ❷ LEFT(I3 , 9) : [I3] 셀의 값인 "asp(공개강의)_WEB"에서 왼쪽의 9문자를 추출하면 "asp(공개강의)"가 반환됩니다. "asp(공개강의)"를 ❷에 대입하면 다음과 같습니다.

3. =UPPER("asp(공개강의)") : "asp(공개강의)"를 대문자로 변환하면 "ASP(공개강의)"가 됩니다.

02. '무작정따라하기2' 시트에서 작업하기

4 최종PS지급율 계산하기

23.상시, 22.상시, 21.상시, 20.상시, 19.상시, 17.1, 15.1, 14.2, 13.1, 12.3, 12.2, 12.1, 11.3, 11.2, 10.3, 10.2, 10.1, 09.4, 09.2, 09.1, 08.4, 08.1, 07.2, 07.1, …

1. [F3] 셀에 다음의 수식을 입력하고 Enter 를 누르세요.

=IF(AND(C3/B3>=110%,E3/D3>=50%), VLOOKUP(C3/B3,$H$4:$I$7,2)+5%, VLOOKUP(C3/B3,$H$4:$I$7,2))

| LOWER | ▾ | : | ✕ ✓ fx | =IF(AND(C3/B3>=110%,E3/D3>=50%),VLOOKUP(C3/B3,$H$4:$I$7,2)+5%,VLOOKUP(C3/B3,$H$4:$I$7,2)) |

▲	A	B	C	D	E	F	G	H	I	J	K
1	[표1]	최종PS지급율						[표3] PS지급율			
2	소속	목표	실적	직접경비	간접경비	최종PS지급율		달성율	PS지급율		
3	서울1팀	100,000,000	110,000,000	1,200,000	540,000	=IF(AND(C3/		0% 이상	0%		
4	서울2팀	140,000,000	130,000,000	2,800,000	920,000			110% 이상	30%		
5	인천1팀	130,000,000	130,000,000	5,020,000	1,200,000			130% 이상	50%		
6	인천2팀	140,000,000	150,000,000	7,000,000	2,300,000			150% 이상	100%		
7	과천1팀	100,000,000	150,000,000	2,000,000	1,000,000						
8	과천2팀	90,000,000	110,000,000	4,125,000	2,000,000						
9	과천3팀	110,000,000	120,000,000	4,897,000	1,300,000						

2. 나머지 셀에 수식을 복사하기 위해 [F3] 셀의 채우기 핸들을 [F9] 셀까지 드래그하세요.

| F3 | ∨ | : | × ✓ ƒx | =IF(AND(C3/B3>=110%,E3/D3>=50%),VLOOKUP(C3/B3,$H$4:$I$7,2)+5%,VLOOKUP(C3/B3,$H$4:$I$7,2)) |

	A	B	C	D	E	F	G	H	I	J	K
1	[표1]	최종PS지급율						[표3] PS지급율			
2	소속	목표	실적	직접경비	간접경비	최종PS지급율		달성율	PS지급율		
3	서울1팀	100,000,000	110,000,000	1,200,000	540,000	30%		0% 이상	0%		
4	서울2팀	140,000,000	130,000,000	2,800,000	920,000			110% 이상	30%		
5	인천1팀	130,000,000	130,000,000	5,020,000	1,200,000			드래그	50%		
6	인천2팀	140,000,000	150,000,000	7,000,000	2,300,000				50%		
7	과천1팀	100,000,000	150,000,000	2,000,000	1,000,000			150% 이상	100%		
8	과천2팀	90,000,000	110,000,000	4,125,000	2,000,000						
9	과천2팀	110,000,000	120,000,000	4,897,000	1,300,000						
10											

잠깐만요

수식 만들기

IF 함수를 사용하는 논리 수식은 먼저 IF 함수의 논리 규칙에 맞게 우리말로 수식을 세웁니다. [F3] 셀에 들어갈 수식을 예로 들어 설명하겠습니다.

1. 이 문제는 ❶ '달성율'이 110% 이상이고 '간접경비/직접경비'가 50% 이상이면, ❷ 'PS지급율'에 '추가지급율'을 추가로 지급하고, 그렇지 않으면 ❸ 'PS지급율'만 지급하는 것으로 다음과 같은 수식이 됩니다.

    =IF('달성율'이 110%이상이고 '간접경비/직접경비'가 50%이상, 'PS지급율'+'추가지급율', 'PS지급율')
    　　　　　　　　　❶　　　　　　　　　　　　　　　　　　　❷　　　　　　❸

2. ❶에 대한 부분은 '달성율'이 110% 이상이어야 한다는 것과 '간접경비/직접경비'가 50% 이상이어야 한다는 2가지 조건을 모두 만족해야 하므로 AND 함수를 사용하며, 달성율은 '실적/목표'이므로 위의 수식은 다음과 같습니다.

    AND(C3/B3)=110%, E3/D3)=50%)

3. ❷, ❸에서 공통적인 부분은 'PS지급율'을 구하는 것입니다. 'PS지급율'은 달성율을 가지고 [표3] PS지급율([H4:I7]) 영역에서 찾아오는 것이므로 VLOOKUP 함수를 사용합니다. VLOOKUP 함수는 다음과 같이 '찾을값'을 '찾을범위'의 가장 왼쪽 열에서 찾은 후 '찾을값'이 있는 행에서 지정된 '열위치'에 있는 데이터를 찾아오는 함수입니다.

    VLOOKUP(찾을값, 찾을범위, 열위치, 옵션)

    • **찾을값** : 달성율은 '실적/목표'이므로 'C3/B3'입니다.
    • **찾을범위** : [H3:I7]로 문제에서 주어졌으나 열 제목을 뺀 [H4:I7]을 사용합니다.
    • **열위치** : '찾을범위'에서 PS지급율은 2열에 있으므로 '열위치'는 2입니다.
    • **옵션** : 옵션은 '찾을값'보다 크지 않은 값 중에서 가장 근접한 값을 찾아야 하므로 TRUE인데, TRUE는 생략할 수 있습니다.

    위 내용을 정리하면 다음과 같은 수식을 세울 수 있습니다.

    VLOOKUP(C3/B3, H4:I7, 2)

4. ❷는 3번에서 만든 수식에 추가지급율 5%를 더하면 됩니다. 이제 1번에서 세운 수식의 ❶, ❷, ❸에 2, 3번에서 만든 수식을 대입하여 최종 수식을 완성하면 다음과 같이 됩니다.

    =IF(AND(C3/B3)=110%,E3/D3)=50%), VLOOKUP(C3/B3,H4:I7,2)+5%, VLOOKUP(C3/B3,H4:I7,2))
    　　　　　　　❶　　　　　　　　　　　　　　❷　　　　　　　　　　　　❸

수식의 이해

=IF(AND(C3/B3)=110%, E3/D3)=50%), VLOOKUP(C3/B3,H4:I7,2)+5%, VLOOKUP(C3/B3,H4:I7,2))
　　　　　❶　　　　　　　　　　　　　　❷　　　　　　　　　　　　❸

조건 ❶이 참이면 ❷를 수행하고, 거짓이면 ❸을 수행합니다.

1. ❶ AND(C3/B3)=110%, E3/D3)=50%) : 'C3/B3'의 결과가 110%로 참이지만 'E3/D3'의 결과가 45%로 거짓이 됩니다. 그러므로 ❸을 수행하여 결과를 [F3] 셀에 입력합니다.

2. ❸ VLOOKUP(C3/B3,H4:I7,2) : 'C3/B3'의 결과는 110%이므로 계산 순서는 다음과 같습니다.

   ㉠ [H4:I7] 영역의 가장 왼쪽 열에서 110%를 넘지 않는 가장 근접한 값을 찾습니다. 2행에 있는 110%를 찾습니다.

   ㉡ 110%가 있는 행에서 2열에 있는 값 30%를 찾아서 반환하므로 [F3] 셀에는 30%가 입력됩니다.

	G	H	I
2		[표3] PS지급율	
3		달성율	PS지급율
4		0% 이상	0%
5		110% 이상	30%
6		130% 이상	50%
7		150% 이상	100%

※ 만약 참이라면 ❷번을 수행하여 30%에 5%를 더한 35%가 [F3] 셀에 입력됩니다.

5 매장번호에 따른 구분코드별 매장구분 표시하기

23.상시, 22.상시, 21.상시, 20.1, 17.1, 15.1, 12.2, 12.1, 11.3, 11.2, 11.1, 05.3

1. [B13] 셀에 다음의 수식을 입력하고 Enter를 누르세요.

=INDEX($H$21:$I$24, VLOOKUP(A13,$H$13:$I$17,2,FALSE), 2)

| LOWER | × ✓ fx | =INDEX($H$21:$I$24,VLOOKUP(A13,$H$13:$I$17,2,FALSE),2) |

	A	B	C	D	E	F	G	H	I
11	[표2]	매장관리						[표4] 조건표1	
12	매장번호	매장구분	매장명	디자인번호	수량			매장번호	구분코드
13	302025	=INDEX($H$21:	갤러리아	J009	1			101004	1
14	302025		갤러리아	J014	1			103801	2
15	302021		롯데잠실	J003	1			302008	3
16	302021		롯데잠실	S003	1			302021	3
17	302008		명동 신세계	J007	1			302025	4
18	101004		부산비자비	J006	1				
19	101004		부산비자비	J006	1			[표5] 조건표2	
20	302008		명동 신세계	J007	2			구분코드	매장구분
21	103801		탐라	J007	1			1	백화점
22	103801		탐라	V007	1			2	마트직영점
23	302008		명동 신세계	J072	1			3	쇼핑몰
24	302021		롯데잠실	J014	1			4	대리점

2. 나머지 셀에 수식을 복사하기 위해 [B13] 셀의 채우기 핸들을 [B24] 셀까지 드래그 하세요.

| B13 | ✓ : × ✓ fx | =INDEX($H$21:$I$24,VLOOKUP(A13,$H$13:$I$17,2,FALSE),2) | | | | | | | |

	A	B	C	D	E	F	G	H	I
11	[표2]	매장관리						[표4] 조견표1	
12	매장번호	매장구분	매장명	디자인번호	수량			매장번호	구분코드
13	302025	대리점	갤러리아	J009	1			101004	1
14	302025		갤러리아	J014	1			103801	2
15	302021		롯데잠실	J003	1			302008	3
16	302021		롯데잠실	S003	1			302021	3
17	302008		명동 신세계	J007	1			302025	4
18	101004		부산	J006	1				
19	101004		부산 드래그	J006	1			[표5] 조견표2	
20	302008		명동 신세계	J007	2			구분코드	매장구분
21	103801		탐라	J007	1			1	백화점
22	103801		탐라	V007	1			2	마트직영점
23	302008		명동 신세계	J072	1			3	쇼핑몰
24	302021		롯데잠실	J014	1			4	대리점
25									

잠깐만요

수식 만들기

함수를 중첩하여 사용하는 수식은 최종적으로 무엇을 구하는가를 알아내야 하는데, 이 문제는 주어진 함수 2개 모두가 값을 찾아오는 함수이기 때문에 함수의 용도를 정확하게 숙지하지 못했다면 풀기 어려운 문제입니다. [B13] 셀에 들어갈 수식을 예로 들어 설명하겠습니다.

1. [B13] 셀에 최종적으로 입력될 값은 매장번호를 이용하여 [H13:I17] 영역에서 구분코드를 찾고, 찾은 구분코드를 이용하여 [H21:I24] 영역에서 매장구분을 찾아오는 것입니다. 그런데 문제에 주어진 두 함수 모두가 주어진 범위의 특정 위치에 있는 셀 값을 찾아오는 함수이므로 어떤 것을 바깥쪽에 쓸 것인지를 먼저 판단해야 합니다.

   • 구분코드를 가지고 매장구분을 찾아오는 것은 VLOOKUP, INDEX 함수 아무거나 써도 되지만 매장번호를 이용하여 구분코드를 찾는 것은 VLOOKUP 함수만 가능합니다.

   • 주어진 두 함수를 모두 사용해야 하는데, 구분코드를 찾을 때 VLOOKUP 함수를 사용했다면 최종적으로 매장구분을 찾는 데 사용하는 함수는 INDEX이어야 하므로 INDEX 함수를 바깥쪽에 사용해야 합니다.

2. INDEX 함수는 다음과 같이 '찾을범위'에서 '행위치'와 '열위치'에 해당하는 데이터를 찾아오는 함수입니다.

   =INDEX(찾을범위, 행위치, 열위치)

   • **찾을범위** : '찾을범위'는 최종적으로 매장구분이 있는 영역이므로 [H21:I24]가 됩니다.

   • **행위치** : 매장번호를 이용하여 VLOOKUP 함수로 구분코드를 찾아야 합니다.

   • **열위치** : '찾을범위'에서 매장구분은 2열에 있으므로 '열위치'는 2입니다.

   위 내용을 정리하면 다음과 같이 수식을 세울 수 있습니다.

   =INDEX(H21:I24, 행위치, 2)

3. '행위치'는 매장번호를 이용하여 [표4] 조견표1([H13:I17]) 영역에서 찾아오는 것이므로 VLOOKUP 함수를 사용합니다. VLOOKUP 함수는 다음과 같이 '찾을값'을 '찾을범위'의 첫 번째 열에서 찾은 후 '찾을값'이 있는 행에서 지정된 '열위치'에 있는 데이터를 찾아오는 함수입니다.

   VLOOKUP(찾을값, 찾을범위, 열위치, 옵션)

   • **찾을값** : 매장번호이므로 [A13]입니다.

   • **찾을범위** : '조견표1'이 있는 [H13:I17]입니다.

   • **열위치** : '찾을범위'에서 구분코드는 2열에 있으므로 '열위치'는 2입니다.

   • **옵션** : '찾을값'과 정확히 일치하는 값을 찾아야 하므로 FALSE입니다.

   위 내용을 정리하면 다음과 같은 수식을 세울 수 있습니다.

   VLOOKUP(A13, H13:I17, 2, FALSE)

전문가의 조언

INDEX 함수는 행의 개수나 열의 개수를 벗어난 값을 인수로 사용할 수 없습니다. 즉 매장번호는 '403205' 등이므로 열이나 행의 개수를 한참 벗어납니다.

전문가의 조언

이 문제의 수식을 다음과 같이 VLOOKUP만을 사용하여 만든다면 다음과 같습니다.
=VLOOKUP(VLOOKUP(A13, H13:I17, 2, FALSE), H21:I24, 2)

4. 이제 이 수식을 2번에서 세운 INDEX 함수의 '행위치'에 넣으면 다음과 같이 완성된 수식이 됩니다.

=INDEX(H21:I24 , VLOOKUP(A13, H13:I17, 2, FALSE) , 2)
　　　　찾을범위　　　　　　　　행위치　　　　　　　　　열위치

수식의 이해

=INDEX(H21:I24 , VLOOKUP(A13, H13:I17, 2, FALSE) , 2)
　　　　　　　　　　　　　❶

1. ❶ VLOOKUP(A13, H13:I17, 2, FALSE) : [A13] 셀의 값은 "302025"이므로 계산 순서는 다음과 같습니다.
   - ㉠ [H13:I17] 영역의 가장 왼쪽 열에서 "302025"와 정확히 일치하는 값을 찾습니다. 5행에 있습니다.
   - ㉡ "302025"가 있는 5행에서 2열에 있는 값 4를 찾아서 반환합니다.

2. 4를 ❶에 대입하면 다음과 같은 수식이 만들어 집니다.
3. =INDEX(H21:I24, 4, 2) : [H21:I24] 영역에서 4행 2열에 있는 값 "대리점"이 [B13] 셀에 입력됩니다.

잠깐만요 | 함수 마법사를 이용한 함수식 입력

5번 문제의 수식을 함수 마법사를 이용하여 입력해 보겠습니다.
1. 매장구분을 입력할 [B13] 셀을 클릭한 후 수식 입력줄의 '함수 삽입(𝑓𝑥)' 아이콘을 클릭하세요. 함수의 종류를 선택하는 '함수 마법사' 대화상자가 나타납니다.

A	B	C	D	E
[표2]	매장관리			
매장번호	매장구분	매장명	디자인번호	수량
302025		갤러리아	J009	1
302025		갤러리아	J014	1
302021		롯데잠실	J003	1
302021		롯데잠실	S003	1
302008		명동 신세계	J007	1
101004		부산비자비	J006	1

2. 범주 선택에서 '찾기/참조 영역'을, 함수 선택에서 'INDEX'를 선택하고, 〈확인〉을 클릭하세요. 함수의 인수 지정 방법을 선택하는 '인수 선택' 대화상자가 나타납니다.

전문가의 조언

함수가 한 번 사용되는 단일 함수에서는 함수 마법사를 사용하는 것이 편리하지만, 둘 이상의 함수가 중첩되어 사용되는 수식에서는 셀에 함수식을 직접 입력하는 것이 함수 마법사를 사용하는 것보다 빠르게 문제를 해결할 수 있습니다.

전문가의 조언

- [수식] → 함수 라이브러리 → 찾기/참조 영역 → Index를 선택하면 '인수 선택' 대화상자가 바로 나타납니다.
- INDEX 함수가 어느 범주에 속하는지 모를 경우에는 '모두'를 선택하고 알파벳 순으로 찾으면 됩니다. 그러나 자주 사용하는 함수라면 함수 마법사를 사용하지 않고 직접 입력할 수 있도록 숙달하는 것이 바람직 합니다.

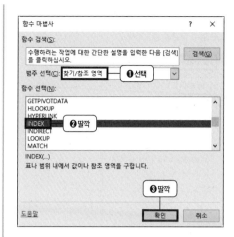

3. '인수 선택' 대화상자에서 〈확인〉을 클릭하세요.

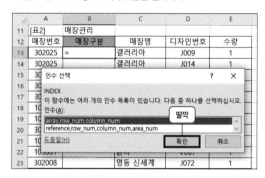

4. '함수 인수' 대화상자를 아래쪽으로 드래그하여 옮기면 데이터 영역을 보면서 작업할 수 있으므로 편리합니다. 'Array' 부분의 입력난을 클릭한 후 [H21:I24] 영역을 드래그하면 'H21:I24'가 입력난에 입력됩니다. 'Array' 부분에 입력된 셀 주소가 다른 셀(B14:B24)에 적용될 때 변하지 않도록 절대 주소 형식으로 변경해야 합니다. F4를 누르세요.

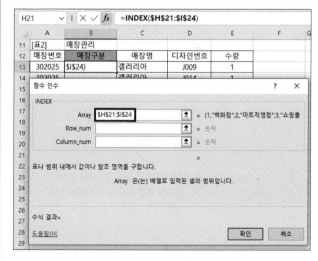

5. 'Row_num' 부분을 클릭한 후 **VLOOKUP(**를 입력합니다. VLOOKUP 함수의 '함수 인수' 대화상자를 표시하기 위해 수식 입력줄에 입력된 VLOOKUP 함수 부분을 클릭하세요.

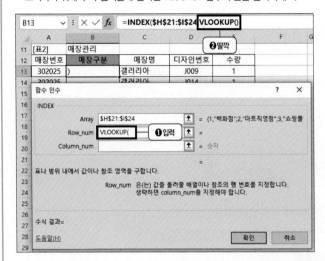

6. VLOOKUP 함수의 '함수 인수' 대화상자가 표시됩니다. 'Lookup_value' 부분의 입력난을 클릭한 후 [A13] 셀을 클릭하세요.

7. 'Table_array' 부분을 클릭하고 워크시트의 [H13:I17] 영역을 드래합니다. 입력난에 셀 주소가 표시되면 F4를 눌러 절대 주소로 변경하세요. 이어서 'Col_index_num' 난에 **2**를 입력하고 'Range_lookup' 난에 **FALSE**를 입력하세요.

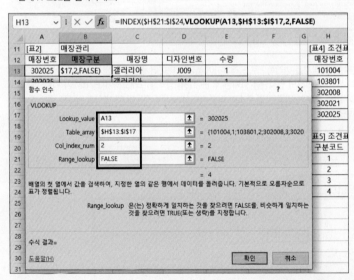

8. VLOOKUP 함수의 인수를 모두 입력했습니다. 이제 INDEX 함수의 나머지 인수를 입력하면 됩니다. 수식 입력줄에서 INDEX 함수 부분을 클릭하여 INDEX 함수에 대한 '함수 인수' 대화상자가 나오게 합니다.

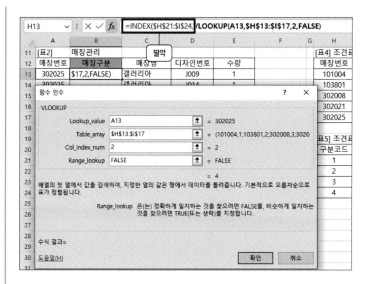

9. 'Column_num' 부분의 입력난을 클릭한 후 **2**를 입력하면, 대화상자에 미리 보기 결과가 나타납니다.

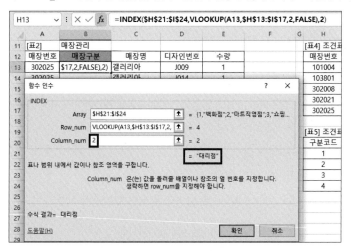

10. 〈확인〉을 클릭하면 결과가 [B13] 셀에 입력됩니다. [B13] 셀의 채우기 핸들을 [B24] 셀까지 드래그하여 나머지 셀에도 입력하세요.

문제 1   'C:\길벗컴활1급\01 엑셀\01 섹션' 폴더의 '섹션05문제.xlsm' 파일을 열어서 작업하시오.

'기출01' 시트에서 작업하시오.

	A	B	C	D	E	F	G	H	I	J	K	L
1	[표1]	직원별 야근 수당						[표4] 일별야근수당				
2	이름	부서	TOEIC	JPT	야근일수	수당		구분(야근일수)	1	5	15	25
3	홍길동	총무부	920	880	10	100,000		수당	5000	10000	15000	20000
4	정하영	인사부	910	720	3	15,000						
5	이도현	영업부	890	890	2	10,000						
6	정현석	총무부	890	840	5	50,000						
7	이지영	인사부	880	830	10	100,000						
8												
9	[표2]	제작방법에 따른 광고 수익 형태						[표5] 광고시간(초)별 광고비용				
10	제작방법	책임자	광고시간(초)	방영일수	MH	총 광고수익		광고시간(초)	30	60	90	120
11	전사지원	김정식	30	13	48	18,000,000		광고비용	300000	500000	700000	900000
12	외주용역	김정식	45	20	148	44,400,000						
13	전사지원	김정식	60	12	56	35,000,000						
14	외주협조	박명수	30	10	76	22,800,000						
15	외주용역	박명수	60	12	56	28,000,000						
16	본부협조	박명수	30	10	76	28,500,000						
17												
18												
19	[표3]	사원별 근속수당										
20	사원번호	입사일		소속	직위	근속수당						
21	TN-012	2012년 03월 01일		K-P	과장	150,000						
22	TN-011	2022년 01월 01일		S-M	과장	50,000						
23	TN-014	2019년 01월 01일		K-E	과장	50,000						
24	TN-015	2021년 01월 01일		S-M	대리	50,000						
25	TN-021	2023년 01월 01일		K-P	대리	50,000						
26	TN-019	2021년 02월 01일		K-E	대리	50,000						
27	TN-004	2011년 02월 01일		S-M	부장	150,000						

전문가의 조언

근속수당 계산시 사용된 오늘 날짜
는 2024-12-31이라고 가정합니다.

1. [표4]의 일별야근수당을 참조하여 [F3:F7] 영역에 개인별 수당을 계산하여 표시하시오.

> ▶ 수당 = 야근일수 × 일별야근수당

> ▶ 야근일수는 [E3:E7] 영역 참조

> ▶ 일별야근수당은 [표4]의 영역 참조

> ▶ INDEX, VLOOKUP, HLOOKUP 중 알맞은 함수를 선택하여 사용

2. [표2]에서 총 광고수익을 계산하여 [F11:F16] 영역에 표시하시오.

> ▶ 광고시간(초)별 광고비용은 [표5] 영역 참조

> ▶ 총 광고수익은 제작방법의 왼쪽 2문자가 "외주"이면 (광고비용×MH)로 계산하고, 그 외에는 (광고비용×MH×1.25)로 계산

> ▶ IF, LEFT, HLOOKUP 함수 사용

3. [표3]에서 근속수당을 [F21:F27] 영역에 계산하여 표시하시오.

> ▶ 근속수당은 근속년수가 10 이상이면 150000으로 계산하고, 10 미만이면 50000으로 표시되도록 계산

> ▶ '근속년수'는 올해의 연도에서 입사일의 연도를 빼는 것으로 계산

> ▶ IF, TODAY, YEAR 함수 사용

문제 1

1 개인별 수당 계산하기

23.상시, 22.상시, 21.상시, 20.상시, 19.상시, 19.1, 18.1, 15.3, 13.상시, 12.2, 10.1, 08.3, 05.2, 04.4

[F3] : =E3 * HLOOKUP(E3 , $I$2:$L$3 , 2)

=E3 * HLOOKUP(E3, I2:L3, 2)
         ❶

1. **❶ HLOOKUP(E3, I2:L3, 2)** : [E3] 셀의 값이 10이므로 계산 순서는 다음과 같습니다.
   - ㉠ [I2:L3] 영역의 첫 번째 행에서 10을 넘지 않는 가장 근접한 값을 찾습니다. 2열에 있는 5를 찾습니다.
   - ㉡ 5가 있는 열에서 2행에 있는 값 10000을 찾아서 반환합니다.
2. 10000을 ❶에 대입하면 다음과 같은 수식이 만들어 집니다.
   =E3 * 10000 : [E3] 셀의 값이 10이므로 10*10000 = 1000000이 [F3] 셀에 입력됩니다.

2 총 광고수익 계산하기

23.상시, 22.상시, 21.상시, 20.상시, 12.2, 12.1, 11.3, 10.3, 10.2, 10.1, 09.4, 09.2, 09.1, 08.4, 08.1, …

[F11] : =IF(LEFT(A11,2)="외주", HLOOKUP(C11,$I$10: $L$11,2)*E11,HLOOKUP(C11,$I$10:$L$11,2)*E11*1.25)
※ 공통 부분인 광고비용 계산 부분을 앞쪽으로 옮겨 다음과 같이 간단한 수식을 만들 수도 있습니다.
[F11] : =HLOOKUP(C11,$I$10:$L$11,2) * IF(LEFT(A11, 2) ="외주", E11 , E11*1.25)

=IF(LEFT(A11,2)="외주", HLOOKUP(C11,$I$10:$L$11,2) * E11 ,
     ❶   **❷**
HLOOKUP(C11,$I$10:$L$11,2) * E11 * 1.25)
        ❸

조건 ❶이 참이면 ❷를 수행하고, 거짓이면 ❸을 수행합니다.
1. **❶ LEFT(A11,2)="외주"** : [A11] 셀의 값, 즉 "전사지원"의 왼쪽 2글자가 "외주"가 아니므로 거짓입니다. 그러므로 ❸을 수행하여 결과를 [F11] 셀에 입력합니다.
2. **❸ HLOOKUP(C11,$I$10:$L$11,2) * E11 * 1.25**
   - HLOOKUP(C11,$I$10:$L$11,2) : [C11] 셀의 값은 30이므로 계산 순서는 다음과 같습니다.
     - ㉠ [I10:L11] 영역의 첫 번째 행에서 30보다 크지 않으면서 가장 근접한 값을 찾습니다. 찾은 값은 30으로 1열에 있습니다.
     - ㉡ 30이 있는 1열에서 2행 있는 값 300000을 찾아서 반환합니다.
   - [E11] 셀의 값이 48이므로 '300000 * 48 * 1.25'의 계산 결과인 18,000,000 이 [F11] 셀에 입력됩니다.
   - ※ 만약 참이라면 ❷번을 수행하여 '300000 * 48'의 계산 결과인 14,400,0000이 [F11] 셀에 입력됩니다.

3 근속수당 계산하기

23.상시, 22.상시, 19.상시, 10.2, 10.1, 09.4, 09.2, 09.1, 08.4, 08.1, 07.2, 07.1, 06.4, 06.3, …

[F21] : =IF(YEAR(TODAY( )) − YEAR(B21)>=10, 150000, 50000)

=IF(YEAR(TODAY( )) − YEAR(B21))=10, 150000, 50000)
       ❶   **❷**   **❸**

조건 ❶이 참이면 ❷를 입력하고, 거짓이면 ❸을 입력합니다.
1. **❶ YEAR(TODAY( )) − YEAR(B21))=10**
           ❹   **❺**
   - ❹ YEAR(TODAY( )) : 오늘 날짜에서 연도만 추출하므로 2024가 반환됩니다.
   - ※ 오늘은 2024년 12월 31일이라고 가정합니다. 결과값은 작성하는 날짜(연도)에 따라 다르게 표시됩니다.
   - ❺ YEAR(B21) : "2012년 03월 01일"에서 연도만 추출하므로 2012가 반환됩니다.
   - ❹, ❺의 결과를 ❶에 대입하면 다음과 같습니다.
2. =IF((2024−2012)=10, 150000, 50000) : '2024−2012'의 결과 12가 10보다 크므로 참(TRUE)이 되어 150000을 입력합니다.

수학/삼각 함수, 통계 함수, 재무 함수

이번 섹션의 함수들은 단독으로 출제되면 쉽게 출제되는데, 단독으로 출제되기보다는 주로 찾기 함수와 결합하여 조금 어렵게 출제됩니다. 섹션 05 보다는 훨씬 쉽게 출제되는 편이니 꼭 숙지하기 바랍니다. 이 섹션에서 한 번이라도 시험에 출제된 함수는 다음과 같습니다.

- **수학/삼각 함수**: SUM, SUMIF, SUMIFS, ROUND, ROUNDUP, ROUNDDOWN, PRODUCT, SUMPRODUCT, INT, TRUNC, MOD, QUOTIENT, ABS
- **통계 함수**: AVERAGE, AVERAGEIF, MAX, MAXA, MIN, COUNT, COUNTIF, COUNTIFS, COUNTA, LARGE, SMALL, MEDIAN, FREQUENCY, PERCENTILE.INC, RANK.EQ, STDEV.S
- **재무 함수**: FV, PMT, PV

기본문제

'C:\길벗컴활1급\01 엑셀\01 섹션' 폴더의 '섹션06문제.xlsm' 파일을 열어서 작업하시오.

'무작정따라하기' 시트에서 다음의 지시사항대로 작업을 처리하시오.

전문가의 조언

기본적인 함수 사용법에 익숙하지 않다면 제공된 별책 부록을 참조하여 꼭 숙지한 후 함수식을 공부하세요. 1급 실기에서 함수의 사용법은 기본입니다. 여기서는 함수를 이용한 복잡한 수식 만드는 방법을 공부해야 합니다.

	A	B	C	D	E	F	G	H	I	J
1	[표1]			단위: 만		<조건표1>			<조건표2>	
2	고객사	중량(KG)	용적(CBM)	운임		중량	단위요금		용적	단위요금
3	건우교역	25	80			0	10		0	5
4	경원실업	26	65			50	9		100	4
5	경인에폭시	120	45			150	8		200	3
6	고려상사	56	77			300	7		350	3.5
7	고려종합	23	39							
8	SDC	44	108							
9	영원종합	35	120							
10										
11	[표2]									
12	성명	직위	총급여	월불입액	만기지급액					
13	고아라	차장	2,800,500	112,000						
14	나영희	과장	2,709,000	81,300						
15	박철수	부장	2,839,500	113,600						
16	안도해	차장	2,800,400	112,000						
17	김원중	대리	2,310,000	69,300						
18										
19	[표3]									
20	구분	개설강좌	초과강의	학생지도						
21	수당	10,000	15,000	5,000						
22										
23	[표4]									
24	학과	직급	성명	개설강좌	초과강의	학생지도	기말수당			
25	비서학과	부교수	장기웅	3	-	300				
26	경영학과	부교수	인정제	3	5	270				
27	경제학과	조교수	정태은	3	2	270				
28	무역학과	조교수	신경국	3	1	320				
29	경영학과	조교수	유봉선	4	1	160				

↓

	A	B	C	D	E	F	G	H	I	J
1	[표1]			단위: 만		<조건표1>			<조건표2>	
2	고객사	중량(KG)	용적(CBM)	운임		중량	단위요금		용적	단위요금
3	건우교역	25	80	400		0	10		0	5
4	경원실업	26	65	325		50	9		100	4
5	경인에폭시	120	45	1080		150	8		200	3
6	고려상사	56	77	504		300	7		350	3.5
7	고려종합	23	39	230						
8	SDC	44	108	440						
9	영원종합	35	120	480						
10										
11	[표2]									
12	성명	직위	총급여	월불입액	만기지급액					
13	고아라	차장	2,800,500	112,000	₩7,450,300					
14	나영희	과장	2,709,000	81,300	₩5,408,100					
15	박철수	부장	2,839,500	113,600	₩7,556,700					
16	안도해	차장	2,800,400	112,000	₩7,450,300					
17	김원중	대리	2,310,000	69,300	₩4,609,900					
18										
19	[표3]									
20	구분	개설강좌	초과강의	학생지도						
21	수당	10,000	15,000	5,000						
22										
23	[표4]									
24	학과	직급	성명	개설강좌	초과강의	학생지도	기말수당			
25	비서학과	부교수	장기웅	3	-	300	1,530,000			
26	경영학과	부교수	인정제	3	5	270	1,455,000			
27	경제학과	조교수	정태은	3	2	270	1,410,000			
28	무역학과	조교수	신경국	3	1	320	1,645,000			
29	경영학과	조교수	유봉선	4	1	160	855,000			

1. [표1]에서 가장 큰 운임을 계산하여 [D3:D9] 영역에 표시하시오.

 ▶ 운임 계산은 '중량×단위요금', '용적×단위요금' 중에서 큰 값을 선택하여 [D3:D9] 영역에 표시하시오.

 ▶ 중량당 요금은 〈조건표1〉 참조, 용적당 요금은 〈조건표2〉 참조

 ▶ MAX, VLOOKUP 함수 사용

2. [표2]에서 만기지급액을 [E13:E17] 영역에 계산하여 표시하시오.

 ▶ '만기지급액'은 5년간 연이율 4%로 매월 초에 예금한 후 매월 복리로 계산되어 만기에 찾게 되는 예금액을 양수로 계산

 ▶ '만기지급액'은 백의 자리까지만 표시되도록 올림으로 처리할 것

 ▶ ROUNDUP, FV 함수 사용

3. [표4]의 [G25:G29] 영역에 기말수당을 계산하여 표시하시오.

 ▶ '기말수당'은 개설강좌, 초과강의, 학생지도별 가중치를 곱한 값들의 합으로 계산

 ▶ 개설강좌, 초과강의, 학생지도별 가중치는 [표3]의 [A20:D21] 영역 참조

 ▶ SUMPRODUCT 함수 사용

전문가의 조언

수식을 채우는 다른 방법

1. 끌기로 채울 셀의 왼쪽이나 오른쪽 열에 데이터가 모두 채워져 있으면, 채우기 핸들을 드래그하지 않고 더블클릭 하여도 왼쪽이나 오른쪽 열의 셀 수만큼 채워집니다. 즉 [D3] 셀의 채우기 핸들을 더블클릭하면 [D9] 셀까지 수식이 복사됩니다.

2. 셀 포인터를 [D3] 셀에 놓고 Shift를 누른 채 아래 방향키 ↓를 여섯 번 눌러 범위를 설정한 후 Ctrl+D를 누릅니다. 키보드만을 이용하여 작업할 때 빠르게 수식을 채우는 방법입니다. 가로로 수식을 채울 때는 범위를 설정한 후 Ctrl+R을 누릅니다.

23.상시, 22.상시, 21.상시, 20.상시, 17.1, 15.1, 13.1, 12.3, 10.1, 09.1, 08.1, 05.3

1 가장 큰 운임 계산하기

1. [D3] 셀에 다음의 수식을 입력하고 Enter를 누르세요.

=MAX(B3*VLOOKUP(B3,\$F\$3:\$G\$6,2), C3*VLOOKUP(C3,\$I\$3:\$J\$6,2))

INDEX ∨ : × ✓ fx =MAX(B3*VLOOKUP(B3,$F$3:$G$6,2),C3*VLOOKUP(C3,$I$3:$J$6,2))

	A	B	C	D	E	F	G	H	I	J
1	[표1]			단위: 만		<조건표1>			<조건표2>	
2	고객사	중량(KG)	용적(CBM)	운임		중량	단위요금		용적	단위요금
3	건우교역	25	80	=MAX(B3*		0	10		0	5
4	경원실업	26	65			50	9		100	4
5	경인에폭시	120	45			150	8		200	3
6	고려상사	56	77			300	7		350	3.5
7	고려종합	23	39							
8	SDC	44	108							
9	영원종합	35	120							

2. [D3] 셀의 채우기 핸들을 [D9] 셀까지 드래그하여 나머지 셀도 변경하세요.

D3 ∨ : × ✓ fx =MAX(B3*VLOOKUP(B3,$F$3:$G$6,2),C3*VLOOKUP(C3,$I$3:$J$6,2))

	A	B	C	D	E	F	G	H	I	J
1	[표1]			단위: 만		<조건표1>			<조건표2>	
2	고객사	중량(KG)	용적(CBM)	운임		중량	단위요금		용적	단위요금
3	건우교역	25	80	400		0	10		0	5
4	경원실업	26	65			50	9		100	4
5	경인에폭시	120	45			150	8		200	3
6	고려상사	56	77		드래그	300	7		350	3.5
7	고려종합	23	39							
8	SDC	44	108							
9	영원종합	35	120							
10										

잠깐만요 **수식의 이해**

=MAX(B3 * VLOOKUP(B3,F3:G6,2) , C3 * VLOOKUP(C3,I3:J6,2))
  ❶   ❷   ❸   ❹

1. 각 인수에 사용된 함수나 수식의 단계가 같으므로 각각의 값을 찾아옵니다.

  · ❶ B3 : 25

  · ❷ VLOOKUP(B3,F3:G6,2) : [B3] 셀의 값이 25이므로 계산 순서는 다음과 같습니다.

    ㉠ [F3:G6] 영역의 맨 왼쪽 열에서 25를 넘지 않는 가장 근접한 값을 찾습니다. 1행에 있는 0을 찾습니다.

    ㉡ 0이 있는 행에서 열 번호 2에 해당하는 10을 찾아서 반환합니다.

  · ❸ C3 : 80

  · ❹ VLOOKUP(C3,I3:J6,2) : [C3] 셀의 값이 80이므로 계산 순서는 다음과 같습니다.

    ㉠ [I3:J6] 영역의 맨 왼쪽 열에서 80을 넘지 않는 가장 근접한 값을 찾습니다. 1행에 있는 0을 찾습니다.

    ㉡ 0이 있는 행에서 열 번호 2에 해당하는 5를 찾아서 반환합니다.

  · ❶, ❷, ❸, ❹의 결과를 각각에 대입하면 다음과 같습니다.

2. =MAX(25 * 10 , 80 * 5) : 250과 400 중에서는 400이 크므로 400이 [D3] 셀에 입력됩니다.

23.상시, 19.상시, 08.3, 05.4, 03.4, 03.1

2 만기지급액 표시하기

1. [E13] 셀에 다음의 수식을 입력하고 Enter 를 누르세요.

=ROUNDUP(FV(4%/12,5*12,−D13,,1) , −2)

INDEX		∨	:	× ✓ *fx*	=ROUNDUP(FV(4%/12,5*12,-D13,,1),-2)

	A	B	C	D	E
11	[표2]				
12	성명	직위	총급여	월불입액	**만기지급액**
13	고아라	차장	2,800,500	112,000	=ROUNDUP
14	나영희	과장	2,709,000	81,300	
15	박철수	부장	2,839,500	113,600	
16	안도해	차장	2,800,400	112,000	
17	김원중	대리	2,310,000	69,300	

2. 나머지 셀에 수식을 복사하기 위해 [E13] 셀의 채우기 핸들을 [E17] 셀까지 드래그하세요.

E13		∨	:	× ✓ *fx*	=ROUNDUP(FV(4%/12,5*12,-D13,,1),-2)

	A	B	C	D	E
11	[표2]				
12	성명	직위	총급여	월불입액	만기지급액
13	고아라	차장	2,800,500	112,000	₩7,450,300
14	나영희	과장	2,709,000	81,300	
15	박철수	부장	2,839,500	113,600	
16	안도해	차장	2,800,400	112,000	
17	김원중	대리	2,310,000	69,300	
18					+

드래그

전문가의 조언

수식을 입력한 후 Ctrl + Enter 를 누르면 셀 포인터가 이동하지 않고 입력이 완성되므로 바로 채우기할 수 있습니다.

잠깐만요 **수식의 이해**

=ROUNDUP(FV(4%/12, 5*12, −D13, , 1), −2)
　　　　　　　❶

1. ❶ FV(4%/12, 5*12, −D13, , 1) : [D13] 셀이 112,0000이므로 7,450,237이 됩니다. 7,450,237을 ❶에 대입하면 다음과 같습니다.
=ROUNDUP(7450237, −2) : 7450237을 십의 자리에서 올림하면 7,450,300이 됩니다.

=FV(연이율, 기간, 금액, 현재가치, 납입시점)
- **연이율** : 4%가 연이율이므로 월 단위로 환산하기 위해 12로 나눕니다.
- **기간** : 5가 년이므로 월 단위로 환산하기 위해 12를 곱합니다.
- **금액** : 매월 불입하는 금액으로 결과값이 양수로 나오도록 음수로 입력합니다.
- **현재가치** : 현재가치는 생략되었습니다.
- **납입시점** : 매월 초에 납입하므로 1을 지정합니다. 0 또는 생략되면 월말에 납입한다는 의미입니다.

ROUND 관련 함수의 자릿수(ROUND, ROUNDUP, ROUNDDOWN)
ROUND 관련 함수는 자릿수로 지정된 자리까지 표시합니다.

3	8	6	4	.	5	5	8	8
−3자리	−2자리	−1자리	0자리		1자리	2자리	3자리	4자리

=ROUND(3864.5588, 3) → 3864.559(소수 이하 넷째 자리에서 반올림하여 셋째 자리까지 표시합니다.)

=ROUND(3864.5588, 0) → 3865(소수 이하 첫째 자리에서 반올림하여 정수 부분만 표시합니다.)

=ROUND(3864.5588, −2) → 3900(십의 자리에서 반올림하여 백의 자리까지 표시합니다.)

23.상시, 22.상시, 21.상시, 13.상시, 09.1, 08.3, 07.3, 07.1, 06.2, 05.2, 04.4

3 기말수당 표시하기

1. [G25] 셀에 다음의 수식을 입력하고 Enter를 누르세요.

=SUMPRODUCT(D25:F25, $B$21:$D$21)

	A	B	C	D	E	F	G	H
INDEX				fx	=SUMPRODUCT(D25:F25,$B$21:$D$21)			
23	[표4]							
24	학과	직급	성명	개설강좌	초과강의	학생지도	기말수당	
25	비서학과	부교수	장기웅	3	-	300	=SUMPRODUC	
26	경영학과	부교수	인정제	3	5	270		
27	경제학과	조교수	정태은	3	2	270		
28	무역학과	조교수	신경국	3	1	320		
29	경영학과	조교수	유봉선	4	1	160		

2. 나머지 셀에 수식을 복사하기 위해 [G25] 셀의 채우기 핸들을 [G29] 셀까지 드래그하세요.

	A	B	C	D	E	F	G	H
G25				fx	=SUMPRODUCT(D25:F25,$B$21:$D$21)			
23	[표4]							
24	학과	직급	성명	개설강좌	초과강의	학생지도	기말수당	
25	비서학과	부교수	장기웅	3	-	300	1,530,000	
26	경영학과	부교수	인정제	3	5	270		
27	경제학과	조교수	정태은	3	2	270		
28	무역학과	조교수	신경국	3	1	320		
29	경영학과	조교수	유봉선	4	1	160		
30								

드래그

잠깐만요 **수식의 이해**

=SUMPRODUCT(D25:F25, B21:D21)

SUMPRODUCT 함수는 인수들의 곱의 합을 계산합니다. 위의 수식을 풀어 쓰면 다음과 같이 쓸 수 있습니다.

= D25 * B21 + E25 * C21 + F25 * D21

= 3 * 10000 + 0 * 15000 + 300 * 5000

= 30000 + 0 + 1500000

= 1,530,000

기출 따라잡기

문제 1 'C:\길벗컴활1급\01 엑셀\01 섹션' 폴더의 '섹션06문제.xlsm' 파일을 열어서 작업하시오.

'기출01' 시트에서 작업하시오.

	A	B	C	D	E	F	G	H	I
1	[표1]						[표4] 부동산 임대 중개수수료		
2	구분	연습1	연습2	연습3	연습4		임대가격	수수료율	한도액
3	가중치	10%	20%	30%	40%		0	0.50%	200,000
4							50,000,000	0.40%	300,000
5							100,000,000	0.30%	500,000
6	[표2]	개인별 투자 성적							
7	부서	이름	직위	연습1	연습2	연습3	연습4	평균점수	
8	기획실	김세환	사원	85	60	85	85	80	
9	홍보팀	황선철	사원	90	93	71	90	85	
10	기획실	유제관	과장	75	80	71	60	69	
11	관리과	고수정	과장	85	82	63	90	80	
12	홍보팀	도경민	대리	89	79	91	93	89	
13									
14	[표3]								
15	건물번호	건물이름	임대가격	면적(㎡)	월임대료	임대시작일	임대종료일	중개수수료	
16	BD-004	장수빌딩	25,000,000	398	770,000	23-Aug-22	23-Aug-23	125,000	
17	BD-002	제주빌딩	80,000,000	107.6	550,000	21-Oct-20	21-Oct-23	300,000	
18	BD-015	미래빌딩	30,000,000	134	495,000	31-Dec-22	31-Dec-23	150,000	
19	BD-003	우리빌딩	25,000,000	84.5	450,000	01-Jul-21	01-Jul-24	125,000	
20	BD-002	제주빌딩	10,000,000	101	1,650,000	24-Aug-23	24-Aug-24	50,000	
21									
22	[표5]								
23			제품별 판매 현황			단위:천원			
24	제품코드	제품명	등급	판매량	단가	원가비율			
25	tv-a	TV	고급형	35	1,200	70%			
26	tv-b	TV	중급형	60	800	60%			
27	tv-c	TV	보급형	120	600	55%			
28	vtr-b	VTR	중급형	10	800	70%			
29	vtr-b	VTR	중급형	34	1,200	60%			
30	vtr-c	VTR	보급형	60	800	55%			
31	aud-a	AUD	고급형	25	600	70%			
32	aud-b	AUD	중급형	54	800	60%			
33	aud-c	AUD	고급형	110	500	55%			
34		고급형 평균		57	767	65%			

1. [표2]의 [H8:H12] 영역에 개인별 투자 성적의 평균점수를 계산하여 표시하시오.

   ▶ '평균점수'는 각 연습 성적에 연습별 가중치를 곱한 값들의 합으로 계산

   ▶ 연습별 가중치는 [표1] [A2:E3] 영역 참조

   ▶ '평균점수'는 소수점 이하 첫째 자리에서 반올림하여 표시하시오(예 : 80.0 → 80).

   ▶ ROUND와 SUMPRODUCT 함수 사용

2. [표3]의 [H16:H20] 영역에 중개수수료를 계산하여 표시하시오.

   ▶ 중개수수료는 '임대가격×수수료율'과 '한도액' 중에서 작은 값으로 선택

   ▶ '수수료율'과 '한도액'은 임대가격에 따라 다르며 [표4]의 [G2:I5] 영역 참조

   ▶ MIN과 VLOOKUP 함수 사용

3. [표5]에서 등급이 '고급형'인 제품의 판매량, 단가, 원가비율의 평균을 [D34:F34]에 구하시오.

▶ SUMIF, COUNTIF 함수 사용

▶ [F34] 셀의 셀 서식을 '백분율 스타일'로 설정

문제 1

23.상시, 22.상시, 21.상시, 18.2, 13.상시, 09.1, 08.3, 07.3, 05.2, 04.2

1 개인별 투자 성적의 평균 계산하기

[H8] : =ROUND(SUMPRODUCT(D8:G8,$B$3:$E$3) , 0)

수식의 이해

[H8] : =ROUND(SUMPRODUCT(D8:G8,B3:E3) , 0)

SUMPRODUCT 함수는 인수들의 곱의 합을 계산합니다. 위의 수식을 풀어 쓰면 다음과 같이 쓸 수 있습니다.

= ROUND((85 * 0.1 + 60 * 0.2 + 85 * 0.3 + 85 * 0.4) , 0)

= ROUND((8.5 + 12 + 25.5 + 34) , 0)

= ROUND(80.0, 0)

= 80

23.상시, 22.상시, 21.상시, 17.1, 15.1, 13.1, 12.3, 09.2, 08.1, 02.3

2 건물별 중개수수료 계산하기

[H16] : =MIN(C16*VLOOKUP(C16,$G$3:$I$5,2), VLOOKUP(C16,$G$3:$I$5,3))

수식의 이해

=MIN(C16 * VLOOKUP(C16,G3:I5,2) , VLOOKUP(C16,G3:I5,3))
　　　　❶　　　　　　❷　　　　　　　　　　❸

1. 각 인수에 사용된 함수나 수식의 단계가 같으므로 각각의 값을 찾아옵니다.
 · ❶ C16 : 25,000,000
 · ❷ VLOOKUP(C16,G3:I5,2) : [C16] 셀의 값이 25,000,0000이므로 계산 순서는 다음과 같습니다.
   ㉠ [G3:I5] 영역의 맨 왼쪽 열에서 25,000,000을 넘지 않는 가장 근접한 값을 찾습니다. 1행에 있는 0을 찾습니다.
   ㉡ 0이 있는 행에서 열 번호 2에 해당하는 0.50%를 찾아서 반환합니다.
 · ❸ VLOOKUP(C16,G3:I5,3) : [C16] 셀의 값이 25,000,0000이므로 계산 순서는 다음과 같습니다.
   ㉠ [G3:I5] 영역의 맨 왼쪽 열에서 25,000,000을 넘지 않는 가장 근접한 값을 찾습니다. 1행에 있는 0을 찾습니다.
   ㉡ 0이 있는 행에서 열 번호 3에 해당하는 200000을 찾아서 반환합니다.
 · ❶, ❷, ❸의 결과를 각각에 대입하면 2번과 같습니다.
2. =MIN(25,000,000 * 0.50% , 200000) : '25,000,000 * 0.50%'는 125,0000이고 이는 200,000보다 작으므로 125,0000이 [H16] 셀에 입력됩니다.

19.상시, 18.2, 08.1, 06.1

3 고급형 평균 계산하기

1. [D34] : =SUMIF($C$25:$C$33, "고급형", D25:D33) / COUNTIF($C$25:$C$33, "고급형")

수식의 이해

=SUMIF(C25:C33,"고급형",D25:D33) / COUNTIF(C25:C33,"고급형")
　　　　　❶　　　　　　　　　　　　　❷

1. ❶ SUMIF(C25:C33,"고급형",D25:D33) : [C25:C33] 영역에서 "고급형"을 찾아, 찾은 고급형의 판매량, 즉 [D25:D33] 영역에 있는 "고급형"의 판매량에 대한 합계 170을 반환합니다.
2. ❷ COUNTIF(C25:C33,"고급형") : [C25:C33] 영역에서 "고급형"인 셀의 개수 3을 반환합니다.
3. ❶과 ❷를 수식에 대입하면 170/3의 결과 56.66…이 [D33] 셀에 적용된 서식에 의해 57로 입력됩니다.

2. [F34] 셀은 수식을 입력하여 결과를 계산한 후 마우스 오른쪽 버튼을 클릭하여 나오는 미니 도구 모음에서 '백분율 스타일(%)' 아이콘을 클릭하여 '백분율 스타일'을 적용하세요.

데이터베이스 함수, 날짜/시간 함수, 사용자 정의 함수

이 섹션에서 한 번이라도 시험에 출제된 함수는 다음과 같습니다.
- 데이터베이스 함수 : DSUM, DAVERAGE, DCOUNT, DCOUNTA, DGET
- 날짜/시간 함수 : DAY, DAYS, YEAR, MONTH, TODAY, WEEKDAY, WEEKNUM, EDATE, WORKDAY, NETWORKDAYS, HOUR, EOMONTH

기본문제   'C:\길벗컴활1급\01 엑셀\01 섹션' 폴더의 '섹션07문제.xlsm' 파일을 열어서 작업하시오.

'무작정따라하기' 시트에서 다음의 지시사항대로 작업을 처리하시오.

전문가의 조언

데이터베이스 함수와 날짜/시간 함수는 비교적 쉽게 출제되고, 날짜/시간 함수는 다른 함수와 중첩되어 출제되는데, 두 종류의 함수 모두 사용법이 쉬우니 꼭 숙지하세요. 그리고 사용자 정의 함수는 매회 1문제씩 꼭 출제되는데 대부분 쉽게 출제됩니다. 몇 가지 코드만 암기하면 되니 이것도 꼭 숙지하기 바랍니다.

[표1] 5월 시행 시험정보 / **[표2] 월평균임금의 50%가 1000000 이상인 자료의 개수**

	과정구분	시험형태			자료의 개수		

[표3]

과정구분	시험형태	시행년도	서울	부산	광주
엑셀중급	필기	2018-01-12	95	94	85
엑셀중급	실기	2017-05-01	90	89	85
엑셀초급	필기	2012-01-01	90	95	80
엑셀초급	실기	2023-01-15	80	88	81
워드초급	필기	2023-02-17	80	91	82
워드중급	실기	2018-02-01	60	56	81
OS초급	필기	2023-10-01	91	94	89
OS중급	실기	2022-07-17	80	75	82
OS초급	실기	2023-01-08	85	82	87

[표4]

분류코드	업무구분	종사자수	월평균임금	전년월평균임금	평균경력	보너스지급율
SA	시스템설계분석가	4,829	3,420,000	3,100,000	8	
SA	IT컨설턴트	14,195	3,090,000	3,000,000	5.9	
AP	시스템SW개발자	8,130	2,560,000	2,400,000	6.5	
SA	보안관리자	5,797	2,540,000	2,450,000	6	
SA	NW분석가	3,168	2,290,000	2,450,000	4.9	
AP	응용SW개발자	114,054	2,200,000	2,350,000	5.4	
SA	SM관리자	76,947	1,990,000	2,100,000	6.7	

↓

[표1] 5월 시행 시험정보 / **[표2] 월평균임금의 50%가 1000000 이상인 자료의 개수**

조건	과정구분	시험형태		조건	자료의 개수		
FALSE	엑셀중급	실기		TRUE	6		

[표3]

과정구분	시험형태	시행년도	서울	부산	광주
엑셀중급	필기	2018-01-12	95	94	85
엑셀중급	실기	2017-05-01	90	89	85
엑셀초급	필기	2012-01-01	90	95	80
엑셀초급	실기	2023-01-15	80	88	81
워드초급	필기	2023-02-17	80	91	82
워드중급	실기	2018-02-01	60	56	81
OS초급	필기	2023-10-01	91	94	89
OS중급	실기	2022-07-17	80	75	82
OS초급	실기	2023-01-08	85	82	87

[표4]

분류코드	업무구분	종사자수	월평균임금	전년월평균임금	평균경력	보너스지급율
SA	시스템설계분석가	4,829	3,420,000	3,100,000	8	5%
SA	IT컨설턴트	14,195	3,090,000	3,000,000	5.9	10%
AP	시스템SW개발자	8,130	2,560,000	2,400,000	6.5	5%
SA	보안관리자	5,797	2,540,000	2,450,000	6	10%
SA	NW분석가	3,168	2,290,000	2,450,000	4.9	10%
AP	응용SW개발자	114,054	2,200,000	2,350,000	5.4	10%
SA	SM관리자	76,947	1,990,000	2,100,000	6.7	10%

1. [표3]에서 시행년도의 월이 5월인 시험의 과정구분과 시험형태를 [표1]의 [B3:C3] 영역에 계산하여 표시하시오.

> ▶ 조건은 [표1]의 [A2:A3] 영역에 MONTH 함수를 사용하여 작성
>
> ▶ DGET 함수 사용

2. [표4]를 이용해서 월평균임금[D19:D25]의 50%가 1000000 이상인 자료의 개수를 계산하여 [표2]의 [F3] 셀에 표시하시오.

> ▶ 조건은 [표2]의 [E2:E3] 영역에 작성
>
> ▶ DAVERAGE, DCOUNTA, DSUM 중 알맞은 함수를 선택하여 사용

3. [표4]에서 보너스지급율을 계산하는 사용자 정의 함수 'ks보너스지급율'을 작성하여 계산을 수행하시오.

> ▶ 'ks보너스지급율'은 '월평균임금'과 '전년월평균임금'을 인수로 받아 보너스지급율을 계산하여 되돌려줌
>
> ▶ 보너스지급율은 '(월평균임금−전년월평균임금)/월평균임금'이 0.05 이상이면 0.05로, 그 이외에는 0.1이 표시되도록 계산
>
> ▶ 'ks보너스지급율' 함수를 이용하여 [G19:G25] 영역에 보너스지급율을 표시하시오.

```
Public Function ks보너스지급율(월평균임금, 전년월평균임금)

End Function
```

따라하기

1 07.3, 05.1, 03.1
시행년도의 월이 5월인 시험의 과정구분과 시험형태 계산하기

전문가의 조언

조건에 사용할 필드명이 지시사항으로 주어지지 않았으면 임의로 지정하거나 생략해도 됩니다. 단, 데이터 영역의 필드명과 같은 이름을 사용해서는 안 됩니다.

1. 시행년도가 5월이라는 조건을 입력하기 위해 [A2] 셀에 **조건**, [A3] 셀에 **=MONTH(C7)=5**를 입력하세요.

2. [B3] 셀에 다음의 수식을 입력하고 Enter를 누르세요.

```
=DGET($A$6:$F$15 , A6 , $A$2:$A$3)
```

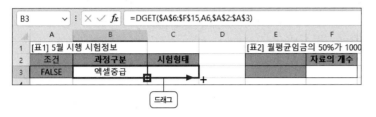

| INDEX | ✕ ✓ fx | =DGET($A$6:$F$15,A6,$A$2:$A$3) |

	A	B	C	D	E	F
1	[표1] 5월 시행 시험정보				[표2] 월평균임금의 50%가 1000	
2	조건	과정구분	시험형태			자료의 개수
3	FALSE	A6,$A$2:$A$3)				

3. [B3] 셀의 채우기 핸들을 [C3] 셀까지 드래그하여 나머지 셀도 변경하세요.

| B3 | ✕ ✓ fx | =DGET($A$6:$F$15,A6,$A$2:$A$3) |

	A	B	C	D	E	F
1	[표1] 5월 시행 시험정보				[표2] 월평균임금의 50%가 1000	
2	조건	과정구분	시험형태			자료의 개수
3	FALSE	엑셀중급				

드래그

전문가의 조언

수식을 채우는 다른 방법

셀 포인터를 [B3] 셀에 놓고 Shift
를 누른 채 오른쪽 방향키 →를
한 번 눌러 범위를 설정한 후 Ctrl
+R을 누릅니다. 키보드만을 이용
하여 작업할 때 빠르게 수식을 채
우는 방법입니다. 세로로 수식을
채울 때는 범위를 설정한 후 Ctrl
+D를 누릅니다.

잠깐만요

조건에 사용된 수식의 이해

=MONTH(C7)=5

MONTH(C7) 함수에 의해 [C7] 셀에서 월만 추출하여 "5"와 비교한 후 같으면 'TRUE', 다르면 'FALSE'를
표시합니다. 조건에 적용된 수식은 아래와 같이 데이터베이스 함수에 의해 적용될 때 적용 범위의 모든
셀에 대해 수식을 적용한 후 결과가 'TRUE'인 것만 사용됩니다.

=MONTH(C7)=5 → FALSE

=MONTH(C8)=5 → TRUE

=MONTH(C9)=5 → FALSE

=MONTH(C10)=5 → FALSE

=MONTH(C11)=5 → FALSE

=MONTH(C12)=5 → FALSE

=MONTH(C13)=5 → FALSE

=MONTH(C14)=5 → FALSE

=MONTH(C15)=5 → FALSE

조건에 원본 데이터의 필드명과 다른 필드명을 사용하는 이유

위와 같이 수식이 적용될 때 실제 수식은 아래 그림과 같이 가상의 필드인 '조건'을 만들어서 계산한 후
적용된다고 생각할 수 있습니다. 그런데 여기서 '조건' 대신 '시행년도'라는 필드를 사용하면 필드명이
중복되겠죠(실제로 '조건' 필드가 워크시트에 만들어지는 건 아닙니다).
이와 같은 이유 때문에 조건에 사용하는 필드명은 비워두거나 원본 데이터의 필드명과 다른 필드명을
입력하는 것입니다.

	A	B	C	D	E	F	G
5	[표3]						
6	과정구분	시험형태	시행년도	서울	부산	광주	조건
7	엑셀중급	필기	2018-01-12	95	94	85	FALSE
8	엑셀중급	실기	2017-05-01	90	89	85	TRUE
9	엑셀초급	필기	2012-01-01	90	95	80	FALSE
10	엑셀초급	실기	2023-01-15	80	88	81	FALSE
11	워드초급	필기	2023-02-17	80	91	82	FALSE
12	워드중급	실기	2018-02-01	60	56	81	FALSE
13	OS초급	필기	2023-10-01	91	94	89	FALSE
14	OS중급	실기	2022-07-17	80	75	82	FALSE
15	OS초급	실기	2023-01-08	85	82	87	FALSE

가상의 필드

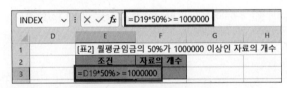
수식의 이해

DGET(데이터 범위, 필드, 조건) 함수는 '데이터 범위'에서 '조건'에 맞는 자료를 대상으로 지정된 '필드'
에서 해당 셀의 값을 구하는 함수입니다.

=DGET(A6:F15, A6, A2:A3)

- **A6:F15** : 함수를 적용할 범위입니다.
- **A6** : [A2:A3] 조건이 적용될 열 제목의 주소, '과정구분'에서 자료를 찾아오므로 'A6'을 지정합니다.
  과정구분을 직접 입력하거나 열 번호인 1을 입력해도 됩니다.
- **A2:A3** : 찾아야 할 조건으로 [A2] 셀에 아무것도 입력되어 있지 않아도 조건의 범위에 포함시켜야 합
  니다.
- ※ [A6:F15] 영역에서 [A2:A3]의 조건을 만족하는, 즉 시행년도의 월이 5인 자료를 1열에서 찾아 [B3] 셀
  에 입력하라는 의미입니다.

---

2 13.상시, 12.1, 05.4, 05.1, 04.2, 04.1
월평균임금의 50%가 1000000 이상인 자료의 개수 구하기

1. 월평균임금의 50%가 1000000 이상이라는 조건을 입력하기 위해 [E2] 셀에 **조건**,
[E3] 셀에 **=D19*50%)=1000000**를 입력하세요.

INDEX	⌄	:	× ✓ fx	=D19*50%>=1000000		
	D	E		F	G	H
1		[표2] 월평균임금의 50%가 1000000 이상인 자료의 개수				
2		조건		자료의 개수		
3		=D19*50%>=1000000				

2. [F3] 셀에 다음의 수식을 입력하고 Enter를 누르세요.

=DCOUNTA(A18:F25, 4, E2:E3)

INDEX	⌄	:	× ✓ fx	=DCOUNTA(A18:F25,4,E2:E3)		
	D	E		F	G	H
1		[표2] 월평균임금의 50%가 1000000 이상인 자료의 개수				
2		조건		자료의 개수		
3		TRUE		=DCOUNTA(		

잠깐만요 수식의 이해

DCOUNTA(데이터 범위, 필드, 조건) 함수는 '데이터 범위'에서 '조건'에 맞는 자료를 대상으로 지정된
'필드'에서 해당 셀의 개수를 구하는 함수입니다.

=DCOUNTA(A18:F25, 4, E2:E3)

- **A18:F25** : 함수를 적용할 범위입니다.*
- **4** : [E2:E3] 조건이 적용될 열 번호입니다. '월평균임금'은 데이터 범위에서 4열이므로 4를 지정합니
  다. **월평균임금**을 직접 입력하거나 열 제목의 주소인 **D18**을 입력해도 됩니다.
- **E2:E3** : 찾아야 할 조건으로 [E2] 셀에 아무것도 입력되어 있지 않아도 조건의 범위에 포함시켜야 합
  니다.
- ※ [A18:F25] 영역에서 [E2:E3]의 조건을 만족하는, 즉 월평균임금의 50%가 1000000 이상인 자료를 4
  열에서 찾아 그 자료들의 개수를 [F3] 셀에 입력하라는 의미입니다.

3 보너스지급율 계산하기

1. [개발도구] → 코드 → Visual Basic(📋)을 클릭하세요. Visual Basic Editor가 실행됩니다.

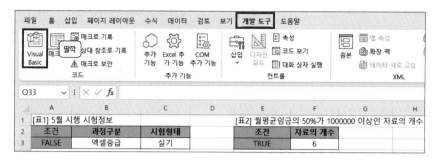

2. [삽입] → **모듈**을 선택하세요. '프로젝트 탐색기' 창에 모듈이 삽입되고, 코드 입력 창이 나타납니다.

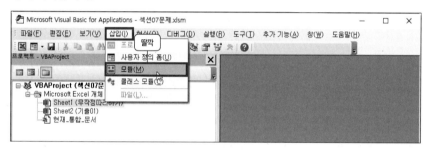

3. 코드 입력 창에 다음과 같이 입력한 후 '저장하기(🔲)' 아이콘에 이어 닫기 단추(✕)를 클릭하세요. Visual Basic Editor 프로그램이 종료됩니다.

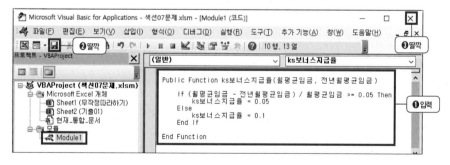

```
Public Function ks보너스지급율(월평균임금, 전년월평균임금)
    If (월평균임금 - 전년월평균임금) / 월평균임금 >= 0.05 Then
        ks보너스지급율 = 0.05
    Else
        ks보너스지급율 = 0.1
    End If
End Function
```

4. 보너스지급율을 계산하기 위해 [G19] 셀을 선택한 후 수식 입력줄의 '함수 삽입(𝑓𝑥)' 아이콘을 클릭하세요. 함수의 종류를 선택하는 '함수 마법사' 대화상자가 나타납니다.

5. 범주 선택에서 '사용자 정의', 함수 선택에서 'ks보너스지급율'을 선택하고 〈확인〉을 클릭하세요.

전문가의 조언

VBA의 빠른 실행 방법

Alt + F11 을 눌러도 Visual Basic Editor가 실행됩니다. 실제 시험에서는 좀더 빠른 방법을 사용하여 시간을 조금이나마 단축하는 것이 유리하겠죠?

전문가의 조언

코드를 입력할 때는 반드시 모듈이 선택되어 있는지 확인해야 합니다. 코드를 모듈이 아닌 시트에 입력하면 사용자 정의 함수가 작동되지 않습니다.

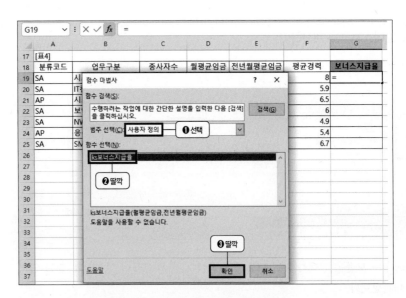

전문가의 조언

[G19] 셀을 클릭한 후 수식 =ks보
너스지급율(D19, E19)를 직접 입
력한 다음 Enter를 눌러도 됩니다.

6. '월평균임금'에 **D19**를, '전년월평균임금'에 **E19**를 입력하고 〈확인〉을 클릭하면 결과
가 계산됩니다.

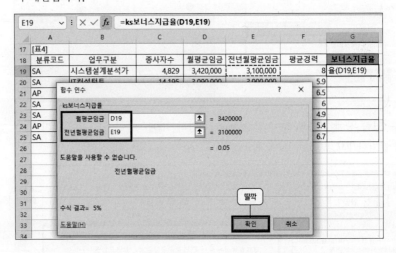

7. 나머지 셀에 수식을 복사하기 위해 [G19] 셀의 채우기 핸들을 [G25] 셀까지 드래그
하세요.

잠깐만요

Visual Basic Editor의 구성

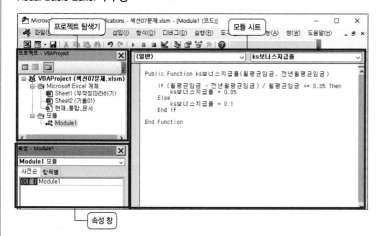

- **프로젝트 탐색기** : 현재 작업중인 통합 문서와 각 워크시트, 모듈의 이름을 표시합니다.
- **모듈 시트** : 매크로나 사용자 정의 함수가 기록되는 부분으로, 하나의 모듈 시트에 여러 개의 사용자 정의 함수를 기록할 수 있습니다.
- **속성 창** : 선택한 요소의 속성(이름, 화면 표시 상태 등)을 표시, 변경합니다.

사용자 정의 함수 코드

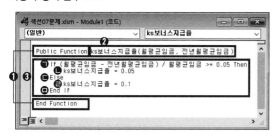

❶ • 함수의 시작(Function)과 끝(End Function)을 의미하는 것으로 문제에 주어진 그대로 적어주면 됩니다.
   • 'Public'은 작성한 함수를 프로젝트 내의 다른 모듈에서 참조할 수 있도록 하는 선언문입니다.
❷ 사용자 정의 함수명과 괄호 안의 요소는 사용자로부터 입력받아 수식에 적용할 인수들입니다. 마찬가지로 문제에 주어진 그대로 입력하면 됩니다.
❸ 함수에 적용될 수식으로, 문제에 제시된 내용을 수식의 형태로 변환하여 작성합니다.
   ❶ '월평균임금'에서 '전년월평균임금'을 뺀 후 '월평균임금'으로 나눈 값이 0.05보다 크거나 같으면 ❷을 수행하고 끝냅니다.
   ❷ 'ks보너스지급율'에 0.05를 치환합니다. 즉 사용자 정의 함수가 적용될 셀에 **0.05**를 입력합니다.
   ❸ ❶의 조건을 만족하지 않는 경우, 즉 '월평균임금'에서 '전년월평균임금'을 뺀 후 '월평균임금'으로 나눈 값이 0.05보다 작으면 ❹을 수행하고 끝냅니다.
   ❹ 'ks보너스지급율'에 0.1을 치환합니다. 즉 사용자 정의 함수가 적용될 셀에 **0.1**을 입력합니다.
   ❺ If문을 종료합니다.
※ 사용자 정의 함수는 함수의 이름에 값을 치환함으로써 사용자 정의 함수를 사용한 워크시트의 셀로 결과를 돌려줍니다. ❷과 ❹에서 '='의 우변의 값을 좌변인 'ks보너스지급율'에 치환함으로써 사용자 정의 함수를 사용한 워크시트의 셀에 결과가 표시됩니다.

사용자 정의 함수 문제를 풀 때 꼭 외워야 할 조건문

1. 조건 없이 명령문만 있는 경우

문제 유형) 총매출을 계산하는 사용자 정의 함수 'fn총매출'을 작성하여 계산을 수행하시오.

- 'fn총매출'은 단가, 할인율, 판매량을 인수로 받아 총매출을 계산하여 되돌려줌
- 'fn총매출'은 '단가 × (1−할인율) × 판매량'으로 계산

```
Public Function fn총매출(단가, 할인율, 판매량)
    fn총매출 = 단가 * (1−할인율) * 판매량
End Function
```

2. 조건이 참과 거짓일 경우 각각 실행할 명령이 있는 경우

문제 유형) 작업평가를 계산하는 사용자 정의 함수 'ks작업평가'를 작성하여 계산을 수행하시오.

- 'ks작업평가'는 MD와 MH를 인수로 받아 작업평가를 계산하여 되돌려줌
- 작업평가는 'MH/(MD×8)'이 0.8 이상이면 '원만'으로, 그 이외에는 '속도조절'로 계산

IF문

```
Public Function ks작업평가(MD, MH)
    If MH/(MD * 8) )= 0.8 Then
        ks작업평가="원만"
    Else
        ks작업평가="속도조절"
    End If
End Function
```

SELECT문

```
Public Function ks작업평가(MD, MH)
    Select Case MH / (MD * 8)
        Case Is )= 0.8
            ks작업평가="원만"
        Case Else
            ks작업평가="속도조절"
    End Select
End Function
```

3. 여러 조건에 대해 각각 실행할 명령문이 있는 경우

문제 유형) '계산작업-2' 시트에서 [표3]의 [C29:C36] 영역에 사용량과 요금표에 따른 에너지 사용요금을 계산하는 사용자 정의 함수 'fn에너지요금'을 작성하여 계산을 수행하시오.

- 'fn에너지요금'은 사용량을 인수로 받아 사용요금을 계산하여 되돌려줌
- 사용요금 = 사용량 × 단위당 요금

요금표	
사용량	단위당 요금
0~100	50
101~200	100
201~300	150
301~400	200
401 이상	300

IF문

```
Public Function fn에너지요금(사용량)
    If 사용량 )= 401 Then
        fn에너지요금 = 사용량 * 300
    ElseIf 사용량 )= 301 Then
        fn에너지요금 = 사용량 * 200
    ElseIf 사용량 )= 201 Then
        fn에너지요금 = 사용량 * 150
    ElseIf 사용량 )= 101 Then
        fn에너지요금 = 사용량 * 100
    Else
        fn에너지요금 = 사용량 * 50
    End If
End Function
```

SELECT문

```
Public Function fn에너지요금(사용량)
    Select Case 사용량
        Case Is )= 401
            fn에너지요금 = 사용량 * 300
        Case Is )= 301
            fn에너지요금 = 사용량 * 200
        Case Is )= 201
            fn에너지요금 = 사용량 * 150
        Case Is )= 101
            fn에너지요금 = 사용량 * 100
        Case Else
            fn에너지요금 = 사용량 * 50
    End Select
End Function
```

기출 따라잡기

문제 1 'C:\길벗컴활1급\01 엑셀\01 섹션' 폴더의 '섹션07문제.xlsm' 파일을 열어서 작업하시오.

'기출01' 시트에서 작업하시오.

	A	B	C	D	E	F	G
1	[표1] '광고시간(초) X 방영일수'가 800초 이상인 프로그램의 제작비용의 평균						
2	조건	총 광고시간(초)이 800초 이상인 프로그램의 제작비용 평균					
3	FALSE			2268000			
4							
5							
6	[표2]						
7	책임자	광고시간(초)	방영일수	MD	제작비용		
8	김정식	30	13	12	1,983,725		
9	박명수	30	10	10	3,678,500		
10	배승용	120	4	4	2,458,000		
11	김도선	70	15	12	2,268,000		
12	진설진	120	4	4	2,458,000		
13	장정훈	95	15	12	2,268,000		
14	강명식	45	9	8.5	2,466,000		
15							
16	[표3]						
17	도서코드	성명	도소매	정가	수량	지불액	페이지단가
18	C-130-1	정화선	소매	12,480	15	157,200	96
19	A-250-2	박세람	도매	7,040	6	38,016	28
20	D-271-2	추영임	도매	19,520	18	339,360	72
21	B-260-1	김우승	도매	30,400	26	553,280	117
22	E-61-1	인수연	도매	4,160	6	24,960	68
23	D-133-1	정유진	소매	26,560	70	1,673,280	200
24	B-111-2	김지연	소매	26,240	57	1,495,680	236

1. [표2]를 이용해서 총 광고시간(초)이 800초 이상인 프로그램의 제작비용의 평균을 계산하여 [표1]의 [B3] 셀에 표시하시오.

▶ 총 광고시간(초)은 광고시간(초) × 방영일수로 계산

▶ 조건은 [표1]의 [A2:A4] 영역에 작성

▶ DAVERAGE, DCOUNTA, DSUM 중 알맞은 함수를 선택하여 사용

2. [표3]의 [G18:G24] 영역에 페이지 단가를 계산하는 사용자 정의 함수 'F단가'를 작성하여 계산하시오.

▶ 'F단가'는 도서코드와 정가를 인수로 받아 페이지수를 산출한 후 페이지당 단가를 계산하는 함수임

▶ 페이지수는 도서코드의 길이에 따라 다르며, '-'과 '-' 사이의 숫자임

▶ 'F단가'는 '정가/페이지수'로 계산하고, 소수 첫째 자리에서 반올림하여 표시

```
Public Function F단가(도서코드, 정가)

End Function
```

문제 1

1 22.상시, 21.상시, 05.2, 04.3, 04.1
총 광고시간(초)이 800초 이상인 프로그램의 제작비용 평균 계산하기

1. 조건 입력
- [A2] : 조건
- [A3] : =B8*C8>=800

2. 수식 입력
[B3] : =DAVERAGE(A7:E14, 5, A2:A3)

수식의 이해

DAVERAGE(데이터 범위, 필드, 조건) 함수는 데이터 범위에서 조건에 맞는 자료를 대상으로 지정된 필드에서 해당 셀들의 평균을 구하는 함수입니다.

=DAVERAGE(A7:E14, 5, A2:A3)
- A7:E14 : 함수를 적용할 범위입니다.
- 5 : [A2:A3] 조건이 적용될 열 번호입니다. '제작비용'은 데이터 범위에서 5열이므로 5를 지정합니다. **제작비용**이라고 직접 입력하거나 열 제목의 주소인 **E7**을 입력해도 됩니다.
- A2:A3 : 찾아야 할 조건으로 [A2] 셀에 아무것도 입력되어 있지 않아도 조건의 범위에 포함시켜야 합니다.
- ※ [A7:E14] 영역에서 [A2:A3]의 조건을 만족하는, 즉 총 광고시간(초)이 800초 이상인 프로그램의 제작비용을 5열에서 찾아 그 자료들의 평균을 [B3] 셀에 입력하라는 의미입니다.

2 24.상시, 23.상시, 22.상시, 21.상시, 20.상시, 20.1, 19.상시, 19.2, 19.1, 18.상시, 18.2, 18.1, 17.상시, …
페이지 단가 계산하기

[G18] : = F단가(A18, D18)

사용자 정의 함수

1. Alt + F11을 눌러 'Visual Basic Editor'를 실행합니다.
2. [삽입] → 모듈을 선택하여 모듈을 삽입합니다.
3. 아래와 같이 코드를 입력합니다.

```
Public Function F단가(도서코드, 정가)
❶  If Len(도서코드) = 7 Then
❷      F단가 = Round(정가 / Mid(도서코드, 3, 3), 0)
❸  Else
❹      F단가 = Round(정가 / Mid(도서코드, 3, 2), 0)
❺  End If
End Function
```

❶ 도서코드의 글자 수가 7이면 ❷번을 수행하고 끝냅니다.
❷ 정가를 도서코드의 3번째 글자부터 세 글자, 즉 3~5번째 글자로 나눈 후, 소수점 첫째 자리에서 반올림합니다.
　※ MID(도서코드, 3, 3) : 도서코드의 3번째 글자부터 세 글자를 추출합니다.
❸ ❶의 조건을 만족하지 않을 경우, 즉 도서코드의 글자 수가 7이 아니면 ❹번을 수행하고 끝냅니다.
❹ 정가를 도서코드의 3번째 글자부터 두 글자, 즉 3~4번째 글자로 나눈 후, 소수점 첫째 자리에서 반올림합니다.
❺ IF문을 종료합니다.

배열 수식

4130800

배열 수식은 피연산자나 함수의 인수로 배열을 사용하여 여러 가지 계산을 하고 단일 결과나 여러 개의 결과를 동시에 반환하는 수식으로서 수식에 사용되는 피연산자나 함수의 인수로 배열을 이용합니다. 배열 수식은 수식을 입력할 때 Ctrl+Shift+Enter를 누른다는 것만 다르고 나머지는 일반 수식을 만드는 방법과 같습니다.

기본문제 · 'C:\길벗컴활1급\01 엑셀\01 섹션' 폴더의 '섹션08문제.xlsm' 파일을 열어서 작업하시오.

'무작정따라하기' 시트에서 다음의 지시사항대로 작업을 처리하시오.

[표1]

건물번호	임대건수	계약면적(㎡)	김승진 계약면적	평균 월임대료	최대 임대가격	2번째로 높은 임대가격	월임대료 중간값	2024년도 임대종료건수	최대 임대인
BD-002									
BD-003									
BD-004									
BD-010									
BD-015									

[표2]

건물번호	건물이름	임대인	임대가격(천원)	계약면적(㎡)	월임대료(원)	임대 종료일
BD-004	장수빌딩	김승진	25,000	398.0	770,000	2022-08-23
BD-002	제주빌딩	김승진	80,000	107.6	550,000	2022-10-21
BD-015	미래빌딩	김승진	30,000	134.0	495,000	2022-12-31
BD-003	우리빌딩	신동협	25,000	84.5	450,000	2023-07-01
BD-002	제주빌딩	임꺽정	10,000	101.0	1,650,000	2023-08-24
BD-004	장수빌딩	장악업	6,000	101.0	770,000	2023-08-26
BD-015	미래빌딩	정약용	25,000	167.0	495,000	2024-03-01
BD-010	행복빌딩	임꺽정	30,000	120.8	550,000	2024-03-21
BD-004	장수빌딩	한용운	40,000	101.0	1,100,000	2024-08-22
BD-004	장수빌딩	허준	45,000	110.9	1,150,000	2024-08-22
BD-002	제주빌딩	김승진	65,000	117.5	400,000	2024-08-23
BD-002	제주빌딩	홍영식	6,000	68.0	165,000	2024-08-23
BD-002	제주빌딩	임꺽정	32,000	97.7	770,000	2025-04-23
BD-010	행복빌딩	성춘향	45,000	91.1	770,000	2025-04-23
BD-003	우리빌딩	김승진	65,000	150.5	1,100,000	2025-04-23
BD-010	행복빌딩	김승진	10,000	101.0	460,000	2025-05-13
BD-015	미래빌딩	김승진	5,000	134.0	550,000	2025-08-23
BD-010	행복빌딩	허준	190,000	150.5	550,000	2025-10-21
BD-010	행복빌딩	허준	30,000	107.6	550,000	2025-10-21

↓

[표1]

건물번호	임대건수	계약면적(㎡)	김승진 계약면적	평균 월임대료	최대 임대가격	2번째로 높은 임대가격	월임대료 중간값	2024년도 임대종료건수	최대 임대인
BD-002	5	491.8	225.1	707,000	80,000	65,000	550,000	2	임꺽정
BD-003	2	235.0	150.5	775,000	65,000	25,000	775,000	0	김승진
BD-004	4	710.9	398.0	947,500	45,000	40,000	935,000	2	허준
BD-010	5	571.0	101.0	576,000	190,000	45,000	550,000	1	성춘향
BD-015	3	435.0	268.0	513,333	30,000	25,000	495,000	1	김승진

[표2]

건물번호	건물이름	임대인	임대가격(천원)	계약면적(㎡)	월임대료(원)	임대 종료일
BD-004	장수빌딩	김승진	25,000	398.0	770,000	2022-08-23
BD-002	제주빌딩	김승진	80,000	107.6	550,000	2022-10-21
BD-015	미래빌딩	김승진	30,000	134.0	495,000	2022-12-31
BD-003	우리빌딩	신동협	25,000	84.5	450,000	2023-07-01
BD-002	제주빌딩	임꺽정	10,000	101.0	1,650,000	2023-08-24
BD-004	장수빌딩	장악업	6,000	101.0	770,000	2023-08-26
BD-015	미래빌딩	정약용	25,000	167.0	495,000	2024-03-01
BD-010	행복빌딩	임꺽정	30,000	120.8	550,000	2024-03-21
BD-004	장수빌딩	한용운	40,000	101.0	1,100,000	2024-08-22
BD-004	장수빌딩	허준	45,000	110.9	1,150,000	2024-08-22
BD-002	제주빌딩	김승진	65,000	117.5	400,000	2024-08-23
BD-002	제주빌딩	홍영식	6,000	68.0	165,000	2024-08-23
BD-002	제주빌딩	임꺽정	32,000	97.7	770,000	2025-04-23
BD-010	행복빌딩	성춘향	45,000	91.1	770,000	2025-04-23
BD-003	우리빌딩	김승진	65,000	150.5	1,100,000	2025-04-23
BD-010	행복빌딩	김승진	10,000	101.0	460,000	2025-05-13
BD-015	미래빌딩	김승진	5,000	134.0	550,000	2025-08-23
BD-010	행복빌딩	허준	190,000	150.5	550,000	2025-10-21
BD-010	행복빌딩	허준	30,000	107.6	550,000	2025-10-21

전문가의 조언

컴퓨터활용능력 1급 실기 시험에서 수험생들이 가장 어려워하는 부분 중 하나가 배열 수식입니다. 그러나 배열 수식은 주로 자료에 대한 통계를 내는 데 사용하는 수식이므로 패턴이 정해져 있다고 할 수 있습니다. 몇 가지 패턴만 기억해 두면 쉽게 풀 수 있습니다. 가끔 배열 수식에 조건문과 함수를 중첩하여 문제를 해결하는 난이도 높은 문제가 출제되는데, 이것은 배열 수식이 어려운 것이 아니라 어려운 일반 함수식이 배열 수식에 결합된 것으로 05, 06, 07 섹션에서 충분히 숙달했다면 어렵지 않게 풀 수 있습니다. 배열 수식을 포함한 계산 작업에 배정되는 점수가 30점이므로 힘들더라도 반드시 이해하고 넘어가야 할 부분입니다.

1. [표1]에서 건물번호별 임대건수를 [C3:C7] 영역에 계산하시오.
   ▶ [B10:H29] 영역([표2])을 참조하여 계산
   ▶ SUM과 IF 함수를 이용한 배열 수식

2. [표1]에서 건물번호별 계약면적(m²)의 합계를 [D3:D7] 영역에 계산하시오.
   ▶ [B10:H29] 영역([표2])을 참조하여 계산
   ▶ SUM 함수를 이용한 배열 수식

3. [표1]에서 건물번호별 임대인 "김승진"의 계약면적의 합계를 [E3:E7] 영역에 계산하시오.
   ▶ [B10:H29] 영역([표2])을 참조하여 계산
   ▶ SUM과 IF 함수를 이용한 배열 수식

4. [표1]에서 건물번호별 평균 월임대료를 [F3:F7] 영역에 계산하시오.
   ▶ 평균 월임대료는 월임대료(원)(G11:G29)의 평균임
   ▶ [B10:H29] 영역([표2])을 참조하여 계산
   ▶ AVERAGE와 IF 함수를 이용한 배열 수식

5. [표1]에서 건물번호별 최대 임대가격을 [G3:G7] 영역에 계산하시오.
   ▶ 임대가격은 임대가격(천원)(E11:E29)을 말함
   ▶ [B10:H29] 영역([표2])을 참조하여 계산
   ▶ MAX 함수를 이용한 배열 수식

6. [표1]에서 건물번호별 2번째로 높은 임대가격을 [H3:H7] 영역에 계산하시오.
   ▶ 임대가격은 임대가격(천원)(E11:E29)을 말함
   ▶ [B10:H29] 영역([표2])을 참조하여 계산
   ▶ LARGE와 IF 함수를 이용한 배열 수식

7. [표1]에서 건물번호별 월임대료의 중간값을 [I3:I7] 영역에 계산하시오.
   ▶ 월임대료는 월임대료(원)(G11:G29)를 말함
   ▶ [B10:H29] 영역([표2])을 참조하여 계산
   ▶ MEDIAN과 IF 함수를 이용한 배열 수식

8. [표1]에서 건물번호별 2024년도 임대종료건수를 [J3:J7] 영역에 계산하시오.
   ▶ 2024년 임대종료건수는 임대종료일(H11:H29)의 연도가 2024년인 건물의 개수임
   ▶ [B10:H29] 영역([표2])을 참조하여 계산
   ▶ SUM과 YEAR 함수를 이용한 배열 수식

9. [표1]에서 건물번호별 월임대료가 가장 높은 셀을 계산하여 해당 임대인의 성명을 [K3:K7] 영역에 계산하시오.
   ▶ 월임대료는 월임대료(원)(G11:G29)를 말함
   ▶ [B10:H29] 영역([표2])을 참조하여 계산
   ▶ INDEX, MATCH, MAX 함수를 이용한 배열 수식

따라하기

1 건물번호별 임대건수 계산하기

1. [C3] 셀에 다음의 수식을 입력하고 [Ctrl]+[Shift]+[Enter]를 함께 누르세요. 수식 표시줄에 {=SUM(IF(B11:B29=B3,1))}와 같이 표시됩니다.

=SUM(IF(B11:B29=B3,1))

잠깐만요

배열 수식을 입력한 후 [Ctrl]+[Shift]+[Enter]를 눌러도 중괄호({ })가 입력되지 않는 경우

입력기가 '한컴 입력기'로 설정되었기 때문입니다. 다음과 같이 Windows 작업 표시줄 알림 영역의 '입력기' 아이콘을 클릭하고 [한국어 Microsoft 입력기]를 선택한 후 [Ctrl]+[Shift]+[Enter]를 누르면 수식에 중괄호({ })가 입력됩니다.

1번의 배열 수식 입력하는 순서

수식을 직접 입력하고 [Ctrl]+[Shift]+[Enter]를 눌러도 되지만, 다음 방법대로 따라해 보세요. 오류 없이 쉽게 입력할 수 있습니다.

1. 먼저 [C3] 셀에 **=SUM(IF(**를 입력하고 [B11:B29] 영역을 마우스로 드래그하세요. 셀 주소가 수식에 표시되어 나타납니다.

2. '=SUM(IF(B11:B29'까지 입력된 상태에서 =을 입력하고, [B3] 셀을 지정하기 위해 왼쪽 방향키(←)를 한 번 누릅니다.

3. 이어서 ,1))을 입력하고, Ctrl + Shift + Enter 를 누르면 입력이 완성됩니다.

수식 만들기

조건이 1개일 때 배열 수식을 이용하여 개수를 구하는 방법은 다음의 3가지 방법이 있습니다. 문제에 주어진 조건을 수식으로 만들어서 '조건' 부분에 대입하면 됩니다.

> 방법1 : =SUM(IF(조건, 1))
> 방법2 : =SUM((조건) * 1)
> 방법3 : =COUNT(IF(조건, 1))

1. 조건 : "건물번호별"이란 조건은 비교 대상이 될 건물번호들이 있는 범위와 비교할 기준이 되는 주소를 "="로 연결해서 적어 주면 다음과 같이 됩니다.

B11:B29=B3

2. 위의 조건을 개수 구하기 배열 수식의 '조건' 부분에 대입하면 다음과 같습니다.

> 방법1 : =SUM(IF(B11:B29=B3, 1))
> 방법2 : =SUM((B11:B29=B3) * 1)
> 방법3 : =COUNT(IF(B11:B29=B3, 1))

수식의 이해

{=SUM(IF(B11:B29=B3,1,0))}

배열 수식을 어렵게 생각하지 마세요. 배열 수식은 여러 개의 수식이 1개의 수식으로 압축된 것이므로 압축된 수식을 풀어 써보면 쉽게 이해됩니다. 배열 수식인 '=SUM(IF(B11:B29=B3,1,0))'을 풀어서 표시해 보겠습니다. 배열 수식을 일반 수식으로 풀어 쓰면 배열 수식에 사용된 배열의 요소만큼 수식이 확장됩니다. 여기서는 [B11:B29]가 배열 요소에 해당됩니다.

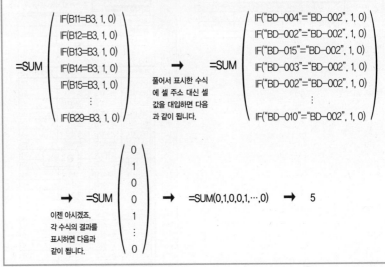

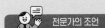
전문가의 조언

3가지 방법 중 방법1이 가장 많이 출제되고 있습니다. 1번 방법은 꼭 알아 두어야 합니다.
시험에서 방법을 구분한다는 것은 다음과 같습니다.
• 방법1 : SUM, IF 함수를 사용하라
• 방법2 : SUM 함수만을 사용하라
• 방법3 : COUNT, IF 함수를 사용하라

전문가의 조언

=SUM(IF(B11:B29=B3,1,0))은 =SUM(IF(B11:B29=B3,1))와 같이 입력해도 됩니다. =SUM(IF(B11:B29=B3,1)) 처럼 작성하는 것은 조건이 거짓일 경우 실행할 문장이 생략(=SUM(IF(B11:B29=B3,1,'생략된부분')))된 것으로, IF(B11:B29=B3, 1, " ")과 같이 조건의 값이 거짓일 때 이론적으로 아무 값도 없는 NULL 값을 반환하라는 뜻입니다. NULL 값이 반환되면 아무 값도 아니기 때문에 SUM 함수의 인수로 참여하지 않는 것입니다.

2. [C3] 셀에 입력된 수식을 [C7] 셀까지 채우기 전에 배열 수식의 배열 부분을 범위로 설정한 다음 절대 주소로 변경하세요. 배열 수식은 수식을 변경한 다음에도 [Ctrl]+[Shift]+[Enter]를 눌러서 완료해야 합니다.

상대 주소를 절대 주소로 변경하려면 변경할 부분을 범위로 설정한 다음 [F4]를 누릅니다.

3. [C3] 셀의 채우기 핸들을 드래그하여 [C7] 셀까지 배열 수식을 채우세요.

---

2 건물번호별 계약면적 계산하기
22.상시, 21.상시, 19.2, 18.2, 14.2, 12.2, 10.2, 09.3, 05.4, 05.3, 05.2, 04.3, 04.2, 03.4, 03.3, 03.2

1. [D3] 셀에 다음의 수식을 입력하고 [Ctrl]+[Shift]+[Enter]를 함께 누르세요.

=SUM((B11:B29=B3) * F11:F29)

잠깐만요

수식 만들기

합계를 구하는 배열 수식은 조건의 개수와 관계없이 항상 다음의 2가지 방법이 있으며, 조건의 개수에 따라 조건을 지정하는 부분이 늘어납니다. 이 문제는 조건이 1개입니다.

> **방법1** : =SUM((조건) * 합계를_구할_범위)
> **방법2** : =SUM(IF(조건, 합계를_구할_범위))

1. 조건과 범위 찾기
   - **조건** : "건물번호별"이란 조건은 비교 대상이 될 건물번호들이 있는 범위와 비교할 기준이 되는 주소를 "="로 연결해서 적어주면 다음과 같이 됩니다.
     B11:B29=B3
   - **합계를_구할_범위** : 계약면적이므로 [F11:F29]가 됩니다.
2. 위의 조건과 범위를 합계 구하기 배열 수식 조건과 범위 부분에 대입하면 다음과 같습니다.
   방법1 : =SUM((B11:B29=B3) * F11:F29)
   방법2 : =SUM(IF(B11:B29=B3, F11:F29))

전문가의 조언

2가지 방법의 출제 비율은 7:3 정도로 방법1이 자주 출제되고 있습니다.

전문가의 조언

방법1을 방법2로 바꾸기
① 방법의 조건 앞에 'IF'를 넣습니다.
② 방법에 사용된 '*'를 ','로 바꿔줍니다.
③ 방법에 사용된 조건의 닫는 괄호 ')'를 맨 뒤로 옮깁니다.
방법1 : =SUM((B11:B29=B3) * F11:F29)
방법2 : =SUM(IF(B11:B29=B3, F11:F29))

수식의 이해

{=SUM((B11:B29=B3) * F11:F29)}

- 배열 수식은 풀어서 계산 과정을 살펴보면 쉽게 이해된다고 했죠. 단계별로 과정을 살펴보기 전에 알아야 할 것이 있습니다. 시험에 출제되는 배열 수식을 생소하게 느끼는 이유는 관계 연산에 대해 생소하기 때문입니다. 관계 연산이란 관계 연산자를 이용하여 피연산자의 대소 관계를 비교하는 연산으로, 결과는 'TRUE'나 'FALSE'가 됩니다. 다음 그림의 [표1]과 같이 입력해 보세요. [표2]와 같이 결과가 나왔나요? 관계 연산자가 >, <, =, < >, >=, <=를 말하는 것은 알고 있죠?

[표1]

	A	B	C
1	값1	값2	비교결과
2	1	2	=A2=B2
3	2	2	=A3=B3
4	BD-002	BD-002	=A4=B4
5	BD-003	BD-002	=A5=B5

→

[표2]

	A	B	C
1	값1	값2	비교결과
2	1	2	FALSE
3	2	2	TRUE
4	BD-002	BD-002	TRUE
5	BD-003	BD-002	FALSE

※ [C2] 셀의 '=A2=B2' 수식, 즉 '1과 2는 같다'는 거짓이므로 결과는 'FALSE'입니다. [C3] 셀은 참이므로 'TRUE'가 나옵니다. [C4], [C5]도 마찬가지 원리입니다.

- 알아야 할 것이 하나 더 있는데 논리값의 수치 표현에 관한 문제입니다. 컴퓨터가 논리값을 수치로 사용할 때 'TRUE'는 1, 'FALSE'는 0으로 취급합니다. 다음 표를 입력하여 결과를 확인해 보세요.

	A	B	C
1	수치값	논리값	결과
2	100	TRUE	=A2*B2
3	100	FALSE	=A3*B3

→

	A	B	C
1	수치값	논리값	결과
2	100	TRUE	100
3	100	FALSE	0

※ 'TRUE'는 1로 인식되므로 '100 * 1'의 결과인 100이 표시되었고, 'FALSE'는 0으로 인식되므로 '100*0'의 결과인 0이 표시되었습니다.

- TRUE가 1이고 FALSE가 0이라는 것을 알았으면 배열 수식에 사용된 배열을 1개씩 분리하여 수식을 확장해 봅시다.

$$=SUM \begin{pmatrix} (B11=B3) * F11 \\ (B12=B3) * F12 \\ (B13=B3) * F13 \\ (B14=B3) * F14 \\ (B15=B3) * F15 \\ \vdots \\ (B29=B3) * F29 \end{pmatrix}$$

셀 주소를 상수로 변환합니다. →

$$=SUM \begin{pmatrix} ("BD-004"="BD-002") * 398.0 \\ ("BD-002"="BD-002") * 107.6 \\ ("BD-015"="BD-002") * 134.0 \\ ("BD-003"="BD-002") * 84.5 \\ ("BD-002"="BD-002") * 101.0 \\ \vdots \\ ("BD-010"="BD-002") * 107.6 \end{pmatrix}$$

관계 연산에 의해 'TRUE', 'FALSE'가 결정됩니다. →

$$=SUM \begin{pmatrix} FALSE * 398.0 \\ TRUE * 107.6 \\ FALSE * 134.0 \\ FALSE * 84.5 \\ TRUE * 101.0 \\ \vdots \\ FALSE * 107.6 \end{pmatrix}$$

'TRUE'는 1이고 'FALSE'는 0입니다. →

$$=SUM \begin{pmatrix} 0 * 398.0 \\ 1 * 107.6 \\ 0 * 134.0 \\ 0 * 84.5 \\ 1 * 101.0 \\ \vdots \\ 0 * 107.6 \end{pmatrix}$$

→ = SUM(0,107.6, 0, 0,101.0, ⋯, 0)
= 491.8

2. 다음과 같이 배열 수식의 배열을 절대 주소로 변경하세요. 배열 수식은 수식을 변경한 다음에도 Ctrl+Shift+Enter를 눌러서 완료해야 합니다.

=SUM(($B$11:$B$29=B3) * $F$11:$F$29)

3. [D3] 셀의 채우기 핸들을 드래그하여 [D7] 셀까지 배열 수식을 채우세요.

3 "김승진"에 대한 건물번호별 계약면적 계산하기

22.상시, 21.상시, 19.2, 16.3, 16.1, 14.1, 13.3, 11.3, 10.3, 08.1, 07.2, 06.4, 04.3, 02.4

1. [E3] 셀에 다음의 수식을 입력하고 Ctrl + Shift + Enter 를 함께 누르세요.

=SUM(IF((B11:B29=B3) * (D11:D29="김승진"), F11:F29))

잠깐만요 수식 만들기

합계를 구하는 배열 수식은 조건의 개수와 관계없이 항상 다음의 2가지 방법이 있으며, 조건의 개수에 따라 조건을 지정하는 부분이 늘어납니다. 이 문제는 조건이 2개입니다.

> **방법1** : =SUM((조건1) * (조건2) * 합계를_구할_범위)
> **방법2** : =SUM(IF((조건1) * (조건2), 합계를_구할_범위))

1. 조건과 범위 찾기
  - **조건1** : "건물번호별"이란 조건은 비교 대상이 될 건물번호들이 있는 범위와 비교할 기준이 되는 주소를 "="로 연결해서 적습니다.
    B11:B29=B3
  - **조건2** : "임대인 김승진"이란 조건은 임대인들이 있는 범위와 "김승진"을 "="로 연결해서 적습니다.
    D11:D29="김승진"
  - **합계를_구할_범위** : 계약면적이므로 [F11:F29]가 됩니다.
2. 위의 조건과 범위를 합계 구하기 배열 수식에 대입하면 다음과 같습니다.
  방법1 : =SUM((B11:B29=B3) * (D11:D29="김승진") * F11:F29)
  방법2 : =SUM(IF((B11:B29=B3) * (D11:D29="김승진"), F11:F29))

---

2. 다음과 같이 배열 수식의 배열을 절대 주소로 변경하세요.

=SUM(IF(($B$11:$B$29=B3) * ($D$11:$D$29="김승진"), $F$11:$F$29))

3. [E3] 셀의 채우기 핸들을 드래그하여 [E7] 셀까지 배열 수식을 채우세요.

4 건물번호별 평균 월임대료 계산하기

23.상시, 22.상시, 21.상시, 19.상시, 18.상시, 17.1, 16.2, 16.1, 14.3, 14.2, 13.상시, 13.1, 12.3, 11.2, 10.2, 10.1, 09.4, 08.4, 08.3, 07.4, 07.1, 06.4, 06.2, …

1. [F3] 셀에 다음의 수식을 입력하고 Ctrl + Shift + Enter 를 함께 누르세요.

=AVERAGE(IF(B11:B29=B3, G11:G29))

전문가의 조언

조건이 2개 이상일 때는 'IF'에 관계없이 '*' 연산자로 조건을 연결시켜 주면 됩니다.
- 조건이 2개일 때
  =SUM((조건1) * (조건2) * 합계를_구할_범위)
  =SUM(IF((조건1) * (조건2), 합계를_구할_범위))
- 조건이 3개일 때
  =SUM((조건1) * (조건2) * (조건3) * 합계를_구할_범위)
  =SUM(IF((조건1) * (조건2) * (조건3), 합계를_구할_범위))

궁금해요 시나공 Q&A 베스트

Q 평균값이 186,053이 나왔어요.

A IF문을 입력할 때 IF(B11:B29=B3, G11:G29)처럼 작성하는 것은 조건이 거짓일 경우 "반환할 값"이 생략(IF(B11:B29=B3,G11:G29,"반환할 값"))된 것으로, IF(B11:B29=B3, G11:G29,")과 같이 조건의 값이 거짓일 때 이론적으로 아무 값도 없는 NULL 값을 반환하라는 뜻입니다. NULL 값이 반환되면 아무 값도 없는 것이기 때문에 AVERAGE 함수의 배열 요소에서 제외됩니다. 그런데 만약 배열 수식을 AVERAGE(IF(B11:B29=B3,G11:G29,0))이나 AVERAGE((B11:B29=B3)*G11:G29)와 같이 작성하면 조건이 거짓일 때 0이 AVERAGE 함수의 인수로 포함되어 평균이 계산되는 것입니다. 즉 '=AVERAGE(550000,1650000,400000,165000,770000)'와 '=AVERAGE(0,550000,0,0,1650000,0,0…)'의 차이겠죠. 같은 이유로 MIN, MEDIAN, SMALL 등의 함수도 배열 수식으로 작성할 경우 반드시 IF문과 함께 사용해야 합니다.

잠깐만요 수식 만들기

평균을 구하는 배열 수식은 조건의 개수와 관계없이 항상 다음의 1가지 방법이 있으며, 조건의 개수에 따라 조건을 지정하는 부분이 늘어납니다. 이 문제는 조건이 1개입니다.

> **=AVERAGE(IF(조건, 평균을_구할_범위))**

1. 조건과 범위 찾기
   - **조건** : "건물번호별"이란 조건은 비교 대상이 될 건물번호들이 있는 범위와 비교할 기준이 되는 주소를 "="로 연결해서 적습니다.
     B11:B29=B3
   - **평균을_구할_범위** : 월임대료이므로 [G11:G29]가 됩니다.
2. 위의 조건과 범위를 평균 구하기 배열 수식에 대입하면 다음과 같습니다.
     =AVERAGE(IF(B11:B29=B3, G11:G29))

2. 다음과 같이 배열 수식의 배열을 절대 주소로 변경하세요.

=AVERAGE(IF($B$11:$B$29=B3, $G$11:$G$29))

3. [F3] 셀의 채우기 핸들을 드래그하여 [F7] 셀까지 배열 수식을 채우세요.

---

5 23.상시, 22.상시, 19.상시, 17.상시, 13.3, 05.4, 05.2, 04.1
건물번호별 최대 임대가격 계산하기

1. [G3] 셀에 다음의 수식을 입력하고 Ctrl+Shift+Enter를 함께 누르세요.

> =MAX((B11:B29=B3) * E11:E29)

잠깐만요 수식 만들기

최대값을 구하는 배열 수식은 조건의 개수와 관계없이 다음의 2가지 방법이 있으며, 조건의 개수에 따라 조건을 지정하는 부분이 늘어납니다. 이 문제는 조건이 1개입니다.

> **방법1** : =MAX((조건) * 최대값을_구할_범위)
> **방법2** : =MAX(IF(조건, 최대값을_구할_범위))

1. 조건과 범위 찾기
   - **조건** : "건물번호별"이란 조건은 비교 대상이 될 건물번호들이 있는 범위와 비교할 기준이 되는 주소를 "="로 연결해서 적어주면 다음과 같이 됩니다.
     B11:B29=B3
   - **최대값을_구할_범위** : 임대가격이므로 [E11:E29]가 됩니다.
2. 위의 조건과 범위를 최대값 구하기 배열 수식에 대입하면 다음과 같습니다.
     방법1 : =MAX((B11:B29=B3) * E11:E29)
     방법2 : =MAX(IF(B11:B29=B3, E11:E29))

2. 다음과 같이 배열 수식의 배열을 절대 주소로 변경하세요.

=MAX(($B$11:$B$29=B3) * $E$11:$E$29)

3. [G3] 셀의 채우기 핸들을 드래그하여 [G7] 셀까지 배열 수식을 채우세요.

6 23.상시, 16.3, 12.1, 11.1, 04.3
건물번호별 2번째로 높은 임대가격 계산하기

1. [H3] 셀에 다음의 수식을 입력하고 Ctrl+Shift+Enter를 함께 누르세요.

=LARGE(IF(B11:B29=B3, E11:E29) , 2)

전문가의 조언

조건이 2개 이상일 때는 '*' 연산자로 조건을 연결시켜 주면 됩니다.
- 조건이 2개일 때
  =MAX((조건1) * (조건2) * 최대값을_구할_범위)
- 조건이 3개일 때
  =MAX((조건1) * (조건2) * (조건3) * 최대값을_구할_범위)

잠깐만요 **수식 만들기**

몇 번째로 큰 값을 계산하는 문제는 조건의 개수와 관계없이 다음의 2가지 방법이 있으며, 조건의 개수에 따라 조건을 지정하는 부분이 늘어납니다. 이 문제는 조건이 1개입니다.

> **방법1** : =LARGE(IF(조건, 몇_번째_값을_구할_범위) , 몇_번째)
> **방법2** : =LARGE((조건) * 몇_번째_값을_구할_범위, 몇_번째)

1. 조건과 범위 찾기
   - **조건** : "건물번호별"이란 조건은 비교 대상이 될 건물번호들이 있는 범위와 비교할 기준이 되는 주소를 "="로 연결해서 적어주면 다음과 같이 됩니다.
     B11:B29=B3
   - **몇_번째_값을_구할_범위** : 임대가격이므로 [E11:E29]가 됩니다.
   - **몇_번째** : 2번째로 큰 값이라고 지시되어 있으므로 2가 됩니다.
2. 위의 조건과 범위를 몇 번째로 큰 값을 계산하는 배열 수식에 대입하면 다음과 같습니다.
   방법1 : =LARGE(IF(B11:B29=B3, E11:E29) , 2)
   방법2 : =LARGE((B11:B29=B3) * E11:E29, 2)

---

2. 다음과 같이 배열 수식의 배열을 절대 주소로 변경하세요.

=LARGE(IF($B$11:$B$29=B3, $E$11:$E$29) , 2)

3. [H3] 셀의 채우기 핸들을 드래그하여 [H7] 셀까지 배열 수식을 채우세요.

7 06.2, 06.1, 04.2
건물번호별 월임대료의 중간값 계산하기

1. [I3] 셀에 다음의 수식을 입력하고 Ctrl+Shift+Enter를 함께 누르세요.

=MEDIAN(IF(B11:B29=B3, G11:G29))

전문가의 조언

조건이 2개 이상일 때는 '*' 연산자로 조건을 연결시켜 주면 됩니다.
- 조건이 2개일 때
  =LARGE(IF((조건1) * (조건2), 몇_번째_값을_구할_범위), 몇_번째)
- 조건이 3개일 때
  =LARGE(IF((조건1) * (조건2) * (조건3) , 몇_번째_값을_구할_범위, 몇_번째)

잠깐만요 수식 만들기

중간값을 구하는 배열 수식은 조건의 개수와 관계없이 항상 다음의 1가지 방법이 있으며, 조건의 개수에 따라 조건을 지정하는 부분이 늘어납니다. 이 문제는 조건이 1개입니다.

> =MEDIAN(IF(조건, 중간값을_구할_범위))

1. 조건과 범위 찾기
   - **조건** : "건물번호별"이란 조건은 비교 대상이 될 건물번호들이 있는 범위와 비교할 기준이 되는 주소를 "="로 연결해서 적습니다.
     B11:B29=B3
   - **중간값을_구할_범위** : 월임대료이므로 [G11:G29]가 됩니다.
2. 위의 조건과 범위를 중간값 구하기 배열 수식에 대입하면 다음과 같습니다.
   =MEDIAN(IF(B11:B29=B3, G11:G29))

2. 다음과 같이 배열 수식의 배열을 절대 주소로 변경하세요.

=MEDIAN(IF($B$11:$B$29=B3, $G$11:$G$29))

3. [I3] 셀의 채우기 핸들을 드래그하여 [I7] 셀까지 배열 수식을 채우세요.

8 24.상시, 05.1, 03.1, 02.4
건물별 2024년도 임대종료건수 계산하기

1. [J3] 셀에 다음의 수식을 입력하고 Ctrl + Shift + Enter를 함께 누르세요.

=SUM((B11:B29=B3) * (YEAR(H11:H29)=2024))

잠깐만요 수식 만들기

조건이 2개일 때 배열 수식을 이용하여 개수를 구하는 방법은 다음의 3가지 방법이 있습니다.

> **방법1** : =SUM((조건1) * (조건2))
> **방법2** : =SUM(IF(조건1, IF(조건2,1)))
> **방법3** : =COUNT(IF((조건1) * (조건2), 1))

1. 조건과 범위 찾기
   - **조건1** : "건물번호별"이란 조건은 비교 대상이 될 건물번호들이 있는 범위와 비교할 기준이 되는 주소를 "="로 연결해서 적습니다.
     B11:B29=B3
   - **조건2** : 2024년 임대종료건수는 "임대종료일([H11:H29])의 연도가 2024년"이라고 했으니 임대종료일([H11:H29])에서 연도만 추출해서 2024와 "="로 연결하면 됩니다.
     YEAR(H11:H29)=2024
2. 위의 조건을 개수 구하기 배열 수식에 대입하면 다음과 같습니다.
   방법1 : =SUM((B11:B29=B3) * (YEAR(H11:H29)=2024))
   방법2 : =SUM(IF(B11:B29=B3, IF(YEAR(H11:H29)=2024,1)))
   방법3 : =COUNT(IF((B11:B29=B3) * (YEAR(H11:H29)=2024), 1))

2. 다음과 같이 배열 수식의 배열 부분을 절대 주소로 변경하세요.

=SUM(($B$11:$B$29=B3) * (YEAR($H$11:$H$29)=2024))

3. [J3] 셀의 채우기 핸들을 드래그하여 [J7] 셀까지 배열 수식을 채우세요.

9 24.상시, 23.상시, 22.상시, 21.상시, 20.상시, 20.1, 15.3, 13.상시, 12.2, 11.3, 07.3, 07.1, 06.2, 03.3
건물번호별 월 임대료가 가장 높은 사람의 성명 계산하기

1. [K3] 셀에 다음의 수식을 입력하고 Ctrl+Shift+Enter를 함께 누르세요.

=INDEX(B11:H29, MATCH(MAX((B11:B29=B3) * G11:G29), (B11:B29=B3) * G11:G29, 0), 3)

> **잠깐만요**

수식 만들기

- 이 문제는 Section 05 찾기 함수에서 다뤘던 문제에 조건을 하나 더 추가한 것으로 배열 수식으로만 해결되는 어려운 문제입니다. 앞에서와 같이 논리 순서에 맞추어 개략적으로 수식을 세운 후 차례대로 입력해 나가야 합니다. 이런 문제는 수식 세우는 연습을 충분히 하지 않으면 짧은 시간에 해결하기 힘든 문제라고 할 수 있습니다.
- 이렇게 함수를 중첩하여 사용하는 수식은 "최종적으로 무엇을 구하는가?"부터 살펴보아야 합니다. [K3] 셀에 들어갈 수식을 예로 들어 설명하겠습니다.

1. [K3] 셀에 최종적으로 입력될 값은 [D11:D29] 영역에서 임대인의 이름을 찾아오는 것인데, 문제에 주어진 세 함수 중 범위에서 특정 위치의 셀 값을 찾아오는 함수는 INDEX뿐이므로 INDEX가 가장 바깥 쪽에 놓입니다.
2. INDEX 함수는 다음과 같이 '찾을범위'에서 '행위치'와 '열위치'에 해당하는 데이터를 찾아오는 함수입니다.
   =INDEX(찾을범위, 행위치, 열위치)
   - **찾을범위** : 임대인의 이름이 들어 있는 [B11:H29]로 주어졌습니다.
   - **행위치** : MATCH 함수를 이용하여 가장 큰 값이 있는 상대적인 위치를 찾아와야 합니다.
   - **열위치** : 임대인의 이름은 '찾을범위'에서 3번째 열에 있으므로 3입니다.
   위 내용을 정리하면 다음과 같은 수식을 세울 수 있습니다.
   =INDEX(B11:H29, 행위치, 3)
3. 행위치는 건물번호가 "BD-002"([B3])인 것의 월임대료([G11:G29]) 중에서 가장 큰 값을 찾은 후 그 값이 있는 상대적인 위치를 찾는 것이므로 MATCH 함수를 사용합니다. MATCH 함수는 다음과 같이 '찾을값'을 '찾을범위'에서 찾아 '찾을값'이 있는 상대적인 위치를 반환하는 함수입니다.
   MATCH(찾을값, 찾을범위, 옵션)
   - **찾을값** : 건물번호별 최대 월임대료이므로 MAX 함수를 이용하여 다음과 같이 씁니다.
     MAX((B11:B29=B3) * G11:G29)
   - **찾을범위** : 건물번호가 같은 것 중에서 찾아야 하므로 다음과 같이 됩니다.
     (B11:B29=B3) * G11:G29
   - **옵션** : 정확히 일치하는 값을 찾아야 하므로 옵션은 0입니다.
   위의 인수들을 사용하여 행의 위치를 찾는 수식을 만들면 다음과 같습니다.
   MATCH(MAX((B11:B29=B3) * G11:G29),   (B11:B29=B3) * G11:G29,   0   )
   　　　　　　건물번호별 최대 월임대료　　　　　　범위　　　　옵션

4. 이제 이 수식을 2번에서 세운 인덱스 함수의 '행위치'에 넣으면 다음과 같이 완성된 수식이 됩니다.

INDEX(B11:H29, MATCH(MAX((B11:B29=B3) * G11:G29), (B11:B29=B3) * G11:G29, 0), 3)

| | 찾을범위 | 행위치 | 열위치 |

수식의 이해

{=INDEX(B11:H29, MATCH(MAX((B11:B29=B3) * G11:G29), (B11:B29=B3) * G11:G29, 0), 3)}

=INDEX (B11:H29, MATCH (MAX (
(B11=B3) * G11
(B12=B3) * G12
(B13=B3) * G13
(B14=B3) * G14
(B15=B3) * G15
⋮
(B29=B3) * G29
) ,
(B11=B3) * G11
(B12=B3) * G12
(B13=B3) * G13
(B14=B3) * G14
(B15=B3) * G15
⋮
(B29=B3) * G29
, 0) , 3)

↓

=INDEX (B11:H29, MATCH (MAX (
("BD-004"="BD-002")*777000
("BD-002"="BD-002")*550000
("BD-015"="BD-002")*495000
("BD-003"="BD-002")*450000
("BD-002"="BD-002")*1650000
⋮
("BD-010"="BD-002")*550000
) ,
("BD-004"="BD-002")*777000
("BD-002"="BD-002")*550000
("BD-015"="BD-002")*495000
("BD-003"="BD-002")*450000
("BD-002"="BD-002")*1650000
⋮
("BD-010"="BD-002")*550000
, 0) , 3)

↓

=INDEX (B11:H29, MATCH (MAX (
FALSE*777000
TRUE*550000
FALSE*495000
FALSE*450000
TRUE*1650000
⋮
FALSE*550000
) ,
FALSE*777000
TRUE*550000
FALSE*495000
FALSE*450000
TRUE*1650000
⋮
FALSE*550000
, 0) , 3)

↓

=INDEX (B11:H29, MATCH (MAX (
0
550000
0
0
1650000
⋮
0
) ,
0
550000
0
0
1650000
⋮
0
, 0) , 3)

수식을 모두 분해해서 사용된 셀 주소들을 상수로 치환했으면 계산 순서대로 계산을 해봅시다. 위의 최종 수식을 한 줄로 쓰면 다음과 같습니다.

=INDEX(B11:H29, MATCH(MAX(0, 550000, 0, 0, 1650000, ⋯, 0), {0, 550000, 0, 0, 1650000, ⋯, 0}, 0), 3)
                         ❶

· ❶ MAX(0, 550000, 0, 0, 1650000, ⋯, 0) : 인수 중 가장 큰 값인 1650000이 반환됩니다. 1650000을 ❶에 대입하면 다음과 같습니다.

=INDEX(B11:H29, <u>MATCH(1650000, {0, 550000, 0, 0, 1650000, ⋯, 0}, 0)</u> , 3)

❷

- **❷** MATCH(1650000, {0, 550000, 0, 0, 1650000, ⋯, 0}, 0) : 인수 중에서 1650000가 있는 위치 인 5가 반환됩니다. 5를 ❷에 대입하면 다음과 같은 수식이 만들어집니다.
- =INDEX(B11:H29, 5, 3) : [B11:H29] 영역에서 5행 3열에 있는 "임꺽정"이 반환됩니다.

2. 다음과 같이 배열 수식의 배열 부분을 절대 주소로 변경하세요.

=INDEX($B$11:$H$29,MATCH(MAX(($B$11:$B$29=B3)*$G$11:$G$29),($B$11:$B$29=B3) * $G$11:$G$29,0),3)

궁금해요 **시나공 Q&A 베스트**

Q 'MATCH(MAX(($B$11:$B$29=B4)*$G$11:$G$29),($B$11:$B$29=B4)*$G$11:$G$29,0)'에서 Match 함수의 범위를 '$G$11:$G$29'로 변경하면 값이 다르게 나옵니다. '(B11:B29=B4)*G11:G29'에 서 찾는 것과 'G11:G29'에서 찾는 것의 차이점을 알려주세요.

A 건물번호별로 최대 월임대료를 구하냐, 전체에서 최대 월임대료를 구하냐의 차이입니다. 예를들어 설명하겠습니다. MAX 함수를 이용하여 건물번호가 'BD-003([B4])'인 것의 월임대료 중에서 가장 큰 값을 구하면 '1,100,000'입니다.
- G11:G29 : MATCH(찾을값, 범위, 옵션) 함수에서 범위를 'G11:G29'로 지정하여 1,100,000을 찾으면 첫 번째에 있는 1,100,000의 상대 위치인 9를 반환합니다. 'G11:G29' 영역에서 9번째 데이터의 건물번호 는 'BD-004'인데 말입니다. 결국 건물번호 구분 없이 전체에서 해당 값을 찾는 꼴이 되고 맙니다.
- (B11:B29=B4)*G11:G29 : MATCH 함수의 찾을 범위를 '(B11:B29=B4)*G11:G29'로 지정하면 'G11:G29' 영역 중 건물번호(B11:B29)가 'BD-003'인 것만을 대상으로 1,100,000을 찾아 그 상대 위치를 구하 기 때문에 결과는 15가 반환됩니다. 'G11:G29' 영역의 15번째 데이터의 건물번호는 당연히 'BD- 003'이겠죠.

---

3. [K3] 셀의 채우기 핸들을 드래그하여 [K7] 셀까지 배열 수식을 채우세요.

4130801

기출 따라잡기

문제 1 'C:\길벗컴활1급\01 엑셀\01 섹션' 폴더의 '섹션08문제.xlsm' 파일을 열어서 작업하시오.

'기출01' 시트에서 작업하시오.

	A	B	C	D	E	F	G	H
1		[표1]					[표2]		
2		팀	정규직	계약직			지역이 "과천"이거나 달성률 평가가 "달성"인 실적의 합계		
3		1팀	10,038,000	5,410,000					
4		2팀	21,739,000	16,733,000			계약직	650,000,000	
5							정규직	250,000,000	
6		[표3]							
7		지역	달성	미달					
8		과천	3	1					
9		서울	1	3					
10		인천	2	2					
11									
12		[표4]							
13		소속	채용형태	목표	실적	직접경비	간접경비	달성률 평가	
14		과천1팀	계약직	100,000,000	150,000,000	2,210,000	1,800,000	달성	
15		과천1팀	정규직	130,000,000	130,000,000	3,113,000	2,300,000	달성	
16		과천2팀	계약직	90,000,000	110,000,000	6,816,000	4,500,000	미달	
17		과천2팀	정규직	110,000,000	120,000,000	7,891,000	4,000,000	달성	
18		서울1팀	계약직	100,000,000	110,000,000	1,200,000	540,000	달성	
19		서울1팀	정규직	150,000,000	140,000,000	2,800,000	920,000	미달	
20		서울2팀	계약직	140,000,000	130,000,000	5,020,000	1,200,000	미달	
21		서울2팀	정규직	180,000,000	340,000,000	7,000,000	2,300,000	미달	
22		인천1팀	계약직	130,000,000	130,000,000	2,000,000	1,000,000	달성	
23		인천1팀	정규직	140,000,000	190,000,000	4,125,000	2,000,000	미달	
24		인천2팀	계약직	140,000,000	150,000,000	4,897,000	1,300,000	달성	
25		인천2팀	정규직	150,000,000	130,000,000	6,848,000	3,100,000	미달	

1. [표1]에서 팀별 채용형태별 직접경비의 합계를 [C3:D4] 영역에 계산하시오.

　▶ [표4]의 [B13:H25] 영역을 참조하여 계산

　▶ 팀은 소속[B14:B25]의 마지막 2문자로 계산

　▶ SUM과 RIGHT 함수를 이용한 배열 수식

2. [표2]에서 채용형태별 지역이 "과천"이거나 달성률 평가가 "달성"인 직원의 실적 합계를 [G4:G5] 영역에 계산하시오.

　▶ 지역은 소속[B14:B25]의 처음 2문자로 계산

　▶ SUM, LEFT, IF 함수를 이용한 배열 수식

3. [표3]에서 지역별 달성 건수와 미달 건수를 [C8:D10] 영역에 계산하시오.

　▶ 지역은 소속[B14:B25]의 처음 2문자로 계산

　▶ 달성, 미달의 건수는 달성률 평가[H14:H25]를 참조하여 계산

　▶ SUM과 LEFT 함수를 이용한 배열 수식

문제 2 'C:\길벗컴활1급\01 엑셀\01 섹션' 폴더의 '섹션08문제.xlsm' 파일을 열어서 작업하시오.

'기출02' 시트에서 작업하시오.

	A	B	C	D	E	F	G	H
1		[표1]						
2		부서	정교수	부교수	조교수		[표2]	
3		비서학과	1,720,000	1,415,000	1,054,000		직급	학생지도 중간값
4		경영학과	1,570,000	1,455,000	678,000		정교수	285
5		경제학과	1,455,000	880,000	890,000		부교수	300
6		무역학과	1,645,000	1,455,000	115,000		조교수	330
7								
8		[표3]						
9		구분	연구과제	연구논문				
10			성명	성명				
11		비서학과	이상봉	한성현				
12		경영학과	노창용	유봉선				
13		경제학과	황선철	인정제				
14		무역학과	방극준	이기상				
15								
16		[표4]						
17		학과	직급	성명	학생지도	연구과제	연구논문	연구수당
18		비서학과	정교수	장기웅	250	4	1	1,530,000
19		경제학과	정교수	인정제	270	3	5	1,455,000
20		경영학과	정교수	이원섭	300	1	6	1,570,000
21		비서학과	부교수	한성현	270	7	7	1,415,000
22		경제학과	부교수	황선철	160	6	4	880,000
23		무역학과	부교수	방극준	320	8	3	1,455,000
24		비서학과	정교수	이상봉	320	8	4	1,720,000
25		비서학과	조교수	정은미	330	7	3	1,054,000
26		경제학과	조교수	정태은	270	6	5	890,000
27		무역학과	정교수	신경국	320	7	2	1,645,000
28		경영학과	정교수	유봉선	160	6	9	855,000
29		경영학과	조교수	노창용	330	9	1	678,000
30		경영학과	부교수	박태호	300	2	5	1,455,000
31		무역학과	조교수	이기상	270	5	6	115,000
32		무역학과	부교수	조상진	320	4	4	1,395,000
33		비서학과	조교수	이나영	350	7	3	985,000

1. [표1]에서 학과별 직급별 연구수당의 최대값을 [C3:E6] 영역에 계산하시오.

▶ [표4]의 [B17:H33] 영역을 참조하여 계산

▶ MAX 함수를 이용한 배열 수식

2. [표2]에서 직급별 지도하는 학생수의 중간값을 [H4:H6] 영역에 계산하시오.

▶ 지도하는 학생 수는 학생지도[E18:E33] 영역을 참조하여 계산

▶ MEDIAN과 IF 함수를 이용한 배열 수식

3. [표3]에서 [표4]의 [B18:H33] 영역을 참조하여 각 학과별로 연구과제, 연구논문 점수가 가장 높은 셀을 각각 계산하여 성명을 [C11:D14] 영역에 표시하시오.

▶ INDEX, MATCH, MAX 함수를 이용한 배열 수식

문제 1

1 24.상시, 22.상시, 21.상시, 19.2, 16.1, 10.2, 09.3, 05.4, 05.3, 05.2, 04.3, 04.2, 03.4, 03.3, 03.2
직접경비합 계산하기

[C3] 셀에 =SUM((RIGHT($B$14:$B$25,2)=$B3) *
($C$14:$C$25=C$2) * $F$14:$F$25)를 입력하고
Ctrl + Shift + Enter 를 누르세요.

수식의 이해

> 일반식 : =SUM((조건1) * (조건2) * 합계를_구할_범위)

=SUM((RIGHT($B$14:$B$25,2)=$B3) * ($C$14:$C$25=C$2) * $F$14:$F$25)
　　　　　　　　조건1　　　　　　　　　　조건2　　　　합계를_구할_범위

- **조건1** : 소속의 오른쪽 2글자가 "1팀"
- **조건2** : 채용형태가 "정규직"
- **합계를_구할_범위** : 직접경비

셀 주소의 이해

=SUM((RIGHT($B$14:$B$25,2)=$B3) * ($C$14:$C$25=C$2) * $F$14:$F$25)
　　　　　　　　❶　　　　　　　　　　　　　❷

❶의 [$B3]은 수식을 다른 셀에 복사해도 B열은 변하지 않게 고정시킨 것을 의
미합니다. B열에 $를 붙이지 않고 [D3] 셀에 수식을 복사하면 ❶ 부분의 '$B3'이
'$C3'으로 변하므로 정상적인 결과가 계산되지 않습니다. ❷의 C$2도 마찬가지
입니다. 2 앞에 $를 붙이지 않으면 [C3] 셀의 수식을 [C4] 셀에 복사할 때 ❷ 부
분의 'C$2'가 'C$3'으로 변경되므로 정상적인 결과가 계산되지 않습니다. 실제 시
험에서는 위와 같이 수식을 한 번에 작성하여 복사하지 않고 4개의 셀에 각각
의 수식을 아래와 같이 입력해도 맞게 채점됩니다. 하지만 빠르게 작성할 수 있
는 올바른 사용법은 위와 같이 작성해야 한다는 것을 염두에 두고 연습하세요.

[C3] : =SUM((RIGHT(B14:B25,2)=B3) * (C14:C25=C2) * F14:F25)
[D3] : =SUM((RIGHT(B14:B25,2)=B3) * (C14:C25=D2) * F14:F25)
[C4] : =SUM((RIGHT(B14:B25,2)=B4) * (C14:C25=C2) * F14:F25)
[D4] : =SUM((RIGHT(B14:B25,2)=B4) * (C14:C25=D2) * F14:F25)

궁금해요 시나공 Q&A 베스트

Q1 무조건 책에 있는 수식과 같을 때만 정답으로 인정되나요?

A1 아닙니다. 수식은 작성하는 사람마다 다를 수 있으므로 결과만 맞으면 모
두 맞는 것으로 채점됩니다. 단, 반드시 문제에 제시된 함수만 사용해야 합니다.

2 22.상시, 21.상시, 16.3, 10.2, 09.3, 05.4, 05.3, 05.2, 04.3, 04.2, 03.4, 03.3, 03.2
**채용형태별 지역이 "과천"이거나 달성률 평가가 "달성"인
실적의 합계 구하기**

[G4] 셀에 =SUM(IF(($C$14:$C$25=F4) * ((LEFT
($B$14:$B$25,2) ="과천") + ($H$14:$H$25="달성")),
$E$14:$E$25))를 입력하고 Ctrl + Shift + Enter 를 누르세요.

수식의 이해

> 일반식 : =SUM(IF((조건1) * (조건2), 합계를_구할_범위))

=SUM(IF(($C$14:$C$25=F4) * ((LEFT($B$14:$B$25,2)="과천") +
　　　　　　조건1　　　　　　　　　조건2_1
　　　　　　　　　　　　　　　　　　　　　　　　　　　조건2

($H$14:$H$25="달성")), $E$14:$E$25))
　　　조건2_2　　　　합계를_구할_범위

- **조건1** : 채용형태가 계약직
- **조건2** : 소속의 처음 2문자가 "과천"이거나 달성률 평가가 "달성"
  - 조건2_1 : 소속의 처음 2문자가 "과천"
  - 조건2_2 : 달성률 평가가 "달성"
- **합계를_구할_범위** : 실적

배열수식에서 조건이 AND 조건일 때는 "*", OR 조건일 때는 "+"로 각 조건을
연결합니다. OR 조건은 IF 함수로 조건을 지정한 경우에만 사용할 수 있습니
다. 배열수식을 일반 수식으로 풀어 그 이유를 살펴보도록 하겠습니다.

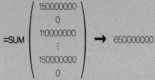

IF(조건, 참, 거짓) 함수의 조건 부분이 0을 제외한 숫자는 모두 '참'으로 인식한 다는 것은 다 아시죠. 소속이 "과천"이거나 달성률 평가가 "달성"인, 즉 OR 조건으로 지정한 두 조건이 모두 참이면 True+True=1+1=2이므로, 참에 해당하는 값이 입력됩니다. 하지만 IF 함수를 사용하지 않고 SUM 함수만을 이용하여 합계를 구하면 조건의 결과 2가 실적에 곱해지므로 잘못된 결과가 나옵니다.

$$=SUM\begin{pmatrix}(C14=F4)*((LEFT(B14,2)="과천")+(H14="달성"))*E14)\\(C15=F4)*((LEFT(B15,2)="과천")+(H15="달성"))*E15)\\(C16=F4)*((LEFT(B16,2)="과천")+(H16="달성"))*E16)\\\vdots\\(C24=F4)*((LEFT(B24,2)="과천")+(H24="달성"))*E24)\\(C25=F4)*((LEFT(B25,2)="과천")+(H25="달성"))*E25)\end{pmatrix}$$

$$=SUM\begin{pmatrix}2*150000000\\0*130000000\\1*110000000\\\vdots\\1*150000000\\0*130000000\end{pmatrix}\rightarrow 800000000$$

배열수식에서 OR 조건을 지정할 때는 OR 조건의 결과가 0(False)이나 1(True)이 아닌 다른 값이 나올 경우에도 '참(True)'으로 인식하여 '참'에 해당하는 값만을 계산하기 위해서 반드시 IF 함수로 조건을 지정해야 합니다.

24.상시, 23.상시, 20.상시, 20.1, 19.상시, 19.2, 19.1, 15.1, 14.3, 13.1, 05.1, 03.1, 02.4

3 지역별 달성 건수와 미달 건수 계산하기

[C8] 셀에 =SUM((LEFT($B$14:$B$25,2)=$B8) * ($H$14: $H$25=C$7))를 입력하고 Ctrl+Shift+Enter를 누르세요.

수식의 이해

일반식 : =SUM((조건1) * (조건2))

=SUM((LEFT($B$14:$B$25,2)=$B8) * ($H$14:$H$25=C$7))
　　　　　　　조건1　　　　　　　　　조건2

· 조건1 : 소속의 처음 2문자가 "과천"
· 조건2 : 달성률 평가가 "달성"

문제 2

23.상시, 19.상시, 17.상시, 05.4, 05.2, 04.1

1 학과별 직급별 연구수당의 최대값 계산하기

[C3] 셀에 =MAX(($B$18:$B$33=$B3) * ($C$18:$C$33=C$2) * $H$18:$H$33)를 입력하고 Ctrl+Shift+Enter를 누르세요.

수식의 이해

일반식 : =MAX((조건1) * (조건2) * 최대값을_구할_범위)

=MAX(($B$18:$B$33=$B3) * ($C$18:$C$33=C$2) * $H$18:$H$33)
　　　　　조건1　　　　　　　조건2　　　　최대값을_구할_범위

· 조건1 : 학과가 "비서학과"
· 조건2 : 직급이 "정교수"
· 최대값을_구할_범위 : 연구수당

06.2, 06.1, 04.2

2 직급별 학생지도 수의 중간값 계산하기

[H4] 셀에 =MEDIAN(IF($C$18:$C$33=G4,$E$18: $E$33))를 입력하고 Ctrl+Shift+Enter를 누르세요.

수식의 이해

일반식 : =MEDIAN(IF(조건, 중간값을_구할_범위))

=MEDIAN(IF($C$18:$C$33=G4, $E$18:$E$33))
　　　　　　　조건　　　　중간값을_구할_범위

· 조건 : 직급이 "정교수"
· 중간값을_구할_범위 : 학생지도

23.상시, 22.상시, 21.상시, 20.상시, 20.1, 15.3, 13.상시, 12.3, 12.2, 11.3, 07.3, 07.1, 06.2, 03.3

3 학과별 연구과제, 연구논문의 점수가 가장 높은 사람의 성명 찾기

[C11] 셀에 =INDEX($B$18:$H$33, MATCH((MAX(($B$18:$B$33=$B11) * F$18:F$33)), ($B$18:$B$33 =$B11) * F$18:F$33,0), 3)을 입력하고 Ctrl+Shift+Enter를 누르세요.

수식의 이해

이 수식을 만드는 방법과 배열 수식을 풀어서 이해하는 방법은 131쪽 9번 문제를 참조하세요. 여기서는 [C11] 셀을 기준으로 함수가 여러 개 중첩된 수식을 분해해서 이해하는 방법을 개략적으로 알아보겠습니다. 중첩 함수는 괄호의 순서에 따라 안쪽에서 가장 먼저 계산되는 함수나 수식을 차례로 계산하여 대입해 나가면 쉽게 이해됩니다.

=INDEX($B$18:$H$33, MATCH((MAX(($B$18:$B$33=$B11) * F$18:F$33)),
　　　　　　　　　　　　　　　　　　　　❶
($B$18:$B$33=$B11) * F$18:F$33, 0), 3)
　　　　　　❷

1. MAX(($B$18:$B$33=$B11) * F$18:F$33) : 비서학과 중에서 연구과제가 가장 높은 점수를 찾습니다. 가장 높은 점수는 8입니다.

2. ($B$18:$B$33=$B11) * F$18:F$33 : 비서학과에 해당하는 점수들은 그 값을 그대로 함수의 찾을 범위에 포함시키고, 비서학과의 점수가 아닌 것들은 0으로 만들어 MATCH 함수의 찾을 범위로 만듭니다. 결과는 4,0,0,7,0,0,8,7, 0,0,0,0,0,0,0,7입니다.

3. 이제 ❶과 ❷의 결과를 원래의 수식에 대입해 보면 다음과 같은 수식이 만들어 집니다.
=INDEX($B$18:$H$33, MATCH(8,{4,0,0,7,0,0,8,7,0,0,0,0,0,0,0,7}, 0), 3)
　　　　　　　　　　　　　　　　　❸

4. MATCH(8,{4,0,0,7,0,0,8,7,0,0,0,0,0,0,0,7}, 0) : 8이 있는 위치 7을 반환합니다. 이 값을 ❸에 대입해 보면 다음과 같습니다.
=INDEX($B$18:$H$33, 7, 3) : [B18:H33] 영역에서 7행 3열에 있는 값인 "이상봉"입니다.

시나공 동영상 강좌

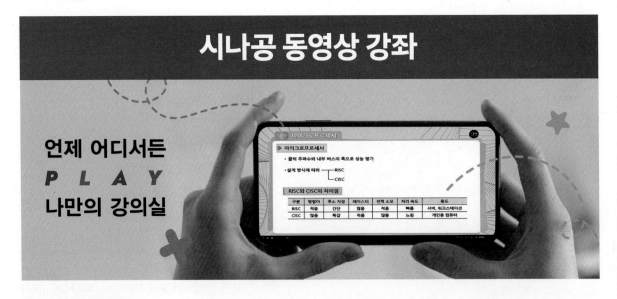

언제 어디서든
P L A Y
나만의 강의실

▶ 동영상 강좌 특징

선택 수강	기기 무제한	장소 불문	평균 10분
섹션별 강의 구성으로 듣고 싶은 강의만 빠르게 골라서 이용	PC와 모바일 기기의 기종, 개수에 제약 없이 편하게 수강	교재가 없어도 인터넷만 연결된다면 그곳이 내 강의실!	멀티태스킹이 가능한 세대를 위해 강의 시간은 평균 10분

▶ 강좌 종류

구분	강좌	수강일 및 가격	
단과	컴퓨터활용능력 필기(1/2급 선택)	150일 수강, 55,000원	**시험 적중률,**
	컴퓨터활용능력 실기(1/2급 선택)	150일 수강, 60,000원	**가격과 수강일 모두**
속성반	컴퓨터활용능력 필+실기(1/2급 선택)	필기+실기 합해서 30일 수강, 59,000원	**시나공이**
합격 보장반	컴퓨터활용능력 필+실기(1/2급 선택)	필기+실기 합해서 365일 수강, 129,000원	**이상적 · 합리적**

▶ 이용 방법

1. **시나공 홈페이지(sinagong.co.kr)**에 접속하여 로그인 하세요.

2. 시험 종목을 선택한 후 **[동영상 강좌]** → **[유료강의]**를 클릭하세요.

3. 원하는 강좌를 선택하고 **[수강 신청하기]**를 클릭하세요.

4. 우측 상단의 **[마이길벗]** → **[나의 동영상 강좌]**로 이동하여 강좌를 수강하세요.

※ **동영상 강좌 이용 문의** : 독자지원 (02-332-0931) 또는 이메일 (content@gilbut.co.kr)

3장

분석 작업

Section 09 데이터 유효성 검사

Section 10 부분합 / 정렬

Section 11 피벗 테이블

Section 12 데이터 표

Section 13 시나리오

Section 14 통합

Section 15 목표값 찾기

데이터 유효성 검사는 데이터를 정확하게 입력할 수 있도록 도와주는 기능으로, 특정 영역에 조건을 만족하는 데이터만 입력할 수 있도록 유효성 조건을 지정하고 조건에 위배되는, 즉 잘못된 데이터를 입력하면 입력을 받아들이지 않고 오류 메지지를 표시하도록 설정할 수 있습니다. 예를 들어, 1에서 4까지만 입력되도록 유효성 조건을 지정하면 1~4 이외의 숫자는 입력을 받아들이지 않고 "1에서 4만 입력하세요."라는 메시지가 표시되게 할 수 있습니다.

기본문제

'C:\길벗컴활1급\01 엑셀\01 섹션' 폴더의 '섹션09문제.xlsm' 파일을 열어서 작업하시오.

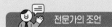
전문가의 조언

데이터 유효성 검사는 내용이 어렵지 않아 점수를 쉽게 얻을 수 있는 부분이니 차근차근 따라해 보세요.

'무작정따라하기' 시트에서 다음의 지시사항대로 작업을 처리하시오.

▶ [데이터 유효성 검사] 기능을 이용하여 [C3:C10] 영역에 2023-01-01부터 2023-06-30까지의 날짜만 입력되도록 제한 대상을 설정하시오.

▶ [C3:C10] 영역의 셀을 클릭한 경우 〈그림〉과 같은 설명 메시지를 표시하고, 유효하지 않은 데이터를 입력한 경우 〈그림〉과 같은 오류 메시지가 표시되도록 설정하시오.

[설명 메시지]　　　　　　　　　　　　　　　　　　[오류 메시지]

따라하기

1 유효성 조건
24.상시, 23.상시, 22.상시, 21.상시

1. 데이터 유효성 검사를 적용할 [C3:C10] 영역을 블록으로 지정한 후 [데이터] → 데이터 도구 → 🖾(데이터 유효성 검사)를 클릭하세요. '데이터 유효성' 대화상자가 나타납니다.

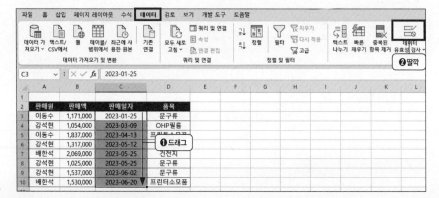

2. 2023-01-01부터 2023-06-30까지의 날짜만 입력되도록 제한 대상을 설정해야 합니다. '데이터 유효성' 대화상자의 '설정' 탭에서 '제한 대상'의 ⌄를 클릭하여 '날짜'를 선택하세요.

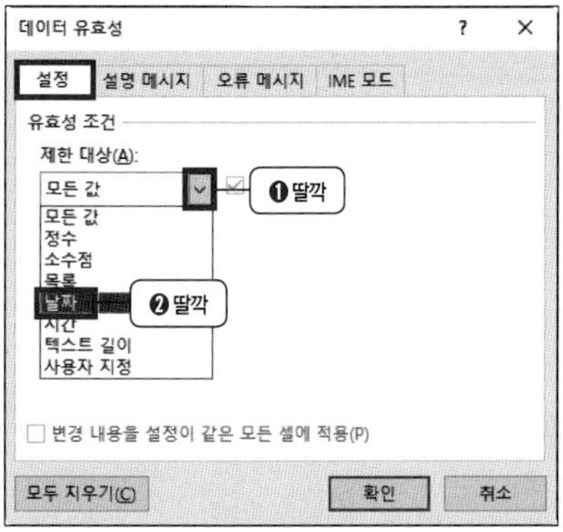

3. 이어서 '시작 날짜' 입력난에 **2023-01-01**, '끝 날짜' 입력난에 **2023-06-30**을 입력하세요.

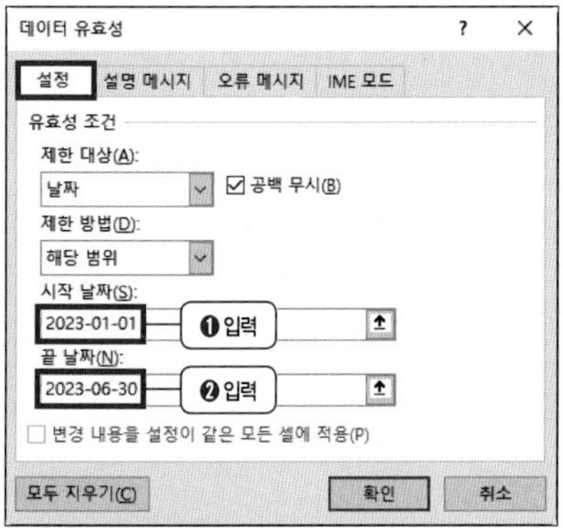

2 설명 메시지

24.상시, 23.상시, 22.상시, 21.상시

4. [C3:C10] 영역의 셀을 클릭했을 때 표시할 설명 메시지를 설정해야 합니다. '데이터 유효성' 대화상자의 '설명 메시지' 탭을 클릭한 후 '제목' 입력난에 **입력날짜확인**, '설명 메시지' 입력난에 **1월~6월**을 입력하세요.

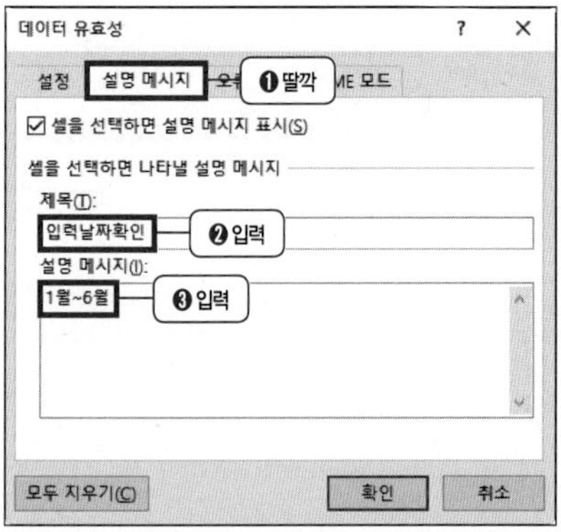

3 오류 메시지

5. 유효하지 않은 데이터를 입력한 경우 표시될 오류 메시지를 설정해야 합니다. '데이터 유효성' 대화상자의 '오류 메시지' 탭을 클릭한 후 '스타일'의 ⌄를 클릭하고 '정보'를 선택하세요.

스타일
- 중지 : ⊗
- 경고 : ⚠
- 정보 : ℹ

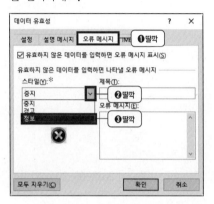

6. 이어서 '제목' 입력난에 **날짜확인**, '오류 메시지' 입력난에 **입력 날짜가 정확한지 확인 바랍니다.**를 입력한 후 〈확인〉을 클릭하세요.

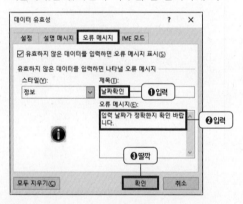

7. [C3:C10] 영역의 임의의 셀을 클릭하여 설명 메시지를 확인하세요. 이어서 유효하지 않은 데이터를 입력하여 오류 메시지를 확인하세요.

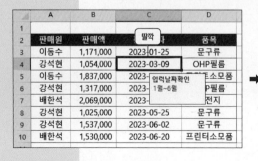

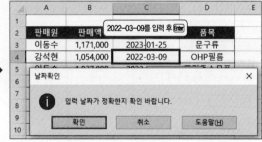

잠깐만요 '데이터 유효성' 대화상자

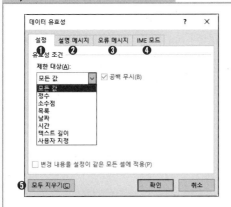

❶ '설정' 탭 : 제한 대상, 제한 방법, 최소값, 최대값 등과 같은 유효성 조건을 지정합니다.
❷ '설명 메시지' 탭 : 유효성 검사를 지정한 셀을 선택했을 때 표시할 메시지를 지정합니다.
❸ '오류 메시지' 탭 : 유효성 검사에 위배되는 데이터를 입력했을 때 표시할 오류 메시지를 지정합니다.
❹ 'IME 모드' 탭 : 유효성 검사가 지정된 셀의 데이터 입력 모드(한글/영문 등)를 지정합니다.
❺ 모두 지우기 : 유효성 검사 설정을 해제합니다.

기출 따라잡기

Section 09

문제 1 'C:\길벗컴활1급\01 엑셀\01 섹션' 폴더의 '섹션09문제.xlsm' 파일을 열어서 작업하시오.

'기출01' 시트에서 다음의 지시사항대로 작업을 처리하시오.

▶ [데이터 유효성 검사] 기능을 이용하여 [B3:B10] 영역에서는 회갑연, 고희연, 산수연 중 하나를 선택할 수 있도록 제한 대상을 설정하시오.

▶ [B3:B10] 영역의 셀을 클릭한 경우 〈그림〉과 같은 설명 메시지를 표시하고, 유효하지 않은 데이터를 입력한 경우 〈그림〉과 같은 오류 메시지가 표시되도록 설정하시오.

	A	B	C	D	E
1					
2	고객명	행사구분	행사일	담당자	예약인원
3	이대호	고희연	2023-07-13	한은영	120
4	장태식	산수연	2023-07-13	김은아	150
5	명선아	회갑연	2023-07-13	은하수	250
6	김선희	회갑연	07-06	은하수	300
7	김희준	산수연	07-27	김은아	80
8	최영재	고희연	07-06	김은아	100
9	유재민	회갑연	07-20	은하수	350
10	윤연홍	고희연	2023-07-27	한은영	90

[설명 메시지]   [오류 메시지]

> **문제 2** 'C:\길벗컴활1급\01 엑셀\01 섹션' 폴더의 '섹션09문제.xlsm' 파일을 열어서 작업하시오.

'기출02' 시트에서 다음의 지시사항대로 작업을 처리하시오.

▶ [데이터 유효성 검사] 기능을 이용하여 [E4:E8] 영역에는 두 번째 글자 이후에 반드시 "@"가 포함된 이메일주소가 입력되도록 제한 대상을 설정하시오.

▶ [E4:E8] 영역의 셀을 클릭한 경우 〈그림〉과 같은 설명 메시지를 표시하고, 유효하지 않은 데이터를 입력한 경우 〈그림〉과 같은 오류 메시지가 표시되도록 설정하시오.

 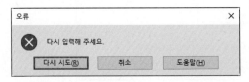

– 기본 입력 모드가 '영문'이 되도록 설정하시오.

– SEARCH 함수 사용

기출문제 따라하기

문제 1

1 데이터 유효성 검사

1. [B3:B10] 영역을 블록으로 지정한 후 [데이터] → 데이터 도구 → 🗒(데이터 유효성 검사)를 클릭하세요.

2. '데이터 유효성' 대화상자의 '설정' 탭에서 '제한 대상'을 '목록'으로 선택한 후 '원본' 입력난에 **회갑연,고희연,산수연**을 입력하세요.

> 목록의 원본은 워크시트에 입력된 데이터를 범위로 지정하거나 원하는 항목을 쉼표로 구분하여 직접 입력할 수 있습니다.

3. '데이터 유효성' 대화상자의 '설명 메시지' 탭을 클릭한 후 '제목' 입력난에 **행사구분**, '설명 메시지' 입력난에 **회갑연, 고희연, 산수연 중 선택하세요.**를 입력하세요.

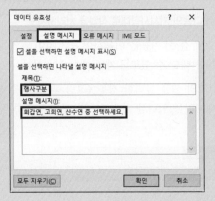

4. '데이터 유효성' 대화상자의 '오류 메시지' 탭을 클릭한 후 '스타일'을 '중지'로 선택한 다음 '제목' 입력난에 **입력 중지**, '오류 메시지' 입력난에 **목록에 없는 값은 입력할 수 없습니다!**를 입력하고 〈확인〉을 클릭하세요.

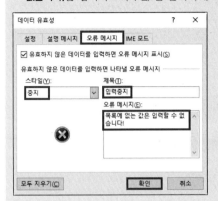

문제 2

24.상시, 23.상시, 22.상시, 21.상시

1 데이터 유효성 검사

1. [E4:E8] 영역을 블록으로 지정한 후 [데이터] → 데이터 도구 → ▤(데이터 유효성 검사)를 클릭하세요.

2. '데이터 유효성' 대화상자의 '설정' 탭에서 '제한 대 상'을 '사용자 지정'으로 선택한 후 '수식' 입력난에 =SEARCH("@",E4))=2를 입력하세요.

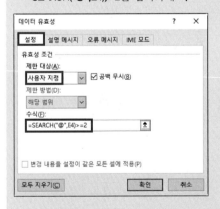

3. 이어서 '설명 메시지' 탭을 클릭한 후 '제목' 입력난에 **참 가신청**, '설명 메시지' 입력난에 **메일로만 받습니다!**를 입 력하세요.

4. '설명 메시지' 탭을 클릭한 후 '제목' 입력난에 **참가신청**, '설명 메시지' 입력난에 **메일로만 받습니다.**를 입력하세요.

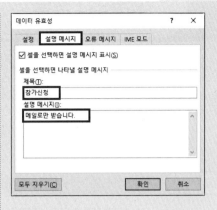

4. '오류 메시지' 탭을 클릭한 후 '스타일'을 '중지'로 선택한 다음 '제목' 입력난에 **오류**, '오류 메시지' 입력난에 **다시 입 력해 주세요.**를 입력하세요.

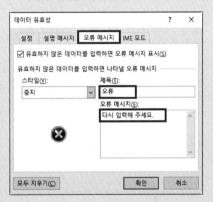

5. 'IME 모드' 탭을 클릭한 후 '입력기'의 '모드'를 '영문'으 로 선택한 후 〈확인〉을 클릭하세요.

부분합 / 정렬

부분합이란 입력된 데이터를 특정 필드를 기준으로 그룹화해서 각 그룹에 대한 통계를 계산하는 기능입니다. 부분합을 계산하기 전에 먼저 할 일은 부분합을 구하려는 항목을 기준으로 데이터를 정렬하여 데이터 그룹을 만드는 것입니다. 정렬(Sort) 기능을 이용하면 특정 기준에 따라 순서대로 데이터를 나열할 수 있습니다.

기본문제   'C:\길벗컴활1급\01 엑셀\01 섹션' 폴더의 '섹션10문제.xlsm' 파일을 열어서 작업하시오.

전문가의 조언

부분합을 계산하기 위해서는 반드시 정렬이 선행되어야 합니다. 정렬 방법 및 순서를 확실하게 익히고, 부분합을 수행하는 방법과 조건에 대해서 이해해 두세요.

'무작정따라하기' 시트에서 다음의 지시사항을 처리하시오.

▶ [부분합] 기능을 이용하여 '급여 분석 현황' 표에서 '직위'별 '급여계', '공제계', '실수령액'의 합계를 계산한 후 평균을 계산하시오.

▶ '직위'를 기준으로 오름차순으로 정렬하고, '직위'가 동일한 경우 '기본급'을 기준으로 내림차순으로 정렬하시오.

▶ 합계와 평균은 위에 명시된 순서대로 처리하시오.

	A	B	C	D	E	F	G	H
1	급여 분석 현황							
2	사원번호	성명	직위	기본급	상여금	급여계	공제계	실수령액
3	12011	차진수	과장	1,860,000	1,488,000	3,348,000	401,760	2,946,240
4	12016	마시리	사원	850,000	680,000	1,530,000	183,600	1,346,400
5	12017	하수진	과장	1,700,000	1,360,000	3,060,000	367,200	2,692,800
6	12022	오현명	부장	2,350,000	1,880,000	4,230,000	507,600	3,722,400
7	12023	백지경	사원	900,000	720,000	1,620,000	194,400	1,425,600
8	12024	정형수	대리	1,350,000	1,080,000	2,430,000	291,600	2,138,400
9	12027	유현인	사원	9,500,000	7,600,000	17,100,000	2,052,000	15,048,000
10	12031	이지형	부장	2,500,000	2,000,000	4,500,000	540,000	3,960,000
11	12036	나진의	대리	1,200,000	960,000	2,160,000	259,200	1,900,800
12	12037	진인진	대리	1,200,000	960,000	2,160,000	259,200	1,900,800
13	12038	피현정	사원	1,000,000	800,000	1,800,000	216,000	1,584,000

1 2 3 4	A	B	C	D	E	F	G	H
1	급여 분석 현황							
2	사원번호	성명	직위	기본급	상여금	급여계	공제계	실수령액
3	12011	차진수	과장	1,860,000	1,488,000	3,348,000	401,760	2,946,240
4	12017	하수진	과장	1,700,000	1,360,000	3,060,000	367,200	2,692,800
5			과장 평균			3,204,000	384,480	2,819,520
6			과장 요약			6,408,000	768,960	5,639,040
7	12024	정형수	대리	1,350,000	1,080,000	2,430,000	291,600	2,138,400
8	12036	나진의	대리	1,200,000	960,000	2,160,000	259,200	1,900,800
9	12037	진인진	대리	1,200,000	960,000	2,160,000	259,200	1,900,800
10			대리 평균			2,250,000	270,000	1,980,000
11			대리 요약			6,750,000	810,000	5,940,000
12	12031	이지형	부장	2,500,000	2,000,000	4,500,000	540,000	3,960,000
13	12022	오현명	부장	2,350,000	1,880,000	4,230,000	507,600	3,722,400
14			부장 평균			4,365,000	523,800	3,841,200
15			부장 요약			8,730,000	1,047,600	7,682,400
16	12027	유현인	사원	9,500,000	7,600,000	17,100,000	2,052,000	15,048,000
17	12038	피현정	사원	1,000,000	800,000	1,800,000	216,000	1,584,000
18	12023	백지경	사원	900,000	720,000	1,620,000	194,400	1,425,600
19	12016	마시리	사원	850,000	680,000	1,530,000	183,600	1,346,400
20			사원 평균			5,512,500	661,500	4,851,000
21			사원 요약			22,050,000	2,646,000	19,404,000
22			전체 평균			3,994,364	479,324	3,515,040
23			총합계			43,938,000	5,272,560	38,665,440

따라하기

1 정렬

1. 부분합을 수행하기 전에 먼저 '직위'를 기준으로 오름차순, '기본급'을 기준으로 내림차순 정렬을 수행해야 합니다. '급여 분석 현황' 표에서 임의의 셀을 선택한 후 [데이터] → 정렬 및 필터 → **정렬**을 클릭하세요. 정렬 기준을 선택할 수 있는 '정렬' 대화상자가 나타납니다.

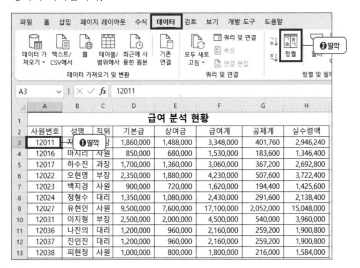

2. 첫째 기준을 지정하기 위해 '정렬' 대화상자의 정렬 기준에서 열을 '직위', 정렬 기준을 '셀 값', 정렬을 '오름차순'으로 선택한 후 〈기준 추가〉를 클릭하세요.

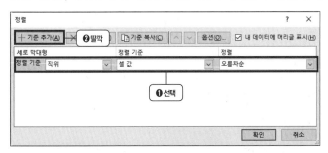

3. 둘째 기준을 지정하기 위해 '정렬' 대화상자의 다음 기준에서 열을 '기본급', 정렬 기준을 '셀 값', 정렬을 '내림차순'으로 선택한 후 〈확인〉을 클릭하세요. 직위와 기본급을 기준으로 데이터가 정렬됩니다.

> **전문가의 조언**
>
> • 정렬 방식 2가지 : 1, 2, 3 … 또는 가, 나, 다 …와 같이 작은 값에서 큰 값으로 올라가는 순서로 정렬하는 것을 오름차순이라 하고, 반대로 큰 값에서 작은 값으로 내려가는 순서로 정렬하는 것을 내림차순이라고 합니다.
> • 정렬 기준이 한 가지인 경우에는 [데이터] → 정렬 및 필터의 '오름차순 정렬(힣)'이나 '내림차순 정렬(힣)'을 이용하면 빠르고 간단하게 정렬할 수 있지만, 정렬 기준이 2가지 이상인 경우에는 반드시 [데이터] → 정렬 및 필터 → **정렬**을 이용하여 정렬해야 합니다.

> **전문가의 조언**
>
> 데이터 영역 안에 셀 포인터를 놓고, 정렬을 선택하면 전체 데이터가 정렬에 포함됩니다. 그러므로 특정 영역, 예를 들어 합계가 있는 행이나 열을 제외할 경우에는 정렬할 부분을 반드시 블록으로 지정한 후 정렬을 수행해야 합니다.

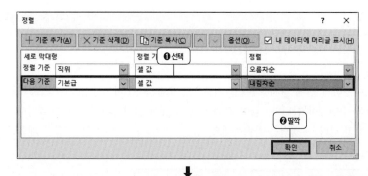

	A	B	C	D	E	F	G	H
1				급여 분석 현황				
2	사원번호	성명	직위	기본급	상여금	급여계	공제계	실수령액
3	12011	차진수	과장	1,860,000	1,488,000	3,348,000	401,760	2,946,240
4	12017	하수진	과장	1,700,000	1,360,000	3,060,000	367,200	2,692,800
5	12024	정형수	대리	1,350,000	1,080,000	2,430,000	291,600	2,138,400
6	12036	나진의	대리	1,200,000	960,000	2,160,000	259,200	1,900,800
7	12037	진인진	대리	1,200,000	960,000	2,160,000	259,200	1,900,800
8	12031	이지형	부장	2,500,000	2,000,000	4,500,000	540,000	3,960,000
9	12022	오현명	부장	2,350,000	1,880,000	4,230,000	507,600	3,722,400
10	12027	유현인	사원	9,500,000	7,600,000	17,100,000	2,052,000	15,048,000
11	12038	피현정	사원	1,000,000	800,000	1,800,000	216,000	1,584,000
12	12023	백지경	사원	900,000	720,000	1,620,000	194,400	1,425,600
13	12016	마시리	사원	850,000	680,000	1,530,000	183,600	1,346,400

2 부분합

24.상시, 23.상시, 22.상시, 21.상시, 18.상시, 18.2, 16.3, 13.3, 12.3, 11.3, 11.2, 10.3, 09.3, 05.4, 05.2, 05.1, 04.4, 04.1, 03.4

4. [A2:H13] 영역을 블록으로 지정한 후 [데이터] → 개요 → **부분합**을 클릭하세요. 부분합에 대한 세부 설정을 할 수 있는 '부분합' 대화상자가 나타납니다.

5. '직위'별 '급여계', '공제계', '실수령액'의 합계를 계산하는 것이므로 그룹화할 항목은 '직위'입니다. '직위'를 선택하세요.

전문가의 조언

정렬할 때 설정하였던 정렬 기준이 그룹화할 항목이 됩니다.

6. 사용할 함수의 목록 단추(⌄)를 클릭하면 합계, 개수, 평균, 최대값, 최소값 등 부분합에서 사용 가능한 함수 목록이 나타납니다. 여기서는 문제의 지시사항대로 '합계'를 선택하세요.

7. 함수가 적용될 항목을 선택합니다. 여기서는 '급여계', '공제계', '실수령액'의 합계를 구하는 것이므로, '부분합 계산 항목'의 목록 이동 단추(⌄)를 클릭해 '급여계', '공제계', '실수령액'을 찾아 체크(☑) 표시를 하세요. 이어서 〈확인〉을 클릭하면 '직위'에 대한 '급여계', '공제계', '실수령액'의 합계를 구하는 부분합이 작성됩니다.

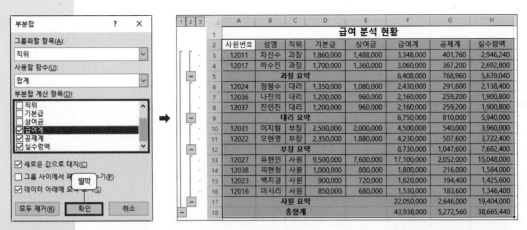

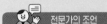
8. 이제 평균에 대한 부분합을 계산해야 합니다. [데이터] → 개요 → **부분합**을 클릭하세요. '부분합' 대화상자에서 사용할 함수만 '평균'으로 변경하여 부분합을 수행합니다. 그리고 가장 중요한 것! '새로운 값으로 대치'를 클릭하여 체크(☑) 표시를 해제해야 한다는 것, 잊으면 안 됩니다.

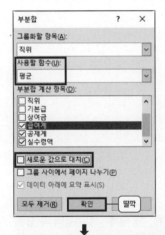

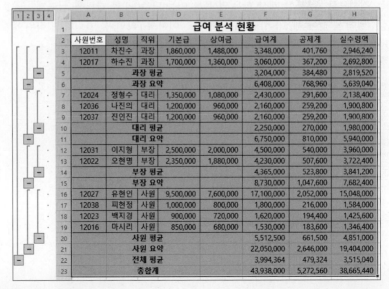

잠깐만요

'부분합' 대화상자

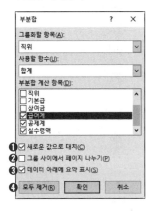

❶ **새로운 값으로 대치** : 이미 계산된 부분합이 있는 경우 기존의 부분합을 지우고, 새로 계산된 부분합을 표시합니다. 체크(☑) 표시를 해제하면 기존의 부분합을 그대로 둔 채 새로 계산된 부분합을 추가합니다.

❷ **그룹 사이에서 페이지 나누기** : 부분합이 계산되는 그룹 사이에 페이지 구분선을 삽입하여, 인쇄할 때 그룹별로 별도의 페이지에 출력되도록 합니다.

❸ **데이터 아래에 요약 표시** : 그룹별로 계산된 부분합의 결과값이 해당 그룹 아래에 표시됩니다. 체크(☑) 표시를 해제하면 그룹의 위쪽에 부분합의 결과값이 표시됩니다.

❹ **모두 제거** : 부분합 결과를 삭제하고, 원래 데이터 목록으로 돌아갑니다.

부분합 제거

'부분합' 대화상자에서 〈모두 제거〉를 클릭하면 부분합이 제거됩니다. 즉 부분합을 수행하기 전 상태로 되돌아갑니다.

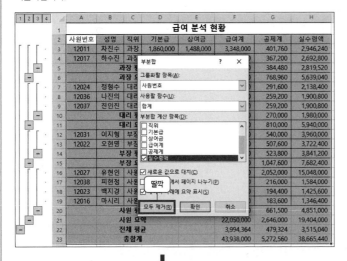

	A	B	C	D	E	F	G	H
1	급여 분석 현황							
2	사원번호	성명	직위	기본급	상여금	급여계	공제계	실수령액
3	12011	차진수	과장	1,860,000	1,488,000	3,348,000	401,760	2,946,240
4	12017	하수진	과장	1,700,000	1,360,000	3,060,000	367,200	2,692,800
5	12024	정형수	대리	1,350,000	1,080,000	2,430,000	291,600	2,138,400
6	12036	나진의	대리	1,200,000	960,000	2,160,000	259,200	1,900,800
7	12037	진인진	대리	1,200,000	960,000	2,160,000	259,200	1,900,800
8	12031	이지형	부장	2,500,000	2,000,000	4,500,000	540,000	3,960,000
9	12022	오현명	부장	2,350,000	1,880,000	4,230,000	507,600	3,722,400
10	12027	유현인	사원	9,500,000	7,600,000	17,100,000	2,052,000	15,048,000
11	12038	피현정	사원	1,000,000	800,000	1,800,000	216,000	1,584,000
12	12023	백지경	사원	900,000	720,000	1,620,000	194,400	1,425,600
13	12016	마시리	사원	850,000	680,000	1,530,000	183,600	1,346,400

※ 정렬은 부분합에 포함된 기능이 아니므로, 부분합 제거를 통해 정렬이 적용된 상태까지 해제되지는 않습니다.

4131001

문제 1 'C:\길벗컴활1급\01 엑셀\01 섹션' 폴더의 '섹션10문제.xlsm' 파일을 열어서 작업하시오.

'기출01' 시트에서 다음의 지시사항을 처리하시오.

▶ [부분합] 기능을 이용하여 '배달일지' 표에서 '배달담당'별 '배달시간(분)', '배달량'의 최대값을 계산한 후 최소값을 계산하시오.

▶ '배달담당'에 대한 정렬 기준은 오름차순으로 하시오.

▶ 최대값과 최소값은 위에 명시된 순서대로 처리하시오.

	A	B	C	D	E	F
1	배달일지					
2	일자	배달담당	배달지역	배달시간(분)	배달량	비고
3	2023-01-12	도부영	산북지구	37	331	
4	2023-01-13	도부영	산서지구	28	62	
5	2023-01-14	도부영	산서지구	13	914	
6	2023-01-15	도부영	산남지구	16	322	
7	2023-01-16	도부영	산서지구	94	177	
8		도부영 최소		13	62	
9		도부영 최대		94	914	
10	2023-01-12	배무현	산서지구	70	433	
11	2023-01-13	배무현	산동지구	67	76	
12	2023-01-14	배무현	산남지구	97	790	
13	2023-01-14	배무현	산북지구	91	356	
14	2023-01-17	배무현	산동지구	38	874	
15		배무현 최소		38	76	
16		배무현 최대		97	874	
17	2023-01-12	장동욱	산동지구	11	362	
18	2023-01-12	장동욱	산동지구	28	2	배달누락
19	2023-01-13	장동욱	산남지구	83	471	
20	2023-01-13	장동욱	산북지구	36	750	
21	2023-01-14	장동욱	산서지구	5	336	
22	2023-01-16	장동욱	산남지구	44	65	
23	2023-01-16	장동욱	산북지구	51	908	
24		장동욱 최소		5	2	
25		장동욱 최대		83	908	
26		전체 최소값		5	2	
27		전체 최대값		97	914	

문제 2 'C:\길벗컴활1급\01 엑셀\01 섹션' 폴더의 '섹션10문제.xlsm' 파일을 열어서 작업하시오.

'기출02' 시트에서 다음의 지시사항대로 작업을 처리하시오.

▶ [데이터 정렬] 기능을 이용하여 [D2:G17] 영역을 '행 2'를 기준으로 왼쪽에서 오른쪽으로 정렬하여 '전기세 – 수도세 – 도시가스비 – 면적' 순으로 정렬하시오.

	A	B	C	D	E	F	G
1							
2		동	호	전기세	수도세	도시가스비	면적
3		102	102	18,340	25,460	25,910	86
4		102	701	14,510	22,260	49,140	86
5		101	501	77,190	23,270	35,140	78
6		101	301	54,630	28,870	54,010	78
7		101	102	13,990	12,850	15,240	78
8		102	402	62,010	24,230	40,280	86
9		103	402	43,640	21,050	88,620	108
10		101	202	43,630	11,960	20,140	78
11		103	201	14,710	29,280	125,440	108
12		103	501	7,920	25,320	243,050	108
13		103	701	21,420	21,660	103,190	108
14		101	101	69,350	18,460	23,400	78

문제 1

24.상시, 23.상시, 22.상시, 21.상시, 18.상시, 18.2, 16.3, 13.3, 12.3, 11.3, 11.2, 10.3, 09.3, 05.4, …

1 정렬 및 부분합

1. '배달일지' 표에서 임의의 셀을 선택한 후 [데이터] → 정렬 및 필터 → **정렬**을 클릭하세요.
2. '정렬' 대화상자의 정렬 기준에서 열을 '배달담당', 정렬 기준을 '셀 값', 정렬을 '오름차순'으로 선택한 후 〈확인〉을 클릭하세요.

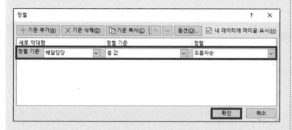

3. [A2:F19] 영역을 블록으로 지정한 후 [데이터] → 개요 → **부분합**을 클릭하세요.
4. '부분합' 대화상자에서 그룹화할 항목, 사용할 함수, 부분합 계산 항목을 그림과 같이 지정한 후 〈확인〉을 클릭하세요.

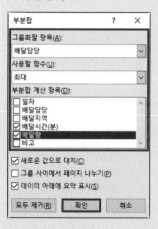

5. 최소값에 대한 부분합을 계산하기 위해 다시 [데이터] → 개요 → **부분합**을 클릭하고 4번 단계에서 수행한 부분 설정 사항 중 사용할 함수만 '최소'로 변경하여 부분합을 수행합니다. 반드시 '새로운 값으로 대치'의 체크(☑) 표시를 해제한 후, 〈확인〉을 클릭하세요.

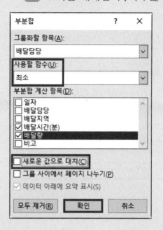

문제 2

24.상시, 23.상시, 22.상시, 21.상시

1 정렬

1. [D2:G17] 영역을 선택한 후 [데이터] → 정렬 및 필터 → **정렬**을 클릭하세요.
2. '정렬' 대화상자에서 〈옵션〉 단추를 클릭하세요.
3. '정렬 옵션' 대화상자에서 '왼쪽에서 오른쪽'을 선택한 후 〈확인〉을 클릭하세요.

4. '정렬' 대화상자의 정렬 기준에서 행을 '행 2', 정렬 기준을 '셀 값', 정렬을 '사용자 지정 목록'으로 선택하세요.

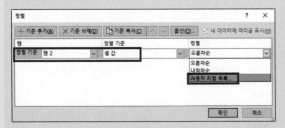

5. '사용자 지정 목록' 대화상자에서 '사용자 지정 목록'을 '새 목록'으로 지정하고, '목록 항목'에 **전기세,수도세,도시가스비,면적**을 입력한 후 〈확인〉을 클릭하세요.

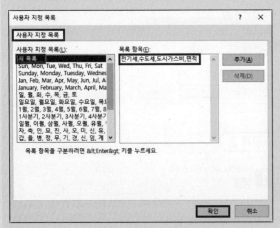

6. 이어서 '정렬' 대화상자에서도 〈확인〉을 클릭하세요.

피벗 테이블

피벗(Pivot)이란 '요점, 중심축, 주축을 중심으로 회전하다'라는 의미로, 작성된 데이터 목록의 필드를 재구성하여 전체 데이터에 대한 통계를 한눈에 파악할 수 있도록 정리된 표 만드는 기능입니다. 피벗 테이블은 정렬, 부분합, 자동 필터 등 엑셀에서 수행할 수 있는 다양한 기능을 실행할 수 있으므로 사용자의 요구에 맞는 통계 자료를 쉽게 만들 수 있습니다.

기본문제   'C:\길벗컴활1급\01 엑셀\01 섹션' 폴더의 '섹션11문제.xlsm' 파일을 열어서 작업하시오.

'무작정따라하기' 시트에서 다음의 지시사항에 따라 피벗 테이블 보고서를 작성하시오.

▶ 외부 데이터 가져오기 기능을 이용하여 〈제품가공.accdb〉의 〈팀별가공현황〉 테이블에서 '제조순번', '가공일', '가공팀', '단위당원가', '목표매출액' 열을 이용하시오.

▶ 피벗 테이블 보고서의 레이아웃과 위치는 〈그림〉을 참조하여 설정하고, 보고서 레이아웃을 개요 형식으로 표시하시오.

▶ '가공일' 필드는 '월' 단위로 그룹을 지정하시오.

▶ 완성된 피벗 테이블 보고서에는 '연한 파랑, 피벗 스타일 보통 6'을 지정하시오.

▶ '가공팀' 필드는 '제조1팀', '제조3팀', '제조5팀'만 나타나도록 한 후 '단위당원가'와 '목표매출액' 필드를 열 합계 비율을 기준으로 그림과 같이 나타나도록 작성하시오.

▶ 값 영역의 표시 형식은 '값 필드 설정'의 셀 서식을 이용하여 소수 1자리까지 표시하시오.

▶ '제조3팀'의 3월 데이터만 자동 생성한 후 시트 이름을 '3월가공현황'으로 지정하시오.

> **전문가의 조언**
>
> 매회 빠짐 없이 출제되고 있는 부분입니다. 문자 그룹 지정, 값 표시 형식 지정 등 2급에서 다루지 않았던 자세한 기능까지 모두 알고 있어야 합니다.

제조순번	(모두)		
가공팀	가공일	평균 : 단위당원가	평균 : 목표매출액
⊟제조1팀		105.6%	102.2%
	1월	105.6%	102.2%
⊟제조3팀		95.8%	98.4%
	1월	112.6%	113.0%
	2월	86.0%	88.8%
	3월	70.4%	82.4%
⊟제조5팀		107.9%	103.1%
	1월	109.5%	109.6%
	2월	105.6%	93.3%
총합계		100.0%	100.0%

> **잠깐만요**
>
> 사용하는 엑셀 프로그램의 버전에 따라 피벗 테이블의 결과가 조금 다르게 표시될 수 있습니다. 시험장에서 작성하면 문제에 제시된 그림과 동일하게 작성되니 신경쓰지 말고 어느 부분이 다르게 작성되는지만 알아두세요. '기본문제'의 경우는 엑셀 프로그램의 버전이 교재와 다른 경우 '가공일'이 '개월(가공일)'로 표시될 수 있습니다.

24.상시, 23.상시, 22.상시, 21.상시, 16.2, 16.1, 15.3, 15.상시, 15.1, 14.3, 14.2, 14.1, 13.3, 13.상시, 13.2, 13.1, 12.2, 12.1, 11.3

1 분석할 데이터의 위치 지정

1. 외부 데이터를 이용하여 피벗 테이블을 작성해야 하므로 [데이터] → 데이터 가져오기 및 변환 → 데이터 가져오기 → 기타 원본에서 → Microsoft Query에서를 차례로 선택합니다.

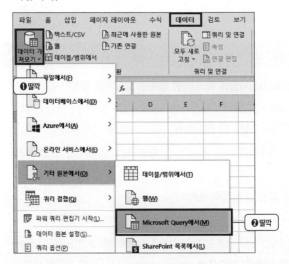

2. '데이터 원본 선택' 대화상자가 나타납니다. 가져올 파일이 액세스 파일(accdb)이므로 '데이터 원본 선택' 대화상자의 '데이터베이스' 탭에서 'MS Access Database*'를 선택한 후 〈확인〉을 클릭합니다.

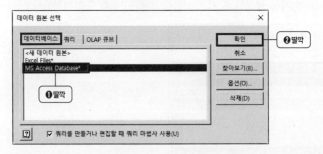

3. '데이터베이스 선택' 대화상자가 나타납니다. 'C:\길벗컴활1급\01 엑셀\01 섹션\제품가공.accdb' 파일을 선택한 후 〈확인〉을 클릭하세요.

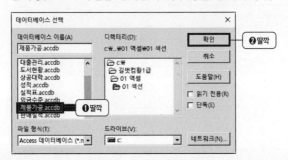

전문가의 조언

쿼리(Query)란?
쿼리는 데이터베이스의 레코드 중 원하는 값만 불러낼 수 있는 일종의 질문('무엇 무엇을 알려주세요'라는 질문)입니다. 데이터베이스의 여러 필드 중에서 불러오고 싶은 필드에 조건과 정렬 순서를 지정할 수 있습니다.

시나공 Q&A 베스트

Q 쿼리 마법사가 실행되지 않아요!

A 혹시 '데이터 원본 선택' 대화상자 아래쪽에 있는 항목을 선택했나요? 쿼리 마법사를 이용하려면 다음 그림과 같이 쿼리 마법사 사용에 관한 사항이 반드시 선택되어 있어야 합니다.

☑ 쿼리를 만들거나 편집할 때 쿼리 마법사 사용(U)

전문가의 조언

'데이터 원본 선택' 대화상자에서 'MS Access Database*'를 선택했기 때문에 파일 형식이 'Access 데이터베이스(*.*)'라는 건 다 아시죠? Access 데이터베이스의 종류에는 확장자가 mdb인 파일과 accdb인 파일이 있습니다. 불러올 파일의 확장자를 확인한 후 해당 파일을 선택하세요.

4. '쿼리 마법사 – 열 선택' 대화상자가 나타납니다. '사용할 수 있는 테이블과 열'에서 〈팀별가공현황〉 테이블을 더블클릭하세요. 〈팀별가공현황〉 테이블에 포함된 열이 나타납니다.

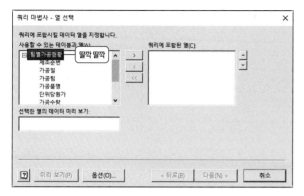

5. 〈팀별가공현황〉 테이블의 '제조순번' 열을 더블클릭하세요. '제조순번' 열이 '쿼리에 포함된 열'로 이동됩니다.

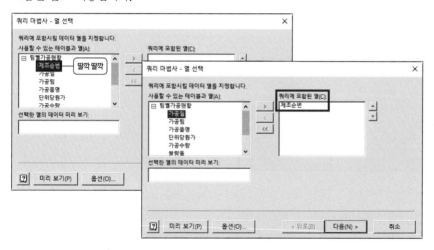

6. 같은 방법으로 문제에 제시된 '가공일', '가공팀', '단위당원가', '목표매출액' 열을 순서대로 이동시킨 후 〈다음〉을 클릭하세요.

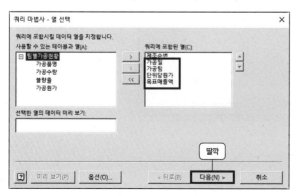

전문가의 조언

특정 열을 '쿼리에 포함된 열'로 잘못 이동하였을 경우에는 '쿼리에 포함된 열'에서 해당 열을 선택한 후 [<] 버튼을 클릭하면 다시 '사용할 수 있는 테이블과 열'로 이동합니다.

7. '쿼리 마법사 – 데이터 필터' 대화상자가 나타납니다. 사용할 행을 필터하기 위한 단계입니다. 필터할 대상이 없으므로 그냥 〈다음〉을 클릭합니다.

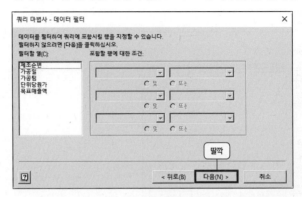

8. '쿼리 마법사 – 정렬 순서' 대화상자가 나타납니다. 정렬 기준과 정렬 방식을 지정하는 단계입니다. 정렬 사항이 없으므로 그냥 〈다음〉을 클릭합니다.

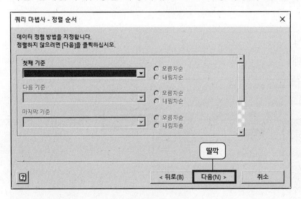

9. '쿼리 마법사 – 마침' 대화상자가 나타납니다. 'Microsoft Excel(으)로 데이터 되돌리기'를 선택하고 〈마침〉을 클릭하세요.

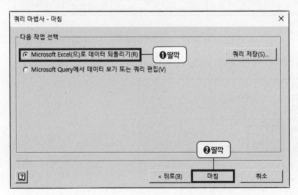

10. '데이터 가져오기' 대화상자가 나타납니다. 표시할 방법으로 '피벗 테이블 보고서'를, 작성 위치로 '기존 워크시트', [A3] 셀을 지정한 후 〈확인〉을 클릭하세요.

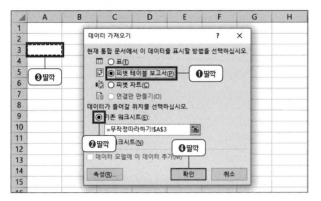

24,상시, 23,상시, 22,상시, 21,상시, 20,상시, 20.1, 19,상시, 19.2, 19.1, 18,상시, 18.2, 18.1, 17,상시, 17.1, 16.3, 16.2, 16.1, 15.3, 15. 상시, 15.1, 14.3, 14.2, ⋯

2 레이아웃 설정

11. 데이터가 표시되어 있지 않은 피벗 테이블과 '피벗 테이블 필드' 창이 나타납니다. '피벗 테이블 필드' 창에서 필터 영역에 '제조순번', 행 영역에 '가공팀', '가공일', 값 영역에 '단위당원가', '목표매출액'을 끌어다 놓으세요. 행이나 열 영역에 날짜 형식의 필드를 넣으면 '연', '분기', '월' 등의 필드가 자동으로 생성되고, 값 영역에 두 개 이상의 필드를 넣으면 열 영역에 자동으로 'Σ 값'이 생성됩니다.

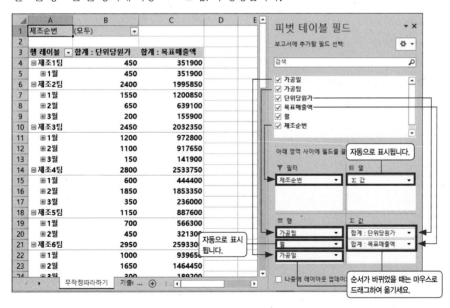

전문가의 조언

피벗 테이블의 위치는 '새 워크시트'와 '기존 워크시트' 두 가지입니다. 새 워크시트를 선택하면 현재 작업중인 통합 문서에 새로운 워크시트가 추가되어 작성되며, 기존 워크시트를 선택하면 현재 작업중인 워크시트에 작성됩니다.

궁금해요 시나공 Q&A 베스트

Q 피벗 테이블이 [A1] 셀부터 표시되는데 왜 시작 위치를 [A3] 셀로 지정하나요?

A 피벗 테이블에 페이지를 나타내는 데이터(제조순번)가 있는 경우 피벗 테이블을 넣을 위치로 [A3] 셀을 지정해도 피벗 테이블의 페이지가 [A1] 셀에 표시됩니다. '피벗 테이블 보고서 작성 위치'는 피벗 테이블의 페이지 위치와는 상관없이 행과 열이 시작하는 부분(A3)을 지정해야 합니다.

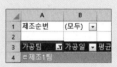

전문가의 조언

• 행이나 열 영역에 날짜 형식의 필드를 지정하면 해당 필드의 데이터에 따라 자동으로 '연', '분기', '월' 등의 필드가 생성되고 그룹이 자동으로 지정됩니다.
• 사용하는 엑셀 프로그램의 버전이 교재와 다른 경우 아래와 그림과 같이 '개월(가공일)', '일(가공일)' 등이 자동으로 표시될 수 있습니다. 시험장에서는 교재처럼 표시된다는 것을 알아두세요.

• 완성된 피벗 테이블을 보고 피벗 테이블 레이아웃을 설정하는 방법은 166쪽에 자세히 설명되어 있으니 참고하세요.

12. 작성된 피벗 테이블의 임의의 셀을 클릭한 후 [디자인] → 레이아웃 → 보고서 레이아웃 → **개요 형식으로 표시**를 선택하세요.

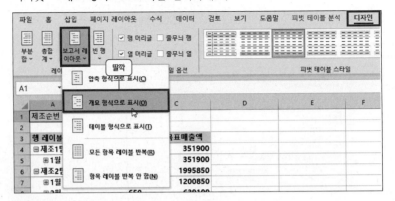

24.상시, 23.상시, 22.상시, 21.상시, 20.상시, 20.1, 19.상시, 19.2, 19.1, 18.상시, 18.2, 18.1, 17.상시, 17.1, 16.1, 15.3, 15.상시, 15.1, 14.1, 13.3, 13.상시, …

3 피벗 테이블 필드 함수 지정

13. 값 영역에 놓인 필드는 기본적으로 합계가 계산되는데 이것을 평균으로 변경해야 합니다. 〈단위당원가〉 필드가 표시된 임의의 셀의 바로 가기 메뉴에서 [값 필드 설정]을 선택하세요.

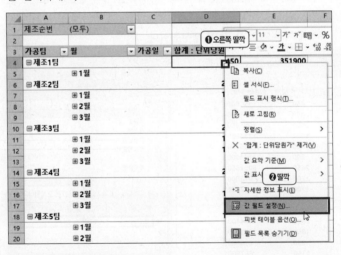

14. 데이터 필드에 사용된 함수를 변경할 수 있는 '값 필드 설정' 대화상자가 나타납니다. '평균'을 선택하세요.

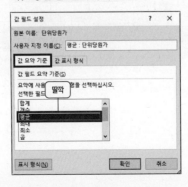

4 값 필드의 표시 형식 지정하기

24.상시, 23.상시, 22.상시, 21.상시, 19.상시, 16.3, 12.3, 12.2, 10.2, 10.1, 09.1, 05.3, 04.3, 03.2

15. '값 필드 설정' 대화상자의 '값 표시 형식' 탭을 클릭하고 '값 표시 형식' 항목에서 '열 합계 비율'을 선택하세요.

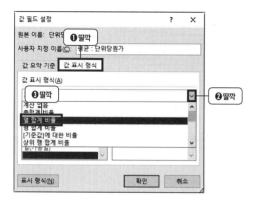

전문가의 조언

값 표시 형식 변경
작성된 피벗 테이블에서 단위당원가가 표시되어 있는 셀의 바로 가기 메뉴에서 [값 표시 형식] → 열 합계 비율을 선택하여 변경해도 됩니다.

5 피벗 테이블 필드 표시 형식 설정

24.상시, 23.상시, 22.상시, 21.상시, 20.상시, 20.1, 19.상시, 19.2, 19.1, 18.상시, 18.2, 18.1, 17.상시, 17.1, 16.2, 16.1, 15.3, 15.상시, 15.1, 14.2, 14.1, 13.3, …

16. '값 필드 설정' 대화상자의 〈표시 형식〉 단추를 클릭하고 '셀 서식' 대화상자에서 백분율의 소수 자릿수를 1로 지정한 후 〈확인〉을 클릭하세요. 다시 '값 필드 설정' 대화상자가 표시되면 여기서도 〈확인〉을 클릭하세요.

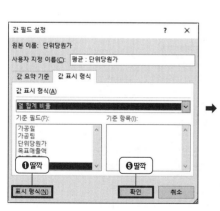

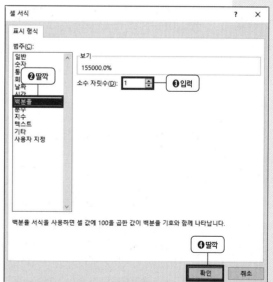

17. 같은 방법으로 〈목표매출액〉 필드에 대해서도 함수는 '평균', '값 표시 형식'은 '열 합계 비율', 표시 형식은 백분율의 소수 자릿수를 1로 지정한 후 〈확인〉을 클릭하세요.

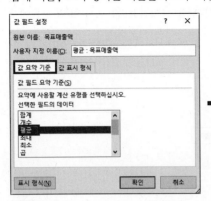 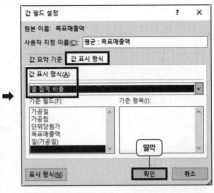

24.상시, 23.상시, 22.상시, 21.상시, 20.상시, 20.1, 19.상시, 19.2, 18.상시, 18.1, 16.2, 15.3, 15.1, 14.3, 14.2, 14.1, 13.3, 11.3, 10.2, 10.1, 09.4, 09.2, 09.1, …

6 그룹 지정

18. 〈가공일〉 필드에 대해 월 단위의 그룹을 지정하기 위해 〈가공일〉 필드의 바로 가기 메뉴에서 [그룹]을 선택하고 '그룹화' 대화상자에서 '일'의 선택을 해제하여 '월'만 지정된 상태에서 〈확인〉을 클릭하세요.

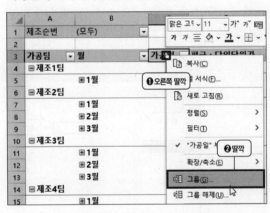 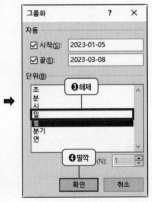

전문가의 조언

〈가공일〉 필드는 이미 월 단위로 그룹이 지정되어 있는데, 자동으로 그룹이 지정된 피벗 테이블은 사용자가 직접 그룹을 지정한 피벗 테이블과 모양이 약간 다릅니다. 문제에 제시된 피벗 테이블과 동일하게 작성하려면 반드시 직접 그룹을 지정해야 합니다.

– 그룹이 자동으로 지정된 피벗 테이블 : 〈월〉 필드가 표시됨

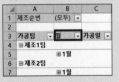

– 사용자가 직접 그룹을 지정한 피벗 테이블 : 그룹을 지정하면 〈월〉 필드가 삭제됨

잠깐만요 **사용하는 엑셀 프로그램의 버전이 다른 경우**

사용하는 엑셀 프로그램의 버전이 교재와 다른 경우 '가공일' 필드를 기준으로 그룹을 지정하면 '가공일'이 '개월(가공일)'로 표시될 수 있습니다. '개월(가공일)'을 '가공일'로 변경할 수 없으니 그대로 두면 됩니다.

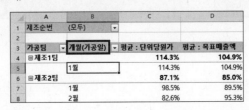

7 23.상시, 22.상시, 21.상시, 20.상시, 20.1, 19.상시, 18.상시, 18.2, 18.1, 17.1, 16.3, 15.상시, 14.3, 14.2, 13.상시, 13.1, 12.3
피벗 테이블 스타일

19. '연한 파랑, 피벗 스타일 보통 6'을 지정하기 위해 피벗 테이블에서 임의의 셀을 선택한 후 [디자인] → **피벗 테이블 스타일**의 ▽(자세히)를 클릭하여 '연한 파랑, 피벗 스타일 보통 6'을 선택합니다.

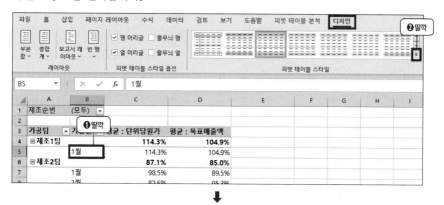

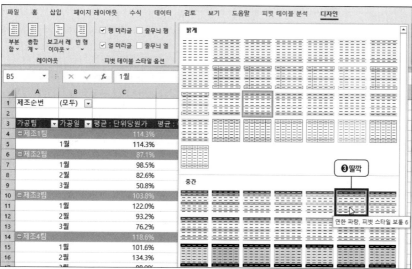

8 24.상시, 23.상시, 22.상시, 14.3, 05.4, 04.3, 04.2, 04.1, 03.1
필드의 특정 목록만 표시

20. 문제에 제시된 '제조1팀', '제조3팀', '제조5팀'만 표시하기 위해 〈가공팀〉 필드의 목록 단추(▼)를 클릭하고 '제조2팀', '제조4팀', '제조6팀'의 체크 표시(☑)를 해제한 후 〈확인〉을 클릭하세요. 피벗 테이블 보고서가 완성됩니다.

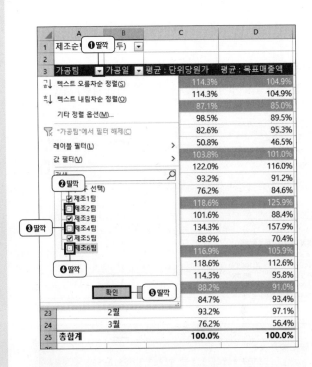

9 특정 데이터만 별도 시트에 표시

21. '제조3팀의 3월 목표매출액'만 다른 시트에 생성하기 위해 [D9] 셀을 더블클릭합니다. 현재 시트 앞에 'Sheet1' 시트가 생성되며 '제조3팀의 3월 목표매출액'만 표시가 됩니다. 'Sheet1' 부분을 더블클릭한 후 이름을 **3월가공현황**으로 변경하세요.

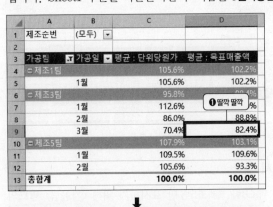

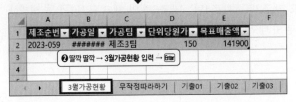

전문가의 조언

시트 이름 바꾸기
시트명을 더블클릭하면 시트명을 변경할 수 있도록 시트명 부분이 편집 상태로 변경 됩니다. 이때 새로운 시트명을 입력한 후 Enter를 누르면 됩니다.

22. ####으로 표시된 〈가공일〉 필드의 열 경계선을 더블클릭하세요.

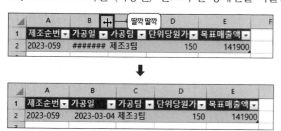

잠깐만요

보고서 레이아웃

- **압축 형식으로 표시** : 행 영역에 여러 개의 필드를 지정하면 하나의 열에 모든 필드를 표시하되, 각 필드의 단계는 들여쓰기로 구분하여 표시합니다.
- **개요 형식으로 표시** : 압축 형식과 동일하게 필드를 단계별로 표시하지만 하나의 열이 아닌 각각의 열에 필드를 표시합니다.
- **테이블 형식으로 표시** : 필드를 각 열에 표시하되 단계마다 새로운 행이 아닌 같은 행에서부터 데이터를 표시합니다.
- **모든 항목 레이블 반복** : 항목 레이블을 반복하여 표시합니다.
- **항목 레이블 반복 안 함** : 항목 레이블을 처음 한 번만 표시합니다.

[압축 형식]

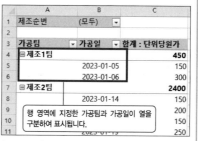

[개요 형식]

[테이블 형식]

[모든 항목 레이블 반복]

전문가의 조언

피벗 테이블을 작성하면 기본적으로 보고서 레이아웃이 압축 형식으로 작성되는데, 압축 형식일 경우에는 아래 그림과 같이 해당 영역에 지정한 필드명이 아닌 '행 레이블'과 '열 레이블'이 그대로 표시됩니다.

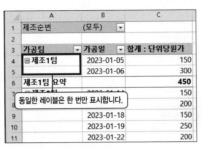

[항목 레이블 반복 안 함]

피벗 테이블의 레이아웃 설정 방법

완성된 피벗 테이블을 보고 '피벗 테이블'에서 '레이아웃'을 정확하게 지정하려면 구성 요소의 명칭을 정확하게 숙지하고 다양한 예제를 통해 규칙을 찾아야 합니다.

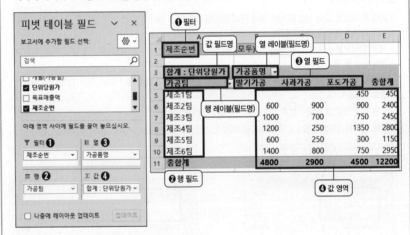

❶ **필터** : 피벗 테이블의 위쪽에 떨어져 표시됩니다.

❷ **행 필드*** : 각 행의 제목인 행 레이블(필드명) 아래쪽으로 행 필드의 내용이 한 열로 표시됩니다.

❸ **열 필드*** : 각 열의 제목인 열 레이블(필드명) 아래줄에 열 필드의 내용이 한 행으로 표시됩니다.

❹ **값 필드** : 값 필드명은 행 레이블의 위쪽, 열 레이블의 왼쪽에 표시되고, 데이터는 행 레이블의 오른쪽, 열 레이블의 아래쪽에 표시됩니다.

예제 1　**행 필드** : 가공팀, **열 필드** : 가공품명, **값 필드** : 단위당원가

[테이블 형식] 지정

전문가의 조언

레이아웃에 대한 정보 없이 완성된 피벗 테이블을 보고 설정하는 문제가 출제되고 있습니다. 행 영역에 지정한 내용은 하나의 열에 모두 표시되고, 열 영역에 지정한 내용은 하나의 행에 모두 표시된다는 것을 꼭 기억하세요.

예제 2 **행 필드** : 가공팀, **열 필드** : 가공품명, **값 필드** : 단위당원가

합계 : 단위당원가	가공품명 ▼			
가공팀 ▼	딸기가공	사과가공	포도가공	총합계
제조1팀			450	450
제조2팀	600	900	900	2400
제조3팀	1000	700	750	2450
제조4팀	1200	250	1350	2800
제조5팀	600	250	300	1150
제조6팀	1400	800	750	2950
총합계	4800	2900	4500	12200

[개요 형식] 지정

예제 3 **행 필드** : 가공팀, **값 필드** : 단위당원가

가공팀 ▼	합계 : 단위당원가
제조1팀	450
제조2팀	2400
제조3팀	2450
제조4팀	2800
제조5팀	1150
제조6팀	2950
총합계	12200

[압축 형식] 지정

예제 4 **필터** : 제조순번, **열 필드** : 가공품명, **값 필드** : 단위당원가

제조순번	(모두) ▼			
	가공품명 ▼			
	딸기가공	사과가공	포도가공	총합계
합계 : 단위당원가	4800	2900	4500	12200

[개요 형식] 지정

예제 5 **행 필드** : 가공팀, **값 필드** : 단위당원가, 목표매출액, 가공수량

가공팀 ▼	합계 : 단위당원가	합계 : 목표매출액	합계 : 가공수량
제조1팀	450	351900	1700
제조2팀	2400	1995850	9550
제조3팀	2450	2032350	8440
제조4팀	2800	2533750	8610
제조5팀	1150	887600	3130
제조6팀	2950	2593300	12590
총합계	12200	10394750	44020

[개요 형식] 지정

전문가의 조언

예제 5와 같이 필드를 지정하면 열 영역에 자동으로 'Σ 값'이 표시됩니다. 이 'Σ 값'을 행 영역으로 드래그하여 이동하면 아래와 같이 변경됩니다.

가공팀 ▼	값	
제조1팀		
	합계 : 단위당원가	450
	합계 : 목표매출액	351900
	합계 : 가공수량	1700
제조2팀		
	합계 : 단위당원가	2400
	합계 : 목표매출액	1995850
	합계 : 가공수량	9550
제조3팀		
	합계 : 단위당원가	2450
	합계 : 목표매출액	2032350
	합계 : 가공수량	8440
제조4팀		
	합계 : 단위당원가	2800
	합계 : 목표매출액	2533750
	합계 : 가공수량	8610
제조5팀		
	합계 : 단위당원가	1150
	합계 : 목표매출액	887600
	합계 : 가공수량	3130
제조6팀		
	합계 : 단위당원가	2950
	합계 : 목표매출액	2593300
	합계 : 가공수량	12590
전체 합계 : 단위당원가		12200
전체 합계 : 목표매출액		10394750
전체 합계 : 가공수량		44020

예제 6 행 필드 : 가공품명, 가공팀, **값 필드** : 단위당원가

가공품명	가공팀	합계 : 단위당원가
⊟ 딸기가공	제조2팀	600
	제조3팀	1000
	제조4팀	1200
	제조5팀	600
	제조6팀	1400
딸기가공 요약		4800
⊟ 사과가공	제조2팀	900
	제조3팀	700
	제조4팀	250
	제조5팀	250
	제조6팀	800
사과가공 요약		2900
⊟ 포도가공	제조1팀	450
	제조2팀	900
	제조3팀	750
	제조4팀	1350
	제조5팀	300
	제조6팀	750
포도가공 요약		4500
총합계		12200

[테이블 형식] 지정

예제 7 행 필드 : 가공품명, 가공팀, **값 필드** : 단위당원가

가공품명	가공팀	합계 : 단위당원가
⊟ 딸기가공		4800
	제조2팀	600
	제조3팀	1000
	제조4팀	1200
	제조5팀	600
	제조6팀	1400
⊟ 사과가공		2900
	제조2팀	900
	제조3팀	700
	제조4팀	250
	제조5팀	250
	제조6팀	800
⊟ 포도가공		4500
	제조1팀	450
	제조2팀	900
	제조3팀	750
	제조4팀	1350
	제조5팀	300
	제조6팀	750
총합계		12200

[개요 형식] 지정

'피벗 테이블 옵션' 대화상자

작성된 피벗 테이블에서 임의의 셀을 클릭한 후 [피벗 테이블 분석] → 피벗 테이블 → **옵션**을 클릭하면 '피벗 테이블 옵션' 대화상자가 나타납니다. '피벗 테이블 옵션' 대화상자를 이용하여 피벗 테이블에 대한 다양한 내용을 설정할 수 있습니다.

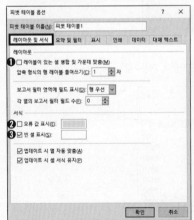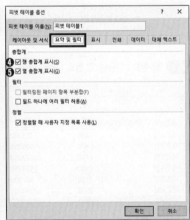

❶ **레이블이 있는 셀 병합 및 가운데 맞춤** : 항목을 가로와 세로에 대해 가운데에 맞출 수 있도록 바깥쪽 행 및 열 항목의 셀을 병합합니다.

❷ **오류 값 표시** : 셀에 오류 메시지 대신 표시할 텍스트를 지정합니다.

❸ **빈 셀 표시** : 빈 셀 대신 셀에 표시할 텍스트를 지정합니다.

❹ **행 총합계 표시** : 행의 총합계를 표시합니다.

❺ **열 총합계 표시** : 열의 총합계를 표시합니다.

값 표시 형식

- 선택한 데이터 필드에 다양한 계산을 적용할 수 있도록 사용자 정의 계산을 제공하는 기능으로 값 영역의 바로 가기 메뉴 중 **[값 표시 형식]**의 하위 메뉴에서 선택합니다.
- 값 표시 형식은 보고서의 한 데이터 필드와 다른 데이터 필드를 비교할 때 유용하게 사용되며, [기준값]은 반드시 행과 열로 선택된 필드를 지정해야 합니다.

전문가의 조언

값 표시 형식은 값 영역의 바로 가기 메뉴에서 **[값 필드 설정]**을 선택하면 표시되는 '값 필드 설정' 대화상자의 '값 표시 형식' 탭에서도 지정할 수 있습니다.

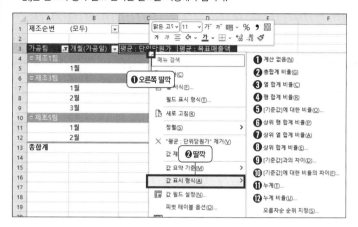

❶ **계산 없음** : 데이터 표시 형식을 지정하지 않습니다.
❷ **총합계 비율** : 모든 값의 총합계에 대한 비율을 계산합니다.
❸ **열 합계 비율** : 각 열의 합계에 대한 비율을 계산합니다.
❹ **행 합계 비율** : 각 행의 합계에 대한 비율을 계산합니다.
❺ **[기준값]에 대한 비율** : 기준 필드와 기준 항목을 지정해야 하며, 기준 항목에 대한 비율을 계산합니다.
❻ **상위 행 합계 비율** : '(항목에 대한 값)/(행의 상위 항목에 대한 값)'으로 계산합니다.
❼ **상위 열 합계 비율** : '(항목에 대한 값)/(열의 상위 항목에 대한 값)'으로 계산합니다.
❽ **상위 합계 비율** : 기준 필드를 지정해야 하며, '(항목에 대한 값)/(선택한 기준 필드의 상위 항목에 대한 값)'으로 계산합니다.
❾ **[기준값]과의 차이** : 기준 필드와 기준 항목을 지정해야 하며, 기준 항목과의 차이를 계산합니다.
❿ **[기준값]에 대한 비율의 차이** : 기준 필드와 기준 항목을 지정해야 하며, 기준 항목에 대한 비율과의 차이를 계산합니다.
⓫ **누계** : 기준 필드를 지정해야 하며, 기준 필드의 누계를 계산합니다.
⓬ **누계 비율** : 기준 필드를 지정해야 하며, 기준 필드에 대한 누계 비율을 계산합니다.

피벗 테이블 분석 / 디자인

피벗 테이블이 작성되면 자동으로 [피벗 테이블 분석]과 [디자인]이 표시됩니다. [피벗 테이블 분석]과 [디자인]이 표시되지 않으면 작성된 피벗 테이블을 클릭하세요.

[피벗 테이블 분석] 탭

❶ **옵션** : '피벗 테이블 옵션' 대화상자에서 피벗 테이블에 적용할 다양한 옵션을 설정합니다.
❷ **필드 설정** : '값 필드 설정' 대화상자에서 사용할 함수나 표시 형식을 변경합니다.
❸ **그룹** : 그룹 지정/해제 또는 그룹을 선택할 때 사용합니다.
❹ **새로 고침** : 원본 데이터의 변경 내용을 피벗 테이블에 반영합니다.

❺ **데이터 원본 변경** : 원본 데이터를 변경합니다.
❻ **지우기** : 피벗 테이블에 설정된 필드나 서식 및 필터를 제거합니다.
❼ **피벗 테이블 이동** : 피벗 테이블의 위치를 변경합니다.
❽ **필드, 항목 및 집합** : 계산 필드와 항목을 추가하거나 변경합니다.
❾ **필드 목록** : '피벗 테이블 필드' 창의 표시 여부를 지정합니다.

5131101

기출 따라잡기　　　　　　　　　　　　　　　　　　　　　　　　　　　Section 11

문제 1 'C:\길벗컴활1급\01 엑셀\01 섹션' 폴더의 '섹션11문제.xlsm' 파일을 열어서 작업하시오.

'기출01' 시트에서 다음의 지시사항에 따라 피벗 테이블 보고서를 작성하시오.

▶ 외부 데이터 원본으로 〈상공대학.csv〉의 데이터를 사용하시오.
　– 원본 데이터는 쉼표(,)로 분리되어 있으며, 내 데이터에 머리글을 표시하시오.
　– '학번', '수강과목', '중간', '기말' 열만 가져와 데이터 모델에 이 데이터를 추가하시오.

▶ 피벗 테이블 보고서의 레이아웃과 위치는 〈그림〉을 참조하여 설정하고, 보고서 레이아웃을 테이블 형식으로 표시하시오.

▶ 값 영역의 표시 형식은 '값 필드 설정'의 셀 서식을 이용하여 '사용자 지정'에서 지정하시오.

▶ 'Σ 값'의 위치를 행 영역으로 이동시키고 '수강과목' 필드는 '액세스'만 나타나도록 지정하시오.

▶ 피벗 테이블 스타일은 '흰색, 피벗 스타일 밝게 22'로 설정하고 '행 머리글', '열 머리글', '줄무늬 행' 옵션을 설정하시오.

	A	B	C
1	수강과목	액세스 🔽	
2			
3	학번 🔽	값	
4	03L321	합계: 중간	84점
5		합계: 기말	75점
6	04G121	합계: 중간	55점
7		합계: 기말	67점
8	04G741	합계: 중간	79점
9		합계: 기말	85점
10	04M143	합계: 중간	98점
11		합계: 기말	84점
12	전체 합계: 중간		316점
13	전체 합계: 기말		311점

문제 2 'C:\길벗컴활1급\01 엑셀\01 섹션' 폴더의 '섹션11문제.xlsm' 파일을 열어서 작업하시오.

'기출02' 시트에서 다음의 지시사항에 따라 피벗 테이블 보고서를 작성하시오.

▶ 외부 데이터 가져오기 기능을 이용하여 〈대출관리.accdb〉의 〈대출정보〉 테이블에서 '대출번호', '대출지점', '대출금액', '기간' 열을 이용하시오.

▶ '기간'이 20 이상인 행만을 대상으로 하시오.

▶ 피벗 테이블 보고서의 레이아웃과 위치는 〈그림〉을 참조하여 설정하고, 보고서 레이아웃을 개요 형식으로 표시하시오.

▶ '대출금액×0.05/12'를 계산하는 '월이자' 계산 필드를 추가하시오.

▶ '대출번호' 필드를 기준으로 그림과 같이 그룹을 설정하고 하위 수준의 표시 여부를 설정하시오(단, '대출번호'가 "J"로 시작하면 "주택자금", "K"로 시작하면 "국민주택기금", "M"으로 시작하면 "무보증신용", "Y"로 시작하면 "예부적금담보"임).

▶ '대출번호2' 필드가 〈그림〉과 같이 표시되도록 정렬하시오.

▶ '대출금액'과 '월이자' 필드의 표시 형식은 '값 필드 설정'의 셀 서식을 이용하여 '숫자' 범주에서 지정하시오.

	A	B	C	D	E
1	대출지점	(모두) ▾			
2					
3	대출번호2 ▾	대출번호 ▾	합계 : 대출금액	합계 : 기간	합계 : 월이자
4	⊞ 예부적금담보		16,000,000	264	66,667
5	⊞ 국민주택기금		55,000,000	222	229,167
6	⊞ 주택자금		119,000,000	282	495,833
7	⊞ 무보증신용		41,000,000	246	170,833
8	총합계		231,000,000	1014	962,500

문제 3 'C:\길벗컴활1급\01 엑셀\01 섹션' 폴더의 '섹션11문제.xlsm' 파일을 열어서 작업하시오.

'기출03' 시트에서 다음의 지시사항에 따라 피벗 테이블 보고서를 작성하시오.

▶ 외부 데이터 원본으로 〈임금수준.xlsx〉의 〈업종별임금수준〉 테이블을 이용하시오.

▶ 피벗 테이블 보고서의 레이아웃과 위치는 〈그림〉을 참조하여 설정하고, 보고서 레이아웃을 개요 형식으로 표시하시오.

▶ 각 그룹의 하단에 요약이 표시되도록 설정하고 '종사자수'와 '월평균임금' 필드의 표시 형식은 '값 필드 설정'의 셀 서식을 이용하여 '숫자' 범주에서 지정하시오.

▶ '분류' 필드가 '시스템SW개발자'인 자료만 자동 생성한 후 시트 이름을 '시스템SW'로 지정하시오.

업무	분류	평균 : 종사자수	평균 : 월평균임금
⊟개발			
	PC강사	21146.0	124.0
	멀티미디어기획	2258.0	183.9
	시스템SW개발자	4690.0	243.0
	웹개발자	15887.0	169.2
	응용SW개발자	114054.0	225.0
	통신공학기술자	31080.0	279.8
	통신케이블설치	21786.0	189.4
개발 요약		26948.9	207.2
⊟관리			
	IT컨설턴트	14195.0	313.7
	NW분석가	3168.0	233.7
	PC수리원	37802.0	153.9
	SM관리자	76947.0	204.3
	보안전문가	5797.0	258.7
	시스템설계/분석	4829.0	347.1
	애니메이터	9470.0	156.7
	웹디자이너	32931.0	154.4
	정보통신관리자	21222.0	351.3
관리 요약		22929.0	241.5
총합계		24820.7	225.4

문제 1

1 23.상시, 22.상시, 21.상시
분석할 데이터의 위치 지정

1. 피벗 테이블이 삽입될 [A3] 셀을 클릭한 후 [삽입] → 표 → **피벗 테이블**을 클릭하세요.
2. '피벗 테이블 만들기' 대화상자에서 '외부 데이터 원본 사용'을 선택한 후 〈연결 선택〉을 클릭하세요.

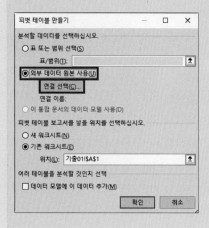

3. '기존 연결' 대화상자에서 〈더 찾아보기〉를 클릭하세요.

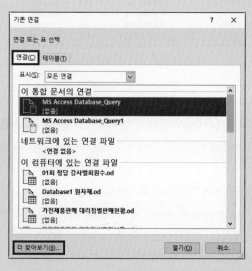

4. '데이터 원본 선택' 대화상자에서 'C:\길벗컴활1급\01 엑셀\01 섹션\상공대학.csv'를 선택한 후 〈열기〉를 클릭하세요.

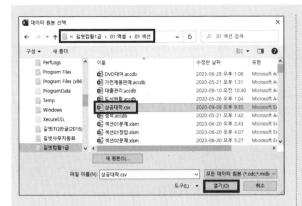

5. '텍스트 마법사 – 3단계 중 1단계' 대화상자에서 '구분 기호로 분리됨'과 '내 데이터에 머리글 표시'를 선택한 후 〈다음〉을 클릭하세요.

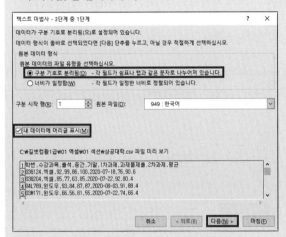

6. '텍스트 마법사 – 3단계 중 2단계' 대화상자에서 구분 기호를 '쉼표'로 지정한 후 〈다음〉을 클릭하세요.

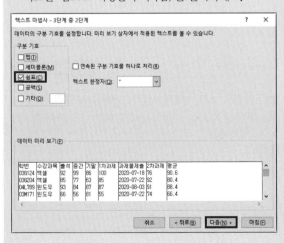

7. '텍스트 마법사 – 3단계 중 3단계' 대화상자의 '데이터 미리 보기'에서 '출석' 열을 클릭한 후 '열 데이터 서식'에서 '열 가져오지 않음(건너뜀)'을 선택하세요.

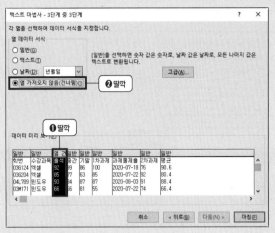

8. 같은 방법으로 '1차과제', '과제물제출', '2차과제', '평균' 열을 모두 '열 가져오지 않음(건너뜀)'으로 지정한 후 〈마침〉을 클릭하세요.

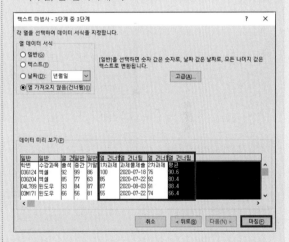

9. '피벗 테이블 만들기' 대화상자에서 피벗 테이블 보고서를 넣을 위치가 '기존 워크시트'의 'A3' 셀로 지정되어 있는지 확인한 후 '데이터 모델에 이 데이터 추가'를 선택하고 〈확인〉을 클릭하세요.

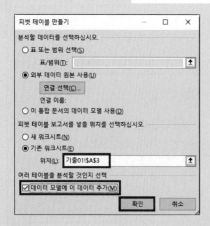

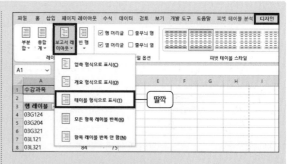

2 레이아웃 설정

10. '피벗 테이블 필드' 창에서 그림과 같이 레이아웃을 지정하세요.

> 열 영역의 'Σ 값'은 값 영역에 두 개 이상의 필드를 지정하면 자동으로 표시됩니다.

11. 작성된 피벗 테이블에서 임의의 셀을 클릭한 후 [디자인] → 레이아웃 → 보고서 레이아웃 → **테이블 형식으로 표시**를 선택하세요.

3 피벗 테이블 필드 표시 형식 설정

12. 작성된 피벗 테이블에서 〈중간〉 필드가 표시되어 있는 임의의 셀의 바로 가기 메뉴에서 [**값 필드 설정**]을 선택하세요.

13. '값 필드 설정' 대화상자에서 〈표시 형식〉을 클릭하세요.

14. '셀 서식' 대화상자의 '사용자 지정' 범주를 선택하고 '형식'에 그림과 같이 **"점"**을 입력한 후 〈확인〉을 클릭하세요.

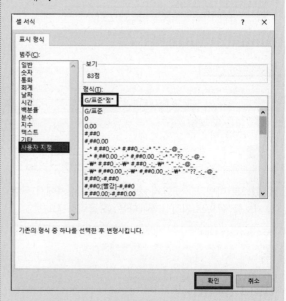

15. '값 필드 설정' 대화상자에서도 〈확인〉을 클릭하세요.

16. 같은 방법으로 〈기말〉 필드에 대해서도 표시 형식을 지정하세요.

4 필드 위치 변경

24.상시, 23.상시, 22.상시, 21.상시, 20.상시, 20.1, 19.상시, 16.3, 15.상시, 14.3, 13.3, 05.4, …

17. '피벗 테이블 필드' 창의 열 영역에 자동으로 생긴 'Σ 값'을 행 영역으로 드래그하여 위치를 변경하세요.

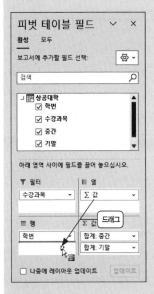

5 필드의 특정 목록만 표시

24.상시, 23.상시, 22.상시, 14.3, 05.4, 04.3, 04.2, 04.1, 03.1

18. 수강과목을 '액세스'만 표시하기 위해 〈수강과목〉 필드의 목록 단추(▼)를 클릭하고 '액세스'만 선택한 후 〈확인〉을 클릭하세요.

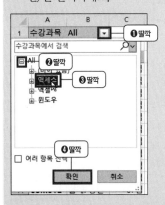

6 피벗 테이블 스타일 및 옵션 지정

23.상시, 22.상시, 21.상시, 20.상시, 20.1, 19.상시, 18.상시, 18.2, 18.1, 17.1, 16.3, 15.상시, 14.3, …

19. 피벗 테이블 스타일을 '흰색, 피벗 스타일 밝게 22'로 지정하기 위해 피벗 테이블에서 임의의 셀을 선택한 후 [디자인] → 피벗 테이블 스타일의 ▽(자세히)를 클릭하여 '흰색, 피벗 스타일 밝게 22'를 선택합니다.

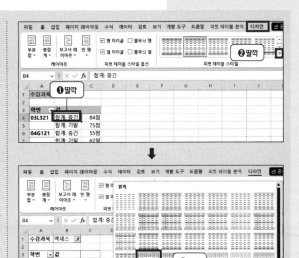

20. '줄무늬 행' 옵션을 지정하기 위해 [디자인] → 피벗 테이블 스타일 옵션 → 줄무늬 행을 선택합니다.

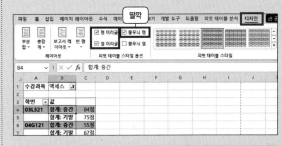

> '행 머리글'과 '열 머리글'은 기본적으로 선택되어 있으니 그대로 두면 됩니다.

문제 2

1 분석할 데이터의 위치 지정

24.상시, 23.상시, 22.상시, 21.상시, 16.2, 16.1, 15.3, 15.상시, 15.1, 14.3, 14.2, 14.1, 13.3, 13.상시, …

1. [데이터] → 데이터 가져오기 및 변환 → 데이터 가져오기 → 기타 원본에서 → Microsoft Query에서를 클릭하세요.

2. '데이터 원본 선택' 대화상자에서 'MS Access Database*'를 선택한 후 〈확인〉을 클릭하세요.

3. '01 섹션' 폴더에서 '대출관리.accdb'를 선택한 후 〈확인〉을 클릭하세요.

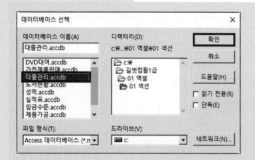

4. '쿼리 마법사 – 열 선택' 대화상자에서 '대출번호', '대출지점', '대출금액', '기간'을 선택한 후 〈다음〉을 클릭하세요.

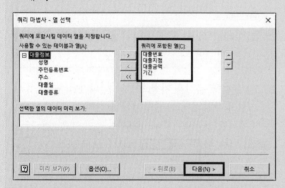

5. '쿼리 마법사 – 데이터 필터' 대화상자에서 그림과 같이 지정하고 〈다음〉을 클릭하세요.

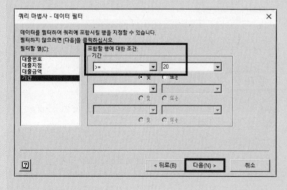

6. '쿼리 마법사 – 정렬 순서' 대화상자에서 〈다음〉을 클릭하고, '쿼리 마법사 – 마침' 대화상자에서 'Microsoft Excel(으)로 데이터 되돌리기'를 선택한 후 〈마침〉을 클릭하세요.

7. '데이터 가져오기' 대화상자에서 표시할 방법으로 '피벗 테이블 보고서'를, 작성 위치로 '기존 워크시트', [A3] 셀을 지정한 후 〈확인〉을 클릭하세요.

2 레이아웃 설정

8. '피벗 테이블 필드' 창에서 그림과 같이 레이아웃을 지정하세요.

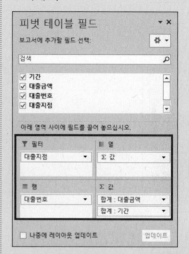

9. 작성된 피벗 테이블에서 임의의 셀을 클릭한 후 [디자인] → 레이아웃 → 보고서 레이아웃 → **개요 형식으로 표시**를 선택하세요.

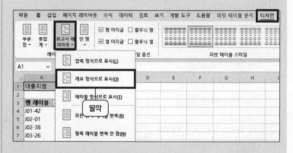

3 계산 필드 추가하기

10. 계산 필드를 추가하기 위해 피벗 테이블이 작성된 임의의 셀을 클릭한 후 [피벗 테이블 분석] → 계산 → 필드, 항목 및 집합 → **계산 필드**를 선택하세요.

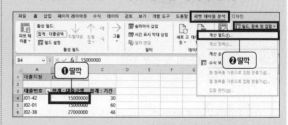

11. '계산 필드 삽입' 대화상자에서 그림과 같이 지정하고 〈추가〉를 클릭하세요.

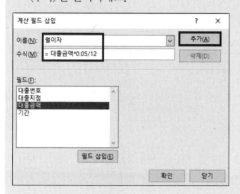

12. '계산 필드 삽입' 대화상자에서 〈확인〉을 클릭하세요.

24.상시, 23.상시, 22.상시, 21.상시, 19.상시, 18.상시, 18.1, 16.2, 15.3, 15.1, 14.3, 14.2, 14.1, 13.3, …

4 그룹 지정

13. 〈대출번호〉 필드에 따른 문자 그룹을 지정하기 위해 [A4:A9] 영역을 블록으로 지정한 후 바로 가기 메뉴에서 [그룹]을 선택하세요. 그룹명이 '그룹1'로 지정됩니다.

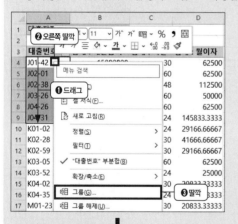

문자 그룹 지정은 숫자 그룹 지정과 달리 그룹으로 지정할 영역을 블록으로 지정한 후 바로 가기 메뉴에서 [그룹]을 선택해야 합니다.

14. 그룹1이 블록으로 지정된 상태에서 수식 입력줄의 '그룹1'을 **주택자금**으로 변경하세요. '그룹1'이 '주택자금'으로 바뀝니다.

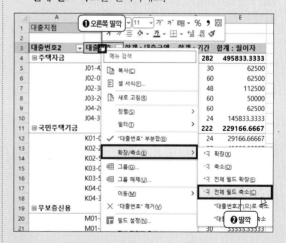

15. 같은 방법으로 〈대출번호〉 필드가 "K"로 시작하면 "국민주택기금", "M"으로 시작하면 "무보증신용", "Y"로 시작하면 "예부적금담보"로 변경하세요.

5 08.3 하위 수준 숨기기

16. 〈대출번호〉 필드의 하위 수준을 숨기기 위해 〈대출번호〉 필드명(B3)의 바로 가기 메뉴에서 [확장/축소] → 전체 필드 축소를 선택하세요.

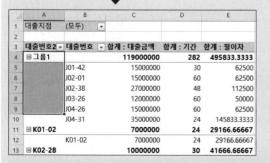

24.상시, 22.상시, 21.상시, 15.1, 12.1, 11.2, 10.3

6 '대출번호'의 정렬 순서 지정

17. '대출번호2' 중 첫 번째 영역에 표시할 '예부적금담보'를 마우스로 클릭한 후 테두리 부분을 드래그하여 4행에 놓으세요.

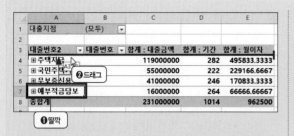

18. 이번에는 '국민주택기금'을 마우스로 클릭한 후 테두리
부분을 드래그하여 5행 위에 놓으세요.

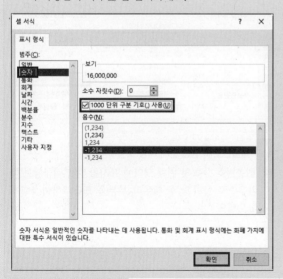

> 오름차순이나 내림차순을 기준으로 '대출번호2'를 정렬할 때는 '대출지점2'가
> 표시된 임의의 셀을 클릭한 후 [데이터] → 정렬 및 필터 → 📊(텍스트 오름차
> 순 정렬)/📊(텍스트 내림차순 정렬)을 클릭하면 됩니다.

24.상시, 23.상시, 22.상시, 21.상시, 20.상시, 20.1, 19.상시, 19.2, 19.1, 18.상시, 18.2, 18.1, …

7 피벗 테이블 필드 표시 형식 설정

19. 작성된 피벗 테이블에서 〈대출금액〉 필드가 표시되어
있는 임의의 셀의 바로 가기 메뉴에서 [값 필드 설정]
을 선택하세요.
20. '값 필드 설정' 대화상자에서 〈표시 형식〉을 클릭하세요.
21. '셀 서식' 대화상자의 '숫자' 범주를 선택하고 그림과 같
이 지정한 후 〈확인〉을 클릭하세요.

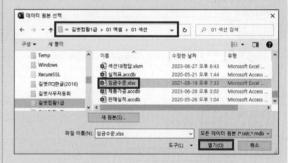

22. '값 필드 설정' 대화상자에서도 〈확인〉을 클릭하세요.
23. 같은 방법으로 '월이자' 필드의 표시 형식을 지정하세요.

문제 3

24.상시, 23.상시, 22.상시, 21.상시, 16.2, 16.1, 15.3, 15.상시, 15.1, 14.3, 14.2, 14.1, 13.3, …

1 분석할 데이터의 위치 지정

1. 피벗 테이블이 삽입될 [A4] 셀을 클릭한 후 [삽입] → 표
→ 피벗 테이블을 클릭하세요.
2. '피벗 테이블 만들기' 대화상자에서 '외부 데이터 원본
사용'을 선택한 후 〈연결 선택〉을 클릭하세요.
3. '기존 연결' 대화상자에서 〈더 찾아보기〉를 클릭하세요.
4. '데이터 원본 선택' 대화상자에서 'C:\길벗컴활1급\01 엑
셀\01 섹션\임금수준.xlsx'를 선택한 후 〈열기〉를 클릭하
세요.

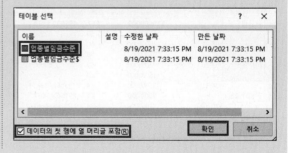

5. '테이블 선택' 대화상자에서 '업종별임금수준'을 선택하고
'데이터의 첫 행에 열 머리글 포함'이 선택되어 있는지 확
인한 후 〈확인〉을 클릭하세요.

6. '피벗 테이블 만들기' 대화상자에서 피벗 테이블 보고서를 넣을 위치가 '기존 워크시트'의 [A4] 셀로 지정되어 있는지 확인한 후 〈확인〉을 클릭하세요.

2 레이아웃 설정

24.상시, 23.상시, 22.상시, 21.상시, 20.상시, 20.1, 19.상시, 19.2, 19.1, 18.상시, 18.2, 18.1, 17.상시, …

7. '피벗 테이블 필드' 창에서 그림과 같이 레이아웃을 지정하세요.

8. 작성된 피벗 테이블에서 임의의 셀을 클릭한 후 [디자인] → 레이아웃 → 보고서 레이아웃 → **개요 형식으로 표시**를 선택하세요.

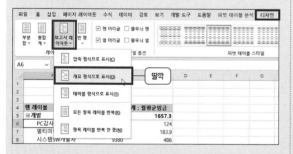

9. 작성된 피벗 테이블에서 〈종사자수〉 필드가 표시된 임의의 셀의 바로 가기 메뉴에서 [값 요약 기준] → **평균**을 선택하세요.

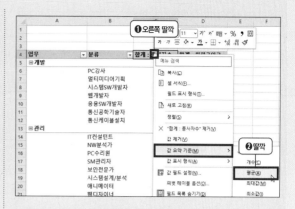

10. 같은 방법으로 〈월평균임금〉 필드의 값 요약 기준도 평균으로 변경하세요.

3 그룹 아래에 요약 표시

24.상시, 22.상시, 21.상시, 17.1, 16.1, 11.3

11. 피벗 테이블의 임의의 셀을 클릭한 후 [디자인] → 레이아웃 → 부분합 → **그룹 하단에 모든 부분합 표시**를 선택하세요.

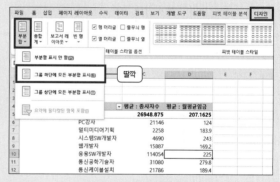

4 피벗 테이블 필드 표시 형식 설정

24.상시, 23.상시, 22.상시, 21.상시, 20.상시, 20.1, 19.상시, 19.2, 19.1, 18.상시, 18.2, 18.1, …

12. 작성된 피벗 테이블에서 〈종사자수〉 필드가 표시되어 있는 임의의 셀의 바로 가기 메뉴에서 [값 필드 설정]을 선택하세요.

13. '값 필드 설정' 대화상자에서 〈표시 형식〉을 클릭하세요.

14. '셀 서식' 대화상자의 '숫자' 범주를 선택하고 그림과 같이 지정한 후 〈확인〉을 클릭하세요.

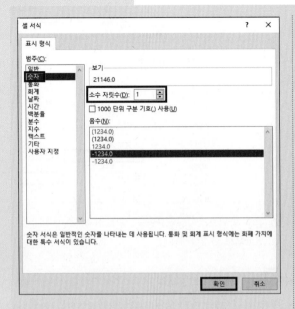

15. '값 필드 설정' 대화상자에서도 〈확인〉을 클릭하세요.
16. 같은 방법으로 〈월평균임금〉 필드의 표시 형식도 소수
    점 첫째 자리까지 표시되도록 변경하세요.

5 특정 데이터만 별도 시트에 표시

17. 〈분류〉 필드가 '시스템SW개발자'인 자료만 자동 생
    성하기 위해 [C8]이나 [D8] 셀을 더블클릭합니다. 현
    재 시트 앞에 'Sheet2' 시트가 생성되며 분류가 '시스템
    SW개발자'인 자료만 표시됩니다. 'Sheet2'의 이름을 **시
    스템SW**로 변경하세요.

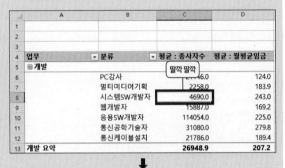

데이터 표

데이터 표는 특정 값의 변화에 따른 결과값의 변화를 표의 형태로 보여주는 기능입니다. 예를 들어 기말고사에서 국어 점수를 60점 맞았다면 총점은 얼마일까? 70점 맞았다면, 80점 맞았다면, 90점 맞았다면… 평균은 얼마일까를 계산하는 기능이 데이터 표의 기능입니다.

기본문제

'C:\길벗컴활1급\01 엑셀\01 섹션' 폴더의 '섹션12문제.xlsm' 파일을 열어서 작업하시오.

'무작정따라하기' 시트에서 다음의 지시사항대로 작업을 처리하시오.

영어, 수학, 국어 점수의 합계를 계산한 [B2:B5] 영역을 참조하여, 수학과 국어 점수의 변동에 따른 합계의 변화를 데이터 표 기능을 이용하여 [C11:E12] 영역에 계산하시오.

전문가의 조언

데이터 표의 개념을 이해하고, 데이터 표 수행시 '데이터 테이블' 대화상자의 '행 입력 셀'과 '열 입력 셀'의 의미만 익히면 쉽게 해결할 수 있으니 한 번만 풀어보고 넘어가세요.

	A	B	C	D	E
1	광개토학생의 중간고사 성적표				
2	영어	90			
3	수학	80			
4	국어	70			
5	합계	240			
6					
7	수학과 국어점수 변동에 따른 총점표				
8					
9			국어		
10			80	90	100
11	수학	90			
12		100			

➡

	A	B	C	D	E
1	광개토학생의 중간고사 성적표				
2	영어	90			
3	수학	80			
4	국어	70			
5	합계	240			
6					
7	수학과 국어점수 변동에 따른 총점표				
8					
9			국어		
10		240	80	90	100
11	수학	90	260	270	280
12		100	270	280	290

따라하기

1 데이터 표

23.상시, 22.상시, 21.상시, 20.상시, 19.상시, 18.1, 16.2, 16.1, 10.2, 06.4

1. 결과를 계산하는 수식을 표의 왼쪽 위, 즉 [B10] 셀에 복사하거나 입력해야 합니다. [B5] 셀을 클릭한 후 수식 입력줄을 드래그하여 입력된 수식을 범위로 지정하고, Ctrl+C를 눌러 복사하세요.

전문가의 조언

[B5] 셀에서 참조하는 [B2:B4] 셀은 상대 주소이기 때문에 [B5] 셀을 복사해 [B10] 셀에 붙여 넣으면 '=SUM(B7,B8,B9)'로 수식이 변경됩니다. 그러므로 셀에 들어 있는 계산식을 변화 없이 그대로 복사하기 위해서는 수식 입력줄에 있는 데이터를 복사해야 합니다.

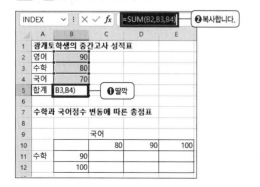

궁금해요 시나공 Q&A 베스트

Q 수식 입력줄에 복사한 수식을 붙여 넣기 위해 [B10] 셀을 클릭하면 [B5] 셀에 [B10] 셀의 주소가 나타나요.

A 수식 입력줄에서 수식을 복사한 후 Esc 를 눌러 범위를 해제하세요.

2. Esc 를 눌러 범위를 해제한 후, [B10] 셀에서 Ctrl + V 를 눌러 복사한 수식을 붙여 넣으세요. [B5] 셀과 동일한 결과가 [B10] 셀에 나타납니다.

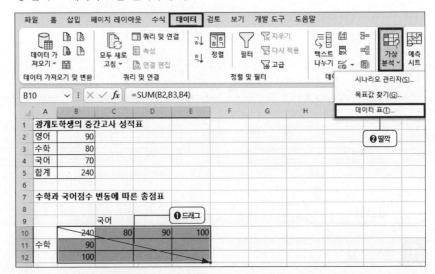

3. 데이터 표를 적용할 [B10:E12] 영역을 블록으로 지정한 후 [데이터] → 예측 → 가 상 분석 → **데이터 표**를 선택하세요.

4. '데이터 테이블' 대화상자가 나타납니다. '데이터 테이블' 대화상자에서 '행 입력 셀'을 선택하고 [B4] 셀을 클릭하면 자동으로 절대 주소로 변경되어 입력됩니다. 같은 방법으로, '열 입력 셀'에 [B3] 셀을 지정한 후 〈확인〉을 클릭하면 계산 결과가 표시됩니다.

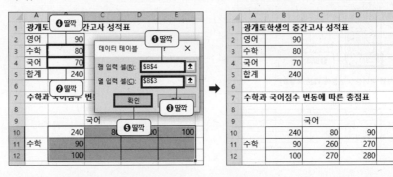

'데이터 테이블' 대화상자

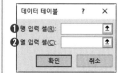

❶ **행 입력 셀** : 변화되는 값이 행을 기준으로 나열될 때 변화되는 셀의 주소 지정. 변화되는 국어 점수 가 10행에 있으므로 국어 점수의 셀 주소 [B4]를 지정합니다.

❷ **열 입력 셀** : 변화되는 값이 열을 기준으로 나열될 때 변화되는 셀의 주소 지정. 변화되는 수학 점수 가 B열에 있으므로 수학 점수의 셀 주소 [B3]을 지정합니다.

[C11:E12]의 계산 원리

[C11:E12] 영역의 계산 결과는 모두 [B10] 셀에 들어 있는 수식을 이용하여 계산됩니다.

- [B10] 셀의 수식 : =SUM(B2,B3,B4)
- [C11] 셀의 계산 : 행 입력 셀로 지정된 [B4] 셀에 국어 점수 80이, 열 입력 셀로 지정된 [B3] 셀에 수 학 점수 90이 입력된 후 [B10]의 수식 '=SUM(B2,B3,B4)'에 의해 '=SUM(90,90,80)'으로 적용되어 계 산됩니다. 즉 합계는 260으로 계산되겠죠.
- [D12] 셀의 계산 : 행 입력 셀로 지정된 [B4] 셀에 국어 점수 90이, 열 입력 셀로 지정된 [B3] 셀에 수 학 점수 100이 입력된 후 [B10]의 수식 '=SUM(B2,B3,B4)'에 의해 '=SUM(90,100,90)'으로 적용되어 계 산됩니다. 즉 합계는 280으로 계산되겠죠. 나머지도 모두 같은 방법으로 계산됩니다.

4131201

기출 따라잡기

Section 12

문제 1 'C:\길벗컴활1급\01 엑셀\01 섹션' 폴더의 '섹션12문제.xlsm' 파일을 열어서 작업하시오.

'기출01' 시트에서 작업하시오.

▶ [표1]을 참조하여 행/열 변동에 따른 [표2]의 구구단표를 완성하시오.

	A	B	C	D	E	F	G	H	I	J	K
1	[표1]										
2		행	2								
3		열	3								
4		행*열	6								
5											
6	[표2]					구구단표					
7		6	1	2	3	4	5	6	7	8	9
8		1	1	2	3	4	5	6	7	8	9
9		2	2	4	6	8	10	12	14	16	18
10		3	3	6	9	12	15	18	21	24	27
11		4	4	8	12	16	20	24	28	32	36
12		5	5	10	15	20	25	30	35	40	45
13		6	6	12	18	24	30	36	42	48	54
14		7	7	14	21	28	35	42	49	56	63
15		8	8	16	24	32	40	48	56	64	72
16		9	9	18	27	36	45	54	63	72	81

문제 1

23.상시, 22.상시, 21.상시, 20.상시, 19.상시, 18.1, 16.2, 16.1, 10.2, 06.4

1 데이터 표

1. 표에 적용할 수식을 복사해야 합니다. 수식(계산결과)이 들어 있는 [C4] 셀의 수식을 [B7] 셀에 복사하세요.

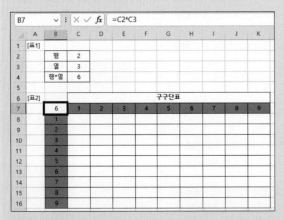

[B7] 셀에 0이 표시됩니다.

6이 아닌 0이 표시된 이유는 [C4] 셀에 들어 있는 수식을 복사할 때 수식 입력줄이 아닌 [C4] 셀을 복사했기 때문입니다. 반드시 수식 입력줄의 수식을 복사해야 한다는 것을 기억하세요.

2. 데이터 표를 적용할 [B7:K16] 영역을 블록으로 지정한 후 [데이터] → 예측 → 가상 분석 → **데이터 표**를 선택하세요.

3. '데이터 테이블' 대화상자에서 '행 입력 셀'에 [C2], '열 입력 셀'에 [C3] 셀을 지정한 후 〈확인〉을 클릭하세요.

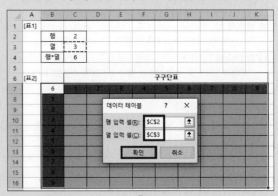

시나리오

시나리오는 다양한 상황과 변수에 따른 여러 가지 결과값의 변화를 가상의 상황을 통해 예측하여 분석하는 기능입니다. 즉 A, B, C 각 제품의 반품량이 10개씩 줄면 매출액이 얼마나 증가할까, 반대로 각 제품의 반품량이 10개씩 늘어나면 매출액이 얼마나 감소할까와 같은 물음에 답변을 하는 기능입니다.

기본문제   'C:\길벗컴활1급\01 엑셀\01 섹션' 폴더의 '섹션13문제.xlsm' 파일을 열어서 작업하시오.

'무작정따라하기' 시트의 'A', 'B', 'C' 물품의 반품수량(E5:E7)이 다음과 같이 변동하는 경우 매출액 합계(H15)의 변동 시나리오를 작성하시오.

▶ 시나리오1 : 시나리오 이름은 '수익률의 증가', 기존의 반품수량에서 각 10개씩 감소한 값을 설정한다.

▶ 시나리오2 : 시나리오 이름은 '수익률의 감소', 기존의 반품수량에서 각 10개씩 증가한 값을 설정한다.

▶ 위 시나리오에 의한 '시나리오 요약' 보고서는 '무작정따라하기' 시트 바로 왼쪽에 위치시키시오.

▶ 변경 셀의 이름

[E5] : A반품수량, [E6] : B반품수량, [E7] : C반품수량

▶ 결과 셀(H15)의 이름 : '매출액합계'로 설정한다.

 **전문가의 조언**

시나리오는 이자율, 손익분기점, 주가 분석 등에 많이 사용되는 기능입니다. 시나리오에서는 변경 셀과 결과 셀에 이름을 정의하는 것과 각 변경 값을 정확하게 지정해 주기만 하면 됩니다.

번호	물품명	단가	매출수량	반품수량	매출액	수익율	순수매출액
				연 간 매 출 액			
2657	A	2,600	240	19	624,000	92%	574,600
4284	B	3,500	154	31	539,000	80%	430,500
3541	C	4,200	209	22	877,800	89%	785,400
2875	D	1,800	452	26	813,600	94%	766,800
3016	E	2,200	321	13	706,200	96%	677,600
4250	F	5,400	120	48	648,000	60%	388,800
2586	G	2,800	410	35	1,148,000	91%	1,050,000
1462	H	3,600	215	106	774,000	51%	392,400
2253	I	4,500	325	87	1,462,500	73%	1,071,000
2028	J	3,200	248	74	793,600	70%	556,800
						매출액합계	6,693,900

↓

시나리오 요약					
		현재 값:	수익률의 증가	수익률의 감소	
변경 셀:					
	A반품수량	19	9	29	
	B반품수량	31	21	41	
	C반품수량	22	12	32	
결과 셀:					
	매출액합계	6,693,900	6,796,900	6,590,900	

참고: 현재 값 열은 시나리오 요약 보고서가 작성될 때의 변경 셀 값을 나타냅니다. 각 시나리오의 변경 셀들은 회색으로 표시됩니다.

1 이름 지정
22.상시, 21.상시, 20.상시

1. 먼저 시나리오에 사용될 변경 셀과 결과 셀의 이름을 정의합니다. 변경할 [E5] 셀을 클릭한 후 이름 상자에 **A반품수량**을 입력한 후 Enter를 누릅니다. 같은 방법으로 [E6], [E7] 셀의 이름을 'B반품수량', 'C반품수량', 그리고 [H15] 셀의 이름을 '매출액합계'로 정의하세요.

A반품수량	❷입력 → Enter

	A	B	C	D	E	F	G	H
1								
2				연 간 매 출 액				
3								
4	번호	물품명	단가	매출수량	반품수량	매출액	수익율	순수매출액
5	2657	A	2,600	240	19	624,000	92%	574,600
6	4284	B	3,500	154	31	539,000	80%	430,500
7	3541	C	4,200	209	❶딸깍	877,800	89%	785,400
8	2875	D	1,800	452		813,600	94%	766,800
9	3016	E	2,200	321	13	706,200	96%	677,600
10	4250	F	5,400	120	48	648,000	60%	388,800
11	2586	G	2,800	410	35	1,148,000	91%	1,050,000
12	1462	H	3,600	215	106	774,000	51%	392,400
13	2253	I	4,500	325	87	1,462,500	73%	1,071,000
14	2028	J	3,200	248	74	793,600	70%	556,800
15							매출액합계	6,693,900

2 시나리오 작성
22.상시, 21.상시, 20.상시

2. 이제 본격적으로 시나리오를 작성해 볼까요? [데이터] → 예측 → 가상 분석 → 시나리오 관리자를 선택하세요.

| 파일 | 홈 | 삽입 | 페이지 레이아웃 | 수식 | 데이터 | 검토 | 보기 | 개발 도구 | 도움말 |

데이터 가져오기 및 변환 | 쿼리 및 연결 | 정렬 및 필터 | 데이터 도구

시나리오 관리자(S)...
목표값 찾기(G)...

| 매출액합계 | =SUM(H5:H14) |

	A	B	C	D	E	F	G	H
1								
2				연 간 매 출 액				
3								
4	번호	물품명	단가	매출수량	반품수량	매출액	수익율	순수매출액
5	2657	A	2,600	240	19	624,000	92%	574,600
6	4284	B	3,500	154	31	539,000	80%	430,500
7	3541	C	4,200	209	22	877,800	89%	785,400
8	2875	D	1,800	452	26	813,600	94%	766,800
9	3016	E	2,200	321	13	706,200	96%	677,600
10	4250	F	5,400	120	48	648,000	60%	388,800
11	2586	G	2,800	410	35	1,148,000	91%	1,050,000
12	1462	H	3,600	215	106	774,000	51%	392,400
13	2253	I	4,500	325	87	1,462,500	73%	1,071,000
14	2028	J	3,200	248	74	793,600	70%	556,800
15							매출액합계	6,693,900

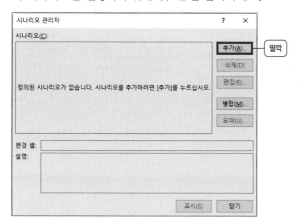

3. '시나리오 관리자' 대화상자가 나타납니다. '시나리오 관리자' 대화상자에서 첫 번째 시나리오를 설정하기 위해 〈추가〉를 클릭하세요.

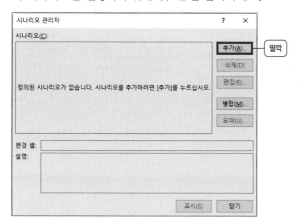

4. '시나리오 추가' 대화상자가 나타납니다. '시나리오 추가' 대화상자에서 시나리오 이름난에 **수익률의 증가**를 입력하고, 변경 셀 입력난을 클릭한 후 [E5:E7] 영역을 드래그하세요. [E5:E7] 영역의 주소가 절대 주소로 변경되어 '변경 셀' 부분에 표시됩니다. 〈확인〉을 클릭하세요.

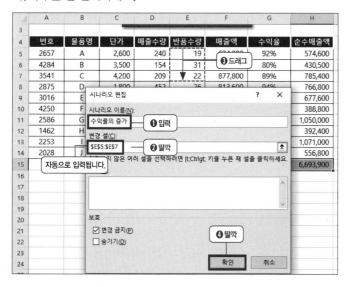

5. '시나리오 값' 대화상자가 나타납니다. '수익률의 증가' 시나리오의 변경될 값을 입력합니다. 기존의 반품수량에서 10개씩 감소한 값 **9, 21, 12**를 각각 입력하고 '수익률의 감소' 시나리오를 추가하기 위해 〈추가〉를 클릭하세요.

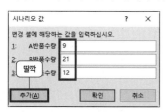

전문가의 조언

• 서로 떨어진 셀을 변경값으로 지정하려면 Ctrl을 누른 채 영역을 지정하면 됩니다.
• '시나리오 추가' 대화상자에서 변경 셀 입력난을 클릭한 후 [E5:E7] 영역을 드래그하면 '시나리오 추가' 대화상자가 '시나리오 편집'으로 변경됩니다.

전문가의 조언

시나리오 작성에서 변경 셀이나 결과 셀을 상대 참조로 입력하면 자동으로 절대 참조로 변경됩니다. 그렇기 때문에 셀 주소를 입력할 때에는 상대 주소 혹은 절대 주소 어떤 형식으로 입력해도 상관없습니다.

6. '수익률의 증가' 시나리오와 같은 방법으로 지정하면 됩니다. '시나리오 추가' 대화 상자의 시나리오 이름에 **수익률의 감소**를 입력하고, 변경 셀에 [E5:E7] 영역을 지정한 후 〈확인〉을 클릭하세요.

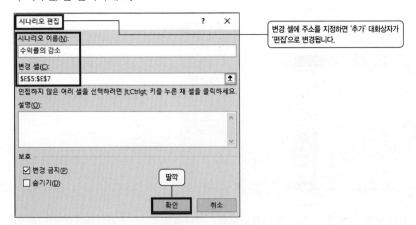

변경 셀에 주소를 지정하면 '추가' 대화상자가 '편집'으로 변경됩니다.

7. '시나리오 값' 대화상자가 나타납니다. 기존의 반품수량에서 10개씩 증가한 값 **29, 41, 32**를 각각 입력하고, 〈확인〉을 클릭하세요.

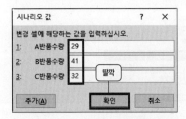

8. '시나리오 관리자' 대화상자가 나타납니다. '시나리오 관리자' 대화상자에서 〈요약〉을 클릭하세요.

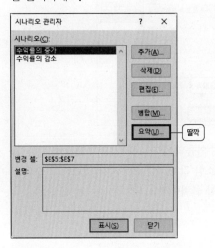

9. 설정한 시나리오의 보고서 종류를 선택하는 '시나리오 요약' 대화상자가 나타납니다. '시나리오 요약' 대화상자에서 보고서 종류로 '시나리오 요약'을 선택하고, 결과 셀로 [H15] 셀을 지정한 후 〈확인〉을 클릭하세요. 그림과 같이 현재 시트(무작정따라하기) 왼쪽에 '시나리오 요약' 보고서가 만들어 집니다.

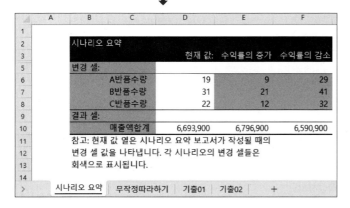

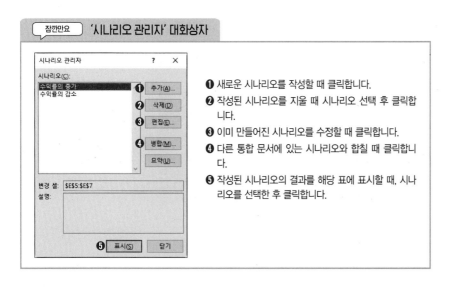

잠깐만요 '시나리오 관리자' 대화상자

❶ 새로운 시나리오를 작성할 때 클릭합니다.

❷ 작성된 시나리오를 지울 때 시나리오 선택 후 클릭합니다.

❸ 이미 만들어진 시나리오를 수정할 때 클릭합니다.

❹ 다른 통합 문서에 있는 시나리오와 합칠 때 클릭합니다.

❺ 작성된 시나리오의 결과를 해당 표에 표시할 때, 시나리오를 선택한 후 클릭합니다.

문제 1 'C:\길벗컴활1급\01 엑셀\01 섹션' 폴더의 '섹션13문제.xlsm' 파일을 열어서 작업하시오.

전문가의 조언

따라하기와 동일한 순서로 작성하면 됩니다. 먼저 이름 정의에 대한 내용이 있으므로 해당 셀을 이름 정의한 후 수행하세요.

'기출01' 시트에서 적금의 연이율(C5)이 다음과 같이 변동하는 경우 만기금액(C7)의 변동 시나리오를 작성하시오.

▶ 시나리오1 : 시나리오 이름 '이율10%', 연이율 10%로 설정한다.

▶ 시나리오2 : 시나리오 이름 '이율11.5%', 연이율 11.5%로 설정한다.

▶ 변경 셀(C5)의 이름을 '이율', 결과 셀(C7)의 이름을 '만기금액'으로 정의한다.

▶ 위 시나리오에 의한 '시나리오 요약' 보고서는 '기출01' 시트 바로 왼쪽에 위치시키시오.

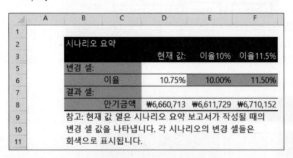

문제 2 'C:\길벗컴활1급\01 엑셀\01 섹션' 폴더의 '섹션13문제.xlsm' 파일을 열어서 작업하시오.

'기출02' 시트에서 버스요금(B4)이 다음과 같이 변동하는 경우 영업이익(B8)과 영업이익률(B9)의 변동 시나리오를 작성하시오.

▶ 시나리오1 : 시나리오 이름은 '200원인하', 버스요금을 200원 낮추어 설정한다.

▶ 시나리오2 : 시나리오 이름은 '200원인상', 버스요금을 200원 높여 설정한다.

▶ 위 시나리오에 의한 '시나리오 요약' 보고서는 '기출02' 시트 바로 왼쪽에 위치시키시오.

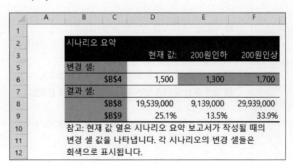

문제 1

22.상시, 21.상시, 20.상시
1 이름 정의

1. [C5] 셀을 클릭한 후 이름 상자에 **이율**을 입력하고, 같은
   방법으로 [C7] 셀의 이름을 **만기금액**으로 정의하세요.

22.상시, 21.상시, 20.상시
2 시나리오 작성

2. [데이터] → 예측 → 가상 분석 → **시나리오 관리자**를 선
   택하세요.
3. '시나리오 관리자' 대화상자에서 〈추가〉를 클릭하세요.
4. '시나리오 추가' 대화상자에서 시나리오 이름과 변경 셀
   을 그림과 같이 지정하고, 〈확인〉을 클릭하세요.

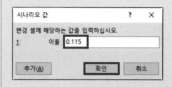

5. 변경 셀에 변경될 값 **0.1**을 입력하고, 두 번째 시나리오
   설정을 위해 〈추가〉를 클릭하세요.

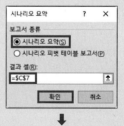

6. '시나리오 추가' 대화상자에서 시나리오 이름과 변경 셀
   을 그림과 같이 지정하고 〈확인〉을 클릭하세요.

7. 변경 셀에 변경될 값 **0.115**를 입력하고, 〈확인〉을 클릭
   하세요.

8. '시나리오 관리자' 대화상자에서 설정한 시나리오를 적
   용하기 위해 〈요약〉을 클릭하세요.
9. '시나리오 요약' 대화상자에서 '시나리오 요약'을 선택하
   고, 결과 셀에 [C7] 셀을 지정한 후 〈확인〉을 클릭하면
   시나리오 결과가 나타납니다.

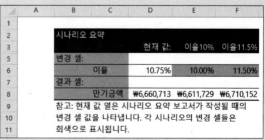

	A	B	C	D	E	F
1						
2		시나리오 요약				
3				현재 값:	이율10%	이율11.5%
4						
5		변경 셀:				
6			이율	10.75%	10.00%	11.50%
7		결과 셀:				
8			만기금액	₩6,660,713	₩6,611,729	₩6,710,152
9		참고: 현재 값 열은 시나리오 요약 보고서가 작성될 때의				
10		변경 셀 값을 나타냅니다. 각 시나리오의 변경 셀들은				
11		회색으로 표시됩니다.				

22.상시, 21.상시, 20.상시

1 **시나리오 작성**

1. [데이터] → 예측 → 가상 분석 → **시나리오 관리자**를 선택하세요.

2. '시나리오 관리자' 대화상자에서 〈추가〉를 클릭하세요.

3. '시나리오 추가' 대화상자에서 시나리오 이름과 변경 셀을 그림과 같이 지정하고, 〈확인〉을 클릭하세요.

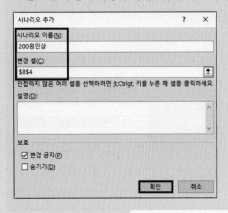

4. 변경될 값 1300을 입력하고, 두 번째 시나리오 설정을 위해 〈추가〉를 클릭하세요.

5. '시나리오 추가' 대화상자에서 시나리오 이름과 변경 셀을 그림과 같이 지정하고, 〈확인〉을 클릭하세요.

6. 변경 셀에 변경될 값인 1700을 입력하고, 〈확인〉을 클릭하세요.

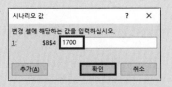

7. '시나리오 관리자' 대화상자에서 설정한 시나리오를 적용하기 위해 〈요약〉을 클릭하세요.

8. '시나리오 요약' 대화상자에서 보고서 종류에 '시나리오 요약', 결과 셀에 [B8:B9]를 지정하고, 〈확인〉을 클릭하세요. 시나리오 결과가 나타납니다.

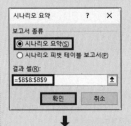

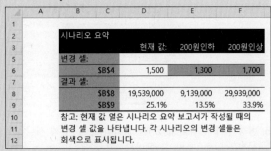

통합은 동일 시트 또는 여러 다른 시트에 각각 입력된 데이터를 일정한 기준에 의해 합쳐서 요약 · 계산해 주는 기능입니다. 예를 들어, 본점에서 각 지점별 판매 현황표를 모아서 총판매 현황표를 작성할 때 통합 기능을 이용하면 보다 빠르고 효율적으로 총판매 현황표를 작성할 수 있습니다.

기본문제 　'C:\길벗컴활1급\01 엑셀\01 섹션' 폴더의 '섹션14문제.xlsm' 파일을 열어서 작업하시오.

'무작정따라하기' 시트에서 다음의 지시사항대로 작업을 처리하시오.

[통합] 기능을 이용하여 '서울 대리점 판매현황(B3:E13)' 표와 '부산 대리점 판매현황 (G3:J15)' 표의 품목별 '목표량', '판매량', '판매액'의 평균을 '서울/부산 대리점 판매현황' 표의 [C17:E20] 영역에 계산하시오.

> **전문가의 조언**
> 통합은 다른 분석 기능보다 이해하기 쉬워 점수를 쉽게 얻을 수 있는 부분입니다. 기본적인 기능만 정확하게 알면 쉽게 해결할 수 있습니다.

서울 대리점 판매현황					부산 대리점 판매현황			
품목	목표량	판매량	판매액		품목	목표량	판매량	판매액
냉장고	9	15	14,250		냉장고	13	10	9,500
오디오	5	10	14,000		오디오	9	7	9,800
비디오	11	15	8,400		비디오	23	25	14,000
카메라	14	14	4,760		카메라	19	20	6,800
냉장고	15	20	19,000		오디오	13	15	21,000
냉장고	17	23	21,850		냉장고	8	10	9,500
카메라	12	10	3,400		냉장고	14	15	14,250
비디오	19	15	8,400		냉장고	9	15	14,250
오디오	20	15	21,000		카메라	12	15	5,100
비디오	21	16	8,960		비디오	19	25	14,000
					오디오	24	30	42,000
서울 / 부산 대리점 판매현황					비디오	21	29	16,240
품목	목표량	판매량	판매액					
냉장고								
오디오								
비디오								
카메라								

↓

서울 대리점 판매현황					부산 대리점 판매현황			
품목	목표량	판매량	판매액		품목	목표량	판매량	판매액
냉장고	9	15	14,250		냉장고	13	10	9,500
오디오	5	10	14,000		오디오	9	7	9,800
비디오	11	15	8,400		비디오	23	25	14,000
카메라	14	14	4,760		카메라	19	20	6,800
냉장고	15	20	19,000		오디오	13	15	21,000
냉장고	17	23	21,850		냉장고	8	10	9,500
카메라	12	10	3,400		냉장고	14	15	14,250
비디오	19	15	8,400		냉장고	9	15	14,250
오디오	20	15	21,000		카메라	12	15	5,100
비디오	21	16	8,960		비디오	19	25	14,000
					오디오	24	30	42,000
서울 / 부산 대리점 판매현황					비디오	21	29	16,240
품목	목표량	판매량	판매액					
냉장고	12	15	14,657					
오디오	14	15	21,560					
비디오	19	21	11,667					
카메라	14	15	5,015					

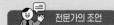

전문가의 조언

통합을 실행할 때는 항상 결과가 표시될 범위를 먼저 블록으로 지정하고 시작한다는 것을 잊지 마세요.

24.상시, 23.상시, 22.상시, 21.상시, 20.상시, 20.1, 19.상시, 19.2, 19.1, 17.상시, 15.3, 15.1, 14.3, 14.2, 13.상시, 13.1, 12.2, 10.1, 09.4, 06.1, 05.3, 05.1, ⋯

1 통합

1. 통합 결과가 표시될 [B16:E20] 영역을 블록으로 지정하고, [데이터] → 데이터 도구 → **통합**을 클릭하세요. '통합' 대화상자가 나타납니다.

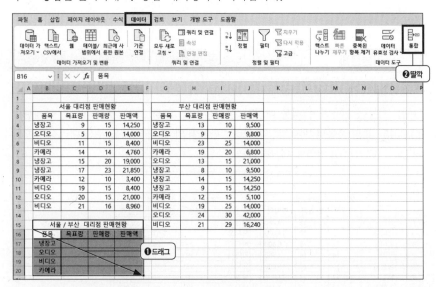

2. '통합' 대화상자에서 사용할 함수로 '평균'을 선택하세요.

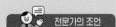

전문가의 조언

통합에서 사용할 수 있는 함수로는 합계, 개수, 평균, 최대값, 최소값, 곱, 숫자 개수, 표본 표준 편차, 표준 편차, 표본 분산, 분산이 있습니다.

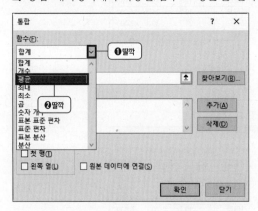

3. 이어서 통합에 사용할 데이터 범위를 지정합니다. 참조의 입력난을 클릭한 후 마우스로 [B3:E13] 영역을 드래그하면 범위가 절대 주소로 지정되어 참조의 입력난에 표시됩니다. 〈추가〉를 클릭하면 '모든 참조 영역'에 첫 번째 영역 [B3:E13]이 추가됩니다.

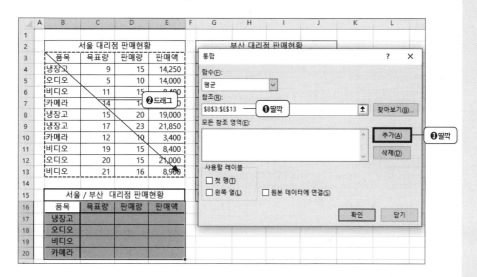

4. '모든 참조 영역'에 첫 번째 영역 [B3:E13]이 추가되고, 참조난에는 주소가 역상으로 남아 있습니다. 그 상태에서 두 번째 영역으로 사용할 데이터 범위인 [G3:J15] 영역을 마우스로 드래그하면 참조난에 절대 주소로 표시되어 나타납니다. 〈추가〉를 클릭하면 '모든 참조 영역'에 두 번째 영역 [G3:J15]가 추가됩니다.

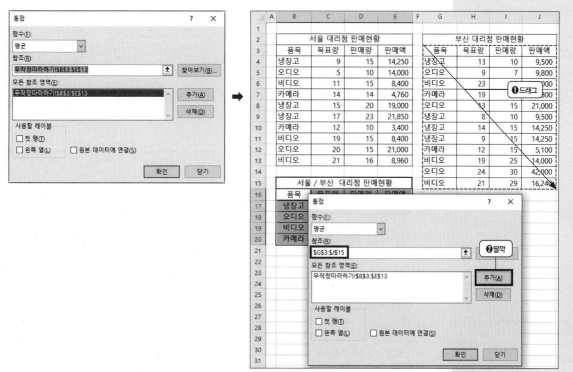

5. 사용할 레이블로 '첫 행'과 '왼쪽 열'을 선택하고 〈확인〉을 클릭하면 통합이 완성됩니다.

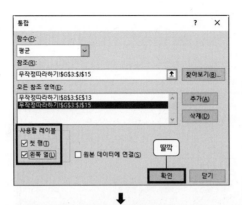

	서울 대리점 판매현황					부산 대리점 판매현황			
품목	목표량	판매량	판매액		품목	목표량	판매량	판매액
냉장고	9	15	14,250		냉장고	13	10	9,500
오디오	5	10	14,000		오디오	9	7	9,800
비디오	11	15	8,400		비디오	23	25	14,000
카메라	14	14	4,760		카메라	19	20	6,800
냉장고	15	20	19,000		오디오	13	15	21,000
냉장고	17	23	21,850		냉장고	8	10	9,500
카메라	12	10	3,400		냉장고	14	15	14,250
비디오	19	15	8,400		냉장고	9	15	14,250
오디오	20	15	21,000		카메라	12	15	5,100
비디오	21	16	8,960		비디오	19	25	14,000
					오디오	24	30	42,000
서울 / 부산 대리점 판매현황					비디오	21	29	16,240
품목	목표량	판매량	판매액
냉장고	12	15	14,657
오디오	14	15	21,560
비디오	19	21	11,667
카메라	14	15	5,015

잠깐만요 '통합' 대화상자

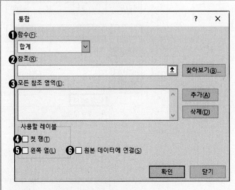

❶ **함수** : 사용할 함수를 선택합니다.

❷ **참조** : 통합할 데이터 영역을 지정합니다.

❸ **모든 참조 영역** : 지정한 모든 참조 영역이 표시됩니다.

❹ **첫 행** : 참조 영역 중 첫 행을 통합될 데이터의 첫 행과 비교합니다.

❺ **왼쪽 열** : 참조 영역 중 왼쪽 열을 통합될 데이터의 첫 열과 비교합니다.

❻ **원본 데이터에 연결** : 원본 데이터가 변경될 경우 통합된 데이터에 자동으로 반영됩니다.

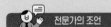 전문가의 조언

'원본 데이터에 연결'은 통합할 데이터가 있는 워크시트와 통합 결과가 작성될 워크시트가 서로 다를 경우에만 적용할 수 있으며, 한 번 연결되면 새 데이터를 추가하거나 통합된 데이터 영역을 변경할 수 없습니다.

기출 따라잡기

문제 1 'C:\길벗컴활1급\01 엑셀\01 섹션' 폴더의 '섹션14문제.xlsm' 파일을 열어서 작업하시오.

'기출01' 시트에서 작업하시오.

[통합] 기능을 이용하여 김포, 인천, 수원 시트의 [C4:E14]에 있는 데이터에 대해 품목별 목표량, 판매량, 판매액의 평균을 '기출01' 시트의 [B3] 셀부터 표시하시오.

※ 참조 영역의 데이터가 변경되면 통합 표의 결과도 자동 업데이트 되도록 설정하시오.

	품목	목표량	판매량	판매액
2	전체 대리점 판매현황			
10	카메라폰	16	14	5,100,000
19	노트북	14	7	8,250,000
27	캠코더	19	9	4,642,857
37	MP3	15	11	1,335,556

궁금해요 시나공 Q&A 베스트

Q '통합'을 실행하면 왜 빈 열인 C열이 추가되는 건가요?

A 화면에는 보이지 않지만 C열에는 '통합'에 이용된 원본 데이터의 파일명이 표시됩니다. 윤곽 단추 ②를 클릭하면 확인할 수 있습니다.

문제 2 'C:\길벗컴활1급\01 엑셀\01 섹션' 폴더의 '섹션14문제.xlsm' 파일을 열어서 작업하시오.

'기출02' 시트에서 작업하시오.

[통합] 기능을 이용하여 [표1], [표2], [표3]의 구분별 세대수와 분양가의 평균을 [표4] 영역에 계산하시오.

▶ 구분은 "국민"으로 시작하는 데이터와 "민영"으로 시작하는 데이터 두 가지로 계산하시오.

	A	B	C	D	E	F	G	H
1	[표1] 서울 아파트 분양 현황					[표4] 아파트 분양 현황		
2	아파트명	구분	세대수	분양가		구분	세대수	분양가
3	한대	국민 무주택	213	17,358		국민*	487	16,284
4	오산	민영 일반	511	25,338		민영*	431.3333	16,442
5	오산	민영 무주택	458	19,158				
6	한대	국민 무주택	325	25,956				
7	오산	민영 무주택	1021	20,615				
8								
9	[표2] 경기 아파트 분양 현황							
10	아파트명	구분	세대수	분양가				
11	한대	국민 무주택	369	12,098				
12	안성	국민 일반	843	16,492				
13	사성	국민 일반	579	17,081				
14	현대	민영 일반	117	13,150				
15								
16	[표3] 충남 아파트 분양 현황							
17	아파트명	구분	세대수	분양가				
18	한대	국민 무주택	501	10,000				
19	사성	민영 일반	240	19,158				
20	우만	국민 일반	579	15,000				
21	사성	민영 일반	241	1,232				

문제 3 'C:\길벗컴활1급\01 엑셀\01 섹션' 폴더의 '섹션14문제.xlsm' 파일을 열어서 작업하시오.

'기출03' 시트에서 작업하시오.

데이터 도구 [통합] 기능을 이용하여 [표1]에 있는 데이터에 대해 [표2]의 [H2:J7] 영역에 '종류'별 '숙박비'의 최대와 '교통비'의 '최소'를 계산하시오.

	H	I	J
1	[표2]		
2	종류	숙박비	교통비
3	효도관광	744,000	22,600
4	자유여행	876,000	18,500
5	모임여행	663,000	27,300
6	패키지관광	632,000	14,200
7	가족여행	502,000	18,800

기출문제 따라하기

문제 1

24.상시, 23.상시, 22.상시, 21.상시, 20.상시, 20.1, 19.상시, 19.2, 19.1, 17.상시, 15.3, 15.1, 14.3, 14.2, …

1 통합

1. '기출01' 시트의 [B3:E7] 영역을 블록으로 지정하고, [데이터] → 데이터 도구 → **통합**을 클릭하세요.

2. '통합' 대화상자에서 함수로 '평균'을 선택하고, 참조의 입력난을 클릭한 후 '김포' 시트의 [B3:E14] 영역을 드래그하여 블록으로 지정하세요. 이어서 〈추가〉를 클릭하세요.

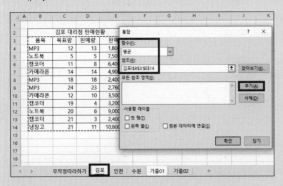

3. '인천' 시트의 [B3:E14] 영역을 블록으로 지정하고, 〈추가〉를 클릭하세요.

4. '수원' 시트의 [B3:E14] 영역을 블록으로 지정하고, 〈추가〉를 클릭하세요.

5. '사용할 레이블'에서 '첫 행'과 '왼쪽 열', '원본 데이터에 연결'을 선택하고, 〈확인〉을 클릭하세요. 통합된 결과가 표시되면 B열의 열 머리글을 더블클릭하여 열 너비를 넓혀주세요.

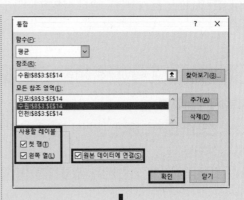

1 2		A	B	C	D	E	F
	1		전체 대리점 판매현황				
	2						
	3		품목		목표량	판매량	판매액
+	10		카메라폰		16	14	5,100,000
+	19		노트북		14	7	8,250,000
+	27		캠코더		19	9	4,642,857
+	37		MP3		15	11	1,335,556

문제 2

24.상시, 23.상시, 22.상시, 21.상시, 20.상시, 20.1, 19.상시, 19.2, 19.1, 17.상시, 15.3, 15.1, 14.3, …

1 통합

1. '기출02' 시트의 [F3] 셀에 **국민***, [F4] 셀에 **민영***을 각각 입력하세요.

2. [F2:H4] 영역을 블록으로 지정하고, [데이터] → 데이터 도구 → **통합**을 클릭하세요.

3. '통합' 대화상자에서 함수로 '평균'을 선택하고, 참조의 입력난을 클릭한 후 [B2:D7] 영역을 드래그하여 블록으로 지정하고, 〈추가〉를 클릭하세요.

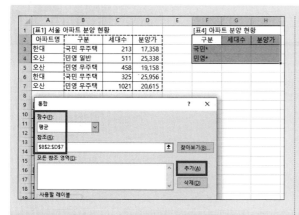

4. [B10:D14] 영역을 블록으로 지정하고, 〈추가〉를 클릭하세요.

5. [B17:D21] 영역을 블록으로 지정하고, 〈추가〉를 클릭하세요.

6. 사용할 레이블에서 '첫 행'과 '왼쪽 열'을 선택하고, 〈확인〉을 클릭하세요. 통합된 결과가 나타납니다.

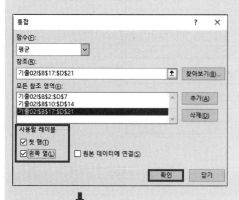

	F	G	H
1	[표4] 아파트 분양 현황		
2	구분	세대수	분양가
3	국민*	487	16,284
4	민영*	431.3333	16,442

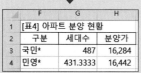
문제 3

24.상시, 23.상시, 22.상시, 21.상시, 20.상시, 20.1, 19.상시, 19.2, 19.1, 17.상시, 15.3, 15.1, 14.3, …

1 통합

1. '기출03' 시트의 [H2:J2] 영역에 다음과 같이 입력하세요.

	H	I	J
1	[표2]		
2	종류	숙박비	교통비
3			
4			

2. [H2:J2] 영역을 블록으로 지정하고, [데이터] → 데이터 도구 → **통합**을 클릭하세요.

3. '통합' 대화상자에서 함수로 '최소'를 선택하고, 참조의 입력난을 클릭한 후 [B2:F22] 영역을 드래그하여 블록으로 지정한 다음 〈추가〉를 클릭하세요. 이어서 '사용할 레이블'에서 '첫 행'과 '왼쪽 열'을 선택하고 〈확인〉을 클릭하세요. 통합된 결과가 나타납니다.

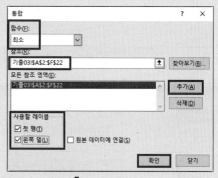

	G	H	I	J
2		종류	숙박비	교통비
3		효도관광	190,000	22,600
4		자유여행	210,000	18,500
5		모임여행	604,000	27,300
6		패키지관광	194,000	14,200
7		가족여행	336,000	18,800

4. '교통비'를 제외한 [H2:I2] 영역을 블록으로 지정하고, [데이터] → 데이터 도구 → **통합**을 클릭하세요.

5. '통합' 대화상자에서 함수로 '최대'를 선택하고 〈확인〉을 클릭하세요. 통합된 결과가 나타납니다.

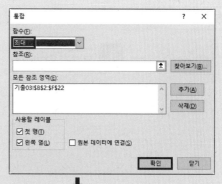

	H	I	J
1	[표2]		
2	종류	숙박비	교통비
3	효도관광	744,000	22,600
4	자유여행	876,000	18,500
5	모임여행	663,000	27,300
6	패키지관광	632,000	14,200
7	가족여행	502,000	18,800

목표값 찾기

목표값 찾기는 앞에서 배운 시나리오의 반대 개념입니다. 시나리오는 '컴퓨터 점수를 100점 맞았다면 평균이 얼마일까?'를 계산하는 것이라면, 목표값 찾기는 '평균이 95점이 되려면 컴퓨터 점수는 얼마가 되어야 할까?'를 계산하는 것입니다. 즉 목표값 찾기는 수식의 결과값은 알고 있지만, 수식에서 그 결과를 계산하기 위해 필요한 입력값을 모를 경우에 사용하는 기능입니다.

기본문제

'C:\길벗컴활1급\01 엑셀\01 섹션' 폴더의 '섹션15문제.xlsm' 파일을 열어서 작업하시오.

 전문가의 조언

'목표값 찾기' 대화상자의 각 요소에 대한 개념만 확실하게 이해하면 쉽게 점수를 얻을 수 있는 부분입니다. 특별히 어렵거나 복잡한 기능이 아니므로 따라하기만으로도 쉽게 이해할 수 있습니다.

'무작정따라하기' 시트에서 다음의 지시사항대로 작업을 처리하시오.

▶ '김은혜 과장의 연봉 계산' 표에서 연봉(B13)이 35,000,000이 되려면 기본급이 얼마가 되어야 하는지 목표값 찾기 기능을 이용하여 계산하시오.

	A	B
1	김은혜 과장의 연봉 계산	
2		
3	기본급	1,400,000
4	가족수당	30,000
5	직위수당	100,000
6	교통비	100,000
7	식 대	100,000
8		
9	월 평균 보너스	700,000
10		
11	월 평균 수령액	2,430,000
12		
13	연 봉	29,160,000

→

	A	B
1	김은혜 과장의 연봉 계산	
2		
3	기본급	1,886,667
4	가족수당	30,000
5	직위수당	100,000
6	교통비	100,000
7	식 대	100,000
8		
9	월 평균 보너스	700,000
10		
11	월 평균 수령액	2,916,667
12		
13	연 봉	35,000,000

따라하기

1 목표값 찾기
23.상시, 19.상시, 17.1, 15.상시, 10.1, 07.3, 05.4, 03.4, 03.1, 02.3

1. '무작정따라하기' 시트에서 [데이터] → 예측 → 가상 분석 → **목표값 찾기**를 선택하세요. '목표값 찾기' 대화상자가 나타납니다.

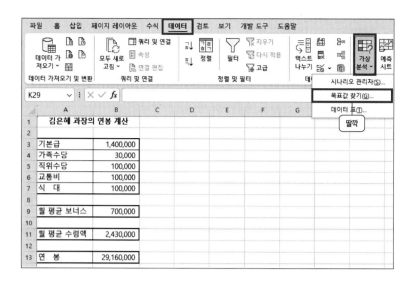

2. '목표값 찾기' 대화상자에서 수식 셀에 **B13**을 지정하고, 찾는 값에 **35000000**을 입력하세요. '값을 바꿀 셀'은 기본급이 들어있는 [B3] 셀을 선택한 후 〈확인〉을 클릭하세요. 목표값 찾기 결과의 적용 여부를 묻는 '목표값 찾기 상태' 대화상자가 나타납니다.

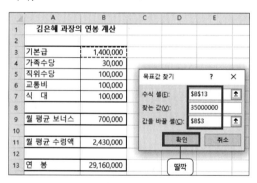

3. '목표값 찾기 상태' 대화상자에는 목표값 찾기 결과가 표시되고, 워크시트의 데이터도 변경되어 있습니다. 내용을 확인하고, 〈확인〉을 클릭하세요.

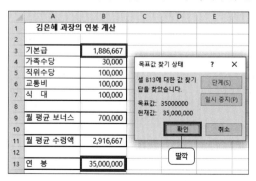

전문가의 조언

'목표값 찾기 상태' 대화상자에서 〈확인〉을 클릭하면 계산한 목표값이 적용되고, 〈취소〉를 클릭하면 적용하기 전 상태로 되돌아 갑니다.

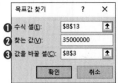
목표값 찾기 ❓ ✕

❶ 수식 셀(E): $B$13 ⬆
❷ 찾는 값(V): 35000000
❸ 값을 바꿀 셀(C): $B$3 ⬆

확인 취소

❶ **수식 셀** : 결과값이 출력되는 셀 주소로 해당 셀에는 반드시 '값을 바꿀 셀'의 주소를 사용하는 수식이 있어야 합니다.
❷ **찾는 값** : 목표로 하는 값을 직접 입력합니다. 수식 셀(B13)의 값이 얼마로 변경되어야 하는지를 입력합니다.
❸ **값을 바꿀 셀** : 목표값을 만들기 위해 변경되어야 할 값이 들어 있는 셀의 주소를 지정합니다.

4131501

기출 따라잡기 · Section 15

문제 1 'C:\길벗컴활1급\01 엑셀\01 섹션' 폴더의 '섹션15문제.xlsm' 파일을 열어서 작업하시오.

'기출01' 시트에서 작업하시오.

'기출01' 시트에 있는 표는 각 학생의 합계(F4:F7)와 평균(G4:G7)을 이용하여 합계의 평균과 평균의 평균(F8:G8)을 계산한 것입니다. 평균의 평균(G8)을 60점으로 조정하려면 '김문무'의 워드 점수(B5)를 얼마로 해야 하는지 목표값 찾기 기능을 이용하여 계산하시오.

 전문가의 조언

수식 셀은 전체 평균에 해당하는 셀, 찾는 값은 60점, 값을 바꿀 셀은 '김문무'의 워드 점수가 있는 셀이 되겠죠? '찾는 값'으로 지정할 [G8] 셀을 선택하고, [목표값 찾기]를 실행해 보세요. '목표값 찾기' 대화상자의 '수식 셀' 입력난에 주소가 표시되어 나타납니다.

	A	B	C	D	E	F	G
1			청양 고등학교 기말 성적				
2							
3	이름	워드	컴활	처리	기기	합계	평균
4	연개금	40	60	60	80	240	60
5	김문무	85	45	55	40	225	56.25
6	신가야	50	60	50	60	220	55
7	최고려	80	60	70	65	275	68.75
8	전체평균	63.75	56.25	58.75	61.25	240	60

기출문제 따라하기 · Section 15

문제 1

23.상시, 19.상시, 17.1, 15.상시, 10.1, 07.3, 05.4, 03.4, 03.1, 02.3

1 목표값 찾기

1. [데이터] → 예측 → 가상 분석 → **목표값 찾기**를 선택한 후 '목표값 찾기' 대화상자가 나타나면 그림과 같이 지정하고 〈확인〉을 클릭하세요.

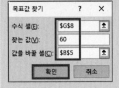

목표값 찾기 ❓ ✕

수식 셀(E): $G$8
찾는 값(V): 60
값을 바꿀 셀(C): $B$5

확인 취소

2. '목표값 찾기 상태' 대화상자에서 〈확인〉을 클릭하세요.

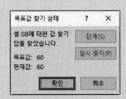

목표값 찾기 상태 ❓ ✕

셀 G8에 대한 값 찾기
답을 찾았습니다.   단계(S)

목표값: 60   일시 중지(P)
현재값: 60

확인 취소

4장

기타 작업

Section 16   차트

Section 17   매크로

Section 18   프로시저 작성

차트

차트는 데이터를 한눈에 파악하고 비교 분석할 수 있도록 도표로 시각화하는 도구입니다. 차트 도구를 이용하면 워크시트에 작성한 표를 2차원이나 3차원의 막대, 원, 꺾은선 등 다양한 형태의 차트로 바꾸어 표현할 수 있습니다.

 **기본문제** 'C:\길벗컴활1급\01 엑셀\01 섹션' 폴더의 '섹션16문제.xlsm' 파일을 열어서 작업하시오.

'무작정따라하기' 시트에서 다음의 지시사항대로 차트를 수정하시오.

전문가의 조언

차트는 매회 빠지지 않고 출제되는 영역인데, 차분히 따라하다 보면 누구나 쉽게 점수를 얻을 수 있다는 걸 확인할 수 있을 겁니다. 단, 차트의 구성 요소를 이해해야 지시사항을 수행할 수 있다는 걸 꼭 명심하세요.

1. '이충렬', '송치윤', '송혜영', '김구완'의 퇴직금 데이터를 차트에 추가한 후 계열 순서를 〈그림〉과 같이 표시되도록 설정하시오.

2. '퇴직금' 계열의 차트 종류를 '표식이 있는 꺾은선형'으로 변경하고, 보조 축을 표시하시오.

3. 차트 레이아웃을 '레이아웃 3', 차트 스타일을 '스타일 4'로 지정하시오.

4. 차트 제목은 '대리급 퇴직금 정산 내역', 가로(항목) 축 제목은 '사원명', 세로(값) 축 제목은 '금액'으로 입력하시오.

5. 차트 제목의 글꼴은 '궁서체', 크기는 12, 글꼴 스타일은 '기울임꼴'로 지정하시오.

6. 세로(값) 축 눈금의 최대값을 10000, 기본 단위를 1000으로 지정하시오.

7. '송치윤' 데이터의 퇴직금 계열에 레이블이 표시되도록 설정하시오.

8. 범례의 글꼴 크기는 10, 배치는 '위쪽', 도형 스타일은 '미세 효과 - 파랑, 강조 1'로 지정하시오.

9. 차트 영역의 테두리 스타일은 '둥근 모서리', 그림자는 '오프셋: 오른쪽 아래'로 지정하시오.

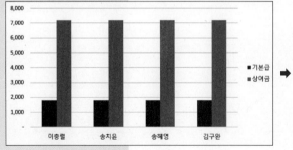

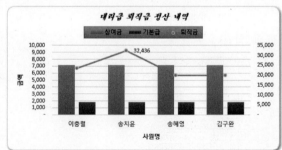

따라하기

24.상시, 23.상시, 22.상시, 21.상시, 20.상시, 19.상시, 19.2, 19.1, 17.상시, 16.2, 13.상시, 10.2, 10.1, 09.4, 09.2, 03.1

1 데이터 추가 및 계열 순서 변경

1. '이충렬', '송치윤', '송혜영', '김구완'의 퇴직금 데이터를 차트에 추가합니다. 차트 영역의 바로 가기 메뉴에서 [데이터 선택]을 선택하세요.

> 💬 전문가의 조언
>
> 차트를 마우스로 클릭한 후 [차트 디자인] → 데이터 → 데이터 선택을 클릭해도 됩니다.

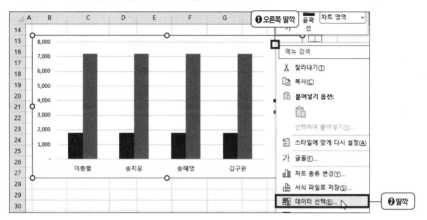

2. '데이터 원본 선택' 대화상자에서 '범례 항목(계열)'의 〈추가〉를 클릭하세요.

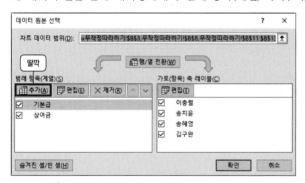

3. '계열 편집' 대화상자가 나타나면 계열 이름에 [I3], 계열 값에 [I8], [I11:13]을 지정한 후 〈확인〉을 클릭하세요.

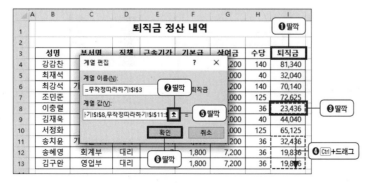

4. 계열 순서를 변경해야 합니다. 범례를 보면 '상여금', '기본급', '퇴직급' 순으로 표시되어 있습니다. '데이터 원본 선택' 대화상자의 '범례 항목(계열)'에서 '상여금' 계열을 선택하고 〈 ∧(위로)〉 단추를 한 번 클릭한 후 〈확인〉을 클릭하세요.

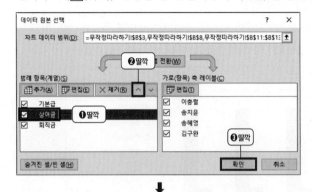

↓

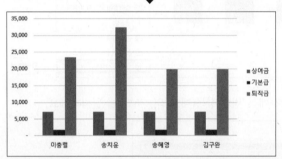

24.상시, 23.상시, 22.상시, 21.상시, 20.상시, 19.상시, 19.2, 19.1, 18.상시, 18.2, 18.1, 16.3, 15.3, 15.상시, 15.1, 14.3, 14.2, 14.1, 13.3, 13.1, 12.3, 12.2, 12.1, …

2 '퇴직금' 계열의 차트 종류 변경 및 보조 축 지정

5. '퇴직금' 계열의 차트 종류를 변경해야 합니다. 임의의 데이터 계열의 바로 가기 메뉴에서 [계열 차트 종류 변경]을 선택하세요. '차트 종류 변경' 대화상자가 나타납니다.

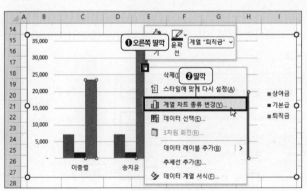

6. '차트 종류 변경' 대화상자의 '혼합'에서 '퇴직금' 계열의 차트 종류를 '표식이 있는 꺾은선형'으로 지정하세요.

7. 이어서 '퇴직금' 계열의 '보조 축'을 선택한 후 〈확인〉을 클릭하세요.

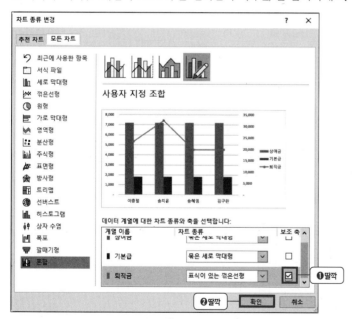

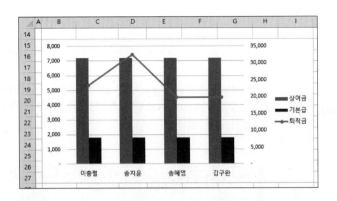

22.상시, 21.상시, 19.2 16.3, 15.상시, 18.3, 16.1

3 차트 레이아웃 및 차트 스타일 지정

8. 차트 레이아웃을 지정해야 합니다. 차트를 선택하고 [차트 디자인] → 차트 레이아웃 → 빠른 레이아웃 → **레이아웃** 3을 선택하세요.

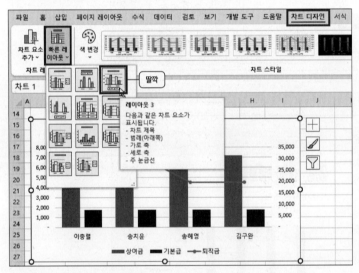

> **궁금해요** **시나공 Q&A 베스트**
>
> **Q** [차트 디자인] 리본 메뉴가 안보여요!
>
> **A** [차트 디자인] 리본 메뉴는 차트가 선택된 상태에서만 표시됩니다. 차트를 선택한 후 다시 확인해 보세요.

9. 차트 스타일을 지정해야 합니다. 차트가 선택된 상태에서 [차트 디자인] → 차트 스타일 → **스타일** 4를 선택하세요.

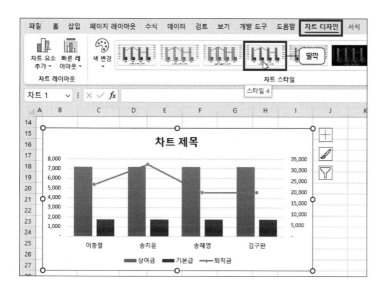

스타일을 변경하는 다른 방법

차트를 선택하면 표시되는 '☑차트 스타일'을 클릭한 후 '스타일 4'를 선택하세요.

4
24.상시, 23.상시, 22.상시, 21.상시, 20.상시, 20.1, 19.상시, 19.2, 18.상시, 17.상시, 17.1, 16.3, 16.1, 15.3, 15.상시, 15.1, 14.3, 14.2, 14.1, 13.3, 13.상시, 13.1, ⋯

차트 및 축 제목 입력

10. 차트 제목을 지정하기 위해 차트에 표시된 '차트 제목'을 선택하고 수식 입력줄을 클릭하여 **대리급 퇴직금 정산 내역**을 입력한 후 Enter 를 누르면 "차트 제목"이 "대리급 퇴직금정산 내역"으로 변경됩니다.

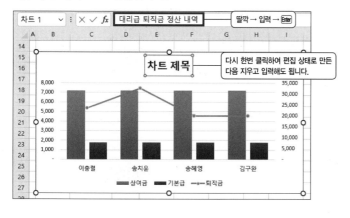

다시 한번 클릭하여 편집 상태로 만든 다음 지우고 입력해도 됩니다.

전문가의 조언

'차트 제목'이 선택된 상태에서 수식 입력줄을 클릭하지 않고 그대로 제목을 입력하면 그림과 같이 '차트 제목'이라는 글자가 지워지지 않은 상태에서 제목이 추가됩니다.

가로(항목) 축 제목을 표시하는 다른 방법

차트를 선택하면 표시되는 田차트 요소]를 클릭한 후 [축 제목] → 기본 가로를 선택하세요.

11. 가로(항목) 축 제목을 지정하기 위해 [차트 디자인] → 차트 레이아웃 → 차트 요소 추가 → 축 제목 → **기본 가로**를 선택하세요.

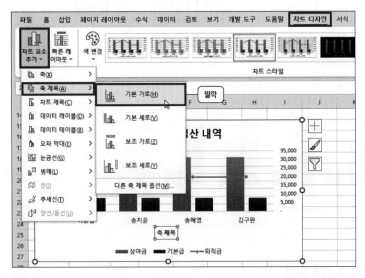

12. "축 제목"이 표시됩니다. "축 제목"이 선택된 상태에서 수식 입력줄에 **사원명**을 입력하고 [Enter]를 누르면 "축 제목"이 "사원명"으로 변경됩니다.

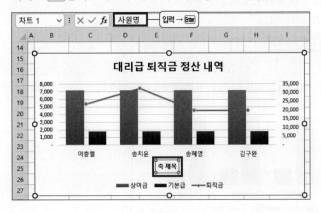

13. 세로(값) 축 제목을 지정하기 위해 [차트 디자인] → 차트 레이아웃 → 차트 요소 추가 → 축 제목 → **기본 세로**를 선택하세요.

세로(값) 축 제목을 표시하는 다른 방법

차트를 선택하면 표시되는 '차트 요소]'를 클릭한 후 [축 제목] → 기본 세로를 선택하세요.

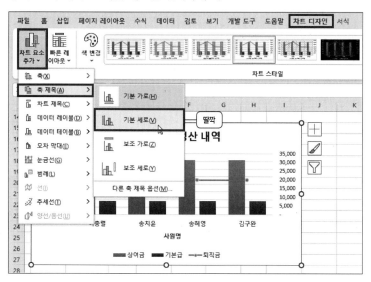

14. "축 제목"이 표시됩니다. "축 제목"이 선택된 상태에서 수식 입력줄에 **금액**을 입력하고 Enter를 누르면 "축 제목"이 "금액"으로 변경됩니다.

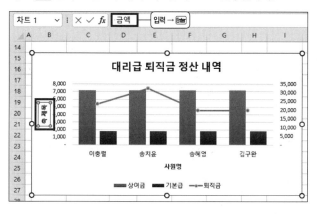

24.상시, 23.상시, 22.상시, 21.상시, 20.상시, 14.1, 13.상시, 12.2, 12.1, 11.3, 11.2, 10.2, 10.1, 09.4, 08.4, 06.4, 06.3, 06.2, 06.1, 05.4, 05.3, 05.2, 05.1, …

5 제목 서식 지정

15. 차트 제목을 선택한 후 [홈] → **글꼴** 그룹에서 글꼴은 '궁서체', 크기는 12, 글꼴 스타일은 '기울임꼴'을 지정하세요.

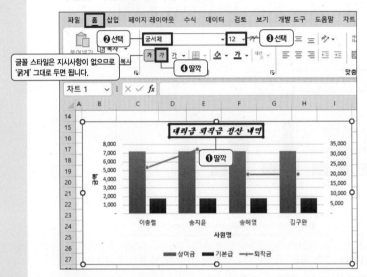

24.상시, 23.상시, 22.상시, 21.상시, 20.1, 19.상시, 19.1, 18.2, 18.1, 17.상시, 17.1, 16.3, 16.1, 15.3, 15.상시, 15.1, 14.2, 14.1, 13.3, 12.2, 11.3, 11.2, …

6 축 서식 지정

16. 세로(값) 축을 더블클릭한 후 '축 서식' 창의 [축 옵션] → (축 옵션) → **축 옵션**에서 '최대값' 경계를 10000, '기본' 단위를 1000으로 지정하세요. 이어서 '축 서식' 창의 '닫기(⊠)' 단추를 클릭하세요.

전문가의 조언

'최대' 경계를 10000으로 입력하면 자동으로 10000.0으로 변경되어 입력됩니다.

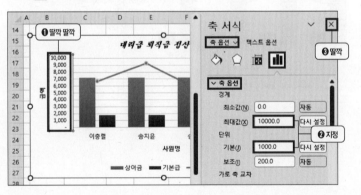

7 24.상시, 23 .상시, 22.상시, 21.상시, 20.상시, 20.1, 19.상시, 19.2, 18.상시, 18.2, 18.1, 17.1, 16.2, 15.3, 15.상시, 14.3, 14.2, 13.상시, 13.1, 12.3, 12.1, 11.1, …

데이터 레이블 지정

17. 송치윤의 퇴직금 계열에 레이블을 표시하기 위해 퇴직금 계열을 클릭하여 선택합니다. 퇴직금 계열이 선택된 상태에서 '송치윤' 데이터 요소만 한 번 더 클릭하세요.

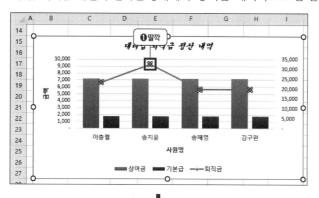

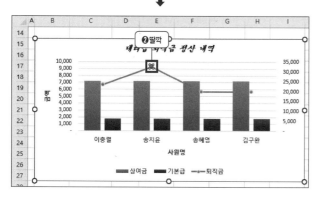

18. 송치윤의 데이터 요소만 선택된 상태에서 바로 가기 메뉴의 [데이터 레이블 추가]를 선택하세요.

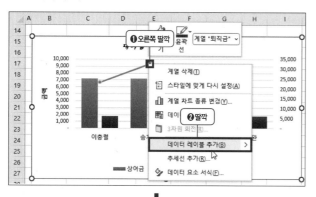

궁금해요 시나공 Q&A 베스트

Q 데이터 레이블로 '값'이 아닌 '항목 이름'을 표시하려면 어떻게 하나요?

A 표시된 '값' 레이블을 더블클릭한 후 '데이터 레이블 서식' 창의 [레이블 옵션] → ■레이블 옵션) → 레이블 옵션에서 표시할 레이블 내용을 지정하면 됩니다.

데이터 레이블을 설정하는 다른 방법

송치윤의 데이터 요소만 선택된 상태에서 [⊞차트 요소]를 클릭한 후 [데이터 레이블] → 오른쪽을 선택하세요.

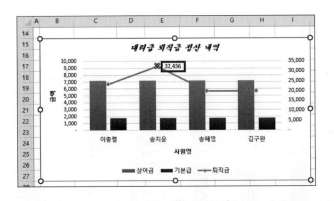

23.상시, 22.상시, 21.상시, 20.상시, 19.상시, 19.2, 17.상시, 17.1, 16.1, 14.3, 14.2, 14.1, 13.3, 13.상시, 12.2, 10.2, 10.1, 09.4, 08.4, 08.1, 07.2, 06.4, …

8 **범례 서식 지정**

19. 범례를 선택한 후 [홈] → 글꼴 → 글꼴 크기를 **10**으로 지정하세요.

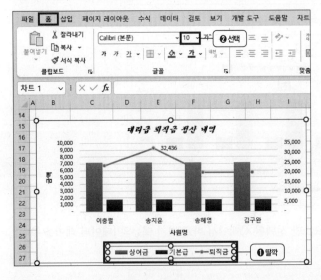

20. 범례의 위치를 위쪽으로 변경하기 위해 [차트 디자인] → 차트 레이아웃 → 차트 요소 추가 → 범례 → **위쪽**을 선택하세요.

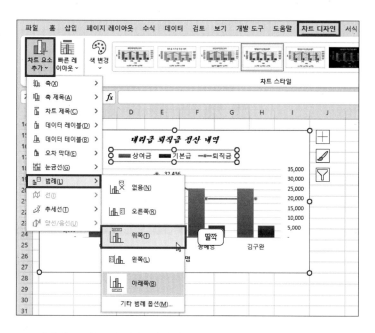

범례 위치를 변경하는 다른 방법

차트를 선택하면 표시되는 '田 차트 요소'를 클릭한 후 [범례] → 위쪽을 선택하세요.

21. 범례에 도형 스타일을 지정해야 합니다. 범례가 선택된 상태에서 [서식] → **도형 스타일**의 ▽(자세히)를 클릭한 후 '미세 효과 - 파랑, 강조 1'을 클릭하세요.

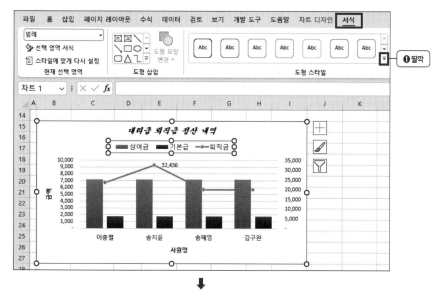

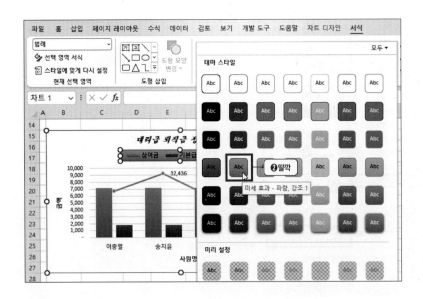

24.상시, 23.상시, 22.상시, 21.상시, 20.상시, 19.상시, 19.1, 18.상시, 18.2, 17.상시, 16.3, 16.1, 15.상시, 15.1, 14.3, 14.2, 14.1, 13.3, 13.상시, 13.1, 12.3, 12.2, ···

9 차트 영역 서식 지정

22. 차트 영역에 테두리 스타일을 지정하기 위해 차트 영역을 더블클릭한 후 '차트 영역 서식' 창의 [차트 옵션] → ⬧(채우기 및 선) → **테두리**에서 '둥근 모서리'를 선택하세요.

23. 이어서 '차트 영역 서식' 창의 [차트 옵션] → ◻(효과) → **그림자**에서 '미리 설정 (◻▾)'을 클릭하여 '오프셋: 오른쪽 아래'를 선택한 후 '닫기(✕)' 단추를 클릭하세요.

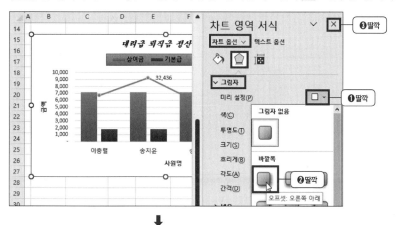

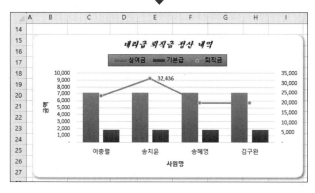

기출 따라잡기

문제 1 'C:\길벗컴활1급\01 엑셀\01 섹션' 폴더의 '섹션16문제.xlsm' 파일을 열어서 작업하시오.

'기출01' 시트에서 다음의 지시사항에 따라 차트를 수정하시오.

※ 차트는 반드시 문제에서 제공한 차트를 사용하여야 하며, 신규로 차트 작성 시 0점 처리됨

1. 차트의 제목은 '이용 현황', 가로(항목) 축 제목은 '고객명'으로 입력하고 차트 제목은 글꼴 '돋움', 크기 14, 글꼴 색 '파랑', '밑줄'을 지정하시오.

2. 〈그림〉을 참조하여 '이용일수'와 '누적점수' 계열을 '묶은 세로 막대형'과 '표식이 있는 꺾은선형' 두 가지의 차트로 표시하시오.

3. 차트 범례의 배치는 '위쪽', 글꼴은 '굴림', 도형 스타일은 '색 윤곽선 – 황금색, 강조 4'로 설정하시오.

4. 차트 옵션에서 '세로 축 주 눈금선'을 설정하고 '표식이 있는 꺾은선형' 차트의 모든 데이터 계열은 '완만한 선'으로 표시하시오.

5. 차트 위치를 새 시트로 생성하고, 생성된 차트의 이름을 'Chart'로 설정하시오.

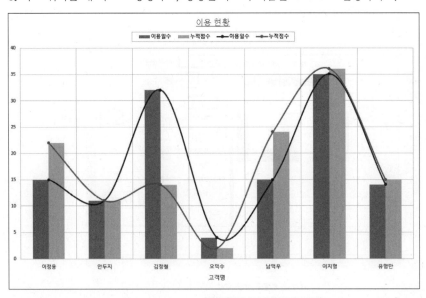

문제 2 'C:\길벗컴활1급\01 엑셀\01 섹션' 폴더의 '섹션16문제.xlsm' 파일을 열어서 작업하시오.

'기출02' 시트에서 다음의 지시사항에 따라 차트를 수정하시오.

※ 차트는 반드시 문제에서 제공한 차트를 사용하여야 하며, 신규로 차트 작성 시 0점 처리됨

1. 차트 제목은 시트의 [C2] 셀과 연결하여 표시하고, 세로(값) 축 제목은 "점수"로 표시한 후 세로 방향으로 표시되도록 설정하시오.

2. 차트 영역의 글꼴 크기는 9, 테두리 스타일은 '둥근 모서리', 그림자는 '오프셋: 오른쪽 아래'로 지정하시오.

3. '필기시험' 계열에 데이터 레이블을 표시한 후 데이터 레이블 도형은 '직사각형', 글꼴 크기는 10, 글꼴 스타일은 '굵게'로 지정하시오.

4. '실기시험' 계열의 겹치기는 50%, 간격 너비는 100%로 지정하시오.

5. 도형의 '타원'과 '선 화살표'를 이용하여 그림과 같이 삽입한 후 선 색은 '검정, 텍스트 1', 선 너비는 1pt, 채우기는 '채우기 없음'으로 지정하시오.

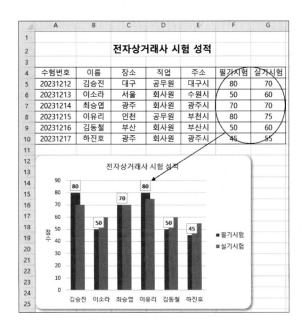

'C:\길벗컴활1급\01 엑셀\01 섹션' 폴더의 '섹션16문제.xlsm' 파일을 열어서 작업하시오.

'기출03' 시트에서 다음의 지시사항에 따라 차트를 수정하시오.

※ 차트는 반드시 문제에서 제공한 차트를 사용하여야 하며, 신규로 차트 작성 시 0점 처리됨

1. 데이터 계열 위치를 '열'로 변경하고 차트 제목을 〈그림〉과 같이 표시하시오.

2. '중국'과 '인도' 계열은 제거하고 '일본' 계열은 보조 축으로 설정하시오.

3. 보조 세로(값) 축 눈금은 최소값 −300, '값을 거꾸로', 세로(값) 축 눈금은 최대값 300으로 설정하시오.

4. [색 변경]을 '다양한 색상표 3'으로 지정하고 '일본' 계열의 표식을 '마른모(◆)', 크기를 10으로 변경하시오.

5. '한국' 계열에 '3구간 이동 평균' 추세선을 추가하고 그림 영역에 '파랑 박엽지' 질감을 설정하시오.

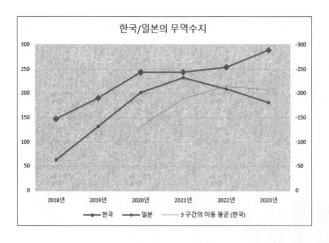

한국/일본의 무역수지

범례: 한국 / 일본 / 3 구간의 이동 평균 (한국)

문제 1

24.상시, 23.상시, 22.상시, 21.상시, 20.상시, 20.1, 19.상시, 19.2, 18.상시, 17.상시, 16.3, 16.1, …

1 차트 제목 및 가로(항목) 축 제목 입력

1. 차트 제목을 지정하기 위해 차트를 선택한 다음 [차트 디자인] → 차트 레이아웃 → 차트 요소 추가 → 차트 제 목 → **차트 위**를 선택하세요.

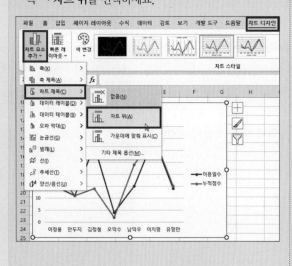

2. 수식 입력줄에 **이용 현황**을 입력하고 [Enter]를 누르면 "차 트 제목"이 "이용 현황"으로 변경됩니다.

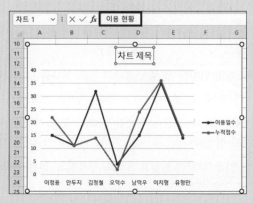

3. 가로(항목) 축 제목을 지정하기 위해 [차트 디자인] → 차트 레이아웃 → 차트 요소 추가 → 축 제목 → **기본 가 로**를 선택하세요.

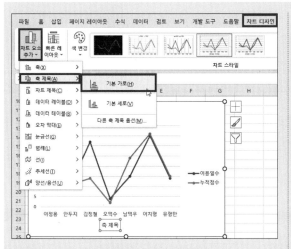

4. 수식 입력줄에 **고객명**을 입력하고 Enter를 누르면 "축 제목"이 "고객명"으로 변경됩니다.

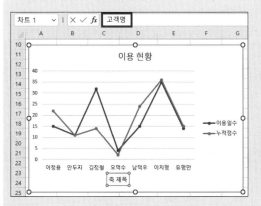

5. 차트 제목을 선택한 후 [홈] → 글꼴에서 글꼴 '돋움', 크기 14, '밑줄(가)', 글꼴 색 '파랑'을 선택하세요.

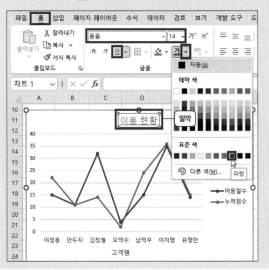

2 원본 데이터 변경 및 차트 종류 변경

6. 차트 영역의 바로 가기 메뉴에서 [데이터 선택]을 선택하세요. '데이터 원본 선택' 대화상자가 실행되면 [A2:C9] 영역을 드래그한 후 Ctrl을 누른 채 [B2:C9] 영역을 드래그한 다음 〈확인〉을 클릭하세요.

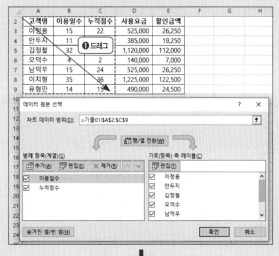

• '데이터 원본 선택' 대화상자의 범례 항목(계열)에서 〈추가〉를 클릭하여 '이용일수'와 '누적점수'를 각각 추가해도 됩니다.
• 차트에 같은 계열을 두 번 표시하려면 가로 축으로 사용할 데이터는 한 번만 범위에 포함시키고, 계열로 사용할 데이터는 두 번 포함되게 범위를 지정해야 합니다.

7. 임의의 계열을 선택한 후 바로 가기 메뉴에서 [계열 차트 종류 변경]을 선택하세요.

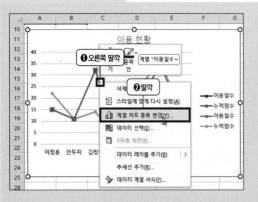

8. '차트 종류 변경' 대화상자의 '혼합'에서 '이용일수'와 '누적점수' 계열 중 하나 씩을 '묶은 세로 막대형'으로 지정한 후 〈확인〉을 클릭하세요.

3 범례 서식 지정

9. 범례를 선택한 후 [홈] → 글꼴 → 글꼴을 '굴림'으로 지정하세요.

10. [차트 디자인] → 차트 레이아웃 → 차트 요소 추가 → 범례 → 위쪽을 선택하세요.

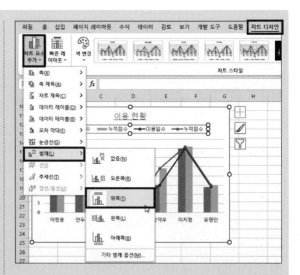

11. [서식] → 도형 스타일 → 색 윤곽선 – 황금색, 강조 4를 선택하세요.

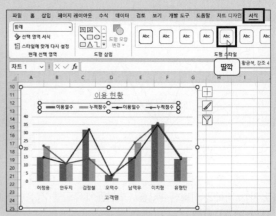

궁금해요 **시나공 Q&A 베스트**

Q '색 윤곽선 – 황금색, 강조 4' 도형 스타일이 없어요!

A 리본 메뉴는 프로그램 창의 너비에 따라 화면에 표시되는 메뉴가 다릅니다. 화면에 '색 윤곽선 – 황금색, 강조 4' 도형 스타일이 없다면 도형 스타일의 자세히(▾)를 클릭한 후 선택하세요.

↓

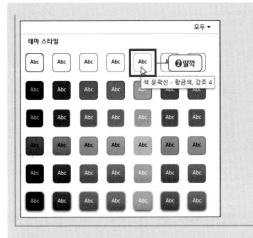

22.상시, 21.상시, 20.상시, 19.상시, 17.1, 12.2, 10.3, 09.3, 07.3, 07.2, 06.1, 04.4

4 주 눈금선 표시 및 데이터 계열 서식 지정

12. 차트 영역을 선택한 후 [차트 디자인] → 차트 레이아웃 → 차트 요소 추가 → 눈금선 → **기본 주 세로**를 선택하세요.

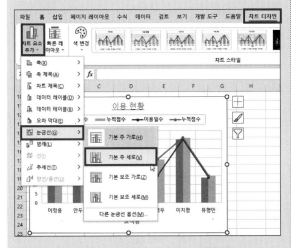

13. 꺾은선형 차트의 '이용일수' 계열을 더블클릭한 후 '데이터 계열 서식' 창의 [계열 옵션] → (채우기 및 선) → **선**에서 '완만한 선'을 선택하세요.

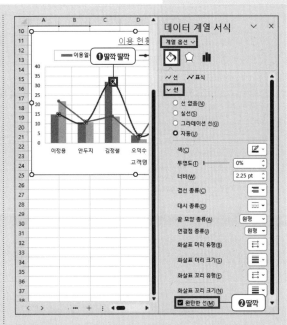

14. 같은 방법으로 꺾은선형 차트의 '누적점수' 계열의 데이터 계열도 '완만한 선'을 지정하세요.

07.4, 07.2, 07.1, 06.4, 06.3

5 차트 위치 변경

15. 차트 영역의 바로 가기 메뉴에서 [**차트 이동**]을 선택합니다. 이어서 '차트 이동' 대화상자에서 '새 시트'를 선택하고 이름을 Chart로 수정한 후 〈확인〉을 클릭하세요.

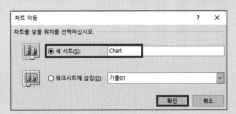

문제 2

24.상시, 23.상시, 22.상시, 21.상시, 20.상시, 20.1, 19.상시, 19.2, 19.1, 18.상시, 18.2, 16.3, 16.1, …

1 차트 제목 입력 및 서식 지정

1. [차트 디자인] → 차트 레이아웃 → 차트 요소 추가 → 차트 제목 → **차트 위**를 선택하세요.

2. 차트에 삽입된 '차트 제목'이 선택된 상태에서 수식 입력줄을 클릭하고 =을 입력한 후 [C2] 셀을 클릭하고 Enter를 누르세요.

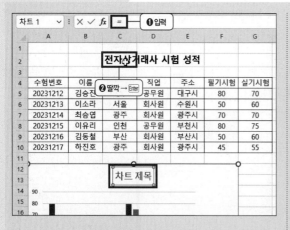

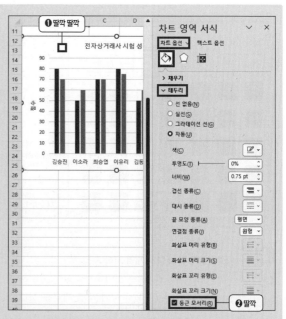

3. 세로(값) 축 제목을 지정하기 위해 [차트 디자인] → 차트 레이아웃 → 차트 요소 추가 → 축 제목 → **기본 세로**를 선택한 후 수식 입력줄에 **점수**를 입력합니다.

4. 세로(값) 축 제목의 텍스트 방향을 변경하기 위해 세로(값) 축 제목을 더블클릭한 후 '축 제목 서식' 창의 [제목 옵션] → 📊(크기 및 속성) → **맞춤**에서 텍스트 방향을 '세로'로 지정합니다.

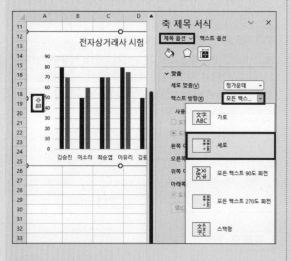

24.상시, 23.상시, 22.상시, 21.상시, 20.상시, 19.1, 18.상시, 19.1, 18.2, 17.상시, 16.3, 16.1, …

2 차트 영역 서식 지정

5. 차트 영역을 선택한 후 [홈] → 글꼴 → **글꼴 크기**를 9로 지정하세요.

6. 차트 영역에 테두리 스타일을 지정하기 위해 차트 영역을 더블클릭한 후 '차트 영역 서식' 창의 [차트 옵션] → 🎨(채우기 및 선) → **테두리**에서 '둥근 모서리'를 선택하세요.

7. 이어서 '차트 영역 서식' 창의 [차트 옵션] → 📐(효과) → 그림자에서 '미리 설정(□▾)'을 클릭하여 '오프셋: 오른쪽 아래'를 선택하세요.

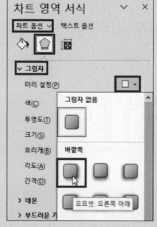

24.상시, 23.상시, 22.상시, 21.상시, 20.상시, 20.1, 19.상시, 19.2, 18.상시, 18.2, 18.1, 17.1, 16.2, …

3 데이터 레이블 표시 및 서식 지정

8. '필기시험' 데이터 계열의 바로 가기 메뉴에서 [데이터 레이블 추가]를 선택하세요.

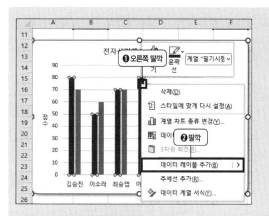

9. 데이터 레이블 도형을 변경하기 위해 데이터 레이블의 바로 가기 메뉴에서 [데이터 레이블 도형 변경] → ▭(직사각형)을 선택합니다.

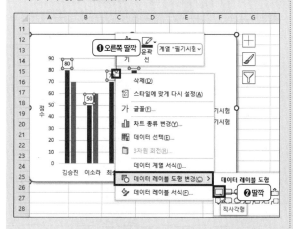

10. [홈] → 글꼴에서 크기 10, '굵게(가)'를 지정하세요.

23.상시, 22.상시, 09.1
4 계열 겹치기 및 간격 너비 지정

11. '실기시험' 계열을 더블클릭한 후 '데이터 계열 서식' 창의 [계열 옵션] → ▥(계열 옵션) → 계열 옵션에서 '계열 겹치기'를 50%로, '간격 너비'를 100%로 지정하세요.

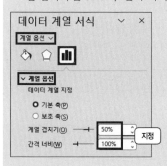

※ 50을 입력하면 50%, 100을 입력하면 100%로 변경되어 표시됩니다.

11.3, 06.2, 03.1
5 도형 추가

12. [삽입] → 일러스트레이션 → 도형 → 기본 도형 → 타원을 선택하세요.

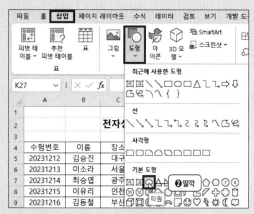

13. 도형이 표시되어 있는 위치에 알맞게 드래그하여 도형을 그리세요.

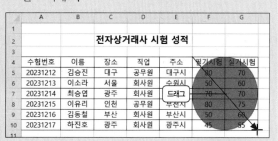

14. 그려진 도형의 바로 가기 메뉴에서 [도형 서식]을 선택한 후 '도형 서식' 창의 [도형 옵션] → ◊(채우기 및 선) → 채우기에서 '채우기 없음'을 선택하세요.

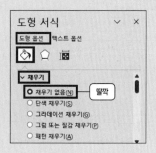

15. [삽입] → 일러스트레이션 → 도형 → 선 → 선 화살표 (↘)를 선택한 후 그림과 같이 드래그하여 화살표를 그리세요.

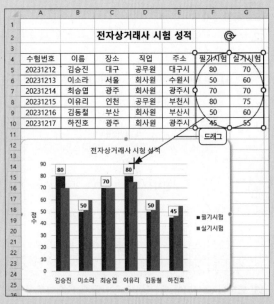

16. 삽입한 선이 선택된 상태에서 Ctrl을 누른 채 '타원' 도형을 클릭하여 두 도형을 선택한 후 [도형 서식] → 도형 스타일 → **도형 윤곽선**에서 색을 '검정, 텍스트 1', 두께를 1pt로 지정하세요.

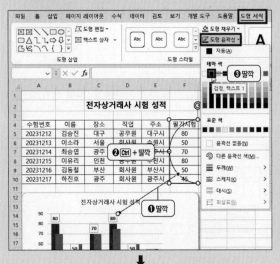

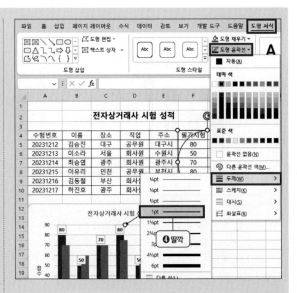

문제 3

24.상시, 23.상시, 22.상시, 21.상시, 20.상시, 20.1, 19.상시, 19.2, 18.상시, 17.상시, 16.3, 16.1, …

1 계열 위치 변경 및 차트 제목 지정

1. 차트 영역의 바로 가기 메뉴에서 [데이터 선택]을 선택하면 '데이터 원본 선택' 대화상자가 나타납니다. 〈행/열 전환〉을 클릭한 후 〈확인〉을 클릭하세요.

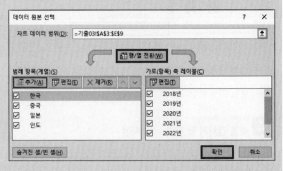

※ [차트 디자인] → 데이터 → **행/열 전환**을 클릭해도 됩니다.

2. 차트 제목을 지정하기 위해 차트 영역을 클릭하고 [차트 디자인] → 차트 레이아웃 → 차트 요소 추가 → 차트 제목 → **차트 위**를 선택한 후 수식 입력줄에 **한국/일본의 무역수지**를 입력합니다.

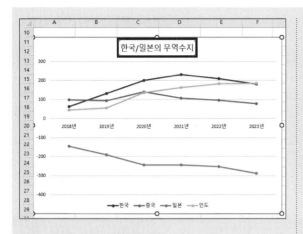

24.상시, 23.상시, 22.상시, 21.상시, 20.1, 18.1, 16.3, 12.2, 12.1, 11.3, 10.1, 09.3, 09.2, 08.4, …

2 계열 삭제 및 보조 축 지정

3. '중국' 계열을 클릭한 후 Delete 를 눌러 계열을 삭제하세요.

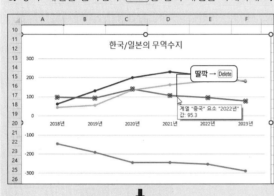

⬇

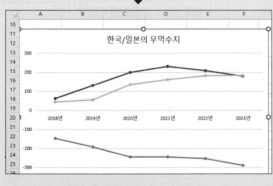

4. 같은 방법으로 '인도' 계열도 삭제하세요.
5. '일본' 계열을 더블클릭한 후 '데이터 계열 서식' 창의 [계열 옵션] → 📊(계열 옵션) → **계열 옵션**에서 '보조 축'을 선택하세요.

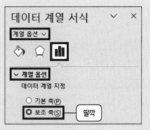

24.상시, 23.상시, 22.상시, 21.상시, 20.상시, 20.1, 19.상시, 19.1, 18.2, 18.1, 17.상시, 17.1, 16.3, …

3 축 서식 지정

6. 보조 세로(값) 축을 더블클릭한 후 '축 서식' 창의 [축 옵션] → 📊(축 옵션) → 축 옵션에서 '최소값' 경계를 −300으로 지정하고, '값을 거꾸로'를 선택하세요.

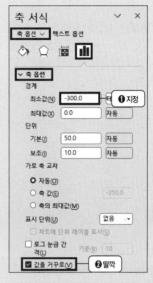

'최소' 경계를 −300으로 입력하면 자동으로 300.0으로 변경되어 입력됩니다.

7. 이번에는 세로(값) 축을 더블클릭한 후 '축 서식' 창의 [축 옵션] → 📊(축 옵션) → 축 옵션에서 '최대값' 경계를 300으로 지정하세요.

4 색 변경 및 표식 서식 지정

8. 차트를 선택한 후 [차트 디자인] → 차트 스타일 → 색 변경 → **다양한 색상표 3**을 선택하세요.

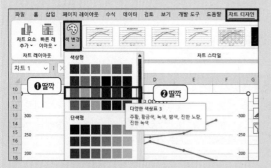

9. '일본' 계열을 더블클릭한 후 '데이터 계열 서식' 창의 [계열 옵션] → (채우기 및 선) → 표식 → **표식 옵션**에서 '형식'을 마른모(◆), 크기를 **10**으로 지정하세요.

5 추세선 표시 및 그림 영역 서식 지정

10. '한국' 계열을 선택한 후 [차트 디자인] → 차트 레이아 웃 → 차트 요소 추가 → 추세선 → **이동 평균**을 선택 하세요.

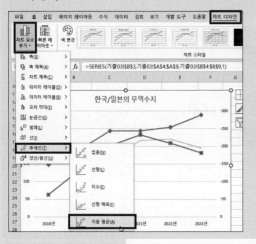

11. 추세선을 더블클릭한 후 '추세선 서식' 창의 [추세선 옵션] → (추세선 옵션) → **추세선 옵션**에서 이동 평균 의 구간을 3으로 지정하세요.

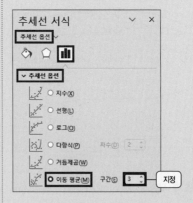

12. 그림 영역을 선택한 후 [서식] → 도형 스타일 → 도형 채우기 → 질감 → **파랑 박엽지**를 선택하세요.

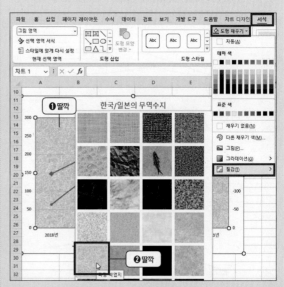

매크로는 간단히 말해서 명령들의 모임입니다. 엑셀을 사용하다 보면 같은 작업을 여러 번 반복해야 하는 경우가 있습니다. 이렇게 반복되는 작업을 진행하기 위해서는 매번 블록을 지정하고, 메뉴를 선택하고, 대화상자를 불러내고, 항목을 선택하는 과정을 되풀이 해야 합니다. 하지만 엑셀에서는 이러한 일련의 작업을 매크로로 만들어 여러 단계를 일일이 거치지 않고, 한 번의 명령으로 처리할 수 있습니다.

기본문제 'C:\길벗컴활1급\01 엑셀\01 섹션' 폴더의 '섹션17문제.xlsm' 파일을 열어서 작업하시오.

'무작정따라하기' 시트에서 다음과 같은 기능을 수행하는 매크로를 현재 통합문서에 작성하시오.

1. [E6:E17] 영역에 사용자 지정 표시 형식을 설정하는 '서식적용' 매크로를 생성하시오.

   ▶ 양수일 때 파랑색으로 기호 없이 소수점 이하 둘째 자리까지 표시, 음수일 때 빨강색으로 기호 없이 소수점 이하 둘째 자리까지 표시, 0일 때 "●" 기호만 표시

   ▶ [개발 도구] → [삽입] → [양식 컨트롤]의 '단추'를 동일 시트의 [B2:B3] 영역에 생성한 후 텍스트를 "서식적용"으로 입력하고, 단추를 클릭하면 '서식적용' 매크로가 실행되도록 설정하시오.

2. [E6:E17] 영역에 표시 형식을 '일반'으로 적용하는 '서식해제' 매크로를 생성하시오.

   ▶ [개발 도구] → [삽입] → [양식 컨트롤]의 '단추'를 동일 시트의 [D2:D3] 영역에 생성한 후 텍스트를 '서식해제'로 입력하고, 단추를 클릭하면 '서식해제' 매크로가 실행되도록 설정하시오.

※ 셀 포인터의 위치에 관계없이 매크로가 실행되어야 정답으로 인정됨

> **전문가의 조언**
>
> 매크로를 작성하는 문제는 조건부 서식이나 사용자 지정 표시 형식 등이 출제되기 때문에 조건을 지정하는 방법이나 사용자 지정 표시 형식의 표기법 등을 정확히 알아둘 필요가 있습니다. 그리고 수험생 가운데는 매크로를 어렵게 생각하는 경우가 있는데, 매크로는 몇 가지만 이해하면 생각보다 쉽게 점수를 얻을 수 있는 부분이니 절대 포기하지 마세요.

	A	B	C	D	E	F
1						
2						
3						
4						
5		종목명	종가	전일비	등락률	시가총액(억원)
6		남원물산	43,150	1,250(↑)	2.9	190,984
7		한국산업	70,500	990(↑)	1.4	188,630
8		종일제강	34,450	1,120(↓)	-3.25	177,652
9		성대상사	214,200	13,850(↑)	6.47	311,300
10		유명반도체	108,500	9,800(↓)	-9.03	302,977
11		우리제약	126,000	24,800(↓)	-19.68	257,309
12		진흥화학	103,000	7,850(↓)	-7.62	229,318
13		한국제지	41,750	8,250(↑)	19.76	159,576
14		신한양조	29,800	1,820(↑)	6.11	144,844
15		서울전자	122,100	13,540(↑)	11.09	229,422
16		일성증권	87,200	0	0	197,009
17		두성전자	192,000	34,000(↓)	-17.71	512,514

↓

	A	B	C	D	E	F
1						
2		서식적용		서식해제		
3						
4						
5		종목명	종가	전일비	등락률	시가총액(억원)
6		남원물산	43,150	1,250(↑)	2.90	190,984
7		한국산업	70,500	990(↑)	1.40	188,630
8		종일제강	34,450	1,120(↑)	3.25	177,652
9		성대상사	214,200	13,850(↑)	6.47	311,300
10		유명반도체	108,500	9,800(↓)	9.03	302,977
11		우리제약	126,000	24,800(↓)	19.68	257,309
12		진흥화학	103,000	7,850(↓)	7.62	229,318
13		한국제지	41,750	8,250(↑)	19.76	159,576
14		신한양조	29,800	1,820(↑)	6.11	144,844
15		서울전자	122,100	13,540(↑)	11.09	229,422
16		일성증권	87,200	0	●	197,009
17		두성전자	192,000	34,000(↓)	17.71	512,514

따라하기

1

23.상시, 23.상시, 22.상시, 21.상시, 19.상시, 19.1, 18.2, 18.1, 16.2, 16.1, 15.상시, 14.3, 14.2, 13.3, 1 3.상시, 12.3, 11.2, 11.1, 10.3, 10.2, 10.1, 09.4, 09.2, ⋯

'서식적용' 단추 만들기

1. [개발 도구] → 컨트롤 → 삽입 → **양식 컨트롤**에서 '단추'를 선택하세요.

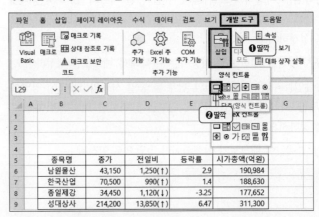

2. 마우스 포인터가 '+'로 바뀌면 [B2:B3] 영역에 맞게 드래그하세요.

	A	B	C	D	E	F
1						
2						
3						
4		드래그				
5		종목명	종가	전일비	등락률	시가총액(억원)
6		남원물산	43,150	1,250(↑)	2.9	190,984
7		한국산업	70,500	990(↑)	1.4	188,630
8		종일제강	34,450	1,120(↓)	-3.25	177,652
9		성대상사	214,200	13,850(↑)	6.47	311,300
10		유명반도체	108,500	9,800(↓)	-9.03	302,977
11		우리제약	126,000	24,800(↓)	-19.68	257,309

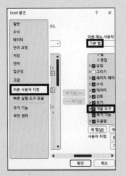

궁금해요 시나공 Q&A 베스트

Q 리본 메뉴에 [개발 도구]가 없어요!

A [파일] → 옵션 선택 → 'Excel 옵션' 대화상자의 '리본 사용자 지정' 탭 클릭 → '기본' 탭의 '개발 도구'를 선택해 주세요.

전문가의 조언

단추를 셀에 정확히 맞추려면 Alt 를 누른 채 드래그하세요.

2 '서식적용' 매크로 지정하기

3. '매크로 지정' 대화상자가 나타납니다. 매크로 이름에 **서식적용**을 입력하고, 〈기록〉을 클릭하세요.

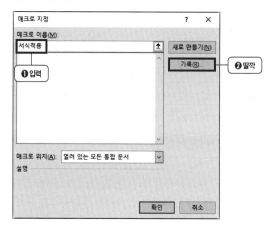

4. '매크로 기록' 대화상자가 나타납니다. '매크로 기록' 대화상자의 매크로 이름에는 "서식적용"이 입력되어 있습니다. 〈확인〉을 클릭하세요.

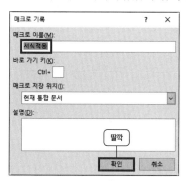

> **잠깐만요** **잘못된 동작도 그대로 기록됩니다.**
>
> 이제부터 매크로 기록이 시작되는 것입니다. 매크로 기록중에는 문제 풀이와 관계없는 불필요한 동작도 그대로 기록되기 때문에 실수 없이 작업을 마칠 수 있도록 매크로 기록을 시작하기 전에 충분한 예행 연습이 필요한데, 실제 시험에서는 예행연습을 해 볼 시간적 여유가 없습니다. 예행연습 없이 완벽하게 매크로를 기록할 수 있도록 평소에 연습을 충분히 해두는 것이 좋습니다.

5. 매크로 기록 중임을 알리는 '기록 중지(□)' 아이콘이 상태 표시줄에 나타납니다. 서식을 적용할 [E6:E17] 영역을 블록으로 지정한 후 [Ctrl]+[1]을 누르세요.

'셀 서식' 대화상자를 실행하는 다른 방법
- 방법1 : [홈] → 표시 형식의 🔽 클릭
- 방법2 : 바로 가기 메뉴에서 [셀 서식] 선택

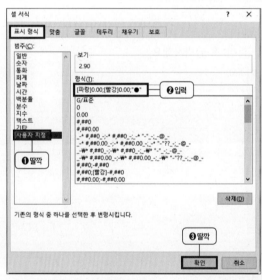

6. '셀 서식' 대화상자가 나타납니다. '셀 서식' 대화상자의 '표시 형식' 탭에서 '사용자 지정'을 선택한 후 '형식'에 **[파랑]0.00;[빨강]0.00;"●"**을 입력하고 〈확인〉을 클릭하세요.

궁금해요 **시나공 Q&A 베스트**

Q 'ㅁ(미음)'을 입력하고 한자를 눌러 나타나는 특수문자 선택상자 모양이 달라요. 그리고 마우스로 특수문자를 클릭하면 대화상자가 사라져요. 왜 그런거죠?

A 위의 그림은 한컴 입력기를 사용할 경우 나타나는 특수문자 선택상자입니다. 이 선택상자에서는 마우스가 아닌 키보드를 이용하여 특수문자를 선택해야 합니다. 즉 키보드의 방향키(→, ←, ↑, ↓)를 이용하여 원하는 특수문자로 이동한 후 Enter를 눌러 입력해야 합니다.

잠깐만요 **"●" 입력 방법**

1. 한글 자음 ㅁ(미음)을 입력한 후 한자를 누르세요.
2. 특수문자 선택상자의 오른쪽 하단의 '⊠(보기 변경)'을 클릭한 후 원하는 특수문자를 클릭하여 선택하세요.

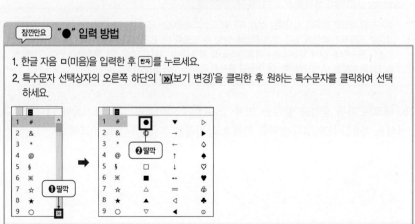

사용자 지정 서식 코드는 양수, 음수, 0, 텍스트 순으로 한 번에 네 가지의 표시 형식을 지정할 수 있으며 각 구역은 세미콜론(;)으로 구분됩니다. 이 문제에서는 양수, 음수, 0일 경우에 해당하는 표시 형식만 지정하면 되므로 맨 마지막 텍스트에 대한 표시 형식은 생략하였습니다. 글꼴 색을 지정할 때는 대괄호([ ]) 안에 입력합니다. 글꼴 색을 지정하지 않으면 기본 값인 검정색으로 표시됩니다.

[파랑]0.00 ; [빨강]0.00 ; "●"
　양수　　　　　음수　　　　0

7. 임의의 셀을 클릭하여 설정된 범위를 해제한 후 '기록 중지(□)' 아이콘을 클릭하세요. 이제 '서식적용' 매크로 기록 작업을 마친 것입니다.

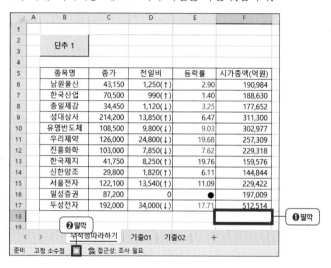

8. '단추'의 텍스트를 변경해야 합니다. '단추'의 바로 가기 메뉴에서 [텍스트 편집]을 선택하세요.

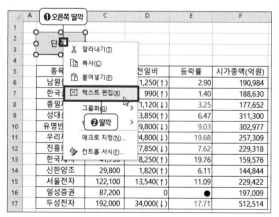

9. 텍스트 편집 상태가 됩니다. '단추'에 입력된 **단추 1**을 삭제하고 **서식적용**을 입력한 다음 임의의 셀을 클릭하여 '단추'의 텍스트 편집 상태를 해제하세요.

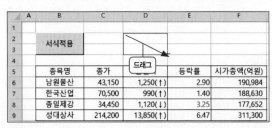

23.상시, 23.상시, 22.상시, 21.상시, 19.상시, 19.1, 18.2, 18.1, 16.2, 16.1, 15.상시, 14.3, 14.2, 13.3, 1 3.상시, 12.3, 11.2, 11.1, 10.3, 10.2, 10.1, 09.4, 09.2, …

3 **'서식해제' 단추 만들기**

10. [개발 도구] → 컨트롤 → 삽입 → **양식 컨트롤**에서 '단추'를 선택한 후 마우스 포인터가 '+'로 바뀌면 [D2:D3] 영역에 맞게 드래그하세요.

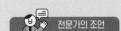
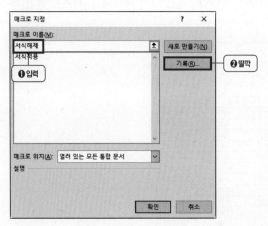

23.상시, 23.상시, 22.상시, 21.상시, 19.상시, 19.1, 18.2, 18.1, 17.상시, 16.2, 16.1, 15.상시, 14.3, 14.2, 14.1, 13.3, 13.상시, 12.3, 11.2, 11.1, 10.3, 10.2, …

4 **'서식해제' 매크로 지정하기**

11. '매크로 지정' 대화상자가 나타납니다. 매크로 이름에 **서식해제**를 입력하고, 〈기록〉을 클릭하세요.

12. '매크로 기록' 대화상자가 나타납니다. '매크로 기록' 대화상자의 매크로 이름에는 "서식해제"가 입력되어 있습니다. 〈확인〉을 클릭하세요.

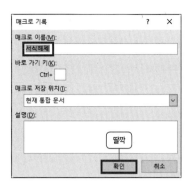

13. 매크로 기록 중임을 알리는 '기록 중지(▢)' 아이콘이 상태 표시줄에 나타납니다. 서식을 적용할 [E6:E17] 영역을 블록으로 지정한 후 Ctrl+¹을 누르세요.

'셀 서식' 대화상자를 실행하는 다른 방법
· 방법1 : [홈] → 표시 형식의 ⬚ 클릭
· 방법2 : 바로 가기 메뉴에서 [셀 서식] 선택

	A	B	C	D	E	F
1						
2		서식적용		단추 2		
3						
4						
5		종목명	종가	전일비	등락률	시가총액(억원)
6		남원물산	43,150	1,250(↑)	2.90	190,984
7		한국산업	70,500	990(↑)	1.40	188,630
8		종일제강	34,450	1,120(↓)	3.25	177,652
9		성대상사	214,200	13,850(↑)	6.47	311,300
10		유명반도체	108,500	9,800(↓)	9.03	302,977
11		우리제약	126,000	24,800(↓)	드래그 → Ctrl+¹ 09	
12		진흥화학	103,000	7,850(↓)	7.62	229,318
13		한국제지	41,750	8,250(↑)	19.76	159,576
14		신한양조	29,800	1,820(↑)	6.11	144,844
15		서울전자	122,100	13,540(↑)	11.09	229,422
16		일성증권	87,200	0	●	197,009
17		두성전자	192,000	34,000(↓)	▼ 17.71	512,514
18						

무작정따라하기 기출01 기출02 +

준비 고정 소수점 ▢ '기록 중지' 아이콘입니다.

14. '셀 서식' 대화상자가 나타납니다. '셀 서식' 대화상자의 '표시 형식' 탭에서 '일반'을 선택한 후 〈확인〉을 클릭하세요.

15. 임의의 셀을 클릭하여 설정된 범위를 해제한 후 '기록 중지(□)' 아이콘을 클릭하세요. '서식해제' 매크로로 기록 작업을 마친 것입니다.

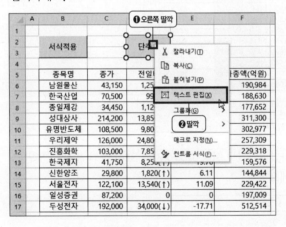

16. '단추'의 텍스트를 변경해야 합니다. '단추'의 바로 가기 메뉴에서 [텍스트 편집]을 선택하세요.

17. 텍스트 편집 상태가 됩니다. '단추'에 입력된 **단추 2**를 삭제하고 **서식해제**를 입력한 다음 임의의 셀을 클릭하여 '단추'의 텍스트 편집 상태를 해제하세요.

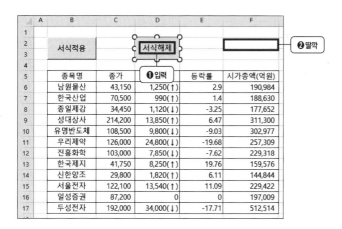

18. '서식적용' 단추와 '서식해제' 단추를 차례로 클릭하여 매크로가 정상적으로 동작하는지 확인하세요.

전문가의 조언

매크로 작성을 잘못하였을 경우에는 기존에 작성했던 매크로를 삭제한 후 다시 작성하면 됩니다. 매크로를 삭제하는 방법은 [개발 도구] → 코드 → 매크로를 클릭한 후 '매크로' 대화상자가 나타나면 삭제할 매크로 이름을 선택한 다음 〈삭제〉를 클릭하면 됩니다.

잠깐만요

다음과 같은 메시지가 나타난 다음 매크로가 실행되지 않아요!

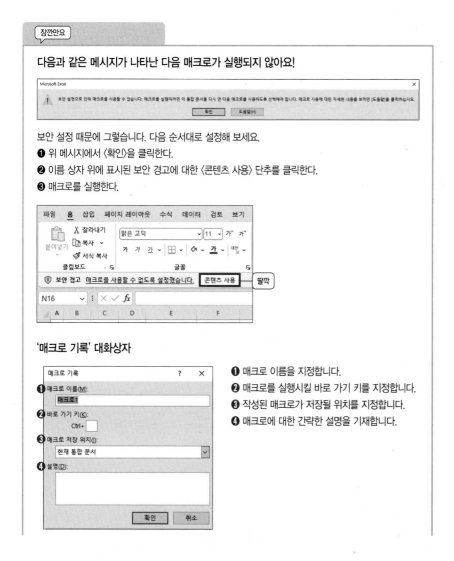

보안 설정 때문에 그렇습니다. 다음 순서대로 설정해 보세요.

❶ 위 메시지에서 〈확인〉을 클릭한다.
❷ 이름 상자 위에 표시된 보안 경고에 대한 〈콘텐츠 사용〉 단추를 클릭한다.
❸ 매크로를 실행한다.

'매크로 기록' 대화상자

❶ 매크로 이름을 지정합니다.
❷ 매크로를 실행시킬 바로 가기 키를 지정합니다.
❸ 작성된 매크로가 저장될 위치를 지정합니다.
❹ 매크로에 대한 간략한 설명을 기재합니다.

'셀 포인터의 위치에 관계없이 매크로가 실행되어야 정답으로 인정됨'이라는 지시사항의 의미

작성한 매크로를 실행할 때 워크시트의 어느 위치에 커서(셀 포인터)를 놓아도 매크로가 정상적으로 수행 되어야 한다는 의미입니다.

▲	A	B	C	D	E	F	G
1				커서의 위치			
2	과정구분	시험형태	서울	부산	광주		
3	엑셀중급	필기	95	94	85		
4	엑셀중급	실기	90	89	85		
5	엑셀초급	필기	90	95	80		
6	엑셀초급	실기	80	88	81		
7	워드초급	필기	80	91	82		
8	워드중급	실기	60	56	81		
9	OS초급	필기	91	94	89		
10	OS중급	실기	80	75	82	실행	
11	OS초급	실기	85	82	87		

위 그림에서 서울을 기준으로 오름차순 정렬하는 매크로를 작성할 경우 현재 커서의 위치가 서울(C열)에 있다고 해서 C열의 선택 과정 없이 바로 정렬하는 매크로를 기록하면 매크로 시작 위치를 지정하지 않은 것이 됩니다. 이럴 경우 매크로 실행 시 커서의 위치에 따라 매크로 수행 결과가 달라지거나 오류가 발생될 수 있습니다.

즉 매크로를 실행하기 전 커서의 위치가 다행히 C열에 있다면 정상적으로 수행되지만 그렇지 않을 경우 다른 열에서 정렬이 수행되므로 정확한 매크로 수행을 기대하기 어렵습니다.

결국 매크로 기록을 시작할 때는 매크로 기록 전 커서의 위치와 상관없이 매크로 시작 위치를 반드시 지정하고 매크로를 기록해야 합니다.

4131701

기출 따라잡기   Section 17

문제 1   'C:\길벗컴활1급\01 엑셀\01 섹션' 폴더의 '섹션17문제.xlsm' 파일을 열어서 작업하시오.

'기출01' 시트에서 다음과 같은 기능을 수행하는 매크로를 현재 통합문서에 작성하시오.

1. [G4:G19] 영역에 사용자 지정 표시 형식을 설정하는 '대여관' 매크로를 생성하시오.

   ▶ '참가인원'이 30명 이상이면 "A관", 20명 이상이면 "B관", 그 외는 "C관"을 '참가인원' 앞에 표시하되, '대여관'은 셀의 왼쪽에 붙여서 표시하고, '참가인원'은 셀의 오른쪽에 붙여서 표시하시오.

   [표시 예 : 참가인원이 50명인 경우 → A관   50 , 참가인원이 0명인 경우 → C관   0]

   ▶ [개발 도구] → [삽입] → [양식 컨트롤]의 '단추'를 동일 시트의 [I3:I4] 영역에 생성한 후 텍스트를 "대여관"으로 입력하고, 단추를 클릭하면 '대여관' 매크로가 실행되도록 설정하시오.

2. [G4:G19] 영역에 사용자 지정 표시 형식을 설정하는 '진행여부' 매크로를 생성하시오.

▶ '참가인원'이 10명 이상이면 "이벤트진행", 10명 미만이면 "이벤트취소"를 표시하시오.

▶ [개발 도구] → [삽입] → [양식 컨트롤]의 '단추'를 동일 시트의 [I6:I7] 영역에 생성한 후 텍스트를 "진행여부"로 입력하고, 단추를 클릭하면 '진행여부' 매크로가 실행되도록 설정하시오.

※ 셀 포인터의 위치에 관계없이 매크로가 실행되어야 정답으로 인정됨

	A	B	C	D	E	F	G	H	I
1									
2		[표1]							
3		구분	대상	성명	이벤트주차	이벤트날짜	참가인원		대여관
4		회원	어르신	성춘향	회원-3주차	2023-02-20	C관 5		
5		비회원	어린이	홍영식	비회원-4주차	2023-02-22	B관 25		
6		회원	어르신	권율	회원-1주차	2023-02-06	C관 6		진행여부
7		비회원	직장인	안정복	비회원-1주차	2023-02-04	A관 50		
8		회원	청소년	김시습	회원-1주차	2023-02-06	C관 8		
9		회원	직장인	한용운	회원-3주차	2023-02-18	C관 10		
10		회원	어르신	박연	회원-1주차	2023-02-04	B관 25		
11		회원	청소년	이순신	회원-4주차	2023-02-23	A관 39		
12		비회원	주부	성삼문	비회원-1주차	2023-02-05	B관 20		
13		회원	주부	송시열	회원-3주차	2023-02-21	A관 35		
14		회원	직장인	지석영	회원-2주차	2023-02-13	C관 11		
15		회원	주부	임꺽정	회원-1주차	2023-02-02	C관 9		
16		회원	청소년	정약용	회원-3주차	2023-02-19	A관 37		
17		비회원	어르신	임원이	비회원-1주차	2023-02-04	A관 31		
18		비회원	주부	이구름	비회원-2주차	2023-02-10	B관 29		
19		회원	어린이	김중건	회원-4주차	2023-02-22	A관 37		

↓

	A	B	C	D	E	F	G	H	I
1									
2		[표1]							
3		구분	대상	성명	이벤트주차	이벤트날짜	참가인원		대여관
4		회원	어르신	성춘향	회원-3주차	2023-02-20	이벤트취소		
5		비회원	어린이	홍영식	비회원-4주차	2023-02-22	이벤트진행		
6		회원	어르신	권율	회원-1주차	2023-02-06	이벤트취소		진행여부
7		비회원	직장인	안정복	비회원-1주차	2023-02-04	이벤트진행		
8		회원	청소년	김시습	회원-1주차	2023-02-06	이벤트취소		
9		회원	직장인	한용운	회원-3주차	2023-02-18	이벤트진행		
10		회원	어르신	박연	회원-1주차	2023-02-04	이벤트진행		
11		회원	청소년	이순신	회원-4주차	2023-02-23	이벤트진행		
12		비회원	주부	성삼문	비회원-1주차	2023-02-05	이벤트진행		
13		회원	주부	송시열	회원-3주차	2023-02-21	이벤트진행		
14		회원	직장인	지석영	회원-2주차	2023-02-13	이벤트진행		
15		회원	주부	임꺽정	회원-1주차	2023-02-02	이벤트취소		
16		회원	청소년	정약용	회원-3주차	2023-02-19	이벤트진행		
17		비회원	어르신	임원이	비회원-1주차	2023-02-04	이벤트진행		
18		비회원	주부	이구름	비회원-2주차	2023-02-10	이벤트진행		
19		회원	어린이	김중건	회원-4주차	2023-02-22	이벤트진행		

문제 2 'C:\길벗컴활1급\01 엑셀\01 섹션' 폴더의 '섹션17문제.xlsm' 파일을 열어서 작업하시오.

'기출02' 시트에서 다음과 같은 기능을 수행하는 매크로를 현재 통합문서에 작성하시오.

1. [C3:C14] 영역에 사용자 지정 표시 형식을 설정하는 '서식설정' 매크로를 생성하시오.

> ▶ '호'가 10000 이상이면 단지를 1자리, 호수를 4자리로 표시하고, 그 외는 단지를
> 1자리, 호수를 3자리로 표시하시오.
> [표시 예 : 1단지 501호, 6단지 1054호]

> ▶ [도형] → [기본 도형]의 '사각형: 빗면'을 동일 시트의 [I2:J3] 영역에 생성한 후
> 텍스트를 "서식설정"으로 입력하고, 단추를 클릭하면 '서식설정' 매크로가 실행
> 되도록 설정하시오.

2. [G3:G14] 영역에 조건부 서식을 적용하는 '아이콘보기' 매크로를 생성하시오.

> ▶ 규칙 유형은 '셀 값을 기준으로 모든 셀의 서식 지정'으로 선택하고, 서식 스타일
> 은 '아이콘 집합', 아이콘 스타일은 '5가지 원(흑백)'으로 설정하시오.

> ▶ 백분율은 90 이상, 90 미만 70 이상, 70 미만 40 이상, 40 미만 20 이상, 그 외
> 는 기본값으로 설정하시오.

> ▶ [도형] → [기본 도형]의 '사각형: 빗면'을 동일 시트의 [I5:J6] 영역에 생성한 후
> 텍스트를 "아이콘보기"로 입력하고, 단추를 클릭하면 '아이콘보기' 매크로가 실
> 행되도록 설정하시오.

※ 셀 포인터의 위치에 관계없이 매크로가 실행되어야 정답으로 인정됨

	동	호	기본관리비	청소비	수도비	도시가스비		
	101	1단지 501호	15,000	5,530	25,310	156,000	서식설정	
	101	6단지 1054호	22,000	4,950	32,150	354,000		
	101	2단지 512호	15,000	4,520	6,501	154,000	아이콘보기	
	101	5단지 1803호	22,000	6,500	41,050	251,000		
	101	5단지 1234호	22,000	7,500	35,400	420,150		
	101	2단지 101호	15,000	6,540	34,150	95,400		
	101	3단지 151호	15,000	3,590	29,540	54,021		
	101	9단지 2002호	22,000	5,460	31,200	184,500		
	102	5단지 2301호	22,000	3,580	9,530	220,300		
	102	2단지 135호	15,000	4,560	19,540	123,010		
	102	1단지 245호	15,000	5,120	32,100	201,030		
	102	8단지 1804호	22,000	95,400	8,450	200,100		

기출문제 따라하기

문제 1

24.상시, 23.상시, 22.상시, 21.상시

1 사용자 지정 표시 형식을 지정하는 '대여관' 매크로

1. [개발 도구] → 컨트롤 → 삽입 → 양식 컨트롤에서 '단추'를 선택한 후 [I3:I4] 영역에 맞게 드래그하세요.
2. '매크로 지정' 대화상자의 매크로 이름에 **대여관**을 입력하고, 〈기록〉을 클릭하세요.
3. '매크로 기록' 대화상자에서 〈확인〉을 클릭하세요.
4. 서식을 적용할 [G4:G19] 영역을 블록으로 지정한 후 Ctrl + ↑을 누르세요.
5. '셀 서식' 대화상자에서 그림과 같이 지정한 후 〈확인〉을 클릭하세요.

서식 코드 중 * 기호는 * 기호 다음에 있는 특정 문자를 셀의 너비만큼 반복하여 채웁니다. * 다음에 빈칸을 삽입하였으므로 빈칸을 셀의 너비만큼 반복하여 채웁니다.

6. 임의의 셀을 클릭한 후 '기록 중지(☐)' 아이콘을 클릭하세요.
7. '단추'의 바로 가기 메뉴에서 [텍스트 편집]을 선택한 후 텍스트를 **대여관**으로 수정하세요.

---

2 사용자 지정 표시 형식을 지정하는 '진행여부' 매크로

24.상시, 23.상시, 22.상시, 21.상시

1. [개발 도구] → 컨트롤 → 삽입 → 양식 컨트롤에서 '단추'를 선택한 후 [I6:I7] 영역에 맞게 드래그하세요.
2. '매크로 지정' 대화상자의 매크로 이름에 **진행여부**를 입력하고, 〈기록〉을 클릭하세요.
3. '매크로 기록' 대화상자에서 〈확인〉을 클릭하세요.
4. 서식을 적용할 [G4:G19] 영역을 블록으로 지정한 후 Ctrl + ↑을 누르세요.
5. '셀 서식' 대화상자에서 그림과 같이 지정한 후 〈확인〉을 클릭하세요.

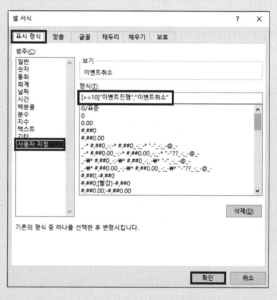

6. 임의의 셀을 클릭한 후 '기록 중지(☐)' 아이콘을 클릭하세요.
7. '단추'의 바로 가기 메뉴에서 [텍스트 편집]을 선택한 후 텍스트를 **진행여부**로 수정하세요.

1 사용자 지정 표시 형식을 지정하는 '서식설정' 매크로
24.상시, 23.상시, 22.상시, 21.상시

1. [삽입] → 일러스트레이션 → 도형 → **기본 도형**에서 '사각형: 빗면'을 선택한 후 [I2:J3] 영역에 맞게 드래그하세요.
2. 도형의 바로 가기 메뉴에서 [**매크로 지정**]을 선택하세요.
3. '매크로 지정' 대화상자의 매크로 이름에 **서식설정**을 입력하고, 〈기록〉을 클릭하세요.
4. '매크로 기록' 대화상자에서 〈확인〉을 클릭하세요.
5. 서식을 적용할 [C3:C14] 영역을 블록으로 지정한 후 Ctrl+[1]을 누르세요.
6. '셀 서식' 대화상자에서 그림과 같이 지정한 후 〈확인〉을 클릭하세요.

7. 임의의 셀을 클릭한 후 '기록 중지(□)' 아이콘을 클릭하세요.
8. '도형'의 바로 가기 메뉴에서 [**텍스트 편집**]을 선택한 후 **서식설정**을 입력하세요.

2 조건부 서식을 지정하는 '아이콘보기' 매크로
22.상시, 21.상시

1. [삽입] → 일러스트레이션 → 도형 → **기본 도형**에서 '사각형: 빗면'을 선택한 후 [I5:J6] 영역에 맞게 드래그하세요.
2. 도형의 바로 가기 메뉴에서 [**매크로 지정**]을 선택하세요.
3. '매크로 지정' 대화상자의 매크로 이름에 **아이콘보기**를 입력하고, 〈기록〉을 클릭하세요.
4. '매크로 기록' 대화상자에서 〈확인〉을 클릭하세요.
5. 서식을 적용할 [G3:G14] 영역을 블록으로 지정한 후 [홈] → 스타일 → 조건부 서식 → **새 규칙**을 선택하세요.
6. '새 서식 규칙' 대화상자에서 그림과 같이 지정하고, 〈확인〉을 클릭하세요.

7. 임의의 셀을 클릭한 후 '기록 중지(□)' 아이콘을 클릭하세요.
8. '도형'의 바로 가기 메뉴에서 [**텍스트 편집**]을 선택한 후 **아이콘보기**를 입력하세요.

프로시저 작성

프로시저는 한 개 이상의 기능을 수행하기 위한 명령문의 집합입니다. 엑셀에서의 프로시저는 VBA를 이용하여 엑셀 작업을 자동화시킬 수 있는 도구로서 유용하게 활용됩니다. 프로시저는 정해진 명령대로 작업을 수행하고 결과를 반환하지 않는 Sub 프로시저와 결과를 반환하는 Function 프로시저, 그리고 개체의 속성을 정의할 때 사용하는 Property 프로시저가 있습니다. 앞에서 배운 사용자 정의 함수가 바로 Function 프로시저입니다.

기본문제

'C:\길벗컴활1급\01 엑셀\01 섹션' 폴더의 '섹션18문제.xlsm' 파일을 열어서 작업하시오.

'무작정따라하기' 시트에서 다음과 같은 작업을 수행하도록 프로시저를 작성하시오.

1. '판매입력' 단추를 클릭하면 사용자 정의 폼 〈판매자료입력〉 폼이 화면에 나타나도록 이벤트 프로시저를 작성하시오.

2. 〈판매자료입력〉 폼이 화면에 나타나면 '판매일자(txt판매일자)' 텍스트 상자에 현재 날짜가 표시되는 프로시저를 작성하시오.

3. 〈판매자료입력〉 폼이 화면에 나타나면 워크시트[I4:I13] 셀의 내용이 제품목록(lst제품목록) 리스트 박스에 목록으로 추가되는 프로시저를 작성하시오.

4. 〈판매자료입력〉 폼이 화면에 나타나면 '결재형태'를 선택하는 콤보 상자(cmb결재형태) 목록에 "현금", "카드", "어음"이 추가되는 프로시저를 작성하시오.

5. 〈판매자료입력〉 폼 화면에서 '등록(cmd등록)' 단추를 클릭하면, 〈판매자료입력〉 폼 화면의 입력 내용 중 '판매일자(txt판매일자)', '제품명(txt제품명)', '수량(txt수량)', '단가(txt단가)', '결재형태(cmb결재형태)'가 '무작정따라하기' 시트의 표에 입력되어 있는 마지막 행 다음에 연속해서 추가되는 프로시저를 작성하시오.

▶ 데이터는 [B3] 셀부터 입력되어 있다.

▶ '제품명(txt제품명)'을 입력하지 않았으면 '제품명을 입력하시오.', '수량(txt수량)'을 입력하지 않았으면 '수량을 입력하시오.', '단가(txt단가)'를 입력하지 않았으면 '단가를 입력하시오.', '결재형태(cmb결재형태)'를 입력하지 않았으면 '결재형태를 입력하시오.'라는 메시지를 출력하고, 이 모두를 입력했을 때만 폼의 데이터를 워크시트에 입력하시오.

[제품명을 입력하지 않은 경우]

▶ 폼의 '등록' 단추를 클릭하면 폼의 '제품명', '수량', '단가', '결재형태'에는 새로운 값이 입력될 수 있도록 설정하시오.

▶ 데이터를 추가하거나 삭제하여도 항상 마지막 데이터 다음에 입력되어야 한다.

▶ '금액'은 '단가'와 '수량'의 곱으로 계산하여 통화 기호를 붙인다.

전문가의 조언

기본문제에는 컴퓨터활용능력 1급 실기 시험이 실시된 이후에 출제된 대부분의 프로시저 문제를 수록하였습니다. 출제 빈도가 낮은 문제들은 모의고사로 출제하고 자세한 설명을 수록했으니 풀어보세요. 실제 시험에서는 이 문제들 중 3문제가 각 5점으로 배점되어 출제됩니다. 변형되어서 나오는 프로시저 문제까지 모두 맞히려면 아주 많은 분량을 공부해야 합니다. 기출문제 수준 정도로 나오면 맞히고 이정도보다 더 어렵게 나오면 틀릴 수 있다는 생각을 가지고 공부하세요. 다행스러운 점은 아직까지 매회 출제되는 3문제 모두가 기출문제와 다르게 출제된 적은 한 번도 없으니 최소한 5점 이상은 맞힌다는 생각으로 공부하세요.

6. 〈판매자료입력〉 폼 화면에서 '조회(cmd조회)' 단추를 클릭하면 시트의 표에 입력된 제일 마지막의 '판매날짜', '제품명', '수량', '단가'가 폼의 '판매일자(txt판매일자)', '제품명(txt제품명)', '수량(txt수량)', '단가(txt단가)'에 각각 표시되는 프로시저를 작성하시오.

7. 〈판매자료입력〉 폼 화면에서 '종료(cmd종료)' 단추를 클릭하면 〈판매자료입력〉 폼이 화면과 메모리에서 사라지는 프로시저를 작성하시오.

8. '무작정따라하기' 시트에서 셀의 위치나 데이터가 변경(Change)되면 해당 셀의 글꼴이 '바탕체', 크기가 '14'로 설정되도록 이벤트 프로시저를 작성하시오.

9. '무작정따라하기' 시트를 활성화(Activate)하면 해당 시트의 [B1] 셀에 "컴활합격"이 입력되도록 이벤트 프로시저를 작성하시오.

따라하기

1. '판매자료입력' 폼 표시하는 프로시저 작성하기

24.상시, 23.상시, 22.상시, 21.상시, 20.상시, 20.1, 19.상시, 19.2, 19.1, 18.상시, 18.2, 18.1, 17.상시, 17.1, 16.3, 16.2, 16.1, 15.3, 15.상시, 15.1, 14.3, 14.2, …

1. '무작정따라하기' 워크시트에서 [개발 도구] → 컨트롤 → 디자인 모드(▥)를 클릭하세요.

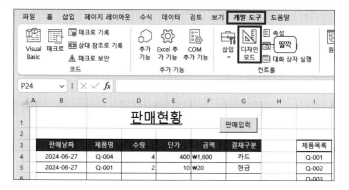

2. '판매입력' 단추가 디자인 모드로 변경됩니다. 마우스 포인터를 '판매입력' 단추 위로 가져가면 아래 그림과 같이 마우스 포인터가 이동 화살표 모양으로 바뀝니다. '판매입력' 단추를 더블클릭하세요.

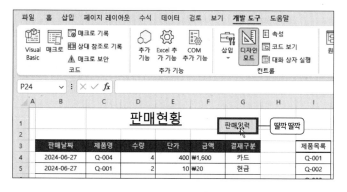

3. 코드를 입력할 수 있는 '판매입력_Click( )' 프로시저가 나타납니다. '판매입력' 단추를 클릭했을 때 실행할 코드를 다음과 같이 입력하세요.

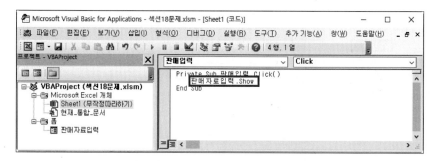

궁금해요 시나공 Q&A 베스트

Q 리본 메뉴에 [개발 도구]가 없어요!

A [파일] → 옵션 선택 → 'Excel 옵션' 대화상자의 '리본 사용자 지정' 탭 클릭 → '리본 메뉴 사용자 지정'에서 '기본' 탭의 '개발 도구'를 선택해 주세요. [개발 도구] 탭은 한번 추가하면 제거할 때까지 계속 표시됩니다.

궁금해요 시나공 Q&A 베스트

Q 보안 경고 메시지가 표시돼요!

A 불러온 파일에 모듈이 포함되어 있는 경우에는 이름 상자 위에 보안 경고가 표시됩니다. 보안 경고 메시지의 오른쪽에 있는 〈콘텐츠 사용〉을 클릭하세요.

전문가의 조언

디자인 모드

워크시트에 삽입된 컨트롤은 컨트롤에 기능을 부여하기 위해 코드를 연결하거나 컨트롤의 모양을 변경할 수 있는 디자인 모드와 삽입된 컨트롤을 실행할 수 있는 실행 모드가 있습니다. 컨트롤에 마우스 포인터를 이동시켜 확인할 수 있습니다.

• 실행 모드 : 판매입력
• 디자인 모드 : 판매입력

코드 설명

- '판매자료입력.Show'에서 '판매자료입력'은 폼의 이름이고 'Show'는 폼을 화면에 나타나게 하는 메서드입니다. 즉 '판매자료입력' 폼을 화면에 표시하라는 명령입니다.
- 실행 아이콘(▶)을 눌러 결과를 확인한 다음 닫기(✕) 단추를 클릭하여 창을 닫으세요. 아직 '종료' 단추에는 코드를 입력하지 않았으므로 닫기(✕) 단추를 이용해야 됩니다. 창을 닫으면 다시 VBA로 돌아 옵니다.

2 24.상시, 23.상시, 22.상시, 21.상시, 19.상시, 15.상시, 13.1, 09.1, 07.3, 06.1

폼이 실행되면 자동으로 오늘 날짜 표시하기

4. 프로젝트 탐색기 창에서 〈판매자료입력〉 폼을 더블클릭하세요.

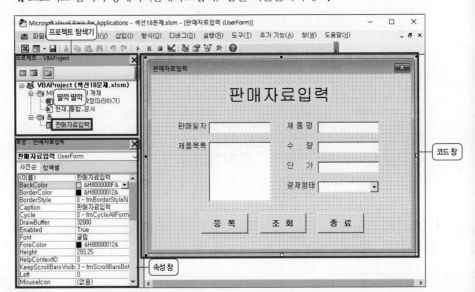

잠깐만요 **폼에 배치된 컨트롤의 확인**

- 폼에 배치된 컨트롤의 종류 및 이름이나 속성을 확인하려면 폼에서 해당 컨트롤을 클릭하고 속성 창을 살펴보세요.
- 속성 창을 표시하려면 [보기] → **속성 창**을 선택하거나 F4 를 누르세요.

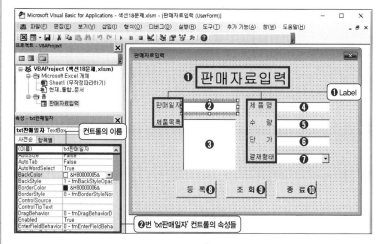

'판매자료입력' 폼에 배치된 컨트롤의 종류와 이름

일련번호	컨트롤의 종류	컨트롤 이름	일련번호	컨트롤의 종류	컨트롤 이름
❶	Label	Label1~Label7	❻	TextBox	txt단가
❷	TextBox	txt판매일자	❼	ComboBox	cmb결재형태
❸	ListBox	lst제품목록	❽	CommandButton	cmd등록
❹	TextBox	txt제품명	❾	CommandButton	cmd조회
❺	TextBox	txt수량	❿	CommandButton	cmd종료

5. 〈판매자료입력〉 폼이 코드 창에 표시됩니다. 코드 창에서 〈판매자료입력〉 폼을 더블클릭하거나 프로젝트 탐색기 창의 코드 보기 아이콘을 클릭하세요.

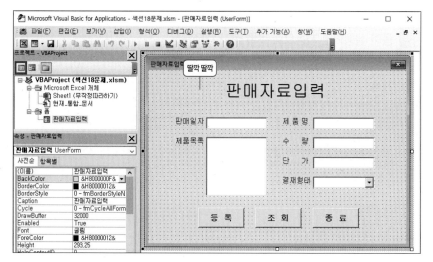

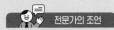
6. UserForm_Click( ) 프로시저가 자동으로 표시됩니다. 개체 선택 콤보 상자에 'UserForm'은 선택되어 있으니 그냥 두고, 프로시저 선택 콤보 상자에서 'Initialize' 프로시저를 선택하세요.

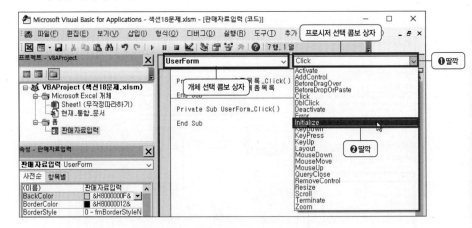

7. 코드 입력 창에 'UserForm_Initialize( )' 프로시저가 나타납니다. 'UserForm_Initialize( )' 프로시저에 폼이 화면에 표시될 때 날짜를 표시하기 위한 코드를 다음과 같이 입력하세요.

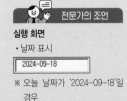
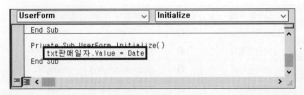

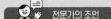
코드 설명

· **txt판매일자.Value = Date** : 현재 시스템의 날짜를 'txt판매일자' 텍스트 상자에 치환합니다.
  – 'Value'는 컨트롤에 값을 지정하는 속성입니다.
  – Date는 시스템의 현재 날짜를 알아내는 명령어입니다.

3 24.상시, 23.상시, 22.상시, 21.상시, 19.상시, 19.1, 18.2, 16.2, 16.1, 15.3, 14.3, 14.2, 14.1, 11.1, 10.3, 10.2, 10.1, 09.4, 09.3, 09.2, 09.1, 08.4, 08.1, …
폼이 실행되면 자동으로 목록 상자 채우기

8. 목록 상자에 목록을 채우는 코드를 다음과 같이 날짜를 표시하는 코드 아래 줄에 입력하세요.

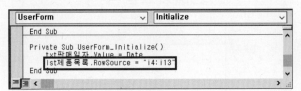

코드 설명

- lst제품목록.RowSource="I4:I13": 워크시트의 [I4:I13] 영역에 있는 내용을 'lst제품목록' 목록 상자의 'RowSource' 속성값으로 지정합니다.
  - 'RowSource'는 목록 상자의 목록을 나타내는 속성입니다.
  - ※ 셀의 주소인 "I4:I13"이 이름으로 정의되어 있다면 정의된 이름을 사용해도 됩니다. 예를 들어, "I4:I13"이 '제품목록'이란 이름으로 정의되어 있다면 위의 코드를 'lst제품목록.RowSource="제품목록"'과 같이 입력해도 됩니다.
  - ※ 만약 목록 상자가 제품코드와 제품명을 나타내는 두 개의 열로 구성된다면 다음과 같이 ColumnCount 속성을 2로 지정해야 두 열이 모두 표시됩니다.
    - 예 lst제품목록.ColumnCount = 2

전문가의 조언

실행 화면
제품목록 표시

---

4 24.상시, 23.상시, 22.상시, 21.상시, 20.상시, 20.1, 19.상시, 19.2, 18.상시, 18.1, 17.상시, 17.1, 16.3, 16.2, 16.1, 15.3, 14.2, 13.3, 13.상시, 13.1, 12.3, 12.2, …

폼이 실행되면 자동으로 콤보 상자 채우기

9. 콤보 상자에 목록을 채우는 코드를 다음과 같이 목록 상자를 채우는 코드 아래 줄에 입력하세요.

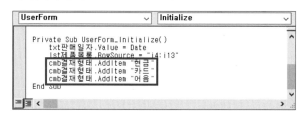

코드 설명

- cmb결재형태.AddItem "현금" : 'cmb결재형태' 콤보 상자에 "현금"을 목록으로 추가합니다.
- ※ 셀의 자료가 아닌 데이터를 직접 콤보 상자나 목록 상자에 추가하려면 AddItem 메서드를 이용합니다.
- cmb결재형태.AddItem "카드"와 cmb결재형태.AddItem "어음"은 설명하지 않아도 "카드"와 "어음"을 'cmb결재형태' 콤보 상자의 목록으로 추가하는 것이란 걸 알겠죠?
- ※ 'cmb결재형태.AddItem "현금", cmb결재형태.AddItem "카드", cmb결재형태.AddItem "어음"' 대신에 'cmb결재형태.List = Array("현금", "카드", "어음")'을 입력해도 동일한 결과가 표시됩니다.
- ※ 만약 콤보 상자가 결재코드와 결재형태를 나타내는 두 개의 열로 구성된다면 다음과 같이 ColumnCount 속성을 2로 지정해야 두 열이 모두 표시됩니다.
  - 예 cmb결재형태.ColumnCount = 2

전문가의 조언

실행 화면
결재형태 표시

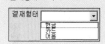

---

5 24.상시, 23.상시, 22.상시, 21.상시, 20.상시, 20.1, 19.상시, 19.2, 19.1, 18.상시, 18.2, 18.1, 17.상시, 17.1, 16.3, 16.2, 16.1, 15.3, 15.상시, 15.1, 14.3, 14.2, …

폼의 자료를 워크시트에 입력하기

10. 프로젝트 탐색기 창에서 〈판매자료입력〉 폼을 더블클릭하세요.

11. 코드 창에 〈판매자료입력〉 폼이 표시됩니다. 〈판매자료입력〉 폼에서 '등록' 단추를 더블 클릭하세요.

12. 'cmd등록_Click( )' 프로시저가 자동으로 표시됩니다. 'cmd등록_Click( )' 프로시저에 '등록' 단추를 클릭했을 때 실행할 코드를 아래와 같이 입력하세요.

코드 설명

'등록' 단추를 클릭하면 〈판매자료입력〉 폼에 입력된 자료를 '무작정따라하기' 워크시트에 기록하는 작업입니다.

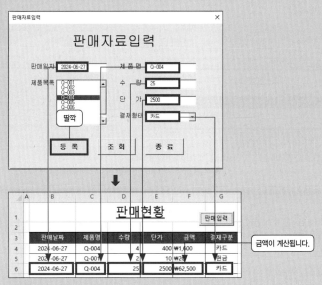

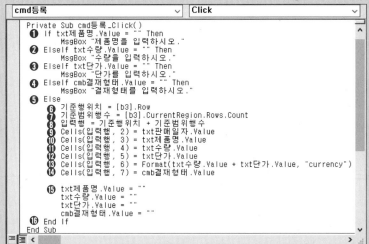

```
cmd등록                                    ∨    Click                                    ∨
   Private Sub cmd등록_Click( )
❶   If txt제품명.Value = "" Then
        MsgBox "제품명을 입력하시오."
❷   ElseIf txt수량.Value = "" Then
        MsgBox "수량을 입력하시오."
❸   ElseIf txt단가.Value = "" Then
        MsgBox "단가를 입력하시오."
❹   ElseIf cmb결재형태.Value = "" Then
        MsgBox "결재형태를 입력하시오."
❺   Else
❻       기준행위치 = [b3].Row
❼       기준범위행수 = [b3].CurrentRegion.Rows.Count
❽       입력행 = 기준행위치 + 기준범위행수
❾       Cells(입력행, 2) = txt판매일자.Value
❿       Cells(입력행, 3) = txt제품명.Value
⓫       Cells(입력행, 4) = txt수량.Value
⓬       Cells(입력행, 5) = txt단가.Value
⓭       Cells(입력행, 6) = Format(txt수량.Value * txt단가.Value, "currency")
⓮       Cells(입력행, 7) = cmb결재형태.Value

⓯       txt제품명.Value = ""
        txt수량.Value = ""
        txt단가.Value = ""
        cmb결재형태.Value = ""
⓰   End If
   End Sub
```

❶ 'txt제품명'에 자료가 입력되지 않았으면 "제품명을 입력하시오."라는 메시지를 표시하고 If문을 종료합니다.

　• MsgBox는 대화상자에 메시지를 표시하는 명령입니다.

❷ 'txt수량'에 자료가 입력되지 않았으면 "수량을 입력하시오."라는 메시지를 표시하고 If문을 종료합니다.

❸ 'txt단가'에 자료가 입력되지 않았으면 "단가를 입력하시오."라는 메시지를 표시하고 If문을 종료합니다.

❹ 'cmb결재형태'에 자료가 입력되지 않았으면 "결재형태를 입력하시오."라는 메시지를 표시하고 If문을 종료합니다.

❺ ❶, ❷, ❸, ❹의 조건을 모두 만족하지 않으면 ❻~⓯까지를 실행합니다.

❻ '기준행위치' 변수에 [b3] 셀의 행 번호인 3을 치환합니다.

　• Row는 셀의 행을 의미하는 속성입니다.

　• '기준행위치'는 시트에 입력된 데이터 범위의 첫 번째 행을 지정하기 위해 사용합니다. 워크시트에 입력된
　　데이터의 처음 부분인 '판매날짜'가 [b3] 셀에서 시작하므로 [b3]을 지정한 것입니다.

❼ '기준범위행수' 변수에 [b3] 셀과 연결된 범위에 있는 데이터의 행수인 3을 치환합니다.

　• CurrentRegion은 지정된 셀과 연결된 범위를 말합니다.

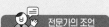

전문가의 조언

판매일자는 작업하는 날짜에 따라 다르게 표시됩니다.

전문가의 조언

변수

변수는 컴퓨터가 명령을 처리하는 도중에 발생하는 값을 저장하여 사용하기 위한 공간입니다. 예를 들어, 'aa=2+3'이라고 했다면, 'aa'와 '2+3'이 같다는 뜻이 아니고 2와 3을 더해서 aa에 기억시키라는 뜻입니다. 보통 프로그래밍 이론서에서는 우변의 식을 계산 정리해서 좌변에 치환하라는 표현을 많이 쓰죠. 이제 'aa'라는 변수에 기억된 값이 5란 걸 알겠죠? 그럼 'aa=aa+3'은 얼마일까요? 우변을 계산 정리하면, 즉 aa는 5이므로 5+3은 8, 이제 좌변에 치환하면 'aa'는 8이 되네요, 어렵지 않죠? 이렇게 변하는 수가 변수입니다. 변수의 개념은 꼭 이해하고 있어야 합니다. 물론 이게 다가 아니죠. 정수형 변수, 실수형 변수, 개체형 변수 등 이런 것들은 이 책의 성격과 약간 어긋나므로 생략하겠습니다.

전문가의 조언

여기 보세요!!

이해를 돕기 위해 ❻, ❼, ❽ 세 개의 문장으로 분리하여 입력했지만 ❻, ❼, ❽을 합쳐서 다음과 같이 한 문장으로 쓸 수 있습니다. 모의고사에서는 다음의 한 문장으로된 코드를 사용합니다.

입력행= [b3].Row + [b3].Current Region.Rows.Count

- Rows는 범위에 있는 데이터의 행들을 의미합니다.
- Count는 개수를 말합니다.

즉 '[b3].CurrentRegion.Rows.Count'는 [b3] 셀이 있는 범위의 행 수를 의미합니다. 필드명만 있고 데이터가 기록되어 있지 않다면 [b3] 셀과 연결된 범위의 행 수는 1이 되므로 '기준범위행수'는 1을 기억하겠죠.

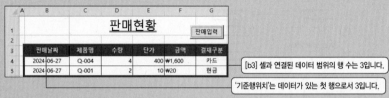

[b3] 셀과 연결된 데이터 범위의 행 수는 3입니다.

'기준행위치'는 데이터가 있는 첫 행으로서 3입니다.

❽ '기준행위치'의 값 3과 '기준범위행수'의 값 3을 더해 '입력행'에 치환합니다.
- 데이터가 기록될 위치인 6행을 지정하는 것입니다. 6행에 이미 데이터가 기록되어 있다면, '기준범위행수'의 값이 4가 되어 '입력행'의 값은 7이 되겠죠.
❾ 'txt판매일자*'의 값을 6행 2열 위치의 셀, 즉 [B6] 셀에 입력합니다.
- Cells( )는 워크시트의 위치를 행과 열로 표시하는 워크시트 속성입니다.
❿ 'txt제품명'의 값을 6행 3열 위치의 셀, 즉 [C6] 셀에 입력합니다.
⓫ 'txt수량*'의 값을 6행 4열 위치의 셀, 즉 [D6] 셀에 입력합니다.
⓬ 'txt단가*'의 값을 6행 5열 위치의 셀, 즉 [E6] 셀에 입력합니다.
⓭ 'txt수량'에 입력된 값과 'txt단가'에 입력된 값을 곱한 후 통화 기호를 붙여 6행 6열 위치의 셀, 즉 [F6] 셀에 입력합니다.
- Format( ) : 숫자에 서식을 지정하는 함수입니다.
⓮ 'cmb결재형태'에서 선택한 값을 6행 7열 위치의 셀, 즉 [G6] 셀에 입력합니다.
⓯ 새로운 데이터를 입력받기 전에 컨트롤들에 현재 입력된 값을 지웁니다. 이는 문제에 "▶ 폼의 '등록' 단추를 클릭하면 폼의 제품명, 수량, 단가, 결재형태에는 새로운 값이 입력될 수 있도록 설정하시오."라는 조건이 있기 때문입니다. 이런 조건이 없으면 ⓯번에 해당하는 명령은 입력하지 않아도 됩니다.
⓰ IF문을 종료합니다.

23.상시, 22.상시, 21.상시, 12.3, 12.1, 11.3, 11.2, 08.3, 07.1, 05.1, 04.3, 04.1, 03.3

6 워크시트의 자료를 폼에 표시하기

13. 프로젝트 탐색기 창에서 〈판매자료입력〉 폼을 더블클릭하면 코드 창에 〈판매자료입력〉 폼이 표시됩니다. 〈판매자료입력〉 폼에서 '조회' 단추를 더블클릭하세요.

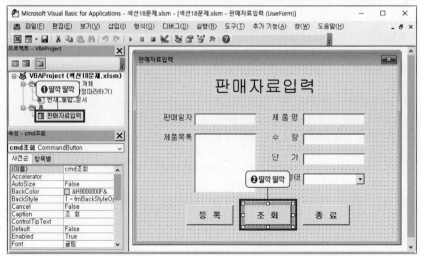

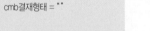

전문가의 조언

- 'txt판매일자'의 값을 날짜 데이터로, 'txt수량'과 'txt단가'의 값을 숫자로 워크시트에 입력하려면 반드시 'txt판매일자.Value', 'txt수량.Value', 'txt단가.Value'와 같이 'Value' 속성을 붙여야 합니다. 'Value' 속성을 생략하면 데이터가 텍스트로 입력됩니다.
- 폼에 표시된 데이터를 워크시트에 데이터 형식에 맞게 입력할 때는 반드시 'Value' 속성을 붙여야 하지만 그 외는 대부분 생략해도 됩니다. ⓯번의 경우 'Value' 속성을 생략하여 다음과 같이 입력해도 됩니다.

txt제품명 = " "
txt수량 = " "
txt단가 = " "
cmb결재형태 = " "

전문가의 조언

개체와 프로시저의 선택
개체 선택 콤보 상자에서 'cmd조회'를 선택하고, 프로시저 선택 콤보 상자에서 'Click' 프로시저를 선택해도 됩니다.

14. 'cmd조회_Click( )' 프로시저가 자동으로 표시됩니다. 'cmd조회_Click( )' 프로시저에 '조회' 단추를 클릭했을 때 실행할 코드를 아래와 같이 입력하세요.

```
cmd조회                          Click
  Private Sub cmd조회 Click( )
    기준행위치 = [b3].Row
    기준범위행수 = [b3].CurrentRegion.Rows.Count - 1
    입력행 = 기준행위치 + 기준범위행수
    txt판매일자.Value = Cells(입력행, 2)
    txt제품명.Value = Cells(입력행, 3)
    txt수량.Value = Cells(입력행, 4)
    txt단가.Value = Cells(입력행, 5)
  End SUB
```

코드설명

'조회' 단추를 클릭하면 '무작정따라하기' 워크시트의 제일 마지막 행에 입력된 자료 중 판매날짜, 제품명, 수량, 단가를 폼의 컨트롤에 표시합니다.

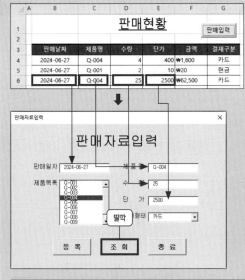

```
cmd조회                          Click
  Private Sub cmd조회 _Click( )
❶ 기준행위치 = [b3].Row
❷ 기준범위행수 = [b3].CurrentRegion.Rows.Count - 1
❸ 입력행 = 기준행위치 + 기준범위행수
❹ txt판매일자.Value = Cells(입력행, 2)
❺ txt제품명.Value = Cells(입력행, 3)
❻ txt수량.Value = Cells(입력행, 4)
❼ txt단가.Value = Cells(입력행, 5)
  End Sub
```

❶ '기준행위치' 변수에 [b3] 셀의 행 번호를 치환합니다. 이 내용은 앞에서 배운거죠? [b3] 셀이 3행에 있으니 3이 치환되겠군요.

❷ '기준범위행수' 변수에 [b3]과 연결된 범위에 있는 데이터의 행 수를 치환합니다. '-1'은 기준행(3행)을 제외하고, 순수하게 데이터 범위에 대한 행 수를 구하기 위해 사용된 것입니다. -1을 하는 부분이 폼에서 워크시트로 데이터를 입력할 때와 다르다는 것을 알아두세요.

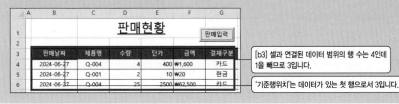

[b3] 셀과 연결된 데이터 범위의 행 수는 4인데 1을 빼므로 3입니다.

'기준행위치'는 데이터가 있는 첫 행으로서 3입니다.

❸ '기준행위치'의 값 3과 '기준범위행수'의 값 3을 더해 '입력행'에 치환합니다.

- 데이터를 조회할 위치인 6행을 지정하는 것입니다. 5행까지만 데이터가 입력되어 있다면, '기준범위행수'의 값이 2가 되어 '입력행'의 값은 5가 되겠죠.

※ 이해를 돕기 위해 ❶, ❷, ❸ 세 개의 문장으로 분리하여 입력했지만 ❶, ❷, ❸을 합쳐서 다음과 같이 한 문장으로 쓸 수 있습니다. 모의고사에서는 다음의 한 문장으로 된 코드를 사용합니다.

입력행 = [b3].Row + [b3].CurrentRegion.Rows.Count−1

❹ 지정된 셀 위치, 즉 6행 2열([B6])의 데이터 '2024−06−27'을 'txt판매일자'에 표시합니다.

❺, ❻, ❼ txt제품명, txt수량, txt단가도 위와 동일하게 수행합니다.

24.상시, 23.상시, 22.상시, 21.상시, 20.상시, 20.1, 19.상시, 19.2, 19.1, 18.2, 17.1, 16.3, 16.2, 16.1, 15.3, 15.상시, 15.1, 14.1, 13.3, 13.상시, 13.1, …

7 폼을 종료하는 기능 설정하기

15. 프로젝트 탐색기 창에서 〈판매자료입력〉 폼을 더블클릭하면 〈판매자료입력〉 폼이 코드 창에 표시됩니다. 코드 창에 표시된 〈판매자료입력〉 폼에서 '종료' 단추를 더블클릭하세요.

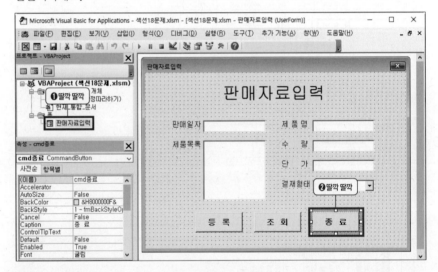

16. 'cmd종료_Click( )' 프로시저가 자동으로 표시됩니다. 'cmd종료_Click( )' 프로시저에 '종료' 단추를 클릭했을 때 실행할 코드를 아래와 같이 입력하세요.

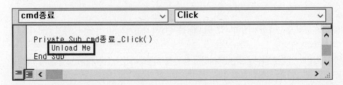

> **코드 설명**
>
> - **Unload Me** : 현재 작업중인 폼을 화면과 메모리에서 제거합니다.
>   - Unload는 현재 메모리에서 실행중인 개체를 제거하는 명령입니다.
>   - Me는 현재 작업중인 폼을 말합니다. 다른 폼을 지정하려면 폼의 이름을 정확하게 기록해야 합니다.
>   현재 〈판매자료입력〉 폼에서 작업하고 있으므로 **Unload 판매자료입력**이라고 입력해도 같은 결과가 나옵니다.

전문가의 조언

❹~❼번 코드와 같이 워크시트에 입력된 내용을 폼에 표시할 때는 'Value' 속성을 생략하여 다음과 같이 입력해도 됩니다.

txt판매일자 = Cells(입력행, 2)
txt제품명 = Cells(입력행, 3)
txt수량 = Cells(입력행, 4)
txt단가 = Cells(입력행, 5)

전문가의 조언

개체와 프로시저의 선택

개체 선택 콤보 상자에서 'cmd종료'를 선택하고, 프로시저 선택 콤보 상자에서 'Click' 프로시저를 선택해도 됩니다.

8 워크시트의 Change 이벤트에 기능 설정하기

22.상시, 21.상시, 10.2, 05.4, 04.3

17. 프로젝트 탐색기 창에서 'Sheet1(무작정따라하기)' 시트를 더블클릭하면 'Sheet1(무작정따라하기)' 시트에 코드를 입력할 수 있는 코드 창이 표시됩니다. 개체 선택 콤보 상자에서 'WorkSheet'를 선택하고, 프로시저 선택 콤보 상자에서 'Change' 프로시저를 선택하세요.

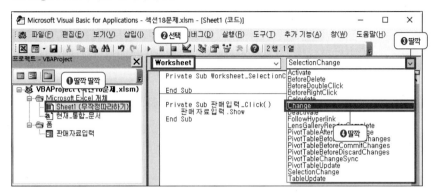

18. 'Worksheet_Change' 프로시저가 자동으로 표시됩니다. 'Worksheet_Change' 프로시저에 셀의 위치나 값 등에 변화가 있을 때 실행할 코드를 아래와 같이 입력하세요.

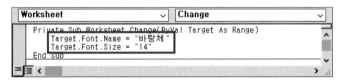

코드 설명

- Target.Font.Name = "바탕체" : 현재 작업하고 있는 워크시트에서 변화가 있는 셀의 글꼴을 바탕체로 변경합니다.
- Target.Font.Size = "14" : 현재 작업하고 있는 워크시트에서 변화가 있는 셀의 글꼴 크기를 14 포인트로 변경합니다.

 전문가의 조언

'Worksheet_Change' 프로시저에 입력된 코드는 셀의 값이 변경되거나 셀의 위치가 변경되는 등 워크시트에 변화가 있을 때 작동합니다. "셀의 데이터가 변경되면 … 하라"는 식으로 문제가 출제된 적도 있습니다.

9 워크시트의 Activate 이벤트에 기능 설정하기

19.상시, 14.1, 05.2, 05.1, 04.2

19. 'WorkSheet' 개체는 선택되어 있으니 그냥 두고, 프로시저 선택 콤보 상자에서 'Activate' 프로시저를 선택하세요. 그리고 '무작정따라하기' 워크시트가 활성화될 때 실행할 코드를 아래와 같이 입력하세요.

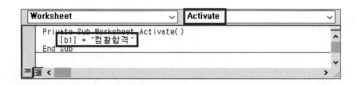

코드 설명

· [b1] = "컴활합격" : [b1] 셀에 **컴활합격**을 입력합니다.

※ 코드의 실행결과를 확인하려면 통합 문서 창으로 돌아가서 다른 시트를 클릭하여 '무작정따라하기' 시트를 비활성화시킨 후 다시 '무작정따라하기' 시트를 클릭하여 활성화시키면 됩니다.

실행 결과 확인하기

20. VBA에서 '표준' 도구 모음의 '보기 Microsoft Excel(⊠)' 아이콘을 클릭하세요. '무작정따라하기' 워크시트로 돌아옵니다.

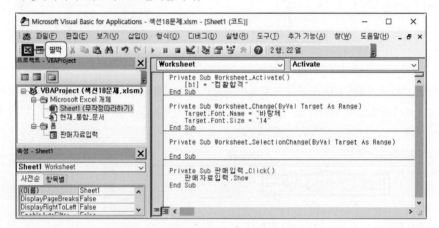

21. [개발 도구] → 컨트롤 → **디자인 모드(⊠)**를 클릭하여 디자인 모드를 해제하세요.

22. '판매입력' 단추를 클릭하면 〈판매자료입력〉 폼이 나타납니다. 데이터를 입력하고 '등록', '조회', '종료' 등의 단추를 클릭하여 결과를 확인하세요.

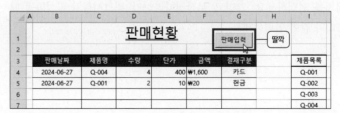

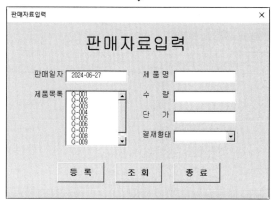

기출 따라잡기

Section 18

문제 1 'C:\길벗컴활1급\01 엑셀\01 섹션' 폴더의 '섹션18-기출01문제.xlsm'을 열어서 작업하시오.

'기출01' 시트에서 다음과 같은 작업을 수행하도록 프로시저를 작성하시오.

1. '성적입력' 단추를 클릭하면 아래 그림과 같이 사용자 정의 폼 〈성적입력폼〉이 화면에 나타나도록 이벤트 프로시저를 작성하시오.

2. '성별'의 체크 박스(chk성별)를 체크하면 '남학생', 체크를 해제하면 '여학생'이 '성별(cmd성별)'에 표시되도록 하고, '국어(spin국어)', '영어(spin영어)', '수학(spin수학)'의 스핀 단추를 누르면 5씩 증감된 숫자가 각각 '국어(txt국어)', '영어(txt영어)', '수학(txt수학)'에 표시되도록 프로시저를 작성하시오.

3. 〈성적입력폼〉에 데이터를 입력하고 '등록(cmd등록)' 단추를 클릭하면 폼에 입력된 '이름(txt이름)', '성별(cmd성별)', '국어(txt국어)', '영어(txt영어)', '수학(txt수학)'과 '평균', '평가'가 계산되어 '기출01' 시트의 표에 입력되도록 프로시저를 작성하시오.

   ▶ '이름' 앞에 입력되는 순서를 나타내는 번호를 입력하시오.

   ▶ '평균'은 입력받은 '국어', '영어', '수학' 값의 평균이고 소수 2자리까지 표시하시오.

   ▶ '평가'는 '평균'과 [평가표]를 참조하되, Select ~ Case 명령문을 이용하여 산출하시오.

   ▶ 폼의 '등록(cmd등록)' 단추를 클릭하면 폼의 '이름(txt이름)', '국어(txt국어)', '영어(txt영어)', '수학(txt수학)'에는 새로운 값이 입력될 수 있도록 설정하시오.

   ※ 데이터를 추가하거나 삭제하여도 항상 마지막 데이터 다음에 입력되어야 함

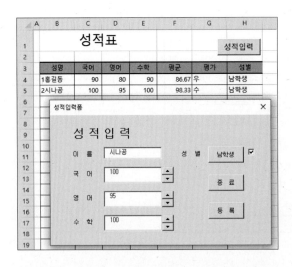

문제 2 'C:\길벗컴활1급\01 엑셀\01 섹션' 폴더의 '섹션18-기출02문제.xlsm'을 열어서 작업하시오.

'기출02' 시트에서 다음과 같은 작업을 수행하도록 프로시저를 작성하시오.

1. '고객정보현황' 단추를 클릭하여 〈고객관리〉 폼이 실행되면 조회구분을 선택하는 콤보 상자(cmb조회구분) 목록에 "관리자", "일반사용자", "고객"이 추가되는 프로시저를 작성하시오(With, Additem 이용).

2. '고객정보현황' 단추를 클릭하여 〈고객관리〉 폼이 실행되면 [I4:I8] 영역의 값들이 등급종류(lst등급종류)의 목록에 추가되도록 프로시저를 작성하시오.

3. 〈고객관리〉 폼의 '고객명(txt고객명)'에 조회할 '고객명'을 입력하고 '고객조회(cmd 고객조회)' 단추를 클릭하면 워크시트의 [표1]에서 해당 데이터를 찾아 각각의 컨트롤에 표시하고 해당 고객의 정보가 없는 경우에는 "조건에 일치하는 자료가 없습니다."라는 메시지 박스가 표시되도록 프로시저를 작성하시오.

   ▶ For Each ~ Next문을 이용하시오.

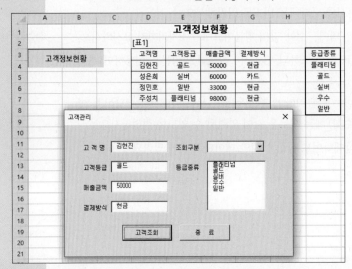

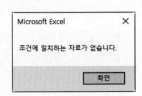

문제 3 'C:\길벗컴활1급\01 엑셀\01 섹션' 폴더의 '섹션18-기출03문제.xlsm'을 열어서 작업하시오.

'기출03' 시트에서 다음과 같은 작업을 수행하도록 프로시저를 작성하시오.

1. '가입신청' 단추를 클릭하면 사용자 정의 폼 〈신청양식〉 폼이 나타나도록 프로시저를 작성하시오.

2. '가입신청' 단추를 클릭하여 〈신청양식〉 폼이 실행되면 '보험종류(Cmb종류)' 컨트롤로 포커스가 옮겨가도록 프로시저를 작성하시오.

3. '보험종류(Cmb종류)'와 '가입지점(Cmb지점)'을 선택한 후 '성명(Txt성명)'을 입력하고 '신청확인(Cmd확인)' 단추를 클릭하면 폼에 입력된 데이터가 [표1]에 입력되어 있는 마지막 행 다음에 연속하여 추가입력 되도록 작성하시오.

▶ 폼에서 선택된 보험종류에 해당하는 '월납부액', '납부총액', '이자총액'을 [참조표]에서 찾아 [표1]에 표시하시오(ListIndex 속성 이용).

※ 데이터를 추가하거나 삭제하여도 항상 마지막 데이터 다음에 입력되어야 함

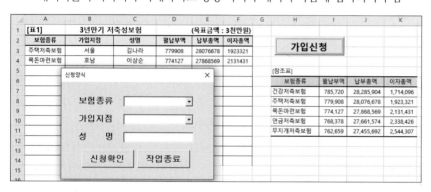

4. '작업종료(Cmd종료)' 단추를 클릭하면 〈그림〉과 같은 메시지 박스를 표시한 후 폼을 종료하는 프로시저를 작성하시오.

▶ 현재 날짜와 시간 표시

문제 4 'C:\길벗컴활1급\01 엑셀\01 섹션' 폴더의 '섹션18-기출04문제.xlsm'을 열어서 작업하시오.

'기출04' 시트에서 다음과 같은 작업을 수행하도록 프로시저를 작성하시오.

1. '수강신청' 단추를 클릭하면 사용자 정의 폼 〈온라인수강신청〉 폼이 화면에 나타난다. 〈온라인수강신청〉 폼의 '날짜(Lbl날짜)' 레이블을 더블클릭하면 '날짜(txt날짜)' 텍스트 상자에 현재 시스템 날짜와 시간이 표시되도록 이벤트 프로시저를 작성하시오.

2. 〈온라인수강신청〉 폼의 '입력(cmd입력)' 단추를 클릭하면 폼에 입력된 데이터를 시트의 안에 추가하되, List, Listindex를 사용하여 프로시저를 작성하시오.

   ▶ 목록 상자(lst과목)에서 과목을 선택했을 때에만 폼의 데이터를 워크시트에 입력되도록 설정하시오.

   ▶ 목록 상자(lst과목)에서 과목을 선택하지 않았으면 'ID(txtID)' 컨트롤에 '선택안함'을 표시한 후, 목록 상자(lst과목)의 첫 번째 항목을 선택하시오.

   ▶ 'ID(txtID)' 컨트롤에 소문자로 입력해도 워크시트에는 대문자로 입력되도록 설정하시오(Ucase 이용).

   ▶ '할인수강료'는 '수강료-(수강료*0.1)'로 계산하여 입력하시오.

   ▶ 폼의 '입력' 단추를 클릭하면 새로운 값이 입력될 수 있도록 폼의 'ID(txtID)', '날짜(txt날짜)', '이름(txt이름)'에 입력된 데이터는 삭제하고, 목록 상자(lst과목)는 아무것도 선택되지 않은 상태로 설정하시오.

3. '기출04' 시트의 데이터가 변경(Change)되면 해당 셀로 셀 포인터가 이동되고 글꼴이 '궁서체'로, 글꼴 크기가 12로 설정되도록 이벤트 프로시저를 작성하시오.

4. '기출04' 시트를 활성화(Activate) 하면 해당 시트의 [A1] 셀에 "컴활합격"이 입력되고, 글꼴 스타일이 '굵게'로 지정되도록 이벤트 프로시저를 작성하시오.

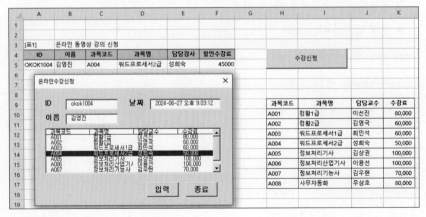

기출문제 따라하기　　　　　　　　　　　　　　　　　　　　Section 18

문제 1

24.상시, 23.상시, 22.상시, 21.상시, 20.상시, 20.1, 19.상시, 19.2, 19.1, 18.상시, 18.2, 18.1, …

1 〈성적입력폼〉 표시하는 프로시저 작성하기

1. [개발 도구] → 컨트롤 → 디자인 모드(🔲)를 클릭하세요.
2. '성적입력' 단추를 더블클릭하세요.
3. '성적입력_Click( )' 프로시저에 다음과 같이 코드를 입력하세요.

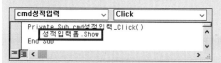

```
cmd성적입력              Click
    Private Sub cmd성적입력_Click()
        성적입력폼.Show
    End Sub
```

20.상시, 20.1, 09.2, 08.1, 07.4

2 체크 박스와 스핀 단추에 프로시저 작성하기

4. 프로젝트 탐색기 창에서 〈성적입력폼〉을 더블클릭하여 〈성적입력폼〉이 화면에 나오게 하세요.
5. 성별 체크 박스(chk성별) 컨트롤을 더블클릭하여 'chk성별_Click( )' 프로시저가 나오게 한 후 'chk성별_Click( )' 프로시저에 다음과 같이 코드를 입력하세요.

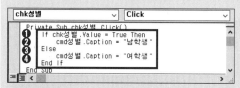

```
chk성별                  Click
    Private Sub chk성별_Click()
❶      If chk성별.Value = True Then
❷          cmd성별.Caption = "남학생"
❸      Else
❹          cmd성별.Caption = "여학생"
        End If
    End Sub
```

❶ 'chk성별' 체크 박스를 선택(True)하면 ❷번을 수행하고 그렇지 않으면 ❸번을 수행합니다.
❷ 'cmd성별' 컨트롤의 캡션을 "남학생"으로 표시합니다.
❸ 'chk성별' 체크 박스의 선택을 해제(False)하면 ❹번을 수행합니다.
❹ 'cmd성별' 컨트롤의 캡션을 "여학생"으로 표시합니다.

6. 프로젝트 탐색기 창에서 〈성적입력폼〉을 더블클릭하여 〈성적입력폼〉이 화면에 나오게 하세요.
7. 국어의 스핀(Spin국어) 컨트롤을 더블클릭하여 'spin국어_Change( )' 프로시저가 나오게 한 후 'spin국어_Change( )' 프로시저에 다음과 같이 코드를 입력하세요.

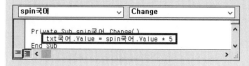

```
spin국어                 Change
    Private Sub spin국어_Change()
        txt국어.Value = spin국어.Value * 5
    End Sub
```

코드설명

• txt국어.Value = spin국어.Value * 5 : 'spin국어' 컨트롤의 값에 5를 곱해 'txt국어' 컨트롤에 표시합니다.

※ 스핀 단추(SpinButton) : 지정된 숫자 범위 안에서 값을 증가하거나 감소할 때 사용하는 컨트롤입니다.

궁금해요 시나공 Q&A 베스트

Q 위에 'spin국어.Value * 5'라고 되어 있는데, '+5'를 해야 하는 게 아닌지요? 증감이라고 제시되었으니 더해야 하는 것 같은데.. 헷갈리네요-.-

A 스핀 단추의 값을 5씩 증감시키는 것이므로 ' * 5'를 해야 합니다. 스핀 단추(spin국어)를 한 번 클릭하면 1, 두 번 클릭하면 2가 스핀 단추의 값으로 지정되는데, 여기에 '+5'를 하면 스핀 단추를 한 번 클릭하면 6, 두 번 클릭하면 7로, 즉 5가 아닌 1씩 증가합니다.

8. 같은 방법으로 '영어(spin영어)'와 '수학(spin수학)'의 스핀 컨트롤도 지정하세요.

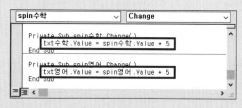

```
spin수학                 Change
    Private Sub spin수학_Change()
        txt수학.Value = spin수학.Value * 5
    End Sub
    Private Sub spin영어_Change()
        txt영어.Value = spin영어.Value * 5
    End Sub
```

24.상시, 23.상시, 22.상시, 21.상시, 20.상시, 20.1, 19.상시, 19.2, 19.1, 18.상시, 18.2, 18.1, …

3 폼의 자료를 워크시트에 입력하는 프로시저 작성하기

9. 프로젝트 탐색기에서 〈성적입력폼〉을 더블클릭하여 〈성적입력폼〉이 화면에 나오게 하세요.
10. '등록' 단추를 더블클릭하여 'cmd등록_Click( )' 프로시저가 나오게 한 후 'cmd등록_Click( )' 프로시저에 다음과 같이 코드를 입력하세요.

```
cmd등록                  Click
❶   vate Sub cmd등록_Click()
❶      기준행위치 = [b3].Row
❷      기준범위행수 = [b3].CurrentRegion.Rows.Count
❸      입력행 = 기준행위치 + 기준범위행수
❹      Cells(입력행, 2) = 입력행 - 3 & txt이름.Value
       Cells(입력행, 3) = txt국어.Value
❺      Cells(입력행, 4) = txt영어.Value
       Cells(입력행, 5) = txt수학.Value
       Cells(입력행, 6) = Format((Val(txt국어) + Val(txt영어) + Val(txt수학)) / 3, "0.00")
❻      Select Case Cells(입력행, 6)
           Case Is < 60
               Cells(입력행, 7) = "가"
❼          Case Is < 70
               Cells(입력행, 7) = "양"
❽          Case Is < 80
               Cells(입력행, 7) = "미"
❾          Case Is < 90
               Cells(입력행, 7) = "우"
❿          Case Else
               Cells(입력행, 7) = "수"
       End Select
⓫      Cells(입력행, 8) = cmd성별.Caption
       txt이름.Value = ""
⓬      txt국어.Value = ""
       txt영어.Value = ""
       txt수학.Value = ""
    End Sub
```

❶ '기준행위치' 변수에 [b3] 셀의 행 번호인 3을 치환합니다.

❷ '기준범위행수' 변수에 [b3] 셀과 연결된 범위에 있는 데이터의 행수를 치환합니다. 입력된 데이터가 없으면 제목행만 있으므로 1을 치환합니다.

❸ '기준행위치'의 값 3과 '기준범위행수'의 값 1을 더해 '입력행'에 치환합니다.

❹ 데이터를 처음 입력한다면 '입력행-3'의 결과와 이름을 4행 2열인 [B4] 셀에 입력합니다.
- '입력행'의 값 4에서 3을 빼면 1이고, '입력행'의 값은 데이터를 입력할 때마다 1씩 증가하므로, '입력행-3'의 같은 데이터를 입력할 때마다 1, 2, 3, …으로 변경됩니다.

❺ 데이터를 처음 입력한다면 국어 점수를 4행 3열인 [C4] 셀에 입력합니다. 나머지도 동일한 방법으로 수행합니다.
- Val( ) : 숫자 형식의 문자를 숫자로 변환하는 함수입니다.
- ※ '평균'을 계산하는 수식에서는 'Value' 속성을 생략해도 결과가 동일하므로 생략하였습니다.

❻ Cells(입력행, 6), 즉 [F4] 셀에 입력된 값(평균)이 60 미만이면 Cells(입력행, 7)에 '가'를 입력하고

❼ 70 미만이면 Cells(입력행, 7)에 '양'을 입력하고

❽ 80 미만이면 Cells(입력행, 7)에 '미'를 입력하고

❾ 90 미만이면 Cells(입력행, 7)에 '우'를 입력하고

❿ 그렇지 않으면 즉, 90 이상이면 Cells(입력행, 7)에 '수'를 입력합니다.

⓫ Cells(입력행, 8), 즉 4행 8열에 'cmd성별' 컨트롤의 캡션(Caption)을 입력합니다.

⓬ 데이터를 워크시트에 입력한 후 새로운 값을 입력받을 수 있도록 텍스트 상자의 내용을 지웁니다.

문제 2

24.상시, 23.상시, 22.상시, 21.상시, 20.상시, 20.1, 19.상시, 19.2, 19.1, 18.상시, 18.2, 18.1, …

1 폼이 실행되면 자동으로 콤보 상자 채우기

1. [개발 도구] → 코드 → Visual Basic(🖺)을 클릭하여 VBA가 화면에 나오게 하세요.

2. 프로젝트 탐색기 창에서 〈고객관리〉 폼을 더블클릭하여 〈고객관리〉 폼이 화면에 나오게 하세요.

3. 코드 창에서 '고객관리' 폼을 더블클릭하면 'UserForm_Click( )' 프로시저가 자동으로 표시됩니다. 개체 선택 콤보 상자에서 'UserForm'을 선택하고, 프로시저 선택 콤보 상자에서 'Initialize' 프로시저를 선택하세요.

4. 'UserForm_Initialize' 프로시저에 다음과 같이 콤보 상자에 목록을 채우는 코드를 입력하세요.

```
UserForm              ∨   Initialize              ∨
    Private Sub UserForm_Initialize()
❶     With cmb조회구분
❷       .AddItem "관리자"
❸       .AddItem "일반사용자"
❹       .AddItem "고객"
❺     End With
    End Sub
```

❶ With문으로 ❷, ❸, ❹번 문장에 반복되는 'cmb조회구분'을 생략합니다. With문이 없으면 아래와 같이 입력해야 합니다.
cmb조회구분.AddItem "관리자"
cmb조회구분.AddItem "일반사용자"
cmb조회구분.AddItem "고객"

❷ 'cmb조회구분' 콤보 상자에 "관리자"를 목록으로 추가합니다.
- AddItem은 콤보 상자나 목록 상자에 데이터를 직접 추가하는 메서드 입니다.

❸ 'cmb조회구분' 콤보 상자에 "일반사용자"를 목록으로 추가합니다.

❹ 'cmb조회구분' 콤보 상자에 "고객"을 목록으로 추가합니다.

❺ With문의 끝입니다.

24.상시, 23.상시, 22.상시, 21.상시, 19.상시, 19.1, 18.2, 14.3, 14.2, 14.1, 11.1, 10.3, 09.2, 08.4, …

2 폼이 실행되면 자동으로 목록 상자 채우기

5. 목록 상자에 목록을 채우는 코드를 다음과 같이 콤보 상자에 목록을 채우는 코드 아래 줄에 입력하세요.

```
UserForm              ∨   Initialize              ∨
    Private Sub UserForm_Initialize()
        With cmb조회구분
            .AddItem "관리자"
            .AddItem "일반사용자"
            .AddItem "고객"
        End With

        lst등급종류.RowSource = "i4:i8"
    End Sub
```

- lst등급종류.RowSource="I4:I8" : 워크시트의 [I4:I8] 영역에 있는 내용을 'lst등급종류' 목록 상자의 'RowSource' 속성값으로 지정합니다.
- 'RowSource'는 목록 상자의 목록을 나타내는 속성입니다.

3 조건에 만족하는 데이터를 워크시트에서 찾아 표시하기

11.3

6. 프로젝트 탐색기 창에서 〈고객관리〉 폼을 더블클릭하여 〈고객관리〉 폼이 화면에 나오게 하세요.

7. '고객조회' 단추를 더블클릭하여 'cmd고객조회_Click( )' 프로시저가 나오게 한 후 'cmd고객조회_Click( )' 프로시저에 다음과 같이 '고객조회' 단추를 클릭했을 때 실행할 코드를 입력하세요.

```
cmd고객조회          ∨   Click                    ∨
Private Sub cmd고객조회_Click()
①   스위치 = 0
②   참조행 = 3
③   For Each aa In Range("d4:d7")
④       참조행 = 참조행 + 1
⑤       If aa.Value = txt고객명.Value Then
⑥           txt고객등급.Value = Cells(참조행, 5)
⑦           txt매출금액.Value = Cells(참조행, 6)
⑧           txt결제방식.Value = Cells(참조행, 7)
⑨           스위치 = 1
⑩           Exit For
⑪       End If
⑫   Next
⑬   If 스위치 = 0 Then
⑭       MsgBox "조건에 일치하는 자료가 없습니다."
⑮   End If
End Sub
```

코드 설명

① '스위치' 변수를 0으로 초기화 합니다.

② '참조행' 변수를 3으로 초기화 합니다.

③ [D4:D7] 영역의 각 개체를 aa에 차례로 저장하면서 셀의 수만큼 ④~⑪번을 반복하여 실행합니다.

※ For Each ~ Next는 컬렉션에 포함된 개체의 수만큼 명령 코드를 반복 실행합니다.

```
For Each 개체변수 In 컬렉션 개체
    실행문
Next 개체변수
```

④ '참조행' 변수에 1을 누적합니다.
• '참조행'은 'txt고객명' 컨트롤에 입력한 고객명이 시트의 몇 번째 행에 있는지를 구하기 위해 사용합니다. '참조행'이 4이면 4행에 있는 것입니다.

⑤ aa에 저장된 값(Value)이 'txt고객명' 컨트롤에 입력된 값과 같으면 ⑥~⑩번을 실행하고, 그렇지 않으면 ⑪번으로 이동합니다.

⑥ 지정된 셀 위치의 데이터를 'txt고객등급' 컨트롤에 표시합니다.
• 'txt고객명' 컨트롤에 '김현진'을 입력했다면 4행 5열의 데이터를 'txt고객등급' 컨트롤에 표시합니다.

⑦, ⑧ txt매출금액, txt결제방식도 동일하게 수행합니다.

⑨ '스위치' 변수에 1을 치환합니다.

⑩ 찾을 값을 찾았으므로 For Each문을 빠져나가 ⑬번으로 이동합니다.

⑪ If문의 끝입니다.

⑫ For문의 끝입니다. [D4:D7] 영역을 모두 검사했으면 ⑬번으로 가고, 그렇지 않으면 ④~⑪번을 다시 수행합니다.

⑬ '스위치' 변수가 0이면 ⑭번을 실행하고, 그렇지 않으면 ⑮번을 실행합니다.
①번에서 '스위치' 변수에 넣은 0이 그대로라면 ⑨번을 거치지 않은 것입니다. ⑨번은 'txt고객명' 컨트롤에 입력한 고객명이 [D4:D7] 영역에 있는 경우 실행하는 것으로, 이것을 실행하지 않았다면 동일한 데이터가 없는 것입니다.

⑭ "조건에 일치하는 자료가 없습니다."가 표시된 메시지 박스를 표시합니다.

⑮ If문의 끝입니다.

문제 3

1 24.상시, 23.상시, 22.상시, 21.상시, 20.상시, 20.1, 19.상시, 19.2, 19.1, 18.상시, 18.2, 18.1, …

〈신청양식〉 폼 표시하는 프로시저 작성하기

1. [개발 도구] → 컨트롤 → 디자인 모드(▣)를 클릭하세요.

2. '가입신청' 단추를 더블클릭하세요.

3. '가입신청_Click( )' 프로시저에 다음과 같이 코드를 입력하세요.

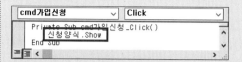

```
cmd가입신청          ∨   Click                    ∨
Private Sub cmd가입신청_Click()
    신청양식.Show
End Sub
```

2 11.3
특정 컨트롤로 포커스를 이동하는 프로시저 작성하기

4. 프로젝트 탐색기에서 〈신청양식〉 폼을 더블클릭하여 〈신청양식〉 폼이 화면에 나오게 하세요.

5. 코드 창에서 〈신청양식〉 폼을 더블클릭하면 'UserForm_Click( )' 프로시저가 자동으로 표시됩니다. 개체 선택 콤보 상자에서 'UserForm'을 선택하고, 프로시저 선택 콤보 상자에서 'Initialize' 프로시저를 선택세요.

6. 'UserForm_Initialize' 프로시저에 다음과 같이 포커스를 이동하는 코드를 입력하세요.

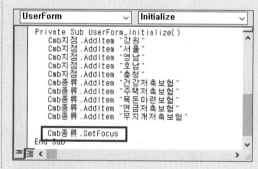

```
UserForm             ∨   Initialize               ∨
Private Sub UserForm_Initialize()
    Cmb지점.AddItem "강원"
    Cmb지점.AddItem "서울"
    Cmb지점.AddItem "영남"
    Cmb지점.AddItem "호남"
    Cmb지점.AddItem "충청"
    Cmb종류.AddItem "건강저축보험"
    Cmb종류.AddItem "주택저축보험"
    Cmb종류.AddItem "목돈마련보험"
    Cmb종류.AddItem "연금저축보험"
    Cmb종류.AddItem "무지개저축보험"

    Cmb종류.SetFocus
End Sub
```

코드 설명

• Cmb종류.SetFocus : 'Cmb종류' 컨트롤로 포커스를 이동합니다.
– 'SetFocus'는 지정된 개체로 포커스를 이동하는 속성입니다.

3 24.상시, 23.상시, 22.상시, 21.상시, 20.상시, 20.1, 19.상시, 19.2, 19.1, 18.상시, 18.2, 18.1, …
폼의 자료를 워크시트에 입력하는 프로시저 작성하기

7. 프로젝트 탐색기에서 〈신청양식〉 폼을 더블클릭하여 〈신청양식〉 폼이 화면에 나오게 하세요.

8. '신청확인' 단추를 더블클릭하여 'Cmd확인_Click( )' 프로시저가 나오게 한 후 'Cmd확인_Click( )' 프로시저에 다음과 같이 코드를 입력하세요.

```
Cmd확인             ∨   Click                    ∨
Private Sub Cmd확인_Click()
①   참조행 = Cmb종류.ListIndex + 7
②   입력행 = [a1].Row + [a1].CurrentRegion.Rows.Count

③   Cells(입력행, 1) = Cmb종류.Value
④   Cells(입력행, 2) = Cmb지점.Value
⑤   Cells(입력행, 3) = Txt성명.Value
⑥   Cells(입력행, 4) = Cells(참조행, 9)
⑦   Cells(입력행, 5) = Cells(참조행, 10)
⑧   Cells(입력행, 6) = Cells(참조행, 11)
End Sub
```

❶ '참조행' 변수에 'Cmb종류' 콤보 상자에서 선택한 목록의 인덱스 번호(Listindex)에 7을 더한 값을 치환합니다.

• Listindex는 콤보 상자 컨트롤의 목록 부분에서 선택한 항목의 인덱스 번호를 반환하거나 설정하는 속성입니다. Listindex는 0부터 시작하므로 콤보 상자에서 첫 번째 값을 선택하면 0, 두 번째 값을 선택하면 1이 반환됩니다.

• '참조행'은 'Cmb종류' 콤보 상자에서 선택한 보험 종류가 [참조표]의 몇 번째 행에 있는지를 구하기 위해 사용합니다. [참조표]에서 실제 데이터가 입력되어 있는 행은 워크시트의 7행이므로 'Cmb종류' 콤보 상자에서 선택한 목록 값에 대한 Listindex에 7을 더한 것입니다.

즉, 'Cmb종류' 콤보 상자에서 첫 번째에 있는 '건강저축보험'을 선택하면 Listindex는 0이므로 '참조행' 변수는 7이 됩니다.

❷ '입력행'의 기준으로 제목행이 있는 [a2] 셀이 아닌 [a1] 셀을 지정하는 이유는 [a1] 셀에 있는 행이 데이터 표의 맨 첫 째 줄로 인식하기 때문입니다. 엑셀에서는 내용에 관계없이 빈 행이 나올 때까지를 하나의 연결된 표로 보기 때문입니다. 데이터를 하나도 입력하지 않아 두 줄의 제목만 입력되어 있을 경우, '[a1].Row'의 값은 1이고, '[a1].CurrentRegion.Rows.Count'의 값은 2입니다. 그러므로 입력행은 3으로 시작하겠죠.

❸ 지정된 셀 위치, 즉 3행 1열에 데이터를 표시합니다.

❹, ❺ Cmb지점, Txt성명도 동일하게 수행합니다.

❻ 3행 4열에 워크시트의 참조행(7) 9열[I7]의 값(785,720)을 표시합니다.

❼ 3행 5열에 워크시트의 참조행(7) 10열[J7]의 값(28,285,904)를 표시합니다.

❽ 3행 6열에 워크시트의 참조행(7) 11열[K7]의 값(1,714,096)을 표시합니다.

---

4 24.상시, 23.상시, 22.상시, 21.상시, 20.상시, 20.1, 19.상시, 19.2, 19.1, 18.상시, 18.2, 18.1, …
폼을 종료하는 프로시저 작성하기

9. 프로젝트 탐색기에서 〈신청양식〉 폼을 더블클릭하여 〈신청양식〉 폼이 화면에 나오게 하세요.

10. '작업종료' 단추를 더블클릭하여 'Cmd종료_Click( )' 프로시저가 나오게 한 후 'Cmd종료_Click( )' 프로시저에 다음과 같이 코드를 입력하세요.

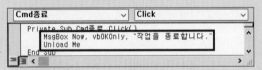

• MsgBox Now, vbOKOnly, "작업을 종료합니다." : 현재 날짜와 시간, "작업을 종료합니다."가 표시된 메시지를 표시합니다.
– 'MsgBox'는 대화상자에 메시지를 표시하는 명령입니다.
– 'Now'는 현재 날짜와 시간을 표시하는 함수입니다.
– 'vbOKOnly'는 '확인' 단추만을 표시하는 단추 종류입니다.
• Unload Me : 현재 작업중인 폼을 화면과 메모리에서 제거합니다.

문제 4

1 06.2
더블클릭으로 날짜 표시하기

1. [개발 도구] → 코드 → Visual Basic(📖)을 클릭하여 VBA가 화면에 나오게 하세요.

2. 프로젝트 탐색기에서 〈온라인수강신청〉 폼을 더블클릭하세요.

3. 코드 창에 〈온라인수강신청〉 폼이 표시됩니다. 〈온라인수강신청〉 폼에서 '날짜' 레이블을 더블클릭하세요.

4. 'Lbl날짜_Click( )' 프로시저가 자동으로 표시되고, 개체 선택 콤보 상자에는 'Lbl날짜'가 선택되어 있습니다. 프로시저 선택 콤보 상자에서 'DblClick' 프로시저를 선택한 후 '날짜' 레이블을 더블클릭했을 때 실행할 코드를 다음과 같이 입력하세요.

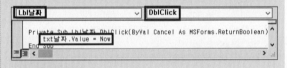

• txt날짜.Value = Now : 현재 날짜와 시간을 'txt날짜' 텍스트 박스에 표시합니다.
– Now는 시스템의 현재 날짜와 시간을 반환하는 함수입니다.

---

2 24.상시, 23.상시, 22.상시, 21.상시, 20.상시, 20.1, 19.상시, 19.2, 19.1, 18.상시, 18.2, 18.1, …
폼의 자료를 워크시트에 입력하는 프로시저 작성하기

5. 프로젝트 탐색기에서 〈온라인수강신청〉 폼을 더블클릭하여 〈온라인수강신청〉 폼이 화면에 나오게 하세요.

6. '입력' 단추를 더블클릭하여 'cmd입력_Click( )' 프로시저가 나오게 한 후 'cmd입력_Click( )' 프로시저에 다음과 같이 코드를 입력하세요.

```
cmd입력          ∨  Click              ∨
Private Sub cmd입력_Click()
❶   If IsNull(lst과목.Value) Then
❷      lst과목.ListIndex = 0
❸      txtID = "선택안함"
❹   Else
❺      참조행 = lst과목.ListIndex
❻      입력행 = [a3].Row + [a3].CurrentRegion.Rows.Count
❼      Cells(입력행, 1) = UCase(txtID.Value)
❽      Cells(입력행, 2) = txt이름.Value
❾      Cells(입력행, 3) = lst과목.List(참조행, 0)
❿      Cells(입력행, 4) = lst과목.List(참조행, 1)
⓫      Cells(입력행, 5) = lst과목.List(참조행, 2)
⓬      Cells(입력행, 6) = lst과목.List(참조행, 3) - _
         (lst과목.List(참조행, 3) * 0.1)
⓭      txtID.Value = ""
        txt이름.Value = ""
        txt날짜.Value = ""
        lst과목.Value = ""
⓮   End If
    End Sub
```

※ ⓬번에서 언더바(_)를 입력한 이유는 코드를 두 줄로 입력하여 그림을 크게 잡기 위해서입니다. 수험생들이 입력할 때는 언더바(_) 없이 연결하여 한 줄로 입력하면 됩니다.

코드설명

❶ 'lst과목' 목록 상자의 값이 널(Is Null)이면 ❷~❸번을 수행하고 끝납니다.

• 'IsNull( )'은 유효한 데이터를 전혀 포함하지 않으면 참(True)을, 포함하면 거짓(False)을 반환하는 함수입니다.

❷ 'lst과목' 목록 상자의 인덱스번호를 0으로 치환합니다. 목록 상자의 행 번호는 0에서 시작하므로 인덱스번호를 0으로 지정하면 첫 번째 항목이 선택됩니다.

❸ 'txtID'에 '선택안함'을 표시합니다.

❹ ❶의 조건을 만족하지 않을 경우, 즉 'lst과목' 목록 상자의 값이 널이 아니면 ❺~⓬번을 수행하고 끝납니다.

❺ '참조행' 변수에 'lst과목' 목록 상자에서 선택한 목록의 인덱스번호를 치환합니다. 목록 상자의 행 번호는 0에서 시작하므로 목록 상자에서 3행을 클릭했다면 '참조행'에는 2가 치환됩니다.

❻ '입력행' 변수에 [a3] 셀의 행 번호인 3과 [a3] 셀과 연결된 범위에 있는 데이터의 행수를 더하여 치환합니다(3+3=6).

❼ 지정된 셀 위치, 즉 6행 1열에 데이터를 표시하되, 대문자로 변환하여 표시합니다.

• 'Ucase'는 문자열을 모두 대문자로 변환하는 함수입니다.

❽ 지정된 셀 위치, 즉 6행 2열에 데이터를 표시합니다.

❾ 6행 3열에 'lst과목' 목록 상자의 참조행, 0열에 있는 데이터를 입력합니다.

• List는 목록 상자나 콤보 상자 목록의 항목 위치를 지정하는 속성입니다. 행 번호와 열 번호는 0부터 시작하므로 'lst과목.List(0, 0)'은 'lst과목' 목록 상자의 1행, 1열에 있는 데이터를 의미합니다.

• 'lst과목' 목록 상자에서 세 번째 행에 있는 'A003'을 선택하면 인덱스 번호(Listindex)는 0부터 시작하므로 2가 참조행 변수에 치환됩니다. 'lst과목.List(참조행, 0)'은 'lst과목.List(2, 0)'으로 'lst과목' 목록 상자의 세번째 행, 첫 번째 열에 있는 데이터 'A003'을 의미하고 lst과목.List(2, 1)은 세 번째 행, 두 번째 열에 있는 '워드프로세서1급'을 의미합니다.

❿ 6행 4열에 'lst과목' 목록 상자의 참조행, 1열의 데이터를 입력합니다.

⓫ 6행 5열에 'lst과목' 목록 상자의 참조행, 2열의 데이터를 입력합니다.

⓬ 6행 6열에 'lst과목' 목록 상자의 (참조행, 3열의 데이터) – (참조행, 3열의 데이터 * 0.1)의 결과를 입력합니다.

⓭ 새로운 데이터를 입력 받기 전에 현재 컨트롤에 입력되어 있는 값을 지웁니다.

⓮ IF문의 끝입니다.

---

3 워크시트의 Change 이벤트에 기능 설정하기

7. 프로젝트 탐색기 창에서 'Sheet1(기출04)' 시트를 더블 클릭하세요. 코드를 입력할 수 있는 창이 표시됩니다.

8. 개체 선택 콤보 상자에서 'WorkSheet'를 선택하고, 프로시저 선택 콤보 상자에서 'Change' 프로시저를 선택하세요. 이어서 'Worksheet_Change' 프로시저에 셀의 위치나 값 등에 변화가 있을 때 실행할 코드를 아래와 같이 입력하세요.

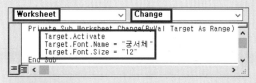

```
Worksheet        ∨  Change             ∨
Private Sub Worksheet_Change(ByVal Target As Range)
    Target.Activate
    Target.Font.Name = "궁서체"
    Target.Font.Size = "12"
End Sub
```

코드설명

• Target.Activate : 현재 작업하고 있는 워크시트에서 변화가 있는 셀을 활성화합니다. 즉, 해당 셀로 셀 포인터를 이동합니다.

• Target.Font.Name = "궁서체" : 현재 작업하고 있는 워크시트에서 변화가 있는 셀의 글꼴을 궁서체로 변경합니다.

• Target.Font.Size = "12" : 현재 작업하고 있는 워크시트에서 변화가 있는 셀의 글꼴을 크기를 12 포인트로 변경합니다.

---

4 워크시트의 Activate 이벤트에 기능 설정하기

9. 'WorkSheet' 개체는 선택되어 있으니 그냥 두고, 프로시저 선택 콤보 상자에서 'Activate' 프로시저를 선택하세요. 그리고 '기출04' 워크시트가 활성화될 때 실행할 코드를 아래와 같이 입력하세요.

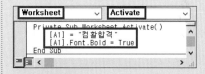

```
Worksheet        ∨  Activate           ∨
Private Sub Worksheet_Activate()
    [A1] = "컴활합격"
    [A1].Font.Bold = True
End Sub
```

코드설명

• [A1] = "컴활합격" : [A1] 셀에 컴활합격을 입력합니다.

※ 코드의 실행결과를 확인하려면 통합 문서 창으로 돌아가서 다른 시트를 클릭하여 '기출04' 시트를 비활성화시킨 후 다시 '기출04' 시트를 클릭하여 활성화시키면 됩니다.

• [A1].Font.Bold = True : [A1] 셀의 글꼴 스타일을 '굵게'로 변경합니다.

용어 설명

- **프로시저(Procedure)** : 프로시저는 하나의 기능을 실행할 수 있도록 나열된 명령문의 집합입니다. 프로시저는 실행 방법에 따라 Sub, Function, Property로 구분됩니다. 매크로를 기록해 작성한 VBA 코드는 Sub 프로시저를 사용하는 것이고, 사용자 정의 함수를 만들 때는 Function 프로시저를, 개체의 속성을 새로 정의할 때는 Property 프로시저를 사용합니다.
- **개체(Object)** : 통합 문서, 워크시트, 셀 등과 같이 컴퓨터 내에서 실제로 작업을 진행하는 단위들을 말합니다.
- **속성(Property)** : 크기, 색, 화면의 위치와 같은 개체의 특성이나 기능, 불가능과 같은 개체의 상태를 말합니다. 예를 들어 워크시트의 셀이란 개체는 배경색, 테두리, 글꼴 등의 속성을 가집니다.
- **메서드(Method)** : 개체가 실행할 수 있는 동작, 행동을 의미합니다. 예를 들어, 특정 셀이나 워크시트를 선택하는 동작을 의미합니다.
- **이벤트(Event)** : 엑셀 사용 도중에 일어나는 사건(마우스 클릭, 셀 이동 등)을 의미하고, 이벤트가 일어났을 때 자동으로 실행되도록 작성된 프로시저를 이벤트 프로시저라고 합니다. 예를 들어, 마우스 오른쪽 단추가 눌러지면 이벤트가 발생했다고 하고, 이때 바로 가기 메뉴가 나타나게 처리한 것은 이벤트 프로시저입니다.

컨트롤의 주요 속성, 메서드, 이벤트

아이콘	종류	주요 항목	구분	설명
A	Label	Caption	속성	제목
abl	TextBox : 문자열을 입력하거나 표시할 때 사용합니다.	Name	속성	이름
		Text	속성	표시할 내용
		Change	이벤트	값이 변경될 때 발생
▤	ListBox : 사용자가 항목을 선택할 수 있도록 표시할 때 사용하며, 항상 항목이 표시됩니다.	Name	속성	이름
		RowSource	속성	항목의 원본 지정
▤	ComboBox : 사용자가 항목을 선택할 수 있도록 표시할 때 사용하며, 사용자가 클릭하면 항목이 표시됩니다.	Name	속성	이름
		AddItem	메서드	항목 추가
		RowSource	속성	항목의 원본 지정
▱	CommandButton : 명령을 실행할 용도로 사용합니다.	Name	속성	이름
		Caption	속성	제목
		Click	이벤트	항목을 클릭할 때 발생함

5 장

실제 시험장을 옮겨 놓았다!

Section 19   실제 시험장을 옮겨 놓았다!

1   입실

2   신분증 및 수험표 확인

3   유의사항 및 컴퓨터 확인

4   문제 확인

5   문제 풀이

6   엑셀 시험 마무리

실제 시험장을 옮겨 놓았다!

시험이란 항상 긴장되고, 가슴이 두근거리기 마련입니다. 이번 Section에서는 수험자가 입실하여 문제를 풀고, 퇴실하는 과정을 상세히 다루었습니다. 입실에서 퇴실까지 차근차근 따라하며 시험에 대비하세요.

4131901

1 입실(시험 시작 10분 전)

컴퓨터활용능력 1급 실기 시험은 각 과목별로 45분, 총 90분 동안 치뤄지는데 보통 시험장에 도착하여 대기하다 10분 전에 입실합니다. 수험표에 지정된 시간까지 도착하지 않으면 입실을 거부당해 시험에 응시하실 수 없습니다. 또한 시험장 입실 시 수험표와 자신을 증명할 수 있는 신분증을 반드시 지참해야 합니다.

2 신분증 및 수험표 확인

시험장에 입실하여 자신의 인적사항과 자리 번호가 표시된 컴퓨터에 앉아서 기다리면 시험 감독위원이 여러분이 소지한 신분증과 수험표를 통해 본인 인증 과정을 거칩니다. 신분증은 주민등록증, 운전면허증을 포함하여 '대한상공회의소'가 공지한 신분증 인정 범위에 속한 증명서만이 신분증으로 인정됩니다.

3 유의사항 및 컴퓨터 확인

컴퓨터 화면 상단에는 시험 관련 유의사항이, 하단에는 〈연습하기〉 버튼이 표시됩니다. 유의사항을 꼼꼼하게 읽어본 후 〈연습하기〉 버튼을 눌러 엑셀과 액세스가 정상적으로 작동하는지 확인합니다. 문제가 있는 경우 손을 들고 감독관을 불러 조치를 받아야 합니다.

4 문제 확인(시험시작)

문제는 모니터에 표시되며, 보통 지시사항과 풀어야 할 문제를 포함한 4면으로 되어 있습니다. 확인하고 이상이 있으면 감독위원에게 문의하여 처리하세요.

다음은 최근 출제 경향이 잘 반영된 기출문제입니다. 풀이 과정을 따라하면서 전반적인 시험 분위기를 익히기 바랍니다.

실제 시험장에서 엑셀 문제를 풀 때는 몇 가지 요령이 필요합니다.

첫째, 아는 문제는 바로 풀지만 모르거나 바로 생각나지 않는 문제는 일단 표시해 두고 다음 문제를 풉니다.

둘째, [문제 2] 계산작업은 다른 모든 문제를 푼 다음 가장 나중에 풉니다.

셋째, [문제 2] 계산작업을 풀 때, 머릿속에 대략의 수식이 바로 세워지는 문제는 바로 풀어야 하지만, 수식이 바로 세워지지 않는 문제는 일단 표시해 두고 다음 문제를 풀어야 합니다.

문제 배부!

이런 순서로 문제를 푸는 이유는 풀릴 듯 말 듯한 문제를 고민하다 시간을 다 허비하는 실수를 방지하기 위해서입니다.

공부할 때는 [문제2 계산작업]을 가장 먼저 공부해야 하지만, 실제 시험장에서는 가장 나중에 푸는 것이 좋습니다.

전문가의 조언

다음에 제시된 문제는 시험을 치른 학생들의 기억을 토대로 복원한 것이므로, 일부 내용이 실제 시험과 다를 수 있습니다.

2025년 상시 컴퓨터활용능력 실기 시험

프로그램명	제한시간
EXCEL 2021	45분

수험번호 :

성   명 :

1급

〈 유 의 사 항 〉

- 인적 사항 누락 및 잘못 작성으로 인한 불이익은 수험자 책임으로 합니다.

- 화면에 암호 입력창이 나타나면 아래의 암호를 입력하여야 합니다.
  - 암호 : 26%439

- 작성된 답안은 주어진 경로 및 파일명을 변경하지 마시고 그대로 저장해야 합니다. 이를 준수하지 않으면 실격 처리됩니다.
  답안 파일명의 예 : C:\OA\수험번호8자리.xlsm

- **외부 데이터 위치 : C:\OA\파일명**

- 별도의 지시사항이 없는 경우, 다음과 같이 처리 시 실격 처리됩니다.
  - 제시된 시트 및 개체의 순서나 이름을 임의로 변경한 경우
  - 제시된 시트 및 개체를 임의로 추가 또는 삭제한 경우
  - 외부 데이터를 시험 시작 전에 열어본 경우

- 답안은 반드시 문제에서 지시 또는 요구한 셀에 입력하여야 하며 다음과 같이 처리 시 채점 대상에서 제외됩니다.
  - 제시된 함수가 있을 경우 제시된 함수만을 사용하여야 하며 그 외 함수 사용 시 채점대상에서 제외
  - 수험자가 임의로 지시하지 않은 셀의 이동, 수정, 삭제, 변경 등으로 인해 셀의 위치 및 내용이 변경된 경우 해당 작업에 영향을 미치는 관련문제 모두 채점 대상에서 제외
  - 도형 및 차트의 개체가 중첩되어 있거나 동일한 계산결과 시트가 복수로 존재할 경우 해당 개체나 시트는 채점 대상에서 제외

- 수식 작성 시 제시된 문제 파일의 데이터는 변경 가능한(가변적) 데이터임을 감안하여 문제 풀이를 하시오.

- 별도의 지시사항이 없는 경우, 주어진 각 시트 및 개체의 설정값 또는 기본 설정값(Default)으로 처리하시오.

- 저장 시간은 별도로 주어지지 않으므로 제한된 시간 내에 저장을 완료해야 하며, 제한 시간 내에 저장이 되지 않은 경우에는 실격 처리됩니다.

- 출제된 문제의 용어는 Microsoft Office 2021(LTSC 2108 버전) 기준으로 작성되어 있습니다.

대한상공회의소

문제 1 **기본작업(15점)** 주어진 시트에서 다음 과정을 수행하고 저장하시오.

1. '기본작업-1' 시트에서 다음과 같이 고급 필터를 수행하시오. (5점)

▶ [B3:J33] 영역에서 생년월일의 연도가 2001이거나 2002인 행만을 표시하시오.
▶ 조건은 [B35:B36] 영역 내에 알맞게 입력하시오. (YEAR, AND 함수 이용)
▶ 결과는 [B38] 셀부터 표시하시오.

2. '기본작업-1' 시트에서 다음과 같이 조건부 서식을 설정하시오. (5점)

▶ [B4:J33] 영역에서 학번의 앞 두 글자가 22 이하이고 평가가 "B"인 데이터의 전체 행에 대해서 글꼴 스타일은 '굵게', 글꼴 색은 '표준 색-빨강'으로 적용하시오.
▶ 단, 규칙 유형은 '수식을 사용하여 서식을 지정할 셀 결정'으로 지정하고, 한 개의 규칙만을 이용하여 작성하시오.
▶ LEFT, VALUE, AND 함수 사용

3. '기본작업-2' 시트에서 다음과 같이 페이지 레이아웃을 설정하시오. (5점)

▶ 인쇄될 내용이 페이지의 정 가운데에 인쇄되도록 페이지 가운데 맞춤을 설정하시오.
▶ 매 페이지 하단의 가운데 구역에는 페이지 번호가 [표시 예]와 같이 표시되도록 바닥글을 설정하시오.
　[표시 예 : 현재 페이지 번호가 1이고 전체 페이지 번호가 3인 경우 → 1/3]
▶ [B3:G33] 영역을 인쇄 영역으로 설정하고, 3행이 매 페이지마다 반복하여 인쇄되도록 인쇄 제목을 설정하시오.

문제 2 **계산작업(30점)** '계산작업' 시트에서 다음 과정을 수행하고 저장하시오.

1. [표1]의 TOEIC, 컴퓨터, 전공2와 [표3]을 이용하여 [I4:I28] 영역에 평가를 계산하여 표시하시오. (6점)

▶ 평가는 [표3]을 참조하여 계산
▶ 평균은 TOEIC에 0.3, 컴퓨터에 0.2, 전공2에 0.5를 곱해 더한 값으로 계산
▶ SUMPRODUCT, HLOOKUP 함수 이용

2. 사용자 정의 함수 'fn비고'를 작성하여 [표1]의 [J4:J28] 영역에 비고를 계산하여 표시하시오. (6점)

▶ 'fn비고'는 TOEIC, 컴퓨터, 전공2를 인수로 받아 비고를 계산하는 함수이다.
▶ 비고는 TOEIC, 컴퓨터, 전공2가 모두 80 이상이면 TOEIC에 0.3, 컴퓨터에 0.2, 전공2에 0.5를 곱하여 더한 값과 "우수학생"을 연결하여 표시하고, 그 외는 빈칸을 표시하시오.

```
Function fn비고(TOEIC, 컴퓨터, 전공2)

End Function
```

3. [표1]과 [표2]를 이용하여 [표2]의 [C33:H33] 영역에 학과코드별 학생수를 구해, 학생수만큼 "☆"를 표시하시오. (6점)

▶ DCOUNTA, REPT 함수 이용
▶ 표시 예 : 학생수 3명 → ☆☆☆

4. [표1]의 학과코드와 전공2를 이용하여 [표2]의 [C34:H34] 영역에 학과코드별 전공2의 점수가 90 이상인 학생들의 전공2 평균을 계산하여 표시하시오. (6점)

▶ 해당 학과 학생이 없는 경우에는 "없음"을 표시하시오.
▶ IF, AVERAGE, IFERROR 함수를 이용한 배열 수식 사용

5. [표1]을 이용하여 [표2]의 [C35:H35] 영역에 학과코드별, 학번이 "23"이나 "21"로 시작하는 학생들 중에서 가장 높은 TOEIC 점수를 표시하시오. (6점)

▶ IF, MAX, LEFT 함수를 이용한 배열 수식 사용

문제 3   분석작업(20점) 주어진 시트에서 다음 작업을 수행하고 저장하시오.

1. '분석작업-1' 시트에서 다음의 지시사항에 따라 피벗 테이블 보고서를 작성하시오. (10점)

- ▶ 외부 데이터 가져오기 기능을 이용하여 〈학생성적.accdb〉의 〈성적〉 테이블에서 'TOEIC', '컴퓨터', '전공2', 〈학과〉 테이블에서 '학과명', 〈학생〉 테이블에서 '생년월일' 열만 이용하시오.
- ▶ 피벗 테이블 보고서의 레이아웃과 위치는 〈그림〉을 참조하여 설정하고, 보고서 레이아웃을 개요 형식으로 표시하시오.
- ▶ '생년월일' 필드를 연 단위로 그룹을 지정하시오.
- ▶ 피벗 테이블 스타일은 '흰색, 피벗 스타일 밝게 26', 피벗 테이블 스타일 옵션은 '행 머리글', '열 머리글', '줄무늬 행'을 설정하시오.
- ▶ 값 영역의 모든 데이터의 표시 형식은 '값 필드 설정'의 셀 서식에서 '숫자' 범주를 이용하여 설정하시오.

※ 작업이 완성된 그림이며 부분점수 없음

A	B	C	D	E
학과명	생년월일	평균 : TOEIC	평균 : 컴퓨터	평균 : 전공2
국어국문과		82.0	77.5	89.8
	2001년	77.0	89.0	92.0
	2003년	76.0	65.0	88.0
	2004년	87.5	78.0	89.5
디자인과		67.0	83.0	67.0
	2000년	71.0	97.0	68.0
	2003년	86.0	68.0	59.0
	2004년	55.5	83.5	70.5
미술학과		83.0	78.2	70.8
	2000년	97.0	68.0	89.0
	2001년	87.0	84.0	63.0
	2002년	79.0	94.0	69.0
	2004년	78.3	74.3	68.0
영문학과		70.1	77.1	76.9
	2000년	76.0	80.0	80.0
	2003년	64.5	99.0	59.5
	2004년	71.5	65.5	82.5
전산학과		69.5	81.2	78.7
	2001년	72.0	96.0	77.0
	2002년	50.0	84.0	79.0
	2003년	75.0	85.0	85.5
	2004년	72.5	68.5	72.5
컴퓨터공학과		90.3	91.0	76.3
	2002년	94.5	92.5	87.5
	2004년	82.0	88.0	54.0
총합계		75.8	80.4	76.4

2. '분석작업-2' 시트에 대하여 다음의 지시사항을 처리하시오. (10점)

- ▶ [데이터 유효성 검사] 도구를 이용하여 [D4:D32] 영역에 '국어국문과', '디자인과', '미술학과', '영문학과', '전산학과', '컴퓨터공학과'가 목록으로 표시되도록 지정하시오.
  - [D4:D32] 영역의 셀을 클릭할 경우 〈그림〉과 같은 설명 메시지를 표시하고, 유효하지 않은 데이터를 입력한 경우 〈그림〉과 같은 오류 메시지가 표시되도록 설정하시오

- IME 모드가 '한글'이 되도록 설정하시오.
- ▶ [부분합] 기능을 이용하여 [표1]에서 '학과명'별 '컴퓨터'의 평균을 계산한 후 최대값을 계산하시오.
  - '학과명'을 기준으로 오름차순으로 정렬하시오.
  - 평균과 최대값은 위에 명시된 순서대로 처리하시오.

문제 4   기타작업(35점) 주어진 시트에서 다음 작업을 수행하고 저장하시오.

1. '기타작업-1' 시트에서 다음의 지시사항에 따라 차트를 수정하시오. (각 2점)

※ 차트는 반드시 문제에서 제공한 차트를 사용하여야 하며, 신규로 차트 작성시 0점 처리됨

① 차트 제목을 〈그림〉과 같이 추가한 후 글꼴을 '굴림체', 글꼴 크기를 15로 지정하시오.

② '전공2' 계열을 추가한 후 계열 순서를 〈그림〉과 같이 지정
하시오.

③ '컴퓨터' 계열에서 값이 가장 큰 데이터 요소에 〈그림〉과 같
이 레이블을 추가하시오.

④ 세로(값) 축의 기본 단위를 〈그림〉과 같이 지정하시오.

⑤ 차트 영역에 도형 효과의 '네온: 5pt, 파랑, 강조색 1'을 지정
하고, 테두리 스타일을 '둥근 모서리'로 지정하시오.

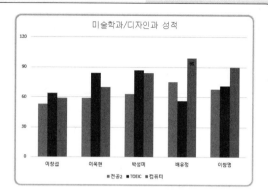

2. '기타작업-2' 시트에서 다음과 같은 기능을 수행하는 매크로를 현재 통합문서에 작성하시오. (각 5점)

① [C6:L23] 영역에 사용자 지정 표시 형식을 설정하는 '서식적용' 매크로를 생성하시오.
▶ 셀 값이 1인 경우 영문자 대문자 "O"로 표시, 셀 값이 0인 경우 영문자 대문자 "X"로 표시하시오.
▶ [개발 도구] → [삽입] → [양식 컨트롤]의 '단추'를 동일 시트의 [B2:C3] 영역에 생성한 후 텍스트를 "서식적용"으
로 입력하고, 단추를 클릭하면 '서식적용' 매크로가 실행되도록 설정하시오.

② [C6:L23] 영역에 표시 형식을 '일반'으로 적용하는 '서식해제' 매크로로 생성하시오.
▶ [개발 도구] → [삽입] → [양식 컨트롤]의 '단추'를 동일 시트의 [E2:F3] 영역에 생성한 후 텍스트를 "서식해제"로
입력하고, 단추를 클릭하면 '서식해제' 매크로가 실행되도록 설정하시오.

3. '기타작업-3' 시트에서 다음과 같은 작업을 수행하도록 프로시저를 작성하시오. (각 5점)

① '성적관리' 단추를 클릭하면 〈성적관리〉 폼이 나타나고, 폼이 초기화 되면 '학과명(cmb학과명)' 콤보 상자의 목록에
[I7:I12] 영역의 값이 설정되도록 프로시저를 작성하시오.

② 〈성적관리〉 폼의 '입력(cmd입력)' 단추를 클릭하면 폼에 입력된 데이터가 시트의 표에 입력되어 있는 마지막 행 다
음에 연속하여 추가되도록 프로시저를 작성하시오.
▶ '학번(txt학번)' 컨트롤에 소문자로 입력해도 워크시트에는 대문자로 입력되도록 설정하시오(Format 이용).
▶ 'TOEIC', '컴퓨터', '전공2'의 점수는 100 이하의 수치 데이터로 입력되도록 설정하고 100을 초과하는 경우에는
〈그림〉과 같은 메시지 박스가 표시되도록 설정하시오.
▶ 입력 후에는 '학과명(cmb학과명)'을 선택할 수 없도록 설정하시오.

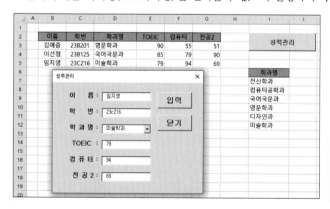

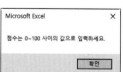

③ '닫기(cmd닫기)' 단추를 클릭하면 전체 학생수를 표시한 메시지 박스를 표시한 후 폼을 종료
하는 프로시저를 작성하시오.

감독위원이 시험 시작을 알리면 시험 관련 유의사항이 화면에서 사라지고 파일명이 수험번호로 지정된 문제 파일이 화면에 나타납니다.

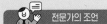
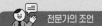
학번	이름	생년월일	학과명	담당교수	TOEIC	컴퓨터	전공2	평가
22B201	너일주	2003-06-29	영문학과	차주석	68	100	51	D
22B125	이숙영	2001-06-06	국어국문과	김학인	77	89	92	B
22C216	손병수	2002-07-07	미술학과	정희숙	79	94	69	C
21B224	이무열	2000-02-10	영문학과	차주석	76	80	89	B
23B205	권은영	2004-04-29	영문학과	차주석	68	50	89	C
23C201	이창섭	2004-05-15	미술학과	정희숙	64	59	53	F
22A128	서호형	2003-05-18	전산학과	김인정	85	97	89	B
22C104	서원석	2003-08-19	디자인과	명진국	86	68	59	D
23A218	김미숙	2004-12-05	컴퓨터공학과	이숙진	82	88	54	D
21C219	곽영일	2000-08-10	미술학과	정희숙	97	68	89	B
22A118	진양혜	2003-02-03	전산학과	김인정	65	73	82	C
23B206	김건남	2004-10-15	영문학과	차주석	74	92	73	C
23A120	오성식	2004-05-01	전산학과	김인정	52	78	60	D
23B107	김상철	2003-09-08	국어국문과	김학인	76	65	88	C
23B208	최옥자	2002-02-19	영문학과	차주석	61	98	68	C
23B111	송현우	2004-03-05	국어국문과	김학인	86	66	87	B
23C212	이옥현	2004-02-22	미술학과	정희숙	84	70	59	D
23A202	김영란	2002-04-22	컴퓨터공학과	이숙진	92	87	90	A
21C203	박성미	2001-03-04	미술학과	정희숙	87	84	63	C
23A117	조숙희	2001-10-05	전산학과	김인정	72	96	77	C
23A126	김광배	2002-12-03	전산학과	김인정	70	84	79	B
23C123	배유정	2004-03-02	디자인과	명진국	56	99	75	C
23A214	심상섭	2002-02-03	컴퓨터공학과	이숙진	97	98	85	A
23C109	한영회	2004-05-20	디자인과	명진국	55	68	66	D
23B110	민들레	2004-07-25	국어국문과	김학인	89	90	92	A
23B213	황유선	2004-11-30	영문학과	차주석	64	76		C

문제 1 기본작업 풀이

01. 고급 필터 수행하기

1. '기본작업-1' 시트를 선택한 후 먼저 고급 필터에 사용할 조건을 입력해야 합니다.
[B35] 셀에 **조건**, [B36] 셀에 **=AND(YEAR(D4)>=2001,YEAR(D4)<=2002)**를 입력하세요.

	학번	이름	생년월일	학과명	담당교수	TOEIC	컴퓨터	전공2	평가
[표1]									
	22B201	너일주	2003-06-29	영문학과	차주석	68	100	51	D
	22B125	이숙영	2001-06-06	국어국문과	김학인	77	89	92	B
	22C216	손범수	2002-07-07	미술학과	정희숙	79	94	69	C
	21B224	이무열	2000-02-10	영문학과	차주석	76	80	89	B
	23B205	권은영	2004-04-29	영문학과	차주석	68	50	89	C
	23C201	이창섭	2004-05-15	미술학과	정희숙	64	59	53	F
	22A128	서호형	2003-05-18	전산학과	김인정	85	97	89	B
	22C104	서원석	2003-08-19	디자인과	명진국	86	68	59	D
	23A218	김미숙	2004-12-05	컴퓨터공학과	이숙진	82	88	54	D
	21C219	곽영일	2000-08-10	미술학과	정희숙	97	68	89	B
	22A118	진양혜	2003-02-03	전산학과	김인정	65	73	82	C
	23B206	김건남	2004-10-15	영문학과	차주석	74	92	73	C
	23A120	오성식	2004-05-01	전산학과	김인정	52	78	60	D
	23B107	김상철	2003-09-08	국어국문과	김학인	76	65	88	C
	23B208	최옥자	2003-02-19	영문학과	차주석	61	98	68	C
	23B111	송현우	2004-03-05	국어국문과	김학인	86	66	87	B
	23C212	이욱현	2004-02-22	미술학과	정희숙	84	70	59	D
	23A202	김영란	2002-04-22	컴퓨터공학과	이숙진	92	87	90	A
	21C203	박성미	2003-01-04	미술학과	정희숙	87	84	63	C
	23A117	조숙희	2001-10-05	전산학과	김인정	72	96	77	C
	22A126	김광배	2002-12-03	전산학과	김인정	70	84	79	B
	23C123	배유정	2004-03-02	디자인과	명진국	56	99	75	C
	23A214	심상섭	2002-02-03	컴퓨터공학과	이숙진	97	98	85	A
	23C109	한영희	2004-05-20	디자인과	명진국	55	68	66	D
	23B110	민들레	2004-07-25	국어국문과	김학인	89	90	92	A
	23B213	황유선	2004-11-30	영문학과	차주석	92	64	76	C
	21C122	이창명	2000-03-21	디자인과	명진국	71	97	68	C
	23B227	양창석	2004-07-08	영문학과	차주석	52	56	92	C
❷입력합니다.		배동진	2004-05-29	미술학과	정희숙	87	94	92	A
		이철형	2004-01-26	전산학과	김인정	93	59	85	B

조건
FALSE

=AND(YEAR(D4)>=2001,YEAR(D4)<=2002)

기본작업-1 기본작업-2 계산작업 분석작업-1 분석작업-2 기타작업-1 기타작업-2 기타

❶딸깍

2. 조건을 입력했으면, 데이터 범위(B3:J33) 안에 셀 포인터를 놓고, [데이터] → 정렬 및 필터 → **고급**을 클릭하세요. '고급 필터' 대화상자가 나타나면 '결과', '목록 범위', '조건 범위', '복사 위치'를 그림과 같이 지정하고 〈확인〉을 클릭하세요.

	A	B	C	D	E	F	G	H	I	J
2		[표1]								
3		학번	이름	생년월일	학과명	담당교수	TOEIC	컴퓨터	전공2	평가
4		22B201	너일주	2003-06-29	영문학과	차주석	68	100	51	D
5		22B125	이숙영	2001-06-06	국어국문과	김학인	77	89	92	B
6		22C216	손범수	2002-07-07	미술학과	정희숙	79	94	69	C
7		21B224	이무열	2000-02-10	영문학과	차주석	76	80	89	B
8		23B205	권은영	2004-04-29	영문학과	차주석	68	50	89	C
9		23C201	이창섭	2004-05-15			64	59	53	F
10		22A128	서호형	2003-05-18			85	97	89	B
11		22C104	서원석	2003-08-19			86	68	59	D
12		23A218	김미숙	2004-12-05			82	88	54	D
13		21C219	곽영일	2000-08-10			97	68	89	B
14		22A118	진양혜	2003-02-03			65	73	82	C
15		23B206	김건남	2004-10-15			74	92	73	C
16		23A120	오성식	2004-05-01			52	78	60	D
17		23B107	김상철	2003-09-08			76	65	88	C
18		23B208	최옥자	2003-02-19			61	98	68	C
19		23B111	송현우	2004-03-05			86	66	87	B
20		23C212	이옥현	2004-02-22			84	70	59	D
21		23A202	김영란	2002-04-22	컴퓨터공학과	이숙진	92	87	90	A
22		21C203	박성미	2001-03-04	미술학과	정희숙	87	84	63	C
23		23A117	조숙희	2001-10-05	전산학과	김인정	72	96	77	C
24		22A126	김광배	2002-12-03	전산학과	김인정	70	84	79	B
25		23C123	배유정	2004-03-02	디자인과	명진국	56	99	75	C
26		23A214	심상섭	2002-02-03	컴퓨터공학과	이숙진	97	98	85	A
27		23C109	한영희	2004-05-20	디자인과	명진국	55	68	66	D
28		23B110	민들레	2004-07-25	국어국문과	김학인	89	90	92	A
29		23B213	황유선	2004-11-30	영문학과	차주석	92	64	76	C
30		21C122	이창명	2000-03-21	디자인과	명진국	71	97	68	C
31		23B227	양창석	2004-07-08	영문학과	차주석	52	56	92	C
32		23C221	배동진	2004-05-29	미술학과	정희숙	87	94	92	A
33		23A129	이철형	2004-01-26	전산학과	김인정	93	59	85	B
34										
35		조건								
36		FALSE								

(그림: '고급 필터' 대화상자)
결과
- ○ 현재 위치에 필터(F)
- ● 다른 장소에 복사(O)

목록 범위(L): $B$3:$J$33
조건 범위(C): $B$35:$B$36
복사 위치(T): $B$38

□ 동일한 레코드는 하나만(R)

〈확인〉 딸깍

↓

	A	B	C	D	E	F	G	H	I	J
37										
38		학번	이름	생년월일	학과명	담당교수	TOEIC	컴퓨터	전공2	평가
39		22B125	이숙영	2001-06-06	국어국문과	김학인	77	89	92	B
40		22C216	손범수	2002-07-07	미술학과	정희숙	79	94	69	C
41		23A202	김영란	2002-04-22	컴퓨터공학과	이숙진	92	87	90	A
42		21C203	박성미	2001-03-04	미술학과	정희숙	87	84	63	C
43		23A117	조숙희	2001-10-05	전산학과	김인정	72	96	77	C
44		22A126	김광배	2002-12-03	전산학과	김인정	70	84	79	B
45		23A214	심상섭	2002-02-03	컴퓨터공학과	이숙진	97	98	85	A

02. 조건부 서식 지정하기

1. 필드명을 제외한 [B4:J33] 영역을 화살표 방향으로 드래그하여 블록으로 지정한 후 [홈] → 스타일 → 조건부 서식 → **새 규칙**을 선택하세요.

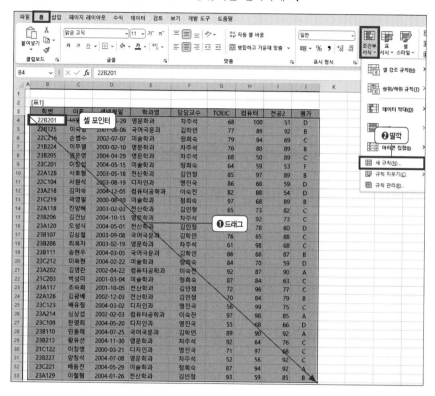

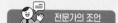

전문가의 조언

범위를 지정했을 때는 흰색으로 반전된 셀이 현재 셀 포인터가 있는 위치입니다.

2. '새 서식 규칙' 대화상자가 나타납니다. '새 서식 규칙' 대화상자에서 '수식을 사용하여 서식을 지정할 셀 결정'을 선택한 다음 그림과 같이 조건을 입력한 후 〈서식〉을 클릭하세요.

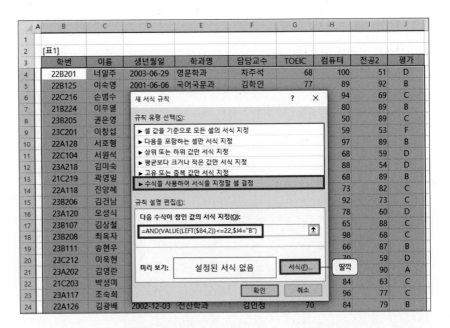

	A	B	C	D	E	F	G	H	I	J
1										
2		[표1]								
3		학번	이름	생년월일	학과명	담당교수	TOEIC	컴퓨터	전공2	평가
4		22B201	너일주	2003-06-29	영문학과	차주석	68	100	51	D
5		22B125	이숙영	2001-06-06	국어국문과	김학인	77	89	92	B
6		22C216	손범수					94	69	C
7		21B224	이무열					80	89	B
8		23B205	권은영					50	89	C
9		23C201	이창섭					59	53	F
10		22A128	서호형					97	89	B
11		22C104	서원석					68	59	D
12		23A218	김미숙					88	54	D
13		21C219	곽영일					68	89	B
14		22A118	진양혜					73	82	C
15		23B206	김건남					92	73	C
16		23A120	오성식					78	60	D
17		23B107	김상철					65	88	C
18		23B208	최옥자					98	68	C
19		23B111	송현우					66	87	B
20		23C212	이욱현					70	59	D
21		23A202	김영란						90	A
22		21C203	박성미					84	63	C
23		23A117	조숙희					96	77	C
24		22A126	김광배	2002-12-03	전산학과	김인정	70	84	79	B

새 서식 규칙 ? ✕

규칙 유형 선택(S):
► 셀 값을 기준으로 모든 셀의 서식 지정
► 다음을 포함하는 셀만 서식 지정
► 상위 또는 하위 값만 서식 지정
► 평균보다 크거나 작은 값만 서식 지정
► 고유 또는 중복 값만 서식 지정
► 수식을 사용하여 서식을 지정할 셀 결정

규칙 설명 편집(E):
다음 수식이 참인 값의 서식 지정(O):
=AND(VALUE(LEFT($B4,2))<=22,$J4="B")

미리 보기: 설정된 서식 없음   서식(F)...   **딸깍**

확인   취소

> **잠깐만요** AND(VALUE(LEFT($B4,2))<=22,$J4="B")
>
> 현재 셀 포인터가 [B4] 셀에 있으니 [B4] 셀의 앞 두 글자가 22보다 작거나 같고, [J4] 셀의 값이 "B"이면 지정한 서식을 [B4] 셀이 있는 전체 행에 적용하라는 의미입니다. 만약 셀 포인터가 [B5] 셀로 이동하면 [B5] 셀의 앞 두 글자가 22보다 작거나 같고 [J5] 셀의 값이 "B"이면 지정한 서식을 [B5] 셀이 있는 전체 행에 적용하라는 의미입니다.
> ※ VALUE(텍스트) 함수는 숫자 형식의 텍스트를 숫자로 변환하고, LEFT(텍스트, 개수) 함수는 텍스트의 왼쪽부터 지정한 개수만큼의 문자열을 추출합니다.

3. '셀 서식' 대화상자가 나타납니다. '글꼴' 탭에서 글꼴 스타일은 '굵게', 색은 '빨강'을 선택하고 〈확인〉을 클릭하세요. '새 서식 규칙' 대화상자로 돌아옵니다. '새 서식 규칙' 대화상자에서 다시 한 번 〈확인〉을 클릭하세요.

4. '학번'의 앞 두 글자가 22보다 작거나 같고 '평가'가 "B"인 자료만 빨강색으로 굵게 표시된 것을 확인할 수 있습니다.

	A	B	C	D	E	F	G	H	I	J
1										
2		[표1]								
3		학번	이름	생년월일	학과명	담당교수	TOEIC	컴퓨터	전공2	평가
4		22B201	너일주	2003-06-29	영문학과	차주석	68	100	51	D
5		22B125	이숙영	2001-06-06	국어국문과	김학인	77	89	92	B
6		22C216	손범수	2002-07-07	미술학과	정희숙	79	94	69	C
7		21B224	이무열	2000-02-10	영문학과	차주석	76	80	89	B
8		23B205	권은영	2004-04-29	영문학과	차주석	68	50	89	C
9		23C201	이창섭	2004-05-15	미술학과	정희숙	64	59	53	F
10		22A128	서호형	2003-05-18	전산학과	김인정	85	97	89	B
11		22C104	서원석	2003-08-19	디자인과	명진국	86	68	59	D
12		23A218	김미숙	2004-12-05	컴퓨터공학과	이숙진	82	88	54	D
13		21C219	곽영일	2000-08-10	미술학과	정희숙	97	68	89	B
14		22A118	진양혜	2003-02-03	전산학과	김인정	65	73	82	C
15		23B206	김건남	2004-10-15	영문학과	차주석	74	92	73	C
16		23A120	오성식	2004-05-01	전산학과	김인정	52	78	60	D
17		23B107	김상철	2003-09-08	국어국문과	김학인	76	65	88	C
18		23B208	최옥자	2003-02-19	영문학과	차주석	61	98	68	C
19		23B111	송현우	2004-03-05	국어국문과	김학인	86	66	87	B
20		23C212	이욱현	2004-02-22	미술학과	정희숙	84	70	59	D
21		23A202	김영란	2002-04-22	컴퓨터공학과	이숙진	92	87	90	A
22		21C203	박성미	2001-03-04	미술학과	정희숙	87	84	63	C
23		23A117	조숙희	2001-10-05	전산학과	김인정	72	96	77	C
24		22A126	김광배	2002-12-03	전산학과	김인정	70	84	79	B
25		23C123	배유정	2004-03-02	디자인과	명진국	56	99	75	C
26		23A214	심상섭	2002-02-03	컴퓨터공학과	이숙진	97	98	85	A
27		23C109	한영희	2004-05-20	디자인과	명진국	55	68	66	D
28		23B110	민들레	2004-07-25	국어국문과	김학인	89	90	92	A
29		23B213	황유선	2004-11-30	영문학과	차주석	92	64	76	C
30		21C122	이창명	2000-03-21	디자인과	명진국	71	97	68	C
31		23B227	양창석	2004-07-08	영문학과	차주석	52	56	92	C
32		23C221	배동진	2004-05-29	미술학과	정희숙	87	94	92	A
33		23A129	이철형	2004-01-26	전산학과	김인정	93	59	85	B

03. 페이지 레이아웃 설정하기

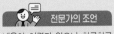
1. '기본작업-2' 시트를 선택한 후 [페이지 레이아웃] → **페이지 설정**의 🔽를 클릭하세요. '페이지 설정' 대화상자가 나타납니다.

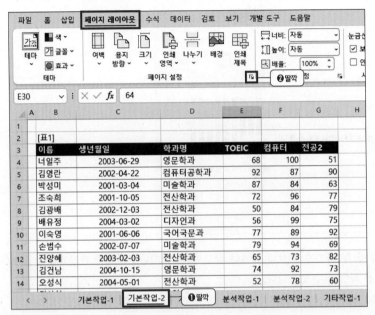

2. 인쇄될 내용이 정 가운데에 인쇄되도록 설정해야 합니다. '페이지 설정' 대화상자의 '여백' 탭에서 페이지 가운데 맞춤의 '가로'와 '세로'를 선택하세요.

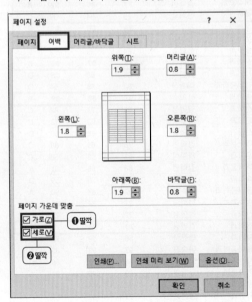

3. 페이지 번호가 페이지 하단의 가운데에 표시되도록 설정해야 합니다. '페이지 설정' 대화상자에서 '머리글/바닥글' 탭을 선택한 후 〈바닥글 편집〉을 클릭하면 '바닥글' 대화상자가 나타납니다.

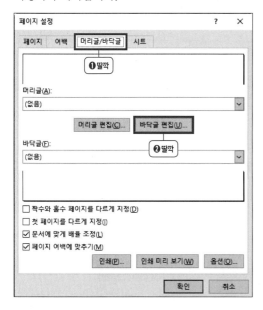

4. '바닥글' 대화상자에서 '가운데 구역'을 클릭한 후 '페이지 번호 삽입(🗎)' 아이콘을 클릭하면 '가운데 구역'에 '&[페이지 번호]'가 표시됩니다. 이어서 '&[페이지 번호]' 뒤에 /를 입력하고 '전체 페이지 수 삽입(🗎)' 아이콘을 클릭한 다음 〈확인〉을 클릭하세요.

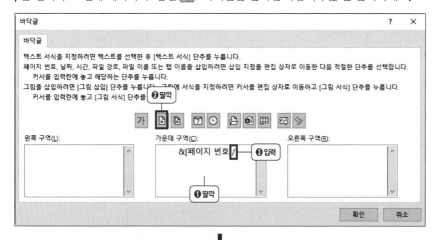

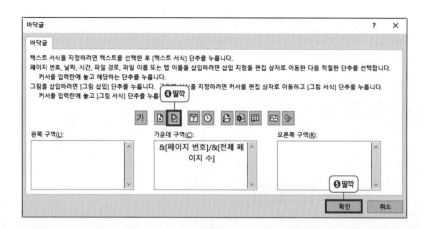

5. [B3:G33] 영역을 인쇄 영역으로 설정해야 합니다. '페이지 설정' 대화상자의 '시트' 탭을 선택하고 인쇄 영역의 입력난을 클릭한 후 [B3:G33] 영역을 드래그하여 범위로 지정하세요.

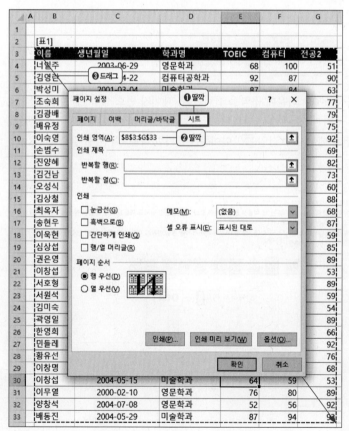

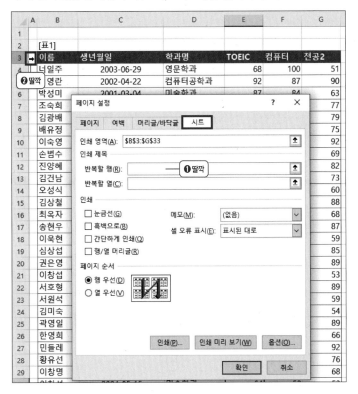

6. 3행이 매 페이지마다 반복하여 인쇄되도록 설정해야 합니다. '인쇄 제목'의 반복할 행의 입력난을 클릭한 후 워크시트의 3행을 클릭하세요.

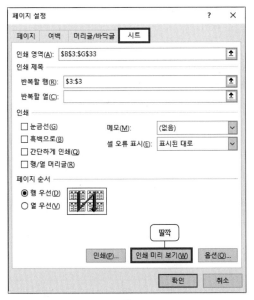

7. 페이지 설정 결과를 확인하기 위해 '페이지 설정' 대화상자에서 〈인쇄 미리 보기〉 단추를 클릭합니다. '인쇄 미리 보기' 창은 Esc를 누르면 종료됩니다.

전문가의 조언

3행 중 어디를 클릭하든 3행 전체가 반복 행으로 지정됩니다.

1페이지

이름	생년월일	학과명	TOEIC	컴퓨터	전공2
너얼주	2003-06-29	영문학과	68	100	51
김영란	2002-04-22	컴퓨터공학과	92	87	90
박성미	2001-03-04	미술학과	87	84	63
조숙희	2001-10-05	전산학과	72	96	77
김광배	2002-12-03	전산학과	50	84	79
배유정	2004-03-02	디자인과	56	99	75
이숙영	2001-06-06	국어국문과	77	89	92
손병수	2002-07-07	미술학과	79	94	69
진양혜	2003-02-03	전산학과	65	73	82
김건남	2004-10-15	영문학과	74	92	73
오성식	2004-05-01	전산학과	52	78	60
김상철	2003-09-08	국어국문과	76	65	88
최옥자	2003-02-19	영문학과	61	98	68
송현우	2004-03-05	국어국문과	86	66	87
이옥현	2004-02-22	미술학과	84	70	59
심상섭	2002-02-03	컴퓨터공학과	97	98	85
권은영	2004-04-29	영문학과	68	50	89
이창섭	2004-05-15	미술학과	64	59	53
서호형	2003-05-18	전산학과	85	97	89
서원석	2003-08-19	디자인과	86	68	59
김미숙	2004-12-05	컴퓨터공학과	82	88	54
곽영일	2000-08-10	미술학과	97	68	89
한영희	2004-05-20	디자인과	55	68	66
민들레	2004-07-25	국어국문과	89	90	92
황유선	2004-11-30	영문학과	92	64	76
이창명	2000-03-21	디자인과	71	97	68
이창섭	2004-05-15	미술학과	64	59	53
이무열	2000-02-10	영문학과	76	80	89

1/2

2페이지

이름	생년월일	학과명	TOEIC	컴퓨터	전공2
양창석	2004-07-08	영문학과	52	56	92
배동진	2004-05-29	미술학과	87	94	92

2/2

계산작업 풀이

'계산작업' 시트를 선택하세요.

28	23A129	이철형	A1	750-2824	93	59	85
29							
30	[표2]						
31	조건	학과코드	학과코드	학과코드	학과코드	학과코드	학과코드
32		A1	딸깍	B1	B2	C1	C2
33	학생수						
34	전공2평균						

| 〈 | 〉 | 기본작업-1 | 기본작업-2 | 계산작업 | 분석작업-1 | 분석작업-2 | 기타작업-1 | 기타작업-2 | 기타작업-3 |

01. 평가 구하기

1. [I4] 셀에 다음과 같이 입력한 후 결과를 확인하세요.

=HLOOKUP(SUMPRODUCT(F4:H4,{0.3,0.2,0.5}),$C$38:$G$39,2)

2. 결과를 확인한 후 [I28] 셀까지 자동 채우기 핸들을 드래그하여 수식을 복사하세요.

02. 사용자 정의 함수를 이용한 비고 계산하기

1. Alt + F11 을 눌러 VBA를 호출하세요.

2. [삽입] → 모듈을 선택하세요.

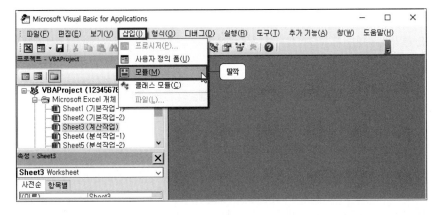

전문가의 조언

SUMPRODUCT(배열1, 배열2)는 배열1과 배열2를 곱한 후 결과를 모두 더하는 함수입니다. 함수 인수로 배열을 지정할 때는 특정 영역을 범위로 지정하거나 배열 상수를 직접 입력할 수 있습니다. 배열 상수를 직접 입력할 때는 열의 구분은 쉼표(,)로, 행의 구분은 세미콜론(;)으로, 그리고 인수의 구분은 중괄호({ })로 합니다. 'SUMPRODUCT (F4:H4,{0.3,0.2,0.5})'에서 첫 번째 인수로 입력한 [F4:H4] 영역이 열로 구분되어 있는 3개의 셀이므로 배열 상수로 입력된 두 번째 인수도 첫 번째 인수의 개수와 같은 3개의 숫자를 콤마(,)로 구분하고, 한 개의 인수임을 나타내기 위해 앞뒤에 중괄호 { }를 입력해야 합니다. 만약에 첫 번째 인수로 입력한 [F4:H4] 영역이 [F4:F6]과 같이 행으로 구분되어 있는 3개의 셀이라면 두 번째 인수도 3개의 숫자를 세미콜론(;)으로 구분하여 {0.3;0.2;0.5}와 같이 입력해야 합니다.

전문가의 조언

일반 수식을 입력한 후 Ctrl+Enter를 누르면 셀 포인터가 이동되지 않고 입력이 완성되므로, 셀 포인터를 한 칸 위로 이동하지 않고 바로 자동 채우기를 할 수 있습니다.

전문가의 조언

• VBA는 Visual Basic Editor를 말합니다.
• [개발 도구] → 코드 → Visual Basic을 클릭해도 VBA가 호출됩니다.
• 워크시트 이름의 바로 가기 메뉴에서 [코드 보기]를 선택해도 VBA가 호출됩니다.

3. 프로젝트 탐색기 창에 모듈이 추가됩니다. 추가된 모듈의 코드 창에 다음과 같이 코드를 입력한 후 '보기 Microsoft Excel(⊠)' 아이콘을 클릭하면 워크시트로 돌아갑니다.

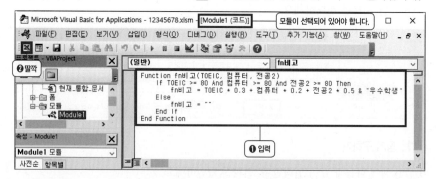

4. [J4] 셀에 다음과 같이 입력한 후 [J28] 셀까지 자동 채우기 핸들을 드래그하여 수식을 복사하세요.

> =fn비고(F4,G4,H4)

03. 학과코드별 학생수만큼 "☆" 표시하기

1. [C33] 셀에 다음과 같이 입력한 후 결과를 확인하세요.

> =REPT("☆",DCOUNTA($B$3:$J$28,3,C31:C32))

2. 결과를 확인한 후 [H33] 셀까지 자동 채우기 핸들을 드래그하여 수식을 복사하세요.

04. 학과코드별 전공2의 점수가 90 이상인 학생들의 전공2 평균 구하기

1. [C34] 셀에 다음과 같이 입력한 후 Ctrl + Shift + Enter를 눌러 배열 수식을 완성하세요.

> =IFERROR(AVERAGE(IF(($D$4:$D$28=C32)*($H$4:$H$28)>=90),$H$4:$H$28)),"없음")

2. 결과를 확인한 후 [H34] 셀까지 자동 채우기 핸들을 드래그하여 수식을 복사하세요.

05. 학과코드별 학번이 "23"이나 "21"로 시작하는 학생 중 가장 높은 TOEIC 점수 구하기

1. [C35] 셀에 다음과 같이 입력한 후 Ctrl + Shift + Enter를 눌러 배열 수식을 완성하세요.

> =MAX(IF(($D$4:$D$28=C32)*((LEFT($B$4:$B$28,2)="23")+(LEFT($B$4:$B$28,2)="21")),$F$4:$F$28))

전문가의 조언

- ☆를 입력하려면 한글 자음 ㅁ을 입력한 후 한자를 눌러 표시되는 특수문자 목록에서 찾아 입력하면 됩니다.
- DCOUNTA(범위, 열 번호, 조건)는 '범위'에서 '조건'에 맞는 자료를 대상으로 지정된 '열 번호'에서 비어 있지 않은 셀의 개수를 구하는 함수로 '열 번호'는 비어 있지 않은 임의의 열을 지정하면 됩니다. 그러므로 1열~9열 중 어떤 열을 '열 번호'로 지정해도 관계 없습니다.

궁금해요 시나공 Q&A 베스트

Q 배열 수식을 입력한 후 Ctrl + Shift + Enter를 눌러도 중괄호({ })가 입력되지 않는 경우 어떻게 해야 하나요?

A 입력기가 '한컴 입력기'로 설정되었기 때문입니다. 다음과 같이 Windows 작업 표시줄 알림 영역의 '입력기' 아이콘을 클릭하고 [한국어 Microsoft 입력기]를 선택한 후 Ctrl + Shift + Enter를 누르면 수식에 중괄호({ })가 입력됩니다.

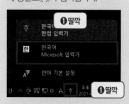

전문가의 조언

배열 수식에서 조건이 AND 조건일 때는 "*", OR 조건일 때는 "+"로 각 조건을 연결합니다. OR 조건은 IF 함수로 조건을 지정한 경우에만 사용할 수 있습니다.

2. 결과를 확인한 후 [H35] 셀까지 자동 채우기 핸들을 드래그하여 수식을 복사하세요.

3. 모든 계산 작업을 완료하면 다음 그림과 같은 결과가 표시됩니다.

	학번	이름	학과코드	집전화	TOEIC	컴퓨터	전공2	평가 ❶	비고 ❷
				[표1]					
	23B208	최옥자	B2	8254-785	61	98	68	C	
	23B111	송현우	B1	882-4725	86	66	87	B	
	23C212	이옥현	C2	845-7482	84	70	59	D	
	23C201	이창섭	C2	825-2000	64	59	53	F	
	23A202	김영란	A2	882-2548	92	87	90	A	90우수학생
	23B110	민들레	B1	845-7588	89	90	92	A	90.7우수학생
	23B213	황유선	B2	578-7820	92	64	76	C	
	22C216	손병수	C2	724-4520	79	94	69	C	
	22A118	진양혜	A1	825-2722	65	73	82	C	
	23B206	김건남	B2	842-8287	74	92	73	C	
	21C203	박성미	C2	845-8874	87	84	63	C	
	22A126	김광배	A1	858-8274	50	84	79	C	
	21B224	이무열	B2	485-8872	76	80	89	B	
	23B227	양창석	B2	488-8284	52	56	92	C	
	23C123	배유정	C1	784-2288	56	99	75	C	
	23A214	심상섭	A2	285-8010	97	98	85	A	91.2우수학생
	23B205	권은영	B2	882-2884	68	50	89	C	
	22B125	이숙영	B1	784-8825	77	89	92	B	
	23C109	한영희	C1	857-4722	55	68	66	D	
	23A120	오성식	A1	827-8475	52	78	60	D	
	23B107	김상철	B1	828-8458	76	65	88	C	
	22A128	서호형	A1	828-8048	85	97	89	B	89.4우수학생
	21C122	이창명	C1	780-4751	71	97	68	C	
	23C221	배동진	C2	287-2887	87	94	92	A	90.9우수학생
	23A129	이철형	A1	750-2824	93	59	85	B	

[표2]

조건	학과코드 A1	학과코드 A2	학과코드 B1	학과코드 B2	학과코드 C1	학과코드 C2	
학생수	☆☆☆☆☆	☆☆	☆☆☆☆☆	☆☆☆☆☆☆	☆☆☆	☆☆☆☆☆	❸
전공2평균	없음	90	92	92	없음	92	❹
TOEIC최고점수	93	97	89	92	71	87	❺

문제 3 　분석작업 풀이

01. 피벗 테이블 만들기

1. '분석작업-1' 시트를 선택한 다음 [데이터] → 데이터 가져오기 및 변환 → 데이터 가져오기 → 기타 원본에서 → Microsoft Query에서를 차례로 선택하세요.

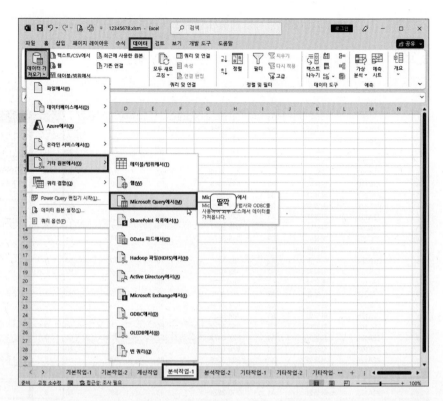

2. '데이터 원본 선택' 대화상자가 나타납니다. '데이터 원본 선택' 대화상자의 '데이터 베이스' 탭에서 'MS Access Database*'를 선택하고 〈확인〉을 클릭하세요.

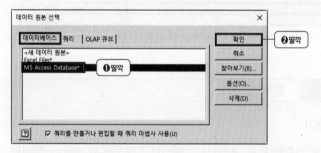

3. '데이터베이스 선택' 대화상자가 나타납니다. '데이터베이스 선택' 대화상자에서 '학생성적.accdb'를 선택하고 〈확인〉을 클릭하세요

 전문가의 조언

실제 시험에서는 불러올 데이터베이스 파일이 'C:\OA' 폴더 안에 들어 있습니다. 수험생 여러분은 C:\길벗컴활급\01 엑셀\02 시험장따라하기' 폴더 안에 들어 있는 '학생성적.accdb' 파일을 불러오면 됩니다.

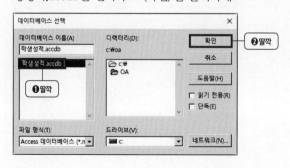

4. 필요한 필드를 선택하는 '쿼리 마법사 – 열 선택' 대화상자가 나타납니다. 〈성적〉 테이블을 더블클릭하세요. 필드가 아래로 펼쳐져 나타납니다.

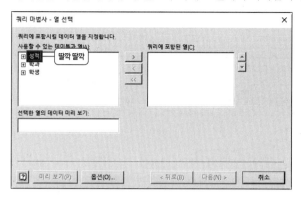

5. '쿼리 마법사 – 열 선택' 대화상자에서 'TOEIC', '컴퓨터', '전공2' 열을 더블클릭하 여 차례대로 선택하세요.

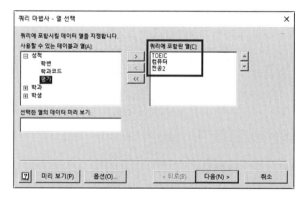

6. 같은 방법으로 〈학과〉 테이블에서 '학과명', 〈학생〉 테이블에서 '생년월일' 열을 차 례대로 선택한 후 〈다음〉을 클릭하세요.

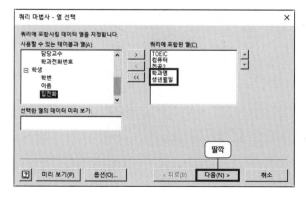

7. '쿼리 마법사 – 데이터 필터' 대화상자가 나타납니다. 〈다음〉을 클릭하세요.

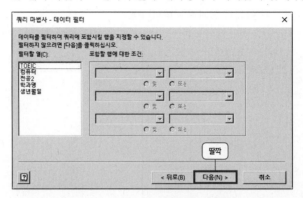

8. '쿼리 마법사 – 정렬 순서' 대화상자가 나타납니다. 〈다음〉을 클릭하세요.

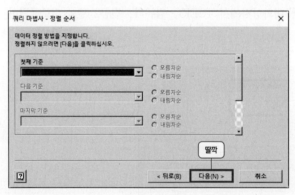

9. '쿼리 마법사 – 마침' 대화상자가 나타납니다. 'Microsoft Excel(으)로 데이터 되돌리기'가 선택되어 있는지 확인하고 〈마침〉을 클릭하세요.

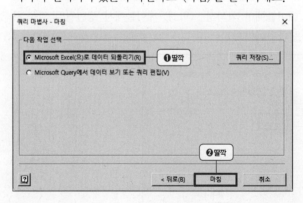

10. '데이터 가져오기' 대화상자가 나타납니다. 표시할 방법으로 '피벗 테이블 보고서'를, 작성할 위치로 '기존 워크시트'의 [A3] 셀을 지정한 후 〈확인〉을 클릭하세요. 데이터가 없는 빈 피벗 테이블과 피벗 테이블의 구성 요소를 지정할 수 있는 '피벗 테이블 필드' 창이 표시됩니다.

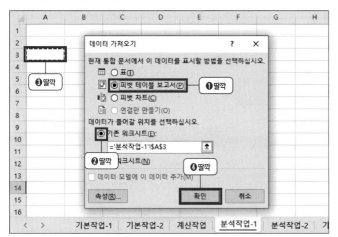

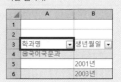

전문가의 조언

작성한 피벗 테이블이 표시될 위치는 문제에 제시된 그림을 보고 판단해야 합니다. 피벗 테이블의 행과 열이 시작하는 부분을 지정하면 됩니다.

11. '피벗 테이블 필드' 창에서 행 영역에 '학과명'과 '생년월일', 값 영역에 'TOEIC', '컴퓨터', '전공2'를 끌어다 놓으세요. 행이나 열 영역에 날짜 형식의 필드를 넣으면 '연', '월', '분기' 등의 필드가 자동으로 생성되고, 값 영역에 두 개 이상의 필드를 넣으면 열 영역에 'Σ값'이 자동으로 생성됩니다.

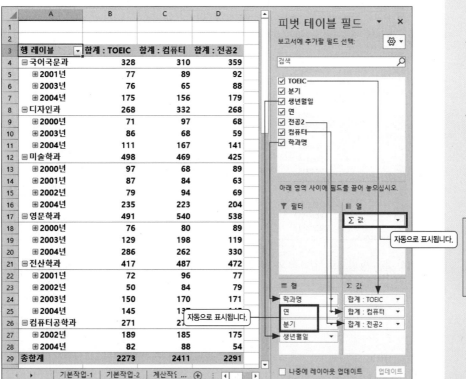

전문가의 조언

• 필터, 행, 열, 값 영역에 지정할 필드는 문제에 제시된 그림만 보고 각 영역에 어떤 필드가 들어가는지 구분해야 합니다. 피벗 테이블의 레이아웃 지정 방법은 166쪽에 자세히 설명되어 있습니다.

• 행이나 열 영역에 날짜 형식의 필드를 지정하면 해당 필드의 데이터에 따라 자동으로 '연', '분기', '월' 등의 필드가 생성되고 그룹이 자동으로 지정됩니다.

• 사용하는 엑셀 프로그램의 버전이 교재와 다른 경우 아래와 그림과 같이 '년(생년월일)', '분기(생년월일)', '개월(생년월일)' 등으로 표시될 수 있습니다. 시험장에서는 교재처럼 표시된다는 것을 알아두세요.

12. 보고서 레이아웃을 개요 형식으로 변경해야 합니다. 작성된 피벗 테이블의 임의의 셀을 클릭한 후 [디자인] → 레이아웃 → 보고서 레이아웃 → **개요 형식으로 표시**를 선택하세요.

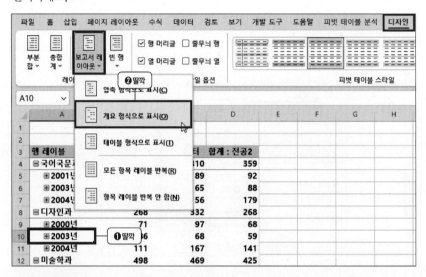

13. 값 영역에 놓인 필드는 기본적으로 합계가 계산되는데, 이것을 평균으로 변경해야 합니다. 'TOEIC' 필드가 표시된 임의의 셀의 바로 가기 메뉴에서 [값 요약 기준] → **평균**을 선택하세요.

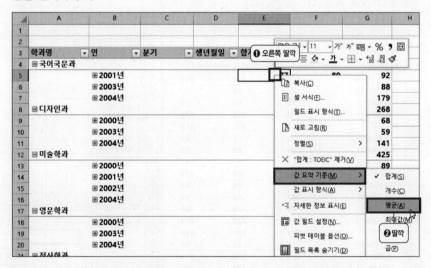

14. 같은 방법으로 '컴퓨터'와 '전공2' 필드도 합계를 평균으로 변경하세요.

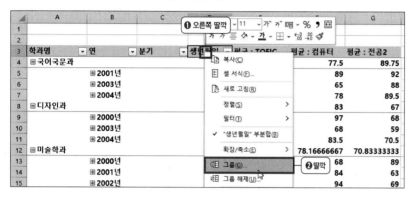

학과명	연	분기	생년월일	평균 : TOEIC	평균 : 컴퓨터	평균 : 전공2
⊟국어국문과				82	77.5	89.75
	⊞2001년			77	89	92
	⊞2003년			76	65	88
	⊞2004년			87.5	78	89.5
⊟디자인과				67	83	67
	⊞2000년			71	97	68
	⊞2003년			86	68	59
	⊞2004년			55.5	83.5	70.5
⊟미술학과				83	78.16666667	70.83333333

15. '생년월일'에 대해 연 단위로 그룹을 지정해야 합니다. '생년월일' 필드가 표시된 임의의 셀의 바로 가기 메뉴에서 [그룹]을 선택하세요.

학과명	연	분기	생년월일	평균 : 컴퓨터	평균 : 전공2
⊟국어국문과				77.5	89.75
	2001년			89	92
	2003년			65	88
	2004년			78	89.5
⊟디자인과				83	67
	2000년			97	68
	2003년			68	59
	2004년			83.5	70.5
⊟미술학과				78.16666667	70.83333333
	2000년			68	89
	2001년			84	63
	2002년			94	69

❶오른쪽 딸깍

복사(C)
셀 서식(F)...
새로 고침(R)
정렬(S)
필터(T)
✓ "생년월일" 부분합(B)
확장/축소
그룹(G)... **❷딸깍**
그룹 해제(U)

16. '그룹화' 대화상자에서 단위를 '연'으로 지정한 후 〈확인〉을 클릭하세요.

그룹화 ? ✕
자동
☑ 시작(S): 2000-02-10
☑ 끝(E): 2004-12-06
단위(B)
초
분
시
일
월 **❶해제**
분기
연
날짜 수(N): 1
확인 **❷딸깍**

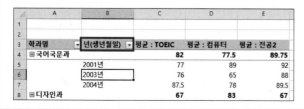

잠깐만요 **사용하는 엑셀 프로그램의 버전이 다른 경우**

사용하는 엑셀 프로그램의 버전이 교재와 다른 경우 '생년월일' 필드를 기준으로 그룹을 지정하면 '생년월일'이 '년(생년월일)'로 표시될 수 있습니다. '년(생년월일)'을 '생년월일'로 변경할 수 없으니 그대로 두면 됩니다.

학과명	년(생년월일)	평균 : TOEIC	평균 : 컴퓨터	평균 : 전공2
⊟국어국문과		82	77.5	89.75
	2001년	77	89	92
	2003년	76	65	88
	2004년	87.5	78	89.5
⊟디자인과		67	83	67

17. 피벗 테이블 스타일을 지정해야 합니다. 작성된 피벗 테이블에서 임의의 셀을 클릭한 후 [디자인] → **피벗 테이블 스타일**의 ▤(자세히)를 클릭하여 '흰색, 피벗 스타일 밝게 26'을 선택하세요.

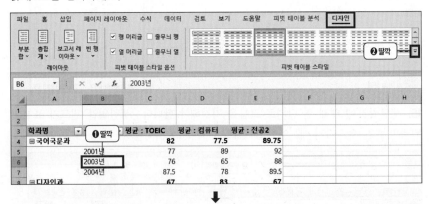

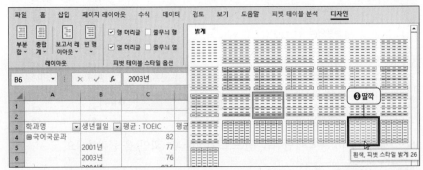

18. 피벗 테이블 스타일 옵션을 지정해야 합니다. [디자인] → **피벗 테이블 스타일 옵션**에서 '행 머리글', '열 머리글', '줄무늬 행'을 선택하세요.

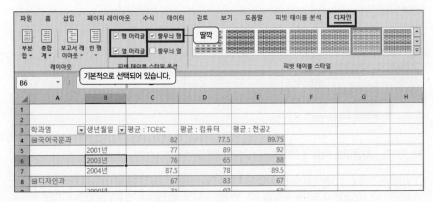

19. 셀 서식을 지정해야 합니다. 'TOEIC' 필드의 바로 가기 메뉴에서 [**값 필드 설정**]을 선택하세요.

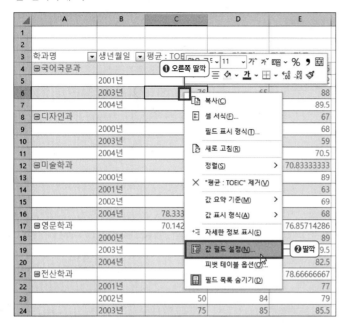

20. '값 필드 설정' 대화상자에서 〈표시 형식〉을 클릭하세요.

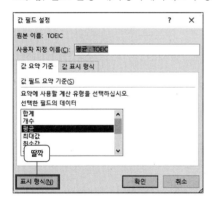

21. '셀 서식' 대화상자에서 그림과 같이 지정한 후 〈확인〉을 클릭하세요. 이어서 '값 필드 설정' 대화상자에서도 〈확인〉을 클릭하세요.

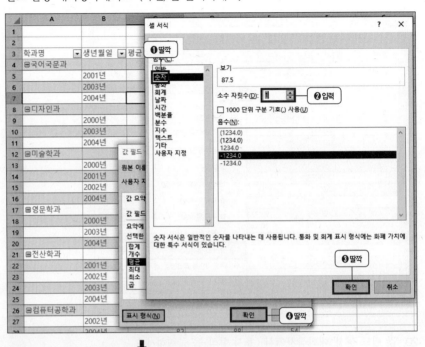

	A	B	C	D	E
1					
2					
3	학과명 ▼	생년월일 ▼	평균 : TOEIC	평균 : 컴퓨터	평균 : 전공2
4	⊟국어국문과		82.0	77.5	89.75
5		2001년	77.0	89	92
6		2003년	76.0	65	88
7		2004년	87.5	78	89.5
8	⊟디자인과		67.0	83	67
9		2000년	71.0	97	68
10		2003년	86.0	68	59
11		2004년	55.5	83.5	70.5
12	⊟미술학과		83.0	78.16666667	70.83333333
13		2000년	97.0	68	89
14		2001년	87.0	84	63
15		2002년	79.0	94	69
16		2004년	78.3	74.33333333	68
17	⊟영문학과		70.1	77.14285714	76.85714286
18		2000년	76.0	80	89
19		2003년	64.5	99	59.5
20		2004년	71.5	65.5	82.5
21	⊟전산학과		69.5	81.16666667	78.66666667
22		2001년	72.0	96	77
23		2002년	50.0	84	79
24		2003년	75.0	85	85.5
25		2004년	72.5	68.5	72.5
26	⊟컴퓨터공학과		90.3	91	76.33333333
27		2002년	94.5	92.5	87.5
28		2004년	82.0	88	54
29	총합계		75.8	80.36666667	76.36666667

22. 같은 방법으로 '컴퓨터'와 '전공2' 필드도 소수점 첫째 자리까지 표시되도록 설정하세요.

	A	B	C	D	E
1					
2					
3	학과명 ▼	생년월일 ▼	평균 : TOEIC	평균 : 컴퓨터	평균 : 전공2
4	⊟국어국문과		82.0	77.5	89.8
5		2001년	77.0	89.0	92.0
6		2003년	76.0	65.0	88.0
7		2004년	87.5	78.0	89.5
8	⊟디자인과		67.0	83.0	67.0
9		2000년	71.0	97.0	68.0
10		2003년	86.0	68.0	59.0
11		2004년	55.5	83.5	70.5
12	⊟미술학과		83.0	78.2	70.8
13		2000년	97.0	68.0	89.0
14		2001년	87.0	84.0	63.0
15		2002년	79.0	94.0	69.0
16		2004년	78.3	74.3	68.0
17	⊟영문학과		70.1	77.1	76.9
18		2000년	76.0	80.0	89.0
19		2003년	64.5	99.0	59.5
20		2004년	71.5	65.5	82.5
21	⊟전산학과		69.5	81.2	78.7
22		2001년	72.0	96.0	77.0
23		2002년	50.0	84.0	79.0
24		2003년	75.0	85.0	85.5
25		2004년	72.5	68.5	72.5
26	⊟컴퓨터공학과		90.3	91.0	76.3
27		2002년	94.5	92.5	87.5
28		2004년	82.0	88.0	54.0
29	총합계		75.8	80.4	76.4

02. 데이터 유효성 검사 / 부분합

1 데이터 유효성 검사

1. '분석작업-2' 시트를 선택한 다음 [D4:D32] 영역을 블록으로 지정한 후 [데이터] → 데이터 도구 → **데이터 유효성 검사**(🔲)를 클릭하세요. '데이터 유효성' 대화상자가 나타납니다.

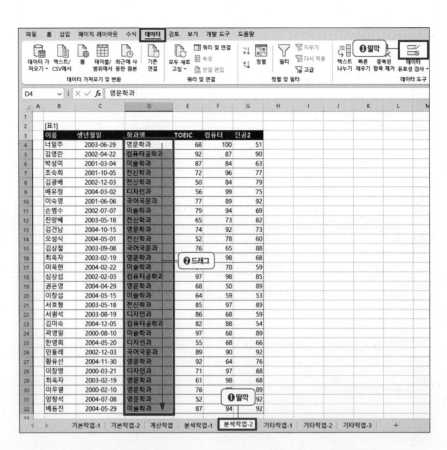

전문가의 조언

목록의 원본은 워크시트에 입력된 데이터를 범위로 지정하거나 원하는 항목을 쉼표로 구분하여 입력할 수 있습니다.

2. '국어국문과', '디자인과', '미술학과', '영문학과', '전산학과', '컴퓨터공학과'가 목록으로 표시되도록 제한 대상을 설정해야 합니다. '데이터 유효성' 대화상자의 '설정' 탭에서 '제한 대상'을 '목록'으로 선택하고, '원본'에 **국어국문과,디자인과,미술학과,영문학과, 전산학과,컴퓨터공학과**를 입력하세요.

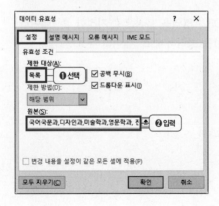

3. [D4:D32] 영역을 클릭했을 때 표시할 설명 메시지를 설정해야 합니다. '설명 메시지' 탭을 클릭한 후 그림과 같이 지정하세요.

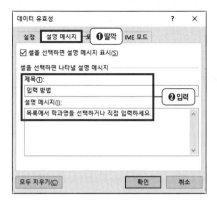

4. 유효하지 않은 데이터를 입력한 경우 표시될 오류 메시지를 설정해야 합니다. '오류 메시지' 탭을 클릭한 후 그림과 같이 지정하세요.

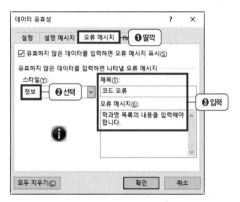

5. IME 모드를 '한글'로 지정해야 합니다. 'IME 모드' 탭에서 그림과 같이 지정한 후 〈확인〉을 클릭하세요.

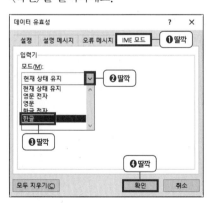

2 부분합

1. 부분합을 수행하기 전에 먼저 '학과명'을 기준으로 오름차순 정렬을 수행해야 합니다. [표1]에서 임의의 셀을 선택한 후 [데이터] → 정렬 및 필터 → **정렬**을 클릭하세요. 정렬 기준을 선택할 수 있는 '정렬' 대화상자가 나타납니다.

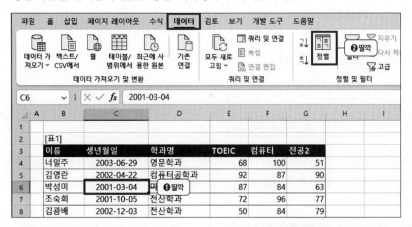

2. '정렬' 대화상자의 정렬 기준에서 열을 '학과명', 정렬 기준을 '셀 값', 정렬을 '오름차순'으로 선택한 후 〈확인〉을 클릭하세요. '학과명'을 기준으로 데이터가 정렬됩니다.

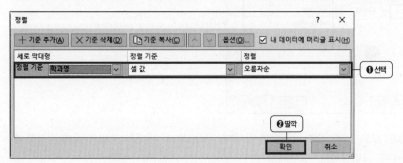

3. [B3:G32] 영역을 블록으로 지정한 후 [데이터] → 개요 → **부분합**을 클릭하세요. 부분합에 대한 세부 설정을 할 수 있는 '부분합' 대화상자가 나타납니다.

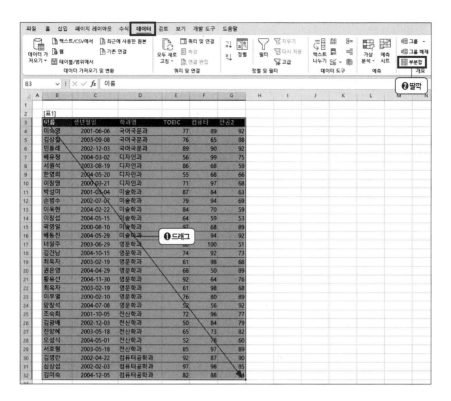

4. 먼저 '학과명'별 '컴퓨터'의 평균를 계산해야 합니다. '부분합' 대화상자에서 그림과 같이 지정한 후 〈확인〉을 클릭하세요.

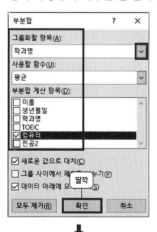

	이름	생년월일	학과명	TOEIC	컴퓨터	전공2
[표1]						
	이숙영	2001-06-06	국어국문과	77	89	92
	김상철	2003-09-08	국어국문과	76	65	88
	민들레	2002-12-03	국어국문과	89	90	92
			국어국문과 평균		81.3333	
	배유정	2004-03-02	디자인과	56	99	75
	서원석	2003-08-19	디자인과	86	68	59
	한영희	2004-05-20	디자인과	55	68	66
	이창명	2000-03-21	디자인과	71	97	68
			디자인과 평균		83	
	박성미	2001-03-04	미술학과	87	84	63
	손범수	2002-07-07	미술학과	79	94	69
	이욱현	2004-02-22	미술학과	84	70	59
	이창섭	2004-05-15	미술학과	64	59	53
	곽영일	2000-08-10	미술학과	97	68	89
	배동진	2004-05-29	미술학과	87	94	92
			미술학과 평균		78.1667	
	너일주	2003-06-29	영문학과	68	100	51
	김건남	2004-10-15	영문학과	74	92	73
	최옥자	2003-02-19	영문학과	61	98	68
	권은영	2004-04-29	영문학과	68	50	89
	황유선	2004-11-30	영문학과	92	64	76
	최옥자	2003-02-19	영문학과	61	98	68
	이무열	2000-02-10	영문학과	76	80	89
	양창석	2004-07-08	영문학과	52	56	92
			영문학과 평균		79.75	
	조숙희	2001-10-05	전산학과	72	96	77
	김광배	2002-12-03	전산학과	50	84	79
	진양혜	2003-05-18	전산학과	65	73	82
	오성식	2004-05-01	전산학과	52	78	60
	서호형	2003-05-18	전산학과	85	97	89
			전산학과 평균		85.6	
	김영란	2002-04-22	컴퓨터공학과	92	87	90
	심상섭	2002-02-03	컴퓨터공학과	97	98	85
	김미숙	2004-12-05	컴퓨터공학과	82	88	54
			컴퓨터공학과 평균		91	
			전체 평균		82.2069	

5. 이제 최대값에 대한 부분합을 계산해야 합니다. [데이터] → 개요 → **부분합**을 클릭하세요. '부분합' 대화상자에서 사용할 함수만 '최대'로 변경하고, '새로운 값으로 대치'를 클릭하여 체크 표시(☑)를 해제한 후 〈확인〉을 클릭하세요.

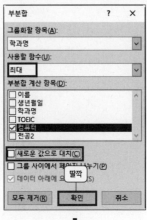

	A	B	C	D	E	F	G
1							
2	[표1]						
3	이름	생년월일	학과명		TOEIC	컴퓨터	전공2
4	이숙영	2001-06-06	국어국문과		77	89	92
5	김상철	2003-09-08	국어국문과		76	65	88
6	민들레	2002-12-03	국어국문과		89	90	92
7			국어국문과 최대			90	
8			국어국문과 평균			81.3333	
9	배유정	2004-03-02	디자인과		56	99	75
10	서원석	2003-08-19	디자인과		86	68	59
11	한영희	2004-05-20	디자인과		55	68	66
12	이창명	2000-03-21	디자인과		71	97	68
13			디자인과 최대			99	
14			디자인과 평균			83	
15	박성미	2001-03-04	미술학과		87	84	63
16	손범수	2002-07-07	미술학과		79	94	69
17	이욱현	2004-02-22	미술학과		84	70	59
18	이창섭	2004-05-15	미술학과		64	59	53
19	곽영일	2000-08-10	미술학과		97	68	89
20	배동진	2004-05-29	미술학과		87	94	92
21			미술학과 최대			94	
22			미술학과 평균			78.1667	
23	너일주	2003-06-29	영문학과		68	100	51
24	김건남	2004-10-15	영문학과		74	92	73
25	최옥자	2003-02-19	영문학과		61	98	68
26	권은영	2004-04-29	영문학과		68	50	89
27	황유선	2004-11-30	영문학과		92	64	76
28	최옥자	2003-02-19	영문학과		61	98	68
29	이무열	2000-02-10	영문학과		76	80	89
30	양창석	2004-07-08	영문학과		52	56	92
31			영문학과 최대			100	
32			영문학과 평균			79.75	
33	조숙희	2001-10-05	전산학과		72	96	77
34	김광배	2002-12-03	전산학과		50	84	79
35	진양혜	2003-05-18	전산학과		65	73	82
36	오성식	2004-05-01	전산학과		52	78	60
37	서호형	2003-05-18	전산학과		85	97	89
38			전산학과 최대			97	
39			전산학과 평균			85.6	
40	김영란	2002-04-22	컴퓨터공학과		92	87	90
41	심상섭	2002-02-03	컴퓨터공학과		97	98	85
42	김미숙	2004-12-05	컴퓨터공학과		82	88	54
43			컴퓨터공학과 최대			98	
44			컴퓨터공학과 평균			91	
45			전체 최대값			100	
46			전체 평균			82.2069	

문제 4　기타작업 풀이

01. 차트 수정하기

1 차트 제목 입력

1. '기타작업-1' 시트를 선택하세요. 차트 제목을 입력하기 위해 차트를 선택하고 [차트 디자인] → 차트 레이아웃 → 차트 요소 추가 → 차트 제목 → **차트 위**를 선택하세요.

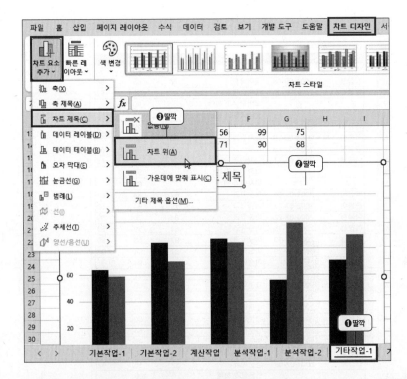

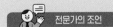
2. 차트에 '차트 제목'이 표시됩니다. '차트 제목'이 선택된 상태에서 수식 입력줄을 클릭하고 **미술학과/디자인과 성적**을 입력한 후 Enter 를 누르면 "차트 제목"이 "미술학과/디자인과 성적"으로 변경됩니다.

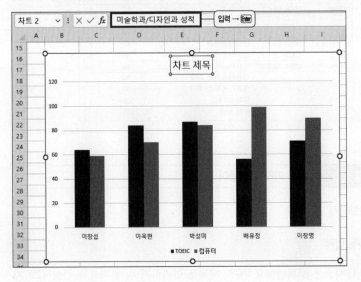

3. 차트 제목에 서식을 지정해야 합니다. 차트 제목을 마우스로 클릭하여 선택한 후 [홈] → 글꼴 그룹에서 글꼴은 '굴림체', 크기는 15로 지정하세요.

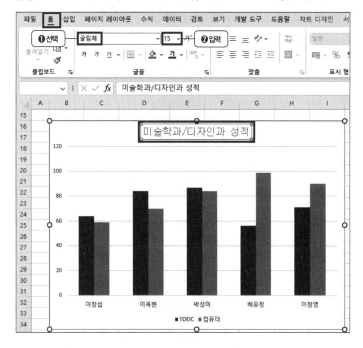

2 '전공2' 계열 추가 및 계열 순서 변경하기

4. '전공2' 계열을 차트에 추가해야 합니다. 차트를 마우스로 클릭한 후 [차트 디자인] → 데이터 → **데이터 선택**을 클릭하세요.

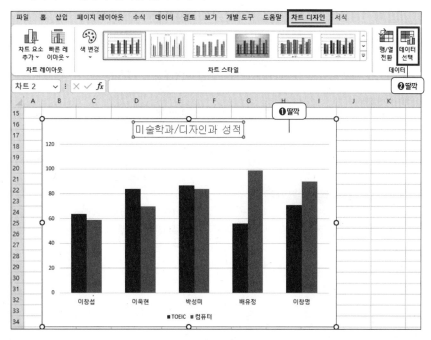

'데이터 선택' 메뉴를 선택하는 다른 방법
차트의 바로 가기 메뉴에서 [데이터 선택]을 선택하세요.

5. '데이터 원본 선택' 대화상자에서 '범례 항목(계열)'의 〈추가〉를 클릭하세요.

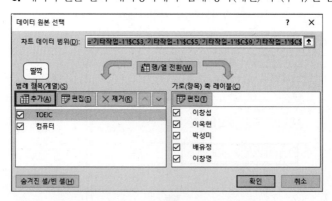

전문가의 조언

차트에 계열을 추가할 때는 추가할 영역을 선택하고 Ctrl+C를 눌러 복사한 다음 차트를 선택하고 Ctrl+V를 눌러 붙여넣기해도 되지만 간혹 이 기능이 실행되지 않는 컴퓨터가 있습니다. 이때는 교재처럼 '데이터 원본 선택' 대화상자를 이용해야 합니다.

6. '계열 편집' 대화상자가 나타나면 계열 이름에 [G3], 계열 값에 [G5], [G9:G10], [G13:G14]를 지정한 후 〈확인〉을 클릭하세요.

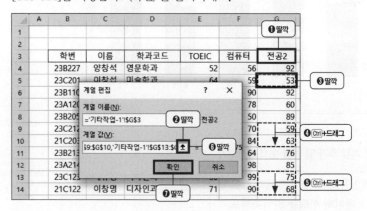

7. 계열 순서를 변경해야 합니다. 범례를 보면 '전공2', 'TOEIC', '컴퓨터' 순으로 표시되어 있습니다. '데이터 원본 선택' 대화상자의 '범례 항목(계열)'에서 '전공2' 계열을 선택하고 〈▲ (위로 이동)〉 단추를 두 번 클릭한 후 〈확인〉을 클릭하세요.

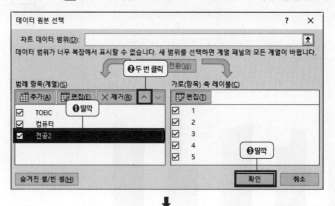

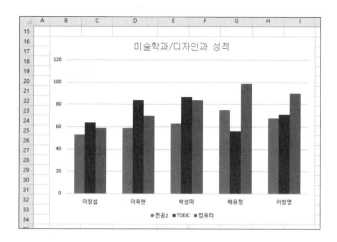

3 레이블 추가 및 위치 지정하기

8. 배유정의 '컴퓨터' 계열에 레이블을 표시하기 위해 '컴퓨터' 계열을 클릭하여 선택합니다. '컴퓨터' 계열이 선택된 상태에서 '배유정' 데이터 요소만 한 번 더 클릭하세요.

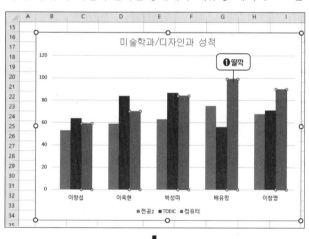

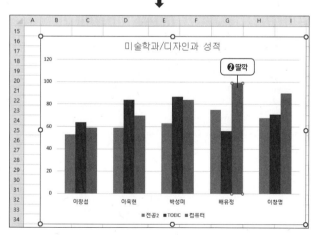

데이터 레이블을 설정하는 다른 방법

'컴퓨터' 계열의 '배유정' 요소만 선택된 상태에서 '田(차트 요소)'를 클릭한 후 [데이터 레이블] → 안쪽 끝에를 선택하세요.

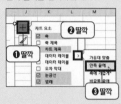

9. '배유정'의 데이터 요소만 선택된 상태에서 [차트 디자인] → 차트 레이아웃 → 차트 요소 추가 → 데이터 레이블 → **안쪽 끝에**를 선택하세요.

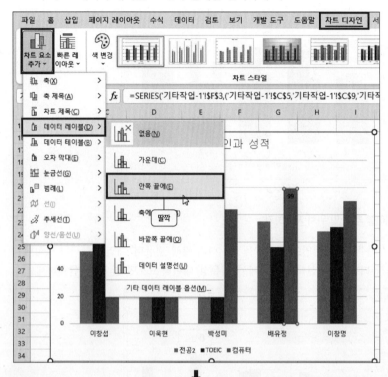

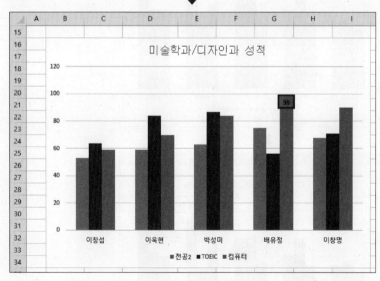

4 세로(값) 축의 주 단위 지정하기

10. 세로(값) 축을 더블클릭한 후 '축 서식' 창의 [축 옵션] → ⬛(축 옵션) → **축 옵션**에서 '기본' 단위를 30으로 지정하세요. 이어서 '축 서식' 창의 '닫기(☒)' 단추를 클릭하세요.

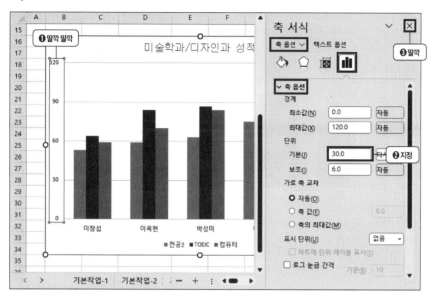

5 차트 영역 서식 설정하기

11. 차트 영역을 선택한 후 [서식] → 도형스타일 → 도형 효과 → 네온 → '네온: 5pt, **파랑, 강조색 1**'을 선택하세요.

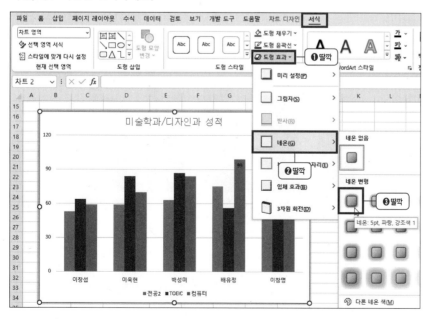

12. 차트 영역을 더블클릭한 후 '차트 영역 서식' 창의 [차트 옵션] → 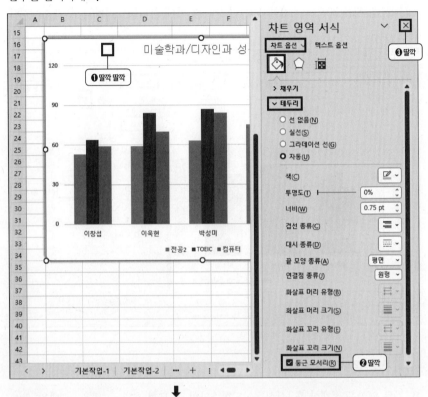(채우기 및 선) → **테두리**에서 '둥근 모서리'를 선택하세요. 이어서 '차트 영역 서식' 창의 '닫기(☒)' 단추를 클릭하세요.

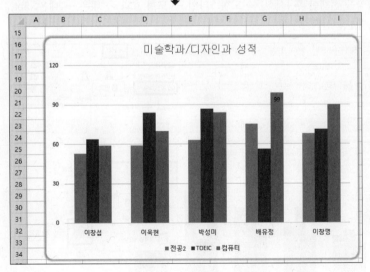

02. 매크로 작성하기

1 '서식적용' 단추 만들기

1. '기타작업-2' 시트를 선택한 다음 '단추'를 추가하기 위해 [개발 도구] → 컨트롤 → 삽입 → **양식 컨트롤**에서 '단추'를 선택합니다.

이름	문제1	문제2	문제3	문제4	문제5	문제6	문제7	문제8	문제9	문제10	총점
너일주	1	1	1	1	1	1	1	1	1	0	90
김영란	1	1	0	1	1	1	1	1	1	1	90
박성미	0	1	1	1	1	1	1	1	0	1	80
조숙희	1	1	1	1	1	1	1	1	1	1	100
김광배	0	1	1	1	1	1	1	1	1	1	90
배유정	1	1	1	1	1	1	0	0	1	1	80
이숙영	0	1	1	1	0	1	1	1	0	1	70
손범수	1	1	1	1	1	1	1	1	1	0	90
진양혜	1	1	1	1	1	1	1	1	1	1	100
김건남	1	1	1	0	1	0	0	0	1	1	60
오성식	1	1	1	1	1	1	1	1	1	1	100
김상철	1	1	1	1	1	1	1	1	0	0	70
최옥자	1	1	1	1	1	1	1	1	1	0	90
송현우	1	1	1	1	1	1	1	1	1	1	100
이욱현	1	1	1	1	1	1	1	1	1	1	100
심상섭	1	1	1	1	1	1	1	1	1	1	100
권은영	1	1	1	1	1	1	1	1	1	1	100
이창섭	1	1	1	1	1	1	1	1	1	1	90

기본작업-1 │ 기본작업-2 │ 계산작업 │ 분석작업-1 │ 분석작업-2 │ 기타작업-1 │ **기타작업-2** │ 기타작업-3

2. 마우스 포인터가 '+'로 바뀌면 [B2:C3] 영역에 맞게 드래그하세요.

이름	문제1	문제2	문제3	문제4	문제5	문제6	문제7	문제8	문제9	문제10	총점
너일주	1	1	1	1	1	1	1	1	1	0	90
김영란	1	1	0	1	1	1	1	1	1	1	90
박성미	0	1	1	1	1	1	1	1	0	1	80
조숙희	1	1	1	1	1	1	1	1	1	1	100
김광배	0	1	1	1	1	1	1	1	1	1	90
배유정	1	1	1	1	1	1	0	0	1	1	80
이숙영	0	1	1	1	0	1	1	1	0	1	70

드래그

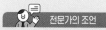

전문가의 조언

단추를 셀에 정확히 맞추려면 Alt 를 누른 채 드래그하세요.

2 '서식적용' 매크로 지정하기

3. '매크로 지정' 대화상자가 나타납니다. 매크로 이름에 **서식적용**을 입력하고, 〈기록〉을 클릭하세요.

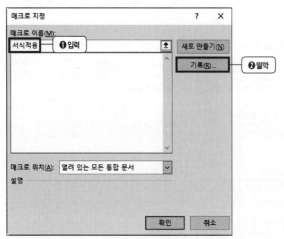

4. '매크로 기록' 대화상자가 나타납니다. '매크로 기록' 대화상자의 매크로 이름에는 "서식적용"이 입력되어 있습니다. 〈확인〉을 클릭하세요.

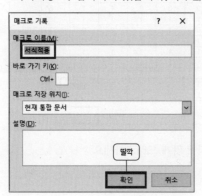

5. 매크로 기록 중임을 알리는 '기록 중지' 아이콘이 상태 표시줄에 나타납니다. 서식을 적용할 [C6:L23] 영역을 블록으로 지정한 후 **Ctrl** + **1**을 누르세요.

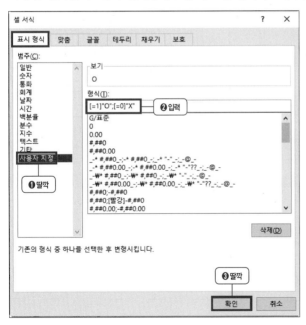

	A	B	C	D	E	F	G	H	I	J	K	L	M	N
1														
2		단추 1												
3														
4														
5		이름	문제1	문제2	문제3	문제4	문제5	문제6	문제7	문제8	문제9	문제10	총점	
6		너일주	1	1	1	1	1	1	1	1	1	0	90	
7		김영란	1	1	0	1	1	1	1	1	1	1	90	
8		박성미	0	1	1	1	1	1	1	1	1	1	80	
9		조숙회	1	1	1	1	1	1	1	1	1	1	100	
10		김광배	0	1	1	1	1	1	1	1	1	1	90	
11		배유정	1	1	1	1	1	0	0	1	1	1	80	
12		이숙영	0	1	1	1	0	1	1	1	0	1	70	
13		손범수	1	1	1	1	1	1	1	1	1	0	90	
14		진양혜	1	1	1	1	1	1	1	1	1	1	100	
15		김건남	1	1	1	0	1	0	1	1	1	1	60	
16		오성식	1	1	1	1	1	1	1	1	1	1	100	
17		김상철	1	1	1	1	0	1	1	1	0	0	70	
18		최옥자	1	1	1	1	1	1	1	1	1	0	90	
19		송현우	1	1	1	1	1	1	1	1	1	1	100	
20		이욱현	1	1	1	1	1	1	1	1	1	1	100	
21		심상섭	1	1	1	1	1	1	1	1	1	1	90	
22		권은영	1	1	1	1	1	1	1	1	1	1	90	
23		이창섭	1	1	1	1	1	1	1	1	1	0	90	
24														

드래그 → **Ctrl** + **1**

기본작업-1　기본작업-2　계산작업　분석작업-1　분석작업-2　기타작업-1　**기타작업-2**　기타작업-3

준비　고정 소수점　☐ 🖣 '기록 중지' 아이콘 입니다

6. '셀 서식' 대화상자가 나타납니다. '셀 서식' 대화상자의 '표시 형식' 탭에서 '사용자 지정'을 선택한 후 '형식' 난에 **[=1]"O";[=0]"X"**를 입력하고 〈확인〉을 클릭하세요.

셀 서식 ? ✕

표시 형식　맞춤　글꼴　테두리　채우기　보호

범주(C):
- 일반
- 숫자
- 통화
- 회계
- 날짜
- 시간
- 백분율
- 분수
- 지수
- 텍스트
- 기타
- **사용자 지정** ❶딸깍

보기
O

형식(T):
[=1]"O";[=0]"X" ❷입력

G/표준
0
0.00
#,##0
#,##0.00
_-* #,##0_-;-* #,##0_-;_-* "-"_-;_-@_-
_-* #,##0.00_-;-* #,##0.00_-;_-* "-"??_-;_-@_-
_-₩* #,##0_-;-₩* #,##0_-;_-₩* "-"_-;_-@_-
_-₩* #,##0.00_-;-₩* #,##0.00_-;_-₩* "-"??_-;_-@_-
#,##0;-#,##0
#,##0;[빨강]-#,##0
#,##0.00;-#,##0.00

삭제(D)

기존의 형식 중 하나를 선택한 후 변형시킵니다.

❸딸깍
확인　취소

7. 임의의 셀을 클릭하여 설정된 범위를 해제한 후 '기록 중지(□)' 아이콘을 클릭하세요. 이제 '서식적용' 매크로 기록 작업을 마친 것입니다.

이름	문제1	문제2	문제3	문제4	문제5	문제6	문제7	문제8	문제9	문제10	총점
너일주	O	O	O	O	O	O	O	O	O	X	90
김영란	O	O	X	O	O	O	O	O	O	O	90
박성미	X	O	O	O	O	O	O	O	X	O	80
조숙희	O	O	O	O	O	O	O	O	O	O	100
김광배	X	O	O	O	O	O	O	O	O	O	90
배유정	O	O	O	O	O	O	X	X	O	O	80
이숙영	X	O	O	O	X	O	O	O	X	O	70
손범수	O	O	O	O	O	O	O	O	O	X	90
진양혜	O	O	O	O	O	O	O	O	O	O	100
김건남	O	O	O	X	O	X	O	O	O	O	60
오성식	O	O	O	O	O	O	O	O	O	O	100
김상철	O	O	O	O	O	X	O	O	X	X	70
최옥자	O	O	O	O	O	O	O	O	O	X	90
송현우	O	O	O	O	O	O	O	O	O	O	100
이옥현	O	O	O	O	O	O	O	O	O	O	100
심상섭	O	O	O	O	O	O	O	O	O	O	90
권은영	O	O	O	O	O	O	O	O	O	O	100
이창석	O	O	O	O	O	O	O	O	O	X	90

8. '단추'의 텍스트를 변경해야 합니다. '단추'의 바로 가기 메뉴에서 **[텍스트 편집]**을 선택하고 **서식적용**을 입력하세요. 입력이 끝나면 임의의 셀을 클릭하여 '단추'의 텍스트 편집 상태를 해제하세요.

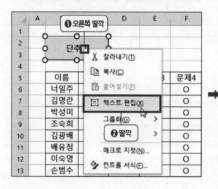

3 '서식해제' 단추 만들기

9. [개발 도구] → 컨트롤 → 삽입 → **양식 컨트롤**에서 '단추'를 선택한 후 마우스 포인터가 '+'로 바뀌면 [E2:F3] 영역에 맞게 드래그하세요.

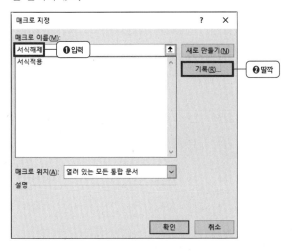

전문가의 조언

단추를 셀에 정확히 맞추려면 Alt 를 누른 채 드래그하세요.

4 '서식해제' 매크로 지정하기

10. '매크로 지정' 대화상자가 나타납니다. 매크로 이름에 **서식해제**를 입력하고, 〈기록〉을 클릭하세요.

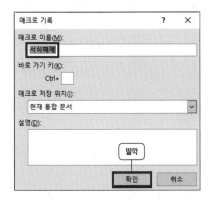

11. '매크로 기록' 대화상자가 나타납니다. '매크로 기록' 대화상자의 매크로 이름에는 "서식해제"가 입력되어 있습니다. 〈확인〉을 클릭하세요.

12. 매크로 기록 중임을 알리는 '기록 중지' 아이콘이 상태 표시줄에 나타납니다. 서식을 적용할 [C6:L23] 영역을 블록으로 지정한 후 Ctrl + ! 을 누르세요.

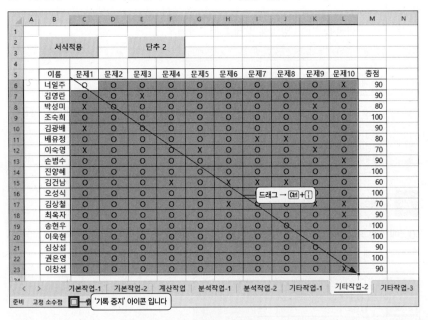

13. '셀 서식' 대화상자가 나타납니다. '셀 서식' 대화상자의 '표시 형식' 탭에서 '일반'을 선택한 후 〈확인〉을 클릭하세요.

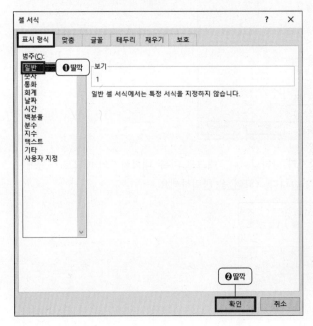

14. 임의의 셀을 클릭하여 설정된 범위를 해제한 후 '기록 중지(□)' 아이콘을 클릭하세요. '서식해제' 매크로 기록 작업을 마친 것입니다.

이름	문제1	문제2	문제3	문제4	문제5	문제6	문제7	문제8	문제9	문제10	총점
너일주	1	1	1	1	1	1	1	1	1	0	90
김영란	1	1	0	1	1	1	1	1	1	1	90
박성미	0	1	1	1	1	1	1	1	0	1	80
조숙희	1	1	1	1	1	1	1	1	1	1	100
김광배	0	1	1	1	1	1	1	1	1	1	90
배유정	1	1	1	1	1	1	0	0	1	1	80
이숙영	0	1	1	1	0	1	1	1	0	1	70
손범수	1	1	1	1	1	1	1	1	1	0	90
진양혜	1	1	1	1	1	1	1	1	1	1	100
김건남	1	1	1	0	1	0	0	0	1	1	60
오성식	1	1	1	1	1	1	1	1	1	1	100
김상철	1	1	1	1	1	0	1	1	0	0	70
최옥자	1	1	1	1	1	1	1	1	1	0	90
송현우	1	1	1	1	1	1	1	1	1	1	100
이옥현	1	1	1	1	1	1	1	1	1	1	100
심상섭	1	1	1	1	1	1	1	1	1	1	90
권은영	1	1	1	1	1	1	1	1	1	1	100
이창섭	1	1	1	1	1	1	1	1	1	0	90

서식적용　단추 2　❶딸깍

기본작업-1　기본작업-2　계산작업　분석작업-1　분석작업-2　기타작업-1　기타작업-2　기타작업-3

준비　고정 소수점 □　❷딸깍　필요

15. '단추'의 텍스트를 변경해야 합니다. '단추'의 바로 가기 메뉴에서 [**텍스트 편집**]을 선택하고 **서식해제**를 입력하세요. 입력이 끝나면 임의의 셀을 클릭하여 '단추'의 텍스트 편집 상태를 해제하세요.

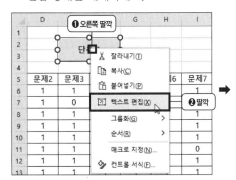

16. '서식적용' 단추와 '서식해제' 단추를 차례로 클릭하여 매크로가 정상적으로 동작하는지 확인하세요.

03. 프로시저 작성하기

1 〈성적관리〉 폼 표시하기

1. '기타작업-3' 시트를 선택한 후 [개발 도구] → 컨트롤 → **디자인 모드**를 클릭하세요.
'성적관리' 단추가 디자인 모드로 변경됩니다. '성적관리' 단추를 더블클릭하세요.

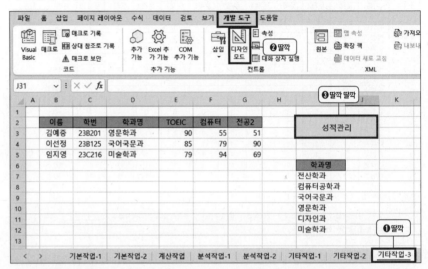

2. VBA가 실행됩니다. 실행된 VBA에는 'cmd성적관리_Click( )' 프로시저가 자동으
로 나타나 있습니다. 다음 그림과 같이 코드를 입력하세요.

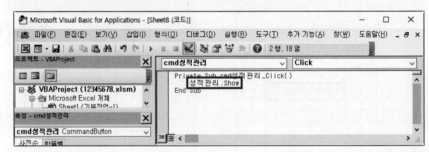

2 폼이 실행되면 자동으로 콤보 상자 채우기

3. 프로젝트 탐색기 창에서 〈성적관리〉 폼을 더블클릭하세요.

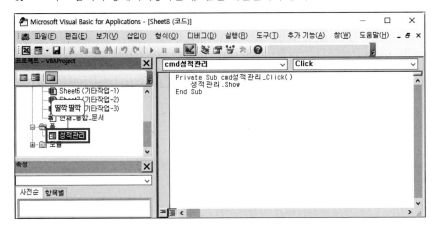

4. 〈성적관리〉 폼이 코드 창에 표시됩니다. 코드 창에서 〈성적관리〉 폼을 더블클릭하거나 프로젝트 탐색기 창의 '코드 보기(📄)' 아이콘을 클릭하세요.

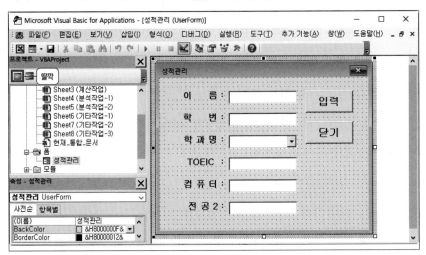

5. UserForm_Click( ) 프로시저가 자동으로 표시됩니다. 개체 선택 콤보 상자에 'UserForm'은 선택되어 있으니 그냥 두고, 프로시저 선택 콤보 상자에 'Initialize' 프로시저를 선택하세요.

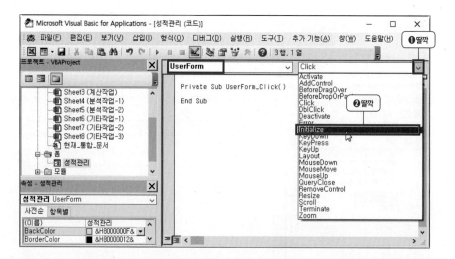

6. 코드 입력 창에 'UserForm_Initialize( )' 프로시저가 나타납니다. 'UserForm_Initialize( )' 프로시저에 다음과 같이 코드를 입력하세요.

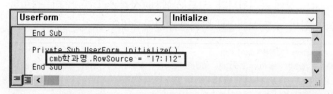

🅳 전문가의 조언

코드에 대한 자세한 설명은
Section 18을 참고하세요.

3 폼의 자료를 워크시트에 입력하기

7. 프로젝트 탐색기에서 〈성적관리〉 폼을 더블클릭하면 〈성적관리〉 폼이 화면에 나타납니다. '입력' 단추 클릭 시 수행할 코드를 입력하기 위해 '입력' 단추를 더블클릭합니다.

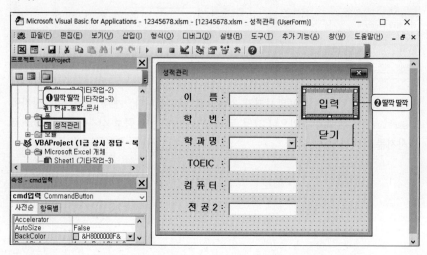

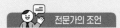

8. 'cmd입력_Click( )' 프로시저가 나타납니다. '입력' 단추 클릭 시 수행할 코드를 아래와 같이 입력하세요.

전문가의 조언

코드에 대한 자세한 설명은 Section 18을 참고하세요.

```
cmd입력                    ∨  Click                        ∨

Private Sub cmd입력_Click( )
    If txt토익.Value > 100 Or txt컴퓨터.Value > 100 Or txt전공2.Value > 100 Then
        MsgBox "점수는 0~100 사이의 값으로 입력하세요."
    Else
        입력행 = [b2].Row + [b2].CurrentRegion.Rows.Count
        Cells(입력행, 2) = txt이름.Value
        Cells(입력행, 3) = Format(txt학번.Value, ">&&&&&&")
        Cells(입력행, 4) = cmb학과명.Value
        Cells(입력행, 5) = txt토익.Value
        Cells(입력행, 6) = txt컴퓨터.Value
        Cells(입력행, 7) = txt전공2.Value
        cmb학과명.Locked = True
    End If
End Sub
```

4 폼 종료하기

9. 프로젝트 탐색기에서 〈성적관리〉 폼을 더블클릭하면 〈성적관리〉 폼이 화면에 나타납니다. '닫기' 단추 클릭 시 수행할 코드를 입력하기 위해 '닫기' 단추를 더블클릭합니다.

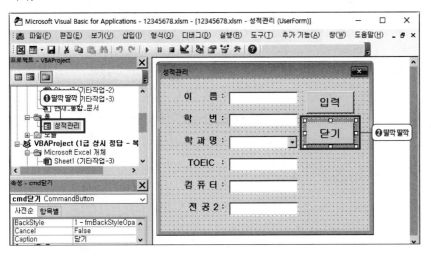

10. 'cmd닫기_Click( )' 프로시저가 나타납니다. '닫기' 단추 클릭 시 수행할 코드를 아래와 같이 입력하세요.

전문가의 조언

코드에 대한 자세한 설명은 Section 18을 참고하세요.

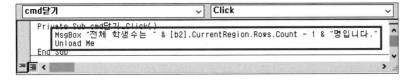

```
cmd닫기                    ∨  Click                        ∨

Private Sub cmd닫기_Click( )
    MsgBox "전체 학생수는 " & [b2].CurrentRegion.Rows.Count - 1 & "명입니다."
    Unload Me
End Sub
```

5 실행 결과 확인하기

11. VBA '표준' 도구 모음의 '보기 Microsoft Excel(⊠)' 아이콘을 클릭하세요.

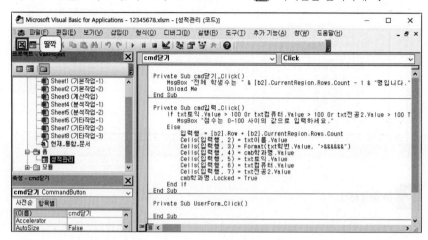

12. '기타작업-3' 워크시트로 돌아옵니다. [개발 도구] → 컨트롤 → **디자인 모드**를 클릭하여 디자인 모드를 해제하세요.

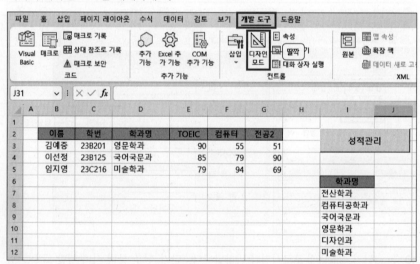

13. '성적관리' 단추를 클릭하면 〈성적관리〉 폼이 나타납니다. 〈성적관리〉 폼의 콤보 상자에 목록이 표시되어 있는지 확인하세요. 데이터를 입력하고 '입력' 단추를 클릭하여 결과를 확인하세요.

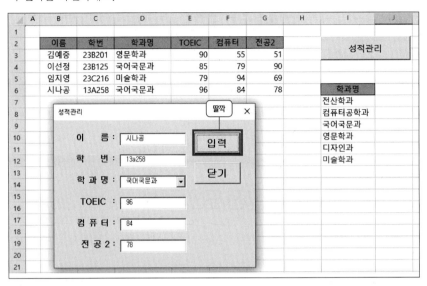

채점 프로그램을 이용하여 여러분이 완성한 답안 파일을 채점해 보세요. 채점 프로그램 사용법에 대한 내용은 1권 12쪽을 참고하세요.

---

6   **엑셀 시험 마무리**

시험이 종료된 후 바로 데이터베이스 시험을 시작합니다. 2과목도 성공적으로 완수하길 바랍니다.

2부 실전 편

1장 기본 모의고사

2장 실전 모의고사

1 장

기본 모의고사

기본 모의고사　01회

기본 모의고사　02회

기본 모의고사　03회

기본 모의고사　04회

기본 모의고사　05회

기본 모의고사　06회

기본 모의고사　07회

기본 모의고사　08회

기본 모의고사　09회

기본 모의고사　10회

기본 모의고사

기본

• 준 비 하 세 요 : 'C:\길벗컴활1급\01 엑셀\03 기본모의고사' 폴더에서 '01회.xlsm' 파일을 열어서 작업하시오.

• 외부 데이터 위치 : C:\길벗컴활1급\01 엑셀\03 기본모의고사

4132011

문제 1

기본작업(15점) 주어진 시트에서 다음의 과정을 수행하고 저장하시오.

전문가의 조언

1. 수식이 들어간 고급 필터의 조건에 대한 필드명은 원본 데이터에서 사용된 필드명과 다른 이름을 사용해야 합니다.

1. '기본작업' 시트에서 다음과 같이 고급 필터를 수행하시오.

▶ [A3:G31] 영역에서 '1학년', '2학년', '3학년'의 평균이 80점 이상이고 '태도' 점수가 '적성' 점수 이상인 자료의 모든 정보를 표시하시오.

▶ 조건은 [A33:A34] 영역 내에 알맞게 입력하시오. (AND, AVERAGE 함수 사용)

▶ 결과는 [A36] 셀부터 표시하시오.

2. 조건부 서식을 지정할 때는 반드시 문제에 제시된 범위를 정확히 지정한 후 조건을 적용하세요.

2. '기본작업' 시트에서 다음과 같이 조건부 서식을 설정하시오.

▶ [A4:G31] 영역에서 '1학년', '2학년', '3학년', '태도', '적성' 점수가 모두 80점 이상인 데이터의 행 전체에 대해 글꼴 스타일은 '굵게', 밑줄은 '이중 실선'으로 적용하시오.

▶ 단, 규칙 유형은 '수식을 사용하여 서식을 지정할 셀 결정'으로 지정하고, 한 개의 규칙만을 이용하여 작성하시오.

▶ COUNTIF 함수 사용

3. 페이지 레이아웃은 [페이지 레이아웃] → 페이지 설정의 ⌐를 사용하세요.

3. '기본작업' 시트에서 다음과 같이 페이지 레이아웃을 설정하시오.

▶ 인쇄될 내용이 페이지의 정 가운데에 인쇄되도록 페이지 가운데 맞춤을 설정하시오.

▶ 매 페이지 하단의 가운데 구역에는 페이지 번호가 [표시 예]와 같이 표시되도록 바닥글을 설정하시오.
[표시 예 : 현재 페이지 번호가 1인 경우 → 1페이지]

▶ [A1:G31] 영역을 인쇄 영역으로 설정하고, 행/열 머리글이 인쇄되도록 설정하시오.

문제 2   **계산작업(30점)** '계산작업' 시트에서 다음의 과정을 수행하고 저장하시오.

1. [표1]에서 입사연도별 인원수를 [C3:C6] 영역에 계산하시오.

▶ [A19:I39] 영역([표5])을 참조하여 계산

▶ COUNTIFS 함수와 & 연산자를 사용

2. [표5]에서 부서가 판매1팀이고, 입사연도가 2021년 이상인 사원의 기본급 합계를 계산하여 [표2]의 [E3] 셀에 표시하시오.

▶ 조건은 [H2:I4] 영역에 작성

▶ DAVERAGE, DCOUNTA, DSUM 중 알맞은 함수를 선택하여 사용

3. [표3]에서 부서별 기본급의 평균을 [B10:B15] 영역에 계산하시오.

▶ [A19:I39] 영역([표5])을 참조하여 계산

▶ 평균은 소수점 이하를 버리고 정수만 표시(표시 예 : 15,997.5 → 15,997)

▶ AVERAGE와 IF, TRUNC 함수를 이용한 배열 수식

4. [표5]에서 부서에 "판매"가 포함된 사원에 대해 팀별 기본급의 합계를 계산하여 [표4]의 [F10:F12] 영역에 표시하시오.

▶ IF, SUM, RIGHT, IFERROR, FIND 함수를 이용한 배열 수식

5. [표5]의 [E20:E39] 영역에 변경사원코드를 계산하여 표시하시오.

▶ 변경사원코드는 사원코드의 두 번째 자리에 입사연도의 마지막 두 글자를 삽입하고 영문은 대문자로 표시(표시 예 : p05 → P1305)

▶ REPLACE, UPPER, RIGHT 함수 사용

6. [표5]의 [F20:F39] 영역에 직위를 계산하여 표시하시오.

▶ 직위는 사원코드의 첫 번째 자리가 "p"이면 "부장", "k"이면 "과장", "d"이면 "대리", "s"이면 "사원"을 적용함

▶ IFS, CHOOSE, LEFT, RIGHT 함수 중 알맞은 함수를 선택하여 사용

7. 사용자 정의 함수 'fn비고'를 작성하여 [I20:I39] 영역에 비고를 계산하여 표시하시오.

▶ 'fn비고'는 입사연도를 인수로 받아 값을 되돌려줌

▶ 비고는 작성날짜(I18)의 연도에서 입사연도를 뺀 값이 10년 이상이면 "장기근속", 나머지는 빈 칸으로 표시

▶ IF문 사용

```
Public Function fn비고(입사연도)

End Function
```

전문가의 조언

1. 입사연도별 인원수

=COUNTIFS(입사연도, 조건1, 입사연도, 조건2)

2. • DSUM(범위, 열 번호, 조건) : 해당 범위에서 조건에 맞는 자료를 대상으로 지정된 열 번호에서 합계를 계산
• AND 조건은 조건을 같은 행에 입력합니다.

3. 부서별 기본급 평균의 반올림

=TRUNC(AVERAGE(IF(조건, 계산범위)))
• 조건 : 부서별
• 계산범위 : 기본급

4. 판매부의 팀별 기본급 합계

=SUM(IF((조건1) * (조건2), 계산범위))
• 조건1 : 팀별
• 조건2 : 부서에 "판매" 포함
• 계산범위 : 기본급
• 부서에 "판매" 포함 : IFERROR(FIND("판매", 부서))=1,FALSE)

5. 사원코드 변경 후 대문자로 변환

= 대문자(사원코드변경)
• 사원코드변경 : REPLACE(사원코드, 변경시작위치, 변경문자개수, 변경할문자)
• 변경할문자 : RIGHT(입사연도, 2)

6. 직위

=IFS(조건1, "부장", 조건2, "과장", 조건3, "대리", 조건4, "사원")
• 조건1 : LEFT(사원코드,1)="p"

7. 사용자 정의 함수

[Alt]+[F11]을 누르고, 모듈을 삽입한 후 작성하세요.

문제 3   **분석작업(20점)**   주어진 시트에서 다음의 과정을 수행하고 저장하시오.

전문가의 조언

1

- 외부 데이터 가져오기 기능을 이용하여 accdb 파일로 피벗 테이블을 작성하려면 [데이터] → 데이터 가져오기 및 변환 → 데이터 가져오기 → 기타 원본에서 → Microsoft Query에서를 이용하여 불러올 데이터를 지정한 후 '데이터 가져오기' 대화상자에서 표시할 방법으로 '피벗 테이블 보고서'를 선택하세요.
- 그림을 통해 필터, 행, 값 영역에 사용된 필드를 확인하세요.
- 열의 총합계 표시 여부는 [디자인] → 레이아웃 → 총합계를 이용하세요.
- '기술부'의 자료가 표시된 셀을 더블클릭한 후 생성된 시트의 이름을 변경합니다.

1. '분석작업-1' 시트에서 다음의 지시사항에 따라 피벗 테이블 보고서를 작성하시오.

  ▶ 외부 데이터 가져오기 기능을 이용하여 〈성적.accdb〉의 〈사원평가정보〉 테이블에서 '이름', '부서명', '영어독해', '영어듣기', '전산이론', '전산실기' 열을 이용하시오.

  ▶ 피벗 테이블 보고서의 레이아웃과 위치는 〈그림〉을 참조하여 설정하고, 보고서 레이아웃을 개요 형식으로 표시하시오.

  ▶ 열의 총합계가 표시되지 않도록 지정하시오.

  ▶ 값 영역의 모든 필드는 표시 형식을 값 필드 설정의 셀 서식에서 '사용자 지정' 범주를 이용하여 〈그림〉과 같이 지정하시오.

	A	B	C	D	E
1					
2	이름	(모두) ▾			
3					
4	부서명 ▾	평균 : 영어독해	평균 : 영어듣기	평균 : 전산이론	평균 : 전산실기
5	기술부	58점	50점	71점	96점
6	기획부	57점	54점	89점	92점
7	영업부	44점	47점	78점	91점
8	총무부	56점	62점	90점	99점

  ※ 작업이 완성된 그림이며 부분점수 없음

  ▶ 부서명이 '기술부'인 자료만 별도의 시트에 나타내시오(시트명을 '기술부'로 지정하고, '분석작업-1' 시트의 앞에 위치시킨다.).

2. '분석작업-2' 시트에 대하여 다음의 지시사항을 처리하시오.

  ▶ [데이터 유효성 검사] 기능을 이용하여 [D4:H17] 영역에는 0~100의 정수만 입력되도록 제한 대상을 설정하시오.

  - [D4:H17] 영역의 셀을 클릭한 경우 〈그림〉과 같은 설명 메시지를 표시하고, 유효하지 않은 데이터를 입력한 경우 〈그림〉과 같은 오류 메시지가 표시되도록 설정하시오.

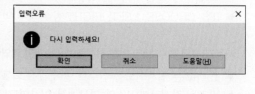

  ▶ [정렬] 기능을 이용하여 '부서명'을 '기술부 – 영업부 – 총무부 – 기획부' 순으로 정렬하고, 동일한 '부서명'인 경우 '이름'의 셀 색이 'RGB(255, 192, 0)'인 값이 위에 표시되도록 정렬하시오.

문제 4   **기타작업(35점)**   주어진 시트에서 다음의 과정을 수행하고 저장하시오.

1. '기타작업-1' 시트에서 다음의 지시사항에 따라 차트를 수정하시오.

※ 차트는 반드시 문제에서 제공한 차트를 사용하여야 하며, 신규로 차트 작성 시 0점 처리됨

① 수주합계(E3:E7)를 차트에 추가한 후 계열 이름을 '수주'로 지정하시오.

② 차트 제목은 '1, 2차 수주 내역', 가로(항목) 축 제목은 '회사명', 세로(값) 축 제목은 '금액'으로 입력하시오.

③ 가로(항목) 축의 글꼴 스타일을 '기울임꼴', 글꼴 크기를 11로 지정하고 세로(값) 축의 기본 단위를 100, 가로 축 교차를 200, 글꼴 크기를 11로 설정하시오.

④ 범례의 채우기 색을 '흰색, 배경 1', 그림자를 '오프셋: 오른쪽 아래'로 설정하고 '1차 수주액' 계열에 레이블이 표시되도록 설정하시오.

⑤ 차트 영역의 테두리 스타일을 '둥근 모서리', 그림자를 '오프셋: 오른쪽 아래'로 설정하고 하시오.

전문가의 조언

1

• 차트에 데이터를 추가하고 계열 이름을 지정하려면 차트 영역의 바로 가기 메뉴에서 **[데이터 선택]**을 이용하세요.

• 기본 단위 눈금 및 가로 축 교차 변경은 세로(값) 축을 더블클릭하면 나타나는 '축 서식' 창을 이용하세요

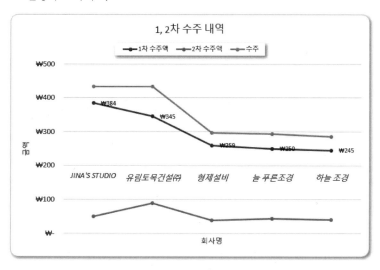

2. '기타작업-2' 시트에서 다음과 같은 기능을 수행하는 매크로를 현재 통합문서에 작성하시오.

① [B3:C6] 영역에 사용자 지정 표시 형식을 설정하는 '서식적용' 매크로를 생성하시오.

▶ 셀 값이 120 이상이면 빨강색으로 "★"를, 120 미만 100 이상이면 파랑색으로 "☆"를 표시한 후 뒤에 숫자를 표시하고, 그 외는 숫자만을 [표시 예]와 같이 표시하시오.

  [표시 예 : 120인 경우 → ★ 120 , 115인 경우 → ☆ 115 ,

     0인 경우 →   0]

▶ [도형] → [순서도]의 '순서도: 천공 테이프(⌷)'를 동일 시트의 [A8:B10] 영역에 생성한 후 텍스트를 "서식적용"으로 입력하고 도형을 클릭하면 '서식적용' 매크로가 실행되도록 설정하시오.

② [D3:D6] 영역에 조건부 서식을 적용하는 '목표달성' 매크로를 생성하시오.
- ▶ 셀 값이 100% 이상인 셀에 채우기 색을 '표준 색-주황'으로 표시하시오.
- ▶ 규칙 유형은 '다음을 포함하는 셀만 서식 지정'을 사용하시오.
- ▶ [도형] → [순서도]의 '순서도: 천공 테이프(▱)'를 동일 시트의 [C8:D10] 영역에 생성한 후 텍스트를 "목표달성제품"으로 입력하고 도형을 클릭하면 '목표달성' 매크로가 실행되도록 설정하시오.
- ※ 셀 포인터의 위치에 관계없이 매크로가 실행되어야 정답으로 인정됨

전문가의 조언

3

• '콘도 이용요금' 단추의 클릭 프로시저를 작성하려면 [개발 도구] → 컨트롤 → **디자인 모드**를 클릭한 후 '콘도 이용요금' 단추를 더블클릭하세요.

• 프로젝트 탐색기나 속성 창이 화면에 나타나 있지 않은 경우에는 [보기] → **프로젝트 탐색기**나 속성 창을 선택하세요.

3. '기타작업-3' 시트에서 다음과 같은 작업을 수행하도록 프로시저를 작성하시오.

① '콘도 이용요금' 단추를 클릭하면 〈콘도이용〉 폼이 나타나도록 설정하고, 폼이 초기화(Initialize)되면 콘도명(cmb콘도명) 목록에는 [G4:H9] 영역의 값이 표시되도록 프로시저를 작성하시오.

② 〈콘도이용〉 폼의 '조회(cmd조회)' 단추를 클릭하면 제일 마지막 데이터의 '고객번호', '콘도명', '이용일수', '사용요금'이 폼의 '고객번호(txt번호)', '콘도명(cmb콘도명)', '이용일수(txt일수)', '사용요금(txt요금)'에 각각 표시되도록 프로시저를 작성하시오.

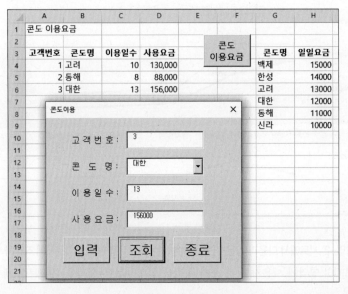

※ 데이터를 추가하거나 삭제하여도 항상 마지막 데이터가 표시되어야 함

③ 〈콘도이용〉 폼의 '종료(cmd종료)' 단추를 클릭하면 '기타작업-2' 시트의 [F1] 셀에 "컴활합격"을 입력한 후 폼을 종료하는 프로시저를 작성하시오.

채점 프로그램을 이용하여 여러분이 완성한 답안 파일을 채점해 보세요. 채점 프로그램 사용법에 대한 내용은 12쪽을 참고하세요.

문제 1　　　기본작업

01. 고급 필터

정답

	A	B	C	D	E	F	G
32							
33	조건						
34	FALSE						
35							
36	접수번호	이름	1학년	2학년	3학년	태도	적성
37	8	서기준	80	80	80	93	92
38	10	이소라	81	80	84	60	60
39	11	최승엽	78	90	75	99	72
40	14	하진호	79	94	85	88	87
41	15	김기찬	81	74	93	100	99
42	22	송수정	90	64	86	94	85
43	26	임경철	97	87	71	100	65

잠깐만요 **보안 경고줄이 표시돼요!**

불러온 문제 파일에 모듈이 포함되어 있는 경우에는 이름 상자 위에 보안 경고가 표시됩니다. 보안 경고 메시지의 오른쪽에 있는 〈콘텐츠 사용〉을 클릭하세요.

⚠ **보안 경고**　외부 데이터 연결을 사용할 수 없도록 설정했습니다.　　콘텐츠 사용

1. [A33] 셀에 **조건**, [A34] 셀에 =AND(AVERAGE(C4:E4) >=80,F4>=G4)를 입력한다.
2. [A3:G31] 영역을 블록으로 지정한 후 [데이터] → 정렬 및 필터 → **고급**을 클릭한다.
3. '고급 필터' 대화상자에서 그림과 같이 지정하고, 〈확인〉을 클릭한다.

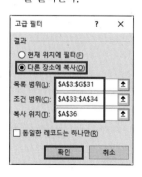

02. 조건부 서식

정답

	A	B	C	D	E	F	G
1	[표1] 내신등급 및 면접 점수 현황						
2							
3	접수번호	이름	1학년	2학년	3학년	태도	적성
4	1	이자경	90	80	90	80	89
5	2	권기욱	70	80	80	96	80
6	3	하판선	60	70	70	94	90
7	4	김석민	60	50	80	80	97
8	5	김민기	50	70	90	80	99
9	6	추남철	50	50	70	91	85
10	7	이민영	60	60	70	93	90
11	8	서기준	80	80	80	93	92
12	9	김승진	98	76	92	62	72
13	10	이소라	81	80	84	60	60
14	11	최승엽	78	90	75	99	72
15	12	이유리	85	92	81	65	72
16	13	김동철	99	68	92	98	99
17	14	하진호	79	94	85	88	87
18	15	김기찬	81	74	93	100	99
19	16	김수진	82	67	74	66	74
20	17	김정현	74	66	84	67	91
21	18	김찬진	81	85	60	92	68
22	19	박찬호	83	88	72	73	90
23	20	박현정	92	74	85	72	82
24	21	송대관	90	80	92	85	92
25	22	송수정	90	64	86	94	85
26	25	임현식	82	64	79	84	95
27	26	임경철	97	87	71	100	65
28	27	신기한	76	60	85	63	85
29	28	이소라	93	76	70	95	67
30	29	이재민	85	89	90	62	86
31	30	최종혁	94	97	78	67	93

1. [A4:G31] 영역을 블록으로 지정한 후 [홈] → 스타일 → 조건부 서식 → **새 규칙**을 선택한다.
2. '새 서식 규칙' 대화상자에서 조건을 그림과 같이 지정하고, 〈서식〉을 클릭한다.

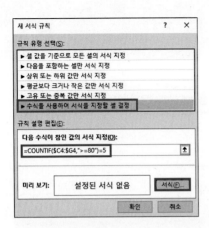

3. '셀 서식' 대화상자에서 밑줄은 '이중 실선', 글꼴 스타일은 '굵게'를 지정하고, 〈확인〉을 클릭한다.
4. '새 서식 규칙' 대화상자에서 〈확인〉을 클릭한다.

03. 페이지 레이아웃

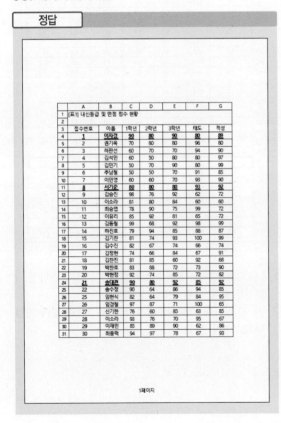

1. [페이지 레이아웃] → 페이지 설정의 🔲를 클릭한다.
2. '페이지 설정' 대화상자의 '여백' 탭에서 페이지 가운데 맞춤의 '가로'와 '세로'를 선택한 후 '머리글/바닥글' 탭에서 〈바닥글 편집〉을 클릭한다.
3. '바닥글' 대화상자에서 그림과 같이 지정한 후 〈확인〉을 클릭한다.

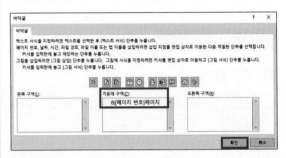

4. '페이지 설정' 대화상자의 '시트' 탭에서 그림과 같이 지정한 후 〈확인〉을 클릭한다.

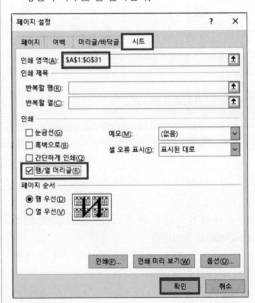

정답

	A	B	C	D	E	F	G	H	I
1	[표1] 입사연도별 인원수 ❶				[표2] ❷				
2	입사연도	입사연도	인원수		부서 판매1팀, 입사연도가 2021년 이상인 사원의 기본급			부서	입사연도
3	2006	2017	6				1,200,000	판매1팀	>=2021
4	2018	2019	1						
5	2020	2021	7						
6	2022	2023	6						
7									
8	[표3]				[표4] 판매부의 팀별 기본급 합계				
9	부서	기본급 평균 ❸					기본급 합계 ❹		
10	판매1팀	1,333,333				1팀	4,000,000		
11	판매2팀	1,250,000				2팀	5,000,000		
12	판매3팀	1,266,666				3팀	3,800,000		
13	관리1팀	1,137,500							
14	관리2팀	1,233,333							
15	관리3팀	1,175,000							
16									
17									
18	[표5]				❺	❻		작성날짜 :	2023-09-01 ❼
19	부서	사원명	사원코드	입사연도	변경사원코드	직위	기본급	상여금	비고
20	판매1팀	신소진	p01	2012	P1201	부장	1,450,000	145,000	장기근속
21	관리3팀	강현미	k12	2020	K2012	과장	1,350,000	67,500	
22	판매2팀	이은철	k02	2021	K2102	과장	1,350,000	67,500	
23	관리1팀	강현진	k34	2020	K2034	과장	1,350,000	67,500	
24	판매3팀	박희천	s62	2019	S1962	사원	1,000,000	30,000	
25	관리2팀	이미라	k23	2021	K2123	과장	1,350,000	67,500	
26	판매1팀	노수용	k01	2020	K2001	과장	1,350,000	67,500	
27	관리1팀	강진숙	d09	2015	D1509	대리	1,200,000	84,000	
28	판매2팀	조명섭	s17	2023	S2317	사원	1,000,000	50,000	
29	판매3팀	이기수	p03	2007	P0703	부장	1,450,000	101,500	장기근속
30	관리2팀	김미나	k05	2010	K1005	과장	1,350,000	94,500	장기근속
31	판매1팀	최신호	d01	2022	D2201	대리	1,200,000	60,000	
32	관리1팀	이율동	s32	2023	S2332	사원	1,000,000	30,000	
33	판매2팀	박건창	p02	2010	P1002	부장	1,450,000	101,500	장기근속
34	관리2팀	장진미	s34	2023	S2334	사원	1,000,000	50,000	
35	판매3팀	김재규	k03	2021	K2103	과장	1,350,000	67,500	
36	관리3팀	우수희	s51	2021	S2151	사원	1,000,000	30,000	
37	판매2팀	현진형	d20	2022	D2220	대리	1,200,000	36,000	
38	관리4팀	윤진숙	k42	2017	K1742	과장	1,350,000	94,500	
39	관리1팀	태민영	s25	2023	S2325	사원	1,000,000	50,000	

❶ 입사연도별 인원수(C3)

=COUNTIFS($D$20:$D$39, ">="&A3, $D$20:$D$39, "<="&B3)

❷ 부서 판매1팀, 입사연도가 2021년 이상인 사원의 기본급(E3)

=DSUM(A19:I39, 7, H2:I3)

※ 조건 지정 : AND 조건이므로 그림과 같이 조건을 같은 행에 입력한다.

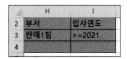

	H	I
2	부서	입사연도
3	판매1팀	>=2021
4		

❸ 기본급 평균(B10)

{=TRUNC(AVERAGE(IF($A$20:$A$39=A10, $G$20:$G$39)))}

1. [B10] 셀에 =TRUNC(AVERAGE(IF($A$20:$A$39=A10,$G$20:$G$39)))를 입력하고, Ctrl + Shift + Enter를 누른다.

2. [B15] 셀까지 채우기 핸들을 드래그하여 수식을 복사한다.

=TRUNC(AVERAGE(IF(조건, 평균을_구할 범위)))

=TRUNC(AVERAGE(IF($A$20:$A$39=A10, $G$20:$G$39)))
　　　　　　　　조건　　　평균을_구할 범위

• 조건 : 부서가 판매1팀
• 평균을_구할 범위 : 기본급

Q 수식을 입력할 때 어떤 경우에 Ctrl+Shift+Enter를 누르나요? 그냥 Enter를 누르면 왜 원하는 결과가 안 나오죠? 너무 궁금하네요 ㅠㅠ

A 배열 수식을 작성하거나 수식에 배열 함수를 사용한 경우에는 수식을 입력한 후 반드시 Ctrl+Shift+Enter를 눌러야 결과가 정상적으로 나옵니다. 문제를 보면 '배열 수식 사용'이라고 제시되어 있으니 문제를 자세히 읽어보세요.

4 판매부의 팀별 기본급 합계(F10)

{=SUM(IF((RIGHT($A$20:$A$39,2)=E10)*IFERROR(FIND("판매",$A$20:$A$39)>=1, FALSE), $G$20:$G$39))}

1. [F10] 셀에 =SUM(IF((RIGHT($A$20:$A$39,2)=E10)*IFERROR(FIND("판매",$A$20:$A$39))>=1,FALSE),$G$20:$G$39))를 입력하고, Ctrl+Shift+Enter를 누른다.

2. [F12] 셀까지 채우기 핸들을 드래그하여 수식을 복사한다.

=SUM(IF((RIGHT($A$20:$A$39,2)=E10) * IFERROR(FIND("판매", $A$20:$A$39))=1, FALSE), $G$20:$G$39))
❶
❷

❶ FIND("판매",$A$20:$A$39) : 부서에서 "판매"를 찾아 그 위치를 반환합니다.

❷ IFERROR(❶)=1, FALSE) : '❶)=1'의 결과로 오류가 발생하면 "FALSE"를 반환하고, 그렇지 않으면 '❶)=1'의 결과인 "True"를 반환합니다. 예를 들어 ❶의 반환값이 1이라면 '1)=1'이 참이 되어 "True"를 반환하고, 찾는 문자열이 없어 오류가 발생하면 "False"를 반환합니다.

= SUM(IF((조건1) * (조건2), 합계를_구할_범위))
=SUM(IF((RIGHT($A$20:$A$39,2)=E10) * ❷ , $G$20:$G$39))
　　　　　조건1　　　　조건2 합계를_구할_범위

• 조건1 : 부서의 오른쪽 두 글자가 "1팀"
• 조건2 : 부서에 "판매" 포함
• 합계를_구할_범위 : 기본급

[함수 설명]
• FIND(찾을 텍스트, 문자열, 시작 위치) : '문자열'의 '시작 위치'에서부터 '찾을 텍스트'를 찾아 그 위치를 반환합니다. '시작 위치'는 생략이 가능합니다.
• IFERROR(인수, 오류 시 표시할 값) : '인수'로 지정한 수식이나 셀에서 오류가 발생하면 '오류 시 표시할 값'을 반환하고, 그렇지 않으면 인수로 지정한 수식이나 셀의 결과값을 반환합니다.

5 변경사원코드(E20)

=UPPER(REPLACE(C20, 2, 0, RIGHT(D20,2)))

REPLACE(C20, 2, 0, RIGHT(D20,2))의 의미
[C20] 셀의 2번째 글자부터 0글자를 [D20] 셀의 오른쪽 두 글자로 덮어씁니다. 즉 0글자를 덮어쓰므로 [D20] 셀의 오른쪽 2글자가 삽입되는 것입니다.
[C20] 셀은 'p01'이고 [D20] 셀은 '2012'이므로 'p1201'이 됩니다.

6 직위(F20)

=IFS(LEFT(C20,1)="p", "부장", LEFT(C20,1)="k", "과장", LEFT(C20,1)="d", "대리", LEFT(C20,1)="s", "사원")

7 비고(I20)

=fn비고(D20)

[사용자 정의 함수]
1. Alt+F11을 눌러 Visual Basic Editor를 실행한다.
2. [삽입] → 모듈 메뉴를 선택하여 모듈을 삽입한다.
3. 다음과 같이 코드를 입력한다.

```
Public Function fn비고(입사연도)
    If Year([계산작업!I18]) – 입사연도 )= 10 Then
        fn비고 = "장기근속"
    Else
        fn비고 = ""
    End If
End Function
```

워크시트에 있는 셀의 데이터를 참조할 경우 시트 이름과 셀 주소를 느낌표(!)로 구분합니다.
⑩ 계산작업!I18

4. 작성한 함수를 사용하여 비고를 계산한다.
※ 함수 마법사를 이용하여 사용자 정의 함수로 지정한 비고를 계산할 때, 결과값 대신 #NAME! 오류가 표시되었다면 [개발 도구] → 코드 → 매크로 보안을 클릭한 후 매크로 설정을 'VBA 매크로 사용(권장 안 함, 위험한 코드가 실행될 수 있음)'으로 설정하고 Excel 프로그램을 종료했다가 다시 실행하세요.

01. 피벗 테이블

정답

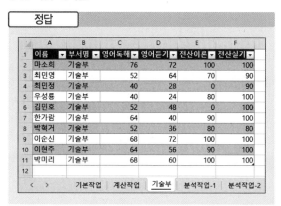

1. [데이터] → 데이터 가져오기 및 변환 → 데이터 가져오기 → 기타 원본에서 → Microsoft Query에서를 선택한다.
2. '데이터 원본 선택' 대화상자에서 'MS Access Database*'를 선택한 후 〈확인〉을 클릭한다.
3. '데이터베이스 선택' 대화상자에서 '성적.accdb'를 선택한 후 〈확인〉을 클릭한다.
4. '쿼리 마법사 - 열 선택' 대화상자에서 그림과 같이 열을 선택하고 〈다음〉을 클릭한다.

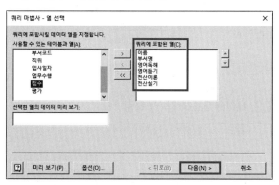

5. '쿼리 마법사 - 데이터 필터' 대화상자에서 〈다음〉을 클릭한다.
6. '쿼리 마법사 - 정렬 순서' 대화상자에서 〈다음〉을 클릭한다.
7. '쿼리 마법사 - 마침' 대화상자에서 〈마침〉을 클릭한다.
8. '데이터 가져오기' 대화상자에서 표시할 방법으로 '피벗 테이블 보고서'를, 작성 위치로 '기존 워크시트', [A4] 셀을 지정한 후 〈확인〉을 클릭한다.

9. '피벗 테이블 필드' 창에서 각 필드를 그림과 같이 지정한다.

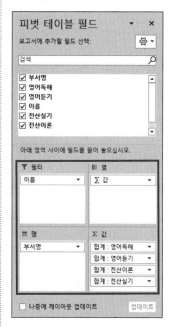

10. 작성된 피벗 테이블에서 임의의 셀을 클릭한 후 [디자인] → 레이아웃 → 보고서 레이아웃 → **개요 형식으로 표시**를 선택한다.

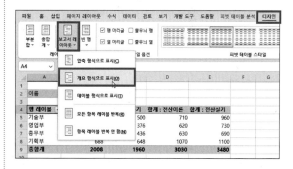

11. 작성된 피벗 테이블에서 '영어독해'가 표시되어 있는 임의의 셀의 바로 가기 메뉴에서 [값 요약 기준] → **평균**을 선택한다.

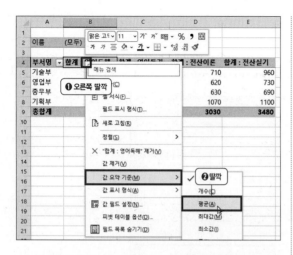

12. 같은 방법으로 '영어듣기', '전산이론', '전산실기'도 평균으로 변경한다.

13. [디자인] → 레이아웃 → 총합계 → **행의 총합계만 설정**을 선택한다.

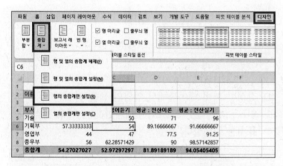

> '행의 총합계만 설정'을 선택하면 열의 총합계는 표시되지 않고 행의 총합계만 표시됩니다.

14. 작성된 피벗 테이블에서 '영어독해'가 표시되어 있는 임의의 셀의 바로 가기 메뉴에서 [**값 필드 설정**]을 선택한다.

15. '값 필드 설정' 대화상자에서 〈표시 형식〉을 클릭한다.

16. '셀 서식' 대화상자에서 그림과 같이 지정한 후 〈확인〉을 클릭한다.

17. '값 필드 설정' 대화상자에서도 〈확인〉을 클릭한다.

18. 같은 방법으로 '영어듣기', '전산이론', '전산실기'도 표시 형식을 지정한다.

19. 기술부의 데이터가 표시된 5행 중 하나의 셀을 선택한 후 더블클릭한다. 〈분석작업-1〉 시트 앞에 생성된 시트의 이름을 〈기술부〉로 변경한다.

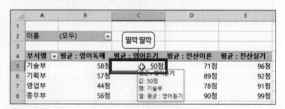

02. 데이터 유효성 검사 / 정렬

정답

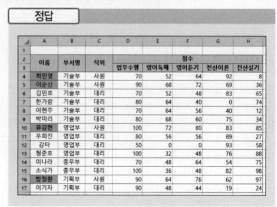

1. [D4:H17] 영역을 블록으로 지정한 후 [데이터] → 데이터 도구 → (데이터 유효성 검사)를 클릭한다.

2. '데이터 유효성' 대화상자의 '설정' 탭에서 그림과 같이 지정한다.

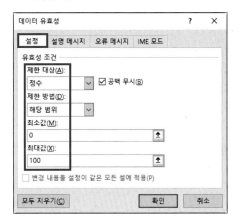

3. '설명 메시지' 탭에서 그림과 같이 지정한다.

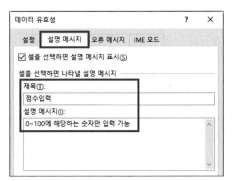

4. '오류 메시지' 탭에서 그림과 같이 지정한 후 〈확인〉을 클릭한다.

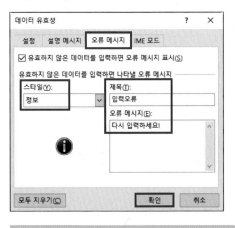

5. [A4:H17] 영역을 블록으로 지정한 후 [데이터] → 정렬 및 필터 → **정렬**을 클릭한다.

6. '정렬' 대화상자에서 '내 데이터에 머리글 표시'를 해제한 후 '열'에 '열B', '정렬 기준'에 '셀 값', '정렬'에 '사용자 지정 목록'을 선택한다.

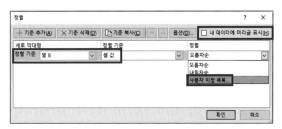

7. '사용자 지정 목록'에 다음과 같이 지정하고 〈확인〉을 클릭한다.

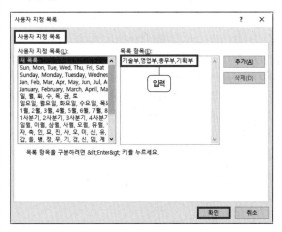

8. '정렬' 대화상자에서 〈기준 추가〉를 클릭한 후 그림과 같이 지정하고 〈확인〉을 클릭한다.

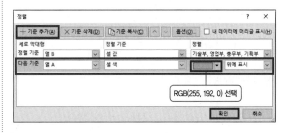

01. 차트

1 '수주합계(E3:E7)' 추가

1. 차트 영역의 바로 가기 메뉴에서 [**데이터 선택**]을 선택한다.
2. '데이터 원본 선택' 대화상자에서 범례 항목(계열)의 〈추가〉를 클릭한 후 '계열 편집' 대화상자에서 그림과 같이 지정하고 〈확인〉을 클릭한다.

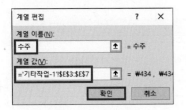

3. '데이터 원본 선택' 대화상자에서도 〈확인〉을 클릭한다.

2 차트 제목 및 축 제목 입력

[차트 디자인] → 차트 레이아웃 → 차트 요소 추가 → **차트 제목/축 제목**을 이용하여 그림과 같이 제목을 지정한다.

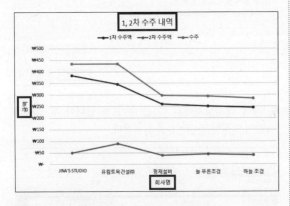

3 세로(값) 축의 기본 단위 및 가로 축 교차 변경

세로(값) 축을 더블클릭한 후 '축 서식' 창의 [축 옵션] → 📊 (축 옵션) → **축 옵션**에서 그림과 같이 지정한다.

4 범례 서식 지정 및 '1차 수주액' 계열에 레이블 표시

1. 범례를 클릭한 후 [서식] → 도형 스타일 → 도형 채우기 → **흰색, 배경 1**을 선택한다.

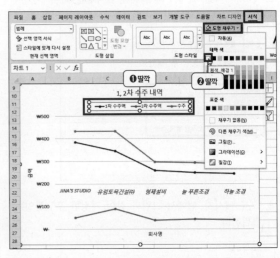

2. [서식] → 도형 스타일 → 도형 효과 → 그림자 → **오프셋: 오른쪽 아래**를 선택한다.

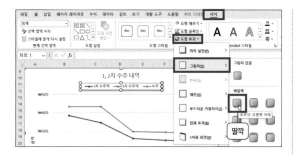

3. '1차 수주액' 계열의 바로 가기 메뉴에서 [데이터 레이블 추가]를 선택한다.

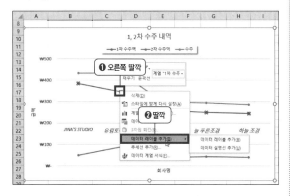

5 차트 영역 서식 변경

1. '차트 영역'을 더블클릭한 후 '차트 영역 서식' 창의 [차트 옵션] → (채우기 및 선) → 테두리에서 그림과 같이 지정한다.

2. '차트 영역 서식' 창의 [차트 옵션] → (효과) → 그림 자에서 그림과 같이 지정한다.

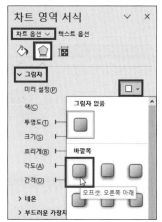

02. 매크로

정답

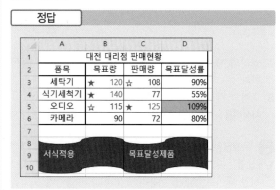

	A	B		C		D
1	대전 대리점 판매현황					
2	품목	목표량		판매량		목표달성률
3	세탁기	★	120	☆	108	90%
4	식기세척기	★	140		77	55%
5	오디오	☆	115	★	125	109%
6	카메라		90		72	80%
7						
8						
9	서식적용			목표달성제품		
10						

1 '서식적용' 매크로

1. [삽입] → 일러스트레이션 → 도형 → 순서도의 '순서도: 천공 테이프(⌒)'를 이용하여 [A8:B10] 영역에 도형을 만든다.
2. 도형의 바로 가기 메뉴에서 [매크로 지정]을 선택한다.
3. '매크로 지정' 대화상자의 매크로 이름에 서식적용을 입력하고, 〈기록〉을 클릭한다.
4. '매크로 기록' 대화상자에서 〈확인〉을 클릭한다.
5. [B3:C6] 영역을 블록으로 지정한 후 Ctrl+1을 누른다.
6. '셀 서식' 대화상자의 '표시 형식' 탭에서 그림과 같이 지정한 후 〈확인〉을 클릭한다.

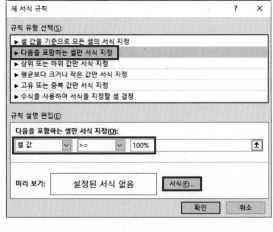

서식 코드 중 * 기호는 * 기호 다음에 있는 특정 문자를 셀의 너비만큼 반복하여 채웁니다. * 다음에 빈칸을 삽입하였으므로 빈칸을 셀의 너비만큼 반복하여 채웁니다.

7. 임의의 셀을 클릭한 후 '기록 중지(☐)' 아이콘을 클릭한다.

8. 도형의 바로 가기 메뉴에서 [텍스트 편집]을 선택한 후 **서식적용**을 입력한다.

2 '목표달성' 매크로

1. [삽입] → 일러스트레이션 → 도형 → 순서도의 '순서도: 천공 테이프(▱)'를 이용하여 [C8:D10] 영역에 도형을 만든다.

2. 도형의 바로 가기 메뉴에서 [매크로 지정]을 선택한다.

3. '매크로 지정' 대화상자의 매크로 이름에 **목표달성**을 입력하고, 〈기록〉을 클릭한다.

4. '매크로 기록' 대화상자에서 〈확인〉을 클릭한다.

5. [D3:D6] 영역을 블록으로 지정한 후 [홈] → 스타일 → 조건부 서식 → **새 규칙**을 선택한다.

6. '새 서식 규칙' 대화상자에서 그림과 같이 지정하고, 〈서식〉을 클릭한다.

7. '셀 서식' 대화상자의 '채우기' 탭에서 '표준 색-주황'을 선택한 후 〈확인〉을 클릭한다.

8. '새 서식 규칙' 대화상자에서도 〈확인〉을 클릭한다.

9. 임의의 셀을 클릭한 후 '기록 중지(☐)' 아이콘을 클릭한다.

10. 도형의 바로 가기 메뉴에서 [텍스트 편집]을 선택한 후 **목표달성제품**을 입력한다.

> '목표달성' 매크로를 실행할 때마다 조건부 서식에 새 규칙이 추가됩니다. 조건부 서식이 지정된 임의의 셀을 클릭한 후 [홈] → 스타일 → 조건부 서식 → **규칙 관리**를 선택하면 나타나는 '조건부 서식 규칙 관리자' 대화상자에 하나의 규칙만 남기고 나머지 규칙은 모두 삭제하세요.

03. VBA

1 '콘도 이용요금' 단추 및 폼 초기화 프로시저

• '콘도 이용요금' 단추 클릭 프로시저

정답

```
Private Sub cmd등록_Click( )
    콘도이용.Show
End Sub
```

1. [개발 도구] → 컨트롤 → **디자인 모드**를 클릭한다.

2. '콘도 이용요금' 단추를 더블클릭한다.

3. 'cmd등록_Click( )' 프로시저에 정답과 같이 코드를 입력한다.

• 폼 초기화 프로시저

```
Private Sub UserForm_Initialize( )
    cmb콘도명.RowSource = "G4:H9"
End Sub
```

1. 프로젝트 탐색기에서 〈콘도이용〉 폼을 선택하고 '코드 보기(▣)' 아이콘을 클릭한다.
2. 개체 선택 콤보 상자에서 'UserForm'을 선택하고, 프로시저 선택 콤보 상자에서 'Initialize'를 선택한다.
3. 'UserForm_Initialize( )' 프로시저에 정답과 같이 코드를 입력한다.

콤보(Combo) 상자나 리스트(List) 상자에 표시되는 열이 2개 이상일 경우 열 개수를 지정하는 ColumnCount 속성을 확인해야 합니다. Visual Basic Editor의 '콘도이용' 폼에서 'cmb콘도명'을 선택하면 왼쪽에 속성 창이 표시됩니다. 속성 창의 'ColumnCount'에 열의 개수가 지정되어 있을 경우에는 별도로 열의 개수를 지정하는 코드를 작성하지 않아도 되지만, 속성 창에 열의 개수가 지정되어 있지 않을 경우에는 'cmb콘도명.Columncount=2'와 같은 형식으로 코드를 입력해줘야 합니다. 여기서는 'ColumnCount' 속성에 열의 개수가 지정되어 있으므로 별도의 코드를 작성하지 않습니다.

2 '조회' 단추 클릭 프로시저

```
Private Sub cmd조회_Click( )
    입력행 = [a3].Row + [a3].CurrentRegion.Rows.Count − 1
    txt번호.Value = Cells(입력행, 1)
    cmb콘도명.Value = Cells(입력행, 2)
    txt일수.Value = Cells(입력행, 3)
    txt요금.Value = Cells(입력행, 4)
End Sub
```

1. 프로젝트 탐색기에서 〈콘도이용〉 폼을 더블클릭하여 〈콘도이용〉 폼이 화면에 나오게 한다.

2. '조회' 단추를 더블클릭하여 'cmd조회_Click( )' 프로시저가 나오게 한다.
3. 'cmd조회_Click( )' 프로시저에 정답과 같이 코드를 입력한다.

```
Private Sub cmd조회_Click( )
    ❶ 입력행 = [a3].Row + [a3].CurrentRegion.Rows.Count − 1
    ❷ txt번호.Value = Cells(입력행, 1)
    ❸ cmb콘도명.Value = Cells(입력행, 2)
    ❹ txt일수.Value = Cells(입력행, 3)
    ❺ txt요금.Value = Cells(입력행, 4)
End Sub
```

❶ '입력행' 변수에 [a3] 셀의 행 번호인 3과 [a3] 셀과 연결된 범위에 있는 데이터의 행수를 더하여 치환합니다. '−1'은 기준행(3행)을 제외하고, 순수하게 데이터 범위에 대한 행수를 구하기 위해 사용된 것입니다. −1을 하는 부분이 폼에서 워크시트로 데이터를 입력할 때와 다르다는 것을 알아두세요.
❷ 지정된 셀 위치의 데이터를 'txt번호'에 표시합니다.
❸, ❹, ❺ cmb콘도명, txt일수, txt요금도 위와 동일하게 수행합니다.

3 '종료' 단추 클릭 프로시저

```
Private Sub cmd종료_Click( )
    ['기타작업-2'!F1] = "컴활합격"
    Unload Me
End Sub
```

다른 워크시트에 있는 셀의 데이터를 참조할 경우 시트 이름과 셀 주소를 느낌표(!)로 구분하고, 시트 이름에 한글, 영어 외에 다른 문자가 있을 경우에는 작은따옴표(' ')로 묶어서 입력해야 합니다.
🔠 '기타작업-2'!F1

1. 프로젝트 탐색기에서 〈콘도이용〉 폼을 더블클릭하여 〈콘도이용〉 폼이 화면에 나오게 한다.
2. '종료' 단추를 더블클릭하여 'cmd종료_Click( )' 프로시저가 나오게 한다.
3. 'cmd종료_Click( )' 프로시저에 정답과 같이 코드를 입력한다.

기본 모의고사

• **준 비 하 세 요 :** 'C:\길벗컴활1급\01 엑셀\03 기본모의고사' 폴더에서 '02회.xlsm' 파일을 열어서 작업하시오.

• **외부 데이터 위치 :** C:\길벗컴활1급\01 엑셀\03 기본모의고사

4132021

문제 1

기본작업(15점) 주어진 시트에서 다음의 과정을 수행하고 저장하시오.

1. '기본작업-1' 시트에서 다음과 같이 고급 필터를 수행하시오.

▶ [A3:G23] 영역에서 '기본급'이 3500000 이상 4000000 이하이거나, '실수령액'
이 '실수령액'의 평균 이상인 데이터의 모든 정보를 표시하시오.

▶ 조건은 [A25:A26] 영역에 입력하시오. (AVERAGE, AND, OR 함수 사용)

▶ 결과는 [A28] 셀부터 표시하시오.

2. '기본작업-1' 시트에서 다음과 같이 조건부 서식을 설정하시오.

▶ [C3:G23] 영역에서 해당 열 번호가 짝수인 열 전체에 대하여 채우기 색을 '표준
색-노랑'으로 적용하시오.

▶ 단, 규칙 유형은 '수식을 사용하여 서식을 지정할 셀 결정'으로 지정하고, 한 개
의 규칙만을 이용하여 작성하시오.

▶ COLUMN, ISEVEN 함수 사용

3. '기본작업-2' 시트에서 다음과 같이 시트 보호와 통합 문서 보기를 설정하시오.

▶ [F5:G12] 영역에 셀 잠금과 수식 숨기기를 적용한 후 잠긴 셀의 내용과 워크시
트를 보호하시오.

▶ 잠긴 셀의 선택과 잠기지 않은 셀의 선택은 허용하고 시트 보호 암호는 지정하
지 마시오.

▶ '기본작업-2' 시트를 페이지 나누기 미리 보기로 표시하고, [B3:G12] 영역만
1페이지로 인쇄되도록 페이지 나누기 구분선을 조정하시오.

1. [표2]에서 대리점별 수량의 중간값을 [C7:C9] 영역에 계산하시오.

- ▶ [A12:G30] 영역([표3])을 참조하여 계산
- ▶ MEDIAN과 IF 함수를 이용한 배열 수식

2. [표3]의 [E13:E30] 영역에 단가를 계산하여 표시하시오.

- ▶ 단가는 상품에 따라 다르며, [표1]의 [B2:G3] 영역을 참조하여 계산
- ▶ 수량이 100 이하일 경우 단가에 단가의 10%를 더하여 계산
- ▶ IF, HLOOKUP 함수 사용

3. [표3]의 [F13:F30] 영역에 금액을 계산하여 표시하시오.

- ▶ 금액은 수량과 단가의 곱으로 계산
- ▶ 함수를 사용하지 않고 배열 수식만 사용
- ▶ 배열 수식의 주소는 모든 셀에 동일하게 입력되도록 작성

4. [표3]의 [G13:G30] 영역에 주문금액을 계산하여 표시하시오.

- ▶ 세율은 대리점에 따라 다르며, [표2]의 [A7:B9] 영역을 참조하여 계산
- ▶ 주문금액 = 금액×(1−세율)
- ▶ INDEX, HLOOKUP, VLOOKUP, IF 중 알맞은 함수를 선택하여 사용

5. [표3]을 참조하여 대리점별 요일별 주문건수를 [표2]의 [D7:H9] 영역에 계산하여 표시하시오.

- ▶ SUM, WEEKDAY, CHOOSE 함수를 이용한 배열 수식

6. 사용자 정의 함수 'ks매출성장평가'를 작성하여 [E34:E40] 영역에 매출성장평가를 계산하여 표시하시오.

- ▶ 'ks매출성장평가'는 작년과 올해의 매출액을 인수로 받아 매출성장평가를 계산하여 되돌려줌
- ▶ 매출성장평가에는 '1−(작년/올해)'로 계산한 값이 0.2 이상이면 '상승', 그 외에는 '하락'이 표시되도록 계산

```
Public Function ks매출성장평가(작년, 올해)

End Function
```

7. [표4]에서 [G34:G40] 영역에 보너스 유무를 계산하여 표시하시오.

- ▶ 보너스 유무는 작년과 올해의 매출이 각각 700 이상이고 매출계획이 600 이상이며, 작년과 올해의 평균이 700 이상인 경우에는 '보너스', 그렇지 않으면 빈 공백으로 표시
- ▶ IF, AVERAGE, AND 함수 사용

전문가의 조언

1. 대리점별 수량의 중간값
=MEDIAN(IF(조건, 계산범위))
- 조건 : 대리점별
- 계산범위 : 수량

2
- 단가 : 단가 * IF(조건, 1.1, 1)
- 단가 : 찾기함수(상품명, 참조영역, 단가행, 옵션)

3
- 금액 : 수량전체 * 단가전체
- 모든 셀에 배열 수식의 주소를 동일하게 작성하려면 값을 구할 영역을 블록으로 지정한 후 수식을 입력하면 됩니다.

4
- 주문금액 : =금액×(1−세율)
- 세율 = 찾기함수(대리점, 참조영역, 세율열, 옵션)

5. 대리점별 요일별 주문건수
=SUM((조건1)×(조건2))
- 조건1 : 대리점별
- 조건2 : 요일별

6. 사용자 정의 함수
Alt + F11 을 누르고, 모듈을 삽입한 후 작성하세요.

7. =IF(AND(작년비교, 올해비교, 매출계획비교, 작년과 올해 평균비교), "보너스", "")

문제 3   **분석작업(20점)**   주어진 시트에서 다음의 과정을 수행하고 저장하시오.

전문가의 조언

1
• 외부 데이터 가져오기 기능을 이용하여 accdb 파일로 피벗 테이블을 작성하려면 [데이터] → 데이터 가져오기 및 변환 → 데이터 가져오기 → 기타 원본에서 → Microsoft Query에서를 이용하여 불러올 데이터를 지정한 후 '데이터 가져오기' 대화상자에서 표시할 방법으로 '피벗 테이블 보고서'를 선택하세요.
• 그림을 통해 필터, 행, 값 영역에 사용된 필드를 확인하세요.

1. '분석작업-1' 시트에서 다음의 지시사항에 따라 피벗 테이블 보고서를 작성하시오.

▶ 외부 데이터 가져오기 기능을 이용하여 〈가전판매내역.accdb〉의 〈제품〉 테이블에서 '제품명', '분류코드', 〈판매현황〉 테이블에서 '주문시간', '수량', '판매금액' 열을 이용하시오.

▶ 피벗 테이블 보고서의 레이아웃과 위치는 〈그림〉을 참조하여 설정하고, 보고서 레이아웃을 개요 형식으로 표시하시오.

▶ '주문시간' 필드를 오전/오후로 그룹을 지정하고, '판매금액' 필드의 표시 형식은 '값 필드 설정'의 셀 서식에서 '회계' 범주를 이용하여 지정하시오.

▶ 행의 총 합계와 부분합이 표시되지 않도록 설정하시오.

▶ '확장(+)/축소(−)' 단추가 표시되지 않도록 설정하시오.

▶ 빈 셀은 "*"로 표시하고, 레이블이 있는 셀은 병합하고 가운데 맞춤되도록 설정하시오.

	A	B	C	D	E	F
1	분류코드	소형가전				
2						
3				제품명		
4	주문시간2	주문시간	값	다리미	면도기	전동치솔
5	오전					
6		11:05:00 AM				
7			평균 : 수량	*	*	6
8			평균 : 판매금액	*	*	460,000
9		11:19:00 AM				
10			평균 : 수량	*	*	2
11			평균 : 판매금액	*	*	300,000
12	오후					
13		1:05:00 PM				
14			평균 : 수량	1	*	*
15			평균 : 판매금액	2,560,000	*	*
16		3:20:00 PM				
17			평균 : 수량	*	12	*
18			평균 : 판매금액	*	585,000	*
19		4:11:00 PM				
20			평균 : 수량	*	8	*
21			평균 : 판매금액	*	588,000	*
22	전체 평균 : 수량			1	10	4
23	전체 평균 : 판매금액			2,560,000	586,500	380,000

※ 작업이 완성된 그림이며 부분점수 없음

2. '분석작업-2' 시트에 대하여 다음의 지시사항을 처리하시오.

▶ 데이터 도구를 이용하여 [표1]에서 '사원번호' 열을 기준으로 중복된 값이 포함된 행을 삭제하시오.

▶ 조건부 서식의 셀 강조 규칙을 이용하여 [표1]의 '본봉' 필드에서 60,000 이상 90,000 이하인 값에 대해 '진한 녹색 텍스트가 있는 녹색 채우기' 서식이 적용되도록 설정하시오.

▶ [필터] 기능을 이용하여 [표1]의 '부서' 필드에서 "영업"으로 시작하고 3을 포함하지 않는 데이터 행만 표시되도록 필터링 하시오.

문제 4   기타작업(35점)   주어진 시트에서 다음의 과정을 수행하고 저장하시오.

1. '기타작업-1' 시트에서 다음의 지시사항에 따라 차트를 수정하시오.

※ 차트는 반드시 문제에서 제공한 차트를 사용하여야 하며, 신규로 차트 작성 시 0점 처리됨

① 차트 제목을 〈그림〉과 같이 지정하고 도형 스타일을 '색 채우기-파랑, 강조 1'로 지정하시오.

② 가로(항목) 축 제목과 세로(값) 축 제목을 〈그림〉과 같이 지정하고 세로(값) 축 제목의 텍스트 방향을 '세로'로 설정하시오.

③ '기말' 계열의 '홍길동' 요소에만 데이터 레이블 '값'을 표시한 후 데이터 레이블 도형을 '타원', 글꼴 크기를 11, 글꼴 스타일을 '굵게'로 지정하시오.

④ '기말' 계열의 겹치기를 50%, 간격 너비를 100%, 도형 효과를 '기본 설정 7'로 지정하시오.

⑤ '기말' 계열에 '2 구간 이동 평균' 추세선을 추가하고, 그림 영역의 패턴 채우기를 '점선: 10%'로 지정하시오.

> **전문가의 조언**
>
> 1. 특정 데이터 요소에만 레이블을 표시하려면 데이터 계열을 선택한 후 해당 데이터 요소를 다시 클릭하여 데이터 요소만을 선택한 다음 지정하세요.

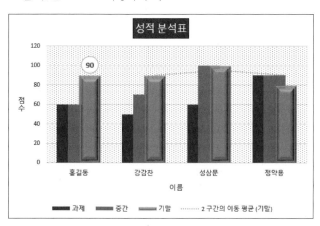

2. '기타작업-2' 시트에서 다음과 같은 기능을 수행하는 매크로를 현재 통합문서에 작성하시오.

① [I3:I11] 영역에 사용자 지정 표시 형식을 설정하는 '서식적용' 매크로를 생성하시오.

  ▶ 셀 값이 1이면 "장기근속"을, 2이면 "10년이상근속", 그 외는 공백을 표시하시오.

  ▶ [도형] → [기본 도형]의 '사각형: 빗면(▱)'을 동일 시트의 [A13:B14] 영역에 생성한 후 텍스트를 "서식적용"으로 입력하고, 도형을 클릭하면 '서식적용' 매크로가 실행되도록 설정하시오.

② [I3:I11] 영역에 표시 형식을 '일반'으로 적용하는 '서식해제' 매크로를 생성하시오.

  ▶ [도형] → [기본 도형]의 '사각형: 빗면(▱)'을 동일 시트의 [C13:D14] 영역에 생성한 후 텍스트를 "서식해제"로 입력하고, 도형을 클릭하면 '서식해제' 매크로가 실행되도록 설정하시오.

※ 셀 포인터의 위치에 관계없이 매크로가 실행되어야 정답으로 인정됨

3. '기타작업-3' 시트에서 다음과 같은 작업을 수행하도록 프로시저를 작성하시오.

① '레코드 판매량' 단추를 클릭하면 〈레코드판매〉 폼이 나타
나도록 설정하고, 폼이 초기화(Initialize)되면 '판매일자
(cmb판매일자)' 목록에는 현재 날짜부터 5일전까지의 날짜
가 표시되도록 프로시저를 작성하시오.

② 〈레코드판매〉 폼에 데이터를 입력하고, '입력(cmd입력)'
단추를 클릭하면 폼에 입력된 데이터가 '기타작업-3' 시트의 표에 입력되어 있
는 마지막 행 다음에 연속해서 추가되도록 프로시저를 작성하시오.

▶ '판매액'은 입력받은 '판매수량', '판매단가'의 값을 이용하여 프로시저에서 작성
하여 표시하시오(판매액=판매수량×판매단가).

▶ 입력되는 데이터는 워크시트에 입력된 기존 데이터와 같은 형식의 데이터로 입
력하고, '판매액'에는 천 단위 구분 기호를 표시하여 입력하시오.

▶ '할인여부(ch할인여부)'의 값이 선택된 경우 해당하는 '할인금액(판매수량×판
매단가×10%)'이 '할인금액' 열에 입력되고 그렇지 않을 경우 0이 입력되도록
하시오.

▶ 워크시트에 데이터를 입력할 때 표의 제목 행과 입력 내용이 일치하도록 작성
하시오.

▶ 입력 후에는 '음악종류(cmb종류)'가 선택되지 않도록 설정하시오.

※ 데이터를 추가하거나 삭제하여도 항상 마지막 데이터 다음에 입력되어야 함

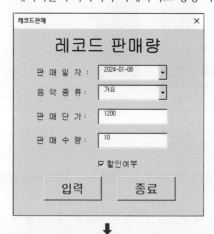

③ '기타작업-3' 시트를 활성화(Activate)하면 해당 시트의 [E20] 셀에 "컴활1급실
기합격"이 나타나도록 프로시저를 작성하시오.

기본 모의고사 정답 및 해설

문제 1 기본작업

01. 고급 필터

정답

	A	B	C	D	E	F	G
24							
25	조건						
26	TRUE						
27							
28	성명	직위	기본급	상여금	급여계	공제계	실수령액
29	이지형	부장	4,500,000	3,600,000	8,100,000	972,000	7,128,000
30	오지명	부장	3,350,000	2,680,000	6,030,000	723,600	5,306,400
31	하지연	과장	3,700,000	2,960,000	6,660,000	799,200	5,860,800
32	성주미	부장	3,350,000	2,680,000	6,030,000	723,600	5,306,400
33	안구철	과장	3,350,000	2,680,000	6,030,000	723,600	5,306,400
34	한철우	과장	3,500,000	2,800,000	6,300,000	756,000	5,544,000
35	임진실	부장	5,200,000	4,160,000	9,360,000	1,123,200	8,236,800
36	황달구	부장	4,860,000	3,888,000	8,748,000	1,049,760	7,698,240

1. [A25] 셀에 **조건**, [A26] 셀에 **=OR(AND(C4>=3500000,C4<=4000000),G4>=AVERAGE($G$4:$G$23))**을 입력한다.
2. [A3:G23] 영역을 블록으로 지정한 후 [데이터] → 정렬 및 필터 → **고급**을 클릭한다.
3. '고급 필터' 대화상자에서 그림과 같이 지정하고 〈확인〉을 클릭한다.

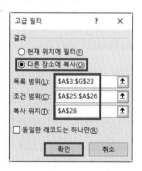

02. 조건부 서식

정답

	A	B	C	D	E	F	G
1	[표1]						
2				급여 분석 현황			
3	성명	직위	기본급	상여금	급여계	공제계	실수령액
4	이지형	부장	4,500,000	3,600,000	8,100,000	972,000	7,128,000
5	나현희	대리	2,500,000	2,000,000	4,500,000	540,000	3,960,000
6	오지명	부장	3,350,000	2,680,000	6,030,000	723,600	5,306,400
7	차이슬	과장	2,860,000	2,288,000	5,148,000	617,760	4,530,240
8	정금호	대리	2,350,000	1,880,000	4,230,000	507,600	3,722,400
9	백주영	사원	2,300,000	1,840,000	4,140,000	496,800	3,643,200
10	하지연	과장	3,700,000	2,960,000	6,660,000	799,200	5,860,800
11	피호성	사원	2,100,000	1,680,000	3,780,000	453,600	3,326,400
12	정지우	과장	2,500,000	2,000,000	4,500,000	540,000	3,960,000
13	최덕구	사원	1,900,000	1,520,000	3,420,000	410,400	3,009,600
14	성주미	부장	3,350,000	2,680,000	6,030,000	723,600	5,306,400
15	윤은희	대리	2,360,000	1,888,000	4,248,000	509,760	3,738,240
16	안구철	과장	3,350,000	2,680,000	6,030,000	723,600	5,306,400
17	박장철	대리	2,800,000	2,240,000	5,040,000	604,800	4,435,200
18	유이묘	사원	2,100,000	1,680,000	3,780,000	453,600	3,326,400
19	한철우	과장	3,500,000	2,800,000	6,300,000	756,000	5,544,000
20	이은혜	대리	3,000,000	2,400,000	5,400,000	648,000	4,752,000
21	임진실	부장	5,200,000	4,160,000	9,360,000	1,123,200	8,236,800
22	박정진	사원	2,350,000	1,880,000	4,230,000	507,600	3,722,400
23	황달구	부장	4,860,000	3,888,000	8,748,000	1,049,760	7,698,240

1. [C3:G23] 영역을 블록으로 지정한 후 [홈] → 스타일 → 조건부 서식 → **새 규칙**을 선택한다.
2. '새 서식 규칙' 대화상자에서 조건을 그림과 같이 지정하고, 〈서식〉을 클릭한다.

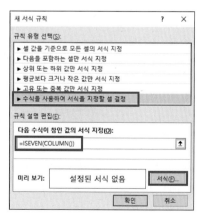

3. '셀 서식' 대화상자의 '채우기' 탭에서 표준 색 '노랑'을 선택하고, 〈확인〉을 클릭한다.
4. '새 서식 규칙' 대화상자에서 〈확인〉을 클릭한다.

03. 시트 보호 / 통합 문서 보기

정답

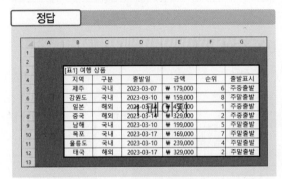

1. [F5:G12] 영역을 블록으로 지정한 후 Ctrl + ↑ 을 누른다.
2. '셀 서식' 대화상자의 '보호' 탭에서 '잠금'과 '숨김'을 선택한 후 〈확인〉을 클릭한다.

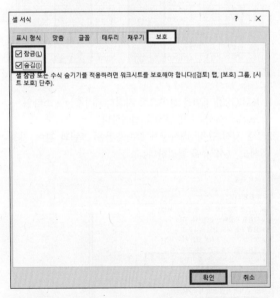

3. [검토] → 보호 → **시트 보호**를 클릭한다.
4. '시트 보호' 대화상자에서 그림과 같이 지정한 후 〈확인〉을 클릭한다.

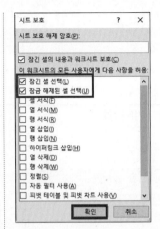

5. [보기] → 통합 문서 보기 → **페이지 나누기 미리 보기**를 선택한다.
6. [B3:G12] 영역만 1페이지로 인쇄되도록 그림과 같이 페이지 나누기 구분선을 마우스로 드래그하여 조정한다.

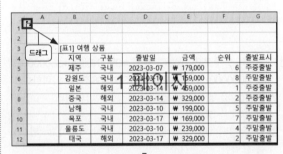

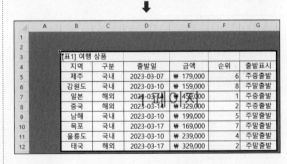

정답

	A	B	C	D	E	F	G	H
1	[표1]	기준표						
2	상품	마우스	메인보드	모뎀	키보드	프린터	하드디스크	
3	단가	15	175	35	20	320	186	
4			❶		❺			
5	[표2]							
6	대리점	세율	수량 중간값	월	화	수	목	금
7	영등포	5%	185	0	0	0	2	2
8	용산	7%	175	0	1	1	3	1
9	명동	10%	165	1	3	1	1	2
10								
11	[표3]				❷	❸	❹	
12	대리점	주문일자	상품명	수량	단가	금액	주문금액	
13	영등포	03-02	마우스	205	15	₩ 3,075	₩ 2,921.3	
14	용산	03-02	메인보드	100	192.5	₩ 19,250	₩ 17,902.5	
15	명동	03-07	메인보드	150	175	₩ 26,250	₩ 23,625.0	
16	명동	03-07	모뎀	105	35	₩ 3,675	₩ 3,307.5	
17	명동	04-03	마우스	100	16.5	₩ 1,650	₩ 1,485.0	
18	명동	04-14	하드디스크	200	186	₩ 37,200	₩ 33,480.0	
19	영등포	04-14	하드디스크	170	186	₩ 31,620	₩ 30,039.0	
20	용산	04-20	키보드	150	20	₩ 3,000	₩ 2,790.0	
21	명동	04-21	키보드	220	20	₩ 4,400	₩ 3,960.0	
22	영등포	05-04	마우스	110	15	₩ 1,650	₩ 1,567.5	
23	명동	05-04	모뎀	200	35	₩ 7,000	₩ 6,300.0	
24	용산	05-04	마우스	200	15	₩ 3,000	₩ 2,790.0	
25	용산	05-17	프린터	121	320	₩ 38,720	₩ 36,009.6	
26	명동	05-03	마우스	150	15	₩ 2,250	₩ 2,025.0	
27	영등포	05-12	메인보드	200	175	₩ 35,000	₩ 33,250.0	
28	명동	05-23	모뎀	180	35	₩ 6,300	₩ 5,670.0	
29	용산	06-30	하드디스크	205	186	₩ 38,130	₩ 35,460.9	
30	용산	06-20	마우스	260	15	₩ 3,900	₩ 3,627.0	
31								
32	[표4]		매출 현황		❻		❼	
33	품목	지점	작년	올해	매출성장평가	매출계획	보너스 유무	
34	컴퓨터	중부	300	700	상승	600		
35	컴퓨터	남부	789	650	하락	900		
36	소프트웨어	동부	360	560	상승	550		
37	소프트웨어	남부	500	430	하락	600		
38	반도체	중부	1,200	1,260	하락	1,250	보너스	
39	반도체	동부	990	980	하락	1,000	보너스	
40	CD-R	중부	498	850	상승	575		

❶ 수량 중간값(C7)

{=MEDIAN(IF($A$13:$A$30=A7, $D$13:$D$30))}

1. [C7] 셀에 =MEDIAN(IF($A$13:$A$30=A7, $D$13:$D$30))
   을 입력하고, [Ctrl]+[Shift]+[Enter]를 누른다.
2. [C9] 셀까지 채우기 핸들을 드래그하여 수식을 복사
   한다.

=MEDIAN(IF(조건, 중간값을_구할_범위))

=MEDIAN(IF($A$13:$A$30=A7, $D$13:$D$30))
　　　　　조건　　　중간값을_구할_범위

· 조건 : 대리점이 영등포
· 중간값을_구할_범위 : 수량

2 단가(E13)

- 방법1 : =HLOOKUP(C13, $B$2:$G$3, 2, FALSE) *
  IF(D13<=100, 1.1, 1)
- 방법2 : =IF(D13<=100, HLOOKUP(C13, $B$2:$G$3,
  2, FALSE) * 1.1, HLOOKUP(C13, $B$2:
  $G$3, 2, FALSE))

3 금액(F13:F30)

{=D13:D30 * E13:E30}

1. [F13:F30] 영역을 범위로 지정한다.
2. =D13:D30 * E13:E30을 입력한 후 Ctrl+Shift+Enter를 누른다.

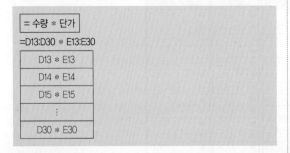

4 주문금액(G13)

=F13 * (1 − VLOOKUP(A13, $A$7:$B$9, 2, FALSE))

5 주문건수(D7)

{=SUM(($A$13:$A$30=$A7) * (CHOOSE(
WEEKDAY($B$13:$B$30, 2), "월", "화", "수", "목",
"금")=D$6))}

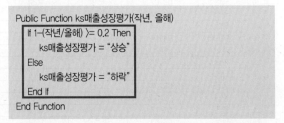

- 조건1 : 대리점이 영등포
- 조건2 : 요일이 월요일

6 ks매출성장평가(E34)

=ks매출성장평가(C34,D34)

[사용자 정의 함수]

1. Alt+F11을 눌러 Visual Basic Editor를 실행한다.
2. [삽입] → 모듈 메뉴를 선택하여 모듈을 삽입한다.
3. 다음과 같이 코드를 입력한다.

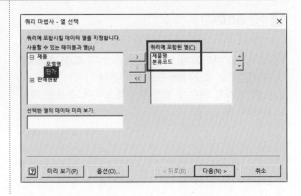

4. 작성한 함수를 사용하여 매출성장평가를 계산한다.

7 보너스 유무(G34)

=IF(AND(C34>=700,D34>=700,F34>=600,AVERAGE
(C34:D34)>=700), "보너스", " ")

문제 3   분석작업

01. 피벗 테이블

1. [데이터] → 데이터 가져오기 및 변환 → 데이터 가져오기 → 기타 원본에서 → Microsoft Query에서를 선택한다.
2. '데이터 원본 선택' 대화상자에서 'MS Access Database*'를 선택하고 〈확인〉을 클릭한다.
3. '데이터베이스 선택' 대화상자에서 '가전판매내역.accdb'를 선택하고 〈확인〉을 클릭한다.
4. '쿼리 마법사 – 열 선택' 대화상자에서 〈제품〉 테이블의 열을 그림과 같이 선택한다.

5. '쿼리 마법사 – 열 선택' 대화상자에서 〈판매현황〉 테이블의 열을 그림과 같이 선택하고 〈다음〉을 클릭한다.

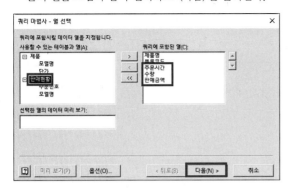

6. '쿼리 마법사 – 데이터 필터' 대화상자에서 〈다음〉을 클릭한다.

7. '쿼리 마법사 – 정렬 순서' 대화상자에서 〈다음〉을 클릭한다.

8. '쿼리 마법사 – 마침' 대화상자에서 〈마침〉을 클릭한다.

9. '데이터 가져오기' 대화상자에서 표시할 방법으로 '피벗 테이블 보고서'를, 작성 위치로 '기존 워크시트', 'A3'을 지정하고 〈확인〉을 클릭한다.

10. '피벗 테이블 필드' 창에서 각 필드를 그림과 같이 지정한다.

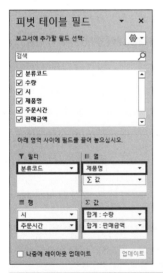

> 피벗 테이블의 행과 열 영역에 시간 형식의 필드를 넣으면 '시', '분' 등의 필드가 자동으로 생성되고 값 영역에 두 개 이상의 필드를 넣으면 값 필드가 자동으로 생성됩니다.

11. 열 영역에 자동으로 생긴 'Σ 값' 필드를 행 영역으로 드래그하여 이동한다.

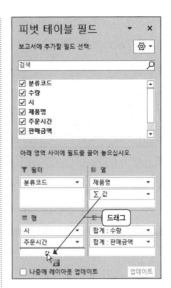

12. 작성된 피벗 테이블에서 임의의 셀을 클릭한 후 [디자인] → 레이아웃 → 보고서 레이아웃 → **개요 형식으로 표시**를 선택한다.

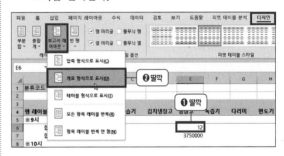

13. 작성된 피벗 테이블에서 값인 '수량'의 바로 가기 메뉴에서 [값 요약 기준] → **평균**을 선택한다.

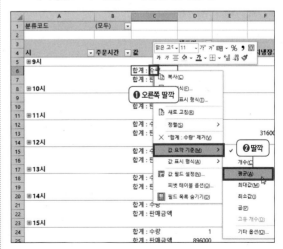

14. 작성된 피벗 테이블에서 값인 '판매금액'의 바로 가기 메뉴에서 [값 요약 기준] → **평균**을 선택한다.

15. 자동으로 지정된 그룹을 해제하기 위해 '주문시간'의 바로 가기 메뉴에서 [**그룹 해제**]를 선택한다.

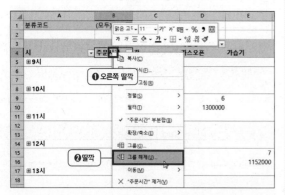

16. [A5:A50] 영역을 블록으로 지정한 후 바로 가기 메뉴에서 [**그룹**]을 선택한다.

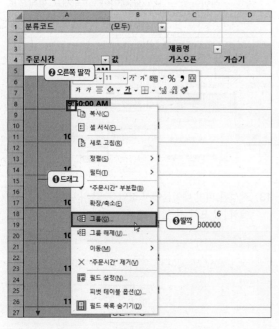

17. 수식 입력줄에서 "그룹1"을 **오전**으로 변경한다.

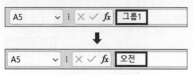

18. [A54:A182] 영역을 블록으로 지정한 후 바로 가기 메뉴에서 [**그룹**]을 선택한다.

19. 수식 입력줄에서 "그룹2"를 **오후**로 변경한다.

20. 보고서 필터의 '분류코드'에서 '소형가전'을 선택한 후 〈확인〉을 클릭한다.

21. 작성된 피벗 테이블에서 '판매금액'이 표시되어 있는 임의의 셀의 바로 가기 메뉴에서 [**값 필드 설정**]을 선택한다.

22. '값 필드 설정' 대화상자에서 〈표시 형식〉을 클릭한다.

23. '셀 서식' 대화상자의 '표시 형식' 탭에서 그림과 같이 지정한 후 〈확인〉을 클릭한다.

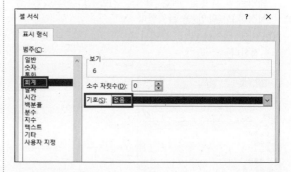

24. '값 필드 설정' 대화상자에서도 〈확인〉을 클릭한다.

25. 작성된 피벗 테이블에서 임의의 셀을 클릭한 후 [디자인] → 레이아웃 → 총합계 → **열의 총합계만 설정**을 선택한다.

26. [디자인] → 레이아웃 → 부분합 → **부분합 표시 안함**을 선택한다.

27. [피벗 테이블 분석] → 표시 → +/− 단추(⊞)를 클릭하여 선택을 해제한다.

28. 작성된 피벗 테이블에서 임의의 셀의 바로 가기 메뉴에서 [피벗 테이블 옵션]을 선택한다.

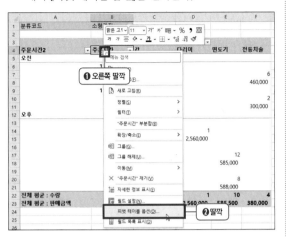

29. '피벗 테이블 옵션' 대화상자의 '레이아웃 및 서식' 탭에서 '레이블이 있는 셀 병합 및 가운데 맞춤'을 선택하고, '빈 셀 표시'에 *를 입력한 후 〈확인〉을 클릭한다.

02. 중복된 항목 제거 / 조건부 서식 / 필터

┌─ 정답 ─┐

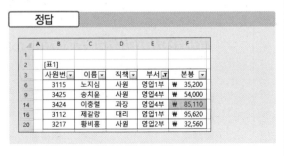

1. 데이터가 입력된 임의의 셀을 클릭한 후 [데이터] → 데이터 도구 → **중복된 항목 제거**를 클릭한다.

2. '중복 값 제거' 대화상자에서 그림과 같이 지정하고 〈확인〉을 클릭한다.

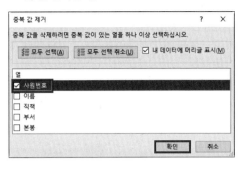

3. 'Microsoft Excel' 대화상자에서도 〈확인〉을 클릭한다.

4. [F4:F20] 영역을 블록으로 지정한 후 [홈] → 스타일 → 조건부 서식 → 셀 강조 규칙 → **다음 값의 사이에 있음**을 선택한다.

5. '해당 범위' 대화상자에서 그림과 같이 지정하고 〈확인〉을 클릭한다.

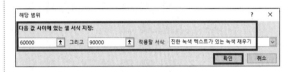

6. 데이터가 입력된 임의의 셀을 클릭한 후 [데이터] → 정렬 및 필터 → **필터**를 클릭한다.

7. '부서' 필드의 자동 필터 단추(▼)를 클릭한 후 [텍스트 필터] → **시작 문자**를 선택한다.

8. '사용자 지정 자동 필터' 대화상자에서 그림과 같이 지정하고 〈확인〉을 클릭한다.

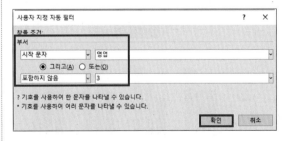

01. 차트

1 차트 제목 표시 및 서식 지정

1. [차트 디자인] → 차트 레이아웃 → 차트 요소 추가 → 차트 제목 → **차트 위**를 선택한 후 그림과 같이 차트 제목을 지정한다.

2. 차트 제목을 선택한 후 [서식] → 도형 스타일의 ✓(자세히) → **색 채우기 – 파랑, 강조 1**을 선택한다.

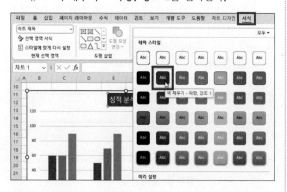

2 축 제목 표시 및 서식 지정

1. [차트 디자인] → 차트 레이아웃 → 차트 요소 추가 → **축 제목**을 이용하여 그림과 같이 축 제목을 지정한다.

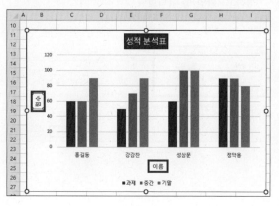

2. 세로(값) 축 제목을 더블클릭한 후 '축 제목 서식' 창의 [제목 옵션] → 📐(크기 및 속성) → **맞춤**에서 텍스트 방향을 '세로'로 지정한다.

3 '기말' 계열의 '홍길동' 요소에 값 표시 및 서식 지정

1. '기말' 계열을 클릭한다.

2. '기말' 계열 중 '홍길동' 요소를 다시 한 번 클릭한 후 바로 가기 메뉴에서 **[데이터 레이블 추가]**를 선택한다.

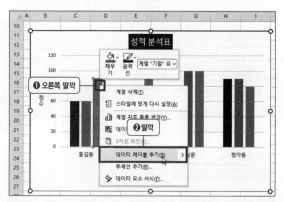

3. 데이터 레이블을 선택한 후 바로 가기 메뉴에서 [데이터 레이블 도형 변경] → **타원**을 선택한다.

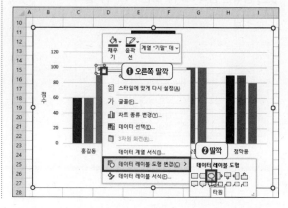

4. [홈] → 글꼴에서 크기 11, '굵게([가])'를 지정한다.

4 '기말' 계열의 겹치기 / 간격 너비 / 도형 효과 지정

1. '기말' 계열을 더블클릭한 후 '데이터 계열 서식' 창의 [계열 옵션] → **ili**(계열 옵션) → **계열 옵션**에서 '계열 겹치기'를 50%, '간격 너비'를 100%로 지정한다.

> '계열 겹치기'와 '간격 너비'에 각각 **50**과 **100**을 입력하면 50%, 100%와 같이 백분율로 표시됩니다.

2. [서식] → 도형 스타일 → 도형 효과 → 미리 설정 → **기본 설정 7**을 선택한다.

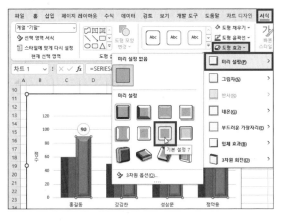

5 추세선 추가 및 패턴 채우기 지정

1. '기말' 계열을 선택한 후 [차트 디자인] → 차트 레이아웃 → 차트 요소 추가 → 추세선 → **이동 평균**을 선택한다.

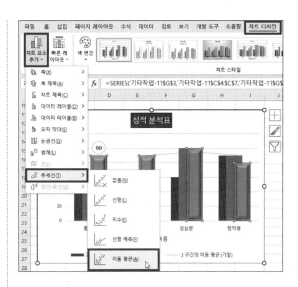

2. 그림 영역을 더블클릭한 후 '그림 영영 서식' 창의 [그림 영역 옵션] → **ili**(채우기 및 선) → 채우기 → **패턴 채우기**를 선택한 후 '패턴'을 '점선: 10%'로 지정한다.

02. 매크로

> 정답

1 '서식적용' 매크로

1. [삽입] → 일러스트레이션 → 도형 → 기본 도형 → **사각형: 빗면(□)**'을 이용하여 [A13:B14] 영역에 도형을 만든다.
2. 도형의 바로 가기 메뉴에서 [**매크로 지정**]을 선택한다.
3. '매크로 지정' 대화상자의 매크로 이름에 **서식적용**을 입력하고, 〈기록〉을 클릭한다.
4. '매크로 기록' 대화상자에서 〈확인〉을 클릭한다.
5. [I3:I11] 영역을 블록으로 지정한 후 Ctrl+↓을 누른다.
6. '셀 서식' 대화상자의 '표시 형식' 탭에서 그림과 같이 지정한 후 〈확인〉을 클릭한다.

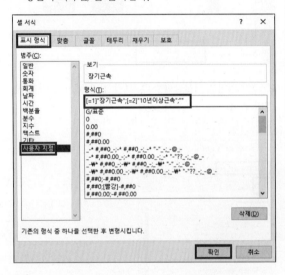

7. 임의의 셀을 클릭한 후 '기록 중지(□)' 아이콘을 클릭한다.
8. 도형의 바로 가기 메뉴에서 [**텍스트 편집**]을 선택한 후 **서식적용**을 입력한다.

2 '서식해제' 매크로

1. [삽입] → 일러스트레이션 → 도형 → 기본 도형 → **사각형: 빗면(□)**'을 이용하여 [C13:D14] 영역에 도형을 만든다.
2. 도형의 바로 가기 메뉴에서 [**매크로 지정**]을 선택한다.
3. '매크로 지정' 대화상자의 매크로 이름에 **서식해제**를 입력하고, 〈기록〉을 클릭한다.
4. '매크로 기록' 대화상자에서 〈확인〉을 클릭한다.
5. [I3:I11] 영역을 블록으로 지정한 후 Ctrl+↓을 누른다.
6. '셀 서식' 대화상자의 '표시 형식' 탭에서 그림과 같이 지정한 후 〈확인〉을 클릭한다.

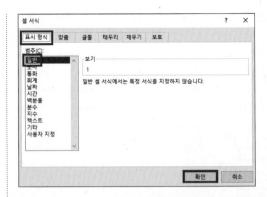

7. 임의의 셀을 클릭한 후 '기록 중지(□)' 아이콘을 클릭한다.
8. 도형의 바로 가기 메뉴에서 [**텍스트 편집**]을 선택한 후 **서식해제**를 입력한다.

03. VBA

1 '레코드 판매량' 단추 및 폼 초기화 프로시저

• '레코드 판매량' 단추 클릭 프로시저

정답

```
Private Sub cmd레코드판매량_Click( )
    레코드판매.Show
End Sub
```

1. [개발 도구] → 컨트롤 → **디자인 모드**를 클릭한다.
2. '레코드 판매량' 단추를 더블클릭한다.
3. 'cmd레코드판매량_Click( )' 프로시저에 정답과 같이 코드를 입력한다.

• 폼 초기화 프로시저

정답

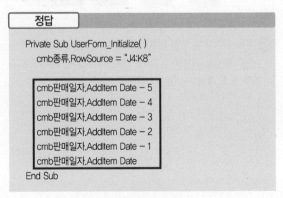

```
Private Sub UserForm_Initialize( )
    cmb종류.RowSource = "J4:K8"

    cmb판매일자.AddItem Date – 5
    cmb판매일자.AddItem Date – 4
    cmb판매일자.AddItem Date – 3
    cmb판매일자.AddItem Date – 2
    cmb판매일자.AddItem Date – 1
    cmb판매일자.AddItem Date
End Sub
```

1. 프로젝트 탐색기에서 〈레코드판매〉 폼을 선택하고 '코드 보기(📠)' 아이콘을 클릭한다.
2. 이미 작성된 'UserForm_Initialize( )' 프로시저에 정답과 같이 코드를 추가한다.

2 '입력' 단추 클릭 프로시저

정답

```
Private Sub cmd입력_Click( )
    입력행 = [a3].Row + [a3].CurrentRegion.Rows.Count

    Cells(입력행, 1) = cmb판매일자.Value
    Cells(입력행, 2) = cmb종류.Value
    Cells(입력행, 3) = txt수량.Value
    Cells(입력행, 4) = txt단가.Value
    Cells(입력행, 5) = Format(txt수량.Value * txt단가.Value, "#,###")
    If ch할인여부.Value = True Then
        Cells(입력행, 6) = txt수량.Value * txt단가.Value * 0.1
    Else
        Cells(입력행, 6) = 0
    End If
    cmb종류.Locked = True
End Sub
```

1. 프로젝트 탐색기에서 〈레코드판매〉 폼을 더블클릭한 후 '입력' 단추를 더블클릭한다.
2. 'cmd입력_Click( )' 프로시저에 정답과 같이 코드를 입력한다.

코드 설명

```
Private Sub cmd입력_Click( )
❶ 입력행 = [a3].Row + [a3].CurrentRegion.Rows.Count

❷ Cells(입력행, 1) = cmb판매일자.Value
❸ Cells(입력행, 2) = cmb종류.Value
❹ Cells(입력행, 3) = txt수량.Value
❺ Cells(입력행, 4) = txt단가.Value
❻ Cells(입력행, 5) = Format(txt수량.Value * txt단가.Value, "#,###")
❼ If ch할인여부.Value = True Then
❽     Cells(입력행, 6) = txt수량.Value * txt단가.Value * 0.1
    Else
❾     Cells(입력행, 6) = 0
    End If
❿ cmb종류.Locked = True
End Sub
```

❶ '입력행' 변수에 [a3] 셀의 행 번호인 3과 [a3] 셀과 연결된 범위에 있는 데이터의 행 수를 더하여 치환합니다.
❷ 'cmb판매일자'의 값을 지정된 셀 위치에 표시합니다.

❸ 'cmb종류'의 값을 지정된 셀 위치에 표시합니다.
❹, ❺의 txt수량, txt단가의 값을 지정된 셀 위치에 표시합니다.
❻ 'txt수량'의 값과 'txt단가'의 값을 곱한 후 천 단위 구분 기호를 적용하여 지정된 셀 위치에 표시합니다.
❼ 'ch할인여부' 체크 단추가 선택(True)되었을 경우 ❽을 수행하고 그렇지 않을 경우 ❾를 수행합니다.
❽ 입력행, 6열(입력행, 6)에 'txt수량.Value * txt단가.Value * 0.1'의 계산된 금액을 표시합니다.
❾ 입력행, 6열(입력행, 6)에 0을 표시합니다.
❿ 'cmb종류'의 값을 편집할 수 없도록 잠금을 설정합니다.
  • 'Locked'은 편집 가능 여부를 지정하는 속성입니다.

3 워크시트 활성화 프로시저

정답

```
Private Sub Worksheet_Activate( )
    [E20] = "컴활1급실기합격"
End Sub
```

1. 프로젝트 탐색기에서 '기타작업-3' 시트를 선택하고 '코드 보기(📠)' 아이콘을 클릭한다.
2. 개체 선택 콤보 상자에서 'Worksheet'를 선택하고, 프로시저 선택 콤보 상자에서 'Activate'를 선택한다.
3. 'Worksheet_Activate( )' 프로시저에 정답과 같이 코드를 입력한다.

정상적으로 실행이 되는지 확인하려면 다른 시트로 이동했다가 다시 '기타작업-3' 시트를 선택하여 활성화한 후 [E20] 셀에 '컴활1급실기합격'이 표시됐는지 확인하세요. 만약 실행이 안된다면 파일을 저장하고 닫은 후 다시 열어서 실행해 보세요.

기본 모의고사

문제 1

기본작업(15점) 주어진 시트에서 다음의 과정을 수행하고 저장하시오.

1. '기본작업' 시트에서 다음과 같이 고급 필터를 수행하시오.

▶ [A4:G19] 영역에서 '성명'이 "장" 자로 시작하거나 '지원부서'가 "인사부"이거나 '평균'이 90 이상인 데이터의 '성명', '지원부서', '평균'만을 표시하시오.

▶ 조건은 [A21:A22] 영역 내에 알맞게 입력하시오. (OR, LEFT 함수 사용)

▶ 결과는 [A24] 셀부터 표시하시오.

2. '기본작업' 시트에서 다음과 같이 조건부 서식을 설정하시오.

▶ 필기(C5:C19)와 면접(E5:E19) 영역에서 '필기' 점수가 90 이상이고 '면접' 점수가 85 이상인 데이터에 대해 밑줄을 '이중 실선', 글꼴 스타일은 '굵게', 글꼴 색은 '표준 색−녹색'으로 적용하시오.

▶ 단, 규칙 유형은 '수식을 사용하여 서식을 지정할 셀 결정'으로 지정하고, 한 개의 규칙만을 이용하여 작성하시오.

▶ AND 함수 사용

3. '기본작업' 시트에서 다음과 같이 페이지 레이아웃을 설정하시오.

▶ 인쇄될 내용이 페이지의 가로 가운데에 인쇄되도록 페이지 가운데 맞춤을 설정하시오.

▶ 매 페이지 상단의 왼쪽 구역에는 현재 날짜가 [표시 예]와 같이 표시되도록 머리글을 설정하시오.
[표시 예 : 작성일자 2023-08-29]

▶ [A2:G19] 영역을 인쇄 영역으로 설정하고, 눈금선이 인쇄되도록 설정하시오.

문제 2 　　**계산작업(30점)** '계산작업' 시트에서 다음의 과정을 수행하고 저장하시오.

 전문가의 조언

1. [표3]의 영역을 참조하여 각 담당지역별 급여의 합계를 [표1]의 [B3:B5] 영역에 계산하여 표시하시오.

   ▶ SUM 함수를 이용한 배열 수식

1. 담당지역별 급여 합계
=SUM((조건) * 계산범위)
• 조건 : 담당지역별
• 계산범위 : 급여

2. [표3]의 영역을 참조하여 담당지역별, 부서별 급여의 최대값을 [표2]의 [E4:G6] 영역에 계산하여 표시하시오.

   ▶ MAX, MIN, LEFT, RIGHT, MID 중 알맞은 함수를 이용한 배열 수식

2. 담당지역별, 부서별 급여의 최대값
=MAX((조건1) * (조건2) * 계산범위)
• 조건1 : 담당지역별
• 조건2 : 부서별
• 계산범위 : 급여

3. [표3]에서 [H9:H17] 영역에 매월불입금을 계산하여 표시하시오.

   ▶ 매월불입금은 대출금(E9:E17)을 연리 10%로 대출받아 기간(년)(G9:G17) 동안 균등 상환하려고 할 때 매월 얼마씩 불입해야 하는지를 계산
   ▶ PMT 함수 사용

3. 매월불입금 : =PMT(연이율/12, 기간*12, 대출금)

4. [표3]에서 [I9:I17] 영역에 투자 가치를 계산하여 표시하시오.

   ▶ 매월 말 급여의 30%를 연리 10%로 기간(년)(G9:G17) 동안 예금할 경우 기간(년)(G9:G17) 후에 예금된 돈이 얼마인지를 계산
   ▶ 투자 가치는 반올림하여 천의 자리까지 표시
   ▶ FV, ROUND, ROUNDUP, ROUNDDOWN 중 알맞은 함수 사용

4. 투자 가치 : =FV(연이율/12, 기간*12, 예금액)

5. [표3]에서 [J9:J17] 영역에 현재 가치를 계산하여 표시하시오.

   ▶ 매월 말 급여의 30%를 연리 10%로 기간(년)(G9:G17) 동안 예금할 경우 기간(년)(G9:G17) 후에 받을 금액의 현재 가치를 계산
   ▶ PV 함수 사용

5. 현재 가치 : =PV(연이율/12, 기간*12, 예금액)

6. [표4]에서 근속수당을 [E21:E27] 영역에 계산하여 표시하시오.

   ▶ 근속수당은 근속년수가 10 이상이면 150000으로 계산하고, 10 미만이면 50000으로 표시되도록 계산
   ▶ 근속년수는 올해의 연도에서 입사일의 연도를 빼는 것으로 계산하시오.
   ▶ IF, TODAY, YEAR 함수 사용

6. 근속수당
=IF(근속년수>=10, 근속수당)
• 근속년수 : 오늘의 연도 − 입사년도
• 오늘의 연도 : YEAR(오늘날짜)
• 입사년도 : YEAR(입사일)

7. 사용자 정의 함수 'fn표준몸무게'를 작성하여 [F21:F27] 영역에 표준몸무게를 계산하여 표시하시오.

   ▶ 'fn표준몸무게'는 신장을 인수로 받아 표준몸무게를 계산하여 되돌려줌
   ▶ 표준몸무게는 (신장 − 100)×0.9로 계산하고 소수 첫째 자리에서 반올림

7. 사용자 정의 함수
• Alt + F11 을 누르고, 모듈을 삽입한 후 작성하세요.
• fn표준몸무게=Round((신장−100)*0.9, 0)

```
Public Function fn표준몸무게(신장)

End Function
```

전문가의 조언

8. 전력량과 전월전력량의 차이만큼의 그래프

=IFERROR(오류가 없을 때 표시할 값, 오류 시 표시할 값)

· 오류가 없을 때 표시할 값 : REPT("▶",(전력량−전월전력량)/100)

· 오류시 표시할 값 : REPT("◁", ABS((전력량−전월전력량)/100))

※ REPT(텍스트, 개수) 함수는 '개수'가 음수이면 #VALUE 오류가 나타납니다.

---

8. [표5]에서 [G31:G38] 영역에 전력량과 전월전력량의 차이만큼 그래프를 표시하시오.

▶ '(전력량−전월전력량)/100'의 정수 값만큼 "▶" 또는 "◁" 표시

▶ 표시 예 : '(전력량−전월전력량)/100'의 정수 값이 3일 때 "3(▶▶▶)", −3일 때 "−3(◁◁◁)", 0일 때 "0( )"

▶ TRUNC, IFERROR, ABS, REPT 함수 사용

| 문제 3 | **분석작업(20점)** 주어진 시트에서 다음의 과정을 수행하고 저장하시오. |

전문가의 조언

1

· 외부 데이터 원본을 사용하여 피벗 테이블을 작성하려면 [삽입] → 표 → 피벗 테이블을 클릭한 후 '피벗 테이블 만들기' 대화상자에서 '외부 데이터 원본 사용'을 선택하고 '연결 선택'을 클릭하여 불러올 데이터를 지정하고 '데이터 모델에 이 데이터 추가'를 선택하세요.

· 그림을 통해 행, 열, 값 영역에 사용된 필드를 확인하세요.

1. '분석작업-1' 시트에서 다음의 지시사항에 따라 피벗 테이블 보고서를 작성하시오.

▶ 외부 데이터 원본으로 〈인터넷쇼핑몰.csv〉의 데이터를 사용하시오.
  – 원본 데이터는 쉼표(,)로 분리되어 있으며, 첫 행에 머리글이 포함되어 있음
  – '개설일', '쇼핑몰', '운영비총액', '판매매출액', '순이익' 열만 가져와 데이터 모델에 이 데이터를 추가하시오.

▶ 피벗 테이블 보고서의 레이아웃과 위치는 〈그림〉을 참조하여 설정하고, 보고서 레이아웃을 테이블 형식으로 표시하시오.

▶ '개설일' 필드는 〈그림〉과 같이 그룹을 지정하시오.

▶ 값 영역의 모든 데이터의 표시 형식은 '값 필드 설정'의 셀 서식을 이용하여 값이 양수나 음수면 천 단위마다 콤마(,)를 표시하고 0이면 "*"를 표시하시오.

	A	B	C	D	E
1					
2	개설일(월) ▼	쇼핑몰 ▼	평균: 운영비총액	평균: 판매매출액	평균: 순이익
3	⊟04월	음악쇼핑몰	1,217,948	4,844,360	3,626,412
4		종합쇼핑몰	778,222	3,904,634	3,126,412
5	⊟05월	가전쇼핑몰	906,466	628,998	−277,468
6		여행정보몰	447,778	532,343	84,565
7		예술쇼핑몰	408,779	*	−408,779
8		음악쇼핑몰	1,019,134	3,350,382	2,331,248
9		종합쇼핑몰	767,377	822,621	55,244
10	총합계		822,798	1,967,059	1,144,261

※ 작업이 완성된 그림이며 부분점수 없음

2. '분석작업-2' 시트에 대하여 다음의 지시사항을 처리하시오.

▶ [데이터 도구] 기능을 이용하여 [표1]의 [A3:A12] 영역의 데이터를 각 열로 구분되어 입력되도록 실행하시오.
  – 데이터는 세미콜론(;)과 앰퍼샌드(&)로 구분되어 있음

▶ [조건부 서식] 기능의 '셀 값을 기준으로 모든 셀의 서식 지정' 유형을 이용하여 [E4:E12] 영역에서 '인사고과'가 25 이상이면 '★', 15 이상이면 '☆', 그 외는 '☆' 아이콘이 숫자 앞에 표시되도록 설정하시오.

▶ [정렬] 기능을 이용하여 '인사고과' 앞에 표시된 '★' 아이콘이 위에 표시되도록 정렬하시오.

문제 4　　　**기타작업(35점)** 주어진 시트에서 다음의 과정을 수행하고 저장하시오.

1. '기타작업-1' 시트에서 다음의 지시사항에 따라 **차트를 수정**하시오.

※ 차트는 반드시 문제에서 제공한 차트를 사용하여야 하며, 신규로 차트 작성 시 0점 처리됨

① 차트 제목은 '정보처리과 성적표'로, 글꼴 색은 '파랑'으로 지정하고, 가로(항목) 축 제목은 '이름', 세로(값) 축 제목은 '점수'로 입력하시오.

② 세로(값) 축의 '기본' 단위는 20으로 설정하고 가로(항목) 축과의 레이블 간격을 300으로 지정하시오.

③ 범례의 위치를 '위쪽'으로 변경하고 채우기 색을 '연한 녹색', 그림자를 '오프셋: 오른쪽 위'로 지정하시오.

④ '출석' 계열은 삭제하고 13행에 입력되어 있는 '강성실'의 데이터를 추가하시오.

⑤ 3차원 회전의 'X 회전'을 10°, 'Y 회전'을 0°로 지정하고, 데이터 계열의 간격 깊이와 간격 너비를 100%로 지정하시오.

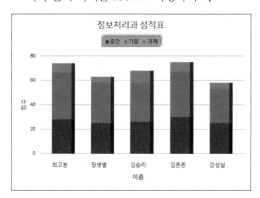

2. '기타작업-2' 시트에서 다음과 같은 기능을 수행하는 **매크로를 현재 통합문서에 작성**하시오.

① [B6:K17] 영역에 사용자 지정 표시 형식을 설정하는 '서식적용' 매크로를 생성하시오.

▶ 셀의 값이 1일 경우 "●" 기호를 빨강색으로 표시하고, 0일 경우 공백으로 표시

▶ [개발 도구] → [삽입] → [양식 컨트롤]의 '단추'를 동일 시트의 [G2:H2] 영역에 생성한 후 텍스트를 "서식적용"으로 입력하고, 단추를 클릭하면 '서식적용' 매크로가 실행되도록 설정하시오.

② [B6:K17] 영역에 표시 형식을 '일반'으로 적용하는 '서식해제' 매크로를 생성하시오.

▶ [개발 도구] → [삽입] → [양식 컨트롤]의 '단추'를 동일 시트의 [J2:K2] 영역에 생성한 후 텍스트를 "서식해제"로 입력하고, 단추를 클릭하면 '서식해제' 매크로가 실행되도록 설정하시오.

※ 셀 포인터의 위치에 관계없이 매크로가 실행되어야 정답으로 인정됨

3. '기타작업-3' 시트에서 다음과 같은 작업을 수행하도록 프로시저를 작성하시오.

① '요금 자료 입력' 단추를 클릭하면 〈무선통신요금〉 폼이 나타나도록 설정하고 〈무선통신요금〉 폼의 '정산년도(Lbl년도)' 레이블을 더블클릭하면 '정산년도(txt년도)' 텍스트 상자에 현재 시스템의 년도가 표시되도록 프로시저를 작성하시오(Year, Date 함수 이용).

② '요금입력(요금입력)' 단추를 클릭하면 폼에 입력된 데이터가 '무선 통신 전화요금' 표의 마지막 행 다음에 연속하여 추가되도록 작성하시오.

▶ '정산년도(txt년도)'를 입력하지 않았으면 '정산년도를 입력하세요', '고객명(txt고객)'을 입력하지 않았으면 '고객명을 입력하세요', '등급코드(cmb코드)'를 선택하지 않았으면 '등급코드를 선택하세요'라는 메시지를 출력하고, 세 가지 모두를 입력했을 때만 폼의 데이터를 워크시트에 입력하시오.

[정산년도를 입력하지 않은 경우]

▶ 폼에서 선택된 등급코드에 해당하는 '시간당 단가', '기본요금', 할인요금을 [참조표]에서 찾아 '무선 통신 전화요금' 표에 표시하시오.

▶ 입력되는 데이터는 워크시트에 입력된 기존 데이터와 같은 형식의 데이터로 입력하시오.

※ 데이터를 추가하거나 삭제하여도 항상 마지막 데이터 다음에 입력되어야 함

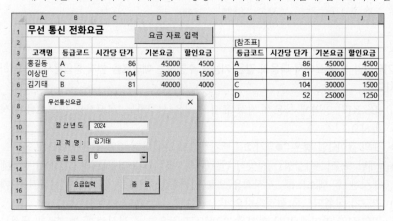

③ 〈무선통신요금〉 폼의 '종료(종료)' 단추를 클릭하면 전체 입력 건수를 표시한 메시지 박스가 표시된 후 폼을 종료하는 프로시저를 작성하시오.

---

01. 고급 필터

정답

	A	B	C
20			
21	조건		
22	FALSE		
23			
24	성 명	지원부서	평 균
25	김순식	인사부	70
26	도현명	인사부	76.7
27	장성태	총무부	73
28	장병철	관리부	73
29	오장규	관리부	90
30	추병선	영업부	90.3
31	하지만	인사부	88.3

※ 필드명을 직접 입력한 경우에는 필드명의 서식이 그림과 다릅니다.

1. [A21] 셀에 조건, [A22] 셀에 =OR(LEFT(A5,1)="장",B5="인사부",F5>=90)을 입력한다.
2. [A24:C24] 영역에 차례로 **성 명**, **지원부서**, **평 균**을 입력한다.

> **성 명**의 띄어쓰기가 분명하지 않을 때는 데이터 영역의 필드명을 복사하세요. [A4:B4], [F4] 셀을 블록으로 지정하고 Ctrl+C를 눌러 복사한 후 [A24] 셀을 클릭하고 Ctrl+V를 눌러 붙여넣으면 됩니다.

3. [A4:G19] 영역을 블록으로 지정한 후 [데이터] → 정렬 및 필터 → **고급**을 클릭한다.
4. '고급 필터' 대화상자에서 그림과 같이 지정하고, 〈확인〉을 클릭한다.

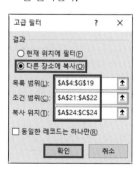

02. 조건부 서식

정답

	A	B	C	D	E	F	G
1	[표1]						
2			하반기 신입사원 지원 현황				
3							
4	성 명	지원부서	필 기	자격증	면 접	평 균	결 과
5	권유식	총무부	85	60	90	78.3	합격
6	고광명	영업부	75	80	90	81.7	합격
7	김순식	인사부	90	40	80	70	불합격
8	도현명	인사부	80	80	70	76.7	합격
9	박문수	총무부	85	100	80	88.3	합격
10	이기자	영업부	90	60	90	80	합격
11	장성태	총무부	66	69	84	73	불합격
12	배승우	홍보부	95	76	79	83.3	합격
13	장병철	관리부	65	82	72	73	합격
14	우병순	홍보부	91	86	92	89.7	합격
15	오장규	관리부	84	91	95	90	합격
16	추병선	영업부	89	92	90	90.3	불합격
17	김달호	영업부	60	60	80	66.7	불합격
18	하지만	인사부	95	80	90	88.3	합격
19	한기철	관리부	65	80	90	78.3	합격

1. [C5:C19], [E5:E19] 영역을 블록으로 지정한 후 [홈] → 스타일 → 조건부 서식 → **새 규칙**을 선택한다.
2. '새 서식 규칙' 대화상자에서 조건을 그림과 같이 지정하고, 〈서식〉을 클릭한다.

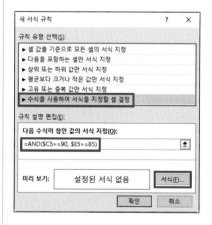

3. '셀 서식' 대화상자의 '글꼴' 탭에서 밑줄 '이중 실선', 글꼴 스타일 '굵게', 글꼴 색 '표준 색-녹색'을 지정하고, 〈확인〉을 클릭한다.
4. '새 서식 규칙' 대화상자에서 〈확인〉을 클릭한다.

03. 페이지 레이아웃

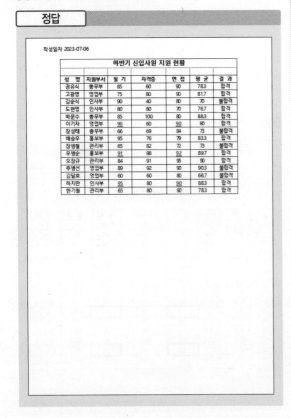

작성일자 2023-07-06

하반기 신입사원 지원 현황

성 명	지원부서	필 기	자격증	면 접	평 균	결 과
권유식	총무부	85	60	90	78.3	합격
고광명	영업부	75	80	90	81.7	합격
김순식	인사부	90	40	80	70	불합격
도현명	인사부	80	80	70	76.7	합격
박문수	총무부	85	100	80	88.3	합격
이기차	영업부	90	60	90	80	합격
장성태	총무부	66	69	84	73	불합격
배승우	홍보부	95	76	79	83.3	합격
장병철	관리부	65	82	72	73	불합격
우병순	홍보부	91	86	92	89.7	합격
오장규	관리부	84	91	95	90	합격
추병선	영업부	89	92	90	90.3	불합격
김달호	영업부	60	60	80	66.7	불합격
하지만	인사부	95	80	90	88.3	합격
한기철	관리부	65	80	90	78.3	합격

1. [페이지 레이아웃] → 페이지 설정의 ⬚를 클릭한다.
2. '페이지 설정' 대화상자의 '여백' 탭에서 페이지 가운데 맞춤의 '가로'를 선택한 후 '머리글/바닥글' 탭에서 〈머리글 편집〉을 클릭한다.

3. '머리글' 대화상자에서 그림과 같이 지정한 후 〈확인〉을 클릭한다.

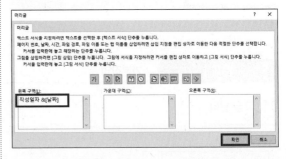

4. '페이지 설정' 대화상자의 '시트' 탭에서 그림과 같이 지정한 후 〈확인〉을 클릭한다.

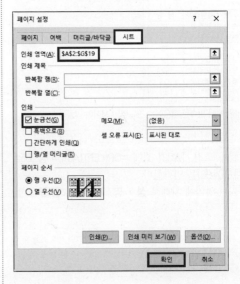

정답

	A	B	C	D	E	F	G	H	I	J
1	[표1]	**❶**		[표2]						
2	담당지역	급여합계		담당지역		판매				
3	강서구	8,750,000			1부	2부	3부	**❷**		
4	강동구	4,450,000		강서구	1,550,000	2,150,000	2,750,000			
5	성북구	3,870,000		강동구	1,250,000	1,970,000	1,230,000			
6				성북구	1,560,000	2,310,000	-			
7	[표3]							**❸**	**❹**	**❺**
8	성명	부서	담당지역	급여	대출금	이자(연리)	기간(년)	매월불입금	투자 가치	현재 가치
9	김정원	판매1부	강서구	1,550,000	10,000,000	10%	3	₩322,672	₩19,429,000	₩14,410,925
10	박경진	판매1부	강동구	1,250,000	5,000,000	10%	1	₩439,579	₩4,712,000	₩4,265,441
11	반상현	판매2부	성북구	2,310,000	40,000,000	10%	5	₩849,882	₩53,664,000	₩32,616,301
12	어지순	판매1부	성북구	1,560,000	20,000,000	10%	3	₩645,344	₩19,554,000	₩14,503,898
13	유건석	판매3부	강서구	2,300,000	50,000,000	10%	5	₩1,062,352	₩53,432,000	₩32,475,105
14	은지은	판매3부	강동구	1,230,000	3,000,000	10%	1	₩263,748	₩4,637,000	₩4,197,194
15	이순자	판매2부	강서구	2,150,000	20,000,000	10%	3	₩645,344	₩26,949,000	₩19,989,347
16	제장부	판매2부	강동구	1,970,000	70,000,000	10%	7	₩1,162,083	₩71,482,000	₩35,599,870
17	최지열	판매3부	강서구	2,750,000	50,000,000	10%	5	₩1,062,352	₩63,886,000	₩38,828,929
18										
19	[표4]				**❻**	**❼**				
20	사원명	입사일	신장	몸무게	근속수당	표준몸무게				
21	김명식	2023-03-01	178	72	50,000	70				
22	박신아	2013-01-01	163	52	150,000	57				
23	김철호	2013-01-01	160	49	150,000	54				
24	서진혁	2015-01-01	172	58	50,000	65				
25	김혜진	2022-01-01	170	62	50,000	63				
26	이면철	2017-02-01	168	60	50,000	61				
27	강진성	2020-02-01	160	58	50,000	54				
28										
29	[표5]						**❽**			
30	동	호	전력량(kwh)	사용요금	납입일	전월전력량	그래프			
31	101	101	230	46,838	8월 24일	549	-3(◁ ◁ ◁)			
32	102	103	415	143,363	8월 27일	269	1(▶)			
33	102	104	157	29,860	8월 18일	223	0()			
34	102	303	315	74,366	8월 11일	439	-1(◁)			
35	102	403	358	92,327	8월 26일	81	2(▶ ▶)			
36	102	304	159	30,236	8월 31일	443	-2(◁ ◁)			
37	101	601	227	45,996	8월 25일	61	1(▶)			
38	101	602	569	187,316	8월 27일	91	4(▶ ▶ ▶ ▶)			

❶ 급여합계(B3)

{=SUM(($C$9:$C$17=A3) * $D$9:$D$17)}

=SUM((조건) * 합계를_구할_범위)

=SUM(($C$9:$C$17=A3) * $D$9:$D$17)
　　　　조건　　　　합계를_구할_범위

• 조건 : 담당지역이 강서구
• 합계를_구할_범위 : 급여

❷ 담당지역별 부서별 최대급여(E4)

{=MAX(($C$9:$C$17=$D4) * (RIGHT($B$9:$B$17, 2)=E$3) * $D$9:$D$17) }

=MAX((조건1) * (조건2) * 최대값을_구할_범위)

=MAX(($C$9:$C$17=$D4) * (RIGHT($B$9:$B$17,2)=E$3) * $D$9:
　　　　　조건1　　　　　　　조건2　　　　　최대값을_
$D$17)
구할_범위

• 조건1 : 담당지역이 강서구
• 조건2 : 부서의 오른쪽 2자리가 '1부'
• 최대값을_구할_범위 : 급여

3 매월불입금(H9)

=PMT(F9/12, G9*12, −E9)

=PMT(F9/12, G9*12, −E9)의 의미
- PMT(이율, 기간, 금액) : 일정한 이율이 적용되는 대출금에 대해 매 회 불입액을 계산합니다.
- 연이율을 월이율로 적용하기 위해 연이율(F9)을 12로 나누어 적용합니다.
- 기간을 월 단위로 적용하기 위해 기간(년)(G9)에 12를 곱해서 적용합니다.
- 결과값을 양수로 출력하기 위해 금액을 음수로 입력합니다.

4 투자 가치(I9)

=ROUND(FV(F9/12, G9*12, −D9*0.3), −3)

=FV(F9/12, G9*12, −D9*0.3)의 의미
- FV(이율, 기간, 금액) : 일정 금액을 정기적으로 불입하고, 일정한 이율을 적용하는 투자의 미래 가치를 계산합니다.
- 연이율을 월이율로 적용하기 위해 연이율(F9)을 12로 나누어 적용합니다.
- 기간을 월 단위로 적용하기 위해 기간(년)(G9)에 12를 곱해서 적용합니다.
- 결과값을 양수로 출력하기 위해 금액을 음수로 입력합니다.

5 현재 가치(J9)

=PV(F9/12,G9*12,−D9*0.3)

=PV(F9/12,G9*12,−D9*0.3)의 의미
- PV(이자, 기간, 금액) : 일정한 이율을 적용할 경우 일정 기간 뒤에 받을 금액의 현재 가치를 계산합니다.
- 연이율을 월이율로 적용하기 위해 연이율(F9)을 12로 나누어 적용합니다.
- 기간을 월 단위로 적용하기 위해 기간(년)(G9)에 12를 곱해서 적용합니다.
- 결과값을 양수로 출력하기 위해 금액을 음수로 입력합니다.

6 근속수당(E21)

=IF(YEAR(TODAY( ))−YEAR(B21)>=10, 150000, 50000)

7 표준몸무게(F21)

=fn표준몸무게(C21)

[사용자 정의 함수]
Visual Basic Editor의 모듈에 다음과 같이 코드를 입력한다.

```
Public Function fn표준몸무게(신장)
    fn표준몸무게 = Round((신장 − 100)*0.9, 0)
End Function
```

8 그래프(G31)

=TRUNC((C31−F31)/100) & "(" & IFERROR(REPT("▶", (C31−F31)/100), REPT("◁", ABS((C31−F31)/100))) & ")"

=TRUNC((C31−F31)/100) & "(" & IFERROR(REPT("▶",(C31−
❶

F31)/100), REPT("◁",ABS((C31−F31)/100))) & ")"
❸

❶ TRUNC((C31−F31)/100) : '(C31−F31)/100'의 값을 정수로 반환합니다.

❷ REPT("▶", (C31−F31)/100) : "▶"를 '(C31−F31)/100'의 값만큼 반복하여 표시합니다. '(C31−F31)/100'의 값이 음수이면 #VALUE 오류가 나타납니다.
 ※ REPT(텍스트, 개수)에서 '개수'가 실수일 경우 소수점 이하의 값은 버리고 정수 값 만큼만 텍스트를 반복하여 표시합니다. 예를 들어 '(C31−F31)/100'의 값이 3.19인 경우 지정된 텍스트를 3번 반복하여 표시합니다.

❸ IFERROR(❷, REPT("◁",ABS((C31−F31)/100))) : ❷의 결과로 오류가 발생할 경우 'REPT("◁",ABS((C31−F31)/100))'을 수행하고, 그렇지 않으면 ❷의 결과를 반환합니다.

[함수 설명]
- TRUNC(인수, 자릿수) : 인수에 대하여 자릿수를 지정한 자리 이하의 수치를 버립니다. 자릿수를 생략하면 정수로 반환합니다.
- IFERROR(오류가 없을 때 표시할 값, 오류 시 표시할 값) : '오류가 없을 때 표시할 값'으로 지정한 수식이나 셀에서 오류가 발생했으면 '오류 시 표시할 값'을 반환하고, 그렇지 않으면 결과 값을 반환합니다.
- REPT(텍스트, 개수) : '텍스트'를 '개수'만큼 반복하여 입력합니다. '개수'가 음수이면 #VALUE 오류가 나타납니다.
- ABS(인수) : 인수로 주어진 숫자의 절대값을 계산합니다.

01. 피벗 테이블

1. 피벗 테이블이 삽입될 [A2] 셀을 선택한 후 [삽입] →
표 → **피벗 테이블**을 클릭한다.
2. '피벗 테이블 만들기' 대화상자에서 '외부 데이터 원본
사용'을 선택한 후 〈연결 선택〉을 클릭하세요.
3. '기존 연결' 대화상자에서 〈더 찾아보기〉를 클릭한다.
4. '데이터 원본 선택' 대화상자에서 '인터넷쇼핑몰.csv'를
선택한 후 〈열기〉를 클릭한다.
5. '텍스트 마법사 – 3단계 중 1단계' 대화상자에서 '구분
기호로 분리됨'과 '내 데이터에 머리글 표시'를 선택한
후 〈다음〉을 클릭한다.
6. '텍스트 마법사 – 3단계 중 2단계' 대화상자에서 구분
기호를 '쉼표'로 지정한 후 〈다음〉을 클릭한다.

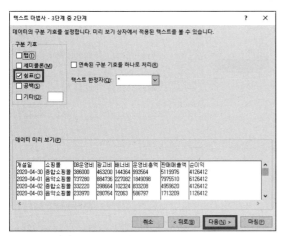

7. '텍스트 마법사 – 3단계 중 3단계' 대화상자의 '데이터
미리 보기'에서 'DB운영비' 열을 클릭한 후 '열 데이터
서식'에서 '열 가져오지 않음(건너뜀)'을 선택한다.

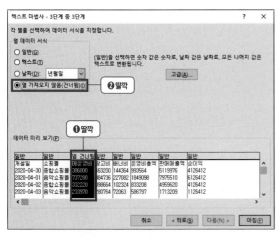

8. 같은 방법으로 '광고비'와 '배너비' 열을 모두 '열 가져오
지 않음(건너뜀)'으로 지정한 후 〈마침〉을 클릭한다.
9. '피벗 테이블 만들기' 대화상자에서 넣을 위치가 '기존
워크시트'의 [A2] 셀로 지정되어 있는지 확인하고 '데이
터 모델에 이 데이터 추가'를 선택한 후 〈확인〉을 클릭
한다.
10. '피벗 테이블 필드' 창에서 각 필드를 그림과 같이 지
정한다.

11. 작성된 피벗 테이블의 임의의 셀을 클릭한 후 [디자인]
→ 레이아웃 → 보고서 레이아웃 → **테이블 형식으로
표시**를 선택한다.

12. 작성된 피벗 테이블에서 값인 '운영비총액'의 바로 가
기 메뉴에서 [값 요약 기준] → **평균**을 선택한다.

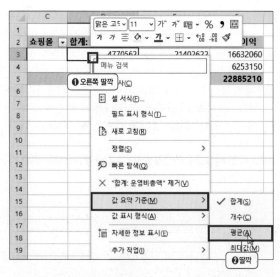

13. 같은 방법으로 '판매매출액'과 '순이익'의 [값 요약 기준]도 평균으로 변경한다.

14. 작성된 피벗 테이블에서 '개설일'이 표시된 임의의 셀을 클릭한 후 바로 가기 메뉴에서 **[그룹]**을 선택한다.

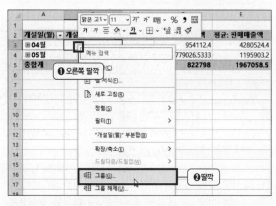

15. '그룹화' 대화상자에서 그림과 같이 지정하고 〈확인〉을 클릭한다.

'개설일' 필드는 이미 월 단위로 그룹이 지정되어 있는데, 이렇게 자동으로 그룹이 지정된 피벗 테이블은 사용자가 직접 그룹을 지정한 피벗 테이블과 모양이 약간 다릅니다. 문제에 제시된 피벗 테이블과 동일하게 작성하려면 반드시 직접 그룹을 지정해야 합니다.

16. 작성된 피벗 테이블에서 '운영비총액'이 표시되어 있는 임의의 셀의 바로 가기 메뉴에서 **[값 필드 설정]**을 선택한다.

17. '값 필드 설정' 대화상자에서 〈표시 형식〉을 클릭한다.

18. '셀 서식' 대화상자에서 그림과 같이 지정한 후 〈확인〉을 클릭한다.

조건이 없는 사용자 지정 서식 코드는 양수, 음수, 0, 텍스트 순으로 표시 형식을 지정합니다. 텍스트에 대한 표시 형식은 제시되지 않았으므로 생략하였습니다.

#,###; -#,###; "*"
양수　음수　0값

19. '값 필드 설정' 대화상자에서도 〈확인〉을 클릭한다.

20. 같은 방법으로 '판매매출액'과 '순이익'도 표시 형식을 지정한다.

02. 텍스트 나누기 / 조건부 서식 / 정렬

```
정답
```

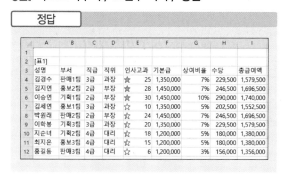

1. [A3:A12] 영역을 블록으로 지정한 후 [데이터] → 데이터 도구 → 텍스트 나누기를 클릭한다.

2. '텍스트 마법사 – 3단계 중 1단계' 대화상자에서 '구분 기호로 분리됨'을 선택한 후 〈다음〉을 클릭한다.

3. '텍스트 마법사 – 3단계 중 2단계' 대화상자에서 구분 기호를 '세미콜론'과 &로 지정한 후 〈다음〉을 클릭한다.

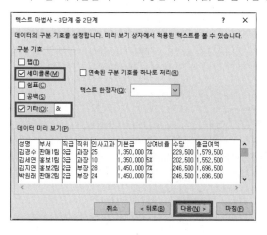

4. '텍스트 마법사 – 3단계 중 3단계' 대화상자에서 〈마침〉을 클릭한다.

5. [E4:E12] 영역을 선택한 후 [홈] → 스타일 → 조건부 서식 → 새 규칙를 선택한다.

6. '새 서식 규칙' 대화상자에서 그림과 같이 지정한 후 〈확인〉을 클릭한다.

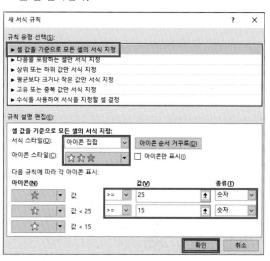

7. [A3:I12] 영역을 블록으로 지정한 후 [데이터] → 정렬 및 필터 → 정렬을 클릭한다.

8. '정렬' 대화상자에서 그림과 같이 지정하고, 〈확인〉을 클릭한다.

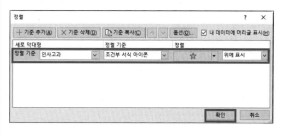

01. 차트 서식

2 세로(값) 축의 기본 단위 및 가로(항목) 축과의 레이블 간격 지정

1. 세로(값) 축을 더블클릭한 후 '축 서식' 창의 [축 옵션] → ▐▌(축 옵션) → **축 옵션**에서 '기본' 단위를 20으로 지정한다.

2. 가로(항목) 축을 더블클릭한 후 '축 서식' 창의 [축 옵션] → ▐▌(축 옵션) → **레이블**에서 '축과의 간격'을 300으로 지정한다.

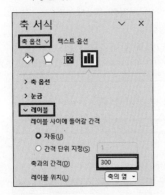

4 '출석' 계열 삭제 및 '강성실'의 데이터 추가

1. '출석' 계열을 선택한 후 Delete를 눌러 삭제한다.
2. 강성실의 이름, 중간, 기말, 과제가 입력되어 있는 [C13], [F13:H13] 영역을 Ctrl을 이용해 블록으로 지정한 후 Ctrl+C를 눌러 복사한다.
3. 차트를 선택한 후 Ctrl+V를 눌러 붙여넣기 한다.

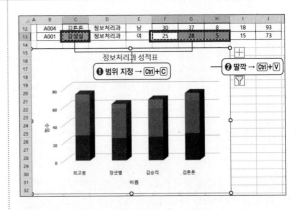

5 3차원 회전 각도 및 간격 깊이/너비 지정

1. 차트 영역을 더블클릭한 후 '차트 영역 서식' 창의 [차트 옵션] → ◯(효과) → **3차원 회전**에서 'X 회전'을 10°, 'Y 회전'을 0°로 지정한다.

2. 임의의 데이터 계열을 더블클릭한 후 '데이터 계열 서식' 창의 [계열 옵션] → ▐▌(계열 옵션) → **계열 옵션**에서 '간격 깊이'와 '간격 너비'를 100%로 지정한다.

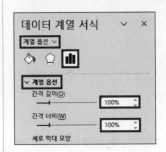

02. 매크로

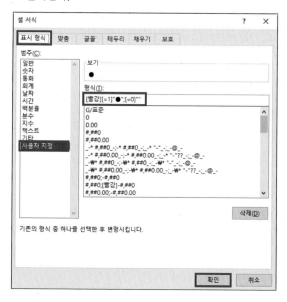

차량번호	쉬는날									
	0	1	2	3	4	5	6	7	8	9
7570	●		●		●		●		●	
4889		●		●		●		●		●
5076		●		●		●		●		●
7257		●		●		●		●		●
8222	●		●		●		●		●	
2008	●		●		●		●		●	
9033			●		●		●		●	
5574		●		●		●		●		●
2917		●		●		●		●		●
3763		●		●		●		●		●
9452	●		●		●		●		●	
5005		●		●		●		●		●

(표 제목: 차량 5부제 시행 현황, 버튼: 서식적용, 서식해제)

1 '서식적용' 매크로

1. [개발 도구] → 컨트롤 → 삽입 → **양식 컨트롤**에서 '단추'를 클릭한 후 [G2:H2] 영역 영역에 맞게 드래그한다.
2. '매크로 지정' 대화상자의 매크로 이름에 **서식적용**을 입력하고 〈기록〉을 클릭한다.
3. '매크로 기록' 대화상자에서 〈확인〉을 클릭한다.
4. [B6:K17] 영역을 블록으로 지정한 후 Ctrl + 1 을 누른다.
5. '셀 서식' 대화상자에서 그림과 같이 지정하고 〈확인〉을 클릭한다.

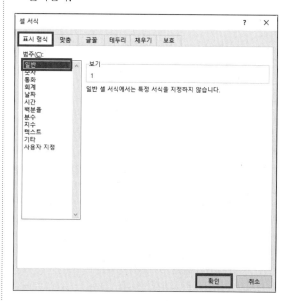

6. 임의의 셀을 클릭한 후 '기록 중지(□)' 아이콘을 클릭한다.

7. '단추'의 바로 가기 메뉴에서 [**텍스트 편집**]을 선택한 후 텍스트를 **서식적용**으로 변경한다.

2 '서식해제' 매크로

1. [개발 도구] → 컨트롤 → 삽입 → **양식 컨트롤**에서 '단추'를 클릭한 후 [J2:K2] 영역 영역에 맞게 드래그한다.
2. '매크로 지정' 대화상자의 매크로 이름에 **서식해제**를 입력하고 〈기록〉을 클릭한다.
3. '매크로 기록' 대화상자에서 〈확인〉을 클릭한다.
4. [B6:K17] 영역을 블록으로 지정한 후 Ctrl + 1 을 누른다.
5. '셀 서식' 대화상자에서 그림과 같이 지정하고 〈확인〉을 클릭한다.

6. 임의의 셀을 클릭한 후 '기록 중지(□)' 아이콘을 클릭한다.
7. '단추'의 바로 가기 메뉴에서 [**텍스트 편집**]을 선택한 후 텍스트를 **서식해제**로 변경한다.

03. VBA

1 '요금 자료 입력' 단추 및 '정산년도(Lbl년도)' 레이블 프로시저

• '요금 자료 입력' 단추 클릭 프로시저

```
Private Sub cmd요금자료입력_Click( )
    무선통신요금.Show
End Sub
```

1. [개발 도구] → 컨트롤 → **디자인 모드**를 클릭한다.
2. '요금 자료 입력' 단추를 더블클릭한다.
3. 'cmd요금자료입력_Click( )' 프로시저에 정답과 같이 코드를 입력한다.

• '정산년도(Lbl년도)' 레이블에 더블클릭 프로시저

```
Private Sub Lbl년도_DblClick(ByVal Cancel As MSForms.Return
Boolean)
    txt년도.Value = Year(Date)
End Sub
```

1. 프로젝트 탐색기에서 〈무선통신요금〉 폼을 더블클릭하여 〈무선통신요금〉 폼을 화면에 나오게 한다.
2. '정산년도(Lbl년도)' 레이블을 더블클릭한 후 프로시저 선택 콤보 상자에서 'DblClick'을 선택한다.
3. 'Lbl년도_DblClick( )' 프로시저에 정답과 같이 코드를 입력한다.

2 '요금입력' 단추에 기능 구현하기

정답

```
Private Sub 요금입력_Click( )
    If txt년도.Value = " " Then
        MsgBox "정산년도를 입력하세요"
    ElseIf txt고객.Value = " " Then
        MsgBox "고객명을 입력하세요"
    ElseIf cmb코드.Value = " " Then
        MsgBox "등급코드를 선택하세요"
    Else
        참조행 = cmb코드.ListIndex + 4
        입력행 = [a3].Row + [a3].CurrentRegion.Rows.Count
        Cells(입력행, 1) = txt고객.Value
        Cells(입력행, 2) = cmb코드.Value
        Cells(입력행, 3) = Cells(참조행, 8)
        Cells(입력행, 4) = Cells(참조행, 9)
        Cells(입력행, 5) = Cells(참조행, 10)
    End If
End Sub
```

1. 프로젝트 탐색기에서 〈무선통신요금〉 폼을 더블클릭하여 〈무선통신요금〉 폼을 화면에 나오게 한다.
2. '요금입력' 단추를 더블클릭하여 '요금입력_Click( )' 프로시저를 나오게 한다.

3. '요금입력_Click( )' 프로시저에 정답과 같이 코드를 입력한다.

코드 설명

```
Private Sub 요금입력_Click( )
    ❶ If txt년도.Value = " " Then
            MsgBox "정산년도를 입력하세요"
    ❷ ElseIf txt고객.Value = " " Then
            MsgBox "고객명을 입력하세요"
    ❸ ElseIf cmb코드.Value = " " Then
            MsgBox "등급코드를 선택하세요"
    ❹ Else
    ❺     참조행 = cmb코드.ListIndex + 4
    ❻     입력행 = [a3].Row + [a3].CurrentRegion.Rows.Count
    ❼     Cells(입력행, 1) = txt고객.Value
    ❽     Cells(입력행, 2) = cmb코드.Value
    ❾     Cells(입력행, 3) = Cells(참조행, 8)
    ❿     Cells(입력행, 4) = Cells(참조행, 9)
    ⓫     Cells(입력행, 5) = Cells(참조행, 10)
    ⓬ End If
End Sub
```

❶ 'txt년도'에 자료가 입력되지 않았으면 "정산년도를 입력하세요"라는 메시지를 표시하고 If문을 종료합니다.
❷ 'txt고객'에 자료가 입력되지 않았으면 "고객명을 입력하세요"라는 메시지를 표시하고 If문을 종료합니다.
❸ 'cmb코드'에 자료가 입력되지 않았으면 "등급코드를 선택하세요"라는 메시지를 표시하고 If문을 종료합니다.
❹ ❶, ❷, ❸의 조건을 모두 만족하지 않으면 ❺∼⓫을 실행합니다.
❺ • cmb코드.ListIndex는 콤보 상자에서 선택한 등급코드의 상대 위치를 반환합니다. 콤보 상자에서 상대적인 위치는 0에서 시작하므로 B를 선택했다면 cmb코드.ListIndex는 1을 반환합니다.
　 • 워크시트에서 'B'에 대한 정보는 5행에 입력되어 있으므로 'B'가 있는 행을 지정하기 위해 cmb코드.ListIndex에서 반환한 값 1에 4를 더한 것입니다.
　 • 결론적으로 4를 더한 이유는 참조표의 실제 데이터의 위치가 워크시트의 4행에서 시작하기 때문입니다.
❻ '입력행' 변수에 [A3] 셀의 행 번호인 3과 [A3] 셀과 연결된 범위에 있는 데이터의 행수를 더하여 치환합니다(3+3=6).
❼ 지정된 셀 위치, 즉 4행 1열에 고객명을 표시합니다.
❽ 지정된 셀 위치, 즉 4행 2열에 등급코드를 표시합니다.
❾ 4행 3열에 워크시트의 참조행 8열의 값(시간당 단가)을 표시합니다.
❿ 4행 4열에 워크시트의 참조행 9열의 값(기본요금)을 표시합니다.
⓫ 4행 5열에 워크시트의 참조행 10열의 값(할인요금)을 표시합니다.
⓬ If문을 종료합니다.

2부 실전편

3 '종료' 단추 클릭 프로시저

정답

```
Private Sub 종료_Click( )
    MsgBox "전체 입력 건수는 " & [a3].CurrentRegion.Rows.
    Count-1 & "건입니다."
    Unload Me
End Sub
```

1. 프로젝트 탐색기에서 〈무선통신요금〉 폼을 더블클릭하여 〈무선통신요금〉 폼을 화면에 나오게 한다.

2. '종료' 단추를 더블클릭하여 '종료_Click( )' 프로시저를 나오게 한다.

3. '종료_Click( )' 프로시저에 정답과 같이 코드를 입력한다.

코드설명

```
Private Sub 종료_Click( )
  ❶ MsgBox "전체 입력 건수는 " & [a3].CurrentRegion.Rows.Count-1
    & "건입니다."
    Unload Me
End Sub
```

❶ "전체 입력 건수는 "과 [a3] 셀과 연결된 범위에 있는 데이터의 행수에서 필드명이 있는 첫 행을 뺀 값, "건입니다."가 표시된 메시지 박스를 표시합니다.

- **준 비 하 세 요 :** 'C:\길벗컴활1급\01 엑셀\03 기본모의고사' 폴더에서 '04회.xlsm' 파일을 열어서 작업하시오.
- **외부 데이터 위치 :** C:\길벗컴활1급\01 엑셀\03 기본모의고사

문제 1

기본작업(15점) 주어진 시트에서 다음의 과정을 수행하고 저장하시오.

전문가의 조언

1

- 문제에 제시된 AND와 OR 함수를 이용하여 조건을 지정하려면 하나의 셀에 조건을 모두 입력해야 합니다.
- 수식이 들어간 고급 필터의 조건에 대한 필드명은 원본 데이터에 사용된 필드명과 다른 이름을 사용해야 합니다.

2

- 조건부 서식을 지정할 때는 반드시 문제에 제시된 범위를 정확히 지정한 후 조건을 적용하세요.
- 함수를 사용하지 않고 AND 조건을 지정하려면 각 조건을 '*'로 연결하고, OR 조건을 지정하려면 각 조건을 '+'로 연결하면 됩니다.

3. 시트 보호 상태에서 특정 영역의 데이터를 수정 가능하도록 하려면 해당 영역의 '잠금' 속성을 해제한 후 시트 보호를 실행하세요.

1. '기본작업-1' 시트에서 대하여 다음과 같이 고급 필터를 수행하시오.

▶ [B3:G12] 영역에서 '거래처코드'가 "J"로 시작하고 '업태명'이 "도소매"나 "출판인쇄"이거나, '거래처코드'가 "S"로 시작하고 '대표자명'이 "윤철수"인 데이터를 표시하시오.

▶ 조건은 [B14:B15] 영역 내에 알맞에 입력하시오. (AND, OR, LEFT 함수 사용)

▶ 결과는 [B17] 셀부터 표시하시오.

2. '기본작업-1' 시트에서 다음과 같이 조건부 서식을 설정하시오.

▶ [B4:G12] 영역에서 '연매출'이 가장 크거나 가장 작은 행 전체에 대해 밑줄은 '실선', 글꼴 스타일은 '굵은 기울임꼴'로 적용하시오.

▶ 단, 규칙 유형은 '수식을 사용하여 서식을 지정할 셀 결정'으로 지정하고, 한 개의 규칙만을 이용하여 작성하시오.

▶ MAX, MIN 함수 사용

3. '기본작업-2' 시트에서 다음과 같이 시트 보호와 통합 문서 보기를 설정하시오.

▶ [G4:G10] 영역에 셀 잠금과 수식 숨기기를 적용한 후 잠긴 셀의 내용과 워크시트를 보호하시오.

▶ 차트를 편집할 수 없도록 잠금을 적용하시오.

▶ 잠긴 셀의 선택과 잠기지 않은 셀의 선택, 정렬은 허용하고 시트 보호 암호는 지정하지 마시오.

▶ '기본작업-2' 시트를 페이지 나누기 미리 보기로 표시하고, [B2:G24] 영역만 1페이지로 인쇄되도록 페이지 나누기 구분선을 조정하시오.

문제 2

계산작업(30점) '계산작업' 시트에서 다음의 과정을 수행하고 저장하시오.

전문가의 조언

1. 직위별 인사고과가 가장 높은 사원의 성명

=INDEX(찾을범위, 행 위치, 열 위치)

- **행 위치 :** MATCH(직위별 최대 인사고과 추출, 직위별 인사고

1. [표2]에서 각 직위별로 인사고과가 가장 높은 사원의 성명을 [D5:F5] 영역에 계산하여 표시하시오.

▶ 각 직위별 인사고과의 최고점에는 동점이 없음

▶ INDEX, MATCH, MAX 함수를 이용한 배열 수식

2. [표3]의 [G10:G18] 영역에 총급여를 계산하여 표시하시오.

- ▶ 상여비율은 인사고과에 따라 다르며 [표1]의 [A3:B6] 영역을 참조하여 계산하되, 부서가 "판매부"이거나 직급이 '1급'인 경우 상여비율 1%를 추가 적용함
- ▶ IF, OR, VLOOKUP 함수 사용
- ▶ 총급여 = 기본급+상여금, 상여금 = 기본급×상여비율

3. 사용자 정의 함수 'bk비고'를 작성하여 [H10:H18] 영역에 비고를 계산하여 표시하시오.

- ▶ 'bk비고'는 인사고과를 인수로 받아 비고를 계산하는 함수이다.
- ▶ 비고는 인사고과가 25점 이상이면 "승진(급여인상)", 10점 이상이면 "급여인상", 10점 미만이면 "급여동결"을 표시

```
Public Function bk비고(인사고과)

End Function
```

4. [표4]의 [G22:G26] 영역에 틀린 개수를 계산하여 표시하시오.

- ▶ COUNT, COUNTA, COUNTIF, COUNTBLANK 중 알맞은 함수를 선택하여 사용
- ▶ 빈 공란이 틀린 문제를 의미함

5. [표4]에서 [H22:H26] 영역에 등급을 계산하여 표시하시오.

- ▶ 틀린개수(G22:G26)가 0이면 "만점"을 표시하고, 그렇지 않으면 점수에 따른 등급을 표시(예 : 1등급)
- ▶ 점수는 [표6]을, 등급은 [표5]를 참조하여 계산
- ▶ IF, HLOOKUP, SUMPRODUCT, TRANSPOSE 함수와 & 연산자 사용

6. [표8]에서 고용보험료를 계산하여 [G38:G45] 영역에 표시하시오.

- ▶ 종사자수에 따른 고용보험료율은 [표7] 영역 참조
- ▶ 고용보험료는 월평균임금(D38:D45)이 2500000 미만이면 '월평균임금×고용보험료율'로 계산하고, 그 외에는 '월평균임금×고용보험료율'에 월평균임금의 0.1%를 더하는 것으로 계산한 후, 십 단위에서 올림하여 백 단위까지 표시(표시 예 : 13,258 → 13,300)
- ▶ IF, XLOOKUP, ROUNDUP 함수 사용

7. [표8]을 참조하여 [C49:C51] 영역에 업무구분이 "개발자"이거나 "관리자"인 직업군의 평균경력별 빈도수를 계산하여 표시하시오.

- ▶ FREQUENCY, IF, RIGHT 함수 사용

과, 옵션)

- 직위별 최대 인사고과 추출 : MAX((조건)*(계산범위))
- 조건 : 직위
- 계산범위 : 인사고과

2. 총급여

=기본급+기본급*(상여비율+추가상여율)

- 추가상여율 : IF(조건,1%)

3. 사용자 정의 함수

- Alt + F11을 누르고, 모듈을 삽입한 후 작성하세요.
- If ~ End If 제어문을 사용하여 인사고과에 따라 'bk비고'에 '승진(급여인상)', '급여인상', '급여동결'을 적용합니다.

4. 틀린 개수

=비어 있는 셀의 개수를 구하는 함수(인수1, 인수2, …)

5. 점수에 따른 등급

=IF(조건, "만점", 등급 &" 등급")

- 등급 : 찾기함수(총점, 참조영역, 등급행)
- 총점 : SUMPRODUCT(점수, 문제당점수)

6. 고용보험료

=자리올림(IF(조건, 월평균임금×고용보험료율, 월평균임금×고용보험료율+월평균임금*0.1%), -2)

- 고용보험료율 : XLOOKUP(종사자수, 범위1, 범위2, 찾을값이_없을때_넣을값, 옵션)

7. FREQUENCY(범위1, 범위2)

범위1에서 범위2에 해당하는 발생 빈도수 출력

문제 3

분석작업(20점) 주어진 시트에서 다음의 과정을 수행하고 저장하시오.

 전문가의 조언

1
• 외부 데이터 원본을 사용하여 피벗 테이블을 작성하려면 [삽입] → 표 → **피벗 테이블**을 클릭한 후 '피벗 테이블 만들기' 대화상자에서 '외부 데이터 원본 사용'을 선택하고 〈연결 선택〉을 클릭하여 불러올 데이터를 지정하고 '**데이터 모델에 이 데이터 추가**'를 선택하세요.
• 그림을 통해 필터, 행, 열, 값 영역에 사용된 필드를 확인하세요.

1. '분석작업-1' 시트에서 다음의 지시사항에 따라 피벗 테이블 보고서를 작성하시오.

▶ 외부 데이터 원본으로 〈영화보기.csv〉의 데이터를 사용하시오.
　– 원본 데이터는 쉼표(,)로 분리되어 있으며, 첫 행에 머리글이 포함되어 있음
　– '관리코드', '입고일자', '제작년도', '가격' 열만 가져와 데이터 모델에 이 데이터를 추가하시오.

▶ 피벗 테이블 보고서의 레이아웃과 위치는 〈그림〉을 참조하여 설정하고, 보고서 레이아웃을 개요 형식으로 표시하시오.

▶ '입고일자' 필드는 '연도'와 '분기'를 기준으로 그룹을 지정하시오.

▶ 피벗 테이블 스타일은 '연한 주황, 피벗 스타일 보통 10'으로 적용하고, 각 그룹의 하단에 요약이 표시되도록 설정하시오.

	A	B	C	D	E
1					
2					
3	관리코드	All	▼		
4					
5	입고일자(연도) ▼	입고일자(분기) ▼	입고일자 ▼	최소값: 가격	최소값: 제작년도
6	⊟2022				
7		⊞분기2		500	1974
8		⊞분기3		500	2000
9		⊞분기4		500	1972
10	2022 요약			500	1972
11	⊟2023				
12		⊞분기1		2000	1996
13		⊞분기2		2500	1998
14		⊞분기3		2500	1998
15	2023 요약			2000	1996
16	총합계			500	1972
17					

※ 작업이 완성된 그림이며 부분점수 없음

2. '분석작업-2' 시트에 대하여 다음의 지시사항을 처리하시오.

▶ [데이터 유효성 검사] 기능을 이용하여 [E4:E8] 영역에는 500의 배수만 입력되도록 제한 대상을 설정하시오.
　– [E4:E8] 영역의 셀을 클릭할 경우 〈그림〉과 같은 설명 메시지를 표시하고, 유효하지 않은 데이터를 입력할 경우 〈그림〉과 같은 오류 메시지가 표시되도록 설정하시오.

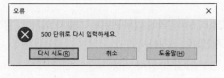

　– MOD 함수 이용
▶ [표1]의 평균[C10]은 판매실적을 이용하여 계산한 것이다. [데이터 표] 기능을 이용하여 6월의 판매실적[C8]의 변동에 따른 평균을 [F4:F8] 영역에 계산하시오.

문제 4 **기타작업(35점)** 주어진 시트에서 다음의 과정을 수행하고 저장하시오.

1. '기타작업-1' 시트에서 다음의 지시사항에 따라 차트를 수정하시오.

전문가의 조언

1. 데이터 요소를 분리하려면 데이터 계열을 클릭한 후 해당 데이터 요소를 한번 더 클릭하여 드래그 하세요.

※ 차트는 반드시 문제에서 제공한 차트를 사용하여야 하며, 신규로 차트 작성 시 0점 처리됨

① 차트 제목은 글꼴 '궁서체', 글꼴 크기 14, 글꼴 스타일 '굵은 기울임꼴'로 설정하시오.

② 범례의 위치는 '오른쪽', 채우기 색은 '연한 파랑', 네온은 '네온: 5pt, 파랑, 강조색 1'로 설정하시오.

③ 데이터 계열에 데이터 레이블을 〈그림〉과 같이 표시하고 차트의 첫째 조각의 각을 100도로 설정하시오.

④ '박거상' 데이터 요소를 차트에서 분리한 후 '꽃다발' 질감을 설정하시오.

⑤ 차트 영역의 테두리 스타일은 '둥근 모서리', 그림자는 '안쪽: 가운데'로 설정하시오.

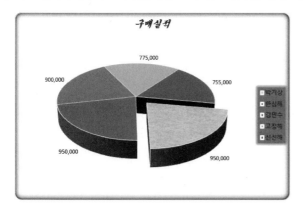

2. '기타작업-2' 시트에서 다음과 같은 기능을 수행하는 매크로를 현재 통합문서에 작성하시오.

① [E3:E11] 영역에 사용자 지정 표시 형식을 설정하는 '서식적용' 매크로를 생성하시오.

▶ 셀 값이 10 이상이면 "♣" 뒤에 한 칸 띄우고 두 자리 숫자로 표시하고, 0이면 빨강색으로 "※"를 표시하고, 그 외 숫자는 두 자리 숫자로 표시하고, 텍스트는 파랑색으로 표시하시오.

[표시 예 : 20 → ♣ 20, 0 → ※, 5 → 05, 폐점 → 폐점]

▶ [도형] → [순서도]의 '순서도: 문서(□)'를 동일 시트의 [E13:E14] 영역에 생성한 후 텍스트를 "서식적용"으로 입력하고, 도형을 클릭하면 '서식적용' 매크로가 실행되도록 설정하시오.

② [C3:C11] 영역에 조건부 서식을 적용하는 '그래프보기' 매크로를 생성하시오.

▶ 규칙 유형은 '셀 값을 기준으로 모든 셀의 서식 지정'으로 선택하고, 서식 스타일 '3가지 색조'로 설정하시오.

▶ 중간값의 종류를 숫자, 값을 150, 색을 '테마 색 – 흰색, 배경 1, 최대값의 색을 '표준 색 – 파랑'으로 표시하시오.

▶ [도형] → [순서도]의 '순서도: 문서(□)'를 동일 시트의 [F13:F14] 영역에 생성한 후 텍스트를 "그래프보기"로 입력하고, 도형을 클릭하면 '그래프보기' 매크로가 실행되도록 설정하시오.

※ 셀 포인터의 위치에 관계없이 매크로가 실행되어야 정답으로 인정됨

3. '기타작업-3' 시트에서 다음과 같은 작업을 수행하도록 프로시저를 작성하시오.

① '열차요금 계산' 단추를 클릭하면 〈철도요금〉 폼이 나타나고, [J4:L11] 영역의
값들이 '목록 상자(lst열차종류)'의 목록에 추가되고, 현재 시간이 '예약시간(txt
예약시간)'에 표시되도록 프로시저를 작성하시오.

② 〈철도요금〉 폼의 '등록(cmd등록)' 단추를 클릭하면 폼에 입력된 데이터를 시트
의 표 마지막 행 다음에 추가하되, List, Listindex를 사용하여 프로시저를 작
성하시오.

▶ 목록 상자(lst열차종류)에서 열차 종류를 선택했을 때만 폼의 데이터를 워크시
트에 입력하시오.

▶ 목록 상자(lst열차종류)에서 열차 종류를 선택하지 않았으면 '고객번호(txt번
호)'에 '선택안함'을 표시한 후 목록 상자(lst열차종류)의 첫 번째 항목이 선택되
게 하시오(ISNULL 이용).

▶ '고객번호' 앞에 입력 순서를 나타내는 번호와 '-'를 입력하고, '고객번호'는 대
문자로 입력되도록 설정하시오(Ucase 이용).

▶ '구분'은 '예약시간'에 따라 오전, 오후로 입력하시오(TimeValue 이용).

▶ '요금총액'은 매수 × 요금으로 계산하여 입력하시오.

▶ 입력되는 데이터는 워크시트에 입력된 기존 데이터와 같은 형식의 데이터로 입
력하시오.

▶ Format 사용

③ '기타작업-3' 시트를 활성화(Activate)하면 해당 시트의 [L1] 셀에 오늘 날짜가
입력되도록 이벤트 프로시저를 작성하시오.

④ 매수의 스핀(Spin매수) 단추를 누르면(Change) 증감된 숫자가 매수(txt매수)에
표시되도록 프로시저를 작성하시오.

문제 1 **기본작업**

01. 고급 필터

정답

	A	B	C	D	E	F	G
13							
14		조건					
15		FALSE					
16							
17		거래처코드	거래처명	전화번호	대표자명	업태명	연매출
18		JNK003	한국유통시스템	02)826-****	남호진	도소매	773,000
19		JNK004	태평OA기기	02)7777-****	박명묵	도소매	260,000
20		JNK005	서울출판	02)216-****	임혁신	출판인쇄	972,000
21		SUB004	보험공제조합	02)415-****	윤철수	비영리	879,000

1. [B14] 셀에 조건, [B15] 셀에 =OR(AND(LEFT(B4,1)= "J",OR(F4="도소매",F4="출판인쇄")),AND(LEFT(B4,1)= "S",E4="윤철수"))를 입력한다.

2. [B3:G12] 영역을 블록으로 지정한 후 [데이터] → 정렬 및 필터 → 고급을 클릭한다.

3. '고급 필터' 대화상자에서 그림과 같이 지정하고, 〈확인〉을 클릭한다.

고급 필터 ? ×

결과
○ 현재 위치에 필터(F)
● 다른 장소에 복사(O)

목록 범위(L): $B$3:$G$12

조건 범위(C): $B$14:$B$15

복사 위치(T): $B$17

☐ 동일한 레코드는 하나만(R)

확인   취소

02. 조건부 서식

정답

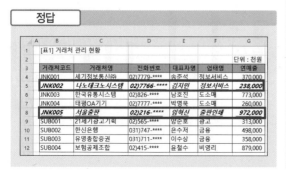

	A	B	C	D	E	F	G
1		[표1] 거래처 관리 현황					
2							단위 : 천원
3		거래처코드	거래처명	전화번호	대표자명	업태명	연매출
4		JNK001	세기정보통신㈜	02)7779-****	송주석	정보서비스	370,000
5		JNK002	나노테크노시스템	02)7766-****	김지민	정보서비스	238,000
6		JNK003	한국유통시스템	02)826-****	남호진	정보서비스	773,000
7		JNK004	태평OA기기	02)7777-****	박명묵	도소매	260,000
8		JNK005	서울출판	02)216-****	임혁신	출판인쇄	972,000
9		SUB001	21세기광고기획	02)565-****	양순호	광고	313,000
10		SUB002	한신은행	031)747-****	은수저	금융	498,000
11		SUB003	유명종합증권	031)711-****	이수상	금융	358,000
12		SUB004	보험공제조합	02)415-****	윤철수	비영리	879,000

1. [B4:G12] 영역을 블록으로 지정한 후 [홈] → 스타일 → 조건부 서식 → 새 규칙을 선택한다.

2. '새 서식 규칙' 대화상자에서 조건을 그림과 같이 지정하고, 〈서식〉을 클릭한다.

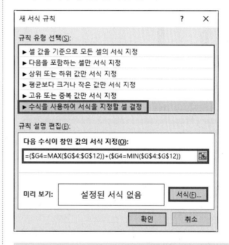

새 서식 규칙 ? ×

규칙 유형 선택(S):
► 셀 값을 기준으로 모든 셀의 서식 지정
► 다음을 포함하는 셀만 서식 지정
► 상위 또는 하위 값만 서식 지정
► 평균보다 크거나 작은 값만 서식 지정
► 고유 또는 중복 값만 서식 지정
► 수식을 사용하여 서식을 지정할 셀 결정

규칙 설명 편집(E):

다음 수식이 참인 값의 서식 지정(O):

=($G4=MAX($G$4:$G$12))+($G4=MIN($G$4:$G$12))

미리 보기: 설정된 서식 없음   서식(F)...

확인   취소

문제에 함수가 제시된 경우에는 제시된 함수만을 사용하여 조건을 지정해야 합니다. 함수를 사용하지 않고 AND 조건을 지정하려면 각 조건을 '*'로 연결하고, OR 조건을 지정하려면 각 조건을 '+'로 연결하면 됩니다.

3. '셀 서식' 대화상자의 '글꼴' 탭에서 밑줄은 '실선', 글꼴 스타일은 '굵은 기울임꼴'로 지정하고, 〈확인〉을 클릭한다.

4. '새 서식 규칙' 대화상자에서 〈확인〉을 클릭한다.

셀에 '####'이 표시되면 데이터가 모두 보이게 열 너비를 조절하세요.

03. 시트 보호 / 통합 문서 보기

정답

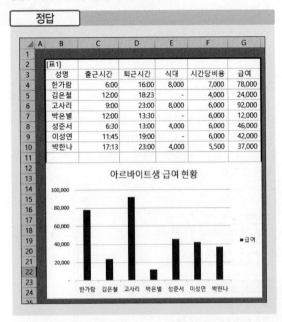

1. [G4:G10] 영역을 블록으로 지정한 후 **Ctrl**+**1**을 누른다.
2. '셀 서식' 대화상자의 '보호' 탭에서 그림과 같이 지정한 후 〈확인〉을 클릭한다.

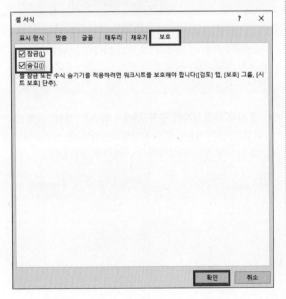

3. 차트 영역을 더블클릭한 후 '차트 영역 서식'의 [차트 옵션] → (크기 및 속성) → 속성 → **잠금**을 선택한다.

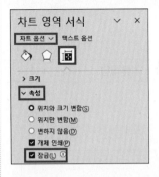

4. [검토] → 보호 → **시트 보호**를 클릭한다.
5. '시트 보호' 대화상자에서 그림과 같이 지정한 후 〈확인〉을 클릭한다.

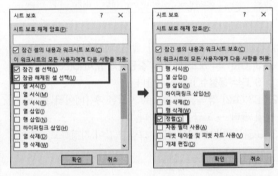

6. [보기] → 통합 문서 보기 → **페이지 나누기 미리 보기**를 선택한다.
7. [B2:G24] 영역만 1페이지로 인쇄되도록 그림과 같이 페이지 나누기 구분선을 마우스로 드래그하여 조정한다.

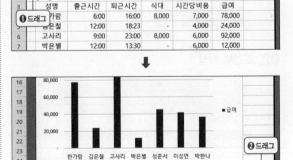

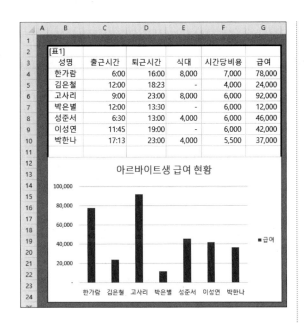

[표1]

성명	출근시간	퇴근시간	식대	시간당비용	급여
한가람	6:00	16:00	8,000	7,000	78,000
김은철	12:00	18:23	-	4,000	24,000
고사리	9:00	23:00	8,000	6,000	92,000
박은별	12:00	13:30	-	6,000	12,000
성준서	6:30	13:00	4,000	6,000	46,000
이성연	11:45	19:00	-	6,000	42,000
박한나	17:13	23:00	4,000	5,500	37,000

아르바이트생 급여 현황

정답

	A	B	C	D	E	F	G	H
1	[표1]	상여지급율표						
2	인사고과	상여비율		[표2]		직위별 최대 인사고과		
3	1	3%				직위		
4	10	5%		부장	과장	대리	❶	
5	20	7%		이승연	김경수	지순녀		
6	30	10%						
7								
8	[표3]	사원별 급여 현황					❷	❸
9	성명	부서	직급	직위	인사고과	기본급	총급여	비고
10	홍길동	판매부	3급	대리	6	1,200,000	1,248,000	급여동결
11	김세연	기획부	2급	과장	10	1,350,000	1,417,500	급여인상
12	이승연	판매부	1급	부장	30	1,450,000	1,609,500	승진(급여인상)
13	김경수	판매부	2급	과장	25	1,350,000	1,458,000	승진(급여인상)
14	이학봉	기획부	2급	과장	20	1,350,000	1,444,500	급여인상
15	지순녀	기획부	3급	대리	18	1,200,000	1,260,000	급여인상
16	김지연	기획부	1급	부장	28	1,450,000	1,566,000	승진(급여인상)
17	박원래	판매부	1급	부장	24	1,450,000	1,566,000	급여인상
18	최지은	판매부	3급	대리	15	1,200,000	1,272,000	급여인상
19								
20	[표4]	판매부 인사고과 주관식 점수					공백 : 틀린것	
21	이름	문제1	문제2	문제3	문제4	문제5 ❹	틀린개수	등급 ❺
22	홍길동	1	1		1	1	1	1등급
23	이승연		1	1	1		2	3등급
24	김경수	1	1	1	1	1	0	만점
25	박원래	1	1	1	1		1	2등급
26	최지은	1		1			3	4등급
27								
28	[표5] 점수별 등급						[표6] 문제당 점수	
29	점수	0	40	60	80		문제	점수
30	등급	4	3	2	1		1	15
31							2	15
32	[표7] 종사자수에 따른 고용보험료율						3	20
33	종사자수	50000 이상	15000 이상	5000 이상	0 이상		4	20
34	고용보험료율	0.009	0.007	0.005	0.003		5	30
35								
36	[표8]							
37	분류코드	업무구분	종사자수	월평균임금	전년월평균임금	평균경력	고용보험료 ❻	
38	SA	시스템설계분석가	4,829	3,420,000	3,100,000	8	13,700	
39	SA	IT컨설턴트	14,195	3,090,000	3,000,000	5.9	18,600	
40	AP	시스템SW개발자	8,130	2,560,000	2,400,000	6.5	15,400	
41	SA	보안관리자	5,797	2,540,000	2,450,000	6	15,300	
42	SA	NW분석가	3,168	2,290,000	2,450,000	4.9	6,900	
43	AP	응용SW개발자	114,054	2,200,000	2,350,000	5.4	19,800	
44	SA	SM관리자	76,947	1,990,000	2,100,000	6.7	18,000	
45	AP	웹개발자	15,887	1,640,000	1,850,000	4.1	11,500	
46								
47	[표9]							
48	평균경력		빈도수 ❼					
49	1 초과	3 이하	0					
50	3 초과	6 이하	3					
51	6 초과		2					

1 직위별 최대 인사고과(D5)

{=INDEX($A$10:$H$18, MATCH(MAX(($D$10:$D$18 =D4)*$E$10:$E$18), ($D$10:$D$18=D4)*$E$10: $E$18, 0), 1)}

{=INDEX($A$10:$H$18, MATCH(MAX(($D$10:$D$18=D4)*$E$10: $E$18), ($D$10:$D$18=D4)*$E$10:$E$18, 0), 1)}의 의미

❶ MAX((D10:D18=D4) * E10:E18) : 직위를 비교하여 직위가 같은 사원들의 인사고과 중 최대값을 구합니다.

❷ MATCH(❶, (D10:D18=D4) * E10:E18, 0) : ❶번에서 구한 최대 인사고과 점수를 인사고과 범위(직위가 같은 사원의 인사고과)에서 찾아 그 위치를 일련번호로 반환합니다.

❸ INDEX(A10:H18, ❷, 1) : ❷번에서 구한 일련번호를 행 번호로 하고, 열 번호는 1로 하여 [A10:H18] 영역에서 행 번호와 열 번호에 해당하는 내용을 반환합니다.

[함수 설명]
· INDEX(참조영역, 행 번호, 열 번호) : 지정된 영역에서 행 번호와 열 번호에 위치한 데이터를 입력합니다.
· MATCH(인수, 범위, 방법) : 범위에서 인수의 상대적인 위치를 찾아 일련번호로 반환합니다.

---

2 총급여(G10)

· 방법1 : =F10+F10*(VLOOKUP(E10,$A$3:$B$6,2) + IF(OR(B10="판매부", C10="1급"), 1%))

이 문제는 가장 먼저 개략적인 논리식을 세운 후 아래의 번호 순서대로 하나씩 식을 조합하여 완성된 식을 만드는 것이 좋습니다.

❶ 총급여 = 기본급 + 기본급 * (상여비율+추가상여율)

❷ 상여비율 : 인사고과에 따라 [A3:B6] 영역을 참조하여 상여비율을 구합니다.
VLOOKUP(E10, $A$3:$B$6, 2)

❸ 추가상여율 : 부서가 판매부이거나 직급이 1급인 사원의 상여비율에만 1%를 더합니다.
IF(OR(B10="판매부", C10="1급"), 1%)

❹ 위 ❶, ❷, ❸ 식을 더하여 아래와 같은 식을 세울 수 있습니다.
총 급여 = 기본급 + 기본급 * (VLOOKUP(E10, $A$3:$B$6, 2) + IF (OR(B10="판매부", C10="1급"), 1%))

· 방법2 : =F10+F10*IF(OR(B10="판매부",C10="1급"), VLOOKUP(E10,$A$3:$B$6,2)+1%, VLOOKUP(E10,$A$3:$B$6,2))

---

3 비고(H10)

= bk비고(E10)

[사용자 정의 함수]

Visual Basic Editor의 모듈에 다음과 같이 코드를 입력한다.

```
Public Function bk비고(인사고과)
    If 인사고과 >= 25 Then
        bk비고 = "승진(급여인상)"
    ElseIf 인사고과 >= 10 Then
        bk비고 = "급여인상"
    Else
        bk비고 = "급여동결"
    End If
End Function
```

다중 If문

문 법	설 명

If 조건1 Then
　실행1
ElseIf 조건2 Then
　실행2
Else
　실행3
End If
	조건1이 참이면
	　실행1을 수행
	그렇지 않고 조건2가 참이면
	　실행2를 수행
	모든 조건을 만족하지 않으면
	　실행3을 수행

If 인사고과 >= 25 Then
　bk비고 = "승진(급여인상)"
ElseIf 인사고과 >= 10 Then
　bk비고 = "급여인상"
Else
　bk비고 = "급여동결"
End If
	인사고과가 25 이상이면
	　bk비고에 "승진(급여인상)"을 입력
	그렇지 않고 인사고과가 10 이상이면
	　bk비고에 "급여인상"을 입력
	인사고과가 10 미만이면
	　bk비고에 "급여동결"을 입력

---

4 틀린 개수(G22)

=COUNTBLANK(B22:F22)

---

5 등급(H22)

=IF(G22=0, "만점", HLOOKUP(SUMPRODUCT(B22:F22, TRANSPOSE($H$30:$H$34)), $B$29: $E$30, 2) & "등급")

=IF(G22=0, "만점", HLOOKUP(SUMPRODUCT(B22:F22, TRANSPOSE($H$30:$H$34)), $B$29:$E$30, 2) & "등급")

❶ TRANSPOSE($H$30:$H$34) : 5행 1열인 [H30:H34] 영역의 행과 열을 바꿔 SUMPRODUCT 함수의 [B22:F22] 영역과 동일한 1행 5열로 변경합니다.
　※ SUMPRODUCT(배열1, 배열2, …) 함수의 인수로 지정한 배열들은 행과 열의 수가 동일해야 합니다.

❷ SUMPRODUCT(B22:F22,❶) : 참조한 범위의 각 셀에 입력된 숫자를 같은 열에 있는 숫자끼리 곱한 다음 계산된 값을 모두 더하므로 'B22*H30+C22*H31+D22*H32+E22*H33+F22*H34'와 같이 계산됩니다.

❸ HLOOKUP(❷, $B$29:$E$30, 2) & "등급" : ❷번에서 구한 점수를 [B29:E30] 영역을 참조하여 등급을 구한 후 뒤에 "등급"을 표시합니다.

❹ IF(G22=0,"만점",❸) : [G22] 셀의 값이 0이면 "만점"을 표시하고, 그렇지 않으면 ❸번에서 구한 값을 입력합니다.

[함수 설명]
TRANSPOSE(배열)
배열의 행과 열을 서로 바꿉니다.

6 고용보험료(G38)

- **방법1** : =ROUNDUP(IF(D38<2500000, D38 * XLOOKUP(C38,$B$33:$E$33,$B$34:$E$34,,-1), D38 * XLOOKUP(C38,$B$33:$E$33,$B$34:$E$34,,-1) + D38*0.1%), -2))
- **방법2** : =ROUNDUP(D38 * XLOOKUP(C38,$B$33:$E$33,$B$34:$E$34,,-1) + IF(D38<2500000,0,D38*0.1%), -2)

[함수 설명]
XLOOKUP(찾을값, 범위1, 범위2, 찾을값이 없을시 표시할 값, 옵션1, 옵션2)
범위1에서 찾을값과 같은 데이터를 찾은 후 같은 행/열의 범위2에 있는 데이터를 입력합니다.

- **옵션1**
  - −1 : 찾을값보다 작거나 같은 값 중에서 가장 큰 값
  - 0 또는 생략 : 찾을값과 첫 번째로 정확하게 일치하는 값
  - 1 : 찾을값보다 크거나 같은 값 중에서 가장 작은 값
  - 2 : 찾을값과 부분적으로 일치하는 값(와일드 카드 사용)

- **옵션2**
  - 1 또는 생략 : 첫 번째 항목부터 검색함
  - −1 : 마지막 항목부터 검색함
  - 2 : 오름차순으로 정렬된 범위에서 검색함
  - −2 : 내림차순으로 정렬된 범위에서 검색함

7 빈도수(C49:C51)

{=FREQUENCY(IF((RIGHT(B38:B45,3)="개발자")+(RIGHT(B38:B45,3)="관리자"), F38:F45), B49:B51)}
※ 결과값이 들어갈 [C49:C51] 영역을 블록으로 지정한 후 수식을 입력하세요.

=FREQUENCY(IF(조건, 범위1), 범위2)

=FREQUENCY(IF((RIGHT(B38:B45,3)="개발자")+(RIGHT(B38:B45,3)= "관리자"), F38:F45), B49:B51)
조건
범위1   범위2

- **조건** : 업무구분의 오른쪽 세 글자가 "개발자" 또는 "관리자"
- **범위1** : 평균경력
- **범위2** : 빈도수를 구할 구간

문제 3   분석작업

01. 피벗 테이블

1. 피벗 테이블이 삽입될 [A5] 셀을 선택한 후 [삽입] → 표 → **피벗 테이블**을 클릭한다.
2. '피벗 테이블 만들기' 대화상자에서 '외부 데이터 원본 사용'을 선택한 후 〈연결 선택〉을 클릭한다.
3. '기존 연결' 대화상자에서 〈더 찾아보기〉를 클릭한다.
4. '데이터 원본 선택' 대화상자에서 '영화보기.csv'를 선택한 후 〈열기〉를 클릭한다.
5. '텍스트 마법사 – 3단계 중 1단계' 대화상자에서 '구분 기호로 분리됨'과 '내 데이터에 머리글 표시'를 선택한 후 〈다음〉을 클릭한다.
6. '텍스트 마법사 – 3단계 중 2단계' 대화상자에서 구분 기호를 '쉼표'로 지정한 후 〈다음〉을 클릭한다.

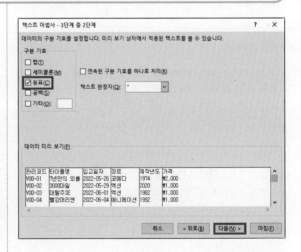

7. '텍스트 마법사 – 3단계 중 3단계' 대화상자의 '데이터 미리 보기'에서 '타이틀명' 열을 클릭한 후 '열 데이터 서식'에서 '열 가져오지 않음(건너뜀)'을 선택한다.

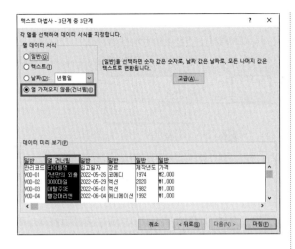

8. 이번에는 '장르' 열을 선택하고 '열 가져오지 않음(건너뜀)'으로 지정한 후 〈마침〉을 클릭한다.

9. '피벗 테이블 만들기' 대화상자에서 넣을 위치가 '기존 워크시트'의 [A5] 셀로 지정되어 있는지 확인하고 '데이터 모델에 이 데이터 추가'를 선택한 후 〈확인〉을 클릭한다.

10. '피벗 테이블 필드' 창에서 각 필드를 그림과 같이 지정한다.

11. 작성된 피벗 테이블에서 임의의 셀을 클릭한 후 [디자인] → 레이아웃 → 보고서 레이아웃 → **개요 형식으로 표시**를 선택한다.

12. 작성된 피벗 테이블에서 값인 '가격'의 바로 가기 메뉴에서 [값 요약 기준] → **최소값**을 선택한다.

13. 작성된 피벗 테이블에서 값인 '제작년도'의 바로 가기 메뉴에서 [값 요약 기준] → **최소값**을 선택한다.

14. '입고일자'가 표시되어 있는 임의의 셀을 클릭한 후 바로 가기 메뉴에서 [**그룹**]을 선택한다.

15. '그룹화' 대화상자에서 그림과 같이 지정하고 〈확인〉을 클릭한다.

16. 작성된 피벗 테이블에서 임의의 셀을 클릭한 후 [디자인] → 피벗 테이블 스타일의 ▽(자세히) → **연한 주황, 피벗 스타일 보통 10**을 선택한다.

17. [디자인] → 레이아웃 → 부분합 → **그룹 하단에 모든 부분합 표시**를 선택한다.

02. 데이터 유효성 검사 / 데이터 표

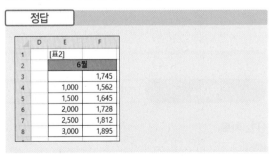

정답

	D	E	F
1		[표2]	
2		6월	
3			1,745
4		1,000	1,562
5		1,500	1,645
6		2,000	1,728
7		2,500	1,812
8		3,000	1,895

1. [E4:E8] 영역을 블록으로 지정한 후 [데이터] → 데이터 도구 → ⊞(**데이터 유효성 검사**)를 클릭한다.

2. '데이터 유효성' 대화상자의 '설정' 탭에서 그림과 같이 지정한다.

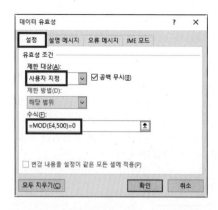

3. '설명 메시지' 탭에서 그림과 같이 지정한다.

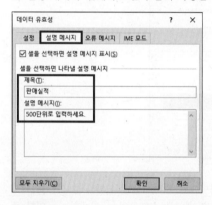

4. '오류 메시지' 탭에서 그림과 같이 지정한 후 〈확인〉을 클릭한다.

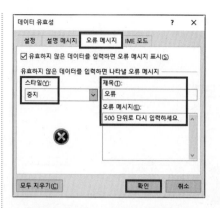

5. [C10] 셀의 수식 =AVERAGE(C3:C8)을 [F3] 셀에 동일하게 입력한다.

6. 데이터 표를 적용할 [E3:F8] 영역을 블록으로 지정한 후 [데이터] → 예측 → 가상 분석 → **데이터 표**를 선택한다.

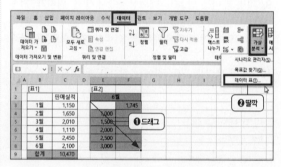

7. '데이터 표' 대화상자에 그림과 같이 지정한 후 〈확인〉을 클릭한다.

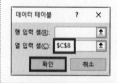

문제 4   기타작업

01. 차트

2 범례 위치 및 서식 설정

1. 범례를 선택한 후 [차트 디자인] → 차트 레이아웃 → 차트 요소 추가 → 범례 → **오른쪽**을 선택한다.

2. [서식] → 도형 스타일 → 도형 채우기 → **연한 파랑**을 선택한다.

3. [서식] → 도형 스타일 → 도형 효과 → 네온 → **네온: 5pt, 파랑, 강조색 1**을 선택한다.

3 데이터 계열에 데이터 레이블 표시 및 첫째 조각의 각도 설정

1. 데이터 계열을 선택한 후 [차트 디자인] → 차트 레이아웃 → 차트 요소 추가 → 데이터 레이블 → **바깥쪽 끝에**를 선택한다.

2. 데이터 계열을 더블클릭한 후 '데이터 계열 서식' 창의 [계열 옵션] → (계열 옵션) → **계열 옵션**에서 '첫째 조각의 각'을 100°로 지정한다.

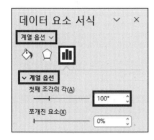

④ '박거상' 데이터 요소를 차트에서 분리 및 질감 지정

1. 데이터 계열을 클릭한 후 '박거상' 데이터 요소를 한번 더 클릭한다.
2. '박거상' 데이터 요소만 선택된 상태에서 그림과 같이 마우스로 드래그하여 차트에서 분리한다.

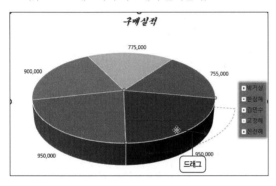

3. 이어서 [서식] → 도형 스타일 → 도형 채우기 → 질감 → 꽃다발을 선택한다.

⑤ 차트 영역 서식 설정

1. 차트 영역을 더블클릭한 후 '차트 영역 서식' 창의 [차트 옵션] → 🖌(채우기 및 선) → 테두리 → **둥근 모서리**를 선택한다.

2. '차트 영역 서식' 창의 [차트 옵션] → 🖾(효과) → **그림자**에서 '미리 설정(□·)'을 클릭하여 '안쪽: 가운데'를 선택한다.

02. 매크로

정답

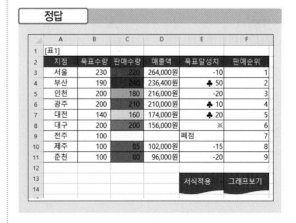

	A	B	C	D	E	F
1	[표1]					
2	지점	목표수량	판매수량	매출액	목표달성치	판매순위
3	서울	230	220	264,000원	-10	1
4	부산	190	240	236,400원	♣ 50	2
5	인천	200	180	216,000원	-20	3
6	광주	200	210	210,000원	♣ 10	4
7	대전	140	160	174,000원	♣ 20	5
8	대구	200	200	156,000원	※	6
9	전주	100			폐점	7
10	제주	100	85	102,000원	-15	8
11	춘천	100	80	96,000원	-20	9
12						
13					서식적용	그래프보기
14						

① '서식적용' 매크로

1. [삽입] → 일러스트레이션 → 도형 → 순서도의 '순서도: 문서(▱)'를 이용하여 [E13:E14] 영역에 도형을 만든다.
2. 도형의 바로 가기 메뉴에서 [매크로 지정]을 선택한다.
3. '매크로 지정' 대화상자의 매크로 이름에 **서식적용**을 입력하고, 〈기록〉을 클릭한다.
4. '매크로 기록' 대화상자에서 〈확인〉을 클릭한다.

5. [E3:E11] 영역을 블록으로 지정한 후 Ctrl+1을 누른다.

6. '셀 서식' 대화상자의 '표시 형식' 탭에서 그림과 같이 지정한 후 〈확인〉을 클릭한다.

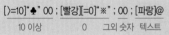

[>=10]"♠" 00 ; [빨강][=0]"※" ; 00 ; [파랑]@
10 이상　　0　　그외 숫자　텍스트

7. 임의의 셀을 클릭한 후 '기록 중지(□)' 아이콘을 클릭한다.

8. 도형의 바로 가기 메뉴에서 [텍스트 편집]을 선택한 후 **서식적용**을 입력한다.

2 '그래프보기' 매크로

1. [삽입] → 일러스트레이션 → 도형 → **순서도**의 '순서도: 문서(▱)'를 이용하여 [F13:F14] 영역에 도형을 만든다.

2. 도형의 바로 가기 메뉴에서 [매크로 지정]을 선택한다.

3. '매크로 지정' 대화상자의 매크로 이름에 **그래프보기**를 입력하고, 〈기록〉을 클릭한다.

4. '매크로 기록' 대화상자에서 〈확인〉을 클릭한다.

5. [C3:C11] 영역을 범위로 지정한 후 [홈] → 스타일 → 조건부 서식 → **새 규칙**을 선택한다.

6. '새 서식 규칙' 대화상자에서 그림과 같이 지정하고, 〈확인〉을 클릭한다.

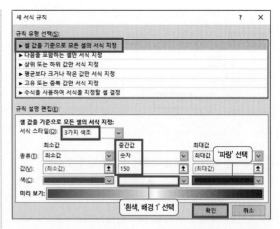

7. 임의의 셀을 클릭한 후 '기록 중지(□)' 아이콘을 클릭한다.

8. 도형의 바로 가기 메뉴에서 [텍스트 편집]을 선택한 후 **그래프보기**로 변경한다.

03. VBA

1 '열차요금 계산' 단추 클릭 및 폼 초기화 프로시저

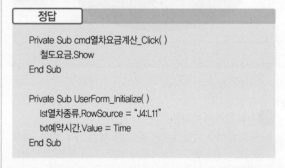

정답

```
Private Sub cmd열차요금계산_Click( )
    철도요금.Show
End Sub

Private Sub UserForm_Initialize( )
    lst열차종류.RowSource = "J4:L11"
    txt예약시간.Value = Time
End Sub
```

1. [개발 도구] → 컨트롤 → **디자인 모드**를 클릭한 후 '열차요금 계산' 단추를 더블클릭한다.

2. 'cmd열차요금계산_Click( )' 프로시저에 정답과 같이 코드를 입력한다.

3. 프로젝트 탐색기에서 〈철도요금〉 폼을 선택하고 '코드 보기(▤)' 아이콘을 클릭한다.

4. 개체 선택 콤보 상자에서 'UserForm'을 선택하고, 프로시저 선택 콤보 상자에서 'Initialize'를 선택한다.

5. 'UserForm_Initialize( )' 프로시저에 정답과 같이 코드를 입력한다.

② '등록' 단추 클릭 프로시저

```
Private Sub cmd등록_Click( )
    If IsNull(lst열차종류.Value) Then
        txt번호.Value = "선택안함"
        lst열차종류.ListIndex = 0
    Else
        참조행 = lst열차종류.ListIndex
        입력행 = [a3].Row + [a3].CurrentRegion.Rows.Count
        Cells(입력행, 1) = 입력행 - 3 & "-" & UCase(txt번호.Value)
        Cells(입력행, 2) = Format(txt예약시간.Value, "hh:mm")
        If TimeValue(txt예약시간.Value) >= 0.5 Then
            Cells(입력행, 3) = "오후"
        Else
            Cells(입력행, 3) = "오전"
        End If
        Cells(입력행, 4) = lst열차종류.List(참조행, 0)
        Cells(입력행, 5) = lst열차종류.List(참조행, 1)
        Cells(입력행, 6) = txt매수.Value
        Cells(입력행, 7) = lst열차종류.List(참조행, 2) * txt매수.Value
    End If
End Sub
```

1. 프로젝트 탐색기에서 〈철도요금〉 폼을 더블클릭하여 〈철도요금〉 폼을 화면에 나오게 한다.
2. '등록' 단추를 더블클릭하여 'cmd등록_Click( )' 프로시저를 나오게 한다.
3. 'cmd등록_Click( )' 프로시저에 정답과 같이 코드를 입력한다.

코드 설명

```
Private Sub cmd등록_Click( )
  ❶ If IsNull(lst열차종류.Value) Then
  ❷     txt번호.Value = "선택안함"
  ❸     lst열차종류.ListIndex = 0
  ❹ Else
  ❺     참조행 = lst열차종류.ListIndex
  ❻     입력행 = [a3].Row + [a3].CurrentRegion.Rows.Count
  ❼     Cells(입력행, 1) = 입력행 - 3 & "-" & UCase(txt번호.Value)
  ❽     Cells(입력행, 2) = Format(txt예약시간.Value, "hh:mm")
  ❾     If TimeValue(txt예약시간.Value) >= 0.5 Then
  ❿         Cells(입력행, 3) = "오후"
  ⓫     Else
  ⓬         Cells(입력행, 3) = "오전"
  ⓭     End If
  ⓮     Cells(입력행, 4) = lst열차종류.List(참조행, 0)
  ⓯     Cells(입력행, 5) = lst열차종류.List(참조행, 1)
  ⓰     Cells(입력행, 6) = txt매수.Value
  ⓱     Cells(입력행, 7) = lst열차종류.List(참조행, 2) * txt매수.Value
  ⓲ End IF
End Sub
```

❶ 'lst열차종류' 목록 상자의 값이 널(IsNull)이면 ❷~❸번을 수행하고 끝냅니다.
  • 'IsNull( )'은 유효한 데이터를 전혀 포함하지 않으면 참(True)을, 포함하면 거짓(False)을 반환하는 함수입니다.

❷ 'txt번호'에 '선택안함'을 표시합니다.

❸ 'lst열차종류' 목록 상자의 인덱스번호를 0으로 치환합니다. 목록 상자의 행 번호는 0에서 시작하므로 인덱스번호를 0으로 지정하면 첫 번째 항목이 선택됩니다.

❹ ❶의 조건을 만족하지 않을 경우, 즉 'lst열차종류' 목록 상자의 값이 널이 아니면 ❺~⓱번을 수행하고 끝냅니다.

❺ lst열차종류.ListIndex는 목록 상자에서 선택한 항목의 상대위치를 반환합니다. 목록 상자의 상대적인 위치는 0부터 시작하므로 첫 번째 항목을 선택하면 lst열차종류.ListIndex는 참조행에 0을 치환합니다.

❻ '입력행' 변수에 [a3] 셀의 행 번호인 3과 [a3] 셀과 연결된 범위에 있는 데이터의 행수를 더하여 치환합니다(3+3=6).

❼ 지정된 셀 위치에 입력행-3, '-', 고객번호의 대문자를 표시합니다.
  – '입력행'의 값 4에서 3을 빼면 1이고, '입력행'의 값은 데이터를 입력할 때마다 1씩 증가하므로, '입력행-3'의 값은 데이터를 입력할 때마다 1, 2, 3, …으로 변경됩니다.
  – 'Ucase'는 문자열을 모두 대문자로 변환하는 함수입니다.

❽ 4행 2열에 'txt예약시간'의 값을 입력합니다.

❾ 'txt예약시간'의 값이 0.5 이상이면 ❿번을 수행하고 끝냅니다.
  – 'TimeValue'는 텍스트 형식의 시간을 시간 형식으로 변환하는 함수입니다.

❿ 4행 3열에 "오후"를 표시합니다.

⓫ ❾의 조건을 만족하지 않을 경우, 즉 'txt예약시간'의 값이 0.5 미만이면 ⓬번을 수행하고 끝냅니다.
  – 시간 데이터는 밤 12시(자정)를 0.0으로 시작하여 6시는 0.25, 낮 12시(정오)는 0.5, 18시는 0.75로 저장됩니다.

⓬ 4행 3열에 "오전"을 표시합니다.

⓭ If문의 끝입니다.

⓮ 4행 4열에 'lst열차종류' 목록 상자의 참조행 0열의 값을 표시합니다. lst열차종류.List의 행과 열 위치는 0부터 시작하므로 'lst열차종류.List(0, 0)'은 'lst열차종류' 목록 상자의 1행 1열에 있는 항목을 의미합니다.

⓯ 4행 5열에 'lst열차종류' 컨트롤의 참조행 1열의 값을 표시합니다.

⓰ 4행 6열에 'txt매수'의 값을 표시합니다.

⓱ 4행 7열에 'lst열차종류' 컨트롤의 참조행 2열의 값에 'txt매수'를 곱한 값을 표시합니다.

⓲ IF문의 끝입니다.

③ 워크시트 활성화 프로시저

```
Private Sub Worksheet_Activate( )
    [L1] = Date
End Sub
```

1. 프로젝트 탐색기에서 '기타작업-3' 시트를 선택하고 '코드 보기(▦)' 아이콘을 클릭한다.

2. 개체 선택 콤보 상자에서 'Worksheet'를 선택하고, 프로시저 선택 콤보 상자에서 'Activate'를 선택한다.

3. 'Worksheet_Activate( )' 프로시저에 정답과 같이 코드를 입력한다.

4 〈매수〉 스핀 단추 변경 프로시저

> **정답**
>
> ```
> Private Sub Spin매수_Change( )
>     txt매수.Value = Spin매수
> End Sub
> ```

1. 프로젝트 탐색기에서 〈철도요금〉 폼을 더블클릭하여 〈철도요금〉 폼을 화면에 나오게 한다.

2. '매수' 스핀 단추를 더블클릭하여 'Spin매수_Change( )' 프로시저를 나오게 한 후 'Spin매수_Change( )' 프로시저에 정답과 같이 코드를 입력한다.

기본 모의고사

- 준 비 하 세 요 : 'C:\길벗컴활1급\01 엑셀\03 기본모의고사' 폴더에서 '05회.xlsm' 파일을 열어서 작업하시오.
- 외부 데이터 위치 : C:\길벗컴활1급\01 엑셀\03 기본모의고사

문제 1   **기본작업(15점)**   주어진 시트에서 다음의 과정을 수행하고 저장하시오.

1. '기본작업-1' 시트에서 다음과 같이 고급 필터를 수행하시오.

- ▶ [A2:H30] 영역에서 '거래처명'이 "한솔"로 시작하고, '수량'이 전체 '수량'의 평균보다 큰 행만을 대상으로 표시하시오.
- ▶ 조건은 [A32:A33] 영역 내에 알맞게 입력하시오. (AND, LEFT, AVERAGE 함수 사용)
- ▶ 결과는 [A35] 셀부터 표시하시오.

2. '기본작업-1' 시트에서 다음과 같이 조건부 서식을 설정하시오.

- ▶ [A3:H30] 영역에서 행 번호를 3으로 나눈 몫이 짝수인 행 전체에 대해 채우기 색을 '표준 색-주황'으로 적용하시오.
- ▶ 단, 규칙 유형은 '수식을 사용하여 서식을 지정할 셀 결정'으로 지정하고, 한 개의 규칙만을 이용하여 작성하시오.
- ▶ ROW, ISEVEN, QUOTIENT 함수 사용

3. '기본작업-2' 시트에서 다음과 같이 페이지 레이아웃을 설정하시오.

- ▶ 페이지의 가로 가운데에 인쇄되도록 페이지 가운데 맞춤을 설정하고, 1행이 매 페이지마다 반복하여 인쇄되도록 인쇄 제목을 설정하시오.
- ▶ 홀수 페이지 상단의 왼쪽 구역에는 페이지 번호, 짝수 페이지 상단의 오른쪽 구역에는 회사 로고가 표시되도록 머리글을 설정하시오.
  - [표시 예 : 1페이지]
  - 파일명 : 길벗로고.JPG
- ▶ 첫 번째 페이지에는 [A1:I30], 두 번째 페이지에는 [A31:I60] 영역이 표시되도록 페이지 나누기를 실행하시오.

전문가의 조언

1
- 문제에 제시된 AND 함수를 이용하여 조건을 지정하려면 하나의 셀에 조건을 모두 입력해야 합니다.
- 수식이 들어간 고급 필터의 조건에 대한 필드명은 원본 데이터에 사용된 필드명과 다른 이름을 사용해야 합니다.

2. 조건부 서식을 지정할 때는 반드시 문제에 제시된 범위를 정확히 지정한 후 조건을 적용하세요.

3. 페이지 레이아웃은 [페이지 레이아웃] → 페이지 설정의 🖪를 사용하세요.

| 문제 2 | **계산작업(30점)** '계산작업' 시트에서 다음의 과정을 수행하고 저장하시오. |

전문가의 조언

1. 상품명별, 상품코드 첫 자리별로 두 번째로 큰 판매수량
=LARGE(IF((조건1) * (조건2), 계산범위), 2)
· 조건1 : 상품명별
· 조건2 : 상품코드 끝 자리가 "1"이거나 "2"
· 계산범위 : 판매수량

2. 상품명별 판매수량이 20개 이상인 상품수
=COUNTIFS(조건1적용범위, 조건1, 조건2적용범위, 조건2)
· 조건1적용범위 : 상품명
· 조건1 : 녹음기
· 조건2적용범위 : 판매수량
· 조건2 : 20 이상

3. 변경코드
=특정문자열변경(문자열, 바꿀문자열, 바꿀문자열)
· 바꿀문자열 : 상품코드 첫글자
· 바꿀문자열 : 상품명 첫글자

4. 판매단가
=HLOOKUP(찾을값, 찾을범위, 행번호)
· 행 번호 : MATCH(상품코드첫글자, 찾을범위, 옵션)

6. 사용자 정의 함수
[Alt]+[F11]을 누르고, 모듈을 삽입한 후 작성하세요.

7. 상품명별 판매수량별 개수
=SUM((조건1) * (조건2))
· 조건1 : 상품명별
· 조건2 : 판매수량별

8. 정액법
=SLN(구입액, 잔존가치, 수명년수)

1. [표1]에서 상품명(A3:A5)별, 상품코드(A10:A25)가 "1"이나 "2"로 끝나는 상품 중 두 번째로 큰 판매수량을 [B3:B5] 영역에 계산하시오.
  ▶ [A9:H25] 영역([표3])을 참조하여 계산
  ▶ LARGE, IF, RIGHT 함수를 이용한 배열 수식

2. [표3]에서 상품명별 판매수량이 20개 이상인 상품수를 [표1]의 [C3:C5] 영역에 계산하시오.
  ▶ COUNTIFS 함수 사용

3. [표3]의 [C10:C25] 영역에 변경코드를 계산하여 표시하시오.
  ▶ 변경코드는 상품코드의 첫 글자를 상품명의 첫 글자로 변경하여 표시
  ▶ FIXED, TEXT, SUBSTITUTE, LEFT, RIGHT 중 알맞은 함수를 선택하여 사용

4. [표3]의 [E10:E25] 영역에 상품코드와 판매수량에 따른 판매단가를 계산하여 표시하시오.
  ▶ [F2:I4] 영역([표2])을 참조하여 계산
  ▶ 상품코드의 첫 글자 이용
  ▶ LEFT, HLOOKUP, MATCH 함수 사용

5. [표3]의 [G10:G25] 영역에 할인금액을 계산하여 표시하시오.
  ▶ 할인금액은 판매수량, 판매단가, 할인율을 모두 곱하여 계산
  ▶ AVERAGE, PRODUCT, SUMPRODUCT 중 알맞은 함수를 선택하여 사용

6. 사용자 정의 함수 'fn생산단가'를 작성하여 [H10:H25] 영역에 생산단가를 계산하여 표시하시오.
  ▶ 'fn생산단가'는 상품코드와 판매단가를 인수로 받아 생산단가를 계산하는 함수이다.
  ▶ 상품코드가 '가'로 시작하고, 끝나는 글자가 1 또는 2이면 판매단가의 30%, 그렇지 않으면 판매단가의 20%로 계산

```
Public Function fn생산단가(상품코드, 판매단가)

End Function
```

7. [표4]에서 각 상품의 판매수량별 개수를 [B30:E32] 영역에 계산하시오.
  ▶ [A9:H25] 영역([표3])을 참조하여 계산
  ▶ SUM 함수를 이용한 배열 수식

8. [표5]의 [F36:F40] 영역에 정액법에 따른 감가 상각액을 계산하여 표시하시오.
  ▶ SLN, YEAR, MONTH, IF 함수 중 알맞은 함수 사용

문제 3 | **분석작업(20점)** 주어진 시트에서 다음의 과정을 수행하고 저장하시오.

1. '분석작업-1' 시트에서 다음의 지시사항에 따라 피벗 테이블 보고서를 작성하시오.

▶ 외부 데이터 가져오기 기능을 이용하여 〈사원관리.accdb〉의 〈사원명부〉 테이블에서 '이름', '입사일', '부서', '직위', '기본급' 열을 이용하시오.

▶ '입사일'이 2021년도인 행만을 대상으로 하시오.

▶ 피벗 테이블 보고서의 레이아웃과 위치는 〈그림〉을 참조하여 설정하고, 보고서 레이아웃을 테이블 형식으로 표시하시오.

▶ 피벗 테이블의 열의 총합계와 행의 총합계가 표시되지 않도록 지정하시오.

▶ 데이터에 '상여금' 계산 필드를 삽입하여 '상여금'을 계산하시오. 단, '상여금'은 기본급×15%로 계산한 후 천의 자리에서 반올림하여 표시하시오.

▶ '부서' 필드가 〈그림〉과 같이 표시되도록 정렬하시오.

▶ 값 영역의 모든 데이터의 표시 형식은 '값 필드 설정'의 셀 서식에서 '사용자 지정' 범주를 이용하여 천 단위 구분 기호와 함께 숫자 뒤에 '원'을 표시하시오(0일 경우 '0원'으로 표시할 것).

▶ '유통부'의 '대리'에 해당하는 기본급의 자료만을 별도의 시트에 나타내시오(시트명을 '유통부대리'로 지정하고 '분석작업-1' 시트의 앞에 위치시킨다.).

부서	직위 대리 합계 : 기본급	합계 : 상여금	주임 합계 : 기본급	합계 : 상여금
판촉부		0원	950,000원	140,000원
인사부	950,000원	140,000원	950,000원	140,000원
유통부	950,000원	140,000원		0원
기획부		0원	950,000원	140,000원
광고부		0원	950,000원	140,000원

(이름 (모두) / 값)

※ 작업이 완성된 그림이며 부분점수 없음

2. '분석작업-2' 시트에 대하여 다음의 지시사항을 처리하시오.

▶ [시나리오] 기능을 이용하여 단가(B15:B16)가 다음과 같이 변동하는 경우 매출액합계(E12)의 변동 시나리오를 작성하시오.

　– 시나리오1 : 시나리오 이름은 '단가 증가', 완제품 단가(B15)는 300, 부품 단가(B16)는 600으로 증가

　– 시나리오2 : 시나리오 이름은 '단가 감소', 완제품 단가(B15)는 250, 부품 단가(B16)는 550으로 감소

　– 위 시나리오에 의한 '시나리오 요약' 보고서는 '분석작업-2' 시트 바로 왼쪽에 위치시키시오.

▶ [A15:A16] 영역의 이름을 '판매형태'로 정의하시오.

▶ [데이터 유효성 검사] 기능을 이용하여 [B4:B11] 영역에는 [A15:A16] 영역의 목록만 표시되도록 '판매형태' 이름을 이용하여 제한 대상을 설정하시오.

▶ [B4:B11] 영역의 셀을 클릭할 경우 〈그림〉과 같은 설명 메시지를 표시하시오.

판매형태	납품수량
완제품	226
부	278
부	349
완지	321
완제품	546

(입력방법 목록에서 선택하세요.)

문제 4 **기타작업(35점)** 주어진 시트에서 다음의 과정을 수행하고 저장하시오.

1. '기타작업-1' 시트에서 다음의 지시사항에 따라 차트를 수정하시오.

※ 차트는 반드시 문제에서 제공한 차트를 사용하여야 하며, 신규로 차트 작성 시 0점 처리됨

① 차트 종류를 '표식이 있는 꺾은선형'으로 변경하여 [A13:H28] 영역에 위치시키고 차트 제목과 세로(값) 축 제목, 데이터 테이블을 지정하시오.

② 세로(값) 축의 최소값과 기본 단위를 〈그림〉과 같이 설정하시오.

③ 차트 제목은 글꼴 '굴림체', 글꼴 크기 14, 도형 스타일 '미세 효과 – 황금색, 강조 4'로 설정하고 범례는 글꼴 '굴림체'로 설정하시오.

④ '생산량' 계열의 '프린터' 요소에만 설명선으로 표시된 데이터 레이블을 〈그림〉과 같이 표시하시오.

⑤ '총보유량' 계열의 '대시 종류'를 '사각 점선', 색을 '표준 색, 빨강'으로 지정하시오.

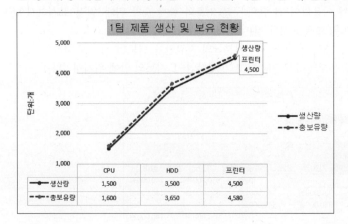

2. '기타작업-2' 시트에 대하여 다음과 같은 기능을 수행하는 매크로를 현재 통합문서에 작성하고 실행하시오.

① [B3:D11] 영역에 사용자 지정 표시 형식을 설정하는 '서식적용' 매크로를 생성하시오.

▶ 셀 값이 0이면 "◆"를 표시하고, 그 외는 아무것도 표시하지 마시오.

▶ [개발 도구] → [삽입] → [양식 컨트롤]의 '단추'를 동일 시트의 [E2:F3] 영역에 생성한 후 텍스트를 "서식적용"으로 입력하고, 단추를 클릭하면 '서식적용' 매크로가 실행되도록 설정하시오.

② [A3:A11] 영역에 사용자 지정 표시 형식을 설정하는 '존칭적용' 매크로를 생성하시오.

▶ 셀 값 뒤에 "님"을 표시하시오.

▶ [개발 도구] → [삽입] → [양식 컨트롤]의 '단추'를 동일 시트의 [E4:F5] 영역에 생성한 후 텍스트를 "존칭적용"으로 입력하고, 단추를 클릭하면 '존칭적용' 매크로가 실행되도록 설정하시오.

※ 셀 포인터의 위치에 관계없이 매크로가 실행되어야 정답으로 인정됨

3. '기타작업-3' 시트에서 다음과 같은 작업을 수행하도록 프로시저를 작성하시오.

전문가의 조언

3. '요금 계산' 단추 프로시저를 작성하려면 [개발 도구] → 컨트롤 → 디자인 모드를 클릭한 후 '요금 계산' 단추를 더블클릭하세요.

① '요금계산' 단추를 클릭하면 〈스포츠센터〉 폼이 나타나고, 폼이 초기화 되면 [H4:I9] 영역의 내용이 '종목(cmb종목)' 콤보 상자의 목록에 표시되고, '남'과 '여'가 '성별(cmb성별)' 콤보 상자의 목록에 추가되도록 프로시저를 작성하시오.

② 〈스포츠센터〉 폼의 '입력(cmd입력)' 단추를 클릭하면 폼에 입력된 데이터가 시트의 표 마지막 행 다음에 연속하여 추가되도록 프로시저를 작성하시오.

▶ '금액'은 '사용시간 × 종목별 단가'로 계산하여 천 단위마다 콤마를 표시하여 입력하시오.

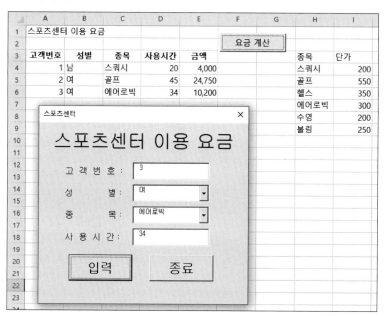

※ 데이터를 추가하거나 삭제하여도 항상 마지막 데이터 다음에 입력되어야 함

③ 〈스포츠센터〉 폼의 '종료(cmd종료)' 단추를 클릭하면 '스포츠센터' 폼이 화면과 메모리에서 사라지도록 프로시저를 작성하시오.

문제 1 기본작업

01. 고급 필터

정답

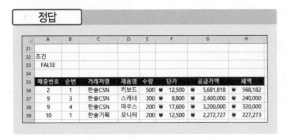

1. [A32] 셀에 **조건**, [A33] 셀에 =AND(LEFT(C3,2)="한솔",E3>AVERAGE($E$3:$E$30))을 입력한다.
2. [A2:H30] 영역을 블록으로 지정한 후 [데이터] → 정렬 및 필터 → **고급**을 클릭한다.
3. '고급 필터' 대화상자에서 그림과 같이 지정하고, 〈확인〉을 클릭한다.

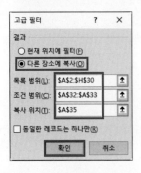

02. 조건부 서식

정답

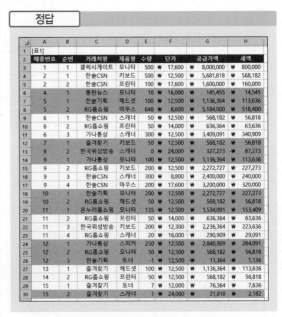

1. [A3:H30] 영역을 블록으로 지정한 후 [홈] → 스타일 → 조건부 서식 → **새 규칙**을 선택한다.
2. '새 서식 규칙' 대화상자에서 조건을 그림과 같이 지정하고, 〈서식〉을 클릭한다.

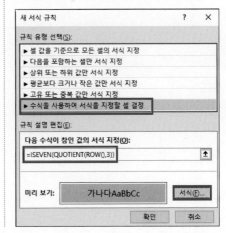

ROW(인수)는 인수의 행 번호를 반환하는 함수이지만 인수를 생략하면
ROW 함수가 입력된 셀의 행 번호를 반환합니다.

3. '셀 서식' 대화상자의 '채우기' 탭에서 '표준 색-주황'을
선택하고 〈확인〉을 클릭한다.
4. '새 서식 규칙' 대화상자에서 〈확인〉을 클릭한다.

03. 페이지 레이아웃

정답

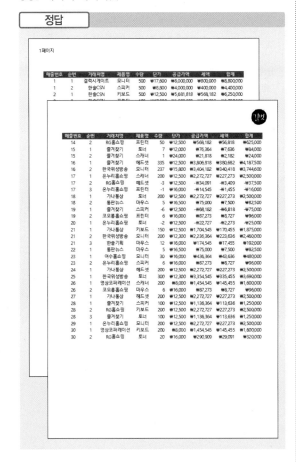

1. [페이지 레이아웃] → 페이지 설정의 ⏷를 클릭한다.
2. '페이지 설정' 대화상자의 '여백' 탭에서 페이지 가운데
맞춤의 '가로'를 선택한다.
3. '페이지 설정' 대화상자의 '머리글/바닥글' 탭에서 '짝수
와 홀수 페이지를 다르게 지정'을 선택한 후 〈머리글 편
집〉을 클릭한다.

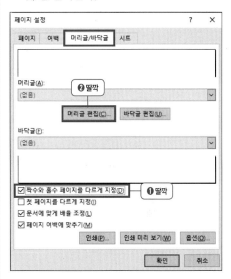

4. '머리글' 대화상자의 '홀수 페이지 머리글' 탭에서 '왼쪽
구역'을 클릭하고 '페이지 번호 삽입(⏸)' 아이콘을 클릭한
다. 이어서 '&[페이지 번호]' 뒤에 **페이지**를 입력한다.

5. '머리글' 대화상자의 '짝수 페이지 머리글' 탭에서 '오른쪽 구역'을 클릭한 후 '그림 삽입(🖼)' 아이콘을 클릭한다.

6. '그림 삽입' 창에서 '파일에서'를 클릭한다.

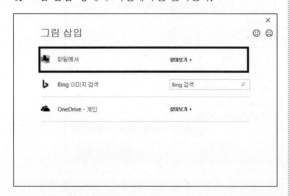

7. '그림 삽입' 대화상자에서 '길벗로고.JPG' 그림을 선택하고 〈삽입〉을 클릭한 후 '머리글' 대화상자에서도 〈확인〉을 클릭한다.

8. '페이지 설정' 대화상자의 '시트' 탭에서 그림과 같이 지정한 후 〈확인〉을 클릭한다.

9. [A31] 셀을 클릭한 후 [페이지 레이아웃] → 페이지 설정 → 나누기 → **페이지 나누기 삽입**을 선택한다.

정답

	A	B	C	D	E	F	G	H	I
1	[표1]	❶	❷		[표2] 코드표				
2	상품명	두번째로 큰 판매수량	판매수량 20 이상 개수		코드	0	10	20	30
3	녹음기	15	4		다	3,750	3,500	3,350	3,100
4	세탁기	18	1		기타	1,700	1,500	1,400	1,300
5	카세트	20	3						
6									
7									
8	[표3]	가전제품 판매현황	❸		❹		❺	❻	
9	상품코드	상품명	변경코드	판매수량	판매단가	할인율	할인금액	생산단가	
10	가001	녹음기	녹001	38	1,300	10%	4,940	390	
11	나002	카세트	카002	26	1,400	8%	2,912	280	
12	나002	카세트	카002	20	1,400	8%	2,240	280	
13	가011	녹음기	녹011	5	1,700	3%	255	510	
14	가021	녹음기	녹021	5	1,700	3%	255	510	
15	다003	세탁기	세003	12	3,500	5%	2,100	700	
16	나004	카세트	카004	12	1,500	5%	900	300	
17	다002	세탁기	세002	23	3,350	8%	6,164	670	
18	가005	녹음기	녹005	38	1,300	10%	4,940	260	
19	가052	녹음기	녹052	15	1,500	5%	1,125	450	
20	가351	녹음기	녹351	8	1,700	3%	408	510	
21	나154	카세트	카154	35	1,300	10%	4,550	260	
22	다502	세탁기	세502	18	3,500	5%	3,150	700	
23	가125	녹음기	녹125	23	1,400	8%	2,576	280	
24	가253	녹음기	녹253	35	1,300	10%	4,550	260	
25	다244	세탁기	세244	10	3,500	5%	1,750	700	
26									
27	[표4]								
28		판매수량	❼						
29	상품	30이상	20이상	10이상	0이상				
30	녹음기	3	4	5	8				
31	세탁기	0	1	4	4				
32	카세트	1	3	4	4				
33									
34	[표5]	회사 비품 현황				❽			
35	품목	구입날짜	구입액	잔존가치	수명년수	감가상각액			
36	컴퓨터	2023-05-01	1,500,000	200,000	5	₩260,000			
37	냉장고	2023-10-20	450,000	100,000	5	₩70,000			
38	정수기	2020-05-03	500,000	100,000	5	₩80,000			
39	프린터	2021-09-03	780,000	100,000	5	₩136,000			
40	팩스	2023-09-20	300,000	50,000	5	₩50,000			

❶ 두 번째로 큰 판매수량(B3)

{=LARGE(IF(($B$10:$B$25=A3) * ((RIGHT($A$10:$A$25,1)="1") + (RIGHT($A$10:$A$25,1)="2")), $D$10:$D$25),2) }

=LARGE(IF(조건1) * (조건2), 값을_구할_범위), 2)

=LARGE(IF(($B$10:$B$25=A3) * ((RIGHT($A$10:$A$25,1)="1")
             ‾‾‾‾‾‾조건1‾‾‾‾‾‾   ‾‾‾‾‾‾‾‾조건2_1‾‾‾‾‾‾‾‾
                                                  ‾‾‾‾‾‾‾‾조건2‾‾‾‾‾‾‾‾

+ (RIGHT($A$10:$A$25,1)="2")), $D$10:$D$25),2)
  ‾‾‾‾‾‾‾조건2_2‾‾‾‾‾‾‾   ‾‾값을_구할_범위‾‾

- 조건1 : 상품명이 녹음기
- 조건2 : 상품코드의 오른쪽 1자리가 '1'이나 '2'
  - 조건2_1 : 상품코드의 오른쪽 1자리가 '1'
  - 조건2_2 : 상품코드의 오른쪽 1자리가 '2'
- 값을_구할_범위 : 판매수량

2 판매수량 20 이상 개수(C3)

=COUNTIFS($B$10:$B$25, A3, $D$10:$D$25, ">=20")

3 변경코드(C10)

=SUBSTITUTE(A10, LEFT(A10,1), LEFT(B10,1))

'=SUBSTITUTE(A10, LEFT(A10, 1), LEFT(B10,1))'의 의미

[A10] 셀에서 왼쪽의 한 글자를 [B10] 셀의 왼쪽 한 글자로 바꿉니다. [A10] 셀은 '가001'이고, [B10] 셀은 '녹음기'이므로 '가'가 '녹'으로 바뀌어 '녹001'이 됩니다.

4 판매단가(E10)

=HLOOKUP(D10, $F$2:$I$4, MATCH(LEFT (A10,1), {"다","나"},−1)+1)

MATCH(LEFT(A10,1),{"다","나"},−1)

- MATCH(찾을값, 범위, 옵션)는 '범위'에서 '옵션'을 적용하여 '찾을값'과 같은 데이터를 찾아 그 위치에 대한 일련번호를 반환하는 함수입니다.
- {"다","나"} : [표3]의 상품코드의 첫 글자는 "가", "나", "다" 중 하나인데, [표2] 코드표의 '코드'에는 "다"와 "기타"가 있습니다. 즉 상품코드의 첫 글자를 "다"와 "다" 외의 코드로 구분하여 판매단가를 적용하라는 의미입니다. 이런 경우 "다"만 정확히 찾고 나머지는 모두 "기타"로 처리해야 되는데, "가", "나", "다", "기타"를 내림차순으로 정렬하면 "다", "나", "기타", "가"가 되므로 이 방법을 이용할 수 없습니다. 왜냐면, 내림차순이므로 '옵션'으로 −1을 사용해야 하는데 "가"는 "기타"보다 작아 "기타"로 처리되지만 "나"는 "기타"보다 크므로 "다"로 처리됩니다. 이런 경우 별도로 찾을 데이터가 있는 '범위'를 만들어 주면 됩니다. 가장 큰 "다"와 두 번째 큰 항목인 "나"를 두 번째로 하여 '범위'를 만들면 "다"를 제외한 모든 과목은 "나"로 처리됩니다. "나"가 "기타" 역할을 하는 거죠.
- −1 : 옵션을 −1로 지정하면 '찾을값'과 같은 값이 없을 경우 '찾을값'보다 큰 값 중에서 가장 작은 값을 찾습니다. 이때 '범위'는 반드시 내림차순으로 정렬되어 있어야 합니다.
- ※ =MATCH("가",{"다","나"},−1) : "가"를 {"다","나"}에서 찾는데, "가"와 일치하는 값이 없으므로 "가"보다 큰 값 중에서 가장 작은 값을 찾습니다. "가", "나", "다"를 내림차순으로 정렬하면 "다", "나", "가" 순이므로 "가"보다 큰 값 중에서 가장 작은 값은 "나"입니다. 즉 MATCH 함수의 결과는 두 번째 있는 "나"를 반환하므로 2가 됩니다.

5 할인금액(G10)

=PRODUCT(D10:F10)

6 생산단가(H10)

=fn생산단가(A10, E10)

[사용자 정의 함수]

Visual Basic Editor의 모듈에 다음과 같이 코드를 입력한다.

```
Public Function fn생산단가(상품코드, 판매단가)
    If Left(상품코드, 1) = "가" And (Right(상품코드, 1) = "1" Or
    Right(상품코드, 1) = "2") Then
        fn생산단가 = 판매단가 * 0.3
    Else
        fn생산단가 = 판매단가 * 0.2
    End If
End Function
```

7 상품의 판매수량별 개수(B30)

{=SUM(($B$10:$B$25=$A30) * ($D$10:$D$25>= B$29))}

=SUM((조건1) * (조건2))
=SUM(($B$10:$B$25=$A30) * ($D$10:$D$25>=B$29))
　　　　　　조건1　　　　　　　　　조건2

- 조건1 : 상품명이 녹음기
- 조건2 : 판매수량이 30 이상

※ [B29:E29] 영역의 값은 문자열로 보이지만 숫자입니다. 셀을 선택한 후 수식 입력줄의 값을 확인해 보면 알 수 있습니다.

8 감가상각액1(F36)

=SLN(C36, D36, E36)

'=SLN(C36,D36,E36)'의 의미

- SLN(취득액, 잔존가치, 수명년수) : 시간이 흐르면서 감소되는 고정 자산의 가치, 즉 감가상각액을 정액법으로 계산합니다.
- 취득액 : 자산을 구입한 금액을 입력합니다.
- 잔존가치 : 수명이 끝나는 시점의 자산가치를 입력합니다.
- 수명년수 : 자산의 수명년수를 입력합니다.

01. 피벗 테이블

정답

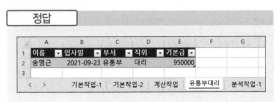

1. [데이터] → 데이터 가져오기 및 변환 → 데이터 가져오기 → 기타 원본에서 → Microsoft Query에서를 선택한다.
2. '데이터 원본 선택' 대화상자에서 'MS Access Database*'를 선택한 후 〈확인〉을 클릭한다.
3. '데이터베이스 선택' 대화상자에서 '사원관리.accdb'를 선택한 후 〈확인〉을 클릭한다.
4. '쿼리 마법사 – 열 선택' 대화상자에서 그림과 같이 열을 선택하고 〈다음〉을 클릭한다.

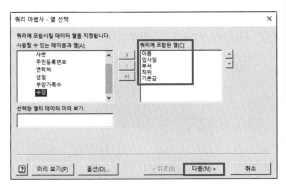

5. '쿼리 마법사 – 데이터 필터' 대화상자에서 그림과 같이 조건을 지정하고 〈다음〉을 클릭한다.

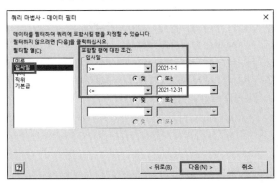

6. '쿼리 마법사 – 정렬 순서' 대화상자에서 〈다음〉을 클릭한다.

7. '쿼리 마법사 – 마침' 대화상자에서 〈마침〉을 클릭한다.
8. '데이터 가져오기' 대화상자에서 표시할 방법으로 '피벗 테이블 보고서'를, 작성 위치로 '기존 워크시트', [A4] 셀을 지정한 후 〈확인〉을 클릭한다.
9. '피벗 테이블 필드' 창에서 각 필드를 그림과 같이 지정한다.

10. 작성된 피벗 테이블에서 임의의 셀을 클릭한 후 [디자인] → 레이아웃 → 보고서 레이아웃 → 테이블 형식으로 표시를 선택한다.
11. [디자인] → 레이아웃 → 총합계 → 행 및 열의 총합계 해제를 선택한다.
12. [피벗 테이블 분석] → 계산 → 필드, 항목 및 집합 → 계산 필드를 선택한다.
13. '계산 필드 삽입' 대화상자에서 그림과 같이 지정하고, 〈추가〉를 클릭한다. 이어서 〈확인〉을 클릭한다.

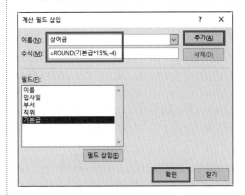

14. '부서'의 자동 필터 단추(▼)를 클릭한 후 [텍스트 내림차순 정렬]을 선택한다.

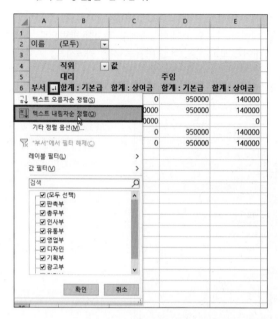

15. 작성된 피벗 테이블에서 '기본급'이 표시되어 있는 임의의 셀의 바로 가기 메뉴에서 [값 필드 설정]을 선택한다.

16. '값 필드 설정' 대화상자에서 〈표시 형식〉을 클릭한다.

17. '셀 서식' 대화상자에서 그림과 같이 지정한 후 〈확인〉을 클릭한다.

18. '값 필드 설정' 대화상자에서도 〈확인〉을 클릭한다.

19. 같은 방법으로 '상여금'도 표시 형식을 지정한다.

20. 피벗 테이블에서 특정 데이터를 추출하기 위해 유통부 '대리'의 '기본급'인 [B9] 셀을 더블클릭한다.

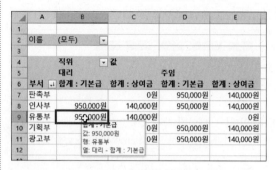

21. 생성된 시트의 이름을 **유통부대리**로 변경한다.

02. 시나리오 / 데이터 유효성 검사

정답

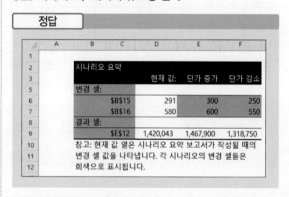

1. 임의의 셀을 클릭한 후 [데이터] → 예측 → 가상 분석 → **시나리오 관리자**를 선택한다.

2. '시나리오 관리자' 대화상자에서 〈추가〉를 클릭한다.

3. '시나리오 추가' 대화상자에서 그림과 같이 지정한 후 〈확인〉을 클릭한다.

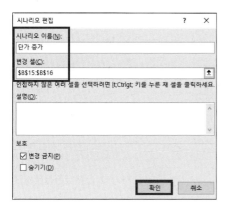

4. '시나리오 값' 대화상자에서 그림과 같이 지정한 후 〈추가〉를 클릭한다.

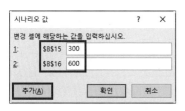

5. '시나리오 추가' 대화상자에서 그림과 같이 지정한 후 〈확인〉을 클릭한다.

'변경 셀'의 주소는 시나리오 추가 시 기본적으로 표시된 것을 그대로 사용한 것입니다. 변경 셀의 주소는 절대 참조와 상대 참조를 구분하지 않고 사용할 수 있습니다.

6. '시나리오 값' 대화상자에서 그림과 같이 지정한 후 〈확인〉을 클릭한다.

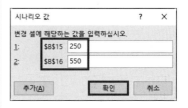

7. '시나리오 관리자' 대화상자에서 〈요약〉을 클릭한다.

8. '시나리오 요약' 대화상자에서 그림과 같이 지정한 후 〈확인〉을 클릭한다.

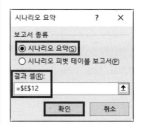

9. '분석작업-2' 시트로 돌아와서 [A15:A16] 영역을 범위로 지정하고 이름 상자에 **판매형태**를 입력한 후 [Enter]를 누른다.

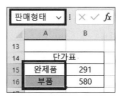

10. [B4:B11] 영역을 범위로 지정한 후 [데이터] → 데이터 도구 → 🗒(데이터 유효성 검사)를 클릭한다.

11. '데이터 유효성' 대화상자의 '설정' 탭에서 그림과 같이 지정한다.

12. '설명 메시지' 탭에서 그림과 같이 지정하고 〈확인〉을 클릭한다.

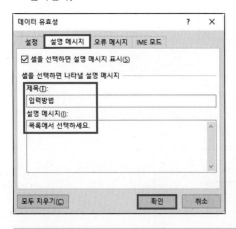

---

01. 차트 수정 및 서식

1 차트 종류 변경 및 데이터 테이블 표시

1. 차트 제목과 축 제목을 입력한 후 차트의 바로 가기 메뉴에서 [차트 종류 변경]을 선택한다.

2. '차트 종류 변경' 대화상자에서 차트 종류를 '표식이 있는 꺾은선형'으로 지정한 후 〈확인〉을 클릭한다.

3. 차트가 선택된 상태에서 [차트 디자인] → 차트 레이아웃 → 차트 요소 추가 → 데이터 테이블 → **범례 표지 포함**을 선택한다.

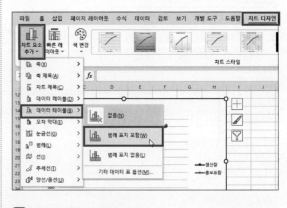

2 세로(값) 축 서식 지정

세로(값) 축을 더블클릭한 후 '축 서식' 창의 [축 옵션] → (축 옵션) → **축 옵션**에서 그림과 같이 지정한다.

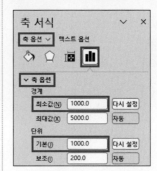

4 레이블 표시

1. '생산량' 계열을 클릭한다. '생산량' 계열이 선택된 상태에서 '프린터' 데이터 요소만 한 번 더 클릭한다.

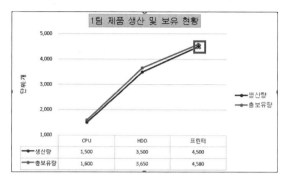

2. '프린터' 요소만 선택된 상태에서 [차트 디자인] → 차트 레이아웃 → 차트 요소 추가 → 데이터 레이블 → **데이터 설명선**을 선택한다.

3. 차트에 표시된 '데이터 레이블'을 클릭한 후 한 번 더 클릭한다.

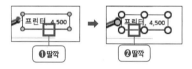

4. 그 상태에서 '데이터 레이블'을 더블클릭한 후 '데이터 레이블 서식' 창의 [레이블 옵션] → ▮(레이블 옵션) → **레이블 옵션**에서 그림과 같이 지정한다.

5 데이터 계열 서식 지정

'총보유량' 계열을 더블클릭한 후 '데이터 계열 서식' 창의 [계열 옵션] → ▮(계열 옵션) → **선**에서 그림과 같이 지정한다.

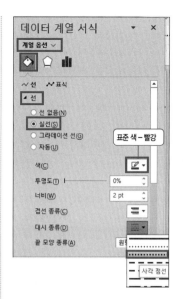

02. 매크로

정답

	A	B	C	D	E	F
1	[표1]					
2	사원명	결근	지각	조퇴	서식적용	
3	최경원님					
4	이정우님	◆	◆	◆	존칭적용	
5	한고은님	◆		◆		
6	차형섭님	◆		◆		
7	홍진영님		◆	◆		
8	이선미님	◆				
9	황재윤님	◆	◆	◆		
10	김종숙님					
11	김은수님		◆	◆		

1 '서식적용' 매크로

1. [개발 도구] → 컨트롤 → 삽입 → **양식 컨트롤**에서 '단추'를 클릭한 후 [E2:F3] 영역에 맞게 드래그한다.

2. '매크로 지정' 대화상자의 매크로 이름에 **서식적용**을 입력하고 〈기록〉을 클릭한다.

3. '매크로 기록' 대화상자에서 〈확인〉을 클릭한다.

4. [B3:D11] 영역을 범위로 지정한 후 Ctrl+1을 누른다.

5. '셀 서식' 대화상자에서 그림과 같이 지정한 후 〈확인〉을 클릭한다.

- 사용자 지정 표시 형식은 '양수 ; 음수 ; 0값 ; 텍스트' 순으로 표시하는데 데이터들의 표시 형식을 지정하지 않고 ;만 표시하면 셀에 입력된 자료가 표시되지 않습니다.
- '형식'에 [=0]"◆";" "을 입력해도 같은 결과가 표시됩니다.

6. 임의의 셀을 클릭한 후 '기록 중지(□)' 아이콘을 클릭한다.
7. 단추의 바로 가기 메뉴에서 **[텍스트 편집]**을 선택한 후 텍스트를 **서식적용**으로 변경한다.

2 '존칭적용' 매크로

1. [개발 도구] → 컨트롤 → 삽입 → **양식 컨트롤**에서 '단추'를 클릭한 후 [E4:F5] 영역에 맞게 드래그한다.
2. '매크로 지정' 대화상자의 매크로 이름에 **존칭적용**을 입력하고 〈기록〉을 클릭한다.
3. '매크로 기록' 대화상자에서 〈확인〉을 클릭한다.
4. [A3:A11] 영역을 범위로 지정한 후 Ctrl+↓을 누른다.

5. '셀 서식' 대화상자에서 그림과 같이 지정한 후 〈확인〉을 클릭한다.

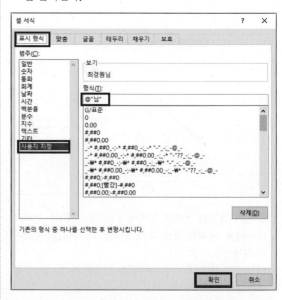

6. 임의의 셀을 클릭한 후 '기록 중지(□)' 아이콘을 클릭한다.
7. 단추의 바로 가기 메뉴에서 **[텍스트 편집]**을 선택한 후 텍스트를 **존칭적용**으로 변경한다.

03. VBA

1 '요금 계산' 단추 및 폼 초기화 프로시저

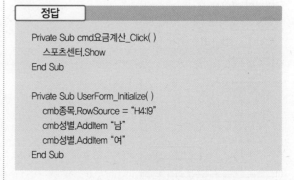

```
정답

Private Sub cmd요금계산_Click( )
    스포츠센터.Show
End Sub

Private Sub UserForm_Initialize( )
    cmb종목.RowSource = "H4:I9"
    cmb성별.AddItem "남"
    cmb성별.AddItem "여"
End Sub
```

1. [개발 도구] → 컨트롤 → **디자인 모드**를 클릭한다.
2. '요금 계산' 단추를 더블클릭한다.
3. 'cmd요금계산_Click( )' 프로시저에 정답과 같이 코드를 입력한다.
4. 프로젝트 탐색기에서 〈스포츠센터〉 폼을 선택하고 '코드 보기(□)' 아이콘을 클릭한다.

5. 개체 선택 콤보 상자에서 'UserForm'을 선택하고, 프로시저 선택 콤보 상자에서 'Initialize'를 선택한다.

6. 'UserForm_Initialize( )' 프로시저에 정답과 같이 코드를 입력한다.

2 '입력' 단추 클릭 프로시저

정답

```
Private Sub cmd입력_Click( )
    참조행 = cmb종목.ListIndex + 4
    입력행 = [A3].Row + [A3].CurrentRegion.Rows.Count
    Cells(입력행, 1) = txt고객번호.Value
    Cells(입력행, 2) = cmb성별.Value
    Cells(입력행, 3) = cmb종목.Value
    Cells(입력행, 4) = txt사용시간.Value
    Cells(입력행, 5) = Format(Cells(입력행, 4) * Cells(참조행, 9),
    "#,###")
End Sub
```

1. 프로젝트 탐색기에서 〈스포츠센터〉 폼을 더블클릭하여 〈스포츠센터〉 폼이 화면에 나오게 한다.

2. '입력' 단추를 더블클릭하여 'cmd입력_Click( )' 프로시저가 나오게 한다.

3. 'cmd입력_Click( )' 프로시저에 정답과 같이 코드를 입력한다.

코드 설명

```
Private Sub cmd입력_Click( )
❶ 참조행 = cmb종목.ListIndex + 4
❷ 입력행 = [A3].Row + [A3].CurrentRegion.Rows.Count
❸ Cells(입력행, 1) = txt고객번호.Value
❹ Cells(입력행, 2) = cmb성별.Value
❺ Cells(입력행, 3) = cmb종목.Value
❻ Cells(입력행, 4) = txt사용시간.Value
❼ Cells(입력행, 5) = Format(Cells(입력행, 4) * Cells(참조행, 9), "#,###")
End Sub
```

❶ cmb종목.ListIndex는 콤보 상자에서 선택한 항목의 상대위치를 반환합니다. 콤보 상자의 상대적인 위치는 0부터 시작하므로 첫 번째 항목을 선택하면 cmb종목.ListIndex는 참조행에 0을 치환합니다

❷ '입력행' 변수에 [A3] 셀의 행 번호인 3과 [A3] 셀과 연결된 범위에 있는 데이터의 행수를 더하여 치환합니다(3+3=6).

❸ 'txt고객번호'의 값을 지정된 셀 위치에 표시합니다.

❹ 'cmb성별'의 값을 지정된 셀 위치에 표시합니다.

❺ 'cmb종목'의 값을 지정된 셀 위치에 표시합니다.

❻ 'txt사용시간'의 값을 지정된 셀 위치에 표시합니다.

❼ 입력행 4열과 참조행 9열의 값을 곱한 후 천 단위 구분 기호를 적용하여 지정된 셀 위치에 표시합니다.

3 '종료' 단추 클릭 프로시저

정답

```
Private Sub cmd종료_Click( )
    Unload Me
End Sub
```

1. 프로젝트 탐색기에서 〈스포츠센터〉 폼을 더블클릭하여 〈스포츠센터〉 폼이 화면에 나오게 한다.

2. '종료' 단추를 더블클릭하여 'cmd종료_Click( )' 프로시저가 나오게 한다.

3. 'cmd종료_Click( )' 프로시저에 정답과 같이 코드를 입력한다.

• 준 비 하 세 요 : 'C:\길벗컴활1급\01 엑셀\03 기본모의고사' 폴더에서 '06회.xlsm' 파일을 열어서 작업하시오.

• 외부 데이터 위치 : C:\길벗컴활1급\01 엑셀\03 기본모의고사

5132061

문제 1

기본작업(15점) 주어진 시트에서 다음의 과정을 수행하고 저장하시오.

전문가의 조언

1

• 고급 필터에서 특정한 필드만 추출할 경우 해당 필드명을 추출할 위치에 입력한 후 수행하세요.

• 중복되는 데이터를 한 번만 나타내려면 '고급 필터' 대화상자에서 '동일한 레코드는 하나만'을 선택하세요.

2. 조건부 서식을 지정할 때는 반드시 문제에 제시된 범위를 정확히 지정한 후 조건을 적용하세요.

1. '기본작업-1' 시트에서 다음과 같이 고급 필터를 수행하시오.

▶ [A2:F20] 영역에서 '화물코드'의 두 번째 글자가 짝수이고, '입항시간'이 오전 10시부터 오후 8시 30분까지인 데이터의 '하역사', '화물명', '톤수'를 표시하시오.

▶ 중복되는 데이터는 한 번만 나타나게 하시오.

▶ 조건은 [A22:A23] 영역 내에 알맞게 입력하시오. (AND, MID, MOD 함수 사용)

▶ 결과는 [A25] 셀부터 표시하시오.

2. '기본작업-1' 시트에서 다음과 같이 조건부 서식을 설정하시오.

▶ [A3:F20] 영역에서 '화물코드'의 첫 번째 글자가 "B"가 아니고 '입항시간'이 오후 12시 이후인 행 전체에 대하여 글꼴 스타일은 '굵게', 글꼴 색은 '표준 색-파랑'으로 적용하시오.

▶ 단, 규칙 유형은 '수식을 사용하여 서식을 지정할 셀 결정'으로 지정하고, 한 개의 규칙만을 이용하여 작성하시오.

▶ AND, LEFT 함수 사용

3. 시트 보호 기능을 적용하려면 용도에 따라 '잠금'이나 '숨김'을 '셀 서식' 대화상자의 '보호' 탭에 먼저 지정해야 합니다.

3. '기본작업-2' 시트에서 다음과 같이 시트 보호와 통합 문서 보기를 설정하시오.

▶ 워크시트 전체 셀의 셀 잠금을 해제한 후 [F4:H13] 영역에만 셀 잠금과 수식 숨기기를 적용하여 이 영역의 내용만을 보호하시오.

▶ 잠긴 셀의 선택, 잠기지 않은 셀의 선택, 셀 서식은 허용하고 시트 보호 암호는 지정하지 마시오.

▶ '기본작업-2' 시트를 페이지 레이아웃 보기로 표시하고, 머리글의 왼쪽 영역에 '8월'을 추가하시오.

문제 2　　　**계산작업(30점)**　'계산작업' 시트에서 다음의 과정을 수행하고 저장하시오.

1. 사용자 정의 함수 'fn비고'를 작성하여 [F3:F20] 영역에 비고를 계산하여 표시하시오.

▶ 'fn비고'는 입항일자를 인수로 받아 비고를 계산하는 함수이다.

▶ 비고는 2022년 4월 1일 미만이면 "1사분기", 2022년 7월 1일 미만이면 "2사분기", 2022년 10월 1일 미만이면 "3사분기", 그 외는 "4사분기"로 표시

▶ SELECT문 이용

```
Public Function fn비고(입항일자 As Date)

End Function
```

2. [표1]에서 하역사별로 톤수가 700 이상인 데이터 중 두 번째로 작은 톤수를 [I3:I5] 영역에 계산하시오.

▶ [A2:F20] 영역(표1)을 참조하여 계산

▶ SMALL, IF 함수를 이용한 배열 수식

3. [표3]에서 홀수달 하역 내역을 대상으로 하역사에 따른 화물명(당밀, 바지락, 수지)의 종류별 하역 건수를 [I9:K11] 영역에 계산하여 표시하시오.

▶ [A2:F20] 영역([표1])을 참조하여 계산

▶ SUM, MONTH, ISODD 함수를 이용한 배열 수식

4. [표4]의 [B24:C30] 영역과 〈조건표1〉, 〈조건표2〉를 참조하여 운임을 [D24:D30] 영역에 표시하시오.

▶ 운임 계산은 '중량×단위요금', '용적×단위요금' 중에서 큰 값을 선택하여 [D24:D30] 영역에 계산

▶ 중량 단위요금 : 〈조건표1〉 참조

▶ 용적 단위요금 : 〈조건표2〉 참조

▶ VLOOKUP, MAX 함수 사용

5. [표5]의 [H34:I37] 영역을 참조하여 총점수를 [K24:K31] 영역에 계산하시오.

▶ 면접점수가 5 이상이고, 필기점수가 80 이상일 경우에는 '면접점수+필기점수+특별점수'로, 그렇지 않을 경우에는 '면접점수+필기점수'로 계산

▶ 특별점수는 면접점수를 기준으로 [H34:J37] 영역을 참조

▶ IF, AND, XMATCH 함수 사용

6. [표4]에서 중량이 30 이상이고, 용적이 80 이상인 고객사의 운임 합계를 [A40] 셀에 계산하시오.

▶ SUMIFS 함수 사용

 **전문가의 조언**

2. 두 번째로 작은 톤 수

=SMALL(IF((조건1) * (조건2), 계산범위), 2)

• 조건1 : 하역사별
• 조건2 : 톤수가 700 이상
• 계산범위 : 톤수

3. 홀수달 하역사, 화물명별 하역건수

=SUM((조건1) * (조건2) * (조건3))

• 조건1 : 하역사별
• 조건2 : 화물명별
• 조건3 : 홀수달

4. =가장 큰 값(중량×중량단위요금, 용적×용적단위요금)

• 중량단위요금 : 찾기함수(중량, 범위, 단위요금열)
• 용적단위요금 : 찾기함수(용적, 범위, 단위요금열)

6. 중량 30 이상, 용적 80 이상인 운임합계

=SUMIFS(계산범위, 조건1적용범위, 조건1, 조건2적용범위, 조건2)

• 계산범위 : 운임
• 조건1적용범위 : 중량
• 조건1 : 30 이상
• 조건2적용범위 : 용적
• 조건2 : 80 이상

문제 3 　분석작업(20점)　주어진 시트에서 다음의 과정을 수행하고 저장하시오.

전문가의 조언

1
• 외부 데이터 원본을 사용하여 피벗 테이블을 작성하려면 [삽입] → 표 → **피벗 테이블**을 클릭한 후 '피벗 테이블 만들기' 대화상자에서 '외부 데이터 원본 사용'을 선택하고 〈연결 선택〉을 클릭하여 불러올 데이터를 지정하고 '데이터 모델에 이 데이터 추가'를 선택하세요.
• 그림을 통해 필터, 행, 값 영역에 사용된 필드를 확인하세요.

1. '분석작업-1' 시트에서 다음의 지시사항에 따라 피벗 테이블 보고서를 작성하시오.

▶ 외부 데이터 원본으로 〈제품현황.txt〉의 데이터를 사용하시오.
　– 원본 데이터는 '탭'으로 분리되어 있으며, 첫 행에는 머리글이 포함되어 있음
　– '제품명', '날짜', '수량', '공급가액' 열만 가져와 데이터 모델에 이 데이터를 추가하시오.
▶ 피벗 테이블 보고서의 레이아웃과 위치는 〈그림〉을 참조하여 설정하고, 보고서 레이아웃을 개요 형식으로 표시하시오.
▶ '날짜' 필드는 '연'을 기준으로 그룹을 지정하시오.
▶ '수량'과 '공급가액' 필드의 표시 형식은 '값 필드 설정'의 셀 서식을 이용하여 '숫자' 범주에서 지정하시오.
▶ '제품명' 필드는 '벨크로'만 표시되도록 하시오.
▶ 피벗 테이블 스타일은 '연한 파랑, 피벗 스타일 보통 16'으로 적용하시오.

	A	B	C
1			
2	제품명	벨크로 ▾	
3			
4	날짜(연도) ▾	값	
5	2021		
6		평균: 수량	53.0
7		평균: 공급가액	19557.0
8	2022		
9		평균: 수량	79.0
10		평균: 공급가액	29151.0
11	2023		
12		평균: 수량	63.3
13		평균: 공급가액	23370.0
14	전체 평균: 수량		61.1
15	전체 평균: 공급가액		22561.7

※ 작업이 완성된 그림이며 부분점수 없음

2. '분석작업-2' 시트에 대하여 다음의 지시사항을 처리하시오.

▶ [데이터 도구]를 이용하여 [표1]에서 '매출번호'와 '순번' 열을 기준으로 중복된 값이 포함된 행을 삭제하시오.
▶ [통합] 기능을 이용하여 [B16:B18] 영역에 '순번'별 '공급가액'의 평균을 계산하시오.
▶ [데이터 유효성 검사] 기능을 이용하여 [C3:C12] 영역에는 '거래시작일'의 월이 3월과 4월인 데이터만 입력되도록 제한 대상을 설정하시오.
　– OR, MONTH 함수 사용

문제 4   **기타작업(35점)** 주어진 시트에서 다음의 과정을 수행하고 저장하시오.

1. '기타작업-1' 시트에서 다음의 지시사항에 따라 차트를 수정하시오.

※ 차트는 반드시 문제에서 제공한 차트를 사용하여야 하며, 신규로 차트 작성 시 0점 처리됨

① 차트 종류를 '묶은 세로 막대형'으로 변경하여 [B18:H32] 영역에 위치시키시오.

② 차트 레이아웃은 '레이아웃 3', 차트 스타일은 '스타일 6'으로 지정한 후 차트 제목을 〈그림〉과 같이 지정하시오.

③ 세로(값) 축 눈금의 단위 레이블을 표시하고 표시 단위를 '천'으로 설정하시오.

④ '달성액' 계열을 워크시트에 삽입된 클립아트를 이용하여 〈그림〉과 같이 표시하시오.

⑤ 가로 눈금선은 삭제하고 차트 영역의 테두리 색은 '검정, 텍스트 1', 테두리 스타일은 '둥근 모서리'로 표시하시오.

> 👨 **전문가의 조언**
>
> 1. 표시 단위 변경은 세로(값) 축을 더블클릭하면 나타나는 '축 서식' 창을 이용하세요.

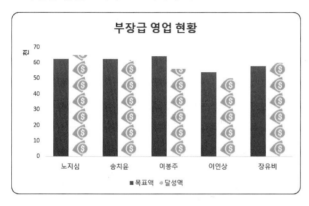

2. '기타작업-2' 시트에 대하여 다음과 같은 기능을 수행하는 매크로를 현재 통합문서에 작성하고 실행하시오.

① [E3:E13] 영역에 사용자 지정 표시 형식을 설정하는 '천단위' 매크로를 생성하시오.

▶ 셀 값이 3,000,000 이상인 경우 빨강색으로 천 단위로 절삭하고 1000 단위 기호를 표시한 후 앞에는 "★"를, 뒤에는 "천원"을 표시하고, 0인 경우 "※"를 표시하고, 그 외는 천 단위로 절삭하고 1000 단위 기호를 표시한 후 뒤에 "천원"을 표시하시오.

[표시 예 : 8000000 → ★ 8,000천원, 1230000 → 1,230천원, 100 → 0천원]

▶ [개발 도구] → [삽입] → [양식 컨트롤]의 '단추'를 동일 시트의 [G2:G3] 영역에 생성한 후 텍스트를 "천단위"로 입력하고, 단추를 클릭하면 '천단위' 매크로가 실행되도록 설정하시오.

② [E3:E13] 영역에 표시 형식을 '일반'으로 적용하는 '서식해제' 매크로를 생성하시오.

▶ [개발 도구] → [삽입] → [양식 컨트롤]의 '단추'를 동일 시트의 [G5:G6] 영역에 생성한 후 텍스트를 "서식해제"로 입력하고, 단추를 클릭하면 '서식해제' 매크로가 실행되도록 설정하시오.

※ 셀 포인터의 위치에 관계없이 매크로가 실행되어야 정답으로 인정됨

전문가의 조언

3

• '자료 입력' 단추 클릭 프로시저를 작성하려면 [개발 도구] → 컨트롤 → 디자인 모드를 클릭한 후 '자료 입력' 단추를 더블클릭하면 표시됩니다.

• 글꼴, 크기, 글자 모양 등을 변경할 때 다음과 같은 형식과 속성을 사용합니다.

형식 : 개체명.Font.속성

사용 예)

– 글꼴 변경 : Target.Font.Name ="궁서체"

– 글자 크기 변경 : Target.Font.Size = 10

– 굵게로 변경 : Target.Font.Bold = True

– 기울임꼴로 변경 : Target.Font.Italic = True

– 색상 변경 : Target.Font.color = vbRed(vbRed : 빨강, vbBlue : 파랑, vbGreen : 녹색)

3. '기타작업-3' 시트에서 다음과 같은 작업을 수행하도록 프로시저를 작성하시오.

① '자료 입력' 단추를 클릭하면 〈가스사용량〉 폼이 나타나도록 프로시저를 작성하시오.

② 〈가스사용량〉 폼의 '입력(cmd입력)' 단추를 클릭하면 폼에 입력된 데이터가 시트의 표 마지막 행 다음에 연속하여 추가되도록 프로시저를 작성하시오.

▶ '용도명'은 선택하는 항목에 맞게 '공업용', '업소용', '가정용', '기타'로 입력되게 하시오.

▶ '비고'는 입력받은 '가스사용량(txt사용량)'의 값이 500 이상이면 "우량고객", 아니면 "보통"이 표시되도록 프로시저를 작성하시오.

▶ 데이터가 워크시트에 입력된 후 입력 상자의 내용은 새로운 값이 입력될 수 있도록 설정하시오.

③ '기타작업-3' 시트에서 셀의 데이터가 변경(Change)되면 해당 셀의 글꼴 스타일을 기울임꼴(Italic)로 설정하는 이벤트 프로시저를 작성하시오.

---

01. 고급 필터

정답

	A	B	C
21			
22	조건		
23	FALSE		
24			
25	하역사	화물명	톤수
26	세방기업	바지락	1,000
27	대한통운	당밀	500
28	군산항업	당밀	2,388

1. [A22] 셀에 **조건**, [A23] 셀에 =AND(MOD(MID(A3,2,1),2)=0, C3)=10/24,C3<=((20/24)+(30/(24*60))))을 입력한다.
2. [A25:C25] 영역의 셀에 각각 **하역사, 화물명, 톤수**를 입력한다.
3. [A2:F20] 영역을 블록으로 지정한 후 [데이터] → 정렬 및 필터 → 고급을 클릭한다.
4. '고급 필터' 대화상자에서 그림과 같이 지정하고, '동일한 레코드는 하나만'을 선택한 후 〈확인〉을 클릭한다.

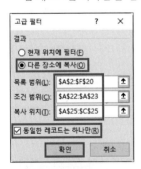

함수를 사용하지 않고 시간을 조건으로 지정할 때는 시간은 하루 24시간제를 사용하므로 **시간/24**이고, 1시간은 60분이므로 **분/(24*60)**로 분을 지정하고, 시간과 분을 같이 지정할 때는 **시간/24+분/(24*60)**으로 지정하면 됩니다. 12시는 12/24이므로 0.5를 입력해도 됩니다.
예 **오후 1시 30분** : 13/24+30/(24*60)

02. 조건부 서식

정답

	A	B	C	D	E	F
1	[표1]					
2	화물코드	입항일자	입항시간	하역사	화물명	톤수
3	B59C	2022-06-15	오전 11:50	세방기업	바지락	1,000
4	**D95C**	**2022-10-20**	**오후 1:25**	**대한통운**	**당밀**	**2,388**
5	D25A	2022-04-22	오전 12:11	세방기업	당밀	1,500
6	**D86B**	**2023-02-04**	**오후 8:25**	**세방기업**	**바지락**	**1,000**
7	D60C	2022-05-12	오전 8:25	대한통운	당밀	700
8	D29B	2022-08-26	오전 10:20	대한통운	당밀	500
9	D37A	2022-11-13	오전 10:20	군산항업	당밀	500
10	S88B	2023-01-31	오전 11:25	대한통운	당밀	500
11	**S31A**	**2023-02-27**	**오후 9:10**	**세방기업**	**수지**	**700**
12	B49B	2023-09-18	오후 10:05	세방기업	바지락	4,000
13	B58C	2022-10-15	오전 3:45	군산항업	바지락	1,000
14	**D60A**	**2022-06-29**	**오후 12:00**	**군산항업**	**당밀**	**2,388**
15	**D30B**	**2022-10-05**	**오후 3:00**	**세방기업**	**당밀**	**700**
16	**D32A**	**2022-10-03**	**오후 5:00**	**대한통운**	**당밀**	**700**
17	BB8C	2022-09-28	오전 9:30	군산항업	바지락	1,500
18	B95A	2023-02-11	오전 9:30	군산항업	바지락	500
19	**D93C**	**2022-05-05**	**오후 6:00**	**군산항업**	**당밀**	**700**
20	D73A	2022-11-08	오전 8:45	세방기업	당밀	500

1. [A3:F20] 영역을 블록으로 지정한 후 [홈] → 스타일 → 조건부 서식 → 새 규칙을 선택한다.
2. '새 서식 규칙' 대화상자에서 조건을 그림과 같이 지정하고, 〈서식〉을 클릭한다.

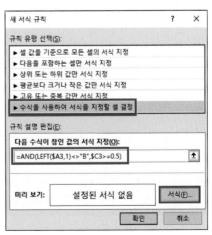

3. '셀 서식' 대화상자의 '글꼴' 탭에서 글꼴 스타일 '굵게', 글꼴 색 '표준 색−파랑'을 지정하고, 〈확인〉을 클릭한다.

4. '새 서식 규칙' 대화상자에서 〈확인〉을 클릭한다.

03. 시트 보호 / 통합 문서 보기

정답

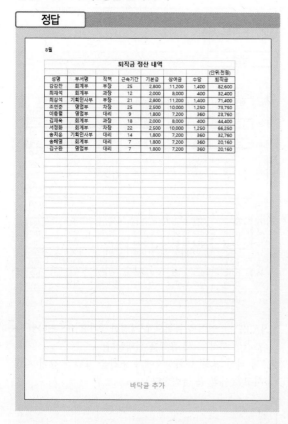

1. 워크시트의 〈모두 선택〉 단추를 클릭한 후 Ctrl + 1 을 누른다.

	A	B	C	D	E	F	G	H
1	퇴직금 정산 내역							
2								(단위:천원)
3	성명	부서명	직책	근속기간	기본급	상여금	수당	퇴직금
4	강감찬	회계부	부장	25	2,800	11,200	1,400	82,600
5	최재석	회계부	과장	12	2,000	8,000	400	32,400
6	최강석	기획인사부	부장	21	2,800	11,200	1,400	71,400
7	조민준	영업부	차장	25	2,500	10,000	1,250	73,750
8	이충렬	영업부	대리	9	1,800	7,200	360	23,760
9	김재욱	회계부	과장	18	2,000	8,000	400	44,400
10	서정화	회계부	차장	22	2,500	10,000	1,250	66,250
11	송치윤	기획인사부	대리	14	1,800	7,200	360	32,760
12	송혜영	회계부	대리	7	1,800	7,200	360	20,160
13	김구완	영업부	대리	7	1,800	7,200	360	20,160

2. '셀 서식' 대화상자의 '보호' 탭에서 기본적으로 선택되어 있는 '잠금'의 체크 표시를 해제한 후 〈확인〉을 클릭한다.

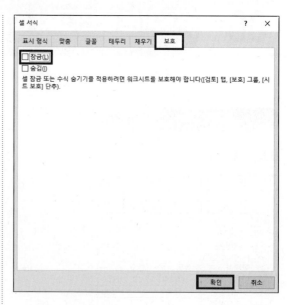

3. [F4:H13] 영역을 블록으로 지정한 후 Ctrl + 1 을 누른다.

4. '셀 서식' 대화상자의 '보호' 탭에서 '잠금'과 '숨김'을 선택한 후 〈확인〉을 클릭한다.

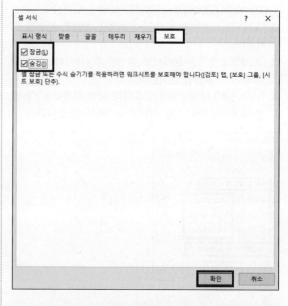

5. [검토] → 보호 → 시트 보호를 클릭한다.

6. '시트 보호' 대화상자에서 그림과 같이 지정한 후 〈확인〉을 클릭한다.

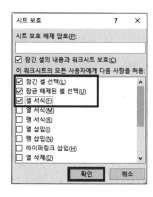

7. [보기] → 통합 문서 보기 → **페이지 레이아웃 보기**를 클릭한다.

8. 머리글의 왼쪽 영역을 클릭한 후 **8월**을 입력한다.

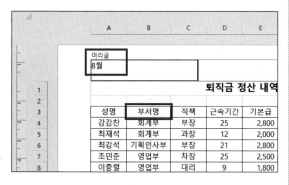

정답

	A	B	C	D	E	F	G	H	I	J	K
1	[표1]					❶		[표2]	❷		
2	입항일자	입항시간	하역사	화물명	톤수	비고		하역사	두 번째로 작은 톤수		
3	2022-02-15	오전 12:11	세방기업	당밀	1,500	1사분기		군산항업	1,000		
4	2022-06-19	오전 10:20	대한통운	당밀	500	2사분기		대한통운	700		
5	2022-09-06	오전 10:20	군산항업	당밀	500	3사분기		세방기업	700		
6	2022-11-24	오전 11:25	대한통운	수지	2,500	4사분기					
7	2022-04-08	오전 11:50	세방기업	바지락	1,000	2사분기		[표3]	홀수달 하역 내역	❸	
8	2022-04-22	오후 12:00	군산항업	당밀	2,388	2사분기		하역사	당밀	바지락	수지
9	2022-07-28	오후 3:00	세방기업	당밀	700	3사분기		군산항업	1	1	0
10	2022-07-26	오후 5:00	대한통운	당밀	700	3사분기		대한통운	2	0	1
11	2022-02-28	오후 6:00	군산항업	당밀	700	1사분기		세방기업	3	1	0
12	2022-08-13	오후 1:25	대한통운	당밀	2,388	3사분기					
13	2022-11-28	오후 8:25	세방기업	당밀	4,000	4사분기					
14	2022-12-20	오후 9:10	세방기업	수지	700	4사분기					
15	2023-07-11	오후 10:05	세방기업	바지락	500	4사분기					
16	2022-08-08	오전 3:45	군산항업	바지락	1,000	3사분기					
17	2022-03-05	오전 8:25	대한통운	당밀	700	1사분기					
18	2022-09-01	오전 8:45	세방기업	당밀	500	3사분기					
19	2022-07-21	오전 9:30	군산항업	바지락	1,500	3사분기					
20	2022-12-04	오전 9:30	군산항업	바지락	500	4사분기					
21											
22	[표4]			단위: 만		❹		[표5]			❺
23	고객사	중량(KG)	용적(CBM)	운임				성명	면접점수	필기점수	총점수
24	건우교역	25	80	400				김한국	4	90	94
25	경원실업	26	65	325				정미애	7	95	104
26	경인에폭시	120	45	1080				박진만	20	75	95
27	고려상사	56	77	504				강현태	2	65	67
28	고려종합	23	39	230				강수정	13	82	97
29	SDC	44	108	440				최현우	20	82	106
30	영원종합	35	120	480				박미정	15	90	108
31								안혁진	12	68	80
32	<조견표1>			<조견표2>							
33	중량	단위요금		용적	단위요금			면접점수		특별점수	
34	0	10		0	5			1 ~ 5		1	
35	50	9		100	4			6 ~ 14		2	
36	150	8		200	3			15 ~ 19		3	
37	300	7		350	3.5			20 ~ 30		4	
38		❻									
39	중량 30 이상, 용적 80 이상인 운임합계										
40	920										

❶ 비고(F3)

=fn비고(A3)

[사용자 정의 함수]

Visual Basic Editor의 모듈에 다음과 같이 코드를 입력한다.

```
Public Function fn비고(입항일자 As Date)
    Select Case 입항일자
        Case Is < #4/1/2022#
            fn비고 = "1사분기"
        Case Is < #7/1/2022#
            fn비고 = "2사분기"
        Case Is < #10/1/2022#
            fn비고 = "3사분기"
        Case Else
            fn비고 = "4사분기"
    End Select
End Function
```

※ 날짜를 비교할 때는 날짜를 #으로 묶어 주어야 하며, **#년-월-일#**로 입력하면 자동을 '#월/일/년#'으로 변경됩니다.

SELECT문

문법	설명
Select Case 변수 　Case Is 조건1 　　실행1 　Case Is 조건2 　　실행2 　Case Is 조건3 　　실행3 　Case Else 　　실행4 End Select	조건1을 만족하면 　실행1을 조건2를 만족하면 　실행2를 조건3을 만족하면 　실행3을 어떤 조건도 만족하지 않으면 　실행4를 실행한다.
Select Case 입항일자 　Case Is < #4/1/2022# 　　fn비고 = "1사분기" 　Case Is < #7/1/2022# 　　fn비고 = "2사분기" 　Case Is < #10/1/2022# 　　fn비고 = "3사분기" 　Case Else 　　fn비고 = "4사분기" End Select	입항일자가 2022-4-1 미만이면 　fn비고는 "1사분기" 입항일자가 2022-7-1 미만이면 　fn비고는 "2사분기" 입항일자가 2022-10-1 미만이면 　fn비고는 "3사분기" 어떤 조건도 만족하지 않으면 　fn비고는 "4사분기"이다.

2 두 번째로 작은 톤 수(I3)

{=SMALL(IF(($C$3:$C$20=H3) * ($E$3:$E$20>=700), $E$3:$E$20), 2)}

=SMALL(IF((조건1) * (조건2), 작은값을_구할_범위), 2)
=SMALL(IF(($C$3:$C$20=H3) * ($E$3:$E$20)=700),
　　　　　　　　조건1　　　　　　　　조건2
$E$3:$E$20), 2)
작은값을_구할_범위

• 조건1 : 하역사가 군산항업
• 조건2 : 톤수가 700 이상
• 작은값을_구할_범위 : 톤수

3 당밀(I9)

{=SUM(($C$3:$C$20=$H9) * ($D$3:$D$20=I$8) * (ISODD(MONTH($A$3:$A$20))))}

=SUM((조건1) * (조건2) * (조건3))
=SUM(($C$3:$C$20=$H9) * ($D$3:$D$20=I$8) * (ISODD(MONTH
　　　　　조건1　　　　　　　　조건2　　　　　　　조건3
($A$3:$A$20))))

• 조건1 : 하역사가 군산항업
• 조건2 : 화물명이 당밀
• 조건3 : 입항일자 중 월이 홀수달

4 운임(D24)

=MAX(B24*VLOOKUP(B24,$A$34:$B$37,2), C24*VLOOKUP(C24,$D$34:$E$37,2))

5 총점수(K24)

=IF(AND(I24>=5,J24>=80), I24+J24+XMATCH(I24,$H$34:$H$37,-1), I24+J24)

[함수 설명]
XMATCH(찾을값, 범위, 옵션1, 옵션2)
범위에서 찾을값과 같은 데이터를 찾아 옵션을 적용하여 그 위치를 일련번호로 표시합니다.

• 옵션1
　- -1 : 찾을값보다 작거나 같은 값 중에서 가장 큰 값
　- 0 또는 생략 : 찾을값과 첫 번째로 정확하게 일치하는 값
　- 1 : 찾을값보다 크거나 같은 값 중에서 가장 작은 값
　- 2 : 찾을값과 부분적으로 일치하는 값(와일드 카드 사용)
• 옵션2
　- 1 또는 생략 : 첫 번째 항목부터 검색함
　- -1 : 마지막 항목부터 검색함
　- 2 : 오름차순으로 정렬된 범위에서 검색함
　- -2 : 내림차순으로 정렬된 범위에서 검색함

6 중량 30 이상, 용적 80 이상인 운임합계(A40)

=SUMIFS(D24:D30,B24:B30,">=30",C24:C30, ">=80")

01. 피벗 테이블

1. 피벗 테이블이 삽입될 [A4] 셀을 선택한 후 [삽입] → 표 → **피벗 테이블**을 클릭한다.
2. '피벗 테이블 만들기' 대화상자에서 '외부 데이터 원본 사용'을 선택한 후 〈연결 선택〉을 클릭하세요.
3. '기존 연결' 대화상자에서 〈더 찾아보기〉를 클릭한다.
4. '데이터 원본 선택' 대화상자에서 '제품현황.txt'를 선택한 후 〈열기〉를 클릭한다.
5. '텍스트 마법사 – 3단계 중 1단계' 대화상자에서 '구분 기호로 분리됨'과 '내 데이터에 머리글 표시'를 선택한 후 〈다음〉을 클릭한다.
6. '텍스트 마법사 – 3단계 중 2단계' 대화상자에서 구분 기호를 '탭'으로 지정한 후 〈다음〉을 클릭한다.

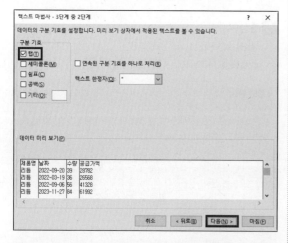

7. '텍스트 마법사 – 3단계 중 3단계' 대화상자에서 〈마침〉을 클릭한다.
8. '피벗 테이블 만들기' 대화상자에서 작성 위치로 '기존 워크시트'의 [A4] 셀이 지정되어 있는지 확인하고 '데이터 모델에 이 데이터 추가'를 선택한 후 〈확인〉을 클릭한다.
9. '피벗 테이블 필드' 창에서 각 필드를 그림과 같이 지정한다.

10. '열' 영역에 자동으로 생긴 'Σ 값'을 '행' 영역으로 드래그하여 이동한다.

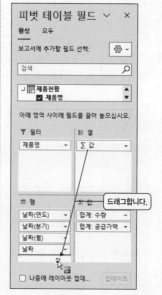

11. 작성된 피벗 테이블에서 임의의 셀을 클릭한 후 [디자인] → 레이아웃 → 보고서 레이아웃 → **개요 형식으로 표시**를 선택한다.
12. 작성된 피벗 테이블에서 값인 '수량'의 바로 가기 메뉴에서 [값 요약 기준] → **평균**을 선택한다.

13. 작성된 피벗 테이블에서 값인 '공급가액'의 바로 가기 메뉴에서 [값 요약 기준] → **평균**을 선택한다.

14. '날짜'가 표시된 임의의 셀의 바로 가기 메뉴에서 [그룹]을 선택한다.

15. '그룹화' 대화상자에서 그림과 같이 지정하고 〈확인〉을 클릭한다.

16. 작성된 피벗 테이블에서 '수량'이 표시되어 있는 임의의 셀의 바로 가기 메뉴에서 [값 필드 설정]을 선택한다.

17. '값 필드 설정' 대화상자에서 〈표시 형식〉을 클릭한다.

18. '셀 서식' 대화상자에서 그림과 같이 지정한 후 〈확인〉을 클릭한다.

19. '값 필드 설정' 대화상자에서도 〈확인〉을 클릭한다.

20. 같은 방법으로 '공급가액'도 표시 형식을 지정한다.

21. 작성된 피벗 테이블의 필터인 '제품명'에서 '벨크로'를 선택하고, 〈확인〉을 클릭한다.

22. 작성된 피벗 테이블에서 임의의 셀을 클릭한 후 [디자인] → 피벗 테이블 스타일의 ▼(자세히) → **연한 파랑, 피벗 스타일 보통 16**을 선택한다.

02. 중복된 항목 제거 / 통합 / 데이터 유효성 검사

정답

	A	B	C	D	E
1	[표1]				
2	매출번호	순번	거래시작일	거래처명	공급가액
3	1	1	03월 19일	SU게이트	8,000,000
4	1	2	04월 05일	한솔CSN	4,000,000
5	2	1	03월 09일	한솔CSN	5,681,818
6	2	2	04월 20일	한솔CSN	1,600,000
7	5	2	04월 25일	가나통상	5,184,000
8	6	2	03월 19일	가나통상	636,364
9	6	3	03월 22일	가나통상	3,409,091
10	6	1	03월 07일	한솔CSN	568,182
11	7	1	04월 15일	가나통상	568,182
12	8	1	04월 10일	가나통상	559,091
13					
14					
15	순번	공급가액			
16	1	3,075,455			
17	2	2,855,091			
18	3	3,409,091			

1. [A2:E13] 영역의 임의의 셀을 클릭한 후 [데이터] → 데이터 도구 → **중복된 항목 제거**를 클릭한다.

2. '중복 값 제거' 대화상자에서 그림과 같이 지정한 후 〈확인〉을 클릭한다.

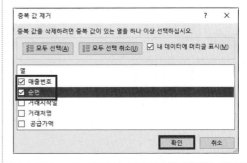

'중복 값 제거' 대화상자에서 '열'이 '열 A', '열 B', '열 C' 등으로 표시된 경우에는 [A2:E13] 영역을 블록으로 지정한 후 [데이터] → 데이터 도구 → **중복된 항목 제거**를 클릭하세요.

3. 'Microsoft Excel' 대화상자에서도 〈확인〉을 클릭한다.

4. [A15:B18] 영역을 블록으로 지정한 후 [데이터] → 데이터 도구 → **통합**을 클릭한다.

5. '통합' 대화상자에서 그림과 같이 지정하고, 〈확인〉을 클릭한다.

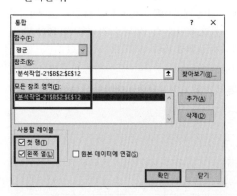

6. [C3:C12] 영역을 블록으로 지정한 후 [데이터] → 데이터 도구 → 📊(데이터 유효성 검사)를 클릭한다.

7. '데이터 유효성' 대화상자의 '설정' 탭에서 그림과 같이 지정하고 〈확인〉을 클릭한다.

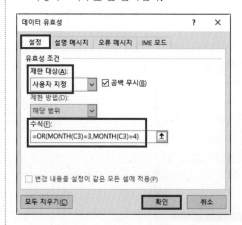

문제 4   기타작업

01. 차트 수정 및 서식

1 차트 종류 변경

1. 차트의 바로 가기 메뉴에서 [차트 종류 변경]을 선택한다.

2. '차트 종류 변경' 대화상자에서 차트 종류를 '묶은 세로 막대형'으로 지정한 후 〈확인〉을 클릭한다.

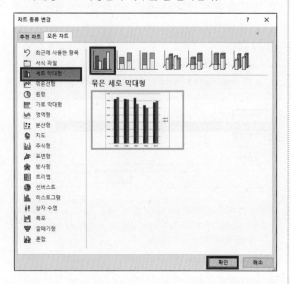

2 차트 레이아웃 및 스타일 지정

1. 차트를 클릭한 후 [차트 디자인] → 차트 레이아웃 → 빠른 레이아웃 → 레이아웃 3을 선택한다.

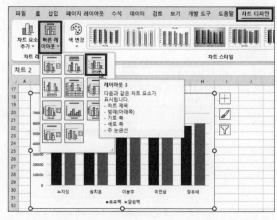

2. [차트 디자인] → 차트 스타일 → 스타일 6을 선택한다.

3 세로(값) 축의 표시 단위 지정

세로(값) 축을 더블클릭한 후 '축 서식' 창의 [축 옵션] → (축 옵션) → 축 옵션에서 '표시 단위'를 '천'으로 지정하고 '차트에 단위 레이블 표시'가 선택되어 있는지 확인한다.

4 데이터 계열 서식 지정

1. 워크시트에 삽입된 클립아트를 선택한 후 [Ctrl]+[C]를 눌러 복사한다.
2. '달성액' 계열을 선택한 후 [Ctrl]+[V]를 눌러 붙여넣기한다.
3. '달성액' 계열의 바로 가기 메뉴에서 [데이터 계열 서식]을 선택한다.

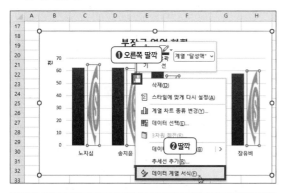

'달성액' 계열이 선택된 상태에서 더블클릭하면 '데이터 계열 서식' 창이 아닌 '데이터 요소 서식' 창이 실행되므로 바로 가기 메뉴를 이용하여 '데이터 계열 서식' 창을 실행하세요.

4. '데이터 계열 서식' 창의 [계열 옵션] → (채우기 및 선) → 채우기 → **쌓기**를 선택한다.

5 가로 눈금선 삭제

가로 눈금선을 선택한 후 [Delete]를 누른다.

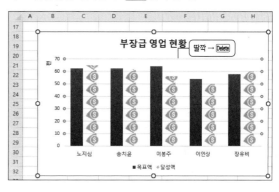

02. 매크로

정답

	A	B	C	D	E	F	G
1	[표1]						
2	매출번호	순번	거래처코드	거래처명	공급가액		천단위
3	1	1	4	SU게이트	★ 8,000천원		
4	1	2	119	한솔CSN	★ 4,000천원		
5	2	1	119	한솔CSN	★ 5,682천원		서식해제
6	2	2	119	한솔CSN	1,600천원		
7	5	2	2	가나통상	5천원		
8	6	2	2	가나통상	※		
9	6	3	2	가나통상	★ 3,409천원		
10	6	1	119	한솔CSN	568천원		
11	2	2	119	한솔CSN	2,320천원		
12	7	1	2	가나통상	568천원		
13	8	1	2	가나통상	559천원		

1 '천단위' 매크로

1. [개발 도구] → 컨트롤 → 삽입 → **양식 컨트롤**의 '단추'
   를 클릭한 후 [G2:G3] 영역에 맞게 드래그한다.
2. '매크로 지정' 대화상자의 매크로 이름에 **천단위**를 입력
   하고, 〈기록〉을 클릭한다.
3. '매크로 기록' 대화상자에서 〈확인〉을 클릭한다.
4. [E3:E13] 영역을 블록으로 지정한 후 Ctrl + 1 을 누른다.
5. '셀 서식' 대화상자의 '표시 형식' 탭에서 그림과 같이 지
   정한 후 〈확인〉을 클릭한다.

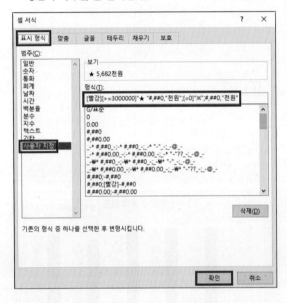

6. 임의의 셀을 클릭한 후 '기록 중지(□)' 아이콘을 클릭
   한다.
7. '단추'의 바로 가기 메뉴에서 [**텍스트 편집**]을 선택한 후
   텍스트를 **천단위**로 변경한다.

2 '서식해제' 매크로

1. [개발 도구] → 컨트롤 → 삽입 → **양식 컨트롤**의 '단추'
   를 클릭한 후 [G5:G6] 영역에 맞게 드래그한다.
2. '매크로 지정' 대화상자의 매크로 이름에 **서식해제**를 입
   력하고, 〈기록〉을 클릭한다.
3. '매크로 기록' 대화상자에서 〈확인〉을 클릭한다.
4. [E3:E13] 영역을 블록으로 지정한 후 Ctrl + 1 을 누른다.
5. '셀 서식' 대화상자의 '표시 형식' 탭에서 그림과 같이 지
   정한 후 〈확인〉을 클릭한다.

6. 임의의 셀을 클릭한 후 '기록 중지(□)' 아이콘을 클릭
   한다.
7. '단추'의 바로 가기 메뉴에서 [**텍스트 편집**]을 선택한 후
   텍스트를 **서식해제**로 변경한다.

03. VBA

1 '자료 입력' 단추 클릭 프로시저

정답

```
Private Sub cmd자료입력_Click( )
    가스사용량.Show
End Sub
```

1. [개발 도구] → 컨트롤 → **디자인 모드**를 클릭한다.
2. '자료 입력' 단추를 더블클릭한다.
3. 'cmd자료입력_Click( )' 프로시저에 정답과 같이 코드를
   입력한다.

2 '입력' 단추 클릭 프로시저

정답

```
Private Sub cmd입력_Click( )
    입력행 = [b3].Row + [b3].CurrentRegion.Rows.Count
    Cells(입력행, 2) = txt고객번호.Value
    Cells(입력행, 3) = txt사용량.Value
    If opt공업용.Value = True Then
        Cells(입력행, 4) = "공업용"
    ElseIf opt업소용.Value = True Then
        Cells(입력행, 4) = "업소용"
    ElseIf opt가정용.Value = True Then
        Cells(입력행, 4) = "가정용"
    Else
        Cells(입력행, 4) = "기타"
    End If
    If txt사용량.Value >= 500 Then
        Cells(입력행, 5) = "우량고객"
    Else
        Cells(입력행, 5) = "보통"
    End If
    txt고객번호.Value = ""
    txt사용량.Value = ""
End Sub
```

1. 프로젝트 탐색기에서 〈가스사용량〉 폼을 더블클릭하여 〈가스사용량〉 폼이 화면에 나오게 한다.
2. '입력' 단추를 더블클릭하여 'cmd입력_Click( )' 프로시저를 나오게 한다.
3. 'cmd입력_Click( )' 프로시저에 정답과 같이 코드를 입력한다.

코드설명

```
Private Sub cmd입력_Click( )
    ❶ 입력행 = [b3].Row + [b3].CurrentRegion.Rows.Count
    ❷ Cells(입력행, 2) = txt고객번호.Value
    ❸ Cells(입력행, 3) = txt사용량.Value
    ❹ If opt공업용.Value = True Then
    ❺     Cells(입력행, 4) = "공업용"
    ❻ ElseIf opt업소용.Value = True Then
    ❼     Cells(입력행, 4) = "업소용"
    ❽ ElseIf opt가정용.Value = True Then
    ❾     Cells(입력행, 4) = "가정용"
    ❿ Else
    ⓫     Cells(입력행, 4) = "기타"
        End If
```

```
    ⓬ If txt사용량.Value >= 500 Then
    ⓭     Cells(입력행, 5) = "우량고객"
    ⓮ Else
    ⓯     Cells(입력행, 5) = "보통"
        End If
    ⓰ txt고객번호.Value = ""
        txt사용량.Value = ""
End Sub
```

❶ '입력행' 변수에 [b3] 셀의 행 번호인 3과 [b3] 셀과 연결된 범위에 있는 데이터의 행수를 더하여 치환합니다.
❷ txt고객번호의 값을 지정된 셀 위치에 표시합니다.
❸ txt사용량도 위와 동일한 방법으로 셀에 표시합니다.
❹ opt공업용을 선택하면 ❺를 수행하고(용도명에 '공업용' 표시)
❻ opt업소용을 선택하면 ❼을 수행하고(용도명에 '업소용' 표시)
❽ opt가정용을 선택하면 ❾을 수행하고(용도명에 '가정용' 표시)
❿ 그렇지 않으면 ⓫을 수행합니다(용도명에 '기타' 표시).
⓬ txt사용량이 500 이상이면 ⓭을 수행하고(비고에 '우량고객' 표시).
⓮ 그렇지 않으면 ⓯을 수행합니다(비고에 '보통' 표시).
⓰ 새로운 데이터를 입력받기 전에 현재 입력된 컨트롤의 값을 지웁니다.

3 워크시트 변경 이벤트 프로시저

정답

```
Private Sub Worksheet_Change(ByVal Target As Range)
    Target.Font.Italic = True
End Sub
```

Target은 변경되는 셀을 나타내는 Range 개체입니다.

1. 프로젝트 탐색기에서 '기타작업-3' 시트를 더블클릭한다.
2. 개체 선택 콤보 상자에서 'Worksheet'를 선택하고, 프로시저 선택 콤보 상자에서 'Change'를 선택한다.
3. 'Worksheet_Change( )' 프로시저에 정답과 같이 코드를 입력한다.

- **준 비 하 세 요** : 'C:\길벗컴활1급\01 엑셀\03 기본모의고사' 폴더에서 '07회.xlsm' 파일을 열어서 작업하시오.
- **외부 데이터 위치** : C:\길벗컴활1급\01 엑셀\03 기본모의고사

4132071

문제 1

기본작업(15점) 주어진 시트에서 다음의 과정을 수행하고 저장하시오.

전문가의 조언

1
- 고급 필터에서 특정한 필드만 추출할 경우 해당 필드명을 추출할 위치에 입력한 후 수행해야 합니다.
- 문제에 제시된 OR 함수를 이용하여 조건을 지정하려면 하나의 셀에 조건을 모두 입력해야 합니다.
- 수식이 들어간 고급 필터의 조건에 대한 필드명은 원본 데이터에서 사용된 필드명과 다른 이름을 사용해야 합니다.

2
- 조건부 서식을 지정할 때는 반드시 문제에 제시된 범위를 정확히 지정한 후 조건을 적용하세요.
- 함수를 사용하지 않고 AND 조건을 지정하려면 각 조건을 '*'로 연결하고, OR 조건을 지정하려면 각 조건을 '+'로 연결하면 됩니다.

3. 페이지 레이아웃은 [페이지 레이아웃] → 페이지 설정의 ⃞를 사용하세요.

1. '기본작업' 시트에서 다음과 같이 고급 필터를 수행하시오.

▶ [A4:I23] 영역에서 '합계'가 상위 3위 이내이거나 하위 3위 이내인 데이터의 '부서', '비품', '합계', '금액'을 표시하시오.

▶ 조건은 [A25:A26] 영역 내에 알맞게 입력하시오. (LARGE, SMALL, OR 함수 사용)

▶ 결과는 [A28] 셀부터 표시하시오.

2. '기본작업' 시트에서 다음과 같이 조건부 서식을 설정하시오.

▶ [A5:I23] 영역에서 '지급일'의 연도가 2020이거나 2021이면 해당되는 전체 행에 대해 글꼴 스타일은 '굵은 기울임꼴', 글꼴 색은 '표준 색-빨강'으로 적용하시오.

▶ 단, 규칙 유형은 '수식을 사용하여 서식을 지정할 셀 결정'으로 지정하고, 한 개의 규칙만을 이용하여 작성하시오.

▶ YEAR 함수 사용

3. '기본작업' 시트에서 다음과 같이 페이지 레이아웃을 설정하시오.

▶ 인쇄 용지가 가로로 인쇄되도록 용지 방향을 설정하고, 인쇄될 내용이 페이지의 가로·세로 가운데에 인쇄되도록 페이지 가운데 맞춤을 설정하시오.

▶ 매 페이지 하단의 가운데 구역에는 작성 시간이 [표시 예]와 같이 표시되도록 바닥글을 설정하시오.
[표시 예 : 8:40 PM]

▶ [A1:I23] 영역을 인쇄 영역으로 설정하시오.

계산작업(30점) '계산작업' 시트에서 다음의 과정을 수행하고 저장하시오.

1. [표1]에서 [E3:E12] 영역에 할인가격을 계산하여 표시하시오.

- ▶ 할인가격 = 수량 ×단가 × (1−할인율)
- ▶ 단가와 할인율은 [H3:K5] 영역([표2])을 참조하여 계산
- ▶ 수량이 200 이상인 제품은 1%를 추가로 할인할 것
- ▶ IF, SWITCH, LEFT 함수 사용

2. 사용자 정의 함수 '평점'을 작성하여 [G16:G25] 영역에 평점을 계산하여 표시하시오.

- ▶ '평점'은 총점을 인수로 받아 평점을 계산하여 되돌려줌
- ▶ 평점은 총점이 270 이상이면 "A", 240 이상이면 "B", 210 이상이면 "C", 180 이상이면 "D", 180 미만이면 "F"를 적용함(SELECT문 이용)

```
Public Function 평점(총점)

End Function
```

3. [표4]에서 총점(F16:F25)을 이용하여 각 범위(J16:J20)에 해당하는 학생의 인원수를 [K16:K20] 영역에 계산하여 표시하시오.

- ▶ FREQUENCY 함수를 이용한 배열 수식
- ▶ 배열 수식의 주소는 모든 셀에 동일하게 입력되도록 작성

4. [표5]의 [I29] 셀에 우수 학생들의 영어점수 평균을 계산하여 표시하시오.

- ▶ 우수 학생은 국어 점수나 수학 점수가 90점 이상 또는 총점이 평균 이상인 학생을 말함
- ▶ [A15:G25] 영역([표3])을 참조하여 계산
- ▶ 조건은 [I22:K25] 영역에 입력하여 계산
- ▶ DSUM, DAVERAGE, DCOUNT, AVERAGE 중 알맞은 함수를 선택하여 사용

5. [표6]에서 2018년 이후에 임대를 시작한 건물을 대상으로 건물이름별 평형의 최대값 (B30:B33)을 계산하시오.

- ▶ [A36:H56] 영역([표7])을 참조하여 계산
- ▶ MAX, YEAR 함수를 이용한 배열 수식

6. [표7]에서 임대시작일(F37:F56)과 임대종료일(G37:G56)을 이용하여 [H37:H56] 영역에 임대기간을 계산하여 표시하시오.

- ▶ 임대기간은 월단위로 표시하되, 일 수가 부족한 달은 개월 수에 포함하지 않음
- ▶ 한달을 30일로 계산
- ▶ 표시 예 : 12개월
- ▶ TEXT, DAYS, QUOTIENT 함수 사용

 전문가의 조언

1. 할인가격

=수량*단가*(1−(할인율+추가할인율))

- 단가 : 상품코드왼쪽 2글자에 따른 단가
- 할인율 : 상품코드왼쪽 2글자에 따른 할인율
- 추가할인율 : IF(수량)=200,1%, 0%)

2. 사용자 정의 함수

Alt + F11 을 누르고, 모듈을 삽입한 후 작성하세요.

3. FREQUENCY(범위1, 범위2)

범위1에서 범위2에 해당하는 발생 빈도수 출력

4

- DAVERAGE(범위, 열 번호, 조건) : 해당 범위에서 조건에 맞는 자료를 대상으로 지정된 열 번호에서 평균을 계산
- 조건을 수식으로 입력할 때는 원본 데이터의 필드명과 다른 이름을 사용하거나 필드명을 입력하지 않습니다.
- OR 조건은 조건을 서로 다른 행에 입력합니다.

5. 2018년 이후에 임대된 건물이름별 평형의 최대값

=MAX((조건1)*(조건2)*계산범위)

- 조건1 : 건물이름별
- 조건2 : 임대시작일 연도가 2018년
- 계산범위 : 평형

7. [표7]의 건물번호를 이용하여 [I37:I56] 영역에 건물별 누적개수를 계산하여 표시하시오.
(6점)

▶ 건물번호가 "Y"로 시작하면 "예술빌딩", "W"로 시작하면 "월드빌딩"으로 건물
이름을 표시한 다음 그 뒤에 누적 개수를 표시하고, 그렇지 않으면 "그외"로 표
시한 후 그 뒤에 누적 개수를 표시함

▶ 표시 예 : 그외(1), 예술빌딩(2), 월드빌딩(1)

▶ IF, LEFT, COUNTIF 함수 사용

분석작업(20점) 주어진 시트에서 다음의 과정을 수행하고 저장하시오.

1. '분석작업-1' 시트에서 다음의 지시사항에 따라 피벗 테이블 보고서를 작성하시오.

▶ 외부 데이터 가져오기 기능을 이용하여 〈통화요금.accdb〉의 〈통화시간별요금〉
테이블에서 '순번', '고객코드', '통화시간(초)', '요금(원)' 열을 이용하시오.

▶ 피벗 테이블 보고서의 레이아웃과 위치는 〈그림〉을 참조하여 설정하고, 보고서
레이아웃을 개요 형식으로 표시하시오.

▶ '순번' 필드를 기준으로 그림과 같이 그룹을 지정하시오.

▶ 피벗 테이블 스타일은 '연한 노랑, 피벗 스타일 밝게 19'로 적용하시오.

▶ '요금(원)' 필드의 표시 형식은 '값 필드 설정'의 셀 서식에서 '회계' 범주를 이용
하여 〈그림〉과 같이 지정하시오.

	A	B	C
1	고객코드	(모두)	
2			
3	순번	최소 : 통화시간(초)	최소 : 요금(원)
4	1-5	478	2,390
5	6-10	168	1,848
6	11-15	142	1,140
7	16-20	77	847
8	21-25	253	2,783
9	26-30	334	2,565
10	총합계	77	847

※ 작업이 완성된 그림이며 부분점수 없음

2. '분석작업-2' 시트에 대하여 다음의 지시사항을 처리하시오.

▶ [정렬] 기능을 이용하여 [C2:F11] 영역을 '행 2'를 기준으로 왼쪽에서 오른쪽으
로 정렬하여 '중간고사 – 기말고사 – 결석수 – 수행평가' 순으로 표시하시오.

▶ [목표값 찾기] 기능을 이용하여 기말고사의 평균(D11)이 90이 되려면 우주태의
기말고사(D10)가 얼마가 되어야 하는지 계산하시오.

문제 4 **기타작업(35점)** 주어진 시트에서 다음의 과정을 수행하고 저장하시오.

1. '기타작업-1' 시트에서 다음의 지시사항 및 그림에 따라 차트를 수정하시오.

※ 차트는 반드시 문제에서 제공한 차트를 사용하여야 하며, 신규로 차트 작성 시 0점 처리됨

① 차트 제목은 '한국사 성적', 가로(항목) 축 제목은 '이름', 세로(값) 축 제목은 '점수'로 입력하고 세로(값) 축의 최대값을 100으로 설정하시오.

② '최종점수' 계열의 차트 종류를 '묶은 세로 막대형'으로 변경한 후 도형 효과를 '기본 설정 1'로 설정하시오.

③ '기말' 계열을 '완만한 선'으로 표시하고 표식을 '삼각형(▲)'으로 변경한 후 '최고/최저값 연결선'을 표시하시오.

④ '중간' 계열의 '오두환' 요소에 대해서만 데이터 레이블을 〈그림〉과 같이 표시하시오.

⑤ 차트에 '평균'이 표시되지 않도록 삭제하시오.

전문가의 조언

1
• 특정 계열을 다른 차트로 변경하려면 임의의 계열의 바로 가기 메뉴에서 [계열 차트 종류 변경]을 선택한 후 수행하세요.
• 특정 데이터 요소에만 레이블을 표시하려면 데이터 계열을 선택한 후 해당 데이터 요소를 다시 클릭하여 데이터 요소만을 선택한 다음 지정하세요.

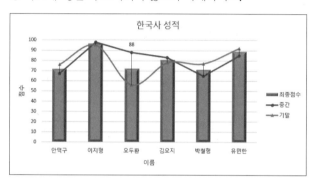

2. '기타작업-2' 시트에서 다음과 같은 기능을 수행하는 매크로를 현재 통합문서에 작성하시오.

① [G3:G10] 영역에 사용자 지정 표시 형식을 설정하는 '서식적용' 매크로를 생성하시오.

▶ 셀 값이 80 이상이면 숫자 뒤에 "(잘함)", 60 이상이면 숫자 뒤에 "(보통)", 그 외는 숫자 뒤에 "(노력요함)"을 표시하되, 숫자는 소수점 첫째 자리까지 표시하시오.

[표시 예 : 90인 경우 → 90.0(잘함), 70인 경우 → 70.0(보통), 0인 경우 → 0.0(노력요함)]

▶ [개발 도구] → [삽입] → [양식 컨트롤]의 '단추'를 동일 시트의 [I2:J3] 영역에 생성한 후 텍스트를 "서식적용"으로 입력하고, 단추를 클릭하면 '서식적용' 매크로가 실행되도록 설정하시오.

② [G3:G10] 영역에 조건부 서식을 설정하는 '상위3개' 매크로를 생성하시오.

▶ '상위/하위 규칙'을 이용하여 상위 3개 항목에 대해 '진한 녹색 텍스트가 있는 녹색 채우기' 서식이 적용되도록 설정하시오.

▶ [개발 도구] → [삽입] → [양식 컨트롤]의 '단추'를 동일 시트의 [I5:J6] 영역에 생성한 후 텍스트를 "상위요금"으로 입력하고, 단추를 클릭하면 '상위3개' 매크로가 실행되도록 설정하시오.

※ 셀 포인터의 위치에 관계없이 매크로가 실행되어야 정답으로 인정됨

3. '기타작업-3' 시트에서 다음과 같은 작업을 수행하고 저장하시오.

① '요금 청구' 단추를 클릭하면 〈통신요금〉 폼이 나타나도록 프로시저를 작성하시오.

② 〈통신요금〉 폼의 '고객번호(txt고객번호)'에 조회할 '고객번호'를 입력하고 '조회
(cmd조회)' 단추를 클릭하면 워크시트의 [표1]에서 해당 데이터를 찾아 각각의
컨트롤에 표시되도록 프로시저를 작성하시오.

▶ 해당 고객의 정보가 없는 경우와 '청구금액'이 150,000 이상인 경우에는 〈그림〉
과 같은 메시스 박스가 표시되도록 프로시저를 작성하시오.

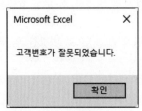
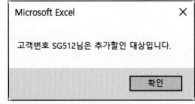

〈찾는 고객이 없는 경우〉　　　〈청구금액이 150,000 이상인 경우〉

▶ For Each ~ Next문을 이용하여 작성하시오.

▶ Format문을 사용하여 '고객번호'는 대문자로, '기본요금'과 '청구금액'은 천 단
위마다 콤마(,)를 표시하시오.

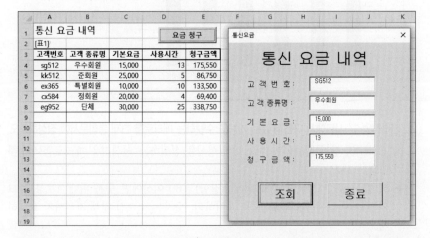

③ '종료(cmd종료)' 단추를 클릭하면 [A1] 셀의 글꼴 스타일을 '굵게'로 설정하고,
〈통신요금〉 폼이 화면에서 사라지도록 프로시저를 작성하시오.

문제 1   기본작업

01. 고급 필터

정답

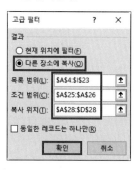

	A	B	C	D
24				
25	조건			
26	TRUE			
27				
28	부서	비품	합계	금액
29	기획팀	A	30	5,000
30	회계팀	B	27	18,000
31	감사팀	C	30	15,000
32	감사팀	A	58	30,000
33	총무팀	C	63	75,000
34	회계팀	B	54	36,000
35	총무팀	B	28	20,000

1. [A25] 셀에 **조건**, [A26] 셀에 =OR(G5)=LARGE($G$5:$ G$23,3),G5<=SMALL($G$5:$G$23,3)), [A28] 셀에 **부서**, [B28] 셀에 **비품**, [C28] 셀에 **합계**, [D28] 셀에 **금액**을 입력한다.
2. [A4:I23] 영역을 블록으로 지정한 후 [데이터] → 정렬 및 필터 → **고급**을 클릭한다.
3. '고급 필터' 대화상자에서 그림과 같이 지정하고, 〈확인〉을 클릭한다.

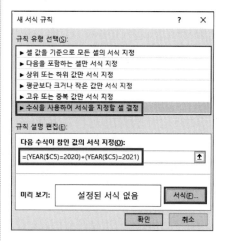

02. 조건부 서식

정답

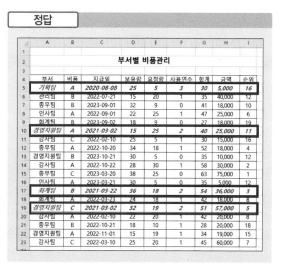

부서별 비품관리

부서	비품	지급일	보유량	요청량	사용연수	합계	금액	순위
기획팀	A	2020-08-08	25	5	3	30	5,000	16
관리팀	B	2022-07-21	15	20	1	35	40,000	12
총무팀	B	2023-09-01	32	9	0	41	18,000	10
인사팀	A	2022-09-01	22	25	1	47	25,000	6
회계팀	B	2023-09-02	18	9	0	27	18,000	10
경영지원팀	A	2021-03-02	15	25	2	40	25,000	11
감사팀	C	2022-02-10	25	5	1	30	15,000	8
총무팀	A	2022-10-20	34	18	1	52	18,000	4
경영지원팀	B	2023-10-21	30	5	0	35	10,000	12
감사팀	A	2022-10-22	28	30	1	58	30,000	2
총무팀	C	2023-03-20	38	25	0	63	75,000	1
인사팀	A	2023-03-21	30	5	0	35	5,000	12
회계팀	B	2021-03-22	36	18	2	54	36,000	3
회계팀	A	2022-03-23	24	18	1	42	18,000	8
경영지원팀	C	2021-03-02	32	19	2	51	57,000	5
감사팀	A	2022-02-10	22	20	1	42	20,000	8
총무팀	B	2022-10-21	18	10	1	28	20,000	8
경영지원팀	A	2022-11-01	15	19	1	34	19,000	15
감사팀	C	2022-03-10	25	20	1	45	60,000	7

1. [A5:I23] 영역을 블록으로 지정한 후 [홈] → 스타일 → 조건부 서식 → 새 규칙을 선택한다.
2. '새 서식 규칙' 대화상자에서 조건을 그림과 같이 지정하고, 〈서식〉을 클릭한다.

3. '셀 서식' 대화상자의 '글꼴' 탭에서 글꼴 스타일은 '굵은 기울임꼴', 글꼴 색은 '표준 색-빨강'으로 지정하고, 〈확인〉을 클릭한다.

4. '새 서식 규칙' 대화상자에서 〈확인〉을 클릭한다.

03. 페이지 레이아웃

정답

1. [페이지 레이아웃] → **페이지 설정**의 ▣를 클릭한다.

2. '페이지 설정' 대화상자의 '페이지' 탭에서 용지 방향을 '가로'로, '여백' 탭에서 페이지 가운데 맞춤의 '가로'와 '세로'를 선택한 후 '머리글/바닥글' 탭에서 〈바닥글 편집〉을 클릭한다.

3. '바닥글' 대화상자에서 그림과 같이 지정한 후 〈확인〉을 클릭한다.

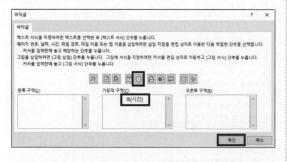

4. '페이지 설정' 대화상자의 '시트' 탭에서 그림과 같이 지정한 후 〈확인〉을 클릭한다.

정답

	A	B	C	D	E	F	G	H	I	J	K
1	[표1]	상품구내 내역			❶할인가격		[표2]	상품 구성표			
2	대리점	상품코드	상품명	수량	할인가격		코드	MW	MI	MD	KB
3	영등포	MW01	마우스	205	5965.5		단가	30	120	70	35
4	용산	MI01	메인보드	100	11400		할인율	0.02	0.05	0.04	0.03
5	명동	MI07	메인보드	150	17100						
6	명동	MD02	모뎀	105	7056						
7	명동	MW02	마우스	100	2940						
8	명동	MW07	하드디스크	200	5820						
9	영등포	MD05	하드디스크	170	11424						
10	용산	KB03	키보드	150	5092.5						
11	명동	KB05	키보드	220	7392						
12	영등포	MW03	마우스	110	3234						
13											
14	[표3]	성적 현황					❷		[표4]		❸
15	학년	성명	국어	영어	수학	총점	평점		범위		인원수
16	3	김수정	75	73	80	228	C		0	180	1
17	2	박정호	79	71	70	220	C		181	210	1
18	1	최아름	71	68	64	203	D		211	240	3
19	3	박진수	85	90	98	273	A		241	270	4
20	1	이영호	77	75	79	231	C		271	300	1
21	2	권민수	88	83	79	250	B				
22	1	이강호	55	65	58	178	F		국어	수학	총점평균
23	3	박동희	80	94	94	268	B		>=90		
24	2	서영수	90	92	88	270	A			>=90	
25	3	강남영	90	80	91	261	B				FALSE
26											
27									[표5]	❹	
28	[표6] 2018년 이후에 임대 건물 평형								우수 학생들의 영어점수 평균		
29	건물이름	최대값 ❺							87.8		
30	새천년빌딩	135									
31	예술빌딩	90									
32	월드빌딩	160									
33	한국빌딩	66									
34											
35	[표7]							❻	❼		
36	임대번호	건물번호	건물이름	평형	보증금액	임대시작일	임대종료일	임대기간	누적개수		
37	1	A-002	새천년빌딩	25	14,000,000	2018/08/24	2021/08/24	36개월	그외(1)		
38	2	A-002	새천년빌딩	20	10,000,000	2014/10/18	2020/10/18	73개월	그외(2)		
39	3	Y-010	예술빌딩	70	160,000,000	2014/11/21	2020/12/21	74개월	예술빌딩(1)		
40	4	Y-010	예술빌딩	40	60,000,000	2016/01/01	2021/01/01	60개월	예술빌딩(2)		
41	5	A-002	새천년빌딩	135	140,000,000	2020/08/24	2023/08/24	36개월	그외(3)		
42	6	A-002	새천년빌딩	35	15,000,000	2021/10/22	2022/10/22	12개월	그외(4)		
43	7	Y-010	예술빌딩	45	48,000,000	2018/11/21	2023/12/21	61개월	예술빌딩(3)		
44	8	Y-010	예술빌딩	90	170,000,000	2021/11/21	2024/11/21	36개월	예술빌딩(4)		
45	9	Y-010	예술빌딩	50	60,000,000	2017/03/01	2022/03/01	60개월	예술빌딩(5)		
46	10	W-017	월드빌딩	150	150,000,000	2019/07/04	2023/07/04	48개월	월드빌딩(1)		
47	11	H-004	한국빌딩	15	25,000,000	2007/08/24	2005/08/24	-24개월	그외(5)		
48	12	W-017	월드빌딩	32	30,000,000	2020/08/26	2023/08/26	36개월	월드빌딩(2)		
49	13	W-017	월드빌딩	160	160,000,000	2019/10/23	2023/10/23	48개월	월드빌딩(3)		
50	14	W-017	월드빌딩	36	60,000,000	2021/10/23	2022/10/23	12개월	월드빌딩(4)		
51	15	W-017	월드빌딩	39	60,000,000	2017/10/23	2021/10/23	48개월	월드빌딩(5)		
52	16	H-004	한국빌딩	66	110,000,000	2019/11/26	2022/11/26	36개월	그외(6)		
53	17	H-004	한국빌딩	35	6,000,000	2021/01/21	2023/01/21	24개월	그외(7)		
54	18	W-017	월드빌딩	110	120,000,000	2020/08/06	2023/08/06	36개월	월드빌딩(6)		
55	19	Y-010	예술빌딩	40	60,000,000	2021/08/23	2025/08/23	48개월	예술빌딩(6)		
56	20	H-004	한국빌딩	15	10,000,000	2018/05/03	2023/05/03	60개월	그외(8)		

1 할인가격(E3)

=D3 * SWITCH(LEFT(B3,2), "MW", 30, "MI", 120, "MD", 70, "KB", 35) * (1-(SWITCH(LEFT(B3,2), "MW", 0.02, "MI", 0.05, "MD", 0.04, "KB", 0.03)+IF(D3>= 200,1%,0%)))

2 평점(G16)

=평점(F16)

[사용자 정의 함수]

Visual Basic Editor의 모듈에 다음과 같이 코드를 입력한다.

```
Public Function 평점(총점)
    Select Case 총점
        Case Is >= 270
            평점 = "A"
        Case Is >= 240
            평점 = "B"
        Case Is >= 210
            평점 = "C"
        Case Is >= 180
            평점 = "D"
        Case Else
            평점 = "F"
    End Select
End Function
```

3 인원수(K16:K20)

{=FREQUENCY(F16:F25, J16:J20)}

※ 결과값이 들어갈 [K16:K20] 영역을 블록으로 지정한 후 수식을 입력하세요.

궁금해요 시나공 Q&A 베스트

Q [K16] 셀에 '=FREQUENCY(F16:F25, $J$16:$J$20)'을 입력하고 Ctrl+Shift+Enter를 눌렀는데도 제가 원하는 결과가 안 나오네요. 왜 절대 주소를 쓰면 답이 안 나오죠?

A 원하는 결과가 나오지 않은 이유는 범위를 절대 참조로 지정했기 때문이 아니라 [K16] 셀만을 선택한 상태에서 수식을 입력했기 때문입니다. FREQUENCY 함수는 배열 함수이기 때문에 결과도 배열(범위)로 출력합니다. 즉 결과가 출력될 부분을 모두 범위로 지정한 상태에서 수식을 입력해야 합니다.

4 우수 학생들의 영어점수 평균(I29)

=DAVERAGE(A15:G25, 4, I22:K25)

※ 조건 지정 : OR 조건이므로 그림과 같이 조건을 서로 다른 행에 입력합니다.

	I	J	K
22	국어	수학	총점평균
23	>=90		
24		>=90	
25			FALSE

※ 총점 평균에 대한 조건이 지정되는 [K25] 셀에 들어갈 수식 : =F16>=AVERAGE($F$16:$F$25)

※ 문제에 제시된 함수는 결과가 표시되는 셀에서 사용되는 함수이므로, 조건 지정 시 사용하는 함수는 수험자가 임의로 특정 함수를 사용할 수 있습니다.

5 최대값(B30)

{=MAX(($C$37:$C$56=A30)*(YEAR($F$37:$F$56) >=2018) * $D$37:$D$56)}

=MAX((조건1) * (조건2) * 최대값을_구할_범위)

=MAX(($C$37:$C$56=A30) * (YEAR($F$37:$F$56))=2018) *
　　　　　조건1　　　　　　　　　조건2
$D$37:$D$56)
최대값을_구할_범위

- 조건1 : 건물이름이 "새천년빌딩"
- 조건2 : 임대시작일 연도가 2018년 이후
- 최대값을_구할_범위 : 평형

6 임대기간(H37)

=TEXT(QUOTIENT(DAYS(G37,F37), 30), "00개월")

7 누적개수(I37)

=IF(LEFT(B37,1)="Y", "예술빌딩("&COUNTIF($B$37:B37,"Y*")&")", IF(LEFT(B37,1)="W", "월드빌딩("&COUNTIF($B$37:B37,"W*")&")", "그외("&COUNTIF($B$37:B37,"<>Y*")-COUNTIF($B$37:B37,"W*")&")"))

COUNTIF($B$37:B37,"Y*")의 의미

[B37:B37] 영역에서 "Y"로 시작하는 건물번호의 개수를 구해 반환합니다. [B37] 셀에 입력한 수식의 채우기 핸들을 드래그하여 나머지 셀에도 수식을 입력하면 아래와 같이 변경되면서 누적 개수를 계산합니다.

- [B37] 셀 : COUNTIF($B$37:B37,"Y*") → [B37:B37] 영역에서 "Y"로 시작하는 건물번호의 개수를 구합니다.
- [B38] 셀 : COUNTIF($B$37:B38,"Y*") → [B37:B38] 영역에서 "Y"로 시작하는 건물번호의 개수를 구합니다.
　　　　　　　　　⋮
- [B56] 셀 : COUNTIF($B$37:B56,"Y*") → [B37:B56] 영역에서 "Y"로 시작하는 건물번호의 개수를 구합니다.

※ 'Y*'는 "Y"로 시작하는 모든 문자를 의미합니다.

문제 3 · 분석작업

01. 피벗 테이블

1. [데이터] → 데이터 가져오기 및 변환 → 데이터 가져오기 → 기타 원본에서 → Microsoft Query에서를 선택한다.
2. '데이터 원본 선택' 대화상자에서 'MS Access Database*'를 선택한 후 〈확인〉을 클릭한다.
3. '데이터베이스 선택' 대화상자에서 '통화요금.accdb'를 선택한 후 〈확인〉을 클릭한다.
4. '쿼리 마법사 – 열 선택' 대화상자에서 그림과 같이 열을 선택하고 〈다음〉을 클릭한다.

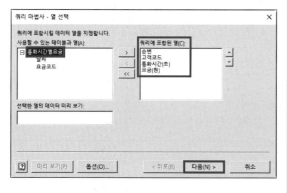

5. '쿼리 마법사 – 데이터 필터' 대화상자에서 〈다음〉을 클릭한다.
6. '쿼리 마법사 – 정렬 순서' 대화상자에서 〈다음〉을 클릭한다.
7. '쿼리 마법사 – 마침' 대화상자에서 〈마침〉을 클릭한다.
8. '데이터 가져오기' 대화상자에서 표시할 방법으로 '피벗 테이블 보고서'를, 작성 위치로 '기존 워크시트', [A3] 셀을 지정한 후 〈확인〉을 클릭한다.

9. '피벗 테이블 필드' 창에서 각 필드를 그림과 같이 지정한다.

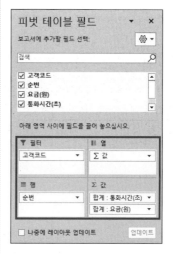

10. 작성된 피벗 테이블에서 임의의 셀을 클릭한 후 [디자인] → 레이아웃 → 보고서 레이아웃 → **개요 형식으로 표시**를 선택한다.
11. 작성된 피벗 테이블에서 값인 '통화시간(초)'의 바로 가기 메뉴에서 [값 요약 기준] → **최소값**을 선택한다.
12. 작성된 피벗 테이블에서 값인 '요금(원)'의 바로 가기 메뉴에서 [값 요약 기준] → **최소값**을 선택한다.
13. 작성된 피벗 테이블에서 '순번'의 바로 가기 메뉴에서 [**그룹**]을 선택한다.

14. '그룹화' 대화상자에서 그림과 같이 지정하고 〈확인〉을 클릭한다.

15. 피벗 테이블에서 임의의 셀을 선택한 후 [디자인] → **피벗 테이블 스타일**에서 '연한 노랑, 피벗 스타일 밝게 19'를 선택한다.

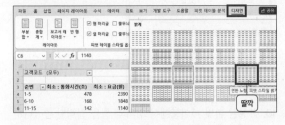

16. 작성된 피벗 테이블에서 '요금(원)'이 표시되어 있는 임의의 셀의 바로 가기 메뉴에서 **[값 필드 설정]**을 선택한다.

17. '값 필드 설정' 대화상자에서 〈표시 형식〉을 클릭한다.

18. '셀 서식' 대화상자에서 그림과 같이 지정한 후 〈확인〉을 클릭한다.

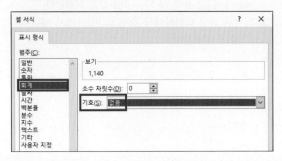

19. '값 필드 설정' 대화상자에서도 〈확인〉을 클릭한다.

02. 정렬 / 목표값 찾기

정답

	A	B	C	D	E	F
1	[표1]					
2	성명	전공학과	중간고사	기말고사	결석수	수행평가
3	이미영	컴퓨터	90	85	1	98
4	구기자	국문	100	90	3	94
5	한명구	경영	87	95	2	96
6	사오정	국문	78	90	8	84
7	오동추	컴퓨터	50	96	5	90
8	윤수아	경영	66	89	6	88
9	김기자	컴퓨터	89	95	4	92
10	우주태	경영	50	80	2	65
11	평균		76	90	4	88

1. [C2:F11] 영역을 선택한 후 [데이터] → 정렬 및 필터 → **정렬**을 클릭한다.

2. '정렬' 대화상자에서 〈옵션〉 단추를 클릭한다.

3. '정렬 옵션' 대화상자에서 '왼쪽에서 오른쪽'을 선택한 후 〈확인〉을 클릭한다.

4. '정렬' 대화상자의 정렬 기준에서 행을 '행 2', 정렬 기준을 '셀 값', 정렬을 '사용자 지정 목록'으로 선택한다.

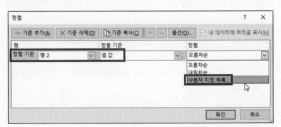

5. '사용자 지정 목록' 대화상자에서 그림과 같이 지정한 후 〈확인〉을 클릭한다.

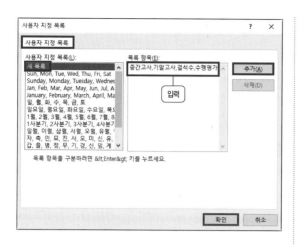

6. 이어서 '정렬' 대화상자에서도 〈확인〉을 클릭한다.

7. [데이터] → 예측 → 가상 분석 → **목표값 찾기**를 선택한다.

8. '목표값 찾기' 대화상자에서 그림과 같이 지정하고, 〈확인〉을 클릭한다.

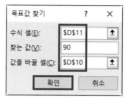

9. '목표값 찾기 상태' 대화상자에서 〈확인〉을 클릭한다.

문제 4 　 기타작업

01. 차트 서식

1 세로(값) 축의 최대값 지정

세로(값) 축을 더블클릭한 후 '축 서식' 창의 [축 옵션] → ⬛(축 옵션) → **축 옵션**에서 '최대값' 경계를 100으로 지정한다.

2 '최종점수' 계열의 차트 종류 변경 및 서식 지정

1. 임의의 계열을 선택한 후 바로 가기 메뉴에서 [**계열 차트 종류 변경**]을 선택한다.

2. '차트 종류 변경' 대화상자의 [혼합]에서 그림과 같이 지정한 후 〈확인〉을 클릭한다.

3. '최종점수' 계열을 선택한 후 [서식] → 도형 스타일 → 도형 효과 → 미리 설정 → **기본 설정** 1을 선택한다.

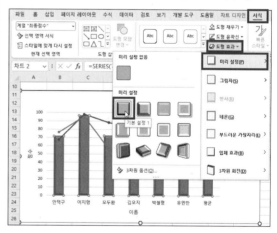

3 '기말' 계열의 서식 지정 및 최고/최저값 연결선 표시

1. '기말' 계열을 더블클릭한 후 '데이터 계열 서식' 창의 [계열 옵션] → ◇(채우기 및 선) → 선 → 선 → **완만한 선**을 선택한다.

2. '데이터 계열 서식' 창의 [계열 옵션] → (채우기 및 선) → 표식 → **표식 옵션**에서 '기본 제공'을 선택한 후 '형식'을 '삼각형(▲)'으로 지정한다.

3. [차트 디자인] → 차트 레이아웃 → 차트 요소 추가 → 선 → **최고/최저값 연결선**을 선택한다.

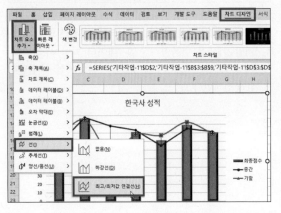

4 '오두환' 요소에만 값 표시

1. '중간' 계열을 클릭한 후 '중간' 계열 중 '오두환' 요소를 다시 한 번 클릭한다.
2. '오두환' 요소만 선택된 상태에서 [차트 디자인] → 차트 레이아웃 → 차트 요소 추가 → 데이터 레이블 → **위쪽**을 선택한다.

5 '평균' 데이터 삭제

1. 차트 영역의 바로 가기 메뉴에서 [**데이터 선택**]을 선택한다.
2. '데이터 원본 선택' 대화상자의 '범례 항목(계열)'에서 '중간' 계열을 선택한 후 〈편집〉을 클릭한다.
3. '계열 편집' 대화상자에서 계열 값의 범위를 '평균'을 제외하고 다시 지정한 후 〈확인〉을 클릭한다.

4. 같은 방법으로 '기말'과 '최종점수' 계열의 계열 값을 '평균'을 제외하고 다시 지정한다.
5. '데이터 원본 선택' 대화상자의 '가로(항목) 축 레이블'의 〈편집〉을 클릭한다.
6. '축 레이블' 대화상자에서 축 레이블 범위를 평균을 제외한 [B3:B8] 영역으로 지정한 후 〈확인〉을 클릭한다.
7. '데이터 원본 선택' 대화상자에서 〈확인〉을 클릭한다.

차트의 원본 데이터가 연속적으로 붙어있는 경우에는 차트를 선택하면 아래 그림과 같이 원본 데이터로 사용된 부분에 경계선이 표시됩니다. 이 표시된 선을 마우스로 드래그하여 원본 데이터를 수정해도 됩니다.

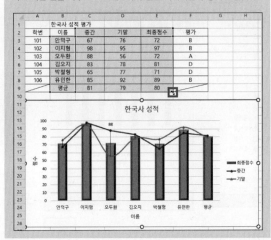

02. 매크로

	A	B	C	D	E	F	G	H	I	J
1	[표1]									
2	성명	전공학과	결석회수	출석점수	중간고사	기말고사	평점		서식적용	
3	이미영	컴퓨터	1	98	90	88	92.0(잘함)			
4	구기자	국문	3	94	100	90	94.7(잘함)			
5	한명구	경영	2	96	87	95	92.7(잘함)		상위요금	
6	사오정	국문	8	84	78	80	80.7(잘함)			
7	오동추	컴퓨터	5	90	50	94	78.0(보통)			
8	윤수아	경영	6	88	66	90	81.3(잘함)			
9	김기자	컴퓨터	4	92	89	88	89.7(잘함)			
10	우주태	경영	2	65	50	49	54.7(노력요함)			

1 '서식적용' 매크로

1. [개발 도구] → 컨트롤 → 삽입 → **양식 컨트롤**에서 '단추'를 클릭한 후 [I2:J3] 영역 영역에 맞게 드래그한다.
2. '매크로 지정' 대화상자의 매크로 이름에 **서식적용**을 입력하고 〈기록〉을 클릭한다.
3. '매크로 기록' 대화상자에서 〈확인〉을 클릭한다.
4. [G3:G10] 영역을 블록으로 지정한 후 Ctrl+1을 누른다.
5. '셀 서식' 대화상자의 '표시 형식' 탭에서 그림과 같이 지정한 후 〈확인〉을 클릭한다.

6. 임의의 셀을 클릭한 후 '기록 중지(□)' 아이콘을 클릭한다.
7. '단추'의 바로 가기 메뉴에서 [**텍스트 편집**]을 선택한 후 텍스트를 **서식적용**으로 변경한다.

2 '상위3개' 매크로

1. [개발 도구] → 컨트롤 → 삽입 → **양식 컨트롤**에서 '단추'를 클릭한 후 [I5:J6] 영역 영역에 맞게 드래그한다.
2. '매크로 지정' 대화상자의 매크로 이름에 **상위3개**를 입력하고 〈기록〉을 클릭한다.

3. '매크로 기록' 대화상자에서 〈확인〉을 클릭한다.
4. [G3:G10] 영역을 블록으로 지정한 후 [홈] → 스타일 → 조건부 서식 → 상위/하위 규칙 → **상위 10개 항목**을 선택한다.
5. '상위 10개 항목' 대화상자에서 그림과 같이 지정하고 〈확인〉을 클릭한다.

'상위3개' 매크로를 실행할 때마다 조건부 서식에 새 규칙이 추가됩니다. 조건부 서식이 지정된 임의의 셀을 클릭한 후 [홈] → 스타일 → 조건부 서식 → 규칙 관리를 선택하면 나타나는 '조건부 서식 규칙 관리자' 대화상자에 한 개의 규칙만 남기고 나머지 규칙은 모두 삭제하세요.

6. 임의의 셀을 클릭한 후 '기록 중지(□)' 아이콘을 클릭한다.
7. '단추'의 바로 가기 메뉴에서 [**텍스트 편집**]을 선택한 후 텍스트를 **상위요금**으로 변경한다.

03. VBA

1 '요금 청구' 단추 클릭 프로시저

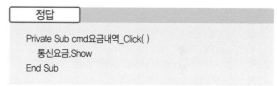

```
Private Sub cmd요금내역_Click( )
    통신요금.Show
End Sub
```

1. [개발 도구] → 컨트롤 → **디자인 모드**를 클릭한다.
2. '요금 청구' 단추를 더블클릭한다.
3. 'cmd요금내역_Click( )' 프로시저에 정답과 같이 코드를 입력한다.

2 '조회' 단추 클릭 프로시저

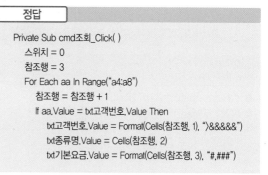

```
Private Sub cmd조회_Click( )
    스위치 = 0
    참조행 = 3
    For Each aa In Range("a4:a8")
        참조행 = 참조행 + 1
        If aa.Value = txt고객번호.Value Then
            txt고객번호.Value = Format(Cells(참조행, 1), ")&&&&&")
            txt종류명.Value = Cells(참조행, 2)
            txt기본요금.Value = Format(Cells(참조행, 3), "#,###")
```

```
            txt사용시간.Value = Cells(참조행, 4)
            txt청구금액.Value = Format(Cells(참조행, 5), "#,###")
            스위치 = 1
            Exit For
        End If
    Next
    If 스위치 = 0 Then
        MsgBox "고객번호가 잘못되었습니다."
    ElseIf Cells(참조행, 5) >= 150000 Then
        MsgBox "고객번호 " & txt고객번호.Value & "님은 추가할
            인 대상입니다."
    End If
End Sub
```

1. 프로젝트 탐색기에서 〈통신요금〉 폼을 더블클릭하여 〈통신요금〉 폼이 화면에 나오게 한다.
2. '조회' 단추를 더블클릭하여 'cmd조회_Click( )' 프로시저를 나오게 한다.
3. 'cmd조회_Click( )' 프로시저에 정답과 같이 코드를 입력한다.

코드 설명

```
Private Sub cmd조회_Click( )
❶    스위치 = 0
❷    참조행 = 3
❸    For Each aa In Range("a4:a8")
❹        참조행 = 참조행 + 1
❺        If aa.Value = txt고객번호.Value Then
❻            txt고객번호.Value = Format(Cells(참조행, 1), ")&&&&&")
❼            txt종류명.Value = Cells(참조행, 2)
❽            txt기본요금.Value = Format(Cells(참조행, 3), "#,###")
❾            txt사용시간.Value = Cells(참조행, 4)
❿            txt청구금액.Value = Format(Cells(참조행, 5), "#,###")
⓫            스위치 = 1
⓬            Exit For
⓭        End If
⓮    Next
⓯    If 스위치 = 0 Then
⓰        MsgBox "고객번호가 잘못되었습니다."
⓱    ElseIf Cells(참조행, 5) >= 150000 Then
⓲        MsgBox "고객번호 " & txt고객번호.Value & "님은 추가할인 대상입
            니다."
⓳    End If
End Sub
```

❶ '스위치' 변수를 0으로 초기화 합니다.
❷ '참조행' 변수를 3으로 초기화 합니다.
❸ [A4:A8] 영역의 각 개체를 aa에 차례로 저장하면서 셀의 수만큼 ❹ ～⓭번을 반복하여 실행합니다.

❹ '참조행' 변수에 1을 누적합니다.
  – '참조행'은 'txt고객번호' 컨트롤에 입력한 고객이 시트의 몇 번째 행에 있는지를 구하기 위해 사용합니다. '참조행'이 4이면 4행에 있는 것입니다.
❺ aa에 저장된 값(Value)이 'txt고객번호' 컨트롤에 입력된 값과 같으면 ❻～⓬번을 실행하고, 그렇지 않으면 ⓭번으로 이동합니다.
❻ 지정된 셀 위치의 데이터를 'txt고객번호'에 대문자로 변환하여 표시합니다.
❼, ❽, ❾, ❿ 지정된 셀 위치의 데이터를 'txt종류명', 'txt기본요금', 'txt사용시간', 'txt청구금액'에 각각 표시하되, 'txt기본요금'과 'txt청구금액'에는 천 단위마다 콤마(,)를 표시합니다.
⓫ '스위치' 변수에 1을 치환합니다.
⓬ 찾고자 하는 값을 찾았으므로 For Each문을 빠져나가 ⓯번으로 이동합니다.
⓭ If문의 끝입니다.
⓮ For문의 끝입니다. [A4:A8] 영역을 모두 검사했으면 ⓯번으로 가고, 그렇지 않으면 ❹～⓭번을 다시 수행합니다.
⓯ '스위치' 변수가 0이면 ⓰번을 실행하고, 그렇지 않으면 ⓱번을 실행합니다. ❶번에서 '스위치' 변수에 넣은 0이 그대로라면 ⓫번을 실행하지 않은 것입니다. ⓫번은 'txt고객번호' 컨트롤에 입력한 고객번호가 [A4:A8] 영역에 있는 경우 실행하는 것으로, 이 코드를 실행하지 않았다면 동일한 데이터가 없는 것입니다.
⓰ "고객번호가 잘못되었습니다."가 표시된 메시지 박스를 표시합니다.
⓱ 청구금액이 150,000 이상이면 ⓲번을 실행하고, 그렇지 않으면 ⓳번을 실행합니다.
⓲ "고객번호 "와 'txt고객번호'의 컨트롤의 값, "님은 추가할인 대상입니다."가 표시된 메시지 박스를 표시합니다.
⓳ If문의 끝입니다.

❸ '종료' 단추 클릭 프로시저

정답

```
Private Sub cmd종료_Click( )
    [A1].Font.Bold = True
    Unload Me
End Sub
```

1. 프로젝트 탐색기에서 〈통신요금〉 폼을 더블클릭하여 〈통신요금〉 폼이 화면에 나오게 한다.
2. '종료' 단추를 더블클릭하여 'cmd종료_Click( )' 프로시저를 나오게 한다.
3. 'cmd종료_Click( )' 프로시저에 정답과 같이 코드를 입력한다.

- 준 비 하 세 요 : 'C:\길벗컴활1급\01 엑셀\03 기본모의고사' 폴더에서 '08회.xlsm' 파일을 열어서 작업하시오.
- 외부 데이터 위치 : C:\길벗컴활1급\01 엑셀\03 기본모의고사

4132081

문제 1 **기본작업(15점)** 주어진 시트에서 다음의 과정을 수행하고 저장하시오.

1. '기본작업-1' 시트에서 다음과 같이 고급 필터를 수행하시오.

- ▶ [A3:H15] 영역에서 '수량'이 '수량'의 평균보다 크고, '금액'이 '금액'의 평균보다 큰 자료의 모든 정보를 표시하시오.
- ▶ 조건은 [A17:A18] 영역에 알맞게 입력하시오. (AND, AVERAGE 함수 사용)
- ▶ 결과는 [A20] 셀부터 표시하시오.

2. '기본작업-1' 시트에서 다음과 같이 조건부 서식을 설정하시오.

- ▶ [A4:H15] 영역에서 '제품번호'의 첫 문자가 "C" 또는 "D"로 시작하거나 '등록시간'이 오후 12시 이후인 행 전체에 대해 밑줄은 '이중 실선', 글꼴 스타일은 '굵게'로 적용하시오.
- ▶ 단, 규칙 유형은 '수식을 사용하여 서식을 지정할 셀 결정'으로 지정하고, 한 개의 규칙만을 이용하여 작성하시오.
- ▶ OR, LEFT 함수 사용

3. '기본작업-2' 시트에서 다음과 같이 시트 보호와 통합 문서 보기를 설정하시오.

- ▶ [E5:F11] 영역에 셀 잠금과 수식 숨기기를 적용한 후 잠긴 셀의 내용과 워크시트를 보호하시오.
- ▶ 도형의 텍스트 잠금은 해제하시오.
- ▶ 잠긴 셀의 선택과 잠기지 않은 셀의 선택은 허용하고 시트 보호 암호는 지정하지 마시오.
- ▶ '기본작업-2' 시트를 페이지 나누기 미리 보기로 표시하고, [B1:F11] 영역만 1페이지로 인쇄되도록 페이지 나누기 구분선을 조정하시오.

> **전문가의 조언**
>
> 1
> - 문제에 제시된 AND 함수를 이용하여 조건을 지정하려면 하나의 셀에 조건을 모두 입력해야 합니다.
> - 수식이 들어간 고급 필터의 조건에 대한 필드명은 원본 데이터에 사용된 필드명과 다른 이름을 사용해야 합니다.
>
> 2. 조건부 서식을 지정할 때는 반드시 문제에 제시된 범위를 정확히 지정한 후 조건을 적용하세요.
>
> 3. 시트 보호 기능을 적용하려면 용도에 따라 '잠금'이나 '숨김'을 '셀 서식' 대화상자의 '보호' 탭에 먼저 지정해야 합니다.

문제 2

계산작업(30점) '계산작업' 시트에서 다음의 과정을 수행하고 저장하시오.

전문가의 조언

1. 장르별 각 연도의 대여료 평균
=AVERAGE(IF((조건1) * (조건2),
계산범위))

• 조건1 : 장르별
• 조건2 : 연도별
• 계산범위 : 대여료

2. TEXT(텍스트,인수)
텍스트를 인수 형식으로 표시

3. 사용자 정의 함수
• Alt + F11 을 누르고, 모듈을 삽
입한 후 작성하세요.
• For문 형식

For 반복변수=시작값 To 최종값
  실행문
Next 반복변수

4
• 매입금액 : =매입수량×찾기함
수(품명, 단가표범위, 매입단가
행, 옵션)
• 매출금액 : =매출수량×찾기함
수(품명, 단가표범위, 매출단가
행, 옵션)

**5. 매출수량이 세 번째로 큰 값의
품명 표시**
=찾기 함수(인수, 범위1, 범위2)
• 인수 : = LARGE(매출수량범위,
3)

6. 추가점수
=기본점수+IF(성적700이상, 특별점
수, 0)
• 성적700이상 : SUMPRODUCT(
1차,2차,3차 범위,{0.3,0.3,
0.4}))=70

1. [표1]에서 장르별 각 연도(입고일자)의 대여료 평균을 [B3:C6] 영역에 계산하시오.
   ▶ [A9:H25] 영역([표2])을 참조하여 계산
   ▶ AVERAGE, IF, YEAR 함수를 이용한 배열 수식

2. [표2]에서 관리코드의 마지막 1자리나 2자리의 숫자를 2자리로 변경하여 [B10:B25] 영역
   에 표시하시오.
   ▶ 표시 형식은 함수를 사용하여 지정
   ▶ 표시 예 : 비디오-3 → 03
   ▶ TEXT, RIGHT, LEN 함수 사용

3. 사용자 정의 함수 'won원가대여횟수'를 작성하여 [H10:H25] 영역에 계산하시오.
   ▶ 'won원가대여횟수'는 DVD 가격과 대여료를 인수로 받아 원가대여횟수를 계산
   하여 되돌려줌
   ▶ 원가대여횟수는 'DVD 가격/대여료/10'의 값만큼 "★"를 반복하여 표시
   ▶ DVD 가격 25,300, 대여료 1,000인 경우 : ★★
   ▶ FOR문 이용

   ```
   Public Function won원가대여횟수(DVD가격, 대여료)

   End Function
   ```

4. [표3]의 [C29:C37], [E29:E37] 영역에 매입금액과 매출금액을 계산하여 표시하시오.
   ▶ [H35:J37] 영역(단가표)을 참조하여 계산
   ▶ 매입금액 = 매입수량 × 매입단가
   ▶ 매출금액 = 매출수량 × 매출단가
   ▶ HLOOKUP과 VLOOKUP 중 알맞은 함수를 선택하여 사용

5. [표3]에서 세 번째로 큰 값(G29)과 두 번째로 작은 값(G31)을 계산하여 표시하시오.
   ▶ 세 번째로 큰 값에는 매출수량이 세 번째로 큰 값의 품명을 표시
   ▶ 두 번째로 작은 값에는 매출수량이 두 번째로 작은 값의 품명을 표시
   ▶ VLOOKUP, HLOOKUP, LOOKUP, LARGE, SMALL 중 알맞은 함수를 선택
   하여 사용

6. [표6]에서 추가점수를 [H49:H61] 영역에 계산하여 표시하시오.
   ▶ 추가점수는 기본점수+특별점수로 계산
   ▶ 결석일수에 따라 [표5]의 [E41:F44] 영역을 참조하여 기본점수를 계산
   ▶ 특별점수는 1차, 2차, 3차 성적에 각각 0.3, 0.3, 0.4를 곱하여 더한 점수가 70
   이상인 학생에게만 5점 추가
   ▶ IF, XLOOKUP, SUMPRODUCT 함수 사용

7. [표6]에서 수강료의 할인율을 [I49:I61] 영역에 계산하여 표시하시오.

▶ 각 학생별 '1차', '2차', '3차'의 평균을 구하고 할인율은 [표4]의 [A41:B45] 영역 참조

▶ '결석일수'의 셀이 공백이면 0.5%를 추가 할인함

▶ VLOOKUP, AVERAGE, IF, ISBLANK 함수 사용

 전문가의 조언

7. 할인율

=IF(결석일수공백, 할인율+0.5%, 할인율)

· 결석일수공백: =ISBLANK(결석일수)

· 할인율: =찾기함수(평균, 범위, 할인율열, 옵션)

· 평균: =AVERAGE(1차,2차,3차)

5132083

문제 3 **분석작업(20점)** 주어진 시트에서 다음의 과정을 수행하고 저장하시오.

1. '분석작업-1' 시트에서 다음의 지시사항에 따라 피벗 테이블 보고서를 작성하시오.

전문가의 조언

1. 문자에 그룹을 지정하려면 해당 셀을 블록으로 지정하고, 바로 가기 메뉴에서 [그룹]을 선택하세요.

▶ 외부 데이터 원본으로 〈정보검색.accdb〉의 〈정보검색결과〉 테이블을 이용하시오.

▶ 피벗 테이블 보고서의 레이아웃과 위치는 〈그림〉을 참조하여 설정하고 보고서 레이아웃을 개요 형식으로 표시하시오.

▶ '학번' 필드의 첫 글자가 A이면 "A반", B이면 "B반", C이면 "C반"으로 그룹을 설정하고 〈그림〉을 참조하여 하위 수준의 표시 여부를 설정하시오.

▶ 중간(30%), 기말(40%) 필드를 〈그림〉과 같이 열 합계 비율로 나타나도록 작성하시오.

	A	B	C	D	E	F
1	이름	(모두)	▼			
2						
3				성별 ▼		
4	학번2 ▼	학번 ▼	값	남	여	총합계
5	⊞A반					
6			합계 : 중간(30%)	44.95%	22.98%	35.06%
7			합계 : 기말(40%)	45.62%	23.29%	35.87%
8	⊞B반					
9			합계 : 중간(30%)	55.05%	65.11%	59.58%
10			합계 : 기말(40%)	54.38%	66.78%	59.79%
11	⊞C반					
12			합계 : 중간(30%)	0.00%	11.91%	5.36%
13			합계 : 기말(40%)	0.00%	9.93%	4.33%
14	전체 합계 : 중간(30%)			100.00%	100.00%	100.00%
15	전체 합계 : 기말(40%)			100.00%	100.00%	100.00%

※ 작업이 완성된 그림이며 부분점수 없음

2. '분석작업-2' 시트에 대하여 다음의 지시사항을 처리하시오.

▶ [데이터 유효성 검사] 기능을 이용하여 [D3:G24] 영역에서 학생별 '중간(30%)', '기말(40%)', '출석(10%)', '과제(20%)' 점수의 합계가 100 이하가 되도록 제한 대상을 지정하시오.

　- [D3:G24] 영역의 셀을 클릭한 경우 〈그림〉과 같은 설명 메시지를 표시하고, 유효하지 않은 데이터를 입력한 경우 〈그림〉과 같은 오류 메시지가 표시되도록 설정하시오.

– SUM 함수를 사용하시오.

▶ 필터 도구를 이용하여 [표1]의 '총점(100%)' 필드 중 80 이상 90 이하인 데이터만 필터링한 후 '총점(100%)' 필드를 기준으로 내림차순 정렬하시오.

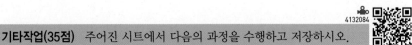

문제 4 · 기타작업(35점) 주어진 시트에서 다음의 과정을 수행하고 저장하시오.

전문가의 조언

1
• 기본 단위 눈금 변경은 세로(값) 축을 더블클릭하면 나타나는 '축 서식' 창을 이용하세요.
• 계열 방향을 변경하려면 [차트 디자인] → 데이터 → 행/열 전환을 이용하세요.

1. '기타작업-1' 시트에서 다음의 지시사항에 따라 차트를 수정하시오.

※ 차트는 반드시 문제에서 제공한 차트를 사용하여야 하며, 신규로 차트 작성 시 0점 처리됨

① 차트 제목, 가로(항목) 축 제목, 세로(값) 축 제목을 〈그림〉과 같이 입력한 후 세로(값) 축 제목의 텍스트 방향을 '세로'로 설정하시오.

② 세로(값) 축의 기본 단위를 10으로 설정하고, 행/열 방향을 〈그림〉과 같이 변경하시오.

③ 범례를 아래쪽에 표시하고 채우기 색을 '흰색, 배경 1', 그림자를 '오프셋: 가운데'로 지정하시오.

④ 차트의 간격 깊이를 50%, 간격 너비를 100%로 변경한 후 세로 막대 모양을 '원통형'으로 설정하시오.

⑤ 차트를 '3차원 회전'에서 '직각으로 축 고정'으로 지정하고 차트 영역의 테두리 스타일을 '둥근 모서리'로 지정하시오.

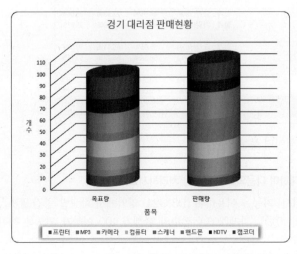

2. '기타작업-2' 시트에서 다음과 같은 기능을 수행하는 매크로를 현재 통합문서에 작성하시오.

① [D4:D13] 영역에 사용자 지정 표시 형식을 설정하는 '성별' 매크로를 생성하시오.

▶ 셀의 값이 1이면 "남", 그 외는 "여"로 표시하시오.

▶ [도형] → [기본 도형]의 '육각형(⬡)'을 동일 시트의 [E15:F16] 영역에 생성한 후 텍스트를 "성별표시"로 입력하고, 도형을 클릭하면 '성별' 매크로가 실행되도록 설정하시오.

② [E4:H13] 영역에 조건부 서식을 적용하는 '성적관리' 매크로를 생성하시오.

▶ 셀의 값이 평균 미만인 경우 채우기 색을 '표준 색-주황'으로 표시하시오.

▶ 규칙 유형은 '평균보다 크거나 작은 값만 서식 지정'으로 선택하시오.

▶ [도형] → [기본 도형]의 '육각형(⬡)'을 동일 시트의 [G15:H16] 영역에 생성한 후 텍스트를 "관리대상"으로 입력하고, 도형을 클릭하면 '성적관리' 매크로가 실행되도록 설정하시오.

※ 셀 포인터의 위치에 관계없이 매크로가 실행되어야 정답으로 인정됨

3. '기타작업-3' 시트에서 다음과 같은 작업을 수행하도록 프로시저를 작성하시오.

전문가의 조언

3. '구매 내역 입력' 단추 클릭 프로시저를 작성하려면 [개발 도구] → 컨트롤 → 디자인 모드를 클릭한 후 '구매 내역 입력' 단추를 더블클릭하세요.

① '구매 내역 입력' 단추를 클릭하면 〈물품구매〉 폼이 나타나도록 설정하고, 폼이 초기화(Initialize)되면 오늘의 날짜가 구매일자(txt구매일자) 텍스트 상자에 입력되고, '기타작업-1' 시트의 [A3:B10] 영역이 품목명(List품목명) 목록으로 표시되도록 프로시저를 작성하시오.

② 〈물품구매〉 폼에 데이터를 입력하고, '입력(cmd입력)' 단추를 클릭하면 폼에 입력된 데이터가 '기타작업-3' 시트의 표에 입력되어 있는 마지막 행 다음에 연속해서 추가되도록 프로시저를 작성하시오.

▶ '금액'은 입력받은 '단가'와 '구매수량'을 이용하여 프로시저에서 작성하여 표시하시오(금액=구매수량×단가).

▶ 금액에는 천 단위 구분 기호를 표시하시오.

▶ 워크시트에 데이터를 입력할 때 표의 제목 행과 입력 내용이 일치하도록 작성하시오.

▶ 폼의 '입력(cmd입력)' 단추를 클릭하면 '품목명(List품목명)', '단가(txt단가)', '구매수량(txt수량)'에는 새로운 값이 입력될 수 있도록 설정하시오.

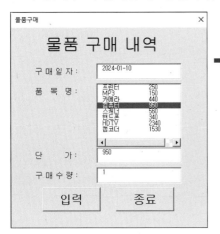

※ 데이터를 추가하거나 삭제하여도 항상 마지막 데이터 다음에 입력되어야 함

③ 〈물품구매〉 폼의 '종료(cmd종료)' 단추를 클릭하면 전체 구매건수를 표시한 메시지 박스가 표시된 후 폼을 종료하는 프로시저를 작성하시오.

EXAMINATION 08회 기본 모의고사 정답 및 해설

문제 1   기본작업

01. 고급 필터

정답

	A	B	C	D	E	F	G	H
16								
17	조건							
18	FALSE							
19								
20	제품번호	제품명	등급	등록일자	등록시간	단가	수량	금액
21	E-01	만년	14세이상	11월 25일	14:10	17,000	10	170,000
22	E-01	만년	14세이상	11월 25일	16:30	17,000	7	119,000
23	C-02	왕의 전설	18세이상	04월 5일	11:10	18,000	9	162,000
24	D-02	한국 협객전	18세이상	08월 2일	09:50	18,000	8	144,000
25	E-01	협객	14세이상	11월 25일	11:20	17,000	9	153,000
26	E-01	만년	14세이상	11월 25일	10:40	17,000	9	153,000

1. [A17] 셀에 조건, [A18] 셀에 =AND(G4)AVERAGE($G$4: $G$15),H4)AVERAGE($H$4:$H$15))를 입력한다.
2. [A3:H15] 영역을 블록으로 지정한 후 [데이터] → 정렬 및 필터 → **고급**을 클릭한다.
3. '고급 필터' 대화상자에서 그림과 같이 지정하고, 〈확인〉 을 클릭한다.

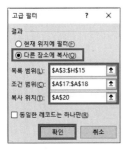

02. 조건부 서식

정답

	A	B	C	D	E	F	G	H
1	[표1]		게임 CD별 보유 수량					
2								
3	제품번호	제품명	등급	등록일자	등록시간	단가	수량	금액
4	**C-02**	**왕의 전설**	**18세이상**	**04월 5일**	**12:40**	**18,000**	**3**	**54,000**
5	**C-02**	**용의 전설**	**18세이상**	**04월 5일**	**15:10**	**18,000**	**4**	**72,000**
6	**E-01**	**만년**	**14세이상**	**11월 25일**	**14:10**	**17,000**	**10**	**170,000**
7	**E-01**	**만년**	**14세이상**	**11월 25일**	**16:30**	**17,000**	**7**	**119,000**
8	**C-02**	**용의 전설**	**18세이상**	**04월 5일**	**12:50**	**18,000**	**5**	**90,000**
9	**C-02**	**용의 전설**	**18세이상**	**04월 5일**	**17:10**	**18,000**	**5**	**90,000**
10	**C-02**	**왕의 전설**	**18세이상**	**04월 5일**	**11:10**	**18,000**	**9**	**162,000**
11	**D-02**	**한국 협객전**	**18세이상**	**08월 2일**	**09:50**	**18,000**	**8**	**144,000**
12	E-01	만년	14세이상	11월 25일	10:50	17,000	4	68,000
13	E-01	협객	14세이상	11월 25일	11:20	17,000	9	153,000
14	E-01	만년	14세이상	11월 25일	10:40	17,000	9	153,000
15	E-01	한국 협객전	14세이상	11월 25일	09:10	17,000	5	85,000

1. [A4:H15] 영역을 블록으로 지정한 후 [홈] → 스타일 → 조건부 서식 → **새 규칙**을 선택한다.
2. '새 서식 규칙' 대화상자에서 조건을 그림과 같이 지정 하고, 〈서식〉을 클릭한다.

3. '셀 서식' 대화상자의 '글꼴' 탭에서 밑줄은 '이중 실선', 글꼴 스타일은 '굵게'를 지정하고 〈확인〉을 클릭한다.
4. '새 서식 규칙' 대화상자에서 〈확인〉을 클릭한다.

03. 시트 보호 / 통합 문서 보기

정답

	A	B	C	D	E	F
1						
2			지점별 매출 성과			
3						
4		지점코드	총매출액	매출원가	매출이익	지역
5		S01	1,137	823	314	수도권
6		D02	1,027	720	307	경상도
7		G03	923	792	131	전라도
8		B04	1,278	879	399	경상도
9		K05	1,087	811	276	수도권
10		S06	987	823	164	수도권
11		B07	1,234	983	251	경상도

1. [E5:F11] 영역을 블록으로 지정한 후 바로 가기 메뉴에 서 Ctrl + 1 을 누른다.

2. '셀 서식' 대화상자의 '보호' 탭에서 '잠금'과 '숨김'을 선택한 후 〈확인〉을 클릭한다.

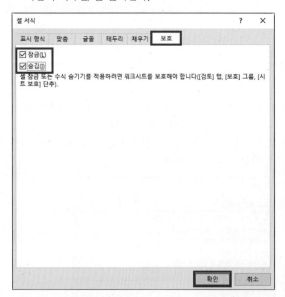

3. 도형을 선택한 후 바로 가기 메뉴에서 [도형 서식]을 선택한다.

4. '도형 서식' 창의 [도형 옵션] → (크기 및 속성) → 속성 → **텍스트 잠금**을 해제한다.

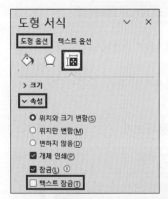

- 잠금 : 선택한 도형의 크기나 위치 등이 변경되지 않도록 보호함
- 텍스트 잠금 : 선택한 도형 안의 텍스트가 선택되거나 수정되지 않도록 보호함

5. [검토] → 보호 → **시트 보호**를 클릭한다.

6. '시트 보호' 대화상자에서 그림과 같이 지정한 후 〈확인〉을 클릭한다.

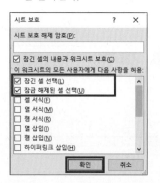

7. [보기] → 통합 문서 보기 → **페이지 나누기 미리 보기**를 선택한다.

8. [B1:F11] 영역만 1페이지로 인쇄되도록 그림과 같이 페이지 나누기 구분선을 마우스로 드래그하여 조정한다.

정답

[표1]

장르	2022	2023
드라마	500	2,000
애니메이션	750	750
액션	1,000	1,000
코메디	1,833	1,500

❶

[표2]

관리코드	변경 ❷	타이틀명	입고일자	DVD 가격	장르	대여료	원가대여횟수 ❸
비디오-2	02	3000마일	2022-05-29	25,300	액션	1,000	★★
비디오-1	01	7년만의 외출	2022-05-26	25,000	코메디	2,000	★
비디오-16	16	내겐 너무 가벼운 그녀	2023-06-23	27,500	코메디	1,500	★
비디오-19	19	달마야 놀자	2023-08-10	25,300	코메디	1,500	★
비디오-13	13	마리이야기	2023-03-19	25,300	애니메이션	500	★★★★★
비디오-4	04	빨강머리앤	2022-06-04	23,000	애니메이션	1,000	★★
비디오-12	12	뿌리	2023-03-03	38,000	드라마	3,000	★
비디오-17	17	서부전선 이상없다	2023-07-09	19,980	액션	1,000	★
비디오-14	14	스몰빌	2023-04-04	16,500	액션	1,000	★
비디오-20	20	스파이 게임	2023-08-26	25,300	액션	1,000	★★
비디오-18	18	슬레이어즈 NEXT	2023-07-25	25,000	애니메이션	1,000	★★
비디오-8	08	아비정전	2022-09-18	22,000	드라마	500	★★★★
비디오-15	15	양철북	2023-04-20	19,800	드라마	1,000	★
비디오-6	06	일단 뛰어	2022-07-05	25,300	코메디	1,500	★
비디오-10	10	자이언트 로보	2022-11-07	25,000	애니메이션	500	★★★★★
비디오-21	21	재미있는 영화	2022-05-25	27,000	코메디	2,000	★

[표3] 1분기 맥주 판매량 ❹

품명	매입수량	매입금액	매출수량	매출금액
라거	520	540,800	53	74,730
하이트	35	36,750	95	134,900
하이트	354	371,700	153	217,260
카스	530	583,000	321	478,290
카스	95	104,500	452	673,480
카스	650	715,000	456	679,440
라거	20	20,800	523	737,430
라거	253	263,120	650	916,500
하이트	350	367,500	652	925,840

❺

세번째로 큰값
라거
두번째로 작은값
하이트

단가표

품명	하이트	카스	라거
매입단가	1,050	1,100	1,040
매출단가	1,420	1,490	1,410

[표4]

평균	할인율
0	0.0%
60	2.5%
70	3.0%
80	3.5%
90	4.0%

[표5]

결석일수	기본점수
4 이상	0
2 이상	3
1 이상	5
0 이상	10

[표6]

성명	수강과목	출석일수	결석일수	1차	2차	3차	추가점수 ❻	할인율 ❼
박연	인터넷-고급	10	4	68	55	45	0	0.0%
이순신	인터넷-중급	12	2	82	76	78	8	3.0%
성삼문	오피스-중급	14	0	92	85	91	15	3.5%
송시열	오피스-고급	13	1	73	59	84	10	3.0%
지석영	인터넷-고급	13	1	93	87	79	10	3.5%
임꺽정	인터넷-초급	12	2	46	85	86	8	3.0%
성춘향	윈도우-중급	11	3	76	59	57	3	2.5%
홍영식	윈도우-고급	11	0	82	83	78	15	3.5%
권율	윈도우-고급	12	2	69	81	45	3	2.5%
안정복	윈도우-초급	13	1	91	88	48	10	3.0%
김시습	오피스-초급	10	4	78	59	79	5	3.0%
한용운	오피스-초급	11	3	71	63	73	3	2.5%
정약용	윈도우-초급	14	10	85	58	91	5	3.0%

1 대여료 평균(B3)

{=AVERAGE(IF(($F$10:$F$25=$A3) * (YEAR($D$10:$D$25)=B$2), $G$10:$G$25))}

=AVERAGE(IF((조건1) * (조건2), 평균을_구할_범위))

=AVERAGE(IF(($F$10:$F$25=$A3) * (YEAR($D$10:$D$25)=B$2),
　　　　　　　　조건1　　　　　　　　　조건2
$G$10:$G$25))
평균을_구할 범위

- 조건1 : 장르가 드라마
- 조건2 : 입고년도가 년
- 평균을_구할_범위 : 대여료

2 변경(B10)

=TEXT(RIGHT(A10, LEN(A10)−4), "00")

=TEXT(RIGHT(A10, LEN(A10)−4), "00")의 의미
- TEXT(텍스트, 인수) 함수는 텍스트를 인수 형식으로 표시합니다.
- LEN(텍스트) 함수는 텍스트의 길이(글자 수)를 구합니다.
- [A10] 셀에는 '비디오-2'가 들어 있으므로 다음과 같은 순서로 계산됩니다.
  ❶ LEN(A10)−4 : [A10] 셀의 글자 수에서 4를 뺍니다(글자 수는 5이므로 5−4=1을 출력).
  ❷ RIGHT(A10,1) : [A10] 셀의 오른쪽 한 글자를 출력합니다(2).
  ❸ =TEXT(2, "00") : 2를 '00'형식의 '02'로 표시합니다.

3 원가대여횟수(H10)

=won원가대여횟수(E10,G10)

[사용자 정의 함수]
Visual Basic Editor의 모듈에 다음과 같이 코드를 입력한다.

```
Public Function won원가대여횟수(DVD가격, 대여료)
    For a = 1 To DVD가격 / 대여료 / 10
        won원가대여횟수 = won원가대여횟수 & "★"
    Next a
End Function
```

For ~ Next
- For문으로 지정된 횟수만큼 For문 안에 수록된 명령코드를 반복 실행합니다.
- 증가값을 생략하면 증가값은 1입니다.
- 형식

```
For 반복변수 = 시작값 To 최종값 [Step 증가값]
    실행문
Next 반복변수
```

※ '시작값'에서 '최종값'이 될 때까지 '증가값'만큼씩 증가하면서 '실행문'을 반복 실행함

4 매입금액(C29)

=B29 * HLOOKUP(A29, $H$35:$J$37, 2, FALSE)

매출금액(E29)

=D29 * HLOOKUP(A29, $H$35:$J$37, 3, FALSE)

5 세번째로 큰값(G29)

=LOOKUP(LARGE(D29:D37,3), D29:D37, A29:A37)

두번째로 작은값(G31)

=LOOKUP(SMALL(D29:D37,2), D29:D37, A29:A37)

6 추가점수(H49)

=XLOOKUP(D49, $E$41:$E$44, $F$41:$F$44, , −1)
+ IF(SUMPRODUCT(E49:G49, {0,3,0,3,0,4})>=70, 5, 0)

SUMPRODUCT(배열1, 배열2)는 배열1과 배열2를 곱한 후 결과를 모두 더하는 함수입니다. 함수 인수로 배열을 지정할 때는 특정 영역을 범위로 지정하거나 배열 상수를 직접 입력할 수 있습니다. 배열 상수를 직접 입력할 때는 열의 구분은 쉼표(,)로, 행의 구분은 세미콜론(;)으로, 그리고 인수의 구분은 중괄호({ })로 합니다. 'SUMPRODUCT(E49:G49,{0,3,0,3,0,4})'에서 첫 번째 인수로 입력한 [E49:G49] 영역이 열로 구분되어 있는 3개의 셀이므로 배열 상수로 입력된 두 번째 인수도 첫 번째 인수의 개수와 같은 3개의 숫자를 콤마(,)로 구분하고, 한개의 인수임을 나타내기 위해 앞뒤에 중괄호 { }를 입력해야 합니다. 만약에 첫 번째 인수로 입력한 [E49:G49] 영역이 [E49:E51]과 같이 행으로 구분되어 있는 3개의 셀이라면 두 번째 인수도 3개의 숫자를 세미콜론(;)으로 구분하여 {0;3;0;3;0;4}와 같이 입력해야 합니다.

7 할인율(I49)

- 방법1 : =IF(ISBLANK(D49), VLOOKUP(AVERAGE (E49:G49), $A$41:$B$45, 2)+0.5%, VLOOKUP (AVERAGE(E49:G49), $A$41:$B$45, 2))

- 방법2 : =VLOOKUP(AVERAGE(E49:G49), $A$41: $B$45, 2) + IF(ISBLANK(D49), 0.5%, 0%)

01. 피벗 테이블

1. 피벗 테이블이 삽입될 [A3] 셀을 선택한 후 [삽입] → 표 → **피벗 테이블**을 클릭한다.

2. '피벗 테이블 만들기' 대화상자에서 '외부 데이터 원본 사용'을 선택한 후 〈연결 선택〉을 클릭한다.

3. '데이터 원본 선택' 대화상자에서 '정보검색.accdb'를 선택한 후 〈열기〉를 클릭한다.

4. '피벗 테이블 만들기' 대화상자에서 넣을 위치가 '기존 워크시트'의 [A3] 셀로 지정되어 있는지 확인한 후 〈확인〉을 클릭한다.

5. '피벗 테이블 필드' 창에서 각 필드를 그림과 같이 지정한다.

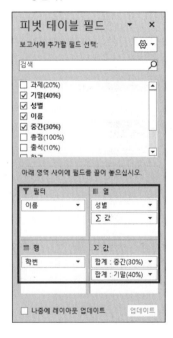

6. '열' 영역에 자동으로 생긴 'Σ 값'을 '행' 영역으로 드래그하여 이동한다.

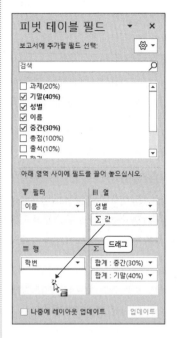

7. 작성된 피벗 테이블에서 임의의 셀을 클릭한 후 [디자인] → 레이아웃 → 보고서 레이아웃 → **개요 형식으로 표시**를 선택한다.

8. 작성된 피벗 테이블에서 '학번'의 첫 글자가 'A'인 영역 (A5:A23)을 블록으로 지정한 후 바로 가기 메뉴에서 **[그룹]**을 선택한다.

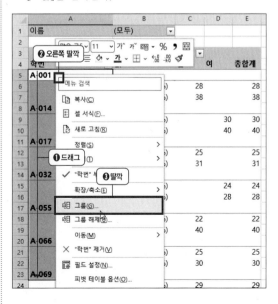

9. 수식 입력줄에서 '그룹1'을 **A반**으로 변경한다.

10. 같은 방법으로 B반, C반도 그룹을 지정한다. C반과 같이 해당 반이 한 개일 경우 바로 수식 입력줄에서 셀의 내용만 변경한다(C-030 → C반).

11. '학번' 영역의 바로 가기 메뉴에서 [확장/축소] → **전체 필드 축소**를 선택한다.

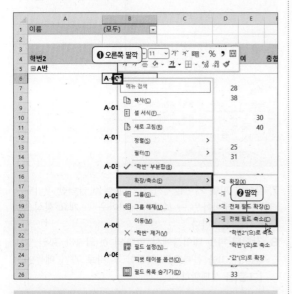

각 그룹 앞에 표시되어 있는 ⊟를 클릭하여 그룹의 하위 수준을 숨겨도 됩니다.

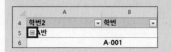

12. '중간(30%)' 영역의 바로 가기 메뉴에서 [값 표시 형식] → **열 합계 비율**을 선택한다.

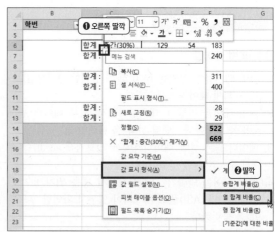

13. 같은 방법으로 '기말(40%)' 필드의 값 표시 형식을 '열 합계 비율'로 지정한다.

02. 데이터 유효성 검사 / 필터

정답

학번	이름	성별	중간(30%)	기말(40%)	출석(10%)	과제(20%)	총점(100%)
[표1]							
E-028	이미경	여	21	40	9	20	90
B-007	서울이	여	25	34	8	20	87
A-017	맹지오	남	25	31	9	20	85
E-002	남이섬	남	25	33	5	20	83
F-029	윤영근	남	25	37	6	15	83
G-026	승기화	여	29	30	8	16	83
B-003	최고참	남	20	35	9	18	82
C-030	이수안	남	28	29	9	16	82
D-019	남겸진	남	20	35	6	19	80

1. [D3:G24] 영역을 블록으로 지정한 후 [데이터] → 데이터 도구 → ▨(데이터 유효성 검사)를 클릭한다.

2. '데이터 유효성' 대화상자의 '설정' 탭에서 그림과 같이 지정한다.

3. '설명 메시지' 탭에서 그림과 같이 지정한다.

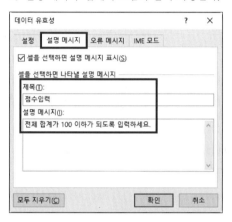

4. '오류 메시지' 탭에서 그림과 같이 지정한 후 〈확인〉을 클릭한다.

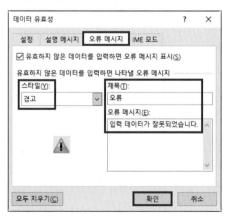

5. 데이터가 입력된 임의의 셀을 클릭한 후 [데이터] → 정렬 및 필터 → **필터**를 클릭한다.

6. '총점(100%)' 필드의 '자동 필터 단추(▼)'를 클릭한 후 [숫자 필터] → **해당 범위**를 선택한다.

7. '사용자 지정 자동 필터' 대화상자에서 그림과 같이 지정한 후 〈확인〉을 클릭한다.

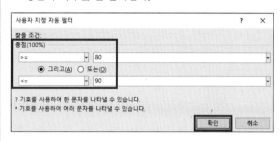

8. '총점(100%)' 필드의 '자동 필터 단추(▼)'를 클릭한 후 [숫자 내림차순 정렬]을 선택한다.

01. 차트 서식

1 세로(값) 축 제목의 텍스트 방향 지정

세로(값) 축 제목을 더블클릭한 후 '축 제목 서식' 창의 [제목 옵션] → ▦(크기 및 속성) → **맞춤**에서 텍스트 방향을 '세로'로 지정한다.

2 세로(값) 축의 기본 단위 변경 및 계열의 행/열 전환

1. 세로(값) 축을 더블클릭한 후 '축 서식' 창의 [축 옵션] → ▥(축 옵션) → **축 옵션**에서 '기본' 단위를 10으로 지정한다.
2. 차트를 선택한 후 [차트 디자인] → 데이터 → **행/열 전환**을 클릭한다.

3 범례의 위치 및 그림자 변경 지정

1. 차트를 선택한 후 [차트 디자인] → 차트 레이아웃 → 차트 요소 추가 → 범례 → **아래쪽**을 선택한다.
2. 범례를 선택한 후 [서식] → 도형 스타일 → 도형 채우기 → **흰색, 배경 1**을 선택한다.
3. [서식] → 도형 스타일 → 도형 효과 → 그림자 → **오프셋: 가운데**를 선택한다.

4 간격 깊이/ 너비 및 세로 막대 모양 지정

임의의 데이터 계열을 더블클릭한 후 '데이터 계열 서식' 창의 [계열 옵션] → ▥(계열 옵션) → **계열 옵션**에서 간격 깊이를 50% , 간격 너비를 100%, 세로 막대 모양을 '원통형'으로 지정한다.

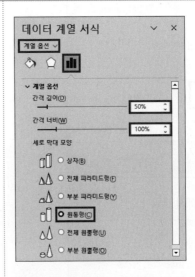

5 3차원 회전 및 테두리 스타일

1. 차트 영역을 선택한 후 바로 가기 메뉴에서 [3차원 회전]을 선택한다.
2. '차트 영역 서식' 창의 [차트 옵션] → ⬠(효과) → 3차원 회전 → **직각으로 축 고정**을 선택한다.

3. '차트 영역 서식' 창의 [차트 옵션] → ◐(채우기 및 선) → 테두리 → **둥근 모서리**를 선택한다.

02. 매크로

정답

	A	B	C	D	E	F	G	H
1			전자상거래 성적 일람표					
2								
3	이름	학번	학과	성별	중간	기말	과제	출석
4	권진현	B001	E-BUSINESS과	여	75	85	88	92
5	김선희	A001	전자상거래과	여	88	92	80	90
6	나진규	D003	컴퓨터과	남	64	85	50	90
7	박선교	D001	컴퓨터과	남	52	23	15	95
8	박인숙	C002	인터넷정보과	여	75	58	95	92
9	안진이	C001	인터넷정보과	여	45	76	55	96
10	이종택	A004	전자상거래과	남	99	97	90	88
11	최석두	B002	E-BUSINESS과	남	80	75	86	85
12	허진희	C003	인터넷정보과	여	80	93	86	90
13	홍나리	D002	컴퓨터과	여	95	96	97	98
14								
15					성별표시		관리대상	
16								

1 '성별' 매크로

1. [삽입] → 일러스트레이션 → 도형 → 육각형(◯)을 이용하여 [E15:F16] 영역에 도형을 만든다.
2. 도형의 바로 가기 메뉴에서 [매크로 지정]을 선택한다.
3. '매크로 지정' 대화상자의 매크로 이름에 **성별**을 입력하고, 〈기록〉을 클릭한다.
4. '매크로 기록' 대화상자에서 〈확인〉을 클릭한다.
5. [D4:D13] 영역을 블록으로 지정한 후 [Ctrl]+[1]을 누른다.
6. '셀 서식' 대화상자에서 그림과 같이 지정한 후 〈확인〉을 클릭한다.

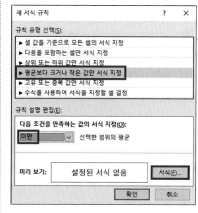

7. 임의의 셀을 클릭한 후 '기록 중지(◻)' 아이콘을 클릭한다.

8. 도형의 바로 가기 메뉴에서 [텍스트 편집]을 선택한 후 **성별표시**를 입력한다.

2 '성적관리' 매크로

1. [삽입] → 일러스트레이션 → 도형 → 육각형(◯)을 이용하여 [G15:H16] 영역에 도형을 만든다.
2. 도형의 바로 가기 메뉴에서 [매크로 지정]을 선택한다.
3. '매크로 지정' 대화상자의 매크로 이름에 **성적관리**를 입력하고, 〈기록〉을 클릭한다.
4. '매크로 기록' 대화상자에서 〈확인〉을 클릭한다.
5. [E4:H13] 영역을 블록으로 지정한 후 [홈] → 스타일 → 조건부 서식 → 새 규칙을 선택한다.
6. '새 서식 규칙' 대화상자에서 그림과 같이 지정하고, 〈서식〉을 클릭한다.

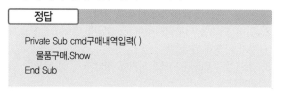

7. '셀 서식' 대화상자의 '채우기' 탭에서 '표준 색–주황'을 선택한 후 〈확인〉을 클릭한다.
8. '새 서식 규칙' 대화상자에서도 〈확인〉을 클릭한다.
9. 임의의 셀을 클릭한 후 '기록 중지(◻)' 아이콘을 클릭한다.
10. 도형의 바로 가기 메뉴에서 [텍스트 편집]을 선택한 후 **관리대상**을 입력한다.

03. VBA

1 '구매 내역 입력' 단추 및 폼 초기화 프로시저

• '구매 내역 입력' 단추 클릭 프로시저

정답

```
Private Sub cmd구매내역입력( )
    물품구매.Show
End Sub
```

1. [개발 도구] → 컨트롤 → **디자인 모드**를 클릭한다.
2. '구매 내역 입력' 단추를 더블클릭한다.
3. 'cmd구매내역입력_Click( )' 프로시저에 정답과 같이 코드를 입력한다.

- 폼 초기화 프로시저

정답

```
Private Sub UserForm_Initialize( )
    txt구매일자.Value = Date
    List품목명.RowSource = "'기타작업-1'!A3:B10"
End Sub
```

1. 프로젝트 탐색기에서 〈물품구매〉 폼을 선택하고 '코드 보기(圖)' 아이콘을 클릭한다.
2. 개체 선택 콤보 상자에서 'UserForm'을 선택하고, 프로시저 선택 콤보 상자에서 'Initialize'를 선택한다.
3. 'UserForm_Initialize( )' 프로시저에 정답과 같이 코드를 입력한다.

다른 워크시트에 있는 셀의 데이터를 참조할 경우 시트 이름과 셀 주소를 느낌표(!)로 구분하고, 시트 이름에 한글, 영어 외의 다른 문자가 있을 경우에는 작은따옴표(' ')로 묶어서 입력해야 합니다.
⑩ '기타작업-1'!A3:B10

2 '입력' 단추 클릭 프로시저

정답

```
Private Sub cmd입력_Click( )
    입력행 = [a3].Row + [a3].CurrentRegion.Rows.Count
    Cells(입력행, 1) = txt구매일자.Value
    Cells(입력행, 2) = List품목명.Value
    Cells(입력행, 3) = txt수량.Value
    Cells(입력행, 4) = Format(txt수량.Value ＊ txt단가.Value,
    "#,###")
    List품목명.Value = ""
    txt단가.Value = ""
    txt수량.Value = ""
End Sub
```

1. 프로젝트 탐색기에서 〈물품구매〉 폼을 더블클릭하여 〈물품구매〉 폼이 화면에 나오게 한다.
2. '입력' 단추를 더블클릭하여 'cmd입력_Click( )' 프로시저가 나오게 된다.
3. 'cmd입력_Click( )' 프로시저에 정답과 같이 코드를 입력한다.

코드설명

```
Private Sub cmd입력_Click( )
❶ 입력행 = [a3].Row + [a3].CurrentRegion.Rows.Count
❷ Cells(입력행, 1) = txt구매일자.Value
❸ Cells(입력행, 2) = List품목명.Value
❹ Cells(입력행, 3) = txt수량.Value
❺ Cells(입력행, 4) = Format(txt수량.Value ＊ txt단가.Value, "#,###")
❻ List품목명.Value = ""
    txt단가.Value = ""
    txt수량.Value = ""
End Sub
```

❶ '입력행' 변수에 [a3] 셀의 행 번호인 3과 [a3] 셀과 연결된 범위에 있는 데이터의 행수를 더하여 치환합니다.
❷ txt구매일자의 값을 지정된 셀 위치에 표시합니다.
❸ List품목명의 값을 지정된 셀 위치에 표시합니다.
❹ txt수량의 값을 지정된 셀 위치에 표시합니다.
❺ txt수량의 값과 txt단가의 값을 곱한 후 천 단위 구분 기호를 적용하여 지정된 셀 위치에 표시합니다.
❻ 새로운 데이터를 입력받기 전에 현재 입력된 컨트롤의 값을 지웁니다.

3 '종료' 단추 클릭 프로시저

정답

```
Private Sub cmd종료_Click( )
    MsgBox "총 구매건수는 " & [a3].CurrentRegion.Rows.Count
    - 1 & "건입니다.", vbOKOnly
    Unload Me
End Sub
```

1. 프로젝트 탐색기에서 〈물품구매〉 폼을 더블클릭하여 〈물품구매〉 폼이 화면에 나오게 한다.
2. '종료' 단추를 더블클릭하여 'cmd종료_Click( )' 프로시저가 나오게 한다.
3. 'cmd종료_Click( )' 프로시저에 정답과 같이 코드를 입력한다.

코드설명

```
Private Sub cmd종료_Click( )
❶ MsgBox "총 구매건수는 " & [a3].CurrentRegion.Rows.Count - 1
    & "건입니다.", vbOKOnly
    Unload Me
End Sub
```

❶ "총 구매건수는 ", [a3] 셀과 연결된 범위에 있는 데이터의 행수에서 필드명이 있는 첫 행을 뺀 값, "건입니다."가 표시된 메시지 박스를 표시합니다.

기본 모의고사

• 준 비 하 세 요 : 'C:\길벗컴활1급\01 엑셀\03 기본모의고사' 폴더에서 '09회.xlsm' 파일을 열어서 작업하시오.

• 외부 데이터 위치 : C:\길벗컴활1급\01 엑셀\03 기본모의고사

문제 1   **기본작업(15점)**   주어진 시트에서 다음의 과정을 수행하고 저장하시오.

1. '기본작업-1' 시트에서 대하여 다음과 같이 고급 필터를 수행하시오.

▶ [A4:J12] 영역에서 '영어', '상반기', '하반기'의 합계가 150 이상이면서 '업무능력'이 "B"가 아닌 데이터의 '이름', '영어', '상반기', '하반기', '평가'만을 표시하시오.

▶ 조건은 [A14:A15] 영역에 알맞게 입력하시오. (AND, SUM 함수 사용)

▶ 결과는 [A17] 셀부터 표시하시오.

2. '기본작업-1' 시트에서 대하여 다음과 같이 조건부 서식을 설정하시오.

▶ [A5:J12] 영역에서 행 번호가 홀수인 전체 행에 대해 글꼴 스타일을 '굵게'로 적용하시오.

▶ 단, 규칙 유형은 '수식을 사용하여 서식을 지정할 셀 결정'으로 지정하고, 한 개의 규칙만을 이용하여 작성하시오.

▶ ROW, ISODD 함수 사용

3. '기본작업-2' 시트에서 다음과 같이 페이지 레이아웃을 설정하시오.

▶ 기본 인쇄 영역에 [A21:H38] 영역을 인쇄 영역으로 추가하고, 페이지의 내용이 자동으로 확대/축소되어 인쇄되도록 설정하시오.

▶ 매 페이지 하단의 가운데 구역에는 페이지 번호가 [표시 예]와 같이 표시되도록 바닥글을 설정하시오.
[표시 예 : 현재 페이지 번호가 1이고, 전체 페이지 번호가 3인 경우 → 1/3]

▶ 행 머리글(1, 2, 3 등)과 열 머리글(A, B, C 등)이 인쇄되도록 설정하시오.

전문가의 조언

1

• 고급 필터에서 특정한 필드만 추출할 경우 해당 필드명을 추출할 위치에 입력한 후 수행하세요.

• 수식이 들어간 고급 필터의 조건에 대한 필드명은 원본 데이터에서 사용된 필드명과 다른 이름을 사용해야 합니다.

2. 조건부 서식을 지정할 때는 반드시 문제에 제시된 범위를 정확히 지정한 후 조건을 적용하세요.

3. 페이지 레이아웃은 [페이지 레이아웃] → 페이지 설정의 ⓢ를 사용하세요.

1. [표1]에서 현황(A3:A4)별 보유수량의 가장 큰 값을 [B3:B4] 영역에 계산하시오.

  ▶ [A7:I17] 영역([표2])을 참조하여 계산
  ▶ MAXA, IF 함수를 이용한 배열 수식

2. [표1]에서 현황(A3:A4)별 현재금액의 평균을 [C3:C4] 영역에 계산하시오.

  ▶ [A7:I17] 영역([표2])을 참조하여 계산
  ▶ 자리올림하여 천의 자리까지 표시하고, 현재금액이 1,000,000 이상인 종목에 대해서만 계산
  ▶ AVERAGEIFS, ROUNDUP 함수 사용

3. [표1]에서 종목명에 "증권"을 포함하는 종목의 매수가격을 [D3] 셀에 표시하시오

  ▶ [A7:I17] 영역([표2])을 참조하여 계산
  ▶ INDEX, XMATCH 함수 사용

4. 사용자 정의 함수 '수익률'을 작성하여 [I8:I17] 영역에 수익률을 계산하여 표시하시오.

  ▶ '수익률'은 매수금액과 매수수수료, 현재금액을 인수로 받아 수익률을 계산하여 되돌려줌
  ▶ 수익률은 '현재금액 / (매수금액 + 매수수수료) - 1'로 계산

  ```
  Public Function 수익률(매수금액, 매수수수료, 현재금액)

  End Function
  ```

5. [표3]에서 평가(F22:F29)를 계산하시오.

  ▶ 평가는 판매량이 판매량 전체 평균보다 크고, 재고량이 공백인 경우 "우수지점", 나머지는 "일반"으로 계산
  ▶ IF, AND, AVERAGE, ISBLANK 함수 사용

6. [표3]을 이용하여 [H23] 영역에 판매량의 평균을 계산하여 표시하시오.

  ▶ 판매량의 평균은 재고량이 공백인 제품의 판매량 평균을 계산
  ▶ SUMIF, COUNTIF 함수 사용

7. [표3]을 이용하여 [I27:I29] 영역에 순위가 1위인 지점의 지점명, 판매량, 재고량을 계산하여 표시하시오.

  ▶ 조건은 [J27:J29] 영역에 입력하여 계산
  ▶ DSUM, DSTDEV, DGET, DVAR 중 알맞은 함수를 선택하여 사용

8. [표4]에서 거주지와 성별에 맞는 거주자 수를 [표5]의 [B44:C45] 영역에 계산하시오.

  ▶ [A32:G39] 영역([표4])을 참조하여 계산
  ▶ COUNT, IF 함수를 이용한 배열 수식

문제 3   **분석작업(20점)** 주어진 시트에서 다음의 과정을 수행하고 저장하시오.

1. '분석작업-1' 시트에서 다음의 지시사항에 따라 피벗 테이블 보고서를 작성하시오.

▶ 외부 데이터 가져오기 기능을 이용하여 〈매출.accdb〉의 〈매출〉 테이블에서 '거래처명', '수량', '공급가액' 열을 이용하시오.

▶ 피벗 테이블 보고서의 레이아웃과 위치는 〈그림〉을 참조하여 설정하고, 보고서 레이아웃을 테이블 형식으로 표시하시오.

▶ 〈그림〉과 같이 거래처명별로 그룹을 작성하고 각 그룹 하단에 최대와 최소 부분합을 표시하시오.

▶ 값 영역의 표시 형식은 '값 필드 설정'의 셀 서식에서 '회계' 범주를 이용하여 〈그림〉과 같이 지정하시오.

전문가의 조언

1

• 외부 데이터 가져오기 기능을 이용하여 accdb 파일로 피벗 테이블을 작성하려면 [데이터] → 데이터 가져오기 및 변환 → 데이터 가져오기 → 기타 원본에서 → Microsoft Query에서를 이용하여 불러올 데이터를 지정한 후 '데이터 가져오기' 대화상자에서 표시할 방법으로 '피벗 테이블 보고서'를 선택하세요.

• 그림을 통해 행, 값 영역에 사용된 필드를 확인하세요.

	A	B	C	D
1				
2				
3	거래처명2	거래처명	값	
4	⊟온라인	RG홈쇼핑	평균 : 수량	121.36
5			평균 : 공급가액	₩ 1,204,950.45
6		여수홈쇼핑	평균 : 수량	30.00
7			평균 : 공급가액	₩ 436,364.00
8		코오롱홈쇼핑	평균 : 수량	6.00
9			평균 : 공급가액	₩ 87,273.00
10		통판뉴스	평균 : 수량	6.67
11			평균 : 공급가액	₩ 98,485.00
12		한국위성방송	평균 : 수량	187.40
13			평균 : 공급가액	₩ 2,311,745.60
14	온라인 최대 : 수량			648.00
15	온라인 최대 : 공급가액			₩ 5,184,000.00
16	온라인 최소 : 수량			- 3.00
17	온라인 최소 : 공급가액			-₩ 34,091.00
18	⊟오프라인	가나통상	평균 : 수량	174.88
19			평균 : 공급가액	₩ 1,987,215.75
20		겔럭시게이트	평균 : 수량	500.00
21			평균 : 공급가액	₩ 8,000,000.00
22		영상코퍼레이션	평균 : 수량	200.00
23			평균 : 공급가액	₩ 1,454,545.00
24		온누리홈쇼핑	평균 : 수량	84.00
25			평균 : 공급가액	₩ 955,519.57
26		즐겨찾기	평균 : 수량	88.40
27			평균 : 공급가액	₩ 1,005,272.80
28		한솔CSN	평균 : 수량	277.14
29			평균 : 공급가액	₩ 2,824,285.71
30		한솔기획	평균 : 수량	56.00
31			평균 : 공급가액	₩ 655,454.50
32	오프라인 최대 : 수량			500.00
33	오프라인 최대 : 공급가액			₩ 8,000,000.00
34	오프라인 최소 : 수량			- 6.00
35	오프라인 최소 : 공급가액			-₩ 68,182.00
36	전체 평균 : 수량			138.25
37	전체 평균 : 공급가액			₩ 1,531,332.85

※ 작업이 완성된 그림이며 부분점수 없음

2. '분석작업-2' 시트에 대하여 다음의 지시사항을 처리하시오.

▶ [데이터 도구]를 이용하여 [표1]에서 '이름', '직책', '호봉' 열을 기준으로 중복된 값이 포함된 행을 삭제하시오.

▶ [조건부 서식] 기능을 이용하여 '호봉' 필드의 고유 값에 대해 글꼴 스타일은 '굵은 기울임꼴', 글꼴 색은 '표준 색-파랑'이 적용되도록 설정하시오.
 – 규칙 유형은 '고유 또는 중복 값만 서식 지정'을 선택하시오.

▶ [데이터 유효성 검사] 기능을 이용하여 [A4:A16] 영역에는 중복된 값이 입력될 수 없도록 제한 대상을 설정하시오.
 – COUNTIF 함수 사용

전문가의 조언

1. 특정 계열의 차트 종류를 변경하려면 임의의 계열의 바로 가기 메뉴에서 **[계열 차트 종류 변경]**을 선택한 후 수행하세요.

1. '기타작업-1' 시트에서 다음의 지시사항에 따라 차트를 수정하시오.

※ 차트는 반드시 문제에서 제공한 차트를 사용하여야 하며, 신규로 차트 작성 시 0점 처리됨

① '평균단가(E3:E10)'를 차트에 추가한 후 계열 이름을 '단가'로 지정하시오.

② '단가' 계열의 차트 종류를 〈그림〉과 같이 변경한 후 '보조 축'을 표시하시오.

③ 범례를 아래쪽에 표시하고 채우기 색을 '흰색, 배경 1', 그림자를 '오프셋: 오른쪽 아래', 글꼴을 '굴림'으로 지정하시오.

④ [설명선]의 '말풍선: 타원형'과 '선 화살표'를 이용하여 다음 〈그림〉과 같이 삽입한 후 채우기 색은 '채우기 없음', 선 색은 '검정, 텍스트 1', 선 두께는 1pt로 지정하시오.

⑤ 세로(값) 축과 보조 세로(값) 축을 셀 서식의 사용자 지정을 이용하여 천 단위로 나타내시오.

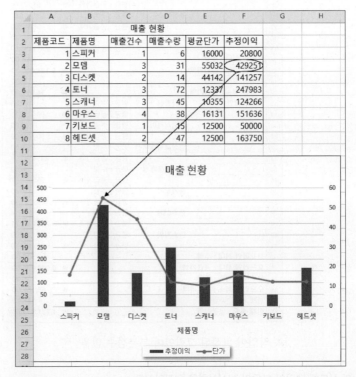

2. '기타작업-2' 시트에서 다음과 같은 기능을 수행하는 매크로를 현재 통합문서에 작성하시오.

① [F3:H11] 영역에 사용자 지정 표시 형식을 설정하는 '단위' 매크로를 생성하시오.
▶ [표시 예 : 셀의 값이 1,354,000일 경우 → 1,345천원, 300일 경우 → 0천원]
▶ [도형] → [기본 도형]의 '사각형: 빗면(□)'을 동일 시트의 [H13:H14] 영역에 생성한 후 텍스트를 "단위지정"으로 입력하고, 도형을 클릭하면 '단위' 매크로가 실행되도록 설정하시오.

② [I3:I11] 영역에 조건부 서식을 적용하는 '그래프' 매크로를 생성하시오.

▶ 규칙 유형은 '셀 값을 기준으로 모든 셀의 서식 지정'으로 선택하고, 서식 스타일은 '2가지 색조', 최소값의 종류는 최소값, 색은 '표준 색-빨강', 최대값의 종류는 최대값, 색은 '표준 색-노랑'으로 설정하시오.

▶ [도형] → [기본 도형]의 '사각형: 빗면(□)'을 동일 시트의 [I13:I14] 영역에 생성한 후 텍스트를 "그래프보기"로 입력하고, 도형을 클릭하면 '그래프' 매크로가 실행되도록 설정하시오.

※ 셀 포인터의 위치에 관계없이 매크로가 실행되어야 정답으로 인정됨

3. '기타작업-3' 시트에서 다음과 같은 작업을 수행하도록 프로시저를 작성하시오.

전문가의 조언

3
• '수량 입력' 단추 클릭 프로시저를 작성하려면 [개발 도구] → 컨트롤 → 디자인 모드를 클릭한 후 '수량 입력' 단추를 더블 클릭하세요.
• 콤보 상자에 추가될 데이터를 정확하게 입력하세요.

① '수량 입력' 단추를 클릭하면 〈부서별매출〉 폼이 나타나도록 설정하고, 폼이 실행되면 다음에 제시된 값이 콤보 상자(cmb부서명)의 목록에 추가되도록 프로시저를 작성하시오(With, Additem 이용).

영업1팀
영업2팀
영업3팀
영업4팀
영업5팀
영업6팀

② 〈부서별매출〉 폼에 데이터를 입력하고, '등록(cmd등록)' 단추를 클릭하면 폼에 입력된 데이터가 시트의 표 마지막 행 다음에 연속하여 추가되도록 프로시저를 작성하시오.

▶ 입력되는 데이터는 워크시트에 입력된 기존 데이터와 같은 형식의 데이터로 입력하시오.

▶ 데이터가 워크시트에 입력된 후 입력상자의 내용은 새로운 값이 입력될 수 있도록 설정하시오.

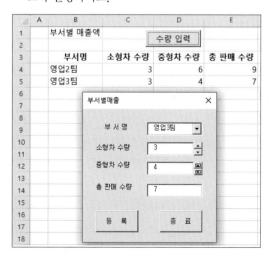

③ '종료(cmd종료)' 단추를 클릭하면 〈그림〉과 같은 메시지 박스를 표시한 후 폼을 종료하는 프로시저를 작성하시오.

▶ 현재 날짜 표시

문제 1　　기본작업

01. 고급 필터

정답

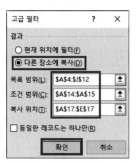

	A	B	C	D	E
13					
14	조건				
15	FALSE				
16					
17	이름	영어	상반기	하반기	평가
18	윤성희	85	29	49	1
19	박종기	57	45	49	2
20	백윤주	78	35	44	4

1. [A14] 셀에 **조건**, [A15] 셀에 =AND(SUM(B5:D5))>=150,E5 〈〉"B")를 입력한다.
2. [A17] 셀에 **이름**, [B17] 셀에 **영어**, [C17] 셀에 **상반기**, [D17] 셀에 **하반기**, [E17] 셀에 **평가**를 입력한다.
3. [A4:J12] 영역을 블록으로 지정한 후 [데이터] → 정렬 및 필터 → **고급**을 클릭한다.
4. '고급 필터' 대화상자에서 그림과 같이 지정하고, 〈확인〉을 클릭한다.

02. 조건부 서식

정답

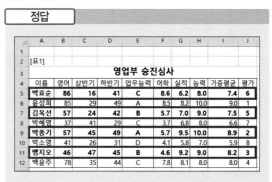

이름	영어	상반기	하반기	업무능력	어학	실적	능력	가중평균	평가
박효순	86	16	41	C	8.6	6.2	8.0	7.4	6
윤성희	85	29	49	A	8.5	8.2	10.0	9.0	1
김옥선	57	24	42	B	5.7	7.0	9.0	7.5	5
박혜영	37	41	29	C	3.7	6.8	8.0	6.6	7
박종기	57	45	49	A	5.7	9.5	10.0	8.9	2
박소영	41	26	31	D	4.1	5.8	7.0	5.9	8
맹지오	46	47	45	B	4.6	9.2	9.0	8.2	3
백윤주	78	35	44	C	7.8	8.1	8.0	8.0	4

[표1]
영업부 승진심사

1. [A5:J12] 영역을 블록으로 지정한 후 [홈] → 스타일 → 조건부 서식 → **새 규칙**을 선택한다.
2. '새 서식 규칙' 대화상자에서 조건을 그림과 같이 지정하고, 〈서식〉을 클릭한다.

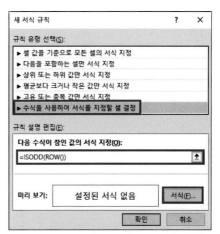

> ISODD(인수) : 인수의 값이 홀수이면 'TRUE'를 반환합니다.

3. '셀 서식' 대화상자의 '글꼴' 탭에서 글꼴 스타일을 '굵게'로 지정하고, 〈확인〉을 클릭한다.
4. '새 서식 규칙' 대화상자에서 〈확인〉을 클릭한다.

03. 페이지 레이아웃

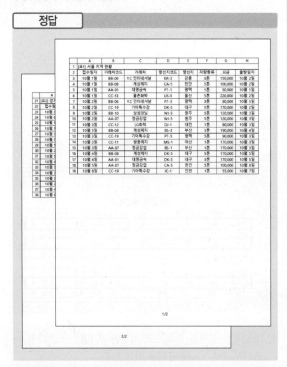

1. [페이지 레이아웃] → **페이지 설정**의 🗔를 클릭한다.
2. '페이지 설정' 대화상자의 '페이지' 탭에서 '자동 맞춤'을 선택한다.

3. '페이지 설정' 대화상자의 '머리글/바닥글' 탭에서 〈바닥글 편집〉을 클릭한다.
4. '바닥글' 대화상자에서 그림과 같이 지정한 후 〈확인〉을 클릭한다.

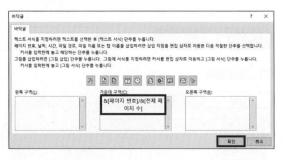

5. '페이지 설정' 대화상자의 '시트' 탭에서 그림과 같이 지정한 후 〈확인〉을 클릭한다.

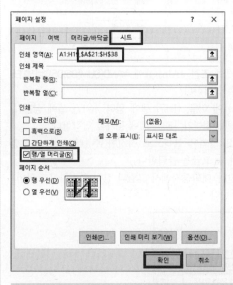

인쇄 영역 추가는 인쇄 영역으로 추가할 [A21:H38] 영역을 블록으로 지정한 후 [페이지 레이아웃] → 페이지 설정 → 인쇄 영역 → **인쇄 영역에 추가**를 클릭해도 됩니다.

정답

	A	B ❶	C ❷	D ❸	E	F	G	H	I ❹	J
1	[표1]									
2	현황	보유수량	현재금액	매수가격						
3	상승	500	5,097,000	8,700						
4	하락	295	3,209,000							
5										
6	[표2]									
7	종목명	현황	매수가격	보유수량	매수금액	매수수수료	현재금액	평가손익	수익률	
8	대한제약	상승	18,500	30	555,000	1,388	750,000	195,000	35%	
9	상공증권	하락	8,700	295	2,566,500	6,416	2,256,750	-309,750	-12%	
10	DK주조	상승	9,900	10	99,000	248	77,000	-22,000	-22%	
11	KR타이어	상승	23,000	500	11,500,000	28,750	12,500,000	1,000,000	8%	
12	전국전자	하락	125,000	30	3,750,000	9,375	2,670,000	-1,080,000	-29%	
13	상공텔레콤	상승	6,600	120	792,000	1,980	1,440,000	648,000	81%	
14	가남경제	하락	11,000	50	550,000	1,375	675,000	125,000	22%	
15	JG건설	하락	20,000	200	4,000,000	10,000	4,700,000	700,000	17%	
16	우주넷	상승	25,500	50	1,275,000	3,188	1,350,000	75,000	6%	
17	블랙쇼핑	상승	7,200	20	144,000	360	126,000	-18,000	-13%	
18										
19										
20	[표3]				공백 : 0					
21	지점명	입고량	판매량	재고량	순위	평가 ❺		판매량 평균 ❻		
22	강릉	350	320	30	3	일반		280		
23	광주	400	380		2	우수지점				
24	대구	450	420	30	1	일반				
25	대전	300	290	10	4	일반				
26	부산	200	175	25	8	일반		판매량이 1위 ❼		
27	서울	250	230		5	일반		지점명	대구	순위
28	인천	250	220	30	7	일반		판매량	420	1
29	안산	250	230		5	일반		재고량	30	
30										
31	[표4]									
32	사원코드	가입자	거주지	성별	기본급	상여금	급여계			
33	SB01	백주영	서울	남자	1,300,000	1,040,000	2,340,000			
34	UE01	피호성	서울	남자	900,000	720,000	1,620,000			
35	CJ02	마주안	수원	여자	1,200,000	960,000	2,160,000			
36	UC02	유구현	수원	남자	850,000	680,000	1,530,000			
37	UL03	김용수	서울	남자	1,450,000	1,160,000	2,610,000			
38	CK01	조성진	수원	여자	900,000	720,000	1,620,000			
39	CB02	이대호	서울	여자	2,350,000	1,880,000	4,230,000			
40										
41	[표5]									
42	거주지	성별								
43		남자	여자 ❽							
44	서울	3	1							
45	수원	1	2							

❶ 보유수량(B3)

{=MAXA(IF($B$8:$B$17=A3, $D$8:$D$17))}

=MAXA(IF(조건, 최대값을_구할_범위))

=MAXA(IF($B$8:$B$17=A3, $D$8:$D$17))
            조건   최대값을_구할_범위

• 조건 : 현황이 상승
• 최대값을_구할_범위 : 보유수량

MAXA 함수는 주어진 인수 내에서 가장 큰 값을 반환하는 함수로, MAX 함수와 다른 점은 숫자는 물론, 빈 셀, 논리값(TRUE, FALSE), 숫자로된 텍스트 등도 인수로 사용할 수 있다는 것입니다. 이 문제의 경우 최대값을 구하는 보유수량이 모두 숫자로 되어 있으므로 MAX 함수를 사용해도 되지만 문제에 제시된 함수가 MAXA 함수이므로 반드시 이 함수를 이용하여 수식을 작성해야 합니다.

2 현재금액(C3)

=ROUNDUP(AVERAGEIFS($G$8:$G$17,$B$8:$B$17, A3,$G$8:$G$17,">=1000000"),-3)

3 매수가격(D3)

=INDEX(C8:C17, XMATCH("*증권*",A8:A17,2))

4 수익률(I8)

=수익률(E8,F8,G8)

[사용자 정의 함수]
Visual Basic Editor의 모듈에 다음과 같이 코드를 입력한다.

```
Public Function 수익률(매수금액, 매수수수료, 현재금액)
    수익률 = 현재금액/(매수금액 + 매수수수료) − 1
End Function
```

5 평가(F22)

=IF(AND(C22>AVERAGE($C$22:$C$29), ISBLANK(D22)), "우수지점", "일반")

6 판매량 평균(H23)

=SUMIF(D22:D29, "", C22:C29) / COUNTIF(D22: D29, "")

7 • 지점명(I27) : =DGET(A21:F29, 1, J27:J28)
• 판매량(I28) : =DGET(A21:F29, 3, J27:J28)
• 재고량(I29) : =DGET(A21:F29, 4, J27:J28)

※ [I27] 셀에 다음과 같이 수익을 입력한 후 [I29] 셀까지 채우기 핸들을 드래그하여 입력해도 됩니다.
=DGET($A$21:$F$29, H27, $J$27:$J$28)

※ 조건 지정

	J
27	순위
28	1

8 거주지/성별 거주자수(B44)

• 방법1 : {=COUNT(IF(($C$33:$C$39=$A44) * ($D$33:$D$39=B$43), 1))}

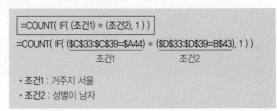

=COUNT(IF((조건1) * (조건2), 1))
=COUNT(IF(($C$33:$C$39=$A44) * ($D$33:$D$39=B$43), 1))
　　　　　　　　조건1　　　　　　　　조건2

• 조건1 : 거주지 서울
• 조건2 : 성별이 남자

• 방법2 : {=COUNT(IF($C$33:$C$39=$A44, IF($D$33:$D$39=B$43, 1)))}

궁금해요 시나공 Q&A 베스트

Q count(if((범위=A44) * (범위=B43),1))에서 왜 마지막에 1을 쓰나요?

A IF 함수에서 조건을 만족하면 1을 넣은 후 COUNT 함수로 1의 개수를 구해 조건에 만족하는 전체 개수를 구하는 수식입니다. COUNT 함수는 숫자의 개수를 세는 함수이므로 1이 아닌 다른 숫자, 즉 2, 3 등을 넣어도 결과는 동일합니다. 교재 124쪽에 있는 개수구하기 배열 수식을 다시 한 번 읽어 보세요.

문제 3　　분석작업

01. 피벗 테이블

1. [데이터] → 데이터 가져오기 및 변환 → 데이터 가져오기 → 기타 원본에서 → Microsoft Query에서를 선택한다.
2. '데이터 원본 선택' 대화상자에서 'MS Access Database*'를 선택한 후 〈확인〉을 클릭한다.
3. '데이터베이스 선택' 대화상자에서 '매출.accdb'를 선택한 후 〈확인〉을 클릭한다.

4. '쿼리 마법사 – 열 선택' 대화상자에서 그림과 같이 열을 선택하고 〈다음〉을 클릭한다.

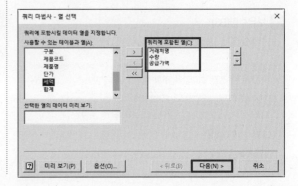

5. '쿼리 마법사 – 데이터 필터' 대화상자에서 〈다음〉을 클릭한다.

6. '쿼리 마법사 – 정렬 순서' 대화상자에서 〈다음〉을 클릭한다.

7. '쿼리 마법사 – 마침' 대화상자에서 〈마침〉을 클릭한다.

8. '데이터 가져오기' 대화상자에서 표시할 방법으로 '피벗 테이블 보고서'를, 작성 위치로 '기존 워크시트', [A3] 셀을 지정한 후 〈확인〉을 클릭한다.

9. '피벗 테이블 필드' 창에서 각 필드를 그림과 같이 지정한다.

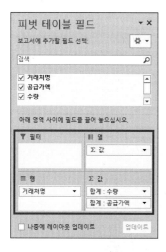

10. '열' 영역에 자동으로 생긴 'Σ 값'을 '행' 영역으로 드래그하여 이동한다.

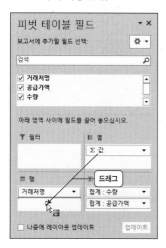

11. 작성된 피벗 테이블에서 임의의 셀을 클릭한 후 [디자인] → 레이아웃 → 보고서 레이아웃 → **테이블 형식으로 표시**를 선택한다.

12. 작성된 피벗 테이블에서 값인 '수량'의 바로 가기 메뉴에서 [값 요약 기준] → **평균**을 선택한다.

13. 작성된 피벗 테이블에서 값인 '공급가액'의 바로 가기 메뉴에서 [값 요약 기준] → **평균**을 선택한다.

14. [Ctrl]을 누른 채 그림과 같이 범위를 지정한 후 바로 가기 메뉴에서 [**그룹**]을 선택한다.

그룹 지정할 항목을 선택할 때는 마우스 포인터가 '✛'일때 클릭해야 합니다. 마우스 포인터가 '➡'일때 클릭하면 해당 항목의 값 영역까지 범위로 지정됩니다.

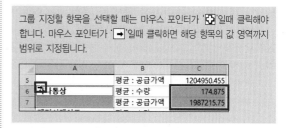

15. '그룹1'을 **오프라인**으로 변경한다.

16. 나머지 항목도 같은 방법으로 그룹을 지정한 후 '그룹2'를 **온라인**으로 변경한다.

17. 요약이 표시된 셀을 선택한 후 바로 가기 메뉴에서 [**필드 설정**]을 선택한다.

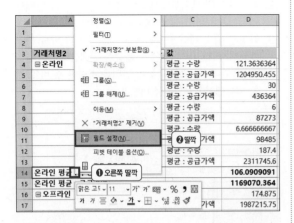

18. '필드 설정' 대화상자에서 그림과 같이 지정한 후 〈확인〉을 클릭한다.

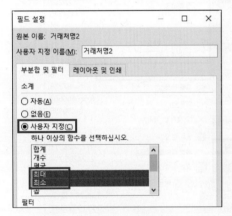

19. 작성된 피벗 테이블에서 '수량'이 표시되어 있는 임의의 셀의 바로 가기 메뉴에서 **[값 필드 설정]**을 선택한다.

20. '값 필드 설정' 대화상자에서 〈표시 형식〉을 클릭한다.

21. '셀 서식' 대화상자에서 그림과 같이 지정한 후 〈확인〉을 클릭한다.

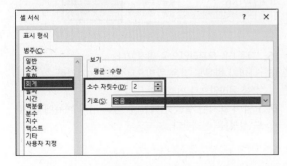

22. '값 필드 설정' 대화상자에서도 〈확인〉을 클릭한다.

23. 같은 방법으로 '공급가액'의 표시 형식을 그림과 같이 지정한다.

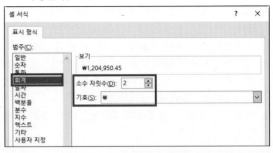

02. 중복된 항목 제거 / 조건부 서식 / 데이터 유효성 검사

정답

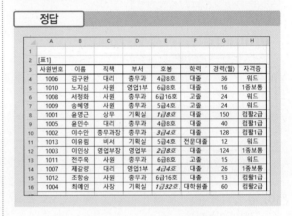

1. [A3:H17] 영역의 임의의 셀을 클릭한 후 [데이터] → 데이터 도구 → **중복된 항목 제거**를 클릭한다.

2. '중복 값 제거' 대화상자에서 그림과 같이 지정한 후 〈확인〉을 클릭한다.

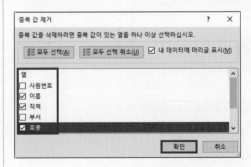

3. 'Microsoft Excel' 대화상자에서도 〈확인〉을 클릭한다.

4. [E4:E16] 영역을 블록으로 지정한 후 [홈] → 스타일 → 조건부 서식 → **새 규칙**을 선택한다.

5. '새 서식 규칙' 대화상자에서 그림과 같이 지정한 후 〈서식〉을 클릭한다.

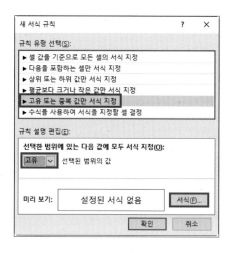

6. '셀 서식' 대화상자에서 글꼴 스타일 '굵은 기울임꼴', 글꼴 색 '표준 색-파랑'을 선택한 후 〈확인〉을 클릭한다.
7. '새 서식 규칙' 대화상자에서도 〈확인〉을 클릭한다.

8. [A4:A16] 영역을 블록으로 지정한 후 [데이터] → 데이터 도구 → 📰(데이터 유효성 검사)를 클릭한다.
9. '데이터 유효성' 대화상자의 '설정' 탭에서 그림과 같이 지정하고 〈확인〉을 클릭한다.

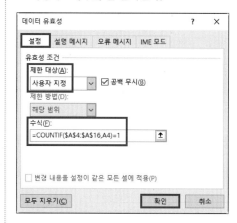

![문제 4] 기타작업

01. 차트 서식

1 '평균단가(E3:E10)' 추가

1. 차트 영역의 바로 가기 메뉴에서 [데이터 선택]을 선택한다.
2. '데이터 원본 선택' 대화상자에서 범례 항목(계열)의 〈추가〉를 클릭한다.
3. '계열 편집' 대화상자에서 그림과 같이 지정하고 〈확인〉을 클릭한다.

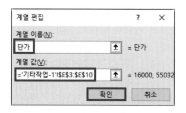

4. '데이터 원본 선택' 대화상자에서도 〈확인〉을 클릭한다.

2 '단가' 계열의 차트 종류 변경 및 보조 축 표시

1. 임의의 계열을 선택한 후 바로 가기 메뉴에서 [계열 차트 종류 변경]을 선택한다.

2. '차트 종류 변경' 대화상자의 [혼합]에서 그림과 같이 지정한 후 〈확인〉을 클릭한다.

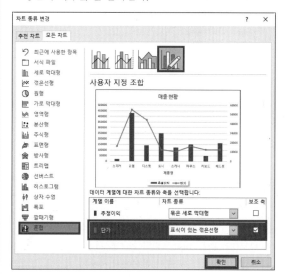

4 도형 추가

1. [삽입] → 일러스트레이션 → 도형 → 설명선 → **말풍선: 타원형(◯)**을 선택한 후 [F4] 셀에 맞게 드래그한다.

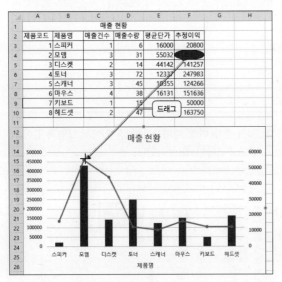

2. [삽입] → 일러스트레이션 → 도형 → 선 → **선 화살표(↘)**를 선택한 후 그림과 같이 해당 위치에 드래그하여 삽입한다.

3. 삽입한 도형을 모두 선택한 후 [도형 서식] → 도형 스타일 → 도형 채우기 → **채우기 없음**을 선택하고, [도형 서식] → 도형 스타일 → **도형 윤곽선**에서 색 '검정, 텍스트 1', 두께 '1pt'를 선택한다.

5 세로(값) 축과 보조 세로(값) 축의 표시 형식 변경

1. 세로(값) 축을 더블클릭한 후 '축 서식' 창의 [축 옵션] → ▐▎(축 옵션) → **표시 형식**에서 사용자 지정을 그림과 같이 지정한다.

2. 같은 방법으로 보조 세로(값) 축의 서식도 변경한다.

02. 매크로

정답

A	B	C	D	E	F	G	H	I
			부서별 급여 지급 내역서					
사원코드	성명	부서명	직위	근무년수	기본급	상여금	수당	지급액
G1	홍기남	기획부	부장	16	1,267천원	480천원	208천원	1,954,667
C2	이기자	총무부	과장	9	1,250천원	375천원	63천원	1,687,500
G3	차후서	기획부	대리	4	667천원	200천원	20천원	886,667
Y1	허연기	영업부	부장	12	1,400천원	420천원	112천원	1,932,000
C3	김인자	총무부	대리	3	950천원	190천원	19천원	1,159,000
Y3	박혜제	영업부	대리	4	1,000천원	200천원	20천원	1,220,000
G2	김순례	기획부	과장	9	867천원	360천원	60천원	1,286,667
Y2	우인철	영업부	과장	9	1,250천원	375천원	63천원	1,687,500
C1	유질민	총무부	부장	11	1,350천원	405천원	108천원	1,863,000
							단위지정	그래프보기

1 '단위' 매크로

1. [삽입] → 일러스트레이션 → 도형 → 기본 도형 → **사각형: 빗면(▱)**을 이용하여 [H13:H14] 영역에 도형을 만든다.
2. 도형의 바로 가기 메뉴에서 [**매크로 지정**]을 선택한다.
3. '매크로 지정' 대화상자의 매크로 이름에 **단위**를 입력하고, 〈기록〉을 클릭한다.
4. '매크로 기록' 대화상자에서 〈확인〉을 클릭한다.
5. [F3:H11] 영역을 블록으로 지정한 후 Ctrl+1을 누른다.
6. '셀 서식' 대화상자에서 그림과 같이 지정하고, 〈확인〉을 클릭한다.

7. 임의의 셀을 클릭한 후 '기록 중지(◻)' 아이콘을 클릭한다.
8. 도형의 바로 가기 메뉴에서 [**텍스트 편집**]을 선택한 후 **단위지정**을 입력한다.

2 '그래프' 매크로

1. [삽입] → 일러스트레이션 → 도형 → 기본 도형 → **사각형: 빗면(◻)**을 이용하여 [I13:I14] 영역에 도형을 만든다.
2. 도형의 바로 가기 메뉴에서 [**매크로 지정**]을 선택한다.
3. '매크로 지정' 대화상자의 매크로 이름에 **그래프**를 입력하고, 〈기록〉을 클릭한다.
4. '매크로 기록' 대화상자에서 〈확인〉을 클릭한다.
5. [I3:I11] 영역을 범위로 지정한 후 [홈] → 스타일 → 조건부 서식 → **새 규칙**을 선택한다.
6. '새 서식 규칙' 대화상자에서 그림과 같이 지정하고, 〈확인〉을 클릭한다.

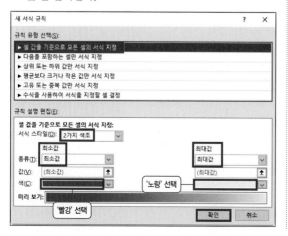

7. 임의의 셀을 클릭한 후 '기록 중지(◻)' 아이콘을 클릭한다.
8. 도형의 바로 가기 메뉴에서 [**텍스트 편집**]을 선택한 후 **그래프보기**를 입력한다.

03. VBA

1 '수량 입력' 단추 및 폼 초기화 프로시저

• '수량 입력' 단추 클릭 프로시저

```
Private Sub cmd수량입력_Click( )
    부서별매출.Show
End Sub
```

1. [개발 도구] → 컨트롤 → **디자인 모드**를 클릭한다.
2. '수량 입력' 단추를 더블클릭한다.
3. 'cmd수량입력_Click( )' 프로시저에 정답과 같이 코드를 입력한다.

• 폼 초기화 프로시저

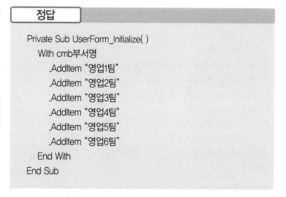

```
Private Sub UserForm_Initialize( )
    With cmb부서명
        .AddItem "영업1팀"
        .AddItem "영업2팀"
        .AddItem "영업3팀"
        .AddItem "영업4팀"
        .AddItem "영업5팀"
        .AddItem "영업6팀"
    End With
End Sub
```

1. 프로젝트 탐색기에서 〈부서별매출〉 폼을 선택하고 '코드 보기(◻)' 아이콘을 클릭한다.
2. 개체 선택 콤보 상자에서 'UserForm'을 선택하고, 프로시저 선택 콤보 상자에서 'Initialize'를 선택한다.
3. 'UserForm_Initialize( )' 프로시저에 정답과 같이 코드를 입력한다.

2 '등록' 단추 클릭 프로시저

```
Private Sub cmd등록_Click( )
    입력행 = [b3].Row + [b3].CurrentRegion.Rows.Count
    Cells(입력행, 2) = cmb부서명.Value
    Cells(입력행, 3) = txt소형수량.Value
    Cells(입력행, 4) = txt중형수량.Value
    Cells(입력행, 5) = txt총수량.Value
    cmb부서명.Value = " "
    txt소형수량.Value = " "
    txt중형수량.Value = " "
    txt총수량.Value = " "
End Sub
```

1. 프로젝트 탐색기에서 〈부서별매출〉 폼을 더블클릭하여 〈부서별매출〉 폼이 화면에 나오게 한다.
2. '등록' 단추를 더블클릭하여 'cmd등록_Click( )' 프로시저를 나오게 한다.
3. 'cmd등록_Click( )' 프로시저에 정답과 같이 코드를 입력한다.

코드설명

```
Private Sub cmd등록_Click( )
 ❶ 입력행 = [b3].Row + [b3].CurrentRegion.Rows.Count
 ❷ Cells(입력행, 2) = cmb부서명.Value
 ❸ Cells(입력행, 3) = txt소형수량.Value
 ❹ Cells(입력행, 4) = txt중형수량.Value
 ❺ Cells(입력행, 5) = txt총수량.Value
 ❻ cmb부서명.Value = " "
    txt소형수량.Value = " "
    txt중형수량.Value = " "
    txt총수량.Value = " "
End Sub
```

❶ '입력행' 변수에 [b3] 셀의 행 번호인 3과 [b3] 셀과 연결된 범위에 있는 데이터의 행수를 더하여 치환합니다.
❷ cmb부서명의 값을 지정된 셀 위치에 입력합니다.
❸ txt소형수량의 값을 지정된 셀 위치에 입력합니다.
❹ txt중형수량의 값을 지정된 셀 위치에 입력합니다.
❺ txt총수량의 값을 지정된 셀 위치에 입력합니다.
❻ 새로운 데이터를 입력받기 전에 현재 입력된 컨트롤의 값을 지웁니다.

3 '종료' 단추 클릭 프로시저

```
Private Sub cmd종료_Click( )
    MsgBox Date, vbOKOnly, "입력 종료"
    Unload Me
End Sub
```

1. 프로젝트 탐색기에서 〈부서별매출〉 폼을 더블클릭하여 〈부서별매출〉 폼이 화면에 나오게 한다.
2. '종료' 단추를 더블클릭하여 'cmd종료_Click( )' 프로시저가 화면에 나오게 한다.
3. 'cmd종료_Click( )' 프로시저에 정답과 같이 코드를 입력한다.

기본 모의고사

> • 준 비 하 세 요 : 'C:\길벗컴활1급\01 엑셀\03 기본모의고사' 폴더에서 '10회.xlsm' 파일을 열어서 작업하시오.
>
> • 외부 데이터 위치 : C:\길벗컴활1급\01 엑셀\03 기본모의고사

5132101

문제 1 기본작업(15점) 주어진 시트에서 다음의 과정을 수행하고 저장하시오.

1. '기본작업-1' 시트에서 다음과 같이 고급 필터를 수행하시오.

▶ [A4:I18] 영역에서 '사원코드'의 다섯 번째 글자가 1이고, '입사일'의 월이 4 또는 5인 데이터를 표시하시오.

▶ 조건은 [A20:A21] 영역 내에 알맞게 입력하시오. (AND, OR, MID, MONTH 함수 사용)

▶ 결과는 [A23] 셀부터 표시하시오.

2. '기본작업-1' 시트에서 다음과 같이 조건부 서식을 설정하시오.

▶ [A5:I18] 영역에서 '입사일'이 홀수 달이고 2022년 1월 1일 이후인 행 전체에 대하여 글꼴 스타일은 '굵게', 글자색은 '표준 색-파랑'으로 적용하시오.

▶ 단, 규칙 유형은 '수식을 사용하여 서식을 지정할 셀 결정'을 사용하고, 한 개의 규칙으로만 작성하시오.

▶ MONTH, MOD, AND, DATE 함수 사용

3. '기본작업-2' 시트에서 다음과 같이 페이지 레이아웃을 설정하시오.

▶ 인쇄 용지가 가로로 인쇄되도록 용지 방향을 설정하고, 열이 추가돼도 너비는 한 페이지에 인쇄되고 최대 세 페이지까지 인쇄되도록 설정하시오.

▶ 첫 페이지 상단의 가운데 구역에 "상반기 강좌 내역"를 삽입한 후 글꼴이 'HY견고딕', 글꼴 크기가 14로 인쇄되도록 머리글을 설정하고, 매 페이지 하단의 가운데 구역에는 페이지 번호가 [표시 예]와 같이 표시되도록 바닥글을 설정하시오.
 – 인쇄될 때 첫 페이지의 번호가 2가 되도록 설정하시오.
 [표시 예 : 현재 페이지 번호가 1인 경우 → 2쪽]

▶ 2행이 매 페이지마다 반복하여 인쇄되도록 인쇄 제목을 설정하고, 워크시트에 삽입된 그림이 인쇄되지 않도록 설정하시오.

▶ 페이지 여백을 '넓게'로 설정하시오.

전문가의 조언

1
• 문제에 제시된 AND와 OR 함수를 이용하여 조건을 지정하려면 하나의 셀에 조건을 모두 입력해야 합니다.
• 수식이 들어간 고급 필터의 조건에 대한 필드명은 원본 데이터에서 사용된 필드명과 다른 이름을 사용해야 합니다.

2. 조건부 서식을 지정할 때는 반드시 문제에 제시된 범위를 정확히 지정한 후 조건을 적용하세요.

3. 페이지 레이아웃은 [페이지 레이아웃] → 페이지 설정의 ⑸를 사용하세요.

문제 2

계산작업(30점) '계산작업' 시트에서 다음의 과정을 수행하고 저장하시오.

1. [표1]의 [E3:E8] 영역에 수량이 15 이상이고, 단가가 2000 이상이고, 매출액이 30000 이상인 경우 수량을 10으로 나눈 숫자만큼 '★'를 입력하고, 그 외는 공백으로 입력하시오.

▶ IF, AND, REPT 함수 사용

※ 단, 엑셀에서 사용하는 특수 문자 '★'를 사용하시오.

2. [표2]의 [D12:D18] 영역에 최저가산점을 계산하여 표시하시오.

▶ 최저가산점은 토익 가산점과 토플 가산점 중 작은 값으로 선택
▶ 가산점은 토익점수와 토플점수에 따라 다르며 [F14:G18]과 [I14:J18] 영역을 참조
▶ MIN과 VLOOKUP 함수 사용

3. 사용자 정의 함수 'fn비고'를 작성하여 [표3]의 [G22:G36] 영역에 비고를 계산하여 표시하시오.

▶ 'fn비고'는 '근무년수'를 인수로 받아 비고를 계산하여 되돌려줌
▶ 비고는 근무년수가 8~9년이거나 4~5년 사이이면 "승진대상"을, 그외는 빈칸으로 표시
▶ SELECT문 이용

```
Public Function fn비고(근무년수)

End Function
```

4. [표4]에서 [J23:L25] 영역에 상여비율이 상여비율 평균보다 크거나 같은 사원을 대상으로 부서와 직위별 기본급의 합계를 계산하시오.

▶ SUM, AVERAGE 함수를 이용한 배열 수식

5. [표3]을 이용해서 기본급(E22:E36)의 50%가 450000 이상인 사원의 수를 계산하여 [K29] 셀에 표시하시오.

▶ 조건은 [I28:J29] 영역에 지정
▶ DAVERAGE, DSUM, DCOUNTA 중 알맞은 함수를 선택하여 사용

6. [표3]을 이용해서 기본급이 가장 많은 사람의 사원명과 관리부서를 [I33:J33] 영역에 표시하시오.

▶ MAX, XLOOKUP 함수 사용

문제 3　　**분석작업(20점)**　주어진 시트에서 다음의 과정을 수행하고 저장하시오.

1. '분석작업-1' 시트에서 다음의 지시사항에 따라 피벗 테이블 보고서를 작성하시오.

▶ 외부 데이터 가져오기 기능을 이용하여 〈퇴직금현황.accdb〉의 〈퇴직금〉 테이블에서 '성명', '부서명', '직책', '기본급', '상여금', '퇴직금' 열을 이용하시오.

▶ 피벗 테이블 보고서의 레이아웃과 위치는 〈그림〉을 참조하여 설정하고, 보고서 레이아웃을 개요 형식으로 표시하시오.

▶ 피벗 테이블 스타일은 '연한 파랑, 피벗 스타일 밝게 20'으로 설정하고 '줄무늬 행' 옵션을 설정하시오.

▶ '퇴직금' 필드에 대한 비율을 나타내는 계산 필드를 추가한 후 '열 합계 비율'로 표시하시오.

▶ '기본급', '상여금', '퇴직금' 필드의 표시 형식은 '값 필드 설정'의 셀 서식을 이용하여 '숫자' 범주의 '1000 단위 구분 기호(,)'를 적용하시오.

▶ '확장(+)/축소(−)' 단추가 표시되지 않도록 설정하시오.

	A	B	C	D	E	F
1	성명	(모두)				
2						
3	직책	부서명	합계 : 기본급	합계 : 상여금	합계 : 퇴직금	합계 : 비율
4	과장		4,000	16,000	76,080	24.91%
5		회계부	4,000	16,000	76,080	24.91%
6	대리		5,400	21,600	75,708	24.79%
7		기획인사부	1,800	7,200	32,436	10.62%
8		영업부	3,600	14,400	43,272	14.17%
9	부장		5,600	22,400	88,480	28.97%
10		기획인사부	2,800	11,200	70,140	22.97%
11		회계부	2,800	11,200	18,340	6.01%
12	사원		3,000	10,000		0.00%
13		영업부	1,500	5,000		0.00%
14		회계부	1,500	5,000		0.00%
15	차장		2,500	10,000	65,125	21.32%
16		회계부	2,500	10,000	65,125	21.32%
17	총합계		20,500	80,000	305,393	100.00%

※ 작업이 완성된 그림이며 부분점수 없음

2. '분석작업-2' 시트에 대하여 다음의 지시사항을 처리하시오.

▶ [데이터 도구] 기능을 이용하여 [표1]의 [A3:A13] 영역의 데이터를 각 열로 구분되어 입력되도록 실행하시오.
　– 데이터는 쉼표(,)로 구분되어 있음

▶ [데이터 유효성 검사] 기능을 이용하여 [A4:A13] 영역에는 '학번'이 4글자로 입력되도록 제한 대상을 설정하시오.
　– [A4:A13] 영역의 셀을 클릭할 경우 〈그림〉과 같은 설명 메시지를 표시하고, 유효하지 않은 데이터를 입력해도 오류 메시지가 표시되지 않도록 설정하시오.

학번	이름
J001	강정국
J002	나자윤
W001	도자기
S0	
J0	
S0	
J004	성충록

입력방법
반드시
4글자로
입력하시오.

　– LEN 함수를 이용하시오.
　– IME 모드가 '영문'이 되도록 설정하시오.

▶ [부분합] 기능을 이용하여 [표1]에서 '학과'별 '총점'의 평균을 계산한 후 '성별'별 '학과'의 개수를 계산하시오.
  – '학과'를 기준으로 오름차순으로 정렬하고, '학과'가 동일한 경우 '성별'을 기준으로 오름차순으로 정렬하시오.
  – 평균과 개수는 위에 명시된 순서대로 처리하시오.

문제 4 · 기타작업(35점) 주어진 시트에서 다음의 과정을 수행하고 저장하시오.

1. '기타작업-1' 시트에서 다음의 지시사항에 따라 차트를 수정하시오.

※ 차트는 반드시 문제에서 제공한 차트를 사용하여야 하며, 신규로 차트 작성 시 0점 처리됨

① '목표량' 계열의 차트 종류를 '표식이 있는 꺾은선형'으로 변경한 후 보조 축으로 지정하시오.

② 차트 제목을 〈그림〉과 같이 표시한 후 도형 스타일 '미세 효과 – 파랑, 강조 1' 을 지정하시오.

③ 범례의 위치를 '오른쪽'으로 표시하고 테두리 '검정, 텍스트 1'과 그림자 '오프셋: 오른쪽 아래'를 설정하시오.

④ '판매액' 계열의 '더미 HUB' 요소에만 설명선으로 표시된 데이터 레이블이 〈그림〉과 같이 표시되도록 설정하시오.

⑤ 세로(값) 축 눈금의 단위 레이블을 표시하고 표시 단위를 '천'으로 설정하시오.

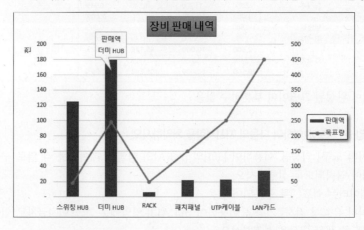

2. '기타작업-2' 시트에 대하여 다음과 같은 기능을 수행하는 매크로를 현재 통합문서에 작성하고 실행하시오.

① [F4:F9] 영역에 사용자 지정 표시 형식을 설정하는 '서식적용' 매크로를 생성하시오.

▶ 셀 값이 1을 초과하면 빨강색으로 "[초과달성]"을, 1이면 파랑색으로 "[목표달성]"을, 그 외는 "[목표미달]"을 표시한 한 후 문자와 숫자 사이에 공백을 셀의 너비만큼 표시하고 숫자는 백분율로 소수점 첫 째자리까지 표시하시오.

[표시 예 : 1.1인 경우 → [초과달성] 110.0%, 1인 경우 → [목표달성] 100.0%, 0.678인 경우 → [목표미달] 67.8%]

▶ [개발 도구] → [삽입] → [양식 컨트롤]의 '단추'를 동일 시트의 [B11:C12] 영역에 생성한 후 텍스트를 "서식적용"으로 입력하고, 단추를 클릭하면 '서식적용' 매크로가 실행되도록 설정하시오.

② [C4:C9] 영역에 조건부 서식을 적용하는 '아이콘보기' 매크로를 생성하시오.

▶ 규칙 유형은 '셀 값을 기준으로 모든 셀의 서식 지정'으로 선택하고, 서식 스타일 '아이콘 집합', 아이콘 스타일을 '5가지 원(흑백)'으로 설정하시오.

▶ 백분율이 80 이상, 80 미만 60 이상, 60 미만 40 이상, 40 미만 20 이상, 20 미만으로 설정하시오.

▶ [개발 도구] → [삽입] → [양식 컨트롤]의 '단추'를 동일 시트의 [D11:E12] 영역에 생성한 후 텍스트를 "아이콘보기"로 입력하고, 단추를 클릭하면 '아이콘보기' 매크로가 실행되도록 설정하시오.

※ 셀 포인터의 위치에 관계없이 매크로가 실행되어야 정답으로 인정됨

3. '기타작업-3' 시트에서 다음과 같은 작업을 수행하도록 프로시저를 작성하시오.

 전문가의 조언

3. '사원별 수당' 단추의 클릭 프로시저를 작성하려면 [개발 도구] → 컨트롤 → 디자인 모드를 클릭한 후 '사원별 수당' 단추를 더블클릭하세요.

① '사원별수당' 단추를 클릭하면 〈영업사원〉 폼이 나타나도록 설정하고 〈영업사원〉 폼에서 '부서(cmb부서)'를 선택(Change)하면 해당 '부서'에 해당하는 '기본수당'이 '기본수당(txt기본수당)'에 표시되고, '판매수량(txt수량)' 컨트롤로 포커스가 이동되도록 프로시저를 작성하시오.

▶ '기본수당'은 '부서(cmb부서)'와 [I4:I8] 영역을 참조하고 Select~Case 명령문을 이용하여 산출하시오.

▶ '부서(cmb부서)'를 선택한 이후에는 다시 '부서(cmb부서)'를 선택하지 못하도록 설정하시오.

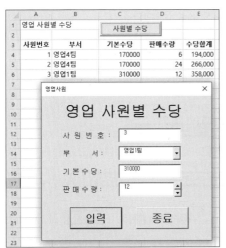

② 〈영업사원〉 폼의 '입력(cmd입력)' 단추를 클릭하면 폼에 입력된 데이터가 시트의 입력되어 있는 마지막 행 다음에 연속하여 추가되도록 프로시저를 작성하시오.

▶ 수당합계 = 기본수당 + 수량 × 4000

▶ 입력되는 데이터는 워크시트에 입력된 기존 데이터와 같은 형식의 데이터로 입력

③ '기타작업-3' 시트에서 셀의 데이터가 변경(Change)되면 해당 셀로 셀 포인터가 이동되고 글꼴 스타일이 '궁서체'로 설정되도록 이벤트 프로시저를 작성하시오.

문제 1 기본작업

01. 고급 필터

정답

	A	B	C	D	E	F	G	H	I
19									
20	조건								
21	TRUE								
22									
23	사원코드	사원이름	입사일	직급명	부서명	판매금액	활동수당	직급수당	총수령액
24	KH351O	이수지	2022-05-04	사원	기획팀	2,988,000	448,200	250,000	698,200
25	SS511O	한소리	2021-04-22	과장	생산팀	2,988,008	1,494,004	500,000	1,994,004
26	SS511O	이소진	2020-05-03	대리	생산팀	2,988,009	747,002	400,000	1,147,002
27	KL1212J	유인경	2018-04-17	대리	경리팀	2,988,011	747,002	400,000	1,147,003

1. [A20] 셀에 **조건**, [A21] 셀에 =AND(MID(A5,5,1)= "1",OR(MONTH(C5)=4,MONTH(C5)=5))를 입력한다.
2. [A4:I18] 영역을 블록으로 지정한 후 [데이터] → 정렬 및 필터 → **고급**을 클릭한다.
3. '고급 필터' 대화상자에서 그림과 같이 지정하고, 〈확인〉 을 클릭한다.

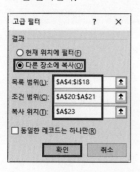

02. 조건부 서식

정답

	A	B	C	D	E	F	G	H	I
1									
2					**11월분 사원임금 계산표**				
3									
4	사원코드	사원이름	입사일	직급명	부서명	판매금액	활동수당	직급수당	총수령액
5	**KH351O**	**이수지**	**2022-05-04**	**사원**	**기획팀**	**2,988,000**	**448,200**	**250,000**	**698,200**
6	IS352Z	김송서	2020-04-10	과장	인사팀	2,988,001	1,494,001	500,000	1,994,001
7	SS511O	유동구	2023-06-07	대리	생산팀	2,988,002	747,001	400,000	1,147,001
8	**RD192K**	**최수송**	**2022-05-04**	**사원**	**R&D팀**	**2,988,003**	**448,200**	**250,000**	**698,200**
9	KL512J	김미화	2019-04-03	과장	경리팀	2,988,004	1,494,002	500,000	1,994,002
10	IS752Z	강김찬	2021-12-20	과장	인사팀	2,988,005	1,494,003	500,000	1,994,003
11	KL992J	이수신	2020-11-05	사원	관리팀	2,988,006	448,201	250,000	698,201
12	**IS352Z**	**김상신**	**2023-01-09**	**사원**	**인사팀**	**2,988,007**	**448,201**	**250,000**	**698,201**
13	SS511O	한소리	2021-04-22	과장	생산팀	2,988,008	1,494,004	500,000	1,994,004
14	SS511O	이소진	2020-05-03	대리	생산팀	2,988,009	747,002	400,000	1,147,002
15	RD192K	양세민	2016-05-20	과장	R&D팀	2,988,010	1,494,005	500,000	1,994,005
16	KL1212J	유인경	2018-04-17	대리	경리팀	2,988,011	747,003	400,000	1,147,003
17	**IS452Z**	**이청진**	**2022-09-20**	**과장**	**인사팀**	**2,988,012**	**1,494,006**	**500,000**	**1,994,006**
18	KL392J	김미나	2021-05-04	과장	관리팀	2,988,013	1,494,007	500,000	1,994,007

1. [A5:I18] 영역을 블록으로 지정한 후 [홈] → 스타일 → 조건부 서식 → **새 규칙**을 선택한다.
2. '새 서식 규칙' 대화상자에서 조건을 그림과 같이 지정 하고, 〈서식〉을 클릭한다.

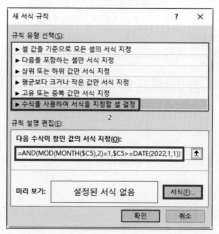

3. '셀 서식' 대화상자의 '글꼴' 탭에서 글꼴 스타일은 '굵게', 글꼴 색은 '표준 색–파랑'으로 지정하고, 〈확인〉을 클릭한다.
4. '새 서식 규칙' 대화상자에서 〈확인〉을 클릭한다.

> 셀에 ####이 표시되면 데이터를 확인하기 위해 열 너비를 조절합니다.

03. 페이지 레이아웃

정답

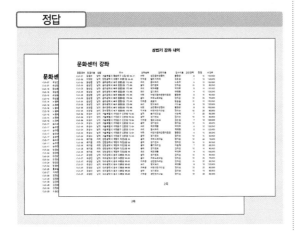

1. [페이지 레이아웃] → 페이지 설정의 ☑를 클릭한다.
2. '페이지 설정' 대화상자의 '페이지' 탭에서 그림과 같이 지정한다.

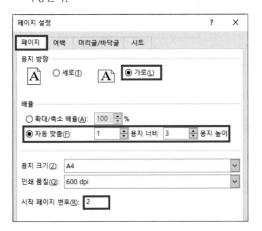

3. '페이지 설정' 대화상자의 '머리글/바닥글' 탭에서 '첫 페이지를 다르게 지정'을 선택한 후 〈머리글 편집〉을 선택한다.
4. '머리글' 대화상자의 '첫 페이지 머리글' 탭에서 '가운데 구역'에 **상반기 강좌 내역**을 입력한 후 블록으로 설정한 다음 '텍스트 서식(가)' 아이콘을 클릭한다.

5. '글꼴' 대화상자에서 그림과 같이 지정하고, 〈확인〉을 클릭한 후 '머리글' 대화상자에서도 〈확인〉을 클릭한다.

6. '페이지 설정' 대화상자의 '머리글/바닥글' 탭에서 〈바닥글 편집〉을 클릭한다.
7. '바닥글' 대화상자에서 '바닥글' 탭과 '첫 페이지 바닥글' 탭에서 그림과 같이 설정한 후 〈확인〉을 클릭한다.

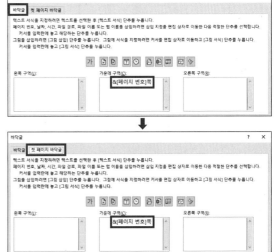

8. '페이지 설정' 대화상자의 '시트' 탭에서 그림과 같이 설정한 후 〈확인〉을 클릭한다.

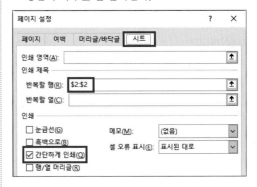

9. [페이지 레이아웃] → 페이지 설정 → 여백 → **넓게**를 선택한다.

정답

	A	B	C	D	E	F	G	H	I	J	K	L	M
1	[표1] 가전제품 판매현황												
2	품목	수량	단가	매출액	비고								
3	세탁기	15	1,575	23,625									
4	DVD 재생기	20	3,287	65,740	★★								
5	냉장고	13	1,795	23,335									
6	DVD 재생기	18	3,687	66,366	★								
7	세탁기	11	2,874	31,614									
8	세탁기	35	12,959	194,385	★★★								
9													
10	[표2] 졸업 인증제 평가표												
11	이름	토익	토플	최저가산점			토익점수에 따른 가산점			토플점수에 따른 가산점			
12	김진성	670	220	5			토익	가산점		토플	가산점		
13	서혁진	720	150	5			400	1		50	1		
14	이상흠	870	280	10			600	5		100	5		
15	김성균	570	100	1			800	10		150	10		
16	윤향기	890	180	10			900	15		200	15		
17	김필승	800	270	10			999	20		300	20		
18	한성수	700	140	5									
19													
20	[표3]								[표4] 상여비율 우수 사원의 기본급합계				
21	사원명	관리부서	직위	근무년수	기본급	상여비율	비고		부서	직위			
22	신소진	기획부	부장	15	1,400,000	10%				부장	차장	대리	
23	이은철	경리부	차장	7	900,000	8%			기획부	2,350,000	940,000	-	
24	박희천	영업부	대리	3	650,000	6%			경리부	1,000,000	1,780,000	700,000	
25	노수용	기획부	차장	8	920,000	2%	승진대상		영업부	1,100,000	-	650,000	
26	조명섭	경리부	대리	5	750,000	4%	승진대상						
27	이기수	영업부	부장	12	1,100,000	12%							
28	최신호	기획부	대리	4	700,000	7%	승진대상		조건		기본급의 50%가 450000 이상인 사원수		
29	박건창	경리부	부장	11	1,000,000	8%			TRUE		9		
30	김재규	영업부	차장	7	900,000	4%							
31	사연홍	기획부	부장	10	950,000	10%			[표5] 최대 기본급 사원				
32	인정국	영업부	부상	8	920,000	7%	승진대상		사원명	관리부서			
33	강도훈	경리부	차장	6	880,000	11%			신소진	기획부			
34	안영철	경리부	대리	4	700,000	8%	승진대상						
35	김보현	기획부	차장	9	940,000	9%	승진대상						
36	류남규	영업부	대리	3	650,000	10%							

1 비고(E3)

=IF(AND(B3>=15,C3>=2000,D3>=30000), REPT("★", B3/10), "")

2 최저가산점(D12)

=MIN(VLOOKUP(B12,$F$14:$G$18,2), VLOOKUP(C12,$I$14:$J$18,2))

3 비고(G22)

=fn비고(D22)

[사용자 정의 함수]
Visual Basic Editor의 모듈에 다음과 같이 코드를 입력한다.

```
Public Function fn비고(근무년수)
    Select Case 근무년수
        Case 8 To 9, 4 To 5
            fn비고 = "승진대상"
        Case Else
            fn비고 = ""
    End Select
End Function
```

4 상여비율 우수 사원의 기본급합계(J23)

{=SUM(($B$22:$B$36=$I23) * ($C$22:$C$36=J$22) * ($F$22:$F$36>=AVERAGE($F$22:$F$36)) * $E$22:$E$36)}

```
=SUM( (조건1) * (조건2) * (조건3) * (합계를_구할_범위) )
=SUM( ($B$22:$B$36=$I23) * ($C$22:$C$36=J$22) * ($F$22:$F$36
          조건1                    조건2                  
)=AVERAGE($F$22:$F$36)) * $E$22:$E$36 )
          조건3              합계를_구할_범위
```

- 조건1 : 부서가 기획부
- 조건2 : 직위가 부장
- 조건2 : 상여비율이 상여비율 평균보다 크거나 같은
- 합계를_구할_범위 : 기본급

5 기본급의 50%가 450000 이상인 사원수(K29)

=DCOUNTA(A21:G36, 1, I28:I29)

※ 조건 지정

⚫H	I	J
27		
28	조건	
29	TRUE	
30		

※ [I29] 셀에 입력할 수식 : =E22*50%>=450000

6 최대 기본급 사원명(I33)

=XLOOKUP(MAX($E$22:$E$36), $E$22:$E$36,
A22:A36)

문제 3   분석작업

01. 피벗 테이블

1. [데이터] → 데이터 가져오기 및 변환 → 데이터 가져오기 → 기타 원본에서 → Microsoft Query에서를 선택한다.
2. '데이터 원본 선택' 대화상자에서 'MS Access Database*'를 선택한 후 〈확인〉을 클릭한다.
3. '데이터베이스 선택' 대화상자에서 '퇴직금현황.accdb'를 선택한 후 〈확인〉을 클릭한다.
4. '쿼리 마법사 – 열 선택' 대화상자에서 그림과 같이 열을 선택하고 〈다음〉을 클릭한다.

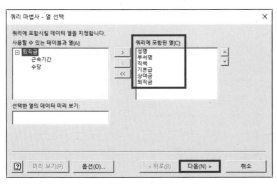

5. '쿼리 마법사 – 데이터 필터' 대화상자에서 〈다음〉을 클릭한다.
6. '쿼리 마법사 – 정렬 순서' 대화상자에서 〈다음〉을 클릭한다.
7. '쿼리 마법사 – 마침' 대화상자에서 〈마침〉을 클릭한다.

8. '데이터 가져오기' 대화상자에서 표시할 방법으로 '피벗 테이블 보고서'를, 작성 위치로 '기존 워크시트', [A3] 셀을 지정한 후 〈확인〉을 클릭한다.
9. '피벗 테이블 필드' 창에서 각 필드를 그림과 같이 지정한다.

값 영역에 넣은 〈퇴직금〉 필드가 합계가 아닌 개수로 지정되는 경우가 있습니다. 이때는 합계로 변경해 주세요.

10. 작성된 피벗 테이블에서 임의의 셀을 클릭한 후 [디자인] → 레이아웃 → 보고서 레이아웃 → **개요 형식으로 표시**를 선택한다.

11. [디자인] → 피벗 테이블 스타일의 ▾(자세히) → **연한 파랑, 피벗 스타일 밝게 20**을 선택한다.

12. [디자인] → 피벗 테이블 스타일 옵션 → **줄무늬 행**을 선택한다.

13. [피벗 테이블 분석] → 계산 → 필드, 항목 및 집합 → **계산 필드**를 선택한다.

14. '계산 필드 삽입' 대화상자에서 그림과 같이 지정하고 〈추가〉를 클릭한다. 이어서 〈확인〉을 클릭한다.

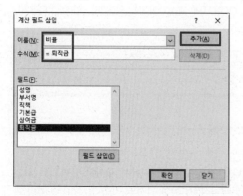

15. 비율의 바로 가기 메뉴에서 [값 표시 형식] → **열 합계 비율**을 선택한다.

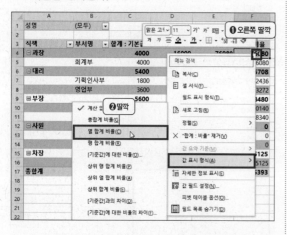

16. 작성된 피벗 테이블에서 '기본급'이 표시되어 있는 임의의 셀의 바로 가기 메뉴에서 [**값 필드 설정**]을 선택한다.

17. '값 필드 설정' 대화상자에서 〈표시 형식〉을 클릭한다.

18. '셀 서식' 대화상자에서 그림과 같이 지정한 후 〈확인〉을 클릭한다.

19. '값 필드 설정' 대화상자에서도 〈확인〉을 클릭한다.

20. 같은 방법으로 '상여금'과 '퇴직금'도 표시 형식을 지정한다.

21. [피벗 테이블 분석] → 표시 → +/- 단추(⊞ᵣ)를 클릭하여 선택을 해제한다.

02. 텍스트 나누기 / 데이터 유효성 검사 / 부분합

정답

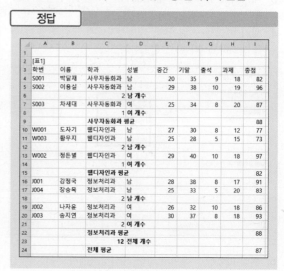

1. [A3:A13] 영역을 블록으로 지정한 후 [데이터] → 데이터 도구 → **텍스트 나누기**를 클릭한다.
2. '텍스트 마법사 – 3단계 중 1단계' 대화상자에서 '구분 기호로 분리됨'을 선택한 후 〈다음〉을 클릭한다.
3. '텍스트 마법사 – 3단계 중 2단계' 대화상자에서 구분 기호를 '쉼표'로 지정한 후 〈다음〉을 클릭한다.

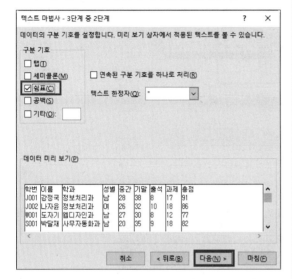

4. '텍스트 마법사 – 3단계 중 3단계' 대화상자에서 〈마침〉을 클릭한다.
5. [A4:A13] 영역을 블록으로 지정한 후 [데이터] → 데이터 도구 → (데이터 유효성 검사)를 클릭한다.
6. '데이터 유효성' 대화상자의 '설정' 탭에서 그림과 같이 지정한다.

7. '설명 메시지' 탭에서 그림과 같이 지정한다.

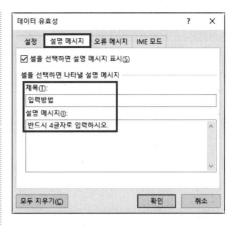

8. '오류 메시지' 탭에서 그림과 같이 지정한다.

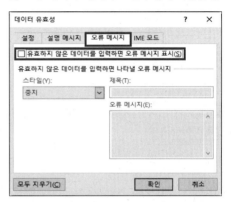

9. 'IME 모드' 탭에서 그림과 같이 지정한 후 〈확인〉을 클릭한다.

10. [A3:I13] 영역을 블록으로 지정한 후 [데이터] → 정렬 및 필터 → **정렬**을 클릭한다.
11. '정렬' 대화상자에서 그림과 같이 지정하고, 〈확인〉을 클릭한다.

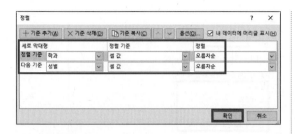

12. [데이터] → 개요 → **부분합**을 클릭한다.

13. '부분합' 대화상자에서 그림과 같이 지정하고, 〈확인〉을 클릭한다.

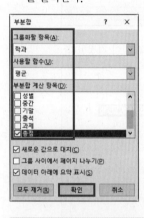

14. [데이터] → 개요 → **부분합**을 클릭한다.

15. '부분합' 대화상자에서 그림과 같이 지정하고 〈확인〉을 클릭한다.

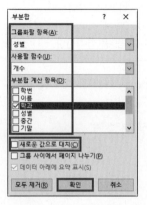

---

01. 차트 작성 및 서식

1 '목표량' 계열의 차트 종류 변경 및 보조 축 지정

1. 임의의 계열을 선택한 후 바로 가기 메뉴에서 [**계열 차트 종류 변경**]을 선택한다.

2. '차트 종류 변경' 대화상자의 [혼합]에서 그림과 같이 지정한 후 〈확인〉을 클릭한다.

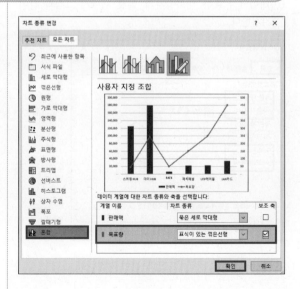

4 '판매액' 계열의 '더미 HUB' 요소에 레이블 표시

1. '판매액' 계열을 클릭한 후 '판매액' 계열 중 '더미HUB' 요소를 다시 한 번 클릭한다.
2. '더미 HUB' 요소만 선택한 상태에서 [차트 디자인] → 차트 레이아웃 → 차트 요소 추가 → 데이터 레이블 → **데이터 설명선**을 선택한다.
3. 차트에 표시된 '데이터 레이블'을 클릭한 후 다시 한번 클릭한다.

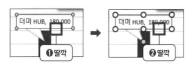

4. 그 상태에서 '데이터 레이블'을 더블클릭한 후 '데이터 레이블 서식' 창의 [레이블 옵션] → ▥(레이블 옵션) → **레이블 옵션**에서 그림과 같이 지정한다.

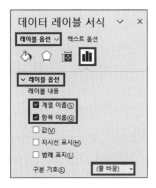

5 세로(값) 축의 표시 단위 지정

세로(값) 축을 더블클릭한 후 '축 서식' 창의 [축 옵션] → ▥(축 옵션) → **축 옵션**에서 그림과 같이 지정한다.

02. 매크로

정답

1 '서식적용' 매크로

1. [개발 도구] → 컨트롤 → 삽입 → **양식 컨트롤**에서 '단추'를 선택한 후 [B11:C12] 영역에 맞게 드래그한다.
2. '매크로 지정' 대화상자의 매크로 이름에 **서식적용**을 입력하고, 〈기록〉을 클릭한다.
3. '매크로 기록' 대화상자에서 〈확인〉을 클릭한다.
4. 서식을 적용할 [F4:F9] 영역을 블록으로 지정한 후 [Ctrl]+[1]을 누른다.
5. '셀 서식' 대화상자에서 그림과 같이 지정한 후 〈확인〉을 클릭한다.

6. 임의의 셀을 클릭한 후 '기록 중지(▢)' 아이콘을 클릭한다.
7. '단추'의 바로 가기 메뉴에서 [**텍스트 편집**]을 선택한 후 텍스트를 **서식적용**으로 수정한다.

기본 모의고사 10회 **483**

❷ '아이콘보기' 매크로

1. [개발 도구] → 컨트롤 → 삽입 → **양식 컨트롤**에서 '단추'를 선택한 후 [D11:E12] 영역에 맞게 드래그한다.
2. '매크로 지정' 대화상자의 매크로 이름에 **아이콘보기**를 입력하고, 〈기록〉을 클릭한다.
3. '매크로 기록' 대화상자에서 〈확인〉을 클릭한다.
4. 서식을 적용할 [C4:C9] 영역을 블록으로 지정한 후 [홈] → 스타일 → 조건부 서식 → **새 규칙**을 선택한다.
5. '새 서식 규칙' 대화상자에서 그림과 같이 지정하고, 〈확인〉을 클릭한다.

6. 임의의 셀을 클릭한 후 '기록 중지(▢)' 아이콘을 클릭한다.
7. '단추'의 바로 가기 메뉴에서 [**텍스트 편집**]을 선택한 후 텍스트를 **아이콘보기**로 수정한다.

03. VBA

❶ '사원별 수당' 단추 클릭 및 〈부서〉 콤보상자 변경 이벤트 프로시저

• '사원별 수당' 단추 클릭 프로시저

> **정답**
>
> ```
> Private Sub cmd사원별수당_Click( )
>     영업사원.Show
> End Sub
> ```

1. [개발 도구] → 컨트롤 → **디자인 모드**를 클릭한다.
2. '사원별 수당' 단추를 더블클릭한다.
3. 'cmd사원별수당_Click( )' 프로시저에 정답과 같이 코드를 입력한다.

• 〈부서〉 변경 이벤트 프로시저

> **정답**
>
> ```
> Private Sub cmb부서_Change( )
>     Select Case cmb부서.Value
>         Case "영업1팀"
>             txt기본수당.Value = 310000
>         Case "영업2팀"
>             txt기본수당.Value = 270000
>         Case "영업3팀"
>             txt기본수당.Value = 220000
>         Case "영업4팀"
>             txt기본수당.Value = 170000
>         Case "특별영업팀"
>             txt기본수당.Value = 280000
>     End Select
>     txt수량.SetFocus
>     cmb부서.Locked = True
> End Sub
> ```

1. 프로젝트 탐색기에서 〈영업사원〉 폼을 더블클릭하여 〈영업사원〉 폼이 화면에 나오게 한다.
2. '부서' 컨트롤을 더블클릭하여 'cmb부서_Change( )' 프로시저를 나오게 한다.
3. 'cmb부서_Change( )' 프로시저에 정답과 같이 코드를 입력한다.

❷ '입력' 단추 클릭 프로시저

> **정답**
>
> ```
> Private Sub cmd입력_Click( )
>     입력행 = [a3].Row + [a3].CurrentRegion.Rows.Count
>     Cells(입력행, 1) = txt사원번호.Value
>     Cells(입력행, 2) = cmb부서.Value
>     Cells(입력행, 3) = txt기본수당.Value
>     Cells(입력행, 4) = txt수량.Value
>     Cells(입력행, 5) = Format(txt기본수당.Value + txt수량.Value
>                        * 4000, "#,###")
> End Sub
> ```

1. 프로젝트 탐색기에서 〈영업사원〉 폼을 더블클릭하여 〈영업사원〉 폼이 화면에 나오게 한다.

2. '입력' 단추를 더블클릭하여 'cmd입력_Click( )' 프로시저를 나오게 한다.

3. 'cmd입력_Click( )' 프로시저에 정답과 같이 코드를 입력한다.

코드 설명

```
Private Sub cmd입력_Click( )
  ❶ 입력행 = [a3].Row + [a3].CurrentRegion.Rows.Count
  ❷ Cells(입력행, 1) = txt사원번호.Value
  ❸ Cells(입력행, 2) = cmb부서.Value
  ❹ Cells(입력행, 3) = txt기본수당.Value
  ❺ Cells(입력행, 4) = txt수량.Value
  ❻ Cells(입력행, 5) = Format(txt기본수당.Value + txt수량.Value *
                       4000, "#,###")
End Sub
```

❶ '입력행' 변수에 [a3] 셀의 행 번호인 3과 [a3] 셀과 연결된 범위에 있는 데이터의 행수를 더하여 치환합니다.

❷ txt사원번호의 값을 지정된 셀 위치에 입력합니다.

❸ cmb부서의 값을 지정된 셀 위치에 입력합니다.

❹ txt기본수당의 값을 지정된 셀 위치에 입력합니다.

❺ txt수량의 값을 지정된 셀 위치에 입력합니다.

❻ txt기본수당.Value + txt수량.Value * 4000의 계산된 값을 천 단위 구분 기호를 적용하여 지정된 셀 위치에 표시합니다.

3 워크시트 변경 이벤트 프로시저

정답

```
Private Sub Worksheet_Change(ByVal Target As Range)
  Target.Activate
  Target.Font.Name = "궁서체"
End Sub
```

1. 프로젝트 탐색기에서 '기타작업-3' 시트를 더블클릭한다.

2. 개체 선택 콤보 상자에서 'Worksheet'를 선택하고, 프로시저 선택 콤보 상자에서 'Change'를 선택한다.

3. 'Worksheet_Change( )' 프로시저에 정답과 같이 코드를 입력한다.

합격수기 코너는 시나공으로 공부하신 독자분들이 시험에 합격하신 후에 직접
시나공 홈페이지(sinagong.co.kr)의 〈합격전략/후기〉에 올려주신 자료를 토대로 구성됩니다.

시나공으로 3개의 자격증 취득!
합격수기 및 노하우

시나공으로 워드 취득을 시작으로 정보처리기사 및 컴활2급을 취득했습니다.
워드를 취득할 때만 해도 시나공이 얼마나 좋은 책인지 잘 몰랐던 터라 인터넷에서 많은 사람들이 시나공을
추천하는 것을 보며 '왜 그렇게 많이 추천을 할까?'라는 생각을 했었는데 자격증을 취득하고 나서야 왜 그랬
는지 알게 되더군요. 시나공의 가장 큰 장점은 단기간 시험 준비를 하는 사람들에게는 딱이라는 거죠. 아무
튼 3개의 자격증을 취득하면서 너무나 기쁘고, 행복했습니다. 3개의 자격증을 취득하기까지 제 나름의 노하
우를 알려드릴게요.

"첫 번째, 시간을 잘 활용하라."
필기 시험의 경우 시간적 여유가 한 달 정도 있는 분이라면 앞에서 부터 차근차근 공부하면서 문제를 풀고
틀린 오답 노트를 만들어서 정리해 보는 것이 좋습니다. 만약 시간이 일주일도 채 안 되는 분들은 시간이 그
리 많지 않기 때문에 기출문제 위주로 공부하고 잘 이해가 안 되는 부분은 꼭 해설을 보세요.

"두 번째, 오답 노트를 만들어라."
항상 보면 틀린 문제는 또 틀리기 쉽습니다. 오답 노트라 해서 부담 갖지 말고 A4 용지를 반을 접어서 틀린
문제 위주로 적어 놓으세요. 너무 많을 경우 자주 출제된 문제 위주로 우선순위를 정해 정리하는 것도 좋은
방법입니다.

"세 번째, 이론보다 문제를 많이 풀어라."
물론 이론 중요하죠. 하지만 이론보다는 문제를 풀어 보면서 문제가 어떻게 출제되는지 출제 경향을 파악하
는 것이 무엇보다 중요합니다. 문제를 풀다보면 시험이 어떤 식으로 출제되는지 쉽게 감을 잡을 수 있을 뿐
만 아니라 처음 나오는 문제를 대하게 되더라도 대처할 수 있는 능력을 갖게 됩니다. 늦었지만 저의 간단한
합격 수기 및 노하우를 알려드렸습니다.
자신감을 갖고 목표한 자격증을 꼭 취득하시기 바랍니다.
모두 파이팅!

이윤섭 • ddaenggul81

2 장

실전 모의고사

실전 모의고사   A형

실전 모의고사   B형

실전 모의고사   C형

실전 모의고사   D형

실전 모의고사   E형

실전 모의고사   F형

실전 모의고사   G형

실전 모의고사   H형

실전 모의고사   I형

실전 모의고사   J형

'C:\길벗컴활1급' 폴더에
"실전모의고사(엑셀).pdf"
파일로 저장되어 있습니다.

실전 모의고사

프로그램명	제한시간
EXCEL 2021	45분

수험번호 :

성　명 :

〈 유 의 사 항 〉

- 인적 사항 누락 및 잘못 작성으로 인한 불이익은 수험자 책임으로 합니다.

- 화면에 암호 입력창이 나타나면 아래의 암호를 입력하여야 합니다.
  - **암호 : 9&0275**

- 작성된 답안은 주어진 경로 및 파일명을 변경하지 마시고 그대로 저장해야 합니다. 이를 준수하지 않으면 실격 처리됩니다.
  답안 파일명의 예 : C:\OA\수험번호8자리.xlsm

- **외부 데이터 위치 : C:\OA\파일명**

- 별도의 지시사항이 없는 경우, 다음과 같이 처리 시 실격 처리됩니다.
  - 제시된 시트 및 개체의 순서나 이름을 임의로 변경한 경우
  - 제시된 시트 및 개체를 임의로 추가 또는 삭제한 경우
  - 외부 데이터를 시험 시작 전에 열어본 경우

- 답안은 반드시 문제에서 지시 또는 요구한 셀에 입력하여야 하며 다음과 같이 처리 시 채점 대상에서 제외됩니다.
  - 제시된 함수가 있을 경우 제시된 함수만을 사용하여야 하며 그 외 함수 사용 시 채점대상에서 제외
  - 수험자가 임의로 지시하지 않은 셀의 이동, 수정, 삭제, 변경 등으로 인해 셀의 위치 및 내용이 변경된 경우 해당 작업에 영향을 미치는 관련문제 모두 채점 대상에서 제외
  - 도형 및 차트의 개체가 중첩되어 있거나 동일한 계산결과 시트가 복수로 존재할 경우 해당 개체나 시트는 채점 대상에서 제외

- 수식 작성 시 제시된 문제 파일의 데이터는 변경 가능한(가변적) 데이터임을 감안하여 문제 풀이를 하시오.

- 별도의 지시사항이 없는 경우, 주어진 각 시트 및 개체의 설정값 또는 기본 설정값(Default)으로 처리하시오.

- 저장 시간은 별도로 주어지지 않으므로 제한된 시간 내에 저장을 완료해야 하며, 제한 시간 내에 저장이 되지 않은 경우에는 실격 처리됩니다.

- 출제된 문제의 용어는 Microsoft Office 2021(LTSC 2108 버전) 기준으로 작성되어 있습니다.

대한상공회의소

문제 1 **기본작업(15점)** 주어진 시트에서 다음의 과정을 수행하고 저장하시오.

1. '기본작업' 시트에서 다음과 같이 고급 필터를 수행하시오. (5점)

   ▶ [A3:F32] 영역에서 '분류'가 "SW" 자를 포함하고 "개발자"로 끝나는 데이터의 '분류', '업무', '평균학력', '임금근로자수' 필드만 순서대로 표시하시오.

   ▶ 조건은 [A34:A35] 영역 내에 알맞게 입력하시오. (AND, RIGHT, FIND 함수 사용)

   ▶ 결과는 [A37] 셀부터 표시하시오.

2. '기본작업' 시트에서 다음과 같이 조건부 서식을 설정하시오. (5점)

   ▶ [A4:F32] 영역에서 '평균경력'이 가장 크거나 또는 가장 작은 행 전체에 대해 글꼴 스타일은 '굵게', 글꼴 색은 '표준 색-파랑'으로 적용하시오.

   ▶ 단, 규칙 유형은 '수식을 사용하여 서식을 지정할 셀 결정'으로 지정하고, 한 개의 규칙만을 이용하여 작성하시오.

   ▶ OR, MAX, MIN 함수 이용

3. '기본작업' 시트에서 다음과 같이 페이지 레이아웃을 설정하시오. (5점)

   ▶ 인쇄될 내용이 페이지의 가로 가운데에 인쇄되도록 페이지 가운데 맞춤을 설정하시오.

   ▶ 매 페이지 하단의 가운데 구역에는 페이지 번호가 [표시 예]와 같이 표시되도록 바닥글을 설정하시오.
   [표시 예 : 현재 페이지 번호가 1이고 전체 페이지 번호가 3인 경우
   → 총 3쪽 중 1쪽]

   ▶ [A1:F32] 영역을 인쇄 영역으로 설정하고, 3행이 매 페이지마다 반복하여 인쇄되도록 인쇄 제목을 설정하시오.

문제 2 **계산작업(30점)** '계산작업' 시트에서 다음의 과정을 수행하고 저장하시오.

1. [표3]의 배달담당과 배달량을 이용하여 [표1]의 [B3:B5] 영역에 배달량별 '배달담당'이 "영" 자로 끝나는 배달건수를 계산하여 표시하시오. (6점)

   ▶ 배달량에 따른 배달건수

배달량	배달건수
300	300 이하인 배달건수
600	600 이하인 배달건수
1,000	1,000 이하인 배달건수

   ▶ 배달건수 뒤에 "건" 표시(표시 예 : 5건)

   ▶ COUNTIFS 함수와 & 연산자 이용

2. [표2]에서 배달지역별로 배달시간(분)이 세 번째로 높은 담당자의 이름을 [F3:F6] 영역에 계산하여 표시하시오. (6점)

- ▶ 배달지역별 세 번째로 높은 배달시간(분)에는 동점이 없음
- ▶ INDEX, MATCH, LARGE 함수를 이용한 배열 수식

3. [표4]에서 [B39:B46] 영역에 제품코드2를 계산하여 표시하시오. (6점)

- ▶ 제품코드2는 제품코드에 나오는 0을 모두 9로 변경하고, 영문을 모두 대문자로 표시
- ▶ LOWER, UPPER, REPLACE, SUBSTITUTE 중 알맞은 함수를 선택하여 사용

4. [표4]에서 [E39:E46] 영역에 판매금액을 계산하여 표시하시오. (6점)

- ▶ 판매금액 = 판매량×판매단가−할인액, 할인액 = 판매량×판매단가×할인율
- ▶ [표5] 제품 코드표를 참조하여 계산하되, 제품코드의 마지막 글자가 코드를 의미함
- ▶ [표5] 제품 코드표에 없는 코드는 판매단가와 할인율을 0으로 계산함
- ▶ XLOOKUP, RIGHT 함수 사용

5. 사용자 정의 함수 'fn이익금'을 작성하여 [F39:F46] 영역에 이익금을 계산하여 표시하시오. (6점)

- ▶ 'fn이익금'은 판매금액, 품명, 판매량을 인수로 받아 이익금을 계산하여 되돌려줌
- ▶ 이익금은 판매량이 100 이상이고, 품명이 '딸랑이'이거나 '우유병'이면 판매금액 − (판매금액×0.5)로 계산하고, 그 외는 판매금액 − (판매금액×0.7)로 계산

```
Public Function fn이익금(판매금액, 품명, 판매량)
End Function
```

문제 3   **분석작업(20점)** 주어진 시트에서 다음의 과정을 수행하고 저장하시오.

1. '분석작업-1' 시트에서 다음의 지시사항에 따라 피벗 테이블 보고서를 작성하시오. (10점)

- ▶ 외부 데이터 원본으로 〈급여현황.accdb〉의 〈2023년급여〉 테이블을 이용하시오.
- ▶ 피벗 테이블 보고서의 레이아웃과 위치는 〈그림〉을 참조하여 설정하고, 보고서 레이아웃을 개요 형식으로 표시하시오.
- ▶ 피벗 테이블 스타일은 '연한 노랑, 피벗 스타일 보통 12'로 적용하고, 각 그룹의 하단에는 합계와 평균 부분합을 표시한 후 오류 셀에는 '없음'을 표시하시오.
- ▶ 함수를 이용하여 〈그림〉과 같이 '총수령금액' 계산 필드를 추가하시오(총수령금액=기본급+수당).
- ▶ '직위' 필드가 그림과 같이 표시되도록 정렬하시오.
- ▶ '수당'과 '총수령금액' 필드의 표시 형식은 '값 필드 설정'의 셀 서식을 이용하여 기호 없는 회계 형식을 지정하시오.

▶ '직위' 필드가 '대리'인 사람에 관한 자료만 별도의 시트에 작성하시오(시트명을 '대리'로 지정하고, '분석작업-1' 시트 앞에 위치시킨다).

	A	B	C	D	E	F
1						
2		성명	(모두) ▼			
3						
4		직위 ▼	부서 ▼	개수 : 성명	최대 : 수당	합계 : 총수령금액
5		⊟부장				
6			기획부	1	290,000	1,740,000
7			판매부	1	246,500	1,696,500
8			홍보부	1	246,500	1,696,500
9		부장 합계		0	783,000	
10		부장 평균	없음		261,000	
11		⊟과장				
12			기획부	1	229,500	1,579,500
13			판매부	1	229,500	1,579,500
14			홍보부	1	202,500	1,552,500
15		과장 합계		0	661,500	
16		과장 평균	없음		220,500	
17		⊟대리				
18			기획부	1	180,000	1,380,000
19			판매부	1	156,000	1,356,000
20			홍보부	1	180,000	1,380,000
21		대리 합계		0	516,000	
22		대리 평균	없음		172,000	
23		⊟사원				
24			기획부	1	168,750	1,293,750
25			판매부	1	149,250	1,144,250
26			홍보부	1	179,350	1,234,350
27		사원 합계		0	497,350	
28		사원 평균	없음		165,783	
29		총합계		12	290,000	17,632,850
30						

2. '분석작업-2' 시트에 대하여 다음의 지시사항을 처리하시오. (10점)

▶ [데이터 유효성 검사] 기능을 이용하여 [C3] 영역에는 50,000,000 이하의 정수만 입력되도록 제한 대상을 설정하시오.
  – [C3] 셀을 클릭한 경우 〈그림〉과 같은 설명 메시지가 표시되도록 설정하시오.

대출금 상환 금액	
대출금	20,000,000
연이율	
상환기간(개월)	
상환금액(월)	₩0

입력제한
50,000,000
이하까지만
대출이
가능합니다.

▶ [시나리오] 기능을 이용하여 '대출금(C3)'이 다음과 같이 변동하는 경우 '상환금액 (월)(C6)'의 변동 시나리오를 작성하시오.
  – 시나리오1 : 시나리오 이름은 '대출금 증가', 대출금(C3)은 30,000,000으로 증가
  – 시나리오2 : 시나리오 이름은 '대출금 감소', 대출금(C3)은 15,000,000으로 감소
  – 위 시나리오에 의한 '시나리오 요약' 보고서는 '분석작업-2' 시트 바로 왼쪽에 위치시키시오.

| 문제 4 | **기타작업(35점)** 주어진 시트에서 다음의 과정을 수행하고 저장하시오. |

1. '기타작업-1' 시트에서 다음의 지시사항에 따라 차트를 수정하시오. (각 2점)

※ 차트는 반드시 문제에서 제공한 차트를 사용하여야 하며, 신규로 차트 작성 시 0점 처리됨

① 〈그림〉과 같이 차트 제목, 가로(항목) 축, 세로(값) 축 제목을 입력한 후 차트를 [A13:G26] 영역에 위치시키시오.

② 〈그림〉과 같이 세로(값) 축의 최대값과 기본 단위를 설정하고, 'TOEIC' 계열에 '3구간 이동 평균' 추세선을 추가하시오.

③ 범례의 위치를 아래쪽, 채우기 색을 '표준 색-노랑', 그림자를 '안쪽: 가운데'로 설정하시오.

④ 차트에 '최고/최저값 연결선'을 표시한 후 데이터 레이블을 〈그림〉과 같이 표시되도록 설정하시오.

⑤ 차트 영역의 테두리 스타일은 '둥근 모서리', 도형 스타일은 '색 윤곽선 – 파랑, 강조 1'을 지정한다.

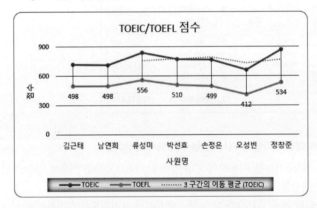

2. '기타작업-2' 시트에서 다음과 같은 기능을 수행하는 매크로를 현재 통합문서에 작성하시오. (각 5점)

① [C5:N12] 영역에 사용자 지정 표시 형식을 설정하는 '목표달성' 매크로를 생성하시오.

▶ 셀의 값이 300 이상이면 "목표달성"을 표시하고 100 이하이면 "원인파악"을 빨강색으로 표시하고 그 외는 빈칸으로 표시하시오.

▶ [개발 도구] → [삽입] → [양식 컨트롤]의 '단추'를 동일 시트의 [C2:D2] 영역에 생성한 후 텍스트를 "목표달성 확인"으로 입력하고, 단추를 클릭하면 '목표달성' 매크로가 실행되도록 설정하시오.

② [C5:N12] 영역에 표시 형식을 '일반'으로 적용하는 '판매량' 매크로를 생성하시오.

▶ [개발 도구] → [삽입] → [양식 컨트롤]의 '단추'를 동일 시트의 [F2:G2] 영역에 생성한 후 텍스트를 "판매량 보기"로 입력하고, 단추를 클릭하면 '판매량' 매크로가 실행되도록 설정하시오.

※ 셀 포인터의 위치에 관계없이 매크로가 실행되어야 정답으로 인정됨

3. '기타작업-3' 시트에서 다음과 같은 작업을 수행하도록 프로시저를 작성하시오. (각 5점)

① '공과금 입력' 단추를 클릭하면 〈공과금관리〉 폼이 나타나도록 설정하고, 폼이 초기화(Initialize)되면 목록 상자(lst목록)의 목록에는 [H3:I6] 영역의 값이 표시되고, 체크박스(chk납입)가 선택되도록 프로시저를 작성하시오.

② '납입기간'의 체크박스(chk납입)를 체크하면 '납기내', 체크를 해제하면 '납기후'가 '납입기간(cmd납입)'에 표시되도록 프로시저를 작성하시오.

▶ If ~ Else문 사용

③ 〈공과금관리〉 폼의 '입력(cmd입력)' 단추를 클릭하면 폼에 입력된 데이터가 [표1] 에 입력되어 있는 마지막 행 다음에 연속하여 추가되도록 프로시저를 작성하시오.

▶ '호수'와 '성명'은 목록 상자(lst목록)에서 선택된 값으로 각각 표시

▶ '납입기간'은 '납입기간(cmd납입)'을 이용하여 표시

▶ 입력되는 데이터는 워크시트에 입력된 기존 데이터와 같은 형식의 데이터로 입력

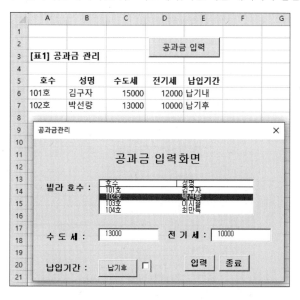

---

01. 고급 필터

정답

	A	B	C	D
33				
34	조건			
35	TRUE			
36				
37	분류	업무	평균학력	임금근로자수
38	시스템SW개발자	개발	12.4	33
39	응용SW개발자	개발	12.3	51
40	응용SW개발자	개발	12.4	32

1. 조건과 추출할 필드 입력

	A	B	C	D
33				
34	조건			
35	TRUE			
36				
37	분류	업무	평균학력	임금근로자수

※ [A35]
=AND(FIND("SW",A4)>=1,RIGHT(A4,3)="개발자")

> FIND(찾을 텍스트, 문자열) 함수는 '문자열'에서 '찾을 텍스트'를 찾아 그 위치
> 를 반환합니다. 문자열에 찾는 텍스트가 있다면 그 위치가 표시되고, 그 값은
> 1보다 크거나 같으므로 FIND 함수의 결과값을 1과 비교하였습니다.

2. '고급 필터' 대화상자

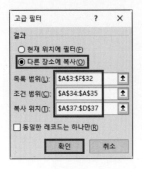

02. 조건부 서식

정답

	A	B	C	D	E	F
1			업종별 평균 근속년수			
2						
3	분류	업무	평균학력	평균근속년수	평균경력	임금근로자수
4	시스템SW개발자	개발	12.4	5.2	5.5	33
5	통신케이블설치	개발	12.7	7.9	10.6	88
6	애니메이터	관리	13.3	8.3	9.7	89
7	PC수리원	관리	13.7	4	4.9	59
8	웹디자이너	관리	14.3	2.5	3.1	84
9	PC강사	개발	14.7	2.4	2.8	83
10	응용SW개발자	개발	12.3	3.8	5.4	51
11	웹개발자	개발	12.4	2	4.1	25
12	PC수리원	관리	13.5	4.6	4.9	65
13	IT컨설턴트	관리	12.5	3.7	5.9	58
14	보안전문가	관리	13.7	2.4	6	95
15	멀티미디어기획	개발	14.1	3.9	3.4	2
16	PC수리원	관리	12.8	4.4	6.5	15
17	웹개발자	개발	13.5	2	4.1	12
18	멀티미디어기획	개발	15.7	3.9	3.4	54
19	PC수리원	관리	14.2	4.4	6.5	32
20	IT컨설턴트	관리	14.1	3.7	5.9	58
21	보안전문가	관리	16.8	2.4	6	47
22	IT컨설턴트	관리	16.7	3.7	5.9	74
23	응용SW개발자	개발	12.4	3.8	5.4	32
24	PC강사	개발	15.9	6.5	8.4	8
25	SM관리자	관리	14.8	5.6	6.7	94
26	정보통신관리자	관리	14.9	7.2	12.9	68
27	웹개발자	개발	15.1	2	4.1	72
28	멀티미디어기획	개발	15.2	3.9	3.4	100
29	PC수리원	관리	12.6	4.4	6.5	95
30	보안전문가	관리	15.1	2.4	6	31
31	PC수리원	관리	17.8	4.6	4.9	51
32	시스템설계/분석	관리	18.4	6.8	8	82

'새 서식 규칙' 대화상자

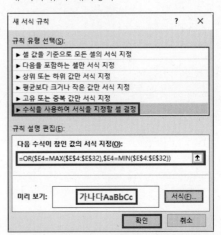

03. 페이지 레이아웃

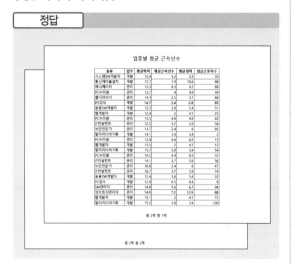

1. '바닥글' 대화상자

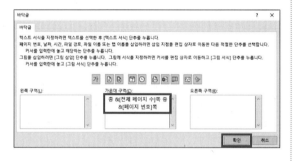

2. '페이지 설정' 대화상자의 '시트' 탭

정답

	A	B	C	D	E	F	G	H	I	J
1	[표1]	❶			[표2]	❷				
2	배달량	배달건수			배달지역	배달담당				
3	300	7건			산남지구	장동욱				
4	600	12건			산북지구	장동욱				
5	1000	16건			산서지구	도부영				
6					산동지구	배무영				
7	[표3]									
8	일자	배달담당	배달지역	배달시간(분)	배달량	비고				
9	01월 12일	도부영	산남지구	63	48					
10	01월 12일	도부영	산북지구	37	331					
11	01월 12일	배무영	산서지구	70	433					
12	01월 12일	장동욱	산동지구	11	362					
13	01월 12일	장동욱	산동지구	28	2	배달누락				
14	01월 13일	도부영	산서지구	28	62					
15	01월 13일	도부영	산서지구	42	3	배달누락				
16	01월 13일	배무영	산동지구	67	76					
17	01월 13일	장동욱	산남지구	83	471					
18	01월 13일	장동욱	산북지구	36	750					
19	01월 14일	도부영	산서지구	13	914					
20	01월 14일	배무영	산남지구	97	790					
21	01월 14일	배무영	산북지구	91	356					
22	01월 14일	장동욱	산서지구	5	336					
23	01월 14일	장동욱	산서지구	14	4	배달누락				
24	01월 15일	도부영	산남지구	16	322					
25	01월 15일	도부영	산북지구	32	247					
26	01월 15일	배무영	산서지구	11	365					
27	01월 15일	장동욱	산동지구	85	423					
28	01월 16일	도부영	산서지구	94	177					
29	01월 16일	배무영	산동지구	56	209					
30	01월 16일	장동욱	산남지구	44	5	배달누락				
31	01월 16일	장동욱	산북지구	51	908					
32	01월 17일	도부영	산서지구	11	626					
33	01월 17일	배무영	산동지구	38	874					
34	01월 17일	장동욱	산남지구	74	359					
35	01월 17일	장동욱	산북지구	95	767					
36										
37	[표4]	❸			❹	❺				
38	제품코드	제품코드2	품명	판매량	판매금액	이익금				
39	y201k	Y291K	곰인형	45	128,250	38,475				
40	b450n	B459N	놀이동산	89	372,465	111,740		[표5] 제품 코드표		
41	y203d	Y293D	딸랑이	230	338,100	169,050		코드	판매단가	할인율
42	y012g	Y912G	꼬마인형	30	151,200	45,360		k	3000	5%
43	y305k	Y395K	곰인형	120	342,000	102,600		n	4500	7%
44	y365y	Y365Y	우유병	120	360,960	180,480		d	1500	2%
45	b304n	B394N	놀이동산	325	1,360,125	408,038		g	5600	10%
46	b123d	B123D	딸랑이	60	88,200	26,460		y	3200	6%

1 배달건수(B3)

=COUNTIFS($B$9:$B$35, "*영", $E$9:$E$35, "<="&A3) & "건"

2 배달담당(F3)

{=INDEX($A$9:$F$35, MATCH(LARGE(($C$9:$C$35=E3)*$D$9:$D$35, 3), ($C$9:$C$35=E3)*$D$9:$D$35,0), 2)}

{=INDEX($A$9:$F$35, MATCH(LARGE(($C$9:$C$35=E3) * $D$9:$D$35, 3), ($C$9:$C$35=E3) * $D$9:$D$35, 0), 2)}의 의미

❶ LARGE(($C$9:$C$35=E3) * $D$9:$D$35, 3) : 배달지역을 비교하여 배달지역이 같을 경우 해당 배달시간(분) 중 세 번째로 높은 값을 구합니다.

❷ MATCH(❶, ($C$9:$C$35=E3) * $D$9:$D$35, 0) : ❶번에서 구한 세 번째로 높은 배달시간(분) 값을 배달시간(분) 범위(배달지역이 같은 배달시간)에서 찾아 그 위치를 일련번호로 반환합니다.

❸ INDEX($A$9:$F$35, ❷, 2) : ❷번에서 구한 일련번호를 행 번호로 하고, 열 번호를 2로 하여 [$A$9:$F$35] 영역에서 행 번호와 열 번호에 해당하는 내용을 반환합니다.

[함수 설명]
· INDEX(참조영역, 행 번호, 열 번호) : 지정된 영역에서 행 번호와 열 번호에 위치한 데이터를 입력합니다.
· MATCH(인수, 범위, 방법) : 범위에서 인수의 상대 위치를 찾아 일련번호로 반환합니다.

---

3 제품코드2(B39)

=UPPER(SUBSTITUTE(A39,0,9))

4 판매금액(E39)

=D39 * XLOOKUP(RIGHT(A39,1), $H$42:$H$46, $I$42:$I$46, 0, 0) – D39 * XLOOKUP(RIGHT(A39, 1), $H$42:$H$46, $I$42:$I$46, 0, 0) * XLOOKUP(RIGHT(A39, 1), $H$42:$H$46, $J$42:$J$46, 0, 0)

5 이익금(F39)

=fn이익금(E39, C39, D39)

[사용자 정의 함수]
Visual Basic Editor의 모듈에 다음과 같이 코드를 입력한다.

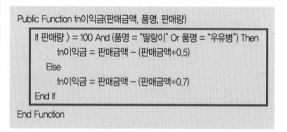

```
Public Function fn이익금(판매금액, 품명, 판매량)
    If 판매량 > = 100 And (품명 = "딸랑이" Or 품명 = "우유병") Then
        fn이익금 = 판매금액 – (판매금액*0.5)
    Else
        fn이익금 = 판매금액 – (판매금액*0.7)
    End If
End Function
```

문제 3   분석작업

01. 피벗 테이블(직위가 '대리'인 사람)

정답

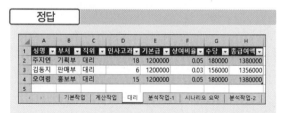

1. '피벗 테이블 필드' 창

2. 합계와 평균 부분합 표시

❶ 피벗 테이블의 임의의 셀을 클릭한 후 [디자인] → 레이아웃 → 부분합 → **그룹 하단에 모든 부분합 표시**를 선택한다.

❷ 요약이 표시된 [B9] 셀의 바로 가기 메뉴에서 [**필드 설정**]을 선택한 후 '필드 설정' 대화상자에서 그림과 같이 설정한다.

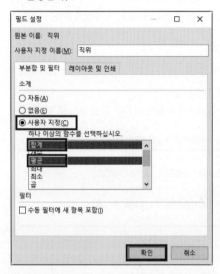

3. 오류 값 표시

피벗 테이블의 임의의 셀을 클릭한 후 바로 가기 메뉴에서 [**피벗 테이블 옵션**]을 선택한 후 '피벗 테이블 옵션' 대화상자에서 그림과 같이 설정한다.

4. '총수령금액' 계산 필드 추가

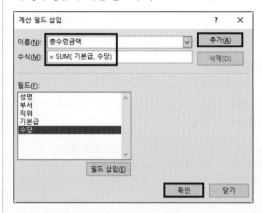

5. '직위' 정렬

[B17] 셀을 클릭한 후 테두리 부분을 5행으로 드래그한다.

6. 직위가 '대리'인 자료 추출

[D21:F22] 영역 중 하나의 셀을 더블클릭 → 추가된 시트의 이름을 **대리**로 변경한다.

02. 데이터 유효성 검사 / 시나리오

정답

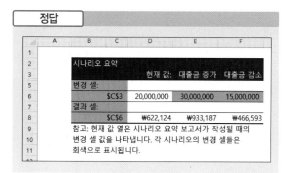

• '데이터 유효성' 대화상자의 '설정' 탭

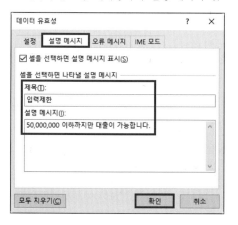

• '데이터 유효성' 대화상자의 '설명 메시지' 탭

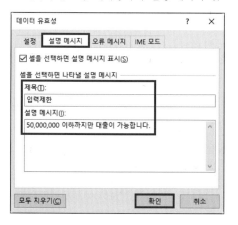

• '대출금 증가' 시나리오
   – '시나리오 편집' 대화상자

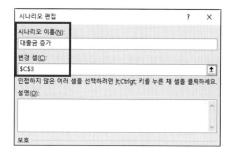

   – '시나리오 값' 대화상자

• '대출금 감소' 시나리오
   – '시나리오 편집' 대화상자

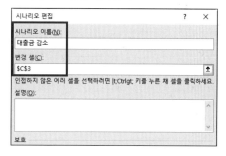

   – '시나리오 값' 대화상자

• '시나리오 요약' 대화상자

01. 차트 수정 및 서식

2 세로(값) 축의 최대값과 기본 단위 변경 및 추세선 추가

· 세로(값) 축의 최대값과 기본 단위 변경

· '3 구간 이동 평균' 추세선 추가

1. 'TOEIC' 계열의 바로 가기 메뉴에서 [**추세선 추가**]를 선택한다.
2. '추세선 서식' 창의 [추세선 옵션]에서 그림과 같이 설정한다.

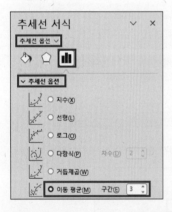

4 최고/최저값 연결선 및 데이터 레이블 표시

1. 차트를 선택한 후 [차트 디자인] → 차트 레이아웃 → 차트 요소 추가 → 선 → **최고/최저값 연결선**을 선택한다.
2. 'TOEFL' 계열을 선택한 후 [차트 디자인] → 차트 레이아웃 → 차트 요소 추가 → 데이터 레이블 → **아래쪽**을 선택한다.

5 차트 영역 서식 지정

· 테두리

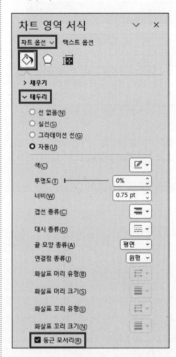

· 도형 스타일
차트 영역을 선택한 후 [서식] → 도형 스타일의 ▼(자세히) → **색 윤곽선 – 파랑, 강조 1**을 선택한다.

02. 매크로

정답

	A	B	C	D	E	F	G	H	I	J	K	L	M	N
1														
2			목표달성 확인			판매량 보기								
3	[표1]													
4	성명	영업소	1월	2월	3월	4월	5월	6월	7월	8월	9월	10월	11월	12월
5	박성호	경기	목표달성										목표달성	
6	김현ــ	대구	목표달성		한인피악		목표달성							
7	손정호	인천							원근피악	목표달성			목표달성	
8	강안식	부산	목표달성	목표달성										
9	최기봉	인천					목표달성							
10	하경희	대구	목표달성	목표달성										
11	임정희	인천						목표달성						
12	인진국	인천		원근피악										목표달성

1 '목표달성' 매크로

'셀 서식' 대화상자

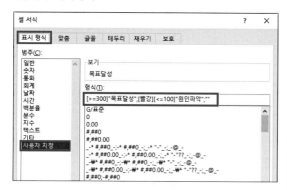

03. VBA

1 '공과금 입력' 단추와 폼 초기화 프로시저

• '공과금 입력' 단추 클릭 프로시저

> **정답**

```
Private Sub cmd공과금입력_Click( )
    공과금관리.Show
End Sub
```

• 폼 초기화 프로시저

> **정답**

```
Private Sub UserForm_Initialize( )
    lst목록.ColumnCount = 2
    lst목록.RowSource = "H3:I6"
    chk납입.Value = True
End Sub
```

2 '납입기간' 체크박스 클릭 프로시저

> **정답**

```
Private Sub chk납입_Click( )
    If chk납입.Value = True Then
        cmd납입.Caption = "납기내"
    Else
        cmd납입.Caption = "납기후"
    End If
End Sub
```

3 '입력' 단추 클릭 프로시저

> **정답**

```
Private Sub cmd입력_Click( )
    입력행 = [a5].Row + [a5].CurrentRegion.Rows.Count
    Cells(입력행, 1) = lst목록.Column(0)
    Cells(입력행, 2) = lst목록.Column(1)
    Cells(입력행, 3) = txt수도세.Value
    Cells(입력행, 4) = txt전기세.Value
    Cells(입력행, 5) = cmd납입.Caption
End Sub
```

> **코드 설명**

```
Private Sub cmd입력_Click( )
  ❶ 입력행 = [a5].Row + [a5].CurrentRegion.Rows.Count
  ❷ Cells(입력행, 1) = lst목록.Column(0)
  ❸ Cells(입력행, 2) = lst목록.Column(1)
    Cells(입력행, 3) = txt수도세.Value
    Cells(입력행, 4) = txt전기세.Value
    Cells(입력행, 5) = cmd납입.Caption
End Sub
```

❶ '입력행' 변수에 기준이 되는 셀 [a5]의 행 번호 5와 [a5]에 연결된 데이터 범위의 행 수 3을 더하여 치환합니다(5+3=8).

❷ 'lst목록'의 첫 번째 열의 값을 8행 1열에 입력합니다.
  • Column은 콤보 상자나 목록 상자 컨트롤의 목록 부분에서 열을 지정하는 속성입니다. Column은 0부터 시작하므로 목록 상자에서 첫 번째 열을 지정하려면 0, 두 번째 열을 지정하려면 1로 지정해야 합니다.

❸ 'lst목록'의 두 번째 열의 값을 8행 2열에 입력합니다.
  나머지도 동일한 방법으로 수행합니다.

※ '입력' 단추를 한 번 더 누르면 데이터 범위의 행 수가 4가 되므로 9행에 입력합니다.

> **궁금해요** 시나공 Q&A 베스트

Q [a5].Row + [a5].CurrentRegion.Rows.Count'에서 왜 [a3]이 아닌 [a5]를 사용하나요? 항상 표 제목이 있는 부분이 기준이 됐었습니다!

A 표 제목과 데이터가 붙어 있으면 표 제목을 데이터로 인식하므로 표 제목이 있는 셀을 기준 셀로 지정해야 하지만 이 문제처럼 표 제목과 데이터가 떨어져 있는 경우는 데이터가 시작되는 첫 번째 셀인 [a5] 셀을 기준 셀로 지정해야 합니다.

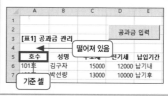

실전 모의고사

실전

프로그램명	제한시간	수험번호 :
EXCEL 2021	45분	성 명 :

〈 유 의 사 항 〉

- 인적 사항 누락 및 잘못 작성으로 인한 불이익은 수험자 책임으로 합니다.

- 화면에 암호 입력창이 나타나면 아래의 암호를 입력하여야 합니다.
  ○ **암호 : 1@5823**

- 작성된 답안은 주어진 경로 및 파일명을 변경하지 마시고 그대로 저장해야 합니다. 이를 준수하지 않으면 실격 처리됩니다.
  답안 파일명의 예 : C:\OA\수험번호8자리.xlsm

- **외부 데이터 위치 : C:\OA\파일명**

- 별도의 지시사항이 없는 경우, 다음과 같이 처리 시 실격 처리됩니다.
  ○ 제시된 시트 및 개체의 순서나 이름을 임의로 변경한 경우
  ○ 제시된 시트 및 개체를 임의로 추가 또는 삭제한 경우
  ○ 외부 데이터를 시험 시작 전에 열어본 경우

- 답안은 반드시 문제에서 지시 또는 요구한 셀에 입력하여야 하며 다음과 같이 처리 시 채점 대상에서 제외됩니다.
  ○ 제시된 함수가 있을 경우 제시된 함수만을 사용하여야 하며 그 외 함수 사용 시 채점대상에서 제외
  ○ 수험자가 임의로 지시하지 않은 셀의 이동, 수정, 삭제, 변경 등으로 인해 셀의 위치 및 내용이 변경된 경우 해당 작업에 영향을 미치는 관련문제 모두 채점 대상에서 제외
  ○ 도형 및 차트의 개체가 중첩되어 있거나 동일한 계산결과 시트가 복수로 존재할 경우 해당 개체나 시트는 채점 대상에서 제외

- 수식 작성 시 제시된 문제 파일의 데이터는 변경 가능한(가변적) 데이터임을 감안하여 문제 풀이를 하시오.

- 별도의 지시사항이 없는 경우, 주어진 각 시트 및 개체의 설정값 또는 기본 설정값(Default)으로 처리하시오.

- 저장 시간은 별도로 주어지지 않으므로 제한된 시간 내에 저장을 완료해야 하며, 제한 시간 내에 저장이 되지 않은 경우에는 실격 처리됩니다.

- 출제된 문제의 용어는 Microsoft Office 2021(LTSC 2108 버전) 기준으로 작성되어 있습니다.

대한상공회의소

문제 1　　**기본작업(15점)**　주어진 시트에서 다음의 과정을 수행하고 저장하시오.

1. '기본작업-1' 시트에서 다음과 같이 고급 필터를 수행하시오. (5점)

- ▶ [B2:D21] 영역에서 '종목명'이 "코오롱"이고 '현재가'가 '현재가'의 중간값보다 작은 데이터를 표시하시오.
- ▶ 조건은 [F2:F3] 영역 내에 알맞게 입력하시오. (AND, MEDIAN 함수 사용)
- ▶ 결과는 [F5] 셀부터 표시하시오.

2. '기본작업-1' 시트에서 다음과 같이 조건부 서식을 설정하시오. (5점)

- ▶ [B3:D21] 영역에서 '종목코드'가 '4' 자를 포함하고 '종목명'이 '연구소'로 끝나는 데이터의 행 전체에 대해 글꼴 스타일은 '굵은 기울임꼴', 글꼴 색은 '표준색-빨강'으로 적용하시오.
- ▶ 단, 규칙 유형은 '수식을 사용하여 서식을 지정할 셀 결정'으로 지정하고, 한 개의 규칙만을 이용하여 작성하시오.
- ▶ AND, SEARCH, IFERROR, RIGHT 함수 사용

3. '기본작업-2' 시트에서 다음과 같이 시트 보호와 통합 문서 보기를 설정하시오. (5점)

- ▶ [A3:D11] 영역은 데이터를 수정할 수 있도록 셀 잠금을 해제한 후 나머지 잠긴 셀의 내용과 워크시트를 보호하시오.
- ▶ 차트를 편집할 수 있도록 잠금을 해제하시오.
- ▶ 잠긴 셀의 선택, 잠기지 않은 셀의 선택, 셀 서식은 허용하고 시트 보호 암호는 지정하지 마시오.
- ▶ '기본작업-2' 시트를 페이지 나누기 미리 보기로 표시하고, [A1:L14] 영역만 1 페이지로 인쇄되도록 페이지 나누기 구분선을 조정하시오.

문제 2　　**계산작업(30점)**　'계산작업' 시트에서 다음의 과정을 수행하고 저장하시오.

1. [표1]에서 가중평균을 [F3:F10] 영역에 계산하시오. (6점)

- ▶ 가중평균은 학과와 항목에 해당하는 반영비율을 적용하여 계산
- ▶ [A13:D16] 영역(반영비율)을 참조하여 계산
- ▶ OFFSET, SUMPRODUCT, MATCH 함수 사용

2. [표1]에서 평점을 [G3:G10] 영역에 계산하여 표시하시오. (6점)

- ▶ 평점은 [표2]의 평점 관리표(F14:G18)를 이용하여 계산
- ▶ LOOKUP 함수 사용

3. [표1]에서 가중평균을 기준으로 한 학과별순위를 [H3:H10] 영역에 계산하여 표시하시오. (6점)

- ▶ 학과별순위는 '학과-순위'로 표시[표시 예 : 건축학과-1]

▶ 순위는 가장 높은 가중평균에 1을 부여하고, 다른 가중평균보다 작은 경우 1씩 더해 표시하시오.

▶ SUM, IF 함수를 이용한 배열 수식과 & 연산자 사용

4. 사용자 정의 함수 '총판매액'을 작성하여 [G21:G29] 영역에 총판매액을 계산하여 표시하 시오. (6점)

▶ '총판매액'은 상반기판매액과 하반기판매액을 인수로 받아 총판매액을 계산하 여 되돌려줌

▶ '총판매액'은 상반기판매액과 하반기판매액의 합으로 계산

```
Public Function 총판매액(상반기판매액, 하반기판매액)
End Function
```

5. [표3]의 [B32:B35] 영역에 대리점별 판매액을 계산하여 표시하시오. (6점)

▶ 판매액은 대리점별 가장 큰 상반기판매액과 가장 큰 하반기판매액 중 작은 판 매액을 표시

▶ MAX, MIN 함수를 이용한 배열 수식

5133023

문제 3   **분석작업(20점)** 주어진 시트에서 다음의 과정을 수행하고 저장하시오.

1. '분석작업-1' 시트에서 다음의 지시사항에 따라 피벗 테이블 보고서를 작성하시오. (10점)

▶ 외부 데이터 가져오기 기능을 사용하여 〈기말고사.accdb〉의 〈성적〉 테이블에 서 '학번', '학과', '종합' 열을 이용하시오.

▶ '학과'가 "전산"이거나 "경영"인 행만을 가져오시오.

▶ 피벗 테이블 보고서의 레이아웃과 위치는 〈그림〉을 참조하여 설정하고, 보고서 레이아웃을 개요 형식으로 표시하시오.

▶ '종합' 필드의 합계는 '행 합계 비율'로 계산하여 표시하시오.

▶ '학번' 필드는 10,000 단위로 그룹을 지정하시오.

▶ '종합' 필드의 표시 형식을 '값 필드 설정'의 셀 서식에서 '백분율' 범주를 이용하 여 소수 1자리까지 표시하시오.

▶ 피벗 테이블 스타일은 '연한 주황, 피벗 스타일 보통 3'으로 적용하시오.

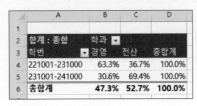

합계 : 종합	학과		
학번	경영	전산	종합계
221001-231000	63.3%	36.7%	100.0%
231001-241000	30.6%	69.4%	100.0%
총합계	47.3%	52.7%	100.0%

2. '상반기, 하반기, 분석작업-2' 시트에 대하여 다음의 지시사항을 처리하시오. (10점)

▶ [데이터 유효성 검사] 기능을 이용하여 상반기, 하반기 시트의 [A3:A8] 영역에는 반드시 "M" 자가 포함된 지점코드가 입력되도록 제한 대상을 설정하시오.
  - 상반기, 하반기 시트의 [A3:A8] 영역의 셀을 클릭한 경우 〈그림〉과 같은 설명 메시지를 표시하고, 유효하지 않은 데이터를 입력한 경우 〈그림〉과 같은 오류 메시지가 표시되도록 설정하시오.

  - 기본 입력 모드가 '영문'이 되도록 설정하시오.
  - SEARCH 함수 이용

▶ [통합] 기능을 이용하여 상반기, 하반기 시트의 [A2:D8] 영역에 있는 데이터에 대해 지점코드별 냉장고, 청소기, VTR의 평균을 '분석작업-2' 시트의 [A2] 셀부터 표시하시오.

※ 참조 영역의 데이터가 변경되면 통합 표의 결과도 자동 업데이트 되도록 설정하시오.

	A	B	C	D	E
1	상반기/하반기 가전제품 판매현황				
2	지점코드		냉장고	청소기	VTR
5	MK21		495	51.5	320
8	MK20		400.5	161.5	216
11	KM54		672.5	506	145
14	CK53		177	99	25
17	CK23		450.5	134	88
20	KM95		670.5	104	77

5133024

문제 4 　　　 기타작업(35점)　주어진 시트에서 다음의 과정을 수행하고 저장하시오.

1. '기타작업-1' 시트에서 다음의 지시사항에 따라 차트를 수정하시오. (각 2점)

※ 차트는 반드시 문제에서 제공한 차트를 사용하여야 하며 신규로 차트 작성시 0점 처리됨

① 차트 제목은 시트의 [B1] 셀과 연결하여 표시하고, 글꼴은 '궁서체', 글꼴 크기는 15로 설정하시오.

② '구매자수' 계열의 차트 종류를 '영역형'으로 설정하고, 보조 세로(값) 축이 보이도록 설정하시오.

③ 세로(값) 축의 기본 단위를 400,000으로, 주 눈금은 '바깥쪽'으로 설정하시오.

④ 가로(항목) 축의 세로 축 교차의 축 위치를 '눈금'으로 지정하고, 세로(값) 축 제목을 '스택형'으로 표시하시오.

⑤ '판매액' 계열은 채우기를 '도서.png'로 지정하고, '그림 또는 질감 채우기' – '다음 배율에 맞게 쌓기'의 '단위/사진'을 80,000으로 지정하시오.

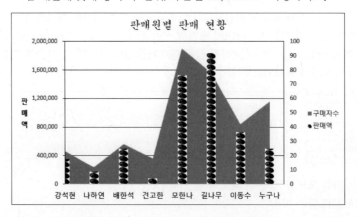

2. '기타작업-2' 시트에서 다음과 같은 기능을 수행하는 매크로를 현재 통합문서에 작성하시오. (각 5점)

① [F4:F12] 영역에 사용자 지정 표시 형식을 설정하는 '서식적용' 매크로를 생성하시오.

▶ 셀 값이 0보다 크면 빨강색으로 "▲" 뒤에 한 칸 띄우고 숫자에 1000 단위 구분 기호를 표시, 0이면 0을 표시, 0보다 작으면 파랑색으로 "▼" 뒤에 한 칸 띄우고 숫자를 음수 기호 없이 1000 단위 구분 기호를 표시, 텍스트이면 "매진"을 표시하시오.

[표시 예 : 5000인 경우 → ▲ 5,000, -5000인 경우 → ▼ 5,000, 0인 경우 → 0]

▶ [도형] → [기본 도형]의 '사각형: 빗면(□)'을 동일 시트의 [H3:H4] 영역에 생성한 후 텍스트를 "서식적용"으로 입력하고, 도형을 클릭하면 '서식적용' 매크로가 실행되도록 설정하시오.

② [E4:E12] 영역에 다음과 같이 조건부 서식을 적용하는 '아이콘보기' 매크로를 생성하시오.

▶ '셀 값을 기준으로 모든 셀의 서식 지정'을 선택하고 서식 스타일을 '아이콘 집합'으로, 아이콘 스타일을 '4색 원'으로 설정하시오.

▶ 숫자 값이 900 이상이면 ●(빨강), 숫자 값이 900 미만 700 이상이면 ●(분홍), 숫자 값이 700 미만 500 이상이면 ●(회색), 그 외에는 ●(검정)으로 표시하시오.

▶ [도형] → [기본 도형]의 '사각형: 빗면(□)'을 동일 시트의 [H6:H7] 영역에 생성한 후 텍스트를 "아이콘보기"로 입력하고, 도형을 클릭하면 '아이콘보기' 매크로가 실행되도록 설정하시오.

※ 셀 포인터의 위치에 관계없이 매크로가 실행되어야 정답으로 인정됨

3. '기타작업-3' 시트에서 다음과 같은 작업을 수행하고 저장하시오. (각 5점)

① '매출 현황' 단추를 클릭하면 〈매출관리〉 폼이 나타나도록 프로시저를 작성하시오.

② '등록(cmd등록)' 단추를 클릭하면 폼에 입력된 데이터가 '매출 관리' 표에 입력되어 있는 마지막 행 다음에 연속하여 추가 입력되도록 작성하시오.

▶ '제품명(cmb제품명)'을 선택하지 않았으면 '제품명을 선택하세요.', '수량(txt수량)'을 입력하지 않았으면 '수량을 입력하세요.'라는 메시지를 출력하고, '제품명'과 '수량'을 모두 입력했을 때만 폼의 데이터를 워크시트에 입력하시오.

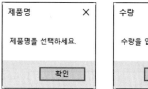

▶ 폼에서 선택한 '제품명'에 해당하는 '단가', '영업 담당'을 [참조표]에서 찾아 '매출 관리' 표에 입력하시오(ListIndex 속성 이용).

▶ '판매액'은 수량×단가로 계산하여 표시하시오.

▶ 입력되는 데이터는 워크시트에 입력된 기존 데이터와 같은 형식의 데이터로 입력하시오.

※ 데이터를 추가하거나 삭제하여도 항상 마지막 데이터 다음에 입력되어야 함

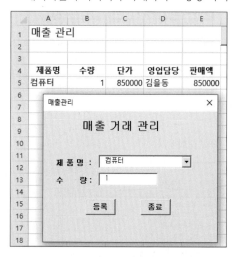

③ '기타작업-3' 시트가 활성화되면 [D1] 셀에 "필수입력요망"을 표시하고, 글꼴색을 'RGB(250, 0, 0)'으로 설정하시오.

문제 1	기본작업

01. 고급 필터

정답

	F	G	H
1			
2	조건		
3	FALSE		
4			
5	종목코드	종목명	현재가
6	A004730	코오롱	22,000
7	A004730	코오롱	6,600
8	A004730	코오롱	30,050
9	A004730	코오롱	17,950

1. 조건 입력

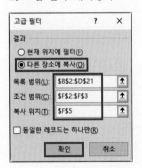

	F
1	
2	조건
3	FALSE

※ [F3] : =AND(C3="코오롱", D3<MEDIAN($D$3:
$D$21))

2. '고급 필터' 대화상자

고급 필터   ? ✕

결과
○ 현재 위치에 필터(F)
◉ 다른 장소에 복사(O)

목록 범위(L): $B$2:$D$21   ↑
조건 범위(C): $F$2:$F$3   ↑
복사 위치(T): $F$5   ↑

☐ 동일한 레코드는 하나만(R)

확인   취소

02. 조건부 서식

정답

	A	B	C	D
1				
2		종목코드	종목명	현재가
3		A000235	대림산업	52,700
4		A000235	대림산업	12,450
5		A004730	코오롱	22,000
6		A000235	대림산업	22,000
7		A034930	안철수연구소	14,200
8		A004730	코오롱	6,600
9		A034930	안철수연구소	86,700
10		A000235	대림산업	310,000
11		A004730	코오롱	388,500
12		A034989	길벗연구소	46,950
13		A004730	코오롱	30,050
14		A034930	안철수연구소	5,430
15		A004730	코오롱	68,200
16		A034930	안철수연구소	33,250
17		A000235	대림산업	305,500
18		A004730	코오롱	51,400
19		A000235	대림산업	17,100
20		A034989	길벗연구소	45,000
21		A004730	코오롱	17,950

'새 서식 규칙' 대화상자

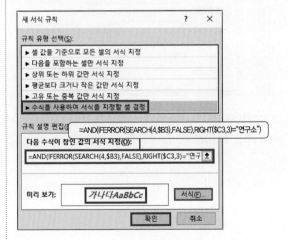

새 서식 규칙   ? ✕

규칙 유형 선택(S):
▶ 셀 값을 기준으로 모든 셀의 서식 지정
▶ 다음을 포함하는 셀만 서식 지정
▶ 상위 또는 하위 값만 서식 지정
▶ 평균보다 크거나 작은 값만 서식 지정
▶ 고유 또는 중복 값만 서식 지정
▶ 수식을 사용하여 서식을 지정할 셀 결정

규칙 설명 편집(E):
=AND(IFERROR(SEARCH(4,$B3),FALSE),RIGHT($C3,3)="연구소")

다음 수식이 참인 값의 서식 지정(O):
=AND(IFERROR(SEARCH(4,$B3),FALSE),RIGHT($C3,3)="연구 ↑

미리 보기: 가나다AaBbCc   서식(F)...

확인   취소

03. 시트 보호 / 통합 문서 보기

정답

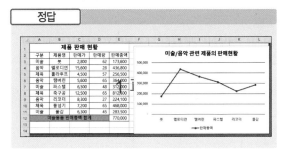

1. [A3:D11] 영역에 대한 '셀 서식' 대화상자

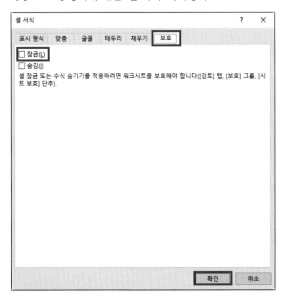

2. '차트 영역 서식' 창

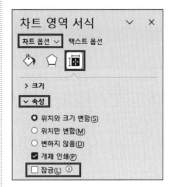

3. '시트 보호' 대화상자

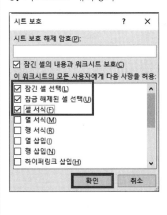

정답

	A	B	C	D	E	F ❶	G ❷	H ❸
1	[표1]	공과대학 성적						
2	이름	학과	중간	기말	과제	가중평균	평점	학과별순위
3	임은교	기계공학과	85	85	94	96.2	A	기계공학과-1
4	이동주	건축학과	95	74	78	81.9	B	건축학과-1
5	김종진	토목과	95	90	97	92.9	A	토목과-1
6	김미정	토목과	100	69	70	78.5	C	토목과-3
7	김유숙	건축학과	65	93	82	80.2	B	건축학과-2
8	이은성	기계공학과	95	60	57	79.1	C	기계공학과-2
9	김진수	토목과	100	91	74	90.3	A	토목과-2
10	이승선	건축학과	90	64	80	78.2	C	건축학과-3
11								
12	반영비율					[표2]	평점 관리표	
13	학과	중간	기말	과제		가중평균	평점	
14	건축학과	30%	30%	40%		60	D	
15	기계공학과	40%	40%	30%		70	C	
16	토목과	30%	50%	20%		80	B	
17						90	A	
18						100	A+	
19	[표3]	차종에 따른 판매 현황					❹	
20	대리점	차종	상반기 판매량	상반기판매액	하반기 판매량	하반기판매액	총판매액	
21	동부	누비라	34	34,000	30	30,000	64,000	
22	동부	그랜저	34	61,200	78	140,400	201,600	
23	북부	누비라	68	68,000	50	50,000	118,000	
24	강남	누비라	70	70,000	67	67,000	137,000	
25	서부	코란도	54	81,000	50	75,000	156,000	
26	강남	코란도	56	84,000	67	100,500	184,500	
27	서부	코란도	56	84,000	56	84,000	168,000	
28	북부	누비라	85	85,000	80	80,000	165,000	
29	서부	누비라	87	87,000	75	75,000	162,000	
30		❺						
31	대리점	판매액						
32	강남	84,000						
33	동부	61,200						
34	북부	80,000						
35	서부	84,000						

❶ 가중평균(F3)

=SUMPRODUCT(C3:E3, OFFSET($A$13, MATCH(B3,$A$14:$A$16,0), 1, 1, 3))

=SUMPRODUCT(C3:E3,OFFSET($A$13,MATCH(B3,$A$14:$A$16,0),1,
                   ❶
                   ❷
                   ❸

1,3))의 의미

❶ MATCH(B3,$A$14:$A$16,0) : [B3] 셀의 값을 [A14:A16] 영역에서 찾아 그 위치를 일련 번호로 반환합니다(2).

❷ OFFSET($A$13,2,1,1,3) : [A13] 셀을 기준으로 2행 1열 떨어진 셀 주소(B15)를 찾습니다. 이 주소를 기준으로 1행 3열의 범위(B15:D15)를 지정합니다.

❸ SUMPRODUCT(C3:E3,B15:D15) : [C3:E3]과 [B15:D15]의 각 셀에 입력된 숫자를 같은 열에 있는 숫자끼리 곱한 다음 결과를 모두 더하는 것이므로 수식은 'C3*B15+D3*C15+E3*D15'와 같습니다.

[함수 설명]

OFFSET(범위, 행, 열, 높이, 너비) : 선택한 기준 셀에서 지정한 행과 열만큼 떨어진 위치에 있는 영역의 데이터를 반환합니다.

❷ 평점(G3)

=LOOKUP(F3, $F$14:$F$18, $G$14:$G$18)

3 학과별순위(H3)

{=B3 & "–" & SUM(IF(($B$3:$B$10=B3) * ($F$3:$F$10>=F3), 1))}

4 총판매액(G21)

=총판매액(D21, F21)

[사용자 정의 함수]
Visual Basic Editor의 모듈에 다음과 같이 코드를 입력한다.

Public Function 총판매액(상반기판매액, 하반기판매액)

> 총판매액 = 상반기판매액 + 하반기판매액

End Function

5 판매액(B32)

{=MIN(MAX(($A$21:$A$29=A32) * $D$21:$D$29), MAX(($A$21:$A$29=A32) * $F$21:$F$29))}

문제 3 분석작업

01. 피벗 테이블

1. '쿼리 마법사 – 데이터 필터' 대화상자

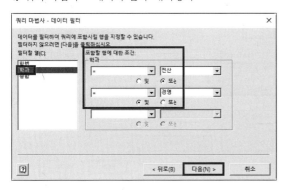

2. '피벗 테이블 필드' 창

2. 값 표시 형식 지정
'종합'이 표시된 임의의 셀의 바로 가기 메뉴에서 [값 표시 형식] → **행 합계 비율**을 선택한다.

'행 합계 비율'을 지정하면 값이 100.00% 혹은 0.00%로 표시되는데, 이는 잘못된 것이 아니니 다음 작업을 수행하세요.

3. '그룹화' 대화상자

4. '셀 서식' 대화상자

02. 데이터 유효성 검사 / 통합

• '데이터 유효성' 대화상자의 '설정' 탭

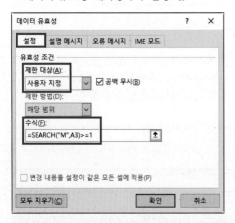

• '데이터 유효성' 대화상자의 '설명 메시지' 탭

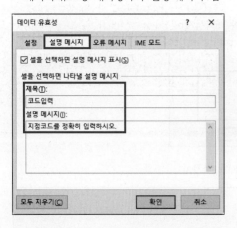

• '데이터 유효성' 대화상자의 '오류 메시지' 탭

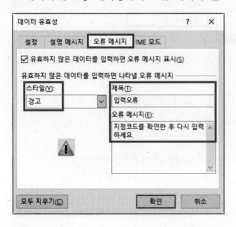

• '데이터 유효성' 대화상자의 'IME 모드' 탭

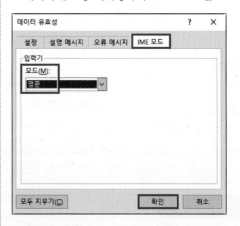

• '통합' 대화상자

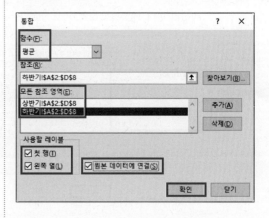

01. 차트 서식

1 [B1] 셀과 연결하여 차트 제목 표시

1. 차트 영역을 클릭하고 [차트 디자인] → 차트 레이아웃 → 차트 요소 추가 → 차트 제목 → **차트 위**를 선택한 다.
2. 차트에 표시된 '차트 제목'이 선택된 상태에서 수식 입력줄을 클릭하고 =을 입력한 후 [B1] 셀을 클릭하고 Enter 를 누른다.

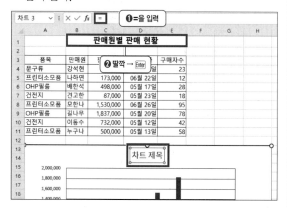

2 '구매자수' 계열의 차트 종류 변경/보조 세로(값) 축 지정

1. 임의의 계열을 선택한 후 바로 가기 메뉴에서 [**계열 차트 종류 변경**]을 선택한다.
2. '차트 종류 변경' 대화상자 [혼합]에서 그림과 같이 지정한 후 〈확인〉을 클릭한다.

3 세로(값) 축의 기본 단위 및 주 눈금 지정

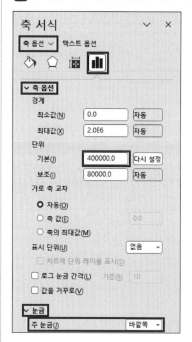

4 가로(항목) 축의 세로 축 교차의 축 위치 지정 및 세로(값) 축 제목의 텍스트 방향 변경

• 가로(항목) 축의 세로 축 교차의 축 위치 지정

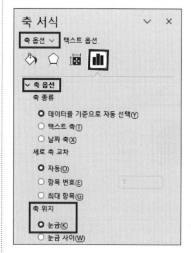

• 세로(값) 축 제목의 텍스트 방향 변경

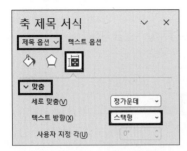

5 '판매액' 계열 '도서.png'로 채우기

1. '판매액'을 더블클릭한 후 '데이터 계열 서식'의 [계열 옵션] → 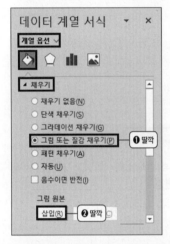(채우기 및 선) → **채우기**에서 '그림 또는 질감 채우기'를 선택하고 〈삽입〉 단추를 클릭한다.

2. '그림 삽입' 대화상자에서 '파일에서'를 선택한 후 '도서.png'를 선택하고 〈삽입〉을 클릭한다.

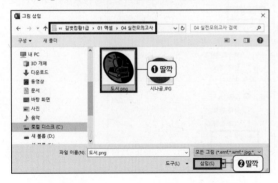

3. '데이터 계열 서식'의 [계열 옵션] → (채우기 및 선) → **채우기**에서 '다음 배열에 맞게 쌓기'를 선택한 후 '단위/사진'을 80000으로 지정한다.

02. 매크로

정답

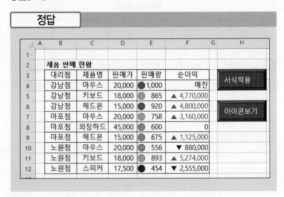

1 '서식적용' 매크로
'셀 서식' 대화상자

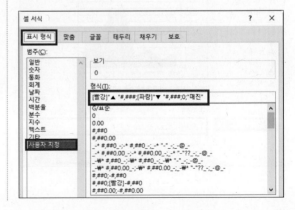

2 '아이콘보기' 매크로

'새 서식 규칙' 대화상자

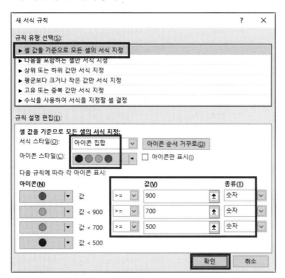

03. VBA

1 '매출 현황' 단추 클릭 프로시저

> **정답**

```
Private Sub cmd매출현황_Click( )
    매출관리.Show
End Sub
```

2 '등록' 단추 클릭 프로시저

> **정답**

```
Private Sub cmd등록_Click( )
    If cmb제품명.Value = " " Then
        MsgBox "제품명을 선택하세요.", vbOKOnly, "제품명"
    Elself txt수량.Value = " " Then
        MsgBox "수량을 입력하세요.", vbOKOnly, "수량"
    Else
        참조행 = cmb제품명.ListIndex + 5
        입력행 = [a4].Row + [a4].CurrentRegion.Rows.Count
        Cells(입력행, 1) = cmb제품명.Value
        Cells(입력행, 2) = txt수량.Value
        Cells(입력행, 3) = Cells(참조행, 8)
        Cells(입력행, 4) = Cells(참조행, 9)
        Cells(입력행, 5) = txt수량.Value * Cells(참조행, 8)
    End If
End Sub
```

> **코드설명**

```
Private Sub cmd등록_Click( )
  ❶ If cmb제품명.Value = " " Then
        MsgBox "제품명을 선택하세요.", vbOKOnly, "제품명"
  ❷ Elself txt수량.Value = " " Then
        MsgBox "수량을 입력하세요.", vbOKOnly, "수량"
  ❸ Else
  ❹     참조행 = cmb제품명.ListIndex + 5
  ❺     입력행 = [a4].Row + [a4].CurrentRegion.Rows.Count
  ❻     Cells(입력행, 1) = cmb제품명.Value
  ❼     Cells(입력행, 2) = txt수량.Value
  ❽     Cells(입력행, 3) = Cells(참조행, 8)
  ❾     Cells(입력행, 4) = Cells(참조행, 9)
  ❿     Cells(입력행, 5) = txt수량.Value * Cells(참조행, 8)
  ⓫ End If
End Sub
```

❶ 'cmb제품명'에 자료가 입력되지 않았으면 "제품명을 선택하세요."
라는 메시지를 표시하고 If문을 종료합니다.

※ 대화상자에는 메시지와 함께 단추의 종류를 지정하거나 대화상
자 타이틀을 표시할 수 있습니다.

형식 : MsgBox 메시지, 단추 종류, 대화상자 타이틀

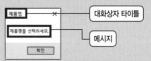

❷ 'txt수량'에 자료가 입력되지 않았으면 "수량을 입력하세요."라는 메
시지를 표시하고 If문을 종료합니다.

❸ ❶과 ❷번의 조건을 모두 만족하지 않으면 ❹~❿번을 실행합니다.

❹ • 'cmb제품명.ListIndex'는 콤보 상자에서 선택한 제품의 상대위치
를 반환합니다. 콤보 상자에서 상대적인 위치는 0에서 시작하므
로 냉장고를 선택했다면 'cmb제품명.ListIndex'는 2를 반환합니다.

• 워크시트에서 냉장고에 대한 정보는 7행에 입력되어 있으므로 냉
장고가 있는 행을 지정하기 위해 'cmb제품명.ListIndex'에서 반환
한 값 2에 5를 더한 것입니다.

• 결론적으로 5를 더한 이유는 참조표의 실제 데이터의 위치가 워
크시트의 5행에서 시작하기 때문입니다.

❺ '입력행' 변수에 [A4] 셀의 행 번호인 4와 [A4] 셀과 연결된 범위에
있는 데이터의 행수(1)를 더하여 치환합니다.

❻ 'cmb제품명'의 값을 5행 1열(입력행, 1)에 입력합니다. 나머지도 동
일한 방법으로 수행합니다.

⓫ If문을 종료합니다.

3 시트 활성화 프로시저

정답

```
Private Sub Worksheet_Activate( )
    [D1] = "필수입력요망"
    [D1].Font.Color = RGB(250, 0, 0)
End Sub
```

정상적으로 실행되는지 다른 시트로 이동했다가 다시 '기타작업-3' 시트를 선택하여 활성화한 후 [D1] 셀에 "필수입력요망"이 입력되고 글꼴 색이 RGB(250, 0, 0)으로 표시되는지 확인하세요. 만약 실행이 안된다면 파일을 저장하고 닫은 후 다시 열어서 실행해 보세요.

프로그램명	제한시간	수험번호 :
EXCEL 2021	45분	성 명 :

─〈 유 의 사 항 〉─

■ 인적 사항 누락 및 잘못 작성으로 인한 불이익은 수험자 책임으로 합니다.

■ 화면에 암호 입력창이 나타나면 아래의 암호를 입력하여야 합니다.
  ○ **암호 : 2#3843**

■ 작성된 답안은 주어진 경로 및 파일명을 변경하지 마시고 그대로 저장해야 합니다. 이를 준수하지 않으면 실격 처리됩니다.
  답안.파일명의 예 : C:\OA\수험번호8자리.xlsm

■ **외부 데이터 위치 : C:\OA\파일명**

■ 별도의 지시사항이 없는 경우, 다음과 같이 처리 시 실격 처리됩니다.
  ○ 제시된 시트 및 개체의 순서나 이름을 임의로 변경한 경우
  ○ 제시된 시트 및 개체를 임의로 추가 또는 삭제한 경우
  ○ 외부 데이터를 시험 시작 전에 열어본 경우

■ 답안은 반드시 문제에서 지시 또는 요구한 셀에 입력하여야 하며 다음과 같이 처리 시 채점 대상에서 제외됩니다.
  ○ 제시된 함수가 있을 경우 제시된 함수만을 사용하여야 하며 그 외 함수 사용 시 채점대상에서 제외
  ○ 수험자가 임의로 지시하지 않은 셀의 이동, 수정, 삭제, 변경 등으로 인해 셀의 위치 및 내용이 변경된 경우 해당 작업에 영향을 미치는 관련문제 모두 채점 대상에서 제외
  ○ 도형 및 차트의 개체가 중첩되어 있거나 동일한 계산결과 시트가 복수로 존재할 경우 해당 개체나 시트는 채점 대상에서 제외

■ 수식 작성 시 제시된 문제 파일의 데이터는 변경 가능한(가변적) 데이터임을 감안하여 문제 풀이를 하시오.

■ 별도의 지시사항이 없는 경우, 주어진 각 시트 및 개체의 설정값 또는 기본 설정값(Default)으로 처리하시오.

■ 저장 시간은 별도로 주어지지 않으므로 제한된 시간 내에 저장을 완료해야 하며, 제한 시간 내에 저장이 되지 않은 경우에는 실격 처리됩니다.

■ 출제된 문제의 용어는 Microsoft Office 2021(LTSC 2108 버전) 기준으로 작성되어 있습니다.

대한상공회의소

문제 1

1. '기본작업-1' 시트에서 다음과 같이 고급 필터를 수행하시오. (5점)

▶ [B2:H22] 영역에서 '사번'이 "P"로 시작하고 네 번째 글자가 5 이상인 데이터의 '사번', '이름', '성별', '직위' 필드만 순서대로 표시하시오.

▶ 조건은 [B24:B25] 영역 내에 알맞게 입력하시오. (AND, LEFT, MID 함수 사용)

▶ 결과는 [B27] 셀부터 표시하시오.

2. '기본작업-1' 시트에서 다음과 같이 조건부 서식을 설정하시오. (5점)

▶ [B3:H22] 영역에 대해서 '입사일'이 짝수달이고 2020년 1월 1일 이후인 행 전체에 대해 글꼴 스타일은 '굵게', 글꼴 색은 '표준색-파랑'으로 적용하시오.

▶ 단, 규칙 유형은 '수식을 사용하여 서식을 지정할 셀 결정'으로 지정하고, 한 개의 규칙만을 이용하여 작성하시오.

▶ MONTH, ISEVEN, AND, DATE 함수 사용

3. '기본작업-2' 시트에서 다음과 같이 페이지 레이아웃을 설정하시오. (5점)

▶ [A1:I16] 영역을 인쇄 영역으로 설정하고, 페이지의 내용이 자동으로 확대/축소되어 인쇄되도록 설정하시오.

▶ 행 머리글(1, 2, 3 등)과 열 머리글(A, B, C 등)이 인쇄되도록 설정하시오.

▶ 매 페이지 하단의 왼쪽 구역에는 현재 날짜가 [표시 예]와 같이 표시되도록 바닥글을 설정하시오.
[표시 예 : 작성일은 2024-06-04]

문제 2

1. [표1]에서 근무년수를 [F3:F11] 영역에 계산하시오. (6점)

▶ 근무년수는 기준날짜(I1)와 입사일을 참조하여 계산

▶ DAYS, INT 함수 사용

2. 사용자 정의 함수 'kb기본급'을 작성하여 [G3:G11] 영역에 기본급을 계산하여 표시하시오. (6점)

▶ 'kb기본급'은 입사일, 근무년수, 급여증가분을 인수로 받아 기본급을 계산하여 되돌려줌

▶ 입사일의 년도가 2019년 이전이면 기본급은 1000000+근무년수×급여증가분으로 계산하고 2020년 이후이면 800000+근무년수×급여증가분으로 계산 (SELECT문 이용)

```
Public Function kb기본급(입사일 As Date, 근무년수, 급여증가분)

End Function
```

3. [표1]에서 수당을 [I3:I11] 영역에 계산하여 표시하시오. (6점)

- ▶ [A17:B20] 영역(수당지급율표)을 참조하여 계산
- ▶ 수당 = 기본급 × 수당비율
- ▶ 근무년수가 10년 이상이면 5%, 5년 이상이면 3%, 3년 이상이면 1%, 3년 미만은 0%를 수당비율에 더함
- ▶ VLOOKUP, IFS 함수 사용

4. [표2]의 부서별 가장 높은 상여금의 전체 순위를 [F15:F17] 영역에 계산하시오. (6점)

- ▶ 순위는 내림차순으로 표시
- ▶ RANK.EQ, MAX 함수를 이용한 배열 수식

5. [표2]의 부서별 상여금의 평균을 [G15:G17] 영역에 계산하시오. (6점)

- ▶ [A2:I11] 영역(표1)을 참조하여 계산
- ▶ AVERAGEIF 함수 사용

4133033

문제 3　　**분석작업(20점)**　주어진 시트에서 다음의 과정을 수행하고 저장하시오.

1. '분석작업-1' 시트에서 다음의 지시사항에 따라 피벗 테이블 보고서를 작성하시오. (10점)

- ▶ 외부 데이터 원본으로 〈게임대여.csv〉의 데이터를 사용하시오.
  - 원본 데이터는 쉼표(,)로 분리되어 있으며, 첫 행에 머리글이 포함되어 있음
  - '제품명', '등급', '단가', '수량' 열만 가져와 데이터 모델에 이 데이터를 추가하시오.
- ▶ 피벗 테이블 보고서의 레이아웃과 위치는 〈그림〉을 참조하여 설정하고, 보고서 레이아웃을 개요 형식으로 표시하시오.
- ▶ 값 영역의 '수량'과 '단가' 필드의 합계를 '열 합계 비율'로 지정하시오.
- ▶ '피벗 테이블 옵션'에서 '레이블이 있는 셀 병합 및 가운데 맞춤'을 지정하고 '등급' 필드는 '18세이상'만 나타나도록 지정하시오.

	A	B	C
1	등급	18세이상 ▼	
2			
3	제품명 ▼	합계: 수량	합계: 단가
4	라나지	41.98%	41.24%
5	용의 전설	24.43%	29.69%
6	포가튼 왕국2	25.95%	21.65%
7	한국 협객전	7.63%	7.42%
8	총합계	100.00%	100.00%

2. '분석작업-2' 시트에 대하여 다음의 지시사항을 처리하시오. (10점)

- ▶ [데이터 표] 기능을 이용하여 [D10:H14] 영역에 '면접'과 '필기'의 반영비율에 따른 가중평균을 계산하시오.
- ▶ [조건부 서식] 기능을 이용하여 [D10:H14] 영역에서 9 이상인 데이터에 채우기 색 '표준 색-주황'이 적용되도록 설정하시오.
  - 규칙 유형은 '다음을 포함하는 셀만 서식 지정'으로 선택하시오.

문제 4　　**기타작업(35점)**　주어진 시트에서 다음의 과정을 수행하고 저장하시오.

1. '기타작업-1' 시트에서 다음의 지시사항에 따라 차트를 수정하시오. (각 2점)

※ 차트는 반드시 문제에서 제공한 차트를 사용하여야 하며, 신규로 차트 작성 시 0점 처리됨

① 차트 레이아웃은 '레이아웃 3'으로 지정한 후 차트 제목을 〈그림〉과 같이 지정하시오.

② 첫째 조각의 각을 90도로 지정하고, 도넛 구멍 크기를 40%로 지정하시오.

③ 데이터 계열에 〈그림〉과 같이 레이블을 표시하고 구분 기호를 '줄바꿈'으로 지정하시오.

④ 범례의 글꼴은 '굴림체', 크기는 9로 지정하고 그림 영역의 패턴 채우기는 '점선: 90%'로 설정하시오.

⑤ 차트 영역의 테두리 스타일은 '둥근 모서리', 그림자는 '오프셋: 오른쪽 아래'로 설정하시오.

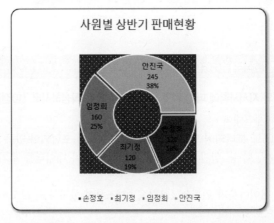

2. '기타작업-2' 시트에서 다음과 같은 기능을 수행하는 매크로를 현재 통합문서에 작성하시오. (각 5점)

① [I4:I11] 영역에 사용자 지정 표시 형식을 설정하는 '평가' 매크로를 생성하시오.

▶ 셀의 값이 3 이하이면 "상위", 6 이상이면 "하위", 그 외는 "중간"으로 표시

▶ [도형] → [기본 도형]의 '타원(○)'을 동일 시트의 [E1:F2] 영역에 생성한 후 텍스트를 "평가 보기"로 입력하고, 도형을 클릭하면 '평가' 매크로가 실행되도록 설정하시오.

② [I4:I11] 영역에 표시 형식을 '일반'으로 적용하는 '등수' 매크로를 생성하시오.

▶ [도형] → [기본 도형]의 '타원(○)'을 동일 시트의 [H1:I2] 영역에 생성한 후 텍스트를 "등수 보기"로 입력하고, 도형을 클릭하면 '등수' 매크로가 실행되도록 설정하시오.

※ 셀 포인터의 위치에 관계없이 매크로가 실행되어야 정답으로 인정됨

3. '기타작업-3' 시트에서 다음과 같은 작업을 수행하도록 프로시저를 작성하시오. (각 5점)

① '성적' 단추를 클릭하면 〈성적관리〉 폼이 나타나도록 프로시저를 작성하시오.

② 사용자 정의 폼 〈성적관리〉의 '조회(cmd조회)' 단추를 클릭하면 〈그림〉과 같이 워크시트에 입력된 제일 마지막의 '반', '이름', '1차', '2차'가 폼의 '반명(txt반명)', '이름(txt이름)', '1차(txt1차)', '2차(txt2차)'에 각각 표시되고, '합계(txt합계)'에는 '1차(txt1차)'와 '2차(txt2차)'의 합계가 표시되도록 프로시저를 작성하시오.

※ 데이터를 추가하거나 삭제하여도 항상 마지막 데이터가 표시되어야 함

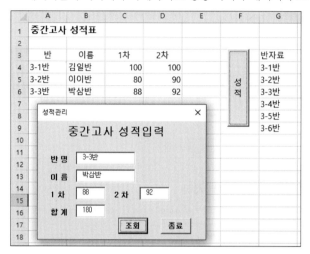

③ '기타작업-3' 시트가 활성화되면 [F1] 셀에 "길벗고등학교"가 표시되도록 프로시저를 작성하시오.

문제 1　　기본작업

01. 고급 필터

정답

	A	B	C	D	E
23					
24		조건			
25		FALSE			
26					
27		사번	이름	성별	직위
28		P0092	김한용	남	과장
29		P0080	백준걸	남	사원
30		P0051	고수정	여	사원
31		P0073	안은민	여	사원
32		P0095	이충희	남	사원

1. 조건과 추출할 필드 입력

	A	B	C	D	E
23					
24		조건			
25		FALSE			
26					
27		사번	이름	성별	직위

※ [B25] : =AND(LEFT(B3,1)="P",MID(B3,4,1)*1>=5)

궁금해요 시나공 Q&A 베스트

Q '*1'을 왜 하나요?

A 텍스트 형식의 데이터를 수치 데이터로 변경하기 위함입니다. 텍스트 함수인 MID는 결과값을 텍스트 형식으로 반환하는데, 이 값에 "*1"을 해서 수치 데이터로 변경한 후 5와 비교해야 합니다.

---

2. '고급 필터' 대화상자

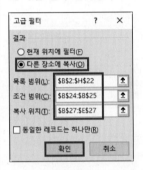

02. 조건부 서식

정답

	A	B	C	D	E	F	G	H
1								
2		사번	이름	부서	성별	직위	TOEIC	입사일
3		J0051	홍길동	총무부	남	과장	920	2019-03-02
4		J0023	이도현	영업부	남	과장	900	2019-03-02
5		J0038	한미우	인사부	남	대리	850	2019-06-01
6		J0099	박정진	영업부	남	대리	840	2019-06-01
7		J0050	윤보라	총무부	여	대리	830	2019-06-01
8		J0031	이형태	인사부	남	대리	820	2020-03-02
9		P0001	최재석	인사부	남	과장	770	2020-03-02
10		P0092	김한용	영업부	남	과장	760	2020-03-02
11		P0049	이미라	영업부	여	사원	900	2020-06-01
12		P0080	백준걸	총무부	남	사원	580	2021-05-01
13		P0051	고수정	인사부	여	사원	560	2021-07-01
14		P0012	유용구	영업부	여	사원	540	2021-08-01
15		P0073	안은민	총무부	여	사원	520	2021-08-01
16		P0014	이병열	인사부	남	사원	500	2021-09-01
17		P0095	이충희	영업부	남	사원	480	2021-09-01
18		I0008	도경민	영업부	남	대리	970	2022-03-02
19		I0009	황선철	총무부	남	대리	920	2022-04-01
20		I0010	방극준	인사부	남	대리	910	2022-04-01
21		I0011	김주희	영업부	여	대리	900	2023-09-01
22		I0012	인정제	총무부	남	대리	890	2020-09-01

'새 서식 규칙' 대화상자

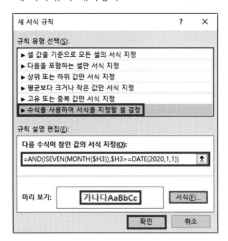

03. 페이지 레이아웃

정답

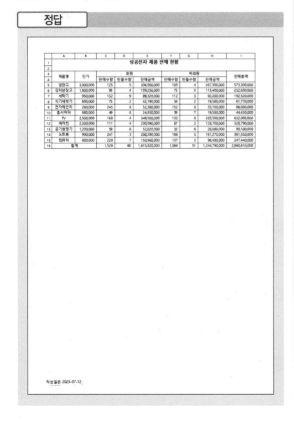

1. '페이지 설정' 대화상자의 '페이지' 탭

2. '바닥글' 대화상자

3. '페이지 설정' 대화상자의 '시트' 탭

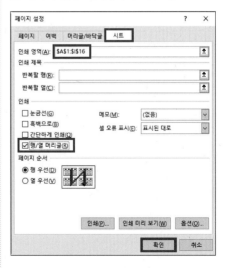

정답

	A	B	C	D	E	F	G	H	I
1	[표1]	부서별 급여 지급 내역서				**①**	**②**	기준날짜	2023-07-18
2	사원코드	성명	부서명	직위	입사일	근무년수	기본급	상여금	수당 **③**
3	G1	홍기남	기획부	부장	15-05-15	8	1,400,000	640,000	112,000
4	C2	이기자	총무부	과장	21-06-10	2	900,000	375,000	18,000
5	G3	차후서	기획부	대리	21-10-20	1	850,000	200,000	17,000
6	Y1	허인기	영업부	부장	13-03-18	10	1,500,000	560,000	195,000
7	C3	김인자	총무부	대리	21-05-24	2	900,000	190,000	18,000
8	Y3	박혁제	영업부	대리	19-10-20	3	1,150,000	200,000	34,500
9	G2	김순례	기획부	과장	21-05-15	2	900,000	360,000	18,000
10	Y2	우인철	영업부	과장	22-06-10	1	850,000	375,000	17,000
11	C1	유철민	총무부	부장	19-09-02	3	1,150,000	520,000	34,500
12									
13	급여증가분	50,000			[표2]	**④**	**⑤**		
14					부서명	최대상여금 순위	상여금 평균		
15	수당지급율표				기획부	1	400,000		
16	근무년수	수당비율			총무부	3	361,667		
17	1	0.02			영업부	2	378,333		
18	5	0.05							
19	10	0.08							
20	15	0.13							

① 근무년수(F3)

=INT(DAYS($I$1, E3) / 365)

② 기본급(G3)

=kb기본급(E3,F3,$B$13)

[사용자 정의 함수]

Visual Basic Editor의 모듈에 다음과 같이 코드를 입력한다.

```
Public Function kb기본급(입사일 As Date, 근무년수, 급여증가분)
    Select Case Year(입사일)
        Case Is <= 2019
            kb기본급 = 1000000 + 근무년수 * 급여증가분
        Case Else
            kb기본급 = 800000 + 근무년수 * 급여증가분
    End Select
End Function
```

궁금해요 시나공 Q&A 베스트

Q 'Case is <= 2019'에서 왜 'Case'가 아니라 'Case is'인가요? 'Case <= 2019'로 작성하면 안되나요?

A 안 됩니다. 조건식에 >, >=, <, <= 등의 부등호가 있는 경우에는 반드시 'Case is'를 사용해야 합니다.

③ 수당(I3)

=G3 * (VLOOKUP(F3, $A$17:$B$20, 2) + IFS(F3>= 10, 5%, F3>=5, 3%, F3>=3, 1%, F3<3, 0%))

④ 최대상여금 순위(F15)

{=RANK.EQ(MAX(($C$3:$C$11=E15) * $H$3: $H$11), $H$3:$H$11)}

⑤ 상여금 평균(G15)

=AVERAGEIF($C$3:$C$11, E15, $H$3:$H$11)

01. 피벗 테이블

1. '텍스트 마법사 3단계 중 2단계' 대화상자

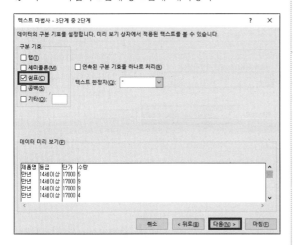

2. '피벗 테이블 필드' 창

3. 값 표시 형식 지정

❶ '수량'이 표시된 임의의 셀의 바로 가기 메뉴에서 [값 표시 형식] → **열 합계 비율**을 선택한다.

❷ '단가'가 표시된 임의의 셀의 바로 가기 메뉴에서 [값 표시 형식] → **열 합계 비율**을 선택한다.

4. '피벗 테이블 옵션' 대화상자

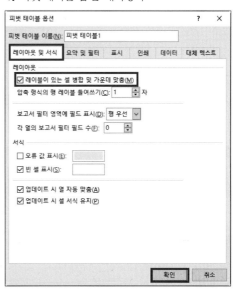

5. '보고서 필터' 선택

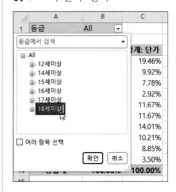

02. 데이터 표 / 조건부 서식

정답

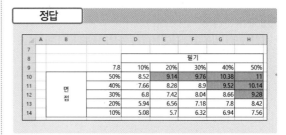

• '데이터 테이블' 대화상자

• '새 서식' 규칙 대화상자

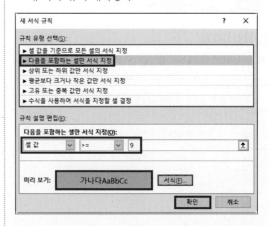

문제 4 **기타작업**

01. 차트 수정

1 차트 레이아웃 지정

차트를 클릭한 후 [차트 디자인] → 차트 레이아웃 → 빠른
레이아웃 → **레이아웃 3**을 선택한다.

2 첫째 조각의 각 및 도넛 구멍 크기 지정

3 데이터 레이블 서식 지정

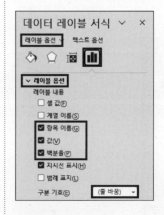

4 그림 영역 서식 지정

5 차트 영역 서식 지정

• 테두리

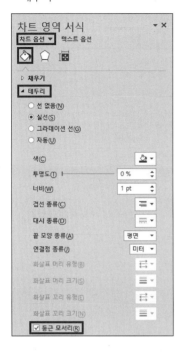

• 그림자

[서식] → 도형 스타일 → 도형 효과 → 그림자 → **오프셋: 오른쪽 아래**를 선택한다.

02. 매크로

정답

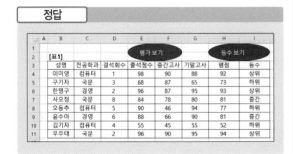

1 '평가' 매크로

'셀 서식' 대화상자

2 '등수' 매크로

'셀 서식' 대화상자

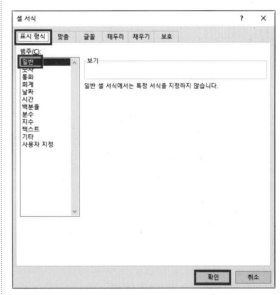

03. VBA

1 '성적' 단추 클릭 프로시저

> **정답**

```
Private Sub cmd성적_Click( )
    성적관리.Show
End Sub
```

2 '조회' 단추 클릭 프로시저

> **정답**

```
Private Sub cmd조회_Click( )
    입력행 = [a3].Row + [a3].CurrentRegion.Rows.Count-1
    txt반명.Value = Cells(입력행, 1)
    txt이름.Value = Cells(입력행, 2)
    txt1차.Value = Cells(입력행, 3)
    txt2차.Value = Cells(입력행, 4)
    txt합계.Value = Val(txt1차.Value) + Val(txt2차.Value)
End Sub
```

> **코드설명**

```
Private Sub cmd조회_Click( )
 ❶ 입력행 = [a3].Row + [a3].CurrentRegion.Rows.Count-1
 ❷ txt반명.Value = Cells(입력행, 1)
    txt이름.Value = Cells(입력행, 2)
    txt1차.Value = Cells(입력행, 3)
    txt2차.Value = Cells(입력행, 4)
    txt합계.Value = Val(txt1차.Value) + Val(txt2차.Value)
End Sub
```

❶ '입력행' 변수에 [a3] 셀의 행 번호(3)와 [a3]과 연결된 범위에 있는 데이터 범위의 행수를 더한 값을 치환합니다. '-1'은 기준행(3행)을 제외하고, 순수하게 데이터 범위의 행수를 구하기 위해 사용된 것입니다.

❷ 6행 1열(입력행,1)의 값을 폼의 'txt반명' 컨트롤에 입력합니다. 나머지도 동일한 방법으로 수행합니다.

※ Val 함수는 문자 형식으로 되어 있는 숫자를 숫자 형식으로 변환합니다.

3 시트 활성화 프로시저

> **정답**

```
Private Sub Worksheet_Activate( )
    [F1] = "길벗고등학교"
End Sub
```

실전 모의고사

실전

프로그램명	제한시간	수험번호 :
EXCEL 2021	45분	성 명 :

─〈 유 의 사 항 〉─

- 인적 사항 누락 및 잘못 작성으로 인한 불이익은 수험자 책임으로 합니다.

- 화면에 암호 입력창이 나타나면 아래의 암호를 입력하여야 합니다.
  - **암호 : 0^6704**

- 작성된 답안은 주어진 경로 및 파일명을 변경하지 마시고 그대로 저장해야 합니다. 이를 준수하지 않으면 실격 처리됩니다.
  답안 파일명의 예 : C:\OA\수험번호8자리.xlsm

- **외부 데이터 위치 : C:\OA\파일명**

- 별도의 지시사항이 없는 경우, 다음과 같이 처리 시 실격 처리됩니다.
  - 제시된 시트 및 개체의 순서나 이름을 임의로 변경한 경우
  - 제시된 시트 및 개체를 임의로 추가 또는 삭제한 경우
  - 외부 데이터를 시험 시작 전에 열어본 경우

- 답안은 반드시 문제에서 지시 또는 요구한 셀에 입력하여야 하며 다음과 같이 처리 시 채점 대상에서 제외됩니다.
  - 제시된 함수가 있을 경우 제시된 함수만을 사용하여야 하며 그 외 함수 사용 시 채점대상에서 제외
  - 수험자가 임의로 지시하지 않은 셀의 이동, 수정, 삭제, 변경 등으로 인해 셀의 위치 및 내용이 변경된 경우 해당 작업에 영향을 미치는 관련문제 모두 채점 대상에서 제외
  - 도형 및 차트의 개체가 중첩되어 있거나 동일한 계산결과 시트가 복수로 존재할 경우 해당 개체나 시트는 채점 대상에서 제외

- 수식 작성 시 제시된 문제 파일의 데이터는 변경 가능한(가변적) 데이터임을 감안하여 문제 풀이를 하시오.

- 별도의 지시사항이 없는 경우, 주어진 각 시트 및 개체의 설정값 또는 기본 설정값(Default)으로 처리하시오.

- 저장 시간은 별도로 주어지지 않으므로 제한된 시간 내에 저장을 완료해야 하며, 제한 시간 내에 저장이 되지 않은 경우에는 실격 처리됩니다.

- 출제된 문제의 용어는 Microsoft Office 2021(LTSC 2108 버전) 기준으로 작성되어 있습니다.

대한상공회의소

문제 1 **기본작업(15점)** 주어진 시트에서 다음의 과정을 수행하고 저장하시오.

1. '기본작업-1' 시트에서 다음과 같이 고급 필터를 수행하시오. (5점)

   ▶ [B3:J21] 영역에서 '고객번호'의 앞 두 자리가 "PR"이거나, '지역'이 "노원"이고 '최종주문일'이 3월인 자료의 모든 정보를 표시하시오.
   ▶ 조건은 [B23:B24] 영역에 입력하시오. (AND, OR, LEFT, MONTH 함수 사용)
   ▶ 결과는 [B27] 셀부터 표시하시오.

2. '기본작업-1' 시트에서 다음과 같이 조건부 서식을 설정하시오. (5점)

   ▶ [B4:J21] 영역에서 '최종주문일'의 요일이 토요일이거나 일요일인 행 전체에 대해 글꼴 스타일은 '기울임꼴', 글꼴 색은 '표준 색-파랑'으로 적용하시오.
   ▶ 단, 규칙 유형은 '수식을 사용하여 서식을 지정할 셀 결정'으로 지정하고, 한 개의 규칙만을 이용하여 작성하시오.
   ▶ WEEKDAY의 2번 유형 사용

3. '기본작업-2' 시트에서 다음과 같이 페이지 레이아웃을 설정하시오. (5점)

   ▶ 인쇄 용지가 가로로 인쇄되도록 용지 방향을 설정하시오.
   ▶ 1행이 매 페이지마다 반복하여 인쇄되도록 인쇄 제목을 설정하고, 행/열 머리글이 인쇄되도록 설정하시오.
   ▶ 매 페이지 상단의 오른쪽 구역에는 회사 로고가 표시되도록 머리글을 설정하시오.
     – 파일명 : 시나공.JPG
   ▶ 첫 번째 페이지에는 [A1:H25], 두 번째 페이지에는 [A26:H50] 영역이 표시되도록 페이지 나누기를 실행하시오.

문제 2 **계산작업(30점)** '계산작업' 시트에서 다음의 과정을 수행하고 저장하시오.

1. [표1]에서 근무팀별 호봉이 "2호봉"이거나 "3호봉"인 직원의 직원수를 계산하여 [B3:B5] 영역에 표시하시오. (6점)

   ▶ [A11:K27] 영역([표3])을 참조하여 계산
   ▶ 숫자 뒤에 '명'이 표시되도록 할 것(예 : 8명)
   ▶ SUM과 IF 및 & 연산자를 이용한 배열 수식

2. [표3]에서 [D12:D27] 영역에 직급을 계산하여 표시하시오. (6점)

   ▶ [표2]의 [F2:J2] 영역을 참조하여 계산
   ▶ 직급은 직위가 '사원'이면 1급, '대리'이면 2급, '과장'이면 3급, '차장'이면 4급, '부장'이면 5급을 적용함
   ▶ XMATCH, CONCAT 함수 사용

3. [표1]에서 근무팀별로 기본급이 가장 큰 값과 기본급 평균의 차이를 [C3:C5] 영역에 계산하여 표시하시오. (6점)

▶ [A11:K27] 영역([표3])을 참조하여 계산
▶ MAX, IF, AVERAGE, DAVERAGE, OR 중 알맞은 함수를 이용한 배열 수식

4. 사용자 정의 함수 'fn급여총액'을 작성하여 [J12:J27] 영역에 급여 총액을 계산하여 표시하시오. (6점)

▶ 'fn급여총액'은 기본급과 기타급여를 인수로 받아 급여 총액을 계산하여 되돌려줌
▶ 급여 총액은 기본급과 기타급여의 합으로 계산(단, 기타급여는 식대, 교통비, 차량보조금의 합)

```
Public Function fn급여총액(기본급, 기타급여)

End Function
```

5. [표3]의 [K12:K27] 영역에 만기금액을 양수로 계산하여 표시하시오. (6점)

▶ 급여 총액의 50%를 2년 동안 연이율 4.2%의 이율로 저축하였을 경우 만기금액 계산
▶ 만기금액은 반올림하여 천의 자리까지 표시
▶ PV, PMT, FV, ROUND, ROUNDUP, ROUNDDOWN 중 알맞은 함수 사용

5133043

문제 3　　**분석작업(20점)**　주어진 시트에서 다음의 과정을 수행하고 저장하시오.

1. '분석작업-1' 시트에서 다음의 지시사항에 따라 피벗 테이블 보고서를 작성하시오. (10점)

▶ 외부 데이터 가져오기 기능을 이용하여 〈학생성적.accdb〉의 〈학생성적〉 테이블에서 '이름', '학과코드', 'TOEIC', '컴퓨터' 열을 이용하시오.
▶ '학과코드'가 "A" 또는 "B"로 시작하는 행만을 가져오시오.
▶ 피벗 테이블 보고서의 레이아웃과 위치는 〈그림〉을 참조하여 설정하고, 보고서 레이아웃을 개요 형식으로 표시하시오.
▶ '학과코드' 필드의 첫 글자가 "A"이면 "영문과", "B"이면 "기계설계과"로 그룹을 설정하고 〈그림〉을 참조하여 하위 수준 표시 여부를 설정하시오.
▶ 피벗 테이블 스타일은 '진한 녹색, 피벗 스타일 어둡게 7'로 지정하고 각 항목 다음에 빈 줄을 삽입하시오.
▶ '학과' 필드가 "영문과"인 자료만 별도의 시트에 작성하시오(시트명을 '영문과'로 지정하고, '분석작업-1' 시트 앞에 위치시킨다.).

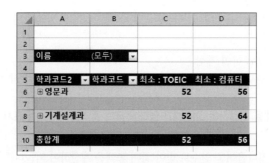

▲	A	B	C	D
1				
2				
3	이름	(모두) ▼		
4				
5	학과코드2 ▼	학과코드 ▼	최소 : TOEIC	최소 : 컴퓨터
6	⊞ 영문과		52	56
7				
8	⊞ 기계설계과		52	64
9				
10	총합계		52	56

2. '분석작업-2' 시트에 대하여 다음의 지시사항을 처리하시오. (10점)

▶ [데이터 도구]를 이용하여 [표1]에서 '이름'과 '학과' 열을 기준으로 중복된 값이 포함된 행을 삭제하시오.

▶ [데이터 유효성 검사] 기능을 이용하여 [B3:B16] 영역에는 "영문과", "기계설계과", "회계과", "법학과" 중 하나를 선택할 수 있도록 제한 대상을 설정하시오.
  – [B3:B16] 영역의 셀을 클릭한 경우 〈그림〉과 같은 설명 메시지를 표시하고, 유효하지 않은 데이터를 입력한 경우 〈그림〉과 같은 오류 메시지가 표시되도록 설정하시오.

▶ [조건부 서식]의 '상위/하위 규칙'을 이용하여 [G3:G16] 영역에서 평균 초과인 값에 '연한 빨강 채우기' 서식이 적용되도록 설정하시오.

문제 4   **기타작업(35점)** 주어진 시트에서 다음의 과정을 수행하고 저장하시오.

4133044

1. '기타작업-1' 시트에서 다음의 지시사항에 따라 차트를 수정하시오. (각 2점)

※ 차트는 반드시 문제에서 제공한 차트를 사용하여야 하며, 신규로 차트 작성 시 0점 처리됨

① '미수금' 계열을 '묶은 세로 막대형'과 '표식이 있는 꺾은선형' 두 가지 차트로 표시하시오.

② 차트 스타일은 '스타일 4'로 지정하고 색 변경은 '다양한 색상표 3'으로 지정하시오.

③ 기본 주 가로 눈금선의 선 색을 '표준 색-파랑'으로 지정하고 선 스타일을 '파선'으로 지정하시오.

④ 세로(값) 축 눈금의 단위 레이블을 표시하고 표시 단위를 '천'으로 설정하시오.

⑤ '표식이 있는 꺾은선형' 차트의 데이터 요소 서식에서 'Blue'의 '미수금'에 대해서만 표식 크기를 20으로 지정하고 데이터 레이블을 〈그림〉과 같이 표시한 후 글꼴 크기를 12, 글꼴 스타일을 '굵게'로 지정하시오.

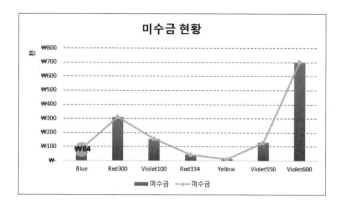

2. '기타작업-2' 시트에서 다음과 같은 기능을 수행하는 매크로를 현재 통합문서에 작성하시오. (각 5점)

① [E4:E13] 영역에 사용자 지정 표시 형식을 설정하는 '합격여부' 매크로를 생성하시오.

▶ 셀의 값이 60 이상이면 "합격"을 파랑색으로 표시하고 그 외는 "불합격"으로 표시하시오.

▶ [개발 도구] → [삽입] → [양식 컨트롤]의 '단추'를 동일 시트의 [G3:H4] 영역에 생성한 후 텍스트를 "합격여부확인"으로 입력하고, 단추를 클릭하면 '합격여부' 매크로가 실행되도록 설정하시오.

② [E4:E13] 영역에 조건부 서식을 적용하는 '그래프' 매크로를 생성하시오.

▶ 규칙 유형은 '셀 값을 기준으로 모든 셀의 서식 지정'으로 선택하고, 서식 스타일은 '데이터 막대', 최소값은 백분율 10, 최대값은 백분율 90으로 설정하시오.

▶ 막대 모양은 채우기를 '그라데이션 채우기', 색을 '표준 색-주황'으로 설정하시오.

▶ [개발 도구] → [삽입] → [양식 컨트롤]의 '단추'를 동일 시트의 [G5:H6] 영역에 생성한 후 텍스트를 "점수 그래프"로 입력하고, 단추를 클릭하면 '그래프' 매크로가 실행되도록 설정하시오.

※ 셀 포인터의 위치에 관계없이 매크로가 실행되어야 정답으로 인정됨

3. '기타작업-3' 시트에서 다음과 같은 작업을 수행하도록 프로시저를 작성하시오. (각 5점)

① '가계부 작성' 단추를 클릭하면 〈가계부〉 폼이 나타나도록 프로시저를 작성하고 폼이 실행되면 오늘 날짜를 텍스트 박스(날짜)에 표시하고, '수입'과 '지출'이 콤보 상자(구분)의 목록에 추가되도록 작성하시오.

② 〈가계부〉 폼에 데이터를 입력하고, '입력(입력)' 단추를 클릭하면 폼에 입력된 데이터가 워크시트의 가장 마지막 행 다음에 연속하여 추가되도록 프로시저를 작성하시오. 단, 폼의 '입력' 단추를 클릭하면 '구분(구분)', '내역(내역)', '금액(금액)'에는 새로운 값이 입력될 수 있도록 설정하고, '구분(구분)' 컨트롤로 포커스가 이동되도록 설정하시오.

▶ 입력되는 데이터는 워크시트에 입력된 기존 데이터와 같은 형식의 데이터로 입력하시오.

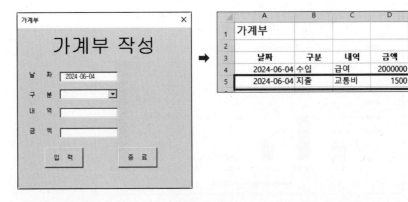

③ '기타작업-3' 시트에서 셀의 데이터가 변경(Change)되면 해당 셀의 글자 크기가 13, 글꼴이 '바탕체'로 설정되도록 이벤트 프로시저를 작성하시오.

문제 1 기본작업

01. 고급 필터

정답

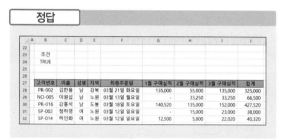

1. 조건 입력

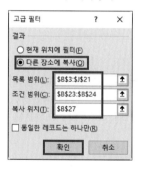

※ [B24] : =OR(LEFT(B4,2)="PR",AND(E4="노원", MONTH(F4)=3))

2. '고급 필터' 대화상자

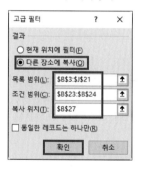

02. 조건부 서식

정답

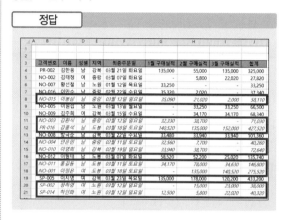

'새 서식 규칙' 대화상자

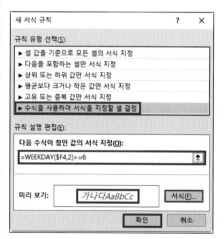

WEEKDAY(날짜, 옵션) 함수에서 옵션을 2로 지정하면 요일번호를 1(월요일)에서 7(일요일)까지의 숫자로 표시합니다.

03. 페이지 레이아웃

정답

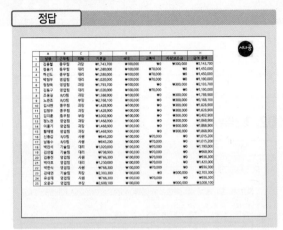

1. '페이지 설정' 대화상자의 '페이지' 탭

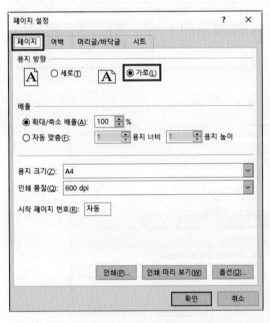

2. '머리글' 대화상자

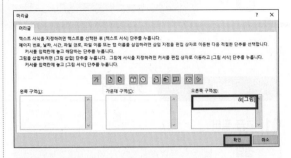

3. '페이지 설정' 대화상자의 '시트' 탭

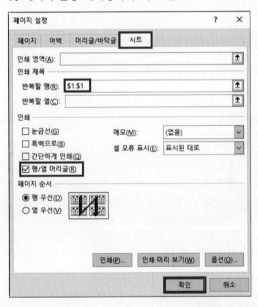

4. 페이지 나누기 실행

[A26] 셀을 선택한 후 [페이지 레이아웃] → 페이지 설정 → 나누기 → **페이지 나누기 삽입**을 선택한다.

정답

	A	B	C	D	E	F	G	H	I	J	K
1	[표1]	❶	❸		[표2]	기본급					
2	근무팀	2/3호봉 직원수	큰 값-평균 값			사원	대리	과장	차장	부장	
3	총무팀	3명	574,950		1 호봉	633,400	766,300	989,200	1,250,000	1,388,900	
4	기술팀	2명	363,050		2 호봉	653,500	792,600	798,900	1,280,000	1,428,900	
5	영업팀	3명	105,525		3 호봉	673,600	818,900	1,020,000	1,310,000	1,468,900	
6					4 호봉	693,700	845,200	1,342,600	1,340,000	1,508,900	
7					5 호봉	713,800	871,500	1,465,000	1,370,000	1,548,900	
8					6 호봉	733,900	897,800	2,151,100	1,400,000	1,588,900	
9											
10	[표3]			❷						❹	❺
11	성명	근무팀	직위	직급	호봉	기본급	식대	교통비	차량보조금	급여 총액	만기금액
12	강상일	총무팀	차장	4급	4호봉	1,340,000	100,000	70,000	-	1,510,000	₩18,868,000
13	강애연	기술팀	과장	3급	3호봉	1,020,000	100,000	50,000	-	1,170,000	₩14,620,000
14	강충기	총무팀	사원	1급	2호봉	653,500	100,000	30,000	-	783,500	₩9,790,000
15	김규한	영업팀	대리	2급	6호봉	897,800	100,000	50,000	-	1,047,800	₩13,093,000
16	김동구	영업팀	과장	3급	2호봉	798,900	100,000	70,000	-	968,900	₩12,107,000
17	김병철	기술팀	대리	2급	4호봉	845,200	100,000	30,000	-	975,200	₩12,186,000
18	김사현	총무팀	사원	1급	1호봉	633,400	100,000	30,000	-	763,400	₩9,539,000
19	김수정	총무팀	부장	5급	6호봉	1,588,900	100,000	10,000	40,000	1,738,900	₩21,729,000
20	김영석	기술팀	차장	4급	5호봉	1,370,000	100,000	70,000	-	1,540,000	₩19,243,000
21	김용곤	총무팀	사원	1급	2호봉	653,500	100,000	50,000	-	803,500	₩10,040,000
22	김용철	총무팀	과장	3급	3호봉	1,020,000	100,000	70,000	-	1,190,000	₩14,870,000
23	김인철	기술팀	대리	2급	2호봉	792,600	100,000	70,000	-	962,600	₩12,028,000
24	김재웅	영업팀	사원	1급	2호봉	653,500	100,000	50,000	-	803,500	₩10,040,000
25	김정우	총무팀	부장	5급	6호봉	1,588,900	100,000	10,000	300,000	1,998,900	₩24,978,000
26	김종진	영업팀	대리	2급	3호봉	818,900	100,000	30,000	-	948,900	₩11,857,000
27	김지훈	총무팀	사원	1급	1호봉	633,400	100,000	50,000	-	783,400	₩9,789,000

❶ 2/3호봉 직원수(B3)

{=SUM(IF(($B$12:$B$27=A3)*(($E$12:$E$27="2호봉")+($E$12:$E$27="3호봉")),1)) & "명"}

❷ 직급(D12)

=CONCAT(XMATCH(C12, $F$2:$J$2, 0), "급")

❸ 큰 값 - 평균 값(C3)

{=MAX(($B$12:$B$27=A3) * $F$12:$F$27) - AVERAGE(IF($B$12:$B$27=A3, $F$12:$F$27))}

❹ 급여 총액(J12)

=fn급여총액(F12, SUM(G12:I12))

[사용자 정의 함수]

Visual Basic Editor의 모듈에 다음과 같이 코드를 입력한다.

```
Public Function fn급여총액(기본급, 기타급여)
    fn급여총액 = 기본급 + 기타급여
End Function
```

❺ 만기금액(K12)

=ROUND(FV(4.2%/12, 2*12, -J12*50%), -3)

01. 피벗 테이블(학과가 '영문과'인 자료)

정답

1. '쿼리 마법사 – 데이터 필터' 대화상자

2. '피벗 테이블 필드' 창

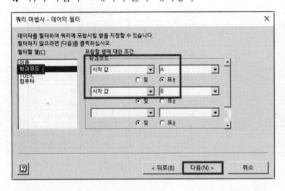

3. 그룹 지정
문자를 그룹으로 지정하려면 해당 셀을 블록으로 지정하고 바로 가기 메뉴에서 [그룹]을 선택한 후 그룹명을 변경한다.

4. 하위 수준 숨기기
'학과코드'가 표시되어 있는 셀의 바로 가기 메뉴에서 [확장/축소] → **전체 필드 축소**를 선택한다.

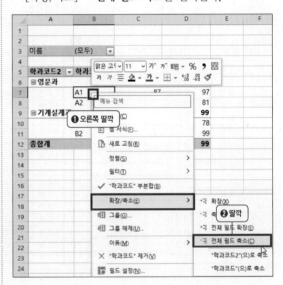

5. 각 항목 다음에 빈 줄 삽입
피벗 테이블이 삽입된 임의의 셀을 클릭한 후 [디자인] → 레이아웃 → 빈 행 → **각 항목 다음에 빈 줄 삽입**을 선택한다.

6. '학과'가 '영문과'인 자료 추출
[C6] 셀이나 [D6] 셀 중 하나를 더블클릭 → 추가된 시트의 이름을 **영문과**로 변경한다.

02. 중복된 항목 제거 / 데이터 유효성 검사 / 조건부 서식

정답

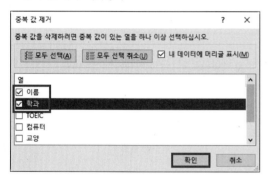

	A	B	C	D	E	F	G
1	[표1]						
2	이름	학과	TOEIC	컴퓨터	교양	전공1	전공2
3	심영보	기계설계과	77	76	87	50	51
4	김준석	영문과	98	81	77	85	63
5	박성미	회계과	87	84	61	93	63
6	서원석	기계설계과	72	96	67	59	77
7	권은영	회계과	50	84	60	77	79
8	박종욱	법학과	94	99	96	71	95
9	김상철	기계설계과	77	77	50	55	92
10	최옥자	회계과	79	94	76	72	96
11	한영희	법학과	65	73	67	95	82
12	민들레	회계과	74	92	88	52	73
13	송현우	기계설계과	52	78	55	64	60
14	이욱현	법학과	76	65	87	96	88
15	황유선	기계설계과	61	98	89	89	68
16	심상섭	영문과	86	66	71	94	87

• '중복 값 제거' 대화상자

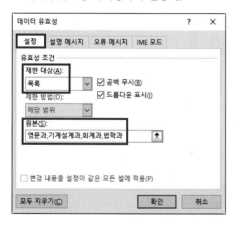

• '데이터 유효성' 대화상자의 '설정' 탭

• '데이터 유효성' 대화상자의 '설명 메시지' 탭

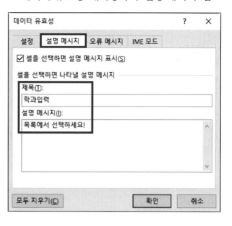

• '데이터 유효성' 대화상자의 '오류 메시지' 탭

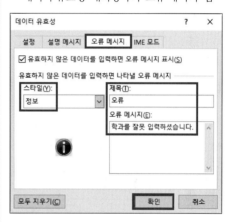

• '평균 초과' 대화상자

01. 차트 서식

1 데이터 추가 및 차트 종류 변경

1. [E2:E9] 영역을 블록으로 지정한 후 Ctrl+C를 눌러 복사한다.
2. 차트를 선택한 후 Ctrl+V를 눌러 붙여넣기를 한다.
3. 임의의 계열을 선택한 후 바로 가기 메뉴에서 [계열 차트 종류 변경]을 선택한다.
4. '차트 종류 변경' 대화상자에서 [혼합]에서 그림과 같이 지정하고 〈확인〉을 클릭한다.

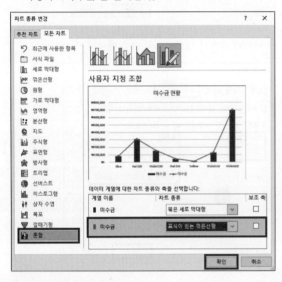

2 차트 스타일 및 색 변경 지정

1. 차트를 선택한 후 [차트 디자인] → 차트 스타일 → 스타일 4를 선택한다.
2. [차트 디자인] → 차트 스타일 → 색 변경 → **다양한 색상표 3**을 선택한다.

3 가로 주 눈금선 서식 지정

기본 주 가로 눈금선을 선택한 후 [서식] → 도형 스타일 → **도형 윤곽선**에서 색 '표준 색−파랑', 대시 '파선'을 선택한다.

4 세로(값) 축의 표시 단위

5 'Blue' 데이터의 '미수금'에 데이터 레이블 표시

1. '표식이 있는 꺾은선형' 차트를 클릭한 후 '미수금' 계열이 모두 선택된 상태에서 'Blue'를 다시 한 번 클릭하면 'Blue'만 선택된다.

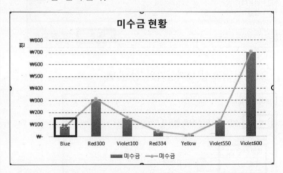

2. 'Blue' 요소만 선택된 상태에서 더블클릭한 후 '데이터 요소 서식' 창에서 표식 크기를 20으로 지정한다.

3. 'Blue' 요소만 선택된 상태에서 [차트 디자인] → 차트 레이아웃 → 차트 요소 추가 → 데이터 레이블 → **가운데**를 선택한다.
4. 차트에 표시된 데이터 레이블을 선택한 후 [홈] → **글꼴**에서 글꼴 크기를 12, 글꼴 스타일을 '굵게'로 지정한다.

02. 매크로

1 '합격여부' 매크로

'셀 서식' 대화상자

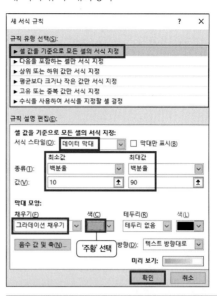

2 '그래프' 매크로

'새 서식 규칙' 대화상자

'그래프' 매크로를 실행할 때마다 조건부 서식에 새 규칙이 만들어집니다. [홈] → 스타일 → 조건부 서식 → 규칙 관리를 선택하면 나타나는 '조건부 서식 규칙 관리자' 대화상자에 여러 개의 규칙이 있다면 하나의 규칙만을 남기고 모두 삭제하세요.

03. VBA

1 '가계부 작성' 단추 클릭과 폼 초기화 프로시저 작성

• '가계부 작성' 단추 클릭 프로시저

```
Private Sub cmd가계부작성_Click( )
    가계부.Show
End Sub
```

• 폼 초기화 프로시저

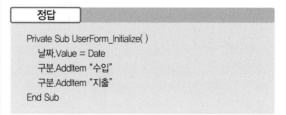

```
Private Sub UserForm_Initialize( )
    날짜.Value = Date
    구분.AddItem "수입"
    구분.AddItem "지출"
End Sub
```

※ **구분.AddItem "수입", 구분.AddItem "지출"** 대신 **구분.List=Array("수입", "지출")**을 입력해도 동일한 결과가 표시됩니다.

2 '입력' 단추 클릭 프로시저

```
Private Sub 입력_Click( )
    입력행 = [a3].Row + [a3].CurrentRegion.Rows.Count
    Cells(입력행, 1) = 날짜.Value
    Cells(입력행, 2) = 구분.Value
    Cells(입력행, 3) = 내역.Value
    Cells(입력행, 4) = 금액.Value

    구분.Value = ""
    내역.Value = ""
    금액.Value = ""
    구분.SetFocus
End Sub
```

코드설명

```
Private Sub 입력_Click( )
❶ 입력행 = [a3].Row + [a3].CurrentRegion.Rows.Count
❷ Cells(입력행, 1) = 날짜.Value
    Cells(입력행, 2) = 구분.Value
    Cells(입력행, 3) = 내역.Value
    Cells(입력행, 4) = 금액.Value

    구분.Value = ""
    내역.Value = ""
    금액.Value = ""
    구분.SetFocus
End Sub
```

❶ '입력행' 변수에 기준이 되는 셀 [a3]의 행 번호 3과 [a3]에 연결된 데이터 범위의 행 수 1을 더하여 치환합니다(3+1=4).
❷ '날짜'의 값을 4행 1열에 입력합니다. 나머지도 동일한 방법으로 수행합니다.

3 워크시트 변경 이벤트 프로시저

```
Private Sub Worksheet_Change(ByVal Target As Range)
    Target.Font.Size = 13
    Target.Font.Name = "바탕체"
End Sub
```

실전 모의고사

프로그램명	제한시간	수험번호 :
EXCEL 2021	45분	성 명 :

〈 유 의 사 항 〉

■ 인적 사항 누락 및 잘못 작성으로 인한 불이익은 수험자 책임으로 합니다.

■ 화면에 암호 입력창이 나타나면 아래의 암호를 입력하여야 합니다.
  ○ **암호 : 4#3866**

■ 작성된 답안은 주어진 경로 및 파일명을 변경하지 마시고 그대로 저장해야 합니다. 이를 준수하지 않으면 실격 처리됩니다.
  답안 파일명의 예 : C:\OA\수험번호8자리.xlsm

■ **외부 데이터 위치 : C:\OA\파일명**

■ 별도의 지시사항이 없는 경우, 다음과 같이 처리 시 실격 처리됩니다.
  ○ 제시된 시트 및 개체의 순서나 이름을 임의로 변경한 경우
  ○ 제시된 시트 및 개체를 임의로 추가 또는 삭제한 경우
  ○ 외부 데이터를 시험 시작 전에 열어본 경우

■ 답안은 반드시 문제에서 지시 또는 요구한 셀에 입력하여야 하며 다음과 같이 처리 시 채점 대상에서 제외됩니다.
  ○ 제시된 함수가 있을 경우 제시된 함수만을 사용하여야 하며 그 외 함수 사용 시 채점대상에서 제외
  ○ 수험자가 임의로 지시하지 않은 셀의 이동, 수정, 삭제, 변경 등으로 인해 셀의 위치 및 내용이 변경된 경우 해당 작업에 영향을 미치는 관련문제 모두 채점 대상에서 제외
  ○ 도형 및 차트의 개체가 중첩되어 있거나 동일한 계산결과 시트가 복수로 존재할 경우 해당 개체나 시트는 채점 대상에서 제외

■ 수식 작성 시 제시된 문제 파일의 데이터는 변경 가능한(가변적) 데이터임을 감안하여 문제 풀이를 하시오.

■ 별도의 지시사항이 없는 경우, 주어진 각 시트 및 개체의 설정값 또는 기본 설정값(Default)으로 처리하시오.

■ 저장 시간은 별도로 주어지지 않으므로 제한된 시간 내에 저장을 완료해야 하며, 제한 시간 내에 저장이 되지 않은 경우에는 실격 처리됩니다.

■ 출제된 문제의 용어는 Microsoft Office 2021(LTSC 2108 버전) 기준으로 작성되어 있습니다.

대한상공회의소

문제 1   **기본작업(15점)** 주어진 시트에서 다음의 과정을 수행하고 저장하시오.

1. '기본작업-1' 시트에서 다음과 같이 고급 필터를 수행하시오. (5점)

   ▶ [A1:E24] 영역에서 '과목명'이 "회로"로 끝나지 않고 '성적'이 90 이상인 데이터의 '성명', '과목명', '성적'만 순서대로 표시하시오.
   ▶ 조건은 [G17:G18] 영역 내에 알맞게 입력하시오. (AND, RIGHT 함수 사용)
   ▶ 결과는 [G20] 셀부터 표시하시오.

2. '기본작업-1' 시트에서 다음과 같이 조건부 서식을 설정하시오. (5점)

   ▶ [A2:E24] 영역에서 '과목명'이 '전자회로'이고, '성적'이 전체 성적의 평균보다 작으면 해당되는 행 전체에 대해 글꼴 스타일은 '굵은 기울임꼴', 글꼴 색은 '표준 색-빨강'으로 적용하시오.
   ▶ 단, 규칙 유형은 '수식을 사용하여 서식을 지정할 셀 결정'으로 지정하고, 한 개의 규칙만을 이용하여 작성하시오.
   ▶ AND, AVERAGE 함수 사용

3. '기본작업-2' 시트에서 다음과 같이 페이지 레이아웃을 설정하시오. (5점)

   ▶ 기존 인쇄 영역에 [G1:J8] 영역을 인쇄 영역으로 추가하고, 인쇄될 내용이 페이지의 가로 가운데에 인쇄되도록 페이지 가운데 맞춤을 설정하시오.
   ▶ 첫 페이지 상단의 왼쪽 구역에 "▶ 서울시 관광 보고서"를 삽입한 후 글꼴 스타일이 '굵은 기울임꼴'로 인쇄되고, 매 페이지 상단의 오른쪽 구역에는 페이지 번호가 [표시 예]와 같이 표시되도록 머리글을 설정하시오.
      - 인쇄될 때 첫 페이지의 번호가 5가 되도록 설정하시오.
      [표시 예 : 현재 페이지 번호가 1인 경우 → 5페이지]
   ▶ 페이지 여백을 '넓게' 설정하시오.

문제 2   **계산작업(30점)** '계산작업' 시트에서 다음의 과정을 수행하고 저장하시오.

1. [표2]에서 변경고객번호를 [B10:B24] 영역에 계산하여 표시하시오. (6점)

   ▶ 변경고객번호는 고객번호 뒤의 3글자가 117보다 작거나 같으면 "C"를 "A"로, 그렇지 않으면 "C"를 "B"로 변경하여 표시
   ▶ VALUE, IF, RIGHT, SUBSTITUTE 함수 사용

2. [표1]에서 지역별/변경고객번호(앞의 한 자리 사용)별 실적포인트의 합계를 [B4:C6] 영역에 계산하시오. (6점)

   ▶ [A9:I24] 영역([표2])을 참조하여 계산
   ▶ SUM, LEFT 함수를 이용한 배열 수식

3. 사용자 정의 함수 'fn비고'를 작성하여 [I10:I24] 영역에 비고를 계산하여 표시하시오. (6점)

- ▶ 'fn비고'는 실적포인트와 거래빈도를 인수로 받아 비고를 계산하여 되돌려줌
- ▶ 비고는 실적포인트가 4,000 이상이고 거래빈도가 20 이상이면 "골드고객", 실적포인트가 3,000 이상이고 거래빈도가 10 이상이면 "우수고객", 그렇지 않을 경우에는 공백을 표시

```
Public Function fn비고(실적포인트, 거래빈도)

End Function
```

4. [표3]에서 총급여를 [H29:H36] 영역에 계산하여 표시하시오. (6점)

- ▶ [J33:K36] 영역([표4])을 참조하여 계산
- ▶ 근무년수가 5년 이상이고, 경력점수가 3 이상인 사원에게만 상여금을 적용하고, 총급여는 기본급 + 상여금으로 계산
  총점수 = 필기점수 + 근무년수 + 경력점수, 상여금 = 기본급×상여금율
- ▶ IF, AND, OR, HLOOKUP, VLOOKUP 중 알맞은 함수 사용

5. [표5]에서 등급별 근무년수별 필기점수의 평균을 [B41:C43] 영역에 계산하여 표시하시오. (6점)

- ▶ [A28:H36] 영역([표3])을 참조하여 계산
- ▶ 단, 등급별 가장 높은 필기점수는 제외하고 계산하시오.
- ▶ 평균은 정수로 표시하고, 값이 없으면 공백으로 표시하시오.
- ▶ MAX, AVERAGE, IF, IFERROR, INT 함수를 이용한 배열 수식

문제 3　　**분석작업(20점)**　'분석작업' 시트에서 다음의 과정을 수행하고 저장하시오.

1. '분석작업-1' 시트에서 다음의 지시사항에 따라 피벗 테이블 보고서를 작성하시오. (10점)

- ▶ 외부 데이터 원본으로 〈급여.csv〉의 데이터를 사용하시오.
  - 원본 데이터는 쉼표(,)로 분리되어 있으며, 첫 행에 머리글이 포함되어 있음
  - '성명', '근무팀', '직위', '기본급' 열만 가져와 데이터 모델에 이 데이터를 추가하시오.
- ▶ 피벗 테이블 보고서의 레이아웃과 위치는 〈그림〉을 참조하여 설정하고, 보고서 레이아웃을 테이블 형식으로 표시하시오.
- ▶ '직위' 필드 중 '과장', '부장', '차장'만 표시되도록 지정하시오.
- ▶ '기본급' 필드의 표시 형식은 '값 필드 설정'의 셀 서식에서 '사용자 지정' 범주를 이용하여 천 단위 구분 기호(,)와 숫자 뒤에 "원"이라는 문자가 표시되도록 지정하시오(표시 예 : 1000 → 1,000원).
- ▶ 행의 총합계는 표시되지 않도록 설정하시오.

▶ 피벗 테이블 스타일은 '연한 녹색, 피벗 스타일 밝게 21', 피벗 테이블 스타일 옵션은 '행 머리글', '열 머리글', '줄무늬 열'을 설정하시오.

	A	B	C	D
1				
2				
3	성명	All		
4				
5	평균: 기본급	직위		
6	근무팀	과장	부장	차장
7	R/D팀	1,388,900원	2,768,100원	
8	기술팀	1,793,700원	2,871,300원	2,303,300원
9	영업팀	1,533,860원	2,871,300원	2,373,300원
10	총무팀	1,533,833원	2,845,500원	2,088,500원
11	총합계	1,545,340원	2,854,100원	2,245,380원

2. '분석작업-2' 시트에 대하여 다음의 지시사항을 처리하시오. (10점)

▶ [조건부 서식]의 '셀 강조 규칙'을 이용하여 [B3:B12] 영역의 중복 값에 '빨강 텍스트' 서식이 적용되도록 설정하시오.

▶ [시나리오] 기능을 이용하여 '단가(I3:I4)'가 다음과 같이 변동하는 경우 1월 9일의 '판매액(F3:F4)'의 변동 시나리오를 작성하시오.
  - 시나리오1 : 시나리오 이름은 '단가 증가', 냉장고 단가(I3)는 2,500, 세탁기 단가(I4)는 2,000으로 증가
  - 시나리오2 : 시나리오 이름은 '단가 감소', 냉장고 단가(I3)는 2,100, 세탁기 단가(I4)는 1,600으로 감소
  - 위 시나리오에 의한 '시나리오 요약' 보고서는 '분석작업-2' 시트 바로 왼쪽에 위치시키시오.

4133054

> **문제 4**　**기타작업(35점)** 주어진 시트에서 다음의 과정을 수행하고 저장하시오.

1. '기타작업-1' 시트에서 다음의 지시사항에 따라 차트를 수정하시오. (각 2점)

※ 차트는 반드시 문제에서 제공한 차트를 사용하여야 하며, 신규로 차트 작성 시 0점 처리됨
① 차트 제목의 글꼴은 '궁서체', 밑줄은 '실선', 크기는 14로 설정하시오.
② '한국' 데이터 요소의 첫째 조각의 각도를 50도, 쪼개진 요소를 30%로 설정하시오.
③ 데이터 계열에 데이터 레이블 '값'이 〈그림〉과 같이 표시되도록 설정하시오.
④ 차트 영역의 테두리 스타일은 '둥근 모서리', 그림자는 '안쪽: 가운데'로 지정하시오.
⑤ 차트에 [B9:C9] 영역의 인도네시아 데이터를 추가하시오.

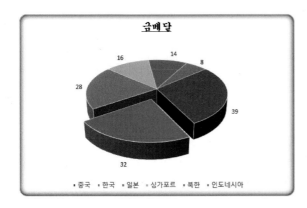

금메달

■중국 ■한국 ■일본 ■싱가포르 ■북한 ■인도네시아

2. '기타작업-2' 시트에 대하여 다음과 같은 기능을 수행하는 매크로를 현재 통합문서에 작성하고 실행하시오. (각 5점)

① [G7:G21] 영역에 사용자 지정 표시 형식을 설정하는 '서식적용' 매크로를 생성하시오.

▶ 셀 값이 8,000 이상이면 빨강색으로 1000 단위 구분 기호와 숫자 앞에 "■ "를 표시하고, 2,000 이하면 파랑색으로 1000 단위 구분 기호와 숫자 앞에 "◆ "를 표시하고, 그 외에는 1000 단위 구분 기호만 표시하시오.

[표시 예 : 9000인 경우 → ■ 9,000, 5,000인 경우 → 5,000, 0인 경우 → ◆ 0]

▶ [도형] → [사각형]의 '직사각형(□)'을 [F2:F3] 영역에 생성한 후 텍스트를 "서식적용"으로 입력하고, 도형을 클릭하면 '서식적용' 매크로가 실행되도록 설정하시오.

② [G7:G21] 영역에 표시 형식을 '일반'으로 적용하는 '서식해제' 매크로를 생성하시오.

▶ [도형] → [사각형]의 '직사각형(□)'을 [G2:G3] 영역에 생성한 후 텍스트를 "서식해제"로 입력하고, 도형을 클릭하면 '서식해제' 매크로가 실행되도록 설정하시오.

※ 셀 포인터의 위치에 관계없이 매크로가 실행되어야 정답으로 인정됨

3. '기타작업-3' 시트에서 다음과 같은 작업을 수행하도록 프로시저를 작성하시오. (각 5점)

① '회원 관리' 단추를 클릭하면 〈회원관리〉 폼이 나타나도록 프로시저를 작성하고 폼이 실행되면 [F4:G8] 영역의 값들이 목록 상자(lst신상목록)의 목록에 추가되고, '정회원', '준회원'이 콤보 상자(등급)의 목록에 추가되도록 프로시저를 작성하시오.

② 〈회원관리〉 폼의 '입력(입력)' 단추를 클릭하면 폼에 입력된 데이터를 시트의 표마지막 행 다음에 연속하여 추가하되, List, Listindex를 사용하여 프로시저를 작성하시오.

▶ 목록 상자(lst신상목록)에서 '신상목록'을 선택했을 때만 폼의 데이터를 워크시트에 입력하시오.

▶ 목록 상자(lst신상목록)에서 신상목록을 선택하지 않았으면 "신상목록을 선택하지 않았습니다."라는 메시지를 표시한 후 목록 상자(lst신상목록)의 첫 번째 항목이 선택되게 하시오.

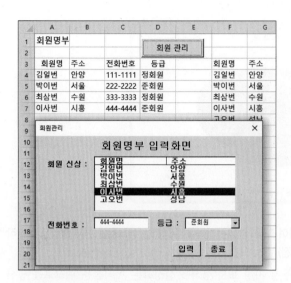

③ '종료(종료)' 단추를 클릭하면 〈그림〉과 같은 메시지 박스를 표시한 후 폼을 종료하는 프로시저를 작성하시오.

▶ 현재 날짜와 시간 표시

실전 모의고사 정답 및 해설

문제 1 기본작업

01. 고급 필터

정답

	F	G	H	I
16				
17		조건		
18		FALSE		
19				
20		성명	과목명	성적
21		최종민	물리	95
22		심학철	물리	95
23		한가영	물리	90
24		진명훈	물리	92

1. 조건과 추출할 필드 입력

	F	G	H	I
16				
17		조건		
18		FALSE		
19				
20		성명	과목명	성적

※ [G18] : =AND(RIGHT(C2,2)<>"회로",E2>=90)

2. '고급 필터' 대화상자

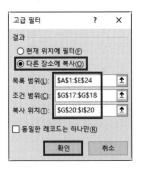

02. 조건부 서식

정답

	A	B	C	D	E
1	성명	학과명	과목명	담당교수	성적
2	장충태	전자공학과	전자회로	이진철	90
3	진명훈	전자공학과	논리회로	박충일	97
4	최종민	전자공학과	논리회로	박충일	84
5	심학철	전자공학과	전자회로	이진철	92
6	장충태	전자공학과	논리회로	박충일	92
7	박호태	전자공학과	전자회로	이진철	88
8	최종민	전자공학과	물리	민병현	95
9	박호태	전자공학과	물리	민병현	89
10	한가영	전자공학과	전자회로	이진철	98
11	심학철	전자공학과	물리	민병현	95
12	최종민	전자공학과	전자회로	이진철	88
13	조인희	전자공학과	물리	민병현	88
14	한가영	전자공학과	물리	민병현	90
15	박호태	전자공학과	논리회로	박충일	92
16	김상천	전자공학과	물리	민병현	86
17	장석훈	전자공학과	논리회로	박충일	70
18	김상천	전자공학과	전자회로	이진철	74
19	한가영	전자공학과	논리회로	박충일	95
20	장석훈	전자공학과	물리	민병현	80
21	조인희	전자공학과	전자회로	이진철	95
22	진명훈	전자공학과	물리	민병현	92
23	조인희	전자공학과	논리회로	박충일	92
24	심학철	전자공학과	논리회로	박충일	98

'새 서식 규칙' 대화상자

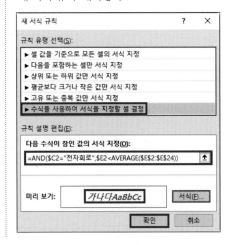

03. 페이지 레이아웃

정답

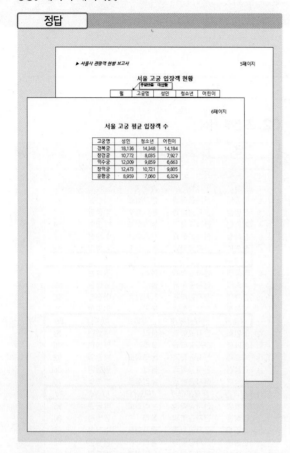

1. '페이지 설정' 대화상자의 '페이지' 탭

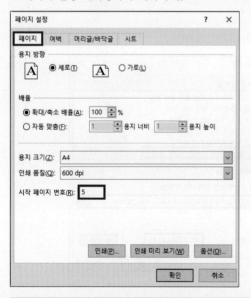

2. '머리글' 대화상자의 '머리글' 탭

3. '머리글' 대화상자의 '첫 페이지 머리글' 탭

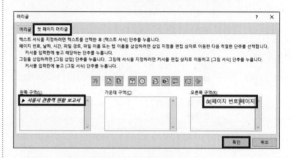

4. '페이지 설정' 대화상자의 '시트' 탭

5. [페이지 레이아웃] → 페이지 설정 → 여백 → **넓게** 선택

정답

	A	B	C	D	E	F	G	H	I	J	K
1	[표1]										
2	지역/변경	실적포인트									
3	고객번호	A	B								
4	강남	5,000	9,600								
5	서초	12,100	15,400								
6	종로	700	26,850								
7											
8	[표2]	고객별 포인트 점수 현황									
9	고객번호	변경고객번호	고객이름	지역	구매실적	할인율	실적포인트	거래빈도	비고		
10	C111	A111	홍길동	종로	₩ 700,000	0.1%	700	10			
11	C112	A112	박찬훈	서초	₩ 1,600,000	0.2%	3,200	15	우수고객		
12	C113	A113	김덕진	강남	₩ 600,000	0.1%	600	8			
13	C114	A114	이소라	강남	₩ 2,200,000	0.2%	4,400	25	골드고객		
14	C115	A115	김종택	서초	₩ 500,000	0.1%	500	3			
15	C116	A116	정영일	서초	₩ 2,800,000	0.3%	8,400	9			
16	C117	A117	최수형	종로	₩ 300,000	0.0%	-	7			
17	C118	B118	한우규	종로	₩ 3,200,000	0.3%	9,600	24	골드고객		
18	C119	B119	이명섭	서초	₩ 1,500,000	0.2%	3,000	13	우수고객		
19	C120	B120	김인하	서초	₩ 2,500,000	0.3%	7,500	14	우수고객		
20	C121	B121	성유희	종로	₩ 3,250,000	0.3%	9,750	15	우수고객		
21	C122	B122	강진미	서초	₩ 1,250,000	0.2%	2,500	16			
22	C123	B123	이성범	강남	₩ 3,200,000	0.3%	9,600	17	우수고객		
23	C124	B124	류시강	서초	₩ 1,200,000	0.2%	2,400	18			
24	C125	B125	현지건	종로	₩ 2,500,000	0.3%	7,500	19	우수고객		
25											
26											
27	[표3]	연수 점수 및 급여 현황									
28	등급	성명	과정코드	기본급	필기점수	근무년수	경력점수	총급여			
29	고급반	김현중	전산-1	2,100,000	70	20	7	2,520,000			
30	중급반	이상랑	전산-2	1,500,000	80	4	1	1,500,000			
31	기초반	김국토	전산-3	1,200,000	75	2	1	1,200,000		[표4]	
32	고급반	진선미	영어-1	1,800,000	74	10	5	1,980,000		총점수	상여금율
33	중급반	구영후	영어-2	2,400,000	60	23	7	2,880,000		70	0%
34	기초반	민정식	영어-3	2,600,000	59	35	7	3,380,000		80	10%
35	고급반	도한국	마케팅-1	1,700,000	64	8	3	1,700,000		90	20%
36	중급반	박지예	마케팅-2	1,750,000	78	9	3	2,100,000		100	30%
37											
38	[표5] 등급별 근무년수별 평균 필기점수										
39	등급	0년 이상	20년 이상								
40		20년 미만	40년 미만								
41	고급반	64	70								
42	중급반	78	60								
43	기초반		59								

1 변경고객번호(B10)

=IF(VALUE(RIGHT(A10,3))<=117, SUBSTITUTE(A10, "C", "A"), SUBSTITUTE(A10, "C", "B"))

2 실적포인트(B4)

{=SUM(($D$10:$D$24=$A4) * (LEFT($B$10:$B$24,1)=B$3) * $G$10:$G$24)}

3 비고(I10)

=fn비고(G10,H10)

[사용자 정의 함수]

Visual Basic Editor의 모듈에 다음과 같이 코드를 입력한다.

```
Public Function fn비고(실적포인트, 거래빈도)

    If 실적포인트 >= 4000 And 거래빈도 >= 20 Then
        fn비고 = "골드고객"
    Elself 실적포인트 >= 3000 And 거래빈도 >= 10 Then
        fn비고 = "우수고객"
    Else
        fn비고 = " "
    End If

End Function
```

4 총급여(H29)

- 방법 1

  =D29+D29 * (IF(AND(F29>=5,G29>=3), VLOOKUP
  (E29+F29+G29,$J$33:$K$36,2), 0))

- 방법 2

  =IF(AND(F29>=5,G29>=3), D29+D29 * VLOOKUP
  (E29+F29+G29, $J$33:$K$36, 2), D29)

5 등급별 근무년수별 평균 필기점수(B41)

{=IFERROR(INT(AVERAGE(IF(($A$29:$A$36=
$A41) * ($F$29:$F$36>=B$39) * ($F$29:$F$36<
B$40) * ($E$29:$E$36<>MAX(($A$29:$A$36=$A41)
* $E$29:$E$36)), $E$29:$E$36))), " ")}

문제 3　**분석작업**

01. 피벗 테이블

1. '텍스트 마법사 3단계 중 1단계' 대화상자

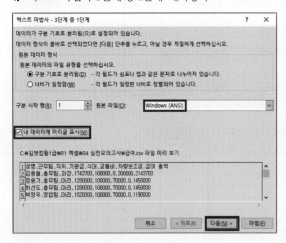

2. '텍스트 마법사 3단계 중 2단계' 대화상자

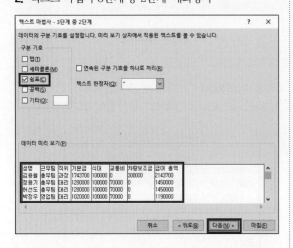

3. '텍스트 마법사 3단계 중 3단계' 대화상자

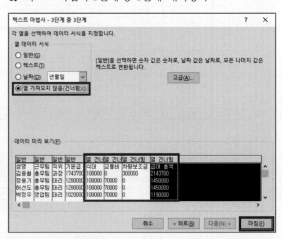

4. '피벗 테이블 필드' 창

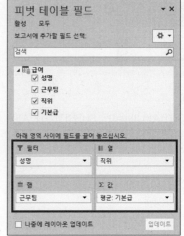

5. '열 레이블' 데이터 선택

6. '셀 서식' 대화상자

02. 조건부 서식 / 시나리오

• 조건부 서식

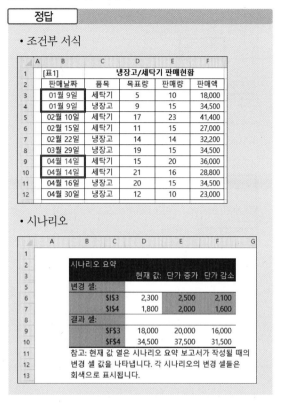

	A	B	C	D	E	F
1		[표1]		냉장고/세탁기 판매현황		
2		판매날짜	품목	목표량	판매량	판매액
3		01월 9일	세탁기	5	10	18,000
4		01월 9일	냉장고	9	15	34,500
5		02월 10일	세탁기	17	23	41,400
6		02월 15일	세탁기	11	15	27,000
7		02월 22일	냉장고	14	14	32,200
8		03월 29일	냉장고	19	15	34,500
9		04월 14일	세탁기	15	20	36,000
10		04월 14일	세탁기	21	16	28,800
11		04월 16일	냉장고	20	15	34,500
12		04월 30일	냉장고	12	10	23,000

• 시나리오

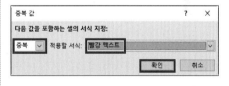

참고: 현재 값 열은 시나리오 요약 보고서가 작성될 때의 변경 셀 값을 나타냅니다. 각 시나리오의 변경 셀들은 회색으로 표시됩니다.

• '중복 값' 대화상자

• '단가 증가' 시나리오
　– '시나리오 편집' 대화상자

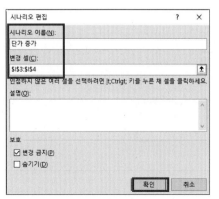

– '시나리오 값' 대화상자

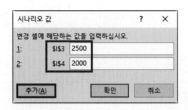

– '시나리오 값' 대화상자

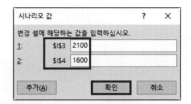

• '단가 감소' 시나리오
  – '시나리오 편집' 대화상자

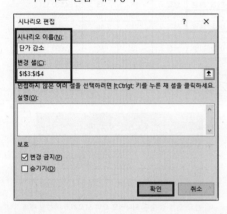

• '시나리오 요약' 대화상자

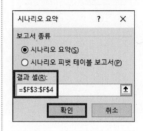

문제 4   기타작업

01. 차트 서식

2 '한국' 데이터 요소에 서식 지정

1. 데이터 계열을 클릭한 후 '한국' 데이터 요소를 한 번 더 클릭한다.
2. '한국' 데이터 요소만 선택된 상태에서 데이터 요소 서식을 다음과 같이 지정한다.

3 데이터 계열에 값 표시

데이터 계열을 선택한 후 [차트 디자인] → 차트 레이아웃 → 차트 요소 추가 → 데이터 레이블 → **바깥쪽 끝에**를 선택한다.

5 '인도네시아' 데이터 요소 추가

1. [B9:C9] 영역을 블록으로 지정한 후 Ctrl+C를 눌러 복사한다.
2. 차트를 선택한 후 Ctrl+V를 눌러 붙여넣기 한다.

02. 매크로

```
정답
```

1 '서식적용' 매크로

'셀 서식' 대화상자

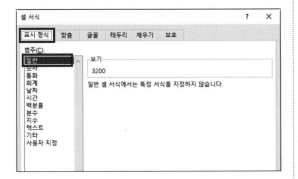

2 '서식해제' 매크로

'셀 서식' 대화상자

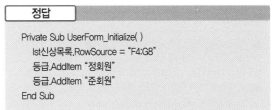

03. VBA

1 '회원 관리' 단추와 폼 초기화 프로시저 작성

• '회원 관리' 단추 클릭 프로시저

```
정답
```

```
Private Sub cmd회원 관리_Click( )
    회원관리.Show
End Sub
```

• 폼 초기화 프로시저

```
정답
```

```
Private Sub UserForm_Initialize( )
    lst신상목록.RowSource = "F4:G8"
    등급.AddItem "정회원"
    등급.AddItem "준회원"
End Sub
```

※ 등급.AddItem "정회원", 등급.AddItem "준회원" 대신 등급.List=Array("정회원", "준회원")을 입력해도 동일한 결과가 표시됩니다.

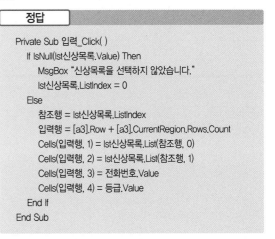

궁금해요 | 시나공 Q&A 베스트

Q 프로시저에서 rowsource를 지정할 때 열이 두 개 이상이면 columncount를 이용하여 열의 개수를 지정해야 되잖아요. 그런데 모의고사 해답지에는 그런 내용이 없더라고요. 안 해도 되나요?

A 해당 컨트롤에 이미 'ColumnCount' 속성이 지정되어 있는 경우에는 별도로 코드를 작성하지 않아도 됩니다. 교재 341쪽에 보면 자세히 설명되어 있으니 참고하세요.

3 '입력' 단추 클릭 프로시저

```
정답
```

```
Private Sub 입력_Click( )
    If IsNull(lst신상목록.Value) Then
        MsgBox "신상목록을 선택하지 않았습니다."
        lst신상목록.ListIndex = 0
    Else
        참조행 = lst신상목록.ListIndex
        입력행 = [a3].Row + [a3].CurrentRegion.Rows.Count
        Cells(입력행, 1) = lst신상목록.List(참조행, 0)
        Cells(입력행, 2) = lst신상목록.List(참조행, 1)
        Cells(입력행, 3) = 전화번호.Value
        Cells(입력행, 4) = 등급.Value
    End If
End Sub
```

```
Private Sub 입력_Click( )
❶  If IsNull(lst신상목록.Value) Then
❷      MsgBox "신상목록을 선택하지 않았습니다."
❸      lst신상목록.ListIndex = 0
❹  Else
❺      참조행 = lst신상목록.ListIndex
❻      입력행 = [a3].Row + [a3].CurrentRegion.Rows.Count
❼      Cells(입력행, 1) = lst신상목록.List(참조행, 0)
❽      Cells(입력행, 2) = lst신상목록.List(참조행, 1)
❾      Cells(입력행, 3) = 전화번호.Value
❿      Cells(입력행, 4) = 등급.Value
⓫  End If
End Sub
```

❶ 'lst신상목록' 목록 상자의 값이 널이면 ❷~❸번을 수행하고 마칩니다.

❷ "신상목록을 선택하지 않았습니다."가 표시된 메시지를 표시합니다.

❸ 'lst신상목록' 목록 상자의 인덱스번호를 0으로 치환합니다. 목록 상자의 행 번호는 0에서 시작하므로 인덱스번호를 0으로 지정하면 첫 번째 항목이 선택됩니다.

❹ ❶번의 조건을 만족하지 않으면 ❺~❿번을 수행하고 마칩니다.

❺ lst신상목록.ListIndex는 목록 상자에서 선택한 회원의 상대 위치를 반환합니다. 목록 상자에서 상대적인 위치는 0에서 시작하므로 '최삼번'을 선택했다면 lst신상목록.ListIndex는 2를 반환합니다.

❻ '입력행' 변수에 [A3] 셀의 행 번호 3과 [A3] 셀과 연결된 범위에 있는 데이터의 행수(1)을 더하여 치환합니다(3+1=4).

❼ 4행 1열에 'lst신상목록' 목록 상자의 참조행, 0열에 있는 데이터를 입력합니다. 나머지도 동일한 방법으로 수행합니다.

⓫ If문을 종료합니다.

❸ '종료' 단추 클릭 프로시저

```
Private Sub 종료_Click( )
    MsgBox Now, vbOKOnly, "회원관리를 종료합니다"
    Unload Me
End Sub
```

시나공으로 합격한 당신이 누려야 할 혜택!

시나공
올웨이즈 이벤트

EVENT 1 ⎽ ☐ ✕

이벤트 1

합격 후기 이벤트
합격 썰 풀고 선물 받자!

당신의 합격에 시나공이 있었다면?
지금, 시나공 홈페이지 또는 본인의 블로그, SNS에
합격 후기를 작성해 주세요! 100% 무조건 제공되는 혜택부터
추첨별 푸짐한 선물까지 받을 수 있어요!

신청하기

EVENT 2 ⎽ ☐ ✕

이벤트 2

기출 복원 이벤트
내가 보고 온 시험! 기출 복원하고 선물 받자!

응시하신 시험 문제를 시나공 홈페이지에 복원해 주세요.
매월 추첨을 통해서 푸짐한 선물을 보내드립니다.
(시나공에서 출간되는 도서 자격증에 한함)

시나공은 쉽고 빠르게 합격할 수 있도록 최신 기출문제를 연구하고 있습니다.
시나공과 함께 더 좋은 교재를 만들기 위해 기출 복원 전문가로 참여해 주세요.

신청하기

NOTICE   ※ 내부 사정에 따라 이벤트 일정 및 내용이 변경될 수 있습니다.

이 책은 IT 자격증 전문가와 수험생이 함께 만든 책입니다.

'시나공' 시리즈는
독자의 지지와 격려 속에 성장합니다!

실기엔 자타공인 길벗 시나공이 최고입니다. 1급 함수는 단순 암기수준이 아닌 다양한 응용이 필요한데 책을 보면 바로 감이
옵니다.

| 알라딘 러브**|

시나공 맘에 듭니다. 두 권은 과목별 상세한 설명, 한 권은 기출문제와 함수사전으로 구성되어 있네요. 한 권으로 두껍게 되어
있으면 들고 다니기 힘든데 너무 편하네요.

| 도서11번가 shoc***|

역시 길벗출판사 책이군요. 베타테스터 제도로 믿음도 가고, 이제부턴 길벗출판사의 마니아가 될 것 같아요. 컴활 공부하시는
분께 가식이 아닌 진심으로 이 책을 적극 추천합니다.

| 인터파크 이*|

세세한 부분까지 신경 써 주는 책! 다른 컴퓨터 관련 자격증 책을 많이 읽어 봤는데, 이만한 책이 없는 것 같네요. 혼자서 컴퓨
터 보면서 공부하시려면 이 책 사세요. 강추입니다.

| YES24 bidulgi***|

컴퓨터 초보자들도 쉽게 따라 할 수 있는 자세한 설명! 게다가 함수사전, 계산문제, 기출문제로 구성된 부록이 함께 있어서 더
좋습니다.

| 교보문고 csg2***|

헷갈릴만한 것들은 정확하게 짚어주는 '전문가의 조언'이 정말 도움이 되었어요. 채점 프로그램은 내가 뭘 틀렸는지, 어느 부분이 약
한지 알 수 있어서 좋습니다. 추천해드리고 싶어요!

| 알라딘 ch***|

액세스는 처음 접하는 프로그램이라 막막했는데 책을 따라하다 보니 길이 보이더군요. 부록으로 함수만 따로 모아두는 센스도
있고, 다음에도 시나공을 찾을 것 같네요.

| 도서11번가 real***|

해설이 쉽게 나와 있습니다. 지난번 다른 교재로 공부했을 때는 액세스에서 떨어졌는데, 이 책은 소스가 쉽게 나와 있어서 전
에 이해 못했던 부분들이 이해가 되네요. 이번에 시험 보시는 분들에게 분명히 도움되리라 확신합니다.

| 인터파크 강**|

컴퓨터활용능력 합격의 왕도! 공부에는 왕도가 없다지만 자격증 합격에는 왕도가 있습니다. 시나공 시리즈는 자격증 합격의 왕
도로 당신을 이끌 것입니다. 시나공이라면 충분히 독학이 가능합니다.

| 알라딘 회색**|

컴퓨터활용능력 분야 베스트셀러 1위 기준 : 2024년 1월, 5월, 6월(알라딘)

sinagong.co.kr

13000

가격 40,000원
ISBN 979-11-407-1075-1

9 791140 710751

TO.시나공
온라인 독자엽서

스마트한 시나공
수험생 지원센터

컴퓨터활용능력

1급 실기 기본서

시험에 나오는 것만 공부한다!

시나공

2025 시나공

베스트셀러 1위
산출근거 후면표기

부록
컴활함수사전
계산문제 20회
최신기출문제 10회

무료
동영상 강의
합격에 필요한 모든 내용이 동영상 강의로!

2권
데이터베이스
액세스 2021

길벗알앤디 지음 (강윤석, 김용갑, 김우경, 김종일)

수험생을 위한 시나공 서비스

1등만이 드릴 수 있는 1등 혜택!

서비스 1

무엇이든 물어보세요! 수험생 지원센터(sinagong.co.kr)

시나공 홈페이지에서는 최신기출문제와 해설, 선배들의 합격 수기와 합격 전략, 책 내용에 대한 문의 및 관련 자료 등 IT자격증 시험을 위한 모든 정보를 제공합니다. 공부하다 답답하거나 궁금한 내용이 있으면, 시나공 홈페이지 '책 내용 질문하기' 게시판에 질문을 올리세요. 길벗알앤디의 전문가들이 빠짐없이 답변해 드립니다.

서비스 2

이해 쏙! 시간 절약! 시나공 토막강의

혼자 공부하다가 어려운 부분이 나와도 고민하지 마세요!
책 속의 QR코드를 스마트폰으로 찍기만 하면 언제든지 저자의 속 시원한 해설을 들을 수 있습니다.

방법1. 스마트폰으로 QR코드를 스캔하세요.

방법2. 시나공 홈페이지의 [컴퓨터활용능력] → [1급 실기] → [동영상 강좌] → [토막강의]에서 강의번호를 입력하세요.

방법3. 유튜브 검색 창에 "시나공"+강의번호를 입력하세요.

서비스 3

온라인 채점 프로그램

채점 프로그램으로 실제 시험 전 내 실력을 확인하세요.
그동안 컴퓨터에 설치해서 사용하던 채점 프로그램은 컴퓨터마다 환경이 달라서 설치나 이용이 어렵기도 했습니다. 이제는 인터넷만 연결되어 있으면 언제 어디서나 빠르게 채점할 수 있습니다.

방법. 시나공 홈페이지(sinagong.co.kr)에 접속하여 [컴퓨터활용능력] → [1급 실기] → [온라인채점] → [채점하기]를 클릭하세요.

서비스 4

합격을 위한 최종점검!
실기 시험 대비 온라인 특강 서비스

(주)도서출판 길벗에서는 실기 시험 준비를 위한 온라인 특강을 무료로 제공하고 있습니다.
다음과 같은 방법으로 이용하세요.

1. 길벗출판사 홈페이지(gilbut.co.kr)에 로그인하세요!
2. 상단 메뉴 중 [동영상 강좌] → [IT자격증] → [컴퓨터활용능력]을 클릭하세요!
3. 「[2025] 컴활1급실기 [실제시험장을 옮겨놓았다]를 클릭하여 시청하세요.

컴퓨터활용능력

1급 실기

2권 데이터베이스 실무

2025
시나공

길벗알앤디 지음

길벗

데이터베이스 편, 이렇게 준비하세요. 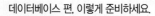 4

01 기초 다지기

Ⓐ Section 00 액세스 기초 다지기   10

02 DB 구축

Ⓐ Section 01 테이블 작성   48

Ⓐ Section 02 관계 설정   68

Ⓑ Section 03 연결하기 / 가져오기   78

03 입력 및 수정 기능 구현

Ⓐ Section 04 폼과 컨트롤   92

04 조회 및 출력 기능 구현

Ⓐ Section 05 보고서   126

Ⓐ Section 06 조회   150

05 처리 기능 구현

Ⓐ Section 07 쿼리(Query)   168

Ⓐ Section 08 처리 기능   210

06 실제 시험장을 옮겨 놓았다!

Ⓐ Section 09 실제 시험장을 옮겨 놓았다!   242

1 부

기본 편

＊각 섹션은 출제 빈도에 따라
Ⓐ,Ⓑ,Ⓒ,Ⓓ로 등급이 분류되어 있습니다.
공부할 시간이 없는 분들은 출제 빈도가 높은 순서대로 공부
하세요.

출제 빈도

Ⓐ 매 시험마다 꼭 나오는 부분
Ⓑ 두 번 시험 보면 한 번은 꼭 나오는 부분
Ⓒ 세 번 시험 보면 한 번은 꼭 나오는 부분
Ⓓ 출제 범위에는 포함되지만 아직 출제되지 않은 부분

동영상 강의

교재에 수록된 모든 내용이 동영상 강의로 제공됩니다.

＊동영상 강의는 [시나공 홈페이지] → [컴퓨터활용능력] → [1급
실기] → [동영상 강좌] → [토막강의]에서 시청하면 됩니다.

2부
실전 편

01 기본 모의고사

기본 모의고사 01회	306
기본 모의고사 02회	325
기본 모의고사 03회	342
기본 모의고사 04회	361
기본 모의고사 05회	379
기본 모의고사 06회	397
기본 모의고사 07회	410
기본 모의고사 08회	424
기본 모의고사 09회	438
기본 모의고사 10회	451

02 실전 모의고사

실전 모의고사 A형	466
실전 모의고사 B형	478
실전 모의고사 C형	489
실전 모의고사 D형	501
실전 모의고사 E형	513
실전 모의고사 F형	PDF 제공
실전 모의고사 G형	PDF 제공
실전 모의고사 H형	PDF 제공
실전 모의고사 I형	PDF 제공
실전 모의고사 J형	PDF 제공

'C:\길벗컴활1급' 폴더에 "실전모의고사.pdf" 파일로 저장되어 있습니다.

3부
최신기출문제

최신기출문제

2024년 상시01 1급	별책부록 216
2024년 상시02 1급	별책부록 227
2024년 상시03 1급	별책부록 238
2024년 상시04 1급	별책부록 249
2023년 상시01 1급	별책부록 261
2023년 상시02 1급	PDF 제공
2023년 상시03 1급	PDF 제공
2023년 상시04 1급	PDF 제공
2022년 상시01 1급	PDF 제공
2022년 상시02 1급	PDF 제공

'C:\길벗컴활1급' 폴더에 "최신기출문제.pdf" 파일로 저장되어 있습니다.

데이터베이스 편, 이렇게 준비하세요.

1급 데이터베이스 실무 분야도 스프레드시트 실무와 같이 4개의 작업 영역, 즉 DB 구축 작업, 입력 및 수정 기능 구현, 조회 및 출력 기능 구현, 처리 기능 구현으로 구분됩니다. 1급 실기 시험은 회를 거듭하면서 이제 어느 정도 정형적인 틀이 잡혔다고 할 수 있습니다. 데이터베이스도 스프레드시트와 마찬가지로 간혹 기존 유형을 벗어나는 문제가 출제되나 70점을 받지 못할 만큼 어렵거나 갑자기 새로운 문제가 출제된 적은 없었습니다. 배점은 DB 구축이 25점, 입력 및 수정이 20점, 조회 및 출력이 20점, 그리고 처리 기능이 35점으로 출제되고 있습니다. 데이터베이스 실무 출제 방향과 지금까지 실시된 기출문제를 분석한 결과에 기초하여 데이터베이스 실무 편을 어떻게 준비해야 합격 점수인 70점 이상을 받을 수 있는지 살펴보겠습니다.

데이터베이스 실무 기출문제를 잘 분석해 보면 기업이나 관공서 등의 데이터베이스 시스템에서 실제로 활용되고 있는 것들이란 걸 알 수 있습니다. 테이블을 만들고 관계를 설정하는 것, 필요할 때 외부에서 데이터를 불러오는 것, 데이터를 인터페이스 할 폼을 만들고 결과를 출력하기 위한 보고서를 만드는 것, 폼에 나타날 결과를 계산 처리하는 이벤트 프로시저를 구현하는 것, 테이블의 데이터를 조정하는 실행 질의를 만드는 것 등 모두가 실제로 업무에서 활용되는 기능들이 빠짐없이 출제되고 있습니다. 이것은 대한상공회의소가 강조해 온 실무 위주의 자격시험과도 일맥상통하는 것입니다.

결국 컴퓨터활용능력 1급 실기 데이터베이스 문제의 출제 형태는 앞으로도 이와 같은 형태를 계속 유지할 것이라는 추측을 가능하게 합니다. 물론 각 문제에서 세부적인 것들은 변경될 수 있겠죠. 그럼 하나하나 분석해 볼까요.

〈영역별 최소 목표 점수〉

작업유형	배점	최소 목표 점수
DB 구축	25	25
입력 및 수정	20	15
조회 및 출력	20	15
처리 기능	35	28
합계	100	83

문제 1 DB 구축 – 25점을 목표로 합니다.

[문제 1]은 데이터베이스 시스템을 사용하기 위해서 테이블을 완성하고 테이블과의 관계를 설정하고 필요한 외부 데이터를 가져오거나 혹은 내보내는, 한마디로 말해 필요한 데이터베이스를 구축하는 문제가 출제되는 영역입니다.

DB 구축에서는 테이블 완성, 관계 설정, 외부 데이터 연결/내보내기/가져오기에서 3문제가 출제됩니다. 기본키, 참조 무결성, 인덱스, 유효성 검사 등 데이터베이스의 기본적인 기능에 대한 이해만 있으면 누구나 쉽게 해결할 수 있는 문제들입니다. [문제 1]에서는 특별하게 어렵게 출제될 내용이 없습니다. 25점 만점을 목표로 공부하세요.

출제 항목	배점(목표 점수)	출제 형태	세부 출제 내역
테이블 완성	15(15)	3점 짜리 5문제	• 기본키 작성　　• 유효성 검사 규칙 • 유효성 검사 텍스트　• 인덱스 설정 • 기본값 지정　　• 입력 마스크 설정 • 필드 크기 지정　• 테이블 속성 • 형식 지정　　• 입력 모드 설정 • 필드 추가 · 제거　• 빈 문자열 허용 • 필수 입력 지정　• 캡션 지정 • 데이터 형식 지정　• 테이블 로드 정렬 기준
데이터 생성	5(5)	5점 짜리 1문제	• 엑셀 파일 연결하기　• 엑셀 파일 가져오기 • 텍스트 파일 가져오기　• 테이블에 엑셀 파일 추가하기
관계	5(5)	5점 짜리 1문제	• 관계 　– 관계 설정　　– 참조 무결성 여부 설정 　– 업데이트 여부 설정　– 모두 삭제 여부 설정
필드의 조회 속성	5(5)	5점 짜리 1문제	• 콤보 상자 설정 　– 행 원본 지정　　– 목록값만 허용 여부 　– 목록 너비 지정　– 열 너비 지정 　– 바운드 열 지정　– 열 이름 지정 • 목록 상자 설정 　– 행 원본 지정　　– 열 너비 지정 　– 목록 너비 지정　– 열 이름 지정 　– 바운드 열 지정

※ 위의 네 가지 출제 항목을 조합하여 3점 짜리 5문제와 5점 짜리 2문제가 출제됩니다.

문제 2 입력 및 수정 기능 구현 – 15점을 목표로 합니다.

입력 및 수정 기능은 테이블에 들어 있는 데이터를 조작하기 위한 폼에 대한 문제입니다. 폼 자체에 대한 속성 지정하기, 폼에 배치한 컨트롤에 대한 속성 지정하기, 특정 컨트롤들의 세부적인 속성 설정하기, 폼에 배치한 버튼에 입력, 수정, 삭제 기능 설정하기, 다른 폼이나 쿼리 테이블 호출하기, 하위 폼 연결하기 등의 문제가 출제될 수 있습니다. 시험에서는 위 기능 중에서 3문제를 조합하여 20점으로 출제됩니다. 특별하게 어려운 문제는 없지만 [문제 2]에서 20점 만점이 아니라 15점을 목표로 하는 이유는 매크로 함수를 이용해 폼이나 보고서에서 자료 조회 시 어려운 검색식을 세워야 하는 5점짜리 문제가 1개 정도 나올 가능성이 있기 때문입니다.

출제 항목	배점(목표 점수)	출제 형태	세부 출제 내역		
폼 완성	9(9)	3점 짜리 3문제	• 레코드 원본 지정 • 레코드 원본에 필드 추가 • 기본 보기 • 컨트롤 원본 지정 • 탭 순서 지정 • 탐색 단추 설정 • 텍스트 맞춤 설정 • 구분선 설정 • 화면 표시 여부 설정 • 추가/삭제 여부 설정	• 스타일 설정 • 최소화/최대화 버튼 설정 • 스크롤바 설정 • 잠금 여부 설정 • 레코드 선택기 설정 • 컨트롤 생성/이동 • 컨트롤 순서 변경 • 탭 정지 여부 지정 • 컨트롤 팁 텍스트 지정 • 배경색 설정	• 컨트롤 정렬 • 탭 정지 여부 지정 • 컨트롤 기본값 속성 지정 • 소문자/대문자로 표시 • 팝업 설정 • 모달 설정 • 그림 삽입 • 정렬 기준 지정 • 컨트롤 형식 속성 지정 • 하위 폼의 원본 개체 지정
조건부 서식	6(6)	6점짜리 1문제	• 필드 값을 이용한 조건부 서식 • 식을 이용한 계산 결과를 조건으로 사용하는 조건부 서식 • 커서가 위치한 컨트롤에 서식을 변경하는 조건부 서식		
도메인 계산 함수	6(6)	6점짜리 1문제	• DAVG • DSUM	• DCOUNT • DMAX	• DMIN • DLOOKUP
매크로 함수	5(0)	5점 짜리 1문제	• 매크로-OpenForm • 매크로-OpenReport • 매크로-ApplyFilter	• 매크로-RunCommand • 매크로-ShowAllrecords • 매크로-GoToControl	• 매크로-MessageBox • 매크로-CloseWindow
콤보 상자 설정	5(5)	5점 짜리 1문제	• 콤보 상자 설정 – 행 원본 지정 – 열 너비 지정	– 목록값만 허용 여부 – 바운드 열 지정	
하위 폼 추가하기	5(5)	5점 짜리 1문제	• 하위 폼 추가 – 컨트롤 추가 – 사용할 테이블/쿼리 지정	– 연결할 필드 설정 – 하위 폼 속성 지정	

※ 위의 6가지 출제 항목을 조합하여 3점 짜리 3문제와 6점 짜리 1문제, 5점 짜리 1문제가 출제됩니다.

문제 3 조회 및 출력 기능 구현 – 15점을 목표로 합니다.

조회 및 출력 기능 구현은 테이블에 들어 있는 데이터를 폼에서 조회하고 결과를 보고서에 출력하는 문제입니다. [문제 2]가 주로 폼에 대한 문제라면 [문제 3]은 주로 보고서에 대한 문제입니다. [문제 3]은 보고서 자체에 대한 속성 및 출력 형식 지정하기, 데이터 필터링 하기, 특정 자료 찾기, 인쇄하기 등의 기능 중에서 2문제를 조합하여 20점으로 출제됩니다. [문제 3]도 특별하게 어려운 문제는 없지만 20점 만점이 아니라 15점을 목표로 하는 이유는 이벤트 프로시저 구현 시 어려운 검색식을 세워야 하는 5점짜리 문제가 1개 정도 나올 가능성이 있기 때문입니다.

출제 항목	배점(목표 점수)	출제 형태	세부 출제 내역		
보고서 완성	15(15)	3점 짜리 5문제	• 정렬 및 그룹 지정 • 레코드 원본 지정 • 컨트롤 원본 지정 • 중복 내용 숨기기 • 컨트롤 속성 지정	• 테두리 스타일 지정 • 바운드 열 지정 • 누계 지정 • 반복 실행 구역 설정 • 용지 방향 지정	• 페이지 바꿈 지정 • 컨트롤 추가하기 • 조건부 서식 • 형식 지정 • 컨트롤 표시 속성 지정

이벤트 프로시저	5(0)	5점 짜리 1문제	• Me.RecordSource • DoCmd.OpenForm • DoCmd.OpenQuery • Me.Filter • Me.RecordsetClone.FindFirst • DoCmd.OpenReport • 폼 컨트롤의 값 표시하기 • ADO 개체	• MsgBox, Time, Month, Datevalue • Docmd.GoToRecord • Unload me • 새 레코드 추가 • iif, Switch • 학점 계산 • 근무 월 수 계산	• 직무 등급 계산 • 금액 계산 • MsgBox • Right • Mid • Mod • Select Case, Right, MsgBox • & 연산자

문제 4 처리 기능 구현 – 28점을 목표로 합니다.

처리 기능 구현에서는 쿼리 작성 문제가 5개 출제되는데, 쿼리 작성을 절대 어렵게 생각하지 마세요. 데이터베이스의 기본적인 개념만 이해하면 마법사나 쿼리 작성기를 이용하여 충분히 해결할 수 있는 문제가 대부분이므로 쿼리에 배정된 점수는 꼭 28점 이상 취득해야 합니다. 주의할 점이 있다면, 지시사항 없이 제시된 결과 그림을 보고 수험자가 속성을 판단해서 지정해야 하는 경우가 있는데, 너무 긴장한 나머지 실수로 속성을 놓치는 경우가 있다는 것입니다. 평소 연습할 때 결과 그림을 꼼꼼히 확인하는 습관을 들여야 합니다. [문제 4]도 특별하게 어려운 문제는 없지만 35점 만점이 아니라 28점을 목표로 하는 이유는 이전에 출제되지 않았던 속성이나 함수를 적용하는 문제가 7점짜리 쿼리 문제로 1개 정도 나올 가능성이 있기 때문입니다.

출제 항목	배점(목표 점수)	출제 형태	세부 출제 내역

쿼리	35(28)	7점 짜리 5문제	• 크로스탭 쿼리
			• 매개변수 쿼리
			• 그룹 지정 쿼리
			• 테이블 만들기 쿼리
			• 불일치 검색 쿼리
			• 삭제 쿼리
			• 삽입 쿼리
			• 업데이트 쿼리
			• 중복 데이터 검색 쿼리
			• 쿼리 작성 시 사용되는 속성 및 함수
			  – Distinct – Top(상위 값) – & 연산자
			  – Date – Datediff – Weekday
			  – In 연산자 – IIF – Switch
			  – IsNull – Mod – Choose
			  – Dsum – Right – Left
			  – Mid – Instr – Int

1부

기본편

1장 기초 다지기

2장 DB 구축

3장 입력 및 수정 기능 구현

4장 조회 및 출력 기능 구현

5장 처리 기능 구현

6장 실제 시험장을 옮겨 놓았다!

기초 다지기

Section 00   액세스 기초 다지기

액세스 기초 다지기

4230000

제 2과목 액세스 시험은 액세스를 이용하여 데이터베이스를 구축하는 과정에서 문제가 출제되는데 액세스 프로그램은 엑셀과 달리 여러 가지 개체가 유기적으로 연결되어 사용되므로 전체 프로그램의 윤곽을 잡지 않고서는 시험 준비가 어렵습니다. 이번 섹션에서는 아주 작은 데이터베이스를 직접 구축하면서 액세스 프로그램의 전반적인 사용법을 살펴보고, 시험에서는 어떤 문제가 나오는지 알아보겠습니다. 반드시 실습 과정을 따라하면서 데이터베이스를 구축해야 합니다. 그렇지 않을 경우 액세스 개체 간의 관계나 사용법을 정확히 파악하기 어려우므로 이 섹션을 공부하는 의미가 없습니다. 필기 시험을 통해 어느 정도 액세스 사용에 자신이 있는 수험생은 48쪽 Section 01로 가서 바로 시험 문제와 관련된 사항을 학습하세요.

전문가의 조언

시험에 직접적으로 출제되는 내용은 아니지만 컴활1급 액세스 편을 공부하기 위해서는 꼭 필요한 내용이라 A등급으로 지정했습니다. 액세스에 대한 기초와 시험에 대한 정보가 부족한 수험생은 꼭 공부하고 넘어가기 바랍니다.

> **잠깐만요 | 데이터베이스의 사용**
>
> 데이터베이스를 사용할 때는 보통 다음의 과정에 따라서 작업하게 됩니다.
> ① 먼저 입력될 자료에 맞게 테이블을 설계하여 테이블을 만든 다음 테이블을 열어 직접 데이터를 입력하거나 폼을 만들어 폼을 통해 자료를 입력합니다.
> ② 테이블에 입력된 자료는 다시 폼을 통해 필요한 내용을 조회하거나 보고서를 통해 프린터로 출력합니다.
> ③ 보고서나 폼을 만들 때 여러 개의 테이블에서 데이터를 가져와야 하거나 특정 조건에 맞는 레코드만 검색해야 한다면 쿼리를 만들어서 사용합니다.
> ④ 만들어진 폼이나 보고서를 다른 폼에서 호출하거나 마우스를 한 번 클릭하는 것만으로 프린트를 하려면 매크로를 사용해야 합니다.
> ⑤ 액세스를 좀더 효율적으로 사용하기 위해서, 위의 과정에서 정형적으로 사용되는 작업을 모듈을 이용해 프로그램으로 자동화합니다.
> ※ 실제 액세스 시험은 이렇게 데이터베이스를 구축하는 과정에서 발생하는 여러 가지 수행 능력을 검증하는 정도라고 보면 됩니다.

기본문제 | 무작정 따라하기에서 만들 데이터베이스의 기능

전문가의 조언

액세스는 여러 가지 개체를 가지고 작업하므로 해당 개체가 어떠한 기능을 하고, 나는 지금 무슨 작업을 왜 하고 있는지를 파악하는 것이 중요합니다. 먼저 어떤 기능들을 구현할 것인지 머릿속에서 윤곽을 잡고 시작하세요.

01. 입력 및 수정 기능

1. 아래의 상품 현황 자료는 〈상품〉 테이블을 만든 후 테이블을 열어 직접 입력 및 수정 작업을 할 것입니다.

상품 현황

상품번호	상품명	판매가	구입가
1	Wing	₩ 10,450	₩ 7,315
2	Arena	₩ 12,870	₩ 9,009
3	Transfer	₩ 14,080	₩ 9,856
4	ReadMe	₩ 14,080	₩ 9,856
5	Access	₩ 14,080	₩ 9,856
6	PLAYER	₩ 9,280	₩ 6,496
7	BASIC	₩ 9,280	₩ 6,496
8	PATCH	₩ 7,064	₩ 4,945
9	FLASH	₩ 8,700	₩ 6,090
10	TEMPO	₩ 8,700	₩ 6,090

입력할 자료

〈상품〉 테이블에 자료가 입력된 모습

2. 아래의 판매 현황 자료는 〈입력〉 폼을 만든 후 폼을 통해서 테이블에 입력할 것입니다.

판매 현황

거래처명	상품번호	판매일	수량	단가	금액
현대플라자	3	2024-03-01	60	14,080	844,800
골드아이	1	2024-03-02	50	10,450	522,500
골드아이	9	2024-03-02	50	8,700	435,000
골드아이	5	2024-03-02	20	14,080	281,600
동아후로킹	3	2024-03-02	50	14,080	704,000
동아후로킹	6	2024-03-02	30	9,280	278,400
동아후로킹	7	2024-03-02	26	9,280	241,280
리치	4	2024-03-03	16	14,080	225,280
명승	5	2024-03-03	12	14,080	168,960
명승	4	2024-03-03	15	14,080	211,200
명승	6	2024-03-03	20	9,280	185,600
코닉스	5	2024-03-03	15	14,080	211,200
코닉스	4	2024-03-03	15	14,080	211,200
라이져	4	2024-03-04	10	14,080	140,800
라이져	7	2024-03-04	15	9,280	139,200
리치	4	2024-03-04	11	14,080	154,880
리치	3	2024-03-04	12	14,080	168,960
리치	7	2024-03-04	18	9,280	167,040
리치	6	2024-03-04	17	9,280	157,760
동아후로킹	2	2024-03-05	5	12,870	64,350
동아후로킹	2	2024-03-05	5	12,870	64,350
동아후로킹	5	2024-03-05	5	14,080	70,400
코닉스	2	2024-03-05	5	12,870	64,350
코닉스	3	2024-03-05	9	14,080	126,720
코닉스	1	2024-03-05	10	10,450	104,500
골드아이	10	2024-03-06	10	8,700	87,000
골드아이	1	2024-03-06	1	10,450	10,450
골드아이	8	2024-03-06	16	7,064	113,024
골드아이	7	2024-03-06	5	9,280	46,400
리치	10	2024-03-06	10	8,700	87,000

입력할 자료

↓

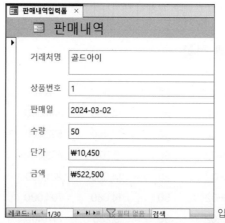
입력에 사용할 폼

거래처명	상품번호	판매일	수량	단가	금액
골드아이	1	2024-03-02	50	₩10,450	₩522,500
코닉스	1	2024-03-05	10	₩10,450	₩104,500
골드아이	1	2024-03-06	1	₩10,450	₩10,450
동아후로킹	2	2024-03-05	5	₩12,870	₩64,350
동아후로킹	2	2024-03-05	5	₩12,870	₩64,350
코닉스	2	2024-03-05	5	₩12,870	₩64,350
현대플라자	3	2024-03-01	60	₩14,080	₩844,800
동아후로킹	3	2024-03-02	50	₩14,080	₩704,000
리치	3	2024-03-04	12	₩14,080	₩168,960
코닉스	3	2024-03-05	9	₩14,080	₩126,720
리치	4	2024-03-03	16	₩14,080	₩225,280
명승	4	2024-03-03	15	₩14,080	₩211,200
코닉스	4	2024-03-03	15	₩14,080	₩211,200
라이저	4	2024-03-04	10	₩14,080	₩140,800
리치	4	2024-03-04	11	₩14,080	₩154,880
골드아이	5	2024-03-02	20	₩14,080	₩281,600
명승	5	2024-03-03	12	₩14,080	₩168,960
코닉스	5	2024-03-03	15	₩14,080	₩211,200
동아후로킹	5	2024-03-05	5	₩14,080	₩70,400
동아후로킹	6	2024-03-02	30	₩9,280	₩278,400
명승	6	2024-03-03	20	₩9,280	₩185,600
리치	6	2024-03-04	17	₩9,280	₩157,760
동아후로킹	7	2024-03-02	26	₩9,280	₩241,280
라이저	7	2024-03-04	15	₩9,280	₩139,200
리치	7	2024-03-04	18	₩9,280	₩167,040
골드아이	7	2024-03-06	5	₩9,280	₩46,400
골드아이	8	2024-03-06	16	₩7,064	₩113,024
골드아이	9	2024-03-02	50	₩8,700	₩435,000
골드아이	10	2024-03-06	10	₩8,700	₩87,000
리치	10	2024-03-06	10	₩8,700	₩87,000
*	0		0	₩0	₩0

테이블에 자료가 입력된 모습

02. 조회 기능

수량을 입력하고 '조회' 단추를 클릭하면 입력한 수량 이상 판매된 제품의 자료만 〈상품〉 테이블과 〈판매내역〉 테이블에서 추출하여 폼에 출력하는 기능을 구현합니다.

〈판매수량조회〉 폼

03. 출력 기능

〈판매수량조회〉 폼에서 '인쇄' 단추를 클릭하면 〈상품〉 테이블과 〈판매내역〉 테이블에서 자료를 가져와 〈거래처별 판매현황 보고서〉를 출력하는 기능을 구현합니다.

거래처별 판매현황 보고서

거래처명	상품명	수량	단가	금액
골드아이				
	BASIC	5	₩9,280	₩46,400
	PATCH	16	₩7,064	₩113,024
	Wing	1	₩10,450	₩10,450
	TEMPO	10	₩8,700	₩87,000
	Wing	50	₩10,450	₩522,500
	FLASH	50	₩8,700	₩435,000
	Access	20	₩14,080	₩281,600
동아후로킹				
	Access	5	₩14,080	₩70,400
	Arena	5	₩12,870	₩64,350
	Arena	5	₩12,870	₩64,350
	Transfer	50	₩14,080	₩704,000
	PLAYER	30	₩9,280	₩278,400
	BASIC	26	₩9,280	₩241,280
라이저				
	BASIC	15	₩9,280	₩139,200
	ReadMe	10	₩14,080	₩140,800
리치				
	TEMPO	10	₩8,700	₩87,000
	ReadMe	16	₩14,080	₩225,280
	Transfer	12	₩14,080	₩168,960
	BASIC	18	₩9,280	₩167,040
	PLAYER	17	₩9,280	₩157,760
	ReadMe	11	₩14,080	₩154,880
명승				
	PLAYER	20	₩9,280	₩185,600
	ReadMe	15	₩14,080	₩211,200
	Access	12	₩14,080	₩168,960
코닉스				
	ReadMe	15	₩14,080	₩211,200
	Access	15	₩14,080	₩211,200
	Arena	5	₩12,870	₩64,350

2024년 6월 21일 금요일   1/2페이지

04. 액세스의 화면 구성 및 데이터베이스 구성 요소

다음은 액세스 데이터베이스의 화면 구성 요소입니다. 실습 예제를 만들 때 이 책에서 지시하는 구성 요소를 정확히 선택할 수 있도록 구성 요소의 이름을 잘 기억해야 합니다. 데이터베이스 개체 중 시험에 출제되는 개체는 테이블, 쿼리, 폼, 보고서, 매크로입니다. 각 개체를 직접 만들어 보면서 각 개체의 기능 및 특징을 알아보고 시험에는 어떻게 출제되는지 살펴보겠습니다.

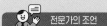
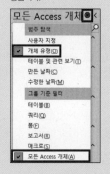
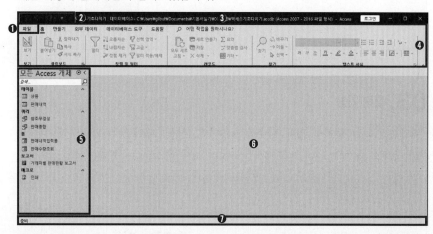

❶ **[파일] 탭** : 홈, 새로 만들기, 열기, 정보, 저장, 다른 이름으로 저장, 인쇄, 닫기 메뉴와 함께 사용자 정보를 확인하고 제품 정보를 확인할 수 있는 '계정' 메뉴와 Access 2021의 작업 환경을 설정할 수 있는 '옵션' 메뉴가 있음

❷ **빠른 실행 도구 모음** : 자주 사용하는 도구들을 모아 두는 곳으로 빠른 실행 도구 모음의 ▾를 클릭하여 간단하게 추가하거나 제거할 수 있음

❸ **제목 표시줄** : 현재 사용하고 있는 프로그램의 이름과 지금 열려 있는 파일의 이름이 표시됨

❹ **리본 메뉴** : 액세스에서 제공하는 다양한 기능을 실행할 수 있는 명령들이 용도에 맞게 탭으로 분류되어 있으며, 탭은 기본적으로 5개로 구성 되고, 각 탭은 기능별 그룹으로 다시 구분됨

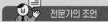

❺ **탐색 창** : 테이블, 쿼리, 폼, 보고서, 매크로, 모듈 등의 데이터베이스 개체가 표시됨

❻ 탐색 창에서 선택한 개체의 내용이 선택한 보기 형태로 표시됨

❼ **상태 표시줄** : 창 아래쪽에 위치한 막대로, 상황에 따라 표시되는 정보가 다름

따라하기

1 〈상품〉 테이블 만들기

테이블은 데이터를 저장하고 관리하는 곳으로, 데이터베이스에서 가장 기본이 되는 요소입니다. 보고서, 쿼리, 폼은 모두 테이블에 있는 자료를 사용합니다. 자, 그럼 먼저 '상품' 자료가 저장될 장소인 〈상품〉 테이블을 만들어 보겠습니다.

1. [⊞(시작)] → **Access**를 선택합니다.

2. 데이터베이스를 새로 만들어야 하므로, 'Access 시작' 창에서 **빈 데이터베이스**를 클릭하세요.

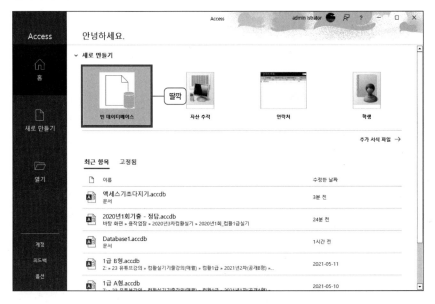

3. '빈 데이터베이스' 창이 표시됩니다. 파일 이름 입력난 오른쪽에 있는 📁를 클릭하세요.

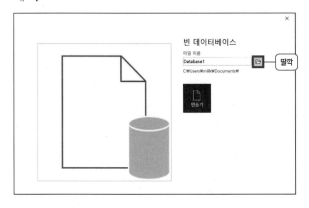

4. '새 데이터베이스 파일' 창에서 파일 저장 위치와 이름을 그림과 같이 지정한 후 〈확인〉을 클릭하세요.

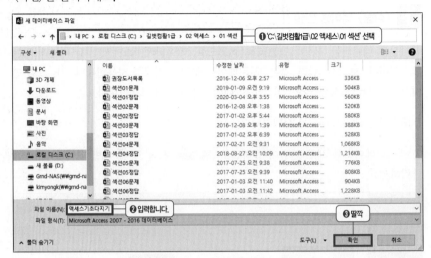

5. '빈 데이터베이스' 창으로 돌아옵니다. 입력난 밑에 있는 〈만들기〉를 클릭하세요.

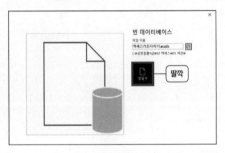

6. 액세스 화면이 나타나고 자동으로 만들어진 테이블(테이블1)이 데이터시트 보기 형식으로 표시됩니다. 〈상품〉 테이블을 설계하기 위해서는 테이블을 디자인 보기 형식으로 열어야 합니다. [테이블 필드] → 보기 → **디자인 보기(◩)**를 클릭하세요. 테이블 이름을 지정하기 위한 '다른 이름으로 저장' 대화상자가 나타납니다. **상품**을 입력하고 〈확인〉을 클릭하세요.

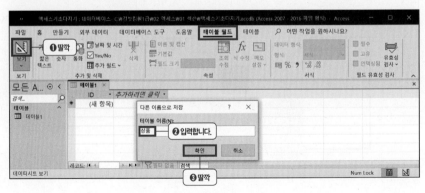

7. '탐색' 창에 만들어진 〈상품〉 테이블이 표시되고, '테이블' 디자인 창이 나타납니다. 필드 이름 입력난에 **상품번호**라고 입력하고, 데이터 형식의 입력란을 클릭한 후 목록 단추(⌄)를 클릭하여 데이터 형식 중 '일련 번호'를 선택하세요. 여기서는 기본적으로 '일련 번호'가 선택되어 있으므로 선택된 값을 그대로 사용해도 됩니다.

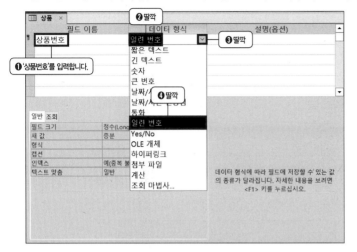

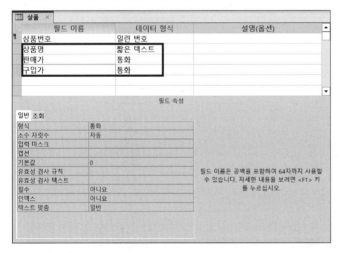

8. 다음 행을 클릭하고 **5**번과 같은 방법으로 작업하면 됩니다. 그림과 같이 필드 이름을 입력하고 데이터 형식을 지정하세요.

9. 자료를 입력하기 위한 테이블 구조에 대한 설계는 끝났지만 한 가지 더 확인할 것이 남았습니다. 〈상품〉 테이블에서는 상품번호를 이용하여 다른 상품과 구별하므로 상품번호는 테이블에 중복 입력되지 않게 해야 합니다. 즉 상품번호가 같은 상품이 있으면 안 됩니다. 이런 경우, 해당 필드에 기본키를 설정하면 같은 값이 입력되지 않도록 제한됩니다. 하지만 현재 '상품번호' 필드에는 테이블이 만들어질 때 자동으로 지정된 기본키가 적용되어 있습니다. '상품번호'에 기본키가 지정되어 있음을 알려주는 '열쇠(🔑)' 아이콘을 확인하세요.

전문가의 조언

옆 화면에 표시되는 창 보기 형식은 '탭 문서' 형식입니다. 액세스 2021에서 창을 표시하는 방식에는 '탭 문서' 형식과 '창 겹치기' 형식이 있습니다. 자세한 사항은 45쪽을 참조하세요.

전문가의 조언

기본키를 지정하려면 해당 행에서 바로 가기 메뉴를 호출한 후 **[기본키]**를 선택하면 됩니다. 바로 가기 메뉴를 호출한다는 것은 마우스 오른쪽 버튼을 클릭해 바로 가기 메뉴가 팝업되게 하는 것을 말합니다.

전문가의 조언

기본키를 설정하면 자동으로 인덱스 속성에 '예(중복 불가능)'가 지정됩니다. 기본키를 설정하지 않아도 인덱스 속성을 '예(중복 불가능)'로 설정하면 필드에 중복된 값이 입력될 수 없습니다.

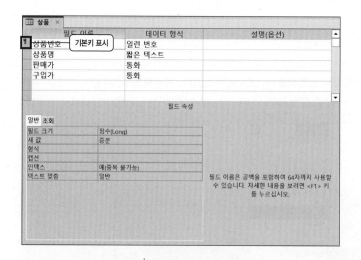

10. 닫기 단추(⊠)를 클릭하여 '테이블' 디자인 창을 닫으세요. 저장 확인 대화상자에서는 〈예〉를 클릭하세요.

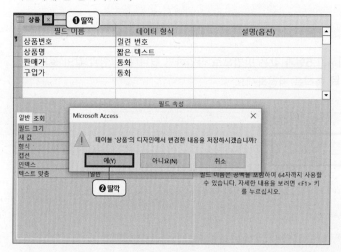

[잠깐만요] **실제 시험에서도 테이블을 만드나요?**

실제 시험에서는 테이블을 직접 설계하여 만들지는 않습니다. 문제 파일을 불러오면 데이터가 들어 있는 테이블이 나오므로, 수험생은 문제의 지시사항에 따라 테이블을 완성하면 됩니다.

테이블에 자료를 입력할 때 '상품명'은 반드시 입력되게 하거나, 상품명 필드에 커서가 이동하면 바로 영문을 입력할 수 있도록 자동으로 IME 모드가 변경되면 훨씬 효율적으로 자료를 입력할 수 있겠죠? 이러한 기능이 구현되게 하는 것을 필드 속성을 설정한다고 하는데, 실제 시험에는 이런 속성들을 설정하는 것과 데이터 형식 지정 그리고 기본키 설정 등에 대한 문제가 출제됩니다.

- **출제된 문제의 종류** : 기본키 설정, 데이터 형식 변경, 필드의 속성 지정, 필드 추가 · 제거
- **출제된 필드 속성**
  - 일반 속성 : 필드 크기, 캡션, 기본값, 유효성 검사 규칙/텍스트, 필수, IME 모드, 입력 마스크, 인덱스, 형식, 빈 문자열 허용
  - 조회 속성 : 콤보 상자/목록 상자의 속성 설정
- **학습 섹션** : Section 01 테이블 작성

2 〈상품〉 테이블에 데이터 입력하기

1. 앞에서 만든 〈상품〉 테이블을 더블클릭하면 아무것도 입력되지 않은 빈 테이블이 열립니다. '상품번호' 필드는 데이터 형식이 '일련 번호'이므로 자동으로 입력됩니다. 나머지 필드에 자료를 입력하세요. 필드 간을 이동할 때는 탭(Tab)이나 방향키(←, →)를 이용하면 됩니다. 한 행을 입력하면 다음 행을 입력할 수 있도록 빈 행이 생성됩니다.

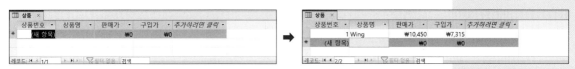

2. 방향키나 마우스를 클릭하여 다음 행으로 이동하여 10쪽의 상품 현황 자료를 모두 입력한 후 〈상품〉 테이블을 닫으세요.

> **잠깐만요** | **실제 시험에서도 테이블에 데이터를 입력하나요?**
>
> 실제 시험에서는 데이터를 입력하는 것이 아니라, 자료가 입력되어 있는 엑셀 파일이나 텍스트 파일을 데이터베이스의 테이블로 가져오거나 연결하는 문제가 출제됩니다. 하지만 전반적인 데이터베이스 개체를 이해하기 위한 학습이라 생각하고 차분히 따라해 보세요.
> '탐색' 창으로 가져왔거나 연결된 파일은 일반 액세스 테이블과 동일한 용도로 사용된다는 것도 잊지 마세요.
> • 학습 섹션 : Section 03 연결하기/가져오기

3 〈판매내역〉 테이블 만들기

1. 디자인 보기에서 〈판매내역〉 테이블을 설계하기 위해 [만들기] → 테이블 → 테이블 디자인(🗒)을 클릭합니다.

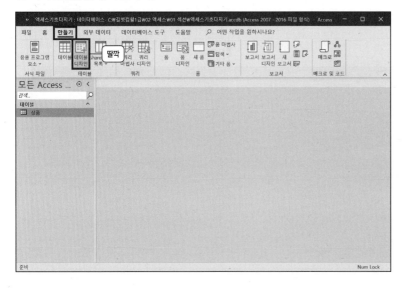

궁금해요 시나공 Q&A 베스트

Q '탐색' 창이 그림과 같지 않아요!

A '탐색' 창에서 목록 표시 단추(▣)를 클릭한 다음 '범주 탐색'에서 [개체 유형]을, '그룹 기준 필터'에서 [모든 Access 개체]를 선택하세요. 이렇게 설정해 놓으면 모든 개체가 표시되니 항상 이렇게 설정해 놓고 작업하세요.

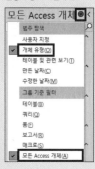

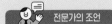
2. '테이블' 디자인 창이 나타나면 그림과 같이 필드 이름을 입력하고 데이터 형식을
지정하세요.

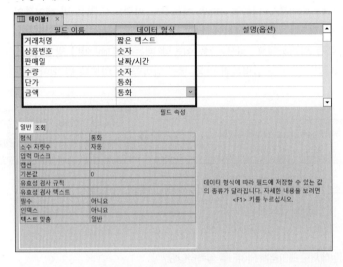

3. 〈판매내역〉 테이블에 자료를 입력하기 위한 구조 설계가 끝났습니다. 기본키를 설
정하는 등의 다른 작업은 필요하지 않으므로 곧바로 테이블 디자인 창을 닫습니다.

4. 저장 확인 대화상자에서는 〈예〉를 클릭하세요.

5. '다른 이름으로 저장' 대화상자에 **판매내역**을 입력하고, 〈확인〉을 클릭하세요.

6. '기본키'를 설정하지 않았으므로 '기본키'를 만들겠냐는 대화상자가 나타납니다.
〈아니요〉를 클릭하세요. '탐색' 창에 '판매내역' 테이블이 생성된 것을 볼 수 있습니다.

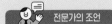
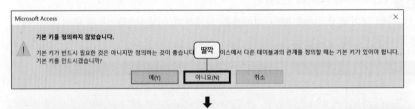

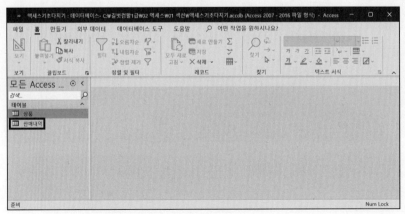

4 데이터 입력 전, 〈판매내역〉 테이블에 관계 설정하기

〈판매내역〉 테이블에 입력되는 데이터 중 '상품번호'는 〈상품〉 테이블에 있는 상품의 '상품번호'만 입력되어야 합니다. 즉 〈상품〉 테이블에 없는 '상품번호'가 입력되지 않게 해야 하는데 이런 경우 관계를 설정하여 간단하게 해결할 수 있습니다.

1. 관계를 설정하기 위해 [데이터베이스 도구] → 관계 → **관계(圖)**를 클릭합니다.

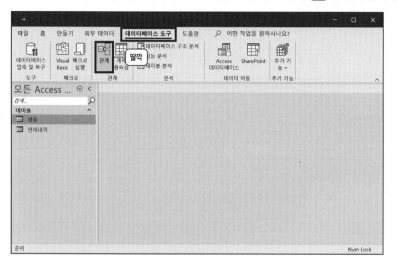

잠깐만요 관계란?

Microsoft Access는 각 주제별로 테이블을 만들어 저장한 후 각 테이블의 필드들을 조합해서 사용하는 관계형 데이터베이스입니다. 관계를 설정하는 것은 테이블에 데이터를 저장할 때 잘못된 데이터의 입력을 사전에 방지하고, 여러 테이블에 저장된 정보들을 연결하여 가져올 수 있도록 테이블 간의 관계를 정의하는 것입니다.

2. '테이블 추가' 창에서 관계를 설정할 〈상품〉 테이블과 〈판매내역〉 테이블을 차례로 더블클릭하여 '관계' 창에 추가한 후 '테이블 추가' 창의 닫기 단추(X)를 클릭하세요.

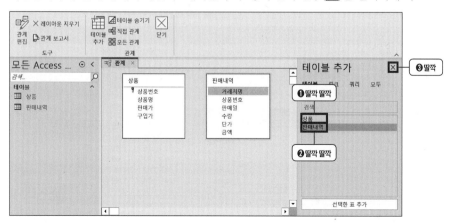

전문가의 조언

〈상품〉 테이블에 있는 상품들이 판매되면 그 판매내역을 기록하는 테이블이 〈판매내역〉입니다. 그러니까 당연히 〈상품〉 테이블에 없는 상품이 〈판매내역〉 테이블에 기록되면 안 되겠죠?

전문가의 조언

한 번이라도 관계를 지정한 경우에는 '관계(圖)'를 클릭해도 '테이블 추가' 창이 나타나지 않고 '관계' 창만 나타납니다. 이때는 '관계' 창의 바로 가기 메뉴에서 [테이블 표시]를 선택하면 됩니다.

전문가의 조언

'테이블 추가' 창에서 테이블을 선택한 후 〈선택한 표 추가〉를 클릭하거나 사용할 테이블을 '탐색' 창에서 '관계' 창으로 끌어다 놓아도 됩니다.

- 반대로 〈판매내역〉 테이블의 '상품번호'를 〈상품〉 테이블의 '상품번호'로 끌어다 놓아도 결과는 같습니다.
- 관계가 정상적으로 맺어지려면 관계를 맺을 두 테이블에는 반드시 같은 종류의 데이터를 저장하는 필드가 존재해야 합니다.

- 〈상품〉과 〈판매내역〉 테이블이 '1:∞'라는 의미는 〈상품〉 테이블에는 하나의 상품에 대해 한 건의 정보만 기록되어 있지만 〈판매내역〉 테이블에는 하나의 상품에 대해 여러 건의 판매 정보가 존재할 수 있다는 의미입니다. 즉 한 개의 상품을 여러 번 팔 수 있다는 뜻입니다.
- 관계를 설정한 후 관계를 수정하거나 삭제하려면 관계선에서 바로 가기 메뉴를 호출하여 수행하면 됩니다.

3. 두 테이블을 연결하여 관계를 맺는데 사용하는 필드는 '상품번호'입니다. 〈상품〉 테이블의 '상품번호' 필드를 〈판매내역〉 테이블의 '상품번호' 필드로 끌어다 놓으세요.

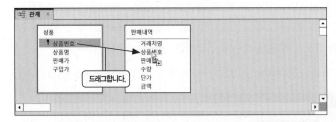

4. 마우스에서 손가락을 떼는 순간, 설정된 관계에 대해 세부 사항을 설정하는 '관계 편집' 대화상자가 나타납니다. '항상 참조 무결성 유지'를 선택하고, 〈만들기〉 버튼을 클릭하세요. 선(관계선)이 이어지고, '1'과 '∞' 기호가 표시되어 '일 대 다'로 연결되었음을 나타냅니다.

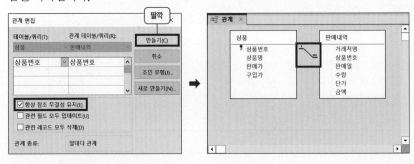

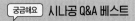
궁금해요 시나공 Q&A 베스트

Q 다음 그림과 같이 〈상품〉 테이블을 잠글 수 없다는 메시지가 표시됩니다.

A 〈상품〉 테이블이 열려 있어서 그렇습니다. 메시지 창에서 〈확인〉을 클릭한 후 '관계 편집' 대화상자를 닫고 〈상품〉 테이블을 선택한 다음 닫기 단추(×)를 클릭하세요.

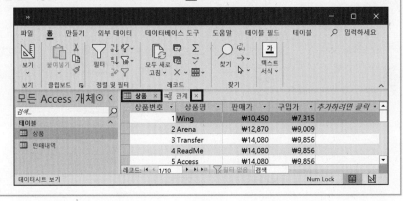

항상 참조 무결성 유지

'항상 참조 무결성 유지'에 체크 표시를 하면 연결시킨 필드의 내용을 항상 확인하여, 참조되는 테이블에 없는 필드의 값은 참조하는 테이블의 필드에 입력할 수 없도록 합니다. 즉 〈상품〉 테이블에 없는 '상품번호'는 〈판매내역〉 테이블에 입력할 수 없습니다. 일 대 다의 관계에서 '일' 쪽이 참조되는 테이블이고, '다' 쪽이 참조하는 테이블입니다. '관계'와 '관계 편집' 대화상자에 대한 자세한 내용은 71쪽을 참조하세요.

테이블을 분리하여 2개로 한 이유

테이블을 왜 2개로 분리해서 만드는지 궁금하지요?
자, 그럼 분리하지 않은 테이블에 자료를 입력하면 어떤 문제점이 발생하는지 알아봅시다.

거래처명	판매일	상품번호	상품명	판매가	구입가	수량	단가	금액
골드아이	2024-03-02	1	Wing	₩10,450	₩7,315	50	₩10,450	₩522,500
코닉스	2024-03-05	1	Wing	₩10,450	₩7,315	10	₩10,450	₩104,500
골드아이	2024-03-06	1	Wing	₩10,450	₩7,315	1	₩10,450	₩10,450
동아후로킹	2024-03-05	2	Arena	₩12,870	₩9,009	5	₩12,870	₩64,350
동아후로킹	2024-03-05	2	Arena	₩12,870	₩9,009	5	₩12,870	₩64,350
코닉스	2024-03-05	2	Arena	₩12,870	₩9,009	5	₩12,870	₩64,350
현대플라자	2024-03-01	3	Transfer	₩14,080		60	₩14,080	₩844,800
동아후로킹	2024-03-02	3	Transfer	₩14,080		50	₩14,080	₩704,000
리치	2024-03-04	3	Transfer	₩14,080		12	₩14,080	₩168,960
코닉스	2024-03-05	3	Transfer	₩14,080		9	₩14,080	₩126,720
리치	2024-03-03	4	ReadMe	₩14,080	₩9,856	16	₩14,080	₩225,280
명승	2024-03-03	4	ReadMe	₩14,080	₩9,856	15	₩14,080	₩211,200
코닉스	2024-03-03	4	ReadMe	₩14,080	₩9,856	15	₩14,080	₩211,200
라이저	2024-03-04	4	ReadMe	₩14,080	₩9,856	10	₩14,080	₩140,800
리치	2024-03-04	4	ReadMe	₩14,080	₩9,856	11	₩14,080	₩154,880
골드아이	2024-03-02	5	Access	₩14,080	₩9,856	20	₩14,080	₩281,600
명승	2024-03-03	5	Access	₩14,080	₩9,856	12	₩14,080	₩168,960
코닉스	2024-03-03	5	Access	₩14,080	₩9,856	15	₩14,080	₩211,200
동아후로킹	2024-03-05	5	Access	₩14,080	₩9,856	5	₩14,080	₩70,400
동아후로킹	2024-03-02	6	PLAYER	₩9,280	₩6,496	30	₩9,280	₩278,400
명승	2024-03-03	6	PLAYER	₩9,280	₩6,496	20	₩9,280	₩185,600
리치	2024-03-04	6	PLAYER	₩9,280	₩6,496	17	₩9,280	₩157,760
동아후로킹	2024-03-02	7	BASIC	₩9,280	₩6,496	26	₩9,280	₩241,280
라이저	2024-03-04	7	BASIC	₩9,280	₩6,496	15	₩9,280	₩139,200
리치	2024-03-04	7	BASIC	₩9,280	₩6,496	18	₩9,280	₩167,040
골드아이	2024-03-06	7	BASIC	₩9,280	₩6,496	5	₩9,280	₩46,400
골드아이	2024-03-06	8	PATCH	₩7,064	₩4,945	16	₩7,064	₩113,024
골드아이	2024-03-06	9	FLASH	₩8,700	₩6,090	50	₩8,700	₩435,000
골드아이	2024-03-06	10	TEMPO	₩8,700	₩6,090	10	₩8,700	₩87,000
리치	2024-03-06	10	TEMPO	₩8,700	₩6,090	10	₩8,700	₩87,000

> '1'번 상품을 팔 때마다 중복되는 정보를 모두 정확하게 입력해야 합니다. 입력을 마친 후에도 상품명이나 판매가, 구입가, 단가가 변동되면 모두 바꿔주어야 합니다.

첫째, 상품을 팔 때마다 상품에 대한 모든 정보를 레코드마다 입력해야 합니다. 상품번호만 입력하고 필요 시 〈상품〉 테이블의 자료를 검색하도록 만들면 편리할 텐데 말입니다. 그리고 만약 10만 건의 자료를 입력한다면, 실무에서 실제 사용하는 자료라면 상품에 대한 필드가 수십 개는 될 텐데, 입력할 때의 작업량도 문제겠지만 불필요하게 중복 입력되는 데이터((상품명+판매가+구입가+단가)×10만)가 차지하는 기억 공간도 엄청날 것입니다. 파일이 커지면 기억 공간 문제보다 속도 문제가 더 심각해지겠지만 말입니다.

둘째, 특정 상품의 상품명, 구입가, 판매가 등의 상품정보가 변경되면 테이블에서 해당 상품을 찾아 모든 변경사항을 갱신해야 합니다. 분리되어 있다면 〈상품〉 테이블에 있는 해당 상품의 정보만 변경하여 놓으면 되겠죠.

셋째, 만약 상품번호 '1'을 입력한 후 상품명을 실수로 'Wing'로 입력하거나 가격을 잘못 입력하면 이 자료는 더 이상 'Wing'이 아닙니다. 제품명이나 가격에 따른 정확한 통계는 이제 불가능해지고, 그 한 건의 잘못된 데이터를 찾기 위해 밤을 새워야 할지도 모릅니다. 〈상품〉 테이블을 참조할 때는 '상품번호'만 입력하기 때문에 잘못 입력할 일이 아예 발생하지 않죠.

이 외에도 여러 가지 문제가 발생할 수 있으므로 테이블에 데이터를 입력할 때는 적절하게 분리해야 합니다. 이렇게 테이블을 적절하게 분리하는 작업을 정규화라고 한다는 것은 컴퓨터활용능력 1급 필기에서 공부했죠?

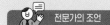

전문가의 조언

'판매가'도 있고 '단가'도 있는 이유는, 상품에 대해 원래 책정된 판매가 외에 실제로 판매할 때 할인을 해주거나 더 받을 필요가 있는 경우 판매가와 실제 금액을 다르게 입력해야 하기 때문입니다.

5. '관계' 창을 닫기 위해 닫기 단추(☒)를 클릭하세요. 저장 여부를 확인하는 대화상자가 나타나면 〈예〉를 클릭하세요.

> **잠깐만요**
>
> 실제 시험에서도 앞에서와 같이 주어진 테이블에 관계를 설정하는 문제가 출제됩니다.
> - **출제된 문제의 지시사항** : 관계 설정하기, 참조 무결성 지정하기, 참조 무결성의 세부사항 지정하기
> - **학습 섹션** : Section 02 관계 설정

5 〈판매내역〉 테이블에 자료 입력을 위한 폼 만들기

자료를 입력할 때 〈판매내역〉 테이블을 열어서 직접 입력해도 되지만 폼을 이용하면 테이블을 열어 직접 자료를 입력하는 것에 비해 다양한 기능을 구현할 수 있습니다. 예를 들어, '단가'와 '수량'을 입력하면 '금액'이 자동으로 계산되어 입력되게 한다든지, '상품번호'를 입력하면 〈상품〉 테이블에서 상품명을 찾아와 화면에 나타나게 하는 기능 등은 테이블에 직접 입력하는 방법으로는 구현할 수 없습니다. 폼을 만드는 여러 가지 방법 중 여기서는 '자동 폼'을 이용해 보겠습니다.

1. 폼에서 사용할 데이터 원본을 지정하기 위해 '탐색' 창의 〈판매내역〉 테이블을 먼저 클릭하세요. 이어서 [만들기] → 폼 → **폼(▣)**을 클릭하세요.

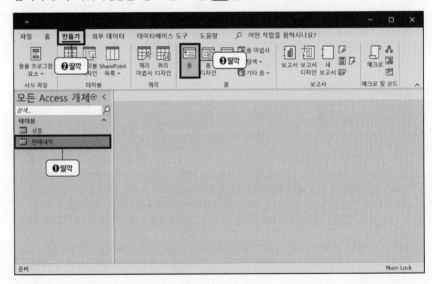

2. 〈판매내역〉 테이블과 연결되기 때문에 〈판매내역〉 테이블의 모든 필드들이 칼럼 형식으로 배치된 폼이 자동으로 생성됩니다.

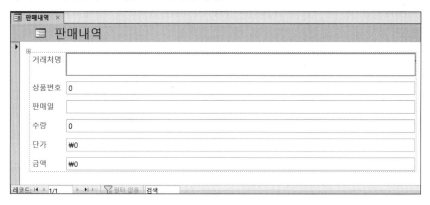

3. 폼 만들기 작업이 간단히 끝났습니다. 닫기 단추(✕)를 클릭하세요. 만들어진 폼에 대한 저장 여부를 묻는 대화상자가 나타나면 〈예〉를 클릭하세요.

4. 만들어진 폼을 저장하기 위해 이름을 입력할 수 있도록 '다른 이름으로 저장' 대화 상자가 나타납니다. '다른 이름으로 저장' 대화상자의 폼 이름에 **판매내역입력폼**이라고 입력한 후 〈확인〉을 클릭하세요.

> 잠깐만요 **실제 시험에서도 폼을 만드나요?**
>
> 실제 시험에서 폼을 직접 만드는 문제는 출제되지 않습니다. 만들어진 폼에서 사용할 레코드 원본을 설정하고, 텍스트 상자나 콤보 상자에 필드를 연결하고, 명령 단추나 텍스트 상자 등을 추가하고, 폼의 형태를 지정하는 등의 기능을 수행하여 폼을 완성시키는 형태로 문제가 출제됩니다.
> - **출제된 문제의 지시사항** : 레코드 원본 지정하기, 탐색 단추 감추기, 레코드 선택기 감추기, 폼 구분선 감추기, 스크롤 막대 감추기, 컨트롤 생성하기, 컨트롤 속성(화면 표시, 텍스트 맞춤 등) 지정하기, 폼 보기 형식 지정하기, 탭 순서 설정하기, 컨트롤에 필드 바운드시키기, 하위 폼 지정하기, 폼의 구역 속성 지정하기, 데이터 추가, 삭제, 편집 여부 지정하기 등
> - **학습 섹션** : 다소 생소한 단어들이 눈에 띄죠? Section 04 폼과 컨트롤에서 자세히 학습하세요.

6 폼을 이용하여 〈판매내역〉 테이블에 데이터 입력하기

〈판매내역입력폼〉은 〈판매내역〉 테이블과 연결되어 있으므로 〈판매내역입력폼〉을 통해서 입력되는 자료는 〈판매내역〉 테이블에 저장됩니다.

1. '탐색' 창에서 〈판매내역입력폼〉을 더블클릭하여 호출하세요.

2. 항목 간 이동은 Tab이나 Shift+Tab 또는 방향키(↑, ↓)를 이용하세요. 마지막 항목인 '금액' 난에 자료를 입력하고 Tab이나 Enter를 누르면 다음 자료를 입력할 수 있도록 빈 레코드가 삽입됩니다. 이와 같은 방법으로 11쪽에 있는 판매 현황 자료를 모두 입력하세요.

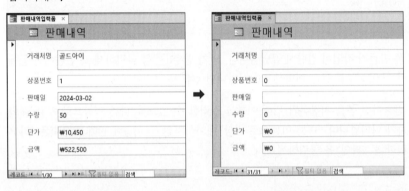

3. 자료를 모두 입력했으면 닫기 단추(×)를 클릭하여 작업을 마치세요.

> **잠깐만요 실제 시험에서도 폼을 통해 데이터를 입력하나요?**
>
> 실제 시험에서는 폼을 통해 자료를 입력하는 문제는 출제되지 않습니다. 하지만 자료를 입력할 때 상품 번호를 입력하면 그 상품에 대한 단가가 자동으로 입력되고, 수량을 입력하면 금액이 자동으로 계산되면 편리하겠죠? 그렇습니다. 이런 기능을 설정하는 문제가 [문제 3]에 출제됩니다.
>
> • 학습 섹션 : Section 08 처리 기능

7 〈판매수량조회〉 폼에서 사용할 질의(Query) 만들기

〈판매수량조회〉 폼에 나타나는 항목은 '상품번호', '상품명', '거래처명', '수량', '단가', '금액'입니다. 즉 '상품번호', '거래처명', '수량', '단가', '금액'은 〈판매내역〉 테이블에서 가져올 수 있지만 '상품명'은 〈상품〉 테이블에서 가져와야 합니다. 이런 경우 2개의 테이블에서 필요한 필드를 가져오는 질의(Query, 쿼리)를 만든 후 〈판매수량조회〉 폼의 레코드 원본으로 질의(Query)를 사용하면 됩니다. 질의는 테이블과 동일하게 폼이나 보고서의 레코드 원본으로 사용할 수 있습니다.

궁금해요 시나공 Q&A 베스트

Q '탐색' 창에 〈판매내역입력폼〉이 없어요!

A 개체가 모두 표시되지 않아서 그렇습니다. '탐색' 창에서 목록 표시 단추(⊙)를 클릭한 다음 '범주 탐색'에서 [개체 유형]을, '그룹 기준 필터'에서 [모든 Access 개체]를 선택하세요. 이렇게 설정해 놓으면 모든 개체가 표시되니 항상 이렇게 설정해 놓고 작업하세요.

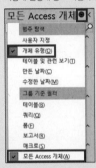

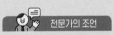
전문가의 조언

〈판매수량조회〉 폼은 13쪽을 참조하세요.

〈판매내역〉 테이블

거래처명	상품번호	판매일	수량	단가	금액
골드아이	1	2024-03-02	50	₩10,450	₩522,500
코닉스	1	2024-03-05	10	₩10,450	₩104,500
골드아이	1	2024-03-06	1	₩10,450	₩10,450
동아후로킹	2	2024-03-05	5	₩12,870	₩64,350
동아후로킹	2	2024-03-05	5	₩12,870	₩64,350
코닉스	2	2024-03-05	5	₩12,870	₩64,350
현대플라자	3	2024-03-01	60	₩14,080	₩844,800
동아후로킹	3	2024-03-02	50	₩14,080	₩704,000
리치	3	2024-03-04	12	₩14,080	₩168,960
코닉스	3	2024-03-05	9	₩14,080	₩126,720
리치	4	2024-03-03	16	₩14,080	₩225,280
명승	4	2024-03-03	15	₩14,080	₩211,200
코닉스	4	2024-03-03	15	₩14,080	₩211,200
라이저	4	2024-03-04	10	₩14,080	₩140,800
리치	4	2024-03-04	11	₩14,080	₩154,880
골드아이	5	2024-03-02	20	₩14,080	₩281,600
명승	5	2024-03-03	12	₩14,080	₩168,960
코닉스	5	2024-03-03	15	₩14,080	₩211,200
동아후로킹	5	2024-03-05	5	₩14,080	₩70,400
동아후로킹	6	2024-03-02	30	₩9,280	₩278,400
명승	6	2024-03-03	20	₩9,280	₩185,600
리치	6	2024-03-04	17	₩9,280	₩157,760
동아후로킹	7	2024-03-02	26	₩9,280	₩241,280
라이저	7	2024-03-04	15	₩9,280	₩139,200
리치	7	2024-03-04	18	₩9,280	₩167,040
골드아이	7	2024-03-06	5	₩9,280	₩46,400
골드아이	8	2024-03-06	16	₩7,064	₩113,024
골드아이	9	2024-03-02	50	₩8,700	₩435,000
골드아이	10	2024-03-06	10	₩8,700	₩87,000
리치	10	2024-03-06	10	₩8,700	₩87,000
*	0		0	₩0	₩0

레코드: 1/30 필터 없음 검색

〈상품〉 테이블

상품번호	상품명	판매가	구입가	추가하려면 클릭
1	Wing	₩10,450	₩7,315	
2	Arena	₩12,870	₩9,009	
3	Transfer	₩14,080	₩9,856	
4	ReadMe	₩14,080	₩9,856	
5	Access	₩14,080	₩9,856	
6	PLAYER	₩9,280	₩6,496	
7	BASIC	₩9,280	₩6,496	
8	PATCH	₩7,064	₩4,945	
9	FLASH	₩8,700	₩6,090	
10	TEMPO	₩8,700	₩6,090	
(새 항목)		₩0	₩0	

레코드: 1/10 필터 없음 검색

'상품명'은 〈상품〉 테이블에서 가져와야 하므로 〈상품〉 테이블과 〈판매내역〉 테이블의 일부를 합치는 질의(Query)를 작성하여 폼의 레코드 원본으로 사용합니다.

거래처명	상품번호	판매일	수량	단가	금액	상품명
골드아이	1	2024-03-02	50	₩10,450	₩522,500	Wing
코닉스	1	2024-03-05	10	₩10,450	₩104,500	Wing
골드아이	1	2024-03-06	1	₩10,450	₩10,450	Wing
동아후로킹	2	2024-03-05	5	₩12,870	₩64,350	Arena
동아후로킹	2	2024-03-05	5	₩12,870	₩64,350	Arena
코닉스	2	2024-03-05	5	₩12,870	₩64,350	Arena
현대플라자	3	2024-03-01	60	₩14,080	₩844,800	Transfer
동아후로킹	3	2024-03-02	50	₩14,080	₩704,000	Transfer
리치	3	2024-03-04	12	₩14,080	₩168,960	Transfer
코닉스	3	2024-03-05	9	₩14,080	₩126,720	Transfer
리치	4	2024-03-03	16	₩14,080	₩225,280	ReadMe
명승	4	2024-03-03	15	₩14,080	₩211,200	ReadMe
코닉스	4	2024-03-03	15	₩14,080	₩211,200	ReadMe
라이저	4	2024-03-04	10	₩14,080	₩140,800	ReadMe
리치	4	2024-03-04	11	₩14,080	₩154,880	ReadMe
골드아이	5	2024-03-02	20	₩14,080	₩281,600	Access
명승	5	2024-03-03	12	₩14,080	₩168,960	Access
코닉스	5	2024-03-03	15	₩14,080	₩211,200	Access
동아후로킹	5	2024-03-05	5	₩14,080	₩70,400	Access
동아후로킹	6	2024-03-02	30	₩9,280	₩278,400	PLAYER
명승	6	2024-03-03	20	₩9,280	₩185,600	PLAYER
리치	6	2024-03-04	17	₩9,280	₩157,760	PLAYER
동아후로킹	7	2024-03-02	26	₩9,280	₩241,280	BASIC
라이저	7	2024-03-04	15	₩9,280	₩139,200	BASIC
리치	7	2024-03-04	18	₩9,280	₩167,040	BASIC
골드아이	7	2024-03-06	5	₩9,280	₩46,400	BASIC
골드아이	8	2024-03-06	16	₩7,064	₩113,024	PATCH
골드아이	9	2024-03-02	50	₩8,700	₩435,000	FLASH
골드아이	10	2024-03-06	10	₩8,700	₩87,000	TEMPO
리치	10	2024-03-06	10	₩8,700	₩87,000	TEMPO
*						

레코드: 1/30 필터 없음 검색

〈판매종합〉 질의

1. [만들기] → 쿼리 → **쿼리 디자인(▦)**을 클릭하세요.

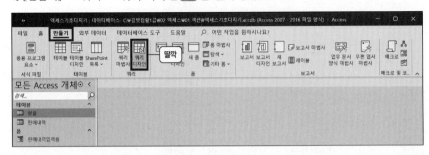

2. 질의에 사용할 테이블을 선택하는 단계입니다. '테이블 추가' 창의 '테이블' 탭에서 〈상품〉 테이블과 〈판매내역〉 테이블을 차례로 더블클릭하여 '쿼리 작성기' 창에 추가하고, '테이블 추가' 창의 닫기 단추(☒)를 클릭하세요.

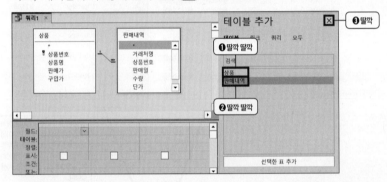

3. 테이블에서 필요한 필드들을 추출하는 단계입니다. 〈판매내역〉 테이블의 모든 필드를 의미하는 '*'를 하단 그리드 라인의 첫 번째 필드로 끌어다 놓으세요. 〈상품〉 테이블의 '상품명' 필드를 하단 그리드 라인의 두 번째 필드로 끌어다 놓으세요. [쿼리 디자인] → 결과 → **실행(▯)**을 클릭하여 결과를 확인하세요.

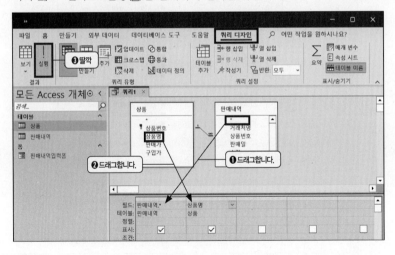

4. 질의 작성이 끝났습니다. 결과 창을 닫으면 질의 디자인의 저장 여부를 묻는 대화 상자가 나타납니다. 〈예〉를 클릭하세요.

5. 생성한 질의를 저장하기 위한 '다른 이름으로 저장' 대화상자가 나타납니다. 쿼리 이름을 **판매종합**으로 입력한 후 〈확인〉을 클릭하세요.

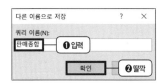

> **잠깐만요**
>
> 위와 같이 테이블에서 몇 개의 필드를 추출하는 질의를 선택 질의라고 합니다. 실제 시험에는 이보다 좀 더 복잡한 질의가 출제됩니다. 예를 들면 2개의 테이블을 비교하여 한 쪽 테이블에 없는 레코드를 추출 하는 불일치 검색 질의, 행과 열로 자료의 통계를 구하는 크로스탭 질의 또는 거래처별로 그룹을 지정한 후 거래처별 판매 개수를 구하는 질의 등이 출제됩니다. 실제 시험 문제는 다소 어려워 보이지만 논리적 인 식을 세우는 문제이므로 한 번만 정확히 이해하면 나머지 문제는 쉽게 풀리는 특성이 있습니다. 끝까 지 포기하지 말고 꼭 이해하고 넘어가기 바랍니다.
>
> · **출제된 문제의 지시사항**
>   - 판매가 이루어지지 않은 상품 추출하기
>   - 거래처별로 제품의 수 구하기
>   - 크로스 탭 질의 작성하기
>   - 특정 값을 입력받아 해당 값에 해당하는 레코드 추출하기(매개 변수 질의)
>   - 레코드 수정하기
>   - 쿼리의 결과를 테이블로 생성하기
> · **학습 섹션 :** Section 07 쿼리(Query)

8 〈판매수량조회〉 폼 만들기

〈판매수량조회〉 폼을 만들기 위해 〈판매종합〉 쿼리를 레코드 원본으로 하여 '자동 폼' 만들기를 하면 필드 순서가 쿼리의 순서인 '거래처명', '상품번호', '판매일', '수량', '단가', '금액', '상품명' 순으로 나타나므로 문제에 주어진 〈판매수량조회〉 폼의 항목과 순서가 다르게 됩니다. 이런 경우에는 항목 순서를 임의로 지정하여 폼을 만들 수 있는 '폼 마법사'를 이용하면 됩니다.

1. [만들기] → 폼 → **폼 마법사(📋)**를 클릭하세요.

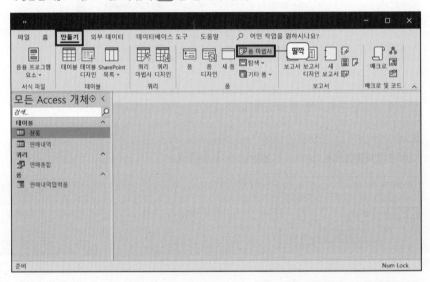

2. 레코드 원본과 폼에 배치할 필드를 선택하는 단계가 나타납니다. '폼 마법사' 창에서 '테이블/쿼리'로 '쿼리 : 판매종합'을 선택하세요. '사용 가능한 필드'에 〈판매종합〉 쿼리에 있는 필드들이 나타납니다.

전문가의 조언
'쿼리 : 판매종합'은 '판매종합'이 쿼리 개체라는 의미입니다.

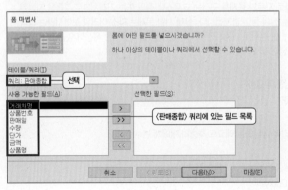

3. '사용 가능한 필드'에 있는 필드를 선택한 후 를 누르면 '선택한 필드'로 이동합
니다. 다음과 같이 〈판매수량조회〉 폼의 항목 순서에 맞게 사용할 필드를 차례로 이
동시키세요. '판매일'은 폼에서 사용되지 않으므로 선택하지 않습니다. 모두 이동시켰
으면 〈다음〉을 클릭하세요.

4. 데이터 표시 형식을 선택할 수 있는 단계가 나타납니다. 〈다음〉을 클릭하세요.

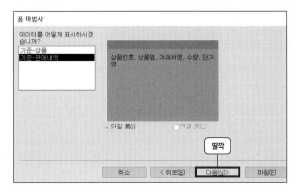

5. 폼에 데이터를 표시하는 모양을 선택하는 단계가 나타납니다. '테이블 형식'을 선택
한 후 〈다음〉을 클릭하세요.

6. 폼의 제목을 지정하는 단계입니다. 폼의 이름으로 **판매수량조회**를 입력한 후 〈마침〉을 클릭하세요. 만들어진 폼에 데이터가 표시되어 나타납니다.

7. 이제 만들어진 폼을 수정하여 '조회' 단추와 수량을 입력받을 텍스트 상자를 배치해야 합니다. 폼 실행 상태에서 [홈] → 보기 → ⬛를 클릭한 다음 → **디자인 보기(⬛)**를 선택하세요.

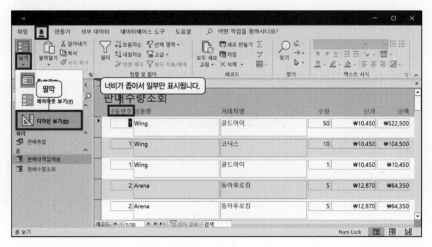

8. 폼을 수정할 수 있는 '디자인 보기' 상태가 됩니다. 먼저 필드명의 일부가 표시되지 않은 상품번호 레이블의 너비를 넓히기 위해 레이블을 선택하세요. 상품번호 레이블이 폼 제목 레이블 아래쪽에 겹쳐있어 상품번호 레이블을 직접 선택할 수 없습니다. 먼저 상품번호 레이블이 포함되도록 위쪽 가로 눈금자를 클릭하세요. 이어서 Shift 를 누른 상태에서 폼 제목 레이블과 상품번호 텍스트 상자를 클릭하여 선택을 해제하세요.

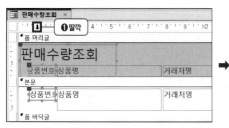 

전문가의 조언

상품번호 레이블이 포함되도록 마우스로 드래그한 후 상품번호 레이블을 제외한 나머지 컨트롤들을 Shift 를 누른 상태에서 클릭하여 해제해도 됩니다.

9. 상품번호 필드명이 제대로 표시되도록 상품번호 레이블의 너비를 넓히세요. 상품번호 레이블이 선택된 상태에서 왼쪽 크기 조절점을 끌어서 너비를 넓히세요.

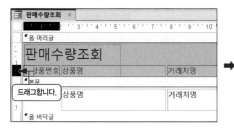 

10. '폼 바닥글' 부분을 아래로 끌어서 '조회' 단추와 '수량' 텍스트 상자를 배치할 장소를 확보하세요.

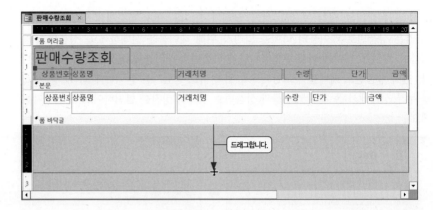

11. '명령 단추'를 배치하기 위해 [양식 디자인] → 컨트롤 → **단추(▭)**를 클릭한 후 '폼 바닥글'의 적당한 부분에서 드래그하세요. 마우스에서 손가락을 떼는 순간 '명령 단추 마법사'가 나타납니다. 마법사에서 제공하는 기능을 사용하지 않을 것이므로 〈취소〉를 클릭하세요.

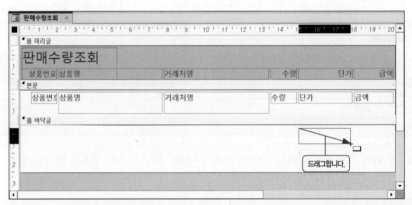

12. 이번에는 텍스트 상자를 만들기 위해 [양식 디자인] → 컨트롤 → **텍스트 상자**(▭)를 클릭한 후 '폼 바닥글'의 적당한 위치에 드래그하여 배치하세요. 마찬가지로 '텍스트 상자 마법사'가 나타납니다. 〈취소〉를 클릭하세요.

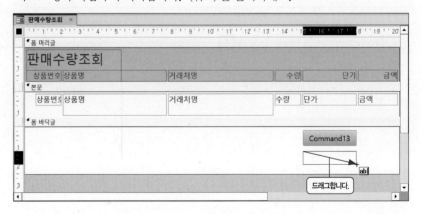

13. 텍스트 상자의 레이블은 필요 없으므로 지워야 합니다. 레이블 부분을 클릭해서 레이블만 선택되게 한 다음 Delete를 눌러 지우세요.

14. '텍스트 상자' 컨트롤에 입력된 데이터를 프로시저에서 사용하려면 '텍스트 상자' 컨트롤의 이름을 알아야 합니다. 컨트롤의 이름은 컨트롤의 속성에서 지정합니다. 텍스트 상자를 더블클릭하여 '텍스트 상자'의 속성 시트 창을 나타나게 하세요. '기타' 탭의 '이름' 속성난에 **txt조회**를 입력하세요. 프로시저에서 'txt조회'라는 이름으로 현재의 '텍스트 상자' 컨트롤을 제어할 수 있습니다.

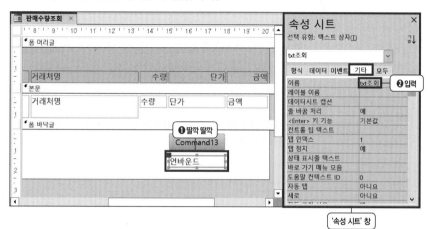

15. '명령 단추'에는 두 가지를 지정해 주어야 합니다. 첫째 '명령 단추'의 '캡션'과 '이름' 속성 값을 각각 **조회**와 **cmd조회**로 고쳐야 하고, 둘째 '명령 단추'를 클릭했을 때 'txt조회' 컨트롤의 값을 읽어 들여 수량이 'txt조회' 컨트롤의 값 이상되는 자료만을 폼에 출력하도록 기능을 부여해야 합니다. '텍스트 상자'의 속성 시트 창이 열려있는 상태에서 '명령 단추'를 클릭하세요. '명령 단추'의 속성 시트 창으로 변경됩니다.

전문가의 조언

컨트롤
폼에 배치된 명령 단추, 텍스트 상자 등을 컨트롤이라고 합니다.

전문가의 조언

'속성 시트' 창은 기본적으로 화면의 오른쪽에 표시됩니다. '속성 시트' 창의 제목 표시줄을 클릭한 후 드래그하여 원하는 위치로 이동시킬 수 있습니다.

전문가의 조언

특정 컨트롤에 대한 속성 시트 창이 열린 상태에서 다른 컨트롤을 클릭하면 클릭한 컨트롤의 속성 시트 창으로 변경됩니다.

16. '형식' 탭의 '캡션' 속성에 **조회**를 입력하고, '기타' 탭의 '이름' 속성에 **cmd조회**를 입력하세요. 화면에 보이는 '명령 단추'의 제목이 '조회'로 변경되고, 속성 시트 창의 제목은 'cmd조회'로 변경됩니다.

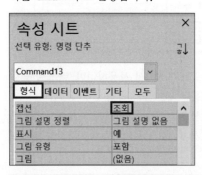 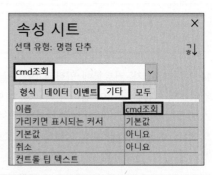

17. 명령 단추를 마우스로 클릭했을 때 '조회' 기능이 수행되어야 하므로 '이벤트' 탭의 'On Click' 이벤트에 수행할 기능을 기록해야 합니다. '이벤트' 탭의 On Click을 클릭하면 작성기 단추(...)가 나타납니다. 작성기 단추를 클릭하세요.

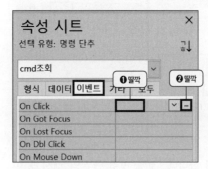

18. 기능을 구현하는 도구를 선택하는 '작성기 선택' 대화상자입니다. 코드를 직접 입력할 것이므로 '코드 작성기'를 선택한 후 〈확인〉을 클릭합니다.

19. 코드 작성기인 VBA(Microsoft Visual Basic for Applications)에 제목만 있는 프로시저가 나타납니다. 그림과 같이 코드를 입력하세요.

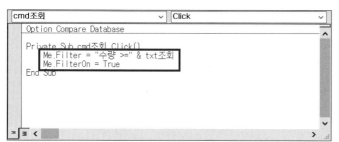

전문가의 조언

코드에 대한 내용은 Section 06 조회에서 자세히 다룹니다.

```
cmd조회                    ∨   Click                     ∨
  Option Compare Database

  Private Sub cmd조회_Click()
      Me.Filter = "수량 >=" & txt조회
      Me.FilterOn = True
  End Sub
```

20. VBA 창의 닫기 단추(✕)를 클릭하세요. 액세스 화면으로 돌아옵니다.

21. 속성 시트 창을 닫고, 이어서 〈판매수량조회〉 폼을 닫으세요. 폼 디자인 변경에 대한 저장 여부를 묻는 대화상자가 나타나면 〈예〉를 클릭하세요.

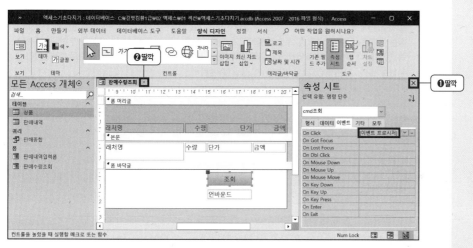

22. 조회 폼 작성이 끝났습니다. '탐색' 창에서 〈판매수량조회〉 폼을 더블클릭하여 실행한 후 텍스트 상자에 수량을 입력하고, '조회' 단추를 클릭하여 결과를 확인하세요.

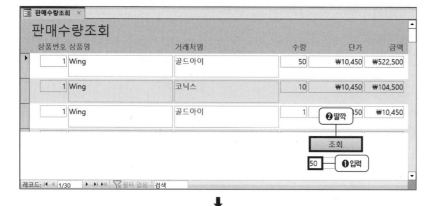

23. 닫기 단추(⊠)를 클릭하여 폼을 닫습니다.

> **잠깐만요 폼을 직접 만드나요?**
>
> 실제 시험에 폼 자체를 만드는 문제는 출제되지 않는다고 했죠? 하지만 만들어진 폼에 컨트롤을 배치
> 하는 문제는 [문제 2] 입력 및 수정에 출제되고, 만들어진 컨트롤에 조회나 인쇄 기능을 부여하는 문제
> 는 [문제 2]나 [문제 3]에 출제됩니다. 위와 같이 1개의 값을 입력받아 조회하는 문제가 주로 출제됩니다.
> • 학습 섹션 : Section 04 폼과 컨트롤, Section 06 조회

---

9 〈거래처별 판매현황 보고서〉를 만들어 프린터로 출력하기

테이블을 만들어 자료를 입력하고, 간단하지만 입력된 자료를 검색하는 기능까지 만
들어 보았습니다. 이번에는 거래처별로 판매현황을 분류하여 프린터로 출력해 보겠
습니다. 만들 보고서에 표시될 내용 중 '상품명'은 〈상품〉 테이블에서 가져오고 나머
지 항목들은 〈판매내역〉 테이블에서 가져와야 하므로, 두 테이블을 합친 〈판매종합〉
쿼리를 보고서의 레코드 원본으로 사용합니다.

1. [만들기] → 보고서 → 보고서 마법사(📋)를 클릭하세요.

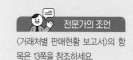

2. '보고서 마법사' 1단계 대화상자에서는 보고서에서 사용할 레코드 원본과 필드를 선택해야 합니다. '테이블/쿼리'에서 〈판매종합〉 쿼리를 선택하세요. 이어서 '사용 가능한 필드'에 있는 필드를 선택한 후 〉 를 누르면 선택한 필드가 '선택한 필드'로 이동합니다. 다음과 같이 〈거래처별 판매현황 보고서〉에 있는 항목 순서에 맞게 사용할 필드를 이동시키세요. '상품번호'와 '판매일'은 사용되지 않으므로 이동시키지 않습니다. 모두 이동시켰으면 〈다음〉을 클릭하세요.

〈거래처별 판매현황 보고서〉의 항목은 13쪽을 참조하세요.

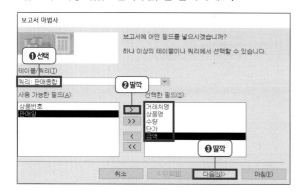

3. '보고서 마법사' 2단계 대화상자에서 데이터 표시 형식을 선택합니다. 〈다음〉을 클릭하세요.

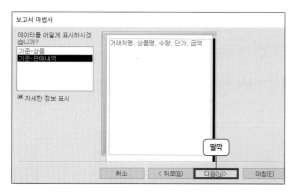

4. '보고서 마법사' 3단계 대화상자에서 그룹을 지정합니다. 거래처명별로 판매현황을 구하는 것이므로 '거래처명'을 선택한 후 〉 를 눌러 거래처명에 대한 그룹을 지정합니다. 〈다음〉을 클릭하세요.

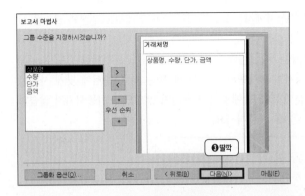

5. '보고서 마법사' 4단계 대화상자에서는 자료를 정렬하고 요약합니다. 특별하게 정렬할 것이 없으니 〈다음〉을 클릭하세요.

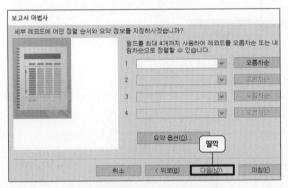

6. '보고서 마법사' 5단계 대화상자에서 보고서에 표시되는 데이터의 모양을 선택합니다. 〈다음〉을 클릭하세요.

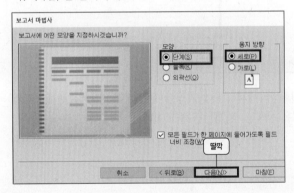

7. '보고서 마법사' 6단계 대화상자에서 보고서의 제목을 지정합니다. **거래처별 판매현황 보고서**라고 입력한 후 〈마침〉을 클릭하세요. 보고서가 미리 보기 형태로 나타납니다. [인쇄 미리 보기] → 인쇄 → **인쇄(🖶)**를 클릭하면 프린터로 출력됩니다.

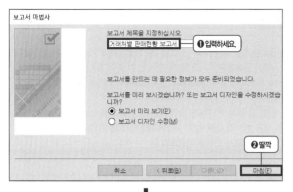

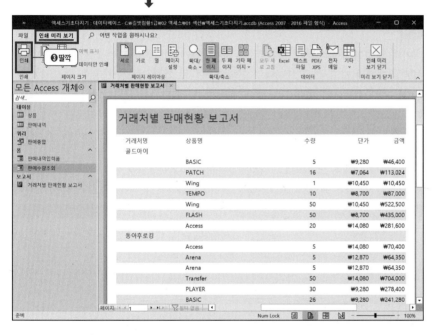

8. [인쇄 미리 보기] → 미리 보기 닫기 → **인쇄 미리 보기 닫기**(⊠)를 클릭하세요. 이어서 〈거래처별 판매현황 보고서〉의 닫기 단추(×)를 클릭하여 보고서를 마칩니다.

> **잠깐만요 보고서를 직접 만드나요?**
>
> 실제 시험에서는 보고서를 직접 만들지는 않습니다. 이미 만들어진 보고서에 여러 가지 기능을 설정하는 것입니다. 예를 들면, 위의 보고서에서 판매현황은 거래처별로 분리는 잘 되어 있지만 거래처별 판매건수, 수량의 합계, 금액의 합계 등은 계산되어 있지 않습니다. 실제 시험에서는 이러한 것들이 계산되어 표시되게 설정하는 문제가 출제됩니다.
> - **출제된 문제의 지시사항** : 정렬, 필드 값 누계 계산하기, 합계 계산하기, 날짜 표시하기, 페이지 표시하기, 레코드 원본 설정하기, 중복 내용 숨기기, 반복 실행 구역 지정하기, 그룹 지정하기, 컨트롤 이동하기, 레코드 개수 세기, 컨트롤 이름 지정하기, 컨트롤 생성하기 등
> - **학습 섹션** : Section 05 보고서

🔟 매크로를 이용하여 〈거래처별 판매현황 보고서〉 출력하기

데이터 입력이나 데이터를 조회할 때 폼에 만들어진 '인쇄' 단추를 클릭하여 〈거래처별 판매현황 보고서〉를 프린터로 인쇄한다면 좀 더 편리하게 사용할 수 있습니다. 〈판매수량조회〉 폼에 '인쇄' 단추를 배치하여, '인쇄' 단추를 클릭하면 〈거래처별 판매현황 보고서〉가 인쇄 미리 보기 형태로 출력될 수 있도록 〈인쇄〉 매크로를 작성한 후 지정해 보겠습니다.

1. 매크로에 이름을 지정하여 사용하는 경우에는 먼저 매크로 개체를 생성한 후 이를 연결하여 사용하면 됩니다. [만들기] → 매크로 및 코드 → **매크로**(🗔)를 클릭하세요.

2. '매크로' 대화상자에서 매크로 함수 및 그에 대한 인수를 그림과 같이 설정한 후 닫기 단추(⊠)를 클릭하세요. '보기 형식'에서 '인쇄' 대신 '인쇄 미리 보기'를 선택하면 화면으로 출력됩니다. 프린터가 연결되어 있지 않은 컴퓨터는 '인쇄 미리 보기'를 선택하세요.

🧑‍🏫 전문가의 조언

OpenReport 매크로 함수는 218쪽을 참조하세요.

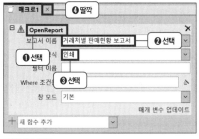

프린터로 출력

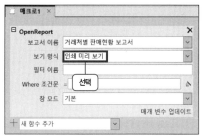

화면으로 출력

3. 저장 여부를 묻는 대화상자에서 〈예〉를 클릭하세요. 이어서 '다른 이름으로 저장' 대화상자에서 매크로 이름으로 **인쇄**를 입력한 다음 〈확인〉을 클릭하세요.

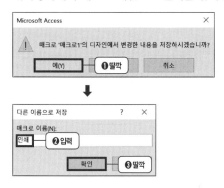

4. '탐색' 창의 〈판매수량조회〉 폼에서 바로 가기 메뉴를 호출한 다음 [**디자인 보기**]를 클릭하세요.

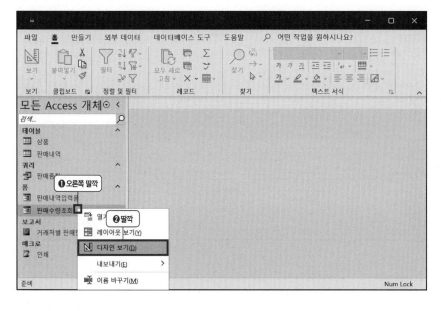

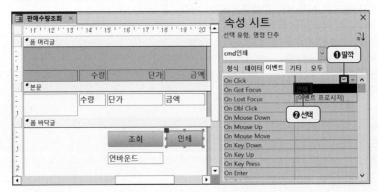

5. 폼을 수정할 수 있는 '디자인 보기' 상태가 됩니다. [양식 디자인] → 컨트롤 → **단추(▢)**를 클릭한 후 '조회' 단추 오른쪽 옆에 드래그 앤 드롭하세요. 마우스에서 손가락을 떼는 순간 '명령 단추 마법사'가 나타납니다. 〈취소〉를 클릭하세요.

6. '명령 단추'에는 두 가지를 지정해야 합니다. 첫째, '명령 단추'의 캡션과 이름을 각각 **인쇄**와 **cmd인쇄**로 고쳐야 하고, 둘째, '명령 단추'를 클릭했을 때 〈거래처별 판매현황 보고서〉가 프린터로 출력되게 해야 합니다. '명령 단추'를 더블클릭하여 '명령 단추'의 속성 시트 창을 호출합니다.

7. '형식' 탭의 '캡션' 속성에 **인쇄**를 입력하세요. '기타' 탭의 '이름' 속성에 **cmd인쇄**를 입력하세요.

8. 마우스로 클릭했을 때 인쇄 기능이 수행되어야 하므로 '이벤트' 탭의 'On Click' 이벤트에 수행할 매크로를 연결해야 합니다. 'On Click'을 클릭하면 목록 단추(▽)가 나타납니다. 목록 단추를 누른 다음 〈인쇄〉 매크로를 선택하세요.

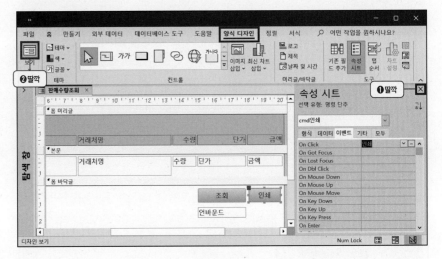

9. 이어서 닫기 단추(▣)를 클릭한 후 [양식 디자인] → 보기 → **폼 보기(▤)**를 클릭하여 폼을 실행하세요.

궁금해요 시나공 Q&A 베스트

Q 더블클릭해도 속성 시트 창이 안 나타나요!

A 명령 단추가 편집 상태이기 때문에 그렇습니다. 이런 경우에는 다른 곳을 클릭하여 편집 상태를 해제하거나 명령 단추의 경계선에 마우스를 놓아 마우스 포인터가 ▨로 변경될 때 더블클릭하면 됩니다.

10. '인쇄' 단추를 클릭하여 인쇄 여부를 확인하세요.

전문가의 조언

초간단 데이터베이스를 구축하면서 시험과 연관된 문제들을 살펴보았습니다. 실제 시험은 여기에서 좀 더 구체적이고 세부적이며 깊이가 있다고 생각하면 됩니다. 아직 감이 잡히지 않는 수험생은 다시 한 번 실습해 보기 바랍니다.

잠깐만요

폼과 관련된 자동화 기능에는 어떤 것들이 출제되나요?

폼에 만들어진 컨트롤에 폼 닫기, 폼 열기, 보고서 미리 보기 등의 매크로 기능을 구현하는 문제가 시험에 출제됩니다.

· **출제된 문제의 지시사항** : 폼 열기, 보고서 미리 보기 형태로 열기, 조건에 맞는 데이터만 보고서 미리 보기 형태로 열기, 조건에 맞는 데이터만 폼 보기 형태로 열기
· **학습 섹션** : Section 08 처리 기능

창 표시 형식

액세스 2021에서 창을 표시하는 방식에는 '탭 문서' 형식과 '창 겹치기' 형식이 있습니다.

· **'탭 문서' 형식** : 액세스 2021의 기본 창 표시 방식으로, 다음 그림과 같이 특정 개체를 열면 한 번에 한 개체씩 볼 수 있도록 전체 화면으로 표시됩니다. 개체 간의 이동은 해당 개체의 탭을 클릭하여 수행합니다.

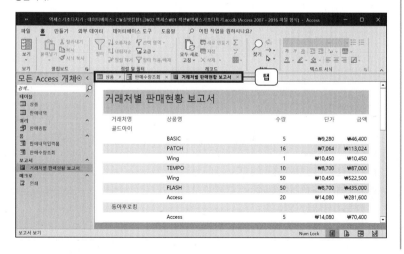

· **'창 겹치기' 형식** : 다음 그림과 같이 여러 개체를 한 번에 볼 수 있는 형식으로, 액세스 2007 이전 버전에서 사용하던 창 표시 형식입니다. 액세스 2021에서도 사용이 가능합니다.

※ **창 표시 형식 변경하기** : [파일] → 옵션을 선택한 후 'Access 옵션' 대화상자의 '현재 데이터베이스' 탭에서 '문서 창 옵션' 항목을 이용하면 됩니다. 변경된 창 표시 형식을 사용하려면 현재 데이터베이스를 닫은 후 다시 불러와야 합니다.

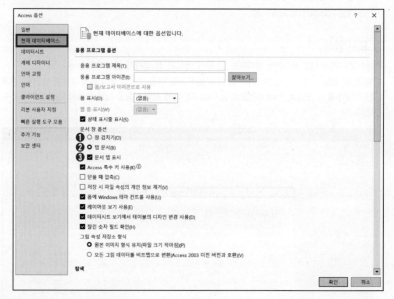

❶ '창 겹치기' 형식을 지정합니다.
❷ '탭 문서' 형식을 지정합니다.
❸ '탭 문서' 형식에서 각 개체 탭의 표시 여부를 지정합니다.

2 장

DB 구축

Section 01 테이블 작성

Section 02 관계 설정

Section 03 연결하기 / 가져오기

테이블 작성

테이블은 데이터들이 저장되는 장소로 데이터베이스에서 가장 중요한 구성 요소이며, 설계하는 방법에 따라 데이터베이스의 성능과 품질이 결정되기도 합니다. 테이블은 열과 행으로 이루어진 2차원의 형태를 지니고 있습니다. 열은 '필드'라고 하며, 특정 테이블을 구축하는 데 기본적으로 필요한 데이터들의 목록이라고 할 수 있습니다. 행은 '레코드'라고 하며, 하나 이상의 관련된 필드가 모여 구성됩니다.

 **기본문제**   'C:\길벗컴활1급\02 액세스\01 섹션' 폴더의 '섹션01문제.accdb' 파일을 열어서 작업하시오.

01. 고객 관리를 위한 데이터베이스를 구축하고자 한다. 다음의 지시사항에 따라 〈고객〉 테이블을 완성하시오.

전문가의 조언

속성은 필드의 성격을 나타내는 요소로, 데이터 형식에 따라 다르게 나타납니다. 테이블 작성 창 하단의 필드 속성 영역에 있는 '일반' 탭과 '조회' 탭을 이용하여 속성을 설정하는데, 문제에 제시된 대로 지정해 주기만 하면 되므로 쉽게 점수를 얻을 수 있는 부분입니다.

1. '순번' 필드와 '고객ID' 필드를 기본키(PK)로 설정하시오.

2. '등록일' 필드에는 '06월 19일'의 형식을 설정하고, 새로운 레코드가 추가되는 경우 시간을 포함하지 않는 시스템의 오늘 날짜가 기본으로 입력되도록 설정하시오.

3. '고객ID' 필드는 영문자로 시작되는 값이 입력된다. 해당 필드에 데이터를 입력할 때 기존 고객ID의 성격과 동일하게 자동적으로 영문 입력 상태로 변환되도록 IME 모드에서 '영숫자 반자'를 설정하시오.

4. '고객ID' 필드는 'AA-0000'의 형식으로 입력되도록 다음과 같이 입력 마스크를 설정하시오.

   ▶ 앞의 두 자리는 영문 대문자로 입력받되, 소문자가 입력되어도 대문자로 변환되도록 설정할 것

   ▶ 뒤의 네 자리는 1~9999 사이의 숫자로 입력받되, 공백 없이 반드시 입력되도록 설정할 것

   ▶ '-' 기호도 함께 저장하고, 화면에 표시되는 기호는 '#'으로 설정할 것

5. '고객ID' 필드에는 중복된 값이 입력될 수 없도록 인덱스를 설정하시오.

6. '성명' 필드는 반드시 입력되도록 설정하시오.

7. '전화번호' 필드에 빈 문자열이 허용되도록 설정하시오.

8. 새로운 레코드가 추가되는 경우 '구매횟수' 필드에는 기본적으로 1이 입력되도록 설정하시오.

9. '구매금액' 필드에는 0보다 큰 값만 입력되도록 유효성 검사 규칙을 설정하시오.

10. '지역' 필드를 '대리점명' 필드의 뒤에 추가하고, 필드 크기를 40으로 설정하시오.

    ▶ '지역' 필드의 데이터 형식은 '짧은 텍스트'로 설정할 것

11. '성별' 필드에는 True/False 또는 Yes/No 두 가지 형태의 데이터만 입력되도록 데이터 형식을 설정하시오.

12. '대리점명' 필드는 '대리점코드'가 있으므로 반드시 필요한 필드는 아니다. '대리점 명' 필드를 삭제하시오.

02. 〈고객〉 테이블에 대해 다음과 같이 조회 속성을 설정하시오.

▶ '대리점코드' 필드에 값을 입력할 때 〈대리점〉 테이블의 '대리점코드'와 '대리점명' 필드의 값을 콤보 상자의 형태로 표현하여 한 가지만 선택되도록 설정하시오.

▶ 필드에는 '대리점코드'가 저장되도록 설정하시오.

▶ '대리점코드' 필드와 '대리점명'이 모두 표시되도록 열의 너비를 각각 2cm와 1.5cm 로, 목록 너비를 5cm로 지정하시오.

▶ 목록 이외의 값은 입력되지 않도록 하시오.

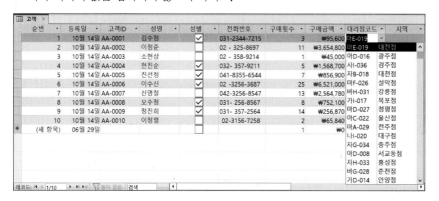

따라하기

> **잠깐만요** **파일을 열면 '보안 경고' 메시지가 나타납니다.**
>
> 테이블이나 폼을 만들 때는 크게 문제가 되지 않지만 매크로나 프로시저는 실행되지 않습니다. '보안 경고' 메시지의 오른쪽 끝에 있는 〈콘텐츠 사용〉 단추를 클릭하여 데이터베이스 파일에 포함된 모든 콘텐츠를 사용할 수 있도록 설정하세요.
>
>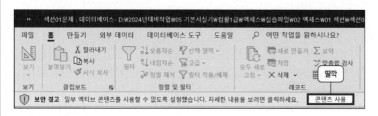

01. 〈고객〉 테이블 완성하기

24.상시, 23.상시, 22.상시, 21.상시, 20.상시, 19.상시, 18.상시, 18.2, 17.상시, 16.상시, 15.상시, 15.1, 14.2, 14.1, 13.상시, 12.2, 11.3, 10.3, 10.2, 09.4, 09.3, …

1 기본키 설정하기

1. '탐색' 창의 〈고객〉 테이블의 바로 가기 메뉴에서 [디자인 보기]를 클릭하세요.

2. '순번' 필드의 행 선택기를 클릭한 후 Ctrl을 누른 채 '고객ID' 필드의 행 선택기를 클릭하여 2개의 필드를 범위로 설정하세요.

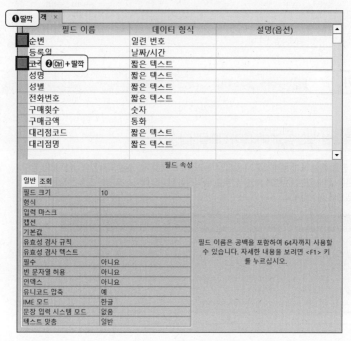

3. [테이블 디자인] → 도구 → **기본 키(🔑)**를 클릭하여 '순번'과 '고객ID'를 기본키로 설정하세요.

전문가의 조언

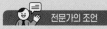

- 이후의 섹션 및 모의고사와 기출문제에서 사용되는 모든 파일에는 창의 표시 형식이 '탭 문서' 형식으로 설정되어 있습니다.
- 창의 표시 형식을 '창 겹치기' 형식으로 변경하려면 [파일] → 옵션을 선택한 후 'Access 옵션' 대화상자의 '현재 데이터베이스' 탭에서 '문서 창 옵션'을 '창 겹치기'로 선택하세요.

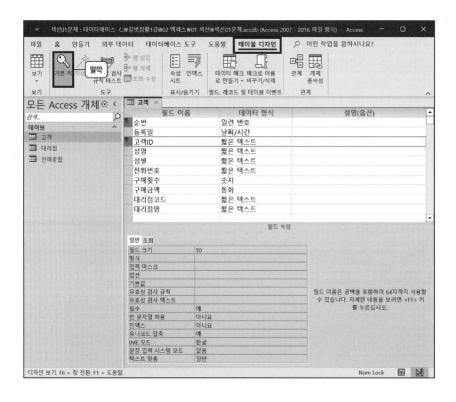

2 24.상시, 23.상시, 22.상시, 21.상시, 20.상시, 20.1, 19.상시, 19.2, 18.상시, 18.2, 18.1, 17.상시, 17.1, 16.3, 16.상시, 15.3, 14.1, 13.상시, 10.2, 10.1, 09.4, …

'등록일' 필드의 '형식'과 '기본 값' 속성 설정하기

4. '등록일' 필드를 클릭하여 '등록일' 필드의 속성을 나오게 한 후 '일반' 탭에서 '형식' 속성난을 클릭하세요. '형식' 속성난에 **mm월 dd일**을 입력하여 형식을 지정합니다.

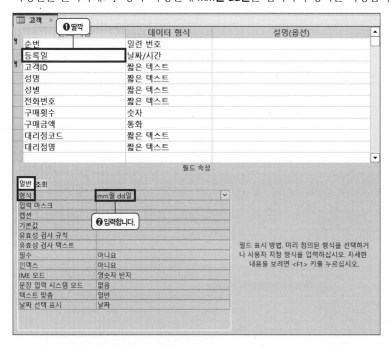

5. '등록일' 필드가 선택된 상태에서 '기본값' 속성에 Date( )를 입력하여 레코드 추가
시 오늘 날짜가 자동으로 입력되도록 설정합니다.

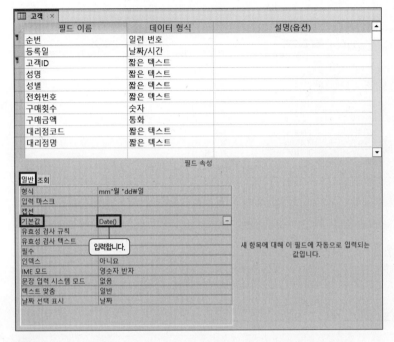

3 '고객ID' 필드의 'IME 모드' 속성 설정하기

23.상시, 22.상시, 21.상시, 20.상시, 19.상시, 19.1, 16.1, 13.3, 12.3, 12.1, 11.1, 08.3, 07.4, 07.2, 05.4, 05.1, 04.2, 04.1, 03.4

6. '고객ID' 필드를 클릭하여 '고객ID' 필드의 속성이 나오게 한 후 'IME 모드' 속성을
'영숫자 반자'로 선택하여 기본적으로 영문으로 입력받도록 설정합니다.

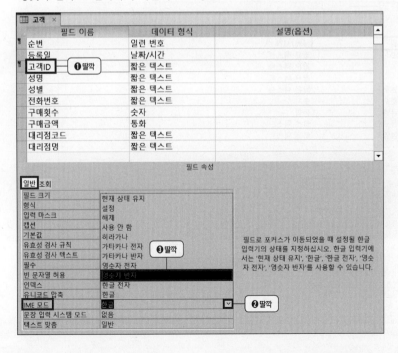

4 24.상시, 23.상시, 22.상시, 21.상시, 19.상시, 17.1, 16.3, 16.상시, 16.1, 15.3, 15.상시, 15.1, 14.3, 14.2, 13.3, 13.상시, 13.1, 12.3, 12.2, 12.1, 11.3, 11.2, 11.2, …
'고객ID' 필드의 '입력 마스크' 속성 설정하기

7. '고객ID' 필드의 '입력 마스크' 속성에 〉LL-0000;0;#을 입력하여 'AA-0000'의 형식으로 입력되도록 설정합니다. 이 경우 영문자를 소문자로 입력하면 대문자로 변환되고 테이블에 '-' 기호도 함께 저장되며, 자료 입력 시 화면에 '#'이 표시됩니다.

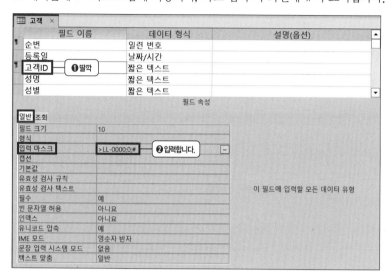

전문가의 조언

입력 마스크

입력 마스크란 사용자가 정확한 자료를 편리하게 입력할 수 있도록 입력되는 자료의 틀을 만드는 속성입니다.

〉LL-0000;0;#

• 〉 : 대문자로 변환
• LL : A~Z까지의 영문자 입력. 공백 포함 안 함
• - : 연결 부호, 자동으로 입력됨
• 0000 : 0~9까지의 숫자 반드시 입력, 공백 포함 안 함
• 0 : 테이블에 저장 시 '-' 기호도 함께 저장됨
• # : 자료 입력 시 화면에 '#'이 표시됨

자세한 내용은 62쪽을 참조하세요.

5 24.상시, 23.상시, 22.상시, 21.상시, 19.상시, 18.상시, 18.2, 18.1, 17.상시, 17.1, 16.3, 16.상시, 16.2, 15.3, 15.상시, 14.3, 14.1, 11.2, 10.2, 10.1, 09.1, 08.2, …
'고객ID' 필드의 '인덱스' 속성(중복 입력 제한) 설정하기

8. '고객ID' 필드의 '인덱스' 속성을 '예(중복 불가능)'로 선택하면 필드에 동일한 값이 중복 입력되지 않도록 제한됩니다.

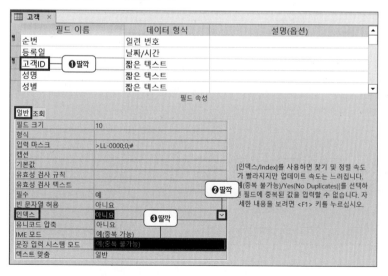
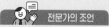

전문가의 조언

'인덱스' 글자 부분이나 인덱스 속성난을 더블클릭할 때마다 '아니요', '예(중복 가능)', '예(중복 불가능)'이 차례로 선택됩니다. 이미 지정된 값중 하나를 선택하는 속성에서 유용하게 사용할 수 있습니다.

6 24.상시, 23.상시, 22.상시, 21.상시, 20.1, 19.상시, 19.2, 19.1, 18.1, 17.상시, 16.3, 16.2, 12.3, 12.2, 11.2, 10.1, 09.4, 09.1, 08.4, 08.2, 07.3, 07.2, 07.1, 06.4, …
'성명' 필드의 '필수' 속성 설정하기

9. '성명' 필드를 클릭하여 '성명' 필드의 속성을 나오게 한 후 '성명' 필드의 '필수' 속성
을 '예'로 선택하여 값이 반드시 입력되도록 설정합니다.

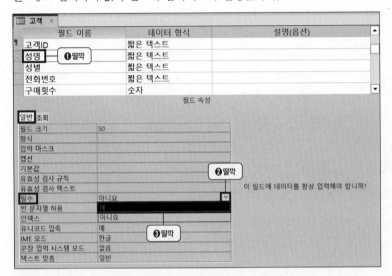

7 24.상시, 23.상시, 22.상시, 21.상시, 20.1, 19.2, 19.1, 17.1, 12.1, 09.1, 05.3, 05.2, 05.1, 04.4, 04.1, 03.1
'전화번호' 필드의 '빈 문자열 허용' 속성 설정하기

10. '전화번호' 필드를 클릭하여 '전화번호' 필드의 속성을 나오게 한 후 '전화번호' 필
드의 '빈 문자열 허용' 속성을 '예'로 선택하여 빈 문자열이 입력되도록 설정합니다.

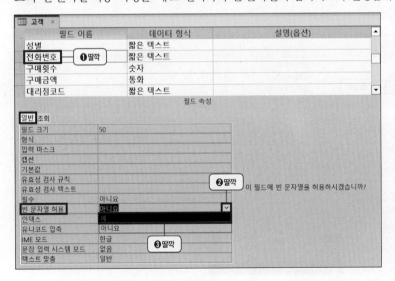

8 '구매횟수' 필드의 '기본값' 속성 설정하기

11. '구매횟수' 필드를 클릭하여 '구매횟수' 필드의 속성을 나오게 한 후 '기본값'에 1을 입력하여 새 레코드 생성 시 자동으로 1이 입력되도록 합니다.

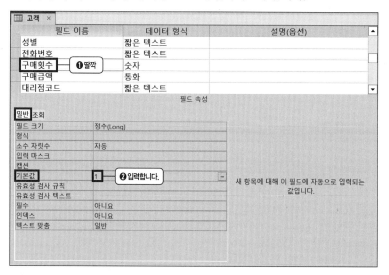

9 '구매금액' 필드의 '유효성 검사 규칙' 속성 설정하기

12. '구매금액' 필드를 클릭하여 '구매금액' 필드의 속성을 나오게 한 후 '유효성 검사 규칙'에 〉0을 입력하여 0보다 큰 값만 입력되도록 합니다.

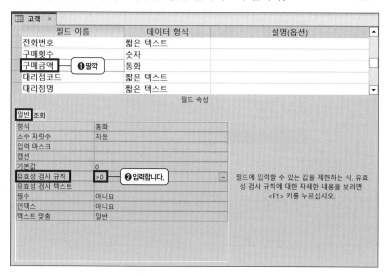

10 '지역' 필드 추가하기

13. '대리점명' 필드 아래에 **지역**을 입력하고, 데이터 형식을 '짧은 텍스트'로 설정한 후 필드 크기에 **40**을 입력합니다.

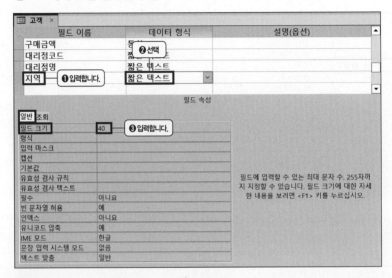

11 '성별' 필드의 데이터 형식 변경하기

14. '성별' 필드를 선택한 후 '데이터 형식'을 'Yes/No'로 설정하세요.

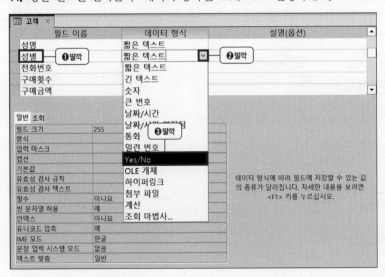

12 '대리점명' 필드 삭제하기

15. '대리점명' 필드를 마우스 오른쪽 버튼으로 클릭한 후 바로 가기 메뉴에서 [행 삭제]를 선택하세요.

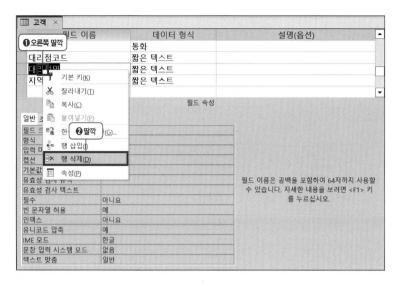

16. 삭제 여부 대화상자에서 〈예〉를 클릭하세요.

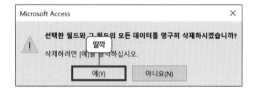

전문가의 조언

삭제할 필드에 입력된 데이터가
없는 경우에는 삭제 여부 대화상
자가 표시되지 않고 바로 삭제됩
니다.

02. 콤보 상자 설정하기

1 24.상시, 23.상시, 22.상시, 21.상시, 20.1, 19.상시, 19.2, 19.1, 18.상시, 18.2, 18.1, 16.상시, 15.3, 14.2, 14.1, 13.3, 12.3, 12.2, 12.1, 11.2, 09.4, 09.2, 07.4, …
'대리점코드' 필드의 '조회' 속성 설정하기

1. '대리점코드' 필드를 선택한 후 '조회' 탭에 있는 '컨트롤 표시'의 목록 단추(☑)를 클
릭한 후 '콤보 상자'를 선택하세요.

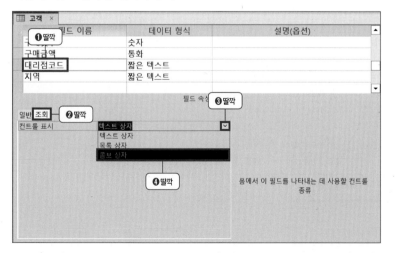

2. '행 원본' 속성을 클릭하면 오른쪽 끝에 작성기 단추가 나타납니다. 작성기 단추 (...)를 클릭하세요.

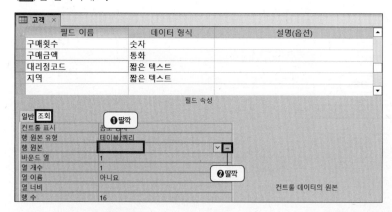

3. '테이블 추가' 창의 '테이블' 탭에서 '대리점'을 선택하고 〈선택한 표 추가〉를 클릭하세요. '쿼리 작성기'에 〈대리점〉 테이블이 추가됩니다.

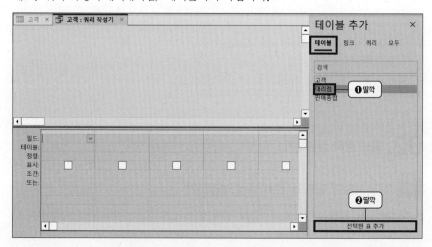

4. 〈대리점〉 테이블의 '대리점코드'를 첫 번째 필드로, '대리점명'을 두 번째 필드로 드래그 한 다음 닫기 단추(×)를 클릭하세요.

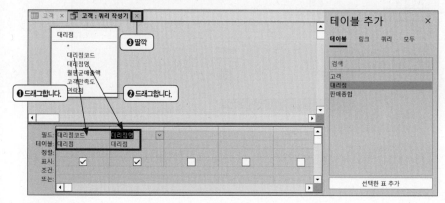

5. 닫기 단추(×)를 클릭하면 업데이트 확인 창이 나타납니다. 〈예〉를 클릭하세요.

6. '행 원본'이 설정되면 '바운드 열', '열 개수', '열 너비', '목록 너비', '목록 값만 허용' 속성을 그림과 같이 설정하세요.

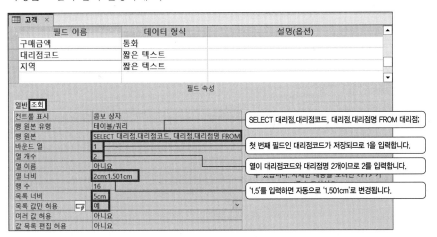

7. 닫기 단추(×)를 클릭하면 저장 확인 대화상자가 나타납니다. 〈예〉를 클릭하세요.

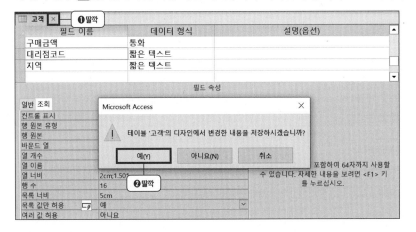

전문가의 조언

바운드 열은 선택한 목록의 여러 열 중 해당 컨트롤에 저장되는 열을 지정하는 속성입니다. '대리점코드' 필드에는 '대리점코드'와 '대리점명' 2개의 열이 연결되어 있는데, 특정 항목 선택 시 '대리점코드' 필드에 저장되는 열을 지정합니다. 첫 번째 열인 '대리점코드'를 저장하려면 1을, 두 번째 열인 '대리점명'을 저장하려면 2를 지정합니다.

8. 데이터의 일부가 손실될 수 있다는 대화상자와 데이터 통합 규칙이 바뀌었다는 대화상자에서 〈예〉를 클릭한 후 〈고객〉 테이블을 열어 데이터시트를 확인하고, 유효성 검사 규칙을 확인해 보세요.

순번	등록일	고객ID	성명	성별	전화번호	구매횟수	구매금액	대리점코드	지역	추가하려면 클릭
1	10월 14일	AA-0001	김수정	✓	031-2344-7215	3	₩95,600	마E-019		
2	10월 14일	AA-0002	이정준		02-325-8697	11	₩3,654,800	마E-019		
3	10월 14일	AA-0003	소현상		02-358-9214	1	₩45,000	마D-027		
4	10월 14일	AA-0004	현진순	✓	032-357-9211	5	₩1,568,700	마D-026		
5	10월 14일	AA-0005	진선정	✓	041-8355-6544	7	₩856,900	마D-027		
6	10월 14일	AA-0006	이수신	✓	02-3256-3687	25	₩6,521,000	자B-018		
7	10월 14일	AA-0007	신명철		042-3256-8547	13	₩2,564,780	사I-036		
8	10월 14일	AA-0008	오수정	✓	031-256-8567	8	₩752,100	자B-018		
9	10월 14일	AA-0009	정진희	✓	031-357-2564	14	₩256,870	바H-031		
10	10월 14일	AA-0010	이정열		02-3156-7258	2	₩65,840	마F-026		
* (새 항목)	06월 29일						₩0			

레코드: ◄ ◄ 1/10 ► ►► 필터 없음 검색

잠깐만요

테이블의 주요 속성

필드의 속성이 필드의 성격을 나타내듯이 '테이블' 속성은 테이블의 성격을 기술하는 것입니다. '테이블' 속성은 테이블 디자인 보기 상태에서 [테이블 디자인] → 표시/숨기기 → **속성 시트(▤)**를 클릭하여 확인할 수 있습니다.

하위 데이터시트 높이	하위 데이터시트의 높이 설정
하위 데이터시트 확장	하위 데이터시트의 확장 여부 설정
방향	필드 표시 순서 설정
설명	테이블에 대한 설명 입력
유효성 검사 규칙	레코드에 적용할 유효성 검사 규칙 설정
유효성 검사 텍스트	유효하지 않은 데이터를 입력할 때 나타낼 오류 메시지 설정
필터	필터 속성 설정
정렬 기준	정렬할 때 기준이 되는 필드나 방법 지정
하위 데이터시트 이름	하위 테이블이나 하위 쿼리의 이름 설정
하위 필드 연결	하위 테이블이나 하위 쿼리에 있는 필드의 이름 설정
기본 필드 연결	기본 테이블이나 쿼리에 있는 필드의 이름 설정
로드할 때 필터링	테이블에 지정한 필터 기능을 테이블을 열 때 적용할지의 여부 설정
로드할 때 정렬	테이블에 지정한 정렬 기능을 테이블을 열 때 적용할지의 여부 설정

데이터 형식

데이터 형식은 필드에 입력될 자료의 종류를 설정합니다. 다음과 같이 13가지 형식이 제공됩니다.

짧은 텍스트	문자 저장 형식(최대 255자)
긴 텍스트	문자 저장 형식(최대 65,535자)
숫자	각종 크기의 숫자 저장
큰 번호	숫자 형식보다 큰 숫자를 입력할 수 있는 형식(8바이트)
날짜/시간	날짜와 시간 정보 저장(8바이트)
날짜/시간 연장됨	날짜/시간 형식보다 더 넓은 날짜 범위를 입력할 수 있는 형식(8바이트)
통화	숫자 형식에 화폐를 표시하기 위한 형식(8바이트)
일련 번호	번호를 일정한 단위로 자동으로 증가시킴(4바이트, 16바이트)
Yes/No	Yes/No, True/False, On/Off 등 두 값 중 하나만 선택하는 경우에 사용(1비트)

OLE 개체	그래픽, 소리, 동영상 등의 파일 저장(최대 1GB)
하이퍼링크	웹 사이트 또는 파일의 특정 위치로 바로 연결
첨부 파일	전자 우편에서와 같이 파일을 첨부하기 위한 형식
계산	필드에 입력된 수식의 결과 값을 표시하기 위한 형식
조회 마법사...	조회 속성 설정

필드 속성

각 필드의 속성을 설정하는 기능으로, 필드의 데이터 형식에 따라 지정 가능한 속성의 범위가 달라집니다.

필드 크기	필드의 길이를 지정하여 공간의 낭비를 줄임
형식	데이터 형식에 따라 다른 형식 속성을 제공함
소수 자릿수	숫자나 통화 형식에만 있는 것으로, 소수점 이하 자릿수 설정
입력 마스크	데이터를 입력하는 방식을 설정하며 사용자가 오류 없이 정확하게 입력할 수 있도록 해줌
캡션	필드 이름을 대신하여 필드를 나타내며, 설정하지 않을 경우 필드 이름이 캡션 이름으로 자동 설정됨
기본값	테이블에 새 레코드가 추가될 때 자동으로 입력되는 값
유효성 검사 규칙	미리 정한 규칙에 맞는 값만 입력될 수 있도록 하는 속성
유효성 검사 텍스트	유효성 검사 규칙에 맞지 않는 값이 입력된 경우 나타낼 경고 메시지
필수	필드에 반드시 값이 입력되도록 설정
빈 문자열 허용	빈 문자열의 입력 여부 설정
인덱스	데이터 검색, 그룹화 등의 작업 속도를 향상시키기 위해 데이터를 일정한 기준에 맞게 정렬되도록 설정하는 기능
유니코드 압축	유니코드 압축 여부 설정
IME 모드	• 필드로 포커스가 이동되었을 때 입력될 문자 종류 설정 • 현재 상태 유지, 한글, 한글 전자, 영숫자 전자, 영숫자 반자 등에서 선택 가능

필드 속성 중 '형식'과 '입력 마스크'의 차이

'형식'은 해당 필드에 저장된 값이 테이블이나 폼을 열었을 때 화면에 표시되는 모양이고, '입력 마스크'는 사용자가 데이터를 입력할 때 오류 없이 혹은 좀 더 빠르게 입력할 수 있도록 입력난에 만들어지는 입력틀입니다. '형식'은 테이블에 실제로 저장되지 않고 출력될 때만 적용되는 형식으로, 데이터의 표시되는 모양을 결정하지만 '입력 마스크'는 옵션을 지정하여 저장되게 할 수 있습니다. 옵션을 지정하지 않은 경우에는 '입력 마스크'도 저장되지 않습니다.

예를 들어, 전화번호 필드에 필드 '형식'을 '@@@-@@@-@@@@', '입력 마스크'를 '999)999-9999'로 지정한 경우 입력할 때는 '입력 마스크'에서 지정한 형태(🔲)___-____)가 표시되어 "010)1215-8400"으로 입력되지만, 입력을 마친 후에는 "형식"에서 지정한 형태인 "010-1215-8400"으로 표시됩니다.

입력 마스크 사용자 지정 형식

0000-0000 ; 0 ; x
❶   ❷❸

❶ 사용자 지정 기호를 사용하여 입력 마스크를 지정합니다.

❷ 데이터를 입력할 때 -, /, =와 같은 서식 문자의 테이블 저장 여부를 지정합니다. 0으로 지정하면 입력 마스크 문자를 포함하여 저장하고, 1이나 공백으로 지정하면 입력된 데이터만 저장합니다.

❸ 데이터를 입력할 때 데이터가 입력될 자리에 표시할 문자를 지정합니다.

입력 마스크 대치 문자

입력 마스크는 데이터의 입력 형식을 정의하여 사용자가 오류 없이 정확하게 입력할 수 있도록 하는 속성입니다. 다음은 입력 마스크에서 사용되는 사용자 지정 기호에 대한 설명입니다.

0	필수 요소로서 0에서 9까지의 숫자를 입력하며, 덧셈과 뺄셈 기호는 사용 못함
9	선택 요소로서 숫자나 공백을 입력하며, 덧셈과 뺄셈 기호는 사용 못함
#	선택 요소로서 숫자나 공백을 입력하며, 덧셈과 뺄셈 기호 사용 가능함
L	필수 요소로서 A에서 Z까지의 영문자와 한글 입력
?	선택 요소로서 A에서 Z까지의 영문자와 한글 입력
A	필수 요소로서 A에서 Z까지의 영문자나 숫자, 한글 입력
a	선택 요소로서 A에서 Z까지의 영문자나 숫자, 한글 입력
&	필수 요소로서 모든 문자나 공백을 입력할 수 있음
C	선택 요소로서 모든 문자나 공백을 입력할 수 있음
. , : ; - /	소수 자릿수와 1000 단위, 날짜, 시간 구분 기호로 입력
〈	모든 문자를 소문자로 변환
〉	모든 문자를 대문자로 변환
\	뒤에 나오는 문자를 그대로 표시함. 예를 들어 \ A는 A만 표시됨

유효성 검사 규칙

유효성 검사 규칙은 필드에 입력하는 값을 제한하는 기능입니다. 다음은 유효성 검사 규칙의 예입니다.

〈〉0	0이 아닌 값 입력
0 Or 〉=100	0 또는 100 이상인 값 입력
〉=1 And 〈=99	1부터 99까지의 숫자만 입력
Like "A-???"	반드시 'A-'로 시작하는 5개의 문자 입력
In("A", "B", "C")	'A', 'B', 'C' 중에서 입력
Between 0 And 100	0부터 100까지의 숫자만 입력
Len([고객코드]) = 6	'고객코드'는 반드시 6글자로 입력
InStr([고객코드], " ") = 0	'고객코드'에 공백을 입력하지 못하도록 지정

'형식' 속성의 사용자 지정 기호

형식	기호	설명
숫자/통화	.(마침표)	소수 구분 기호를 표시
	,(쉼표)	천 단위 구분 기호를 표시
	0	숫자 한 자리를 표시하되, 값이 없을 경우 0을 표시
	#	숫자 한 자리를 표시하되, 값이 없을 경우 아무 것도 표시하지 않음
	$	$를 표시
	%	값에 100을 곱하고 % 기호를 추가
	E- 또는 e-	지수 표기법으로 음의 지수 뒤에는 빼기 기호(-)를 붙이고, 양의 지수 뒤에는 아무 기호도 붙이지 않음
	E+ 또는 e+	지수 표기법으로서 음의 지수 뒤에는 빼기 기호(-)를, 양의 지수 뒤에는 더하기 기호(+)를 붙임

	d	• d : 필요에 따라 한 자리 또는 두 자리 숫자로, 1~31까지의 일을 표시 • dd : 01~31까지 두 자리 숫자로 일을 표시 • ddd : sun~sat까지 요일의 처음 세 자리를 표시 • dddd : Sunday~Saturday까지 완전한 요일 이름을 표시 • ddddd : 미리 정의된 간단한 날짜 형식으로 표시 • dddddd : 미리 정의된 자세한 날짜 형식으로 표시
	w	• w : 일주일을 1~7로 나누어 몇 번째 일인지를 표시 • ww : 1년을 1~53까지 나누어 몇 번째 주인지를 표시
	m	• m : 필요에 따라 한 자리 또는 두 자리 숫자로 1~12까지의 월을 표시 • mm : 01~12까지 두 자리 숫자로 월을 표시 • mmm : Jan~Dec까지 월의 처음 세 자리를 표시 • mmmm : January에서 December까지 완전한 이름을 표시
	a	• aaa : 요일을 '일'~'토'의 형태로 표시 • aaaa : 요일을 '일요일'~'토요일'의 형태로 표시
날짜/시간	q	날짜를 1~4까지의 분기로 표시
	y	• y : 1년 중의 일을 표시(1~366) • yy : 연도의 마지막 두 자리를 표시 • yyyy : 연도를 네 자리 숫자로 표시
	h	• h : 한 자리 또는 두 자리 숫자로 0~23까지 시간을 표시 • hh : 두 자리 숫자로 00~23까지 시간을 표시
	n	• n : 한 자리 또는 두 자리 숫자로 0~59까지 분을 표시 • nn : 두 자리 숫자로 00~59까지 분을 표시
	s	• s : 한 자리 또는 두 자리 숫자로 0~59까지 초를 표시 • ss : 두 자리 숫자로 00~59까지 초를 표시
	AM/PM	• AM/PM : 대문자 AM이나 PM을 포함한 12시간제로 표시 • am/pm : 소문자 am이나 pm을 포함한 12시간제로 표시 • A/P : 대문자 A나 P를 포함한 12시간제로 표시 • a/p : 소문자 a나 p를 포함한 12시간제로 표시
텍스트/메모 형식	@	문자 데이터의 표시 위치 지정
	*	* 기호 다음에 있는 특정 문자를 표시할 수 있는 너비만큼 반복하여 채움

5230101

기출 따라잡기

문제 1 'C:\길벗컴활1급\02 액세스\01 섹션' 폴더의 '섹션01문제.accdb' 파일을 열어서 작업하시오.

01. 상품 판매 현황을 관리하기 위해 데이터베이스를 구축하려고 한다. 다음의 지시사항에 따라 〈판매종합〉 테이블을 완성하시오.

1. 테이블이 로드되면, '상품코드' 필드를 기준으로 내림차순 정렬되도록 설정하시오.

2. '판매단가' 필드의 '형식'을 '통화' 형식으로 설정하시오.

3. '주문수량' 필드는 새로운 레코드를 추가하면 1이 기본적으로 입력되도록 설정하시오.

4. '고객만족도' 필드에는 A, B, C, D, E의 값만 입력될 수 있도록 유효성 검사 규칙을 설정하시오.

5. InStr 함수를 이용하여 '고객명' 필드에는 공백 문자가 입력되지 않도록 유효성 검사 규칙을 설정하시오.

6. '매출수수료' 필드에 대해 소수점 이하 2자리까지 표시되도록 설정하시오.

7. '금액' 필드에는 '판매단가*주문수량' 이상의 값이 입력되도록 유효성 검사 규칙을 설정하시오.

   ▶ 규칙에 어긋나는 경우 "금액을 확인하세요"라는 메시지를 표시하시오.

8. '비고' 필드 인덱스의 고유를 '아니요'로 설정하시오.

9. '비고' 필드 아래쪽에 '할인액' 필드를 추가한 후 100 이하의 숫자가 입력될 수 있도록 가장 적절한 데이터 형식과 필드 크기를 설정하시오.

10. 테이블 보기 형식에서 '상품코드' 필드 이름 대신 필드 머리글에 '상품번호'가 표시되도록 필드 속성을 설정하시오.

02. 〈판매종합〉 테이블의 '할인여부' 필드의 조회 속성을 다음과 같이 설정하시오.

▶ 해당 필드에 값을 입력하는 경우, 콤보 상자의 형태로 '5%', '10%', '15%', '20%' 순서대로 값이 목록으로 나타나도록 하시오.

▶ 목록 이외의 값은 입력될 수 없도록 하시오.

기출문제 따라하기

문제 1

01. 〈판매종합〉 테이블 완성하기

1 24.상시
테이블의 '정렬 기준' 속성 설정하기

1. '탐색' 창의 '판매종합' 테이블의 바로 가기 메뉴에서 [디자인 보기]를 선택합니다.

2. [테이블 디자인] → 표시/숨기기 → 속성 시트(📋)를 클릭한 후 정렬 기준 속성을 다음과 같이 설정하세요.

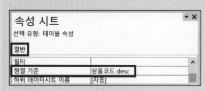

테이블 속성

테이블의 정렬 기준이나 필드 간의 관계를 이용하여 유효성 검사 규칙을 설정하려면 [테이블 디자인] → 표시/숨기기 → **속성 시트**(📋)를 클릭하여 표시되는 '테이블 속성'을 이용해야 합니다.

2 20.1, 18.상시, 16.상시, 10.3, 08.3, 05.3, 05.1, 04.3, 04.1, 03.4, 03.3, 02.3
'판매단가' 필드의 '형식' 속성 설정하기

'판매단가' 필드를 선택한 후 '일반' 탭의 '형식' 속성에서 다음과 같이 설정하세요.

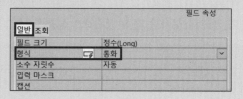

3 24.상시, 11.3, 11.1, 10.3, 08.4, 08.1, 07.3, 06.2, 06.1, 05.4, 05.3, 05.2, 04.4, 04.3, 04.1, …
'주문수량' 필드의 '기본값' 속성 설정하기

'주문수량' 필드를 선택한 후 '일반' 탭의 '기본값' 속성을 다음과 같이 설정하세요.

필드 속성	
일반 조회	
필드 크기	정수(Long)
형식	
소수 자릿수	자동
입력 마스크	
캡션	
기본값	1
유효성 검사 규칙	
유효성 검사 텍스트	

4 23.상시, 22.상시, 21.상시, 20.상시, 20.1, 19.상시, 19.2, 19.1, 18.2, 16.2, 14.2, 12.2, 11.2, 11.1, …
'고객만족도' 필드의 '유효성 검사 규칙' 속성 설정하기

'고객만족도' 필드를 선택한 후 '일반' 탭의 '유효성 검사 규칙' 속성을 다음과 같이 설정하세요.

필드 속성	
일반 조회	
필드 크기	1
형식	
입력 마스크	
캡션	
기본값	
유효성 검사 규칙	In ("A","B","C","D","E")
유효성 검사 텍스트	
필수	아니요
빈 문자열 허용	아니요
인덱스	아니요
유니코드 압축	예
IME 모드	한글
문장 입력 시스템 모드	없음
텍스트 맞춤	일반

5 14.3, 11.2, 11.1, 11.3, 10.2, 10.1, 09.4, 09.2, 08.3, 08.2, 08.1, 07.4, 07.3, 07.2, 06.3, 06.2, …
'고객명' 필드의 '유효성 검사 규칙' 속성 설정하기

'고객명' 필드를 선택한 후 '일반' 탭의 '유효성 검사 규칙' 속성을 다음과 같이 설정하세요.

필드 속성	
일반 조회	
필드 크기	10
형식	
입력 마스크	
캡션	
기본값	
유효성 검사 규칙	InStr([고객명]," ")=0
유효성 검사 텍스트	

6 06.4
'매출수수료' 필드의 '소수 자릿수' 속성 설정하기

'매출수수료' 필드를 선택한 후 '일반' 탭의 '소수 자릿수' 속성을 다음과 같이 설정하세요.

필드 속성	
일반 조회	
필드 크기	실수(Double)
형식	표준
소수 자릿수	2
입력 마스크	
캡션	

7 24.상시, 22.상시, 21.상시, 11.3
'금액' 필드와 관련된 속성 설정하기

[테이블 디자인] → 표시/숨기기 → **속성 시트(☰)**를 클릭한 후 유효성 검사 규칙과 유효성 감사 텍스트 속성을 다음과 같이 설정하세요.

속성 시트　▾ ✕

선택 유형: 테이블 속성

일반	
하위 데이터시트 확장	아니요
하위 데이터시트 높이	0cm
방향	왼쪽에서 오른쪽
설명	
기본 보기	데이터시트
유효성 검사 규칙	[금액]>=[판매단가]*[주문수량]
유효성 검사 텍스트	금액을 확인하세요
필터	

8 11.3, 11.2, 10.2, 10.1, 08.2, 06.4, 06.3, 06.2, 05.4, 05.1, 04.4, 04.3, 04.2, 04.1, 03.4, 03.3, …
'비고' 필드 인덱스의 '고유' 속성 설정하기

[테이블 디자인] → 표시/숨기기 → **인덱스(▤)**를 클릭한 후 '인덱스' 대화상자에서 '고유' 속성을 다음과 같이 설정하세요.

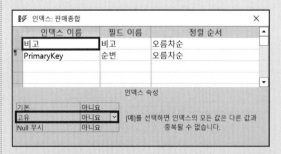

🗝 인덱스: 판매종합			✕
인덱스 이름	필드 이름	정렬 순서	
비고	비고	오름차순	
PrimaryKey	순번	오름차순	

인덱스 속성	
기본	아니요
고유	아니요
Null 무시	아니요

[예]를 선택하면 인덱스의 모든 값은 다른 값과 중복될 수 없습니다.

'인덱스' 대화상자

'인덱스' 대화상자에는 현재 테이블에 설정된 모든 인덱스가 표시되며, 인덱스의 설정값을 변경할 수 있습니다. 또한 '인덱스' 대화상자에서 설정한 값은 각 필드의 '인덱스' 속성에 그대로 반영되므로 위와 같이 지정할 경우 '비고' 필드의 '인덱스' 속성에 '예(중복 가능)'으로 표시됩니다. 반대의 경우도 그대로 적용되므로 '비고' 필드의 '인덱스' 속성을 '예(중복 가능)'으로 설정해도 됩니다.

9 24.상시, 23.상시, 15.3, 12.2, 11.3, 11.2, 10.1, 09.4, 09.3, 09.2, 08.3, 08.1
'할인액' 필드 추가 후 '데이터 형식'과 '필드 크기' 속성 설정하기

'비고' 필드 아래에 **할인액**을 입력하고, 데이터 형식을 '숫자'로 설정합니다. 이어서 필드 크기를 '바이트'로 설정합니다.

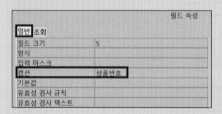

※ 데이터 형식과 필드 크기만을 이용해서는 100 이하의 숫자만 입력되도록 설정할 수 없습니다. 문제에서 요구하는 것은 정확히 100 이하의 숫자만 입력되도록 설정하는 것이 아니라 100 이하의 숫자를 입력하려 할 때 가장 적절한 데이터 형식과 필드 크기입니다. 데이터 형식을 '숫자', 필드 크기를 정수 중 가장 작은 '바이트'로 지정하면 0~255 사이의 정수를 입력할 수 있습니다.

숫자 데이터 형식의 필드 크기

데이터 형식	크기
바이트	0 ~ 255(저장 공간 : 1바이트)
정수	-32,768 ~ 32,767(저장 공간 : 2바이트)
정수(Long)	-2,147,483,648 ~ 2,147,483,647(저장 공간 : 4바이트)
실수(Single)	-3.4×10^{38} ~ 3.4×10^{38}(저장 공간 : 4바이트)
실수(Double)	-1.797×10^{308} ~ 1.797×10^{308}(저장 공간 : 8바이트)

10 22.상시, 21.상시, 19.상시, 09.2, 07.4
'상품코드' 필드에 '캡션' 속성 설정하기

'상품코드' 필드를 선택한 후 '일반' 탭의 '캡션' 속성을 다음과 같이 설정하세요.

02. 콤보 상자 설정하기

1 24.상시, 22.상시, 21.상시, 11.2, 08.1, 06.1, 05.4, 05.1, 03.1, 02.3
'할인여부' 필드의 '조회' 속성 설정하기

1. '할인여부' 필드의 '조회' 탭을 선택한 후 '컨트롤 표시'를 클릭하세요. 오른쪽 끝에 나타나는 목록 단추(▼)를 클릭한 후 '콤보 상자'를 선택합니다.

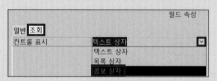

2. '행 원본 유형'의 목록 상자에서 '값 목록'을 선택하세요.

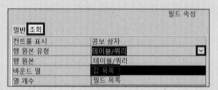

3. '행 원본' 속성에 콤보 상자에 표시될 값과 목록 값만 허용 속성을 그림과 같이 입력하세요.

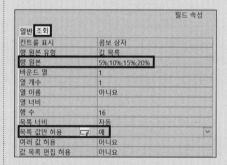

4. 닫기 단추(⊠)를 클릭하면 '저장' 창이 나타납니다. 〈예〉를 클릭하세요. 데이터 통합 규칙이 바뀌었다는 창에서 다시 〈예〉를 클릭합니다.

잠깐만요

행 원본 지정

콤보 상자나 목록 상자의 행 원본을 지정하는 방법에는 다음의 3가지가 있는데, 방법에 따른 차이는 없으므로 사용자가 편리하고 빠르게 설정할 수 있는 방법을 사용하면 됩니다.

1. '행 원본' 속성에 'SELECT 학생.학번, 학생.성명, 학생.성별 FROM 학생'과 같은 SQL문을 직접 입력합니다.
2. '행 원본' 속성에서 작성기 단추(⋯)를 선택한 후 SQL 작성기를 이용하여 설정합니다.
3. 조회 마법사를 이용합니다.

• 행 원본 유형이 '테이블/쿼리'인 경우

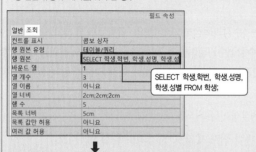

• 행 원본 유형이 '값 목록'인 경우

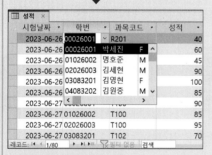

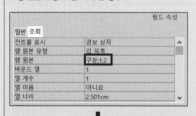

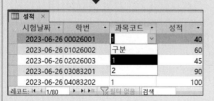

콤보 상자의 주요 속성

❶ 컨트롤 표시 : 콤보 상자나 목록 상자를 선택합니다.
❷ 행 원본 유형 : 사용할 행의 원본 유형을 지정합니다.
  • 테이블/쿼리 : 테이블이나 쿼리의 데이터를 원본으로 사용할 때
  • 값 목록 : 직접 입력하는 값을 원본으로 사용할 때
  • 필드 목록 : 테이블이나 쿼리 등의 필드 목록을 원본으로 사용할 때
❸ 행 원본 : 행 원본 유형에서 선택된 값에 따라 설정 사항이 달라집니다.
  • 테이블/쿼리 : 테이블이나 쿼리의 이름, SQL문을 지정합니다.
  • 값 목록 : 사용할 데이터를 세미콜론(;)으로 구분하여 입력합니다.
  • 필드 목록 : 테이블이나 쿼리의 이름, SQL문을 지정합니다.
❹ 바운드 열 : 선택한 목록의 여러 열 중 해당 컨트롤에 저장되는 열을 지정합니다. 1을 지정하면 '학번', '성명', '성별' 중 '학번'을 컨트롤에 저장되는 값으로 지정한다는 의미입니다. 2를 지정하면 '성명'이 컨트롤에 저장됩니다(별도의 설정을 하지 않으면 화면에 표시되는 열은 첫 번째 열이지만 화면에 표시되는 열이 컨트롤에 저장되는 것은 아닙니다.).
❺ 열 개수 : 표시되는 열의 개수를 지정합니다. '행 원본'에서 불러오는 필드 수에 맞게 지정해야 합니다. 위에서 '열 개수'를 1로 지정하면 '학번'만 나옵니다.
❻ 열 이름 : 열 머리글의 표시 여부를 지정합니다.
❼ 열 너비 : 열의 너비를 지정하며, 열이 여러 개일 경우 세미콜론(;)으로 구분합니다. 0으로 지정하면 해당 열의 데이터가 표시되지 않습니다. 위에서 '열 너비'를 '0cm;1.501cm;2cm'로 지정하면 3개의 필드 중 화면에 표시되는 것은 '성명'과 '성별'입니다.
  ※ 열 너비에 '0;1.5;2'를 입력하면 자동으로 '0cm;1.501cm;2cm'로 표시됩니다.
❽ 행 수 : 행의 개수를 지정하는 것으로, 콤보 상자에서만 설정할 수 있습니다.
❾ 목록 너비 : 콤보 상자의 전체 너비를 지정하는 것으로, 콤보 상자에서만 설정할 수 있습니다.
❿ 목록 값만 허용 : 지정한 목록 값 이외의 데이터에 대해 입력 여부를 지정하는 것으로, 콤보 상자에서만 설정할 수 있습니다.
⓫ 여러 값 허용 : 여러 값을 선택할 수 있는지의 여부를 지정합니다. 지정하면 되돌릴 수 없습니다.
⓬ 값 목록 편집 허용 : 테이블 보기 상태에서 지정한 값 목록의 편집 여부를 지정합니다. 이 항목을 선택하면 '목록 항목 편집 폼'을 사용하여 수정합니다.
⓭ 목록 항목 편집 폼 : 목록 항목을 편집할 때 표시하는 폼을 지정합니다.
⓮ 행 원본 값만 표시 : '여러 값 허용' 속성을 "예"로 설정한 경우 현재 행 원본과 일치하는 데이터만 화면에 표시할지의 여부를 지정합니다.
  ※ 폼에서 사용되는 콤보 상자 컨트롤도 위의 속성들과 같습니다.

4230200

Microsoft Access 데이터베이스는 각 주제별로 테이블을 만들어 저장한 후 각 테이블의 필드들을 조합해서 사용하는 관계 데이터베이스입니다. 관계를 설정하는 것은 테이블에 데이터를 저장할 때 잘못된 데이터의 입력을 사전에 방지하고, 여러 테이블에 저장된 정보들을 연결하여 가져올 수 있도록 테이블과의 관계를 정의하는 것입니다.

기본문제

'C:\길벗컴활1급\02 액세스\01 섹션' 폴더의 '섹션02문제.accdb' 파일을 열어서 작업하시오.

 전문가의 조언

관계를 설정하는 것은 관계 데이터베이스 구축의 가장 기본적인 작업으로, 출제율이 높으면서도 설정하는 방법이 쉬워 점수를 취득하기 쉬운 부분입니다. 한 번만 자세히 따라해 보세요.

〈수강접수〉 테이블의 '과목코드'는 〈수강과목정보〉 테이블의 '과목코드'를 참조하며 두 테이블 간의 관계는 M:1이다. 또한 〈수강접수〉 테이블의 '학생코드'는 〈학생〉 테이블의 '학생코드'를 참조하며 두 테이블 간의 관계는 M:1이다. 세 테이블에 대해 다음과 같이 관계를 설정하시오.

▶ 각 테이블 간에 항상 참조 무결성이 유지되도록 설정하시오.

▶ 참조 필드의 값이 변경되면 관련 필드의 값도 변경되도록 설정하시오.

▶ 다른 테이블에서 참조하고 있는 레코드는 삭제할 수 없도록 설정하시오.

따라하기

1 관계 설정하기

24.상시, 23.상시, 22.상시, 21.상시, 20.상시, 20.1, 19.상시, 19.2, 19.1, 18.상시, 18.2, 18.1, 17.상시, 17.1, 16.3, 16.상시, 16.2, 16.1, 15.3, 15.상시, 15.1, …

1. [데이터베이스 도구] → 관계 → 관계(🔲)를 클릭합니다.

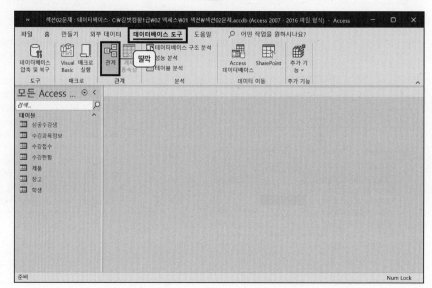

2. '테이블 추가' 창에서 〈수강과목정보〉 테이블과 〈수강접수〉 테이블, 〈학생〉 테이블을 차례로 더블클릭한 후 '테이블 추가' 창의 닫기 단추(☒)를 클릭하세요.

3. 〈수강과목정보〉 테이블의 '과목코드' 필드를 〈수강접수〉 테이블의 '과목코드' 필드로 드래그하세요.

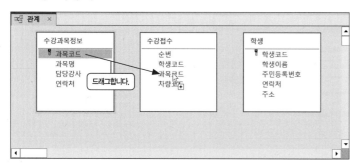

4. 마우스를 떼는 순간 '관계 편집' 대화상자가 나타납니다. '항상 참조 무결성 유지'와 '관련 필드 모두 업데이트'를 선택하고 〈만들기〉를 클릭합니다.

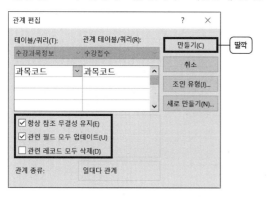

전문가의 조언

'테이블 표시' 창 표시
- '관계' 창의 바로 가기 메뉴에서 [테이블 표시]를 선택
- [관계 디자인] → 관계 → 테이블 추가(📇)를 클릭

전문가의 조언

- '관계' 창에 테이블 추가하기
  다음 그림과 같이 테이블을 '관계' 창으로 드래그하여 테이블을 추가할 수도 있습니다.

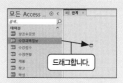

- '관계' 창에서 테이블 삭제하기
  테이블을 선택한 후 Delete를 누르면 테이블이 '관계' 창에서 제거됩니다.

전문가의 조언

반대로 〈수강접수〉 테이블의 '과목코드' 필드를 〈수강과목정보〉 테이블의 '과목코드' 필드로 드래그해도 결과는 같습니다.

전문가의 조언

'관련 레코드 모두 삭제' 항목이 체크되어 있으면, 다른 테이블에서 참조하고 있는 레코드를 삭제할 수 있습니다. 문제의 지시사항대로 다른 테이블에서 참조하고 있는 레코드는 삭제할 수 없도록 설정하려면 '관련 레코드 모두 삭제' 항목을 체크하지 않으면 됩니다.

5. 설정된 관계가 표시됩니다. 이번에는 〈수강접수〉 테이블의 '학생코드' 필드를 〈학생〉 테이블의 '학생코드' 필드로 드래그하세요.

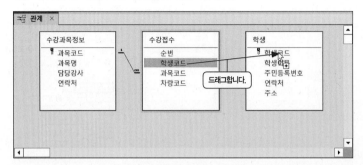

6. 마우스를 떼는 순간 '관계 편집' 대화상자가 나타납니다. '항상 참조 무결성 유지'와 '관련 필드 모두 업데이트'를 선택하고 〈만들기〉를 클릭합니다.

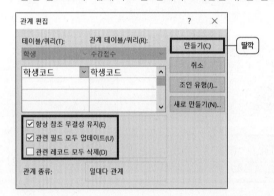

7. 설정된 관계가 표시됩니다. 닫기 단추(☒)를 클릭하면 저장 대화상자가 나타납니다. 〈예〉를 클릭하세요.

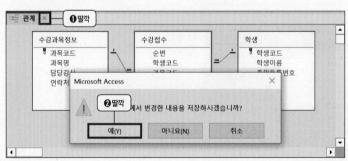

[잠깐만요] **관계의 종류**

1. 일대다(1:M)

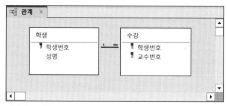

일대다로 관계 설정된 모습

일대다 관계는 가장 보편적으로 사용됩니다. 다음 그림과 같이 일대다 관계가 이루어진 〈학생〉 테이블의 한 레코드는 〈수강〉 테이블의 여러 레코드와 대응될 수 있지만, 〈수강〉 테이블의 한 레코드는 〈학생〉 테이블의 한 레코드에만 대응됩니다.

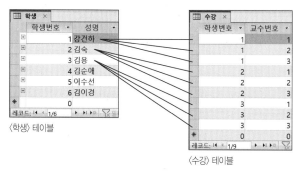

〈학생〉 테이블 〈수강〉 테이블

- 일대다 관계에서 두 개의 관련 테이블 중 '일' 쪽의 기본 테이블(학생)에는 기본키가 설정되어 있거나 유일성을 만족시키는 인덱스(중복 불가능)가 설정되어 있어야 합니다. '다' 쪽의 관련 테이블(수강)에는 기본키나 인덱스가 설정된 필드를 참조하는 외래키를 가지고 있어야 합니다.
- 기본키 필드와 외래키 필드의 데이터 형식은 같거나 호환되어야 하며 같은 종류의 정보가 들어 있어야 합니다.
- **일대다로 관계 설정된 테이블 질의하기**

아래 왼쪽 그림과 같은 질의를 이용하여 테이블의 데이터를 사용하면 오른쪽 그림과 같은 질의의 결과가 나타납니다.

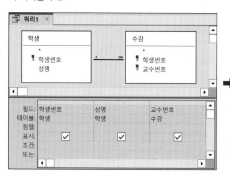

[전문가의 조언]

- **기본키** : 한 릴레이션에서 특정 레코드를 유일하게 구별할 수 있는 속성으로 기본키로 정의된 필드에는 동일한 값이 중복되어 저장될 수 없습니다. 〈학생〉 테이블에서 '학생번호' 필드가 바로 기본키입니다.
- **외래키** : 관계를 맺고 있는 테이블 R1, R2에서 테이블 R1이 참조하고 있는 테이블 R2의 기본키와 같은 R1 테이블의 속성을 외래키라고 합니다. 여기서는 〈수강〉 테이블의 '학생번호' 필드가 바로 외래키입니다.

2. 일대일(1:1)

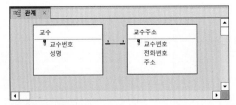

일대일 관계가 설정된 모습

일대일 관계에서는 다음과 같이 〈교수〉 테이블의 한 레코드는 〈교수주소〉 테이블의 한 레코드에만 대응되며, 〈교수주소〉 테이블의 한 레코드도 〈교수〉 테이블의 한 레코드에만 대응됩니다. 이 관계는 대부분 한 테이블로 만들 수 있기 때문에 자주 사용되지 않습니다.

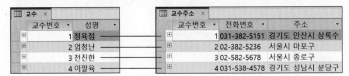

〈교수〉 테이블   〈교수주소〉 테이블

· 일대일로 관계 설정된 테이블 질의하기

아래 위쪽 그림과 같은 질의를 이용하여 테이블의 데이터를 사용하면 아래쪽 그림과 같은 질의의 결과가 나타납니다.

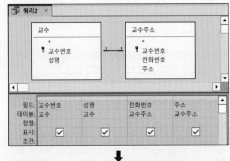

3. 다대다(M:N)

다대다 관계에서는 다음과 같이 〈학생수강〉 테이블의 한 레코드는 〈교수지도〉 테이블의 여러 레코드와 대응되며, 〈교수지도〉 테이블에서도 한 레코드가 〈학생수강〉 테이블의 여러 레코드와 대응됩니다.

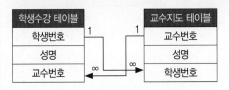

학생수강		
학생번호	성명	교수번호
1	강건하	1
1	강건하	2
1	강건하	3
2	김숙	1
2	김숙	2
2	김숙	3
3	김용	1
3	김용	2
3	김용	3

교수지도		
교수번호	성명	학생번호
1	정육점	1
1	정육점	2
1	정육점	3
2	엄청난	1
2	엄청난	2
2	엄청난	3
3	천진한	1
3	천진한	2
3	천진한	3

그러나 관계 데이터베이스에서 위와 같이 관계를 설정하는 것은 큰 의미가 없습니다. 참조 무결성이 유지되는 관계로 설정하기 위해서는 학생번호가 기본키나 인덱스(중복 불가능)로 설정되어 있어야 하는데 기본키나 인덱스(중복 불가능)로 설정된 필드에는 동일한 값이 입력될 수 없기 때문입니다. 그러므로 다대다의 관계는 다음 그림과 같이 〈교수〉 테이블과 〈학생〉 테이블의 기본키가 외래키로 구성된 제3의 테이블(〈수강〉 테이블)을 정의해서 설정해야 합니다. 즉 다대다 관계는 다음 그림처럼 제3의 테이블에 연결된 2개의 일대다 관계로 이루어집니다.

다음의 〈교수〉 테이블과 〈학생〉 테이블은 각각 〈수강〉 테이블에 대해 일대다 관계를 갖는 다대다 관계로 연결되어 있습니다.

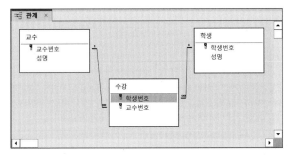

• 다대다로 관계 설정된 테이블 질의하기

아래 첫 번째 그림과 같은 테이블의 데이터를 사용하여 질의를 만들면 아래 두 번째 그림과 같은 질의의 결과가 나타납니다.

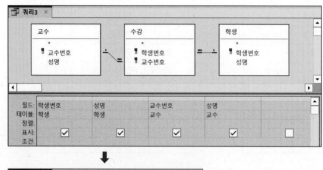

〈학생〉 테이블

〈수강〉 테이블

잠깐만요 **참조 무결성**

참조 무결성은 테이블에 레코드를 입력하거나 삭제할 때 테이블 간에 정의된 관계를 유지하기 위해 따르는 규칙입니다. 참조 무결성을 강화하기 위해 관계를 설정하려는 두 테이블의 관련 필드는 기본키이거나 고유한 인덱스 속성(중복 불가능)을 가져야 하며, 두 필드의 데이터 형식 또한 동일해야 합니다.

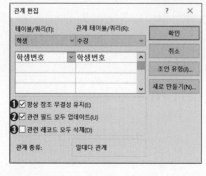
'관계 편집' 대화상자

참조 무결성 강화

❶ 항상 참조 무결성 유지 : 〈학생〉 테이블의 '학생번호' 필드에 없는 값은 〈수강〉 테이블의 '학생번호' 필드에 저장할 수 없습니다. 즉 〈수강〉 테이블의 '학생번호' 필드에 '1, 2, 3, 4, 5, 6' 이외의 값은 저장할 수 없습니다.

❷ 관련 필드 모두 업데이트 : 〈학생〉 테이블의 '학생번호' 필드 값이 변경되면 〈수강〉 테이블의 '학생번호' 필드 값이 자동으로 변경됩니다. 즉 〈학생〉 테이블의 '학생번호' 필드 중 '2'가 '8'로 변경되면, 이를 참조하는 〈수강〉 테이블에서 '학생번호'의 '2'가 모두 '8'로 자동 변경되어 〈수강〉 테이블의 '학생번호' 필드 값이 '1, 1, 1, 8, 8, 8, 3, 3, 3'으로 바뀝니다.

❸ 관련 레코드 모두 삭제 : 〈학생〉 테이블의 '학생번호' 필드 값이 삭제되면, 〈수강〉 테이블에서 〈학생〉 테이블의 지워진 '학생번호'를 참조하던 레코드는 모두 삭제됩니다. 즉 〈학생〉 테이블의 '학생번호' 필드의 값 중 '2'가 삭제되면, 이를 참조하는 〈수강〉 테이블에서 '학생번호'가 '2'인 레코드는 모두 삭제되어 〈수강〉 테이블의 레코드는 '1, 1, 1, 3, 3, 3'만 남게 됩니다. ❸을 선택하지 않으면 〈수강〉 테이블에서 참조하는 〈학생〉 테이블의 레코드는 삭제할 수 없습니다.

전문가의 조언

'관련 필드 모두 업데이트'를 지정하도록 하는 지시사항이 '〈학생〉 테이블의 '학생번호' 필드 값이 변경되면 이를 참조하는 〈수강〉 테이블의 '학생번호' 필드 값이 자동으로 변경되도록 설정하시오.'라거나 '기본키(〈학생〉 테이블의 '학생번호' 필드)가 변경되면 외래키(〈수강〉 테이블의 '학생번호' 필드) 필드도 변경되도록 설정하시오.'라고 제시되는 경우도 있으니 유의하세요.

기출 따라잡기   Section 02

4230201

문제 1 'C:\길벗컴활1급\02 액세스\01 섹션' 폴더의 '섹션02문제.accdb' 파일을 열어서 작업하시오.

〈제품〉 테이블의 '창고코드'는 〈창고〉 테이블의 '창고코드'를 참조하며 두 테이블 간의 관계는 M:1이다. 두 테이블 간의 관계 설정 시 그림과 같은 에러 메시지가 표시되었다. 이를 해결한 후 다음과 같이 관계를 설정하시오.

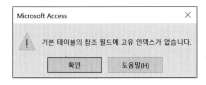

▶ 〈창고〉 테이블의 '창고코드'는 각 데이터를 유일하게 구별하는 필드이다.

▶ 테이블 간에 항상 참조 무결성을 유지하도록 설정하시오.

▶ 〈창고〉 테이블의 '창고코드'가 변경되면 이를 참조하는 〈제품〉 테이블의 '창고코드'도 따라 변경되도록 설정하시오.

▶ 〈제품〉 테이블에서 참조하고 있는 〈창고〉 테이블의 레코드를 삭제할 수 없도록 설정하시오.

문제 2 'C:\길벗컴활1급\02 액세스\01 섹션' 폴더의 '섹션02문제.accdb' 파일을 열어서 작업하시오.

〈수강현황〉 테이블의 '학생번호' 필드는 〈상공수강생〉 테이블의 '학생번호' 필드를 참조하는 외래 키이다. 〈수강현황〉 테이블의 '학생번호' 필드의 데이터 형식과 필드 속성을 설정하시오.

문제 1

14.2, 11.2, 11.1, 10.3, 09.2, 08.3, 08.1, 07.1, 06.4, 04.4, 03.2, 03.1, 02.3

1 관계 설정

1. 기본 테이블의 참조 필드에 고유 인덱스가 없다는 의미는 1:M의 관계에서 1에 해당하는 테이블에 기본키나 인덱스 (중복 불가능)가 설정되지 않았다는 의미입니다. 1에 해당하는 〈창고〉 테이블의 '창고코드'에 기본키를 설정하면 에러 메시지가 나타나지 않습니다.

2. 〈창고〉 테이블의 '창고코드'를 기본키로 설정하기 위해 〈창고〉 테이블의 바로 가기 메뉴에서 [디자인 보기]를 선택합니다.

3. '창고코드' 필드의 행 선택기를 클릭한 후 바로 가기 메뉴에서 [기본 키]를 선택하세요.

4. 닫기 단추(×)를 클릭하면 저장 대화상자가 나타나는데 〈예〉를 클릭하여 저장하세요.

5. 관계를 설정하기 위해 [데이터베이스 도구] → 관계 → 관계(🔛)를 클릭합니다.

6. '관계' 창의 바로 가기 메뉴에서 [테이블 표시]를 선택하세요.

7. '테이블 추가' 창에서 〈제품〉 테이블과 〈창고〉 테이블을 차례로 더블클릭하여 추가하세요.

8. 〈제품〉 테이블의 '창고코드' 필드를 〈창고〉 테이블의 '창고코드' 필드로 드래그하세요.

9. 마우스를 떼는 순간 '관계 편집' 대화상자가 나타납니다. '항상 참조 무결성 유지'와 '관련 필드 모두 업데이트'를 선택하고 〈만들기〉를 클릭합니다.

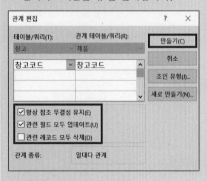

10. 설정된 관계가 표시됩니다. 닫기 단추(×)를 클릭하면 저장 대화상자가 나타나는데 〈예〉를 클릭하세요.

문제 2

08.4

1 데이터 형식 및 필드 속성 설정

1. 두 테이블 간에 관계를 설정할 때 사용하는 필드, 즉 기본키와 외래키는 데이터 형식이 동일하거나 호환되어야 합니다. 우선 〈수강현황〉 테이블의 '학생번호' 필드가 참조하는 〈상공수강생〉 테이블의 '학생번호' 필드의 데이터 형식과 필드 속성을 확인해야 합니다. 〈상공수강생〉 테이블의 바로 가기 메뉴에서 [디자인 보기]를 선택하세요.

2. 〈상공수강생〉 테이블의 '학생번호' 필드의 데이터 형식과 필드 크기를 확인하고 닫기 단추(×)를 클릭하세요.

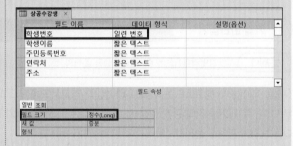

3. 〈수강현황〉 테이블의 바로 가기 메뉴에서 [디자인 보기]를 선택하세요.

4. 〈상공수강생〉 테이블의 '학생번호' 필드의 데이터 형식이 '일련 번호'이고, 필드 크기가 '정수(Long)'이므로 〈수강현황〉 테이블의 '학생번호' 필드의 데이터 형식은 '일련 번호'와 호환되는 '숫자' 형식으로, 크기는 '정수(Long)'로 지정합니다.

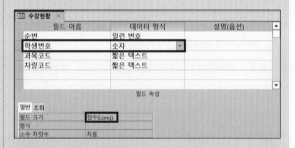

일련 번호 형식은 레코드가 추가될 때 필드의 값이 자동으로 증가하거나 임의의 값이 입력되도록만 설정할 수 있기 때문에 참조하는 테이블의 데이터 값과 같아야 하는 참조 테이블의 데이터 형식으로 사용할 수 없습니다. 참조하는 테이블의 참조 필드는 일련 번호와 호환되는 숫자로 지정해야 합니다.

시나공 Q&A 베스트

Q 일련 번호 형식은 한 테이블에 하나만 지정할 수 있나요? '학생번호' 필드의 데이터 형식을 숫자 대신 일련 번호로 지정하니 오류가 뜨네요!

A 네, 맞습니다. 일련 번호 형식은 한 테이블에 하나만 지정할 수 있습니다. 그리고 이미 데이터가 들어 있는 필드는 데이터 형식을 일련 번호 형식으로 변경할 수 없습니다. 즉 '학생번호' 필드에는 이미 데이터가 들어있기 때문에 〈수강현황〉 테이블에 일련 번호 형식을 사용한 필드가 없더라도 일련 번호 형식으로 지정할 수 없습니다.

5. 닫기 단추(☒)를 클릭하면 저장 대화상자가 나타나는데 〈예〉를 클릭하세요.

연결하기 / 가져오기

현재 사용하는 액세스 데이터베이스 파일이 아닌 다른 파일의 데이터를 데이터베이스의 테이블로 가져오거나 연결하여 사용할 수 있는 기능입니다. 가져올 데이터는 테이블이 갖는 기본적인 형태, 즉 각 데이터들이 일정한 기준에 의해 구분될 수 있어야 합니다. 이 기준만 만족하면 다른 다양한 형식의 데이터를 액세스 데이터베이스의 테이블로 가져와 다양한 용도로 사용할 수 있습니다.

기본문제 'C:\길벗컴활1급\02 액세스\01 섹션' 폴더의 '섹션03문제.accdb' 파일을 열어서 작업하시오.

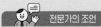 전문가의 조언

액세스 파일 외에 연결하기/가져오기에 사용된 파일 형식은 대부분 엑셀(.xlsx)과 텍스트(.txt) 파일입니다. 이 2가지 형식에 대해 알아두세요.

1. 섹션 폴더에 존재하는 '추가발령자명단.xlsx' 파일의 내용을 가져와 〈발령자명단〉 테이블에 추가하시오.

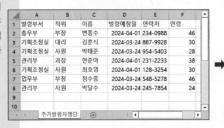 

2. 섹션 폴더에 존재하는 '인사고과점수.xlsx' 파일에 대한 연결 테이블을 작성하시오.

▶ '인사고과점수.xlsx' 파일의 열 머리글을 테이블 필드 이름으로 사용하시오.

▶ 연결 테이블 이름은 '발령자인사고과점수'로 설정하시오.

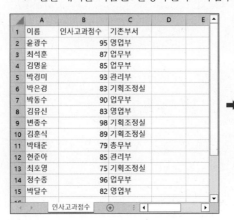

따라하기

24.상시, 22.상시, 21.상시, 20.상시, 17.상시, 16.상시, 16.2, 16.1, 13.3, 13.1, 10.2, 09.3, 08.2, 07.4, 07.1, 06.2, 06.1, 05.3, 05.2, 04.4, 04.3, 03.4

1 '추가발령자명단.xlsx' 파일 가져오기

1. [외부 데이터] → 가져오기 및 연결 → 새 데이터 원본 → 파일에서 → Excel(📊)을 클릭합니다.

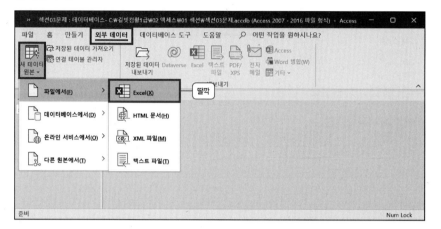

2. '외부 데이터 가져오기 – Excel 스프레드시트' 창이 나타납니다. 가져올 파일 이름과 데이터를 저장할 방법 및 위치를 지정해야 합니다. 파일 이름을 지정하기 위해 〈찾아보기〉를 클릭하세요.

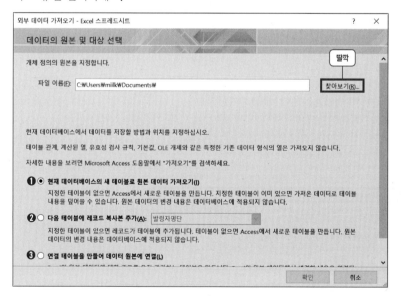

❶ 외부에서 가져온 데이터를 이용하여 새로운 테이블을 작성합니다.

❷ 외부에서 가져온 데이터를 기존의 테이블에 추가합니다.

❸ 외부에서 가져온 데이터를 이용하여 새로운 테이블을 작성하되 외부 데이터가 들어 있는 외부 파일과 연결합니다.

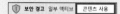
궁금해요 **시나공 Q&A 베스트**

Q 파일을 열면 '보안 경고' 메시지가 나타나요!

A '보안 경고' 메시지의 오른쪽 끝에 있는 〈콘텐츠 사용〉 단추를 클릭하여 데이터베이스 파일에 포함된 모든 콘텐츠를 사용할 수 있도록 설정하세요.

전문가의 조언

액세스 화면의 가로 크기에 따라 표시되는 아이콘의 모양이 달라집니다.

전문가의 조언

가져오기 메뉴

'탐색' 창에서 추가할 테이블의 바로 가기 메뉴 중 [가져오기]를 선택합니다.

3. '파일 열기' 대화상자가 나타나고, 파일 형식이 자동으로 지정됩니다. '섹션' 폴더에
서 '추가발령자명단.xlsx' 파일을 선택한 후 〈열기〉를 클릭하세요.

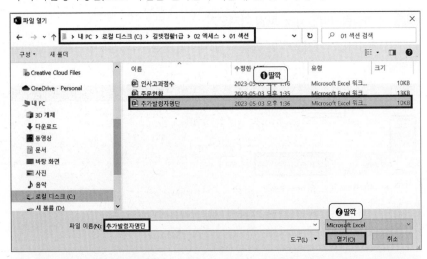

4. 다시 '외부 데이터 가져오기 – Excel 스프레드시트' 창으로 돌아옵니다. 〈발령자명
단〉 테이블에 가져온 데이터를 추가해야 하므로 '다음 테이블에 레코드 복사본 추가'
를 선택한 후 〈발령자명단〉 테이블을 선택하세요. 이어서 〈확인〉을 클릭합니다.

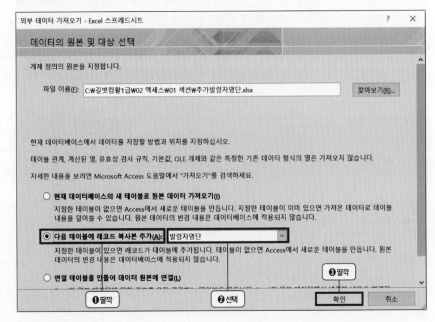

5. '스프레드시트 가져오기 마법사' 1단계 대화상자에서 그림과 같이 설정한 후 〈다음〉
을 클릭하세요.

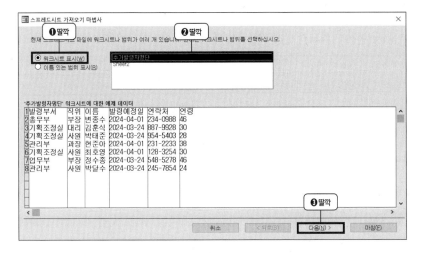

6. '스프레드시트 가져오기 마법사' 2단계 대화상자에서 〈다음〉을 클릭하세요.

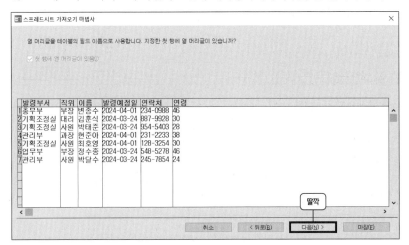

7. '스프레드시트 가져오기 마법사' 3단계 대화상자에서 〈마침〉을 클릭하세요.

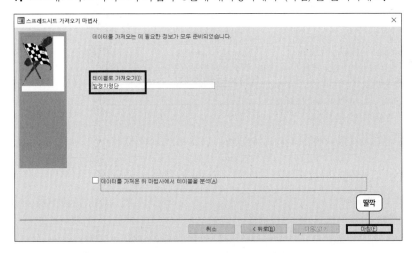

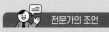
8. 가져오기 단계의 저장 여부를 묻는 '외부 데이터 가져오기 – Excel 스프레드시트' 창이 나타납니다. 가져오기 단계 저장 옵션이 해제된 상태에서 〈닫기〉를 클릭하세요.

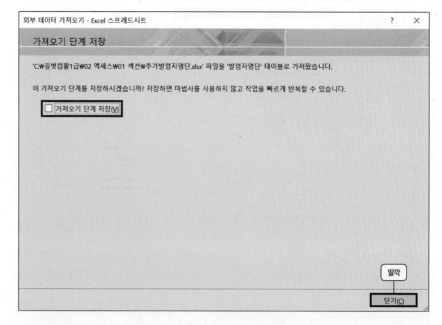

9. 〈발령자명단〉 테이블을 열어서 가져오기 결과를 확인한 후 닫기 단추(×)를 클릭하세요.

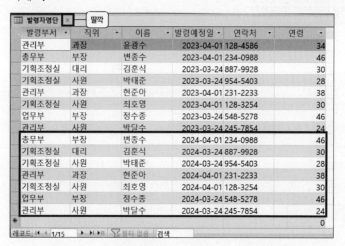

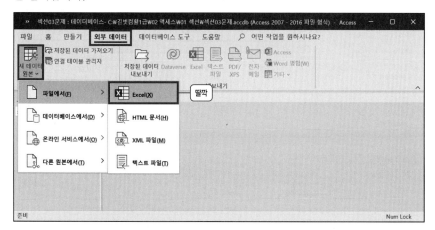

2 '인사고과점수.xlsx' 연결 테이블 작성하기

13.상시, 11.1, 08.3, 08.2, 06.4, 05.1, 04.1, 03.4, 03.3, 03.2, 03.1, 02.3

1. [외부 데이터] → 가져오기 및 연결 → 새 데이터 원본 → 파일에서 → Excel(🔢)을 클릭합니다.

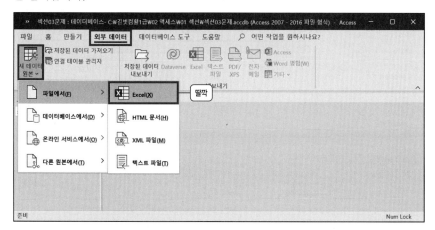

2. '외부 데이터 가져오기 – Excel 스프레드시트' 창이 나타납니다. 가져올 파일 이름과 데이터를 저장할 방법 및 위치를 지정해야 합니다. 파일 이름을 지정하기 위해 〈찾아보기〉를 클릭하세요.

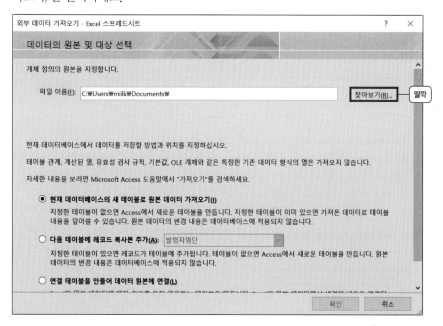

3. '파일 열기' 대화상자가 나타나고, 파일 형식이 자동으로 지정됩니다. '섹션' 폴더에서 '인사고과점수.xlsx' 파일을 선택한 후 〈열기〉를 클릭하세요.

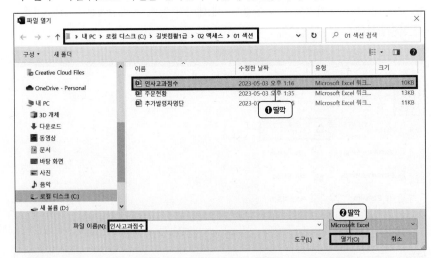

4. '외부 데이터 가져오기 – Excel 스프레드시트' 창으로 돌아옵니다. 연결 테이블을 작성해야 하므로 '연결 테이블을 만들어 데이터 원본에 연결'을 선택한 후 〈확인〉을 클릭하세요.

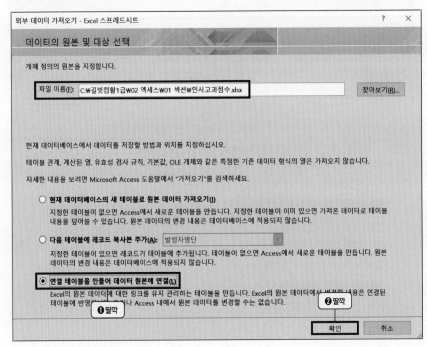

5. '스프레드시트 연결 마법사' 1단계 대화상자에서 '첫 행에 열 머리글이 있음'을 선택한 후 〈다음〉을 클릭하세요.

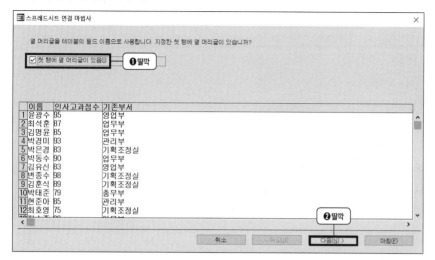

전문가의 조언

현재 스프레드시트 파일에 워크시트나 범위가 한 개만 있는 경우에는 워크시트나 범위를 선택하는 과정이 생략됩니다.

6. '스프레드시트 연결 마법사' 3단계 대화상자에서 '연결 테이블 이름'에 **발령자인사고과점수**를 입력한 후 〈마침〉을 클릭하세요.

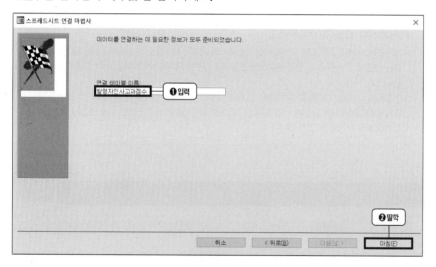

7. '스프레드시트 연결 마법사' 작업 완료 대화상자에서 〈확인〉을 클릭하세요.

8. 연결된 〈발령자인사고과점수〉 테이블을 더블클릭하여 연결된 결과를 확인하세요.

이름	인사고과점	기존부서
윤광수	95	영업부
최석훈	87	업무부
김명윤	85	업무부
박경미	93	관리부
박은경	83	기획조정실
박동수	90	업무부
김유신	83	영업부
변종수	98	기획조정실
김훈식	89	기획조정실
박태준	79	총무부
현준아	85	관리부
최호영	75	기획조정실
정수종	96	업무부
박달수	82	영업부

레코드: 1/14 · 필터 없음 · 검색

> **잠깐만요**
>
> ### 가져오기 및 연결할 수 있는 파일 형식
>
> 가져오기 및 연결할 수 있는 파일 형식에는 Microsoft Office Access, dBASE, Excel, HTML, Outlook, 텍스트 파일, XML, 데이터 서비스, ODBC, SharePoint 목록 등이 있습니다.
>
> ### 가져오기와 연결하기의 차이점
>
> • **가져오기** : 외부의 데이터를 데이터베이스로 복사해 새로운 테이블로 생성하거나 기존 테이블에 추가하는 것입니다. 이런 경우, 원본 데이터를 변경해도 가져온 테이블 데이터에는 아무런 영향을 주지 않습니다.
> • **연결하기** : 외부의 데이터를 데이터베이스의 테이블로 연결하는 것으로, 원본 데이터를 변경할 경우 연결된 테이블의 내용도 함께 변경됩니다. 그러므로 외부 데이터가 손상되면 이와 연결된 데이터베이스 테이블도 사용할 수 없게 됩니다.

4230301

기출 따라잡기

Section 03

문제 1 'C:\길벗컴활1급\02 액세스\01 섹션' 폴더의 '섹션03문제.accdb' 파일을 열어서 작업하시오.

섹션 폴더에 존재하는 '주문현황.xlsx' 파일을 가져오시오.

▶ '주문현황.xlsx' 파일의 첫 번째 행은 필드의 이름이다.

▶ 데이터를 저장할 새 테이블 이름은 '긴급주문현황'으로 설정하시오.

▶ 주문일자 필드는 제외하고 가져오고, 기본키 없음으로 설정하시오.

문제 2 'C:\길벗컴활1급\02 액세스\01 섹션' 폴더의 '섹션03문제.accdb' 파일을 열어서 작업하시오.

섹션 폴더에 존재하는 '권장도서목록.txt' 파일을 가져오시오.

▶ '권장도서목록.txt' 파일의 열 머리글을 테이블 필드 이름으로 사용하시오.

▶ '도서명' 필드를 기본키(Primary Key)로 설정하시오.

▶ 데이터를 저장할 새 테이블 이름은 '권장도서목록'으로 설정하시오.

기출문제 따라하기

문제 1

1 24.상시, 23.상시, 22.상시, 21.상시, 19.상시, 18.상시, 17.상시, 17.1, 16.3, 13.1, 10.2, 09.3, 08.2, …
'주문현황.xlsx' 파일 가져오기

1. [외부 데이터] → 가져오기 및 연결 → 새 데이터 원본 →
   파일에서 → Excel(📊)을 클릭합니다.
2. '외부 데이터 가져오기 – Excel 스프레드시트' 창에서
   〈찾아보기〉를 클릭한 후 '파일 열기' 대화상자에서 '주문
   현황.xlsx' 파일을 선택한 다음 〈열기〉를 클릭하세요.
3. '외부 데이터 가져오기 – Excel 스프레드시트' 창에서
   데이터 저장 방법으로 '현재 데이터베이스의 새 테이블
   로 원본 데이터 가져오기'를 선택한 후 〈확인〉을 클릭하
   세요.

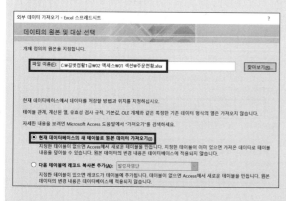

4. '스프레드시트 가져오기 마법사' 1단계 대화상자에서 그
   림과 같이 설정한 후 〈다음〉을 클릭하세요.

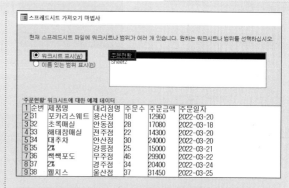

'워크시트 표시'는 시트를 대상으로 가져올 경우에 사용하며, '이름 있는 범위
표시'는 스프레드시트 파일에 이름 정의된 범위를 대상으로 가져올 경우 사용
합니다.

5. '스프레드시트 가져오기 마법사' 2단계 대화상자에서 '첫
   행에 열 머리글이 있음'을 선택한 후 〈다음〉을 클릭하세
   요.

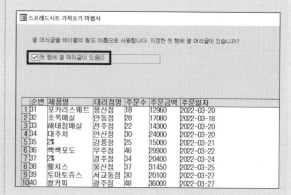

6. '스프레드시트 가져오기 마법사' 3단계 대화상자에서 '주문일자' 필드를 선택하고, '필드 포함 안 함' 옵션을 선택한 후 〈다음〉을 클릭하세요.

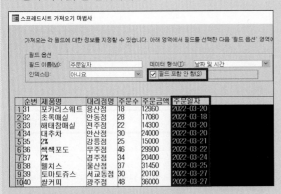

7. '스프레드시트 가져오기 마법사' 4단계 대화상자에서 '기본 키 없음'을 선택한 후 〈다음〉을 클릭하세요.

8. '스프레드시트 가져오기 마법사' 5단계 대화상자에서 테이블 이름을 **긴급주문현황**으로 입력한 후 〈마침〉을 클릭하세요.

9. '외부 데이터 가져오기 – Excel 스프레드시트' 창에서 '가져오기 단계 저장' 옵션이 선택되지 않은 채로 〈닫기〉를 클릭하세요.

10. 〈긴급주문현황〉 테이블을 더블클릭하여 결과를 확인하세요.

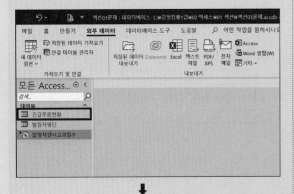

문제 2

1 23.상시, 22.상시, 21.상시, 20.상시, 08.4, 06.2, 06.1, 05.3, 05.2, 04.4, 04.3, 03.4 **'권장도서목록.txt' 파일 가져오기**

1. [외부 데이터] → 가져오기 및 연결 → 새 데이터 원본 → 파일에서 → **텍스트 파일**(📋)을 클릭합니다.

2. '외부 데이터 가져오기 – 텍스트 파일' 창에서 〈찾아보기〉를 클릭한 후 '파일 열기' 대화상자에서 '권장도서목록.txt' 파일을 선택한 다음 〈열기〉를 클릭하세요.

3. '외부 데이터 가져오기 – 텍스트 파일' 창에서 데이터 저장 방법으로 '현재 데이터베이스의 새 테이블로 원본 데이터 가져오기'를 선택한 후 〈확인〉을 클릭하세요.

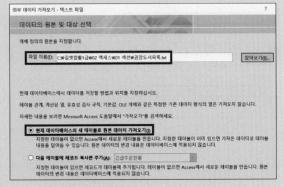

4. '텍스트 가져오기 마법사' 1단계 대화상자에서 '구분'을
선택한 후 〈다음〉을 클릭하세요.

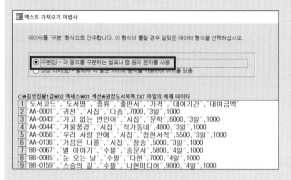

각 데이터(필드)의 간격이 일정할 때는 '고정 너비(W)'를 선택합니다.

5. '텍스트 가져오기 마법사' 2단계 대화상자에서 구분자로
'쉼표'를 선택하고, '첫 행에 필드 이름 포함'을 선택한 후
〈다음〉을 클릭하세요.

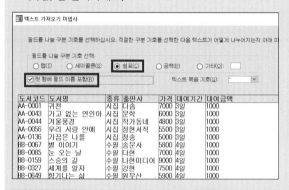

대화상자에 제시된 구분 기호가 없을 경우 '기타'를 선택한 후 구분 기호를 직
접 입력하면 됩니다.

6. '텍스트 가져오기 마법사' 3단계 대화상자에서 〈다음〉을
클릭하세요.

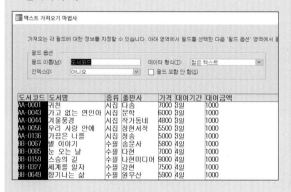

7. '텍스트 가져오기 마법사' 4단계 대화상자에서 '기본 키
선택'을 선택하고, '도서명' 필드를 선택한 후 〈다음〉을
클릭하세요.

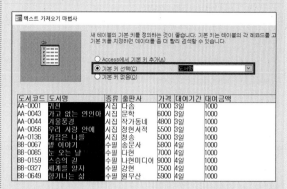

8. '텍스트 가져오기 마법사' 5단계 대화상자에서 이름난에
권장도서목록을 입력한 후 〈마침〉을 클릭하세요.

9. '외부 데이터 가져오기 – 텍스트 파일' 창에서 '가져오기
단계 저장' 옵션이 선택되지 않은 채로 〈닫기〉를 클릭하
세요.

10. 〈권장도서목록〉 테이블을 더블클릭하여 작업 결과를
확인하세요.

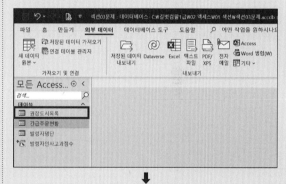

↓

도서코드	도서명	종류	출판사	가격	대여기간	대여금액
AA-0043	가고 없는 연(	시집	문학	6000	3일	1000
AA-0136	가끔은 나를	시집	청송	5000	3일	1000
CC-0013	가시고기	소설	밝은나라	7000	4일	1500
AA-0044	겨울풍경	시집	작가동네	4800	3일	1000
FF-0217	곰 세 마리	동화	피엔피	3500	2일	1000
CC-0245	국화꽃	소설	현국	7800	4일	1500
AA-0001	귀천	시집	다솜	7000	3일	1000
FF-0237	꽃동네 친구들	동화	초현사	4000	2일	1000
BB-0085	눈 오는 날	수필	다현	7000	4일	1000
BB-0067	별 이야기	수필	송문사	5800	4일	1000
DD-0927	보고픈 친구	만화	공동만화	3000	2일	500
BB-0327	세계를 알자	수필	강현	7500	4일	1000
DD-0511	수레	만화	자동사	5600	2일	300
BB-0159	스승의 길	수필	나현미디어	9000	4일	1000
DD-0005	슬픈나라	만화	초현사	3000	2일	300
FF-0007	아름다운 숲속	동화	나라	3500	2일	1000
CC-0654	아버지와 나	소설	당이문	6300	4일	1500
DD-0257	안개낀 날	만화	피엔피	4000	2일	500
EE-0321	여성시대	잡지	대성사	7500	2일	1500
AA-0056	우리 사랑 안(	시집	정현서적	5500	3일	1000
EE-0164	음악세상	잡지	나라	5700	2일	1500
FF-0111	이야기 나라	동화	진명	2500	2일	1000
CC-0367	인생	소설	진영	4900	4일	1500
EE-0248	자동차생활	잡지	거성	6700	2일	1500
DD-0117	자음과 모음	만화	판세걸	6300	2일	500
EE-0023	주간여성	잡지	동아사	8000	2일	1500
CC-0015	청운사	소설	청운사	6400	4일	1500
EE-0194	취미바둑	잡지	사범선	8100	2일	1500
FF-0548	토끼의 꿈	동화	원무산	3000	2일	1000
BB-0649	향기나는 삶	수필	원무산	5900	4일	1000

레코드: 1/30   필터 없음   검색

3 장

입력 및 수정 기능 구현

Section 04 폼과 컨트롤

폼과 컨트롤

폼(Form)이란 테이블이나 쿼리를 원본으로 하여 자료의 입력, 수정, 삭제, 조회 등의 작업을 편리하게 수행할 수 있는 환경을 제공하는 개체입니다. 폼(Form)에서는 다양한 컨트롤과 시각 효과 등을 통해 여러 유형의 정보를 제공합니다.

기본문제

'C:\길벗컴활1급\02 액세스\01 섹션' 폴더의 '섹션04문제.accdb' 파일을 열어서 작업하시오.

전문가의 조언

컴퓨터활용능력 1급 시험 중 데이터베이스의 폼은 가장 큰 비중을 차지합니다. 폼 자체에 대한 문제보다 폼에 연결된 여러 기능을 구현하라는 문제가 많이 출제되기 때문입니다. 폼 자체에서는 '폼' 속성, '컨트롤' 속성을 지정하는 문제가 가장 많이 출제되므로 각 속성의 기능을 정확히 습득해야 합니다.

01. 〈수강고객현황〉 폼을 다음의 〈화면〉과 지시사항에 따라 완성하시오.

1. 〈수강고객현황〉 쿼리를 폼의 레코드 원본으로 설정하시오.

2. 폼에 레코드를 추가하거나 삭제할 수 없도록 설정하시오.

3. '연속 폼'의 형태로 나타나도록 설정하시오.

4. 폼에 세로 스크롤 막대만 표시되도록 설정하시오.

5. 탐색 단추와 폼의 구분선이 표시되지 않도록 설정하시오.

6. 폼 머리글의 배경색을 '밝은 텍스트'로 설정하시오.

7. 본문의 'txt고객이름'과 'txt주소'를 각각 '고객이름' 필드와 '주소' 필드에 바운드시키시오.

8. 폼 바닥글의 'txt인원수'에는 레코드의 수를, 'txt납부금합계'에는 '성별'이 "여"인 고객의 납부금 합계가 표시되도록 설정하시오.
   ▶ 'txt인원수'는 Format( ), Count( ) 함수를 이용하여 다음과 같이 구할 것
      – 인원이 57명인 경우 : ★전체 : 57명★
   ▶ '성별'이 "여"인 고객의 납부금 합계는 〈수강고객현황〉 쿼리와 Dsum( ) 함수를 이용하여 구할 것

9. 본문의 컨트롤 탭 순서가 'txt고객번호', 'txt고객이름', 'cmb성별', 'txt주소', 'txt수강료', 'txt납부금', 'txt미납금'이 되도록 설정하시오.

10. 본문의 모든 컨트롤에 대해 위쪽을 기준(위로 맞춤)으로 같은 지점에 위치하고, 컨트롤들 간의 가로 간격이 모두 같도록 설정하시오.

11. 본문의 'txt미납금' 컨트롤은 편집할 수 없도록 관련 속성을 설정하시오. (단, 포커스는 이동이 가능함)

12. 본문의 'txt수강료', 'txt납부금', 'txt납부금합계' 컨트롤은 천 단위마다 콤마(,)를 표시하고, 소수점 이하는 표시되지 않도록 설정하시오.

13. 본문의 'txt주소' 컨트롤에서 Enter를 누르면 필드에서 줄 바꿈이 되도록 관련 속성을 설정하시오.

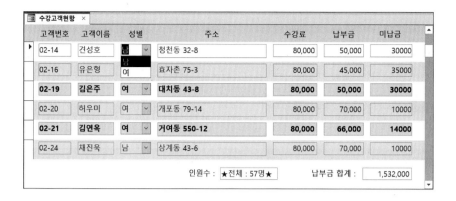

02. 〈수강고객현황〉 폼의 본문 컨트롤에 대하여 위쪽 화면을 참조하여 다음과 같이 조건부 서식을 설정하시오.

▶ '고객이름' 필드의 첫 글자가 "김"인 레코드에 대해 글꼴을 '굵게', 배경색을 '표준색 − 노랑'으로 지정하시오.

03. 〈수강고객현황〉 폼의 '성별(cmb성별)' 컨트롤을 위쪽 화면을 참조하여 설정하시오.

▶ "남"과 "여"의 문자 목록이 나타나도록 할 것

▶ 목록 이외의 값은 입력되지 않도록 할 것

04. 〈수강관리〉 폼의 본문 영역에 〈수강고객현황〉 폼을 하위 폼으로 설정하시오.

▶ 하위 폼/보고서 컨트롤의 이름은 '수강고객현황'으로 하시오.

▶ 기본 폼과 하위 폼의 연결 필드는 알맞게 지정하시오.

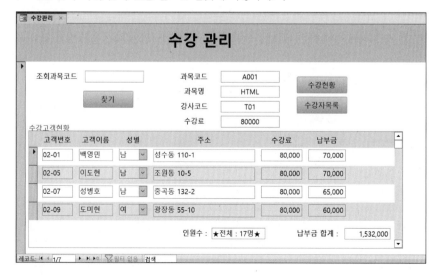

궁금해요 시나공 Q&A 베스트

Q '탐색' 창에 〈수강고객현황〉 폼이 없어요!

A 개체가 모두 표시되지 않아서 그렇습니다. '탐색' 창에서 목록 표시 단추(▣)를 클릭한 다음 '범주 탐색'에서 [개체 유형]을, '그룹 기준 필터'에서 [모든 Access 개체]를 선택하세요. 이렇게 설정해 놓으면 모든 개체가 표시되니 항상 이렇게 설정해 놓고 작업하세요.

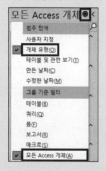

전문가의 조언

폼을 디자인 보기로 열면 기본적으로 눈금선이 표시되지만 컨트롤 확인이 수월하도록 교재에는 눈금선이 해제된 그림을 수록하였습니다. 교재와 같이 눈금선을 해제하려면 폼 빈 공간의 바로 가기 메뉴에서 [눈금]을 선택하면 됩니다.

전문가의 조언

'레코드 원본' 속성에서 선택할 수 있는 개체는 쿼리나 테이블인데, '레코드 원본'에서는 두 개체를 구분하지 않고 모두 표시합니다. 물론 쿼리와 테이블에는 같은 이름이 존재할 수 없습니다. 즉 〈수강고객현황〉 쿼리가 있으면 〈수강고객현황〉 테이블은 있을 수 없습니다. 그러니까 쿼리냐 테이블이냐를 고민할 필요 없이 찾는 이름이 있으면 선택하면 됩니다.

01. 폼 완성하기

1 16.상시, 12.1, 10.2, 08.4, 08.2, 07.3, 07.1, 06.3, 05.4, 05.3, 05.2, 05.1, 04.4, 04.3, 04.1, 03.4, 03.3, 03.2, 02.3
'레코드 원본' 속성 설정하기

1. '탐색' 창의 〈수강고객현황〉 폼의 바로 가기 메뉴에서 [디자인 보기]를 선택하세요.

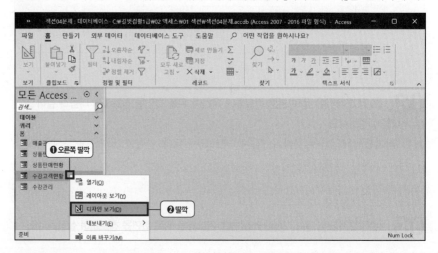

2. 폼 선택기를 더블클릭하여 '폼' 속성 시트 창을 호출하세요.

3. '폼' 속성 시트 창의 '데이터' 탭을 선택한 다음 '레코드 원본' 속성을 그림과 같이 설정하세요.

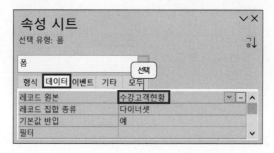

2 '삭제 가능', '추가 가능' 속성 설정하기

24.상시, 23.상시, 22.상시, 21.상시, 20.1, 19.상시, 19.2, 18.2, 16.2, 13.상시, 11.3, 11.2, 06.4, 06.3, 06.1, 05.3, 05.1, 03.4, 02.3

4. '데이터' 탭에서 '추가 가능'과 '삭제 가능' 속성을 그림과 같이 설정하세요.

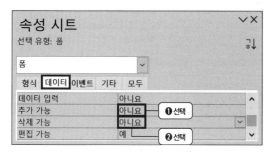

전문가의 조언

'추가 가능' 글자 부분이나 '추가 가능' 속성난을 더블클릭할 때마다 '아니요'와 '예'가 차례대로 선택됩니다. 이미 지정된 값 중 하나를 선택하는 속성에서 유용하게 사용할 수 있습니다.

3 '기본 보기' 속성 설정하기

24.상시, 23.상시, 22.상시, 21.상시, 20.상시, 19.상시, 18.상시, 16.3, 16.상시, 14.3, 14.1, 13.3, 13.1, 12.3, 12.2, 12.1, 11.3, 11.1, 10.3, 10.2, 09.4, 09.3, 08.4, …

5. '폼' 속성 시트 창의 '형식' 탭을 선택한 후 '기본 보기' 속성을 그림과 같이 설정하세요.

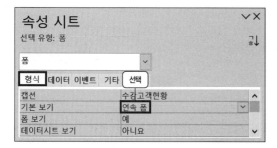

4 '스크롤 막대' 속성 설정하기

24.상시, 19.2, 06.3, 05.3

6. '형식' 탭에서 '스크롤 막대' 속성을 그림과 같이 설정하세요.

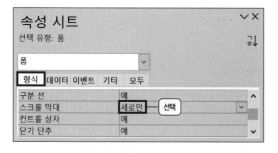

5 '탐색 단추', '구분 선' 속성 설정하기

7. '형식' 탭에서 '탐색 단추'와 '구분 선' 속성을 그림과 같이 설정하고, 닫기 단추(⊠)를 클릭하세요.

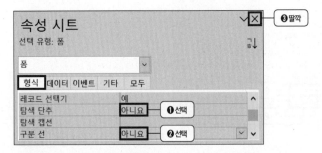

6 '배경색' 속성 설정하기

8. 폼 머리글 구역을 더블클릭한 후 '폼 머리글' 속성 시트 창의 '형식' 탭에서 '배경색' 속성을 '밝은 텍스트'로 설정하고 닫기 단추(⊠)를 클릭하세요.

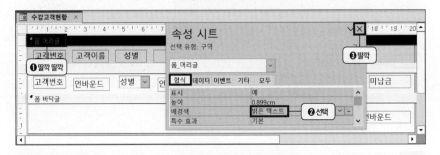

7 'txt고객이름'과 'txt주소'의 '컨트롤 원본' 속성 설정하기

9. 'txt고객이름'을 더블클릭한 후 'txt고객이름' 속성 시트 창의 '데이터' 탭에서 '컨트롤 원본' 속성을 '고객이름'으로 설정하고 닫기 단추(⊠)를 클릭하세요.

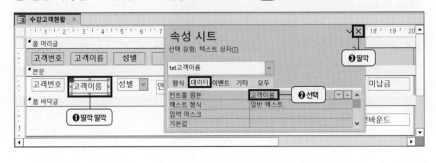

전문가의 조언

컨트롤의 이름을 확인하려면 속성 시트 창이 열린 상태에서 해당 컨트롤을 선택하세요. 그러면 속성 시트 창의 윗 부분에 해당 컨트롤의 이름이 표시됩니다.

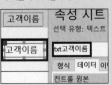

10. 'txt주소'를 더블클릭한 후 'txt주소' 속성 시트 창의 '데이터' 탭에서 '컨트롤 원본' 속성을 '주소'로 설정하고 닫기 단추(⊠)를 클릭하세요.

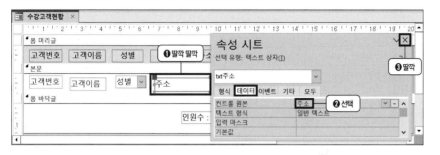

전문가의 조언

속성 시트 창 변경하기
속성 시트 창이 열려 있는 상태에서 다른 컨트롤을 선택하면 속성 시트 창의 내용이 새로 선택한 컨트롤의 내용으로 바뀝니다. 즉 'txt고객이름' 컨트롤 속성 시트 창이 열려 있는 상태에서 'txt주소' 컨트롤을 선택하면 'txt주소' 속성 시트 창으로 바뀐다는 거죠!

8 24.상시, 23.상시, 18.상시, 17.상시, 17.1, 16.2, 16.1, 15.1, 14.3, 14.1, 13.3, 13.1, 12.3, 12.2, 11.2, 11.1, 10.3, 08.4, 08.3, 08.1, 07.4, 06.4, 06.2, 05.4, …

'txt인원수'와 'txt납부금합계'의 '컨트롤 원본' 속성 설정하기

11. 'txt인원수'를 더블클릭한 후 'txt인원수' 속성 시트 창에서 '데이터' 탭의 '컨트롤 원본' 속성에 =Format(Count(∗), "★전체 "":"" ##명★")를 입력하고 닫기 단추(⊠)를 클릭하세요.

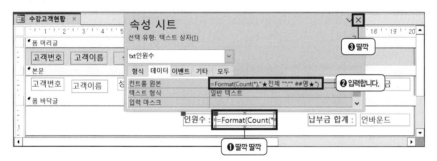

전문가의 조언

=Format(Count(∗), "★전체 "":"" ##명★")를 입력하고 Enter를 누르면, =Format(Count(∗),"""★전체 : ""#""명★""")와 같이 자동으로 변경됩니다.

잠깐만요 **Format( ) 함수 / =Count(∗)의 의미**

Format( ) 함수
숫자나 날짜 등을 지정된 형식에 맞게 문자열로 변환해주는 함수입니다.

> 형식 : Format(변환할 데이터, "표시 형식")

예1 =Format(Count(∗), "★전체 ##명★") → ★전체 57명★
　　#, 0 등의 사용자 지정 기호를 이용하여 표시 형식을 지정합니다.

예2 =Format(Count(∗), "★전체 "":"" ##명★") → ★전체 : 57명★
　　사용자 지정 기호가 아닌 ":", ";" 등의 기호를 결과로 표시할 때는 해당 기호를 이중 큰따옴표(""
　　"")로 묶어줘야 합니다.

=Count(∗)의 의미
Count( ) 함수의 인수를 ∗로 입력하면 레코드의 일부 필드가 Null 값이어도 레코드의 개수에 포함시킵니다. 예를 들어 Count([사용자])와 같이 필드를 명시하면 '사용자' 필드가 Null인 레코드는 개수에서 제외됩니다.

12. 'txt납부금합계'를 더블클릭한 후 'txt납부금합계' 속성 시트 창에서 '데이터' 탭의 '컨트롤 원본' 속성에 =DSum("납부금", "수강고객현황", "성별='여'")를 입력하고 닫기 단추(×)를 클릭하세요.

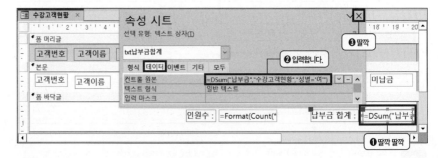

9 본문의 컨트롤 탭 순서 설정하기

22.상시, 21.상시, 19.상시, 16.3, 15.1, 13.3, 13.1, 12.3, 12.1, 11.3, 11.1, 10.3, 05.3, 05.2, 05.1, 04.4, 04.3 04.1, 03.3, 03.2, 03.1, 02.3

13. 폼 디자인 보기 상태의 〈수강고객현황〉 폼의 바로 가기 메뉴에서 [탭 순서]를 선택하세요.

14. '탭 순서' 대화상자에서 '본문'을 클릭하세요. '본문' 구역에서 원하는 컨트롤의 행 선택기를 클릭한 후 다시 한 번 클릭하면 컨트롤을 이동시킬 수 있는 상태가 됩니다. 'txt고객번호' 컨트롤을 원하는 위치로 드래그하세요.

15. 같은 방법으로 아래 그림과 같이 순서를 설정한 후 〈확인〉을 클릭하세요.

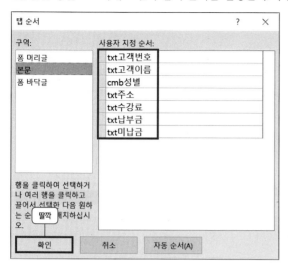

23.상시, 22.상시, 21.상시, 15.3, 15.1, 11.2, 09.3, 09.1, 08.1, 06.4, 06.3

10 컨트롤 위치 및 간격 맞추기

16. 본문 왼쪽의 세로 눈금자 부분을 마우스로 클릭하여 본문의 모든 컨트롤을 선택한 후 바로 가기 메뉴에서 [맞춤] → **위쪽**을 선택하세요.

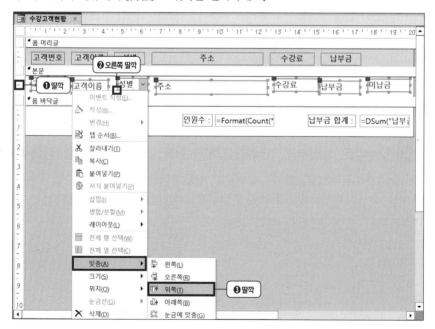

> **전문가의 조언**
>
> 여러 개의 컨트롤을 선택하려면 Shift를 누른 채 차례로 해당 컨트롤을 선택하거나 선택할 컨트롤이 모두 포함되도록 마우스를 드래그해도 됩니다.

17. 본문의 모든 컨트롤이 선택된 상태에서 [정렬] → 크기 및 순서 조정 → 크기/공간 → **가로 간격 같음**을 클릭하세요.

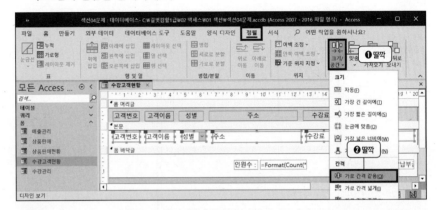

11 '18 txt미납금'의 '잠금' 속성 설정하기
24.상시

18. 'txt미납금' 컨트롤을 더블클릭한 후 'txt미납금' 속성 시트 창의 '데이터' 탭에서 '잠금' 속성을 '예'로 설정하고, 닫기 단추(×)를 클릭하세요.

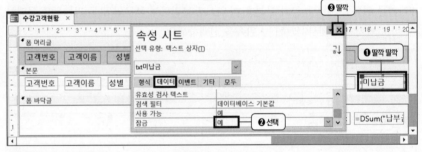

12 'txt수강료', 'txt납부금', 'txt납부금합계'의 '형식', '소수 자릿수' 속성 설정하기
12.3, 10.3, 06.4

19. 'txt수강료'를 더블클릭한 후 'txt수강료' 속성 시트 창의 '형식' 탭에서 '형식' 속성 과 '소수 자릿수' 속성을 그림과 같이 설정하고, 닫기 단추(×)를 클릭하세요.

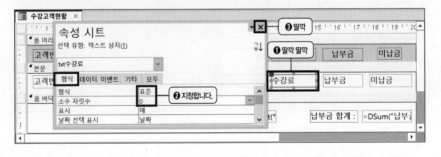

전문가의 조언

동일한 속성을 여러 개의 컨트롤에 지정할 경우에는 Shift를 누른 채 속성을 지정할 컨트롤을 모두 선택한 후 한 번에 지정하면 편리합니다. Shift를 누른 채 'txt수강료', 'txt납부금', 'txt납부금합계'를 각각 클릭하여 선택한 후 '형식' 속성과 '소수 자릿수' 속성을 지정하면 한 번에 여러 개의 컨트롤에 속성이 지정됩니다.

20. 'txt납부금'을 더블클릭한 후 'txt납부금' 속성 시트 창의 '형식' 탭에서 '형식' 속성과 '소수 자릿수' 속성을 그림과 같이 설정하고, 닫기 단추(×)를 클릭하세요.

🧑‍🏫 **전문가의 조언**

속성 시트 창 변경하기

속성 시트 창이 열려 있는 상태에서 다른 컨트롤을 선택하면 속성 시트 창의 내용이 새로 선택한 컨트롤의 내용으로 바뀝니다.

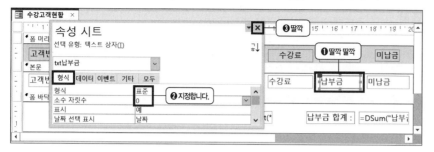

21. 'txt납부금합계'를 더블클릭한 후 'txt납부금합계' 속성 시트 창의 '형식' 탭에서 '형식' 속성과 '소수 자릿수' 속성을 그림과 같이 설정하고, 닫기 단추(×)를 클릭하세요.

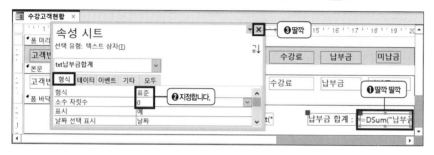

13 'txt주소'의 〈Enter〉 키 기능' 속성 설정하기
19.상시, 18.상시

22. 'txt주소'를 더블클릭한 후 'txt주소' 속성 시트 창의 '기타' 탭에서 '〈Enter〉 키 기능' 속성을 그림과 같이 설정하고, 닫기 단추(×)를 클릭하세요.

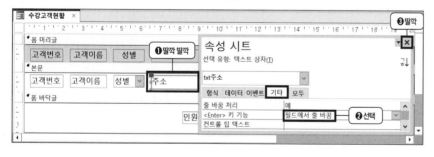

02. 조건부 서식

1 본문 컨트롤에 조건부 서식 설정하기

1. 본문 왼쪽의 세로 눈금자 부분을 마우스로 클릭하여 본문의 모든 컨트롤을 선택한 후 [서식] → 컨트롤 서식 → **조건부 서식(▦)**을 클릭하세요.

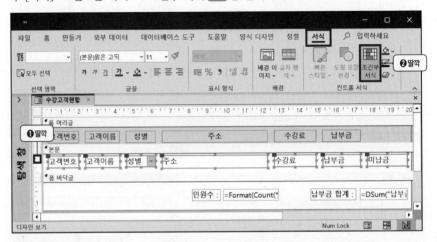

2. '조건부 서식 규칙 관리자' 대화상자에서 〈새 규칙〉을 클릭하세요.

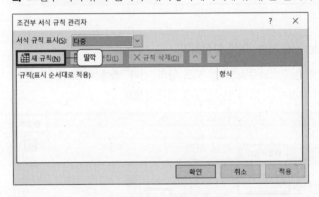

3. '새 서식 규칙' 대화상자에서 조건과 서식을 그림과 같이 설정한 후 〈확인〉을 클릭하세요.

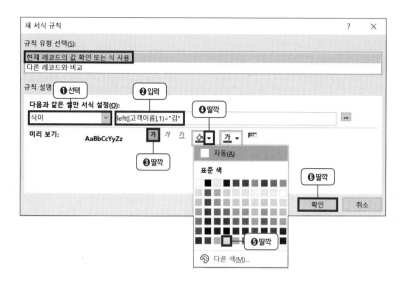

 전문가의 조언

레코드 전체에 조건부 서식을 적용하려면 본문의 모든 컨트롤을 선택한 상태에서 [서식] → 컨트롤 서식 → 조건부 서식을 선택한 후 '새 서식 규칙' 대화상자에서 '식이'를 이용하여 조건을 지정해야 합니다. 조건부 서식에 대한 설명은 112쪽에 자세히 설명되어 있으니 참고하세요.

4. '조건부 서식 규칙 관리자' 대화상자에서도 〈확인〉을 클릭하세요.

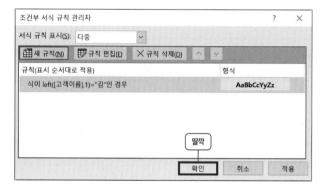

03. 콤보 상자 설정하기

1 'cmb성별' 콤보 상자 설정하기
16.1, 11.1, 10.3, 09.1, 08.2, 05.2, 05.1, 04.4, 04.3, 04.1, 03.4, 03.3, 03.2, 03.1

1. 'cmb성별' 콤보상자를 더블클릭한 후 'cmb성별' 속성 시트 창에서 '데이터' 탭의 '행 원본 유형', '행 원본', '목록 값만 허용' 속성을 그림과 같이 설정하고 'cmb성별' 속성 시트 창을 닫으세요.

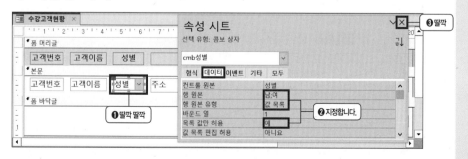

2. 설정이 끝났으니 '폼 디자인' 창의 닫기 단추(⊠)를 클릭하세요. 저장 확인 대화상자가 표시되면 〈예〉를 클릭하세요.

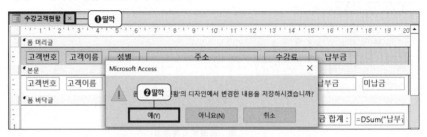

04. 하위 폼

15.상시, 12.3, 11.1, 10.3, 09.2, 08.4, 08.3, 08.2, 08.1, 07.4, 07.3, 07.1, 06.3, 06.2, 05.4, 05.3, 05.2, 05.1, 04.4, 04.3, 04.2, 04.1, 03.4, 03.3, 03.2, 03.1, 02.3
하위 폼 추가하기

1. '탐색' 창의 '폼' 개체에서 〈수강관리〉 폼을 선택한 후 바로 가기 메뉴에서 [디자인 보기]를 선택하세요.

2. [양식 디자인] → 컨트롤 → 하위 폼/하위 보고서(▦)를 클릭한 후 〈수강관리〉 폼의 본문에 원하는 크기로 드래그하세요.

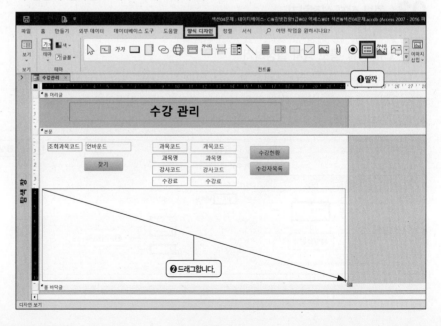

3. 마우스에서 손을 떼는 순간 '하위 폼 마법사'가 나타납니다. '하위 폼 마법사' 1단계 대화상자에서 〈수강고객현황〉 폼을 선택한 후 〈다음〉을 클릭하세요.

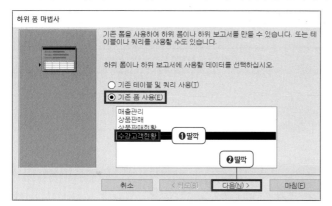

[양식 디자인] → 컨트롤 그룹의
🔽 → **컨트롤 마법사 사용**(🏹)이
선택된 상태에서 '하위 폼/하위 보
고서'를 클릭할 때에만 하위 폼 마
법사가 실행됩니다. 하위 폼 마법
사가 실행되지 않을 경우 '컨트롤
마법사 사용(🏹)'이 선택되어 있
는지 확인하세요.

4. '하위 폼 마법사' 2단계 대화상자에 연결 필드를 그림과 같이 설정한 후 〈다음〉을 클릭하세요.

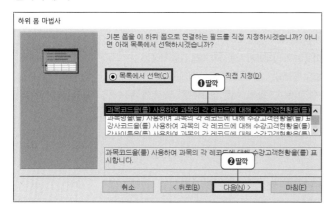

연결 필드는 하위 폼과 상위 폼을
연결시킬 수 있는 공통적인 필드
를 말하는 것으로, 일대다의 관계
가 설정되어 있으면 자동으로 목
록에 표시됩니다. '1'에 해당하는
테이블이 상위 폼에 표시되고 '다'
에 해당하는 테이블이 하위 폼에
해당됩니다.

5. '하위 폼 마법사' 3단계 대화상자에서 하위 폼의 이름을 **수강고객현황**으로 지정하고, 〈마침〉을 클릭하세요.

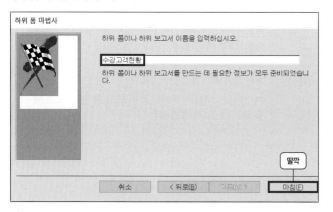

6. [양식 디자인] → 보기 → **폼 보기**()를 클릭하여 작성된 폼의 실행 결과를 확인하세요.

잘깐만요

[만들기] → 폼

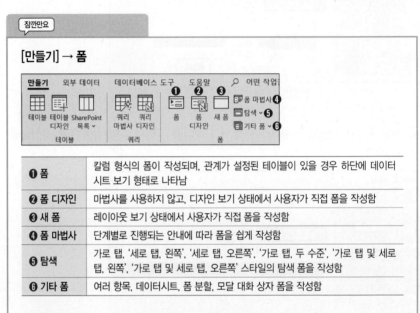

① 폼	칼럼 형식의 폼이 작성되며, 관계가 설정된 테이블이 있을 경우 하단에 데이터 시트 보기 형태로 나타남
② 폼 디자인	마법사를 사용하지 않고, 디자인 보기 상태에서 사용자가 직접 폼을 작성함
③ 새 폼	레이아웃 보기 상태에서 사용자가 직접 폼을 작성함
④ 폼 마법사	단계별로 진행되는 안내에 따라 폼을 쉽게 작성함
⑤ 탐색	가로 탭, '세로 탭, 왼쪽', '세로 탭, 오른쪽', '가로 탭, 두 수준', '가로 탭 및 세로 탭, 왼쪽', '가로 탭 및 세로 탭, 오른쪽' 스타일의 탐색 폼을 작성함
⑥ 기타 폼	여러 항목, 데이터시트, 폼 분할, 모달 대화 상자 폼을 작성함

폼의 주요 속성

• '데이터' 탭 : 폼과 연결된 테이블이나 쿼리에 대한 속성 설정

레코드 원본	사용할 데이터의 원본 설정
필터	특정 기준에 따른 필터 설정
로드할 때 필터링	폼을 불러올 때 필터링할지의 여부 설정
정렬 기준	정렬할 기준 설정
로드할 때 정렬	폼을 불러올 때 지정된 정렬 기준에 따라 정렬할지의 여부 설정
데이터 입력	폼을 새로운 레코드를 추가할 수 있는 상태로 나타냄
필터 사용	지정된 필터의 사용 여부 설정
편집 가능, 추가 가능, 삭제 가능	편집, 추가, 삭제 가능 여부 설정
레코드 잠금	2명 이상의 사용자가 동시에 같은 레코드를 편집하려고 할 때 레코드를 잠그는 방법 설정

• '형식' 탭 : 폼 화면 자체에 대한 속성 설정

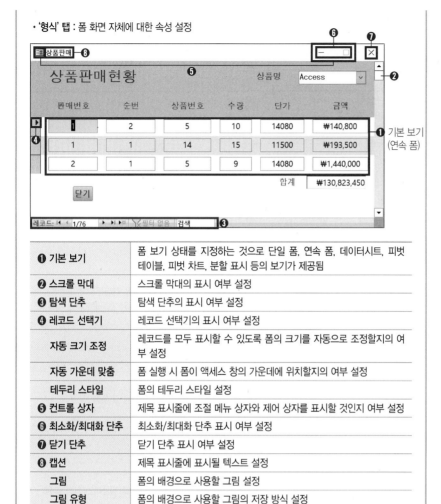

❶ 기본 보기	폼 보기 상태를 지정하는 것으로 단일 폼, 연속 폼, 데이터시트, 피벗 테이블, 피벗 차트, 분할 표시 등의 보기가 제공됨
❷ 스크롤 막대	스크롤 막대의 표시 여부 설정
❸ 탐색 단추	탐색 단추의 표시 여부 설정
❹ 레코드 선택기	레코드 선택기의 표시 여부 설정
자동 크기 조정	레코드를 모두 표시할 수 있도록 폼의 크기를 자동으로 조정할지의 여부 설정
자동 가운데 맞춤	폼 실행 시 폼이 액세스 창의 가운데에 위치할지의 여부 설정
테두리 스타일	폼의 테두리 스타일 설정
❺ 컨트롤 상자	제목 표시줄에 조절 메뉴 상자와 제어 상자를 표시할 것인지 여부 설정
❻ 최소화/최대화 단추	최소화/최대화 단추 표시 여부 설정
❼ 닫기 단추	닫기 단추 표시 여부 설정
❽ 캡션	제목 표시줄에 표시될 텍스트 설정
그림	폼의 배경으로 사용할 그림 설정
그림 유형	폼의 배경으로 사용할 그림의 저장 방식 설정

• '기타' 탭

팝업	폼을 팝업 폼으로 열 것인지 여부 지정
모달	• 폼을 모달 폼으로 열 것인지 여부 지정 • '예'를 선택하면 해당 폼이 열려 있을 경우 다른 작업을 수행할 수 없음
탭 키 전환	Tab을 눌렀을 때의 이동 영역을 설정함

전문가의 조언

창 표시 방법이 '탭 문서' 형식일 때는 속성 값에 상관 없이 제어 상자와 최소화/최대화 단추는 화면에 표시되지 않습니다. 제어 상자와 최소화/최대화 단추의 표시 여부를 화면으로 확인하려면 [파일] → 옵션을 선택한 후 '현재 데이터베이스' 탭에서 문서 창 옵션을 '창 겹치기'로 지정하여 창 표시 방법을 변경해야 합니다.

[양식 디자인] → 컨트롤의 주요 컨트롤

❶ 텍스트 상자	❻ 콤보 상자	⓫ 확인란
❷ 레이블	❼ 선	⓬ 첨부 파일
❸ 단추	❽ 토글 단추	⓭ 옵션 단추
❹ 탭 컨트롤	❾ 목록 상자	⓮ 하위 폼/하위 보고서
❺ 옵션 그룹	❿ 사각형	⓯ 이미지

컨트롤의 주요 속성

각 컨트롤마다 가지고 있는 속성이 약간씩 다릅니다. 여기서 제시된 속성들은 대부분의 컨트롤에서 동일하게 사용되는 것입니다. 특별히 콤보 상자와 목록 상자로 지정된 것은 해당 컨트롤에서만 지원되는 속성이므로 구분해서 알아둬야 합니다.

• '데이터' 탭

컨트롤 원본	연결할 데이터 설정
기본값	새 레코드가 추가될 때 컨트롤에 기본적으로 입력될 값 설정
입력 마스크	컨트롤에 입력할 수 있는 서식이나 형식 설정
유효성 검사 규칙	컨트롤에 입력할 수 있는 데이터의 사양 설정
사용 가능	컨트롤의 사용 여부
잠금	컨트롤에 입력된 데이터의 편집 여부 설정
행 원본 유형	• 콤보 상자, 목록 상자 컨트롤에서 사용할 데이터를 제공하는 방법 설정 • 테이블/쿼리, 필드 목록, 값 목록
행 원본	콤보 상자, 목록 상자 컨트롤에서 사용할 데이터 설정
바운드 열	콤보 상자, 목록 상자 컨트롤에 저장할 열 설정
목록 값만 허용	지정한 목록 값 이외의 데이터에 대한 입력 여부 지정
값 목록 편집 허용	테이블 보기 상태에서 지정한 값 목록의 편집 여부 지정
목록 항목 편집 폼	목록 항목을 편집할 때 표시하는 폼 지정
행 원본 값만 표시	'여러 값 허용' 속성을 "예"로 설정한 경우 현재 행 원본과 일치하는 데이터만 화면에 표시할지의 여부 지정

• '형식' 탭

표시	화면에 컨트롤의 표시 여부 설정
형식	컨트롤에 표시되는 데이터의 표시 형식 설정
소수 자릿수	컨트롤의 데이터에 소수점 이하의 자릿수 설정
배경 스타일, 배경색	배경 스타일, 배경색 설정
특수 효과	특수 효과 설정(기본, 볼록, 오목, 새김(사방), 그림자, 새김(밑줄) 등)

테두리 스타일, 테두리 색, 테두리 두께	테두리 스타일, 테두리 색, 테두리 두께 설정
문자색	컨트롤에 표시되는 데이터의 색 설정
글꼴 이름 · 크기 · 두께 · 기울임꼴 · 밑줄	글꼴의 이름, 크기, 두께, 기울임꼴 여부, 밑줄 여부 설정
텍스트 맞춤	텍스트 맞춤(일반, 왼쪽, 가운데, 오른쪽, 배분) 설정
열 개수, 열 너비	콤보 상자, 목록 상자 컨트롤에서 표시할 열의 개수, 열의 너비 설정
중복 내용 숨기기	보고서의 컨트롤에서 현재 컨트롤의 값이 이전 컨트롤 값과 동일할 경우 데이터를 숨길지의 여부 설정
확장 가능, 축소 가능	컨트롤에 표시될 데이터를 모두 볼 수 있도록 컨트롤 세로 길이의 확장 가능, 축소 가능 여부 설정

· '기타' 탭

이름	컨트롤의 이름 설정
IME 모드	컨트롤이 포커스를 가질 때 입력 모드 설정(한글, 한글 전자, 영숫자 반자, 영숫자 전자, …)
상태 표시줄 텍스트	컨트롤이 포커스를 가질 때 상태 표시줄에 표시할 메시지 설정
컨트롤 팁 텍스트	컨트롤에 마우스 포인터를 이동시켰을 때 스크린 팁으로 표시되는 메시지 설정
탭 정지	Tab을 이용하여 포커스를 이동시킬 수 있는지 여부 설정
탭 인덱스	폼에서 해당 컨트롤의 탭 순서 설정
여러 항목 선택	목록 상자에서 여러 항목의 선택 여부와 방법 설정

Access 함수

· 논리/비교 연산

함수	설명
인수1 AND 인수2	인수가 모두 참이면 참
인수1 OR 인수2	인수 중 하나라도 참이면 참
NOT(인수)	인수의 반대 논리값 반환
LIKE	만능 문자(*, ?)와 함께 사용하며 문자 패턴을 비교함
IS	개체 비교
=, 〈, 〉, 〉=, 〈=, 〈〉	같다, 작다, 크다, 크거나 같다, 작거나 같다, 같지 않다

· 날짜/시간 처리 함수

함수	설명
NOW( )	현재 날짜와 시간을 표시
DATE( )	현재 날짜를 표시
TIME( )	현재 시간을 표시
WEEKDAY(날짜)	· 지정된 날짜의 요일에 해당하는 숫자를 표시 · 요일은 1(일요일)~7(토요일)까지의 정수로 표시
DATEVALUE(날짜)	텍스트 형식의 날짜를 일련번호로 변환

함수	설명
DATEPART(형식, 날짜)	• 지정된 날짜에서 형식에 제시된 값만 표시 • 형식은 년(year), 월(month), 일(day) 등으로 구분됨
DATEADD(형식, 값, 날짜)	지정된 날짜에서 형식(년, 월, 일)을 지정한 값만큼 증가
DATEDIFF(형식, 날짜1, 날짜2)	두 날짜 사이의 형식(년, 월, 일)의 경과값을 표시
YEAR(날짜)	지정된 날짜에서 연도만 표시
MONTH(날짜)	지정된 날짜에서 월만 표시
DAY(날짜)	지정된 날짜에서 일만 표시
HOUR(시간)	지정된 시간에서 시만 표시
MINUTE(시간)	지정된 시간에서 분만 표시
SECOND(시간)	지정된 시간에서 초만 표시
MONTHNAME(인수)	지정한 인수를 월을 나타내는 문자열로 반환
DATESERIAL(연도, 월, 일)	지정된 연도, 월, 일에 해당하는 값을 날짜 형식으로 반환
TIMESERIAL(시, 분, 초)	지정된 시, 분, 초에 해당하는 값을 시간 형식으로 반환
TIMEVALUE(시간)	텍스트 형식의 시간을 일련번호로 변환
WEEKDAYNAME(요일 번호)	요일 번호에 해당하는 요일명을 반환

• DATEADD, DATEDIFF, DATEPART 함수의 인수

yyyy	연	w	요일
q	분기	ww	주(일년 기준)
m	월	h	시
d	일	n	분
y	일(일년 기준)	s	초

• 문자/숫자 처리 함수

함수	설명
LEFT(문자열, 자릿수)	왼쪽에서 주어진 자릿수만큼 추출
MID(문자열, 시작값, 자릿수)	시작 위치에서 주어진 자릿수만큼 추출
RIGHT(문자열, 자릿수)	오른쪽에서 주어진 자릿수만큼 추출
TRIM(문자열)	문자열의 좌우 공백을 제거
LTRIM(문자열)	왼쪽에 있는 공백을 제거
RTRIM(문자열)	오른쪽에 있는 공백을 제거
STRCOMP(문자열1, 문자열2)	문자열1과 문자열2를 비교하여 같으면 0, 다르면 -1을 반환
LEN(문자열)	문자열의 길이를 반환
LENB(문자열)	문자열의 길이를 바이트로 반환
LCASE(문자열)	문자열을 모두 소문자로 변환
UCASE(문자열)	문자열을 모두 대문자로 변환
REPLACE (문자열1, 찾는 문자, 문자열2)	문자열에서 특정 문자를 찾아 문자열2로 변경
SPACE(개수)	지정한 수만큼의 공백을 추가
STRING(개수, 문자)	문자를 지정한 수만큼 반복해서 표시
INSTR(문자열, 찾는 문자)	문자열에서 특정한 문자 또는 문자열이 있는 위치를 구함

STRCONV(문자열, 형식)	문자열을 지정한 형식으로 반환
STRREVERSE(문자열)	문자열의 문자를 역순으로 정렬하여 반환
RND( )	0~1 사이의 난수를 반환
ABS(인수)	인수의 절대값을 반환
INT(인수)	인수보다 크지 않은 정수를 반환
ROUND(인수, 소수 자릿수)	지정한 인수의 숫자를 지정한 자릿수로 반올림함
인수1 MOD 인수2	인수1을 인수2로 나눈 나머지를 구함

• 선택 함수

함수	설명
IIF(조건,인수1,인수2)	조건을 비교하여 참이면 인수1, 거짓이면 인수2 실행
CHOOSE(인수,첫 번째,두 번째, ...)	인수가 1이면 첫 번째를, 인수가 2이면 두 번째를, ... 입력함
SWITCH(조건1,인수1,조건2,인수2, ...)	조건1을 비교하여 참이면 인수1 실행, 거짓이면 조건2 실행 ...

• 자료 형식 변환 함수

함수	설명
CDATE(문자열)	날짜 형식으로 된 문자열을 날짜로 변환
CSTR(인수)	숫자를 문자로 변환
VAL(텍스트)	숫자로 이루어진 문자열을 숫자로 변환
CINT(인수), CLNG(인수)	인수를 정수(2Byte, 4Byte)로 변환
CBOOL(인수)	인수를 TRUE나 FALSE로 반환
STR(인수)	인수를 문자열로 변환

• 자료 형식 평가 함수

함수	설명
ISNULL(인수)	인수로 지정된 값이 NULL인지의 여부를 확인
ISDATE(인수)	인수로 지정된 값이 날짜 형식인지의 여부를 확인
ISNUMERIC(인수)	인수로 지정된 값이 숫자인지의 여부를 확인
ISERROR(인수)	인수로 지정된 값이 오류인지의 여부를 확인
ISOBJECT(인수)	인수로 지정된 값이 개체 변수인지의 여부를 확인

• 도메인 계산 함수

함수	설명
DAVG(인수,도메인,조건)	도메인에서 조건에 맞는 자료를 대상으로 지정된 인수의 평균 계산
DSUM(인수,도메인,조건)	도메인에서 조건에 맞는 자료를 대상으로 지정된 인수의 합계 계산
DCOUNT(인수,도메인,조건)	도메인에서 조건에 맞는 자료를 대상으로 지정된 인수의 개수 계산
DMIN(인수,도메인,조건)	도메인에서 조건에 맞는 자료를 대상으로 지정된 인수의 최소값 계산
DMAX(인수,도메인,조건)	도메인에서 조건에 맞는 자료를 대상으로 지정된 인수의 최대값 계산
DLOOKUP(인수,도메인,조건)	도메인에서 조건에 맞는 인수 표시

※ 도메인 계산 함수의 인수는 필드 이름, 폼의 컨트롤, 상수, 함수를 포함하며, 도메인은 테이블, 쿼리를 포함합니다.

- SQL 계산 함수

함수	설명		함수	설명
AVG(인수)	인수의 평균 계산		SUM(인수)	인수의 합계 계산
COUNT(인수)	인수의 개수 계산		MIN(인수)	인수 중 최소값 계산
MAX(인수)	인수 중 최대값 계산			

조건부 서식

- 폼이나 보고서에서 조건에 맞는 특정 컨트롤 값에만 서식을 적용하는 것으로 필드 값이나 식, 포커스를 가지고 있는 컨트롤을 대상으로 조건부 서식을 설정할 수 있습니다.
- 특정 컨트롤 값에만 서식을 적용하려면 해당 컨트롤을 선택하고, 레코드 전체에 서식을 적용하려면 본문의 모든 컨트롤을 선택한 후 [서식] → 컨트롤 서식 → 조건부 서식을 클릭하여 지정합니다.
- 적용할 규칙의 유형에는 '현재 레코드의 값 확인 또는 식 사용'과 '다른 레코드와 비교'가 있습니다.

  - **현재 레코드의 값 확인 또는 식 사용** : 각 레코드에 대해 개별적으로 적용되는 규칙을 작성함
  - **다른 레코드와 비교** : 데이터 막대를 사용하여 레코드를 서로 비교하는 규칙을 작성함
- 조건부 서식의 조건은 '필드 값이', '식이', '필드에 포커스가 있음' 3가지를 이용하여 지정할 수 있습니다.

  - **필드 값이** : 서식이 적용될 컨트롤의 값을 이용하여 조건을 지정할 때 사용
  - **식이** : 식을 이용한 계산 결과 또는 다른 컨트롤의 값, 필드의 값에 따라 조건을 지정할 때 사용함. 행 단위로 서식을 지정할 때는 '식이'를 사용해야 함
  - **필드에 포커스가 있음** : 폼에서 포커스 즉, 커서가 위치한 컨트롤에 서식을 변경할 때 사용

기출 따라잡기　　　　　　　　　　　　　　　　　　　　　　　　　　　　Section 04

문제 1　'C:\길벗컴활1급\02 액세스\01 섹션' 폴더의 '섹션04문제.accdb' 파일을 열어서 작업하시오.

01. 〈상품판매〉 폼을 다음의 지시사항대로 완성하시오.

1. 〈상품종합〉 쿼리를 폼의 레코드 원본으로 설정하시오.
2. 폼 머리글 영역의 '판매번호_Label'과 본문의 'txt판매번호' 컨트롤의 너비를 둘 중 가장 넓은 너비로 설정하시오.
3. 폼에 최소화/최대화 단추 중 최소화 단추만 표시되도록 설정하시오.
4. 'txt판매번호', 'txt순번', 'txt상품번호'를 각각 '판매번호', '순번', '상품번호' 필드에 바운드시키시오.
   ▶ '상품번호' 필드는 〈상품종합〉 쿼리에 추가한 후 바운드시킬 것

5. 폼 머리글에 레이블을 생성한 후 폼 제목을 입력하고 글꼴은 다음과 같이 설정하시오.

  ▶ 이름 : lbl제목

  ▶ 글꼴 : 돋움체, 글꼴 크기 : 20, 글꼴 두께 : 굵게

6. 본문의 모든 컨트롤을 가운데 맞춤으로 정렬하시오.

7. 본문의 'txt단가' 컨트롤에 마우스를 가져가면 〈그림〉과 같이 관련 텍스트가 나타나도록 설정하시오. (최근에 수정된 단가입니다.)

8. 'txt금액합계' 컨트롤에 '금액'의 합계를 표시하고, 형식은 '통화', 특수 효과를 '오목'으로 설정하시오.

9. 폼 머리글의 모든 컨트롤에 대해 다음과 같이 설정하시오.

  ▶ 글꼴 이름 : 돋움체

  ▶ 글꼴 두께 : 굵게

10. 폼이 팝업 폼으로 열리도록 설정하고, 폼이 열려 있을 경우 다른 작업을 수행할 수 없도록 설정하시오.

11. 'txt단가' 컨트롤에는 '상품번호'가 'txt상품번호'에 해당하는 상품의 '단가'를 표시하도록 구현하시오.

  ▶ 〈상품〉 테이블과 DLookup( ) 함수 사용

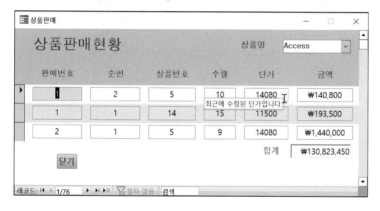

> **전문가의 조언**
>
> '팝업' 폼으로 열리면 속성 시트 창의 '기타' 탭에서 '팝업' 속성을, 폼이 열려 있을 경우 다른 작업을 수행할 수 없도록 하려면 '기타' 탭에서 '모달' 속성을 이용해야 합니다. '팝업'과 '모달' 속성에 대한 설명은 107쪽을 참조하세요.

02. 〈상품판매〉 폼의 바닥글 영역에 다음 지시사항에 따라 명령 단추(Command Button)를 생성하시오.

▶ 명령 단추를 누르면 폼이 닫히도록 설정

▶ 컨트롤의 이름을 'cmd닫기'로 설정

▶ 캡션은 '닫기'로 설정

03. 〈상품판매〉 폼의 본문 컨트롤에 대하여 다음과 같이 조건부 서식을 순서대로 설정하시오.

▶ 필드에 포커스가 있는 경우 배경 색을 '표준 색 – 노랑'으로 지정하시오.

▶ '상품번호' 필드의 값이 5이고, '수량' 필드의 값이 10 이상인 경우 본문의 모든 컨트롤들의 글꼴 스타일을 '굵게', 글꼴 색을 '표준 색 – 빨강'으로 지정하시오.

04. 〈상품판매현황〉 폼의 하위 폼에 내용이 표시되도록 기본 폼과 하위 폼을 연결하시오.

▶ 기본 폼의 '판매번호'를 이용하여 판매현황이 하위 폼에 표시되도록 하시오.

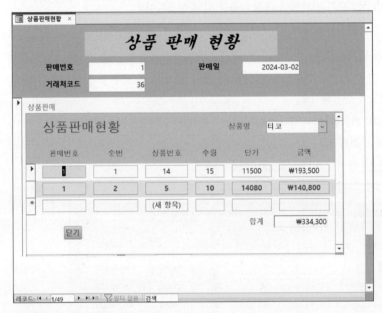

문제 2   'C:\길벗컴활1급\02 액세스\01 섹션' 폴더의 '섹션04문제.accdb' 파일을 열어서 작업하시오.

01. 〈매출관리〉 폼을 다음의 지시사항대로 완성하시오.

1. 폼 머리글에 다음과 같이 그림을 삽입하시오.

▶ 그림 파일 이름 : 문서.jpg   ▶ 그림 크기 조절 모드 : 전체 확대/축소

▶ 그림 너비 : 3cm   ▶ 그림 높이 : 2cm

▶ 그림 유형 : 포함   ▶ 그림 이름 : Im그림

2. 폼이 열릴 때 '지역코드' 필드를 기준으로 내림차순 정렬되어 표시되도록 설정하시오.

3. 폼을 열었을 때 본문의 'cmb상품코드' 컨트롤에 포커스가 이동되도록 탭 인덱스를 설정하시오.

4. 레코드 선택기가 나타나도록 설정하고, 탐색 단추는 나타나지 않도록 설정하시오.

5. 본문의 'cmb지역코드' 컨트롤에는 지역코드가 소문자로 표시되도록 컨트롤 원본 속성을 이용하여 설정하시오.

6. 폼의 홀수와 짝수 행에 다른 배경색이 표시되도록 관련 속성을 설정하시오.

   ▶ 다른 배경색 : Access 테마 9

7. 본문의 'txt매출액', 'txt마진액', 'txt순이익'에 다음과 같이 표시되도록 설정하시오.

   ▶ txt매출액 = txt매출수량 * txt단가

   ▶ txt마진액 = txt매출액 − txt제조경비

   ▶ txt순이익 = txt마진액 − txt매출수수료

8. 폼 바닥글의 'txt매출수량평균' 컨트롤에 매출수량의 평균이 표시되도록 설정하시오.

9. 폼 바닥글의 'txt개수' 컨트롤에 전체 레코드의 개수가 표시되도록 설정하고, 사용하지 못하도록 설정하시오.

10. 'txt순이익' 컨트롤에 포커스를 이동시킬 수 없도록 탭 속성을 설정하시오.

11. 본문의 'cmb상품코드' 컨트롤에는 상품코드 중 뒤의 2자리만 표시되도록 설정하시오.

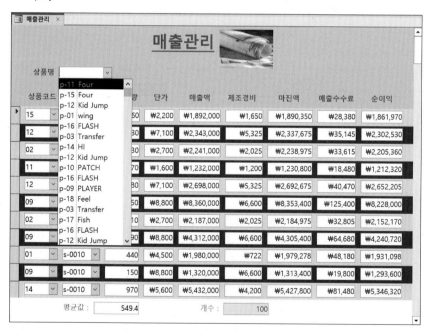

02. 〈매출관리〉 폼의 텍스트 상자인 상품명(cmb상품명) 컨트롤을 위 〈화면〉과 같이 콤보 상자로 변환하시오.

▶ 〈매출관리현황〉 쿼리의 '상품코드'와 '상품명'을 표시하되, 컨트롤에는 '상품코드'가 저장되도록 하고 목록 이외의 값은 입력될 수 없도록 하시오.

▶ '상품코드'와 '상품명'의 열 너비를 각각 1cm, 3cm로, 목록 너비를 4cm로 설정할 것

전문가의 조언

콤보 상자의 행 원본에 '상품코드'와 '상품명'을 지정하면 '상품코드'는 첫 번째 열, '상품명'은 두 번째 열에 해당됩니다.

문제 1

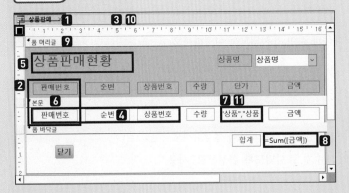

01. 폼 완성하기

12.1, 10.2, 08.4, 08.2, 07.1, 06.3, 06.2, 06.1, 05.4, 05.3, 05.2, 05.1, 04.4, 04.3, 03.4, 03.3, 03.2, 02.3

1 '레코드 원본' 속성 설정하기

1. '탐색' 창의 〈상품판매〉 폼의 바로 가기 메뉴에서 [디자
인 보기]를 선택하세요.
2. 폼 선택기를 더블클릭한 후 '폼' 속성 시트 창에서 '데이
터' 탭의 '레코드 원본' 속성을 그림과 같이 설정하세요.

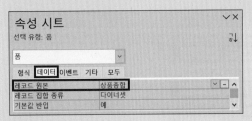

22.상시, 21.상시

2 컨트롤 크기 맞추기

1. 폼 머리글 영역의 '판매번호_Label' 레이블 컨트롤을 클
릭한 후 Shift를 누른 채 본문의 'txt판매번호' 텍스트 상
자 컨트롤을 클릭하세요.
2. 바로 가기 메뉴에서 [크기] → **가장 넓은 너비에**를 선택
하세요.

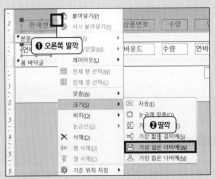

05.1, 04.2

3 '최소화/최대화 단추' 속성 설정하기

'형식' 탭에서 '최소화/최대화 단추' 속성을 그림과 같이 설
정하고, 닫기 단추(×)를 클릭하세요.

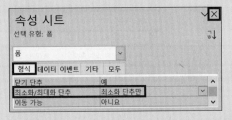

속성 시트 창이 열려 있는 상태에서 다른 컨트롤을 선택하면 속성 시트 창의
내용이 새로 선택한 컨트롤의 내용으로 바뀝니다.

11.1, 10.3, 10.1, 09.4, 08.2, 07.4, 07.2, 07.1, 06.3, 06.2, 05.2, 05.1, 04.4, 04.3, 04.1, 03.4, …

4 레코드 원본에 '상품번호' 필드 추가 후 'txt판매번호', 'txt순번', 'txt상품번호'의 컨트롤 원본 속성 설정하기

1. 폼 선택기를 더블클릭하여 '폼' 속성 시트 창을 연 후 '데이터' 탭의 '레코드 원본' 속성을 클릭하여 나타나는 작성기 단추(…)를 클릭합니다.

2. 〈상품종합〉 쿼리에 '상품번호' 필드를 추가하기 위해 쿼리 편집기에서 '상품번호' 필드를 하단 그리드 라인의 마지막 필드로 드래그합니다. 닫기 단추(×)를 클릭한 후 업데이트 여부를 묻는 대화상자에서 〈예〉를 클릭하세요.

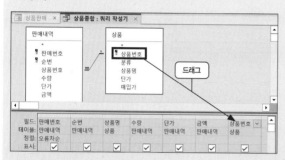

궁금해요 **시나공 Q&A 베스트**

Q '상품번호' 필드는 〈판매내역〉과 〈상품〉 테이블에 모두 있는데, 어느 테이블에 있는 필드를 연결해야 하나요?

A 두 테이블 중 어느 테이블의 '상품번호'를 지정하든 관계없습니다.

---

3. 'txt판매번호'를 더블클릭한 후 'txt판매번호' 속성 시트 창의 '데이터' 탭에서 '컨트롤 원본' 속성을 그림과 같이 설정하세요.

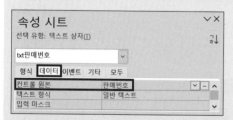

4. 'txt순번'을 클릭한 후 'txt순번' 속성 시트 창의 '데이터' 탭에서 '컨트롤 원본' 속성을 그림과 같이 설정하세요.

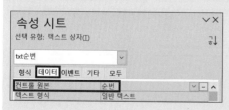

5. 'txt상품번호'를 클릭한 후 'txt상품번호' 속성 시트 창의 '데이터' 탭에서 '컨트롤 원본' 속성을 그림과 같이 설정하세요.

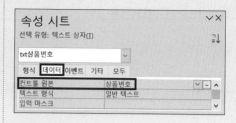

23.상시, 22.상시, 21.상시, 20.상시, 20.1, 19.2, 19.1, 18.상시, 18.1, 17.상시, 16.상시, 16.2, 14.2, …

5 컨트롤 생성하기

1. [양식 디자인] → 컨트롤 → 레이블(가가)을 클릭한 후 레이블을 삽입할 위치에서 드래그하세요.

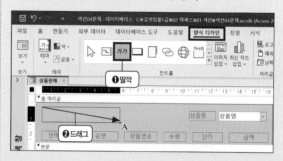

2. 생성한 레이블에 **상품판매현황**이라고 입력하고 Enter를 누르세요.

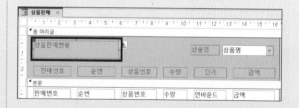

3. 생성한 레이블을 더블클릭한 후 속성 시트 창의 '형식' 탭에서 '글꼴 이름', '글꼴 크기', '글꼴 두께' 속성을 그림과 같이 설정하세요.

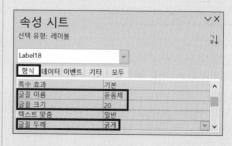

4. '기타' 탭의 '이름' 속성을 그림과 같이 설정하세요.

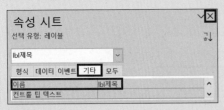

6 본문의 모든 컨트롤의 '텍스트 맞춤' 속성 설정하기

05.2, 05.1, 04.3, 04.1, 03.2

1. 본문 구역 왼쪽의 눈금자 부분을 클릭하여 본문 구역의 모든 컨트롤을 선택한 후 [양식 디자인] → 도구 → **속성 시트(圖)**를 클릭하세요.

2. '여러 항목 선택' 속성 시트 창에서 '형식' 탭의 '텍스트 맞춤' 속성을 그림과 같이 설정하세요.

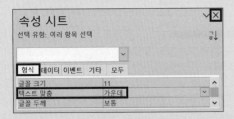

7 'txt단가'의 '컨트롤 팁 텍스트' 속성 설정하기

'txt단가'를 더블클릭한 후 'txt단가' 속성 시트 창의 '기타' 탭에서 '컨트롤 팁 텍스트' 속성을 그림과 같이 설정하세요.

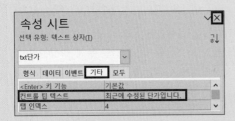

8 'txt금액합계'의 속성(컨트롤 원본, 형식, 특수 효과) 설정하기

22.상시, 21.상시, 20.1, 19.상시, 18.1, 17.상시, 17.1, 16.3, 14.1, 12.1, 10.2, 08.3, 06.4, 06.2, 06.1, …

1. 'txt금액합계'를 더블클릭한 후 'txt금액합계' 속성 시트 창의 '데이터' 탭에서 '컨트롤 원본' 속성을 아래 그림과 같이 설정하세요.

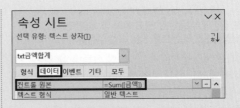

2. 'txt금액합계' 속성 시트 창의 '형식' 탭에서 '형식'과 '특수 효과' 속성을 그림과 같이 설정하세요.

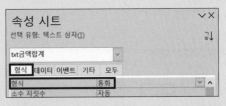

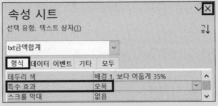

9 폼 머리글 컨트롤들의 서식 설정하기

12.2, 05.1, 02.3

1. 폼 머리글 영역의 세로 눈금자를 드래그하여 폼 머리글 영역의 모든 컨트롤들을 선택하세요.

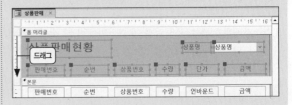

2. [서식] → 글꼴의 '돋움체'를 선택하고, 글꼴 스타일에서 '굵게'를 설정하세요.

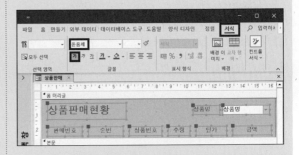

10 '팝업' 속성과 '모달' 속성 설정하기

23.상시, 22.상시, 21.상시, 18.1, 17.상시, 16.1, 15.3, 12.2

폼 선택기를 더블클릭한 후 '폼' 속성 시트 창에서 '기타' 탭의 '팝업' 속성과 '모달' 속성을 그림과 같이 설정하세요.

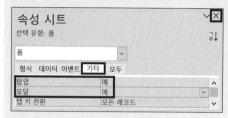

11 'txt단가'의 컨트롤 원본 설정하기

24.상시, 23.상시, 22.상시, 21.상시, 19.상시, 18.상시, 15.1, 13.3, 12.1, 11.3, 11.2, 10.2, 09.3, 08.2

'txt단가' 컨트롤을 더블클릭한 후 'txt단가' 속성 시트 창의 '데이터' 탭에서 '컨트롤 원본' 속성을 아래 그림과 같이 설정하세요.

속성 시트

선택 유형: 텍스트 상자(T)

txt단가

형식 | **데이터** | 이벤트 | 기타 | 모두

컨트롤 원본 | =DLookUp("단가","상품","상품번호=txt상품번호")
텍스트 형식 | 일반 텍스트

'=DLookUp("단가","상품","상품번호=txt상품번호")'의 의미

- **단가** : 결과 값을 구할 필드 이름으로, 여기서는 단가를 구하므로 '단가' 필드를 지정합니다.
- **상품** : 작업 대상 레코드가 들어 있는 테이블이나 쿼리의 이름으로서, 문제에 제시되지 않은 경우 폼 속성의 '데이터' 탭에서 '레코드 원본' 속성과 동일하게 지정하면 됩니다.
- **상품번호=txt상품번호** : 조건으로서 '상품번호'가 'txt상품번호' 컨트롤에 입력된 값과 같은 경우를 대상으로 합니다.

02. 명령 단추 생성하기

19.상시, 19.2, 18.상시, 18.1, 16.3, 16.상시, 16.2, 15.3, 14.3, 12.3, 09.4, 08.4, 07.4, 06.4, 05.2, …

1. [양식 디자인] → 컨트롤 → 단추(□)를 클릭한 후 적당한 위치에서 드래그하세요.

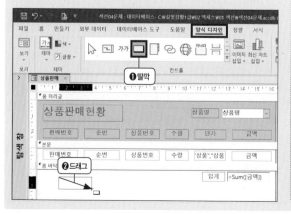

2. '명령 단추 마법사' 1단계 대화상자에서 '폼 작업'과 '폼 닫기'를 선택한 후 〈다음〉을 클릭하세요.

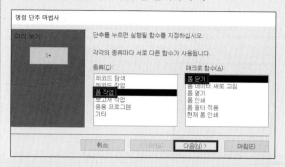

> 명령 단추 마법사가 나타나지 않으면 [양식 디자인] → 컨트롤 그룹의 ⊡ → **컨트롤 마법사 사용**(ᆽ)을 선택한 다음 다시 시도해 보세요.

3. 명령 단추에 표시할 캡션을 지정하는 단계입니다. '명령 단추 마법사' 2단계 대화상자에서 그림과 같이 설정한 후 〈다음〉을 클릭하세요.

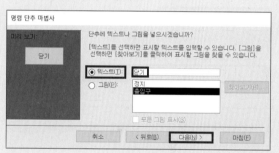

4. '명령 단추 마법사' 3단계 대화상자에서 그림과 같이 단추의 이름을 지정하고, 〈마침〉을 클릭하세요.

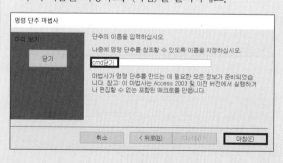

03. 본문 컨트롤에 조건부 서식 설정하기

24.상시, 19.상시, 18.상시

1. 본문 왼쪽의 세로 눈금자 부분을 마우스로 클릭하여 본문의 모든 컨트롤을 선택한 후 [서식] → 컨트롤 서식 → 조건부 서식(▦)을 클릭하세요.

2. '조건부 서식 규칙 관리자' 대화상자에서 〈새 규칙〉을 클릭한 후 '새 서식 규칙' 대화상자에서 조건과 서식을 그림과 같이 설정한 후 〈확인〉을 클릭하세요.

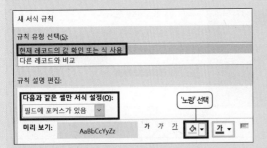

3. '조건부 서식 규칙 관리자' 대화상자에서 다시 한 번 〈새 규칙〉을 클릭한 후 '새 서식 규칙' 대화상자에서 조건과 서식을 그림과 같이 설정한 후 〈확인〉을 클릭하세요.

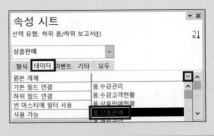

4. '조건부 서식 규칙 관리자' 대화상자에서도 〈확인〉을 클릭하세요.

조건부 서식 규칙 관리자	? ×
서식 규칙 표시(S): 다중	
🗒새 규칙(N) 규칙 편집(E) × 규칙 삭제(D) ∧ ∨	
규칙(표시 순서대로 적용)	형식
포커스가 있는 경우	AaBbCcYyZz
식이 [상품번호] = 5 and [수량] >= 10인 경우	AaBbCcYyZz
확인 취소 적용	

24.상시, 23.상시, 18.상시, 17.상시, 16.상시, 16.1, 14.3, 14.2, 13.상시, 12.3, 10.2, 10.1, 09.4, …

04. 기본 폼과 하위 폼 연결하기

1. '탐색' 창에서 〈상품판매현황〉 폼의 바로 가기 메뉴에서 [디자인 보기]를 선택하세요.

2. 〈상품판매현황〉 폼의 본문 영역에 하위 폼으로 삽입된 〈상품판매〉 폼의 테두리 부분을 마우스 오른쪽 단추로 클릭한 다음 바로 가기 메뉴에서 [속성]을 선택하세요.

3. '하위 폼/하위 보고서' 속성 시트 창의 '데이터' 탭에서 '원본 개체' 속성의 목록 단추를 클릭한 후 '폼.상품판매'를 선택하세요.

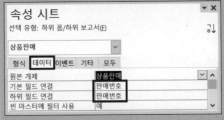

'원본 개체' 속성을 설정하면 다음과 같이 '기본 필드 연결'과 '하위 필드 연결' 속성에 연결할 필드가 자동으로 표시됩니다.

속성 시트	▾ ×
선택 유형: 하위 폼/하위 보고서(F)	⁊↓
상품판매 ∨	
형식 데이터 이벤트 기타 모두	
원본 개체	상품판매 ∨
기본 필드 연결	판매번호
하위 필드 연결	판매번호
빈 마스터에 필터 사용	예

하지만 '원본 개체' 속성을 설정해도 '기본 필드 연결'과 '하위 필드 연결' 속성에 연결할 필드가 자동으로 표시되지 않는다면, '하위 폼/하위 보고서' 속성 시트 창의 '데이터' 탭에서 '기본 필드 연결' 속성의 작성기 단추(⋯)를 클릭한 후 '하위 폼 필드 연결기' 창에서 기본 폼과 하위 폼을 연결할 필드를 지정하면 됩니다.

하위 폼 필드 연결기	×
기본 필드: 하위 필드:	확인
판매번호 ∨ 판매번호 ∨	취소
∨ ∨	제안(S)...
결과: 판매번호율(를) 사용하여 판매의 각 레코드에 대해 상품종합율(를) 표시합니다.	

4. '하위 폼/하위 보고서' 속성 시트 창의 '데이터' 탭에 연결된 필드가 표시됩니다. 닫기 단추(×)를 클릭하세요.

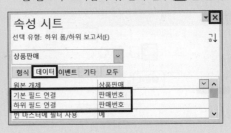

문제 2

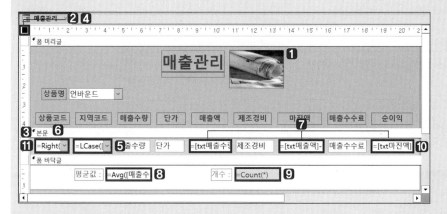

01. 폼 완성하기

1 그림 삽입하기
24.상시, 12.2

1. '탐색' 창의 〈매출관리〉 폼의 바로 가기 메뉴에서 [디자인 보기]를 선택하세요.
2. [양식 디자인] → 컨트롤 → 이미지 삽입 → **찾아보기**를 클릭하세요.
3. '그림 삽입' 대화상자에서 찾는 위치를 'C:\길벗컴활1급\02 액세스\01 섹션'으로 지정한 후 '문서.jpg'를 선택한 다음 〈확인〉을 클릭하세요.

4. 폼 머리글의 제목 오른쪽에서 마우스를 드래그하여 그림을 삽입합니다.
5. 삽입된 그림을 더블클릭한 후 '속성 시트' 창이 표시되면, '형식' 탭에서 '그림 유형', '크기 조절 모드', '너비', '높이' 속성을 그림과 같이 설정하세요.

6. 이어서 '기타' 탭의 '이름' 속성을 그림과 같이 설정하세요.

2 '정렬 기준' 속성 설정하기
23.상시

'폼' 속성 시트 창의 '데이터' 탭에서 '정렬 기준' 속성을 그림과 같이 설정하세요.

3 '탭 인덱스' 속성 설정하기
23.상시

본문의 'cmb상품코드'를 더블클릭 한 후 속성 시트 창의 '기타' 탭에서 '탭 인덱스' 속성을 그림과 같이 설정하세요.

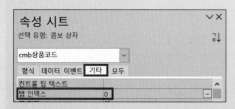

4 '레코드 선택기', '탐색 단추' 속성 설정하기

'폼' 속성 시트 창의 '형식' 탭에서 '레코드 선택기'와 '탐색 단추' 속성을 그림과 같이 설정하세요.

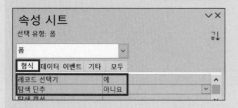

5 'cmb지역코드' 컨트롤의 속성 설정하기 ^{11.3}

본문의 'cmb지역코드'를 더블클릭한 후 그림과 같이 설정하세요.

6 본문 구역의 '다른 배경색' 속성 설정하기

본문 구분선을 더블클릭한 후 '본문' 구역 속성 시트 창의 '형식' 탭에서 '다른 배경색' 속성을 그림과 같이 설정하세요.

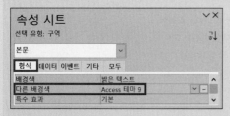

7 'txt매출액', 'txt마진액', 'txt순이익'의 속성 설정하기

본문의 'txt매출액', 'txt마진액', 'txt순이익'의 각 속성 시트 창에서 '데이터' 탭의 '컨트롤 원본' 속성을 그림과 같이 설정하세요.

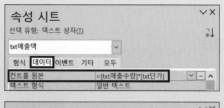

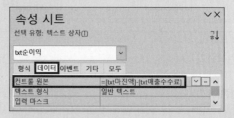

수식이나 코드 입력 시 대괄호 [ ]는 생략이 가능합니다. 대괄호를 생략하여 '=txt매출액*txt단가'로 입력하면 자동으로 '=[txt매출액]*[txt단가]'로 변경되어 입력됩니다.

8 'txt매출수량평균' 컨트롤의 속성 설정하기

폼 바닥글의 'txt매출수량평균'을 더블클릭한 후 'txt매출수량평균' 속성 시트 창의 '데이터' 탭에서 '컨트롤 원본' 속성을 그림과 같이 설정하세요.

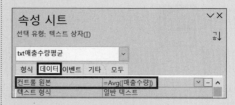

> **궁금해요** 시나공 Q&A 베스트
>
> **Q** 컨트롤 원본에 식을 적을 때, 어떤 경우는 [매출수량]으로 적고 어떤 경우는 "매출수량"으로 적는데, 무슨 차이인지 잘 모르겠어요. 두 방법의 차이점을 좀 알려주세요.
>
> **A** 필드명을 입력할 때는 대괄호([ ])로 묶고, 단순 텍스트를 입력할 때, 그리고 DSUM, DAVG 같은 도메인 함수에서 필드명을 입력할 때는 큰따옴표(" ")로 묶어서 입력합니다.

9 '**txt개수**' 컨트롤의 속성 설정하기

23.상시, 22.상시, 21.상시, 18.상시, 15.상시, 14.2, 10.1, 09.3, 08.4, 08.3, 07.4, 07.2, 06.2, 05.4, …

폼 바닥글의 'txt개수'를 더블클릭한 후 'txt개수' 속성 시트 창의 '데이터' 탭에서 '컨트롤 원본', '사용 가능' 속성을 그림과 같이 설정하세요.

속성 시트

선택 유형: 텍스트 상자(T)

txt개수

형식 | 데이터 | 이벤트 | 기타 | 모두

컨트롤 원본	=Count(*)
텍스트 형식	일반 텍스트
입력 마스크	
기본값	
유효성 검사 규칙	
유효성 검사 텍스트	
검색 필터	데이터베이스 기본값
사용 가능	아니요

10 '**txt순이익**' 컨트롤에 '**탭 정지**' 속성 설정하기

24.상시, 23.상시, 20.상시, 19.상시, 17.상시, 16.상시, 16.2, 16.1, 15.3, 15.상시, 14.2, 14.1, 13.1, 07.1

'txt순이익' 컨트롤을 더블클릭한 후 'txt순이익' 속성 시트 창의 '기타' 탭에서 '탭 정지' 속성을 그림과 같이 설정하세요.

속성 시트

선택 유형: 텍스트 상자(T)

txt순이익

형식 | 데이터 | 이벤트 | 기타 | 모두

탭 인덱스	7
탭 정지	아니요
상태 표시줄 텍스트	

11 '**cmb상품코드**' 컨트롤에 '**컨트롤 원본**' 설정하기

08.4

'cmb상품코드' 컨트롤을 더블클릭한 후 'cmb상품코드' 속성 시트 창의 '데이터' 탭에서 '컨트롤 원본' 속성을 그림과 같이 설정하세요.

속성 시트

선택 유형: 콤보 상자

cmb상품코드

형식 | 데이터 | 이벤트 | 기타 | 모두

컨트롤 원본	=Right([상품코드],2)
행 원본	
행 원본 유형	테이블/쿼리

19.상시, 17.상시, 15.1, 14.3, 13.상시, 11.1, 10.2, 09.3, 09.2, 08.3, 07.4, 06.4, 06.3, 06.2

02. 컨트롤 변환하기

1 텍스트 상자 'cmb상품명' 컨트롤을 콤보 상자로 변환하기

1. 'cmb상품명' 컨트롤의 바로 가기 메뉴에서 [변경] → **콤보 상자**를 선택하세요.

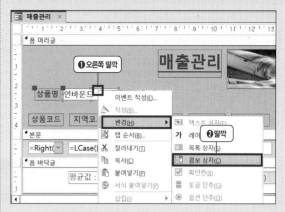

2. 'cmb상품명' 컨트롤을 더블클릭한 후 '데이터' 탭에서 '행 원본 유형', '행 원본', '바운드 열', '목록 값만 허용' 속성을 그림과 같이 설정하세요.

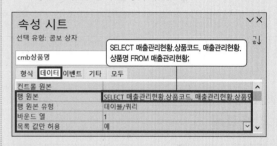

속성 시트

선택 유형: 콤보 상자

SELECT 매출관리현황.상품코드, 매출관리현황.상품명 FROM 매출관리현황;

cmb상품명

형식 | 데이터 | 이벤트 | 기타 | 모두

컨트롤 원본	
행 원본	SELECT 매출관리현황.상품코드, 매출관리현황.상품명
행 원본 유형	테이블/쿼리
바운드 열	1
목록 값만 허용	예

3. '형식' 탭에서 '열 개수', '열 너비', '목록 너비' 속성을 그림과 같이 설정하세요.

속성 시트

선택 유형: 콤보 상자

cmb상품명

형식 | 데이터 | 이벤트 | 기타 | 모두

형식	
소수 자릿수	자동
표시	예
열 개수	2
열 너비	1cm;3cm
열 이름	아니요
행 수	16
목록 너비	4cm

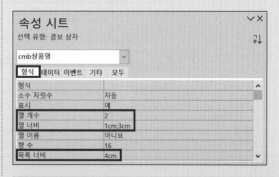

• '상품코드'와 '상품명' 두 개의 열을 가지므로 세부적인 지시사항이 없더라도 '열 개수'를 2로 지정해야 합니다.
• 폼을 실행하여 결과를 확인할 때 상품명(cmb상품명)이 선택되지 않는 것은 '매출관리' 폼에서 '편집 가능' 속성을 '아니요'로 지정하였기 때문입니다.

시나공 동영상 강좌

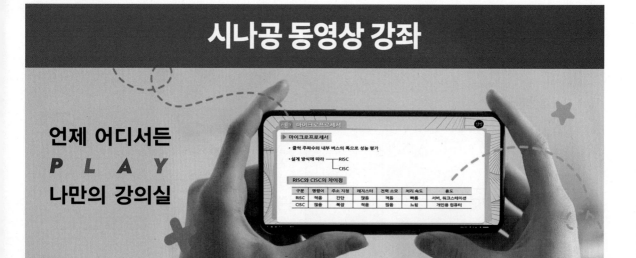

언제 어디서든
P L A Y
나만의 강의실

▶ 동영상 강좌 특징

선택 수강	기기 무제한	장소 불문	평균 10분
섹션별 강의 구성으로 듣고 싶은 강의만 빠르게 골라서 이용	PC와 모바일 기기의 기종, 개수에 제약 없이 편하게 수강	교재가 없어도 인터넷만 연결된다면 그곳이 내 강의실!	멀티태스킹이 가능한 세대를 위해 강의 시간은 평균 10분

▶ 강좌 종류

구분	강좌	수강일 및 가격
단과	컴퓨터활용능력 필기(1/2급 선택)	150일 수강, 55,000원
	컴퓨터활용능력 실기(1/2급 선택)	150일 수강, 60,000원
속성반	컴퓨터활용능력 필+실기(1/2급 선택)	필기+실기 합해서 30일 수강, 59,000원
합격 보장반	컴퓨터활용능력 필+실기(1/2급 선택)	필기+실기 합해서 365일 수강, 129,000원

시험 적중률,
가격과 수강일 모두
시나공이
이상적 · 합리적

▶ 이용 방법

1. **시나공 홈페이지(sinagong.co.kr)**에 접속하여 로그인 하세요.

2. 시험 종목을 선택한 후 **[동영상 강의]** → **[유료강의]**를 클릭하세요.

3. 원하는 강좌를 선택하고 **[수강 신청하기]**를 클릭하세요.

4. 우측 상단의 **[마이길벗]** → **[나의 동영상 강좌]**로 이동하여 강좌를 수강하세요.

※ **동영상 강좌 이용 문의** : 독자지원 (02-332-0931) 또는 이메일 (content@gilbut.co.kr)

4 장

조회 및 출력 기능 구현

Section 05 보고서

Section 06 조회

보고서는 이미 만들어진 테이블이나 질의 등을 이용하여 데이터의 출력이나 요약을 목적으로 새로운 형태로 재가공하는 방법입니다. 데이터베이스에는 수많은 형태의 데이터들이 있습니다. 이 데이터들은 사용자가 특별한 목적을 가지고 재조합하기 전까지는 단순한 데이터일 뿐입니다. 따라서 사용자는 데이터베이스 안의 데이터를 재조합하여 유용한 형태의 정보로 만들 수 있어야 합니다. 이렇게 만들어진 보고서는 사용자가 어떤 사항에 대한 예측이나 결정 및 판단을 내릴 수 있도록 하는 데 매우 중요한 기능을 담당합니다.

기본문제 'C:\길벗컴활1급\02 액세스\01 섹션' 폴더의 '섹션05문제.accdb' 파일을 열어서 작업하시오.

다음의 지시사항 및 그림을 참조하여 〈접수현황출력〉 보고서를 완성하시오.

1. 〈접수현황〉 쿼리를 레코드 원본으로 설정하시오.

2. 1차적으로 '운송방법' 필드를 기준(내림차순)으로 정렬하고, 2차적으로 '중량' 필드를 기준(내림차순)으로 정렬하고, '운송방법'의 그룹 바닥글이 화면에 표시되도록 설정하시오.

3. 보고서 머리글 구역에 그림과 같이 레이블 컨트롤을 생성하시오.

   ▶ 제목 : 접수현황출력

   ▶ 이름 : lbl제목

   ▶ 크기 : 24, 글꼴 : 궁서

4. 그룹의 일부 데이터가 다음 페이지로 넘어갈 경우 '운송방법' 머리글의 내용이 다음 페이지에도 표시되도록 설정하시오.

5. '운송방법' 머리글 영역에 있는 'txt운송방법'에는 '운송방법'이 [표시 예]와 같이 표시되도록 설정하고, 테두리 스타일을 '실선'으로 설정하시오.

   ▶ 표시 예 : 기차 → 운송방법 : 기차

6. '본문' 영역의 '운송방법'의 값이 이전 레코드와 같은 경우에는 표시되지 않도록 설정하시오.

7. '중량' 컨트롤의 빈 공간에 ★이 반복하여 표시되도록 설정하시오.

8. '운송방법' 바닥글 영역에 운송방법별 '접수건수'가 [표시 예]와 같이 표시되도록 컨트롤을 생성하시오.

   ▶ 표시 예 : 접수건수 : 10

   ▶ 컨트롤 이름 : txt접수건수

   ▶ '운송방법' 바닥글의 높이를 1.5cm로 설정하시오.

9. 페이지 바닥글의 'txt날짜' 컨트롤에 현재 날짜가 [표시 예]와 같이 표시되도록 설정하시오.

   ▶ 표시 예 : 2023년 9월 27일 → 2023-09-27

10. 페이지 바닥글의 페이지가 표시된 'txt페이지' 컨트롤에는 페이지가 [표시 예]와 같이 표시되도록 설정하시오.

▶ 표시 예 : 전체 페이지 수가 5이고 현재 페이지가 2일 경우 → 총 5페이지 중 현재 2페이지입니다.

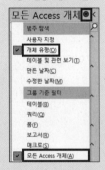
1 08.2, 06.1, 05.4, 05.3, 04.4, 04.3, 04.1, 03.4, 03.3, 03.2, 03.1
'레코드 원본' 속성 설정하기

1. '탐색' 창의 〈접수현황출력〉 보고서의 바로 가기 메뉴에서 [디자인 보기]를 선택하세요.

2. '보고서 선택기'를 더블클릭하여 '보고서' 속성 시트 창을 호출하세요.

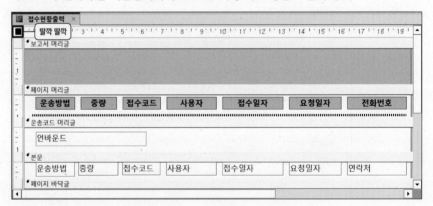

3. '보고서' 속성 시트 창의 '데이터' 탭을 클릭한 후 '레코드 원본' 속성의 목록 단추(▼)를 클릭하여 〈접수현황〉 질의를 선택하세요.

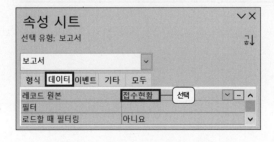

2 '정렬 및 그룹화' 설정하기

24.상시, 23.상시, 22.상시, 21.상시, 20.상시, 20.1, 19.상시, 19.2, 19.1, 18.상시, 18.2, 17.상시, 17.1, 16.3, 16.상시, 16.2, 16.1, 15.상시, 15.1, 14.3, 13.상시, …

4. '운송방법' 필드와 '중량' 필드를 기준으로 정렬하기 위해 [보고서 디자인] → 그룹화 및 요약 → **그룹화 및 정렬(💷)**을 클릭합니다.

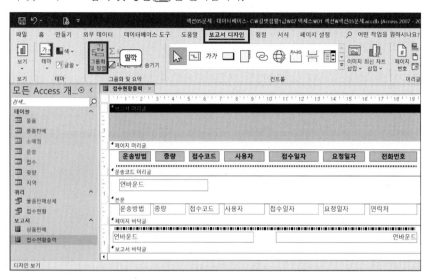

5. 화면 하단에 '그룹, 정렬 및 요약' 창이 나타납니다. 먼저 '그룹화 기준'을 '운송방법' 필드로, 정렬 순서를 '내림차순'으로 변경해야 합니다. 식의 ☑를 클릭하여 '운송방법' 을 선택한 다음 오름차순의 ☑를 클릭하여 '내림차순'을 선택하세요.

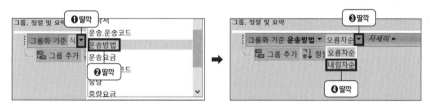

6. 이어서 '운송방법' 필드에 그룹 바닥글을 설정해야 합니다. *자세히▶*를 클릭한 다음 '바닥글 구역 표시 안 함'의 ☑를 클릭한 후 '바닥글 구역 표시'를 선택하세요.

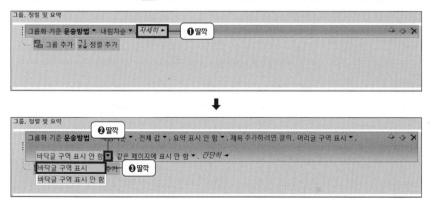

> **전문가의 조언**
>
> '그룹, 정렬 및 요약' 창은 보고서 영역의 바로 가기 메뉴에서 [정렬 및 그룹화]를 이용해서도 나타낼 수 있습니다.

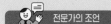
7. 2차 정렬 기준을 설정하기 위해 〈정렬 추가〉를 클릭한 후 '중량' 필드를 선택하세요.

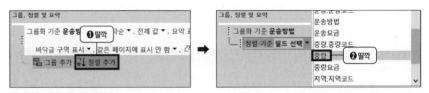

8. 이어서 '중량' 필드의 정렬 순서를 '내림차순'으로 설정한 다음 '그룹, 정렬 및 요약' 창의 닫기 단추(⊠)를 클릭하세요.

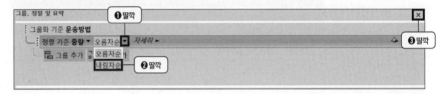

3 19.상시, 18.상시, 17.상시
보고서 머리글에 제목 레이블 생성하기

9. [보고서 디자인] → 컨트롤 → 레이블(가가)을 클릭한 후 '보고서 머리글' 구역에 그림과 같이 마우스로 드래그하세요.

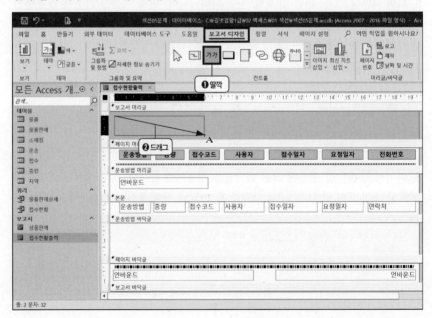

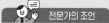

10. 생성한 레이블에 **접수현황출력**을 입력하고 Enter를 누르세요.

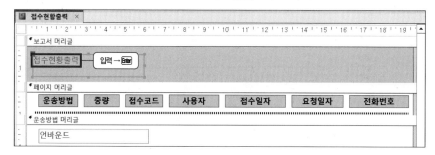

11. 생성한 레이블을 더블클릭한 후 속성 시트 창의 '형식' 탭에서 '글꼴 이름'과 '글꼴 크기' 속성을 그림과 같이 설정하세요.

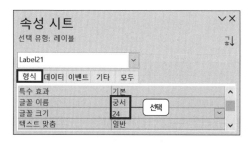

12. 이어서 '기타' 탭의 '이름' 속성을 그림과 같이 설정한 다음 닫기 단추(×)를 클릭하세요.

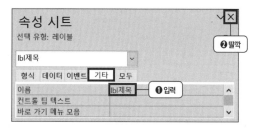

24.상시, 23.상시, 22.상시, 21.상시, 19.상시, 19.2, 19.1, 18.상시, 18.2, 18.1, 17.상시, 17.1, 15.1, 14.1, 09.1, 08.1, 07.2, 06.4, 04.4, 03.1, 02.3

4 '운송방법' 머리글 영역의 '반복 실행 구역' 속성 설정하기

13. '운송방법' 머리글 영역을 더블클릭하여 '그룹 머리글' 속성 시트 창을 호출하세요.

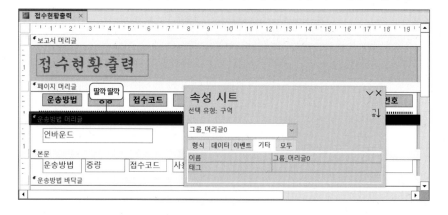

전문가의 조언

'운송방법' 머리글 영역 데이터 표시 부분의 빈 공간에서 더블클릭해도 '그룹 머리글' 속성 시트 창이 나타납니다.

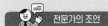
14. '그룹 머리글' 속성 시트 창의 '형식' 탭을 클릭한 후 '반복 실행 구역' 속성을 '예'로
설정한 다음 닫기 단추(×)를 클릭하세요.

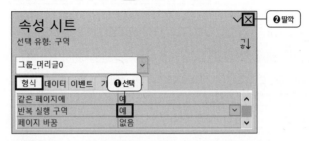

5 24.상시, 22.상시, 21.상시, 18.1, 11.2, 09.4, 08.3, 08.2, 07.3, 04.4, 04.1
'운송방법' 머리글 영역에 있는 'txt운송방법' 컨트롤의 속성 설정하기

15. '운송방법' 머리글에 있는 'txt운송방법'을 더블클릭하여 'txt운송방법' 속성 시트
창을 호출하세요.

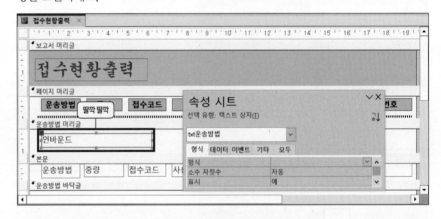

16. 'txt운송방법' 속성 시트 창의 '데이터' 탭을 클릭한 후 '컨트롤 원본' 속성에 **="운송
방법 : " & [운송방법]**을 입력하세요.

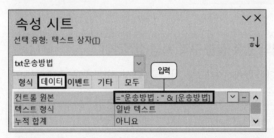

17. 'txt운송방법' 속성 시트 창의 '형식' 탭을 클릭한 후 '테두리 스타일' 속성을 '실선'으로 설정한 다음 닫기 단추(⊠)를 클릭하세요.

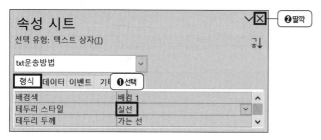

6 24.상시, 23.상시, 22.상시, 21.상시, 20.상시, 20.1, 19.상시, 19.1, 18.상시, 17.1, 16.3, 16.상시, 16.1, 15.3,. 15.상시, 15.1, 14.2, 14.1, 13.3, 13.상시, 12.2, …

'운송방법' 컨트롤에 '중복 내용 숨기기' 속성 설정하기

18. '본문' 영역의 '운송방법' 컨트롤을 더블클릭하여 '운송방법' 속성 시트 창을 호출하세요.

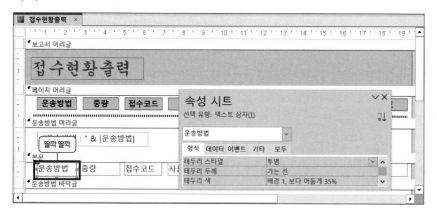

19. '운송방법' 속성 시트 창의 '형식' 탭을 클릭한 후 '중복 내용 숨기기' 속성을 '예'로설정하고 닫기 단추(⊠)를 클릭하세요.

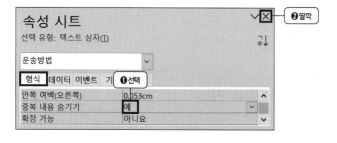

 전문가의 조언

'중복 내용 숨기기'를 '예'로 하면 이전 컨트롤 값과 동일한 값이 표시될 경우 동일한 값이 있는 첫 행 이후의 값을 생략합니다.

7 '중량' 컨트롤에 '형식' 속성 설정하기

20. '본문' 영역의 '중량' 컨트롤을 더블클릭하여 '중량' 속성 시트 창을 호출하세요.

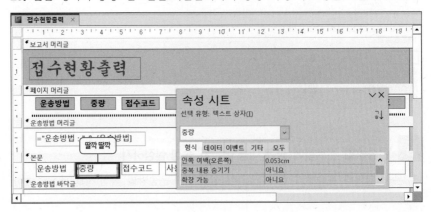

21. '중량' 속성 창의 '형식' 탭을 클릭한 후 '형식' 속성에 @*□을 입력한 다음 [한자]를 누르세요.

22. 특수 문자 입력 메뉴에서 '★'를 선택하여 입력한 후 닫기 단추(×)를 클릭하세요.

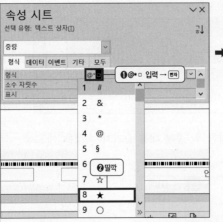
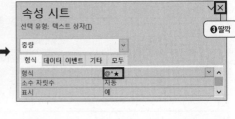

전문가의 조언

@는 문자 데이터의 표시 위치를 지정하는 사용자 지정 기호이고, * 는 * 기호 다음에 있는 특정 문자 (여기서는 ★)를 셀의 너비만큼 반복하여 채우는 사용자 지정 기호입니다. 즉 중량에 "1Kg이하"가 입력되어 있다면 '@' 자리에 "1Kg이하"가 표시되고 나머지 공간에는 "★"이 표시됩니다.

8 '운송방법' 바닥글 영역에 컨트롤 생성하기

23. [보고서 디자인] → 컨트롤 → **텍스트 상자(⌐)**를 클릭한 후 '운송방법 바닥글' 영역에 그림과 같이 마우스로 드래그하세요.

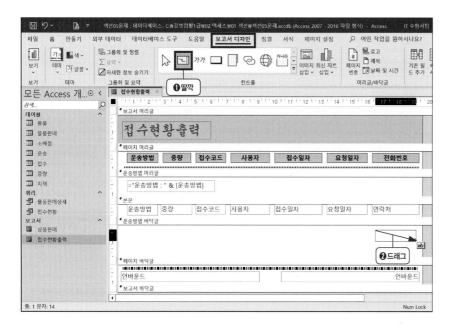

24. 작성된 컨트롤의 레이블 부분을 천천히 두 번 클릭한 후 내용을 지우고, **접수건수 :** 를 입력한 다음 Enter를 누르세요.

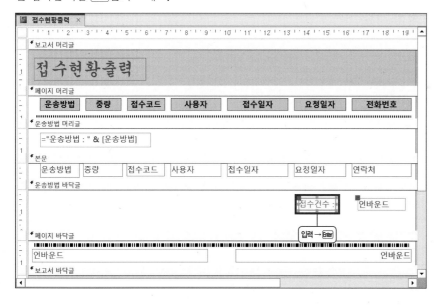

Q 레이블 컨트롤과 텍스트 상자 컨트롤이 같이 움직여요.

A 텍스트 상자 컨트롤을 생성하면 레이블이 같이 생성되어, 텍스트 상자 컨트롤을 이동하면 같이 이동됩니다. 레이블 컨트롤만 이동하려면 그림과 같이 모서리에서 십자 화살표 모양이 될 때 끌어서 이동하면 됩니다.

25. 작성된 컨트롤의 텍스트 상자를 더블클릭하여 '텍스트 상자' 속성 시트 창을 호출하세요.

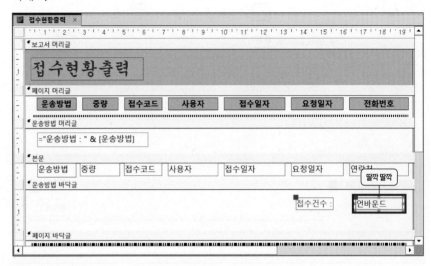

26. '텍스트 상자' 속성 시트 창의 '데이터' 탭을 클릭한 후 '컨트롤 원본' 속성에 =Count(*)를 입력하세요.

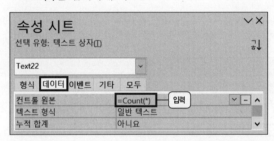

27. '텍스트 상자' 속성 시트 창의 '기타' 탭을 클릭한 후 '이름' 속성에 **txt접수건수**를 입력하세요.

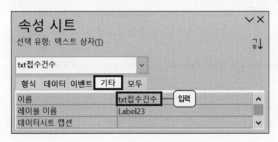

28. '운송방법' 바닥글 영역을 클릭한 후 '그룹 바닥글' 속성 시트 창의 '형식' 탭에서 '높이' 속성을 그림과 같이 설정하고, 닫기 단추(☒)를 클릭하세요.

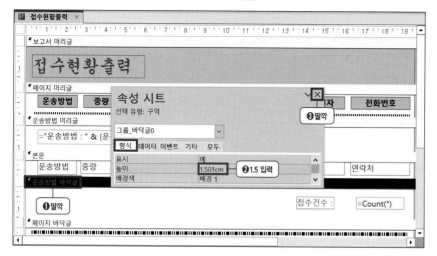

전문가의 조언

'높이' 속성에 1.5를 입력하고 Enter 를 누르면, 자동으로 1.051cm로 변경됩니다.

---

9 22.상시, 21.상시, 20.상시, 16.2, 15.상시, 13.3, 12.3, 12.2, 11.3, 11.2, 10.3, 09.4, 08.1, 07.1, 06.4, 06.2, 06.1 05.4, 05.1, 04.3, 04.2, 04.1, 03.4, 03.3, ⋯

'txt날짜' 컨트롤에 날짜 표시 및 형식 설정하기

29. '페이지 바닥글'의 'txt날짜' 컨트롤을 더블클릭하여 'txt날짜' 속성 시트 창을 호출하세요.

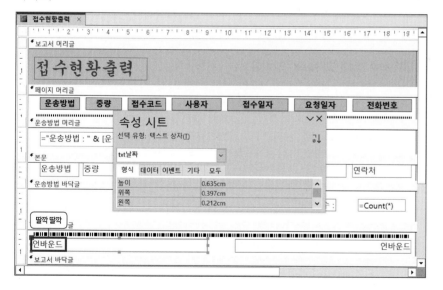

전문가의 조언

속성 시트 창 변경하기

속성 시트 창이 열려 있는 상태에서 다른 컨트롤을 선택하면 속성 시트 창의 내용이 새로 선택한 컨트롤의 내용으로 바뀝니다.

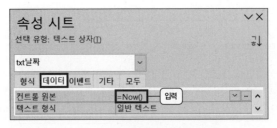

30. 'txt날짜' 속성 시트 창의 '데이터' 탭을 클릭한 후 '컨트롤 원본' 속성에 **=Now( )**를 입력하세요.

31. 'txt날짜' 속성 시트 창의 '형식' 탭을 클릭한 후 '형식' 속성에서 목록 단추(∨)를 클릭하여 '간단한 날짜'를 선택하고, 닫기 단추(×)를 클릭하세요.

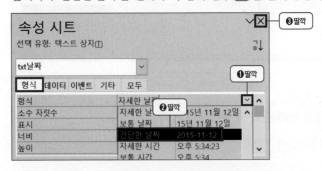

잠깐만요 **날짜 함수 Date( )와 Now( )의 차이 / Format( ) 함수**

날짜 함수 Date( )와 Now( )의 차이

Now( )는 현재 날짜와 시간을 표시하고, Date( )는 현재 날짜를 표시합니다.
날짜를 표현하는 데는 다음과 같은 형식이 있습니다.

- **기본 날짜** : 1994-06-19 오후 5:34:23
- **자세한 날짜** : 1994년 6월 19일 일요일
- **보통 날짜** : 94년 06월 19일
- **간단한 날짜** : 1994-06-19
- Now( )는 날짜를 표현하는 위 형식을 모두 표현할 수 있으나, Date( )는 날짜만 지원되므로 '기본 날짜'를 지정해도 '간단한 날짜'와 같이 표현됩니다. 실제 시험 문제에서 Now( )와 Date( ) 함수 중 '어느 것을 쓰시오'라는 직접적인 언급이 없을 경우에는 지시사항으로 제시된 표현을 보고 날짜 형식을 선택해야 합니다.

Format( ) 함수

- Format( )은 숫자나 날짜 등을 지정된 형식에 맞게 문자열로 변환해주는 함수입니다.

> 형식 : Format(변환할 데이터, "표시 형식")

예제
- =Format(90, "##점") → 90점
- =Format("2017-01-09", "yy년 mm월 dd일") → 17년 01월 09일
- =Format("2017-01-09", "yyyy-mm-dd aaaa") → 2017-01-09 일요일
- 표시 형식을 지정할 때 사용하는 사용자 지정 기호는 62쪽을 참조하세요.

---

10 24.상시, 23.상시, 22.상시, 21.상시, 20.1, 17.1, 16.상시, 16.2, 16.1, 14.2, 14.1, 13.상시, 13.1, 11.1, 10.2, 09.4, 09.3, 08.3, 08.2, 07.4, 07.1, 06.3, …

'txt페이지' 컨트롤의 속성 설정하기

32. '페이지 바닥글'의 'txt페이지' 컨트롤을 더블클릭하여 'txt페이지' 속성 시트 창을 호출하세요.

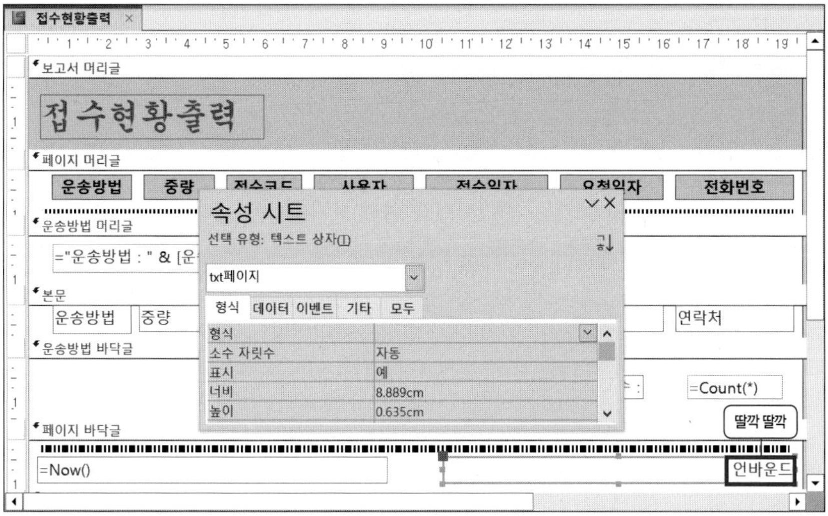

33. 'txt페이지' 속성 시트 창의 '데이터' 탭을 클릭한 후 '컨트롤 원본' 속성의 작성기 단추(...)를 클릭하세요.

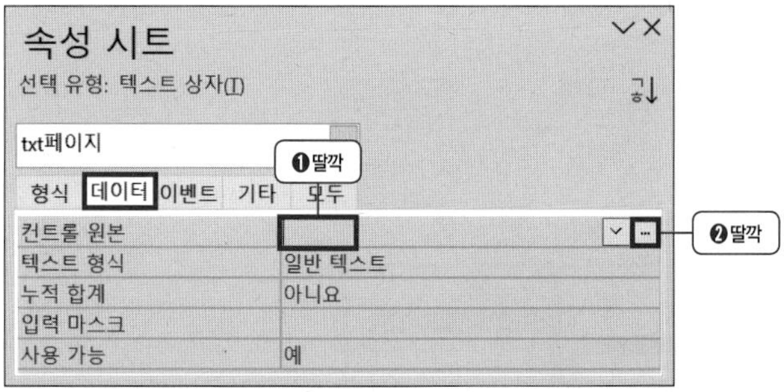

34. '식 작성기' 대화상자에서 '일반식', 'N/M 페이지'를 차례로 더블클릭하고 다음과 같이 수정한 후 〈확인〉을 클릭하세요.

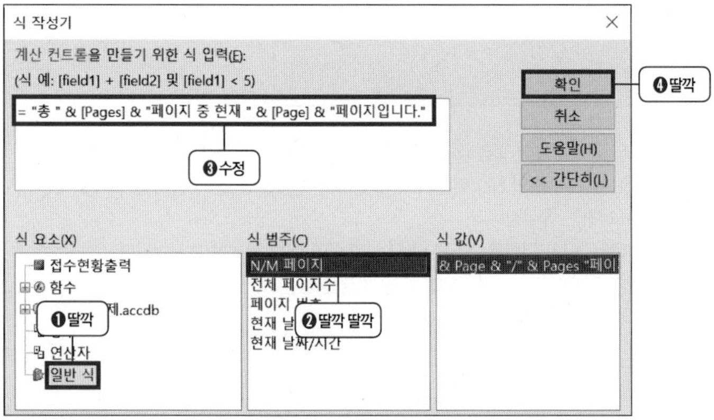

전문가의 조언

속성 시트 창 변경하기

속성 시트 창이 열려 있는 상태에서 다른 컨트롤을 선택하면 속성 시트 창의 내용이 새로 선택한 컨트롤의 내용으로 바뀝니다.

전문가의 조언

- 현재 페이지와 전체 페이지를 구분하여 입력할 수 있다면 '식 작성기'를 이용하지 않고 속성 시트 창의 '컨트롤 원본' 입력난에 직접 입력해도 됩니다.
- [Pages]는 '전체 페이지'를, [Page]는 '현재 페이지'를 나타냅니다.
- '식 작성기'에서 '일반 식'을 클릭한 후 'N/M 페이지'를 더블클릭하면 '& Page & "/"& Pages "페이지"'가 표시됩니다.

35. 'txt페이지' 속성 시트 창의 닫기 단추(☒)를 클릭하세요.

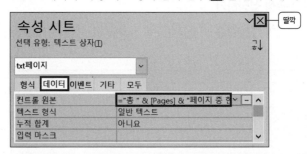

36. [보고서 디자인] → 보기 → 보기 → **인쇄 미리 보기**(📄)를 클릭하여 결과를 확인하세요.

잠깐만요

식 작성기

식 작성기는 수식에 사용되는 식 요소와 연산자를 미리 만들어 두어 수식을 입력할 때 직접 입력하지 않고 해당 개체를 마우스로 클릭하여 입력할 수 있도록 한 도구입니다. 경우에 따라서는 직접 입력하는 것보다 느릴 수 있지만 개체를 확인하면서 클릭하여 입력하기 때문에 오타 없이 수식을 입력할 때 편리합니다. 식 상자에 직접 입력해도 됩니다.

식 작성기의 구성

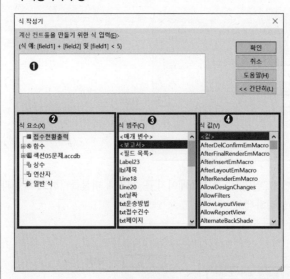

❶ **식 상자** : 선택된 식 요소와 연산자들이 결합되어 식의 형태로 표현되는 곳입니다.
❷ **식 요소** : 테이블, 쿼리, 폼, 보고서 등의 데이터베이스 개체, 기본 함수와 사용자 정의 함수, 상수, 연산자, 일반 식의 목록을 표시하는 폴더입니다.
❸ **식 범주** : 식 요소에서 선택된 개체 및 항목의 요소나 요소 종류에 대한 목록을 표시합니다.
❹ **식 값** : 식 범주에서 선택된 요소의 값이 있는 경우 그 값의 목록을 표시합니다.

사용 예

1. 데이터베이스 개체의 컨트롤에 있는 값을 사용합니다.

예를 들어, '판매현황' 폼의 'txt상품명' 컨트롤의 값을 "CCD카메라"와 비교하는 식을 입력할 때 ❶ 더블클릭 → ❷ 더블클릭 → ❸ 더블클릭 → ❹ 더블클릭 → ❺ "="CCD카메라"" 입력 순서로 합니다.

2. 데이터베이스 개체의 필드에 있는 값을 함수(Year( ))와 함께 사용합니다.

예를 들어, 〈판매〉 테이블의 '판매일' 필드의 날짜 중 연도와 '2024'를 비교하는 식을 입력할 때 ❶ "=YEAR(" 입력 → ❷ 더블클릭 → ❸ 더블클릭 → ❹ 더블클릭 → ❺ ")=2024" 입력 순서로 합니다.

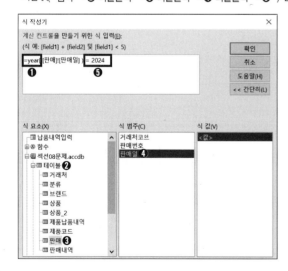

3. 페이지를 표시합니다.

예를 들어, '현재 페이지/전체 페이지' 형태로 페이지를 표시할 때 ❶ 클릭 → ❷ 더블클릭 → ❸ 삭제 순서로 합니다.

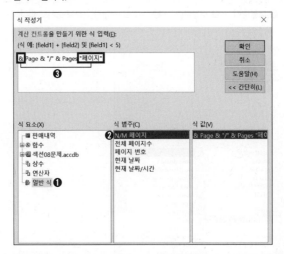

보고서 미리 보기

기본적으로 보고서 작성 창은 보고서 머리글, 페이지 머리글, 본문 그리고 페이지 바닥글, 보고서 바닥글 영역으로 구성됩니다.

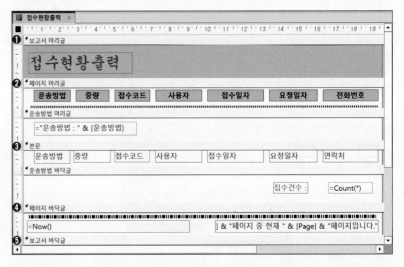

❶ **보고서 머리글** : 보고서의 첫 페이지 상단에 한 번 표시됩니다(예를 들어 10쪽짜리 출력물이라면 첫 쪽의 맨 윗부분). 주로 보고서의 제목을 삽입합니다.

❷ **페이지 머리글** : 보고서의 모든 페이지 상단에 표시됩니다. 주로 날짜 및 시간을 삽입합니다.

❸ **본문** : 보고서에서 데이터가 반복적으로 표시되는 부분입니다.

❹ **페이지 바닥글** : 각 페이지의 맨 아랫부분에 표시됩니다. 주로 페이지 번호를 삽입합니다.

❺ **보고서 바닥글** : 보고서의 맨 마지막 쪽의 맨 아랫부분에 표시됩니다. 안내 문구를 삽입하는 경우가 많습니다.

※ 보고서 머리글과 보고서 바닥글은 10쪽의 출력물일 경우 맨 처음과 끝에 각각 한 번씩만 인쇄되지만, 페이지 머리글과 페이지 바닥글은 페이지마다 총 10번 출력됩니다.

그룹화 및 정렬

- 그룹화란 특정한 필드의 값을 기준으로 데이터를 구분하여 표시하는 기능이고, 정렬은 특정 필드를 기준으로 배열하는 것입니다.
- **그룹화 설정 순서** : [보고서 디자인] → 그룹화 및 요약 → **그룹화 및 정렬**(📊) → '그룹, 정렬 및 요약' 창에서 '그룹 추가' 클릭 후 설정
- **정렬 설정 순서** : [보고서 디자인] → 그룹화 및 요약 → **그룹화 및 정렬**(📊) → '그룹, 정렬 및 요약' 창에서 '정렬 추가' 클릭 후 설정
- **'그룹, 정렬 및 요약' 창**

❶ 그룹화 기준 : 그룹화 설정 시 기준이 되는 필드를 지정합니다.

❷ 정렬 순서 : 정렬 순서를 지정합니다(오름차순, 내림차순).

❸ 그룹 간격 : 레코드가 그룹화되는 방식을 지정하며, 데이터 형식에 따라 표시되는 값이 달라집니다.

데이터 형식	설정	그룹화
텍스트	전체 값	같은 값을 갖는 레코드로 그룹화함
	첫 문자	첫 문자가 같을 경우 같은 그룹으로 그룹화함
	처음 두 문자	시작하는 두 문자가 같을 경우 같은 그룹으로 그룹화함
	사용자 지정 문자	사용자가 지정한 문자 수 만큼만 같으면 같은 그룹으로 그룹화함
날짜/시간	전체 값	같은 값을 갖는 레코드로 그룹화함
	일/주/월/분기/연도	같은 일/주/월/분기/연도로 그룹화함
	사용자 지정 기준	사용자가 지정한 기준에 따라 그룹화함
숫자	전체 값	같은 값을 갖는 레코드로 그룹화함
	5/10/100/1000 단위	5/10/100/1000 단위로 그룹화함
	사용자 지정 간격	사용자가 지정한 간격에 따라 그룹화함

❹ 요약 : 여러 필드에 대해 요약(합계)을 추가하거나 요약 표시 위치를 지정합니다.

❺ 제목 : '확대/축소' 대화상자를 이용하여 그룹 머리글에 제목을 표시합니다. '확대/축소' 대화상자를 표시하려면 '추가하려면 클릭'을 클릭해야 합니다.

❻ 머리글 구역 표시 : 그룹 머리글 구역의 표시 여부를 지정합니다.

❼ 바닥글 구역 표시 : 그룹 바닥글 구역의 표시 여부를 지정합니다.

❽ 같은 페이지에 그룹 전체를 인쇄할 것인지 일부만 인쇄할 것인지를 지정합니다.

같은 페이지에 표시 안 함	페이지 구분선에 의해 그룹이 나뉘어져도 그대로 표시함
전체 그룹을 같은 페이지에 표시	한 그룹을 같은 페이지에 표시되도록 페이지 구분선의 수가 최소화됨
머리글과 첫 레코드를 같은 페이지에 표시	그룹 머리글과 그룹의 첫 레코드가 같은 페이지에 표시됨

❾ '그룹, 정렬 및 요약' 창의 내용을 간단히/자세히로 전환하여 표시해 줍니다.

문제 1 'C:\길벗컴활1급\02 액세스\01 섹션' 폴더의 '섹션05문제.accdb' 파일을 열어서 작업하시오.

다음의 지시사항 및 그림을 참조하여 〈상품판매〉 보고서를 완성하시오.

1. 용지를 가로 방향으로 인쇄되도록 설정하시오.

2. '소매점명' 필드를 기준으로 그룹을 지정한 후 그룹 바닥글을 표시하고, 본문에 있는 'txt소매점명' 텍스트 상자를 그룹 머리글로 이동시켜 〈그림〉과 같이 표시하시오.

3. 본문 구역의 'txt순번' 컨트롤에는 그룹별로 순번이 표시되도록 관련 속성을 설정하시오.

4. 본문의 'txt판매금액'에는 전체 레코드에 대해 '판매금액' 필드 값의 누계가 나타나도록 설정하시오.

5. 페이지 바닥글 구역의 배경색을 'Access 테마 3'으로 지정하시오..

6. 페이지 바닥글의 'txt날짜'에는 시스템의 현재 날짜가 표시되도록 설정하시오.

   ▶ 날짜만을 표시하는 함수와 Format( ) 함수를 이용하여 '2023년 09월 27일 수요일'과 같이 표시할 것

7. 페이지 바닥글의 'txt페이지'에는 페이지를 [표시 예]와 같이 표시되도록 설정하시오.

   ▶ 표시 예 : 전체 페이지 수가 5이고 현재 페이지가 2일 경우 → 2/5

8. 'txt총판매이윤' 컨트롤에 대하여 다음과 같이 설정하시오.

   ▶ 페이지 바닥글의 'txt총판매이윤' 컨트롤과 레이블을 소매점명 바닥글 영역으로 옮기시오.

   ▶ 'txt총판매이윤'에는 '판매이윤'의 합계가 표시되도록 설정하시오.

9. 소매점명 바닥글 이후에는 페이지가 바뀌어서 인쇄되도록 설정하시오.

10. 보고서 머리글에 있는 제목 레이블을 페이지 머리글로 이동한 후 페이지 머리글의 높이를 3cm로, 보고서 머리글의 높이를 0cm로 설정하시오.

11. 페이지 바닥글 위쪽에 다음과 같이 선 컨트롤을 삽입하시오.

    ▶ 이름 : Line선

    ▶ 너비 : 10cm

    ▶ 위치 : 위쪽 0.6cm, 왼쪽 5cm

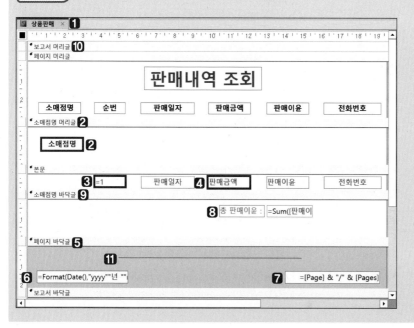

판매내역 조회

소매점명	순번	판매일자	판매금액	판매이윤	전화번호
가남					
	1	2024-06-27	₩40,000	₩12,000	151-3600
	2	2024-08-24	₩91,000	₩15,300	151-3600
	3	2024-08-14	₩238,900	₩44,370	151-3600
	4	2024-07-23	₩253,200	₩4,290	151-3600
	5	2024-07-13	₩283,600	₩9,120	151-3600
	6	2024-06-26	₩317,800	₩10,260	151-3600
	7	2024-06-24	₩442,800	₩37,500	151-3600
	8	2024-06-22	₩537,800	₩28,500	151-3600
	9	2024-07-22	₩577,800	₩12,000	151-3600

총 판매이윤 : ₩173,340

2023년 09월 27일 수요일   1/28

기출문제 따라하기

문제 1

상품판매 ×

보고서 머리글

페이지 머리글

판매내역 조회

| 소매점명 | 순번 | 판매일자 | 판매금액 | 판매이윤 | 전화번호 |

소매점명 머리글

소매점명

본문

=1   판매일자   판매금액   판매이윤   전화번호

소매점명 바닥글

총 판매이윤 : =Sum([판매이

페이지 바닥글

=Format(Date(),"yyyy""년"" ""

=[Page] & "/" & [Pages]

보고서 바닥글

1 용지 방향 설정하기
^{05.3}

1. '탐색' 창의 〈상품판매〉 보고서의 바로 가기 메뉴에서 [디자인 보기]를 선택하세요.
2. 용지 방향을 가로로 설정하기 위해 [페이지 설정] → 페이지 레이아웃 → **가로(□)**를 클릭하세요.

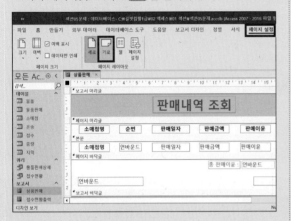

2 그룹 설정 후 컨트롤 이동하기
24.상시, 23.상시, 23.상시, 13.상시, 12.2, 11.3, 11.2, 11.1, 10.3, 10.2, 09.4, 09.2, 09.1, 08.4, 08.3, …

1. '소매점명' 필드를 기준으로 그룹화하기 위해 [보고서 디자인] → 그룹화 및 요약 → **그룹화 및 정렬(□)**을 클릭합니다.
2. '그룹, 정렬 및 요약' 창에서 '그룹 추가'를 클릭한 후 나타나는 필드 선택 목록 상자에서 '소매점명'을 선택하세요.

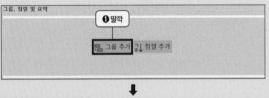

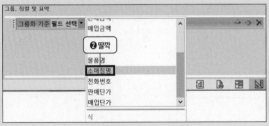

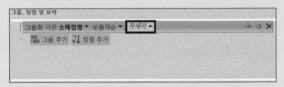

궁금해요 시나공 Q&A 베스트

Q 그룹 추가와 정렬 추가의 차이점은 무엇인가요? 똑같이 정렬 설정도 되고 그룹 머리글/바닥글 설정도 똑같이 나오는 것 같은데 …

A 둘 중 어떤 것을 사용하든 그룹 및 정렬 기준을 지정할 수 있습니다. 차이가 있다면 '그룹 추가'를 클릭하면 그룹 지정이 편리하도록 바로 그룹 기준 필드를 선택할 수 있는 필드 목록이 표시되고, '정렬 추가'를 클릭하면 정렬 지정이 편리하도록 바로 정렬 기준 필드를 선택할 수 있는 필드 목록이 표시됩니다.

3. '소매점명' 필드에 그룹 바닥글을 설정해야 합니다. '그룹, 정렬 및 요약' 창에서 그룹 기준으로 설정된 '소매점명'의 '자세히'를 클릭하세요.

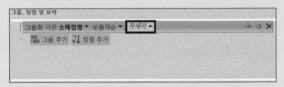

4. 표시되는 항목 중 '바닥글 구역 표시 안 함'의 ☑를 클릭한 후 [바닥글 구역 표시]를 선택하세요.

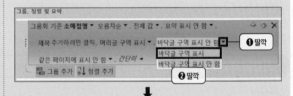

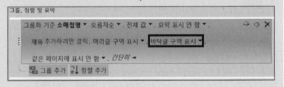

5. 본문에 있는 'txt소매점명' 컨트롤을 드래그하여 소매점명 머리글로 이동시키세요.

3 ^{24.상시, 23.상시, 22.상시, 21.상시, 20.상시, 18.상시}
(24.상시, 23.상시, 22.상시, 21.상시, 20.상시, 18.상시)
'txt순번' 컨트롤의 '컨트롤 원본'과 '누적 합계' 속성 설정하기

1. 본문의 'txt순번' 컨트롤을 더블클릭하여 'txt순번' 속성
   시트 창을 호출하세요.
2. 'txt순번' 속성 시트 창의 '데이터' 탭을 선택한 후 '컨트
   롤 원본' 속성에 =1을 입력하고 '누적 합계' 속성을 '그룹'
   으로 설정하세요.

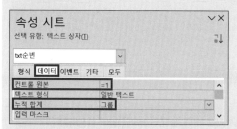

누적 합계
• **모두**: 필드의 전체 값에 대해 처음부터 차례로 누적시키면서 표시합니다.
• **그룹**: 필드의 그룹 값에 대해 차례로 누적시키면서 표시(그룹 설정 시 사용)
  하며, 그룹이 바뀌면 다시 누적을 시작합니다.

4 ^{18.상시, 16.상시, 16.2, 12.1, 11.3, 07.2, 06.4, 06.1, 03.1, 02.3}
'txt판매금액' 컨트롤의 '누적 합계' 속성 설정하기

1. 본문의 'txt판매금액' 컨트롤을 더블클릭하여 'txt판매금
   액' 속성 시트 창을 호출하세요.
2. 'txt판매금액' 속성 시트 창의 '데이터' 탭을 선택한 후
   '누적 합계' 속성의 목록 단추(⌄)를 클릭하고 '모두'를
   선택하세요.

속성 시트 ✕
선택 유형: 텍스트 상자(T)

txt판매금액	
형식 **데이터** 이벤트 기타 모두	
컨트롤 원본	판매금액
텍스트 형식	일반 텍스트
누적 합계	모두

5 ^{23.상시, 22.상시, 21.상시, 20.상시, 19.상시, 18.상시}
페이지 바닥글에 배경색 설정하기

1. 페이지 바닥글 구역을 더블클릭하여 '페이지 바닥글' 속
   성 시트 창을 호출하세요.
2. '페이지 바닥글' 속성 시트 창의 '형식' 탭을 선택한 후
   '배경색' 속성을 'Access 테마 3'으로 설정하세요.

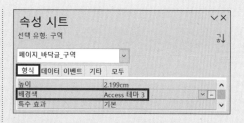

속성 시트 ✕
선택 유형: 구역

페이지_바닥글_구역	
형식 데이터 이벤트 기타 모두	
높이	2.199cm
배경색	Access 테마 3
특수 효과	기본

6 ^{15.1, 12.2, 11.2, 10.2, 09.4, 08.4}
'txt날짜' 컨트롤의 '컨트롤 원본' 속성 설정하기

1. 페이지 바닥글의 'txt날짜' 컨트롤을 더블클릭하여 'txt날
   짜' 속성 시트 창을 호출하세요.
2. 'txt날짜' 속성 시트 창에서 '데이터' 탭을 선택한 후 '컨
   트롤 원본' 속성에 그림과 같이 입력하세요.

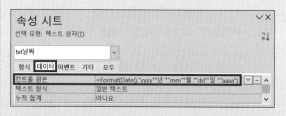

속성 시트 ✕
선택 유형: 텍스트 상자(T)

txt날짜	
형식 **데이터** 이벤트 기타 모두	
컨트롤 원본	=Format(Date( ),"yyyy""년 ""mm""월 ""dd""일 ""aaaa")
텍스트 형식	일반 텍스트
누적 합계	아니요

=Format(Date( ), "yyyy년 mm월 dd일 aaaa")를 입력하고 Enter를 누르면, 자
동으로 =Format(Date( ), "yyyy""년 ""mm""월 ""dd""일 ""aaaa")으로 변경됩
니다.

7 ^{23.상시, 22.상시, 21.상시, 20.상시, 19.상시, 19.2, 19.상시, 18.2, 18.1, 14.3, 09.4, 09.3, 09.2, 08.3, 08.2, …}
'txt페이지' 컨트롤의 '컨트롤 원본' 속성 설정하기

1. 페이지 바닥글의 'txt페이지' 컨트롤을 더블클릭하여 'txt
   페이지' 속성 시트 창을 호출하세요.
2. 'txt페이지' 속성 시트 창의 '데이터' 탭을 선택한 후 '컨
   트롤 원본' 속성의 작성기 단추(…)를 클릭하세요.
3. '식 작성기' 대화상자에서 ❶ 클릭 → ❷ 더블클릭한 후
   추가된 내용 중 "&"와 ""페이지""를 삭제하고 〈확인〉을
   클릭하세요.

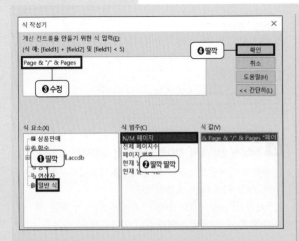

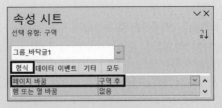

페이지 바꿈

- **구역 전** : 선택한 구역 전에 페이지를 바꾸는 것으로 선택한 구역은 페이지가 바뀌어서 다음 페이지에 표시됩니다.
- **구역 후** : 선택한 구역 다음에 페이지를 바꾸는 것으로 선택한 구역의 다음 내용부터는 페이지가 바뀌어서 다음 페이지에 표시됩니다.
- **구역 전/후** : 선택한 구역 전과 후에 모두 페이지를 바꾸는 것으로 해당 구역만 한 페이지에 표시됩니다.

8 24.상시, 23.상시, 22.상시, 21.상시, 20.상시, 14.2, 12.2, 08.4, 07.2, 06.2, 05.4, 05.3, 05.2, 05.1, …

'txt총판매이윤' 컨트롤 이동 및 '컨트롤 원본' 속성 설정하기

1. 페이지 바닥글의 'txt총판매이윤' 컨트롤을 더블클릭하여 'txt총판매이윤' 속성 시트 창을 호출하세요.

2. 'txt총판매이윤' 속성 시트 창의 '데이터' 탭을 선택한 후 '컨트롤 원본' 속성에 =Sum([판매이윤])이라고 입력하세요.

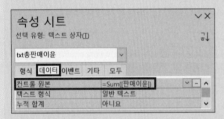

3. 페이지 바닥글의 'txt총판매이윤' 컨트롤과 레이블을 선택한 후 소매점명 바닥글 영역으로 드래그하세요.

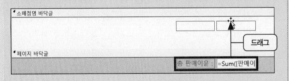

9 24.상시, 22.상시, 21.상시, 20.1, 19.상시, 18.상시, 17.상시, 16.3, 16.1, 15.3, 14.3, 11.3, 04.4

소매점명 바닥글 이후 페이지 바뀌도록 설정하기

1. 소매점명 바닥글을 더블클릭하여 '그룹 바닥글' 속성 시트 창을 호출하세요.

2. '그룹 바닥글' 속성 시트 창의 '형식' 탭을 선택한 후 '페이지 바꿈' 속성을 '구역 후'로 설정하세요.

10 23.상시, 17.상시, 13.상시, 10.1, 09.3, 08.4, 04.1

보고서 제목 이동/보고서 머리글 높이 설정하기

1. 페이지 머리글을 더블클릭하여 '페이지 머리글' 속성 시트 창을 호출하세요.

2. '페이지 머리글' 속성 시트 창의 '형식' 탭을 선택한 후 '높이' 속성을 '3'으로 설정하세요.

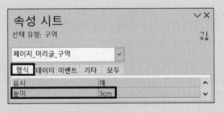

3. 페이지 머리글 상단에 있는 모든 컨트롤을 드래그하여 페이지 머리글 하단으로 이동시키세요.

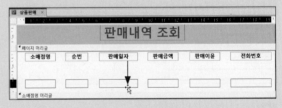

4. 보고서 머리글에 있는 보고서 제목 컨트롤을 드래그하여 페이지 머리글로 이동시키세요.

5. 보고서 머리글을 더블클릭하여 '보고서 머리글' 속성 시트 창을 호출하세요.

6. '보고서 머리글' 속성 시트 창의 '형식' 탭을 선택한 후 '높이' 속성을 '0'으로 설정하세요.

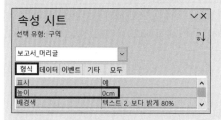

11 선 컨트롤 추가하기
23.상시

1. [보고서 디자인] → 컨트롤 → 선(▢)을 클릭한 후 '페이지 바닥글' 구역에 그림과 같이 마우스로 드래그하세요.

2. 생성한 선을 더블클릭한 후 속성 시트 창의 '형식' 탭에서 '너비', '위쪽', '왼쪽' 속성을 그림과 같이 설정하세요.

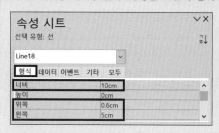

3. 이어서 속성 시트 창의 '기타' 탭을 선택한 후 '이름' 속성을 'Line선'으로 설정하세요.

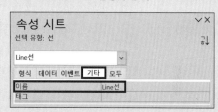

4. 보고서를 종료한 후 보고서 개체에서 〈상품판매〉를 더블클릭하여 결과를 확인하세요.

조회란 데이터베이스에 저장되어 있는 데이터의 전체 또는 특정 부분에 조건을 적용하여 추출하는 것을 말합니다. 예를 들어, 비행기 좌석 예약 시스템에서 이용 가능한 좌석 수를 조사하는 행위를 조회라고 합니다. 특정 레코드를 추출하기 위해 단순히 레코드에 포함된 레이블 또는 키를 비교하기도 하며, 원하는 정보를 얻기 위해 데이터를 요약하거나 처리하기도 합니다.

기본문제

'C:\길벗컴활1급\02 액세스\01 섹션' 폴더의 '섹션06문제.accdb' 파일을 열어서 작업하시오.

전문가의 조언

조회 문제가 어렵다고 생각하는 수험생이 많은데, 이제 생각을 달리하는 것이 좋습니다. 물론 어렵게 출제되면 손도 못 대겠지만 아직까지 조회에서 출제된 문제는 Filter, RecordSource, ApplyFilter, RecordsetClone 속성과 ADO 개체 5가지뿐입니다. 게다가 조건 지정 방법도 단순히 폼에 배치된 특정 컨트롤의 값과 관련 필드의 값을 단순 비교하는 문제만 반복 출제되고 있습니다. 시험에 출제된 문제 유형을 기본문제에 모두 수록하였으니 조회와 관련된 5가지 기능의 사용법이 완전히 숙달될 때까지 기본문제를 반복하여 연습하세요.

1. 〈판매현황관리〉 폼의 '제품명찾기'(cmd제품명찾기) 단추와 '전체보기1'(cmd전체보기1) 단추를 클릭하면 다음과 같은 기능이 수행되도록 구현하시오.

   ▶ 'txt제품명' 컨트롤에 '제품명'을 입력하고 '제품명찾기' 단추를 클릭하면 '제품명'이 'txt제품명'의 값과 같은 제품의 정보를 찾아 표시되도록 하시오.

   ▶ '전체보기1' 단추를 클릭하면 폼에 모든 제품의 정보가 표시되도록 하시오.

   ▶ Filter, FilterOn 속성을 이용하여 이벤트 프로시저를 작성하시오.

2. 〈판매현황관리〉 폼의 'txt이메일' 컨트롤에 '담당자이메일'의 일부를 입력하고 '이메일찾기'(cmd이메일찾기) 단추를 클릭하면 다음과 같은 기능이 수행되도록 구현하시오.

   ▶ '담당자이메일' 주소가 'txt이메일'에 입력된 글자를 포함하는 제품의 정보를 찾아 표시하도록 하시오.

   ▶ 현재 폼의 RecordSource 속성을 이용하여 이벤트 프로시저를 작성하시오.

3. 〈판매현황관리〉 폼의 'txt거래처코드' 컨트롤에 거래처코드를 입력하고 '거래처찾기'(cmd거래처찾기) 단추를 클릭하면 다음과 같은 기능을 수행하는 〈거래처찾기〉 매크로를 생성한 후 지정하시오.

   ▶ '거래처코드'가 'txt거래처코드'와 같은 제품의 정보를 찾아 표시하도록 하시오.

   ▶ ApplyFilter 함수를 사용하시오.

4. 〈판매현황관리〉 폼의 'txt판매번호' 컨트롤에 판매번호를 입력하고 '판매번호찾기'(cmd판매번호찾기) 단추를 클릭하면 다음과 같은 기능이 수행되도록 구현하시오.

   ▶ '판매번호'가 'txt판매번호'의 값과 같은 제품의 정보를 찾아 표시하도록 하시오.

   ▶ 현재 폼의 RecordsetClone 속성과 BookMark 속성, FindFirst 메서드 등을 이용할 것

따라하기

1 Filter 및 FilterOn 속성 이용하기

1. '탐색' 창의 〈판매현황관리〉 폼의 바로 가기 메뉴에서 [디자인 보기]를 선택하세요.

궁금해요 시나공 Q&A 베스트

Q 파일을 열면 '보안 경고' 메시지가 나타나요!

A '보안 경고' 메시지의 오른쪽 끝에 있는 〈콘텐츠 사용〉 단추를 클릭하여 데이터베이스 파일에 포함된 모든 콘텐츠를 사용할 수 있도록 설정하세요.

⚠ 보안 경고 일부 액티브 | 콘텐츠 사용

2. 폼 디자인 보기 창에서 '제품명찾기'(cmd제품명찾기) 단추를 더블클릭하여 'cmd제품명찾기'의 속성 시트 창을 호출합니다.

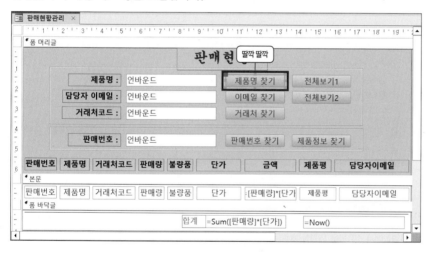

3. 'cmd제품명찾기' 속성 시트 창에서 '이벤트' 탭을 클릭한 후, 'On Click' 이벤트를 클릭하세요. 이어서 작성기 단추(…)를 클릭하세요.

전문가의 조언

각 이벤트 속성난의 오른쪽에 있는 2개의 단추는 선택한 컨트롤의 이벤트에 명령을 주는 기능을 합니다. 목록 단추(▼)를 누르면 이미 만들어진 매크로나 모듈을 선택할 수 있으며, 작성기 단추(…)를 누르면 매크로나 모듈을 이용하여 새로운 명령을 작성할 수 있습니다.

4. '작성기 선택' 대화상자에서 '코드 작성기'를 선택한 후 〈확인〉을 클릭하세요.

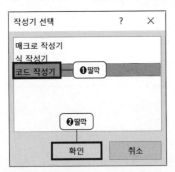

5. 'cmd제품명찾기_Click( )' 프로시저가 나타납니다. 'cmd제품명찾기_Click( )' 프로
시저에 다음과 같이 입력하세요. 입력이 완료되면 닫기 단추(⊠)를 클릭합니다.

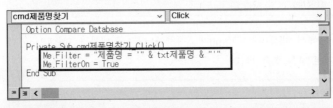

코드 설명

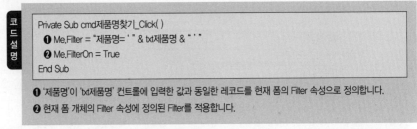

Private Sub cmd제품명찾기_Click( )
  ❶ Me.Filter = "제품명= ' " & txt제품명 & " ' "
  ❷ Me.FilterOn = True
End Sub

❶ '제품명'이 'txt제품명' 컨트롤에 입력한 값과 동일한 레코드를 현재 폼의 Filter 속성으로 정의합니다.
❷ 현재 폼 개체의 Filter 속성에 정의된 Filter를 적용합니다.

잠깐만요 **조회식에서 컨트롤 연결하기**

조회식에서 컨트롤을 연결할 때는 컨트롤이 가지고 있는 값이 문자인지 숫자인지에 따라 따옴표를 사
용하는 방법이 다릅니다.
· 문자 컨트롤을 연결할 때

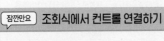

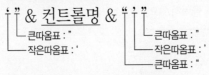

※ 따옴표 사이에 공백이 있어서는 안 됩니다.

 전문가의 조언

문자열 연결하기에 대한 자세한
설명은 162쪽을 참고하세요.

• 숫자 컨트롤을 연결할 때

" & 컨트롤명
└─ 큰따옴표 : "

만약 위의 'txt제품명' 컨트롤이 숫자 값을 가지고 있었다면 조회식은 다음과 같이 작성되어야 합니다.

Me.Filter = "제품명 = " & txt제품명

• 날짜 컨트롤을 연결할 때

" & 컨트롤명 & " # "
  └─ 큰따옴표 : "   └─ 큰따옴표 : "
                      └─ 큰따옴표 : "

만약 위의 'txt제품명' 컨트롤이 날짜 값을 가지고 있었다면 조회식은 다음과 같이 작성되어야 합니다.

Me.Filter = "제품명 = #" & txt제품명 & "#"

컨트롤이 가지고 있는 값이 문자인지 숫자인지 찾기

폼을 실행하거나 테이블을 열어 해당 컨트롤이 저장하고 있는 값을 확인하면 됩니다. 위의 조회식에 사용된 'txt제품명' 컨트롤을 예로 들어 설명하겠습니다. 물론 컨트롤 이름에서 문자를 저장하고 있음을 알수 있지만 이런 정보가 모호한 상태라고 가정하고 봅시다. 다음의 3단계를 거치면 대부분 찾을 수 있습니다.

• 1단계 : 폼을 실행시켜 봅니다. 본문 영역의 '제품명' 필드에 "책상"이 입력되어 있는 것으로 보아 'txt제품명' 컨트롤은 문자값을 저장하고 있음을 알 수 있습니다. 만약 1단계에서 못 찾았으면 다음 단계로 갑니다.

• 2단계 : 현재 사용하고 있는 '판매현황관리' 폼의 속성 시트 창에서 '데이터' 탭을 클릭한 후 '레코드 원본'을 확인합니다. 레코드 원본에서 테이블이나 쿼리의 이름을 확인한 후 테이블이나 쿼리를 열어 봅니다. '판매현황관리' 폼에서는 '제품별판매현황' 쿼리를 사용하니 이 쿼리를 사용하므로 열어 보면 되겠죠. 그런 후 제품명 필드에 들어 있는 값을 확인하면 됩니다.

• 3단계 : 테이블이나 쿼리를 열어도 문자 값인지 숫자 값인지 모호할 때가 있습니다(숫자인데 문자처럼 왼쪽 정렬이 되어 있는 경우). 이런 경우는 테이블을 디자인 보기 모드로 열어서 해당 필드의 데이터 형식을 보면 됩니다. 물론 쿼리는 디자인 보기 모드에서 무슨 테이블을 사용하는지 확인한 후에 다시 테이블을 디자인 보기로 열어야겠죠.

6. 'cmd제품명찾기' 속성 시트 창의 'On Click' 난에 [이벤트 프로시저]가 지정됩니다. 닫기 단추(☒)를 클릭하세요.

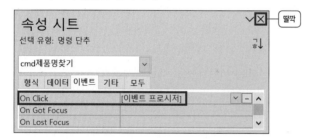

7. 이번에는 '전체보기1' 단추의 기능을 구현합니다. 폼 디자인 보기 창에서 '전체보기1'(cmd전체보기1) 단추를 더블클릭하여 'cmd전체보기1'의 속성 시트 창을 호출합니다.

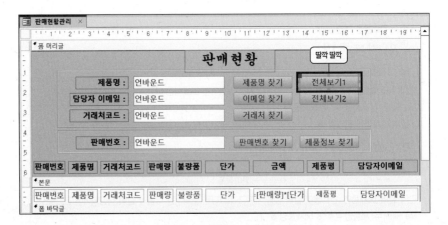

8. 'cmd전체보기1' 속성 시트 창에서 '이벤트' 탭을 클릭한 후, 'On Click' 이벤트를 클릭하세요. 이어서 작성기 단추(…)를 클릭하세요.

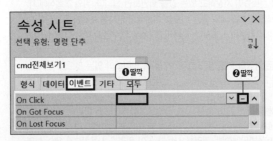

9. '작성기 선택' 대화상자에서 '코드 작성기'를 선택한 후 〈확인〉을 클릭하세요.

10. 'cmd전체보기1_Click( )' 프로시저가 나타납니다. 'cmd전체보기1_Click( )' 프로시저에 다음과 같이 입력하세요. 입력이 완료되면 닫기 단추(×)를 클릭하세요.

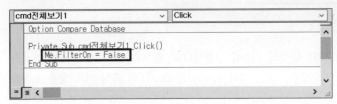

<table>
<tr><td>코드
설명</td><td>

```
Private Sub cmd전체보기1_Click( )
    ❶ Me.FilterOn = False
End Sub
```

</td></tr>
</table>

❶ 현재 폼 개체에 적용된 Filter 속성을 해제합니다.

11. [양식 디자인] → 보기 → **폼 보기**(▤)를 클릭하여 폼을 실행한 후 제품명 입력난에 **프린터**를 입력한 다음 '제품명찾기' 단추와 '전체보기1' 단추를 클릭하여 결과를 확인하세요.

전문가의 조언

현재의 폼 보기 상태가 폼 디자인 보기 상태일 때는 [양식 디자인] → 보기 → **폼 보기**(▤)가 표시되어 있고, 폼 보기 상태일 때는 '레이아웃 보기'가 표시되어 있습니다. 그림과 같이 클릭하여 보기 형식을 선택할 수도 있습니다.

2 23.상시, 22.상시, 21.상시, 20.상시, 19.상시, 16.상시, 16.2, 12.1, 10.2, 07.4, 06.2, 05.4, 05.3, 03.4, 02.3
RecordSource 속성 이용하기

1. 이번에는 RecordSource 속성을 이용하여 '이메일찾기' 단추의 기능을 구현합니다. [홈] → 보기 → ▥를 클릭한 다음 → 디자인 보기(▧)를 선택하세요.

2. 폼 디자인 보기 창에서 '이메일찾기'(cmd이메일찾기) 단추를 더블클릭하여 'cmd이메일 찾기' 속성 시트 창을 호출하세요.

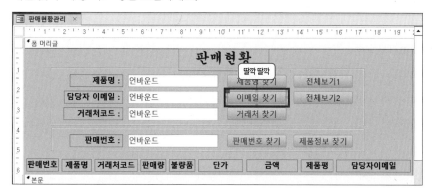

전문가의 조언

RecordSource
• 테이블, 쿼리, SQL문 등의 데이터를 폼이나 보고서의 데이터 원본으로 지정할 때 사용하는 속성입니다. 그러므로 RecordSource를 사용하면 조건에 맞는 데이터들로 폼의 레코드 원본을 지정할 수 있습니다.
• RecordSource 속성을 이용하여 데이터를 조회할 때는 대부분 폼의 레코드 원본에 있는 내용을 복사한 후 수정하여 사용합니다. 여기서는 '레코드 원본'에 〈제품별판매현황〉만 지정되어 있으므로 이것을 복사하여 코드 작성 시 'FROM'절 다음에 붙여넣기하면 됩니다. 실제 시험에서는 Select문을 사용한 다양한 코드가 레코드 원본으로 지정되니 이것을 복사하여 사용하면 편리합니다.

3. 'cmd이메일찾기'의 속성 시트 창에서 '이벤트' 탭을 클릭한 후, 'On Click' 이벤트를 클릭하세요. 'On Click' 이벤트를 클릭하면 표시되는 작성기 단추(⋯)를 클릭하세요.

4. '작성기 선택' 대화상자에서 '코드 작성기'를 선택한 후 〈확인〉을 클릭하세요.

5. 'cmd이메일찾기_Click( )' 프로시저에 다음과 같이 입력하세요. 입력이 완료되면 닫기 단추(×)를 클릭하세요.

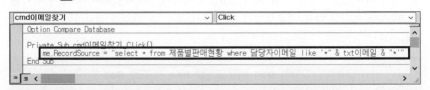

코드 설명

Private Sub cmd이메일찾기_Click( )
❶ Me.RecordSource = "SELECT * FROM 제품별판매현황 where 담당자이메일 like '*' & txt이메일 & '*'"
End Sub

❶ '담당자이메일'이 'txt이메일'에 입력된 문자를 포함하는 제품을 〈제품별판매현황〉 쿼리에서 찾아 현재 폼
의 레코드 원본으로 지정합니다. '담당자이메일'이 'txt이메일'과 같은 내용이 아니라 'txt이메일'에 포함하
는 제품을 찾는 것이므로 'like'를 사용합니다.

※ 폼의 레코드 원본이 〈제품별판매현황〉이므로 테이블/쿼리명을 〈제품별판매현황〉으로 지정한 것입니다.

잠깐만요 **Like를 사용한 조회식에서 컨트롤 연결하기**

조회식에서 Like 연산자의 사용은 컨트롤에 저장된 값이 문자일 때만 가능합니다. Like 연산자를 사용
할 때 따옴표를 사용하는 방법은 다음과 같습니다.

┌ 큰따옴표 : "
├ 에스테리스크 : *
└ 작은따옴표 : '

┌ 큰따옴표 : "
├ 작은따옴표 : '
├ 에스테리스크 : *
└ 큰따옴표 : "

※ 따옴표 사이에 공백이 있어서는 안 됩니다.

6. 'cmd이메일찾기' 속성 시트 창에서 닫기 단추(×)를 클릭하고, 폼을 실행하여 결과
를 확인하세요.

3 ApplyFilter 함수 이용하기
24.상시, 22.상시, 21.상시, 18.상시

1. 이번에는 ApplyFilter 함수를 이용하여 조건에 맞는 레코드를 찾는 기능을 구현합니다. 문제를 보면 〈거래처찾기〉 매크로를 생성한 후 지정하라는 조건이 있습니다. 이와 같이 매크로에 이름을 지정하여 사용하는 경우에는 먼저 매크로 개체를 생성한 후 이를 연결하여 사용하면 됩니다. [만들기] → 매크로 및 코드 → **매크로(□)**를 클릭하세요.

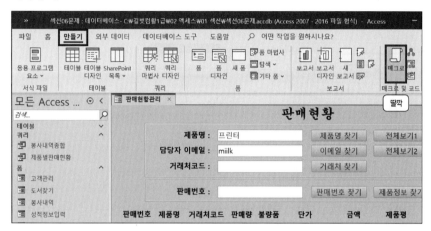

2. 매크로 함수 선택란의 목록 단추(☑)를 누른 다음 'ApplyFilter' 함수를 선택하세요.

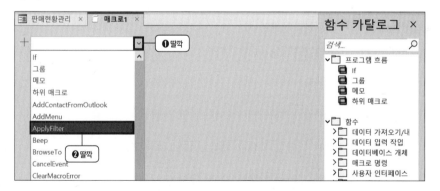

3. 'ApplyFilter' 함수의 조건에 컨트롤이 사용되는 경우에는 컨트롤의 위치를 자세히 지정해야 하는데, 이는 작성기를 이용하면 쉽게 지정할 수 있습니다. 'Where 조건문' 란의 작성기 단추(▨)를 클릭하세요.

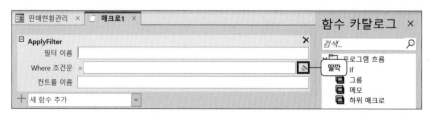

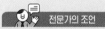
전문가의 조언

ApplyFilter 함수
테이블이나 쿼리로부터 조건에 맞는 레코드를 검색하는 매크로 함수입니다.
• **필터 이름** : 조건을 정의해 놓은 쿼리의 이름을 입력합니다.
• **Where 조건문** : 조건을 지정하는 Where절에서 'Where'를 제외한 나머지 부분을 입력합니다.
※ ApplyFilter에 적용할 조건은 '필터 이름'이나 'Where 조건문' 중 하나에 입력하면 됩니다.

4. '식 작성기' 창에서 '거래처코드' 필드의 값과 'txt거래처코드' 컨트롤의 값을 비교하는 식을 다음과 같이 입력한 후 〈확인〉을 클릭하세요.

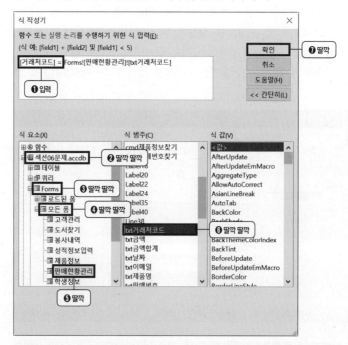

5. 매크로 창에서 닫기 단추(⊠)를 클릭한 후 저장 여부를 묻는 대화상자에서 〈예〉를 클릭하세요. 이어서 '다른 이름으로 저장' 대화상자에서 매크로 이름으로 **거래처찾기**를 입력한 다음 〈확인〉을 클릭하세요.

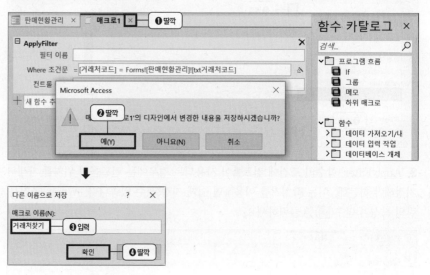

6. [홈] → 보기 → 보기 → **디자인 보기(圖)**를 선택하세요.

7. 폼 디자인 보기 창에서 '거래처 찾기'(cmd거래처찾기) 단추를 더블클릭하여 'cmd 거래처찾기' 속성 창을 호출하세요.

8. 'cmd거래처찾기' 속성 시트 창에서 '이벤트' 탭을 클릭한 후 'On Click' 이벤트에서 목록 단추(✓)를 클릭하여 '거래처찾기'를 선택하세요.

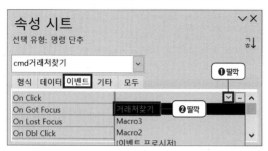

9. 'cmd거래처찾기' 속성 시트 창에서 닫기 단추(⨯)를 클릭하고, 폼을 실행하여 결과를 확인하세요.

4 RecordsetClone, Bookmark, FindFirst 속성 이용하기

20.상시, 08.4, 08.1, 05.1, 04.4, 04.3, 04.1, 03.2

1. 이번에는 RecordsetClone, Bookmark, FindFirst 속성을 이용하여 조건에 맞는 레코드를 찾는 기능을 구현합니다. [홈] → 보기 → 보기 → **디자인 보기(圖)**를 선택하세요.

2. 폼 디자인 보기 창에서 '판매번호찾기'(cmd판매번호찾기) 단추를 더블클릭하여 'cmd판매번호찾기'의 속성 시트 창을 호출합니다.

3. 'cmd판매번호찾기' 속성 시트 창에서 '이벤트' 탭을 클릭한 후, 'On Click' 이벤트를 클릭하세요. 이어서 작성기 단추(⋯)를 클릭하세요.

4. '작성기 선택' 대화상자에서 '코드 작성기'를 선택한 후 〈확인〉을 클릭하세요.

5. 'cmd판매번호찾기_Click( )' 프로시저에 다음과 같이 코드를 입력하세요. 입력이 완료되면 닫기 단추(⨯)를 클릭합니다.

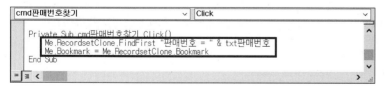

전문가의 조언

〈판매현황관리〉 폼이 실행된 상태가 아니라면 '탐색' 창에서 〈판매현황관리〉 폼의 바로 가기 메뉴에서 [디자인 보기]를 선택하세요.

전문가의 조언

테이블 내에서 유일한 필드 값을 가지고 특정 레코드 1개를 찾는 경우에는 일반적으로 Recordset Clone, Bookmark, Findfirst 속성을 이용합니다.

```
Private Sub cmd판매번호찾기_Click( )
❶ Me.RecordsetClone.FindFirst "판매번호= " & txt판매번호
❷ Me.Bookmark = Me.RecordsetClone.Bookmark
End Sub
```

- Me.RecordsetClone.FindFirst "조건" : 현재 폼의 작업 대상이 되는 레코드 셋을 복사한 후 복사된 개체를 대상으로 조건에 맞는 첫 번째 레코드로 이동합니다.
- RecordsetClone.Bookmark : 복사된 개체를 열었을 때 현재의 레코드를 유일하게 식별할 수 있는 표식으로, 보통 책갈피라고 합니다. 레코드 셋이나 복사된 레코드 셋을 열었을 때 여러 개의 레코드가 있지만 현재 레코드 포인터는 항상 1개만을 가리키고 있으며 그것을 확인할 수 있는 것이 Bookmark입니다.
- Me.Bookmark : 현재 폼의 작업 대상인 레코드 셋의 레코드 중에서 현재 레코드 포인터가 가리키고 있는 레코드의 책갈피입니다.

❶ 현재 폼(Me)의 레코드 원본을 복사한 후 복사된 개체(RecordSetClone)에서 해당 조건('판매번호' 필드의 값이 'txt판매번호'에 입력된 값과 동일한 레코드)과 일치하는 값을 찾습니다(FindFirst).

※ 폼을 실행시켰을 때 본문의 판매번호 필드에 입력된 값이 숫자이므로 따옴표를 사용하는 방법이 다릅니다.

" & 컨트롤명
└─ 큰따옴표 : "

❷ 현재 폼(Me)의 책갈피 속성(BookMark)에 복사한 개체(RecordSetClone)에서 찾은 레코드의 책갈피 속성(BookMark)을 지정하므로 버튼 클릭 시 현재 폼의 레코드 포인터가 찾은 레코드로 이동합니다.

6. 'cmd판매번호찾기' 속성 시트 창에서 닫기 단추(×)를 클릭하고, 폼을 실행하여 결과를 확인하세요.

잠깐만요

프로시저에서의 SQL 사용

프로시저에서 SQL을 사용할 때는 SQL문을 " "로 묶어서 사용해야 하는데 폼의 컨트롤에서 받은, 즉 변수로 입력받은 값을 상수로 변경한 후 " "로 묶어주어야 하기 때문에 '&'를 이용하여 문자열 더하기를 합니다. 대부분의 수험생이 이 부분에서 오류를 일으키게 될 것입니다. 중요한 부분인 만큼 꼭 이해하고 넘어가야 합니다.

문자열 연결하기 – 기본

1. & : 문자열 더하기 연산자

　　"길벗" & "출판사" ➡ "길벗출판사"

　　"200" & "300" ➡ "200300"

2. '(작은따옴표) : SQL문 안에서 문자 값을 나타낼 때 사용합니다. 원래 문자 값은 " "(큰따옴표)로 묶어주어야 하지만 전체 수식이 큰따옴표 안에 있는 것이므로 그것과 구분하기 위해 '(작은따옴표)로 묶어줍니다.

　　⃞ 문자열 사용 시

　　　　Me.Filter = " 제품명="책상" " (틀림)

　　　　Me.Filter = " 제품명='책상' " (맞음)

　　　　※ 여기서 '제품명'은 필드명이라고 가정했습니다. 필드명은 항상 그냥 사용하면 됩니다.

　　⃞ 숫자 사용 시 : 숫자는 '(작은따옴표) 없이 그냥 사용하면 됩니다.

　　　　Me.Filter = " 판매량 >= 200 " (맞음)

　　　　Me.Filter = " 판매량 >= '200' " (틀림)

3. **"(큰따옴표)** : 문자열을 연결할 때 문자의 양 옆에 붙여줍니다.
　　예 "200" & "300" ➡ "200300" (맞음)
　　　　200 & 300 ➡ 오류 (&는 문자열을 더할 때 사용하는 것으로서, 숫자를 문자로 간주하여 더하기
　　　　할 때는 숫자를 " "로 묶어주어야 합니다.)

기본적인 연산자와 규칙이 이해되었으면 다음을 보세요.

" 제품명='책상' "과 같은 수식을 만들어야 하는데 각각의 문자가 분리되어 있다고 가정하면 이 수식에
사용된 문자는 다음과 같습니다. " "는 문자열을 의미하도록 처음과 마지막에 묶어주는 것이므로 제외
합니다.

> 제품명 = ' 책상 '

각각의 문자를 &로 연산해 주면 문자열이 더해진다고 했죠.

> 제품명 & = ' & 책상 & '

자, 그런데 위와 같이 썼다면 맞았나요? 틀렸죠. 문자열을 더할 때는 각각의 문자열을 " "로 묶어준다고
했습니다. 그럼 맞게 고쳐 보세요. 아래와 같이 되었나요?

> "제품명" & "=" & " ' " & "책상" & " ' " ➡ " 제품명 = '책상' "

이제 이해가 되나요? 아마 대부분의 수험생들이 " ' "에서 혼동을 느낄 겁니다. 어렵게 생각하지 말고
'(작은따옴표)도 하나의 문자로 취급하세요. '(작은따옴표)도 하나의 문자이므로 양 옆에 "(큰따옴표)를
붙여준 것입니다.

그럼 다음의 분리된 문자열들을 더하여 하나의 문자열로 만들려면 어떻게 해야 될까요? 한 번 스스로
해 보세요.

> 판매량 　 〉 ＝ 　 200

이것은 좀 쉽지요? 숫자는 그냥 써주면 된다고 했으니까요.

> "판매량" & " 〉" & " = " & 200 ➡ "판매량 〉= 200"

문자열 연결하기 – 실전

숫자 데이터

폼에 숫자를 입력하는 컨트롤이 있고 그 컨트롤의 이름은 'txt수량'이라고 가정합니다. 폼에서 'txt수량'
컨트롤로 입력받은 값을 테이블의 '판매량' 필드와 비교하여 '판매량' 필드의 값이 'txt수량'의 값 이상인
레코드만 필터링하려고 합니다. txt수량에 200을 입력받았고, Me.Filter를 사용한다면 아마 다음과 같은
조회식이 만들어지겠죠.

> Me.Filter = "판매량 〉= 200"

그런데 위와 같이 사용하면 약간의 문제가 있습니다. 만약 'txt수량'이 300을 입력받았다면 Me.Filter=
"판매량 〉= 300"과 같이 고쳐서 사용하고, 301을 받았다면 Me.Filter="판매량 〉= 301"과 같이 고쳐서 사
용하고… 그렇죠 매번 고쳐서 사용해야 하는 불편이 따릅니다. 이럴 때 변수를 사용해야 합니다. 변수가
이해 안 되는 수험생은 지금 필기 수험서를 다시 한 번 찾아보세요. 위의 수식에서 200 부분에 해당되
는 부분을 변수로 대치하면 되는데 변수명은 컨트롤의 이름인 'txt수량'을 그냥 사용하면 됩니다. 그럼
아래와 같이 될까요?

> Me.Filter = "판매량 〉= txt수량"

이렇게 수식을 만들고 맞았다고 좋아하는 수험생들이 있을 겁니다. 그러나 틀렸죠? 프로시저에서 수식
을 입력할 때는 약간의 규칙이 따르는데 그 부분 때문에 여러분들이 어려워하는 것입니다. 폼의 컨트롤
을 수식이나 SQL문에 사용할 때는 반드시 별도의 분리된 문자열로 간주하고 연결해야 합니다. 즉 'txt수
량'만 별도의 문자열로 간주하고 다음과 같이 연결해야 합니다.

> Me.Filter = "판매량 〉=" & txt수량

생각보다 쉽죠? 여기서 아래와 같이 작성하면 안 되나요?하고 묻는 수험생들이 있을 겁니다. Me.Filter = "판매량" & ">" & "=" & txt수량 이렇게 말이죠. 서울에서 부산을 가는 데 경부 고속도로를 한 번에 바로 가지 말고 중간 중간 휴게소에서 쉬었다 가도 상관없나요?라고 묻는 것과 같은 질문입니다. 편한 대로 하세요. 그런데 다음과 같이 작성하면 안 됩니다. 왜 안 되냐고 하면 할 말이 없습니다. 약속이기 때문이죠.

> Me.Filter = "판매량 >=" & "txt수량"

이와 같이 수식을 작성하면 우리가 원하는 대로 수식이 변환되어 해석되지 않고 다음과 같이 됩니다.

> Me.Filter = "판매량 >= txt수량" (틀림)
> Me.Filter = "판매량 >= 200" (우리가 만들어지기를 원하는 수식)

지금 우리는 이렇게 되지 않게 하기 위해서 연습하고 있는 거죠? 자 여기까지 이해되었으면 숫자 컨트롤을 연결시키는 데는 어려움이 없을 것입니다. 이해가 안 되면 한 번 더 보고 이해가 되었으면 이제 문자값을 가지고 있는 컨트롤을 연결해 보겠습니다.

문자 데이터

폼에 문자를 입력하는 컨트롤이 있고 그 컨트롤의 이름은 'txt제품명'이라고 가정합니다. 폼에서 'txt제품명' 컨트롤로 받은 값을 테이블의 '제품명' 필드와 비교하여 값이 같은 레코드만 필터링하려고 합니다. 'txt제품명'이 "책상"을 입력받았고 Me.Filter를 사용한다면 다음과 같이 조회식이 필요할 겁니다.

> Me.Filter = " 제품명='책상' "

여기서 왜 문자열에 작은따옴표가 붙지?하는 수험생들은 처음부터 다시 읽어보세요. 이 수식에서 '책상'에 해당되는 부분을 변수로 대치하면 되는데 변수명은 컨트롤의 이름인 'txt제품명'을 그냥 사용하면 된다고 했죠. 그러면 다음과 같이 되지요?

> Me.Filter = "제품명 = txt제품명"

이렇게 만들면 틀린다고 앞에서 설명했죠? 'txt제품명'만 별도의 분리된 문자열로 간주하고 문자열을 연결해 주어야 합니다. 다음과 같이 만들고 흐뭇해하는 수험생들은 반성하세요.

> Me.Filter = "제품명 =" & txt제품명

수식에서 문자열을 연결할 때 문자열은 양옆에 '(작은따옴표)를 붙여주어야 한다고 했습니다. 문자열 값을 가지고 있는 컨트롤도 마찬가지입니다. 만약 위와 같이 수식을 만들면 다음과 같이 변환되어 실행됩니다.

> Me.Filter = "제품명 = 책상"

이와 같이 수식이 만들어지면 어떻게 될까요? " '책상'이라는 변수의 값을 알 수 없습니다. 값을 입력해 주세요."라는 메시지가 출력됩니다. 숫자가 아닌 값의 양 옆에 '(작은따옴표)가 없으면 필드로 인식하는데 '책상'이라는 필드가 없으니 묻는 것은 당연합니다. 'txt제품명' 양 옆에 '(작은따옴표)를 붙여주면 되겠죠. 직접 해보세요.

> Me.Filter = "제품명 =" & ' & txt제품명 & '

이와 같이 만들면 안 됩니다. 문자열을 연결할 때는 문자열 양 옆을 항상 "(큰따옴표)로 묶어주어야 한다고 했습니다.

> Me.Filter = "제품명=" & " ' " & txt제품명 & " ' "   또는   Me.Filter = "제품명=' " & txt제품명 & " ' "

처럼 만들어도 됩니다.

그 차이점은 뭘까요? "(큰따옴표)를 생략하고 & 대신 +를 사용하면 이해하기 쉽습니다.

"제품명 = " & " ' " & txt제품명 & " ' " ➡ 제품명 = + ' + txt제품명 + '	이고
"제품명=' " & txt제품명 & " ' " ➡ 제품명=' + txt제품명 + '	입니다.

이제 검색식 $Me.Filter = "제품명= ' " \& txt제품명 \& " ' "$ 을 이해할 수 있겠죠? "(큰따옴표)를 생략하고 & 대신 +를 사용하면 $제품명= ' + txt제품명 + '$ 와 같이 됩니다. 'txt제품명'에 '프린터'를 입력 받았다면 검색식은 다음과 같이 해석되어 수행됩니다.

$Me.Filter = "제품명 = '프린터' "$

※ 날짜 데이터일 경우에는 '(작은따옴표) 대신 #(샵)을 입력하면 됩니다.

실제 시험에서는 이것만 알면 된다!

숫자 데이터

판매량이 사용자가 입력한 'txt판매량' 이상인 제품의 정보를 표시하되 Filter, RecordSource를 사용하여 표시하시오.

· Filter 사용

1. '판매량'이 'txt판매량'보다 크거나 같은 제품만 검색하라는 식을 작성합니다.

$Me.Filter = "판매량 >= " \& txt판매량$

2. 위 식에서 'txt판매량'이 200일 경우 다음과 같이 해석되어 검색 연산을 수행합니다.

$Me.Filter = "판매량 >= 200"$

· RecordSource 사용

'txt판매량'이 200일 경우 다음과 같이 해석되어 검색 연산을 수행합니다(테이블은 '제품별판매현황'을 사용한다고 가정합니다.).

$Me.RecordSource = "SELECT * FROM 제품별판매현황 where 판매량 >= " \& txt판매량$

⬇

$Me.RecordSource = "SELECT * FROM 제품별판매현황 where 판매량 >= 200"$

문자 데이터

사용자가 입력한 'txt제품명'이 '제품명'과 같은 제품의 정보를 표시하되 Filter, RecordSource를 사용하여 표시하시오.

· Filter 사용

1. '제품명'이 'txt제품명'과 같은 제품만 검색하라는 식을 작성합니다.

$Me.Filter = "제품명 = ' " \& txt제품명 \& " ' "$

2. 위 식에서 'txt제품명'이 '책상'일 경우 다음과 같이 해석되어 검색 연산을 수행합니다.

$Me.Filter = " 제품명 = '책상' "$

· RecordSource 사용

'txt제품명'이 '책상'일 경우 다음과 같이 해석되어 검색 연산을 수행합니다.

$Me.RecordSource = "SELECT * FROM 제품별판매현황 where 제품명 = ' " \& txt제품명 \& " ' "$

⬇

$Me.RecordSource = "SELECT * FROM 제품별판매현황 where 제품명 = '책상' "$

문자 데이터(Like 이용)

'txt제품명'에 입력된 글자가 제품명에 포함되는 제품의 정보를 표시하되 Filter, RecordSource를 사용하여 표시하시오.

· Filter 사용

1. '제품명'이 'txt제품명'으로 입력받은 문자를 포함하는 제품을 모두 검색하라는 식을 작성합니다.

$Me.Filter = "제품명 Like '*" \& txt제품명 \& " *' "$

전문가의 조언

컨트롤을 연결하여 사용하는 조회식은 문자와 숫자, 날짜만 구분하면 의외로 쉽습니다. 시험에 나오는 형태를 구분하여 정리한 것이니 꼭 숙지하고 넘어가세요.

2. 위 식에서 'txt제품명'이 '책상'일 경우 다음과 같이 해석되어 검색 연산을 수행합니다.

> Me.Filter = "제품명 Like '*책상*' "

• RecordSource 사용

'txt제품명'이 '책상'일 경우 다음과 같이 해석되어 검색 연산을 수행합니다.

> Me.RecordSource = "SELECT * FROM 제품별판매현황 where 제품명 Like '*' & txt제품명 & '*' "

↓

> Me.RecordSource = "SELECT * FROM 제품별판매현황 where 제품명 Like '*책상*' "

AND 연산자 사용

'판매량'이 'txt판매량' 이상이고, 제품명이 'txt제품명'에 입력된 글자를 포함하는 제품의 정보를 표시하되 Filter, RecordSource를 사용하여 표시하시오.

• Filter 사용

'txt판매량'이 2000이고, 'txt제품명'이 '책상'일 경우 다음과 같이 해석되어 검색 연산을 수행합니다.

> Me.Filter = "판매량 >=" & txt판매량 & " AND 제품명 Like '*" & txt제품명 & "*' "

↓

> Me.Filter = "판매량 >= 200 AND 제품명 Like '*책상*' "

• RecordSource 사용

'txt판매량'이 2000이고, 'txt제품명'이 '책상'일 경우 다음과 같이 해석되어 검색 연산을 수행합니다.

> Me.RecordSource = "SELECT * FROM 제품별판매현황 where 판매량 >=" & txt판매량 & " AND 제품명 Like '*" & txt제품명 & "*' "

↓

> Me.RecordSource = "SELECT * FROM 제품별판매현황 where 판매량 >= 200 AND 제품명 Like '*책상*' "

4230601

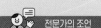

문제 1 'C:\길벗컴활1급\02 액세스\01 섹션' 폴더의 '섹션06문제.accdb' 파일을 열어서 작업하시오.

〈고객관리〉 폼의 '조회'(cmd조회) 단추를 클릭할 때 다음과 같은 조회 기능을 수행하도록 구현하시오.

▶ '가입일'이 'txt조회'에 입력된 값과 같은 레코드만 표시하도록 설정하시오.

▶ 필터(Filter) 기능을 이용할 것

전문가의 조언

폼을 실행하거나 테이블을 열어 비교 대상이 되는 컨트롤(txt조회)이 저장하고 있는 값이 문자인지 숫자인지, 날짜인지 확인하세요.

문제 2 'C:\길벗컴활1급\02 액세스\01 섹션' 폴더의 '섹션06문제.accdb' 파일을 열어서 작업하시오.

〈도서찾기〉 폼의 '찾기'(cmd찾기) 단추를 클릭할 때 다음과 같은 조회 기능을 수행하도록 구현하시오.

▶ 도서명 필드에 'txt찾기'에 입력된 문자를 포함하는 도서의 정보를 찾아 표시하도록 하시오.

▶ 현재 폼의 RecordSource 속성을 이용하여 이벤트 프로시저를 작성하시오.

전문가의 조언

폼에 연결된 원본 테이블명은 폼 속성 시트 창의 '데이터' 탭 → '레코드 원본' 속성에서 확인할 수 있습니다.

문제 3 'C:\길벗컴활1급\02 액세스\01 섹션' 폴더의 '섹션06문제.accdb' 파일을 열어서 작업하시오.

〈학생정보〉 폼 바닥글의 'txt조회' 컨트롤에 학번을 입력하고 '찾 기'(cmd찾기) 단추를 클릭하면 다음과 같은 기능을 수행하도록 구현하시오.

▶ 학번이 'txt조회' 컨트롤에 입력된 값과 같은 정보만 표시되도록 하시오.

▶ DoCmd 개체와 ApplyFilter 메소드를 이용할 것

기출문제 따라하기

문제 1

1 20.1, 18.상시, 18.1, 12.2, 11.3, 11.2, 11.1, 10.1, 09.3, 09.2, 09.1, 08.2, 07.2, 07.1, 06.4, 06.3, 05.2, …

'조회' 단추에 기능 구현하기

1. '탐색' 창의 〈고객관리〉 폼의 바로 가기 메뉴에서 [디자인 보기]를 선택하세요.
2. 폼 디자인 보기 창에서 '조회'(cmd조회) 단추를 더블클릭하세요.
3. 'cmd조회' 속성 시트 창의 '이벤트' 탭에서 'On Click' 속성의 작성기 단추(...)를 클릭하세요.
4. '작성기 선택' 대화상자에서 '코드 작성기'를 선택하고 〈확인〉을 클릭하세요.
5. 'cmd조회_Click( )' 프로시저에 다음과 같이 코드를 입력하세요.

코드설명

```
Private Sub cmd조회_Click( )
 ❶ Me.Filter = "가입일 = #" & txt조회 & "#"
 ❷ Me.FilterOn = True
End Sub
```

❶ 가입일이 'txt조회' 컨트롤에 입력한 값과 동일한 레코드를 현재 폼의 Filter 속성으로 정의한다.
  • '가입일' 필드의 데이터 형식이 날짜이므로 #으로 묶어 줍니다.
❷ 현재 폼 개체의 Filter 속성에 정의된 Filter를 적용한다.

6. VBA의 닫기 단추(×)를 클릭하여 액세스로 되돌아온 후 속성 시트 창을 닫고 [양식 디자인] → 보기 → **폼 보기**(▤)를 클릭하여 폼을 실행하세요.
7. 가입일(예 : 2020-11-12)을 입력한 후 '조회' 단추를 클릭하여 결과를 확인하세요.

문제 2

1 23.상시, 13.1, 12.1, 07.4, 06.2, 05.4, 05.3, 03.4, 02.3

'찾기' 단추에 기능 구현하기

1. '탐색' 창의 〈도서찾기〉 폼의 바로 가기 메뉴에서 [디자인 보기]를 선택하세요.
2. 폼 디자인 보기 창에서 '찾기'(cmd찾기) 단추를 더블클릭하세요.
3. 'cmd찾기' 속성 시트 창의 '이벤트' 탭에서 'On Click' 속성의 작성기 단추(...)를 클릭하세요.
4. '작성기 선택' 대화상자에서 '코드 작성기'를 선택하고 〈확인〉을 클릭하세요.
5. 'cmd찾기_Click( )' 프로시저에 다음과 같이 코드를 입력하세요.

코드설명

```
Private Sub cmd찾기_Click( )
 Me.RecordSource = "select * from 도서 where 도서명 like '*' & txt찾기
  & '*'"
End Sub
```

〈도서〉 테이블에서 도서명이 'txt찾기'에 입력된 문자를 포함하는 레코드를 찾아 현재 사용하는 폼의 레코드 원본으로 지정한다.

6. VBA의 닫기 단추(×)를 클릭하여 액세스로 되돌아온 후 속성 시트 창을 닫고 [양식 디자인] → 보기 → **폼 보기**(▤)를 클릭하여 폼을 실행하세요.
7. 도서명(예 : 운명)을 입력한 후 '찾기' 단추를 클릭하여 결과를 확인하세요.

1 '찾기' 단추에 기능 구현하기 ^{23.상시}

1. '탐색' 창의 〈학생정보〉 폼의 바로 가기 메뉴에서 [디자인 보기]를 선택하세요.

2. 폼 디자인 보기 창에서 '찾기'(cmd찾기) 단추를 더블클릭하세요.

3. 'cmd찾기' 속성 시트 창의 '이벤트' 탭에서 'On Click' 속성의 작성기 단추(⋯)를 클릭하세요.

4. '작성기 선택' 대화상자에서 '코드 작성기'를 선택하고 〈확인〉을 클릭하세요.

5. 'cmd찾기_Click( )' 프로시저에 다음과 같이 코드를 입력하세요.

코드설명

```
Private Sub cmd찾기_Click( )
    ❶ DoCmd.ApplyFilter , "학번 = '" & txt조회 & "'"
End Sub
```

※ '학번' 필드의 데이터 형식이 텍스트형이므로 컨트롤 연결 시 작은따옴표(')를 붙여준 것입니다. 화면에 보이는 '학번' 필드는 숫자처럼 보이지만 실제로는 텍스트형 데이터입니다. 화면에 보이는 숫자 형태의 자료가 텍스트형 자료인지 숫자형 자료인지를 확인하려면 해당 테이블을 디자인 모드로 열어보면 됩니다. 이를 간단하게 파악하는 방법은 화면에 표시된 숫자의 정렬 상태를 보면 됩니다. 왼쪽 정렬이면 텍스트형 자료이고, 오른쪽 정렬이면 숫자형 자료라고 판단하면 됩니다.

❶ '학번' 필드의 값이 'txt조회' 컨트롤에 입력된 값과 동일한 레코드만 조회합니다.

※ DoCmd는 메서드를 이용하여 매크로를 실행하는 개체이고, ApplyFilter는 테이블이나 쿼리로부터 조건에 맞는 레코드를 검색하는 매크로 함수입니다. ApplyFilter의 첫 번째 인수에는 '필터 이름'을, 두 번째 인수에는 'Where 조건문'을 입력하는데, 여기서는 'Where 조건문'에 조건을 입력할 것으므로, '필터 이름'을 입력하는 부분을 생략한 후 자리를 확보하기 위해 ,를 입력한 것입니다.

6. VBA의 닫기 단추(☒)를 클릭하여 액세스로 되돌아온 후 속성 시트 창을 닫고 [양식 디자인] → 보기 → **폼 보기**(▤)를 클릭하여 폼을 실행하세요.

7. 학번(예 : 18026003)을 입력한 후 '찾기' 단추를 클릭하여 결과를 확인하세요.

5 장

처리 기능 구현

Section 07 쿼리(Query)

Section 08 처리 기능

쿼리(Query)

4230700

쿼리(Query)는 '질문'이란 뜻이죠? 쿼리는 데이터베이스에서 특정한 테이블에 특정한 조건을 주어 검색하는 기능을 뜻하며, 데이터베이스에서 기본적이면서도 매우 중요한 요소입니다. 테이블을 데이터베이스 자체라고 한다면, 쿼리는 이 데이터베이스에서 필요한 것만을 뽑아내어 가공하는 형태라고 할 수 있습니다. 만들어진 쿼리는 테이블과 동일하게 폼이나 보고서에서 레코드 원본으로 사용됩니다.

기본문제

'C:\길벗컴활1급\02 액세스\01 섹션' 폴더의 '섹션07문제.accdb' 파일을 열어서 작업하시오.

전문가의 조언

• 쿼리에서는 조건을 지정하는 부분이 까다로울 수 있는데, 이는 엑셀의 고급 필터나 데이터베이스 함수에서 조건을 지정하는 원리와 같기 때문에 엑셀에서 충분히 연습했다면 쉽게 풀 수 있는 내용입니다. 나머지는 마법사를 이용하거나 쿼리 편집기 사용법만 알면 쉽게 풀 수 있습니다. 쿼리 문제도 엑셀 2번의 계산 문제와 마찬가지로 문제를 읽으면 바로 쿼리 편집기에 설정하는 모양이나 마법사의 단계가 떠오를 수 있도록 반복해서 학습해야 합니다.

• 쿼리나 프로시저를 작성한 후 결과를 확인하려면 이를 실행해야 하는데, 이 때의 실행이 테이블의 데이터에 변화를 준다 해도 채점과는 무관하니 염려하지 말고 실행해 보세요.

1. 〈판매〉와 〈소속지점〉 테이블을 이용하여 지점별 '최근판매일', '총판매량', '총판매건수', '평균판매량'을 조회하는 〈판매실적확인〉 쿼리를 작성하시오.

▶ '최근판매일'은 '판매일'의 최대값, '총판매량'은 '판매수량'의 합계, '총판매건수'는 '판매번호'의 개수로 처리하시오.

▶ '소속지점코드'가 A부터 D까지의 문자 중 하나로 끝나는 것만 조회 대상으로 하시오.

▶ 평균판매량 = 총판매량 / 총판매건수

▶ 평균판매량은 [표시 예]와 같이 표시되도록 '형식' 속성을 설정하시오.

[표시 예] 0 → 0.0, 66.3636 → 66.4

▶ Like 연산자 사용

▶ 쿼리 결과 표시되는 필드와 필드명, 필드의 형식은 〈그림〉과 같이 표시되도록 설정하시오.

판매실적확인 ×				
지점명	최근판매일	총판매량	총판매건수	평균판매량
명동점	2023-12-27	508	7	72.6
방배점	2023-12-22	365	5	73.0
분당점	2023-12-05	301	4	75.3
사당점	2023-12-21	866	11	78.7
성동점	2023-12-16	716	7	102.3
신촌점	2023-12-23	730	11	66.4
이대점	2023-12-17	384	5	76.8

레코드: ◄ ◄ 1/7 ► ►I ►* 필터 없음 검색

2. 〈제품〉과 〈판매〉 테이블을 이용하여 검색할 영업사원 이름의 일부를 매개 변수로 입력받아 해당 사원이 판매한 제품의 정보를 조회하는 〈사원판매조회〉 매개 변수 쿼리를 작성하시오.

▶ '부가세' 필드는 '생산원가'가 10000 이하이면 '생산원가'의 10%로, 10000 초과 25000 이하이면 '생산원가'의 20%로, 25000 초과이면 '생산원가'의 30%로 계산하시오.

▶ '영업사원' 필드를 기준으로 내림차순 정렬하여 표시하시오.

▶ Switch 함수 사용

▶ 쿼리 결과 표시되는 필드와 필드명, 필드의 형식은 〈그림〉과 같이 표시되도록 설정하시오.

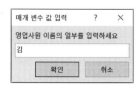
사원판매조회					
영업사원 ▾	제품명 ▾	판매수량 ▾	생산원가 ▾	판매단가 ▾	부가세 ▾
김흥부	면바지	53	₩16,500	₩22,000	₩3,300
김지연	가죽잠바	120	₩54,200	₩65,000	₩16,260
김상두	반바지	119	₩25,000	₩30,000	₩5,000
김사원	반코트	97	₩23,100	₩26,000	₩4,620
김민환	양말	76	₩1,200	₩1,500	₩120
김미현	반바지	31	₩25,000	₩30,000	₩5,000
김동지	남방	62	₩15,200	₩21,000	₩3,040
김구완	남방	48	₩15,200	₩21,000	₩3,040

레코드: I◀ ◀ 1/8 ▶ ▶I ▶✳ 🗅 필터 없음 검색

매개 변수 값 입력   ? ✕

영업사원 이름의 일부를 입력하세요

김

[확인] [취소]

3. 제품명별, 지점별로 판매수량의 합계를 조회하는 〈주요지점판매현황〉 크로스탭 쿼리를 작성하시오.

▶ 〈소속지점〉, 〈판매〉, 〈제품〉 테이블을 이용하시오.

▶ 판매횟수는 '판매번호' 필드를 이용하시오.

▶ 2023년 09월 15일부터 2023년 10월 15일까지인 판매일만 조회 대상으로 하시오.

▶ Between 연산자 사용

▶ 쿼리 결과 표시되는 필드와 필드명은 〈그림〉과 같이 표시되도록 설정하시오.

제품명 ▾	판매횟수 ▾	명동점 ▾	분당점 ▾	사당점 ▾	성동점 ▾	신촌점 ▾	압구정점 ▾	일산점 ▾	잠실점 ▾	종로점 ▾
가죽잠바	2	73			120					
구두	5	70	94				81	36	34	
남방	4	63		143					56	
롱코트	5			118	99				153	103
면바지	1				36					
반바지	2				74	46				
부츠	4						79	33	50	95
양말	1								90	
청바지	1				35					
티	1			108						

레코드: I◀ ◀ 1/10 ▶ ▶I ▶✳ 🗅 필터 없음 검색

4. 〈제품〉과 〈판매〉 테이블을 이용하여 최근에 판매되지 않은 제품에 대해 〈제품〉 테이블의 '비고' 필드의 값을 "★ 관리대상제품"으로 변경하는 〈관리대상제품처리〉 업데이트 쿼리를 작성한 후 실행하시오.

▶ 최근에 판매되지 않은 제품이란 판매일 기준 2023년 12월 15일부터 2023년 12월 31일 사이에 〈제품〉 테이블에는 '제품코드'가 있으나 〈판매〉 테이블에는 '제품코드'가 없는 제품이다.

▶ Not In과 하위 쿼리 사용

제품코드 ▾	제품명 ▾	생산원가 ▾	판매단가 ▾	비고 ▾
⊞ BJB44	반바지	₩25,000	₩30,000	
⊞ BJC42	청바지	₩18,000	₩23,000 ★ 관리대상제품	
⊞ BJC75	치마	₩24,500	₩29,000	
⊞ BJR5G	면바지	₩16,500	₩22,000	
⊞ SB952	운동화	₩21,000	₩25,500 ★ 관리대상제품	
⊞ SBBC9	부츠	₩24,500	₩32,000 ★ 관리대상제품	
⊞ SBD45	단화	₩12,000	₩21,000 ★ 관리대상제품	
⊞ SBD50	런닝화	₩30,000	₩50,000 ★ 관리대상제품	
⊞ SBKD5	구두	₩35,410	₩42,000	
⊞ SBY55	양말	₩1,200	₩1,500	
⊞ YB854	남방	₩15,200	₩21,000	
⊞ YB85T	티	₩21,000	₩25,400	
⊞ YB95J	가죽잠바	₩54,200	₩65,000	
⊞ YBBC5	반코트	₩23,100	₩26,000	
⊞ YBC76	미니스커트	₩23,000	₩30,000 ★ 관리대상제품	
⊞ YBR41	롱코트	₩35,000	₩42,000	

레코드: I◀ ◀ 1/16 ▶ ▶I ▶✳ 🗅 필터 없음 검색 ◀ ▶

※ 〈관리대상제품처리〉 쿼리를 실행한 후의 〈제품〉 테이블

5. 〈회원〉 테이블에서 회원 정보를 변경할 회원의 재가입신청일자를 조회하여 새 테이블로 생성하는 〈재가입신청일생성〉 쿼리를 작성하고 실행하시오.

> ▶ '전화번호' 필드의 값이 "010"으로 시작하지 않거나 비어있는(Is Null) 회원을 조회 대상으로 하시오.

> ▶ '재가입신청일자'는 '만료일'로부터 15일 후로 계산하시오.

> ▶ DateAdd 함수 사용

> ▶ 쿼리 실행 후 생성되는 테이블의 이름은 〈재가입신청자관리〉로 설정하시오.

> ▶ 쿼리 실행 결과 생성되는 테이블의 필드는 그림을 참고하여 수험자가 판단하여 설정하시오.

---

1 24.상시, 23.상시, 22.상시, 21.상시, 20.상시, 20.1, 19.상시, 19.1, 18.상시, 17.1, 16.3, 16.상시, 14.2, 11.1, 10.3, 10.2, 09.1, 08.4, 08.2, 07.3, 07.2, 06.4, 06.3, …

선택 쿼리 작성하기

1. [만들기] → 쿼리 → 쿼리 디자인(▦)을 클릭하세요.

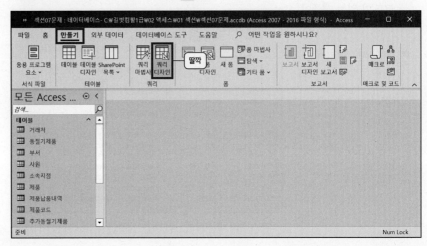

궁금해요 시나공 Q&A 베스트

Q 파일을 열면 '보안 경고' 메시지가 나타나요!

A '보안 경고' 메시지의 오른쪽 끝에 있는 〈콘텐츠 사용〉 단추를 클릭하여 데이터베이스 파일에 포함된 모든 콘텐츠를 사용할 수 있도록 설정하세요.

🛡 보안 경고 일부 액티브 **콘텐츠 사용**

2. '테이블 추가' 창의 '테이블' 탭에서 〈판매〉 테이블과 〈소속지점〉 테이블을 더블클릭하여 쿼리 작성기 창에 추가하고 '테이블 추가' 창의 닫기(⨉)를 클릭하세요.

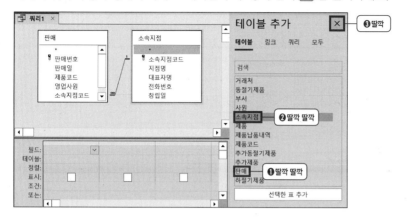

전문가의 조언

2개의 테이블 한 번에 추가하기
'판매' 테이블을 선택한 후 Ctrl을 누른 채 〈소속지점〉 테이블을 선택하면 2개의 테이블이 선택됩니다. 〈선택한 표 추가〉를 클릭하면 선택된 테이블이 한 번에 추가됩니다.

3. 〈소속지점〉 테이블의 '지점명'을 하단 그리드 라인의 첫 번째 필드로 드래그하세요. 같은 방법으로 〈판매〉 테이블의 '판매일'을 두 번째 필드로, '판매수량'을 세 번째 필드로, '판매번호'를 네 번째 필드로 드래그하세요.

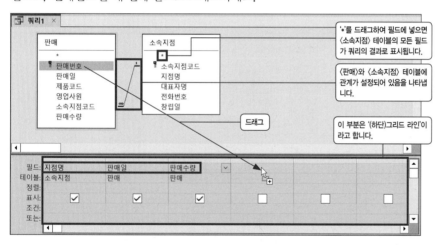

전문가의 조언

• 결과를 표시하는 데 필요한 필드만 하단의 그리드 라인에 추가합니다.
• 테이블에서 추가할 필드를 더블클릭해도 하단의 그리드 라인에 추가됩니다.
• '소속지점코드'와 같이 두 테이블에 모두 있는 필드를 추가해야 하는 경우가 있습니다. 이런 경우처럼 1 : N의 관계에서는 보통 1쪽에 해당하는 테이블의 필드를 선택하지만 N쪽의 필드를 선택해도 결과는 같게 나옵니다. 즉 〈판매〉 테이블의 '소속지점코드'를 필드에 추가해도 결과는 동일합니다.

4. 현재까지의 결과를 보려면 [쿼리 디자인] → 결과 → **실행**(⋮)을 클릭하세요. [홈] → 보기 → **디자인 보기**(⬛)를 클릭하면 다시 쿼리 작성기 창으로 돌아옵니다.

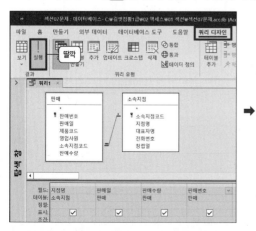

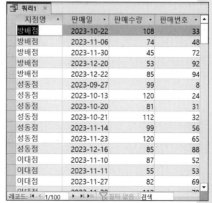

5. 하단 그리드 라인의 두 번째 필드에 있는 판매일의 필드 이름을 '최근판매일'로 표시하기 위해 **최근판매일: 판매일**을 입력합니다.

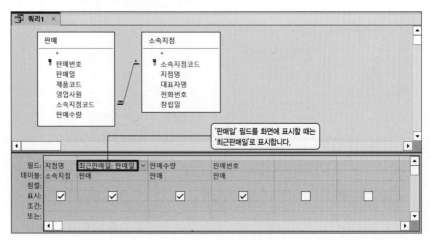

6. 같은 방법으로 세 번째 필드와 네 번째 필드의 필드 이름을 각각 **총판매량: 판매수량**과 **총판매건수: 판매번호**로 입력합니다.

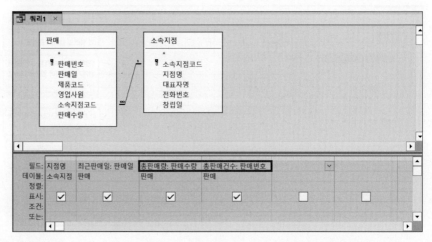

7. 그룹을 지정하기 위해 [쿼리 디자인] → 표시/숨기기 → **요약(∑)**을 클릭합니다.

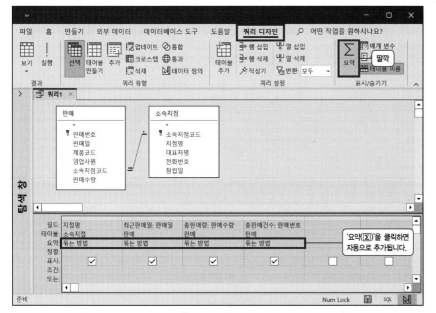

'요약(∑)'을 클릭하면 자동으로 추가됩니다.

↓ 현재까지의 실행 결과

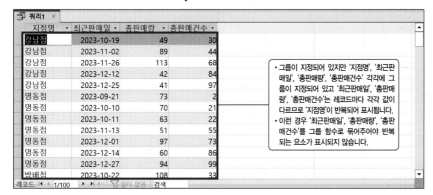

- 그룹이 지정되어 있지만 '지점명', '최근판매일', '총판매량', '총판매건수' 각각에 그룹이 지정되어 있고 '최근판매일', '총판매량', '총판매건수'는 레코드마다 각각 값이 다르므로 '지점명'이 반복되어 표시됩니다.
- 이런 경우 '최근판매일', '총판매량', '총판매건수'를 그룹 함수로 묶어주어야 반복되는 요소가 표시되지 않습니다.

8. 다시 쿼리 작성기 창으로 돌아온 후 '최근판매일' 필드의 '묶는 방법'이라고 표시된 부분을 클릭하여 묶는 방법을 '최대값'으로 변경합니다. 같은 방법으로 '총판매량' 필드의 '묶는 방법'을 '합계'로, '총판매건수' 필드의 '묶는 방법'을 '개수'로 변경하세요.

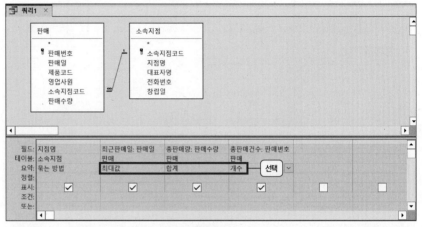

↓ 실행 결과

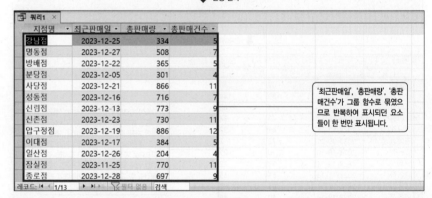

'최근판매일', '총판매량', '총판매건수'가 그룹 함수로 묶였으므로 반복하여 표시되던 요소들이 한 번만 표시됩니다.

9. 평균판매량을 표시하기 위해 하단 그리드 라인의 마지막 필드에 그림과 같이 입력하고 '묶는 방법'을 '식'으로 지정합니다.

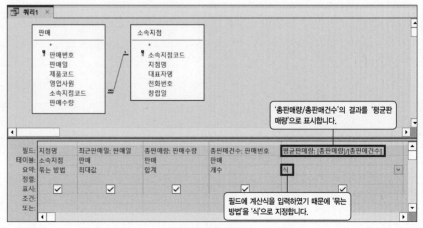

'총판매량/총판매건수'의 결과를 '평균판매량'으로 표시합니다.

필드에 계산식을 입력하였기 때문에 '묶는 방법'을 '식'으로 지정합니다.

↓ 실행 결과

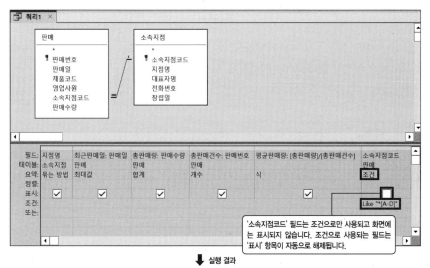

10. 결과 화면에는 표시되어 있지 않지만 '소속지점코드'를 조건으로 사용하기 위해 하단 그리드 라인의 마지막에 '소속지점코드'를 배치하고 '묶는 방법'을 '식'으로 지정한 후 그림과 같이 조건을 입력합니다.

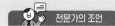

'소속지점코드' 필드는 조건으로만 사용되고 화면에는 표시되지 않습니다. 조건으로 사용되는 필드는 '표시' 항목이 자동으로 해제됩니다.

⬇ 실행 결과

확인을 위해 표시한 것으로, "A"부터 "D"까지로 끝나는 '소속지점코드'만 표시되었습니다.

11. 평균판매량을 소수점 첫째 자리까지만 표시해야 합니다. 쿼리 작성기 창의 하단 그리드 영역 중 '평균판매량' 필드를 클릭한 후 바로 가기 메뉴에서 **[속성]**을 선택하세요.

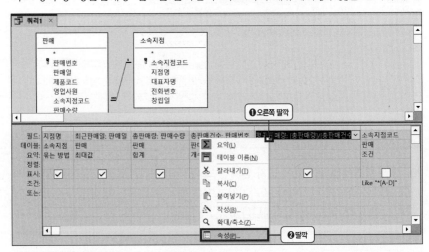

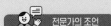
12. 속성 시트 창의 '일반' 탭에서 '형식' 속성에 **0.0**을 입력하고 닫기 단추(☒)를 클릭한 후 쿼리 작성기 창의 닫기 단추(☒)도 클릭하세요.

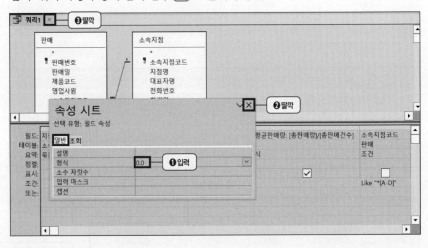

13. 저장 여부를 묻는 대화상자가 나타납니다. 〈예〉를 클릭하고 '다른 이름으로 저장' 대화상자의 쿼리 이름에 **판매실적확인**이라고 입력한 후 〈확인〉을 클릭하세요.

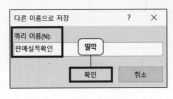

2 매개 변수 쿼리 작성하기

24.상시, 23.상시, 22.상시, 21.상시, 19.상시, 19.2, 18.상시, 18.2, 17.상시, 16.상시, 16.1, 14.3, 14.2, 13.상시, 13.1, 12.3, 12.1, 11.2, 10.3, 09.4, 09.3, 09.2, …

1. [만들기] → 쿼리 → **쿼리 디자인(▦)**을 클릭하세요.

2. '테이블 추가' 창의 '테이블' 탭에서 〈제품〉 테이블과 〈판매〉 테이블을 더블클릭하여 쿼리 작성기 창에 추가하고 '테이블 추가' 창의 닫기(☒)를 클릭하세요.

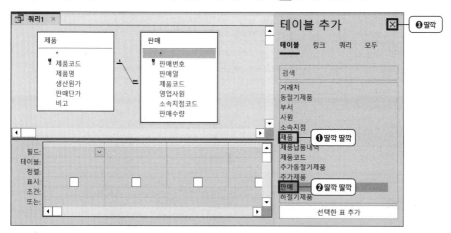

3. 〈판매〉 테이블의 '영업사원'을 하단 그리드 라인의 첫 번째 필드로 드래그하세요. 같은 방법으로 〈제품〉 테이블의 '제품명', 〈판매〉 테이블의 '판매수량', 〈제품〉 테이블의 '생산원가', '판매단가' 순으로 하단 그리드 라인으로 드래그하세요.

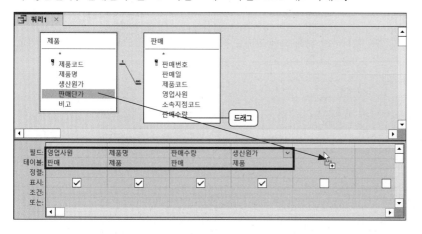

4. 영업사원을 기준으로 내림차순 정렬하기 위해 '영업사원' 필드의 '정렬' 행을 클릭한 후 '내림차순'을 선택하세요.

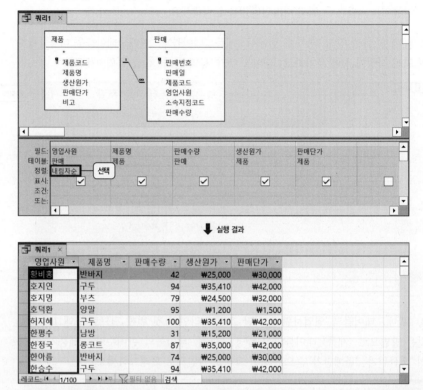

↓ 실행 결과

영업사원 ▾	제품명 ▾	판매수량 ▾	생산원가 ▾	판매단가 ▾
환비홍	반바지	42	₩25,000	₩30,000
호지연	구두	94	₩35,410	₩42,000
호지명	부츠	79	₩24,500	₩32,000
호덕환	양말	95	₩1,200	₩1,500
허지혜	구두	100	₩35,410	₩42,000
한평수	남방	31	₩15,200	₩21,000
한정국	롱코트	87	₩35,000	₩42,000
한아름	반바지	74	₩25,000	₩30,000
한승수	구두	94	₩35,410	₩42,000

레코드: ◄ ◄ 1/100 ► ►► ►※ ♈ 필터 없음 검색

5. 부가세를 표시하기 위해 하단 그리드 라인 마지막 필드에 그림과 같이 입력하세요

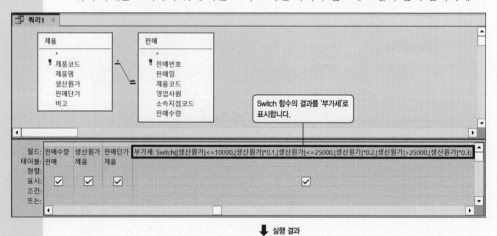

Switch 함수의 결과를 '부가세'로 표시합니다.

↓ 실행 결과

쿼리1					
영업사원 ▾	제품명 ▾	판매수량 ▾	생산원가 ▾	판매단가 ▾	부가세 ▾
황비홍	반바지	42	₩25,000	₩30,000	5000
호지연	구두	94	₩35,410	₩42,000	10623
호지명	부츠	79	₩24,500	₩32,000	4900
호덕환	양말	95	₩1,200	₩1,500	120
허지혜	구두	100	₩35,410	₩42,000	10623
한평수	남방	31	₩15,200	₩21,000	3040
한정국	롱코트	87	₩35,000	₩42,000	10500
한아름	반바지	74	₩25,000	₩30,000	5000
한승수	구두	94	₩35,410	₩42,000	10623

레코드: ◀ ◀ 1/100 ▶ ▶▶ ▿ 필터 없음 검색

> **잠깐만요** **'부가세' 계산에 사용된 Switch 함수의 의미**
>
> - Switch 함수는 'Switch(조건1, 인수1, 조건2, 인수2, …)' 형식으로 사용됩니다.
> - Switch([생산원가]<=10000, [생산원가]*0.1, [생산원가]<=25000, [생산원가]*0.2, [생산원가]>25000, [생산원가]*0.3)
>   ❶   ❷   ❸
>
>   – ❶ '생산원가' 필드의 값이 10000 이하이면, '생산원가' 필드의 값에 0.1을 곱한 값, 즉 생산원가의 10%를 표시합니다.
>   – ❷ '생산원가' 필드의 값이 25000 이하이면, '생산원가' 필드의 값에 0.2를 곱한 값, 즉 생산원가의 20%를 표시합니다.
>   – ❸ '생산원가' 필드의 값이 25000을 초과하면, '생산원가' 필드의 값에 0.3을 곱한 값, 즉 생산원가의 30%를 표시합니다.

6. 부가세를 '통화' 형식으로 표시해야 합니다. 쿼리 작성기 창의 하단 그리드 영역 중 '부가세' 필드의 바로 가기 메뉴에서 **[속성]**을 선택하세요.

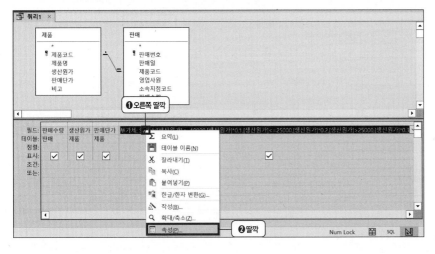

> **전문가의 조언**
>
> - 문제에 "쿼리 실행 결과 표시되는 필드와 필드명은 〈그림〉과 같이 표시되도록 설정"하라는 지시사항이 있으므로 수험자는 본인이 작성한 쿼리의 실행 결과와 문제에 제시된 결과 그림을 비교하여 다른 부분이 있다면 추가로 설정해야 합니다.
> - 문제에 '부가세' 필드의 형식에 관한 지시사항은 없지만 결과의 그림에 통화 기호가 표시되어 있으므로 '형식' 속성을 통화로 지정하는 것입니다.
> - 쿼리 작성기 창의 하단 그리드 영역 중 '부가세' 필드를 클릭한 후 [쿼리 디자인] → 표시/숨기기 → 속성 시트()를 클릭해도 됩니다.

7. 속성 시트 창의 '일반' 탭에서 '형식' 속성을 '통화'로 선택하고 닫기 단추(ⓧ)를 클릭하세요.

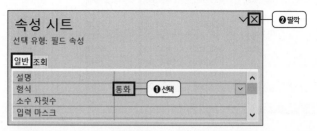

▼ 실행 결과

영업사원	제품명	판매수량	생산원가	판매단가	부가세
황비홍	반바지	42	₩25,000	₩30,000	₩5,000
호지연	구두	94	₩35,410	₩42,000	₩10,623
호지명	부츠	79	₩24,500	₩32,000	₩4,900
호덕환	양말	95	₩1,200	₩1,500	₩120
허지혜	구두	100	₩35,410	₩42,000	₩10,623
한평수	남방	31	₩15,200	₩21,000	₩3,040
한정국	롱코트	87	₩35,000	₩42,000	₩10,500
한아름	반바지	74	₩25,000	₩30,000	₩5,000
한승수	구두	94	₩35,410	₩42,000	₩10,623

레코드: 1/100   필터 없음   검색

8. 이제 매개 변수를 지정할 차례입니다 '영업사원' 필드의 조건에 **Like "*" & [영업사원 이름의 일부를 입력하세요]** & **"*"**를 입력한 후 [쿼리 디자인] → 결과 → 실행()을 클릭하여 결과를 확인해 보세요.

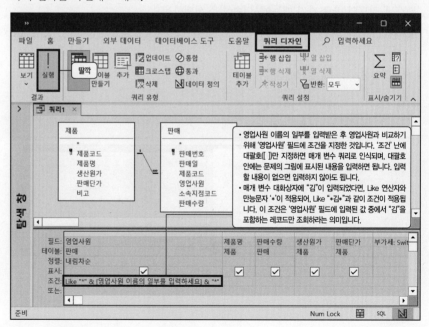

9. 결과를 확인한 후 닫기 단추(ⓧ)를 클릭하세요.

10. 저장 여부를 묻는 대화상자가 나타나면, 〈예〉를 클릭하고 '다른 이름으로 저장' 대화상자의 쿼리 이름에 **사원판매조회**라고 입력한 후 〈확인〉을 클릭하세요.

24.상시, 23.상시, 22.상시, 21.상시, 20.상시, 20.1, 19.상시, 18.1, 17.상시, 16.상시, 16.2, 16.1, 15.3, 13.3, 13.상시, 13.1, 12.3, 11.2, 11.1, 10.2, 10.1, 08.2, …

3 크로스탭 쿼리 작성하기

1. [만들기] → 쿼리 → **쿼리 디자인(▦)**을 클릭하세요.

2. '테이블 추가' 창의 '테이블' 탭에서 〈소속지점〉, 〈판매〉, 〈제품〉 테이블을 차례로 더블클릭하여 쿼리 작성기 창에 추가하고 '테이블 추가' 창의 닫기(✕)를 클릭하세요.

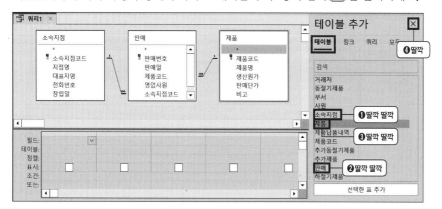

3. 크로스탭 쿼리로 변경하기 위해 [쿼리 디자인] → 쿼리 유형 → **크로스탭(▦)**을 클릭합니다.

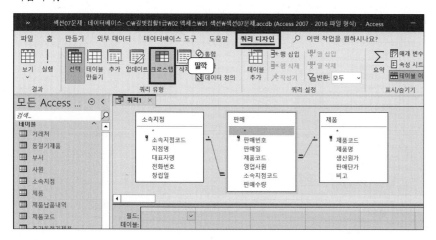

🗨 **전문가의 조언**

크로스탭 쿼리는 스프레드시트의 피벗 테이블 형식으로 데이터를 요약하고 비교할 수 있도록 만드는 쿼리입니다. 기본적으로 3개의 필드를 사용하는데, 결과에 대한 열 이름을 나타내는 필드(열 머리글), 결과에 대한 행 이름을 나타내는 필드(행 머리글), 쿼리의 본문에 결과를 계산하는 데 사용하는 필드로 나뉩니다.

제품명	판매횟수	명동점	분당점	사당점	성동점	신촌점	압구정점	일산점	잠실점	종로점
가죽잠바	2	73			120					
구두	5	70	94				81	36	34	
남방	4	63		143					56	
롱코트	5			118	99				153	103
면바지	1					36				
반바지	2					74	46			
부츠	4						79	33	50	95
양말	1								90	
청바지	1				35					
티	1			108						

4. 행 머리글로 사용될 〈제품〉 테이블의 '제품명'을 하단 그리드 라인의 첫 번째 필드로 드래그한 후 '크로스탭' 행을 '행 머리글'로 선택하세요.

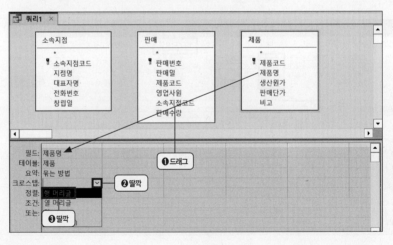

5. 열 머리글로 사용될 〈소속지점〉 테이블의 '지점명'을 하단 그리드 라인의 두 번째 필드로 드래그한 후 '크로스탭' 행을 '열 머리글'로 선택하세요.

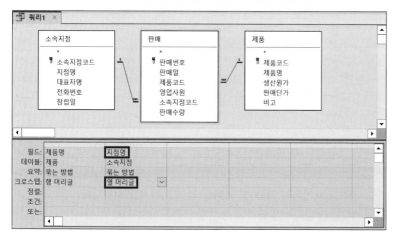

6. 문제에서 "판매수량의 합계를 조회"한다고 하였으므로, 값으로 사용될 〈판매〉 테이블의 '판매수량' 필드를 세 번째 필드로 드래그한 후 '요약' 행을 '합계'로, '크로스탭' 행을 '값'으로 선택하세요.

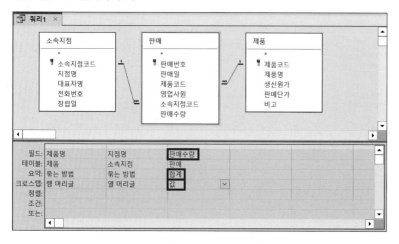

7. [쿼리 디자인] → 결과 → **실행(！)**을 클릭하여 현재까지의 결과를 확인해 보세요.

제품명	강남점	명동점	방배점	분당점	사당점	성동점	신림점	신촌점	압구정점	이대점	일산점	잠실점	종로점
가죽잠바		73				205	114			112	55		71
구두		70	85	94			195	72	81		36	186	
남방		63			143			120	73	130		56	31
롱코트			74		118	99				87	80	153	288
면바지	138		53		142	193		102	139				62
반바지	42	94		59	107		156	202	196				78
반코트		60			79		49	93	97			44	
부츠					67	99	70		171		33	50	167
양말	113	51	45	32	35			76	77	55		185	
청바지								118	35	52			
치마			108		67	120	71						
티	41	97		116	108			30				96	

레코드: ◄ 1/12 ► ►◄ ▶ ▽ 필터 없음 검색

8. 문제의 결과 그림에는 행 머리글인 '제품명'과 열 머리글인 '지점명' 사이에 '판매횟수' 필드가 추가되어 있습니다. 행 머리글은 1개 이상 지정할 수 있는데, 추가된 행 머리글은 가장 왼쪽에 표시되는 기본 행 머리글 옆에 이어서 표시됩니다. [홈] → 보기 → **디자인 보기(Ⓝ)**를 클릭하여 쿼리 작성기 창으로 돌아오세요.

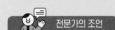
전문가의 조언

문제에 "판매횟수는 '판매번호' 필드를 이용"하라는 조건이 있으므로 〈판매〉 테이블의 '판매번호' 필드를 두 번째 행 머리글로 지정한 후 '요약' 행을 '개수'로 지정한 것입니다.

9. 〈판매〉 테이블의 '판매번호' 필드를 하단 그리드 라인의 네 번째 필드로 드래그한 후 판매번호의 필드 이름을 '판매횟수'로 표시하기 위해 **판매횟수: 판매번호**로 변경합니다. 이어서 '요약' 행을 '개수'로, '크로스탭' 행을 '행 머리글'로 선택하세요.

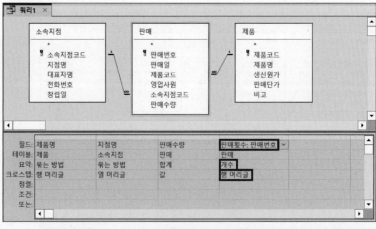

↓ 실행 결과

제품명	판매횟수	강남점	명동점	방배점	분당점	사당점	성동점	신림점	신촌점	압구정점	이대점	일산점	잠실점	종로점
가죽잠바	7		73				205	114			112	55		71
구두	11		70	85	94			195	72	81		36	186	
남방	9		63			143			120	73	130		56	31
롱코트	10			74		118	99				87	80	153	288
면바지	12	138		53		142	193		102	139				62
반바지	13	42	94		59	107		156	202	196				78
반코트	6		60			79		49	93	97			44	
부츠	9					67	99	70		171		33	50	167
양말	10	113	51	45	32	35			76	77	55		185	
청바지	3								118	35	52			
치마	4			108		67	120	71						
티	6	41	97		116	108			30				96	

레코드: ◄ 1/12 ► ►◄ ▶ ▽ 필터 없음 검색

10. 이제 조건을 지정할 차례입니다. '판매일' 필드를 이용해 조건을 지정해야 하므로 〈판매〉 테이블의 '판매일' 필드를 하단 그리드 라인의 다섯 번째 필드로 드래그하고 '요약' 행을 '조건'으로 지정한 후 조건을 입력하세요.

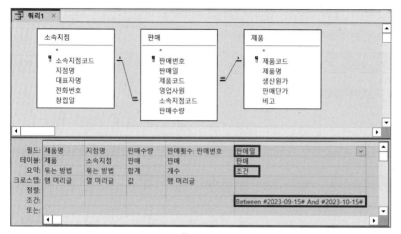

날짜를 조건으로 사용할 경우에는 날짜를 #으로 묶어줘야 합니다.

실행 결과

제품명	판매횟수	명동점	분당점	사당점	성동점	신촌점	압구정점	일산점	잠실점	종로점
가죽잠바	2	73			120					
구두	5	70	94					81	36	34
남방	4	63		143					56	
롱코트	5			118	99				153	103
면바지	1					36				
반바지	2					74	46			
부츠	4						79	33	50	95
양말	1								90	
청바지	1					35				
티	1			108						

레코드: 1/10 필터 없음 검색

11. 닫기 단추(✕)를 클릭하세요. 저장 여부를 묻는 대화상자가 나타나면 〈예〉를 클릭하세요.

12. 쿼리 이름에 **주요지점판매현황**을 입력한 후 〈확인〉을 클릭하세요.

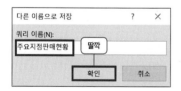

4 업데이트 쿼리

1. [만들기] → 쿼리 → **쿼리 디자인(▦)**을 클릭하세요.

2. '테이블 추가' 창의 '테이블' 탭에서 〈제품〉 테이블을 더블클릭하여 쿼리 작성기 창에 추가하고 '테이블 추가' 창의 닫기(✕)를 클릭하세요.

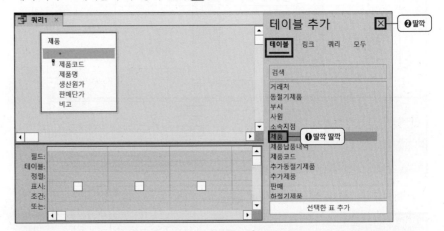

3. 업데이트 쿼리로 변경하기 위해 [쿼리 디자인] → 쿼리 유형 → **업데이트(▨)**를 클릭합니다.

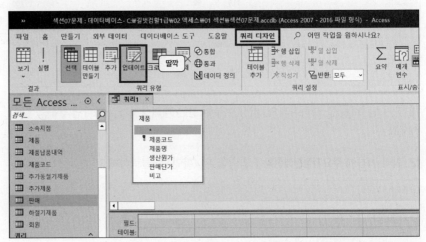

4. 수정할 필드인 〈제품〉 테이블의 '비고'를 하단 그리드 라인의 첫 번째 필드로, 조건을 지정할 '제품코드'를 두 번째 필드로 드래그하세요.

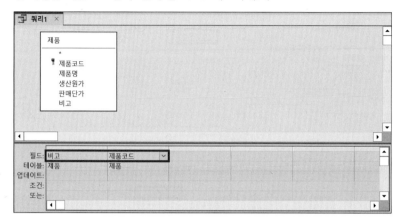

🧑‍🏫 **전문가의 조언**

문제에서 "〈제품〉 테이블의 '비고' 필드의 값을 '★ 관리대상제품'으로 변경"한다고 하였으므로 수정할 필드로 '비고' 필드를 지정한 것이고, "최근에 판매가 안 된 제품이란 ~ 〈제품〉 테이블에는 '제품코드'가 있으나 〈판매〉 테이블에는 '제품코드'가 없는 제품"이라고 하였으므로 조건으로 사용할 필드로 '제품코드'를 지정한 것입니다.

5. '비고' 필드의 '업데이트'에 **"★ 관리대상제품"**을 입력하세요.

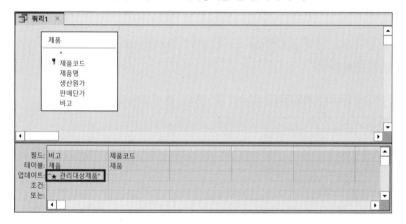

🧑‍🏫 **전문가의 조언**

★ 모양은 한글 자음 ㅁ을 입력한 후 [한자]를 눌러 표시되는 특수 문자 입력 메뉴에서 선택하여 입력하면 됩니다.

6. '제품코드' 필드의 '조건'에 Not In (select 제품코드 from 판매 where 판매일 between #2023-12-15# and #2023-12-31#)을 입력하세요.

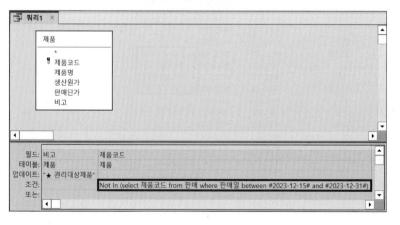

🧑‍🏫 **전문가의 조언**

• 하위 쿼리는 다른 선택 쿼리나 실행 쿼리 안에서 SELECT문으로 이루어진 쿼리를 말합니다. 하위 쿼리를 작성할 때는 괄호( ) 안에 입력해야 합니다.
• Not In (select 제품코드 from 판매 where 판매일 between #2023-12-15# and #2023-12-31#) : 〈판매〉 테이블의 '제품코드' 중 '판매일'이 2023년 12월 15일부터 2023년 12월 31일 사이에 해당하지 않는(Not In) '제품코드'를 검색합니다.

7. [쿼리 디자인] → 결과 → **실행**(▮)을 클릭한 후 "6행을 새로 고칩니다."라는 메시지가 출력되면 〈예〉를 클릭하세요.

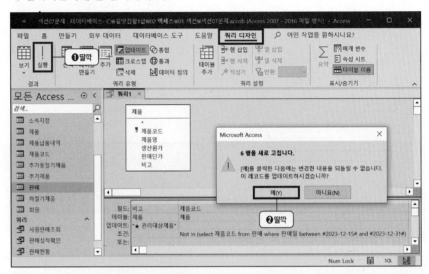

8. 쿼리 작성기 창의 닫기 단추(✕)를 클릭하세요. 저장 여부를 묻는 대화상자가 나타나면 〈예〉를 클릭하세요.

9. 쿼리 이름에 **관리대상제품처리**를 입력한 후 〈확인〉을 클릭하세요.

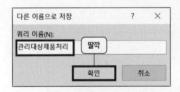

10. 〈제품〉 테이블을 열어 '비고' 필드에 값이 수정되었는지 확인하세요.

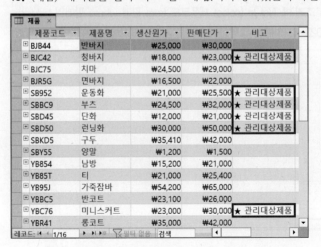

5 테이블 만들기 쿼리

24.상시, 23.상시, 22.상시, 21.상시

1. [만들기] → 쿼리 → **쿼리 디자인(▦)**을 클릭하세요.

2. '테이블 추가' 창의 '테이블' 탭에서 〈회원〉 테이블을 더블클릭하여 쿼리 작성기에 추가하고 '테이블 추가' 창의 닫기(✕)를 클릭하세요.

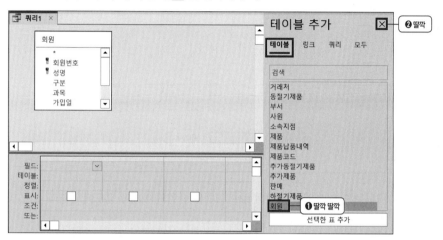

3. 〈회원〉 테이블의 '회원번호'를 하단 그리드 라인의 첫 번째 필드로 드래그하세요. 같은 방법으로 '성명'을 두 번째 필드로, '전화번호'를 세 번째 필드로 드래그하세요.

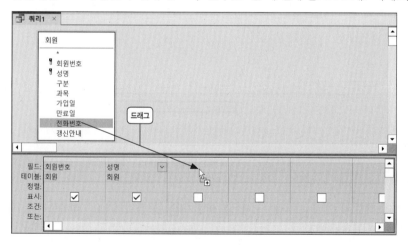

전문가의 조언

• 결과를 표시하는 데 필요한 필드만 하단의 그리드 라인에 추가합니다.
• 테이블에서 추가할 필드를 더블클릭해도 하단의 그리드 라인에 추가됩니다.

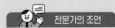
4. 조건을 지정하기 위해 '전화번호' 필드의 조건 행에 **Not Like "010*"**을 입력하고 또는 행에 **Is Null**을 입력하세요.

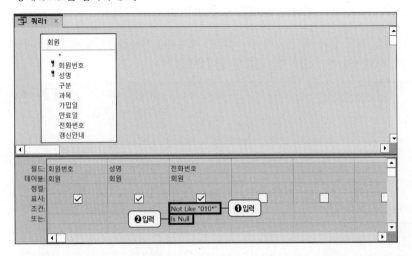

5. 재가입신청일을 표시하기 위해 하단 그리드 라인의 마지막 필드에 그림과 같이 입 력하세요.

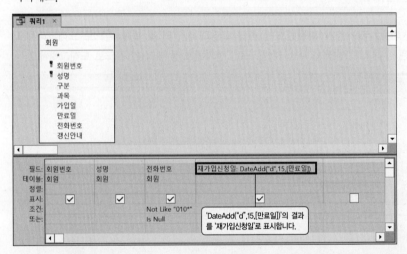

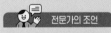
6. [쿼리 디자인] → 쿼리 유형 → **테이블 만들기(▦)**를 클릭하세요. '테이블 만들기' 대화상자가 표시됩니다.

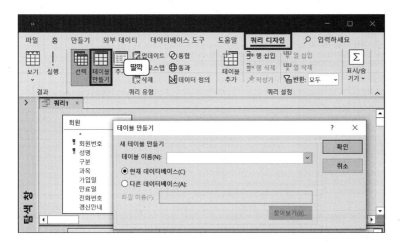

7. '테이블 만들기' 대화상자에서 '테이블 이름'에 **재가입신청자관리**를 입력한 후 〈확인〉을 클릭하세요.

8. 이제 쿼리를 실행하여 〈재가입신청자관리〉 테이블을 만들어야 합니다. [쿼리 디자인] → 결과 → **실행(▮)**을 클릭하세요. 'Microsoft Access' 대화상자가 표시됩니다.

9. 'Microsoft Access' 대화상자에서 〈예〉를 클릭하면 18개의 레코드를 가진 〈재가입신청자관리〉 테이블이 만들어집니다.

10. 닫기 단추(×)를 클릭하세요. 저장 여부를 묻는 대화상자가 나타나면 〈예〉를 클릭하세요.

11. '쿼리 이름'에 **재가입신청일생성**을 입력한 후 〈확인〉을 클릭하세요.

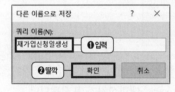

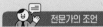

전문가의 조언

테이블 만들기 쿼리 이름과 테이블 만들기 쿼리로 만들어지는 테이블의 이름이 서로 다릅니다. 이둘의 이름을 혼동하여 잘못 입력하면 배정된 점수를 모두 잃게 됩니다. 이름을 정확히 입력하도록 각별히 주의하세요.

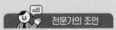

전문가의 조언

조인의 개념은 중요합니다. 꼭 이해하고 넘어가세요.

학생번호	성명
1	한송래
2	김정순
3	김은주
4	명완식
5	김원중
6	김예중

〈학생〉 테이블

학생번호	교수번호
1	1
1	2
1	3
2	1
2	2
2	3
3	1
3	2
3	3

〈수강〉 테이블

잠깐만요

조인의 종류

조인은 2개 이상의 테이블에 나누어 저장된 정보를 1개의 테이블처럼 합쳐 사용하기 위해 연결하는 방법을 정의하는 것입니다. 조인에는 내부 조인과 외부 조인이 있고 외부 조인은 왼쪽 외부 조인과 오른쪽 외부 조인으로 나누어집니다.

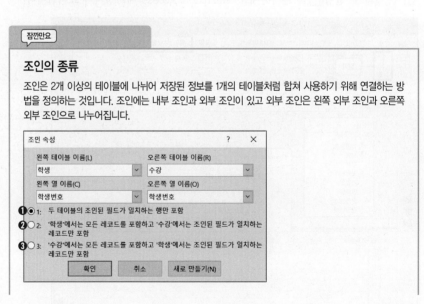

❶ **Inner Join(내부 조인)** : 관계가 설정된 두 테이블에서 연결된 필드가 일치하는 행만 질의에 포함됩니다. 다음의 경우 〈학생〉 테이블의 '학번'과 〈수강〉 테이블의 '학생번호' 필드의 값이 같은 레코드만 조인됩니다.

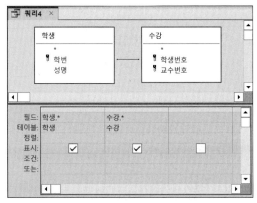

Inner Join 쿼리

학번 ▾	성명 ▾	학생번호 ▾	교수번호 ▾
1	한송래	1	1
1	한송래	1	2
1	한송래	1	3
2	김정순	2	1
2	김정순	2	2
2	김정순	2	3
3	김은주	3	1
3	김은주	3	2
3	김은주	3	3

레코드: |◀ ◀ 1/9 ▶ ▶| ▶✱ 🔽 필터 없음 검색

Inner Join 쿼리 결과 : 4, 5, 6번 학생의 자료는 표시되지 않습니다.

❷ **Left Join(왼쪽 외부 조인)** : Left Join은 왼쪽 테이블에서는 모든 레코드를 포함하고 오른쪽 테이블에서는 조인된 필드가 일치하는 레코드만 질의에 포함되는 것으로, 화살표의 방향이 왼쪽에서 오른쪽으로 이동되듯이 표현됩니다.

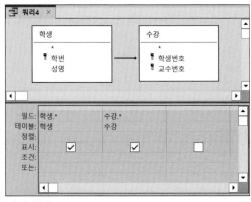

Left Join 질의

왼쪽에 있는 〈학생〉 테이블의 레코드는 모두 표시되고, 오른쪽에 있는 〈수강〉 테이블의 레코드는 '학번' 필드와 일치하는 레코드만 표시됩니다.

Left Join 질의 결과

수강 신청을 하지 않은 학생들을 알 수 있습니다. 기본문제 3번에서 배운 '불일치 검색 쿼리 마법사'가 왼쪽 외부 조인을 이용합니다.

❸ Right Join(오른쪽 외부 조인) : Right Join은 오른쪽 테이블에서는 모든 레코드를 포함하고 왼쪽 테이블에서는 조인된 필드가 일치하는 레코드만 질의에 포함되는 것으로, 화살표의 방향이 오른쪽에서 왼쪽으로 이동되듯이 표현됩니다.

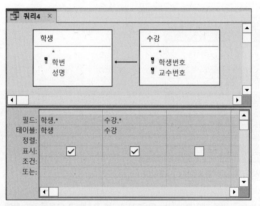

Right Join 질의

오른쪽의 〈수강〉 테이블은 모든 레코드가 표시되고 왼쪽의 〈학생〉 테이블에서는 '학생번호' 필드와 일치하는 레코드만 표시됩니다.

Right Join 질의 결과

조건 입력

• '조건' 난에서 검색어로 문자를 사용하는 경우에는 반드시 문자 앞뒤에 " "를 붙여주어야 합니다.
• 날짜의 경우는 검색어 앞뒤에 #을 붙여주어야 합니다.

OR 검색 조건

- 2개 이상의 조건을 서로 다른 행에 입력하면 자동으로 OR 조건이 설정됩니다.
- 연산자 'OR'를 이용하여 조건을 설정합니다.

예제 1 판매수량이 100보다 크거나 50보다 작은 제품 구하기

예제 2 제품명이 "청바지"이거나 판매수량이 100 이상인 제품 구하기

예제 3 제품명이 "구두"이거나 "청바지"이거나 "남방"인 제품 구하기

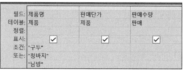

AND 검색 조건

- 같은 행에 2개 이상의 조건을 입력하면 AND 조건이 설정됩니다.
- 연산자 'AND'를 이용하여 조건을 설정합니다.

예제 1 제품명이 "청바지"이고 판매수량이 100 이상인 제품 구하기

예제 2 판매수량이 80보다 크고 100보다 작은 제품 구하기

AND와 OR의 복합 조건

예제 제품명이 "청바지" 또는 "반바지"이거나 판매일이 2023-02-01부터 2023-05-01 사이인 제품 구하기

SQL문을 이용한 쿼리 작성하기

쿼리를 작성할 때 대부분은 사용이 편리한 쿼리 작성기를 사용하지만, 조회나 프로시저 부분에서 꼭 SQL을 사용해야 하는 경우가 발생하기 때문에 기본적인 SQL문의 사용법은 알고 있어야 합니다. SQL 문은 입력 도중 오타나 띄어쓰기만 잘못해도 쿼리가 실행되지 않기 때문에 정확한 사용법을 준수해야 하지만 모든 문법을 암기할 필요는 없습니다. 문제 풀이 도중 SQL문이 생각나지 않을 때는 쿼리 작성기로 비슷한 쿼리를 작성한 다음 SQL 보기로 확인하고 복사 후 수정하여 사용하면 되기 때문입니다.

전문가의 조언

쿼리 작성기에 조건을 지정하는 원리는 엑셀의 고급 필터, 데이터베이스 함수, 조건부 서식 등에서 사용하는 조건 지정 방법과 원리가 같습니다. 앞에서 충분히 연습하지 않은 수험생은 다시 한 번 자세히 공부하세요. 컴활 1급 실기 시험에서 조건 지정 방법은 반드시 이해하고 넘어가야 할 부분입니다.

SQL 작성 방법

1. [만들기] → 쿼리 → **쿼리 디자인(⊞)**을 클릭하세요.
2. '테이블 표시' 대화상자를 닫은 다음 [쿼리 디자인] → 결과 → **SQL(SQL)**을 클릭하세요.
3. SQL문을 입력합니다.
4. [쿼리 디자인] → 결과 → **실행(▯)**을 클릭하여 결과를 확인합니다.
5. 빠른 실행 도구 모음 → **저장(🖫)**을 클릭하여 쿼리를 저장합니다.

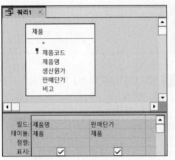

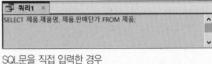

SQL문을 직접 입력한 경우

쿼리 작성기를 이용한 경우

기본적인 SQL문 이해하기

검색

SELECT 필드1, 필드2, … FROM 테이블 WHERE 조건;

테이블에서 조건에 맞는 레코드 중 지정한 필드(필드1, 필드2, …)만을 검색합니다.

예제 1 〈제품〉 테이블에서 제품명, 판매단가 필드만을 검색하기

예제 2 〈제품〉 테이블에서 판매단가가 20000 이상인 레코드의 제품명, 판매단가 필드만을 검색하기

삽입

INSERT INTO 테이블1(필드1, 필드2, …)
SELECT 추가필드1, 추가필드2, …
FROM 테이블2 WHERE 조건;

'테이블2'에서 조건에 맞는 레코드의 추가필드1, 추가필드2, … 를 '테이블1'의 필드1, 필드2, … 에 추가합니다.

예제 〈추가제품〉 테이블에서 생산원가가 4000원 이상이고 판매단가가 5000원 이상인 레코드의 제품코드, 제품명, 생산원가, 판매단가 필드를 〈하절기제품〉 테이블의 제품코드, 제품명, 생산원가, 판매단가 필드에 각각 추가하기

```
쿼리1  ×
INSERT INTO 하절기제품 (제품코드, 제품명, 생산원가, 판매단가)
SELECT 제품코드, 제품명, 생산원가, 판매단가
FROM 추가제품
WHERE 생산원가 >= 4000 AND 판매단가 >= 5000;
```

삭제

DELETE 필드 FROM 테이블 WHERE 조건;

테이블에서 조건에 맞는 레코드를 삭제합니다.

예제 〈하절기제품〉 테이블에서 '제품명' 필드가 "반코트", "롱코트", "가죽잠바", "부츠"인 레코드 삭제하기

```
쿼리1  ×
DELETE 제품명
FROM 하절기제품
WHERE 제품명 IN("반코트", "롱코드", "가죽잠바", "부츠");
```

※ DELETE 뒤의 필드명은 생략할 수 있으며, * 또는 테이블명을 써도 됩니다.

수정

UPDATE 테이블 SET 필드 = 변경값 WHERE 조건;

테이블에서 조건에 맞는 레코드에 대해서 지정한 필드의 값을 변경값으로 수정합니다.

예제 〈하2〉 테이블에서 모든 레코드의 '판매단가' 필드의 값을 '판매단가 * 1.3'으로 변경하기

```
쿼리1  ×
UPDATE 하2 SET 판매단가 = 판매단가 * 1.3;
```

코드 작성 시 컨트롤의 분리 및 연결

분리하여 연결하지 않아도 되는 경우

• DoCmd를 이용하는 RunSQL(INSERT문, UPDATE문, DELETE문) 명령에서 SQL문이나 조건을 입력할 때는 컨트롤을 분리하여 연결하지 않고 입력해도 됩니다.

[234쪽 참조]
'txt상품코드', 'txt상품명', 'cmb브랜드', 'cmb분류', 'txt소비자가'의 값을 '상품_2' 테이블에 추가하기

DoCmd.RunSQL "Insert into 상품_2 (상품코드, 상품명, 브랜드코드, 분류코드, 소비자가) values (txt상품코드, txt상품명, cmb브랜드, cmb분류, txt소비자가)"

[235쪽 참조]
〈상품_2〉 테이블에 있는 레코드 중 'txt상품코드' 컨트롤에 입력된 상품코드와 동일한 레코드 삭제하기

DoCmd.RunSQL "Delete * from 상품_2 where 상품코드 = txt상품코드"

반드시 분리하여 연결해야 하는 경우

- DoCmd를 이용한 RunSQL문이지만, 폼의 컨트롤이 아닌 프로시저에서 선언한 변수(변수상품코드)를 사용한 경우에는 변수를 분리하여 연결해야 합니다.

  〈상품_2〉 테이블에 있는 레코드 중 변수로 지정한 '변수상품코드'에 입력된 상품코드와 동일한 레코드 삭제하기

  > Docmd.RunSQL "Delete * from 상품_2 where 상품코드 = ' " & 변수상품코드 &" ' "

- Me.Filter를 사용하여 조회문을 입력할 때에는 컨트롤을 분리하고, 문자 데이터일 때 ' '를 입력해야 합니다.

  [374쪽 참조]

  현재 폼의 '고객코드'가 'cmb고객코드'의 값과 동일한 레코드만 표시하기

  > Me.Filter = "고객코드 = ' " & cmb고객코드 & " ' "

- RecordSource, RowSource에 SQL문을 입력할 때에는 컨트롤을 분리하고, 문자 데이터일 때 ' '를 입력해야 합니다.

  [420쪽 참조]

  'lst사원정보' 컨트롤에는 'cmb직위' 컨트롤에서 지정한 직위와 동일한 레코드만 표시하기

  > lst사원정보.RowSource = "SELECT * FROM 사원관리 where 직위 = ' " & cmb직위 & " ' "

기출 따라잡기

Section 07

문제 1 'C:\길벗컴활1급\02 액세스\01 섹션' 폴더의 '섹션07문제.accdb' 파일을 열어서 작업하시오.

납품한 제품 중 '커넥터'에 대해 제품명, 거래처명, 납품일자, 납품수량을 나타내는 〈커넥터납부〉 쿼리를 그림과 같이 작성하시오.

▶ 〈제품코드〉, 〈거래처〉, 〈제품납품내역〉 테이블을 이용할 것

▶ 납품수량의 필드명은 '수량'으로 표시하고 & 연산자를 이용하여 '78개' 형식으로 표시할 것

▶ 납품월이 짝수 달인 경우만 표시할 것(Month, Mod 함수 이용)

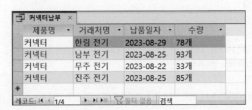

문제 2 'C:\길벗컴활1급\02 액세스\01 섹션' 폴더의 '섹션07문제.accdb' 파일을 열어서 작업하시오.

다음과 같이 '부서이름'의 일부를 매개 변수로 입력받아 해당 부서의 성별 인원수를 표시하도록 〈부서별성별인원수〉 쿼리를 작성하시오.

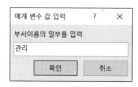

성별 ▾	부서이름 ▾	인원수 ▾	수당 ▾
F	관리부	6	120000
M	관리부	1	40000

▶ 〈사원〉, 〈부서〉 테이블을 이용할 것

▶ 수당은 성별이 'F'이면 인원수＊20000, 'M'이면 인원수＊40000으로 나타낼 것

▶ iif 함수를 사용할 것

▶ 매개 변수의 이름은 '부서이름의 일부를 입력'으로 지정할 것

> **전문가의 조언**
> '성별'에 따라 같은 '부서이름'의 데이터가 반복되기 때문에 '성별'과 '부서이름'을 묶는 방법으로 지정하여 그룹화합니다.

문제 3 'C:\길벗컴활1급\02 액세스\01 섹션' 폴더의 '섹션07문제.accdb' 파일을 열어서 작업하시오.

다음과 같은 크로스탭 쿼리를 작성하시오.

▶ 〈부서〉, 〈사원〉 테이블 이용하여 부서별, 근무년수별인원수를 구할 것

▶ 근무년수 뒤에는 &를 이용하여 "년"을 추가할 것

▶ 크로스탭 쿼리의 이름은 '부서별근무년수별인원수'로 할 것

부서별근무년수별인원수 ×

부서이름 ▾	합계 사번 ▾	2년 ▾	3년 ▾	4년 ▾	5년 ▾
관리부	7	2	1	2	2
기획부	10	4	5	1	
영업부	8	6	1		1

레코드: ◄ ◄ 1/3 ► ►► ► ▽필터 없음 검색

> **전문가의 조언**
> • 두 개 이상의 테이블을 이용하는 크로스탭 쿼리는 크로스탭 마법사를 사용할 수 없으므로 쿼리 디자인 보기 상태에서 작성해야 합니다.
> • '부서이름'과 '합계 사번'은 각 행에서 제목 역할을 하므로 '행 머리글', '근무년수'는 각 열에서 제목 역할을 하므로 '열 머리글'로 설정하세요.

문제 4 'C:\길벗컴활1급\02 액세스\01 섹션' 폴더의 '섹션07문제.accdb' 파일을 열어서 작업하시오.

다음과 같은 기능을 수행하는 쿼리를 작성하시오.

▶ 〈제품납품내역〉 테이블에 존재하지 않는 〈거래처〉 테이블의 자료 중 거래처코드, 지역, 대표자 필드를 조회하는 쿼리를 작성할 것

▶ NOT IN 예약어를 사용하여 SQL 명령으로 작성할 것

▶ 지역에는 '거래처명'에서 첫 번째 공백이 나오기 전까지의 내용만 표시할 것(Left, InStr 함수 사용)

> **전문가의 조언**
> 〈제품납품내역〉 테이블에 존재하지 않는 거래처이므로 불일치 검색 쿼리 마법사를 이용하면 간단하게 작성할 수 있는 쿼리인데 NOT IN 예약어를 사용하라는 지시 사항이 있으므로 불일치 검색 쿼리 마법사는 이용할 수 없습니다.

▶ 쿼리의 이름은 '납품하지않은거래처'로 할 것

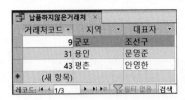

다음과 같은 기능을 수행하는 쿼리를 작성하시오.

▶ 〈제품납품내역〉 테이블에서 '납품수량' 필드나 '납품일자' 필드가 비어 있는 자료만 조회하는 쿼리를 작성할 것

▶ 〈제품납품내역〉 테이블의 모든 필드를 표시하고, 쿼리의 이름은 '비어있는자료'로 할 것

다음과 같은 기능을 수행하는 쿼리를 작성하시오.

1. 〈하절기제품〉 테이블에서 '반코트', '롱코트', '가죽잠바', '부츠' 제품을 삭제하는 〈삭제〉 쿼리를 작성하시오.

2. 〈하절기제품〉 테이블의 판매단가에 할인율(5%)을 적용하는 '수정' 쿼리를 작성하시오.

3. 〈추가동절기제품〉 테이블의 데이터를 〈동절기제품〉 테이블에 추가하는 〈동절기제품추가〉 쿼리를 작성하시오.

▶ '제품코드', '제품명', '생산원가'는 각각 '제품코드', '제품명', '생산원가' 필드에 추가하고, '단가'는 '판매단가' 필드에 추가할 것

기출문제 따라하기

문제 1

1 〈커넥터납부〉 쿼리 작성하기

24.상시, 23.상시, 22.상시, 21.상시, 11.1, 08.4, 07.3, 07.2, 06.2, 05.3, 05.2, 05.1, 04.4, 04.3, …

1. [만들기] → 쿼리 → **쿼리 디자인**(▦)을 클릭하세요.

2. '테이블 추가' 창의 '테이블' 탭에서 〈제품코드〉, 〈제품납품 내역〉, 〈거래처〉 테이블을 더블클릭하여 쿼리 작성기 창에 추가하고 '테이블 추가' 창의 닫기(✕)를 클릭하세요.

3. 〈제품코드〉 테이블의 '제품명'을 하단 그리드 라인의 첫 번째 필드로 드래그하세요. 같은 방법으로 〈거래처〉 테 이블의 '거래처명'을 두 번째 필드로, 〈제품납품내역〉 테 이블의 '납품일자'와 '납품수량'을 세 번째 필드와 네 번 째 필드로 각각 드래그하세요.

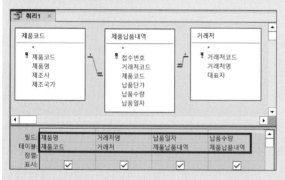

4. 조건을 지정하기 위해 제품명 필드의 조건 행에 "커넥 터"를 입력하세요.

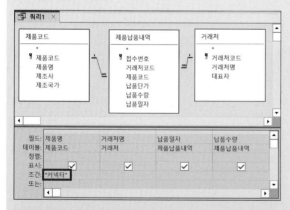

"커넥터"가 제품명이기 때문에 '제품명' 필드의 조건난에 조건으로 입력하는 것입니다.

5. 납품수량의 필드명을 '수량'으로 표시하고 '78개' 형식으 로 표시하기 위해 그림과 같이 설정하세요.

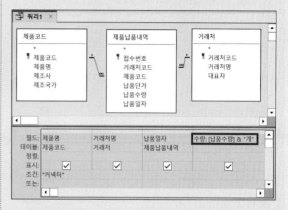

6. 납품월이 짝수 달인 데이터만 표시하기 위해 필드에 **Month([납품일자]) Mod 2**를 입력하고 조건 행에 **0**을 입력 하세요.

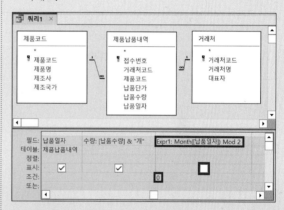

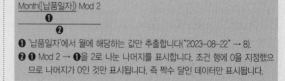

Month([납품일자]) Mod 2
   ❶
          ❷

❶ '납품일자'에서 월에 해당하는 값만 추출합니다("2023-08-22" → 8).
❷ ❶ Mod 2 → ❶을 2로 나눈 나머지를 표시합니다. 조건 행에 0을 지정했으 므로 나머지가 0인 것만 표시됩니다. 즉 짝수 달인 데이터만 표시됩니다.

7. 닫기 단추(✕)를 클릭하세요. 저장 여부를 묻는 대화상 자에서 〈예〉를 클릭하세요.

8. 쿼리 이름에 **커넥터납부**를 입력한 후 〈확인〉을 클릭하 세요.

궁금해요 **시나공 Q&A 베스트**

Q '납품일자' 필드에 '납품일자 : Month([납품일자]) Mod 2'로 작성하지 않고 5열에 'Expr1: Month([납품일자]) Mod 2'와 같이 따로 입력한 이유는 뭔가요?

A '납품일자 : Month([납품일자]) Mod 2'의 의미는 'Month([납품일자]) Mod 2'의 결과를 나타내되 질의에 표시되는 필드의 이름은 '납품일자'로 하겠다는 의미입니다. '납품일자' 필드를 이용하여 월을 구한 후 그 결과를 기존의 필드명인 '납품일자'로 표시할 수는 없습니다. 또한 이것이 정상적으로 실행된다 해도 '납품일자'에 '납품일자'가 아닌 'Month([납품일자]) Mod 2'의 결과가 표시되므로 틀린 결과가 표시되는 거죠. 그러므로 화면에 표시할 '납품일자'와 조건으로 사용할 필드를 따로 지정한 것입니다. 'Expr1:'은 추가한 필드에 필드 이름을 지정하지 않았을 때 자동으로 표시되는 것으로, 쿼리를 저장한 후 다시 열면 없어집니다.

문제 2

1 〈부서별성별인원수〉 쿼리 작성하기

24.상시, 23.상시, 19.2, 17.상시, 16.3, 14.1, 10.3, 10.2, 09.3, 08.4, 08.1, 07.4, 07.2, 07.1, 06.3, …

1. [만들기] → 쿼리 → **쿼리 디자인(⊞)**을 클릭하세요.
2. '테이블 추가' 창의 '테이블' 탭에서 〈사원〉 테이블과 〈부서〉 테이블을 더블클릭하여 쿼리 작성기 창에 추가하고 '테이블 추가' 창의 닫기(⊠)를 클릭하세요.
3. 〈사원〉 테이블의 '성별'을 하단 그리드 라인의 첫 번째 필드로 드래그하세요. 같은 방법으로 〈부서〉 테이블의 '부서이름'을 두 번째 필드로, 〈사원〉 테이블의 '성명'을 세 번째 필드로 드래그하세요.

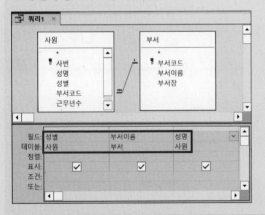

세 번째 필드로 드래그 한 〈사원〉 테이블에서 가져온 '성명' 필드는 인원수를 구하기 위한 필드로 '성명' 필드가 아닌 '사번', '성별', '부서코드' 등의 다른 필드를 사용해도 결과는 동일합니다.

4. 하단 그리드 라인의 세 번째 필드의 '성명'을 **인원수 : 성명**으로 수정합니다.
5. '수당' 필드를 추가하기 위해 하단 그리드 라인의 네 번째 필드에 다음과 같이 입력합니다.

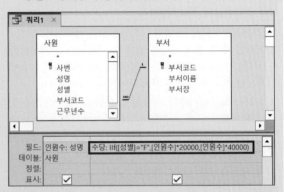

iif 함수

• 형식

iif(조건, 인수1, 인수2)

• 조건을 비교하여 참이면 인수1, 거짓이면 인수2를 실행합니다.
• iif([성별]="F", [인원수] * 20000, [인원수] * 40000) : [성별]이 'F'이면 [인원수] * 20000을 표시하고, 그렇지 않으면 [인원수] * 40000을 표시합니다.
※ iif는 엑셀에서의 if 함수와 같은 기능을 하며 사용법도 같습니다.

6. 그룹을 지정하기 위해 [쿼리 디자인] → 표시/숨기기 → **요약(Σ)**을 클릭합니다.
7. '인원수 : 성명' 필드의 '묶는 방법'이라고 표시된 부분을 클릭하여 묶는 방법을 '개수'로 변경하고, '수당' 필드의 '묶는 방법'은 '식'으로 변경합니다.

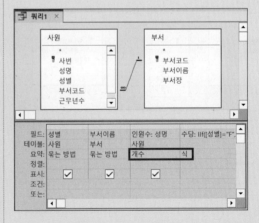

8. '부서이름' 필드의 조건에 Like "*" & [**부서이름의 일부를 입력**] & "*"를 입력한 후 결과를 확인하기 위해 [쿼리 디자인] → 결과 → **실행(▯)**을 클릭합니다.

9. 조회할 부서이름의 일부(예 : 관리)를 입력한 다음 〈확인〉을 클릭하여 결과를 확인하세요.

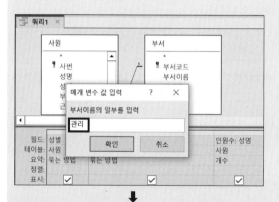

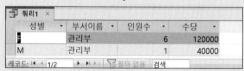

10. 닫기 단추(⊠)를 클릭하세요. 저장 여부를 묻는 대화상자에서 〈예〉를 클릭하세요.

11. 쿼리 이름에 **부서별성별인원수**를 입력한 후 〈확인〉을 클릭하세요.

〔 문제 3 〕

1　24.상시, 23.상시, 19.상시, 19.2, 19.1, 18.상시, 12.1, 11.1, 10.2, 10.1, 09.2, 07.4, 06.3, 05.4, 05.3, …
〈부서별근무년수별인원수〉 쿼리 작성하기

1. [만들기] → 쿼리 → 쿼리 디자인(▦)을 클릭하세요.

2. '테이블 추가' 창의 '테이블' 탭에서 〈부서〉 테이블과 〈사원〉 테이블을 더블클릭하여 쿼리 작성기 창에 추가하고 '테이블 추가' 창의 닫기(⊠)를 클릭하세요.

3. 크로스탭 쿼리로 변경하기 위해 [쿼리 디자인] → 쿼리 유형 → 크로스탭(▦)을 클릭합니다.

4. 행 머리글, 열 머리글, 값으로 사용될 필드를 다음과 같이 설정하세요.

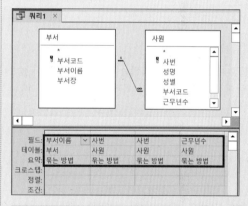

첫 번째 '사번' 필드는 행 머리글로 사용할 필드이고, 두 번째 '사번' 필드는 값으로 사용할 필드입니다.

5. 첫 번째 '사번'은 행 머리글에서 개수를, 두 번째 '사번'은 값에서 개수를 나타내야 하므로 요약을 모두 '개수'로 변경합니다.

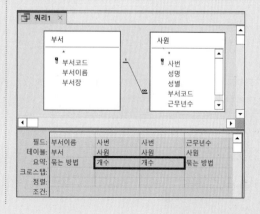

6. 쿼리 작성기에 설정한 필드들을 크로스탭 쿼리의 구성 요소에 맞게 지정해야 합니다. '부서이름'과 첫 번째 '사번'은 '행 머리글'로, 두 번째 사번은 '값'으로, 그리고 '근무년수'는 '열 머리글'로 변경합니다.

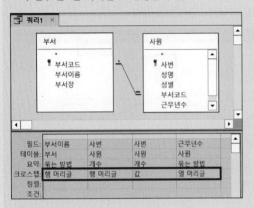

9. 닫기 단추(☒)를 클릭하세요. 저장 여부를 묻는 대화상 자에서 〈예〉를 클릭하세요.

10. 쿼리 이름에 **부서별근무년수별인원수**를 입력한 후 〈확인〉을 클릭하세요.

> '부서별근무년수별인원수' 쿼리를 디자인 보기로 다시 열면 지정한 필드의 순 서 및 필드명이 변경됩니다.

<궁금해요> **시나공 Q&A 베스트**

Q '사번'을 두 개 입력하여 하나는 행 머리글로 사용하고 하나는 값으로 사용 한다고 했는데, 그러면 행 머리글이 '부서이름'과 '사번', 이렇게 2개가 되어도 상관없나요?

A 여러 개의 필드를 행 머리글로 지정할 수 있습니다. 두 번째 행 머리글로 지 정된 '사번'은 부서별 인원수의 합계를 표시하기 위해서입니다.

---

7. 하단 그리드 라인의 두 번째 필드에 있는 사번을 '합계 사 번'으로 표시하기 위해 **합계 사번: 사번**으로 변경합니다.

8. 네 번째 필드의 '근무년수' 뒤에 "년"을 추가하기 위해 '근무년수' 뒤에 **& "년"**을 추가로 입력합니다. 이어서 [쿼 리 디자인] → 결과 → **실행(⊞)**을 클릭하여 결과를 확인 하세요.

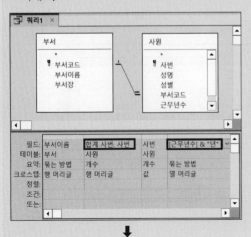

<잠깐만요> 〈부서별근무년수별인원수〉 쿼리를 크로스탭 쿼리 마법사로 작성하기

두 개 이상의 테이블을 이용하는 크로스탭 쿼리는 '크로스탭 쿼리 마법사'를 이용하여 만들 수는 없지만 두 개 이상의 테이블을 하나의 쿼리로 만든 후 해 당 쿼리를 데이터 원본으로 사용하면 '크로스탭 쿼리 마법사'를 이용할 수 있 습니다. 실제 시험에서는 임의의 쿼리를 작성하라는 지시가 있을 경우에만 이 방법을 사용합니다.

1. 먼저 두 개의 테이블을 이용하여 크로스탭 쿼리에서 필요한 필드가 포함되 게 쿼리를 만들어야 합니다. 크로스탭 결과를 보고 필요한 필드를 찾아 다 음과 같이 쿼리를 만든 후 임의의 이름(예 : 임시)으로 저장하세요.

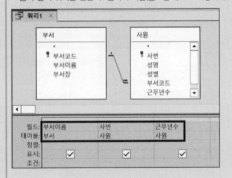

2. [만들기] → 쿼리 → 쿼리 마법사(☒)를 클릭한 후 '크로스탭 쿼리 마법사' 1단계 대화상자에서 다음과 같이 설정하세요.

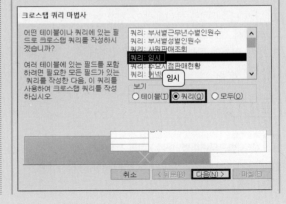

3. '크로스탭 쿼리 마법사' 2단계 대화상자에서 다음과 같이 설정하세요.

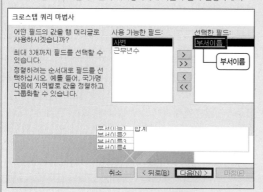

4. '크로스탭 쿼리 마법사' 3단계 대화상자에서 다음과 같이 설정하세요.

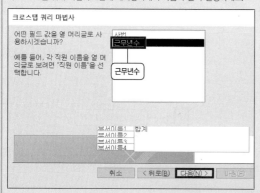

5. '크로스탭 쿼리 마법사' 4단계 대화상자에서 다음과 같이 설정하세요.

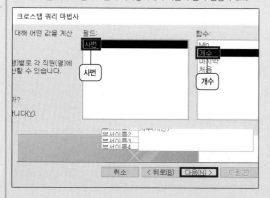

6. '크로스탭 쿼리 마법사' 5단계 대화상자에서 쿼리 이름을 입력하고 '디자인 수정'을 선택한 후 〈마침〉을 클릭하세요.

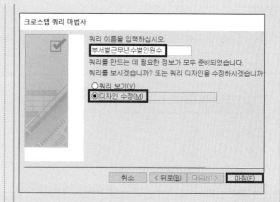

7. 쿼리 작성기 창에서 그림과 같이 변경한 다음 [쿼리 디자인] → 결과 → **실행(▯)**을 클릭하여 결과를 확인하세요.

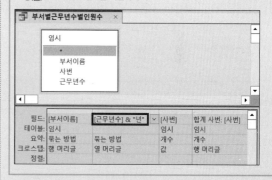

문제 4

1 24.상시, 18.상시, 13.3, 10.1, 07.1, 06.1, 05.4, 05.1, 03.4, 02.3
〈납품하지않은거래처〉 쿼리 작성하기

문제에 NOT IN 예약어를 사용하여 SQL 명령으로 작성하라는 지시사항이 있어도 쿼리 작성기에서 NOT IN 예약어를 사용하여 작성한 후 SQL 보기([쿼리 디자인] → 결과 → 보기 → SQL 보기)로 변경하여 저장하면 SQL로 작성한 것과 동일하므로 쿼리 작성기를 이용하여 작성하면 됩니다.

1. [만들기] → 쿼리 → 쿼리 디자인(▦)을 클릭하세요.
2. '테이블 추가' 창의 '테이블' 탭에서 〈거래처〉 테이블을 더블클릭하여 쿼리 작성기 창에 추가하고 '테이블 추가' 창의 닫기(✕)를 클릭하세요.
3. 〈거래처〉 테이블의 '거래처코드'를 하단 그리드 라인의 첫 번째 필드로 드래그하세요. 같은 방법으로 〈거래처〉 테이블의 '거래처명'과 '대표자'를 두 번째 필드와 세 번째 필드로 드래그하세요.

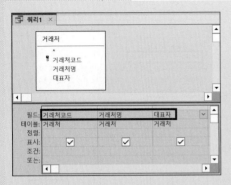

4. 하단 그리드 라인의 첫 번째 필드의 조건난에 아래와 같이 입력하세요.

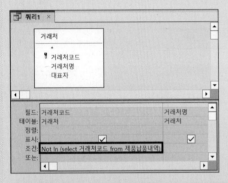

Not In (SELECT 거래처코드 FROM 제품납품내역) : 〈제품납품내역〉 테이블의 '거래처코드'에 없는 레코드

5. '거래처명'에서 첫 번째 공백이 나오기 전까지의 내용만 '지역'으로 표시하기 위해 그림과 같이 '거래처명' 필드를 변경합니다.

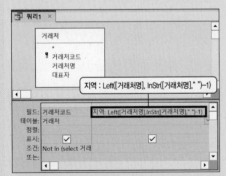

Left([거래처명],InStr([거래처명]," ")-1)
                    ①
─────────────
                    ②

❶ '거래처명'에서 공백(" ")의 위치를 반환합니다("군포 전기" → 3). 여기서 1을 뺍니다(2).
❷ Left([거래처명], ❶) → Left([거래처명], 2) : 거래처명 중 왼쪽에서 두 번째 문자까지만 표시합니다("군포전기" → 군포).

6. 닫기 단추(×)를 클릭하세요. 저장 여부를 묻는 대화상자가 나타나면 〈예〉를 클릭하세요.

7. 쿼리 이름에 **납품하지않은거래처**를 입력한 후 〈확인〉을 클릭하세요.

8. 〈제품납품내역〉 테이블을 열어 '거래처코드' 필드를 선택한 후 [홈] → 정렬 및 필터 → 내림차순(↓) 또는 오름차순(↑)을 클릭하여 '거래처코드' 순으로 정렬합니다. 〈납품하지않은거래처〉 쿼리 결과에 있는 '거래처코드'가 〈제품납품내역〉 테이블의 '거래처코드'에 있는지 확인하세요.

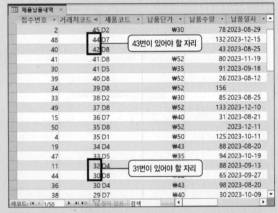

〈제품납품내역〉 테이블

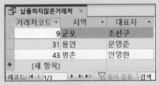

〈납품하지않은거래처〉 쿼리

쿼리 작성기로 작성한 후 SQL 코드로 확인하려면 쿼리 작성기가 실행되어 있는 상태에서 [쿼리 디자인] → 결과 → 보기 → **SQL 보기**를 선택하면 됩니다.

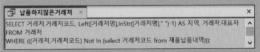

쿼리 작성기를 사용하지 않고 직접 SQL 명령으로 작성하려면 위에서 필요 없는 괄호만 삭제한 아래의 SQL 문장을 입력하면 됩니다.

SELECT 거래처코드, Left([거래처명],InStr([거래처명]," ")-1) AS 지역, 대표자
FROM 거래처
WHERE 거래처코드 Not In (SELECT 거래처코드 FROM 제품납품내역);

코드설명

❶ SELECT 거래처코드, Left([거래처명],InStr([거래처명], " ")-1) AS 지역, 대표자

❷ FROM 거래처

❸ WHERE 거래처코드 Not In (SELECT 거래처코드 FROM 제품납품내역);

❶ 거래처코드, 지역, 대표자를 표시한다.

❷ 〈거래처〉 테이블에서 검색한다.

❸ 〈제품납품내역〉 테이블의 '거래처코드'에 존재하지 않는 거래처코드를 검색한다.

※ 〈거래처〉 테이블에서 〈제품납품내역〉 테이블의 '거래처코드'에 존재하지 않는 '거래처코드'를 검색하여 해당 거래처코드의 '거래처코드', '지역', '대표자'를 표시합니다.

문제 5

24.상시, 19.상시, 18.상시, 18.2

1 〈비어있는자료〉 쿼리 작성하기

1. [만들기] → 쿼리 → 쿼리 디자인(📊)을 클릭하세요.
2. '테이블 추가' 창의 '테이블' 탭에서 〈제품납품내역〉 테이블을 더블클릭하여 쿼리 작성기 창에 추가하고 '테이블 추가' 창의 닫기(☒)를 클릭하세요.
3. 〈제품납품내역〉 테이블의 '접수번호'를 하단 그리드 라인의 첫 번째 필드로 드래그하세요. 같은 방법으로 〈제품납품내역〉 테이블의 모든 필드를 드래그하여 표시하세요.

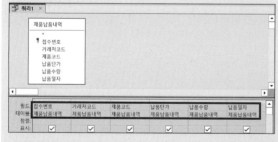

4. 하단 그리드 라인의 '납품수량' 필드의 조건난에 Is Null을 입력하세요.

IS NULL : 필드의 값이 Null인 데이터만 표시합니다.

---

5. 하단 그리드 라인 '납품일자' 필드의 또는난에 Is Null을 입력하세요.

6. [쿼리 디자인] → 결과 → 실행(🎵)을 클릭하여 결과를 확인하세요.

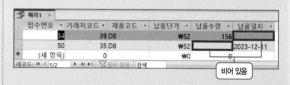

7. 닫기 단추(☒)를 클릭하세요. 저장 여부를 묻는 대화상자가 나타나면 〈예〉를 클릭하세요.
8. 쿼리 이름에 **비어있는자료**를 입력한 후 〈확인〉을 클릭하세요.

문제 6

05.1, 03.2

1 〈삭제〉 쿼리 작성하기

1. [만들기] → 쿼리 → 쿼리 디자인(📊)을 클릭하세요.
2. '테이블 추가' 창의 '테이블' 탭에서 〈하절기제품〉 테이블을 더블클릭하여 쿼리 작성기 창에 추가하고 '테이블 추가' 창의 닫기(☒)를 클릭하세요.
3. 조건을 적용할 필드인 〈하절기제품〉 테이블의 '제품명'을 첫 번째 필드로 드래그하세요.
4. [쿼리 디자인] → 쿼리 유형 → 삭제(📊)를 클릭하세요.
5. 조건난에 In ("반코트", "롱코트", "가죽잠바", "부츠")를 입력한 후 [쿼리 디자인] → 결과 → 실행(🎵)을 클릭하세요.

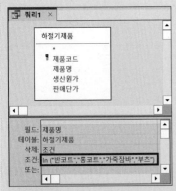

디자인 보기에서 작성

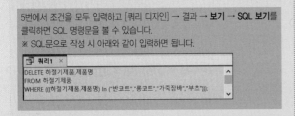

5번에서 조건을 모두 입력하고 [쿼리 디자인] → 결과 → 보기 → SQL 보기를 클릭하면 SQL 명령문을 볼 수 있습니다.
※ SQL문으로 작성 시 아래와 같이 입력하면 됩니다.

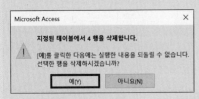

6. '지정된 테이블에서 4행을 삭제합니다.'라는 메시지가 나옵니다. 〈예〉를 클릭하세요.

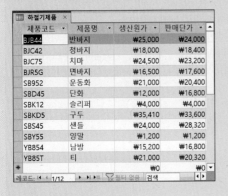

7. 닫기 단추(⊠)를 클릭하세요. 저장 여부를 묻는 대화상자에서 〈예〉를 클릭하세요.
8. 쿼리 이름에 **삭제**를 입력한 후 〈확인〉을 클릭하세요.
9. 〈하절기제품〉 테이블을 열어 제품 중에 '반코트', '롱코트', '가죽잠바', '부츠'가 있는지 확인하세요.

제품코드	제품명	생산원가	판매단가
BJB44	반바지	₩25,000	₩24,000
BJC42	청바지	₩18,000	₩18,400
BJC75	치마	₩24,500	₩23,200
BJR5G	면바지	₩16,500	₩17,600
SB952	운동화	₩21,000	₩20,400
SBD45	단화	₩12,000	₩16,800
SBK12	슬리퍼	₩4,000	₩4,000
SBKD5	구두	₩35,410	₩33,600
SBS45	샌들	₩24,000	₩28,320
SBY55	양말	₩1,200	₩1,200
YB854	남방	₩15,200	₩16,800
YB85T	티	₩21,000	₩20,320
*		₩0	₩0

레코드: ◄ ◄ 1/12 ► ►I ►* 필터 없음 검색

22.상시, 21.상시, 12.2, 09.3, 09.1, 08.3, 08.1, 07.3, 07.2, 07.1, 04.1

2 〈수정〉 쿼리 작성하기

1. [만들기] → 쿼리 → **쿼리 디자인**(▦)을 클릭하세요.
2. '테이블 추가' 창의 '테이블' 탭에서 〈하절기제품〉 테이블을 더블클릭하여 쿼리 작성기 창에 추가하고 '테이블 추가' 창의 닫기(⊠)를 클릭하세요.
3. 수정할 필드인 〈하절기제품〉 테이블의 '판매단가'를 첫 번째 필드로 드래그하세요.
4. [쿼리 디자인] → 쿼리 유형 → **업데이트**(▨)를 클릭하세요.
5. '판매단가' 필드의 '업데이트'에 [판매단가]*(1-0.05)를 입력한 후 [쿼리 디자인] → 결과 → **실행**(▯)을 클릭하세요.

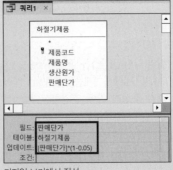

디자인 보기에서 작성

[판매단가] * (1-0.05)

판매단가에 할인율 5%(0.05)를 적용한다는 것은 현재의 판매단가에서 5%를 제외한 금액입니다. 즉 현재의 판매단가에 95%(0.95)를 곱한다는 것과 같은 의미이므로 [판매단가] * 0.95나 [판매단가] * (1-0.05)를 지정하면 됩니다. 쿼리 작성기에서 %를 사용할 수 없으므로 % 데이터는 소수로 변환해서 입력해야 합니다.
※ SQL문으로 작성 시 아래와 같이 입력하면 됩니다.

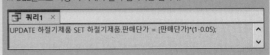

---

6. '12 행을 새로 고칩니다.'라는 메시지가 출력되면 〈예〉를 클릭하세요.
7. 닫기 단추(⊠)를 클릭하세요. 저장 여부를 묻는 대화상자에서 〈예〉를 클릭하세요.
8. 쿼리 이름에 **수정**이라고 입력한 후 〈확인〉을 클릭하세요.
9. 〈하절기제품〉 테이블을 열어 '판매단가'의 값이 원래의 값에서 5% 줄었는지 확인하세요.

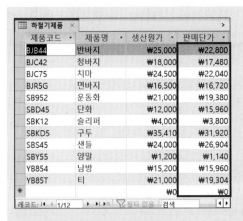

17.1, 11.3, 10.3, 10.2, 07.3, 07.2

3 〈동절기제품추가〉 쿼리 작성하기

1. [만들기] → 쿼리 → **쿼리 디자인**(▦)을 클릭하세요.
2. '테이블 추가' 창의 '테이블' 탭에서 〈추가동절기제품〉 테이블을 더블클릭하여 쿼리 작성기 창에 추가하고 '테이블 추가' 창의 닫기(✕)를 클릭하세요.
3. 〈추가동절기제품〉 테이블의 '제품코드', '제품명', '생산원가', '단가' 필드를 각각 하단 그리드 라인의 각 필드에 드래그하세요.

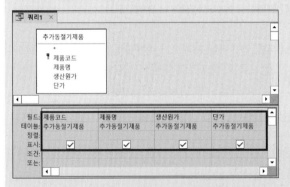

4. [쿼리 디자인] → 쿼리 유형 → **추가**(▦)를 클릭한 후 '추가' 대화상자에서 추가할 테이블 이름으로 '동절기제품'을 선택한 후 〈확인〉을 클릭하세요.

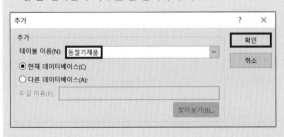

5. '단가' 필드 추가난의 목록 단추(∨)를 클릭한 후 '판매단가' 필드를 선택하세요.

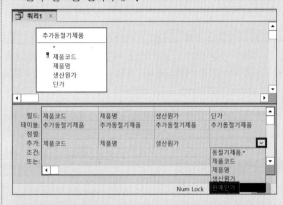

추가될 테이블의 필드 이름과 추가할 테이블의 필드 이름이 같을 경우 추가난에 자동으로 필드 이름이 표시되지만, 다를 경우에는 직접 지정해줘야 합니다.

6. [쿼리 디자인] → 결과 → **실행**(❗)을 클릭합니다. '2 행을 추가합니다.'라는 메시지가 출력되면 〈예〉를 클릭하세요.
7. 닫기 단추(✕)를 클릭한 후 저장 여부를 묻는 대화상자에서 〈예〉를 클릭하세요.
8. 쿼리 이름에 **동절기제품추가**를 입력한 후 〈확인〉을 클릭하세요.
9. 〈동절기제품〉 테이블을 열어 추가된 데이터를 확인해 보세요.

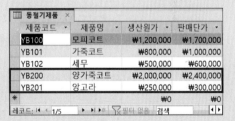

처리 기능은 데이터의 처리 작업을 자동화하는 것을 의미합니다. 즉 직접적인 데이터 입력이나 처리 없이 사용자의 지시에 의해 일련의 처리 작업이 자동적으로 수행되도록 하는 것이죠. 이러한 처리 기능은 프로그래밍이나 매크로 작업, 실행 쿼리 또는 이들의 조합으로 구성됩니다.

기본문제 'C:\길벗컴활1급\02 액세스\01 섹션' 폴더의 '섹션08문제.accdb' 파일을 열어서 작업하시오.

전문가의 조언

처리 기능은 컴퓨터활용능력 1급 수험생들이 액세스 과목에서 가장 어렵게 느끼는 부분입니다. 하지만 액세스 자체가 처리 기능을 쉽게 구현할 수 있도록 만들어진 프로그램이므로 몇 가지 기본적인 기능들만 숙달하면 어렵지 않게 풀 수 있습니다. 이번 문제에는 시험에 자주 출제되는 문제 위주로 구성하고 코드에 대한 자세한 설명을 수록했으니 절대 포기하지 말고 차분히 따라해 보세요. 어렵지 않게 이해할 수 있습니다.

다음의 지시사항대로 작업하여 〈판매현황〉 폼을 완성하시오.

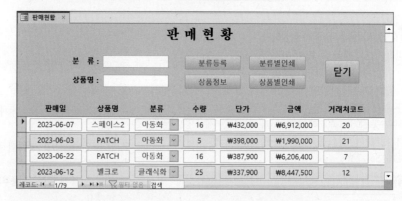

1. 'txt상품명' 컨트롤과 'cmb분류' 컨트롤에 포커스가 이동하면(Got Focus 이벤트) 다음과 같은 계산을 각각 수행하도록 이벤트 프로시저를 구현하시오.

   ▶ 'txt상품명' 컨트롤에 있는 값을 'txt이름' 컨트롤에 표시할 것

   ▶ 'cmb분류' 컨트롤에 있는 값을 'txt분류' 컨트롤에 표시할 것

2. '분류등록'(cmd분류등록) 단추를 클릭(On Click)하면 〈분류등록〉 폼을 '폼 보기' 형식으로 열리도록 이벤트 프로시저를 구현하시오.

   ▶ 'txt분류' 컨트롤에 입력된 상품에 해당하는 데이터만 출력하도록 할 것

   ▶ DoCmd 개체 사용

3. 〈분류별판매내역〉 보고서를 '인쇄 미리 보기'의 형식의 '대화 상자' 창 모드로 여는 〈보고서출력〉 매크로를 생성하고, 〈판매현황〉 폼의 '분류별인쇄'(cmd분류별인쇄) 단추를 클릭하면 〈보고서출력〉 매크로가 실행되도록 지정하시오.

   ▶ 매크로 조건 : '분류' 필드의 값이 'txt분류' 컨트롤에 입력된 값을 포함하는 데이터만 출력하도록 할 것

4. 〈상품정보〉 폼을 '읽기 전용' 데이터 모드로 여는 〈폼보기〉 매크로를 생성하시오. 〈판매현황〉 폼의 '상품정보'(cmd상품정보) 단추를 더블클릭하면 〈폼보기〉 매크로가 실행되도록 하시오.

매크로 조건 : '상품명' 필드의 값이 'txt이름' 컨트롤에 입력된 값과 같은 데이터
만 표시되도록 할 것

5. 메시지를 표시한 후 〈판매현황〉 폼을 닫는 〈폼닫기〉 매크로를 생성하고, 〈판매현황〉 폼의 '닫기'(cmd닫기) 단추를 클릭하면 〈폼닫기〉 매크로가 실행되도록 지정하시오.

매크로 조건 : 다음과 같이 시스템의 현재 날짜와 시간이 표시된 메시지 상자에서 〈확인〉을 클릭하면 폼이 닫히도록 할 것

6. 'txt수량' 컨트롤에 포커스가 이동하면(GotFocus) 〈그림〉과 같은 메시지 상자를 출력하는 이벤트 프로시저를 구현하시오.

'txt수량' 컨트롤에 표시된 값이 100 이상이면 "10%할인", 100 미만 50 이상이면 "무료배송", 그 외에는 "일반배송"으로 표시하시오.

If ~ ElseIf 문 사용

따라하기

1 13.상시, 12.2, 11.2, 10.3, 07.2, 06.2, 04.1
'상품명'과 '분류'의 GotFocus 이벤트 프로시저 완성하기

1. '탐색' 창의 〈판매현황〉 폼의 바로 가기 메뉴에서 [디자인 보기]를 선택하세요.

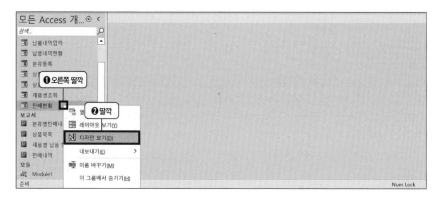

궁금해요 시나공 Q&A 베스트

Q 파일을 열면 '보안 경고' 메시지가 나타나요!

A '보안 경고' 메시지의 오른쪽 끝에 있는 〈콘텐츠 사용〉 단추를 클릭하여 데이터베이스 파일에 포함된 모든 콘텐츠를 사용할 수 있도록 설정하세요.

보안 경고 일부 액티브 | 콘텐츠 사용

2. 'txt상품명'을 더블클릭한 후 'txt상품명' 속성 시트 창의 '이벤트' 탭에서 'On Got Focus'를 클릭합니다. 이어서 작성기 단추(⋯)를 클릭하세요.

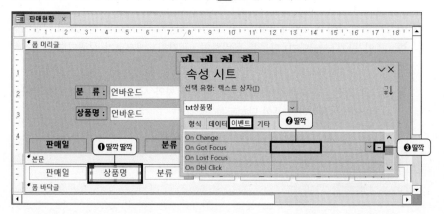

3. '작성기 선택' 대화상자에서 '코드 작성기'를 선택한 후 〈확인〉을 클릭하세요.

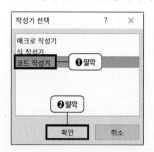

4. VBA에 'txt상품명'의 'txt상품명_GotFocus( )' 프로시저가 나타납니다. 그림과 같이 코드를 입력하세요.

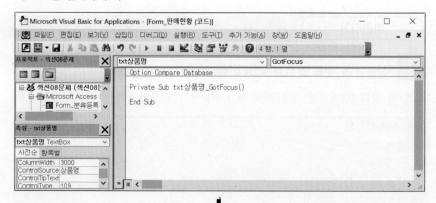

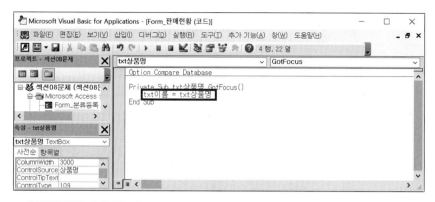

코드 설명

Private Sub txt상품명_GotFocus( )
    txt이름 = txt상품명
End Sub

'txt상품명' 컨트롤의 값을 'txt이름' 컨트롤에 치환합니다.

5. '표준' 도구 모음의 '보기 Microsoft Access(🗗)' 아이콘을 클릭하세요. VBA에서 'Microsoft Access'로 돌아옵니다.

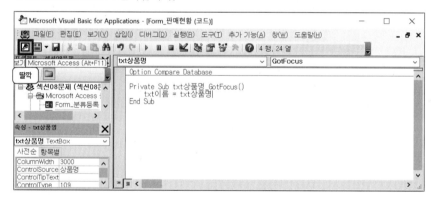

6. 'txt상품명' 컨트롤의 속성 시트 창을 닫고, [양식 디자인] → 보기 → **폼 보기(🖽)**를 클릭하여 폼을 실행시킵니다. 'txt상품명'을 클릭하면 'txt이름'의 값이 바뀌는지 확인하세요.

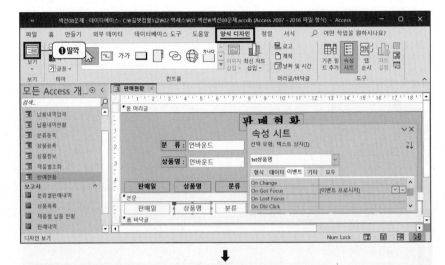

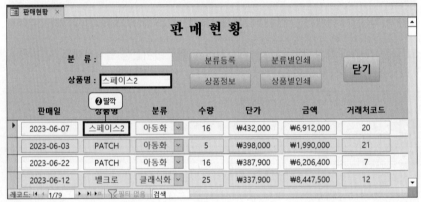

7. 위와 같은 방법으로 'cmb분류' 컨트롤의 'cmb분류_GotFocus( )' 프로시저에 그림과 같이 코드를 입력하세요.

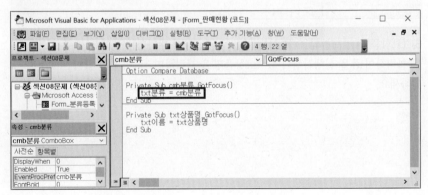

<table>
<tr><td>코드
설명</td><td>Private Sub cmb분류_GotFocus( )
   txt분류 = cmb분류
End Sub</td></tr>
</table>

'cmb분류' 컨트롤의 값을 'txt분류'에 치환합니다.

8. '표준' 도구 모음의 '보기 Microsoft Access(▨)' 아이콘을 클릭하세요. VBA에서 'Microsoft Access'로 돌아옵니다.

9. 'cmb분류' 컨트롤의 속성 시트 창을 닫고, [양식 디자인] → 보기 → **폼 보기(▦)**를 클릭하여 폼을 실행시킵니다. 'cmb분류'를 클릭하면 'txt분류'의 값이 바뀌는지 확인하세요.

20.상시, 19.상시, 19.2, 19.1, 17.1, 16.2, 09.4, 08.4, 07.2, 05.4, 05.3, 04.1, 03.3

2 'cmb분류등록' 컨트롤의 On Click 이벤트에 〈분류등록〉 폼을 호출하는 이벤트 프로시저 작성하기

1. [홈] → 보기 → 보기 → **디자인 보기**를 선택하여 폼의 디자인 보기로 돌아온 후 'cmd분류등록' 컨트롤을 더블클릭합니다. 'cmd분류등록' 속성 시트 창의 이벤트 탭에서 'On Click'을 선택한 후 작성기 단추(⋯)를 클릭하세요.

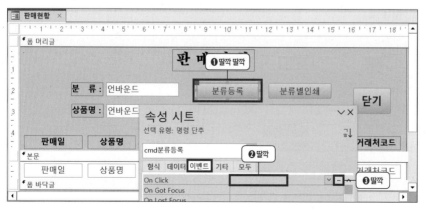

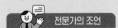
2. '작성기 선택' 대화상자에서 '코드 작성기'를 선택하고 〈확인〉을 클릭하세요.

3. VBA에 'cmd분류등록' 컨트롤의 'cmd분류등록_Click( )' 이벤트 프로시저가 나타납니다. 그림과 같이 코드를 입력하세요.

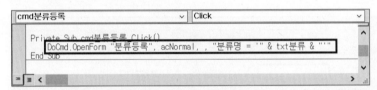

코드 설명

```
Private Sub cmd분류등록_Click( )
    DoCmd.OpenForm "분류등록", acNormal, , "분류명 = '" & txt분류 & "'"
End Sub
```

'분류등록' 폼을 분류명이 'txt분류'에 있는 값과 같은 레코드만 표시하여 엽니다.

※ …, acNormal, , : acNormal 다음에는 폼에 표시할 내용을 제한하는 필터 이름을 입력해야 하는데, 생략했으므로 자리를 확보하기 위해 ,를 2번 입력하여 , ,와 같이 표시한 것입니다.

4. 액세스 화면으로 돌아와 폼을 실행한 후 'txt분류' 컨트롤에 분류명(예 : 워킹화)을 입력하고, '분류등록' 단추를 클릭하세요. 〈분류등록〉 폼이 열리고 'txt분류' 컨트롤에 입력된 상품의 정보만 표시되는지 확인해 보세요.

5. 〈분류등록〉 폼의 닫기 단추(⊠)를 클릭하여 〈분류등록〉 폼을 닫으세요.

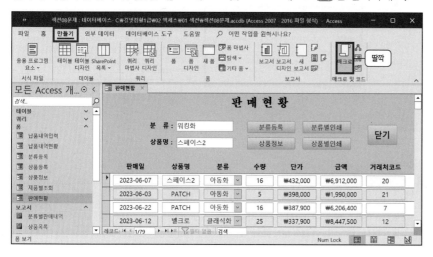
잠깐만요 **DoCmd 개체**

- DoCmd 개체는 Microsoft Access 매크로 함수를 Visual Basic에서 실행하기 위한 개체입니다.
- DoCmd 개체는 메서드를 이용하여 매크로를 실행합니다.
- 주요 메서드

OpenReport	OpenReport 매크로 함수를 수행함
OpenForm	OpenForm 매크로 함수를 수행함
RunSQL	RunSQL 매크로 함수를 수행함
GoToRecord	GoToRecord 매크로 함수를 수행함
Quit	Quit 매크로 함수를 수행함
Close	Close 매크로 함수를 수행함

3 24.상시, 23.상시, 22.상시, 21.상시, 18.1, 17.상시, 17.1, 16.상시, 16.2, 16.1, 15.3, 14.3, 13.1, 12.3, 12.1, 11.3, 11.2, 09.3, 09.2, 08.1, 05.2, 05.1, 04.3, …

〈분류별판매내역〉 보고서를 여는 매크로를 생성한 후 'cmd분류별인쇄' 컨트롤의 On Click 이벤트에 지정하기

1. 매크로에 이름을 지정하여 사용하는 경우는 먼저 매크로 개체를 생성한 후 이를 연결하여 사용하면 됩니다. [만들기] → 매크로 및 코드 → **매크로(□)**를 클릭하세요.

2. 매크로 함수 선택란의 목록 단추(⌄)를 누른 다음 'OpenReport' 함수를 선택하세요.

3. OpenReport 매크로 함수 대화상자에서 그림과 같이 설정하세요.

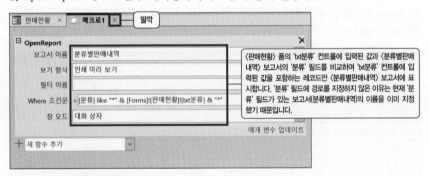

〈판매현황〉 폼의 'txt분류' 컨트롤에 입력된 값과 〈분류별판매내역〉 보고서의 '분류' 필드를 비교하여 'txt분류' 컨트롤에 입력된 값을 포함하는 레코드만 〈분류별판매내역〉 보고서에 표시합니다. '분류' 필드에 경로를 지정하지 않은 이유는 현재 '분류' 필드가 있는 보고서(분류별판매내역)의 이름을 이미 지정했기 때문입니다.

잠깐만요 **OpenReport**

보고서를 호출하는 매크로 함수입니다.
- **보고서 이름** : 호출할 보고서의 이름을 지정합니다.
- **보기 형식** : 보고서를 열 때의 보기 형식(인쇄 미리 보기, 인쇄, 디자인, 보고서, 레이아웃)을 설정합니다.
- **필터 이름** : 보고서에 나타낼 레코드를 제한하는 필터의 이름을 입력합니다.
- **Where 조건문** : 조건을 입력하여 보고서에 나타낼 레코드를 제한합니다.
- **창 모드** : 폼이 열릴 때 창의 속성(기본, 숨김, 아이콘, 대화 상자)을 선택합니다.

4. '다른 이름으로 저장' 대화상자에서 매크로 이름으로 **보고서출력**을 입력한 다음 〈확인〉을 클릭하세요.

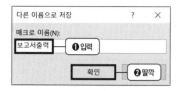

5. 〈판매현황〉 폼을 디자인 보기로 연 다음 'cmd분류별인쇄' 컨트롤을 더블클릭하여 'cmd분류별인쇄' 속성 시트 창을 호출하세요.

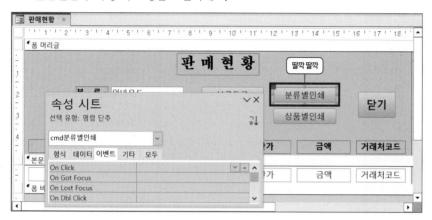

6. 'cmd분류별인쇄' 속성 시트 창에서 'On Click' 이벤트의 목록 단추(▾)를 누른 다음 〈보고서출력〉 매크로를 선택하세요.

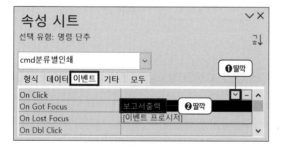

7. 'cmd분류별인쇄' 속성 시트 창을 닫고, 폼 보기로 폼을 실행한 후 'txt분류' 컨트롤
에 보고서로 작성할 분류명(예 : 아동)을 입력하고 '분류별인쇄' 단추를 클릭하세요.
〈분류별판매내역〉 보고서가 열리고 'txt분류' 컨트롤에 입력된 분류명을 포함하는 상
품의 정보가 '대화 상자' 창 모드로 표시되는지 확인해 보세요.

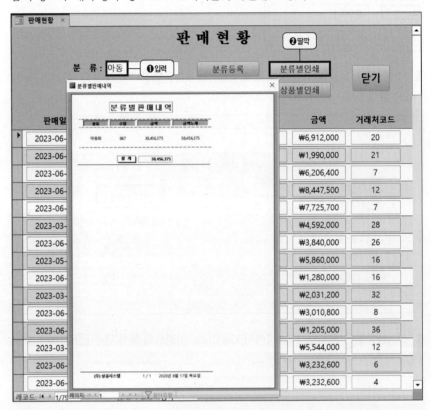

23.상시, 22.상시, 21.상시, 20.1, 19.상시, 18.상시, 18.1, 17.1, 12.2, 12.1, 11.3, 11.2, 11.1, 05.1, 03.3, 02.3

4 'cmd상품정보' 컨트롤의 Dbl Click 이벤트에 〈상품정보〉 폼을 여는 매크로
를 생성하여 지정하기

1. [만들기] → 매크로 및 코드 → 매크로(▣)를 클릭한 후 매크로 대화상자에서 그림
과 같이 설정한 후 매크로 대화상자의 닫기 단추를 클릭하세요. 이어서 저장 여부를
묻는 대화상자가 나타나면 〈예〉를 클릭하세요.

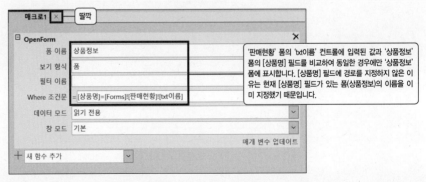

2. '다른 이름으로 저장' 대화상자에서 매크로 이름으로 **폼보기**를 입력한 다음 〈확인〉을 클릭하세요.

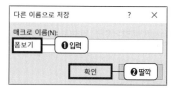

3. 〈판매현황〉 폼을 디자인 보기로 연 다음 'cmd상품정보' 컨트롤을 더블클릭하세요. 'cmd상품정보' 속성 시트 창에서 'On Dbl Click' 이벤트의 목록 단추(▼)를 누른 다음 〈폼보기〉 매크로를 선택합니다.

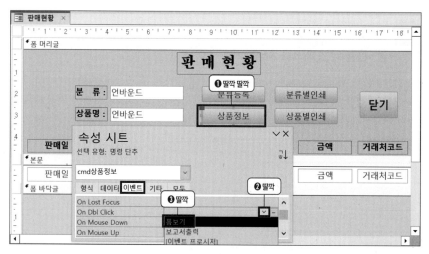

4. 폼을 실행한 후 'txt이름' 컨트롤에 상품명(예 : player)을 입력하고 '상품정보' 단추를 더블클릭하세요. 〈상품정보〉 폼이 열리고 'txt이름' 컨트롤에 표시된 상품명의 정보가 〈상품정보〉 폼에 표시되는지 확인해 보세요.

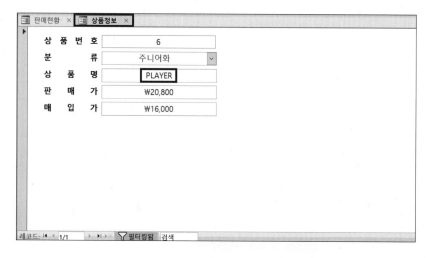

폼을 호출하는 매크로 함수입니다.

- **폼 이름** : 호출할 폼의 이름을 목록에서 선택합니다.
- **보기 형식** : 폼을 어떤 상태(폼, 디자인, 인쇄 미리 보기, 데이터시트, 피벗 테이블, 피벗 차트, 레이아 웃)로 열 것인가를 결정합니다.
- **필터 이름** : 폼에 나타날 레코드를 제한하는 필터의 이름을 입력합니다.
- **Where 조건문** : 조건을 입력하여 폼에 나타낼 레코드를 제한합니다.
- **데이터 모드** : 보기 형식이 데이터시트일 때 폼에서 데이터를 다룰 수 있는 범위(추가, 편집, 읽기 전 용)를 선택합니다.
- **창 모드** : 폼이 열릴 때 창의 속성(기본, 숨김, 아이콘, 대화 상자)을 선택합니다.

---

5 24.상시, 23.상시, 22.상시, 21.상시, 19.상시, 19.1, 14.1, 08.2, 05.1, 04.4
'cmd닫기' 컨트롤의 On Click 이벤트에 메시지 상자를 표시한 후 〈판매현 황〉 폼을 닫는 매크로 지정하기

1. [만들기] → 매크로 및 코드 → **매크로(□)**를 클릭한 후 매크로 대화상자에서 그림 과 같이 설정한 후 매크로 대화상자의 닫기 단추를 클릭하세요. 이어서 저장 여부를 묻는 대화상자가 나타나면 〈예〉를 클릭하세요.

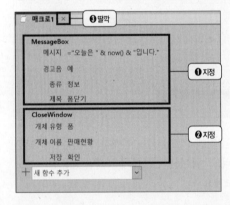

2. '다른 이름으로 저장' 대화상자에서 매크로 이름으로 **폼닫기**를 입력한 다음 〈확인〉 을 클릭하세요.

3. 〈판매현황〉 폼을 디자인 보기 상태로 연 다음 'cmd닫기' 컨트롤을 더블클릭하세 요. 'cmd닫기' 속성 시트 창에서 'On Click' 이벤트의 목록 단추(☑)를 누른 다음 〈폼 닫기〉 매크로를 선택합니다.

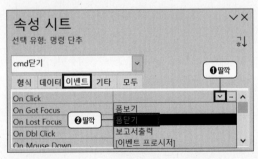

4. 폼을 실행한 후 '닫기' 단추를 클릭하여 메시지 상자가 표시되면 〈확인〉을 클릭하여 〈판매현황〉 폼이 닫히는지 확인해 보세요.

잠깐만요) **MessageBox**

메시지를 표시하는 함수입니다.
- **메시지** : 메시지 상자에 표시할 내용을 입력합니다.
- **경고음** : 메시지가 나타날 때 시스템의 경고음을 들리게 할지 여부를 선택합니다.
- **종류** : 메시지 상자에 나타낼 아이콘의 종류(위험(⊗), 경고?(❓), 경고(⚠), 정보(ℹ))를 선택합니다.
- **제목** : 메시지 상자의 제목 표시줄에 표시할 내용을 입력합니다.

잠깐만요) **CloseWindow**

개체를 닫는 매크로 함수입니다.
- **개체 유형** : 닫을 개체의 형식을 선택합니다.
- **개체 이름** : 닫을 개체의 이름을 입력하거나 목록에서 선택합니다.
- **저장** : 〈예〉, 〈아니요〉, 〈확인〉 등 저장 여부와 방법을 선택합니다. 〈확인〉을 선택하면 변경 사항이 있을 경우 저장 여부를 묻는 대화상자가 나타납니다.

---

6 23.상시, 19.상시, 13.1, 12.3, 12.2, 10.2, 04.4, 04.1, 02.3
'txt수량' 컨트롤의 Got Focus 이벤트 프로시저 완성하기

1. 〈판매현황〉 폼을 디자인 보기로 열어 'txt수량' 컨트롤을 더블클릭한 후 'txt수량' 속성 시트 창의 '이벤트' 탭에서 'On Got Focus'를 클릭합니다. 이어서 작성기 단추(⋯)를 클릭하세요.

2. '작성기 선택' 대화상자에서 '코드 작성기'를 선택한 후 〈확인〉을 클릭하세요.

3. VBA에 'txt수량' 컨트롤의 'txt수량_GotFocus( )' 이벤트 프로시저가 나타납니다. 그림과 같이 코드를 입력하세요.

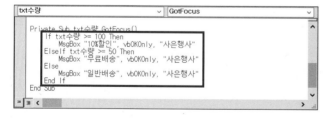

```
Private Sub txt수량_GotFocus( )
❶  If txt수량 >= 100 Then
❷      MsgBox "10%할인", vbOKOnly, "사은행사"
❸  ElseIf txt수량 >= 50 Then
❹      MsgBox "무료배송", vbOKOnly, "사은행사"
❺  Else
❻      MsgBox "일반배송", vbOKOnly, "사은행사"
❼  End If
End Sub
```

❶ 'txt수량' 컨트롤의 값이 100 이상이면 ❷를 수행한다.

❷ "10%할인"을 표시한 메시지 상자를 표시한다.

❸ 'txt수량' 컨트롤의 값이 50 이상이면 ❹를 수행한다.

❹ "무료배송"을 표시한 메시지 상자를 표시한다.

❺ 'txt수량' 컨트롤의 값이 50 미만이면 ❻를 수행한다.

❻ "일반배송"을 표시한 메시지 상자를 표시한다.

❼ IF문을 종료한다.

4. 폼을 실행한 후 'txt수량' 컨트롤에 포커스가 이동했을 때 수량에 따른 메시지 상자가 표시되는지 확인해 보세요.

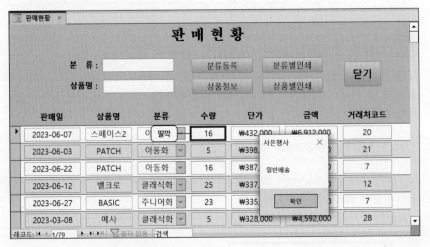

잠깐만요 **MsgBox 함수 / IF문**

MsgBox 함수

• MsgBox 함수는 대화상자 안에 단순하게 메시지를 보여주거나 여러 단추를 표시해 클릭된 단추에 대한 번호를 정수형 데이터 유형으로 반환할 수 있습니다.

• 대화상자로 메시지를 보여주고 사용자가 단추를 누를 때까지 기다린 다음 사용자가 누른 단추에 해당하는 값(Integer)을 반환합니다.

• **기본 형식 :** MsgBox 메시지 [,버튼종류] [,대화상자 타이틀] [,도움말 파일, 도움말 번호]

...

예제 메시지 박스 사용하기

1. 함수 이용 : 반환값이 필요할 때 사용합니다.

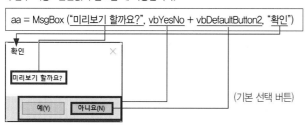

(기본 선택 버튼)

2. 프로시저 이용 : 반환값이 필요 없을 때 사용합니다.

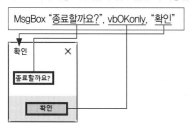

3. 사용 예

예 aa = MsgBox ("미리보기 할까요?", vbYesNo + vbDefaultButton2, "확인") : MsgBox를 표시한 후 MsgBox에서 선택한 결과를 aa에 저장합니다.

예 MsgBox "종료할까요?", vbOKonly, "확인" : MsgBox를 표시합니다.

• **버튼의 종류와 인수값**

상수	값	설명
vbOKOnly	0	〈확인〉 단추만 나타냅니다.
vbOKCancel	1	〈확인〉과 〈취소〉 단추를 나타냅니다.
vbAbortRetryIgnore	2	〈중단〉, 〈다시 시도〉 및 〈무시〉 단추를 나타냅니다.
vbYesNoCancel	3	〈예〉, 〈아니오〉 및 〈취소〉 단추를 나타냅니다.
vbYesNo	4	〈예〉와 〈아니오〉 단추를 나타냅니다.
vbRetryCancel	5	〈다시 시도〉와 〈취소〉 단추를 나타냅니다.

※ vbDefaultButton1 : 메시지 박스가 표시될 때 기본적으로 첫 번째 버튼이 선택되도록 지정합니다. 두 번째 버튼이 선택되도록 하려면 'vbDefaultButton2'로 지정하면 됩니다.

• **사용할 아이콘을 지정하는 상수**

상수	값	설명	그림
vbCritical	16	'중대 메시지' 아이콘을 나타냅니다.	⊗
vbQuestion	32	'질의 경고' 아이콘을 나타냅니다.	❓
vbExclamation	48	'메시지 경고' 아이콘을 나타냅니다.	⚠
vbinformation	64	'메시지 정보' 아이콘을 나타냅니다.	ⓘ

IF문

조건을 만족할 경우와 만족하지 않는 경우에 따라 각각 다른 작업을 처리하는 제어문입니다.

일반식 1

```
If 조건식 Then
    실행문
End If
```

조건을 만족할 때 실행문을 수행합니다.

일반식 2

```
If 조건식 Then
    실행문1
Else
    실행문2
End If
```

조건을 만족할 때에는 실행문1을 수행하고, 만족하지 않을 때에는 실행문2를 수행합니다.

일반식 3

```
If 조건식1 Then
    실행문1
ElseIf 조건식2 Then
    실행문2
ElseIf 조건식3 Then
    실행문3
Else
    실행문4
End If
```

조건식1을 만족할 때에는 실행문1을, 조건식2를 만족할 때에는 실행문2를, 조건식3을 만족할 때에는 실행문3을, 그 외에는 실행문4를 수행합니다.

잠깐만요 | 매크로

매크로는 자주 사용되는 작업을 명령어 형태로 만들어 쉽게 사용할 수 있게 합니다. 매크로를 사용하면 반복적인 작업을 간단한 방법으로 실행할 수 있습니다.

다음은 작업별로 매크로 함수를 분류한 것입니다.

• 폼과 보고서의 데이터

ApplyFilter	테이블이나 쿼리로부터 레코드 검색
FindNextRecord	특정한 조건에 의해 찾아진 레코드의 바로 다음에 위치하는 레코드 검색
FindRecord	특정한 조건에 맞는 첫 번째 레코드 검색
GoToControl	활성화된 폼에서 커서를 특정한 컨트롤로 이동시킴
GoToRecord	레코드 포인터를 이동시킴

• 실행

RunMenuCommand	액세스 내부에서 제공하는 명령을 실행시킴
RunCode	코드 실행
CancelEvent	이벤트 취소
StopMacro	현재 실행중인 매크로 중지
QuitAccess	액세스 종료
RunMacro	매크로 실행
StopAllMacros	현재 실행중인 모든 매크로 중지

• 가져오기/내보내기

ExportWithFormatting	데이터베이스 개체를 엑셀, 텍스트, 서식 있는 문서 파일 형식 등으로 내보내기
EMailDatabaseObject	데이터베이스 개체를 전자 우편 메시지에 첨부하여 전송

• 개체 조작

MaximizeWindow	현재 활성 창을 최대화(전체 창 크기)함
MinimizeWindow	현재 활성 창을 최소화(아이콘 모양)함
MoveAndSizeWindow	현재 활성 창의 크기 변경
RestoreWindow	현재 활성 창을 최대화, 최소화되기 전의 크기로 되돌림
CloseWindow	폼이나 테이블, 쿼리 등 활성화되어 있는 데이터베이스 개체를 닫음
OpenForm	폼 열기(폼, 디자인, 인쇄 미리 보기, 데이터시트 등)
OpenQuery	작성된 쿼리를 호출하여 실행(데이터시트, 디자인, 인쇄 미리 보기 등)
OpenReport	작성된 보고서를 호출하여 실행(인쇄, 인쇄 미리 보기, 디자인 등)
OpenTable	테이블 열기(데이터시트, 디자인, 인쇄 미리 보기 등)
SelectObject	데이터베이스 개체 선택
RepaintObject	폼에 나타나 있는 데이터베이스 개체 갱신
Requery	개체의 컨트롤 원본 갱신
ShowAllRecords	테이블 또는 쿼리의 전체 자료를 보여줌

• 기타

MessageBox	메시지 상자를 통해 경고나 알림 등의 정보를 표시
Beep	경고음 내기

문제 1 'C:\길벗컴활1급\02 액세스\01 섹션' 폴더의 '섹션08문제.accdb' 파일을 열어서 작업하시오.

다음의 지시사항대로 작업하여 〈상품등록〉 폼을 완성하시오.

1. 본문의 '브랜드명' 컨트롤을 더블클릭하면 폼 머리글에 있는 'txt상품코드', 'txt상품명', 'cmb분류', 'txt소비자가' 컨트롤에 각각 상품코드, 상품명, 분류코드, 소비자가가 표시되는 이벤트 프로시저를 구현하시오.

2. '브랜드'(cmb브랜드) 컨트롤의 값이 변경(Before Update 이벤트)되면 다음과 같은 기능을 수행하는 이벤트 프로시저를 구현하시오.

   ▶ '상품수'(txt상품수) 컨트롤에 해당 브랜드의 레코드 수를 표시할 것(〈상품종합〉 쿼리와 Dcount( ) 함수 사용)

   ▶ 상품수가 100개 이상이면 "상", 50개 이상이면 "중", 50개 미만이면 "하"를 '브랜드인지도'(txt인지도) 컨트롤에 표시할 것(SELECT ~ CASE 문 사용)

3. '인쇄'(cmd인쇄) 단추를 클릭하면 다음과 같은 기능을 수행하는 이벤트 프로시저를 구현하시오.

   ▶ 〈상품목록〉 보고서를 미리 보기 형태로 열 것

   ▶ 〈상품등록〉 폼의 'cmb브랜드'의 '브랜드명'과 동일한 내용만 〈상품목록〉 보고서에 나타나도록 할 것

4. '분류추가'(cmd분류추가) 단추를 클릭하면 다음과 같은 기능을 수행하는 이벤트 프로시저를 구현하시오.

   ▶ 〈분류등록〉 폼을 실행할 것

   ▶ 〈분류등록〉 폼이 로드될 때 가장 마지막 레코드의 '분류코드' 컨트롤에 포커스가 위치하도록 할 것

   ▶ Docmd 개체와 OpenForm, GotoRecord, SetFocus 메서드를 할 것

5. '등록'(cmd등록) 단추를 클릭하면 다음과 같은 기능을 수행하는 이벤트 프로시저를 구현하시오.

   ▶ 폼 머리글에서 입력한 '상품코드', '상품명', '브랜드코드', '분류코드', '소비자가'를 〈상품_2〉 테이블에 추가할 것

   ▶ Requery 메서드를 호출하여 폼의 데이터를 다시 불러올 것

6. '삭제'(cmd삭제) 단추를 클릭하면 다음과 같은 기능을 수행하는 이벤트 프로시저를 구현하시오.

   ▶ 〈상품_2〉 테이블에서 상품코드가 '상품코드' 컨트롤(txt상품코드)의 값과 동일한 레코드를 삭제할 것

   ▶ Requery 메서드를 호출하여 폼의 데이터를 다시 불러올 것

7. 〈상품등록〉 폼의 '상품명' 컨트롤에 포커스가 옮겨가는(GotFocus) 경우 현재 상품의 브랜드명을 풍선 도움말로 나타내는 이벤트 프로시저를 구현하시오.

   ▶ '상품명' 컨트롤의 'ControlTipText' 속성에 해당 상품의 '브랜드명'을 설정할 것

   ▶ 특정 레코드를 클릭하고 마우스 포인터를 위치시키면 〈화면〉과 같이 브랜드명이 풍선 도움말로 나타나는지 확인할 것

8. 폼이 열리면(Open) 다음과 같은 기능을 수행하는 이벤트 프로시저를 구현하시오.

   ▶ '조회(cmd조회)' 단추에 탭 정지가 안 되도록 설정할 것

'C:\길벗컴활1급\02 액세스\01 섹션' 폴더의 '섹션08문제.accdb' 파일을 열어서 작업하시오.

다음의 지시사항대로 작업하여 〈제품별조회〉 폼을 완성하시오.

제 품 별 조 회

| 제품코드 | | 찾기 | | 납품내역입력 | 보기 |

| 제품코드 | D1 | 제 품 명 | 컨덴서 | 제 조 사 | 영우전자 | 제조국가 | 한국 |

납품내역현황

제품명	납품단가	납품일자	납품처	납품수량
컨덴서	₩50	2023-08-15	23	50
컨덴서	₩50	2023-10-11	35	125
컨덴서	₩50	2023-10-18	13	141
컨덴서	₩50	2023-09-11	24	97

업데이트　종료

레코드: 1/9　필터 없음　검색

1. 〈제품별조회〉 폼이 활성화(Activate) 되면 'txt제품코드' 컨트롤에 포커스가 이동하고, 글꼴 크기가 12 포인트로 변경되는 이벤트 프로시저를 구현하시오.

2. 폼의 '납품내역입력'(cmd납품내역입력) 단추를 클릭할 때 다음과 같이 기능을 수행하도록 〈보기〉 매크로를 생성하여 지정하시오.
   ▶ 〈납품내역입력〉 폼을 실행하게 할 것
   ▶ 〈납품내역입력〉 폼은 〈제품별조회〉 폼의 'txt제품코드'에 입력한 글자를 포함하는 제품만을 대상으로 나타나게 할 것

3. 폼의 '보기'(cmd보기) 단추를 클릭할 때 다음과 같은 기능을 수행하도록 매크로 함수로 구현하시오.
   ▶ 〈제품별 납품 현황〉 보고서를 미리 보기 형태로 열 것
   ▶ 〈제품별조회〉 폼의 'txt제품명'이 '제품명'과 동일한 내용만 〈제품별 납품 현황〉 보고서에 나타나도록 할 것

4. 폼에 있는 '종료'(cmd종료) 단추를 클릭하면 다음과 같은 기능을 수행하도록 이벤트 프로시저를 구현하시오.
   ▶ Time 함수를 사용하여 현재 시간을 표시할 것
   ▶ 〈예〉를 클릭했을 때만 저장 여부를 묻지 않고 저장한 후 폼을 종료할 것
   ▶ 기본적으로 '아니요' 단추가 선택되어 있도록 설정할 것
   ▶ 〈그림〉과 같은 메시지 상자로 표시할 것

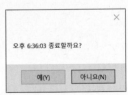

오후 6:36:03 종료할까요?

예(Y)　아니요(N)

5. 하위 폼의 '납품수량' 컨트롤에 포커스가 이동(GotFocus)하면 다음과 같은 기능을 수행하도록 이벤트 프로시저를 구현하시오.

▶ 납품수량이 100개 이상이면 '우량 납품처', 50개 이상이면 '일반 납품처', 그렇지 않으면 '불량 납품처' 메시지를 〈그림〉과 같은 메시지 상자로 표시할 것

6. '업데이트'(cmd업데이트) 단추를 클릭하면 다음과 같은 기능을 수행하는 이벤트 프로시저를 구현하시오.

▶ 〈제품코드〉 테이블의 '제조사' 필드의 값 중 마지막 2자리가 '전기'이면 '전기협회'를, '전자'이면 '전자협회'를 '협회' 필드에 업데이트 할 것

▶ Docmd와 RunSql, Right 함수를 이용할 것

7. 폼 머리글을 더블클릭하면 다음과 같은 기능을 수행하도록 이벤트 프로시저를 구현하시오.

▶ 아래와 같은 메시지 상자를 표시하고 〈예〉를 클릭하면 폼 머리글의 'txt조회' 컨트롤에 포커스가 이동되도록 할 것

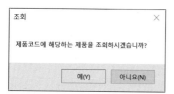

▶ GoToControl 함수 사용

문제 1

1 18.상시, 10.1, 06.1
'브랜드명' 컨트롤의 Dbl Click 이벤트 프로시저 완성하기

1. '탐색' 창에서 〈상품등록〉 폼의 바로 가기 메뉴에서 [디자인 보기]를 선택하세요.
2. 본문 영역의 '브랜드명' 컨트롤을 더블클릭한 후 '브랜드명' 속성 시트 창의 '이벤트' 탭에서 'On Dbl Click'을 클릭하세요. 이어서 작성기 단추(…)를 클릭하세요.
3. '작성기 선택' 대화상자에서 '코드 작성기'를 선택한 후 〈확인〉을 클릭하세요.
4. '브랜드명'의 'DblClick( )' 이벤트 프로시저가 나타납니다. 그림과 같이 코드를 입력하세요.

코드설명

Private Sub 브랜드명_DblClick(Cancel As Integer)
　❶ txt상품코드 = 상품코드
　❷ txt상품명 = 상품명
　❸ cmb분류 = 분류코드
　❹ txt소비자가 = 소비자가
End Sub

❶ '상품코드' 값을 'txt상품코드'에 치환한다.
❷ '상품명' 값을 'txt상품명'에 치환한다.
❸ '분류코드' 값을 'cmb분류'에 치환한다.
❹ '소비자가' 값을 'txt소비자가'에 치환한다.

5. 〈상품등록〉 폼을 실행시키고 본문의 브랜드명을 더블클릭할 때 폼 머리글 영역의 '상품정보' 난에 정보가 표시되는지 확인하세요.

2 24.상시, 23.상시, 13.1, 12.3, 12.2, 10.2, 04.4, 04.1, 02.3
'cmb브랜드' 컨트롤의 Before Update 이벤트 프로시저 완성하기

1. 'cmb브랜드' 컨트롤을 더블클릭한 후 'cmb브랜드' 속성 창의 '이벤트' 탭에서 'Before Update'를 선택하세요. 이어서 작성기 단추(…)를 클릭하세요.
2. '작성기 선택' 대화상자에서 '코드 작성기'를 선택한 후 〈확인〉을 클릭하세요.

3. 'cmb브랜드' 컨트롤의 'BeforeUpdate( )' 이벤트 프로시저에 그림과 같이 코드를 입력하세요.

코드설명

Private Sub cmb브랜드_BeforeUpdate(Cancel As Integer)
　❶ txt상품수 = DCount("상품코드", "상품종합", "브랜드코드=cmb브랜드")

　Select Case txt상품수
　❷ Case Is >= 100
　　txt인지도 = "상"
　❸ Case Is >= 50
　　txt인지도 = "중"
　❹ Case Is < 50
　　txt인지도 = "하"
　End Select
End Sub

❶ 'txt상품수' 컨트롤에 DCount 함수의 결과값을 입력한다.
　DCount("상품코드", "상품종합", "브랜드코드=cmb브랜드")
　• 상품코드 : 찾아올 값이 들어 있는 필드 이름
　• 상품종합 : 작업 대상 레코드가 들어 있는 테이블이나 쿼리의 이름(폼 속성의 '데이터' 탭에서 '레코드 원본' 속성을 확인함)
　• 브랜드코드=cmb브랜드 : 조건
　　→ '상품종합' 쿼리에서 '브랜드코드' 필드의 값이 'cmb브랜드'에 입력된 값과 같은 레코드 수를 구합니다.
'txt상품수' 컨트롤에 입력한 값이
❷ 100 이상이면 'txt인지도'에 "상"을,
❸ 50 이상이면 'txt인지도'에 "중"을,
❹ 50 미만이면 'txt인지도'에 "하"를 표시한다.

궁금해요 시나공 Q&A 베스트

Q1 'txt상품수 = DCount("상품코드", "상품종합", "브랜드코드=cmb브랜드")'에서 "상품코드"는 찾아올 값이 들어 있는 필드 이름이라는데, 이 필드라는 것을 어떻게 찾아 쓰죠?

A1 DCount(인수, 도메인, 조건)는 도메인에서 조건에 맞는 자료를 대상으로 인수의 개수를 계산하는 함수로, 인수에는 데이터가 모두 입력된 임의의 필드를 지정하면 됩니다. 즉, DCount("상품코드", "상품종합", "브랜드코드=cmb브랜드")'에서 '상품코드' 대신에 '상품종합' 쿼리에 있는 필드 중 데이터가 모두 입력된 '상품명', '분류코드' 등을 지정해도 됩니다.

Q2 "브랜드코드=cmb브랜드"에서 어떻게 이 조건을 알아낼 수가 있는거죠? "브랜드=cmb브랜드"도 아니고 브랜드코드란 것을 어떻게 알아야 하는 건가요?

A2 'cmb브랜드' 콤보 상자의 '행 원본' 속성과 '바운드 열' 속성을 이용하여 'cmb브랜드' 콤보 상자에 저장된 값이 무엇인지 확인해 보면 됩니다. 'cmb브랜드' 속성 시트 창의 '데이터' 탭에서 '행 원본'을 통해 '브랜드코드'가 첫 번째, '브랜드명'이 두 번째 열에 연결되어 있음을 알 수 있고, '바운드 열' 속성을 통해 두 필드 중 첫 번째 열인 '브랜드코드'가 저장되게 되어 있음을 알 수 있습니다. 그러니까 'cmb브랜드' 콤보 상자에 '브랜드코드'가 저장되어 있으므로 '브랜드코드'와 비교하는 것이지요.

Select Case문

Select Case문은 수식의 결과에 따라 해당하는 명령문을 수행하는 제어문입니다.

일반식

```
Select Case 수식
    Case 상수1
        명령문1
    Case 상수2
        명령문2
    Case 상수3
        명령문3
        ⋮
    Case Else
        명령문Else
End Select
```

'수식'의 결과가 '상수1'과 같으면 '명령문1'을 수행하고,
'수식'의 결과가 '상수2'와 같으면 '명령문2'를 수행하고,
'수식'의 결과가 '상수3'과 같으면 '명령문3'을 수행하고,
'수식'의 결과와 일치하는 상수가 없으면 '명령문Else'를 수행합니다.

4. 〈상품등록〉 폼을 실행시키고 'cmb브랜드' 컨트롤에서 특정 값을 선택했을 때 선택한 값에 따른 상품수와 브랜드인지도가 표시되는지 확인하세요.

3 'cmd인쇄' 컨트롤의 On Click 이벤트 프로시저 완성하기

19.상시, 17.상시, 14.1, 13.상시, 12.1, 11.3, 11.2, 11.1, 10.2, 10.1, 09.4, 07.2, 06.4, 06.3, 06.2, 06.1, …

1. 'cmd인쇄' 컨트롤을 더블클릭한 후 'cmd인쇄' 속성 시트 창의 '이벤트' 탭에서 'On Click'을 선택하세요. 이어서 작성기 단추(…)를 클릭하세요.

2. '작성기 선택' 대화상자에서 '코드 작성기'를 선택한 후 〈확인〉을 클릭하세요.

3. 'cmd인쇄' 컨트롤의 'Click( )' 이벤트 프로시저에 그림과 같이 코드를 입력하세요.

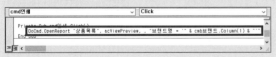

코드설명

```
Private Sub cmd인쇄_Click( )
    DoCmd.OpenReport "상품목록", acViewPreview, , "브랜드명= ' " & cmb브랜드.Column(1) & " ' "
End Sub
```

〈상품목록〉 보고서를 브랜드명이 'cmb브랜드'의 두 번째 열에 있는 값(브랜드명)과 같은 레코드만을 표시하여 미리 보기 형태로 연다.

※ 'cmb브랜드'를 더블클릭하면 나타나는 'cmb브랜드' 속성 시트 창의 '데이터' 탭에서 '행 원본'을 통해 '브랜드코드'가 첫 번째 열, '브랜드명'이 두 번째 열에 연결되어 있음을 알 수 있습니다. 두 번째 연결된 '브랜드명'과 비교해야 하므로 Column 속성에 Column(1)을 지정한 것입니다. Column 속성은 0부터 시작하므로 '브랜드코드'와 비교하려면 Column(0)을 지정하면 됩니다.

4. 〈상품등록〉 폼을 실행시키고 '브랜드' 콤보 상자에서 브랜드를 선택한 후 '인쇄' 단추를 클릭했을 때 선택한 브랜드명에 대한 내용만 미리 보기로 출력되는지 확인하세요.

4 'cmd분류추가' 컨트롤의 On Click 이벤트 및 〈분류등록〉 폼의 On Load 이벤트 프로시저 완성하기

17.1, 16.2, 09.4, 08.4, 07.2, 05.4, 05.3, 04.1, 03.3

1. 'cmd분류추가' 컨트롤을 더블클릭한 후 'cmd분류추가' 속성 시트 창의 '이벤트' 탭에서 'On Click'을 선택하세요. 이어서 작성기 단추(…)를 클릭하세요.

2. '작성기 선택' 대화상자에서 '코드 작성기'를 선택한 후 〈확인〉을 클릭하세요.

3. 'cmd분류추가' 컨트롤의 'Click( )' 이벤트 프로시저에 그림과 같이 코드를 입력하세요.

코드설명

```
Private Sub cmd분류추가_Click( )
    DoCmd.OpenForm "분류등록"
End Sub
```

〈분류등록〉 폼을 엽니다.

4. 〈분류등록〉 폼이 로드될 때 마지막 레코드의 '분류코드' 컨트롤에 포커스를 이동시키는 것은 〈분류등록〉 폼의 'On Load' 이벤트에 해당 프로시저를 작성해야 합니다. 〈분류등록〉 폼을 디자인 보기 상태로 실행한 후 폼 속성 창의 '이벤트' 탭에서 'On Load'를 선택하세요. 이어서 작성기 단추(…)를 클릭하세요.

5. '작성기 선택' 대화상자에서 '코드 작성기'를 선택한 후 〈확인〉을 클릭하세요.

6. 〈분류등록〉 폼의 'Load( )' 이벤트 프로시저에 그림과 같이 코드를 입력하세요.

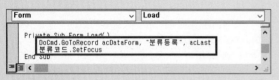

코드설명

Private Sub Form_Load( )

  ❶ DoCmd.GoToRecord acDataForm, "분류등록", acLast

  ❷ 분류코드.SetFocus

End Sub

❶ 〈분류등록〉 폼에 연결된 레코드 원본의 마지막 레코드(acLast)로 이동한다.
❷ '분류코드' 컨트롤로 포커스(SetFocus)를 이동시킨다.
※ GotoRecord 메서드를 이용하면 첫 레코드(acFirst), 마지막 레코드(acLast), 다음 레코드(acNext), 이전 레코드(acPrevious), 특정 레코드(acGoTo), 새 레코드(acNewRec)로 이동할 수 있습니다.
※ 'SetFocus'는 지정된 컨트롤로 포커스를 옮겨주는 메서드입니다.

7. 〈상품등록〉 폼을 실행시키고 '분류추가' 단추를 클릭했을 때 〈분류등록〉 폼이 열리고, 포커스가 마지막 레코드의 분류코드에 위치하는지 확인하세요.

5 'cmd등록' 컨트롤의 On Click 이벤트 프로시저 완성하기
05.4, 05.3, 04.1, 03.3

1. 'cmd등록' 컨트롤을 더블클릭한 후 'cmd등록' 속성 시트 창의 '이벤트' 탭에서 'On Click'을 선택하세요. 이어서 작성기 단추(…)를 클릭하세요.

2. '작성기 선택' 대화상자에서 '코드 작성기'를 선택한 후 〈확인〉을 클릭하세요.

3. 'cmd등록' 컨트롤의 'Click( )' 이벤트 프로시저에 그림과 같이 코드를 입력하세요.

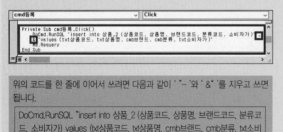

위의 코드를 한 줄에 이어서 쓰려면 다음과 같이 ' " – ' 와 ' & ' '를 지우고 쓰면 됩니다.

DoCmd.RunSQL "insert into 상품_2 (상품코드, 상품명, 브랜드코드, 분류코드, 소비자가) values (txt상품코드, txt상품명, cmb브랜드, cmb분류, txt소비자가)"

코드설명

Private Sub cmd등록_Click( )

  ❶ DoCmd.RunSQL "insert into 상품_2 (상품코드, 상품명, 브랜드코드, 분류코드, 소비자가) values (txt상품코드, txt상품명, cmb브랜드, cmb분류, txt소비자가)"

  ❷ Me.Requery

End Sub

❶ txt상품코드, txt상품명, cmb브랜드, cmb분류, txt소비자가에 입력된 값을 '상품_2' 테이블의 상품코드, 상품명, 브랜드코드, 분류코드, 소비자가 필드에 삽입한다.
❷ 현재 폼의 데이터 원본을 갱신한다.
※ 필드의 순서와 Values절에 표시된 컨트롤의 순서가 일치해야 합니다.
※ 상품수와 브랜드인지도는 〈상품_2〉 테이블에 있는 필드가 아니고 계산에 의해 표시되는 값이기 때문에 추가하지 않습니다. 상품수는 해당 브랜드에 대한 레코드의 수이고, 브랜드인지도는 해당 브랜드의 인지도를 나타냅니다.
※ Me.Requery 대신 Docmd.Requery를 사용해도 됩니다.

4. 〈상품등록〉 폼을 실행시키고 다음 그림과 같이 입력한 후 '등록' 단추를 클릭하면 1행을 추가한다는 메시지가 출력됩니다. 〈예〉를 클릭하면 추가됩니다.

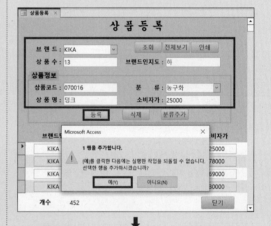

추가된 레코드

다음과 같이 입력하고 〈등록〉을 클릭하면 에러 메시지가 나옵니다.

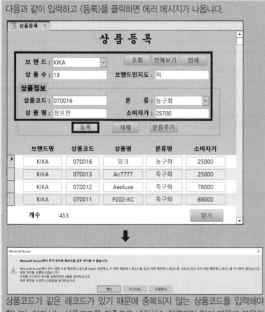

상품코드가 같은 레코드가 있기 때문에 중복되지 않는 상품코드를 입력해야
합니다. 여기서는 상품코드를 기준으로 내림차순 정렬되어 있기 때문에 본문의
맨 위에 있는 상품코드보다 큰 상품코드를 입력하면 중복되지 않습니다. 다음
그림과 같이 브랜드를 선택한 후 나머지 상품코드를 완성하고, 내용을 입력하
세요.

6 'cmd삭제' 컨트롤의 On Click 이벤트 프로시저 완성하기
05.4, 05.3, 04.1, 03.3

1. 'cmd삭제' 컨트롤을 더블클릭한 후 'cmd삭제' 속성 시트
   창의 '이벤트' 탭에서 'On Click'을 선택하세요. 이어서
   작성기 단추(⋯)를 클릭하세요.
2. '작성기 선택' 대화상자에서 '코드 작성기'를 선택한 후
   〈확인〉을 클릭하세요.
3. 'cmd삭제' 컨트롤의 'Click( )' 이벤트 프로시저에 그림과
   같이 코드를 입력하세요.

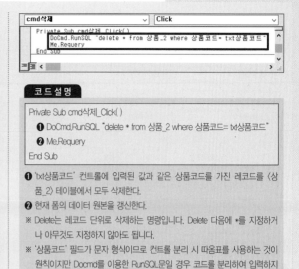

코드설명

```
Private Sub cmd삭제_Click( )
  ❶ DoCmd.RunSQL "delete * from 상품_2 where 상품코드= txt상품코드"
  ❷ Me.Requery
End Sub
```

❶ 'txt상품코드' 컨트롤에 입력된 값과 같은 상품코드를 가진 레코드를 〈상
품_2〉 테이블에서 모두 삭제한다.
❷ 현재 폼의 데이터 원본을 갱신한다.
※ Delete는 레코드 단위로 삭제하는 명령입니다. Delete 다음에 *를 지정하거
나 아무것도 지정하지 않아도 됩니다.
※ '상품코드' 필드가 문자 형식이므로 컨트롤 분리 시 따옴표를 사용하는 것이
원칙이지만 Docmd를 이용한 RunSQL문일 경우 코드를 분리하여 입력하지
않아도 되므로 따옴표를 생략할 수 있습니다. 자세한 사항은 197쪽을 참조하
세요.

4. 〈상품등록〉 폼을 실행시키고 본문의 브랜드명을 더블클
   릭하면 해당 상품의 정보가 폼 머리글의 '상품정보'에 표
   시됩니다. '삭제' 단추를 클릭하세요. 1행을 삭제한다는
   메시지가 출력됩니다. 〈예〉를 클릭하면 삭제됩니다.

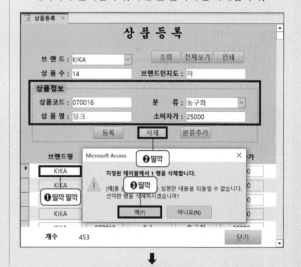

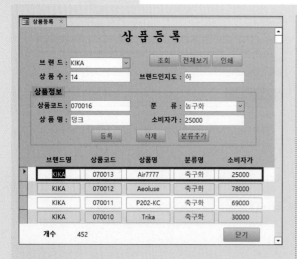

7 '상품명' 컨트롤의 On Got Focus 이벤트 프로시저 완성하기

1. 〈상품등록〉 폼 본문의 '상품명' 컨트롤을 더블클릭한 후 '상품명' 속성 시트 창의 '이벤트' 탭에서 'On Got Focus'를 선택하세요. 이어서 작성기 단추(...)를 클릭하세요.
2. '작성기 선택' 대화상자에서 '코드 작성기'를 선택한 후 〈확인〉을 클릭하세요.
3. '상품명' 컨트롤의 'GotFocus( )' 이벤트 프로시저에 그림과 같이 코드를 입력하세요.

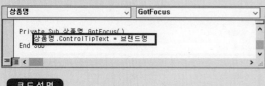

코드설명

```
Private Sub 상품명_GotFocus( )
    상품명.ControlTipText = 브랜드명
End Sub
```

'상품명' 컨트롤의 ControlTipText(컨트롤 팁 텍스트) 속성에 현재 상품의 '브랜드명'을 지정한다.

※ ControlTipText(컨트롤 팁 텍스트)는 마우스 포인터가 컨트롤에 있을 때 표시되는 텍스트를 지정하는 속성입니다.

8 폼의 On Open 이벤트 프로시저 완성하기

1. 〈상품등록〉 폼의 폼 선택기를 더블클릭한 후 '폼' 속성 시트 창의 '이벤트' 탭에서 'On Open'을 선택하세요. 이어서 작성기 단추(...)를 클릭하세요.
2. '작성기 선택' 대화상자에서 '코드 작성기'를 선택한 후 〈확인〉을 클릭하세요.

3. 폼의 'Open( )' 이벤트 프로시저에 그림과 같이 코드를 입력하세요.

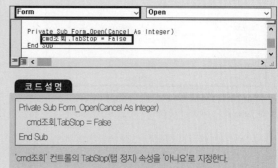

코드설명

```
Private Sub Form_Open(Cancel As Integer)
    cmd조회.TabStop = False
End Sub
```

'cmd조회' 컨트롤의 TabStop(탭 정지) 속성을 '아니요'로 지정한다.

문제 2

1 〈제품별조회〉 폼에 Activate 이벤트 프로시저 완성하기

09.2

1. 〈제품별조회〉 폼을 디자인 보기 상태로 실행시킨 후 폼 속성 시트 창의 '이벤트' 탭에서 'On Activate'를 선택하세요. 이어서 작성기 단추(...)를 클릭하세요.
2. '작성기 선택' 대화상자에서 '코드 작성기'를 선택한 후 〈확인〉을 클릭하세요.
3. 폼의 'Activate( )' 이벤트 프로시저에 그림과 같이 코드를 입력하세요.

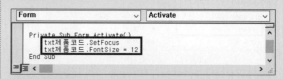

코드설명

```
Private Sub Form_Activate( )
  ❶ txt제품코드.SetFocus
  ❷ txt제품코드.FontSize = 12
End Sub
```

❶ 'txt제품코드' 컨트롤로 포커스(SetFocus)를 이동한다.
❷ 'txt제품코드' 컨트롤의 글꼴 크기를 12로 설정한다.

2 'cmd납품내역입력' 컨트롤의 매크로 완성하기

05.2, 05.1, 04.3, 04.1, 03.4, 03.2, 03.1, 02.3

1. 매크로에 이름을 지정하여 사용하는 경우는 먼저 매크로 개체를 생성한 후 이를 연결하여 사용하면 됩니다. [만들기] → 매크로 및 코드 → 매크로(🗋)를 클릭하세요.
2. 매크로 함수 선택란의 목록 단추(🔽)를 누른 다음 'OpenForm' 함수를 선택하세요.

3. OpenForm 매크로 함수 대화상자에서 그림과 같이 설정한 후 매크로 대화상자의 닫기 단추(×)를 클릭하세요. 저장 여부를 묻는 대화상자가 나타나면 〈예〉를 클릭하세요.

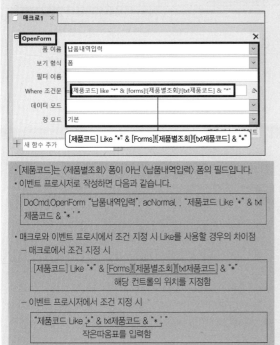

[제품코드] Like "*" & [Forms]![제품별조회]![txt제품코드] & "*"

- [제품코드]는 〈제품별조회〉 폼이 아닌 〈납품내역입력〉 폼의 필드입니다.
- 이벤트 프로시저로 작성하면 다음과 같습니다.

```
DoCmd.OpenForm "납품내역입력", acNormal, , "제품코드 Like '*' & txt
제품코드 & '*' "
```

- 매크로와 이벤트 프로시에서 조건 지정 시 Like를 사용할 경우의 차이점
  - 매크로에서 조건 지정 시

    [제품코드] Like "*" & [Forms]![제품별조회]![txt제품코드] & "*"
    해당 컨트롤의 위치를 지정함

  - 이벤트 프로시저에서 조건 지정 시

    "제품코드 Like '*' & txt제품코드 & '*' "
    작은따옴표를 입력함

4. '다른 이름으로 저장' 대화상자에서 매크로 이름으로 보기를 입력한 다음 〈확인〉을 클릭하세요.

5. 〈제품별조회〉 폼을 디자인 보기로 연 다음 'cmd납품내역입력' 컨트롤을 더블클릭하세요. 'cmd납품내역입력' 속성 시트 창에서 'On Click' 이벤트의 목록 단추(▾)를 누른 다음 〈보기〉 매크로를 선택합니다.

3 'cmd보기' 컨트롤의 매크로 완성하기
19.2, 18.상시, 16.2, 14.2, 11.3, 11.2, 09.3, 05.1, 03.4, 02.3

1. 'cmd보기' 컨트롤을 더블클릭한 후 'cmd보기' 속성 시트 창의 '이벤트' 탭에서 'On Click'을 선택하세요. 이어서 작성기 단추(⋯)를 클릭하세요.

2. '작성기 선택' 대화상자에서 '매크로 작성기'를 선택한 후 〈확인〉을 클릭하세요.

3. '매크로' 대화상자에서 그림과 같이 설정하세요. 문제에서 별도의 매크로 이름에 대한 언급이 없었으므로 매크로 이름을 지정하지 않고 닫기 단추(×)를 클릭하세요.

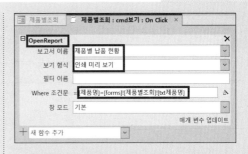

이벤트 프로시저로 작성하면 다음과 같습니다.

```
Private Sub cmd보기_Click( )
    DoCmd.OpenReport "제품별 납품 현황", acViewPreview, , "제품명= '
    " & txt제품명 & " ' "
End Sub
```

4 'cmd종료' 컨트롤의 On Click 이벤트 프로시저 완성하기
23.상시, 22.상시, 21.상시, 20.1, 19.상시, 18.상시, 18.2, 17.상시, 16.3, 16.2, 16.상시, 16.2, 16.1, ⋯

1. 'cmd종료' 컨트롤을 더블클릭한 후 'cmd종료' 속성 시트 창의 '이벤트' 탭에서 'On Click'을 선택하세요. 이어서 작성기 단추(⋯)를 클릭하세요.

2. '작성기 선택' 대화상자에서 '코드 작성기'를 선택한 후 〈확인〉을 클릭하세요.

3. 'cmd종료' 컨트롤의 'On Click' 이벤트 프로시저에 그림과 같이 코드를 입력하세요.

```
cmd종료                          Click

Private Sub cmd종료_Click()
    Dim aa
    aa = MsgBox(Time & " 종료할까요?", vbYesNo + vbDefaultButton2, "")
    If aa = vbYes Then
        DoCmd.Close acForm, "제품별조회", acSaveYes
    End If
End Sub
```

코드설명

```
Private Sub cmd종료_Click( )
❶ Dim aa
❷ aa = MsgBox(Time & " 종료할까요?", vbYesNo + vbDefaultButton2, "")
❸ If aa = vbYes Then
      DoCmd.Close acForm, "제품별조회", acSaveYes
❹ End If
End Sub
```

❶ 변수 aa를 선언한다.

❷ MsgBox를 표시한 후 MsgBox에서 선택한 결과를 aa에 저장한다. Time은 현재 시간을 표시하는 함수이다.

❸ aa의 값이 vbYes(예) 버튼 클릭이면 저장 여부를 묻지 않고 저장한 후 〈제품별조회〉 폼을 닫는다.

❹ If문을 종료한다.

5 하위 폼 '납품수량' 컨트롤의 GotFocus 이벤트 프로시저 완성하기

1. 하위 폼의 '납품수량' 컨트롤을 더블클릭한 후 '납품수량' 속성 시트 창의 '이벤트' 탭에서 'On Got Focus'를 선택하세요. 이어서 작성기 단추(…)를 클릭하세요.
2. '작성기 선택' 대화상자에서 '코드 작성기'를 선택한 후 〈확인〉을 클릭하세요.
3. '납품수량' 컨트롤의 'Got Focus( )' 이벤트 프로시저에 그림과 같이 코드를 입력하세요.

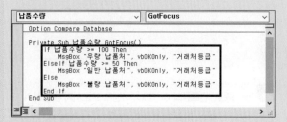

코드설명

Private Sub 납품수량_GotFocus( )
- ❶ If 납품수량 >= 100 Then
- ❷   MsgBox "우량 납품처", vbOKOnly, "거래처등급"
- ❸ ElseIf 납품수량 >= 50 Then
- ❹   MsgBox "일반 납품처", vbOKOnly, "거래처등급"
- ❺ Else
- ❻   MsgBox "불량 납품처", vbOKOnly, "거래처등급"
- ❼ End If
End Sub

❶ '납품수량' 필드의 값이 100 이상이면 ❷를 수행한다.
❷ "우량 납품처"를 표시한 MsgBox를 표시한다.
❸ '납품수량' 필드의 값이 50 이상이면 ❹를 수행한다.
❹ "일반 납품처"를 표시한 MsgBox를 표시한다.
❺ '납품수량' 필드의 값이 50 미만이면 ❻을 수행한다.
❻ "불량 납품처"를 표시한 MsgBox를 표시한다.
❼ If문을 종료한다.

6 'cmd업데이트' 컨트롤의 On Click 이벤트 프로시저 완성하기

1. 'cmd업데이트' 컨트롤을 더블클릭한 후 'cmd업데이트' 속성 시트 창의 '이벤트' 탭에서 'On Click'을 선택하세요. 이어서 작성기 단추(…)를 클릭하세요.
2. '작성기 선택' 대화상자에서 '코드 작성기'를 선택한 후 〈확인〉을 클릭하세요.
3. 'cmd업데이트' 컨트롤의 'Click( )' 이벤트 프로시저에 그림과 같이 코드를 입력하세요.

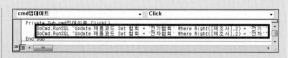

코드설명

Private Sub cmd업데이트_Click( )
- ❶ DoCmd.RunSQL "Update 제품코드 Set 협회 = '전기협회' Where Right([제조사],2) = '전기' "
- ❷ DoCmd.RunSQL "Update 제품코드 Set 협회 = '전자협회' Where Right([제조사],2) = '전자' "
End Sub

❶ 〈제품코드〉 테이블에서 '제조사' 필드의 마지막 두 문자가 "전기"이면 '협회' 필드를 "전기협회"로 업데이트한다.
❷ 〈제품코드〉 테이블에서 '제조사' 필드의 마지막 두 문자가 "전자"이면 '협회' 필드를 "전자협회"로 업데이트한다.

7 폼 머리글의 On Dbl Click 이벤트 프로시저 완성하기

1. 폼 머리글을 더블클릭한 후 '폼_머리글' 속성 시트 창의 '이벤트' 탭에서 'On Dbl Click'을 선택하세요. 이어서 작성기 단추(…)를 클릭하세요.
2. '작성기 선택' 대화상자에서 '코드 작성기'를 선택한 후 〈확인〉을 클릭하세요.
3. 폼 머리글의 '폼_머리글_DblClick( )' 이벤트 프로시저에 그림과 같이 코드를 입력하세요.

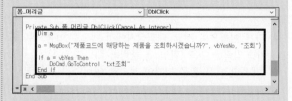

코드설명

Private Sub 폼_머리글_DblClick(Cancel As Integer)
- ❶ Dim a
- ❷ a = MsgBox("제품코드에 해당하는 제품을 조회하시겠습니까?", vbYesNo, "조회")
- ❸ If a = vbYes Then
        DoCmd.GoToControl "txt조회"
- ❹ End If
End Sub

❶ 변수 a를 선언한다.
❷ MsgBox를 표시한 후 MsgBox에서 선택한 결과를 a에 저장한다.
❸ a의 값이 vbYes(예) 버튼 클릭)이면 'txt조회' 컨트롤로 포커스를 옮긴다.
❹ If문을 종료한다.

매크로를 프로시저로 변환하기

매크로를 프로시저로 변환할 수 있습니다. 프로시저 작성 시 명령어가 생각나지 않을 때 먼저 매크로로 작성한 다음 Visual Basic 코드로 변환하여 사용하세요.

1. '탐색' 창에서 변환할 매크로의 바로 가기 메뉴에서 **[디자인 보기]**를 선택하세요.

2. [매크로 디자인] → 도구 → **매크로를 Visual Basic으로 변환(**⬚**)**을 클릭합니다.

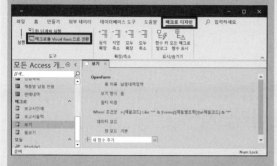

3. 코드에 추가할 주석문에 대해 설정하는 부분입니다. 〈변환〉을 클릭하면 완료됩니다.

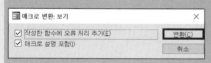

4. 변환 완료 창에서 〈확인〉을 클릭합니다. VBA의 프로젝트 탐색기에서 변환된 모듈을 확인할 수 있습니다.

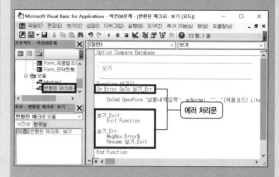

에러 처리문

※ 폼을 여는 이벤트 프로시저라면 변환된 Visual Basic 코드 중 'DoCmd. OpenForm "납품내역입력", acNormal' 부분을 복사하여 해당 이벤트 프로시저에 붙여 넣으면 됩니다. 그리고 변환된 코드와 작성된 매크로는 삭제하면 됩니다.

※ 변환된 매크로를 삭제하려면 [변환된 매크로– 보기]를 클릭한 후 바로 가기 메뉴에서 **[변환된 매크로– 보기 제거]**를 선택하면 됩니다.

※ 매크로를 매크로 개체가 아닌 '포함된 매크로'로 작성한 경우에는 매크로를 Visual Basic 코드로 변환할 수 없습니다.

컴활 독학으로 필기, 실기 합격!
조금이나마 도움이 되길 바라면서~

컴활 필기와 실기 모두 합격했습니다.

합격 통지 받고 나서 공부하는 데 많은 도움이 되었던 시나공 카페에 저도 조금이나마 도움을 드리기 위해 바로 수기 올리려고 했었는데, 게으르다 보니 많이 늦어졌네요. 아무튼 시간이 촉박한 수험생 여러분의 시간을 조금이나마 아끼기 위해 이제부터 각설하고 본론만 말씀드릴게요. ^^

처음 1주 정도 공부하다가 방대한 양에 눌려 '학원에 나가야 되나?' 하고 생각하는 분들도 있을 겁니다. 하지만 절대! 학원 다닐 필요 없습니다. 제 머리가 좋은 편이 아니라는 게 그 증거입니다.^^;

우선 이 글을 읽는 분들은 기본적으로 시나공을 갖고 있을 거라고 생각합니다. 저는 필기 준비 기간을 한 달로 정했는데요. 제 생각에는 최대 한 달, 최소 일주일이 필기 준비 기간으로 적당한 것 같습니다. 저의 경우, 총 3영역을 3주 안에 본다는 생각으로 시작했습니다. 그런데 이게 만만치 않더군요. 분량이 너무 많아서 도저히 계획대로 안 되니까 슬슬 지치더라고요. 아, '다음에 응시할까?' 하는 생각까지 하다가, 작전을 "급" 변경했는데, 소가 뒷걸음하다 쥐 밟은 격이 되어버렸죠.

그 작전이 바로 설명 뒤에 나오는 기출문제만 다 풀어보자는 것이었습니다. 물론 설명까지 다 보고 문제를 풀면 좋겠지만, 그러기엔 너무나 많은 양을 소화해야 하니까요. 오히려 거꾸로 기출문제를 일단 다 풀고, 문제 풀이를 상세하게 보았습니다. 그래도 잘 이해 안 되는 것은 설명을 참고했고요. 그렇게 하니까 일주일 반만에 끝까지 문제를 다 풀 수 있었습니다. 시행착오 끝에 어쨌든 3주만에 필기책의 기출문제는 다 풀게 된 거죠. 시험을 앞둔 나머지 일주일은 완전히 기출문제에 올인했습니다. 시나공 카페에서 자료를 다운받아서 모든 기출문제를 풀어보았습니다. 처음에는 점수가 안나왔는데 계속 풀다보니 반복되는 부분이 상당히 많았습니다. 결국 컴퓨터 필기시험은 문제은행식 이어서, 심지어 완전히 똑같은 문제도 심심찮게 있습니다. 그리고 시험 이틀 전부터는 외우기 어려운 부분(지금 잘 기억이 나진 않는데 컴퓨터의 역사, 발명자 등등 이러한 것들)을 집중해서 외우고, 틀린 문제들을 다시 한 번 봤습니다. 이렇게 해서 필기에 합격할 수 있었습니다. ^^;

실기 합격 수기는 반응이 좋으면 다음에 꼭 쓰겠습니다.^^;; (지금 열심히 일하는 척하고 있거든요ㅋㅋ)

오정준 • paulojj

6 장

실제 시험장을 옮겨 놓았다!

Section 09 실제 시험장을 옮겨 놓았다!

1 대기

2 시험 준비

3 문제 확인

4 데이터베이스 시험 시작

5 문제 풀이

6 액세스 시험 마무리

실제 시험장을 옮겨 놓았다!

시험장에서는 항상 긴장되고 떨리게 마련입니다. 이번 섹션에서는 수험생이 입실하여 문제를 풀고, 퇴실하기까지의 전 과정을 상세히 다루었으니 차근차근 따라하며 시험에 대비하세요.

4230901

1 · 대기(시험 시작 3분 전)

1과목 스프레드시트 시험이 끝나면 별도의 휴식 시간 없이 2과목 데이터베이스 시험이 시작됩니다. 자신의 자리에 앉아 대기하면 인원을 확인합니다.

2 · 시험 준비(시험 시작 1분 전)

전문가의 조언

수험번호는 8자리 숫자입니다. 수험번호가 '12345678'이라면 '12345678.accdb' 파일이 자동으로 생성됩니다.

자동으로 'Microsoft Access 2021' 프로그램이 실행되면서 '수험번호.accdb' 파일이 생성됩니다.

3 · 문제 확인(시험시작)

문제는 모니터에 표시되며, 보통 지시사항과 풀어야 할 문제를 포함한 4면으로 되어 있습니다. 확인하고 이상이 있으면 감독위원에게 문의하여 처리하세요.

다음은 출제 경향이 잘 반영된 기출문제입니다. 풀이 과정을 따라하면서 전반적인 시험 분위기를 익히기 바랍니다.

국 가 기 술 자 격 검 정

2025년 상시 컴퓨터활용능력 실기시험

프로그램명	제한시간
Access 2021	45분

수험번호 :

성   명 :

1급

─〈 유 의 사 항 〉─

- 인적 사항 누락 및 잘못 작성으로 인한 불이익은 수험자 책임으로 합니다.

- 화면에 암호 입력창이 나타나면 아래의 암호를 입력하여야 합니다.
  ○ **암호 : 6992#0**

- 작성된 답안은 주어진 경로 및 파일명을 변경하지 마시고 그대로 저장해야 합니다. 이를 준수하지 않으면 실격처리 됩니다.
  ○ **답안 파일명의 예 : C:\DB\수험번호 8자리.accdb**

- **외부 데이터 위치 : C:\DB\파일명**

- 별도의 지시사항이 없는 경우, 다음과 같이 처리하면 실격 처리됩니다.
  ○ 제시된 개체의 이름을 임의로 변경한 경우
  ○ 제시된 개체의 속성을 임의로 변경한 경우
  ○ 제시된 개체를 임의로 삭제하거나 추가한 경우

- 별도의 지시사항이 없는 경우, 기능의 구현은 모듈이나 매크로 등을 이용하며, 예외적인 상황에 대해서는 고려하지 않아도 됩니다.

- 제시된 함수가 있을 경우 제시된 함수만을 사용하여야 하며, 그 외 함수 사용시 채점 대상에서 제외됩니다.

- 별도의 지시사항이 없는 경우, 주어진 각 개체의 속성은 설정값 또는 기본 설정값(Default)으로 처리하십시오.

- 제시된 화면은 예시이며 나타난 값은 실제와 다를 수 있습니다.

- 저장 시간은 별도로 주어지지 아니하므로 제한된 시간 내에 저장을 완료해야 합니다.

- 본 문제의 용어는 Microsoft Office Access 2021(LTSC 2108 버전)으로 작성되었습니다.

대한상공회의소

문제 1   DB 구축(25점)

1. 학생들의 봉사활동 내역을 관리하기 위한 데이터베이스를 구축하고자 한다. 다음의 지시사항에 따라 각 테이블을 완성하시오. (각 3점)

    ① 〈봉사기관〉 테이블의 '기관코드' 필드는 'S-00'와 같은 형태로 영문 대문자 1개, '−' 기호 1개와 숫자 2개가 반드시 포함되어 입력되도록 입력 마스크를 설정하시오.

      ▶ 영문자 입력은 영어와 한글만 입력할 수 있도록 설정할 것

      ▶ 숫자 입력은 0~9까지의 숫자만 입력할 수 있도록 설정할 것

      ▶ '−' 문자도 테이블에 저장되도록 설정할 것

    ② 〈봉사내역〉 테이블의 '시수' 필드에는 1부터~8까지의 정수가 입력되도록 유효성 검사 규칙을 설정하시오.

    ③ 〈봉사내역〉 테이블의 '봉사날짜' 필드는 새로운 레코드가 추가되는 경우 시간을 포함하지 않는 시스템의 오늘 날짜가 기본으로 입력되도록 설정하시오.

    ④ 〈재학생〉 테이블의 '학과' 필드는 중복 가능한 인덱스를 설정하시오.

    ⑤ 〈재학생〉 테이블의 '연락처' 필드는 빈 문자열이 허용되도록 설정하시오.

2. 외부 데이터 가져오기 기능을 이용하여 〈추가기관.xlsx〉에서 범위로 정의된 이름 '추가기관'의 내용을 가져와 〈봉사기관추가〉 테이블을 생성하시오. (5점)

    ▶ 첫 번째 행은 열 머리글임

    ▶ 기본 키는 없음으로 설정

3. 〈봉사내역〉 테이블의 '기관코드' 필드는 〈봉사기관〉 테이블의 '기관코드' 필드를 참조하고 테이블 간의 관계는 1:M이다. 두 테이블에 대해 다음과 같이 관계를 설정하시오. (5점)

    ※ 액세스 파일에 이미 설정되어 있는 관계는 수정하지 마시오.

    ▶ 테이블 간에 항상 참조 무결성이 유지되도록 설정하시오.

    ▶ 참조 필드의 값이 변경되면 관련 필드의 값도 변경되도록 설정하시오.

    ▶ 다른 테이블에서 참조하고 있는 레코드는 삭제할 수 없도록 설정하시오.

문제 2 입력 및 수정 기능 구현(20점)

1. 〈봉사내역입력〉 폼을 다음의 화면과 지시사항에 따라 완성하시오. (각 3점)

① 폼의 '기본 보기' 속성을 〈그림〉과 같이 설정하시오.

② 폼의 '레코드 선택기'와 '탐색 단추'가 표시되도록 관련 속성을 설정하시오.

③ 폼 바닥글 영역의 'txt총시수' 컨트롤에는 시수의 총합이 표시되도록 '컨트롤 원본' 속성을 설정하시오.

▶ 표시 예 : 15 → 총 시수: 15

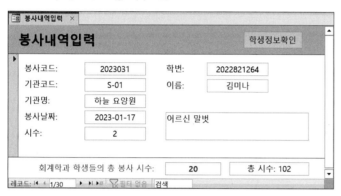

2. 〈봉사내역입력〉 폼의 폼 바닥글 영역에서 'txt봉사시수합계' 컨트롤에는 학과가 '회계학과'인 학생들의 시수 합계가 표시되도록 설정하시오. (6점)

▶ 〈봉사내역입력〉 쿼리와 DSUM 함수 사용

3. 〈재학생관리〉 폼을 '폼 보기' 형식으로 여는 〈재학생보기〉 매크로를 생성하고, 〈봉사내역입력〉 폼의 '학생정보확인'(cmd 보기) 단추를 클릭하면 〈재학생보기〉 매크로가 실행되도록 지정하시오. (5점)

▶ 매크로 조건 : '학번' 필드의 값이 'txt학번'에 해당하는 재학생의 정보만 표시

문제 3   조회 및 출력 기능 구현(20점)

1. 다음의 지시사항 및 화면을 참조하여 〈봉사현황〉 보고서를 완성하시오. (각 3점)

① 동일한 '기관명' 내에서는 '학과' 필드를 기준으로 내림차순 정렬되어 표시되도록 정렬을 추가하시오.

② 페이지 머리글 영역의 'txt날짜' 컨트롤에는 [표시 예]와 같이 표시되도록 '형식' 속성을 설정하시오.

　▶ 표시 예 : 2023-08-03 → 2023년 8월

③ 기관명 머리글 영역에서 머리글 내용이 페이지마다 반복적으로 표시되도록 설정하시오.

④ 본문 영역의 'txt기관명' 컨트롤의 값이 이전 레코드와 같은 경우에는 표시되지 않도록 설정하시오.

⑤ 페이지 바닥글 영역의 'txt페이지' 컨트롤에는 페이지가 다음과 같이 표시되도록 설정하시오.

　▶ 표시 예 : 5페이지 중 2페이지

봉사현황   2023년 8월

기관명	학과	이름	봉사날짜	봉사내용	시수
꿈나래 복지관	회계학과	김민교	2023-06-25	목욕도우미	2
	회계학과	김민교	2023-06-18	청소도우미	3
	회계학과	이재후	2023-07-16	빨래도우미	4
	금융정보과	박정은	2023-07-17	스마트폰 활용	3
	국제통상과	임시우	2023-06-11	스마트폰 활용	4
	국제통상과	강경민	2023-08-13	악기 연주	4
	국제통상과	정민섭	2023-07-09	스마트폰 활용	5
	관광경영과	이소연	2023-09-10	급식도우미	3

기관명	학과	이름	봉사날짜	봉사내용	시수
믿음 청소년관	회계학과	김민교	2023-11-12	수학 멘토	5
	금융정보과	김미나	2023-10-29	수학 멘토	3
	국제통상과	강경민	2023-10-15	영어 멘토	2
	관광경영과	민철호	2023-10-22	영어 멘토	4

기관명	학과	이름	봉사날짜	봉사내용	시수
반석 복지관	회계학과	김민교	2023-12-25	수학 멘토	2
	금융정보과	신현섭	2023-12-20	영어 멘토	4

3페이지 중 1페이지

2. 〈봉사내역관리〉 폼의 오름(cmd오름) 단추와 내림(cmd내림) 단추를 클릭(On Click)하면 시수를 기준으로 정렬을 수행하는 이벤트 프로시저를 구현하시오. (5점)

▶ '오름' 단추를 클릭하면 오름차순 정렬, '내림' 단추를 클릭하면 내림차순으로 정렬

▶ 폼의 OrderBy, OrderByOn 속성 사용

4230905

문제 4 | **처리 기능 구현(35점)**

1. 〈재학생〉과 〈봉사내역〉 테이블을 이용하여 시수의 합계가 10이상인 학생의 '비고' 필드의 값을 '우수 봉사 학생'으로 변경하는 〈우수봉사학생처리〉 업데이트 쿼리를 작성한 후 실행하시오. (7점)

▶ In 연산자와 하위 쿼리 사용

학번	이름	학과	연락처	주소	비고
2021721098	신현섭	금융정보과	010-8541-9584	서울 성동구 동일로	
2021721651	이재후	회계학과	010-8547-8563	서울 양천구 신월로	
2021725685	조은화	관광경영과	010-8567-9463	서울 관악구 쑥고개로	
2021727854	임시우	국제통상과	010-8569-7452	서울 금천구 가산디지털로	
2022820088	황재영	회계학과	010-3697-1474	서울 용산구 원효로길	
2022821264	김미나	금융정보과	010-7414-5254	서울 강서구 강서로	우수 봉사 학생
2022821278	이소연	관광경영과	010-9874-3654	서울 송파구 충민로	우수 봉사 학생
2022822553	박정은	금융정보과	010-7458-9437	서울 구로구 디지털로	
2022829452	김민교	회계학과	010-7451-8746	경기 안양시 동안구 관악대로	우수 봉사 학생
2023921587	정민섭	국제통상과	010-7894-3214	서울 강서구 공항대로	우수 봉사 학생
2023922358	강경민	국제통상과	010-7452-9856	서울 도봉구 도봉로	우수 봉사 학생
2023925483	민철호	관광경영과	010-1785-8745	서울 영등포구 당산로	
2023926548	박준희	금융정보과	010-6457-5368	경기 성남시 분당구 정자일로	
2023928458	전가은	회계학과	010-2147-8567	서울 관악구 승방길	

레코드: 1/14 필터 없음 검색

※ 〈우수봉사학생처리〉 쿼리를 실행한 후의 〈재학생〉 테이블

2. 기관별, 학과별로 봉사 횟수를 조회하는 〈봉사횟수조회〉 크로스탭 쿼리를 작성하시오. (7점)

▶ 〈봉사기관〉, 〈봉사내역〉, 〈재학생〉 테이블을 이용하시오.
▶ 봉사횟수는 '봉사코드' 필드를 이용하시오.
▶ 봉사날짜가 2023년 7월 1일부터 2023년 12월 31일까지만 조회대상으로 하시오.
▶ Between 연산자 사용
▶ 쿼리 실행 결과 표시되는 필드와 필드명은 〈그림〉과 같이 표시되도록 설정하시오.

기관명	총횟수	관광경영과	국제통상과	금융정보과	회계학과
꿈나래 복지관	5	1	2	1	1
믿음 청소년관	4	1	1	1	1
반석 복지관	6	2	2	1	1

레코드: 1/3 필터 없음 검색

3. 학과별로 봉사활동을 한 학생들의 총 인원수와 총 시수를 조회하는 〈학과별봉사현황〉 쿼리를 작성하시오. (7점)

▶ 〈봉사내역〉과 〈재학생〉 테이블을 이용하시오.
▶ 봉사학생수는 '학번' 필드를 이용하시오.
▶ 총시수는 내림차순 정렬하시오.
▶ 학생당봉사시수 = 총시수 / 봉사학생수

▶ 학생당봉사시수는 [표시 예]와 같이 표시되도록 '형식' 속성을 설정하시오.

[표시 예: 0 → 0.0, 1.234 → 1.2]

▶ 쿼리 실행 결과 표시되는 필드와 필드명은 〈그림〉과 같이 표시되도록 설정하시오.

4. 〈봉사현황〉 쿼리를 이용하여 학과명의 일부를 매개 변수로 입력받고, 해당 학과의 봉사현황을 조회하여 새 테이블로 생성하는 〈학과현황생성〉 쿼리를 작성하고 실행하시오. (7점)

▶ 쿼리 실행 후 생성되는 테이블의 이름은 〈조회학과봉사현황〉으로 설정하시오.

▶ 쿼리 실행 결과 생성되는 테이블의 필드는 그림을 참고하여 수험자가 판단하여 설정하시오.

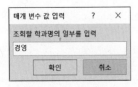
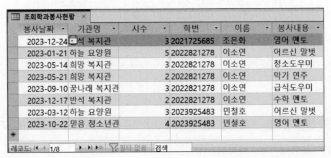

※ 〈학과현황생성〉 쿼리의 매개 변수 값으로 '경영'을 입력하여 실행한 후의 〈조회학과봉사현황〉 테이블

5. 〈봉사내역〉 테이블을 이용하여 도우미구분별 봉사건수와 시수의 합계를 조회하는 〈도우미구분별현황〉 쿼리를 작성하시오. (7점)

▶ 봉사건수는 '봉사코드' 필드를, 봉사시수는 '시수' 필드를 이용하시오.

▶ 도우미구분은 봉사내용의 마지막 2개의 문자가 '멘토'인 경우 '청소년도우미', 그 외는 '어르신도우미'로 설정하시오.

▶ Iif , Right 함수 사용

▶ 쿼리 실행 결과 표시되는 필드와 필드명은 〈그림〉과 같이 표시되도록 설정하시오.

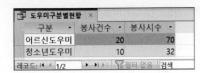

---

4 데이터베이스 시험 시작

1. 감독위원이 시험 시작을 알리면 시험관련 유의사항 화면이 사라지고 'Microsoft Access 2021' 프로그램 화면이 나타납니다.

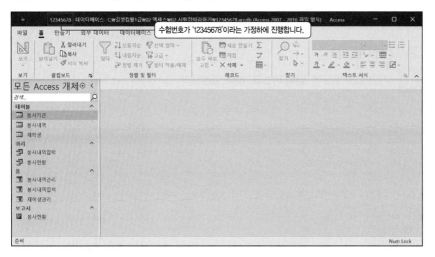

수험번호가 '12345678'이라는 가정하에 진행합니다.

전문가의 조언

• 수험생 여러분은 'C:\길벗컴활1 급\02 액세스\02 시험장따라하기' 폴더에서 '1급 상시.accdb'를 실행 시킨 다음 따라하시면 됩니다.

• 실제 시험장에서는 자동으로 '수험번호.accdb' 파일이 생성됩니다. 수험번호는 8자리 숫자이고 수험번호가 123456780이라면 '12345678.accdb' 파일이 자동으로 생성됩니다.

• 최근 상시 시험의 문제 파일에는 암호가 지정되어 있지 않으므로 암호 입력 대화상자가 표시되지 않습니다. 만일 시험장에서 암호 입력 대화상자가 표시된다면, 문제 1면의 〈유의사항〉에 암호가 표시되어 있으므로 이를 확인하여 입력하면 됩니다.

잠깐만요 **액세스 문제 풀이**

• 액세스는 풀이 순서가 좀 다릅니다. 액세스 문제들은 서로 연관이 있기 때문에 1번, 2번, 3번, 4번을 차례대로 풀어야 합니다. 그렇다고 모르는 문제를 끝까지 잡고 있을 필요는 없습니다. 엑셀과 마찬가지로 모르는 문제는 과감하게 스킵하고 아는 문제부터 풀어보세요.

• 문제와 지시사항들을 꼼꼼히 확인하며 답안을 작성하세요. 컴퓨터에 문제가 발생해도 저장하지 않은 답안 파일은 감독관이 책임져주지 않습니다. 반드시 중간중간 Ctrl + S를 눌러 저장해주세요.

잠깐만요 **파일을 열면 '보안 경고' 메시지가 나타납니다.**

테이블이나 폼을 만들 때는 크게 문제가 되지 않지만 매크로나 프로시저는 실행되지 않습니다. '보안 경고' 메시지의 오른쪽 끝에 있는 〈콘텐츠 사용〉 단추를 클릭하여 데이터베이스 파일에 포함된 모든 콘텐츠를 사용할 수 있도록 설정하세요.

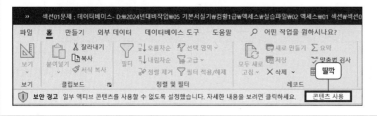

전문가의 조언

'탐색' 창에 모든 개체가 표시되지 않을 경우 '탐색' 창의 ⊙를 클릭한 후 '범주 탐색'에서 [개체 유형]을, '그룹 기준 필터'에서 [모든 Access 개체]를 선택하세요. 이렇게 설정해 놓으면 모든 개체가 표시됩니다.

전문가의 조언

바로 가기 메뉴는 마우스 오른쪽 버튼을 클릭했을 때 나타나는 메뉴를 말합니다.

전문가의 조언

입력 마스크
입력 마스크란 사용자가 정확한 자료를 편리하게 입력할 수 있도록 입력되는 자료의 틀을 만드는 속성입니다.

•) : 대문자로 변환
• L : A~Z까지의 영문자와 한글 입력, 공백 포함 안 함
• − : 연결 부호, 자동으로 입력됨
• 00 : 0~9까지의 숫자 반드시 입력, 공백 포함 안 함
• 0 : 테이블에 저장 시 '−' 기호도 함께 저장됨
자세한 내용은 62쪽을 참조하세요.

문제 1 | DB 구축 풀이

01. 테이블 완성하기(각 3점)

〈봉사기관〉 테이블

1 '기관코드' 필드에 '입력 마스크' 속성 설정하기

1. 〈봉사기관〉 테이블의 바로 가기 메뉴에서 [디자인 보기]를 선택하세요.

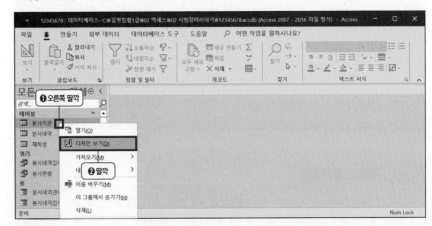

2. '기관코드' 필드를 클릭하여 '기관코드' 필드의 속성이 나타나게 한 후 '일반' 탭의 '입력 마스크' 속성에 〉L−00;0을 입력합니다. 이렇게 설정하면 "−" 기호도 테이블에 저장됩니다.

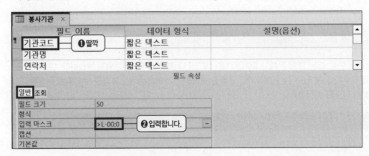

3. 닫기 단추(⊠)를 클릭한 후 저장 여부를 묻는 대화상자가 표시되면 〈예〉를 클릭하여 변경된 테이블의 설계 정보를 저장합니다.

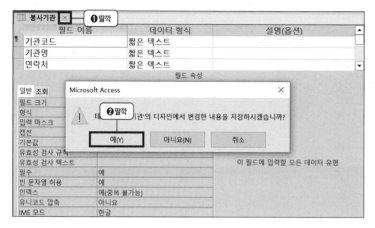

〈봉사내역〉 테이블

2 '시수' 필드에 '유효성 검사 규칙' 속성 설정하기

1. 〈봉사내역〉 테이블의 바로 가기 메뉴에서 [디자인 보기]를 선택하세요.

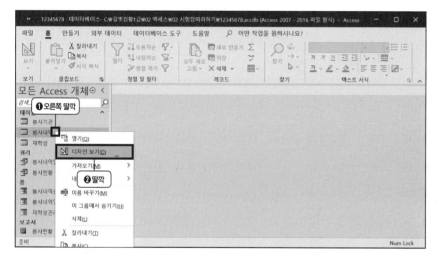

2. '시수' 필드를 클릭하여 '시수' 필드의 속성이 나타나게 한 후 '일반' 탭의 '유효성 검사 규칙' 속성에 **Between 1 And 8**을 입력하여 '시수' 필드에는 1부터 8까지의 정수만 입력되도록 설정합니다.

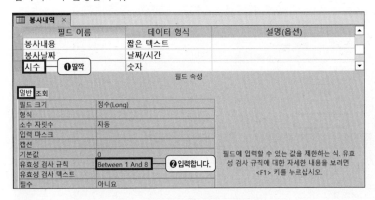

3 '봉사날짜' 필드에 '기본값' 속성 설정하기

3. '봉사날짜' 필드를 클릭하여 '봉사날짜' 필드의 속성이 나타나게 한 후 '일반' 탭의 '기본값' 속성에 **Date( )**를 입력하여 새 레코드 추가 시 현재 날짜가 표시되도록 설정합니다.

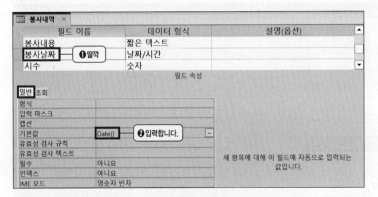

4. 닫기 단추(✕)를 클릭한 후 저장 여부를 묻는 대화상자가 표시되면 〈예〉를 클릭하여 변경된 테이블의 설계 정보를 저장합니다.

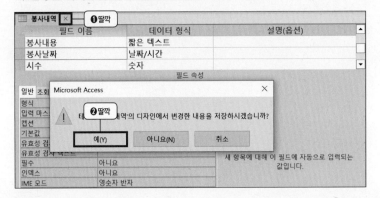

〈재학생〉 테이블

4 '학과' 필드에 '인덱스' 속성 설정하기

1. 〈재학생〉 테이블의 바로 가기 메뉴에서 [디자인 보기]를 선택하세요.

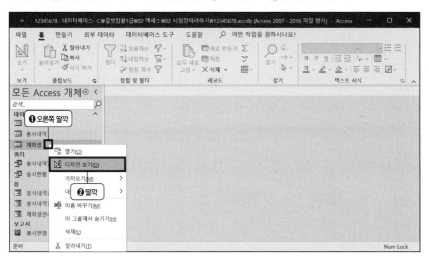

2. '학과' 필드를 클릭하여 '학과' 필드의 속성이 나타나게 한 후 '일반' 탭의 '인덱스' 속성을 '예(중복 가능)'으로 설정하세요.

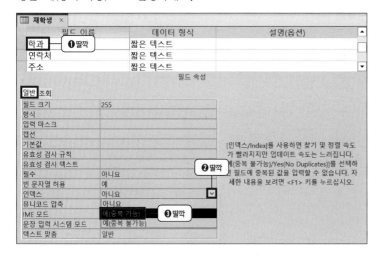

5 '연락처' 필드에 '빈 문자열 허용' 속성 설정하기

3. '연락처' 필드를 클릭하여 '연락처' 필드의 속성이 나타나게 한 후 '일반' 탭의 '빈 문자열 허용' 속성을 '예'로 선택하여 빈 문자열이 입력되도록 설정합니다.

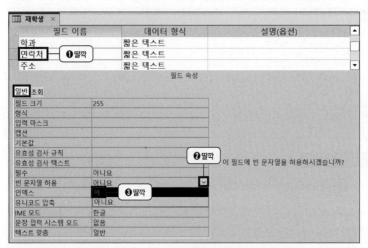

4. 닫기 단추(⊠)를 클릭한 후 저장 여부를 묻는 대화상자가 표시되면 〈예〉를 클릭하여 변경된 테이블의 설계 정보를 저장합니다.

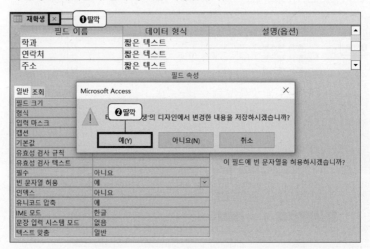

데이터 입력으로 테이블 확인하기

1. 〈봉사기관〉 테이블에 설정한 필드 속성의 작동 여부를 데이터 입력으로 테스트하기 위해 '탐색' 창에서 〈봉사기관〉 테이블을 더블클릭합니다.

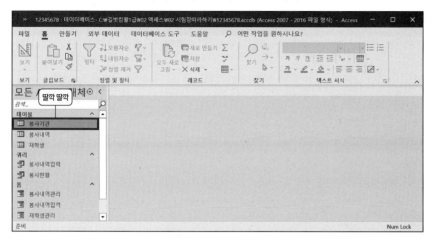

2. '기관코드' 필드에 영문 소문자 's'를 입력하면 자동으로 대문자로 변경되어 표시되는지 확인해 보세요. 입력 마스크 설정 시 반드시 입력되도록 지정했기 때문에 빈 칸을 삽입하려고 Spacebar 를 눌러도 빈 칸이 삽입되지 않아야 합니다.

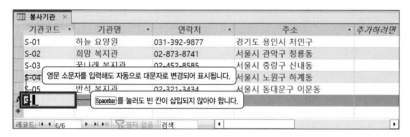

3. 레코드의 일부 값만 입력한 상태이므로 레코드를 삭제할 필요 없이 Esc 를 눌러 필드 입력을 취소하세요.

봉사기관				
기관코드	기관명	연락처	주소	추가하려면
S-01	하늘 요양원	031-392-9877	경기도 용인시 처인구	
S-02	희망 복지관	02-873-8741	서울시 관악구 청룡동	
S-03	꿈나래 복지관	02-452-8585	서울시 중랑구 신내동	
S-04	믿음 청소년관	02-244-4431	서울시 노원구 하계동	
S-05	반석 복지관	02-321-3434	서울시 동대문구 이문동	

레코드: 6/6 필터 없음 검색

전문가의 조언

테이블의 각 필드 속성을 지정한 후 올바르게 설정했는지 확인하기 위한 내용입니다. 실제 시험에서는 마음이 급하고, 시간도 여유롭지 못해 설정 사항이 제대로 동작하는지 확인하기가 쉽지 않습니다. 평소 연습할 때 올바르게 설정하였는지 이 방법으로 꼭 확인해 보시기 바랍니다. 그리고 시험장에서는 확인할 시간이 없다는걸 명심하고 평소 연습할 때 실수 없이 정확하게 푸는 습관을 길러야 합니다.

전문가의 조언

기본키가 설정된 테이블을 데이터시트 보기 형식으로 열면 필드를 쉽게 추가할 수 있도록 화면의 오른쪽에 '추가하려면 클릭' 이 자동으로 표시됩니다.

4. 〈봉사기관〉 테이블의 닫기 단추(⊠)를 클릭하세요.

5. 〈봉사내역〉 테이블에 설정한 필드 속성의 작동 여부도 확인해야 합니다. '탐색' 창에서 〈봉사내역〉 테이블을 더블클릭합니다.

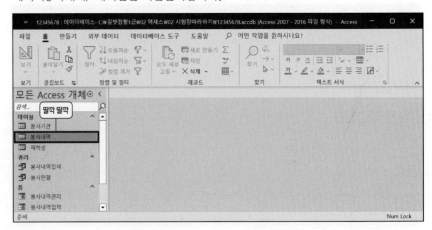

6. '시수' 필드에 9를 입력하고 Enter를 누르면 오류 메시지가 표시되는지 확인해 보세요. 1부터 8까지의 정수만 입력되도록 유효성 검사 규칙 속성을 설정했기 때문에 1보다 작거나 8보다 큰 정수를 입력하면 오류 메시지가 표시되어야 합니다.

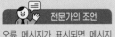
전문가의 조언

오류 메시지가 표시되면 메시지 창에서 〈확인〉을 클릭하세요.

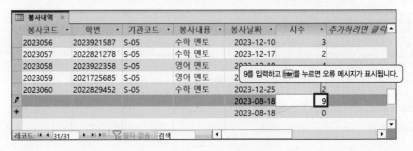

7. 레코드의 일부 값만 입력한 상태이므로 레코드를 삭제할 필요 없이 Esc를 눌러 필드 입력을 취소하고 Esc를 한 번 더 눌러 레코드 입력을 취소하세요.

봉사코드	학번	기관코드	봉사내용	봉사날짜	시수	추가하려면 클릭
2023056	2023921587	S-05	수학 멘토	2023-12-10	3	
2023057	2022821278	S-05	수학 멘토	2023-12-17	2	
2023058	2023922358	S-05	영어 멘토	2023-12-18	4	
2023059	2021725685	S-05	영어 멘토	2023-12-24	3	
2023060	2022829452	S-05	수학 멘토	2023-12-25	2	
*				2023-08-18	0	

8. '봉사날짜' 필드의 맨 마지막에 표시된 "2023-08-18"은 '기본값' 속성에 설정한 사항입니다. 오늘 날짜가 표시되는지 확인하세요.

9. 〈봉사내역〉 테이블의 닫기 단추(☒)를 클릭하세요.

10. 〈재학생〉 테이블에 설정한 필드 속성의 작동 여부도 확인해야 합니다. '탐색' 창에서 〈재학생〉 테이블을 더블클릭합니다.

11. '학과' 필드에 인덱스 설정 여부를 확인하려면, 먼저 기본키로 설정된 '학번'에 값을 입력해야 합니다. '학번' 필드에 **1234**를 입력하고, '학과' 필드에는 위와 동일한 **회계학과**를 입력한 후 다음 레코드로 이동(⬇)시켜 보세요. 에러 메시지 없이 자료가 입력되고 커서가 이동됩니다.

학번	이름	학과	연락처	주소
⊞ 2022829452	김민교	회계학과	010-7451-8746	경기 안양시 동안구 관악대로
⊞ 2023921587	정민섭	국제통상과	010-7894-3214	서울 강서구 공항대로
⊞ 2023922358	강경민	국제통상과	010-7452-9856	서울 도봉구 도봉로
⊞ 2023925483	민철호	국과경영과	010-1785-8745	서울 영등포구 당산로
⊞ 202392...	❶ 기존 학번과 중복되지 않는 학번(1234)을 입력		5457-5368	경기 성남시 분당구 정자일로
⊞ 2023928458	전가은	회계학과	010-2147-8567	서울 관악구 승방길
⊞ 1234		회계학과	❷ 기존 학과와 중복되는 학과(회계학과)를 입력한 후 ⬇를 누름	

레코드: ◀ ◀ 16/16 ▶ ▶◀ ▶* 🔽 필터 없음 검색

전문가의 조언

'봉사날짜' 필드에 표시되는 날짜는 실습하는 날짜에 따라 다르게 표시될 수 있습니다.

전문가의 조언

'학번' 필드에 값을 입력하지 않고 '학과' 필드에 **회계학과**를 입력한 후 다음 레코드로 이동(⬇)시키면 기본키로 설정된 '학번' 필드에 값이 입력되지 않았으므로 오류 메시지가 표시됩니다. 메시지 창에서 〈확인〉을 클릭하세요.

12. 이어서 '연락처' 필드에 연락처를 입력할 때 맨 앞에 공백을 포함한 **02-1234-5678**을 입력한 후 다음 레코드로 이동(↓)시켜 보세요. 빈 문자열이 허용되도록 설정하였으므로 에러 메시지 없이 자료가 입력되고 커서가 이동됩니다.

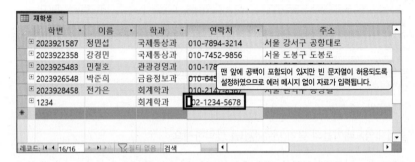

전문가의 조언

설정 내용 확인을 위해 새로 추가한 레코드는 삭제하고 작업하는 것이 좋습니다. 채점과는 무관할지라도 새로 추가된 레코드로 인해 폼이나 보고서에 출력된 결과가 문제와 다르게 출력되면 작업에 혼란을 가져올 수 있기 때문입니다.

13. 마지막 레코드(행) 선택기의 바로 가기 메뉴에서 [레코드 삭제]를 선택하여 추가한 레코드를 삭제하세요.

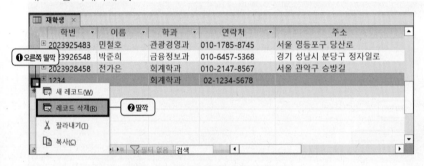

14. 〈재학생〉 테이블의 닫기 단추(☒)를 클릭하세요.

02. '추가기관.xlsx' 파일에서 내용을 가져와 테이블로 생성하기(5점)

1. [외부 데이터] → 가져오기 및 연결 → 새 데이터 원본 → 파일에서 → Excel을 클릭하세요.

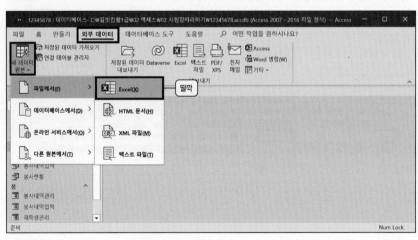

2. '외부 데이터 가져오기 - Excel 스프레드시트' 창이 나타납니다. 가져올 파일 이름
과 데이터의 저장 방법 및 위치를 지정해야 합니다. 파일 이름을 지정하기 위해 〈찾아
보기〉를 클릭합니다.

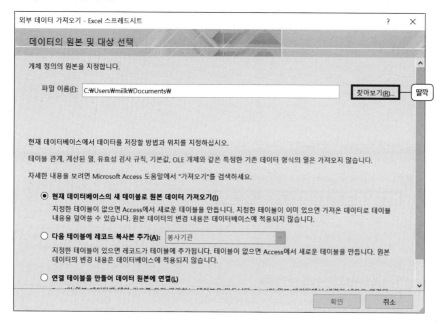

3. '파일 열기' 대화상자가 나타나고, 파일 형식이 자동으로 지정됩니다. 'C 드라이브
의 DB' 폴더에서 '추가기관.xlsx' 파일을 선택한 후 〈열기〉를 클릭하세요.

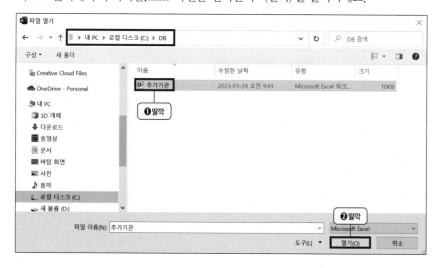

전문가의 조언

실제 시험에서는 불러올 데이터베
이스 파일이 'C:\DB' 폴더 안에 들
어 있습니다. 수험생 여러분은
'C:\길벗컴활급\02 액세스\02 시
험장따라하기' 폴더 안에 들어 있
는 '추가기관.xlsx' 파일을 불러 오
면 됩니다.

4. '외부 데이터 가져오기 − Excel 스프레드시트' 창으로 돌아옵니다. 새 테이블로 가
져와야 하므로 '현재 데이터베이스의 새 테이블로 원본 데이터 가져오기'를 선택한 후
〈확인〉을 클릭합니다.

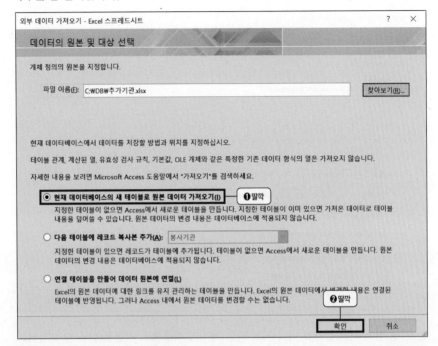

전문가의 조언

문제에 "범위로 정의된 이름 '추가
기관'의 내용을 가져오라는 지시
사항이 있으므로 '이름 있는 범위
표시'를 선택한 후 다음 작업을 진
행하는 것입니다.

5. '스프레드시트 가져오기 마법사' 1단계 대화상자에서 '이름 있는 범위 표시'를 선택
한 후 〈다음〉을 클릭하세요.

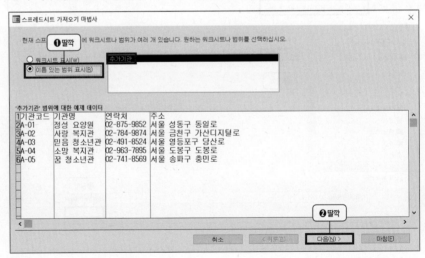

6. '스프레드시트 가져오기 마법사' 2단계 대화상자에서 '첫 행에 열 머리글이 있음'을 선택한 후 〈다음〉을 클릭하세요.

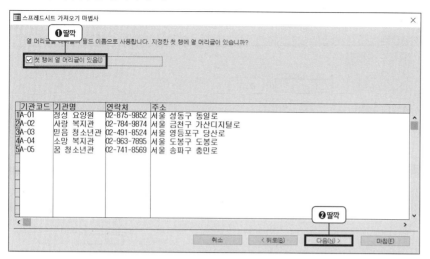

7. '스프레드시트 가져오기 마법사' 3단계 대화상자에서 〈다음〉을 클릭하세요.

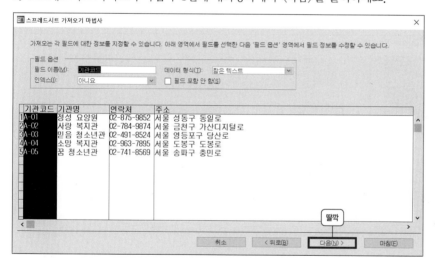

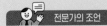

8. '스프레드시트 가져오기 마법사' 4단계 대화상자에서 '기본 키 없음'을 선택한 후 〈다음〉을 클릭하세요.

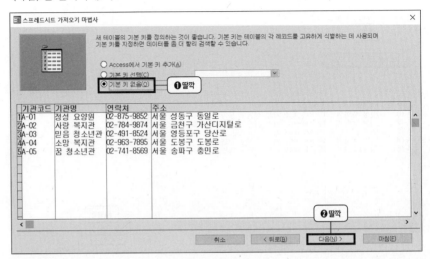

9. '스프레드시트 연결 마법사' 5단계 대화상자에서 '테이블 이름'에 **봉사기관추가**를 입력한 후 〈마침〉을 클릭하세요.

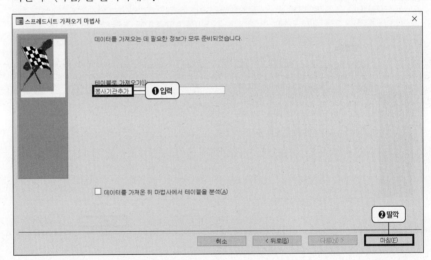

10. 가져오기 단계의 저장 여부를 묻는 '외부 데이터 가져오기 - Excel 스프레드시트' 창이 나타납니다. '가져오기 단계 저장' 옵션이 해제된 상태에서 〈닫기〉를 클릭하세요.

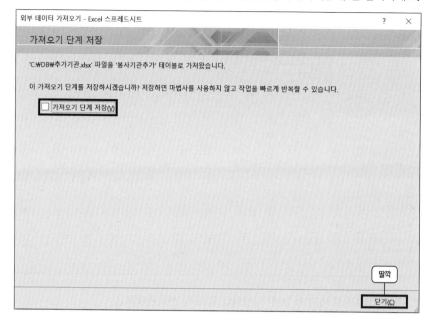

A B C D

11. 〈봉사기관추가〉 테이블을 더블클릭하여 가져오기 결과를 확인한 후 닫기 단추(⊠)를 클릭하세요.

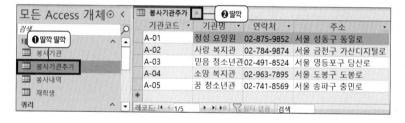

03. 〈봉사내역〉 테이블과 〈봉사기관〉 테이블 간의 관계 설정하기(5점)

1. [데이터베이스 도구] → 관계 → 관계(■)를 클릭합니다.

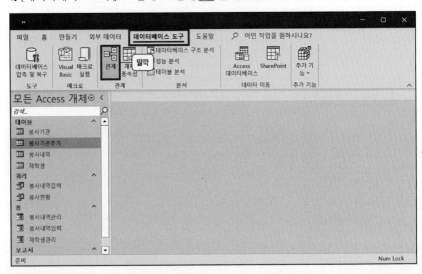

2. '관계' 창의 바로 가기 메뉴에서 [테이블 표시]를 선택하세요.

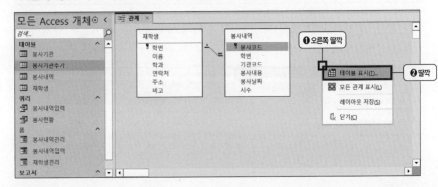

3. '테이블 추가' 창의 '테이블' 탭에서 〈봉사기관〉 테이블을 더블클릭하여 추가한 후 '테이블 추가' 창의 닫기 단추(✕)를 클릭하세요.

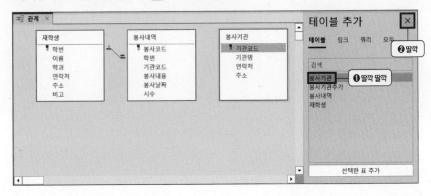

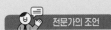

4. 〈봉사기관〉 테이블의 '기관코드' 필드를 〈봉사내역〉 테이블의 '기관코드' 필드로 끌어다 놓으세요.

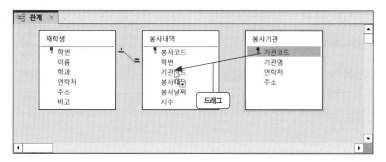

5. 마우스의 왼쪽 버튼에서 손가락을 떼는 순간 '관계 편집' 대화상자가 나타납니다. '항상 참조 무결성 유지'와 '관련 필드 모두 업데이트'를 선택하고 〈만들기〉를 클릭하세요.

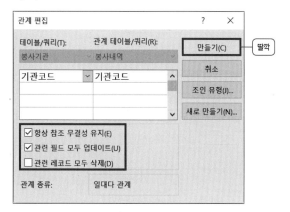

6. 설정된 관계가 표시됩니다. 닫기 단추(☒)를 클릭한 다음, 저장 여부를 묻는 대화상자가 나타나면 〈예〉를 클릭하세요.

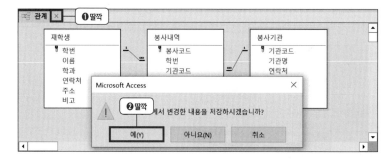

01. 〈봉사내역입력〉 폼 완성하기(각 3점)

1 '기본 보기' 속성 설정하기

1. 〈봉사내역입력〉 폼 바로 가기 메뉴에서 **[디자인 보기]**를 선택하여 〈봉사내역입력〉 폼을 디자인 보기 형태로 표시합니다.

2. '폼' 속성 시트 창을 호출하기 위해 '폼 선택기'를 더블클릭합니다.

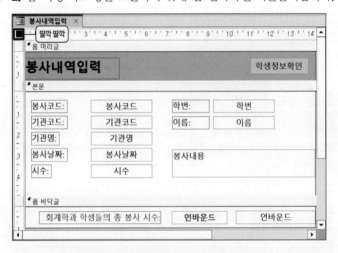

3. '폼' 속성 시트 창의 '형식' 탭에서 '기본 보기' 속성을 '단일 폼'으로 선택하세요.

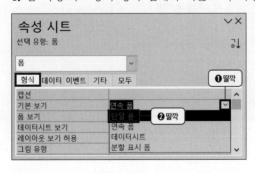

전문가의 조언

단일 폼은 한 창에 한 개의 레코드만 표시하고, 연속 폼은 창의 크기에 맞게 여러 개의 레코드를 표시합니다.

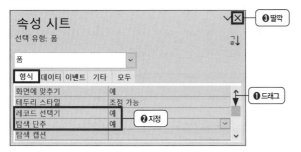

2 '레코드 선택기'와 '탐색 단추' 속성 설정하기

4. 이어서 '형식' 탭의 '레코드 선택기'와 '탐색 단추' 속성을 '예'로 선택하고 닫기 단추 (☒)를 클릭하세요.

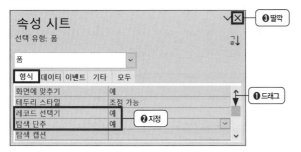

3 'txt총시수' 컨트롤에 '컨트롤 원본' 속성 설정하기

5. 폼 바닥글의 'txt총시수' 컨트롤에 속성을 설정하기 위해 'txt총시수' 컨트롤을 더블 클릭합니다.

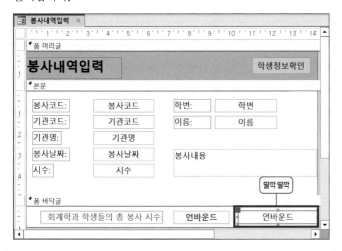

6. 'txt총시수' 속성 시트 창에서 '데이터' 탭의 '컨트롤 원본' 속성에 **="총 시수: " & Sum([시수])**를 입력하고 닫기 단추(☒)를 클릭하세요.

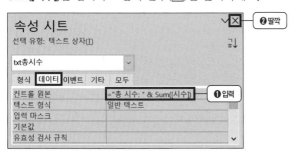

7. [양식 디자인] → 보기 → **폼 보기**(▦)를 클릭하여 폼을 실행하세요.

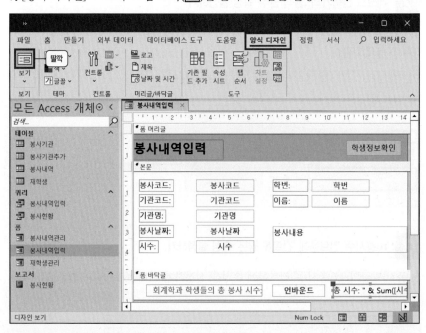

8. 완성된 폼을 확인한 다음 닫기 단추(☒)를 클릭하세요. 저장 여부를 묻는 대화상자가 나타나면 〈예〉를 클릭하세요.

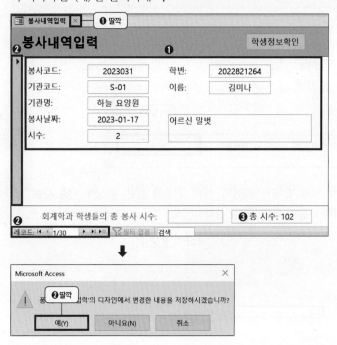

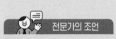

02. 'txt봉사시수합계' 컨트롤에 '회계학과' 학생들의 시수 합계 표시하기(6점)

1. 〈봉사내역입력〉 폼의 바로 가기 메뉴에서 [디자인 보기]를 선택하여 〈봉사내역입력〉 폼을 디자인 보기 형태로 표시합니다.

2. 폼 바닥글의 'txt봉사시수합계' 컨트롤에 속성을 설정하기 위해 'txt봉사시수합계' 컨트롤을 더블클릭합니다.

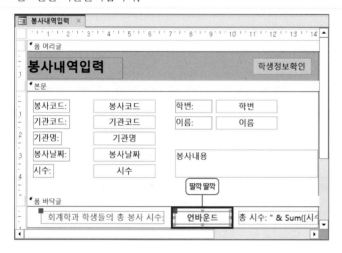

3. 'txt봉사시수합계' 속성 시트 창에서 '데이터' 탭의 '컨트롤 원본' 속성에 **=DSum("시수", "봉사내역입력", "학과='회계학과'")**를 입력하고 닫기 단추(⊠)를 클릭하세요.

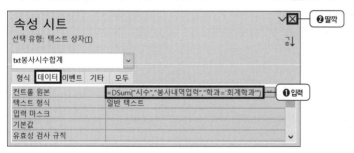

4. [양식 디자인] → 보기 → **폼 보기**(▦)를 클릭하여 폼을 실행하세요.

5. 학과가 "회계학과"인 학생들의 시수 합계가 정상적으로 표시되는지 확인한 다음 닫기 단추(⊠)를 클릭하세요. 저장 여부를 묻는 대화상자가 나타나면 〈예〉를 클릭하세요.

전문가의 조언

'=DSum("시수", "봉사내역입력", "학과='회계학과'")'의 의미

• **시수** : 결과 값을 구할 필드 이름으로, 여기서는 시수의 합계를 구하므로 '시수' 필드를 지정합니다.

• **봉사내역입력** : 작업 대상 레코드가 들어 있는 테이블이나 쿼리의 이름으로서, 문제에 제시되지 않은 경우 폼 속성의 '데이터' 탭에서 '레코드 원본' 속성과 동일하게 지정하면 됩니다.

• **학과='회계학과'** : 조건으로서 '학과'가 "회계학과"인 경우를 대상으로 합니다. 비교 대상이 "회계학과", 즉 문자열이므로 작은따옴표(' ')로 묶은 것입니다.

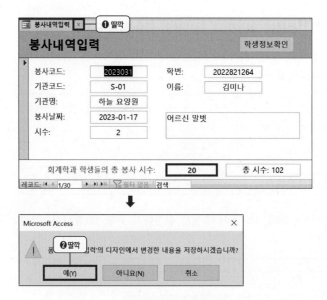

03. 〈재학생관리〉 폼을 여는 매크로를 생성한 후 'cmd보기' 컨트롤의 On Click 이벤트에 지정하기(5점)

1. 매크로에 이름을 지정하여 사용하는 경우는 먼저 매크로 개체를 생성한 후 이를 연결하여 사용하면 됩니다. [만들기] → 매크로 및 코드 → **매크로(▣)**를 클릭하세요.

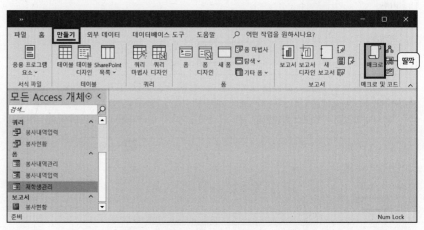

2. 매크로 함수 선택란의 목록 단추(▼)를 누른 다음 'OpenForm' 함수를 선택하세요.

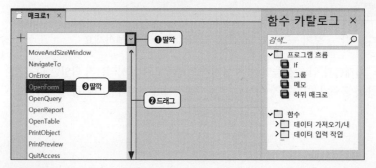

3. OpenForm 매크로 함수 대화상자에서 그림과 같이 설정한 후 매크로 대화상자의 닫기 단추(☒)를 클릭하세요.

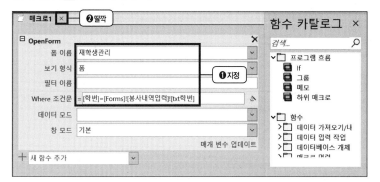

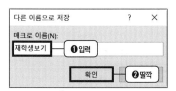

OpenForm 매크로 함수 설명
〈봉사내역입력〉 폼의 'txt학번' 컨트롤에 입력된 값과 〈재학생관리〉 폼의 '학번' 필드를 비교하여 'txt학번' 컨트롤에 입력된 값과 같은 경우에만 〈재학생관리〉 폼에 표시합니다. '학번' 필드에 경로를 지정하지 않은 이유는 현재 '학번' 필드가 있는 폼(재학생관리)의 이름을 이미 지정했기 때문입니다.

4. 저장 여부를 묻는 대화상자가 나타나면 〈예〉를 클릭하세요. 이어서 '다른 이름으로 저장' 대화상자에서 매크로 이름으로 **재학생보기**를 입력한 다음 〈확인〉을 클릭하세요.

5. 〈봉사내역입력〉 폼을 디자인 보기로 연 다음 'cmd보기' 컨트롤을 더블클릭하여 'cmd보기' 속성 시트 창을 호출하세요.

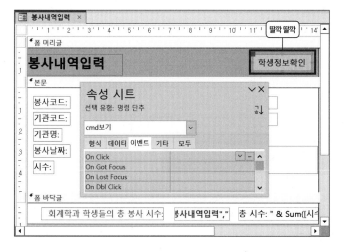

6. 'cmd보기' 속성 시트 창에서 'On Click' 이벤트의 목록 단추(⌄)를 누른 다음 〈재학생보기〉 매크로를 선택하세요.

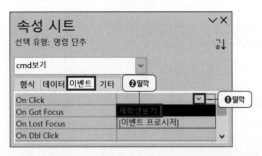

7. 'cmd보기' 속성 시트 창에서 닫기 단추(✕)를 클릭하고, [양식 디자인] → 보기 → 폼 보기(▤)를 클릭하여 폼을 실행하세요.

8. 현재 폼에 표시된 '학번'을 확인하고 '학생정보확인' 단추를 클릭하세요. 〈재학생관리〉 폼이 표시될 때 앞서 확인한 '학번'의 학생 정보가 표시되는지 확인한 다음 〈재학생관리〉 폼의 닫기 단추(✕)를 클릭하세요.

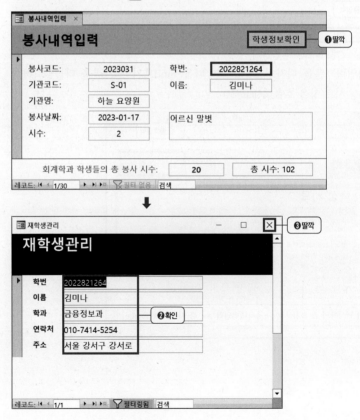

9. 〈봉사내역입력〉 폼의 폼 보기 상태로 돌아옵니다. 닫기 단추(☒)를 클릭하여 저장 여부를 묻는 대화상자가 표시되면 〈예〉를 클릭하세요.

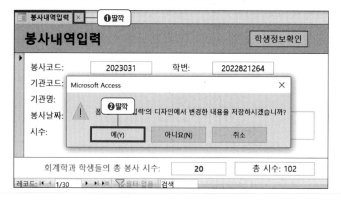

문제 3 　　조회 및 출력 기능 풀이

01. 〈봉사현황〉 보고서 완성하기(각 3점)

1 '정렬 및 그룹화' 속성 설정하기

1. '탐색' 창의 〈봉사현황〉 보고서의 바로 가기 메뉴에서 [디자인 보기]를 선택하여 〈봉사현황〉 보고서를 디자인 보기 형태로 표시합니다.

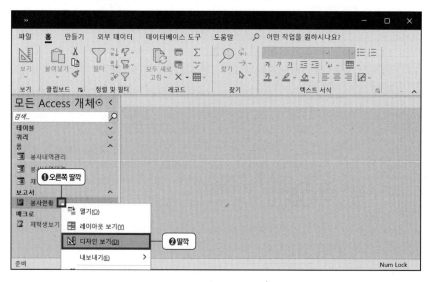

궁금해요 시나공 Q&A 베스트

Q '탐색' 창에 〈봉사현황〉 보고서 가 없어요!

A '탐색' 창에 모든 개체가 표시 되지 않아서 그렇습니다. '탐색' 창 의 ⊙를 클릭한 후 '범주 탐색'에 서 [개체 유형]을, '그룹 기준 필터' 에서 [모든 Access 개체]를 선택 하세요. 이렇게 설정해 놓으면 모 든 개체가 표시되니 항상 이렇게 설정해 놓고 작업하세요.

2. 동일한 '기관명' 내에서 '학과'를 기준으로 내림차순으로 정렬하기 위해 [보고서 디자인] → 그룹화 및 요약 → **그룹화 및 정렬**(📑)을 클릭합니다.

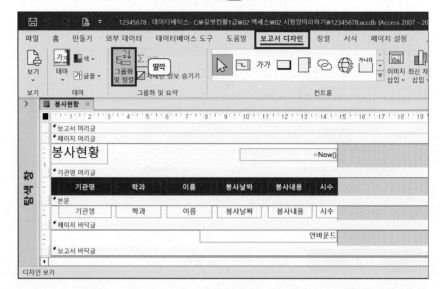

3. 화면 하단에 '그룹, 정렬 및 요약' 창이 나타납니다. '학과'를 기준으로 내림차순 정렬하기 위해 '정렬 추가'를 클릭한 후 나타나는 필드 선택 목록 상자에서 '학과'를 선택합니다.

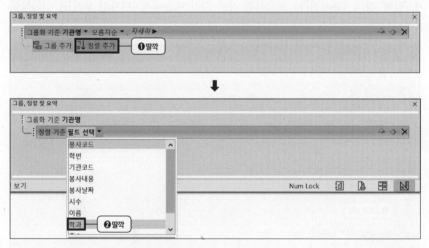

4. '학과' 필드의 정렬 기준을 '내림차순'으로 변경하기 위해 오름차순의 ▼를 클릭한 후 '내림차순'을 선택합니다.

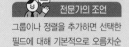

2 'txt날짜' 컨트롤에 '형식' 속성 설정하기

1. 'txt날짜' 텍스트 상자의 속성 시트 창을 호출하기 위해 페이지 머리글 영역에 있는 'txt날짜' 텍스트 상자를 더블클릭합니다.

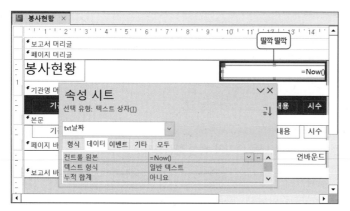

2. 'txt날짜' 속성 시트 창에서 '형식' 탭의 '형식' 속성에 **yyyy년 m월**을 입력하고 닫기 단추(☒)를 클릭하세요.

전문가의 조언

'형식' 속성에 **yyyy년 m월**을 입력하고 Enter를 누르면, 자동으로 **yyyy"년 "m월**로 변경됩니다.

3 '기관명 머리글' 영역에 '반복 실행 구역' 속성 설정하기

1. '기관명 머리글' 영역의 속성 시트 창을 호출하기 위해 '기관명 머리글' 구분선을 더블클릭합니다.

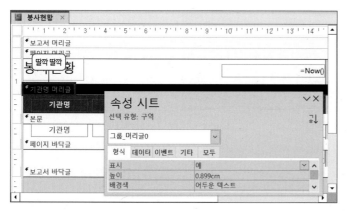

2. '기관명 머리글' 속성 시트 창에서 '형식' 탭의 '반복 실행 구역' 속성을 '예'로 선택하고 닫기 단추(⊠)를 클릭하세요.

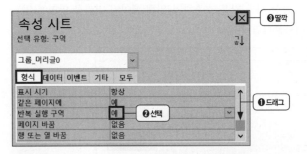

4 'txt기관명' 컨트롤에 '중복 내용 숨기기' 속성 설정하기

1. 'txt기관명' 텍스트 상자의 속성 시트 창을 호출하기 위해 본문 영역에 있는 'txt기관명' 텍스트 상자를 더블클릭합니다.

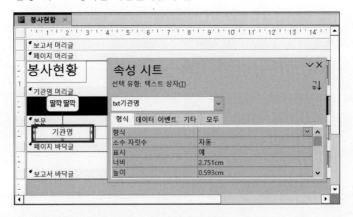

궁금해요 **시나공 Q&A 베스트**

Q '형식' 탭에 '중복 내용 숨기기' 속성이 없어요.

A 속성의 수가 많아 첫 번째 화면에 표시되지 않아서 그렇습니다. 스크롤바를 아래쪽으로 한참 드래그한 다음 찾아보세요.

2. 'txt기관명' 속성 시트 창에서 '형식' 탭의 '중복 내용 숨기기' 속성을 '예'로 선택하고 닫기 단추(⊠)를 클릭하세요.

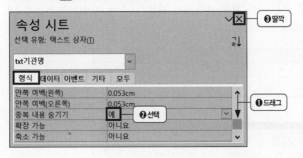

5 'txt페이지' 컨트롤에 '컨트롤 원본' 속성 설정하기

1. 'txt페이지' 텍스트 상자의 속성 시트 창을 호출하기 위해 페이지 바닥글 영역에 있는 'txt페이지' 텍스트 상자를 더블클릭합니다.

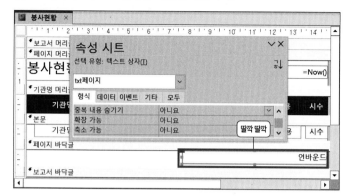

2. 'txt페이지' 속성 시트 창에서 '데이터' 탭의 '컨트롤 원본' 속성에 **=[pages] & "페이지 중 " & [page] & "페이지"**를 입력하고 닫기 단추(☒)를 클릭하세요.

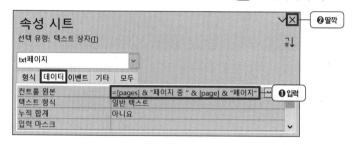

3. 보고서 설정 사항을 확인하기 위해 [보고서 디자인] → 보기 → 보기 → **인쇄 미리 보기**(🖨)를 클릭하여 설정한 내용을 확인한 다음 [인쇄 미리 보기] → 미리 보기 닫기 → 인쇄 미리 보기 닫기(⊠)를 클릭하세요.

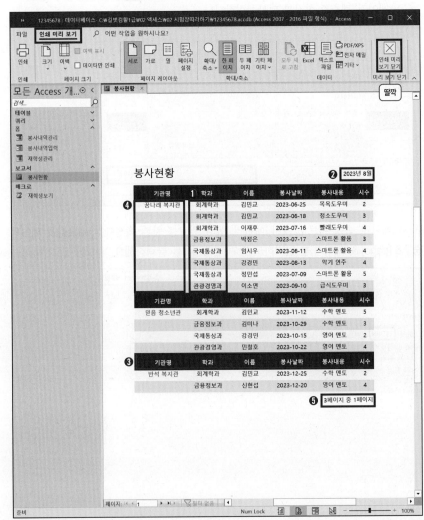

4. 보고서 디자인 보기 상태로 전환됩니다. 닫기 단추(☒)를 클릭하면 저장 여부를 묻는 대화상자가 나타납니다. 〈예〉를 클릭하세요.

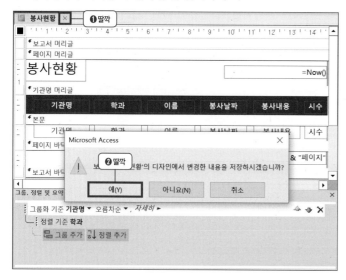

02. 'cmd오름' 단추와 'cmd내림' 단추에 On Click 기능 구현하기(5점)

1. '탐색' 창의 〈봉사내역관리〉 폼의 바로 가기 메뉴에서 [디자인 보기]를 선택하여 〈봉사내역관리〉 폼을 디자인 보기 형태로 표시하세요.

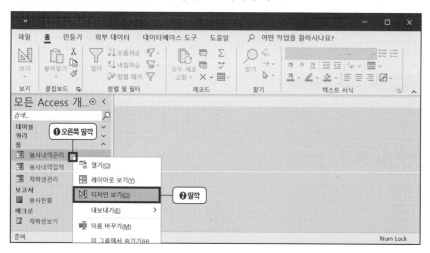

2. 폼 디자인 보기 창에서 'cmd오름' 단추를 더블클릭하여 'cmd오름' 속성 시트 창을 호출하세요.

3. 'cmd오름' 속성 시트 창의 '이벤트' 탭에서 'On Click' 속성을 클릭한 후 작성기 단추(⋯)를 클릭하세요.

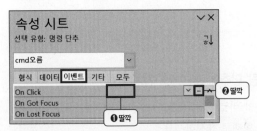

4. '작성기 선택' 대화상자에서 '코드 작성기'를 선택한 후 〈확인〉을 클릭합니다.

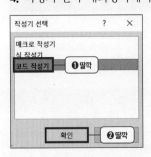

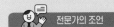
전문가의 조언

문제의 지시사항 중에 "이벤트 프로시저를 구현하시오."라는 문구가 있으므로 '코드 작성기'를 선택한 후 다음 작업을 진행하는 것입니다.

5. 'cmd오름' 단추를 클릭하면 '시수'를 기준으로 오름차순으로 정렬하여 표시하기 위해 'cmd오름_Click( )' 이벤트 프로시저에 다음과 같이 코드를 입력합니다. 입력이 완료되면 '표준' 도구 모음의 '보기 Microsoft Access(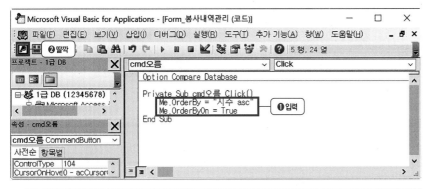)' 아이콘을 클릭하세요. VBA에서 'Microsoft Access'로 돌아옵니다.

전문가의 조언

OrderBy
폼이나 보고서가 열릴 때 적용할
정렬 기준을 정의하는 속성입니다.

OrderByOn
OrderBy에 정의된 정렬 기준을 폼
이나 보고서에 적용할지를 지정합
니다.
• True (-1, 예) : 개체의 OrderBy
속성이 적용됩니다.
• False (0, 아니오) : 개체에 적용
된 OrderBy 속성을 해제합니다
(기본값).

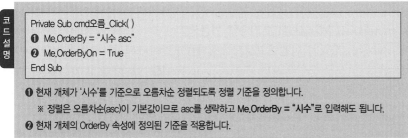

코드 설명

```
Private Sub cmd오름_Click( )
❶ Me.OrderBy = "시수 asc"
❷ Me.OrderByOn = True
End Sub
```

❶ 현재 개체가 '시수'를 기준으로 오름차순 정렬되도록 정렬 기준을 정의합니다.
　※ 정렬은 오름차순(asc)이 기본값이므로 asc를 생략하고 Me.OrderBy = "시수"로 입력해도 됩니다.
❷ 현재 개체의 OrderBy 속성에 정의된 기준을 적용합니다.

6. 'cmd오름' 속성 시트 창의 'On Click'에 '[이벤트 프로시저]'가 표시됩니다. 닫기 단추(☒)를 클릭하세요.

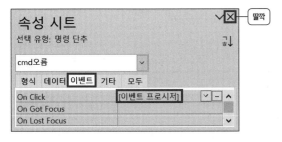

7. 이어서 'cmd내림' 단추를 더블클릭하여 'cmd내림' 속성 시트 창을 호출한 후 'cmd 내림' 속성 시트 창의 '이벤트' 탭에서 'On Click' 속성을 클릭한 다음 작성기 단추(□)를 클릭하세요.

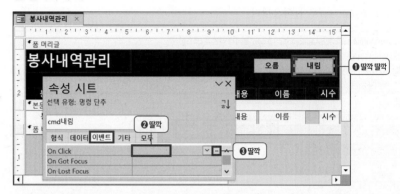

8. '작성기 선택' 대화상자에서 '코드 작성기'를 선택한 후 〈확인〉을 클릭합니다.

9. 'cmd내림' 단추를 클릭하면 '시수'를 기준으로 내림차순으로 정렬하여 표시하기 위해 'cmd내림_Click( )' 이벤트 프로시저에 다음과 같이 코드를 입력합니다. 입력이 완료되면 '표준' 도구 모음의 '보기 Microsoft Access(□)' 아이콘을 클릭하세요. VBA에서 'Microsoft Access'로 돌아옵니다.

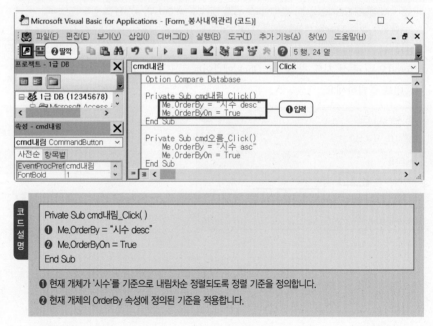

코드 설명

```
Private Sub cmd내림_Click( )
❶ Me.OrderBy = "시수 desc"
❷ Me.OrderByOn = True
End Sub
```

❶ 현재 개체가 '시수'를 기준으로 내림차순 정렬되도록 정렬 기준을 정의합니다.
❷ 현재 개체의 OrderBy 속성에 정의된 기준을 적용합니다.

10. 'cmd내림' 속성 시트 창의 'On Click'에 '[이벤트 프로시저]'가 표시됩니다. 닫기 단추(☒)를 클릭하세요.

11. [양식 디자인] → 보기 → **폼 보기**(▤)를 클릭하여 폼을 실행하세요.

12. '오름(cmd오름)' 단추를 클릭하여 '시수'를 기준으로 오름차순 정렬되는지 확인하세요.

13. 이어서 '내림(cmd내림)' 단추를 클릭하여 '시수'를 기준으로 내림차순 정렬되는지 확인하세요.

14. 닫기 단추(✕)를 클릭한 후 저장 여부를 묻는 대화상자에서 〈예〉를 클릭하세요.

01. 〈우수봉사학생처리〉 업데이트 쿼리 작성하기(7점)

1. [만들기] → 쿼리 → **쿼리 디자인(**▦**)**을 클릭하세요.

2. '테이블 추가' 창의 '테이블' 탭에서 〈재학생〉 테이블을 더블클릭하여 쿼리 작성기 창에 추가하고 '테이블 추가' 창의 닫기(✕)를 클릭하세요.

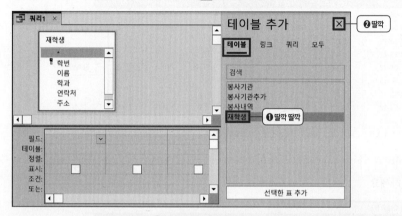

3. 업데이트 쿼리로 변경하기 위해 [쿼리 디자인] → 쿼리 유형 → **업데이트(**▨**)**를 클릭합니다.

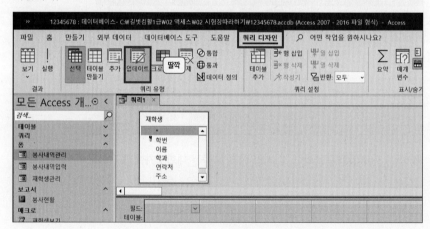

4. 수정할 필드인 〈재학생〉 테이블의 '비고'를 하단 그리드 라인의 첫 번째 필드로, 조건을 지정할 '학번'를 두 번째 필드로 드래그하세요.

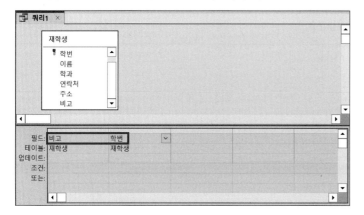

> **잠깐만요** 〈봉사내역〉 테이블을 이용하여 〈재학생〉 테이블에 조건을 적용하는 과정
>
> '시수'의 합계가 10이상인 학생을 검색해야 하는데, '시수' 필드가 있는 〈봉사내역〉과 〈재학생〉 테이블은 '학번' 필드를 기준으로 관계가 설정되어 있으므로 조건을 지정할 필드로 '학번' 필드를 사용합니다. 또한 〈봉사내역〉 테이블에서 '시수'의 합계가 10이상인 학생을 검색하는 SQL문을 하위 쿼리로 작성하여 〈재학생〉 테이블의 '학번' 필드에 조건으로 사용해야 합니다.
>
> ❶ 〈봉사내역〉 테이블에서 '학번' 필드를 기준으로 그룹을 설정하여 계산한 시수의 합이 10 이상인 '학번'만 추출합니다.
>
> | select 학번 from 봉사내역 group by 학번 having sum(시수) >= 10 |
> |---|
>
> ❷ 〈봉사내역〉 테이블에서 추출한 '학번'과 동일한 '학번'을 〈재학생〉 테이블에서 찾아 '비고' 필드의 값을 "우수 봉사 학생"으로 변경해야 하므로 〈재학생〉 테이블의 '학번' 필드의 조건을 다음과 같이 작성합니다.
>
> | in (select 학번 from 봉사내역 group by 학번 having sum(시수) >= 10) |
> |---|

전문가의 조언

하위 쿼리

하위 쿼리는 다른 선택 쿼리나 실행 쿼리 안에서 SELECT문으로 이루어진 쿼리를 말합니다. 하위 쿼리를 작성할 때는 괄호( ) 안에 입력해야 합니다.

5. '비고' 필드의 '업데이트'에 **"우수 봉사 학생"**을 입력하세요.

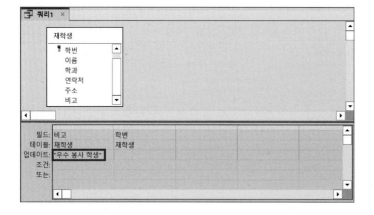

6. '학번' 필드의 '조건'에 in (select 학번 from 봉사내역 group by 학번 having sum(시수))>= 10)을 입력하세요.

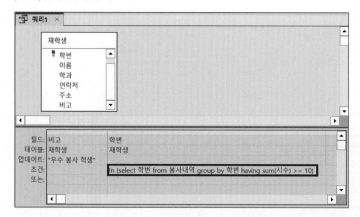

7. [쿼리 디자인] → 결과 → **실행(**▯**)**을 클릭한 후 "5행을 새로 고칩니다."라는 메시지가 출력되면 〈예〉를 클릭하세요.

 **전문가의 조언**

업데이트 쿼리, 테이블 만들기 쿼리 등은 문제에 쿼리를 작성하고 실행하라는 조건이 제시되어 있습니다. 그러므로 반드시 쿼리를 작성한 후 실행해서 결과를 확인해야 합니다.

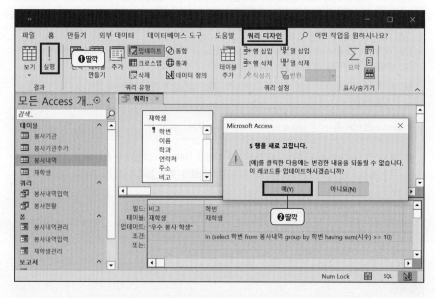

8. 쿼리 작성기 창의 닫기 단추(▢)를 클릭하세요. 저장 여부를 묻는 대화상자가 나타나면 〈예〉를 클릭하세요.

9. 쿼리 이름에 **우수봉사학생처리**를 입력한 후 〈확인〉을 클릭하세요.

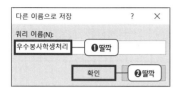

전문가의 조언

문제에 제시된 쿼리의 이름을 잘못 입력하면 배정된 점수를 모두 잃게 됩니다. 이름을 잘못 입력하지 않도록 주의하세요.

10. 〈재학생〉 테이블을 열어 '비고'의 값이 수정되었는지 확인하세요.

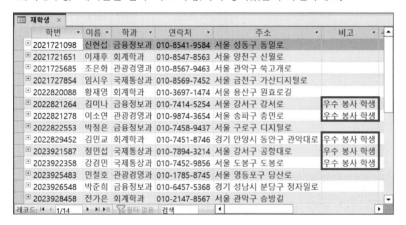

전문가의 조언

247쪽 문제에 제시된 쿼리 결과 그림과 같은지 확인하세요.

02. 〈봉사횟수조회〉 크로스탭 쿼리 작성하기(7점)

1. [만들기] → 쿼리 → 쿼리 디자인(📊)을 클릭하세요.

2. '테이블 추가' 창의 '테이블' 탭에서 〈봉사기관〉, 〈봉사내역〉, 〈재학생〉 테이블을 차례로 더블클릭하여 쿼리 작성기 창에 추가하고 '테이블 추가' 창의 닫기(✕)를 클릭하세요.

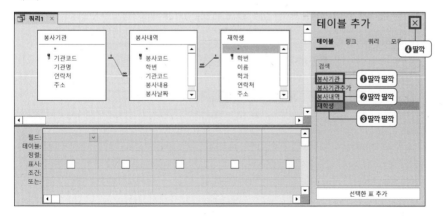

전문가의 조언

3개의 테이블 한 번에 추가하기
〈봉사기관〉 테이블을 선택한 후 Ctrl을 누른 채 〈봉사내역〉, 〈재학생〉 테이블을 차례로 선택하면 3개의 테이블이 선택됩니다. 〈선택한 표 추가〉를 클릭하면 선택된 테이블이 한 번에 추가됩니다.

3. 크로스탭 쿼리로 변경하기 위해 [쿼리 디자인] → 쿼리 유형 → **크로스탭(▦)**을 클릭합니다.

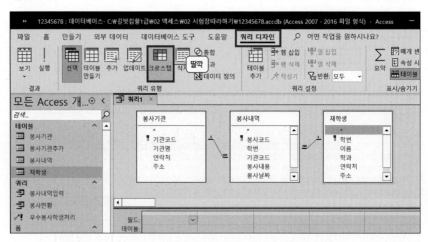

잠깐만요 **크로스탭의 행 머리글, 열 머리글, 값으로 사용될 필드 확인하기**

크로스탭 쿼리에서는 문제에 제시된 그림을 보고 행 머리글, 열 머리글, 값으로 사용될 필드를 파악하는 것이 중요한데, 다음과 같은 방법으로 확인할 수 있습니다.

❶ 행 머리글은 가장 왼쪽에 표시됩니다. '기관명' 필드가 사용되었음을 알 수 있습니다.

❷ 행 머리글은 1개 이상 지정할 수 있으며, 여러 개를 지정한 경우 왼쪽부터 순차적으로 표시됩니다. 보통 필드에 함수를 적용해야 하므로 문제에 필드명이 제시됩니다. 문제의 지시사항 중에 "봉사 횟수를 조회"하는데, "봉사횟수는 '봉사코드' 필드를 이용"한다는 문구를 통해 문제의 그림에 제시된 '총횟수'는 '봉사코드' 필드 값의 개수임을 유추할 수 있습니다.

❸ 열 머리글은 위쪽에 표시되며, 1개만 지정할 수 있습니다. 표시된 내용으로 유추할 수 있는데, 여기서는 '학과' 필드가 사용되었음을 알 수 있습니다.

❹ 값은 열 머리글 아래쪽으로 표시됩니다. 값 필드도 함수를 적용해야 하므로 문제에서 확인할 수 있습니다. 문제의 지시사항 중에 "봉사 횟수를 조회"하는데, "봉사횟수는 '봉사코드' 필드를 이용"한다는 문구를 통해 문제의 그림에 제시된 값은 '봉사코드' 필드 값의 개수임을 유추할 수 있습니다.

❶ 기관명	❷ 총횟수	❸ 관광경영과	국제통상과	금융정보과	회계학과
꿈나래 복지관	5	1	2	1	1
믿음 청소년관	4	1	1 ❹	1	1
반석 복지관	6	2	2	1	1

4. 문제의 결과 그림에서 가장 왼쪽에 표시된 부분은 행 머리글이고 위쪽에 표시된 부분은 열 머리글입니다. 그리고 아래쪽에 숫자로 표시된 부분이 값 부분입니다. 행 머리글로 사용될 〈봉사기관〉 테이블의 '기관명'을 하단 그리드 라인의 첫 번째 필드로 드래그한 후 '크로스탭' 행을 '행 머리글'로 선택하세요.

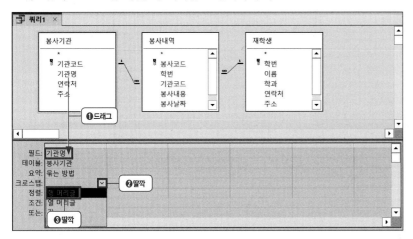

5. 열 머리글로 사용될 〈재학생〉 테이블의 '학과'를 하단 그리드 라인의 두 번째 필드로 드래그한 후 '크로스탭' 행을 '열 머리글'로 선택하세요.

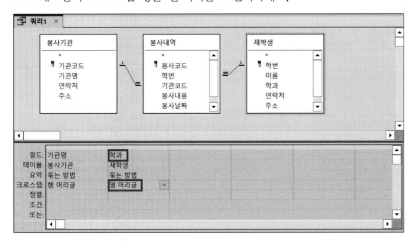

6. 값으로 사용될 〈봉사내역〉 테이블의 '봉사코드' 필드를 세 번째 필드로 드래그한 후 '요약' 행을 '개수'로, '크로스탭' 행을 '값'으로 선택하세요.

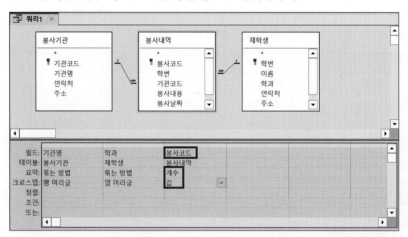

7. [쿼리 디자인] → 결과 → **실행(！)**을 클릭하여 현재까지의 결과를 확인해 보세요.

8. 문제의 결과 그림에는 행 머리글인 '기관명'과 열 머리글인 '학과' 사이에 '총횟수' 필드가 추가되어 있습니다. 행 머리글은 1개 이상 지정할 수 있는데, 추가된 행 머리글은 가장 왼쪽에 표시되는 기본 행 머리글 옆에 이어서 표시됩니다. [홈] → 보기 → **디자인 보기(◫)**를 클릭하여 쿼리 작성기 창으로 돌아오세요.

9. 〈봉사내역〉 테이블의 '봉사코드' 필드를 하단 그리드 라인의 네 번째 필드로 드래그한 후 봉사코드의 필드 이름을 '총횟수'로 표시하기 위해 **총횟수: 봉사코드**로 변경합니다. 이어서 '요약' 행을 '개수'로, '크로스탭' 행을 '행 머리글'로 선택하세요.

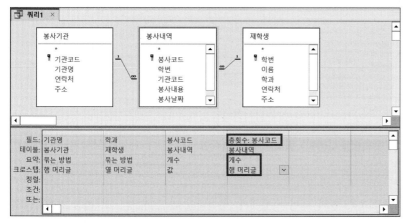

↓ 실행 결과

10. 이제 조건을 지정할 차례입니다. '봉사날짜' 필드를 이용해 조건을 지정해야 하므로 〈봉사내역〉 테이블의 '봉사날짜' 필드를 하단 그리드 라인의 다섯 번째 필드로 드래그하고 '요약' 행을 '조건'으로 지정한 후 조건을 입력하세요.

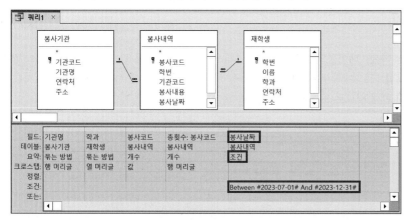

↓ 실행 결과

전문가의 조언

날짜를 조건으로 사용할 경우에는 날짜를 #으로 묶어줘야 합니다.

전문가의 조언

247쪽 문제에 제시된 쿼리 결과 그림과 같은지 확인하세요.

11. 닫기 단추(⊠)를 클릭하세요. 저장 여부를 묻는 대화상자가 나타나면 〈예〉를 클릭하세요.

12. 쿼리 이름에 **봉사횟수조회**를 입력한 후 〈확인〉을 클릭하세요.

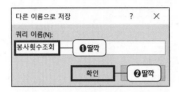

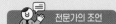

문제에 제시된 쿼리의 이름을 잘
못 입력하면 배정된 점수를 모두
잃게 됩니다. 이름을 잘못 입력하
지 않도록 주의하세요.

03. 〈학과별봉사현황〉 쿼리 작성하기(7점)

1. [만들기] → 쿼리 → **쿼리 디자인**(▦)을 클릭하세요.

2. '테이블 추가' 창의 '테이블' 탭에서 〈봉사내역〉과 〈재학생〉 테이블을 차례로 더블 클릭하여 쿼리 작성기 창에 추가하고 '테이블 추가' 창의 닫기(⊠)를 클릭하세요.

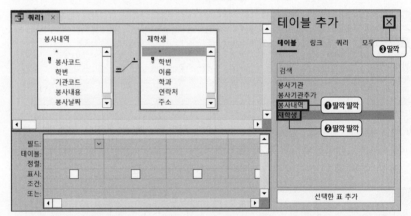

• 학과별로 총 인원수와 총 시수
를 조회하는 데 필요한 필드만
하단의 그리드 라인에 추가합니
다. 학과별로 조회하므로 '학과'
필드를, 총 인원수는 결과 그림
에서 봉사학생수와 관계가 있고
봉사학생수는 '학번'을 이용해야
하므로 '학번' 필드를, 총 시수는
시수의 합계이므로 '시수' 필드
를 추가한 것입니다.

• 쿼리에 추가해야 할 '학번'이 두
테이블에 모두 있습니다. 이런
경우처럼 1 : N의 관계에서는 보
통 1쪽에 해당하는 테이블의 필
드를 선택하지만 N쪽의 필드를
선택해도 결과는 같게 나옵니
다. 즉 〈봉사내역〉 테이블의 '학
번'을 필드에 추가해도 결과는
동일합니다.

• '학생당봉사시수'는 앞서 사용된
'봉사학생수'와 '총시수' 필드를
이용할 것이므로 별도로 필드를
그리드 라인에 추가하지 않습
니다.

• 필드를 드래그하지 않고 더블클
릭해도 쿼리 작성기 창 하단의
그리드 영역으로 필드가 배치됩
니다.

3. 〈재학생〉 테이블의 '학과'를 하단 그리드 라인의 첫 번째 필드로 드래그하세요. 같은 방법으로 〈재학생〉 테이블의 '학번'을 두 번째 필드로, 〈봉사내역〉 테이블의 '시수'를 세 번째 필드로 드래그하세요.

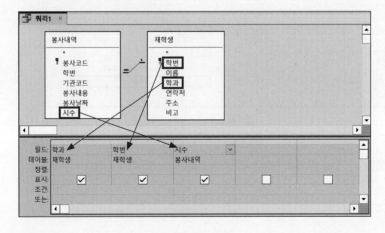

4. 학과별로 그룹을 지정하기 위해 [쿼리 디자인] → 표시/숨기기 → **요약(∑)**을 클릭합니다.

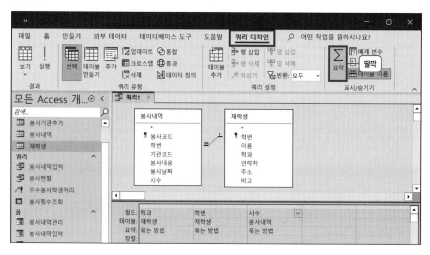

5. '학번' 필드를 이용하여 봉사학생수를 표시할 것이므로, '묶는 방법'이라고 표시된 부분을 클릭하여 묶는 방법을 '개수'로 변경합니다. '시수' 필드를 이용하여 총시수를 표시할 것이므로, 같은 방법으로 '시수' 필드의 묶는 방법을 '합계'로 변경합니다.

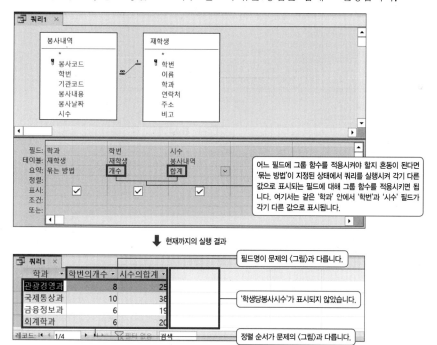

어느 필드에 그룹 함수를 적용시켜야 할지 혼동이 된다면 '묶는 방법'이 지정된 상태에서 쿼리를 실행시켜 각기 다른 값으로 표시되는 필드에 대해 그룹 함수를 적용시키면 됩니다. 여기서는 같은 '학과' 안에서 '학번'과 '시수' 필드가 각기 다른 값으로 표시됩니다.

↓ 현재까지의 실행 결과

필드명이 문제의 〈그림〉과 다릅니다.

'학생당봉사시수'가 표시되지 않았습니다.

정렬 순서가 문제의 〈그림〉과 다릅니다.

6. 그리드 라인의 두 번째 필드의 필드명을 '봉사학생수'로 표시하기 위해 **봉사학생수: 학번**으로, 세 번째 필드의 필드명을 '총시수'로 표시하기 위해 **총시수: 시수**로 변경합니다.

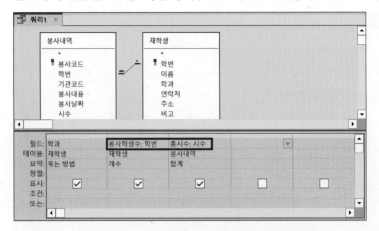

7. '총시수'를 기준으로 내림차순 정렬하기 위해 '총시수' 필드의 '정렬' 행을 클릭한 후 '내림차순'을 선택합니다.

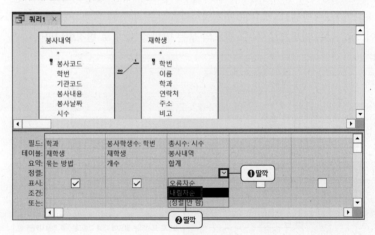

8. 그리드 라인의 네 번째 필드에 '학생당봉사시수'를 표시하기 위해 **학생당봉사시수: 총시수/봉사학생수**를 입력한 후 묶는 방법을 '식'으로 변경합니다.

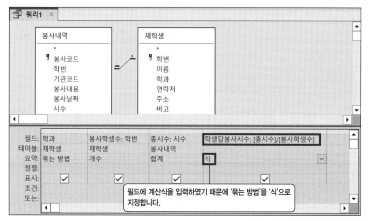

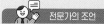

전문가의 조언

학생당봉사시수: 총시수/봉사학생수를 입력하면 식에 사용된 필드명에 자동으로 대괄호가 붙어 **학생당봉사시수: [총시수]/[봉사학생수]**로 변경됩니다.

↓ 현재까지의 실행 결과

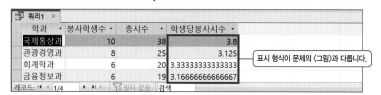

학과	봉사학생수	총시수	학생당봉사시수
국제통상과	10	38	3.8
관광경영과	8	25	3.125
회계학과	6	20	3.33333333333333
금융정보과	6	19	3.16666666666667

표시 형식이 문제의 〈그림〉과 다릅니다.

9. '학생당봉사시수' 필드의 값을 소수점 첫째 자리까지 표시하되, 0인 경우에도 0.0으로 표시되도록 형식을 변경해야 합니다. 그리드 라인의 '학생당봉사시수' 필드의 바로 가기 메뉴에서 [속성]을 선택하세요.

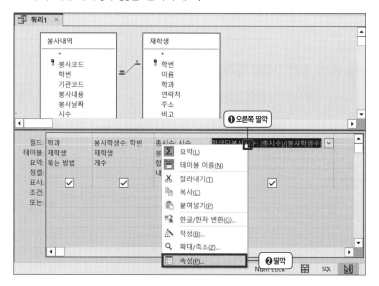

전문가의 조언

쿼리 작성기 창의 하단 그리드 영역 중 '학생당봉사시수' 필드를 클릭한 후 [쿼리 디자인] → 표시/숨기기 → **속성 시트(目)**를 클릭해도 됩니다.

10. '필드' 속성 시트 창에서 '형식'에 0.0을 입력한 후 닫기 단추(☒)를 클릭하세요.

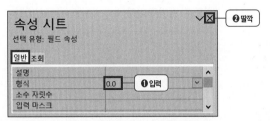

전문가의 조언

248쪽 문제에 제시된 쿼리 결과
그림과 같은지 확인하세요.

11. [쿼리 디자인] → 결과 → **실행**(☰)을 클릭하여 결과를 확인한 후 쿼리 실행 결과
화면을 닫으세요. 저장 여부를 묻는 대화상자가 나타나면 '예'를 클릭하세요.

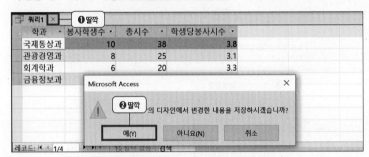

12. 쿼리 이름에 **학과별봉사현황**을 입력한 후 〈확인〉을 클릭하세요.

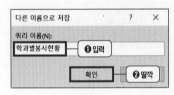

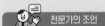
전문가의 조언

문제에 제시된 쿼리의 이름을 잘
못 입력하면 배정된 점수를 모두
잃게 됩니다. 그러니 이름을 잘못
입력하지 않도록 주의하세요.

04. 〈학과현황생성〉 쿼리 작성하기(7점)

1. [만들기] → 쿼리 → **쿼리 디자인**(☷)을 클릭하세요.

2. '테이블 추가' 창의 '쿼리' 탭에서 〈봉사현황〉 쿼리를 더블클릭하여 쿼리 작성기 창
에 추가하고 '테이블 추가' 창의 닫기(☒)를 클릭하세요.

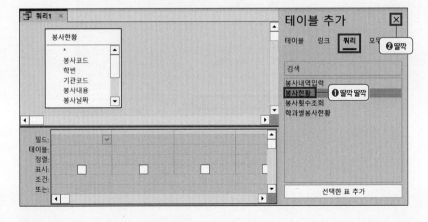

3. 〈봉사현황〉 쿼리의 '봉사날짜'를 하단 그리드 라인의 첫 번째 필드로 드래그한 후 같은 방법으로 '기관명', '시수', '학번', '이름', '봉사내용' 필드를 차례로 드래그하세요.

전문가의 조언

• 결과를 표시하는 데 필요한 필드만 하단의 그리드 라인에 추가합니다.
• 필드를 드래그하지 않고 더블클릭해도 쿼리 작성기 창 하단의 그리드 영역으로 필드가 배치됩니다.

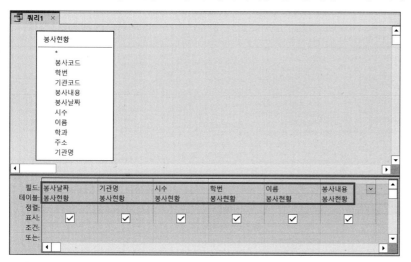

4. 이어서 매개 변수로 입력받아 조건으로 사용할 '학과'를 하단 그리드 라인의 마지막 필드로 드래그한 후 결과 화면에는 표시되지 않도록 '표시' 항목을 클릭하여 체크를 해제하세요.

전문가의 조언

문제의 지시사항 중에 "학과명의 일부를 매개 변수로 입력받고" 라는 문구가 있으므로 매개 변수로 입력받아 조건으로 사용할 필드로 '학과'를 사용하는 것입니다.

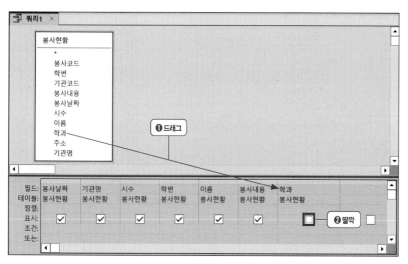

5. 이제 매개 변수를 지정할 차례입니다. '학과' 필드의 조건에 **Like "*" & [조회할 학과 명의 일부를 입력] & "*"**를 입력한 후 [쿼리 디자인] → 결과 → **실행(ｌｌ)**을 클릭하여 지금까지의 결과를 확인하세요.

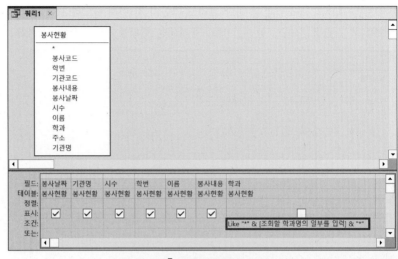

⬇ 지금까지의 실행 결과

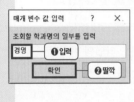

6. [홈] → 보기 → **디자인 보기**(⬚)를 클릭하여 쿼리 작성기 창으로 돌아오세요.

7. 조회된 내용이 새 테이블로 생성되도록 테이블 만들기 쿼리로 변경하기 위해 [쿼리 디자인] → 쿼리 유형 → **테이블 만들기**(⬚)를 클릭합니다. '테이블 만들기' 대화상자가 표시됩니다.

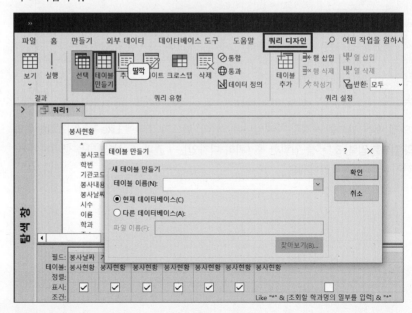

8. '테이블 만들기' 대화상자에서 '테이블 이름'에 **조회학과봉사현황**을 입력한 후 〈확인〉을 클릭하세요.

9. 이제 쿼리를 실행하여 〈조회학과봉사현황〉 테이블을 만들어야 합니다. [쿼리 디자인] → 결과 → **실행**(⫿)을 클릭한 후 매개 변수 대화상자에 **경영**을 입력한 후 〈확인〉을 클릭하세요.

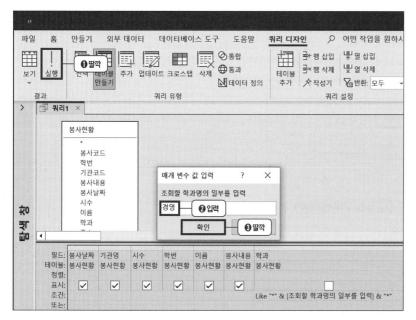

10. 'Microsoft Access' 대화상자에서 〈예〉를 클릭하면 8개의 레코드를 가진 〈조회학과봉사현황〉 테이블이 만들어집니다.

전문가의 조언

테이블 만들기 쿼리 이름과 테이블 만들기 쿼리로 만들어지는 테이블의 이름이 서로 다릅니다. 이 둘의 이름을 혼동하여 잘못 입력하면 배정된 점수를 모두 잃게 됩니다. 그러니 이름을 잘못 입력하지 않도록 주의하세요.

전문가의 조언

• 테이블 만들기 쿼리, 업데이트 쿼리 등은 문제에 쿼리를 작성하고 실행하라는 조건이 제시되어 있습니다. 그러므로 반드시 쿼리를 작성한 후 실행해서 결과를 확인해야 합니다.
• 결과를 확인하기 위해 매개 변수 대화상자에 입력하는 값은 문제에 제시된 값과 동일하게 입력한 후 결과를 확인하세요.

11. 닫기 단추(☒)를 클릭하세요. 저장 여부를 묻는 대화상자가 나타나면 〈예〉를 클릭하세요.

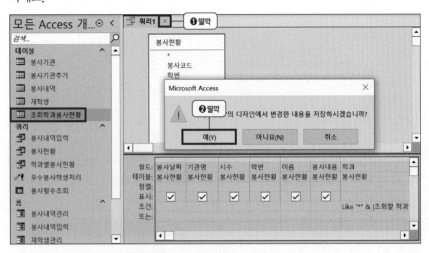

12. '쿼리 이름'에 **학과현황생성**을 입력한 후 〈확인〉을 클릭하세요.

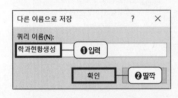

전문가의 조언

테이블 만들기 쿼리 이름과 테이블 만들기 쿼리로 만들어지는 테이블의 이름이 서로 다릅니다. 이 둘의 이름을 혼동하여 잘못 입력하면 배정된 점수를 모두 잃게 됩니다. 이름을 잘못 입력하지 않도록 주의하세요.

05. 〈도우미구분별현황〉 쿼리 작성하기(7점)

1. [만들기] → 쿼리 → 쿼리 디자인(▦)을 클릭하세요.

2. '테이블 추가' 창의 '테이블' 탭에서 〈봉사내역〉 테이블을 더블클릭하여 쿼리 작성기 창에 추가하고 '테이블 추가' 창의 닫기(☒)를 클릭하세요.

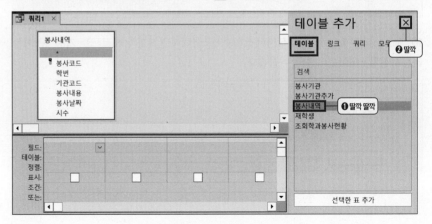

3. 〈봉사내역〉테이블의 '봉사내용'을 하단 그리드 라인의 첫 번째 필드로 드래그하세요. 같은 방법으로 '봉사코드'를 두 번째 필드로, '시수'를 세 번째 필드로 드래그하세요.

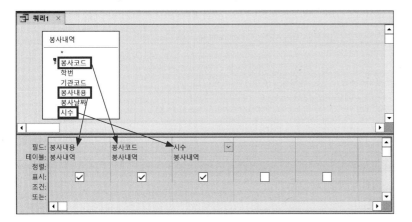

4. 도우미구분별로 그룹을 지정하기 위해 [쿼리 디자인] → 표시/숨기기 → **요약(∑)**을 클릭합니다.

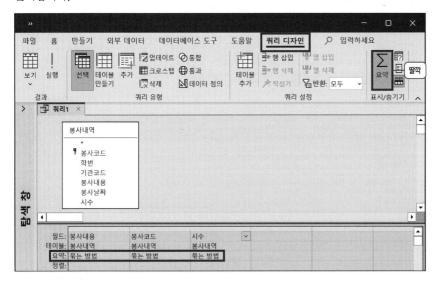

5. 도우미구분은 봉사내용의 마지막 2개의 문자가 '멘토'인 경우 '청소년도우미', 그 외는 '어르신도우미'로 설정해야 하므로, 하단 그리드 라인의 첫 번째 필드에 **구분:** **=iif(right([봉사내용],2)="멘토","청소년도우미","어르신도우미")**를 입력합니다.

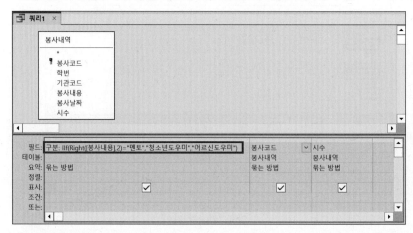

[함수설명]

=Iif(Right([봉사내용], 2)="멘토", "청소년도우미", "어르신도우미")
　　　　　　❶　　　　　　　　❷　　　　　　　❸

'봉사내용' 필드의 오른쪽, 즉 마지막 2개의 문자가 "멘토"이면(❶) "청소년도우미"를 표시하고(❷), 그렇지 않으면 "어르신도우미"를 표시합니다(❸).

6. '봉사코드' 필드의 '묶는 방법'이라고 표시된 부분을 클릭하여 묶는 방법은 '개수'로 변경하세요. 같은 방법으로 '시수' 필드의 묶는 방법을 '합계'로 변경하세요.

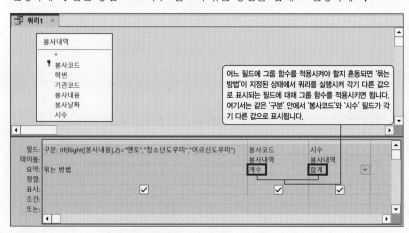

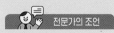

전문가의 조언

묶는 방법

합계, 평균, 최소값, 최대값, 개수, 표준 편차, 분산, 처음 값, 마지막 값, 식, 조건

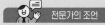

전문가의 조언

문제의 지시사항 중에 "쿼리 실행 결과 표시되는 필드와 필드명은 〈그림〉과 같이 표시되도록 설정"하라는 문구가 있으므로 수험자는 본인이 작성한 쿼리의 실행 결과와 문제에 제시된 결과 그림을 비교하여 다른 부분이 있다면 추가로 설정해야 합니다.

7. 그리드 라인의 두 번째 필드의 필드명을 '봉사건수'로 표시하기 위해 **봉사건수: 봉사코드**로, 세 번째 필드의 필드명을 '봉사시수'로 표시하기 위해 **봉사시수: 시수**로 변경합니다.

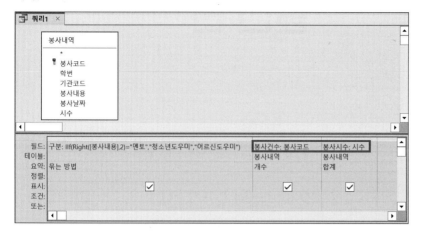

8. [쿼리 디자인] → 결과 → **실행(⫿)**을 클릭하여 결과를 확인한 후 쿼리 실행 결과 화면을 닫으세요. 저장 여부를 묻는 대화상자가 나타나면 '예'를 클릭하세요.

전문가의 조언

248쪽 문제에 제시된 쿼리 결과 그림과 같은지 확인하세요.

9. 쿼리 이름에 **도우미구분별현황**을 입력한 후 〈확인〉을 클릭하세요.

전문가의 조언

문제에 제시된 쿼리의 이름을 잘못 입력하면 배정된 점수를 모두 잃게 됩니다. 이름을 잘못 입력하지 않도록 주의하세요.

채점 프로그램을 이용하여 여러분이 완성한 답안 파일을 채점해 보세요. 채점 프로그램 사용법에 대한 내용은 1권 12쪽을 참고하세요.

---

6   액세스 시험 마무리

감독관의 지시에 따라 자리를 정리한 후 퇴실합니다.

2부 실전편

1장 기본 모의고사

2장 실전 모의고사

1 장

기본 모의고사

기본 모의고사   01회

기본 모의고사   02회

기본 모의고사   03회

기본 모의고사   04회

기본 모의고사   05회

기본 모의고사   06회

기본 모의고사   07회

기본 모의고사   08회

기본 모의고사   09회

기본 모의고사   10회

기본 모의고사

• 준 비 하 세 요 : 'C:\길벗컴활1급\02 액세스\03 기본모의고사' 폴더에서 '01회.accdb' 파일을 열어서 작업하시오.
• 외부 데이터 위치 : C:\길벗컴활1급\02 액세스\03 기본모의고사

문제 1   DB 구축(25점)

전문가의 조언

1
• 여러 항목 중에 하나를 표현할 때 In ("A", "B", "C") 혹은 "A" Or "B" Or "C" 형태로 지정합니다.
• '15년 11월 12일'과 같은 형식은 '보통 날짜' 형식입니다.
• 24시간 형식으로 시간을 표시하는 형식은 '간단한 시간'입니다.
• 오늘 날짜를 표시하는 함수는 'Date()'이고, 날짜에서 년도만 표시하는 함수는 'Year()'입니다.
• 데이터 형식을 '짧은 텍스트'로 지정하면 최대 255자, '긴 텍스트'로 지정하면 64,000자까지 입력할 수 있습니다.

전문가의 조언

실제 시험에서는 [문제 1] 테이블 완성 관련 세부 문항이 5문항만 출제됩니다. 하지만 기본 모의고사에서는 좀 더 다양한 형태의 문제를 풀어볼 수 있도록 더 많은 문항을 수록하였습니다.

전문가의 조언

2. 관계 설정은 68쪽을 참조하세요.

1. 스포츠 클럽에서 회원들의 사용 현황을 파악하기 위해 데이터베이스를 구축하였다. 다음의 지시사항에 따라 〈회원〉 테이블과 〈강사〉 테이블을 완성하시오.

〈회원〉 테이블
① 새로운 레코드가 추가되는 경우 '회원코드' 필드에는 기본적으로 "0000"이 입력되도록 설정하시오.
② '고객등급' 필드에는 "A", "B", "C" 중 하나의 값을 입력하고, 이외의 값이 입력되면 "A, B, C 중 하나를 입력하세요."라는 메시지가 표시되도록 설정하시오.
③ '최초등록일' 필드를 '날짜/시간' 형식으로 변경한 후 표시는 15년 11월 12일 형식으로, 입력 마스크는 '날짜형식(S)'로 설정하시오.

〈강사〉 테이블
④ '근무시작시간' 필드의 형식은 24시간 형식의 시간으로 표시되도록 설정하시오.
⑤ 새로운 레코드가 추가되는 경우 '근무시작년도' 필드에는 시간을 포함하지 않는 시스템의 오늘 날짜 중 년도가 기본으로 입력되도록 설정하시오.
⑥ '근무평가' 다음에 '비고' 필드를 추가한 후 500자 이하의 텍스트가 입력될 수 있도록 가장 적절한 데이터 형식을 지정하시오.

2. 〈사용현황〉 테이블의 '회원코드'는 〈회원〉 테이블의 '회원코드'를 참조하고, 〈사용현황〉 테이블의 '강사코드'는 〈강사〉 테이블의 '강사코드'를 참조하며, 각 테이블의 관계는 M:1이다. 세 테이블에 대해 다음과 같이 관계를 설정하시오.
▶ 〈사용현황〉 테이블이 참조하는 각 테이블은 항상 참조 무결성을 유지하도록 설정하시오.
▶ 〈회원〉 테이블의 기본키가 변경되면 〈사용현황〉 테이블의 외래키 필드도 변경되도록 설정하시오.
▶ 〈사용현황〉 테이블에서 참조하고 있는 〈회원〉 테이블의 레코드와 〈강사〉 테이블의 레코드를 삭제할 수 없도록 설정하시오.

3. '강사관리.xlsx' 파일의 내용을 가져와 〈강사〉 테이블에 추가하시오.
▶ '강사관리' 시트에서 데이터를 가져오시오.

문제 2   입력 및 수정 기능 구현(20점)

1. 스포츠클럽의 사용 및 관리를 위한 〈스포츠클럽관리〉 폼에 대해 다음의 작업을 수행하시오.

① '연속 폼'의 형태로 나타나도록 폼의 '기본 보기' 속성을 설정하시오.

② 폼에서 레코드를 추가할 수 없도록 관련 속성을 설정하시오.

③ 폼 머리글의 'lst회원정보', 'lst강사정보' 컨트롤과 폼 바닥글의 'txt이용료평균', 'txt이용료최대값' 컨트롤의 배경색을 'Access 테마 3'으로 설정하시오.

④ 폼 바닥글의 'txt선수금', 'txt할인금액', 'txt납부금액', 'txt미납금액' 컨트롤에는 각각의 '선수금', '할인금액', '납부금액', '미납금액'의 합계가 표시되도록 설정하시오.

⑤ 폼 바닥글의 'txt표시', 'txt이용료평균', 'txt이용료최대값' 컨트롤에는 탭 전환 기능이 적용되지 않도록 설정하시오.

⑥ 본문의 'txt회원성명' 컨트롤에 표시되는 성명의 마지막 글자가 "＊"로 표시되도록 설정하시오.

▶ 표시 예 : 홍길＊

▶ Left, Len 함수 사용

전문가의 조언

1
• 기본 보기 속성은 '폼' 속성 시트 창의 '형식' 탭에서 설정합니다.
• 합계를 구하는 함수는 '=SUM( )' 입니다.
• 탭 전환 기능은 '기타' 탭의 탭 정지 속성에서 지정합니다. 탭 정지 속성에서 '예'를 선택하면 탭 전환 기능을 사용한다는 의미입니다.

전문가의 조언

실제 시험에서는 [문제 2] 폼 완성 관련 세부 문항이 3문항만 출제됩니다. 하지만 기본 모의고사에서는 좀 더 다양한 형태의 문제를 풀어 볼 수 있도록 더 많은 문항을 수록 하였습니다

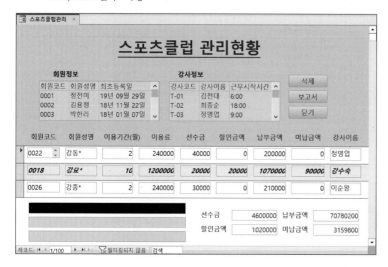

2. 〈스포츠클럽관리〉 폼의 '보고서'(cmd보고서) 단추를 클릭하면 〈보고서선택기준〉 폼을 폼 보기 형태로 여는 〈폼보기〉 매크로를 생성한 후 지정하시오.

3. 〈스포츠클럽관리〉 폼의 본문 영역에 다음과 같이 조건부 서식을 설정하시오.

▶ '미납금액'이 0이 아닌 경우 본문 영역의 모든 컨트롤에 '굵게'와 '기울임꼴' 서식을 설정하시오.

▶ 단, 하나의 규칙으로 작성하시오.

전문가의 조언

2
매크로 작성기에서 OpenForm 함수로 구현하세요.

3
레코드 전체에 조건부 서식을 적용하려면 본문의 모든 컨트롤을 선택한 상태에서 [서식] → 컨트롤 서식 → 조건부 서식을 선택한 후 '새 서식 규칙' 대화상자에서 '식이'를 이용하여 조건을 지정해야 합니다.

문제 3   조회 및 출력 기능 구현(20점)

1

- 합계를 구하는 함수는 '=SUM( )' 입니다.
- 페이지 설정은 '식 작성기'를 이용하면 편리합니다.
- '2023-07-22 오후 8:57:13'과 같은 형식은 '기본 날짜' 형식입니다.

1. 다음의 지시사항 및 화면을 참조하여 〈회원별사용현황〉 보고서를 완성하시오.

① '회원성명', '강사이름' 순으로 오름차순 정렬되도록 변경하시오.

② 회원성명 머리글의 'txt회원성명', 'txt고객등급', 'txt최초등록일' 컨트롤에 각각 '회원성명', '고객등급', '최초등록일' 필드를 바운드시키시오.

③ 회원성명 바닥글의 'txt이용료합계', 'txt선수금합계', 'txt할인금액합계', 'txt납부금액합계' 컨트롤에는 각각 '이용료', '선수금', '할인금액', '납부금액'의 합계가 표시되도록 설정하시오.

④ 페이지 바닥글의 'txt페이지'에는 페이지를 '현재 페이지/전체 페이지'의 형태로 표시되도록 설정하시오.

   ▶ 전체 페이지 수가 5이고, 현재 페이지가 2이면 '2/5페이지'와 같이 표시

⑤ 페이지 바닥글의 'txt날짜'에는 시스템의 현재 날짜가 화면과 같은 형식으로 표시되도록 설정하시오.

   ▶ Now 함수 사용

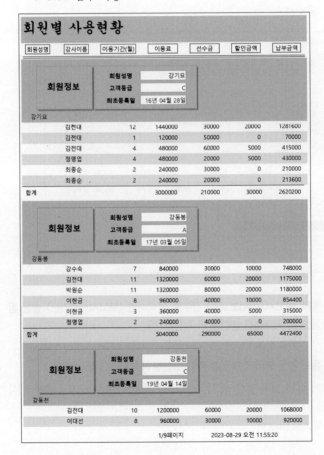

2. 〈스포츠클럽관리〉 폼의 'lst회원정보'의 특정 목록를 더블클릭하면 다음과 같은 기능을 수행하도록 이벤트 프로시저를 구현하시오.

▶ 현재 폼의 데이터에 '회원성명'이 'lst회원정보'의 값과 동일한 레코드만 표시
▶ 폼의 Filter 및 FilterOn 속성 사용

3. 〈스포츠클럽관리〉 폼의 'lst회원정보'에서 특정 목록을 선택(After Update)하면 다음과 같은 기능을 수행하도록 이벤트 프로시저를 구현하시오.

▶ 'txt표시', 'txt이용료평균', 'txt이용료최대값' 컨트롤에는 선택한 회원의 회원성명을 이용하여 다음 그림과 같은 형식으로 표시할 것
▶ 'txt표시' 컨트롤에는 선택한 회원의 이름 및 강사이름을 표시할 것
▶ 'txt이용료평균' 컨트롤에는 선택한 회원의 이용료 평균을 표시할 것
▶ 'txt이용료최대값' 컨트롤에는 선택한 회원의 이용료 최대값을 표시할 것

회원명 : 정전미(강사이름 : 이대선)
정전미회원의 이용료 평균 : 1440000
정전미회원의 이용료 최대값 : 1440000

4232014

문제 4 처리 기능 구현(35점)

1. 등록월별 고객등급별 회원수를 조회하는 〈고객등급조회〉 크로스탭 쿼리를 작성하시오.

▶ 〈회원〉 테이블을 이용하시오.
▶ 회원수는 '회원코드' 필드를 이용하시오.
▶ 등록월은 최초등록일의 월로 설정하시오.
▶ 고객등급은 고객등급이 'A'이면 "VIP", 그 외는 "일반"으로 설정하시오.
▶ Iif, Month 함수 사용
▶ 등록월은 1에서 6까지만 조회대상으로 하시오. (Between 연산자 사용)
▶ 쿼리 실행 결과 표시되는 필드와 필드명, 필드의 형식은 〈그림〉과 같이 표시되도록 설정하시오.

등록월	회원수	일반	VIP
1월	2		2
2월	1	1	
3월	2	1	1
4월	3	3	
5월	3	3	
6월	2		2

레코드: I◀ 1/6 ▶ ▶I ▶✱ 필터 없음 검색

2. 〈회원〉, 〈사용현황〉, 〈강사〉 테이블을 이용하여 '고객등급'을 매개 변수로 입력받고, 해당 등급의 회원을 관리하는 강사들의 정보를 조회하는 〈등급별강사현황〉 쿼리를 작성하시오.

▶ 쿼리 실행 결과 표시되는 필드와 필드명, 필드의 형식은 〈그림〉과 같이 표시되도록 설정하시오.

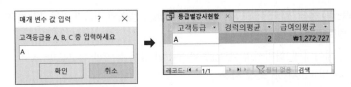

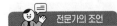
전문가의 조언

3. '불일치 검색 쿼리 마법사'를 이용한 후 디자인 보기에서 조건을 지정하세요.

3. 〈사용현황〉 테이블에 존재하지 않는 〈강사〉 테이블의 자료를 조회하는 〈회원없는강사(우수)〉 쿼리를 작성하시오.

▶ '근무평가'가 '우수'인 자료만을 표시하시오.
▶ 쿼리 실행 결과 표시되는 필드와 필드명은 〈그림〉과 같이 표시되도록 설정하시오.

| 회원없는강사(우수) × | | | |
강사이름	경력	나이	근무평가
홍예영	1	21	우수
김나리	5	26	우수
우민지	4	29	우수
*			

레코드: ◄ ◄ 1/3 ► ►► ►※ 🖹 필터 없음 검색

전문가의 조언

4. 〈강사〉 테이블에서 '강사이름', 〈사용현황〉 테이블에서 '회원코드', '이용료', '할인금액'을 가져와서 묶는 방법에 '회원코드'는 '개수'를, '이용료'와 '할인금액'은 '합계'를 적용하세요.

4. 강사별로 '회원수'와 '이용료', '할인금액'의 총계를 조회하는 〈강사별회원수〉 쿼리를 작성하시오.

▶ 〈사용현황〉과 〈강사〉 테이블을 이용하시오.
▶ 관리회원수는 '회원코드' 필드를 이용하시오.
▶ 쿼리 실행 결과 표시되는 필드와 필드명은 〈그림〉과 같이 표시되도록 설정하시오.

| 강사별회원수 × | | | |
강사이름	관리회원수	이용료총계	할인금액총계
강수숙	11	9120000	115000
김인모	7	6480000	85000
김전대	13	10440000	150000
박원순	9	7920000	95000
이대선	11	9960000	115000
이순왕	11	7560000	100000
이현금	14	10080000	140000
이현종	5	4200000	50000
정명업	11	7920000	95000
최종순	8	5880000	75000

레코드: ◄ ◄ 1/10 ► ►► ►※ 🖹 필터 없음 검색

전문가의 조언

5. 하위 쿼리
• 하위 쿼리는 다른 선택 쿼리나 실행 쿼리 안에서 SELECT문으로 이루어진 쿼리를 말합니다. 하위 쿼리를 작성할 때는 괄호( ) 안에 입력해야 합니다. 개강한 강의 수가 12개 이상인 강사를 조회하려면 조건란에 다음과 같이 입력하면 됩니다.
• In (select 강사코드 from 사용현황 group by 강사코드 having count(개강코드) >= 12)

5. 〈강사〉, 〈사용현황〉 테이블을 이용하여 개강한 강의 수가 12개 이상인 강사의 '비고' 필드의 값을 '인기강사'로 변경하는 〈인기강사처리〉 업데이트 쿼리를 작성한 후 실행하시오.

▶ 개강한 강의 수 계산은 '개강코드' 필드를 이용하시오.
▶ In 연산자와 하위 쿼리 사용

| 강사 × | | | | | | | | |
강사코드	강사이름	경력	나이	급여	근무시작시간	근무시작년도	근무평가	비고
⊞ T-01	김전대	1	22	1000000	6:00	2012	우수	인기강사
⊞ T-02	최종순	5	25	1900000	18:00	2014	우수	
⊞ T-03	정명업	1	27	1000000	9:00	2015	일반	
⊞ T-04	박원순	10	29	2200000	9:00	2010	우수	
⊞ T-05	김인모	2	23	1200000	6:00	2009	일반	
⊞ T-06	이현종	2	25	1200000	9:00	2013	일반	
⊞ T-07	이대선	3	27	1400000	18:00	2014	일반	
⊞ T-08	이순왕	5	28	1600000	6:00	2015	우수	
⊞ T-09	이현금	1	23	1000000	9:00	2008	우수	인기강사
⊞ T-10	강수숙	3	29	1500000	6:00	2009	일반	

레코드: ◄ ◄ 1/14 ► ►► ►※ 🖹 필터 없음 검색

※ 〈인기강사처리〉 쿼리를 실행한 후의 〈강사〉 테이블

기본 모의고사 정답 및 해설

채점 프로그램을 이용하여 여러분이 완성한 답안 파일을 채점해 보세요. 채점 프로그램 사용법에 대한 내용은 1권 12쪽을 참고하세요.

문제 1   DB 구축

> **잠깐만요** '보안 경고' 메시지가 표시돼요!
>
> 테이블이나 폼을 만들 때는 크게 문제가 되지 않지만 매크로나 프로시저는 실행되지 않습니다. '보안 경고' 메시지의 오른쪽 끝에 있는 〈콘텐츠 사용〉 단추를 클릭하여 데이터베이스 파일에 포함된 모든 콘텐츠를 사용할 수 있도록 설정하세요.
>
>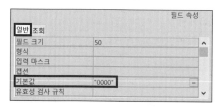

01. 〈회원〉, 〈강사〉 테이블 완성하기

〈회원〉 테이블

1 기본값 속성 설정하기
1. '탐색' 창의 〈회원〉 테이블의 바로 가기 메뉴에서 [디자인 보기]를 선택한다.
2. '회원코드'가 선택된 상태에서 '일반' 탭의 기본값 속성을 그림과 같이 설정한다.

2 유효성 검사 규칙 속성과 유효성 검사 텍스트 속성 설정하기 : '고객등급' 필드를 클릭한 후 '일반' 탭에서 유효성 검사 규칙과 유효성 검사 텍스트 속성을 그림과 같이 설정한다.

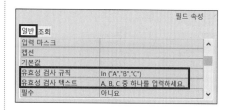

3 데이터 형식 변경, 필드 형식, 입력 마스크 속성 설정하기
1. '최초등록일' 필드의 데이터 형식을 '날짜/시간'으로 변경한 후 '일반' 탭의 형식에서 '보통 날짜'를 선택한다.

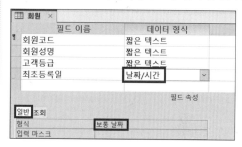

2. '일반' 탭의 입력 마스크를 클릭한 후 작성기 단추(⋯)를 클릭한다.
3. 저장 여부 확인 대화상자에서 〈예〉를 클릭한 후 다시 〈예〉를 클릭합니다. '입력 마스크 마법사'에서 '날짜형식(S)'를 선택하고 〈마침〉을 클릭한다.

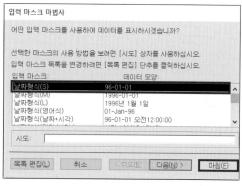

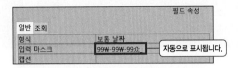
자동으로 표시됩니다.

〈강사〉 테이블

4 '형식' 속성 설정하기

1. '탐색' 창의 〈강사〉 테이블의 바로 가기 메뉴에서 [디자인 보기]를 선택한다.
2. '근무시작시간' 필드가 선택된 상태에서 '일반' 탭의 형식 속성을 그림과 같이 설정한다.

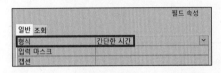

5 '기본값' 속성 설정하기 : '근무시작년도' 필드를 클릭한 후 기본값 속성을 그림과 같이 설정한다.

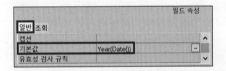

오늘 날짜를 표시하는 함수에는 Date( )와 Now( )가 있는데, 문제에 "시간을 포함하지 않는 시스템의 오늘 날짜"라는 지시사항이 있는 경우 반드시 Date( ) 함수를 사용해야 합니다.

6 '비고' 필드 추가하기 : '근무평가' 필드 아래쪽의 빈 칸에 **비고**를 입력한 후 데이터 형식을 그림과 같이 설정한다.

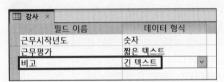

02. 〈사용현황〉 테이블, 〈회원〉 테이블, 〈강사〉 테이블 간의 관계 설정하기

정답

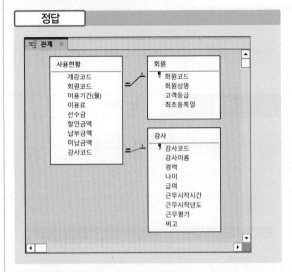

1. 관계를 설정하기 위해 [데이터베이스 도구] → 관계 → **관계**(▦)를 클릭한다.
2. '테이블 추가' 창의 '테이블' 탭에서 〈사용현황〉, 〈회원〉, 〈강사〉 테이블을 차례대로 더블클릭한 후 '테이블 추가' 창의 닫기 단추(✕)를 클릭한다.

'테이블 추가' 창이 표시되지 않으면, '관계' 창의 바로 가기 메뉴에서 [테이블 표시]를 선택하세요.

3. 〈사용현황〉 테이블의 '회원코드' 필드를 〈회원〉 테이블의 '회원코드' 필드로 끌어다 놓는다.

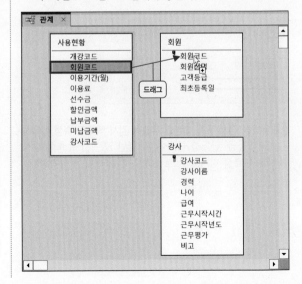

4. '관계 편집' 대화상자에서 그림과 같이 지정한 후 〈만들기〉를 클릭한다.

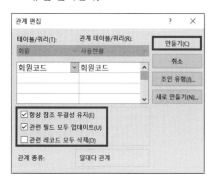

5. 〈사용현황〉 테이블의 '강사코드' 필드를 〈강사〉 테이블의 '강사코드' 필드로 끌어다 놓는다.

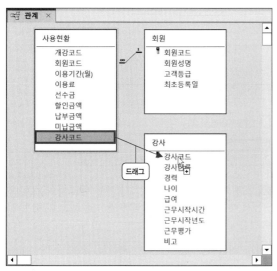

6. '관계 편집' 대화상자에서 그림과 같이 지정한 후 〈만들기〉를 클릭한다.

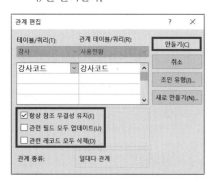

03. '강사관리.xlsx' 파일 가져오기

정답

1. [외부 데이터] → 가져오기 및 연결 → 새 데이터 원본 → 파일에서 → Excel(🗷)을 클릭한다.

2. '외부 데이터 가져오기– Excel 스프레드시트' 대화상자에서 〈찾아보기〉를 클릭하고, '강사관리.xlsx' 파일을 선택한 후 〈열기〉를 클릭한다.

3. '외부 데이터 가져오기 – Excel 스프레드시트' 대화상자에서 '다음 테이블에 레코드 복사본 추가'를 선택하고, 목록 단추에서 '강사'를 선택한 후 〈확인〉을 클릭한다.

4. '스프레드시트 가져오기 마법사' 1단계 대화상자에서 그림과 같이 설정한 후 〈다음〉을 클릭한다.

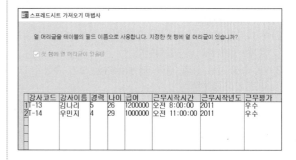

5. '스프레드시트 가져오기 마법사' 2단계 대화상자에서 〈다음〉을 클릭한다.

6. '스프레드시트 가져오기 마법사' 3단계 대화상자에서 〈마침〉을 클릭한다.

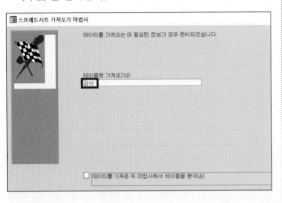

7. '외부 데이터 가져오기 – Excel 스프레드시트' 대화상자의 '가져오기 단계 저장' 옵션이 해제된 상태에서 〈닫기〉를 클릭한다.

문제 2   입력 및 수정 기능 구현

01. 〈스포츠클럽관리〉 폼 완성하기

정답

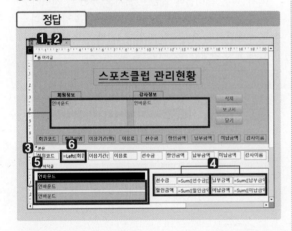

1 기본 보기 속성 설정하기

1. '탐색' 창의 〈스포츠클럽관리〉 폼의 바로 가기 메뉴에서 [디자인 보기]를 선택한다.
2. 폼 디자인 보기 창에서 '폼' 속성 시트 창을 나타내기 위해 '폼 선택기'를 더블클릭한다.
3. '폼' 속성 시트 창의 '형식' 탭에서 기본 보기 속성을 그림과 같이 설정한다.

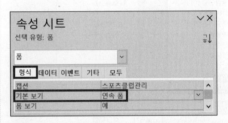

2 추가 가능 속성 설정하기 : '폼' 속성 시트 창의 '데이터' 탭에서 추가 가능 속성을 그림과 같이 설정한 후 속성 시트 창을 닫는다.

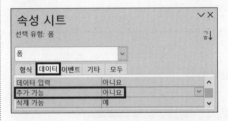

3 'lst회원정보', 'lst강사정보', 'txt이용료평균', 'txt이용료최대값'의 속성 설정하기

1. 'lst회원정보' 컨트롤을 클릭한 후 Shift를 누른 채 'lst강사정보', 'txt이용료평균', 'txt이용료최대값' 컨트롤을 클릭한 후 바로 가기 메뉴에서 [속성]을 선택한다.
2. '여러 항목 선택' 속성 시트 창의 '형식' 탭에서 배경색 속성을 그림과 같이 설정한다.

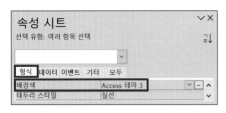

4 'txt선수금', 'txt할인금액', 'txt납부금액', 'txt미납금액'의 합계 계산하기

1. 'txt선수금' 컨트롤을 클릭한다.
2. 'txt선수금' 속성 시트 창의 '데이터' 탭에서 컨트롤 원본 속성을 그림과 같이 설정한다.

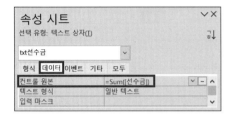

=Sum(선수금)을 입력하면 자동으로 =Sum([선수금])으로 입력됩니다.

3. 같은 방법으로 'txt할인금액', 'txt납부금액', 'txt미납금액' 속성 시트 창의 '데이터' 탭에서 컨트롤 원본 속성을 그림과 같이 설정한 후 속성 시트 창을 닫는다.

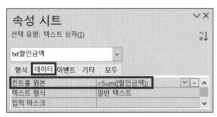

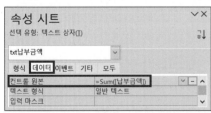

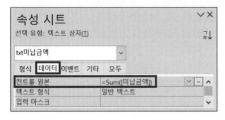

5 'txt표시', 'txt이용료평균', 'txt이용료최대값'의 속성 설정하기

1. 'txt표시' 컨트롤을 클릭한 후 Shift 를 누른 채 'txt이용료평균', 'txt이용료최대값' 컨트롤을 클릭한 후 바로 가기 메뉴에서 [속성]을 선택한다.
2. '여러 항목 선택' 속성 시트 창의 '기타' 탭에서 탭 정지 속성을 그림과 같이 설정한 후 속성 시트 창을 닫는다.

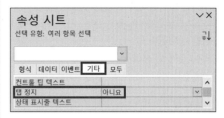

6 'txt회원성명' 컨트롤의 컨트롤 원본 속성 설정하기

1. 'txt회원성명' 컨트롤을 클릭한 후 바로 가기 메뉴에서 [속성]을 선택한다.
2. 'txt회원성명' 속성 시트 창의 '데이터' 탭에서 컨트롤 원본 속성을 그림과 같이 설정한 후 속성 시트 창을 닫는다.

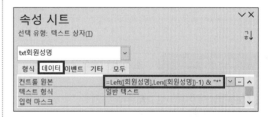

02. '보고서' 단추에 클릭 기능 구현하기

정답

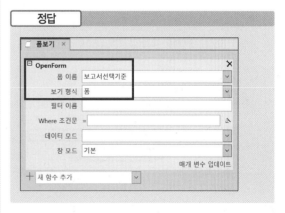

1. 매크로에 이름을 지정하여 사용하는 경우에는 먼저 매크로 개체를 생성한 후 이를 연결하여 사용하면 된다. [만들기] → 매크로 및 코드 → **매크로(圖)**를 클릭한다.

2. 매크로 함수 선택란의 목록 단추(☑)를 누른 다음 'OpenForm' 함수를 선택한다.

3. OpenForm 매크로 함수 대화상자에서 정답과 같이 설정한 후 매크로 대화상자의 닫기 단추(☒)를 클릭한다.

4. 저장 여부를 묻는 대화상자가 나타나면 〈예〉를 클릭한다. 이어서 '다른 이름으로 저장' 대화상자에서 매크로 이름으로 **폼보기**를 입력한 다음 〈확인〉을 클릭한다.

5. '탐색' 창의 〈스포츠클럽관리〉 폼의 바로 가기 메뉴에서 **[디자인 보기]**를 선택한다.

6. 폼 디자인 보기 창에서 '보고서'(cmd보고서) 단추를 더블클릭하여 'cmd보고서' 속성 시트 창을 호출한다.

7. 'cmd보고서' 속성 시트 창에서 '이벤트' 탭을 클릭한 후 'On Click' 이벤트에서 목록 단추(☑)를 클릭하여 '폼보기'를 선택한다.

03. 본문 컨트롤에 조건부 서식 설정하기

1. '탐색' 창의 〈스포츠클럽관리〉 폼의 바로 가기 메뉴에서 **[디자인 보기]**를 선택하여 〈스포츠클럽관리〉 폼을 디자인 보기 형태로 표시한다.

2. 본문 영역 왼쪽의 눈금자 부분을 클릭하여 본문 영역의 모든 컨트롤을 선택한 후 [서식] → 컨트롤 서식 → **조건부 서식**(▦)을 클릭한다.

3. '조건부 서식 규칙 관리자' 대화상자에서 〈새 규칙〉을 클릭한 후 '새 서식 규칙' 대화상자에서 조건과 서식을 그림과 같이 설정한 후 〈확인〉을 클릭한다.

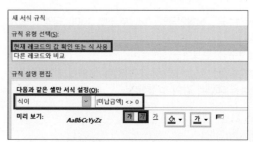

4. '조건부 서식 규칙 관리자' 대화상자가 다시 표시되면, 〈확인〉을 클릭한다.

문제3 **조회 및 출력 기능 구현**

01. 〈회원별사용현황〉 보고서 완성하기

정답

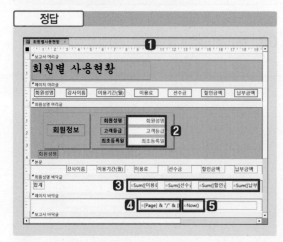

1 보고서의 데이터 정렬하기

1. '탐색' 창의 〈회원별사용현황〉 보고서의 바로 가기 메뉴에서 [디자인 보기]를 선택한다.

2. [보고서 디자인] → 그룹화 및 요약 → **그룹화 및 정렬**(▦)을 클릭한다.

3. '그룹, 정렬 및 요약' 창에서 정렬 방식을 그림과 같이 변경한다.

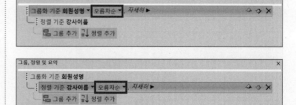

2 회원성명 머리글 컨트롤에 필드 바운드시키기

1. 'txt회원성명' 컨트롤을 더블클릭한다.

2. 'txt회원성명' 속성 시트 창의 '데이터' 탭에서 컨트롤 원본 속성을 그림과 같이 설정한다.

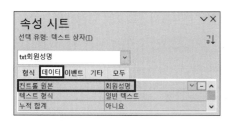

3. 'txt고객등급', 'txt최초등록일' 컨트롤도 같은 방법으로 컨트롤 원본 속성을 그림과 같이 각각 설정한다.

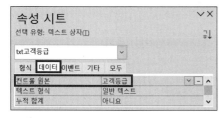

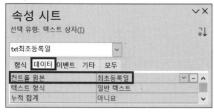

3 회원성명 바닥글 컨트롤에 각 합계 설정하기

1. 'txt이용료합계' 컨트롤을 클릭한다.
2. 'txt이용료합계' 속성 시트 창의 '데이터' 탭에서 컨트롤 원본 속성을 그림과 같이 설정한다.

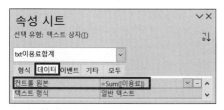

3. 'txt선수금합계', 'txt할인금액합계', 'txt납부금액합계' 컨트롤도 같은 방법으로 컨트롤 원본 속성을 그림과 같이 각각 설정한다.

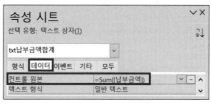

4 'txt페이지'에 페이지 설정하기

1. '페이지 바닥글' 영역의 'txt페이지'를 클릭한다.
2. 'txt페이지' 속성 시트 창의 '데이터' 탭에서 컨트롤 원본 속성 시트 창의 작성기 단추(⋯)를 클릭한다.
3. '식 작성기' 대화상자에서 그림과 같이 설정하고 〈확인〉을 클릭한다.

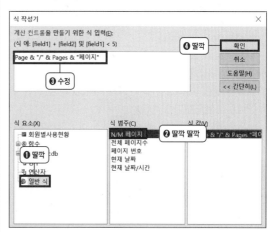

5 'txt날짜'에 날짜 설정하기

1. '페이지 바닥글' 영역의 'txt날짜'를 클릭한다.
2. 'txt날짜' 속성 시트 창의 '데이터' 탭에서 컨트롤 원본 속성을 그림과 같이 설정한다.

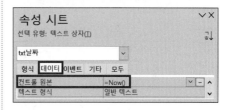

3. '형식' 탭에서 형식 속성을 그림과 같이 설정한 후 속성
   시트 창을 닫는다.

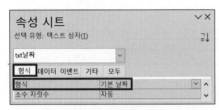

02. 'lst회원정보' 컨트롤에 더블클릭 기능 구현하기

정답

```
Private Sub lst회원정보_DblClick(Cancel As Integer)
    Me.Filter = "회원성명 = ' " & lst회원정보 & " ' "
    Me.FilterOn = True
End Sub
```

1. '탐색' 창의〈스포츠클럽관리〉폼의 바로 가기 메뉴에서
   [디자인 보기]를 선택한다.
2. 'lst회원정보' 컨트롤을 더블클릭하여 'lst회원정보'의 속
   성 시트 창을 호출한다.
3. 'lst회원정보' 속성 시트 창의 '이벤트' 탭에서 'On Dbl
   Click'의 작성기 단추(...)를 클릭한다.
4. '작성기 선택' 대화상자에서 '코드 작성기'를 선택한 후
   〈확인〉을 클릭한다.
5. 'lst회원정보_DblClick( )' 프로시저에 정답과 같이 입력
   한다.

코드 설명

```
Private Sub lst회원정보_DblClick(Cancel As Integer)
    ❶ Me.Filter = "회원성명 = ' " & lst회원정보 & " ' "
    ❷ Me.FilterOn = True
End Sub
```

❶ '회원성명' 필드의 값이 'lst회원정보'에서 선택한 값과 같은 레코드
   를 현재 폼의 검색 조건으로 지정한다.
❷ 지정된 검색 조건을 적용(실질적인 검색이 실행됨)한다.
※ Me : 현재 작업중인 폼을 의미합니다.

03. 'lst회원정보' 컨트롤에 선택 기능 구현하기

정답

```
Private Sub lst회원정보_AfterUpdate( )
    txt표시 = "회원명 : " & lst회원정보 & "(강사이름 : " & DLookup
("강사이름", "회원관리현황", "회원성명=lst회원정보") & ")"
    txt이용료평균 = lst회원정보 & "회원의 이용료 평균 : " &
DAvg("이용료", "회원관리현황", "회원성명=lst회원정보")
    txt이용료최대값 = lst회원정보 & "회원의 이용료 최대값 : " &
DMax("이용료", "회원관리현황", "회원성명=lst회원정보")
End Sub
```

1. '탐색' 창의〈스포츠클럽관리〉폼의 바로 가기 메뉴에서
   [디자인 보기]를 선택한다.
2. 'lst회원정보' 컨트롤을 더블클릭하여 'lst회원정보'의 속
   성 시트 창을 호출한다.
3. 'lst회원정보' 속성 시트 창의 '이벤트' 탭에서 'After
   Update'의 작성기 단추(...)를 클릭한다.
4. '작성기 선택' 대화상자에서 '코드 작성기'를 선택한 후
   〈확인〉을 클릭한다.
5. 'lst회원정보_AfterUpdate( )' 프로시저에 정답과 같이
   입력한다.

코드 설명

```
Private Sub lst회원정보_AfterUpdate( )
    ❶ txt표시 = "회원명 : " & lst회원정보 & "(강사이름 : " & DLookup("강사
이름", "회원관리현황", "회원성명=lst회원정보") & ")"
    ❷ txt이용료평균 = lst회원정보 & "회원의 이용료 평균 : " & DAvg("이
용료", "회원관리현황", "회원성명=lst회원정보")
    ❸ txt이용료최대값 = lst회원정보 & "회원의 이용료 최대값 : " & DMax
("이용료", "회원관리현황", "회원성명=lst회원정보")
End Sub
```

❶ 'txt표시' 컨트롤에 "회원명 : "이라는 문자열과 'lst회원정보' 컨트롤
   에서 선택한 값(회원성명), "(강사이름 : "이라는 문자열, DLookup( )
   함수의 결과값, ")" 문자열을 결합하여 치환한다.
❷ 'txt이용료평균' 컨트롤에 'lst회원정보' 컨트롤에서 선택한 값(회원성
   명)과 "회원의 이용료 평균 : "이라는 문자열과 DAvg( ) 함수의 결과
   값을 결합하여 치환한다.
❸ 'txt이용료최대값' 컨트롤에 'lst회원정보' 컨트롤에서 선택한 값(회원
   성명)과 "회원의 이용료 최대값 : "이라는 문자열과 DMax( ) 함수의
   결과값을 결합하여 치환한다.
※ 컨트롤의 내용을 다른 컨트롤에 바로 표시할 때는 내용이 문자라도
   따옴표로 묶지 않습니다.

DLookup("강사이름", "회원관리현황", "회원성명=lst회원정보")의 의미
• 강사이름 : 찾아올 값이 들어 있는 필드 이름
• 회원관리현황 : 작업 대상 레코드가 들어 있는 테이블이나 쿼리의 이
  름(폼 속성의 '데이터' 탭에서 '레코드 원본' 속성을 확인함)

- 회원성명=lst회원정보 : 조건
→ 〈회원관리현황〉 쿼리에서 '회원성명' 필드의 값이 'lst회원정보'에서 선택한 값과 같은 성명을 가지고 있는 사원의 '강사이름'을 표시합니다.

DAvg("이용료", "회원관리현황", "회원성명=lst회원정보")의 의미
- 이용료 : 찾아올 값이 들어 있는 필드 이름
- 회원관리현황 : 작업 대상 레코드가 들어 있는 테이블이나 쿼리의 이름(폼 속성의 '데이터' 탭에서 '레코드 원본' 속성을 확인함)
- 회원성명=lst회원정보 : 조건
→ 〈회원관리현황〉 쿼리에서 '회원성명' 필드의 값이 'lst회원정보'에서 선택한 값과 같은 성명을 가지고 있는 사원의 이용료 평균을 '이용료' 필드를 이용하여 계산합니다.

DMax("이용료", "회원관리현황", "회원성명=lst회원정보")의 의미
- 이용료 : 찾아올 값이 들어 있는 필드 이름
- 회원관리현황 : 작업 대상 레코드가 들어 있는 테이블이나 쿼리의 이름
- 회원성명=lst회원정보 : 조건
→ 〈회원관리현황〉 쿼리에서 '회원성명' 필드의 값이 'lst회원정보'에서 선택한 값과 같은 성명을 가지고 있는 사원의 이용료 최대값을 '이용료' 필드를 이용하여 계산합니다.

문제 4   처리 기능 구현

01. 〈고급등급조회〉 쿼리 작성하기

1. [만들기] → 쿼리 → **쿼리 디자인(圈)**을 클릭한다.

> 1개의 테이블을 이용해 크로스탭 쿼리를 작성할 때는 크로스탭 쿼리 마법사를 이용할 수 있지만, 이 문제와 같이 행 머리글이나 열 머리글에 함수를 사용하는 경우에는 크로스탭 쿼리 마법사를 이용해 기본적인 형태만 만든 후 쿼리 작성기 창에서 추가 작업을 수행해야 합니다. 그러므로 처음부터 쿼리 작성기 창을 이용하는 것이 효과적입니다.

2. '테이블 추가' 창의 '테이블' 탭에서 〈회원〉 테이블을 더블클릭하여 쿼리 작성기 창에 추가하고 '테이블 추가' 창의 닫기(☒)를 클릭한다.

3. [쿼리 디자인] → 쿼리 유형 → **크로스탭(圈)**을 클릭한다.

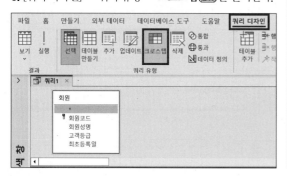

4. 행 머리글, 열 머리글, 값으로 사용될 필드를 그림과 같이 설정한다.

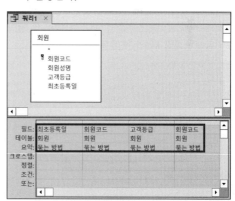

첫 번째 '회원코드' 필드는 행 머리글로 사용할 필드이고, 두 번째 '회원코드' 필드는 값으로 사용할 필드입니다.

5. 첫 번째 '회원코드'는 행 머리글에서 개수를 나타내야 하므로 요약을 '개수'로 변경하고 두 번째 '회원코드'도 값에서 개수를 나타내야 하므로 요약을 '개수'으로 변경한다.

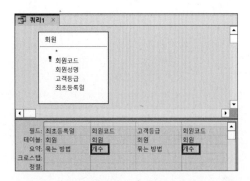

6. 쿼리 작성기에 설정한 필드들을 크로스탭 쿼리의 구성 요소에 맞게 지정해야 한다. '최초등록일'과 첫 번째 '회원코드'는 '행 머리글'로, '고객등급'은 '열 머리글'로, 그리고 두 번째 '회원코드'는 '값'으로 변경한다.

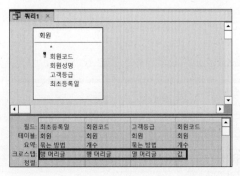

7. 하단 그리드 라인의 첫 번째 필드에 있는 최초등록일을 '등록월'로 표시하고, '최초등록일' 필드를 이용해 월만 표시하기 위해 **등록월: Month([최초등록일])**로 변경한다.

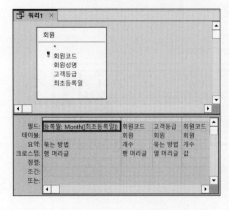

8. 하단 그리드 라인의 두 번째 필드에 있는 회원코드를 '회원수'로 표시하기 위해 **회원수: 회원코드**로 변경한다.

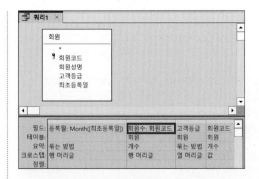

9. 하단 그리드 라인의 세 번째 필드에 있는 '고객등급' 필드를 이용해 고객등급이 'A'이면 "VIP"를 표시하고, 그 외는 "일반"으로 표시하기 위해 **IIf([고객등급]="A","VIP", "일반")**으로 변경한다. 함수식을 입력한 후 [Enter]를 누르면 함수식 앞에 Expr1: 이 자동으로 입력된다.

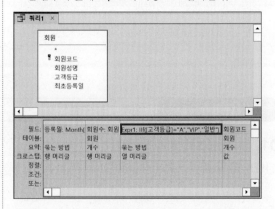

10. 등록월을 1에서 6까지만 표시하기 위해 하단 그리드 라인의 첫 번째 필드에 있는 '등록월' 필드의 조건에 **Between 1 And 6**을 입력한다.

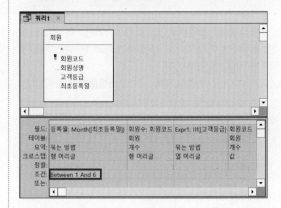

11. 등록월 숫자 뒤에 "월"을 표시하기 위해 그리드 라인의 첫 번째 필드의 바로 가기 메뉴에서 **[속성]**을 선택한다.

12. '필드' 속성 시트 창에서 형식에 **0월**을 입력하고 Enter를 누른 후 닫기 단추(☒)를 클릭한다. **0월**을 입력한 후 Enter를 누르면 입력된 값이 **0₩월**로 변경된다.

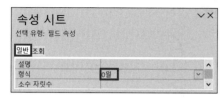

13. 쿼리 작성기 창의 닫기 단추(☒)를 클릭한 후 저장 여부를 묻는 대화상자에서 〈예〉를 클릭한다. '다른 이름으로 저장' 대화상자에서 쿼리 이름을 **고객등급조회**로 입력하고 〈확인〉을 클릭한다.

02. 〈등급별강사현황〉 쿼리 작성하기

1. [만들기] → 쿼리 → **쿼리 디자인(▦)**을 클릭한다.

2. '테이블 추가' 창의 '테이블' 탭에서 〈회원〉, 〈사용현황〉, 〈강사〉 테이블을 차례대로 더블클릭한 후 '테이블 추가' 창의 닫기 단추(☒)를 클릭한다.

3. 〈회원〉 테이블의 '고객등급'을 첫 번째 필드로 드래그한다.

4. 같은 방법으로 〈강사〉 테이블의 '경력'과 '급여'를 각 필드로 드래그한다.

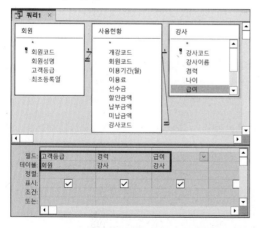

5. [쿼리 디자인] → 표시/숨기기 → **요약(∑)**을 클릭한다.

6. '경력'과 '급여' 필드의 요약 항목의 묶는 방법을 그림과 같이 설정한다.

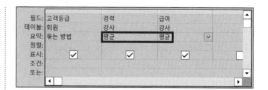

'고객등급'은 같은 데이터가 여러 개 있어서 '고객등급'별로 그룹을 설정하는 것이므로 '고객등급' 필드를 '묶는 방법'으로 지정한 것입니다.

7. '고객등급' 필드의 조건난에 아래 그림과 같이 입력하여 매개 변수 쿼리를 만든다.

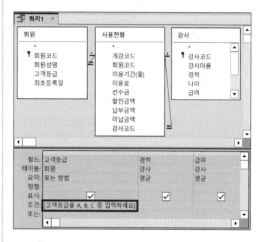

8. '경력' 필드의 바로 가기 메뉴에서 **[속성]**을 선택한 후 표시되는 '속성 시트' 창의 '일반' 탭에서 '형식'과 '소수 자릿수' 속성을 그림과 같이 지정한다.

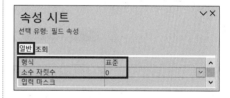

9. 같은 방법으로 '급여' 필드의 '형식'과 '소수 자릿수' 속성도 그림과 같이 지정한다.

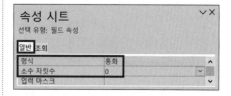

10. 쿼리 작성기 창의 닫기 단추(☒)를 클릭한 후 저장 여부를 묻는 대화상자에서 〈예〉를 클릭한다. '다른 이름으로 저장' 대화상자에서 쿼리 이름을 **등급별강사현황**으로 입력하고 〈확인〉을 클릭한다.

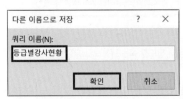

03. 〈회원없는강사(우수)〉 쿼리 작성하기

1. [만들기] → 쿼리 → **쿼리 마법사**(▦)를 클릭한다.
2. '새 쿼리' 대화상자에서 '불일치 검색 쿼리 마법사'를 선택하고, 〈확인〉을 클릭한다.
3. '불일치 검색 쿼리 마법사' 1단계 대화상자에서 〈강사〉 테이블을 선택하고, 〈다음〉을 클릭한다(〈강사〉 테이블의 자료를 가져오므로 결과를 넣을 테이블로 〈강사〉 테이블을 선택함).
4. '불일치 검색 쿼리 마법사' 2단계 대화상자에서 〈사용현황〉 테이블을 선택하고, 〈다음〉을 클릭한다.
5. '불일치 검색 쿼리 마법사' 3단계 대화상자에서 그림과 같이 설정하고, 〈다음〉을 클릭한다.

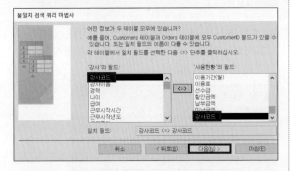

6. '불일치 검색 쿼리 마법사' 4단계 대화상자에서 그림과 같이 설정하고, 〈다음〉을 클릭한다.

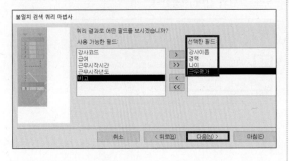

7. '불일치 검색 쿼리 마법사' 5단계 대화상자에서 쿼리 이름을 '회원없는강사(우수)'로 설정하고, '디자인 수정'을 클릭한 후 〈마침〉을 클릭한다.
8. 쿼리 작성기 창의 네 번째 필드(근무평가)의 조건난에 **"우수"**를 입력한 후 닫기 단추(☒)를 클릭한다.

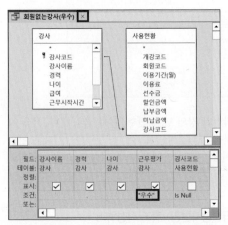

9. 저장 여부를 묻는 대화상자에서 〈예〉를 클릭한다.

04. 〈강사별회원수〉 쿼리 작성하기

1. [만들기] → 쿼리 → **쿼리 디자인**(▦)을 클릭한다.
2. '테이블 추가' 창의 '테이블' 탭에서 〈강사〉 테이블과 〈사용현황〉 테이블을 차례대로 더블클릭한 후 '테이블 추가' 창의 닫기 단추(☒)를 클릭한다.
3. 〈강사〉 테이블의 '강사이름'을 첫 번째 필드로 드래그한다.
4. 같은 방법으로 〈사용현황〉 테이블의 '회원코드', '이용료', '할인금액'를 각 필드로 드래그한다.

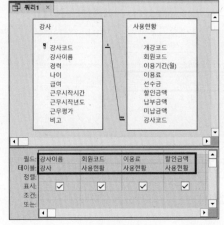

5. [쿼리 디자인] → 표시/숨기기 → **요약**(∑)을 클릭한다.
6. '회원코드', '이용료', '할인금액' 필드의 요약 항목의 묶는 방법을 그림과 같이 설정한다.

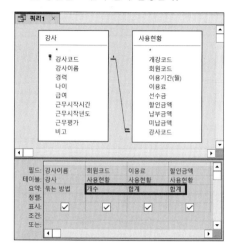

'강사이름'은 같은 데이터가 여러 개 있어서 '강사이름'별로 그룹을 설정하는 것이므로 '강사이름' 필드를 '묶는 방법'으로 지정한 것입니다.

7. 그림과 같이 '회원코드' 필드에 **관리회원수:**를, '이용료' 필드에 **이용료총계:**를, '할인금액' 필드에 **할인금액총계:**를 추가 입력한다.

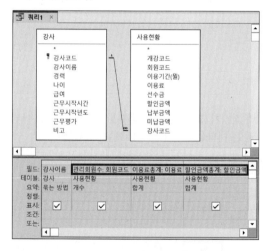

8. 쿼리 작성기 창의 닫기 단추(✕)를 클릭한 후 저장 여부를 묻는 대화상자에서 〈예〉를 클릭한다. '다른 이름으로 저장' 대화상자에서 쿼리 이름을 **강사별회원수**로 입력하고 〈확인〉을 클릭한다.

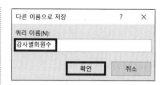

05. 〈인기강사처리〉 쿼리 작성하기

1. [만들기] → 쿼리 → **쿼리 디자인**(▦)을 클릭한다.
2. '테이블 추가' 창의 '테이블' 탭에서 〈강사〉 테이블을 더블클릭하여 쿼리 작성기 창에 추가하고 '테이블 추가' 창의 닫기(✕)를 클릭한다.
3. 업데이트 쿼리로 변경하기 위해 [쿼리 디자인] → 쿼리 유형 → **업데이트**(▦)를 클릭합니다.

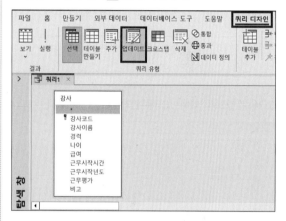

4. 수정할 필드인 〈강사〉 테이블의 '비고'를 하단 그리드 라인의 첫 번째 필드로, 조건을 지정할 '강사코드'를 두 번째 필드로 드래그한다.

〈사용현황〉 테이블을 이용하여 〈강사〉 테이블에 조건을 적용하는 과정

강사별로 '개강코드'의 개수가 12이상인 강사를 검색해야 하는데, '개강코드' 필드가 있는 〈사용현황〉과 〈강사〉 테이블은 '강사코드' 필드를 기준으로 관계가 설정되어 있으므로 조건을 지정할 필드로 '강사코드' 필드를 사용합니다. 또한 〈사용현황〉 테이블에서 강사별로 '개강코드'의 개수가 12이상인 강사를 검색하는 SQL문을 하위 쿼리 형태로 하여 〈강사〉 테이블의 '강사코드' 필드에 조건으로 사용해야 합니다.

❶ 〈사용현황〉 테이블에서 '강사코드' 필드를 기준으로 그룹을 설정하여 계산한 개강코드의 개수가 12 이상인 '강사코드'만 추출합니다.

> select 강사코드 from 사용현황 group by 강사코드 having count(개강코드) >= 12

❷ 〈사용현황〉 테이블에서 추출한 '강사코드'와 동일한 '강사코드'를 〈강사〉 테이블에서 찾아 '비고' 필드의 값을 '인기강사'로 변경해야 하므로 〈강사〉 테이블의 '강사코드' 필드의 조건을 다음과 같이 작성합니다.

> in (select 강사코드 from 사용현황 group by 강사코드 having count(개강코드) >= 12)

5. '비고' 필드의 '업데이트'에 **"인기강사"**를 입력한다.

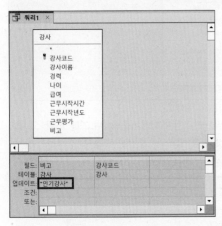

6. '강사코드' 필드의 '조건'에 In (select 강사코드 from 사용현황 group by 강사코드 having count(개강코드) >= 12)를 입력한다.

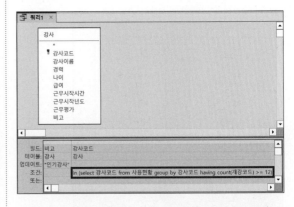

7. [쿼리 디자인] → 결과 → **실행(!)**을 클릭한 후 "2행을 새로 고칩니다."라는 메시지가 출력되면 〈예〉를 클릭한다.

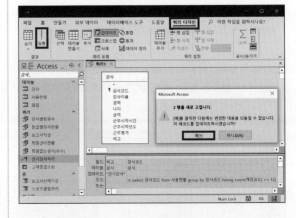

8. 쿼리 작성기 창의 닫기 단추(☒)를 클릭한 후 저장 여부를 묻는 대화상자가 나타나면 〈예〉를 클릭한다.

9. '다른 이름으로 저장' 대화상자에서 쿼리 이름에 **인기강사처리**를 입력한 후 〈확인〉을 클릭한다.

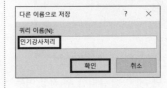

기본 모의고사

- 준 비 하 세 요 : 'C:\길벗컴활1급\02 액세스\03 기본모의고사' 폴더에서 '02회.accdb' 파일을 열어서 작업하시오.
- 외부 데이터 위치 : C:\길벗컴활1급\02 액세스\03 기본모의고사

5232021

문제 1 　 DB 구축(25점)

1. 운송요금을 계산하기 위해 데이터베이스를 구축하였다. 다음의 지시사항에 따라 〈거래내역〉 테이블을 완성하시오.

① '순번' 필드를 맨 앞에 추가한 후 숫자가 1씩 증가하는 데이터 형식으로 지정하고 기본키(PK)로 지정하시오.

② '거래처코드'나 '행선지코드'에 포커스가 이동하면 입력기를 '영숫자 반자'가 되도록 설정하시오.

③ '합계' 필드에는 '금액+세액'의 값이 입력되도록 유효성 검사 규칙을 설정하시오.

④ '접수일자' 필드에는 새 레코드 추가 시 기본적으로 현재 날짜 다음 날이 표시되도록 설정하시오.(DateAdd, Date 함수 사용)

⑤ '금액' 필드에 천 단위마다 콤마(,)를 표시하고, 값이 0이면 0으로 표시되게 형식을 설정하시오.

⑥ '합계' 필드에는 0 이하의 수가 입력될 수 없도록 유효성 검사 규칙을 설정하시오.

2. 〈거래내역〉 테이블의 '거래처코드' 필드에 대해서 다음과 같이 조회 속성을 설정하시오.

▶ 〈거래처〉 테이블의 '상호' 필드만 콤보 상자 형태로 표시할 것

▶ 필드에는 '거래처코드'가 저장되도록 설정할 것

▶ 콤보 상자의 행 수를 5, 목록 너비를 5cm로 설정할 것

순번	접수일자	거래처	행선지코드	금액	합계	세액	출발일자
1	2023-10-01	코양유통	WJ-1	70,000	77,000	7,000	2024-06-01
2	2023-10-01	대명금속	PT-1	50,000	55,000	5,000	2024-06-01
3	2023-10-01	율촌화학	US-5	220,000	242,000	22,000	2024-06-01
4	2023-10-01	텔슨통신기술	SW-1	35,000	38,500	3,500	2024-06-02
5	2023-10-01	Y.C 인터네 ∨	KR-3	150,000	165,000	15,000	2024-06-02
6	2023-10-01	Y.C 인터네셔널		100,000	110,000	10,000	2024-06-02
7	2023-10-01	금호산업		85,000	93,500	8,500	2024-06-02
8	2023-10-02	계성제지		170,000	187,000	17,000	2024-06-02
9	2023-10-02	대한필프		220,000	242,000	22,000	2024-06-02
10	2023-10-02	삼성코닝		120,000	132,000	12,000	2024-06-03
11	2023-10-02	현진산업	MS-1	170,000	187,000	17,000	2024-06-03
12	2023-10-02	삼성코닝	WJ-5	120,000	132,000	12,000	2024-06-03

레코드: 5/100

3. 〈거래내역〉 테이블의 '거래처코드'는 〈거래처〉 테이블의 '거래처코드'를 참조하고, 〈거래내역〉 테이블의 '행선지코드'는 〈요금표〉 테이블의 '행선지코드'를 참조하며, 각 테이블 간의 관계는 M:1이다. 세 테이블에 대해 다음과 같이 관계를 설정하시오.

▶ 〈요금표〉 테이블의 해당 필드에 고유 인덱스를 설정한 후 수행하시오.

전문가의 조언

1

- 기본키는 해당 필드의 행 선택기를 클릭한 후 지정하세요.
- 포커스가 이동하면 입력기가 바뀌도록 설정하라는 것은 'IME 모드' 속성을 의미합니다.
- 필드 간의 관계를 이용하여 유효성 검사 규칙을 지정하려면 '테이블' 속성을 이용해야 합니다.
- 오늘 날짜를 표시하는 함수는 'Date( )', 지정한 날짜에서 특정 값만큼 증가시키는 함수는 'DateAdd( )'입니다.

2

- 다른 테이블을 행 원본으로 사용할 경우 '행 원본 유형'은 '테이블/쿼리'로 설정해야 합니다.
- '행 원본' 속성의 작성기 단추(...)를 클릭하면 나오는 쿼리 작성기를 이용합니다.
- 열 너비를 0cm로 설정한 필드는 화면에 표시되지 않습니다.
- 컨트롤에 저장될 값은 바운드 열에서 설정합니다.

전문가의 조언

3. 관계 설정은 68쪽을 참조하세요.

▶ 〈거래내역〉 테이블이 참조하는 각 테이블은 항상 참조 무결성을 유지하도록 설정하시오.

▶ 〈거래처〉 테이블의 '거래처코드'가 변경되면 이를 참조하는 〈거래내역〉 테이블의 '거래처코드'도 따라 변경되고, 〈요금표〉 테이블의 '행선지코드'가 변경되면 이를 참조하는 〈거래내역〉 테이블의 '행선지코드'도 따라 변경되도록 설정하시오.

▶ 〈거래내역〉 테이블에서 참조하고 있는 〈거래처〉 테이블의 레코드나 〈요금표〉 테이블의 레코드를 삭제할 수 없도록 하시오.

문제 2   입력 및 수정 기능 구현(20점)

전문가의 조언

1
• 정렬 기준 속성은 '폼' 속성 시트 창의 '데이터' 탭에서 설정합니다.
• 개수를 구하는 함수는 '=COUNT( )'입니다.
• 합계를 구하는 함수는 '=SUM( )'입니다.
• '(Enter) 키 기능' 속성은 해당 컨트롤 속성 시트의 '기타' 탭에서 설정합니다.

1. 〈운행관리〉 폼을 화면과 지시사항에 따라 완성하시오.

① '접수일자'를 기준으로 '내림차순' 정렬하여 표시되도록 관련 속성을 설정하시오.

② 스크롤 막대가 세로만 표시되도록 관련 속성을 설정하시오.

③ 폼 바닥글의 'txt건수' 컨트롤에 총 운행건수가 표시되도록 '컨트롤 원본' 속성을 설정하시오. (표시 예 → 4개)

④ 폼 바닥글의 'txt합계' 컨트롤에 '합계'의 합이 표시되도록 '컨트롤 원본' 속성을 설정하시오. ('통화' 형식으로 표시할 것)

⑤ 본문 영역의 'txt상호' 컨트롤에서 Enter를 누르면 필드에서 줄 바꿈이 되도록 관련 속성을 설정하시오.

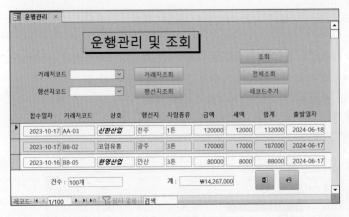

전문가의 조언

2. 조건부 서식을 적용할 컨트롤만 선택한 후 [서식] → 컨트롤 서식 → 조건부 서식을 클릭하여 수행합니다.

2. 〈운행관리〉 폼 본문의 'txt상호' 컨트롤에 다음과 같이 조건부 서식을 설정하시오.

▶ '상호'에 "산업"이 포함된 레코드에 대해 '굵은 기울임꼴' 서식을 설정하시오.

▶ 1번 문제의 〈그림〉 참조

3. 〈운행관리〉 폼의 (cmd인쇄) 단추를 클릭하면 〈업체별거래내역〉 보고서를 '인쇄 미리 보기'의 형태의 '대화 상자'로 여는 〈보고서출력〉 매크로를 생성하여 지정하시오.

▶ 매크로 조건 : '거래처코드' 필드의 값이 "AA"로 시작하는 거래처 정보만 표시

▶ 1번 문제의 〈그림〉 참조

4232023

문제 3   조회 및 출력 기능 구현(20점)

1. 다음의 지시사항 및 화면을 참조하여 〈업체별거래내역〉 보고서를 완성하시오.

① 다음과 같이 정렬 및 그룹화하시오.
   ▶ '거래처코드' 순으로 오름차순 정렬
② 본문의 '합계' 컨트롤을 통화(₩) 형식으로 설정하시오.
③ 아래의 설명과 그림을 참조하여 보고서 바닥글에 '금액', '세액', '합계'의 합을 표시하시오.
   ▶ 레이블, 텍스트 상자, 선 컨트롤은 그림을 참조하여 모두 생성할 것
   ▶ 텍스트 상자 컨트롤의 이름은 'txt금액', 'txt세액', 'txt합계'로 할 것
   ▶ 'txt금액'과 'txt세액'은 천 단위마다 콤마, 'txt합계'에는 통화 형식으로 설정
   ▶ 글꼴 크기를 12, 글꼴 두께를 '굵게'로 설정
④ 페이지 바닥글의 'txt날짜' 컨트롤에 시스템의 현재 날짜만을 표시하는 함수와 & 연산자를 이용하여 [표시 예]와 같이 표시되도록 설정하시오.
   ▶ 표시 예 : 2023-10-05 현재
⑤ 본문의 'txt평가'에는 '합계'가 500000 이상이면 "상", 200000 이상이면 "중", 나머지는 "하"로 표시되도록 '컨트롤 원본' 속성을 설정하시오.
   ▶ Switch 함수를 사용할 것
⑥ 본문 영역의 다른 배경색을 'Access 테마 3'으로 설정하시오.

전문가의 조언

1
- 합계를 구하는 함수는 '=SUM( )'입니다.
- 현재 날짜를 표시한 후 뒤에 "현재"를 표시해야 하므로 Date( ) 함수와 & 연산자를 사용해야 합니다.
- Switch 함수는 'Switch(조건1, 인수1, 조건2, 인수2, …) 형식으로 사용됩니다.

업체별거래내역

거래처코드	상호	금액	세액	합계	평가
AA-01	대명금속	255,000	25,500	₩280,500	중
AA-02	모건알루미늄공업	240,000	24,000	₩264,000	중
AA-03	신한산업	210,000	21,000	₩231,000	중
AA-04	영신스톤	90,000	9,000	₩99,000	하
AA-05	우광산업	420,000	42,000	₩462,000	중
AA-06	국보화학	420,000	42,000	₩462,000	중
AA-07	청금강업	600,000	60,000	₩660,000	상
AA-08	효신 제조업	600,000	60,000	₩660,000	상
AA-10	진한통상	560,000	56,000	₩616,000	상
BB-01	케이스텔레콤	360,000	36,000	₩396,000	중
BB-02	코암유통	645,000	64,500	₩709,500	상
BB-03	텔슨정보통신	750,000	75,000	₩825,000	상
BB-04	텔슨통신기술	455,000	45,500	₩500,500	상
BB-05	한영산업	600,000	60,000	₩660,000	상
BB-06	Y.C 인터네셔날	470,000	47,000	₩517,000	상
BB-07	금호산업	645,000	64,500	₩709,500	상
BB-08	계성제지	1,125,000	112,500	₩1,237,500	상
BB-09	대한펄프	260,000	26,000	₩286,000	중
BB-10	삼성코닝	590,000	59,000	₩649,000	상
CC-10	선경인더스트리	215,000	21,500	₩236,500	중
CC-11	쌍용제지	750,000	75,000	₩825,000	상
CC-12	LG화학	310,000	31,000	₩341,000	중
CC-13	율촌화학	220,000	22,000	₩242,000	중
CC-14	한국제지	200,000	20,000	₩220,000	중
CC-15	한솔제지	240,000	24,000	₩264,000	중
CC-16	한국화이바	465,000	46,500	₩511,500	상
CC-17	LG Caltex정유	360,000	36,000	₩396,000	중
CC-18	하이크리에이션	340,000	34,000	₩374,000	중
CC-19	기아특수강	315,000	31,500	₩346,500	중
CC-20	현진산업	260,000	26,000	₩286,000	중
총 합계		12,970,000	1,297,000	₩14,267,000	

2023-10-05 현재   1 / 1

2. 〈운행관리〉 폼의 '레코드추가'(cmd추가) 단추를 클릭하면 새 레코드를 삽입할 수 있도록 빈 레코드를 추가하고 'txt접수일자' 컨트롤로 포커스를 이동시키도록 이벤트 프로시저를 구현하시오.
   ▶ Docmd 개체와 GotoRecord, SetFocus 메서드를 이용하시오.

전문가의 조언

2. GotoRecord에서 새 레코드를 지정하는 인수는 'acNewRec'입니다.

3. 〈운행접수〉 폼에서 '등록'(cmd등록) 단추를 클릭할 때 다음과 같은 기능을 수행하도록 이벤트 프로시저를 구현하시오.

▶ 〈운행접수〉 폼에 입력된 각 컨트롤의 값을 〈거래내역〉 테이블의 '접수일자', '거래처코드', '행선지코드', '금액', '세액', '합계', '출발일자' 필드에 추가할 것

▶ 〈운행접수〉 폼에 입력된 각 컨트롤의 값을 필드에 삽입한 후 '접수내용지우기' 프로시저 실행할 것

▶ DoCmd 개체와 Call 메서드를 이용할 것

5232024

문제 4   처리 기능 구현(35점)

1. 〈운행관리〉 쿼리를 이용하여 상호의 일부를 매개 변수로 입력받고, 해당 상호의 운행 정보를 조회하여 새 테이블로 생성하는 〈운행현황생성〉 쿼리를 작성하고 실행하시오.

▶ 쿼리 실행 후 생성되는 테이블의 이름은 〈조회상호운행현황〉으로 설정하시오.

▶ 쿼리 실행 결과 생성되는 테이블의 필드는 그림을 참조하여 수험자가 판단하여 설정하시오.

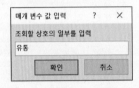

매개 변수 값 입력

조회할 상호의 일부를 입력
유통

[확인] [취소]

상호	행선지	차량종류	합계	접수일자	출발일자
코임유통	인천	3톤	93500	2023-10-01	2024-06-02
코임유통	원주	1톤	77000	2023-10-01	2024-06-01
코임유통	울산	1톤	187000	2023-10-03	2024-06-04
코임유통	강릉	3톤	165000	2023-10-06	2024-06-06
코임유통	광주	3톤	187000	2023-10-17	2024-06-17

레코드: 1/5

※ 〈운행현황생성〉 쿼리의 매개 변수 값으로 '유통'을 입력하여 실행한 후의 〈조회상호운행현황〉 테이블

2. 상호별 차량종류별로 운행횟수를 조회하는 〈차량운행횟수〉 크로스탭 쿼리를 작성하시오.

▶ 〈거래처〉, 〈거래내역〉, 〈요금표〉 테이블을 이용하시오.

▶ 운행횟수는 '순번' 필드를 이용하여 계산하되, 빈 셀에는 '*'을 표시하시오. (Iif, IsNull, Count 함수 이용)

▶ 쿼리 실행 결과 표시되는 필드와 필드명, 필드의 형식은 〈그림〉과 같이 표시되도록 설정하시오.

상호	운행횟수	1톤	3톤	5톤
계성제지	8	*	4	4
국보화학	3	1	*	2
금호산업	4	1	1	2
기아특수강	3	1	*	2
대명금속	3	2	*	1
대한펄프	2	1	1	*
모건알루미늄공업	2	*	1	1
삼성코닝	4	1	1	2
선경인더스트리	3	2	*	1
신한산업	2	1	*	1

레코드: 1/30

3. 〈운행관리〉 쿼리를 이용하여 행선지를 매개 변수로 입력받고, 해당 행선지의 운행 정보를 조회하는 〈행선지별운행조회〉 매개 변수 쿼리를 작성하시오.

▶ '출발일자' 필드를 기준으로 오름차순 정렬하여 표시하시오.
▶ 쿼리 실행 결과 표시되는 필드와 필드명은 〈그림〉과 같이 표시되도록 설정하시오.

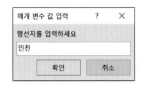

4. 거래처 중 '합계' 필드의 값이 가장 큰 거래처를 조회하는 〈최고매출거래처〉 쿼리를 작성하시오.

▶ 〈업체별내역〉 쿼리를 이용하시오.
▶ 거래처는 '거래처코드'에서 하이픈(-)이 나오기 전까지의 내용만 표시하시오. (Left, InStr 함수 사용)
▶ 쿼리 실행 결과 표시되는 필드와 필드명은 〈그림〉과 같이 표시되도록 설정하시오.

5. 행선지별로 거래가 있는 거래처들의 거래횟수와 거래총액을 조회하는 〈행선지별거래현황〉 쿼리를 작성하시오.

▶ 〈거래내역〉, 〈거래처〉, 〈요금표〉 테이블을 이용하시오.
▶ 거래횟수는 '상호' 필드를 이용하시오.
▶ 평균거래액 = 거래총액 / 거래횟수
▶ '거래총액' 필드의 값이 많은 순으로 상위 5개 레코드만 표시하시오.
▶ 거래총액과 평균거래액은 [표시 예]와 같이 표시되도록 '형식' 속성을 설정하시오. [표시 예 : 0 → 0, 194000 → 194,000]
▶ 쿼리 실행 결과 표시되는 필드와 필드명, 필드의 형식은 〈그림〉과 같이 표시되도록 설정하시오.

전문가의 조언

4. 하위 쿼리

• 하위 쿼리는 다른 선택 쿼리나 실행 쿼리 안에서 SELECT문으로 이루어진 쿼리를 말합니다. 쿼리 작성기의 필드 행에서 명령문을 입력하여 새 필드를 정의하거나 조건 행에서 필드 조건을 입력할 때 사용할 수 있습니다. 하위 쿼리를 작성할 때는 괄호( ) 안에 입력해야 합니다. 합계가 가장 많은 거래처의 거래코드와 합계를 조회하려면 다음과 같이 입력하면 됩니다.

(select max(합계) from 업체별내역)

• InStr 함수는 'InStr(시작위치, 텍스트1, 텍스트2)' 형식으로 사용합니다. '시작위치'를 생략하면 처음부터 검색합니다.

전문가의 조언

5

• '거래총액'과 '평균거래액'에 천 단위 구분 기호와 0일 때도 0을 표시하려면, '형식' 속성에 #,##0을 입력합니다.
• 상위 몇 번째까지만 출력하려면 '쿼리 속성' 시트 창의 '일반' 탭에서 '상위 값' 속성에 원하는 값을 입력하면 됩니다.

기본 모의고사 정답 및 해설

문제 1 | **DB 구축**

01. 〈거래내역〉 테이블 완성하기

1 기본키 설정하기

1. '탐색' 창의 〈거래내역〉 테이블의 바로 가기 메뉴에서 [디자인 보기]를 선택한다.

2. '접수일자' 필드의 행 선택기를 클릭한 후 [테이블 디자인] → 도구 → **행 삽입**(🖅)을 클릭한다.

🔲 거래내역 ×		
필드 이름	데이터 형식	설명(옵션)
접수일자	날짜/시간	
거래처코드	짧은 텍스트	

3. '필드 이름'에 **순번**을 입력하고, 데이터 형식을 '일련 번호'로 지정한다.

4. '순번' 필드의 행 선택기를 클릭한 후 [테이블 디자인] → 도구 → **기본 키**(🔍)를 클릭한다.

🔲 거래내역 ×		
필드 이름	데이터 형식	설명(옵션)
순번	일련 번호	
접수일자	날짜/시간	
거래처코드	짧은 텍스트	

궁금해요 시나공 Q&A 베스트

Q '순번' 필드를 추가한 후 '순번' 필드의 형식을 번호로 하여 순서대로 입력되게 설정하시오. 이런 식의 문제였는데, 1, 2, 3 등이 자동으로 입력되게 하려면 어떻게 하나요?

A 데이터 형식을 '일련 번호'로 지정하면 됩니다. 일련 번호 형식은 레코드가 추가될 때마다 자동으로 번호를 하나씩 증가시켜 입력시키는 데이터 형식입니다.

---

2 IME 모드 속성 설정하기 : '거래처코드' 필드를 클릭한 후 '일반' 탭에서 IME 모드 속성을 그림과 같이 설정한다. '행선지코드' 필드의 IME 모드 속성도 동일한 방법으로 설정한다.

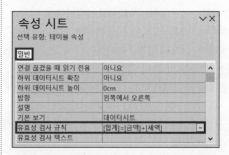

3 '합계' 필드와 관련된 속성 설정하기 : [테이블 디자인] → 표시/숨기기 → **속성 시트**(🗒)를 클릭한 후 유효성 검사 규칙 속성에 그림과 같이 설정한다.

속성 시트

선택 유형: 테이블 속성

일반	
연결 끊겼을 때 읽기 전용	아니요
하위 데이터시트 확장	아니요
하위 데이터시트 높이	0cm
방향	왼쪽에서 오른쪽
설명	
기본 보기	데이터시트
유효성 검사 규칙	[합계]=[금액]+[세액]
유효성 검사 텍스트	

4 기본값 속성 설정하기 : '접수일자' 필드를 클릭한 후 '일반' 탭에서 기본값 속성을 그림과 같이 설정한다.

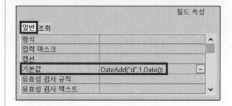

- DateAdd("d",1,Date( )) : 지정된 날짜에서 형식(d, 日)으로 지정한 값만큼 증가하여 표시합니다. 현재 날짜가 2023-10-01이면 하루(1) 증가한 날짜인 2023-10-02를 표시합니다.
- Date( ) : 현재 날짜를 표시함

5 형식 속성 설정하기 : '금액' 필드를 클릭한 후 '일반' 탭에서 형식 속성을 그림과 같이 설정한다.

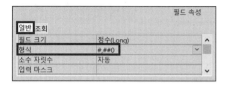

6 유효성 검사 규칙 속성 설정하기 : '합계' 필드를 클릭한 후 '일반' 탭에서 유효성 검사 규칙 속성을 그림과 같이 설정한다.

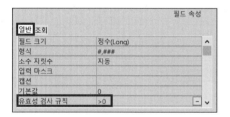

02. '거래처코드' 필드에 조회 속성 설정하기

1. '거래처코드' 필드를 클릭한 후 '조회' 탭에서 컨트롤 표시 속성과 행 원본 유형 속성을 그림과 같이 설정한다.

2. '행 원본' 속성의 작성기 단추(⋯)를 클릭한다.
3. '테이블 추가' 창의 '테이블' 탭에서 〈거래처〉 테이블을 더블클릭한 후 '테이블 추가' 창의 닫기 단추(☒)를 클릭한다.
4. '거래처코드'를 첫 번째 필드로, '상호'를 두 번째 필드로 드래그한다.

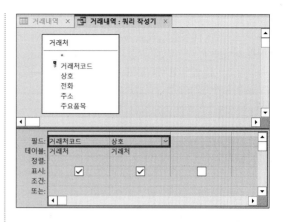

5. 닫기 단추(☒)를 클릭한 후 〈예〉를 클릭한다.
6. '조회' 탭에서 바운드 열, 열 개수, 열 너비, 행 수, 목록 너비 속성을 그림과 같이 설정한다.

03. 〈거래내역〉 테이블, 〈거래처〉 테이블, 〈요금표〉 테이블 간의 관계 설정하기

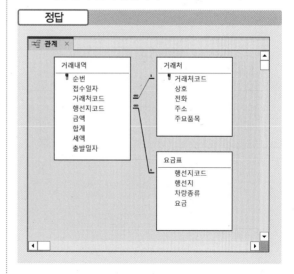

1. 〈요금표〉 테이블에 '인덱스' 속성을 설정하기 위해 '탐색' 창의 〈요금표〉 테이블의 바로 가기 메뉴에서 [디자인 보기]를 선택한다.
2. '행선지코드'를 클릭한 후 '일반' 탭에서 인덱스 속성을 그림과 같이 설정한다.

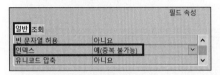

3. 닫기 단추(⊠)를 클릭한 후 〈예〉를 클릭한다.
4. 관계를 설정하기 위해 [데이터베이스 도구] → 관계 → 관계(🗗)를 클릭한다.
5. '테이블 추가' 창의 '테이블' 탭에서 〈거래내역〉, 〈거래처〉, 〈요금표〉 테이블을 더블클릭하여 추가한 후 '테이블 추가' 창의 닫기 단추(⊠)를 클릭한다.

> '테이블 추가' 창이 나타나지 않으면, '관계' 창의 바로 가기 메뉴에서 [테이블 표시]를 선택하세요.

6. 〈거래내역〉 테이블의 '거래처코드' 필드를 〈거래처〉 테이블의 '거래처코드' 필드로 끌어다 놓는다.

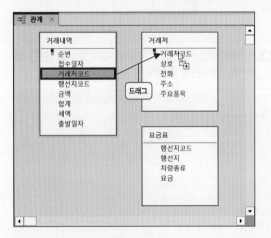

7. '관계 편집' 대화상자에서 그림과 같이 지정한 후 〈만들기〉를 클릭한다.

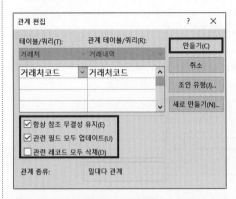

8. 〈거래내역〉 테이블의 '행선지코드' 필드를 〈요금표〉 테이블의 '행선지코드' 필드로 끌어다 놓는다.

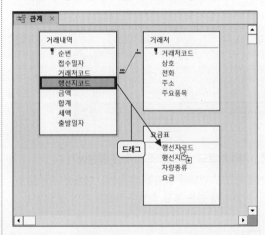

9. '관계 편집' 대화상자에서 그림과 같이 지정한 후 〈만들기〉를 클릭한다.

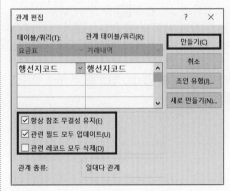

01. 〈운행관리〉 폼 완성하기

정답

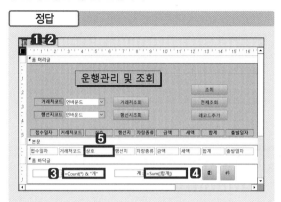

1 정렬 기준 속성 설정하기

1. '탐색' 창의 〈운행관리〉 폼의 바로 가기 메뉴에서 [디자인 보기]를 선택한다.
2. 폼 디자인 보기 창에서 '폼' 속성 시트 창을 나타내기 위해 '폼 선택기'를 더블클릭한다.
3. '폼' 속성 시트 창의 '데이터' 탭에서 정렬 기준 속성을 그림과 같이 설정한다.

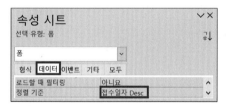

2 스크롤 막대 속성 설정하기 : '폼' 속성 시트 창의 '형식' 탭에서 스크롤 막대 속성을 그림과 같이 설정한다.

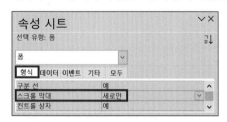

3 'txt건수'에 운행건수 구하기

1. 'txt건수' 컨트롤을 클릭한다.
2. 'txt건수' 속성 시트 창의 '데이터' 탭에서 컨트롤 원본 속성을 그림과 같이 설정한다.

4 'txt합계'에 합계의 합을 '통화' 형식으로 표시하기

1. 'txt합계' 컨트롤을 클릭한다.
2. 'txt합계' 속성 시트 창의 '데이터' 탭에서 컨트롤 원본 속성을 그림과 같이 설정한다.

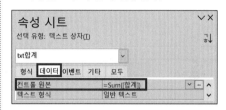

3. 'txt합계' 속성 시트 창의 '형식' 탭에서 형식 속성을 그림과 같이 설정한다.

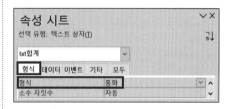

5 'txt상호'에 〈Enter〉 키 기능 속성 설정하기

1. 'txt상호' 컨트롤을 클릭한다.
2. 'txt상호' 속성 시트 창의 '기타' 탭에서 〈Enter〉 키 기능 속성을 그림과 같이 설정 후 속성 시트 창을 닫는다.

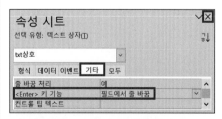

'〈Enter〉 키 기능' 속성이 '필드에서 줄 바꿈'으로 지정된 컨트롤에서 입력을 완료한 후 다른 컨트롤로 이동할 경우에는 마우스로 이동할 컨트롤을 클릭하거나 [Tab]을 눌러야 합니다.

02. 'txt상호' 컨트롤에 조건부 서식 설정하기

1. '탐색' 창의 〈운행관리〉 폼의 바로 가기 메뉴에서 [디자인 보기]를 선택한다.
2. 'txt상호' 컨트롤만 선택한 후 [서식] → 컨트롤 서식 → 조건부 서식을 클릭한다.
3. '조건부 서식 규칙 관리자' 대화상자에서 〈새 규칙〉을 클릭한다.
4. '새 서식 규칙' 대화상자의 규칙 유형과 조건을 그림과 같이 설정한 후 〈확인〉을 클릭한다.

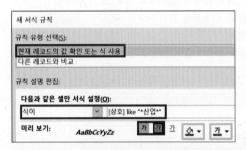

03. '🖼(cmd인쇄)' 단추에 기능 구현하기

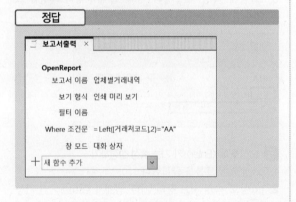

1. 매크로에 이름을 지정하여 사용하는 경우는 먼저 매크로 개체를 생성한 후 이를 연결하여 사용하면 된다. [만들기] → 매크로 및 코드 → 매크로(🖥)를 클릭한다.
2. 매크로 대화상자에서 정답과 같이 설정한 후 매크로 대화상자의 닫기 단추(✕)를 클릭한 다음 저장 여부를 묻는 대화상자에서 〈예〉를 클릭한다. 이어서 '다른 이름으로 저장' 대화상자에서 매크로 이름으로 보고서출력을 입력한 다음 〈확인〉을 클릭한다.

> **Left([거래처코드], 2) = "AA"의 의미**
> '거래처코드' 필드의 값을 왼쪽에서 2자리만 추출하여 "AA"와 같은지 비교하라는 뜻입니다.

3. '탐색' 창의 〈운행관리〉 폼의 바로 가기 메뉴에서 [디자인 보기]를 선택한다.
4. 폼 디자인 보기 창에서 '🖼(cmd인쇄)' 단추를 더블클릭하여 'cmd인쇄' 속성 시트 창을 호출한다.
5. 'cmd인쇄' 속성 시트 창에서 '이벤트' 탭을 클릭한 후 'On Click' 이벤트에서 목록 단추(🔽)를 클릭하여 '보고서출력'을 선택한다.

01. 〈업체별거래내역〉 보고서 완성하기

정답

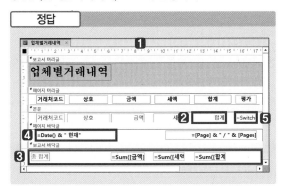

1 보고서의 데이터 정렬하기

1. '탐색' 창의 〈업체별거래내역〉 보고서의 바로 가기 메뉴에서 [**디자인 보기**]를 선택한다.
2. [보고서 디자인] → 그룹화 및 요약 → **그룹화 및 정렬** (圖)을 클릭한다.
3. '그룹, 정렬 및 요약' 창에서 '정렬 추가'를 클릭한다.
4. 필드 선택에서 정렬 기준이 되는 '거래처코드'를 선택한다.

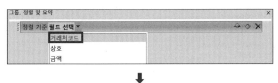

⬇

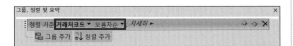

2 '합계' 컨트롤에 속성 설정하기

1. '합계' 컨트롤을 더블클릭한다.
2. '합계' 속성 시트 창의 '형식' 탭에서 형식 속성을 그림과 같이 설정한 후 속성 시트 창을 닫는다.

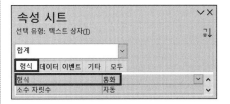

3 레이블, 텍스트 상자 컨트롤 생성 및 속성 설정하기

1. [보고서 디자인] → 컨트롤 → **텍스트 상자**(▣)를 사용하여 보고서 바닥글에 그림과 같이 생성하고, 레이블 컨트롤에 **총 합계**를 입력한 후 레이블을 적당한 위치에 배치한다.

2. 생성한 텍스트 상자 컨트롤을 복사하여 그림과 같이 적당한 위치에 배치한다.

삽입한 텍스트 상자를 복사하면 레이블까지 같이 복사됩니다. 복사된 텍스트 상자에서 레이블을 삭제하려면 레이블 부분을 클릭한 후 [Delete]를 누르면 됩니다.

3. 첫 번째 텍스트 상자를 더블클릭한 후 '기타' 탭의 이름 속성을 그림과 같이 설정한다.

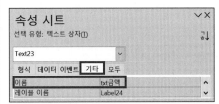

4. '데이터' 탭을 선택한 후 컨트롤 원본 속성을 그림과 같이 설정한다.

5. '형식' 탭을 선택한 후 형식 속성을 그림과 같이 설정한다.

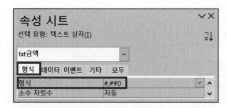

6. 동일한 방법으로 나머지 각 컨트롤의 이름 속성에 **txt세액**, **txt합계**를, 컨트롤 원본 속성에 **=Sum([세액])**, **=Sum([합계])**를, 형식 속성에 **#,##0**, **통화**를 설정한 후 속성 시트 창을 닫는다.

7. '총 합계' 레이블, 'txt금액', 'txt세액', 'txt합계'를 모두 선택한 후 바로 가기 메뉴에서 **[속성]**을 선택한다. '여러 항목 선택' 속성 시트 창의 '형식' 탭에서 글꼴 크기 속성을 '12'로, 글꼴 두께 속성을 '굵게'로 설정한다.

8. 보고서 바닥글의 상단에는 '선' 컨트롤을 이용하여 실선을 그린다.

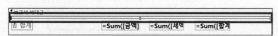

4 'txt날짜' 컨트롤에 날짜 설정하기

1. '페이지 바닥글' 영역의 'txt날짜'를 클릭한다.

2. 'txt날짜' 속성 시트 창의 '데이터' 탭에서 컨트롤 원본 속성을 그림과 같이 설정한다.

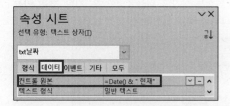

5 'txt평가' 컨트롤에 속성 설정하기

1. '본문' 영역의 'txt평가'를 클릭한다.

2. 'txt평가' 속성 시트 창의 '데이터' 탭에서 컨트롤 원본 속성을 그림과 같이 설정한다.

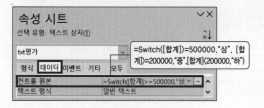

Switch([합계]>=500000,"상",[합계]>=200000, "중",[합계]<200000, "하") : '합계'가 500000 이상이면 "상", 200000 이상이면 "중", 200000 미만이면 "하"를 표시합니다.

6 본문 영역에 속성 설정하기

1. '본문' 영역 바를 클릭한다.

2. '본문' 속성 시트 창의 '형식' 탭에서 다른 배경색 속성을 그림과 같이 설정한 후 속성 시트 창을 닫는다.

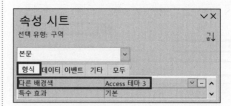

02. '레코드추가' 단추에 클릭 기능 구현하기

정답

```
Private Sub cmd추가_Click( )
    DoCmd.GoToRecord acDataForm, "운행관리", acNewRec
    txt접수일자.SetFocus
End Sub
```

1. '탐색' 창의 〈운행관리〉 폼의 바로 가기 메뉴에서 **[디자인 보기]**를 선택한다.

2. '레코드 추가'(cmd추가) 단추를 더블클릭한다.

3. 'cmd추가' 속성 시트 창의 '이벤트' 탭에서 'On Click'의 작성기 단추(**...**)를 클릭한다.

4. '작성기 선택' 창에서 '코드 작성기'를 선택한 후 〈확인〉을 클릭한다.

5. 'cmd추가_Click( )' 프로시저에 정답과 같이 코드를 입력한다.

코드 설명

```
Private Sub cmd추가_Click( )
    ❶ DoCmd.GoToRecord acDataForm, "운행관리", acNewRec
    ❷ txt접수일자.SetFocus
End Sub
```

❶ 〈운행관리〉 폼의 레코드 원본에서 새 레코드(acNewRec)로 이동한다.
❷ 'txt접수일자' 컨트롤로 포커스(SetFocus)를 이동시킨다.

03. '등록' 단추에 클릭 기능 구현하기

정답

```
Private Sub cmd등록_Click( )
    DoCmd.RunSQL "insert into 거래내역(접수일자, 거래처코드,
    행선지코드, 금액, 세액, 합계, 출발일자) values(txt접수일자,
    cmb거래처코드, cmb행선지코드, txt금액, txt세액, txt합계, txt
    출발일자)"
    Call 접수내용지우기
End Sub
```

1. '탐색' 창의 〈운행접수〉 폼의 바로 가기 메뉴에서 [디자인 보기]를 선택한다.
2. '등록'(cmd등록) 단추를 더블클릭한다.
3. 'cmd등록' 속성 시트 창의 '이벤트' 탭에서 'On Click'의 작성기 단추(⋯)를 클릭한다.
4. '작성기 선택' 창에서 '코드 작성기'를 선택한 후 〈확인〉을 클릭한다.

5. 'cmd등록_Click( )' 프로시저에 정답과 같이 입력한다.

코드설명

```
Private Sub cmd등록_Click( )
❶ DoCmd.RunSQL "insert into 거래내역(접수일자, 거래처코
  드, 금액, 세액, 합계, 출발일자) values(txt접수일자, cmb거래처코드,
  cmb행선지코드, txt금액, txt세액, txt합계, txt출발일자)"
❷ Call 접수내용지우기
End Sub
```

❶ 〈거래내역〉 테이블의 '접수일자', '거래처코드', '행선지코드', '금액', '세액', '합계', '출발일자' 필드에 'txt접수일자', 'cmb거래처코드', 'cmb행선지코드', 'txt금액', 'txt세액', 'txt합계', 'txt출발일자' 컨트롤에 입력된 값을 삽입(추가)한다.
❷ '접수내용지우기' 프로시저를 호출(Call)한다.
※ 각 컨트롤의 이름은 폼 디자인 보기 상태에서 직접 확인하여 입력해야 합니다.

문제 4   처리 기능 구현

01. 〈운행현황생성〉 쿼리 작성하기

1. [만들기] → 쿼리 → 쿼리 디자인(▦)을 클릭한다.
2. '테이블 추가' 창의 '쿼리' 탭에서 〈운행관리〉 쿼리를 더블클릭하여 쿼리 작성기 창에 추가하고 '테이블 추가' 창의 닫기(✕)를 클릭한다.
3. 〈운행관리〉 쿼리의 '상호'를 하단 그리드 라인의 첫 번째 필드로 드래그한 후 같은 방법으로 '행선지', '차량종류', '합계', '접수일자', '출발일자' 필드를 차례로 드래그한다.

4. '상호' 필드의 조건에 Like "*" & [조회할 상호의 일부를 입력] & "*"를 입력한다.

5. [쿼리 디자인] → 쿼리 유형 → 테이블 만들기(▦)를 클릭한다.
6. '테이블 만들기' 대화상자에서 '테이블 이름'에 **조회상호운행현황**을 입력한 후 〈확인〉을 클릭한다.

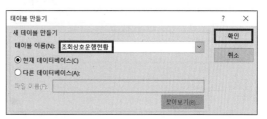

7. [쿼리 디자인] → 결과 → **실행**(▌)을 클릭한 후 매개 변수 대화상자에 **유통**을 입력한 후 〈확인〉을 클릭한다.

8. "5행을 붙여 넣습니다."라는 메시지가 출력되면 〈예〉를 클릭한다.

9. 닫기 단추(✕)를 클릭한 후 저장 여부를 묻는 대화상자가 나타나면 〈예〉를 클릭한다.

10. '다른 이름으로 저장' 대화상자에서 쿼리 이름에 **운행현황생성**을 입력한 후 〈확인〉을 클릭한다.

02. 〈차량운행횟수〉 쿼리 작성하기

1. [만들기] → 쿼리 → **쿼리 디자인**(▦)을 클릭한다.

> 2개 이상의 테이블이나 쿼리를 사용하여 크로스탭 쿼리를 작성할 때는 크로스탭 쿼리 마법사를 이용할 수 없습니다.

2. '테이블 추가' 창의 '테이블' 탭에서 〈거래처〉, 〈거래내역〉, 〈요금표〉 테이블을 더블클릭한 후 '테이블 추가' 창의 닫기 단추(✕)를 클릭한다.

3. [쿼리 디자인] → 쿼리 유형 → **크로스탭**(▦)을 클릭한다.

4. 행 머리글, 열 머리글, 값으로 사용될 필드를 그림과 같이 설정한다.

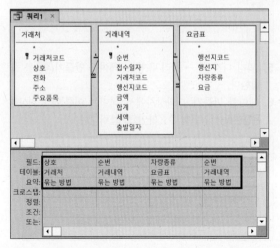

> 첫 번째 '순번' 필드는 행 머리글로 사용할 필드이고, 두 번째 '순번' 필드는 값으로 사용할 필드입니다.

5. 첫 번째 '순번'은 행 머리글에서 개수를 나타내야 하므로 요약을 '개수'로 변경하고 두 번째 '순번'은 함수를 적용한 식의 결과를 표시해야 하므로 요약을 '식'으로 변경한다.

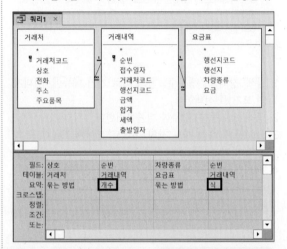

6. 쿼리 작성기에 설정한 필드들을 크로스탭 쿼리의 구성 요소에 맞게 지정해야 한다. '상호'와 첫 번째 '순번'은 '행 머리글'로, '차량종류'는 '열 머리글'로, 그리고 두 번째 '순번'은 '값'으로 변경한다.

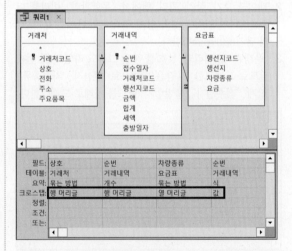

7. 하단 그리드 라인의 두 번째 필드에 있는 순번을 '운행횟수'로 표시하기 위해 **운행횟수 : 순번**으로 변경한다.

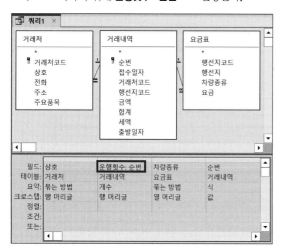

8. 하단 그리드 라인의 네 번째 필드에 있는 '순번' 필드를 이용해 표시할 '값'이 비어 있는 경우에는 '*'을 표시하기 위해 IIf(IsNull(Count([순번])),"*",Count([순번]))으로 변경한다. 식을 입력한 후 Enter를 누르면 식 앞에 **Expr1 :** 이 자동으로 입력된다.

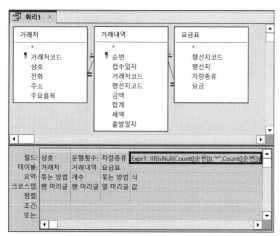

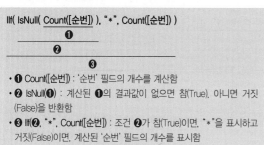

- **①** Count([순번]) : '순번' 필드의 개수를 계산함
- **②** IsNull(**①**) : 계산된 **①**의 결과값이 없으면 참(True), 아니면 거짓(False)을 반환함
- **③** IIf(**②**, "*", Count([순번]) : 조건 **②**가 참(True)이면, "*"을 표시하고 거짓(False)이면, 계산된 '순번' 필드의 개수를 표시함

9. 쿼리 작성기 창의 닫기 단추(⊠)를 클릭한 후 저장 여부를 묻는 대화상자에서 〈예〉를 클릭한다. '다른 이름으로 저장' 대화상자에서 쿼리 이름을 **차량운행횟수**로 입력하고 〈확인〉을 클릭한다.

03. 〈행선지별운행조회〉 쿼리 작성하기

1. [만들기] → 쿼리 → **쿼리 디자인**(▥)을 클릭한다.
2. '테이블 추가' 창의 '쿼리' 탭에서 〈운행관리〉 쿼리를 더블클릭한 후 '테이블 추가' 창의 닫기 단추(⊠)를 클릭한다.
3. '접수일자'를 첫 번째 필드로 드래그한다.
4. 같은 방법으로 '행선지', '상호', '금액', '출발일자'를 각 필드로 드래그한다.

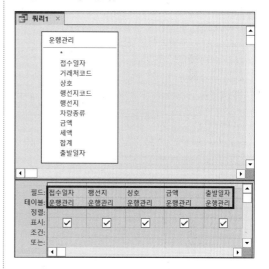

5. '출발일자' 필드의 정렬 기준을 '오름차순'으로 지정한다.
6. '행선지' 필드의 조건난에 아래 그림과 같이 입력하여 매개 변수 쿼리를 만든다.

7. 쿼리 작성기 창의 닫기 단추(⊠)를 클릭한 후 저장 여부를 묻는 대화상자에서 〈예〉를 클릭한다. '다른 이름으로 저장' 대화상자에서 쿼리 이름을 **행선지별운행조회**로 입력하고 〈확인〉을 클릭한다.

04. 〈최고매출거래처〉 쿼리 작성하기

1. [만들기] → 쿼리 → **쿼리 디자인**(▦)을 클릭한다.
2. '테이블 추가' 창의 '쿼리' 탭에서 〈업체별내역〉 쿼리를 더블클릭한 후 '테이블 추가' 창의 닫기 단추(⊠)를 클릭한다.
3. '거래처코드'를 첫 번째 필드로, '상호'를 두 번째 필드로, '합계'를 세 번째 필드로 드래그한다.
4. '거래처코드' 필드의 내용을 **거래처 : Left([거래처코드], InStr([거래처코드],"−")−1)**로 수정한다.

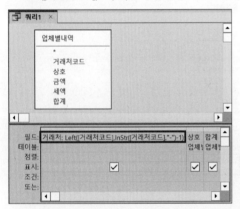

Left([거래처코드], InStr([거래처코드],"−")−1)
                          ❶
           ❷

❶ '거래처코드'에서 "−"의 위치를 반환합니다(BB−01 → 3). 이 위치에서 한 칸 앞으로 이동시킵니다(2).
❷ Left([거래처코드], ❶) → Left([거래처코드], 2) : 거래처코드 중 왼쪽에서 두 번째 문자까지만 표시합니다(BB−01 → BB).

5. '합계' 필드의 조건난에 **(select max(합계) from 업체별내역)**을 입력한다.

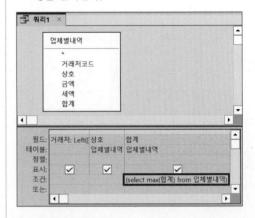

6. '쿼리 작성기 창의 닫기 단추(⊠)를 클릭한 후 저장 여부를 묻는 대화상자에서 〈예〉를 클릭한다.
7. '다른 이름으로 저장' 대화상자에서 쿼리 이름을 **최고매출거래처**로 입력하고 〈확인〉을 클릭한다.

05. 〈행선지별거래현황〉 쿼리 작성하기

1. [만들기] → 쿼리 → **쿼리 디자인**(▦)을 클릭한다.
2. '테이블 추가' 창의 '테이블' 탭에서 〈거래내역〉, 〈거래처〉, 〈요금표〉 테이블을 차례대로 더블클릭하여 쿼리 작성기 창에 추가하고 '테이블 추가' 창의 닫기(⊠)를 클릭한다.
3. 〈요금표〉 테이블의 '행선지'를 하단 그리드 라인의 첫 번째 필드로 드래그한다.
4. 같은 방법으로 〈거래처〉 테이블의 '상호', 〈거래내역〉 테이블의 '금액' 필드를 차례로 드래그한다.

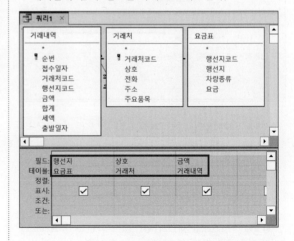

5. [쿼리 디자인] → 표시/숨기기 → **요약(∑)**을 클릭한다.

6. '상호', '금액' 필드의 요약 항목의 묶는 방법을 그림과 같이 설정한다.

7. 문제의 그림과 같이 필드명을 표시하기 위해 '상호' 필드 를 **거래횟수: 상호**로, '금액' 필드를 **거래총액: 금액**으로 변 경한다.

8. 이어서 네 번째 필드에 **평균거래액: [거래총액]/[거래횟수]** 를 입력한 후 묶는 방법을 '식'으로 설정한다.

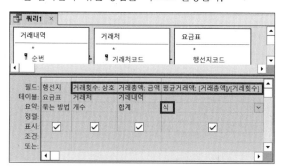

9. '거래총액' 필드의 정렬 항목을 '내림차순'으로 설정한 후 쿼리 작성기 창 빈 영역의 바로 가기 메뉴에서 [속 성]을 선택한다.

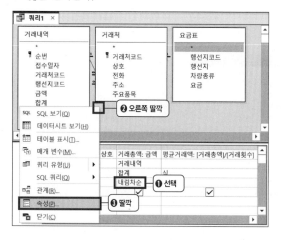

정렬 기준에 대한 지시사항은 없지만 '거래총액' 필드의 값이 많은 순 으로 상위 5개 레코드만 표시하라고 했으므로 '거래총액' 필드를 기준 으로 내림차순 정렬을 수행해야 합니다.

10. 속성 시트 창이 표시된 상태에서 쿼리 작성기 창 하단 의 빈 공간을 클릭한다. '속성 시트' 창이 '쿼리 속성 시 트' 창으로 변경된 것을 확인한 후 '일반' 탭에서 '상위 값' 속성을 5로 설정한다.

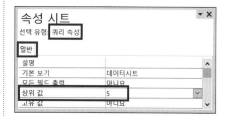

'상위 값' 속성
• 지정한 조건을 만족하는 특정 수의 레코드 또는 특정 비율의 레코드 를 반환하는 속성으로서, 상위 몇 개(TOP 10) 또는 상위 몇%(TOP 10%)로 지정합니다.
• SQL 보기에서 Select문 다음에 'TOP n', 'TOP n%'를 직접 입력해도 됩니다.
• 지정한 조건을 만족하는 동일한 값이 있을 경우 모두 표시합니다.
• 일반적으로 정렬된 필드에 사용됩니다.

11. '거래총액' 필드의 바로 가기 메뉴에서 [속성]을 선택한 후 표시되는 '속성 시트' 창의 '일반' 탭에서 '형식' 속성 을 그림과 같이 지정한다.

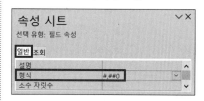

12. 같은 방법으로 '평균거래액' 필드의 '형식' 속성에 #,##0 을 입력한다.

13. 쿼리 작성기 창의 닫기 단추(✕)를 클릭한 후 저장 여 부를 묻는 대화상자가 나타나면 〈예〉를 클릭한다.

14. '다른 이름으로 저장' 대화상자에서 쿼리 이름에 **행선지 별거래현황**을 입력한 후 〈확인〉을 클릭한다.

- **준 비 하 세 요 :** 'C:\길벗컴활1급\02 액세스\03 기본모의고사' 폴더에서 '03회.accdb' 파일을 열어서 작업하시오.
- **외부 데이터 위치 :** C:\길벗컴활1급\02 액세스\03 기본모의고사

문제 1   DB 구축(25점)

전문가의 조언

1
- 〈매출관리〉 테이블의 '지역코드' 필드의 데이터 형식과 필드 속성은 이 필드가 참조하는 〈지역〉 테이블의 '지역코드' 필드와 같거나 호환되어야 합니다.
- 형식
  대문자 :), 소문자 : 〈
- 's-0001' ~ 's-0010'은 'Between "s-0001" And "s-0010"'으로 표현이 가능합니다.
- 필드 이름을 변경하지 않고 필드 이름의 표시만 변경하려면 캡션 속성을 이용하세요.
- 반드시 입력되도록 설정하라는 것은 '필수' 속성을 의미 합니다.

2
- 다른 테이블을 행 원본으로 사용할 경우 '행 원본 유형'은 '테이블/쿼리'로 설정해야 합니다.
- '행 원본' 속성의 작성기 단추(⋯)를 클릭하면 나타나는 쿼리 작성기를 이용합니다.
- 컨트롤에 저장될 값은 바운드 열에 지정하는데, 저장되는 필드가 '지역코드'이므로 첫 번째 열을 지정해야 합니다.

1. 문구 판매 현황을 파악하기 위해 데이터베이스를 구축하였다. 다음의 지시사항에 따라 〈매출관리〉 테이블을 완성하시오.

① 〈매출관리〉 테이블의 '지역코드' 필드는 〈지역〉 테이블의 '지역코드' 필드를 참조하는 외래키이다. 〈매출관리〉 테이블의 '지역코드' 필드의 데이터 형식과 필드 속성을 설정하시오.

② '상품코드' 필드에는 영문 대문자를 입력하였을 때에도 소문자로 표시되도록 '형식' 속성을 설정하시오.

③ '지역코드' 필드에는 's-0001'에서 's-0010' 사이의 값이 입력되도록 유효성 검사 규칙을 설정하시오.

④ 새로운 레코드가 추가되는 경우 '매출수량' 필드에는 기본적으로 10이 입력되도록 설정하시오.

⑤ '마진액' 필드는 필드 이름을 변경하지 않고, '이익액'으로 표시되도록 설정하시오.

⑥ '매출수수료' 필드는 반드시 입력되도록 설정하시오.

2. 〈매출관리〉 테이블의 '지역코드'에 대해 다음과 같이 조회 속성을 설정하시오.

▶ 〈지역〉 테이블의 '지역코드'와 '지역명'이 콤보 상자의 형태로 나타나도록 할 것
▶ 필드에는 '지역코드'가 저장되도록 설정할 것
▶ 열의 너비는 각각 2cm로 지정하고, 목록 너비는 5cm로 지정할 것

순번	상품코드	지역코드	매출수량	매출액	이익액	매출수수료
2003-001	p-11	S-0001 ∨	640	1024000	256000	15360
2003-002	p-15	S-0001 서울		720000	180000	10800
2003-003	p-15	S-0002 경기		760000	190000	11400
2003-004	p-01	S-0003 강원		6059000	1514750	90885
2003-005	p-12	S-0004 충남		3479000	869750	52185
2003-006	p-03	S-0005 충북		1102000	275500	16530
2003-007	p-19	S-0006 경남		1620000	405000	24300
2003-008	p-11	S-0007 경북		176000	44000	2640
2003-009	p-05	S-0008 전남		891000	222750	13365
2003-010	p-10	S-0009 전북		2652000	663000	39780
2003-011	p-19	S-0010 제주특별자치도		2130000	532500	31950
2003-012	p-12	S-0004	180	1278000	319500	19170

레코드: 1/97   필터 없음   검색

3. 〈매출관리〉 테이블의 '지역코드'는 〈지역〉 테이블의 '지역코드'를 참조하며 두 테이블 간의 관계는 M:1이다. 두 테이블 간의 관계 설정 시 그림과 같은 에러 메시지가 표시되었다. 이를 해결한 후 다음과 같이 관계를 설정하시오.

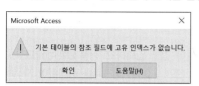

전문가의 조언

3. 문제의 에러 메시지는 기본 테이블에 기본키가 없다는 의미이므로 먼저 기본(지역) 테이블에 기본키를 설정해야 합니다.

▶ 〈지역〉 테이블의 '지역코드'는 각 데이터를 유일하게 구별하는 필드이다.

▶ 〈지역〉 테이블의 '지역코드'가 변경되면 이를 참조하는 〈매출관리〉 테이블의 '지역코드'도 따라서 변경되도록 설정하시오.

▶ 〈매출관리〉 테이블에서 참조하고 있는 〈지역〉 테이블의 레코드를 삭제할 수 없도록 설정하시오.

4. '기타상품.xlsx' 파일의 내용을 가져와 '기타상품' 테이블에 추가하시오.

▶ '추가현황' 시트의 데이터를 가져오시오.

5232032

[문제 2] **입력 및 수정 기능 구현(20점)**

1. 상품의 매출을 관리하는 〈매출관리〉 폼에 대해 다음의 작업을 수행하시오.

① 폼을 그림과 같은 형태로 표시되도록 '기본 보기' 속성을 설정하시오.

② 본문의 모든 컨트롤에 대해 특수 효과를 '새김(밑줄)'로 설정하시오.

③ 폼 머리글과 본문에 있는 컨트롤들 간의 가로 간격을 모두 같게 설정하시오.

④ 'txt개수' 컨트롤에는 레코드의 개수가 [표시 예]와 같이 표시되도록 설정하시오.

▶ 레코드 개수의 1/10 만큼 "★"을 표시한 후 괄호 안에 실제 개수를 표시

▶ 표시 예 : 100개 → ★★★★★★★★★★(100개)

⑤ 본문의 'txt단가', 'txt매출액', 'txt마진액', 'txt매출수수료' 컨트롤의 값이 [표시 예]와 같이 표시되도록 형식 속성을 설정하시오.

▶ 표시 예 : 0 → 0원, 2700 → 2,700원

⑥ 본문의 'txt상품명'과 'txt매출수량' 컨트롤에 '조건부 서식'을 설정하시오.

▶ 'txt상품명'의 글자수가 5 이하이고 'txt매출수량'이 500 이상인 레코드에 대해 글꼴을 '굵게'로 지정

전문가의 조언

1
• 기본 보기 속성은 '폼' 속성 시트 창의 '형식' 탭에서 설정합니다.
• 일정 개수만큼 문자를 반복하는 함수는 '=String( )', 정수를 반환하는 함수는 '=Int( )', 개수를 구하는 함수는 '=Count( )'입니다.
• 조건부 서식을 적용할 컨트롤만 선택한 후 [서식] → 컨트롤 서식 → **조건부 서식**을 클릭하여 수행합니다.

2. 〈매출관리〉 폼의 폼 바닥글 영역에서 'txt평균' 컨트롤에는 본문 영역의 'cmb지역코드' 컨트롤에서 선택한 '지역코드'의 매출수량 평균이 표시되도록 설정하시오.
   ▶ 〈상품매출관리〉 쿼리와 DAVG 함수 사용
   ▶ 1번 문제의 〈그림〉 참조

3. 〈매출관리〉 폼에서 '매출수량'(txt조회) 컨트롤에 값을 입력하고 '상품조회'(cmd조회) 단추를 클릭하면 다음과 같은 기능을 수행하는 〈조회후이동〉 매크로를 생성하여 지정하시오.
   ▶ '매출수량'이 'txt조회'에 입력되어 있는 값보다 크거나 같은 레코드만 표시하시오.
   ▶ 필터를 수행하고 폼 본문의 'txt매출수량' 컨트롤로 포커스를 이동하시오.
   ▶ ApplyFilter와 GoToControl 함수를 사용하시오.

매출관리 ×							
상품코드	상품명	지역코드	매출수량	단가	매출액	마진액	매출수수료
P-11	NAVCAN	S-0001	640	1,600원	1,024,000원	256,000원	15,360원
P-01	wing	S-0001	830	4,500원	3,735,000원	1,514,750원	90,885원
P-05	SPACE	S-0007	810	1,100원	891,000원	222,750원	13,365원

매출수량   상품조회   레코드개수   ★★★★★(50개)
600   보고서보기   입력   매출수량 평균   508.75

레코드: ◀ ◀ 1/50 ▶ ▶ ▶*   ▽ 필터링됨   검색

5232033

조회 및 출력 기능 구현(20점)

1. 다음의 지시사항 및 화면을 참조하여 〈지역별현황〉 보고서를 완성하시오.
   ① 다음과 같이 정렬 및 그룹화하시오.
      ▶ '지역명', '상품코드' 순으로 오름차순 정렬
      ▶ '지역명'에 대해서는 그룹 머리글과 그룹 바닥글 설정
   ② 다음과 같이 지역명 머리글과 바닥글을 설정하시오.
      ▶ 다음의 그림을 참조하여 레이블, 텍스트 상자, 선(페이지 머리글과 동일) 컨트롤 등을 모두 생성할 것
      ▶ 본문의 '지역명'을 지역명 머리글로 이동시킨 후 지역명 머리글의 높이를 1cm로 설정하고, '지역명' 컨트롤은 글꼴 두께 '굵게', 문자색 '#0000FF'로 설정할 것
      ▶ 지역명 바닥글에 컨트롤을 생성한 후 각각 'txt매출수량합계', 'txt매출액합계', 'txt제조경비합계', 'txt순이익합계'로 이름을 지정하고, 각각의 합계가 표시되도록 설정(txt순이익합계 = txt매출액합계 − txt제조경비합계)할 것
      ▶ 지역명 바닥글의 '합계' 레이블은 글꼴 두께 '굵게', 문자색 '#FF0080'으로 설정할 것
   ③ 본문 영역의 'txt순이익' 컨트롤에는 순이익이 표시되도록 '컨트롤 원본' 속성을 설정하시오.
      ▶ 순이익 = 매출액 − 제조경비

④ 본문 영역의 'txt평가' 컨트롤에는 'txt순이익'이 2,000,000 이상이면 "흑자", 그렇지 않으면 "적자"가 표시되도록 '컨트롤 원본' 속성을 설정하시오.

⑤ 보고서 바닥글의 'txt매출수량평균', 'txt매출액평균', 'txt제조경비평균', 'txt순이익평균' 컨트롤에는 각각의 평균이 표시되도록 '컨트롤 원본' 속성을 설정하시오.

⑥ 보고서 머리글의 'txt년' 컨트롤에는 시스템의 현재 연도가 [표시 예]와 같이 표시되도록 설정하시오. (Year, Now 함수 사용)

▶ 표시 예: 2024년도

2024년도 지역별 현황

지역명	상품코드	매출수량	매출액	제조경비	순이익	평가
강원						
	P-01	720	5256000	722	5255278	흑자
	P-03	580	1102000	1425	1100575	적자
	p-11	550	4785000	1200	4783800	흑자
	p-12	120	480000	5325	474675	적자
	P-16	610	5429000	6675	5422325	흑자
	P-17	60	408000	5100	402900	적자
합계		2640	17460000	20447	17439553	
경기						
	P-01	640	4672000	722	4671278	흑자
	p-02	250	675000	2025	672975	적자
	P-05	30	33000	825	32175	적자
	P-08	150	600000	3000	597000	적자
	P-12	460	3266000	5325	3260675	흑자
	P-14	530	2968000	4200	2963800	흑자
	p-14	750	3000000	4200	2995800	흑자
	P-16	90	801000	6675	794325	적자
합계		2900	16015000	26972	15988028	
경남						
	P-03	740	1406000	1425	1404575	적자
	P-10	660	2244000	2550	2241450	흑자
	P-10	690	2346000	2550	2343450	흑자
	P-13	690	1518000	1650	1516350	적자
	P-13	920	2024000	1650	2022350	흑자
	P-14	960	5376000	4200	5371800	흑자
	P-15	690	1518000	1650	1516350	적자

2024년 7월 5일 금요일   1 / 5

2. 〈매출관리〉 폼 본문의 'cmb지역코드' 컨트롤을 더블클릭하면 다음과 같은 기능을 수행하도록 이벤트 프로시저를 구현하시오.

▶ '지역코드' 필드의 마지막 1자리가 1이면 '지역명' 필드의 값에 "특별시"를, 2면 '지역명' 필드의 값에 "도"를, 3이면 '지역명' 필드의 값에 "특별자치도"를 옆에 그림과 같이 표시하고, 그 외의 값은 '지역명' 필드의 값을 그대로 표시하는 메시지 상자를 표시하시오.

▶ Select Case문, Right 함수, & 연산자를 사용하시오.

전문가의 조언

2
• Right 함수를 이용해 '지역코드' 필드의 오른쪽 1글자를 '가져온 후 Select Case의 Case 조건으로 그 값을 비교하면 됩니다.
• Right 함수로 추출된 값은 문자이므로 Case "1"과 같이 큰따옴표로 묶어 값을 비교해야 합니다.

3. 〈매출현황관리〉 폼에서 매출액(txt매출액)을 계산하는 '매출액계산' 프로시저를 작성한 후 폼이 로드(Load)될 때 매출액이 계산되도록 이벤트 프로시저를 구현하시오.

▶ txt매출액 = txt매출수량 ＊ txt단가
▶ Call 사용

1. 〈상품〉과 〈매출관리〉 테이블을 이용하여 검색할 상품명의 일부를 매개 변수로 입력받아 해당 상품의 매출정보를 조회하는 〈상품매출조회〉 매개 변수 쿼리를 작성하시오.

▶ '부가세' 필드는 '매출수량'이 200 이하이면 '매출액'의 10%로, 200 초과 500 이하이면 '매출액'의 20%로, 500 초과이면 '매출액'의 30%로 계산하시오.
▶ Switch 함수 사용
▶ 쿼리 결과 표시되는 필드와 필드명, 필드의 형식은 〈그림〉과 같이 표시되도록 설정하시오.

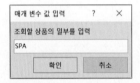

2. 상품별 지역별로 '마진액'의 합계를 조회하는 〈마진액조회〉 크로스탭 쿼리를 작성하시오.

▶ 〈상품〉, 〈매출관리〉, 〈지역〉 테이블을 이용하시오.
▶ 총 마진액은 '마진액' 필드를 이용하시오.
▶ '지역명'을 기준으로 내림차순 정렬하시오.
▶ 쿼리 실행 결과 표시되는 필드와 필드명, 필드의 형식은 〈그림〉과 같이 표시되도록 설정하시오.

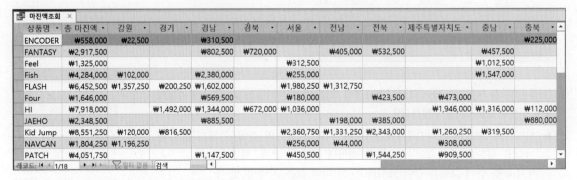

3. 〈매출관리〉 테이블에서 레코드를 삭제하는 〈특정상품삭제〉 쿼리를 작성하고 실행하시오.

▶ '상품코드' 필드의 값이 "P-20"인 레코드를 삭제하시오.

4. 상품코드별로 '매출수량', '매출액', '마진액' 각각의 합계를 조회하는 〈상품매출〉 쿼리를 작성하시오.

- ▶ 〈매출관리〉 테이블을 사용하시오.
- ▶ '지역코드'가 "s-0001"이나 "s-0002"가 아닌 자료만을 표시하시오.
- ▶ 쿼리 실행 결과 표시되는 필드와 필드명은 〈그림〉과 같이 표시되도록 설정하시오.

상품코드	매출수량총계	매출액총계	마진액총계
P-01	2390	17447000	4361750
p-02	2540	6858000	1714500
p-03	2200	4180000	1045000
p-05	3870	4257000	1064250
p-07	490	3724000	931000
p-08	2100	9951000	2487750
p-09	2460	21585000	5396250
p-10	3130	14405000	3601250
p-11	1430	6193000	1548250
p-12	3080	21496000	5374000
p-13	3910	9394000	2348500
p-14	3850	21560000	5390000
p-15	2510	5864000	1466000
p-16	1920	17088000	4272000
p-17	2370	16116000	4029000
p-18	810	4050000	1012500
p-19	3600	11670000	2917500

레코드: I◀ ◀ 1/17 ▶ ▶I ▶※ 필터 없음 검색

 전문가의 조언

4
· 〈매출관리〉 테이블에서 '상품코드', '매출수량', '매출액', '마진액', '지역코드' 필드를 가져와 '상품코드'를 기준으로 그룹화한 후 '매출수량', '매출액', '마진액' 필드에 '합계'를, '지역코드' 필드에 주어진 조건을 적용하여 해결하세요.
· '상품코드'가 같은 데이터가 여러 개 있어서 '상품코드' 별로 그룹을 설정하는 것이므로 '상품코드'를 '묶는 방법'으로 지정하여 그룹화하세요.

5. 〈지역〉, 〈매출관리〉 테이블을 이용하여 지역명별 평균목표매출량, 평균매출량, 달성률을 조회하는 〈지역별달성률〉 쿼리를 작성하시오.

- ▶ '평균매출량'은 '매출수량'의 평균으로 처리하시오.
- ▶ 지역코드가 3부터 5까지의 숫자 중 하나로 끝나는 것만 조회 대상으로 하시오. (Like 연산자 사용)
- ▶ 달성률 = 평균매출량 / 평균목표매출량
- ▶ 평균매출량은 [표시 예]와 같이 표시되도록 '형식' 속성을 설정하시오. [표시 예 : 0 → 0.0, 451.11111 → 451.1]
- ▶ 달성률을 [표시 예]와 같이 표시되도록 '형식' 속성을 설정하시오. [표시 예 : 0 → 0.0%, 0.29342 → 29.3%]
- ▶ 쿼리 결과 표시되는 필드와 필드명, 필드의 형식은 〈그림〉과 같이 표시되도록 설정하시오.

지역명	평균목표매출량	평균매출량	달성률
강원	1500	440.0	29.3%
충남	2000	565.0	28.3%
충북	2000	451.1	22.6%

레코드: I◀ ◀ 1/3 ▶ ▶I ▶※ 필터 없음 검색

전문가의 조언

5. 3부터 5까지의 숫자 중 하나로 끝나는 것만 조회 대상으로 하는 조건은 Like "*[3-5]"입니다.

문제 1   DB 구축

01. 〈매출관리〉 테이블 완성하기

1 데이터 형식과 필드 크기 속성 설정하기
1. '탐색' 창의 〈매출관리〉 테이블의 바로 가기 메뉴에서 [디자인 보기]를 선택한다.
2. '지역코드' 필드를 클릭한 후 '데이터 형식'과 필드 크기 속성을 그림과 같이 설정한다.

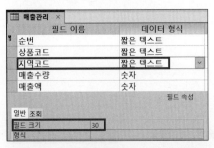

〈매출관리〉 테이블의 '지역코드' 필드는 〈지역〉 테이블의 '지역코드'를 참조하는 외래키이므로, 데이터 형식과 필드 크기를 〈지역〉 테이블의 '지역코드' 필드와 동일하게 지정하면 됩니다.

2 형식 속성 설정하기 : '상품코드' 필드를 클릭한 후 '일반' 탭에서 형식 속성을 그림과 같이 설정한다.

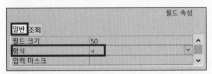

3 유효성 검사 규칙 속성 설정하기 : '지역코드' 필드를 클릭한 후 '일반' 탭에서 유효성 검사 규칙 속성을 그림과 같이 설정한다.

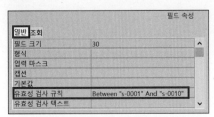

4 기본값 속성 설정하기 : '매출수량' 필드를 클릭한 후 '일반' 탭에서 기본값 속성을 그림과 같이 설정한다.

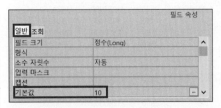

5 캡션 속성 설정하기 : '마진액' 필드를 클릭한 후 '일반' 탭에서 캡션 속성을 그림과 같이 설정한다.

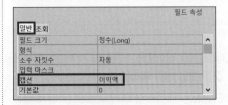

6 필수 속성 설정하기 : '매출수수료' 필드를 클릭한 후 '일반' 탭에서 필수 속성을 그림과 같이 설정한다.

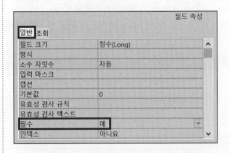

02. '지역코드' 필드에 조회 속성 설정하기

1. '지역코드' 필드를 클릭한 후 '조회' 탭에서 컨트롤 표시 속성과 행 원본 유형 속성을 그림과 같이 설정한다.

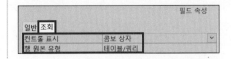

2. '행 원본' 속성의 작성기 단추(⋯)를 클릭한다.

3. '테이블 추가' 창의 '테이블' 탭에서 〈지역〉 테이블을 더블클릭한 후 '테이블 추가' 창의 닫기 단추(✕)를 클릭한다.

4. '지역코드'를 첫 번째 필드로, '지역명'을 두 번째 필드로 드래그한다.

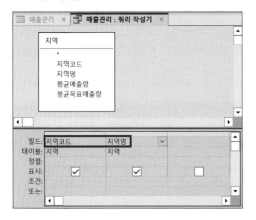

5. 닫기 단추(✕)를 클릭한 후 〈예〉를 클릭한다.

6. '조회' 탭에서 바운드 열, 열 개수, 열 너비, 목록 너비 속성을 그림과 같이 설정한다.

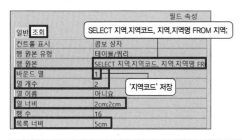

'열 너비'와 '목록 너비'는 문제를 보고 비슷하게 지정해주면 됩니다.

03. 〈매출관리〉 테이블과 〈지역〉 테이블 간의 관계 설정하기

정답

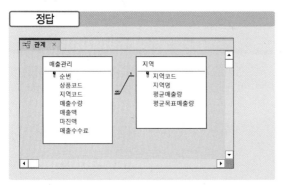

1. '탐색' 창의 〈지역〉 테이블의 바로 가기 메뉴에서 [디자인 보기]를 선택한다.

2. '지역코드' 필드의 바로 가기 메뉴에서 [기본 키]를 선택하고, 닫기 단추(✕)를 클릭한다.

3. 관계를 설정하기 위해 [데이터베이스 도구] → 관계 → 관계(🗗)를 클릭한다.

4. '관계' 창의 바로 가기 메뉴에서 [테이블 표시] 메뉴를 선택한다.

5. '테이블 추가' 창의 '테이블' 탭에서 〈매출관리〉 테이블과 〈지역〉 테이블을 더블클릭한 후 '테이블 추가' 창의 닫기 단추(✕)를 클릭한다.

6. 〈매출관리〉 테이블의 '지역코드' 필드를 〈지역〉 테이블의 '지역코드' 필드로 드래그한다.

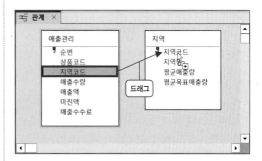

7. '관계 편집' 대화상자에서 그림과 같이 지정한 후 〈만들기〉를 클릭한다.

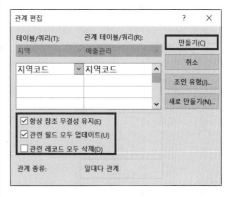

04. '기타상품.xlsx' 파일 가져오기

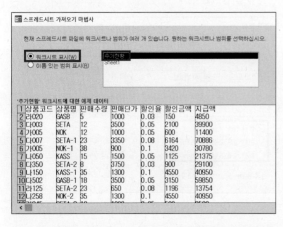

1. [외부 데이터] → 가져오기 및 연결 → 새 데이터 원본
   → 파일에서 → Excel(☒)을 클릭한다.
2. '외부 데이터 가져오기 - Excel 스프레드시트' 대화상자
   에서 〈찾아보기〉를 클릭하고, '기타상품.xlsx' 파일을
   선택한 후 〈열기〉를 클릭한다.
3. '외부 데이터 가져오기 - Excel 스프레드시트' 대화상자
   에서 '다음 테이블에 레코드 복사본 추가'를 선택하고,
   목록 단추에서 '기타상품'을 선택한 후 〈확인〉을 클릭
   한다.
4. '스프레드시트 가져오기 마법사' 1단계 대화상자에서 그
   림과 같이 설정한 후 〈다음〉을 클릭한다.

5. '스프레드시트 가져오기 마법사' 2단계 대화상자에서
   〈다음〉을 클릭한다.

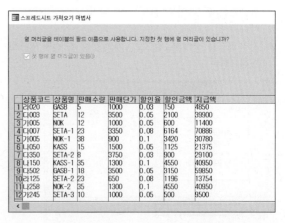

6. '스프레드시트 가져오기 마법사' 3단계 대화상자에서
   〈마침〉을 클릭한다.

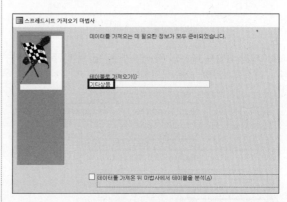

7. '외부 데이터 가져오기 - Excel 스프레드시트' 대화상자
   의 '가져오기 단계 저장' 옵션이 해제된 상태에서 〈닫기〉
   를 클릭한다.

01. 〈매출관리〉 폼 완성하기

정답

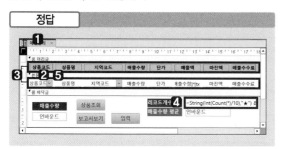

1 기본 보기 속성 설정하기

1. '탐색' 창의 〈매출관리〉 폼의 바로 가기 메뉴에서 [디자인 보기]를 선택한다.
2. 폼 디자인 보기 창에서 '폼' 속성 시트 창을 나타내기 위해 '폼 선택기'를 더블클릭한다.
3. '폼' 속성 시트 창의 '형식' 탭에서 기본 보기 속성을 그림과 같이 설정한다.

2 본문의 모든 컨트롤에 특수 효과 속성 설정하기

1. 본문의 모든 컨트롤을 선택한다.
2. 컨트롤 속성 시트 창의 '형식' 탭에서 특수 효과 속성을 그림과 같이 설정한다.

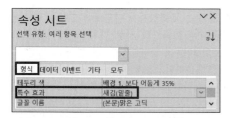

3 컨트롤 간의 가로 간격 모두 같게 설정하기

1. 폼 머리글의 모든 컨트롤을 선택한 후 [정렬] → 크기 및 순서 조정 → 크기/공간 → **가로 간격 같음**을 클릭한다.

2. 같은 방법으로 본문의 모든 컨트롤도 정렬한다.

4 'txt개수' 컨트롤에 컨트롤 원본 설정하기

1. 'txt개수' 컨트롤을 클릭한다.
2. 'txt개수' 속성 시트 창의 '데이터' 탭에서 컨트롤 원본 속성을 그림과 같이 설정한다.

> '★' 기호는 한글 자음 ㅁ을 입력한 후 [한자]를 누르면 표시되는 특수 문자 목록에서 선택하면 됩니다.

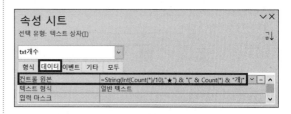

$$String(Int(Count(*)/10),"★") \& "(" \& Count(*) \& "개)"$$

① **②** **③** **④** **⑤**

※ 레코드의 개수가 97이라고 가정합니다.

- **① Count(*)/10** : 레코드의 개수를 계산한 후 그 값을 10으로 나눕니다. → 9.7
- **② Int(①)** : ①의 값에서 소수 부분을 제거하고 정수만을 반환합니다. → 9
- **③ String(②, "★")** : ②의 개수 만큼 문자 "★"을 반복 표시합니다. → ★★★★★★★★★
- **④ "(" & Count(*) & "개)"** : 큰따옴표로 묶은 문자들과 레코드의 개수를 합하여 표시합니다. → "(97개)"
- **⑤ ③&④** : ③과 ④를 합하여 표시합니다. → ★★★★★★★★★(97개)

5 컨트롤에 형식 속성 설정하기

1. 본문의 'txt단가' 컨트롤을 클릭한 후 [Shift]를 누른 채 'txt매출액', 'txt마진액', 'txt매출수수료' 컨트롤을 선택한다.
2. 컨트롤 속성 시트 창의 '형식' 탭에서 형식 속성을 그림과 같이 설정한다.

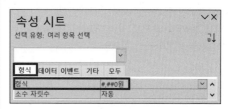

6 조건부 서식 지정하기

1. 본문의 '상품명'과 '매출수량' 컨트롤만 선택한 후 [서식] → 컨트롤 서식 → **조건부 서식**을 클릭한다.

2. '조건부 서식 규칙 관리자' 대화상자에서 〈새 규칙〉을 클릭한다.

3. '새 서식 규칙' 대화상자의 규칙 유형과 규칙을 그림과 같이 설정한 후 〈확인〉을 클릭한다.

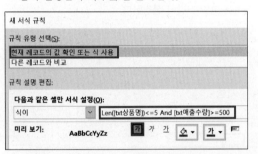

컨트롤 원본이나 매크로의 조건 등을 지정할 때 필드나 컨트롤명에 붙이는 대괄호 [ ]를 생략하고 입력하면 자동으로 대괄호가 입력되지만, '새 서식 규칙' 대화상자에서 대괄호 [ ]를 생략하고 Len(txt상품명)<=5 and txt매출수량)=500으로 입력하면 'txt상품명'이나 'txt매출수량'이 컨트롤이 아닌 텍스트로 인식되어 Len("txt상품명")<=5 and "txt매출수량")=500으로 입력됩니다. 그러므로 반드시 Len([txt상품명])<=5 and [txt매출수량])=500으로 입력해야 합니다.

02. 'txt평균'의 컨트롤 원본 설정하기

정답

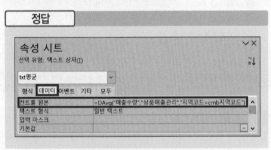

1. '탐색' 창의 〈매출관리〉 폼의 바로 가기 메뉴에서 [디자인 보기]를 선택한다.

2. 폼 바닥글의 'txt평균' 컨트롤을 더블클릭한다.

3. 'txt평균' 컨트롤의 속성 시트 창의 '데이터' 탭에서 '컨트롤 원본' 속성에 정답과 같이 입력한 후 닫기 단추(×)를 클릭한다.

DAvg("매출수량", "상품매출관리", "지역코드=cmb지역코드")의 의미
- **매출수량** : 찾아올 값이 들어 있는 필드 이름
- **상품매출관리** : 작업 대상 레코드가 들어 있는 테이블이나 쿼리의 이름(문제에서 제시함)
- **지역코드=cmb지역코드** : 조건으로서 〈상품매출관리〉 쿼리에서 '지역코드' 필드의 값이 'cmb지역코드'에서 선택한 값과 같은 지역을 가지고 있는 상품의 매출수량 평균을 '매출수량' 필드를 이용하여 계산합니다.

03. '상품조회' 단추에 클릭 기능 구현하기

정답

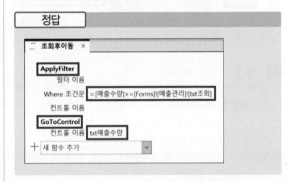

1. 매크로에 이름을 지정하여 사용하는 경우에는 먼저 매크로 개체를 생성한 후 이를 연결하여 사용하면 된다. [만들기] → 매크로 및 코드 → 매크로(🔲)를 클릭한다.

2. 매크로 함수 선택란의 목록 단추(▼)를 누른 다음 'ApplyFilter' 함수를 선택한다.

3. ApplyFilter 매크로 함수 대화상자에서 정답과 같이 설정한 후 새 함수 추가 선택란의 목록 단추(▼)를 누른 다음 'GoToControl' 함수를 선택한다.

4. GoToControl 매크로 함수 대화상자에서 정답과 같이 설정한 후 매크로 대화상자의 닫기 단추(×)를 클릭한다.

5. 저장 여부를 묻는 대화상자가 나타나면 〈예〉를 클릭한다. 이어서 '다른 이름으로 저장' 대화상자에서 매크로 이름으로 **조회후이동**을 입력한 다음 〈확인〉을 클릭한다.

6. '탐색' 창의 〈매출관리〉 폼의 바로 가기 메뉴에서 [디자인 보기]를 선택한다.

7. 폼 디자인 보기 창에서 '상품조회'(cmd조회) 단추를 더블클릭하여 'cmd조회' 속성 시트 창을 호출한다.

8. 'cmd조회' 속성 시트 창에서 '이벤트' 탭을 클릭한 후 'On Click' 이벤트에서 목록 단추(▼)를 클릭하여 '조회후이동'을 선택한다.

01. ⟨지역별현황⟩ 보고서 완성하기

정답

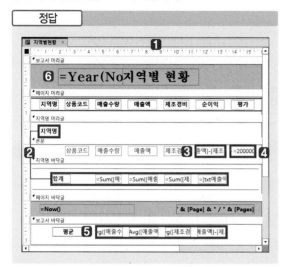

1 보고서의 데이터 정렬하기

1. '탐색' 창의 ⟨지역별현황⟩ 보고서의 바로 가기 메뉴에서 [디자인 보기]를 선택한다.
2. [보고서 디자인] → 그룹화 및 요약 → **그룹화 및 정렬** (📇)을 클릭한다.
3. '그룹, 정렬 및 요약' 창에서 '그룹 추가'를 클릭한 후 기준 필드로 '지역명'을 선택한다.
4. '그룹, 정렬 및 요약' 창에서 '자세히'를 클릭한 후 '머리글 구역 표시'와 '바닥글 구역 표시'를 설정한다.

5. '그룹, 정렬 및 요약' 창에서 '정렬 추가'를 클릭한 후 '상품코드'를 선택한다.

2 컨트롤 이동 및 생성, 속성 설정하기

1. 본문의 '지역명' 컨트롤을 지역명 머리글 영역으로 이동시킨다.

2. 지역명 머리글을 더블클릭한다.
3. '그룹 머리글' 속성 시트 창의 '형식' 탭에서 높이에 **1cm**를 입력한다.

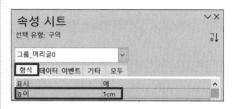

> 높이에 **1**을 입력하면 단위인 **cm**가 자동으로 입력됩니다.

4. 지역명 머리글의 '지역명' 컨트롤을 클릭한다.
5. '지역명' 속성 시트 창의 '형식' 탭에서 문자색과 글꼴 두께 속성을 그림과 같이 설정한다.

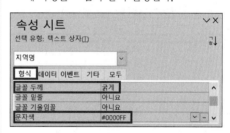

6. 지역명 바닥글에 [보고서 디자인] → 컨트롤 → **텍스트 상자**(🔲)를 사용하여 그림과 같이 컨트롤을 생성하고, 레이블 컨트롤에 **합계**를 입력한다.

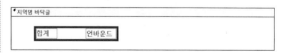

7. 생성한 텍스트 상자 컨트롤을 복사하여 그림과 같이 적당한 위치에 배치한다.

> 삽입한 텍스트 상자를 복사하면 레이블까지 같이 복사됩니다. 복사된 텍스트 상자에서 레이블만을 삭제하려면 레이블 부분을 클릭한 후 Delete 를 누르면 됩니다.

8. 첫 번째 텍스트 상자를 더블클릭한 후 '기타' 탭의 이름 속성을 그림과 같이 설정한다.

9. '데이터' 탭을 선택한 후 컨트롤 원본 속성을 그림과 같이 설정한다.

10. 동일한 방법으로 각 컨트롤의 이름 속성에 **txt매출액합계, txt제조경비합계, txt순이익합계**를 설정하고, 컨트롤 원본 속성에는 =Sum([매출액]), =Sum([제조경비]), =[txt매출액합계]-[txt제조경비합계]를 설정한다.

11. 페이지 머리글 하단의 '선' 컨트롤을 지역명 바닥글의 상단과 하단에 복사한다.

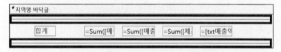

12. 지역명 바닥글의 '합계' 레이블을 클릭한다.

13. '레이블' 속성 시트 창의 '형식' 탭에서 글꼴 두께 속성과 문자색 속성을 그림과 같이 설정한다.

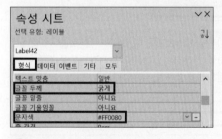

3 본문의 'txt순이익'에 순이익 구하기

1. 본문의 'txt순이익'을 클릭한다.

2. 'txt순이익' 속성 시트 창의 '데이터' 탭에서 컨트롤 원본 속성을 그림과 같이 설정한다.

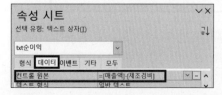

4 본문의 'txt평가'에 평가 구하기

1. '본문의 'txt평가'를 클릭한다.

2. 'txt평가' 속성 시트 창의 '데이터' 탭에서 컨트롤 원본 속성을 그림과 같이 설정한다.

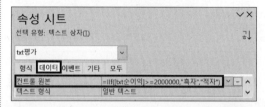

> **iif 함수**
> - 조건을 비교하여 참이면 인수1, 거짓이면 인수2를 실행합니다.
> - 형식
>
>   iif(조건, 인수1, 인수2)
>
> - iif([txt순이익]>=2000000, "흑자", "적자") : 'txt순이익'이 2000000 이상이면 "흑자"를 표시하고 그렇지 않으면 "적자"를 표시합니다.
> ※ iif는 엑셀에서의 if 함수와 같은 기능을 하며 사용법도 같습니다.

5 보고서 바닥글의 각 컨트롤에 평균 구하기

1. 보고서 바닥글의 첫 번째 텍스트상자(txt매출수량평균)를 클릭한 후 속성 시트 창의 '데이터' 탭에서 컨트롤 원본 속성을 그림과 같이 설정한다.

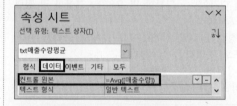

2. 동일한 방법으로 각 컨트롤의 컨트롤 원본 속성에 =Avg([매출액]), =Avg([제조경비]), =Avg([매출액]-[제조경비])를 설정한다.

6 보고서 머리글의 'txt년'에 연도 표시하기

1. 보고서 머리글 영역의 'txt년'을 클릭한다.

2. 'txt년' 속성 시트 창의 '데이터' 탭에서 컨트롤 원본 속성을 그림과 같이 설정한 후 속성 시트 창을 닫는다.

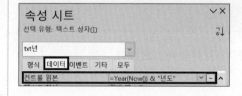

02. 〈매출관리〉 폼 본문의 'cmb지역코드' 컨트롤에 더블클릭 기능 구현하기

정답

```
Private Sub cmb지역코드_DblClick(Cancel As Integer)
    Select Case Right(cmb지역코드, 1)
        Case "1"
            MsgBox [지역명] & "특별시"
        Case "2"
            MsgBox [지역명] & "도"
        Case "3"
            MsgBox [지역명] & "특별자치도"
        Case Else
            MsgBox [지역명]
    End Select
End Sub
```

1. '탐색' 창의 〈매출관리〉 폼의 바로 가기 메뉴에서 **[디자인 보기]**를 선택한다.
2. 'cmb지역코드' 컨트롤을 더블클릭한다.
3. 'cmb지역코드' 속성 시트 창의 '이벤트' 탭에서 'On Dbl Click'의 작성기 단추(🔲)를 클릭한다.
4. '작성기 선택' 창에서 '코드 작성기'를 선택한 다음 〈확인〉을 클릭한다.
5. 'cmb지역코드_DblClick( )' 프로시저에 정답과 같이 입력한다.

코드설명

```
Private Sub ub cmb지역코드_DblClick(Cancel As Integer)
❶ Select Case Right(cmb지역코드, 1)
❷     Case "1"
            MsgBox [지역명] & "특별시"
❸     Case "2"
            MsgBox [지역명] & "도"
❹     Case "3"
            MsgBox [지역명] & "특별자치도"
❺     Case Else
            MsgBox [지역명]
    End Select
End Sub
```

❶ 'cmb지역코드' 컨트롤의 마지막 1글자
　Right(cmb지역코드, 1) : 'cmb지역코드' 컨트롤의 오른쪽, 즉 마지막 1글자를 추출함
❷ "1"이면 '지역명' 필드의 값에 "특별시"를 덧붙여 표시한 메시지 상자를 표시한다.
❸ "2"면 '지역명' 필드의 값에 "도"를 덧붙여 표시한 메시지 상자를 표시한다.
❹ "3"이면 '지역명' 필드의 값에 "특별자치도"를 덧붙여 표시한 메시지 상자를 표시한다.
❺ 그 외의 값이면 '지역명' 필드의 값을 표시한 메시지 상자를 표시한다.

03. 〈매출현황관리〉 폼의 On Load 이벤트 프로시저 완성하기

정답

```
Private Sub Form_Load( )
    Call 매출액계산
End Sub

Private Sub 매출액계산( )
    txt매출액 = txt매출수량 * txt단가
End Sub
```

1. '탐색' 창의 〈매출현황관리〉 폼의 바로 가기 메뉴에서 **[디자인 보기]**를 선택한다.
2. 〈매출현황관리〉 폼의 폼 선택기를 더블클릭한다.
3. '폼' 속성 시트 창의 '이벤트' 탭에서 'On Load'의 작성기 단추(🔲)를 클릭한다.
4. '작성기 선택' 창에서 '코드 작성기'를 선택한 다음 〈확인〉을 클릭한다.
5. 'Form_Load( )' 프로시저에 정답과 같이 입력한다.

코드설명

```
Private Sub Form_Load( )
❶ Call 매출액계산
End Sub

Private Sub 매출액계산( )
❷ txt매출액 = txt매출수량 * txt단가
End Sub
```

❶ 매출액계산 프로시저를 호출한다.
❷ 'txt매출수량' 컨트롤의 값과 'txt단가' 컨트롤의 값을 곱하여 'txt매출액' 컨트롤에 치환한다.

01. 〈상품매출조회〉 쿼리 작성하기

1. [만들기] → 쿼리 → **쿼리 디자인(📋)**을 클릭한다.
2. '테이블 추가' 창의 '테이블' 탭에서 〈상품〉과 〈매출관리〉 테이블을 차례로 더블클릭하여 쿼리 작성기 창에 추가하고 '테이블 추가' 창의 닫기(⨯)를 클릭한다.
3. 〈상품〉 테이블의 '상품명'을 하단 그리드 라인의 첫 번째 필드로 드래그한 후 같은 방법으로 〈매출관리〉 테이블의 '매출수량', '매출액' 필드를 차례로 드래그한다.

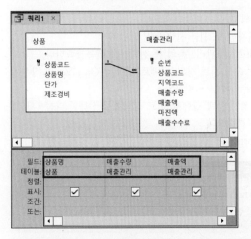

4. 부가세를 표시하기 위해 하단 그리드 라인의 네 번째 필드에 **부가세: Switch([매출수량]<=200,[매출액]*0.1,[매출수량]<=500,[매출액]*0.2,[매출수량]>500,[매출액]*0.3)**를 입력한다.

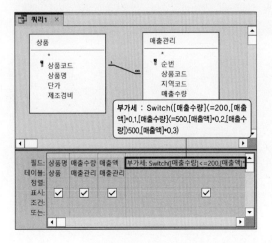

5. '상품명' 필드의 조건에 Like "*" & [조회할 상품의 일부를 입력] & "*"를 입력한다.

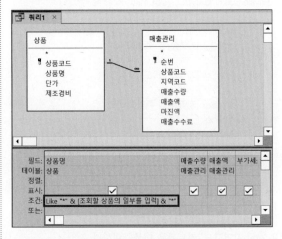

6. '매출액' 필드의 바로 가기 메뉴에서 [속성]을 선택한 후 표시되는 '속성 시트' 창의 '일반' 탭에서 '형식' 속성을 그림과 같이 지정한다.

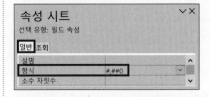

7. 같은 방법으로 '부가세' 필드의 '형식'에 #,##0을 입력한다.
8. 쿼리 작성기 창의 닫기 단추(⨯)를 클릭한 후 저장 여부를 묻는 대화상자가 나타나면 〈예〉를 클릭한다.
9. '다른 이름으로 저장' 대화상자에서 쿼리 이름에 **상품매출조회**를 입력한 후 〈확인〉을 클릭한다.

02. 〈마진액조회〉 쿼리 작성하기

1. [만들기] → 쿼리 → **쿼리 디자인(📋)**를 클릭한다.
2. '테이블 추가' 창의 '테이블' 탭에서 〈상품〉, 〈매출관리〉, 〈지역〉 테이블을 더블클릭한 후 '테이블 추가' 창의 닫기 단추(⨯)를 클릭한다.
3. [쿼리 디자인] → 쿼리 유형 → **크로스탭(📋)**을 클릭한다.
4. 행 머리글, 열 머리글, 값으로 사용될 필드를 그림과 같이 설정한다.

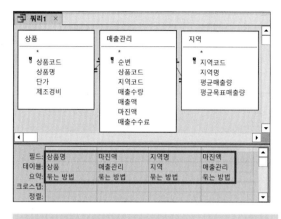

첫 번째 '마진액' 필드는 행 머리글로 사용할 필드이고, 두 번째 '마진액' 필드는 값으로 사용할 필드입니다.

5. 첫 번째 '마진액'은 행 머리글에서 합계를, 두 번째 '마진액'은 값에서 합계를 나타내야 하므로 요약을 모두 '합계'로 변경한다.

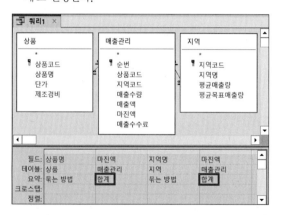

6. '상품명'과 첫 번째 '마진액'은 '행 머리글'로, '지역명'은 '열 머리글'로, 그리고 두 번째 '마진액'은 '값'으로 변경한다.

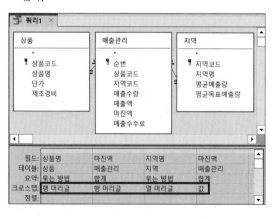

7. '지역명' 필드를 기준으로 내림차순 정렬하기 위해 '지역명' 필드의 정렬을 '내림차순'으로 변경한다.

8. 하단 그리드 라인의 두 번째 필드에 있는 '마진액'을 '총 마진액'으로 표시하기 위해 **총 마진액: 마진액**으로 변경한다.

9. '마진액'의 형식을 '통화'로 변경하기 위해 하단 그리드 라인의 두 번째 필드의 바로 가기 메뉴에서 [속성]을 선택한다.

10. '필드' 속성 시트 창에서 형식을 '통화'로 선택한 후 닫기 단추([×])를 클릭한다.

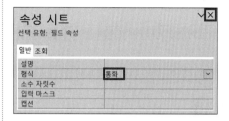

11. 같은 방법으로 하단 그리드 라인의 네 번째 필드의 형식도 '통화'로 변경한다.

12. 쿼리 작성기 창의 닫기 단추([×])를 클릭한 후 〈예〉를 클릭한다.

13. 쿼리 이름에 **마진액조회**를 입력한다.

03. 〈특정상품삭제〉 쿼리 작성하기

정답

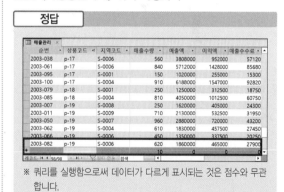

※ 쿼리를 실행함으로써 데이터가 다르게 표시되는 것은 점수와 무관합니다.

1. [만들기] → 쿼리 → **쿼리 디자인**(圖)을 클릭한다.

2. '테이블 추가' 창의 '테이블' 탭에서 〈매출관리〉 테이블을 더블클릭한 후 '테이블 추가' 창의 닫기 단추([×])를 클릭한다.

3. 〈매출관리〉 테이블의 '상품코드'를 첫 번째 필드로 드래그한다.

4. '상품코드' 필드의 조건 항목에 제시된 조건을 그림과 같이 입력한다.

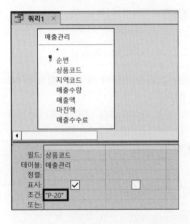

5. 삭제하는 쿼리를 작성하기 위해 [쿼리 디자인] → 쿼리 유형 → 삭제(▣)를 클릭한다.
6. [쿼리 디자인] → 결과 → 실행(▮)을 클릭한다.
7. 삭제 실행 창에서 〈예〉를 클릭한다.

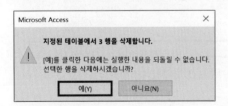

8. 닫기 단추(☒)를 클릭한 후 저장 여부를 묻는 대화상자에서 〈예〉를 클릭한다.
9. 쿼리 이름에 **특정상품삭제**를 입력한다.

04. 〈상품매출〉 쿼리 작성하기

1. [만들기] → 쿼리 → 쿼리 디자인(▦)을 클릭한다.
2. '테이블 추가' 창의 '테이블' 탭에서 〈매출관리〉 테이블을 더블클릭한 후 '테이블 추가' 창의 닫기 단추(☒)를 클릭한다.
3. 〈매출관리〉 테이블의 '상품코드'를 첫 번째 필드로 드래그한다.
4. 같은 방법으로 '매출수량', '매출액', '마진액', '지역코드'를 각 필드로 드래그한다.

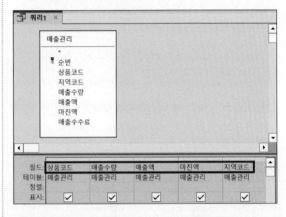

5. [쿼리 디자인] → 표시/숨기기 → 요약(Σ)을 클릭한다.
6. 각 필드의 묶는 방법을 그림과 같이 설정한다.

7. '지역코드' 필드는 쿼리 결과에는 표시하지 않고 조건만 지정하기 위한 필드로 체크 표시가 해제된 상태에서 조건 항목에 제시된 조건을 그림과 같이 입력한다.

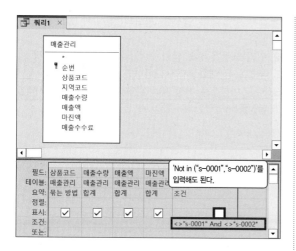

8. '매출수량' 필드에 **매출수량총계:**를, '매출액' 필드에 **매출액총계:**를, '마진액' 필드에 **마진액총계:**를 그림과 같이 추가 입력한다.

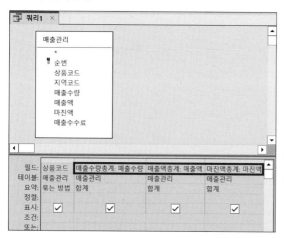

9. 닫기 단추(☒)를 클릭한 후 〈예〉를 클릭한다.
10. 쿼리 이름에 **상품매출**을 입력한다.

05. 〈지역별달성률〉 쿼리 작성하기

1. [만들기] → 쿼리 → **쿼리 디자인**(▦)을 클릭한다.
2. '테이블 추가' 창의 '테이블' 탭에서 〈지역〉, 〈매출관리〉 테이블을 차례대로 더블클릭하여 쿼리 작성기 창에 추가하고 '테이블 추가' 창의 닫기(☒)를 클릭한다.
3. 〈지역〉 테이블의 '지역명'을 하단 그리드 라인의 첫 번째 필드로 드래그한다.
4. 같은 방법으로 〈지역〉 테이블의 '평균목표매출량', 〈매출관리〉 테이블의 '매출수량' 필드를 차례로 드래그한다.

5. [쿼리 디자인] → 표시/숨기기 → **요약**(∑)을 클릭한다.
6. '매출수량' 필드의 요약 항목의 묶는 방법을 그림과 같이 설정한다.

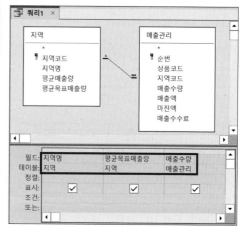

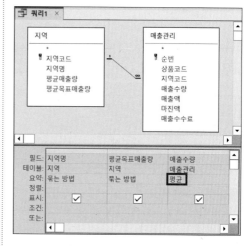

7. 그림과 같이 '매출수량' 필드를 **평균매출량: 매출수량**으로 변경한다.
8. 이어서 네 번째 필드에 **달성률: [평균매출량]/[평균목표매출량]**을 입력한 후 묶는 방법을 '식'으로 설정한다.

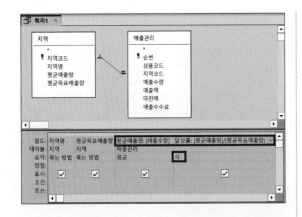

9. 조건을 지정하기 위해 하단 그리드 라인의 다섯 번째 필드에 '지역코드' 필드를 드래그 한 후 묶는 방법을 '조건'으로 설정하고 조건에 Like "*[3-5]"를 입력한다.

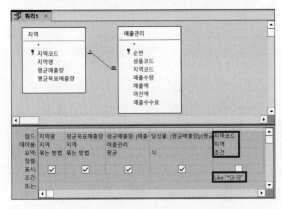

10. '평균매출량' 필드의 바로 가기 메뉴에서 [속성]을 선택한 후 표시되는 '속성 시트' 창의 '일반' 탭에서 '형식' 속성을 그림과 같이 지정한다.

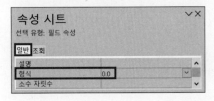

11. 같은 방법으로 '달성률' 필드의 '형식'에 0.0%를 입력한다.

12. 쿼리 작성기 창의 닫기 단추(☒)를 클릭한 후 저장 여부를 묻는 대화상자가 나타나면 〈예〉를 클릭한다.

13. '다른 이름으로 저장' 대화상자에서 쿼리 이름에 **지역별 달성률**을 입력한 후 〈확인〉을 클릭한다.

• 준 비 하 세 요 : 'C:\길벗컴활1급\02 액세스\03 기본모의고사' 폴더에서 '04회.accdb' 파일을 열어서 작업하시오.
• 외부 데이터 위치 : C:\길벗컴활1급\02 액세스\03 기본모의고사

문제 1   **DB 구축(25점)**

1. 도서대여 관리 업무를 수행하기 위해 데이터베이스를 구축하였다. 다음의 지시사항에 따라 〈도서대여〉 테이블을 완성하시오.

① 이 테이블의 기본키(PK)는 '순번'과 '고객코드' 필드로 구성된다. 기본키를 설정하시오.

② '고객코드' 필드의 필드 크기를 10으로 설정하시오.

③ '고객코드' 필드에 대해 중복된 값이 입력될 수 있도록 인덱스를 설정하시오.

④ '도서코드' 필드에 포커스를 이동하면 입력기가 '영숫자 반자'가 되도록 설정하시오.

⑤ '도서코드' 필드는 'AB-0001'과 같은 형식으로 입력받도록 다음과 같이 입력 마스크를 설정하시오.

   ▶ 앞의 2글자는 영문자 대문자로 입력받되, 반드시 값이 입력되도록 설정

   ▶ 뒤의 4글자는 숫자만 입력되는 형태로 하고, 반드시 값이 입력되도록 설정

⑥ '대여일자', '반납예정일', '반납일자' 필드의 형식을 '간단한 날짜'로 설정하시오.

2. 〈도서대여〉 테이블의 '도서코드'에 대해 다음과 같이 조회 속성을 설정하시오.

▶ 〈도서목록〉 테이블의 '도서코드'와 '도서명'이 콤보 상자의 형태로 나타나도록 할 것

▶ 필드에는 '도서코드'가 저장되도록 설정할 것

▶ '도서코드'와 '도서명'의 열 너비를 각각 2cm로 설정할 것

▶ 목록의 너비를 5cm로 설정할 것

▶ 목록 이외의 값은 입력될 수 없도록 할 것

3. 〈도서대여〉 테이블의 '고객코드'는 〈고객〉 테이블의 '고객코드'를 참조하고, 〈도서대여〉 테이블의 '도서코드'는 〈도서목록〉 테이블의 '도서코드'를 참조하며 각 테이블 간의 관계는 M:1이다. 세 테이블에 대해 다음과 같이 관계를 설정하시오.

▶ 〈도서대여〉 테이블이 참조하는 각 테이블은 항상 참조 무결성을 유지하도록 설정하시오.

▶ 〈고객〉 테이블의 '고객코드'가 변경되면 이를 참조하는 〈도서대여〉 테이블의 '고객코드'도 따라 변경되도록 설정하시오.

▶ 〈도서대여〉 테이블에서 참조하고 있는 〈고객〉 테이블의 레코드를 삭제할 수 없도록 하시오.

전문가의 조언

1

• 기본키는 해당 필드의 행 선택기를 클릭한 후 지정하세요.

• 입력 마스크
대문자 : >, 영문자 필수 : L, 숫자 필수 : 0

전문가의 조언

2

• 다른 테이블을 행 원본으로 사용할 경우 '행 원본 유형'을 '테이블/쿼리'로 설정해야 합니다.

• '행 원본' 속성의 작성기 단추 를 누르면 나오는 쿼리 작성기를 이용합니다.

• 컨트롤에 저장될 값은 바운드 열에서 설정합니다.

3. 관계 설정은 68쪽을 참조하세요.

4

- 파일 형식을 확인하세요.
- 첫 행의 필드 이름(열 머리글) 적용 여부를 확인하세요.
- 연결 테이블의 이름을 확인하세요.

▶ 〈도서대여〉 테이블에서 참조하고 있는 〈도서목록〉 테이블의 레코드를 삭제할 수 있도록 하시오.

4. '2023도서대여.xlsx' 파일에 대한 연결 테이블을 작성하시오.

▶ 첫 번째 행은 필드의 이름으로 할 것
▶ 연결 테이블의 이름은 '2023대여'로 할 것

문제 2 　　　입력 및 수정 기능 구현(20점)

1

- 레코드 원본과 컨트롤 원본 속성은 해당 속성 시트 창의 '데이터' 탭에서 설정합니다.
- 폼이 열려 있을 경우 다른 작업을 수행할 수 없도록 하려면 '모달' 속성을 지정해야 합니다. '팝업'과 '모달' 속성은 '폼' 속성 시트 창의 '기타' 탭에서 설정합니다.
- '반납일자' 필드는 '폼' 속성 시트 창의 '레코드 원본' 속성에서 작성기 단추(⋯)를 클릭하면 나타나는 〈대여내역입력〉 쿼리 작성기에서 추가하면 됩니다.
- 소문자로 표시하는 함수는 'LCASE( )', 대문자로 표시하는 함수는 'UCASE( )' 입니다.

1. 〈도서내역입력〉 폼을 다음의 화면과 지시사항에 따라 완성하시오.

① 〈대여내역입력〉 쿼리를 폼의 레코드 원본으로 설정하시오.
② 폼이 팝업 폼으로 열리도록 설정하고, 폼이 열려 있을 경우 다른 작업을 수행할 수 없도록 관련 속성을 설정하시오.
③ 'txt이름', 'txt도서명', 'txt종류', 'txt대여금액', 'txt대여일자', 'txt반납예정일', 'txt반납일자'를 각각 '이름', '도서명', '종류', '대여금액', '대여일자', '반납예정일', '반납일자' 필드에 바운드시키시오.
　　▶ '반납일자' 필드는 〈대여내역입력〉 쿼리에 추가한 후 바운드시킬 것
④ 폼 바닥글의 'txt대여금액합계' 컨트롤에는 '도서명'이 "귀천"인 도서의 '대여금액'의 합계가 표시되도록 '컨트롤 원본' 속성을 설정하고, 오른쪽 맞춤으로 정렬하시오.
　　▶ 〈대여내역입력〉 쿼리와 DSUM( ) 함수를 이용할 것
⑤ 'cmb도서코드'에는 '도서코드'가 소문자로 표시되도록 '컨트롤 원본' 속성을 설정하시오.
⑥ 본문의 'txt고객코드' 컨트롤에는 '고객코드'가 "18"로 시작하면 '고객코드' 뒤에 "(장기고객)"을 붙여 표시하고, 그 외는 '고객코드'만 표시되도록 '컨트롤 원본' 속성을 설정하시오.

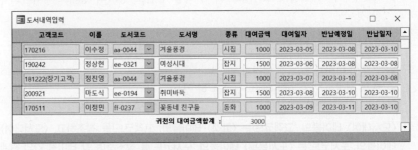

2. DCount 함수를 이용해 고객코드의 총 개수를 구한 후 IIF 함수를 이용해 고객코드의 총 개수가 0이면 대여횟수 없음을, 그렇지 않으면 총 대여횟수 : 10과 같이 고객코드의 총 개수를 표시하면 됩니다.

2. 〈고객별대여현황〉 폼 바닥글의 'txt총대여횟수' 컨트롤에 총 대여횟수가 표시되도록 컨트롤 원본 속성을 설정하시오.

▶ 〈대여내역입력〉 쿼리의 '이름' 필드가 'txt이름' 컨트롤의 값과 같은 고객코드의 총 개수를 표시하시오.
▶ 고객코드의 총 개수가 0이면 "대여횟수 없음"을, 그렇지 않으면 "총 대여횟수 : "와 고객코드의 총 개수를 표시하시오.
▶ IIF, DCOUNT 함수를 사용하시오.

3. 〈고객별대여현황〉 폼의 '인쇄'(cmd인쇄) 단추에 글자 대신 '문서 미리 보기(미리 보기)' 아이콘()이 표시되도록 설정하고, 단추를 클릭할 때 〈고객별대여현황〉 보고서를 '인쇄 미리 보기'의 형태로 여는 〈보고서확인〉 매크로를 생성한 후 지정하시오.

전문가의 조언

3. 매크로 작성기에서 Open Report 함수에 조건(Where)을 주어 구현하세요.

▶ 매크로 조건 : 'cmb고객코드'에서 선택한 고객만을 대상으로 할 것

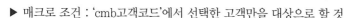

문제 3 조회 및 출력 기능 구현(20점)

1. 다음의 지시사항 및 화면을 참조하여 〈고객별대여현황〉 보고서를 완성하시오.

① 다음과 같이 정렬 및 그룹화하시오.
　▶ '고객코드', '순번'의 순으로 오름차순 정렬

② 고객코드 머리글 영역이 시작되기 전에 페이지가 바뀌도록 '페이지 바꿈' 속성을 설정하고, 본문의 'txt도서명' 컨트롤의 빈 공간에 ★이 반복하여 표시되도록 '형식' 속성을 설정하시오.

③ 본문의 'txt대여일수'에는 '대여일자'와 '반납일자' 사이의 날짜(일(日)) 수가 표시되도록 '컨트롤 원본' 속성을 설정하시오(Datediff 함수 사용).

④ 고객코드 바닥글의 'txt대여횟수'에는 '고객코드'별 총 대여횟수가, 'txt고객별금액'에는 '고객코드'별 '대여금액' 필드의 합이 표시되도록 '컨트롤 원본' 속성을 설정하시오.

⑤ 페이지 바닥글의 'txt날짜' 컨트롤에는 현재 날짜와 시간을 표시하는 함수와 Format 함수를 이용하여 [표시 예]와 같이 표시되도록 설정하시오.
　▶ 표시 예: 2023년 6월 9일 07:57:38 → 2023-06-09 07:57:38 오후

⑥ 본문 영역의 'txt순번' 컨트롤은 해당 그룹내에서의 일련 번호를 표시하도록 관련 속성을 설정하시오.

⑦ 페이지 머리글과 페이지 바닥글의 배경색을 'Access 테마 6'으로 변경하시오.

전문가의 조언

1
• '★'를 반복하여 표시하려면 사용자 정의 기호 '@'와 '*'를 사용하면 됩니다. 자세한 사항은 134쪽을 참고하세요.
• Datediff 함수에서 두 날짜 사이의 년수를 계산하려면 'yyyy', 월수를 계산하려면 'm', 일수를 계산하려면 'd'로 형식을 지정하면 됩니다.
• 합계를 구하는 함수는 '=Sum( )' 입니다.
• 날짜만을 구하는 함수는 '=Date( )', 날짜와 시간을 구하는 함수는 '=Now( )' 입니다.
• 시간을 오전/오후로 구분하여 표시하려면 시간 서식 뒤에 ampm을 붙여 hh:nn:ss ampm과 같이 지정하면 됩니다.

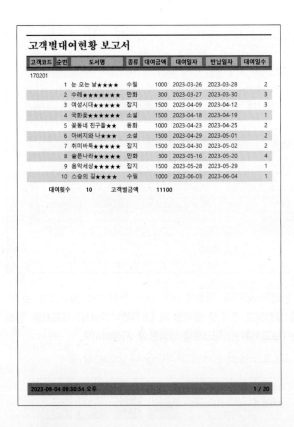

고객별대여현황 보고서

고객코드	순번	도서명	종류	대여금액	대여일자	반납일자	대여일수
170201							
	1	눈 오는 날★★★★	수필	1000	2023-03-26	2023-03-28	2
	2	수레★★★★★★	만화	300	2023-03-27	2023-03-30	3
	3	여성시대★★★★★	잡지	1500	2023-04-09	2023-04-12	3
	4	국화꽃★★★★★★	소설	1500	2023-04-18	2023-04-19	1
	5	꽃동네 친구들★★	동화	1000	2023-04-23	2023-04-25	2
	6	아버지와 나★★★	소설	1500	2023-04-29	2023-05-01	2
	7	취미바둑★★★★★	잡지	1500	2023-04-30	2023-05-02	2
	8	슬픈나라★★★★★	만화	300	2023-05-16	2023-05-20	4
	9	음악세상★★★★★	잡지	1500	2023-05-28	2023-05-29	1
	10	스승의 길★★★★	수필	1000	2023-06-03	2023-06-04	1
	대여횟수	10	고객별금액	11100			

2023-09-04 09:30:54 오후   1 / 20

2. 〈고객별대여현황〉 폼의 '조회'(cmd조회) 단추를 클릭할 때 다음과 같은 기능을 수행하도록 이벤트 프로시저를 구현하시오.

▶ 현재 폼에 '고객코드'가 'cmb고객코드'의 값과 동일한 레코드만을 표시
▶ 폼의 Filter 및 FilterOn 속성 이용

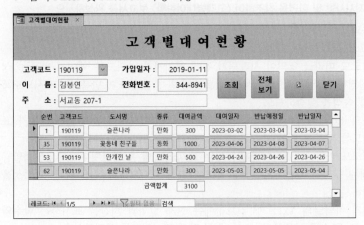

3. 〈고객별대여현황〉 폼의 '전체보기'(cmd전체보기) 단추를 클릭하면 전체 레코드가 표시되도록 이벤트 프로시저를 구현하시오.

▶ 폼의 FilterOn 속성 이용

문제 4	처리 기능 구현(35점)

1. 〈고객〉, 〈도서대여〉 테이블을 이용하여 최근에 도서 대여가 없는 고객에 대해 〈고객〉 테이블의 '비고' 필드의 값을 "★관리대상고객"으로 변경하는 〈관리대상고객처리〉 업데이트 쿼리를 작성한 후 실행하시오.

▶ 최근에 도서 대여가 없는 고객이란 대여일자가 2023년 5월 1일부터 2023년 6월 30일까지 중에서 〈고객〉 테이블에는 '고객코드'가 있으나 〈도서대여〉 테이블에는 '고객코드'가 없는 고객임

▶ Not In과 하위 쿼리 사용

전문가의 조언

1

하위 쿼리

• 하위 쿼리는 다른 선택 쿼리나 실행 쿼리 안에서 SELECT문으로 이루어진 쿼리를 말합니다. 하위 쿼리를 작성할 때는 괄호( ) 안에 입력해야 합니다.

• 하위 쿼리로 검색된 레코드와 일치하지 않는 고객을 검색해야 하므로 Not In 연산자를 이용해 **Not In (하위 쿼리)** 형식으로 작성해야 합니다.

• 조건이 날짜인 경우는 검색어 앞뒤에 **#**을 붙여주어야 합니다.

• '★' 기호는 한글 자음 'ㅁ'을 입력한 후 [한자]를 누르면 표시되는 특수 문자 목록에서 선택하면 됩니다.

고객 ×					
고객코드 ▾	이름 ▾	전화번호 ▾	주소 ▾	가입일자 ▾	비고 ▾
⊞ 170201	김정아	316-2357	성산1동 123-5	2017-02-01	
⊞ 170216	이수정	322-2579	성산2동 256-8	2017-02-16	
⊞ 170511	이정민	323-9556	성산2동 356-8	2017-05-22	
⊞ 170623	서정진	322-3569	서교동 789-6	2017-06-01	
⊞ 171104	허진수	322-4567	망원1동 659-7	2017-11-13	
⊞ 180236	현정환	213-1564	서교동 256-8	2018-02-05	
⊞ 180316	진혜란	215-3654	망원2동 956-2	2018-03-02	
⊞ 180725	신정형	256-8216	서교동 654-1	2018-07-07	
⊞ 180818	정신영	212-6324	망원1동 653-3	2018-08-13	
⊞ 181222	정진영	222-1597	서교동 964-7	2018-12-12	
⊞ 190119	김봉연	344-8941	서교동 207-1	2019-01-11	
⊞ 190242	정상현	654-8234	성산1동 654-1	2019-02-11	★관리대상고객
⊞ 190730	김아현	654-2587	서교동 256-6	2019-07-06	
⊞ 190829	이진주	655-7451	성산1동 357-9	2019-08-01	
⊞ 190926	김정영	356-7264	서교동 167-9	2019-09-17	
⊞ 200629	구정신	233-6197	망원2동 458-2	2020-06-27	★관리대상고객
⊞ 200731	신미산	257-4591	망원2동 741-6	2020-07-24	
⊞ 200921	마도식	254-8647	서교동 356-4	2020-09-07	
⊞ 201113	이수형	216-8413	망원2동 952-8	2020-11-14	
⊞ 201217	김선화	216-3547	망원1동 962-1	2020-12-22	

레코드: ◄ ◄ 1/20 ▶ ▶ ▶* 필터 없음 검색

※ 〈관리대상고객처리〉 쿼리를 실행한 후의 〈고객〉 테이블

2. 이름별 종류별로 대여 횟수를 조회하는 〈대여횟수조회〉 크로스탭 쿼리를 작성하시오.

▶ 〈고객〉, 〈도서대여〉, 〈도서목록〉 테이블을 이용하시오.

▶ 대여횟수는 '순번' 필드를 이용하시오.

▶ 쿼리 실행 결과 표시되는 필드와 필드명은 〈그림〉과 같이 표시되도록 설정하시오.

전문가의 조언

2. 2개 이상의 테이블이나 쿼리를 사용하여 크로스탭 쿼리를 작성할 때는 크로스탭 쿼리 마법사를 이용할 수 없으므로 쿼리 작성기를 이용해 작성해야 합니다.

대여횟수조회 ×							
이름 ▾	대여횟수 ▾	동화 ▾	만화 ▾	소설 ▾	수필 ▾	시집 ▾	잡지 ▾
구정신	1		1				
김봉연	5	2	3				
김선화	4	2			2		
김아현	1	1					
김정아	10	1	2	2	2		3
김정영	7	1	2	1	1		2
마도식	8	2	1	1	3		1
서정진	5		1	1	1		2
신미산	2	1				1	
신정형	9		3	1	2	2	
이수정	5	1		1	1	2	

레코드: ◄ ◄ 1/20 ▶ ▶ ▶* 필터 없음 검색

3. 〈고객〉 테이블을 이용하여 '가입일자'의 월을 매개 변수로 입력받아 해당 월에 가입한 회원의 가입 정보를 조회하는 〈특정월가입자조회〉 쿼리를 작성하시오.

▶ 가입된 기간은 '가입일자'의 년도와 현재 년도의 차이를 "년"과 연결하여 표시하시오. (&, Date, DateDiff 함수 사용)

▶ 쿼리 실행 결과 표시되는 필드와 필드명은 〈그림〉과 같이 표시되도록 설정하시오.

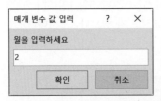
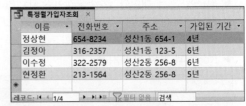

4. 〈도서목록〉과 〈도서대여〉 테이블을 이용하여 매개 변수로 입력받은 대여 횟수 이상인 도서 정보를 조회하여 새 테이블로 생성하는 〈종류별대여내역〉 쿼리를 작성하고 실행하시오.

▶ 쿼리 실행 후 생성되는 테이블의 이름은 〈종류별대여횟수〉로 설정하시오.

▶ 대여횟수는 〈도서대여〉 테이블의 '도서코드' 필드를 이용하시오.

▶ 쿼리 실행 결과 표시되는 테이블의 필드는 〈그림〉을 참고하여 수험자가 판단하여 설정하시오.

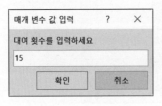

※ 〈종류별대여내역〉 쿼리의 매개 변수 값으로 15를 입력하여 실행한 후의 〈종류별대여횟수〉 테이블

5. 〈도서목록〉 테이블을 이용하여 대여기간구분별 도서가격과 대여금액의 평균을 조회하는 〈대여기간구분별현황〉 쿼리를 작성하시오.

▶ 대여기간구분은 대여기간의 첫 글자가 3 이상이면 '장기대여', 그 외는 '단기대여'로 설정하시오.

▶ IIf, Left 함수 사용

▶ 쿼리 실행 결과 표시되는 필드와 필드명, 필드의 형식은 〈그림〉과 같이 표시되도록 설정하시오.

01. 〈도서대여〉 테이블 완성하기

1 기본키 설정하기

1. '탐색' 창의 〈도서대여〉 테이블의 바로 가기 메뉴에서 [디자인 보기]를 선택한다.
2. '순번' 필드와 '고객코드' 필드의 행 선택기를 드래그하여 선택한 후 [테이블 디자인] → 도구 → **기본 키(🔍)**를 클릭한다.

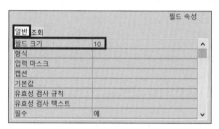

2 필드 크기 속성과 필수 속성 설정하기 : '고객코드' 필드를 클릭한 후 '일반' 탭에서 필드 크기를 그림과 같이 설정한다.

3 인덱스 속성 설정하기 : '고객코드' 필드를 클릭한 후 '일반' 탭에서 인덱스 속성을 그림과 같이 설정한다.

일반 조회	
빈 문자열 허용	아니요
인덱스	예(중복 가능)
유니코드 압축	예

4 IME 모드 속성 설정하기 : '도서코드' 필드를 클릭한 후 '일반' 탭에서 IME 모드 속성을 그림과 같이 설정한다.

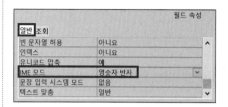

5 입력 마스크 속성 설정하기 : '도서코드' 필드를 클릭한 후 '일반' 탭에서 입력 마스크 속성을 그림과 같이 설정한다.

6 형식 속성 설정하기 : '대여일자' 필드를 클릭한 후 '일반' 탭에서 형식 속성을 그림과 같이 설정하고 '반납예정일'과 '반납일자'의 형식도 동일한 형식으로 설정한다.

02. '도서코드' 필드에 조회 속성 설정하기

1. '도서코드' 필드를 클릭한 후 '조회' 탭에서 컨트롤 표시 속성과 행 원본 유형 속성을 그림과 같이 설정한다.

2. '행 원본' 속성의 작성기 단추(⋯)를 클릭한다.
3. '테이블 추가' 창의 '테이블' 탭에서 〈도서목록〉 테이블을 더블클릭한 후 '테이블 추가' 창의 닫기 단추(✕)를 클릭한다.
4. '도서코드'를 첫 번째 필드로, '도서명'을 두 번째 필드로 드래그한다.

5. 닫기 단추(×)를 클릭한 후 〈예〉를 클릭한다.
6. '조회' 탭에서 바운드 열, 열 개수, 열 너비, 목록 너비, 목록 값만 허용 속성을 그림과 같이 설정한다.

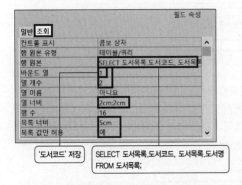

03. 〈도서대여〉 테이블, 〈고객〉 테이블, 〈도서목록〉 테이블 간의 관계 설정하기

정답

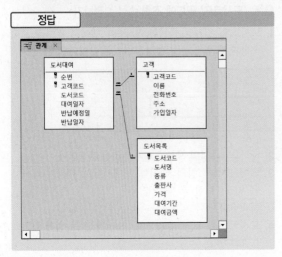

1. [데이터베이스 도구] → 관계 → 관계(🔷)를 클릭한다.
2. '테이블 추가' 창의 '테이블' 탭에서 〈도서대여〉 테이블과 〈고객〉 테이블, 〈도서목록〉 테이블을 차례대로 더블클릭하여 추가한 후 '테이블 추가' 창의 닫기 단추(×)를 클릭한다.

'테이블 추가' 창이 나타나지 않은 경우에는 '관계' 창의 바로 가기 메뉴에서 [테이블 표시]를 선택합니다.

3. 〈도서대여〉 테이블의 '고객코드' 필드를 〈고객〉 테이블의 '고객코드' 필드로 드래그한다.

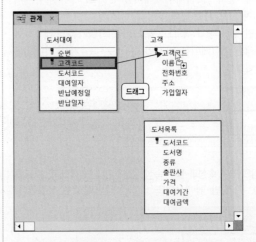

4. '관계 편집' 대화상자에서 그림과 같이 설정한 후 〈만들기〉를 클릭한다.

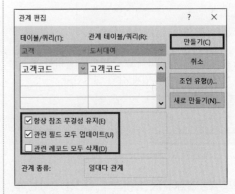

5. 〈도서대여〉 테이블의 '도서코드' 필드를 〈도서목록〉 테이블의 '도서코드' 필드로 드래그한다.

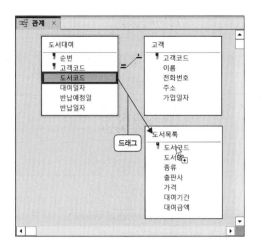

6. '관계 편집' 대화상자에서 그림과 같이 설정한 후 〈만들기〉를 클릭한다.

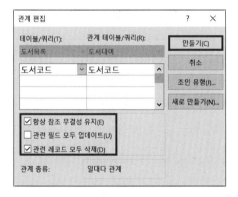

04. '2023도서대여.xlsx' 파일 연결하기

정답

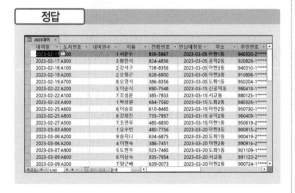

1. [외부 데이터] → 가져오기 및 연결 → 새 데이터 원본 → 파일에서 → Excel(📊)을 클릭한다.

2. '외부 데이터 가져오기-Excel 스프레드시트' 대화상자에서 〈찾아보기〉를 클릭하고, '파일 열기' 대화상자에서 '2023도서대여.xlsx' 파일을 선택한 후 〈열기〉를 클릭한다.

3. '외부 데이터 가져오기-Excel 스프레드시트' 대화상자에서 '연결 테이블을 만들어 데이터 원본에 연결'을 선택한 후 〈확인〉을 클릭한다.

4. '스프레드시트 연결 마법사' 1단계 대화상자에서 워크시트의 첫 행이 머리글이므로 '첫 행에 열 머리글이 있음'을 선택하고, 〈다음〉을 클릭한다.

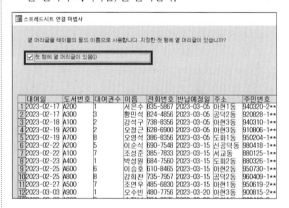

5. '스프레드시트 연결 마법사' 2단계 대화상자에서 연결 테이블 이름에 **2023대여**를 입력하고, 〈마침〉을 클릭한다.

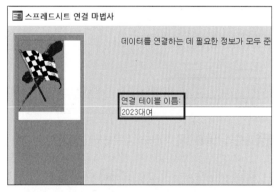

01. 〈도서내역입력〉 폼 완성하기

정답

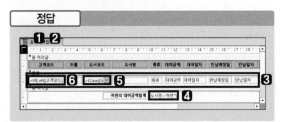

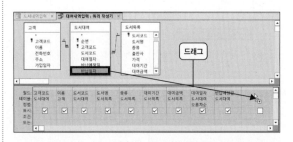

1 레코드 원본 속성 설정하기

1. '탐색' 창의 〈도서내역입력〉 폼의 바로 가기 메뉴에서 [디자인 보기]를 선택한다.
2. 폼 디자인 보기에서 '폼 선택기'를 더블클릭한다.
3. '폼' 속성 시트 창의 '데이터' 탭에서 레코드 원본 속성을 그림과 같이 설정한다.

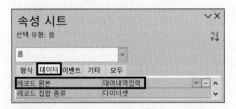

2 팝업 속성과 모달 속성 설정하기

'폼' 속성 시트 창의 '기타' 탭에서 팝업 속성과 모달 속성을 그림과 같이 설정한다.

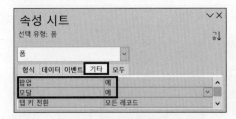

3 본문의 컨트롤들을 각 필드에 바운드시키기

1. '폼' 속성 시트 창의 '데이터' 탭의 '레코드 원본' 속성을 클릭하여 나타나는 작성기 단추(⋯)를 클릭한다.
2. 〈대여내역입력〉 쿼리에 '반납일자' 필드를 추가하기 위해 쿼리 작성기에서 〈도서대여〉 테이블의 '반납일자'를 하단 그리드 라인 마지막 필드로 드래그한다. 닫기 단추(☒)를 클릭한 후 〈예〉를 클릭한다.

3. 'txt이름'을 클릭한 후 속성 시트 창의 '데이터' 탭에서 컨트롤 원본 속성을 그림과 같이 설정한다.

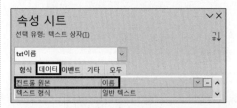

4. 동일한 방법으로 'txt도서명', 'txt종류', 'txt대여금액', 'txt대여일자', 'txt반납예정일', 'txt반납일자'의 컨트롤 원본 속성을 설정한다.

4 'txt대여금액합계'에 '도서명'이 "귀천"인 도서의 대여금액합계 계산하기

1. 'txt대여금액합계'를 클릭한 후 'txt대여금액합계' 속성 시트 창의 '데이터' 탭에서 컨트롤 원본 속성을 그림과 같이 설정한다.

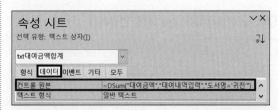

> **DSum("대여금액","대여내역입력","도서명= '귀천' ")의 의미**
> · 대여금액 : 찾아올 값이 들어 있는 필드 이름
> · 대여내역입력 : 작업 대상 레코드가 들어 있는 테이블이나 쿼리의 이름으로서 폼 속성의 '데이터' 탭에서 '레코드 원본' 속성을 통해 확인할 수 있음
> · 도서명= '귀천' : 조건으로서 '도서명'이 "귀천"인 레코드를 대상으로 함

2. '형식' 탭에서 '텍스트 맞춤' 속성을 그림과 같이 설정한다.

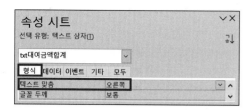

5 'cmb도서코드' 컨트롤의 컨트롤 원본 속성 설정하기
'cmb도서코드'를 클릭한 후 'cmb도서코드' 속성 시트 창의
'데이터' 탭에서 컨트롤 원본 속성을 그림과 같이 설정한다.

6 'txt고객코드' 컨트롤의 컨트롤 원본 속성 설정하기
'txt고객코드'를 클릭한 후 'txt고객코드' 속성 시트 창의
'데이터' 탭에서 컨트롤 원본 속성을 그림과 같이 설정하고
속성 시트 창을 닫는다.

> =IIf(Left([고객코드],2)="18", [고객코드] & "(장기고객)", [고객코드])
>   **❶**   **❷**   **❸**
>
> '고객코드' 필드의 왼쪽 두 글자가 "18"이면, 즉 고객코드가 "18"로 시작
> 하면(❶), 고객코드에 "(장기고객)"을 붙여서 표시하고(❷), 그렇지 않으
> 면, 고객코드만 표시합니다(❸).

02. 〈고객별대여현황〉 폼 바닥글의 'txt총대여횟수' 컨트롤에 속성 설정하기

1. '탐색' 창의 〈고객별대여현황〉 폼의 바로 가기 메뉴에서 [디자인 보기]를 선택한다.
2. 폼 바닥글의 'txt총대여횟수' 컨트롤을 더블클릭한다.
3. 'txt총대여횟수' 속성 시트 창에서 '데이터' 탭의 '컨트롤 원본' 속성에 =IIf(DCount("고객코드","대여내역입력", "[이름]=[txt이름]")=0,"대여횟수 없음","총 대여횟수 : " & DCount("고객코드","대여내역입력","[이름]=[txt이름]"))를 입력하고 속성 시트 창을 닫는다.

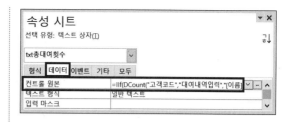

> =IIf(DCount("고객코드","대여내역입력","[이름]=[txt이름]") = 0, "대여횟수 없음", "총
>   **❶**
> 대여횟수 : " & DCount("고객코드","대여내역입력","[이름]=[txt이름]"))
>   **❷**
>
> • ❶ DCount("고객코드","대여내역입력","[이름]=[txt이름]")의 의미
>   – 고객코드 : 찾아올 값이 들어 있는 필드로서, 문제에 제시되지 않
>   은 경우 필드는 데이터가 모두 입력된 임의의 필드를 지정하면
>   됩니다. 즉 고객코드 대신에 〈대여내역입력〉 쿼리에 있는 필드 중
>   데이터가 모두 입력된 '이름', '도서코드', '도서명' 등을 지정해도
>   됩니다.
>   – 대여내역입력 : 작업 대상 레코드가 들어 있는 테이블이나 쿼리의
>   이름으로서, 문제에 제시되지 않은 경우에는 폼 속성의 '데이터'
>   탭의 '레코드 원본' 속성과 동일하게 지정하면 됩니다.
>   – 이름=txt이름 : 조건으로, 〈대여내역입력〉 쿼리의 '이름'과 'txt이름'
>   컨트롤에 입력된 값이 같은 레코드를 대상으로 합니다.
> • ❷ IIf(❶=0, "대여횟수 없음", "총 대여횟수 : " & DCount("고객코
>   드","대여내역입력","[이름]=[txt이름]")) : 조건 ❶=0이 참(True)이면,
>   "대여횟수 없음"을 표시하고 거짓(False)이면, "총 대여횟수 : "에
>   DCount 함수의 결과를 덧붙여 표시함

03. '인쇄' 단추에 그림 삽입하고, 클릭 기능 지정하기

그림 삽입

1. '탐색' 창의 〈고객별대여현황〉 폼의 바로 가기 메뉴에서 [디자인 보기]를 선택한다.
2. 'cmd인쇄'를 더블클릭하여 속성 시트 창을 불러온 후 '형식' 탭에 있는 '그림'의 작성기 단추(⋯)를 클릭한다.
3. '그림 작성기' 대화상자에서 '미리 보기'를 선택한 후 〈확인〉을 클릭한다.

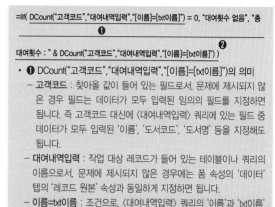

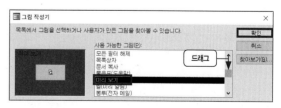

클릭 기능 구현하기

정답

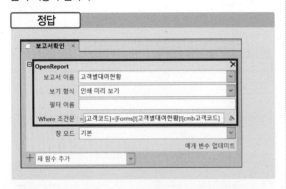

1. 매크로에 이름을 지정하여 사용하는 경우에는 먼저 매크로 개체를 생성한 후 이를 연결하여 사용하면 된다. [만들기] → 매크로 및 코드 → 매크로(📖)를 클릭한다.

2. 매크로 함수 선택란의 목록 단추(▼)를 누른 다음 'OpenReport' 함수를 선택한다.

3. OpenReport 매크로 함수 대화상자에서 정답과 같이 설정한 후 매크로 대화상자의 닫기 단추(×)를 클릭한다.

4. 저장 여부를 묻는 대화상자가 나타나면 〈예〉를 클릭한다. 이어서 '다른 이름으로 저장' 대화상자에서 매크로 이름으로 **보고서확인**을 입력한 다음 〈확인〉을 클릭한다.

5. '탐색' 창의 〈고객별대여현황〉 폼의 바로 가기 메뉴에서 [**디자인 보기**]를 선택한다.

6. 폼 디자인 보기 창에서 '🔍'(cmd인쇄) 단추를 더블클릭하여 'cmd인쇄' 속성 시트 창을 호출한다.

7. 'cmd인쇄' 속성 시트 창에서 '이벤트' 탭을 클릭한 후 'On Click' 이벤트에서 목록 단추(▼)를 클릭하여 '보고서확인'을 선택하세요.

문제 3   조회 및 출력 기능 구현

01. 〈고객별대여현황〉 보고서 완성하기

정답

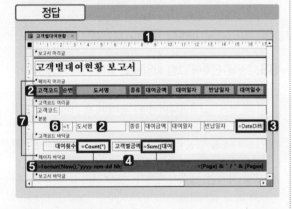

❶ 보고서의 데이터 정렬하기

1. '탐색' 창의 〈고객별대여현황〉 보고서의 바로 가기 메뉴에서 [**디자인 보기**]를 선택한다.

2. 보고서 디자인 보기 창에서 [보고서 디자인] → 그룹화 및 요약 → **그룹화 및 정렬**(📇)을 클릭한다.

3. '그룹, 정렬 및 요약' 창에서 '고객코드'의 정렬 방식을 '오름차순'으로 변경한다.

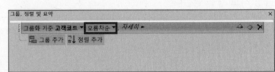

4. '그룹, 정렬 및 요약' 창의 '정렬 추가'를 클릭한 후 정렬 기준으로 '순번'을 선택한다.

5. '순번'을 기준으로 한 정렬 방식이 '오름차순'으로 설정되었는지 확인한다.

❷ 고객코드 머리글과 'txt도서명' 컨트롤에 속성 설정하기
• 고객코드 머리글의 페이지 바꿈 속성 설정하기 : 고객코드 머리글을 더블클릭한 후 '그룹 머리글' 속성 시트 창의 '형식' 탭에서 페이지 바꿈 속성을 그림과 같이 설정한다.

• 'txt도서명' 컨트롤에 '형식' 속성 설정하기 : 'txt도서명' 컨트롤을 더블클릭한 후 '형식' 탭에서 '형식' 속성을 그림과 같이 설정한다.

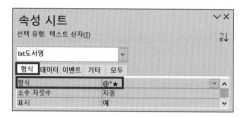

3 'txt대여일수' 컨트롤의 컨트롤 원본 속성 설정하기
'txt대여일수'를 클릭한 후 'txt대여일수' 속성 시트 창의 '데이터' 탭에서 컨트롤 원본 속성을 그림과 같이 설정한다.

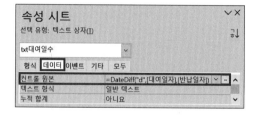

4 'txt대여횟수'와 'txt고객별금액' 컨트롤의 컨트롤 원본 속성 설정하기
• 'txt대여횟수' 컨트롤의 컨트롤 원본 속성 설정하기 : 'txt대여횟수'를 클릭한 후 'txt대여횟수' 속성 시트 창의 '데이터' 탭에서 컨트롤 원본 속성을 그림과 같이 설정한다.

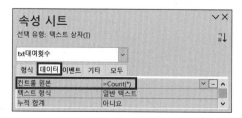

• 'txt고객별금액' 컨트롤의 컨트롤 원본 속성 설정하기 : 'txt고객별금액'을 클릭한 후 'txt고객별금액' 속성 시트 창의 '데이터' 탭에서 컨트롤 원본 속성을 그림과 같이 설정한다.

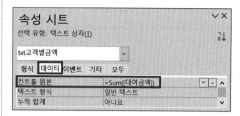

5 날짜 표시 설정하기 : 'txt날짜'를 클릭한 후 'txt날짜' 속성 시트 창의 '데이터' 탭에서 컨트롤 원본 속성을 그림과 같이 설정한다.

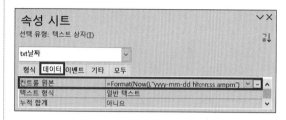

6 'txt순번' 컨트롤의 누적 합계 속성 설정하기
'txt순번'을 클릭한 후 'txt순번' 속성 시트 창의 '데이터' 탭에서 누적 합계 속성을 그림과 같이 설정한다.

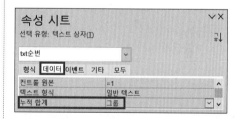

전체 데이터를 대상으로 일련 번호 형태로 표시하려면 '누적 합계' 속성에서 '모두'를 선택하면 됩니다.

7 페이지 머리글과 페이지 바닥글에 배경색 지정하기
• 페이지 머리글 영역의 배경색 지정하기 : 페이지 머리글 영역의 빈 공간을 클릭한 후 '페이지 머리글 구역' 속성 시트 창의 '형식' 탭에서 배경색을 그림과 같이 설정한다.

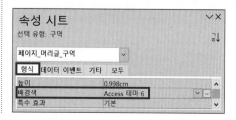

- 페이지 바닥글 영역의 배경색 지정하기 : 페이지 바닥글 영역의 빈 공간을 클릭한 후 '페이지 바닥글 구역' 속성 시트 창의 '형식' 탭에서 배경색을 그림과 같이 설정한 후 속성 시트 창을 닫는다.

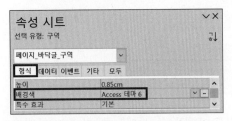

02. '조회' 단추에 클릭 기능 구현하기

정답

```
Private Sub cmd조회_Click( )
    Me.Filter = "고객코드 = '" & cmb고객코드 & " ' "
    Me.FilterOn = True
End Sub
```

1. '탐색' 창의 〈고객별대여현황〉 폼의 바로 가기 메뉴에서 [디자인 보기]를 선택한다.
2. 폼 디자인 보기 창에서 '조회'(cmd조회) 단추를 더블클릭한다.
3. 'cmd조회' 속성 시트 창의 '이벤트' 탭에서 'On Click' 작성기 단추(⋯)를 클릭한다.
4. '작성기 선택' 대화상자에서 '코드 작성기'를 선택한 후 〈확인〉을 클릭한다.
5. 'cmd조회_Click( )' 프로시저에 정답과 같이 입력한다.

코드설명

```
Private Sub cmd조회_Click( )
    ❶ Me.Filter = "고객코드 = '" & cmb고객코드 & " ' "
    ❷ Me.FilterOn = True
End Sub
```

❶ '고객코드' 필드의 값이 'cmb고객코드'에서 선택한 값과 같은 레코드를 현재 폼의 검색 조건으로 지정한다. '고객코드'는 텍스트 형식이므로 따옴표를 붙여준 것이다(〈고객〉 테이블을 디자인 보기 모드로 열면 '고객코드'의 데이터 형식을 확인할 수 있음).
❷ 지정된 조회 조건을 적용한다.

03. '전체보기' 단추에 클릭 기능 구현하기

정답

```
Private Sub cmd전체보기_Click( )
    Me.FilterOn = False
End Sub
```

1. '탐색' 창의 〈고객별대여현황〉 폼의 바로 가기 메뉴에서 [디자인 보기]를 선택하세요.
2. 〈고객별대여현황〉 폼에서 '전체보기' 컨트롤을 더블클릭한 후 '전체보기' 속성 시트 창의 '이벤트' 탭에서 'On Click'을 선택한다. 이어서 작성기 단추(⋯)를 클릭한다.
3. '작성기 선택' 대화상자에서 '코드 작성기'를 선택한 후 〈확인〉을 클릭한다.
4. cmd전체보기_Click( ) 프로시저에 정답과 같이 코드를 입력한다.

코드설명

```
Private Sub cmd전체보기_Click( )
    ❶ Me.FilterOn = False
End Sub
```

❶ 폼에 적용되어 있는 Filter 속성을 해제한다.

01. 〈관리대상고객처리〉 쿼리 작성하기

1. [만들기] → 쿼리 → **쿼리 디자인(圖)**을 클릭한다.
2. '테이블 추가' 창의 '테이블' 탭에서 〈고객〉 테이블을 더블클릭하여 쿼리 작성기 창에 추가하고 '테이블 추가' 창의 닫기(ⓧ)를 클릭한다.
3. 업데이트 쿼리로 변경하기 위해 [쿼리 디자인] → 쿼리 유형 → **업데이트(圖)**를 클릭합니다.
4. 수정할 필드인 〈고객〉 테이블의 '비고'를 하단 그리드 라인의 첫 번째 필드로, 조건을 지정할 '고객코드'를 두 번째 필드로 드래그한다.

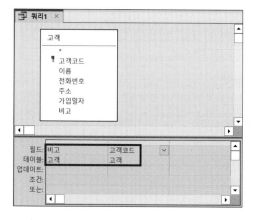

5. '비고' 필드의 '업데이트'에 **"★관리대상고객"**을 입력한다.

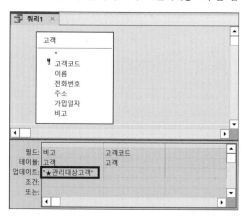

6. '고객코드' 필드의 '조건'에 Not In (select **고객코드** from **도서대여** where **대여일자** between #2023-05-01# and #2023-06-30#)를 입력한다.

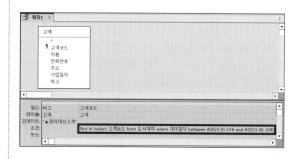

7. [쿼리 디자인] → 결과 → **실행(圓)**을 클릭한 후 "2행을 새로 고칩니다."라는 메시지가 출력되면 〈예〉를 클릭한다.
8. 닫기 단추(ⓧ)를 클릭한 후 〈예〉를 클릭한다.
9. 쿼리 이름에 **관리대상고객처리**를 입력한다.

02. 〈대여횟수조회〉 쿼리 작성하기

1. [만들기] → 쿼리 → **쿼리 디자인(圖)**을 클릭한다.
2. '테이블 추가' 창의 '테이블' 탭에서 〈고객〉, 〈도서대여〉, 〈도서목록〉 테이블을 더블클릭한 후 '테이블 추가' 창의 닫기 단추(ⓧ)를 클릭한다.
3. [쿼리 디자인] → 쿼리 유형 → **크로스탭(圖)**을 클릭한다.
4. 행 머리글, 열 머리글, 값으로 사용될 필드를 그림과 같이 설정한다.

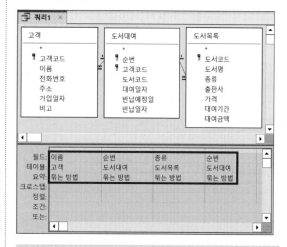

첫 번째 '순번' 필드는 행 머리글로 사용할 필드이고, 두 번째 '순번' 필드는 값으로 사용할 필드입니다.

5. 첫 번째 '순번'은 행 머리글에서 개수를, 두 번째 '순번'은 값에서 개수를 나타내야 하므로 요약을 모두 '개수'로 변경한다.

6. '이름'과 첫 번째 '순번'은 '행 머리글'로, '종류'는 '열 머리글'로, 그리고 두 번째 '순번'은 '값'으로 변경한다.

7. 하단 그리드 라인의 두 번째 필드에 있는 순번을 '대여횟수'로 표시하기 위해 **대여횟수 : 순번**으로 변경한다.

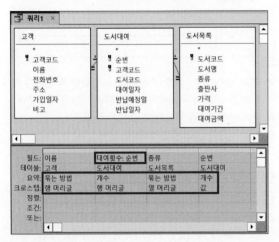

8. 닫기 단추(☒)를 클릭한 후 〈예〉를 클릭한다.

9. 쿼리 이름에 **대여횟수조회**를 입력한다.

03. 〈특정월가입자조회〉 쿼리 작성하기

1. [만들기] → 쿼리 → **쿼리 디자인**(▦)을 클릭한다.

2. '테이블 추가' 창의 '테이블' 탭에서 〈고객〉 테이블을 더블클릭한 후 '테이블 추가' 창의 닫기 단추(☒)를 클릭한다.

3. 〈고객〉 테이블에서 '이름', '전화번호', '주소', '가입일자', '가입일자'를 차례대로 각 필드로 드래그한다.

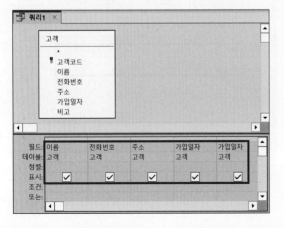

4. 가입된 기간을 표시하기 위해 하단 그리드 라인의 네 번째 필드를 그림과 같이 수정한다.

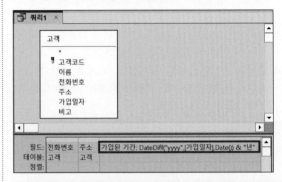

5. 월을 조건으로 지정하여 검색하기 위해 다섯 번째 필드의 '가입일자' 필드를 'Month(가입일자)'로 수정하면 자동으로 아래 그림과 같이 변경된다.

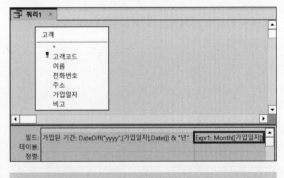

6. 다섯 번째 필드인 '가입일자' 필드의 '표시' 행에 표시되어 있는 체크 표시를 해제하고, 조건난에 아래 그림과 같이 입력하여 매개 변수 쿼리를 만든다.

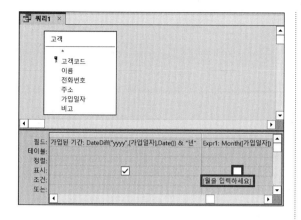

7. 닫기 단추(⊠)를 클릭한 후 〈예〉를 클릭한다.
8. 쿼리 이름에 **특정월가입자조회**를 입력한다.

04. 〈종류별대여내역〉 쿼리 작성하기

1. [만들기] → 쿼리 → **쿼리 디자인**(⊞)을 클릭한다.
2. '테이블 추가' 창의 '테이블' 탭에서 〈도서목록〉과 〈도서대여〉 테이블을 더블클릭하여 추가한 후 '테이블 추가' 창의 닫기 단추(⊠)를 클릭한다.
3. 〈도서목록〉 테이블에서 '종류'를, 〈도서대여〉 테이블에서 '도서코드'를 차례대로 각 필드로 드래그한다.

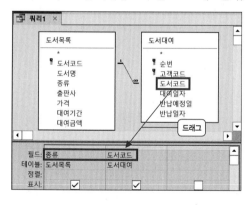

4. [쿼리 디자인] → 표시/숨기기 → **요약**(∑)을 클릭한다. '도서코드' 필드에서 묶는 방법의 목록 선택 단추(⌄)를 클릭하여 '개수'를 선택한다.
5. '도서코드' 필드에 **대여횟수:**를 추가로 입력하고 조건난에 아래의 그림과 같이 입력한다.

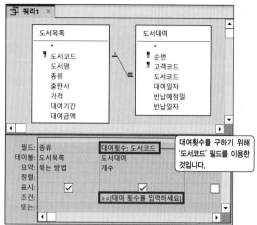

6. [쿼리 디자인] → 쿼리 유형 → **테이블 만들기**(⊞)를 클릭한다.
7. '테이블 만들기' 대화상자의 '테이블 이름'에 **종류별대여횟수**를 입력한 후 〈확인〉을 클릭한다.

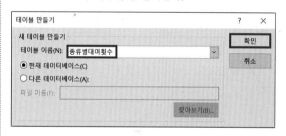

8. 닫기 단추(⊠)를 클릭한 후 〈예〉를 클릭한다.
9. '다른 이름으로 저장' 대화상자에서 쿼리 이름에 **종류별대여내역**으로 입력한 다음 〈확인〉을 클릭한다.

05. 〈대여기간구분별현황〉 쿼리 작성기

1. [만들기] → 쿼리 → **쿼리 디자인**(⊞)을 클릭한다.
2. '테이블 추가' 창의 '테이블' 탭에서 〈도서목록〉 테이블을 더블클릭하여 쿼리 작성기 창에 추가하고 '테이블 추가' 창의 닫기(⊠)를 클릭한다.
3. 〈도서목록〉 테이블에서 '대여기간', '가격', '대여금액'을 차례대로 각 필드로 드래그한다.

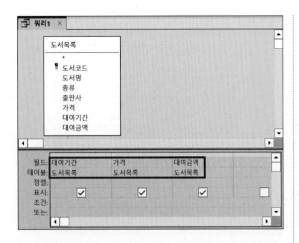

4. [쿼리 디자인] → 표시/숨기기 → **요약(∑)**을 클릭한다.

5. 대여기간구분은 대여기간의 첫 글자가 3 이상이면 '장기대여', 그 외는 '단기대여'로 설정해야 하므로, 첫 번째 필드에 **구분: =iif(left([대여일자],1))=3,"장기대여","단기대여")**를 입력한다.

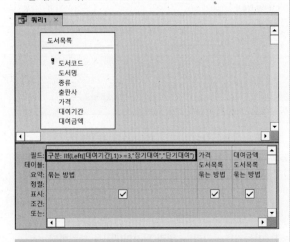

=Iif(Left([대여기간], 1))=3, "장기대여", "단기대여")
　　　　❶　　　　　❷　　　　❸

'대여기간' 필드의 왼쪽, 즉 첫 글자가 3 이상이면(❶) "장기대여"를 표시하고(❷), 그렇지 않으면 "단기대여"를 표시합니다(❸).

6. '가격'과 '대여금액' 필드의 요약 항목의 묶는 방법을 '평균'으로 설정한다.

7. '가격' 필드를 **평균도서가격: 가격**으로, '대여금액' 필드를 **평균대여금액: 대여금액**으로 변경한다.

8. '평균도서가격'의 형식을 '통화'로 변경하기 위해 하단 그리드 라인의 두 번째 필드의 바로 가기 메뉴에서 [속성]을 선택한다.

9. '필드' 속성 시트 창에서 형식을 '통화'로 선택한 후 닫기 단추(⊠)를 클릭한다.

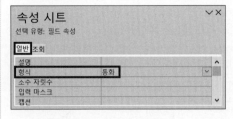

10. 같은 방법으로 '평균대여금액' 필드의 '형식'도 '통화'로 변경한다.

11. 닫기 단추(⊠)를 클릭한 후 〈예〉를 클릭한다.

12. 쿼리 이름에 **대여기간구분별현황**을 입력한 후 〈확인〉을 클릭한다.

- **준 비 하 세 요 :** 'C:\길벗컴활1급\02 액세스\03 기본모의고사' 폴더에서 '05회.accdb' 파일을 열어서 작업하시오.
- **외부 데이터 위치 :** C:\길벗컴활1급\02 액세스\03 기본모의고사

문제 1   DB 구축(25점)

1. 운송 접수 현황을 관리하기 위해 데이터베이스를 구축하였다. 다음의 지시사항에 따라 〈접수〉 테이블을 완성하시오.

① 이 테이블의 기본키(PK)는 '접수코드'로 구성된다. 기본키를 설정하시오.

② 테이블이 로드되면, '요청일자' 필드를 기준으로 내림차순 정렬되도록 설정하시오.

③ '지역코드'와 '중량코드' 필드에는 2글자의 값만 입력되도록 유효성 검사 규칙을 설정하시오.

④ '사용자' 필드에 대해서 중복된 값이 입력될 수 없도록 인덱스를 설정하시오.

⑤ 새로운 레코드가 추가되는 경우 '운송코드' 필드에는 기본적으로 "A"가 입력되도록 설정하시오.

⑥ '운송코드' 필드는 소문자로 입력되어도 대문자로 표시되도록 '형식' 속성을 설정하시오.

⑦ '연락처' 필드는 필드 이름 변경 없이 '전화번호'로 표시되도록 관련 속성을 설정하시오.

> 전문가의 조언
>
> 1
> - 기본키는 해당 필드의 행 선택기를 클릭한 후 지정하세요.
> - 테이블이 로드될 때의 정렬 기준은 '테이블' 속성을 이용해야 합니다.
> - 입력되는 글자 수를 제한하려면 필드 크기 속성이나 유효성 검사 규칙에서 'Len( )' 함수를 이용해야 합니다.
> - 대문자로 표시되도록 하려면 형식 속성에 '>'를 지정하면 됩니다.
> - 필드 이름을 변경하지 않고 필드명을 변경하려면 캡션 속성을 이용하세요.

접수코드	접수일자	사용자	요청일자	지역코드	운송코드	중량코드	전화번호
100	2023-06-25	강윤진	2024-06-28	D2	E	G4	518-9894
99	2023-06-24	이리천	2024-06-26	E7	A	G1	940-7490
98	2023-06-23	서해오	2024-06-24	G4	B	G7	190-1972
97	2023-06-22	박모혜	2024-06-24	D3	C	G1	337-6017
96	2023-06-21	최묘정	2024-06-24	G1	D	G4	415-6776
95	2023-06-20	서철솔	2024-06-21	E6	E	G7	487-7072
94	2023-06-19	김진묘	2024-06-21	C1	A	G4	884-7551
93	2023-06-18	서모장	2024-06-20	C4	B	G4	273-4505
92	2023-06-17	박대미	2024-06-20	E7	D	G1	701-5672
91	2023-06-16	박샘월	2024-06-17	C2	C	G2	709-6575
89	2023-06-14	최정숙	2024-06-17	A3	E	G1	651-9075
88	2023-06-13	박리리	2024-06-16	D7	A	G5	200-9028
90	2023-06-15	박언숙	2024-06-16	A1	A	G3	402-9001

레코드: 1/100   필터 없음   검색

2. 〈접수〉 테이블의 '운송코드' 필드에 대해 다음과 같이 목록 상자로 설정하시오.

▶ 값 목록에는 "A", "B", "C", "D", "E"의 문자열이 값 목록으로 나타나도록 설정하시오.

3. 관계 설정은 68쪽을 참조하
세요.

3. 〈접수〉 테이블의 '지역코드'는 〈지역〉 테이블의 '지역코드'를 참조하고 테이블 간의 관계
는 M:1이다. 또한 〈접수〉 테이블의 '운송코드'는 〈운송〉 테이블의 '운송코드'를 참조하며
두 테이블 간의 관계는 M:1이다. 각 테이블에 대해 다음과 같이 관계를 설정하시오.

▶ 각 테이블 간에 항상 참조 무결성을 유지하도록 설정하시오.
▶ 〈지역〉 테이블의 '지역코드'가 변경되면 이를 참조하는 〈접수〉 테이블의 '지역
코드'도 따라 변경되고, 〈운송〉 테이블의 '운송코드'가 변경되면 이를 참조하는
〈접수〉 테이블의 '운송코드'도 따라 변경되도록 설정하시오.
▶ 〈접수〉 테이블에서 참조하고 있는 〈지역〉 테이블의 레코드나 〈운송〉 테이블의
레코드를 삭제할 수 없도록 하시오.

4
• 파일 형식을 확인하세요.
• 가져올 대상이 워크시트인지 이
름 있는 범위인지 확인하세요.
• 첫 행의 필드 이름(열 머리글) 적
용 여부를 확인하세요.
• 연결 테이블 이름을 확인하세요.

4. '국가.xlsx' 파일에 대한 연결 테이블을 작성하시오.

▶ 첫 번째 행은 필드의 이름임
▶ 'Sheet1'을 대상으로 할 것
▶ 연결 테이블 이름은 '국가'로 할 것

4232052

문제 2 　　입력 및 수정 기능 구현(20점)

1
• 그림 속성과 크기 조절 모드 속
성은 '형식' 탭에서 설정합니다.
• 탭 순서 변경은 '탭 순서' 대화상
자에서 해당 항목을 선택한 후
드래그합니다.
• 화면 표시 여부는 '형식' 탭의 표
시 속성에서 설정합니다.

1. 〈운송접수관리〉 폼을 다음의 화면과 지시사항에 따라 완성하시오.
① 폼 머리글의 'Image1' 컨트롤에 다음과 같은 그림을 삽입하시오.
▶ 그림 이름 : 운송.jpg
▶ 그림 크기 조절 모드 : 전체 확대/축소
② 삭제나 추가가 불가능하도록 관련 속성을 설정하시오.
③ 본문의 컨트롤에 대해 다음과 같이 탭 순서를 설정하시오.
▶ 접수코드, 접수일자, 사용자, 요청일자, 지역코드, 운송코드, 중량코드, 연
락처
④ 폼 바닥글의 'txt접수건수' 컨트롤에 접수된 건수가 표시되도록 '컨트롤 원본' 속
성을 설정하시오.
▶ 표시 예 : ● 총 : 100 ●
▶ Format 사용
⑤ 폼 바닥글의 'txt날짜' 컨트롤이 폼 보기 상태에서 표시되지 않도록 관련 속성을
설정하시오.

2. 〈운송접수관리〉 폼 본문의 '운송코드' 컨트롤에 다음과 같이 조건부 서식을 설정하시오.

▶ '운송코드' 필드의 값이 'A'인 경우 글꼴 스타일을 '굵게', 배경색을 '표준 색 – 진한 바다색 2'로 설정하시오.

▶ 단, 하나의 규칙으로 작성하시오.

▶ 1번 문제의 〈그림〉 참조

3. 〈운송접수관리〉 폼의 '보고서 보기'(cmd보고서보기) 단추를 클릭할 때 〈접수현황〉 보고서를 '인쇄 미리 보기'의 형태로 여는 〈보고서출력〉 매크로를 생성한 후 지정하시오.

▶ 다음과 같이 시스템의 현재 날짜와 시간이 표시된 메시지 상자를 표시할 것

▶ 매크로 조건 : 'cmb운송방법'과 'cmb중량'에 지정된 레코드만 표시

2. 조건부 서식을 적용할 컨트롤만 선택한 후 [서식] → 컨트롤 서식 → 조건부 서식을 클릭하여 수행합니다.

3. 매크로 작성기에서 MessageBox와 OpenReport 함수에 조건을 적용하세요.

 | 문제 3 | 조회 및 출력 기능 구현(20점) |

전문가의 조언

1

- 개수를 구하는 함수는 '=COUNT ( )' 입니다.
- 날짜를 '2023-09-05 (화) 16:08:32'와 같이 표시하려면 'NOW( )' 함수를 이용하여 날짜와 시간을 표시하고, Format 함수로 형식을 지정하면 됩니다. 요일을 '일' ~ '토'의 형태로 나타내려면 사용자 지정 기호 'aaa'를 이용하면 됩니다. Format 함수에 대한 설명은 138쪽을 참조하세요.
- 페이지 번호를 Mod 함수로 나눠서 나머지가 1이면 홀수, 0이면 짝수입니다.
- 콤보 상자나 목록 상자의 열은 0부터 시작하므로 첫 번째 열 번호 지정 시 'Column(0)'으로 지정해야 합니다.

1. 다음의 지시사항 및 화면을 참조하여 〈접수현황〉 보고서를 완성하시오.

① '접수일자' 필드를 기준으로 내림차순으로 정렬하여 표시하시오.
② 보고서 바닥글의 'txt접수건수'에는 총 접수건수가 표시되도록 '컨트롤 원본' 속성을 설정하시오.
③ 페이지 바닥글의 'txt날짜'에는 시스템의 현재 날짜와 시간이 [표시 예]와 같이 표시되도록 '컨트롤 원본' 속성을 설정하시오.
  ▶ 표시 예: 2023년 9월 5일 16:08:32 → 2023-09-05 (화) 16:08:32
  ▶ Format 함수와 현재 날짜와 시간을 나타내는 함수 이용
④ 페이지 바닥글의 'txt페이지' 컨트롤에는 홀수 페이지만 '현재 페이지 / 전체 페이지'의 형태로 표시되도록 설정하시오.
  ▶ IIF, Mod 함수 이용
  ▶ 표시 예: 1 / 5페이지
⑤ 페이지 머리글의 'txt운송방법'과 'txt중량'에는 다음과 같이 표시되도록 '컨트롤 원본' 속성을 설정하시오.
  ▶ 'txt운송방법'에는 〈운송접수관리〉 폼의 'cmb운송방법'에 지정된 운송방법 표시
  ▶ 'txt중량'에는 〈운송접수관리〉 폼의 'cmb중량'에 지정된 중량 표시
  ▶ 〈운송접수관리〉 폼이 열려 있고, 해당 컨트롤에 값이 지정되어 있다고 가정
⑥ 본문의 '연락처' 컨트롤에 연결된 '연락처'가 '*' 형태로 표시되도록 입력 마스크를 설정하시오.

운송 접수 관리

운송방법 : 기차   중량 : 5Kg이하

접수일자	접수코드	사용자	요청일자	지역코드	운송코드	중량코드	전화번호
2023-06-09	84	이원오	2024-06-11	D5	B	G2	********
2023-05-27	72	강왕인	2024-05-30	E3	B	G2	********
2023-04-15	30	강동천	2024-04-18	G7	B	G2	********
2023-04-10	25	최솔경	2024-04-12	F7	B	G2	********
2023-03-23	8	이대선	2024-03-25	F1	B	G2	********

접수건수 :   5

1 / 1페이지   2023-09-11 (월) 16:10:04

2. 〈운송접수관리〉 폼의 '검색'(cmd검색) 단추를 클릭할 때 다음과 같은 기능을 수행하도록
이벤트 프로시저를 구현하시오.

- ▶ 'cmb운송방법'에 지정된 값과 'cmb중량'에 지정된 값을 모두 만족하는 레코드
만 표시
- ▶ RecordSource 속성을 이용할 것

3. 〈접수〉 폼에서 'txt접수일자' 컨트롤과 'txt요청일자' 컨트롤에 포커스가 옮겨가면
(GotFocus 이벤트) 다음과 같은 계산을 수행하도록 이벤트 프로시저를 구현하시오.

- ▶ 'txt접수일자' 컨트롤과 'txt요청일자' 컨트롤에 자동으로 오늘 날짜가 입력되도
록 할 것

전문가의 조언

2. 폼을 실행하거나 테이블을 열
어 'cmb운송방법' 컨트롤과 'cmb
중량' 컨트롤에 저장되어 있는 값
이 문자인지 숫자인지 확인하세요

3. 오늘 날짜를 입력하려면 Date를
이용하세요.

4232054

문제 4 **처리 기능 구현(35점)**

1. 운송방법별로 운송한 내역의 운송건수와 총 운송요금, 총 중량요금을 조회하는 〈운송방
법별운송현황〉 쿼리를 작성하시오.

- ▶ 〈운송관리종합〉 쿼리를 이용하시오.
- ▶ 운송건수는 '접수코드' 필드를 이용하시오.
- ▶ '운송건수'를 기준으로 내림차순 정렬하시오.
- ▶ 평균요금 = (운송총액 + 중량총액) / 운송건수
- ▶ 쿼리 실행 결과 표시되는 필드와 필드명, 필드 형식은 〈그림〉과 같이 표시되도
록 설정하시오.

운송방법	운송건수	운송총액	중량총액	평균요금
비행기	22	₩66,000	₩54,500	₩5,477
차량	21	₩42,000	₩56,500	₩4,690
오토바이	19	₩32,300	₩68,500	₩5,305
사람	19	₩9,500	₩50,000	₩3,132
기차	19	₩19,000	₩49,000	₩3,579

레코드: ◀ 1/5 ▶ ▶▮ ▶ 필터 없음 검색

2. 운송방법별로 접수된 접수건수와 '지역요금'의 평균을 조회하는 〈운송방법별조회〉 쿼리
를 작성하시오.

- ▶ 〈운송〉, 〈접수〉, 〈지역〉 테이블을 이용하시오.
- ▶ 접수건수는 '접수코드' 필드를 이용하시오.
- ▶ 쿼리 실행 결과 표시되는 필드와 필드명, 필드의 형식은 〈그림〉과 같이 표시되도록
설정하시오.

운송방법	접수건수	요금평균
기차	19	₩1,947
비행기	22	₩1,773
사람	19	₩1,684
오토바이	19	₩2,132
차량	21	₩2,310

레코드: ◀ 1/5 ▶ ▶▮ ▶ 필터 없음 검색

3. 지역코드별, 접수월별로 사용자의 인원수를 조회하는 〈접수현황분석〉 크로스탭 쿼리를 작성하시오.

▶ 〈접수〉 테이블을 이용하시오.

▶ 쿼리 실행 결과 표시되는 필드와 필드명은 〈그림〉과 같이 표시되도록 설정하시오.

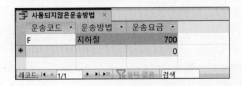

지역코드	합계 사용자	3월	4월	5월	6월
A1	3		1	1	1
A2	3	1		2	
A3	2		1		1
A4	2	1	1		
A5	4	1	2	1	
A6	2	1		1	
A7	1			1	
B1	1		1		
B2	1		1		
B4	3	1		2	
B5	2		1		
B7	1		1		

레코드: 1/44 필터 없음 검색

4. 〈접수〉 테이블에 존재하지 않는 〈운송〉 테이블의 자료를 조회하는 〈사용되지않은운송방법〉 쿼리를 작성하시오.

▶ Not In을 사용한 SQL 명령문을 조건으로 사용하시오.

▶ 쿼리 실행 결과 표시되는 필드와 필드명은 〈그림〉과 같이 표시되도록 설정하시오.

운송코드	운송방법	운송요금
F	지하철	700
*		0

레코드: 1/1 필터 없음 검색

5. 〈운송관리종합〉 쿼리를 이용하여 운송방법을 매개 변수로 입력받고, 해당 운송방법의 운송 현황을 조회하는 〈운송현황조회〉 쿼리를 작성하시오.

▶ 총 운송건수는 '접수코드' 필드를 이용하시오.

▶ 총 운송건수는 [표시 예]와 같이 표시되도록 '형식' 속성을 설정하시오.
[표시 예 : 0 → 0건, 19 → 19건]

▶ 쿼리 실행 결과 표시되는 필드와 필드명, 필드의 형식은 〈그림〉과 같이 표시되도록 설정하시오.

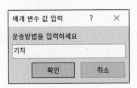

매개 변수 값 입력

운송방법을 입력하세요

기차

확인   취소

운송방법	총 운송건수	최근접수일자	중량요금 합계	지역요금 합계
기차	19건	2023-06-18	₩49,000	₩37,000

레코드: 1/1 필터 없음 검색

문제 1 | **DB 구축**

01. 〈접수〉 테이블 완성하기

1 기본키 설정하기

1. '탐색' 창의 〈접수〉 테이블의 바로 가기 메뉴에서 [디자인 보기]를 선택한다.
2. '접수코드' 필드를 클릭한 후 [테이블 디자인] → 도구 → 기본 키(🔑)를 클릭한다.

2 테이블의 정렬 기준 속성 설정하기

1. [테이블 디자인] → 표시/숨기기 → **속성 시트(📋)**를 클릭한다.
2. 정렬 기준 속성을 그림과 같이 설정한다.

속성 시트 ▾×
선택 유형: 테이블 속성

일반	
필터	
정렬 기준	요청일자 desc
하위 데이터시트 이름	[자동]
하위 필드 연결	

3 유효성 검사 규칙 속성 설정하기

1. '지역코드' 필드를 클릭한 후 '일반' 탭의 유효성 검사 규칙 속성을 그림과 같이 설정한다. 지역코드가 필드명이므로 [ ]로 묶어주어야 한다.

필드 속성

일반	조회	
기본값		
유효성 검사 규칙	Len([지역코드])=2	...
유효성 검사 텍스트		

> Len 함수는 문자의 길이를 세는 함수입니다.

2. '중량코드' 필드를 클릭한 후 '일반' 탭의 유효성 검사 규칙 속성을 그림과 같이 설정한다.

필드 속성

일반	조회	
기본값		
유효성 검사 규칙	Len([중량코드])=2	...
유효성 검사 텍스트		

4 인덱스 속성 설정하기 : '사용자' 필드를 클릭한 후 '일반' 탭의 인덱스 속성을 그림과 같이 설정한다.

필드 속성

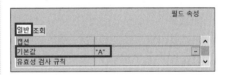

일반	조회	
빈 문자열 허용	아니요	
인덱스	예(중복 불가능)	˅
유니코드 압축	예	

5 기본값 속성 설정하기 : '운송코드' 필드를 클릭한 후 '일반' 탭의 기본값 속성을 그림과 같이 설정한다.

필드 속성

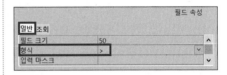

일반	조회	
캡션		
기본값	"A"	...
유효성 검사 규칙		

6 형식 속성 설정하기 : '운송코드' 필드를 클릭한 후 '일반' 탭의 형식 속성을 그림과 같이 설정한다.

필드 속성

일반	조회	
필드 크기	50	
형식	>	˅
입력 마스크		

7 캡션 속성 설정하기 : '연락처' 필드를 클릭한 후 '일반' 탭의 캡션 속성을 그림과 같이 설정한다.

필드 속성

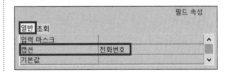

일반	조회	
입력 마스크		
캡션	전화번호	
기본값		

02. '운송코드' 필드에 조회 속성 설정하기

'운송코드' 필드를 클릭한 후 '조회' 탭의 컨트롤 표시, 행
원본 유형, 행 원본 속성을 그림과 같이 설정한다.

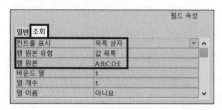

03. 〈접수〉 테이블, 〈지역〉 테이블, 〈운송〉 테이블 간의 관계 설정하기

정답

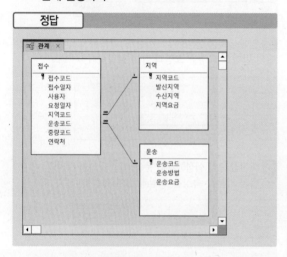

1. 관계를 설정하기 위해 [데이터베이스 도구] → 관계 →
   관계(📇**)**를 클릭한다.
2. '관계' 창의 바로 가기 메뉴에서 [**테이블 표시**]를 선택
   한다.
3. '테이블 추가' 창의 '테이블' 탭에서 〈접수〉, 〈지역〉, 〈운
   송〉을 더블클릭한 후 '테이블 추가' 창의 닫기 단추(✕)
   를 클릭한다.

4. 〈접수〉 테이블의 '지역코드' 필드를 〈지역〉 테이블의 '지
   역코드' 필드로 끌어다 놓는다.

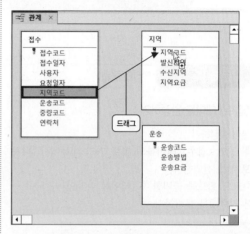

5. '관계 편집' 대화상자에서 그림과 같이 지정한 후 〈만들
   기〉를 클릭한다.

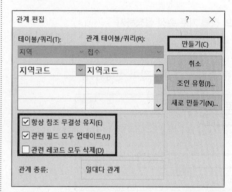

6. 〈접수〉 테이블의 '운송코드'를 〈운송〉 테이블의 '운송코
   드'로 끌어다 놓는다.

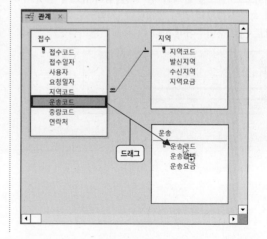

7. '관계 편집' 대화상자에서 그림과 같이 지정한 후 〈만들기〉를 클릭한다.

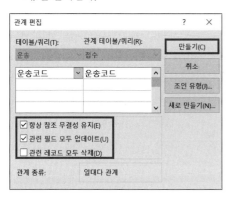

04. '국가.xlsx' 파일 연결하기

정답

1. [외부 데이터] → 가져오기 및 연결 → 새 데이터 원본 → 파일에서 → Excel(图)을 클릭한다.

2. '외부 데이터 가져오기-Excel 스프레드시트' 대화상자에서 〈찾아보기〉를 클릭하고, '파일 열기' 대화상자에서 '국가.xlsx' 파일을 선택한 후 〈열기〉를 클릭한다.

3. '외부 데이터 가져오기-Excel 스프레드시트' 대화상자에서 '연결 테이블을 만들어 데이터 원본에 연결'을 선택한 후 〈확인〉을 클릭한다.

4. '스프레드시트 연결 마법사' 1단계 대화상자에서 '워크시트 표시'와 'Sheet1'을 선택하고 〈다음〉을 클릭한다.

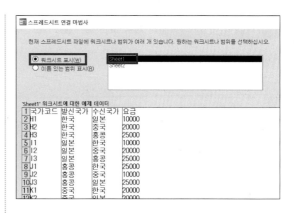

5. '스프레드시트 연결 마법사' 2단계 대화상자에서 그림과 같이 설정하고 〈다음〉을 클릭한다.

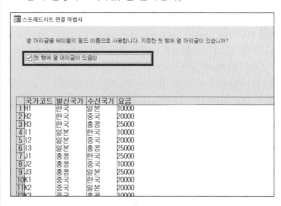

6. '스프레드시트 연결 마법사' 3단계 대화상자에서 그림과 같이 설정하고 〈마침〉을 클릭한다.

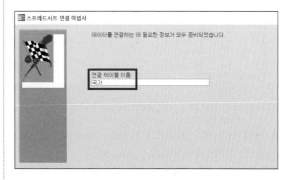

01. 〈운송접수관리〉 폼 완성하기

정답

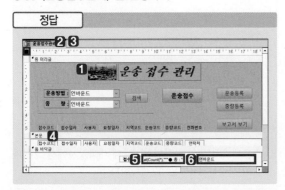

1 'Image1' 컨트롤에 그림 삽입하기

1. '탐색' 창의 〈운송접수관리〉 폼의 바로 가기 메뉴에서 **[디자인 보기]**를 선택한다.
2. 폼 머리글의 'Image1' 컨트롤을 더블클릭한다.
3. 'Image1' 컨트롤의 '형식' 탭에서 '그림' 속성을 클릭하여 나타나는 작성기 단추(…)를 클릭한다.
4. '그림 삽입' 대화상자에서 찾는 위치를 'C:\길벗컴활 1급\02 액세스\03 기본모의고사'로 지정한 후 '운 송.jpg'를 선택한 다음 〈확인〉을 클릭한다.

5. '형식' 탭의 '크기 조절 모드' 속성을 그림과 같이 설정한 후 속성 시트 창을 닫는다.

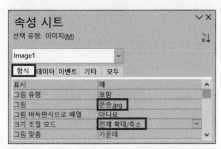

2 삭제나 추가가 불가능하게 설정하기

'폼' 속성 시트 창의 '데이터' 탭에서 삭제 가능, 추가 가능 속성을 그림과 같이 설정한 후 속성 시트 창을 닫는다.

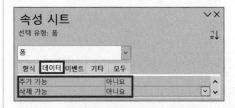

3 탭 순서 변경하기

1. 폼의 빈 영역에서 마우스 오른쪽 버튼을 누른 후 바로 가기 메뉴에서 **[탭 순서]**를 선택한다.
2. '탭 순서' 대화상자의 '구역'과 '사용자 지정 순서'를 그림 과 같이 설정한 후 〈확인〉을 클릭한다.

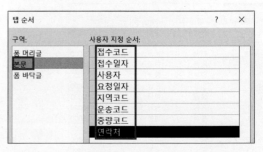

4 'txt접수건수' 컨트롤에 접수건수 구하기

1. 'txt접수건수' 컨트롤을 더블클릭한다.
2. 'txt접수건수' 속성 시트 창의 '데이터' 탭에서 컨트롤 원 본 속성을 그림과 같이 설정한다.

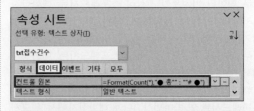

=Format(Count(*),"● 총"" : ""# ●")를 입력하고 Enter를 누르면, =Format(Count(*),"""● 총 : ""# ●")와 같이 자동으로 변경됩니다.

Format( ) 함수
• 숫자나 날짜 등을 지정된 형식에 맞게 문자열로 변환해주는 함수입 니다.
• 형식 : Format(변환할 데이터, "표시 형식")

  예1　=Format(Avg([금액]), "평균 #,###원") → 평균 2,540원
  　　#, 0 등의 사용자 지정 기호를 이용하여 표시 형식을 지정합니다.

=Format(Avg([금액]), "평균 "":"" #,###원") → 평균 : 2,540원
사용자 지정 기호가 아닌 "':", ":'" 등의 기호를 결과로 표시할 때
는 해당 기호를 이중 큰따옴표("" "")로 묶어줘야 합니다.

5 'txt날짜' 컨트롤에 속성 설정하기
1. 'txt날짜' 컨트롤을 클릭한다.
2. 'txt날짜' 속성 시트 창의 '형식' 탭에서 표시 속성을 그
림과 같이 설정한다.

02. '운송코드' 컨트롤에 조건부 서식 설정하기
1. '본문' 영역에서 '운송코드' 컨트롤만 선택한 후 [서식] →
컨트롤 서식 → **조건부 서식**을 클릭한다.
2. '조건부 서식 규칙 관리자' 대화상자에서 〈새 규칙〉을
클릭한다.
3. '새 서식 규칙' 대화상자의 규칙 유형과 규칙 그리고 서
식을 그림과 같이 설정한 후 〈확인〉을 클릭한다.

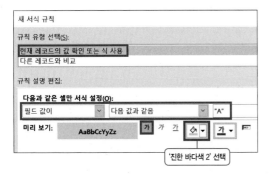

4. '조건부 서식 규칙 관리자' 대화상자가 다시 표시되면,
〈확인〉을 클릭한다.

03. '보고서 보기' 단추에 클릭 기능 구현하기

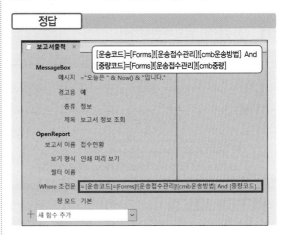

1. 매크로에 이름을 지정하여 사용하는 경우에는 먼저 매
크로 개체를 생성한 후 이를 연결하여 사용하면 된다.
[만들기] → 매크로 및 코드 → **매크로(▢)**를 클릭한다.
2. 매크로 함수 선택란의 목록 단추(▾)를 누른 다음
'MessageBox' 함수를 선택한다.
3. MessageBox 매크로 함수 대화상자에서 정답과 같이
설정한다.
4. 매크로 함수 선택란의 목록 단추(▾)를 누른 다음
'OpenReport' 함수를 선택한다.
5. OpenReport 매크로 함수 대화상자에서 정답과 같이 설
정한 후 매크로 대화상자의 닫기 단추(☒)를 클릭한다.
6. 저장 여부를 묻는 대화상자가 나타나면 〈예〉를 클릭한
다. 이어서 '다른 이름으로 저장' 대화상자에서 매크로
이름으로 **보고서출력**을 입력한 다음 〈확인〉을 클릭한다.
7. '탐색' 창의 〈운송접수관리〉 폼의 바로 가기 메뉴에서
[디자인 보기]를 선택한다.
8. 폼 디자인 보기 창에서 '보고서 보기'(cmd보고서보기)
단추를 더블클릭하여 'cmd보고서보기' 속성 시트 창을
호출한다.
9. 'cmd보고서보기' 속성 시트 창에서 '이벤트' 탭을 클릭
한 후 'On Click' 이벤트에서 목록 단추(▾)를 클릭하여
'보고서출력'을 선택하세요.

Where 조건문을 지정할 때는 '식 작성기'를 이용하면 편리합니다.

01. 〈접수현황〉 보고서 완성하기

정답

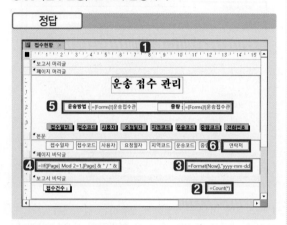

1 보고서의 데이터 정렬하기

1. '탐색' 창의 〈접수현황〉 보고서의 바로 가기 메뉴에서 **[디자인 보기]**를 선택한다.
2. [보고서 디자인] → 그룹화 및 요약 → **그룹화 및 정렬** (📊)을 클릭한다.
3. '그룹, 정렬 및 요약' 창에서 '접수일자'의 정렬 방식을 '내림차순'으로 변경한다.

2 'txt접수건수' 컨트롤의 접수건수 구하기

1. 'txt접수건수' 컨트롤을 더블클릭한다.
2. 'txt접수건수' 속성 시트 창의 '데이터' 탭에서 컨트롤 원본 속성을 그림과 같이 설정한다.

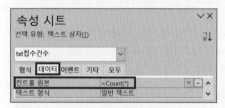

3 'txt날짜' 컨트롤의 속성 설정하기

1. 'txt날짜' 컨트롤을 클릭한다.
2. 'txt날짜' 속성 시트 창의 '데이터' 탭에서 컨트롤 원본 속성을 그림과 같이 설정한다.

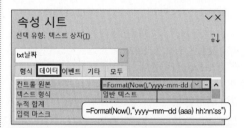

=Format(Now(),"yyyy-mm-dd (aaa) hh:nn:ss")

4 'txt페이지' 컨트롤에 속성 설정하기

1. 'txt페이지' 컨트롤을 클릭한다.
2. 'txt페이지' 속성 시트 창의 '데이터' 탭에서 컨트롤 원본 속성을 그림과 같이 설정한다.

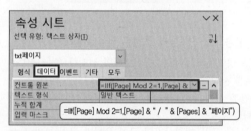

=IIf([Page] Mod 2=1,[Page] & " / " & [Pages] & "페이지")

5 'txt운송방법' 컨트롤과 'txt중량' 컨트롤의 컨트롤 원본 속성 설정하기

1. 'txt운송방법' 컨트롤을 클릭한다.
2. 'txt운송방법' 속성 시트 창의 '데이터' 탭에서 컨트롤 원본 속성을 그림과 같이 설정한다.

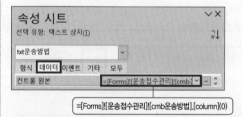

=[Forms]![운송접수관리]![cmb운송방법].[column](0)

'[Forms]![운송접수관리]![cmb운송방법].[column](0)'은 〈운송접수관리〉 폼의 'cmb운송방법' 컨트롤에 저장된 값 중 첫 번째 열의 값을 의미합니다. 〈운송접수관리〉 폼의 'cmb운송방법' 컨트롤의 속성에서 행 원본을 확인해 보면 'SELECT 운송.운송방법, 운송.운송코드 FROM 운송;'과 같이 '운송방법'과 '운송코드'가 설정되어 있습니다. 이중 '운송방법'을 표시하기 위해 Column(0)을 사용한 것입니다. Column(1)을 사용하면 '운송코드'가 표시됩니다.

3. 'txt중량' 컨트롤을 클릭한다.
4. 'txt중량' 속성 시트 창의 '데이터' 탭에서 컨트롤 원본 속성을 그림과 같이 설정한다.

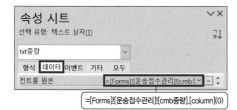

보고서를 실행하려면 현재 보고서와 연결된 〈운송접수관리〉 폼이 열려 있어야 하며, 〈운송접수관리〉 폼의 'cmb운송방법'에서 '운송방법'을, 'cmb중량'에서 '중량'을 선택해야 합니다. 그렇지 않을 경우 오류가 발생됩니다.

6 '연락처' 컨트롤의 입력 마스크 속성 설정하기

1. 본문 영역에 있는 '연락처' 컨트롤을 클릭한다.
2. '연락처' 속성 시트 창의 '데이터' 탭에서 입력 마스크 속성을 그림과 같이 설정한 후 속성 시트 창을 닫는다.

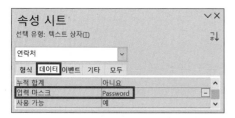

'입력 마스크' 속성의 작성기 단추(...)를 클릭한 후 '입력 마스크 마법사' 대화상자에서 '암호'를 선택하고 〈마침〉을 클릭해도 '입력 마스크' 속성에 'Password'가 표시됩니다.

02. '검색' 단추에 클릭 기능 구현하기

> **정답**
>
> ```
> Private Sub cmd검색_Click( )
>     Me.RecordSource = "Select * From 접수 where 운송코드 =
>     ' " & cmb운송방법 & " ' and 중량코드 = ' "& cmb중량 & " ' "
> End Sub
> ```

1. '탐색' 창의 〈운송접수관리〉 폼의 바로 가기 메뉴에서 [디자인 보기]를 선택한다.
2. '검색'(cmd검색) 단추를 더블클릭한다.
3. 'cmd검색' 속성 시트 창의 '이벤트' 탭에서 'On Click'의 작성기 단추(...)를 클릭한다.
4. '작성기 선택' 창에서 '코드 작성기'를 선택한 후 〈확인〉을 클릭한다.
5. 'cmd검색_Click( )' 프로시저에 정답과 같이 입력한다.

> **코드 설명**
>
>

〈접수〉 테이블의 '운송코드' 필드가 'cmb운송방법' 컨트롤의 값과 같고, '중량코드' 필드가 'cmb중량' 컨트롤의 값과 같은 레코드들을 현재 폼의 레코드 원본으로 지정한다.
※ 〈접수〉 테이블은 폼 속성의 '데이터' 탭에서 '레코드 원본' 속성을 참조하여 알아냅니다.
※ 'cmb운송방법' 콤보 상자의 바운드 열이 2(운송코드)로 지정되어 있기 때문에 'cmb운송방법'에는 '운송코드'가 저장됩니다. 그러므로 '운송코드'의 열 위치를 지정하기 위하여 'cmb운송방법.column(1)'과 같이 지정하지 않고 'cmb운송방법'으로 지정하면 됩니다. '중량코드'도 마찬가지입니다.

03. 'txt접수일자' 컨트롤과 'txt요청일자' 컨트롤에 기능 구현하기

> **정답**
>
> ```
> Private Sub txt접수일자_GotFocus( )
>     txt접수일자 = Date
> End Sub
> - - - - - - - - - - - - - - - - - - - - - - - - - - -
> Private Sub txt요청일자_GotFocus( )
>     txt요청일자 = Date
> End Sub
> ```

1. '탐색' 창의 〈접수〉 폼의 바로 가기 메뉴에서 [디자인 보기]를 선택한다.
2. 'txt접수일자' 컨트롤을 더블클릭한다.
3. 'txt접수일자' 속성 시트 창의 '이벤트' 탭에서 'On Got Focus'의 작성기 단추(...)를 클릭한다.
4. '작성기 선택' 창에서 '코드 작성기'를 선택한 후 〈확인〉을 클릭한다.
5. 'txt접수일자_GotFocus( )' 프로시저에 정답과 같이 입력한다.
6. 위와 같은 방법으로 'txt요청일자' 컨트롤에 이벤트 프로시저를 작성한다.

```
Private Sub txt접수일자_GotFocus( )
    txt접수일자 = Date
End Sub
```

'txt접수일자'에 오늘 날짜를 입력한다.

```
Private Sub txt요청일자_GotFocus( )
    txt요청일자 = Date
End Sub
```

'txt요청일자'에 오늘 날짜를 입력한다.

문제 4 처리 기능 구현

01. 〈운송방법별운송현황〉 쿼리 작성하기

1. [만들기] → 쿼리 → 쿼리 디자인(▦)을 클릭한다.
2. '테이블 추가' 창의 '쿼리' 탭에서 〈운송관리종합〉 쿼리를 더블클릭하여 쿼리 작성기 창에 추가하고 '테이블 추가' 창의 닫기(✕)를 클릭한다.
3. 〈운송관리종합〉 쿼리에서 '운송방법', '접수코드', '운송요금', '중량요금'을 차례대로 각 필드로 드래그한다.

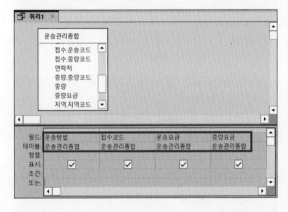

4. [쿼리 디자인] → 표시/숨기기 → 요약(Σ)을 클릭한다.
5. '접수코드' 필드의 묶는 방법을 '개수', '운송요금'과 '중량요금' 필드의 묶는 방법을 '합계'로 변경한다.

6. '접수코드' 필드를 **운송건수: 접수코드**로, '운송요금' 필드를 **운송총액: 운송요금**으로, '중량요금' 필드를 **중량총액: 중량요금**으로 변경한다.

7. '운송건수'를 기준으로 내림차순 정렬하기 위해 '운송건수' 필드의 '정렬' 행을 '내림차순'으로 변경한다.

8. 그리드 라인의 다섯 번째 필드에 '평균요금'을 표시하기 위해 **평균요금: (운송총액+중량총액)/운송건수**를 입력한 후 묶는 방법을 '식'으로 변경한다.

> **평균요금 : (운송총액+중량총액)/운송건수**를 입력하면 식에 사용된 필드명에 자동으로 대괄호가 붙어 **평균요금: ([운송총액]+[중량총액])/[운송건수]**로 변경됩니다.

9. '운송총액'의 형식을 '통화'로 변경하기 위해 하단 그리드 라인의 세 번째 필드의 바로 가기 메뉴에서 **[속성]**을 선택한다.

10. '필드' 속성 시트 창에서 형식을 '통화'로 선택한 후 닫기 단추(☒)를 클릭한다.

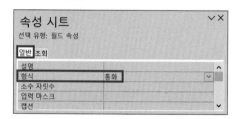

11. 같은 방법으로 '중량총액', '평균요금' 필드의 '형식'도 '통화'로 변경한다.

12. 쿼리 작성기 창의 닫기 단추(☒)를 클릭한 후 〈예〉를 클릭한다.

13. 쿼리 이름에 **운송방법별운송현황**을 입력한 후 〈확인〉을 클릭한다.

02. 〈운송방법별조회〉 쿼리 작성하기

1. [만들기] → 쿼리 → **쿼리 디자인(▦)**을 클릭한다.

2. '테이블 추가' 창의 '테이블' 탭에서 〈운송〉, 〈접수〉, 〈지역〉 테이블을 더블클릭한 후 '테이블 추가' 창의 닫기 단추(☒)를 클릭한다.

3. 〈운송〉 테이블에서 '운송방법'을, 〈접수〉 테이블에서 '접수코드'를, 〈지역〉 테이블에서 '지역요금'을 차례대로 각 필드로 드래그한다.

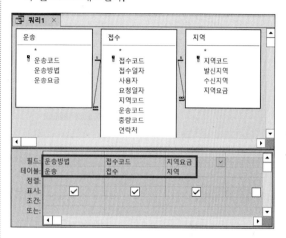

4. [쿼리 디자인] → 표시/숨기기 → **요약(∑)**을 클릭한다.

5. '접수코드'의 개수와 '지역요금'의 평균을 나타내야 하므로 요약을 '개수'와 '평균'으로 설정한다.

6. 하단 그리드 라인의 두 번째 필드에 있는 '접수코드'를 '접수건수'로, 세 번째 필드에 있는 '지역요금'을 '요금평균'으로 표시되도록 필드명을 변경한다.

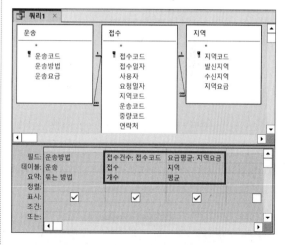

7. '요금평균' 필드의 형식을 '통화'로 변경한다.

8. 쿼리 작성기의 창의 닫기 단추(☒)를 클릭한 후 〈예〉를 클릭한다.

9. 쿼리 이름에 **운송방법별조회**를 입력한다.

03. 〈접수현황분석〉 쿼리 작성하기

1. [만들기] → 쿼리 → 쿼리 마법사(🔲)를 클릭한다.
2. '새 쿼리' 대화상자에서 '크로스탭 쿼리 마법사'를 선택하고 〈확인〉을 클릭한다.
3. '크로스탭 쿼리 마법사' 1단계 대화상자에서 그림과 같이 설정하고 〈다음〉을 클릭한다.

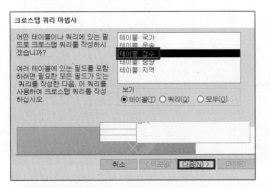

4. '크로스탭 쿼리 마법사' 2단계 대화상자에서 그림과 같이 설정하고 〈다음〉을 클릭한다.

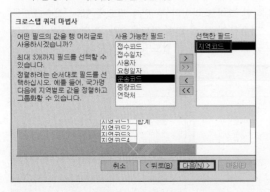

5. '크로스탭 쿼리 마법사' 3단계 대화상자에서 그림과 같이 설정하고 〈다음〉을 클릭한다.

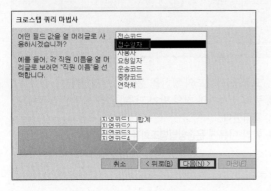

6. '크로스탭 쿼리 마법사' 4단계 대화상자에서 그룹화할 기준을 '월'로 설정하고 〈다음〉을 클릭한다.
7. '크로스탭 쿼리 마법사' 5단계 대화상자에서 그림과 같이 설정하고 〈다음〉을 클릭한다.

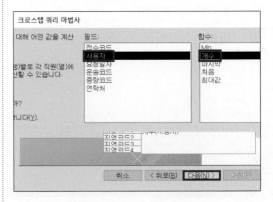

8. '크로스탭 쿼리 마법사' 6단계 대화상자에서 쿼리 이름에 **접수현황분석**을 입력하고 〈마침〉을 클릭한다.
- '쿼리' 속성 설정하기
  '접수일자'가 월별로 표시되는 열 머리글 필드를 클릭하고 [쿼리 디자인] → 표시/숨기기 → **속성 시트**를 클릭한 후 그림과 같이 설정한다.

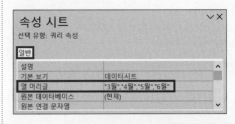

04. 〈사용되지않은운송방법〉 쿼리 작성하기

1. [만들기] → 쿼리 → 쿼리 디자인(🔲)을 클릭한다.
2. '테이블 추가' 창의 '테이블' 탭에서 〈운송〉 테이블을 더블클릭한 후 '테이블 추가' 창의 닫기 단추(☒)를 클릭한다.
3. 〈운송〉 테이블에서 '운송코드', '운송방법', '운송요금'을 차례대로 각 필드로 드래그한다.

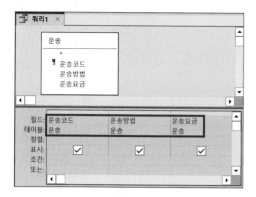

4. '운송코드' 필드의 조건을 아래 그림과 같이 입력한다.

5. 닫기 단추(⊠)를 클릭한 후 〈예〉를 클릭한다.
6. 쿼리 이름에 **사용되지않은운송방법**을 입력한다.

> 문제에 NOT IN 예약어를 사용하여 SQL 명령으로 작성하라는 지시사
> 항이 있어도 쿼리 작성기에서 NOT IN 예약어를 사용하여 작성한 후 저
> 장하면 SQL로 작성한 것과 동일합니다. SQL에 익숙하다면 쿼리 작성
> 기를 실행한 후 바로 [쿼리 디자인] → 결과 → 보기 → **SQL 보기**를 선
> 택하여 코드를 작성하고, 그렇지 않다면 쿼리 작성기를 이용하여 작성
> 하세요. 쿼리 작성기로 작성한 후 SQL 명령문을 확인해 보고 싶다면
> [쿼리 디자인] → 결과 → 보기 → **SQL 보기**를 선택하면 됩니다.

05. 〈운송현황조회〉 쿼리 작성하기

1. [만들기] → 쿼리 → **쿼리 디자인**(▦)을 클릭한다.
2. '테이블 추가' 창의 '쿼리' 탭에서 〈운송관리종합〉 쿼리
   를 더블클릭하여 쿼리 작성기 창에 추가하고 '테이블 추
   가' 창의 닫기(⊠)를 클릭한다.

3. 〈운송관리종합〉 쿼리에서 '운송방법', '접수코드', '접수
   일자', '중량요금', '지역요금'을 차례대로 각 필드로 드래
   그한다.
4. [쿼리 디자인] → 표시/숨기기 → **요약**(∑)을 클릭한다.
5. '접수코드'의 개수, '접수일자'의 최대값, '중량요금'과
   '지역요금'의 합계를 나타내야 하므로 요약을 '개수', '최
   대값', '합계', '합계'로 설정한다.
6. 하단 그리드 라인의 두 번째 필드에 있는 '접수코드'를
   '총 운송건수'로, 세 번째 필드에 있는 '접수일자'를 '최근
   접수일자'로, 네 번째 필드에 있는 '중량요금'을 '중량요
   금 합계'로, 다섯 번째 필드에 있는 '지역요금'을 '지역요
   금 합계'로 표시되도록 필드명을 변경한다.

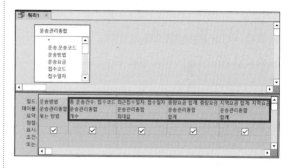

7. '총 운송건수' 필드의 형식에 **0건**을 입력한다.

> 형식에 0건을 입력하고 Enter 를 누르면 자동으로 **0₩건**으로 변경됩
> 니다.

8. '중량요금 합계'와 '지역요금 합계' 필드의 형식을 '통화'
   로 변경한다.
9. 첫 번째 필드인 '운송방법' 필드의 조건난에 아래 그림과
   같이 입력하여 매개 변수 쿼리를 만든다.

10. 쿼리 작성기 창의 닫기(⊠)를 클릭한 후 〈예〉를 클릭한다.

11. 쿼리 이름에 **운송현황조회**를 입력한다.

기본 모의고사

• 준 비 하 세 요 : 'C:\길벗컴활1급\02 액세스\03 기본모의고사' 폴더에서 '06회.accdb' 파일을 열어서 작업하시오.
• 외부 데이터 위치 : C:\길벗컴활1급\02 액세스\03 기본모의고사

문제 1 　DB 구축(25점)

1. 하행선 열차의 판매 현황을 관리하기 위해 데이터베이스를 구축하였다. 다음의 지시사항에 따라 〈하행열차판매〉 테이블을 완성하시오.

① 이 테이블의 기본키(PK)는 '판매번호'와 '고객ID' 필드로 구성된다. 기본키를 설정하시오.

② '좌석수' 필드는 한 번에 10장까지만 구매할 수 있도록 유효성 검사 규칙을 설정하시오. (Between 연산자 사용)

③ '출발일자' 필드의 데이터 형식을 날짜/시간 형식으로 변경하고, '11, Sun' 형식으로 표시되도록 설정하시오.
▶ 표시 예: 2023-11-06 → 11, Mon

④ '출발일자' 필드에 레코드 추가 시 시간을 제외한 오늘 날짜가 자동으로 입력되도록 설정하시오.

⑤ '비고' 필드를 추가한 후 사진과 설명을 첨부할 수 있도록 데이터 형식을 설정하시오.

2. 〈하행열차판매〉 테이블의 '구간'은 〈고속열차〉 테이블의 '구간'을 참조하며 두 테이블 간의 관계는 M:1이다. 두 테이블에 대해 다음과 같은 관계를 설정하시오.

▶ 관계 설정 시 필요한 기본키를 설정하시오.
▶ 두 테이블 간에 항상 참조 무결성을 유지하도록 설정하시오.
▶ 〈고속열차〉 테이블의 '구간'이 변경되면 이를 참조하는 〈하행열차판매〉 테이블의 '구간'도 따라 변경되도록 설정하시오.
▶ 〈하행열차판매〉 테이블에서 참조하고 있는 〈고속열차〉 테이블의 레코드를 삭제할 수 없도록 하시오.

3. 'K회사고객현황.xlsx' 파일을 테이블 형태로 가져오시오.

▶ 'VIP고객'으로 이름 정의된 데이터를 가져올 것
▶ 첫 번째 행은 필드의 이름임
▶ 기본키는 Access에서 제공하는 기본키를 설정할 것
▶ 테이블의 이름은 '고객현황'으로 할 것

　전문가의 조언

1
• 기본키는 해당 필드의 행 선택기를 클릭한 후 지정하세요.
• Date 함수는 시간을 제외한 오늘 날짜를 입력합니다.
• 파일을 첨부하기 위한 데이터 형식은 '첨부 파일' 형식입니다.

전문가의 조언

2
M:1의 관계에서는 'M'에 있는 필드가 '1'에 있는 필드를 참조하는 것이므로 '1'의 참조 필드에 기본키를 설정하면 됩니다. 즉 〈하행열차판매〉 테이블의 '구간'이 〈고속열차〉 테이블의 '구간'을 참조하니 〈고속열차〉 테이블의 '구간'에 기본키를 설정하세요.

3
• 가져올 데이터 범위를 확인하세요.
• 첫 행의 필드 이름(열 머리글) 적용 여부를 확인하세요.
• 기본키 지정 여부를 확인하세요.
• 테이블 이름을 확인하세요.

문제 2 | 입력 및 수정 기능 구현(20점)

전문가의 조언

1. 탭 순서 변경은 '탭 순서' 대화상
자에서 해당 항목을 선택한 후 드
래그합니다.

1. 열차표를 예약할 수 있는 〈열차표예약〉 폼에 대해 다음의 작업을 수행하시오.

① 〈열차사용〉 쿼리의 모든 자료를 '판매번호'를 기준으로 '오름차순' 정렬하여 폼의 레코드 원본으로 설정하시오.

② 'txt출발일자'에 현재 날짜가 표시되도록 지정하시오.

③ 'txt출발시간'에 현재 시간이 '간단한 시간' 형식으로 표시되도록 지정하시오.

④ 'txt좌석수', 'txt출발일자', 'txt출발시간'의 텍스트를 가운데 정렬로 표기하시오.

⑤ 본문의 컨트롤에 대해 다음과 같이 탭 순서를 설정하시오.

txt판매번호, cmd예약, cmd예약취소, cmd닫기, txt적립포인트, txt열차요금, txt도착지, txt출발지, txt고객이름, txt출발시간, txt출발일자, txt좌석수, cmb구간, cmb고객ID

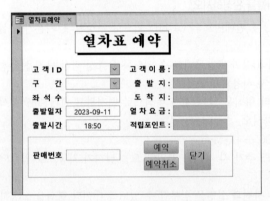

2. 〈열차표판매현황〉 폼의 '고객이름'(txt고객이름) 컨트롤을 더블클릭하면 〈고객정보〉 폼을 '폼 보기' 형식과 '편집' 데이터 모드로 여는 〈고객정보보기〉 매크로를 생성한 후 지정하시오.

▶ 매크로 조건 : '고객이름' 필드의 값이 폼 본문의 'txt고객이름'에 해당하는 고객의 정보만 표시

고객이름	출발일자	출발지	도착지	좌석수	적립포인트	할인금액
강청기	2023-12-01	서울	동대구	5	40	45000

3. 〈열차표판매현황〉 폼의 '출력'(cmd출력) 단추를 클릭하면 〈열차판매〉 보고서를 '인쇄 미리보기' 형식으로 여는 〈인쇄〉 매크로를 생성한 후 지정하시오.

▶ 매크로 조건 : '고객이름' 필드의 값이 폼 머리글의 'txt이름'에 입력된 값을 포함하는 고객의 정보만 표시

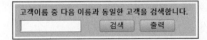

문제 3 　조회 및 출력 기능 구현(20점)

1. 다음의 지시사항 및 화면을 참조하여 〈열차판매〉 보고서를 완성하시오.

① 〈열차표종합〉 쿼리를 레코드 원본으로 설정하시오.

② 다음과 같이 정렬 및 그룹화를 설정하시오.

　▶ '출발일자'의 연도와 월을 이용하여 오름차순 정렬

　▶ '출발일자'의 연도와 월에 대해 그룹 머리글 설정

③ 설정한 그룹 머리글에는 〈그림〉과 같이 점선을 추가하고 '출발일자'의 연도와 월이 표시되도록 텍스트 상자 컨트롤을 생성하시오.

　▶ 점선의 이름은 'Line선', 너비는 15cm, 위치는 위쪽 1.7cm, 왼쪽 0.7cm로 지정

　▶ 텍스트 상자 이름은 'txt년월'로, 글꼴 크기는 15로 설정

④ 본문의 'txt좌석수'에는 그룹에 대해 '좌석수' 필드 값의 누계가 나타나도록 '컨트롤 원본' 속성을 설정하시오.

⑤ 페이지 바닥글의 'txt날짜' 컨트롤에는 날짜만을 표시하는 함수와 Format( )를 이용하여 [표시 예]와 같이 표시하시오.

　▶ 표시 예 : 2024-Aug-08 목요일

⑥ 페이지 바닥글의 'txt페이지'에는 현재 페이지가 [표시 예]와 같이 표시되도록 설정하시오.

　▶ 표시 예 : ◀ 5 ▶

열차판매

고객이름	출발일자	출발지	도착지	좌석수	적립포인트
2023년11월					
호덕환	2023-11-06	천안	대전	5	40
박현식	2023-11-21	천안	부산	6	28
나현이	2023-11-24	천안	동대구	11	80
안치국	2023-11-18	천안	동대구	12	16
박현식	2023-11-15	천안	동대구	14	32
안치연	2023-11-10	천안	동대구	17	48
이기형	2023-11-16	대전	동대구	18	8
호덕환	2023-11-12	천안	대전	20	16
이인성	2023-11-25	천안	대전	25	40
강청기	2023-11-20	서울	부산	28	120
이기형	2023-11-14	서울	부산	29	40
김민영	2023-11-09	서울	부산	32	120
오인영	2023-11-22	서울	동대구	37	140
박현식	2023-11-03	서울	동대구	40	84
안치국	2023-11-04	서울	대전	44	64
나현이	2023-11-27	천안	대전	46	16
우순이	2023-11-05	동대구	부산	47	8
박현식	2023-11-17	동대구	부산	52	40
한남수	2023-11-08	천안	대전	53	8
오인영	2023-11-26	동대구	부산	58	40
2023년12월					
강청기	2023-12-01	서울	동대구	5	40
2024년1월					
안도영	2024-01-07	천안	동대구	2	32

2024-Aug-08 목요일　　　　　　　　　◀ 1 ▶

2. 〈열차표예약〉 폼 본문의 빈 공간을 더블클릭하면 다음과 같은 기능을 수행하도록 이벤트
프로시저를 구현하시오.

▶ 아래와 같은 메시지 상자를 표시하고 〈예〉를 클릭하면 〈열차표예약〉 폼 본문의
'txt판매번호' 컨트롤에 포커스가 이동되도록 할 것

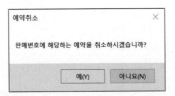

▶ DoCmd 개체와 GoToControl 메서드 사용

3. 〈열차표판매현황〉 폼의 '할인금액계산'(cmd할인금액계산) 단추를 클릭하면 다음과 같은
기능을 차례대로 수행하는 이벤트 프로시저를 구현하시오.

▶ DoCmd 개체의 메서드를 이용하여 〈할인금액계산〉 쿼리를 실행하도록 하시오.
▶ 현재 폼의 Recalc 메서드를 실행하시오.

문제 4 　　처리 기능 구현(35점)

1. 출발월별로 총 좌석수를 조회하는 〈월별좌석수〉 쿼리를 작성하시오.

▶ 〈하행열차판매〉 테이블을 이용하시오.
▶ '출발연도'를 기준으로 오름차순 정렬한 후 출발월을 기준으로 오름차순으로 정
렬하시오. (Year, Month 함수 사용)
▶ 쿼리 실행 결과 표시되는 필드와 필드명은 〈그림〉과 같이 표시되도록 설정하시오.

2. 출발요일별로 열차 이용자 수와 열차 요금의 합계를 조회하는 〈요일별열차이용현황〉 쿼
리를 작성하시오.

▶ 〈열차표종합〉 쿼리를 이용하시오.
▶ 출발요일은 '출발일자' 필드를 이용하시오. (Weekday, Choose 함수 사용)
▶ 열차이용수는 '고객ID' 필드를 이용하시오.
▶ 출발요일을 기준으로 오름차순 정렬하시오. (Weekday 함수 사용)

▶ 쿼리 실행 결과 표시되는 필드와 필드명은 〈그림〉과 같이 표시되도록 설정하시오.

출발요일	열차이용수	열차요금합계
일요일	15	670000
월요일	16	1195000
화요일	13	725000
수요일	14	935000
목요일	13	870000
금요일	14	1170000
토요일	15	600000

3. 〈열차표종합〉 쿼리를 이용하여 A 구간의 열차를 이용하는 고객의 정보를 조회하는 〈A구간고객정보〉 쿼리를 작성하시오.

▶ '좌석수'를 기준으로 내림차순 정렬하여 표시하시오.

▶ '좌석수'가 많은 순으로 상위 25%만 표시하시오.

▶ 쿼리 실행 결과 표시되는 필드와 필드명은 〈그림〉과 같이 표시되도록 설정하시오.

 전문가의 조언

3. 상위 몇 번째까지만 출력하려면 '쿼리 속성' 시트 창의 '일반' 탭에서 '상위 값' 속성에 원하는 값을 입력하면 됩니다.

A구간고객정보

고객이름	직업	출발일자	출발지	도착지	좌석수
강청기	유통업	12, Fri	서울	동대구	5
김민영	금융	04, Fri	서울	동대구	4
안치국	범률	03, Sun	서울	동대구	4
한남수	서비스업	02, Sun	서울	동대구	4
오인영	학생	02, Tue	서울	동대구	4

레코드: 1/5

4. 〈열차표종합〉 쿼리를 이용하여 '고객이름'의 일부를 매개 변수로 입력받아 해당 고객의 열차표 정보를 조회하는 〈고객열차조회〉 매개 변수 쿼리를 작성하시오.

▶ '출발일자' 필드를 기준으로 오름차순 정렬하여 표시하시오.

▶ 쿼리 실행 결과 표시되는 필드와 필드명은 〈그림〉과 같이 표시되도록 설정하시오.

매개 변수 값 입력
고객이름의 일부를 입력하세요
박
확인   취소

고객열차조회

고객이름	출발일자	열차요금	출발지	도착지
박현식	2023-11-03	105000	서울	동대구
박현식	2023-11-15	40000	천안	동대구
박현식	2023-11-17	50000	동대구	부산
박현식	2023-11-21	35000	천안	부산
박현식	2024-01-04	50000	서울	부산
박철수	2024-01-14	20000	동대구	부산
박현식	2024-01-17	20000	천안	동대구
박철수	2024-01-18	60000	서울	대전
박철수	2024-02-15	50000	천안	대전
박철수	2024-02-20	10000	동대구	부산
박현식	2024-02-28	100000	서울	대전
박현식	2024-03-03	80000	대전	부산
박현식	2024-03-07	20000	동대구	부산

레코드: 1/13

5. 구간별, 출발일자의 월별로 판매 횟수를 조회하는 〈구간별판매수〉 크로스탭 쿼리를 작성하시오.

▶ 〈고속열차〉, 〈하행열차판매〉 테이블을 이용하시오.

▶ 총판매수는 '판매번호' 필드를 이용하시오.

▶ 구간이 'A'부터 'D'까지인 자료만을 조회 대상으로 하시오.

▶ Like 연산자, Month 함수 사용

▶ 쿼리 실행 결과 표시되는 필드와 필드명은 〈그림〉과 같이 표시되도록 설정하시오.

구간	총판매수	11월	12월	1월	2월	3월	4월
A	12		1	3	4	3	1
B	8	1		3	2	2	
C	12	2		3	4	2	1
D	15	3		2	3	6	1

레코드: ◄ 1/4 ► ►▶ 필터 없음 검색

기본 모의고사 06회부터는 새롭게 출제된 내용을 제외하고는 개체 선택 과정의 설명은 생략합니다. 개체 선택 과정 설명이 필요할 경우 01회~ 05회 모의고사를 참조하기 바랍니다.

문제 1 **DB 구축**

01. 〈하행열차판매〉 테이블 완성하기

1 '판매번호' 필드와 '고객ID' 필드에 기본키 속성 설정하기

하행열차판매 ×	
필드 이름	데이터 형식
판매번호	일련 번호
고객ID	짧은 텍스트
구간	짧은 텍스트

2 '좌석수' 필드의 유효성 검사 규칙 속성 설정하기

필드 속성

일반 조회	
캡션	
기본값	
유효성 검사 규칙	Between 1 And 10
유효성 검사 텍스트	
필수	아니요

3 '출발일자' 필드의 데이터 형식과 형식 속성 변경하기

하행열차판매 ×	
필드 이름	데이터 형식
판매번호	일련 번호
고객ID	짧은 텍스트
구간	짧은 텍스트
좌석수	숫자
출발일자	날짜/시간

필드 속성

일반 조회	
형식	mm, ddd
입력 마스크	

mm, ddd를 입력하면 자동으로 **mm","ddd**로 표시됩니다.

4 '출발일자' 필드의 기본값 속성 설정하기

필드 속성

일반 조회	
캡션	
기본값	Date()
유효성 검사 규칙	

5 '비고' 필드 추가 후 데이터 형식 설정하기

하행열차판매 ×	
필드 이름	데이터 형식
적립포인트	숫자
할인금액	숫자
비고	첨부 파일

02. 〈하행열차판매〉 테이블과 〈고속열차〉 테이블 간의 관계 설정하기

정답

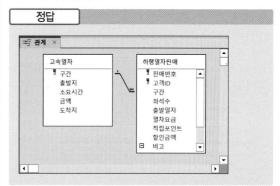

1 〈고속열차〉 테이블의 '구간' 필드에 기본키 속성 설정하기

고속열차 ×	
필드 이름	데이터 형식
구간	짧은 텍스트
출발지	짧은 텍스트
소요시간	날짜/시간

'M:1'의 관계가 설정되려면 관계로 연결된 두 테이블 중 '1' 쪽에 해당하는 테이블(고속열차)의 연결 필드는 기본키로 설정되어 있어야 합니다.

2 '관계 편집' 대화상자

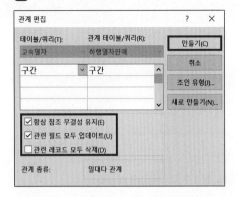

03. 'K회사고객현황.xlsx' 파일 가져오기

정답

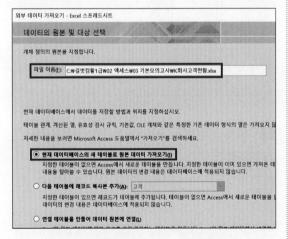

1. '외부 데이터 가져오기- Excel 스프레드시트' 대화상자

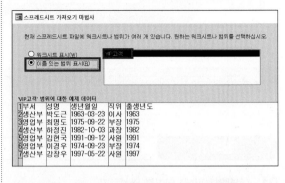

2. '스프레드시트 가져오기 마법사' 1단계 대화상자

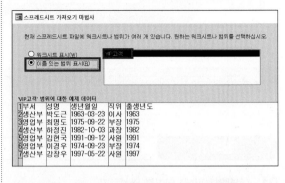

3. '스프레드시트 가져오기 마법사' 2단계 대화상자

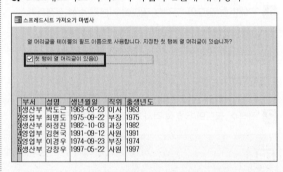

4. '스프레드시트 가져오기 마법사' 4단계 대화상자

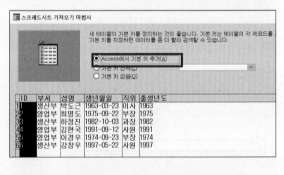

5. '스프레드시트 가져오기 마법사' 5단계 대화상자

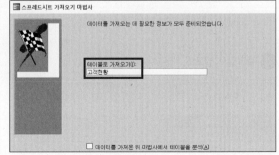

01. 〈열차표예약〉 폼 완성하기

정답

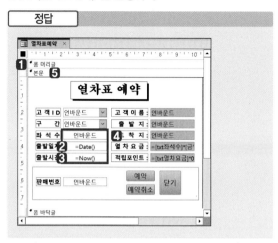

1 레코드 원본 설정하기

SELECT * FROM 열차사용 ORDER BY 판매번호

레코드 원본에 코드를 직접 입력해도 되고, 쿼리 작성기를 이용하여 설정할 수도 있습니다.

정렬 질의 형식

SELECT [DISTINCT] 필드이름
FROM 테이블이름
[WHERE 조건식]
[ORDER BY 필드이름 정렬방식, …];

• **ORDER BY문** : 특정 필드를 기준으로 레코드를 정렬하여 검색할 때 사용함
• **정렬 방식** : 'ASC'와 'DESC'가 있으며, 'ASC'는 오름차순, 'DESC'는 내림차순을 의미함. 정렬 방식을 지정하지 않으면 기본적으로 오름차순(ASC) 정렬이 수행됨

2 'txt출발일자' 컨트롤에 현재 날짜 표시 : '데이터' 탭의 컨트롤 원본 → =Date( )

3 'txt출발시간' 컨트롤에 현재 시간 표시
• '데이터' 탭의 컨트롤 원본 → =Now( )
• '형식' 탭의 형식 → 간단한 시간

4 'txt좌석수', 'txt출발일자', 'txt출발시간' 컨트롤의 속성 설정하기

1. Shift를 누른 상태에서 차례대로 'txt좌석수', 'txt출발일자', 'txt출발시간'을 클릭하여 모두 선택한다.

2. '여러 항목 선택' 속성 시트 창에서 '형식' 탭의 텍스트 맞춤 → 가운데

5 '탭 순서' 대화상자

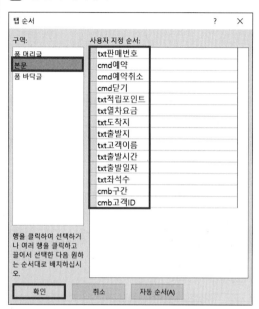

02. 'txt고객이름' 컨트롤에 더블클릭 기능 구현하기

정답

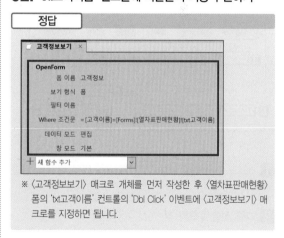

※ 〈고객정보보기〉 매크로 개체를 먼저 작성한 후 〈열차표판매현황〉 폼의 'txt고객이름' 컨트롤의 'Dbl Click' 이벤트에 〈고객정보보기〉 매크로를 지정하면 됩니다.

03. '출력' 단추에 클릭 기능 구현하기

정답

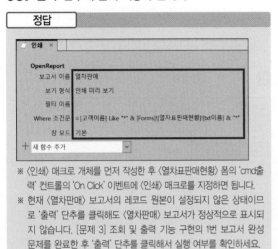

※ 〈인쇄〉 매크로 개체를 먼저 작성한 후 〈열차표판매현황〉 폼의 'cmd출력' 컨트롤의 'On Click' 이벤트에 〈인쇄〉 매크로를 지정하면 됩니다.

※ 현재 〈열차판매〉 보고서의 레코드 원본이 설정되지 않은 상태이므로 '출력' 단추를 클릭해도 〈열차판매〉 보고서가 정상적으로 표시되지 않습니다. [문제 3] 조회 및 출력 기능 구현의 1번 보고서 완성 문제를 완료한 후 '출력' 단추를 클릭해서 실행 여부를 확인하세요.

문제 3	조회 및 출력 기능 구현

01. 〈열차판매〉 보고서 완성하기

정답

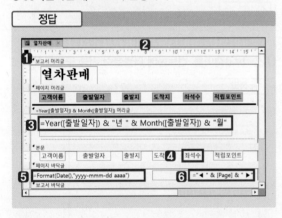

1 레코드 원본 속성 설정하기 : '데이터' 탭의 레코드 원본
→ 열차표종합

2 '그룹, 정렬 및 요약' 창

1. '그룹, 정렬 및 요약' 창에서 '그룹 추가'를 클릭한 후 [식]을 선택한다.

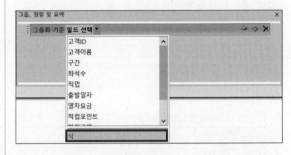

2. '식 작성기'에 =Year([출발일자]) & month([출발일자])를 입력한 후 〈확인〉을 클릭한다.

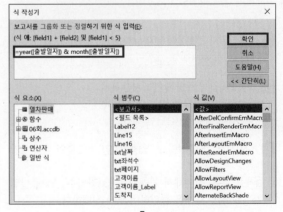

그룹을 추가하면 자동으로 그룹 머리글이 표시되도록 설정되므로, 별도로 그룹 머리글을 설정할 필요는 없습니다.

3 그룹 머리글 꾸미기
- 텍스트 상자 생성 후 이름 지정 : '기타' 탭의 이름 → txt년월
- 컨트롤 원본 : '데이터' 탭의 컨트롤 원본 → =Year([출발일자]) & "년 " & Month([출발일자]) & "월"
- 글꼴 크기 : '형식' 탭의 글꼴 크기 → 15
- 첨부되어 생성된 레이블만 선택하여 삭제한다.
- 선을 생성한 후 테두리 스타일 지정
  - '기타' 탭의 이름 → Line선
  - '형식' 탭의 너비 : 15cm
  - '형식' 탭의 왼쪽 : 0.7cm
  - '형식' 탭의 위쪽 : 1.7cm
  - '형식' 탭의 테두리 스타일 → 점선

4 'txt좌석수' 컨트롤에 누적 총계 구하기 : '데이터' 탭의 누적 합계 → 그룹

5 'txt날짜'에 현재 날짜 표시 : '데이터' 탭의 컨트롤 원본 → =Format(Date( ), "yyyy-mmm-dd aaaa")

6 'txt페이지'에 페이지 표시 : '데이터' 탭의 컨트롤 원본 → ="◀ " & [Page] & " ▶"

02. 폼 본문에 더블클릭 기능 구현하기

> **정답**

```
Private Sub 본문_DblClick(Cancel As Integer)
    Dim a
    a = MsgBox("판매번호에 해당하는 예약을 취소하시겠습니까?",
              vbYesNo, "예약취소")
    If a = vbYes Then
        DoCmd.GoToControl "txt판매번호"
    End If
End Sub
```

> **코드설명**

```
Private Sub 본문_DblClick(Cancel As Integer)
❶ Dim a
❷ a = MsgBox("판매번호에 해당하는 예약을 취소하시겠습니까?",
            vbYesNo, "예약취소")
❸ If a = vbYes Then
❹     DoCmd.GoToControl "txt판매번호"
❺ End If
End Sub
```

❶ 변수 a를 선언합니다.
❷ MsgBox를 표시한 후 MsgBox에서 선택한 결과를 a에 저장합니다.
❸ a의 값이 vbYes(〈예〉 단추 클릭)이면 ❹를 수행합니다.
❹ 'txt판매번호' 컨트롤로 포커스를 이동합니다.
※ 'GoToControl'은 지정된 컨트롤로 포커스를 옮겨주는 매크로 함수입니다.
❺ If문을 종료합니다.

03. '할인금액계산' 단추에 클릭 기능 구현하기

> **정답**

```
Private Sub cmd할인금액계산_Click( )
    DoCmd.OpenQuery "할인금액계산"
    Me.Recalc
End Sub
```

> **코드설명**

```
Private Sub cmd할인금액계산_Click( )
❶ DoCmd.OpenQuery "할인금액계산"
❷ Me.Recalc
End Sub
```

❶ 〈할인금액계산〉 쿼리를 실행한다.
❷ 폼의 모든 계산 컨트롤을 즉시 업데이트한다.

OpenQuery는 쿼리를 실행하는 매크로 함수로 DoCmd 개체의 메서드로 사용할 수 있습니다.

01. 〈월별좌석수〉 쿼리 작성하기

쿼리 작성기

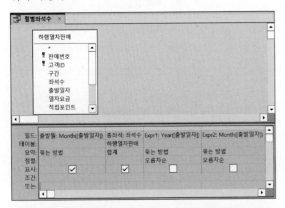

〈하행열차판매〉 테이블의 '출발일자' 필드 데이터는 '2023년 11월'부터 '2024년 4월'까지 입력되어 있으므로, 문제에 제시된 쿼리 실행 결과 〈그림〉과 같이 출발월을 '11월', '12월', '1월', …, '4월'의 순서대로 표시하기 위해서 '출발일자' 필드의 년도를 기준으로 오름차순 정렬한 후 이어서 '출발일자' 필드의 월을 기준으로 오름차순 정렬을 지정한 것입니다.

• '출발월' 필드 속성 설정하기
  '일반' 탭의 형식 → #월

02. 〈요일별열차이용현황〉 쿼리 작성하기

쿼리 작성기

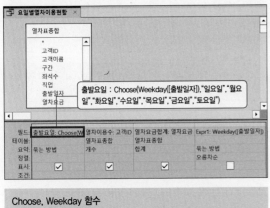

Choose, Weekday 함수

Choose(Weekday([출발일자]), "일요일", "월요일", "화요일", "수요일",
                    ❶
                    ❷
"목요일", "금요일", "토요일")

❶ Weekday([출발일자], 옵션) : '출발일자'에 해당하는 요일번호를 추출합니다. 옵션을 생략하면 1(일요일)에서 7(토요일)까지의 정수로 표시합니다.

❷ Choose(❶, "일요일", "월요일", "화요일", "수요일", "목요일", "금요일", "토요일") : ❶의 결과가 1이면 "일요일", 2이면 "월요일", 3이면 "화요일", 4이면 "수요일", 5이면 "목요일", 6이면 "금요일", 7이면 "토요일"을 반환합니다.

Weekday 함수에서 옵션 값의 종류

• 1 또는 생략 : 1(일요일)에서 7(토요일)까지의 숫자 표시
• 2 : 1(월요일)에서 7(일요일)까지의 숫자 표시
• 3 : 1(화요일)에서 7(월요일)까지의 숫자 표시

03. 〈A구간고객정보〉 쿼리 작성하기

1. 표시할 필드명과 조건, 정렬 방법을 다음 그림과 같이 설정한다.

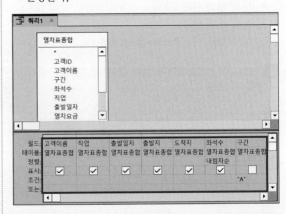

2. 쿼리 작성기 창 하단 빈 영역의 바로 가기 메뉴에서 [속성]을 선택한다.

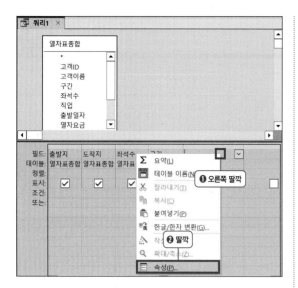

3. '쿼리' 속성 시트 창의 '일반' 탭에서 상위 값을 25%로 설정한다.

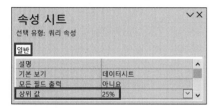

'상위 값' 속성

- 지정한 조건을 만족하는 특정 수의 레코드 또는 특정 비율의 레코드를 반환하는 속성으로서, 상위 몇 개(TOP 10) 또는 상위 몇%(TOP 10%)로 지정합니다.
- SQL 보기에서 Select문 다음에 'TOP n', 'TOP n%'를 직접 입력해도 됩니다.
- 지정한 조건을 만족하는 동일한 값이 있을 경우 모두 표시합니다.
- 일반적으로 정렬된 필드에 사용됩니다.

SQL로 '상위 값' 속성에 지정한 값 확인하기

'쿼리' 속성 시트 창에서 상위 값 속성을 지정하면 SQL 문에서도 다음과 같이 첫 번째 필드명 앞에 'TOP 25 PERCENT'가 입력된 것을 확인할 수 있습니다. 즉 '쿼리' 속성 시트 창을 이용하지 않고, [쿼리 디자인] → 결과 → 보기 → SQL 보기를 선택한 후 'TOP 25 PERCENT'를 직접 입력해도 됩니다.

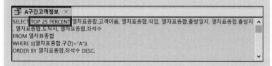

04. 〈고객열차조회〉 쿼리 작성하기

쿼리 작성기

- '출발일자' 필드 속성 설정하기
  '일반' 탭의 형식 → 간단한 날짜

05. 〈구간별판매수〉 쿼리 작성하기

쿼리 작성기

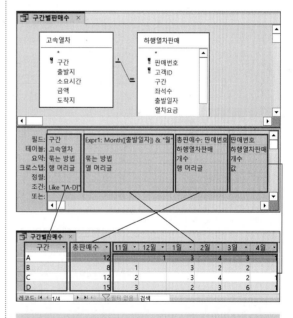

※ 〈구간별판매수〉 쿼리를 저장한 후 다시 열면 오른쪽 끝에 '요약' 행이 '조건'으로 설정된 '구간' 필드가 추가됩니다.

기본 모의고사

• 준 비 하 세 요 : 'C:\길벗컴활1급\02 액세스\03 기본모의고사' 폴더에서 '07회.accdb' 파일을 열어서 작업하시오.
• 외부 데이터 위치 : C:\길벗컴활1급\02 액세스\03 기본모의고사

문제 1 · DB 구축(25점)

1

• 입력 마스크
대문자 : >, 영문자 필수 : L, 영문자 선택 : ?, 숫자 필수 : 0,
숫자 선택 : 9
• '1 ~ 500'은 'Between 1 And 500'으로 표현이 가능합니다.

1. 사원 정보를 관리하기 위해 데이터베이스를 구축하였다. 다음의 지시사항에 따라 〈사원정보〉 테이블을 완성하시오.

① '사원번호' 필드는 '00001'과 같은 형식으로 표시되고, 다음과 같이 입력되도록 형식과 입력 마스크를 설정하시오.

▶ 공백 없이 숫자로 입력받되, 반드시 입력되도록 할 것

② '이메일' 필드에는 "@"가 반드시 포함되도록 유효성 검사 규칙을 설정하시오.

③ '승진시험점수' 필드에는 1~500 사이의 값만을 입력할 수 있도록 유효성 검사 규칙을 설정하시오. (Between 연산자 사용)

④ '이메일' 필드에 입력된 메일 주소를 클릭하면 전자 우편 프로그램에 바로 연결될 수 있도록 데이터 형식을 설정하시오.

⑤ 이 테이블에는 기본키가 설정되어 있지 않지만 '직위' 필드를 기준으로 내림차순 정렬되어 표시되도록 설정하시오.

2

• 다른 테이블을 행 원본으로 사용할 경우 '행 원본 유형'은 '테이블/쿼리'로 설정해야 합니다.
• 행 원본을 지정할 때는 '행 원본' 속성의 작성기 단추[...]를 누르면 나오는 쿼리 작성기를 이용합니다.
• 컨트롤에 저장될 값은 바운드 열에서 설정합니다.

2. 〈사원정보〉 테이블의 '부서코드'에 대해 다음과 같이 조회 속성을 설정하시오.

▶ 〈부서〉 테이블의 '부서코드'와 '부서명'이 콤보 상자의 형태로 나타나도록 할 것

▶ 필드에는 '부서코드'가 저장되도록 설정할 것

▶ '부서코드'와 '부서명'의 열 너비를 각각 1.5cm로 설정할 것

3. M:1 관계에서 'M'에 있는 필드는 '1'에 있는 필드를 참조하므로, 'M' 필드의 값은 '1' 필드의 값만 포함해야 합니다. 즉 〈사원정보〉 테이블의 '부서코드'는 〈부서〉 테이블의 '부서코드'에 저장된 값만 사용할 수 있다는 의미입니다. 문제의 오류는 이 법칙에 어긋나므로 발생한 것입니다. 〈부서〉 테이블의 '부서코드'에 저장되지 않은 값을 〈사원정보〉 테이블에서 삭제한 후 관계를 설정해주면 됩니다.

3. 〈사원정보〉 테이블의 '부서코드'는 〈부서〉 테이블의 '부서코드'를 참조하며 두 테이블 간의 관계는 M:1이다. 두 테이블에 대해 다음과 같은 관계를 설정하시오.

▶ 두 테이블 간에 관계를 설정하면 다음과 같은 오류가 발생한다. 삭제 쿼리를 작성하여 이를 해결한 후 항상 참조 무결성을 유지하도록 설정하시오. 삭제 쿼리의 이름은 '삭제'로 지정하시오.

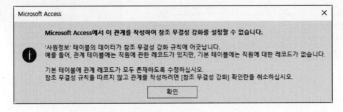

▶ 〈부서〉 테이블의 '부서코드' 필드가 변경되면 이를 참조하는 〈사원정보〉 테이블의 '부서코드' 필드도 따라 변경되도록 설정하시오.

4. '직위.xlsx' 파일을 테이블 형태로 가져오시오.

전문가의 조언

▶ 첫 번째 행은 필드의 이름임

▶ '근무년수'는 제외하고, '직위'는 기본키로 설정할 것

▶ 가져온 테이블의 이름은 '직위'로 할 것

4
• 파일 형식을 확인하세요.
• 첫 행의 필드 이름(열 머리글) 적용 여부를 확인하세요.
• 기본키 지정 여부를 확인하세요.
• 테이블 이름을 확인하세요.

문제 2 · 입력 및 수정 기능 구현(20점)

1. 〈사원정보입력〉 폼을 다음의 화면과 지시사항에 따라 완성하시오.

① 폼 머리글의 배경색을 '밝은 텍스트'로 설정하시오.

② 폼 머리글의 'lab제목'에 글꼴 '굴림', 크기 20, 글꼴 두께 '굵게', '기울임꼴', 특수 효과 '그림자'를 설정하시오.

③ '승진시험점수(txt승진시험점수)'에 따라 '평가(txt평가)' 필드가 입력되도록 컨트롤 원본을 설정하시오.

▶ '승진시험점수'가 400점 이상이면 "승진대상", 350점 이상이면 "우수", 300점 이상이면 "보통", 300점 미만은 "저조"를 표시

④ 폼 바닥글의 'txt최대점수' 컨트롤에 '직위'가 "사원"인 사원 중 '승진시험점수'가 가장 높은 점수를 표시하시오.

⑤ 본문 영역의 'txt입사일자' 컨트롤에는 '입사일자' 필드의 년도 부분만 표시되고, 월과 일은 '#' 문자로 표시되도록 형식 속성을 설정하시오.

▶ 표시 예 : 2023-04-01 → 2023-##-##

⑥ 폼의 크기를 조정할 수 없도록 〈그림〉과 같이 설정하시오.

전문가의 조언

1
• 배경색 속성은 '폼 머리글' 속성 시트 창의 '형식' 탭에서 설정합니다.
• 컨트롤 원본에 조건에 따른 값을 설정하려면 '=IF( )' 함수를 사용하세요.
• 조건을 만족하는 최대값을 구하는 함수는 '=DMAX( )' 입니다.
• 폼의 크기를 조절할 수 없도록 하려면 '형식' 탭의 '테두리 스타일' 속성을 이용하면 됩니다.

사원번호	이름	부서코드	직위	승진시험점수	입사일자	평가
4116	최강석	G-002		451	2008-##-##	승진대상
5120	서정화	T-202	차장	432	2009-##-##	승진대상
5126	우태영	Y-301	차장	429	2009-##-##	승진대상
3112	조항승	G-001	부장	425	2007-##-##	승진대상
6132	황양영	Y-303		420	2010-##-##	승진대상

사원정보입력

승진시험점수를 기준으로 정렬 오름 내림

사원의 최고 승진점수 406

2. 〈사원정보입력〉 폼 본문의 모든 컨트롤에 대해 다음과 같이 조건부 서식을 설정하시오.

▶ '직위'가 비어 있는 레코드에 '굵게', 글꼴 색 '빨강' 서식을 설정하시오.

▶ 단, 하나의 규칙으로 작성하시오.

▶ 1번 문제의 〈그림〉 참조

전문가의 조언

2. 레코드 전체에 조건부 서식을 적용하려면 본문의 모든 컨트롤을 선택한 상태에서 [서식] → 컨트롤 서식 → 조건부 서식을 선택한 후 '새 서식 규칙' 대화상자에서 '식이'를 이용하여 조건을 지정해야 합니다.

3. 〈사원정보입력〉 폼의 'txt직위' 컨트롤을 더블클릭하면 〈사원관리출력〉 보고서를 '인쇄 미리 보기' 형식으로 여는 〈보고서인쇄〉 매크로를 생성하여 지정하시오.

▶ 매크로 조건 : 'txt직위'에서 선택된 직위에 해당하는 사원 정보만 표시

전문가의 조언

1

- 그룹별 누계를 표시하려면 해당 컨트롤의 '데이터' 탭의 누적 합계 속성에 '그룹'을 지정합니다.

- 부서별로 '승진시험점수'가 가장 높은 점수를 표시하려면 =MAX( )를 사용하세요.

- 시간을 '오전 9:07:46'과 같이 표현하려면 '형식'에서 '자세한 시간'을 선택하세요.

1. 다음의 지시사항에 따라 〈사원관리출력〉 보고서를 완성하시오.

① 〈사원관리〉 쿼리를 레코드 원본으로 설정하시오.

② 1차적으로 '부서명', 2차적으로 '이름'을 기준으로 오름차순 정렬하여 표시되도록 변경하시오.

③ 본문의 'txt직급수당누계'에는 부서별로 '직급수당' 필드의 누계가 나타나도록 '누적 합계' 속성을 설정하시오.

④ '부서명 바닥글'의 'txt최대점수' 컨트롤에 각 부서에서 '승진시험점수'가 가장 높은 점수가 표시되도록 '컨트롤 원본' 속성을 설정하시오.

⑤ 페이지 바닥글의 'txt시간' 컨트롤에는 현재 시간이 [표시 예]와 같이 표시되도록 '컨트롤 원본'과 '형식' 속성을 설정하시오.

▶ 표시 예: 오전 9:07:46

⑥ 'txt승진시험점수' 컨트롤의 내용이 화면에 표시되지 않도록 관련 속성을 설정하시오.

사원관리출력

부서명	이름	직위	기본급	보너스비율	직급수당	시험점수	입사일자
기술부							
	강감찬	부장	2300000	0.4	300000		2008-01-01
	구민정	사원	1000000	0.3	300000		2016-06-01
	김구완	차장	2000000	0.4	500000		2009-07-01
	김소연	사원	1000000	0.3	500000		2018-07-01
	김윤선	대리	1500000	0.3	600000		2012-08-01
	김현숙	사원	1000000	0.3	600000		2019-01-01
	박미리	대리	1500000	0.3	700000		2013-08-01
	박정호	사원	1000000	0.3	700000		2019-08-01
	박진만	사원	1000000	0.3	700000		2019-02-01
	송혜영	이사	2600000	0.5	1100000		2007-01-01
	왕건이	과장	1800000	0.3	1250000		2010-03-01
	이성철	사원	1000000	0.3	1250000		2018-04-01
	이순신	주임	1200000	0.3	1250000		2015-04-01
	이충렬	부장	2300000	0.4	1550000		2008-09-01
	제갈량	이사	2600000	0.5	1950000		2006-08-01
	조민준	부장	2300000	0.4	2250000		2008-06-01
	최민영	주임	1200000	0.3	2250000		2014-02-01
	최아름	사원	1000000	0.3	2250000		2019-10-01
	최영수	사원	1000000	0.3	2250000		2016-07-01
	홍난수	사원	1000000	0.3	2250000		2016-03-01
	홍태완	과장	1800000	0.3	2400000		2010-09-01
기술부 승진시험 최대 점수 :				**411**			
기획부							
	김구완	이사	2600000	0.5	400000		2006-06-01
	김미향	차장	2000000	0.4	600000		2009-10-01
	김진국	사원	1000000	0.3	600000		2017-07-01
	마소희	주임	1200000	0.3	600000		2015-06-01
	엄화정	주임	1200000	0.3	600000		2014-11-01
	우성룡	과장	1800000	0.3	750000		2011-05-01
	은종서	차장	2000000	0.4	950000		2009-09-01

오후 9:35:57   1 / 4

2. 〈사원정보조회〉 폼의 '결합검색'(cmd결합검색) 단추를 클릭하면 다음과 같은 기능을 수행하도록 이벤트 프로시저를 구현하시오.

▶ 'txt이름', 'cmb부서명', 'cmb직위' 컨트롤에 입력된 값을 모두 만족하는 레코드를 'lst사원정보'에 표시
단, 'txt이름' 컨트롤에는 '이름' 중 성만을 입력해야 검색이 가능
▶ 사원의 성이 입력되지 않았으면 "성을 입력하세요."란 메시지를 화면에 출력하고 'txt이름' 컨트롤에 포커스를 위치시킬 것
▶ '부서명'이 선택되지 않았으면 "부서명을 선택하세요."란 메시지를 화면에 출력하고 'cmb부서명' 컨트롤에 포커스를 위치시킬 것
▶ '직위'가 선택되지 않았으면 "직위를 선택하세요."란 메시지를 화면에 출력하고 'cmb직위' 컨트롤에 포커스를 위치시킬 것
▶ IsNull, MsgBox 함수와 SetFocus 메서드를 이용할 것

 전문가의 조언

2
• 목록 상자의 행 원본을 이용해 조회를 수행하려면 RowSource 를 사용하세요. 테이블 이름은 'lst사원정보'의 컨트롤 원본 속성을 확인하여 사용합니다.
• 폼을 실행하거나 테이블을 열어 각 컨트롤에 저장되어 있는 값이 문자인지, 숫자인지 확인하세요.

3. 〈진급정보조회〉 폼의 머리글을 더블클릭하면 다음과 같은 기능이 수행되도록 이벤트 프로시저를 구현하시오.

▶ 오늘 날짜를 〈그림〉과 같이 표시하는 메시지 상자를 표시하시오.
▶ 메시지 상자에서 '확인' 단추를 클릭하면, 'txt년' 컨트롤에는 오늘 날짜에 해당하는 년도를, 'txt월' 컨트롤에는 오늘 날짜에 해당하는 월을 표시하시오.
▶ Year, Month, Date 함수를 사용하시오.

 전문가의 조언

3. 메시지 상자를 표시할 때 이벤트 프로시저에서 MsgBox 함수를 사용하세요.

문제 4 처리 기능 구현(35점)

1. 〈부서〉와 〈사원정보〉 테이블을 이용하여 부서별 진급예정 인원수를 조회한 후 조회된 내용을 새로운 테이블로 생성하는 〈부서별진급예정자확인〉 쿼리를 생성한 후 실행하시오.

▶ '진급예정일자' 필드의 값이 2026-06-01 이후인 사원을 대상으로 할 것
▶ 생성될 테이블의 이름은 〈부서별진급예정자정보〉로 할 것
▶ 쿼리 실행 결과 표시되는 필드와 필드명은 〈그림〉과 같이 표시되도록 설정하시오.

※ 〈부서별진급예정자확인〉 쿼리를 실행한 후 생성된 〈부서별진급예정자정보〉 테이블

2. 〈사원정보현황〉 쿼리를 이용하여 부서별 사원수와 최고 승진시험점수를 조회하는 〈부서 별점수현황〉 쿼리를 작성하시오.

- ▶ '사원수'는 '사원번호'의 개수, '최고점수'는 '승진시험점수'의 최대값으로 처리하 시오.
- ▶ '직위'가 "과장"이거나 "부장"인 사원들의 자료만 표시하시오.
- ▶ '부서'는 '부서명' 필드 내용에서 "부"를 제외하고 표시하시오(Replace 함수 사용). [표시 예] 기술부 → 기술
- ▶ 사원수는 [표시 예]와 같이 표시되도록 '형식' 속성을 설정하시오. [표시 예] 0 → 0명, 5 → 5명
- ▶ 쿼리 실행 결과 표시되는 필드와 필드명, 필드의 형식은 〈그림〉과 같이 표시되 도록 설정하시오.

부서	사원수	최고점수
기술	5명	339
기획	4명	425
생산	5명	389
영업	1명	385
총무	1명	344
판매	1명	398
홍보	3명	351

레코드: ◄ 1/7 ► ►▮ ▶* 필터 없음 검색

3. 〈사원관리〉 쿼리를 이용하여 '부서명'을 매개 변수로 입력받아 해당 부서의 사원 정보를 조회하는 〈부서별정보조회〉 쿼리를 작성하시오.

- ▶ '최근진급일자'는 '진급예정일자'의 최대값, '총직급수당'은 '직급수당'의 합계로 처리하시오.
- ▶ '총직급수당' 필드를 기준으로 내림차순 정렬하시오.
- ▶ 쿼리 실행 결과 표시되는 필드와 필드명은 〈그림〉과 같이 표시되도록 설정하 시오.

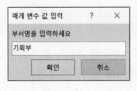

매개 변수 값 입력   ?   ×
부서명을 입력하세요
기획부
확인   취소

부서명	직위	최근진급일자	총직급수당
기획부	과장	2024-08-01	450000
기획부	차장	2024-12-01	400000
기획부	이사	2025-04-01	400000
기획부	부장	2025-01-01	300000
기획부	주임	2024-05-01	0
기획부	사원	2024-02-01	0

레코드: ◄ 1/6 ► ►▮ ▶* 필터 없음 검색

4. 부서명별 입사년도별로 '승진시험점수'의 최대값을 조회하는 〈부서-입사년도별실적〉 크로스탭 쿼리를 작성하시오.

▶ 〈사원관리〉 쿼리를 이용하시오.

▶ 입사년도는 '입사일자' 필드를 이용하고, "년도"를 & 연산자로 연결하여 표시하시오.

▶ 쿼리 실행 결과 표시되는 필드와 필드명은 〈그림〉과 같이 표시되도록 설정하시오.

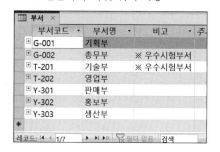

부서명	합계 승진시험점수	2005년도	2006년도	2007년도	2008년도	2009년도	2010년도	2011년도	2012년도
기술부	411		322	313	339	411	332		280
기획부	425		365	425		412	318	323	
생산부	411		358	283			392	278	411
영업부	432	356		385	372	432			386
총무부	398		263					344	389
판매부	429		409			429		398	284
홍보부	399			305			321	351	

5. 〈부서〉, 〈사원정보〉 테이블을 이용하여 승진시험점수의 합계가 5000 이상인 부서의 '비고' 필드의 값을 '※ 우수시험부서'로 변경하는 〈우수시험부서처리〉 업데이트 쿼리를 작성한 후 실행하시오.

▶ In 연산자와 하위 쿼리 사용

부서코드	부서명	비고	추
⊞ G-001	기획부		
⊞ G-002	총무부	※ 우수시험부서	
⊞ T-201	기술부	※ 우수시험부서	
⊞ T-202	영업부		
⊞ Y-301	판매부		
⊞ Y-302	홍보부		
⊞ Y-303	생산부		

※ 〈우수시험부서처리〉 쿼리를 실행한 후의 〈부서〉 테이블

전문가의 조언

4
- 크로스탭 쿼리 마법사를 이용하세요.
- '부서명'이 각 행에서 제목 역할을 하므로 행 머리글, '입사일자(입사년도)'가 각 열에서 제목 역할을 하므로 열 머리글로 설정하세요.

전문가의 조언

5
- '※' 기호는 한글 자음 'ㅁ'을 입력한 후 [한자]를 누르면 표시되는 특수 문자 목록에서 선택하면 됩니다.
- 하위 쿼리는 다른 선택 쿼리나 실행 쿼리 안에서 SELECT문으로 이루어진 쿼리를 말합니다. 하위 쿼리를 작성할 때는 괄호( ) 안에 입력해야 합니다. 승진시험점수의 합계가 5000 이상인 부서를 조회하려면 조건란에 다음과 같이 입력하면 됩니다.
- In (select 부서코드 from 사원정보 group by 부서코드 having sum(승진시험점수) >= 5000)

문제 1   **DB 구축**

01. 〈사원정보〉 테이블 완성하기

1 '사원번호' 필드의 형식과 입력 마스크 속성 설정하기

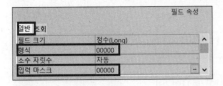

2 '이메일' 필드의 유효성 검사 규칙 속성 설정하기

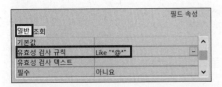

3 '승진시험점수' 필드의 유효성 검사 규칙 속성 설정하기

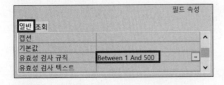

4 '이메일' 필드의 데이터 형식 설정하기

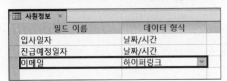

5 '테이블'의 정렬 기준 속성 설정하기

1. 테이블 디자인 보기 상태에서 바로 가기 메뉴의 [속성]
   을 선택한다.
2. 테이블 '속성 시트' 창의 '일반' 탭에서 정렬 기준을 다음
   그림과 같이 설정한다.

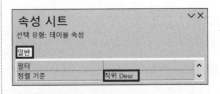

02. 〈사원정보〉 테이블 '부서코드' 필드의 '조회' 탭에서 속성 설정하기

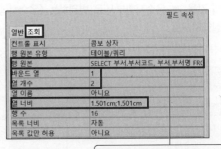

03. 〈사원정보〉 테이블과 〈부서〉 테이블 간의 관계 설정 하기

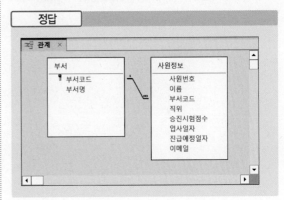

① 문제의 오류는 〈부서〉 테이블에 없는 '부서코드'가 〈사원정보〉 테이블에 입력되어 있으므로 참조 무결성 강화를 설정할 수 없어 발생한 것입니다. 현재 〈부서〉 테이블의 '부서코드' 필드에는 'K-101'이 없는데, 〈사원정보〉 테이블에는 'K-101' 항목이 있어서 그렇습니다. 이런 상황에서 참조 무결성 강화를 설정하려면 두 테이블을 비교하여 〈사원정보〉 테이블에만 있는 'K-101'에 해당하는 부서코드를 찾아 레코드를 삭제해야 합니다.

〈부서〉 테이블

〈사원정보〉 테이블

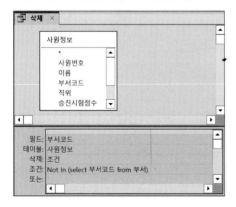

② 〈삭제〉 쿼리를 작성하여 실행한 후 관계를 설정하면 됩니다.

1. 〈삭제〉 쿼리 작성하기

① [만들기] → 쿼리 → **쿼리 디자인(🏢)**을 선택한다.
② '테이블 추가' 창에서 〈사원정보〉 테이블을 추가한다.
③ [쿼리 디자인] → 쿼리 유형 → **삭제(🗒)**를 선택한 후 다음과 같이 쿼리를 작성하여 실행한다.

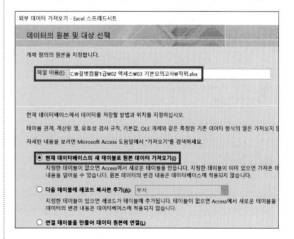

필드:	부서코드
테이블:	사원정보
삭제:	조건
조건:	Not In (select 부서코드 from 부서)
또는:	

2. '관계 편집' 대화상자

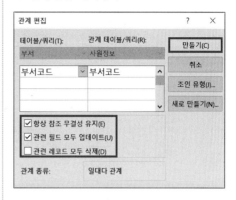

04. '직위.xlsx' 파일 가져오기

> **정답**

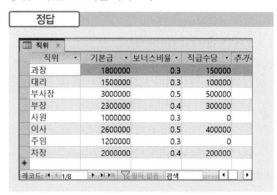

1. '외부 데이터 가져오기- Excel 스프레드시트' 대화상자

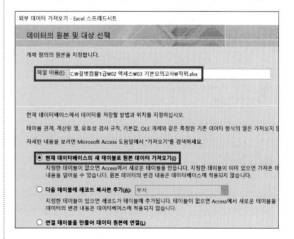

2. '스프레드시트 가져오기 마법사' 1단계 대화상자

3. '스프레드시트 가져오기 마법사' 2단계 대화상자

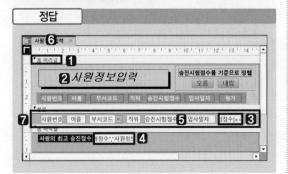

4. '스프레드시트 가져오기 마법사' 3단계 대화상자

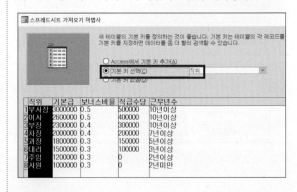

5. '스프레드시트 가져오기 마법사' 4단계 대화상자

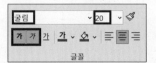

문제 2　　입력 및 수정 기능 구현

01. 〈사원정보입력〉 폼 완성하기

정답

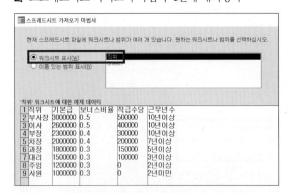

1 폼 머리글 속성 설정하기 : '형식' 탭의 배경색 → 밝은 텍스트

2 'lab제목' 컨트롤의 서식 설정

1. [서식] → 글꼴 그룹에서 다음과 같이 설정한다.

2. '형식' 탭의 '특수 효과' → 그림자

3 'txt평가' 컨트롤에 컨트롤 원본 속성 설정하기

'데이터' 탭의 컨트롤 원본 → =IIf([txt승진시험점수]=400,"승진대상", IIf([txt승진시험점수]=350,"우수", IIf([txt승진시험점수]=300,"보통","저조")))

'txt승진시험점수'가 400 이상이면 "승진대상", 'txt승진시험점수'가 350 이상이면 "우수", 'txt승진시험점수'가 300 이상이면 "보통", 그렇지 않으면 "저조"를 출력합니다.

4 'txt최대점수' 컨트롤에 직위가 '사원'인 사원 중 '승진시험점수'가 가장 높은 점수 구하기 : '데이터' 탭의 컨트롤 원본 → =DMax("승진시험점수","사원정보","직위='사원'")

DMax("승진시험점수","사원정보","직위='사원'")의 의미
- **승진시험점수** : 찾아올 값이 들어 있는 필드 이름
- **사원정보** : 작업 대상 레코드가 들어 있는 테이블이나 쿼리의 이름으로서, 폼 속성의 '데이터' 탭에서 '레코드 원본' 속성을 통해 확인할 수 있음
- **직위= '사원'** : 조건으로서 '직위'가 '사원'인 레코드를 대상으로 함

---

5 'txt입사일자' 컨트롤에 형식 속성 설정하기
'형식' 탭의 형식 → yyyy-"##"-"##"

6 폼의 크기를 조정할 수 없도록 설정하기
폼 속성 '형식' 탭의 테두리 스타일 → 가늘게

폼의 크기를 조정할 수 없도록 하려면 테두리 스타일을 '가늘게'와 '대화 상자' 둘 중 하나를 지정하면 됩니다. 보통 최소화 최대화 단추가 표시되어 있으면 테두리 스타일을 '가늘게'로, 최소화 최대화 단추가 표시되어 있지 않으면 테두리 스타일을 '대화 상자'로 지정하는데, 창 옵션이 '탭 문서'일 경우에는 테두리 스타일에 상관없이 최대화 최소화 단추가 표시되지 않으므로 둘 중 어떤 것으로 지정하든 상관없습니다.

02. 본문 컨트롤에 조건부 서식 설정하기

1. 〈사원정보입력〉 폼의 바로 가기 메뉴에서 **[디자인 보기]** 를 선택하여 〈사원정보입력〉 폼을 디자인 보기 형태로 표시한다.
2. 본문의 모든 컨트롤을 선택한 후 [서식] → 컨트롤 서식 → **조건부 서식**을 클릭한다.
3. '조건부 서식 규칙 관리자' 대화상자에서 〈새 규칙〉을 클릭한다.
4. '새 서식 규칙' 대화상자의 규칙 유형과 조건을 그림과 같이 설정한 후 〈확인〉을 클릭한다.

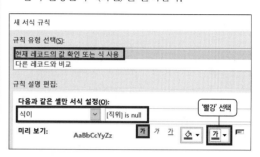

03. 'txt직위' 컨트롤에 더블클릭 기능 구현하기

정답

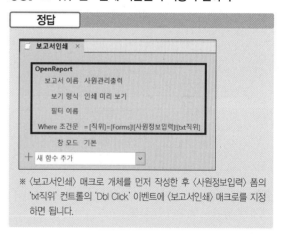

※ 〈보고서인쇄〉 매크로 개체를 먼저 작성한 후 〈사원정보입력〉 폼의 'txt직위' 컨트롤의 'Dbl Click' 이벤트에 〈보고서인쇄〉 매크로를 지정하면 됩니다.

01. 〈사원관리출력〉 보고서 완성하기

정답

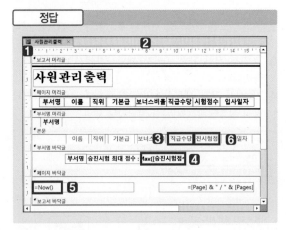

1 레코드 원본 속성 설정하기 : '데이터' 탭의 레코드 원본 → 사원관리

2 '그룹, 정렬 및 요약' 창

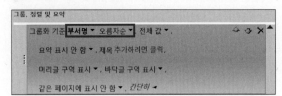

3 'txt직급수당누계' 컨트롤에 '직급수당' 필드의 누계 구하기 : '데이터' 탭의 누적 합계 → 그룹

4 'txt최대점수' 컨트롤에 '승진시험점수'가 가장 높은 점수 표시하기 : '데이터' 탭의 컨트롤 원본 → =MAX([승진시험점수])

5 'txt시간' 컨트롤에 현재 시간 표시하기
• 컨트롤 원본 : '데이터' 탭의 컨트롤 원본 → =Now( )
• 형식 : '형식' 탭의 형식 → 자세한 시간

6 'txt승진시험점수' 컨트롤에 속성 설정하기
'형식' 탭의 표시 → 아니요

02. '결합검색' 단추에 클릭 기능 구현하기

정답

```
Private Sub cmd결합검색_Click( )
    If IsNull(txt이름) Then
        MsgBox "성을 입력하세요."
        txt이름.SetFocus
    ElseIf IsNull(cmb부서명) Then
        MsgBox "부서명을 선택하세요."
        cmb부서명.SetFocus
    ElseIf IsNull(cmb직위) Then
        MsgBox "직위를 선택하세요."
        cmb직위.SetFocus
    Else
        lst사원정보.RowSource = "SELECT * FROM 사원관리
        where left(이름,1) = '" & txt이름 & "' and 부서명 = '" &
        cmb부서명 & "' and 직위 = '" & cmb직위 & "' "
    End If
End Sub
```
※ 테이블 이름(사원관리)은 'lst사원정보'의 컨트롤 원본 속성을 확인하여 사용해야 합니다.

코드설명

```
Private Sub cmd결합검색_Click( )
 ❶ If IsNull(txt이름) Then
 ❷     MsgBox "성을 입력하세요."
 ❸     txt이름.SetFocus
 ❹ ElseIf IsNull(cmb부서명) Then
 ❺     MsgBox "부서명을 선택하세요."
 ❻     cmb부서명.SetFocus
 ❼ ElseIf IsNull(cmb직위) Then
 ❽     MsgBox "직위를 선택하세요."
 ❾     cmb직위.SetFocus
 ❿ Else
 ⓫     lst사원정보.RowSource = "SELECT * FROM 사원관리 where
        left(이름,1) = '" & txt이름 & "' and 부서명 = '" & cmb부서명 &
        "' and 직위 = '" & cmb직위 & "' "
 ⓬ End If
End Sub
```

❶ 'txt이름'에 값이 입력되지 않았으면 ❷, ❸을 수행하고, 그렇지 않으면 ❹를 수행한다.
❷ 화면에 '성을 입력하세요.'를 출력한다.
❸ 'txt이름' 컨트롤에 포커스를 위치시키고 IF문을 벗어난다.
❹ 'cmb부서명'에 값이 입력되지 않았으면 ❺, ❻을 수행하고, 그렇지 않으면 ❼을 수행한다.
❺ 화면에 '부서명을 선택하세요.'를 출력한다.
❻ 'cmb부서명' 컨트롤에 포커스를 위치시키고 IF문을 벗어난다.

❼ 'cmb직위'에 값이 입력되지 않았으면 ❽, ❾를 수행하고, 그렇지 않으면 ❿을 수행한다.

❽ 화면에 '직위를 선택하세요'를 출력한다.

❾ 'cmb직위' 컨트롤에 포커스를 위치시키고 IF문을 벗어난다.

❿ ❼의 조건에 대한 반대의 경우를 나타내는 명령문이다. ⓫ 문장으로 이동한다.

⓫ 〈사원관리〉 테이블에서 '이름' 필드 값의 첫 글자가 'txt이름'에 입력된 값과 같고, '부서명' 필드의 값이 'cmb부서명'에 선택된 값과 같고, '직위' 필드의 값이 'cmb직위'에 선택된 값과 같은 레코드를 찾아서 'lst사원정보'의 RowSource로 지정한다.

⓬ IF 제어문을 종료한다.

03. 폼 머리글 영역에 더블클릭 기능 구현하기

정답

```
Private Sub 폼_머리글_DblClick(Cancel As Integer)
    MsgBox "오늘 날짜는 " & Date & "입니다."
    txt년 = Year(Date)
    txt월 = Month(Date)
End Sub
```

코드설명

```
Private Sub 폼_머리글_DblClick(Cancel As Integer)
❶ MsgBox "오늘 날짜는 " & Date & "입니다."
❷ txt년 = Year(Date)
❸ txt월 = Month(Date)
End Sub
```

❶ 메시지 상자에 "오늘 날짜는 "이라는 문자열과 Date() 함수로 추출한 '오늘 날짜' 그리고 "입니다."라는 문자열을 결합하여 표시한다.

❷ 'txt년' 컨트롤에 Date 명령으로 추출한 오늘 날짜에서 Year() 함수로 년도만 추출하여 입력한다.

❸ 'txt월' 컨트롤에 Date 명령으로 추출한 오늘 날짜에서 Month() 함수로 월만 추출하여 입력한다.

---

01. 〈부서별진급예정자확인〉 쿼리

1. 쿼리 작성기 창에서 다음 그림과 같이 설정한다.

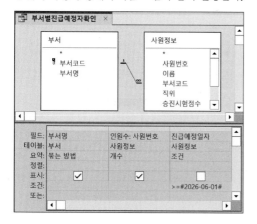

2. [쿼리 디자인] → 쿼리 유형 → 테이블 만들기(▦)를 클릭한다.

3. '테이블 만들기' 대화상자의 '테이블 이름'에 **부서별진급예정자정보**를 입력한 후 〈확인〉을 클릭한다.

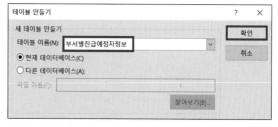

4. [쿼리 디자인] → 결과 → 실행(▯)을 클릭하여 쿼리를 실행한다.

5. "4행을 붙여 넣습니다."라는 메시지가 표시되면 〈예〉를 클릭한다.

02. 〈부서별점수현황〉 쿼리 작성하기

쿼리 작성기

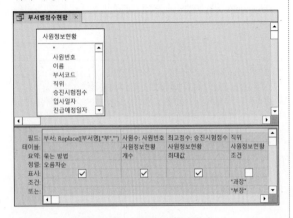

'사원수 : 사원번호' 필드 속성 설정하기

- '일반' 탭의 형식 속성 : 0명

> - Replace(필드명, 찾는 문자, 바꿀 문자) : 필드의 값에서 찾는 문자를
>   찾아 바꿀 문자로 변경함
> - 쿼리를 저장한 후 다시 열면 '직위' 필드에 입력한 조건은 "과장" Or
>   "부장"으로 변경됩니다.

03. 〈부서별정보조회〉 쿼리 작성하기

쿼리 작성기

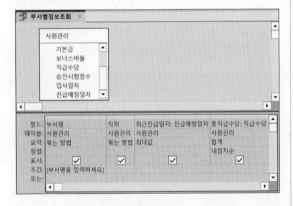

04. 〈부서-입사년도별성적〉 쿼리 작성하기

1. '크로스탭 쿼리 마법사' 1단계 대화상자

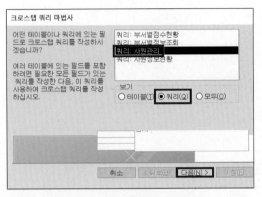

2. '크로스탭 쿼리 마법사' 2단계 대화상자

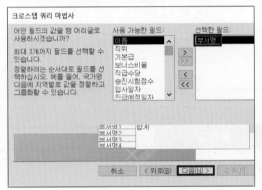

3. '크로스탭 쿼리 마법사' 3단계 대화상자

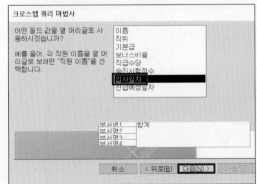

4. '크로스탭 쿼리 마법사' 4단계 대화상자

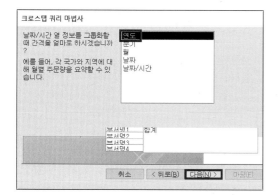

5. '크로스탭 쿼리 마법사' 5단계 대화상자

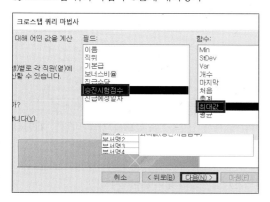

6. '크로스탭 쿼리 마법사' 6단계 대화상자

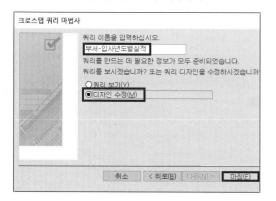

7. 쿼리 작성기의 두 번째 필드에 & "년도"를 추가로 입력
한다.

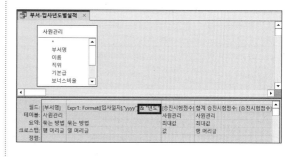

05. 〈우수시험부서처리〉 쿼리 작성하기

부서코드별로 '승진시험점수'의 합계가 5000 이상인 부서를 검색해야
하는데, '부서코드' 필드가 있는 〈부서〉와 〈사원정보〉 테이블은 '부서코
드' 필드를 기준으로 관계가 설정되어 있으므로 조건을 지정할 필드로
'부서코드' 필드를 사용합니다. 또한 〈사원정보〉 테이블에서 부서코드별
로 '승진시험점수의 합계가 5000 이상인 부서를 검색하는 SQL문을 하
위 쿼리 형태로 하여 〈부서〉 테이블의 '부서코드' 필드에 조건으로 사용
해야 합니다.

❶ 〈사원정보〉 테이블에서 '부서코드' 필드를 기준으로 그룹을 설정하여
계산한 승진시험점수의 합계가 5000 이상인 '부서코드'만 추출합니다.

> select 부서코드 from 사원정보 group by 부서코드 having
> sum(승진시험점수) >= 5000

❷ 〈사원정보〉 테이블에서 추출한 '부서코드'와 동일한 '부서코드'를 〈부
서〉 테이블에서 찾아 '비고' 필드의 값을 "※ 우수시험부서'로 변경해
야 하므로 〈부서〉 테이블의 '부서코드' 필드의 조건을 다음과 같이 작
성합니다.

> in (select 부서코드 from 사원정보 group by 부서코드 having
> sum(승진시험점수) >= 5000)

- 준 비 하 세 요 : 'C:\길벗컴활1급\02 액세스\03 기본모의고사' 폴더에서 '08회.accdb' 파일을 열어서 작업하시오.
- 외부 데이터 위치 : C:\길벗컴활1급\02 액세스\03 기본모의고사

문제 1   DB 구축(25점)

전문가의 조언

1
- 기본키는 해당 필드의 행 선택기를 클릭한 후 지정하세요.
- InStr 함수는 InStr(시작위치, 텍스트1, 텍스트2) 형식으로 사용합니다. '시작위치'를 생략하면 처음부터 검색합니다.

1. 소매점별 판매현황을 관리하기 위해 데이터베이스를 구축하였다. 다음의 지시사항에 따라 〈물품판매〉 테이블을 완성하시오.

① 이 테이블의 기본키(PK)는 '순번'과 '물품코드', '소매점코드' 필드로 구성된다. 기본키를 설정하시오.
② '판매일자' 필드에는 값이 반드시 입력되도록 설정하시오.
③ InStr 함수를 이용하여 '물품코드' 필드에는 공백 문자가 입력되지 않도록 유효성 검사 규칙을 설정하시오.
④ '소매점코드' 필드에 대해 중복 입력이 가능하도록 인덱스를 설정하시오.
⑤ '판매수량' 필드에는 100 이하의 숫자가 입력될 수 있도록 가장 적절한 데이터 형식과 필드 크기를 설정하시오.

전문가의 조언

2
- 다른 테이블을 행 원본으로 사용할 경우 '행 원본 유형'은 '테이블/쿼리'로 설정해야 합니다.
- 행 원본을 지정할 때는 행 원본 속성의 작성기 단추(...)를 누르면 나타나는 쿼리 작성기를 이용합니다.
- 컨트롤에 저장될 값은 바운드 열에서 설정합니다.

2. 〈물품판매〉 테이블의 '물품코드' 필드에 대해 다음과 같이 설정하시오.

▶ 〈물품〉 테이블의 '물품코드'와 '물품명'을 목록 상자 형태로 표시할 것
▶ 필드에는 '물품코드'가 저장되도록 설정할 것
▶ '물품코드'와 '물품명'의 열 너비를 각각 2cm, 3cm로 설정할 것
▶ 열 머리글을 표시할 것

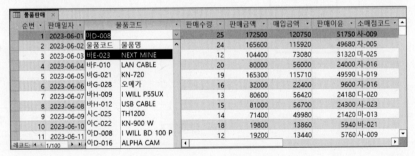

3. 〈물품판매〉 테이블의 '소매점코드'는 〈소매점〉 테이블의 '소매점코드'를 참조하고, 〈물품판매〉 테이블의 '물품코드'는 〈물품〉 테이블의 '물품코드'를 참조하며 각 테이블 간의 관계는 M:1이다. 세 테이블에 대해 다음과 같이 관계를 설정하시오.

▶ 각 테이블은 항상 참조 무결성을 유지하도록 설정하시오.

▶ 〈소매점〉 테이블의 '소매점코드'가 변경되면 이를 참조하는 〈물품판매〉 테이블의 '소매점코드'도 따라 변경되도록 설정하시오.

▶ 〈물품〉 테이블의 '물품코드'가 변경되면 이를 참조하는 〈물품판매〉 테이블의 '물품코드'도 따라 변경되도록 설정하시오.

▶ 〈물품판매〉 테이블에서 참조하고 있는 〈소매점〉 테이블의 레코드를 삭제할 수 있도록 하시오.

▶ 〈물품판매〉 테이블에서 참조하고 있는 〈물품〉 테이블의 레코드를 삭제할 수 없도록 하시오.

4. 〈물품판매〉 테이블을 다음의 지시사항에 따라 내보내기 하시오.

▶ 내보내기할 파일의 형식은 '텍스트 파일(*.txt;*.csv;*.tab; …)'로 할 것

▶ 내보내기할 위치는 'C:\길벗컴활1급\02 액세스\03 기본모의고사' 폴더에 '물품판매'로 할 것

▶ 필드 구분자는 '세미콜론'으로 할 것

전문가의 조언

4
· 내보내기는 내보낼 개체를 선택한 후 [외부 데이터] → 내보내기를 이용하세요.
· 필드 구분자를 확인하세요.

문제 2 입력 및 수정 기능 구현(20점)

4232082

1. 〈판매현황〉 폼을 다음의 화면과 지시사항에 따라 완성하시오.

① 〈물품〉 테이블을 폼의 레코드 원본으로 설정하시오.

② 'cmd판매' 컨트롤에 마우스를 가져가면 다음 그림과 같이 관련 '팁'이 '텍스트' 형태로 나타나도록 설정하시오(물품코드별 판매내역을 조회합니다.).

③ 'txt물품코드', 'txt물품명'을 각각 '물품코드', '물품명' 필드에 바운드시키시오.

④ 'txt물품명'에 잠금 속성을 지정하시오.

⑤ '판매내역' 폼 본문의 'txt판매일자' 컨트롤에는 날짜가 표시 예와 같이 표시되도록 관련 속성을 설정하시오.

　　▶ 표시 예 : 2023.08

⑥ 폼을 열었을 때 'cmb물품' 컨트롤에 포커스가 이동되도록 탭 인덱스를 설정하시오.

전문가의 조언

1
· 레코드 원본 속성은 속성 시트 창의 '데이터' 탭에서 설정합니다.
· 컨트롤 팁 텍스트 속성은 '기타' 탭에서 설정합니다.
· '형식' 속성의 사용자 지정 기호 중 연도는 'y', 월은 'm'을 이용하여 설정합니다.
· 탭 인덱스 속성은 '기타' 탭에서 설정합니다.

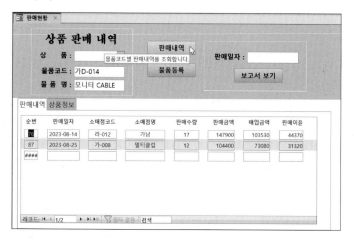

2. 〈판매현황〉 폼의 탭 컨트롤 상자에 다음과 같이 하위 폼을 추가하시오.

   ▶ '판매내역' 탭에 〈판매내역〉 폼을 하위 폼으로 추가하되, '물품코드'를 기준으로 연결하시오.
   ▶ '상품정보' 탭에 〈물품〉 폼을 하위 폼으로 추가하되, '물품코드'를 기준으로 연결하시오.
   ▶ 표시되는 하위 폼의 각 레이블은 삭제하시오.

3. 〈판매현황〉 폼의 '보고서 보기'(cmd보고서보기) 단추를 클릭할 때 〈상품판매〉 보고서를 '인쇄 미리 보기'의 형태로 여는 〈보고서보기〉 매크로를 생성한 후 지정하시오.

   ▶ 매크로 조건: 'txt판매일자'에 입력된 날짜 중 해당 월과 동일한 레코드만 표시
   ▶ Month 함수 사용

판매일자 :

보고서 보기

4232083

문제 3 　　조회 및 출력 기능 구현(20점)

1. 다음의 지시사항 및 화면을 참조하여 〈상품판매〉 보고서를 완성하시오.

   ① '소매점명' 필드를 기준으로 내림차순으로 정렬하여 표시하시오.
   ② 본문의 'txt소매점명' 컨트롤은 그룹 내의 첫 번째 값만 표시되도록 설정하시오.
   ③ 보고서 바닥글의 'txt총판매금액'은 총 판매금액이 표시되도록 '컨트롤 원본'과 '형식' 속성을 설정하시오(단, 금액이 0일때 "0원"으로 표시할 것).
      ▶ 표시 예 : 7,282,000원(천 단위 구분 기호 표시)
   ④ 페이지 바닥글의 'txt날짜'에는 시스템의 현재 날짜가 [표시 예]와 같이 표시되도록 '컨트롤 원본'과 '형식' 속성을 설정하시오.
      ▶ 표시 예 : 2024년 8월 8일 목요일
   ⑤ 페이지 바닥글의 'txt페이지' 컨트롤에는 페이지가 '현재 페이지 / 전체 페이지' 형태로 표시되도록 설정하시오.
      ▶ 표시 예 : 2 / 5

상품판매보고서

순번	판매일자	판매금액	판매이윤	소매점명	전화번호
100	2023-09-07	200100	60030	NIS㈜	886-5560
33	2023-07-02	208800	62640		886-5560
41	2023-07-10	43700	13110		886-5560
3	2023-06-03	104400	31320	한울	156-7770
12	2023-06-12	15400	4620		156-7770
96	2023-09-03	91200	27360		156-7770
88	2023-08-26	56000	16800	한.전.데	581-1615
47	2023-07-16	132000	39600		581-1615
30	2023-06-30	105400	31620		581-1615
79	2023-08-17	60000	18000		581-1615
19	2023-06-19	38400	11520		581-1615
8	2023-06-08	81000	24300	투맨시스템	422-8645
81	2023-08-19	21000	6300	태화컴퓨터	185-3922
67	2023-08-05	28800	8640		185-3922
55	2023-07-24	28800	8640	코닉스	498-1482
13	2023-06-13	167200	50160		498-1482
64	2023-08-02	47500	14250		498-1482
42	2023-07-11	68000	20400		498-1482
57	2023-07-26	105400	31620	컴씨티	810-6383
23	2023-06-23	40500	12150		810-6383
17	2023-06-17	113100	33930		810-6383
10	2023-06-10	19800	5940		810-6383
84	2023-08-22	66000	19800		810-6383
65	2023-08-03	91500	27450	웅전	276-3771
99	2023-09-06	46000	13800		276-3771
34	2023-07-03	74400	22320		276-3771
7	2023-06-07	80600	24180		276-3771
97	2023-09-04	147900	44370	용진테크	114-5564
5	2023-06-05	165300	49590		114-5564
78	2023-08-16	124200	37260	아이캔21	950-3078
60	2023-07-29	23800	7140		950-3078
45	2023-07-14	44200	13260		950-3078
20	2023-06-20	48000	14400	신원정보	955-5835

2024년 8월 8일 목요일   1 / 3

2. 〈판매현황〉 폼이 활성화(Activate)되면 'txt물품코드' 컨트롤에 포커스가 이동하고, 글꼴이 굵게 표시되도록 이벤트 프로시저를 구현하시오.

3. 〈판매내역〉 폼의 'txt소매점명' 컨트롤을 더블클릭(Dbl Click)하면 다음과 같은 메시지를 표시하는 이벤트 프로시저를 구현하시오.

  ▶ 〈물품판매상세〉 쿼리와 DLookup 함수 사용

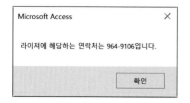

전문가의 조언

2. 특정 컨트롤로 포커스를 이동시킬 때는 SetFocus를 사용합니다.

3. 메시지 상자를 표시하는 함수는 MsgBox입니다.

문제 4	처리 기능 구현(35점)

 전문가의 조언

1. 판매수량과 판매금액의 값이 0일 때도 0을 표시하려면 '형식' 속성을 설정할 때 사용자 정의 기호 0을 사용하면 됩니다.

1. 〈물품판매상세〉 쿼리를 이용하여 가남 소매점의 판매 내역을 조회하는 〈가남판매내역〉 쿼리를 작성하시오.

▶ '판매일자'를 기준으로 내림차순 정렬하여 표시하시오.
▶ '판매수량'이 15개 이상인 자료만 표시하시오.
▶ 판매수량은 [표시 예]와 같이 표시되도록 '형식' 속성을 설정하시오.
  [표시 예 : 0 → 0개, 17 → 17개]
▶ 판매금액은 [표시 예]와 같이 표시되도록 '형식' 속성을 설정하시오.
  [표시 예 : 0 → 0원, 51000 → 51,000원]
▶ 쿼리 실행 결과 표시되는 필드와 필드명, 필드의 형식은 〈그림〉과 같이 표시되도록 설정하시오.

물품명	판매일자	판매수량	판매금액
BA-2004ST	2023-08-24	17개	51,000원
모니터 CABLE	2023-08-14	17개	147,900원
USB CABLE	2023-07-13	19개	30,400원
SD-007	2023-06-26	18개	34,200원
CCD 카메라	2023-06-24	25개	125,000원
CCD 카메라	2023-06-22	19개	95,000원

 전문가의 조언

2. Switch 함수는 'Switch(조건1, 인수1, 조건2, 인수2 …)' 형식으로 사용합니다.

2. 〈물품판매상세〉 쿼리를 이용하여 물품에 따른 '판매이윤'의 총계와 비고를 계산하는 〈물품별판매이윤〉 쿼리를 작성하시오.

▶ 비고는 '판매이윤'의 총계가 100,000 이상이면 "인기상품", 20,000 이하이면 "판매중지", 그 밖에는 빈 칸으로 표시하시오. (Switch 함수 이용)
▶ 쿼리 실행 결과 표시되는 필드와 필드명은 〈그림〉과 같이 표시되도록 설정하시오.

물품명	판매이윤총계	비고
3SLAV	75900	
로미오 DX	102600	인기상품
로미오 II	28800	
모니터 CABLE	75690	
오메가	89760	
일반 CABLE	102060	인기상품
ALPHA CAM	15900	판매중지
APOEN 6BC PRO	161460	인기상품
ASIS-P3BF	21840	
ASUS CUV4X	72270	

3. 물품의 인기도와 물품명을 매개 변수로 입력받아 해당 물품의 인기도만큼 〈물품〉 테이블의 비고란에 "★"을 표시하는 〈인기도확인〉 업데이트 쿼리를 작성한 후 실행하시오.

▶ String 함수를 사용하시오.

▶ 쿼리 실행 결과 표시되는 필드와 필드명은 〈그림〉과 같이 표시되도록 설정하시오.

3. String( ) 함수는 정해진 개수만큼 문자를 반복하여 표시합니다.

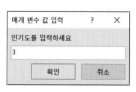

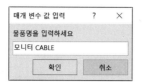

물품코드	물품명	판매단가	매입단가	비고
가D-014	모니터 CABLE	8700	6090	★★★
가H-024	NIKA0	1100	770	
가I-017	CCD 카메라	5000	3500	
나F-005	BA-2004ST	3000	2100	
나H-015	일반 CABLE	5400	3780	
나I-020	KN-001	7300	5110	
다D-011	PRINTER CABLE	2500	1750	
라G-001	3SLAV	4600	3220	

레코드: 1/30   필터 없음   검색

※ 매개 변수 값으로 '인기도'에 3을 '물품명'에 "모니터 CABLE"을 입력하여 실행한 후의 〈물품〉 테이블

4. 소매점사장별 판매월별 판매수와 '판매이윤'의 합계를 조회하는 〈소매점사장별월별이윤〉 크로스탭 쿼리를 작성하시오.

▶ 〈물품〉, 〈물품판매〉, 〈소매점〉 테이블을 이용하시오.

▶ 행 머리글로 이용되는 '소매점사장'은 '소매점대표' 필드의 값에서 좌우 공백을 제거한 후 오른쪽부터 3글자를 가져와 이용하시오. (Right, Trim 함수 이용)

▶ 판매수는 '순번' 필드를 이용하시오.

▶ 쿼리 실행 결과 표시되는 필드와 필드명, 필드의 형식은 〈그림〉과 같이 표시되도록 설정하시오.

소매점사장	판매수	6월	7월	8월	9월
강기묘	4	₩57,510	₩6,000	₩27,540	
강동봉	5		₩63,840	₩7,920	
강동천	2		₩20,400	₩18,630	
강용희	4	₩50,160	₩29,040	₩14,250	
강장철	3		₩75,750		₩60,030
강정정	3	₩35,940			₩27,360
강종리	3		₩57,030	₩31,320	
김발솔	4	₩24,180	₩22,320	₩27,450	₩13,800
김진준	2	₩49,590			₩44,370
박발인	2		₩66,690		
박솔업	2		₩35,190	₩25,620	

레코드: 1/29   필터 없음   검색

4

• '소매점대표'가 각 행에서 제목 역할을 하므로 행 머리글, '판매수'는 행에 대한 합계를 표시하므로 행 머리글, 판매월은 각 열에서 제목 역할을 하므로 열 머리글로 지정하세요.

• 'Trim 함수를 이용해 좌우 공백을 제거한 후 Right 함수를 이용해 오른쪽부터 3글자를 가져오면 됩니다.

5. 〈물품〉과 〈물품판매〉 테이블을 이용하여 검색할 물품명의 일부를 매개 변수로 입력받아
해당 물품의 판매정보를 조회하는 〈물품판매조회〉 매개 변수 쿼리를 작성하시오.

▶ '부가세' 필드는 '매입단가'가 3000 이하이면 '판매단가'의 10%로, 그 외에는 '판
매단가'의 20%로 계산하시오. (IIf 함수 사용)

▶ '판매일자' 필드를 기준으로 내림차순 정렬하여 표시하시오.

▶ 쿼리 결과 표시되는 필드와 필드명, 필드의 형식은 〈그림〉과 같이 표시되도록
설정하시오.

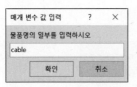

최근판매일	물품명	총판매량	매입단가	판매단가	부가세
2023-08-25	모니터 CABLE	29	₩6,090	₩8,700	₩1,740
2023-08-23	일반 CABLE	63	₩3,780	₩5,400	₩1,080
2023-08-22	LAN CABLE	80	₩2,100	₩3,000	₩300
2023-08-07	UTP CABLE	48	₩4,270	₩6,100	₩1,220
2023-08-05	USB CABLE	37	₩1,120	₩1,600	₩160
2023-06-15	PRINTER CABLE	25	₩1,750	₩2,500	₩250

문제 1 | DB 구축

01. 〈물품판매〉 테이블 완성하기

1 '순번', '물품코드', '소매점코드' 필드에 기본키 속성 설정하기

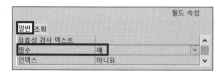

물품판매 ×	
필드 이름	데이터 형식
순번	일련 번호
판매일자	날짜/시간
물품코드	짧은 텍스트
판매수량	짧은 텍스트
판매금액	숫자
매입금액	숫자
판매이윤	숫자
소매점코드	짧은 텍스트

2 '판매일자' 필드의 필수 속성 설정하기

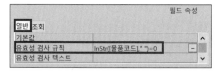

필드 속성
일반 조회
유효성 검사 텍스트	
필수	예
인덱스	아니요

3 '물품코드' 필드의 유효성 검사 규칙 속성 설정하기('물품코드'는 필드명이므로 [ ]로 묶어줌)

필드 속성
일반 조회
기본값	
유효성 검사 규칙	InStr([물품코드]," ")=0
유효성 검사 텍스트	

궁금해요 **시나공 Q&A 베스트**

Q 아래 두 개는 다른 건가요? 첫 번째 것의 실행 결과는 오답이고, 두 번째 것이 실행 결과가 정답이 나옵니다.

• instr([물품코드],"")=0 : 큰따옴표 안에 아무것도 없음
• instr([물품코드]," ")=0 : 큰따옴표 안에 빈 칸 있음

A 네, 두 개는 서로 다른 문자입니다. 첫 번째 것은 Null이고, 두 번째 것은 공백인데, 아무것도 없는 Null과 스페이스바를 눌러 삽입되는 공백 문자는 완전히 다른 것입니다. 문제에서 요구한 대로 '물품코드'를 입력할 때 띄어쓰기를 하지 못하도록 '물품코드'로 입력된 내용에 공백 문자가 하나라도 있으면 입력이 안 되게 한 것이지요.

4 '소매점코드' 필드의 인덱스 속성 설정하기

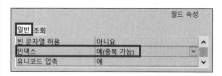

필드 속성
일반 조회
빈 문자열 허용	아니요
인덱스	예(중복 가능)
유니코드 압축	예

5 '판매수량' 필드의 데이터 형식과 필드 크기 속성 설정하기

물품판매 ×	
필드 이름	데이터 형식
물품코드	짧은 텍스트
판매수량	숫자
판매금액	숫자

필드 속성
일반 조회
| 필드 크기 | 바이트 |
| 형식 | |

02. 〈물품판매〉 테이블의 '물품코드' 필드 속성 설정하기

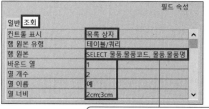

필드 속성
일반 조회
컨트롤 표시	목록 상자
행 원본 유형	테이블/쿼리
행 원본	SELECT 물품.물품코드, 물품.물품명
바운드 열	1
열 개수	2
열 이름	예
열 너비	2cm;3cm

SELECT 물품.물품코드, 물품.물품명 FROM 물품;

03. 〈물품판매〉, 〈소매점〉, 〈물품〉 테이블 간의 관계 설정하기

정답

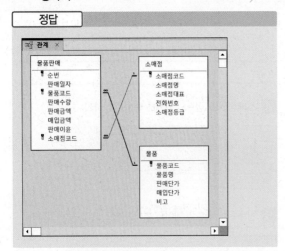

1. 〈소매점〉 테이블과 〈물품판매〉 테이블의 '관계 편집' 대화상자

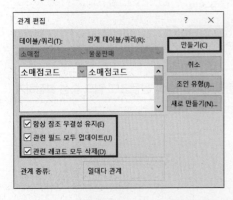

2. 〈물품〉 테이블과 〈물품판매〉 테이블의 '관계 편집' 대화상자

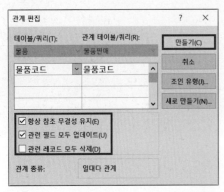

04. 〈물품판매〉 테이블 내보내기

정답

1. '탐색' 창에서 〈물품판매〉 테이블을 클릭한 후 [외부 데이터] → 내보내기 → **텍스트 파일(圓)**을 클릭한다.

2. '내보내기 – 텍스트 파일' 대화상자에서 〈찾아보기〉를 클릭한다.

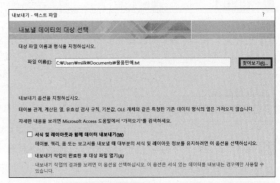

3. '파일 저장' 대화상자에서 그림과 같이 파일 이름을 지정하고 〈저장〉을 클릭한다.

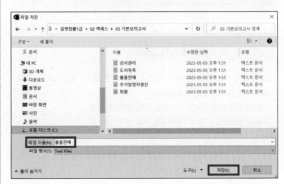

4. '내보내기 – 텍스트 파일' 대화상자에서 〈확인〉을 클릭한다.

5. '텍스트 내보내기 마법사' 1단계 대화상자에서 '구분'을 선택하고 〈다음〉을 클릭한다.

6. '텍스트 내보내기 마법사' 2단계 대화상자에서 그림과 같이 설정하고 〈다음〉을 클릭한다.

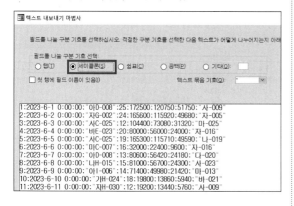

7. '텍스트 내보내기 마법사' 3단계 대화상자에서 〈마침〉을 클릭한다.

8. '내보내기-텍스트 파일' 대화상자의 '내보내기 단계 저장' 옵션을 해제하고 〈닫기〉를 클릭한다.

문제 2 **입력 및 수정 기능 구현**

01. 〈판매현황〉 폼 완성하기

정답

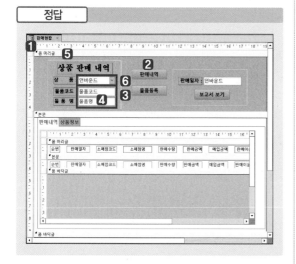

1 레코드 원본 속성 설정하기 : '데이터' 탭의 레코드 원본 → 물품

2 'cmd판매' 컨트롤의 컨트롤 팁 텍스트 속성 설정하기 : '기타' 탭의 컨트롤 팁 텍스트 → 물품코드별 판매내역을 조회합니다.

3 'txt물품코드', 'txt물품명' 컨트롤에 필드 바운드시키기
• 'txt물품코드' : '데이터' 탭의 컨트롤 원본 → 물품코드
• 'txt물품명' : '데이터' 탭의 컨트롤 원본 → 물품명

4 'txt물품명' 컨트롤에 잠금 속성 설정하기 : '데이터' 탭의 잠금 → 예

5 '판매내역' 폼의 'txt판매일자' 컨트롤에 속성 설정하기 : '형식' 탭의 형식 → yyyy.mm

6 'cmb물품' 컨트롤에 탭 인덱스 속성 설정하기 : '기타' 탭의 탭 인덱스 → 0

02. 하위 폼 추가하기

1 〈판매내역〉 폼 추가하기

1. 본문 영역에 작성된 탭 컨트롤 상자의 '판매내역' 탭을 클릭한다.

2. [양식 디자인] → 컨트롤 → **하위 폼/하위 보고서(▦)**를 클릭한 후 마우스를 탭 컨트롤 상자 위로 가져가 블록이 생기면 적당한 크기로 드래그한다.

3. '하위 폼 마법사' 1단계 대화상자

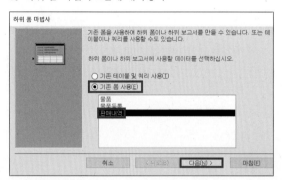

4. '하위 폼 마법사' 2단계 대화상자

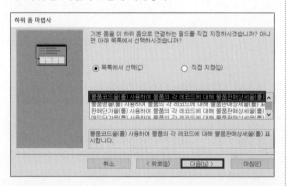

5. '하위 폼의 레이블 '판매내역'을 선택한 후 Delete 를 누른다.

2 〈물품〉 폼 추가하기

1. 본문 영역에 작성된 탭 컨트롤 상자의 '상품정보' 탭을 클릭한다.

2. [양식 디자인] → 컨트롤 → **하위 폼/하위 보고서(⊞)**를 클릭한 후 마우스를 탭 컨트롤 상자 위로 가져가 블록이 생기면 적당한 크기로 드래그한다.

3. '하위 폼 마법사' 1단계 대화상자

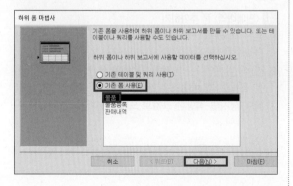

4. '하위 폼 마법사' 2단계 대화상자

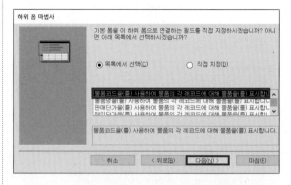

5. 하위 폼의 레이블 '물품'을 선택한 후 Delete 를 누른다.

03. '보고서 보기' 단추에 클릭 기능 구현하기

정답

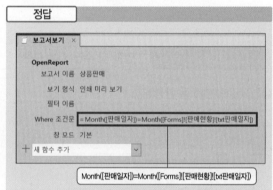

Month([판매일자])=Month([Forms]![판매현황]![txt판매일자])

※ 〈보고서보기〉 매크로 개체를 먼저 작성한 후 〈판매현황〉 폼의 'cmd 보고서보기' 컨트롤의 'On Click' 이벤트에 〈보고서보기〉 매크로를 지정하면 됩니다.

01. 〈상품판매〉 보고서 완성하기

정답

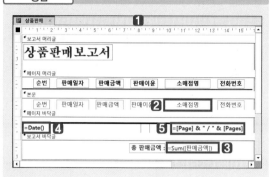

1 '그룹, 정렬 및 요약' 창

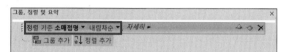

2 'txt소매점명' 컨트롤에 속성 설정하기 : '형식' 탭의 중복 내용 숨기기 속성 → 예

3 'txt총판매금액' 컨트롤에 속성 설정하기
- '데이터' 탭의 컨트롤 원본 속성 → =Sum([판매금액])
- '형식' 탭의 형식 속성 → #,##0원

4 'txt날짜' 컨트롤에 속성 설정하기
- '데이터' 탭의 컨트롤 원본 속성 → =Date( )
- '형식' 탭의 형식 속성 → 자세한 날짜

=Now( )를 사용해도 됩니다.

5 'txt페이지' 컨트롤에 속성 설정하기 : '데이터' 탭의 컨트롤 원본 속성 → =[Page] & " / " & [Pages]

02. 〈판매현황〉 폼에 활성화 기능 구현하기

정답

```
Private Sub Form_Activate( )
    txt물품코드.SetFocus
    txt물품코드.FontBold = True
End Sub
```

코드설명

```
Private Sub Form_Activate( )
    txt물품코드.SetFocus
    txt물품코드.FontBold = True
End Sub
```

'txt물품코드' 컨트롤로 포커스(SetFocus)를 이동시킨 후 글꼴을 '굵게'로 지정한다.

03. 〈판매내역〉 폼의 'txt소매점명' 컨트롤에 기능 구현하기

정답

```
Private Sub txt소매점명_DblClick(Cancel As Integer)
    MsgBox [소매점명] & "에 해당하는 연락처는 " & DLookup
    ("전화번호", "물품판매상세", "소매점코드 = txt소매점코드")
    & "입니다."
End Sub
```

DLookup("전화번호", "물품판매상세", "소매점코드=txt소매점코드")의 의미
- **전화번호** : 결과를 구할 필드 이름으로, 연락처를 표시해야 하는데 여기서는 연락처가 전화번호이므로 '전화번호' 필드를 지정합니다.
- **물품판매상세** : 작업 대상 레코드가 들어 있는 테이블이나 쿼리의 이름으로서, 문제에 제시되지 않은 경우에는 폼 속성의 '데이터' 탭의 '레코드 원본' 속성과 동일하게 지정하면 됩니다.
- **소매점코드=txt소매점코드** : 조건으로, 〈물품판매상세〉 쿼리의 '소매점코드'와 'txt소매점코드' 컨트롤에 입력된 값이, 같은 레코드를 대상으로 합니다. 〈물품판매상세〉 쿼리에는 '소매점명' 필드도 있으므로 '소매점명=txt소매점명'으로 조건을 지정해도 됩니다.

01. 〈가남판매내역〉 쿼리 작성하기

쿼리 작성기

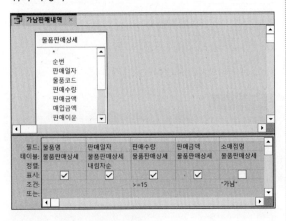

'판매수량' 필드 속성 설정하기
• '일반' 탭의 형식 속성 : 0개

'판매금액' 필드 속성 설정하기
• '일반' 탭의 형식 속성 : #,##0원

02. 〈물품별판매이윤〉 쿼리 작성하기

쿼리 작성기

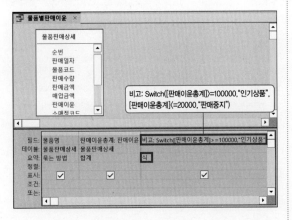

궁금해요 **시나공 Q&A 베스트**

Q 쿼리를 실행하면 '판매이윤총계'에 대한 매개 변수 대화상자가 표시돼요!

A 비고: Switch([판매이윤총계])=100000,"인기상품",[판매이윤총계]<=20000,"판매중지")를 입력한 후 Enter를 누르면 자동으로 '요약' 항목이 '묶는 방법'으로 설정되는데, 이 상태에서 쿼리를 실행하면 '판매이윤총계'에 대한 매개 변수 대화상자가 표시됩니다. 이와 같이 수식에서 필드명(판매이윤)이 아닌 필드의 별칭(판매이윤평균)을 사용하는 경우에는 '요약' 항목을 '식'으로 설정해야 정상적으로 쿼리가 실행됩니다.

03. 〈인기도확인〉 쿼리 작성하기

쿼리 작성기

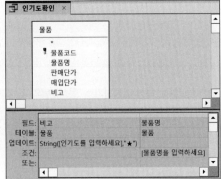

04. 〈소매점사장별월별이윤〉 쿼리 작성하기

쿼리 작성기

'판매이윤' 필드 속성 설정하기
• '일반' 탭의 형식 속성 : 통화

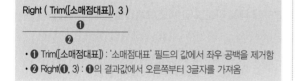

Right (Trim([소매점대표]), 3)

  ❶
  ❷

• ❶ Trim([소매점대표]) : '소매점대표' 필드의 값에서 좌우 공백을 제거함
• ❷ Right(❶, 3) : ❶의 결과값에서 오른쪽부터 3글자를 가져옴

05. 〈물품판매조회〉 쿼리 작성하기

쿼리 작성기

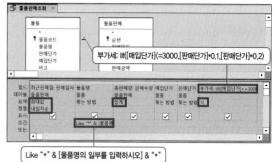

Like "*" & [물품명의 일부를 입력하시오] & "*"

'매입단가', '판매단가', '부가세' 필드 속성 설정하기
• '일반' 탭의 형식 속성 : 통화

기본 모의고사

- 준 비 하 세 요 : 'C:\길벗컴활1급\02 액세스\03 기본모의고사' 폴더에서 '09회.accdb' 파일을 열어서 작업하시오.
- 외부 데이터 위치 : C:\길벗컴활1급\02 액세스\03 기본모의고사

문제 1　　　DB 구축(25점)

1

- 기본키는 해당 필드의 행 선택기를 클릭한 후 지정하세요.
- '주민번호' 필드의 값이 '—' 이후에 반드시 7자리가 입력되도록 하려면 함수 LEN( )과 INSTR( )을 이용하세요.

1. 사원별 업무현황을 관리하기 위해 데이터베이스를 구축하였다. 다음의 지시사항에 따라 〈업무현황〉과 〈영업사원명부〉 테이블을 완성하시오.

　① 〈업무현황〉 테이블의 기본키(PK)는 '순번'과 '사번' 필드로 구성된다. 기본키를 설정하시오.

　② 〈업무현황〉 테이블의 '날짜' 필드에는 값이 반드시 입력되도록 설정하시오.

　③ 〈업무현황〉 테이블의 '거래처코드' 필드에 대해 중복된 값이 입력될 수 있도록 인덱스를 설정하시오.

　④ 〈영업사원명부〉 테이블의 '주민번호' 필드에 입력되는 값이 '—' 이후에 반드시 7자리가 입력되도록 유효성 검사 규칙을 설정하시오.

　⑤ 〈영업사원명부〉 테이블의 '직위' 필드는 IME 모드를 '한글'로 설정하시오.

2. 〈업무현황〉 테이블의 '거래처코드'에 대해 다음과 같이 조회 속성을 설정하시오.

- ▶ 〈거래처〉 테이블의 '거래처코드'와 '거래처명'이 콤보 상자의 형태로 표시
- ▶ 필드에는 '거래처코드'가 저장되도록 설정할 것
- ▶ '거래처코드'와 '거래처명'의 열 너비를 각각 1.5cm로 설정할 것

3. 〈업무현황〉 테이블의 '거래처코드'는 〈거래처〉 테이블의 '거래처코드'를 참조하며 두 테이블 간의 관계는 M:1이다. 두 테이블에 대해 다음과 같이 관계를 설정하시오.

- ▶ 두 테이블 간에 항상 참조 무결성을 유지하도록 설정하시오.
- ▶ 〈거래처〉 테이블의 '거래처코드'가 변경되면 이를 참조하는 〈업무현황〉 테이블의 '거래처코드'도 따라 변경되도록 설정하시오.
- ▶ 〈업무현황〉 테이블에서 참조하고 있는 〈거래처〉 테이블의 레코드를 삭제할 수 없도록 하시오.

전문가의 조언
4

- 파일 형식을 확인하세요.
- 첫 행의 필드 이름(열 머리글) 적용 여부를 확인하세요.
- 테이블 이름을 확인하세요.

4. '추가발령자명단.txt' 파일을 가져와 〈발령자명단〉 테이블에 추가하시오.

- ▶ 첫 번째 행은 필드의 이름이다.
- ▶ 세미콜론(;)으로 구분되어 있음

문제 2　　입력 및 수정 기능 구현(20점)

1. 〈판매내역입력〉 폼을 다음의 화면과 지시사항에 따라 완성하시오.

① 그림과 같이 폼 머리글에 레이블을 생성하고 이름을 'lbl제목'으로 작성하시오.
　▶ 제목 : 판매현황, 크기 : 20, 글꼴 : 궁서

② 본문에 있는 특정 컨트롤에 커서가 위치하면 해당 컨트롤이 노란색으로 채워지도록 조건부 서식을 설정하시오.

③ 'txt입사년도' 컨트롤에는 '사번' 필드 중 앞의 4글자를 표시하시오.

④ 'txt물품명' 컨트롤에는 〈물품〉 테이블의 '물품코드' 필드가 'txt물품코드' 컨트롤의 값과 같은 '물품명'을 표시하시오. (DLookup 함수 사용)

⑤ 폼 바닥글의 'txt총수량' 컨트롤이 화면에 표시되지 않도록 설정하시오.

⑥ 폼의 홀수와 짝수 행에 다른 배경색이 표시되도록 관련 속성을 설정하시오.
　▶ 다른 배경색 : Access 테마 3

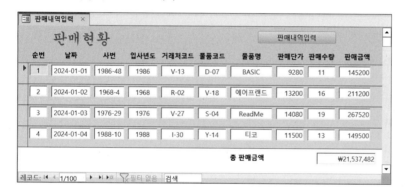

2. 〈판매내역입력〉 폼의 '판매내역입력'(cmd판매내역입력) 단추를 클릭하면 〈업무현황조회〉 폼을 '폼 보기' 형식으로 여는 〈입력작업〉 매크로를 생성하여 지정하시오.

　▶ 폼이 열리면 데이터를 추가할 수 있도록 레코드 선택기의 위치를 이동시키시오.

　▶ 1번 문제의 〈그림〉 참조

3. 〈업무현황〉 테이블을 엑셀 파일(*.xlsx)로 변환하는 〈엑셀변환〉 매크로를 생성하시오.

　▶ 변환된 파일 이름은 '업무현황'으로 하시오.

문제 3   조회 및 출력 기능 구현(20점)

전문가의 조언

1

• 개수를 구하는 함수는 '=Count
 ( )' 입니다.
• 날짜를 구하는 함수는 '=Date
 ( )' 입니다.

1. 다음의 지시사항 및 화면을 참조하여 〈우수사원현황〉 보고서를 완성하시오.

① 〈판매현황〉 쿼리를 레코드 원본으로 설정하시오.

② 용지가 세로 방향으로 표시되도록 설정하시오.

③ '이름' 필드를 기준으로 오름차순으로 정렬하여 표시하시오.

④ 보고서 바닥글의 'txt인원수'에는 전체 레코드의 수가 표시되도록 설정하시오.

⑤ 페이지 바닥글의 'txt날짜'에는 시스템의 현재 날짜만 [표시 예]와 같이 표시되
 도록 '컨트롤 원본'과 '형식' 속성을 설정하시오.

  ▶ 표시 예: 2024년 8월 8일 목요일

⑥ 페이지 바닥글의 'txt페이지' 컨트롤에는 페이지가 '현재 페이지 / 전체 페이지'
 형태로 표시되도록 설정하시오.

  ▶ 표시 예: 2 / 5

⑦ 본문의 '판매수량총계' 컨트롤의 값이 50 이상인 경우에는 '굵게' 표시하도록 조
 건부 서식을 설정하시오.

우수 판매 사원

이름	판매수량총계	판매금액총계
강순장	47	669240
고원준	16	224000
고희모	17	161500
길업생	15	231000
김경명	**55**	739640
김샘아	16	148480
명언명	28	277152
박진철	48	528240
백리진	38	518080
백인금	**55**	692800
백지회	38	497390
백한기	37	385590
서샘인	41	431100
서오전	32	485650
서진발	33	446160
서한윤	37	470920
서한인	13	169000
서해수	**60**	803220
성샘천	13	171600
성생경	47	645060
성준준	46	652740
소리대	**55**	806400
소미금	36	337820
소샘생	**53**	608890
송현수	43	602650
이샘인	35	404300
정미선	20	224400
정장장	17	252450
지승언	48	699600

2024년 8월 8일 목요일   1 / 2

2. 〈사원별판매현황〉 폼의 'txt성명' 컨트롤에 '이름'을 입력하고, '조회'(cmd조회) 단추를 클릭하면 입력된 '이름'에 해당하는 레코드를 찾아 보여주는 기능을 수행하도록 이벤트 프로시저를 구현하시오.

   ▶ 조건에 맞는 레코드가 여러 개 있을 경우 첫 번째로 일치하는 레코드를 찾을 수 있도록 하시오.
   ▶ 현재 폼의 RecordSetClone 속성과 Bookmark 속성, FindFirst 메서드를 이용

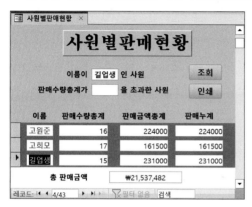

3. 〈사원별판매현황〉 폼의 '인쇄'(cmd인쇄) 단추를 클릭하면 〈우수사원현황〉 보고서를 '인쇄 미리 보기' 형식으로 여는 이벤트 프로시저를 구현하시오.

   ▶ 〈우수사원현황〉 보고서를 열기 전에 저장 여부를 묻지 않고 〈사원별판매현황〉 폼을 저장한 후 종료하시오.
   ▶ DoCmd 개체와 Close 메소드를 사용하시오.

문제 4   처리 기능 구현(35점)

1. 물품별, 거래처별로 최근판매일자를 조회하는 〈최근판매조회〉 크로스탭 쿼리를 작성하시오.

   ▶ 〈물품〉, 〈업무현황〉, 〈거래처〉 테이블을 이용하시오.
   ▶ 물품명이 '가'부터 '아'까지의 문자 중 하나로 시작하고, 거래처명이 '가'부터 '비'까지의 문자 중에서 하나로 시작하는 것만 조회 대상으로 하시오. (Like 연산자 사용)
   ▶ 쿼리 결과 표시되는 필드와 필드명은 〈그림〉과 같이 표시되도록 설정하시오.

> **전문가의 조언**
> 1
> • 최근판매일자를 표시하려면 '날짜' 필드의 묶는 방법을 '최대값'으로 지정하면 됩니다.
> • Like 연산자를 이용하여 '가'부터 '아'까지의 문자 중 하나로 시작하는 조건은 Like "[가-아]*"로 설정하면 됩니다.

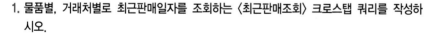

물품명	갑사	덕구	등선	레이크	로얄시그	밀레니엄	비룡
레코닝			2024-02-15				
리듬	2024-01-28		2024-01-24				2024-04-08
벨크로				2024-02-27			
스페이스2		2024-01-16					
썸머					2024-02-22		
아쿠아						2024-01-15	

2. 〈거래처〉와 〈업무현황〉 테이블을 이용하여 거래내역이 없는 거래처에 대한 정보를 조회하는 〈거래없는거래처〉 쿼리를 작성하시오.

▶ 〈거래처〉 테이블에는 존재하나 〈업무현황〉 테이블에는 존재하지 않는 '거래처코드'는 거래가 이루어지지 않은 것으로 가정하시오.

▶ 쿼리 실행 결과 표시되는 필드와 필드명은 〈그림〉과 같이 표시되도록 설정하시오.

3. 〈발령자명단〉 테이블을 이용하여 '직위'가 "과장"인 사원의 정보를 조회하는 〈과장발령자명단〉 쿼리를 작성하시오.

▶ 발령일자는 '발령예정일' 필드를 이용하시오.
▶ DateSerial, Left, Mid 함수 사용
▶ 쿼리 실행 결과 표시되는 필드와 필드명은 〈그림〉과 같이 표시되도록 설정하시오.

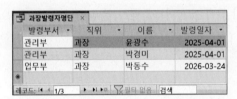

4. 〈거래처〉, 〈업무현황〉, 〈물품〉 테이블을 이용하여 검색할 월을 매개 변수로 입력받아 입력받은 월에 판매된 물품의 정보를 조회하는 〈월별판매현황〉 쿼리를 작성하시오.

▶ '판매수량'이 20개 이상인 정보만을 표시하시오.
▶ 월 조건은 '날짜' 필드를 이용하시오. (Month 함수 사용)
▶ 쿼리 실행 결과 표시되는 필드와 필드명은 〈그림〉과 같이 표시되도록 설정하시오.

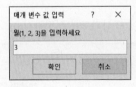

5. 〈물품〉, 〈업무현황〉 테이블을 사용하여 배송일과 배송수량을 조회하여 새 테이블로 생성하는 〈다량주문배송일생성〉 쿼리를 작성하고 실행하시오.

전문가의 조언

5. DateAdd(형식, 값, 날짜) 함수는 지정된 날짜에서 형식(년(y), 월(m), 일(d))로 지정한 값만큼 증가하여 표시합니다.

- ▶ 판매수량이 24 이상인 경우만 조회 대상으로 설정하시오.
- ▶ 배송일은 날짜로부터 15일 후로 계산하시오. (DateAdd 함수 사용)
- ▶ 배송수량 = 판매수량 + 1
- ▶ 쿼리 실행 후 생성되는 테이블의 이름은 〈다량주문배송관리〉로 설정하시오.
- ▶ 쿼리 실행 결과 생성되는 테이블의 필드는 〈그림〉을 참고하여 수험자가 판단하여 설정하시오.

물품코드	물품명	배송일	배송수량
G-40	Fish	2024-02-04	25
Y-16	클래식	2024-02-07	25
S-39	Feel	2024-02-16	25
I-30	WHITE.CAN	2024-02-21	25
B-31	NAVI.CAN	2024-03-02	25
G-06	PLAYER	2024-03-06	26
I-30	WHITE.CAN	2024-03-10	25
S-23	RAIDEN	2024-03-19	26
S-23	RAIDEN	2024-03-21	26
I-30	WHITE.CAN	2024-04-04	25
I-21	ACADIAN	2024-04-12	26
S-25	FANTASY	2024-04-14	26

레코드: I◀ ◀ 1/12 ▶ ▶I ▶※ 필터 없음 검색

※ 〈다량주문배송일생성〉 쿼리를 실행한 후의 〈다량주문배송관리〉 테이블

문제 1   DB 구축

01. 테이블 완성하기

〈업무현황〉 테이블

1 '순번', '사번' 필드에 기본키 설정하기

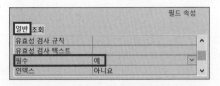

2 '날짜' 필드의 필수 속성 설정하기

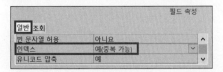

3 '거래처코드' 필드의 인덱스 속성 설정하기

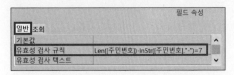

〈영업사원명부〉 테이블

4 '주민번호' 필드의 유효성 검사 규칙 속성 설정하기

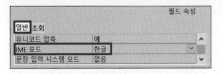

5 '직위' 필드의 IME 모드 속성 설정하기

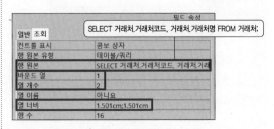

02. 〈업무현황〉 테이블의 '거래처코드' 필드에 속성 설정하기

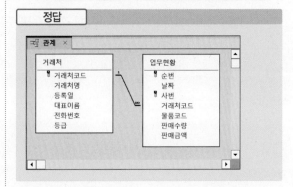

03. 〈업무현황〉 테이블과 〈거래처〉 테이블 간의 관계 설정하기

정답

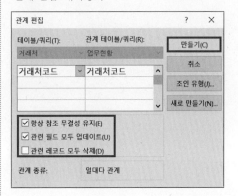

'관계 편집' 대화상자

04. '추가발령자명단.txt' 파일을 가져와 〈발령자명단〉 테이블에 추가하기

> **정답**

발령부서	직위	이름	발령예정일	연령	성별
관리부	과장	윤광수	20250401	34	남자
업무부	대리	최석훈	20250324	30	남자
기획조정실	사원	김명윤	20250324	28	여자
관리부	과장	박경미	20250401	38	여자
기획조정실	사원	박은경	20260401	30	여자
업무부	과장	박동수	20260324	36	남자
관리부	사원	김유신	20260324	24	남자
기획조정실	사원	윤진숙	20260330	29	여자
관리부	이사	이동수	20260401	41	여자

1. '외부 데이터 가져오기 – 텍스트 파일' 대화상자

2. '텍스트 파일 가져오기 마법사' 1단계 대화상자

3. '텍스트 파일 가져오기 마법사' 2단계 대화상자

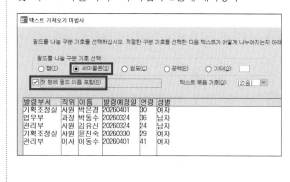

> **문제 2** 입력 및 수정 기능 구현

01. 〈판매내역입력〉 폼 완성하기

> **정답**

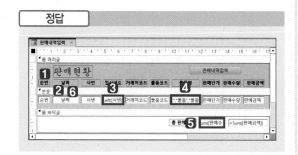

1 레이블 생성하기
1. '탐색' 창의 〈판매내역입력〉 폼의 바로 가기 메뉴에서 [디자인 보기]를 선택한다.
2. 폼 머리글 상단에 위치한 레이블 컨트롤을 모두 선택한

후 하단으로 드래그하여 이동시킨다.

3. [양식 디자인] → 컨트롤 → 레이블(*가가*)을 클릭한 후 폼 머리글에 적당한 크기로 드래그한다.
4. **판매현황**을 입력한 후 속성 시트 창의 '기타' 탭에서 이름 속성에 **lbl제목**을 입력한다.
5. [서식] → 글꼴 그룹에서 다음 그림과 같이 지정한 후 컨트롤의 크기와 위치를 조절한다.

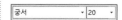

2 조건부 서식 지정하기

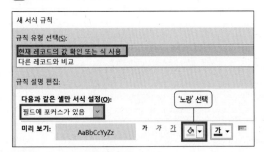

3 'txt입사년도' 컨트롤 속성 설정하기 : '데이터' 탭의 레코드 원본 → =Left([사번],4)

4 'txt물품명' 컨트롤 속성 설정하기 : '데이터' 탭의 레코드 원본 → =DLookUp("물품명","물품","물품코드=txt물품코드")

5 'txt총수량' 컨트롤 속성 설정하기 : '형식' 탭의 표시 → 아니요

6 본문 영역에 속성 설정하기 : '형식' 탭의 다른 배경색 → Access 테마 3

02. '판매내역입력'(cmd판매내역입력) 단추에 클릭 기능 구현하기

정답

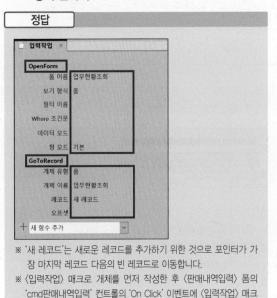

※ '새 레코드'는 새로운 레코드를 추가하기 위한 것으로 포인터가 가장 마지막 레코드 다음의 빈 레코드로 이동합니다.
※ 〈입력작업〉 매크로 개체를 먼저 작성한 후 〈판매내역입력〉 폼의 'cmd판매내역입력' 컨트롤의 'On Click' 이벤트에 〈입력작업〉 매크로를 지정하면 됩니다.

03. 〈엑셀변환〉 매크로 생성하기

정답

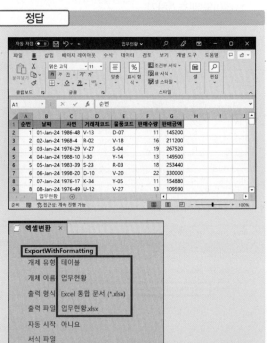

변환된 파일은 'C:\길벗컴활1급\02 액세스\03 기본모의고사' 폴더에 저장됩니다.

01. 〈우수사원현황〉 보고서 완성하기

```
정답
```

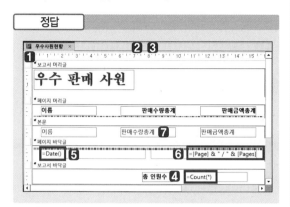

1 레코드 원본 속성 설정하기 : '데이터' 탭의 레코드 원본 → 판매현황

2 용지 방향 설정하기
[페이지 설정] → 페이지 레이아웃 → **세로(□)**를 클릭한다.

3 '그룹, 정렬 및 요약' 창

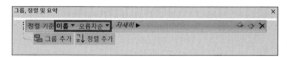

4 'txt인원수' 컨트롤의 속성 설정하기 : '데이터' 탭의 컨트롤 원본 → =Count(*)

5 'txt날짜' 컨트롤의 속성 설정하기
- '데이터' 탭의 컨트롤 원본 → =Date( )
- '형식' 탭의 형식 → 자세한 날짜

6 'txt페이지' 컨트롤의 속성 설정하기 : '데이터' 탭의 컨트롤 원본 → =[Page] & " / " & [Pages]

---

7 '판매수량총계' 컨트롤에 조건부 서식 지정하기

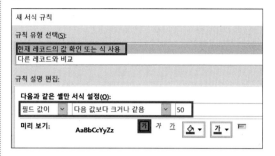

02. '조회' 단추에 클릭 기능 구현하기

```
정답
```

```
Private Sub cmd조회_Click( )
    Me.RecordsetClone.FindFirst "이름 = ' " & txt성명 & " ' "
    Me.Bookmark = Me.RecordsetClone.Bookmark
End Sub
```

```
코 드 설 명
```

```
Private Sub cmd조회_Click( )
 ❶ Me.RecordsetClone.FindFirst "이름 = ' " & txt성명 & " ' "
 ❷ Me.Bookmark=Me.RecordsetClone.Bookmark
End Sub
```

❶ 현재 폼(Me)의 '레코드 원본'을 복사한 후 복사된 개체(RecordSetClone)에서 해당 조건('이름' 필드의 값과 'txt성명'에 입력된 값이 동일한 레코드)과 처음으로 일치하는 값을 찾는다(FindFirst).
❷ 현재 폼(Me)의 책갈피 속성(BookMark)에 복사한 개체(RecordSetClone)에서 찾은 책갈피 속성(BookMark)을 지정한다.

Me.RecordsetClone.FindFirst "조건"의 의미
- 현재 폼의 작업 대상이 되는 레코드 셋을 복사한 후 복사된 개체를 대상으로 조건에 맞는 첫 번째 레코드로 이동합니다.
- RecordsetClone.Bookmark : 복사된 개체를 열었을 때 현재의 레코드를 유일하게 식별할 수 있는 표식으로서, 이를 보통 책갈피라고 말합니다. 레코드 셋이나 복사된 레코드 셋을 열었을 때 여러 개의 레코드가 있지만 현재 레코드 포인터는 항상 1개만을 가리키고 있으며 그것을 확인할 수 있는 것이 BookMark입니다.
- Me.Bookmark : 현재 폼의 작업 대상인 레코드 셋의 레코드들 중에서 현재 레코드 포인터가 가리키고 있는 레코드의 책갈피를 의미합니다.

❷의 수행 의미

❷는 복사한 개체의 책갈피를 현재 폼의 책갈피로 지정하는 것으로, 복사한 개체의 책갈피는 ❶에 의해 조회된 레코드의 위치이며, 이 레코드의 위치를 현재 폼의 책갈피로 지정하는 것입니다.

※ 폼 보기 형태에 따라 다음과 같이 폼에 나타납니다.

• 단일 폼 : 책갈피로 지정된 레코드만 표시됩니다.

• 연속 폼 : 전체 레코드 중 책갈피로 지정된 레코드의 위치로 포인터가 옮겨갑니다.

03. '인쇄' 단추에 클릭 기능 구현하기

정답

```
Private Sub cmd인쇄_Click( )
    DoCmd.Close acForm, "사원별판매현황", acSaveYes
    DoCmd.OpenReport "우수사원현황", acViewPreview
End Sub
```

코드 설명

```
Private Sub cmd인쇄_Click( )
  ❶ DoCmd.Close acForm, "사원별판매현황", acSaveYes
  ❷ DoCmd.OpenReport "우수사원현황", acViewPreview
End Sub
```

❶ 저장 여부를 묻지 않고 〈사원별판매현황〉 폼을 저장한 후 닫는다.
❷ 〈우수사원현황〉 보고서를 인쇄 미리 보기 형태로 연다.

01. 〈최근판매조회〉 쿼리 작성하기

쿼리 작성기

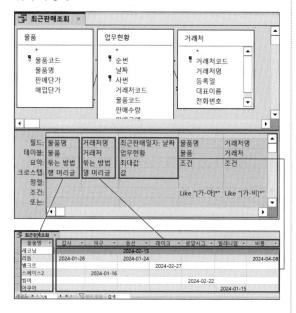

02. 〈거래없는거래처〉 쿼리 작성하기

1. [만들기] → 쿼리 → **쿼리 마법사(🔲)**를 클릭한다.
2. '새 쿼리' 대화상자에서 '불일치 검색 쿼리 마법사'를 선택하고, 〈확인〉을 클릭한다.
3. '불일치 검색 쿼리 마법사' 1단계 대화상자에서 〈거래처〉 테이블을 선택하고, 〈다음〉을 클릭한다.
4. '불일치 검색 쿼리 마법사' 2단계 대화상자에서 〈업무현황〉 테이블을 선택하고, 〈다음〉을 클릭한다.
5. '불일치 검색 쿼리 마법사' 3단계 대화상자에서 그림과 같이 설정하고, 〈다음〉을 클릭한다.

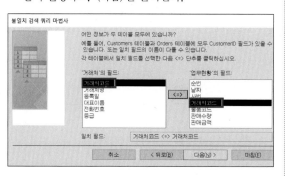

6. '불일치 검색 쿼리 마법사' 4단계 대화상자에서 그림과 같이 설정하고, 〈다음〉을 클릭한다.

7. '불일치 검색 쿼리 마법사' 5단계 대화상자에서 쿼리 이름을 **거래없는거래처**로 설정하고, 〈마침〉을 클릭한다.

03. 〈과장발령자명단〉 쿼리 작성하기

쿼리 작성기

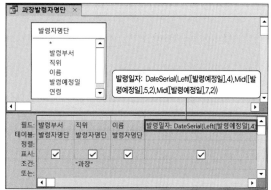

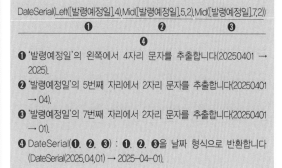

DateSerial(Left([발령예정일],4),Mid([발령예정일],5,2),Mid([발령예정일],7,2))
         ❶   **❷**   **❸**
                 ❹

❶ '발령예정일'의 왼쪽에서 4자리 문자를 추출합니다(20250401 → 2025).
❷ '발령예정일'의 5번째 자리에서 2자리 문자를 추출합니다(20250401 → 04).
❸ '발령예정일'의 7번째 자리에서 2자리 문자를 추출합니다(20250401 → 01).
❹ DateSerial(❶, ❷, ❸) : ❶, ❷, ❸을 날짜 형식으로 반환합니다 (DateSerial(2025,04,01) → 2025-04-01).

04. 〈월별판매현황〉 쿼리 작성하기

쿼리 작성기

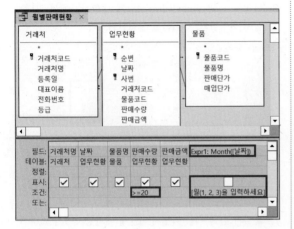

05. 〈다량주문배송일생성〉 쿼리 작성하기

쿼리 작성기

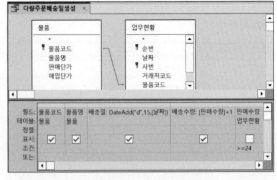

'테이블 만들기' 대화상자

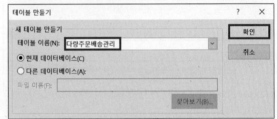

기본 모의고사

- **준 비 하 세 요** : 'C:\길벗컴활1급\02 액세스\03 기본모의고사' 폴더에서 '10회.accdb' 파일을 열어서 작업하시오.
- **외부 데이터 위치** : C:\길벗컴활1급\02 액세스\03 기본모의고사

문제 1 DB 구축(25점)

1. 항공사를 이용하는 고객을 파악하기 위해 데이터베이스를 구축하였다. 다음의 지시사항에 따라 〈고객현황〉 테이블을 완성하시오.

① '고객코드' 필드를 기본키(PK)로 설정하시오.

▶ '고객코드' 필드를 기본키로 설정하면 다음과 같은 오류가 발생한다. 이를 해결한 후 기본키를 설정하시오.

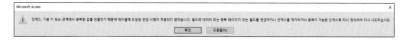

▶ '고객코드' 필드의 중복 데이터를 조회한 후 마지막 레코드의 '고객코드' 필드 값을 "AIR-30"으로 변경하시오. 중복 데이터 검색 쿼리의 이름은 '중복 데이터'로 하시오.

② '고객명' 필드에 대해 중복된 값이 입력될 수 있도록 인덱스를 설정하고, 반드시 입력되도록 설정하시오.

③ '연락처' 필드에는 '123-1234-1234'의 형식으로 입력되도록 입력 마스크를 설정하시오.

▶ "-" 기호도 함께 저장하고, 자료 입력 시 화면에 표시되는 기호는 "#"으로 설정할 것

▶ 숫자 입력은 0 ~ 9까지의 숫자와 공백만 입력할 수 있도록 설정할 것

④ '성별' 필드에 다음과 같이 조회 속성을 설정하시오.

▶ "남"과 "여"가 콤보 상자의 형태로 나타나도록 할 것

⑤ 새로운 레코드가 추가되는 경우 '탑승횟수' 필드에는 기본적으로 1이 입력되고, 왼쪽으로 정렬되어 표시되도록 설정하시오.

2. 〈운항관리〉 테이블의 '고객코드'는 〈고객현황〉 테이블의 '고객코드'를 참조하고 테이블 간의 관계는 M:1이다. 또한 〈운항관리〉 테이블의 '목적지명'은 〈목적지별요금〉 테이블의 '목적지명'을 참조하며 두 테이블 간의 관계는 M:1이다. 각 테이블에 대해 다음과 같이 관계를 설정하시오.

▶ 각 테이블 간에 항상 참조 무결성을 유지하도록 설정하시오.

▶ 〈고객현황〉 테이블의 '고객코드'가 변경되면 이를 참조하는 〈운항관리〉 테이블의 '고객코드'도 따라 변경되고, 〈목적지별요금〉 테이블의 '목적지명'이 변경되면 이를 참조하는 〈운항관리〉 테이블의 '목적지명'도 따라 변경되도록 설정하시오.

전문가의 조언

1

- 문제의 오류 메시지는 중복된 데이터가 있다는 의미이므로 중복 데이터 검색 쿼리 마법사로 중복 데이터를 검색하여 내용을 변경하세요. 그런 후 기본키를 설정하세요.
- 반드시 입력되도록 설정하라는 것은 '필수' 속성을 의미합니다.
- 왼쪽 정렬 : !

전문가의 조언

2. 관계 설정은 68쪽을 참조하세요.

▶ 〈운항관리〉 테이블에서 참조하고 있는 〈고객현황〉 테이블의 레코드나 〈목적지별요금〉 테이블의 레코드를 삭제할 수 없도록 하시오.

3
• 파일 형식과 첫 행의 필드 이름 (열 머리글) 적용 여부를 확인하세요.
• 연결 테이블의 이름을 확인하세요.

3. '여성고객.xlsx' 파일에 대한 연결 테이블을 작성하시오.

▶ 첫 번째 행은 필드의 이름으로 할 것
▶ 연결 테이블의 이름은 '여성고객'으로 할 것

문제 2 | 입력 및 수정 기능 구현(20점)

1
• 기본 보기와 최소화/최대화 단추 속성은 '폼' 속성 시트 창의 '형식' 탭에서 설정합니다.
• 합계를 구하는 함수는 '=SUM( )'입니다.
• 특수 효과 속성은 '형식' 탭에서 설정합니다.

1. 고객의 운항을 관리하는 〈운항고객관리〉 폼에 대해 다음의 작업을 수행하시오.

① '연속 폼'의 형태로 나타나도록 '기본 보기' 속성을 설정하시오.
② 폼에 최소화 최대화 단추가 표시되지 않도록 관련 속성을 설정하시오.
③ 폼 머리글의 'txt개수' 컨트롤에는 레코드의 전체 개수가 가운데 정렬로 표시되도록 설정하시오.
④ 본문의 배경색을 '#FEE4BA'로 설정하고, 본문 영역이 항상 표시되도록 설정하시오.
⑤ 폼 바닥글의 'txt합계' 컨트롤에 '총결재금액'의 합계를 표시하고, 사용자가 사용하지 못하도록 설정하시오.
⑥ 본문의 모든 컨트롤에 대해 특수 효과를 '볼록'으로 설정하시오.

2. 〈운항고객관리〉 폼의 폼 머리글에 있는 텍스트 상자 '목적지명(cmb목적지명)' 컨트롤을
위 화면과 같이 콤보 상자로 변환하시오.

▶ 〈목적지별요금〉 테이블의 '목적지명'을 콤보 상자의 형태로 나타낼 것
▶ '열 이름'을 표시할 것

3. 〈운항고객관리〉 폼의 '열기'(cmd열기) 단추를 클릭하면 〈보험사현황〉 폼을 '대화 상자'
형식으로 여는 〈폼열기〉 매크로를 생성하여 지정하시오.

문제 3   조회 및 출력 기능 구현(20점)

1. 다음의 지시사항 및 화면을 참조하여 〈고객별이용현황〉 보고서를 완성하시오.

① 다음과 같이 정렬 및 그룹화하시오.
▶ '고객명', '목적지명', '좌석명'순으로 오름차순 정렬
▶ '고객명'에 대해서는 그룹 머리글과 그룹 바닥글 설정

② 본문에 있는 '고객코드', '고객명'을 고객명 머리글로 이동한 후 고객명 머리글의
높이를 1cm 설정하고, 영역이 매 페이지마다 반복하여 출력되도록 설정하시오.
▶ '고객코드' 텍스트 상자의 문자색, 글꼴 스타일(크기, 두께, 기울임꼴)은 페이
지 머리글의 레이블과 동일하게 설정

③ 고객명 바닥글에 그림과 같이 레이블, 텍스트 상자, 선(페이지 머리글의 선을
사용) 컨트롤을 모두 생성한 후 텍스트 상자의 이름을 'txt총결재금액합'으로 지
정하고, 각 고객별 '총결재금액'의 합계가 표시되도록 '컨트롤 원본' 속성을 설정
하시오.

④ '목적지명', '좌석명', '탑승횟수'에는 중복된 내용이 표시되지 않도록 설정하
시오.

⑤ 페이지 바닥글의 'txt날짜'에는 시스템의 현재 날짜만 [표시 예]와 같이 표시되
도록 '컨트롤 원본'과 '형식' 속성을 설정하시오.
▶ 표시 예: 2023-08-08

⑥ 페이지 바닥글의 'txt페이지'에는 페이지가 '현재 페이지' 형태로 표시되도록 설
정하시오.
▶ 표시 예: 1페이지

고객별이용현황

고객코드	고객명	목적지명	좌석명	결재금액	탑승횟수	총결재금액
AIR-27	강민화					
		대만	비즈니스	300000	6	350000
		아프리카	이등	1700000		1700000
			VIP	1700000		1800000
		핀란드	이등	1850000		1850000
		필리핀	비즈니스	320000		370000
		호주	이등	1000000		1000000
				합계		7070000
AIR-09	강오언					
		대만	비즈니스	300000	7	350000
			일등	300000		310000
		러시아	VIP	800000		900000
		싱가포르	일등	400000		410000
		중국	이등	600000		600000
		필리핀		320000		320000
		호주	VIP	1000000		1100000
				합계		3990000
AIR-19	강장철					
		아프리카	비즈니스	1700000	3	1750000
		필리핀	VIP	320000		420000
		호주	비즈니스	1000000		1050000
				합계		3220000
AIR-08	강정원					
		캐나다	비즈니스	1880000	2	1930000
		호주		1000000		1050000

2024-08-08   1페이지

전문가의 조언

2. 폼을 실행하거나 테이블을 열어 'cmb목적지명' 컨트롤과 'cmb좌석명' 컨트롤에 저장되어 있는 값이 문자인지, 숫자인지 확인하세요.

3. 코드 작성기에서 'DoCmd. RunSQL delete ∼ from ∼ where' 문을 사용하세요.

2. 〈운항고객관리〉 폼에서 '조회'(cmd조회) 단추를 더블클릭했을 때 다음과 같은 기능을 수행하도록 이벤트 프로시저를 구현하시오.
  ▶ 현재 폼에 '목적지명'이 'cmb목적지명'과 동일하고, '좌석명'이 'cmb좌석명'과 동일한 레코드만 표시하시오.
  ▶ Filter 속성을 이용

3. 〈운항고객관리〉 폼의 '삭제'(cmd삭제) 단추를 클릭하면 다음과 같은 기능을 수행하도록 이벤트 프로시저를 구현하시오.
  ▶ 〈보험사현황〉 테이블에서 '보험사'가 'cmb보험사' 컨트롤의 값과 동일한 레코드를 삭제하시오.
  ▶ Requery 메서드를 호출하여 폼의 데이터를 다시 불러오고, '보험사업데이트' 프로시저를 실행하시오.

| 문제 4 | 처리 기능 구현(35점) |

1. 〈운항관리〉 테이블을 이용하여 선발구분별 탑승횟수와 총결재금액의 합계를 조회하는 〈선발구분별현황〉 쿼리를 작성하시오.

▶ 탑승횟수는 '운항번호' 필드를 이용하시오.

▶ 선발구분은 고객코드의 마지막 두 글자가 10 이상이면 '1차선발', 그 외는 '2차 선발'로 설정하시오. (IIf, Right 함수 사용)

▶ 쿼리 실행 결과 표시되는 필드와 필드명, 필드의 형식은 〈그림〉과 같이 표시되 도록 설정하시오.

전문가의 조언

1. Right 함수를 이용해 오른쪽부 터 두 글자를 가져온 후 IIf 함수의 조건으로 그 값을 비교하면 됩니다.

선발구분별현황		
구분	탑승횟수	총결재금액의 합계
1차선발	65	₩72,070,000
2차선발	35	₩37,080,000

레코드: 1/2 필터 없음 검색

2. 목적지별 좌석명별로 '결재금액'의 합계를 조회하는 〈목적지-좌석별결재금액〉 크로스탭 쿼리를 작성하시오.

▶ 〈고객별이용현황〉 쿼리를 이용하시오.

▶ 쿼리 실행 결과 표시되는 필드와 필드명은 〈그림〉과 같이 표시되도록 설정하 시오.

전문가의 조언

2. 목적지명이 각 행에서 제목 역 할을 하므로 행 머리글, 좌석명이 각 열에서 제목 역할을 하므로 열 머리글로 지정하세요.

목적지-좌석별결재금액					
목적지명	합계 결재금액	비즈니스	이등	일등	VIP
뉴욕	10000000	2000000	6000000		2000000
대만	3600000	1200000		1500000	900000
러시아	4800000			2400000	2400000
싱가포르	4800000		1200000	2000000	1600000
아프리카	17000000	6800000	3400000	3400000	3400000
이탈리아	17500000	2500000	2500000	5000000	7500000
인도	3600000		900000	1800000	900000
일본	2000000	500000	1000000		500000
중국	3600000		1800000	1200000	600000
캐나다	15040000	7520000	3760000	3760000	
핀란드	11100000		3700000	3700000	3700000
필리핀	3840000	1280000	640000	320000	1600000
호주	8000000	3000000	1000000	1000000	3000000

레코드: 1/13 필터 없음 검색

3. 다음과 같은 기능을 수행하는 〈고객평가〉 쿼리를 작성하시오.

▶ '탑승횟수' 필드의 값이 5 이상인 레코드의 평가에 "우수"를 입력하는 업데이트 쿼리를 작성하시오.

▶ 〈고객현황변경〉 테이블을 사용하시오.

전문가의 조언

3. 〈고객현황변경〉 테이블에서 '평 가'와 '탑승횟수' 필드를 가져와 필 드에 주어진 조건을 적용하여 문 제를 해결하세요.

4. 〈고객현황〉과 〈운항관리〉 테이블을 이용하여 검색할 목적지를 매개 변수로 입력받아 입력받은 목적지로 여행하는 고객의 정보를 조회하는 〈목적지별여행정보〉 쿼리를 작성하시오.

- ▶ '좌석명'을 기준으로 오름차순 정렬하시오.
- ▶ '탑승순서' 필드는 '좌석명'이 "VIP"이면 "우선탑승", 그 외에는 빈 공간으로 표시하시오. (IIf 함수 사용)
- ▶ 쿼리 실행 결과 표시되는 필드와 필드명은 〈그림〉과 같이 표시되도록 설정하시오.

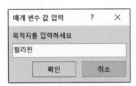

5. 〈보험사현황〉과 〈운항관리〉 테이블을 이용하여 조회할 평가등급을 매개 변수로 입력받아 해당 운항 정보를 조회하는 〈등급별정보조회〉 매개 변수 쿼리를 작성하시오.

- ▶ 운항횟수는 '운항번호' 필드를 이용하시오.
- ▶ 결재총액은 '총결재금액' 필드를 이용하시오.
- ▶ 평균결재금액 = 결재총액 / 운항횟수
- ▶ 운항횟수는 [표시 예]와 같이 표시되도록 '형식' 속성을 설정하시오.
  [표시 예 : 0 → 0회, 34 → 34회]
- ▶ 쿼리 실행 결과 표시되는 필드와 필드명, 필드의 형식은 〈그림〉과 같이 표시되도록 설정하시오.

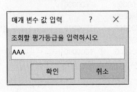
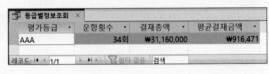

문제 1   **DB 구축**

01. 〈고객현황〉 테이블 완성하기

1 '고객코드' 필드의 기본키 속성 설정하기

• 중복 데이터 검색 쿼리 작성하기

1. '중복 데이터 검색 쿼리 마법사' 1단계 대화상자

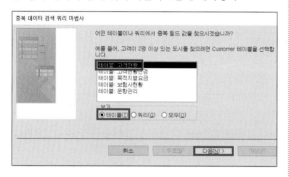

2. '중복 데이터 검색 쿼리 마법사' 2단계 대화상자

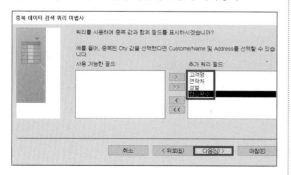

3. '중복 데이터 검색 쿼리 마법사' 3단계 대화상자

4. '중복 데이터 검색 쿼리 마법사' 4단계 대화상자

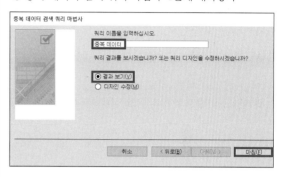

• 중복 데이터 변경하기

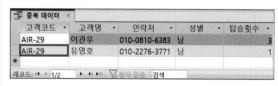

• 기본키 설정

고객현황 ×	
필드 이름	데이터 형식
고객코드	짧은 텍스트
고객명	짧은 텍스트

2 '고객명' 필드의 필수와 인덱스 속성 설정하기

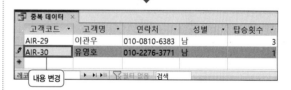

3 '연락처' 필드의 입력 마스크 속성 설정하기

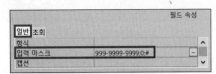

4 '성별' 필드의 조회 속성 설정하기

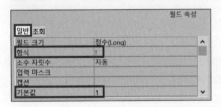

5 '탑승횟수' 필드의 형식과 기본값 속성 설정하기

02. 〈운항관리〉 테이블, 〈고객현황〉 테이블, 〈목적지별요금〉 테이블 간의 관계 설정하기

정답

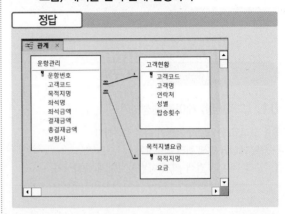

1. 〈고객현황〉 테이블과 〈운항관리〉 테이블의 '관계 편집' 대화상자

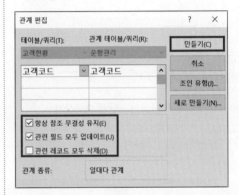

2. 〈목적지별요금〉 테이블과 〈운항관리〉 테이블의 '관계 편집' 대화상자

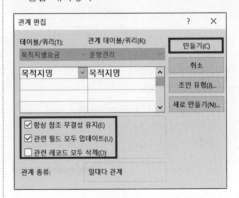

03. '여성고객.xlsx' 파일 연결하기

정답

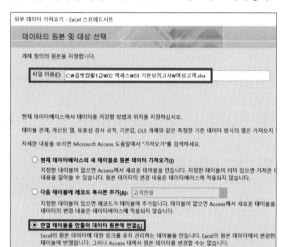

1. '외부 데이터 가져오기-Excel 스프레드시트' 대화상자

2. '스프레드시트 연결 마법사' 2단계 대화상자

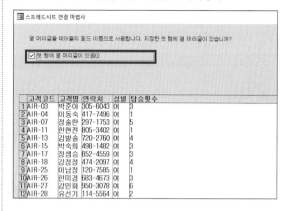

3. '스프레드시트 연결 마법사' 3단계 대화상자

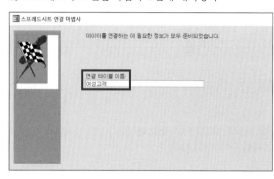

01. 〈운항고객관리〉 폼 완성하기

정답

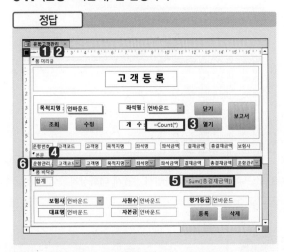

1 기본 보기 속성 설정하기 : '형식' 탭의 기본 보기 → 연속 폼

2 최소화/최대화 단추 속성 설정하기 : 형식' 탭의 최소화/ 최대화 단추 → 표시 안 함

3 'txt개수'에 레코드의 전체 개수 구하고, 서식 설정하기
- 컨트롤 원본 : '데이터' 탭의 컨트롤 원본 → =Count(*)
- 가운데 정렬 : '형식' 탭의 텍스트 맞춤 → 가운데

4 본문 속성 설정하기
- 배경색 : '형식' 탭의 배경색 → #FEE4BA
- 표시 시기 : '형식' 탭의 표시 시기 → 항상

5 'txt합계'에 총결재금액의 합계 구하기
- 컨트롤 원본 : '데이터' 탭의 컨트롤 원본 → =Sum([총 결재금액])
- 사용 가능 : '데이터' 탭의 사용 가능 → 아니요

6 본문의 모든 컨트롤에 특수 효과 속성 설정하기 : '형식' 탭 의 특수 효과 → 볼록

02. 'cmb목적지명' 컨트롤에 속성 설정하기

1. 콤보 상자로 변환 : 'cmb목적지명'의 바로 가기 메뉴에 서 [변경] → **콤보 상자** 선택

2. '데이터' 탭 설정

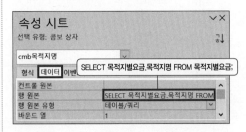

3. '형식' 탭 설정

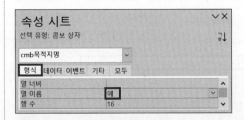

03. '열기' 단추에 클릭 기능 구현하기

정답

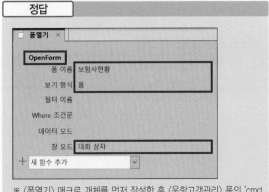

※ 〈폼열기〉 매크로 개체를 먼저 작성한 후 〈운항고객관리〉 폼의 'cmd 열기' 컨트롤의 'On Click' 이벤트에 〈폼열기〉 매크로를 지정하면 됩 니다.

01. 〈고객별이용현황〉 보고서 완성하기

정답

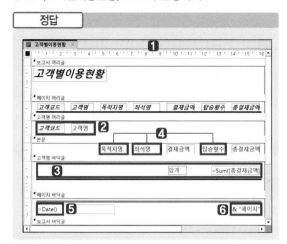

1 보고서의 데이터 정렬하기
'그룹, 정렬 및 요약' 창

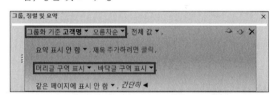

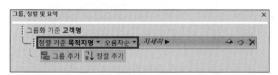

2 고객명 머리글 설정하기
• 본문의 '고객코드'와 '고객명'을 고객명 머리글의 알맞은 위치로 이동한다.
• 고객명 머리글 '형식' 탭의 높이 → 1cm
• 고객명 머리글 '형식' 탭의 반복 실행 구역 → 예
• '고객코드' 속성 설정하기
　① 페이지 머리글에 있는 레이블 중 하나를 선택한 후 [서식] → 글꼴 → **서식 복사**(🖌)를 클릭한다.
　② 고객명 머리글의 '고객코드' 컨트롤을 클릭한다.

서식 복사(🖌)를 지정하지 않고 직접 각각의 속성을 지정해도 됩니다.

3 고객명 바닥글 설정하기
• 텍스트 상자를 생성한 후 '기타' 탭의 이름 → txt총결재금액합
• 텍스트 상자 '데이터' 탭의 컨트롤 원본 → =Sum([총결재금액])
• 레이블에 **합계** 입력
• 페이지 머리글의 선을 복사하여 고객명 바닥글에 설정

4 '목적지명', '좌석명', '탑승횟수'에 속성 설정하기
'형식' 탭의 중복 내용 숨기기 → 예

5 'txt날짜'에 날짜 설정하기
• '데이터' 탭의 컨트롤 원본 → =Date( )
• '형식' 탭의 형식 → 간단한 날짜

6 'txt페이지'에 페이지 설정하기 : '데이터' 탭의 컨트롤 원본 → =[Page] & "페이지"

02. '조회' 단추에 더블클릭 기능 구현하기

정답

```
Private Sub cmd조회_DblClick(Cancel As Integer)
    Me.Filter = "목적지명 = ' " & cmb목적지명 & " ' And 좌석명
    = ' " & cmb좌석명 & " ' "
    Me.FilterOn = True
End Sub
```

코드 설명

```
Private Sub cmd조회_DblClick(Cancel As Integer)
    Me.Filter = "목적지명 = ' " & cmb목적지명 & " ' And 좌석명 = ' " &
    cmb좌석명 & " ' "
    Me.FilterOn = True
End Sub
```

'목적지명' 필드의 값이 'cmb목적지명'과 같고, '좌석명' 필드의 값이 'cmb좌석명'과 같은 레코드를 표시한다.

03. '삭제' 단추에 클릭 기능 구현하기

정답

```
Private Sub cmd삭제_Click( )
    DoCmd.RunSQL "delete * from 보험사현황 where 보험사 =
    cmb보험사"
    DoCmd.Requery
    Call 보험사업데이트
End Sub
```

```
Private Sub cmd삭제_Click( )
    ❶ DoCmd.RunSQL "delete * from 보험사현황 where 보험사 = cmb
      보험사"
    ❷ DoCmd.Requery
    ❸ Call 보험사업데이트
End Sub
```

❶ 〈보험사현황〉 테이블에서 '보험사' 필드의 값이 'cmb보험사' 컨트롤
에서 선택한 값과 같은 레코드를 삭제한다. DoCmd를 이용한
RunSQL 명령(Update~, delete~, insert~ 등)에서는 컨트롤을 분
리하지 않는다.
❷ 현재 폼의 데이터 원본을 갱신한다(Me.Requery를 사용해도 됨).
❸ 이미 작성된 프로시저 '보험사업데이트'를 불러와 사용한다.

문제 4 | 처리 기능 구현

01. 〈선발구분별현황〉 쿼리 작성하기

쿼리 작성기

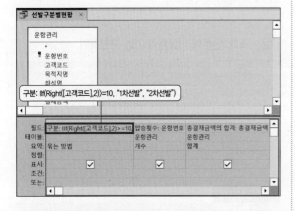

'총결재금액의 합계' 필드의 속성 설정하기
• '일반' 탭의 형식 → 통화

02. '목적지-좌석별결재금액' 쿼리 작성하기

1. '크로스탭 쿼리 마법사' 1단계 대화상자

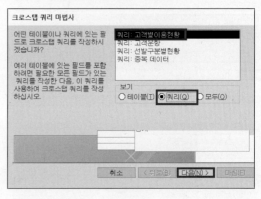

2. '크로스탭 쿼리 마법사' 2단계 대화상자

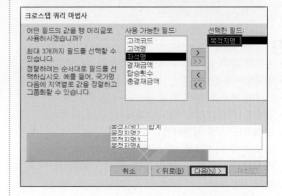

3. '크로스탭 쿼리 마법사' 3단계 대화상자

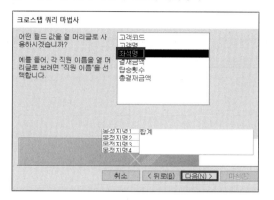

4. '크로스탭 쿼리 마법사' 4단계 대화상자

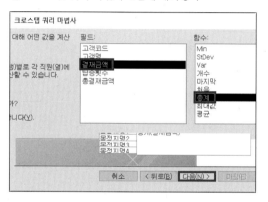

5. '크로스탭 쿼리 마법사' 5단계 대화상자

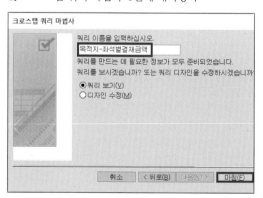

03. 〈고객평가〉 쿼리 작성하기

정답

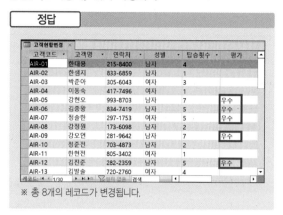

※ 총 8개의 레코드가 변경됩니다.

쿼리 작성기

〈고객현황변경〉 테이블을 추가한 후 [쿼리 디자인] → 쿼리 유형 → **업데이트(📝)**를 클릭하고 다음 그림과 같이 설정한다.

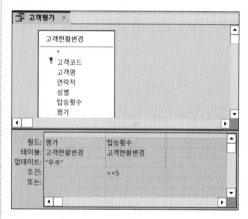

04. 〈목적지별여행정보〉 쿼리 작성하기

쿼리 작성기

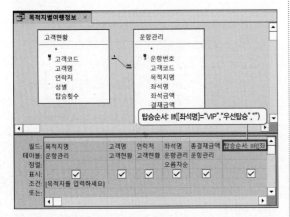

05. 〈등급별정보조회〉 쿼리 작성하기

쿼리 작성기

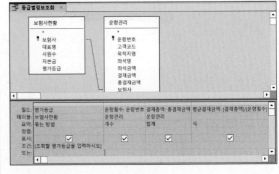

'운항횟수' 필드의 속성 설정하기
- '일반' 탭의 형식 → 0회

'결재총액'과 '평균결재금액' 필드의 속성 설정하기
- '일반' 탭의 형식 → 통화

2 장

실전 모의고사

실전 모의고사　A형

실전 모의고사　B형

실전 모의고사　C형

실전 모의고사　D형

실전 모의고사　E형

실전 모의고사　F형

실전 모의고사　G형

실전 모의고사　H형

실전 모의고사　I형

실전 모의고사　J형

'C:\길벗컴활1급' 폴더에
"실전모의고사(액세스).pdf"
파일로 저장되어 있습니다.

실전 모의고사

프로그램명	제한시간	수험번호 :
ACCESS 2021	45분	성 명 :

───────〈 유 의 사 항 〉───────

- 인적 사항 누락 및 잘못 작성으로 인한 불이익은 수험자 책임으로 합니다.

- 화면에 암호 입력창이 나타나면 아래의 암호를 입력하여야 합니다.
  - **암호 : 08*200**

- 작성된 답안은 주어진 경로 및 파일명을 변경하지 마시고 그대로 저장해야 합니다. 이를 준수하지 않으면 실격처리 됩니다.
  - **답안 파일명의 예 : C:\DB\수험번호 8자리.accdb**

- **외부 데이터 위치 : C:\DB\파일명**

- 별도의 지시사항이 없는 경우, 다음과 같이 처리하면 실격 처리됩니다.
  - 제시된 개체의 이름을 임의로 변경한 경우
  - 제시된 개체의 속성을 임의로 변경한 경우
  - 제시된 개체를 임의로 삭제하거나 추가한 경우

- 별도의 지시사항이 없는 경우, 기능의 구현은 모듈이나 매크로 등을 이용하며, 예외적인 상황에 대해서는 고려하지 않아도 됩니다.

- 제시된 함수가 있을 경우 제시된 함수만을 사용하여야 하며, 그 외 함수 사용시 채점 대상에서 제외됩니다.

- 별도의 지시사항이 없는 경우, 주어진 각 개체의 속성은 설정값 또는 기본 설정값(Default)으로 처리하십시오.

- 제시된 화면은 예시이며 나타난 값은 실제와 다를 수 있습니다.

- 저장 시간은 별도로 주어지지 아니하므로 제한된 시간 내에 저장을 완료해야 합니다.

- 본 문제의 용어는 Microsoft Office Access 2021(LTSC 2108 버전) 기준으로 작성되었습니다.

대한상공회의소

문제 1   DB 구축(25점)

1. 제품의 매출 현황을 관리하기 위해 데이터베이스를 구축하였다. 다음의 지시사항에 따라 〈매출〉 테이블과 〈거래처〉 테이블을 완성하시오. (각 3점)

〈매출〉 테이블

① 〈매출〉 테이블의 '거래처코드' 필드는 〈거래처〉 테이블의 '거래처코드' 필드를 참조하는 외래키이다. 〈매출〉 테이블의 '거래처코드' 필드의 데이터 형식과 필드 크기 속성을 설정하시오.

② '제품코드' 필드에는 값이 반드시 입력되도록 설정하시오.

③ '수량' 필드에는 10 이상의 값이 입력되도록 유효성 검사 규칙을 설정하고, 10 미만의 값이 입력될 경우 '10 이상의 값을 입력하세요' 라는 메시지가 표시되도록 설정하시오.

④ '날짜' 필드에는 새 레코드 추가 시 기본적으로 오늘 날짜 다음 날이 표시되도록 설정하시오. (DateAdd, Date 함수 사용)

〈거래처〉 테이블

⑤ 이 테이블에는 기본키가 설정되어 있지 않지만 '거래처명'을 기준으로 오름차순 정렬되어 표시되도록 설정하시오.

2. 〈매출〉 테이블의 '제품코드'는 〈제품〉 테이블의 '제품코드'를 참조하고 테이블 간의 관계는 M:1이다. 또한 〈매출〉 테이블의 '거래처코드'는 〈거래처〉 테이블의 '거래처코드'를 참조하며 두 테이블 간의 관계는 M:1이다. 각 테이블에 대해 다음과 같이 관계를 설정하시오. (5점)

▶ 〈거래처〉 테이블의 해당 필드에 고유 인덱스를 설정한 후 수행하시오.

▶ 각 테이블 간에 항상 참조 무결성을 유지하도록 설정하시오.

▶ 〈제품〉 테이블의 '제품코드'가 변경되면 이를 참조하는 〈매출〉 테이블의 '제품코드'도 따라 변경되고, 〈거래처〉 테이블의 '거래처코드'가 변경되면 이를 참조하는 〈매출〉 테이블의 '거래처코드'도 따라 변경되도록 설정하시오.

▶ 〈매출〉 테이블에서 참조하고 있는 〈제품〉 테이블의 레코드나 〈거래처〉 테이블의 레코드를 삭제할 수 있도록 하시오.

3. '거래처별2월실적.txt' 파일을 가져와 테이블을 작성하시오. (5점)

▶ 첫 번째 행은 필드의 이름이고, 구분 기호는 세미콜론(;)이다.

▶ 테이블 이름은 '거래처별2월실적'으로 할 것

▶ '거래처명' 필드를 기본키(PK)로 설정할 것

문제 2   입력 및 수정 기능 구현(20점)

1. 〈거래처현황〉 폼을 다음의 화면과 지시사항에 따라 완성하시오. (각3점)

① 본문의 'txt매출번호', 'txt날짜', 'cmb제품코드', 'txt제품명2', 'txt수량', 'txt공급가액', 'txt세액', 'cmb거래처코드'를 각각 '매출번호', '날짜', '매출.제품코드', '제품명', '수량', '공급가액', '세액', '매출.거래처코드' 필드에 바운드시키시오.

▶ '매출.거래처코드' 필드는 〈매출종합〉 쿼리에 추가한 후 바운드시킬 것

② 폼 머리글에 삽입된 하위 폼에는 탭이 정지되지 않게 설정하시오.

③ 폼 바닥글에 컨트롤을 추가한 후 '공급가액'과 '세액'의 평균이 표시되도록 함수를 설정하되 표시 형식은 아래의 그림에 표시된 형태대로 설정하시오.

▶ 컨트롤 이름은 각각 'txt공급가액평균', 'txt세액평균'으로 지정하시오.

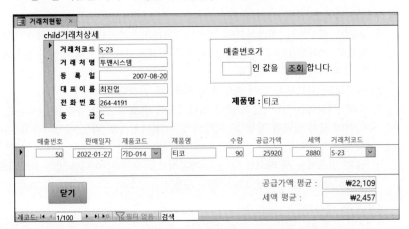

2. 〈보고서출력〉 폼의 '거래처(cmb거래처)' 컨트롤에 대해 다음과 같이 설정하시오. (5점)

▶ 'cmb거래처'에는 〈거래처〉 테이블의 '거래처명'을 표시할 것

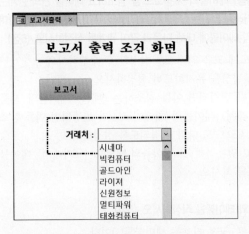

3. 〈보고서출력〉 폼의 '보고서'(cmd보고서) 단추를 클릭하면 〈거래처별보고서〉를 '인쇄 미리 보기' 형식으로 여는 〈출력〉 매크로를 생성하여 지정하시오. (6점)

▶ 매크로 조건 : '거래처명' 필드의 값이 'cmb거래처'에서 선택한 거래처 정보만 표시

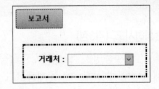

문제 3   조회 및 출력 기능 구현(20점)

1. 다음의 지시사항 및 화면을 참조하여 〈거래처별보고서〉를 완성하시오. (각 3점)

① 레코드 원본은 〈거래처질의〉로 설정하시오.

② '거래처명' 필드를 기준으로 내림차순으로 정렬하여 표시하시오.

③ 본문의 높이를 1.5cm로 변경하고, 각 레코드들 사이에 〈그림〉과 같이 점선이 표시되도록 선을 삽입하시오.

    ▶ 이름 : lin선, 너비 : 8cm, 위쪽 : 1cm, 왼쪽 : 4cm

④ 보고서 바닥글에 아래의 그림과 같이 '수량'과 '공급가액'의 평균이 나타나도록 설정하시오.

    ▶ 레이블, 텍스트 상자 등을 모두 생성할 것

    ▶ 텍스트 상자 컨트롤의 이름은 각각 'txt평균수량', 'txt평균공급'으로 설정할 것

    ▶ 'txt평균공급' 컨트롤에는 통화 형식을 설정할 것

⑤ 페이지 바닥글의 'txt날짜'에는 시스템의 현재 날짜가 [표시 예]와 같이 표시되도록 설정하시오.

    ▶ 표시 예 : 2023년 9월 12일 → 2023年 09月 12日

    ▶ Format 함수 사용

거래처명	날짜	수량	공급가액
리반씨앤씨	2024-04-23	66	8910
	2023-01-25	91	53235
동아후로킹	2024-11-10	41	19557
	2022-03-31	97	30555
	2024-03-25	72	9720
	2023-07-07	31	23994
	2024-11-07	99	57915
길전자	2023-10-24	77	24255
골드아인	2024-11-27	84	61992
	2024-05-20	85	9180
	2023-12-20	80	9360
	2024-12-26	85	24480
개성전자	2022-04-07	46	21942
	2022-06-12	29	20097
가남	2022-04-27	42	24570
	2022-03-28	70	25830
평균 :		55.71	₩22,109

2023年 09月 12日   6 / 6

2. 〈거래처현황〉 폼의 '닫기'(cmd닫기) 단추를 클릭하면 현재 시간과 '폼을 종료할까요?'라는 메시지, 그리고 '예(Y)'와 '아니오(N)' 단추가 있는 메시지 상자가 그림과 같이 나타나도록 이벤트 프로시저를 구현하시오. (5점)

▶ 대화상자 타이틀에 표시된 "거래처현황"은 현재 폼의 이름임
▶ '예' 단추를 선택했을 때만 저장 여부를 묻지 않고 저장한 후 폼을 종료하시오.
▶ 기본적으로 '아니오' 단추가 선택되어 있도록 설정하시오.
▶ Time 함수를 사용하여 현재 시간을 표시하시오.

4233014

문제 4 　　처리 기능 구현(35점)

전문가의 조언

하위 쿼리
• 하위 쿼리는 다른 선택 쿼리나 실행 쿼리 안에서 SELECT문으로 이루어진 쿼리를 말합니다. 하위 쿼리를 작성할 때는 괄호( ) 안에 입력해야 합니다. 수량의 합계가 300 이상인 거래처를 조회하려면 조건란에 다음과 같이 입력하면 됩니다.
• In (select 거래처코드 from 매출 group by 거래처코드 having sum(수량) >= 300)

1. 〈거래처〉, 〈매출〉 테이블을 이용하여 수량의 합계가 300 이상인 거래처의 '등급' 필드의 값을 '우수거래처'로 변경하는 〈우수거래처처리〉 업데이트 쿼리를 작성한 후 실행하시오. (7점)

▶ In 연산자와 하위 쿼리 사용

거래처코드	거래처명	등록일	대표이름	전화번호	등급
U-12	가남	2005-10-12	정진미	162-2597	C
V-27	개성전자	2017-09-08	정진라	476-1675	A
D-01	골드아인	2010-09-01	김전대	668-8372	우수거래처
V-13	길전자	2005-03-29	김용정	271-6315	B
Y-14	녹도정보통신	2001-08-07	박한라	547-8251	A
R-02	동아후로킹	2011-08-17	강수숙	319-8119	우수거래처
D-07	라이저	2002-12-07	이현종	267-9018	A
X-29	리반씨앤씨	2017-12-06	강묘준	735-7207	C
R-03	리치	2016-05-21	최종순	921-9032	A
X-08	멀티클럽	2017-12-19	이대선	331-6720	B

레코드: ◄ ◄ 1/42 ► ►I ►＊ ▽ 필터 없음 검색

※ 〈우수거래처처리〉 쿼리를 실행한 후의 〈거래처〉 테이블

전문가의 조언

제품명에 해당하는 인기도란 제품명의 매출건수를 말합니다. 제품명의 매출건수를 '매출번호' 필드와 Count 함수를 이용하여 Count([매출번호])로 구한 후 구해진 숫자만큼 '■'를 표시하면 됩니다.

2. 〈제품〉과 〈매출〉 테이블을 이용하여 검색할 제품명을 입력받아 입력받은 제품명에 해당하는 인기도를 조회하는 〈년도별제품인기도〉 쿼리를 작성하시오. (7점)

▶ 판매년도는 '날짜' 필드를 이용하시오. (Year 함수 사용)
▶ 인기도는 '매출번호' 필드를 이용하시오. (String, Count 함수 사용)
▶ 쿼리 실행 결과 표시되는 필드와 필드명은 〈그림〉과 같이 표시되도록 설정하시오.

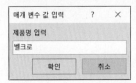

3. 〈매출〉과 〈제품〉 테이블을 이용하여 5번 이상 판매된 상품의 목록을 조회하는 〈인기매출 상품〉 쿼리를 작성하시오. (7점)

- ▶ 수량총계는 '수량' 필드를, 판매수는 '제품 코드' 필드를 이용하시오.
- ▶ 쿼리 실행 결과 표시되는 필드와 필드명은 〈그림〉과 같이 표시되도록 설정하시오.

제품명	수량총계	판매수
벨크로	428	7
클래식	353	7
ENCODER	331	5
PATCH	223	6
SPACE	296	6
Transfer	229	5
WHITE.CAN	432	6

4. 거래처명별 월별 '수량'의 합계를 조회하는 〈월별매출조회〉 크로스탭 쿼리를 작성하시오. (7점)

- ▶ 〈매출종합〉 쿼리를 이용하시오.
- ▶ 계산된 수량이 없는 빈 셀에는 '#'을 표시하시오. (IIf, IsNull, Sum 함수 이용)
- ▶ 쿼리 실행 결과 표시되는 필드와 필드명은 〈그림〉과 같이 표시되도록 설정하시오.

거래처명	1	2	3	4	5	6	7	8	9	10	11	12
가남	#	#	70	42	#	#	#	#	#	#	#	#
개성전자	#	#	#	46	#	29	#	#	#	#	#	#
골드아인	#	#	#	#	85	#	#	#	#	#	84	165
길전자	#	#	#	#	#	#	#	#	77	#	#	#
동아후로킹	#	#	169	#	#	#	31	#	#	#	140	#
리반씨앤씨	91	#	#	66	#	#	#	#	#	#	#	#
리치	63	#	106	#	#	#	41	#	#	#	#	#
멀티클럽	#	#	#	#	47	#	#	#	#	#	#	#
멀티파워	#	#	#	#	#	59	24	#	#	#	#	10
메리트컴퓨터(	#	#	#	#	#	#	127	#	#	#	18	#
명승	#	#	#	38	#	#	#	#	#	#	#	#
빅컴퓨터	#	#	#	#	#	#	#	#	44	41	94	#
삼아	69	#	#	81	#	#	#	#	#	#	#	#

5. 〈매출종합〉 쿼리를 이용하여 거래처명의 일부를 매개 변수로 입력받고, 해당 거래처의 매출현 황을 조회하여 새 테이블로 생성하는 〈거래처현황생성〉 쿼리를 작성하고 실행하시오. (7점)

- ▶ 쿼리 실행 후 생성되는 테이블의 이름은 〈조회거래처매출현황〉으로 설정하시오.
- ▶ 쿼리 실행 결과 생성되는 테이블의 필드는 〈그림〉을 참고하여 수험자가 판단하 여 설정하시오.

날짜	제품명	수량	제품단가	공급가액
2023-11-24	클래식	94	109	10152
2024-10-25	벨크로	41	373	15129
2022-09-25	CODEX	44	364	15840
2022-01-29	RAIDEN	28	536	14868
2024-12-14	WHITE.CAN	93	318	29295
2023-07-02	아쿠아	97	591	56745
2022-11-12	포커스	18	427	7614
2023-07-24	FLASH	30	700	20790
2023-02-14	썸머	19	118	2223
2022-01-13	클래식	11	109	1188
2024-01-10	제우스	68	155	10404

※ 〈거래처현황생성〉 쿼리의 매개 변수 값으로 '컴퓨 터'를 입력하여 실행한 후의 〈조회거래처매출현황〉 테이블

문제 1   **DB 구축**

> 잠깐만요 **'보안 경고' 메시지가 표시돼요!**
>
> 테이블이나 폼을 만들 때는 크게 문제가 되지 않지만 매크로나 프로시저는 실행되지 않습니다. '보안 경고' 메시지의 오른쪽 끝에 있는 〈콘텐츠 사용〉 단추를 클릭하여 데이터베이스 파일에 포함된 모든 콘텐츠를 사용할 수 있도록 설정하세요.

01. 테이블 완성하기

〈매출〉 테이블

1 '거래처코드' 필드의 데이터 형식과 필드 크기 속성 설정하기

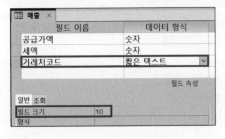

2 '제품코드' 필드의 필수 속성 설정하기

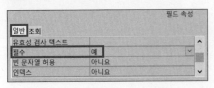

3 '수량' 필드의 유효성 검사 규칙과 유효성 검사 텍스트 속성 설정하기

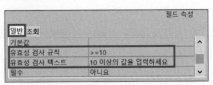

4 '날짜' 필드의 기본값 속성 설정하기

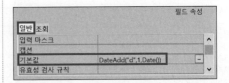

〈거래처〉 테이블

5 테이블의 정렬 기준 속성 설정하기
1. 테이블 디자인 보기 상태에서 바로 가기 메뉴의 [속성]을 선택한다.
2. 테이블 '속성 시트' 창의 '일반' 탭에서 정렬 기준을 다음 그림과 같이 설정한다.

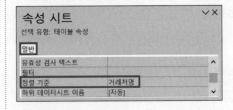

02. 〈매출〉 테이블과 〈제품〉 테이블, 〈거래처〉 테이블 간의 관계 설정하기

정답

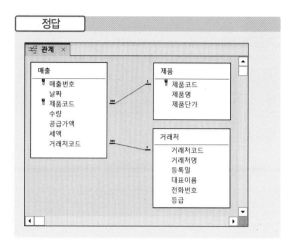

1. 〈제품〉 테이블과 〈매출〉 테이블의 '관계 편집' 대화상자

2. 〈거래처〉 테이블과 〈매출〉 테이블의 '관계 편집' 대화상자
① '거래처' 테이블의 '거래처코드' 필드에 인덱스 속성 지정

② '관계 편집' 대화상자

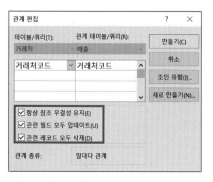

03. '거래처별2월실적.txt' 파일 가져오기

정답

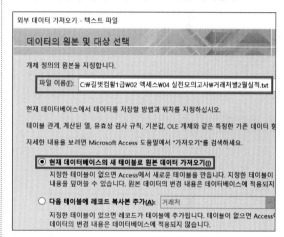

1. '외부 데이터 가져오기– 텍스트 파일' 대화상자

2. '텍스트 가져오기 마법사' 2단계 대화상자

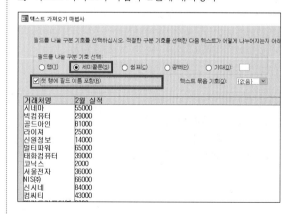

3. '텍스트 가져오기 마법사' 4단계 대화상자

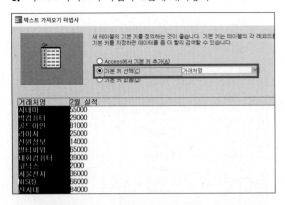

4. '텍스트 가져오기 마법사' 5단계 대화상자

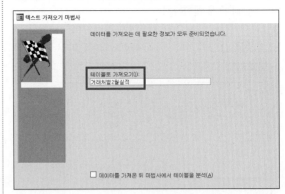

문제 2 　 입력 및 수정 기능 구현

01. 〈거래처현황〉 폼 완성하기

정답

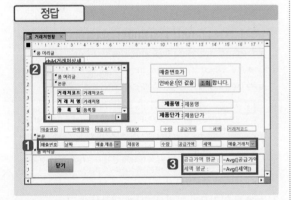

1 각 컨트롤에 필드 바운드시키기
- 'txt매출번호' : '데이터' 탭의 컨트롤 원본 → 매출번호
- 'txt날짜' : '데이터' 탭의 컨트롤 원본 → 날짜
- 'cmb제품코드' : '데이터' 탭의 컨트롤 원본 → 매출.제품코드
- 'txt제품명2' : '데이터' 탭의 컨트롤 원본 → 제품명
- 'txt수량' : '데이터' 탭의 컨트롤 원본 → 수량
- 'txt공급가액' : '데이터' 탭의 컨트롤 원본 → 공급가액
- 'txt세액' : '데이터' 탭의 컨트롤 원본 → 세액
- 'cmb거래처코드'

① '매출종합' 쿼리에 '거래처코드' 필드 추가하기

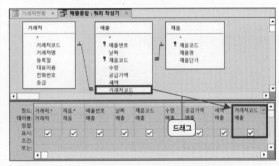

② '데이터' 탭의 컨트롤 원본 → 매출.거래처코드

2 탭 정지 속성 설정하기
- 폼 머리글 영역에 있는 하위 폼의 테두리 부분을 마우스 오른쪽 단추로 클릭한 후 바로 가기 메뉴에서 [속성]을 선택한다.
- '하위 폼/ 하위 보고서' 속성 시트 창 → '기타' 탭의 탭 정지 → 아니요

3 공급가액과 세액의 평균 표시
텍스트 상자를 생성하고 레이블을 입력한 후 다음과 같이 설정한다.
- 공급가액 평균 설정
  - '데이터' 탭의 컨트롤 원본 → =AVG([공급가액])
  - '기타' 탭의 이름 → txt공급가액평균

- 세액 평균 설정
  - '데이터' 탭의 컨트롤 원본 → =AVG([세액])
  - '기타' 탭의 이름 → txt세액평균
- txt공급가액평균과 txt세액평균의 형식: '형식' 탭의 형식 → 통화

02. 'cmb거래처' 컨트롤에 속성 설정하기

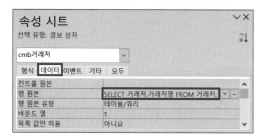

03. '보고서' 단추에 클릭 기능 구현하기

정답

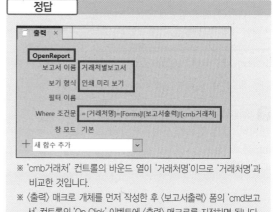

※ 'cmb거래처' 컨트롤의 바운드 열이 '거래처명'이므로 '거래처명'과 비교한 것입니다.

※ 〈출력〉 매크로 개체를 먼저 작성한 후 〈보고서출력〉 폼의 'cmd보고서' 컨트롤의 'On Click' 이벤트에 〈출력〉 매크로를 지정하면 됩니다.

※ 현재 〈거래처별보고서〉의 레코드 원본이 설정되지 않은 상태이므로 '보고서' 단추를 클릭해도 〈거래처별보고서〉가 정상적으로 표시되지 않습니다. [문제 3] 조회 및 출력 기능 구현의 1번 보고서 완성 문제를 완료한 후 '보고서' 단추를 클릭해서 실행 여부를 확인하세요.

문제 3   조회 및 출력 기능 구현

01. 〈거래처별보고서〉 완성하기

정답

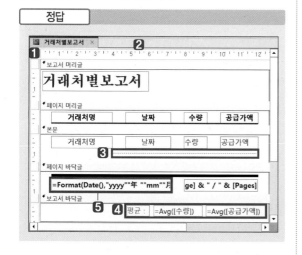

1 레코드 원본 속성 설정하기 : '데이터' 탭의 레코드 원본 → 거래처질의

2 '그룹, 정렬 및 요약' 창

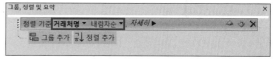

3 점선 삽입하기
① 선을 삽입할 수 있도록 본문 영역의 높이를 변경한다. '형식' 탭의 높이 → 1.5cm
② [양식 디자인] → 컨트롤 → 선(\)을 클릭한 후 본문의 아래 부분에 드래그하여 선을 삽입한다.
③ '기타' 탭의 이름 → lin선
④ '형식' 탭의 너비 → 8cm
⑤ '형식' 탭의 위쪽 → 1cm
⑥ '형식' 탭의 왼쪽 → 4cm
⑦ '형식' 탭의 테두리 스타일 → 점선

4 보고서 바닥글에 '수량'과 '공급가액'의 평균 표시하기
텍스트 상자를 생성하고 레이블을 입력한 후 다음과 같이 설정한다.

- 수량 평균 설정
  - '기타' 탭의 이름 → txt평균수량
  - '데이터' 탭의 컨트롤 원본 → =Avg([수량])
- 공급가액 평균 설정
  - '기타' 탭의 이름 → txt평균공급
  - '데이터' 탭의 컨트롤 원본 → =Avg([공급가액])
  - '형식' 탭의 형식 → 통화

5 'txt날짜' 컨트롤의 속성 설정하기

'데이터' 탭의 컨트롤 원본 → =Format(Date( ),"yyyy年 mm月 dd日")

02. '닫기' 단추에 클릭 기능 구현하기

정답

```
Private Sub cmd닫기_Click( )
    ❶ Dim aa
    ❷ aa = MsgBox(Time & "폼을 종료할까요?", vbYesNo +
         vbDefaultButton2, Me.Caption)
    ❸ If aa = vbYes Then
            DoCmd.Close acForm, "거래처현황", acSaveYes
    ❹ End If
End Sub
```

코드설명

❶ 변수 aa를 선언한다.
❷ MsgBox를 표시하고, MsgBox에서 선택한 결과를 aa에 저장한다. Time 함수를 사용하여 현재 시간을 표시한다.
❸ aa의 값이 vbYes(〈예〉 단추 클릭)이면 저장 여부를 묻지 않고 〈거래처현황〉 폼을 저장한 후 닫는다.
❹ If 문을 종료한다.

문제 4 처리 기능 구현

01. 〈우수거래처처리〉 쿼리 작성하기

쿼리 작성기

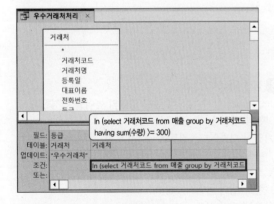

※ 총 3개의 레코드가 변경됩니다.

02. 〈년도별제품인기도〉 쿼리 작성하기

쿼리 작성기

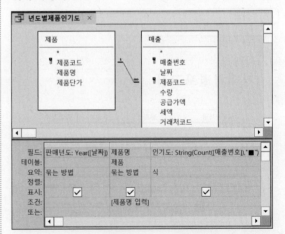

String(Count([매출번호]), "■")
　　　　　❶
　　　　❷

※ '매출번호'의 개수가 3이라고 가정합니다.
- ❶ Count([매출번호]) : '매출번호' 필드의 개수를 반환합니다. → 3
- ❷ String(❶, "■") : ❶의 개수 3 만큼 문자 "■"을 반복 표시합니다.
  → ■■■

03. 〈인기매출상품〉 쿼리 작성하기

쿼리 작성기

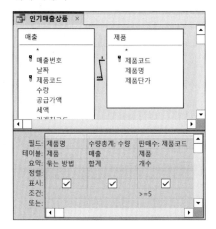

필드:	제품명	수량총계: 수량	판매수: 제품코드
테이블:	제품	매출	제품
요약:	묶는 방법	합계	개수
정렬:			
표시:	☑	☑	☑
조건:		>=5	
또는:			

04. 〈월별매출조회〉 쿼리 작성하기

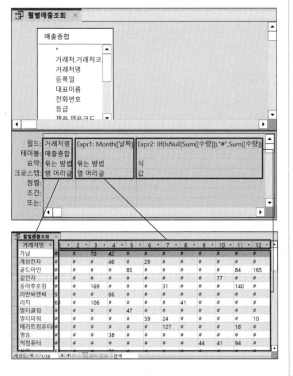

IIf(IsNull(Sum([수량])), "#", Sum([수량]))

❶ ❷ ❸

- ❶ Sum([수량]) : '수량' 필드의 합계를 계산함
- ❷ IsNull(❶) : 계산된 ❶의 결과값이 없으면 참(True), 아니면 거짓 (False)을 반환함
- ❸ IIf(❷, "#", Sum([수량]) : 조건 ❷가 참(True)이면, "#"을 표시하고 거짓(False)이면, 계산된 '수량' 필드의 합계를 표시함

05. 〈거래처현황생성〉 쿼리 작성하기

쿼리 작성기

'테이블 만들기' 대화상자

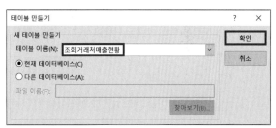

프로그램명	제한시간	수험번호 :
ACCESS 2021	45분	성 명 :

─〈 유 의 사 항 〉─

- 인적 사항 누락 및 잘못 작성으로 인한 불이익은 수험자 책임으로 합니다.

- 화면에 암호 입력창이 나타나면 아래의 암호를 입력하여야 합니다.
  - 암호 : 1@5823

- 작성된 답안은 주어진 경로 및 파일명을 변경하지 마시고 그대로 저장해야 합니다. 이를 준수하지 않으면 실격처리 됩니다.
  - 답안 파일명의 예 : C:\DB\수험번호 8자리.accdb

- 외부 데이터 위치 : C:\DB\파일명

- 별도의 지시사항이 없는 경우, 다음과 같이 처리하면 실격 처리됩니다.
  - 제시된 개체의 이름을 임의로 변경한 경우
  - 제시된 개체의 속성을 임의로 변경한 경우
  - 제시된 개체를 임의로 삭제하거나 추가한 경우

- 별도의 지시사항이 없는 경우, 기능의 구현은 모듈이나 매크로 등을 이용하며, 예외적인 상황에 대해서는 고려하지 않아도 됩니다.

- 제시된 함수가 있을 경우 제시된 함수만을 사용하여야 하며, 그 외 함수 사용시 채점 대상에서 제외됩니다.

- 별도의 지시사항이 없는 경우, 주어진 각 개체의 속성은 설정값 또는 기본 설정값(Default)으로 처리하십시오.

- 제시된 화면은 예시이며 나타난 값은 실제와 다를 수 있습니다.

- 저장 시간은 별도로 주어지지 아니하므로 제한된 시간 내에 저장을 완료해야 합니다.

- 본 문제의 용어는 Microsoft Office Access 2021(LTSC 2108 버전) 기준으로 작성되었습니다.

대한상공회의소

문제 1   DB 구축(25점)

1. 제품을 관리하기 위해 데이터베이스를 구축하였다. 다음의 지시사항에 따라 〈제품〉 테이블을 완성하시오. (각 3점)

① '제품코드' 필드를 기본키로 설정하시오.

② '제품명' 필드는 기본키가 아니면서 중복된 값이 입력될 수 없도록 설정하시오.

③ '판매단가' 필드와 '제조원가' 필드에 100 이상의 값만 입력할 수 있도록 설정하시오.

④ '제품코드' 필드는 3번째 자리에 입력되는 '–' 이후에 반드시 3자리가 입력되도록 유효성 검사 규칙을 설정하시오.

⑤ 새로운 레코드가 추가되는 경우 '반품단가' 필드에는 기본적으로 500이 입력되도록 설정하시오.

2. 〈제품별반품현황〉 테이블의 '제품코드'는 〈제품〉 테이블의 '제품코드'를 참조하고 테이블 간의 관계는 M:1이다. 또한 〈제품별반품현황〉 테이블의 '소매점코드'는 〈소매점〉 테이블의 '소매점코드'를 참조하며 두 테이블 간의 관계는 M:1이다. 각 테이블에 대해 다음과 같이 관계를 설정하시오. (5점)

▶ 각 테이블 간에 항상 참조 무결성을 유지하도록 설정하시오.

▶ 〈제품〉 테이블의 '제품코드'가 변경되면 이를 참조하는 〈제품별반품현황〉 테이블의 '제품코드'도 따라 변경되도록 설정하시오.

▶ 〈제품별반품현황〉 테이블에서 참조하고 있는 〈제품〉 테이블의 레코드나 〈소매점〉 테이블의 레코드를 삭제할 수 없도록 하시오.

3. 〈소매점〉 테이블의 '등급' 필드에 대해 다음과 같이 조회 속성을 설정하시오. (5점)

▶ 행 원본을 'A', 'B', 'C', 'D'로 하여 콤보 상자 형태로 나타낼 것

▶ 목록 이외의 값은 입력될 수 없도록 할 것

소매점코드	소매점명	연락처	등급	평균매출액	주
B-31	포항점	010)263-5987	B	850만원	
D-07	남양주점	064)290-2319	D	210만원	
D-10	대천점	064)980-6034	B	690만원	
E-15	서교동점	051)698-1451	B	830만원	
F-22	안양점	061)955-3766	A	410만원	
G-06	광주점	02)891-1621	B	800만원	
H-26	전주점	054)226-1688	C	640만원	
I-21	안산점	051)669-4362	D	110만원	
I-30	순천점	062)432-8346	B	470만원	
L-17	속초점	031)515-8566	A	770만원	
L-24	울산점	061)561-5201	C	620만원	
M-19	순천점	064)256-6043	B	570만원	

레코드: 4/30   필터 없음   검색

문제 2 입력 및 수정 기능 구현(20점)

1. 반품 정보를 입력하는 〈반품관리〉 폼에 대해 다음의 작업을 수행하시오. (각 3점)

① 본문 모든 컨트롤들 간의 가로 간격을 같게 설정하시오.

② 폼에 탐색 단추, 최소화 최대화 단추가 표시되지 않도록 설정하시오.

③ 본문 전체 컨트롤에 대해서 '배경 스타일'과 '테두리 스타일'을 투명으로 설정하시오.

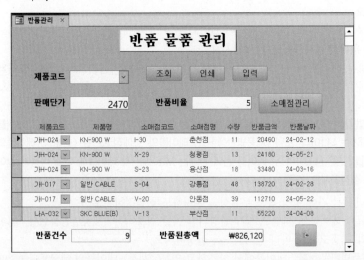

2. 〈반품관리〉 폼의 폼 바닥글 영역에서 'txt반품수' 컨트롤에는 현재 선택된 소매점(txt소매점명)의 반품된 레코드 수가, 'txt총액' 컨트롤에는 현재 선택된 소매점(txt소매점명)의 반품가격의 총합계가 표시되도록 설정하시오. (6점)

▶ 〈소매점별반품〉 쿼리와 DCOUNT, DSUM 함수를 사용

▶ 1번 문제의 〈그림〉 참조

3. 〈반품관리〉 폼 본문의 'txt소매점코드' 컨트롤을 더블클릭하면 〈소매점정보〉 폼을 '폼 보기' 형식으로 여는 〈소매점보기〉 매크로를 생성하여 지정하시오. (5점)

▶ 매크로 조건 : '소매점코드' 필드의 값이 'txt소매점코드'에 해당하는 소매점 정보만 표시

▶ 1번 문제의 〈그림〉 참조

문제 3   조회 및 출력 기능 구현(20점)

1. 다음의 지시사항 및 화면을 참조하여 〈소매점별반품현황〉 보고서를 완성하시오. (각 3점)

① 다음과 같이 정렬 및 그룹화를 설정하시오.
  ▶ 1차적으로 '소매점코드'를 기준으로 오름차순 정렬, 2차적으로 '소매점명'을 기준으로 오름차순 정렬, 3차적으로 '제품코드'를 기준으로 오름차순 정렬
  ▶ '소매점명'에 대해 그룹 머리글과 그룹 바닥글 설정
② 본문의 '소매점코드'와 '소매점명' 컨트롤을 아래 그림과 같이 소매점명 머리글로 이동한 후 소매점명 머리글의 높이를 1cm로 설정하시오.
③ 페이지 머리글 전체 컨트롤의 테두리를 '실선'으로 설정하시오.
④ 소매점명 바닥글에는 아래 그림과 같이 반품한 제품의 수량 합계가 표시되도록 텍스트 상자 컨트롤을 생성한 후 소매점명 바닥글의 높이를 1cm로 설정하시오.
  ▶ 표시 예 : 반품수량 합계 60
  ▶ 컨트롤 이름 : txt반품수량합계
⑤ 페이지 바닥글의 'txt페이지'에는 해당 페이지의 번호가 표시되도록 설정하시오.
  ▶ 표시 예 : 3Page

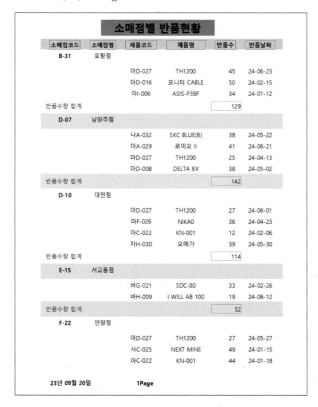

2. 〈반품관리〉 폼의 '조회(cmd조회)' 컨트롤을 클릭하면 'cmb제품코드'에 선택된 값과 같은 정보만 표시되도록 이벤트 프로시저를 구현하시오. (5점)

  ▶ DoCmd 개체와 ApplyFilter 메소드 사용

1. 〈제품〉과 〈제품별반품현황〉 테이블을 이용하여 제품명의 일부를 매개 변수로 입력받고, 해당 제품의 반품현황을 조회하는 〈반품현황조회〉 쿼리를 작성하시오. (7점)

▶ 총반품수는 [표시 예]와 같이 표시되도록 '형식' 속성을 설정하시오.

[표시 예 : 0 → 0건, 143 → 143건]

▶ 쿼리 결과 표시되는 필드와 필드명, 필드의 형식은 〈그림〉과 같이 표시되도록 설정하시오.

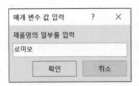
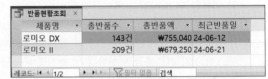

2. 〈관심소매점〉과 〈제품별반품현황〉 테이블을 이용하여 소매점별 총 반품수를 표시하는 〈소매점별반품현황〉 쿼리를 작성하시오. (7점)

▶ 반품이 없는 소매점까지 표시하시오.

▶ 총 반품수가 많은 순으로 정렬하여 표시하시오.

▶ 쿼리 실행 결과 표시되는 필드와 필드명은 〈그림〉과 같이 표시되도록 설정하시오.

3. 제품코드별 지점별로 반품수의 합계를 조회하는 〈제품별지점별반품현황〉 크로스탭 쿼리를 작성하시오. (7점)

▶ 〈소매점〉과 〈제품별반품현황〉 테이블을 이용하시오.

▶ '제품코드' 필드의 첫 글자가 "가"부터 "마"까지인 데이터만 표시하시오(Like 함수 사용).

▶ 소매점 등급이 "A"인 지점만을 표시하시오.

▶ 쿼리 실행 결과 표시되는 필드와 필드명은 〈그림〉과 같이 표시되도록 설정하시오.

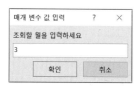

제품별지점별반품현황						
제품코드 ▾	대전점 ▾	목포점 ▾	무주점 ▾	부산점 ▾	설악점 ▾	속초점 ▾
나A-032				11		
나F-005					48	
다D-011						58
마A-029					13	
마D-027			48			
마E-019			31			
마F-026	17	19		13		

레코드: ◁ ◁ 1/7 ▷ ▷▷ ▽ 필터 없음 검색

4. 〈소매점별반품〉 쿼리를 이용하여 검색할 반품 월을 매개 변수로 입력받아 해당 월에 반품된 제품 정보를 조회하는 〈월별반품조회〉 매개 변수 쿼리를 작성하시오. (7점)

▶ '반품수' 필드를 기준으로 내림차순 정렬하시오.

▶ 반품 월은 반품 날짜에서 월만 추출하여 이용하시오. (Month 함수 사용)

▶ 쿼리 실행 결과 표시되는 필드와 필드명, 필드의 형식은 〈그림〉과 같이 표시되도록 설정하시오.

5. 〈제품〉과 〈제품별반품현황〉 테이블을 이용하여 반품 내역이 없는 제품의 '비고' 필드의 값을 '우수제품'으로 변경하는 〈우수제품처리〉 쿼리를 작성한 후 실행하시오. (7점)

▶ 〈제품별반품현황〉 테이블에 '제품코드'가 없는 제품은 반품 내역이 없는 것으로 처리하시오.

▶ Not In 연산자와 하위 쿼리 사용

제품						
제품코드 ▾	제품명 ▾	판매단가 ▾	제조원가 ▾	반품비율(% ▾	반품단가 ▾	비고 ▾
⊞ 가D-014	USB CABLE	6940	2570	22	3370	우수제품
⊞ 가H-024	KN-900 W	2470	1560	5	1860	
⊞ 가I-017	일반 CABLE	5310	2290	12	2890	
⊞ 나A-032	SKC BLUE(B)	8610	4220	0	5020	
⊞ 나F-005	ASUS CUV4X	6990	3660	13	3960	
⊞ 나H-015	UTP CABLE	8160	3720	0	4120	
⊞ 나I-020	SD-007	2260	820	25	1320	
⊞ 다D-011	I WILL P55UX	400	220	8	720	
⊞ 리G-004	APOEN 6BC F	8080	4500	20	4800	우수제품
⊞ 마A-003	3SLAV	6160	3170	20	3470	우수제품
⊞ 마A-029	로미오 II	4240	2650	2	3250	
⊞ 마C-007	BA-2004ST	930	3500	17	650	

레코드: ◁ ◁ 1/30 ▷ ▷▷ ▽ 필터 없음 검색

※ 〈우수제품처리〉 쿼리를 실행한 후의 〈제품〉 테이블

| 문제 1 | DB 구축 |

01. 〈제품〉 테이블 완성하기

1 '제품코드' 필드의 기본키 속성 설정하기

2 '제품명' 필드의 인덱스 속성 설정하기

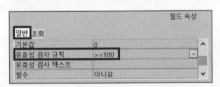

3 유효성 검사 규칙 속성 설정하기

1. '판매단가' 필드의 유효성 검사 규칙 속성 설정하기

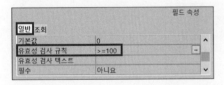

2. '제조원가' 필드의 유효성 검사 규칙 속성 설정하기

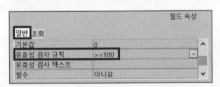

4 '제품코드' 필드의 유효성 검사 규칙 속성 설정하기

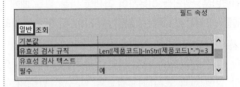

5 '반품단가' 필드의 기본값 속성 설정하기

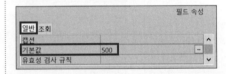

02. 〈제품별반품현황〉 테이블, 〈제품〉 테이블, 〈소매점〉 테이블 간의 관계 설정하기

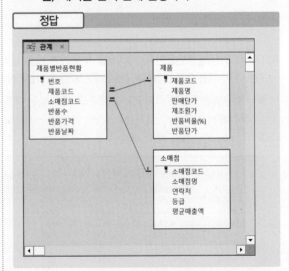

1. 〈제품〉 테이블과 〈제품별반품현황〉 테이블의 '관계 편집' 대화상자

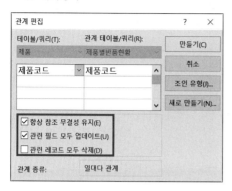

2. 〈소매점〉 테이블과 〈제품별반품현황〉 테이블의 '관계 편집' 대화상자

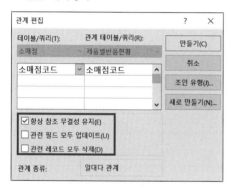

03. '등급' 필드에 조회 속성 설정하기

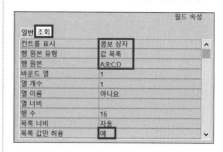

문제 2 **입력 및 수정 기능 구현**

01. 〈반품관리〉 폼 완성하기

정답

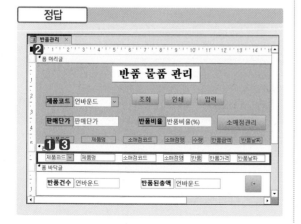

1 컨트롤 정렬하기 : 본문의 모든 컨트롤을 선택한 후 [정렬] → 크기 및 순서 조정 → 크기/공간 → **가로 간격 같음** 클릭

2 탐색 단추, 최소화 최대화 단추 속성 설정하기
• 탐색 단추 : '형식' 탭의 탐색 단추 → 아니요
• 최소화/최대화 단추 : '형식' 탭의 최소화/최대화 단추 → 표시 안 함

3 본문 전체 컨트롤에 속성 설정하기
본문의 컨트롤을 모두 선택한 후 다음과 같이 속성을 지정한다.
• 배경 스타일 : '형식' 탭의 배경 스타일 → 투명
• 테두리 스타일 : '형식' 탭의 테두리 스타일 → 투명

02. 'txt반품수'와 'txt총액' 컨트롤에 속성 설정하기

- 'txt반품수'에 레코드 수 구하기 : '데이터' 탭의 컨트롤 원
  본 → =DCount("제품코드","소매점별반품","소매점명=
  txt소매점명")

- 'txt총액'에 반품가격의 총합계 구하기 : '데이터' 탭의 컨트롤
  원본 → =Dsum("반품가격","소매점별반품","소매점명
  =txt소매점명")

03. 'txt소매점코드' 컨트롤에 더블클릭 기능 구현하기

정답

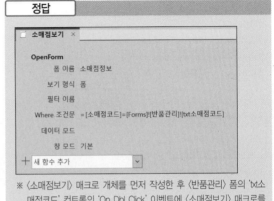

※ 〈소매점보기〉 매크로 개체를 먼저 작성한 후 〈반품관리〉 폼의 'txt소
매점코드' 컨트롤의 'On Dbl Click' 이벤트에 〈소매점보기〉 매크로를
지정하면 됩니다.

문제 3   조회 및 출력 기능 구현

01. 〈소매점별반품현황〉 보고서 완성하기

정답

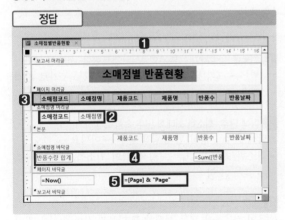

1 '그룹, 정렬 및 요약' 창

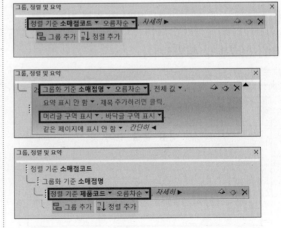

2 소매점명 머리글에 '소매점코드'와 '소매점명' 표시하기
- 본문의 '소매점코드'와 '소매점명'을 소매점명 머리글의 해당 위치로 드래그한다.
- 소매점명 머리글의 높이 설정 : '형식' 탭의 높이 → 1cm

3 페이지 머리글의 전체 컨트롤에 속성 설정하기 : '형식' 탭의 테두리 스타일 → 실선

4 소매점명 바닥글에 컨트롤 생성 및 속성 설정하기
소매점명 바닥글에 텍스트 상자 컨트롤을 사용하여 컨트롤을 생성하고, 레이블에 **반품수량 합계**를 입력한 후 다음과 같이 설정한다.
- 소매점명 바닥글의 높이 설정 : '형식' 탭의 높이 → 1cm
- 텍스트 상자에 컨트롤 원본 설정 : '데이터' 탭의 컨트롤 원본 → =Sum([반품수])
- 텍스트 상자 이름 설정 : '기타' 탭의 이름 → txt반품수량합계

5 'txt페이지' 컨트롤에 페이지 설정하기 : '데이터' 탭의 컨트롤 원본 → =[Page] & "Page"

02. '조회' 단추에 클릭 기능 구현하기

> **정답**
>
> ```
> Private Sub cmd조회_Click()
>     DoCmd.ApplyFilter , "제품코드 = ' " & cmb제품코드 & " ' "
> End Sub
> ```

> **코드 설명**
>
> 제품코드가 'cmb제품코드'에 있는 값과 같은 레코드만 표시합니다.
> ※ ApplyFilter의 첫 번째 인수로 필터 이름을 입력해야 하는데, 생략했으므로 자리를 확보하기 위해 ,를 1번 입력한 것입니다.

문제 4   처리 기능 구현

01. 〈반품현황조회〉 쿼리 작성하기
- 쿼리 작성기

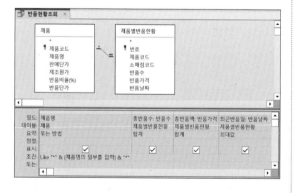

- '총반품수' 필드의 속성 설정하기 : '일반' 탭의 형식 → 0건
- '총반품액' 필드의 속성 설정하기 : '일반' 탭의 형식 → 통화

02. 〈소매점별반품현황〉 쿼리 작성하기
- 쿼리 작성기

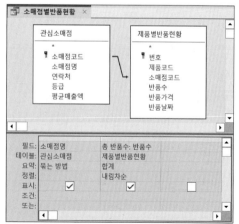

- 쿼리 작성기 창의 〈관심소매점〉 테이블과 〈제품별반품현황〉 테이블을 연결한 '소매점 코드' 관계 연결선을 더블클릭 한 후 '조인 속성' 대화상자에서 다음과 같이 설정한다.

- 조인 속성 대화상자

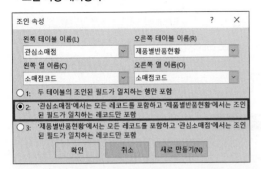

03. 〈제품별지점별반품현황〉 쿼리 작성하기

2개 이상의 테이블이나 쿼리를 사용하여 크로스탭 쿼리를 작성할 때는 마법사를 이용할 수 없습니다.

- 쿼리 작성기 창에 〈소매점〉 테이블과 〈제품별반품현황〉 테이블을 추가한 후 [쿼리 디자인] → 쿼리 유형 → 크로스탭(▦)을 클릭한다.

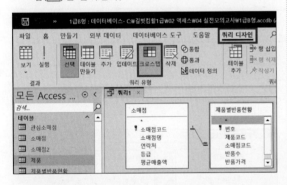

- 쿼리 작성기

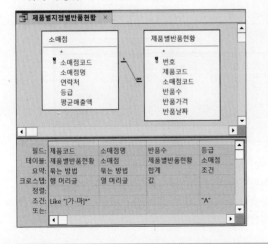

- Like "[가-마]*" : "가"부터 "마"까지로 시작하는, 즉 "가", "나", "다", "라", "마"로 시작하는 '제품코드'만 표시함
- 합계를 구한 '반품수'가 자동으로 '반품수의합계 : 반품수'로 변경됩니다.

04. 〈월별반품조회〉 쿼리 작성하기

- 쿼리 작성기

- '반품가격' 필드의 속성 설정하기 : '일반' 탭의 형식 → 통화

05. 〈우수제품처리〉 쿼리 작성하기

쿼리 작성기

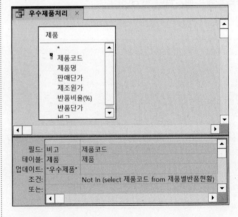

※ 총 3개의 레코드가 변경됩니다.

프로그램명	제한시간
ACCESS 2021	45분

수험번호 :

성   명 :

〈 유 의 사 항 〉

■ 인적 사항 누락 및 잘못 작성으로 인한 불이익은 수험자 책임으로 합니다.

■ 화면에 암호 입력창이 나타나면 아래의 암호를 입력하여야 합니다.

○ **암호 : 8613^2**

■ 작성된 답안은 주어진 경로 및 파일명을 변경하지 마시고 그대로 저장해야 합니다. 이를 준수하지 않으면 실격처리 됩니다.

○ **답안 파일명의 예 : C:\DB\수험번호 8자리.accdb**

■ **외부 데이터 위치 : C:\DB\파일명**

■ 별도의 지시사항이 없는 경우, 다음과 같이 처리하면 실격 처리됩니다.

○ 제시된 개체의 이름을 임의로 변경한 경우

○ 제시된 개체의 속성을 임의로 변경한 경우

○ 제시된 개체를 임의로 삭제하거나 추가한 경우

■ 별도의 지시사항이 없는 경우, 기능의 구현은 모듈이나 매크로 등을 이용하며, 예외적인 상황에 대해서는 고려하지 않아도 됩니다.

■ 제시된 함수가 있을 경우 제시된 함수만을 사용하여야 하며, 그 외 함수 사용시 채점 대상에서 제외됩니다.

■ 별도의 지시사항이 없는 경우, 주어진 각 개체의 속성은 설정값 또는 기본 설정값(Default)으로 처리하십시오.

■ 제시된 화면은 예시이며 나타난 값은 실제와 다를 수 있습니다.

■ 저장 시간은 별도로 주어지지 아니하므로 제한된 시간 내에 저장을 완료해야 합니다.

■ 본 문제의 용어는 Microsoft Office Access 2021(LTSC 2108 버전) 기준으로 작성되었습니다.

대한상공회의소

문제 1 | **DB 구축(25점)**

1. 제품의 판매 현황을 관리하기 위해 데이터베이스를 구축하였다. 다음의 지시사항에 따라 〈판매〉 테이블을 완성하시오. (각 3점)

① '소속지점코드' 필드는 'SE96JS'와 같은 형식으로 입력되도록 입력 마스크를 설정하시오.
  ▶ "SE"가 문자로 저장되도록 설정할 것
  ▶ "SE" 뒤의 네 글자는 숫자 2자리와 영문자 2자리가 반드시 입력되도록 설정하시오.
  ▶ 데이터가 입력될 자리에 '＊'이 표시되도록 설정하시오.
② '판매일' 필드는 반드시 2024년에 판매된 제품만 입력되도록 유효성 검사 규칙을 설정하시오.
③ '판매일' 필드에 대해 중복된 값이 입력될 수 있도록 인덱스를 설정하시오.
④ '판매수량' 필드의 데이터 형식을 '숫자'로 변경하고, 0부터 255 사이의 정수만 입력될 수 있도록 필드 크기를 설정하시오.
⑤ '판매수량' 필드는 반드시 입력되도록 설정하시오.

2. 〈판매〉 테이블의 '제품코드'는 〈제품〉 테이블의 '제품코드'를, 〈판매〉 테이블의 '소속지점코드'는 〈소속지점〉 테이블의 '소속지점코드'를 참조하며 각 테이블 간의 관계는 M:1이다. 세 테이블에 대해 다음과 같이 관계를 설정하시오. (5점)

  ▶ 각 테이블 간에 항상 참조 무결성을 유지하도록 설정하시오.
  ▶ 〈제품〉 테이블의 '제품코드'가 변경되면 이를 참조하는 〈판매〉 테이블의 '제품코드'도 따라 변경되고, 〈제품〉 테이블의 '제품코드'가 삭제되면 〈판매〉 테이블의 '제품코드'도 삭제되도록 변경하시오.
  ▶ 〈소속지점〉 테이블의 '소속지점코드'가 변경되면 이를 참조하는 〈판매〉 테이블의 '소속지점코드'도 따라 변경되도록 설정하시오.

3. 〈판매〉 테이블의 '제품코드' 필드에 대해 다음과 같이 조회 속성을 설정하시오. (5점)

  ▶ 〈제품〉 테이블의 '제품코드'와 '제품명', '판매단가'를 목록 상자의 형태로 나타내되 '판매단가'는 표시되지 않도록 할 것
  ▶ 필드에는 '제품코드'가 저장되도록 할 것
  ▶ 표시되는 각 열의 너비는 1.5cm로 설정할 것

판매번호	판매일	제품코드	영업사원	소속지점코	판매수량
1	2024-01-02	YBR41	권민수	SE96JS	106
2	2024-01-03	YB95J	이강호	SE95MD	73
3	2024-01-04	YB85T	박동희	SE88SD	108
4	2024-01-04	SBBC9	서영수	SE97YS	33
5	2024-01-04	BJB44	반바지	강남영	SE96JS	34
6	2024-01-05	BJC42	청바지	박덕우	SE97AK	81
7	2024-01-06	BJC75	치마	주지연	SE98JR	95
8	2024-01-06	BJR5G	면바지	지연학	SE00SD	99
9	2024-01-07	SB952	운동화	호지명	SE97AK	79
10	2024-01-07	SBBC9	부츠	김동지	SE88SD	62
11	2024-01-08	SBKD5	구두	민지환	SE02SC	35
		SBY55	양말			

레코드: ◀ ◀ 4/100 ▶ ▶ ▶ ▽

문제 2 | 입력 및 수정 기능 구현(20점)

1. 〈소속지점별판매현황〉 폼을 다음의 지시사항에 따라 완성하시오. (각 3점)

① 폼 머리글의 'Image1' 컨트롤에 다음과 같은 그림을 삽입하시오.
  ▶ 그림 이름 : 그래프.jpg
  ▶ 그림 크기 조절 모드 : 전체 확대/축소
② 폼 머리글의 'lst소속지점코드' 컨트롤에 〈소속지점〉 테이블의 '소속지점코드'가 표시되도록 설정하시오.
③ 폼 머리글의 'txt총판매수량'과 'txt총판매금액'에 각각 '판매수량'과 '판매금액' (판매수량×판매단가)의 합계가 표시되도록 '컨트롤 원본' 속성을 설정하시오.

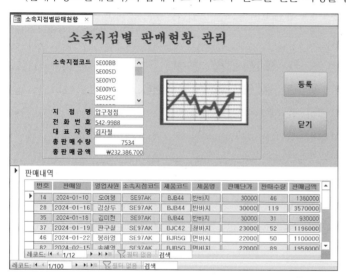

2. 〈판매내역〉 폼의 본문 컨트롤에 대하여 다음과 같이 조건부 서식을 순서대로 설정하시오. (6점)

  ▶ '소속지점코드' 필드의 값이 "AK"로 끝나고, '판매수량' 필드의 값이 50 이상인 경우 본문의 모든 컨트롤들의 글꼴 스타일을 '굵게', 글꼴 색을 '표준 색 – 빨강'으로 지정하시오.
  ▶ '제품명'이 "반바지" 또는 "면바지"이면서, '판매수량'이 50 미만인 경우 본문의 모든 컨트롤의 배경 색을 '표준 – 진한 바다색 2'로 지정하시오.
  ▶ 지시사항별 하나의 규칙으로 작성하시오.
  ▶ Like, And, Or 연산자를 사용하시오.
  ▶ 1번 그림 참조

3. 〈판매조회〉 폼 머리글의 '인쇄'(cmd인쇄) 단추를 클릭하면 〈판매현황출력〉 보고서를 '인쇄 미리 보기' 형식으로 여는 〈보고서열기〉 매크로를 생성하여 지정하시오. (5점)

  ▶ 매크로 조건 : '판매수량' 필드의 값이 'txt최소수량'과 'txt최대수량' 범위에 해당하는 제품 정보만 표시

문제 3   조회 및 출력 기능 구현(20점)

1. 다음의 지시사항에 따라 〈판매현황출력〉 보고서를 완성하시오. (각 3점)

① 〈판매종합〉 쿼리를 레코드 원본으로 설정하시오.

② '제품명' 컨트롤의 빈 공간에 "★"이 반복하여 표시되도록 '형식' 속성을 설정하시오.

③ 본문에 있는 '판매일' 컨트롤을 '텍스트 상자(Text Box)' 컨트롤로 변경하시오.

④ 본문에 있는 'txt이익금' 컨트롤에 다음 수식으로 이익금을 계산하여 표시하고 '형식' 속성을 '통화'로 설정하시오.

    ▶ 이익금 : (판매단가*판매수량)−(생산원가*판매수량)

⑤ '생산원가' 컨트롤의 내용이 화면에 표시되지 않도록 관련 속성을 설정하시오.

제품 판매 현황

판매일	제품명	생산원가	판매단가	판매수량	이익금
2024-01-03	가죽잠바		₩65,000	73	₩788,400
2024-02-18	가죽잠바		₩65,000	85	₩918,000
2024-02-07	가죽잠바		₩65,000	112	₩1,209,600
2024-02-04	가죽잠바		₩65,000	71	₩766,800
2024-02-01	가죽잠바		₩65,000	114	₩1,231,200
2024-01-15	가죽잠바		₩65,000	120	₩1,296,000
2024-02-22	가죽잠바		₩65,000	55	₩594,000
	건수 :	7	판매수량 평균 :	90	
2024-02-14	구두★★		₩42,000	72	₩474,480
2024-02-06	구두★★		₩42,000	52	₩342,680
2024-02-08	구두★★		₩42,000	101	₩665,590
2024-01-20	구두★★		₩42,000	94	₩619,460
2024-01-12	구두★★		₩42,000	36	₩237,240
2024-01-10	구두★★		₩42,000	94	₩619,460
2024-01-05	구두★★		₩42,000	81	₩533,790
2024-01-04	구두★★		₩42,000	34	₩224,060
2024-02-20	구두★★		₩42,000	85	₩560,150
2024-01-16	구두★★		₩42,000	100	₩659,000
	건수 :	10	판매수량 평균 :	74.9	

2. 〈판매조회〉 폼의 '조회'(cmd조회) 단추를 클릭할 때 다음과 같은 기능을 수행하도록 이벤트 프로시저를 구현하시오. (5점)

    ▶ '판매수량'이 'txt최소수량'과 'txt최대수량'에 입력된 값의 범위에 포함되는 제품의 정보만 표시

    ▶ 폼의 Filter 및 FilterOn 속성 이용

문제 4   처리 기능 구현(35점)

1. 〈판매종합〉 쿼리를 이용하여 지점명의 일부를 매개 변수로 입력받고, 해당 지점의 판매현황을 조회하여 새 테이블로 생성하는 〈판매현황생성〉 쿼리를 작성하고 실행하시오. (7점)

   ▶ 쿼리 실행 후 생성되는 테이블의 이름은 〈조회지점판매현황〉으로 설정하시오.

   ▶ 쿼리 실행 결과 생성되는 테이블의 필드는 그림을 참고하여 수험자가 판단하여 설정하시오.

2. 제품명별 판매년월별로 판매수량의 합계를 조회하는 〈수량합계〉 크로스탭 쿼리를 작성하시오. (7점)

   ▶ 〈판매현황〉 쿼리에서 '제품명', '판매수량', '판매일(yyyy년mm월)' 필드만 표시되는 〈크로스탭원본〉 쿼리를 만든 후 이용하시오. (Year, Month 함수 사용)

   ▶ 쿼리 실행 결과 표시되는 필드와 필드명은 〈그림〉과 같이 표시되도록 설정하시오.

제품명	합계 판매수량	2024년1월	2024년2월
가죽잠바	630	193	437
구두	749	439	310
남방	616	293	323
롱코트	899	714	185
면바지	829	479	350
반바지	934	477	457
반코트	422	44	378
부츠	607	465	142
양말	634	304	330
운동화	185	185	
청바지	205	87	118
치마	366	179	187
티	458	108	350

레코드: I◄ ◄ 1/13   ► ►I ►*   ▽ 필터 없음   검색

3. 총판매수가 10 이상이고 총판매량이 50 이상인 지점의 판매 현황을 조회하는 〈우수지점〉 쿼리를 작성하시오. (7점)

▶ 〈소속지점〉과 〈판매〉 테이블을 이용하시오.
▶ 총판매수는 '판매번호' 필드를 이용하고 총판매량은 '판매수량'을 이용하시오.
▶ 총판매량을 기준으로 내림차순 정렬하시오.
▶ 쿼리 실행 결과 표시되는 필드와 필드명은 〈그림〉과 같이 표시되도록 설정하시오.

4. 〈판매종합〉 쿼리를 이용하여 검색할 '지점명'을 매개 변수로 입력받아 해당 지점의 판매 정보를 조회하는 〈지점별판매현황〉 매개 변수 쿼리를 작성하시오. (7점)

▶ '비고' 필드는 '판매수량'이 100 이상이면 "우수사원"을, 그 외에는 공백을 표시하시오. (Iif 함수 사용)
▶ '영업사원' 필드를 기준으로 오름차순 정렬하시오.
▶ 쿼리 실행 결과 표시되는 필드와 필드명은 〈그림〉과 같이 표시되도록 설정하시오.

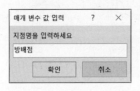

5. 〈판매〉 테이블에 존재하지 않는 〈소속지점〉 테이블의 자료를 조회하는 〈판매없는지점〉 쿼리를 작성하시오. (7점)

▶ 〈소속지점〉 테이블에는 존재하나 〈판매〉 테이블에는 존재하지 않는 '소속지점코드'는 판매가 없는 것으로 가정하시오.
▶ 쿼리 실행 결과 표시되는 필드와 필드명은 〈그림〉과 같이 표시되도록 설정하시오.

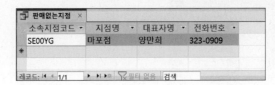

01. 〈판매〉 테이블 완성하기

1 '소속지점코드' 필드의 입력 마스크 속성 설정하기

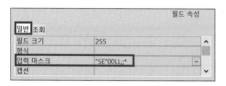

2 '판매일' 필드의 유효성 검사 규칙 속성 설정하기

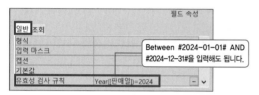

> Between #2024-01-01# AND #2024-12-31#을 입력해도 됩니다.

3 '판매일' 필드의 인덱스 속성 설정하기

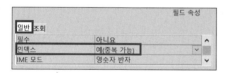

4 '판매수량' 필드의 데이터 형식과 필드 크기 변경하기

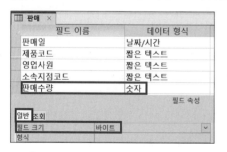

5 '판매수량' 필드의 필수 속성 설정하기

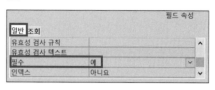

02. 〈판매〉 테이블, 〈제품〉 테이블, 〈소속지점〉 테이블 간의 관계 설정하기

정답

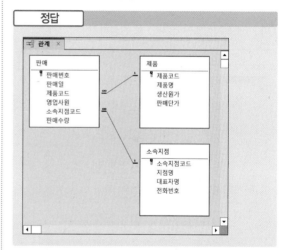

1. 〈제품〉 테이블과 〈판매〉 테이블의 '관계 편집' 대화상자

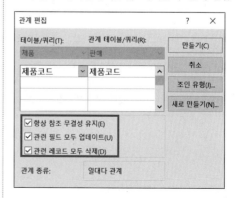

2. 〈소속지점〉 테이블과 〈판매〉 테이블의 '관계 편집' 대화
상자

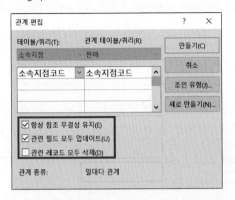

03. '제품코드' 필드에 조회 속성 설정하기

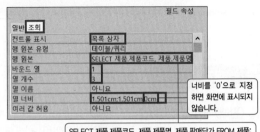

너비를 '0'으로 지정
하면 화면에 표시되지
않습니다.

SELECT 제품.제품코드, 제품.제품명, 제품.판매단가 FROM 제품;

문제 2 입력 및 수정 기능 구현

01. 〈소속지점별판매현황〉 폼 완성하기

정답

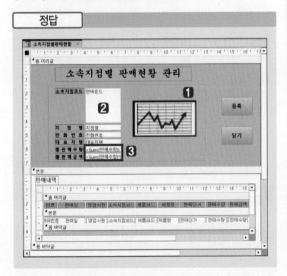

1 'Image1' 컨트롤에 그림 삽입하기
• 그림 : '형식' 탭의 그림 → 그래프.JPG

그림은 'C:\길벗컴활1급\02 액세스\04 실전모의고사'에 있습니다.

• 크기 조절 모드 : '형식' 탭의 크기 조절 모드 → 전체 확
대/축소

2 'lst소속지점코드' 컨트롤에 행 원본 지정하기
• 행 원본 유형 : '데이터' 탭의 행 원본 유형 → 테이블/쿼리
• 행 원본 : '데이터' 탭의 행 원본 → SELECT 소속지
점.소속지점코드 FROM 소속지점;

3 총판매수량과 총판매금액 구하기
• 'txt총판매수량' : '데이터' 탭의 컨트롤 원본 →
=SUM([판매수량])
• 'txt총판매금액' : '데이터' 탭의 컨트롤 원본 →
=SUM([판매수량]*[판매단가])

02. 조건부 서식 설정하기

1. 본문의 모든 컨트롤을 선택한 후 [서식] → 컨트롤 서식
→ 조건부 서식을 선택한다.
2. '조건부 서식 규칙 관리자' 대화상자에서 〈새 규칙〉을
클릭한 후 '새 서식 규칙' 대화상자에서 조건과 서식을
그림과 같이 설정한 후 〈확인〉을 클릭한다.

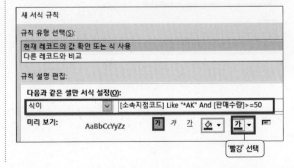

'빨강' 선택

3. '조건부 서식 규칙 관리자' 대화상자에서 다시 한번 〈새 규칙〉을 클릭한 후 '새 서식 규칙' 대화상자에서 조건과 서식을 그림과 같이 설정한 후 〈확인〉을 클릭한다.

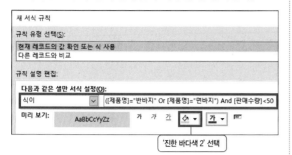

'진한 바다색 2' 선택

03. '인쇄' 단추에 클릭 기능 구현하기

정답

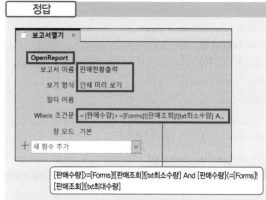

[판매수량])=[Forms]![판매조회]![txt최소수량] And [판매수량](=[Forms]!
[판매조회]![txt최대수량]

※ 〈보고서열기〉 매크로 개체를 먼저 작성한 후 〈판매조회〉 폼의 'cmd 인쇄' 컨트롤의 'On Click' 이벤트에 〈보고서열기〉 매크로를 지정하면 됩니다.

※ 현재 〈판매현황출력〉 보고서의 레코드 원본이 설정되지 않은 상태이므로 '인쇄' 단추를 클릭해도 〈판매현황출력〉 보고서가 정상적으로 표시되지 않습니다. [문제 3] 조회 및 출력 기능 구현의 1번 보고서 완성 문제를 완료한 후 '인쇄' 단추를 클릭해서 실행 여부를 확인하세요.

문제 3   조회 및 출력 기능 구현

01. 〈판매현황출력〉 보고서 완성하기

정답

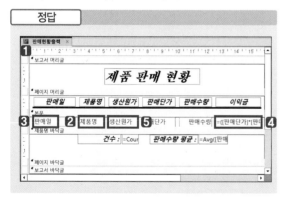

1 레코드 원본 속성 설정하기 : '데이터' 탭의 레코드 원본 → 판매종합

2 '제품명' 컨트롤에 속성 설정하기 : '형식' 탭의 형식 → @*★

3 '판매일' 컨트롤을 텍스트 상자로 변환하기
본문의 '판매일' 컨트롤을 마우스 오른쪽 단추로 클릭하면 표시되는 바로 가기 메뉴에서 [변경] → **텍스트 상자**를 선택한다.

4 'txt이익금' 컨트롤에 속성 설정하기
• '데이터' 탭의 컨트롤 원본 → =([판매단가]*[판매수량])-([생산원가]*[판매수량])
• '형식' 탭의 형식 → 통화

5 '생산원가' 컨트롤에 속성 설정하기 : '형식' 탭의 표시 → 아니요

02. '조회' 단추에 클릭 기능 구현하기

정답

```
Private Sub cmd조회_Click( )
    Me.Filter = "판매수량 )=" & txt최소수량 & " and 판매수량
    〈=" & txt최대수량
    Me.FilterOn = True
End Sub
```

문제 4   처리 기능 구현

01. 〈판매현황생성〉 쿼리 작성하기

• 쿼리 작성기

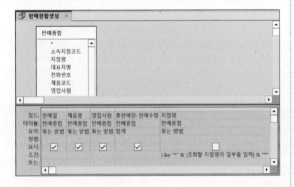

• '테이블 만들기' 대화상자

02. 〈수량합계〉 쿼리 작성하기

• 새 쿼리 작성할 때의 쿼리 작성기

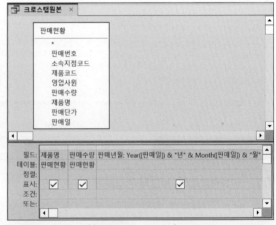

• 판매년월: Year([판매일]) & "년" & Month([판매일]) & "월" → Year, Month 등과 같은 함수를 입력하면 자동으로 'Expr1:'이 입력됩니다. 수식의 결과를 대신할 필드명이 필요하기 때문입니다. 특별한 지시가 없으므로 기본값 그대로 두어도 되고, 앞의 그림과 같이 변경(판매년월)해도 됩니다. 교재에서는 필드를 구분하기 위해 '판매년월'이라고 입력한 것입니다.
• 새로운 쿼리의 이름이 주어졌으므로 쿼리 이름은 문제에 제시된 '크로스탭원본'으로 해야 합니다.

• 크로스탭 쿼리 작성하기

1. '크로스탭 쿼리 마법사'를 실행시킨 후 쿼리에서 사용할 원본 데이터 '크로스탭원본'을 선택하고 〈다음〉을 클릭한다.

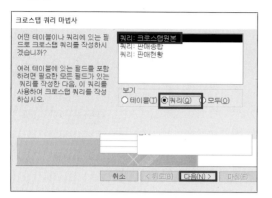

2. 행 머리글로 '제품명'을 선택한 후 〈다음〉을 클릭한다.

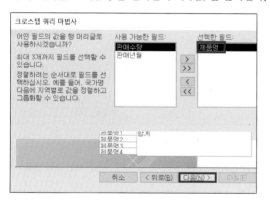

3. 열 머리글로 '판매년월'을 선택한 후 〈다음〉을 클릭한다.

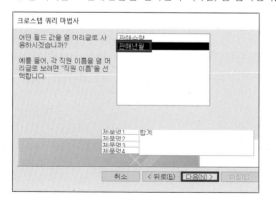

4. 행과 열이 교차하는 곳에 '판매수량'의 총계를 표시해야 하므로 그림과 같이 선택한 후 〈다음〉을 클릭한다.

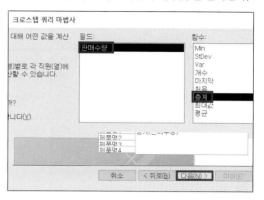

5. 쿼리 이름을 수량합계로 입력한 후 〈마침〉을 클릭한다.

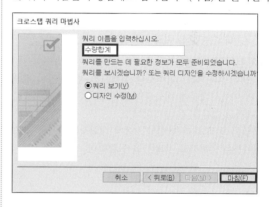

03. 〈우수지점〉 쿼리 작성하기

쿼리 작성기

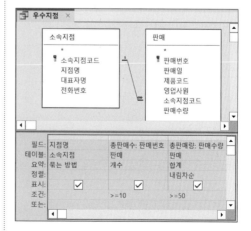

04. 〈지점별판매현황〉 쿼리 작성하기

쿼리 작성기

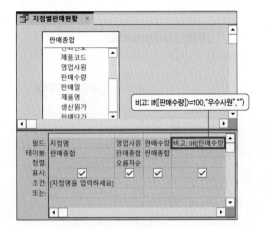

05. 〈판매없는지점〉 쿼리 작성하기

불일치 검색 쿼리 작성하기

1. '불일치 검색 쿼리' 마법사를 실행시킨 후 '불일치 검색 쿼리 마법사' 1단계 대화상자에서 〈소속지점〉 테이블을 선택하고, 〈다음〉을 클릭한다.
2. '불일치 검색 쿼리 마법사' 2단계 대화상자에서 〈판매〉 테이블을 선택하고, 〈다음〉을 클릭한다.

3. '불일치 검색 쿼리 마법사' 3단계 대화상자에서 그림과 같이 설정하고, 〈다음〉을 클릭한다.

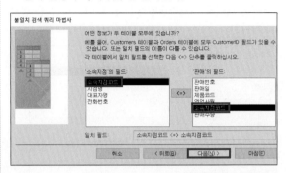

4. '불일치 검색 쿼리 마법사' 4단계 대화상자에서 그림과 같이 설정하고, 〈다음〉을 클릭한다.

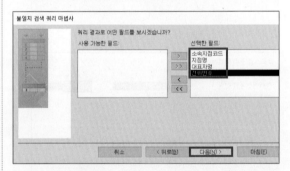

5. '불일치 검색 쿼리 마법사' 5단계 대화상자에서 쿼리 이름을 **판매없는지점**으로 설정하고, 〈마침〉을 클릭한다.

프로그램명	제한시간
ACCESS 2021	45분

수험번호 :

성 명 :

─〈 유 의 사 항 〉─

- 인적 사항 누락 및 잘못 작성으로 인한 불이익은 수험자 책임으로 합니다.

- 화면에 암호 입력창이 나타나면 아래의 암호를 입력하여야 합니다.
  - **암호 : 0^6704**

- 작성된 답안은 주어진 경로 및 파일명을 변경하지 마시고 그대로 저장해야 합니다. 이를 준수하지 않으면 실격처리 됩니다.
  - **답안 파일명의 예 : C:\DB\수험번호 8자리.accdb**

- **외부 데이터 위치 : C:\DB\파일명**

- 별도의 지시사항이 없는 경우, 다음과 같이 처리하면 실격 처리됩니다.
  - 제시된 개체의 이름을 임의로 변경한 경우
  - 제시된 개체의 속성을 임의로 변경한 경우
  - 제시된 개체를 임의로 삭제하거나 추가한 경우

- 별도의 지시사항이 없는 경우, 기능의 구현은 모듈이나 매크로 등을 이용하며, 예외적인 상황에 대해서는 고려하지 않아도 됩니다.

- 제시된 함수가 있을 경우 제시된 함수만을 사용하여야 하며, 그 외 함수 사용시 채점 대상에서 제외됩니다.

- 별도의 지시사항이 없는 경우, 주어진 각 개체의 속성은 설정값 또는 기본 설정값(Default)으로 처리하십시오.

- 제시된 화면은 예시이며 나타난 값은 실제와 다를 수 있습니다.

- 저장 시간은 별도로 주어지지 아니하므로 제한된 시간 내에 저장을 완료해야 합니다.

- 본 문제의 용어는 Microsoft Office Access 2021(LTSC 2108 버전) 기준으로 작성되었습니다.

대한상공회의소

　　DB 구축(25점)

1. 통화요금 관리를 위해 데이터베이스를 구축하려 한다. 다음의 지시사항에 따라 〈통화시간별요금〉 테이블을 완성하시오. (각 3점)

① '순번' 필드를 기본 키(PK)로 설정하시오.

② '고객코드' 필드는 반드시 입력되도록 설정하시오.

③ '통화시간(초)' 필드에는 3초 이하의 통화 시간은 기록되지 않게 유효성 검사 규칙을 설정하시오.

④ '날짜' 필드에는 '15년 11월 12일' 형식으로 표시되도록 형식을 설정하시오.

⑤ '요금(원)' 필드에는 기본적으로 100이 입력되도록 설정하시오.

2. 〈통화시간별요금〉 테이블의 '고객코드'는 〈고객관리〉 테이블의 '고객코드'를 참조하고 테이블 간의 관계는 M:1이다. 또한 〈통화시간별요금〉 테이블의 '요금코드'는 〈요금〉 테이블의 '요금코드'를 참조하며 두 테이블 간의 관계는 M:1이다. 각 테이블에 대해 다음과 같이 관계를 설정하시오. (5점)

▶ 각 테이블 간에 항상 참조 무결성을 유지하도록 설정하시오.

▶ 〈고객관리〉 테이블의 '고객코드'가 변경되면 이를 참조하는 〈통화시간별요금〉 테이블의 '고객코드'도 따라 변경되고, 〈요금〉 테이블의 '요금코드'가 변경되면 이를 참조하는 〈통화시간별요금〉 테이블의 '요금코드'도 따라 변경되도록 설정하시오.

▶ 〈통화시간별요금〉 테이블에서 참조하고 있는 〈고객관리〉 테이블의 레코드나 〈요금〉 테이블의 레코드를 삭제할 수 없도록 하시오.

3. 'VIP고객.xlsx' 파일에 대한 연결 테이블을 작성하시오. (5점)

▶ 첫 번째 행은 필드의 이름이다.

▶ 연결 테이블의 이름은 'VIP고객명단'으로 할 것

　　입력 및 수정 기능 구현(20점)

1. 〈통화요금조회〉 폼을 다음의 화면과 지시사항에 따라 완성하시오. (각 3점)

① '단일 폼'의 형태로 나타나도록 '기본 보기' 속성을 설정하시오.

② 폼 머리글의 높이를 4cm로 변경한 후 그림과 같이 폼 머리글에 레이블을 생성하고 이름을 'lbl제목'으로 설정하시오.

▶ 제목 : 통화 요금 조회, 글꼴 : 굴림, 크기 : 15, 스타일 : 굵게, 밑줄

③ 폼 바닥글의 'txt날짜' 컨트롤에 현재 날짜만을 표시하는 함수와 Format( ) 함수를 이용하여 '2023년 9월 25일 월요일'과 같이 표시되도록 '컨트롤 원본' 속성을 설정하시오.

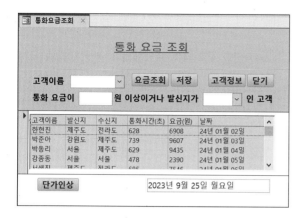

2. 〈고객〉 폼의 본문 영역에 다음과 같이 조건부 서식을 설정하시오. (6점)

▶ '고객이름'이 "강"으로 시작하는 경우 레이블과 단추, 하위 폼을 제외한 모든 컨트롤에 '굵게'와 '밑줄' 서식을 설정하시오.

▶ 단, 하나의 규칙으로 작성하시오

3. 〈통화요금조회〉 폼의 '고객정보'(cmd고객정보) 단추를 클릭하면, 〈고객〉 폼을 '폼 보기' 의 형태로 여는 〈폼열기〉 매크로를 생성하여 지정하시오. (5점)

▶ 매크로 조건 : '고객이름' 필드의 값이 'cmb고객이름'에 해당하는 고객 정보만 표시

▶ 1번 문제의 〈그림〉 참조

문제 3　　　조회 및 출력 기능 구현(20점)

1. 다음의 지시사항 및 화면을 참조하여 〈요금코드별요금합계〉 보고서를 완성하시오. (각 3점)

① 다음과 같이 정렬 및 그룹화를 설정하시오.
　▶ '요금코드' 필드를 기준으로 내림차순 정렬
　▶ '요금코드' 필드에 대해 그룹 바닥글 설정

② 'txt요금코드', 'txt발신지', 'txt수신지'는 같은 내용이 중복될 경우 표시되지 않도록 설정하시오.

③ 본문의 'txt고객코드', 'txt통화시간', 'txt요금' 컨트롤을 '고객코드', '통화시간 (초)', '요금(원)' 필드에 바운드시키시오.

④ 요금코드 바닥글에 그림과 같이 요금의 합계가 표시되는 '텍스트 상자'와 '선' 컨트롤을 생성하시오.

▶ 텍스트 상자 이름은 'txt요금합계'로 하고 요금합계의 글꼴 두께를 '굵게'로 지정

▶ 선은 점선으로 표시하고, 점선의 이름은 'Line선', 너비는 5.4cm, 위치는 위쪽 1cm, 왼쪽 10cm로 지정

⑤ 페이지 바닥글의 높이를 '1cm'로 설정하시오.

요 금 코 드 별 요 금 합 계

요금코드	발신지	수신지	고객코드	통화시간(초)	요금(원)
T-52	강원도	서울	마F-059	819	9009
			아A-071	392	4312
				합계 :	13321
T-51	강원도	제주도	라I-067	739	9607
				합계 :	9607
T-50	강원도	경상도	가I-063	721	7931
			아A-071	209	2299
			가I-063	803	8833
				합계 :	19063
T-49	강원도	전라도	자G-070	849	9339
				합계 :	9339
T-38	강원도	충정도	라F-066	897	8970
				합계 :	8970
S-30	경상도	강원도	사E-065	247	2717
			아A-071	77	847
				합계 :	3564
S-29	경상도	제주도	사E-074	168	1848

2023-09-25   1 / 8

2. 〈고객〉 폼에 있는 'cmb고객코드' 컨트롤의 값이 변경(Change)되면 다음과 같은 기능을 수행하도록 이벤트 프로시저를 구현하시오. (5점)

▶ 'cmb고객코드'에 선택된 '고객코드'에 대한 정보를 표시하시오.

▶ 현재 폼의 RecordSource와 Requery 속성을 이용할 것

문제 4 처리 기능 구현(35점)

1. 〈통화내역〉 쿼리를 이용하여 '발신지'가 "제주도"인 통화내역을 조회하는 〈제주도통화내역〉 쿼리를 작성하시오. (7점)

- ▶ '날짜'를 기준으로 내림차순 정렬하시오.
- ▶ '고객코드'가 '가'부터 '마'까지의 문자 중 하나로 시작하는 자료만 조회 대상으로 하시오. (Like 연산자 사용)
- ▶ 쿼리 결과 표시되는 필드와 필드명은 〈그림〉과 같이 표시되도록 설정하시오.

최근통화날짜 ▾	수신지 ▾	요금합계 ▾	발신지 ▾
2024-03-19	서울	19365	제주도
2024-03-12	제주도	105	제주도
2024-03-02	충정도	5754	제주도
2024-02-14	전라도	9526	제주도
2024-02-13	경상도	5522	제주도
2024-01-18	경기도	11696	제주도

제주도통화내역 ×
레코드: ◀ 1/6 ▶ ▶▮ 필터 없음 검색

2. 〈고객관리〉와 〈통화시간별요금〉 테이블을 이용하여 검색할 월을 매개 변수로 입력받아 입력 받은 월의 고객별 통화 정보를 조회하는 〈월별통화현황〉 매개 변수 쿼리를 작성하시오. (7점)

- ▶ '나이' 필드는 '생년월일'의 년도와 현재 년도의 차이를 구하여 표시하시오. (Date, DateDiff 함수 사용)
- ▶ 쿼리 실행 결과 표시되는 필드와 필드명은 〈그림〉과 같이 표시되도록 설정하시오.

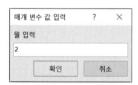

고객이름 ▾	나이 ▾	통화시간(초)평균 ▾	요금(원)평균 ▾
강정정	55	431	5603
강종동	31	838	8380
김발솔	53	468.5	6529.5
김진준	33	493	5423
김진준	34	466.75	3514.25
박동리	55	502	5522
박승솔	30	282	3666
박연진	51	331	3329.5
박준아	41	784	6272
이동숙	26	463	2703
이미진	45	393	3930
이원아	40	180	1980
이현묘	27	291	4365
정준전	32	515	4600
최정오	27	89	1068
한대용	53	279	3069
한현전	42	468	5490
한현진	26	341	3410

월별통화현황 ×
레코드: ◀ 1/18 ▶ ▶▮ 필터 없음 검색

3. 통화요금의 할인액을 매개 변수로 입력받아 '요금(원)' 필드의 값을 수정하는 〈5000원이 상통화요금할인〉 업데이트 쿼리를 작성한 후 실행하시오. (7점)

▶ 〈통화요금할인〉 테이블을 이용하시오.

▶ 요금(원) = 요금(원) − 할인액

▶ 통화요금이 5000원 이상인 고객만을 대상으로 하시오.

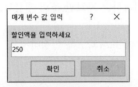

※ 〈5000원이상통화요금할인〉 쿼리의 매개 변수 값으로 250을 입력하여 실행한 후의 〈통화요금할인〉 테이블

4. 〈고객관리〉와 〈통화시간별요금〉 테이블을 이용하여 고객이름별 연락처, 요금합계, 등급을 조회하는 〈고객별요금현황〉 쿼리를 작성하시오. (7점)

▶ '등급'은 요금합계가 30,000 이상이면 "골드"를, 20,000 이상이면 "실버"를, 그 외는 공백으로 표시하시오. (Switch 함수 사용)

▶ 쿼리 실행 결과 표시되는 필드와 필드명은 〈그림〉과 같이 표시되도록 설정하시오.

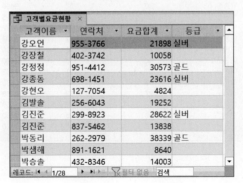

5. 발신지별, 수신지별 통화건수와 요금합계를 조회하는 〈1월통화내역〉 크로스탭 쿼리를 작성하시오. (7점)

- ▶ 〈통화내역〉 쿼리를 이용하시오.
- ▶ 통화건수는 '고객코드' 필드를 이용하시오.
- ▶ 날짜가 2024년 1월 1일부터 2024년 1월 31일까지만 조회 대상으로 하시오. (Between 연산자 사용)
- ▶ 통화건수와 요금합계는 [표시 예]와 같이 표시되도록 '형식' 속성을 설정하시오.
  [통화건수 표시 예 : 0 → 0건, 5 → 5건]
  [요금합계 표시 예 : 0 → 0원, 11198 → 11,198원]
- ▶ 쿼리 결과 표시되는 필드와 필드명, 필드의 형식은 〈그림〉과 같이 표시되도록 설정하시오.

발신지	통화건수	강원도	경기도	경상도	서울	전라도	제주도	충정도
강원도	5건	1,140원		8,833원		9,339원	9,607원	8,970원
경기도	4건				4,008원	7,194원		
경상도	5건	847원	6,312원			8,260원	5,104원	
서울	3건				2,390원	9,696원	9,435원	
전라도	3건		11,198원					4,140원
제주도	6건		11,696원		13,395원	14,454원	3,260원	
충정도	3건		10,143원				2,856원	

레코드: I◀ 1/7 ▶ ▶I ▶* 필터 없음 검색

문제 1   **DB 구축**

01. 〈통화시간별요금〉 테이블 완성하기

1 '순번' 필드의 기본키 속성 설정하기

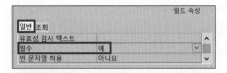

2 '고객코드' 필드의 필수 속성 설정하기

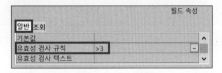

3 '통화시간(초)' 필드의 유효성 검사 규칙 속성 설정하기

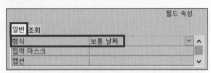

4 '날짜' 필드의 형식 속성 설정하기

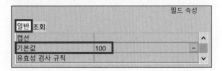

5 '요금(원)' 필드의 기본값 속성 설정하기

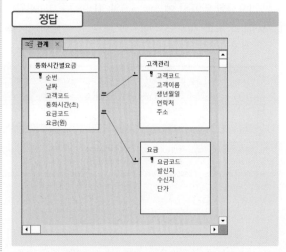

02. 〈통화시간별요금〉 테이블, 〈고객관리〉 테이블, 〈요금〉 테이블 간의 관계 설정하기

정답

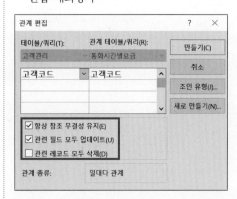

1. 〈고객관리〉 테이블과 〈통화시간별요금〉 테이블의 '관계 편집' 대화상자

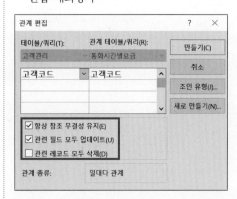

---

2. 〈요금〉 테이블과 〈통화시간별요금〉 테이블의 '관계 편집' 대화상자

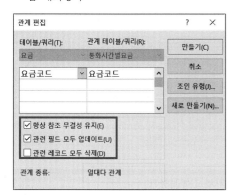

03. 'VIP고객.xlsx' 파일 연결하기

정답

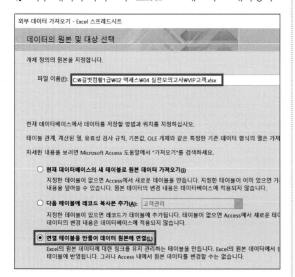

1. '외부 데이터 가져오기-Excel 스트레드시트' 대화상자

외부 데이터 가져오기 - Excel 스프레드시트

데이터의 원본 및 대상 선택

개체 정의의 원본을 지정합니다.

파일 이름(F): C:₩길벗컴활1급₩02 액세스₩04 실전모의고사₩VIP고객.xlsx

현재 데이터베이스에서 데이터를 저장할 방법과 위치를 지정하십시오.

테이블 관계, 계산된 열, 유효성 검사 규칙, 기본값, OLE 개체와 같은 특정한 기존 데이터 형식의 열은 가져
자세한 내용을 보려면 Microsoft Access 도움말에서 "가져오기"를 검색하세요.

○ 현재 데이터베이스의 새 테이블로 원본 데이터 가져오기(I)
　　지정한 테이블이 없으면 Access에서 새로운 테이블을 만듭니다. 지정한 테이블이 이미 있으면 가.
　　내용을 덮어쓸 수 있습니다. 원본 데이터의 변경 내용은 데이터베이스에 적용되지 않습니다.

○ 다음 테이블에 레코드 복사본 추가(A): 고객관리
　　지정한 테이블이 있으면 레코드가 테이블에 추가됩니다. 테이블이 없으면 Access에서 새로운 테이
　　데이터의 변경 내용은 데이터베이스에 적용되지 않습니다.

● 연결 테이블을 만들어 데이터 원본에 연결(L)
　　Excel의 원본 데이터에 대한 링크를 유지 관리하는 테이블을 만듭니다. Excel의 원본 데이터에서 택
　　테이블에 반영됩니다. 그러나 Access 내에서 원본 데이터를 변경할 수는 없습니다.

2. '스프레드시트 연결 마법사' 2단계 대화상자

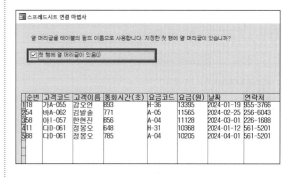

3. '스프레드시트 연결 마법사' 3단계 대화상자

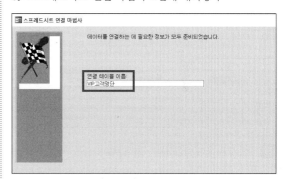

01. 〈통화요금조회〉 폼 완성하기

정답

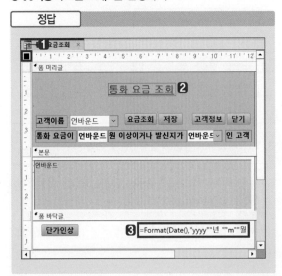

1 기본 보기 속성 설정하기 : '형식' 탭의 기본 보기 → 단일 폼

2 'lbl제목' 레이블 생성하기
1. 폼 머리글 영역의 속성 시트에서 '형식' 탭의 높이를 4cm로 변경한 후 폼 머리글 상단에 있는 모든 컨트롤을 하단으로 드래그하여 이동시킨다.

2. [양식 디자인] → 컨트롤 → 레이블(가가)을 클릭한 후 폼 머리글에서 적당한 크기로 드래그한다.
3. **통화 요금 조회**를 입력한 후 속성 시트 창의 '기타' 탭에서 이름 속성에 **lbl제목**을 입력한다.

4. [서식] → 글꼴 그룹에서 아래와 같이 설정한다.

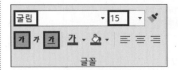

3 'txt날짜' 컨트롤에 현재 날짜 표시하기 : '데이터' 탭의 컨트롤 원본 → =Format(Date( ), "yyyy년 m월 d일 aaaa")

02. 조건부 서식 설정하기

본문의 위쪽의 콤보 상자 1개와 텍스트 상자 4개 컨트롤을 선택한 후 [서식] → 컨트롤 서식 → **조건부 서식**을 클릭하여 그림과 같이 지정한다.

03. '고객정보' 단추에 클릭 기능 구현하기

정답

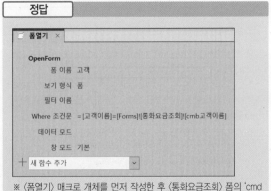

※ 〈폼열기〉 매크로 개체를 먼저 작성한 후 〈통화요금조회〉 폼의 'cmd고객정보' 컨트롤의 'On Click' 이벤트에 〈폼열기〉 매크로를 지정하면 됩니다.

01. 〈요금코드별요금합계〉 보고서 완성하기

정답

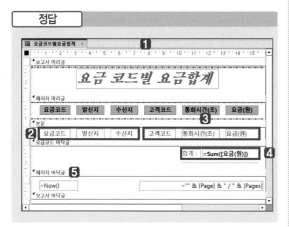

1 '그룹, 정렬 및 요약' 창

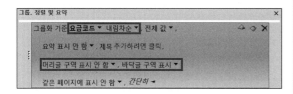

2 txt요금코드, txt발신지, txt수신지 컨트롤의 중복 내용 숨기기
: '형식' 탭의 중복 내용 숨기기 → 예

3 본문 컨트롤 바운드시키기
- 'txt고객코드' : '데이터' 탭의 컨트롤 원본 → 고객코드
- 'txt통화시간' : '데이터' 탭의 컨트롤 원본 → 통화시간(초)
- 'txt요금' : '데이터' 탭의 컨트롤 원본 → 요금(원)

4 'txt요금합계' 컨트롤에 요금 합계 구하기
- 텍스트 상자를 생성하고, 레이블에 **합계 :**를 입력한 후 텍스트 상자에 다음과 같이 설정한다.
  - 이름 : '기타' 탭의 이름 → txt요금합계
  - 컨트롤 원본 : '데이터' 탭의 컨트롤 원본 → =Sum([요금(원)])
  - 글꼴 두께 : '형식' 탭의 글꼴 두께 → 굵게
- 선을 생성한 후 선에 다음과 같이 설정한다.
  - 이름 : '기타' 탭의 이름 → Line선
  - 너비 : '형식' 탭의 너비 : 5.4cm
  - 왼쪽 : '형식' 탭의 왼쪽 : 10cm
  - 위쪽 : '형식' 탭의 위쪽 : 1cm
  - 테두리 스타일 : '형식' 탭의 테두리 스타일 : 점선

5 페이지 바닥글의 높이 지정하기 : '형식' 탭의 높이 → 1cm

02. 'cmb고객코드' 컨트롤에 Change 기능 구현하기

정답

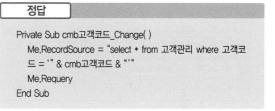

```
Private Sub cmb고객코드_Change( )
    Me.RecordSource = "select * from 고객관리 where 고객코
    드 = '" & cmb고객코드 & "'"
    Me.Requery
End Sub
```

01. 〈제주도통화내역〉 쿼리 작성하기

쿼리 작성기

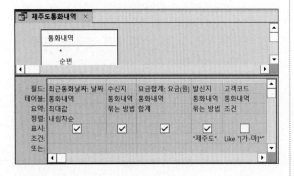

02. 〈월별통화현황〉 쿼리 작성하기

쿼리 작성기

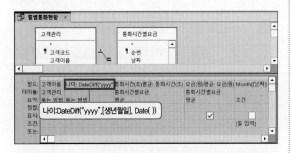

Month(['날짜])를 입력하면 자동으로 Expr1:Month(['날짜])로 변경됩니다. 하지만 저장한 후 다시 열면 'Month(['날짜])'만 표시됩니다.

03. 〈5000원이상통화요금할인〉 쿼리 작성하기

쿼리 작성기
쿼리 작성기 창에서 [쿼리 디자인] → 쿼리 유형 → 업데이트(📝)를 클릭한 후 그림과 같이 설정한다.

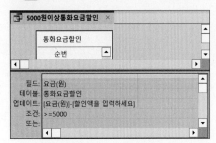

※ 총 41개의 레코드가 변경됩니다.

04. 〈고객별요금현황〉 쿼리 작성하기

쿼리 작성기

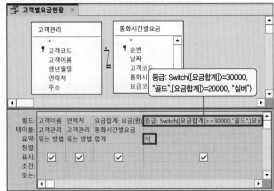

> **궁금해요 시나공 Q&A 베스트**
>
> **Q** 쿼리를 실행하면 '요금합계'에 대한 매개 변수 대화상자가 표시돼요!
>
> **A** 등급: Switch([요금합계])>=30000, "골드", [요금합계])=20000, "실버")를 입력한 후 Enter를 누르면 자동으로 '요약' 항목이 '묶는 방법'으로 설정되는데, 이 상태에서 쿼리를 실행하면 '요금합계'에 대한 매개 변수 대화상자가 표시됩니다. 이와 같이 수식에서 필드명(요금(원))이 아닌 필드의 별칭(요금합계)을 사용하는 경우에는 '요약' 항목을 '식'으로 설정해야 정상적으로 쿼리가 실행됩니다.

05. 〈1월통화내역〉 쿼리 작성하기

쿼리 작성기

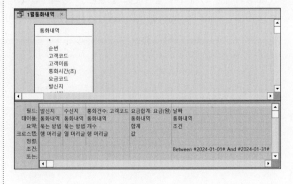

- '통화건수' 필드의 속성 설정하기 : '일반' 탭의 형식 → 0건
- '요금합계' 필드의 속성 설정하기 : '일반' 탭의 형식 → #,##0원

프로그램명	제한시간	수험번호 :
ACCESS 2021	45분	성 명 :

─〈 유 의 사 항 〉─

■ 인적 사항 누락 및 잘못 작성으로 인한 불이익은 수험자 책임으로 합니다.

■ 화면에 암호 입력창이 나타나면 아래의 암호를 입력하여야 합니다.
  ○ **암호 : 4#3866**

■ 작성된 답안은 주어진 경로 및 파일명을 변경하지 마시고 그대로 저장해야 합니다. 이를 준수하지 않으면 실격처리 됩니다.
  ○ **답안 파일명의 예 : C:\DB\수험번호 8자리.accdb**

■ **외부 데이터 위치 : C:\DB\파일명**

■ 별도의 지시사항이 없는 경우, 다음과 같이 처리하면 실격 처리됩니다.
  ○ 제시된 개체의 이름을 임의로 변경한 경우
  ○ 제시된 개체의 속성을 임의로 변경한 경우
  ○ 제시된 개체를 임의로 삭제하거나 추가한 경우

■ 별도의 지시사항이 없는 경우, 기능의 구현은 모듈이나 매크로 등을 이용하며, 예외적인 상황에 대해서는 고려하지 않아도 됩니다.

■ 제시된 함수가 있을 경우 제시된 함수만을 사용하여야 하며, 그 외 함수 사용시 채점 대상에서 제외됩니다.

■ 별도의 지시사항이 없는 경우, 주어진 각 개체의 속성은 설정값 또는 기본 설정값(Default)으로 처리하십시오.

■ 제시된 화면은 예시이며 나타난 값은 실제와 다를 수 있습니다.

■ 저장 시간은 별도로 주어지지 아니하므로 제한된 시간 내에 저장을 완료해야 합니다.

■ 본 문제의 용어는 Microsoft Office Access 2021(LTSC 2108 버전) 기준으로 작성되었습니다.

대한상공회의소

문제 1   DB 구축(25점)

1. 물품을 구입한 대리점을 관리하기 위해 데이터베이스를 구축하였다. 다음의 지시사항에 따라 〈대리점〉 테이블을 완성하시오. (각 3점)

① '대리점코드' 필드를 기본키(PK)로 설정하시오.

② '월평균매출액' 필드의 값 뒤에는 다음과 같이 '만원'이 표시되도록 형식을 설정하시오.

  ▶ 표시 예 : 720 → 720만원

③ '약도이미지' 필드를 '연락처' 필드의 뒤에 추가하고, 이미지를 삽입할 수 있도록 데이터 형식을 설정하시오.

④ '대리점명' 필드에는 인덱스(중복 불가능)를 설정하시오.

⑤ '연락처' 필드에는 '703-4873' 형식으로 입력되도록 다음과 같이 입력 마스크를 설정하시오.

  ▶ 앞의 세 글자, 뒤의 네 글자는 숫자로 입력받되 반드시 입력되도록 설정

  ▶ '-'도 입력 데이터와 같이 저장되고, 입력 시 데이터 입력 자리에 '*'가 표시되도록 설정하시오.

2. 〈판매현황〉 테이블의 '고객코드'는 〈고객〉 테이블의 '고객코드'를 참조하고 테이블 간의 관계는 M:1이다. 또한 〈판매현황〉 테이블의 '상품코드'는 〈상품〉 테이블의 '상품코드'를 참조하며 두 테이블 간의 관계는 M:1이다. 각 테이블에 대해 다음과 같이 관계를 설정하시오. (5점)

  ▶ 각 테이블 간에 항상 참조 무결성을 유지하도록 설정하시오.

  ▶ 〈고객〉 테이블의 '고객코드'가 변경되면 이를 참조하는 〈판매현황〉 테이블의 '고객코드'도 따라 변경되도록 설정하시오.

  ▶ 〈판매현황〉 테이블에서 참조하고 있는 〈고객〉 테이블의 레코드나 〈상품〉 테이블의 레코드를 삭제할 수 없도록 하시오.

3. '하반기신상품.xlsx' 파일의 내용을 가져와 〈신상품〉 테이블에 추가하시오. (5점)

  ▶ '신상품' 시트의 데이터를 추가할 것

문제 2   입력 및 수정 기능 구현(20점)

1. 〈판매〉 폼을 다음의 화면과 지시사항에 따라 완성하시오. (각 3점)

① '상품이름'을 기준으로 '오름차순' 정렬하여 표시되도록 설정하시오.

② '단일 폼'의 형태로 나타나게 하고, 추가나 삭제는 불가능하도록 설정하시오.

③ 폼 바닥글의 'txt날짜와시간'에 현재 날짜와 시간이 [표시 예]와 같이 표시되도록 설정하시오.

  ▶ 표시 예 : 2023년 10월 11일 10시 30분 42초 → 2023-10-11 오전 10:30:42

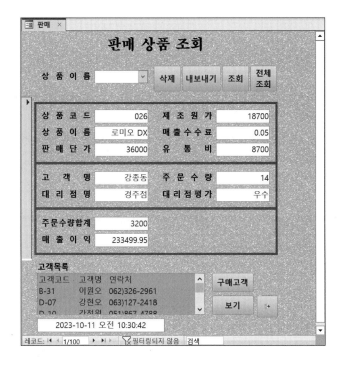

2. 〈판매〉 폼의 'lst고객목록' 컨트롤에 대해 다음과 같이 설정하시오. (6점)

▶ 〈고객〉 테이블의 '고객코드', '고객명', '연락처'가 표시되도록 할 것
▶ 'lst고객목록'에는 '고객코드'가 저장되도록 할 것
▶ 열 너비는 각각 2cm, 1.5cm, 1.5cm로 설정할 것(1번 그림 참조)

3. 〈판매〉 폼의 ''(cmd닫기) 단추를 클릭할 때 〈그림〉과 같이 메시지 상자에 오늘 날짜를 표시한 후 현재 열려 있는 폼을 닫는 〈폼종료〉 매크로를 생성한 후 지정하시오. (5점)

▶ Format, Date 함수 사용

Microsoft Access	×
2023년 09월 25일 폼 작업을 종료합니다.	
확인	

---

1. 다음의 지시사항 및 화면을 참조하여 〈주문현황〉 보고서를 완성하시오. (각 3점)

① '고객명'과 '상품이름'을 기준으로 오름차순 정렬하시오.
② 본문의 'txt주문금액누적' 컨트롤에는 주문금액의 누적 값이 표시되도록 설정하시오.
  ▶ 주문금액 = 주문수량 × 판매단가

③ 본문의 '고객명'에 대해 데이터가 이전 레코드와 같으면 데이터를 숨기도록 설정하시오.

④ 보고서 머리글의 'txt고객코드'에는 〈판매〉 폼의 'lst고객목록'에서 선택한 고객의 '고객코드'가 표시되도록 설정하시오.

▶ 〈판매〉 폼이 열려있고, 'lst고객목록'에서 '고객코드'가 선택되어 있다고 가정할 것

⑤ 페이지 바닥글의 'txt페이지'에는 페이지 번호가 [표시 예]와 같이 표시되도록 설정하시오.

▶ 표시 예 : 현재페이지 : 1페이지

주문현황

고객코드 : B-31

고객명	상품이름	주문수량	판매단가	주문금액 누적
강오언	HI.점프	21	36000	756000
강왕인	LG 48X(역)	41	73000	3749000
강정원	KN-720	30	25000	4499000
	KN-900 W	50	14000	5199000
	NIKA0	28	39000	6291000
	TH1200	33	12000	6687000
강종동	로미오 DX	14	36000	7191000
	JAEHO.SU	47	4000	7379000
	LG CED-8080B	49	6000	7673000
	SKC BLUE	41	43000	9436000
강현오	로미오 II	37	66000	11878000
	K7-650	36	20000	12598000
	KN-001	46	81000	16324000
	LG 48X	43	2000	16410000
	SDC-80	48	29000	17802000
김종왕	K7-650	28	20000	18362000
	SKC BLUE(B)	45	6000	18632000
박동리	KN-900 W	47	14000	19290000
	NIKA0	21	39000	20109000
박리리	JAEHO.SU	37	4000	20257000
	SKC BLUE(B)	11	6000	20323000
박샘해	로미오 DX	15	36000	20863000
	프랜드	25	76000	22763000
	CEL 566A(C)	20	29000	23343000
	KN-720	50	25000	24593000
	NAVI.CAN	30	52000	26153000
박승솔	CEL 566A(C)	29	29000	26994000
	KN-900 W	31	14000	27428000

2023년 9월 25일 월요일 　　　　　　　　현재페이지 : 1페이지

2. 〈판매〉 폼의 '삭제'(cmd삭제) 단추를 클릭할 때 다음과 같은 기능을 수행하도록 이벤트 프로시저를 구현하시오. (5점)

▶ 〈상품_2〉 테이블에서 '상품이름' 필드의 값이 'cmb상품이름' 컨트롤에서 선택한 값과 동일한 레코드를 삭제하시오.

▶ 삭제를 수행한 후 현재 'cmb상품이름'에 선택된 값을 지우시오.

▶ 'cmb상품이름'의 행 원본을 참조하여 'cmb상품이름'에 표시되는 데이터를 갱신하시오.

1. 〈고객〉, 〈판매현황〉, 〈상품〉 테이블을 이용하여 검색할 주소를 매개 변수로 입력받아 해당 주소의 판매 정보를 조회하는 〈대리점판매조회〉 매개 변수 쿼리를 작성하시오. (7점)

   ▶ '할인액' 필드는 '주문수량'이 10 이하이면 '판매단가'의 10%로, 10 초과 20 이하이면 '판매단가'의 20%, 20 초과이면 '판매단가'의 30%로 계산하시오. (Switch 함수 사용)

   ▶ '판매일' 필드를 기준으로 오름차순 정렬하여 표시하시오.

   ▶ 3월에 판매된 상품만을 대상으로 조회하시오.

   ▶ 쿼리 결과 표시되는 필드와 필드명, 필드의 형식은 〈그림〉과 같이 표시되도록 설정하시오.

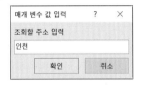

2. 상품이름별 주소별로 '주문수량'의 합계를 조회하는 〈주문수량조회〉 크로스탭 쿼리를 작성하시오. (7점)

   ▶ 〈고객〉, 〈판매현황〉, 〈상품〉 테이블을 이용하시오.

   ▶ '주소' 필드 중 '서울', '인천', '경기'만 표시하시오.

   ▶ 쿼리 실행 결과 표시되는 필드와 필드명은 〈그림〉과 같이 표시되도록 설정하시오.

상품이름	총주문량	서울	인천	경기
로미오 DX	29		14	
로미오 II	121		37	
썸머	30			
에어프랜드	26			
오메가	228			
테라	96			
프랜드	89			
CEL 566A(C)	109		12	
CL600	134			
HI.점프	32			
JAEHO.SU	134		47	
K7-650	131		58	
KN-001	46		46	
KN-720	138			
KN-900 W	265		47	

레코드: 1/30   필터 없음   검색

3. 〈상품〉 테이블에는 존재하지만 〈판매현황〉 테이블에는 없는 상품의 정보를 조회하는 〈판매되지않은상품〉 쿼리를 작성하시오. (7점)

▶ 〈판매현황〉 테이블에 없는 '상품코드'는 판매되지 않은 것으로 가정하시오.

▶ NOT IN 예약어를 사용하여 SQL 명령으로 작성하시오.

▶ 쿼리 실행 결과 표시되는 필드와 필드명은 〈그림〉과 같이 표시되도록 설정하시오.

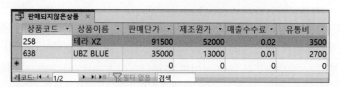

4. 〈판매현황〉과 〈상품〉 테이블을 이용하여 '상품이름'별 '판매단가', '매출수수료', '할인액'을 조회하는 〈할인액〉 쿼리를 작성하시오. (7점)

▶ '할인액'은 '주문수량'이 30 이상이면 '판매단가'의 2%로, 그렇지 않으면 '판매단가'의 1%로 계산하시오. (IIf 함수 사용)

▶ 동일한 레코드는 한 번만 표시되도록 설정하시오.

▶ 쿼리 실행 결과 표시되는 필드와 필드명은 〈그림〉과 같이 표시되도록 설정하시오.

5. 대리점별로 주문한 상품들의 총주문량과 평균주문수를 조회하는 〈대리점별주문현황〉 쿼리를 작성하시오. (7점)

▶ 〈판매종합〉 쿼리를 이용하시오.

▶ 판매건수는 '상품코드' 필드를 이용하시오.

▶ 대리점평균주문수 = 총주문량 / 판매건수

▶ 대리점평균주문수는 [표시 예]와 같이 표시되도록 '형식' 속성을 설정하시오.
[표시 예 : 0 → 0.0, 26.33333 → 26.3]

▶ 쿼리 결과 표시되는 필드와 필드명, 필드의 형식은 〈그림〉과 같이 표시되도록 설정하시오.

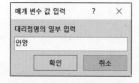

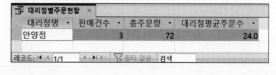

실전 모의고사 정답 및 해설

문제 1   DB 구축

01. 〈대리점〉 테이블 완성하기

1 '대리점코드' 필드의 기본키 속성 설정하기

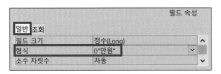

2 '월평균매출액' 필드의 형식 속성 설정하기

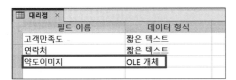

3 '약도이미지' 필드를 추가하고 데이터 형식 설정하기

4 '대리점명' 필드의 인덱스 속성 설정하기

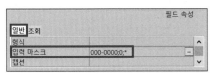

5 '연락처' 필드의 입력 마스크 속성 설정하기

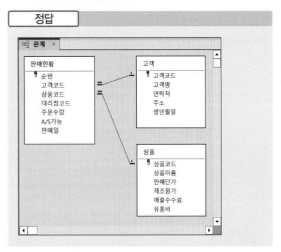

02. 〈판매현황〉 테이블, 〈고객〉 테이블, 〈상품〉 테이블 간의 관계 설정하기

정답

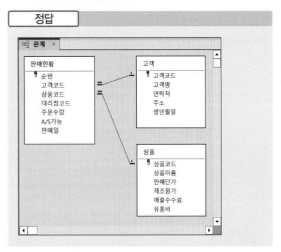

1. 〈고객〉 테이블과 〈판매현황〉 테이블의 '관계 편집' 대화 상자

2. 〈상품〉 테이블과 〈판매현황〉 테이블의 '관계 편집' 대화
상자

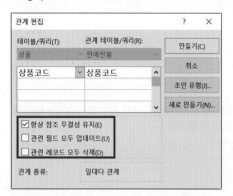

03. '하반기신상품.xlsx' 파일 가져와 〈신상품〉 테이블에 추가하기

정답

1. '외부 데이터 가져오기 – Excel 스프레드시트' 대화상자

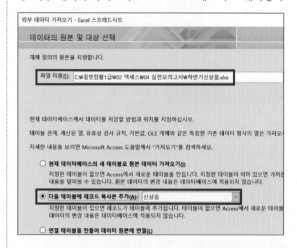

2. '스프레드시트 가져오기 마법사' 2단계 마법사

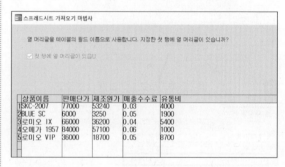

3. '스프레드시트 가져오기 마법사' 3단계 마법사

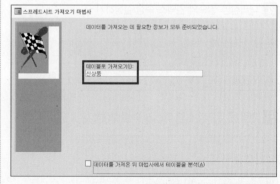

01. 〈판매〉 폼 완성하기

정답

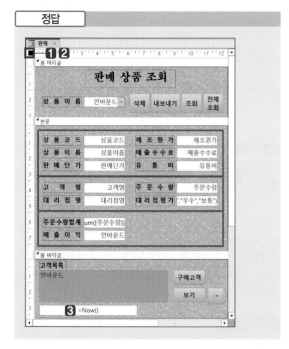

1 폼의 정렬 기준 속성 설정하기 : '데이터' 탭의 정렬 기준 → 상품이름

※ 정렬 기준은 오름차순이 기본값이므로, 오름차순 정렬 옵션인 'asc'를 생략해도 됩니다.

2 기본 보기, 추가 가능, 삭제 가능 속성 설정하기
- '형식' 탭의 기본 보기 → 단일 폼
- '데이터' 탭의 추가 가능 → 아니요
- '데이터' 탭의 삭제 가능 → 아니요

3 'txt날짜와시간'에 현재 날짜와 시간 설정하기
- '데이터' 탭의 컨트롤 원본 → =Now( )
- '형식' 탭의 형식 → 기본 날짜

02. 'lst고객목록' 컨트롤에 속성 설정하기

1. 'lst고객목록'의 '데이터' 탭

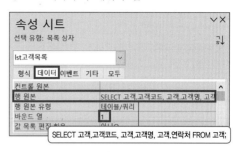

2. 'lst고객목록'의 '형식' 탭

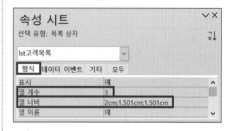

03. '＋' 단추에 클릭 기능 구현하기

정답

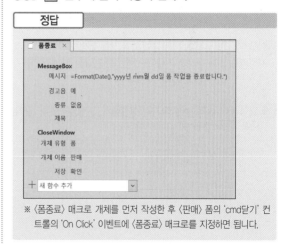

※ 〈폼종료〉 매크로 개체를 먼저 작성한 후 〈판매〉 폼의 'cmd닫기' 컨트롤의 'On Click' 이벤트에 〈폼종료〉 매크로를 지정하면 됩니다.

01. 〈주문현황〉 보고서 완성하기

정답

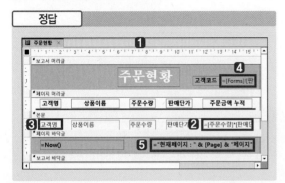

1 '그룹, 정렬 및 요약' 창

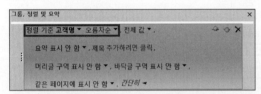

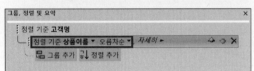

2 'txt주문금액누적'에 '주문금액'의 누적값 설정하기

- '데이터' 탭의 컨트롤 원본 → =[주문수량]*[판매단가]
- '데이터' 탭의 누적 합계 → 모두

3 '고객명'에 중복 내용 숨기기 설정하기 : '형식' 탭의 중복 내용 숨기기 → 예

4 'txt고객코드'에 속성 설정하기 : '데이터' 탭의 컨트롤 원본 → =[Forms]![판매]![lst고객목록]

〈판매〉 폼을 열고, 'lst고객목록' 컨트롤에서 특정 값을 선택한 후 보고서를 실행해야 'txt고객코드'에 정상적인 값이 표시됩니다.

5 'txt페이지'에 페이지 설정하기 : '데이터' 탭의 컨트롤 원본 → ="현재페이지 : " & [Page] & "페이지"

02. '삭제' 단추에 클릭 기능 구현하기

정답

```
Private Sub cmd삭제_Click( )
❶ DoCmd.RunSQL "delete * from 상품_2 where 상품이름
   =cmb상품이름"
❷ cmb상품이름 = " "
❸ cmb상품이름.RowSource = "SELECT 상품_2.상품이름
   FROM 상품_2 ORDER BY 상품_2.상품이름;"
End Sub
```

코드설명

❶ 〈상품_2〉 테이블에서 '상품이름' 필드의 값이 'cmb상품이름' 컨트롤의 값과 같은 레코드를 삭제한다(코드 작성 시 DoCmd를 이용하는 RunSQL 명령에서 SQL문이나 조건을 입력할 때는 컨트롤을 분리하지 않아도 됩니다.).

❷ 'cmb상품이름' 컨트롤에 공백을 입력한다.

❸ '상품_2' 테이블의 '상품이름'을 오름차순으로 정렬하여 'cmb상품이름' 컨트롤의 행 원본(RowSource)으로 지정한다.

※ RowSource는 콤보 상자나 목록 상자의 원본 데이터를 지정할 때 사용합니다.

※ cmb상품이름.RowSource는 'cmb상품이름' 컨트롤의 '행 원본' 속성 값을 복사하여 사용하면 됩니다.

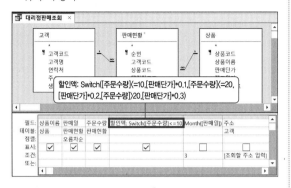

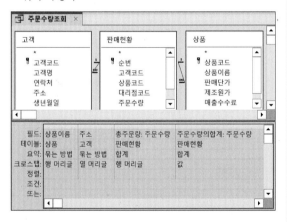

문제 4 처리 기능 구현

01. 〈대리점판매조회〉 쿼리 작성하기

• 쿼리 작성기

• '할인액' 필드의 속성 설정하기 : '일반' 탭의 형식 → 통화

02. 〈주문수량조회〉 쿼리 작성하기

• 쿼리 작성기

• '쿼리' 속성 시트의 '열 머리글' 속성

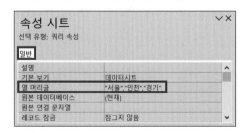

03. 〈판매되지않은상품〉 쿼리 작성하기

쿼리 작성기

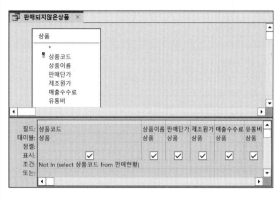

04. 〈할인액〉 쿼리 작성하기

• 쿼리 작성기

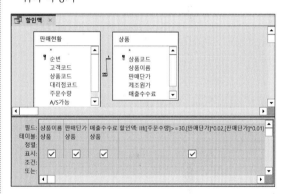

• '쿼리' 속성 시트의 '고유 값' 속성

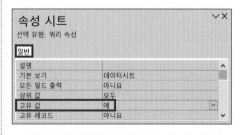

SQL 보기로 '고유 값' 속성에 지정된 내용 확인하기
'쿼리' 속성 시트 창에서 '고유 값' 속성을 지정하면 다음과 같이 첫 번째 필드명 앞에 'DISTINCT'가 입력된 것을 확인할 수 있습니다. '쿼리' 속성 시트를 이용하지 않고, [쿼리 디자인] → 결과 → 보기 → SQL 보기를 선택한 후 DISTINCT를 직접 입력해도 됩니다.

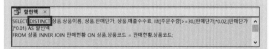

05. 〈대리점별주문현황〉 쿼리 작성하기

쿼리 작성기

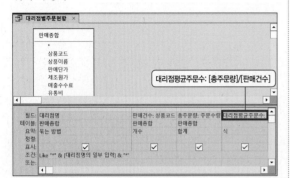

- '대리점평균주문수' 필드의 속성 설정하기 : '일반' 탭의 형식 → 0.0

시나공으로 합격한 당신이 누려야 할 혜택!

시나공
올웨이즈 이벤트

EVENT 1

이벤트 1

합격 후기 이벤트
합격 썰 풀고 선물 받자!

당신의 합격에 시나공이 있었다면?
지금, 시나공 홈페이지 또는 본인의 블로그, SNS에
합격 후기를 작성해 주세요! 100% 무조건 제공되는 혜택부터
추첨별 푸짐한 선물까지 받을 수 있어요!

신청하기

EVENT 2

이벤트 2

기출 복원 이벤트
내가 보고 온 시험! 기출 복원하고 선물 받자!

응시하신 시험 문제를 시나공 홈페이지에 복원해 주세요.
매월 추첨을 통해서 푸짐한 선물을 보내드립니다.
(시나공에서 출간되는 도서 자격증에 한함)

신청하기

시나공은 쉽고 빠르게 합격할 수 있도록 최신 기출문제를 연구하고 있습니다.
시나공과 함께 더 좋은 교재를 만들기 위해 기출 복원 전문가로 참여해 주세요.

NOTICE   ※ 내부 사정에 따라 이벤트 일정 및 내용이 변경될 수 있습니다.

이 책은 IT 자격증 전문가와 수험생이 함께 만든 책입니다.

'시나공' 시리즈는 독자의 지지와 격려 속에 성장합니다!

실기엔 자타공인 길벗 시나공이 최고입니다. 1급 함수는 단순 암기수준이 아닌 다양한 응용이 필요한데 책을 보면 바로 감이 옵니다.
| 알라딘 러브**

시나공 맘에 듭니다. 두 권은 과목별 상세한 설명, 한 권은 기출문제와 함수사전으로 구성되어 있네요. 한 권으로 두껍게 되어 있으면 들고 다니기 힘든데 너무 편하네요.
| 도서11번가 shoc***

역시 길벗출판사 책이군요. 베타테스터 제도로 믿음도 가고, 이제부턴 길벗출판사의 마니아가 될 것 같아요. 컴활 공부하시는 분께 가식이 아닌 진심으로 이 책을 적극 추천합니다.
| 인터파크 이*

세세한 부분까지 신경 써 주는 책! 다른 컴퓨터 관련 자격증 책을 많이 읽어 봤는데, 이만한 책이 없는 것 같네요. 혼자서 컴퓨터 보면서 공부하시려면 이 책 사세요. 강추입니다.
| YES24 bidulgi***

컴퓨터 초보자들도 쉽게 따라 할 수 있는 자세한 설명! 게다가 함수사전, 계산문제, 기출문제로 구성된 부록이 함께 있어서 더 좋습니다.
| 교보문고 csg2***

헷갈릴만한 것들은 정확하게 짚어주는 '전문가의 조언'이 정말 도움이 되었어요. 채점 프로그램은 내가 뭘 틀렸는지, 어느 부분이 약한지 알 수 있어서 좋습니다. 추천해드리고 싶어요!
| 알라딘 ch***

액세스는 처음 접하는 프로그램이라 막막했는데 책을 따라하다 보니 길이 보이더군요. 부록으로 함수만 따로 모아두는 센스도 있고, 다음에도 시나공을 찾을 것 같네요.
| 도서11번가 real***

해설이 쉽게 나와 있습니다. 지난번 다른 교재로 공부했을 때는 액세스에서 떨어졌는데, 이 책은 소스가 쉽게 나와 있어서 전에 이해 못했던 부분들이 이해가 되네요. 이번에 시험 보시는 분들에게 분명히 도움되리라 확신합니다.
| 인터파크 강**

컴퓨터활용능력 합격의 왕도! 공부에는 왕도가 없다지만 자격증 합격에는 왕도가 있습니다. 시나공 시리즈는 자격증 합격의 왕도로 당신을 이끌 것입니다. 시나공이라면 충분히 독학이 가능합니다.
| 알라딘 회색**

컴퓨터활용능력 분야 베스트셀러 1위 기준 : 2024년 1월, 5월, 6월(알라딘)

sinagong.co.kr

가격 40,000원
ISBN 979-11-407-1075-1

TO.시나공
온라인 독자엽서

스마트한 시나공
수험생 지원센터

컴퓨터활용능력

1급 실기 | 기본서

시험에 나오는 것만 공부한다!

시나공

2025
시나공

베스트셀러
1위
산출근거 후면표기

부록
컴활함수사전
계산문제 20회
최신기출문제
10회

길벗알앤디 지음 (강윤석, 김용갑, 김우경, 김종일)

수험생을 위한 시나공 서비스

1등만이 드릴 수 있는 1등 혜택!

서비스 1

무엇이든 물어보세요! 수험생 지원센터(sinagong.co.kr)

시나공 홈페이지에서는 최신기출문제와 해설, 선배들의 합격 수기와 합격 전략, 책 내용에 대한 문의 및 관련 자료 등 IT자격증 시험을 위한 모든 정보를 제공합니다. 공부하다 답답하거나 궁금한 내용이 있으면, 시나공 홈페이지 '책 내용 질문하기' 게시판에 질문을 올리세요. 길벗알앤디의 전문가들이 빠짐없이 답변해 드립니다.

서비스 2

이해 쏙! 시간 절약! 시나공 토막강의

혼자 공부하다가 어려운 부분이 나와도 고민하지 마세요!
책 속의 QR코드를 스마트폰으로 찍기만 하면 언제든지 저자의 속 시원한 해설을 들을 수 있습니다.

방법1. 스마트폰으로 QR코드를 스캔하세요.

방법2. 시나공 홈페이지의 [컴퓨터활용능력] → [1급 실기] → [동영상 강좌] → [토막강의]에서 강의번호를 입력하세요.

방법3. 유튜브 검색 창에 "시나공"+강의번호를 입력하세요.

서비스 3

온라인 채점 프로그램

채점 프로그램으로 실제 시험 전 내 실력을 확인하세요.
그동안 컴퓨터에 설치해서 사용하던 채점 프로그램은 컴퓨터마다 환경이 달라서 설치나 이용이 어렵기도 했습니다. 이제는 인터넷만 연결되어 있으면 언제 어디서나 빠르게 채점할 수 있습니다.

방법. 시나공 홈페이지(sinagong.co.kr)에 접속하여 [컴퓨터활용능력] → [1급 실기] → [온라인채점] → [채점하기]를 클릭하세요.

서비스 4

합격을 위한 최종점검!
실기 시험 대비 온라인 특강 서비스

(주)도서출판 길벗에서는 실기 시험 준비를 위한 온라인 특강을 무료로 제공하고 있습니다. 다음과 같은 방법으로 이용하세요.

1. 길벗출판사 홈페이지(gilbut.co.kr)에 로그인하세요!
2. 상단 메뉴 중 [동영상 강좌] → [IT자격증] → [컴퓨터활용능력]을 클릭하세요!
3. [2025] 컴활1급실기 [실제시험장을 옮겨놓았다]를 클릭하여 시청하세요.

컴퓨터활용능력

1급 실기

컴활 함수 사전 + 계산문제 20회 + 최신기출문제 10회

2025 시나공

길벗알앤디 지음

길벗

지은이 길벗알앤디

강윤석, 김용갑, 김우경, 김종일

IT 서적을 기획하고 집필하는 출판 기획 전문 집단으로, 2003년부터 길벗출판사의 IT 수험서인 〈시험에 나오는 것만 공부한다!〉 시리즈를 기획부터 집필 및 편집까지 총괄하고 있다. 30여 년간 자격증 취득에 관한 교육, 연구, 집필에 몰두해 온 강윤석 실장을 중심으로 IT 자격증 시험의 분야별 전문가들이 모여 국내 IT 수험서의 수준을 한 단계 높이기 위한 다양한 연구와 집필 활동에 전념하고 있다.

컴퓨터활용능력 1급 실기 – 시나공 시리즈 ⑨

The Practical Examination for Advanced Computer Proficiency Certificate

초판 발행 · 2024년 9월 2일

발행인 · 이종원
발행처 · (주)도서출판 길벗
출판사 등록일 · 1990년 12월 24일
주소 · 서울시 마포구 월드컵로 10길 56(서교동)
주문 전화 · 02)332-0931   팩스 · 02)323-0586
홈페이지 · www.gilbut.co.kr   이메일 · gilbut@gilbut.co.kr

기획 및 책임 편집 · 강윤석(kys@gilbut.co.kr), 김미정(kongkong@gilbut.co.kr), 임은정(eunjeong@gilbut.co.kr), 정혜린(sunriin@gilbut.co.kr)
디자인 · 강은경, 윤석남   제작 · 이준호, 손일순, 이진혁   마케팅 · 조승모, 유영은
영업관리 · 김명자   독자지원 · 윤정아

편집진행 및 교정 · 길벗알앤디(강윤석 · 김용갑 · 김우경 · 김종일)   일러스트 · 윤석남
전산편집 · 예다움   CTP 출력 및 인쇄 · 예림인쇄   제본 · 예림원색

ISBN 979-11-407-1075-1 13000
(길벗 도서번호 030936)

가격 40,000원

독자의 1초까지 아껴주는 길벗출판사

(주)도서출판 길벗 | IT교육서, IT단행본, 경제경영서, 어학&실용서, 인문교양서, 자녀교육서 www.gilbut.co.kr
길벗스쿨 | 국어학습, 수학학습, 어린이교양, 주니어 어학학습, 학습단행본 www.gilbutschool.co.kr

인스타그램 • @study_with_sinagong

부실한 교재로 인한 시간과 돈의 낭비는 이제 그만…

이 책은 컴퓨터활용능력 1급 실기 시험을 준비하는 수험생이 한 번에 거뜬히 합격할 수 있도록 꼭 필요한 요소들만 모아서 구성했습니다.

첫째 ## 함수만 모았습니다.

컴퓨터활용능력 실기 시험을 준비하는 수험생에게 있어 함수의 사용은 기본입니다. 기본서에서는 함수를 이용한 수식 만드는 요령을 학습하는 것이지 함수 자체를 배우는 것은 아닙니다. 컴퓨터활용능력 1급 실기 시험 범위에 포함된 모든 함수를 중요도별로 나열한 후 관련 기출문제와 함께 수록하였습니다. 함수 사용에 익숙하지 않은 수험생이라면 꼭 선행 학습이 이뤄져야 할 부분입니다.

둘째 ## 합격을 위해 넘어야 할 산, 계산작업 문제만 모았습니다.

실전 모의고사 10회, 최신기출문제 10회에서 계산작업 문제만 추출하여 컴퓨터 없이 눈으로 보고 풀어볼 수 있도록 수록하였습니다. 중첩함수나 논리식이 들어가는 계산 문제는 평소에 사용하지 않는 논리를 수식으로 변환하는 것이라 단기간에 숙달되지 않습니다. 문제만 보고 바로 개략적인 함수식이 만들어 질 때까지 반복 연습하세요.

셋째 ## 최신기출문제 10회를 수록하였습니다.

최신기출문제는 최근의 시험 출제 경향을 잘 반영합니다. 최신기출문제만 완벽하게 이해하면 합격은 그리 멀리 있지 않습니다. 기본적인 학습을 마친 후에는 실제 시험을 치르는 기분으로 시간을 재보면서 직접 풀어본 후 채점해 보세요.

2024년 가을날에 강윤석

01장 컴활 함수 사전

01 날짜 / 시간 함수

- 출제 001 날짜에서 연도만 추출하기 — YEAR   8
- 출제 002 날짜에서 월만 추출하기 — MONTH   9
- 출제 003 현재 날짜 표시하기 — TODAY   10
- 004 날짜의 일련번호 구하기 — DATE   11
- 005 문자로 표시된 날짜의 일련번호 계산하기 — DATEVALUE   11
- 출제 006 날짜에서 일만 추출하기 — DAY   12
- 007 시간의 일련번호 계산하기 — TIME   13
- 008 시간에서 분만 추출하기 — MINUTE   13
- 009 현재 날짜와 시간 표시하기 — NOW   13
- 출제 010 시간에서 시만 추출하기 — HOUR   14
- 출제 011 근무일수 계산하기 — DAYS   15
- 출제 012 3개월 전/후 오늘의 일련번호 구하기 — EDATE   16
- 출제 013 날짜에서 요일 알아내기 — WEEKDAY   17
- 출제 014 3개월 전/후 달의 마지막 날짜에 대한 일련번호 구하기 — EOMONTH   18
- 출제 015 작업한 날짜만 계산하기 — NETWORKDAYS   19
- 출제 016 주말을 제외한 휴가 마지막 날 계산하기 — WORKDAY   20
- 출제 017 생일이 속하는 주의 일련번호 계산하기 — WEEKNUM   21
- 018 시간에서 초만 추출하기 — SECOND   22

02 논리 함수

- 019 논리식의 결과 부정하기 — NOT   22
- 출제 020 1월 실적이 평균 이상이면 "우수", 평균 미만이면 "미달" 표시하기 — IF   23
- 출제 021 모두 참(TRUE)일 때 참(TRUE) 반환하기 — AND   24
- 출제 022 하나만 참(TRUE)이면 참(TRUE) 반환하기 — OR   25
- 출제 023 수식의 결과가 오류일 경우 "오류" 표시하기 — IFERROR   26
- 024 과목번호가 1이면 "영어", 2이면 "수학", 3이면 "국어" 표시하기 — IFS   27
- 025 요일이 "토"나 "일"이면 "주말", "월"~"금"이면 "평일" 표시하기 — SWITCH   27

03 데이터베이스 함수

- 출제 026 과일의 주문 건수 계산하기 — DCOUNTA   28
- 출제 027 과일의 평균 판매 금액 계산하기 — DAVERAGE   29
- 출제 028 유일한 값 찾아내기 — DGET   30
- 출제 029 과일의 판매 수량 합계 계산하기 — DSUM   31
- 출제 030 과일의 판매 건수 계산하기 — DCOUNT   32
- 031 가장 많이 팔린 과일의 금액 찾기 — DMAX   33
- 032 가장 적게 팔린 과일의 금액 찾기 — DMIN   33
- 033 품목의 판매량에 대한 곱 계산하기 — DPRODUCT   34
- 034 품목의 판매량에 대한 표준편차 계산하기 — DSTDEV   34
- 035 품목의 판매량에 대한 분산 계산하기 — DVAR   35

04 수학 / 삼각 함수

- 출제 036 합계 구하기 — SUM   36
- 출제 037 반올림하기 — ROUND   37
- 출제 038 곱한 값들의 합계 구하기 — SUMPRODUCT   38
- 출제 039 1에 가까운 방향으로 자리올림하기 — ROUNDUP   39
- 출제 040 숫자 모두 곱하기 — PRODUCT   40
- 출제 041 조건에 맞는 품목의 합계만 구하기 — SUMIF   41
- 출제 042 절대값 계산하기 — ABS   42
- 043 e의 거듭 제곱값 계산하기 — EXP   43
- 044 계승값(N×…×5×4×3×2×1) 계산하기 — FACT   43
- 출제 045 실수를 정수로 변경하기 — INT   44
- 046 행렬식 계산하기 — MDETERM   45
- 047 역행렬 계산하기 — MINVERSE   45
- 048 행렬의 곱 계산하기 — MMULT   46
- 049 원의 둘레 구하기 — PI( ) × 원의 지름   46
- 출제 050 나머지 계산하기 — MOD   47
- 출제 051 나눗셈에서 정수에 해당하는 몫만 구하기 — QUOTIENT   48
- 052 로또 번호 예상하기 1 — RAND   49
- 053 로또 번호 예상하기 2 — RANDBETWEEN   49
- 출제 054 자리내림하기 — ROUNDDOWN   50
- 출제 055 소수 이하 잘라내기 — TRUNC   51
- 056 거듭 제곱 계산하기 — POWER   52
- 057 양의 제곱근 구하기 — SQRT   52
- 출제 058 부서별 직급별 기본급의 합계 계산하기 — SUMIFS   53
- 059 부호값 표시하기 — SIGN   54

05 재무 함수

060 투자의 현재가치 구하기 — NPV 54
출제 061 투자의 미래가치 구하기 — FV 55
출제 062 정기적인 상환금액 구하기 — PMT 56
출제 063 현재가치 구하기 — PV 57
064 정액법에 따라 감가상각액 계산하기 — SLN 58

06 정보 함수

출제 065 빈 셀 판별하기 — ISBLANK 59
출제 066 오류가 있는 셀 판별하기 — ISERROR 60
067 셀의 정보 알아내기 — CELL 61
068 오류가 있는 셀 판별하기(#N/A 제외) — ISERR 61
069 짝수가 있는 셀 판별하기 — ISEVEN 62
070 홀수가 있는 셀 판별하기 — ISODD 62
출제 071 숫자가 있는 셀 판별하기 — ISNUMBER 63
072 텍스트가 있는 셀 판별하기 — ISTEXT 64
073 텍스트가 아닌 셀 판별하기 — ISNONTEXT 64
074 논리값이 있는 셀 판별하기 — ISLOGICAL 65
075 데이터를 숫자로 바꾸기 — N 65
076 데이터 형식을 숫자로 표시하기 — TYPE 66

07 찾기 / 참조 함수

출제 077 직위별 상여금 계산하기 — VLOOKUP 67
출제 078 직급별, 호봉별 급여 기준액 계산하기 — INDEX 68
출제 079 자료가 기록된 위치 찾기 — MATCH 69
출제 080 직위별 상여금 계산하기 — HLOOKUP 70
출제 081 직위별 초과 수당 계산하기 — LOOKUP 71
082 자료가 기록된 위치 찾기 — XMATCH 72
083 직위별 상여금 계산하기 — XLOOKUP 72
출제 084 요일 번호로 요일 표시하기 — CHOOSE 73
출제 085 3칸 아래, 2칸 오른쪽에 있는 자료 찾기 — OFFSET 74
출제 086 행과 열을 바꿔서 표시하기 — TRANSPOSE 75
087 문자열을 셀 주소로 변환하기 — INDIRECT 76
088 영역 수 계산하기 — AREAS 76
089 현재 셀의 열 번호 알아내기 — COLUMN 77
090 셀 범위에 포함된 열의 개수 알아내기 — COLUMNS 77
출제 091 현재 셀의 행 번호 알아내기 — ROW 78
092 셀 범위에 포함된 행의 개수 알아내기 — ROWS 79
093 행 번호와 열 번호를 셀 주소로 변환하기
　　 — ADDRESS 79

08 텍스트 함수

출제 094 지정된 자릿수에서 반올림하여 텍스트로 표시하기
　　 — FIXED 80
출제 095 왼쪽에서 지정한 수만큼 추출하기 — LEFT 81
출제 096 오른쪽에서 지정한 수만큼 추출하기 — RIGHT 82

출제 097 시작 위치부터 지정한 수만큼 추출하기 — MID 83
출제 098 문자열의 길이 알아내기 — LEN 84
출제 099 소문자를 대문자로 변환하기 — UPPER 85
출제 100 형식에 맞는 텍스트로 바꾸기 — TEXT 86
출제 101 문자열 연결하기 — CONCAT 87
102 대문자를 소문자로 변환하기 — LOWER 88
103 텍스트 비교하기 — EXACT 88
출제 104 문자열 치환하기 — REPLACE 89
출제 105 대 · 소문자 알맞게 변환하기 — PROPER 90
출제 106 "kikikiki"를 "kokokoko"로 변환하기 — SUBSTITUTE 91
출제 107 문자를 숫자로 변환하기 — VALUE 92
출제 108 문자열에서 특정 문자의 위치 찾기(글자 단위) — FIND 93
109 문자열에서 특정 문자의 위치 찾기(글자 단위)
　　 — SEARCH 94
출제 110 문자열 반복해서 표시하기 — REPT 95
출제 111 문자열의 공백 제거하기 — TRIM 96

09 통계 함수

출제 112 부서별 직급별 인원수 파악하기 — COUNTIFS 97
출제 113 평균 계산하기 — AVERAGE 98
출제 114 가장 큰 수 찾기 — MAX 99
출제 115 가장 작은 수 찾기 — MIN 100
출제 116 N번째로 큰 수 찾기 — LARGE 101
출제 117 숫자가 들어 있는 셀의 개수 세기 — COUNT 102
출제 118 판매 품목의 판매 건수 구하기 — COUNTIF 103
출제 119 점수대별 빈도 계산하기 — FREQUENCY 104
출제 120 N번째로 작은 수 찾기 — SMALL 105
출제 121 중간에 위치한 값 찾아내기 — MEDIAN 106
122 문자도 포함하여 평균 계산하기 — AVERAGEA 107
123 자료가 없는 셀의 개수 세기 — COUNTBLANK 107
124 기하평균 계산하기 — GEOMEAN 108
125 조화평균 계산하기 — HARMEAN 108
출제 126 자료가 입력되어 있는 모든 셀의 개수 세기
　　 — COUNTA 109
127 가장 많이 나오는 수(최빈수) 찾아내기 —
　　 MODE.SNGL 110
128 분산 계산하기 — VAR.S 110
출제 129 표준편차 계산하기 — STDEV.S 111
출제 130 백분위수 계산하기 — PERCENTILE.INC 112
출제 131 순위 계산하기 — RANK.EQ 113
출제 132 판매부의 평균 계산하기 — AVERAGEIF 114
133 부서별 직급별 기본급의 평균 계산하기 — AVERAGEIFS 115
134 과목별 최소 가산점 구하기 — MINA 115
출제 135 과목별 최대 가산점 구하기 — MAXA 116

02장 계산작업 문제 모음

실전 모의고사 A형 계산작업	118	2024년 상시01 계산작업	138
실전 모의고사 B형 계산작업	120	2024년 상시02 계산작업	140
실전 모의고사 C형 계산작업	122	2024년 상시03 계산작업	142
실전 모의고사 D형 계산작업	124	2024년 상시04 계산작업	144
실전 모의고사 E형 계산작업	126	2023년 상시01 계산작업	146
실전 모의고사 F형 계산작업	128	2023년 상시02 계산작업	148
실전 모의고사 G형 계산작업	130	2023년 상시03 계산작업	150
실전 모의고사 H형 계산작업	132	2023년 상시04 계산작업	152
실전 모의고사 I형 계산작업	134	2022년 상시01 계산작업	154
실전 모의고사 J형 계산작업	136	2022년 상시02 계산작업	156
		합격수기 _ 정혜정	158

03장 엑셀 최신기출문제

최신기출문제 2024년 상시01 1급	160	최신기출문제 2023년 상시02 1급	PDF 제공
최신기출문제 2024년 상시02 1급	171	최신기출문제 2023년 상시03 1급	PDF 제공
최신기출문제 2024년 상시03 1급	183	최신기출문제 2023년 상시04 1급	PDF 제공
최신기출문제 2024년 상시04 1급	194	최신기출문제 2022년 상시01 1급	PDF 제공
최신기출문제 2023년 상시01 1급	205	최신기출문제 2022년 상시02 1급	PDF 제공

PDF 파일은 'C:\길벗컴활1급' 폴더에 "최신기출문제(엑셀).pdf" 파일을 의미합니다.

04장 액세스 최신기출문제

최신기출문제 2024년 상시01 1급	216	최신기출문제 2023년 상시02 1급	PDF 제공
최신기출문제 2024년 상시02 1급	227	최신기출문제 2023년 상시03 1급	PDF 제공
최신기출문제 2024년 상시03 1급	238	최신기출문제 2023년 상시04 1급	PDF 제공
최신기출문제 2024년 상시04 1급	249	최신기출문제 2022년 상시01 1급	PDF 제공
최신기출문제 2023년 상시01 1급	261	최신기출문제 2022년 상시02 1급	PDF 제공

PDF 파일은 'C:\길벗컴활1급' 폴더에 "최신기출문제(액세스).pdf" 파일을 의미합니다.

컴활 함수사전

컴퓨터활용능력 1급 실기

001 날짜에서 연도만 추출하기 — YEAR

YEAR 함수는 날짜에서 연도(Year)를 추출하여 표시하는 함수로 연도는 1900에서 9999까지의 정수로 표시됩니다.

형식 YEAR(날짜) : '날짜'에서 연도를 추출합니다.

준비하세요! : 'C:\길벗컴활1급\04 부록' 폴더의 'YEAR.xlsm' 파일을 열어 '기본' 시트에서 실습하세요.

	A	B
1	날짜에서 일만 추출하기	
2		
3	날짜	일
4	2024/9/17	17 ❶
5	2024년 09월 17일	17
6	45,552	17 ❷
7	2024/09/17 0:00	17
8	17-Sep-24	17
9	2024-09-31	#VALUE! ❸

❶ =YEAR(A4) : [A4] 셀의 값 "2024/9/17"에서 연도만 추출한 2024가 [B4] 셀에 입력됩니다.

❷ =YEAR(A6) : 45,552는 "2024/09/17"에 대한 날짜 일련번호로 45,552에서 연도만 추출한 2024가 [B6] 셀에 입력됩니다.

❸ =YEAR(A9) : "2024-09-31"이라는 날짜는 없으므로 오류값(#VALUE!)이 [B9] 셀에 입력됩니다(9월 30일까지만 있음).

기출문제 따라잡기　　'기출' 시트에서 실습하세요.

잔액이 0보다 작은 경우에는 0이며, 0보다 크거나 같은 경우에는 잔액이 10,000,000 이상이고, 개설년도가 2023년인 경우에는 잔액의 5%, 그렇지 않은 경우에는 잔액의 2%로 계산하세요.

정답 [F3] : =IF(D3<0, 0, IF(AND(D3>=10000000, YEAR(E3)=2023), D3*5%, D3*2%))

	A	B	C	D	E	F
1						
2		고객명	예금종류	잔액	개설일자	특별이자
3		김사랑	보통예금	12,578,406	2022-10-05	251,568
4		이하늘	보통예금	32,584,617	2022-12-05	651,692
5		박샛별	보통예금	612,493	2022-06-23	12,250
6		최혜성	보통예금	25,436	2023-08-07	509
7		고아라	보통예금	-568,215	2023-12-06	-

수식의 이해

=IF(D3<0, 0, IF(AND(D3>=10000000, YEAR(E3)=2023), D3 * 5%, D3 * 2%))
　　　❶　❷　　　　　　　　　❸

❶의 조건이 참(TRUE)이면 ❷를, 거짓(FALSE)이면 ❸을 실행하는데, [D3] 셀의 값 12,578,406은 0보다 크므로 ❸을 실행합니다.

• ❸ IF(AND(D3>=10000000, YEAR(E3)=2023), D3 * 5%, D3 * 2%)
　　　　　　　　❹　　　　　　　　　❺　　　❻

❹의 조건이 참이면 ❺를 실행하고, 거짓이면 ❻을 실행합니다.

• ❹ AND(D3>=10000000, YEAR(E3)=2023) : [D3] 셀의 값 12,578,406이 10,000,000보다 크므로 참(TRUE)이고, [E3] 셀에서 연도만 추출한 값 2022가 2023이 아니므로 거짓(FALSE)이 되어 최종적으로 거짓(FALSE)을 반환합니다.

• ❹번의 조건이 거짓이므로 ❻번을 수행하여 D3 * 2%의 값 251,568이 [F3] 셀에 입력됩니다.

※ 결론적으로 ❶의 조건이 거짓이어서 ❸번을 수행하며, ❹번의 조건이 거짓이어서 최종적으로 ❻번을 수행합니다.

전문가의 조언

• AND 함수는 인수가 모두 참이면 참(TRUE)을 반환하는 함수입니다. 자세한 설명은 24쪽을 참고하세요.
• IF 함수는 조건에 따라 서로 다른 여러 가지의 처리를 하는 함수입니다. 자세한 설명은 23쪽을 참고하세요.

002 날짜에서 월만 추출하기 — MONTH

MONTH 함수는 주어진 날짜에서 월(Month)을 추출하여 표시하는 함수로, 월은 1에서 12까지의 정수로 표시됩니다.

형식 MONTH(날짜) : '날짜'에서 월을 추출합니다.

준비하세요! 'C:\길벗컴활1급\04 부록' 폴더의 'MONTH.xlsm' 파일을 열어 '기본' 시트에서 실습하세요.

	A	B
1	**날짜에서 월만 추출하기**	
2		
3	**날짜**	**월**
4	2024/9/17	9 ❶
5	2024년 09월 17일	9
6	45,552	9 ❷
7	2024/09/17 0:00	9
8	17-Sep-24	9
9	2024-09-31	#VALUE! ❸

❶ =MONTH(A4) : [A4] 셀의 값 "2024/9/17"에서 월만 추출한 9가 [B4] 셀에 입력됩니다.

❷ =MONTH(A6) : 45,552는 "2024/09/17"에 대한 날짜 일련번호로 45,552에서 월만 추출 9가 [B6] 셀에 입력됩니다.

❸ =MONTH(A9) : "2024-09-31"이라는 날짜는 없으므로 오류값(#VALUE!)이 [B9] 셀에 입력됩니다(9월 30일까지만 있음).

기출문제 따라잡기 '기출' 시트에서 실습하세요.

[B6:G17] 영역을 이용하여 10세 대상의 게임명별 월별 매출액의 합계를 계산하세요.

▶ SUM과 MONTH 함수를 이용한 배열 수식

정답 [C3] 셀에 다음의 수식을 입력하고, Ctrl + Shift + Enter 를 누르세요.

=SUM(($C$7:$C$17=$B3) *
(MONTH($E$7:$E$17)=C$2) *
($D$7:$D$17="10세") * $G$7:$G$17)

	A	B	C	D	E	F	G
1		**10세 대상의 게임명별 월별매출액의 합계**					
2		**게임명**	**4월**	**5월**	**6월**		
3		**카드게임**	0	331500	0		
4		**크래지**	187000	52500	281200		
5							
6		**게임코드**	**게임명**	**대상**	**판매일자**	**수량**	**매출액**
7		A-01	카드게임	18세	2023-04-09	124	45,112
8		G-02	크래지	10세	2023-04-05	142	187,000
9		G-02	카드게임	10세	2023-05-08	235	153,000
10		G-03	크래지	18세	2023-05-05	88	208,500
11		A-01	카드게임	18세	2023-06-01	269	90,224
12		G-07	크래지	10세	2023-06-07	131	211,200
13		A-07	카드게임	18세	2023-04-09	15	288,000
14		A-07	크래지	18세	2023-04-12	122	38,400
15		G-04	크래지	10세	2023-05-02	268	52,500
16		G-06	카드게임	10세	2023-05-09	141	178,500
17		G-04	크래지	10세	2023-06-11	227	70,000

수식의 이해

SUM을 이용한 합계 구하기 배열 수식의 일반식

=SUM((조건1) * (조건2) * (조건3) * 합계를_구할_범위)

=SUM((C7:C17=B3) * (MONTH(E7:E17)=C2) * (D7:D17="10세") * G7:G17)
　　　　조건1　　　　　조건2　　　　　조건3　　　합계를_구할_범위

- 조건1 : 게임명이 "카드게임"
- 조건2 : 판매일자의 월이 '4월'
- 조건3 : 대상이 "10세"
- 합계를_구할_범위 : 매출액

전문가의 조언

- IF 함수는 조건에 따라 서로 다른 여러 가지의 처리를 하는 함수입니다. 자세한 설명은 23쪽을 참고하세요.
- SUM은 주어진 인수의 합계를 구하는 함수입니다. 자세한 설명은 36쪽을 참고하세요.
- 배열 수식에 대한 자세한 설명은 1권 121쪽을 참고하세요.

날짜 / 시간 함수

003 현재 날짜 표시하기 — TODAY

11.3, 03.1

TODAY 함수는 현재 시스템의 날짜를 반환하는 함수입니다. 함수가 입력되기 전에 셀이 일반 서식을 가지고 있어도 결과값은 날짜 서식으로 표시됩니다. 현재의 날짜와 시간이 같이 표시되게 하려면 NOW 함수를 사용해야 합니다.

형식 TODAY( ) : TODAY 함수는 인수 없이 사용합니다. 오늘 날짜를 반환합니다.

준비하세요! : 'C:\길벗컴활1급\04 부록' 폴더의 'TODAY.xlsm' 파일을 열어 '기본' 시트에서 실습하세요.

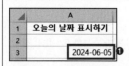

❶ = TODAY( ) : [A3] 셀에 현재 날짜를 표시하므로 "2024-06-05"이 [A3] 셀에 입력됩니다.

※ TODAY 함수의 결과값은 현재 날짜에 따라 다르게 표시됩니다.

기출문제 따라잡기 '기출' 시트에서 실습하세요.

근속수당은 근속년수가 13 이상이면 150000으로, 13 미만이면 50000으로 표시되도록 계산하시오.

▶ '근속년수'는 올해의 연도에서 입사일의 연도를 빼는 것으로 계산

	A	B	C	D	E
1		사원별 근속수당			
2		사원번호	입사일	직위	근속수당
3		TN-012	2009-03-01	과장	150,000
4		TN-023	2013-03-01	사원	50,000
5		TN-027	2022-01-02	사원	50,000
6		TN-024	2023-03-01	사원	50,000
7		TN-015	2009-01-01	대리	150,000

정답 [E3] : =IF(YEAR(TODAY( )) − YEAR(C3)>=13 , 150000, 50000)

※ 근속수당의 결과값은 현재 날짜의 연도에 따라 다르게 표시됩니다(위 그림은 2024년도 기준임).

수식의 이해

중첩 함수가 사용된 수식을 만들 때는 최종적으로 값을 반환하는, 즉 가장 바깥쪽에 사용할 함수부터 찾아서 수식을 세우고 수식을 이해할 때는 우선순위에 따라 안쪽에서부터 바깥쪽 방향으로 하나씩 상수로 변환하면서 이해하면 쉽습니다.

=IF(YEAR(TODAY( )) − YEAR(C3)>=13, 150000, 50000)
      ❶   ❷

• ❶ YEAR(TODAY( )) : 현재 시스템의 날짜에서 연도만 반환합니다. 오늘 날짜가 "2024-06-05"라고 가정하면 2024가 반환됩니다.
• ❷ YEAR(C3) : [C3] 셀의 값에서 연도만 추출하면 2009가 반환됩니다. 2024와 2009를 ❶, ❷에 대입하면 다음과 같습니다.

=IF(2024 − 2009)>=13, 150000, 50000)
      ❸   ❹   ❺

• ❸의 조건이 참(TRUE)이면 ❹를, 거짓(FALSE)이면 ❺을 입력하는데, ❸의 조건이 참이므로 150000을 입력합니다.

전문가의 조언

• IF 함수는 조건에 따라 서로 다른 여러 가지의 처리를 하는 함수입니다. 자세한 설명은 23쪽을 참고하세요.
• YEAR 함수는 날짜에서 연도만 추출하는 함수입니다. 자세한 설명은 8쪽을 참고하세요.

004 날짜의 일련번호 구하기 — DATE

DATE 함수는 1900년 1월 1일을 기준일로 하여 특정 날짜에 대한 일련번호를 반환하는 함수입니다. 예를 들어 1900년 2월 1일은 32(31+1)가 반환됩니다. DATE 함수는 '연', '월', '일'이 상수가 아닌 수식으로 지정되어야 하는 수식에서 유용하게 사용됩니다.

형식 DATE(연, 월, 일) : '연', '월', '일'에 대한 일련번호를 구합니다.

준비하세요! : 'C:\길벗컴활1급\04 부록' 폴더의 'DATE.xlsm' 파일을 열어 '기본' 시트에서 실습하세요.

	A	B	C	D	
1	날짜의 일련번호 구하기				
2					
3	년	월	일	일련번호	
4	2023	9	17	45186	❶
5	1545	4	28	564419	
6	0	1	1	1	❷
7	1900	7	31	213	
8	1950	6	25	18439	❸
9	2015	13	45	42414	

❶ =DATE(A4, B4, C4) : [A4], [B4], [C4] 셀의 '연', '월', '일'에 대한 일련번호 45186이 [D4] 셀에 입력됩니다.

❷ =DATE(A6, B6, C6) : [A6], [B6], [C6] 셀의 '연', '월', '일'에 대한 일련번호 1이 [D6] 셀에 입력됩니다.

❸ =DATE(A8, B8, C8) : [A8], [B8], [C8] 셀의 '연', '월', '일'에 대한 일련번호 18439가 [D8] 셀에 입력됩니다.

> 결과가 날짜 서식으로 표시되므로 일반 숫자로 보려면 '셀 서식' 대화상자에서 숫자 서식을 지정해야 합니다.

005 문자로 표시된 날짜의 일련번호 계산하기 — DATEVALUE

DATEVALUE 함수는 문자로 주어진 날짜를 1900년 1월 1일을 기준일로 해서 일련번호를 차례로 반환하는 함수입니다. 예를 들어 DATEVALUE("1900/2/1")은 32(31+1)를 반환합니다. 인수에서 연도를 나타내는 부분이 생략되면 사용중인 컴퓨터의 기본 시계로부터 현재 연도를 읽어 사용합니다. 날짜에서의 시간 정보는 무시됩니다.

형식 DATEVALUE(날짜) : 문자로 주어진 '날짜'의 일련번호를 구합니다.

준비하세요! : 'C:\길벗컴활1급\04 부록' 폴더의 'DATEVALUE.xlsm' 파일을 열어 '기본' 시트에서 실습하세요.

	A	B	
1	문자로 된 날짜의 일련번호 구하기		
2			
3	날짜	일련번호	
4	2024-09-17	45552	❶
5	2024-09-17	45552	
6	24/09/17	45552	❷
7	2024/09/17 5:14:44 PM	45552	
8	17-Sep-24	45552	
9	2024/09/31	#VALUE!	❸

❶ =DATEVALUE(A4) : [A4] 셀의 '2024-09-17'에 대한 일련번호 45552이 [B4] 셀에 입력됩니다.

❷ =DATEVALUE(A6) : [A6] 셀의 '24/09/17'에 대한 일련번호 45552가 [B6] 셀에 입력됩니다.

❸ =DATEVALUE(A9) : '2024/09/31'이라는 날짜는 없으므로 오류값(#VALUE!)이 [B9] 셀에 입력됩니다(9월은 30일까지만 있음).

006 날짜에서 일만 추출하기 — DAY

19.2

DAY 함수는 날짜에서 일(Day)을 추출하여 반환하는 함수로, 일(Day)은 1에서 31까지의 정수로 표시됩니다. 날짜는 DATE 함수를 사용하여 입력하거나 다른 수식 또는 함수의 결과값으로 입력해야 합니다. 예를 들어, 2024년 5월 23일을 직접 입력하려면 'DAY(DATE(2024,5,23))'과 같이 DATE 함수를 사용해야 합니다. 날짜를 텍스트로 입력해도 되지만 오류가 발생할 수 있습니다.

형식 DAY(날짜) : '날짜'에서 일을 추출합니다.

준비하세요! : 'C:\길벗컴활1급\04 부록' 폴더의 'DAY.xlsm' 파일을 열어 '기본' 시트에서 실습하세요.

❶ =DAY(A4) : [A4] 셀에서 일만 추출한 17이 [B4] 셀에 입력됩니다.

❷ =DAY(A6) : 45,552가 "2024/09/17"에 대한 날짜 일련번호로 45,552에서 일만 추출한 17이 [B6] 셀에 입력됩니다.

❸ =DAY(A9) : "2024-9-31"이라는 날짜가 없으므로 오류값(#VALUE!)이 [B9] 셀에 입력됩니다(9월 30일까지만 있음).

기출문제 따라잡기 '기출' 시트에서 실습하세요.

[표1]의 이용일자와 [표2]를 이용하여 [C3:C7] 영역에 결제날짜를 계산하여 표시하시오.

▶ 결제날짜는 결제월과 결제일을 이용하여 표시[표시 예 : 9월 25일]

▶ 결제월은 이용일자의 월 + 월코드로 계산

▶ 월코드와 결제일은 이용일자와 [표2] 참조

▶ CONCAT, VLOOKUP, MONTH, DAY 함수 사용

	A	B	C	D	E	F	G	H	I
1	[표1] 지출 내역				[표2] 이용일자에 따른 월코드와 결제일				
2	이용일자	이용금액	결제날짜		날짜		월코드	월	결제일
3	2023-04-24	15,000	6월 1일		1일부터	9일까지	0	이번달	10
4	2023-03-03	35,200	3월 10일		10일부터	14일까지	0	이번달	25
5	2023-02-27	157,350	4월 1일		15일부터	19일까지	1	다음달	5
6	2023-02-12	253,000	2월 25일		20일부터	31일까지	2	다다음달	1
7	2023-03-03	52,000	3월 10일						

정답 [C3] : =CONCAT(MONTH(A3)+VLOOKUP(DAY(A3),$E$3:$I$6,3),"월 ",VLOOKUP(DAY(A3),$E$3:$I$6,5),"일")

수식의 이해

중첩 함수가 사용된 수식을 만들 때는 최종적으로 값을 반환하는, 즉 가장 바깥쪽에 사용할 함수부터 찾아서 수식을 세우고, 수식을 이해할 때는 우선순위에 따라 안쪽에서부터 바깥쪽 방향으로 하나씩 상수로 변환하면서 이해하면 쉽습니다.

=CONCAT(<u>MONTH(A3)</u>+VLOOKUP(<u>DAY(A3)</u>,E3:I6,3), "월 ", VLOOKUP(<u>DAY(A3)</u>,E3:I6,5), "일")
     ❶   ❷   ❷

- ❶ MONTH(A3) : [A3] 셀의 날짜인 2023-04-24에서 월만 추출하면 4입니다.
- ❷ DAY(A3) : [A3] 셀의 날짜인 2023-04-24에서 일만 추출하면 24입니다.
- 4를 ❶에, 24를 ❷에 대입하면 다음과 같습니다.

=CONCAT(4+<u>VLOOKUP(24,E3:I6,3)</u>, "월 ", <u>VLOOKUP(24,E3:I6,5)</u>, "일")
           ❸   ❹

- ❸ VLOOKUP(24,E3:I6,3) : [E3:I6] 영역의 첫 번째 열에서 24를 넘지 않으면서 가장 근접한 값을 찾은 후 열 번호로 지정된 세 번째 열의 값 2가 반환됩니다.
- ❹ VLOOKUP(24,E3:I6,5) : [E3:I6] 영역의 첫 번째 열에서 24를 넘지 않으면서 가장 근접한 값을 찾은 후 열 번호로 지정된 다섯 번째 열의 값 10이 반환됩니다.
- 2를 ❸에, 10을 ❹에 대입하면 다음과 같습니다.
- =CONCAT(4+2,"월 ",1,"일") : 4 + 2의 결과 6과 "월 ", 1, "일"을 합친 문자열 "6월 1일"이 [D3] 셀에 입력됩니다.

---

007 시간의 일련번호 계산하기 — TIME

TIME 함수는 특정 시간에 대한 실수값을 반환하는 함수로, 시간은 0에서 0.99999999까지의 실수로 표시되는데, 이는 0:00:00(오전12:00:00)부터 23:59:59(오후11:59:59)까지의 시간을 나타냅니다. 함수가 입력되기 전에 셀이 일반 서식을 가지고 있어도 결과 값은 시간 서식으로 지정됩니다.

형식 TIME(시, 분, 초) : '시', '분', '초'에 대한 시간의 일련번호를 구합니다.

준비하세요! 'C:\길벗컴활1급\04 부록' 폴더의 'TIME.xlsm' 파일을 열어 '기본' 시트에서 실습하세요.

	A	B	C	D
1	시간의 일련번호 구하기			
2				
3	시	분	초	일련번호
4	0	0	65	0.000752315 ❶
5	0	1	5	0.000752315
6	1	1	1	0.042372685 ❷
7	25	1	1	0.042372685
8	12	1	1	0.500706019
9	23	59	59	0.999988426 ❸

❶ =TIME(A4, B4, C4) : [A4], [B4], [C4] 셀의 '시', '분', '초'에 대한 일련번호 0.000752315가 [D4] 셀에 입력됩니다.

❷ =TIME(A6, B6, C6) : [A6], [B6], [C6] 셀의 '시', '분', '초'에 대한 일련번호 0.042372685가 [D6] 셀에 입력됩니다.

❸ =TIME(A9, B9, C9) : [A9], [B9], [C9] 셀의 '시', '분', '초'에 대한 일련번호 0.999988426이 [D9] 셀에 입력됩니다.

> 결과가 시간 서식으로 표시되므로 일반 숫자로 보려면 '셀 서식' 대화상자에서 일반 서식을 지정해야 합니다.

008 시간에서 분만 추출하기 — MINUTE

MINUTE 함수는 시간값에서 분(Minute)을 추출합니다. 분은 0부터 59까지의 정수로 표시됩니다. 시간은 큰따옴표로 묶은 텍스트 문자열("6:45 PM")이나 실수(6:45 PM을 나타내는 0.78125) 또는 다른 수식이나 함수의 결과(TIMEVALUE("6:45 PM"))로 입력할 수 있습니다.

형식 MINUTE(시간) : '시간'에서 분을 추출합니다

준비하세요! 'C:\길벗컴활1급\04 부록' 폴더의 'MINUTE.xlsm' 파일을 열어 '기본' 시트에서 실습하세요.

	A	B
1	시간에서 분만 추출하기	
2		
3	시간	분
4	1:34:00 PM	34 ❶
5	1:34:00 AM	34
6	11:01:47 PM	1 ❷
7	12:46:48 AM	46
8	2024-9-23 2:25 AM	25
9	24-01-Wed 12:58:54 PM	58 ❸

❶ =MINUTE(A4) : [A4] 셀에서 분만 추출한 34가 [B4] 셀에 입력됩니다.

❷ =MINUTE(A6) : [A6] 셀에서 분만 추출한 1이 [B6] 셀에 입력됩니다.

❸ =MINUTE(A9) : [A9] 셀에서 분만 추출한 58이 [B9] 셀에 입력됩니다.

009 현재 날짜와 시간 표시하기 — NOW

NOW 함수는 현재 날짜와 시간을 반환하는 함수입니다. 함수가 입력되기 전에 셀이 일반 서식을 가지고 있어도 결과값은 날짜 서식으로 지정됩니다. 오늘의 날짜만 나타나도록 하려면 TODAY( ) 함수를 사용하세요.

형식 NOW( ) : NOW 함수는 현재 날짜와 시간을 반환하는 함수로, 인수 없이 사용합니다.

준비하세요! 'C:\길벗컴활1급\04 부록' 폴더의 'NOW.xlsm' 파일을 열어 '기본' 시트에서 실습하세요.

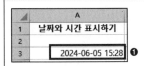

	A
1	날짜와 시간 표시하기
2	
3	2024-06-05 15:28 ❶

❶ =NOW( ) : 현재 날짜와 시간인 '2024-06-05 15:28'이 [A3] 셀에 입력됩니다.

※ NOW 함수의 결과값은 현재 날짜와 시간에 따라 다르게 표시됩니다.

010 시간에서 시만 추출하기 — HOUR

24.상시

HOUR 함수는 시간값에서 시(Hour)를 추출합니다. 시간은 0(오전 12:00)부터 23(오후 11:00)까지의 정수로 표시됩니다. 시간은 큰따옴표로 묶은 텍스트 문자열("6:45 PM")이나 실수(6:45 PM을 의미하는 0.78125) 또는 다른 수식이나 함수의 결과(TIMEVALUE("6:45 PM"))로 입력할 수 있습니다.

형식 HOUR(시간) : '시간'에서 시를 추출합니다.

준비하세요! : 'C:\길벗컴활1급\04 부록' 폴더의 'HOUR.xlsm' 파일을 열어 '기본' 시트에서 실습하세요.

▲	A	B
1	시간에서 분만 추출하기	
2		
3	시간	분
4	1:34:00 PM	34 ❶
5	1:34:00 AM	34
6	11:01:47 PM	1 ❷
7	12:46:48 AM	46
8	2024-9-23 2:25 AM	25
9	24-01-Wed 12:58:54 PM	58 ❸

❶ =HOUR(A4) : [A4] 셀에서 시만 추출한 13이 [B4] 셀에 입력됩니다.

❷ =HOUR(A6) : [A6] 셀에서 시만 추출한 23이 [B6] 셀에 입력됩니다.

❸ =HOUR(A9) : [A9] 셀에서 시만 추출한 12가 [B9] 셀에 입력됩니다.

기출문제 따라잡기   '기출' 시트에서 실습하세요.

[표1]의 입차시간과 퇴차시간을 이용하여 [표2]의 [H3:H7] 영역에 이용시간별 빈도수 만큼 "★"를 반복하여 표시하시오.

▶ 이용시간 = 퇴차시간 − 입차시간(분은 계산에 감안하지 않고 시간만 사용)

　[표시 예 : 빈도수가 3인 경우 → ★★★]

▶ FREQUENCY, REPT, HOUR 함수를 이용한 배열 수식

▲	A	B	C	D	E	F	G	H
1	[표1]					[표2]		
2	구분	주차장	입차시간	퇴차시간		이용시간		빈도수
3	진료	지상-1	09:39	13:27		1시간초과	2시간이전	★★
4	예약	지하	10:15	12:52		2시간초과	4시간이전	
5	진료	지하	09:31	17:59		4시간초과	6시간이전	★★★
6	입퇴원	지상-2	12:43	14:15		6시간초과	8시간이전	★
7	예약	지상-2	07:19	12:20		8시간초과		★
8	진료	지하	13:57	18:31				
9	예약	지상-2	06:46	21:27				
10	입퇴원	지상-2	09:19	15:47				

정답 [H3:H7] 영역을 블록으로 지정한 후

　=REPT("★",FREQUENCY(HOUR(D3:D10)−HOUR(C3:C10),G3:G7))을 입력한 후에는 Ctrl+Shift+Enter를 눌러 마무리합니다. 수식 입력줄에는 수식이 {=REPT("★",FREQUENCY(HOUR(D3:D10)−HOUR(C3:C10),G3:G7))}로 표시됩니다.

수식의 이해

중첩 함수가 사용된 수식을 만들 때는 최종적으로 값을 반환하는, 즉 가장 바깥쪽에 사용할 함수부터 찾아서 수식을 세우고, 수식을 이해할 때는 우선순위에 따라 안쪽에서부터 바깥쪽 방향으로 하나씩 상수로 변환하면서 이해하면 쉽습니다.

{=REPT("★", FREQUENCY(HOUR(D3:D10)−HOUR(C3:C10), G3:G7))}
　　　　　　　　　　　❶
　　　　　　　　　　　❷

• ❶ HOUR(D3:D10)−HOUR(C3:C10) : '퇴차시간'에서 시만을 추출한 값에서 '입차시간'의 시만을 추출한 값을 뺍니다.

• ❷ FREQUENCY(❶, G3:G7) : [G3:G7] 영역의 시간을 기준으로 ❶ 영역의 값들의 빈도 수를 계산합니다.

• ❸ =REPT("★", ❷) : "★"를 ❷의 값만큼 반복하여 표시합니다.

 전문가의 조언

• 배열 수식을 입력할 때는 수식 입력 후 Ctrl+Shift+Enter를 눌러야 합니다. 배열 수식에 대한 자세한 설명은 본서 1권 121쪽을 참조하세요.

• [F3:G7] 영역에는 숫자만 입력되어 있습니다. "시간초과"와 "시간이전"은 서식으로 처리한 것입니다.

• FREQUENCY(배열1, 배열2) 함수는 배열2의 범위에 대한 배열1 요소들의 빈도 수를 계산하는 함수로 자세한 설명은 104쪽을 참조하세요.

011 근무일수 계산하기 ─ DAYS

DAYS 함수는 두 날짜 사이의 일수를 반환하는 함수입니다. 날짜는 DATE 함수를 사용하여 입력하거나 다른 수식 또는 함수의 결과값으로 입력해야 합니다. 예를 들어, 2024년 5월 23일을 직접 함수의 인수로 입력하려면 DAYS(DATE(2024,5,23),…)와 같이 DATE 함수를 사용해야 합니다.

형식 DAYS(마지막 날짜, 시작 날짜) : 두 날짜 사이의 일수를 계산한다.

준비하세요! : 'C:\길벗컴활1급\04 부록' 폴더의 'DAYS.xlsm' 파일을 열어 '기본' 시트에서 실습하세요.

	A	B	C
1	근무일수 계산하기		
2			
3	입사일	퇴사일	근무일수
4	2004-12-05	2011-03-05	2,281 ❶
5	2013-08-31	2016-05-06	979
6	2016-09-22	2023-09-22	2,556 ❷
7	2018-11-22	2022-03-08	1,202
8	2021-05-31	2023-07-31	791
9	2022-04-29	2023-03-20	325

❶ =DAYS(B4,A4) : [B4] 셀의 "2011-03-05"에서 [A4] 셀의 "2004-12-05"를 뺀 일 수(근무일수)를 계산한 2,281이 [C4] 셀에 입력됩니다.

❷ =DAYS(B6,A6) : [B6] 셀의 "2023-09-22"에서 [A6] 셀의 "2016-09-22"를 뺀 일 수(근무일수)를 계산한 2,556이 [C6] 셀에 입력됩니다.

기출문제 따라잡기 '기출' 시트에서 실습하세요.

연봉, 계약시작일, 계약종료일을 이용하여 [E2:E9] 영역에 총수입을 계산하여 표시하시오.

▶ 총수입 = 계약기간 × 월수입
▶ 계약기간은 계약시작일과 계약종료일 사이의 전체 일수를 30으로 나눈 몫이고, 월수입은 연봉을 12로 나눈 값임
▶ 총수입은 천단위 구분 기호와 "천원"을 표시
  [표시 예 : 총수입이 14800인 경우 → 14,800천원]
▶ DAYS, TEXT, QUOTIENT 함수 사용

	A	B	C	D	E
1	지역	연봉	계약시작일	계약종료일	총수입
2	서울1	3,700	2023-11-09	2027-11-09	14,800천원
3	안양	5,500	2018-09-23	2022-09-23	22,000천원
4	인천	14,500	2019-04-17	2023-04-17	58,000천원
5	서울2	9,400	2021-01-15	2025-01-15	37,600천원
6	인천	4,200	2018-04-03	2022-04-03	16,800천원
7	서울2	14,000	2023-09-08	2027-09-08	56,000천원
8	인천	13,100	2022-10-16	2026-10-16	52,400천원
9	서울2	8,600	2020-01-11	2024-01-11	34,400천원

정답 [E2] : =TEXT(QUOTIENT(DAYS(D2,C2), 30)*(B2/12), "#,##0천원")

수식의 이해

중첩 함수가 사용된 수식을 만들 때는 최종적으로 값을 반환하는, 즉 가장 바깥쪽에 사용할 함수부터 찾아서 수식을 세우고, 수식을 이해할 때는 우선순위에 따라 안쪽에서부터 바깥쪽 방향으로 하나씩 상수로 변환하면서 이해하면 쉽습니다.

=TEXT(QUOTIENT(DAYS(D2,C2), 30)*(B2/12), "#,##0천원")
                    ❶

• ❶ DAYS(D2,C2) : [D2] 셀에 입력된 날짜 '2027-11-09'과 [C2] 셀에 입력된 날짜 '2023-11-09' 사이의 일수를 계산한 1461을 반환합니다. 1461을 ❶에 대입하면 다음과 같습니다.

=TEXT(QUOTIENT(1461,30)*(B2/12),"#,##0천원")
            ❷

• ❷ QUOTIENT(1461,30) : 1461을 30으로 나눈 몫인 48을 반환합니다. 48을 ❷에 대입하면 다음과 같습니다.

• =TEXT(48*(B2/12),"#,##0천원") : 48과 [B2] 셀의 값 3,700을 12로 나눈 값을 곱한 값인 148000에 서식 "#,##0천원"을 적용한 "14,800천원"이 [E2] 셀에 입력됩니다.

012 3개월 전/후 오늘의 일련번호 구하기 — EDATE

EDATE 함수는 특정 날짜로부터 지정한 개월이 더해진 날짜에 대한 일련번호를 반환하는 함수입니다. 날짜는 DATE 함수를 사용하여 입력하거나 다른 수식 또는 함수의 결과값으로 입력해야 합니다. 예를 들어 2024년 10월 14일을 직접 입력하여 한 달 전 날짜를 추출하려면 EDATE(DATE(2024,10,14), −1) 과 같이 DATE 함수를 사용해야 합니다. 날짜를 텍스트로 입력해도 되지만 오류가 발생할 수 있습니다.

형식 EDATE(시작 날짜, 개월 수) : '시작 날짜'에서 '개월 수'를 더한 날짜를 반환합니다.

준비하세요! : 'C:\길벗컴활1급\04 부록' 폴더의 'EDATE.xlsm' 파일을 열어 '기본' 시트에서 실습하세요.

	A	B	C
1	3개월 전/후 오늘의 일련번호 구하기		
2			
3	날짜	전/후 개월 수	일련번호
4	2024-08-20	-3	45432 ❶
5	2024-12-01	-2	45566
6	2024-07-25	-1	45468
7	2024-08-23	1	45558
8	2024-06-21	2	45525
9	2024-09-31	3	#VALUE! ❷

❶ =EDATE(A4, B4) : 더해진 개월 수가 음수이므로 [A4] 셀의 날짜에 서 3개월 전의 날짜에 대한 일련번호 45432가 [C4] 셀에 입력됩니다.

❷ =EDATE(A9, B9) : "2024-09-31"이라는 날짜는 없으므로 오류값 (#VALUE!)이 [C9] 셀에 입력됩니다(9월은 30일까지만 있음).

- 특정 날짜에 지정한 개월 수를 더했을 때 결과에 해당하는 날짜가 없는 경 우에는 가장 마지막 날짜가 표시됩니다. 예를 들어 3월 31일에 1개월을 더 하면 4월 31일 표시되어야 하지만 4월은 30일까지만 있으므로 4월 30일이 표시됩니다.
- 더해지는 개월 수는 정수만 가능하므로, 소수점 이하 자릿수는 무시됩니다.

기출문제 따라잡기 '기출' 시트에서 실습하세요.

검침일을 이용하여 사용기간[E3:E9]을 구하시오.

▶ 사용기간은 검침일의 한 달전 다음 날에서 검침일까지로 계산 예) 검침일이 03-05이면 사용기간은 02/06~03/05로 표시

정답 [E3] : =TEXT(EDATE(D3,−1)+1, "mm/dd") & "~" & TEXT(D3, "mm/dd")

	A	B	C	D	E
1					
2		고객번호	업종	검침일	사용기간
3		1-300-198	공업용	03-05	02/06~03/05
4		1-100-210	가정용	03-20	02/21~03/20
5		1-300-120	공업용	03-05	02/06~03/05
6		1-100-321	가정용	03-20	02/21~03/20
7		1-400-125	욕탕용	03-15	02/16~03/15
8		1-300-328	공업용	03-05	02/06~03/05
9		1-200-241	상업용	03-10	02/11~03/10

수식의 이해

중첩 함수가 사용된 수식을 만들 때는 최종적으로 값을 반환하는, 즉 가장 바깥쪽에 사용할 함수부터 찾아서 수식을 세우고, 수식을 이해할 때는 우선 순위에 따라 안쪽에서부터 바깥쪽 방향으로 하나씩 상수로 변환하면서 이해하면 쉽습니다.

=TEXT(EDATE(D3,−1)+1,"mm/dd") & "~" & TEXT(D3,"mm/dd")
　　　　　❶

- ❶ EDATE(D3,−1)+1 : [D3] 셀의 날짜인 03-05에서 한 달 전의 날짜를 구하면 02-05이고, 이 날짜에 1을 더하면 02-06이 됩니다. "02-06"을 ❶에 대입하면 다음과 같습니다.

=TEXT(02-06,"mm/dd") & "~" & TEXT(D3,"mm/dd")
　　　　❷　　　　　　　　　　❸

- ❷ TEXT(02-06,"mm/dd") : 02-06에 서식 "mm/dd"를 적용하면 '02/06'이 됩니다.
- ❸ TEXT(D3,"mm/dd") : [D3] 셀의 날짜인 03-05에 서식 "mm/dd"를 적용하면 '03/05'가 됩니다. "02/06"과 "03/05"를 ❷와 ❸에 대입하면 다음과 같습니다.
- = "02/06" & "~" & "03/05" : "02/06"과 "~", "03/05"을 연결한 '02/06~03/05'이 [E3] 셀에 입력됩니다.

013 날짜에서 요일 알아내기 — WEEKDAY

WEEKDAY 함수는 날짜에서 요일을 추출하는 함수입니다. 기본적으로 요일은 1(일요일)에서 7(토요일)까지의 정수로 표시됩니다. 날짜는 DATE 함수를 사용하여 입력하거나 다른 수식 또는 함수의 결과로 입력해야 합니다.

형식 WEEKDAY(날짜, 옵션) : '날짜'에 해당하는 요일번호를 추출합니다. '옵션'은 반환값의 종류를 1~3의 숫자로 지정합니다.

준비하세요! : 'C:\길벗컴활1급\04 부록' 폴더의 'WEEKDAY.xlsm' 파일을 열어 '기본' 시트에서 실습하세요.

	A	B	
1	요일 알아내기		
2			
3	날짜	요일번호	
4	1986-04-23	4	❶
5	1997-03-24	2	
6	2023-09-25	2	❷
7	2018-10-06	7	
8	2020-04-03	6	❸

❶ =WEEKDAY(A4,1) : [A4] 셀에 입력된 날짜의 요일번호를 옵션에 맞게 추출한 7(토요일)이 [B4] 셀에 입력됩니다.

❷ =WEEKDAY(A6,1) : [A6] 셀에 입력된 날짜의 요일번호를 옵션에 맞게 추출한 6(금요일)이 [B6] 셀에 입력됩니다.

❸ =WEEKDAY(A8,1) : [A8] 셀에 입력된 날짜의 요일번호를 옵션에 맞게 추출한 2(월요일)가 [B8] 셀에 입력됩니다.

WEEKDAY 함수에서 옵션 값의 종류
- 1 또는 생략 : 1(일요일)에서 7(토요일)까지의 숫자를 사용합니다.
- 2 : 1(월요일)에서 7(일요일)까지의 숫자를 사용합니다.
- 3 : 0(월요일)에서 6(일요일)까지의 숫자를 사용합니다.

기출문제 따라잡기   '기출' 시트에서 실습하세요.

[표2]의 [A13:D22]와 [표1]의 [B2:H9] 영역을 참조하여 수업과목[E14:E22]을 계산하시오.

▶ [표2]의 날짜[A14:A22]에서 요일을 계산하여 시간[D14:D22]에 해당하는 과목을 [표1]의 시간표에서 가져오시오.

▶ 단, 요일의 return-type은 '2'로 설정

정답 [E14] : =INDEX($B$3:$H$9,D14,WEEKDAY(A14,2))

	A	B	C	D	E	F	G	H
1	[표1]			시간표				
2	시간	월	화	수	목	금	토	일
3	1	국어	영어	-	-	-	-	-
4	2	-	독어	-	사회	화학	-	-
5	3	과학	-	수학	-	-	-	-
6	4	-	-	-	체육	-	-	-
7	5	-	일어	-	-	음악	-	-
8	6	윤리	-	중어	-	-	-	-
9	7	-	-	생물	-	-	-	-
10								
11								
12	[표2]							
13	날짜			시간	수업과목			
14	23.06.02(금)			2	화학			
15	23.06.07(수)			3	수학			
16	23.07.02(일)			1	-			
17	23.07.03(월)			5	-			
18	23.07.05(수)			6	중어			
19	23.07.07(금)			2	화학			
20	23.07.11(화)			3	-			
21	23.07.12(수)			4	-			
22	23.07.13(목)			4	체육			

수식의 이해

중첩 함수가 사용된 수식을 만들 때는 최종적으로 값을 반환하는, 즉 가장 바깥쪽에 사용할 함수부터 찾아서 수식을 세우고, 수식을 이해할 때는 우선순위에 따라 안쪽에서부터 바깥쪽 방향으로 하나씩 상수로 변환하면서 이해하면 쉽습니다.

=INDEX($B$3:$H$9,D14,WEEKDAY(A14,2))
                        ❶

- ❶ WEEKDAY(A14,2) : [A14] 셀에 입력된 날짜 '2023-06-02'의 요일번호 5(금요일)를 반환합니다. 옵션이 2이면 1(월요일)~7(일요일)까지의 숫자로 요일을 표시합니다. 5를 ❶에 대입하면 다음과 같습니다.
- =INDEX($B$3:$H$9,D14,5) : [D14] 셀의 값이 2이므로 [B3:H9] 영역에서 2행, 5열에 있는 값 '화학'을 [E14] 셀에 입력합니다.

014 3개월 전/후 달의 마지막 날짜에 대한 일련번호 구하기 — EOMONTH

EOMONTH 함수는 특정 날짜로부터 지정한 개월이 더해진 달의 마지막 날짜에 대한 일련번호를 반환하는 함수입니다. 날짜는 DATE 함수를 사용하여 입력하거나 다른 수식 또는 함수의 결과값으로 입력해야 합니다. 예를 들어 2024년 10월 14일을 직접 입력하여 한 달 전 마지막 날짜를 추출하려면 EOMONTH(DATE(2024,10,14), -1)과 같이 DATE 함수를 사용해야 합니다. 날짜를 텍스트로 입력해도 되지만 오류가 발생할 수 있습니다.

형식 EOMONTH(시작 날짜, 개월 수) : '시작 날짜'에서 '개월 수'를 더한 달의 마지막 날짜를 반환합니다.

준비하세요! : 'C:\길벗컴활1급\04 부록' 폴더의 'EOMONTH.xlsm' 파일을 열어 '기본' 시트에서 실습하세요.

	A	B	C
1	전/후 달 마지막 날짜의 일련번호 구하기		
2			
3	날짜	전/후 개월 수	일련번호
4	2024-08-20	-3	45443 ❶
5	2024-12-01	-2	45596
6	2024-07-25	-1	45473
7	2024-08-23	1	45565
8	2024-06-21	2	45535
9	2024-09-31	3	#VALUE! ❷

❶ =EOMONTH(A4, B4) : 더해진 개월 수가 음수이므로 [A4] 셀의 날짜에서 3개월 전 달의 마지막 날짜에 대한 일련번호 45443이 [C4] 셀에 입력됩니다.

❷ =EOMONTH(A9, B9) : "2024-09-31"이라는 날짜는 없으므로 오류값(#VALUE!)이 [C9] 셀에 입력됩니다(9월은 30일까지만 있음).

더해지는 개월 수는 정수만 가능하므로 소수점 이하 자릿수는 무시됩니다.

기출문제 따라잡기 '기출' 시트에서 실습하세요.

[표1]의 성별과 요양개시일자를 이용하여 첫 요양개시일자의 해당 월에서 '여성'의 처방 건수를 [F4] 셀에 계산하시오.

▶ 첫 요양개시일자의 해당 월은 요양개시일자 중에서 가장 빠른 날짜의 월로 계산

▶ 가장 빠른 요양개시일자가 2023-02-25이면 2월 한달 동안의 여성들의 처방 건수를 계산함

▶ COUNTIFS, EOMONTH, MIN 함수 사용

	A	B	C	D	E	F
1	[표1]					
2	처방번호	성별	요양개시일자	종투여일수		첫 요양개시 월의 여성 처방건수
3	145694-1	여성	2024-04-08	1		
4	145694-2	남성	2024-05-18	5		2
5	453555-1	여성	2024-01-05	5		
6	145694-3	여성	2024-06-02	4		
7	145694-4	남성	2024-01-12	2		
8	239850-1	여성	2024-01-09	5		
9	239850-2	여성	2024-02-05	2		

정답 [F4] : =COUNTIFS(C3:C9,"<="&EOMONTH(MIN(C3:C9),0),B3:B9,"여성")

수식의 이해

중첩 함수가 사용된 수식을 만들 때는 최종적으로 값을 반환하는, 즉 가장 바깥쪽에 사용할 함수부터 찾아서 수식을 세우고, 수식을 이해할 때는 우선순위에 따라 안쪽에서부터 바깥쪽 방향으로 하나씩 상수로 변환하면서 이해하면 쉽습니다.

=COUNTIFS(C3:C9, "<="&EOMONTH(MIN(C3:C9), 0), B3:B9, "여성")
                     ❶

• ❶ MIN(C3:C9) : [C3:C9] 영역에서 가장 작은 값을 구하면 2024-01-05가 됩니다. 2024-01-05를 ❶에 대입하면 다음과 같습니다.

=COUNTIFS(C3:C9, "<="&EOMONTH(2024-01-05, 0), B3:B9, "여성")
                     ❷   ❸

• ❷ EOMONTH(2024-01-05, 0) : 2024-01-05에 0을 더한 달의 마지막 날짜를 구하면 2024-01-31이 됩니다. 2024-01-31을 ❷에 대입하면 다음과 같습니다.

=COUNTIFS(C3:C9, "<="&"2024-01-31", B3:B9, "여성") : [C3:C9] 영역에서 2024-01-31과 같거나 작은 셀[C5], [C7], [C8])을 찾고 [B3:B9] 영역에서 [C5], [C7], [C8] 셀과 같은 행들의 셀[B5], [B7], [B8])을 대상으로 "여성"과 같은 셀의 개수(2)를 세어 [F4] 셀에 입력합니다.

015 작업한 날짜만 계산하기 — NETWORKDAYS

NETWORKDAYS 함수는 지정한 두 날짜 사이에서 주말과 지정한 '휴일날짜'를 제외한 근무일수를 계산하는 함수로, 특정 기간 동안 작업한 날짜 수에 기초한 임금을 계산할 때 사용합니다.

형식 NETWORKDAYS(날짜1, 날짜2, 휴일날짜) : 주말과 지정한 '휴일날짜'를 제외한 두 '날짜' 사이의 작업 일수를 계산합니다.

준비하세요! : 'C:\길벗컴활1급\04 부록' 폴더의 'NETWORKDAYS.xlsm' 파일을 열어 '기본' 시트에서 실습하세요.

	A	B	C	D	E
1		일당직 직원의 근무일수			
2		이름	출근 시작한날	출근 마지막날	근무일수
3		이선남	2023-09-01	2023-09-07	5
4		이수해	2022-12-06	2023-03-16	73
5		이연기	2023-04-03	2023-05-27	40
6		김병준	2023-04-05	2023-06-02	43
7		나관주	2022-11-30	2023-03-31	88
8		김명희	2022-12-12	2023-02-11	45

❶ =NETWORKDAYS(C3,D3) : [C3] 셀의 값 '2023-09-01'과 [D3] 셀의 값 '2023-09-07' 사이에서 주말을 제외한 날짜수인 5가 [E3] 셀에 입력됩니다.

❷ =NETWORKDAYS(C6,D6) : [C6] 셀의 값 '2023-04-05'과 [D6] 셀의 값 '2023-06-02' 사이에서 주말을 제외한 날짜수인 43이 [E6] 셀에 입력됩니다.

기출문제 따라잡기 '기출' 시트에서 실습하세요.

[표1]의 시작일, 행사일과 [표2]를 이용하여 시작일과 행사일 사이의 작업일[D3:D10]을 계산하여 표시하시오.

▶ 작업일이 0보다 작으면 공백으로 표시

▶ 작업일은 세 자리로 표시 [표시 예 : 작업일이 43일인 경우 → 043]

▶ NETWORKDAYS, TEXT, IF 함수 사용

	A	B	C	D	E	F	G
1	[표1]		시작일 :	2020-02-01		[표2] 상반기 공휴일	
2	성명	행사내용	행사일	작업일		날짜	공휴일
3	김기완	돌잔치	2020-02-05	003		01월 01일	신정
4	성정아	돌잔치	2020-02-09	005		01월 24일	설 연휴
5	이기봉	돌잔치	2019-12-09			01월 27일	설 연휴
6	안산진	돌잔치	2020-05-03	063		03월 03일	창립일
7	이석호	결혼식	2020-04-04	044		04월 15일	선거일
8	양미진	돌잔치	2020-02-28	020		05월 05일	어린이날
9	유인하	결혼식	2020-03-02	021			
10	김경지	결혼식	2020-01-03				

정답 [D3] : =IF(NETWORKDAYS($D$1,C3,$F$3:$F$8)〈0," ",TEXT(NETWORKDAYS($D$1,C3,$F$3:$F$8),"000"))

수식의 이해

=IF(NETWORKDAYS(D1,C3,F3:F8)〈0,"",TEXT(NETWORKDAYS(D1,C3,F3:F8),"000"))
       ❶   ❶

- ❶ NETWORKDAYS(D1,C3,F3:F8) : [D1] 셀의 날짜 '2020-02-01'과 [C3] 셀의 날짜 '2020-02-05' 사이에서 주말과 [F3:F8] 영역에 지정한 공휴일을 제외한 근무일수를 반환합니다. '2020-02-01'과 '2020-02-05' 사이에서 '2020-02-01'은 토요일, '2020-02-02'은 일요일이고 지정한 공휴일 중 포함되는 날짜는 없으므로 전체 날짜일수 5에서 2를 뺀 3이 반환됩니다. 3을 ❶에 대입하면 다음과 같습니다.

- =IF(3〈0,"",TEXT(3,"000")) : 조건이 참이면 ""을, 거짓이면 3에 서식 '000'을 적용한 "003"을 반환하는데, 조건이 거짓이므로 "003"이 [D3] 셀에 입력됩니다.

016 주말을 제외한 휴가 마지막 날 계산하기 — WORKDAY

13.1

WORKDAY 함수는 특정일을 기준으로 해서 토, 일요일과 휴일 날짜를 제외하고 지정한 근무일 수만큼 지난 날이 며칠인지를 계산하는 함수입니다. 날짜는 DATE 함수를 사용하여 입력하거나 다른 수식 또는 함수의 결과값으로 입력해야 합니다. 예를 들어 2024년 10월 14일을 직접 입력하여 3일째 근무하는 날을 계산하려면 WORKDAY(DATE(2024,10,14), 3)과 같이 DATE 함수를 사용해야 합니다. 날짜를 텍스트로 입력해도 되지만 오류가 발생할 수 있습니다.

형식 WORKDAY(시작 날짜, 일 수, 휴일 날짜) : '시작 날짜'에 주말과 '휴일 날짜'를 제외하고 '일수'만큼 지난 날짜를 반환합니다.

준비하세요! : 'C:\길벗컴활1급\04 부록' 폴더의 'WORKDAY.xlsm' 파일을 열어 '기본' 시트에서 실습하세요.

WORKDAY 함수를 이용하여 토, 일요일과 휴일 날짜를 제외한 휴가 마지막 날을 계산해 보겠습니다.

	A	B	C	D
1	여름 휴가 일정			
2				
3	근무 마지막 날	휴가일수	휴일날짜	휴가 마지막날
4	2023-08-13	7	2023-08-18	2023-08-23	❶
5	2023-12-02	8		2023-12-13
6	2023-06-02	7	2023-06-04	2023-06-13
7	2023-08-17	5		2023-08-24
8	2023-06-19	3		2023-06-22
9	2023-09-31	7	2023-10-01	#VALUE!	❷

❶ =WORKDAY(A4, B4, C4) : [A4] 셀의 날짜에서 토, 일요일과 휴일 날짜를 제외하고 7일째가 되는 "2023-08-23"이 [D4] 셀에 입력됩니다.

❷ =WORKDAY(A9, B9, C9) : "2023-09-31"이라는 날짜는 없으므로 오류값(#VALUE!)이 [D9] 셀에 입력됩니다(9월은 30일까지만 있음).

더해지는 날짜 수는 정수만 가능하므로 소수점 이하 자릿수는 무시됩니다.

기출문제 따라잡기 '기출' 시트에서 실습하세요.

[표1]의 판매일과 [표2]의 공휴일을 이용하여 [표1]의 [C4:C13] 영역에 수선일을 계산하여 표시하시오.

▶ 수선일은 판매일에서 주말과 공휴일을 제외한 3일 후의 날로 계산

▶ 공휴일은 [표2]를 이용

▶ TEXT, WORKDAY 함수 이용

▶ [표시 예 : 2020-01-14 → 수선일 : 2020년 1월 17일 금요일]

정답 [C4] : =TEXT(WORKDAY(B4,3,$F$4:$F$13), "yyyy년 m월 d일 aaaa")

	A	B	C	D	E	F
1						
2		[표1] 수선일			[표2] 공휴일	
3		판매일	수선일		공휴일	날짜
4		2020-01-14	2020년 1월 17일 금요일		설날	01월 24일
5		2020-01-25	2020년 1월 30일 목요일		설날(대체)	01월 27일
6		2020-02-03	2020년 2월 6일 목요일		삼일절	03월 01일
7		2020-03-12	2020년 3월 17일 화요일		석가탄신일	04월 30일
8		2020-03-23	2020년 3월 26일 목요일		현충일	06월 06일
9		2020-03-30	2020년 4월 2일 목요일		광복절	08월 15일
10		2020-04-21	2020년 4월 24일 금요일		추석	10월 01일
11		2020-05-01	2020년 5월 6일 수요일		추석	10월 02일
12		2020-05-17	2020년 5월 20일 수요일		개천절	10월 03일
13		2020-05-20	2020년 5월 25일 월요일		크리스마스	12월 25일

수식의 이해

중첩 함수가 사용된 수식을 만들 때는 최종적으로 값을 반환하는, 즉 가장 바깥쪽에서 사용할 함수부터 찾아서 수식을 세우고, 수식을 이해할 때는 연산 우선순위에 따라 안쪽에서부터 바깥쪽 방향으로 하나씩 상수로 변환하면서 이해하면 쉽습니다.

=TEXT(WORKDAY(B4,3,F4:F13), "yyyy년 m월 d일 aaaa")
    ❶

• ❶ WORKDAY(B4,3,F4:F13) : [B4] 셀의 날짜 '2020-01-14'에서 토요일, 일요일, 공휴일을 제외하고 3일째가 되는 날짜가 반환됩니다. '2020-01-14'에서 3일째가 되는 날짜까지는 토요일, 일요일, 공휴일이 없으므로 '2020-01-17'이 반환됩니다. '2020-01-17'을 ❶에 대입하면 다음과 같습니다.

• =TEXT("2020-01-17", "yyyy년 m월 d일 aaaa") : '2020-01-17'에 서식 "yyyy년 m월 d일 aaaa"를 적용한 "2020년 1월 17일 금요일"이 [C4] 셀에 입력됩니다.

※ 요일 서식 코드
- **ddd** : Sun~Sat로 표시
- **dddd** : Sunday~Saturday로 표시
- **aaa** : 월~일로 표시
- **aaaa** : 월요일~일요일로 표시

017 생일이 속하는 주의 일련번호 계산하기 — WEEKNUM

22.상시, 21.상시

WEEKNUM 함수는 지정된 날짜가 일년 중 몇 번째 주에 속하는지를 계산하는 함수입니다. WEEKNUM 함수는 1월 1일이 포함된 주를 해당 연도의 첫 번째 주로 간주합니다.

형식 WEEKNUM(날짜, 옵션) : '날짜'가 일년 중 몇 번째 주에 속하는지를 계산합니다.

준비하세요! : 'C\길벗컴활1급\04 부록' 폴더의 'WEEKNUM.xlsm' 파일을 열어 '기본' 시트에서 실습하세요.

	A	B	C	D
1		우리 동아리 회원 생일		
2		이름	생일	주 일련번호
3		이선남	2013-01-09	2	❶
4		이수해	2010-12-26	53
5		이연기	2009-04-03	14
6		김병준	2005-07-01	27
7		나관주	2013-12-31	53	❷
8		김명희	2013-12-12	50
9		윤성호	2003-03-07	10
10		황창민	2013-09-03	36

❶ =WEEKNUM(C3) : [C3] 셀의 값 '2013-01-09'는 일년 중 2번째 주이므로 [D3] 셀에 2가 입력됩니다.

❷ =WEEKNUM(C7) : [C7] 셀의 값 '2013-12-31'은 일년 중 53번째 주이므로 [D7] 셀에 53이 입력됩니다.

옵션
- **1 또는 생략** : 일요일부터 주가 시작함
- **2** : 월요일부터 주가 시작함

기출문제 따라잡기 '기출' 시트에서 실습하세요.

구분, 이벤트날짜, 기준일(D1)을 이용하여 [D3:D10] 영역에 이벤트주차를 표시하시오.

▶ 이벤트주차는 구분과 이번달주차를 연결하여 표시
▶ 이번달주차는 일년 중 이벤트날짜의 주차에서 기준일의 주차를 뺀 값으로 계산
   [표시 예 : 회원-1주차]
▶ 월요일부터 주가 시작하도록 계산
▶ CONCAT, WEEKNUM 함수 사용

	A	B	C	D
1			기준일	2023-01-27
2	구분	성명	이벤트주차	이벤트날짜
3	회원	박연	회원-1주차	2023년 2월 4일 토요일
4	회원	이순신	회원-4주차	2023년 2월 23일 목요일
5	비회원	성삼문	비회원-1주차	2023년 2월 5일 일요일
6	회원	송시열	회원-4주차	2023년 2월 21일 화요일
7	회원	지석영	회원-3주차	2023년 2월 13일 월요일
8	회원	임꺽정	회원-1주차	2023년 2월 2일 목요일
9	회원	성준향	회원-4주차	2023년 2월 20일 월요일
10	비회원	홍영식	비회원-4주차	2023년 2월 22일 수요일

정답 [C3] : =CONCAT(A3, "-", WEEKNUM(D3,2)-WEEKNUM($D$1,2), "주차")

수식의 이해

중첩 함수가 사용된 수식을 만들 때는 최종적으로 값을 반환하는, 즉 가장 바깥쪽에 사용할 함수부터 찾아서 수식을 세우고, 수식을 이해할 때는 우선순위에 따라 안쪽에서부터 바깥쪽 방향으로 하나씩 상수로 변환하면서 이해하면 쉽습니다.

=CONCAT(A3, "-", WEEKNUM(D3,2)-WEEKNUM($D$1,2), "주차")
　　　　　　　　　　❶　　　　　❷

- ❶ WEEKNUM(D3,2) : [D3] 셀에 입력된 날짜 '2023-02-04'이 일년 중 6번째 주이므로 6을 반환합니다. 옵션이 2이므로 월요일부터 주가 시작합니다.
- ❷ WEEKNUM($D$1,2) : [D1] 셀에 입력된 날짜 '2023-01-27'이 일년 중 5번째 주이므로 5를 반환합니다. 6을 ❶에, 5를 ❷에 대입하면 다음과 같습니다.
- =CONCAT(A3,"-",6-5,"주차") : "회원"과 "-", 1, "주차"를 합친 문자열 "회원-1주차"가 [C3] 셀에 입력됩니다.

018 시간에서 초만 추출하기 — SECOND

SECOND 함수는 시간값에서 초(Second)를 추출합니다. 초는 0부터 59까지의 정수로 표시됩니다. 시간은 큰따옴표로 묶은 텍스트 문자열("6:45 PM")이나 실수(6:45 PM을 나타내는 0.78125) 또는 다른 수식이나 함수의 결과(TIMEVALUE("6:45 PM"))로 입력할 수 있습니다.

형식 SECOND(시간) : '시간'에서 초만 추출합니다.

준비하세요! : 'C:\길벗컴활1급\04 부록' 폴더의 'SECOND.xlsm' 파일을 열어 '기본' 시트에서 실습하세요.

	A	B
1	시간에서 초만 추출하기	
2		
3	시간	초
4	1:34:55 PM	55 ❶
5	1:34:00 AM	0
6	11:01:47 PM	47 ❷
7	12:46:48 AM	48
8	2022-09-23 2:25:00 AM	0
9	22-01-Mon 12:58:54 PM	54 ❸

❶ =SECOND(A4) : [A4] 셀에서 초만 추출한 55가 [B4] 셀에 입력됩니다.
❷ =SECOND(A6) : [A6] 셀에서 초만 추출한 47이 [B6] 셀에 입력됩니다.
❸ =SECOND(A9) : [A9] 셀에서 초만 추출한 54가 [B9] 셀에 입력됩니다.

019 논리식의 결과 부정하기 — NOT

NOT 함수는 논리식의 결과를 부정하는 함수입니다. 즉, 논리식의 결과가 참(TRUE)이면 거짓(FALSE)을 반환하고, 거짓(FALSE)이면 참(TRUE)을 반환하는 함수입니다.

형식 NOT(인수) : 인수의 반대값을 반환합니다.

준비하세요! : 'C:\길벗컴활1급\04 부록' 폴더의 'NOT.xlsm' 파일을 열어 '기본' 시트에서 실습하세요.

	A	B	C
1		NOT 진리표	
2		A	X
3		FALSE	TRUE ❶
4		TRUE	FALSE ❷

❶ =NOT(B3) : [B3] 셀의 값이 거짓(FALSE)이므로 반대값인 참(TRUE)이 [C3] 셀에 입력됩니다.
❷ =NOT(B4) : [B4] 셀의 값이 참(TRUE)이므로 반대값인 거짓(FALSE)이 [C4] 셀에 입력됩니다.

020　1월 실적이 평균 이상이면 "우수", 평균 미만이면 "미달" 표시하기 — IF

IF 함수는 참과 거짓에 관한 논리식을 판별하여 참일 때와 거짓일 때 서로 다른 값을 반환하기 위해 사용하는 함수입니다. 예를 들어 1월 실적이 평균 이상이면 "우수"를 반환하고 평균 미만이면 "미달"을 반환하는 수식은 '=IF(1월실적 >= 평균, "우수", "미달")'과 같이 입력하여 사용할 수 있습니다.

형식 IF(조건, 인수1, 인수2) : 조건을 비교하여 '참'이면 인수1, '거짓'이면 인수2를 실행합니다.

준비하세요! : 'C:\길벗컴활급\04 부록' 폴더의 'IF.xlsm' 파일을 열어 '기본' 시트에서 실습하세요.

IF 함수를 이용하여 1월 실적이 평균보다 크면 평가에 "우수"를, 그렇지 않으면 "미달"을 표시해 보겠습니다.

	영업소	사원이름	1월 실적	평가	
	서울	김정식	137,000	우수	❶
	경기	박기수	78,900	미달	
	강원	한송희	57,900	미달	❷
	충북	장영철	103,400	우수	
	대구	김만호	117,800	우수	
	경북	최수정	78,900	미달	❸
	부산	서용식	114,000	우수	
	평균		98,271		

(제목: 개인별 영업 실적 현황)

❶ =IF(D4>D11, "우수", "미달") : [D4] 셀의 1월 실적이 평균 실적을 초과하므로 "우수"가 [E4] 셀에 입력됩니다.

❷ =IF(D6>D11, "우수", "미달") : [D6] 셀의 1월 실적이 평균 실적의 미만이므로 "미달"이 [E6] 셀에 입력됩니다.

❸ =IF(D9>D11, "우수", "미달") : [D9] 셀의 1월 실적이 평균 실적의 미만이므로 "미달"이 [E9] 셀에 입력됩니다.

※ [E4] 셀에 수식을 입력한 후 [E5:E10] 영역에 수식을 복사하려면 '=IF(D4>$D$11, "우수", "미달")'로 입력하세요.

기출문제 따라잡기　'기출' 시트에서 실습하세요.

직무수행과 이해판단 점수가 모두 80점 이상이면 "★"를 입력하고, 그 외는 공백을 입력하세요.

정답 [F3] : =IF(AND(D3>=80, E3>=80), "★", "")

	부서명	이름	직무수행	이해판단	비고
	인사부	전광일	88	95	★
	기획실	유근선	92	68	
	관리부	정환호	81	78	
	관리부	이용표	76	82	
	인사부	이지수	98	98	★

(제목: 직원별 직무평가)

※ "★"는 한글 자음 ㅁ을 입력하고 [한자]를 누른 후 바로 아래에 표시되는 문자 목록에서 선택하여 입력합니다.

수식의 이해

=IF(AND(D3>=80, E3>=80), "★", "")
　　　　❶　　　　　　❷　❸

❶의 조건이 참(TRUE)이면 ❷를, 거짓(FALSE)이면 ❸을 표시합니다.

· ❶ AND(D3>=80, E3>=80) : [D3] 셀의 값 88이 80보다 크므로 참(TRUE)이고, [E3] 셀의 값 95가 80보다 크므로 참(TRUE)이 되어 최종적으로 참을 반환합니다.

· ❶번의 조건이 참이므로 ❷번을 수행하여 [F3] 셀에 "★"이 입력됩니다.

 전문가의 조언

IF(조건, 인수1, 인수2) 함수에서 인수2에 아무 것도 입력하지 않으면 조건이 거짓일 때 "FALSE"가 표시됩니다.

021 모두 참(TRUE)일 때 참(TRUE) 반환하기 — AND

AND 함수는 여러 개의 논리식 결과가 모두 참(TRUE)일 때만 참(TRUE)을 반환하는 함수입니다. 예를 들어 임의의 값 X가 5보다 크고, 10보다 작은 조건에 맞는지를 판별할 때는 '=AND(X 〉 5, X 〈 10)'와 같이 함수식을 입력하면 됩니다. 그러면 X가 6~9 사이에 있을 때만 논리식이 모두 참이 되어 TRUE를 반환하고, 6~9 사이를 벗어나면 거짓이 되어 FALSE를 반환합니다.

형식 AND(인수1, 인수2, …) : 주어진 인수가 모두 참이면 참을 반환합니다.

준비하세요! : 'C:\길벗컴활1급\04 부록' 폴더의 'AND.xlsm' 파일을 열어 '기본' 시트에서 실습하세요.

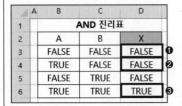

❶ =AND(B3:C3) : [B3] 셀과 [C3] 셀의 값이 모두 거짓(FALSE)이므로 거짓(FALSE)이 [D3] 셀에 입력됩니다.

❷ =AND(B4:C4) : [B4] 셀은 참(TRUE), [C4] 셀은 거짓(FALSE)이므로 거짓(FALSE)이 [D4] 셀에 입력됩니다.

❸ =AND(B6:C6) : [B6] 셀과 [C6] 셀의 값이 모두 참(TRUE)이므로 참(TRUE)이 [D6] 셀에 입력됩니다.

기출문제 따라잡기 '기출' 시트에서 실습하세요.

직무수행과 이해판단 점수가 모두 80점 이상이면 "★"를 입력하고, 그 외는 공백을 입력하세요.

정답 [F3] : =IF(AND(D3>=80, E3>=80), "★", "")

	직원별 직무평가				
	부서명	이름	직무수행	이해판단	비고
	인사부	전광일	88	95	★
	기획실	유근선	92	68	
	관리부	정환호	81	78	
	관리부	이용표	76	82	
	인사부	이지수	98	98	★

※ "★"는 한글 자음 ㅁ을 입력하고 [한자]를 누른 후 바로 아래에 표시되는 문자 목록에서 선택하여 입력합니다.

수식의 이해

=IF(AND(D3>=80, E3>=80), "★", "")
       ❶   ❷ ❸

❶의 조건이 참(TRUE)이면 ❷를, 거짓(FALSE)이면 ❸을 표시합니다.

• ❶ AND(D3>=80, E3>=80) : [D3] 셀의 값 88이 80보다 크므로 참(TRUE)이고, [E3] 셀의 값 95가 80보다 크므로 참(TRUE)이 되어 최종적으로 참을 반환합니다.

• ❶번의 조건이 참이므로 ❷번을 수행하여 [F3] 셀에 "★"이 입력됩니다.

 전문가의 조언

AND 함수의 인수는 범위의 크기에 관계없이 쉼표로 구분하여 255개까지 지정할 수 있습니다.

022 하나만 참(TRUE)이면 참(TRUE) 반환하기 ─ OR

OR 함수는 여러 개의 논리식 결과 중 하나라도 참(TRUE)이면 참(TRUE)을 반환하는 함수입니다. 예를 들어 임의의 값 X가 10보다 크거나 5보다 작은 조건에 맞는지를 판별할 때는 '=OR(X 〉 10, X 〈 5)'와 같이 함수식을 입력하면 됩니다. 그러면 X가 5~10 사이에 있을 때만 모두 거짓이 되어 FALSE를 반환합니다. OR 함수 안에 표시되는 인수는 1개에서 255개까지 지정할 수 있습니다.

형식 OR(인수1, 인수2, …) : 인수 중 하나라도 참이면 참을 반환합니다.

준비하세요! 'C:\길벗컴활1급\04 부록' 폴더의 'OR.xlsm' 파일을 열어 '기본' 시트에서 실습하세요.

	A	B	C	D
1		OR 진리표		
2		A	B	X
3		FALSE	FALSE	FALSE
4		TRUE	FALSE	TRUE
5		FALSE	TRUE	TRUE
6		TRUE	TRUE	TRUE

❶ =OR(B3:C3) : [B3] 셀과 [C3] 셀이 모두 거짓(FALSE)이므로 거짓(FALSE)이 [D3] 셀에 입력됩니다.

❷ =OR(B4:C4) : [B4] 셀은 참(TRUE), [C4] 셀은 거짓(FALSE)이므로 참(TRUE)이 [D4] 셀에 입력됩니다.

❸ =OR(B6:C6) : [B6] 셀과 [C6] 셀이 모두 참(TRUE)이므로 참(TRUE)이 [D6] 셀에 입력됩니다.

기출문제 따라잡기 '기출' 시트에서 실습하세요.

결제와 포인트를 이용하여 할인액[H3:H9]을 구하시오.

▶ 할인액 = 정가 × 수량 × 할인율

▶ 할인율은 결제가 '제휴'이거나 '현금'이면 30% 아니면 10%를 적용

▶ 할인액이 포인트[E3:E9]를 초과하는 경우 포인트 금액까지만 할인함

정답 [H3] : =MIN(F3*G3*IF(OR(C3="제휴",C3="현금"),30%,10%),E3)

	A	B	C	D	E	F	G	H
1								
2		성명	결제	도소매	포인트	정가	수량	할인액
3		정화선	현금	소매	30,000	12,480	15	30,000
4		박세람	신용	도매	50,000	7,040	6	4,224
5		추영임	세금	도매	12,000	19,520	18	12,000
6		김우승	현금	도매	500,000	30,400	26	237,120
7		인수연	신용	도매	-	4,160	6	-
8		정유진	세금	소매	350,000	26,560	70	185,920
9		김지연	제휴	소매	4,200	26,240	57	4,200

수식의 이해

중첩 함수가 사용된 수식을 만들 때는 최종적으로 값을 반환하는, 즉 가장 바깥쪽에 사용할 함수부터 찾아서 수식을 세우고 수식을 이해할 때는 우선순위에 따라 안쪽에서부터 바깥쪽 방향으로 하나씩 상수로 변환하면서 이해하면 쉽습니다.

=MIN(F3*G3*IF(OR(C3="제휴",C3="현금"),30%,10%),E3)
          ❶

· ❶ OR(C3="제휴",C3="현금") : [C3] 셀의 값이 '현금'이므로 참(True)을 반환합니다. 참(True)을 ❶에 대입하면 다음과 같습니다.

=MIN(F3*G3*IF(TRUE,30%,10%),E3)
            ❷

· ❷ IF(TRUE,30%,10%) : 조건이 참이면 30%를, 거짓이면 10%를 반환하는데, 조건이 참이므로 30%를 반환합니다. ❷에 30%를 대입하면 다음과 같습니다.

· =MIN(F3*G3*30%,E3) : F3*G3*30%의 결과값은 56,1600이고, E3 셀의 값은 30,0000이므로 두 값 중 작은 값인 30,0000이 [H3] 셀에 입력됩니다.

023   수식의 결과가 오류일 경우 "오류" 표시하기 — IFERROR

IFERROR 함수는 인수로 지정한 수식에서 오류가 발생할 경우 사용자가 지정한 오류값을 반환하고, 그렇지 않으면 수식의 결과를 반환합니다.

형식 IFERROR(인수, 오류 시 표시할 값) : '인수'로 지정한 수식이나 셀에서 오류가 발생했으면 '오류 시 표시할 값'을 반환하고, 그렇지 않으면 결과 값을 반환합니다.

준비하세요! : 'C\길벗컴활1급\04 부록' 폴더의 'IFERROR.xlsm' 파일을 열어 '기본' 시트에서 실습하세요.

❶ =IFERROR((B3+B4)/B5, "오류") : (B3+B4)/B5의 결과가 오류(#DIV/0!)이므로 [B6] 셀에 "오류"가 입력됩니다.

❷ =IFERROR((C3+C4)/C5, "오류") : (C3+C4)/C5의 결과 40이 [C6] 셀에 입력됩니다.

#DIV/0! : 나누는 수가 빈 셀이나 0이 있는 셀을 참조한 경우 나타나는 오류 메시지입니다.

기출문제 따라잡기   '기출' 시트에서 실습하세요.

학과코드와 전공2를 이용하여 [I3:I6] 영역에 학과코드별 전공2의 점수가 90 이상인 학생들의 전공2 평균을 계산하시오.

▶ 해당 학과 학생이 없는 경우에는 "없음" 표시

▶ IF, AVERAGE, IFERROR 함수를 이용한 배열 수식 사용

정답 [I3] 셀에 다음의 수식을 입력하고 Ctrl + Shift + Enter 를 누르세요.
=IFERROR(AVERAGE(IF(($C$3:$C$12=H3)* ($F$3:$F$12>=90), $F$3:$F$12)), "없음")

A	B	C	D	E	F	G	H	I
1								
2	이름	학과코드	TOEIC	컴퓨터	전공2		학과코드	전공2평균
3	최옥자	B2	61	98	68		A1	93
4	송현우	B1	86	66	100		A2	없음
5	이욱현	A1	84	70	91		B1	96
6	이창섭	B1	64	59	53		B2	95
7	김영란	A2	92	87	82			
8	민들레	B1	89	90	92			
9	황유선	B2	92	64	76			
10	손범수	B1	79	94	69			
11	진양혜	A1	95	73	95			
12	김건남	B2	74	92	95			

수식의 이해

중첩 함수가 사용된 수식을 만들 때는 최종적으로 값을 반환하는, 즉 가장 바깥쪽에서 사용할 함수부터 찾아서 수식을 세우고, 수식을 이해할 때는 연산 우선순위에 따라 안쪽에서부터 바깥쪽 방향으로 하나씩 상수로 변환하면서 이해하면 쉽습니다.

=IFERROR(AVERAGE(IF((C3:C12=H3)*(F3:F12)=90), F3:F12)), "없음")
                 ❶   ❷

❶에서 오류가 발생하면 ❷를 표시하고, 그렇지 않으면 ❶의 결과값을 표시합니다.

• ❶ AVERAGE와 IF를 이용한 평균구하기 배열 수식의 일반식 – 조건이 2개

AVERAGE(IF((조건1) * (조건2), 평균을_구할_범위))

AVERAGE(IF((C3:C12=H3) * (F3:F12)=90), F3:F12))
              조건1   조건2   평균을_구할_범위

– 조건1 : 학과코드가 'A1'

– 조건2 : 전공2가 90 이상

– 평균을_구할_범위 : 전공2

– 결과값 93을 ❶에 대입하면 다음과 같습니다.

• =IFERROR(93, "없음") : 93은 오류가 아니므로 93이 [I3] 셀에 입력됩니다.

논리 함수

024 과목번호가 1이면 "영어", 2이면 "수학", 3이면 "국어" 표시하기 — IFS

IFS 함수는 조건이 여러 개일 때 조건에 만족하는 값을 반환하는 함수입니다. 예를 들어 과목번호가 1이면 "영어", 2이면 "수학", 3이면 "국어"를 반환하는 수식은 '=IFS(과목번호=1, "영어", 과목번호=2, "수학", 과목번호=3, "국어")'와 같이 입력하여 사용할 수 있습니다.

형식 IFS(조건1, 인수1, 조건2, 인수2, … 조건n, 인수n) : 조건1이 '참'이면 인수1을, 조건2가 '참'이면 인수2를, … 조건n이 '참'이면 인수n을 반환합니다.

준비하세요! : 'C\길벗컴활1급\04 부록' 폴더의 'IFS.xlsm' 파일을 열어 '기본' 시트에서 실습하세요.

IFS 함수를 이용하여 과목번호가 1이면 "영어", 2이면 "수학", 3이면 "국어"를 표시해 보겠습니다.

	A	B	C	D	E
1		상공학원 강사 현황			
2					
3		이름	성별	과목번호	담당과목
4		신민서	여	1	영어 ❶
5		이한열	남	2	수학
6		박성훈	남	3	국어 ❷
7		최영선	여	1	영어
8		유현숙	여	2	수학

❶ =IFS(D4=1, "영어", D4=2, "수학", D4=3, "국어") : [D4] 셀의 과목번호가 1이므로 "영어"가 [E4] 셀에 표시됩니다.

❷ =IFS(D6=1, "영어", D6=2, "수학", D6=3, "국어") : [D6] 셀의 과목번호가 3이므로 "국어"가 [E6] 셀에 표시됩니다.

마지막 조건인 **D4=3** 대신 **TRUE**를 입력해도 됩니다.
=IFS(D4=1, "영어", D4=2, "수학", TRUE, "국어")

논리 함수

025 요일이 "토"나 "일"이면 "주말", "월"~"금"이면 "평일" 표시하기 — SWITCH

SWITCH 함수는 IFS와 마찬가지로 조건이 여러 개일 때 조건에 만족하는 값을 반환하는 함수입니다. 예를 들어 요일이 "토"나 "일"이면 "주말"을 반환하고, "월"~"금"이면 "평일"을 반환하는 수식은 '=SWITCH(요일, "토", "주말", "일", "주말", "평일")'과 같이 입력하여 사용할 수 있습니다.

형식 SWITCH(인수, 비교값1, 반환값1, 비교값2, 반환값2, …, 일치하는 비교값 없을 때 반환값) : '인수'가 '비교값1'과 같으면 '반환값1', '비교값2'와 같으면 '반환값2', … '인수'와 일치하는 비교값이 없을 경우 '일치하는 비교값이 없을 때 반환값'을 반환합니다.

준비하세요! : 'C\길벗컴활1급\04 부록' 폴더의 'SWITCH.xlsm' 파일을 열어 '기본' 시트에서 실습하세요.

SWITCH 함수를 이용하여 요일이 "토"나 "일"이면 "주말"을, "월"~"금"이면 "평일"을 표시해 보겠습니다.

	A	B	C	D
1		평일/주말 구분하기		
2				
3		날짜	요일	구분
4		2023-07-05	수	평일 ❶
5		2023-07-06	목	평일
6		2023-07-07	금	평일
7		2023-07-08	토	주말 ❷
8		2023-07-09	일	주말

❶ =SWITCH(C4, "토", "주말", "일", "주말", "평일") : [C4] 셀의 요일이 "수"이므로 "평일"이 [D4] 셀에 표시됩니다.

❷ =SWITCH(C7, "토", "주말", "일", "주말", "평일") : [C7] 셀의 요일이 "토"이므로 "주말"이 [D7] 셀에 표시됩니다.

026 과일의 주문 건수 계산하기 — DCOUNTA

DCOUNTA 함수는 데이터 목록에서 조건에 맞는 자료 중 데이터가 있는 레코드의 개수를 계산할 때 사용하는 함수입니다. 데이터 목록은 행(레코드)과 열(필드)로 이루어진 관련 데이터의 모임으로, 목록의 첫째 행에는 반드시 각 열의 제목(필드명)이 있어야 합니다. 그리고 DCOUNTA 함수와 같은 데이터베이스 함수는 데이터 목록과는 별도의 셀에 조건을 지정한 후 함수의 인수로 사용해야 합니다.

형식 DCOUNTA(범위, 열 번호, 조건) : 해당 '범위'에서 '조건'에 맞는 자료를 대상으로 지정한 '열 번호'에서 비어 있지 않은 셀의 개수를 계산합니다.

준비하세요! : 'C:\길벗컴활1급\04 부록' 폴더의 'DCOUNTA.xlsm' 파일을 열어 '기본' 시트에서 실습하세요.

DCOUNTA 함수를 이용하여 품목별로 주문 건수를 계산해 보겠습니다.

	A	B	C	D	E	F
1		과일 판매 현황				
2		날짜	품명	주문수량	단가	금액
3		1	사과	10	100	1,000
4		1	배	20	200	4,000
5		1	배	30	200	사고
6		2	사과	10	100	1,000
7		2	배	20	200	4,000
8		2	감	10	300	3,000
9						
10		품목별 주문 건수				
11			품명	품명	품명	
12			사과	배	감	
13		❶	2	3	1	❷

❶ =DCOUNTA(B2:F8,2,C11:C12) : [B2:F8] 영역에서 [C11:C12] 영역의 조건, 즉 품명이 "사과"인 과일을 2열(C)에서 찾은 후 그 과일들의 개수인 2가 [C13] 셀에 입력됩니다.

❷ =DCOUNTA(B2:F8,2,E11:E12) : [B2:F8] 영역에서 [E11:E12] 영역의 조건, 즉 품명이 "감"인 과일을 2열(C)에서 찾은 후 그 과일들의 개수인 1이 [E13] 셀에 입력됩니다.

기출문제 따라잡기 '기출' 시트에서 실습하세요.

중간고사보다 기말고사 성적이 향상된 사람의 수를 계산하세요.

정답 조건[B3] : = E7 > D7
[C3] : =DCOUNTA(B6:E11, 2, B2:B3)

전문가의 조언

'열 번호'에 2 대신 필드명인 **"수강과목"**을 직접 입력하거나 셀 주소인 C6을 입력해도 됩니다.

	A	B	C	D	E	F
1		중간고사보다 기말고사 성적이 향상된 사람의 수				
2			성적향상자 수			
3		TRUE	3			
4						
5						
6		학번	수강과목	중간고사	기말고사	
7		03G124	액세스	71	86	
8		03G204	액세스	77	63	
9		04L789	윈도우	83	87	
10		03M171	윈도우	56	81	
11		03M174	액세스	86	85	

수식의 이해

=DCOUNTA(B6:E11, 2, B2:B3)

• [B6:E11] 영역에서 [B2:B3] 영역의 조건, 즉 기말고사 점수가 중간고사 점수보다 높은 사람들(03G124, 04L789, 03M171)의 수강과목(액세스, 윈도우, 윈도우)을 2열(C)에서 찾은 후 그 수강과목들의 개수 3이 [C3] 셀에 입력됩니다.

• 이 문제에서 필드 번호는 빈 셀이 없는 열을 넣으면 되므로 2 대신 1, 3, 4 중 하나를 입력해도 됩니다.

[B2:B3] 셀에 입력된 조건 '=E7 > D7'의 이해

[B3] 셀과 같이 조건을 수식으로 입력하는 경우에는 [B2] 셀에 입력할 필드명을 생략하거나 원본 데이터 영역의 필드명(B6:E6)과 다르게 입력해야 합니다.

수식이 적용될 때 실제 수식은 오른쪽 그림과 같이 가상의 필드를 만들어서 계산한 후 결과가 "TRUE"인 데이터만 추출한다고 생각할 수 있습니다. 그런데 여기서 가상의 필드가 '수강과목'이라는 필드명을 사용한다면 필드명이 중복되겠죠?(실제로 필드가 워크시트에 만들어지는 건 아닙니다.)

가상의 필드

학번	수강과목	중간고사	기말고사	
03G124	액세스	71	86	TRUE
03G204	액세스	77	63	FALSE
04L789	윈도우	83	87	TRUE
03M171	윈도우	56	81	TRUE
03M174	액세스	86	85	FALSE

027 과일의 평균 판매 금액 계산하기 — DAVERAGE

DAVERAGE 함수는 데이터 목록에서 조건에 맞는 자료만의 평균을 계산할 때 사용하는 함수입니다. 데이터 목록은 행(레코드)과 열(필드)로 이루어진 관련 데이터의 모임으로, 목록의 첫째 행에는 반드시 각 열의 제목(필드명)이 있어야 합니다. 그리고 DAVERAGE 함수와 같은 데이터베이스 함수는 데이터 목록과는 별도의 셀에 조건을 지정한 후 함수의 인수로 사용해야 합니다.

형식 DAVERAGE(범위, 열 번호, 조건) : 해당 '범위'에서 '조건'에 맞는 자료를 대상으로 지정된 '열 번호'에서 평균을 계산합니다.

준비하세요! : 'C:\길벗컴활1급\04 부록' 폴더의 'DAVERAGE.xlsm' 파일을 열어 '기본' 시트에서 실습하세요.

DAVERAGE 함수를 이용하여 품목별로 평균 판매 금액을 계산해 보겠습니다.

	B	C	D	E	F
1		과일 판매 현황			
2	날짜	품명	수량	단가	금액
3	1	사과	10	100	1,000
4	1	배	20	200	4,000
5	1	감	30	300	9,000
6	2	사과	10	100	1,000
7	2	배	20	200	4,000
8	2	감	10	300	3,000
9					
10		품목별 금액의 평균			
11		품명	품명	품명	
12		사과	배	감	
13		❶ 1000	4000	6000 ❷	

❶ =DAVERAGE(B2:F8,5,C11:C12) : [B2:F8] 영역에서 [C11:C12] 영역의 조건, 즉 품명이 "사과"인 과일의 금액들을 5열(F)에서 찾은 후 금액들(1,000, 1,000)의 평균인 1,000이 [C13] 셀에 입력됩니다.

❷ =DAVERAGE(B2:F8,5,E11:E12) : [B2:F8] 영역에서 [E11:E12] 영역의 조건, 즉 품명이 "감"인 과일의 금액들을 5열(F)에서 찾은 후 금액들(3,000, 9,000)의 평균인 6,000이 [E13] 셀에 입력됩니다.

기출문제 따라잡기 '기출' 시트에서 실습하세요

성별이 '남'인 사람의 구매실적합계의 평균을 계산하세요.

정답 [C2] : =DAVERAGE(B4:D10, 3, B1:B2)

전문가의 조언

'열 번호'에 3 대신 필드명인 **"구매실적합계"**를 직접 입력하거나 셀 주소인 D4를 입력해도 됩니다.

	B	C	D
1	성별	구매실적합계평균	
2	남	301,790	
3			
4	이름	성별	구매실적합계
5	이미옥	여	14,250
6	이도현	여	15,200
7	박정진	남	18,950
8	정현석	남	340,000
9	김태정	남	546,420
10	황선철	여	336,250

수식의 이해

=DAVERAGE(B4:D10, 3, B1:B2)
[B4:D10] 영역에서 [B1:B2] 영역의 조건, 즉 성별이 "남"인 사람의 구매실적합계를 3열(D)에서 찾은 후 구매실적합계들(18,950, 340,000, 546,420)의 평균을 계산한 301,790이 [C2] 셀에 입력됩니다.

028 유일한 값 찾아내기 — DGET

DGET 함수는 데이터 목록에서 조건에 맞는 유일한 값을 찾을 때 사용하는 함수입니다. 찾으려는 값이 없으면 '#VALUE!' 오류가 발생하고, 찾으려는 값이 여러 개이면 '#NUM!' 오류가 발생합니다. 데이터 목록은 행(레코드)과 열(필드)로 이루어진 관련 데이터의 모임으로, 목록의 첫째 행에는 반드시 각 열의 제목(필드명)이 있어야 합니다. 그리고 DGET 함수와 같은 데이터베이스 함수는 데이터 목록과는 별도의 셀에 조건을 지정한 후 함수의 인수로 사용해야 합니다.

형식 DGET(범위, 열 번호, 조건) : 해당 '범위'에서 '조건'에 맞는 자료를 대상으로 지정된 '열 번호'에서 일치하는 단일 값을 구합니다.

준비하세요! : 'C:\길벗컴활급\04 부록' 폴더의 'DGET.xlsm' 파일을 열어 '기본' 시트에서 실습하세요.

DGET 함수를 이용하여 특정 품목에 대한 매출액을 찾아보겠습니다.

	A	B	C	D	E
1			제품 판매 현황		
2	제품분류	품명	판매가	판매량	매출액
3	화장품	립스틱	13,524	45	608,580
4	가전제품	면도기	7,200	89	640,800
5	사무용품	만년필	2,900	230	667,000
6	사무용품	타자기	18,000	30	540,000
7	가전제품	선풍기	30,625	120	3,675,000
8	화장품	비누	2,600	120	312,000
9	화장품	샴푸	5,460	325	1,774,500
10	가전제품	전기담요	66,120	60	3,967,200
11					
12			품목별 매출액		
13		품명	품명	품명	
14		면도기	비누	만년필	
15	❶	640,800	312,000	667,000	❷

❶ =DGET(A2:E10,5,B13:B14) : [A2:E10] 영역에서 [B13:B14] 영역의 조건, 즉 품명이 "면도기"인 제품의 매출액을 5열(E)에서 찾아 그 값인 640,800이 [B15] 셀에 입력됩니다.

❷ =DGET(A2:E10,5,D13:D14) : [A2:E10] 영역에서 [D13:D14] 영역의 조건, 즉 품명이 "만년필"인 제품의 매출액을 5열(E)에서 찾아 그 값인 667,000이 [D15] 셀에 입력됩니다.

기출문제 따라잡기 '기출' 시트에서 실습하세요.

시행년도가 5월인 시험의 과정구분을 계산하시오.

▶ 조건은 [B3] 영역에 MONTH 함수를 사용하여 작성할 것

정답 조건[B3] : =MONTH(D6)=5

[C3] : =DGET(B5:E11, 1, B2:B3)
[D3] : =DGET(B5:E11, 2, B2:B3)

전문가의 조언

'열 번호'에 1 대신 필드명인 **과정부분**을 직접 입력하거나 셀 주소인 B5를 입력해도 됩니다.

	A	B	C	D	E
1			5월 시행 시험정보		
2			과정구분	시험형태	
3		FALSE	엑셀중급	실기	
4					
5		과정구분	시험형태	시행년도	문항수
6		엑셀중급	필기	2018-01-12	25
7		엑셀중급	실기	2017-05-01	7
8		엑셀초급	필기	2012-01-01	23
9		엑셀초급	실기	2019-01-01	6
10		워드초급	필기	2023-02-17	19
11		워드초급	필기	2023-07-01	18

수식의 이해

=DGET(B5:E11, 1, B2:B3)

[B5:E11] 영역에서 [B2:B3] 영역의 조건, 즉 시행년도의 월이 '5'인 시험의 과정구분을 1열(B)에서 찾아 그 과정구분의 값인 '엑셀중급'이 [C3] 셀에 입력됩니다.

[B2:B3] 셀에 입력한 조건 '=MONTH(D6)=5'의 이해

[B3] 셀과 같이 조건을 수식으로 입력하는 경우에는 [B2] 셀에 입력할 필드명을 생략하거나 원본 데이터 영역의 필드명(B5:E5)과 다르게 입력해야 합니다.

수식이 적용될 때 실제 수식은 오른쪽 그림과 같이 가상의 필드를 만들어서 계산한 후 결과가 "TRUE"인 데이터만 추출한다고 생각할 수 있습니다. 그런데 여기서 필드를 '시행년도'라는 필드명을 사용한다면 필드명이 중복되겠죠?(실제로 필드가 워크시트에 만들어지는 건 아닙니다.)

가상필드

과정구분	시험형태	시행년도	문항수	
엑셀중급	필기	2018-01-12	25	=MONTH(D6)=5
엑셀중급	실기	2017-05-01	7	=MONTH(D7)=5
엑셀초급	필기	2012-01-01	23	=MONTH(D8)=5
엑셀초급	실기	2019-01-01	6	=MONTH(D9)=5
워드초급	필기	2023-02-17	19	=MONTH(D10)=5
워드초급	필기	2023-07-01	18	=MONTH(D11)=5

029 과일의 판매 수량 합계 계산하기 — DSUM

DSUM 함수는 데이터 목록에서 조건에 맞는 자료들의 합계를 계산할 때 사용하는 함수입니다. 데이터 목록은 행(레코드)과 열(필드)로 이루어진 관련 데이터의 모임으로, 목록의 첫째 행에는 반드시 각 열의 제목(필드명)이 있어야 합니다. 그리고 DSUM 함수와 같은 데이터베이스 함수는 데이터 목록과는 별도의 셀에 조건을 지정한 후 함수의 인수로 사용해야 합니다.

형식 DSUM(범위, 열 번호, 조건) : 해당 '범위'에서 '조건'에 맞는 자료를 대상으로 지정된 '열 번호'에서 합계를 계산합니다.

준비하세요! : 'C:\길벗컴활1급\04 부록' 폴더의 'DSUM.xlsm' 파일을 열어 '기본' 시트에서 실습하세요.

DSUM 함수를 이용하여 품목별로 판매 수량의 합계를 계산해 보겠습니다.

	날짜	품명	수량	단가	금액
	\multicolumn{5}{c}{과일 판매 현황}				
2	날짜	품명	수량	단가	금액
3	1	사과	10	100	1,000
4	1	배	20	200	4,000
5	1	배	30	200	6,000
6	2	사과	20	100	2,000
7	2	배	20	200	4,000
8	2	감	30	300	9,000

	품목별 판매 수량의 합계		
11	품명	품명	품명
12	사과	배	감
13	❶ 30	70	30 ❷

❶ =DSUM(B2:F8,3,C11:C12) : [B2:F8] 영역에서 [C11:C12] 영역의 조건, 즉 품명이 "사과"인 과일의 수량을 3열(D)에서 찾아 그 수량들(10, 20)의 합계인 30이 [C13] 셀에 입력됩니다.

❷ =DSUM(B2:F8,3,E11:E12) : [B2:F8] 영역에서 [E11:E12] 영역의 조건, 즉 품명이 "감"인 과일의 수량을 3열(D)에서 찾아 그 수량(30)인 30이 [E13] 셀에 입력됩니다.

기출문제 따라잡기 '기출' 시트에서 실습하세요.

고객등급이 "우수"인 고객의 대출액의 합계를 계산하세요.

정답 [C3] : =DSUM(B5:D10, 3, B2:B3)

전문가의 조언

'열 번호'에 3 대신 필드명인 **"대출액"**을 직접 입력하거나 셀 주소인 **D5**를 입력해도 됩니다.

	A	B	C	D
1		\multicolumn{2}{c}{우수고객 대출액의 합계}		
2		고객등급	대출액합계	
3		우수	23,000	
4				
5		대출번호	고객등급	대출액
6		C04-08	우수	15,000
7		S01-23	최우수	5,000
8		K02-26	일반	2,500
9		S01-27	우수	8,000
10		P03-37	일반	10,000

수식의 이해

=DSUM(B5:D10, 3, B2:B3)

[B5:D10] 영역에서 [B2:B3] 영역의 조건, 즉 고객등급이 "우수"인 고객의 대출액을 3열(D)에서 찾아 그 대출액들(15,000, 8,000)의 합계를 계산한 23,000이 [C3] 셀에 입력됩니다.

030 과일의 판매 건수 계산하기 — DCOUNT

23.상시, 22.상시, 21.상시

DCOUNT 함수는 데이터 목록에서 조건에 맞는 자료 중 숫자가 있는 레코드의 개수를 계산할 때 사용하는 함수입니다. 데이터 목록은 행(레코드)과 열(필드)로 이루어진 관련 데이터의 모임으로, 목록의 첫째 행에는 반드시 각 열의 제목(필드명)이 있어야 합니다. 그리고 DCOUNT 함수와 같은 데이터베이스 함수는 데이터 목록과는 별도의 셀에 조건을 지정한 후 함수의 인수로 사용해야 합니다. 문자, 오류값 등이 들어 있는 셀의 개수를 세어야 할 때에는 DCOUNTA 함수를 사용하세요.

형식 DCOUNT(범위, 열 번호, 조건) : 해당 '범위'에서 '조건'에 맞는 자료를 대상으로 지정된 '열 번호'에서 숫자가 있는 셀의 개수를 계산합니다.

준비하세요! : 'C:\길벗컴활1급\04 부록' 폴더의 'DCOUNT.xlsm' 파일을 열어 '기본' 시트에서 실습하세요.

DCOUNT 함수를 이용하여 품목별로 판매 건수를 계산해 보겠습니다.

	날짜	품명	수량	단가	금액
		과일 판매 현황			
	날짜	품명	수량	단가	금액
	1	사과	10	100	1,000
	1	배	20	200	4,000
	1	배	취소	취소	취소
	2	사과	10	100	1,000
	2	배	20	200	4,000
	2	감	10	300	3,000
		품목별 주문 건수			
		품명	품명	품명	
		사과	배	감	
	❶	2	2	1	❷

❶ =DCOUNT(B2:F8,5,C11:C12) : [B2:F8] 영역에서 [C11:C12] 영역의 조건, 즉 품명이 "사과"인 과일의 금액을 5열(F)에서 찾은 후 찾은 금액들(1,000, 1,000)의 개수인 2가 [C13] 셀에 입력됩니다.

❷ =DCOUNT(B2:F8,5,E11:E12) : [B2:F8] 영역에서 [E11:E12] 영역의 조건, 즉 품명이 "감"인 과일의 금액을 5열(F)에서 찾은 후 찾은 금액(3,000)의 개수인 1이 [E13] 셀에 입력됩니다.

- 조건에 맞는 자료 중 숫자가 있는 셀의 개수를 계산하므로 열 번호 5 대신 숫자가 들어 있는 3(수량), 4(단가)를 지정해도 됩니다.
- '열 번호'에 5 대신 필드명인 **"금액"**을 직접 입력하거나 셀 주소인 F2를 입력해도 됩니다.

기출문제 따라잡기 '기출' 시트에서 실습하세요.

학번, 중간고사, 기말고사를 이용하여 [E2] 셀에 중간고사 대비 기말고사 성적 향상 비율을 계산하시오.

▶ 성적 향상 비율 = 계산된 인원수 / 전체 인원수

▶ 계산된 인원수는 중간고사 점수가 70 이상이거나 기말고사 점수가 80 이상이면서, 기말고사 점수가 중간고사 점수보다 큰 인원수로 계산하시오.

▶ 조건은 [E4] 셀부터 작성하시오.

▶ COUNTA, DCOUNT 함수 이용

	A	B	C	D	E	F	G
1	학번	중간고사	기말고사		성적 향상 비율		
2	01G330	75	79		0.25		
3	02L326	98	83				
4	03M254	65	70		중간고사	기말고사	조건
5	03K230	65	98		>=70		TRUE
6	02G215	83	71			>=80	TRUE
7	01O451	85	76				
8	02M512	98	96				
9	02O215	82	76				

정답 [E2] : =DCOUNT(A1:C9,2,E4:G6)/COUNTA(A2:A9)
[G5], [G6] : =C2>B2

 전문가의 조언

'열 번호'에 자리에 2 대신 필드명인 **"중간고사"**를 직접 입력하거나 셀 주소인 **B1**을 입력해도 됩니다.

수식의 이해

=DCOUNT(A1:C9,2,E4:G6)/COUNTA(A2:A9)
　　　　　❶　　　　　　 ❷

- ❶ DCOUNT(A1:C9,2,E4:G6) : [A1:C9] 영역에서 [E4:G6] 영역의 조건, 즉 중간고사 점수가 70 이상이거나 기말고사가 80 이상이면서, 기말고사 점수가 중간고사 점수보다 큰 데이터는 2행과 5행이고, 두 행중 2열에서 수치 데이터의 개수를 구한 2를 반환합니다.

- ❷ COUNTA(A2:A9) : [A2:A9] 영역에서 자료가 입력되어 있는 셀의 개수인 8을 반환합니다.

- ❶/❷ → 2/8의 값인 0.25가 [E2] 셀에 입력됩니다.

031 가장 많이 팔린 과일의 금액 찾기 — DMAX

DMAX 함수는 데이터 목록에서 조건에 맞는 자료 중 가장 큰 값을 찾을 때 사용하는 함수입니다. 데이터 목록은 행(레코드)과 열(필드)로 이루어진 관련 데이터의 모임으로, 목록의 첫째 행에는 반드시 각 열의 제목(필드명)이 있어야 합니다. 그리고 DMAX 함수와 같은 데이터베이스 함수는 데이터 목록과는 별도의 셀에 조건을 지정한 후 함수의 인수로 사용해야 합니다.

형식 DMAX(범위, 열 번호, 조건) : 해당 '범위'에서 '조건'에 맞는 자료를 대상으로 지정된 '열 번호'에서 가장 큰 값을 찾습니다.

준비하세요! : 'C:\길벗컴활1급\04 부록' 폴더의 'DMAX.xlsm' 파일을 열어 '기본' 시트에서 실습하세요.

DMAX 함수를 이용하여 품목별로 최대 판매 금액을 찾아보겠습니다.

	과일 판매 현황			
날짜	품명	수량	단가	금액
1	사과	10	100	1,000
1	배	20	200	4,000
1	배	30	200	6,000
2	사과	20	100	2,000
2	배	20	200	4,000
2	감	30	300	9,000

품목별 최대 판매 금액		
품명	품명	품명
사과	배	감
❶ 2,000	6,000	9,000

❶ =DMAX(B2:F8,5,C11:C12) : [B2:F8] 영역에서 [C11:C12] 영역의 조건, 즉 품명이 "사과"인 과일의 금액을 5열(F)에서 찾은 후 금액들(1,000, 2,000) 중 가장 큰 금액인 2,000이 [C13] 셀에 입력됩니다.

❷ =DMAX(B2:F8,5,D11:D12) : [B2:F8] 영역에서 [D11:D12] 영역의 조건, 즉 품명이 "배"인 과일의 금액을 5열(F)에서 찾은 후 금액들(4,000, 6,000, 4,000) 중 가장 큰 금액인 6,000이 [D13] 셀에 입력됩니다.

'열 번호'에 5 대신 필드명인 **"금액"**을 직접 입력하거나 셀 주소인 F2를 입력해도 됩니다.

---

032 가장 적게 팔린 과일의 금액 찾기 — DMIN

DMIN 함수는 데이터 목록에서 조건에 맞는 자료 중 가장 작은 값을 찾을 때 사용하는 함수입니다. 데이터 목록은 행(레코드)과 열(필드)로 이루어진 관련 데이터의 모임으로, 목록의 첫째 행에는 반드시 각 열의 제목(필드명)이 있어야 합니다. 그리고 DMIN 함수와 같은 데이터베이스 함수는 데이터 목록과는 별도의 셀에 조건을 지정한 후 함수의 인수로 사용해야 합니다.

형식 DMIN(범위, 열 번호, 조건) : 해당 '범위'에서 '조건'에 맞는 자료를 대상으로 지정된 '열 번호'에서 가장 작은 값을 찾습니다.

준비하세요! : 'C:\길벗컴활1급\04 부록' 폴더의 'DMIN.xlsm' 파일을 열어 '기본' 시트에서 실습하세요.

DMIN 함수를 이용하여 품목별로 최소 판매 금액을 찾아 보겠습니다.

	과일 판매 현황			
날짜	품명	수량	단가	금액
1	사과	10	100	1,000
1	배	20	200	4,000
1	배	30	200	6,000
2	사과	20	100	2,000
2	배	20	200	4,000
2	감	30	300	9,000

품목별 최소 판매 금액		
품명	품명	품명
사과	배	감
1,000 ❶	4,000 ❷	9,000

❶ =DMIN(B2:F8,5,C11:C12) : [B2:F8] 영역에서 [C11:C12] 영역의 조건, 즉 품명이 "사과"인 과일의 금액을 5열(F)에서 찾은 후 그 금액들(1,000, 2,000) 중 가장 작은 금액인 1,000이 [C13] 셀에 입력됩니다.

❷ =DMIN(B2:F8,5,D11:D12) : [B2:F8] 영역에서 [D11:D12] 영역의 조건, 즉 품명이 "배"인 과일의 금액을 5열(F)에서 찾은 후 그 금액들(4,000, 6,000, 4,000) 중 가장 작은 금액인 4,000이 [D13] 셀에 입력됩니다.

'열 번호'에 5 대신 필드명인 **"금액"**을 직접 입력하거나 셀 주소인 F2를 입력해도 됩니다.

033 품목의 판매량에 대한 곱 계산하기 — DPRODUCT

DPRODUCT 함수는 데이터 목록에서 조건에 맞는 자료들의 곱을 계산할 때 사용하는 함수입니다. 데이터 목록은 행(레코드)과 열(필드)로 이루어진 관련 데이터의 모임으로, 목록의 첫째 행에는 반드시 각 열의 제목(필드명)이 있어야 합니다. 그리고 DPRODUCT 함수와 같은 데이터베이스 함수는 데이터 목록과는 별도의 셀에 조건을 지정한 후 함수의 인수로 사용해야 합니다.

형식 DPRODUCT(범위, 열 번호, 조건) : 해당 '범위'에서 '조건'에 맞는 자료를 대상으로 지정된 '열 번호'에서 일치하는 값들의 곱을 계산합니다.

준비하세요! : 'C:\길벗컴활1급\04 부록' 폴더의 'DPRODUCT.xlsm' 파일을 열어 '기본' 시트에서 실습하세요.

DPRODUCT 함수를 이용하여 품목별로 판매량의 곱을 계산해 보겠습니다.

	부산 대리점 판매현황		
	품목	판매량	판매액
3	냉장고	13	12,350
4	오디오	9	12,600
5	비디오	23	12,880
6	카메라	19	6,460
7	오디오	13	18,200
8	냉장고	8	7,600
9	냉장고	14	13,300
10	냉장고	9	8,550
11	카메라	12	4,080
12	비디오	19	10,640
14	품목별 판매량의 곱		
15	품목	품목	품목
16	오디오	카메라	비디오
17	117	228	437

❶ =DPRODUCT(B2:D12,2,B15:B16) : [B2:D12] 영역에서 [B15:B16] 영역의 조건, 즉 품목이 "오디오"인 품목의 판매량을 2열(C)에서 찾아 그 판매량들(9, 13)의 곱인 117이 [B17] 셀에 입력됩니다.

❷ =DPRODUCT(B2:D12,2,D15:D16) : [B2:D12] 영역에서 [D15:D16] 영역의 조건, 즉 품목이 "비디오"인 품목의 판매량을 2열(C)에서 찾아 그 판매량들(23, 19)의 곱인 437이 [D17] 셀에 입력됩니다.

'열 번호'에 2 대신 필드명인 **"판매량"**을 직접 입력하거나 셀 주소인 **C2**를 입력해도 됩니다.

034 품목의 판매량에 대한 표준편차 계산하기 — DSTDEV

DSTDEV 함수는 데이터 목록에서 조건에 맞는 자료들에 대한 표준편차를 계산할 때 사용하는 함수입니다. 데이터 목록은 행(레코드)과 열(필드)로 이루어진 관련 데이터의 모임으로, 목록의 첫째 행에는 반드시 각 열의 제목(필드명)이 있어야 합니다. 그리고 데이터 목록과는 별도의 셀에 조건을 지정한 후 함수의 인수로 사용해야 합니다.

형식 DSTDEV(범위, 열 번호, 조건) : 해당 '범위'에서 '조건'에 맞는 자료를 대상으로 지정된 '열 번호'에서 일치하는 값들의 표준편차를 계산합니다.

준비하세요! : 'C:\길벗컴활1급\04 부록' 폴더의 'DSTDEV.xlsm' 파일을 열어 '기본' 시트에서 실습하세요.

DSTDEV 함수를 이용하여 품목별로 판매량의 표준편차를 계산해 보겠습니다.

	부산 대리점 판매현황		
	품목	판매량	판매액
3	냉장고	13	12,350
4	오디오	9	12,600
5	비디오	23	12,880
6	카메라	19	6,460
7	오디오	13	18,200
8	냉장고	8	7,600
9	냉장고	14	13,300
10	냉장고	9	8,550
11	카메라	12	4,080
12	비디오	19	10,640
14	품목별 판매량의 표준편차		
15	품목	품목	품목
16	오디오	카메라	비디오
17	2.828427	4.949747	2.828427

❶ =DSTDEV(B2:D12,2,B15:B16) : [B2:D12] 영역에서 [B15:B16] 영역의 조건, 즉 품목이 "오디오"인 품목의 판매량을 2열(C)에서 찾은 후 판매량들(9, 13)의 표준편차를 계산한 값인 2.828427이 [B17] 셀에 입력됩니다.

❷ =DSTDEV(B2:D12,2,C15:C16) : [B2:D12] 영역에서 [C15:C16] 영역의 조건, 즉 품목이 "카메라"인 품목의 판매량을 2열(C)에서 찾은 후 판매량들(19, 12)의 표준편차를 계산한 값인 4.949747이 [C17] 셀에 입력됩니다.

'열 번호'에 2 대신 필드명인 **"판매량"**을 직접 입력하거나 셀 주소인 **C2**를 입력해도 됩니다.

035 품목의 판매량에 대한 분산 계산하기 — DVAR

DVAR 함수는 데이터 목록에서 조건에 맞는 자료들에 대한 분산을 계산할 때 사용하는 함수입니다. 데이터 목록은 행(레코드)과 열(필드)로 이루어진 관련 데이터의 모임으로, 목록의 첫째 행에는 반드시 각 열의 제목(필드명)이 있어야 합니다. 그리고 데이터 목록과는 별도의 셀에 조건을 지정한 후 함수의 인수로 사용해야 합니다.

형식 DVAR(범위, 열 번호, 조건) : 해당 '범위'에서 '조건'에 맞는 자료를 대상으로 지정된 '열 번호'에서 일치하는 값들의 분산을 계산합니다.

준비하세요! : 'C\길벗컴활1급\04 부록' 폴더의 'DVAR.xlsm' 파일을 열어 '기본' 시트에서 실습하세요.

DVAR 함수를 이용하여 품목별로 판매량의 분산을 계산해 보겠습니다.

	부산 대리점 판매현황	
품목	판매량	판매액
냉장고	13	12,350
오디오	9	12,600
비디오	23	12,880
카메라	19	6,460
오디오	13	18,200
냉장고	8	7,600
냉장고	14	13,300
냉장고	9	8,550
카메라	12	4,080
비디오	19	10,640

품목별 판매량의 분산		
품목	품목	품목
오디오	카메라	비디오
❶ 8	❷ 24.5	8

❶ =DVAR(B2:D12,2,B15:B16) : [B2:D12] 영역에서 [B15:B16] 영역의 조건, 즉 품목이 "오디오"인 품목의 판매량을 2열(C)에서 찾아 그 판매량들(9, 13)의 분산을 계산한 값인 8이 [B17] 셀에 입력됩니다.

❷ =DVAR(B2:D12,2,C15:C16) : [B2:D12] 영역에서 [C15:C16] 영역의 조건, 즉 품목이 "카메라"인 품목의 판매량을 2열(C)에서 찾아 그 판매량들(19, 12)의 분산을 계산한 값인 24.5가 [C17] 셀에 입력됩니다.

'열 번호'에 2 대신 필드명인 **"판매량"**을 직접 입력하거나 셀 주소인 **C2**를 입력해도 됩니다.

036 합계 구하기 — SUM

SUM 함수는 인수로 주어진 숫자들의 합계를 계산하는 함수로, 인수는 255개까지 지정할 수 있습니다. 인수는 숫자이거나 숫자가 포함된 이름, 배열 또는 셀 주소이어야 합니다.

형식 SUM(인수1, 인수2, …) : 인수(인수1, 인수2, …)로 주어진 숫자들의 합계를 계산합니다.

준비하세요! 'C:\길벗컴활1급\04 부록' 폴더의 'SUM.xlsm' 파일을 열어 '기본' 시트에서 실습하세요.

	A	B	C	D
1		합계계산		
2				
3	숫자1	숫자2	숫자3	합계
4	6	7	8	21 ❶
5	20	30	40	90
6	-	30	26	56 ❷
7	8		10	18

❶ =SUM(A4:C4) : [A4:C4] 영역의 합계인 21이 [D4] 셀에 입력됩니다.
❷ =SUM(A6:C6) : [A6:C6] 영역의 합계인 56이 [D6] 셀에 입력됩니다.

기출문제 따라잡기　'기출' 시트에서 실습하세요.

각 과목명별로 학과별 신청 인원 수를 계산하여 표시하세요.

▶ SUM 함수를 이용한 배열 수식으로 계산

정답 [C2] 셀에 다음의 수식을 입력하고 Ctrl + Shift + Enter를 누르세요.
=SUM(($B$6:$B$11=$B2)*($D$6:$D$11=C$1))

	A	B	C	D
1		과목명	전자공학과	컴퓨터공학과
2		C002	2	2
3		P007	1	1
4				
5		과목명	성명	학과
6		C002	김대성	컴퓨터공학과
7		P007	지민희	컴퓨터공학과
8		P007	한가영	전자공학과
9		C002	진명훈	전자공학과
10		C002	조인희	전자공학과
11		C002	이성희	컴퓨터공학과

수식의 이해

SUM을 이용한 개수 구하기 배열 수식의 일반식 – 조건이 2개일 경우

=SUM((조건1) * (조건2))

=SUM((B6:B11=B2) * (D6:D11=C1))
　　　　　조건1　　　　　조건2

• 조건1 : 과목명이 'C002'
• 조건2 : 학과가 '전자공학과'

 **전문가의 조언**

배열 수식에 대한 자세한 설명은 본서 1권 121쪽을 참고하세요.

037 반올림하기 — ROUND

23.상시, 19.2, 18.상시, 18.2, 08.1, 05.4, 05.2, 05.1, 04.2, 04.1, 02.3

ROUND 함수는 숫자를 지정한 자릿수로 반올림하여 표시하는 함수입니다. 가령 'ROUND(35.6768,2)'라면 35.6768을 소수 이하 셋째 자리에서 반올림하여 소수 이하 둘째 자리까지 표시하므로 35.680이 됩니다.

형식 ROUND(인수, 반올림 자릿수) : 인수에 대하여 지정한 자릿수로 반올림합니다.

준비하세요! : 'C\길벗컴활1급\04 부록' 폴더의 'ROUND.xlsm' 파일을 열어 '기본' 시트에서 실습하세요.

	A	B	C
1	반올림		
2			
3	숫자	자릿수	결과
4	78325.67429	3	78325.674 ❶
5	78325.67429	2	78325.67
6	78325.67429	1	78325.7 ❷
7	78325.67429	0	78326
8	78325.67429	-1	78330
9	78325.67429	-2	78300
10	78325.67429	-3	78000

❶ =ROUND(A4,B4) : [A4] 셀의 값 78325.67429를 소수 이하 넷째 자리에서 반올림하여 소수 이하 셋째 자리까지 표시하므로 78325.674가 [C4] 셀에 입력됩니다.

❷ =ROUND(A6,B6) : [A6] 셀의 값 78325.67429를 소수 이하 둘째 자리에서 반올림하여 소수 이하 첫째 자리까지 표시하므로 78325.7이 [C6] 셀에 입력됩니다.

기출문제 따라잡기 '기출' 시트에서 실습하세요.

다음 표의 '임대개월수'를 계산하여 표시하세요.

▶ 임대개월수는 '임대종료일 – 임대시작일'이며, 한 달을 30일 기준으로 계산
▶ 반올림하여 정수만 표시

	A	B	C	D	E
1		건물이름	임대시작일	임대종료일	임대개월수
2		장수빌딩	23-Aug-18	23-Aug-19	12
3		제주빌딩	21-Oct-16	21-Oct-19	37
4		미래빌딩	31-Dec-18	31-Dec-19	12
5		우리빌딩	01-Jul-17	01-Jul-20	37

정답 [E2] : =ROUND((D2–C2) / 30, 0)

수식의 이해

중첩함수가 사용된 수식을 만들 때는 최종적으로 값을 반환하는, 즉 가장 바깥쪽에 사용할 함수부터 찾아서 수식을 세우고 수식을 이해할 때는 우선순위에 따라 안쪽에서부터 바깥쪽 방향으로 하나씩 상수로 변환하면서 이해하면 쉽습니다.

=ROUND((D2–C2)/30, 0)
    ❶

• ❶ (D2–C2)/30 : [D2] 셀에서 [C2] 셀의 값을 뺀 365를 30으로 나눈 값 12.16이 반환됩니다. 12.16을 ❶에 대입하면 다음과 같습니다.
• =ROUND(12.16, 0) : 12.16을 반올림하여 소수 이하 0, 즉 소수 이하 첫째 자리에서 반올림한 12가 [E2] 셀에 입력됩니다.

ROUND 함수의 반올림 자릿수

반올림 자릿수가 0보다 크면 숫자는 지정한 소수 이하 자릿수로, 0이면 가장 가까운 정수로, 0보다 작으면 소수점 왼쪽에서 반올림됩니다.

3	8	6	4	.	5	8	8
-3자리	-2자리	-1자리	0자리		1자리	2자리	3자리	4자리

038 곱한 값들의 합계 구하기 — SUMPRODUCT

SUMPRODUCT 함수는 인수로 주어진 배열의 각 해당 요소들을 모두 곱한 후, 그 곱들의 합계를 반환하는 함수입니다. 인수로 사용하는 배열의 행수와 열수는 모두 같아야 합니다. 배열의 행수와 열수가 같지 않으면 '#VALUE!' 오류값이 반환되고, 숫자가 아닌 항목은 0으로 처리됩니다.

형식 SUMPRODUCT(배열1, 배열2, …) : 배열1과 배열2를 곱한 후 결과를 모두 더합니다.

준비하세요! : 'C:\길벗컴활1급\04 부록' 폴더의 'SUMPRODUCT.xlsm' 파일을 열어 '기본' 시트에서 실습하세요.

	A	B
1	**곱의 합 계산하기**	
2		
3	**배열1**	**배열2**
4	5	6
5	6	8
6	8	5
7	9	7
8		
9	결과	181 ❶

❶ =SUMPRODUCT(A4:A7,B4:B7) : [A4:A7] 영역의 값과 [B4:B7] 영역의 값을 다음과 같이 대응([A4]×[B4], [A5]×[B5], [A6]×[B6], [A7]×[B7])되게 곱한 값의 합계인 181이 [B9] 셀에 입력됩니다.

기출문제 따라잡기　'기출' 시트에서 실습하세요.

기말수당을 계산하여 표시하시오.

▶ '기말수당'은 개설강좌, 초과강의, 학생지도별 가중치 (C2:E3)를 곱한 값들의 합으로 계산

정답 [F6] : =SUMPRODUCT($C$3:$E$3, C6:E6)

	A	B	C	D	E	F
1						
2		구분	개설강좌	초과강의	학생지도	
3		수당	10,000	15,000	5,000	
4						
5		성명	개설강좌	초과강의	학생지도	기말수당
6		장기웅	3	-	300	1,530,000
7		인정제	3	5	270	1,455,000
8		이원섭	4	2	300	1,570,000
9		한성현	2	3	270	1,415,000
10		황선철	2	4	160	880,000

수식의 이해

=SUMPRODUCT(C3:E3, C6:E6)

[C3:E3] 영역의 값과 [C6:E6] 영역의 값을 다음과 같이 대응되게 곱한 값의 합계인 1,530,000이 [F6] 셀에 입력됩니다.

$$\text{SUMPRODUCT} \begin{pmatrix} C3 * C6 \\ D3 * D6 \\ E3 * E6 \end{pmatrix} \rightarrow \text{SUMPRODUCT} \begin{pmatrix} 10000 * 3 \\ 15000 * 0 \\ 5000 * 300 \end{pmatrix} \rightarrow \text{SUMPRODUCT} \begin{pmatrix} 30000 \\ 0 \\ 1500000 \end{pmatrix} \rightarrow 1,530,000$$

039   1에 가까운 방향으로 자리올림하기 — ROUNDUP

ROUNDUP 함수는 숫자를 지정한 자릿수로 자리올림하여 표시하는 함수입니다. 예를 들어 'ROUNDUP(35.6713,2)'라면 35.6713을 소수 셋째 자리에서 자리올림하여 소수 이하 둘째 자리까지 표시하므로 35.68이 됩니다.

형식 ROUNDUP(인수, 올림 자릿수) : 인수에 대하여 지정한 자릿수로 올림합니다.

준비하세요! : 'C:\길벗컴활1급\04 부록' 폴더의 'ROUNDUP.xlsm' 파일을 열어 '기본' 시트에서 실습하세요.

❶ =ROUNDUP(F3,0) : [F3] 셀의 값 76.667을 소수 이하 첫째 자리에서 자리올림하여 소수 이하 0자리까지 표시하므로 77이 [G3] 셀에 입력됩니다.

❷ =ROUNDUP(F6,0) : [F6] 셀의 값 72.667을 소수이하 첫째 자리에서 자리올림하여 소수 이하 0자리까지 표시하므로 73이 [G6] 셀에 입력됩니다.

기출문제 따라잡기   '기출' 시트에서 실습하세요.

'만기지급액'은 5년간 연이율 4%로 매월 초에 예금한 후 매월 복리로 계산되어 만기에 찾게 되는 예금액을 양수가 되게 계산하되, 백의 자리까지만 표시되도록 자리 올림하시오.

정답 [E3] : =ROUNDUP(FV(4%/12, 5*12, −D3, , 1), −2)

만기 지급액 계산			
사원번호	직위	월불입액	만기지급액
TN-012	과장	112,000	₩7,450,300
TN-011	과장	81,300	₩5,408,100
TN-010	과장	113,600	₩7,556,700
TN-014	과장	112,000	₩7,450,300
TN-015	대리	73,500	₩4,889,300

수식의 이해

=ROUNDUP(<u>FV(4%/12, 5 * 12, −D3, , 1)</u>, −2)
               ❶
——————————————————————————
           ❷

❶ FV(4%/12, 5 * 12, −D3, , 1)
- **4%/12** : 연이율이므로 12로 나눠 월이율로 맞춥니다.
- **5*12** : 기간이 년 단위이므로 12를 곱해 월로 맞춥니다.
- **−D3** : 매월 불입할 금액으로 결과값이 양수로 나오도록 음수로 입력합니다.
- 매월 초 납입하므로 납입 시점을 1로 지정합니다.
- ❶의 결과값인 7,450,237을 ❷에 대입하면 다음과 같습니다.
- **=ROUNDUP(7450237, −2)** : 7450237을 십의 자리에서 자리올림하여 백의 자리까지 표시한 7,450,3000이 [E3] 셀에 입력됩니다.

ROUNDUP 함수의 올림 자릿수

올림 자릿수가 0보다 크면 숫자는 지정한 소수 이하 자릿수로, 0이면 가장 가까운 정수로, 0보다 작으면 소수점 왼쪽에서 올림됩니다.

3	8	6	4	.	5	5	8	8
−3자리	−2자리	−1자리	0자리		1자리	2자리	3자리	4자리

 전문가의 조언

FV 함수는 미래 가치(매월 일정한 금액을 불입하였을 경우 만기일에 받을 원금과 이자를 계산)를 구하는 함수입니다. 자세한 내용은 55쪽을 참고하세요.

040 숫자 모두 곱하기 ─ PRODUCT

PRODUCT 함수는 인수로 주어진 숫자를 모두 곱하는 함수로, 인수는 1개에서 255개까지 지정할 수 있습니다.

형식 PRODUCT(인수1, 인수2, …) : 인수(인수1, 인수2, …)로 주어진 숫자들을 모두 곱합니다.

준비하세요! : 'C:\길벗컴활1급\04 부록' 폴더의 'PRODUCT.xlsm' 파일을 열어 '기본' 시트에서 실습하세요.

	A	B	C	D
1	곱셈 계산			
2				
3	숫자1	숫자2	숫자3	결과
4	5	10	1	50 ❶
5	6	20	3	360
6	7	30	5	1,050 ❷
7	8	40	7	2,240

❶ =PRODUCT(A4:C4) : [A4:C4] 영역의 값을 모두 곱한(5×10×1) 값인 50이 [D4] 셀에 입력됩니다.

❷ =PRODUCT(A6:C6) : [A6:C6] 영역의 값을 모두 곱한(7×30×5) 값인 1,050이 [D6] 셀에 입력됩니다.

기출문제 따라잡기   '기출' 시트에서 실습하세요.

판매량, 단가, 원가비율을 이용한 구입원가를 계산하여 표시하세요.

정답 [F2] : =PRODUCT(C2, D2, E2)

※ =PRODUCT(C2:E2)로 입력해도 됩니다.

	A	B	C	D	E	F
1		제품코드	판매량	단가	원가비율	구입원가
2		tv-a	35	1,200	70%	29,400
3		tv-b	60	800	60%	28,800
4		tv-c	120	600	55%	39,600
5		vtr-b	10	800	70%	5,600
6		vtr-b	34	1,200	60%	24,480

수식의 이해

=PRODUCT(C2, D2, E2)

[C2], [D2], [E2] 셀의 값을 모두 곱한(35×1200×70%) 값인 29,400이 [F2] 셀에 입력됩니다.

 전문가의 조언

- 인수가 오류값이거나 숫자로 변환될 수 없는 텍스트일 경우 오류가 발생합니다.
- 인수가 배열 또는 셀의 주소이면 해당 배열 또는 셀의 주소 영역에 있는 숫자만 계산됩니다.

041 조건에 맞는 품목의 합계만 구하기 — SUMIF

SUMIF 함수는 많은 자료 중에서 조건에 맞는 데이터만 찾아서 합계를 구하는 함수입니다. 조건이 적용될 범위에서 조건에 맞는 데이터를 찾아 합계를 구할 범위 중 같은 행에 있는 값들의 합계를 계산합니다.

형식 SUMIF(조건이 적용될 범위, 조건, 합계를 구할 범위) : 조건이 적용될 범위에서 조건에 맞는 셀을 찾아 합계를 구할 범위 중 같은 행에 있는 값들의 합계를 구합니다.

준비하세요! : 'C:\길벗컴활1급\04 부록' 폴더의 'SUMIF.xlsm' 파일을 열어 '기본' 시트에서 실습하세요.

SUMIF 함수를 이용하여 품목별로 판매 금액의 합계를 계산해 보겠습니다.

	A	B	C	D	E	F	G
1		판매현황				품목별 합계	
2							
3	품목	수량	단가	금액		냉장고	금액
4	냉장고	6	250	1,500		컴퓨터	7,500 ❶
5	컴퓨터	8	300	2,400		캠코더	6,000
6	냉장고	5	250	1,250		냉장고	2,750 ❷
7	캠코더	7	500	3,500			
8	컴퓨터	10	300	3,000			
9	캠코더	5	500	2,500			
10	컴퓨터	7	300	2,100			

❶ =SUMIF(A4:A10,"컴퓨터",D4:D10) : [A4:A10] 영역에서 "컴퓨터"가 입력된 셀을 찾아, [D4:D10] 영역의 같은 행에 있는 금액들의 합계인 7,500이 [G4] 셀에 입력됩니다.

❷ =SUMIF(A4:A10,"냉장고",D4:D10) : [A4:A10] 영역에서 "냉장고"가 입력된 셀을 찾아, [D4:D10] 영역의 같은 행에 있는 금액들의 합계인 2,750이 [G6] 셀에 입력됩니다.

기출문제 따라잡기 '기출' 시트에서 실습하세요.

각 항목에서 등급이 '고급형'인 제품의 판매량, 단가, 원가비율의 평균을 구하세요.

정답 [C9] : =SUMIF($B$3:$B$8, "고급형", C3:C8) / COUNTIF($B$3:$B$8, "고급형")

	A	B	C	D	E
1		고급형 제품의 평균			
2		등급	판매량	단가	원가비율
3		고급형	35	1,200	0.7
4		중급형	60	800	0.6
5		보급형	120	600	0.55
6		보급형	60	800	0.55
7		고급형	25	600	0.7
8		중급형	54	800	0.6
9		평균	30	900	0.7

수식의 이해

=SUMIF(B3:B8, "고급형", C3:C8) / COUNTIF(B3:B8, "고급형")
　　　　❶　　　　　　　　　　　　　❷

- ❶ SUMIF(B3:B8, "고급형", C3:C8) : [B3:B8] 영역에서 "고급형"이 입력된 셀[B3], [B7]을 찾은 후 [C3:C8] 영역의 같은 행[C3], [C7]에 있는 판매량들의 값(35, 25)을 누적한 60이 계산됩니다.
- ❷ COUNTIF(B3:B8, "고급형") : [B3:B8] 영역에서 "고급형"이 입력된 셀[B3], [B7]의 개수인 2가 계산됩니다.
- = ❶/❷ : 60/2의 결과인 30이 [C9] 셀에 입력됩니다.

전문가의 조언

COUNTIF 함수는 조건에 맞는 데이터의 개수를 구하는 함수입니다. 자세한 내용은 103쪽을 참고하세요.

042 절대값 계산하기 — ABS

ABS는 숫자의 부호 없이 숫자의 크기만을 나타내는 절대값을 계산할 때 사용합니다. 예를 들어, −5의 절대값은 5이고 +5의 절대값도 5입니다. 절대값은 특정 값과의 차이를 알아내서 비교할 때 많이 사용됩니다.

형식 ABS(인수) : 인수로 주어진 숫자의 절대값을 계산합니다.

준비하세요! : 'C:\길벗컴활1급\04 부록' 폴더의 'ABS.xlsm' 파일을 열어 '기본' 시트에서 실습하세요.

	B	C	D	E	F
1		길벗고 신장 비교표			
2					
3	성명	성별	키	평균과의 차이	절대값
4	고신애	여	168	-2	2
5	김애자	여	165	-5	5
6	김형민	남	180	10	10
7	박수동	남	175	5	5
8	서수일	남	179	9	9
9	소성환	남	180	10	10
10	신길자	여	155	-15	15
11	이승혁	남	168	-2	2
12	조보람	여	162	-8	8
13	평균		170		

❶ =ABS(E4) : [E4] 셀의 숫자에 절대값을 취한 값인 2가 [F4] 셀에 입력됩니다.

❷ =ABS(E7) : [E7] 셀의 숫자에 절대값을 취한 값인 5가 [F7] 셀에 입력됩니다.

❸ =ABS(E10) : [E10] 셀의 숫자에 절대값을 취한 값인 15가 [F10] 셀에 입력됩니다.

❹ =ABS(E12) : [E12] 셀의 숫자에 절대값을 취한 값인 8이 [F12] 셀에 입력됩니다.

기출문제 따라잡기 '기출' 시트에서 실습하세요.

전력량과 전월전력량을 이용하여 전력량과 전월전력량의 차이만큼 그래프를 표시하시오.

▶ '(전력량−전월전력량)/100'의 값만큼 "▶" 또는 "◁" 표시

▶ IFERROR, ABS, REPT 함수 사용

정답 [D3] : =IFERROR(REPT("▶", (B3−C3)/100), REPT("◁", ABS((B3−C3)/100)))

	A	B	C	D
1				
2	호수	전력량	전월전력량	그래프
3	102	324	124	▶▶
4	103	222	387	◁
5	104	438	425	
6	205	365	542	◁
7	206	460	350	▶
8	304	282	421	◁
9	305	257	497	◁◁

수식의 이해

중첩 함수가 사용된 수식을 만들 때는 최종적으로 값을 반환하는, 즉 가장 바깥쪽에 사용할 함수부터 찾아서 수식을 세우고 수식을 이해할 때는 우선순위에 따라 안쪽에서부터 바깥쪽 방향으로 하나씩 상수로 변환하면서 이해하면 쉽습니다.

=IFERROR(REPT("▶", (B3−C3)/100), REPT("◁", <u>ABS((B3−C3)/100)</u>))
　　　　　　　　　　　　　　　　　　　　❶

• ❶ ABS((B3−C3)/100)) : [B3] 셀의 값 324에서 [C3] 셀의 값 124를 뺀 값을 100으로 나눈 값인 2에 절대값을 취한 2를 반환합니다. 2를 ❶에 대입하면 다음과 같습니다.

=IFERROR(<u>REPT("▶", (B3−C3)/100)</u>, <u>REPT("◁", 2)</u>)
　　　　　　　　　❷　　　　　　　　　　❸

❷에서 오류가 발생하면 ❸를 표시하고, 그렇지 않으면 ❷의 결과값을 표시합니다.

• ❷ REPT("▶", (B3−C3)/100) : "▶"를 (B3−C3)/100의 결과값인 2만큼 반복한 "▶▶"를 반환합니다.

• ❸ REPT("◁", 2) : "◁"를 2만큼 반복한 "◁◁"를 반환합니다. "▶▶"와 "◁◁"를 ❷와 ❸에 대입하면 다음과 같습니다.

• =IFERROR("▶▶", "◁◁") : "▶▶"는 오류가 아니므로 "▶▶"이 [D3] 셀에 입력됩니다.

---

043 e의 거듭 제곱값 계산하기 ─ EXP

EXP는 e를 숫자만큼 거듭 제곱한 값을 반환합니다. 상수 e는 2.71828182845904…로, 자연 로그의 밑입니다.

형식 EXP(인수) : e(=2.71828182845904…)를 인수만큼 거듭 제곱한 값입니다.

준비하세요! : 'C:\길벗컴활1급\04 부록' 폴더의 'EXP.xlsm' 파일을 열어 '기본' 시트에서 실습하세요.

	A	B	
1	**e의 거듭 제곱 계산**		
2			
3	거듭 수	e값	
4	1	2.71828182845905	❶
5	1.5	4.48168907033806	
6	3	20.08553692318770	❷
7	3.5	33.11545195869230	
8	4	54.59815003314420	❸

❶ =EXP(A4) : e를 [A4] 셀의 수, 즉 1만큼 거듭 제곱한 값인 2.71828182845905가 [B4] 셀에 입력됩니다.

❷ =EXP(A6) : e를 [A6] 셀의 수, 즉 3만큼 거듭 제곱한 값인 20.08553692318770이 [B6] 셀에 입력됩니다.

❸ =EXP(A8) : e를 [A8] 셀의 수, 즉 4만큼 거듭 제곱한 값인 54.59815003314420이 [B8] 셀에 입력됩니다.

> [B4] 셀에 입력된 결과값 '2.71828182845905'는 상수 e를 소수점 14 자리까지만 표현한 것으로 소수 이하 15자리에서 반올림된 값입니다.

044 계승값(N×…×5×4×3×2×1) 계산하기 ─ FACT

FACT는 숫자의 계승값을 구하는 함수입니다. 예를 들어, 5의 계승값은 5×4×3×2×1입니다. FACT 함수는 양의 정수만을 인수로 사용할 수 있습니다.

형식 FACT(인수) : 인수로 주어진 숫자의 계승값을 계산합니다.

준비하세요! : 'C:\길벗컴활1급\04 부록' 폴더의 'FACT.xlsm' 파일을 열어 '기본' 시트에서 실습하세요.

	A	B	
1	**계승(Factorial) 값 계산하기**		
2			
3	숫자	계승값	
4	8	40,320	❶
5	15	1,307,674,368,000	
6	5	120	❷
7	7	5,040	
8	6	720	❸

❶ =FACT(A4) : [A4] 셀에 입력된 8의 계승값인 40,320(8×7×6×5×4×3×2×1)이 [B4] 셀에 입력됩니다.

❷ =FACT(A6) : [A6] 셀에 입력된 5의 계승값인 120(5×4×3×2×1)이 [B6] 셀에 입력됩니다.

❸ =FACT(A8) : [A8] 셀에 입력된 6의 계승값인 720(6×5×4×3×2×1)이 [B8] 셀에 입력됩니다.

045 실수를 정수로 변경하기 — INT

11.1, 07.4

INT는 실수의 소수점 이하를 제거하여 정수로 변환시킬 때 사용하는 함수입니다. INT는 인수로 주어진 실수보다 크지 않은 정수로 변환시킵니다. 예를 들어, INT(5.1)은 5를 반환하고, INT(−5.1)은 −6을 반환합니다.

형식 INT(인수) : 인수로 주어진 실수를 정수로 변환시킵니다.

준비하세요! : 'C:\길벗컴활1급\04 부록' 폴더의 'INT.xlsm' 파일을 열어 '기본' 시트에서 실습하세요.

	A	B
1	정수로 변환하기	
2		
3	실수	정수
4	4.5	4 ❶
5	4.99	4
6	125.12	125 ❷
7	-6.1	-7
8	-85.9	-86 ❸

❶ =INT(A4) : [A4] 셀의 값 4.5보다 크지 않은 정수 4가 [B4] 셀에 입력됩니다.
❷ =INT(A6) : [A6] 셀의 값 125.12보다 크지 않은 정수 125가 [B6] 셀에 입력됩니다.
❸ =INT(A8) : [A8] 셀의 값 −85.9보다 크지 않은 정수 −86이 [B8] 셀에 입력됩니다.

기출문제 따라잡기 '기출' 시트에서 실습하세요.

시험에 대한 평점[E3:E9]을 계산하시오.

▶ 시험 점수가 90 이상이면 '수', 80 이상이면 '우', 70 이상이면 '미', 60 이상이면 '양', 60 미만이면 '가'를 출력하시오.
▶ CHOOSE와 INT 함수 사용

정답 [E3] : =CHOOSE(INT(D3/10)+1, "가", "가", "가", "가", "가", "가", "양", "미", "우", "수", "수")

	A	B	C	D	E
1					
2	번호	대학	학과	시험	평점
3	1	공과	조선	81	우
4	2	문과	철학	94	수
5	3	공과	도시	0	가
6	4	예술	조형	91	수
7	5	문과	사학	78	미
8	6	예술	디자인	71	미
9	7	공과	산업	59	가

수식의 이해

중첩 함수가 사용된 수식을 만들 때는 최종적으로 값을 반환하는, 즉 가장 바깥쪽에 사용할 함수부터 찾아서 수식을 세우고 수식을 이해할 때는 우선순위에 따라 안쪽에서부터 바깥쪽 방향으로 하나씩 상수로 변환하면서 이해하면 쉽습니다.

=CHOOSE(<u>INT(D3/10)+1</u>, "가", "가", "가", "가", "가", "가", "양", "미", "우", "수", "수")
     ❶

❶의 값이 1~6이면 '가', 7이면 '양', 8이면 '미', 9이면 '우', 10~11이면 '수'를 표시합니다.
• ❶ INT(D3/10)+1 : [D3] 셀의 값 81을 10으로 나눈 값에서 정수 값만 취하면 8입니다. 8에 1을 더한 값 9를 ❶에 대입하면 다음과 같습니다.
  ※ INT(D3/10)에 1을 더하는 이유는 점수가 0~9인 경우에도 1을 만들어 '가'를 표시하기 위해서입니다.
• =CHOOSE(9, "가", "가", "가", "가", "가", "가", "양", "미", "우", "수", "수") : 아홉 번째 값 "우"가 [E3] 셀에 입력됩니다.

수학 / 삼각 함수

046 행렬식 계산하기 — MDETERM

MDETERM 함수는 배열의 행렬식을 구하는 함수로서 배열은 행의 수와 열의 수가 같아야 합니다. 배열은 [A1:C3]과 같은 셀 범위 또는 {1,2,3,4,5,6,7,8,9} 와 같은 배열 상수를 사용할 수 있습니다. 배열의 일부 셀이 비어 있거나 텍스트가 들어 있는 셀이 배열에 있으면 '#VALUE!' 오류값이 반환됩니다.

형식 MDETERM(배열) : 배열의 행렬식을 계산합니다.

준비하세요! : 'C:\길벗컴활1급\04 부록' 폴더의 'MDETERM.xlsm' 파일을 열어 '기본' 시트에서 실습하세요.

❶ =MDETERM(A4:C6) : [A4:C6] 행렬식의 값인 91.0이 [B8] 셀에 입력됩니다.

수학 / 삼각 함수

047 역행렬 계산하기 — MINVERSE

MINVERSE 함수는 행렬의 역행렬을 구하는 함수로서, 행렬은 행의 수와 열의 수가 같아야 합니다. 행렬은 [A1:C3]과 같은 셀 범위 또는 {1,2,3,4,5,6,7,8,9} 와 같이 배열 상수를 사용할 수 있습니다. 역행렬의 결과는 인수로 주어진 행렬의 개수와 같은 값을 한 번에 반환하므로 계산될 범위를 먼저 설정한 후 배열 수식으로 입력해야 합니다.

형식 MINVERSE(배열) : 배열의 역행렬을 계산합니다.

준비하세요! : 'C:\길벗컴활1급\04 부록' 폴더의 'MINVERSE.xlsm' 파일을 열어 '기본' 시트에서 실습하세요.

	A	B	C	D	E	F	G
1	역행렬 계산						
2		행렬1				행렬1의 역행렬	
3	자료1	자료2	자료3		자료1	자료2	자료3
4	3	8	6		0.230769231	-0.461538462	0.307692308
5	2	2	5		0.153846154	-0.164835165	-0.032967033
6	4	-3	3		-0.153846154	0.450549451	-0.10989011

❶ =MINVERSE(A4:C6) : [E4:G6] 영역을 블록으로 지정한 후 =MINVERSE(A4:C6)를 입력하고, [Ctrl]+[Shift]+[Enter]를 눌러줍니다. 수식 입력줄에는 수식이 {=MINVERSE(A4:C6)}로 표시됩니다.

048 행렬의 곱 계산하기 ─ MMULT

MMULT 함수는 행렬을 곱하는 함수로서, 배열1의 열수와 배열2의 행수가 같아야 합니다. 결과는 배열1과 같은 수의 행과 배열2와 같은 수의 열을 갖는 배열로 계산되어 만들어집니다. 여러 개의 값을 갖는 배열로 결과가 반환되므로 계산될 범위를 먼저 설정한 후 배열 수식으로 입력해야 합니다.

형식 MMULT(배열1, 배열2) : 배열1과 배열2의 행렬을 곱합니다.

준비하세요! : 'C:\길벗컴활1급\04 부록' 폴더의 'MMULT.xlsm' 파일을 열어 '기본' 시트에서 실습하세요.

	A	B	C	D	E	F
1	행렬의 곱 계산					
2	행렬1			행렬2		
3	자료1	자료2	자료3	자료1	자료2	
4	3	8	6	1	5	
5	2	2	5	5	2	
6				3	3	
7	행렬의 곱					
8	자료1	자료2				
9	61	49	❶			
10	27	29				

❶ =MMULT(A4:C5,E4:F6) : [A9:B10] 영역을 블록으로 지정한 후 =MMULT(A4:C5,E4:F6)를 입력하고, Ctrl + Shift + Enter 를 눌러 줍니다. 수식 입력줄에는 수식이 {=MMULT(A4:C5, E4:F6)}로 표시됩니다.

049 원의 둘레 구하기 ─ PI( ) × 원의 지름

PI 함수는 원주율을 소수 이하 15자리의 정밀도로 계산하여 표시합니다. 즉 3.14159265358979를 표시합니다. 원의 둘레나 면적을 계산할 때 주로 사용합니다.

형식 PI( ) : 원주율(3.14159265358979)을 반환합니다

준비하세요! : 'C:\길벗컴활1급\04 부록' 폴더의 'PI.xlsm' 파일을 열어 '기본' 시트에서 실습하세요.

	A	B
1	원의 둘레 구하기	
2		
3	원의 지름	원의 둘레
4	1	3.14159265358979 ❶
5	2	6.28318530717959
6	3	9.42477796076938
7	4	12.56637061435920

❶ =A4*PI( ) : 원의 둘레는 '지름×원주율'이므로 [A4] 셀의 값 1과 PI( )를 곱한 값인 3.141592653589779가 [B4] 셀에 입력됩니다.

050 나머지 계산하기 — MOD

MOD 함수는 숫자를 나눈 후 나머지를 구하는 함수입니다. 예를 들면, 5/2는 몫이 2이고 나머지가 1인데 MOD는 나머지 1을 구하는 함수입니다. 결과는 나누는 수의 부호를 갖습니다. MOD는 홀짝을 판별하거나 어떤 수의 배수 여부를 판별할 때 많이 사용됩니다.

형식 MOD(인수1, 인수2) : 인수1을 인수2로 나눈 나머지를 구합니다.

준비하세요! : 'C:\길벗컴활1급\04 부록' 폴더의 'MOD.xlsm' 파일을 열어 '기본' 시트에서 실습하세요.

	A	B	C
1	나머지 계산하기		
2			
3	숫자	나누는 수	나머지
4	67	5	2
5	4	2	0
6	29	6	5
7	-7	3	2

❶ =MOD(A4,B4) : 67을 5로 나눈 나머지 값인 2가 [C4] 셀에 입력됩니다.

❷ =MOD(A6,B6) : 29를 6으로 나눈 나머지 값인 5가 [C6] 셀에 입력됩니다.

❸ =MOD(A7,B7) : −7을 3으로 나눈 나머지 값인 2가 [C7] 셀에 입력됩니다.

기출문제 따라잡기 '기출' 시트에서 실습하세요.

제품ID를 이용하여 비고[E3:E10]를 구하시오.

▶ 제품ID의 뒤에 네 글자를 4로 나눈 나머지가 0이면 "수동녹화", 1이면 "수시/충격감지", 2이면 "충격감지", 3이면 "수시감지"로 표시하시오.

정답 [E3] : =CHOOSE(MOD(VALUE(RIGHT(B3,4)),4)+1, "수동녹화", "수시/충격감지", "충격감지", "수시감지")

	A	B	C	D	E
1					
2		제품ID	가격	판매량	비고
3		SK01-0044	264,000	4	수동녹화
4		LK03-0049	198,000	3	수시/충격감지
5		JB02-0053	135,000	5	수시/충격감지
6		JB01-0047	253,000	1	수시감지
7		SK04-0043	359,000	3	수시감지
8		LK02-0049	213,000	4	수시/충격감지
9		LK02-0050	265,000	7	충격감지
10		JB04-0046	405,000	5	충격감지

수식의 이해

중첩 함수가 사용된 수식을 만들 때는 최종적으로 값을 반환하는, 즉 가장 바깥쪽에 사용할 함수부터 찾아서 수식을 세우고, 수식을 이해할 때는 우선순위에 따라 안쪽에서부터 바깥쪽 방향으로 하나씩 상수로 변환하면서 이해하면 쉽습니다.

=CHOOSE(MOD(VALUE(RIGHT(B3,4)),4)+1, "수동녹화", "수시/충격감지", "충격감지", "수시감지")
     ❶

- ❶ RIGHT(B3,4) : [B3] 셀의 값 "SK01-0044"의 오른쪽 4글자를 추출하므로 "0044"가 반환됩니다. "0044"를 ❶에 대입하면 다음과 같습니다.

=CHOOSE(MOD(VALUE("0044"),4)+1, "수동녹화", "수시/충격감지", "충격감지", "수시감지")
    ❷

- ❷ VALUE("0044") : 문자 "0044"를 숫자로 변환하면, 앞의 의미 없는 '00'은 없어지고 44가 반환됩니다. 44를 ❷에 대입하면 다음과 같습니다.

=CHOOSE(MOD(44,4)+1, "수동녹화", "수시/충격감지", "충격감지", "수시감지")
   ❸

- ❸ MOD(44,4)+1 : 44를 4로 나눈 나머지 0에 1을 더한 1을 반환합니다. 1을 ❸에 대입하면 다음과 같습니다.

=CHOOSE(1, "수동녹화", "수시/충격감지", "충격감지", "수시감지") : 첫 번째 인수의 값이 1이면 "수동녹화", 2이면 "수시/충격감지", 3이면 "충격감지", 4면 "수시감지"를 반환하는데, 첫 번째 인수의 값이 1이므로 "수동녹화"가 [E3] 셀에 입력됩니다.

궁금해요 시나공 Q&A 베스트

Q '=CHOOSE(MOD(VALUE(RIGHT(B3,4)),4)+1, "수동녹화","수시/충격감지", "충격감지", "수시감지")'에서 왜 '+1'을 한 거죠?

A MOD 함수로 구한 제품ID의 뒤에 네 글자의 숫자를 4로 나눴을 때 나올 수 있는 나머지가 0, 1, 2, 3이므로 이것을 1, 2, 3, 4로 만들기 위해 '+1'을 한 것입니다. CHOOSE(인수, 첫 번째, 두 번째, …) 함수의 인수로 지정할 수 있는 가장 작은 수치가 1이기 때문입니다.

---

051 나눗셈에서 정수에 해당하는 몫만 구하기 — QUOTIENT

QUOTIENT 함수는 숫자를 나눈 후 정수에 해당하는 몫만 구합니다. 예를 들어, 7/3의 결과는 2.333…인데 QUOTIENT는 소수 이하의 0.3333…은 버리고 정수 부분의 몫 2만을 반환하는 함수입니다. 나눗셈 계산을 하고 나머지를 버릴 때 이 함수를 많이 사용합니다.

형식 QUOTIENT(인수1, 인수2) : 인수1을 인수2로 나누어 정수 부분에 해당하는 몫만 구합니다.

준비하세요! : 'C:\길벗컴활1급\04 부록' 폴더의 'QUOTIENT.xlsm' 파일을 열어 '기본' 시트에서 실습하세요.

	A	B	C
1	정수 부분의 몫만 계산하기		
2			
3	피제수	제수	몫
4	67	5	13 ❶
5	4	3	1
6	29	6	4 ❷
7	7	3	2

❶ =QUOTIENT(A4, B4) : [A4] 셀의 피제수 67을 제수 5로 나눈 후 정수에 해당하는 몫인 13이 [C4] 셀에 입력됩니다.

❷ =QUOTIENT(A6, B6) : [A6] 셀의 피제수 29를 제수 6으로 나눈 후 정수에 해당하는 몫인 4가 [C6] 셀에 입력됩니다.

> 인수 중 하나라도 숫자가 아닐 때에는 '#VALUE!' 오류값이 반환됩니다.

기출문제 따라잡기 '기출' 시트에서 실습하세요.

임대시작일과 임대종료일을 이용하여 [F3:F10] 영역에 임대기간을 계산하여 표시하시오.

▶ 임대기간은 월단위로 표시하되, 일 수가 부족한 달은 개월 수에 포함하지 않음

▶ 한달을 30일로 계산

▶ 표시 예 : 12개월

▶ TEXT, DAYS, QUOTIENT 함수 사용

	A	B	C	D	E	F
1						
2		건물번호	건물이름	임대시작일	임대종료일	임대기간
3		A-002	새천년빌딩	2020/08/24	2023/08/24	36개월
4		A-002	새천년빌딩	2017/10/18	2022/10/18	60개월
5		A-010	예술빌딩	2017/11/21	2022/12/21	61개월
6		A-010	예술빌딩	2018/01/01	2023/01/01	60개월
7		A-002	새천년빌딩	2022/08/24	2025/08/24	36개월
8		A-002	새천년빌딩	2023/10/22	2024/10/22	12개월
9		A-010	예술빌딩	2020/11/21	2025/12/21	61개월
10		A-010	예술빌딩	2023/11/21	2026/11/21	36개월

정답 [F3] : =TEXT(QUOTIENT(DAYS(E3,D3),30), "00개월")

수식의 이해

중첩 함수가 사용된 수식을 만들 때는 최종적으로 값을 반환하는, 즉 가장 바깥쪽에 사용할 함수부터 찾아서 수식을 세우고 수식을 이해할 때는 우선순위에 따라 안쪽에서부터 바깥쪽 방향으로 하나씩 상수로 변환하면서 이해하면 쉽습니다.

=TEXT(QUOTIENT(<u>DAYS(E3,D3)</u>),30), "00개월")
　　　　　　　　❶

- ❶ DAYS(E3,D3) : [E3] 셀에서 [D3] 셀을 뺀 일 수인 1,095가 반환됩니다. 1,095를 ❶에 대입하면 다음과 같습니다.

=TEXT(QUOTIENT(<u>1095,30</u>), "00개월")
　　　　　　❷

- ❷ QUOTIENT(1095,30) : 1,095를 30으로 나눈 후 정수에 해당하는 몫인 36이 반환됩니다. 36을 ❷에 대입하면 다음과 같습니다.

- =TEXT(36, "00개월") : 36에 서식 "00개월"을 적용하면 숫자 뒤에 "개월"을 붙인 "36개월"이 [F3] 셀에 입력됩니다.

수학 / 삼각 함수

052 로또 번호 예상하기 1 — RAND

RAND 함수는 0보다 크거나 같고 1보다 작은 난수를 구하는 함수입니다. 즉, 이 함수를 사용하면 0.78640392와 같은 숫자가 무작위로 추출됩니다. RAND 함수를 사용해서 난수를 구하면 워크시트가 계산될 때마다 새로운 난수가 구해지므로 자동으로 시트의 데이터가 변경됩니다.

형식 RAND( ) : 함수의 인수 없이 사용합니다.

준비하세요! : 'C:\길벗컴활1급\04 부록' 폴더의 'RAND.xlsm' 파일을 열어 '기본' 시트에서 실습하세요.

❶ =INT(RAND( )*(B4−A4+1)+A4) : 0~1 사이의 무작위 수와 1, 36을 이용해 1~36사이의 무작위수가 만들어져 [A4] 셀에 입력됩니다.

- 두 수 A(작은 수), B(큰 수) 사이의 난수를 계산하려면 다음의 수식을 이용해야 합니다.
  = RAND * (큰 수 − 작은 수 + 1) + 작은 수
- 결과는 소수점이 있는 실수로 나오며, 정수로 만들기 위해서 만든 수식을 INT( ) 함수의 인수로 지정해야 합니다.
- RAND 함수는 무작위 수를 구하는 함수로서 계산할 때마다 다른 난수를 표시합니다. 그러므로 위의 그림에 있는 로또 번호와 결과가 같을 수는 없겠죠? 무작위 수를 계산한 후 재계산 기능이 있는 F9 를 눌러보면, 누를 때마다 결과가 변화하는 것을 확인할 수 있습니다.

수학 / 삼각 함수

053 로또 번호 예상하기 2 — RANDBETWEEN

RANDBETWEEN 함수는 인수로 지정한 두 수 사이의 정수를 출력하는 함수입니다. 예를 들어, RANDBETWEEN(5,10)을 입력하면 5~10 사이의 임의의 수가 반환됩니다. RANDBETWEEN 함수를 사용해서 임의의 수를 구하면 워크시트가 계산될 때마다 새로운 난수가 구해져 자동으로 시트의 데이터가 변경됩니다.

형식 RANDBETWEEN(인수1, 인수2) : 인수1과 인수2의 사이에 있는 임의의 정수를 출력합니다.

준비하세요! : 'C:\길벗컴활1급\04 부록' 폴더의 'RANDBETWEEN.xlsm' 파일을 열어 '기본' 시트에서 실습하세요.

	A	B	C
1	로또 번호 만들기		
2			
3	시작번호	끝번호	로또번호
4	1	36	13
5	1	36	12
6	1	36	4
7	1	36	20
8	1	36	9
9	1	36	30

❶ =RANDBETWEEN(A4,B4) : [A4] 셀의 값 1과 [B4] 셀의 값 36 사이의 임의의 정수값이 [C4] 셀에 입력됩니다.

- RANDBETWEEN 함수를 사용하여 난수를 만들고 셀이 계산될 때마다 만들어진 난수가 변경되지 않도록 하려면 셀에 **=RANDBETWEEN(1,36)**을 입력한 후 Enter를 누르기 전에 F9 를 눌러 수식을 결과 값으로 변경하면 됩니다.
- RANDBETWEEN 함수로 구한 결과는 계산할 때마다 다른 수로 표시되므로 위 그림의 로또 번호와 다를 수 있습니다.

054 자리내림하기 — ROUNDDOWN

ROUNDDOWN 함수는 숫자를 지정한 자릿수로 자리내림하여 표시하는 함수입니다. 예를 들어, ROUNDDOWN(35.6768,2)이라면 35.6768을 소수 셋째 자리에서 자리내림하여 소수 이하 2자리까지 표시하므로 35.670이 됩니다.

형식 ROUNDDOWN(인수, 내림 자릿수) : 인수에 대하여 지정한 자릿수로 자리내림합니다.

준비하세요! : 'C:\길벗컴활1급\04 부록' 폴더의 'ROUNDDOWN.xlsm' 파일을 열어 '기본' 시트에서 실습하세요.

	A	B	C
1			
2	숫자	자릿수	결과
3	78325.67429	3	78325.674	❶
4	78325.67429	2	78325.67
5	78325.67429	1	78325.6
6	78325.67429	0	78325
7	78325.67429	-1	78320
8	78325.67429	-2	78300	❷
9	78325.67429	-3	78000

❶ =ROUNDDOWN(A3,B3) : [A3] 셀의 값 78325.67429를 소수 이하 4자리에서 자리내림하여 소수 이하 3자리까지 표시하므로 [C3] 셀에 78325.674가 입력됩니다.

❷ =ROUNDDOWN(A8,B8) : [A8] 셀의 값 78325.67429를 십의 자리에서 자리내림하여 백의 자리까지 표시하므로 [C8] 셀에 78300이 입력됩니다.

ROUNDDOWN 함수의 내림 자릿수

내림 자릿수가 0보다 크면 숫자는 지정한 소수 이하 자릿수로, 0이면 가장 가까운 정수로, 0보다 작으면 소수점 왼쪽에서 내림됩니다.

3	8	6	4	.	5	5	8	8
-3자리	-2자리	-1자리	0자리		1자리	2자리	3자리	4자리

기출문제 따라잡기 '기출' 시트에서 실습하세요.

[표1]의 운영구분, 개설연월, 면적과 기준날짜(D2)를 이용하여 [표2]의 [G4:G5] 영역에 운영구분별 운영기간이 20년 이상인 면적의 평균을 계산하여 표시하시오.

▶ 운영기간 : 기준날짜의 연도 - 개설연월의 연도
▶ 면적의 평균은 자리 내림하여 정수로 표시
▶ AVERAGE, IF, ROUNDDOWN, YEAR 함수를 사용한 배열 수식

	A	B	C	D	E	F	G
1							
2	[표1]		기준날짜 :	2024-02-10		[표2]	
3	지역	운영구분	개설연월	면적		운영구분	평균면적
4	부산	직영	2019-08	173		직영	231
5	울산	위탁	2010-08	331		위탁	200
6	대전	직영	2004-07	112			
7	성남	직영	1999-11	351			
8	대전	위탁	2017-11	136			
9	성남	직영	2014-12	443			
10	울산	위탁	2001-03	200			

정답 [F3] : {=ROUNDDOWN(AVERAGE(IF((YEAR($D$2)-YEAR($C$4:$C$10))>=20)*($B$4:$B$10=F4),$D$4:$D$10)),0)}

수식의 이해

중첩 함수가 사용된 수식을 만들 때는 최종적으로 값을 반환하는, 즉 가장 바깥쪽에서 사용할 함수부터 찾아서 수식을 세우고, 수식을 이해할 때는 연산 우선순위에 따라 안쪽에서부터 바깥쪽 방향으로 하나씩 상수로 변환하면서 이해하면 쉽습니다.

=ROUNDDOWN(AVERAGE(IF((YEAR(D2)-YEAR(C4:C10))>=20)*(B4:B10=F4),D4:D10)), 0)
            ❶

❶의 값을 소수 이하 1자리에서 자리 내림하여 소수 이하 0자리(정수)로 표시합니다.

• ❶ AVERAGE와 IF를 이용한 평균구하기 배열 수식의 일반식 - 조건이 2개

AVERAGE(IF((조건1) * (조건2), 평균을_구할_범위))

AVERAGE(IF(((YEAR(D2)-YEAR(C4:C10))>=20) * (B4:B10=F4), D4:D10))
             조건1   조건2   평균을_구할_범위

– 조건1 : 기준날짜의 연도 - 개설연월의 연도가 20 이상
– 조건2 : 운영구분이 "직영"
– 평균을_구할_범위 : 면적
– 결과값 231.5를 ❶에 대입하면 다음과 같습니다.

• =ROUNDDOWN(231.5, 0) : 231.5를 소수 이하 0자리로 변환한 231이 [G4] 셀에 입력됩니다.

055 소수 이하 잘라내기 — TRUNC

24.상시, 22.상시, 21.상시, 19.상시, 11.1

TRUNC 함수는 숫자에서 지정한 자릿수 이하의 수치를 버릴 때 사용하는 함수입니다. 예를 들어, TRUNC(56.789,1)는 56.7을 반환합니다. 자릿수를 지정하지 않으면 자릿수가 0이 되어 INT와 유사한 기능을 합니다. TRUNC는 숫자의 소수 부분을 버리고, INT는 해당 숫자보다 크지 않은 정수로 변환합니다. INT와 TRUNC는 음수를 사용할 때만 다른 결과를 얻게 됩니다.

형식 TRUNC(인수, 자릿수) : 인수에 대하여 자릿수를 지정한 자리 이하의 수치를 버립니다.

준비하세요! : 'C:\길벗컴활1급\04 부록' 폴더의 'TRUNC.xlsm' 파일을 열어 '기본' 시트에서 실습하세요.

	A	B	C
1	필요없는 수치 제거하기		
2			
3	숫자	자릿수	결과
4	78325.67429	3	78325.674
5	78325.67429	2	78325.67
6	78325.67429	1	78325.6
7	78325.67429	0	78325
8	78325.67429	-1	78320
9	78325.67429	-2	78300
10	78325.67429	-3	78000

❶ =TRUNC(A4,B4) : [A4] 셀에 입력된 숫자에서 소수점 이하 3자리 미만의 숫자를 잘라낸 78325.674가 [C4] 셀에 입력됩니다.

❷ =TRUNC(A8,B8) : [A8] 셀에 입력된 숫자에서 십의 자리 미만의 숫자를 잘라낸 78320이 [C8] 셀에 입력됩니다.

기출문제 따라잡기 '기출' 시트에서 실습하세요.

제조방법별 가격의 평균을 계산하여 표시하시오.

▶ 소수점 이하는 절삭하여 표시
▶ TRUNC, AVERAGE, IF 함수를 이용한 배열 수식으로 계산

	A	B	C	D	E	F
1	상품명	제조방법	가격		제조방법별 평균	
2	고려다원차	잎차	30,000		제조방법	평균가격
3	감농가루	발효차	45,000		잎차	20,667
4	고려다원차	가루차	60,000		발효차	41,666
5	눈아차	발효차	15,000		가루차	46,000
6	명전	잎차	9,800			
7	몸중녹차	잎차	25,000			
8	고려다원차	가루차	50,000			
9	눈아차	발효차	65,000			
10	감농가루	잎차	17,870			
11	고려다원차	가루차	28,000			

정답 [F3] 셀에 다음의 수식을 입력하고 Ctrl+Shift+Enter를 누르세요.
=TRUNC(AVERAGE(IF($B$2:$B$11=E3,$C$2:$C$11)),0)

수식의 이해

=TRUNC(AVERAGE(IF(B2:B11=E3,C2:C11)),0)
❶

- ❶ AVERAGE와 IF를 이용한 평균 구하기 배열 수식의 일반식 – 조건이 1개일 경우

AVERAGE(IF(조건, 값을_구할_범위))

=AVERAGE(IF(B2:B11=E3, C2:C11))
조건　평균을_구할_범위

– 조건 : 제조방법이 '잎차'
– 평균을_구할_범위 : 가격
– 평균 20,667.5를 ❶에 대입하면 다음과 같습니다.
- =TRUNC(20667.5, 0) : 평균 20,667.5에서 소수점 이하를 잘라낸 20,667이 [F3] 셀에 입력됩니다.

전문가의 조언

- AVERAGE 함수는 인수로 주어진 숫자들의 평균을 계산하는 함수입니다. 자세한 설명은 98쪽을 참고하세요.
- IF 함수는 조건에 따라 여러 가지의 서로 다른 처리를 하는 함수입니다. 자세한 설명은 23쪽을 참고하세요.
- 배열 수식에 대한 자세한 설명은 1권 121쪽을 참고하세요.

056 거듭 제곱 계산하기 ─ POWER

POWER는 숫자의 거듭 제곱을 계산하는 함수입니다. 즉 POWER(5,3)은 5×5×5를 의미합니다. 숫자는 실수를 지정해도 됩니다. POWER 함수는 연산자 ∧와 같은 기능을 하므로 POWER(5,3)를 5∧3과 같이 입력해도 결과는 같습니다.

형식 POWER(인수, 제곱값) : 인수의 거듭 제곱한 값을 계산합니다.

준비하세요! : 'C:\길벗컴활1급\04 부록' 폴더의 'POWER.xlsm' 파일을 열어 '기본' 시트에서 실습하세요.

	A	B	C
1	거듭 제곱 구하기		
2			
3	숫자	지수	결과
4	2	1	2
5	3	2	9
6	5	3	125
7	7	4	2,401

❶ =POWER(A4,B4) : [B4] 셀의 지수만큼 [A4] 셀의 숫자를 거듭 제곱한 값인 2가 [C4] 셀에 입력됩니다.

❷ =POWER(A6,B6) : [B6] 셀의 지수만큼 [A6] 셀의 숫자를 거듭 제곱한 값인 125가 [C6] 셀에 입력됩니다.

---

057 양의 제곱근 구하기 ─ SQRT

SQRT 함수는 인수로 주어진 숫자의 양의 제곱근을 계산하는 함수입니다. SQRT(25)는 5를 반환하지만 숫자가 음수이면 오류값 '#NUM!'을 반환합니다.

형식 SQRT(인수) : 인수의 양의 제곱근을 계산합니다.

준비하세요! : 'C:\길벗컴활1급\04 부록' 폴더의 'SQRT.xlsm' 파일을 열어 '기본' 시트에서 실습하세요.

	A	B
1	제곱근 계산하기	
2		
3	숫자	결과
4	25	5
5	81	9
6	674	25.96150997
7	-9	#NUM!

❶ =SQRT(A4) : [A4] 셀에 입력된 25의 제곱근 값인 5가 [B4] 셀에 입력됩니다.

❷ =SQRT(A6) : [A6] 셀에 입력된 674의 제곱근 값인 25.96150997이 [B6] 셀에 입력됩니다.

❸ =SQRT(A7) : 숫자가 음수이므로 오류(#NUM)값이 [B7] 셀에 입력됩니다.

058 부서별 직급별 기본급의 합계 계산하기 — SUMIFS

SUMIFS 함수는 여러 개의 조건에 맞는 자료의 합계를 구하는 함수입니다. 예를 들면 부서가 기획부이고, 급수가 1급이고, 남자인 사원들의 기본급 합계를 구할 수 있습니다. 조건은 최대 127개까지 지정할 수 있습니다.

형식 SUMIFS(합계를 구할 범위, 첫 번째 조건이 적용될 범위, 첫 번째 조건, 두 번째 조건이 적용될 범위, 두 번째 조건, …) : 여러 개의 조건이 적용될 범위에서 여러 개의 조건에 맞는 셀을 찾아 '합계를 구할 범위' 중 같은 행에 있는 값들의 합계를 계산합니다.

준비하세요! : 'C:\길벗컴활1급\04 부록' 폴더의 'SUMIFS.xlsm' 파일을 열어 '기본' 시트에서 실습하세요.

SUMIFS 함수를 이용하여 부서별 직급별 기본급의 합계를 계산해 보겠습니다.

	성명	부서	직급	기본급
	이승연	판매부	1급	1,450,000
	김경수	기획부	2급	1,350,000
	이한봉	판매부	2급	1,350,000
	지순녀	기획부	2급	1,200,000
	김자연	판매부	1급	1,450,000
	박원래		1급	1,450,000
	최지은	기획부	1급	1,200,000
	강유라	판매부	2급	1,300,000

기본급 지급 현황

부서별 직급별 기본급의 합계

직급 / 부서	1급	2급
판매부 ❶	2,900,000	2,650,000
기획부	2,650,000	2,550,000

❶ =SUMIFS(D4:D11, B4:B11, "판매부", C4:C11, "1급")
: [B4:B11] 영역에서 "판매부"가 입력된 셀들을 찾고, [C4:C11] 영역에서 같은 행들에 있는 "1급"이 입력된 셀들을 찾아 [D4:D11] 영역의 같은 행들에 있는 기본급(1,450,000, 1,450,000)의 합계인 2,900,000이 [G4] 셀에 입력됩니다.

❷ =SUMIFS(D4:D11, B4:B11, "기획부", C4:C11, "2급") : [B4:B11] 영역에서 "기획부"가 입력된 셀들을 찾고, [C4:C11] 영역에서 같은 행들에 있는 "2급"이 입력된 셀들을 찾아 [D4:D11] 영역의 같은 행들에 있는 기본급(1,350,000, 1,200,000)의 합계인 2,550,000이 [H5] 셀에 입력됩니다.

기출문제 따라잡기 '기출' 시트에서 실습하세요.

구분, 브랜드명, 판매량을 이용하여 [G3:H5] 영역에 구분별 브랜드별 판매량의 합계를 계산하여 표시하시오.

▶ SUMIFS 함수 사용

	A	B	C	D	E	F	G	H
1	제품명	구분	브랜드명	판매량		**구분별 브랜드별 판매량 합계**		
2	홍삼타브렛90g_분말제품	기능성	홍삼나라	9		구분	홍삼나라	홍삼세계
3	홍삼정100g	농축액	홍삼세계	4		농축액	28	16
4	홍삼양갱800g	기호식품	홍삼세계	15		기능성	9	0
5	홍삼정240g	농축액	홍삼세계	7		기호식품	32	15
6	홍삼정환_분말제품	농축액	홍삼나라	21				
7	홍삼정_액상제품	농축액	홍삼나라	7				
8	발효홍삼K_액상제품	농축액	홍삼세계	5				
9	봉밀절편	기호식품	홍삼나라	32				

정답 [G3] : =SUMIFS($D$2:$D$9,$B$2:$B$9,$F3,$C$2:$C$9,G$2)

수식의 이해

=SUMIFS(D2:D9,B2:B9,F3,C2:C9,G2)
　　　　　 ❸　　 ❶　 ❷

❶ **조건1** : [B2:B9] 영역에서 [F3] 셀(농축액)과 같은 셀([B3], [B5:B8])

❷ **조건2** : [C2:C9] 영역에서 [B3], [B5:B8] 셀과 같은 행들의 셀([C3], [C5:C8])을 대상으로 [G2] 셀(홍삼나라)과 같은 셀([C6:C7])

❸ **합계** : [D2:D9] 영역에서 [C6:C7] 영역과 같은 행들의 셀([D6:D7]) 합계(28)

	A	B	C	D
1	제품명	구분	브랜드명	판매량
2	홍삼타브렛90g_분말제품	기능성	홍삼나라	9
3	홍삼정100g	농축액	홍삼세계	4
4	홍삼양갱800g	기호식품	홍삼세계	15
5	홍삼정240g	농축액	홍삼세계	7
6	홍삼정환_분말제품	농축액	홍삼나라	21
7	홍삼정_액상제품	농축액	홍삼나라	7
8	발효홍삼K_액상제품	농축액	홍삼세계	5
9	봉밀절편	기호식품	홍삼나라	32

059 부호값 표시하기 ─ SIGN

SIGN 함수는 입력된 수의 부호값을 표시하는 함수입니다. 입력된 수가 양수이면 1, 0이면 0, 음수이면 −1을 반환합니다.

형식 SIGN(인수) : 인수의 부호값을 반환합니다.

준비하세요! : 'C:\길벗컴활1급\04 부록' 폴더의 'SIGN.xlsm' 파일을 열어 '기본' 시트에서 실습하세요.

	A	B	C
1		부호값 구하기	
2		데이터	결과
3		5	1 ❶
4		-25	-1 ❷
5		0	0 ❸
6		500000	1
7		텍스트	#VALUE!

❶ =SIGN(B3) : [B3] 셀의 5는 양수이므로 [C3] 셀에 1이 입력됩니다.

❷ =SIGN(B4) : [B4] 셀의 −25는 음수이므로 [C4] 셀에 −1이 입력됩니다.

❸ =SIGN(B5) : [B5] 셀에는 0이 입력되어 있으므로 [C5] 셀에 0이 입력됩니다.

---

060 투자의 현재가치 구하기 ─ NPV

NPV 함수는 할인율과 앞으로의 지출(음수), 수입(양수)을 사용하여 투자액에 대한 현재가치를 계산하는 함수로, 지출과 수입을 표시하는 인수는 254개까지 지정할 수 있습니다.

형식 NPV(할인율, 금액1, 금액2…) : 할인율과 앞으로의 지출(금액n)과 수입(금액n)을 사용하여 투자의 현재가치를 계산합니다(결과가 0보다 크면 투자할 가치가 있습니다.).

준비하세요! : 'C:\길벗컴활1급\04 부록' 폴더의 'NPV.xlsm' 파일을 열어 '기본' 시트에서 실습하세요.

	A	B	C	D	E	F
1					할인율 :	8%
2		투자의 현재 가치			투자비용 :	- 1,000,000
3		업종	1차 수익	2차 수익	3차 수익	현재 가치
4		XX치킨	300,000	420,000	680,000	177,666 ❶
5		☆☆피자	350,000	470,000	690,000	274,768
6		○○족발	420,000	580,000	780,000	505,335

❶ =NPV($F$1,C4,D4,E4)+$F$2 : [F1] 셀은 할인율이므로 그대로 적용하며, [C4], [D4], [E4] 셀은 기간 중에 발생하는 수입이므로 양수로 입력합니다. [F2] 셀은 투자시점이 첫째 기간의 초에 발생하였으므로 값(Value)의 하나로 포함되지 않고 결과값에 추가됩니다.

---

061 투자의 미래가치 구하기 — FV

FV 함수는 투자에 대한 미래가치를 계산하는 함수로, 매월 일정액을 불입하거나 일정 금액을 투자한 후 정해진 이율을 복리로 적용하여 '원금+이자'가 얼마인지 계산하는 함수입니다. 매월 투자하는 금액과 이율, 기간은 고정되어 있다고 가정합니다.

형식 FV(이자, 기간, 금액, 현재가치, 납입시점) : 미래가치를 구합니다(매월 일정한 금액을 불입하였을 경우 만기일에 받을 원금과 이자를 계산합니다.).

- **이자** : 기간 동안의 이율(기간 동안 일정)
- **금액** : 정기적으로 일정하게 납입하는 금액
- **납입시점** : 0 또는 생략하면 '기말', 1이면 '기초'
- **기간** : 납입 횟수(기간)
- **현재가치** : 앞으로 지급할 납입금의 합계

준비하세요! : 'C:\길벗컴활1급\04 부록' 폴더의 'FV.xlsm' 파일을 열어 '기본' 시트에서 실습하세요.

	A	B	C	D	E
1		만기 저축액 계산			
2		이율	기간(년)	매월 저축액	만기금액
3		6.0%	1	-100,000	₩1,233,556
4		6.0%	2	-100,000	₩2,543,196
5		6.0%	3	-100,000	₩3,933,610
6		6.0%	4	-100,000	₩5,409,783
7		6.0%	5	-100,000	₩6,977,003

❶ =FV(B3/12,C3*12,D3) : [B3] 셀은 연이율이므로 12로 나눠 월이율로 맞추고, [C3] 셀은 기간이 년 단위이므로 12를 곱해 월로 맞춥니다. [D3] 셀은 매월 불입할 금액입니다(지출이기 때문에 -(음수)입니다.). 현재가치와 납입시점이 생략되었으며, 납입시점이 생략되었기 때문에 월말 납입을 의미합니다.

기출문제 따라잡기 '기출' 시트에서 실습하세요.

'만기지급액'은 5년간 연이율 4%로 매월 초에 예금한 후 매월 복리로 계산되어 만기에 찾게 되는 예금액을 양수로 계산하여 표시하되, 백의 자리까지만 표시되도록 자리 올림하시오.

	A	B	C	D	E
1		만기 지급액 계산			
2		사원번호	직위	월불입액	만기지급액
3		TN-012	과장	112,000	₩7,450,300
4		TN-011	과장	81,300	₩5,408,100
5		TN-010	과장	113,600	₩7,556,700
6		TN-014	과장	112,000	₩7,450,300
7		TN-015	대리	73,500	₩4,889,300

정답 [E3] : =ROUNDUP(FV(4%/12, 5*12, -D3, , 1), -2)

수식의 이해

=ROUNDUP(FV(4%/12, 5 * 12, -D3, , 1), -2)
- **4%/12** : 연이율이므로 12로 나눠 월이율로 맞춥니다.
- **5 * 12** : 기간이 년 단위이므로 12를 곱해 월로 맞춥니다.
- **-D3** : 매월 불입할 금액으로 결과값이 양수로 나오도록 음수로 입력합니다.
- 매월 초 납입하므로 납입 시점을 1로 지정합니다.
※ 만기지급액 7,450,237을 십의 자리에서 자리올림하여 백의 자리까지 표시한 금액 7,450,3000이 [E3] 셀에 입력됩니다.

전문가의 조언

ROUNDUP 함수는 인수에 대하여 지정된 자릿수로 자리올림하는 함수입니다. 자세한 설명은 39쪽을 참고하세요.

062 정기적인 상환금액 구하기 — PMT

PMT 함수는 대출받은 원금에 대해 매월 상환해야 하는 원금과 이자를 계산할 때 사용하는 함수입니다. 원금만 계산할 때는 PPMT 함수를, 이자만 계산할 때는 IPMT 함수를 이용하세요.

형식 PMT(이자, 기간, 현재가치, 미래가치, 납입시점) : 정기적으로 지급(상환)할 금액을 구합니다(일정 금액을 대출받았을 경우 이자를 포함하여 매월 상환해야 하는 금액을 계산합니다.).

- **이자** : 기간 동안의 이율(기간 동안 일정)
- **현재가치** : 앞으로 지급할 납입금의 합계
- **납입시점** : 0 또는 생략하면 '기말', 1 이면 '기초'
- **기간** : 납입 횟수(기간)
- **미래가치** : 최종 지불 후의 현금잔고, 미래가치를 생략하면 0으로 간주한다.

준비하세요! : 'C:\길벗컴활1급\04 부록' 폴더의 'PMT.xlsm' 파일을 열어 '기본' 시트에서 실습하세요.

	이율	대출 기간(월)	금액	납입금액
		기간에 따른 대출 원리금계산		
	6.0%	6	-10,000,000	₩1,695,955 ❶
	6.0%	12	-10,000,000	₩860,664
	6.0%	18	-10,000,000	₩582,317
	6.0%	24	-10,000,000	₩443,206
	6.0%	30	-10,000,000	₩359,789
	6.0%	36	-10,000,000	₩304,219

❶ =PMT(B3/12,C3,D3) : [B3] 셀은 연이율이므로 12로 나눠 월 이율로 맞춰주고, [C3] 셀은 단위가 '월'이므로 그대로 적용합니다. [D3] 셀의 대출받은 금액은 현재가치이기 때문에 금액을 그대로 입력하며, 납입시점이 생략되었으므로 월말 납입을 의미합니다.

기출문제 따라잡기 '기출' 시트에서 실습하세요.

대출금액, 대출기간, 이율을 이용하여 월상환액을 양수로 계산하여 표시하시오.

▶ 대출기간에 따른 이율은 [표1]을 이용하여 계산
▶ 이율과 대출기간은 연 단위임
▶ PMT와 HLOOKUP 함수 사용

성명	직업	대출기간	대출금액	월상환액
고광섭	자영업	3	₩5,000,000	₩150,980
권창영	회사원	2	₩7,000,000	₩310,244
김동진	공무원	2	₩5,500,000	₩243,763
김병준	의사	4	₩2,000,000	₩46,059
김영희	자영업	1	₩2,000,000	₩431,482
김은조	의사	2	₩10,000,000	₩443,206
마동탁	자영업	1	₩2,000,000	₩172,593

[표1]
대출기간	1	2	3	4	5
이율	6.5%	6.0%	5.5%	5.0%	4.5%

정답 [F3] : =PMT(HLOOKUP(D3,$C$12:$G$13,2)/12,D3*12,-E3)

수식의 이해

중첩 함수가 사용된 수식을 만들 때는 최종적으로 값을 반환하는, 즉 바깥쪽에 사용할 함수부터 찾아서 수식을 세우고, 수식을 이해할 때는 우선순위에 따라 안쪽에서부터 바깥쪽 방향으로 하나씩 상수로 변환하면서 이해하면 쉽습니다.

=PMT(HLOOKUP(D3,$C$12:$G$13,2)/12,D3*12,-E3)
　　　　　　❶

- ❶ HLOOKUP(D3,$C$12:$G$13,2)
  - ㉠ : [C12:G13] 영역의 첫 번째 행에서 [D3] 셀의 값, 즉 3을 넘지 않는 가장 근접한 값을 찾습니다.
  - ㉡ : 찾은 값 3이 있는 3열에서 행 번호로 지정된 두 번째 행의 값 5.5%를 반환합니다.
  - 5.5%를 ❶에 대입하면 다음과 같습니다.

대출기간	1	2	3	4	5
이율	6.5%	6.0%	5.5%	5.0%	4.5%

- =PMT(5.5%/12, D3*12, -E3)
  - 5.5%/12 : 이율이 연이율이므로 12로 나눠 월이율로 맞춥니다.
  - D3*12 : 대출기간이 년 단위이므로 12를 곱해 월로 맞춥니다.
  - -E3 : 대출금은 현재 받은 돈이므로 현재 가치이고, 결과값이 양수로 나오도록 음수로 입력하면 '-E3'입니다.

063 현재가치 구하기 — PV

PV 함수는 투자액에 대한 현재가치를 계산합니다. 예를 들어, 현재 100원의 가치는 일 년 뒤의 100원의 가치보다 큽니다. 왜냐하면 1년 이율이 6%라면 1년 뒤의 100원의 가치는 이율 6%만큼 줄어들기 때문입니다. 즉, 이율이 6%이면 현재의 100원은 1년 뒤의 106과 같은 가치를 가집니다. PV는 1년 뒤에 받을 돈 100원이 현재가치로 얼마인지를 계산하는 함수입니다.

형식 PV(이자, 기간, 금액, 미래가치, 납입시점) : 현재가치를 구합니다. 앞으로 회수 또는 지불할 금액의 현재가치의 총합이라고 할 수 있습니다.

- **이자** : 기간 동안의 이율(기간 동안 일정)
- **금액** : 정기적으로 일정하게 납입하는 금액
- **납입시점** : 0 또는 생략하면 '기말', 1 이면 '기초'
- **기간** : 납입 횟수(기간)
- **미래가치** : 최종 지불 후의 현금잔고, 미래가치를 생략하면 0으로 간주한다.

준비하세요! : 'C:\길벗컴활1급\04 부록' 폴더의 'PV.xlsm' 파일을 열어 '기본' 시트에서 실습하세요.

	A	B	C	D	E
1		\multicolumn{4}{c}{할부금액 계산}			
2		이율	기간(년)	매월 납부액	현재가치
3		6%	3	-100,000	₩3,287,102

❶ =PV(B3/12,C3*12,D3) : [B3] 셀은 연이율이므로 12로 나눠 월이율로 맞춰주고, [C3] 셀은 기간이 '년' 단위이므로 12를 곱해 월로 맞춥니다. [D3] 셀은 매월 불입할 금액이며, 지출이기 때문에 -(음수)입니다. 납입 시점이 생략되었으므로 월말 납입을 의미합니다.

※ 36개월 동안 매월 100,000원씩 불입한 금액의 합계인 3,600,000원은, 연이율 6%일 때 현재가치로 3,287,102원 입니다.

기출문제 따라잡기 '기출' 시트에서 실습하세요.

[표1]의 연이율, 기간(년), 월납입액을 이용하여 현재가치를 계산하시오.

▶ 현재가치가 20,000,000 이상이면 "한도초과", 그렇지 않으면 현재가치를 표시
▶ IF, PV 함수 사용

	A	B	C	D	E	F
1						
2		[표1]				
3		연이율	3%	4%	5%	6%
4		기간(년)	2	2	2	2
5		월납입액	-₩ 600,000	-₩ 800,000	-₩ 900,000	-₩ 1,000,000
6		현재가치	₩ 13,959,588	₩ 18,422,601	한도초과	한도초과

정답 [C6] : =IF(PV(C3/12,C4*12,C5))=20000000,"한도초과",PV(C3/12,C4*12,C5))

수식의 이해

중첩 함수가 사용된 수식을 만들 때는 최종적으로 값을 반환하는, 즉 바깥쪽에 사용할 함수부터 찾아서 수식을 세우고, 수식을 이해할 때는 우선순위에 따라 안쪽에서부터 바깥쪽 방향으로 하나씩 상수로 변환하면서 이해하면 쉽습니다.

=IF(<u>PV(C3/12,C4 * 12,C5)</u>)=20000000,"한도초과",<u>PV(C3/12,C4 * 12,C5)</u>)
      ❶   ❶

❶ PV(C3/12,C4 * 12,C5)
- **C3/12** : 이율이 연이율이므로 12로 나눠 월이율로 맞춥니다.
- **C4*12** : 기간(년)이 년 단위이므로 12를 곱해 월로 맞춥니다.
- **C5** : 매월불입할 금액으로 [C5] 셀의 값 -600,000을 지정합니다.
  ∴ PV(0.25%,0.1667,-600000)의 결과 값은 13,959,588입니다. 13,959,588를 ❶에 대입하면 다음과 같습니다.
- =IF(13959588)=20000000,"한도초과",13959588)
         ❷   ❸   ❹
- ❷의 조건이 참(TRUE)이면 ❸을, 거짓(FALSE)이면 ❹를 입력하는데, ❷의 조건이 거짓이므로 ❹를 수행하여 [C6] 셀에 13,959,588을 입력합니다.

064 정액법에 따라 감가상각액 계산하기 — SLN

SLN 함수는 시간이 흐르면서 감소되는 고정자산의 가치, 즉 감가상각액을 정액법으로 계산합니다. 정액법은 취득액에서 잔존가치를 뺀 감가총액을 수명년수로 균등하게 나누는 방법입니다((취득액−잔존가치)/수명년수).

형식 SLN(취득액, 잔존가치, 수명년수) : 정액법을 사용하여 특정 기간동안의 자산의 감가상각액을 계산합니다.

- **취득액** : 자산을 구입한 금액
- **수명년수** : 자산의 수명 년수
- **잔존가치** : 수명이 끝나는 시점의 자산 가치

준비하세요! : 'C:\길벗컴활1급\04 부록' 폴더의 'SLN.xlsm' 파일을 열어 '기본' 시트에서 실습하세요.

	A	B	C	D	E
1	정액법에 따라 감가 상각액 계산하기				
2	전자제품	구입액	잔존가치	수명년수	감가상각액
3	냉장고	2,000,000	100,000	10	₩190,000
4	TV	1,500,000	150,000	10	₩135,000
5	세탁기	1,300,000	100,000	10	₩120,000
6	전자레인지	300,000	50,000	10	₩25,000
7	김치냉장고	1,800,000	100,000	10	₩170,000

❶ =SLN(B3,C3,D3) : 구입한 금액이 2,000,000이고, 잔존가치가 100,000이고, 수명년수가 10인 냉장고의 감가상각액인 190,000이 [E3] 셀에 입력됩니다.

065 빈 셀 판별하기 — ISBLANK

ISBLANK 함수는 빈 셀을 판별하는 함수입니다. 함수가 빈 셀을 참조하면 TRUE를, 그렇지 않으면 FALSE를 반환합니다.

형식 ISBLANK(인수) : 인수가 빈 셀이면 'TRUE'를, 그렇지 않으면 'FALSE'를 반환합니다.

준비하세요! 'C:\길벗컴활1급\04 부록' 폴더의 'ISBLANK.xlsm' 파일을 열어 '기본' 시트에서 실습하세요.

	A	B	C
1		빈셀 찾기	
2		자료	빈셀 여부
3		길벗 출판사	FALSE ❶
4			FALSE ❷
5			TRUE ❸
6		시나공	FALSE
7		19	FALSE ❹

❶ =ISBLANK(B3) : [B3] 셀이 비어 있지 않으므로 [C3] 셀에 FALSE가 입력됩니다.

❷ =ISBLANK(B4) : 아무것도 입력되어 있지 않은데 결과가 'FALSE'인 것으로 보아 [B4] 셀에는 공백(빈 칸)이 입력되어 있다고 봐야 합니다.

❸ =ISBLANK(B5) : [B5] 셀이 비어 있으므로 [C5] 셀에 TRUE가 입력됩니다.

❹ =ISBLANK(B7) : [B7] 셀이 비어 있지 않으므로 [C7] 셀에 FALSE가 입력됩니다.

기출문제 따라잡기 '기출' 시트에서 실습하세요.

3월, 4월, 5월, 6월의 평균이 70 이상이고, 결석이 공백인 경우에는 "통과", 나머지는 "재수강"으로 계산하시오.

정답 [J3] : =IF(AND(AVERAGE(D3:G3)>=70, ISBLANK(I3)), "통과", "재수강")

	A	B	C	D	E	F	G	H	I	J
1		시험 통과 여부								
2		과정명	수강생코드	3월	4월	5월	6월	합계	결석	통과여부
3		6A-01	D03-03-12	88	92	90	88	358		통과
4		6C-03	D03-04-09	72	68	88	75	303	3	재수강
5		6B-02	D03-03-12	84	68	88	94	334	2	재수강
6		6C-03	D03-04-10	90	36	53	66	245		재수강
7		6C-03	D03-04-11	80	86	88	85	339	4	재수강

수식의 이해

=IF(AND(AVERAGE(D3:G3)>=70, ISBLANK(I3)), "통과", "재수강")
　　　　❶　　　　　　　　　❷　　　❸

조건(❶)이 참(TRUE)이면 ❷를, 거짓(FALSE)이면 ❸을 표시합니다.

• ❶ AND(AVERAGE(D3:G3)>=70, ISBLANK(I3)) : [D3:G3] 영역의 평균(89.5)이 70점 이상이므로 참(TRUE)이고, [I3] 셀이 비어 있으므로 참(TRUE)이 되어 최종적으로 참(TRUE)을 반환합니다.

• ❶번의 조건이 참을 반환하므로 ❷번을 수행하여 [J3] 셀에 "통과"를 입력합니다.

전문가의 조언

• AVERAGE 함수는 평균을 구하는 함수입니다. 자세한 설명은 98쪽을 참고하세요.
• AND 함수는 인수가 모두 참이면 참(TRUE)을 반환하는 함수입니다. 자세한 설명은 24쪽을 참고하세요.
• IF 함수는 조건에 따라 여러 가지의 서로 다른 처리를 하는 함수입니다. 자세한 설명은 23쪽을 참고하세요.

정보 함수

066 오류가 있는 셀 판별하기 — ISERROR

16.3, 11.1, 08.4

ISERROR 함수는 오류 여부를 판별하는 함수입니다. 함수가 오류가 있는 셀을 참조하면 TRUE를, 그렇지 않으면 FALSE를 반환합니다.

형식 ISERROR(인수) : 오류값을 참조하면 'TRUE'를 반환합니다.

준비하세요! : 'C:\길벗컴활1급\04 부록' 폴더의 'ISERROR.xlsm' 파일을 열어 '기본' 시트에서 실습하세요. .

❶ =ISERROR(B3) : [B3] 셀에서 '#DIV/0!' 에러가 발생하였으므로 [C3] 셀에 TRUE가 입력됩니다.

❷ =ISERROR(B8) : [B8] 셀의 값이 25이므로 [C8] 셀에 FALSE가 입력됩니다.

❸ =ISERROR(B9) : [B9] 셀에서 '#NUM!' 에러가 발생하였으므로 [C9] 셀에 TRUE가 입력됩니다.

기출문제 따라잡기 '기출' 시트에서 실습하세요.

게임번호[B3:B10]와 매출액[E3:E10]을 이용하여 이익금[F3:F10]을 구하시오.

▶ 게임번호가 문자인 경우 : 이익금 = 매출액 × 3%,
　게임번호가 숫자인 경우 : 이익금 = 매출액 × 10%

정답 [F3] : =IF(ISERROR(VALUE(B3)), E3*3%, E3*10%)

	B	C	D	E	F
1					
2	게임번호	게임명	수량	매출액	이익금
3	1	당구	124	1,860,000	186,000
4	불량	반지의 왕자	142	1,065,000	31,950
5	18	반지의 왕자	235	1,762,500	176,250
6	10	스타나라	88	968,000	96,800
7	불량	스타나라	117	1,287,000	38,610
8	19	카드게임	115	1,495,000	149,500
9	분실	크래지	126	1,171,800	35,154
10	3	당구	269	4,035,000	403,500

수식의 이해

=IF(ISERROR(VALUE(B3)), E3*3%, E3*10%)
　　　　❶　　　　　　　❷　　　❸

조건(❶)이 참(TRUE)이면 ❷를, 거짓(FALSE)이면 ❸을 표시합니다.

• ❶ ISERROR(VALUE(B3)) : [B3] 셀의 데이터를 숫자로 변경하였을 경우 에러가 발생하면 참(TRUE)을 반환합니다.
• ❶번의 조건이 거짓이므로 ❸번을 수행하여 [J3] 셀에 E3*10%의 값을 입력합니다.

 전문가의 조언

• IF 함수는 조건에 따라 여러 가지의 서로 다른 처리를 하는 함수입니다. 자세한 설명은 23쪽을 참고하세요.
• VALUE 함수는 문자열을 숫자로 변환하는 함수입니다. 자세한 설명은 92쪽을 참고하세요.

067 셀의 정보 알아내기 — CELL

CELL 함수는 셀에 대한 주소, 행, 열, 파일 이름 등의 정보를 반환하는 함수입니다. 인수로 셀 범위를 지정하면 범위 중 첫 번째에 있는 셀에 대한 정보가 반환됩니다.

형식 CELL(유형, 셀) : '셀'에 대한 주소, 행, 열, 파일 이름 등의 정보를 반환합니다.

준비하세요! : 'C:\길벗컴활급\04 부록' 폴더의 'CELL.xlsm' 파일을 열어 '기본' 시트에서 실습하세요.

	A	B	C	D
1		셀의 정보 알아내기		
2		내용	정보 타입	결과
3		길벗 출판사	address	$B$3	❶
4		길벗 출판사	col	2
5		(389)	color	1	❷
6		길벗 출판사	contents	길벗 출판사
7		길벗 출판사	filename	C:\길벗컴활1급\04 부록\[CELL(완성).xlsm]기본
8		9,580	width	13	❸

❶ =CELL(C3,B3) : [B3] 셀의 주소를 절대주소로 표시한 '$B$3'이 [D3] 셀에 입력됩니다.

❷ =CELL(C5,B5) : [B5] 셀의 '(389)'가 음수인데 '－' 기호가 아닌 빨간색과 괄호( )로 음수를 표시했으므로 [D5] 셀에 1이 입력됩니다.

❸ =CELL(C8,B8) : [B8] 셀의 열 너비를 정수로 반올림한 13이 [D8] 셀에 입력됩니다.

CELL 함수의 정보 유형

• **address** : 절대 주소 표시
• **col** : 셀의 열 번호를 숫자 표시
• **color** : 셀의 값이 '－' 기호 대신 빨간색 등으로 음수 여부를 표시할 경우에는 1, 그 외는 0을 표시
• **contents** : 셀의 내용 표시
• **filename** : 현재 작업 대상 셀이 들어 있는 파일의 이름 표시
• **format** : 숫자 서식에 적용된 서식을 텍스트로 표시
• **parentheses** : 셀의 숫자값에 괄호 서식이 적용된 경우에는 1, 그렇지 않은 경우에는 0을 표시
• **prefix** : 셀이 왼쪽 맞춤이면 작은따옴표('), 오른쪽 맞춤이면 큰따옴표("), 가운데 맞춤이면 캐럿(^) 등을 표시
• **protect** : 셀이 잠겨 있으면 1, 그렇지 않으면 0을 표시
• **row** : 셀의 행 번호 표시
• **type** : 셀이 비어 있으면 "b", 텍스트 상수를 포함하면 "l", 그 밖의 경우는 "v" 표시
• **width** : 열의 너비를 정수로 반올림하여 표시

068 오류가 있는 셀 판별하기(#N/A 제외) — ISERR

ISERR 함수는 셀의 오류 여부를 판별하는 함수인데 '#N/A' 오류는 오류로 판별하지 않습니다. 오류가 있는 셀을 참조하면 TRUE를, 그렇지 않으면 FALSE를 반환합니다. ISERROR 함수와 다른 점은 "#N/A"를 오류로 판별하지 않는다는 것입니다.

형식 ISERR(인수) : 인수로 주어진 셀이 오류값을 가지고 있으면 TRUE를 반환합니다.

준비하세요! : 'C:\길벗컴활급\04 부록' 폴더의 'ISERR.xlsm' 파일을 열어 '기본' 시트에서 실습하세요.

	A	B	C
1		#N/A를 제외한 오류가 있는 셀 찾기	
2		자료	오류판별
3		#N/A	FALSE	❶
4		#NAME?	TRUE
5		#DIV/0!	TRUE	❷
6		#NULL!	TRUE
7		25	FALSE	❸
8		#NUM!	TRUE
9		오류냐?	FALSE

❶ =ISERR(B3) : [B3] 셀에는 오류값 '#N/A'가 입력되어 있지만 '#N/A'는 오류로 인식하지 않으므로 [C3] 셀에 FALSE가 입력됩니다.

❷ =ISERR(B5) : [B5] 셀에 오류값 '#DIV/0!'이 입력되어 있으므로 [C5] 셀에 TRUE가 입력됩니다.

❸ =ISERR(B7) : [B7] 셀의 값 25는 오류가 아니므로 [C7] 셀에 FALSE가 입력됩니다.

069 짝수가 있는 셀 판별하기 — ISEVEN

ISEVEN 함수는 짝수가 입력되어 있는 셀에 대해 TRUE를 반환하는 함수입니다. 함수가 짝수가 있는 셀을 참조하면 TRUE를, 그렇지 않으면 FALSE를 반환합니다.

형식 ISEVEN(인수) : 인수가 짝수이면 TRUE를 반환합니다.

준비하세요! : 'C:\길벗컴활1급\04 부록' 폴더의 'ISEVEN.xlsm' 파일을 열어 '기본' 시트에서 실습하세요.

A	B	C
1	짝수가 있는 셀 찾기	
2	자료	짝수판별
3	250	TRUE ❶
4	5	FALSE ❷
5	45200	TRUE
6	2020-05-09	TRUE ❸
7	0.499965278	TRUE
8	1596	TRUE
9	짝수	#VALUE!

❶ =ISEVEN(B3) : [B3] 셀의 250은 짝수이므로 [C3] 셀에 TRUE가 입력됩니다.

❷ =ISEVEN(B4) : [B4] 셀의 5는 홀수이므로 [C4] 셀에 FALSE가 입력됩니다.

❸ =ISEVEN(B6) : [B6] 셀의 값 '2020-05-09'에 대한 날짜 일련번호 43,960이 짝수이므로 [C6] 셀에 TRUE가 입력됩니다.

070 홀수가 있는 셀 판별하기 — ISODD

ISODD 함수는 홀수가 입력되어 있는 셀에 대해 TRUE를 반환하는 함수입니다. 함수가 홀수가 있는 셀을 참조하면 TRUE를, 그렇지 않으면 FALSE를 반환합니다.

형식 ISODD(인수) : 인수가 홀수이면 TRUE를 반환합니다.

준비하세요! : 'C:\길벗컴활1급\04 부록' 폴더의 'ISODD.xlsm' 파일을 열어 '기본' 시트에서 실습하세요.

A	B	C
1	홀수가 있는 셀 찾기	
2	자료	홀수판별
3	250	FALSE ❶
4	5	TRUE ❷
5	45200	FALSE
6	2020-05-09	FALSE ❸
7	11:59:57	FALSE
8	1597	TRUE
9	홀수	#VALUE!

❶ =ISODD(B3) : [B3] 셀의 250은 짝수이므로 [C3] 셀에 FALSE가 입력됩니다.

❷ =ISODD(B4) : [B4] 셀의 5는 홀수이므로 [C4] 셀에 TRUE가 입력됩니다.

❸ =ISODD(B6) : [B6] 셀의 값 '2020-05-09'에 대한 날짜 일련번호 43,960이 짝수이므로 [C6] 셀에 FALSE가 입력됩니다.

071 숫자가 있는 셀 판별하기 — ISNUMBER

ISNUMBER 함수는 숫자가 입력되어 있는 셀에 대해 TRUE를 반환하는 함수입니다. 함수가 숫자가 있는 셀을 참조하면 TRUE를, 그렇지 않으면 FALSE를 반환합니다.

형식 ISNUMBER(인수) : 인수가 숫자이면 TRUE를 반환합니다.

준비하세요! : 'C:\길벗컴활1급\04 부록' 폴더의 'ISNUMBER.xlsm' 파일을 열어 '기본' 시트에서 실습하세요.

	A	B	C
1		숫자가 있는 셀 찾기	
2		자료	숫자 판별
3		5	TRUE	❶
4		429	FALSE	❷
5		0	TRUE
6		김치	FALSE
7		숫자	FALSE	❸
8		9999999	TRUE
9		-5	TRUE

❶ =ISNUMBER(B3) : [B3] 셀의 5는 숫자이므로 [C3] 셀에 TRUE가 입력됩니다.

❷ =ISNUMBER(B4) : [B4] 셀의 "429"는 숫자로된 문자이므로 [C4] 셀에 FALSE가 입력됩니다.

❸ =ISNUMBER(B7) : [B7] 셀의 "숫자"는 문자이므로 [C7] 셀에 FALSE가 입력됩니다.

기출문제 따라잡기   '기출' 시트에서 실습하세요.

[표1]의 할부기간, 이용금액을 이용하여 [E3:E8] 영역에 할부금액을 계산하여 표시하시오.

▶ 할부금액 = 이용금액 / 할부기간
▶ 할부금액은 할부기간이 숫자가 아니면 0으로 표시
▶ [표시 예 : 25,490 → 25,500]
▶ ISNUMBER, IF, ROUND 함수 사용

	A	B	C	D	E
1	[표1] 지출 내역				
2	이용일자	이용금액	결제방법	할부기간	할부금액
3	2023-04-24	43,500	할부	2	21,800
4	2023-03-03	35,200	할부	3	11,700
5	2023-02-27	157,350	일시불		-
6	2023-02-12	253,000	할부	12	21,100
7	2023-02-03	79,500	현금		-
8	2023-04-25	2,130	일시불		-

정답 [E3] : =IF(ISNUMBER(D3),ROUND(B3/D3,-2),0)

수식의 이해

중첩 함수가 사용된 수식을 만들 때는 최종적으로 값을 반환하는, 즉 가장 바깥쪽에 사용할 함수부터 찾아서 수식을 세우고, 수식을 이해할 때는 우선순위에 따라 안쪽에서부터 바깥쪽 방향으로 하나씩 상수로 변환하면서 이해하면 쉽습니다.

=IF(ISNUMBER(D3), ROUND(B3/D3,-2), 0)
       ❶   ❷   ❸

조건(❶)이 참(TRUE)이면 ❷를, 거짓(FALSE)이면 ❸을 표시합니다.

• ❶ ISNUMBER(D3) : [D3] 셀의 값 2가 숫자이므로 참(TRUE)을 반환합니다.
• ❷ ROUND(B3/D3,-2) : [B3] 셀의 값 43,500을 [D3] 셀의 값 2로 나눈 값인 21,750원을 십의 자리에서 반올림하여 백의 자리까지 표시한 21,800을 반환합니다.
• ❶의 조건이 참이므로 ❷번을 수행하여 21,800이 [E3] 셀에 입력됩니다.

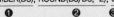
전문가의 조언

• IF 함수는 조건에 따라 서로 다른 여러 가지의 처리를 하는 함수입니다. 자세한 설명은 23쪽을 참고하세요.
• ROUND 함수는 인수에 대하여 지정된 자릿수로 반올림하는 함수입니다. 자세한 설명은 37쪽을 참고하세요.

072 텍스트가 있는 셀 판별하기 — ISTEXT

ISTEXT 함수는 문자가 입력되어 있는 셀에 대해 TRUE를 반환하는 함수입니다. 함수가 문자가 있는 셀을 참조하면 TRUE를, 그렇지 않으면 FALSE를 반환합니다.

형식 ISTEXT(인수) : 인수가 문자이면 TRUE를 반환합니다.

준비하세요! : 'C:\길벗컴활1급\04 부록' 폴더의 'ISTEXT.xlsm' 파일을 열어 '기본' 시트에서 실습하세요.

	A	B	C
1		텍스트가 있는 셀 찾기	
2		자료	텍스트 판별
3		5	FALSE ❶
4		429	TRUE ❷
5		0	FALSE
6		김치	TRUE
7		숫자	TRUE ❸
8		9999999	FALSE
9		-5	FALSE

❶ =ISTEXT(B3) : [B3] 셀의 5는 숫자이므로 [C3] 셀에 FALSE가 입력됩니다.

❷ =ISTEXT(B4) : [B4] 셀의 "429"는 숫자로된 문자이므로 [C4] 셀에 TRUE가 입력됩니다.

❸ =ISTEXT(B7) : [B7] 셀의 "숫자"는 문자이므로 [C7] 셀에 TRUE가 입력됩니다.

073 텍스트가 아닌 셀 판별하기 — ISNONTEXT

ISNONTEXT 함수는 문자가 입력되어 있지 않은 셀에 대해 TRUE를 반환하는 함수입니다. 함수가 문자가 입력되어 있지 않은 셀을 참조하면 TRUE를, 그렇지 않으면 FALSE를 반환합니다. 빈 셀을 참조하는 경우에도 TRUE를 반환합니다.

형식 ISNONTEXT(인수) : 인수가 문자가 아니면 TRUE를 반환합니다.

준비하세요! : 'C:\길벗컴활1급\04 부록' 폴더의 'ISNONTEXT.xlsm' 파일을 열어 '기본' 시트에서 실습하세요.

	A	B	C
1		텍스트가 아닌 셀 찾기	
2		자료	텍스트 판별
3		429	FALSE ❶
4		2023-08-05	TRUE ❷
5		0	TRUE
6		김치	FALSE
7		숫자	FALSE
8		#DIV/0!	TRUE
9			TRUE ❸

❶ =ISNONTEXT(B3) : [B3] 셀의 "429"는 숫자로된 문자이므로 [C3] 셀에 FALSE가 입력됩니다.

❷ =ISNONTEXT(B4) : [B4] 셀의 "2023-08-05"는 날짜 데이터이므로 [C4] 셀에 TRUE가 입력됩니다. 날짜 데이터는 숫자입니다.

❸ =ISNONTEXT(B9) : [B9] 셀에는 아무것도 입력되지 않았으므로 [C9] 셀에 TRUE가 입력됩니다.

074 논리값이 있는 셀 판별하기 — ISLOGICAL

ISLOGICAL 함수는 논리값이 입력되어 있는 셀에 대해 TRUE를 반환하는 함수입니다. 함수가 논리값이 있는 셀을 참조하면 TRUE를, 그렇지 않으면 FALSE를 반환합니다.

형식 ISLOGICAL(인수) : 인수가 논리값이면 TRUE를 반환합니다.

준비하세요! : 'C:\길벗컴활1급\04 부록' 폴더의 'ISLOGICAL.xlsm' 파일을 열어 '기본' 시트에서 실습하세요.

	A	B	C
1		논리값이 있는 셀 찾기	
2		자료	논리값 판별
3		TRUE	TRUE	❶
4		5	FALSE
5		2023-09-05	FALSE
6		#VALUE!	FALSE	❷
7		문자	FALSE
8		FALSE	TRUE	❸

❶ =ISLOGICAL(B3) : [B3] 셀의 TRUE는 논리값이므로 [C3] 셀에 TRUE가 입력됩니다.

❷ =ISLOGICAL(B6) : [B6] 셀의 '#VALUE!'는 오류값이므로 [C6] 셀에 FALSE가 입력됩니다.

❸ =ISLOGICAL(B8) : [B8] 셀의 FALSE는 논리값이므로 [C8] 셀에 TRUE가 입력됩니다.

075 데이터를 숫자로 바꾸기 — N

N 함수는 논리값, 날짜/시간 데이터 등을 숫자로 변환하는 함수입니다. 인수가 숫자면 해당 숫자를 그대로 표시하고, 텍스트면 0, 날짜면 날짜 일련번호, TRUE이면 1, FALSE이면 0으로 변환합니다.

형식 N(인수) : 인수에 대한 숫자값을 반환합니다.

준비하세요! : 'C:\길벗컴활1급\04 부록' 폴더의 'N.xlsm' 파일을 열어 '기본' 시트에서 실습하세요.

	A	B	C
1		숫자로 바꾸기	
2		자료	변환
3		7	7	❶
4		짝수	0	❷
5		TRUE	1
6		2023-09-05	45174	❸
7		#VALUE!	#VALUE!
8		FALSE	0

❶ =N(B3) : [B3] 셀의 7은 숫자이므로 [C3] 셀에 7이 그대로 입력됩니다.

❷ =N(B4) : [B4] 셀의 "짝수"는 텍스트이므로 [C4] 셀에 0이 입력됩니다.

❸ =N(B6) : [B6] 셀의 "2023-09-05"는 날짜 데이터이므로 [C6] 셀에 날짜 일련번호 45174가 입력됩니다.

076 데이터 형식을 숫자로 표시하기 — TYPE

TYPE 함수는 데이터 형식에 대한 숫자값을 반환하는 함수입니다. 셀에 입력되어 있는 데이터가 숫자면 1, 텍스트면 2, 논리값이면 4, 오류값이면 16, 배열이면 64를 반환합니다.

형식 TYPE(인수) : 인수의 데이터 형식에 대한 숫자값을 반환합니다.

준비하세요! : 'C:\길벗컴활1급\04 부록' 폴더의 'TYPE.xlsm' 파일을 열어 '기본' 시트에서 실습하세요.

	A	B	C
1		데이터 형식 숫자로 표시하기	
2		자료	결과
3		599	1
4		시나공	2
5		TRUE	4
6		2023-09-05	1
7		#VALUE!	16
8		11:59:23	1

❶ =TYPE(B3) : [B3] 셀의 599는 숫자이므로 [C3] 셀에 1이 입력됩니다.

❷ =TYPE(B6) : [B6] 셀의 '2023-09-05'는 날짜 데이터이므로 [C6] 셀에 1이 입력됩니다.

❸ =TYPE(B7) : [B7] 셀의 '#VALUE!'는 오류값이므로 [C7] 셀에 16이 입력됩니다.

077 직위별 상여금 계산하기 — VLOOKUP

VLOOKUP 함수는 범위로 정한 영역의 맨 왼쪽 열에서 특정 기준값으로 자료를 찾고, 그 자료가 속한 행 중에서 필요한 값이 있는 열의 위치를 지정하여 값을 반환하는 함수입니다. 만약 범위로 정한 영역의 첫 번째 행에서 기준값을 찾고자 할 경우에는 HLOOKUP 함수를 이용하세요.

형식 VLOOKUP(찾을값, 범위, 열 번호, 옵션) : 범위의 첫 번째 열에서 찾을값과 같은 값을 찾은 후 찾고 값이 있는 행에서 지정된 열 번호 위치에 있는 데이터를 반환합니다.

준비하세요! : 'C:\길벗컴활1급\04 부록' 폴더의 'VLOOKUP.xlsm' 파일을 열어 '기본' 시트에서 실습하세요.

	A	B	C	D
1		상여금 지급		
2		이름	직위	상여금
3		김신락	과장	650,000
4		홍길동	부장	700,000
5		김천만	과장	650,000
6		신선해	대리	600,000
7		막막해	사원	500,000
8				
9		직위별 지급 기준		
10		직위	상여금	초과수당
11		사원	500,000	3,500
12		대리	600,000	4,500
13		과장	650,000	5,500
14		부장	700,000	6,000

❶ =VLOOKUP(C3,$B$11:$D$14,2,FALSE) : [B11:D14] 영역의 맨 왼쪽 열에서 [C3] 셀의 값, 즉 "과장"과 정확히 일치하는 값을 찾습니다. 찾은 값 "과장"이 있는 세 번째 행에서 열 번호로 지정된 두 번째 열의 값(상여금) 650,000이 [D3] 셀에 입력됩니다. "과장"과 정확히 일치하는 값을 찾는 이유는 옵션에 논리값 'FALSE'가 지정되었기 때문입니다.

기출문제 따라잡기   '기출' 시트에서 실습하세요.

[B3:C7] 영역을 참조하여 대출액별 고객 등급을 계산하세요.

정답 [C10] : =VLOOKUP(D10, $B$4:$C$7, 2)

전문가의 조언

옵션에 지정할 논리값
- **TRUE 또는 생략** : 근사값을 찾습니다. 즉 정확하게 일치하는 값이 없으면 찾을값보다 작은 값 중에서 근사값을 찾습니다.
- **FALSE** : 정확하게 일치하는 값을 찾으며 정확히 일치하는 값이 없으면 '#N/A' 오류값이 반환됩니다.

	A	B	C	D	E
1					
2		대출액별 등급표			
3		대출액	등급		
4		0	일반		
5		5,000	우수		
6		10,000	최우수		
7		15,000	VIP		
8					
9		대출번호	고객등급	대출액	기간
10		C04-08	우수	5,800	18
11		S01-23	VIP	15,500	30
12		K02-26	일반	2,600	12
13		S01-27	우수	8,200	30
14		P03-37	최우수	11,500	36

수식의 이해

=VLOOKUP(D10, B4:C7, 2)

❶ [B4:C7] 영역의 첫 번째 열에서 [D10] 셀의 값, 즉 5,800을 넘지 않는 가장 근접한 값을 찾습니다.

❷ 찾은 값 5,000이 있는 두 번째 행에서 열 번호로 지정된 두 번째 열의 값 "우수"가 [C10] 셀에 입력됩니다.

※ 5,800을 넘지 않는 가장 근접한 값을 찾는 것은 옵션에 지정된 논리값이 생략되었기 때문입니다. 생략하거나 'TURE'인 경우에는 찾을값보다 크지 않으면서 가장 근접한 값을 찾습니다.

	A	B	C	D	E
1					
2		대출액별 등급표			
3		대출액	등급		
4		0	일반		
5		5,000	우수		
6		10,000	최우수		
7		15,000	VIP		

078 직급별, 호봉별 급여 기준액 계산하기 — INDEX

INDEX 함수는 셀 범위나 데이터 배열에서 행 번호와 열 번호가 교차하는 곳에 있는 값을 반환하는 함수입니다. 행 번호와 열 번호가 셀 범위를 벗어나면 '#REF!' 오류값이 반환됩니다.

형식 INDEX(범위, 행 번호, 열 번호) : 지정된 범위에서 행 번호와 열 번호에 위치한 데이터를 입력합니다.

준비하세요! : 'C:\길벗컴활1급\04 부록' 폴더의 'INDEX.xlsm' 파일을 열어 '기본' 시트에서 실습하세요.

INDEX 함수를 이용하여 직급별, 호봉별로 급여를 찾아 급여지급표를 완성해 보겠습니다.

	급여 지급		
성명	직급	호봉	급여
김신락	2	2	620,000
홍길동	3	3	750,000
김천만	4	3	850,000
신선해	1	3	550,000
막막해	5	2	920,000

	급여 기준표		
구분	1호봉	2호봉	3호봉
1급	500,000	520,000	550,000
2급	600,000	620,000	650,000
3급	700,000	720,000	750,000
4급	800,000	820,000	850,000
5급	900,000	920,000	950,000

❶ =INDEX($C$11:$E$15,C3,D3) : [C3] 셀의 값 2를 행 번호로 지정하고, [D3] 셀의 값 2를 열 번호로 지정하였으므로, [C11:E15] 영역에서 2행 2열의 값 620,000를 찾아 [E3] 셀에 입력합니다.

❷ =INDEX($C$11:$E$15,C7,D7) : [C7] 셀의 값 5를 행 번호로 지정하고, [D7] 셀의 값 2를 열 번호로 지정하였으므로, [C11:E15] 영역에서 5행 2열의 값 920,000를 찾아 [E7] 셀에 입력합니다.

기출문제 따라잡기　'기출' 시트에서 실습하세요.

매장번호에 따른 매장구분을 찾아서 표시하세요.

▶ '매장번호'를 참조하여 '구분코드'를 찾고, '구분코드'를 참조하여 '매장구분'을 찾음

정답 [C3] :
=INDEX($E$11:$F$14, VLOOKUP(B3, $B$11:$C$14, 2, FALSE), 2)

	매장번호	매장구분		매장명	
	302025	대리점		갤러리아	
	103801	마트직영점		갤러리아	
	302025	대리점		롯데잠실	
	101004	백화점		롯데잠실	
	302008	쇼핑몰		명동 신세계	

[참조1]			[참조2]		
매장번호	구분코드		구분코드	매장구분	
101004	1		1	백화점	
103801	2		2	마트직영점	
302008	3		3	쇼핑몰	
302025	4		4	대리점	

수식의 이해

중첩 함수가 사용된 수식을 만들 때는 최종적으로 값을 반환하는, 즉 가장 바깥쪽에 사용할 함수부터 찾아서 수식을 세우고, 수식을 이해할 때는 우선순위에 따라 안쪽에서부터 바깥쪽 방향으로 하나씩 상수로 변환하면서 이해하면 쉽습니다.

=INDEX(E11:F14, <u>VLOOKUP(B3, B11:C14, 2, FALSE)</u>, 2)
　　　　　　　　　　❶

- ❶ VLOOKUP(B3, B11:C14, 2, FALSE)
  - ⓐ [B11:C14] 영역의 첫 번째 열에서 [B3] 셀의 값 "302025"와 정확히 일치하는 값을 찾습니다.
  - ⓑ 찾은 값 "302025"가 있는 네 번째 행에서 열 번호로 지정된 두 번째 열의 값 4가 반환됩니다.
  - 4를 ❶에 대입하면 다음과 같습니다.
- =INDEX(E11:F14, 4, 2) : [E11:F14] 영역에서 4행 2열에 있는 값 "대리점"을 [C3] 셀에 입력합니다.

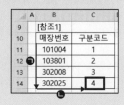

	[참조1]	
	매장번호	구분코드
	101004	1
ⓐ	103801	2
	302008	3
	302025	4

079 자료가 기록된 위치 찾기 ─ MATCH

MATCH 함수는 지정된 범위에서 기준값과 같은 데이터를 찾아 범위 내에서의 상대적인 위치를 반환하는 함수입니다. 항목의 위치 대신 항목의 값이 필요한 경우는 LOOKUP 함수를 사용합니다.

형식 MATCH(찾을값, 범위, 옵션) : 범위에서 찾을값과 같은 데이터를 찾아 옵션을 적용하여 그 위치를 일련번호로 표시합니다.

준비하세요! 'C:\길벗컴활1급\04 부록' 폴더의 'MATCH.xlsm' 파일을 열어 '기본' 시트에서 실습하세요.

MATCH 함수를 이용하여 실험 결과 영역에서 점수가 속해 있는 상대적 위치를 찾아보겠습니다.

	A	B	C
1		실험 결과의 위치 찾기	
2		점수	상대위치
3		59	1 ❶
4		80	4
5			
6		실험 결과	
7		56	
8		60	
9		70	
10		80	
11		90	

❶ =MATCH(B3,$B$7:$B$11,1) : [B7:B11] 영역에서 [B3] 셀의 값 59를 찾는데, 옵션이 1이 므로 59보다 작거나 같은 값 중 가장 근접한 값을 찾습니다. 59보다 작은 값 중 가장 근접한 값 56을 찾아 [B7:B11]에서의 상대적인 위치인 1이 [C3] 셀에 입력됩니다.

기출문제 따라잡기   '기출' 시트에서 실습하세요.

'중간+기말'의 값을 기준으로 [등급표]의 구간종료 영역을 참조하여 점수등급을 계산 하시오.

▶ 표시 예 : 중간+기말이 55이면 '1등급'으로 표시

정답 [F3] : =MATCH(D3+E3, $C$12:$C$14, −1) & "등급"

	A	B	C	D	E	F
1						
2		성명	학과	중간	기말	점수등급
3		김대성	컴퓨터공학과	25	30	1등급
4		지민희	컴퓨터공학과	22	18	3등급
5		형민석	컴퓨터공학과	17	25	2등급
6		이현실	컴퓨터공학과	25	26	1등급
7		김대성	컴퓨터공학과	24	26	2등급
8						
9		등급표				
10		중간+기말			등급	
11		구간시작	구간종료			
12		51	60		1	
13		41	50		2	
14		1	40		3	

수식의 이해

=MATCH(D3+E3, C12:C14, −1) & "등급"
　　　　❶　　　　　　　　　❷

❶ [C12:C14] 영역에서 옵션이 −1이므로 [D3]+[E3]의 값 55보다 크거나 같은 값 중 가장 작은 값을 찾습니다. 60을 찾은 후 60이 있는 위치 1을 반환합니다.

❷ '&'가 문자열 연결 연산자이므로 ❶의 결과 1에 "등급"을 연결한 "1등급"을 [F3] 셀에 입력합니다.

전문가의 조언

· MATCH 함수는 범위에서 일치하는 값이 아니라 일치하는 값의 위치를 반환합니다.
· MATCH는 텍스트의 대 · 소문자를 구분하지 않습니다.

MATCH 함수의 옵션
· −1 : 찾을값보다 크거나 같은 값 중 가장 작은 값을 찾습니다. 범위는 반드시 내림차순으로 정렬되어 있어야 합니다.
· 0 : 찾을값과 첫 번째로 정확하게 일치하는 값을 찾습니다. 범위는 정렬되어 있지 않아도 됩니다.
· 1 : 찾을값보다 작거나 같은 값 중에서 가장 큰 값을 찾습니다. 범위는 반드시 오름차순으로 정렬되어 있어야 합니다.

080 직위별 상여금 계산하기 — HLOOKUP

HLOOKUP 함수는 범위로 정한 영역의 첫 번째 행에서 특정 기준값으로 자료를 찾고, 그 자료가 속한 열 중에서 필요한 값이 있는 행의 위치를 지정하여 값을 반환하는 함수입니다. 만약 범위로 정한 영역의 맨 왼쪽 열에서 기준값을 찾고자 할 경우에는 VLOOKUP 함수를 이용하세요.

형식 HLOOKUP(찾을값, 범위, 행 번호, 옵션) : 범위의 첫 번째 행에서 찾을값과 같은 데이터를 찾은 후 찾을값이 있는 열에서 지정된 행 번호 위치에 있는 데이터를 반환합니다.

준비하세요! : 'C:\길벗컴활1급\04 부록' 폴더의 'HLOOKUP.xlsm' 파일을 열어 '기본' 시트에서 실습하세요.

HLOOKUP 함수를 이용하여 직위별로 상여금을 계산해 보겠습니다.

	A	B	C	D	E
1			상여금 지급		
2		이름	직위	상여금	
3		김신락	사원	500,000	❶
4		홍길동	부장	700,000	
5		김천만	과장	650,000	
6		신선해	대리	600,000	
7		막막해	사원	500,000	
8					
9			직위별 지급 기준		
10	직위	사원	대리	과장	부장
11	상여금	500,000	600,000	650,000	700,000
12	초과수당	3,500	4,500	5,500	6,000

❶ =HLOOKUP(C3,$B$10:$E$12,2,FALSE) : [B10:E12] 영역의 첫 번째 행에서 [C3] 셀의 값, 즉 "사원"과 정확히 일치하는 값을 찾습니다. 찾은값 "사원"이 있는 첫 번째 열에서 행 번호로 지정된 두 번째 행의 값 500,000이 [D3] 셀에 입력됩니다. "사원"과 정확히 일치하는 값을 찾는 이유는 옵션에 논리값 'FALSE'가 지정되었기 때문입니다.

기출문제 따라잡기   '기출' 시트에서 실습하세요.

[B3:F4] 영역을 참조하여 사원별 수당을 계산하세요.

▶ 수당은 '야근일수 × 일별야근수당'으로 계산

정답 [E8] : =D8*HLOOKUP(D8, $C$3:$F$4, 2)

전문가의 조언

옵션에 지정할 논리값
· TRUE 또는 생략 : 근사값을 찾습니다. 즉 정확하게 일치하는 값이 없으면 찾을값보다 작은 값 중에서 가장 근접한 값을 찾습니다.
· FALSE : 정확하게 일치하는 값을 찾으며, 정확히 일치하는 값이 없으면 #N/A 오류값이 반환됩니다.

	A	B	C	D	E	F
1						
2		일별야근수당				
3		구분(야근일수)	1	5	15	25
4		수당	5000	10000	15000	20000
5						
6		사원별 수당 현황				
7		이름	부서	야근일수	수당	
8		홍길동	총무부	10	100,000	
9		정하영	인사부	3	15,000	
10		이도현	영업부	2	10,000	
11		정현석	총무부	5	50,000	
12		이지영	인사부	10	100,000	

수식의 이해

=D8 * HLOOKUP(D8, C3:F4, 2)
　❶　　　　　❷

· ❷ HLOOKUP(D8, C3:F4, 2)
  – ❼ [C3:F4] 영역의 첫 번째 행에서 [D8] 셀의 값, 즉 10을 넘지 않는 가장 근접한 값을 찾습니다.
  – ❾ 찾은값 5가 있는 두 번째 열에서 행 번호로 지정된 두 번째 행의 값 10000을 반환합니다.
  – 10000을 ❷에 대입하면 다음과 같습니다.
· =D8 * 10000 : [D8] 셀의 값이 10이므로 '10 * 10000'의 결과인 100,0000이 [E8] 셀에 입력됩니다.

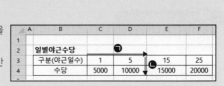

081 직위별 초과 수당 계산하기 — LOOKUP

17.상시, 03.2

LOOKUP 함수는 찾을 범위로 정한 영역에서 특정 기준값으로 자료를 찾고, 값을 구할 범위에서 찾은값과 같은 위치(행/열)에 있는 값을 반환하는 함수입니다. 반환할 항목 대신 범위에서의 항목에 대한 상대적인 위치가 필요한 경우에 MATCH 함수를 사용합니다.

형식 LOOKUP(찾을값, 범위1, 범위2) : 범위1에서 찾을값과 같은 데이터를 찾은 후 같은 행의 범위2에 있는 데이터를 입력합니다.

준비하세요! : 'C\길벗컴활1급\04 부록' 폴더의 'LOOKUP.xlsm' 파일을 열어 '기본' 시트에서 실습하세요.

LOOKUP 함수를 이용하여 직위별로 초과수당을 계산해 보겠습니다.

	A	B	C	D
1		초과 수당 지급		
2		품명	직위	초과수당
3		김신락	과장	5,500 ❶
4		홍길동	부장	6,000
5		김천만	과장	5,500
6		신선해	대리	4,500
7		막막해	사원	3,500 ❷
8				
9		직위별 지급 기준		
10		직위	상여금	초과수당
11		과장	650,000	5,500
12		대리	600,000	4,500
13		부장	700,000	6,000
14		사원	500,000	3,500

❶ =LOOKUP(C3,$B$11:$B$14,$D$11:$D$14) : [B11:B14] 영역에서 [C3] 셀의 값 "과장"을 찾은 후 "과장"에 대한 행의 위치 1을 계산합니다. [D11: D14] 영역에서 계산된 1행에 있는 값 5,500이 [D3] 셀에 입력됩니다.

❷ =LOOKUP(C7,$B$11:$B$14,$D$11:$D$14) : [B11:B14] 영역에서 [C7] 셀의 값 "사원"을 찾은 후 "사원"에 대한 행의 위치 4를 계산합니다. [D11:D14] 영역에서 계산된 4행에 있는 값 3,500이 [D7] 셀에 입력됩니다.

기출문제 따라잡기 '기출' 시트에서 실습하세요.

소속에서 지역을 추출한 후 지역에 대한 보조경비를 계산하세요.

▶ 지역은 소속의 왼쪽 2글자임

정답 [D3] : =LOOKUP(LEFT(B3,2), $B$11:$B$13, $C$11:$C$13)

	A	B	C	D
1				
2		소속	채용형태	보조경비
3		서울1팀	계약직	500,000
4		서울2팀	정규직	500,000
5		인천1팀	계약직	350,000
6		인천2팀	정규직	350,000
7		과천1팀	계약직	270,000
8		과천2팀	정규직	270,000
9				
10		지역	보조경비	
11		과천	270,000	
12		서울	500,000	
13		인천	350,000	

수식의 이해

중첩 함수가 사용된 수식을 만들 때는 최종적으로 값을 반환하는, 즉 가장 바깥쪽에 사용할 함수부터 찾아서 수식을 세우고, 수식을 이해할 때는 우선순위에 따라 안쪽에서부터 바깥쪽 방향으로 하나씩 상수로 변환하면서 이해하면 쉽습니다.

=LOOKUP(LEFT(B3, 2), B11:B13, C11:C13)
　　　　　　　❶

• ❶ LEFT(B3, 2) : [B3] 셀의 값 "서울1팀"에서 왼쪽의 2문자를 추출하면 "서울"이 반환됩니다. "서울"을 ❶에 대입하면 다음과 같습니다.

• ❷ =LOOKUP("서울", B11:B13, C11:C13) : [B11:B13] 영역에서 "서울"을 찾은 후 "서울"에 대한 행의 위치 2를 계산합니다. 그리고 [C11:C13] 영역에서 2행에 있는 값 500,000을 [D3] 셀에 입력합니다.

 전문가의 조언

• 기준이 되는 행과 열은 반드시 오름차순으로 정렬되어 있어야 합니다.
• LEFT 함수는 텍스트의 왼쪽부터 지정한 개수만큼 표시하는 함수입니다. 자세한 내용은 81쪽을 참고하세요.

082 자료가 기록된 위치 찾기 — XMATCH

XMATCH 함수는 지정된 범위에서 찾을값과 같은 데이터를 찾아 범위 내에서의 상대적인 위치를 반환하는 함수입니다. 항목의 위치 대신 항목의 값이 필요한 경우는 XLOOKUP 함수를 사용합니다.

형식 XMATCH(찾을값, 범위, 옵션1, 옵션2) : 범위에서 찾을값과 같은 데이터를 찾아 옵션을 적용하여 그 위치의 일련번호를 반환합니다.

준비하세요! : 'C:\길벗컴활1급\04 부록' 폴더의 'XMATCH.xlsm' 파일을 열어 '기본' 시트에서 실습하세요.

XMATCH 함수를 이용하여 '실험 결과' 영역에서 점수가 속해 있는 상대적 위치를 찾아보겠습니다.

	A	B	C
1		실험 결과의 위치 찾기	
2		점수	상대위치
3		59	3
4		71	4
5			
6		실험 결과	
7		0	
8		40	
9		60	
10		80	
11		90	

❶ =XMATCH(B3,$B$7:$B$11,1,1) : [B7:B11] 영역에서 [B3] 셀의 값 59를 찾는데, 옵션1이 1 이므로 59보다 크거나 같은 값 중 가장 작은 값을 찾습니다. 59보다 큰 값 중 가장 작은 값 60을 찾아 [B7:B11]에서의 상대적인 위치인 3이 [C3] 셀에 입력됩니다.

XMATCH의 옵션1
- −1 : 찾을값보다 작거나 같은 값 중에서 가장 큰 값
- 0 또는 생략 : 찾을값과 첫 번째로 정확하게 일치하는 값
- 1 : 찾을값보다 크거나 같은 값 중에서 가장 작은 값
- 2 : 찾을값과 부분적으로 일치하는 값(와일드 카드 사용).

XMATCH의 옵션2
- 1 또는 생략 : 첫 번째 항목부터 검색함
- −1 : 마지막 항목부터 검색함
- 2 : 오름차순으로 정렬된 범위에서 검색함
- −2 : 내림차순으로 정렬된 범위에서 검색함

083 직위별 초과 수당 계산하기 — XLOOKUP

XLOOKUP 함수는 찾을 범위로 정한 영역에서 옵션에 맞게 찾을값과 같은 자료를 찾고, 값을 구할 범위에서 찾은값과 같은 위치(행/열)에 있는 값을 반환하고 찾을값을 못 찾은 경우 '찾을값이 없을 때 반환할 값'을 반환합니다.

형식 XLOOKUP(찾을값, 범위1, 범위2, 찾을값이 없을 때 반환할 값, 옵션1, 옵션2) : 범위1에서 찾을값과 같은 데이터를 찾은 후 범위2의 같은 행/열에 있는 데이터를 입력합니다.

준비하세요! : 'C:\길벗컴활1급\04 부록' 폴더의 'XLOOKUP.xlsm' 파일을 열어 '기본' 시트에서 실습하세요.

XLOOKUP 함수를 이용하여 직위별 초과수당을 '직위별 지급 기준'에서 찾아보겠습니다.

	A	B	C	D
1		초과 수당 지급		
2		품명	직위	초과수당
3		김신락	과장	5,500
4		홍길동	부장	6,000
5		김천만	수습	0
6		신선해	대리	4,500
7		막막해	사원	3,500
8				
9		직위별 지급 기준		
10		직위	상여금	초과수당
11		과장	650,000	5,500
12		대리	600,000	4,500
13		부장	700,000	6,000
14		사원	500,000	3,500

❶ =XLOOKUP(C3,$B$11:$B$14,$D$11:$D$14,0,0,1) : [B11:B14] 영역에서 [C3] 셀의 값 "과장"과 정확하게 일치하는 값을 찾은 후 "과장"에 대한 행의 위치 1을 계산합 니다. [D11:D14] 영역에서 1행에 있는 값 5,500이 [D3] 셀에 입력됩니다.

❷ =XLOOKUP(C5,$B$11:$B$14,$D$11:$D$14,0,0,1) : [B11:B14] 영역에 [C5] 셀의 값 "수습"이 없으므로 0이 [D5] 셀에 입력됩니다.

XLOOKUP의 옵션1
- −1 : 찾을값보다 작거나 같은 값 중에서 가장 큰 값
- 0 또는 생략 : 찾을값과 첫 번째로 정확하게 일치하는 값
- 1 : 찾을값보다 크거나 같은 값 중에서 가장 작은 값
- 2 : 찾을값과 부분적으로 일치하는 값(와일드 카드 사용).

XLOOKUP의 옵션2
- 1 또는 생략 : 첫 번째 항목부터 검색함
- −1 : 마지막 항목부터 검색함
- 2 : 오름차순으로 정렬된 범위에서 검색함
- −2 : 내림차순으로 정렬된 범위에서 검색함

084 요일 번호로 요일 표시하기 — CHOOSE

CHOOSE 함수는 인덱스 번호를 이용하여 특정 번째에 있는 값을 반환하는 함수입니다. CHOOSE 함수를 사용하여 254개까지의 값 중에서 한 개의 값을 선택할 수 있습니다.

형식 CHOOSE(인수, 첫 번째, 두 번째, …) : 인수가 1이면 첫 번째를, 인수가 2이면 두 번째를, … 인수가 n이면 n 번째를 반환합니다.

준비하세요! : 'C:\길벗컴활1급\04 부록' 폴더의 'CHOOSE.xlsm' 파일을 열어 '기본' 시트에서 실습하세요.

	A	B	C	D
1		요일 계산하기		
2		날짜	요일번호	요일
3		01월 16일	1	일 ❶
4		01월 17일	2	월
5		01월 18일	3	화
6		01월 19일	4	수
7		01월 20일	5	목
8		01월 21일	6	금
9		01월 22일	7	토 ❷

❶ =CHOOSE(C3, "일", "월", "화", "수", "목", "금", "토") : [C3] 셀의 값이 '1'이므로 첫 번째에 있는 "일"이 [D3] 셀에 입력됩니다.

❷ =CHOOSE(C9, "일", "월", "화", "수", "목", "금", "토") : [C9] 셀의 값이 '7'이므로 일곱 번째에 있는 "토"가 [D9] 셀에 입력됩니다.

기출문제 따라잡기 '기출' 시트에서 실습하세요.

학년, 수용인원, 임대료를 이용하여 관리비[F3:F9]를 계산하세요.

▶ 학년별 할인율은 1학년이 0%, 2학년은 5%, 3학년은 10%, 4학년은 20%의 할인율 적용

▶ 수용인원별 할인율은 3인실 이상인 경우 80%, 3인실 미만인 경우 70%의 할인율 적용

▶ 관리비 = 임대료 × (1-학년별 할인율) × (1-수용인원별 할인율)

▶ CHOOSE와 IF 함수 사용

	A	B	C	D	E	F
1						
2		학년	수용인원	성명	임대료	관리비
3		1	3	강석은	357,000	71,400
4		2	3	강형준	357,000	67,830
5		2	2	고윤장	357,000	101,745
6		1	5	곽근민	375,000	75,000
7		1	4	구진본	357,000	71,400
8		2	4	김주광	357,000	67,830
9		3	3	김모근	357,000	64,260

정답 [F3] : =E3 * (1 − CHOOSE(B3, 0%, 5%, 10%, 20%)) * (1−IF(C3>=3, 80%, 70%))

수식의 이해

=E3 * (1 − <u>CHOOSE(B3, 0%, 5%, 10%, 20%)</u>) * (1 − <u>IF(C3>=3, 80%, 70%)</u>)
　　　　　　　　　❶　　　　　　　　　　　　　　　❷

- ❶ **CHOOSE(B3, 0%, 5%, 10%, 20%)** : [B3] 셀의 값이 1이면 0%, 2면 5%, 3이면 10%, 4면 20%를 반환하는데, [B3] 셀의 값이 1이므로 0%를 반환합니다.

- ❷ **IF(C3>=3, 80%, 70%)** : [C3] 셀의 값이 3보다 크거나 같으면 80%, 그렇지 않으면 70%를 반환하는데, [C3] 셀의 값 3은 3과 같으므로 80%를 반환합니다. 0%와 80%를 ❶, ❷에 대입하면 다음과 같습니다.

- =E3 * **(1 − 0%)** * **(1 − 80%)** : 임대료[E3](357,000)의 20%인 71,400이 [F3] 셀에 입력됩니다.

085 3칸 아래, 2칸 오른쪽에 있는 자료 찾기 — OFFSET

15.상시

OFFSET 함수는 기준 셀에서 지정한 행 수와 열 수만큼 떨어진 위치에 있는 셀의 데이터를 반환하는 함수입니다. 데이터 범위를 지정하지 않으면 1개의 셀 값을 반환합니다.

형식 OFFSET(범위, 행, 열, 높이, 너비) : 선택한 범위에서 지정한 행과 열만큼 떨어진 위치에 있는 데이터 영역의 데이터를 반환합니다.

준비하세요! : 'C:\길벗컴활1급\04 부록' 폴더의 'OFFSET.xlsm' 파일을 열어 '기본' 시트에서 실습하세요.

	A	B	C	D	E
1		C10셀을 기준으로 자료 찾기			
2		기준셀	행	열	결과
3		C10	1	1	16	❶
4		C10	0	2	21
5		C10	-2	-1	1	❷
6					
7			데이터 표		
8		1	7	13	19
9		2	8	14	20
10		3	9	15	21
11		4	10	16	22
12		5	11	17	23
13		6	12	18	24

❶ =OFFSET($C$10,C3,D3) : [C10] 셀에서 아래쪽으로 1행, 오른쪽으로 1열 떨어진 셀인 [D11] 셀의 값 16이 [E3] 셀에 입력됩니다.

❷ =OFFSET($C$10,C5,D5) : [C10] 셀에서 위쪽으로 2행, 왼쪽으로 1열 떨어진 셀인 [B8] 셀의 값 1이 [E5] 셀에 입력됩니다.

- 행이 양수이면 기준 셀의 아래쪽으로, 음수이면 기준 셀의 위쪽으로 지정된 크기만큼 떨어져 있는 행을 의미합니다.
- 열이 양수이면 기준 셀의 오른쪽으로, 음수이면 기준 셀의 왼쪽으로 지정된 크기만큼 떨어져 있는 열을 의미합니다.

기출문제 따라잡기 '기출' 시트에서 실습하세요.

[표1]의 회원코드, 대출금액, 대출기간을 이용하여 [E3:E7] 영역에 월상환액을 계산하여 표시하시오.

▶ 이율은 회원코드의 앞에 두 자리와 대출기간을 이용하여 [표2]에서 찾아 계산

▶ 이율과 대출기간은 연 단위임

▶ PMT, OFFSET, MATCH, LEFT 함수 사용

정답 [E3] : =PMT(OFFSET($B$10,MATCH(LEFT(A3,2), $A$11:$A$14,0),D3)/12,D3*12, -C3)

	A	B	C	D	E	F	G
1	[표1]						
2	회원코드	성명	대출금액	대출기간	월상환액		
3	JA140	이찬진	₩ 5,000,000	3	₩150,980		
4	JB571	채경찬	₩ 7,000,000	2	₩308,041		
5	JD367	임종례	₩ 5,500,000	2	₩240,309		
6	JC664	정종수	₩ 2,000,000	4	₩45,427		
7	JA188	서현명	₩ 5,000,000	1	₩431,482		
8							
9	[표2]				대출기간		
10	코드	직업	1	2	3	4	5
11	JA	자영업	6.5%	6.0%	5.5%	5.0%	4.5%
12	JB	회사원	5.5%	5.3%	4.5%	4.2%	3.8%
13	JC	의사	5.8%	5.3%	4.8%	4.3%	3.8%
14	JD	공무원	5.0%	4.6%	4.2%	3.8%	3.4%

수식의 이해

중첩 함수가 사용된 수식을 만들 때는 최종적으로 값을 반환하는, 즉 가장 바깥쪽에서 사용할 함수부터 찾아서 수식을 세우고, 수식을 이해할 때는 우선순위에 따라 안쪽에서부터 바깥쪽 방향으로 하나씩 상수로 변환하면서 이해하면 쉽습니다.

=PMT(OFFSET(B10, MATCH(LEFT(A3,2), A11:A14, 0),D3)/12, D3*12, -C3)

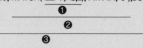

- ❶ LEFT(A3,2) : [A3] 셀의 값 "JA140"에서 왼쪽의 2문자를 추출하면 "JA"가 반환됩니다. "JA"를 ❶에 대입하면 다음과 같습니다.
- ❷ MATCH("JA", A11:A14, 0) : 옵션이 0이므로 [A11:A14] 영역에서 "JA"와 정확히 일치하는 값을 찾습니다. "JA"를 찾은 후 [A11:A14]에서 "JA"의 상대적 위치 1을 반환됩니다. 1을 ❷에 대입하면 다음과 같습니다.
- ❸ OFFSET(B10, 1, D3) : [B10] 셀에서 아래쪽으로 1행, 오른쪽으로 3열([D3] 셀의 값) 떨어진 셀인 [E11] 셀의 값 5.5%가 반환됩니다. 5.5%를 ❸에 대입하면 다음과 같습니다.
- =PMT(5.5%/12, D3*12, -C3)
  - 5.5%/12 : 이율이 연이율이므로 12로 나눠 월이율로 맞춥니다.
  - D3*12 : 대출기간이 년 단위이므로 12를 곱해 월로 맞춥니다.
  - -C3 : 대출금액은 현재 받은 돈이므로 현재 가치이고, 결과값이 양수로 나오도록 음수로 입력하면 '-C3'입니다.

086 행과 열을 바꿔서 표시하기 — TRANSPOSE

TRANSPOSE 함수는 셀 범위의 가로와 세로를 서로 바꿔서 표시하는 함수입니다. 셀 범위의 첫 번째 행을 새 범위의 첫 번째 열로, 두 번째 행을 새 범위의 두 번째 열로 바꾸는 식으로, 셀 범위의 행과 열을 바꿔서 표시합니다. TRANSPOSE 함수는 반드시 변경 전 데이터 범위의 행과 열 개수에 대해 동일한 열과 행의 개수를 갖는 범위를 선택한 후 배열 수식으로 입력해야 합니다.

형식 TRANSPOSE(배열) : 배열의 행과 열을 서로 바꿉니다.

준비하세요! : 'C:\길벗컴활1급\04 부록' 폴더의 'TRANSPOSE.xlsm' 파일을 열어 '기본' 시트에서 실습하세요.

	A	B	C	D	E	F	G	H
1								
2		1	5		1	2	3	4
3		2	6		5	6	7	8
4		3	7					
5		4	8					

❶ =TRANSPOSE(B2:C5) : [E2:H3] 영역을 블록으로 설정한 후 '=TRANSPOSE(B2:C5)'를 입력하고 Ctrl + Shift + Enter를 누르세요. 수식 표시줄에는 {=TRANSPOSE(B2:C5)}로 표시됩니다.

기출문제 따라잡기 '기출' 시트에서 실습하세요.

문제1~문제5와 틀린 개수를 이용하여 등급을 계산하여 표시하시오.

▶ 틀린개수가 0이면 "만점"을 표시하고, 그렇지 않으면 점수에 따른 등급을 표시(예 : 1등급)
▶ 점수는 [표3]의 문제당 점수를 이용하여 계산
▶ 등급은 [표2]를 참조하여 계산
▶ IF, HLOOKUP, SUMPRODUCT, TRANSPOSE 함수와 & 연산자 사용

	A	B	C	D	E	F	G	H
1	[표1]	판매부 인사고과 주관식 점수					공백 : 틀린것	
2	이름	문제1	문제2	문제3	문제4	문제5	틀린개수	등급
3	홍길동	1	1		1	1	1	1등급
4	이승연		1	1	1		2	3등급
5	김경수	1	1	1	1	1	0	만점
6	박원래	1		1	1		2	2등급
7	최지은	1		1			3	4등급
8								
9	[표2] 점수별 등급						[표3] 문제당 점수	
10	점수	0	40	60	80		문제	점수
11	등급	4	3	2	1		1	15
12							2	15
13							3	20
14							4	20
15							5	30

정답 [H3] : =IF(G3=0,"만점",HLOOKUP(SUMPRODUCT(B3:F3, TRANSPOSE($H$11:$H$15)),$B$10:$E$11,2)&"등급")

수식의 이해

중첩 함수가 사용된 수식을 만들 때는 최종적으로 값을 반환하는, 즉 가장 바깥쪽에서 사용할 함수부터 찾아서 수식을 세우고, 수식을 이해할 때는 우선순위에 따라 안쪽에서부터 바깥쪽 방향으로 하나씩 상수로 변환하면서 이해하면 쉽습니다.

=IF(G3=0,"만점", HLOOKUP(SUMPRODUCT(B3:F3, TRANSPOSE(H11:H15)), B10:E11, 2) & "등급")
             ❶
       ❷

• ❶ TRANSPOSE(H11:H15) : 5행 1열로 입력된 [H11:H15] 영역을 SUMPRODUCT 함수의 [B3:F3] 영역과 동일한 1행 5열로 변경합니다.
  ※ SUMPRODUCT(배열1, 배열2, …) 함수는 인수로 지정한 배열들의 행과 열의 수가 동일해야 합니다.
• ❷ SUMPRODUCT(B3:F3, ❶) : [B3:F3] 영역과 ❶ 영역의 값을 다음과 같이 대응되게 곱한 값의 합계인 80을 반환합니다. 80을 ❷에 대입하면 다음과 같습니다.

$$SUMPRODUCT \begin{pmatrix} B3 * H11 \\ C3 * H12 \\ D3 * H13 \\ E3 * H14 \\ F3 * H15 \end{pmatrix} \rightarrow SUMPRODUCT \begin{pmatrix} 1 * 15 \\ 1 * 15 \\ 0 * 20 \\ 1 * 20 \\ 1 * 30 \end{pmatrix} \rightarrow SUMPRODUCT \begin{pmatrix} 15 \\ 15 \\ 0 \\ 20 \\ 30 \end{pmatrix} \rightarrow 80$$

=IF(G3=0,"만점", HLOOKUP(80, B10:E11, 2) & "등급")
           ❸

• ❸ HLOOKUP(80, B10:E11, 2) : [B10:E11] 영역의 첫 번째 행에서 80을 찾고, 80이 있는 네 번째 열에서 행 번호로 지정된 2행의 값 1이 반환됩니다. 1을 ❸에 대입하면 다음과 같습니다.
• =IF(G3=0,"만점", 1&"등급") : 조건이 참이면 "만점", 거짓이면 "1등급"을 반환하는데, 조건이 거짓이므로 [H3] 셀에 "1등급"이 입력됩니다.

087 문자열을 셀 주소로 변환하기 — INDIRECT

INDIRECT 함수는 주소 형식을 갖춘 문자열을 셀 주소로 변환하여 해당 주소의 값을 참조할 수 있게 하는 함수입니다. 수식 자체는 변경하지 않고 수식 안에 있는 셀에 대한 참조를 변경하려는 경우에 INDIRECT 함수를 사용합니다.

형식 INDIRECT(텍스트) : 주소 형식을 갖춘 텍스트를 셀 주소로 변환하여 해당 주소에 있는 값을 표시합니다.

준비하세요! : 'C:\길벗컴활1급\04 부록' 폴더의 'INDIRECT.xlsm' 파일을 열어 '기본' 시트에서 실습하세요.

	A	B	C	D	E
1			급여 지급		
2		성명	직급	호봉	급여
3		김신락	2	2	620,000
4		홍길동	3	3	750,000
5		김천만	4	3	850,000
6		신선해	1	3	550,000
7		막막해	5	2	920,000
8					
9		주소	결과		
10		B2	성명 ❶		
11		E$6	550,000		
12		$B$7	막막해 ❷		

❶ =INDIRECT(B10) : [B10] 셀에 텍스트로 입력된 'B2'가 셀 주소로 변환되므로 [B2] 셀의 "성명"이 [C10] 셀에 입력됩니다.

❷ =INDIRECT(B12) : [B12] 셀에 텍스트로 입력된 '$B$7'이 셀 주소로 변환되므로 [B7] 셀의 "막막해"가 [C12] 셀에 입력됩니다.

088 영역 수 계산하기 — AREAS

AREAS 함수는 범위 안에서의 영역수를 계산하는 함수입니다. 예를 들어, AREAS(A1:A2)에서 'A1:A2'는 하나의 영역이므로 결과 값은 1이 됩니다.

형식 AREAS(범위) : 범위 안에서의 영역 수를 계산합니다.

준비하세요! : 'C:\길벗컴활1급\04 부록' 폴더의 'AREAS.xlsm' 파일을 열어 '기본' 시트에서 실습하세요.

	A	B	C
1		영역 수 계산하기	
2		수식	결과
3		=AREAS(A1:B3)	1 ❶
4		=AREAS((A1:B2, C1:D2, E1:F2))	3 ❷
5		=AREAS(A1:D10 A3:G3)	1 ❸
6		=AREAS((A1, B1, C1, D1, F1))	5

❶ =AREAS(A1:B3) : 'A1:B3'는 하나의 영역이므로 결과는 1입니다.

❷ =AREAS((A1:B2, C1:D2, E1:F2)) : A1:B2, C1:D2, E1:F2는 세 개의 영역이므로 결과는 3입니다.

※ AREAS 함수의 인수로 여러 개의 영역을 지정하려면 전체 영역을 하나의 괄호( )로 묶어주어야 합니다.

❸ =AREAS(A1:D10 A3:G3) : 'A1:D10 A3:G3'는 [A1:D10] 영역과 [A3:G3] 중 겹치는 [A3:D3] 영역을 의미하는 것으로 결과는 1입니다.

089 현재 셀의 열 번호 알아내기 — COLUMN

COLUMN 함수는 셀 주소에 대한 열 번호를 알아내는 함수로, 행의 위치에 관계없이 1열에서부터 계산한 해당 열에 대한 번호를 반환합니다. 예를 들어 [F2] 셀은 F가 처음부터 여섯 번째 열에 해당하므로 6을 반환합니다. 인수를 생략하면 현재 셀의 열 번호를 반환합니다.

형식 COLUMN(범위) : 지정된 범위의 열 번호를 반환합니다.

준비하세요! : 'C:\길벗컴활1급\04 부록' 폴더의 'COLUMN.xlsm' 파일을 열어 '기본' 시트에서 실습하세요.

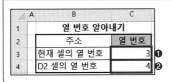

❶ =COLUMN( ) : 현재 셀의 열 번호인 3이 [C3] 셀에 입력됩니다.

❷ =COLUMN(D2) : [D2] 셀의 열 번호인 4가 [C4] 셀에 입력됩니다.

090 셀 범위에 포함된 열의 개수 알아내기 — COLUMNS

COLUMNS 함수는 지정한 범위 안에 들어 있는 열의 개수를 알아내는 함수로, 행의 개수에 관계 없이 열의 개수만을 반환합니다. 예를 들어 'COLUMNS(B1:D100)'은 B, C, D 세 열을 포함하므로 3을 반환합니다.

형식 COLUMNS(범위) : 지정된 범위 안에 들어 있는 열의 개수를 반환합니다.

준비하세요! : 'C:\길벗컴활1급\04 부록' 폴더의 'COLUMNS.xlsm' 파일을 열어 '기본' 시트에서 실습하세요.

	A	B	C
1		\multicolumn{2}{열의 수 계산}	
2		셀 범위	열의 개수
3		A1:F2	6 ❶
4		B10:H1000	7 ❷

❶ =COLUMNS(A1:F2) : [A1:F2] 영역의 열의 개수인 6이 [C3] 셀에 입력됩니다.

❷ =COLUMNS(B10:H1000) : [B10:H1000] 영역의 열의 개수인 7이 [C4] 셀에 입력됩니다.

091 현재 셀의 행 번호 알아내기 — ROW

19.1, 16.2

ROW 함수는 셀 주소에 대한 행 번호를 알아내는 함수로, 열의 위치에 관계없이 1행에서부터 계산한 해당 행에 대한 번호를 반환합니다. 예를 들어 [F2] 셀은 2가 처음부터 두 번째 행에 해당하므로 2를 반환합니다. 인수를 생략하면 현재 셀의 행 번호를 반환합니다.

형식 ROW(범위) : 지정된 범위의 행 번호를 반환합니다.

준비하세요! : 'C:\길벗컴활1급\04 부록' 폴더의 'ROW.xlsm' 파일을 열어 '기본' 시트에서 실습하세요.

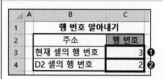

❶ =ROW( ) : 현재 셀의 행 번호인 3이 [C3] 셀에 입력됩니다.
❷ =ROW(D2) : [D2] 셀의 행 번호인 2가 [C4] 셀에 입력됩니다.

기출문제 따라잡기 '기출' 시트에서 실습하세요.

[표1]의 지역과 [표2]를 이용하여 [A4:A9] 영역에 번호를 계산하여 표시하시오.

▶ 번호는 지역에 따른 코드와 일련번호를 연결하여 표시
▶ 일련번호는 수식이 입력된 행 번호에서 3을 뺀 값으로 표시
▶ 지역이 "서울, 부산"이고, 수식이 4행에 입력된 경우 : SB-1
▶ 지역이 "기타광역시"이고, 수식이 5행에 입력된 경우 : KY-2
▶ CONCAT, ROW, VLOOKUP 함수 사용

	A	B	C	D	E	F
1						
2	[표1]				[표2]	
3	번호	지역	전용면적		지역	코드
4	SB-1	서울, 부산	85m²		서울, 부산	SB
5	KY-2	기타광역시	108m²		기타광역시	KY
6	KT-3	기타지역	59m²		기타지역	KT
7	SB-4	서울, 부산	108m²			
8	SB-5	서울, 부산	98m²			
9	KY-6	기타광역시	98m²			

정답 [A4] : =CONCAT(VLOOKUP(B4,$E$4:$F$6,2,FALSE), "-", ROW( )-3)

수식의 이해

중첩 함수가 사용된 수식을 만들 때는 최종적으로 값을 반환하는, 즉 바깥쪽에 사용할 함수부터 찾아서 수식을 세우고, 수식을 이해할 때는 우선순위에 따라 안쪽에서부터 바깥쪽 방향으로 하나씩 상수로 변환하면서 이해하면 쉽습니다.

=CONCAT(VLOOKUP(B4,E4:F6,2,FALSE), "-", ROW( )-3)

        ❶   ❷

• ❶ VLOOKUP(B4,E4:F6,2,FALSE) : [E4:F6] 영역의 첫 번째 열에서 [B4] 셀의 값, "서울, 부산"과 정확히 일치하는 값을 찾은 후 열 번호로 지정된 두 번째 열의 값 "SB"가 반환됩니다.
• ❷ ROW( )-3 : 현재 셀의 행 번호인 4에서 3을 뺀 값 1이 반환됩니다.
• "SB"를 ❶에, 4를 ❷에 대입하면 다음과 같습니다.
• = CONCAT("SB", "-", 1) : "SB"와 "-", 1을 합친 문자열 "SB-1"이 [A4] 셀에 입력됩니다.

092 셀 범위에 포함된 행의 개수 알아내기 — ROWS

ROWS 함수는 지정한 범위 안에 들어 있는 행의 개수를 알아내는 함수로, 열의 개수에 관계 없이 행의 개수만을 반환합니다. 예를 들어 'ROWS(B2:P3)'
은 2와 3, 두 행을 포함하므로 2를 반환합니다.

형식 ROWS(범위) : 지정된 범위 안에 들어 있는 행의 개수를 반환합니다.

준비하세요! : 'C:\길벗컴활1급\04 부록' 폴더의 'ROWS.xlsm' 파일을 열어 '기본' 시트에서 실습하세요.

셀 범위	행의 개수
A1:F2	2
B10:H20	11

❶ =ROWS(A1:F2) : [A1:F2] 영역의 행의 개수인 2가 [C3] 셀에 입력됩니다.

❷ =ROWS(B10:H20) : [B10:H20] 영역의 행의 개수인 11이 [C4] 셀에 입력됩니다.

---

093 행 번호와 열 번호를 셀 주소로 변환하기 — ADDRESS

ADDRESS 함수는 행 번호와 열 번호를 이용해 셀 주소를 만드는 함수입니다. ADDRESS 함수로 만들어진 셀 주소는 INDIRECT 함수를 이용하여 해당 셀
주소의 값을 참조할 수 있습니다.

형식 ADDRESS(행 번호, 열 번호, 참조 유형) : 행 번호와 열 번호에 해당하는 셀 주소를 반환합니다.

준비하세요! : 'C:\길벗컴활1급\04 부록' 폴더의 'ADDRESS.xlsm' 파일을 열어 '기본' 시트에서 실습하세요.

행	열	참조유형	셀주소
1	2	1	$B$1
2	3	2	C$2
3	4	3	$D3
4	5	4	E4

❶ =ADDRESS(B3,C3,D3) : [B3] 셀의 1이 행 번호, [C3] 셀의 2가 열 번
호가 되어 'B1'을 만들고 이것을 1번 옵션에 따라 절대참조로 변경한
$B$1이 [E3] 셀에 입력됩니다.

❷ =ADDRESS(B5,C5,D5) : [B5] 셀의 3이 행 번호, [C5] 셀의 4가 열 번
호가 되어 'D3'을 만들고 이것을 3번 옵션에 따라 열만 절대참조로 변
경한 '$D3'이 [E5] 셀에 입력됩니다.

참조 유형
- 1 : 절대참조
- 2 : 행만 절대참조
- 3 : 열만 절대참조
- 4 : 상대참조

FIXED 함수는 지정된 자릿수에서 주어진 인수를 반올림하고, 마침표와 쉼표를 사용하여 십진수 서식으로 지정한 후 텍스트로 변환하여 표시하는 함수입니다. 예를 들어 FIXED(5697.77, 1, FALSE)는 5697.77에 콤마(,)를 추가하고 소수 이하 첫 번째 자리로 반올림한 후 텍스트로 표시하므로 '5,697.8'이 됩니다.

형식 FIXED(인수, 소수 이하 자릿수, 논리값) : 인수를 지정된 소수 이하 자릿수로 반올림하여 논리값을 적용한 텍스트로 표시합니다.

준비하세요! : 'C:\길벗컴활1급\04 부록' 폴더의 'FIXED.xlsm' 파일을 열어 '기본' 시트에서 실습하세요.

	A	B	C	D
1	숫자를 서식있는 문자로 변환하기			
2				
3	숫자	올림자릿수	콤마표시	결과
4	78325.674	3	TRUE	78325.674
5	78325.674	2	FALSE	78,325.67
6	78325.674	1	TRUE	78325.7
7	78325.674	0	FALSE	78,326
8	78325.674	-1	TRUE	78330
9	78325.674	-2	FALSE	78,300
10	78325.674	-3	TRUE	78000

❶ **=FIXED(A4,B4,C4)** : [A4] 셀의 문자열을 소수 이하 4자리에서 반올림하여 소수 이하 3자리까지 표시하고 콤마를 생략(TRUE)한 '78325.674'가 [D4] 셀에 입력됩니다.(논리값(콤마 표시)이 TRUE이므로 콤마를 생략합니다.)

FIXED(인수, 소수 이하 자릿수, 논리값)
- 논리값이 TRUE(참)면 콤마(,)가 포함되지 않고, FALSE(거짓)이거나 생략되면 텍스트에 콤마(,)가 포함됩니다.
- **FIXED의 자릿수**
  - 소수 이하 자릿수가 0보다 크면 숫자는 지정한 소수 자릿수로 반올림됩니다.
  - 소수 이하 자릿수가 0이면 가장 가까운 정수로 반올림됩니다.
  - 소수 이하 자릿수가 0보다 작으면 소수점 왼쪽에서 반올림됩니다.

기출문제 따라잡기 '기출' 시트에서 실습하세요.

구분, 이용카드, 이용금액을 이용하여 구분별 이용카드별 최고 이용금액과 이용건수를 표시하시오.

▶ 최고 이용금액에 1000 단위 구분 기호 표시

▶ [표시 예 : 최고 이용금액이 356557이고, 이용건수가 2인 경우 → 356,557(총2건중)]

▶ COUNTIFS, FIXED, MAX와 & 연산자를 사용한 배열 수식

정답 [B12] : =FIXED(MAX(($B$3:$B$8=$A12)*($C$3:$C$8=B11)*$D$3:$D$8),0) & "(총" & COUNTIFS($B$3:$B$8,$A12, $C$3:$C$8,B11) & "건중)"

	A	B	C	D
1	[표1]			
2	이용일자	구분	이용카드	이용금액
3	2023-07-21	할부	신용본인	191,700
4	2023-10-20	일시불	신용가족	174,100
5	2023-02-14	일시불	신용본인	52,900
6	2023-03-25	일시불	신용본인	327,900
7	2023-07-21	할부	신용가족	112,800
8	2023-04-08	할부	신용본인	565,400
9				
10	[표2] 구분별 이용카드별 최고 이용금액과 건수			
11	구분	신용본인	신용가족	
12	할부	565,400(총2건중)	112,800(총1건중)	
13	일시불	327,900(총1건중)	174,100(총2건중)	

수식의 이해

중첩 함수가 사용된 수식을 만들 때는 최종적으로 값을 반환하는, 즉 가장 바깥쪽에 사용할 함수부터 찾아서 수식을 세우고, 수식을 이해할 때는 우선순위에 따라 안쪽에서부터 바깥쪽 방향으로 하나씩 상수로 변환하면서 이해하면 쉽습니다.

=FIXED(MAX((B3:B8=A12)*(C3:C8=B11)*D3:D8), 0) & "(총" & COUNTIFS(B3:B8,A12,C3:C8,B11) & "건중)"
　　　　　　　　　❶　　　　　　　　　　　　　　　　　　　　❷

- ❶ MAX를 이용한 최대값 구하기 배열 수식의 일반식

  MAX((조건1)*(조건2)*최대값을_구할 범위)

  MAX((B3:B8=A12) * (C3:C8=B11) * D3:D8)
  　　　　조건1　　　　　조건2　　　최대값을_구할 범위

  - 조건1 : 구분이 "할부"　　- 조건2 : 이용카드가 "신용본인"　　- 최대값을_구할 범위 : D3:D8
  - 구분이 "할부"이고 이용카드가 "신용본인"인 것 중 가장 큰 판매량인 565400을 반환합니다.
- ❷ COUNTIFS(B3:B8,A12,C3:C8,B11) : [B3:B8] 영역에서 [A12] 셀("할부")과 같은 셀([B3], [B7], [B8])을 찾고, [C3:C8] 영역에서 [B3], [B7], [B8] 셀과 같은 행들의 셀([C3], [C7], [C8])을 대상으로 [B11] 셀에 입력된 값(신용본인)과 같은 셀([C3], [C8])의 개수 2를 반환합니다. 565400과 2를 ❶과 ❷에 대입하면 다음과 같습니다.
  =FIXED(565400,0)&"(총"&2&"건중)" : 565400에 콤마를 표시한 565,400과 "(총", 2, "건중)"가 연결된 '565,400(총2건중)'가 [B12] 셀에 입력됩니다.

---

095 왼쪽에서 지정한 수만큼 추출하기 — LEFT

LEFT 함수는 텍스트 문자열의 첫 문자부터 원하는 개수만큼의 문자를 추출합니다. 예를 들어 LEFT("길벗출판사", 2)는 "길벗"을 추출합니다.

형식 LEFT(**텍스트, 개수**) : 텍스트의 왼쪽부터 지정한 개수만큼 추출합니다.

준비하세요! : 'C:\길벗컴활1급\04 부록' 폴더의 'LEFT.xlsm' 파일을 열어 '기본' 시트에서 실습하세요.

	A	B	C
1	왼쪽에 있는 문자 추출하기		
2			
3	문자	문자수	결과
4	KOREA	2	KO ❶
5	KOREA	-1	#VALUE! ❷
6	KOREA	0	
7	KOREA	6	KOREA
8	대한민국	2	대한 ❸
9	1234	2	12

❶ =LEFT(A4,B4) : [A4] 셀의 값 "KOREA"의 왼쪽 첫 글자부터 지정된 글자 수인 2만큼 추출한 "KO"가 [C4] 셀에 입력됩니다.

❷ =LEFT(A5,B5) : 추출할 글자 수가 0보다 작으므로 오류값(#VALUE!)이 [C5] 셀에 입력됩니다.

❸ =LEFT(A8,B8) : [A8] 셀의 값 "대한민국"의 왼쪽 첫 글자부터 지정된 글자 수인 2만큼 추출한 "대한"이 [C8] 셀에 입력됩니다.

기출문제 따라잡기   '기출' 시트에서 실습하세요.

소속에서 지역을 추출한 후 지역에 대한 보조경비를 계산하세요.

▶ 지역은 소속의 왼쪽 2글자임

정답 [D3] : =LOOKUP(LEFT(B3,2), $B$11:$B$13, $C$11:$C$13)

	A	B	C	D
1				
2		소속	채용형태	보조경비
3		서울1팀	계약직	500,000
4		서울2팀	정규직	500,000
5		인천1팀	계약직	350,000
6		인천2팀	정규직	350,000
7		과천1팀	계약직	270,000
8		과천2팀	정규직	270,000
9				
10		지역	보조경비	
11		과천	270,000	
12		서울	500,000	
13		인천	350,000	

수식의 이해

중첩 함수가 사용된 수식을 만들 때는 최종적으로 값을 반환하는, 즉 가장 바깥쪽에 사용할 함수부터 찾아서 수식을 세우고, 수식을 이해할 때는 우선 순위에 따라 안쪽에서부터 바깥쪽 방향으로 하나씩 상수로 변환하면서 이해하면 쉽습니다.

=LOOKUP(LEFT(B3, 2), B11:B13, C11:C13)
     ❶

- ❶ LEFT(B3, 2) : [B3] 셀의 값 "서울1팀"에서 왼쪽의 2문자를 추출하면 "서울"이 반환됩니다. "서울"을 ❶에 대입하면 다음과 같습니다.
- ❷ =LOOKUP("서울", B11:B13, C11:C13) : [B11:B13] 영역에서 "서울"을 찾은 후 "서울"에 대한 행의 위치 2를 계산합니다. 그리고 [C11:C13] 영역에서 2행에 있는 값 500,000이 [D3] 셀에 입력됩니다.

 전문가의 조언

문자 추출 규칙
- 추출할 문자 수가 0보다 작을 경우 '#VALUE!' 오류가 반환됩니다.
- 추출할 문자 수가 텍스트보다 길면 텍스트 전체가 반환됩니다.
- 추출할 문자 수를 생략하면 1로 간주됩니다.
- LOOKUP 함수는 '범위1'에서 '찾을값'과 같은 데이터를 찾은 후 '범위2'의 같은 행에 있는 데이터를 입력하는 함수입니다. 자세한 내용은 71쪽을 참고하세요.

096 오른쪽에서 지정한 수만큼 추출하기 — RIGHT

RIGHT 함수는 텍스트 문자열의 끝(오른쪽) 문자부터 원하는 개수만큼의 문자를 추출합니다. 예를 들어 RIGHT("길벗출판사", 3)은 "출판사"를 추출합니다.

형식 RIGHT(텍스트, 개수) : 텍스트의 오른쪽부터 지정한 개수만큼 추출합니다.

준비하세요! 'C:\길벗컴활1급\04 부록' 폴더의 'RIGHT.xlsm' 파일을 열어 '기본' 시트에서 실습하세요.

	A	B	C
1	오른쪽에 있는 문자 추출하기		
2			
3	문자	문자수	결과
4	KOREA	2	EA ❶
5	KOREA	-1	#VALUE!
6	KOREA	0	
7	KOREA	6	KOREA
8	대한민국	2	민국 ❷
9	1234	2	34

❶ =RIGHT(A4,B4) : [A4] 셀의 값 "KOREA"의 오른쪽 끝 글자부터 지정된 글자 수 인 2만큼 추출한 "EA"가 [C4] 셀에 입력됩니다.

❷ =RIGHT(A8,B8) : [A8] 셀의 값 "대한민국"의 오른쪽 끝 글자부터 지정된 글자 수인 2만큼 추출한 "민국"이 [C8] 셀에 입력됩니다.

기출문제 따라잡기   '기출' 시트에서 실습하세요.

[B8:E9] 영역을 참조하여 제품코드에 따른 제품명을 표시하세요.

▶ 제품번호의 끝 1자리가 제품코드를 나타냄

	A	B	C	D	E
1		월별 판매실적			
2		제품번호	제품명	4월	5월
3		A001	키보드	155	208
4		A002	메모리	117	125
5		A003	메인보드	167	136
6					
7		[제품명 표]			
8		제품코드	1	2	3
9		제품명	키보드	메모리	메인보드

정답 [C3] : =HLOOKUP(VALUE(RIGHT(B3,1)), $C$8:$E$9, 2)

수식의 이해

중첩 함수가 사용된 수식을 만들 때는 최종적으로 값을 반환하는, 즉 가장 바깥쪽에 사용할 함수부터 찾아서 수식을 세우고, 수식을 이해할 때는 우선 순위에 따라 안쪽에서부터 바깥쪽 방향으로 하나씩 상수로 변환하면서 이해하면 쉽습니다.

=HLOOKUP(VALUE(RIGHT(B3, 1)), C8:E9, 2)
                   ❶

• ❶ RIGHT(B3, 1) : [B3] 셀의 값 "A001"의 오른쪽 1글자를 추출하므로 "1"이 반환됩니다. "1"을 ❶에 대입하면 다음과 같습니다.

=HLOOKUP(VALUE("1"), C8:E9, 2)
            ❷

• ❷ VALUE("1") : 문자 "1"을 숫자 1로 변환하여 1을 반환합니다. 1을 ❷에 대입하면 다음과 같습니다.

=HLOOKUP(1, C8:E9, 2) : [C8:E9] 영역의 첫 번째 행에서 1을 찾고, 1이 있는 첫 번째 열에서 행 번호로 지정된 2행의 값 "키보드"가 [C3] 셀에 입력됩니다.

전문가의 조언

• 추출할 문자 수가 0보다 작을 경우 '#VALUE!' 오류값이 반환됩니다.
• 2004년 4회 시험에서 문자를 숫자로 변환하는 함수로 VALUE 대신에 INT가 사용되었습니다. INT는 정수를 구하는 함수이나 문자를 숫자로 변환하는 용도로도 사용이 가능합니다.
• HLOOKUP 함수는 범위의 첫 번째 행에서 '찾을값'과 같은 데이터를 찾은 후 찾을값이 있는 열에서 지정된 행 번호 위치에 있는 데이터를 입력하는 함수입니다. 자세한 내용은 70쪽을 참고하세요.

097 시작 위치부터 지정한 수만큼 추출하기 — MID

MID 함수는 텍스트 문자열의 특정 위치에서 원하는 개수만큼의 문자를 추출합니다. 예를 들어 MID("길벗출판사", 2, 3)은 "벗출판"을 추출합니다.

형식 MID(텍스트, 시작위치, 개수) : 텍스트의 시작 위치부터 지정한 개수만큼 추출합니다.

준비하세요! : 'C:\길벗컴활1급\04 부록' 폴더의 'MID.xlsm' 파일을 열어 '기본' 시트에서 실습하세요.

	A	B	C	D
1	중간에서 문자열 추출하기			
2				
3	문자열	시작위치	문자수	결과
4	KOREA	3	2	RE	❶
5	KOREA	2	4	OREA
6	KOREA	-1	3	#VALUE!	❷
7	KOREA	2	-1	#VALUE!
8	대한민국	2	2	한민
9	12345678	4	3.	456	❸

❶ =MID(A4,B4,C4) : "KOREA"의 세 번째 위치부터 두 글자를 추출한 "RE"가 [D4] 셀에 입력됩니다.

❷ =MID(A6,B6,C6) : 시작 위치가 0보다 작으므로 오류값(#VALUE!)이 [D6]셀에 입력됩니다.

❸ =MID(A9,B9,C9) : "12345678"의 네 번째 위치부터 세 글자를 추출한 "456"이 [D9] 셀에 입력됩니다.

기출문제 따라잡기 '기출' 시트에서 실습하세요.

업무코드별 서울본사의 인원수를 계산하여 표시하세요.

▶ 업무코드는 사원코드의 두 번째 문자임

▶ COUNT와 IF 함수를 이용한 배열 수식으로 계산

정답 [C4] 셀에 다음의 수식을 입력하고 Ctrl + Shift + Enter 를 누르세요.
=COUNT(IF((MID($B$9:$B$13,2,1)=B4) * ($C$9:$C$13=$C$3), 1))

	A	B	C	D
1				
2		업무구분별 지사별 인원수		
3		업무코드	서울본사	
4		R	2	
5		D	1	
6		M	0	
7				
8		사원코드	지역	
9		SR123	서울본사	
10		SD078	경기지사	
11		SR789	서울본사	
12		SM140	경기지사	
13		SD987	서울본사	

수식의 이해

COUNT와 IF 함수를 이용한 배열 수식의 일반식 – 조건이 2개일 경우

=COUNT(IF((조건1) * (조건2) ,1))

=COUNT(IF((MID(B9:B13,2,1)=B4) * (C9:C13=C3) ,1))
              조건1   조건2

• **조건1** : 사원코드의 두 번째 문자가 'R'
• **조건2** : 지역이 '서울본사'

전문가의 조언

• IF 함수는 조건에 따라 여러 가지의 서로 다른 처리를 하는 함수입니다. 자세한 설명은 23쪽을 참고하세요.
• COUNT 함수는 인수 중 숫자가 들어 있는 셀의 개수를 구하는 함수입니다. 자세한 내용은 102쪽을 참고하세요.
• 배열 수식에 대한 자세한 설명은 본서 1권 121쪽을 참고하세요.

098 문자열의 길이 알아내기 — LEN

12.3, 08.1, 06.2, 06.1

LEN 함수는 문자열의 문자 수를 구할 때 사용하는 함수입니다. 예를 들어, LEN("유비쿼터스")는 5를 반환합니다. 이 때 한글과 영문, 공백은 똑같이 한 글자로 취급합니다.

형식 LEN(텍스트) : 텍스트의 길이(개수)를 구합니다.

준비하세요! : 'C:\길벗컴활1급\04 부록' 폴더의 'LEN.xlsm' 파일을 열어 '기본' 시트에서 실습하세요.

❶ =LEN(A4) : [A4] 셀의 값 "KOREA"의 문자 수인 5가 [B4] 셀에 입력됩니다.

❷ =LEN(A6) : [A6] 셀의 값 "Miss 경기도"의 문자 수인 8이 [B6] 셀에 입력됩니다.

❸ =LEN(A9) : [A9] 셀의 값 "King Sejong"의 문자 수인 11이 [B9] 셀에 입력됩니다.

기출문제 따라잡기 '기출' 시트에서 실습하세요.

초과강의명을 이용하여 강의기호를 구하세요.

▶ 강의기호는 초과강의명 뒤의 4글자를 뺀 나머지이며, 대문자로 표시

	초과강의명	강의기호
3	asp(공개강의)_WEB	ASP(공개강의)
4	Jsp(재수강)_WEB	JSP(재수강)
5	cgi(교양)_WEB	CGI(교양)
6	nsapi/isapi_ASP	NSAPI/ISAPI

정답 [D3] : =UPPER(LEFT(B3,LEN(B3)−4))

수식의 이해

중첩 함수가 사용된 수식을 만들 때는 최종적으로 값을 반환하는, 즉 가장 바깥쪽에 사용할 함수부터 찾아서 수식을 세우고, 수식을 이해할 때는 우선 순위에 따라 안쪽에서부터 바깥쪽 방향으로 하나씩 상수로 변환하면서 이해하면 쉽습니다.

=UPPER(LEFT (B3, LEN(B3)−4))
          ❶

• ❶ LEN(B3)−4 : [B3] 셀에 입력된 문자의 개수 13에서 4를 뺀 9를 반환합니다. 9를 ❶에 대입하면 다음과 같습니다.

=UPPER(LEFT(B3,9))
          ❷

• ❷ LEFT(B3,9) : [B3] 셀의 값 "asp(공개강의)_WEB"의 왼쪽에서 9글자인 "asp(공개강의)"가 반환됩니다. "asp(공개강의)"를 ❷번에 대입하면 다음과 같습니다.

• =UPPER("asp(공개강의)") : "asp(공개강의)"를 대문자로 변환한 "ASP(공개강의)"가 [D3] 셀에 입력됩니다.

전문가의 조언

문자열의 길이

• 공백도 문자 수에 포함됩니다.
• 문자열의 길이를 바이트 수로 구하려면 LENB를 이용하세요.
• LEFT 함수는 텍스트의 왼쪽부터 지정한 개수만큼 표시하는 함수입니다. 자세한 설명은 81쪽을 참고하세요.
• UPPER 함수는 텍스트를 모두 대문자로 표시하는 함수입니다. 자세한 내용은 85쪽을 참고하세요.

099 소문자를 대문자로 변환하기 — UPPER

06.2, 06.1

UPPER 함수는 문자열에 포함된 소문자를 모두 대문자로 변환합니다. 예를 들어, UPPER("Miss Kim")은 "MISS KIM"이 됩니다. 숫자, 특수문자, 한글과 같이 대 · 소문자 구별이 없는 문자는 변환되지 않습니다.

형식 UPPER(텍스트) : 문자열(텍스트)에 포함된 소문자를 모두 대문자로 변환합니다.

준비하세요! : 'C:\길벗컴활1급\04 부록' 폴더의 'UPPER.xlsm' 파일을 열어 '기본' 시트에서 실습하세요.

❶ =UPPER(A4) : [A4] 셀의 "korea"를 대문자로 변환한 "KOREA"가 [B4] 셀에 입력됩니다.

❷ =UPPER(A6) : [A6] 셀의 "Miss 경기도"를 대문자로 변환한 "MISS 경기도"가 [B6] 셀에 입력됩니다.

❸ =UPPER(A8) : [A8] 셀의 1234567은 숫자이므로 문자로 변환된 "1234567"이 [B8] 셀에 입력됩니다.

기출문제 따라잡기　　'기출' 시트에서 실습하세요.

초과강의명을 이용하여 강의기호를 구하세요.

▶ 강의기호는 초과강의명 뒤의 4글자를 뺀 나머지이며, 대문자로 표시

정답 [D3] : =UPPER(LEFT(B3,LEN(B3)−4))

	B	C	D
1			
2	초과강의명		강의기호
3	asp(공개강의)_WEB		ASP(공개강의)
4	Jsp(재수강)_WEB		JSP(재수강)
5	cgi(교양)_WEB		CGI(교양)
6	nsapi/isapi_ASP		NSAPI/ISAPI

수식의 이해

중첩 함수가 사용된 수식을 만들 때는 최종적으로 값을 반환하는, 즉 가장 바깥쪽에 사용할 함수부터 찾아서 수식을 세우고, 수식을 이해할 때는 우선순위에 따라 안쪽에서부터 바깥쪽 방향으로 하나씩 상수로 변환하면서 이해하면 쉽습니다.

=UPPER(LEFT (B3,LEN(B3)−4))
　　　　　　　　❶

• ❶ LEN(B3)−4 : [B3] 셀에 입력된 문자의 개수 13에서 4를 뺀 9를 반환합니다. 9를 ❶에 대입하면 다음과 같습니다.

=UPPER(LEFT(B3,9))
　　　　　　❷

• ❷ LEFT(B3, 9) : [B3] 셀의 값 "asp(공개강의)_WEB"의 왼쪽에서 9글자인 "asp(공개강의)"가 반환됩니다. "asp(공개강의)"를 ❷번에 대입하면 다음과 같습니다.

• =UPPER("asp(공개강의)") : "asp(공개강의)"를 대문자로 변환한 "ASP(공개강의)"가 [D3] 셀에 입력됩니다.

 전문가의 조언

• LEFT 함수는 텍스트의 왼쪽부터 지정한 개수만큼 추출하는 함수입니다. 자세한 설명은 81쪽을 참고하세요.
• LEN 함수는 문자의 개수를 구하는 함수입니다. 자세한 내용은 84쪽을 참고하세요.

100   형식에 맞는 텍스트로 바꾸기 — TEXT

TEXT 함수는 숫자를 표시 형식에 맞는 텍스트로 변환하는 함수입니다. 예를 들어 TEXT(5897.77, "₩0,000")은 5897.77에 ₩와 콤마(,)를 추가하고 소수점 이하 1자리에서 반올림하여 표시하므로 "₩5,898"이 됩니다. TEXT 함수는 숫자를 문자로 변환하여 문자와 연결할 때 많이 사용됩니다.

형식   TEXT(인수, 형식) : 인수를 지정한 형식의 텍스트로 바꿉니다.

준비하세요! 'C:\길벗컴활1급\04 부록' 폴더의 'TEXT.xlsm' 파일을 열어 '기본' 시트에서 실습하세요.

	A	B	C
1	숫자를 서식있는 문자로 변환하기		
2			
3	숫자	서식	결과
4	78325.9	₩0,000	₩78,326	❶
5	50	#%	5000%
6	78325	#,	78	❷
7	78325	#,###	78,325
8	78325.674	#,###.00	78,325.67

❶ =TEXT(A4,B4) : [A4] 셀의 값 78325.9에 서식 "₩0,000"을 적용하면 "₩" 기호, 천 단위 구분 기호가 추가되고 소수점 이하 첫째자리에서 반올림된 "₩78,326"이 [C4] 셀에 입력됩니다.

❷ =TEXT(A6,B6) : [A6] 셀의 값 78325에 서식 "#,"을 적용하면 백의자리 이하는 표시되지 않는 "78"이 [C6] 셀에 입력됩니다.

기출문제 따라잡기   '기출' 시트에서 실습하세요.

4월 ~ 6월까지의 판매 내역 평균을 '표기 예' 형태로 계산하세요.

▶ 표기 예 : 30 → 30.00점(값이 0인 경우에도 표시할 것)

	A	B	C	D	E	F	G
1							
2		제품번호	부서명	4월	5월	6월	평균
3		A001	영업1팀	95	85	88	89.33점
4		A001	영업2팀	25	65	37	42.33점
5		A001	영업3팀	35	58	57	50.00점
6		A002	영업1팀	50	37	41	42.67점
7		A002	영업2팀	55	67	96	72.67점

정답   [G3] : =TEXT(AVERAGE(D3:F3), "0.00점")

수식의 이해

=TEXT(AVERAGE(D3:F3), "0.00점")
       ❶

- ❶ [D3:F3] 영역의 평균인 89.333…을 반환합니다. 89.333…을 ❶에 대입하면 수식은 다음과 같이 됩니다.
- =TEXT(89.333, "0.00점") : 89.333…에 서식 "0.00점"을 적용하면, 소수점 이하 셋째 자리에서 반올림하여 둘째 자리까지 표시하되 숫자 뒤에 "점"을 붙인 "89.33점"이 [G3] 셀에 입력됩니다.

👤💬 **전문가의 조언**

TEXT 함수 변환 규칙
- 형식에 별표(*)는 포함될 수 없습니다.
- '셀 서식' 대화상자의 '표시 형식' 탭에서 셀 서식을 지정하면 값은 변경되지 않고 서식만 변경되지만, TEXT 함수를 사용하면 서식이 지정된 텍스트로 값이 변경될 뿐 아니라 그 결과는 더 이상 숫자로 인식되지 않습니다.
- AVERAGE 함수는 인수의 평균값을 구하는 함수입니다. 자세한 내용은 98쪽을 참고하세요.

---

101   문자열 연결하기 — CONCAT

CONCAT 함수는 여러 개의 텍스트를 한 개의 텍스트로 연결하여 표시하는 함수로, 인수를 1개에서 255개까지 지정할 수 있습니다. 텍스트 항목에는 텍스트, 숫자, 셀 주소 등을 지정할 수 있습니다.

형식 CONCAT(텍스트1, 텍스트2, …) : 인수로 주어진 문자열(텍스트)들을 1개의 문자열로 연결합니다.

준비하세요! : 'C:\길벗컴활1급\04 부록' 폴더의 'CONCAT.xlsm' 파일을 열어 '기본' 시트에서 실습하세요.

	A	B	C
1	문자열 합치기		
2			
3	텍스트1	텍스트2	합친문자
4	KO	REA	KOREA	❶
5	안녕	하세요.	안녕하세요.
6		엑셀사전	엑셀사전
7	길벗	출판사	길벗출판사	❷
8	미녀와	야수	미녀와야수

❶ =CONCAT(A4,B4) : [A4] 셀의 텍스트 "KO"와 [B4] 셀의 텍스트 "REA"가 합쳐진 "KOREA"가 [C4] 셀에 입력됩니다.

❷ =CONCAT(A7,B7) : [A7] 셀의 텍스트 "길벗"과 [B7] 셀의 텍스트 "출판사"가 합쳐진 "길벗출판사"가 [C7] 셀에 입력됩니다.

기출문제 따라잡기   '기출' 시트에서 실습하세요.

보험자를 이용하여 [C3:C10] 영역에 피보험자를 계산하여 표시하시오.

▶ 보험자의 가운데 글자를 "*"로 변경하고 뒤에 " 가족"을 표시

▶ [표시 예 : 이*주 가족]

▶ CONCAT, MID, SUBSTITUTE 함수 사용

정답 [C3] : =CONCAT(SUBSTITUTE(B3, MID(B3,2,1), "*"), " 가족")

	A	B	C
1			
2		보험자	피보험자
3		이은주	이*주 가족
4		송영희	송*희 가족
5		박은주	박*주 가족
6		김정아	김*아 가족
7		윤슬기	윤*기 가족
8		김정수	김*수 가족
9		하영재	하*재 가족
10		한동주	한*주 가족

수식의 이해

중첩 함수가 사용된 수식을 만들 때는 최종적으로 값을 반환하는, 즉 가장 바깥쪽에서 사용할 함수부터 찾아서 수식을 세우고, 수식을 이해할 때는 우선순위에 따라 안쪽에서부터 바깥쪽 방향으로 하나씩 상수로 변환하면서 이해하면 쉽습니다.

=CONCAT(SUBSTITUTE(B3, MID(B3,2,1), "*"), " 가족")
                         ❶

• ❶ MID(B3,2,1) : [B3] 셀의 값 "이은주"에서 두 번째 글자부터 한 글자를 추출하면 "은"이 반환됩니다. "은"을 ❶에 대입하면 다음과 같습니다.

=CONCAT(SUBSTITUTE(B3, "은", "*"), " 가족")
                 ❷

• ❷ SUBSTITUTE(B3, "은", "*") : [B3] 셀의 값 "이은주"에서 "은" 자를 "*"로 변경하면 "이*주"가 반환됩니다. "이*주"를 ❷에 대입하면 다음과 같습니다.

• =CONCAT("이*주", " 가족") : "이*주"와 " 가족"을 합친 문자열 "이*주 가족"이 [C3] 셀에 입력됩니다.

102 대문자를 소문자로 변환하기 — LOWER

LOWER 함수는 문자열(텍스트)의 대문자를 모두 소문자로 변환합니다. 예를 들어, LOWER("Miss Kim")은 "miss kim"이 됩니다. 숫자, 특수 문자, 한글과 같이 소문자가 없는 문자는 변환되지 않습니다.

형식 **LOWER(텍스트)** : 문자열(텍스트)의 대문자를 소문자로 변환합니다.

준비하세요! : 'C:\길벗컴활1급\04 부록' 폴더의 'LOWER.xlsm' 파일을 열어 '기본' 시트에서 실습하세요.

	A	B	
1	소문자로 변환하기		
2			
3	문자열	변환	
4	KOREA	korea	❶
5	대한민국	대한민국	
6	Miss 경기도	miss 경기도	❷
7	!ERROR#	!error#	
8	1234567	1234567	❸
9	King, Sejong.	king, sejong.	

❶ =LOWER(A4) : [A4] 셀의 "KOREA"를 소문자로 변환한 "korea"가 [B4] 셀에 입력됩니다.

❷ =LOWER(A6) : [A6] 셀의 "Miss 경기도"를 소문자로 변환한 "miss 경기도"가 [B6] 셀에 입력됩니다.

❸ =LOWER(A8) : [A8] 셀의 1234567은 숫자이므로 문자로 변환된 "1234567"이 [B8] 셀에 입력됩니다.

---

103 텍스트 비교하기 — EXACT

EXACT 함수는 두 텍스트가 동일한지 비교하는 함수입니다. 인수로 지정한 두 텍스트를 비교하여 동일하면 TRUE, 동일하지 않으면 FALSE를 반환합니다.

형식 **EXACT(텍스트1, 텍스트2)** : '텍스트1'과 '텍스트2'가 동일하면 TRUE, 다르면 FALSE를 반환합니다.

준비하세요! : 'C:\길벗컴활1급\04 부록' 폴더의 'EXACT.xlsm' 파일을 열어 '기본' 시트에서 실습하세요.

	A	B	C	D	
1		문자열 비교			
2		문자열1	문자열2	결과	
3		^.^	^.^	TRUE	❶
4		길벗	gilbut	FALSE	❷
5		1100	1100	TRUE	
6		12,000	12000	TRUE	❸
7		함수	함 수	FALSE	

❶ =EXACT(B3,C3) : [B3] 셀의 "^.^"와 [C3] 셀의 "^.^"는 동일하므로 [D3] 셀에 TRUE가 입력됩니다.

❷ =EXACT(B4,C4) : [B4] 셀의 "길벗"과 [C4] 셀의 "gilbut"은 다르므로 [D4] 셀에 FALSE가 입력됩니다.

❸ =EXACT(B6,C6) : [B6] 셀의 12,000과 [C6] 셀의 12000은 같으므로 [D6] 셀에 TRUE가 입력됩니다.

※ [B6] 셀의 12,000은 표시 형식을 지정하여 화면에는 콤마(,)가 표시되어 있지만 실제로 셀에 저장되는 값은 12000입니다.

---

104 문자열 치환하기 — REPLACE

REPLACE 함수는 문자열의 일부를 다른 문자열로 바꾸는 함수입니다. 예를 들어, REPLACE("KOREA",2,4,"ING")는 "KOREA"에서 두 번째 문자부터 네 개의 문자를 "ING"로 변환하므로 "KING"가 됩니다.

형식 REPLACE(텍스트1, 시작위치, 개수, 텍스트2) : 텍스트1의 시작 위치에서 개수만큼 텍스트2로 변환합니다.

준비하세요! : 'C:\길벗컴활1급\04 부록' 폴더의 'REPLACE.xlsm' 파일을 열어 '기본' 시트에서 실습하세요.

	A	B	C	D	E
1	문자열 치환				
2					
3	문자열	시작위치	문자수	변경문자	결과
4	abcdefghijk	6	5	**	abcde**k
5	KOREA	2	4	ING	KING
6	2004	3	2	10	2010
7	kysgilbut.co.kr	4	0	@	kys@gilbut.co.kr
8	123456789	4	2	-	123-6789

❶ =REPLACE(A4,B4,C4,D4) : [A4] 셀의 문자열 중 6번째 문자인 "f"부터 5개의 문자 "fghij"가 "**"으로 변경된 "abcde**k"가 [E4] 셀에 입력됩니다.

기출문제 따라잡기 '기출' 시트에서 실습하세요.

코드와 강의년도를 이용하여 [C3:C10] 영역에 강의코드를 계산하여 표시하시오.

▶ 강의코드는 코드 중간에 강의년도의 뒤 두 글자를 삽입하여 표시
▶ 코드가 'S001', 강의년도가 '2019'일 경우 : S-19-001
▶ RIGHT, REPLACE 함수와 & 연산자 사용

정답 [C3] : =REPLACE(B3,2,0,"-"&RIGHT(D3,2)&"-")

	A	B	C	D	E
1					
2		코드	강의코드	강의년도	강사
3		S001	S-19-001	2019	이남석
4		S002	S-19-002	2019	박준혁
5		S003	S-19-003	2019	황성호
6		S004	S-19-004	2019	박찬훈
7		S005	S-19-005	2019	김인하
8		S006	S-19-006	2019	정재익
9		S007	S-19-007	2019	박찬훈
10		S008	S-19-008	2019	황성호

수식의 이해

중첩 함수가 사용된 수식을 만들 때는 최종적으로 값을 반환하는, 즉 바깥쪽에 사용할 함수부터 찾아서 수식을 세우고, 수식을 이해할 때는 우선순위에 따라 안쪽에서부터 바깥쪽 방향으로 하나씩 상수로 변환하면서 이해하면 쉽습니다.

=REPLACE(B3,2,0,"-"&RIGHT(D3,2)&"-")
　　　　　　　　　　　❶

• ❶ RIGHT(D3,2) : [D3] 셀의 값 "2019"의 오른쪽 2글자를 추출하므로 "19"가 반환됩니다. "19"를 ❶에 대입하면 다음과 같습니다.
• =REPLACE(B3,2,0,"-"&"19"&"-") : [B3] 셀의 값 "S001" 중 2번째 글자인 "0"부터 0개 문자, 즉 1번째와 2번째 사이에 "-"과 "19", "-"을 연결한 "-19-"을 삽입한 "S-19-001"이 [C3] 셀에 입력됩니다.

105 대·소문자 알맞게 변환하기 — PROPER

PROPER 함수는 문자열에 포함된 대·소문자를 적절하게 변환하는 함수로, 영어 단어의 첫 번째 문자와 영문자가 아닌 문자 다음에 오는 영문자를 대문자로 변환하고, 나머지 문자들은 소문자로 변환합니다. 예를 들어 PROPER("24TH SEOUL OLYMPIC")는 "24Th Seoul Olympic"이 됩니다.

형식 PROPER(텍스트) : 텍스트의 첫 글자만 대문자로 변환합니다.

준비하세요! : 'C:\길벗컴활1급\04 부록' 폴더의 'PROPER.xlsm' 파일을 열어 '기본' 시트에서 실습하세요.

	A	B
1	대소문자를 적절하게 변환하기	
2		
3	문자열	결과
4	24TH SEOUL OLYMPIC	24Th Seoul Olympic
5	2-cent's worth	2-Cent'S Worth
6	this is a title	This Is A Title
7	길벗 publisher	길벗 Publisher
8	king kong	King Kong
9	a-123b	A-123B

❶ =PROPER(A4) : 첫 번째 영문자인 "SEOUL"의 "S"와 영문자가 아닌 문자 다음에 오는 영문자인 "24TH"의 "T", 그리고 공백 다음에 오는 문자인 "OLYMPIC"의 "O"는 대문자로 변환되고 나머지 영문자는 소문자로 변환된 "24Th Seoul Olympic"이 [B4] 셀에 입력됩니다.

기출문제 따라잡기 '기출' 시트에서 실습하세요.

'홈페이지주소'에서 '.kr'을 '@상공.kr'로 변경하고, 첫 글자는 대문자로 변경하여 메일주소[D3:D11]를 구하시오.

▶ SUBSTITUTE, UPPER, PROPER, CONCAT 중 알맞은 함수를 선택하여 사용

정답 [D3] : =SUBSTITUTE(PROPER(C3), ".Kr", "@상공.kr")

	A	B	C	D
1				
2		성명	홈페이지주소	메일주소
3		고광섭	naver05.kr	Naver05@상공.kr
4		권창영	ckd9292.kr	Ckd9292@상공.kr
5		김동진	korea7979.kr	Korea7979@상공.kr
6		김병준	doctorkim.kr	Doctorkim@상공.kr
7		김영희	kyh1254.kr	Kyh1254@상공.kr
8		김은조	allhappy.kr	Allhappy@상공.kr
9		마동탁	baseballma.kr	Baseballma@상공.kr
10		서현명	gusaud951.kr	Gusaud951@상공.kr
11		오동진	forever3003.kr	Forever3003@상공.kr

수식의 이해

중첩 함수가 사용된 수식을 만들 때는 최종적으로 값을 반환하는, 즉 바깥쪽에 사용할 함수부터 찾아서 수식을 세우고, 수식을 이해할 때는 우선순위에 따라 안쪽에서부터 바깥쪽 방향으로 하나씩 상수로 변환하면서 이해하면 쉽습니다.

=SUBSTITUTE(PROPER(C3), ".Kr", "@상공.kr")
            ❶

- ❶ PROPER(C3) : [C3] 셀에 입력된 텍스트에서 첫 번째 글자와 영문자가 아닌 문자 다음에 오는 영문자를 대문자로 변환합니다. ❶의 결과값 "Naver05.Kr"을 ❶에 대입하면 다음과 같습니다.
- SUBSTITUTE("Naver05.Kr", ".Kr", "@상공.kr") : "Naver05.Kr"에서 ".Kr"을 찾아 "@상공.kr"로 변환한 "Naver05@상공.kr"이 [D3] 셀에 입력됩니다.

106 "kikikiki"를 "kokokoko"로 변환하기 — SUBSTITUTE

SUBSTITUTE 함수는 문자열의 일부를 찾아 다른 문자열로 바꾸는 함수입니다. 예를 들어, SUBSTITUTE("kikikiki", "i", "o")는 "kikikiki"에서 "i"를 찾아 모두 "o"로 변환하므로 "kokokoko"가 됩니다.

형식 SUBSTITUTE(텍스트, 인수1, 인수2) : "텍스트"에서 "인수1"을 "인수2"로 변환합니다.

준비하세요! : 'C:\길벗컴활1급\04 부록' 폴더의 'SUBSTITUTE.xlsm' 파일을 열어 '기본' 시트에서 실습하세요.

	A	B	C	D
1		문자열 치환		
2				
3	문자열	변경될 문자	변경할 문자	결과
4	판매 데이터	판매	비용	비용 데이터	❶
5	kikikiki	i	o	kokokoko
6	2004	4	8	2008
7	1/4 분기	1	2	2/4 분기
8	경기도 수원시	수원	안산	경기도 안산시

❶ =SUBSTITUTE(A4,B4,C4) : [A4] 셀의 문자열 중 "판매"를 찾아 "비용"으로 변환한 결과인 "비용 데이터"가 [D4] 셀에 입력됩니다.

기출문제 따라잡기 '기출' 시트에서 실습하세요.

[표1]의 '홈페이지주소'에서 '.kr'을 '@상공.kr'로 변경하고, 첫 글자는 대문자로 변경하여 메일주소[D3:D11]를 구하시오.

▶ SUBSTITUTE, UPPER, PROPER, CONCAT 중 알맞은 함수를 선택하여 사용

정답 [D3] : =SUBSTITUTE(PROPER(C3), ".Kr", "@상공.kr")

	A	B	C	D
1				
2		성명	홈페이지주소	메일주소
3		고광섭	naver05.kr	Naver05@상공.kr
4		권창영	ckd9292.kr	Ckd9292@상공.kr
5		김동진	korea7979.kr	Korea7979@상공.kr
6		김병준	doctorkim.kr	Doctorkim@상공.kr
7		김영희	kyh1254.kr	Kyh1254@상공.kr
8		김은조	allhappy.kr	Allhappy@상공.kr
9		마동탁	baseballma.kr	Baseballma@상공.kr
10		서현명	gusaud951.kr	Gusaud951@상공.kr
11		오동진	forever3003.kr	Forever3003@상공.kr

수식의 이해

중첩 함수가 사용된 수식을 만들 때는 최종적으로 값을 반환하는, 즉 바깥쪽에 사용할 함수부터 찾아서 수식을 세우고, 수식을 이해할 때는 우선순위에 따라 안쪽에서부터 바깥쪽 방향으로 하나씩 상수로 변환하면서 이해하면 쉽습니다.

=SUBSTITUTE(PROPER(C3), ".Kr", "@상공.kr")
        ❶

• ❶ PROPER(C3) : [C3] 셀에 입력된 텍스트에서 첫 번째 글자와 영문자가 아닌 문자 다음에 오는 영문자를 대문자로 변환합니다. ❶의 결과값 "Naver05.Kr"을 ❶에 대입하면 다음과 같습니다.
• SUBSTITUTE("Naver05.Kr", ".Kr", "@상공.kr") : "Naver05.Kr"에서 ".Kr"을 찾아 "@상공.kr"로 변환한 "Naver05@상공.kr"이 [D3] 셀에 입력됩니다.

107 문자를 숫자로 변환하기 — VALUE

VALUE 함수는 문자열을 숫자로 변환하는 함수입니다. 'Microsoft Excel'에서는 필요에 따라 텍스트가 숫자로 자동 변환됩니다. 이 함수는 다른 스프레드시트 프로그램과의 호환을 위해 제공되는 것입니다.

형식 VALUE(텍스트) : 텍스트를 숫자로 변환합니다.

준비하세요! : 'C:\길벗컴활1급\04 부록' 폴더의 'VALUE.xlsm' 파일을 열어 '기본' 시트에서 실습하세요.

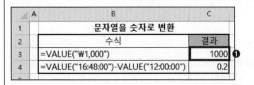

	A	B	C
1		문자열을 숫자로 변환	
2		수식	결과
3		=VALUE("₩1,000")	1000 ❶
4		=VALUE("16:48:00")-VALUE("12:00:00")	0.2

❶ =VALUE("₩1,000") : 문자열 "₩1,000"을 숫자로 변환한 1000이 [C3] 셀에 입력됩니다.

기출문제 따라잡기 '기출' 시트에서 실습하세요.

[B10:E16] 영역을 이용하여 [D3:D8] 영역에 '부서명'을 구하시오.

▶ 코드는 업무코드의 첫째 자리 숫자를 이용하시오.
▶ LEFT, VALUE, VLOOKUP 함수 사용

정답 [D3] : =VLOOKUP(VALUE(LEFT(C3,1)), $B$11:$E$16, 4)

	A	B	C	D	E
1					
2		성명	업무코드	부서명	
3		조예슬	13	총무부	
4		고수정	12	총무부	
5		김세환	35	영업부	
6		김형대	43	기술지원부	
7		문은아	31	영업부	
8		박영훈	53	비서실	
9					
10		코드	팀1	팀2	부서명
11		1	입고	출고	총무부
12		2	인사	급여	인사부
13		3	내수	수출	영업부
14		4	국내	해외	기술지원부
15		5	관리	실무	비서실
16		6	기획	내사	감사실

수식의 이해

중첩 함수가 사용된 수식을 만들 때는 최종적으로 값을 반환하는, 즉 가장 바깥쪽에서 사용할 함수부터 찾아서 수식을 세우고, 수식을 이해할 때는 우선순위에 따라 안쪽에서부터 바깥쪽 방향으로 하나씩 상수로 변환하면서 이해하면 쉽습니다.

=VLOOKUP(VALUE(LEFT(C3,1)), B11:E16, 4)
              ❶

• ❶ LEFT(C3,1) : [C3] 셀의 값 "13"에서 왼쪽의 한 문자를 추출하면 "1"이 반환됩니다. "1"을 ❶에 대입하면 다음과 같습니다.

  =VLOOKUP(VALUE("1"), B11:E16, 4)
           ❷

• ❷ VALUE("1") : 텍스트 "1"을 숫자로 변환합니다. 1을 ❷에 대입하면 다음과 같습니다.

  =VLOOKUP(1, B11:E16, 4)

• =VLOOKUP(1, B11:E16, 4) : [B11:E16] 영역의 첫 번째 열에서 1이 있는 첫 번째 행에서 열 번호로 지정된 4열의 값 "총무부"가 [D3] 셀에 입력됩니다.

---

108 문자열에서 특정 문자의 위치 찾기(글자 단위) — FIND

FIND 함수는 문자열에 포함된 특정 문자를 찾아 그 위치를 반환하는 함수인데, 글자 단위로 구분하여 위치를 카운트하며, 찾는 문자가 없을 경우 오류값을 표시합니다. 예를 들어 FIND("R", "★오必勝 KOREA★", 1)은 8을 반환합니다. 이때 대 · 소문자를 구분하며, 와일드 카드(*, ?)는 사용할 수 없습니다.

형식 FIND(찾을 텍스트, 문자열, 시작 위치) : '문자열'의 '시작 위치'에서부터 '찾을 텍스트'를 찾아 그 위치를 반환합니다.

준비하세요! : 'C:\길벗컴활1급\04 부록' 폴더의 'FIND.xlsm' 파일을 열어 '기본' 시트에서 실습하세요.

	A	B	C	D
1	찾을 텍스트 위치 값 반환하기			
2				
3	문자	찾을 텍스트	시작 위치	결과
4	KOREA	r	1	#VALUE! ❶
5	No.1 sinagong	o	4	11
6	♥I Love YOU♥	O	2	10 ❷
7	★꿈! 夢! Dream★	e	3	10 ❸
8	1234	3	4	#VALUE!

❶ =FIND(B4, A4, C4) : [A4] 셀의 "KOREA"에 영문 소문자 "r"이 없으므로 오류값(#VALUE!)이 [D4] 셀에 입력됩니다.

❷ =FIND(B6, A6, C6) : [A6] 셀에 입력된 "♥I Love YOU ♥"의 두 번째 글자에서부터 영문 대문자 "O"를 찾아 그 위치인 10을 [D6] 셀에 입력합니다.

❸ =FIND(B7, A7, C7) : [A7] 셀에 입력된 "★꿈! 夢! Dream★"의 세 번째 글자에서부터 영문 소문자 "e"를 찾아 그 위치인 10을 [D7] 셀에 입력합니다.

기출문제 따라잡기   '기출' 시트에서 실습하세요.

수강과목을 이용하여 [E3:G5] 영역에 난이도별 과목별 인원수를 계산하시오.

▶ 수강과목에서 "−"을 기준으로 앞 부분은 과목, 뒷 부분은 난이도이다.

▶ IF, COUNT, FIND 함수를 이용한 배열 수식

	A	B	C	D	E	F	G
1	[표1]			[표2] 난이도별 과목별 인원수			
2	성명	수강과목		난이도	코딩	데이터분석	클라우드
3	김성수	코딩-초급		초급	2	0	0
4	차태현	데이터분석-중급		중급	1	1	0
5	소미선	클라우드-고급		고급	0	1	1
6	최재형	클라우드-초급					
7	최지원	데이터분석-고급					
8	김미연	코딩-중급					
9	김영수	코딩-초급					

정답 [E3] 셀에 다음의 수식을 입력하고 Ctrl + Shift + Enter를 누르세요.
=COUNT(IF((FIND($D3,$B$3:$B$9,1)>=1)*(FIND(E$2,$B$3:$B$9,1)>=1), 1))

수식의 이해

COUNT와 IF를 이용한 개수 구하기 배열 수식의 일반식

{=COUNT(IF((조건1)*(조건2), 1))}

{=COUNT(IF((FIND($D3,$B$3:$B$9,1)>=1)*(FIND(E$2,$B$3:$B$9,1)>=1), 1))}
　　　　　　　　　조건1　　　　　　　　　　조건2

• **조건1** : "수강과목"에서 "초급"을 찾아 그 위치가 1보다 큰 데이터, 즉 '수강과목'에 "초급"이 입력된 데이터

• **조건2** : "수강과목"에 "코딩"이 입력된 데이터

109 문자열에서 특정 문자의 위치 찾기(글자 단위) — SEARCH

SEARCH 함수는 문자열에 포함된 특정 문자를 찾아 그 위치를 반환하는 함수인데, 글자 단위로 구분하여 위치를 카운트하며, 찾는 문자가 없을 경우 오류값을 표시합니다. 예를 들어 SEARCH("R", "★오必勝 KOREA★", 1)은 8을 반환합니다. FIND 함수와 다른 점은 대 · 소문자 구분이 없고, 와일드 카드(*, ?)를 사용할 수 있다는 것입니다.

형식 SEARCH(찾을 텍스트, 문자열, 시작 위치) : '문자열'의 '시작 위치'에서부터 '찾을 텍스트'를 찾아 그 위치를 반환합니다.

준비하세요! : 'C:\길벗컴활1급\04 부록' 폴더의 'SEARCH.xlsm' 파일을 열어 '기본' 시트에서 실습하세요.

	A	B	C	D
1	찾을 텍스트 위치 값 반환하기			
2				
3	문자	찾을 텍스트	시작 위치	결과
4	KOREA	r	1	3
5	No.1 sinagong	o	4	11
6	♥I Love YOU♥	O	2	5
7	★꿈! 夢! Dream★	e	3	10
8	1234	3	4	#VALUE!

❶ =SEARCH(B4, A4, C4) : [A4] 셀에 입력된 "KOREA"의 첫 번째 글자에서부터 "r"을 찾아 그 위치인 3을 [D4] 셀에 입력합니다.

❷ =SEARCH(B6, A6, C6) : [A6] 셀에 입력된 "♥I Love YOU♥"의 두 번째 글자에서부터 "O"를 찾아 그 위치인 5를 [D6] 셀에 입력합니다.

❸ =SEARCH(B8, A8, C8) : [A8] 셀에 입력된 "1234"의 네 번째 글자에서부터 3을 찾는데 3이 없으므로 오류값 (#VALUE!)이 [D8] 셀에 입력됩니다.

110 문자열 반복해서 표시하기 — REPT

REPT 함수는 문자열을 지정한 횟수만큼 반복해서 표시하는 함수로, 최대 반복 횟수는 32,767입니다. REPT 함수를 사용하면 셀에 같은 문자열을 필요한 만큼 입력할 수 있습니다. 예를 들어, '=REPT("*",100)'은 셀에 "*"를 100개 입력합니다.

형식 REPT(텍스트, 개수) : 텍스트를 개수만큼 반복하여 입력합니다.

준비하세요! : 'C:\길벗컴활1급\04 부록' 폴더의 'REPT.xlsm' 파일을 열어 '기본' 시트에서 실습하세요.

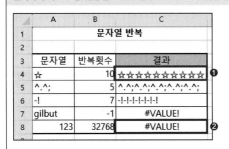

❶ =REPT(A4,B4) : [A4] 셀의 "☆"를 10번 반복하여 [C4] 셀에 입력합니다.

❷ =REPT(A8,B8) : [B8] 셀의 값 32,768이 텍스트의 최대 반복 횟수인 32,767보다 크므로 오류값 #VALUE!이 [C8] 셀에 입력됩니다.

기출문제 따라잡기   '기출' 시트에서 실습하세요.

[C4:F4] 영역에 학과코드별 학생수를 구해, 학생수만큼 "☆"를 표시하시오.

▶ DCOUNTA, REPT 함수 이용
▶ 표시 예 : 학생수 2 → ☆☆

정답 [C4] : =REPT("☆",DCOUNTA($B$6:$F$16,2,C2:C3))

A	B	C	D	E	F
1					
2	조건	학과코드	학과코드	학과코드	학과코드
3		A1	A2	B1	B2
4	학생수	☆☆	☆	☆☆☆☆	☆☆☆
5					
6	이름	학과코드	TOEIC	컴퓨터	전공2
7	최옥자	B2	61	98	68
8	송현우	B1	86	66	100
9	이욱현	A1	84	70	91
10	이창섭	B1	64	59	53
11	김영란	A2	92	87	82
12	민들레	B1	89	90	92
13	황유선	B2	92	64	76
14	손범수	B1	79	94	69
15	진양혜	A1	95	73	95
16	김건남	B2	74	92	95

수식의 이해

중첩 함수가 사용된 수식을 만들 때는 최종적으로 값을 반환하는, 즉 가장 바깥쪽에서 사용할 함수부터 찾아서 수식을 세우고, 수식을 이해할 때는 연산 우선순위에 따라 안쪽에서부터 바깥쪽 방향으로 하나씩 상수로 변환하면서 이해하면 쉽습니다.

=REPT("☆", DCOUNTA(B6:F16,2,C2:C3))
                   ❶

• ❶ DCOUNTA(B6:F16,2,C2:C3) : [B6:F16] 영역에서 [C2:C3] 영역의 조건, 즉 학과코드가 'A1'인 학생을 2열에서 찾은 후 그 개수인 2를 ❶에 대입하면 다음과 같습니다.
• =REPT("☆", 2) : "☆" 2개를 [C4] 셀에 입력합니다.

111 문자열의 공백 제거하기 ― TRIM

TRIM 함수는 단어 사이에 있는 한 칸의 공백을 제외하고 텍스트에 포함된 모든 공백을 제거합니다. 다른 응용 프로그램에서 전달받은 텍스트에 불필요한 공백이 있을 때 TRIM 함수를 사용합니다. 예를 들어, TRIM(" 겨 울 연 가 ")는 단어 양쪽의 공백을 모두 제거하고 글자 사이에 있는 공백은 한 칸만 남겨 "겨 울 연 가"가 됩니다.

형식 TRIM(텍스트) : 문자열의 공백을 제거합니다.

준비하세요! 'C:\길벗컴활1급\04 부록' 폴더의 'TRIM.xlsm' 파일을 열어 '기본' 시트에서 실습하세요.

❶ =TRIM(A4) : [A4] 셀에 입력된 " KOREA "에서 양쪽 공백을 제거한 "KOREA"가 [B4] 셀에 입력됩니다.

❷ =TRIM(A6) : [A6] 셀에 입력된 " Miss 경기도 "에서 양쪽의 공백을 제거하고, "Miss"와 "경기도" 사이의 공백은 1칸만 남긴 "Miss 경기도"가 [B6] 셀에 입력됩니다.

기출문제 따라잡기 '기출' 시트에서 실습하세요.

숙박일수를 이용하여 [F3:F9] 영역에 여행일정을 표시하시오.

▶ 숙박일수와 숙박일수에 1을 더해 '몇 박/몇 일'로 표시
▶ [표시 예] 숙박일수가 "2박"인 경우 : 2박/3일
▶ CONCAT, TRIM, LEFT 함수 사용

정답 [F3] : =CONCAT(TRIM(E3),"/",LEFT(TRIM(E3),1) +1, "일")

A	B	C	D	E	F
1					
2	예약코드	예약자	출발일	숙박일수	여행일정
3	TS208	강신의	2023-04-14	2박	2박/3일
4	TS209	박원석	2023-06-03	4박	4박/5일
5	TS210	홍동길	2023-04-25	2박	2박/3일
6	TS211	김지선	2023-06-20	1박	1박/2일
7	TS212	지승훈	2023-07-04	6박	6박/7일
8	TS213	최명성	2023-06-25	2박	2박/3일
9	TS214	한승연	2023-05-07	4박	4박/5일

수식의 이해

중첩 함수가 사용된 수식을 만들 때는 최종적으로 값을 반환하는, 즉 가장 바깥쪽에서 사용할 함수부터 찾아서 수식을 세우고, 수식을 이해할 때는 우선순위에 따라 안쪽에서부터 바깥쪽 방향으로 하나씩 상수로 반환하면서 이해하면 쉽습니다.

=CONCAT(TRIM(E3),"/",LEFT(TRIM(E3),1)+1,"일")
　　　　　❶　　　　　　　❶

• ❶ TRIM(E3) : [E3] 셀에 입력된 " 2박"에서 양쪽 공백을 제거한 "2박"이 반환됩니다. "2박"을 ❶에 대입하면 다음과 같습니다.

=CONCAT("2박","/",LEFT("2박",1)+1,"일")
　　　　　　　　　　❷

• ❷ LEFT("2박",1) : 텍스트 "2박"에서 왼쪽의 한 문자를 추출하면 "2"가 반환됩니다. "2"를 ❷에 대입하면 다음과 같습니다.

=CONCAT("2박","/",2+1,"일") : "2박", "/", 2와 1을 더한 값 3, "일"을 합친 문자열 "2박/3일"이 [F3] 셀에 입력됩니다.

112 부서별 직급별 인원수 파악하기 — COUNTIFS

COUNTIFS 함수는 여러 개의 조건에 맞는 자료의 개수를 구하는 함수입니다. 예를 들면, 부서가 판매부이고, 급수가 1급이고, 남자인 사원들의 수를 셀 수 있습니다. 조건은 최대 127개까지 지정할 수 있습니다.

형식 COUNTIFS(첫 번째 조건이 적용될 범위, 첫 번째 조건, 두 번째 조건이 적용될 범위, 두 번째 조건, …) : 여러 개의 조건이 적용될 범위에서 여러 개의 조건에 맞는 셀을 찾아 개수를 계산합니다.

준비하세요! : 'C:\길벗컴활1급\04 부록' 폴더의 'COUNTIFS.xlsm' 파일을 열어 '기본' 시트에서 실습하세요.

COUNTIFS 함수를 이용하여 부서별 직급별 사원수를 계산해 보겠습니다.

	성명	부서	직급	기본급
	이승연	판매부	1급	1,450,000
	김경수	기획부	2급	1,350,000
	이학봉	판매부	2급	❶ 1,350,000
	지순녀	기획부	2급	1,200,000
	김지연	판매부	1급	1,450,000
	박원래	기획부	1급	1,450,000
	최지은	기획부	1급	1,200,000
	강유라	판매부	2급	1,300,000

기본급 지급 현황

부서별 직급별 인원수

부서＼직급	❶ 1급	2급
판매부	2	2
기획부	2	2 ❷

❶ =COUNTIFS(C4:C11, "판매부", D4:D11, "1급") : [C4:C11] 영역에서 "판매부"가 입력된 셀들을 찾아 [D4:D11] 영역에서 같은 행들에 "1급"이 입력된 셀들의 개수인 2가 [H4] 셀에 입력됩니다.

❷ =COUNTIFS(C4:C11, "기획부", D4:D11, "2급") : [C4:C11] 영역에서 "기획부"가 입력된 셀들을 찾아 [D4:D11] 영역에서 같은 행들에 "2급"이 입력된 셀들의 개수인 2가 [I5] 셀에 입력됩니다.

기출문제 따라잡기 '기출' 시트에서 실습하세요.

농사방법과 판매금액을 이용하여 [D14:G16] 영역에 판매금액과 농사방법별 판매 건수를 계산하시오.

▶ COUNTIFS 함수와 & 연산자 사용

정답 [D14] : = COUNTIFS($C$2:$C$11,D$13, $G$2:$G$11, ")=" & $B14, $G$2:$G$11, "〈=" & $C14)

	제품명	농사방법	단위(KG)	단가	판매량	판매금액
	상추(1kg)	무농약	1	12,500	8	100,000
	현미	무농약	3	13,500	5	67,500
	햇 흙당근	일반	5	6,500	12	78,000
	발아현미	일반	5	23,500	7	164,500
	찰보리	유기농	1	12,000	3	36,000
	철원오대쌀	무농약	5	25,000	3	75,000
	땅끝해남양파	유기농	5	14,300	19	271,700
	짭짤이토마토	무농약	3	18,900	8	151,200
	친환경봉지단감	저농약	5	15,900	4	63,600
	찰흑미	일반	3	11,900	28	333,200

판매금액		유기농	무농약	저농약	일반
1	99,999	1	2	1	1
100,000	149,999	0	1	0	0
150,000	300,000	1	1	0	1

수식의 이해

=COUNTIFS(C2:C11,D13,G2:G11, ")="&B14,G2:G11, "〈="&C14) : [C2:C11] 영역에서 [D13] 셀("유기농")과 같은 셀([C6], [C8])을 찾고, [G2:G11] 영역에서 [C6], [C8] 셀과 같은 행들의 셀([G6], [G8])을 대상으로 [B14] 셀에 입력된 값(1)보다 크거나 같고 [C14] 셀에 입력된 값(99,999)보다 작거나 같은 셀([G6])의 개수(1)를 세어 [D14] 셀에 입력합니다.

113 평균 계산하기 — AVERAGE

AVERAGE 함수는 인수로 주어진 숫자들의 평균을 계산하는 함수로, 인수는 1개에서 255개까지 지정할 수 있습니다. 인수는 숫자이거나 숫자가 포함된 이름, 배열 또는 셀 주소이어야 합니다.

형식 AVERAGE(인수1, 인수2, …) : 인수로 주어진 숫자들의 평균을 계산합니다.

준비하세요! 'C:\길벗컴활1급\04 부록' 폴더의 'AVERAGE.xlsm' 파일을 열어 '기본' 시트에서 실습하세요.

	A	B	C	D
1		평균계산		
2				
3	숫자1	숫자2	숫자3	평균
4	5.5	6.5	7.5	6.50 ❶
5	20	30	40	30.00
6	0	30	26	18.67 ❷
7	8		10	9.00

❶ =AVERAGE(A4:C4) : [A4:C4] 영역의 평균인 6.50이 [D4] 셀에 입력됩니다.

❷ =AVERAGE(A6:C6) : [A6:C6] 영역의 평균인 18.67이 [D6] 셀에 입력됩니다.

기출문제 따라잡기   '기출' 시트에서 실습하세요.

다음 표의 성적평가를 계산하세요.

▶ 성적평가는 출석일수가 13 이상이고, 차수의 평균이 70 이상인 경우에는 '통과', 그렇지 않으면 '재수강'으로 표시

정답 [H3] : =IF(AND(C3)=13, AVERAGE(E3:G3))=70), "통과", "재수강")

	A	B	C	D	E	F	G	H
1								
2		성명	출석	결석	1차	2차	3차	성적평가
3		박연	10	4	68	55	45	재수강
4		이순신	12	2	82	76	78	재수강
5		성삼문	14		92	85	91	통과
6		송시열	13	1	73	59	84	통과
7		지석영	13	1	93	87	79	통과

수식의 이해

=IF(AND(C3)=13, AVERAGE(E3:G3))=70), "통과", "재수강")
         ❶   ❷   ❸

조건(❶)이 참(TRUE)이면 ❷를, 거짓(FALSE)이면 ❸을 표시합니다.

• ❶ AND(C3)=13, AVERAGE(E3:G3))=70) : [C3] 셀의 값 '10'이 13보다 작으므로 거짓(FALSE)이고, [E3:G3] 영역의 평균 '56'이 70 보다 작으므로 거짓(FALSE)이므로 최종적으로 거짓(FALSE)을 반환합니다.

• 조건(❶)이 거짓(FALSE)을 반환하므로 ❸번을 수행하여 "재수강"이 [H3] 셀에 입력됩니다.

전문가의 조언

• [파일] → [옵션] → [고급] 탭의 '이 워크시트의 표시 옵션'에서 '0 값이 있는 셀에 0 표시' 확인란이 선택되어 있지 않으면 0이 들어 있는 셀에 데이터가 없는 것처럼 빈 셀로 표시되어 혼란을 일으킬 수 있습니다. 왜냐하면 셀의 평균을 구할 때 '0값'이 들어 있는 셀은 평균에 포함되어 계산되지만 빈 셀은 계산되지 않기 때문입니다.

• AND 함수는 주어진 인수가 모두 참일 때만 참(TRUE)을 반환하는 함수입니다. 자세한 설명은 24쪽을 참고하세요.

• IF 함수는 조건에 따라 여러 가지의 서로 다른 처리를 하는 함수입니다. 자세한 설명은 23쪽을 참고하세요.

114 가장 큰 수 찾기 — MAX

MAX 함수는 인수로 주어진 숫자들 중에서 최대값을 구하는 함수로, 1개부터 255개까지의 인수를 사용할 수 있습니다. 인수에 포함된 텍스트, 논리값 또는 빈 셀은 무시됩니다. 인수에 숫자가 하나도 없으면 0이 반환됩니다.

형식 MAX(인수1, 인수2, …) : 인수로 주어진 숫자 중에서 가장 큰 수를 반환합니다.

준비하세요! : 'C:\길벗컴활1급\04 부록' 폴더의 'MAX.xlsm' 파일을 열어 '기본' 시트에서 실습하세요.

	A	B	C	D	E
1	가장 큰 수 찾기				
2					
3	숫자1	숫자2	숫자3	숫자4	가장 큰수
4	12	21	18	5	21 ❶
5	5	2	19	21	21
6	7	16	18	14	18 ❷
7	4	15	24	2	24

❶ =MAX(A4:D4) : [A4:D4] 영역에서 가장 큰 값인 21이 [E4] 셀에 입력됩니다.

❷ =MAX(A6:D6) : [A6:D6] 영역에서 가장 큰 값인 18이 [E6] 셀에 입력됩니다.

기출문제 따라잡기   '기출' 시트에서 실습하세요.

연습1, 연습2의 성적 중 부서별, 직위별 최고성적을 계산하세요.

▶ MAX 함수를 이용한 배열 수식

정답 [C3] 셀에 다음의 수식을 입력하고 Ctrl+Shift+Enter를 누르세요.
=MAX(($B$7:$B$12=$B3) * ($D$7:$D$12=C$2) * $E$7:$F$12)

	A	B	C	D	E	F
1						
2		직위⟍부서	사원	대리		
3		관리과	85	93		
4		기획실	89	80		
5						
6		부서	이름	직위	연습1	연습2
7		기획실	김세환	사원	85	60
8		관리과	백준걸	대리	90	93
9		기획실	이기상	대리	75	80
10		관리과	구현서	사원	85	82
11		기획실	강문상	사원	89	79
12		관리과	김경화	대리	90	90

수식의 이해

MAX를 이용한 최대값 구하기 배열 수식의 일반식 – 조건이 2개

=MAX((조건1) * (조건2) * 최대값을_구할_범위)

=MAX((B7:B12=B3) * (D7:D12=C2) * E7:F12)
　　　　　조건1　　　　조건2　　최대값을_구할_범위

• **조건1** : 부서가 '관리과'
• **조건2** : 직위가 '사원'
• **최대값을_구할_범위** : '연습1', '연습2'

 전문가의 조언

배열 수식에 대한 자세한 설명은 본서 1권 121쪽을 참고하세요.

115 가장 작은 수 찾기 — MIN

MIN 함수는 인수로 주어진 숫자들 중에서 최소값을 구하는 함수로, 1개부터 255개까지의 인수를 사용할 수 있습니다. 인수에 텍스트, 논리값 또는 빈 셀이 포함되는 경우 그 값은 무시됩니다. 인수에 숫자가 하나도 없으면 0이 반환됩니다.

형식 MIN(인수1, 인수2, ⋯) : 인수로 주어진 숫자에서 가장 작은 수를 반환합니다.

준비하세요! : 'C:\길벗컴활1급\04 부록' 폴더의 'MIN.xlsm' 파일을 열어 '기본' 시트에서 실습하세요.

	A	B	C	D	E
1	가장 작은 수 찾기				
2					
3	숫자1	숫자2	숫자3	숫자4	가장 작은 수
4	12	21	18	5	5 ❶
5	5	2	19	21	2
6	7	16	18	14	7 ❷
7	4	15	24	2	2

❶ =MIN(A4:D4) : [A4:D4] 영역에서 가장 작은 값인 5가 [E4] 셀에 입력됩니다.

❷ =MIN(A6:D6) : [A6:D6] 영역에서 가장 작은 값인 7이 [E6] 셀에 입력됩니다.

기출문제 따라잡기 '기출' 시트에서 실습하세요.

[E3:E7] 영역에 중개수수료를 계산하세요.

▶ 중개수수료는 '임대가격*수수료율'과 '한도액' 중에서 작은 값으로 선택

▶ '수수료율'과 '한도액'은 임대가격에 따라 다르며 [B10:D13] 영역을 참조

정답 [E3] : =MIN(C3*VLOOKUP(C3,$B$11:$D$13,2), VLOOKUP(C3,$B$11:$D$13,3))

	A	B	C	D	E
1					
2		건물이름	임대가격	월임대료	중개수수료
3		장수빌딩	25,000,000	770,000	125,000
4		제주빌딩	80,000,000	550,000	300,000
5		미래빌딩	30,000,000	495,000	150,000
6		우리빌딩	25,000,000	450,000	125,000
7		제주빌딩	10,000,000	1,650,000	50,000
8					
9		부동산 임대 중개수수료			
10		임대가격	수수료율	한도액	
11		0	0.50%	200000	
12		50,000,000	0.40%	300000	
13		100,000,000	0.30%	500000	

수식의 이해

=MIN(C3 * VLOOKUP(C3,B11:D13,2), VLOOKUP(C3,B11:D13,3))
　　　　　❶　　　　　　　❷
　　　　　　　　❸

❶ [C3] 셀의 값 25,000,000과 [B11:D13] 영역에서 [C3] 셀의 값 25,000,000을 넘지 않는 근접한 값을 찾은 후 찾은 값 0이 있는 첫 번째 행에서 열 번호로 지정된 두 번째 열의 값 0.50%를 곱한 값 125,000을 반환합니다.

❷ [B11:D13] 영역에서 [C3] 셀의 값 25,000,000을 넘지 않는 근접한 값을 찾은 후 찾은 값 0이 있는 첫 번째 행에서 열 번호로 지정된 세 번째 열의 값 200,000을 반환합니다. 125,000과 200,000을 ❶과 ❷에 대입하면 다음과 같습니다.

❸ MIN(125000, 200000)에 의해 작은 값 125,000이 [E3] 셀에 입력됩니다.

전문가의 조언

VLOOKUP 함수는 범위의 첫 번째 열에서 '찾을값'과 같은 데이터를 찾은 후 찾을값이 있는 행에서 지정된 열 번호 위치에 있는 데이터를 입력하는 함수입니다. 자세한 내용은 67쪽을 참고하세요.

---

116 N번째로 큰 수 찾기 ― LARGE

LARGE 함수는 자료 범위에서 N번째로 큰 값을 반환하는 함수입니다. 이 함수를 사용하여 상대적인 순위에 해당하는 값을 선택할 수 있습니다. 예를 들면, LARGE 함수를 사용하여 1등, 2등, 3등의 점수를 구할 수 있습니다.

형식 LARGE(범위, N번째) : 범위 중 N번째로 큰 값을 반환합니다.

준비하세요! : 'C:\길벗컴활1급\04 부록' 폴더의 'LARGE.xlsm' 파일을 열어 '기본' 시트에서 실습하세요.

	A	B	C	D	E	F
1		지정된 큰수 찾기				
2						
3	숫자1	숫자2	숫자3			
4	12	21	18		제일 큰수	24 ❶
5	5	2	19		두번째 큰수	21 ❷
6	7	16	18		세번째 큰수	19
7	4	15	24			

❶ =LARGE(A4:C7, 1) : [A4:C7] 영역에서 첫 번째로 큰 수, 즉 가장 큰 수인 24가 [F4] 셀에 입력됩니다.

❷ =LARGE(A4:C7, 2) : [A4:C7] 영역에서 두 번째로 큰 수인 21이 [F5] 셀에 입력됩니다.

기출문제 따라잡기 '기출' 시트에서 실습하세요.

비품명별로 두 번째로 큰 잔존가(C3:C4)를 계산하여 표시하세요.

▶ LARGE 함수를 이용한 배열 수식으로 계산

정답 [C3] 셀에 다음의 수식을 입력하고 Ctrl + Shift + Enter 를 누르세요.
=LARGE(($C$7:$C$12=B3)*$E$7:$E$12, 2)

	A	B	C	D	E
1		비품명별로 두번째로 큰 잔존가			
2		비품명	잔존가		
3		책상	43,200		
4		컴퓨터	10,780		
5					
6		자산코드	비품명	취득원가	잔존가
7		L23E	컴퓨터	220,000	10,780
8		L25G	책상	110,000	43,200
9		N25E	책상	88,000	39,600
10		L11G	컴퓨터	11,000	5,060
11		N69C	컴퓨터	110,000	17,600
12		L59G	책상	110,000	60,500

수식의 이해

LARGE를 이용한 N번째로 큰 수 구하기 배열 수식의 일반식

=LARGE((조건) * 계산범위 , N번째로_큰_수)

=LARGE((C7:C12=B3) * E7:E12 , 2)
　　　　　　　조건　　　계산범위　N번째로_큰_수

• **조건** : 비품명이 '책상'
• **계산범위** : 잔존가
• **N번째로 큰 수** : 두 번째로 큰 수이므로 2

전문가의 조언

• 자료 범위가 비어 있으면 '#NUM!' 오류값이 반환됩니다.
• 인수 N이 0보다 작거나 데이터 요소 개수보다 크면 '#NUM!' 오류값이 반환됩니다.
• 범위에 있는 데이터 요소가 N개이면, LARGE(범위, 1)은 가장 큰 값을, LARGE(범위, N)은 가장 작은 값을 구합니다.
• 배열 수식에 대한 자세한 설명은 본서 1권 121쪽을 참고하세요.

117 숫자가 들어 있는 셀의 개수 세기 — COUNT

COUNT 함수는 인수로 주어진 값에서 숫자가 있는 셀의 개수를 구하는 함수입니다. 인수는 1개에서 255개까지 사용할 수 있으나 개수 계산에는 숫자만 포함됩니다. 논리값, 텍스트 또는 오류값도 포함하여 개수를 계산해야 하는 경우에는 COUNTA 함수를 사용합니다.

형식 COUNT(인수1, 인수2, …) : 인수로 주어진 값 중 숫자가 있는 셀의 개수를 구합니다.

준비하세요! 'C:\길벗컴활1급\04 부록' 폴더의 'COUNT.xlsm' 파일을 열어 '기본' 시트에서 실습하세요.

	A	B	C	D
1		자료수 세기		
2				
3	자료1	자료2	자료3	자료의 수
4	2023-06-12	52		2 ❶
5	TRUE	1:01 AM	85	2
6	엑셀		67	1 ❷
7	4	92	#DIV/0!	2

❶ =COUNT(A4:C4) : [A4:C4] 영역에서 숫자가 들어 있는 셀의 개수 2가 [D4] 셀에 입력됩니다.

❷ =COUNT(A6:C6) : [A6:C6] 영역에서 숫자가 들어 있는 셀의 개수 1이 [D6] 셀에 입력됩니다.

기출문제 따라잡기 '기출' 시트에서 실습하세요.

[B6:D14] 영역을 참고하여 각 부서코드별 제품수를 계산하세요.

▶ COUNT와 IF 함수를 이용한 배열 수식으로 계산

정답 [C3] 셀에 다음의 수식을 입력하고 Ctrl + Shift + Enter 를 누르세요.
=COUNT(IF($B$7:$B$14=B3, $D$7:$D$14))

	A	B	C	D
1		부서별 출고예정 표		
2		부서코드	제품수	
3		B-01		4
4		B-02		4
5				
6		부서코드	제품 이름	출고수량
7		B-01	커피 밀크	10
8		B-01	100% 오렌지 주스	20
9		B-01	코코넛 쿠키	20
10		B-01	파인애플 시럽	30
11		B-02	피넛 샌드	25
12		B-02	건과(사과)	25
13		B-02	마말레이드	30
14		B-02	냉동 참치	30

수식의 이해

COUNT와 IF를 이용한 개수 구하기 배열 수식의 일반식

=COUNT(IF(조건, 개수를_구할_범위))

=COUNT(IF(B7:B14=B3, D7:D14))
　　　　　　조건　　개수를_구할_범위

• **조건** : 부서코드가 'B-01'
• **개수를_구할_범위** : 출고수량

전문가의 조언

• IF 함수는 조건에 따라 여러 가지의 서로 다른 처리를 하는 함수입니다. 자세한 설명은 23쪽을 참고하세요.
• 숫자나 날짜와 같이 숫자를 나타내는 인수는 개수 계산에 포함되지만 논리값, 오류값 등 숫자로 바꿀 수 없는 텍스트는 무시됩니다.
• 배열 수식에 대한 자세한 설명은 본서 1권 121쪽을 참고하세요.

118 판매 품목의 판매 건수 구하기 — COUNTIF
24.상시, 22.상시, 21.상시, 19.상시, 06.1

COUNTIF 함수는 많은 자료 중에서 조건에 맞는 데이터의 개수만을 구하는 함수입니다. 찾을 조건이 있는 범위에서 조건에 맞는 데이터를 찾아 개수를 계산합니다.

형식 COUNTIF(범위, 조건) : 지정된 범위에서 조건에 맞는 셀의 개수를 구합니다.

준비하세요! : 'C:\길벗컴활1급\04 부록' 폴더의 'COUNTIF.xlsm' 파일을 열어 '기본' 시트에서 실습하세요.

COUNTIF 함수를 이용하여 품목별로 판매 건수를 계산해 보겠습니다.

	A	B	C	D	E	F	G
1		판매현황				품목별 판매건수	
2							
3	품목	수량	단가	금액		품목	건수
4	냉장고	6	250	1,500		컴퓨터	3 ❶
5	컴퓨터	8	300	2,400		캠코더	2
6	냉장고	5	250	1,250		냉장고	2 ❷
7	캠코더	7	500	3,500			
8	컴퓨터	10	300	3,000			
9	캠코더	5	500	2,500			
10	컴퓨터	7	300	2,100			

❶ =COUNTIF(A4:A10, "컴퓨터") : [A4:A10] 영역에서 "컴퓨터"가 입력된 셀의 개수 3이 [G4] 셀에 입력됩니다.

❷ =COUNTIF(A4:A10, "냉장고") : [A4:A10] 영역에서 "냉장고"가 입력된 셀의 개수 2가 [G6] 셀에 입력됩니다.

기출문제 따라잡기 '기출' 시트에서 실습하세요.

각 항목(판매량, 단가, 원가비율)에서 등급이 "고급형"인 제품의 평균을 계산하세요.

정답 [C9] : =SUMIF($B$3:$B$8, "고급형",C3:C8) / COUNTIF($B$3:$B$8, "고급형")

	A	B	C	D	E
1			고급형 제품의 평균		
2		등급	판매량	단가	원가비율
3		고급형	35	1200	0.7
4		중급형	60	800	0.6
5		보급형	120	600	0.55
6		보급형	60	800	0.55
7		고급형	25	600	0.7
8		중급형	54	800	0.6
9		평균	30	900	0.7

수식의 이해

=SUMIF(B3:B8, "고급형",C3:C8) / COUNTIF(B3:B8, "고급형")
　　　　❶　　　　　　　　　　　　❷

- ❶ **SUMIF(B3:B8, "고급형",C3:C8)** : [B3:B8] 영역에서 "고급형"이 입력된 셀([B3], [B7])을 찾은 후 [C3:C8] 영역의 같은 행([C3], [C7])에 있는 판매량(35, 25)을 더한 값 '60'이 반환됩니다.
- ❷ **COUNTIF(B3:B8, "고급형")** : [B3:B8] 영역에서 "고급형"이 입력된 셀([B3], [B7])의 개수인 '2'가 계산됩니다.
- = ❶/❷ : 60/2의 결과인 30이 [C9] 셀에 입력됩니다.

 전문가의 조언

SUMIF 함수는 조건에 맞는 데이터의 합계를 구하는 함수입니다. 자세한 내용은 41쪽을 참고하세요.

119 점수대별 빈도 계산하기 — FREQUENCY

FREQUENCY 함수는 자료의 범위 내에서 해당 값의 발생 빈도를 계산하여 세로 배열 형태로 반환하는 함수입니다. 예를 들면, 지정한 점수대에 속한 시험 성적의 빈도 수를 구할 수 있습니다. 결과가 여러 개의 값을 갖는 배열로 반환되므로 결과가 계산될 범위를 먼저 지정한 후 배열 수식으로 입력해야 합니다.

형식 FREQUENCY(배열1, 배열2) : 배열2의 범위에 대한 배열1 요소들의 빈도 수를 계산합니다.

준비하세요! 'C:\길벗컴활1급\04 부록' 폴더의 'FREQUENCY.xlsm' 파일을 열어 '기본' 시트에서 실습하세요.

	A	B	C	D	E	F	G	H
1		자 료			자료별 점수대의 분포			
2	자료1	자료2	자료3		점수구간	자료1	자료2	자료3
3	7	89	85		10	1	-	-
4	85	75	64		20	-	-	-
5	68	64	53		30	1	2	-
6	89	28	84		40	1	1	1
7	95	56	56		50	2	-	1
8	44	85	48		60	1	1	3
9	45	21	78		70	1	2	1
10	25	85	86		80	-	1	1
11	34	62	59		90	2	3	3
12	56	35	34		100	1	-	-

❶ =FREQUENCY(A3:A12,E3:E12) : 점수대별 빈도 수를 계산할 [F3:F12] 영역을 블록으로 지정하고 =FREQUENCY(A3:A12,E3:E12)를 입력한 후 Ctrl + Shift + Enter를 누릅니다. [E3:E12] 영역으로 지정된 점수 구간을 기준으로 [A3:A12] 영역의 값 들의 빈도 수를 계산하여 [F3:F12] 영역에 각각 입력됩니다.

기출문제 따라잡기   '기출' 시트에서 실습하세요.

시험성적을 이용해서 점수구간별 각 과목의 빈도 수를 계산하세요.

정답 [D3:D7] 영역을 블록으로 지정한 후 =FREQUENCY(C10:C14, $C$3:$C$7)을 입력하세요. 수식을 입력한 후에는 Ctrl + Shift + Enter를 눌러 마무리합니다. 수식 입력줄에는 수식이 {=FREQUENCY(C10:C14, $C$3:$C$7)}로 표시됩니다.

	A	B	C	D	E
1					
2		점수구간		웹디자인	정보처리
3		0점 ~ 60 점대		1	2
4		61 점 ~ 70 점대		1	1
5		71 점 ~ 80 점대		-	1
6		81 점 ~ 90 점대		2	1
7		91 점 ~ 100 점대		1	-
8					
9			웹디자인	정보처리	
10		안수영	81	47	
11		정미숙	85	60	
12		김정희	68	67	
13		최완석	95	76	
14		김선덕	46	83	

수식의 이해

=FREQUENCY(C10:C14, C3:C7)

[C3:C7] 영역의 점수를 기준으로 [C10:C14] 영역의 값들의 빈도 수가 다음과 같이 계산됩니다.

점수구간	웹디자인
0점 ~ 60 점대	1
61 점 ~ 70 점대	1
71 점 ~ 80 점대	-
81 점 ~ 90 점대	2
91 점 ~ 100 점대	1

웹디자인
81
85
68
95
46

전문가의 조언

- 배열 수식을 입력할 때는 수식 입력 후 Ctrl + Shift + Enter를 눌러야 합니다. 배열 수식에 대한 자세한 설명은 본서 1권 121쪽을 참조하세요.
- [C2:C6] 셀에는 숫자만 입력되어 있습니다. "점대"는 서식으로 처리한 것입니다.
- 자료 범위에 값이 없면 FREQUENCY 함수는 0을 반환합니다.
- 간격 범위에 값이 있으면 FREQUENCY 함수는 자료 범위에 있는 자료의 수를 반환합니다.
- FREQUENCY 함수에서 빈 셀과 텍스트는 무시됩니다.

120 N번째로 작은 수 찾기 — SMALL

SMALL 함수는 자료 범위에서 N번째로 작은 값을 반환하는 함수입니다. 이 함수를 사용하여 상대적인 순위에 해당하는 값을 선택할 수 있습니다.

형식 SMALL(범위, N번째) : 범위 중 N번째로 작은 값을 반환합니다.

준비하세요! : 'C:\길벗컴활1급\04 부록' 폴더의 'SMALL.xlsm' 파일을 열어 '기본' 시트에서 실습하세요.

	A	B	C	D	E	F
1		지정된 작은 수 찾기				
2						
3	숫자1	숫자2	숫자3			
4	12	21	18		제일 작은 수	2 ❶
5	5	2	19		두번째 작은 수	4
6	7	16	18		세번째 작은 수	5 ❷
7	4	15	24			

❶ =SMALL(A4:C7, 1) : [A4:C7] 영역에서 첫 번째로 작은 수, 즉 가장 작은 수인 2가 [F4] 셀에 입력됩니다.

❷ =SMALL(A4:C7, 3) : [A4:C7] 영역에서 세 번째로 작은 수인 5가 [F6] 셀에 입력됩니다.

기출문제 따라잡기 '기출' 시트에서 실습하세요.

지점명별 최저미수금을 계산하시오.

▶ SMALL과 IF 함수를 이용한 배열 수식으로 계산

정답 [C3] 셀에 다음의 수식을 입력하고 Ctrl+Shift+Enter를 누르세요.
=SMALL(IF($C$7:$C$12=B3, $E$7:$E$12), 1)

	A	B	C	D	E
1		지점명별 최저미수금			
2		지점명	최저미수금		
3		강동	990		
4		강서	1,800		
5					
6		고객코드	지점명	받은금액	미수금
7		12AH78	강서	37,500	12,500
8		31BG25	강서	58,200	1,800
9		12AB58	강동	32,010	990
10		78CD11	강동	18,480	2,520
11		15BC80	강동	25,760	2,240
12		98AG10	강서	45,360	30,240

수식의 이해

SMALL과 IF를 이용한 N번째로 작은 수 구하기 배열 수식의 일반식

=SMALL(IF(조건, 값을_구할 범위), N번째로_작은_수)

=SMALL(IF(C7:C12=B3, E7:E12), 1)
            조건   계산범위 N번째로_작은_수

• **조건** : 지점명이 "강동"
• **값을_구할 범위** : 미수금
• **N번째로_작은_수** : 가장 작은 수이므로 1

전문가의 조언

• 자료 범위가 비어 있으면 오류값 '#NUM!'이 반환됩니다.
• 인수 N이 0보다 작거나 데이터 요소 개수보다 크면 오류값 '#NUM!'이 반환됩니다.
• 범위에 있는 데이터 요소가 N개이면, SMALL(범위, 1)은 가장 작은 값을, SMALL(범위, N)은 가장 큰 값을 구합니다.
• 배열 수식에 대한 자세한 설명은 본서 1권 121쪽을 참고하세요.

121 중간에 위치한 값 찾아내기 — MEDIAN

MEDIAN 함수는 인수로 주어진 숫자들을 크기 순으로 나열했을 때 중간 위치에 해당하는 값을 반환하는 함수입니다. 즉, 수의 반은 중간값보다 큰 값을 가지고 나머지 반은 중간값보다 작은 값을 가집니다. 인수에 텍스트, 논리값 또는 빈 셀이 포함되는 경우 그 값은 무시되지만 값이 0인 셀은 계산에 포함됩니다.

형식 MEDIAN(인수1, 인수2, …) : 인수로 주어진 숫자들 중에서 중간에 해당하는 값을 반환합니다.

준비하세요! 'C:\길벗컴활1급\04 부록' 폴더의 'MEDIAN.xlsm' 파일을 열어 '기본' 시트에서 실습하세요.

	A	B	C	D	E	F
1	중간 값 찾기					
2						
3	숫자1	숫자2	숫자3	숫자4	숫자5	중간값
4	1	2	3	4	5	3 ❶
5	0	1	2	3	4	2
6	7	14	16	18		15 ❷
7	25	15	7	3	1	7 ❸

❶ =MEDIAN(A4:E4) : [A4:E4] 영역에서 중간에 해당하는 값 3이 [F4] 셀에 입력됩니다.

❷ =MEDIAN(A6:E6) : 인수의 개수가 짝수일 때는 중간의 두 수를 더한 후 2로 나눈값을 반환합니다. (14+16)/2 → 15

❸ =MEDIAN(A7:E7) : [A7:E7] 영역에서 중간에 해당하는 값 7이 [F7] 셀에 입력됩니다.

기출문제 따라잡기 '기출' 시트에서 실습하세요.

게임코드구분별 매출액의 중간값을 계산하시오.

▶ 게임코드 왼쪽 한 자리가 게임코드 구분임
▶ MEDIAN, IF, LEFT 함수를 이용한 배열 수식으로 계산

정답 [C3] 셀에 다음의 수식을 입력하고 Ctrl + Shift + Enter를 누르세요.
=MEDIAN(IF(LEFT($B$7:$B$14, 1)=B3, $E$7:$E$14))

	A	B	C	D	E
1		게임코드구분별 매출액의 중간값			
2		게임코드구분	매출액의 중간값		
3		A	67,668		
4		G	140,250		
5					
6		게임코드	게임명	수량	매출액
7		A-01	당구	124	45112
8		G-02	반지의 왕자	142	187000
9		G-06	카드게임	115	93500
10		G-04	크래지	126	17500
11		A-01	당구	269	90224
12		G-07	삼국장군	131	211200
13		A-07	레인보우	15	288000
14		A-07	레인보우	122	38400

수식의 이해

MEDIAN과 IF를 이용한 중간값 구하기 배열 수식의 일반식

=MEDIAN(IF(조건, 중간값을_구할 범위))

=MEDIAN(IF(LEFT(B7:B14, 1)=B3, E7:E14))
　　　　　　　　조건　　　　　중간값을_구할_범위

• **조건** : 게임코드의 왼쪽에서 첫 번째 문자가 "A"
• **중간값을_구할_범위** : 매출액

전문가의 조언

• 숫자 집합의 개수가 짝수일 경우 MEDIAN 함수는 가운데 있는 두 수의 평균을 계산합니다.
• IF 함수는 조건에 따라 여러 가지의 서로 다른 처리를 하는 함수입니다. 자세한 설명은 23쪽을 참고하세요.
• LEFT 함수는 텍스트의 왼쪽부터 지정한 개수만큼 표시하는 함수입니다. 자세한 설명은 81쪽을 참고하세요.
• 배열 수식에 대한 자세한 설명은 본서 1권 121쪽을 참고하세요.

---

122 문자도 포함하여 평균 계산하기 — AVERAGEA

AVERAGEA 함수는 빈 셀을 제외한 모든 인수를 포함하여 평균을 계산하는 함수입니다. 문자가 포함되어 있으면 문자를 0(영)으로 취급하여 평균을 계산합니다. 인수는 숫자, 이름, 배열, 참조 영역 등으로 1개에서 255개까지 지정할 수 있습니다. 문자를 포함하지 않는 평균을 구할 때에는 AVERAGE 함수를 사용합니다.

형식 AVERAGEA(인수1, 인수2, …) : 인수로 주어진 값들의 평균을 계산합니다.

준비하세요! : 'C:\길벗컴활1급\04 부록' 폴더의 'AVERAGEA.xlsm' 파일을 열어 '기본' 시트에서 실습하세요.

	A	B	C	D	
1		평균계산			
2					
3	자료1	자료2	자료3	평균	
4	FALSE	2	4	2.0	❶
5	20	무효	40	20.0	❷
6	0		5	2.5	
7	10	TRUE	4	5.0	❸

❶ =AVERAGEA(A4:C4) : FALSE는 0으로 간주됩니다. 즉 '(0+2+4)/3'을 계산한 2가 [D4] 셀에 입력됩니다.

❷ =AVERAGEA(A5:C5) : "무효"는 문자이므로 0으로 간주됩니다. 즉 '(20+0+40)/3'을 계산한 20이 [D5] 셀에 입력됩니다.

❸ =AVERAGEA(A7:C7) : TRUE는 1로 간주됩니다. 즉 '(10+1+4)/3'을 계산한 5가 [D7] 셀에 입력됩니다.

AVERAGEA(인수1, 인수2, …)

[파일] → [옵션] → [고급] 탭의 '이 워크시트의 표시 옵션'에서 '0값이 있는 셀에 0 표시' 확인란이 선택되어 있지 않으면 0이 들어 있는 셀에 데이터가 없는 것처럼 빈 셀로 표시되어 혼동할 수 있습니다. 왜냐하면 셀의 평균을 구할 때 0이 들어 있는 셀은 평균에 포함되어 계산되지만 빈 셀은 계산되지 않기 때문입니다.

123 자료가 없는 셀의 개수 세기 — COUNTBLANK

COUNTBLANK 함수는 범위로 주어진 셀 범위에서 자료가 없는 셀의 개수를 구하는 함수입니다. 인수는 셀 범위로만 입력할 수 있습니다.

형식 COUNTBLANK(범위) : 범위 중에서 자료가 없는 셀의 개수를 구합니다.

준비하세요! : 'C:\길벗컴활1급\04 부록' 폴더의 'COUNTBLANK.xlsm' 파일을 열어 '기본' 시트에서 실습하세요.

	A	B	C	D	
1		빈셀의 수			
2					
3	자료1	자료2	자료3	빈셀의 수	
4	2020/6/12	52		1	❶
5	TRUE	0	85	0	
6	엑셀		67	1	
7	4	92	#DIV/0!	0	❷

❶ =COUNTBLANK(A4:C4) : [A4:C4] 영역 중 빈 셀의 개수 1이 [D4] 셀에 입력됩니다.

❷ =COUNTBLANK(A7:C7) : [A7:C7] 영역 중 빈 셀의 개수 0이 [D7] 셀에 입력됩니다.

124 기하평균 계산하기 — GEOMEAN

GEOMEAN 함수는 인수로 주어진 숫자들의 기하평균을 계산하는 함수로, 인수는 1개에서 255개까지 지정할 수 있습니다. 인수에 텍스트, 논리값 또는 빈 셀이 포함되는 경우 그 값은 무시되고, 인수가 0 이하인 경우 오류값이 반환됩니다.

형식 GEOMEAN(인수1, 인수2, …) : 인수로 주어진 숫자들의 기하평균을 계산합니다.

준비하세요! 'C:\길벗컴활1급\04 부록' 폴더의 'GEOMEAN.xlsm' 파일을 열어 '기본' 시트에서 실습하세요.

	A	B	C	D
1	기하 평균계산			
2				
3	숫자1	숫자2	숫자3	평균
4	1	2	3	1.82 ❶
5	2	2	2	2.00
6	0	3	5	#NUM! ❷
7	4		2	2.83

❶ =GEOMEAN(A4:C4) : [A4:C4] 영역의 기하평균인 1.82가 [D4] 셀에 입력됩니다.

❷ =GEOMEAN(A6:C6) : [A6:C6] 영역 중 [A6] 셀의 값이 0이므로 오류값(#NUM)이 입력됩니다.

> GEOMEAN(인수1, 인수2, …)
> 인수가 0 이하이면 '#NUM!' 오류값이 반환됩니다.

125 조화평균 계산하기 — HARMEAN

HARMEAN 함수는 인수로 주어진 숫자들의 조화평균을 계산하는 함수로, 인수는 1개에서 255개까지 지정할 수 있습니다. 인수에 텍스트, 논리값 또는 빈 셀이 포함되는 경우 그 값은 무시되고, 인수가 0 이하인 경우에는 오류값이 변환됩니다.

형식 HARMEAN(인수1, 인수2, …) : 인수로 주어진 숫자들의 조화평균을 계산합니다.

준비하세요! 'C:\길벗컴활1급\04 부록' 폴더의 'HARMEAN.xlsm' 파일을 열어 '기본' 시트에서 실습하세요.

	A	B	C	D
1	조화 평균계산			
2				
3	숫자1	숫자2	숫자3	평균
4	1	2	3	1.64 ❶
5	2	2	2	2.00
6	0	3	5	#NUM! ❷
7	4		2	2.67

❶ =HARMEAN(A4:C4) : [A4:C4] 영역의 조화평균인 1.64가 [D4] 셀에 입력됩니다.

❷ =HARMEAN(A6:C6) : [A6:C6] 영역 중 [A6] 셀의 값이 0이므로 오류값(#NUM!)이 [D6] 셀에 입력됩니다.

> HARMEAN(인수1, 인수2, …)
> 인수가 0 이하이면 '#NUM!' 오류값이 반환됩니다.

126 자료가 입력되어 있는 모든 셀의 개수 세기 — COUNTA

COUNTA 함수는 인수로 주어진 값 중에서 자료가 입력되어 있는 모든 셀의 개수를 세는 함수입니다. 인수는 1개에서 255개까지 사용할 수 있으나 빈 셀은 개수 계산에서 제외됩니다. 숫자가 들어 있는 셀만 세고자 할 경우에는 COUNT 함수를 사용합니다.

형식 COUNTA(인수1, 인수2, …) : 인수로 주어진 값 중 자료가 입력되어 있는 셀의 개수를 구합니다.

준비하세요! : 'C:\길벗컴활급\04 부록' 폴더의 'COUNTA.xlsm' 파일을 열어 '기본' 시트에서 실습하세요.

	A	B	C	D
1	자료수 세기			
2				
3	자료1	자료2	자료3	자료의 수
4	2023-06-12	52		2
5	TRUE	1:01 AM	85	3
6	엑셀		67	2
7	4	92	#DIV/0!	3

❶ =COUNTA(A4:C4) : [A4:C4] 영역 중 빈 셀을 제외한 셀의 개수인 2가 [D4] 셀에 입력됩니다.

❷ =COUNTA(A6:C6) : [A6:C6] 영역 중 빈 셀을 제외한 셀의 개수인 2가 [D6] 셀에 입력됩니다.

기출문제 따라잡기 '기출' 시트에서 실습하세요.

[표1]의 배달방법을 이용하여 전체 배달건수에 대한 각 배달방법의 비율을 [F3:F5] 영역에 계산하여 표시하시오.

▶ COUNT, IF, COUNTA 함수를 이용한 배열 수식으로 계산

정답 [F3] 셀에 다음의 수식을 입력하고 Ctrl + Shift + Enter 를 누르세요.
=COUNT(IF($B$3:$B$12=E3,1)) / COUNTA($B$3:$B$12)

	A	B	C	D	E	F
1	[표1]					
2	판매일	배달방법	배달금액		배달방법별 비율	
3	2020-01-01	택배	0		직접수령	10%
4	2020-01-05	퀵	12000		택배	50%
5	2020-01-18	택배	3000		퀵	40%
6	2020-01-19	직접수령	0			
7	2020-01-20	택배	3000			
8	2020-01-24	택배	0			
9	2020-02-01	퀵	12000			
10	2020-02-03	퀵	12000			
11	2020-02-03	택배	0			
12	2020-02-05	퀵	12000			

수식의 이해

=COUNT(IF(B3:B12=E3,1)) / COUNTA(B3:B12)
　　　　　❶　　　　　　　　　❷

❶ COUNT(IF(B3:B12=E3,1)) : [B3:B12] 영역에서 [E3] 셀의 값 '직접수령'의 개수를 구합니다(1).

COUNT와 IF를 이용한 개수 구하기 배열 수식의 일반식

COUNT(IF(조건,1))

COUNT(IF(B3:B12=E3,1))
　　　　　　조건

• **조건** : 배달방법이 "직접수령"

❷ COUNTA(B3:B12) : [B3:B12] 영역에서 자료가 입력되어 있는 셀의 개수를 구합니다(10).

• ❶/❷ → 1/10의 결과 값인 0.1에 백분율 스타일이 적용된 10%가 [F2] 셀에 입력됩니다.

※ [F3:F5] 영역에는 백분율(%) 스타일이 지정되어 있습니다.

127 가장 많이 나오는 수(최빈수) 찾아내기 — MODE.SNGL

MODE.SNGL 함수는 인수로 주어진 숫자들 중 가장 많이 발생한 값(최빈수) 하나만을 반환하는 함수입니다. 인수는 1개에서 255개까지 지정할 수 있고, 숫자이거나 숫자가 포함된 이름, 배열 또는 셀 범위여야 합니다. 지정된 인수에 텍스트, 논리값 또는 빈 셀이 포함되는 경우 그 값은 무시되지만 값이 0인 셀은 계산에 포함됩니다.

MODE 함수는 Excel 2010부터 MODE.SNGL과 MODE.MULT로 세분화 되었지만 컴퓨터활용능력 시험에서는 MODE.SNGL만 출제됩니다.

형식 MODE.SNGL(인수1, 인수2, …) : 인수로 주어진 숫자들 중에서 가장 빈도수가 많은 값을 반환합니다.

준비하세요! : 'C:\길벗컴활1급\04 부록' 폴더의 'MODE.SNGL.xlsm' 파일을 열어 '기본' 시트에서 실습하세요.

	A	B	C	D	E	F
1			최빈 값 찾기			
2						
3	숫자1	숫자2	숫자3	숫자4	숫자5	최빈값
4	1	1	2	2	4	1 ❶
5	1	2	3	4	5	#N/A ❷
6	4	4	2	2	0	4
7		15	1	15		15

❶ =MODE.SNGL(A4:E4) : [A4:E4] 영역의 숫자 중 가장 많이 발생한 값(최빈수) 1과 2 중 먼저 입력된 1만 [F4] 셀에 입력됩니다.

❷ =MODE.SNGL(A5:E5) : [A5:E5] 영역의 숫자들은 빈도수가 모두 같으므로 오류값(#N/A)이 [F5] 셀에 입력됩니다.

128 분산 계산하기 — VAR.S

VAR.S 함수는 인수로 주어진 숫자들에 대한 표본집단의 분산을 계산할 때 사용하는 함수입니다. VAR.S 함수는 논리값이나 텍스트는 무시됩니다.

VAR 함수는 Excel 2010부터 VAR.S와 VAR.P로 세분화 되었지만 컴퓨터활용능력 시험에서는 VAR.S 함수만 출제됩니다.

형식 VAR.S(인수1, 인수2, …) : 인수로 주어진 숫자들의 분산을 구합니다.

준비하세요! : 'C:\길벗컴활1급\04 부록' 폴더의 'VAR.S.xlsm' 파일을 열어 '기본' 시트에서 실습하세요.

	A	B	C	D
1		분산 계산		
2				
3	숫자1	숫자2	숫자3	분산
4	1	2	3	1.00 ❶
5	2	2	2	-
6	0	3	5	6.33
7	4		2	2.00 ❷

❶ =VAR.S(A4:C4) : [A4:C4] 영역에 대한 분산 1.00이 [D4] 셀에 입력됩니다.

❷ =VAR.S(A7:C7) : [A7:C7] 영역에 대한 분산 2.00이 [D7] 셀에 입력됩니다.

129 표준편차 계산하기 — STDEV.S

14.2, 13.상시

STDEV.S 함수는 인수로 주어진 숫자들에 대한 표본집단의 표준편차를 계산하는 함수로, 인수는 1개에서 255개까지 지정할 수 있습니다. 인수에 텍스트, 논리값 또는 빈셀이 포함되는 경우 그 값은 무시되지만 값이 0인 셀은 포함됩니다.
STDEV 함수는 Excel 2010부터 STDEV.S와 STDEV.P로 세분화 되었지만 컴퓨터활용능력 시험에서는 STDEV.S 함수만 출제됩니다.

형식 STDEV.S(인수1, 인수2, …) : 인수로 주어진 숫자들에 대한 표본집단의 표준편차를 구합니다.

준비하세요! : 'C:\길벗컴활1급\04 부록' 폴더의 'STDEV.S.xlsm' 파일을 열어 '기본' 시트에서 실습하세요.

	A	B	C	D
1	표준 편차 계산			
2				
3	숫자1	숫자2	숫자3	표준편차
4	1	2	3	1.00
5	2	2	2	-
6	0	3	5	2.52
7	4		2	1.41

❶ =STDEV.S(A4:C4) : [A4:C4] 영역에 대한 표본집단의 표준편차를 계산한 1.00이 [D4] 셀에 입력됩니다.

❷ =STDEV.S(A6:C6) : [A6:C6] 영역에 대한 표본집단의 표준편차를 계산한 2.52가 [D6] 셀에 입력됩니다.

기출문제 따라잡기 '기출' 시트에서 실습하세요.

구분과 받은점수를 이용하여 [I3:I4] 영역에 구분별 받은 점수의 평균과 표준편차를 계산하여 다음과 같이 표시하시오.

▶ 평균이 92, 표준편차가 9.5인 경우 : 92.0(9.5)
▶ AVERAGE, STDEV.S, IF, TEXT 함수를 이용한 배열 수식

	A	B	C	D	E	F	G	H	I
1									
2		반-번호	과목	구분	항목	받은점수		구분	평균(표준편차)
3		45190	국어	지필	중간고사	100		지필	88.0(8.6)
4		45190	과학	수행	실험	64		수행	84.7(14.2)
5		45190	사회	수행	발표	76			
6		45279	사회	수행	포트폴리오	80			
7		45202	국어	지필	중간고사	84			
8		45136	사회	지필	기말고사	88			
9		45136	과학	수행	포트폴리오	88			
10		13-31	사회	수행	발표	100			
11		13-31	사회	지필	중간고사	80			
12		13-31	국어	수행	포트폴리오	100			

정답 [I3] 셀에 다음의 수식을 입력하고 Ctrl+Shift+Enter를 누르세요.

=TEXT(AVERAGE(IF($D$3:$D$12=H3, $F$3:$F$12)), "0.0") & TEXT(STDEV.S(IF($D$3:$D$12=H3,$F$3:$F$12)), "(0.0)")

수식의 이해

중첩 함수가 사용된 수식을 만들 때는 최종적으로 값을 반환하는, 즉 바깥쪽에 사용할 함수부터 찾아서 수식을 세우고, 수식을 이해할 때는 우선순위에 따라 안쪽에서부터 바깥쪽 방향으로 하나씩 상수로 변환하면서 이해하면 쉽습니다.

=TEXT(AVERAGE(IF(D3:D12=H3,F3:F12)), "0.0") & TEXT(STDEV.S(IF(D3:D12=H3,F3:F12)), "(0.0)")
　　　　　　　　❶　　　　　　　　　　　　　　　　　　　❷

- ❶ AVERAGE와 IF를 이용한 평균 구하기 배열 수식의 일반식

  =AVERAGE(IF(조건, 평균_구할_범위))

  AVERAGE(IF(D3:D12=H3, F3:F12))
  　　　　　　　　조건　　평균_구할_범위

  – 조건 : 구분이 "지필"
  – 평균_구할_범위 : 받은점수

- ❷ STDEV.S와 IF를 이용한 표준편차 구하기 배열 수식의 일반식

  =STDEV.S(IF(조건, 표준편차_구할_범위))

  STDEV.S(IF(D3:D12=H3, F3:F12))
  　　　　　　　조건　　표준편차_구할_범위

  – 조건 : 구분이 "지필"
  – 표준편차_구할_범위 : 받은점수

- 평균 88을 ❶에, 표준편차 8.64를 ❷에 대입하면 다음과 같습니다.
- =TEXT(88, "0.0") & TEXT(8.64, "(0.0)") : 88에 서식 "0.0"을 적용한 88.0과, 8.64에 서식 "(0.0)"을 적용한 (8.6)이 연결된 '88.0(8.6)'이 [I3] 셀에 입력됩니다.

130 백분위수 계산하기 — PERCENTILE.INC

15.3, 14.2

PERCENTILE.INC 함수는 자료의 범위에서 N번째의 백분위수를 구하는 함수입니다. 이 함수를 사용하여 수용 가능한 한계값을 정할 수 있습니다. 예를 들어, 90번째 백분위수 점수 이상의 후보들을 검색하도록 할 수 있습니다.

PERCENTILE 함수는 Excel 2010부터 PERCENTILE.INC와 PERCENTILE.EXC로 세분화 되었지만 컴퓨터활용능력 시험에서는 PERCENTILE.INC 함수만 출제됩니다.

형식 PERCENTILE.INC(범위, 인수) : 범위에서 인수 번째 백분위수 값입니다.

준비하세요! : 'C:\길벗컴활1급\04 부록' 폴더의 'PERCENTILE.INC.xlsm' 파일을 열어 '기본' 시트에서 실습하세요.

	A	B	C	D	E
1	성적표				
2	성명	국어	영어	수학	총점
3	김수정	75	73	80	228
4	박정호	79	71	70	220
5	최아름	71	68	64	203
6	박진수	85	90	95	270
7	이영호	77	75	79	231
8	80% 위치의 값	❶ 80.2	❷ 78	❸ 83	238.8

❶ =PERCENTILE.INC(B3:B7, 80%) : [B3:B7] 영역 중 80% 위치의 값인 80.2가 [B8] 셀에 입력됩니다.

❷ =PERCENTILE.INC(C3:C7, 80%) : [C3:C7] 영역 중 80% 위치의 값인 78이 [C8] 셀에 입력됩니다.

❸ =PERCENTILE.INC(D3:D7, 80%) : [D3:D7] 영역 중 80% 위치의 값인 83이[D8] 셀에 입력됩니다.

기출문제 따라잡기 '기출' 시트에서 실습하세요.

수납금액을 이용하여 [F4] 셀에 수납금액이 수납금액의 50번째 백분위수보다 큰 값들의 평균을 계산하여 표시하시오.

▶ IF, AVERAGE, PERCENTILE.INC 함수를 사용한 배열 수식으로 작성

정답 [F4] 셀에 다음의 수식을 입력하고 Ctrl + Shift + Enter를 누르세요.
=AVERAGE(IF(D3:D11>PERCENTILE.INC(D3:D11, 0.5), D3:D11))

	A	B	C	D	E	F
1						
2		보험자	구분	수납금액		수납금액이 50번째 백분위수보다 큰 평균
3		이은주	의원	120,000		
4		송영희	의원	52,520		353,570
5		박은주	종합병원	554,000		
6		김정아	병원	211,400		
7		윤슬기	종합병원	114,000		
8		김정수	약제	15,500		
9		김기정	종합병원	454,000		
10		이경애	병원	194,880		
11		김동우	의원	42,000		

수식의 이해

AVERAGE와 IF를 이용한 평균 구하기 배열 수식의 일반식

=AVERAGE(IF(조건, 평균을_구할_범위))

{=AVERAGE(IF(D3:D11>PERCENTILE.INC(D3:D11, 0.5), D3:D11))}
        조건   평균을_구할_범위

• 조건 : 수납금액이 수납금액의 50번째 백분위수보다 큼
– PERCENTILE.INC(D3:D11, 0.5) : [D3:D11] 영역 중 50번째 백분위수 값인 120,000을 반환합니다.
– 백분위수 : 자료를 크기 순서로 나열한 후 100분등한 값
• 평균을_구할_범위 : 수납금액

131 순위 계산하기 — RANK.EQ

RANK.EQ 함수는 지정된 범위 안에서 인수의 순위를 구하되, 동일한 값들은 동일하지 않을 경우 나올 수 있는 순위들 중 가장 높은 순위를 동일하게 표시하는 함수입니다. 예를 들어 2위인 점수 90이 3개가 있다면 동일하지 하지 않을 경우 나올 수 있는 순위 2, 3, 4 중 가장 높은 순위인 2가 동일하게 표시되고, 다음 순위는 3위, 4위가 5위가 표시됩니다.

RANK 함수는 Excel 2010부터 RANK.EQ와 RANK.AVG로 세분화 되었지만 컴퓨터활용능력 시험에서는 RANK.EQ 함수만 출제됩니다.

형식 RANK.EQ(인수, 범위, 옵션) : 지정된 범위 안에서 인수의 순위를 구하되, 동일한 값들은 동일하지 않을 경우 나올 수 있는 순위들 중 가장 높은 순위를 동일하게 표시합니다.

준비하세요! : 'C:\길벗컴활1급\04 부록' 폴더의 'RANK.EQ.xlsm' 파일을 열어 '기본' 시트에서 실습하세요.

RANK 함수를 이용하여 총점을 기준으로 한 순위를 계산하여 표시해 보겠습니다.

	A	B	C	D	E	F
1			성적표			
2	성명	국어	영어	수학	총점	순위
3	고아라	72	90	78	240	2
4	나영희	88	80	72	240	2
5	박철수	75	98	75	248	1
6	안도해		100	100	200	4
7	최순이	85		85	170	5

❶ =RANK.EQ(E3, $E$3:$E$7) : [E3:E7] 영역에서 [E3] 셀의 값 240의 순위를 가장 높은 점수에 1위를 부여하는 방식(내림차순)을 적용하여 계산하되, 240이 두 개이므로 동일하지 않을 경우 나올 수 있는 순위 2, 3 중 가장 높은 순위 2가 [F3] 셀에 입력됩니다 (논리값이 생략되었으므로 내림차순으로 계산합니다).

RANK 함수의 옵션
- **0 또는 생략** : 내림차순을 기준으로 한 순위를 부여(가장 큰 값에 1위를 부여)
- **0 이외의 값** : 오름차순을 기준으로 한 순위를 부여(가장 작은 값에 1위를 부여)

기출문제 따라잡기 '기출' 시트에서 실습하세요.

품목과 판매량을 이용하여 [G2:G4] 영역에 품목별 가장 많은 판매량의 전체 순위를 계산하여 표시하시오.

▶ 순위는 내림차순으로 표시
▶ RANK.EQ, MAX 함수를 사용한 배열 수식으로 작성

	A	B	C	D	E	F	G
1	품목	단가	판매량	판매금액		품목	판매량 순위
2	채소	12,500	8	100,000		채소	2
3	과일	13,500	13	67,500		과일	1
4	채소	6,500	12	78,000		곡식	5
5	곡식	23,500	7	164,500			
6	과일	8,000	6	48,000			
7	채소	13,900	5	69,500			
8	과일	59,000	7	413,000			
9	채소	32,500	9	292,500			
10	과일	7,800	5	39,000			
11	곡식	25,000	3	75,000			

정답 [G2] 셀에 다음의 수식을 입력하고 Ctrl+Shift+Enter를 누르세요.
=RANK.EQ(MAX(($A$2:$A$11=F2)*$C$2:$C$11),$C$2:$C$11)

수식의 이해

중첩 함수가 사용된 수식을 만들 때는 최종적으로 값을 반환하는, 즉 가장 바깥쪽에 사용할 함수부터 찾아서 수식을 세우고 수식을 이해할 때는 우선순위에 따라 안쪽에서부터 바깥쪽 방향으로 하나씩 상수로 변환하면서 이해하면 쉽습니다.
{=RANK.EQ(MAX((A2:A11=F2)*C2:C11), C2:C11)}
　　　　　　　　❶

- ❶ MAX를 이용한 최대값 구하기 배열 수식의 일반식

  MAX((조건)*최대값을_구할 범위)

  MAX((A2:A11=F2)*C2:C11)
  　　　　조건　　　최대값을_구할 범위

  - 조건 : 품목이 "채소"
  - 최대값을_구할_범위 : 판매량
  - 품목이 채소인 것 중 가장 큰 판매량인 12를 반환합니다. ❶에 12를 대입하면 다음과 같습니다.
- {=RANK.EQ(12, C2:C11)} : [C2:C11] 영역에서 12의 순위(2)를 내림차순으로 계산하여 [G2] 셀에 입력합니다.

132 판매부의 평균 계산하기 — AVERAGEIF

AVERAGEIF 함수는 많은 자료 중에서 지정한 조건에 맞는 데이터만 찾아서 평균을 구하는 함수입니다. 찾을 조건이 있는 범위에서 조건에 맞는 데이터를 찾아 평균을 계산할 범위 중 같은 행에 있는 값들의 평균을 계산합니다.

형식 AVERAGEIF(조건이 적용될 범위, 조건, 평균을 구할 범위) : 조건이 적용될 범위에서 조건에 맞는 셀을 찾아 평균을 구할 범위 중 같은 행에 있는 값들의 평균을 계산합니다.

준비하세요! : 'C:\길벗컴활1급\04 부록' 폴더의 'AVERAGEIF.xlsm' 파일을 열어 '기본' 시트에서 실습하세요.

AVERAGEIF 함수를 이용하여 부서별 기본급의 평균을 계산해 보겠습니다.

	A	B	C	D	E	F	G
1		기본급 지급 현황				부서별 기본급의 평균	
2							
3		성명	부서	기본급		부서	평균
4		이승연	판매부	1,450,000		판매부	1,387,500 ❶
5		김경수	기획부	1,350,000		기획부	1,300,000 ❷
6		이학봉	판매부	1,350,000			
7		지순녀	기획부	1,200,000			
8		김지연	판매부	1,450,000			
9		박원래	기획부	1,450,000			
10		최지은	기획부	1,200,000			
11		강유라	판매부	1,300,000			

❶ =AVERAGEIF(C4:C11, "판매부", D4:D11) : [C4:C11] 영역에서 **판매부**가 입력된 셀들을 찾아, [D4:D11] 영역의 같은 행들에 있는 기본급(1450000, 1350000, 1450000, 1300000)의 평균인 1387500이 [G4] 셀에 입력됩니다.

❷ =AVERAGEIF(C4:C11, "기획부", D4:D11) : [C4:C11] 영역에서 **기획부**가 입력된 셀들을 찾아, [D4:D11] 영역의 같은 행들에 있는 기본급(1350000, 1200000, 1450000, 1200000)의 평균인 1300000이 [G5] 셀에 입력됩니다.

기출문제 따라잡기 '기출' 시트에서 실습하세요.

지역과 교통비를 이용하여 [G2:G4] 영역에 지역별 교통비의 평균을 10,000으로 나눈 몫만큼 "▶"을 반복하여 표시하시오.

▶ [표시 예 : 지역별 교통비의 평균을 10000으로 나눈 몫이 3인 경우 → ▶▶▶]
▶ AVEAGEIF, QUOTIENT, REPT 함수 사용

	A	B	C	D	E	F	G	H
1	사원코드	지역	식대	교통비		지역	교통비 그래프	
2	AB80	경기지사	80,000	120,000		서울본사	▶▶▶▶▶▶▶▶▶	
3	CD67	서울본사	130,000	130,000		경기지사	▶▶▶▶▶▶▶▶▶▶▶	
4	AK63	경기지사	90,000	80,000		충청지사	▶▶▶▶▶▶▶▶▶	
5	DF93	충청지사	110,000	80,000				
6	BC18	서울본사	60,000	60,000				
7	EE88	경기지사	140,000	140,000				
8	FK81	경기지사	100,000	130,000				
9	FG80	충청지사	60,000	120,000				

정답 [G2] : =REPT("▶",QUOTIENT(AVERAGEIF($B$2:$B$9,F2,$D$2:$D$9),10000))

수식의 이해

중첩 함수가 사용된 수식을 만들 때는 최종적으로 값을 반환하는, 즉 가장 바깥쪽에 사용할 함수부터 찾아서 수식을 세우고, 수식을 이해할 때는 우선순위에 따라 안쪽에서부터 바깥쪽 방향으로 하나씩 상수로 변환하면서 이해하면 쉽습니다.

=REPT("▶",QUOTIENT(AVERAGEIF(B2:B9,F2,D2:D9),10000))
         ❶

• ❶ DAYS(D2,C2) : AVERAGEIF(B2:B9,F2,D2:D9) : [B2:B9] 영역에서 "서울본사"가 입력된 셀들을 찾아 [D2:D9] 영역의 같은 행들에 있는 교통비(130000, 60000)의 평균인 95,0000이 반환됩니다. 95,000을 ❶에 대입하면 다음과 같습니다.

=REPT("▶",QUOTIENT(95000,10000))
      ❷

• ❷ QUOTIENT(95000,10000) : 95,000을 10,000으로 나눈 몫인 9를 반환합니다. 9를 ❷에 대입하면 다음과 같습니다.
• =REPT("▶",9) : "▶"를 9번 반복하여 표시한 "▶▶▶▶▶▶▶▶▶"이 [G2] 셀에 입력됩니다.

---

133 부서별 직급별 기본급의 평균 계산하기 — AVERAGEIFS

AVERAGEIFS 함수는 여러 개의 조건에 맞는 자료의 평균을 구하는 함수입니다. 예를 들면 부서가 판매부이고, 급수가 1급이고, 남자인 사원들의 기본급의 평균을 구할 수 있습니다. 조건은 최대 127개까지 지정할 수 있습니다.

형식 AVERAGEIFS(평균을 구할 범위, 첫 번째 조건이 적용될 범위, 첫 번째 조건, 두 번째 조건이 적용될 범위, 두 번째 조건, …) : 여러 개의 조건이 적용될 범위에서 여러 개의 조건에 맞는 셀을 찾아 평균을 구할 범위 중 같은 행에 있는 값들의 평균을 계산합니다.

준비하세요! : 'C:\길벗컴활1급\04 부록' 폴더의 'AVERAGEIFS.xlsm' 파일을 열어 '기본' 시트에서 실습하세요.

AVERAGEIFS 함수를 이용하여 부서별 직급별 기본급의 평균을 계산해 보겠습니다.

성명	부서	직급	기본급
이승연	판매부	1급	1,450,000
김경수	기획부	2급	1,350,000
이학봉	판매부	2급	1,350,000
지순녀	기획부	1급	1,200,000
김지연	판매부	1급	1,450,000
박원래	기획부	1급	1,450,000
최지은	기획부	1급	1,200,000
강유라	판매부	2급	1,300,000

부서별 직급별 기본급의 평균

직급\부서	1급	2급
판매부	1,450,000	1,325,000
기획부	1,325,000	1,275,000

❶ =AVERAGEIFS(E4:E11, C4:C11, "판매부", D4:D11, "1급") : [C4:C11] 영역에서 "판매부"가 입력된 셀들을 찾고, [D4:D11] 영역에서 같은 행들에 있는 "1급"이 입력된 셀들을 찾아 [E4:E11] 영역의 같은 행들에 있는 기본급(1450000, 1450000)의 평균인 1450000이 [H4] 셀에 입력됩니다.

❷ =AVERAGEIFS(E4:E11, C4:C11, "기획부", D4:D11, "2급") : [C4:C11] 영역에서 "기획부"가 입력된 셀들을 찾고, [D4:D11] 영역에서 같은 행들에 있는 "2급"이 입력된 셀들을 찾아 [E4:E11] 영역의 같은 행들에 있는 기본급(1350000, 1200000)의 평균인 1275000이 [I5] 셀에 입력됩니다.

134 과목별 최소 가산점 구하기 — MINA

MINA 함수는 주어진 인수 내에서 가장 작은 값을 반환하는 함수로, 1~255개의 인수를 사용할 수 있습니다. MIN과 다른 점은 숫자는 물론, 빈 셀, 논리값(TRUE/FALSE), 숫자로 표시된 텍스트 등도 인수로 사용할 수 있다는 것입니다.

형식 MINA(인수1, 인수2, …) : 인수 중에서 가장 작은 값을 반환합니다.

준비하세요! : 'C:\길벗컴활1급\04 부록' 폴더의 'MINA.xlsm' 파일을 열어 '기본' 시트에서 실습하세요.

MINA 함수를 이용하여 최소 가산점을 계산해 보겠습니다.

성적표

※ 가산점이 0점인 경우 FALSE로 표시합니다.

성명	학과	영어	수학
전현수	건축과	0.72	0.88
김명훈	기계과	0.55	0.7
하현호	경영과	0.98	0.8
강진성	기계과	0.76	0.94
박희선	건축과	FALSE	0.67
엄정희	건축과	0.84	0.9
최소 가산점		0	0.67

❶ =MINA(D4:D9) : [D4:D9] 영역에서 가장 작은 값인 0(FALSE)이 [D10] 셀에 입력됩니다.

❷ =MINA(E4:E9) : [E4:E9] 영역에서 가장 작은 값인 0.67이 [E10] 셀에 입력됩니다.

135 과목별 최대 가산점 구하기 — MAXA

15.상시

MAXA 함수는 주어진 인수 내에서 가장 큰 값을 반환하는 함수로, 1~255개의 인수를 사용할 수 있습니다. MAX와 다른 점은 숫자는 물론, 빈 셀, 논리값 (TRUE/FALSE), 숫자로 표시된 텍스트 등도 인수로 사용할 수 있다는 것입니다.

형식 MAXA(인수1, 인수2, …) : 인수 중에서 가장 큰 값을 반환합니다.

준비하세요! 'C:\길벗컴활1급\04 부록' 폴더의 'MAXA.xlsm' 파일을 열어 '기본' 시트에서 실습하세요.

MAXA 함수를 이용하여 최대 가산점을 계산해 보겠습니다.

	B	C	D	E
1	성적표			
2	※ 보훈 자녀는 TRUE로 표시하며, 가산점은 1점입니다!			
3	성명	학과	영어	수학
4	전현수	건축과	0.72	0.88
5	김명훈	기계과	0.55	0.7
6	하현호	경영과	0.98	0.8
7	강진성	기계과	0.76	0.94
8	박희선	건축과	TRUE	0.67
9	엄정희	건축과	0.84	0.9
10	최대 가산점		1 ❶	0.94 ❷

❶ =MAXA(D4:D9) : [D4:D9] 영역에서 가장 큰 값인 1(TRUE) 이 [D10] 셀에 입력됩니다.

❷ =MAXA(E4:E9) : [E4:E9] 영역에서 가장 큰 값 0.94가 [E10] 셀에 입력됩니다.

기출문제 따라잡기 '기출' 시트에서 실습하세요.

[표1]의 회원코드와 대출금액을 이용하여 [표2]의 [I3:I5] 영역에 직업별 최대 대출금액을 계산하여 표시하시오.

▶ 회원코드의 앞 두 글자가 직업을 표시함

▶ 표시 예 : ₩305,000원

▶ IF, LEFT, MAXA, TEXT 함수를 사용한 배열 수식으로 작성

	A	B	C	D	E	F	G	H	I
1	[표1]						[표2]		
2	회원코드	성명	대출금액	대출기간	월상환액		코드	직업	최대대출금액
3	JA140	이찬진	₩ 5,000,000	3	₩ 150,980		JA	자영업	₩5,500,000원
4	JC268	고광섭	₩ 4,500,000	2	₩ 194,412		JB	회사원	₩7,000,000원
5	JA845	김은조	-	-	대출없음		JC	공무원	₩4,500,000원
6	JB571	채경찬	₩ 7,000,000	2	₩ 308,041				
7	JB367	임종례	₩ 5,500,000	2	₩ 229,167				
8	JC664	정종수	₩ 2,000,000	4	₩ 41,667				
9	JA188	서현명	₩ 5,500,000	1	₩ 416,667				

정답 [I3] : {=TEXT(MAXA(IF(LEFT($A$3:$A$9,2)=G3,$C$3:$C$9)), "₩#,###원")}

수식의 이해

중첩 함수가 사용된 수식을 만들 때는 최종적으로 값을 반환하는, 즉 가장 바깥쪽에서 사용할 함수부터 찾아서 수식을 세우고, 수식을 이해할 때는 우선순위에 따라 안쪽에서부터 바깥쪽 방향으로 하나씩 상수로 변환하면서 이해하면 쉽습니다.

=TEXT(MAXA(IF(LEFT(A3:A9,2)=G3,C3:C9)), "₩#,###원")
　　　　　　　　❶

- ❶ MAXA를 이용한 최대값 구하기 배열 수식의 일반식 – 조건이 1개

  =MAXA(IF(조건, 최대값을_구할 범위))

  MAXA(IF(LEFT(A3:A9,2)=G3, C3:C9))
  　　　　　　　조건　　　　　최대값을_구할 범위

  – 조건 : 회원코드의 앞 두 글자가 "JA"
  – 최대값을_구할 범위 : 대출금액
  – 5500000이 반환됩니다. ❶에 대입하면 다음과 같습니다.

- =TEXT(5500000, "₩#,###원") : 5500000에 서식 "₩#,###원"을 적용하면 "₩5,500,000원"이 [I3] 셀에 입력됩니다.

계산작업 문제모음

컴퓨터활용능력 1급 실기

계산작업 학습방법

1. 함수 사용법 숙지는 기본입니다.

함수 사용에 익숙하지 않은 수험생은 제공된 부록을 이용하여 기본적인 함수 사용법을 충분히 학습하세요. 시험 범위로 주어진 135개 함수 중 한 번이라도 시험에 출제된 함수는 80개뿐입니다. 함수 이름만 봐도 어떤 기능을 하는 함수인지, 어떤 용도로 사용하는지 바로 알 수 있을 정도로 연습해야 합니다.

2. 논리에 맞게 수식을 세울 수 있어야 합니다.

섹션05~08 함수 편에는 논리에 맞게 단계적으로 수식 세우는 방법을 수록하였습니다. 수식에는 난이도의 차이가 있지만 수식을 세우는 원리는 난이도에 관계없이 모두 동일합니다. 수식 세우는 방법을 숙지하세요.

3. 모의고사, 기출문제에서 계산문제만 골라 풀어 봅니다.

함수 섹션을 끝냈으면 기본 모의고사 10회, 실전 모의고사 10회, 최신기출문제 10회 중 2번 계산문제만 골라서 컴퓨터로 직접 모두 풀어 봅니다.

4. 수식이 바로 만들어질 때까지 반복합니다.

모의고사를 모두 풀어보았다고 수식 공부가 끝난 것이 아닙니다. 논리 수식이나 중첩 함수식은 평소에 사용하지 않는 논리를 수식으로 변환하는 것이라 단기간에 숙달되지 않습니다. 제공된 별책 부록에는 컴퓨터 없이도 문제를 풀어볼 수 있도록 계산문제만 수록하여 놓았습니다. 문제를 읽으면 대충의 계산식이 바로 만들어질 때까지 반복하여 연습하세요.

	A	B	C	D	E	F	G	H	I	J
1	[표1]				[표2]					
2	배달량	배달건수			배달지역	배달담당				
3	300	7건			산남지구	장동욱				
4	600	12건			산북지구	장동욱				
5	1000	16건			산서지구	도부영				
6					산동지구	배무영				
7	[표3]									
8	일자	배달담당	배달지역	배달시간(분)	배달량	비고				
9	01월 12일	도부영	산남지구	63	48					
10	01월 12일	도부영	산북지구	37	331					
11	01월 12일	배무영	산서지구	70	433					
12	01월 12일	장동욱	산동지구	11	362					
13	01월 12일	장동욱	산동지구	28	2	배달누락				
14	01월 13일	도부영	산서지구	28	62					
15	01월 13일	도부영	산서지구	42	3	배달누락				
16	01월 13일	배무영	산동지구	67	76					
17	01월 13일	장동욱	산남지구	83	471					
18	01월 13일	장동욱	산북지구	36	750					
19	01월 14일	도부영	산서지구	13	914					
20	01월 14일	배무영	산남지구	97	790					
21	01월 14일	배무영	산북지구	91	356					
22	01월 14일	장동욱	산서지구	5	336					
23	01월 14일	장동욱	산서지구	14	4	배달누락				
24	01월 15일	도부영	산남지구	16	322					
25	01월 15일	도부영	산북지구	32	247					
26	01월 15일	배무영	산서지구	11	365					
27	01월 15일	장동욱	산동지구	85	423					
28	01월 16일	도부영	산서지구	94	177					
29	01월 16일	배무영	산동지구	56	209					
30	01월 16일	장동욱	산남지구	44	5	배달누락				
31	01월 16일	장동욱	산북지구	51	908					
32	01월 17일	도부영	산서지구	11	626					
33	01월 17일	배무영	산동지구	38	874					
34	01월 17일	장동욱	산남지구	74	359					
35	01월 17일	장동욱	산북지구	95	767					
36										
37	[표4]									
38	제품코드	제품코드2	품명	판매량	판매금액	이익금				
39	y201k	Y291K	곰인형	45	128,250	38,475				
40	b450n	B459N	놀이동산	89	372,465	111,740		제품 코드표		
41	y203d	Y293D	딸랑이	230	338,100	169,050		코드	판매단가	할인율
42	y012g	Y912G	꼬마인형	30	151,200	45,360		k	3000	5%
43	y305k	Y395K	곰인형	120	342,000	102,600		n	4500	7%
44	y365y	Y365Y	우유병	120	360,960	180,480		d	1500	2%
45	b304n	B394N	놀이동산	325	1,360,125	408,038		g	5600	10%
46	b123d	B123D	딸랑이	60	88,200	26,460		y	3200	6%

1. [표3]의 배달담당과 배달량을 이용하여 [표1]의 [B3:B5] 영역에 배달량별 '배달담당'이 "영" 자로 끝나는 배달건수를 계산하여 표시하시오. (6점)

▶ 배달량에 따른 배달건수

배달량	배달건수
300	300 이하인 배달건수
600	600 이하인 배달건수
1,000	1,000 이하인 배달건수

▶ 배달건수 뒤에 "건" 표시(표시 예 : 5건)
▶ COUNTIFS 함수와 & 연산자 이용

[　　　　　　　　　　　　　　　　　　　　　　　　　　　　　　　　　　]

2. [표2]에서 배달지역별로 배달시간(분)이 세 번째로 높은 담당자의 이름을 [F3:F6] 영역에 계산하여 표시하시오. (6점)

▶ 배달지역별 세 번째로 높은 배달시간(분)에는 동점이 없음

▶ INDEX, MATCH, LARGE 함수를 이용한 배열 수식

[   ]

3. [표4]에서 [B39:B46] 영역에 제품코드2를 계산하여 표시하시오. (6점)

▶ 제품코드2는 제품코드에 나오는 0을 모두 9로 변경하고, 영문을 모두 대문자로 표시
▶ LOWER, UPPER, REPLACE, SUBSTITUTE 중 알맞은 함수를 선택하여 사용

[   ]

4. [표4]에서 [E39:E46] 영역에 판매금액을 계산하여 표시하시오. (6점)

▶ 판매금액 = 판매량×판매단가−할인액, 할인액 = 판매량×판매단가×할인율
▶ [표5] 제품 코드표를 참조하여 계산하되, 제품코드의 마지막 글자가 코드를 의미함
▶ [표5] 제품 코드표에 없는 코드는 판매단가와 할인율을 0으로 계산함
▶ XLOOKUP, RIGHT 함수 사용

[   ]

5. 사용자 정의 함수 'fn이익금'을 작성하여 [F39:F46] 영역에 이익금을 계산하여 표시하시오. (6점)

▶ 'fn이익금'은 판매금액, 품명, 판매량을 인수로 받아 이익금을 계산하여 되돌려줌
▶ 이익금은 판매량이 100 이상이고 품명이 '딸랑이'이거나 '우유병'이면 판매금액 − (판매금액×0.5)로 계산하고, 그 외는 판매금액 − (판매금액×0.7)로 계산

```
Public Function fn이익금(판매금액, 품명, 판매량)

End Function
```

[   ]

수식의 이해

1. [B3] : =COUNTIFS($B$9:$B$35, "*영", $E$9:$E$35, "<="&A3) & "건"
　　　　　　　 조건1_범위　　 조건1　 조건2_범위　 조건2

2. [F3] : {=INDEX($A$9:$F$35, MATCH(LARGE(($C$9:$C$35=E3)*$D$9:$D$35, 3), ($C$9:$C$35=E3)*$D$9:$D$35, 0), 2)}
　　　　　　　　　　　　　　　　 배달지역별_세_번째로_큰_배달시간　　　　　　 범위　　　　 옵션

3. [B39] : =UPPER(SUBSTITUTE(A39,0,9))

4. [E39] : =D39 * XLOOKUP(RIGHT(A39,1), $H$42:$H$46, $I$42:$I$46, 0, 0) − D39 * XLOOKUP(RIGHT(A39,1), $H$42:$H$46,
　　　　　　　　$I$42:$I$46, 0, 0) * XLOOKUP(RIGHT(A39,1), $H$42:$H$46, $J$42:$J$46, 0, 0)

5. [F39] : =fn이익금(E39, C39, D39)

```
Public Function fn이익금(판매금액, 품명, 판매량)
    If 판매량 >= 100 And (품명 = "딸랑이" Or 품명 = "우유병") Then
        fn이익금 = 판매금액 − (판매금액*0.5)
    Else
        fn이익금 = 판매금액 − (판매금액*0.7)
    End If
End Function
```

[표1] 공과대학 성적

이름	학과	중간	기말	과제	가중평균	평점	학과별순위
임은교	기계공학과	85	85	94	96.2	A	기계공학과-1
이동주	건축학과	95	74	78	81.9	B	건축학과-1
김종진	토목과	95	90	97	92.9	A	토목과-1
김미정	토목과	100	69	70	78.5	C	토목과-3
김유숙	건축학과	65	93	82	80.2	B	건축학과-2
이은성	기계공학과	95	60	57	79.1	C	기계공학과-2
김진수	토목과	100	91	74	90.3	A	토목과-2
이승선	건축학과	90	64	80	78.2	C	건축학과-3

반영비율

학과	중간	기말	과제
건축학과	30%	30%	40%
기계공학과	40%	40%	30%
토목과	30%	50%	20%

[표2]   평점 관리표

가중평균	평점
60	D
70	C
80	B
90	A
100	A+

[표3] 차종에 따른 판매 현황

대리점	차종	상반기 판매량	상반기판매액	하반기 판매량	하반기판매액	총판매액
동부	누비라	34	34,000	30	30,000	64,000
동부	그랜저	34	61,200	78	140,400	201,600
북부	누비라	68	68,000	50	50,000	118,000
강남	누비라	70	70,000	67	67,000	137,000
서부	코란도	54	81,000	50	75,000	156,000
강남	코란도	56	84,000	67	100,500	184,500
서부	코란도	56	84,000	56	84,000	168,000
북부	누비라	85	85,000	80	80,000	165,000
서부	누비라	87	87,000	75	75,000	162,000

대리점	판매액
강남	84,000
동부	61,200
북부	80,000
서부	84,000

1. [표1]에서 가중평균을 [F3:F10] 영역에 계산하시오. (6점)

▶ 가중평균은 학과와 항목에 해당하는 반영비율을 적용하여 계산

▶ [A13:D16] 영역(반영비율)을 참조하여 계산

▶ OFFSET, SUMPRODUCT, MATCH 함수 사용

[　　　　　　　　　　　　　　　　　　　　　　　　　　　　　　　　　　　　]

2. [표1]에서 평점을 [G3:G10] 영역에 계산하여 표시하시오. (6점)

▶ 평점은 가중평균과 [표2]의 평점 관리표(F14:G18)를 이용하여 계산

▶ LOOKUP 함수 사용

[   ]

3. [표1]에서 가중평균을 기준으로 한 학과별순위를 [H3:H10] 영역에 계산하여 표시하시오. (6점)

▶ 학과별순위는 '학과−순위' 로 표시[표시 예 : 건축학과−1]
▶ 순위는 가장 높은 가중평균에 1을 부여하고, 다른 가중평균보다 작은 경우 1씩 더해 표시하시오.
▶ SUM, IF 함수를 이용한 배열 수식과 & 연산자 사용

[   ]

4. 사용자 정의 함수 '총판매액'을 작성하여 [G21:G29] 영역에 총판매액을 계산하여 표시하시오. (6점)

▶ '총판매액'은 상반기판매액과 하반기판매액을 인수로 받아 총판매액을 계산하여 되돌려줌
▶ '총판매액'은 상반기판매액과 하반기판매액의 합으로 계산

```
Public Function 총판매액(상반기판매액, 하반기판매액)

End Function
```

[   ]

5. [표3]의 [B32:B35] 영역에 대리점별 판매액을 계산하여 표시하시오. (6점)

▶ 판매액은 대리점별 가장 큰 상반기판매액과 가장 큰 하반기판매액 중 작은 판매액을 표시
▶ MAX, MIN 함수를 이용한 배열 수식

[   ]

수식의 이해

1. [F3] : =SUMPRODUCT(C3:E3, OFFSET($A$13, MATCH(B3, $A$14:$A$16, 0), 1, 1, 3))

2. [G3] : =LOOKUP(F3, $F$14:$F$18, $G$14:$G$18)

3. [H3] : { =B3 & "−" & SUM(IF(($B$3:$B$10=B3) * ($F$3: $F$10)=F3), 1)) } }
　　　　　　　　　　　　　　조건1　　　　　조건2　　　개수_구할_범위

4. [G21] : =총판매액(D21, F21)

```
Public Function 총판매액(상반기판매액,하반기판매액)
    총판매액 = 상반기판매액 + 하반기판매액
End Function
```

5. [B32] : { =MIN(MAX(($A$21:$A$29=A32) * $D$21:$D$29), MAX(($A$21:$A$29=A32) * $F$21:$F$29)) }
　　　　　　　　조건　　　　최대값_구할_범위　　　　조건　　　　최대값_구할_범위

	A	B	C	D	E	F	G	H	I
1	[표1]	부서별 급여 지급 내역서						기준날짜	2023-07-18
2	사원코드	성명	부서명	직위	입사일	근무년수	기본급	상여금	수당
3	G1	홍기남	기획부	부장	15-05-15	8	1,400,000	640,000	112,000
4	C2	이기자	총무부	과장	21-06-10	2	900,000	375,000	18,000
5	G3	차후서	기획부	대리	21-10-20	1	850,000	200,000	17,000
6	Y1	허인기	영업부	부장	13-03-18	10	1,500,000	560,000	195,000
7	C3	김인자	총무부	대리	21-05-24	2	900,000	190,000	18,000
8	Y3	박혁제	영업부	대리	19-10-20	3	1,150,000	200,000	34,500
9	G2	김순례	기획부	과장	21-05-15	2	900,000	360,000	18,000
10	Y2	우인철	영업부	과장	22-06-10	1	850,000	375,000	17,000
11	C1	유철민	총무부	부장	19-09-02	3	1,150,000	520,000	34,500
12									
13	급여증가분	50,000			[표2]				
14					부서명	최대상여금 순위	상여금 평균		
15	수당지급율표				기획부	1	400,000		
16	근무년수	수당비율			총무부	3	361,667		
17	1	0.02			영업부	2	378,333		
18	5	0.05							
19	10	0.08							
20	15	0.13							

1. [표1]에서 근무년수를 [F3:F11] 영역에 계산하시오. (6점)

  ▶ 근무년수는 기준날짜(I1)와 입사일을 참조하여 계산

  ▶ DAYS, INT 함수 사용

[　　　　　　　　　　　　　　　　　　　　　　　　　　　　　　　　　　　　]

2. 사용자 정의 함수 'kb기본급'을 작성하여 [G3:G11] 영역에 기본급을 계산하여 표시하시오. (6점)

  ▶ 'kb기본급'은 입사일, 근무년수, 급여증가분을 인수로 받아 기본급을 계산하여 되돌려줌

  ▶ 입사일의 년도가 2019년 이전이면 기본급은 1000000 + 근무년수×급여증가분으로 계산하고 2020년 이후이면 800000 + 근무년수×급여증가분으로 계산(SELECT문 이용)

```
Public Function kb기본급(입사일 As Date, 근무년수, 급여증가분)

End Function
```

[　　　　　　　　　　　　　　　　　　　　　　　　　　　　　　　　　　　　]

3. [표1]에서 수당을 [I3:I11] 영역에 계산하여 표시하시오. (6점)

  ▶ [A17:B20] 영역(수당지급율표)을 참조하여 계산

  ▶ 수당 = 기본급 × 수당비율

  ▶ 근무년수가 10년 이상이면 5%, 5년 이상이면 3%, 3년 이상이면 1%, 3년 미만은 0%을 수당비율에 더함

▶ VLOOKUP, IFS 함수 사용

[   ]

4. [표2]의 부서별 가장 높은 상여금의 전체 순위를 [F15:F17] 영역에 계산하시오. (6점)

▶ 순위는 내림차순으로 표시
▶ RANK.EQ, MAX 함수를 이용한 배열 수식

[   ]

5. [표2]의 부서별 상여금의 평균을 [G15:G17] 영역에 계산하시오. (6점)

▶ [A2:I11] 영역(표1)을 참조하여 계산
▶ AVERAGEIF 함수 사용

[   ]

수식의 이해

1. [F3] : =INT(DAYS($I$1, E3) / 365)

2. [G3] : =kb기본급(E3, F3, $B$13)

```
Public Function kb기본급(입사일 As Date, 근무년수, 급여증가분)
    Select Case Year(입사일)
    Case Is <= 2019
        kb기본급 = 1000000 + 근무년수 * 급여증가분
    Case Else
        kb기본급 = 800000 + 근무년수 * 급여증가분
    End Select
End Function
```

3. [I3] : =G3 * (VLOOKUP(F3, $A$17:$B$20, 2) + IFS(F3>= 10, 5%, F3>=5, 3%, F3>=3, 1%, F3<3, 0%))

4. [F15] : {=RANK.EQ(MAX(($C$3:$C$11=E15) * $H$3:$H$11), $H$3:$H$11)}
    조건   최대값_구할_범위

5. [G15] : =AVERAGEIF($C$3:$C$11, E15, $H$3:$H$11)
    조건_적용_범위 조건 평균_구할_범위

	A	B	C	D	E	F	G	H	I	J	K
1	[표1]				[표2]	기본급					
2	근무팀	2/3호봉 직원수	큰 값-평균 값			사원	대리	과장	차장	부장	
3	총무팀	3명	574,950		1 호봉	633,400	766,300	989,200	1,250,000	1,388,900	
4	기술팀	2명	363,050		2 호봉	653,500	792,600	798,900	1,280,000	1,428,900	
5	영업팀	3명	105,525		3 호봉	673,600	818,900	1,020,000	1,310,000	1,468,900	
6					4 호봉	693,700	845,200	1,342,600	1,340,000	1,508,900	
7					5 호봉	713,800	871,500	1,465,000	1,370,000	1,548,900	
8					6 호봉	733,900	897,800	2,151,100	1,400,000	1,588,900	
9											
10	[표3]										
11	성명	근무팀	직위	직급	호봉	기본급	식대	교통비	차량보조금	급여 총액	만기금액
12	강상일	총무팀	차장	4급	4호봉	1,340,000	100,000	70,000	-	1,510,000	₩18,868,000
13	강애연	기술팀	과장	3급	3호봉	1,020,000	100,000	50,000	-	1,170,000	₩14,620,000
14	강충기	총무팀	사원	1급	2호봉	653,500	100,000	30,000	-	783,500	₩9,790,000
15	김규한	영업팀	대리	2급	6호봉	897,800	100,000	50,000	-	1,047,800	₩13,093,000
16	김동구	영업팀	과장	3급	2호봉	798,900	100,000	70,000	-	968,900	₩12,107,000
17	김병철	기술팀	대리	2급	4호봉	845,200	100,000	30,000	-	975,200	₩12,186,000
18	김사현	총무팀	사원	1급	1호봉	633,400	100,000	30,000	-	763,400	₩9,539,000
19	김수정	총무팀	부장	5급	6호봉	1,588,900	100,000	10,000	40,000	1,738,900	₩21,729,000
20	김영석	기술팀	차장	4급	5호봉	1,370,000	100,000	70,000	-	1,540,000	₩19,243,000
21	김용곤	총무팀	사원	1급	2호봉	653,500	100,000	50,000	-	803,500	₩10,040,000
22	김용철	총무팀	과장	3급	3호봉	1,020,000	100,000	70,000	-	1,190,000	₩14,870,000
23	김인철	기술팀	대리	2급	2호봉	792,600	100,000	70,000	-	962,600	₩12,028,000
24	김재웅	영업팀	사원	1급	2호봉	653,500	100,000	50,000	-	803,500	₩10,040,000
25	김정우	총무팀	부장	5급	6호봉	1,588,900	100,000	10,000	300,000	1,998,900	₩24,978,000
26	김종진	영업팀	대리	2급	3호봉	818,900	100,000	30,000	-	948,900	₩11,857,000
27	김지훈	총무팀	사원	1급	1호봉	633,400	100,000	50,000	-	783,400	₩9,789,000

1. [표1]에서 근무팀별 호봉이 "2호봉"이거나 "3호봉"인 직원의 직원수를 계산하여 [B3:B5] 영역에 표시하시오. (6점)

- ▶ [A11:K27] 영역([표3])을 참조하여 계산
- ▶ 숫자 뒤에 '명'이 표시되도록 할 것(예 : 8명)
- ▶ SUM과 IF 및 & 연산자를 이용한 배열 수식

[   ]

2. [표3]에서 [D12:D27] 영역에 직급을 계산하여 표시하시오. (6점)

- ▶ [표2]의 [F2:J2] 영역을 참조하여 계산
- ▶ 직급은 직위가 '사원'이면 1급, '대리'이면 2급, '과장'이면 3급, '차장'이면 4급, '부장'이면 5급을 적용함
- ▶ XMATCH, CONCAT 함수 사용

[   ]

3. [표1]에서 근무팀별로 기본급이 가장 큰 값과 기본급 평균의 차이를 [C3:C5] 영역에 계산하여 표시하시오. (6점)

- ▶ [A11:K27] 영역([표3])을 참조하여 계산
- ▶ MAX, IF, AVERAGE, DAVERAGE, OR 중 알맞은 함수를 이용한 배열 수식

[   ]

4. 사용자 정의 함수 'fn급여총액'을 작성하여 [J12:J27] 영역에 급여 총액을 계산하여 표시하시오. (6점)

▶ 'fn급여총액'은 기본급과 기타급여를 인수로 받아 급여 총액을 계산하여 되돌려줌
▶ 급여 총액은 기본급과 기타급여의 합으로 계산(단, 기타급여는 식대, 교통비, 차량보조금의 합)

> Public Function fn급여총액(기본급, 기타급여)
>
> End Function

[   ]

5. [표3]의 [K12:K27] 영역에 만기금액을 양수로 계산하여 표시하시오. (6점)

▶ 급여 총액의 50%를 2년동안 연이율 4.2%의 이율로 저축하였을 경우 만기금액 계산
▶ 만기금액은 반올림하여 천의 자리까지 표시
▶ PV, PMT, FV, ROUND, ROUNDUP, ROUNDDOWN 중 알맞은 함수 사용

[   ]

수식의 이해

1. [B3] : {=SUM(IF(($B$12:$B$27=A3)*(($E$12:$E$27="2호봉")+($E$12:$E$27="3호봉")),1)) & "명"}
　　　　　　　　　　조건1　　　　　　　　　조건2　　　　　　　合계_구할_값

2. [D12] : =CONCAT(XMATCH(C12, $F$2:$J$2, 0), "급")

3. [C3] : {=MAX(($B$12:$B$27=A3) * $F$12:$F$27) − AVERAGE(IF($B$12:$B$27=A3, $F$12:$F$27))}
　　　　　　　조건　　　최대값_구할_범위　　　　　　조건　　평균_구할_범위

4. [J12] : =fn급여총액(F12, SUM(G12:I12))

> Public Function fn급여총액(기본급, 기타급여)
>   fn급여총액 = 기본급 + 기타급여
> End Function

5. [K12] : =ROUND(FV(4.2%/12, 2*12, −J12*50%), −3)

[표1]

지역/변경	실적포인트	
고객번호	A	B
강남	5,000	9,600
서초	12,100	15,400
종로	700	26,850

[표2] 고객별 포인트 점수 현황

고객번호	변경고객번호	고객이름	지역	구매실적	할인율	실적포인트	거래빈도	비고
C111	A111	홍길동	종로	₩ 700,000	0.1%	700	10	
C112	A112	박잔훈	서초	₩ 1,600,000	0.2%	3,200	15	우수고객
C113	A113	김먹진	강남	₩ 600,000	0.1%	600	8	
C114	A114	이소라	강남	₩ 2,200,000	0.2%	4,400	25	골드고객
C115	A115	김종택	서초	₩ 500,000	0.1%	500	3	
C116	A116	정영일	서초	₩ 2,800,000	0.3%	8,400	9	
C117	A117	최수형	종로	₩ 300,000	0.0%	-	7	
C118	B118	한우규	종로	₩ 3,200,000	0.3%	9,600	24	골드고객
C119	B119	이명섭	서초	₩ 1,500,000	0.2%	3,000	13	우수고객
C120	B120	김인하	서초	₩ 2,500,000	0.3%	7,500	14	우수고객
C121	B121	성유희	종로	₩ 3,250,000	0.3%	9,750	15	우수고객
C122	B122	강진미	서초	₩ 1,250,000	0.2%	2,500	16	
C123	B123	이성범	강남	₩ 3,200,000	0.3%	9,600	17	우수고객
C124	B124	류시강	서초	₩ 1,200,000	0.2%	2,400	18	
C125	B125	현지건	종로	₩ 2,500,000	0.3%	7,500	19	우수고객

[표3] 연수 점수 및 급여 현황

등급	성명	과정코드	기본급	필기점수	근무년수	경력점수	총급여
고급반	김현중	전산-1	2,100,000	70	20	7	2,520,000
중급반	이상랑	전산-2	1,500,000	80	4	1	1,500,000
기초반	김국토	전산-3	1,200,000	75	2	1	1,200,000
고급반	진선미	영어-1	1,800,000	74	10	5	1,980,000
중급반	구영후	영어-2	2,400,000	60	23	7	2,880,000
기초반	민정식	영어-3	2,600,000	59	35	7	3,380,000
고급반	도한국	마케팅-1	1,700,000	64	8	3	1,700,000
중급반	박지예	마케팅-2	1,750,000	78	9	3	2,100,000

[표4]

총점수	상여금율
70	0%
80	10%
90	20%
100	30%

[표5] 등급별 근무년수별 평균 필기점수

등급	0년 이상 20년 미만	20년 이상 40년 미만
고급반	64	70
중급반	78	60
기초반		59

1. [표2]에서 변경고객번호를 [B10:B24] 영역에 계산하여 표시하시오. (6점)

▶ 변경고객번호는 고객번호 뒤의 3글자가 117보다 작거나 같으면 'C'를 'A'로, 그렇지 않으면 'C'를 'B'로 변경하여 표시

▶ VALUE, IF, RIGHT, SUBSTITUTE 함수 사용

[   ]

2. [표1]에서 지역별/변경고객번호(앞의 한 자리 사용)별 실적포인트의 합계를 [B4:C6] 영역에 계산하시오. (6점)

▶ [A9:I24] 영역([표2])을 참조하여 계산

▶ SUM, LEFT 함수를 이용한 배열 수식

[   ]

3. 사용자 정의 함수 'fn비고'를 작성하여 [I10:I24] 영역에 비고를 계산하여 표시하시오. (6점)

▶ 'fn비고'는 실적포인트와 거래빈도를 인수로 받아 비고를 계산하여 되돌려줌

▶ 비고는 실적포인트가 4,000 이상이고 거래빈도가 20 이상이면 "골드고객", 실적포인트가 3,000 이상이고 거래빈도가 10 이상이면 "우수고객", 그렇지 않을 경우에는 공백을 표시

```
Public Function fn비고(실적포인트, 거래빈도)

End Function
```

[   ]

4. [표3]에서 총급여를 [H29:H36] 영역에 계산하여 표시하시오. (6점)

▶ [J33:K36] 영역([표4])을 참조하여 계산
▶ 근무년수가 5년 이상이고, 경력점수가 3 이상인 사원에게만 상여금을 적용하고, 총급여는 기본급 + 상여금으로 계산
　 총점수 = 필기점수 + 근무년수 + 경력점수, 상여금 = 기본급×상여금율
▶ IF, AND, OR, HLOOKUP, VLOOKUP 중 알맞은 함수 사용

[   ]

5. [표5]에서 등급별 근무년수별 필기점수의 평균을 [B41:C43] 영역에 계산하여 표시하시오. (6점)

▶ [A28:H36] 영역([표3])을 참조하여 계산
▶ 단, 등급별 가장 높은 필기점수는 제외하고 계산하시오.
▶ 평균은 정수로 표시하고, 값이 없으면 공백으로 표시하시오.
▶ MAX, AVERAGE, IF, IFERROR, INT 함수를 이용한 배열 수식

[   ]

수식의 이해

1. **[B10]** : =IF(VALUE(RIGHT(A10,3))<=117, SUBSTITUTE(A10, "C", "A"), SUBSTITUTE(A10, "C", "B"))

2. **[B4]** : {=SUM((<u>$D$10:$D$24=$A4</u>) * (<u>LEFT($B$10:$B$24,1)=B$3</u>) * <u>$G$10:$G$24</u>)}
　　　　　　　　　　조건1　　　　　　　　　　조건2　　　　　합계_구할_범위

3. **[I10]** : =fn비고(G10,H10)

```
Public Function fn비고(실적포인트, 거래빈도)
    If 실적포인트 >= 4000 And 거래빈도 >= 20 Then
        fn비고 = "골드고객"
    ElseIf 실적포인트 >= 3000 And 거래빈도 >= 10 Then
        fn비고 = "우수고객"
    Else
        fn비고 = " "
    End If
End Function
```

4. **[H29]** : =D29+D29 * (IF(AND(F29>=5,G29>=3), VLOOKUP(E29+F29+G29,$J$33:$K$36,2), 0))

5. **[B41]** : {=IFERROR(INT(AVERAGE(IF(($A$29:$A$36= $A41) * (<u>$F$29:$F$36</u>>=B$39) * (<u>$F$29:$F$36</u><B$40) * (<u>$E$29:$E$36</u> <>
　　　MAX(($A$29:$A$36=$A41) * <u>$E$29:$E$36</u>)), <u>$E$29:$E$36</u>))), " ")}

	A	B	C	D	E	F
1	[표1]					
2	이름	고향주소	생년월일	가족 수(자녀)	회비	조
3	김승호	서울시 성동구	1980-10-01	4(2)	100,000	A조
4	정재호	서울시 성북구	1983-05-22	3(1)	80,000	B조
5	성은희	부천시 오정구	1981-04-05	5(3)	120,000	A조
6	이영주	부천시 원미구	1988-02-09	2(0)	60,000	B조
7	배수인	안양시 동안구	1979-04-17	탈퇴	-	A조
8	표영호	성남시 수정구	1993-07-21	1(0)	30,000	B조
9						
10	[표2]					
11	회원명	운동명	사용시간	할인시간	사용요금	레슨비용
12	박종수	수영	60	9	127,500	35,000
13	최용준	헬스	30	5	62,500	20,000
14	강대수	스쿼시	14	3	33,000	50,000
15	추인혜	헬스	30	5	62,500	25,000
16	지석영	수영	28	5	69,000	50,000
17	이상호	수영	25	5	60,000	50,000
18	표인종	스쿼시	15	3	36,000	35,000
19	장은지	헬스	23	4	57,000	20,000
20	곽인정	스쿼시	54	8	115,000	50,000
21						
22	[표3]					
23	운동명	중간값의 차		최소 사용요금		
24	수영	15,000		60,000		
25	헬스	15,000				
26	스쿼시	15,000				

1. [표1]에서 가족 수(자녀)를 이용하여 회비를 [E3:E8] 영역에 계산하시오. (6점)

▶ 회비는 가족 수(자녀)의 첫 글자가 1이면 30000, 2이면 60000, 3이면 80000, 4이면 100000, 5이면 120000, 그 외는 0으로 계산함

▶ LEFT, SWITCH 함수 사용

[   ]

2. [표1]에서 고향주소와 생년월일을 이용하여 해당 조를 [F3:F8] 영역에 계산하시오. (6점)

▶ 조는 고향주소가 '서울시'이거나 '부천시'이거나 '안양시'이고, 태어난 해가 1981년 이하이면 "A조", 그렇지 않으면 "B조"를 적용함

▶ IF, AND, OR, LEFT, RIGHT, YEAR, MONTH 중 알맞은 함수를 선택하여 사용

[   ]

3. 사용자 정의 함수 'hs사용요금'을 작성하여 [E12:E20] 영역에 사용요금을 계산하여 표시하시오. (6점)

▶ 'hs사용요금'은 사용시간과 할인시간을 인수로 받아 사용요금을 계산하여 되돌려줌

▶ 사용요금은 사용시간이 30시간 이상이면 (사용시간 − 할인시간) × 2500으로 계산하고 30시간 미만
이면 (사용시간 − 할인시간) × 3000으로 계산

```
Public Function hs사용요금(사용시간, 할인시간)

End Function
```

[   ]

4. [표4]에서 중간값의 차를 [B24:B26] 영역에 계산하여 표시하시오. (6점)

▶ 레슨비용(F17:F25)의 전체 중간값과 각 운동의 중간값의 차를 계산

▶ 중간값의 차는 양수로 표시

▶ MEDIAN, MODE.SNGL, ABS, IF 중 알맞은 함수를 이용한 배열 수식

[   ]

**5. [표3]을 참조하여 [D24] 셀에 운동명이 '수영'이고 사용시간이 20 이상인 회원 중 최소 사용요금을 계산하여 표시하
시오. (6점)**

▶ MIN, IF 함수를 이용한 배열 수식

[   ]

수식의 이해

1. [E3] : =SWITCH(LEFT(D3,1), "1", 30000, "2", 60000, "3", 80000, "4", 100000, "5", 120000, 0)

2. [F3] : =IF(AND(OR(LEFT(B3,3)="서울시", LEFT(B3,3)="부천시", LEFT(B3,3)="안양시"), YEAR(C3)<=1981), "A조", "B조")

3. [E12] : =hs사용요금(C12,D12)

```
Public Function hs사용요금(사용시간,할인시간)
    If 사용시간 >= 30 Then
        hs사용요금 = (사용시간 − 할인시간) * 2500
    Else
        hs사용요금 = (사용시간 − 할인시간) * 3000
    End If
End Function
```

4. [B24] : {=ABS(MEDIAN($F$12:$F$20) − MEDIAN(IF($B$12:$B$20=A24, $F$12:$F$20)))}
                                                    조건   중간값_구할_범위

5. [D24] : {=MIN(IF((B12:B20="수영") * (C12:C20)=20), E12:E20)) }
                        조건1   조건2   최소값_구할_범위

	A	B	C	D	E	F	G	H	I	J	K
1	[표1]						[표3]	연말 상여금 지급 현황			단위 : 천원
2	직무	6급	7급	50번째 백분위수			사원명	직위	기본급	상여비율	지급액
3	간호	1명	3명	87.5			신소진	사원	1,000	3%	1,030
4	건축	2명	4명	86.5			이은철	차장	1,500	6%	1,590
5	행정	4명	2명	85.5			박희천	과장	1,800	8%	1,944
6	환경	1명	3명	88			노수용	차장	1,500	6%	1,590
7							조명섭	대리	1,200	5%	1,260
8	[표2]		인사현황				이기수	부장	2,100	10%	2,310
9	직무	직급	성 명	소 속	성적		최신호	대리	1,200	5%	1,260
10	환경	6급	공재룡	위생과	77		박건창	부장	2,100	10%	2,310
11	행정	6급	곽배동	교통행정과	86		김재규	사원	1,000	3%	1,030
12	건축	6급	김유신	보건사업과	85			총상여금		924	
13	간호	6급	김이길	보건사업과	92						
14	간호	7급	박경숙	보건사업과	95		[표4] 직위별 상여금 차지율				
15	환경	7급	박난초	보건사업과	89		직위	상여금 차지율			
16	행정	7급	박영미	사회복지과	95		부장	0.45			
17	건축	6급	배승우	총무과	98		과장	0.15			
18	환경	7급	백수인	사회복지과	87		차장	0.19			
19	건축	7급	여종택	회계과	93		대리	0.12			
20	건축	7급	오장규	보건사업과	88		사원	0.06			
21	건축	7급	우병순	농림과	69						
22	건축	7급	이덕화	징수과	78						
23	행정	6급	이성만	사회복지과	83						
24	행정	7급	이순선	민방위과	85						
25	행정	6급	장병철	총무과	78						
26	행정	6급	장성태	총무과	100						
27	환경	7급	장재근	사회복지과	90						
28	간호	7급	최은경	보건사업과	83						
29	간호	7급	추병선	보건사업과	79						

1. **[표1]에서 직무별 각 직급의 사원수를 [B3:C6] 영역에 계산하시오. (6점)**

   ▶ 숫자 뒤에 '명'이 표시되도록 할 것(예 : 8명)
   ▶ [A9:E29] 영역([표2])을 참조하여 계산
   ▶ SUM 함수와 & 연산자를 이용한 배열 수식
   [   ]

2. **[표1]에서 직무별로 성적의 50% 위치의 백분위 수를 [D3:D6] 영역에 계산하여 표시하시오. (6점)**

   ▶ [A9:E29] 영역([표2])을 참조하여 계산
   ▶ PERCENTILE.INC, IF 함수를 이용한 배열 수식
   [   ]

3. [표3]에서 직위를 이용하여 상여비율을 [J3:J11] 영역에 계산하여 표시하시오. (6점)

▶ 상여비율은 직위가 "부장"이면 10%, "과장"이면 8%, "차장"이면 6%, "대리"면 5%, "사원"이면 3%로 계산함

▶ IFS 함수 사용

[   ]

4. 사용자 정의 함수 'fn지급액'을 작성하여 [K3:K11] 영역에 지급액을 계산하여 표시하시오. (6점)

▶ 'fn지급액'은 기본급과 상여비율을 인수로 받아 지급액을 계산하여 되돌려줌

▶ 지급액은 '기본급×(1 + 상여비율)'로 계산

```
Public Function fn지급액(기본급, 상여비율)

End Function
```

[   ]

5. [표5]에서 직위별 상여금 차지율을 [H16:H20] 영역에 계산하여 표시하시오. (6점)

▶ [G2:K11] 영역([표3])을 참조하여 계산

▶ 직위별 상여금 차지율은 직위별 상여금/총상여금(J12)으로 계산하여 적용(상여금=기본급×상여비율)

▶ 상여금 차지율은 소수 셋째 자리에서 자리내림하여 둘째 자리까지 표시할 것

▶ ROUNDDOWN, SUM 함수를 이용한 배열 수식

[   ]

수식의 이해

1. [B3] : {=SUM(($A$10:$A$29=$A3) * ($B$10:$B$29=B$2)) & "명"}
　　　　　　　　　　조건1　　　　　　　　조건2

2. [D3] : {=PERCENTILE.INC(IF($A$10:$A$29=A3, $E$10:$E$29), 0.5)}
　　　　　　　　　　　　　　조건　　　　　백분위수_구할_범위

3. [J3] : =IFS(H3="부장", 10%, H3="과장", 8%, H3="차장", 6%, H3="대리", 5%, H3="사원", 3%)

4. [K3] : =fn지급액(I3, J3)

```
Public Function fn지급액(기본급, 상여비율)
    fn지급액 = 기본급 * (1 + 상여비율)
End Function
```

5. [H16] : {=ROUNDDOWN(SUM(($H$3:$H$11=G16) * ($I$3:$I$11*$J$3:$J$11)) / $J$12, 2)}
　　　　　　　　　　　　　　　　조건　　　　　합계_구할_범위

	A	B	C	D	E	F	G
1	[표1]						
2	영업사원	소속지점	직급	기본급	판매실적	성과급	지급급여
3	정영일	서초	2급	5,000	28,000	7,000	₩ 10,200
4	박찬훈	서초	3급	4,000	16,000	3,200	₩ 6,480
5	이소라	강남	3급	1,000	22,000	5,500	₩ 5,850
6	김종택	서초	3급	4,000	5,000	750	₩ 4,513
7	최수형	종로	3급	4,000	3,000	450	₩ 4,228
8	홍길동	종로	4급	3,000	7,000	1,050	₩ 3,848
9	한우규	종로	4급	3,000	32,000	8,000	₩ 9,350
10	김덕진	강남	5급	1,000	6,000	900	₩ 1,900
11	이명섭	서초	5급	1,000	15,000	3,000	₩ 3,800
12							
13	[표2]	세금공제표					
14	총급여	1	3,000	6,000	9,000		
15	세금공제율	0%	5%	10%	15%		
16							
17	[표3]						
18	직급	중앙값	성과급 합계		인원수		
19	2	28,000	7,000		3		
20	3	10,500	8,700				
21	4	19,500	8,000		판매실적	성과급	
22	5	10,500	3,000		<=15000	<=1000	
23							

1. 사용자 정의 함수 '성과급'을 작성하여 [F3:F11] 영역에 성과급을 계산하여 표시하시오. (6점)

▶ '성과급'은 판매실적을 인수로 받아 성과급을 계산하여 되돌려줌

▶ 성과급은 판매실적과 성과급비율의 곱으로 계산(성과급비율은 판매실적이 20000 이상이면 25%, 10000 이상이면 20%, 10000 미만이면 15%로 할 것)

```
Public Function 성과급(판매실적)

End Function
```

[   ]

2. [표1]의 [G3:G11] 영역에 지급급여를 계산하여 표시하시오. (6점)

▶ [B14:E15] 영역([표2])을 참조하여 계산

▶ 총급여 = 기본급 + 성과급

▶ 지급급여 = 총급여×(1 - 세금공제율)

▶ INDEX, HLOOKUP, VLOOKUP 중 알맞은 함수를 선택하여 사용

[   ]

3. [표3]에서 직급별 판매실적(E3:E11)의 중앙값을 [B19:B22] 영역에 계산하시오. (6점)

▶ [A2:G11] 영역([표1])을 참조하여 계산
▶ MEDIAN, IF 함수와 & 연산자를 이용한 배열 수식

[   ]

4. [표3]에서 직급별 성과급의 합계를 [C19:C22] 영역에 계산하시오. (6점)

▶ 성과급 합계는 판매실적이 10000 이상인 사원의 성과급 합계임
▶ [A2:G11] 영역([표1])을 참조하여 계산
▶ SUM 함수를 이용한 배열 수식

[   ]

5. [E19] 셀에 판매실적이 15,000 이하이고, 성과급이 1,000 이하인 사원의 인원수를 계산하여 표시하시오. (6점)

▶ 조건은 [E21:F23] 영역에 직접 입력하여 계산
▶ [A2:G11] 영역([표1])을 참조하여 계산
▶ COUNT, DCOUNTA, COUNTIF 함수 중 알맞은 함수를 선택하여 사용

[   ]

수식의 이해

1. [F3] : =성과급(E3)

```
Public Function 성과급(판매실적)
    If 판매실적 )= 20000 Then
        성과급 = 판매실적 * 0.25
    ElseIf 판매실적 )= 10000 Then
        성과급 = 판매실적 * 0.2
    Else
        성과급 = 판매실적 * 0.15
    End If
End Function
```

2. [G3] : =(D3+F3) * (1 − HLOOKUP(D3+F3, $B$14:$E$15, 2))
                        찾을값   찾을범위 열번호

3. [B19] : {=MEDIAN(IF($C$3:$C$11=(A19&"급"), $E$3:$E$11))}
                          조건   중간값_구할_범위

4. [C19] : {=SUM(($C$3:$C$11=(A19&"급")) * ($E$3:$E$11)=10000) * ($F$3:$F$11))}
                      조건1   조건2   합계_구할_범위

5. [E19] : =DCOUNTA(A2:G11, 1, E21:F22)

	A	B	C	D	E	F	G	H	I
1	[표1]								
2	부서명	남(1)	여(2)	남(3)	여(4)				
3	관리부	6,000	4,000	없음	5,500				
4	영업부	7,500	없음	5,250	없음				
5	총무부	3,000	8,000	없음	없음				
6									
7	[표2]								
8	부서명	이름	주민등록번호	생년월일	예금액	결혼여부	대출가능액	지원액	총대여액
9	총무부	김기준	760120-1546210	1976-01-20	1,500	기혼	900	1,500	2,400
10	영업부	박오환	010915-3231426	2001-09-15	8,500	미혼	6,800	1,500	8,300
11	관리부	남현우	960723-1068524	1996-07-23	6,000	미혼	4,800	2,500	7,300
12	총무부	최수현	901230-1125341	1990-12-30	4,500	기혼	2,700	1,000	3,700
13	관리부	김슬기	020706-4685422	2002-07-06	5,500	미혼	4,400	2,000	6,400
14	관리부	서인국	860120-2547512	1986-01-20	3,000	기혼	1,800	2,500	4,300
15	영업부	박영철	890519-1785423	1989-05-19	7,500	기혼	6,000	1,500	7,500
16	영업부	김미영	001125-3265845	2000-11-25	2,000	미혼	1,200	1,500	2,700
17	총무부	장성민	931120-2153632	1993-11-20	8,000	기혼	8,000	1,000	9,000
18	관리부	이동국	990418-2651472	1999-04-18	5,000	미혼	4,000	2,500	6,500
19									
20	[표3]								
21	최소 예금자								
22	기혼	김기준							
23	미혼	김미영							

1. [표1]에서 부서별 남, 여 사원의 예금액 평균을 [B3:E5] 영역에 계산하시오. (6점)

▶ 주민등록번호의 8번째 자리가 1 또는 3이면 '남', 2 또는 4이면 '여' 사원을 의미함

▶ [A9:I18] 영역([표2])을 참조하여 계산

▶ 해당 직원이 없는 경우에는 "없음"을 표시하시오.

▶ IFERROR, AVERAGE, IF, MID 함수를 이용한 배열 수식

[   ]

2. [표2]의 [D9:D18] 영역에 주민등록번호를 이용하여 생년월일을 계산하여 표시하시오. (6점)

▶ 주민등록번호 앞의 6자리를 이용하여 생년월일 표시(예 : 921110-2453210 → 1992-11-10)

▶ 주민등록번호 앞의 2자리가 00~29 사이의 숫자를 입력하면 2000~2029년, 30~99 사이의 숫자를 입력하면 1930~1999년 사이의 연도로 입력

▶ IF, DATE, MID 함수 사용

[   ]

3. [표2]의 [G9:G18] 영역에 대출가능액을 계산하여 표시하시오. (6점)

▶ 대출가능액은 예금액이 8000 이상이고, 기혼이면 예금액의 100%, 예금액이 5000 이상이면 예금액의 80%, 예금액이 5000 미만이면 예금액의 60%까지 가능함

▶ CHOOSE, IFS, AND, OR 중 알맞은 함수를 선택하여 사용

[   ]

4. 사용자 정의 함수 'sh총대여액'을 작성하여 [I9:I18] 영역에 총대여액을 계산하여 표시하시오. (6점)

▶ 'sh총대여액'은 대출가능액과 지원액을 인수로 받아 총대여액을 계산하여 되돌려줌

▶ 총대여액은 대출가능액과 지원액의 합으로 계산

```
Public Function sh총대여액(대출가능액, 지원액)

End Function
```

[   ]

5. [표4]의 [B22:B23] 영역에 결혼여부별로 예금액이 가장 작은 사원의 이름을 계산하여 표시하시오. (6점)

▶ [A9:I18] 영역([표2])을 참조하여 계산

▶ IF, MIN, XMATCH, INDEX 함수를 이용한 배열 수식

[   ]

수식의 이해

1. [B3] : {=IFERROR(AVERAGE(IF((\$A\$9:\$A\$18=\$A3) * (MID(\$C\$9:\$C\$18,8,1)=MID(B2,3,1)), \$E\$9:\$E\$18)), "없음")}
　　　　　　　　　　　　　　　　조건1　　　　　　　　　　조건2　　　　　　평균_구할_범위

2. [D9] : =DATE(IF(MID(C9,1,2)*1<=29, "20"&MID(C9,1,2), "19"&MID(C9,1,2)), MID(C9,3,2), MID(C9,5,2))
　　　　　　　　　　　　　　　　년　　　　　　　　　　　　　　　월　　　　　일

3. [G9] : =IFS(AND(E9>=8000,F9="기혼"), E9*100%, E9>=5000, E9*80%, E9<5000, E9*60%)

4. [I9] : =sh총대여액(G9, H9)

```
Public Function sh총대여액(대출가능액, 지원액)
    sh총대여액 = 대출가능액 + 지원액
End Function
```

5. [B22] : {=INDEX(\$A\$9:\$I\$18, XMATCH(MIN(IF(\$F\$9:\$F\$18=A22, \$E\$9:\$E\$18)), (\$F\$9:\$F\$18=A22) * (\$E\$9:\$E\$18), 0), 2)}
　　　　　　　　　　　　　　　　　　　　　찾을값　　　　　　　　　　　　범위　　　　　　옵션

	A	B	C	D	E	F	G	H	I	J	K	L	M	N	O	P
1	[표1]										[표2]	성적 분포도				
2	성명	국어	영어	수학	결석	평균	평점	판정	반편성		점수 대별		평점	1	2	3
3	강애연	63	53	75		63.7	D	불합격			0	59	F	0	0	1
4	강충기	80	58	94		77.3	C+	불합격	2		60	64	D	1	0	0
5	김규한	91	66	89	2	82	B	불합격	3		65	69	D+	0	1	0
6	김동구	67	66	88		73.7	C	합격73	1		70	74	C	1	1	2
7	김병철	96	91	99		95.3	A+	합격95	2		75	79	C+	3	3	1
8	김영석	79	70	86	1	78.3	C+	불합격	3		80	84	B	1	0	3
9	김용철	96	90	84		90	A	합격90	1		85	89	B+	0	1	0
10	김인철	86	87	84		85.7	B+	합격85	2		90	94	A	1	0	0
11	김재웅	50	60	55	3	55	F	불합격	3		95	100	A+	0	1	0
12	김종진	77	80	78		78.3	C+	합격78	1							
13	김호진	54	75	77		68.7	D+	불합격	2							
14	박득우	63	83	75	1	73.7	C	불합격	3		[표3]	반별 평균				
15	박중태	81	84	73		79.3	C+	합격79	1		1	2	3			
16	박한식	68	89	72		76.3	C+	합격76	2		75	76	73			
17	신정기	88	89	66		81	B	합격81	3							
18	신종갑	75	91	65		77	C+	합격77	1		[표4]	반별 최대 평균 학생				
19	오문규	66	93	64		74.3	C	합격74	2		반편성	1	2	3		
20	오진영	86	93	61		80	B	합격80	3		이름	김용철	김병철	김규한		
21	이유석	90	94	61		81.7	B	합격81	1							
22	이홍기	90	87	53		76.7	C+	불합격	2							
23	정창욱	74	90	48	1	70.7	C	불합격	3							

1. [표1]에서 평균(F3:F23)을 이용하여 평점을 [G3:G23] 영역에 계산하시오. (6점)

▶ [K3:M11] 영역([표2])을 참조하여 계산
▶ VLOOKUP 함수 사용

[　　　　　　　　　　　　　　　　　　　　]

2. 사용자 정의 함수 'sh판정'을 작성하여 [H3:H23] 영역에 판정을 계산하여 표시하시오. (6점)

▶ 'sh판정'은 국어, 영어, 수학, 결석, 평균을 인수로 받아 판정을 계산하여 되돌려줌
▶ 판정은 국어, 영어, 수학이 모두 60점 이상이고, 결석이 1보다 작고, 평균이 70점 이상이면 "합격"과 국어, 영어, 수학의 평균을 연결하여 표시하고, 그렇지 않으면 "불합격"을 표시(예 : 합격73)
▶ 평균은 INT 함수를 사용하여 정수만 표시

```
Public Function sh판정(국어, 영어, 수학, 결석, 평균)

End Function
```

[　　　　　　　　　　　　　　　　　　　　]

3. [표1]의 평점과 반편성을 이용하여 [표2]의 [N3:P11] 영역에 평점별 각 반의 학생수를 표시하시오. (6점)

▶ SUM 함수를 이용한 배열 수식

[　　　　　　　　　　　　　　　　　　　　]

4. [표1]의 평점과 반편성을 이용하여 [표3]의 [K17:M17] 영역에 반별 평균(F3:F23)을 계산하되 반별 최고 평균점수를 제외한 평균의 반별 평균을 표시하시오. (6점)

▶ 정수 부분까지만 표시

▶ AVERAGE, INT, IF, MAX 함수를 이용한 배열 수식

[   ]

5. [표1]의 성명, 평균, 반편성을 이용하여 [표4]의 [L21:N21] 영역에 반별로 최대 평균인 학생의 성명을 표시하시오. (6점)

▶ MAX, IF, XLOOKUP 함수를 이용한 배열 수식

[   ]

수식의 이해

1. [G3] : =VLOOKUP(F3, $K$3:$M$11, 3)

2. [H3] : =sh판정(B3, C3, D3, E3, F3)

```
Public Function sh판정(국어, 영어, 수학, 결석, 평균)
    If 국어 >= 60 And 영어 >= 60 And 수학 >= 60 And 결석 < 1 And 평균 >= 70 Then
        sh판정 = "합격" & Int((국어 + 영어 + 수학)/3)
    Else
        sh판정 = "불합격"
    End If
End Function
```

3. [N3] : {=SUM(($G$3:$G$23=$M3) * ($I$3:$I$23=N$2))}
                        조건1   조건2

4. [K17]
{=INT(AVERAGE(IF(($I$3:$I$23=K16) * ((($I$3:$I$23=K16) * ($F$3:$F$23)<>MAX(($I$3:$I$23=K16) * ($F$3:$F$23)))), $F$3:$F$23)))}
              조건1   조건2   평균_구할_범위

5. [K22] : {=XLOOKUP(MAX(IF($I$3:$I$23=L20,$F$3: $F$23)), ($I$3:$I$23=L20)*$F$3:$F$23, $A$3: $A$23 , 0)}
                        찾을값   범위1   범위2   옵션

센터코드	지역	운영구분	개설연월	면적	취급품목정보	보유차량	휴무일정보	비고
[표1]							기준날짜 :	2024-02-10
c02	부산	위탁	2019-08	173	가전가구	2	일요일, 공휴일	
c11	울산	위탁	2010-03	331	종이류, 의류, 플라스틱류, 스티로폼류 등	1	일요일, 공휴일	일요일(1대)
c04	대전	직영	2011-07	113	가구, 플라스틱류, 캔류, 고철류 등	0	토요일, 일요일	
c06	성남	직영	1999-11	351	가구가전	2	토요일, 일요일	
c08	마산	직영	2017-03	157	종이류, 고철류, 의류, 플라스틱류 등	0	토요일, 일요일, 공휴일	토요일, 일요일, 공휴일(보유차량 없음)
d13	대전	위탁	2014-04	332	폐지, 알루미늄 등	0		
d01	수원	위탁	2020-05	246	종이류, 합성수지, 가구, 고철류 등	2	토요일, 일요일, 공휴일	토요일, 일요일, 공휴일(2대)
d12	울산	직영	2024-05	187	스티로폼류, 플라스틱류, 가구, 가전 등	1	공휴일	
d02	대전	직영	2018-06	278	옷, 가전, 신발, 가방, 가구 등	1	일요일	
c09	서울	위탁	2014-10	112	종이류, 의류, 가전 등	1	일요일	일요일(1대)
c07	강릉	위탁	2010-10	163	종이류, 플라스틱류, 가전, 의류 등	0	공휴일	공휴일(보유차량 없음)
d10	서울	직영	2011-06	524	가전가구	1	토요일, 일요일	일요일
d03	서울	직영	2004-04	238	가구, 의류, 플라스틱류, 스티로폼류 등	0	토요일, 일요일, 공휴일	
c12	대전	위탁	2017-11	136	종이류, 플라스틱류, 의류, 고철류 등	0	토요일, 일요일, 공휴일	토요일, 일요일, 공휴일(보유차량 없음)
d07	수원	직영	2013-08	347	가구가전	1	공휴일	
c01	서울	직영	2021-12	836	종이류, 가구, 가전 등	1	일요일	일요일(1대)
d11	부산	직영	2014-11	474	종이류, 고철류, 공병, 의류 등	0	일요일	일요일(보유차량 없음)
d08	강릉	위탁	2001-05	531	종이류, 가전, 알루미늄 등	3	공휴일	공휴일(3대)
d05	성남	직영	2014-12	443	종이류, 합성수지, 가구, 의류 등	3	토요일	토요일(3대)
c03	울산	위탁	2001-03	200	스티로폼류, 플라스틱류, 가구, 가전 등	3	토요일, 일요일	
c10	부산	위탁	2009-11	149	옷, 신발, 가방, 가구 등	0	토요일, 일요일	
d04	성남	위탁	2010-11	168	의류, 플라스틱류, 공병, 고철 등	0	토요일, 일요일	
c05	수원	직영	2003-01	129	가구가전	1	월요일	
d09	마산	직영	2005-09	296	종이류, 의류, 캔류, 가구, 가전 등	2	일요일	일요일(2대)
d06	수원	위탁	2012-02	152	슬라스틱류, 고철, 의류 등	3	월요일	

[표2]

운영구분	평균면적
직영	239
위탁	365

[표3]

지역	운영구분개수	가구	가전	의류
서울	직영 3곳 - 위탁 1곳	75%	75%	50%
부산	직영 1곳 - 위탁 2곳	67%	33%	33%
울산	직영 1곳 - 위탁 2곳	67%	67%	33%
대전	직영 2곳 - 위탁 2곳	50%	25%	25%
수원	직영 2곳 - 위탁 2곳	75%	50%	25%
성남	직영 2곳 - 위탁 1곳	67%	33%	67%
강릉	직영 0곳 - 위탁 2곳	0%	100%	50%
마산	직영 2곳 - 위탁 0곳	50%	50%	100%

[표4]

운영구분	센터코드
직영	c01
위탁	d08

1. [표1]의 운영구분, 개설연월, 면적과 기준날짜(I2)를 이용하여 [표2]의 [L4:L5] 영역에 운영구분별 운영기간이 20년 이상인 면적의 평균을 계산하여 표시하시오. (6점)

   ▶ 운영기간 : 기준날짜의 연도 - 개설연월의 연도
   ▶ 면적의 평균은 자리 내림하여 정수로 표시
   ▶ AVERAGE, IF, ROUNDDOWN, YEAR 함수를 사용한 배열 수식
   [   ]

2. [표1]의 지역과 운영구분을 이용하여 [표3]의 [L9:L16] 영역에 지역별 운영구분의 개수를 [표시 예]와 같이 표시하시오. (6점)

   ▶ [표시 예 : 직영 4곳 - 위탁 1곳]
   ▶ SUM, CONCAT 함수를 사용한 배열 수식
   [   ]

3. [표1]의 지역과 취급품목정보를 이용하여 [표3]의 [M9:O16] 영역에 지역별 취급품목정보별 비율을 계산하여 표시하시오. (6점)

   ▶ 비율 : 지역별 취급품목정보별 개수 / 지역별 개수
   ▶ [표시 예 : 75%]
   ▶ COUNTIF, COUNTIFS, TEXT 함수 사용
   [   ]

4. [표1]의 센터코드, 운영구분, 면적을 이용하여 [표4]의 [L20:L21] 영역에 운영구분별 면적이 가장 넓은 센터코드를 표시하시오. (6점)

   ▶ INDEX, MATCH, MAX 함수를 사용한 배열 수식

[   ]

5. 사용자 정의 함수 'fn비고'를 작성하여 [표1]의 [I4:I28] 영역에 비고를 계산하여 표시하시오. (6점)

▶ 'fn비고'는 취급품목정보, 보유차량, 휴무일정보를 인수로 받아 비고를 계산하는 함수이다.
▶ 비고는 취급품목정보가 "종이류"로 시작하면 보유차량과 휴무정보를 [표시 예]와 같이 표시하고, 그 외는 공백으로 표시하시오. 보유차량은 보유차량이 없으면 "보유차량 없음"을 표시하고 보유차량이 있으면 보유차량 숫자 뒤에 "대"를 표시하시오.
　[표시 예 : 일요일(1대), 일요일(보유차량 없음), 일요일(2대)]
▶ IF ~ End If문 사용

```
Public Function fn비고(취급품목정보, 보유차량, 휴무일정보)
End Function
```

[   ]

수식의 이해

1. [L4]: {=ROUNDDOWN(AVERAGE(IF((YEAR($I$2)−YEAR($D$4: $D$28))>=20) * ($C$4:$C$28=K4), $E$4:$E$28)), 0)}
조건1　　　　조건2　평균_구할_값

2. [L9]: {=CONCAT("직영 ", SUM(($B$4:$B$28=K9)*($C$4:$C$28="직영")), "곳 – 위탁 ", SUM(($B$4:$B$28=K9)*($C$4:$C$28="위탁")), "곳")}

3. [M9]: =TEXT(COUNTIFS($B$4:$B$28, $K9, $F$4:$F$28, "*"&M$8&"*") / COUNTIF($B$4:$B$28, $K9), "0%")
조건1_범위　조건1　조건2_범위　조건2　　　조건_범위　조건

4. [L20]: {=INDEX($A$4:$A$28, MATCH(MAX(($C$4:$C$28=K20)*$E$4:$E$28), ($C$4:$C$28=K20) * $E$4:$E$28, 0))}
운영구분별_최고면적_센터코드　　운영구분별_센터코드　옵션

5. [I4]: =fn비고(F4,G4,H4)

```
Public Function fn비고(취급품목정보, 보유차량,
휴무일정보)
    If Left(취급품목정보, 3) = "종이류" Then
        If 보유차량 = 0 Then
            fn비고 = 휴무일정보 & "(보유차량 없음)"
        Else
            fn비고 = 휴무일정보 & "(" & 보유차량 & "대)"
        End If
    Else
        fn비고 = ""
    End If
End Function
```

[표1]

처방번호	가입자일련번호	성별	연령대코드	시도	요양개시일자	성분코드	성분정보	일회투약량	일일투약량	총투여일수	단가	금액
453555-1	453555	여성	48	경기	2024-01-05	445202BTB	주세정제	6	18	5	150	97,200
792876-1	792876	여성	53	경기	2024-01-07	343464CCH	외용경질캡슐제	2	2	2	170	1,632
453555-2	453555	남성	69	서울	2024-01-09	680668ACH	내복경질캡슐제	7	7	4	170	36,652
239850-1	239850	여성	71	서울	2024-01-09	207631CTR	외용서방형정제	2	6	5	160	10,560
423576-1	423576	남성	78	제주	2024-01-10	947008BTR	주세서방형정제	3	3	1	210	2,457
453555-3	453555	남성	82	서울	2024-01-19	155638AOS	내복점안제	2	6	3	190	7,524
701855-1	701855	남성	89	경기	2024-02-03	569383ATB	내복정제	9	18	5	160	155,520
239850-2	239850	여성	68	경기	2024-02-05	214144ATR	내복서방형정제	7	7	2	140	16,464
239850-3	239850	남성	63	경기	2024-02-23	806414CCH	외용경질캡슐제	3	6	3	60	3,888
487036-1	487036	남성	48	서울	2024-03-05	631644BOS	주세점안제	5	10	2	120	13,200
855434-1	855434	여성	30	경기	2024-03-20	548972ASY	내복시럽제	7	21	4	150	105,840
239850-4	239850	여성	68	경기	2024-03-27	543445BCH	주세경질캡슐제	9	9	5	120	58,320
145694-1	145694	남성	97	제주	2024-04-08	481914AOS	내복점안제	2	6	1	130	2,028
453555-4	453555	남성	58	서울	2024-04-24	652155BCH	주세경질캡슐제	2	2	3	80	1,056
284064-1	284064	남성	57	서울	2024-05-02	734029BTB	주세정제	3	6	2	80	3,168
701855-2	701855	남성	90	제주	2024-05-06	284511ASY	내복시럽제	2	2	3	150	2,340
937768-1	937768	남성	50	제주	2024-05-11	586102CTR	외용서방형정제	8	8	2	160	13,312
745444-1	745444	여성	80	서울	2024-05-11	479834BSY	주세시럽제	3	3	3	100	2,970
145694-2	145694	남성	53	서울	2024-05-18	402974ATB	내복정제	3	3	5	140	6,930
453555-5	453555	남성	97	서울	2024-05-22	649236BOS	주세점안제	9	18	5	160	142,560
145694-3	145694	여성	90	경기	2024-06-02	708899BCTR	외용서방형정제	4	12	4	120	27,648
239850-5	239850	남성	82	서울	2024-06-27	764116BTR	주세서방형정제	7	21	2	160	51,744
855434-2	855434	남성	81	서울	2024-07-08	743202ACH	내복경질캡슐제	8	16	1	170	23,936
453555-6	453555	남성	38	경기	2024-08-08	825634COS	외용점안제	5	15	1	140	12,600
487036-2	487036	남성	77	서울	2024-08-25	925427CTR	외용서방형정제	2	2	4	130	2,288
239850-6	239850	여성	49	제주	2024-09-18	523910AOS	내복점안제	3	3	1	130	1,521
453555-7	453555	남성	62	경기	2024-09-20	244677COS	외용점안제	8	16	2	140	43,008
487036-3	487036	남성	77	서울	2024-10-04	620597BCH	주세경질캡슐제	3	6	4	110	8,712
145694-4	145694	남성	50	서울	2024-10-12	582870COS	외용점안제	2	4	2	150	2,640
487036-4	487036	여성	37	경기	2024-10-25	246537BOS	주세점안제	2	4	3	160	4,608
855434-3	855434	여성	61	서울	2024-10-26	281792BSY	주세시럽제	7	14	5	150	80,850
701855-3	701855	남성	72	서울	2024-11-20	512521ASY	내복시럽제	3	9	2	100	5,940
239850-7	239850	남성	87	서울	2024-12-05	743874AOS	내복점안제	8	24	3	100	63,360

첫 요양개시 월의 여성 처방건수 : **4**

[표2] 성분코드별 성분정보

코드	TB	TR	CH	SY	OS
A	내복정제	내복서방형정제	내복경질캡슐제	내복시럽제	내복점안제
B	주세정제	주세서방형정제	주세경질캡슐제	주세시럽제	주세점안제
C	외용정제	외용서방형정제	외용경질캡슐제	외용시럽제	외용점안제

[표3] 연령대별 이용도

연령대	이용도
30	■■
40	■
50	■■
60	■■■
70	■
80	■
90	■■■

1. [표1]의 가입자일련번호와 요양개시일자를 이용하여 [A3:A35] 영역에 처방번호를 표시하시오. (6점)

▶ 처방번호는 가입자일련번호가 동일한 경우 요양개시일자가 가장 빠른 항목에 1을 부여하고, 나머지 항목은 요양개시일자 순으로 1씩 추가하여 표시

▶ 표시 예 : 가입자일련번호가 123456이고 요양개시일자가 2번째로 빠른 경우 → 123456-2

▶ IF, SUM 함수를 이용한 배열 수식과 & 연산자 사용

[　　　　　　　　　　　　　　　　　　　　　　　　　　　　　]

2. [표1]의 성분코드와 [표2]를 이용하여 [H3:H35] 영역에 성분정보를 표시하시오. (6점)

▶ 성분정보는 성분코드의 7~9번째 문자를 이용

▶ 성분코드의 7번째 문자가 A이고, 8~9번째 문자가 TB이면 '내복정제'로 표시

▶ 성분정보가 오류인 경우 '기타'로 표시

▶ IFERROR, INDEX, MATCH, MID 함수 사용

[　　　　　　　　　　　　　　　　　　　　　　　　　　　　　]

3. [표1]의 성별과 요양개시일자를 이용하여 첫 요양개시일자의 해당 월에서 '여성'의 처방 건수를 [P2] 셀에 계산하시오. (6점)

▶ 첫 요양개시일자의 해당 월은 요양개시일자 중에서 가장 빠른 날짜의 월로 계산

▶ 가장 빠른 요양개시일자가 2023-02-25이면 2월 한달 동안의 여성들의 처방 건수를 계산함

▶ COUNTIFS, EOMONTH, MIN 함수 사용

[　　　　　　　　　　　　　　　　　　　　　　　　　　　　　]

4. [표1]의 연령대코드와 총투여일수를 이용하여 [표3]의 [P14:P20] 영역에 연령대별 이용도를 표시하시오. (6점)

▶ 연령대는 연령대코드의 일의 자리에서 내림하여 십의 자리까지 표시
▶ 이용도는 '■' 기호를 연령대별 총투여일수의 평균값만큼 반복하여 표시
▶ [표시 예 : 평균값이 2.8인 경우 → ■■, 3.1인 경우 → ■■■]
▶ AVERAGE, IF, REPT, ROUNDDOWN 함수를 이용한 배열 수식

[   ]

5. 사용자 정의 함수 'fn금액'을 작성하여 [표1]의 [M3:M35] 영역에 금액을 계산하여 표시하시오. (6점)

▶ 'fn금액'은 시도, 일회투약량, 일일투약량, 총투여일수, 단가를 인수로 받아 금액을 계산하는 함수이다.
▶ 금액은 일회투약량 × 일일투약량 × 총투여일수 × 단가 × 가중치로 계산하시오.
▶ 가중치는 시도가 '서울'이면 1.1, '제주'이면 1.3, 그 외에는 1.2로 계산하시오.
▶ SELECT CASE문 사용

> Public Function fn금액(시도, 일회투약량, 일일투약량, 총투여일수, 단가)
> End Function

[   ]

수식의 이해

1. [A3] : {=B3&"−"&SUM(IF((B3=$B$3:$B$35) * (F3)$F$3:$F$35), 1))+1}
            조건1   조건2   개수_구할_값

2. [H3] : =IFERROR(INDEX($P$7:$T$9, MATCH(MID(G3,7,1), $O$7:$O$9, 0), MATCH(MID(G3,8,2), $P$6:$T$6, 0)), "기타")
                          범위   행 번호   열 번호

3. [P2] : =COUNTIFS(F3:F35, "<="&EOMONTH(MIN(F3:F35), 0), C3:C35, "여성")
              조건1_범위   조건1   조건2_범위 조건2

4. [P14] {=REPT("■", AVERAGE(IF(ROUNDDOWN($D$3:$D$35,−1)=O14, $K$3:$K$35)))}
                              조건   평균_구할_범위

5. [M4] =fn금액(E3,I3,J3,K3,L3)

```
Public Function fn금액(시도, 일회투약량, 일일투약량, 총투여일수, 단가)
    Select Case 시도
        Case "서울"
            fn금액 = 일회투약량 * 일일투약량 * 총투여일수 * 단가 * 1.1
        Case "제주"
            fn금액 = 일회투약량 * 일일투약량 * 총투여일수 * 단가 * 1.3
        Case Else
            fn금액 = 일회투약량 * 일일투약량 * 총투여일수 * 단가 * 1.2
    End Select
End Function
```

[표1]

구분	차량번호	주차장	입차시간	퇴차시간	할인금액	이용금액	정산금액	결제방법		기타
진료	69가8432	지상-1	09:39	13:27	3,000	13,580	10,580	무인자동출차-신용카드		
예약	51나7326	지하	10:15	12:52	2,000	8,295	6,295	무인자동출차-교통카드		
진료	23허2827	지하	10:31	11:59	3,000	4,480	1,480	무인자동출차-지역화폐카드		
입퇴원	87마6925	지상-2	12:43	14:15	4,000	6,020	2,020	수동출차-현금		
예약	12나1442	지상-2	07:19	12:20	3,000	17,535	14,535	무인자동출차-신용카드		
진료	67다4634	지하	13:57	14:31	2,000	2,590	590	수동출차-교통카드		
입퇴원	88사4366	지상-1	13:01	14:02	3,000	3,535	535	무인자동출차		※무료
예약	86가4414	지상-2	11:46	12:27	2,000	2,835	835	무인자동출차-현금		요금할인
진료	82가5484	지하	12:58	17:29	3,000	16,485	13,485	수동출차-교통카드		
입퇴원	83허1845	지상-1	15:34	18:53	3,000	11,165	8,165	수동출차		
예약	32다5229	지하	13:40	15:07	1,000	5,845	4,845	무인자동출차-지역화폐카드		
입퇴원	43가6770	지상-2	09:19	10:47	4,000	4,480	480	무인자동출차-교통카드		※무료
입퇴원	60가1659	지상-2	10:01	13:51	4,000	12,250	8,250	무인자동출차-지역화폐카드		
예약	75호9572	지상-2	11:06	17:25	2,000	21,665	19,665	무인자동출차-교통카드		
진료	37나2896	지하	11:45	20:21	3,000	30,660	27,660	무인자동출차		
입퇴원	18가7048	지하	10:35	13:05	4,000	9,450	5,450	무인자동출차		
예약	22가3590	지하	10:25	11:30	2,000	3,675	1,675	수동출차-교통카드		요금할인
입퇴원	68허3603	지하	16:37	22:42	3,000	21,175	18,175	수동출차-지역화폐카드		
예약	40가3397	지상-2	13:29	21:32	1,000	28,105	27,105	무인자동출차		
진료	71가8948	지상-1	13:08	16:15	2,000	10,745	8,745	무인자동출차-지역화폐카드		
진료	61호7459	지하	15:09	17:26	2,000	7,595	5,595	수동출차		
진료	30가7514	지하	13:53	17:13	2,000	12,600	10,600	무인자동출차-지역화폐카드		
입퇴원	98다8435	지상-2	13:22	15:34	3,000	7,420	4,420	무인자동출차-지역화폐카드		
진료	96가1887	지하	14:10	19:51	2,000	18,935	16,935	수동출차-지역화폐카드		
진료	15사5249	지상-1	12:31	21:55	3,000	32,340	29,340	무인자동출차-신용카드		
입퇴원	82다5640	지상-2	08:10	23:28	5,000	53,130	48,130	무인자동출차-지역화폐카드		
입퇴원	38나9193	지상-1	10:40	20:50	4,000	35,350	31,350	무인자동출차		

[표2] 할인금액

구분	0:00〜8:59	9:00〜12:59	13:00〜14:59	15:00〜17:59	18:00〜23:59
예약	3,000	2,000	1,000	1,000	3,000
진료	4,000	3,000	2,000	2,000	4,000
입퇴원	5,000	4,000	3,000	3,000	5,000

[표3]

이용시간		빈도수
1시간초과	2시간이전	★★★★★★★★★★★
2시간초과	4시간이전	★★★★★★
4시간초과	6시간이전	★★★★★
6시간초과	8시간이전	★
8시간초과		★★★

[표4]

	무인자동출차	수동출차
카드	44%	22%
현금	4%	4%
무료	19%	7%

[표5]

주차가능대수	10대	15대	20대
현재시간	지상-1	지상-2	지하
9:00	10	13	20
10:00	9	12	20
11:00	7	13	16
12:00	7	11	17
13:00	6	12	17
15:00	7	10	16

1. [표1]의 구분, 입차시간과 [표2]의 할인금액 표를 이용하여 [F3:F29] 영역에 구분별 입차시간에 따른 할인금액을 계산하시오. (6점)

   ▶ 단, 오류인 경우 0을 표시
   ▶ IFERROR, VLOOKUP, MATCH 함수 사용

   [   ]

2. [표1]의 입차시간과 퇴차시간을 이용하여 [표3]의 [N10:N14] 영역에 이용시간별 빈도수 만큼 "★"를 반복하여 표시하시오. (6점)

   ▶ 이용시간 = 퇴차시간 − 입차시간(분은 계산에 감안하지 않고 시간만 사용)
   [표시 예 : 빈도수가 3인 경우 → ★★★]
   ▶ FREQUENCY, REPT, HOUR 함수를 이용한 배열 수식

   [   ]

3. [표1]의 결제방법을 이용하여 [M18:N20] 영역에 출차방법과 결제형태에 따른 비율을 계산하시오. (6점)

   ▶ 비율 = 출차방법과 결제형태별 개수 / 전체 개수
   ▶ 결제방법이 '무인자동출차'나 '수동출차' 단독으로 표시된 경우는 '무료'에 해당함
   ▶ IF, COUNTA, COUNTIFS, & 연산자와 만능문자 사용

   [   ]

4. [표1]의 주차장, 입차시간, 퇴차시간을 이용하여 [표5]의 [M25:O30] 영역에 현재시간대를 기준으로 주차장별 시간별 주차가능대수를 계산하시오. (6점)

▶ 시간별 주차가능대수 = 주차장별 주차가능대수 − 입차시간이 현재시간보다 이전인 차량대수 + 퇴차시간이 현재시간보다 이전인 차량대수

▶ SUM, IF 함수를 이용한 배열 수식

[   ]

5. 사용자 정의 함수 'fn기타'를 작성하여 [표1]의 [J3:J29] 영역에 기타를 계산하여 표시하시오. (6점)

▶ 'fn기타'는 구분과 이용금액을 인수로 받아 기타를 계산하는 함수이다.

▶ 구분이 '입퇴원'이고 이용금액이 5000원 이하인 경우 "※무료", 구분이 '예약'이고 이용금액이 5000원 이하인 경우 "요금할인", 그 외는 공백으로 표시하시오.

▶ If~End If문 사용

```
Public Function fn기타(구분, 이용금
액)
End Function
```

[   ]

수식의 이해

1. [F3] : =IFERROR(VLOOKUP(A3, $L$4:$Q$6, MATCH(D3, $M$2:$Q$2, 1)+1, FALSE), 0)
　　　　　　　　　　　　　찾을값　　찾을범위　　　　　　열번호　　　　옵션

2. [N10] : {=REPT("★", FREQUENCY(HOUR(E3:E29)−HOUR(D3:D29), M10:M14))}

3. [M18] : =IF($L18="무료", COUNTIFS($I$3:$I$29, "〈 〉*카드", $I$3:$I$29, "〈 〉*현금", $I$3:$I$29, M$17) / COUNTA($I$3:$I$29), COUNTIFS($I$3:$I$29, "*"&$L18, $I$3:$I$29, M$17&"*") / COUNTA($I$3:$I$29))

4. [M25] : {=M$23−SUM(IF(($D$3:$D$29〈=$L25)*($C$3:$C$29=M$24), 1))+SUM(IF(($E$3:$E$29〈=$L25)*($C$3:$C$29=M$24), 1))}
　　　　　　　　　　　　조건1　　　　　조건2　개수_구할_값　　　　조건1　　　　　조건2 개수_구할_값

5. [J3] : =fn기타(A3,G3)

```
Public Function fn기타(구분, 이용금액)
    If 구분 = "입퇴원" And 이용금액 〈= 5000 Then
        fn기타 = "※무료"
    ElseIf 구분 = "예약" And 이용금액 〈= 5000 Then
        fn기타 = "요금할인"
    Else
        fn기타 = ""
    End If
End Function
```

[표1]

리뷰번호	상품코드	상품명	상품상태	맛	포장상태	평점	사진	포인트	마트
M001	CM	천애항중과	3	5	3	★★★☆☆	유	800	상공마트
M002	RL	레드항대과	5	3	4	★★★★☆	무	600	명품마트
M003	RM	레드항중과	3	1	3	★★☆☆☆	유	300	상공마트 종로점
M004	KS	감귤소과	2	3	1	★★☆☆☆	무	300	상공마트 시청점
M005	CS	천애항소과	1	2	4	★☆☆☆☆	유	600	명품마트
M006	RL	레드항대과	4	2	4	★★★☆☆	무	600	상공마트 종로점
M007	KS	감귤소과	2	3	5	★★☆☆☆	유	800	명품마트 구로점
M008	CS	천애항소과	4	4	3	★★★☆☆	무	600	명품마트 합정점
M009	CL	천애항대과	5	3	4	★★★★☆	무	600	명품마트
M010	CL	천애항대과	2	3	4	★★☆☆☆	무	600	상공마트 종로점
M011	CL	천애항대과	1	5	4	★★☆☆☆	유	800	상공마트 시청점
M012	RS	레드항소과	5	5	5	★★★★★	무	1,000	명품마트
M013	KM	감귤중과	2	3	2	★★☆☆☆	유	300	상공마트 종로점
M014	CL	천애항대과	4	2	1	★★★☆☆	무	300	명품마트 구로점
M015	CS	천애항소과	3	1	1	★★☆☆☆	유	0	명품마트
M016	KS	감귤소과	2	4	2	★★★☆☆	무	600	상공마트 종로점
M017	CS	천애항소과	3	5	5	★★★★☆	무	1,000	상공마트 시청점
M018	CS	천애항소과	1	1	3	★☆☆☆☆	유	300	명품마트
M019	CL	천애항대과	4	4	4	★★★★☆	무	800	상공마트 종로점
M020	KM	감귤중과	3	5	1	★★★☆☆	유	600	명품마트 구로점
M021	KL	감귤대과	1	5	4	★★☆☆☆	무	600	명품마트
M022	RL	레드항대과	5	3	4	★★★★☆	무	600	상공마트 종로점
M023	KS	감귤소과	3	5	3	★★★☆☆	무	800	상공마트 시청점
M024	KL	감귤대과	4	1	2	★★☆☆☆	무	300	명품마트
M025	RS	레드항소과	4	4	4	★★★★☆	유	800	상공마트 종로점
M026	CL	천애항대과	3	1	3	★★☆☆☆	무	300	명품마트 구로점
M027	KM	감귤중과	5	4	5	★★★★☆	무	800	명품마트

[표2]

과일코드	S	M	L
C	천애항소과	천애항중과	천애항대과
K	감귤소과	감귤중과	감귤대과
R	레드항소과	레드항중과	레드항대과

[표3]

상품상태		빈도수
0초과	1이하	2
1초과	2이하	2
2초과	3이하	4
3초과		8

[표4]

사진	상공	명품
유	6/27	6/27
무	7/27	8/27

1. [표1]의 상품코드와 [표2]를 이용하여 [C3:C29] 영역에 과일코드와 크기코드별 상품명을 표시하시오. (6점)

▶ 상품코드의 첫 번째 글자는 과일코드, 두 번째 글자는 크기코드임

▶ INDEX, MATCH, RIGHT 함수 사용

[　　　　　　　　　　　　　　　　　　　　　　　　　　　　　　　]

2. [표1]의 상품상태, 맛, 포장상태를 이용하여 [G3:G29] 영역에 평점을 표시하시오. (6점)

▶ '평점'은 상품상태, 맛, 포장상태 점수에 항목별 가중치를 곱한 값들의 합을 계산한 후 그 값만큼 "★"를 표시

▶ 항목별 가중치는 상품상태는 50%, 맛은 30%, 포장상태 20%로 계산

▶ [표시 예 : 각 항목의 점수에 항목별 가중치를 곱한 값이 3.6인 경우 → ★★★☆☆, 1.2인 경우 → ★☆☆☆☆]

▶ SUMPRODUCT, REPT, TRUNC 함수 사용

[　　　　　　　　　　　　　　　　　　　　　　　　　　　　　　　]

3. [표1]의 상품코드와 상품상태를 이용하여 [표3]의 [N9:N12] 영역에 상품코드의 마지막 글자가 "M"이거나 "L"인 상품의 상품상태별 빈도수를 계산하시오. (6점)

▶ FREQUENCY, RIGHT, IF 함수를 이용한 배열 수식

[　　　　　　　　　　　　　　　　　　　　　　　　　　　　　　　]

4. [표1]의 사진과 마트를 이용하여 [표4]의 [M16:N17] 영역에 사진과 마트별 비율을 표시하시오. (6점)

▶ 비율 : 사진별 마트별 개수 / 전체 개수
▶ [표시 예 : 6/27]
▶ SUM, IF, LEFT, COUNTA, CONCAT 함수를 이용한 배열 수식

[   ]

5. 사용자 정의 함수 'fn포인트'를 작성하여 [표1]의 [I3:I29] 영역에 포인트를 계산하여 표시하시오. (6점)

▶ 'fn포인트'는 맛과 포장상태를 인수로 받아 포인트를 계산하는 함수이다.
▶ 포인트는 맛과 포장상태를 더한 값이 10이면 1000, 8~9이면 800, 6~7이면 600, 3~5인 경우 300, 그외는 0으로 계산하시오.
▶ SELECT CASE문 사용

> Public Function fn포인트(맛, 포장상태)
> End Function

[   ]

수식의 이해

1. [C3] : =INDEX($M$3:$O$5, MATCH(B3, $L$3:$L$5, 1), MATCH(RIGHT(B3,1), $M$2:$O$2, 0))
  범위   행번호   열번호

2. [G3] : =REPT("★", TRUNC(SUMPRODUCT(D3:F3,{0.5,0.3,0.2})))&REPT("☆", 5−TRUNC(SUMPRODUCT(D3:F3,{0.5,0.3,0.2})))

3. [N9] : {=FREQUENCY(IF((RIGHT(B3:B29,1)="M")+(RIGHT(B3:B29,1)="L"), D3:D29), M9:M12)}}
                        조건1   조건2   참일_경우_반환할_값

4. [M16] : {=CONCAT(SUM(IF(($H$3:$H$29=$L16)*(LEFT($J$3:$J$29, 2)=M$15), 1)), "/", COUNTA($H$3:$H$29))}
                        조건1   조건2   개수_구할_값   전체_개수

5. [I3] : =fn포인트(E3,F3)

```
Public Function fn포인트(맛, 포장상태)
    Select Case 맛 + 포장상태
        Case 10
            fn포인트 = 1000
        Case 8 To 9
            fn포인트 = 800
        Case 6 To 7
            fn포인트 = 600
        Case 3 To 5
            fn포인트 = 300
        Case Else
            fn포인트 = 0
    End Select
End Function
```

[표1]

고객번호	고객등급	대출일	대출종류	대출액	대출기간	대출수수료	월납입액	비고
C04-08	일반	2022-12-15	무보증신용	5,000,000	18개월	1,450	₩286,657	
P01-23	최우수	2022-06-12	무보증신용	5,000,000	30개월	1,100	₩174,307	
K02-12	일반	2022-11-27	무보증신용	3,000,000	24개월	1,700	₩130,275	
K02-26	우수	2022-10-24	예부적금담보	2,500,000	12개월	1,450	₩212,304	
P01-27	일반	2021-08-17	무보증신용	8,000,000	30개월	1,500	₩280,666	
S03-37	우수	2022-12-09	무보증신용	10,000,000	12개월	1,050	₩849,216	●
K02-59	일반	2022-02-13	국민주택기금	7,000,000	30개월	1,500	₩245,583	
C03-08	우수	2021-06-12	예부적금담보	2,000,000	60개월	1,550	₩36,383	
P02-14	최우수	2021-03-25	무보증신용	5,000,000	30개월	1,100	₩174,307	
K01-07	일반	2021-06-24	예부적금담보	3,000,000	36개월	1,700	₩88,572	
S04-02	우수	2022-06-07	국민주택기금	5,000,000	30개월	1,300	₩174,307	
K03-26	최우수	2021-12-18	주택자금	12,000,000	60개월	950	₩218,301	◎
S03-05	최우수	2021-10-09	국민주택기금	15,000,000	60개월	950	₩272,876	◎
P01-37	일반	2020-05-17	무보증신용	5,000,000	36개월	1,500	₩147,620	
S01-02	일반	2022-09-02	국민주택기금	7,000,000	24개월	1,500	₩303,974	
P04-48	일반	2021-08-31	예부적금담보	3,500,000	36개월	1,700	₩103,334	
C02-67	우수	2020-08-21	무보증신용	1,000,000	48개월	1,500	₩22,356	
C02-38	최우수	2022-01-20	주택자금	27,000,000	48개월	900	₩603,612	◎
C01-38	일반	2022-05-14	국민주택기금	5,000,000	18개월	1,450	₩286,657	
C02-01	우수	2021-03-22	주택자금	15,000,000	60개월	1,350	₩276,248	◎
S01-64	일반	2022-09-12	무보증신용	3,000,000	24개월	1,700	₩130,275	
P04-15	일반	2021-05-18	예부적금담보	3,000,000	36개월	1,700	₩88,572	
C02-28	일반	2022-06-24	국민주택기금	10,000,000	16개월	1,250	₩642,856	●
K04-26	우수	2021-07-20	주택자금	15,000,000	60개월	1,150	₩272,876	◎
K03-52	최우수	2021-08-03	국민주택기금	6,000,000	24개월	1,100	₩259,216	
C03-88	일반	2022-05-26	예부적금담보	4,000,000	48개월	1,700	₩90,316	
S04-31	최우수	2022-12-03	주택자금	35,000,000	24개월	900	₩1,512,095	◎
K02-06	일반	2020-08-16	무보증신용	2,000,000	36개월	1,700	₩59,048	
K04-35	최우수	2022-05-01	국민주택기금	5,000,000	24개월	1,100	₩216,014	
S01-42	일반	2021-12-09	주택자금	15,000,000	30개월	1,300	₩526,249	◎

[표2] 고객등급과 대출액별 수수료

고객등급	0 이상 5,000,000 미만	5,000,000 이상 10,000,000 미만	10,000,000 이상 50,000,000 미만	50,000,000 이상
일반	1,600	1,400	1,200	1,000
우수	1,400	1,200	1,000	800
최우수	1,200	1,000	800	600

[표4] 대출형태와 순위별 매출액

대출형태	1위	2위	3위
신용	10,000,000	8,000,000	5,000,000
담보	4,000,000	3,500,000	3,000,000
기금	15,000,000	10,000,000	7,000,000
자금	35,000,000	27,000,000	15,000,000

[표3] 대출년와 지역별 대출 건수

대출년도	서울 C	인천 P	대전 K	부산 S
2020	1	1	1	0
2021	2	4	4	2
2022	5	1	4	5

1. [표1]의 고객등급, 대출액, 대출기간과 [표2]를 이용하여 [G3:G32] 영역에 대출수수료를 계산하여 표시하시오. (6점)

  ▶ 대출수수료 = 기본수수료+고객등급 및 대출액별 수수료
  ▶ 기본수수료는 대출기간이 20 미만이면 50, 20 이상 60 미만이면 100, 그 외에는 150임
  ▶ IF, MATCH, VLOOKUP 함수 사용

[   ]

2. [표1]의 고객등급, 대출액, 대출기간을 이용하여 [H3:H32] 영역에 월납입액을 양수로 계산하여 표시하시오. (6점)

  ▶ 연이율은 고객등급이 '일반'이면 4%, 그 외에는 3.5%임
  ▶ IF, PMT 함수 이용

[   ]

3. [표1]의 고객번호와 대출일을 이용하여 [표3]의 [B44:E46] 영역에 대출년도와 지역별 대출 건수를 계산하여 표시하시오. (6점)

▶ 지역은 고객번호의 첫 글자로 구분함
▶ COUNT, IF, YEAR, LEFT 함수를 사용한 배열 수식

[   ]

4. [표1]의 대출종류와 대출액을 이용하여 [표4]의 [H36:J39] 영역에 대출형태별 순위에 해당하는 대출액을 계산하여 표시하시오. (6점)

▶ 대출형태는 대출종류의 뒤에 두 글자로 구분함
▶ LARGE, RIGHT 함수를 사용한 배열 수식

[   ]

5. 사용자 정의 함수 'fn비고'를 작성하여 [표1]의 [I3:I32] 영역에 비고를 계산하여 표시하시오. (6점)

▶ 'fn비고'는 대출액과 대출기간을 인수로 받아 비고를 계산하는 함수이다.
▶ 비고는 대출액이 10,000,000원 이상이면서 대출기간이 20개월 미만이면 "●", 대출액이 10,000,000원 이상이면서 대출기간이 20개월 이상이면 "◎", 그 외는 빈칸으로 표시하시오.
▶ IF ~ ELSE문 사용

```
Public Function fn비고(대출액, 대출기간)

End Function
```

[   ]

수식의 이해

1. [G3] : =IF(F3⟨20, 50, IF(F3⟨60, 100, 150))+VLOOKUP(B3, $A$37:$E$39, MATCH(E3, $B$35:$E$35, 1)+1, FALSE)
　　　　　　　　　　　　　　　　　　　　　　　　 찾을값　찾을범위　　　　　　열번호　　　　　옵션

2. [H3] : =PMT(IF(B3="일반", 4%, 3.5%)/12, F3, −E3)

3. [B44] : {=COUNT(IF((LEFT($A$3:$A$32, 1)=B$43) * (YEAR($C$3:$C$32)=$A44), 1))}
　　　　　　　　　　　　　　　조건1　　　　　　　　　　 조건2　　　　개수_구할_값

4. [H36] : {=LARGE((RIGHT($D$3:$D$32, 2)=$G36) * $E$3:$E$32, H35)}
　　　　　　　　　　　　　　조건　　　　　　　 범위　　 n번째_구할_값

5. [I3] : =fn비고(E3,F3)

```
Public Function fn비고(대출액, 대출기간)
    If 대출액 >= 10000000 And 대출기간 < 20 Then
        fn비고 = "●"
    ElseIf 대출액 >= 10000000 And 대출기간 >= 20 Then
        fn비고 = "◎"
    Else
        fn비고 = ""
    End If
End Function
```

	A	B	C	D	E	F	G	H	I	J
1	[표1] 전력량별 요금표					[표2]				
2	구간		기본요금	전력량요금		구간		세대수		
3	0	200	410	60.7		0	~ 200	4세대		
4	201	300	910	125.9		201	~ 300	10세대		
5	301	400	1,600	187.9		301	~ 400	5세대		
6	401	500	3,850	280.6		401	~ 500	4세대		
7	501	600	7,300	417.7		501	~ 600	1세대		
8						전력량 상위4위까지 평균		490.5		
9										
10	[표3]								기준일 :	2023-05-25
11	호수	가족수	전력량	공동요금	전기요금	사용량요금	납입일	전월전력량	연체일	그래프
12	101	1	423	25,000	183,987	6,454	2023-05-19	435	정상납부	
13	102	7	324	35,000	495,797	4,510	2023-05-06	124	정상납부	▶▶
14	103	2	222	40,000	43,314	2,770	2023-05-10	387	정상납부	◁
15	104	2	438	25,000	190,253	10,663	2023-06-01	425	7일 연체	
16	105	3	171	35,000	3,050	4,310	2023-05-01	194	정상납부	
17	106	6	241	25,000	507,135	5,162	2023-05-27	292	2일 연체	
18	201	4	348	25,000	382,306	9,019	2023-05-12	500	정상납부	◁
19	202	6	154	25,000	2,817	3,278	2023-05-19	161	정상납부	
20	203	6	363	35,000	455,115	11,838	2023-05-15	501	정상납부	◁
21	204	4	476	35,000	196,184	21,326	2023-06-25	252	31일 연체	▶▶
22	205	7	365	40,000	523,141	12,214	2023-05-21	542	정상납부	◁
23	206	3	460	35,000	189,835	16,836	2023-06-11	350	17일 연체	▶
24	301	4	157	40,000	2,875	3,460	2023-05-23	230	정상납부	
25	302	2	203	25,000	39,744	378	2023-05-10	325	정상납부	◁
26	303	4	237	35,000	44,796	4,658	2023-05-17	239	정상납부	
27	304	7	282	40,000	467,786	10,324	2023-05-29	421	4일 연체	◁
28	305	3	257	25,000	188,644	7,176	2023-05-30	497	5일 연체	◁◁
29	306	5	134	35,000	2,569	2,064	2023-05-08	210	정상납부	
30	401	6	588	40,000	405,095	36,758	2023-05-20	481	정상납부	▶
31	402	5	292	25,000	200,478	11,583	2023-05-25	590	정상납부	◁◁
32	403	2	220	35,000	381,880	2,518	2023-05-03	192	정상납부	
33	404	3	244	35,000	183,486	5,540	2023-05-30	395	5일 연체	◁
34	405	5	266	25,000	523,808	8,309	2023-05-21	275	정상납부	
35	406	3	307	35,000	168,804	1,315	2023-05-11	154	정상납부	▶

1. [표3]의 전력량과 [표1]을 이용하여 [F12:F35] 영역에 사용량요금을 계산하시오. (6점)

　▶ 사용량요금 = 전력사용요금×사용전력량
　▶ '전력사용요금'은 [표1]의 전력량별 요금표를 참조하되, 이때 사용되는 전력량은 십의 자리에서 올림하여 백의 자리까지 산출하여 적용(예 165kwh → 200kwh)
　▶ '사용전력량'은 전력량을 100으로 나눈 나머지만 적용함[예 : 165kwh → 65kwh]
　▶ MOD, VLOOKUP, ROUNDUP 함수 사용
[   ]

2. [표3]의 전력량을 이용하여 [표2]의 [H3:H7] 영역에 전력량별 세대수를 계산하여 표시하시오. (6점)

　▶ 표시 예 : 5세대
　▶ IF, COUNT 함수와 & 연산자를 사용한 배열 수식
[   ]

3. [표3]의 전력량을 이용하여 [표2]의 [H8] 셀에 상위 4위 이내인 전력량의 평균을 계산하여 표시하시오. (6점)

▶ IF, AVERAGE, LARGE 함수를 사용한 배열 수식

[   ]

4. 사용자 정의 함수 'fn연체일'을 작성하여 [I12:I35] 영역에 연체일을 계산하여 표시하시오. (6점)

▶ 'fn연체일'은 기준일과 납입일을 인수로 받아 값을 되돌려줌
▶ 납입일이 기준일보다 작거나 같으면 "정상납부", 납입일이 기준일보다 크면 연체일을 표시하되, 연체일 뒤에 "일 연체"를 함께 표시[표시 예 : 2일 연체]
▶ 연체일 = 납입일 − 기준일
▶ IF ~ ELSE문 사용

```
Public Function fn비고(기준일, 납입일)

End Function
```

[   ]

5. [표3]의 전력량과 전월전력량을 이용하여 [J12:J35] 영역에 전력량과 전월전력량의 차이만큼 그래프를 표시하시오. (6점)

▶ '(전력량−전월전력량)/100'의 값만큼 "▶" 또는 "◁" 표시
▶ [표시 예] : '(전력량−전월전력량)/100'의 정수 값이 3일 때 "▶▶▶", −3일 때 "◁◁◁"
▶ IFERROR, ABS, REPT 함수 사용

[   ]

수식의 이해

1. [F12] : =VLOOKUP(ROUNDUP(C12, −2), $A$3:$D$7, 4) * MOD(C12, 100)

2. [H3] : {=COUNT(IF(($C$12:$C$35)=F3) * ($C$12: $C$35(=G3), 1)) & "세대"}
　　　　　　　　　　　조건1　　　　　　조건2　　　개수_구할_값

3. [H8] : {=AVERAGE(IF(C12:C35)=LARGE(C12:C35, 4), C12:C35))}
　　　　　　　　　　　　조건　　　　　평균_구할_값

4. [I12] : =fn연체일($J$10,G12)

```
Public Function fn연체일(기준일, 납입일)
    If 납입일 <= 기준일 Then
        fn연체일 = "정상납부"
    Else
        fn연체일 = 납입일 − 기준일 & "일 연체"
    End If
End Function
```

5. [J12] : =IFERROR(REPT("▶", (C12−H12)/100), REPT("◁", ABS((C12−H12)/100)))

[표1]

이용일자	구분	이용카드	이용가맹점	이용금액	할부	적립률	결제원금	결제후잔액	비고
2023-07-21	할부	신용본인	경******_2	191,700	1/4	0.0%	47,900	143,800	143800원 이월
2023-10-20	일시불	신용가족	C******_6	174,100		1.0%	174,100	0	10월 결제완료
2023-02-14	일시불	신용가족	한******_3	52,900		0.5%	52,900	0	2월 결제완료
2023-03-25	일시불	신용본인	G******_4	327,900		2.0%	327,900	0	3월 결제완료
2023-07-21	할부	신용가족	G******_6	112,800	1/7	0.0%	16,100	96,700	96700원 이월
2023-06-19	일시불	후불하이패스	C******_2	166,600		1.5%	166,600	0	6월 결제완료
2023-04-08	할부	신용가족	경******_4	565,400	1/2	2.0%	282,700	282,700	282700원 이월
2023-11-08	일시불	신용가족	홈******_2	415,200		2.0%	415,200	0	11월 결제완료
2023-04-14	일시불	후불하이패스	경******_4	5,200			5,200	0	4월 결제완료
2023-11-27	일시불	신용본인	G******_5	185,300		1.0%	185,300	0	11월 결제완료
2023-11-11	할부	신용가족	G******_9	563,200	1/6	0.0%	93,900	469,300	469300원 이월
2023-07-04	일시불	후불하이패스	C******_2	207,400		2.0%	207,400	0	7월 결제완료
2023-12-10	일시불	신용본인	C******_4	171,300		1.0%	171,300	0	12월 결제완료
2023-01-23	할부	신용가족	한******_8	411,400	1/3	0.0%	137,100	274,300	274300원 이월
2023-08-24	일시불	후불하이패스	홈******_4	503,400		2.5%	503,400	0	8월 결제완료
2023-01-04	일시불	신용본인	홈******_7	9,600			9,600	0	1월 결제완료
2023-02-23	일시불	신용가족	경******_1	494,100		2.0%	494,100	0	2월 결제완료
2023-07-10	할부	후불하이패스	C******_5	301,600	1/2	0.0%	150,800	150,800	150800원 이월
2023-06-25	일시불	신용가족	G******_8	58,400		0.5%	58,400	0	6월 결제완료
2023-09-11	일시불	신용가족	G******_2	372,300		2.0%	372,300	0	9월 결제완료

[표2]

이용금액	10,000 이상 100,000 미만	100,000 이상 200,000 미만	200,000 이상 500,000 미만	500,000 이상
신용	0.5%	1%	2%	3%
하이패스	0.8%	1.5%	2%	2.5%

[표3] 구분별 이용카드별 최고 이용금액과 건수

구분	신용본인	신용가족	후불하이패스
할부	565,400(총2건중)	563,200(총3건중)	301,600(총1건중)
일시불	327,900(총4건중)	494,100(총6건중)	503,400(총4건중)

[표4] 이용금액별 이용비율

이용금액		이용비율
	10,000 이하	10%
10,000 초과	100,000 이하	10%
100,000 초과	300,000 이하	35%
300,000 초과	500,000 이하	30%
500,000 초과	1,000,000 이하	15%

1. [표1]의 구분, 이용카드, 이용금액과 [표2]를 이용하여 [G3:G22] 영역에 적립률을 계산하여 표시하시오. (6점)

   ▶ 적립률은 구분이 "할부"이면 0%, 그 외에는 이용카드와 이용금액을 이용하여 [표2]에서 찾아서 표시
   ▶ 단, 오류 발생 시 빈칸으로 표시
   ▶ HLOOKUP, IF, IFERROR, MATCH 함수 사용
   [   ]

2. [표1]의 이용금액과 할부를 이용하여 [H3:H22] 영역에 결제원금을 표시하시오. (6점)

   ▶ 결제원금은 할부가 빈 셀이면 이용금액을 표시하고, 그 외에는 이용금액을 할부의 마지막 숫자로 나눈 값을 십의 자리에서 반올림하여 백의 자리까지 표시하시오.
   ▶ IF, ISBLANK, RIGHT, ROUND 함수 사용
   [   ]

3. [표1]의 구분, 이용카드, 이용금액을 이용하여 [표3]의 [B32:D33] 영역에 구분별 이용카드별 최고 이용금액과 이용건수를 표시하시오. (6점)

   ▶ 최고 이용금액에 1000 단위 구분 기호를 표시
   ▶ [표시 예 : 최고 이용금액이 356557이고, 이용건수가 12인 경우 → 356,557(총12건중)]
   ▶ COUNTIFS, FIXED, MAX와 & 연산자를 사용한 배열 수식

[   ]

4. [표1]의 이용금액을 이용하여 [표4]의 [I26:I30] 영역에 이용금액별 이용비율을 계산하여 표시하시오. (6점)

▶ 이용비율 = 이용금액별 빈도수 / 전체 건수

▶ COUNT, FREQUENCY 함수를 이용한 배열 수식

[   ]

5. 사용자 정의 함수 'fn비고'를 작성하여 [표1]의 [J3:J22] 영역에 비고를 계산하여 표시하시오. (6점)

▶ 'fn비고'는 이용일자와 결제후잔액을 인수로 받아 비고를 계산하는 함수이다.

▶ 결제후잔액이 0이면 이용일자의 월 뒤에 "월 결제완료"를 추가하여 표시하고 그 외에는 결제후잔액 뒤에 "원 이월"을 추가하여 표시하시오.

▶ [표시 예 : 결제후잔액이 0이고 이용일자가 2023-08-05인 경우 "8월 결제완료", 결제후잔액이 52000인 경우 "52000원 이월"로 표시]

▶ IF ~ ELSE문, MONTH 함수 사용

```
Public Function fn비고(이용일자, 결제후잔액)

End Function
```

[   ]

수식의 이해

1. [G3] : =IFERROR(IF(B3="할부", 0%, HLOOKUP(E3, $B$25:$E$28, MATCH(C3, $A$27:$A$28, 1)+2)), " ")

　　　　　　　　　　조건　　참　　　　　　　　　　　거짓

2. [H3] : =IF(ISBLANK(F3), E3, ROUND(E3 / RIGHT(F3,1), −2))

　　　　　　　조건　　　참　　　　거짓

3. [B32] : {=FIXED(MAX(($B$3:$B$22=$A32) * ($C$3:$C$22=B$31) * $E$3:$E$22), 0) & "(총" &

　　　　　COUNTIFS($B$3:$B$22, A32, $C$3:$C$22, B$31) & "건중)"}

4. [I26:I30] : {=FREQUENCY(E3:E22, H26:H30) / COUNT(E3:E22)}

　　※ 결과값이 들어갈 [I26:I30] 영역을 블록으로 지정한 후 수식을 입력하세요.

5. [J3] : =fn비고(A3,I3)

```
Public Function fn비고(이용일자, 결제후잔액)
    If 결제후잔액 = 0 Then
        fn비고 = Month(이용일자) & "월 결제완료"
    Else
        fn비고 = 결제후잔액 & "원 이월"
    End If
End Function
```

[표1]

학번	수강과목	출석	중간고사	기말고사	과제물	수업태도	종합평가	시상여부
03G258	창의적 사고	90	80	70	60	A	下	Best★75
01G335	글로벌 영어	95	95	97	98	B	上	
02L326	사고와 비판	90	99	96	94	C	上	
01M334	창의적 사고	75	82	64	85	A	下	
02G330	글로벌 영어	61	62	68	75	B	재수강	
02M332	사고와 비판	78	60	78	64	C	노력요망	
01L336	사고와 비판	97	92	96	73	A	上	Best★94
03G256	글로벌 영어	96	94	91	84	A	上	Best★92.5
03M257	사고와 비판	86	50	59	50	A	보충학습	
03M259	창의적 사고	89	82	99	66	C	中	
03G260	글로벌 영어	96	89	65	99	C	中	
01L338	글로벌 영어	68	73	82	80	B	재수강	
01M337	사고와 비판	92	100	100	100	A	上	Best★100
03M254	창의적 사고	91	85	92	62	B	中	
01L331	글로벌 영어	72	67	94	70	B	下	
01G333	사고와 비판	62	89	54	88	A	재수강	
03L255	사고와 비판	71	31	77	75	A	노력요망	
03M261	창의적 사고	83	96	83	98	C	재수강	
01G330	글로벌 영어	66	64	64	76	C	재수강	
02M329	창의적 사고	75	70	64	86	A	下	
02L334	글로벌 영어	75	71	100	85	B	中	
02G327	사고와 비판	65	86	87	84	B	재수강	
03M262	창의적 사고	91	77	77	76	A	下	Best★77
02G333	창의적 사고	95	80	89	68	C	中	
02M328	사고와 비판	85	95	69	73	A	中	
01G332	글로벌 영어	88	72	83	76	A	下	
02M331	사고와 비판	64	67	89	72	C	재수강	

[표2] 학과별 수강과목별 중간고사 점수의 평균

학과명	학과코드	창의적 사고	사고와 비판
전자계산학과	G	80	87.5
영문학과	L		74
경영학과	M	82	74.4

[표3] 수강과목별 수업태도별 기말고사 최고점 학생

수강과목	A	B	C
창의적 사고	03M262	03M254	03M259
글로벌 영어	03G256	02L334	03G260
사고와 비판	01M337	02G327	02L326

[표4]

성적 향상 비율	중간고사	
22%	>=80	FALSE

[표5] 반영 비율

성적	출석	중간고사	기말고사	과제물
비율	20%	30%	30%	20%

[표6] 합계 점수별 종합평가

점수	0 이상 60 미만	60 이상 70 미만	70 이상 80 미만	80 이상 90 미만	90 이상
종합평가	보충학습	노력요망	下	中	上

1. [표1]의 출석, 중간고사, 기말고사, 과제물과 [표5], [표6]을 이용하여 [I4:I30] 영역에 출석점수가 70 미만이면 "재수강", 그렇지 않으면 반영 비율을 적용한 출석, 중간고사, 기말고사, 과제물의 합계 점수별 종합평가를 표시하시오.(6점)

   ▶ IF, HLOOKUP, SUMPRODUCT 함수 사용

   [   ]

2. [표1]의 학번, 수강과목, 중간고사를 이용하여 [표2]의 [N4:O6] 영역에 학과와 수강과목별 중간고사의 평균을 계산하여 표시하시오. (6점)

   ▶ 학번의 세 번째 글자는 학과코드임
   ▶ 단, 오류일 경우 공백을 표시
   ▶ IFERROR, IF, AVERAGE, MID 함수를 사용한 배열 수식

   [   ]

3. [표1]의 학번, 수강과목, 기말고사, 수업태도를 이용하여 [표3]의 [M10:O12] 영역에 수강과목과 수업태도별 기말고사 최고점 학생의 학번을 표시하시오. (6점)

   ▶ INDEX, MATCH, MAX 함수를 사용한 배열 수식

   [   ]

4. [표1]의 중간고사와 기말고사를 이용하여 [표4]의 [L16] 셀에 중간고사 점수가 80점 이상인 학생 중 기말고사 점수가 중간고사 점수보다 큰 학생의 성적 향상 비율을 계산하여 표시하시오. (6점)

▶ 성적 향상 비율 = 조건 만족 인원수 / 전체 인원수
▶ 조건은 [N15] 셀부터 작성
▶ COUNTA, DCOUNT 함수 사용
[   ]

5. 사용자 정의 함수 'fn시상여부'를 작성하여 [표1]의 [J4:J30] 영역에 시상여부를 계산하여 표시하시오. (6점)

▶ 'fn시상여부'는 출석, 중간고사, 기말고사, 수업태도를 인수로 받아 시상여부를 계산하는 함수이다.
▶ 시상여부는 출석이 90 이상이고 수업태도가 'A'인 경우 "Best★"과 함께 중간고사와 기말고사의 평균을 표시하고, 그 외에는 공백으로 표시하시오. [표시 예 : Best★75]
▶ IF ~ ELSE문 사용

```
Public Function fn시상여부(출석, 중간고사, 기말고사, 수업태도)
End Function
```

[   ]

수식의 이해

1. [I4] : =IF(D4<70, "재수강", HLOOKUP(SUMPRODUCT(D4:G4, $M$21:$P$21), $M$24:$Q$26, 3))
　　　　　　조건　　참　　　　　　　　　　　거짓

2. [N4] : {=IFERROR(AVERAGE(IF((MID($B$4:$B$30, 3, 1)=$M4) * ($C$4:$C$30=N$3), $E$4:$E$30)), " ")}
　　　　　　　　　　　　　　조건1　　　　　　　조건2　　평균_구할_값

3. [M10] : {=INDEX($B$4:$B$30, MATCH(MAX(($C$4:$C$30=$L10)*($H$4:$H$30=M$9)*$F$4:$F$30), ($C$4:$C$30=$L10)*
　　　　　　($H$4:$H$30=M$9) * $F$4:$F$30, 0))}

4. [L16] : =DCOUNT(B3:J30, 5, N15:P16) / COUNTA(F4:F30)
　　※ [O16] : =F4)E4
　　※ DCOUNT(범위, 열 번호, 조건)는 '범위'에서 '조건'에 맞는 자료를 대상으로 지정된 '열 번호'에서 숫자가 입력된 셀의 개수를 구하는 함수로 '열 번호'는 숫자가 입력된 임의의 열을 지정하면 됩니다. 그러므로 3 ~ 6 중 어떤 열을 '열 번호'로 지정해도 관계 없습니다.

5. [J3] : =fn시상여부(D4, E4, F4, H4)

```
Public Function fn시상여부(출석, 중간고사, 기말고사, 수업태도)
    If 출석 >= 90 And 수업태도 = "A" Then
        fn시상여부 = "Best★" & (중간고사 + 기말고사) / 2
    Else
        fn시상여부 = ""
    End If
End Function
```

[표1]

성명	수강과목	출석일수	결석일수	1차	2차	3차	총점	성적평가	수강료할인율	비고
양경숙	코딩-고급	24	1	100	75	75	250	Pass	3.5%	
김홍성	데이터분석-고급	25	0	90	80	70	240	Pass	4.0%	출석우수
차태현	코딩-중급	25	0	80	100	85	265	Pass	4.0%	출석우수
임세일	클라우드-초급	17	8	90	85	90	265	-	3.5%	재수강
소미선	코딩-고급	23	2	85	60	60	205	Pass	2.5%	
참사랑	코딩-고급	25	0	80	100	80	260	Pass	4.0%	출석우수
장길산	클라우드-중급	22	3	100	75	90	265	Pass	3.5%	
장하다	클라우드-초급	24	1	90	100	100	290	Pass	5.0%	
유경수	데이터분석-중급	23	2	70	90	70	230	Pass	3.0%	
김영수	클라우드-초급	23	2	50	85	95	230	-	3.0%	
곽수지	코딩-고급	23	2	75	90	70	235	Pass	3.0%	
강진희	클라우드-중급	25	0	90	60	60	210	Pass	3.5%	출석우수
강경수	데이터분석-중급	24	1	100	85	65	250	Pass	3.5%	
조진홍	클라우드-초급	23	2	75	70	70	215	Pass	3.0%	
이영덕	데이터분석-중급	25	0	70	55	90	215	-	3.5%	출석우수
임지영	데이터분석-초급	25	0	60	80	60	200	Pass	3.0%	출석우수
김소소	코딩-고급	25	0	80	75	85	240	Pass	4.0%	출석우수
우나경	코딩-중급	23	2	90	70	60	220	Pass	3.0%	
권태산	클라우드-고급	15	10	85	90	85	260	-	3.5%	재수강
김성수	코딩-초급	25	0	100	90	90	280	Pass	5.5%	출석우수
지옥민	클라우드-초급	25	0	100	65	90	255	Pass	4.0%	출석우수
양진민	데이터분석-초급	25	0	90	80	100	270	Pass	5.5%	출석우수
김정근	코딩-초급	22	3	90	90	100	280	Pass	5.0%	
김종남	코딩-고급	24	1	65	100	80	245	Pass	3.5%	
최지원	데이터분석-초급	20	5	70	75	90	235	Pass	3.0%	
편영표	클라우드-고급	25	0	70	100	80	250	Pass	4.0%	출석우수
김창무	코딩-중급	25	0	60	70	100	230	Pass	3.5%	출석우수
이태백	데이터분석-고급	24	1	70	90	70	230	Pass	3.0%	
최재형	데이터분석-초급	23	2	90	70	60	220	Pass	3.0%	
김미연	데이터분석-고급	25	0	55	100	60	215	-	3.5%	출석우수

[표2] 난이도별 과목별 인원수

난이도	코딩	데이터분석	클라우드
초급	2	5	5
중급	3	2	2
고급	6	3	2

[표3] 평균별 할인율표

평균		수강료할인율
0	60 미만	0%
60 이상	70 미만	2.5%
70 이상	80 미만	3%
80 이상	90 미만	3.5%
90 이상		5%

[표4] 수강과목별 최대점수

수강과목	1차	2차	3차
코딩-초급	100	90	100
코딩-중급	90	100	100
코딩-고급	100	100	85
데이터분석-초급	90	90	100
데이터분석-중급	100	85	90
데이터분석-고급	90	100	70
클라우드-초급	100	100	100
클라우드-중급	100	75	90
클라우드-고급	85	100	85

1. [표1]의 출석일수, 1차, 2차, 3차를 이용하여 [J3:J32] 영역에 성적평가를 계산하여 표시하시오. (6점)

   ▶ 성적평가는 출석일수가 18일 이상이고 1차, 2차, 3차 점수가 모두 60점 이상이면 "Pass", 그렇지 않으면 "–"으로 표시
   ▶ IF, AND, COUNTIF 함수 사용

   [   ]

2. [표1]의 결석일수, 1차, 2차, 3차와 [표3]을 이용하여 [K3:K32] 영역에 수강료할인율을 계산하여 표시하시오. (6점)

   ▶ 1차, 2차, 3차 점수의 평균을 기준으로 [표3]의 평균별 할인율표에서 수강료할인율을 찾아 표시
   ▶ 결석일수가 0일 경우 수강료할인율에 0.5% 추가
   ▶ IF, AVERAGE, VLOOKUP 함수 사용

   [   ]

3. [표1]의 수강과목을 이용하여 [표2]의 [C36:E38] 영역에 난이도별 과목별 인원수를 계산하여 표시하시오. (6점)

▶ 수강과목에서 "−"을 기준으로 앞 부분은 과목, 뒷 부분은 난이도임
▶ IFERROR, COUNT, FIND 함수를 사용한 배열 수식

[   ]

4. [표1]의 수강과목, 1차, 2차, 3차를 이용하여 [I36:K44] 영역에 1차, 2차, 3차 각각의 수강과목별 최대점수를 찾아 표시하시오. (6점)

▶ INDEX, MATCH, MAX 함수를 사용한 배열 수식

[   ]

5. 사용자 정의 함수 'fn비고'를 작성하여 [L3:L32] 영역에 비고를 계산하여 표시하시오. (6점)

▶ 'fn비고'는 출석일수와 결석일수를 인수로 받아 값을 되돌려줌
▶ 비고는 '출석일수÷(출석일수+결석일수)'가 1이면 "출석우수", 0.8 미만이면, "재수강", 그 외에는 빈칸으로 표시하시오.
▶ SELECT CASE 사용

```
Public Function fn비고(출석일수, 결석일수)

End Function
```

[   ]

수식의 이해

1. [J3] : =IF(AND(D3>=18, COUNTIF(F3:H3,">=60")=3), "Pass", "−")
　　　　　　　　조건1　　　　　조건2

2. [K3] : =VLOOKUP(AVERAGE(F3:H3), $B$42:$D$46, 3)+IF(E3=0, 0.5%, 0)

3. [C36] : {=COUNT(IF((FIND($B36,$C$3:$C$32,1))=1) * (FIND(C$35,$C$3:$C$32,1))=1), 1))}
　　　　　　　　　　　　조건1　　　　　　　　　　조건2　　　　개수_구할_값

4. [I36] : {=INDEX(F$3:F$32, MATCH(MAX(($C$3:$C$32=$H36)*F$3:F$32), ($C$3:$C$32=$H36)*F$3:F$32, 0))}

5. [L3] : =fn비고(D3,E3)

```
Public Function fn비고(출석일수, 결석일수)
    Select Case 출석일수 / (출석일수 + 결석일수)
        Case 1
            fn비고 = "출석우수"
        Case Is < 0.8
            fn비고 = "재수강"
        Case Else
            fn비고 = ""
    End Select
End Function
```

[표1]

	A	B	C	D	E	F	G	H	I
1	[표1]								
2	동	호수	가족수	전기사용량	공동요금	전기요금	단위별공동요금	층수	엘리베이터요금
3	목련동	502	1	423	25,000	183,987	833	5	5,000
4	장미동	303	7	724	35,000	495,797	700	3	8,750
5	국화동	403	2	222	40,000	43,314	800	4	10,000
6	목련동	503	2	438	25,000	190,253	500	5	5,000
7	장미동	503	3	171	35,000	3,050	700	5	8,750
8	목련동	603	6	741	25,000	507,135	500	6	5,000
9	목련동	401	4	548	25,000	382,306	1250	4	5,000
10	목련동	301	6	154	25,000	2,817	1250	3	5,000
11	장미동	701	6	663	35,000	455,115	1750	7	8,750
12	장미동	802	4	476	35,000	196,184	1166	8	8,750
13	국화동	702	7	765	40,000	523,141	1333	7	10,000
14	장미동	303	3	460	35,000	189,835	700	3	8,750
15	국화동	501	4	157	40,000	2,875	2000	5	10,000
16	목련동	402	2	203	25,000	39,744	833	4	5,000
17	장미동	302	4	237	35,000	44,796	1166	3	8,750
18	국화동	903	7	682	40,000	467,786	800	9	10,000
19	목련동	901	3	457	25,000	188,644	1250	9	5,000
20	장미동	103	5	134	35,000	2,569	700	1	7,000
21	국화동	203	6	588	40,000	405,095	800	2	8,000
22	목련동	402	5	492	25,000	200,478	833	4	5,000
23	장미동	502	2	520	35,000	381,880	1166	5	8,750
24	장미동	603	3	444	35,000	183,486	700	6	8,750
25	목련동	402	5	766	25,000	523,808	833	4	5,000
26	목련동	902	2	660	25,000	481,210	833	9	5,000
27	장미동	501	5	157	35,000	2,854	1750	5	8,750
28	장미동	201	3	407	35,000	168,804	1750	2	7,000

[표2]

구간		기본요금	전력량요금	가족수		
				1명 이상 2명 이하	3명 이상 4명 이하	5명 이상
0~	100kWh	410	60.7	0%	3%	4%
101~	200kWh	910	12.9	0%	3%	4%
201~	300kWh	1600	187.9	0%	3%	5%
301~	400kWh	3850	280.6	0%	3%	5%
401~	500kWh	7300	417.7	0%	5%	6%
500kWh초과		12940	709.5	0%	5%	6%

[표3] 동별 호수별 최대 전기사용량

동	1	2	3
목련동	548	766	741
장미동	663	520	724
국화동	157	765	682

[표4] 동별 전기사용량 합계/개수

동	합계/개수
목련동	3664(6세대)
장미동	2843(5세대)
국화동	2035(3세대)

1. [표1]의 가족수, 전기사용량과 [표2]를 이용하여 [F3:F28] 영역에 전기요금을 계산하여 표시하시오. (6점)

▶ 전기요금 = 기본요금 + 전기사용량×전력량요금×(1-할인율)
▶ 전력량과 가족수를 기준으로 [표2]에서 기본요금, 전력량요금, 할인율을 찾아와 계산
▶ VLOOKUP, MATCH 함수 사용

[   ]

2. [표1]의 호수와 공동요금을 이용하여 [G3:G28] 영역에 단위별공동요금을 계산하여 표시하시오. (6점)

▶ 단위별공동요금은 공동요금을 호수의 끝자리가 1이면 20, 2면 30, 3이면 50으로 나눈 몫임
▶ QUOTIENT, CHOOSE, RIGHT 함수 사용

[   ]

3. [표1]의 동, 호수, 전기사용량을 이용하여 [표3]의 [B43:D45] 영역에 동별 호수의 끝자리별 최대 전기사용량을 계산하여 표시하시오. (6점)

▶ VALUE, RIGHT, MAX 함수를 사용한 배열 수식

[   ]

4. [표1]의 동과 전기사용량을 이용하여 [G43:G45] 영역에 동별 전기사용량이 전체 전기사용량의 평균보다 큰 가구의 전기사용량 합계와 개수를 계산하여 표시하시오. (6점)

▶ [표시 예 : 3600(6세대)]
▶ CONCATENATE, SUM, AVERAGE 함수를 사용한 배열 수식

[   ]

5. 사용자 정의 함수 'fn엘리베이터요금'을 작성하여 [I3:I28] 영역에 엘리베이터요금을 계산하여 표시하시오. (6점)

▶ 'fn엘리베이터요금'은 공동요금과 층수를 인수로 받아 값을 되돌려줌
▶ 엘리베이터요금은 '층수'가 2 이하이거나 '공동요금'이 25,000 이하이면 공동요금의 20%, 그 외는 25%로 표시하시오.
▶ IF문 사용

┌───┐
│ Public Function fn엘리베이터요금(공동요금, 층수)   │
│ End Function   │
└───┘

[   ]

수식의 이해

1. [F3] : =VLOOKUP(D3, $A$34:$G$39, 3) + D3 * VLOOKUP(D3, $A$34:$G$39, 4) * (1−VLOOKUP(D3, $A$34:$G$39,
MATCH(C3, $E$32:$G$32, 1)+4))

2. [G3] : =QUOTIENT(E3, CHOOSE(RIGHT(B3,1), 20, 30, 50))

3. [B43] : {=MAX(($A$3:$A$28=$A43) * (VALUE(RIGHT($B$3:$B$28,1))=B42) * $D$3:$D$28)}
　　　　　　　　　　 조건1　　　　　　　　 조건2　　　　　　 최대값_구할_범위

4. [G43] : {=CONCATENATE(SUM(($A$3:$A$28=F43) * ($D$3:$D$28)AVERAGE($D$3:$D$28)) * $D$3:$D$28),
　　　　　　　　　　　　　　 조건1　　　　　　　　 조건2　　　　　　 합계_구할_범위

"(", SUM(($A$3:$A$28=F43) * ($D$3:$D$28)AVERAGE($D$3:$D$28))), "세대")}
　　　　　　　　　 조건1　　　　　　　　 조건2

5. [I3] : =fn엘리베이터요금(E3,H3)

┌───┐
│ Public Function fn엘리베이터요금(공동요금, 층수)   │
│ 　　If 층수 <= 2 Or 공동요금 <= 25000 Then   │
│ 　　　　fn엘리베이터요금 = 공동요금 * 0.2   │
│ 　　Else   │
│ 　　　　fn엘리베이터요금 = 공동요금 * 0.25   │
│ 　　End If   │
│ End Function   │
└───┘

첫 번째 시험 준비할 때 함수만 죽어라 팠더니, 두 번째 공부할 땐 알아서 함수식이 술술 써지더군요.

짐을 하나 내려놓은 느낌입니다. 기분이 너무 좋네요. 저는 컴퓨터활용능력 필기와 실기시험 모두 한 번에 합격하지 못하고, 두 번째 시험에서야 합격을 했습니다. 첫 번째 필기시험은 접수만 해놓고 전혀 공부하지 않은 상태에서 시험날짜가 다가와 어쩔 수 없이 보게 되었습니다. 당연히 떨어졌습니다. 이건 아니다 싶어 두 번째 시험 때는 며칠 동안 벼락치기로 열심히 했더니 높은 점수로 합격을 했습니다.

필기시험 합격 후 바로 실기 준비에 들어갔습니다. 실기는 좀 어렵다는 이야기가 있어서 시나공 동영상 강의를 신청했습니다. 그것이 많은 도움이 됐습니다. 혼자서 하기에 어려운 부분도 쉽게 이해할 수 있었습니다. 강사 쌤께서 자주 쓰이는 이벤트 프로시저와 컨트롤들을 알려주셔서 유용했습니다. 한 달간 공부를 하고 첫 번째 실기시험을 봤는데, 조금 긴장한 탓도 있었고, 난이도가 좀 높았습니다. 그래서 그런지 좋은 느낌을 받지는 못했었는데, 역시나 결과를 확인하니 엑셀은 합격했는데, 액세스에서 2점이 모자라 떨어지고 말았습니다. 너무 어이가 없고 안타까워서 한동안 환장하는 줄 알았습니다.

마음을 다잡고 다시 공부를 시작했습니다. 기출문제란 기출문제는 죄다 풀어보고, 시나공 기본모의고사나 실전모의고사도 모두 풀었습니다. 기출문제에 비해 기본모의고사나 실전모의고사의 난이도가 좀 더 높더군요. 새로운 문제유형도 많이 있어서 좋았습니다. 액세스 때문에 떨어진 것이 속상해서 엑셀보다는 액세스에 더 중점을 두고 공부했습니다. 엑셀은 함수 때문에 다들 어렵다고 하는데, 저 같은 경우는 첫 번째 시험 준비할 때 함수만 죽어라 팠더니, 두 번째 공부할 땐 알아서 함수식이 술술 써지더군요. 3주간 열심히 공부해서 시험을 봤는데, 이번엔 느낌이 아주 좋았습니다. 엑셀과 액세스에서 못 푼 문제가 한 문제씩밖에 없었거든요.

오늘 확인했더니 다행히 합격으로 떴네요! 이것으로 제가 원했던 워드프로세서와 컴퓨터활용능력 1급 자격증을 취득하게 됐습니다. 여러분 모두 파이팅해서 꼭 원하는 자격증 따시길 바랍니다!

정혜정 • mkhlovejhj

엑셀 최신기출문제

2024년   상시01 1급

2024년   상시02 1급

2024년   상시03 1급

2024년   상시04 1급

2023년   상시01 1급

2023년   상시02 1급

2023년   상시03 1급

2023년   상시04 1급

2022년   상시01 1급

2022년   상시02 1급

'C:\길벗컴활1급' 폴더에
"최신기출문제(엑셀).pdf"
파일로 저장되어 있습니다.

2024년 상시01 컴퓨터활용능력 1급

프로그램명	제한시간	수험번호 :
EXCEL 2021	45분	성명 :

1급 | 상시01

〈 유 의 사 항 〉

- 인적 사항 누락 및 잘못 작성으로 인한 불이익은 수험자 책임으로 합니다.

- 화면에 암호 입력창이 나타나면 아래의 암호를 입력하여야 합니다.
  - 암호 : 9735*4

- 작성된 답안은 주어진 경로 및 파일명을 변경하지 마시고 그대로 저장해야 합니다. 이를 준수하지 않으면 실격 처리됩니다.
  답안 파일명의 예 : C:\OA\수험번호8자리.xlsm

- **외부 데이터 위치 : C:\OA\파일명**

- 별도의 지시사항이 없는 경우, 다음과 같이 처리 시 실격 처리됩니다.
  - 제시된 시트 및 개체의 순서나 이름을 임의로 변경한 경우
  - 제시된 시트 및 개체를 임의로 추가 또는 삭제한 경우
  - 외부 데이터를 시험 시작 전에 열어본 경우

- 답안은 반드시 문제에서 지시 또는 요구한 셀에 입력하여야 하며 다음과 같이 처리 시 채점 대상에서 제외됩니다.
  - 제시된 함수가 있을 경우 제시된 함수만을 사용하여야 하며 그 외 함수 사용 시 채점대상에서 제외
  - 수험자가 임의로 지시하지 않은 셀의 이동, 수정, 삭제, 변경 등으로 인해 셀의 위치 및 내용이 변경된 경우 해당 작업에 영향을 미치는 관련문제 모두 채점 대상에서 제외
  - 도형 및 차트의 개체가 중첩되어 있거나 동일한 계산결과 시트가 복수로 존재할 경우 해당 개체나 시트는 채점 대상에서 제외

- 수식 작성 시 제시된 문제 파일의 데이터는 변경 가능한(가변적) 데이터임을 감안하여 문제 풀이를 하시오.

- 별도의 지시사항이 없는 경우, 주어진 각 시트 및 개체의 설정값 또는 기본 설정값(Default)으로 처리하시오.

- 저장 시간은 별도로 주어지지 않으므로 제한된 시간 내에 저장을 완료해야 하며, 제한 시간 내에 저장이 되지 않은 경우에는 실격 처리됩니다.

- 출제된 문제의 용어는 Microsoft Office 2021(LTSC 2108 버전) 기준으로 작성되어 있습니다.

대한상공회의소

문제 1 **기본작업(15점)** 주어진 시트에서 다음 과정을 수행하고 저장하시오.

1. '기본작업' 시트에서 다음과 같이 고급 필터를 수행하시오. (5점)

▶ [A3:H28] 영역에서 '개설일'의 연도가 2018년 이후이고, '휴무일정보'가 "일요일"이거나 "공휴일"로 끝나는 데이터의 '센터코드', '지역', '개설일', '면적', '휴무일정보' 필드만 순서대로 표시하시오.

▶ 조건은 [A30:A31] 영역 내에 알맞게 입력하시오. (AND, YEAR, RIGHT 함수 사용)

▶ 결과는 [A33] 셀부터 표시하시오.

2. '기본작업' 시트에서 다음과 같이 조건부 서식을 설정하시오. (5점)

▶ [A4:H28] 영역에서 '운영구분'이 "직영"이고 '개설일'의 일이 짝수인 데이터의 행 전체에 대하여 글꼴 스타일은 '굵은 기울임꼴', 글꼴 색은 '표준 색-파랑'으로 적용하시오.

▶ 단, 규칙 유형은 '수식을 사용하여 서식을 지정할 셀 결정'을 사용하고, 한 개의 규칙으로만 작성하시오.

▶ AND, DAY, ISEVEN 함수 사용

3. '기본작업' 시트에서 다음과 같이 페이지 레이아웃을 설정하시오. (5점)

▶ 인쇄 용지가 가로로 인쇄되도록 용지 방향을 설정하고, [A1:H28] 영역을 인쇄 영역으로 설정하시오.

▶ 페이지의 내용이 95%로 축소되어 인쇄되도록 설정하시오.

▶ 매 페이지 하단의 가운데 구역에는 페이지 번호가 표시되도록 바닥글을 설정하시오.
  – 페이지 번호의 글꼴은 'HY견고딕'으로 지정하시오.

문제 2 **계산작업(30점)** '계산작업' 시트에서 다음의 과정을 수행하고 저장하시오.

1. [표1]의 운영구분, 개설연월, 면적과 기준날짜(I2)를 이용하여 [표2]의 [L4:L5] 영역에 운영구분별 운영기간이 20년 이상인 면적의 평균을 계산하여 표시하시오. (6점)

▶ 운영기간 : 기준날짜의 연도 – 개설연월의 연도

▶ 면적의 평균은 자리 내림하여 정수로 표시

▶ AVERAGE, IF, ROUNDDOWN, YEAR 함수를 사용한 배열 수식

2. [표1]의 지역과 운영구분을 이용하여 [표3]의 [L9:L16] 영역에 지역별 운영구분의 개수를 [표시 예]와 같이 표시하시오. (6점)

▶ [표시 예 : 직영 4곳 – 위탁 1곳]

▶ SUM, CONCAT 함수를 사용한 배열 수식

3. [표1]의 지역과 취급품목정보를 이용하여 [표3]의 [M9:O16] 영역에 지역별 취급품목정보별 비율을 계산하여 표시하시오. (6점)

▶ 비율 : 지역별 취급품목정보별 개수 / 지역별 개수

▶ [표시 예 : 75%]

▶ COUNTIF, COUNTIFS, TEXT 함수 사용

4. [표1]의 센터코드, 운영구분, 면적을 이용하여 [표4]의 [L20:L21] 영역에 운영구분별 면적이 가장 넓은 센터코드를 표시하시오. (6점)

▶ INDEX, MATCH, MAX 함수를 사용한 배열 수식

5. 사용자 정의 함수 'fn비고'를 작성하여 [표1]의 [I4:I28] 영역에 비고를 계산하여 표시하시오. (6점)

▶ 'fn비고'는 취급품목정보, 보유차량, 휴무일정보를 인수로 받아 비고를 계산하는 함수이다.

▶ 비고는 취급품목정보가 "종이류"로 시작하면 보유차량과 휴무정보를 [표시 예]와 같이 표시하고, 그 외는 공백으로 표시하시오. 보유차량은 보유차량이 없으면 "보유차량 없음"을 표시하고 보유차량이 있으면 보유차량 숫자 뒤에 "대"를 표시하시오.

[표시 예 : 일요일(1대), 일요일(보유차량 없음), 일요일(2대)]

▶ IF ~ End If문 사용

```
Public Function fn비고(취급품목정보, 보유차량, 휴무일정보)
End Function
```

문제 3　　　**분석작업(20점)** 주어진 시트에서 다음 과정을 수행하고 저장하시오.

4124013

1. '분석작업-1' 시트에서 다음의 지시사항에 따라 피벗 테이블 보고서를 작성하시오. (10점)

▶ 외부 데이터 가져오기 기능을 이용하여 〈재활용센터.accdb〉의 〈센터관리〉 테이블에서 '지역', '운영구분', '면적', '보유차량' 열을 이용하시오.

▶ 피벗 테이블 보고서의 레이아웃과 위치는 〈그림〉을 참조하여 설정하고, 보고서 레이아웃을 개요 형식으로 표시하시오.

▶ '지역' 필드는 "산" 자로 끝나는 데이터만 표시되도록 설정하시오.

▶ '면적'과 '보유차량' 필드의 표시 형식은 '값 필드 설정'의 셀 서식에서 '숫자' 범주를 이용하여 〈그림〉과 같이 지정하시오.

▶ 각 항목 다음에 빈줄이 삽입되도록 설정하시오.

▲	A	B	C
1	운영구분	(모두) ▼	
2			
3	지역	▼ 값	
4	마산		
5		평균 : 면적	226.5
6		평균 : 보유차량	1.0
7			
8	부산		
9		평균 : 면적	265.3
10		평균 : 보유차량	0.7
11			
12	울산		
13		평균 : 면적	239.3
14		평균 : 보유차량	1.7
15			
16	전체 평균 : 면적		245.9
17	전체 평균 : 보유차량		1.1

2. '분석작업-2' 시트에 대하여 다음의 지시사항을 처리하시오. (10점)
▶ [정렬] 기능을 이용하여 '2행'을 기준으로 '접수번호 - 종류 - 기간 - 숙박비 - 교통비 - 식비' 순으로 정렬하시오.
▶ [통합] 기능을 이용하여 [표2]의 [H2:J7] 영역에 '종류'별 '숙박비'의 '최대값'과 '교통비'의 '최소값'을 계산하시오.

문제 4 기타작업(35점) 주어진 시트에서 다음 과정을 수행하고 저장하시오.

1. '기타작업-1' 시트에서 다음과 같은 기능을 수행하는 매크로를 현재 통합문서에 작성하시오. (각 5점)
① [E3:E27] 영역에 사용자 지정 표시 형식을 설정하는 '서식적용' 매크로를 생성하시오.
▶ '전년대비매출'이 양수이면 파랑색으로 "▲"와 숫자를, 음수이면 자홍색으로 "▼"와 음수 기호, 숫자를, 0이면 숫자만을, 텍스트이면 빨강색으로 "※"만을 표시하시오.
[표시 예 : '전년대비매출'이 0.34일 경우 ▲34% → , -0.21일 경우 → ▼-21%, 0일 경우 → 0%, "폐업"일 경우 → ※]
▶ [도형] → [기본 도형]의 '빗면(□)'을 동일 시트의 [G2:G3] 영역에 생성한 후 텍스트를 "서식적용"으로 입력하고, 도형을 클릭하면 '서식적용' 매크로가 실행되도록 설정하시오.
② [E3:E27] 영역에 표시 형식을 '일반'으로 적용하는 '서식해제' 매크로를 생성하시오.
▶ [도형] → [기본 도형]의 '빗면(□)'을 동일 시트의 [G5:G6] 영역에 생성한 후 텍스트를 "서식해제"로 입력하고, 도형을 클릭하면 '서식해제' 매크로가 실행되도록 설정하시오.
※ 셀 포인터의 위치에 관계없이 매크로가 실행되어야 정답으로 인정됨

2. '기타작업-2' 시트에서 다음의 지시사항에 따라 차트를 수정하시오. (각 2점)
※ 차트는 반드시 문제에서 제공한 차트를 사용하여야 하며, 신규로 차트 작성시 0점 처리됨
① 차트 종류를 '표식이 있는 꺾은선형'으로 변경하고 '효도관광' 요소를 차트에 추가하여 표시하시오.
② 차트 제목은 '차트 위'로 설정한 후 [A1] 셀과 연동시키고, 범례 위치는 오른쪽으로 지정하시오.
③ '식비' 계열에 '하강선'을 표시하고, '자유여행' 요소의 각 계열에 〈그림〉과 같이 설명선으로 표시된 데이터 레이블을 표시하시오.
④ 기본 세로(값) 축과 가로(항목) 축이 〈그림〉과 같이 표시되도록 설정하시오.
⑤ 차트 영역의 테두리 스타일은 '둥근 모서리', 차트의 색상형은 '다양한 색상표 3'으로 설정하시오.

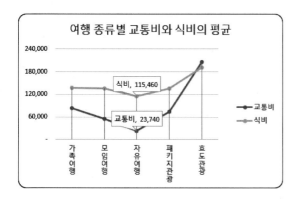

3. '기타작업-3' 시트에서 다음과 같은 작업을 수행하고 저장하시오. (각 5점)

① '숙소예약' 단추를 클릭하면 〈숙소예약〉 폼이 나타나고, 폼이 초기화(Initialize)되면 '예약날짜'(txt예약날짜) 컨트롤에 현재 날짜가 표시되고, [G4:G7] 영역의 값이 '방이름'(cmb방이름) 콤보 상자의 목록에 설정되도록 프로시저를 작성하시오.

② 〈숙소예약〉 폼의 '예약(cmd예약)' 단추를 클릭하면 폼에 입력된 데이터가 시트의 표에 입력되어 있는 마지막 행 다음에 연속하여 추가되도록 프로시저를 작성하시오.

▶ '이용금액'은 '숙박일수 × 방값'으로 계산하되, '이용금액'은 '숙박일수'가 2 이하이면 0%, 4 이하이면 5%, 6 이하이면 8%, 그 외는 10%가 할인됨

▶ 입력되는 데이터는 워크시트에 입력된 기존 데이터와 같은 형식의 데이터로 입력하시오.

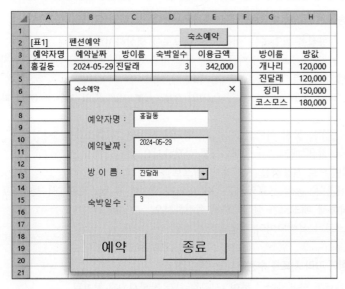

③ 〈숙소예약〉 폼의 '종료(cmd종료)' 단추를 클릭하면 〈그림〉과 같이 예약인원이 표시된 메시지 박스를 나타낸 후 폼을 종료하고 [B2] 셀의 글꼴색을 'RGB(100, 100, 200)'으로 설정하시오.

채점 프로그램을 이용하여 여러분이 완성한 답안 파일을 채점해 보세요. 채점 프로그램 사용법에 대한 내용은 1권 12쪽을 참고하세요.

문제 1   기본작업

01. 고급 필터 _ 참고 : Section 03 고급 필터 58쪽

정답

	A	B	C	D	E
29					
30	조건				
31	TRUE				
32					
33	센터코드	지역	개설일	면적	휴무일정보
34	c01	서울	2021-12-20	836	일요일
35	c02	부산	2019-08-04	173	일요일, 공휴일
36	d01	수원	2020-05-27	246	토요일, 일요일, 공휴일
37	d02	대전	2018-06-09	278	일요일
38	d12	울산	2024-05-12	187	공휴일

• '고급 필터' 대화상자

고급 필터   ?   ×

결과
- ○ 현재 위치에 필터(F)
- ● 다른 장소에 복사(O)

목록 범위(L): $A$3:$H$28
조건 범위(C): $A$30:$A$31
복사 위치(T): $A$33:$E$33

☐ 동일한 레코드는 하나만(R)

확인   취소

[A31] : =AND(YEAR(D4)>=2018,(RIGHT(H4,3)="일요
일")+(RIGHT(H4,3)="공휴일"))

02. 조건부 서식 _ 참고 : Section 02 조건부 서식 41쪽

정답

	A	B	C	D	E	F	G	H
1	[표1]							
3	센터코드	지역	운영구분	개설일	면적	취급용목정보	보유차량	휴무일정보
4	c01	서울	직영	2021-12-20	836	종이류, 가구, 가전 등	1	일요일
5	c02	부산	위탁	2019-08-04	173	가전가구	2	일요일, 공휴일
6	c03	울산	위탁	2001-03-05	200	스티로폼류, 플라스틱류, 가구, 가전 등	3	토요일, 일요일
7	c04	대전	직영	2011-07-02	113	가구, 플라스틱류, 캔류, 고철류 등	0	토요일, 일요일
8	c05	수원	직영	2003-01-14	129	가구가전	1	일요일
9	c06	성남	직영	1999-11-17	351	가구가전	2	토요일, 일요일
10	c07	강릉	위탁	2010-10-21	163	종이류, 가전, 의류 등	0	공휴일
11	c08	마산	직영	2017-03-27	157	종이류, 고철류, 의류, 플라스틱류 등	0	토요일, 일요일, 공휴일
12	c09	서울	위탁	2014-10-10	112	종이류, 의류, 가전 등	1	일요일
13	c10	부산	위탁	2009-11-07	149	옷, 신발, 가방, 가구 등	0	토요일, 일요일
14	c11	울산	직영	2010-03-04	331	종이류, 의류, 플라스틱류, 스티로폼류 등	1	일요일
15	c12	대전	직영	2017-11-23	136	종이류, 플라스틱류, 의류, 고철류 등	0	토요일, 일요일, 공휴일
16	d01	수원	위탁	2020-05-27	246	종이류, 합성수지, 가구, 고철류 등	0	토요일, 일요일, 공휴일
17	d02	대전	직영	2018-06-09	278	옷, 가전, 신발, 가방, 가구 등	1	일요일
18	d03	서울	직영	2004-04-18	238	가구, 의류, 플라스틱류, 스티로폼류 등	0	토요일, 일요일, 공휴일
19	d04	성남	직영	2010-11-13	168	의류, 플라스틱류, 공병, 의류 등	0	토요일, 일요일
20	d05	성남	직영	2014-12-08	443	종이류, 합성수지, 가구, 의류 등	3	토요일
21	d06	수원	위탁	2012-02-24	152	플라스틱류, 고철, 의류 등	3	월요일
22	d07	수원	직영	2013-08-24	347	가구가전	1	공휴일
23	d08	강릉	위탁	2001-05-09	531	종이류, 가전, 알루미늄 등	3	공휴일
24	d09	마산	직영	2005-09-04	296	종이류, 의류, 캔류, 가구, 가전 등	2	일요일
25	d10	서울	직영	2011-06-12	524	가전가구	1	토요일, 일요일, 공휴일
26	d11	부산	직영	2014-11-18	474	종이류, 고철류, 공병, 의류 등	0	일요일
27	d12	울산	직영	2024-05-12	187	스티로폼류, 플라스틱류, 가구, 가전 등	1	공휴일
28	d13	대전	위탁	2014-04-06	332	폐지, 알루미늄 등	0	

'새 서식 규칙' 대화상자

새 서식 규칙   ?   ×

규칙 유형 선택(S):
- ▶ 셀 값을 기준으로 모든 셀의 서식 지정
- ▶ 다음을 포함하는 셀만 서식 지정
- ▶ 상위 또는 하위 값만 서식 지정
- ▶ 평균보다 크거나 작은 값만 서식 지정
- ▶ 고유 또는 중복 값만 서식 지정
- ▶ 수식을 사용하여 서식을 지정할 셀 결정

규칙 설명 편집(E):

다음 수식이 참인 값의 서식 지정(O):

=AND($C4="직영",ISEVEN(DAY($D4)))

미리 보기: 가나다AaBbCc   서식(F)...

확인   취소

03. 페이지 레이아웃 _ 참고 : Section 04 페이지 레이아웃 69쪽

정답

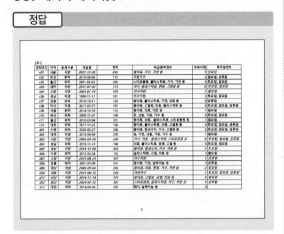

• '페이지 설정' 대화상자의 '페이지' 탭

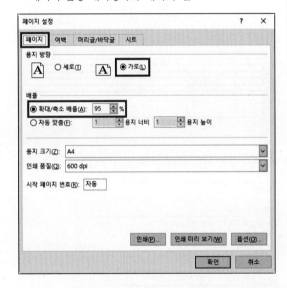

• '바닥글' 대화상자

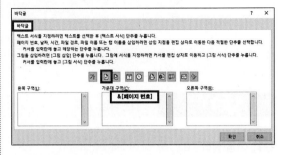

• '페이지 설정' 대화상자의 '시트' 탭

정답

	A	B	C	D	E	F	G	H	I	J	K	L	M	N	O
1															
2	[표1]								기준날짜:		2024-02-10	[표2]	❶		
3	센터코드	지역	운영구분	개설연월	면적	취급품목정보	보유차량	휴무일정보	비고		운영구분	평균면적			
4	c02	부산	위탁	2019-08	173	가전가구	2	일요일, 공휴일			직영	239			
5	c11	울산	위탁	2010-03	331	종이류, 의류, 플라스틱류, 스티로폼류 등	1	일요일	일요일(1대)		위탁	365			
6	c04	대전	직영	2011-07	113	가구, 플라스틱류, 캔류, 고철류 등	0	일요일, 일요일							
7	c06	성남	직영	1999-11	351	가구가전	2	토요일, 일요일		[표3]	❷		❸		
8	c08	마산	직영	2017-03	157	종이류, 고철류, 의류, 플라스틱류 등	0	토요일, 일요일, 공휴일	토요일, 일요일, 공휴일(보유차량 없음)	지역	운영구분개수		가구	가전	의류
9	d13	대전	위탁	2014-04	332	폐지, 알루미늄 등	0			서울	직영 3곳 - 위탁 1곳		75%	75%	50%
10	d01	수원	위탁	2020-05	246	종이류, 합성수지, 가구, 고철류 등	2	토요일, 일요일, 공휴일	토요일, 일요일, 공휴일(2대)	부산	직영 1곳 - 위탁 2곳		67%	33%	33%
11	d12	울산	직영	2024-05	187	스티로폼류, 플라스틱류, 가구, 가전 등	1	공휴일		울산	직영 1곳 - 위탁 2곳		67%	67%	33%
12	d02	대전	직영	2018-06	278	옷, 가전, 신발, 가방, 가구 등	1	일요일		대전	직영 2곳 - 위탁 2곳		50%	25%	25%
13	c09	서울	위탁	2014-10	112	종이류, 가전, 가전 등	1	일요일	일요일(1대)	수원	직영 2곳 - 위탁 2곳		75%	50%	25%
14	c07	강릉	위탁	2010-10	163	종이류, 플라스틱류, 가전, 의류 등	0	공휴일	공휴일(보유차량 없음)	성남	직영 2곳 - 위탁 1곳		67%	33%	67%
15	d10	서울	직영	2011-06	524	가전가구	1	토요일, 일요일, 공휴일		강릉	직영 0곳 - 위탁 2곳		0%	100%	50%
16	d03	서울	직영	2004-04	238	가구, 의류, 플라스틱류, 스티로폼류 등	0	토요일, 일요일, 공휴일		마산	직영 2곳 - 위탁 0곳		50%	50%	100%
17	c12	대전	위탁	2017-11	136	종이류, 플라스틱류, 의류, 고철류 등	0	토요일, 일요일, 공휴일	토요일, 일요일, 공휴일(보유차량 없음)						
18	d07	서울	직영	2013-08	347	가구가전	1	공휴일		[표4]	❹				
19	c01	서울	직영	2021-12	836	종이류, 가구, 가전 등	1	일요일	일요일(1대)	운영구분	센터코드				
20	d11	부산	직영	2014-11	474	종이류, 고철류, 공병, 의류 등	0	일요일	일요일(보유차량 없음)	직영	c01				
21	d08	강릉	위탁	2001-05	531	종이류, 가전, 알루미늄 등	3	공휴일	공휴일(3대)	위탁	d08				
22	d05	성남	위탁	2014-12	443	종이류, 합성수지, 가구, 의류 등	3	토요일	토요일(3대)						
23	c03	울산	위탁	2001-03	200	스티로폼류, 플라스틱류, 가구, 가전 등	3	토요일, 일요일							
24	c10	부산	위탁	2009-11	149	옷, 신발, 가방, 가구 등	0	토요일, 일요일							
25	d04	성남	위탁	2010-11	168	의류, 플라스틱류, 공병, 의류 등	0	토요일, 일요일							
26	c05	수원	직영	2003-01	129	가구가전	1	월요일							
27	d09	마산	직영	2005-09	296	종이류, 의류, 캔류, 가구, 가전 등	2	일요일	일요일(2대)						
28	d06	수원	위탁	2012-02	152	슬라스틱류, 고철, 의류 등	3	월요일							

(표 안에 ❺ 표시는 I열 비고 상단에 위치)

❶ 운영구분별 평균면적(L4)

{=ROUNDDOWN(AVERAGE(IF((YEAR($I$2)−YEAR($D$4: $D$28)>=20) * ($C$4:$C$28=K4), $E$4:$E$28)), 0)}

❷ 지역별 운영구분개수(L9)

{=CONCAT("직영 ", SUM(($B$4:$B$28=K9) * ($C$4:$C$28="직영")), "곳 - 위탁 ", SUM(($B$4:$B$28=K9) * ($C$4: $C$28="위탁")), "곳")}

❸ 지역별 취급품목정보별 비율(M9)

=TEXT(COUNTIFS($B$4:$B$28, $K9, $F$4:$F28, "*"&M$8&"*") / COUNTIF($B$4:$B$28, $K9), "0%")

❹ 운영구분별 면적이 가장 넓은 센터코드(L20)

{=INDEX($A$4:$A$28, MATCH(MAX(($C$4:$C$28=K20) * $E$4:$E$28), ($C$4:$C$28=K20) * $E$4:$E$28, 0))}

❺ 비고(I4)

=fn비고(F4,G4,H4)

```
Public Function fn비고(취급품목정보, 보유차량, 휴무일정보)
    If Left(취급품목정보, 3) = "종이류" Then
        If 보유차량 = 0 Then
            fn비고 = 휴무일정보 & "(보유차량 없음)"
        Else
            fn비고 = 휴무일정보 & "(" & 보유차량 & "대)"
        End If
    Else
        fn비고 = ""
    End If
End Function
```

01. 피벗 테이블 _ 참고 : Section 11 피벗 테이블 155쪽

• '피벗 테이블 필드' 창

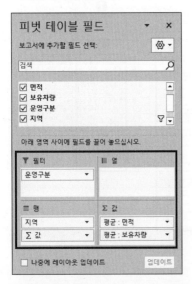

• '지역' 필드의 '레이블 필터' 대화상자

02. 정렬 / 통합 _ 참고 : Section 10 부분합/정렬 146쪽 / Section 14 통합 193쪽

정답

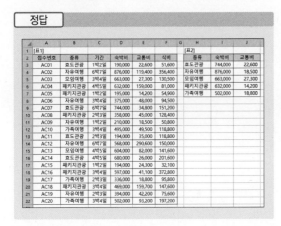

	A	B	C	D	E	F	G	H	I	J
1	[표1]							[표2]		
2	접수번호	종류	기간	숙박비	교통비	식비		종류	숙박비	교통비
3	AC01	효도관광	1박2일	190,000	22,600	51,600		효도관광	744,000	22,600
4	AC02	자유여행	6박7일	876,000	119,400	356,400		자유여행	876,000	18,500
5	AC03	모임여행	3박4일	663,000	27,300	130,500		모임여행	663,000	27,300
6	AC04	패키지관광	4박5일	632,000	159,000	81,000		패키지관광	632,000	14,200
7	AC05	패키지관광	1박2일	195,000	14,200	54,900		가족여행	502,000	18,800
8	AC06	자유여행	3박4일	375,000	48,000	94,500				
9	AC07	효도관광	6박7일	744,000	34,800	151,200				
10	AC08	패키지관광	2박3일	358,000	45,000	128,400				
11	AC09	자유여행	1박2일	210,000	18,500	50,800				
12	AC10	가족여행	3박4일	495,000	49,500	118,800				
13	AC11	효도관광	2박3일	194,000	35,000	118,800				
14	AC12	자유여행	6박7일	568,000	290,600	150,000				
15	AC13	모임여행	4박5일	604,000	82,000	141,600				
16	AC14	효도관광	4박5일	680,000	26,000	201,600				
17	AC15	패키지관광	1박2일	194,000	24,300	32,100				
18	AC16	패키지관광	3박4일	597,000	41,100	372,800				
19	AC17	가족여행	2박3일	336,000	18,800	95,800				
20	AC18	패키지관광	3박4일	469,000	159,700	147,600				
21	AC19	자유여행	2박3일	394,000	42,200	75,600				
22	AC20	가족여행	3박4일	502,000	93,200	197,200				

• '사용자 지정 목록' 대화상자

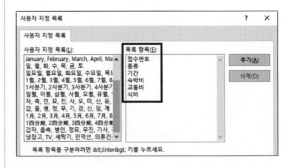

• '정렬' 대화상자

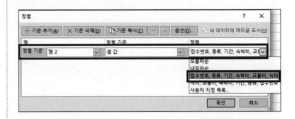

• 데이터 통합

1. 다음과 같이 입력하고 [H2:J2] 영역을 블록으로 지정한 후 [데이터] → 데이터 도구 → 통합을 클릭한다.

	H	I	J
1	[표2]		
2	종류	숙박비	교통비
3			
4			

2. '통합' 대화상자에서 다음과 같이 지정한다.

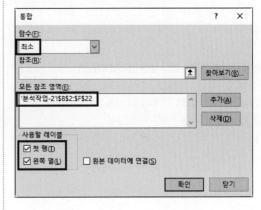

3. [H2:I2] 영역을 블록으로 지정하고 [데이터] → 데이터 도구 → **통합**을 클릭한 후 다음과 같이 지정한다.

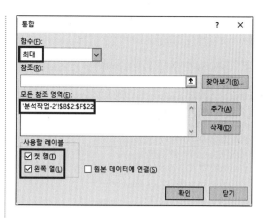

---

01. 매크로 작성 _ 참고 : Section 17 매크로 229쪽

1 '서식적용' 매크로 실행

정답

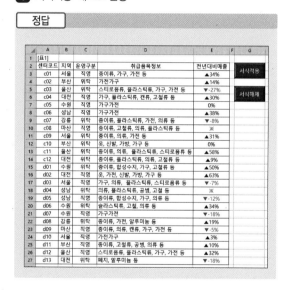

• '셀 서식' 대화상자

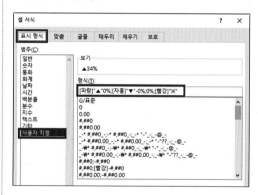

03. 프로시저 작성 _ 참고 : Section 18 프로시저 243쪽

1 '숙소예약' 단추 및 폼 초기화 프로시저

• '숙소예약' 단추 클릭 프로시저

정답

```
Private Sub cmd숙소예약_Click( )
    숙소예약.Show
End Sub
```

• 폼 초기화 프로시저

정답

```
Private Sub UserForm_Initialize( )
    txt예약날짜.Value = Date
    cmb방이름.RowSource = "G4:G7"
End Sub
```

정답

```
Private Sub cmd예약_Click( )
    참조행 = cmb방이름.ListIndex + 4
    입력행 = [A2].Row + [A2].CurrentRegion.Rows.Count
    Cells(입력행, 1) = txt예약자명.Value
    Cells(입력행, 2) = txt예약날짜.Value
    Cells(입력행, 3) = cmb방이름.Value
    Cells(입력행, 4) = txt숙박일수.Value
    If txt숙박일수.Value <= 2 Then
        Cells(입력행, 5) = Cells(입력행, 4) * Cells(참조행, 8)
    ElseIf txt숙박일수.Value <= 4 Then
        Cells(입력행, 5) = Cells(입력행, 4) * Cells(참조행, 8) * 0.95
    ElseIf txt숙박일수.Value <= 6 Then
        Cells(입력행, 5) = Cells(입력행, 4) * Cells(참조행, 8) * 0.92
    Else
        Cells(입력행, 5) = Cells(입력행, 4) * Cells(참조행, 8) * 0.9
    End If
End Sub
```

정답

```
Private Sub cmd종료_Click( )
    MsgBox "폼을 종료합니다.", , [A2].CurrentRegion.Rows.
    Count – 2 &    "명 예약"
    [B2].Font.Color = RGB(100, 100, 200)
    Unload Me
End Sub
```

2024년 상시02 컴퓨터활용능력 1급

프로그램명	제한시간
EXCEL 2021	45분

수험번호 :

성명 :

1급	상시02

〈 유 의 사 항 〉

- 인적 사항 누락 및 잘못 작성으로 인한 불이익은 수험자 책임으로 합니다.
- 화면에 암호 입력창이 나타나면 아래의 암호를 입력하여야 합니다.
  - **암호 : 5%5129**
- 작성된 답안은 주어진 경로 및 파일명을 변경하지 마시고 그대로 저장해야 합니다. 이를 준수하지 않으면 실격 처리됩니다.
  답안 파일명의 예 : C:\OA\수험번호8자리.xlsm
- **외부 데이터 위치 : C:\OA\파일명**
- 별도의 지시사항이 없는 경우, 다음과 같이 처리 시 실격 처리됩니다.
  - 제시된 시트 및 개체의 순서나 이름을 임의로 변경한 경우
  - 제시된 시트 및 개체를 임의로 추가 또는 삭제한 경우
  - 외부 데이터를 시험 시작 전에 열어본 경우
- 답안은 반드시 문제에서 지시 또는 요구한 셀에 입력하여야 하며 다음과 같이 처리 시 채점 대상에서 제외됩니다.
  - 제시된 함수가 있을 경우 제시된 함수만을 사용하여야 하며 그 외 함수 사용 시 채점대상에서 제외
  - 수험자가 임의로 지시하지 않은 셀의 이동, 수정, 삭제, 변경 등으로 인해 셀의 위치 및 내용이 변경된 경우 해당 작업에 영향을 미치는 관련문제 모두 채점 대상에서 제외
  - 도형 및 차트의 개체가 중첩되어 있거나 동일한 계산결과 시트가 복수로 존재할 경우 해당 개체나 시트는 채점 대상에서 제외
- 수식 작성 시 제시된 문제 파일의 데이터는 변경 가능한(가변적) 데이터임을 감안하여 문제 풀이를 하시오.
- 별도의 지시사항이 없는 경우, 주어진 각 시트 및 개체의 설정값 또는 기본 설정값(Default)으로 처리하시오.
- 저장 시간은 별도로 주어지지 않으므로 제한된 시간 내에 저장을 완료해야 하며, 제한 시간 내에 저장이 되지 않은 경우에는 실격 처리됩니다.
- 출제된 문제의 용어는 Microsoft Office 2021(LTSC 2108 버전) 기준으로 작성되어 있습니다.

대한상공회의소

문제 1 기본작업(15점) 주어진 시트에서 다음 과정을 수행하고 저장하시오.

1. '기본작업-1' 시트에서 다음과 같이 고급 필터를 수행하시오. (5점)

▶ [A2:H30] 영역에서 '진료일'이 2023년이고, '진료과목'이 "외과"로 끝나고, '환자코드'가 "A" 또는 "B"로 시작하는 데이터의 '환자코드', '성명', '생년월일', '진료과목', '진료일' 필드만 순서대로 표시하시오.

▶ 조건은 [A32:D36] 영역 내에 알맞게 입력하시오. (YEAR, RIGHT 함수 사용)

▶ 결과는 [A37] 셀부터 표시하시오.

2. '기본작업-1' 시트에서 다음과 같이 조건부 서식을 설정하시오. (5점)

▶ [A3:H30] 영역에서 '생년월일'이 2000~2003년이거나 '진료시간'이 오전 9부터 12시 59분까지인 데이터의 행 전체에 대하여 글꼴 스타일은 '굵은 기울임꼴', 글꼴 색은 '표준 색-빨강'으로 적용하시오.

▶ 단, 규칙 유형은 '수식을 사용하여 서식을 지정할 셀 결정'을 사용하고, 한 개의 규칙으로만 작성하시오.

▶ OR, AND, YEAR, HOUR 함수 사용

3. '기본작업-2' 시트에서 다음과 같이 페이지 레이아웃을 설정하시오. (5점)

▶ 행이 추가돼도 높이는 한 페이지에 인쇄되고 너비는 최대 두 페이지까지 인쇄되도록 설정하시오.

▶ 매 페이지 하단의 오른쪽 구역에는 페이지 번호가 [표시 예]와 같이 표시되도록 설정하시오.
　－ 첫 페이지의 번호가 10이 되도록 설정하시오.
　[표시 예 : 현재 페이지 번호가 1인 경우 → 10페이지]

▶ 메모가 워크시트에 표시된 대로 인쇄되도록 설정하고, 페이지 여백을 '좁게'로 설정하시오.

문제 2 계산작업(30점) '계산작업' 시트에서 다음의 과정을 수행하고 저장하시오.

1. [표1]의 가입자일련번호와 요양개시일자를 이용하여 [A3:A35] 영역에 처방번호를 표시하시오. (6점)

▶ 처방번호는 가입자일련번호가 동일한 경우 요양개시일자가 가장 빠른 항목에 1을 부여하고, 나머지 항목은 요양개시일자 순으로 1씩 추가하여 표시

▶ 표시 예 : 가입자일련번호가 123456이고 요양개시일자가 2번째로 빠른 경우 → 123456-2

▶ IF, SUM 함수를 이용한 배열 수식과 & 연산자 사용

2. [표1]의 성분코드와 [표2]를 이용하여 [H3:H35] 영역에 성분정보를 표시하시오. (6점)

▶ 성분정보는 성분코드의 7~9번째 문자를 이용

▶ 성분코드의 7번째 문자가 A이고, 8~9번째 문자가 TB이면 '내복정제'로 표시

▶ 성분정보가 오류인 경우 '기타'로 표시

▶ IFERROR, INDEX, MATCH, MID 함수 사용

3. [표1]의 성별과 요양개시일자를 이용하여 첫 요양개시일자의 해당 월에서 '여성'의 처방 건수를 [P2] 셀에 계산하시오. (6점)

▶ 첫 요양개시일자의 해당 월은 요양개시일자 중에서 가장 빠른 날짜의 월로 계산

▶ 가장 빠른 요양개시일자가 2023-02-25이면 2월 한달 동안의 여성들의 처방 건수를 계산함

▶ COUNTIFS, EOMONTH, MIN 함수 사용

4. [표1]의 연령대코드와 총투여일수를 이용하여 [표3]의 [P14:P20] 영역에 연령대별 이용도를 표시하시오. (6점)
- ▶ 연령대는 연령대코드의 일의 자리에서 내림하여 십의 자리까지 표시
- ▶ 이용도는 '■' 기호를 연령대별 총투여일수의 평균값만큼 반복하여 표시
- ▶ [표시 예 : 평균값이 2.8인 경우 → ■■, 3.1인 경우 → ■■■]
- ▶ AVERAGE, IF, REPT, ROUNDDOWN 함수를 이용한 배열 수식

5. 사용자 정의 함수 'fn금액'을 작성하여 [표1]의 [M3:M35] 영역에 금액을 계산하여 표시하시오. (6점)
- ▶ 'fn금액'은 시도, 일회투약량, 일일투약량, 총투여일수, 단가를 인수로 받아 금액을 계산하는 함수이다.
- ▶ 금액은 일회투약량 × 일일투약량 × 총투여일수 × 단가 × 가중치로 계산하시오.
- ▶ 가중치는 시도가 '서울'이면 1.1, '제주'이면 1.3, 그 외에는 1.2로 계산하시오.
- ▶ SELECT CASE문 사용

```
Public Function fn금액(시도, 일회투약량, 일일투약량, 총투여일수, 단가)

End Function
```

문제 3   분석작업(20점) 주어진 시트에서 다음 과정을 수행하고 저장하시오.

1. '분석작업-1' 시트에서 다음의 지시사항에 따라 피벗 테이블 보고서를 작성하시오. (10점)
- ▶ 외부 데이터 가져오기 기능을 이용하여 〈요양보호.accdb〉에서 〈요양보호관리대상〉 테이블의 '성별', '연령대코드', '시도', '일회투약량', '일일투약량' 열을 이용하시오.
- ▶ '시도' 필드가 '서울'이거나 '경기'인 데이터만을 가져오시오.
- ▶ 피벗 테이블 보고서의 레이아웃과 위치는 〈그림〉을 참조하여 설정하고, 보고서 레이아웃을 개요 형식으로 표시하시오.
- ▶ '연령대코드' 필드는 〈그림〉과 같이 그룹화를 설정하시오.
- ▶ '일일투약량'과 '일회투약량' 필드의 표시 형식은 '값 필드 설정'의 셀 서식에서 '숫자' 범주를 이용하여 〈그림〉과 같이 지정하시오.
- ▶ 각 필드의 최대값과 최소값 부분합을 그룹 하단에 표시하시오.

	A	B	C	D
1				
2	성별	(모두) ▼		
3				
4	시도 ▼	연령대코드 ▼	평균 : 일일투약량	평균 : 일회투약량
5	⊟경기			
6		30-39	1.3	0.5
7		40-49	1.8	0.6
8		50-59	0.2	0.2
9		60-69	1.0	0.7
10		80-89	1.8	0.9
11		90-100	1.2	0.4
12	경기 최대		2.1	0.9
13	경기 최소		0.2	0.2
14	⊟서울			
15		40-49	1.0	0.5
16		50-59	0.4	0.3
17		60-69	1.1	0.7
18		70-79	0.6	0.3
19		80-89	1.4	0.6
20		90-100	1.8	0.9
21	서울 최대		2.4	0.9
22	서울 최소		0.2	0.2
23	총합계		1.0	0.5
24				

2. '분석작업-2' 시트에 대하여 다음의 지시사항을 처리하시오. (10점)

▶ [데이터 유효성 검사] 기능을 이용하여 [B3:B30] 영역에는 '성명' 중간에 빈 칸이 삽입되지 않도록 제한 대상을 설정하시오.

 – [B3:B30] 영역을 클릭한 경우 〈그림〉과 같은 설명 메시지를 표시하고, 유효하지 않은 데이터를 입력한 경우 〈그림〉과 같은 오류 메시지가 표시되도록 설정하시오.

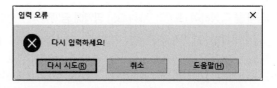

 – FIND, ISERROR 함수 사용

▶ [필터] 기능을 이용하여 '환자코드'를 기준으로 오름차순 정렬하고, '생년월일'이 1980년 이후이고 '진료과목'이 "내과" 또는 "외과"로 끝나는 데이터 행만 표시되도록 필터를 설정하시오.

문제 4 **기타작업(35점)** 주어진 시트에서 다음 과정을 수행하고 저장하시오.

1. '기타작업-1' 시트에서 다음과 같은 기능을 수행하는 매크로를 현재 통합문서에 작성하시오. (각 5점)

① [E4:E13] 영역에 사용자 지정 표시 형식을 설정하는 '서식적용' 매크로를 생성하시오.

▶ '목표달성률'이 1 이상이면 "좋음", 0.5 미만이면 "나쁨", 그 외는 "보통"을 숫자 앞에 표시하되, 숫자는 백분율로 표시하시오.

[표시 예 : '목표달성률'이 1.1일 경우 → 좋음 110%, 0일 경우 → 나쁨 0%]

▶ [개발 도구] → [삽입] → [양식 컨트롤]의 '단추'를 동일 시트의 [G3:G4] 영역에 생성한 후 텍스트를 "서식적용"으로 입력하고, 단추를 클릭하면 '서식적용' 매크로가 실행되도록 설정하시오.

② [E4:E13] 영역에 표시 형식을 '일반'으로 적용하는 '서식해제' 매크로를 생성하시오.

▶ [개발 도구] → [삽입] → [양식 컨트롤]의 '단추'를 동일 시트의 [G6:G7] 영역에 생성한 후 텍스트를 "서식해제"로 입력하고, 단추를 클릭하면 '서식해제' 매크로가 실행되도록 설정하시오.

※ 셀 포인터의 위치에 관계없이 매크로가 실행되어야 정답으로 인정됨

2. '기타작업-2' 시트에서 다음의 지시사항에 따라 차트를 수정하시오. (각 2점)

※ 차트는 반드시 문제에서 제공한 차트를 사용하여야 하며, 신규로 차트 작성시 0점 처리됨

① '일회투약량' 계열을 삭제하고, 차트 종류를 '묶은 세로 막대형' 차트로 변경하시오.

② 기본 세로(값) 축의 최대값과 기본 단위를 〈그림〉과 같이 지정하고, 범례를 위쪽에 표시하시오.

③ '일일투약량' 계열의 '80대' 요소에 〈그림〉과 같이 데이터 레이블을 표시하고, 범례 표지가 없는 데이터 테이블을 표시하시오.

④ '총투여일수' 계열은 채우기를 '알약.png'로 지정하고, '그림 또는 질감 채우기' – '다음 배율에 맞게 쌓기'의 '단위/사진'을 3으로 지정하시오.

⑤ 그림 영역은 채우기를 패턴의 '점선: 20%'로 지정하고, 패턴 채우기의 전경색은 '테마 색 – 회색, 강조 3'으로 지정하시오.

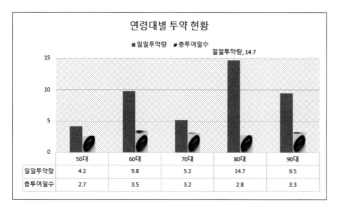

3. '기타작업-3' 시트에서 다음과 같은 작업을 수행하고 저장하시오. (각 5점)

① '지점매출' 단추를 클릭하면 〈매출현황〉 폼이 나타나고, 폼이 초기화(Initialize)되면 '지점'을 표시하는 옵션 단추 중 '강남(opt강남)'이 기본적으로 선택되고, '제품명(cmb제품명)' 목록에는 [G4:G8] 영역이 표시되도록 프로시저를 작성하시오.

② 〈매출현황〉 폼의 '입력(cmd입력)' 단추를 클릭하면 폼에 입력된 데이터가 시트의 표에 입력되어 있는 마지막 행 다음에 연속하여 추가되도록 프로시저를 작성하시오.

▶ '지점'에는 '강남(op일반)'을 선택하면 "강남", '용산(opt용산)'을 선택하면 "용산", '종로(opt종로)'를 선택하면 "종로"를 입력하시오.

▶ '총판매액'은 '판매량 × 판매가'로 계산하여 1000 단위 구분 기호를 표시하시오(Format 함수 사용).
[표시 예 : '총판매액'이 130000일 경우 → 130,000원, 0일 경우 → 0원]

▶ 입력되는 데이터는 워크시트에 입력된 기존 데이터와 같은 형식의 데이터로 입력하시오.

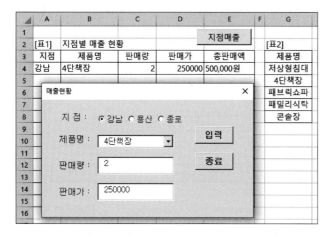

③ '기타작업-3' 시트가 활성화되면 [B2] 셀의 글꼴이 '궁서체', 글꼴 크기가 12로 지정되도록 구현하시오.

문제 1 기본작업

01. 고급 필터 _ 참고 : Section 03 고급 필터 58쪽

정답

	A	B	C	D	E
31					
32	조건	환자코드			
33	0	A*			
34	0	B*			
35					
36					
37	환자코드	성명	생년월일	진료과목	진료일
38	A013	이영덕	1973-06-04	흉부외과	2023-02-03
39	A015	유경수	2005-11-23	정형외과	2023-03-20
40	A018	강말순	1985-12-05	흉부외과	2023-03-20
41	A051	전만호	1975-05-08	신경외과	2023-04-12
42	B219	김창무	1999-08-16	신경외과	2023-03-06

• '고급 필터' 대화상자

고급 필터	?	×

결과
○ 현재 위치에 필터(F)
● 다른 장소에 복사(O)

목록 범위(L): $A$2:$H$30
조건 범위(C): $A$32:$B$34
복사 위치(T): $A$37:$E$37

□ 동일한 레코드는 하나만(R)

확인   취소

[A33], [A34]
=(YEAR(G3)=2023)*(RIGHT(E3,2)="외과")

02. 조건부 서식 _ 참고 : Section 02 조건부 서식 41쪽

정답

	A	B	C	D	E	F	G	H
1	[표1]							
2	환자코드	성명	생년월일	성별	진료과목	담당의사	진료일	진료시간
3	A011	이수만	2000-11-03	남	흉부외과	박종식	2022-12-22	15:20
4	A013	이영덕	1973-06-04	남	흉부외과	박종식	2023-02-03	10:00
5	A014	성애연	1987-05-03	여	호흡기내과	김지수	2023-01-05	09:10
6	A015	유경수	2005-11-23	남	정형외과	하석태	2023-03-20	14:20
7	A017	안효인	1959-09-08	여	소화기내과	남민종	2023-01-16	17:50
8	A018	강말순	1985-12-05	여	흉부외과	박종식	2023-03-20	10:20
9	A051	전만호	1975-05-08	남	신경외과	임지영	2023-04-12	17:50
10	B215	소금진	1988-04-01	남	피부과	김춘남	2023-02-08	13:00
11	B216	김병철	2004-05-07	남	피부과	김춘남	2023-01-12	10:20
12	B217	이샛별	2001-05-09	여	가정의학과	편영표	2023-02-23	11:20
13	B218	심수미	1986-12-12	여	산부인과	곽수지	2023-02-28	16:00
14	B219	김창무	1999-08-16	남	신경외과	임지영	2023-03-06	13:50
15	C101	진보람	1948-10-05	여	신경외과	임지영	2023-05-21	09:30
16	C106	이남석	1974-08-25	남	가정의학과	편영표	2023-04-16	16:20
17	C109	전준호	1958-04-07	남	흉부외과	박종식	2023-03-14	11:30
18	C228	김정근	1978-04-09	남	호흡기내과	김지수	2022-12-14	16:30
19	C229	이태백	1953-07-01	남	가정의학과	편영표	2023-01-10	10:00
20	D051	양경숙	1988-05-04	여	피부과	김춘남	2023-03-20	11:00
21	D052	강진희	1993-05-08	여	산부인과	곽수지	2023-02-08	09:30
22	D210	윤화숙	1980-04-02	여	피부과	김춘남	2023-02-27	12:59
23	D213	이유라	1998-09-04	여	산부인과	곽수지	2023-02-21	16:20
24	D217	황귀영	1943-07-25	남	흉부외과	박종식	2023-03-12	15:00
25	D331	장길산	1952-02-12	남	소화기내과	남민종	2023-02-19	14:00
26	D371	이종호	1995-05-14	남	정형외과	하석태	2023-01-15	11:20
27	D372	김서우	2001-03-12	여	산부인과	곽수지	2022-12-03	14:00
28	F301	오현정	1994-09-30	여	호흡기내과	김지수	2022-12-28	11:50
29	F302	김창호	1975-05-06	남	소화기내과	남민종	2023-02-22	13:50
30	F491	박철수	1977-08-15	남	정형외과	하석태	2023-02-09	10:40

• '새 서식 규칙' 대화상자

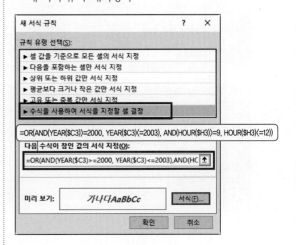

새 서식 규칙	?	×

규칙 유형 선택(S):
▶ 셀 값을 기준으로 모든 셀의 서식 지정
▶ 다음을 포함하는 셀만 서식 지정
▶ 상위 또는 하위 값만 서식 지정
▶ 평균보다 크거나 작은 값만 서식 지정
▶ 고유 또는 중복 값만 서식 지정
▶ 수식을 사용하여 서식을 지정할 셀 결정

=OR(AND(YEAR($C3)>=2000, YEAR($C3)<=2003), AND(HOUR($H3)>=9, HOUR($H3)<=12))

다음 수식이 참인 값의 서식 지정(O):
=OR(AND(YEAR($C3)>=2000, YEAR($C3)<=2003),AND(HC

미리 보기: 가나다AaBbCc   서식(F)...

확인   취소

03. 페이지 레이아웃 _ 참고 : Section 04 페이지 레이아웃 69쪽

정답

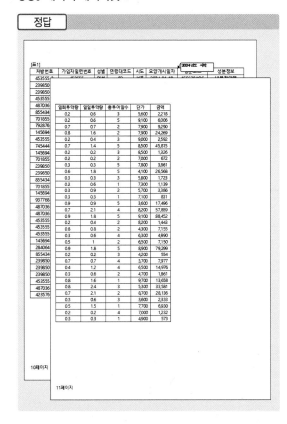

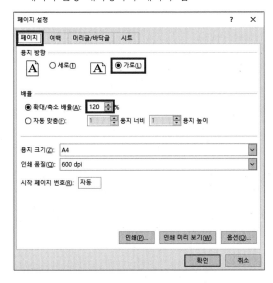

• '페이지 설정' 대화상자의 '페이지' 탭

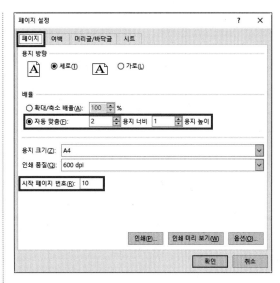

• '페이지 설정' 대화상자의 '여백' 탭

• '바닥글' 대화상자

• '페이지 설정' 대화상자의 '시트' 탭

• [페이지 레이아웃] → 페이지 설정 → 여백 → **좁게** 선택

정답

	처방번호	가입자일련번호	성별	연령대코드	시도	요양개시일자	성분코드	성분정보	일회투약량	일일투약량	총투여일수	단가	금액		첫 요양개시 월의		
2															여성 처방건수		4
3	453555-1	453555	여성	48	경기	2024-01-05	445202BTB	주세정제	6	18	5	150	97,200				
4	792876-1	792876	여성	53	경기	2024-01-07	343464CCH	외용경질캡슐제	2	2	2	170	1,632				
5	453555-2	453555	남성	69	서울	2024-01-09	680668ACH	내복경질캡슐제	7	7	4	170	36,652		[표2] 성분코드별 성분정보		
6	239850-1	239850	여성	71	서울	2024-01-09	207631CTR	외용서방형정제	2	6	5	160	10,560		코드	TB	TR	CH	SY	OS
7	423576-1	423576	남성	78	제주	2024-01-10	947008BTR	주세서방형정제	3	3	1	210	2,457		A	내복정제	내복서방형정제	내복경질캡슐제	내복시럽제	내복점안제
8	453555-3	453555	여성	82	서울	2024-01-19	155638AOS	내복점안제	2	6	3	190	7,524		B	주세정제	주세서방형정제	주세경질캡슐제	주세시럽제	주세점안제
9	701855-1	701855	남성	89	경기	2024-02-03	569383ATB	내복정제	9	18	5	160	155,520		C	외용정제	외용서방형정제	외용경질캡슐제	외용시럽제	외용점안제
10	239850-2	239850	여성	68	경기	2024-02-05	214144ATR	내복서방형정제	7	7	2	140	16,464							
11	239850-3	239850	남성	63	경기	2024-02-23	806414CCH	외용경질캡슐제	3	6	3	60	3,888		[표3] 연령대별 이용도		
12	487036-1	487036	남성	48	서울	2024-03-05	631644BOS	주세점안제	5	10	2	120	13,200		연령대	이용도	
13	855434-1	855434	남성	30	경기	2024-03-20	548972ASY	내복시럽제	7	21	4	150	105,840		30	■■	
14	239850-4	239850	여성	68	경기	2024-03-27	543445BCH	주세경질캡슐제	9	9	5	120	58,320		40	■■	
15	145694-1	145694	남성	97	제주	2024-04-08	481914AOS	내복점안제	2	6	1	130	2,028		50	■■	
16	453555-4	453555	남성	58	서울	2024-04-24	652155BCH	주세경질캡슐제	2	2	3	80	1,056		60	■■■	
17	284064-1	284064	남성	57	서울	2024-05-02	734029BTB	주세정제	3	6	2	80	3,168		70	■■■	
18	701855-2	701855	남성	90	제주	2024-05-06	284511ASY	내복시럽제	2	2	3	150	2,340		80	■■■	
19	937768-1	937768	남성	90	제주	2024-05-11	586102CTR	외용서방형정제	8	8	2	80	13,312		90	■■■	
20	745444-1	745444	여성	80	서울	2024-05-11	479834BSY	주세시럽제	3	3	3	100	2,970				
21	145694-2	145694	남성	53	서울	2024-05-18	402974ATB	내복정제	3	3	5	140	6,930				
22	453555-5	453555	남성	97	서울	2024-05-22	649236BOS	주세점안제	9	18	5	160	142,560				
23	145694-3	145694	남성	90	경기	2024-06-02	708898CTR	외용서방형정제	4	12	4	120	27,648				
24	239850-5	239850	여성	82	경기	2024-06-27	764116BTR	주세서방형정제	7	21	2	160	51,744				
25	855434-2	855434	남성	81	서울	2024-07-08	743202ACH	내복경질캡슐제	8	16	1	170	23,936				
26	453555-6	453555	남성	38	경기	2024-08-08	825634COS	외용점안제	5	15	1	140	12,600				
27	487036-2	487036	남성	77	서울	2024-08-25	925427CTR	외용서방형정제	2	2	4	130	2,288				
28	239850-6	239850	여성	49	제주	2024-09-18	523910AOS	내복점안제	3	3	1	130	1,521				
29	453555-7	453555	남성	62	경기	2024-09-20	244677COS	외용점안제	8	16	2	140	43,008				
30	487036-3	487036	남성	77	서울	2024-10-04	620597BCH	주세경질캡슐제	3	6	4	110	8,712				
31	145694-4	145694	남성	50	서울	2024-10-12	582870COS	외용점안제	2	4	3	110	2,640				
32	487036-4	487036	여성	37	경기	2024-10-25	246537BOS	주세점안제	2	4	3	160	4,608				
33	855434-3	855434	여성	61	서울	2024-10-26	281792BSY	주세시럽제	7	14	5	150	80,850				
34	701855-3	701855	남성	72	서울	2024-11-20	512521ASY	내복시럽제	3	9	2	110	5,940				
35	239850-7	239850	남성	87	서울	2024-12-05	743874ACH	내복점안제	8	24	3	100	63,360				

1 처방번호(A3)

{=B3&"-"&SUM(IF((B3=$B$3:$B$35)*(F3>$F$3:
$F$35), 1))+1}

2 성분정보(H3)

=IFERROR(INDEX($P$7:$T$9, MATCH(MID(G3,7,
1), $O$7:$O$9, 0), MATCH(MID(G3,8,2), $P$6:
$T$6, 0)), "기타")

3 첫 요양개시 월의 여성 처방건수(P2)

=COUNTIFS(F3:F35, "<="&EOMONTH(MIN(F3:
F35), 0), C3:C35, "여성")

4 연령대별 이용도(P14)

{=REPT("■", AVERAGE(IF(ROUNDDOWN(
$D$3:$D$35, -1) =O14, $K$3:$K$35)))}

5 금액(M3)

=fn금액(E3,I3,J3,K3,L3)

```
Public Function fn금액(시도, 일회투약량, 일일투약량, 총투
여일수, 단가)
    Select Case 시도
        Case "서울"
            fn금액 = 일회투약량 * 일일투약량 * 총투여일수 * 단가 * 1.1
        Case "제주"
            fn금액 = 일회투약량 * 일일투약량 * 총투여일수 * 단가 * 1.3
        Case Else
            fn금액 = 일회투약량 * 일일투약량 * 총투여일수 * 단가 * 1.2
    End Select
End Function
```

01. 피벗 테이블 _ 참고 : Section 11 피벗 테이블 155쪽

- '쿼리 마법사 – 데이터 필터' 대화상자

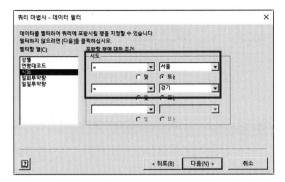

- '피벗 테이블 필드' 창

- '그룹화' 대화상자

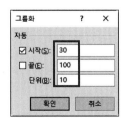

- 최대값, 최소값 부분합 표시

1. [디자인] → 레이아웃 → 부분합 → 그룹 하단에 모든
   부분합 표시를 선택한다.

2. 부분합이 표시된 셀의 바로 가기 메뉴에서 [필드 설정]을
   선택한다.

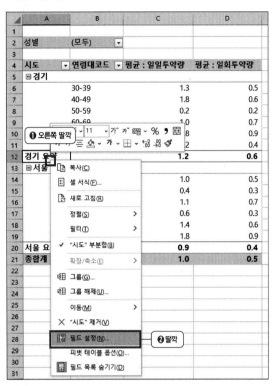

3. '필드 설정' 대화상자에서 다음과 같이 선택한 후 〈확
   인〉을 클릭한다.

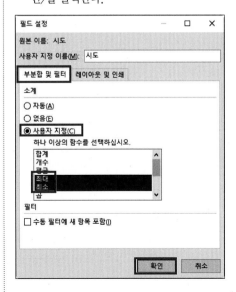

02. 데이터 유효성 검사 / 필터 _ 참고 : Section 09 데이터 유효성 검사 140쪽 / Section 03 자동 필터/고급 필터 58쪽

정답

	A	B	C	D	E	F	G	H
1	[표1]							
2	환자코드	성명	생년월일	성별	진료과목	담당의	진료일	진료시간
3	A011	이수만	2000-11-03	남	흉부외과	박종식	2022-12-22	15:20
5	A014	성애연	1987-05-03	여	호흡기내과	김지수	2023-01-05	09:10
6	A015	유경수	2005-11-23	남	정형외과	하석태	2023-03-20	14:20
8	A018	강말순	1985-12-05	여	흉부외과	박종식	2023-03-20	10:20
14	B219	김창무	1999-08-16	남	신경외과	임지영	2023-03-06	13:50
26	D371	이종호	1995-05-14	남	정형외과	하석태	2023-01-15	11:20
28	F301	오현정	1994-09-30	여	호흡기내과	김지수	2022-12-28	11:50

- '데이터 유효성' 대화상자의 '설정' 탭

- '데이터 유효성' 대화상자의 '설명 메시지' 탭

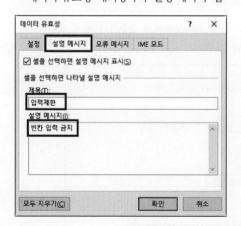

- '데이터 유효성' 대화상자의 '오류 메시지' 탭

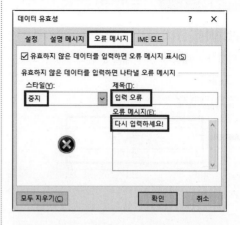

- '생년월일'의 '사용자 지정 자동 필터' 대화상자

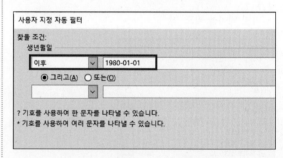

- '진료과목'의 '사용자 지정 자동 필터' 대화상자

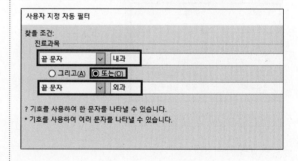

01. 매크로 작성 _ 참고 : Section 17 매크로 229쪽

1 '서식적용' 매크로 실행

정답

• '셀 서식' 대화상자

02. 차트 수정 _ 참고 Section 16 차트 204쪽

4 '총투여일수' 계열을 '알약.png'로 채우기

'총투여일수' 계열을 더블클릭한 후 '데이터 계열 서식' 창에서 '알약.png'을 삽입하고 '다음 배율에 맞게 쌓기'의 '단위/사진'을 3으로 지정한다.

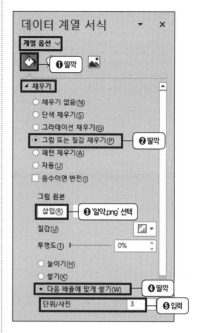

03. 프로시저 작성 _ 참고 : Section 18 프로시저 243쪽

1 '지점매출' 단추 및 폼 초기화 프로시저

• '지점매출' 단추 클릭 프로시저

정답

```
Private Sub cmd지점매출_Click( )
    매출현황.Show
End Sub
```

• 폼 초기화 프로시저

정답

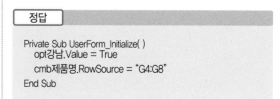

```
Private Sub UserForm_Initialize( )
    opt강남.Value = True
    cmb제품명.RowSource = "G4:G8"
End Sub
```

2 '입력' 단추에 기능 구현하기

```
Private Sub cmd입력_Click( )
    입력행 = [A2].Row + [A2].CurrentRegion.Rows.Count
    If opt강남.Value <= True Then
        Cells(입력행, 1) = "강남"
    ElseIf opt용산.Value <= True Then
        Cells(입력행, 1) = "용산"
    Else
        Cells(입력행, 1) = "종로"
    End If
    Cells(입력행, 2) = cmb제품명.Value
    Cells(입력행, 3) = txt판매량.Value
    Cells(입력행, 4) = txt판매가.Value
    Cells(입력행, 5) = Format(Cells(입력행, 3) * Cells(입력행,
    4), "#,##0원")
End Sub
```

3 워크시트 활성화 기능 구현하기

```
Private Sub Worksheet_Activate( )
    [B2].Font.Name = "궁서체"
    [B2].Font.Size = 12
End Sub
```

2024년 상시03 컴퓨터활용능력 1급

프로그램명	제한시간
EXCEL 2021	45분

수험번호 :

성명 :

1급	상시03

〈 유 의 사 항 〉

- 인적 사항 누락 및 잘못 작성으로 인한 불이익은 수험자 책임으로 합니다.

- 화면에 암호 입력창이 나타나면 아래의 암호를 입력하여야 합니다.
  - **암호 : 159$21**

- 작성된 답안은 주어진 경로 및 파일명을 변경하지 마시고 그대로 저장해야 합니다. 이를 준수하지 않으면 실격 처리됩니다.

  답안 파일명의 예 : C:\OA\수험번호8자리.xlsm

- **외부 데이터 위치 : C:\OA\파일명**

- 별도의 지시사항이 없는 경우, 다음과 같이 처리 시 실격 처리됩니다.
  - 제시된 시트 및 개체의 순서나 이름을 임의로 변경한 경우
  - 제시된 시트 및 개체를 임의로 추가 또는 삭제한 경우
  - 외부 데이터를 시험 시작 전에 열어본 경우

- 답안은 반드시 문제에서 지시 또는 요구한 셀에 입력하여야 하며 다음과 같이 처리 시 채점 대상에서 제외됩니다.
  - 제시된 함수가 있을 경우 제시된 함수만을 사용하여야 하며 그 외 함수 사용 시 채점대상에서 제외
  - 수험자가 임의로 지시하지 않은 셀의 이동, 수정, 삭제, 변경 등으로 인해 셀의 위치 및 내용이 변경된 경우 해당 작업에 영향을 미치는 관련문제 모두 채점 대상에서 제외
  - 도형 및 차트의 개체가 중첩되어 있거나 동일한 계산결과 시트가 복수로 존재할 경우 해당 개체나 시트는 채점 대상에서 제외

- 수식 작성 시 제시된 문제 파일의 데이터는 변경 가능한(가변적) 데이터임을 감안하여 문제 풀이를 하시오.

- 별도의 지시사항이 없는 경우, 주어진 각 시트 및 개체의 설정값 또는 기본 설정값(Default)으로 처리하시오.

- 저장 시간은 별도로 주어지지 않으므로 제한된 시간 내에 저장을 완료해야 하며, 제한 시간 내에 저장이 되지 않은 경우에는 실격 처리됩니다.

- 출제된 문제의 용어는 Microsoft Office 2021(LTSC 2108 버전) 기준으로 작성되어 있습니다.

대한상공회의소

문제 1　　　　　기본작업(15점) 주어진 시트에서 다음 과정을 수행하고 저장하시오.

1. '기본작업-1' 시트에서 다음과 같이 고급 필터를 수행하시오. (5점)

▶ [A2:J29] 영역에서 '입차시간'이 10시부터 11시 50분까지인 데이터의 '차량번호', '주차장', '입차시간', '퇴차시간', '이용금액' 필드만 순서대로 표시하시오.
▶ 조건은 [A31:A32] 영역 내에 알맞게 입력하시오. (AND 함수 사용)
▶ 결과는 [A34] 셀부터 표시하시오.

2. '기본작업-1' 시트에서 다음과 같이 조건부 서식을 설정하시오. (5점)

▶ [A3:J29] 영역에서 '정산금액'이 '정산금액'의 평균 이하이고 '기타'가 빈 셀인 데이터의 행 전체에 대하여 글꼴 스타일은 '굵은 기울임꼴', 글꼴 색은 '표준 색-파랑'으로 적용하시오.
▶ 단, 규칙 유형은 '수식을 사용하여 서식을 지정할 셀 결정'을 사용하고, 한 개의 규칙으로만 작성하시오.
▶ AND, AVERAGE, ISBLANK 함수 사용

3. '기본작업-2' 시트에서 다음과 같이 페이지 레이아웃을 설정하시오. (5점)

▶ 인쇄 용지가 가로로 인쇄되도록 용지 방향을 설정하고, 2행이 매 페이지마다 반복하여 인쇄되도록 인쇄 제목을 설정하시오.
▶ 모든 페이지 상단의 오른쪽 구역에 현재 날짜를 삽입하고, 첫 페이지 상단의 가운데 구역에 "지역별 강수량"을 삽입한 후 글꼴 크기가 15로 인쇄되도록 머리글을 설정하시오.
▶ 행/열 머리글이 인쇄되도록 설정하시오.

문제 2　　　　　계산작업(30점) '계산작업' 시트에서 다음의 과정을 수행하고 저장하시오.

1. [표1]의 구분, 입차시간과 [표2]의 할인금액 표를 이용하여 [F3:F29] 영역에 구분별 입차시간에 따른 할인금액을 계산하시오. (6점)

▶ 단, 오류인 경우 0을 표시
▶ IFERROR, VLOOKUP, MATCH 함수 사용

2. [표1]의 입차시간과 퇴차시간을 이용하여 [표3]의 [N10:N14] 영역에 이용시간별 빈도수 만큼 "★"를 반복하여 표시하시오. (6점)

▶ 이용시간 = 퇴차시간 − 입차시간(분은 계산에 감안하지 않고 시간만 사용)
　[표시 예 : 빈도수가 3인 경우 → ★★★]
▶ FREQUENCY, REPT, HOUR 함수를 이용한 배열 수식

3. [표1]의 결제방법을 이용하여 [M18:N20] 영역에 출차방법과 결제형태에 따른 비율을 계산하시오. (6점)

▶ 비율 = 출차방법과 결제형태별 개수 / 전체 개수
▶ 결제방법이 '무인자동출차'나 '수동출차' 단독으로 표시된 경우는 '무료'에 해당함
▶ IF, COUNTA, COUNTIFS, & 연산자와 만능문자 사용

4. [표1]의 주차장, 입차시간, 퇴차시간을 이용하여 [표5]의 [M25:O30] 영역에 현재시간대를 기준으로 주차장별 시간별 주차가능대수를 계산하시오. (6점)

▶ 시간별 주차가능대수 = 주차장별 주차가능대수 − 입차시간이 현재시간보다 이전인 차량대수 + 퇴차시간이 현재시간보다 이전인 차량대수
▶ SUM, IF 함수를 이용한 배열 수식

5. 사용자 정의 함수 'fn기타'를 작성하여 [표1]의 [J3:J29] 영역에 기타를 계산하여 표시하시오. (6점)

▶ 'fn기타'는 구분과 이용금액을 인수로 받아 기타를 계산하는 함수이다.
▶ 구분이 '입퇴원'이고 이용금액이 5000원 이하인 경우 "※무료", 구분이 '예약'이고 이용금액이 5000원 이하인 경우 "요금할인", 그 외는 공백으로 표시하시오.
▶ If~End If문 사용

```
Public Function fn기타(구분, 이용금액)

End Function
```

1. '분석작업-1' 시트에서 다음의 지시사항에 따라 피벗 테이블 보고서를 작성하시오. (10점)

▶ 외부 데이터 원본으로 〈주차현황.xlsx〉의 〈병원주차관리〉 테이블을 이용하시오.
▶ 피벗 테이블 보고서의 레이아웃과 위치는 〈그림〉을 참조하여 설정하고, 보고서 레이아웃을 개요 형식으로 표시하시오.
▶ '차량번호' 필드는 개수로 계산한 후 사용자 지정 이름을 '차량수'로 변경하시오.
▶ '주차장' 필드를 '차량수'를 기준으로 내림차순 정렬하시오.
▶ '이용금액' 필드의 표시 형식은 '값 필드 설정'의 셀 서식에서 '회계' 범주를 이용하여 〈그림〉과 같이 지정하시오.
▶ 피벗 테이블 스타일은 '연한 주황, 피벗 스타일 밝게 17'로 설정한 후 '줄무늬 행' 옵션을 설정하시오.

	A	B	C	D
1	결제방법	(모두)		
2				
3	구분	주차장	차량수	평균 : 이용금액
4	⊟ 예약		7	12,565
5		지상-2	5	15,197
6		지하	2	5,985
7	⊟ 입퇴원		10	16,398
8		지상-1	4	15,575
9		지상-2	4	17,763
10		지하	2	15,313
11	⊟ 진료		10	15,001
12		지하	7	13,335
13		지상-1	3	18,888
14	총합계		27	14,887

2. '분석작업-2' 시트에 대하여 다음의 지시사항을 처리하시오. (10점)

▶ [데이터 유효성 검사] 기능을 이용하여 [C3:C24] 영역에는 1~200까지의 정수만 입력되도록 제한 대상을 설정하시오.

    – [C3:C24] 영역을 클릭한 경우 〈그림〉과 같은 설명 메시지를 표시하고, 유효하지 않은 데이터를 입력한 경우 〈그림〉과 같은 오류 메시지가 표시되도록 설정하시오.

▶ [부분합] 기능을 이용하여 [표1]에서 '등급'별 '할부기간(월)'의 평균을 계산한 후 '구매자'의 개수를 계산하시오.

    – '등급'을 기준으로 오름차순으로 정렬하시오.

    – '할부기간(월)'의 평균은 셀 서식의 '숫자' 범주를 이용하여 소수점 첫째 자리까지만 표시하시오.

    – 평균과 개수는 위에 명시된 순서대로 처리하시오.

문제 4   **기타작업(35점)** 주어진 시트에서 다음 과정을 수행하고 저장하시오.

1. '기타작업-1' 시트에서 다음과 같은 기능을 수행하는 매크로를 현재 통합문서에 작성하시오. (각 5점)

① [F4:F20] 영역에 사용자 지정 표시 형식을 설정하는 '서식적용' 매크로를 생성하시오.

    ▶ '이용금액'이 10000 이상이면 빨강색으로 "★"를 셀의 너비만큼 반복하여 표시한 뒤에 숫자를, 5000 이상이면 "★"를 셀의 너비만큼 반복하여 표시한 뒤에 숫자를, 그 외는 숫자만 표시하시오.

    [표시 예 : '이용금액'이 17535일 경우 → ★★★17,535원 , 9450일 경우 → ★★★ 9,450원 , 0일 경우 → 0원]

    ▶ [개발 도구] → [삽입] → [양식 컨트롤]의 '단추'를 동일 시트의 [H3:H4] 영역에 생성한 후 텍스트를 "서식적용"으로 입력하고, 단추를 클릭하면 '서식적용' 매크로가 실행되도록 설정하시오.

② [F4:F20] 영역에 표시 형식을 '일반'으로 적용하는 '서식해제' 매크로를 생성하시오.

    ▶ [개발 도구] → [삽입] → [양식 컨트롤]의 '단추'를 동일 시트의 [H6:H7] 영역에 생성한 후 텍스트를 "서식해제"로 입력하고, 단추를 클릭하면 '서식해제' 매크로가 실행되도록 설정하시오.

※ 셀 포인터의 위치에 관계없이 매크로가 실행되어야 정답으로 인정됨

2. '기타작업-2' 시트에서 다음의 지시사항에 따라 차트를 수정하시오. (각 2점)

※ 차트는 반드시 문제에서 제공한 차트를 사용하여야 하며, 신규로 차트 작성시 0점 처리됨

① '기간' 계열의 차트 종류를 '표식이 있는 꺾은선형' 차트로 변경한 후 '보조 축'으로 지정하시오.

② 차트 제목을 추가하여 [B1] 셀, 기본 가로 축 제목을 추가하여 [A2] 셀과 연결하여 표시하시오.

③ '기간' 계열에 데이터 레이블을 〈그림〉과 같이 표시하시오.

④ 기본 주 세로 눈금선을 표시하고, 범례 위치를 오른쪽에 표시하시오.

⑤ 차트 영역의 테두리를 '둥근 모서리'로 지정하고, 도형 스타일을 '색 윤곽선 – 파랑, 강조 5'로 지정하시오.

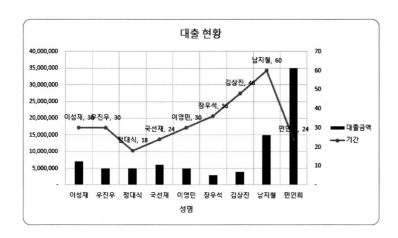

3. '기타작업-3' 시트에서 다음과 같은 작업을 수행하고 저장하시오. (각 5점)

① '정산' 단추를 클릭하면 〈알바정산〉 폼이 나타나고, 폼이 초기화(Initialize)되면 '정산일(txt정산일)' 텍스트 상자에 현재 날짜가 표시되고 날짜를 변경할 수 없도록 잠금이 설정되도록 프로시저를 작성하시오.

② 〈알바정산〉 폼의 '입력(cmd입력)' 단추를 클릭하면 폼에 입력된 데이터가 시트의 표에 입력되어 있는 마지막 행 다음에 연속하여 추가되도록 프로시저를 작성하시오.

▶ 수령액 = 근무일수 × 일당 × 0.98

▶ 입력되는 데이터는 워크시트에 입력된 기존 데이터와 같은 형식의 데이터로 입력하시오.

③ 〈알바정산〉 폼의 '닫기(cmd닫기)' 단추를 클릭하면 〈그림〉과 같은 현재 시간이 표시된 메시지를 표시한 후 폼이 종료되도록 프로시저를 작성하시오.

문제 1 기본작업

01. 고급 필터 _ 참고 : Section 03 고급 필터 58쪽

정답

	A	B	C	D	E
30					
31	조건				
32	FALSE				
33					
34	차량번호	주차장	입차시간	퇴차시간	이용금액
35	60가1659	지상-1	10:01	13:51	12,250
36	51나7326	지하	10:15	12:52	8,295
37	22가3590	지하	10:25	11:30	3,675
38	23허2827	지하	10:31	11:59	4,480
39	18가7048	지하	10:35	13:05	9,450
40	38나9193	지상-1	10:40	20:50	35,350
41	75호9572	지상-2	11:06	17:25	21,665
42	37나2896	지하	11:45	20:21	30,660
43	86가4414	지상-2	11:46	12:27	2,835

• '고급 필터' 대화상자

고급 필터   ? ×

결과
○ 현재 위치에 필터(F)
◉ 다른 장소에 복사(O)

목록 범위(L): $A$2:$J$29 ↑
조건 범위(C): $A$31:$A$32 ↑
복사 위치(T): $A$34:$E$34 ↑

☐ 동일한 레코드는 하나만(R)

확인   취소

[A32] : =AND(D3>=10/24,D3<=(11/24+50/(24*60)))

02. 조건부 서식 _ 참고 : Section 02 조건부 서식 41쪽

정답

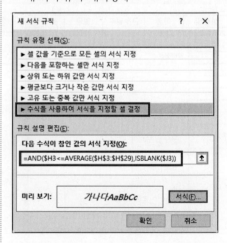

• '새 서식 규칙' 대화상자

새 서식 규칙   ? ×

규칙 유형 선택(S):
► 셀 값을 기준으로 모든 셀의 서식 지정
► 다음을 포함하는 셀만 서식 지정
► 상위 또는 하위 값만 서식 지정
► 평균보다 크거나 작은 값만 서식 지정
► 고유 또는 중복 값만 서식 지정
► 수식을 사용하여 서식을 지정할 셀 결정

규칙 설명 편집(E):
다음 수식이 참인 값의 서식 지정(O):
=AND($H3<=AVERAGE($H$3:$H$29),ISBLANK($J3)) ↑

미리 보기: 가나다AaBbCc   서식(F)...

확인   취소

03. 페이지 레이아웃 _ 참고 : Section 04 페이지 레이아웃 69쪽

정답

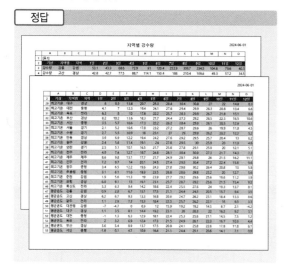

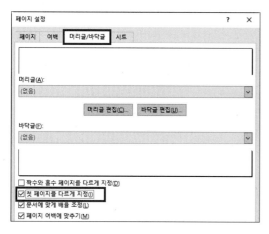

- '페이지 설정' 대화상자의 '페이지' 탭

- '머리글' 대화상자의 '머리글' 탭

- '페이지 설정' 대화상자의 '머리글/바닥글' 탭

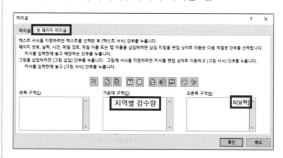

- '머리글' 대화상자의 '첫 페이지 머리글' 탭

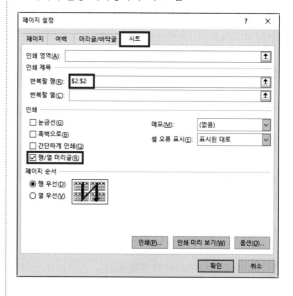

- '페이지 설정' 대화상자의 '시트' 탭

정답

[표1]

구분	차량번호	주차장	입차시간	퇴차시간	할인금액	이용금액	정산금액	결제방법	기타
진료	69가8432	지상-1	09:39	13:27	3,000	13,580	10,580	무인자동출차-신용카드	
예약	51나7326	지하	10:15	12:52	2,000	8,295	6,295	무인자동출차-교통카드	
진료	23허2827	지하	10:31	11:59	3,000	4,480	1,480	무인자동출차-지역화폐카드	
입퇴원	87마6925	지상-2	12:43	14:15	4,000	6,020	2,020	수동출차-현금	
예약	12나1442	지상-2	07:19	12:20	3,000	17,535	14,535	수동출차-신용카드	
진료	67다4634	지하	13:57	14:31	2,000	2,590	590	수동출차-교통카드	
입퇴원	88사4366	지상-1	13:01	14:02	3,000	3,535	535	무인자동출차	※무료
예약	86카4414	지상-2	11:46	12:27	2,000	2,835	835	무인자동출차-현금	요금할인
진료	82가5484	지하	12:58	17:29	3,000	16,485	13,485	수동출차-교통카드	
입퇴원	83허1845	지상-1	15:34	18:53	3,000	11,165	8,165	수동출차	
예약	32다5229	지상-2	13:40	15:07	1,000	5,845	4,845	무인자동출차-지역화폐카드	
입퇴원	43가6770	지상-2	09:19	10:47	4,000	4,480	480	무인자동출차-교통카드	※무료
입퇴원	60가1659	지상-1	10:01	13:51	4,000	12,250	8,250	무인자동출차-지역화폐카드	
예약	75호9572	지상-2	11:06	17:25	2,000	21,665	19,665	무인자동출차-교통카드	
진료	37나2896	지하	11:45	20:21	3,000	30,660	27,660	무인자동출차	
입퇴원	18가7048	지하	10:35	13:05	4,000	9,450	5,450	무인자동출차	
예약	22가3590	지하	10:25	11:30	2,000	3,675	1,675	수동출차-교통카드	요금할인
입퇴원	68허3603	지하	16:37	22:42	3,000	21,175	18,175	수동출차-지역화폐카드	
예약	40가3397	지상-2	13:29	21:32	1,000	28,105	27,105	무인자동출차	
진료	71가8948	지상-1	13:08	16:15	2,000	10,745	8,745	무인자동출차-지역화폐카드	
진료	61호7459	지하	15:09	17:26	2,000	7,595	5,595	수동출차	
진료	30가7514	지하	13:53	17:13	2,000	12,600	10,600	무인자동출차-지역화폐카드	
입퇴원	98다8435	지상-2	13:22	15:34	3,000	7,420	4,420	무인자동출차-지역화폐카드	
진료	96가1887	지하	14:10	19:51	2,000	18,935	16,935	수동출차-지역화폐카드	
진료	15사5249	지상-1	12:31	21:55	3,000	32,340	29,340	무인자동출차-지역화폐카드	
입퇴원	82다5640	지상-2	08:10	23:28	5,000	53,130	48,130	무인자동출차-지역화폐카드	
입퇴원	38나9193	지상-1	10:40	20:50	4,000	35,350	31,350	무인자동출차	

(기타 J열 표시)

[표2] 할인금액

구분	0:00	9:00	13:00	15:00	18:00
	8:59	12:59	14:59	17:59	23:59
예약	3,000		2,000	1,000	3,000
진료	4,000		3,000	2,000	4,000
입퇴원	5,000		4,000	3,000	5,000

[표3]

이용시간		빈도수
1시간초과	2시간이전	★★★★★★★★★★★
2시간초과	4시간이전	★★★★★★
4시간초과	6시간이전	★★★★★
6시간초과	8시간이전	★
8시간초과		★★★★

[표4]

	무인자동출차	수동출차
카드	44%	22%
현금	4%	4%
무료	19%	7%

[표5]

주차가능대수	10대	15대	20대
현재시간	지상-1	지상-2	지하
9:00	10	13	20
10:00	9	13	20
11:00	7	13	16
12:00	7	11	17
13:00	6	12	17
15:00	7	10	16

---

1 구분별 입차시간에 따른 할인금액(F3)

=IFERROR(VLOOKUP(A3, $L$4:$Q$6, MATCH(D3,$M$2: $Q$2,1)+1, FALSE), 0)

2 이용시간별 빈도수(N10)

{=REPT("★", FREQUENCY(HOUR(E3:E29)- HOUR(D3:D29), M10:M14))}

3 출차방법과 결제형태에 따른 비율(M18)

=IF($L18="무료", COUNTIFS($I$3:$I$29, "〈 〉*카드", $I$3:$I$29, "〈 〉*현금", $I$3:$I$29, M$17) / COUNTA($I$3: $I$29), COUNTIFS ($I$3:$I$29, "*"&$L18, $I$3:$I$29, M$17&"*") / COUNTA($I$3: $I$29))

4 주차장별 주차가능 대수의 합계(M25)

{=M$23-SUM(IF(($D$3:$D$29〈=$L25)*($C$3:$C$29=M$24), 1))+SUM(IF(($E$3:$E$29〈=$L25)*($C$3:$C$29=M$24), 1))}

5 기타(J3)

=fn기타(A3,G3)

```
Public Function fn기타(구분, 이용금액)
    If 구분 = "입퇴원" And 이용금액 〈= 5000 Then
        fn기타 = "※무료"
    ElseIf 구분 = "예약" And 이용금액 〈= 5000 Then
        fn기타 = "요금할인"
    Else
        fn기타 = ""
    End If
End Function
```

01. 피벗 테이블 _ 참고 : Section 11 피벗 테이블 155쪽

- '피벗 테이블 필드' 창

02. 데이터 유효성 검사 / 부분합 _ 참고 : Section 09 데이터 유효성 검사 140쪽 / Section 10 부분합/정렬 146쪽

정답

	A	B	C	D	E	F	G
1	[표1]						
2	구매자	물품코드	수량	단가	판매금액	등급	할부기간(월)
3	강한후	JJ2222	95	3,000	285,000	비회원	6
4	김새롬	SS2222	25	5,300	132,500	비회원	6
5	김진상	SS2222	90	5,300	477,000	비회원	24
6	설진성	SS3333	120	2,500	300,000	비회원	9
7	안대훈	SS2222	32	5,300	169,600	비회원	6
8	유벼리	SS2222	21	5,300	111,300	비회원	2
9	한아롬	SS1111	20	2,000	40,000	비회원	2
10	7					비회원 개수	
11						비회원 평균	7.9
12	권충수	SS3333	90	2,500	225,000	정회원	9
13	김성완	JJ1111	80	1,500	120,000	정회원	6
14	김슬오	JJ2222	50	3,000	150,000	정회원	6
15	김온소	JJ1111	55	1,500	82,500	정회원	2
16	오덕우	JJ2222	110	3,000	330,000	정회원	12
17	임원이	SS3333	55	2,500	137,500	정회원	6
18	임유승	SS3333	50	2,500	125,000	정회원	3
19	7					정회원 개수	
20						정회원 평균	6.3
21	고진용	JJ2222	55	3,000	165,000	준회원	3
22	김중건	SS2222	25	5,300	132,500	준회원	3
23	민병욱	JJ1111	60	1,500	90,000	준회원	3
24	박호영	SS1111	20	2,000	40,000	준회원	2
25	배사공	SS1111	100	2,000	200,000	준회원	6
26	이구름	SS1111	30	2,000	60,000	준회원	3
27	임채빈	JJ2222	20	3,000	60,000	준회원	2
28	한마식	JJ1111	45	1,500	67,500	준회원	2
29	8					준회원 개수	
30						준회원 평균	3.0
31	22					전체 개수	
32						전체 평균	5.6

- '데이터 유효성' 대화상자의 '설정' 탭

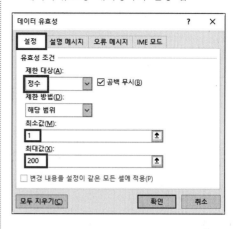

- '데이터 유효성' 대화상자의 '설명 메시지' 탭

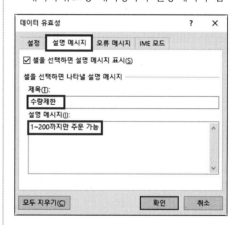

- '데이터 유효성' 대화상자의 '오류 메시지' 탭

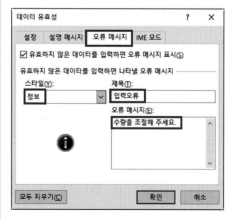

• '정렬' 대화상자

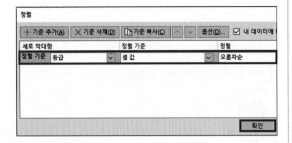

• '할부기간(월)'의 '평균 부분합' 대화상자

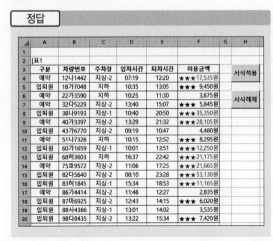

• '구매자'의 '개수 부분합' 대화상자

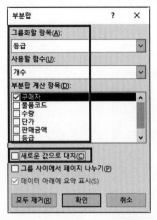

문제 4   기타작업

01. 매크로 작성 _ 참고 : Section 17 매크로 229쪽

1 '서식적용' 매크로 실행

정답

	A	B	C	D	E	F	G	H
1								
2	[표1]							
3	구분	차량번호	주차장	입차시간	퇴차시간	이용금액		
4	예약	12나1442	지상-2	07:19	12:20	★★★ 17,535원		서식적용
5	입퇴원	18가7048	지하	10:35	13:05	★★★ 9,450원		
6	예약	22가3590	지하	10:25	11:30	3,675원		
7	예약	32다5229	지상-2	13:40	15:07	★★★ 5,845원		서식해제
8	입퇴원	38나9193	지상-1	10:40	20:50	★★★ 35,350원		
9	예약	40가3397	지상-2	13:29	21:32	★★★ 28,105원		
10	입퇴원	43가6770	지상-2	09:19	10:47	4,480원		
11	예약	51나7326	지하	10:15	12:52	★★★ 8,295원		
12	입퇴원	60가1659	지상-1	10:01	13:51	★★★ 12,250원		
13	입퇴원	68허3603	지하	16:37	22:42	★★★ 21,175원		
14	예약	75호9572	지상-2	11:06	17:25	★★★ 21,665원		
15	입퇴원	82다5640	지상-2	08:10	23:28	★★★ 53,130원		
16	입퇴원	83허1845	지상-1	15:34	18:53	★★★ 11,165원		
17	예약	86가4414	지상-2	11:46	12:27	2,835원		
18	입퇴원	87마6925	지상-2	12:43	14:15	★★★ 6,020원		
19	입퇴원	88사4366	지상-1	13:01	14:02	3,535원		
20	입퇴원	98다8435	지상-2	13:22	15:34	★★★ 7,420원		

• '셀 서식' 대화상자

03. 프로시저 작성 _ 참고 : Section 18 프로시저 243쪽

1 '정산' 단추 및 폼 초기화 프로시저

• '정산' 단추 클릭 프로시저

정답

```
Private Sub cmd정산_Click( )
    알바정산.Show
End Sub
```

• 폼 초기화 프로시저

정답

```
Private Sub UserForm_Initialize( )
    txt정산일.Value = Date
    txt정산일.Locked = True
End Sub
```

2 '입력' 단추에 기능 구현하기

정답

```
Private Sub cmd입력_Click( )
    입력행 = [A1].Row + [A1].CurrentRegion.Rows.Count
    Cells(입력행, 1) = txt정산일.Value
    Cells(입력행, 2) = txt이름.Value
    Cells(입력행, 3) = txt근무일수.Value
    Cells(입력행, 4) = txt일당.Value
    Cells(입력행, 5) = Cells(입력행, 3) * Cells(입력행, 4) * 0.98
End Sub
```

3 '닫기' 단추에 기능 구현하기

정답

```
Private Sub cmd닫기_Click( )
    MsgBox Format(Time, "hh시 nn분 폼을 종료합니다."), , "종료"
    Unload Me
End Sub
```

2024년 상시04 컴퓨터활용능력 1급

프로그램명	제한시간
EXCEL 2021	45분

수험번호 :

성명 :

1급	상시04

〈 유 의 사 항 〉

- 인적 사항 누락 및 잘못 작성으로 인한 불이익은 수험자 책임으로 합니다.
- 화면에 암호 입력창이 나타나면 아래의 암호를 입력하여야 합니다.
  - **암호 : 1@5124**
- 작성된 답안은 주어진 경로 및 파일명을 변경하지 마시고 그대로 저장해야 합니다. 이를 준수하지 않으면 실격 처리됩니다.
  답안 파일명의 예 : C:\OA\수험번호8자리.xlsm
- **외부 데이터 위치 : C:\OA\파일명**
- 별도의 지시사항이 없는 경우, 다음과 같이 처리 시 실격 처리됩니다.
  - 제시된 시트 및 개체의 순서나 이름을 임의로 변경한 경우
  - 제시된 시트 및 개체를 임의로 추가 또는 삭제한 경우
  - 외부 데이터를 시험 시작 전에 열어본 경우
- 답안은 반드시 문제에서 지시 또는 요구한 셀에 입력하여야 하며 다음과 같이 처리 시 채점 대상에서 제외됩니다.
  - 제시된 함수가 있을 경우 제시된 함수만을 사용하여야 하며 그 외 함수 사용 시 채점대상에서 제외
  - 수험자가 임의로 지시하지 않은 셀의 이동, 수정, 삭제, 변경 등으로 인해 셀의 위치 및 내용이 변경된 경우 해당 작업에 영향을 미치는 관련문제 모두 채점 대상에서 제외
  - 도형 및 차트의 개체가 중첩되어 있거나 동일한 계산결과 시트가 복수로 존재할 경우 해당 개체나 시트는 채점 대상에서 제외
- 수식 작성 시 제시된 문제 파일의 데이터는 변경 가능한(가변적) 데이터임을 감안하여 문제 풀이를 하시오.
- 별도의 지시사항이 없는 경우, 주어진 각 시트 및 개체의 설정값 또는 기본 설정값(Default)으로 처리하시오.
- 저장 시간은 별도로 주어지지 않으므로 제한된 시간 내에 저장을 완료해야 하며, 제한 시간 내에 저장이 되지 않은 경우에는 실격 처리됩니다.
- 출제된 문제의 용어는 Microsoft Office 2021(LTSC 2108 버전) 기준으로 작성되어 있습니다.

대한상공회의소

문제 1   **기본작업(15점)** 주어진 시트에서 다음 과정을 수행하고 저장하시오.

1. '기본작업-1' 시트에서 다음과 같이 고급 필터를 수행하시오. (5점)

▶ [A2:J29] 영역에서 '상품명'이 "소과"로 끝나고 '상품상태'가 3 이상이고 '사진'이 "유"인 데이터의 '리뷰번호', '상품명', '상품상태', '맛', '포장상태', '사진', '포인트' 필드만 순서대로 표시하시오.

▶ 조건은 [A31:A32] 영역 내에 알맞게 입력하시오. (AND, RIGHT 함수 사용)

▶ 결과는 [A34] 셀부터 표시하시오.

2. '기본작업-1' 시트에서 다음과 같이 조건부 서식을 설정하시오. (5점)

▶ [A3:J29] 영역에서 '마트'에 "종로"가 포함된 데이터의 행 전체에 대하여 글꼴 스타일은 '기울임꼴', 글꼴 색은 '표준 색-빨강'으로 적용하시오.

▶ 단, 규칙 유형은 '수식을 사용하여 서식을 지정할 셀 결정'을 사용하고, 한 개의 규칙으로만 작성하시오.

▶ FIND, ISNUMBER 함수 사용

3. '기본작업-2' 시트에서 다음과 같이 페이지 레이아웃을 설정하시오. (5점)

▶ 인쇄될 내용이 페이지의 정 가운데에 인쇄되도록 페이지 가운데 맞춤을 설정하시오.

▶ 매 페이지 하단의 가운데 구역에는 시트 이름과 페이지 번호가 [표시 예]와 같이 표시되도록 바닥글을 설정하시오.

[표시 예 : 시트 이름이 '기본작업-2'이고, 현재 페이지 번호가 1인 경우 → 기본작업-2 중 1쪽]

▶ 워크시트에 삽입된 그림이 인쇄되지 않도록 설정하고, '부서명'별로 서로 다른 페이지에 인쇄되도록 페이지 나누기를 실행하시오.

문제 2   **계산작업(30점)** '계산작업' 시트에서 다음의 과정을 수행하고 저장하시오.

4124042

1. [표1]의 상품코드와 [표2]를 이용하여 [C3:C29] 영역에 과일코드와 크기코드별 상품명을 표시하시오. (6점)

▶ 상품코드의 첫 번째 글자는 과일코드, 두 번째 글자는 크기코드임

▶ INDEX, MATCH, RIGHT 함수 사용

2. [표1]의 상품상태, 맛, 포장상태를 이용하여 [G3:G29] 영역에 평점을 표시하시오. (6점)

▶ '평점'은 상품상태, 맛, 포장상태 점수에 항목별 가중치를 곱한 값들의 합을 계산한 후 그 값만큼 "★"를 표시

▶ 항목별 가중치는 상품상태는 50%, 맛은 30%, 포장상태 20%로 계산

▶ [표시 예 : 각 항목의 점수에 항목별 가중치를 곱한 값이 3.6인 경우 → ★★★☆☆, 1.2인 경우 → ★☆☆☆☆]

▶ SUMPRODUCT, REPT, TRUNC 함수 사용

3. [표1]의 상품코드와 상품상태를 이용하여 [표3]의 [N9:N12] 영역에 상품코드의 마지막 글자가 "M"이거나 "L"인 상품의 상품상태별 빈도수를 계산하시오. (6점)

▶ FREQUENCY, RIGHT, IF 함수를 이용한 배열 수식

2024년 상시04 1급(엑셀) _**195**

4. [표1]의 사진과 마트를 이용하여 [표4]의 [M16:N17] 영역에 사진과 마트별 비율을 표시하시오. (6점)

▶ 비율 : 사진별 마트별 개수 / 전체 개수
▶ [표시 예 : 6/27]
▶ SUM, IF, LEFT, COUNTA, CONCAT 함수를 이용한 배열 수식

5. 사용자 정의 함수 'fn포인트'를 작성하여 [표1]의 [I3:I29] 영역에 포인트를 계산하여 표시하시오. (6점)

▶ 'fn포인트'는 맛과 포장상태를 인수로 받아 포인트를 계산하는 함수이다.
▶ 포인트는 맛과 포장상태를 더한 값이 10이면 1000, 8~9이면 800, 6~7이면 600, 3~5인 경우 300, 그외는 0으로 계산하시오.
▶ SELECT CASE문 사용

```
Public Function fn포인트(맛, 포장상태)

End Function
```

문제 3　　**분석작업(20점)** 주어진 시트에서 다음 과정을 수행하고 저장하시오.

1. '분석작업-1' 시트에서 다음의 지시사항에 따라 피벗 테이블 보고서를 작성하시오. (10점)

▶ 외부 데이터 가져오기 기능을 이용하여 〈제주농원.accdb〉에서 〈구매후기〉 테이블의 '상품명', '상품상태', '포인트', '마트' 열을 이용하시오.
▶ 피벗 테이블 보고서의 레이아웃과 위치는 〈그림〉을 참조하여 설정하고, 보고서 레이아웃을 개요 형식으로 표시하시오.
▶ '상품명' 필드는 '합계 : 상품상태'를 기준으로 상위 5개 항목만 표시되도록 필터를 설정하시오.
▶ '포인트' 필드의 표시 형식은 '값 필드 설정'의 셀 서식에서 '숫자' 범주를 이용하여 〈그림〉과 같이 지정하시오.
▶ 부분합을 그룹 하단에 표시하시오.
▶ '마트' 필드가 '명품마트'인 자료만 별도의 시트에 작성하시오(시트명을 '명품마트'로 지정하고, '분석작업-1' 시트 앞에 위치시킴)

▲	A	B	C	D
1				
2	마트　▼	상품명　▼	합계 : 상품상태	합계 : 포인트
3	⊟명품마트			
4		감귤중과	10	1,400
5		레드향대과	6	1,200
6		레드향중과	5	600
7		천애향대과	12	2,000
8		천애향소과	7	1,800
9	명품마트 요약		40	7,000
10	⊟상공마트			
11		감귤대과	4	800
12		감귤소과	13	2,300
13		천애향대과	5	1,300
14		천애향소과	9	1,900
15		천애향중과	3	800
16	상공마트 요약		34	7,100
17	총합계		74	14,100

2. '분석작업-2' 시트에 대하여 다음의 지시사항을 처리하시오. (10점)

▶ [데이터 유효성 검사] 기능을 이용하여 [A3:A29] 영역에는 중복된 '리뷰번호'가 입력되지 않도록 제한 대상을 설정하시오.

    – [A3:A29] 영역을 클릭한 경우 〈그림〉과 같은 설명 메시지를 표시하고, 유효하지 않은 데이터를 입력한 경우 〈그림〉과 같은 오류 메시지가 표시되도록 설정하시오.

    – COUNTIF 함수 사용

▶ [정렬] 기능을 이용하여 '상품명'을 '레드향소과 – 천애향소과 – 감귤소과 – 레드향중과 – 천애향중과 – 감귤중과 – 레드향대과 – 천애향대과 – 감귤대과' 순으로 정렬하고, 동일한 '상품명'인 경우 '포인트'에 적용된 조건부 서식 아이콘 '▲'이 위에 표시되도록 정렬하시오.

문제 4   기타작업(35점) 주어진 시트에서 다음 과정을 수행하고 저장하시오.

1. '기타작업-1' 시트에서 다음과 같은 기능을 수행하는 매크로를 현재 통합문서에 작성하시오. (각 5점)

① [F3:F12] 영역에 사용자 지정 표시 형식을 설정하는 '서식적용' 매크로를 생성하시오.

    ▶ '사진'이 1이면 "유", 0이면 "무", 텍스트면 빨강색으로 "※"를 표시하시오.
      [표시 예 : '사진'이 1일 경우 → 유, 텍스트일 경우 → ※]

    ▶ [도형] → [설명선]의 '말풍선: 사각형(▢)'을 동일 시트의 [H2:H3] 영역에 생성한 후 텍스트를 "서식적용"으로 입력하고, 도형을 클릭하면 '서식적용' 매크로가 실행되도록 설정하시오.

② [F3:F12] 영역에 표시 형식을 '일반'으로 적용하는 '서식해제' 매크로를 생성하시오.

    ▶ [도형] → [설명선]의 '말풍선: 사각형(▢)'을 동일 시트의 [H5:H6] 영역에 생성한 후 텍스트를 "서식해제"로 입력하고, 도형을 클릭하면 '서식해제' 매크로가 실행되도록 설정하시오.

※ 셀 포인터의 위치에 관계없이 매크로가 실행되어야 정답으로 인정됨

2. '기타작업-2' 시트에서 다음의 지시사항에 따라 차트를 수정하시오. (각 2점)

※ 차트는 반드시 문제에서 제공한 차트를 사용하여야 하며, 신규로 차트 작성시 0점 처리됨

① '포장상태' 계열을 〈그림〉과 같이 추가하고, 범례를 차트 아래쪽에 표시하시오.

② 차트 제목과 세로(값) 축 제목을 〈그림〉과 같이 표시하시오.

③ 세로(값) 축의 기본 단위와 최대값을 〈그림〉과 같이 지정하고, 축의 주 눈금을 바깥쪽으로 표시하시오.

④ '상품상태' 계열의 '대시 종류'를 '사각 점선', 색을 '검정, 텍스트 1'로 지정하시오.

⑤ 차트 영역의 테두리 스타일은 '둥근 모서리', 그림자는 '오프셋: 오른쪽 아래'로 설정하시오.

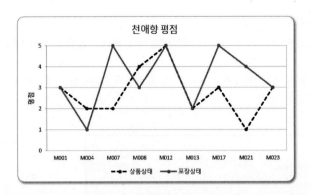

3. '기타작업-3' 시트에서 다음과 같은 작업을 수행하고 저장하시오. (각 5점)

① '구매후기' 단추를 클릭하면 〈후기등록〉 폼이 나타나고, 폼이 초기화(Initialize)되면 '상품명(cmb상품명)' 목록에는 [H4:H7] 영역이 표시되도록 프로시저를 작성하시오.

② 〈후기등록〉 폼의 '등록(cmd등록)' 단추를 클릭하면 폼에 입력된 데이터가 시트의 표에 입력되어 있는 마지막 행 다음에 연속하여 추가되도록 프로시저를 작성하시오.

▶ '평점'에는 '상품상태', '맛', '포장상태'의 합계가 25 이상이면 "매우좋음", 20 이상이면 "좋음", 15 이상이면 "보통", 그 외는 "나쁨"으로 입력하시오.

▶ 입력되는 데이터는 워크시트에 입력된 기존 데이터와 같은 형식의 데이터로 입력하시오

③ 〈후기등록〉 폼의 '닫기(cmd닫기)' 단추를 클릭하면 현재 날짜를 표시한 〈그림〉과 같은 메시지 박스를 표시한 후 〈확인〉을 클릭하면 폼을 종료하는 프로시저를 작성하시오.

문제 1　기본작업

01. 고급 필터 _ 참고 : Section 03 고급 필터 58쪽

정답

	A	B	C	D	E	F	G
30							
31	조건						
32	FALSE						
33							
34	리뷰번호	상품명	상품상태	맛	포장상태	사진	포인트
35	M020	레드향소과	3	5	1	유	600
36	M025	천애향소과	4	4	4	유	800
37	M022	감귤소과	5	3	4	유	600
38	M003	감귤소과	3	1	3	유	300

• '고급 필터' 대화상자

고급 필터　？　×

결과
○ 현재 위치에 필터(F)
◉ 다른 장소에 복사(O)

목록 범위(L):　$A$2:$J$29
조건 범위(C):　$A$31:$A$32
복사 위치(T):　$A$34:$G$34

□ 동일한 레코드는 하나만(R)

확인　취소

[A32] : =AND(RIGHT(C3,2)="소과",D3>=3,H3="유")

02. 조건부 서식 _ 참고 : Section 02 조건부 서식 41쪽

정답

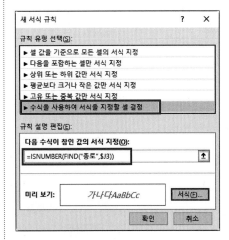

	A	B	C	D	E	F	G	H	I	J
1	[표1]									
2	리뷰번호	상품코드	상품명	상품상태	맛	포장상태	평점	사진	포인트	마트
3	M007	KS	천애향소과	2	3	5	★★☆☆☆	유	800	명품마트 구로점
4	M002	RL	레드향대과	5	3	4	★★★★☆	무	600	명품마트
5	M017	CS	천애향소과	3	5	5	★★★★☆	무	1,000	상공마트 시청점
6	M020	KM	레드향소과	3	5	1	★★★☆☆	유	600	명품마트 구로점
7	M019	CL	감귤대과	4	4	4	★★★★☆	무	800	상공마트 종로점
8	M001	CM	천애향소과	3	5	3	★★★☆☆	유	800	상공마트
9	M008	CS	천애향대과	4	4	3	★★★★☆	무	800	명품마트 합정점
10	M012	RS	천애향소과	5	5	5	★★★★★	무	1,000	명품마트
11	M006	RL	감귤소과	4	2	1	★★☆☆☆	유	600	상공마트 종로점
12	M015	CS	감귤대과	3	1	1	★★☆☆☆	무	0	명품마트
13	M005	CS	레드향대과	3	4	4	★★★☆☆	유	600	명품마트
14	M009	CL	레드향중과	5	3	4	★★★★☆	유	600	명품마트
15	M021	KL	천애향대과	3	5	4	★★★☆☆	무	800	명품마트
16	M023	KS	천애향소과	3	5	3	★★★☆☆	무	800	상공마트 시청점
17	M010	CL	레드향대과	2	3	4	★★☆☆☆	무	600	상공마트 종로점
18	M016	KS	레드향소과	2	4	2	★★☆☆☆	무	600	상공마트 종로점
19	M011	CL	감귤소과	1	5	4	★★☆☆☆	유	800	상공마트 시청점
20	M027	KM	감귤중과	4	5	4	★★★☆☆	무	600	명품마트
21	M025	RS	천애향소과	4	4	4	★★★★☆	유	800	상공마트 종로점
22	M026	CL	천애향대과	2	5	2	★★☆☆☆	무	600	상공마트 구로점
23	M022	RL	감귤소과	5	3	4	★★★★☆	유	600	상공마트 종로점
24	M004	KS	천애향소과	3	5	3	★★★☆☆	무	800	상공마트 시청점
25	M003	RM	감귤소과	3	1	3	★★☆☆☆	유	300	상공마트 종로점
26	M014	CL	감귤숙과	4	2	1	★★☆☆☆	무	300	상공마트 종로점
27	M013	KM	천애향대과	2	3	3	★★☆☆☆	유	300	상공마트 종로점
28	M024	KL	천애향나과	4	1	2	★★☆☆☆	무	300	명품마트
29	M018	CS	감귤중과	1	1	3	★☆☆☆☆	유	300	명품마트

'새 서식 규칙' 대화상자

새 서식 규칙　？　×

규칙 유형 선택(S):
► 셀 값을 기준으로 모든 셀의 서식 지정
► 다음을 포함하는 셀만 서식 지정
► 상위 또는 하위 값만 서식 지정
► 평균보다 크거나 작은 값만 서식 지정
► 고유 또는 중복 값만 서식 지정
► 수식을 사용하여 서식을 지정할 셀 결정

규칙 설명 편집(E):

다음 수식이 참인 값의 서식 지정(O):
=ISNUMBER(FIND("종로",$J3))

미리 보기:　　가나다AaBbCc　　서식(F)...

확인　취소

03. 페이지 레이아웃 _ 참고 : Section 04 페이지 레이아웃 69쪽

정답

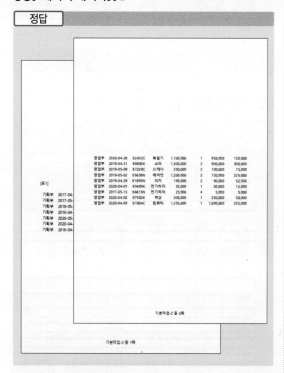

• 페이지 설정' 대화상자의 '여백' 탭

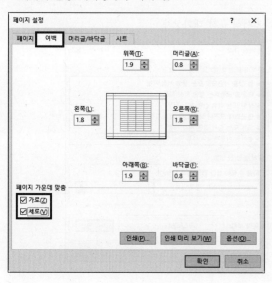

• '바닥글' 대화상자

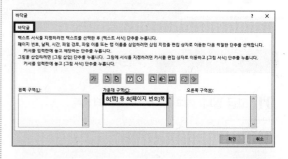

• 페이지 설정' 대화상자의 '시트' 탭

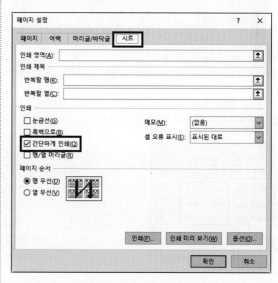

• [A10] 셀을 선택한 후 [페이지 레이아웃] → 페이지 설정 → 나누기 → **페이지 나누기 삽입**을 선택한다. 다른 부서도 같은 방법으로 페이지를 나눈다.

정답

	A	B	C	D	E	F	G	H	I	J	K	L	M	N	O
1	[표1]		❶				❷		❺			[표2]			
2	리뷰번호	상품코드	상품명	상품상태	맛	포장상태	평점	사진	포인트	마트		과일코드	S	M	L
3	M001	CM	천애향중과	3	5	3	★★★☆☆	유	800	상공마트		C	천애향소과	천애향중과	천애향대과
4	M002	RL	레드향대과	5	3	4	★★★★☆	무	600	명품마트		K	감귤소과	감귤중과	감귤대과
5	M003	RM	레드향중과	3	1	3	★★☆☆☆	유	300	상공마트 종로점		R	레드향소과	레드향중과	레드향대과
6	M004	KS	감귤소과	2	3	1	★★☆☆☆	무	300	상공마트 시청점					
7	M005	CS	천애향소과	1	2	4	★☆☆☆☆	유	600	명품마트		[표3]			❸
8	M006	RL	레드향대과	4	2	4	★★★☆☆	무	600	상공마트 종로점		상품상태			빈도수
9	M007	KS	감귤소과	2	3	5	★★☆☆☆	유	800	명품마트 구로점		0초과	1이하		2
10	M008	CS	천애향소과	4	4	3	★★★☆☆	무	600	명품마트 합정점		1초과	2이하		2
11	M009	CL	천애향대과	5	3	4	★★★★☆	무	600	명품마트		2초과	3이하		4
12	M010	CL	천애향대과	2	3	4	★★☆☆☆	무	600	상공마트 종로점		3초과			8
13	M011	CL	천애향대과	1	5	4	★★★☆☆	유	800	상공마트 시청점					
14	M012	RS	레드향소과	5	5	5	★★★★★	무	1,000	명품마트		[표4]			❹
15	M013	KM	감귤중과	2	3	2	★★☆☆☆	유	300	상공마트 종로점		사진		상공	명품
16	M014	CL	천애향대과	4	2	1	★★☆☆☆	무	300	명품마트 구로점		유		6/27	6/27
17	M015	CS	천애향소과	3	1	1	★★☆☆☆	유	0	명품마트		무		7/27	8/27
18	M016	KS	감귤소과	2	4	2	★★★☆☆	무	600	상공마트 종로점					
19	M017	CS	천애향소과	3	5	5	★★★★☆	유	1,000	상공마트 시청점					
20	M018	CS	천애향소과	1	1	3	★☆☆☆☆	유	300	명품마트					
21	M019	CL	천애향대과	4	4	4	★★★★☆	무	800	상공마트 종로점					
22	M020	KM	감귤중과	3	5	1	★★★☆☆	유	600	명품마트 구로점					
23	M021	KL	감귤대과	1	5	4	★★☆☆☆	무	800	명품마트					
24	M022	RL	레드향대과	5	3	4	★★★★☆	유	600	상공마트 종로점					
25	M023	KS	감귤소과	3	5	3	★★★☆☆	무	800	상공마트 시청점					
26	M024	KL	감귤대과	4	1	2	★★☆☆☆	무	300	명품마트					
27	M025	RS	레드향소과	4	4	4	★★★★☆	유	800	상공마트 종로점					
28	M026	CL	천애향대과	3	1	3	★★☆☆☆	무	300	명품마트 구로점					
29	M027	KM	감귤중과	5	4	5	★★★★☆	무	800	명품마트					

❶ 과일코드와 크기코드별 상품명(C3)
=INDEX($M$3:$O$5, MATCH(B3,$L$3:$L$5,1), MATCH(RIGHT(B3,1), $M$2:$O$2,0))

❷ 평점(G3)
=REPT("★", TRUNC(SUMPRODUCT(D3:F3,{0.5,0.3,0.2})))&REPT("☆", 5-TRUNC(SUMPRODUCT(D3:F3,{0.5,0.3, 0.2})))

❸ 상품상태별 빈도수(N9)
{=FREQUENCY(IF((RIGHT(B3:B29,1)="M")+(RIGHT(B3: B29,1)="L"), D3:D29), M9:M12)}

❹ 사진과 마트별 비율(M16)
{=CONCAT(SUM(IF(($H$3:$H$29=$L16)*(LEFT($J$3:$J$29, 2)=M$15), 1)), "/", COUNTA($H$3:$H$29))}

❺ 포인트(I3)
=fn포인트(E3,F3)

```
Public Function fn포인트(맛, 포장상태)
    Select Case 맛 + 포장상태
        Case 10
            fn포인트 = 1000
        Case 8 To 9
            fn포인트 = 800
        Case 6 To 7
            fn포인트 = 600
        Case 3 To 5
            fn포인트 = 300
        Case Else
            fn포인트 = 0
    End Select
End Function
```

01. 피벗 테이블 _ 참고 : Section 11 피벗 테이블 155쪽

• '피벗 테이블 필드' 창

정답

• '피벗 테이블 필드' 창

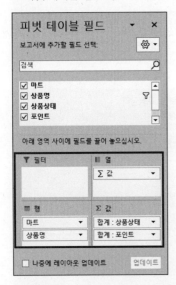

• '상품명' 필드의 '상위 10 필터' 대화상자

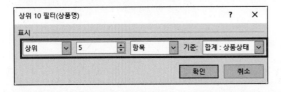

02. 데이터 유효성 검사 / 정렬 _ 참고 : Section 09 데이터 유효성 검사 140쪽 / Section 10 부분합/정렬 146쪽

정답

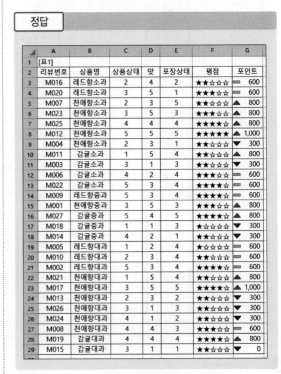

• '데이터 유효성' 대화상자의 '설정' 탭

• '데이터 유효성' 대화상자의 '설명 메시지' 탭

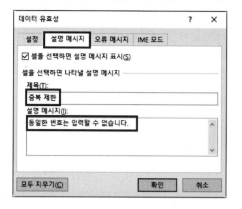

• '데이터 유효성' 대화상자의 '오류 메시지' 탭

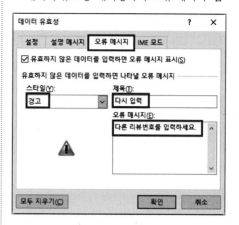

• '정렬' 대화상자

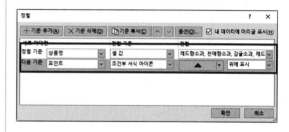

---

01. 매크로 작성 _ 참고 : Section 17 매크로 229쪽

1 '서식적용' 매크로 실행

정답

• '셀 서식' 대화상자

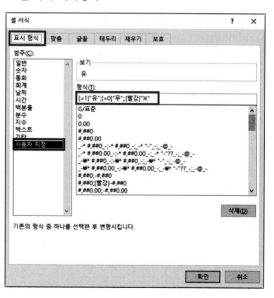

03. 프로시저 작성 _ 참고 : Section 18 프로시저 243쪽

1 '구매후기' 단추 및 폼 초기화 프로시저

• '구매후기' 단추 클릭 프로시저

> 정답

```
Private Sub 구매후기_Click( )
    후기등록.Show
End Sub
```

• 폼 초기화 프로시저

> 정답

```
Private Sub UserForm_Initialize( )
    cmb상품명.RowSource = "H4:H7"
End Sub
```

2 '등록' 단추에 기능 구현하기

> 정답

```
Private Sub cmd등록_Click( )
    입력행 = [A2].Row + [A2].CurrentRegion.Rows.Count
    Cells(입력행, 1) = txt구매자명.Value
    Cells(입력행, 2) = cmb상품명.Value
    Cells(입력행, 3) = txt상품상태.Value
    Cells(입력행, 4) = txt맛.Value
    Cells(입력행, 5) = txt포장상태.Value
    If Cells(입력행, 3) + Cells(입력행, 4) + Cells(입력행, 5) >= 25 Then
        Cells(입력행, 6) = "매우좋음"
    ElseIf Cells(입력행, 3) + Cells(입력행, 4) + Cells(입력행, 5) >=20 Then
        Cells(입력행, 6) = "좋음"
    ElseIf Cells(입력행, 3) + Cells(입력행, 4) + Cells(입력행, 5) >=15 Then
        Cells(입력행, 6) = "보통"
    Else
        Cells(입력행, 6) = "나쁨"
    End If
End Sub
```

3 '닫기' 단추에 기능 구현하기

> 정답

```
Private Sub cmd닫기_Click( )
    MsgBox Date, , "폼 종료"
    Unload Me
End Sub
```

2023년 상시01 컴퓨터활용능력 1급

프로그램명	제한시간	
EXCEL 2021	45분	

수험번호 :

성명 :

1급　상시01

─〈 유 의 사 항 〉─

- 인적 사항 누락 및 잘못 작성으로 인한 불이익은 수험자 책임으로 합니다.

- 화면에 암호 입력창이 나타나면 아래의 암호를 입력하여야 합니다.
  - 암호 : 85#280

- 작성된 답안은 주어진 경로 및 파일명을 변경하지 마시고 그대로 저장해야 합니다. 이를 준수하지 않으면 실격 처리됩니다.
  답안 파일명의 예 : C:\OA\수험번호8자리.xlsm

- **외부 데이터 위치 : C:\OA\파일명**

- 별도의 지시사항이 없는 경우, 다음과 같이 처리 시 실격 처리됩니다.
  - 제시된 시트 및 개체의 순서나 이름을 임의로 변경한 경우
  - 제시된 시트 및 개체를 임의로 추가 또는 삭제한 경우
  - 외부 데이터를 시험 시작 전에 열어본 경우

- 답안은 반드시 문제에서 지시 또는 요구한 셀에 입력하여야 하며 다음과 같이 처리 시 채점 대상에서 제외됩니다.
  - 제시된 함수가 있을 경우 제시된 함수만을 사용하여야 하며 그 외 함수 사용 시 채점대상에서 제외
  - 수험자가 임의로 지시하지 않은 셀의 이동, 수정, 삭제, 변경 등으로 인해 셀의 위치 및 내용이 변경된 경우 해당 작업에 영향을 미치는 관련문제 모두 채점 대상에서 제외
  - 도형 및 차트의 개체가 중첩되어 있거나 동일한 계산결과 시트가 복수로 존재할 경우 해당 개체나 시트는 채점 대상에서 제외

- 수식 작성 시 제시된 문제 파일의 데이터는 변경 가능한(가변적) 데이터임을 감안하여 문제 풀이를 하시오.

- 별도의 지시사항이 없는 경우, 주어진 각 시트 및 개체의 설정값 또는 기본 설정값(Default)으로 처리하시오.

- 저장 시간은 별도로 주어지지 않으므로 제한된 시간 내에 저장을 완료해야 하며, 제한 시간 내에 저장이 되지 않은 경우에는 실격 처리됩니다.

- 출제된 문제의 용어는 Microsoft Office 2021(LTSC 2108 버전) 기준으로 작성되어 있습니다.

대한상공회의소

문제 1　　**기본작업(15점)** 주어진 시트에서 다음 과정을 수행하고 저장하시오.

1. '기본작업' 시트에서 다음과 같이 고급 필터를 수행하시오. (5점)

▶ [A2:H32] 영역에서 '월납입액'이 상위 5위 이내이면서 대출일이 2021년 이후인 데이터의 '대출일', '고객명', '대출지점', '월납입액' 필드만 순서대로 표시하시오.

▶ 조건은 [A34:A35] 영역 내에 알맞게 입력하시오. (AND, LARGE, YEAR 함수 사용)

▶ 결과는 [A37] 셀부터 표시하시오.

2. '기본작업' 시트에서 다음과 같이 조건부 서식을 설정하시오. (5점)

▶ [A3:H32] 영역에서 '대출지점'이 "서울"이거나 "경기"이면서, '고객명'의 성이 "김"씨인 데이터의 행 전체에 대하여 글꼴 스타일은 '기울임꼴', 글꼴 색은 '표준 색-녹색'으로 적용하시오.

▶ 단, 규칙 유형은 '수식을 사용하여 서식을 지정할 셀 결정'을 사용하고, 한 개의 규칙으로만 작성하시오.

▶ AND, OR, LEFT 함수 사용

3. '기본작업' 시트에서 다음과 같이 페이지 레이아웃을 설정하시오. (5점)

▶ 용지 방향을 '가로'로 지정하고 인쇄될 내용이 페이지의 가로 · 세로 가운데에 인쇄되도록 페이지 가운데 맞춤을 설정하시오.

▶ [A2:H32] 영역을 인쇄 영역으로 설정하고, 페이지의 내용이 120% 확대되어 인쇄되도록 설정하시오.

▶ 매 페이지 상단의 오른쪽 구역에는 현재 시스템의 날짜가 표시되도록 머리글을 설정하시오.

문제 2　　**계산작업(30점)** '계산작업' 시트에서 다음의 과정을 수행하고 저장하시오.

1. [표1]의 고객등급, 대출액, 대출기간과 [표2]를 이용하여 [G3:G32] 영역에 대출수수료를 계산하여 표시하시오. (6점)

▶ 대출수수료 = 기본수수료+고객등급 및 대출액별 수수료

▶ 기본수수료는 대출기간이 20 미만이면 50, 20 이상 60 미만이면 100, 그 외에는 150임

▶ IF, MATCH, VLOOKUP 함수 사용

2. [표1]의 고객등급, 대출액, 대출기간을 이용하여 [H3:H32] 영역에 월납입액을 양수로 계산하여 표시하시오. (6점)

▶ 연이율은 고객등급이 '일반'이면 4%, 그 외에는 3.5%임

▶ IF, PMT 함수 이용

3. [표1]의 고객번호와 대출일을 이용하여 [표3]의 [B44:E46] 영역에 대출년도와 지역별 대출 건수를 계산하여 표시하시오. (6점)

▶ 지역은 고객번호의 첫 글자로 구분함

▶ COUNT, IF, YEAR, LEFT 함수를 사용한 배열 수식

4. [표1]의 대출종류와 대출액을 이용하여 [표4]의 [H36:J39] 영역에 대출형태별 순위에 해당하는 대출액을 계산하여 표시하시오. (6점)

▶ 대출형태는 대출종류의 뒤에 두 글자로 구분함
▶ LARGE, RIGHT 함수를 사용한 배열 수식

5. 사용자 정의 함수 'fn비고'를 작성하여 [표1]의 [I3:I32] 영역에 비고를 계산하여 표시하시오. (6점)

▶ 'fn비고'는 대출액과 대출기간을 인수로 받아 비고를 계산하는 함수이다.
▶ 비고는 대출액이 10,000,000원 이상이면서 대출기간이 20개월 미만이면 "●", 대출액이 10,000,000원 이상이면서 대출기간이 20개월 이상이면 "◎", 그 외는 빈칸으로 표시하시오.
▶ IF ~ ELSE문 사용

```
Public Function fn비고(대출액, 대출기간)

End Function
```

문제 3 **분석작업(20점)** 주어진 시트에서 다음 과정을 수행하고 저장하시오.

1. '분석작업-1' 시트에서 다음의 지시사항에 따라 피벗 테이블 보고서를 작성하시오. (10점)

▶ 외부 데이터 가져오기 기능을 이용하여 〈대출관리.accdb〉의 〈대출정보〉 테이블에서 '기간', '대출금액', '대출지점' 열을 이용하시오.
▶ 피벗 테이블 보고서의 레이아웃과 위치는 〈그림〉을 참조하여 설정하고, 보고서 레이아웃을 테이블 형식으로 표시하시오.
▶ '기간' 필드는 〈그림〉과 같이 그룹화를 설정하시오.
▶ '대출금액' 필드의 표시 형식은 '값 필드 설정'의 셀 서식에서 '회계' 범주를 이용하여 〈그림〉과 같이 지정하시오.
▶ 피벗 테이블 스타일은 '흰색, 피벗 스타일 밝게 8', 피벗 테이블 스타일 옵션은 '행 머리글', '열 머리글', '줄무늬 열'을 설정하시오.

	A	B	C
1			
2	**기간** ▼	**값**	
3	**1-12**	개수 : 대출지점	1
4		평균 : 대출금액	2,500,000
5	**13-24**	개수 : 대출지점	8
6		평균 : 대출금액	8,625,000
7	**25-36**	개수 : 대출지점	13
8		평균 : 대출금액	6,230,769
9	**37-48**	개수 : 대출지점	3
10		평균 : 대출금액	10,666,667
11	**49-60**	개수 : 대출지점	5
12		평균 : 대출금액	11,800,000
13	**전체 개수 : 대출지점**		**30**
14	**전체 평균 : 대출금액**		**8,116,667**

※ 작업 완성된 그림이며 부분점수 없음

2. '분석작업-2' 시트에 대하여 다음의 지시사항을 처리하시오. (10점)

▶ [데이터 유효성 검사] 기능을 이용하여 [D8:D14] 영역에는 12의 배수만 입력되도록 제한 대상을 설정하시오.

 − [D8:D14] 영역에 유효하지 않은 데이터를 입력한 경우 〈그림〉과 같은 오류 메시지가 표시되도록 설정하시오.

▶ [데이터 표] 기능을 이용하여 [E8:K14] 영역에 '납입횟수'와 '이자'의 반영비율에 따른 '미래가치'를 계산하시오.

문제 4 **기타작업(35점)** 주어진 시트에서 다음 과정을 수행하고 저장하시오.

4123014

1. '기타작업-1' 시트에서 다음과 같은 기능을 수행하는 매크로를 현재 통합문서에 작성하시오. (각 5점)

① [G3:G22] 영역에 사용자 지정 표시 형식을 설정하는 '서식적용' 매크로를 생성하시오.

 ▶ '대여기간'이 30 이상이면 파랑색으로 숫자를, −1이면 자홍색으로 "■ 소장"을, 그 외는 숫자만 표시하시오.

  [표시 예 : '대여기간'이 35일 경우 → 35, −1일 경우 → ■ 소장, 0일 경우 → 0]

 ▶ [도형] → [기본 도형]의 '사각형: 빗면(▱)'을 동일 시트의 [I2:I3] 영역에 생성한 후 텍스트를 "서식적용"으로 입력하고, 도형을 클릭하면 '서식적용' 매크로가 실행되도록 설정하시오.

② [G3:G22] 영역에 표시 형식을 '일반'으로 적용하는 '서식해제' 매크로를 생성하시오.

 ▶ [도형] → [기본 도형]의 '사각형: 빗면(▱)'을 동일 시트의 [I5:I6] 영역에 생성한 후 텍스트를 "서식해제"로 입력하고, 단추를 클릭하면 '서식해제' 매크로가 실행되도록 설정하시오.

※ 셀 포인터의 위치에 관계없이 매크로가 실행되어야 정답으로 인정됨

2. '기타작업-2' 시트에서 다음의 지시사항에 따라 차트를 수정하시오. (각 2점)

※ 차트는 반드시 문제에서 제공한 차트를 사용하여야 하며, 신규로 차트작성 시 0점 처리됨

① '전동칫솔' 요소가 표시되지 않도록 데이터 범위를 수정하시오.

② 차트 제목과 가로 축 제목, 세로 축 제목을 〈그림〉과 같이 입력하시오.

③ 가로 축의 기본 단위는 〈그림〉과 같이 지정하고, 값이 거꾸로 표시되도록 설정하시오.

④ '백화점' 계열에만 데이터 레이블을 〈그림〉과 같이 표시되도록 설정하시오.

⑤ 범례는 도형 스타일을 '강한 효과 – 검정, 어둡게 1', 차트 영역의 테두리는 '표준 색 – 파랑'으로 지정하시오.

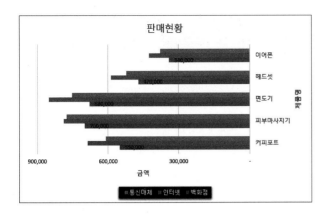

3. '기타작업-3' 시트에서 다음과 같은 작업을 수행하도록 프로시저를 작성하시오. (각 5점)

① '매출등록' 단추를 클릭하면 〈매출등록〉 폼이 나타나고, 폼이 초기화(Initialize)되면 '제품명(cmb제품명)' 목록에는 "세탁기", "냉장고", "건조기", "식기세척기", "인덕션"이 표시되도록 프로시저를 작성하시오.

② 〈매출등록〉 폼의 '등록(cmd등록)' 단추를 클릭하면 폼에 입력된 데이터가 시트의 표에 입력되어 있는 마지막 행 다음에 연속하여 추가되도록 프로시저를 작성하시오.

▶ '판매금액'에는 1000 단위 구분 기호를 표시하시오.

[표시 예 : '판매금액'이 15000일 경우 → 15,000, 0일 경우 → 0]

▶ FORMAT 함수 사용

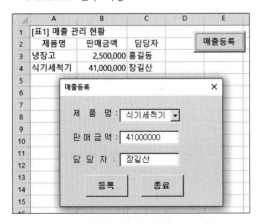

③ 〈매출등록〉 폼의 '종료(cmd종료)' 단추를 클릭하면 폼을 종료한 후 [A1] 셀의 글꼴을 '궁서체'로 설정하시오.

문제 1　기본작업

01. 고급 필터 _ 참고 : Section 03 고급 필터 58쪽

정답

	A	B	C	D
33				
34	조건			
35	FALSE			
36				
37	대출일	고객명	대출지점	월납입액
38	2021-12-09	우진우	충청	₩ 526,249
39	2022-06-24	민애라	부산	₩ 350,833
40	2021-09-02	김상진	부산	₩ 303,974

• '고급 필터' 대화상자

고급 필터　?　✕

결과
○ 현재 위치에 필터(F)
◉ 다른 장소에 복사(O)

목록 범위(L): $A$2:$H$32　⬆
조건 범위(C): $A$34:$A$35　⬆
복사 위치(T): $A$37:$D$37　⬆

☐ 동일한 레코드는 하나만(R)

확인　취소

[A35] : =AND(H3>=LARGE($H$3:$H$32,5),YEAR
(A3)>=2021)

02. 조건부 서식 _ 참고 : Section 02 조건부 서식 41쪽

정답

	A	B	C	D	E	F	G	H
1	[표1]							
2	대출일	고객명	대출지점	대출종류	대출액	대출기간	대출수수료	월납입액
3	2020-05-17	김진석	충청	무보증신용	5,000,000	36개월	1,500	₩ 147,620
4	2019-06-12	구준식	서울	예부적금담보	2,000,000	60개월	1,550	₩ 36,383
5	2021-08-17	이진태	경기	무보증신용	8,000,000	30개월	1,500	₩ 280,666
6	2020-08-16	이재철	경기	무보증신용	2,000,000	36개월	1,700	₩ 59,048
7	2021-12-18	김세희	서울	주택자금	12,000,000	60개월	950	₩ 218,301
8	2019-12-03	박순영	부산	주택자금	35,000,000	24개월	900	₩1,512,095
9	2021-03-25	김상재	경기	무보증신용	5,000,000	30개월	1,100	₩ 174,307
10	2021-05-18	설진구	부산	예부적금담보	3,000,000	36개월	1,700	₩ 88,572
11	2019-08-31	이영민	경기	예부적금담보	3,500,000	36개월	1,700	₩ 103,334
12	2019-10-09	도희철	서울	국민주택기금	15,000,000	60개월	950	₩ 272,876
13	2021-12-09	우진우	충청	주택자금	15,000,000	30개월	1,300	₩ 526,249
14	2022-06-24	민애라	부산	국민주택기금	10,000,000	30개월	1,300	₩ 350,833
15	2020-08-21	민승열	부산	예부적금담보	1,000,000	48개월	1,500	₩ 22,356
16	2021-03-22	최만용	서울	주택자금	15,000,000	60개월	1,350	₩ 276,248
17	2019-01-20	오태열	서울	주택자금	27,000,000	48개월	900	₩ 603,612
18	2020-02-13	장우석	서울	국민주택기금	7,000,000	30개월	1,500	₩ 245,583
19	2022-05-26	김영주	경기	예부적금담보	4,000,000	48개월	1,700	₩ 90,316
20	2022-06-07	이민주	경기	국민주택기금	5,000,000	30개월	1,300	₩ 174,307
21	2022-06-12	정대식	서울	무보증신용	5,000,000	30개월	1,100	₩ 174,307
22	2022-11-27	김준혁	경기	무보증신용	3,000,000	24개월	1,700	₩ 130,275
23	2021-06-24	이영진	서울	예부적금담보	3,000,000	36개월	1,700	₩ 88,572
24	2021-07-20	진영태	충청	주택자금	15,000,000	60개월	1,150	₩ 272,876
25	2021-08-03	임현석	경기	국민주택기금	6,000,000	24개월	1,100	₩ 259,216
26	2020-05-01	남지철	충청	국민주택기금	5,000,000	24개월	1,100	₩ 216,014
27	2022-05-14	국선재	부산	국민주택기금	5,000,000	18개월	1,450	₩ 286,657
28	2021-09-02	김상진	부산	국민주택기금	7,000,000	24개월	1,500	₩ 303,974
29	2020-09-12	민인회	충청	무보증신용	3,000,000	24개월	1,700	₩ 130,275
30	2022-10-24	최철식	경기	예부적금담보	2,500,000	12개월	1,450	₩ 212,304
31	2020-12-09	박철범	충청	무보증신용	10,000,000	36개월	1,100	₩ 293,021
32	2022-12-15	성철수	서울	무보증신용	5,000,000	18개월	1,450	₩ 286,657

• '새 서식 규칙' 대화상자

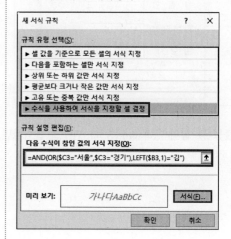

새 서식 규칙　?　✕

규칙 유형 선택(S):
▶ 셀 값을 기준으로 모든 셀의 서식 지정
▶ 다음을 포함하는 셀만 서식 지정
▶ 상위 또는 하위 값만 서식 지정
▶ 평균보다 크거나 작은 값만 서식 지정
▶ 고유 또는 중복 값만 서식 지정
▶ 수식을 사용하여 서식을 지정할 셀 결정

규칙 설명 편집(E):
다음 수식이 참인 값의 서식 지정(O):
=AND(OR($C3="서울",$C3="경기"),LEFT($B3,1)="김")　⬆

미리 보기:　가나다AaBbCc　서식(F)...

확인　취소

03. 페이지 레이아웃 _ 참고 : Section 04 페이지 레이아웃 69쪽

정답

1페이지

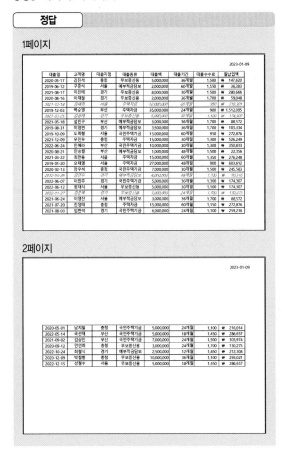

2페이지

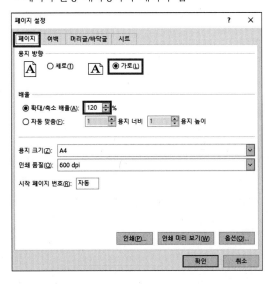

• '페이지 설정' 대화상자의 '페이지' 탭

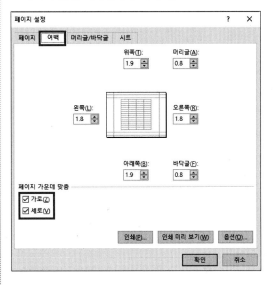

• '페이지 설정' 대화상자의 '여백' 탭

• '바닥글' 대화상자

• '페이지 설정' 대화상자의 '시트' 탭

정답

	A	B	C	D	E	F	❶ G	❷ H	❺ I	J
1	[표1]									
2	고객번호	고객등급	대출일	대출종류	대출액	대출기간	대출수수료	월납입액	비고	
3	C04-08	일반	2022-12-15	무보증신용	5,000,000	18개월	1,450	₩286,657		
4	P01-23	최우수	2022-06-12	무보증신용	5,000,000	30개월	1,100	₩174,307		
5	K02-12	일반	2022-11-27	무보증신용	3,000,000	24개월	1,700	₩130,275		
6	K02-26	우수	2022-10-24	예부적금담보	2,500,000	12개월	1,450	₩212,304		
7	P01-27	일반	2021-08-17	무보증신용	8,000,000	30개월	1,500	₩280,666		
8	S03-37	우수	2022-12-09	무보증신용	10,000,000	12개월	1,050	₩849,216	●	
9	K02-59	일반	2022-02-13	국민주택기금	7,000,000	30개월	1,500	₩245,583		
10	C03-08	우수	2021-06-12	예부적금담보	2,000,000	60개월	1,550	₩36,383		
11	P02-14	최우수	2021-03-25	무보증신용	5,000,000	30개월	1,100	₩174,307		
12	K01-07	일반	2021-06-24	예부적금담보	3,000,000	36개월	1,700	₩88,572		
13	S04-02	우수	2022-06-07	국민주택기금	5,000,000	30개월	1,300	₩174,307		
14	K03-26	최우수	2021-12-18	주택자금	12,000,000	60개월	950	₩218,301	◎	
15	S03-05	최우수	2021-10-09	국민주택기금	15,000,000	60개월	950	₩272,876	◎	
16	P01-37	일반	2020-05-17	무보증신용	5,000,000	36개월	1,500	₩147,620		
17	S01-02	일반	2022-09-02	국민주택기금	7,000,000	24개월	1,500	₩303,974		
18	P04-48	일반	2021-08-31	예부적금담보	3,500,000	36개월	1,700	₩103,334		
19	C02-67	우수	2020-08-21	예부적금담보	1,000,000	48개월	1,500	₩22,356		
20	C02-38	최우수	2022-01-20	주택자금	27,000,000	48개월	900	₩603,612	◎	
21	C01-38	일반	2022-05-14	국민주택기금	5,000,000	18개월	1,450	₩286,657		
22	C02-01	일반	2021-03-22	주택자금	15,000,000	60개월	1,350	₩276,248	◎	
23	S01-64	일반	2022-09-12	무보증신용	3,000,000	24개월	1,700	₩130,275		
24	P04-15	일반	2021-05-18	예부적금담보	3,000,000	36개월	1,700	₩88,572		
25	C02-28	일반	2022-06-24	국민주택기금	10,000,000	16개월	1,250	₩642,856	●	
26	K04-26	우수	2021-07-20	주택자금	15,000,000	60개월	1,150	₩272,876		
27	K03-52	최우수	2021-08-03	국민주택기금	6,000,000	24개월	1,100	₩259,216		
28	C03-88	일반	2022-05-26	예부적금담보	4,000,000	48개월	1,700	₩90,316		
29	S04-31	최우수	2022-12-03	주택자금	35,000,000	24개월	900	₩1,512,095	◎	
30	K02-06	일반	2020-08-16	무보증신용	2,000,000	36개월	1,700	₩59,048		
31	K04-35	최우수	2022-05-01	국민주택기금	5,000,000	24개월	1,100	₩216,014		
32	S01-42	일반	2021-12-09	주택자금	15,000,000	30개월	1,300	₩526,249	◎	
33										
34	[표2] 고객등급과 대출액별 수수료						[표4] 대출형태와 순위별 매출액			

[표2] 고객등급과 대출액별 수수료

고객등급	0 이상 5,000,000 미만	5,000,000 이상 10,000,000 미만	10,000,000 이상 50,000,000 미만	50,000,000 이상
일반	1,600	1,400	1,200	1,000
우수	1,400	1,200	1,000	800
최우수	1,200	1,000	800	600

[표4] 대출형태와 순위별 매출액 ❹

대출형태	1위	2위	3위
신용	10,000,000	8,000,000	5,000,000
담보	4,000,000	3,500,000	3,000,000
기금	15,000,000	10,000,000	7,000,000
자금	35,000,000	27,000,000	15,000,000

[표3] 대출년도와 지역별 대출 건수 ❸

대출년도	서울 C	인천 P	대전 K	부산 S
2020	1	1	1	0
2021	2	4	4	2
2022	5	1	4	5

❶ 대출수수료(G3)

=IF(F3<20, 50, IF(F3<60, 100, 150))+VLOOKUP(B3, $A$37:$E$39, MATCH(E3, $B$35:$E$35, 1)+1, FALSE)

❷ 월납입액(H3)

=PMT(IF(B3="일반", 4%, 3.5%)/12, F3, −E3)

❸ 대출년도와 지역별 대출 건수(B44)

{=COUNT(IF((LEFT($A$3:$A$32, 1)=B$43) * (YEAR($C$3:$C$32)=$A44), 1))}

❹ 대출형태와 순위별 대출액(H36)

{=LARGE((RIGHT($D$3:$D$32, 2)=$G36) * $E$3:$E$32, H$35)}

❺ 비고(I3)

=fn비고(E3,F3)

```
Public Function fn비고(대출액, 대출기간)
    If 대출액 >= 10000000 And 대출기간 < 20 Then
        fn비고 = "●"
    ElseIf 대출액 >= 10000000 And 대출기간 >= 20 Then
        fn비고 = "◎"
    Else
        fn비고 = ""
    End If
End Function
```

01. 피벗 테이블 _ 참고 : Section 11 피벗 테이블 155쪽

• '피벗 테이블 필드' 창

• '그룹화' 대화상자

02. 데이터 유효성 검사 / 데이터 표 _ 참고 : Section 09 데이터 유효성 검사 140쪽 / Section 12 데이터 표 179쪽

정답

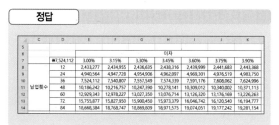

• '데이터 유효성' 대화상자의 '설정' 탭

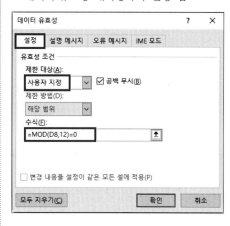

• '데이터 유효성' 대화상자의 '오류 메시지' 탭

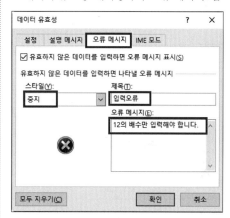

• '데이터 테이블' 대화상자

[D7] : =FV(B2/12,B4,-B3)

01. 매크로 작성 _ 참고 : Section 17 매크로 229쪽

1 '서식적용' 매크로 실행

> **정답**

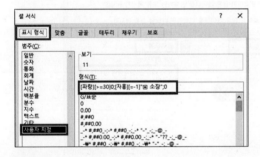

• '셀 서식' 대화상자

02. 차트 수정 _ 참고 : Section 16 차트 204쪽

3 값을 거꾸로 표시하기

기본 가로 축을 더블클릭한 후 다음과 같이 설정한다.

03. 프로시저 작성 _ 참고 : Section 18 프로시저 243쪽

1 '매출등록' 단추 및 폼 초기화 프로시저

• '매출등록' 단추 클릭 프로시저

> **정답**

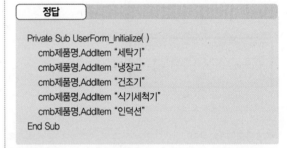

```
Private Sub cmd매출등록_Click( )
    매출등록.Show
End Sub
```

• 폼 초기화 프로시저

> **정답**

```
Private Sub UserForm_Initialize( )
    cmb제품명.AddItem "세탁기"
    cmb제품명.AddItem "냉장고"
    cmb제품명.AddItem "건조기"
    cmb제품명.AddItem "식기세척기"
    cmb제품명.AddItem "인덕션"
End Sub
```

2 '등록' 단추에 기능 구현하기

> **정답**

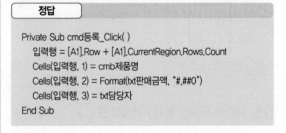

```
Private Sub cmd등록_Click( )
    입력행 = [A1].Row + [A1].CurrentRegion.Rows.Count
    Cells(입력행, 1) = cmb제품명
    Cells(입력행, 2) = Format(txt판매금액, "#,##0")
    Cells(입력행, 3) = txt담당자
End Sub
```

3 '종료' 단추에 기능 구현하기

> **정답**

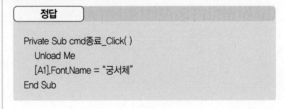

```
Private Sub cmd종료_Click( )
    Unload Me
    [A1].Font.Name = "궁서체"
End Sub
```

나머지 최신기출문제 5회분은 'C:\길벗컴활1급' 폴더에 "최신기출문제(엑셀).pdf" 파일로 저장되어 있습니다.

액세스 최신기출문제

2024년 상시01 1급

2024년 상시02 1급

2024년 상시03 1급

2024년 상시04 1급

2023년 상시01 1급

2023년 상시02 1급

2023년 상시03 1급

2023년 상시04 1급

2022년 상시01 1급

2022년 상시02 1급

'C:\길벗컴활1급' 폴더에 "최신기출문제(액세스).pdf" 파일로 저장되어 있습니다.

※ 2023년 이전 기출문제는 현재 시행중인 시험과 다음과 같은 부분에서 차이가 있으니 이점 학습에 참고하세요.

출제 항목	2023년 이전		2024년 이후		비고
	문항 수	배점	문항 수	배점	
[문제1] DB 구축					
1. 테이블 완성	5	4	5	3	세부 문항별 배점 감소
[문제2] 입력 및 수정 기능 구현					
1. 폼 완성	5	3	3	3	세부 문항 수 감소
2. 컨트롤 원본 / 조건부 서식 설정	1	5	1	6	배점 증가
[문제4] 처리 기능 구현					
1. 쿼리	4	25	5	35	문항 수와 배점 증가

2024년 상시01 컴퓨터활용능력 1급

프로그램명	제한시간	수험번호 :
ACCESS 2021	45분	성명 :

1급	상시01

〈유의사항〉

- 인적 사항 누락 및 잘못 작성으로 인한 불이익은 수험자 책임으로 합니다.
- 화면에 암호 입력창이 나타나면 아래의 암호를 입력해야 합니다.
  - **암호 : 32^286**
- 작성된 답안은 주어진 경로 및 파일명을 변경하지 마시고 그대로 저장해야 합니다. 이를 준수하지 않으면 실격처리 됩니다.
  - 답안 파일명 예 : C:\DB\수험번호 8자리.accdb
- **외부 데이터 위치 : C:\DB\파일명**
- 별도의 지시사항이 없는 경우, 다음과 같이 처리하면 실격 처리됩니다.
  - 제시된 개체의 이름을 임의로 변경한 경우
  - 제시된 개체의 속성을 임의로 변경한 경우
  - 제시된 개체를 임의로 삭제하거나 추가한 경우
- 별도의 지시사항이 없는 경우, 기능의 구현은 모듈이나 매크로 등을 이용하며, 예외적인 상황에 대해서는 고려하지 않아도 됩니다.
- 제시된 함수가 없을 경우 제시된 함수만을 사용하여야 하며, 그 외 함수 사용시 채점 대상에서 제외됩니다
- 별도의 지시사항이 없는 경우, 주어진 각 개체의 속성은 설정값 또는 기본 설정값(Default)으로 처리하십시오.
- 제시된 화면은 예시이며 나타난 값은 실제와 다를 수 있습니다.
- 저장 시간은 별도로 주어지지 아니하므로 제한된 시간 내에 저장을 완료해야 합니다.
- 본 문제의 용어는 Microsoft Office Access 2021(LTSC 2108 버전) 기준으로 작성되었습니다.

대한상공회의소

문제 1   DB구축(25점)

1. 마포구 법정동에 소재한 건물들의 주차장 정보를 관리하기 위한 데이터베이스를 구축하고자 한다. 다음의 지시사항에 따라 〈건물주차현황〉 테이블을 완성하시오. (각 3점)

  ① '주차관리번호' 필드는 'PL-123' 형식이며, 문자 2자리, "-" 기호, 숫자 3자리가 반드시 입력되도록 다음과 같이 설정하시오.

    ▶ 문자는 영문자와 한글만 입력되도록 설정할 것

    ▶ 숫자는 0~9까지의 숫자만 입력되도록 설정할 것

    ▶ '-' 기호도 테이블에 저장되도록 설정할 것

    ▶ 입력 시 데이터가 입력될 자리를 "*"로 표시할 것

  ② '주차관리번호' 필드는 빈 문자열이 허용되지 않도록 설정하시오.

  ③ 새로운 레코드가 추가되는 경우 '임대주차수' 필드에는 0이 입력되도록 설정하시오.

  ④ '총주차수' 필드에 입력되는 값은 '임대주차수' 필드의 값보다 크거나 같도록 '유효성 검사 규칙' 속성을 설정하시오.

    ▶ 규칙에 어긋나는 경우 "총주차수를 확인하세요"라는 메시지를 표시하시오.

  ⑤ 테이블이 로드되면, '법정동명' 필드를 기준으로 내림차순 정렬되도록 설정하시오.

2. 〈건물주차현황〉 테이블의 '주차유형' 필드에 대해서 다음과 같이 조회 속성을 설정하시오. (5점)

  ▶ 〈주차유형〉 테이블의 '주차장유형' 필드만 콤보 상자 형태로 표시하시오.

  ▶ 필드에는 '주차장유형번호'가 저장되도록 설정하시오.

  ▶ 목록 너비를 3cm로 설정하시오.

  ▶ 목록 이외의 값은 입력될 수 없도록 설정하시오.

주차관리번호	건물번호	법정동명	본번	부번	주차유형	옥내기계식	옥외기계식
PL-001	B-05	아현동	496	0	옥내자주식	0	0
PL-002	B-23	망원1동	660	0	주차장없음	0	0
PL-003	B-51	서강동	378	0	옥내기계식	0	0
PL-004	B-175	신수동	715	0	옥외기계식	0	0
PL-005	B-85	서강동	1516	0	옥내자주식	0	0
PL-006	B-219	도화동	620	0	옥외자주식	0	0
PL-007	B-116	아현동	1531	0	옥내자주식	0	0
PL-008	B-169	성산1동	795	0	옥내자주식	0	0
PL-009	B-30	신수동	1513	0	옥외자주식	0	0
PL-010	B-280	아현동	317	0	옥내자주식	0	0
PL-011	B-78	대흥동	1548	0	옥내자주식	0	0
PL-012	B-86	신수동	1382	0	주차장없음	0	0

레코드: ◄ 1/287 ► ►I ►* 필터 없음 검색

3. 〈건물주차현황〉 테이블의 '건물번호' 필드는 〈주택현황〉 테이블의 '건물번호' 필드를 참조하며, 테이블 간의 관계는 M:1 이다. 다음과 같이 테이블 간의 관계를 설정하시오. (5점)

  ※ 액세스 파일에 이미 설정되어 있는 관계는 수정하지 마시오.

  ▶ 각 테이블 간에 항상 참조 무결성이 유지되도록 설정하시오.

  ▶ 참조 필드의 값이 변경되면 관련 필드의 값도 변경되도록 설정하시오.

  ▶ 다른 테이블에서 참조하고 있는 레코드는 삭제할 수 없도록 설정하시오.

문제 2 입력 및 수정 기능 구현(20점)

1. 〈건물주차관리〉 폼을 다음의 화면과 지시사항에 따라 완성하시오. (각 3점)

① 폼 머리글의 'txt주차장유형' 컨트롤에 '주차장유형' 필드의 내용이 표시되도록 '컨트롤 원본' 속성을 설정하시오.

② 하위 폼의 'txt주차여유' 컨트롤에는 '총주차수 − 임대주차수'의 값이 표시되도록 '컨트롤 원본' 속성을 설정하시오.

③ 폼 바닥글의 'txt주차총수' 컨트롤에는 'txt주차장유형번호' 컨트롤에 입력된 주차유형과 같은 하위 폼의 총주차수 합계가 표시되도록 '컨트롤 원본' 속성을 설정하시오.

▶ DSum 함수 사용

2. 〈건물주차세부〉 폼의 본문 컨트롤에 대하여 다음과 같이 조건부 서식을 순서대로 설정하시오. (6점)

▶ '건물명' 필드의 값에 "아파트"가 포함되고, '총주차수' 필드의 값이 500 이상인 경우 본문의 모든 컨트롤들의 글꼴 스타일을 '굵게', 글꼴 색을 '표준 색 − 파랑'으로 지정하시오.

▶ '임대주차수' 필드의 값이 200보다 큰 경우 본문의 모든 컨트롤들의 글꼴 스타일을 '굵게', 글꼴 색을 '표준 색 − 빨강'으로 지정하시오.

▶ Like, And 연산자 사용

건물번호	건물명	법정동명	주용도	총주차수	임대주차수	주차여유
B-05	아현동 우정아파트	아현동	공동주택	442	133	309
B-23	신내아파트	망원1동	공동주택	382	115	267
B-51	서강동한국아파트	서강동	생활주택	265	80	185
B-175	**신수동 늘푸른 동아 아파트**	**신수동**	**공동주택**	**632**	**190**	**442**
B-85	서강동삼익아파트	서강동	생활주택	233	70	163
B-219	도화숲 시티프라디움	도화동	공동주택	414	124	290
B-116	아현마젤란21 아파트	아현동	공동주택	211	63	148
B-169	**새한아파트**	**성산1동**	**공동주택**	**610**	**183**	**427**
B-30	신수동삼호아파트	신수동	생활주택	168	50	118
B-280	**대시앙**	**아현동**	**생활주택**	**1525**	**458**	**1067**
B-78	쌍용 더 플래티넘 용마산	대흥동	공동주택	291	87	204

레코드: ◀ ◀ 1/287 ▶ ▶▎ ▶※ ▽필터 없음 검색

3. 〈건물주차관리〉 폼 머리글의 '보고서 출력(cmd출력)' 단추를 클릭하면 〈법정동별주차현황〉 보고서를 '인쇄 미리 보기' 형태로 여는 〈보고서출력〉 매크로를 생성하여 지정하시오. (5점)

▶ 다음과 같이 시스템의 현재 날짜와 시간이 표시된 메시지 상자에서 〈확인〉을 클릭하면 보고서를 출력할 것

문제 3   **조회 및 출력 기능 구현(20점)**

1. 다음의 지시사항 및 화면을 참조하여 〈법정동별주차현황〉 보고서를 완성하시오. (각 3점)

① 동일한 그룹 내에서 '건물명'을 기준으로 오름차순 정렬되도록 하시오.

② '법정동명' 머리글 영역이 매 페이지마다 반복하여 출력되도록 설정하고, 구역 전에 페이지가 바뀌도록 관련 속성을 설정하시오.

③ 본문 영역의 'txt순번' 컨트롤에는 그룹별로 순번이 표시되도록 관련 속성을 설정하시오.

④ '법정동명' 바닥글 영역의 'txt평균주차수' 컨트롤에는 총주차수 필드의 평균이 [표시 예]와 같이 표시되도록 '컨트롤 원본' 속성과 '형식' 속성을 설정하시오.

▶ [표시 예] 0 → 0대, 18 → 18대

⑤ 페이지 바닥글 영역의 'txt페이지' 컨트롤에는 페이지 번호가 다음과 같이 표시되도록 '컨트롤 원본' 속성을 설정하시오.

▶ 현재 페이지가 1페이지이고 전체 페이지가 5페이지인 경우 : 전체 5페이지 중 1페이지

법정동별주차현황

공덕동

순번	건물명	본번	부번	기타용도	총주차수	임대주차수
1	강변캐슬	198	20	도시형생활주택	15	5
2	개나리아파트	213	3	아파트	0	0
3	경남아너스빌	1529	0	공동주택	391	117
4	공덕 데시앙포레	817	0	공동주택	2202	661
5	공덕 지퍨 에스테이트	538	0	공동주택	58	17
6	공덕동 아이파크	385	0	공동주택	785	236
7	공덕학사	210	4	기숙사	24	7
8	금강빌라트	285	1	공동주택	14	4
9	다원슈슈빌	175	42	도시형생활주택	18	5
10	더베스트빌	72	8	도시형생활주택	16	5
11	디아이빌	1	44	도시형생활주택	24	7
12	리더스	648	4	공동주택	15	5
13	백운빌라	332	155	공동주택	14	4
14	삼성홈타운	106	32	다세대주택	16	5
15	성진뉴얼팰리스 2차	527	39	도시형생활주택	19	6
16	스마트빌	494	2	도시형생활주택	36	11
17	신흥드란채	143	36	도시형생활주택	32	10
18	예지다움	128	33	도시형생활주택	42	13
19	주함해븐빌	456	0	도시형생활주택	56	17
20	중앙하이츠아파트	479	0	아파트	449	135

평균 주차대수 :   211대

전체 21페이지 중 1페이지

2. 〈건물주차세부〉 폼 본문의 'txt주용도' 컨트롤을 더블클릭하면 다음과 같은 기능을 수행하도록 이벤트 프로시저를 구현하시오. (5점)

▶ 아래와 같은 메시지 상자에 "기타용도 : " 메시지와 '기타용도' 필드의 값을 연결하여 표시할 것
▶ & 연산자 사용

문제 4   처리 기능 구현(35점)

1. 〈건물주차현황〉 테이블을 이용하여 법정동별 최대 '총주차수'를 조회한 후 새 테이블로 생성하는 〈동별최대주차수〉 쿼리를 작성하고 실행하시오. (7점)

▶ '최대주차수' 필드는 '총주차수' 필드를 이용하시오.
▶ '법정동명' 필드의 값이 '가'부터 '아'까지의 문자 중에서 하나로 시작하는 레코드만 표시하시오.
▶ '최대주차수' 필드를 기준으로 내림차순 정렬하시오.
▶ Like 연산자 사용
▶ 쿼리 실행 후 생성되는 테이블의 이름은 〈마포구동별최대주차수〉로 설정하시오.
▶ 쿼리 실행 결과 생성되는 필드와 필드명은 〈그림〉을 참고하여 수험자가 판단하여 설정하시오.

법정동명	최대주차수
공덕동	2202
망원2동	1965
신수동	1571
아현동	1525
서강동	1265
대흥동	917
도화동	915
서교동	907
망원1동	696
성산1동	689
성산2동	191

※ 〈동별최대주차수〉 쿼리를 실행한 후의 〈마포구동별최대주차수〉 테이블

2. 법정동명별 주차창유형별 주차수를 조회하는 〈주차수조회〉 크로스탭 쿼리를 작성하시오. (7점)

▶ 〈건물주차현황〉과 〈주차유형〉 테이블을 이용하시오.
▶ '마포구동' 필드는 '법정동명' 필드를 이용하시오.
▶ '주차수' 필드와 주차유형별 주차수는 '주차관리번호' 필드를 이용하시오.
▶ '법정동명' 필드의 값이 "1동"이나 "2동"으로 끝나는 레코드는 조회 대상에서 제외하시오.
▶ Right 함수, And 연산자 사용
▶ 쿼리 결과로 표시되는 필드와 필드명은 〈그림〉과 같이 표시되도록 설정하시오.

마포구동	주차수	옥내기계식	옥내자주식	옥외기계식	옥외자주식	주차장없음
공덕동	20	1	14	1	3	1
대흥동	28	2	16	2	7	1
도화동	27	1	22		4	
서강동	28		23	2	3	
서교동	21	1	11	2	6	1
신수동	33		13	1	16	3
아현동	37	2	18	1	13	3
염리동	28	1	18	1	7	1
용강동	27	2	12		7	6
합정동	8	1	3		4	

3. '대기자수'와 조회할 '법정동명'을 매개 변수로 입력받아 해당 '법정동명'의 '대기자수' 필드를 수정하는 〈대기자수등록〉 업데이트 쿼리를 작성한 후 실행하시오. (7점)

▶ 〈건물주차현황〉 테이블을 이용하시오.
▶ '대기자수' 필드에 입력받은 대기자수만큼 "★"을 반복하여 표시하시오.
▶ String 함수 사용

 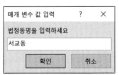

※ 〈대기자수등록〉 쿼리의 매개 변수 값으로 대기자수를 3, 법정동명을 "서교동"으로 입력하여 실행한 후의 〈건물주차현황〉 테이블

4. 법정동별 주차유형별 주차수의 합계를 조회하는 〈법정동별주차조회〉 쿼리를 작성하시오. (7점)

▶ 〈건물주차현황〉과 〈주택현황〉 테이블을 이용하시오.
▶ '총주차수 합계' 필드의 값이 많은 순으로 상위 3개 레코드만 표시하시오.
▶ '기타용도' 필드의 값이 "아파트"이거나 "공동주택"인 레코드는 조회 대상에서 제외하시오.
▶ In과 Not 연산자 사용
▶ 쿼리 결과로 표시되는 필드와 필드명은 〈그림〉과 같이 표시되도록 설정하시오.

법정동명	옥내기계식 합계	옥외기계식 합계	옥내자주식 합계	옥외자주식 합계	총주차수 합계
아현동	24	15	203	230	472
도화동	6	5	238	81	330
신수동	0	16	100	205	321

5. 〈주차유형〉과 〈건물주차현황〉 테이블을 이용하여 조회할 법정동의 일부를 매개 변수로 입력받아 해당 동의 주차여유의 합계를 조회하는 〈주차여유분조회〉 쿼리를 작성하시오. (7점)

▶ '주차여유' 필드는 '총주차수 – 임대주차수'의 합으로 계산하여, [표시 예]와 같이 표시되도록 '형식' 속성을 설정하시오.
　[표시 예] 1740 → 1,740대
▶ '주차여유' 필드의 합계가 0보다 큰 레코드만 표시하시오.
▶ '주차여유' 필드를 기준으로 내림차순 정렬하시오.
▶ Sum 함수, Like 연산자 사용
▶ 쿼리 실행 결과 표시되는 필드와 필드명은 〈그림〉과 같이 표시되도록 설정하시오

법정동명	주차장유형	주차여유
망원2동	옥내자주식	1,740대
망원1동	옥내자주식	720대
망원1동	옥외자주식	293대
망원2동	옥외기계식	11대

문제 1 DB구축

01. 테이블 완성하기

〈건물주차현황〉 테이블

1 '주차관리번호' 필드에 입력 마스크 속성 설정하기

필드 속성	
일반 조회	
필드 크기	255
형식	
입력 마스크	LL-000;0;*
캡션	
기본값	

2 '주차관리번호' 필드에 필수와 빈 문자열 허용 속성 설정하기

필드 속성	
일반 조회	
유효성 검사 텍스트	
필수	예
빈 문자열 허용	아니요
인덱스	예(중복 불가능)
유니코드 압축	아니요

3 '임대주차수' 필드에 기본값 속성 설정하기

필드 속성	
일반 조회	
입력 마스크	
캡션	
기본값	0
유효성 검사 규칙	
유효성 검사 텍스트	

4 테이블 속성의 '유효성 검사 규칙' 속성과 '유효성 검사 텍스트' 속성 설정하기

속성 시트
선택 유형: 테이블 속성

일반	
설명	
기본 보기	데이터시트
유효성 검사 규칙	[총주차수]>=[임대주차수]
유효성 검사 텍스트	총주차수를 확인하세요
필터	

5 테이블 속성의 '정렬 기준' 속성 설정하기

속성 시트
선택 유형: 테이블 속성

일반	
필터	
정렬 기준	법정동명 desc
하위 데이터시트 이름	[자동]
하위 필드 연결	
기본 필드 연결	

02. 〈건물주차현황〉 테이블의 '주차유형' 필드에 조회 속성 설정하기

정답

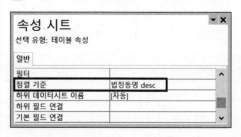

필드 속성	
일반 조회	
컨트롤 표시	콤보 상자
행 원본 유형	테이블/쿼리
행 원본	SELECT 주차유형.주차장유형번호, 주차유형.주차장유형 FROM 주차유형;
바운드 열	1
열 개수	2
열 이름	아니요
열 너비	0cm;3cm
행 수	16
목록 너비	3cm
목록 값만 허용	예
여러 값 허용	아니요
값 목록 편집 허용	아니요
목록 항목 편집 폼	
행 원본 값만 표시	아니요

03. 〈건물주차현황〉 테이블과 〈주택현황〉 테이블 간의 관계 설정하기

정답

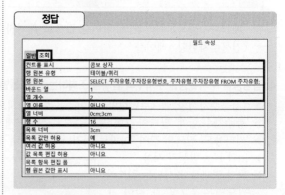

• '관계 편집' 대화상자

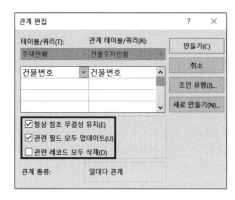

---

01. 〈건물주차관리〉 폼 완성하기

정답

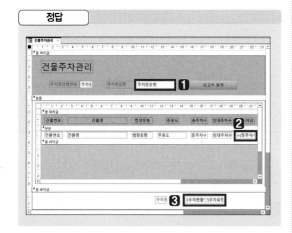

1 'txt주차장유형' 컨트롤에 속성 지정하기
'데이터' 탭의 컨트롤 원본 → 주차장유형

2 하위 폼 본문의 'txt주차여유' 컨트롤에 속성 지정하기
'데이터' 탭의 컨트롤 원본 → =[총주차수]-[임대주차수]

3 폼 바닥글의 'txt주차총수' 컨트롤에 속성 설정하기
'데이터' 탭의 컨트롤 원본 → =DSum("총주차수","건물주차현황","[주차유형]=[txt주차장유형번호]")

※ 작업 대상 레코드가 들어있는 테이블이나 쿼리의 이름이 제시되지 않은 경우 폼 속성의 '데이터' 탭에서 '레코드 원본' 속성을 참고해야 합니다. 문제에서 하위 폼의 총 주차수 합계를 표시하라고 했으므로, 하위 폼의 '레코드 원본' 속성에 사용된 〈건물주차현황〉과 〈주택현황〉 테이블 중 조건에 사용할 '주차유형' 필드가 있는 〈건물주차현황〉 테이블을 작업 대상 도메인으로 사용한 것입니다.

02. 〈건물주차세부〉 폼 본문에 조건부 서식 설정하기

1. 폼 본문에 있는 모든 컨트롤을 선택한다.
2. [서식] → 컨트롤 서식 → **조건부 서식(圖)**을 클릭한 후 '조건부 서식 규칙 관리자' 대화상자에서 〈새 규칙〉을 클릭한다.
3. '새 서식 규칙' 대화상자에서 다음과 같이 설정한다.

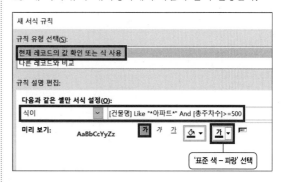

4. 같은 방법으로 두 번째 조건부 서식을 다음과 같이 설정한다.

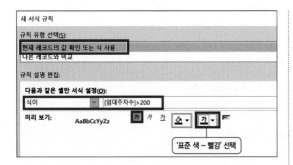

'표준 색 – 빨강' 선택

03. 〈보고서출력〉 매크로 작성하기

정답

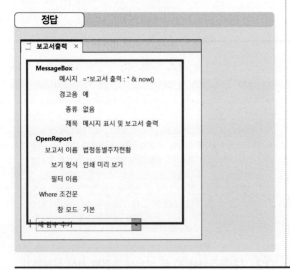

1. 매크로 개체를 생성한 후 이를 연결하여 사용해야 하므로, 먼저 매크로 개체를 생성한다. [만들기] → 매크로 및 코드 → **매크로( )**를 클릭한다.
2. 매크로 대화상자에서 정답과 같이 설정한 후 매크로 대화상자의 닫기( ) 단추를 클릭한다.
3. 저장 여부를 묻는 대화상자에서 〈예〉를 클릭한다.
4. '다른 이름으로 저장' 대화상자에서 매크로 이름을 **보고서출력**으로 입력한 다음 〈확인〉을 클릭한다.
5. 〈건물주차관리〉 폼을 디자인 보기로 연 후 폼 머리글의 'cmd출력' 컨트롤을 더블클릭한다.
6. 'cmd출력' 컨트롤 속성 시트 창의 '이벤트' 탭에서 'On Click' 이벤트의 목록 단추를 눌러 '보고서출력' 매크로를 선택한다.

---

01. 〈법정동별주차현황〉 보고서 완성하기

정답

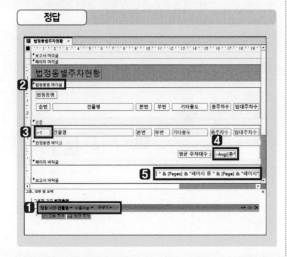

1 '그룹, 정렬 및 요약' 창

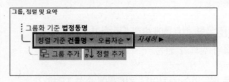

2 '법정동명' 머리글 영역에 속성 설정하기
• '형식' 탭의 반복 실행 구역 → 예
• '형식' 탭의 페이지 바꿈 → 구역 전

3 'txt순번' 컨트롤에 속성 설정하기
• '데이터' 탭의 컨트롤 원본 → =1
• '데이터' 탭의 누적 합계 → 그룹

4 'txt평균주차수' 컨트롤에 속성 설정하기
- '데이터' 탭의 컨트롤 원본 → =Avg([총주차수])
- '형식' 탭의 형식 → 0대

5 'txt페이지' 컨트롤에 속성 설정하기
'데이터' 탭의 컨트롤 원본 →
="전체 " & [Pages] & "페이지 중 " & [Page] & "페이지"

02. 〈건물주차세부〉 폼 본문의 'txt주용도' 컨트롤에 더블클릭 기능 구현하기

> **정답**

```
Private Sub txt주용도_DblClick(Cancel As Integer)
    MsgBox "기타용도 : " & [기타용도]
End Sub
```

문제 4   처리 기능 구현

01. 〈동별최대주차수〉 쿼리

1. 쿼리 작성기 창

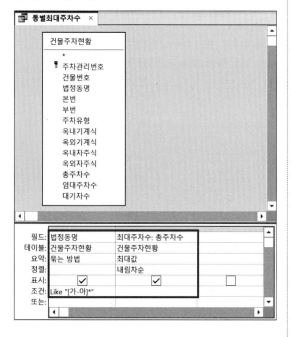

2. [쿼리 디자인] → 쿼리 유형 → **테이블 만들기(▦)**를 클릭한 후 '테이블 만들기' 대화상자의 '테이블 이름'에 **마포구동별최대주차수**를 입력한다.

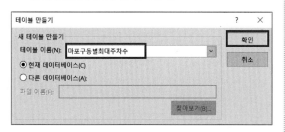

02. 〈주차수조회〉 쿼리

- **쿼리 작성기 창**

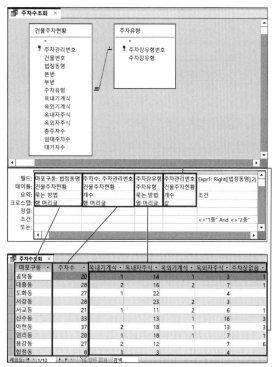

03. 〈대기자수등록〉 쿼리 작성하기

- 쿼리 작성기 창

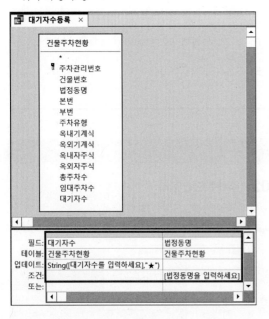

필드:	대기자수	법정동명
테이블:	건물주차현황	건물주차현황
업데이트:	String([대기자수를 입력하세요],"★")	
조건:		[법정동명을 입력하세요]
또는:		

04. 〈법정동별주차조회〉 쿼리

- 쿼리 작성기 창

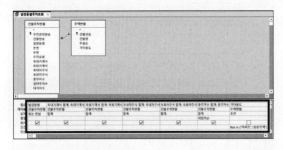

- '쿼리' 속성 시트 창
  - '일반' 탭의 상위 값 : 3

05. 〈주차여유분조회〉 쿼리

- 쿼리 작성기 창

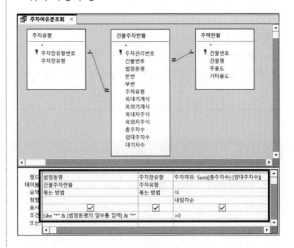

필드	법정동명	주차장유형	주차여유: Sum([총주차수]-[임대주차수])
테이블	건물주차현황	주차유형	
요약	묶는 방법	묶는 방법	식
정렬			내림차순
표시	☑	☑	☑
조건	Like "*" & [법정동명의 일부를 입력] & "*"		>0
또는			

- '주차여유' 필드 속성 설정하기
  - '일반' 탭의 형식 → #,###대

2024년 상시02 컴퓨터활용능력 1급

프로그램명	제한시간	수험번호 :
ACCESS 2021	45분	성명 :

1급 | 상시02

─── 〈 유 의 사 항 〉 ───

- 인적 사항 누락 및 잘못 작성으로 인한 불이익은 수험자 책임으로 합니다.

- 화면에 암호 입력창이 나타나면 아래의 암호를 입력해야 합니다.

  ○ 암호 : 32^286

- 작성된 답안은 주어진 경로 및 파일명을 변경하지 마시고 그대로 저장해야 합니다. 이를 준수하지 않으면 실격처리 됩니다.

  ○ 답안 파일명 예 : C:\DB\수험번호 8자리.accdb

- 외부 데이터 위치 : C:\DB\파일명

- 별도의 지시사항이 없는 경우, 다음과 같이 처리하면 실격 처리됩니다.

  ○ 제시된 개체의 이름을 임의로 변경한 경우

  ○ 제시된 개체의 속성을 임의로 변경한 경우

  ○ 제시된 개체를 임의로 삭제하거나 추가한 경우

- 별도의 지시사항이 없는 경우, 기능의 구현은 모듈이나 매크로 등을 이용하며, 예외적인 상황에 대해서는 고려하지 않아도 됩니다.

- 제시된 함수가 없을 경우 제시된 함수만을 사용하여야 하며, 그 외 함수 사용시 채점 대상에서 제외됩니다

- 별도의 지시사항이 없는 경우, 주어진 각 개체의 속성은 설정값 또는 기본 설정값(Default)으로 처리하십시오.

- 제시된 화면은 예시이며 나타난 값은 실제와 다를 수 있습니다.

- 저장 시간은 별도로 주어지지 아니하므로 제한된 시간 내에 저장을 완료해야 합니다.

- 본 문제의 용어는 Microsoft Office Access 2021(LTSC 2108 버전) 기준으로 작성되었습니다.

대한상공회의소

문제 1 DB구축(25점)

1. 서울의 상권을 분석하기 위한 데이터베이스를 구축하고자 한다. 다음의 지시사항에 따라 테이블을 완성하시오. (각 3점)

〈서울상권분석〉 테이블

① '구분ID' 필드는 'S-123456' 형식으로, "S-" 고정 문자와 숫자 6자리가 반드시 입력되도록 다음과 같이 설정하시오.

  ▶ 숫자는 0~9까지의 숫자만 입력될 수 있도록 설정할 것
  ▶ "S-" 고정 문자도 테이블에 저장되도록 설정할 것
  ▶ 입력 시 데이터가 입력될 자리를 "*"로 표시할 것

② '소득구간코드' 필드에는 1~9.9까지만 입력되도록 '유효성 검사 규칙' 속성을 설정하시오.

③ '상권구분코드' 필드에는 〈상권구분〉 테이블의 '상권구분코드'와 '상권구분명'이 콤보 상자의 형태로 표시되도록 조회 속성을 설정하시오.

  ▶ '상권구분코드' 필드가 저장되도록 설정하시오.
  ▶ 각 필드의 열 너비는 1cm, 3cm로 설정하시오.

④ 마지막에 '소득구간기타' 필드를 추가하고 최대 100 글자까지 입력할 수 있는 데이터 형식과 필드 크기를 지정하시오.

〈상권구분〉 테이블

⑤ '상권구분명' 필드에는 값이 반드시 입력되도록 관련 속성을 설정하시오.

2. 외부 데이터 가져오기 기능을 이용하여 〈요일별매출분석자료.xlsx〉에서 내용을 가져와 테이블로 생성하시오. (5점)

  ▶ 첫 번째 행은 필드의 이름으로 설정하시오.
  ▶ '구분코드' 필드를 기본키로 설정하시오.
  ▶ 테이블 이름은 "요일별매출분석"으로 하시오.

3. 〈서울상권분석〉 테이블의 '상권변화코드' 필드는 〈상권지표〉 테이블의 '상권변화코드' 필드를 참조하며, 테이블 간의 관계는 M:1이다. 다음과 같이 테이블 간의 관계를 설정하시오. (5점)

  ※ 액세스 파일에 이미 설정되어 있는 관계는 수정하지 마시오.
  ▶ 각 테이블 간에 항상 참조 무결성이 유지되도록 설정하시오.
  ▶ 참조 필드의 값이 변경되면 관련 필드의 값도 변경되도록 설정하시오.
  ▶ 다른 테이블에서 참조하고 있는 레코드는 삭제할 수 없도록 설정하시오.

문제 2 입력 및 수정 기능 구현(20점)

1. 〈서울상권현황조회〉 폼을 다음의 화면과 지시사항에 따라 완성하시오. (각 3점)

① 폼의 기본 보기 속성을 〈그림〉과 같이 표시되도록 설정하시오.
② 폼에 데이터를 추가하거나 삭제할 수 없도록 설정하시오.
③ 폼 머리글에 다음과 같이 그림을 삽입하시오.

  ▶ 그림 파일 이름 : 로고.png 　▶ 그림 너비 : 1.6cm 　▶ 그림 높이 1.3cm
  ▶ 그림 유형 : 포함 　▶ 그림 이름 : IMG그림

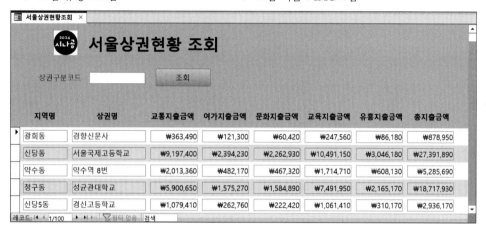

2. 〈서울상권분석〉 폼의 본문 컨트롤에 대하여 다음과 같이 조건부 서식을 설정하시오. (6점)

  ▶ '상권구분코드'가 "A" 또는 "U"이면서, '소득구간코드'가 4~7 사이인 경우 본문의 모든 컨트롤의 배경 색을 '표준 – 진한 바다색 2'로 지정하시오.
  ▶ 단, 하나의 규칙으로 작성하시오.

지역명	상권명	교통지출금액	여가지출금액	문화지출금액	교육지출금액	유흥지출금액	총지출금액
광희동	경향신문사	₩363,490	₩121,300	₩60,420	₩247,560	₩86,180	₩878,950
을지로동	장안교	₩6,970,880	₩1,665,510	₩1,223,370	₩6,281,460	₩1,759,530	₩17,900,750
신당동	서울국제고등학교	₩9,197,400	₩2,394,230	₩2,262,930	₩10,491,150	₩3,046,180	₩27,391,890
다산동	다산역 3번	₩9,221,200	₩2,049,950	₩1,584,580	₩9,037,310	₩2,354,150	₩24,247,190
약수동	약수역 8번	₩2,013,360	₩482,170	₩467,320	₩1,714,710	₩608,130	₩5,285,690
청구동	성균관대학교	₩5,900,650	₩1,575,270	₩1,584,890	₩7,491,950	₩2,165,170	₩18,717,930
신당5동	경신고등학교	₩1,079,410	₩262,760	₩222,420	₩1,061,410	₩310,170	₩2,936,170
동화동	서울대병원	₩1,825,390	₩447,790	₩451,650	₩1,538,130	₩582,230	₩4,845,190

레코드: Ⅰ◀ ◀ 1/100 ▶ ▶Ⅰ ▶* 　필터 없음 검색

3. 〈서울상권현황조회〉 폼 머리글의 '조회(cmd조회)' 단추를 클릭하면 'txt조회' 컨트롤에 입력된 '상권구분코드'로 필터를 수행하고, 폼 본문의 'txt교통지출금액' 컨트롤로 포커스가 이동하는 〈조회후이동〉 매크로를 생성하여 지정하시오. (5점)

  ▶ ApplyFilter 함수와 GoToControl 메서드를 사용하시오.

문제 3 조회 및 출력 기능 구현(20점)

1. 다음의 지시사항 및 화면을 참조하여 〈서울상권현황보고서〉를 완성하시오. (각 3점)

① 페이지 머리글 영역의 'txt페이지' 컨트롤에는 페이지 번호가 [표시 예]와 같이 표시되도록 컨트롤 원본 속성을 설정하시오.
[표시 예] 현재 페이지가 1이고, 전체 페이지가 6인 경우 → 1/6페이지

② '상권구분명 머리글' 영역과 '상권변화명 머리글' 영역은 매 페이지마다 반복하여 출력되고, '상권구분명 머리글' 영역은 해당 영역이 시작되기 전에 페이지가 바뀌도록 관련 속성을 설정하시오.

③ '상권구분명 머리글' 영역의 'txt상권구분변화명' 컨트롤에는 '상권구분명'과 '상권변화명'이 [표시 예]와 같이 표시되도록 '컨트롤 원본' 속성을 설정하시오.
[표시 예] '상권구분명'이 "골목상권"이고 '상권변화명'이 "다이나믹"인 경우 → 골목상권−다이나믹

④ 본문 영역의 'txt순번' 컨트롤에는 그룹별로 순번이 표시되도록 관련 속성을 설정하시오.

⑤ 본문 영역의 'txt소득구간코드' 컨트롤의 값이 이전 레코드와 동일한 경우에는 표시되지 않도록 관련 속성을 설정하시오.

서울상권현황보고서

1/7페이지

골목상권-다이나믹

순번	지역명	상권명	소득구간코드	총지출금액
1	정릉3동	정릉3동주민센터	8.5	₩8,111,510
2	답십리1동	남산골공원옆	7.2	₩9,226,330
3	정릉1동	대신고등학교		₩24,876,870
4	장안1동	관성묘	6.7	₩11,015,650
5	신당5동	경신고등학교	7.4	₩2,936,170
6	광희동	경향신문사	9.5	₩878,950
7	길음1동	배화여자대학교	8.3	₩2,668,690
8	효창동	새남터성지	7.4	₩20,286,070
9	수유2동	수유2동주민센터	6.5	₩2,519,820
10	전농2동	남산케이블카	8.9	₩14,141,950
11	우이동	우이역 7번	6.9	₩4,131,680
12	인수동	한양공고앞 교차로	5.9	₩16,489,520
13	안암동	안암역 1번	9.4	₩14,650,800
14	남영동	남영동벼룩시장	7.7	₩22,263,440
15	보문동	세검정초등학교	7	₩21,603,040
16	장안2동	장안역 5번	6.7	₩9,630,400
17	원효로1동	황학코아루아파트	8.8	₩18,536,430
18	정릉4동	사직공원	8.1	₩2,674,560
19	번2동	번2동역 1번	7.4	₩17,874,940

2. 〈서울상권분석〉 폼 본문의 'txt총지출금액' 컨트롤을 더블클릭하면 다음과 같은 기능을 수행하도록 이벤트 프로시저를 구현하시오. (5점)

▶ '총지출금액' 필드를 기준으로 내림차순 정렬을 수행하시오.
▶ 폼의 OrderBy, OrderByOn 속성을 사용하시오.

문제 4 — 처리 기능 구현(35점)

1. 상권구분명별 상권변화별 총지출금액의 합계를 조회하는 〈상권변화명별_총지출액조회〉 크로스탭 쿼리를 작성하시오. (7점)

▶ 〈상세내역〉 쿼리를 이용하시오.
▶ 상권변화는 '상권변화코드' 필드의 첫 글자가 "H"이면 "수익지역", 그 외는 "관심지역"으로 처리하시오.
▶ '총지출합계' 필드, 상권변화별 총지출금액의 합계는 '총지출금액' 필드를 이용하시오.
▶ '상권명' 필드의 마지막 2자리가 "병원", "학교", "공원"으로 끝나는 레코드만을 조회 대상으로 하시오.
▶ 실행 결과의 모든 금액은 [표시 예]와 같이 표시되도록 '형식' 속성을 설정하시오.
  [표시 예] 0 → 0원, 2703250 → 2,703,250원
▶ IIf, Left, Right 함수와 In 연산자 사용
▶ 쿼리 결과로 표시되는 필드와 필드명은 〈그림〉과 같이 표시되도록 설정하시오.

상권구분명	총지출합계	관심지역	수익지역
골목상권	150,579,280원	104,312,300원	46,266,980원
발달상권	26,275,020원	17,590,740원	8,684,280원
전통시장	20,871,930원		20,871,930원

레코드: ◄ ◄ 1/3 ► ►► ►※ ▼필터 없음 검색

2. 〈서울상권분석〉 테이블을 이용하여 '소득구분기타' 필드의 값을 변경하는 〈소득구분평가〉 업데이트 쿼리를 작성한 후 실행하시오. (7점)

▶ '소득구분기타'는 '소득구간코드'를 정수로 변경하여 1~3이면 "저소득", 4~6이면 "중소득", 7~9이면 "고소득"으로 표시하시오.
  [표시 예] 3 → 저소득, 6 → 중소득, 7 → 고소득
▶ Choose, Int 함수 사용으로 변경

소득구간코드	교통지출금액	여가지출금액	문화지출금액	교육지출금액	유흥지출금액	총지출금액	소득구간기타
9.5	363490	121300	60420	247560	86180	878950	고소득
6.2	6970880	1665510	1223370	6281460	1759530	17900750	중소득
6.4	9197400	2394230	2262930	10491150	3046180	27391890	중소득
8.8	9221200	2049950	1584580	9037310	2354150	24247190	고소득
6.7	2013360	482170	467320	1714710	608130	5285690	중소득
7	5900650	1575270	1584890	7491950	2165170	18717930	고소득
7.4	1079410	262760	222420	1061410	310170	2936170	고소득
7.6	1825390	447790	451650	1538130	582230	4845190	고소득

레코드: ◄ ◄ 1/100 ► ►► ►※ ▼필터 없음 검색

※ 〈소득구분평가〉 쿼리를 실행한 후의 〈서울상권분석〉 테이블

3. 조회할 상권명의 일부를 매개 변수로 입력받아 해당 상권의 정보를 조회하여 새 테이블로 생성하는 〈상권별소득조회〉 쿼리를 작성하고 실행하시오. (7점)

▶ 〈서울상권분석〉 테이블을 이용하시오.

▶ 쿼리 실행 후 생성되는 테이블의 이름은 〈상권별소득평가〉로 설정하시오.

▶ '월평균소득평가' 필드는 '월평균소득금액' 필드의 값을 5,000으로 나눈 몫만큼 "◎" 문자를 표시하시오.

▶ Like 연산자, String 함수 사용

▶ 쿼리 실행 결과 표시되는 필드와 필드명은 〈그림〉과 같이 표시되도록 설정하시오.

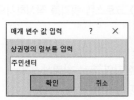

※ 〈상권별소득조회〉 쿼리를 실행한 후의 〈상권별소득평가〉 테이블

4. 〈상권지표〉와 〈서울상권분석〉 테이블을 이용하여 상권변화명별 총 월평균소득금액, 최대 문화지출금액, 평균 유흥지출 금액을 조회하는 〈상권변화명별_지출분석〉 쿼리를 작성하시오. (7점)

▶ '총 월평균소득금액' 필드는 '월평균소득금액' 필드, '최대 문화지출금액' 필드는 '문화지출금액' 필드, '평균 유흥지출금액' 필드는 '유흥지출금액' 필드를 이용하시오.

▶ '총 월평균소득금액' 필드를 기준으로 내림차순 정렬하시오.

▶ '총지출금액' 필드의 값이 5,000,000을 초과하고, '상권구분코드' 필드의 값이 "A"가 아닌 레코드만을 대상으로 하시오.

▶ 쿼리 실행 결과 생성되는 필드와 필드명은 〈그림〉을 참고하여 수험자가 판단하여 설정하시오.

상권변화명	총 월평균소득금액	최대 문화지출금액	평균 유흥지출금액
정체	468980	1584580	1480870
다이나믹	137410	1633220	1528805
상권확장	63290	1266440	1499290

5. 조회할 상권구분명과 상권변화명을 매개 변수로 입력받아 해당 자료의 상권 개수와 최소 총지출금액을 조회하는 〈상권구분_상권변화_자료조회〉 쿼리를 작성하시오. (7점)

▶ 〈상권구분〉, 〈서울상권분석〉, 〈상권지표〉 테이블을 이용하시오.

▶ '소득구간코드' 필드의 값이 3.5에서 6.8 사이인 레코드만을 대상으로 하시오.

▶ '상권 개수' 필드는 '구분ID' 필드를 이용하여 [표시 예]와 같이 표시되도록 '형식' 속성을 설정하시오.
[표시 예] 0 → 0개, 35 → 35개

▶ '최소 총지출금액' 필드는 '총지출금액' 필드를 이용하여 〈그림〉과 같이 표시되도록 '형식' 속성을 설정하시오.

▶ Between 연산자 사용

▶ 쿼리 결과로 표시되는 필드와 필드명은 〈그림〉과 같이 표시되도록 설정하시오.

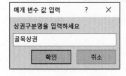 

상권구분명	상권변화명	상권 개수	최소 총지출금액
골목상권	정체	10개	₩2,693,590

01. 테이블 완성하기

〈서울상권분석〉 테이블

1 '구분ID' 필드에 '입력 마스크' 속성 설정하기

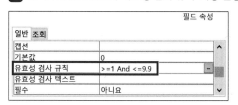

2 '소득구간코드' 필드에 '유효성 검사 규칙' 속성 설정하기

3 '상권구분코드' 필드에 '조회' 속성 설정하기

일반 조회	
컨트롤 표시	콤보 상자
행 원본 유형	테이블/쿼리
행 원본	SELECT 상권구분.상권구분코드, 상권구분.상권구분명 FROM 상권구분;
바운드 열	1
열 개수	2
열 이름	아니요
열 너비	1cm;3cm
행 수	16
목록 너비	자동
목록 값만 허용	아니요
여러 값 허용	아니요
값 목록 편집 허용	아니요
목록 항목 편집 폼	
행 원본값만 표시	아니요

4 '소득구간기타' 필드를 추가하고 '데이터 형식' 및 '필드 크기' 속성 설정하기

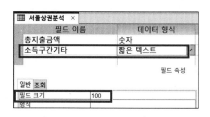

〈상권구분〉 테이블

5 '상권구분명' 필드에 '필수' 속성 설정하기

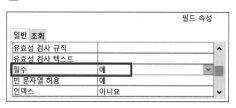

02. '요일별매출분석자료.xlsx' 파일 가져오기

정답

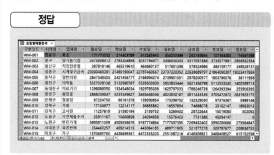

1. '외부 데이터 가져오기 - Excel 스프레드시트' 대화상자

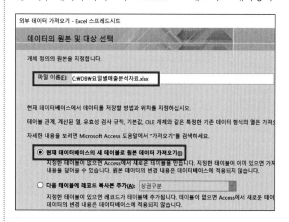

2. '스프레드시트 가져오기 마법사' 1단계 대화상자

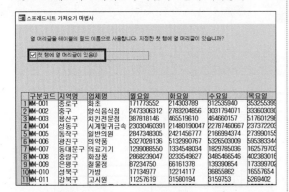

3. '스프레드시트 가져오기 마법사' 3단계 대화상자

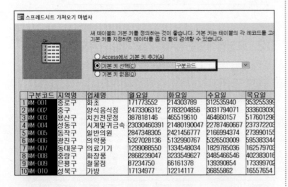

4. '스프레드시트 가져오기 마법사' 4단계 대화상자

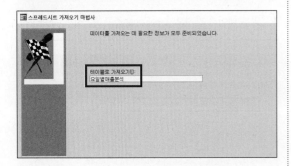

03. 〈서울상권분석〉 테이블과 〈상권지표〉 테이블 간의 관계 설정하기

정답

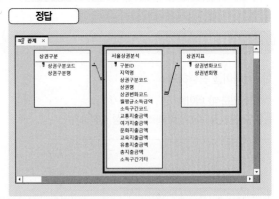

• '관계 편집' 대화상자

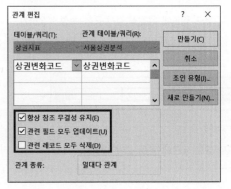

01. 〈서울상권현황조회〉 폼 완성하기

정답

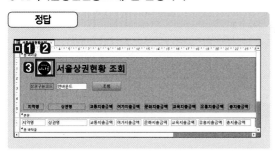

1 폼의 형식 속성 설정하기
'형식' 탭의 기본 보기 → 연속 폼

2 폼의 데이터 속성 설정하기
• '데이터' 탭의 추가 가능 → 아니요
• '데이터' 탭의 삭제 가능 → 아니요

3 폼 머리글에 그림 삽입하기
1. [양식 디자인] → 컨트롤 → 이미지 삽입 → **찾아보기**를 클릭한다.
2. '그림 삽입' 대화상자에서 찾는 위치를 'C:\DB'로 지정한 후 '로고.png'를 선택한 다음 〈확인〉을 클릭한다.

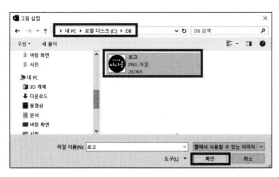

3. 폼 머리글의 제목 왼쪽에 마우스를 드래그하여 그림을 삽입한다.

4. 다음과 같이 속성을 설정한다.
• '형식' 탭의 그림 유형 → 포함

• '형식' 탭의 너비 → 1.6cm
• '형식' 탭의 높이 → 1.3cm
• '기타' 탭의 이름 → IMG그림

02. 〈서울상권분석〉 폼 본문에 조건부 서식 설정하기
1. 폼 본문에 있는 모든 컨트롤을 선택한다.
2. [서식] → 컨트롤 서식 → 조건부 서식(圖)을 클릭한 후 '새 서식 규칙' 대화상자에서 다음과 같이 설정한다.

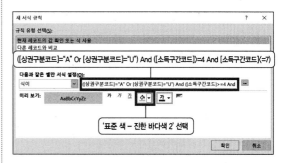

03. 〈보고서출력〉 매크로 작성하기

정답

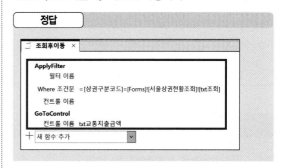

1. 매크로 개체를 생성한 후 이를 연결하여 사용해야 하므로, 먼저 매크로 개체를 생성한다. [만들기] → 매크로 및 코드 → **매크로**(圖)를 클릭한다.
2. 매크로 대화상자에서 정답과 같이 설정한 후 매크로 대화상자의 닫기(圖) 단추를 클릭한다.
3. 저장 여부를 묻는 대화상자에서 〈예〉를 클릭한다.
4. '다른 이름으로 저장' 대화상자에서 매크로 이름을 **조회후이동**으로 입력한 다음 〈확인〉을 클릭한다.
5. 〈서울상권현황조회〉 폼을 디자인 보기로 연 후 폼 본문의 'cmd조회' 컨트롤을 더블클릭한다.
6. 'cmd조회' 컨트롤 속성 시트 창의 '이벤트' 탭에서 'On Click' 이벤트의 목록 단추를 눌러 '조회후이동' 매크로를 선택한다.

01. 〈서울상권현황보고서〉 완성하기

정답

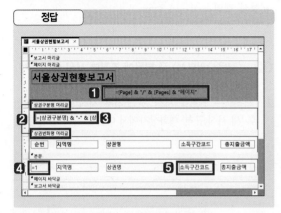

1 'txt페이지' 컨트롤에 속성 설정하기
'데이터' 탭의 컨트롤 원본 →
=[Page] & "/" & [Pages] & "페이지"

2 '상권구분명 머리글' 영역과 '상권변화명 머리글' 영역에 속성 설정하기
• '상권구분명 머리글' 영역 : '형식' 탭의 반복 실행 구역 → 예
• '상권구분명 머리글' 영역 : '형식' 탭의 페이지 바꿈 → 구역 전

• '상권변화명 머리글' 영역 : '형식' 탭의 반복 실행 구역 → 예

3 'txt상권구분변화명' 컨트롤에 속성 설정하기
'데이터' 탭의 컨트롤 원본 →
=[상권구분명] & "-" & [상권변화명]

4 'txt순번' 컨트롤에 속성 설정하기
• '데이터' 탭의 컨트롤 원본 → =1
• '데이터' 탭의 누적 합계 → 그룹

5 'txt소득구간코드' 컨트롤에 속성 설정하기
'형식' 탭의 중복 내용 숨기기 → 예

02. 〈서울상권분석〉 폼 본문의 'txt총지출금액' 컨트롤에 더블클릭 기능 구현하기

정답

```
Private Sub txt총지출금액_DblClick(Cancel As Integer)
    Me.OrderBy = "총지출금액 desc"
    Me.OrderByOn = True
End Sub
```

01. 〈상권변화명별_총지출액조회〉 쿼리

• 쿼리 작성기 창

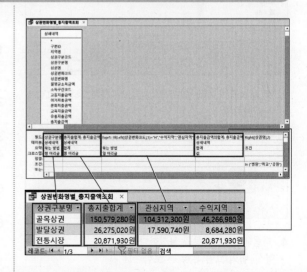

- '총지출합계'와 '총지출금액의합계' 필드 속성 설정하기
  - '형식' 탭의 형식 : #,##0원

02. 〈소득구분평가〉 쿼리

- 쿼리 작성기 창

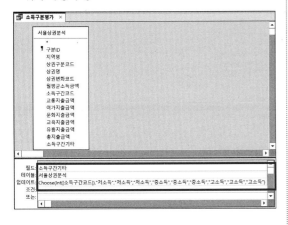

03. 〈상권별소득조회〉 쿼리 작성하기

1. 쿼리 작성기 창

2. [쿼리 디자인] → 쿼리 유형 → **테이블 만들기**(▥)를 클릭한 후 '테이블 만들기' 대화상자의 '테이블 이름'에 상권별소득평가를 입력한다.

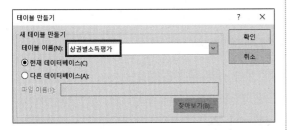

04. 〈상권변화명별_지출분석〉 쿼리

- 쿼리 작성기 창

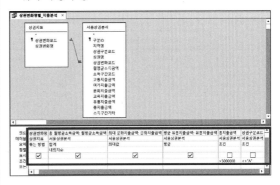

05. 〈상권구분_상권변화_자료조회〉 쿼리

- 쿼리 작성기 창

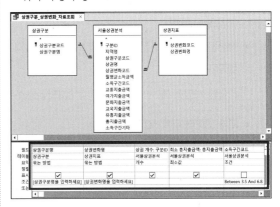

- '상권 개수' 필드 속성 설정하기
  - '형식' 탭의 형식 : 0개
- '최소 총지출금액' 필드 속성 설정하기
  - '형식' 탭의 형식 : 통화

2024년 상시03 컴퓨터활용능력 1급

프로그램명	제한시간
ACCESS 2021	45분

수험번호 :

성명 :

1급	상시03

〈 유 의 사 항 〉

- 인적 사항 누락 및 잘못 작성으로 인한 불이익은 수험자 책임으로 합니다.

- 화면에 암호 입력창이 나타나면 아래의 암호를 입력해야 합니다.

  ○ **암호 : 1714$5**

- 작성된 답안은 주어진 경로 및 파일명을 변경하지 마시고 그대로 저장해야 합니다. 이를 준수하지 않으면 실격처리 됩니다.

  ○ **답안 파일명 예 : C:\DB\수험번호 8자리.accdb**

- **외부 데이터 위치 : C:\DB\파일명**

- 별도의 지시사항이 없는 경우, 다음과 같이 처리하면 실격 처리됩니다.

  ○ 제시된 개체의 이름을 임의로 변경한 경우

  ○ 제시된 개체의 속성을 임의로 변경한 경우

  ○ 제시된 개체를 임의로 삭제하거나 추가한 경우

- 별도의 지시사항이 없는 경우, 기능의 구현은 모듈이나 매크로 등을 이용하며, 예외적인 상황에 대해서는 고려하지 않아도 됩니다.

- 제시된 함수가 없을 경우 제시된 함수만을 사용하여야 하며, 그 외 함수 사용시 채점 대상에서 제외됩니다

- 별도의 지시사항이 없는 경우, 주어진 각 개체의 속성은 설정값 또는 기본 설정값(Default)으로 처리하십시오.

- 제시된 화면은 예시이며 나타난 값은 실제와 다를 수 있습니다.

- 저장 시간은 별도로 주어지지 아니하므로 제한된 시간 내에 저장을 완료해야 합니다.

- 본 문제의 용어는 Microsoft Office Access 2021(LTSC 2108 버전) 기준으로 작성되었습니다.

대한상공회의소

문제 1　　DB구축(25점)

1. 전국의 시도별 산업 단지 현황을 관리하기 위한 데이터베이스를 구축하고자 한다. 다음의 지시사항에 따라 테이블을 완성하시오. (각 3점)

〈산업단지현황〉 테이블

① '시도코드' 필드는 '01-1' 형식으로, 숫자 3자리, "-" 기호가 반드시 입력되도록 다음과 같이 설정하시오.

　　▶ 숫자는 0~9까지의 숫자만 입력될 수 있도록 설정할 것

　　▶ '-' 기호도 테이블에 저장되도록 설정할 것

　　▶ 입력 시 데이터가 입력될 자리를 "#"으로 표시할 것

② '조성상태' 필드에는 다음과 같이 "미개발", "조성중", "완료" 값이 목록 상자 형태로 표시되도록 '조회' 속성을 설정하시오.

③ '가동업체' 필드의 값이 '입주업체' 필드의 값보다 크지 않도록 '유효성 검사' 규칙 속성을 설정하시오.

　　▶ 규칙에 어긋나는 경우 "입주업체를 확인하세요"라는 메시지를 표시하시오.

④ '단지명' 필드에는 중복된 값이 입력될 수 없도록 인덱스를 설정하시오.

〈유형〉 테이블

⑤ '유형번호' 필드를 기본키(PK)로 설정하시오.

2. 외부 데이터 가져오기 기능을 이용하여 〈산업단지추가분.xlsx〉에서 내용을 가져와 〈산업단지현황〉 테이블에 추가하시오. (5점)

　　▶ '추가자료'로 이름 정의된 데이터를 가져오시오.

3. 〈산업단지현황〉 테이블의 '유형번호' 필드는 〈유형〉 테이블의 '유형번호' 필드를 참조하며, 테이블 간의 관계는 M:1이다. 다음과 같이 테이블 간의 관계를 설정하시오. (5점)

　　※ 액세스 파일에 이미 설정되어 있는 관계는 수정하지 마시오.

　　▶ 각 테이블 간에 항상 참조 무결성이 유지되도록 설정하시오.

　　▶ 참조 필드의 값이 변경되면 관련 필드의 값도 변경되도록 설정하시오.

　　▶ 다른 테이블에서 참조하고 있는 레코드는 삭제할 수 없도록 설정하시오.

1. 〈산업단지현황조회〉 폼을 다음의 화면과 지시사항에 따라 완성하시오. (각 3점)

① 폼에 탐색 단추가 표시되고 스크롤 막대는 표시되지 않도록 설정하시오.

② 폼 머리글의 'txt시도코드'와 'txt시도명' 컨트롤은 편집할 수 없도록 관련 속성을 설정하시오. (단, 포커스는 이동 가능함)

③ 기본 폼의 '시도코드' 필드를 이용하여 하위 폼에 내용이 표시되도록 기본 폼과 하위 폼을 연결하시오.

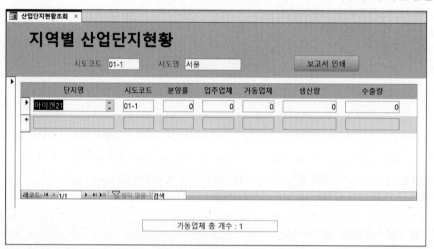

2. 〈산업단지현황조회〉 폼 바닥글의 'txt가동업체총계' 컨트롤에 가동업체의 총 개수가 표시되도록 컨트롤 원본 속성을 설정하시오. (6점)

▶ 〈산업단지현황〉 테이블의 '시도코드' 필드가 'txt시도코드' 컨트롤의 값과 같은 가동업체의 총 개수를 표시하시오.

▶ 가동업체의 총 개수가 0이면 "가동업체 없음"을, 그렇지 않으면 "가동업체 총 개수 : "와 가동업체의 총 개수를 표시하시오.

▶ IIF, DCOUNT 함수를 사용하시오.

▶ 1번 그림 참조

3. 〈산업단지현황조회〉 폼 머리글의 '보고서 인쇄(cmd인쇄)' 단추를 클릭하면, 〈산업단지현황보고서〉를 '인쇄 미리 보기' 형태로 여는 〈보고서출력〉 매크로를 생성하여 지정하시오. (5점)

▶ '시도코드' 필드의 값이 폼 머리글의 'txt시도코드' 컨트롤에 해당하는 정보만 표시하시오.

문제 3 　조회 및 출력 기능 구현(20점)

1. 다음의 지시사항 및 화면을 참조하여 〈산업단지현황보고서〉를 완성하시오. (각 3점)

① '유형명'을 기준으로 그룹이 지정된 상태에서, 1차 기준으로 '분양률'의 오름차순, 2차 기준으로 '단지명'의 오름차순 정렬되도록 하시오.

② '유형명' 머리글 영역은 매 페이지마다 반복하여 출력되고, 해당 영역이 시작되기 전에 페이지가 바뀌도록 관련 속성을 설정하시오.

③ '유형명' 머리글 영역의 'txt유형시도' 컨트롤에는 '유형명'과 '시도명'이 [표시 예]와 같이 표시되도록 '컨트롤 원본' 속성을 설정하시오.

[표시 예] '유형명'이 "국가"이고 '시도명'이 "전라북"인 경우 → 국가 전라북

④ 본문 영역의 'txt순번' 컨트롤에는 그룹별로 순번이 표시되도록 관련 속성을 설정하시오.

⑤ '유형명' 바닥글 영역의 'txt총생산량' 컨트롤에는 생산량의 합계가 표시되도록 '컨트롤 원본' 속성을 설정하시오.

산업단지현황보고서

국가 전라북

순번	단지명	조성상태	분양률	입주업체	가동업체	생산량
1	블루	미개발	0	0	0	0
2	한올	조성중	0	3	3	3
3	현재	조성중	7	0	0	0
4	LG Caltex정유	완료	86	194	97	337,111
5	개성전자	조성중	87	68	28	517,134
6	스피드 PC방	조성중	100	2,965	2,661	60,059,679
7	이너	완료	100	12	11	2,332,117
8	투맨시스템	완료	100	206	206	1,474,771

총 생산량 : 　64,720,815

1/10페이지

2. 〈산업단지현황내역〉 폼 본문의 'txt시도코드' 컨트롤을 더블클릭하면 다음과 같은 기능을 수행하도록 이벤트 프로시저를 구현하시오. (5점)

▶ '시도코드' 필드의 마지막 1자리가 1이면 '시도명' 필드의 값에 "특별시"를, 2이면 '시도명' 필드의 값에 "광역시"를, 3이면 '시도명' 필드의 값에 "특별자치시"를, 4이면 '시도명' 필드의 값에 "특별자치도"를, 5이면 '시도명' 필드의 값에 "도"를 아래 그림과 같이 표시하시오.

▶ Select Case문과 Right 함수, & 연산자를 사용하시오.

문제 4　　처리 기능 구현(35점)

1. 〈산업단지현황〉과 〈유형〉 테이블을 이용하여 유형별 단지 개수, 평균 분양률, 총 생산량, 총 수출량을 조회하는 〈유형별 단지현황조회〉 쿼리를 작성하시오. (7점)

   ▶ '단지 개수' 필드는 '단지명' 필드를 이용하여 [표시 예]와 같이 표시되도록 '형식' 속성을 설정하시오.
   [표시 예] 6 → 6개

   ▶ '평균 분양률(%)' 필드는 '분양률' 필드를 이용하여 [표시 예]와 같이 표시되도록 '형식' 속성을 설정하시오.
   [표시 예] 69.803030 → 70

   ▶ '총 생산량' 필드는 '생산량' 필드를, '총 수출량' 필드는 '수출량' 필드를 이용하고, '총 수출량' 필드를 기준으로 내림차순 정렬하시오.

   ▶ '유형명' 필드의 값이 "농공"인 레코드는 조회 대상에서 제외하시오.

   ▶ 쿼리 실행 결과 생성되는 필드와 필드명, 필드의 형식은 〈그림〉을 참고하여 수험자가 판단하여 설정하시오.

유형명	단지 개수	평균 분양률(%)	총 생산량	총 수출량
국가	8개	60	₩64,720,815	₩19,500,845
일반	66개	70	₩48,958,675	₩17,738,888
도시첨단	6개	29	₩401,930	₩63,368

레코드: ⏮ ◀ 1/3 ▶ ▶▶ ▶* 필터 없음　검색

2. 시도명별, 조성상태별 단지의 개수를 조회하는 〈시도별_단지수조회〉 크로스탭 쿼리를 작성하시오. (7점)

   ▶ 〈상세내역〉 쿼리를 이용하시오.

   ▶ 단지의 개수는 '단지명' 필드를 이용하시오.

   ▶ '지정면적' 필드의 값이 100 이상인 레코드만을 대상으로 하시오.

   ▶ '시도명' 필드를 기준으로 오름차순 정렬하시오.

   ▶ '최대 생산량' 필드는 '생산량' 필드, '최대 수출량' 필드는 '수출량' 필드를 이용하여 〈그림〉과 같이 '형식' 속성을 설정하시오.

   ▶ 쿼리 결과로 표시되는 필드와 필드명은 〈그림〉과 같이 표시되도록 설정하시오.

시도명	최대 생산량	최대 수출량	미개발	완료	조성중
강원	₩302,268	₩123,763		4	2
경기	₩5,401,500	₩1,623,376		5	2
경상남	₩60,059,679	₩18,305,207	4	9	9
경상북	₩720,381	₩130,720	1	13	4
대구	₩630,476	₩123,767		1	
대전	₩234,614	₩2,045		1	
부산	₩0	₩0	1		1
세종	₩2,649,821	₩478,715	1	1	
인천	₩379,536	₩63,288	1	1	
전라남	₩54,765	₩3,322		1	
전라북	₩1,259,556	₩315,659		13	1
제주	₩1,474,771	₩59,003		2	
충청남	₩7,590,979	₩3,194,039	1	6	3
충청북	₩18,359,216	₩8,846,158		6	

레코드: ⏮ ◀ 1/14 ▶ ▶▶ ▶* 필터 없음　검색

3. 조회할 단지명의 일부를 매개 변수로 입력받아 해당 단지의 정보를 조회하여 새 테이블로 생성하는 〈단지수출액조회〉 쿼리를 작성하고 실행하시오. (7점)

   ▶ 〈산업단지현황〉 테이블을 이용하시오.

   ▶ 쿼리 실행 후 생성되는 테이블의 이름은 〈단지수출액확인〉으로 설정하시오.

   ▶ '수출량' 필드의 값이 상위 1% 이내인 레코드만을 대상으로 하시오.

   ▶ Like 연산자 사용

   ▶ 쿼리 실행 결과 표시되는 필드와 필드명은 〈그림〉과 같이 표시되도록 설정하시오

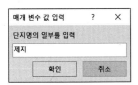

단지수출액확인						
단지명	조성상태	분양률	입주업체	가동업체	수출량	
한국제지	완료	100	48	43	3194039	

레코드: ◄ ◄ 1/1 ► ►► 🔽 필터 없음 검색

※ 〈단지수출액조회〉 쿼리를 실행한 후의 〈단지수출액확인〉 테이블

---

4. 〈시도〉, 〈산업단지현황〉, 〈유형〉 테이블을 이용하여 시도별 유형별 총 생산량과 총 수출량을 조회하는 〈시도유형별성과〉 쿼리를 작성하시오. (7점)

▶ 〈시도〉 테이블의 '시도코드' 필드의 값이 1, 2, 3으로 시작하는 레코드만을 대상으로 하시오.

▶ '시도명' 필드를 기준으로 오름차순 정렬하고 동일한 '시도명' 내에서는 '유형명' 필드를 기준으로 오름차순 정렬하시오.

▶ '총 생산량' 필드는 '생산량' 필드를 이용하여, [표시 예]와 같이 표시되도록 '형식' 속성을 설정하시오.
[표시 예] 0 → 0 백만원, 54765 → 54,765 백만원

▶ '총 수출량' 필드는 '수출량' 필드를 이용하여, [표시 예]와 같이 표시되도록 '형식' 속성을 설정하시오.
[표시 예] 0 → 0 천달러, 6302 → 6,302 천달러

▶ Left 함수, In 연산자 사용

▶ 쿼리 결과로 표시되는 필드와 필드명은 〈그림〉과 같이 표시되도록 설정하시오.

시도유형별성과			
시도명	유형명	총 생산량	총 수출량
강원	농공	604,400 백만원	130,065 천달러
강원	도시첨단	22,394 백만원	80 천달러
강원	일반	62,069 백만원	1,577 천달러
경상남	국가	60,059,682 백만원	18,305,207 천달러
경상남	농공	357,514 백만원	64,275 천달러
경상남	일반	2,611,436 백만원	302,856 천달러
경상북	농공	1,212,232 백만원	261,842 천달러
경상북	도시첨단	0 백만원	0 천달러
경상북	일반	1,734,049 백만원	71,030 천달러
전라남	농공	54,765 백만원	3,322 천달러
전라남	일반	0 백만원	0 천달러
전라북	국가	854,245 백만원	188,757 천달러
전라북	농공	531,825 백만원	45,400 천달러
전라북	일반	3,543,956 백만원	873,425 천달러
제주	국가	1,474,771 백만원	59,003 천달러
제주	농공	92,035 백만원	274 천달러
충청남	국가	2,332,117 백만원	947,878 천달러
충청남	농공	89,419 백만원	73,050 천달러
충청남	일반	8,812,474 백만원	3,338,044 천달러
충청북	농공	106,089 백만원	269,646 천달러
충청북	일반	19,283,921 백만원	9,394,991 천달러

레코드: ◄ ◄ 1/21 ► ►► 🔽 필터 없음 검색

---

5. 〈산업단지현황〉 테이블을 이용하여 '비고' 필드의 값을 변경하는 〈분양률평가〉 업데이트 쿼리를 작성한 후 실행하시오. (7점)

▶ '분양률' 필드의 값이 100이면 '비고' 필드의 값을 "분양완료"로, '분양률' 필드의 값이 100 미만 70 이상이면 '비고' 필드의 값을 '분양률' 필드의 값에 "% 분양중"이란 문구를 붙인 것으로, '분양률' 필드의 값이 70 미만 0 초과이면 '비고' 필드의 값을 "분양미달"로, '분양률' 필드의 값이 0이면 "미분양"으로 변경하시오.
[표시 예] 0 → 미분양, 75 → 75% 분양중, 100 → 분양완료

▶ Switch 함수 사용

산업단지현황											
유형번호	시도코드	단지명	조성상태	지정면적	관리면적	분양률	입주업체	가동업체	생산량	수출량	비고
4	16-5	가남	완료	95	95	97	59	56	33400	2000	97% 분양중
2	15-5	간달프	완료	104	104	33	0	0		0	분양미달
2	02-2	갑사	미개발	104	104	0	0	0		0	미분양
1	13-5	개성전자	조성중	18465	18465	87	68	28	517134	129690	87% 분양중
4	12-5	건영단	완료	122	122	100	15	15	65092	73050	분양완료
2	12-5	계성제지	완료	651	649	100	14	13	280016	29900	분양완료
2	12-5	골드아이	조성중	2095	2094	100	1	0		0	분양완료
2	02-2	국보화학	완료	64	63	100	18	18	13792	504	분양완료
4	16-5	금호산업	완료	166	166	100	20	20	54000	36000	분양완료
2	15-5	기아특수강	조성중	1862	1863	98	117	116	383400	38600	98% 분양중
2	16-5	길전자	조성중	2807	2804	77	0	0		0	77% 분양중
2	15-5	녹도정보통신	조성중	728	728	79	10	6	63000	0	79% 분양중

레코드: ◄ ◄ 1/115 ► ►► 🔽 필터 없음 검색

※ 〈분양률평가〉 쿼리를 실행한 후의 〈산업단지현황〉 테이블

01. 테이블 완성하기

〈산업단지현황〉 테이블

1 '시도코드' 필드에 입력 마스크 속성 설정하기

		필드 속성
일반 조회		
필드 크기	255	
형식		
입력 마스크	00-0;0;#	...
캡션		
기본값		

2 '조성상태' 필드에 조회 속성 설정하기

	필드 속성
일반 **조회**	
컨트롤 표시	목록 상자
행 원본 유형	값 목록
행 원본	미개발;조성중;완료
바운드 열	1
열 개수	1
열 이름	아니요
열 너비	
여러 값 허용	아니요
값 목록 편집 허용	아니요
목록 항목 편집 폼	
행 원본 값만 표시	아니요

3 테이블 속성의 '유효성 검사 규칙'과 '유효성 검사 텍스트' 속성 설정하기

속성 시트

선택 유형: 테이블 속성

일반	
기본 보기	데이터시트
유효성 검사 규칙	[가동업체]<=[입주업체]
유효성 검사 텍스트	입주업체를 확인하세요
필터	
정렬 기준	

4 '단지명' 필드에 '인덱스' 속성 설정하기

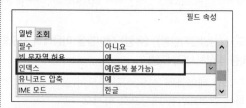

		필드 속성
일반 조회		
필수	아니요	
빈 문자열 허용	예	
인덱스	예(중복 불가능)	
유니코드 압축	예	
IME 모드	한글	

〈유형〉 테이블

5 '유형번호' 필드에 기본 키 설정하기

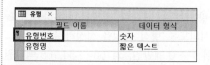

	필드 이름	데이터 형식
유형 ×		
	유형번호	숫자
	유형명	짧은 텍스트

02. '산업단지추가분.xlsx' 파일 가져오기

정답

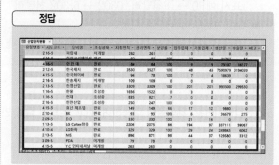

1. '외부 데이터 가져오기 – Excel 스프레드시트' 대화상자

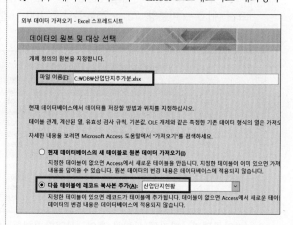

2. '스프레드시트 가져오기 마법사' 1단계 대화상자

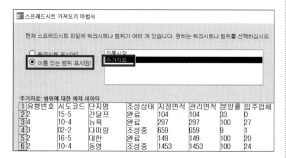

3. '스프레드시트 가져오기 마법사' 2단계 대화상자

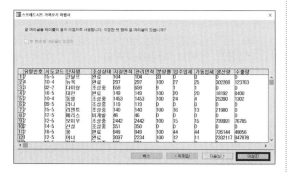

4. '스프레드시트 가져오기 마법사' 3단계 대화상자

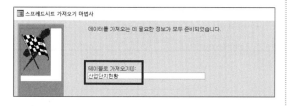

03. 〈산업단지현황〉 테이블과 〈유형〉 테이블 간의 관계 설정하기

정답

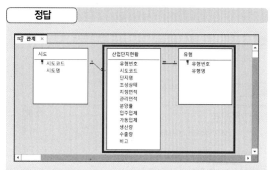

• '관계 편집' 대화상자

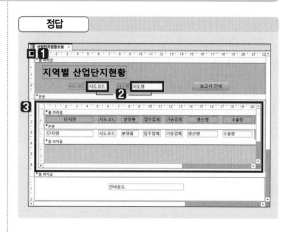

문제 2 　　　　입력 및 수정 기능 구현

01. 〈산업단지현황조회〉 폼 완성하기

정답

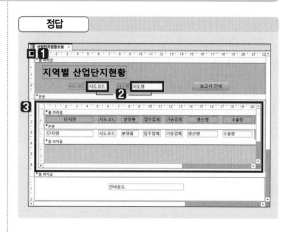

1 폼 속성 설정하기

• '형식' 탭의 탐색 단추 → 예
• '형식' 탭의 스크롤 막대 → 표시 안 함

2 폼 머리글의 'txt시도코드', 'txt시도명' 컨트롤에 속성 설정하기
'데이터' 탭의 잠금 → 예

3 하위 폼 컨트롤에 속성 설정하기

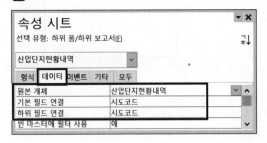

02. 〈산업단지현황조회〉 폼 바닥글의 'txt가동업체총계' 컨트롤에 속성 설정하기

'데이터' 탭의 컨트롤 원본 →
=IIf(DCount("가동업체","산업단지현황","[시도코드]=[txt시도코드]")=0,"가동업체 없음","가동업체 총 개수 : " & DCount("가동업체","산업단지현황","[시도코드]=[txt시도코드]"))

03. 〈보고서출력〉 매크로 작성하기

정답

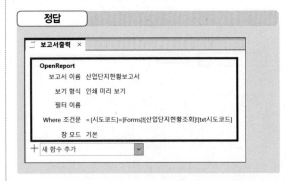

1. 매크로 개체를 생성한 후 이를 연결하여 사용해야 하므로, 먼저 매크로 개체를 생성한다. [만들기] → 매크로 및 코드 → 매크로(🗔)를 클릭한다.
2. 매크로 대화상자에서 정답과 같이 설정한 후 매크로 대화상자의 닫기(❌) 단추를 클릭한다.
3. 저장 여부를 묻는 대화상자에서 〈예〉를 클릭한다.
4. '다른 이름으로 저장' 대화상자에서 매크로 이름을 보고서출력으로 입력한 다음 〈확인〉을 클릭한다.
5. 〈산업단지현황조회〉 폼을 디자인 보기로 연 후 폼 본문의 'cmd인쇄' 컨트롤을 더블클릭한다.
6. 'cmd인쇄' 컨트롤 속성 시트 창의 '이벤트' 탭에서 'On Click' 이벤트의 목록 단추를 눌러 '보고서출력' 매크로를 선택한다.

문제 3   조회 및 출력 기능 구현

01. 〈산업단지현황보고서〉 완성하기

정답

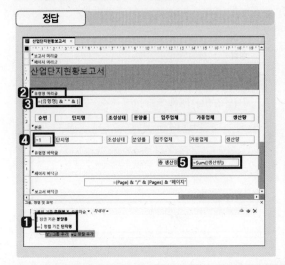

1 '그룹, 정렬 및 요약' 창 – 정렬 기준

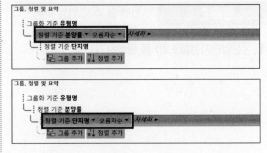

2 '유형명' 머리글 영역에 속성 설정하기

• '형식' 탭의 반복 실행 구역 → 예
• '형식' 탭의 페이지 바꿈 → 구역 전

❸ 'txt유형시도' 컨트롤에 속성 설정하기

'데이터' 탭의 컨트롤 원본 → =[유형명] & " " & [시도명]

❹ 'txt순번' 컨트롤에 속성 설정하기
- '데이터' 탭의 컨트롤 원본 → =1
- '데이터' 탭의 누적 합계 → 그룹

❺ 'txt총생산량' 컨트롤에 속성 설정하기

'데이터' 탭의 컨트롤 원본 → =Sum([생산량])

02. 〈산업단지현황내역〉 폼 본문의 'txt시도코드' 컨트롤에 더블클릭 기능 구현하기

정답

```
Private Sub txt시도코드_DblClick(Cancel As Integer)
    Select Case Right([txt시도코드], 1)
        Case "1"
            MsgBox [시도명] & "특별시"
        Case "2"
            MsgBox [시도명] & "광역시"
        Case "3"
            MsgBox [시도명] & "특별자치시"
        Case "4"
            MsgBox [시도명] & "특별자치도"
        Case "5"
            MsgBox [시도명] & "도"
    End Select
End Sub
```

문제 4   처리 기능 구현

01. 〈유형별단지현황조회〉 쿼리

- 쿼리 작성기 창

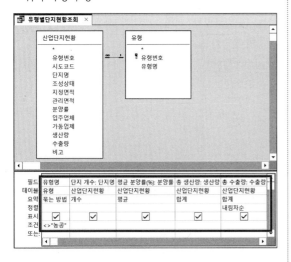

- '단지 개수' 필드 속성 설정하기
  - '일반' 탭의 형식 : #개
- '평균 분양률(%)' 필드 속성 설정하기
  - '일반' 탭의 형식 : #
- '총 생산량', '총 수출량' 필드 속성 설정하기
  - '일반' 탭의 형식 : 통화

02. 〈시도별_단지수조회〉 쿼리

- 쿼리 작성기 창

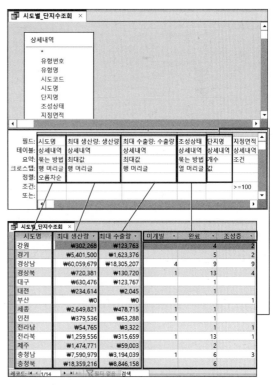

- '최대 생산량', '최대 수출량' 필드 속성 설정하기
  – '일반' 탭의 형식 → 통화

03. 〈단지수출액조회〉 쿼리 작성하기

1. 쿼리 작성기 창

2. [쿼리 디자인] → 쿼리 유형 → **테이블 만들기(▦)**를 클릭한 후 '테이블 만들기' 대화상자의 '테이블 이름'에 **단지수출액확인**을 입력한다.

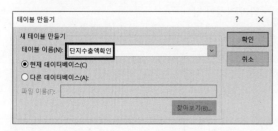

- 쿼리 속성 설정하기
  – '일반' 탭의 상위 값 → 1%

04. 〈시도유형별성과〉 쿼리

- 쿼리 작성기 창

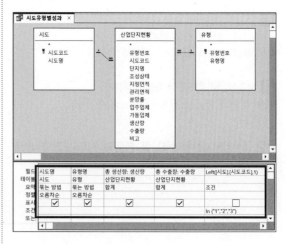

- '총 생산량' 필드 속성 설정하기
  – '형식' 탭의 형식 : #,##0 "백만원"
- '총 수출량' 필드 속성 설정하기
  – '형식' 탭의 형식 : #,##0 "천달러"

05. 〈분양률평가〉 쿼리

- 쿼리 작성기 창

2024년 상시04 컴퓨터활용능력 1급

프로그램명	제한시간	수험번호 :
ACCESS 2021	45분	성명 :

1급 | 상시04

〈 유 의 사 항 〉

- 인적 사항 누락 및 잘못 작성으로 인한 불이익은 수험자 책임으로 합니다.

- 화면에 암호 입력창이 나타나면 아래의 암호를 입력해야 합니다.
  - 암호 : 8@5894

- 작성된 답안은 주어진 경로 및 파일명을 변경하지 마시고 그대로 저장해야 합니다. 이를 준수하지 않으면 실격처리 됩니다.
  - 답안 파일명 예 : C:\DB\수험번호 8자리.accdb

- **외부 데이터 위치 : C:\DB\파일명**

- 별도의 지시사항이 없는 경우, 다음과 같이 처리하면 실격 처리됩니다.
  - 제시된 개체의 이름을 임의로 변경한 경우
  - 제시된 개체의 속성을 임의로 변경한 경우
  - 제시된 개체를 임의로 삭제하거나 추가한 경우

- 별도의 지시사항이 없는 경우, 기능의 구현은 모듈이나 매크로 등을 이용하며, 예외적인 상황에 대해서는 고려하지 않아도 됩니다.

- 제시된 함수가 없을 경우 제시된 함수만을 사용하여야 하며, 그 외 함수 사용시 채점 대상에서 제외됩니다

- 별도의 지시사항이 없는 경우, 주어진 각 개체의 속성은 설정값 또는 기본 설정값(Default)으로 처리하십시오.

- 제시된 화면은 예시이며 나타난 값은 실제와 다를 수 있습니다.

- 저장 시간은 별도로 주어지지 아니하므로 제한된 시간 내에 저장을 완료해야 합니다.

- 본 문제의 용어는 Microsoft Office Access 2021(LTSC 2108 버전) 기준으로 작성되었습니다.

대한상공회의소

문제 1　DB구축(25점)

1. 회원들의 제품 주문 정보를 관리하기 위한 데이터베이스를 구축하고자 한다. 다음의 지시사항에 따라 테이블을 완성하시오. (각 3점)

〈주문〉 테이블

① 테이블이 로드되면, '주문일' 필드를 기준으로 내림차순 정렬되도록 설정하시오.

② 새로운 레코드가 추가되는 경우 '주문일' 필드에는 시간을 포함하지 않는 시스템의 오늘 날짜가 입력되도록 설정하시오.

〈제품〉 테이블

③ '제품번호' 필드는 'P01-0001' 형식으로, 문자 1자리, "–" 기호, 숫자 6자리가 반드시 입력되도록 다음과 같이 설정하시오.

▶ 문자는 영문자와 한글만 입력될 수 있도록 설정할 것

▶ 숫자는 0~9까지의 숫자만 입력될 수 있도록 설정할 것

▶ '–' 기호도 테이블에 저장되도록 설정할 것

▶ 입력 시 데이터가 입력될 자리를 "*"로 표시할 것

④ '제품명' 필드는 값이 반드시 입력되도록 설정하고 빈 문자열은 허용되지 않도록 설정하시오.

⑤ '유통기한(월)' 필드에는 8보다 작은 값이 입력되도록 '유효성 검사 규칙' 속성을 설정하시오.

▶ 규칙에 어긋나는 경우 "입력값을 확인하세요"라는 메시지를 표시하시오.

2. 〈제품〉 테이블의 '분류번호' 필드에 대해서 다음과 같이 조회 속성을 설정하시오. (5점)

▶ 〈분류〉 테이블의 '분류명' 필드만 콤보 상자 형태로 표시하시오.

▶ 필드에는 '분류번호'가 저장되도록 설정하시오.

▶ 목록 너비를 3cm로 설정하시오.

▶ 목록 이외의 값은 입력될 수 없도록 설정하시오.

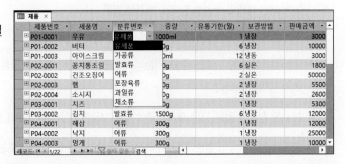

3. 〈주문〉 테이블의 '회원번호' 필드는 〈회원〉 테이블의 '회원번호' 필드를 참조하며, 테이블 간의 관계는 M:1이다. 다음과 같이 테이블 간의 관계를 설정하시오. (5점)

※ 액세스 파일에 이미 설정되어 있는 관계는 수정하지 마시오.

▶ 각 테이블 간에 항상 참조 무결성이 유지되도록 설정하시오.

▶ 참조 필드의 값이 변경되면 관련 필드의 값도 변경되도록 설정하시오.

▶ 다른 테이블에서 참조하고 있는 레코드는 삭제할 수 없도록 설정하시오.

문제 2　　입력 및 수정 기능 구현(20점)

1. 〈분류별주문현황〉 폼을 다음의 화면과 지시사항에 따라 완성하시오. (각 3점)

① 폼 머리글의 'txt제품조회', 'txt분류번호', 'txt분류명' 컨트롤에는 포커스를 이동시킬 수 없도록 탭 속성을 설정하시오.

② 하위 폼 본문의 배경색과 다른 배경색을 '표준 색 – 흰색'으로 설정하시오.

③ 하위 폼 바닥글의 'txt총판매금액' 컨트롤에는 '수량 × 판매금액'의 합계가 표시되도록 '컨트롤 원본' 속성을 설정하시오.

2. 〈주문상세〉 폼의 본문 컨트롤에 대하여 다음과 같이 조건부 서식을 순서대로 설정하시오. (6점)

▶ 필드에 포커스가 있는 경우 배경 색을 '표준 색 – 노랑'으로 지정하시오.

▶ '제품명' 필드의 값이 "우유"이고 '수량' 필드의 값이 5 이상인 경우 본문의 모든 컨트롤들의 글꼴 스타일을 '굵게', 글꼴 색을 '표준 색 – 파랑'으로 지정하시오.

▶ 1번 〈그림〉 참조

3. 〈분류별주문현황〉 폼 머리글의 '보고서 미리보기(cmd출력)' 단추를 클릭하면 〈결제방법별주문현황〉 보고서를 '인쇄 미리 보기' 형태로 여는 〈보고서출력〉 매크로를 생성하여 지정하시오. (5점)

▶ 다음과 같이 시스템의 현재 날짜와 시간이 표시된 메시지 상자에서 〈확인〉을 클릭하면 보고서를 출력할 것

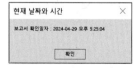

문제 3 조회 및 출력 기능 구현(20점)

1. 다음의 지시사항 및 화면을 참조하여 〈결제방법별주문현황〉 보고서를 완성하시오. (각 3점)

① '결제방법'을 기준으로 그룹이 지정된 상태에서, 1차 기준으로 '제품명'의 오름차순, 2차 기준으로 '주문일'의 내림차순 정렬되도록 하시오.

② 본문 영역의 'txt순번' 컨트롤에는 그룹별로 순번이 표시되도록 관련 속성을 설정하시오.

③ 본문 영역의 'txt제품명' 컨트롤의 값이 이전 레코드와 동일한 경우에는 표시되지 않도록 관련 속성을 설정하시오.

④ '결제방법'의 그룹 바닥글이 화면에 표시되지 않도록 설정하시오.

⑤ 페이지 바닥글 영역의 'txt페이지' 컨트롤에는 페이지가 다음과 같이 표시되도록 '컨트롤 원본' 속성을 설정하시오.

▶ 현재 페이지가 1페이지이고 전체 페이지가 5페이지인 경우 : 1/5

결제방법별주문현황

이체

순번	주문일	제품명	수량	판매금액	유통기한(월)	보관방법
1	2024-04-06	감자	9	5000	1	실온
2	2024-03-17	김치	6	12000	6	냉장
3	2024-04-03	낙지	1	25000	1	냉장
4	2024-02-09		9	25000	1	냉장
5	2024-01-07		5	25000	1	냉장
6	2024-01-10	바나나	1	4000	1	실온
7	2024-03-25	배	8	9000	1	실온
8	2024-02-23		1	9000	1	실온
9	2024-03-31	아이스크림	2	3000	12	냉동
10	2024-02-05	양파	8	7600	1	실온
11	2024-02-16	우유	6	3000	1	냉장
12	2024-01-15	해삼	11	12000	1	냉장

카드

순번	주문일	제품명	수량	판매금액	유통기한(월)	보관방법
1	2024-03-23	감자	5	5000	1	실온
2	2024-02-24		10	5000	1	실온
3	2024-02-12		12	5000	1	실온
4	2024-01-04		12	5000	1	실온
5	2024-03-13	건조오징어	1	50000	2	실온
6	2024-02-28		10	50000	2	실온
7	2024-01-25		3	50000	2	실온
8	2024-01-09		9	50000	2	실온
9	2024-04-01	김치	2	12000	6	냉장

1/5

2. 〈분류별주문현황〉 폼 머리글을 더블클릭하면 다음과 같은 기능을 수행하도록 이벤트 프로시저를 구현하시오. (5점)

▶ 아래와 같은 메시지 상자를 표시하고 〈예〉를 클릭하면, 'txt제품조회' 컨트롤의 값을 지운 후 포커스가 'txt제품조회' 컨트롤로 이동되도록 하시오.

▶ DoCmd 개체와 GoToControl 메서드 사용

---

1. 〈주문목록〉과 〈제품〉 테이블을 이용하여 제품별 총 주문량을 조회한 후 새 테이블로 생성하는 〈제품주문조회〉 쿼리를 작성하고 실행하시오. (7점)

▶ '보관방법' 필드의 값이 "실온"이고, '유통기한(월)' 필드의 값이 1 이하인 레코드만을 대상으로 하시오.

▶ '총 주문량' 필드는 '수량' 필드를 이용하며, '총 주문량' 필드를 기준으로 내림차순 정렬하시오.

▶ 쿼리 실행 후 생성되는 테이블의 이름은 〈실온제품주문현황〉으로 설정하시오.

▶ 쿼리 실행 결과 생성되는 필드와 필드명은 〈그림〉을 참고하여 수험자가 판단하여 설정하시오.

실온제품주문현황 ×	
제품명 ▾	총 주문량 ▾
감자	48
배	35
양파	34
사과	32
바나나	19

※ 〈제품주문조회〉 쿼리를 실행한 후의 〈실온제품주문현황〉 테이블

2. 제품별, 일수별 수량의 합계를 조회하는 〈제품별_일수별_수량조회〉 크로스탭 쿼리를 작성하시오. (7점)

▶ 〈주문상세〉 쿼리를 이용하시오.

▶ '제품명' 필드를 기준으로 내림차순 정렬하시오.

▶ '수량 합계'는 '수량' 필드를 이용하여, [표시 예]와 같이 표시되도록 '형식' 속성을 설정하시오.
[표시 예] 28 → 28개

▶ 일수는 '주문일' 필드를 이용하며, 일수가 10~15 사이인 레코드만을 대상으로 하시오.

▶ 일수별 수량의 합계는 '수량' 필드를 이용하여, 0보다 큰 경우만 일수별 수량의 합계를 표시하고, 그 외에는 "-"을 표시하시오.

▶ Day, Sum, IIf 함수, Between과 & 연산자 사용

▶ 쿼리 결과로 표시되는 필드와 필드명은 〈그림〉과 같이 표시되도록 설정하시오.

제품명	수량 합계	10일	11일	12일	13일	14일	15일
해삼	28개	-	8	-	-	9	11
치즈	11개	-	-	-	11	-	-
우유	8개	-	-	8	-	-	-
오리고기	3개	-	-	3	-	-	-
아이스크림	4개	-	-	-	-	4	-
소시지	3개	-	-	-	-	-	3
소고기	20개	-	-	-	-	9	11
사과	9개	-	9	-	-	-	-
배	11개	11	-	-	-	-	-
바나나	9개	1	8	-	-	-	-
닭고기	10개	10	-	-	-	-	-
꽁치통조림	1개	1	-	-	-	-	-
김치	8개	-	7	1	-	-	-
건조오징어	1개	-	-	-	1	-	-
감자	12개	-	-	12	-	-	-

3. 조회할 제품명의 일부를 매개 변수로 입력받아 해당 제품의 최대주문수량을 조회하는 〈제품별_최대주문수량〉 쿼리를
작성하시오. (7점)

　▶ 〈제품〉, 〈주문목록〉, 〈주문〉, 〈회원〉 테이블을 이용하시오.

　▶ '최대주문수량' 필드는 '수량' 필드를 이용하여, [표시 예]와 같이 표시되도록 '형식' 속성을 설정하시오.
　　[표시 예] 9 → 9개

　▶ '최대주문수량' 필드의 값이 5 이상이고, '성별' 필드의 값이 "여자"인 레코드만을 대상으로 하시오.

　▶ Like 연산자 사용

　▶ 쿼리 실행 결과 표시되는 필드와 필드명은 〈그림〉과 같이 표시되도록 설정하시오.

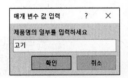 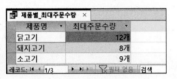

4. 〈제품〉과 〈주문목록〉 테이블을 이용하여 주문되지 않은 제품을 조회하는 〈비인기제품〉 쿼리를 작성하시오. (7점)

　▶ 〈주문목록〉 테이블에 없는 〈제품〉 테이블의 '제품번호' 필드를 대상으로 하시오.

　▶ Is 연산자 사용

　▶ 쿼리 결과로 표시되는 필드와 필드명은 〈그림〉과 같이 표시되도록 설정하시오.

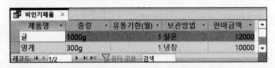

5. 〈회원〉 테이블의 '회원번호' 필드에는 데이터가 있으나 〈주문〉 테이블의 '회원번호' 필드에는 데이터가 없는 회원을 조
회하여 〈회원〉 테이블의 '비고' 필드의 값을 "이벤트 정보 발송 대상자"로 변경하는 〈이벤트대상자〉 업데이트 쿼리를 작
성한 후 실행하시오. (7점)

　▶ 〈회원〉과 〈주문〉 테이블을 이용하시오.

　▶ Not in 연산자와 하위 쿼리 사용

　※ 〈이벤트대상자〉 쿼리를 실행한 후의 〈회원〉 테이블

---

01. 테이블 완성하기

〈주문〉 테이블

1 테이블 속성의 '정렬 기준' 속성 설정하기

속성 시트 ▾ ✕

선택 유형: 테이블 속성

일반

유효성 검사 텍스트	
필터	
정렬 기준	주문일 desc
하위 데이터시트 이름	[자동]
하위 필드 연결	

2 '주문일' 필드에 기본값 속성 설정하기

필드 속성

일반 조회

입력 마스크	
캡션	
기본값	Date()
유효성 검사 규칙	
유효성 검사 텍스트	

〈제품〉 테이블

3 '제품번호' 필드에 입력 마스크 속성 설정하기

필드 속성

일반 조회

필드 크기	255
형식	
입력 마스크	L00-0000;0;*
캡션	
기본값	

4 '제품명' 필드에 '필수' 속성과 '빈 문자열 허용' 속성 설정하기

필드 속성

일반 조회

유효성 검사 텍스트	
필수	예
빈 문자열 허용	아니요
인덱스	아니요
유니코드 압축	예

5 '유통기한(월)' 필드에 '유효성 검사 규칙' 속성과 '유효성 검사 텍스트' 속성 설정하기

필드 속성

일반 조회

기본값	0
유효성 검사 규칙	<8
유효성 검사 텍스트	입력값을 확인하세요
필수	아니요
인덱스	아니요

02. 〈제품〉 테이블의 '분류번호' 필드에 조회 기능 설정하기

정답

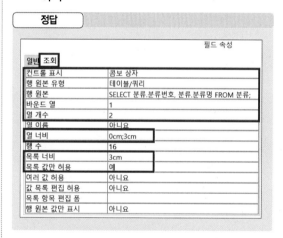

필드 속성

일반 조회

컨트롤 표시	콤보 상자
행 원본 유형	테이블/쿼리
행 원본	SELECT 분류.분류번호, 분류.분류명 FROM 분류;
바운드 열	1
열 개수	2
열 이름	아니요
열 너비	0cm;3cm
행 수	16
목록 너비	3cm
목록 값만 허용	예
여러 값 허용	아니요
값 목록 편집 허용	아니요
목록 항목 편집 폼	
행 원본 값만 표시	아니요

03. 〈주문〉 테이블과 〈회원〉 테이블 간의 관계 설정하기

정답

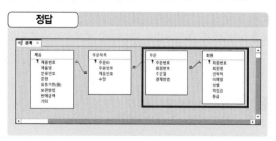

• '관계 편집' 대화상자

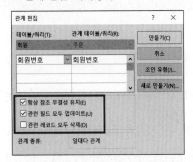

---

01. 〈분류별주문현황〉 폼 완성하기

> 정답

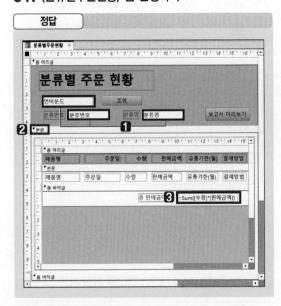

1 'txt제품조회', 'txt분류번호', 'txt분류명' 컨트롤에 속성 지정하기

'기타' 탭의 탭 정지 → 아니요

2 하위 폼 본문에 속성 지정하기
• '형식' 탭의 배경색 → #FFFFFF
• '형식' 탭의 다른 배경색 → #FFFFFF

※ '표준 색 – 흰색'을 지정하면 #FFFFFF로 표시됩니다.

3 하위 폼 바닥글의 'txt총판매금액' 컨트롤에 속성 설정하기
'데이터' 탭의 컨트롤 원본 → =Sum([수량]*[판매금액])

02. 〈주문상세〉 폼 본문에 조건부 서식 설정하기

1. 폼 본문에 있는 모든 컨트롤을 선택한다.
2. [서식] → 컨트롤 서식 → **조건부 서식(📊)**을 클릭한 후 '조건부 서식 규칙 관리자' 대화상자에서 〈새 규칙〉을 클릭한다.
3. '새 서식 규칙' 대화상자에서 다음과 같이 설정한다.

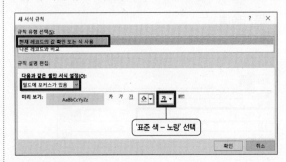

4. 같은 방법으로 두 번째 조건부 서식을 다음과 같이 설정한다.

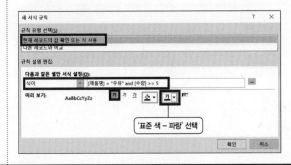

03. 〈보고서출력〉 매크로 작성하기

정답

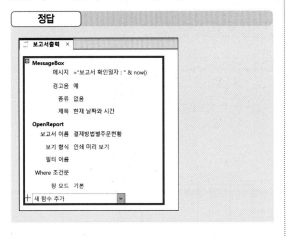

1. 매크로 개체를 생성한 후 이를 연결하여 사용해야 하므로, 먼저 매크로 개체를 생성한다. [만들기] → 매크로 및 코드 → **매크로(📄)**를 클릭한다.
2. 매크로 대화상자에서 정답과 같이 설정한 후 매크로 대화상자의 닫기(⊠) 단추를 클릭한다.
3. 저장 여부를 묻는 대화상자에서 〈예〉를 클릭한다.
4. '다른 이름으로 저장' 대화상자에서 매크로 이름을 **보고서출력**으로 입력한 다음 〈확인〉을 클릭한다.
5. 〈분류별주문현황〉 폼을 디자인 보기로 연 후 폼 머리글의 'cmd출력' 컨트롤을 더블클릭한다.
6. 'cmd출력' 컨트롤 속성 시트 창의 '이벤트' 탭에서 'On Click' 이벤트의 목록 단추를 눌러 '보고서출력' 매크로를 선택한다.

문제 3   조회 및 출력 기능 구현

01. 〈결제방법별주문현황〉 보고서 완성하기

정답

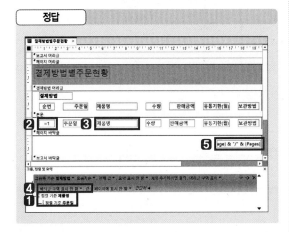

1 '그룹, 정렬 및 요약' 창 – 정렬 기준

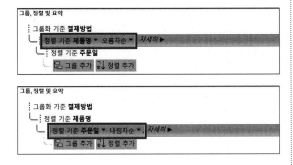

2 'txt순번' 컨트롤에 속성 설정하기
- '데이터' 탭의 컨트롤 원본 → =1
- '데이터' 탭의 누적 합계 → 그룹

3 'txt제품명' 컨트롤에 속성 설정하기
'형식' 탭의 중복 내용 숨기기 → 예

4 '그룹, 정렬 및 요약' 창 – 바닥글 구역 표시 안 함

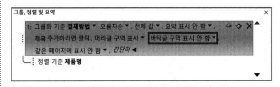

5 'txt페이지' 컨트롤에 속성 설정하기
'데이터' 탭의 컨트롤 원본 → =[Page] & "/" & [Pages]

02. 〈분류별주문현황〉 폼 머리글에 더블클릭 기능 구현하기

정답

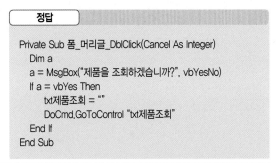

```
Private Sub 폼_머리글_DblClick(Cancel As Integer)
    Dim a
    a = MsgBox("제품을 조회하겠습니까?", vbYesNo)
    If a = vbYes Then
        txt제품조회 = ""
        DoCmd.GoToControl "txt제품조회"
    End If
End Sub
```

01. 〈제품주문조회〉 쿼리

1. 쿼리 작성기 창

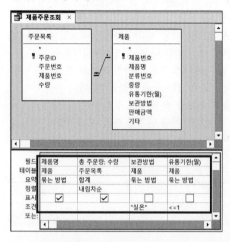

2. [쿼리 디자인] → 쿼리 유형 → 테이블 만들기(▦)를 클릭한 후 '테이블 만들기' 대화상자의 '테이블 이름'에 실온제품주문현황을 입력한다.

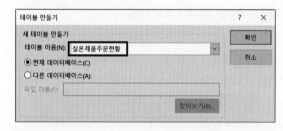

02. 〈제품별_일수별_수량조회〉 쿼리

• 쿼리 작성기 창

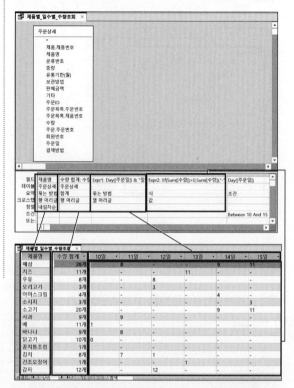

• '수량 합계' 필드 속성 설정하기
  − '일반' 탭의 형식 → #개

03. 〈제품별_최대주문수량〉 쿼리 작성하기

• 쿼리 작성기 창

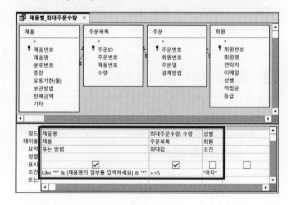

• '최대주문수량' 필드 속성 설정하기
  − '일반' 탭의 형식 → #개

04. 〈비인기제품〉 쿼리

※ 문제에 Not In을 사용하라는 지시사항이 없으므로 '불일치 검색 쿼리 마법사'를 사용하면 됩니다. '불일치 검색 쿼리 마법사'를 수행하면 '제품번호' 필드의 조건에 Is Null이 자동으로 적용됩니다.

1. '새 쿼리' 대화상자

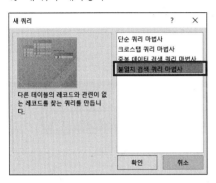

2. '불일치 검색 쿼리 마법사' 1단계 대화상자

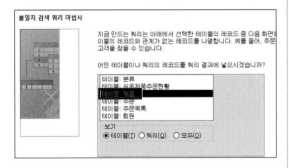

3. '불일치 검색 쿼리 마법사' 2단계 대화상자

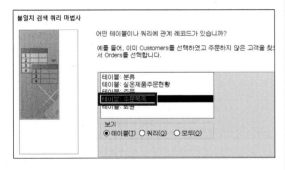

4. '불일치 검색 쿼리 마법사' 3단계 대화상자

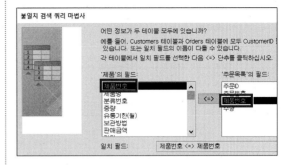

5. '불일치 검색 쿼리 마법사' 4단계 대화상자

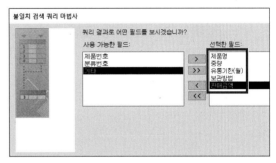

6. '불일치 검색 쿼리 마법사' 5단계 대화상자

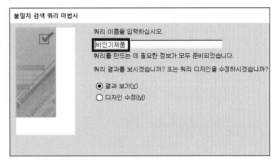

※ 쿼리 작성기 창

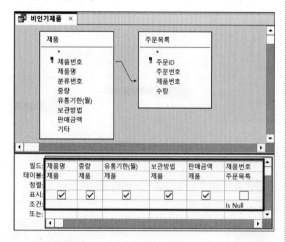

05. 〈이벤트대상자〉 쿼리

• 쿼리 작성기 창

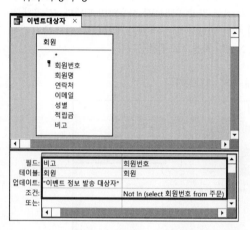

2023년 상시01 컴퓨터활용능력 1급

프로그램명	제한시간	수험번호 :
ACCESS 2021	45분	성명 :

1급	상시01

〈 유 의 사 항 〉

- 인적 사항 누락 및 잘못 작성으로 인한 불이익은 수험자 책임으로 합니다.

- 화면에 암호 입력창이 나타나면 아래의 암호를 입력해야 합니다.

  ○ **암호 : 542#85**

- 작성된 답안은 주어진 경로 및 파일명을 변경하지 마시고 그대로 저장해야 합니다. 이를 준수하지 않으면 실격처리 됩니다.

  ○ **답안 파일명 예 : C:\DB\수험번호 8자리.accdb**

- **외부 데이터 위치 : C:\DB\파일명**

- 별도의 지시사항이 없는 경우, 다음과 같이 처리하면 실격 처리됩니다.

  ○ 제시된 개체의 이름을 임의로 변경한 경우

  ○ 제시된 개체의 속성을 임의로 변경한 경우

  ○ 제시된 개체를 임의로 삭제하거나 추가한 경우

- 별도의 지시사항이 없는 경우, 기능의 구현은 모듈이나 매크로 등을 이용하며, 예외적인 상황에 대해서는 고려하지 않아도 됩니다.

- 제시된 함수가 없을 경우 제시된 함수만을 사용하여야 하며, 그 외 함수 사용시 채점 대상에서 제외됩니다

- 별도의 지시사항이 없는 경우, 주어진 각 개체의 속성은 설정값 또는 기본 설정값(Default)으로 처리하십시오.

- 제시된 화면은 예시이며 나타난 값은 실제와 다를 수 있습니다.

- 저장 시간은 별도로 주어지지 아니하므로 제한된 시간 내에 저장을 완료해야 합니다.

- 본 문제의 용어는 Microsoft Office Access 2021(LTSC 2108 버전) 기준으로 작성되었습니다.

대한상공회의소

문제 1   DB구축(30점)

1. 고객들의 도서 대여 정보를 관리하기 위한 데이터베이스를 구축하고자 한다. 다음의 지시사항에 따라 〈고객〉 테이블을 완성하시오. (각 4점)

　① '고객번호' 필드는 'P001' 형식으로 영문 대문자 한 자리와 숫자 세 자리가 반드시 입력되도록 다음과 같이 설정하시오.
　　▶ 문자는 영문이나 한글이 반드시 입력되도록 설정할 것
　　▶ 숫자는 0~9까지의 숫자가 반드시 입력될 수 있도록 설정할 것
　② '고객명' 필드의 IME 모드를 '한글'로 설정하시오.
　③ '전화번호' 필드에는 값이 반드시 입력되도록 설정하시오.
　④ '나이' 필드에는 255자 이하의 숫자가 입력될 수 있도록 데이터 형식과 필드 크기를 설정하시오.
　⑤ '성별' 필드에는 "남"이나 "여"만 입력되도록 설정하시오.

2. 다음 지시사항에 따라 '신규도서목록.txt' 파일을 가져와 테이블로 생성하시오. (5점)

　▶ 구분 기호는 탭으로 설정하시오.
　▶ 첫 번째 행은 필드의 이름으로 설정하시오.
　▶ 도서코드를 기본키로 설정하시오.
　▶ 테이블 이름을 '도서목록추가'로 하시오.

3. 〈대여내역〉 테이블의 '도서코드' 필드는 〈도서〉 테이블의 '도서코드' 필드를 참조하며, 테이블 간의 관계는 M:1이다. 다음과 같이 테이블 간의 관계를 설정하시오. (5점)

　※ 액세스 파일에 이미 설정되어 있는 관계는 수정하지 마시오.
　▶ 각 테이블 간에 항상 참조 무결성이 유지되도록 설정하시오.
　▶ 참조 필드의 값이 변경되면 관련 필드의 값도 변경되도록 설정하시오.
　▶ 다른 테이블에서 참조하고 있는 레코드는 삭제할 수 없도록 설정하시오.

문제 2   입력 및 수정 기능 구현(25점)

1. 〈대여내역관리〉 폼을 다음의 화면과 지시사항에 따라 완성하시오. (각 3점)

　① 폼 머리글에 그림과 같이 제목 레이블을 생성하시오.
　　▶ 이름 : title
　　▶ 크기 : 20
　　▶ 글자 색 : 표준 색 – 검정
　② 본문의 'txt일련번호'는 그림과 같이 선택할 수 없도록 관련 속성을 설정하시오.
　③ 본문의 'txt대여일자' 컨트롤에 '대여일자' 필드의 내용이 표시되도록 컨트롤 원본 속성을 설정하시오.
　④ 본문의 'txt고객명' 컨트롤에는 포커스가 이동되지 않도록 관련 속성을 설정하시오.
　⑤ 폼에 구분 선과 레코드 선택기가 표시되지 않도록 설정하시오.

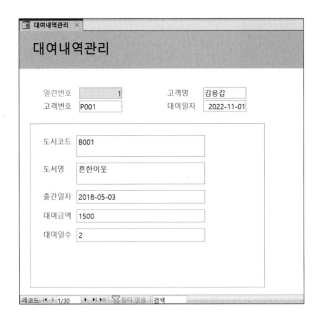

2. 〈대여내역관리〉 폼 본문의 'txt고객명' 컨트롤에는 〈고객〉 테이블의 '고객번호' 필드가 'txt고객번호' 컨트롤의 값과 같은 '고객명'을 표시하시오. (5점)

▶ DLookup 함수 사용
▶ 1번 〈그림〉 참조

3. 〈도서찾기〉 폼을 읽기 전용 모드 형식으로 열고, 〈도서대여_관리〉 보고서를 인쇄 미리 보기 형식으로 여는 〈보고서출력〉 매크로를 생성하시오. 〈고객정보〉 폼의 '도서대여정보확인'(cmd확인) 단추를 클릭하면 〈보고서출력〉 매크로가 실행되도록 하시오. (5점)

▶ 보고서 출력 조건 : 〈고객정보〉 폼의 'txt고객번호' 컨트롤에 입력된 고객번호와 같은 정보만 표시

문제 3   조회 및 출력 기능 구현(20점)

1. 다음의 지시사항 및 화면을 참조하여 〈도서대여_관리〉 보고서를 완성하시오. (각 3점)

① 동일한 도서코드 내에서 '대여일자'를 기준으로 내림차순 정렬되어 표시되도록 설정하시오.
② 페이지 머리글이 표시되도록 설정하시오.
③ '도서코드' 머리글 영역이 매 페이지마다 반복하여 출력되도록 설정하시오.
④ 본문 영역의 'txt순번' 컨트롤에는 그룹별로 순번이 표시되도록 관련 속성을 설정하시오.
⑤ '도서코드' 바닥글 영역의 'txt소계' 컨트롤에는 대여금액의 합계가 표시되도록 컨트롤 원본 속성을 설정하시오.

도서대여 관리 보고서

도서명 : 혼한이웃

순번	대여일자	고객명	전화번호	나이	성별	대여금액
1	2022-11-01	김용갑	10-2288-733	48	남	1500
			대여금액 소계 :			1500

도서명 : 친절한편의점

순번	대여일자	고객명	전화번호	나이	성별	대여금액
1	2022-11-02	명호준	10-5764-765	21	남	1200
			대여금액 소계 :			1200

도서명 : 아버지의 여행일지

순번	대여일자	고객명	전화번호	나이	성별	대여금액
1	2022-11-17	백지향	10-1800-625	37	여	1800
2	2022-11-16	고시혁	10-6142-035	24	남	1800
3	2022-11-02	한서연	10-3065-051	18	여	1800
			대여금액 소계 :			5400

도서명 : 역공

순번	대여일자	고객명	전화번호	나이	성별	대여금액
1	2022-11-23	유세윤	10-1043-946	52	여	2000
2	2022-11-17	백채헌	10-9128-267	35	남	2000
3	2022-11-09	우래훈	10-7856-594	36	남	2000
4	2022-11-03	김원중	10-6232-313	20	남	2000
			대여금액 소계 :			8000

도서명 : 천안문

순번	대여일자	고객명	전화번호	나이	성별	대여금액
1	2022-11-19	한서연	10-3065-051	18	여	1400

3 / 1

2. 〈도서찾기〉 폼 머리글의 'txt조회' 컨트롤에 조회할 도서명을 입력하고 '찾기'(cmd찾기) 단추를 클릭하면 다음과 같은 기능을 수행하도록 이벤트 프로시저를 구현하시오. (5점)

▶ 'txt조회' 컨트롤에 입력된 도서명을 포함하는 도서의 정보가 표시되도록 하시오.

▶ 현재 폼의 RecordSource 속성을 이용하시오.

문제 4　　　처리 기능 구현(25점)

1. 〈도서〉 테이블을 이용하여 출간일자가 "2021년 1월 1일" 이후인 레코드를 조회하는 〈신간도서정보〉 쿼리를 작성하시오. (4점)

▶ 쿼리 결과로 표시되는 필드와 필드명은 〈그림〉과 같이 표시되도록 설정하시오.

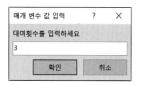

2. 〈대여내역관리〉 쿼리를 이용하여 '대여횟수'를 매개 변수로 입력받아 해당 대여횟수만큼 대여한 고객의 정보를 조회하는 〈대여횟수조회〉 매개 변수 쿼리를 작성하시오. (7점)

▶ 대여횟수는 '일련번호' 필드를 이용하시오.
▶ 최근대여일자는 대여일자의 최근 날짜가 표시되도록 설정하시오.
▶ 쿼리 결과로 표시되는 필드와 필드명은 〈그림〉과 같이 표시되도록 설정하시오.

3. 〈도서〉와 〈대여내역〉 테이블을 이용하여 한 번도 대여되지 않은 도서를 조회하는 〈미대여도서〉 쿼리를 작성하시오. (7점)

▶ 〈대여내역〉 테이블의 '도서코드' 필드에 존재하지 않는 〈도서〉 테이블의 '도서코드'를 대상으로 할 것(Is Null 사용)
▶ 쿼리 결과로 표시되는 필드와 필드명은 〈그림〉과 같이 표시되도록 설정하시오.

도서코드	도서명	출간일자	대여금액	대여일수
B040	크리스마스 행복	2018-12-24	1600	1

레코드: ◄ ◄ 1/1 ► ►► ►☆ 필터 없음 검색

4. 〈도서〉, 〈대여내역〉, 〈고객〉 테이블을 이용하여 도서코드별 성별별 대여횟수를 조회하는 〈도서대여현황〉 크로스탭 쿼리를 작성하시오. (7점)

▶ 대여횟수는 '일련번호' 필드를 이용하시오.
▶ 평균나이는 '나이' 필드를 이용하며, 형식은 표준, 소수 자릿수는 0으로 설정하시오.
▶ '도서코드' 필드의 마지막이 1~5로 끝나는 자료만을 대상으로 하시오.
▶ 쿼리 결과로 표시되는 필드와 필드명, 필드의 형식은 〈그림〉과 같이 표시되도록 설정하시오.

도서코드	평균나이	남	여
B001	48	1건	
B003	21	1건	
B005	26	1건	2건
B012	36	3건	1건
B021	33	2건	
B022	41	1건	3건

레코드: ◄ ◄ 1/6 ► ►► ►☆ 필터 없음 검색

문제 1 DB구축

01. 테이블 완성하기

〈고객〉 테이블

1 '고객번호' 필드에 입력 마스크 속성 설정하기

필드 속성	
일반 조회	
필드 크기	255
형식	
입력 마스크	>L000
캡션	
기본값	
유효성 검사 규칙	

2 '고객명' 필드에 IME 모드 속성 설정하기

필드 속성	
일반 조회	
빈 문자열 허용	예
인덱스	아니요
유니코드 압축	예
IME 모드	한글
문장 입력 시스템 모드	없음
텍스트 맞춤	일반

3 '전화번호' 필드에 필수 속성 설정하기

필드 속성	
일반 조회	
기본값	
유효성 검사 규칙	
유효성 검사 텍스트	
필수	예
빈 문자열 허용	예
인덱스	아니요

4 '나이' 필드에 데이터 형식과 필드 크기 속성 설정하기

고객	
필드 이름	데이터 형식
전화번호	짧은 텍스트
나이	숫자
성별	짧은 텍스트

필드 속성	
일반 조회	
필드 크기	바이트
형식	
소수 자릿수	자동

5 '성별' 필드에 유효성 검사 규칙 속성 설정하기

필드 속성	
일반 조회	
캡션	
기본값	
유효성 검사 규칙	In ("남","여")
유효성 검사 텍스트	
필수	아니요
빈 문자열 허용	예

02. '신규도서목록.txt' 파일 가져오기

정답

도서목록추가				
도서코드	도서명	출간일자	대여금액	대여일수
B101	사랑과 그리움	2022-01-29	1300	3
B102	시간속으로	2022-02-25	1500	2
B103	영화같은 이야	2022-03-12	1800	2
B104	오래된 우정	2022-04-03	1200	2
B105	헤어질 시간	2022-05-10	1300	3

레코드: 1/5 필터 없음

1. '외부 데이터 가져오기 – 텍스트 파일' 대화상자

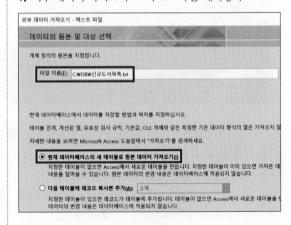

외부 데이터 가져오기 - 텍스트 파일

데이터의 원본 및 대상 선택

개체 정의의 원본을 지정합니다.

파일 이름(F): C:\DBW\신규도서목록.txt

현재 데이터베이스에서 데이터를 저장할 방법과 위치를 지정하십시오.

테이블 관계, 계산된 열, 유효성 검사 규칙, 기본값, OLE 개체와 같은 특정한 기존 데이터 형식의 열은 가져오지 않
자세한 내용을 보려면 Microsoft Access 도움말에서 "가져오기"를 검색하세요.

⦿ 현재 데이터베이스의 새 테이블로 원본 데이터 가져오기(I)
지정한 테이블이 없으면 Access에서 새로운 테이블을 만듭니다. 지정한 테이블이 이미 있으면 가져온 데
내용을 덮어쓸 수 있습니다. 원본 데이터의 변경 내용은 데이터베이스에 적용되지 않습니다.

○ 다음 테이블에 레코드 복사본 추가(A): 고객
지정한 테이블이 있으면 레코드가 테이블에 추가됩니다. 테이블이 없으면 Access에서 새로운 테이블을
데이터의 변경 내용은 데이터베이스에 적용되지 않습니다.

2. '텍스트 가져오기 마법사' 1단계 대화상자

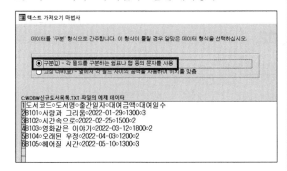

3. '텍스트 가져오기 마법사' 2단계 대화상자

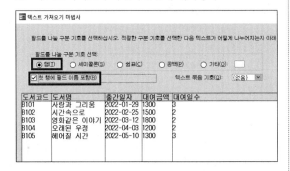

4. '텍스트 가져오기 마법사' 4단계 대화상자

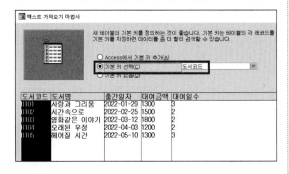

5. '텍스트 가져오기 마법사' 5단계 대화상자

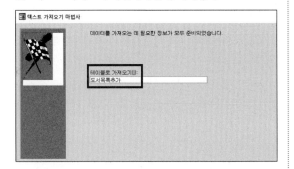

03. 〈대여내역〉 테이블과 〈도서〉 테이블 간의 관계 설정하기

정답

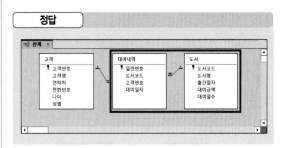

• '관계 편집' 대화상자

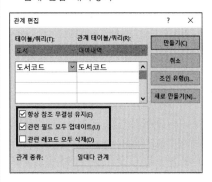

01. 〈대여내역관리〉 폼 완성하기

정답

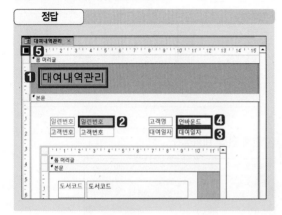

1 제목 삽입하기

1. [양식 디자인] → 컨트롤 → **레이블**([가까])을 클릭한 후 폼 머리글의 적당한 위치에 드래그한다.

2. **대여내역관리**를 입력하고 [Enter]를 누른다.

3. 레이블이 선택된 상태에서 [서식] → 글꼴에서 글꼴 크기를 20, 글꼴 색을 '표준 색 – 검정'으로 변경한 후 문제의 그림과 같이 배치한다.

4. 레이블을 더블클릭한 후 '속성 시트' 창이 표시되면, '기타' 탭의 '이름' 속성에 title을 입력한다.

2 'txt일련번호' 컨트롤에 속성 설정하기
'데이터' 탭의 사용 가능 → 아니요

3 'txt대여일자' 컨트롤에 속성 설정하기
'데이터' 탭의 컨트롤 원본 → 대여일자

4 'txt고객명' 컨트롤에 속성 설정하기
'기타' 탭의 탭 정지 → 아니요

5 폼 속성 설정하기
- '형식' 탭의 구분 선 → 아니요
- '형식' 탭의 레코드 선택기 → 아니요

02. 〈대여내역관리〉 폼의 'txt고객명' 컨트롤에 속성 설정하기

'데이터' 탭의 컨트롤 원본 →
=DLookUp("고객명","고객","고객번호=txt고객번호")

03. 〈보고서출력〉 매크로 작성

정답

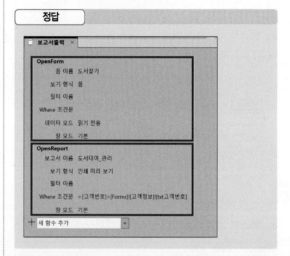

1. 매크로 개체를 생성한 후 이를 연결하여 사용해야 하므로, 먼저 매크로 개체를 생성한다. [만들기] → 매크로 및 코드 → **매크로**([🗐])를 클릭한다.

2. 매크로 대화상자에서 정답과 같이 설정한 후 매크로 대화상자의 닫기([✖]) 단추를 클릭한다.

3. 저장 여부를 묻는 대화상자에서 〈예〉를 클릭한다.

4. '다른 이름으로 저장' 대화상자에서 매크로 이름을 **보고서출력**으로 입력한 다음 〈확인〉을 클릭한다.

5. 〈고객정보〉 폼을 디자인 보기로 연 후 폼 본문의 'cmd 확인' 컨트롤을 더블클릭한다.

6. 'cmd확인' 컨트롤 속성 시트 창의 '이벤트' 탭에서 'On Click' 이벤트의 목록 단추를 눌러 '보고서출력' 매크로를 선택한다.

01. 〈도서대여_관리〉 보고서 완성하기

정답

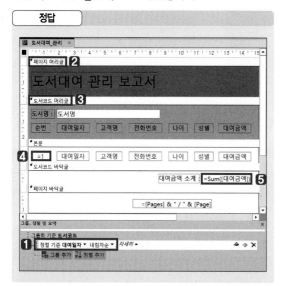

1 그룹, 정렬 및 요약

2 페이지 머리글 영역에 속성 설정하기
'형식' 탭의 표시 → 예

3 '도서코드' 머리글 영역에 속성 설정하기
'형식' 탭의 반복 실행 구역 → 예

4 'txt순번' 컨트롤에 속성 설정하기
• '데이터' 탭의 컨트롤 원본 → =1
• '데이터' 탭의 누적 합계 → 그룹

5 'txt소계' 컨트롤에 속성 설정하기
'데이터' 탭의 컨트롤 원본 → =Sum([대여금액])

02. 〈도서찾기〉 폼 머리글의 '찾기'(cmd찾기) 컨트롤에 클릭 기능 구현하기

정답

```
Private Sub cmd찾기_Click()
    Me.RecordSource = "select * from 도서 where 도서명 Like
    '*' & txt조회 & '*'"
End Sub
```

01. 〈신간도서정보〉 쿼리

쿼리 작성기 창

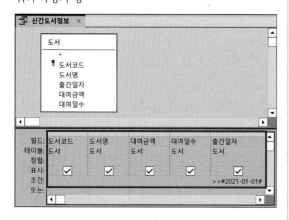

02. 〈대여횟수조회〉 쿼리

쿼리 작성기 창

03. 〈미대여도서〉 쿼리

문제에 Not In을 사용하라는 지시사항이 없으므로 '불일치 검색 쿼리 마법사'를 사용해서 작성하면 됩니다.

1. '불일치 검색 쿼리 마법사' 1단계 대화상자

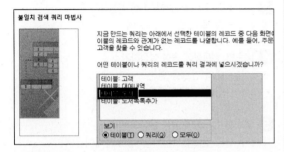

2. '불일치 검색 쿼리 마법사' 2단계 대화상자

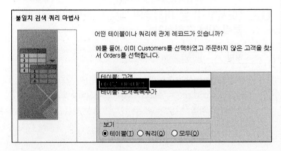

3. '불일치 검색 쿼리 마법사' 3단계 대화상자

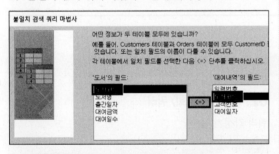

4. '불일치 검색 쿼리 마법사' 4단계 대화상자

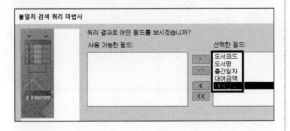

5. '불일치 검색 쿼리 마법사' 5단계 대화상자

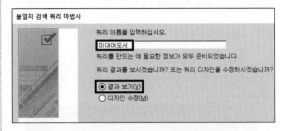

04. 〈도서대여현황〉 쿼리

• 쿼리 작성기 창

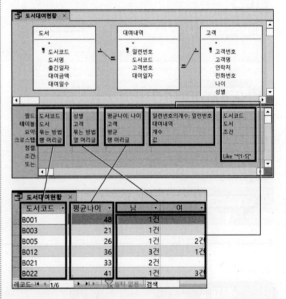

- '평균나이' 필드 속성 설정하기
  - '일반' 탭의 형식 → 표준
  - '일반' 탭의 소수 자릿수 → 0
- '일련번호의개수' 필드 속성 설정하기
  - '일반' 탭의 형식 → #건

쉬어가는 코너

어? 목차에 표시된 것과 회차가 다르네요~

나는 시험에 나오는 것만 공부한다!
이제 시나공으로 한 번에 정복하세요!

나는 스마트 시나공이다 !
차원이 다른 동영상 강의

시나공만의 토막강의를 만나보세요

아직도 혼자 공부하세요? 혼자 공부하다가 어려운 부분이 나와도 고민하지 마세요!

토막강의 번호를 입력하거나 QR코드를 스마트폰으로 찍기만 하면
언제든지 시나공 저자의 속 시원한 해설을 바로 동영상으로 확인할 수 있습니다.

1.
**스마트폰으로
QR코드를
찍어보세요!**

STEP 1
스마트폰의 QR코드 리더 앱을 실행하세요.

STEP 2
시나공 토막강의 QR코드를 스캔하세요.

STEP 3
스마트폰을 통해 토막강의가 시작됩니다.

2.
**시나공
홈페이지에서
토막강의 번호를
입력하세요!**

STEP 1
시나공 홈페이지에 접속한 후 [컴퓨터활용능력] → [1급 실기] → [동영상 강좌] → [토막강의]를 클릭하세요.

STEP 2
'강의번호'에 토막강의 번호를 입력하면 강의목록이 표시됩니다.

STEP 3
강의명을 클릭하면 토막강의를 볼 수 있습니다.

3.
**유튜브에서는
이렇게
이용하세요!**

STEP 1
유튜브 검색 창에 "시나공"+토막강의 번호를 입력하세요.

STEP 2
검색된 항목 중 원하는 토막강의를 클릭하여 시청하세요.

★ 토막강의가 지원되는 도서는 시나공 홈페이지를 통해 확인할 수 있습니다.

★ 스마트폰을 이용하실 경우 무선랜(Wi-Fi)에 연결되지 않은 상태에서 토막강의를 이용하시면 가입하신 요금제에 따라 과금이 됩니다.

이 책은 IT 자격증 전문가와 수험생이 함께 만든 책입니다.

'시나공' 시리즈는 독자의 지지와 격려 속에 성장합니다!

실기엔 자타공인 길벗 시나공이 최고입니다. 1급 함수는 단순 암기수준이 아닌 다양한 응용이 필요한데 책을 보면 바로 감이 옵니다.

| 알라딘 러브**|

시나공 맘에 듭니다. 두 권은 과목별 상세한 설명, 한 권은 기출문제와 함수사전으로 구성되어 있네요. 한 권으로 두껍게 되어 있으면 들고 다니기 힘든데 너무 편하네요.

| 도서11번가 shoc***|

역시 길벗출판사 책이군요. 베타테스터 제도로 믿음도 가고, 이제부턴 길벗출판사의 마니아가 될 것 같아요. 컴활 공부하시는 분께 가식이 아닌 진심으로 이 책을 적극 추천합니다.

| 인터파크 이*|

세세한 부분까지 신경 써 주는 책! 다른 컴퓨터 관련 자격증 책을 많이 읽어 봤는데, 이만한 책이 없는 것 같네요. 혼자서 컴퓨터 보면서 공부하시려면 이 책 사세요. 강추입니다.

| YES24 bidulgi***|

컴퓨터 초보자들도 쉽게 따라 할 수 있는 자세한 설명! 게다가 함수사전, 계산문제, 기출문제로 구성된 부록이 함께 있어서 더 좋습니다.

| 교보문고 csg2***|

헷갈릴만한 것들은 정확하게 짚어주는 '전문가의 조언'이 정말 도움이 되었어요. 채점 프로그램은 내가 뭘 틀렸는지, 어느 부분이 약한지 알 수 있어서 좋습니다. 추천해드리고 싶어요!

| 알라딘 ch***|

액세스는 처음 접하는 프로그램이라 막막했는데 책을 따라하다 보니 길이 보이더군요. 부록으로 함수만 따로 모아두는 센스도 있고, 다음에도 시나공을 찾을 것 같네요.

| 도서11번가 real***|

해설이 쉽게 나와 있습니다. 지난번 다른 교재로 공부했을 때는 액세스에서 떨어졌는데, 이 책은 소스가 쉽게 나와 있어서 전에 이해 못했던 부분들이 이해가 되네요. 이번에 시험 보시는 분들에게 분명히 도움되리라 확신합니다.

| 인터파크 강**|

컴퓨터활용능력 합격의 왕도! 공부에는 왕도가 없다지만 자격증 합격에는 왕도가 있습니다. 시나공 시리즈는 자격증 합격의 왕도로 당신을 이끌 것입니다. 시나공이라면 충분히 독학이 가능합니다.

| 알라딘 회색**|

컴퓨터활용능력 분야 베스트셀러 1위 기준 : 2024년 1월, 5월, 6월(알라딘)

sinagong.co.kr

가격 40,000원
ISBN 979-11-407-1075-1
9 791140 710751
13000

TO.시나공
온라인 독자엽서

스마트한 시나공
수험생 지원센터